vocabulário ortográfico da língua portuguesa

Concebemos sempre mais e melhor
do que podemos executar.

1843 Marquês de Maricá *Máximas* 201

Lexikon | *obras de referência*

Antônio Geraldo da Cunha

vocabulário ortográfico da língua portuguesa

2ª edição revista e ampliada de acordo com a nova ortografia

© 2009, by Antônio Geraldo da Cunha

Direitos de edição da obra em língua portuguesa adquiridos pela Lexikon Editora Digital Ltda. Todos os direitos reservados. Nenhuma parte desta obra pode ser apropriada e estocada em sistema de banco de dados ou processo similar, em qualquer forma ou meio, seja eletrônico, de fotocópia, gravação etc., sem a permissão do detentor do copirraite.

Lexikon Editora Digital Ltda.
Rua do Mercado, 17/11º andar – Centro – 20010-120
Rio de Janeiro – RJ – Brasil
Tel.: (21) 2526-6800 – Fax: (21) 2526-6824
www.lexikon.com.br
sac@lexikon.com.br

ASSISTENTES
Cláudio Mello Sobrinho
Diva de Oliveira Salles
Gilda da Costa Pinto
Júlio César Castañon Guimarães
Rosana Figueiredo Cavalcanti
Suelí Guimarães Gomes

1ª edição – 1981

CIP-BRASIL. CATALOGAÇÃO NA FONTE
SINDICATO NACIONAL DOS EDITORES DE LIVROS, RJ

C98v   Cunha, Antônio Geraldo da
2.ed.   Vocabulário ortográfico da Língua portuguesa : nova edição com 114 mil palavras e locuções de acordo com a nova ortografia / Antônio Geraldo da Cunha. – 2.ed. – Rio de Janeiro : Lexikon, 2009.
         816p.

         ISBN 978-85-86368-53-0

         1. Língua portuguesa – Ortografia e soletração. 2. Reforma ortográfica. I. Título. II. Título: Mais de cem mil palavras e locuções de acordo com a nova ortografia.

CDD: 469.152
CDU: 811.134.3'354

Nota do editor

Esta nova edição do *Vocabulário Ortográfico da Língua Portuguesa*, de autoria do professor Antônio Geraldo da Cunha, apresenta duas importantes mudanças em relação a sua última publicação: texto atualizado pela nova ortografia, determinada pelo Acordo Ortográfico da Língua Portuguesa (1990), e o acréscimo de 1.592 palavras, cujo uso atual as fez relevantes para complementar a lista anterior, totalizando 114 mil palavras.

Como explica o autor na introdução do *Vocabulário Ortográfico*, o objetivo do presente volume não é esgotar a ortografia de todas as palavras da língua — tarefa a que se propõe o VOLP da Academia Brasileira de Letras (ABL) —, mas sim oferecer uma versão mais portátil, concisa e acessível, constituindo um guia útil e seguro na rotina dos estudiosos e do público em geral, isto é, de todos que precisem tirar dúvidas sobre a grafia, pronúncia, divisão silábica e sílaba tônica, os plurais e os superlativos absolutos sintéticos, aumentativos e diminutivos irregulares de dezenas de milhares de palavras da língua portuguesa.

Rio de Janeiro, setembro, 2009.

Sumário

I. INTRODUÇÃO IX

    1. OBJETIVOS IX

    2. ESTRUTUÇÃO DOS VERBETES IX
        2.1 Título do verbete IX
        2.2 Indicação da pronúncia IX
        2.3 Classificação gramatical IX
        2.4 Gênero XIII
        2.5 Número XIII
        2.6 Grau XIII
        2.7 Palavras estrangeiras recém-aportuguesadas XIV
        2.8 Remissões e inter-referências XIV

    3. CONCLUSÃO XIV

II. ABREVIATURAS XV

III. AS MUDANÇAS NA ORTOGRAFIA XVII

IV. ACORDO ORTOGRÁFICO DA LÍNGUA PORTUGUESA (1990) XXIII

V. VOCABULÁRIO 1

Introdução

1. OBJETIVOS. Redigido numa linguagem simples e concisa, o *Vocabulário Ortográfico da Língua Portuguesa* visa a colocar à disposição dos estudiosos e do público em geral um guia seguro e valioso para o desenvolvimento do estudo da nossa língua e o permanente enriquecimento do nosso acervo vocabular. **Esta edição já está totalmente adaptada às regras estabelecidas pelo Acordo Ortográfico de 1990, em vigor no Brasil desde janeiro de 2009.** Com o propósito de fornecer ao consulente o maior número de informações úteis, cingindo-nos a um único volume de proporções médias e de pequeno formato, utilizamos todos os recursos tipológicos de que pudemos dispor (tipos em redondo, em itálico, em negrito vertical e em negrito inclinado — pontos e dois-pontos, barras inclinadas, etc.). Esses recursos permitiram-nos prover o *Vocabulário* de inúmeras características inovadoras — às quais faremos referência mais adiante —, sem prejuízo da clareza e da precisão indispensáveis à boa inteligência de todos os registros.

2. ESTRUTURAÇÃO DOS VERBETES. Envidamos todos os esforços para programar o *Vocabulário* de forma a torná-lo de fácil e cômodo manuseio. Nesse sentido, a estruturação dos verbetes mereceu-nos especial atenção, dadas as naturais complexidades inerentes às características do registro de cada vocábulo, a saber: divisão silábica, sílaba tônica, pronúncia (particularmente os timbres aberto ou fechado das vogais tônicas *e* e *o*), classe gramatical, gênero, número e grau dos substantivos e adjetivos, confrontos com os homógrafos, os homófonos, os parônimos, etc. Nos itens seguintes, faremos minuciosa referência a cada um desses diferentes aspectos dos registros.

2.1 *Título do verbete*. Para todos os vocábulos de duas ou mais sílabas, indicamos, no título do verbete, que vai sempre registrado em negrito, a sua divisão silábica, por meio de pontos elevados, e a sua sílaba tônica, com o negrito inclinado:

ma·*du*·ro adj. sm.

Por coerência, os monossílabos tônicos também vão indicados pelo negrito inclinado e os átonos pelo negrito vertical:

pôr v.   **por** prep.

2.1.1 Assinalando, sistematicamente, a divisão silábica nos títulos dos verbetes, tivemos em mira orientar o consulente para a partição dos vocábulos no fim da linha. Convém observar que, embora o sistema ortográfico em vigor não o condene, não se deve escrever no princípio ou no fim da linha uma só vogal. Assim, apesar de registrado **a·bri·*gar***, de acordo com os princípios da divisão silábica, recomenda-se que, na translineação, a saber, na passagem de uma parte da palavra para a outra linha, escreva-se *abri-gar*.

2.2 *Indicação da pronúncia*. O timbre fechado das vogais tônicas *e* e *o* vai indicado, logo a seguir ao registro do vocábulo, entre parênteses:

ca·*be*·lo (ê) sm.   **ca·*bo*·clo** (ô) adj. sm.

2.2.1 Não se indicam o timbre fechado da vogal tônica *e* dos infinitivos dos verbos da segunda conjugação, nem o da vogal tônica *o* dos verbos derivados de *pôr* (*antepor, apor, compor*, etc.).

2.2.2 Indica-se o timbre aberto da vogal tônica *o* quando se torna necessário distinguir esse timbre aberto das formas do feminino e/ou do plural dos dois gêneros do timbre fechado da forma do masculino singular:

da·di·*vo*·so (ô) adj.; f. *e* pl. (ó).
***por*·co** (ô) adj. sm.; f. *e* pl. (ó).

2.2.3 Nos vocábulos em que ocorrem os encontros vocálicos *ae, ao, ea, eo, ia, ie, io, oa, oe, ua, ue* e *uo*, que ora, por sinérese, são pronunciados como ditongo, ora como hiato, adota-se o critério de indicar essa flutuação por dois-pontos, que separam as duas letras; adota-se o mesmo critério para os encontros vocálicos *ee* e *uu*, que ora podem ser pronunciados como um só fonema, *e* ou *u*, respectivamente, ora como hiato:

ae — **ca:e·*ta*·no**
ao — **a:o·*ris*·to**
ea — **bó·re:as, ge:*a*·da**
ee — **com·pre:en·*der***
eo — **ce·tá·ce:o, ge:*o*.de**
ia — **co·lô·ni:a, fi:*as*·co**
ie — **sé·ri:e, fi:*el***
io — **e·*xí*·mi:o, *ci*:o**
oa — **nó·do:a, go:*a*·no**
oe — **po:ei·*ren*·to, pre·go:ei·ro**
ua — **du:a·*lis*·mo, nu:*an*·ça**
ue — **tê·nu:e, du:*e*·lo**
uo — **trí·du:o, su:*or***
uu — **du:un·vi·*ra*·to, du:*ún*·vi·ro**

Convém assinalar que o símbolo : é adotado apenas para indicar a flutuação de pronúncia dos encontros vocálicos, pois na partição dos vocábulos não se deve escrever no princípio ou no fim da linha uma só vogal, tal como foi recomendado no subitem 2.1.1. Observe-se, ainda, que há vários compostos separados por hífen em que se verificam encontros vocálicos que admitem também dupla pronúncia, como anglo-americano, cana-de-açúcar, etc.; não marcamos essa flutuação, a fim de não sobrecarregar o *Vocabulário*.

2.2.4 Processo semelhante ao que foi referido no subitem anterior também se verifica nos registros dos vocábulos que se escrevem com *ai, au, ei, eu, iu, oi* e *ui*, que ora, por diérese, são pronunciados como hiato, ora como ditongo:

ai — **em·ba:i·*men*·to**
au — **a·ba:u.*la*·do**
ei — **re:in·te·*grar***
eu — **re:u·*nir***
iu — **di:u·*tur*·no**
oi — **co:im·*brão***
ui — **du:i·*da*·de**

2.2.5 Nos vocábulos derivados de nomes próprios estrangeiros, indicam-se as pronúncias de determinadas sílabas, sempre que elas divergem da pronúncia normal portuguesa:

da·rw:i·ni:*a*·no (ru)
d'a·lem·ber·ti:*a*·no (lam)

2.2.6 Indica-se a pronúncia do *x*, quando ele equivale a *cs, ss* ou *z*:

***fi*·xo** (cs)
a·pro·xi·*mar* (ss)
e·*xa*·me (z)

Em alguns vocábulos o *x* pode assumir dois valores distintos:

***má*.xi·mo** (cs *ou* ss)

2.2.7 Não se indica a pronúncia do *x*, quer quando ele tem o valor de *ch* (como em *enxada*, *xadrez*, etc.), quer quando, em fim de sílaba, ele pode ser pronunciado como fricativa palatal /x/, ou como fricativa alveolar /s/ (como em *contexto*, *experiência*, etc.), ou quando, seguido de *c* ou *s* (como em *excesso*, *exsurgir*, etc.), ele é mudo.

2.3 *Classificação gramatical*. Com exceção dos substantivos e adjetivos, as demais classes gramaticais não oferecem maiores dificuldades ao consulente, uma vez que não apresentam quaisquer características especiais de registro. No tocante aos substantivos e adjetivos, os subitens seguintes (de 2.3.1 a 2.3.17) resumem, de forma clara e objetiva, parte dos critérios adotados, e são complementados, no que diz respeito ao gênero, ao número e ao grau dos substantivos e adjetivos, pelos itens 2.4, 2.5 e 2.6.

2.3.1 Nos adjetivos biformes, quando as formas do masculino e do feminino só se distinguem pelas desinências -o/-a, registra-se apenas a forma do masculino e não se indica o gênero na abreviatura:

a·bom·*ba*·do adj.

2.3.2 O registro

con·*ten*·te adj. 2g.

esclarece que o adjetivo *contente* é comum aos dois gêneros: (um homem) contente, (uma mulher) contente.

2.3.3 Quando as formas do masculino e do feminino, tanto do adjetivo como do substantivo, só se distinguem pelas desinências -o/-a (ou -ês/-esa, -or/-ora), registra-se apenas a forma do masculino, e o gênero é indicado apenas no substantivo:

bra·si·*lei*·ro adj. sm.
por·tu·*guês* adj. sm.
fei·*tor* (ô) adj. sm.

2.3.4 Quando o vocábulo é exclusivamente feminino, como adjetivo e como substantivo, o gênero é indicado apenas no substantivo:

di·re·*triz* adj. sf.

O vocábulo *diretriz* é adjetivo feminino no seguinte contexto: (a linha) diretriz; é substantivo feminino em: (a) diretriz (das ações).

2.3.5 Quando o vocábulo é masculino e feminino, tanto o adjetivo como o substantivo, o duplo gênero é indicado apenas no substantivo:

de·se·*nhis*·ta adj. s2g.

São elucidativos os seguintes contextos: (um engenheiro) desenhista adj. m. (uma engenheira) desenhista adj. f. (um) desenhista (caprichoso) sm. (uma) desenhista (caprichosa) sf.

2.3.6 O registro

mi·ne·*ral* adj. 2g. sm.

esclarece que *mineral*, como adjetivo, é comum aos dois gêneros: (o reino) mineral, (a riqueza) mineral; como substantivo, ele é do gênero masculino: (o) mineral (precioso).

2.3.7 O registro

ti·re:*oi*·de adj. 2g. sf.

esclarece que *tireoide*, como adjetivo, é comum aos dois gêneros: (o sistema) tireoide, (a glândula) tireoide; como substantivo, ele é do gênero feminino: (a) tireoide.

2.3.8. O registro

dál·ma·ta adj. s2g. sm.

fica devidamente elucidado nos seguintes contextos:
(um cão) dálmata adj. m.
(uma cadela) dálmata adj. f.
(um) dálmata sm.
(uma) dálmata sf.
(o) dálmata [o idioma] sm.

2.3.9 O registro

fra·co·las adj. s2g. 2n.

fica devidamente elucidado nos seguintes contextos:
(um homem) fracolas adj. m. sing.
(uma mulher) fracolas adj. f. sing.
(dois homens) fracolas adj. m. pl.
(duas mulheres) fracolas adj. f. pl.
(o) fracolas sm. sing.
(a) fracolas sf. sing.
(os) fracolas sm. pl.
(as) fracolas sf. pl.

2.3.10 O registro

ca·bin·da adj. s2g. sm. sf.

fica devidamente elucidado nos seguintes contextos:
(um homem) cabinda adj. m.
(uma mulher) cabinda adj. f.
(um) cabinda (guloso) sm.
(uma) cabinda (gulosa) sf.
(o) cabinda (o idioma) sm.
(a) cabinda (a dança) sf.

2.3.11 O registro

cin·za sf. adj. 2g. 2n. sm.

fica devidamente elucidado nos seguintes contextos:
(a) cinza (do cigarro) sf.
(um terno) cinza adj. m. sing.
(dois temos) cinza adj. m. pl.
(uma saia) cinza adj. f. sing.
(duas saias) cinza adj. f. pl.
(o) cinza (a cor) sm.

2.3.12 Constituem verbetes independentes os substantivos exclusivamente masculinos, bem como os exclusivamente femininos:

ban·co sm.   **pai** sm.   **ga.to** sm.
ca·dei·ra sf.   **mãe** sf.   **ga.ta** sf.

2.3.13 O registro

ga·sis·ta s2g.

esclarece que o substantivo *gasista* é comum aos dois gêneros: *o gasista, a gasista*.

2.3.14 Os registros

ô·ni·bus sm. 2n. e **prá.xis** (cs) sf. 2n.

esclarecem que o substantivo masculino *ônibus* é comum aos dois números (*o ônibus, os ônibus*) e, bem assim, o substantivo feminino *práxis* (*a práxis, as práxis*).

2.3.15 O registro

í·bis s2g. 2n.

esclarece que o substantivo *íbis* é comum aos dois gêneros e aos dois números: *o íbis, a íbis, os íbis, as íbis*.

2.3.16 O registro

su·é·ter sf. *ou* sm.

esclarece que, no substantivo *suéter*, há flutuação de gênero, pois se usam, indiferentemente, *a* suéter ou *o* suéter.

2.3.17 O registro

ca·be·*lei*·ra sf. sm.

esclarece que *cabeleira* pode ser feminino (quando designa *os cabelos*) e masculino (quando ocorre na acepção de *homem mau*). Trata-se, na realidade, de dois conceitos distintos reunidos num mesmo registro.

Em alguns casos, quando a etimologia e/ou aspectos semânticos relevantes assim o aconselhavam, preferimos adotar o duplo registro:

gra·**ma**¹ sf. 'vegetal'.
gra.**ma**² sm. 'unidade de medida'.

Além de significados totalmente diferentes, *grama*¹ deriva do latim, enquanto *grama*² remonta ao grego.

2.4 *Gênero*. Como já se referiu no subitem 2.3.1, nos adjetivos biformes em que as formas do masculino e do feminino só se distinguem pelas desinências -o/-a. registra-se apenas a forma do masculino. Quando, porém, a distinção entre a forma do masculino e a do feminino é mais complexa, registram-se as duas, no seu respectivo lugar alfabético, remetendo-se uma para outra. Assim:

i·du·*mei*·a adj. sf. de *idumeu*.
i·du·*meu* adj. sm.; f. *idumeia*.

2.4.1 Os registros

ab·di·ca·*dor* (ô) adj. sm.; f. *abdicadora* ou *abdicatriz*.
ab·di·ca·*triz* sf. de *abdicador*.

esclarecem que *abdicador* tem dois femininos, um regular (*abdicadora*) e outro irregular (*abdicatriz*); de acordo com o subitem 2.3.3, o feminino *abdicadora* não merece registro, pois decorre da simples oscilação -or/-ora; sua inclusão no registro do verbete *abdicador* só se justifica em razão da ocorrência nele do feminino irregular *abdicatriz*, que, além de referido aí, aparece registrado em verbete autônomo.

2.5 *Número*. Com exceção dos plurais que decorrem do simples acréscimo da desinência -*s* (casa/casas), ou da terminação -*es* (dor/dores), todos os demais são assim registrados:

a·ni·*mal* adj. 2g. sm.; pl. ·*mais*.
a·*má*·vel adj. 2g.; pl. ·**veis**.
***pa*·jem** sm. sf.; pl. ·**jens**.
a·*não* adj. sm.; pl. *anãos* ou *anões*.
an·ci·*ão* adj. sm.; pl. *anciães*, *anciãos* ou *anciões*.

2.5.1 Indicam-se, assim, os plurais de todos os compostos ligados por hífen:

a·*bó*·bo·ra(s)-mo·*ran*·ga(s) sf. (pl.).
ca·a·pi·*á*(s)-do-*gran*·de sm. (pl.).
a·*bó*·bo·ra-ser·*pen*·te sf.; pl. *abóboras--serpentes* ou *abóboras-serpente*.
a·*bai*·xa-*luz* sm.; pl. -*lu*·zes.
cou·ve-*flor* sf.; pl. *couves-flores* ou *couves--flor*.

Nos compostos ligados por hífen não se indica o timbre da vogal tônica, uma vez que, no registro do vocábulo simples, ele vai indicado: *flor* (ô) sf.

2.6 *Grau*. Os superlativos absolutos sintéticos irregulares vão registrados em verbetes independentes:

ma·*cér*·ri·mo adj. superl. de *magro*.

ma·*gér*·ri·mo adj. superl. de *magro*.
ma·gro adj. sm.; superl. *macérrimo, magérrimo, magríssimo*.

Não constituem verbetes independentes os superlativos absolutos sintéticos regulares, como *magríssimo*, o qual, todavia, deve ser indicado no verbete *magro*, a fim de que o consulente fique informado de que pode empregar qualquer um dos três, indiferentemente.

2.7 Palavras estrangeiras recém-aportuguesadas. Com o objetivo de oferecer ao consulente novas opções para o emprego de formas aportuguesadas de palavras estrangeiras, as quais ainda ocorrem, particularmente nos órgãos de imprensa, com as grafias das línguas de origem, procedemos aos seguintes tipos de registros:

es·*tan*·de sm., do ing. *stand*.
stand sm. ing.: *estande*.

es·pu·ti·*ni*·que sm., do rus. *sputnik*.
sputnik sm. rus.: *esputinique*.

es·*tres*·se sm., do ing. *stress*.
stress sm. ing.: *estresse*.

2.8 Remissões e *inter-referências.* Procedemos ao confronto, de maneira sistemática, dos vocábulos homógrafos e/ou homófonos e/ou de mesmo timbre e/ou de significados idênticos.

2.8.1 Vocábulos homógrafos, homófonos e de mesmo timbre, mas de gêneros e significados diferentes:

gra·ma[1] sf. 'vegetal'.
gra·ma[2] sm. 'unidade de medida'.

2.8.2 Vocábulos homófonos, de mesmo timbre e de mesmo gênero, mas não homógrafos e de significados diferentes:

a·*cen*·to sm. 'inflexão de voz'/Cf. *assento*.

as·*sen*·to sm. 'fundamento'/Cf. *acento*.

2.8.3 Vocábulos homógrafos e quase homófonos, mas de timbres diferentes:

cho·ro (ô) sm./Cf. *choro* (ó), do v. *chorar*.

2.8.4 Variantes gráficas quase homógrafas e quase homófonas, mas de mesmos significados:

dac·*tí*·li·co adj.: *datílico*.
da·*tí*·li·co adj.: *dactílico*.
da·*nai*·da sf.: da·*nai*·de.

No último exemplo, registrou-se *danaide* no mesmo verbete de *danaida*, porque aquela forma vem imediatamente após esta na seriação alfabética.

2.8.5 Variantes gráficas não homógrafas, mas de mesmos significados:

czar sm.: *tsar, tzar*.
tsar sm.: *czar, tzar*.
tzar sm.: *czar, tsar*.

3. CONCLUSÃO. Apesar do cuidado que dispensamos à redação dos verbetes e do firme propósito de nos atermos aos critérios aqui adotados, temos a certeza de que, no registro de mais de 100.000 vocábulos, teremos cometido alguns enganos, os quais poderão ser sanados numa segunda edição do *Vocabulário*, para a qual, desde já, solicitamos a colaboração de quantos usuários da língua comum queiram contribuir com emendas e aditamentos, apreciações críticas e sugestões.

Deo gratias.

Rio de Janeiro, 31 de julho de 1983.
Atualizado em setembro, 2009.

ANTÔNIO GERALDO DA CUNHA

Abreviaturas

adj. = adjetivo
adj. 2g. = adjetivo de dois gêneros
adj. 2g. 2n. = adjetivo de dois gêneros e dois números
adv. = advérbio
al. = alemão
art. = artigo
aum. = aumentativo
Cf. = Confira
conj. = conjunção
contr. = contração
demo = demonstrativo
dim. = diminutivo
el. = elemento
f. = feminino
fl. = flexão
fr. = francês
g. = gênero
hebr. = hebraico
ing. = inglês
interj. = interjeição
it. = italiano

lat. = latim
loc. = locução
m. = masculino
n. = número
num. = numeral
pl. = plural
port. = português
pref. = prefixo
prep. = preposição
pron. = pronome
rus. = russo
sf. = substantivo feminino
sf. 2n. = substantivo feminino de dois números
sing. = singular
s2g. = substantivo de dois gêneros
sm. = substantivo masculino
sm. 2n. = substantivo masculino de dois números
superl. = superlativo
v. = verbo
voc. = vocábulo

As mudanças na ortografia

Este resumo trata apenas das mudanças inequívocas do Acordo Ortográfico de 2009, e refere-se somente àquelas que dizem respeito à ortografia adotada no Brasil (em parte, serão outras as mudanças em relação à ortografia a serem observadas em Portugal e em outros países lusófonos).

Alfabeto

Ao alfabeto da língua portuguesa acrescem-se as letras **K**, **W** e **Y**, e ele passa a ter 26 letras*:

A B C D E F G H I J K L M N O P Q R S T U V W X Y Z

Portanto, na prática não há mudança no uso, somente na composição do alfabeto.

Uso de vogais átonas e ou i antes de sufixos ano e ense

Em palavras com sufixos **-ano** e **-ense**, o sufixo é antecedido de **i** átono quando se combina com um **i** que pertence ao tema (hava**iano** [de Havaí], ital**iano** [de Itália], atiba**iense** [de Atiba**i**a] etc.), ou quando forma derivada de palavra que tem na última sílaba um **e** átono: acr**iano** [de Acre], açor**iano** [de Açores] algarv**iense** [de Algarve] etc. Mas escreve-se **-eano** ou **-eense** se a última sílaba da palavra de origem tiver **e** tônico, ou a penúltima tiver **ei** tônico: daom**eano** (de Daom**é**), guin**eano** ou guin**eense** (de Guin**é**) cor**eano** (de Cor**ei**a) etc.

Mudanças na acentuação e no uso do trema

Os ditongos abertos tônicos **éi** e **ói** perdem o acento agudo quando caem na penúltima sílaba (portanto, de palavras paroxítonas):

id**éi**a(s)	passa a ser	id**ei**a(s)
gel**éi**a(s)	passa a ser	gel**ei**a(s)
epop**éi**a(s)	passa a ser	epop**ei**a(s)
diarr**éi**co(s)	passa a ser	diarr**ei**co(s)
hebr**éi**a(s)	passa a ser	hebr**ei**a(s)
j**ói**a(s)	passa a ser	j**oi**a(s)
tram**ói**a(s)	passa a ser	tram**oi**a(s)
ap**ói**a	passa a ser	ap**oi**a
her**ói**co(s)	passa a ser	her**oi**co(s)
debil**ói**de(s)	passa a ser	debil**oi**de(s)

Exceções (sujeitas a outra regra, já vigente, de palavras paroxítonas terminadas em **r**): destr**ói**er, M**éi**er, b**ói**ler, g**êi**ser etc.

Cuidado! O acento gráfico não cai se o ditongo estiver na última ou na antepenúltima sílaba.

Ou seja, se o ditongo estiver nas sílabas tônicas de palavras oxítonas (com acento tônico na última sílaba) ou proparoxítonas (com acento tônico na antepenúltima sílaba):

an**éi**s	continua	an**éi**s
her**ói**(s)	continua	her**ói**(s)
fi**éi**s	continua	fi**éi**s
anz**ói**s	continua	anz**ói**s
ax**ói**deo(s)	continua	ax**ói**deo(s)

Cai o acento circunflexo de palavras paroxítonas terminadas em **ôo** e em **êem**:

v**ôo**	passa a ser	v**oo**
d**êe**m	passa a ser	d**ee**m
enj**ôo**	passa a ser	enj**oo**
v**êe**m	passa a ser	v**ee**m
ac**ôo**	passa a ser	ac**oo**
cr**êe**m	passa a ser	cr**ee**m
abenç**ôo**	passa a ser	abenç**oo**
l**êe**m	passa a ser	l**ee**m

---

* Essas letras já se usavam como símbolos (km, kg, Y, W) e em palavras estrangeiras e suas derivadas em português: *know-how*, Kant, kantiano, yin-yang, *walkman*, holywoodiano etc.

Cuidado! As flexões dos verbos **ter** e **vir** na 3ª pess. pl. do pres. do indic. mantêm o acento: têm e vêm, diferençando-se das flexões de 3ª pess. sing. tem e vem, bem como nos derivados desses verbos, como **mantém** e **mantêm**, **provém** e **provêm**, **retém** e **retêm**, **convém** e **convêm**, etc.

Não se usa acento gráfico (agudo ou circunflexo) em palavras paroxítonas para diferençá-las de outras palavras com a mesma grafia (os chamados *homógrafos*). São estas as palavras deste caso:
pára (flexão de *parar*) e
   para (preposição)   *passam a ser* **para**
péla(s) (s.f.), **pela**(s)
   (flexão de *pelar*) e
pela(s) contração *por*   *passam a ser* **pela**(s)
   + *a(s)*
pelo (fexão de *pelar*),
   pêlo(s) (s.m.) e
pelo (contração *por + o*)   *passam a ser* **pelo**(s)
péra(s) (s.f. = 'pedra') ,
   pêra(s) (subst. fem.)
e **pera** (prep. = 'para')   *passam a ser* **pera**(s)
pólo(s) (subst. masc.) e
   polo(s) (comb. de *por*
   + lo[s])   *passam a ser* **polo**(s)

Lembre-se: o v. **pôr** (infinitivo) e **pôde** (flexão na 3ª pes. sing. pret. perf. do v. poder) mantêm o acento, diferençando-se respectivamente da preposição **por** e da flexão de 3ª pess. sing. do pres. indic. **pode**.

É facultativo usar ou não circunflexo em **fôrma** (com **o** fechado) para diferençar de **forma** (com **o** aberto), assim como em **dêmos**, 1ª pess. pl. pres. subj. de **dar**, para diferençar do pret. perf.

Perdem o acento agudo as vogais tônicas **i** e **u** de palavras paroxítonas, quando antecedidas de ditongo:

b**oiú**no	*passa a ser*	b**oiu**no
fe**iú**ra	*passa a ser*	fe**iu**ra
ba**iú**ca	*passa a ser*	ba**iu**ca
al**auí**ta	*passa a ser*	al**aui**ta

Cuidado! mantém-se o acento quando a palavra é proparoxítona (**feiíssimo**, **bauínia**) ou oxítona (**tuiuiú**, **teiú**, **teiús**). A palavra **guaíba** (e similares), na qual o **i** se segue a um ditongo crescente, segundo a 5ª ed. do VOLP, não perde o acento — embora, no acordo, a regra não diga que há exceção se o ditongo que antecede **i** e **u** é crescente.

Nos verbos **arguir** e **redarguir** deixa-se de usar o acento agudo no **u** tônico nas flexões rizotônicas que eram graficamente acentuadas. Obs.: nas rizotônicas o acento tônico cai em sílaba do radical, no caso **argu** e **redargu**
No indicativo:

arg**ú**is	*passa a ser*	arg**u**is
redarg**ú**is	*passa a ser*	redarg**u**is
arg**ú**i	*passa a ser*	arg**u**i
redarg**ú**i	*passa a ser*	redarg**u**i
arg**ú**em	*passa a ser*	arg**u**em
redarg**ú**em	*passa a ser*	redarg**u**em

No imperativo:

arg**ú**i	*passa a ser*	arg**u**i
redarg**ú**i	*passa a ser*	redarg**u**i

Nos verbos terminados em **-guar**, **-quar**, e **-quir** (**aguar**, **apaziguar**, **enxaguar**, **obliquar**, **delinquir** etc.), as flexões podem ser pronunciadas com acento tônico na sílaba do **u** ou, como no Brasil, na sílaba anterior. No primeiro caso cai o acento agudo do **ú** nas formas do pres. ind. e imperat., que recebiam acento gráfico; no segundo, a vogal tônica da sílaba anterior ao **u** recebe acento agudo.

enxaguar
pres. do ind.:

enxag**uo**	ou	enx**á**guo
enxag**ua**s	ou	enx**á**guas
enxag**ua**	ou	enx**á**gua,
enxaguamos	=	enxaguamos
enxaguais	=	enxaguais
enxag**ua**m	ou	enx**á**guam

pres. do subj.:

enxag**ue**	ou	enx**á**gue
enxag**ues**	ou	enx**á**gues
enxag**ue**	ou	enx**á**gue
(....)		(...)
enxag**uem**	ou	enx**á**guem

imperat. afirm.:

enxag**ua**	ou	enx**á**gua
enxag**ue**	ou	enx**á**gue
(...)	ou	(...)
enxag**uem**	ou	enx**á**guem

O **trema** deixa de ser usado para assinalar a pronúncia do **u*** em sílabas como gü**e**, gü**i**, qü**e** e qü**i**. Permanece em palavras estrangeiras e em suas derivadas na língua portuguesa

agüentar	*passa a ser*	aguentar
sagüi	*passa a ser*	sagui
freqüência	*passa a ser*	frequência
tranqüilo	*passa a ser*	tranquilo
mülleriano	*continua*	mülleriano

Mudanças no uso do hífen em palavras compostas

Usa-se o hífen em palavras compostas cujos elementos, de natureza nominal, adjetiva, numeral ou verbal compõem uma unidade sintagmática e de significado e mantêm cada um sua acentuação própria (o primeiro elemento pode estar em forma reduzida):

ano-luz, arco-íris, decreto-lei, médico-ortopedista, segundo-tenente, guarda-noturno, mato-grossense, afro-brasileiro, quarta-feira, vermelho-claro, primeira-dama, conta-gotas, marca-passo, tira-teima, bota-fora etc.

Atenção! O Acordo menciona explicitamente as exceções (em compostos nos quais se perdeu em certa medida a noção de composição) que se grafam aglutinadamente:

girassol, madressilva, mandachuva, pontapé, paraquedas (e derivadas desta, como **paraquedista** etc.)

* *mesmo sem o trema, o u continua a ser pronunciado*

Comentário: a definição do conceito da exceção ('em certa medida', 'noção de recomposição') e o 'etc.' final tornam a aplicação desta regra um tanto vaga. A nova edição do Vocabulário Ortográfico define as dúvidas porventura subsistentes. A posição da ABL, no processo de edição do V.O, foi a de não considerar o 'etc.' (e consequentemente muitas outras formas), fazendo valer como exceção apenas as explicitamente mencionadas (acima) e um ou outro caso dito consagrado pela tradição (*passatempo*). Todas as outras, portanto, mantêm o hífen: para-lama, para-brisa, lero-lero, marca-passo, cata-vento, etc.

Segundo o V.O., perdem o hífen composições com **não** (**não violência, não governamental**), quase (**quase perfeito**) e tão (**tão só, tão somente**). E aglutinam-se *anteroesquerdo, posterodireito, superodireito, inferocentral* etc.

Já vigentes na prática, são agora definidos como **regras**:

a) Nos topônimos (nomes de lugares geográficos) usa-se hífen com os prefixos **Grão-** e **Grã-**, em nomes cujo primeiro elemento é **verbal** e quando os elementos estão ligados por **artigos**:

Grão-Pará, Grã-Bretanha, Passa-Quatro, Trás-os-Montes, Todos-os-Santos

b) Têm hífen palavras compostas que designam espécies **botânicas** e **zoológicas**:

couve-flor, erva-doce, andorinha-do-mar, bem-te-vi, leão-marinho

Usa-se hífen (e não travessão) entre elementos que formam um **encadeamento vocabular**:

ponte Rio-Niterói, Alsácia-Lorena, Liberdade-Igualdade-Fraternidade.

Não se usa hífen em locuções (alguns exemplos):

substantivas: **café da manhã, fim de semana, cão de guarda**

adjetivas: **cor de açafrão, cor de vinho**
pronominais: **cada um, ele mesmo, quem quer que seja**
adverbiais: **à toa, à vontade, à parte, depois de amanhã**
prepositivas: **a fim de, acerca de, por meio de, a par de**
conjuncionais: **contanto que, no entanto, logo que**
Exceções consagradas pelo uso: água-de-colônia, arco-da-velha, cor-de-rosa, mais-que-perfeito, pé-de-meia, ao deus-dará, à queima-roupa
Comentário: Também é um tanto vaga a noção de 'consagrada pelo uso', até mesmo porque muitas formas com mais de 50 anos de registro lexicográfico no Brasil e em Portugal não foram tidas como tradicionais: *pé-de-galinha, pé-de-alferes*, etc.

Mudanças no uso do hífen em palavras compostas por prefixação e recomposição

Geralmente, a não ser nas exceções que serão estabelecidas na regras seguintes, em palavras compostas com prefixos ou falsos prefixos (radicais gregos ou latinos que ganharam o significado das palavras das quais faziam parte, como aero, radio, tele etc.) usa-se hífen se o segundo elemento começa por **h**

anti-histórico, super-homem, multi-horário, mini-habitação

Atenção: quando se usam os prefixos **des-** e **in-** caem o **h** e o **hífen**: de**s**umano, i**n**abitável, desonra, i**n**ábil

Também com os prefixos **co-** e **re-** caem o **h** e o **hífen**: co**e**rdar, co**a**bitar, re**a**bilitar, re**a**bitar. Nestes dois últimos casos, o critério é o adotado pela 5ª ed. do VOLP (não mencionado no Acordo).

Passa a se usar hífen entre o prefixo e o segundo elemento quando o prefixo termina na mesma vogal pela qual começa o segundo elemento:
antiinflacionário *passa a ser* anti-inflacionário

teleeducação *passa a ser* tele-educação
neoortodoxia *passa a ser* neo-ortodoxia

Obs.: nos prefixos terminados em **a**, já era o uso vigente, agora consolidado pela regra: contra-almirante, extra-articular, ultra-alto

Exceção:
o prefixo **co-** se aglutina com segundo elemento começado por **o**: cooptar, coobrigação
re- se aglutina com palavras começadas por **e**: reeleição, reestudar, reerguer

Usa-se hífen com **circum-** e **pan-** quando seguidos de elemento que começa por **vogal, m** e **n**, além do já citado **h**:

cirumnavegação *passa a ser* circum--navegação
circumediterrâneo *passa a ser* circum--mediterrâneo
circumeridiano *passa a ser* circum--meridiano

Obs.: já era uso vigente para **pan-** e alguns usos de **circum-**, agora ratificados como regra

Usa-se hífen quando o prefixo ou falso prefixo termina **na mesma consoante** pela qual começa o segundo elemento, ou quando este começa por **r** ou **h**

Obs.: São casos desta regra, e também de regra específica do Acordo, o uso de hífen com os prefixos hiper-, inter-, super-, ciber- e nuper- quando o segundo elemento começa por **r** ou **h** (hiper-requintado, inter-resistente, super-radical, inter-hospitalar); **não** se usa hífen em outros casos nos quais o prefixo termina em **consoante** e o segundo elemento começa por **vogal** ou **consoante diferente de h ou r**: subsequência, sublinear, interativo, hiperativo, superabundante, hiperacidez, interlocução

Quando o prefixo ou falso prefixo termina em **vogal** e o segundo elemento começa por **r** ou **s não se usa mais o hífen** e a consoante **r** ou **s é duplicada**:

ultra-som *passa a ser* ultrassom
anti-semita *passa a ser* antissemita
eco-sistema *passa a ser* ecossistema

mini-saia	*passa a ser*	minissaia
mini-raiz	*passa a ser*	minirraiz
contra-regra	*passa a ser*	contrarregra
co-segurar	*passa a ser*	cossegurar
semi-reta	*passa a ser*	semirreta

Não se usa hífen quando o prefixo ou falso prefixo termina em **vogal** e o segundo elemento começa por **vogal diferente** ou **consoante** (se esta for **r** ou **s**, como visto acima, se duplica):

auto-escola	*passa a ser*	autoescola
extra-escolar	*passa a ser*	extraescolar
co-piloto	*passa a ser*	copiloto
supra-sumo	*passa a ser*	suprassumo
auto-imune	*passa a ser*	autoimune
contra-ordem	*passa a ser*	contraordem

Obs.: Alguns desses usos (antiaéreo, plurianual, prefixo seguido de consoante etc.) já eram vigentes, outros não (exemplos acima), agora todos estão submetidos à regra

Alguns casos que não mudam, mas convém lembrar:

Com os prefixos ou falsos prefixos **ex-**, **vice-**, **vizo-**, **pré-**, **pró-** e **pós-** sempre se usa hífen.

Usa-se hífen antes dos sufixos de função adjetiva de origem tupi-guarani **-açu**, **-guaçu** e **-mirim**, quando o primeiro elemento acaba em vogal tônica (*cajá-mirim, cipó-guaçu*) ou quando é preciso diferençar a pronúncia da vogal final da do sufixo (*anda-açu*).

Usa-se hífen nas formas verbais com pronomes átonos (*diga-me, vestir-se, vingá-lo, dizer-lhes*).

Se a quebra de linha ocorre onde há um hífen gramatical, deve-se repetir o hífen no início da linha seguinte.

Locuções

Não se usa hífen em locuções de qualquer tipo (nominais, adjetivas, pronominais, adverbiais, prepositivas, conjuncionais), com as seguintes exceções: **água-de-colônia, arco-da--velha, cor-de-rosa, mais-que-perfeito, pé-de--meia, ao deus-dará, à queima-roupa**

Assim:

nominais:
água-de-cheiro, café-da-manhã *passam a ser* água de cheiro, café da manhã etc.

adjetivas:
cor-de-abóbora, cor-de-açafrão *passam a ser* cor de abóbora, cor de açafrão etc.

pronominais:
nós mesmos, ela própria

adverbiais:
à-toa, antes-de-ontem *passam a ser* à toa, antes de ontem

prepositivas:
por cima de, a fim de

conjuncionais:
ao passo que, logo que

Atenção! Têm hífen locuções que representam nomes de animais ou vegetais, como, p.ex., bem-te-vi, ave-do-paraíso, sapo-de-unha--preta, orelha-de-macaco, brinco-de-princesa, não-te-esqueças-de-mim, adivinhe-quem-vem--hoje, gente-de-fora-vem-aí, etc

Acordo Ortográfico da Língua Portuguesa (1990)

Base I
Do alfabeto e dos nomes próprios estrangeiros e seus derivados

1º) O alfabeto da língua portuguesa é formado por 26 letras, cada uma delas com uma forma minúscula e outra maiúscula:

a	A	(á)
b	B	(bê)
c	C	(cê)
d	D	(dê)
e	E	(é)
f	F	(efe)
g	G	(gê ou guê)
h	H	(agá)
i	I	(i)
j	J	(jota)
k	K	(capa ou cá)
l	L	(ele)
m	M	(eme)
n	N	(ene)
o	O	(ó)
p	P	(pê)
q	Q	(quê)
r	R	(erre)
s	S	(esse)
t	T	(tê)
u	U	(u)
v	V	(vê)
w	W	(dáblio)
x	X	(xis)
y	Y	(ípsilon)
z	Z	(zê)

Obs.: 1 - Além destas letras, usam-se o ç (cê cedilhado) e os seguintes dígrafos: rr (erre duplo), ss (esse duplo), ch (cê-agá), lh (ele-agá), nh (ene-agá), gu (guê-u) e qu (quê-u).

2 - Os nomes das letras acima sugeridos não excluem outras formas de as designar.

2º) As letras k, w e y usam-se nos seguintes casos especiais:

a) Em antropónimos/antropônimos originários de outras línguas e seus derivados: Franklin, frankliniano; Kant, kantismo, Darwin, darwinismo; Wagner, wagneriano; Byron, byroniano; Taylor, taylorista;

b) Em topónimos/topônimos originários de outras línguas e seus derivados: Kwanza, Kuwait, kuwaitiano; Malawi, malawiano;

c) Em siglas, símbolos e mesmo em palavras adotadas como unidades de medida de curso internacional: TWA, KLM; K-potássio (de kalium) W-oeste (West); kg-quilograma, km-quilómetro, kW-kilowatt, yd-jarda (yard); Watt.

3º) Em congruência com o número anterior, mantém-se nos vocábulos derivados eruditamente de nomes próprios estrangeiros quaisquer combinações gráficas ou sinais diacríticos não peculiares à nossa escrita que figurem nesses nomes: comtista, de Comte, garrettiano, de Garrett; jeffersónia/jeffersônia, de Jefferson;

mülleriano, de Müller, shakespeariano, de Shakespeare.

Os vocabulários autorizados registarão grafias alternativas admissíveis, em casos de divulgação de certas palavras de tal tipo de origem (a exemplo de fúcsia/fúchsia e derivados, buganvília/buganvílea/bougainvíllea).

4º) Os dígrafos finais de origem hebraica ch, ph e th podem conservar-se em formas onomásticas da tradição bíblica, como Baruch, Loth, Moloch, Ziph, ou então simplificar-se: Baruc, Lot, Moloc, Zif. Se qualquer um destes dígrafos, em formas do mesmo tipo, é invariavelmente mudo, elimina-se: José, Nazaré, em vez de Joseph, Nazareth; e se algum deles, por força do uso, permite adaptação, substitui-se, recebendo uma adição vocálica: Judite, em vez de Judith.

5º) As consoantes finais grafadas b, c, d, g e t mantêm-se, quer sejam mudas quer proferidas nas formas onomásticas em que o uso as consagrou, nomeadamente antropónimos/antropônimos e topónimos/topônimos da tradição bíblica: Jacob, Job, Moab, Isaac, David, Gad; Gog, Magog; Bensabat, Josafat.

Integram-se também nesta forma: Cid, em que o d é sempre pronunciado; Madrid e Valladolid, em que o d ora é pronunciado, ora não; e Calecut ou Calicut, em que o t se encontra nas mesmas condições.

Nada impede, entretanto, que dos antropónimos/antropônimos em apreço sejam usados sem a consoante final Jó, Davi e Jacó.

6º) Recomenda-se que os topónimos/topônimos de línguas estrangeiras se substituam, tanto quanto possível, por formas vernáculas, quando estas sejam antigas e ainda vivas em português ou quando entrem, ou possam entrar, no uso corrente. Exemplo: Anvers, substituído por Antuérpia; Cherbourg, por Cherburgo; Garonne, por Garona; Génève, por Genebra; Jutland, por Jutlândia; Milano, por Milão; München, por Munique; Torino, por Turim; Zürich, por Zurique, etc.

Base II
Do h inicial e final

1º) O h inicial emprega-se:

a) Por força da etimologia: haver, hélice, hera, hoje, hora, homem, humor;

b) Em virtude de adoção convencional: hã?, hem?, hum!

2º) O h inicial suprime-se:

a) Quando, apesar da etimologia, a sua supressão está inteiramente consagrada pelo uso: erva, em vez de herva; e, portanto, ervaçal, ervanário, ervoso (em contraste com herbáceo, herbanário, herboso, formas de origem erudita);

b) Quando, por via de composição, passa a interior e o elemento em que figura se aglutina ao precedente: biebdomadário, desarmonia, desumano, exaurir, inábil, lobisomem, reabilitar, reaver.

3º) O h inicial mantém-se, no entanto, quando numa palavra composta pertence a um elemento que está ligado ao anterior por meio de hífen: anti-higiénico/anti-higiênico, contra-haste, pré-história, sobre-humano.

4º) O h final emprega-se em interjeições: ah! oh!

Base III
Da homofonia de certos grafemas consonânticos

Dada a homofonia existente entre certos grafemas consonânticos, torna-se necessário diferenciar os seus empregos, que fundamentalmente se regulam pela história das palavras. É certo que a variedade das condições em que se fixam na escrita os grafemas consonânticos homófonos nem sempre permite fácil diferenciação dos casos em que se deve empregar uma letra e daqueles em que, diversamente, se deve empregar outra, ou outras, a representar o mesmo som.

Nesta conformidade, importa notar, principalmente, os seguintes casos:

1º) Distinção gráfica entre ch e x: achar, archote, bucha, capacho, capucho, chamar, chave, Chico, chiste, chorar, colchão, colchete, endecha, estrebucha, facho, ficha, flecha, frincha, gancho, inchar, macho, mancha, murchar, nicho, pachorra, pecha, pechincha, penacho, rachar, sachar, tacho; ameixa, anexim, baixel, baixo, bexiga, bruxa, coaxar, coxia, debuxo, deixar, eixo, elixir, enxofre, faixa, feixe, madeixa, mexer, oxalá, praxe, puxar, rouxinol, vexar, xadrez, xarope, xenofobia, xerife, xícara.

2º) Distinção gráfica entre g, com valor de fricativa palatal, e j: adágio, alfageme, Álgebra, algema, algeroz, Algés, algibebe, algibeira, álgido, almargem, Alvorge, Argel, estrangeiro, falange, ferrugem, frigir, gelosia, gengiva, gergelim, geringonça, Gibraltar, ginete, ginja, girafa, gíria, herege, relógio, sege, Tânger, virgem; adjetivo, ajeitar, ajeru (nome de planta indiana e de uma espécie de papagaio), canjerê, canjica, enjeitar, granjear, hoje, intrujice, jecoral, jejum, jeira, jeito, Jeová, jenipapo, jequiri, jequitibá, Jeremias, Jericó, jerimum, Jerónimo, Jesus, jibóia, jiquipanga, jiquiró, jiquitaia, jirau, jiriti, jitirana, laranjeira, lojista, majestade, majestoso, manjerico, manjerona, mucujê, pajé, pegajento, rejeitar, sujeito, trejeito.

3º) Distinção gráfica entre as letras, s, ss, c, ç e x, que representam sibilantes surdas: ânsia, ascensão, aspersão, cansar, conversão, esconso, farsa, ganso, imenso, mansão, mansarda, manso, pretensão, remanso, seara, seda, Seia, Sertã, Sernancelhe, serralheiro, Singapura, Sintra, sisa, tarso, terso, valsa; abadessa, acossar, amassar, arremessar, Asseiceira, asseio, atravessar, benesse, Cassilda, codesso (identicamente Codessal ou Codassal, Codesseda, Codessoso, etc.), crasso, devassar, dossel, egresso, endossar, escasso, fosso, gesso, molosso, mossa, obsessão, pêssego, possesso, remessa, sossegar; acém, acervo, alicerce, cebola, cereal, Cernache, cetim, Cinfães, Escócia, Macedo, obcecar, percevejo; açafate, açorda, açúcar, almaço, atenção, berço, Buçaco, caçange, caçula, caraça, dançar, Eça, enguiço, Gonçalves, inserção, linguiça, maçada, Mação, maçar, Moçambique, Monção, muçulmano, murça, negaça, pança, peça, quiçaba, quiçaça, quiçama, quiçamba, Seiça (grafia que pretere as errôneas/errôneas Ceiça e Ceissa), Seiçal, Suíça, terço; auxílio, Maximiliano, Maximino, máximo, próximo, sintaxe.

4º) Distinção gráfica entre s de fim de sílaba (inicial ou interior) e x e z com idêntico valor fónico/fônico: adestrar, Calisto, escusar, esdrúxulo, esgotar, esplanada, esplêndido, espontâneo, espremer, esquisito, estender, Estremadura, Estremoz, inesgotável; extensão, explicar, extraordinário, inextricável, inexperto, sextante, têxtil; capazmente, infelizmente, velozmente. De acordo com esta distinção convém notar dois casos:

a) Em final de sílaba que não seja final de palavra, o x = s muda para s sempre que está precedido de i ou u: justapor, justalinear, misto, sistino (cf. Capela Sistina), Sisto, em vez de juxtapor, juxtalinear, mixto, sixtina, Sixto;

b) Só nos advérbios em -mente se admite z, com valor idêntico ao de s, em final de sílaba seguida de outra consoante (cf. capazmente, etc.); de contrário, o s toma sempre o lugar do z: Biscaia, e não Bizcaia;

5º) Distinção gráfica entre s final de palavra e x e z com idêntico valor fónico/fônico: aguarrás, aliás, anis, após, atrás, através, Avis, Brás, Dinis, Garcês, gás, Gerês, Inês, íris, Jesus, jus, lápis, Luís, país, português, Queirós, quis, retrós, revés, Tomás, Valdês; cálix, Félix, Fénix, flux; assaz, arroz, avestruz, dez, diz, fez (substantivo e forma do verbo fazer), fiz, Forjaz, Galaaz, giz, jaez, matiz, petiz, Queluz, Romariz, [Arcos de] Valdevez, Vaz. A propósito, deve observar-se que é inadmissível z final equivalente a s em palavra não oxítona: Cádis, e não Cádiz.

6º) Distinção gráfica entre as letras interiores s, x e z, que representam sibilantes sonoras: aceso, analisar, anestesia, artesão, asa, asilo, Baltasar, besouro, besuntar, blusa, brasa, brasão, Brasil, brisa, [Marco de] Canaveses, coliseu, defesa, duquesa, Elisa, empresa, Ermesinde, Esposende, frenesi ou frenesim, frisar, guisa, improviso, jusante, liso, lousa, Lousã, Luso (nome de lugar, homónimo/homônimo de Luso, nome mitológico), Matosinhos, Meneses, Narciso, Nisa, obséquio, ousar, pesquisa, portuguesa, presa, raso, represa, Resende, sacerdotisa, Sesimbra, Sousa, surpresa, tisana, transe, trânsito, vaso; exalar, exemplo, exibir, exorbitar, exuberante, inexato, inexorável; abalizado, alfazema, Arcozelo, autorizar, azar, azedo, azo, azorrague, baliza, bazar, beleza, buzina, búzio, comezinho, deslizar, deslize, Ezequiel, fuzileiro, Galiza, guizo, helenizar, lambuzar, lezíria, Mouzinho, proeza, sazão, urze, vazar, Veneza, Vizela, Vouzela.

Base IV
Das sequências consonânticas

1º) O c, com valor de oclusiva velar, das sequências interiores cc (segundo c com valor de sibilante), cç e ct, e o p das sequências interiores pc (c com valor de sibilante), pç e pt, ora se conservam, ora se eliminam.

Assim:

a) Conservam-se nos casos em que são invariavelmente proferidos nas pronúncias cultas da língua: compacto, convicção, convicto, ficção, friccionar, pacto, pictural; adepto, apto, díptico, erupção, eucalipto, inepto, núpcias, rapto;

b) Eliminam-se nos casos em que são invariavelmente mudos nas pronúncias cultas da língua: ação, acionar, afetivo, aflição, aflito, ato, coleção, coletivo, direção, diretor, exato, objeção; adoção, adotar, batizar, Egito, ótimo;

c) Conservam-se ou eliminam-se facultativamente, quando se proferem numa pronúncia culta, quer geral quer restritamente, ou então quando oscilam entre a prolação e o emudecimento: aspecto e aspeto, cacto e cato, caracteres e carateres, dicção e dição; facto e fato, sector e setor; ceptro e cetro, concepção e conceção, corrupto e corruto, recepção e receção;

d) Quando, nas sequências interiores mpc, mpç e mpt se eliminar o p de acordo com o determinado nos parágrafos precedentes, o m passa a n, escrevendo-se, respetivamente, nc, nç e nt: assumpcionista e assuncionista; assumpção e assunção; assumptível e assuntível; peremptório e perentório, sumptuoso e suntuoso, sumptuosidade e suntuosidade.

2º) Conservam-se ou eliminam-se, facultativamente, quando se proferem numa pronúncia culta, quer geral, quer restritamente, ou então quando oscilam entre a prolação e o emudecimento: o b da sequência bd, em súbdito; o b da sequência bt, em subtil e seus derivados; o g da sequência gd, em amígdala, amigdalácea, amigdalar, amigdalato, amigdalite, amigdalóide, amigdalopatia, amigdalotomia; o m da sequência mn, em amnistia, amnistiar, indemne, indemnidade, indemnizar, omnímodo, omnipotente, omnisciente, etc.; o t da sequência tm, em aritmética e aritmético.

Base V
Das vogais átonas

1º) O emprego do e e do i, assim como o do o e do u, em sílaba átona, regula-se fundamentalmente pela etimologia e por particularidades da história das palavras. Assim se estabelecem variadíssimas grafias:

a) Com e e i: ameaça, amealhar, antecipar, arrepiar, balnear, boreal, campeão, cardeal (prelado, ave, planta; diferente de cardial = «relativo à cárdia»), Ceará, côdea, enseada, enteado, Floreal, janeanes, lêndea, Leonardo, Leonel, Leonor, Leopoldo, Leote, linear, meão, melhor, nomear, peanha, quase (em vez de quási), real, semear, semelhante, várzea; ameixial, Ameixieira, amial, amieiro, arrieiro, artilharia, capitânia, cordial (adjetivo e substantivo), corriola, crânio, criar, diante, diminuir, Dinis, ferregial, Filinto, Filipe (e identicamente Filipa, Filipinas, etc.), freixial, giesta, Idanha, igual, imiscuir-se, inigualável, lampião, limiar, Lumiar, lumieiro, pátio, pior, tigela, tijolo, Vimieiro, Vimioso;

b) Com o e u: abolir, Alpendorada, assolar, borboleta, cobiça, consoada, consoar, costume, díscolo, êmbolo, engolir, epístola, esbaforir-se, esboroar, farândola, femoral, Freixoeira, girândola, goela, jocoso, mágoa, névoa, nódoa, óbolo, Páscoa, Pascoal, Pascoela, polir, Rodolfo, távoa, tavoada, távola, tômbola, veio (substantivo e forma do verbo vir); açular, água, aluvião, arcuense, assumir, bulir, camândulas, curtir, curtume, embutir, entupir, fémur/fêmur, fístula, glândula, ínsua, jucundo, légua, Luanda, lucubração, lugar, mangual, Manuel, míngua, Nicarágua, pontual, régua, tábua, tabuada, tabuleta, trégua, vitualha.

2º) Sendo muito variadas as condições etimológicas e histórico-fonéticas em que se fixam graficamente e e i ou o e u em sílaba átona, é evidente que só a consulta dos vocabulários ou dicionários pode indicar, muitas vezes, se deve empregar-se e ou i, se o ou u. Há, todavia, alguns casos em que o uso dessas vogais pode ser facilmente sistematizado. Convém fixar os seguintes:

a) Escrevem-se com e, e não com i, antes da sílaba tónica/tônica, os substantivos e adjetivos que procedem de substantivos terminados em -eio e -eia, ou com eles estão em relação direta. Assim se regulam: aldeão, aldeola, aldeota por aldeia; areal, areeiro, areento, Areosa por areia; aveal por aveia; baleal por baleia; cadeado por cadeia; candeeiro por candeia; centeeira e centeeiro por centeio; colmeal e colmeeiro por colmeia; correada e correame por correia;

b) Escrevem-se igualmente com e, antes de vogal ou ditongo da sílaba tónica/tônica, os derivados de palavras que terminam em e acentuado (o qual pode representar um antigo hiato: ea, ee): galeão, galeota, galeote, de galé; coreano, de Coreia; daomeano, de Daomé; guineense, de Guiné; poleame e poleeiro, de polé;

c) Escrevem-se com i, e não com e, antes da sílaba tónica/tônica, os adjetivos e substantivos derivados em que entram os sufixos mistos de formação vernácula -iano e -iense, os quais são o resultado da combinação dos sufixos -ano e -ense com um i de origem analógica (baseado em palavras onde -ano e -ense estão precedidos de i pertencente ao tema: horaciano, italiano, duriense, flaviense, etc.): açoriano, acriano (de Acre), camoniano, goisiano (relativo a Damião de Góis), siniense (de Sines), sofocliano, torriano, torriense [de Torre(s)];

d) Uniformizam-se com as terminações -io e -ia (átonas), em vez de -eo e -ea, os substantivos que constituem variações, obtidas por ampliação, de outros substantivos terminados em vogal: cúmio (popular), de cume; hástia, de haste; réstia, do antigo reste; véstia, de veste;

e) Os verbos em -ear podem distinguir-se praticamente grande número de vezes dos verbos em -iar, quer pela formação, quer pela conjugação e formação ao mesmo tempo. Estão no primeiro caso todos os verbos que se prendem a substantivos em -eio ou -eia (sejam formados em português ou venham já do latim); assim se regulam: aldear, por aldeia; alhear, por alheio; cear, por ceia; encadear, por cadeia; pear, por peia; etc. Estão no segundo caso todos os verbos que têm normalmente flexões rizotónicas/rizotônicas em -eio, -eias, etc.: clarear, delinear, devanear, falsear, granjear, guerrear, hastear, nomear, semear, etc. Existem, no entanto, verbos em -iar, ligados a substantivos com as terminações átonas -ia ou -io, que admitem variantes na conjugação: negoceio ou negocio (cf. negócio); premeio ou premio (cf. prémio/prêmio), etc.;

f) Não é lícito o emprego do u final átono em palavras de origem latina. Escreve-se, por isso: moto, em vez de mótu (por exemplo, na expressão de moto próprio); tribo, em vez de tríbu;

g) Os verbos em -oar distinguem-se praticamente dos verbos em -uar pela sua conjugação nas formas rizotónicas/rizotônicas, que têm sempre o na sílaba acentuada: abençoar com o, como abençoo, abençoas, etc.; destoar, com o, como destoo, destoas, etc.; mas acentuar, com u, como acentuo, acentuas, etc.

Base VI
Das vogais nasais

Na representação das vogais nasais devem observar-se os seguintes preceitos:

1º) Quando uma vogal nasal ocorre em fim de palavra, ou em fim de elemento seguido de hífen, representa-se a nasalidade pelo til, se essa vogal é de timbre a; por m, se possui qualquer outro timbre e termina a palavra; e por n, se é de timbre diverso de a e está seguida de s: afã, grã, Grã-Bretanha, lã, órfã, sã-braseiro (forma dialetal; o mesmo que são-brasense = de S. Brás de Alportel); clarim, tom, vacum; flautins, semitons, zunzuns.

2º) Os vocábulos terminados em -ã transmitem esta representação do a nasal aos advérbios em -mente que deles se formem, assim como a derivados em que entrem sufixos iniciados por z: cristãmente, irmãmente, sãmente; lãzudo, maçãzita, manhãzinha, romãzeira.

Base VII
Dos ditongos

1º) Os ditongos orais, que tanto podem ser tónicos/tônicos como átonos, distribuem-se por dois grupos gráficos principais, conforme o segundo elemento do ditongo é representado por i ou u: ai, ei, éi, ui; au, eu, éu, iu, ou; braçais, caixote, deveis, eirado, farnéis (mas farneizinhos), goivo, goivar, lençóis (mas lençoizinhos), tafuis, uivar; cacau, cacaueiro, deu, endeusar, ilhéu (mas ilheuzito), mediu, passou, regougar.

Obs.: Admitem-se, todavia, excecionalmente à parte destes dois grupos, os ditongos grafados ae (= âi ou ai) e ao (= âu ou au): o primeiro, representado nos antropónimos/antropônimos Caetano e Caetana, assim como nos respectivos derivados e compostos (caetaninha, são-caetano, etc.); o segundo, representado nas combinações da preposição a com as formas masculinas do artigo ou pronome demonstrativo o, ou seja, ao e aos.

2º) Cumpre fixar, a propósito dos ditongos orais, os seguintes preceitos particulares:

a) É o ditongo grafado ui, e não a sequência vocálica grafada ue, que se emprega nas formas de 2.ª e 3.ª pessoas do singular do presente do indicativo e igualmente na da 2.ª pessoa do singular do imperativo dos verbos em -uir: constituis, influi, retribui. Harmonizam-se, portanto, essas formas com todos os casos de ditongo grafado ui de sílaba final ou fim de palavra (azuis, fui, Guardafui, Rui, etc.); e ficam assim em paralelo gráfico-fonético com as formas de 2.ª e 3.ª pessoas do singular do presente do indicativo e de 2.ª pessoa do singular do imperativo dos verbos em -air e em -oer: atrais, cai, sai; móis, remói, sói;

b) É o ditongo grafado ui que representa sempre, em palavras de origem latina, a união de um u a um i átono seguinte. Não divergem, portanto, formas como fluido de formas como gratuito. E isso não impede que nos derivados de formas daquele tipo as vogais grafadas u e i se separem: fluídico, fluidez (u-i);

c) Além dos ditongos orais propriamente ditos, os quais são todos decrescentes, admite-se, como é sabido, a existência de ditongos crescentes. Podem considerar-se no número deles as sequências vocálicas pós-tónicas/pós-tônicas, tais as que se representam graficamente por ea, eo, ia, ie, io, oa, ua, ue, uo: áurea, áureo, calúnia, espécie, exímio, mágoa, míngua, ténue/tênue, tríduo.

3º) Os ditongos nasais, que na sua maioria tanto podem ser tónicos/tônicos como átonos, pertencem graficamente a dois tipos fundamentais: ditongos representados por vogal com til e semivogal; ditongos representados por uma vogal seguida da consoante nasal m. Eis a indicação de uns e outros:

a) Os ditongos representados por vogal com til e semivogal são quatro, considerando-se apenas a língua padrão contemporânea: ãe (usado em vocábulos oxítonos e derivados), ãi (usado em vocábulos anoxítonos e derivados), ão e õe. Exemplos: cães, Guimarães, mãe, mãezinha; cãibas, cãibeiro, cãibra, zãibo; mão, mãozinha, não, quão, sótão, sotãozinho, tão; Camões, orações, oraçõezinhas, põe, repões. Ao lado de tais ditongos pode, por exemplo, colocar-se o ditongo ui; mas este, embora se exemplifique numa forma popular como rui = ruim, representa-se sem o til nas formas muito e mui, por obediência à tradição;

b) Os ditongos representados por uma vogal seguida da consoante nasal m são dois: am e em. Divergem, porém, nos seus empregos:

i) am (sempre átono) só se emprega em flexões verbais: amam, deviam, escreveram, puseram;

ii) em (tónico/tônico, ou átono) emprega-se em palavras de categorias morfológicas diversas, incluindo flexões verbais, e pode apresentar variantes gráficas determinadas pela posição, pela acentuação ou, simultaneamente, pela posição e pela acentuação: bem, Bembom, Bemposta, cem, devem, nem, quem, sem, tem, virgem; Bencanta, Benfeito, Benfica, benquisto, bens, enfim, enquanto, homenzarrão, homenzinho, nuvenzinha, tens, virgens, amém (variação de ámen), armazém, convém, mantém, ninguém, porém, Santarém, também; convêm, mantêm, têm (3.as pessoas do plural); armazéns, desdéns, convéns, reténs, Belenzada, vintenzinho.

Base VIII
Da acentuação gráfica das palavras oxítonas

1º) Acentuam-se com acento agudo:

a) As palavras oxítonas terminadas nas vogais tónicas/tônicas abertas grafadas -a, -e ou -o, seguidas ou não de -s: está, estás, já, olá; até, é, és, olé, pontapé(s); avó(s), dominó(s), paletó(s), só(s).

Obs.: Em algumas (poucas) palavras oxítonas terminadas em -e tónico/tônico, geralmente provenientes do francês, esta vogal, por ser articulada nas pronúncias cultas ora como aberta ora como fechada, admite tanto o acento agudo como o acento circunflexo: bebé ou bebê, ou bidé ou bidê, canapé ou canapê, caraté ou caratê, croché ou crochê, guiché ou guichê, matiné ou matinê, nené ou nenê, ponjé ou ponjê, puré ou purê, rapé ou rapê.

O mesmo se verifica com formas como cocó e cocô, ró (letra do alfabeto grego) e rô. São igualmente admitidas formas como judô, a par de judo, e metrô, a par de metro;

b) As formas verbais oxítonas, quando conjugadas com os pronomes clíticos ou lo(s), la(s), ficam a terminar na vogal tónica/tônica aberta grafada -a, após a assimilação e perda das consoantes finais grafadas -r, -s ou -z: adorá-lo(s) [de adorar-lo(s)], dá-la(s) [de dar-la(s) ou dá(s)-la(s)], fá-lo(s) [de faz-lo(s)], fá-lo(s)-ás [de far-lo(s)-ás], habitá-la(s)-iam [de habitar-la(s)-iam], trá-la(s)-á [de trar-la(s)-á)];

c) As palavras oxítonas com mais de uma sílaba terminadas no ditongo nasal grafado -em (excepto as formas da 3.ª pessoa do plural do presente do indicativo dos compostos de ter e vir: retêm, sustêm; advêm, provêm; etc.) ou -ens: acém, detém, deténs, entretém, entreténs, harém, haréns, porém, provém, provéns, também;

d) As palavras oxítonas com os ditongos abertos grafados -éi, -éu ou -ói, podendo estes dois últimos ser seguidos ou não de -s: anéis, batéis, fiéis, papéis; céu(s), chapéu(s), ilhéu(s), véu(s); corrói (de corroer), herói(s), remói (de remoer), sóis.

2º) Acentuam-se com acento circunflexo:

a) As palavras oxítonas terminadas nas vogais tónicas/tônicas fechadas que se grafam -e ou -o, seguidas ou não de -s: cortês, dê, dês (de dar), lê, lês (de ler), português, você(s); avô(s), pôs (de pôr), robô(s);

b) As formas verbais oxítonas, quando conjugadas com os pronomes clíticos -lo(s) ou -la(s), ficam a terminar nas vogais tónicas/tônicas fechadas que se grafam -e ou -o, após a assimilação e perda das consoantes finais grafadas -r, -s ou -z: detê-lo(s) [de deter-lo(s)], fazê-la(s) [de fazer-la(s)], fê-lo(s) [de fez-lo(s)], vê-la(s) [de ver-la(s)], compô-la(s) [de compor-la(s)], repô-la(s) [de repor-la(s)], pô-la(s) [de por-la(s) ou pôs-la(s)].

3º) Prescinde-se de acento gráfico para distinguir palavras oxítonas homógrafas, mas heterofónicas/heterofônicas, do tipo de cor (ô), substantivo, e cor (ó), elemento da locução de cor; colher (ê), verbo, e colher (é), substantivo. Excetua-se a forma verbal pôr, para a distinguir da preposição por.

Base IX
Da acentuação gráfica das palavras paroxítonas

1º) As palavras paroxítonas não são em geral acentuadas graficamente: enjoo, grave, homem, mesa, Tejo, vejo, velho, voo; avanço, floresta; abençoo, angolano, brasileiro; descobrimento, graficamente, moçambicano.

2º) Recebem, no entanto, acento agudo:

a) As palavras paroxítonas que apresentam na sílaba tónica/tônica as vogais abertas grafadas a, e, o e ainda i ou u e que terminam em -l, -n, -r, -x e -ps, assim como, salvo raras exceções, as respetivas formas do plural, algumas das quais passam a proparoxítonas: amável (pl. amáveis), Aníbal, dócil (pl. dóceis) dúctil (pl. dúcteis), fóssil (pl. fósseis), réptil (pl. répteis; var. reptil, pl. reptis); cármen (pl. cármenes ou carmens; var. carme, pl. carmes);

dólmen (pl. dólmenes ou dolmens), éden (pl. édenes ou edens), líquen (pl. líquenes), lúmen (pl. lúmenes ou lumens); açúcar (pl. açúcares), almíscar (pl. almíscares), cadáver (pl. cadáveres), caráter ou carácter (mas pl. carateres ou caracteres), ímpar (pl. ímpares); Ajax, córtex (pl. córtex; var. córtice, pl. córtices), índex (pl. index; var. índice, pl. índices), tórax (pl. tórax ou tóraxes; var. torace, pl. toraces); bíceps (pl. bíceps; var. bicípite, pl. bicípites), fórceps (pl. fórceps; var. fórcipe, pl. fórcipes).

Obs.: Muito poucas palavras deste tipo, com as vogais tónicas/tônicas grafadas e e o em fim de sílaba, seguidas das consoantes nasais grafadas m e n, apresentam oscilação de timbre nas pronúncias cultas da língua e, por conseguinte, também de acento gráfico (agudo ou circunflexo): sémen e sêmen, xénon e xênon; fémur e fêmur, vómer e vômer, Fénix e Fênix, ónix e ônix;

b) As palavras paroxítonas que apresentam na sílaba tónica/tônica as vogais abertas grafadas a, e, o e ainda i ou u e que terminam em -ã(s), -ão(s), -ei(s), -i(s), -um, -uns, ou -us: órfã (pl. órfãs), acórdão (pl. acórdãos), órfão (pl. órfãos), órgão (pl. órgãos), sótão (pl. sótãos); hóquei, jóquei (pl. jóqueis), amáveis (pl. de amável), fáceis (pl. de fácil), fósseis (pl. de fóssil), amáreis (de amar), amáveis (id.), cantaríeis (de cantar), fizéreis (de fazer), fizésseis (id.); beribéri (pl. beribéris), bílis (sg. e pl.), íris (sg. e pl.), júri (pl. júris), oásis (sg. e pl.); álbum (pl. álbuns), fórum (pl. fóruns); húmus (sg. e pl.), vírus (sg. e pl.).

Obs.: Muito poucas paroxítonas deste tipo, com as vogais tónicas/tônicas grafadas e e o em fim de sílaba, seguidas das consoantes nasais grafadas m e n, apresentam oscilação de timbre nas pronúncias cultas da língua, o qual é assinalado com acento agudo, se aberto, ou circunflexo, se fechado: pónei e pônei; gónis e gônis, pénis e pênis, ténis e tênis; bónus e bônus, ónus e ônus, tónus e tônus, Vénus e Vênus.

3º) Não se acentuam graficamente os ditongos representados por ei e oi da sílaba tónica/tônica das palavras paroxítonas, dado que existe oscilação em muitos casos entre o fechamento e a abertura na sua articulação: assembleia, boleia, ideia, tal como aldeia, baleia, cadeia, cheia, meia; coreico, epopeico, onomatopeico, proteico; alcaloide, apoio (do verbo apoiar), tal como apoio (subst.), Azoia, boia, boina, comboio (subst.), tal como comboio, comboias, etc. (do verbo comboiar), dezoito, estroina, heroico, introito, jiboia, moina, paranoico, zoina.

4º) É facultativo assinalar com acento agudo as formas verbais de pretérito perfeito do indicativo, do tipo amámos, louvámos, para as distinguir das correspondentes formas do presente do indicativo (amamos, louvamos), já que o timbre da vogal tónica/tônica é aberto naquele caso em certas variantes do português.

5º) Recebem acento circunflexo:

a) As palavras paroxítonas que contêm, na sílaba tónica/tônica, as vogais fechadas com a grafia a, e, o e que terminam em -l, -n, -r ou -x, assim como as respetivas formas do plural, algumas das quais se tornam proparoxítonas: cônsul (pl. cônsules), pênsil (pl. pênseis), têxtil (pl. têxteis); cânon, var. cânone (pl. cânones), plâncton (pl. plânctons); Almodôvar, aljôfar (pl. aljôfares), âmbar (pl. âmbares), Câncer, Tânger; bômbax (sg. e pl.), bômbix, var. bômbice (pl. bômbices);

b) As palavras paroxítonas que contêm, na sílaba tónica/tônica, as vogais fechadas com a grafia a, e, o e que terminam em -ão(s), -eis, -i(s) ou -us: bênção(s), côvão(s), Estêvão, zângão(s); devêreis (de dever), escrevêsseis (de escrever), fôreis (de ser e ir), fôsseis (id.), pênseis (pl. de pênsil), têxteis (pl. de têxtil); dândi(s), Mênfis; ânus;

c) As formas verbais têm e vêm, 3.as pessoas do plural do presente do indicativo de ter e vir, que são foneticamente paroxítonas (ver documento original); cf. as antigas grafias preteridas, (ver documento original), a fim de distinguirem de tem e vem, 3.as pessoas do singular do presente do indicativo ou 2.as pessoas do singular do imperativo; e também as correspondentes formas compostas, tais como: abstêm (cf. abstém), advêm (cf. advém), contêm (cf. contém), convêm (cf. convém), desconvêm (cf. desconvém), detêm (cf. detém), entretêm (cf. entretém), intervêm (cf. intervém), mantêm (cf. mantém), obtêm (cf. obtém), provêm (cf. provém), sobrevêm (cf. sobrevém.

Obs.: Também neste caso são preteridas as antigas grafias (ver documento original).

6º) Assinalam-se com acento circunflexo:

a) Obrigatoriamente, pôde (3.ª pessoa do singular do pretérito perfeito do indicativo), que se distingue da correspondente forma do presente do indicativo (pode);

b) Facultativamente, dêmos (1.ª pessoa do plural do presente do conjuntivo), para se distinguir da correspondente forma do pretérito perfeito do indicativo (demos); fôrma (substantivo), distinta de forma (substantivo; 3.ª pessoa do singular do presente do indicativo ou 2.ª pessoa do singular do imperativo do verbo formar).

7º) Prescinde-se de acento circunflexo nas formas verbais paroxítonas que contêm um e tónico/tônico oral fechado em hiato com a terminação -em da 3.ª pessoa do plural do presente do indicativo ou do conjuntivo, conforme os casos: creem, deem (conj.), descreem, desdeem (conj.), leem, preveem, redeem (conj.), releem, reveem, tresleem, veem.

8º) Prescinde-se igualmente do acento circunflexo para assinalar a vogal tónica/tônica fechada com a grafia o em palavras paroxítonas como enjoo, substantivo e flexão de enjoar, povoo, flexão de povoar, voo, substantivo e flexão de voar, etc.

9º) Prescinde-se, quer do acento agudo, quer do circunflexo, para distinguir palavras paroxítonas que, tendo respetivamente vogal tónica/tônica aberta ou fechada, são homógrafas de palavras proclíticas. Assim, deixam de se distinguir pelo acento gráfico: para (á), flexão de parar, e para, preposição; pela(s) (é), substantivo e flexão de pelar, e pela(s), combinação de per e la(s); pelo (é), flexão de pelar, e pelo(s) (ê), substantivo ou combinação de per e lo(s); polo(s) (ó), substantivo, e polo(s), combinação antiga e popular de por e lo(s); etc.

10º) Prescinde-se igualmente de acento gráfico para distinguir paroxítonas homógrafas heterofónicas/heterofônicas do tipo de acerto (ê), substantivo e acerto (é), flexão de acertar; acordo (ô), substantivo, e acordo (ó), flexão de acordar; cerca (ê), substantivo, advérbio e elemento da locução prepositiva cerca de, e cerca (é), flexão de cercar; coro (ô), substantivo, e coro (ó), flexão de corar; deste (ê), contração da preposição de com o demonstrativo este, e deste (é), flexão de dar; fora (ô), flexão de ser e ir, e fora (ó), advérbio, interjeição e substantivo; piloto (ô), substantivo, e piloto (ó), flexão de pilotar, etc.

Base X
Da acentuação das vogais tónicas/tônicas grafadas i e u das palavras oxítonas e paroxítonas

1º) As vogais tónicas/tônicas grafadas i e u das palavras oxítonas e paroxítonas levam acento agudo quando antecedidas de uma vogal com que não formam ditongo e desde que não constituam sílaba com a eventual consoante seguinte, excetuando o caso de s: adaís (pl. de adail), aí, atraí (de atrair), baú, caís, (de cair), Esaú, jacuí, Luís, país, etc.; alaúde, amiúde, Araújo, Ataíde, atraíam (de atrair), atraísse (id.), baía, balaústre, cafeína, ciúme, egoísmo, faísca, faúlha, graúdo, influíste (de influir), juízes, Luísa, miúdo, paraíso, raízes, recaída, ruína, saída, sanduíche, etc.

2º) As vogais tónicas/tônicas grafadas i e u das palavras oxítonas e paroxítonas não levam acento agudo quando, antecedidas de vogal com que não formam ditongo, constituem sílaba com a consoante seguinte, como é o caso de nh, l, m, n, r e z: bainha, moinho, rainha; adail, paul, Raul; Aboim, Coimbra, ruim; ainda, constituinte, oriundo, ruins, triunfo; at - (ver documento original).

3º) Em conformidade com as regras anteriores leva acento agudo a vogal tónica/tônica grafada i das formas oxítonas terminadas em r dos verbos em -air e -uir, quando estas se combinam com as formas pronominais clíticas -lo(s), -la(s), que levam à assimilação e perda daquele -r: atraí-lo(s) [de atraír-lo(s)]; atraí-lo(s)-ia [de atrair-lo(s)-ia)]; possuí-la(s) [de possuir--la(s)]; possuí-la(s)-ia [de possuir-la(s)-ia)].

4º) Prescinde-se do acento agudo nas vogais tónicas/tônicas grafadas i e u das palavras paroxítonas, quando elas estão precedidas de ditongo: baiuca, boiuno, cauila (var. cauira), cheiinho (de cheio), saiinha (de saia).

5º) Levam, porém, acento agudo as vogais tónicas/tônicas grafadas i e u quando, precedidas de ditongo, pertencem a palavras oxítonas e estão em posição final ou seguidas de s: Piauí, teiú, teiús, tuiuiú, tuiuiús.

Obs.: Se, neste caso, a consoante final for diferente de s, tais vogais dispensam o acento agudo: cauim.

6º) Prescinde-se do acento agudo nos ditongos tónicos/tônicos grafados iu e ui, quando precedidos de vogal: distraiu, instruiu, pauis (pl. de paul).

7º) Os verbos arguir e redarguir prescindem do acento agudo na vogal tónica/tônica grafada u nas formas rizotónicas/rizotônicas: arguo, arguis, argui, arguem; argua, arguas, argua, arguam. Os verbos do tipo de aguar, apaniguar, apaziguar, apropinquar, averiguar, desaguar, enxaguar, obliquar, delinquir e afins, por oferecerem dois paradigmas, ou têm as formas rizotónicas/rizotônicas igualmente acentuadas no u mas sem marca gráfica (a exemplo de averiguo, averiguas, averigua, averiguam; averigue, averigues, averigue, averiguem; enxaguo, enxaguas, enxagua, enxaguam; enxague, enxagues, enxague, enxaguem, etc.; delinquo, delinquis, delinqui, delinquem; mas delinquimos, delinquís) ou têm as formas rizotónicas/rizotônicas acentuadas fónica/fônica e graficamente nas vogais a ou i radicais (a exemplo de averíguo, averíguas, averígua, averíguam; averígue, averígues, averígue, averíguem; enxáguo, enxáguas, enxágua, enxáguam; enxágue, enxágues, enxágue, enxáguem; delínquo, delínques, delínque, delínquem; delínqua, delínquas, delínqua, delínquam).

Obs.: Em conexão com os casos acima referidos, registe-se que os verbos em -ingir (atingir, cingir, constringir, infringir, tingir, etc.) e os verbos em -inguir sem prolação do u (distinguir, extinguir, etc.) têm grafias absolutamente regulares (atinjo, atinja atinge, atingimos, etc.; distingo, distinga, distingue, distinguimos, etc.).

Base XI
Da acentuação gráfica das palavras proparoxítonas

1º) Levam acento agudo:

a) As palavras proparoxítonas que apresentam na sílaba tónica/tônica as vogais abertas grafadas a, e, o e ainda i, u ou ditongo oral começado por vogal aberta: árabe, cáustico, Cleópatra, esquálido, exército, hidráulico, líquido, míope, músico, plástico, prosélito, público, rústico, tétrico, último;

b) As chamadas proparoxítonas aparentes, isto é, que apresentam na sílaba tónica/tônica as vogais abertas grafadas a, e, o e ainda i, u ou ditongo oral começado por vogal aberta, e que terminam por sequências vocálicas pós-tónicas/pós-tônicas praticamente consideradas como ditongos crescentes (-ea, -eo, -ia, -ie, -io, -oa, -ua, -uo, etc.): álea, náusea; etéreo, níveo; enciclopédia, glória; barbárie, série; lírio, prélio; mágoa, nódoa; exígua, língua; exíguo, vácuo.

2º) Levam acento circunflexo:

a) As palavras proparoxítonas que apresentam na sílaba tónica/tônica vogal fechada ou ditongo com a vogal básica fechada: anacreôntico, brêtema, cânfora, cômputo, devêramos (de dever), dinâmico, êmbolo, excêntrico, fôssemos (de ser e ir), Grândola, hermenêutica, lâmpada, lôstrego, lôbrego, nêspera, plêiade, sôfrego, sonâmbulo, trôpego;

b) As chamadas proparoxítonas aparentes, isto é, que apresentam vogais fechadas na sílaba tónica/tônica e terminam por sequências vocálicas pós-tónicas/pós-tônicas praticamente consideradas como ditongos crescentes: amêndoa, argênteo, côdea, Islândia, Mântua, serôdio.

3º) Levam acento agudo ou acento circunflexo as palavras proparoxítonas, reais ou aparentes, cujas vogais tónicas/tônicas grafadas e ou o estão em final de sílaba e são seguidas das consoantes nasais grafadas m ou n, conforme o seu timbre é, respetivamente, aberto ou fechado nas pronúncias cultas da língua: académico/acadêmico, anatómico/anatômico, cénico/cênico, cómodo/cômodo, fenómeno/fenômeno, género/gênero, topónimo/topônimo; Amazónia/Amazônia, António/Antônio, blasfémia/blasfêmia, fémea/fêmea, gémeo/gêmeo, génio/gênio, ténue/tênue.

Base XII
Do emprego do acento grave

1º) Emprega-se o acento grave:

a) Na contração da preposição a com as formas femininas do artigo ou pronome demonstrativo o: à (de a + a), às (de a + as);

b) Na contração da preposição a com os demonstrativos aquele, aquela, aqueles, aquelas e aquilo ou ainda da mesma preposição com os compostos aqueloutro e suas flexões: àquele(s), àquela(s), àquilo; àqueloutro(s), àqueloutra(s).

Base XIII
Da supressão dos acentos em palavras derivadas

1º) Nos advérbios em -mente, derivados de adjetivos com acento agudo ou circunflexo, estes são suprimidos: avidamente (de ávido), debilmente (de débil), facilmente (de fácil), habilmente (de hábil), ingenuamente (de ingénuo), lucidamente (de lúcido), mamente (de má), somente (de só), unicamente (de único), etc.; candidamente (de cândido), cortesmente (de cortês), dinamicamente (de dinâmico), espontaneamente (de espontâneo), portuguesmente (de português), romanticamente (de romântico).

2º) Nas palavras derivadas que contêm sufixos iniciados por z e cujas formas de base apresentam vogal tónica/tônica com acento agudo ou circunflexo, estes são suprimidos: aneizinhos (de anéis), avozinha (de avó), bebezito (de bebé), cafezada (de café), chapeuzinho (de chapéu), chazeiro (de chá), heroizito (de herói), ilheuzito (de ilhéu), mazinha (de má), orfãozinho (de órfão), vintenzito (de vintém), etc.; avozinho (de avô), bençãozinha (de bênção), lampadazita (de lâmpada), pessegozito (de pêssego).

Base XIV
Do trema

O trema, sinal de diérese, é inteiramente suprimido em palavras portuguesas ou aportuguesadas. Nem sequer se emprega na poesia, mesmo que haja separação de duas vogais que normalmente formam ditongo: saudade, e não saüdade, ainda que tetrassílabo; saudar, e não saüdar, ainda que trissílabo; etc.

Em virtude desta supressão, abstrai-se de sinal especial, quer para distinguir, em sílaba átona, um i ou um u de uma vogal da sílaba anterior, quer para distinguir, também em sílaba átona, um i ou um u de um ditongo precedente, quer para distinguir, em sílaba tónica/tônica ou átona, o u de gu ou de qu de um e ou i seguintes: arruinar, constituiria, depoimento, esmiuçar, faiscar, faulhar, oleicultura, paraibano, reunião; abaiucado, auiqui, caiuá, cauixi, piauiense; aguentar, anguiforme, arguir, bilíngue (ou bilingue), lingueta, linguista, linguístico; cinquenta, equestre, frequentar, tranquilo, ubiquidade.

Obs.: Conserva-se, no entanto, o trema, de acordo com a base I, 3º), em palavras derivadas de nomes próprios estrangeiros: hübneriano, de Hübner, mülleriano, de Müller, etc.

Base XV
Do hífen em compostos, locuções e encadeamentos vocabulares

1º) Emprega-se o hífen nas palavras compostas por justaposição que não contêm formas de ligação e cujos elementos, de natureza nominal, adjetival, numeral ou verbal, constituem uma unidade sintagmática e semântica e mantêm acento próprio, podendo dar-se o caso de o primeiro elemento estar reduzido: ano-luz, arcebispo-bispo, arco-íris, decreto-lei, és-sueste, médico-cirurgião, rainha-cláudia, tenente-coronel, tio-avô, turma-piloto; alcaide-mor, amor-perfeito, guarda-noturno, mato-grossense, norte-americano, porto-alegrense, sul-africano; afro-asiático, afro-luso-brasileiro, azul-escuro, luso-brasileiro, primeiro-ministro, primeiro-sargento, primo-infeção, segunda-feira; conta-gotas, finca-pé, guarda-chuva.

Obs.: Certos compostos, em relação aos quais se perdeu, em certa medida, a noção de composição, grafam-se aglutinadamente: girassol, madressilva, mandachuva, pontapé, paraquedas, paraquedista, etc.

2º) Emprega-se o hífen nos topónimos/topônimos compostos iniciados pelos adjetivos grã, grão ou por forma verbal ou cujos elementos estejam ligados por artigo: Grã-Bretanha, Grão-Pará; Abre-Campo; Passa-Quatro, Quebra-Costas, Quebra-Dentes, Traga-Mouros, Trinca-Fortes; Albergaria-a-Velha, Baía de Todos-os-Santos, Entre-os-Rios, Montemor-o-Novo, Trás-os-Montes.

Obs.: Os outros topónimos/topônimos compostos escrevem-se com os elementos separados, sem hífen: América do Sul, Belo Horizonte, Cabo Verde, Castelo Branco, Freixo de Espada à Cinta, etc. O topónimo/topônimo Guiné-Bissau é, contudo, uma exceção consagrada pelo uso.

3º) Emprega-se o hífen nas palavras compostas que designam espécies botânicas e zoológicas, estejam ou não ligadas por preposição ou qualquer outro elemento: abóbora-menina, couve-flor, erva-doce, feijão-verde; benção-de-deus, erva-do-chá, ervilha-de-cheiro, fava-de-santo-inácio; bem-me-quer (nome de planta que também se dá à margarida e ao malmequer); andorinha-grande, cobra-capelo, formiga-branca; andorinha-do-mar, cobra-d'água, lesma-de-conchinha; bem-te-vi (nome de um pássaro).

4º) Emprega-se o hífen nos compostos com os advérbios bem e mal, quando estes formam com o elemento que se lhes segue uma unidade sintagmática e semântica e tal elemento começa por vogal ou h. No entanto, o advérbio bem, ao contrário de mal, pode não se aglutinar com palavras começadas por consoante. Eis alguns exemplos das várias situações: bem-aventurado, bem-estar, bem-humorado; mal-afortunado, mal-estar, mal-humorado; bem-criado (cf. malcriado), bem-ditoso (cf. malditoso), bem-falante (cf. malfalante), bem-mandado (cf. malmandado), bem-nascido (cf. malnascido), bem-soante (cf. malsonante), bem-visto (cf. malvisto).

Obs.: Em muitos compostos o advérbio bem aparece aglutinado com o segundo elemento, quer este tenha ou não vida à parte: benfazejo, benfeito, benfeitor, benquerença, etc.

5º) Emprega-se o hífen nos compostos com os elementos além, aquém, recém e sem: além-Atlântico, além-mar, além-fronteiras; aquém-mar, aquém-Pirenéus; recém-casado, recém-nascido; sem-cerimónia, sem-número, sem-vergonha.

6º) Nas locuções de qualquer tipo, sejam elas substantivas, adjetivas, pronominais, adverbiais, prepositivas ou conjuncionais, não se emprega em geral o hífen, salvo algumas exceções já consagradas pelo uso (como é o caso de água-de-colónia, arco-da-velha, cor-de-rosa, mais-que-perfeito, pé-de-meia, ao deus-dará, à queima-roupa). Sirvam, pois, de exemplo de emprego sem hífen as seguintes locuções:

a) Substantivas: cão de guarda, fim de semana, sala de jantar;

b) Adjetivas: cor de açafrão, cor de café com leite, cor de vinho;

c) Pronominais: cada um, ele próprio, nós mesmos, quem quer que seja;

d) Adverbiais: à parte (note-se o substantivo aparte), à vontade, de mais (locução que se contrapõe a de menos; note-se demais, advérbio, conjunção, etc.), depois de amanhã, em cima, por isso;

e) Prepositivas: abaixo de, acerca de, acima de, a fim de, a par de, à parte de, apesar de, aquando de, debaixo de, enquanto a, por baixo de, por cima de, quanto a;

f) Conjuncionais: a fim de que, ao passo que, contanto que, logo que, por conseguinte, visto que.

7º) Emprega-se o hífen para ligar duas ou mais palavras que ocasionalmente se combinam, formando, não propriamente vocábulos, mas encadeamentos vocabulares (tipo: a divisa Liberdade-Igualdade-Fraternidade, a ponte Rio-Niterói, o percurso Lisboa-Coimbra-Porto, a ligação Angola-Moçambique) e bem assim nas combinações históricas ou ocasionais de topónimos/topônimos (tipo: Áustria-Hungria, Alsácia-Lorena, Angola-Brasil, Tóquio-Rio de Janeiro, etc.).

Base XVI
Do hífen nas formações por prefixação, recomposição e sufixação

1º) Nas formações com prefixos (como, por exemplo: ante-, anti-, circum-, co-, contra-, entre-, extra-, hiper-, infra-, intra-, pós-, pré-, pró-, sobre-, sub-, super-, supra-, ultra-, etc.) e em formações por recomposição, isto é, com elementos não autónomos ou falsos prefixos, de origem grega e latina (tais como: aero-, agro-, arqui-, auto-, bio-, eletro-, geo-, hidro-, inter-, macro-, maxi-, micro-, mini-, multi-, neo-, pan-, pluri-, proto-, pseudo-, retro-, semi-, tele-, etc.), só se emprega o hífen nos seguintes casos:

a) Nas formações em que o segundo elemento começa hor h: anti-higiénico/anti-higiênico, circum-hospitalar, co-herdeiro, contra-harmónico/contra-harmônico, extra-humano, pré-história, sub-hepático, super-homem, ultra-hiperbólico; arqui-

-hipérbole, eletro-higrómetro, geo-história, neo-helénico/neo-helênico, pan-helenismo, semi-hospitalar.

Obs.: Não se usa, no entanto, o hífen em formações que contêm em geral os prefixos des- e in- e nas quais o segundo elemento perdeu o h inicial: desumano, desumidificar, inábil, inumano, etc.;

b) Nas formações em que o prefixo ou pseudoprefixo termina na mesma vogal com que se inicia o segundo elemento: anti-ibérico, contra-almirante, infra-axilar, supra-auricular; arqui-irmandade, auto-observação, eletro-ótica, micro-onda, semi-interno.

Obs.: Nas formações com o prefixo co-, este aglutina-se em geral com o segundo elemento mesmo quando iniciado por o: coobrigação, coocupante, coordenar, cooperação, cooperar, etc.;

c) Nas formações com os prefixos circum- e pan-, quando o segundo elemento começa por vogal, m ou n [além de h, caso já considerado atrás na alínea a)]: circum-escolar, circum-murado, circum-navegação; pan-africano, pan-mágico, pan-negritude;

d) Nas formações com os prefixos hiper-, inter- e super-, quando combinados com elementos iniciados por r: hiper-requintado, inter-resistente, super-revista;

e) Nas formações com os prefixos ex- (com o sentido de estado anterior ou cessamento), sota-, soto-, vice- e vizo-: ex-almirante, ex-diretor, ex-hospedeira, ex-presidente, ex-primeiro-ministro, ex-rei; sota-piloto, soto-mestre, vice-presidente, vice-reitor, vizo-rei;

f) Nas formações com os prefixos tónicos/tônicos acentuados graficamente pós-, pré- e pró-, quando o segundo elemento tem vida à parte (ao contrário do que acontece com as correspondentes formas átonas que se aglutinam com o elemento seguinte): pós-graduação, pós-tónico/pós-tônico (mas pospor); pré-escolar, pré-natal (mas prever); pró-africano, pró-europeu (mas promover).

2º) Não se emprega, pois, o hífen:

a) Nas formações em que o prefixo ou falso prefixo termina em vogal e o segundo elemento começa por r ou s, devendo estas consoantes duplicar-se, prática aliás já generalizada em palavras deste tipo pertencentes aos domínios científico e técnico. Assim: antirreligioso, antissemita, contrarregra, contrassenha, cosseno, extrarregular, infrassom, minissaia, tal como biorritmo, biossatélite, eletrossiderurgia, microssistema, microrradiografia;

b) Nas formações em que o prefixo ou pseudoprefixo termina em vogal e o segundo elemento começa por vogal diferente, prática esta em geral já adotada também para os termos técnicos e científicos. Assim: antiaéreo, coeducação, extraescolar, aeroespacial, autoestrada, autoaprendizagem, agroindustrial, hidroelétrico, plurianual.

3º) Nas formações por sufixação apenas se emprega o hífen nos vocábulos terminados por sufixos de origem tupi-guarani que representam formas adjetivas, como açu, guaçu e mirim, quando o primeiro elemento acaba em vogal acentuada graficamente ou quando a pronúncia exige a distinção gráfica dos dois elementos: amoré-guaçu, anajá-mirim, andá-açu, capim-açu, Ceará-Mirim.

Base XVII
Do hífen na ênclise, na tmese e com o verbo haver

1º) Emprega-se o hífen na ênclise e na tmese: amá-lo, dá-se, deixa-o, partir-lhe; amá-lo-ei, enviar-lhe-emos.

2º) Não se emprega o hífen nas ligações da preposição de às formas monossilábicas do presente do indicativo do verbo haver: hei de, hás de, hão de, etc.

Obs.: 1 - Embora estejam consagradas pelo uso as formas verbais quer e requer, dos verbos querer e requerer, em vez de quere e requere, estas últimas formas conservam-se, no entanto, nos casos de ênclise: quere-o(s), requere-o(s). Nestes contextos, as formas (legítimas, aliás) qué-lo e requé-lo são pouco usadas.

2 - Usa-se também o hífen nas ligações de formas pronominais enclíticas ao advérbio eis (eis-me, ei-lo) e ainda nas combinações de formas pronominais do tipo no-lo, vo-las, quando em próclise (por exemplo: esperamos que no-lo comprem).

Base XVIII
Do apóstrofo

1º) São os seguintes os casos de emprego do apóstrofo:

a) Faz-se uso do apóstrofo para cindir graficamente uma contração ou aglutinação vocabular, quando um elemento ou fração respetiva pertence propriamente a um conjunto vocabular distinto: d' Os Lusíadas, d' Os Sertões; n' Os Lusíadas, n' Os Sertões; pel' Os Lusíadas, pel' Os Sertões. Nada obsta, contudo, a que estas escritas sejam substituídas por empregos de preposições íntegras, se o exigir razão especial de clareza, expressividade ou ênfase: de Os Lusíadas, em Os Lusíadas, por Os Lusíadas, etc.

As cisões indicadas são análogas às dissoluções gráficas que se fazem, embora sem emprego do apóstrofo, em combinações da preposição a com palavras pertencentes a conjuntos vocabulares imediatos: a A Relíquia, a Os Lusíadas (exemplos: importância atribuída a A Relíquia; recorro a Os Lusíadas). Em tais casos, como é óbvio, entende-se que a dissolução gráfica nunca impede na leitura a combinação fonética: a A = à, a Os = aos, etc.;

b) Pode cindir-se por meio do apóstrofo uma contração ou aglutinação vocabular, quando um elemento ou fração respetiva é forma pronominal e se lhe quer dar realce com o uso da maiúscula: d'Ele, n'Ele, d'Aquele, n'Aquele, d'O, n'O, pel'O, m'O, t'O, lh'O, casos em que a segunda parte, forma masculina, é aplicável a Deus, a Jesus, etc.; d'Ela, n'Ela, d'Aquela, n'Aquela, d'A, n'A, pel'A, m'A, t'A, lh'A, casos em que a segunda parte, forma feminina, é aplicável à mãe de Jesus, à Providência, etc. Exemplos frásicos: confiamos n'O que nos salvou; esse milagre revelou-m'O; está n'Ela a nossa esperança; pugnemos pel'A que é nossa padroeira.

À semelhança das cisões indicadas, pode dissolver-se graficamente, posto que sem uso do apóstrofo, uma combinação da preposição a com uma forma pronominal realçada pela maiúscula: a O, a Aquele, a Aquela (entendendo-se que a dissolução gráfica nunca impede na leitura a combinação fonética: a O = ao, a Aquela = àquela, etc.). Exemplos frásicos: a O que tudo pode, a Aquela que nos protege;

c) Emprega-se o apóstrofo nas ligações das formas santo e santa a nomes do hagiológio, quando importa representar a elisão das vogais finais o e a: Sant'Ana, Sant'Iago, etc. É, pois, correto escrever: Calçada de Sant'Ana, Rua de Sant'Ana; culto de Sant'Iago, Ordem de Sant'Iago. Mas, se as ligações deste género, como é o caso destas mesmas Sant'Ana e Sant'Iago, se tornam perfeitas unidades mórficas, aglutinam-se os dois elementos: Fulano de Santana, ilhéu de Santana, Santana de Parnaíba; Fulano de Santiago, ilha de Santiago, Santiago do Cacém.

Em paralelo com a grafia Sant'Ana e congéneres, emprega-se também o apóstrofo nas ligações de duas formas antroponímicas, quando é necessário indicar que na primeira se elide um o final: Nun'Álvares, Pedr'Eanes.

Note-se que nos casos referidos as escritas com apóstrofo, indicativas de elisão, não impedem, de modo algum, as escritas sem apóstrofo: Santa Ana, Nuno Álvares, Pedro Álvares, etc.;

d) Emprega-se o apóstrofo para assinalar, no interior de certos compostos, a elisão do e da preposição de, em combinação com os substantivos: borda-d'água, cobra-d'água, copo-d'água, estrela-d'alva, galinha-d'água, mãe-d'água, pau-d'água, pau-d'alho, pau-d'arco, pau-d'óleo.

2º) São os seguintes os casos em que não se usa o apóstrofo: Não é admissível o uso do apóstrofo nas combinações das preposições de e em com as formas do artigo definido, com formas pronominais diversas e com formas adverbiais [exceptuando o que se estabelece em 1º),a), e 1º),b)]. Tais combinações são representadas:

a) Por uma só forma vocabular, se constituem, de modo fixo, uniões perfeitas:

i) do, da, dos, das; dele, dela, deles, delas; deste, desta, destes, destas, disto; desse, dessa, desses, dessas, disso; daquele, daquela, daqueles, daquelas, daquilo; destoutro, destoutra, destoutros, destoutras; dessoutro, dessoutra, dessoutros, dessoutras; daqueloutro, daqueloutra, daqueleoutros, daqueloutras; daqui; daí; dali; dacolá; donde; dantes (= antigamente);

ii) no, na, nos, nas; nele, nela, neles, nelas; neste, nesta, nestes, nestas, nisto; nesse, nessa, nesses, nessas, nisso; naquele, naquela, naqueles, naquelas, naquilo; nestoutro, nestoutra, nestoutros, nestoutras; nessoutro, nessoutra, nessoutros, nessoutras; naqueloutro, naqueloutra, naqueloutros, naqueloutras; num, numa, nuns, numas; noutro, noutra, noutros, noutras, noutrem; nalgum, nalguma, nalguns, nalgumas, nalguém;

b) Por uma ou duas formas vocabulares, se não constituem, de modo fixo, uniões perfeitas (apesar de serem correntes com esta feição em algumas pronúncias): de um, de uma, de uns, de umas, ou dum, duma, duns, dumas; de algum, de alguma, de alguns, de algumas, de alguém, de algo, de algures, de alhures, ou dalgum, dalguma, dalguns, dalgumas, dalguém, dalgo, dalgures, dalhures; de outro, de outra, de outros, de outras, de outrem, de outrora, ou doutro, doutra, doutros, doutras, doutrem, doutrora; de aquém ou daquém; de além ou dalém; de entre ou dentre.

De acordo com os exemplos deste último tipo, tanto se admite o uso da locução adverbial de ora avante como do advérbio que representa a contração dos seus três elementos: doravante.

Obs.: Quando a preposição de se combina com as formas articulares ou pronominais o, a, os, as, ou com quaisquer pronomes ou advérbios começados por vogal, mas acontece estarem essas palavras integradas em construções de infinitivo, não se emprega o apóstrofo, nem se funde a preposição com a forma imediata, escrevendo-se estas duas separadamente: a fim de ele compreender; apesar de o não ter visto; em virtude de os nossos pais serem bondosos; o facto de o conhecer; por causa de aqui estares.

Base XIX
Das minúsculas e maiúsculas

1º) A letra minúscula inicial é usada:

a) Ordinariamente, em todos os vocábulos da língua nos usos correntes;

b) Nos nomes dos dias, meses, estações do ano: segunda-feira; outubro; primavera;

c) Nos bibliónimos/bibliônimos (após o primeiro elemento, que é com maiúscula, os demais vocábulos podem ser escritos com minúscula, salvo nos nomes próprios nele contidos, tudo em grifo): O Senhor do Paço de Ninães, O senhor do paço de Ninães, Menino de Engenho ou Menino de engenho, Árvore e Tambor ou Árvore e tambor;

d) Nos usos de fulano, sicrano, beltrano;

e) Nos pontos cardeais (mas não nas suas abreviaturas): norte, sul (mas: SW sudoeste);

f) Nos axiónimos/axiônimos e hagiónimos/hagiônimos (opcionalmente, neste caso, também com maiúscula): senhor doutor Joaquim da Silva, bacharel Mário Abrantes, o cardeal Bembo; santa Filomena (ou Santa Filomena);

g) Nos nomes que designam domínios do saber, cursos e disciplinas (opcionalmente, também com maiúscula): português (ou Português), matemática (ou Matemática); línguas e literaturas modernas (ou Línguas e Literaturas Modernas).

2º) A letra maiúscula inicial é usada:

a) Nos antropónimos/antropônimos, reais ou fictícios: Pedro Marques; Branca de Neve, D. Quixote;

b) Nos topónimos/topônimos, reais ou fictícios: Lisboa, Luanda, Maputo, Rio de Janeiro, Atlântida, Hespéria;

c) Nos nomes de seres antropomorfizados ou mitológicos: Adamastor; Neptuno/Netuno;

d) Nos nomes que designam instituições: Instituto de Pensões e Aposentadorias da Previdência Social;

e) Nos nomes de festas e festividades: Natal, Páscoa, Ramadão, Todos os Santos;

f) Nos títulos de periódicos, que retêm o itálico: O Primeiro de Janeiro, O Estado de São Paulo (ou S. Paulo);

g) Nos pontos cardeais ou equivalentes, quando empregados absolutamente: Nordeste, por nordeste do Brasil, Norte, por norte de Portugal, Meio-Dia, pelo sul da França ou de outros países, Ocidente, por ocidente europeu, Oriente, por oriente asiático;

h) Em siglas, símbolos ou abreviaturas internacionais ou nacionalmente reguladas com maiúsculas, iniciais ou mediais ou finais ou o todo em maiúsculas: FAO, NATO, ONU; H(índice 2)O; Sr., V. Ex.ª;

i) Opcionalmente, em palavras usadas reverencialmente, aulicamente ou hierarquicamente, em início de versos, em categorizações de logradouros públicos (rua ou Rua da Liberdade, largo ou Largo dos Leões), de templos (igreja ou Igreja do Bonfim, templo ou Templo do Apostolado Positivista), de edifícios (palácio ou Palácio da Cultura, edifício ou Edifício Azevedo Cunha).

Obs.: As disposições sobre os usos das minúsculas e maiúsculas não obstam a que obras especializadas observem regras próprias, provindas de códigos ou normalizações específicas (terminologias antropológica, geológica, bibliológica, botânica, zoológica, etc.), promanadas de entidades científicas ou normalizadoras reconhecidas internacionalmente.

Base XX
Da divisão silábica

A divisão silábica, que em regra se faz pela soletração (a-ba-de, bru-ma, ca-cho, lha-no, ma-lha, ma-nha, má-xi-mo, ó-xi-do, ro-xo, tme-se), e na qual, por isso, se não tem de atender aos elementos constitutivos dos vocábulos segundo a etimologia (a-ba-li-e-nar, bi-sa-vô, de-sa-pa-re-cer, disú-ri-co, e-xâ-ni-me, hi-pe-ra-cús-ti-co, i-nábil, o-bo-val, su-bo-cu-lar, su-pe-rá-ci-do), obedece a vários preceitos particulares, que rigorosamente cumpre seguir, quando se tem de fazer em fim de linha, mediante o emprego do hífen, a partição de uma palavra:

1º) São indivisíveis no interior de palavra, tal como inicialmente, e formam, portanto, sílaba para a frente as sucessões de duas consoantes que constituem perfeitos grupos, ou sejam (com exceção apenas de vários compostos cujos prefixos terminam em b ou d: ab- legação, ad- ligar, sub- lunar, etc., em vez de a- blegação, a- dligar, su- blunar, etc.) aquelas sucessões em que a primeira consoante é uma labial, uma velar, uma dental ou uma labiodental e a segunda um l ou um r: a- blução, celebrar, du- plicação, re- primir, a- clamar, de- creto, de- glutição, re- grado; a- tlético, cáte- dra, períme- tro; a- fluir, a- fricano, ne- vrose.

2º) São divisíveis no interior da palavra as sucessões de duas consoantes que não constituem propriamente grupos e igualmente as sucessões de m ou n, com valor de nasalidade, e uma consoante: ab- dicar, Ed- gardo, op- tar, sub- por, ab- soluto, adjetivo, af- ta, bet- samita, íp- silon, ob- viar, des- cer, dis- ciplina, flores- cer, nas- cer, rescisão; ac- ne, ad- mirável, Daf- ne, diafragma, drac- ma, ét- nico, rit- mo, sub- meter, am- nésico, interam- nense; bir- reme, corroer, pror- rogar, as- segurar, bis- secular, sos- segar, bissex- to, contex- to, ex- citar, atroz- mente, capaz- mente; infeliz- mente; am- bição, desen- ganar, en- xame, manchu, Mân- lio, etc.

3º) As sucessões de mais de duas consoantes ou de m ou n, com o valor de nasalidade, e duas ou mais consoantes são divisíveis por um de dois meios: se nelas entra um dos grupos que são indivisíveis (de acordo com o preceito 1º), esse grupo forma sílaba para diante, ficando a consoante ou consoantes que o precedem ligadas à sílaba anterior; se nelas não entra nenhum desses grupos, a divisão dá-se sempre antes da última consoante. Exemplos dos dois casos: cam- braia, ec- lipse, em- blema, explicar, in- cluir, ins- crição, subs- crever, trans- gredir, abs- tenção, disp- neia, interstelar, lamb- dacismo, sols- ticial, Terp- sícore, tungs- ténio.

4º) As vogais consecutivas que não pertencem a ditongos decrescentes (as que pertencem a ditongos deste tipo nunca se separam: ai- roso, cadei- ra, insti- tui, oração, sacris- tães, traves- sões) podem, se a primeira delas não é u precedido de g ou q, e mesmo que sejam iguais, separar-se na escrita: ala- úde, áre- as, ca- apeba, co- or- denar, do- er, flu- idez, perdo- as, vo-os. O mesmo se aplica aos casos de contiguidade de ditongos, iguais ou diferentes, ou de ditongos e vogais: cai- ais, cai- eis, ensai- os, flu- iu.

5º) Os diagramas gu e qu, em que o u se não pronuncia, nunca se separam da vogal ou ditongo imediato (ne- gue, neguei; pe- que, pe- quei), do mesmo modo que as combinações gu e qu em que o u se pronuncia: à- gua, ambí- guo, averi- gueis, longín- quos, lo- quaz, quais- quer.

6º) Na translineação de uma palavra composta ou de uma combinação de palavras em que há um hífen ou mais, se a partição coincide com o final de um dos elementos ou membros, deve, por clareza gráfica, repetir-se o hífen no início da linha imediata: ex- -alferes, serená- -los-emos ou serená-los- -emos, vice- -almirante.

Base XXI
Das assinaturas e firmas

Para ressalva de direitos, cada qual poderá manter a escrita que, por costume ou registo legal, adote na assinatura do seu nome.

Com o mesmo fim, pode manter-se a grafia original de quaisquer firmas comerciais, nomes de sociedades, marcas e títulos que estejam inscritos em registo público.

A

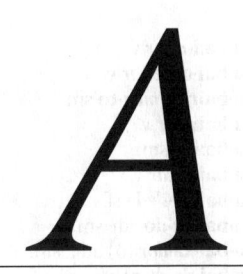

a f. sing. do art. e do pron. pessoal ou dem. *o*; prep.; conj.
á sm. 'nome da letra *a*'; pl. *ás* ou *aa*.
à contr. da prep. *a* com o art. ou pron. dem. *a*.
a·al sm.; pl. *ais*.
a·a·le·ni·a·no adj. sm.
a·a·lê·ni·o adj. sm.
a·a·quê·ni·o adj. sm.
a·a·rô·ni·co adj. sm.
a·a·rô·ni·da adj. s2g.
a·a·ro·ni·ta adj. s2g.
a·a·ru sm.
ab- pref. (é seguido de hífen, quando se lhe junta vocábulo começado por *b, h* e *r*.
a·**ba**[1] sf. 'parte pendente de um objeto' 'manto'/Cf. *aba*[2].
a·**ba**[2] sm. 'entre os orientais, pai (em sentido espiritual)'/ Cf. *aba*[1].
a·ba·bá adj. s2g. sm.
a·ba·ba·dar v.
a·ba·ba·lhar v.
a·ba·ba·lho sm.
a·ba·ba·lo:a·lô sm.: *babalaô*.
a·ba·be·la·do adj.
a·ba·be·lar v.
a·ba·bo·sa·do adj.
a·ba·bo·sar v.
a·ba·cá sm.
a·ba·ca·do sm.
a·ba·ça·í sm.
a·ba·ca·lho:ar v.
a·ba·ca·mar·ta·do adj.
a·ba·ça·na·do adj.: *abacinado*.
a·ba·ça·nar v.: *abacinar*.
a·ba·ca·ta·da sf.
a·ba·ca·tai·a sf.: *abacatuaia*.
a·ba·ca·tal sm.; pl. *tais*.

a·ba·ca·te sm.
a·ba·ca·te(s)·do·ma·to sm. (pl.).
a·ba·ca·te·ro sm.
a·ba·ca·te·ra·na sf.
a·ba·ca·ti·na sf.
a·ba·ca·tu:ai·a sf.
a·ba·ca·xi sm. adj. s2g.
a·ba·ca·xi·bir·ra sf.
a·ba·ca·xi·zal sm.; pl.: *zais*.
a·ba·ca·xi·zei·ro sm.
a·ba·ce·lar v.
a·ba·cha·re·lar v.
a·ba·ci:al adj. 2g.; pl. *ais*.
a·ba·ci:ar v.
a·**bá**·**ci·da** adj. s2g.
a·ba·ci·na·do adj.: *abaçanado*.
a·ba·ci·nar v.: *abaçanar*.
a·ba·cis·co sm.
a·ba·cis·ta s2g.
á·ba·co sm.
a·ba·co·mi·ta·to sm.
a·ba·cô·mi·te sm.
a·bac·to sm.
a·bac·tor (ô) adj. sm.
a·bá·cu·lo sm.
a·ba·cu·tai·a sf.: *abacatuaia*.
a·ba·da sf.
a·ba·dá sm.
a·ba·da·do adj. sm.
a·ba·dá·gi:o sm.
a·ba·da·la·do adj.
a·ba·da·lho·ca·do adj.
a·ba·da·na·do adj.
a·ba·da·nar v.
a·ba·dar v.
a·**ba**·**de** sm.; f. *abadessa*.
a·ba·de·ci·da s2g.
a·ba·de·cí·di:o sm.
a·ba·de·jo (ê) sm.: *badejo*.
a·ba·den·go adj. sm.
a·ba·der·na sf.: *baderna*.
a·ba·der·nar v.

a·ba·des·co (ê) adj.
a·ba·des·sa (ê) sf./Cf. *abadessa* (é), do v. *abadessar*.
a·ba·des·sa·do adj. sm.
a·ba·des·sar v.
a·ba·di·a sf.
a·ba·di:a·do adj. sm.
a·ba·di:a·nen·se adj. s2g.
a·ba·di:ar v.
a·**bá**·**di·da** adj. s2g.
a·ba·di:en·se adj. s2g.
a·ba·dir sm.
a·**ba**·**do** adj.
a·**ba**:**e·ta·do** adj.
a·**ba**:**e·tar** v.
a·**ba**:**e·tê** adj. s2g. sm.: *abaeté*.
a·**ba**:**e·te·en·se** adj. s2g.
a·**ba**:**e·te·tu·ben·se** adj. s2g.
a·**ba**·**fa** sm.
a·**ba**·**fa·ção** sf.; pl. *·ções*.
a·**ba**·**fa·de·la** sf.
a·**ba**·**fa·di·ço** adj.
a·**ba**·**fa·do** adj. sm.
a·**ba**·**fa·dor** (ô) adj. sm.
a·**ba**·**fa·du·ra** sf.
a·**ba**·**fa·men·to** sm.
a·**ba**·**fa·né·ti·co** adj.
a·**ba**·**fan·te** adj. 2g.
a·**ba**·**far**[1] sm. 'perfume': *albafar*/Cf. *abafar*[2].
a·**ba**·**far**[2] f. 'sufocar'/Cf. *abafar*[2].
a·**ba**·**fa·re·te** (ê) sm.
a·**ba**·**fa·ti·vo** adj.
a·**ba**·**fá·vel** adj. 2g.; pl. *·veis*.
a·**ba**·**fei·ra** sf.
a·**ba**·**fei·ro** sm.
a·**ba**·**fo** sm.
a·ba·gua·la·do adj.
a·ba·gua·lar v.
a·ba·gun·ça·do adj.: *bagunçado*.
a·ba·gun·çar v.: *bagunçar*.
a·ba:i·a·na·do adj.
a·ba·í·ba adj. s2g.

a·ba:i·*nhar* v.
a·bai·o·ne·*tar* v.
a·bair·ra·*men*·to sm.
a·bair·*rar* v.
a·ba:i·*té* sm.
a·bai·u·*car* v.
a·bai·xa·*de*·la sf.
a·bai·*xa*·do adj. sm.
a·bai·xa·*dor* (ô) adj.; sm.
a·bai·xa·*du*·ra sf.
a·bai·xa·*lín*·gua(s) sm. (pl.).
a·bai·xa·*luz* sm.; pl. -*lu*·zes.
a·bai·xa·*men*·to sm.
a·bai·*xan*·te adj. s2g.
a·bai·*xar* v.
a·bai·xar·*voz* sm.; pl. -*vo*·zes.
a·*bai*·xo adv. interj.
a·bai·xo·as·si·*na*·do(s) sm. (pl.).
a·ba·je·*ru* sm.
a·ba·jou·ja·*men*·to sm.
a·ba·jou·*jar* v.
a·ba·*ju* adj. s2g.
a·ba·*jur* sm.
a·ba·*lá* sm.: *abará*.
a·ba·*la*·da sf.
a·ba·la·*di*·ço adj.
a·ba·*la*·do adj.
a·ba·la·*dor* (ô) adj.
a·ba·la·*du*·ra sf.
a·ba·lai·*a*·do adj.
a·ba·lai·*ar* v.
a·ba·la·*men*·to sm.
a·ba·lan·ça·*men*·to sm.
a·ba·lan·*çar* v.
a·ba·*lar* v.
a·ba·la·us·*tra*·do adj.
a·ba·la·us·tra·*men*·to sm.
a·ba·la·us·*trar* v.
a·ba·*lá*·vel adj. 2g.; pl. ·*veis*.
a·bal·dei·*ra*·do adj.
a·bal·*dei*·ro adj. sm.: *albardeiro*.
a·ba·li·e·*na*·ção sf.; pl. ·*ções*.
a·ba·li·e·*nar* v.
a·ba·li·*za*·do adj.
a·ba·li·za·*dor* (ô) adj. sm.
a·ba·li·za·*men*·to sm.
a·ba·li·*zar* v.
a·*ba*·lo sm. 'tremor'/Cf. *ábalo*.
á·*ba*·lo adj. sm. 'povo'/Cf. *abalo*, do v. *abalar*, e *abalo*, sm.
a·ba·lo:*a*·do adj.
a·ba·lo:*ar* v.
a·ba·lo·*fa*·do adj.
a·ba·lo·*far* v.
a·ba·lo·*na*·do adj.
a·ba·*lo*·so (ô) adj.; f. *e* pl. (ó).
a·bal·ro:a·*ção* sf.; pl. ·*ções*.

a·bal·ro:a·da sf.
a·bal·ro:a·*de*·la sf.
a·bal·ro:a·*dor* (ô) adj. sm.
a·bal·ro:a·*men*·to sm.
a·bal·ro:*ar* v.
a·bal·*sar* v.
a·ba·lu:ar·*ta*·do adj.
a·ba·lu:ar·*men*·to sm.
a·ba·lu:ar·*tar* v.
a·*bâ*·me:a sf.
a·*bâ*·me:o adj.
a·*bâ*·mi·ta sf.
a·ba·*ná* adj. s2g.
a·ba·na·*ção* sf.; pl. ·*ções*.
a·ba·na·*de*·la sf.
a·ba·*na*·do adj.
a·ba·na·*dor* (ô) adj. sm.
a·ba·na·*du*·ra sf.
a·ba·na·*men*·to sm.
a·ba·na·*mos*·cas sm. 2n.
a·ba·*na*·na·do adj.
a·ba·na·*nar* v.
a·ba·*nan*·te adj. 2g.
a·ba·*não* sm.; pl. ·*nões*.
a·ba·*nar* v.
a·ban·*ca*·do adj.
a·ban·ca·*men*·to sm.
a·ban·*car* v.
a·ban·*da*·do adj.
a·ban·da·lha·ção sf.; pl. ·*ções*.
a·ban·da·*lha*·do adj.
a·ban·da·lha·*men*·to sm.
a·ban·da·*lhar* v.
a·ban·*dar* v.
a·ban·de:*ar* v.
a·ban·dei·*ra*·do adj.
a·ban·dei·*rar* v.
a·ban·de·*ja*·do adj.
a·ban·de·*jar* v.
a·ban·di·*dar* v.
a·ban·do:*ar* v.
a·ban·do·li·*nar* v.
a·ban·do·na·*dor* (ô) adj. sm.
a·ban·do·na·*men*·to sm.
a·ban·do·*nar* v.
a·ban·do·na·*tá*·ri:o adj. sm.
a·ban·do·*ná*·vel adj. 2g.; pl. ·*veis*.
a·ban·*do*·no sm.
a·ba·*nei*·ro sm.
a·ba·nhe·*ém* sm.; pl. ·*éns*: *avanheém*.
a·ba·nhe·*en*·ga sm.: *avanheenga*.
a·ba·ni·*car* v.
a·ba·*ni*·co sm.
a·*ba*·no adj. sm.

a·ban·*tes*·ma (ê) s2g.: *avantesma*.
a·*ban*·to adj. sm.
a·ba·que·*tar* v.
a·*bar* f.
a·ba·*rá* sm.: *abalá*.
a·ba·ra·*í*·ba sf.
a·ba·ra·*tar* v.: *abaratear*
a·bar·*ba*·do adj.
a·bar·*bar* v.
a·bar·ba·*ra*·do adj.
a·bar·ba·*rar* v.
a·bar·ba·ri·*zar* v.: *barbarizar*.
a·bar·be·*lar* v.
a·bar·bi·*lhar* v.
a·*bar*·ca sf.
a·bar·ca·*dor* (ô) adj. sm.
a·bar·ca·*du*·ra sf.
a·bar·ca·*men*·to sm.
a·bar·*can*·te adj. 2g.
a·bar·*car* v.
a·bar·*ci*·a sf.
a·ba·*ré* sm.: *avaré*.
a·ba·*rém* sm.; pl. ·*réns*: *aberém*.
a·ba·ra·mo·*te*·mo sm.
a·ba·ri·to·*na*·do adj.
a·ba·ri·to·*nar* v.
a·bar·ra·*ca*·do adj.
a·bar·ra·ca·*men*·to sm.
a·bar·ra·*car* v.
a·bar·*ra*·da sf.
a·bar·ran·*car* v.
a·bar·re·*gar* v.
a·bar·rei·*rar* v.
a·bar·re·*tar* v.
a·bar·ri·*car* v.
a·bar·ri·*lar* v.
a·bar·ro·*car* v.
a·bar·ro·*sa*·do adj.
a·bar·ro·*ta*·do adj.
a·bar·ro·ta·*men*·to sm.
a·bar·ro·*tar* v.
a·bar·ti·cu·*lar* adj. 2g.
a·bar·*tro*·se sf.
a·ba·*ru*·na sm.
a·bas·ba·*car* v.
a·bas·*can*·to adj. sm.
a·ba·*si*·a sf.
a·bas·*ta*·do adj.
a·bas·ta·*men*·to sm.
a·bas·*tan*·ça sf.
a·bas·*tar* v.
a·bas·tar·*da*·do adj.
a·bas·tar·da·*men*·to sm.
a·bas·tar·*dar* v.
a·bas·te·ce·*dor* (ô) adj. sm.
a·bas·te·*cer* v.

a·bas·te·*ci*·do adj.
a·bas·te·ci·*men*·to sm.
a·*bás*·ter sm.
a·bas·ti:o·*nar* v.
a·bas·to·*nar* v.
a·bas·*to*·so (ô) adj.; f. *e* pl. (ó).
a·ba·ta·*ta*·do adj.
a·ba·ta·*tar* v.
a·*ba*·te sm.
a·ba·te·*doi*·ro sm.: *abatedouro.*
a·ba·te·*dor* (ô) adj. sm.
a·ba·te·*lar* v.
a·ba·*ter* sm.
a·ba·*ti* sm.
a·ba·ti:a·*en*·se adj. s2g.
a·ba·ti:a·*pé* sm.
a·ba·*ti*·do adj.
a·ba·ti·*gue*·ra sf.
a·ba·ti·*men*·to sm.
a·ba·ti·mi·*rim* sm.; pl. ·*rins.*
a·ba·*ti*·na sf.: *batina.*
a·ba·ti·*nar* v.
a·ba·*tin*·ga adj. s2g.
a·ba·ti·*ni* sm.
a·ba·ti·*rá* adj. s2g.
a·ba·*tis* sm.
a·ba·ti(s)-tim·ba·*í*(s) sm. (pl.).
a·ba·to·*ca*·do adj.: *abotocado.*
a·ba·to·*car* v.: *abotocar.*
a·ba·tu·*ma*·do adj.
a·ba·tu·*mar* v.
a·ba:u·*la*·do adj.
a·ba:u·la·*dor* (ô) adj. sm.
a·ba:u·la·*men*·to sm.
a·ba:u·*lar* v.
a·ba·*ú*·na adj. s2g.
a·ba:u·ni·*lhar* v.
a·ba·xi:*al* (cs) adj. 2g.; pl. ·*ais.*
abc sm.: *abecê, á-bê-cê.*
ab·ce·*der* v.: *absceder.*
ab·*ces*·so sm.: *abscesso.*
ab·ci·*dar* v.: *abscidar.*
ab·ci·*são* sf.: *abscisão;* pl. ·*sões.*
ab·*cis*·sa sf.: *abscissa.*
ab·de·ri:a·*no* adj. sm.
ab·de·*ri*·ta adj. s2g.
ab·di·ca·*ção* sf.; pl. ·*ções.*
ab·di·ca·*dor* (ô) adj. sm.; f. *abdicadora* ou *abdicatriz.*
ab·di·*can*·te adj. s2g.
ab·di·*car* v.
ab·di·ca·*tá*·ri:o adj. sm.
ab·di·ca·*ti*·vo adj.
ab·di·ca·*tó*·ri:o adj.
ab·di·ca·*triz* sf. de *abdicador.*
ab·di·*cá*·vel adj. 2g.; pl. ·*veis.*

ab·di·*ti*·vo adj.
áb·di·to adj. sm.
ab·di·*tó*·ri:o sm.
ab·*do*·me(s) sm. (pl.):
    ab·*dô*·men; pl. *abdomens* ou *abdômenes.*
ab·do·mi·*nal* adj. 2g. sm.; pl. ·*nais.*
ab·do·mi·nos·co·*pi*·a sf.
ab·do·mi·nos·*có*·pi·co adj.
ab·do·mi·*no*·so (ô) adj.; f. *e* pl. (ó).
ab·du·*ção* sf.; pl. ·*ções.*
ab·du·*cen*·te adj. 2g.
ab·du·*ti*·vo adj.
ab·du·*tor* (ô) adj. sm.
ab·du·*zir* v.
a·be:a·*tar* v.
a·be·*bé* sm.
a·be·be·*ra*·do adj.
a·be·be·*rar* v.
a·be·*car* v.
á-bê-*cê* sm.: *abc, abecê.*
a·be·ce·*dá*·ri:a sf.
a·be·ce·*dá*·ri:o adj. sm.
a·be·ce·*den*·se adj. s2g.
a·be·*dê* sm.
a·be·*gão* sm.; pl. ·*gões;* f. ·*go*·a.
a·be·go:*a*·ri·a sf.
a·bei·*çar* v.
a·bei·ra·*men*·to sm.
a·bei·*ran*·te adj. 2g.
a·bei·*rar* v.
a·*be*·lha (ê) sf.
a·be·lha(s)-a·fri·*ca*·na(s) sf. (pl).
a·be·lha(s)-a·le·*mã*(s) sf. (pl.).
a·be.lha(s)-a·ma·re·la(s) sf. (pl.).
a·be·lha-ca·*chor*·ro sf.; pl. *abelhas-cachorros* ou *abelhas-cachorro.*
a·be·lha(s)-cau·ca·si:*a*·na(s) sf. (pl.).
a·be·lha-co·*mum* sf.; pl. *abelhas-comuns.*
a·be·lha(s)-da-eu·*ro*·pa sf. (pl.).
a·be·lha(s)-da-*ter*·ra sf. (pl.).
a·be·lha(s)-de-ca·*chor*·ro sf. (pl.).
a·be·lha(s)-de-cu·*pim* sf. (pl.).
a·be·lha(s)-de-*fo*·go sf. (pl.).
a·be·lha(s) de mel sf. (pl.).
a·be·lha(s)-de-*pur*·ga sf. (pl.).
a·be·lha(s)-do-*chão* sf. (pl.).
a·be·lha(s)-do-*més*·ti·ca(s) sf. (pl.).

a·be·lha(s)-do-*pau* sf. (pl.).
a·be·lha(s)-do-*rei*·no sf. (pl.).
a·be·lha(s)-es·*cu*·ra(s) sf. (pl.).
a·be·lha-eu·*ro*·pa sf.; pl. *abelhas-europas* ou *abelhas-europa.*
a·be·lha(s)-eu·ro·*pei*·a(s) sf. (pl.).
a·be·lha(s)-i·ta·li:*a*·na(s) sf. (pl.).
a·be·lha-li·*mão* sf.; pl. *abelhas-limões* ou *abelhas-limão.*
a·be·lha(s)-*ma*·cha(s) sf. (pl.).
a·be·lha(s)-*mes*·tra(s) sf. (pl.).
a·be·lha-mi·*rim* sf.; pl. ·*rins.*
a·be·lha-mos·*qui*·to sf.; pl. *abelhas-mosquitos* ou *abelhas-mosquito.*
a·be·lha(s)-mu·*la*·ta(s) sf. (pl.).
a·be·*lhão* sf.; pl. ·*lhões.*
a·be·lha(s)-*pre*·ta(s) sf. (pl.).
a·be·*lhar* v.
abelha(s)-rainha(s) sf. (pl.).
a·be·lha·*ru*·co sm.
a·be·lha(s)-sa·nha·*ró*(s) sf. (pl.).
a·be·*lhei*·ra sf.
a·be·*lhei*·ro sm.
a·be·*lhu*·co sm.
a·be·lhu·*di*·ce sf.
a·be·*lhu*·do adj. sm.
a·be·li:*a*·no adj.
a·be·li·*dar* v.
a·be·*lim* sm.; pl. ·*lins.*
a·be·*li*·ta sf.
a·bel·me·*lu*·co sm.
a·bel·*mos*·co (ô) sm.
a·be·*loi*·ro sm.: a·be·*lou*·ro.
a·be·mo·*la*·do adj.
a·be·mo·*lar* v.
a·ben·cer·*ra*·ge sm.:
    a·ben·cer·*ra*·gem; pl. ·*gens.*
a·ben·ço:a·*dei*·ro adj. sm.
a·ben·ço:a·*dor* (ô) adj. sm.
a·ben·ço:*an*·te adj. 2g.
a·ben·ço:*ar* v.
a·ben·di·ço:*ar* v.
a·ben·*té*·ri·co adj.
a·be·*rém* sm.; pl. ·*rens: abarém.*
a·be·*rê*·mo:a sf.
a·ber·ra·*ção* sf.; pl. ·*ções.*
a·ber·*ran*·te adj. 2g.
a·ber·*rar* v.
a·ber·ra·*ti*·vo adj.
a·ber·ra·*tó*·ri:o adj.
a·*ber*·ta sf.
a·ber·*tão* adj. sm.
a·*ber*·to adj. sm.

a·ber·*tu*·ra sf.
a·ber·tu·*rar* v.
a·be·*sa*·na sf.
a·be·san·*ta*·do adj.
a·be·san·*tar* v.
a·bes·pi·nha·*di*·ço adj.
a·bes·pi·nha·do adj.
a·bes·pi·nha·*men*·to sm.
a·bes·pi·*nhar* v.
a·bes·ta·*lha*·do adj.
a·bes·ta·*lhar* v.
a·bes·*truz* s2g.: *avestruz*.
a·*be*·ta (ê) sf.
a·be·*tal* sm.; pl. ·*tais*.
a·be·*tar*·da sf.
a·be·*tar*·*da*·do adj.
a·*be*·te (ê) sm.: a·*be*·to (ê).
a·be·to(s)-*bran*·co(s) sm. (pl.).
a·be·to(s)-do-ca·na·*dá* sm. (pl.).
a·be·tu·*ma*·do adj.
a·be·tu·ma·*dor* (ô) adj. sm.
a·be·tu·*mar* v.
a·be·va·cu:a·*ção* sf.; pl. ·*ções*.
a·be·xi·*gar* v.
a·be·*xim* adj. s2g.; pl. ·*xins*.
a·be·zer·*ra*·do adj.
ab·gre·ga·*ção* sf.; pl. ·*ções*.
ab·gre·*gan*·te adj. s2g.
ab·gre·*gar* v.
a·*bi* sm.
a·bi·*ã* sf.
a·*bi*·be sm. *ou* sf.
a·bi·bli:o·te·*car* v.
a·bi·*bu*·ra sf.
a·bi·ca·*doi*·ro sm.:
  a·bi·ca·*dou*·ro.
a·bi·*car* v.
a·bi·*char* v.
a·bi·cha·*rar* v.
a·bi·chor·*na*·do adj.
a·bi·chor·*nar* v.
a·bi:*ei*·ro sm.
a·bi:e·*tá*·ce:a sf.
a·bi:e·*tá*·ce:o adj.
a·bi:e·*ta*·to sm.
a·bi:*é*·ti·co adj.
a·bi:e·*ti*·na sf.
a·bi:e·*ti*·no adj.
a·bi:e·to sm.: a·*bí*·e·to.
a·bi·ge:*ar* v.
a·bi·ge:a·*tá*·ri:o sm.
a·bi·ge:a·to sm.
a·*bí*·ge:o sm.
a·bi·go·*dar* v.
a·bi·gor·*nar* v.
a·bi·*í*·ba sm.
a·bi·lha·*men*·to sm.

a·bi·*lhar* v.
a·bi·lo·*la*·do adj.
a·*bi*:o sm.: *abiu*.
a·bi:o·*ce*·no sm.
a·bi:o·*gê*·ne·se sf.
a·bi:o·ge·*né*·ti·co adj.
a·bi:o·ner·*gi*·a sf.
a·bi:o·*ra*·na sf.: *abiurana*,
  biorana.
a·bi:*o*·ri sm.
a·bi:*o*·se sf.
a·bi·*ó*·ti·ca sf.
a·bi·*ó*·ti·co adj.
a·bi:*o*·to (ô) adj. sm.
a·bi:o·tro·*fi*·a sf.
a·bi:o·*tró*·fi·co adj.
a·bi·*qua*·ra sm.
a·bir·ri·ta·*ção* sf.; pl. ·*ções*.
a·bir·ri·*tan*·te adj. 2g.
a·bir·ri·*tar* v.
a·bir·ri·ta·*ti*·vo adj.
a·bis·coi·*ta*·do adj.: *abiscoutado*.
a·bis·coi·*tar* v.: *abiscoutar*.
a·bis·cou·*ta*·do adj.: *abiscoitado*.
a·bis·cou·*tar* v.: *abiscoitar*.
a·*bis*·ga sf.
a·bis·*mal* adj. 2g.; pl. ·*mais*.
a·bis·ma·*men*·to sm.
a·bis·*mar* v.
a·*bis*·mo sm.
a·bis·mo·*so* (ô) adj.; f. *e* pl. (ó).
a·bis·*sal* adj. 2g. sm.; pl. ·*sais*.
a·bis·*sí*·ni:o adj. sm.
a·*bis*·so sm.
a·*bi*·ta sf. 'peça de navio'/Cf.
  habita, do v. *habitar*.
a·bi·*ta*·na adj. s2g.
a·bi·*tar* v. 'prender na abita'/
  Cf. *habitar*.
a·*bi*·to sm./Cf. *habito*, do v.
  habitar, e *hábito*, sm.
a·bi·to·*lar* v.
a·*biu* sm.: *abio*.
a·biu(s)-do-*ma*·to sm. (pl.).
a·biu(s)-do-pa·*rá* sm. (pl.).
a·biu(s)-*gran*·de(s) sm. (pl.).
a·biu(s)-gran·de(s)-da-ter·ra-
  -*fir*·me sm. (pl.).
a·bi:u·*ra*·na sf.: *abiorana*,
  biorana.
a·bi·u·ra·na·gu·ta sf.; pl.
  abiuranas-gutas ou
  abiuranas-guta.
a·bi·va·*car* v.
a·bi·zan·ti·*na*·do adj.
ab·je·*ção* sf.; pl. ·*ções*.
ab·*je*·to adj. sm.

ab·ju·di·ca·*ção* sf.; pl. ·*ções*.
ab·ju·di·ca·*dor* (ô) adj. sm.
ab·ju·di·*can*·te adj. s2g.
ab·ju·di·*car* v.
ab·ju·*gar* v.
ab·jun·*ção* sf.; pl. ·*ções*.
ab·jun·*gir* v.
ab·jun·*ti*·vo adj.
ab·ju·ra·*ção* sf.; pl. ·*ções*.
ab·ju·ra·*dor* (ô) adj. sm.
ab·ju·ra·*men*·to sm.
ab·ju·*ran*·te adj. s2g.
ab·ju·*rar* v.
ab·ju·ra·*tó*·ri:o adj.
ab·jur·ga·*ção* sf.; pl. ·*ções*.
ab·jur·ga·*dor* (ô) adj. sm.
ab·jur·*gan*·te adj. s2g.
ab·jur·*gar* v.
a·*bla*·ca sf.: *abláqua*.
a·bla·*ção* sf.; pl. ·*ções*.
a·blac·ta·*ção* sf.; pl. ·*ções*.
a·blac·*tan*·te adj. 2g.
a·blac·*tar* v.
a·bla·me·*lar* adj. 2g. sf.
a·*blá*·qua sf.: *ablaca*.
a·bla·que:a·*ção* sf.; pl. ·*ções*.
a·bla·que:*ar* v.
a·bla·que·*cer* v.
a·blas·*tê*·mi·co adj.
a·blas·*ti*·a sf.
a·blas·*ti*·na sf.
a·bla·ti·*vis*·mo sm.
a·bla·*ti*·vo adj. sm.
a·bla·*tor* (ô) adj. sm.
a·ble·fa·*ri*·a sf.
a·*blé*·fa·ro adj. sm.
ab·le·ga·*ção* sf.; pl. ·*ções*.
ab·le·ga·*dor* (ô) adj. sm.
ab·le·*gar* v.
a·*blei*·a sf.
a·blep·*si*·a sf.
a·*blép*·ti·co adj.
a·blu·*ção* sf.; pl. ·*ções*.
a·blu:*en*·te ad. s2g.
a·blu:*ir* v.
a·blu·*tor* (ô) adj. sm.
ab·mi·gra·*ção* sf.; pl. ·*ções*.
ab·na·*dar* v.
ab·ne·ga·*ção* sf.; pl. ·*ções*.
ab·ne·*ga*·do adj. sm.
ab·ne·*gan*·te adj. 2g.
ab·ne·gan·*tis*·mo sm.
ab·ne·*gar* v.
ab·ne·ga·*ti*·vo adj.
ab·*ne*·to sm.
ab·no·da·*ção* sf.; pl. ·*ções*.
ab·no·*dar* v.

ab·no·*do*·so (ô) adj.; f. *e* pl. (ó).
ab·noi·*tar* v.
ab·nor·*mal* adj. 2g.; pl. ·*mais*.
ab·nor·ma·li·*da*·de sf.
ab·*nor*·me adj. 2g.
ab·nor·mi·*da*·de sf.
ab·*nó*·xi:o (cs) adj.
ab·nu:*ên*·ci:a sf.
ab·nu:*en*·te adj. 2g.
ab·nu:i·*ção* sf.; pl. ·*ções*.
ab·nu:*ir* v.
a·bo:a·*men*·to sm.
a·bo:*ar* v.
a·*bó*·ba·da sf./Cf. *abobada*, f. de *abobado* e fl. do v. *abobadar*.
a·bo·ba·*da*·do adj.
a·bo·ba·*dar* v.
a·bo·ba·*di*·lha sf.
a·bo·*ba*·do adj. 'tolo'/Cf. *aboubado*.
a·bo·ba·*lha*·do adj.
a·bo·ba·*lhar* v.
a·bo·ba·*men*·to sm.
a·bo·*bar* v. 'atoleimar(-se)'/Cf. *aboubar*.
a·bo·bar·*ra*·do adj.
a·*bó*·bo·ra sf. adj. 2g. 2n. sm./Cf. *abobora*, do v. *aboborar*.
a·bó·bo·ra·al·*mís*·car sf.; pl. *abóboras-almíscares* ou *abóboras-almíscar*.
a·bó·bo·ra(s)-a·ma·*re*·la(s) sf. (pl.).
a·bó·bo·ra(s)-*bran*·ca(s) sf. (pl.).
a·bó·bo·ra(s)-car·*nei*·ra(s) sf. (pl.).
a·bó·bo·ra-ca·*tin*·ga sf.; pl. *abóboras-catingas* ou *abóboras-catinga*.
a·bó·bo·ra(s)-chei·*ro*·sa(s) sf. (pl.).
a·bó·bo·ra(s)-*d'á*·gua sf. (pl.).
a·bó·bo·ra(s)-*d'an*·ta sf. (pl.).
a·bó·bo·ra(s)-de-*por*·co sf. (pl.).
a·bó·bo·ra(s)-do-*cam*·po sf. (pl.).
a·bó·bo·ra(s)-do-*ma*·to sf. (pl.).
a·bó·bo·ra(s)-gi·*gan*·te(s) sf. (pl.).
a·bó·bo·ra(s)-*gran*·de(s) sf. (pl.).
a·bo·bo·*ral* sm.; pl. ·*rais*.
a·bó·bo·ra-me·*lão* sf.; pl. *abóboras-melões* ou *abóboras-melão*.
a·bó·bo·ra(s)-me·*ni*·na(s) sf. (pl.).
a·bó·bo·ra(s)-mo·*ran*·ga(s) sf. (pl.).
a·bó·bo·ra(s)--mo·ran·*gui*·nha(s) sf. (pl.).
a·bó·bo·ra(s)-por·*quei*·ra(s) sf. (pl.).
a·bo·bo·*rar* v.
a·*bó*·bo·ra-ser·*pen*·te sf.; pl. *abóboras-serpentes* ou *abóboras-serpente*.
a·bo·bo·*rei*·ra sf.
a·bo·bo·rei·ra(s)-do-*ma*·to sf. (pl.).
a·*bo*·bra sf.: *abóbora*.
a·bo·*brei*·ra sf.: *aboboreira*.
a·bo·*bri*·nha sf.
a·bo·bri·nha(s)-do-*ma*·to sf. (pl.)
a·bo·*ca*·do adj.
a·bo·*ça*·do adj.
a·bo·ca·*du*·ra sf.
a·bo·ça·*du*·ra sf.
a·bo·ca·*men*·to sm.
a·bo·ça·*men*·to sm.
a·bo·ca·nha·*dor* (ô) adj. sm.
a·bo·ca·nha·*men*·to sm.
a·bo·ca·*nhar* v.
a·bo·*car* v. 'apanhar com a boca'/Cf. *aboucar*.
a·bo·*çar* v.
a·bo·car·da·*dor* (ô) adj. sm.
a·bo·car·da·*men*·to sm.
a·bo·car·*dar* v.
a·bo·ce·*tar* v.
a·bo·cho·*na*·do adj.
a·bo·cho·na·*dor* (ô) adj. sm.
a·bo·chor·*nan*·te adj. 2g.
a·bo·chor·*nar* v.
a·bo·*ço* (ô) sm./Cf. *aboço* (ô), do v. *aboçar*.
a·bo·de·ga·*ção* sf.; pl. ·*ções*.
a·bo·de·*ga*·do adj.
a·bo·de·*gar* v.
a·bo·*de*·go (ê) sm./Cf. *abodego* (é), do v. *abodegar*.
a·bo·do·*car* v.
a·bo·fe·*tar* v.: a·bo·fe·te:*ar*.
a·boi:*a*·do adj. sm.
a·boi:*ar* v.
a·*boi*·o (ô) sm./Cf. *aboio*, do v. *aboiar*.
a·bo·*iz* sm. *ou* f.; pl. ·*i*·zes.
a·bo·ja·*men*·to sm.
a·bo·*jar* v.
a·bo·la·*cha*·do adj.
a·bo·la·*char* v.
a·bo·*la*·do adj. 'amassado'/Cf. *abulado*.
a·bo·*lar* v. 'amassar'/Cf. *abulsar*.
a·bol·*ça*·do adj. 'vomitado'/Cf. *abolsado*.
a·bol·*çar* v. 'vomitar'/Cf. *abolsar*.
a·bol·dri:*ar* v.
a·bo·lei·*ma*·do adj.
a·bo·lei·*mar* v.
a·bo·le·ta·*men*·to sm.
a·bo·le·*tar* v.
a·bo·*lhar* v.
a·bo·li·*ção* sf.; pl. ·*ções*.
a·bo·li·ci:o·*nis*·mo sm.
a·bo·li·ci:o·*nis*·ta adj. s2g.
a·bo·li·*dor* (ô) adj. sm.
a·bo·li·*men*·to sm.
a·bo·li·na·*du*·ra sf.
a·bo·li·*nar* v.
a·bo·*lir* v.
a·bo·li·*ti*·vo adj.
a·bo·li·*tó*·ri:o adj.
a·bo·*lí*·vel adj. 2g.; pl. ·*veis*.
a·bo·lo·re·*cer* v.
a·bo·lo·re·ci·*men*·to sm.
a·bol·*sa*·do adj. 'em forma de bolso'/Cf. *abolçado*.
a·bol·*sar* v. 'dar forma de bolsa ou bolso a'/Cf. *abolçar*.
a·bo·ma·*si*·te sf.
a·bo·ma·*so* sm.
a·bom·ba·*cha*·do adj.
a·bom·*ba*·do adj.
a·bom·ba·*dor* (ô) sm.
a·bom·ba·*men*·to sm.
a·bom·*bar* v.
a·bo·mi·na·*ção* sf.; pl. ·*ções*.
a·bo·mi·na·*dor* (ô) adj. sm.
a·bo·mi·*nan*·do adj.
a·bo·mi·*nar* v.
a·bo·mi·na·*tó*·ri:o adj.
a·bo·mi·*ná*·vel adj. 2g.; pl. ·*veis*.
a·bo·mi·*no*·so (ô) adj.; f. *e* pl. (ó).
a·bo·na·*ção* sf.; pl. ·*ções*.
a·bo·*na*·do adj. sm.
a·bo·na·*dor* (ô) adj. sm.
a·bo·na·*men*·to sm.
a·bo·nan·*çar* v.
a·bo·*nar* v.
a·bo·na·*tá*·ri:o adj. sm.
a·bo·na·*ti*·vo adj.
a·bo·na·*tó*·ri:o adj.
a·bo·*ná*·vel adj. 2g.; pl. ·*veis*.

a·bo·ne·*ca*·do adj.
a·bo·ne·*car* v.
a·*bo*·no sm.
a·bo·que·*jar* v.
a·bo·*ral* adj. 2g.; pl. ·*rais*.
a·bor·bu·lha·*men*·to sm.
a·bor·bu·*lhar* v.
a·bor·*da*·da sf.
a·bor·ba·*dor* (ô) adj. sm.
a·bor·*da*·gem sf.; pl. ·gens.
a·bor·*dan*·te adj. 2g.
a·bor·*dar* v.
a·bor·*dá*·vel adj. 2g.; pl. ·veis.
a·*bor*·do (ô) sm./Cf. *abordo* (ó), do v. *abordar*.
a·bor·do:*ar* v.
a·bo·*rí*·gi·ne adj. s2g.
a·bor·le·*tar* v.
a·bor·na·*lar* v.
a·bor·ras·*car* v.
a·bor·re·ce·*dor* (ô) adj. sm.
a·bor·re·*cer* v.
a·bor·re·*ci*·do adj. sm.
a·bor·re·ci·*men*·to sm.
a·bor·re·*cí*·vel adj. 2g.; pl. ·veis.
a·bor·re·*ga*·do adj.
a·bor·*ri*·do adj.
a·bor·ri·*men*·to sm.
a·bor·*rir* v.
a·bor·*rí*·vel adj. 2g.; pl. ·veis.
a·bor·*ta*·do adj. sm.
a·bor·ta·*men*·to sm.
a·bor·*tar* v.
a·bor·*tei*·ro sm.
a·bor·*tí*·ci:o adj.
a·bor·*tí*·fe·ro adj.
a·bor·*ti*·vo adj. sm.
a·*bor*·to (ô) sm./Cf. *aborto* (ó), do v. *abortar*.
a·bos·*car* v.
a·bos·sa·*du*·ra sf.
a·bos·te·*lar* v.
a·bo·te·*car* v. 'agarrar'/Cf. *aboticar*.
a·bo·ti·*ca*·do adj.
a·bo·ti·*car* v. 'arregalar (os olhos)'/Cf. *abotecar*.
a·bo·ti·*na*·do adj.
a·bo·ti·na·*men*·to sm.
a·bo·ti·*nar* v.
a·bo·to:a·*ção* sf.; pl. ·*ções*.
a·bo·to:a·*dei*·ra sf.
a·bo·to:*a*·do adj. sm.
a·bo·to:a·*dor* (ô) adj. sm.
a·bo·to:a·*du*·ra sf.
a·bo·to:a·*men*·to sm.
a·bo·to:*ar* v.

a·bo·to·*ca*·do adj.: *abatocado*.
a·bo·to·*car* v.: *abatocar*.
a·bou·*ba*·do adj. 'cheio de boubas'/Cf. *abobado*.
a·bou·*bar* v. 'contrair boubas'/Cf. *abobar*.
a·bou·*car* v. 'espancar'/Cf. *abocar*.
a·bour·bo·*na*·do (bur) adj.: *aburbonado*.
a·*bra* sf.
a·bra·*â*·mi·co adj.
a·bra·*â*·mi·da adj. s2g.
a·bra·ca·*da*·bra sm.
a·bra·ca·da·*brân*·ci:a sf.
a·bra·ca·da·*bran*·te adj. 2g.
a·bra·ca·*dá*·bri·co adj.
a·bra·ca·da·*bris*·ta adj. s2g.
a·bra·ça·*dei*·ra sf.
a·bra·ça·*dor* (ô) adj. sm.
a·bra·ça·*du*·ra sf.
a·bra·ça·*men*·to sm.
a·bra·*çan*·te adj. s2g.
a·bra·*çar* v.
a·bra·*çá*·vel adj. 2g.; pl. ·veis.
a·*bra*·ço sm.
a·bra·*dar* v.
a·bran·da·*men*·to sm.
a·bran·*dar* v.
a·bran·de·*cer* v.
a·bran·ge·*dor* (ô) adj.
a·bran·*gên*·ci:a sf.
a·bran·*gen*·te adj. 2g.
a·bran·*ger* v.
a·bran·*gí*·vel adj. 2g.; pl. ·veis.
a·bran·qui:*al* adj. 2g.; pl. ·*ais*.
a·*brân*·qui:o adj. sm.
a·bran·*ti*·no adj. sm.
a·bra·*qui*·a sf.
a·*brá*·qui:o adj. sm.
a·bra·qui:o·ce·fa·*li*·a sf.
a·bra·qui:o·ce·*fá*·li·co adj.
a·bra·qui:o·*cé*·fa·lo adj. sm.
a·bra·*sa*·do adj.
a·bra·sa·*dor* (ô) adj. sm.
a·bra·sa·*men*·to sm.
a·bra·*san*·te adj. 2g.
a·bra·*são* sf.; pl. ·*sões*.
a·bra·*sar* v.
a·bra·se:*a*·do adj.
a·bra·se:*ar* v.
a·bra·si·lei·*ra*·do adj.
a·bra·si·lei·ra·*men*·to sm.
a·bra·si·lei·*rar* v.
a·bra·si·li:a·*nar* v.
a·bra·*si*·ta sf.
a·bra·*si*·vo adj. sm.

a·bra·so·*nar* v.
a·*bra*·xas (cs) sm. 2n.
a·bra·*zô* sm.: *ambrazô, ambrozô*.
a·bre sm.
ab·re:a·*ção* sf.; pl. ·*ções*.
ab·re·a·*gir* v.
a·bre-*a*·las sm. 2n.
a·bre-*bo*·ca(s) sm. (pl.).
a·bre-cam·*pen*·se(s) adj. s2g. (pl.).
a·bre-*car*·tas sm. 2n.
a·bre-e-*fe*·cha sm. 2n.
a·bre-i-*lhós* sm. 2n.: a·bre--i·*lho*·ses.
a·bre·*jar* v.
a·bre·jei·*ra*·do adj.
a·bre·jei·*rar* v.
a·bre-*la*·tas sm. 2n.
a·bre·*nhar* v.
a·bre·nun·ci:a·*ção* sf.; pl. ·*ções*.
a·bre·nun·ci:*ar* v.
a·bre·*nún*·ci:o sm./Cf. *abrenuncio*, do v. *abrenunciar*.
a·bre·*nun*·za sf.: *bernúncia*.
ab·rep·*tí*·ci:o(s) adj. (pl.).
a·bre·ta·*nha*·do adj.
a·*breu* sm.
a·breu·gra·*fi*·a sf.
a·bre·*var* v.
a·bre·vi:a·*ção* sf.; pl. ·*ções*.
a·bre·vi:*a*·do adj. sm.
a·bre·vi:a·*dor* (ô) adj. sm.
a·bre·vi:a·*men*·to sm.
a·bre·vi:*ar* v.
a·bre·vi:a·*ti*·vo adj.
a·bre·vi:a·*tu*·ra sf.
a·bre·vi:*á*·vel adj. 2g.; pl. ·veis.
a·*bri*·có sm.
a·bri·*có*(s)-a·ma·*re*·lo(s) sm. (pl.).
a·bri·*có*(s)-de-ma·*ca*·co sm. (pl.).
a·bri·*có*(s)-de-são-do·*min*·gos sm. (pl.).
a·bri·*có*(s)-do-bra·*sil* sm. (pl.).
a·bri·*có*(s)-do-pa·*rá* sm. (pl.).
a·bri·co·que sm.: *abricó*.
a·bri·co·*quei*·ro sm.: *abricoteiro*.
a·bri·*có*·sel·*va*·gem sm.; pl. *abricós-selvagens*.
a·bri·co·te sm.: *abricó*.
a·bri·co·*tei*·ro sm.
a·bri·*dei*·ra sf.
a·bri·*de*·la sf.
a·bri·*dor* (ô) adj. sm.
a·bri·ga·da sf.

a·bri·ga·*doi*·ro sm.:
   abrigadouro.
a·bri·ga·*dor* (ô) adj. sm.
a·bri·ga·*dou*·ro sm.:
   abrigadoiro.
a·bri·ga·*men*·to sm.
a·bri·*gar* v.
a·*bri*·go sm.
a·*bril* sm.
a·bri·*la*·da sf.
a·bri·lhan·ta·*dor* (ô) adj. sm.
a·bri·lhan·ta·*men*·to sm.
a·bri·lhan·*tar* v.
a·bri·*li*·no adj.: *aprilino*.
a·bri·*men*·to sm.
a·*bri*·na sf.
a·*brir* v.
a·bro·ca·*da*·do adj.
a·bro·ca·*dar* v.
a·bro·*cha*·do adj.
a·bro·cha·*dor* (ô) sm.
a·bro·cha·*du*·ra sf.
a·bro·*char* v.
ab·ro·ga·*ção* sf.; pl. ·*ções*.
ab·ro·ga·*dor* (ô) adj. sm.
ab·ro·ga·*men*·to sm.
ab·ro·ga·*gan*·te adj. 2g.
ab·ro·*gar* v.
ab·ro·ga·*ti*·vo adj.
ab·ro·ga·*tó*·ri:o adj.
ab·ro·*gá*·vel adj. 2g.; pl. ·*veis*.
a·bro·*lha*·do adj.
a·bro·lha·*dor* (ô) adj. sm.
a·bro·*lhal* sm. pl. ·*lhais*.
a·bro·*lhar* v.
a·*bro*·lho (ô) sm.; pl. (ó)/Cf.
   abrolho (ó), do v. *abrolhar*.
a·bro·lho(s)-a·*quá*·ti·co(s) sm.
   (pl.).
a·bro·*lho*·so (ô) adj.; f. *e* pl. (ó).
a·bron·*zar* v.: a·bron·ze:*ar*.
a·*bro*·que sm.
a·bro·que·*la*·do adj.
a·bro·que·*lar* v.
a·*bro*·ta sf.: *abrótea*.
a·*bró*·ta·no sm.
a·bro·*tar* v. 'brotar'/Cf. *abrutar*.
a·*bro*·te sm.: a·*bró*·te:a sf.
a·bro·te:*al* sm.; pl. ·*ais*.
a·*bró*·ti·ca sf.
a·bro·to·*ni*·na sf.
a·bro·to·*ni*·ta sm.
a·bru·*mar* v.
a·bru·*nhei*·ra sf.
a·bru·*nhei*·ro sm.
a·bru·nhei·ro(s)-*bra*·vo(s) sm.
   (pl.).

a·*bru*·nho sm.
a·*brup*·ção sf.; pl. ·*ções*.
ab·rup·*te*·la sf.
ab·*rup*·to adj.: ab·*rup*·to.
a·bru·*ta*·do adj.
a·bru·ta·*lha*·do adj. sm.
a·bru·ta·*lhar* v.
a·bru·ta·*men*·to sm.
a·bru·*tar* v. 'abrutalhar(-se)'/
   Cf. *abrotar*.
a·bru·te·*cer* v.
a·bru·te·ci·*men*·to sm.
ab·sa·*lô*·ni·co adj.
abs·ce·*dên*·ci:a sf.
abs·ce·*den*·te adj. 2g.
abs·ce·*der* v.
abs·*ces*·so sm.
abs·ci·*dan*·te adj. 2g.
abs·ci·*dar* v.
abs·cin·*dir* v.
abs·ci·*são* sf.; pl. ·*sões*.
abs·*cis*·sa sf.
asb·cis·*são* sf.; pl. ·*sões*.
abs·*côn*·ci:o sm.
abs·con·*der* v.
abs·*côn*·di·to adj.
abs·*con*·sa sf.
abs·*con*·so adj. sm.
ab·sen·te·*ís*·mo sm.
ab·sen·te·*ís*·ta adj. s2g.
ab·sen·*tis*·mo sm.: *absenteísmo*.
ab·sen·*tis*·ta adj. s2g.:
   absenteísta.
ab·si·*dal* adj. 2g.; pl. ·*dais*.
ab·*si*·de sf.
ab·si·*dí*:o·la sf.
ab·sin·*ta*·do adj.:
   ab·sin·ti:*a*·do.
ab·*sín*·ti·co adj.
ab·sin·*ti*·na sf.
ab·*sín*·ti:o sm.: *absinto*.
ab·sin·*tis*·mo sm.
ab·sin·*ti*·te sm. *ou* sf.
ab·*sin*·to sm.: *absíntio*.
ab·sin·to-co·*mum* sm.; pl.
   absintos-comuns.
ab·sin·to(s)-*gran*·de(s) sm.
   (pl.).
ab·sin·to-mai·*or* sm. pl.
   absintos-maiores.
ab·sin·*to*·so (ô) adj. sm.; f. *e*
   pl. (ó)
ab·*so*·gro (ô) sm.; f. (ó); pl. (ô).
ab·*sol*·to (ô) adj.; f. *e* pl. (ô).
ab·so·*lu*·ta sf.
ab·so·lu·*tis*·mo sm.
ab·so·lu·*tis*·ta adj. 2g.

ab·so·*lu*·to adj. sm.
ab·so·lu·*tó*·ri:o adj.
ab·sol·ve·*dor* (ô) adj. sm.
ab·sol·*ven*·te adj. 2g. 'que
   absolve'/Cf. *absorvente*.
ab·sol·*ver* v. 'perdoar'/Cf.
   absorver.
ab·sol·vi·*ção* sf.; pl. ·*ções*.
ab·so·*nân*·ci:a sf.
ab·so·*nan*·te adj. 2g.
ab·so·*nar* v.
áb·so·no adj./Cf. *absono*, do v.
   absonar.
ab·sor·*ção* sf.; pl. ·*ções*.
ab·sor·*sor* (ô) adj. sm.
ab·sor·*tân*·ci:a sf.
ab·sor·ti·vi·*da*·de sf.
ab·sor·*ti*·vo adj. sm.
ab·*sor*·to (ô) adj.
ab·sor·*vân*·ci:a sf.
ab·sor·ve·*doi*·ro sm.:
   absorvedouro.
ab·sor·ve·*dor* (ô) adj. sm.
ab·sor·ve·*dou*·ro sm.:
   absorvedoiro.
ab·sor·*vên*·ci:a sf.
ab·sor·*ven*·te adj. 2g. sm. 'que
   absorve'/Cf. *absolvente*.
ab·sor·*ver* v. 'sorver'/Cf.
   absolver.
ab·sor·vi·bi·li·*da*·de sf.
ab·sor·*vi*·do adj. sm.
ab·sor·vi·*men*·to sm.
ab·sor·*ví*·vel adj. 2g.; pl. ·*veis*.
abs·te·*mi*·a sf. 'qualidade de
   abstêmio'/Cf. *abstêmia*, f. de
   abstêmio.
abs·*tê*·mi:o adj. sm. 'que,
   ou aquele que se abstém
   de bebidas alcoólicas'; f.
   abstêmia/Cf. *abstemia*.
abs·ten·*ção* sf.; pl. ·*ções*.
abs·ten·ci·o·*nis*·mo sm.
abs·ten·ci·o·*nis*·ta adj. s2g.
abs·*ten*·to adj. sm.
abs·*ter* v.
abs·ter·*gên*·ci:a sf.
abs·ter·*gen*·te adj. 2g. sm.
abs·ter·*ger* v.
abs·ter·*são* sf.; pl. ·*sões*.
abs·ter·*si*·vo adj. sm.
abs·*ter*·so adj.
abs·*ti*·do adj.
abs·ti·*nên*·ci:a sf.
abs·ti·*nen*·te adj. s2g.
abs·tra·*ção* sf.; pl. ·*ções*.
abs·tra·ci·o·*nis*·mo sm.

abs·tra·ci·o·nis·ta adj. s2g.
abs·tra·í·do adj.
abs·tra·i·dor (ô) adj. sm.
abs·tra·i·men·to sm.
abs·tra·ir v.
abs·tra·ti·vo adj.
abs·tra·to adj. sm.
abs·tra·tor (ô) adj. sm.
abs·tri·ção sf.; pl. ·ções.
abs·tru·ir v.
abs·tru·são sf.; pl. ·sões.
abs·tru·si·vi·da·de sf.
abs·tru·si·vo adj.
abs·tru·so adj.
ab·su·mi·do adj.
ab·su·mir v.
ab·sun·ção sf.; pl. ·ções.
ab·sur·dez (ê) sf.
ab·sur·de·za (ê) sf.
ab·sur·di·da·de sf.
ab·sur·do adj. sm.
a·bu[1] sm. 'o quinto mês do calendário caldeu'/Cf. abu[2].
a·bu[2] adj. 2g. 'sem ruído'/Cf. abu[1].
a·bu·do adj.
a·bu·fe·lar v.
a·bu·ga·lha·do adj.
a·bu·ga·lhar v.
a·bu·gra·do adj.
a·bu·í adj. s2g.: uabuí.
a·bu·la·do adj. 'selado com bula'/Cf. abolado.
a·bu·lar v. 'selar com bula'/Cf. abolar.
a·bu·li·a sf./Cf. abolia, do v. abolir.
a·bú·li·co adj. sm.
a·bu·na sm.
a·bu·nã sf.
a·bun·dân·ci:a sf./ Cf. abundancia, do v. abundanciar.
a·bun·dan·ci:al adj. 2g.; pl. ·ais.
a·bun·dan·ci:ar v.
a·bun·dan·te adj. 2g.
a·bun·dar v.
a·bun·do·so (ô) adj.; f. e pl. (ó).
a·bu·nha·di:o sm.
a·bu·nha·do adj. sm.
a·bu·nhar v.
a·bu·ra·car v.
a·bur·bo·na·do adj.: abourbonado.
a·bu·re·la·do adj.
a·bu·re·lar v. 'dar forma de burel a'/Cf. aburilar.

a·bur·gue·sa·do adj.
a·bur·gue·sa·men·to sm.
a·bur·gue·sar v.
a·bu·ri·lar v. 'dar forma de buril a'/Cf. aburelar.
a·bur·rar v.
a·bur·ri·car v.
a·bu·sa·do adj.
a·bu·sa·dor (ô) adj. sm.
a·bu·são sf.; pl. ·sões.
a·bu·sar v.
a·bu·si·vo adj.
a·bu·so sm.
a·bu·ta sf.: abutua.
a·bu·ti·lo sm.
a·bu·ti·nha sf.
a·bu·tre sm.
a·bu·tre(s)-do-no·vo-mun·do sm. (pl.).
a·bu·trei·ro sm.
a·bu·tu·a sf.: a·bú·tu:a.
a·bu·tu·a(s)-da-ter·ra sf. (pl.).
a·bu·tu·a(s)-de-ba·ta·ta sf. (pl.).
a·bu·tu·a(s)-gran·de(s) sf. (pl.).
a·bu·tu·a(s)-le·gí·ti·ma(s) sf. (pl.).
a·bu·tu·a(s)-pre·ta(s) sf. (pl.).
a·bu·zi·nar v.
ab·vo·lar v.
a·ca sf.
a·cá sm.
aça adj. s2g.: aço[2]/Cf. assa, do v. assar.
a·ca·ba·ça·do adj.
a·ca·ba·çar v.
a·ca·ba·di·ço adj.
a·ca·ba·do adj. sm.
a·ca·ba·dor (ô) adj. sm.
a·ca·ba·do·te adj.; f. acabadota.
a·ca·ba·men·to sm.
a·ca·ba·na·do adj.
a·ca·ba·nar v.
a·ca·ba·no·ve·nas s2g. 2n.
a·ca·bar v.
a·ca·be·la·do adj.
a·ca·be·lar v.
a·ca·bo·cla·do adj.
a·ca·bo·clar v.
a·ca·bo·ti·na·do adj.
a·ca·bo·ti·nar v.
a·ca·bra·lha·do adj.
a·ca·bra·mar v.
a·ca·bra·mo sm.
a·ca·bru·nha·do adj.
a·ca·bru·nha·dor (ô) adj.
a·ca·bru·nha·men·to sm.

a·ca·bru·nhan·te adj. 2g.
a·ca·bru·nhar v.
a·ca·bur·ro adj. sm.
a·ca·çá sm.
a·ça·ca·la·do adj. sm.
a·ça·ca·la·dor (ô) sm.
a·ça·ca·la·du·ra sf.
a·ça·ca·la·men·to sm.
a·ça·ca·lar v.
a·ça·ça·pa·do adj.
a·ça·ça·pa·dor (ô) adj. sm.
a·ça·ça·pa·men·to sm.
a·ça·ça·par v.
a·ca·ce·ti·na sf.
a·ca·cha·pa·do adj.: acaçapado.
a·ca·cha·pa·dor (ô) adj.; sm.: acaçapador.
a·ca·cha·pa·men·to sm.: acaçapamento.
a·ca·cha·par v.: acaçapar.
a·ca·char v.
a·ca·chim·ba·do adj.
a·ca·chim·bar v.
a·co·cho:an·te adj. 2g.
a·ca·cho:ar v.
a·ca·cho·ei·rar v.
a·cá·ci:a sf.
a·cá·ci:a(s)-do-ni·lo sf. (pl.).
a·cá·ci:a(s)-me·lei·ra(s) sf. (pl.).
a·cá·ci:a(s)-ne·gra(s) sf. (pl.).
a·ca·ci:a·nis·mo sm.
a·ca·ci:a·no adj. sm.
a·cá·ci:a(s)-ver·me·lha(s) sf. (pl.).
a·ca·ci·far v.
a·ca·ci·na sf.
a·cá·ci:o sm.
a·ça·cu sm.
a·ca·cu·la·do adj.
a·ca·cu·lar v.
a·ça·cu·ra·na sf.
a·ça·cu·zei·ro sm.
á·ca·de adj. s2g.
a·ca·dei·rar v.
a·ca·de·mi·a sf. 'associação'/Cf. academia.
a·ca·dê·mi:a sf. 'modelo plástico'/Cf. academia, do v. academiar, e sf.
a·ca·de·mi:al adj. 2g.; pl. ·ais.
a·ca·de·mi:ar v.
a·ca·de·mi·cis·mo sm.
a·ca·de·mi·cis·ta adj. s2g.
a·ca·dê·mi·co adj. sm.
a·ca·de·mis·mo sm.
a·ca·de·mis·ta adj. s2g.
a·ca·di:a·no adj. sm.

a·cá·di·co adj.
a·ca·é sm. *ou* sf.
a·ca:e·rai·*sau*·a sf.
a·ca·fa·jes·*ta*·do adj.
a·ca·fa·jes·ta·*men*·to sm.
a·ca·fa·jes·*tar* v.
a·ça·*fa*·ta sf.
a·ça·fa·*tar* v.
a·ça·*fa*·te sm.
a·ça·fa·te(s)-de-*oi*·ro sm. (pl.):
 a·ça·fa·te(s)-de-*ou*·ro.
a·ca·fe·*la*·do adj.
a·ca·fe·la·*dor* (ô) adj. sm.
a·ca·fe·la·*du*·ra sf.
a·ca·fe·la·*men*·to sm.
a·ca·fe·*lar* v.
a·ca·fe·*ta*·do adj.
a·ca·fe·*tar* v.
a·ça·*flor* (ô) sm.
a·ca·fo·*ba*·do adj.
a·ca·fo·*bar* v.: *afobar*.
a·ça·fra·*na*·do adj.
a·ça·*frão* sm.; pl. ·*frões*.
a·ça·frão-da-*ter*·ra sm.; pl.
 açafrões-da-terra.
a·ça·frão-do-*ma*·to sm.; pl.
 açafrões-do-mato.
a·ça·*frei*·ro sm.
a·ça·*fro*·a (ô) sf.
a·ça·*fro*:a·do adj.
a·ça·fro:a·*dor* (ô) adj. sm.
a·ça·fro:*al* sm.; pl. ·*ais*.
a·ça·fro:a·*men*·to sm.
a·ça·fro:*ar* v.
a·ça·fro:*ei*·ra sf.
a·ça·fro:ei·ra(s)-da-*ín*·di:a sf.
 (pl.).
a·ça·fro:ei·*ral* sm.; pl. ·*rais*.
a·ça·fro:*ei*·ro sm.
a·ça·fro:ei·ro(s)-da-*ín*·di:a sf.
 (pl.).
a·ça·fro·*í*·na sf.
a·ca·*gual* sm.; pl. ·*guais*.
a·ça·*í* sm./Cf. *assai*, do v. *assar*.
a·cai·*a*·ca adj. s2g.
a·ça·*í*(s)-*bran*·co(s) sm. (pl.).
a·ca:i·ça·*ra*·do adj.
a·ca:i·ça·*rar* v.
a·ça·í-ca·*tin*·ga sm.; pl. *açaís-
 -catingas* ou *açaís-catinga*.
a·ça·í-*chum*·bo sm.; pl. *açaís-
 -chumbos* ou *açaís-chumbo*.
a·*cai*·co adj. sm.
a·ça·í(s)-de-ca·a·*tin*·ga sm.
 (pl.).
a·ça·í(s)-do-pa·*rá* sm. (pl.).
a·ça:i·*en*·se adj. s2g.

a·çai·*mar* v.: *aceimar*.
a·*çai*·me sm.: *açaimo, açamo*.
a·ça·í·mi·*rim* sm.; pl. *açaís-
 -mirins*.
a·*çai*·mo sm.: *açaime, açamo*.
a·*cai*·o adj. sm.
a·ca:i·pi·*ra*·do adj.
a·ca:i·pi·*rar* v.
a·ça:i·*ra*·na sf.
a·cai·re·*la*·do adj.
a·cai·re·la·*dor* (ô) adj. sm.
a·cai·re·la·*du*·ra sf.
a·cai·re·la·*men*·to sm.
a·cai·re·*lar* v.
a·cai·xo·*tar* v.
a·ça:i·*zal* sm.; pl. ·*zais*.
a·ça:i·*zei*·ro sm.
a·ca·ja·*da*·do adj.
a·ca·ja·*dar* v.
a·ca·ji·*ba*·do adj.: a·ca·ji·*pa*·do.
a·ca·*ju* sm. adj. 2g. 2n.
a·ca·ju·ca·*tin*·ga sm.; pl. *acajus-
 -catingas* ou *acajus-catinga*.
a·ca·ju·*ci*·ca sm. *ou* sf.
a·ca·ju·*ra*·na sf.
a·ca·ju·ti·*ben*·se adj. s2g.
a·ca·lan·*tar* v.: *acalentar*.
a·ca·*lan*·to sm.: *acalento*.
a·ca·la·*si*·a sf.
a·cal·ca·*men*·to sm.
a·cal·ca·*nha*·do adj.
a·cal·ca·nha·*men*·to sm.
a·cal·ca·*nhar* v.
a·cal·*car* v.
a·cal·ce·*ro*·se sf.
a·cal·cu·*li*·a sf.
a·ca·*lé*·fi·co adj.
a·ca·*lé*·fi:o adj. sm.
a·ca·*le*·fo sm.
a·ca·le·fo·lo·*gi*·a sf.
a·ca·le·fo·*ló*·gi·co adj.
a·ca·len·ta·*dor* (ô) adj. sm.
a·ca·len·ta·me·*ni*·no(s) sm.
 (pl.).
a·ca·len·*tar* v.: *acalantar*.
a·ca·*len*·to sm.: *acalanto*.
a·*ça*·lhar v.
a·ca·li·*cal* adj. 2g.; pl. ·*cais*.
a·*cá*·li·ce adj. 2g.
a·ca·li·*ci*·no adj.
a·ca·li·cu·*la*·do adj.
a·ca·*li*·fa sf.
a·ca·*lip*·to sm.
a·ca·lip·*tra*·do adj. sm.
a·cal·ma·*ção* sf.; pl. ·*ções*.
a·cal·*ma*·do adj.
a·cal·ma·*dor* (ô) adj. sm.

a·cal·ma·*men*·to sm.
a·cal·*mar* v.
a·cal·*mi*·a sf.
a·ca·lo·*ra*·do adj. sm.
a·ca·lo·*rar* v.
a·çal·*pão* sm.; pl. ·*pões*:
 alçapão.
a·*ca*·ma sf.
a·ca·ma·*ção* sf.; pl. ·*ções*.
a·ca·*ma*·do adj. sm.
a·ca·ma·*men*·to sm.
a·ca·*mar* v.
a·ça·*mar* v.: *açaimar*.
a·ca·ma·ra·*dar* v.
a·ca·ma·*tan*·ga sf.: *acamutanga,
 acumutanga*.
a·câ·*ma*·to adj. sm.
a·cam·bai:*ar* v.
a·çam·bar·ca·*ção* sf.; pl. ·*ções*.
a·çam·bar·ca·*dor* (ô) adj. sm.
a·çam·bar·ca·*gem* sf.; pl. ·*gens*.
a·çam·bar·ca·*men*·to sm.
a·çam·bar·*can*·te adj. s2g.
a·çam·bar·*car* v.
a·çam·*bar*·que sm.
a·cam·be·*ta*·do adj.
a·cam·be·*tar* v.
a·cam·bo:*ar* v.
a·cam·brai·*ar* v.
a·cam·bu·*lha*·do adj.
a·cam·bu·*lhar* v.
a·*ça*·mo sm.: *açaime, açaimo*.
a·ça·mou·*ca*·do adj. sm.
a·cam·*pa*·do adj.
a·cam·pa:i·*nha*·do adj.
a·cam·pa:i·*nhar* v.
a·cam·pa·*men*·to sm.
a·cam·pa·*na*·do adj. sm.
a·cam·pa·*nar* v.
a·cam·*par* v.
a·camp·*si*·a sf.
a·*camp*·to adj.
a·ca·mur·*ça*·do adj.
a·ca·mur·*çar* v.
a·ca·mu·*tan*·ga sf.: *acamatanga,
 acumutanga*.
a·ça·*ná* sf.
a·ça·*nã* sf.
a·ca·*na*·ca sf.
a·ca·*ná*·ce:o adj.
a·ca·na·*la*·do adj.
a·ca·na·la·*dor* (ô) adj. sm.
a·ca·na·la·*du*·ra sf.
a·ca·na·la·*men*·to sm.
a·ca·na·*lar* v.
a·ca·na·*lha*·do adj.
a·ca·na·lha·*dor* (ô) adj. sm.

a·ca·na·lha·*men*·to sm.
a·ca·na·*lhan*·te adj. 2g.
a·ca·na·*lhar* v.
a·ca·nas·*trar* v.
a·ca·na·*ti* sm.: *acunati*.
a·ca·na·*ti*·que sm.
a·ca·na·ve:*a*·do adj.
a·ca·na·ve:a·*du*·ra sf.
a·ca·na·ve:a·*men*·to sm.
a·ca·na·ve:*ar* v.
a·can·ce·*la*·do adj.
a·can·ce·*lar* v.
a·can·ce·*ra*·do adj.
a·can·di·*la*·do adj.
a·can·di·*lar* v.
a·ca·ne·*la*·do adj.
a·ca·ne·la·*dor* (ô) adj. sm.
a·ca·ne·la·*du*·ra sf.
a·ca·ne·la·*men*·to sm.
a·ca·ne·*lar* v.
a·can·ga·cei·*ra*·do adj.
a·can·ga·*pa*·ra sm. *ou* sf.
a·can·ga·*pe*·va sm. *ou* sf.
a·can·ga·*tar* sm.
a·can·ga·*ta*·ra sm.
a·can·gu·*çu* sm.
a·can·gu·*la*·do adj.
a·ca·nha·*ção* sf.; pl. *·ções*.
a·ca·nha·*dão* adj. sm.; pl. *·dões*; f. *acanhadona*.
a·ca·*nha*·do adj.
a·ca·nha·*do*·na adj. sf. de *acanhadão*.
a·ca·nha·*dor* (ô) adj. sm.
a·ca·nha·*men*·to sm.
a·ca·*nhar* v.
a·ca·*nho* sm.
a·ca·nho:*ar* v.
a·ca·nho·ne:*ar* v.
a·ca·nho·*ta*·do adj.
a·câ·ni·a sf.
a·ca·ni·*á*·ce:a sf.
a·ca·ni·*á*·ce:o adj.
a·ca·no:*a*·do adj.
a·ca·no:*ar* v.
a·ca·*nô*·ni·co adj.
a·ca·no·*nis*·ta adj. s2g.
a·can·*tá*·ce:a sf.
a·can·*tá*·ce:o adj.
a·can·tei·*ra*·do adj.
a·can·tei·*rar* v.
a·can·*te*·la sf.
a·*cân*·ti·co adj.
a·can·ti·*la*·do adj.
a·can·ti·*lar* v.
a·can·*ti*·na sf.
a·*cân*·ti·no adj.

a·*cân*·ti:o sm.
a·can·*ti*·ta sf.
a·*can*·to sm.
a·can·to:*a*·do adj.
a·can·to:a·*men*·to sm.
a·can·to:*ar* v.
a·can·tob·*dé*·li·do adj. sm.
a·can·*tó*·bo·lo sm.
a·can·to·*bó*·tri:o sm.
a·can·to·*cár*·pi·co adj.
a·can·to·*car*·po adj. sm.
a·can·to·ce·fa·*lí*:a·se sf.
a·can·to·*cé*·fa·lo adj. sm.
a·can·to·cha·*na*·do adj.
a·can·to·*cis*·to sm.
a·can·to·*clá*·di:o adj. sm.
a·can·to·*dác*·ti·lo sm.
a·can·to·fa·*gi*·a sf.
a·can·*tó*·fa·go adj. sm.
a·can·*tó*·fo·ro adj. sm.
a·can·*toi*·de adj. 2g.
a·can·*tó*·li·se sf.
a·can·to·*na*·do adj.
a·can·to·na·*men*·to sm.
a·can·to·*nar* v.
a·can·*tó*·po·de adj. 2g.
a·can·top·te·*rí*·gi:o adj. sm.
a·*cân*·tor sm.
a·can·*to*·se sf.
a·can·*tó*·si·co adj. sm.
a·can·*tós*·po·ro adj. sm.
a·can·to·*zoi*·de adj. 2g. sm.
a·ca·nu·*dar* v.
a·ca·nu·*lar* v.
a·*ção* sf.; pl. *·ções*.
a·ca·pa·*cha*·do adj.
a·ca·pa·cha·*men*·to sm.
a·ca·pa·*char* v.
a·ca·pa·do·*ça*·do adj.
a·ca·pan·*gar* v.
a·ca·pe·*lar* v.
a·ca·pi·*tã* sf.
a·ca·pi·tu·*lar* v.
a·*cap*·na sf.
a·cap·*ni*·a sf.
a·*cáp*·ni·co adj.
a·*cap*·no adj. sm.
a·ca·po·*ci*·ba sf.
a·ca·po·ei·*ra*·do adj.
a·ca·po·ei·*rar* v.
a·ca·po·*ta*·do adj.
a·ca·po·*tar* v.
a·ca·*pu* sm.
a·ca·pu(s)-do-i·ga·*pó* sm. (pl.).
a·ca·pu·*ra*·na sf.
a·ca·pu·ra·na(s)-da-ter·ra-*fir*·me sf. (pl.).

a·ca·pu·ra·na(s)-ver·*me*·lha(s) sf. (pl.).
a·ça·*pu*·va sf.
a·ca·*rá* sm.
a·ca·*rá*(s)-a·*çu*(s) sm. (pl.).
a·ca·ra·*ai*·a sm.
a·ca·rá-ban·*dei*·ra sm.; pl. *acarás-bandeiras* ou *acarás-bandeira*.
a·ca·rá-ba·ra·ru:*á* sm.; pl. *acarás-bararuás* ou *acarás-bararuá*.
a·ca·*rá*-be·re·rê sm.; pl. *acarás-bererês* ou *acarás-bererê*.
a·ca·*rá*(s)-*bo*·bo(s) sm. (pl.).
a·ca·*rá*(s)-cas·*cu*·do(s) sm. (pl.).
a·ca·*rá*(s)-chin·*ban*·te(s) sm. (pl.).
a·ca·ra·*çu* sm.
a·ca·ra·cu:a·*í*·ma sm.
a·ca·ra·cu·*í*·ma sm.
a·ca·*rá*·di:a·*de*·ma sm.; pl. *acarás-diademas* ou *acarás-diadema*.
a·ca·*rá*·*dis*·co sm.; pl. *acarás-discos* ou *acarás-disco*.
a·ca·ra·*do*·la sm.
a·ca·ra·*en*·se adj. s2g.
a·ca·*rá*(s)-fer·*rei*·ro(s) sm. (pl.).
a·ca·*rá*·*fu*·so sm.; pl. *acarás-fusos* ou *acarás-fuso*.
a·ca·*rá*(s)-*gran*·de(s) sm. (pl.).
a·ca·*rá*(s)-gua·*çu*(s) sm. (pl.).
a·ca·ra·*í* sm.
a·ca·rai·a·cu:a·*í*·ma sm.
a·ca·ra:i·*en*·se adj. s2g.
a·ca·ra·*jé* sm.
a·ca·*rá*·ma·na·ça·ra·*vé* sm.; pl. *acarás-manaçaravés* ou *acarás-manaçaravé*.
a·ca·ra·me·*la*·do adj.
a·ca·ra·me·*lar* v.
a·ca·*rá*·mo·*có* sm.; pl. *acarás-mocós* ou *acarás-mocó*.
a·ca·ra·mu·*çu* sm.
a·ca·ra·mu·*jar* v.
a·ca·ran·*ga*·do adj.
a·ca·ran·*gar* v.
a·ca·ran·gue·*ja*·do adj.
a·ca·ra·pa·*guá* sm.
a·ca·ra·pa·ra·*ná* sm.
a·ca·ra·pa·ra:u·*á* sm.
a·ca·*rá*·pa·ta·*qui*·ra sm.; pl. *acarás-pataquiras* ou *acarás-pataquira*.
a·ca·ra·*pe*·ba sm.
a·ca·ra·*pen*·se adj. s2g.

a·ca·ra·*pe*·ra sm.
a·ca·ra·*pe*·va sm.
a·ca·ra·*pi* adj. s2g.
a·ca·ra·*pi*·cu sm.
a·ca·ra·pi·na·*xa*·me sm.
a·ca·ra·pin·*dá* sm.
a·ca·ra·pi·*nhar* v.
a·ca·ra·pi·ram·bo·*cai*·a sm.
a·ca·ra·pi·*tan*·ga sm.
a·ca·ra·pi·*xu*·na sm.
a·ca·rá(s)-*pre*·to(s) sm. (pl.).
a·ca·ra·pu:*ã* sm.
a·ca·ra·pu·*çar* v.
a·ca·ra·pu·*cu* sm.
a·ca·*rar* v.
a·ca·rá(s)-se·*ve*·ro(s) sm. (pl.).
a·ca·ra·tim·*bó* sm.
a·ca·ra·*tin*·ga sm.
a·ca·rá(s)-*ton*·to(s) sm. (pl.).
a·ca·rá-to·*pe*·te sm.; pl. *acarás-topetes* ou *acarás-topete*.
a·ca·rau:u·a·*çu* sm.
a·ca·rau·ú(s)-a·*çu*(s) sm. (pl.).
a·ca·rau·*çu* sm.
a·ca·rau·*en*·se adj. s2g.
a·ca·ra·*ú*·na sm. *ou* sf.
a·car·*dí*·a sf.
a·car·*dí*·a·co adj. sm.
a·car·di:o·e·*mi*·a sf.
a·car·di:o·ner·*vi*·a sf.
a·car·di:o·tro·*fi*·a sf.
a·car·du·*mar* v.
a·ca·re:a·*ção* sf.; pl. ·*ções*.
a·ca·re:a·*dor* (ô) adj. sm.
a·ca·re:a·*men*·to sm.
a·ca·re:*an*·te adj. 2g.
a·ca·re:*ar* v.
a·ca·*ri* sm. 'peixe'.
á·ca·ri sm. 'ácaro'.
a·ca·ri:*á*·ce:a sf.
a·ca·ri:*á*·ce:o adj.
a·ca·ri:a·*çu* sm.
a·ca·ri(s)-a·ma·*re*·lo(s) sm. (pl.).
a·ca·ri:*a*·no adj. sm.
a·ca·*rí*·a·se sf.
a·ca·ri-chi·*co*·te sm.; pl. *acaris-chicotes* ou *acaris-chicote*.
a·ca·ri·ci:a·*dor* (ô) adj. sm.
a·ca·ri·ci:a·*men*·to sm.
a·ca·ri·ci:*an*·te adj. 2g.
a·ca·ri·ci:*ar* v.
a·ca·ri·ci:a·*ti*·vo adj.
a·ca·ri·*ci*·da adj. 2g. sm.
a·ca·ri·*ço*·ba sf.
a·ca·ri·*dar* v.
a·ca·*rí*·de:o adj. sm.
a·ca·ri:*en*·se adj. s2g.

a·ca·ri-es·*pa*·da sm.; pl. *acaris-espadas* ou *acaris-espada*.
a·ca·ri·ge·*no*·se sf.
a·ca·ri·gua·*çu* sm.
a·ca·ri:*ju*·ba sm.
a·ca·ri-la-*ran*·ja sm.; pl. *acaris-laranjas* ou *acaris-laranja*.
a·ca·ri-*li*·ma sm.; pl. *acaris-limas* ou *acaris-lima*.
a·ca·ri(s)-*mo*·le(s) sm. (pl.).
a·ca·ri·nha·*men*·to sm.
a·ca·ri·*nhar* v.
a·ca·*ri*·no adj. sm.
a·ca·ri:*o*·se sf.
a·ca·ri:*o*·ta sf.
a·ca·ri:*o*·to (ô) adj.; f. e pl. (ó).
a·ca·ri(s)-pin·*ta*·do(s) sm. (pl.).
a·ca·ri·*qua*·ra sf.
a·ca·ri·*ra*·na sf.
a·ca·ri:*ú*·ba sf.
a·car·mi·*na*·do adj.
a·car·mi·*nar* v.
a·car·*nar* v.
a·car·nei·*ra*·do adj.
a·car·nei·*rar* v.
á·ca·ro sm./Cf. *acaro*, do v. *acarar*.
a·ca·ro:*a*·do adj.
a·ca·ro:*ar* v.
a·ca·ro·ce·*cí*·di:a sf.
a·ca·ro·ce·*cí*·di:o sm.
a·ca·ro·do·*má*·ci:a sf.
a·ca·ro·do·*má*·ci:o sm.
a·ca·ro·fi·*li*·a sf.
a·ca·ro·fo·*bi*·a sf.
a·ca·*roi*·de adj. 2g.
a·ca·ro·lo·*gi*·a sf.
a·ca·ro·li·*gis*·ta s2g.
a·car·pan·*te*·se sf.
a·ca·pe·*la*·do adj.
a·car·pe·*ta*·do adj.
a·*cár*·pi·co adj.
a·*car*·po adj.
a·car·ra·*ça*·do adj.
a·car·ra·*çar* v.
a·car·*ra*·do adj.
a·car·ra·*doi*·ro sm.:
 a·car·ra·*dou*·ro.
a·car·ran·*ca*·do adj.
a·car·ran·*car* v.
a·car·ra·pa·*ta*·do adj.
a·car·ra·pa·*tar* v.
a·car·*rar* v.
a·car·re:*ar* v.
a·car·*rei*·o sm.
a·car·re·*ta*·do adj.
a·car·re·ta·*dor* (ô) adj. sm.

a·car·re·ta·*du*·ra sf.
a·car·re·ta·*men*·to sm.
a·car·re·*tar* v.
a·car·*re*·to (ê) sm./Cf. *acarreto* (é), do v. *acarretar*.
a·car·to·*na*·do adj.
a·car·to·*nar* v.
a·car·tu·*char* v.
a·ca·run·*cha*·do adj.
a·ca·run·*char* v.
a·ca·sa·*ca*·do adj.
a·ca·sa·*car* v.
a·ca·sa·la·*ção* sf.; pl. ·*ções*.
a·ca·sa·*la*·do adj.
a·ca·sa·la·*men*·to sm.
a·ca·sa·*lar* v.
a·ca·sa·ma·*ta*·do adj.
a·ca·sa·ma·*tar* v.
a·cas·car·ri·*lha*·do adj.
a·cas·car·ri·*lhar* v.
a·ca·se:*ar* v.
a·ca·ser·*na*·do adj.
a·ca·ser·na·*men*·to sm.
a·ca·ser·*nar* v.
a·cas·mur·*ra*·do adj.
a·cas·mur·*rar* v.
a·*ca*·so sm. adv.
a·cas·qui·*lhar* v.
a·cas·ta·*nha*·do adj.
a·cas·ta·*nhar* v.
a·cas·te·*la*·do adj.
a·cas·te·la·*men*·to sm.
a·cas·te·*lar* v.
a·cas·te·lha·*na*·do adj.
a·cas·te·lha·*nar* v.
a·cas·ti·*çar* v.
a·cas·to:*ar* v.
a·ca·su·*la*·do adj.
a·ca·su·la·*dor* (ô) adj. sm.
a·ca·su·*lar* v.
a·ca·ta·*dor* (ô) adj. sm.
a·ca·ta·*du*·ra sf.
a·ca·ta·*fa*·si·a sf.
a·ca·ta·*fá*·si·co adj.
a·ca·ta·*léc*·ti·co adj.: *acatalético*.
a·ca·ta·lep·*si*·a sf.
a·ca·ta·*lép*·ti·co adj.
a·ca·ta·*lé*·ti·co adj.: *acataléctico*.
a·ca·ta·ma·te·*si*·a sf.
a·ca·ta·*men*·to sm.
a·ca·ta·*pléc*·ti·co adj.
a·ca·ta·ple·*xi*·a (cs) sf.
a·ca·*tá*·po·se sf.
a·ca·ta·*pó*·ti·co adj.
a·ca·*tar* v.
a·ca·tar·*ra*·do adj.

a·ca·tar·ro:*a*·do adj.
a·ca·tar·ro:*ar* v.
a·ca·tar·*si*·a sf.
a·ca·*tár*·si·co adj.
a·ca·*tar*·to adj.
a·ca·tas·so·*lar* v.
a·ca·*tá*·vel adj. 2g.; pl. ·veis.
a·ca·tin·*ga*·do adj. sm.
a·*cá*·ti:o sm.
a·ca·ta·*si*·a sf.
a·ca·ti·*ta*·do adj.
a·*ca*·to sm.
a·ca·ti·*tar* v.
a·*ca*·to sm.
a·ca·to·car·*pá*·ce:a sf.
a·ca·to·car·*pá*·ce:o adj.
a·ca·*tó*·li·co adj. sm.
a·ca·tru·*zar* v.: alcatruzar.
a·ca·tu·*rar* v.
a·ca·*ú* sm.
a·cau·*á* sm.
a·cau·*ã* sm. *ou* sf.
a·cau·*da*·do adj.
a·cau·da·*lar* v.
a·cau·de·la·*men*·to sm.
a·cau·de·*lar* v.
a·cau·di·*lha*·do adj. sm.
a·cau·di·*lhar* v.
a·*cau*·le adj. 2g.
a·cau·les·*cên*·ci:a sf.
a·cau·les·*cen*·te adj. 2g.
a·*cáu*·li·co adj.
a·cau·li·*o*·se sf.
a·caus·to·bi:*ó*·li·to sm.
a·cau·te·*la*·do adj.
a·cau·te·la·*dor* (ô) adj. sm.
a·cau·te·la·*men*·to sm.
a·cau·te·*lar* v.
a·cau·te·la·*tó*·ri:o adj.
a·cau·te·*lá*·vel adj. 2g.; pl. ·veis.
a·ca·va·la·*ção* sf.; pl. ·ções.
a·ca·va·*la*·do adj.
a·ca·va·la·*men*·to sm.
a·ca·va·*lar* v.
a·ca·va·lei·*ra*·do adj.
a·ca·va·lei·*rar* v.
a·ca·va·le·*ta*·do adj.
a·ca·va·le·*tar* v.
a·ca·vei·*ra*·do adj.
a·ca·*xim*·ba sf.
ac·cep·*ção* sf.: acepção; pl. ·ções.
ac·ces·*sí*·vel adj. 2g.: acessível; pl. ·veis.
ac·ces·*só*·ri:o sm.: acessório.
ac·ci:*a*·no adj. sm.: aciano.
ace sm. (ing.: *eis*).
a·ce·bo·*la*·do adj.

a·ce·bo·*lar* v.
a·*ce*·ca sf.: acéquia.
a·ce·*da*·res sm. pl./Cf. assedares, do v. assedar.
a·ce·*dên*·ci:a sf. 'aquiescência'/ Cf. acidência.
a·ce·*den*·te adj. s2g. 'aquiescente'/Cf. acidente.
a·ce·*der* v.
a·ce·*di*·a sf./Cf. assedia, do v. assediar.
a·*cé*·di·co adj.
a·ce·di:*o*·so adj.; f. e pl. (ó).
a·ce·fa·*li*·a sf.
a·ce·*fá*·li·co adj.
a·ce·fa·*lis*·mo sm.
a·ce·fa·*lis*·ta adj. s2g.
a·ce·fa·*li*·ta s2g.
a·*cé*·fa·lo adj. sm.
a·ce·fa·lo·*cis*·to sm.
a·ce·fa·*ló*·fo·ro adj. sm.
a·cei·*mar* v.: açaimar.
a·cei·ra·*ção* sf. 'preparação de aceiro(s)' 'ação de temperar com aço'; pl. ·ções/Cf. aceração.
a·cei·ra·*men*·to sf. 'aceiração'/ Cf. aceramento.
a·cei·*rar* v. 'preparar aceiro(s)'/ Cf. acerar.
a·*cei*·ro adj. sm.
a·cei·ta·bi·li·*da*·de sf.
a·cei·ta·*ção* sf.; pl. ·ções.
a·cei·ta·*dor* (ô) adj. sm.
a·cei·ta·*men*·to sm.
a·cei·*tan*·te adj. s2g.
a·cei·*tar* v.
a·cei·*tá*·vel adj. 2g.; pl. ·veis.
a·*cei*·te sm. adj. 2g.
a·*cei*·to adj. sm.
a·ce·lei·*rar* v. 'meter em celeiro'/Cf. acelerar.
a·ce·le·ra·*ção* sf.; pl. ·ções.
a·ce·le·*ra*·do adj. sm.
a·ce·le·ra·*dor* (ô) adj. sm.; f. aceleradora ou aceleratriz.
a·ce·le·ra·*men*·to sm.
a·ce·le·*ran*·te adj. 2g.
a·ce·le·*rar* v. 'apressar'/Cf. aceleirar.
a·ce·le·ra·*tó*·ri:o adj.
a·ce·le·ra·*triz* adj. sf. de acelerador.
a·*cel*·ga sf.
a·*cé*·li:o adj. sm.
a·ce·lo·*ma*·do adj. sm.
a·ce·lu·*lar* adj. 2g.

a·*cém* sm./Cf. assem, do v. assar.
a·ce·naf·*te*·no sm.
a·ce·na·*men*·to sm.
a·ce·*nar* v.
a·cen·*da*·lha sf.
a·cen·de·can·*dei*·a(s) sf. (pl.).
a·cen·de·*dor* (ô) adj. sm.
a·cen·*der* v. 'pôr fogo a'/Cf. ascender.
a·cen·di·*men*·to sm. 'ato de acender'/Cf. ascendimento.
a·cen·*dí*·vel adj. 2g.; pl. ·veis.
a·cen·*dra*·do adj.
a·cen·dra·*men*·to sm.
a·cen·*drar* v.
a·ce·nes·te·*si*·a sf.
a·*ce*·no sm.
a·ce·*no*·so (ô) adj.; f. e pl. (ó).
a·cen·*são* sf. 'acendimento'; pl. ·sões/ Cf. ascensão.
a·*cen*·so sm. 'antigo oficial'/Cf. ascenso e assenso.
a·*cen*·to sm. 'inflexão de voz'/ Cf. assento.
a·cen·tu·a·*ção* sf.; pl. ·ções.
a·cen·tu:*a*·do adj.
a·cen·tu:*al* adj. 2g.; pl. ·ais.
a·cen·tu:*ar* v.
a·cep·*ção* sf.; pl. ·ções.
a·ce·pi·*lha*·do adj.
a·ce·pi·lha·*dor* (ô) sm.
a·ce·pi·lha·*du*·ra sf.
a·ce·pi·*lhar* v.
a·ce·*pi*·pe sm.
a·ce·pi·*pei*·ro adj. sm.
a·cep·ti·la·*ção* sf.; pl. ·ções.
a·*cé*·qui:a sf.
a·ce·ra·*ção* sf. 'ato ou efeito de acerar'/Cf. aceiração.
a·ce·*rá*·ce:a sf.
a·ce·*rá*·ce:o adj.
a·ce·*ra*·do adj.
a·ce·ra·*dor* (ô) adj. sm.
a·ce·*ra*·gem sf.; pl. ·gens.
a·ce·ra·*men*·to sm. 'aceração'/ Cf. aceiramento.
a·ce·*rar* v. 'dar têmpera de aço a'/Cf. aceirar.
a·ce·ra·*to*·se sf.
a·cer·*bar* v.
a·cer·bi·*da*·de sf.
a·*cer*·bo (é ou ê) adj.
a·*cer*·ca (ê) adv.; na loc. acerca de/Cf. acerca (é), do v. acercar.
a·cer·ca·*men*·to sm.
a·cer·*car* v.
a·cer·*dé*·si:o adj. sm.

a·ce·re·*ja*·do adj.
a·ce·re·ja·*men*·to sm.
a·ce·re·*jar* v.
a·*cé*·re:o adj.
a·ce·*ri*·a sf.
a·*cé*·ri·co adj.
a·*cé*·ri·do adj. sm.
a·ce·*rí*·fe·ro adj.
a·ce·*rí*·fi·co adj.
á·ce·ro adj. sm./Cf. *acero*, do v. *acerar*.
a·ce·*ro*·so (ô) adj.; f. *e* pl. (ô).
a·ce·ro·to·*si*·a sf.
a·ce·ro·*tó*·si·co adj.
a·*cer*·ra sf.
a·*cér*·ri·mo adj. superl. de *acre*.
a·cer·*ta*·do adj.
a·cer·ta·*dor* (ô) adj. sm.
a·cer·ta·*men*·to sm.
a·cer·*tar* v.
a·*cer*·to (ê) sm. 'ajuste'/Cf. *acerto* (é), do v. *acertar*, e *asserto*.
a·cer·va·*ção* sf.; pl. *·ções*.
a·cer·*var* v.
a·cer·ve·*ja*·do adj.
a·*cer*·vo (ê) sm.
a·cer·*vo*·so (ô) adj.; f. *e* pl. (ó).
a·*cér*·vu·lo sm.
a·ces·*cên*·ci:a sf.
a·ces·*cen*·te adj. 2g.
a·*ce*·so (ê) adj.
a·ces·*são* sf.; pl. *·sões*.
a·ces·*sar* v.
a·ces·si·bi·li·*da*·de sf.
a·ces·si:o·*nal* adj. 2g.; pl. *·nais*.
a·ces·*sí*·vel adj. 2g.; pl. *·veis*.
a·ces·*si*·vo adj.
a·*ces*·so sm.
a·ces·*só*·ri:o adj. sm. 'anexo'/Cf. *assessório*.
a·ces·so·*ris*·ta adj. s2g.
a·ces·su:*al* adj. 2g.; pl. *·ais*.
a·ce·ta·bu·*la*·do adj.
a·ce·ta·bu·*lar* adj. 2g.
a·ce·ta·bu·*lá*·ri:a sf.
a·ce·ta·bu·*lí*·fe·ro adj. sm.
a·ce·ta·bu·li·*for*·me adj. 2g.
a·ce·*tá*·bu·lo sm.
a·ce·*tal* sm; pl. *·tais*.
a·ce·tal·de·*í*·do sm.
a·ce·ta·li·*zar* v.
a·ce·ta·*mi*·da sf.
a·ce·ta·mi·*di*·na sf.
a·ce·ta·ni·*li*·da sf.
a·ce·*tar* v. 'azedar'/Cf. *assetar*.
a·ce·*ta*·to sm.

a·*cé*·ter sm.
a·ce·*ti*·a sf.
a·*cé*·ti·co adj. 'relativo ao vinagre'/Cf. *ascético* e *asséptico*.
a·ce·ti·fi·ca·*ção* sf.; pl. *·ções*.
a·ce·ti·fi·ca·*dor* (ô) adj. sm.
a·ce·ti·fi·*car* v.
a·ce·*til* sm.; pl. *·tis*.
a·ce·*ti*·la sf.
a·ce·ti·la·*ção* sf.; pl. *·ções*.
a·ce·ti·la·ce·*to*·na sf.
a·ce·ti·*la*·do adj.
a·ce·ti·*lar* v.
a·ce·til·co·*li*·na sf.
a·ce·ti·le·na·*ção* sf.; pl. *·ções*.
a·ce·ti·le·*ne*·to (ê) sm.
a·ce·ti·*lê*·ni·co adj.
a·ce·ti·*le*·no sm.
a·ce·ti·*le*·to (ê) sm.
a·ce·til·sa·li·ci·*la*·to sm.
a·ce·til·sa·li·*cí*·li·co adj.
a·ce·*tí*·me·tro sm.
a·ce·*ti*·na sf.
a·ce·ti·na·*ção* sf.; pl. *·ções*.
a·ce·ti·na·*dei*·ra sf.
a·ce·ti·*na*·do adj.
a·ce·ti·na·*dor* (ô) sm.
a·ce·ti·*na*·gem sf.; pl. *·gens*.
a·ce·ti·*nar* v.
a·ce·to·fe·*no*·na sf.
a·ce·*tol* sm.; pl. *·tóis*.
a·ce·to·*la*·do adj.
a·ce·to·*lar* v.
a·ce·*tó*·li·co adj.
a·ce·to·li·*sar* v.
a·ce·*tó*·li·se sf.
a·ce·to·*mel* sm.; pl. *·méis*.
a·ce·to·me·*tri*·a sf.
a·ce·*tô*·me·tro sm.
a·ce·*to*·na sf.
a·ce·to·na·*mi*·na sf.
a·ce·to·*nar* v.
a·ce·to·*na*·to sm.
a·ce·to·ne·*mi*·a sf.
a·ce·to·*nê*·mi·co adj. sm.
a·ce·to·ni·*tra*·to sm.
a·ce·to·ni·*tri*·lo sm.
a·ce·to·nu·*ri*·a sf.:
    a·ce·to·*nú*·ri:a.
a·ce·to·*nú*·ri·co adj. sm.
a·ce·to·*se*·la sf.
a·ce·to·se·*la*·do adj.
a·ce·to·si·*da*·de sf.
a·ce·*to*·so (ô) adj.; f. *e* pl. (ó).
a·ce·*tó*·xi (cs) sm.

a·ce·va·*dar* v.
a·ce·*var* v.
a·cha sf.
a·cha·ca·*di*·ço adj.
a·cha·ca·*dor* (ô) adj. sm.
a·cha·*car* v.
a·cha·*co*·so (ô) adj.; f. *e* pl. (ó).
a·*cha*·da sf. 'ação de achar' 'planície'/Cf. *achada*.
a·cha·*dão* sm.; pl. *·dões*.
a·cha(s)-*d'ar*·mas sf. (pl.).
a·*chá*·de·go sm.
a·cha·*dei*·ra adj. sf.
a·cha·*di*·ço adj.
a·*cha*·do adj. sm.
a·cha·*doi*·ro sm.: *achadouro*.
a·cha·*dor* (ô) adj. sm.
a·cha·*dou*·ro sm.: *achadoiro*.
a·cha·fur·*da*·do adj.
a·cha·ma·lo·*ta*·do adj.
a·cha·ma·lo·*tar* v.
a·cham·bo:*a*·do adj.
a·cham·bo:*ar* v.
a·cham·bo·*na*·do adj.: *achamboado*.
a·cham·bo·*nar* v.: *achamboar*.
a·cha·*men*·to sm.
a·cha·mor·*ra*·do adj.
a·cha·*nar* v.
a·chan·ce·*lar* v.
a·*chan*·ti adj. s2g.
a·cha·par·*ra*·do adj. sm.
a·cha·par·*ran*·te adj. 2g.
a·cha·par·*rar* v.
a·*cha*·que sm.
a·cha·*qui*·lho sm.
a·*char*[1] sm. 'conversa'/Cf. *achar*[2].
a·*char*[2] v. 'encontrar'/Cf. *achar*[1].
a·cha·ro:*a*·do adj.
a·cha·ro:a·*men*·to sm.
a·cha·ro:*ar* v.
a·cha·ta·*de*·la sf.
a·cha·*ta*·do adj.
a·cha·ta·*du*·ra sf.
a·cha·ta·*men*·to sm.
a·cha·*tar* v.
a·cha·vas·*ca*·do adj. sm.
a·cha·vas·*car* v.
a·*chá*·vel adj. 2g.; pl. *·veis*.
a·*che*·ga (ê) sf.
a·che·ga·*dei*·ra sf.
a·che·*ga*·do adj. sm.
a·che·ga·*dor* (ô) adj. sm.
a·che·ga·*men*·to sm.
a·che·*gan*·ça sf.
a·che·*gar* v.
a·*che*·go (ê) sm.

a·chém adj. s2g. sm.; pl. ·chéns/
  Cf. achem, do v. achar.
a·chi·ban·ta·do adj.
a·chi·ban·tar v.
a·chi·car v.
a·chi·ca·du·ra sf.
a·chi·ca·na·do adj.
a·chi·ca·nar v.
a·chi·che·la·do adj.
a·chi·che·lar v.
a·chi·na·do adj.
a·chi·nar v.
a·chin·ca·lha·ção sf.; pl. ·ções.
a·chin·ca·lha·dor (ô) adj. sm.
a·chin·ca·lha·men·to sm.
a·chin·ca·lhan·te adj. 2g.
a·chin·ca·lhar v.
a·chin·ca·lhá·vel adj. 2g.; pl.
  ·veis.
a·chin·ca·lhe sm.
a·chi·ne·lar v.
a·chi·ne·sa·do adj.
a·chi·ne·sar v.
a·chin·fri·na·do adj.
a·chin·fri·nar v.
a·chis·mo sm.
a·chi·te sm.
a·cho:ar v.
a·cho·ca·lha·do adj.
a·cho·ca·lhar v.
a·cho·co·la·ta·do adj.
a·cho·co·la·tar v.
a·chum·ba·do adj.
a·chum·bar v.
a·ci:a·no adj. sm.: acciano.
a·ci:a·no·blep·si·a sf.
a·ci:a·no·blép·ti·co adj.
a·ci:a·nop·si·a sf.
a·ci:a·ri·a sf.
a·ci·ca sf.
a·ci·ca·tar v.
a·ci·ca·te sm.
a·ci·ca·te:a·dor (ô) adj. sm.
a·ci·ca·te:ar v.: acicatar.
a·ci·ca·tu·ra sf.
a·ci·cli·a sf.
a·cí·cli·co adj.
a·ci·clo·vir sm.
a·ci·co·ca sf.
a·cí·cu·la sf.
a·ci·cu·la·do adj.
a·ci·cu·lar adj. 2g.
a·ci·cu·li·fo·li:a·do adj.
a·ci·cu·li·for·me adj. 2g.
a·ci·cu·li·ta sf.
a·ci·da·ção sf.; pl. ·ções.
a·ci·da·de sf.

a·ci·dal·bu·mi·na sf.
a·ci·dal·mi·nú·ri:a sf.
a·ci·dan·te adj. 2g.
a·ci·dar v.
a·ci·dá·vel adj. 2g.; pl. ·veis.
a·ci·de·mi:a sf.
a·ci·dên·ci:a sf. 'casualidade'/Cf.
  acedência.
a·ci·den·ta·ção sf.; pl. ·ções.
a·ci·den·ta·do adj. sm.
a·ci·den·tal adj. 2g.; pl. ·tais.
a·ci·den·ta·li·da·de sf.
a·ci·den·ta·lis·mo sm.
a·ci·den·ta·lis·ta adj. s2g.
a·ci·den·ta·li·za·ção sf.; pl. ·ções.
a·ci·den·tar v.
a·ci·den·tá·ri:o adj.
a·ci·den·tá·vel adj. 2g.; pl.
  ·veis.
a·ci·den·te sm. 'acontecimento
  casual'/Cf. acedente.
a·ci·dez (ê) sf.
a·cí·di:a sf. 'moleza'/Cf. ascídia.
a·cí·di·co adj.
a·ci·dí·fe·ro adj.
a·ci·di·fi·ca·ção sf.; pl. ·ções.
a·ci·di·fi·can·te adj. 2g. sm.
a·ci·di·fi·car v.
a·ci·di·fi·cá·vel adj. 2g.; pl. ·veis.
a·ci·di·me·tri·a sf.
a·ci·di·mé·tri·co adj.
a·ci·dí·me·tro sm.
a·ci·di:o·so (ô) adj.; f. e pl. (ó).
á·ci·do adj. sm./Cf. acido, do v.
  acidar.
a·ci·do·fi·li·a sf.
a·ci·do·fí·li·co adj.
a·ci·dó·fi·lo adj.
a·ci·do·gê·ne:o adj.
a·ci·dol sm.; pl. ·dóis.
a·ci·dó·li·se sf.
a·ci·dor·re·sis·tên·ci:a sf.
a·ci·dor·re·sis·ten·te adj. 2g.
a·ci·do·se sf.
a·ci·dó·si·co adj.
a·ci·dó·ti·co adj
a·ci·dra·do adj.'semelhante à
  cidra'/Cf. assidrado.
a·ci·drar v. 'tornar semelhante
  à cidra'/Cf. assidrar.
a·ci·du·la·ção sf.; pl. ·ções.
a·ci·du·la·do adj.
a·ci·du·lan·te adj. 2g.
a·ci·du·lar v.
a·cí·du·lo adj./Cf. acidulo, do v.
  acidular.

a·ci·dú·ri·co adj.
á·ci:e sf.
a·ci:e·si·a sf.
a·ci:é·si·co adj.
a·ci·ga·na·do adj.
a·ci·ga·nar v.
a·ci·la sf.
a·ci·li·a sf.
a·ci·ma adv. interj.
a·ci·men·ta·do adj.
a·ci·men·tar v.
a·ci·ná·ce:o adj.
a·ci·na·ci·fó·li:o adj.
a·ci·na·ci·for·me adj. 2g.
a·cin·cho sm.
a·ci·ne·se sf.
a·ci·ne·si·a sf.
a·ci·né·si·co adj.
a·ci·nes·te·si·a sf.
a·ci·né·ti·co adj.
a·ci·ne·tí·de:o adj. sm.
a·ci·ne·to sm.
a·ci·ne·tós·po·ro sm.
a·cin·gir v.: cingir.
a·ci·ni·for·me adj. 2g.
a·ci·ni·te sf.
á·ci·no sm./Cf. assino, do v.
  assinar.
a·ci·no·so (ô) adj.; f. e pl. (ó).
a·cin·ta·do adj.
a·cin·tar v.
a·cin·te sm. adv.
a·cin·to·so (ô) adj.; f. e pl. (ó).
a·cin·za·do adj.
a·cin·za·men·to sm.
a·cin·zar v.
a·cin·zen·ta·do adj.
a·cin·zen·ta·men·to sm.
a·cin·zen·tar v.
a·ci:o·lis·ta adj. s2g.
a·ci:o·na·bi·li·da·de sf.
a·ci:o·na·do adj. sm.
a·ci:o·na·dor (ô) adj. sm.
a·ci:o·nal adj. 2g.; pl.·nais.
a·ci:o·na·men·to sm.
a·ci:o·nar v.
a·ci:o·ná·ri:o adj. sm.
a·ci:o·ná·vel adj. 2g.; pl. ·veis.
a·ci:o·nis·ta adj. s2g.
a·ci·pi·trá·ri:o sm.
a·ci·pi·tri:a·no adj. sm.
a·ci·pi·trí·de:o adj. sm.
a·ci·pi·tri·for·me adj. 2g. sm.
a·ci·pi·tri·no adj.
a·ci·pres·te sm.: cipreste.
a·ci·ran·dar v.
a·ci·ro·lo·gi·a sf.

a·ci·ro·ló·gi·co adj.
a·cir·ra·do adj.
a·cir·ra·men·to sm.
a·cir·ran·te adj. 2g.
a·cir·rar v.
a·cis·mo sm.
a·cis·ti·a sf./Cf. *assistia*, do v. *assistir*.
a·ci·ta·ra sf.
a·ci·tri·na·do adj.
a·ci·tri·nar v.
a·cla·di:o·se sf.
a·*cla*·do adj.
a·cla·ma·ção sf.; pl. ·ções.
a·cla·ma·dor (ô) adj. sm.
a·cla·man·te adj. s2g.
a·cla·mar v.
a·cla·ma·ti·vo adj.
a·cla·ma·tó·ri:o adj.
a·cla·mí·de:o adj.
a·cla·ra·ção sf.; pl. ·ções.
a·cla·ra·do adj.
a·cla·ra·dor (ô) adj. sm.
a·cla·ra·men·to sm.
a·cla·rar v.
a·cla·ra·tó·ri:o adj.
a·*cla*·se sf.: *á*·cla·se.
a·claus·tra·do adj.
a·claus·trar v.
a·cla·va·do adj.
a·cla·vu·la·do adj.
a·cle·ri·za·ção sf.; pl. ·ções.
a·cle·ri·zar v.
a·*clé*·si:a sf.
a·*cli*·a sf.
a·cli·di:*a*·no adj. sm.
á·*cli*·do adj.
a·cli·ma·ção sf.; pl. ·ções.
a·cli·*ma*·do adj.
a·cli·ma·dor (ô) adj. sm.
a·cli·ma·men·to sm.
a·cli·*mar* v.
a·cli·ma·ta·ção sf.; pl. ·ções.
a·cli·ma·ta·do adj.
a·cli·ma·tar v.
a·cli·ma·tá·vel adj. 2g.; pl. ·veis.
a·cli·ma·ti·za·ção sf.; pl. ·ções.
a·cli·ma·ti·za·do adj.
a·cli·ma·ti·zar v.
a·cli·*má*·vel adj. 2g.; pl. ·veis.
a·cli·*nal* adj. 2g.; pl. ·*nais*.
a·*clí*·ne:o adj.
a·clis·to·car·di·a sf.
a·*cli*·va·do adj.
a·*cli*·ve adj. 2g. sm.
a·clo·ri·dri·a sf.
a·clo·ro·fi·*lá*·ce:o adj.
a·clo·ro·fi·*la*·do adj.
a·clo·ro·fi·*li*·a sf.
a·clo·ro·*fi*·lo adj.
ac·*más*·ti·co adj.
ac·me sm. *ou* sf.
ac·me·*í*·de:o adj. sm.
ac·me·*ís*·mo sm.
ac·me·*ís*·ta adj. s2g.
ac·mes·te·si·a sf.
ac·*mi*·ta sf.
ac·ne sf.
a·ço[1] sm. 'ferro temperado'/Cf. *asso*, do v. *assar*, e *aço*[2].
a·ço[2] adj. sm. 'albino': *aça*/Cf. *asso*, do v. *assar*, e *aço*[1].
a·co:*ar* v. 'latir'/Cf. *acuar*.
a·co:a·ra·mu·*ru* sm.
a·co·bar·*da*·do adj.: *acovardado*.
a·co·bar·da·*men*·to sm.: *acovardamento*.
a·co·bar·*dar* v.: *acovardar*.
a·co·ber·*ta*·do adj. sm.
a·co·ber·*tar* v.
a·co·bi·*lhar* v.: *acovilhar*.
a·co·bre:*ar* v.
a·co·*bu* adj. s2g.
a·co·ca·ção sf.; pl. ·ções.
a·co·*car* v.
a·co·*cha*·do adj.
a·co·cham·*brar* v.
a·co·*char* v.
a·co·*cho* (ô) sm.; pl. (ô)/Cf. *acocho* (ó), do v. *acochar*.
a·*có*·cli·da adj. 2g. sm.: a·*có*·cli·de.
a·co·*clí*·de:o adj. sm.
a·co·co·*ra*·do adj.
a·co·co·ra·*men*·to sm.
a·co·co·*rar* v.
a·ço·*da*·do adj. 'apressado'; f. *açodada*/Cf. *açudada* e *çudado*.
a·ço·da·*men*·to sm. 'pressa'/Cf. *açudamento*.
a·ço·*dar* v. 'apressar'/Cf. *açudar*.
a·co:e·*lha*·do adj.
a·co:e·*lhar* v.
a·co·fi·*ar* v.: *cofiar*.
a·cog·no·si·a sf.
a·co·gra·*fi*·a sf.
a·co·*grá*·fi·co adj.
a·co·gu·*la*·do adj.
a·co·gu·*lar* v.
a·*çoi*·a·ba sf.
a·coi·ma·*dor* (ô) adj. sm.
a·coi·ma·*men*·to sm.
a·coi·*mar* v.
a·coi·*má*·vel adj. 2g.; pl. ·veis.
a·coi·re·la·*men*·to sm.: *acourelamento*.
a·coi·re·*lar* v.: *acourela*.
a·çoi·ta·ca·*va*·lo(s) sm. (pl.): *açouta-cavalos*.
a·çoi·ta·ca·*va*·los sm. 2n: *açouta-cavalos*.
a·coi·ta·*dor* (ô) adj. sm.: *acoutador*.
a·çoi·ta·*dor* (ô) adj. sm.: *açoutador*.
a·coi·ta·*men*·to sm.: *acoutamento*.
a·çoi·ta·*men*·to sm.: *açoutamento*.
a·coi·*tar* v.: *acoutar*.
a·çoi·*tar* v.: *açoutar*.
a·*çoi*·te sm.: *açoute*.
a·*çoi*·te(s) de *ri*:o sm. (pl.): *açoute de rio*.
a·çoi·*tei*·ra sf.: *açouteira*.
a·*co*·la sf.
a·co·*lá* adv.
a·col·che·*ta*·do adj.
a·col·che·*tar* v.
a·col·cho:a·*di*·nho sm.
a·col·cho:a·*do* adj. sm.
a·col·cho:a·*dor* (ô) adj. sm.
a·col·cho·a·*men*·to sm.
a·col·cho:*ar* v.
a·co·le·*ta*·do adj.
a·co·le·*tar* v.
a·co·lhe·*dor* (ô) adj. sm.
a·co·*lher* v.
a·co·lhe·*rar* v.
a·co·*lhi*·da sf.
a·co·lhi·*men*·to sm.
a·co·*lhí*·vel adj. 2g.; pl. ·veis.
a·co·*li*·a sf.
a·*có*·li·co adj. sm.
a·co·li·*ta*·do adj. sm.
a·co·li·*tar* v.
a·co·li·*ta*·to sm.
a·*có*·li·to sm./Cf. *acolito*, do v. *acolitar*.
a·co·lo·*gi*·a sf.
a·co·lu·*ri*·a sf.: a·co·*lú*·ri:a.
a·co·ma·*drar* v.
a·co·me·te·*dor* (ô) adj. sm.
a·co·me·*ter* v.
a·co·me·*ti*·da sf.
a·co·me·ti·*men*·to sm.
a·co·me·*tí*·vel adj. 2g.; pl. ·veis.
a·co·me·ti·vi·*da*·de sf.
a·co·*mi*·a sf.
a·*cô*·mi·co adj.
a·co·mi·se·*rar* v.
a·co·mo·da·*ção* sf.: pl. ·ções

a·co·mo·da·*di*·ço adj.
a·co·mo·*da*·do adj.
a·co·mo·da·*dor* (ô) adj. sm.
a·co·mo·da·*men*·to sm.
a·co·mo·*dar* v.
a·co·mo·da·*tí*·ci·o adj.
a·co·mo·da·*tis*·mo sm.
a·co·mo·*dá*·vel adj. 2g.; pl. ·veis.
a·*cô*·mo·do adj. sm./Cf.
   acomodo, do v. *acomodar*.
a·com·pa·dra·*ção* sf.; pl. ·ções.
a·com·pa·*drar* v.
a·com·pa·nha·*dei*·ra sf.
a·com·pa·*nha*·do adj.
a·com·pa·nha·*dor* (ô) adj. sm.
a·com·pa·nha·*men*·to sm.
a·com·pa·*nhan*·te adj. s2g.
a·com·pa·*nhar* v.
a·com·pas·*sar* v.
a·com·plei·ci·o·*na*·do adj.
a·com·pri·*dar* adj.
a·co·mu·*nar* v.
a·co·*ná* adj. s2g.
a·con·*cha*·do adj.
a·con·*char* v.
a·con·cha·va·*dor* (ô) adj. sm.
a·con·cha·*var* v.
a·con·che:*a*·do adj.
a·con·che·*ar* v.
a·con·che·*ga*·do adj.
a·con·che·*gan*·te adj. 2g.
a·con·che·*gar* v.
a·con·che·ga·*ti*·vo adj.
a·con·*che*·go (ê) sm.
a·con·di·ci·o·na·*ção* sf.; pl. ·ções.
a·con·di·ci·o·*na*·do adj.
a·con·di·ci·o·na·*men*·to sm.
a·con·di·o·*nar* v.
a·*côn*·di·lo adj.
a·con·dro·pla·*si*·a sf.
a·con·dro·*plá*·si·co adj.
a·con·fei·*ta*·do adj.
a·con·fei·*tar* v.
a·con·fra·*dar* v.
a·co·*ni*·na sf.
a·co·ni·*ta*·to sm.
a·co·ni·*te*·la sf.
a·co·*ní*·ti·co adj.
a·co·ni·*ti*·na sf.
a·*cô*·ni·to sm.
a·co·ni·to·*xi*·na (cs) sf.
a·con·se·*lha*·do adj.
a·con·se·lha·*dor* (ô) adj. sm.
a·con·se·lha·*men*·to sm.
a·con·se·*lhar* v.
a·con·se·*lhá*·vel adj. 2g.; pl.
   ·veis.

a·con·so:an·*ta*·do adj.
a·con·so:an·*tar* v.
a·con·te·*cer* v.
a·con·te·*ci*·do adj. sm.
a·con·te·ci·*men*·to sm.
a·con·te·*cí*·vel adj. 2g.; pl.
   ·veis.
a·*côn*·ti:o sm.
a·con·*tis*·ta s2g.
a·con·tral·*ta*·do adj.
a·co·nu·*re*·se sf.
a·*co*·o sm.
a·co·*pla*·do adj.
a·co·pla·*dor* (ô) sm.
a·co·*pla*·gem sf.; pl. ·gens.
a·co·pla·*men*·to sm.
a·co·*plar* v.
á·*co*·po sm.
á·co·pro adj.
a·co·*pro*·se sf.
a·co·qui·*nar* v.
a·*çor* (ô) sm.; pl. açores (ô)/Cf.
   açores (ó), do v. açorar.
a·co·ra·ço:*a*·do adj.: acoroçoado.
a·co·ra·ço:a·*dor* (ô) adj. sm.:
   acoroçoador.
a·co·ra·ço:a·*men*·to sm.:
   acoroçoamento.
a·co·ra·ço:*ar* v.: acoroçoar.
a·ço·*ra*·do adj.
a·ço·ra·*men*·to sm.
a·ço·*rar* v.
a·cor·ço:*a*·do adj.: acoroçoado.
a·cor·ço:a·*dor* (ô) adj. sm.:
   acoroçoador.
a·cor·ço:a·*men*·to sm.:
   acoroçoamento.
a·cor·ço:*ar* v.: acoroçoar.
a·cor·cun·*da*·do adj.
a·cor·cun·*dar* v.
a·*çor*·da (ô) sf.
a·cor·*da*·do adj. sm.
a·cor·da·*men*·to sm.
a·cor·*dan*·te adj. 2g.
a·*cór*·dão sm.; pl. ·dãos/Cf.
   acordam, do v. acordar.
a·cor·*dar* v.
a·cor·*dá*·vel adj. 2g.; pl. ·veis.
a·*cor*·de adj. 2g. sm./Cf. acorde,
   do v. acordar.
a·cor·de·*ão* sm.; pl. ·ões:
   a·cor·de:*on*; pl. ·ons.
a·cor·de·*o*·na sf.
a·cor·de:o·*nis*·ta s2g.
a·cor·*di*·na sf.
a·*cor*·do sm. 'instrumento
   musical'/Cf. acordo (ô), sm.

a·*cor*·do (ô) sm. 'concordância,
   ajuste'/Cf. acordo (ó), do v.
   acordar, e acordo (ó), sm.
a·cor·do:*ar* v.
a·co·*ri* sm.
a·co·*ri*·a sf.
a·ço·ri:a·*nis*·mo sm.
a·ço·ri:*a*·no adj. sm.
a·*çó*·ri·co adj.
a·ço·ri:*en*·se adj. s2g.
a·co·ri·*za*·no adj. sm.
a·cor·*mi*·a sf.
a·cor·*mó*·se:o adj.
a·cor·*na*·do adj.
a·cor·*nar* v.
á·co·ro sm.
a·co·ro·ço:*a*·do adj.
a·co·ro·ço:a·*dor* (ô) adj. sm.
a·co·ro·ço:a·*men*·to sm.
a·co·ro·ço:*ar* v.
a·cor·ren·*ta*·do adj.
a·cor·ren·ta·*men*·to sm.
a·cor·ren·*tar* v.
a·cor·*rer* v.
a·cor·ri·lha·*men*·to sm.
a·cor·ri·*lhar* v.
a·cor·ri·*men*·to sm.
a·*cor*·ro (ô) sm.
a·cor·ti·*nar* v.
a·co·ru·*cha*·do adj.
a·co·ru·*char* v.
a·cos·*mi*·a sf.
a·*cós*·mi·co adj.
a·cos·*mis*·mo sm.
a·cos·*mis*·ta adj. s2g.
a·cos·*mís*·ti·co adj.
a·*cos*·sa sf.
a·cos·sa·*dor* (ô) adj. sm.
a·cos·sa·*men*·to sm.
a·*cos*·sar v.
a·*cos*·so (ô) sm./Cf. acosso (ó),
   do v. acossar.
a·cos·*ta*·do adj. sm.
a·cos·*ta*·gem sf.; pl. ·gens.
a·cos·ta·*men*·to sm.
a·cos·*tar* v.
a·cos·*tá*·vel adj. 2g.; pl. ·veis.
a·*cos*·to (ô) sm./Cf. acosto (ó),
   do v. acostar.
a·cos·tu·*ma*·do adj. sm.
a·cos·tu·*mar* v.
a·ço·te:*a*·do adj.
a·ço·*tei*·a sf.
a·co·ti:*ar* v.
a·co·ti·*lé*·do·ne adj. 2g.
a·co·ti·le·*dô*·ne:o adj. sm.
a·co·ti·*lé*·do·no adj.

a·co·tí·le:o adj. sm.
a·có·ti·lo adj.
a·co·to:*a*·do adj.
a·co·to:*a*·men·to sm.
a·co·to:*ar* v.
a·co·to·*na*·do adj.: *acotoado*.
a·co·to·na·*men*·to sm.: *acotoamento*.
a·co·to·*nar* v.: *acotoar*.
a·co·to·ve·*la*·dor (ô) adj. sm.
a·co·to·ve·la·*du*·ra sf.
a·co·to·ve·la·*men*·to sm.
a·co·to·ve·*lar* v.
a·co·tur·*na*·do adj.
a·co·tur·*nar* v.
a·çou·*ga*·da sf.
a·*çou*·gue sm.
a·çou·*guei*·ro sm.
a·cou·ra·*çar* v.
a·cou·*ra*·do adj.
a·cou·re·la·*men*·to sm.: *acoirelamento*.
a·cou·re·*lar* v.: *acoirelar*.
a·çou·ta-ca·*va*·lo(s) sm. (pl.).: *açoita-cavalo*.
a·çou·ta-ca·*va*·los sm. 2n.: *açoita-cavalos*.
a·cou·ta·*dor* (ô) adj. sm.: *acoitador*.
a·çou·ta·*dor* (ô) adj. sm.: *açoitador*.
a·çou·ta·*men*·to sm.: *açoitamento*.
a·cou·*tar* v.: *acoitar*.
a·çou·*tar* v.: *açoitar*.
a·*çou*·te sm.: *açoite*.
a·çou·te(s) de ri:o sm. (pl.): *açoite de rio*.
a·çou·*tei*·ra sf.: *açoiteira*.
a·*cou*·ti sm.
a·co·*var* v.
a·co·var·*da*·do adj.
a·co·var·da·*men*·to sm.
a·co·var·*dar* v.
a·co·vi·*lhar* v.: *acobilhar*.
a·*crá* adj. s2g.
a·cra·*ci*·a sf.
a·*cral* adj. 2g.; pl. ·*crais*.
a·cra·*ni*·a sf./Cf. *acrânia*, f. de *acrânio*.
a·*crâ*·ni:o adj. sm.; f. *acrânia*/Cf. *acrania*.
a·cra·ni·*o*·ta adj. s2g.
a·cra·*si*·a sf.
a·*crás*·pe·do adj. sm.
a·cras-*pé*·do·ta sf.
a·*cra*·ta adj. s2g.: *á*·cra·ta.

a·*crá*·ti·co adj.
a·cra·*tis*·mo sm.
a·cra·*tis*·ta adj. s2g.
a·cra·*tó*·fi·lo adj.
a·cra·*tó*·fo·ro sm.
a·cra·tu·*re*·se sf.
a·cra·*var* v.
a·*cre*[1] sm. 'medida agrária'/ Cf. *acre*[2].
a·*cre*[2] adj. 'ácido'; superl. *acérrimo* ou *acríssimo*/Cf. *acre*[1].
a·cre·di·*ta*·do adj. sm.
a·cre·di·ta·*dor* (ô) adj. sm.
a·cre·di·*tar* v.
a·cre·di·*tá*·vel adj. 2g.; pl. ·*veis*.
a·cre·*do*·ce(s) (ô) adj. 2g. sm. (pl.): *agridoce, agro-doce*.
a·cre·*dor* (ô) sm.: *credor*.
a·*cre*·men·to sm.
a·*cren*·se adj. s2g.
a·cres·*cên*·ci:a sf.
a·cres·cen·ta·*dor* (ô) adj. sm.
a·cres·cen·ta·*men*·to sm.
a·cres·cen·*tar* v.
a·cres·cen·*tá*·vel adj. 2g.; pl. ·*veis*.
a·cres·*cen*·te adj. 2g. sm.
a·*cres*·cer v.
a·cres·ci·*men*·to sm.
a·*crés*·ci·mo sm.
a·cri:an·*ça*·do adj.
a·cri:an·*çar* v.
a·cri·*a*·no adj. sm.
a·cri·bo·lo·*gi*·a sf.
a·cri·*bó*·lo·go sm.
a·cri·bo·ma·*ni*·a sf.
a·cri·*dão* sf.; pl. ·*dões*.
a·*crí*·de:o sm.
a·cri·*dez* (ê) sf.
a·cri·di:*a*·no adj. sm.
a·cri·*dí*·de:o adj. sm.
a·cri·di·*for*·me adj. 2g.
a·cri·*di*·na sf.
a·cri·di:*oi*·de·o adj. sm.
a·cri·*dó*·de:o adj. sm.
a·cri·do·fa·*gi*·a sf.
a·cri·do·*fá*·gi·co adj.
a·cri·*dó*·fa·go adj. sm.
a·*crí*·li·co adj. sm.
a·cri·*man*·ci·a sf.
a·cri·*man*·te s2g.
a·cri·*mân*·ti·co adj.
a·cri·mi·*na*·do adj.
a·cri·mi·*nar* v.
a·cri·*mô*·ni:a sf./Cf. *acrimonia*, do v. *acrimoniar*.

a·cri·mo·ni:*ar* v.
a·cri·mo·ni:*o*·so (ô) adj.; f. e pl. (ó).
a·*cri*·ni·a sf.
a·*crí*·ni·co adj.
a·cri:ou·*la*·do adj.
a·cri:ou·*lar* v.
a·*crí*·pe·de adj. 2g.
a·crip·to·gâ·*mi*·co adj.
a·cri·*si*·a sf.
a·cri·so·*la*·do adj.
a·cri·so·la·*dor* (ô) adj. sm.
a·cri·so·la·*men*·to sm.
a·cri·so·*lar* v.
a·*crís*·si·mo adj. superl. de *acre*[2].
a·*crí*·ti·co adj.
a·cri·to·*man*·ci·a sf.
a·cri·*tu*·de sf.
a·*cro* adj.
a·cro·*á* adj. s2g.
a·cro·*á*·ci·to sm.
a·cro·a·ci·*to*·se sf.
a·cro·*a*·ma sm.
a·cro·a·*má*·ti·co adj. sm.
a·cro·a·nes·te·*si*·a sf.
a·cro·*a*·se sm. *ou* sf.
a·cro·*á*·ti·co adj.
a·cro·ba·*ci*·a sf.
a·cro·*bap*·to adj.
a·*cro*·ba·ta s2g.:
   a·*cró*·ba·ta.
a·cro·*bá*·tico adj.
a·cro·ba·*tis*·mo sm.
a·cro·*cár*·pi·co adj.
a·cro·*car*·po adj. sm.
a·cro·ce·fa·*li*·a sf.
a·cro·ce·*fá*·li·co adj.
a·cro·*cé*·fa·lo adj. sm.
a·cro·ce·ra·*to*·ma sm.
a·cro·ce·*ráu*·ni:o adj.
a·cro·ci:a·*no*·se sf.
a·cro·ci·ne·*si*·a sf.
a·cro·co·ra·*coi*·de adj. 2g. sm.
a·cro·cor·*dal* adj. 2g.; pl. ·*dais*.
a·cro·den·dro·fi·*li*·a sf.
a·cro·*di*·ni·a sf.
a·cro·*drô*·mi·co adj.
a·*cró*·dro·mo adj.
a·*cró*·fi·lo adj.
a·*cró*·fi·to adj.
a·cro·fo·*bi*·a sf.
a·cro·fo·*ni*·a sf.
a·*cró*·fo·ra sf.
a·cro·ga·*mi*·a sf.
a·cro·*gân*·gli:o sm.
a·cro·glo·*bi*·na sf.

a·cro·gra·*fi*·a sf.
a·cro·*gra*·ma sm.
a·cro·*í*·ta sf.
a·cro·le·*í*·na sf.
a·cro·*lí*·ti·co adj.
a·*cró*·li·to adj. sm.
a·cro·lo·*gi*·a sf.
a·cro·*ló*·gi·co adj.
a·*cró*·lo·go sm.
a·cro·ma·*ni*·a sf.
a·cro·ma·*ní*·a·co adj. sm.
a·cro·ma·*si*·a sf.
a·cro·ma·ti·ci·*da*·de sf.
a·cro·*má*·ti·co adj.
a·cro·ma·*ti*·na sf.
a·cro·ma·*tí*·ni·co adj.
a·cro·ma·*tis*·mo sm.
a·cro·ma·ti·za·*ção* sf.; pl. *-ções*.
a·cro·ma·ti·*zar* v.
a·*crô*·ma·to adj.
a·cro·ma·*tó*·fi·lo adj.
a·cro·ma·top·*si*·a sf.
a·cro·ma·*to*·se sf.
a·cro·me·ga·*li*·a sf.
a·cro·me·*gá*·li·co adj.
a·cro·*mi*·a sf.
a·cro·*mi*:al adj. 2g.; pl. *-ais*.
a·*crô*·mi·co adj.
a·cro·mi·*cri*·a sf.
a·cro·*mí*·cri·co adj.
a·*crô*·mi:o sm.
a·*cro*·mo adj.
a·cro·mo·bac·te·ri·*á*·ce:a sf.
a·cro·mo·bac·te·ri·*á*·ce:o adj.
a·cro·mo·der·*mi*·a sf.
a·cro·*mó*·fi·lo adj. sm.
á·cron sm.
a·cro·ne·*cro*·se sf.
a·cro·*ne*·ma sf.
a·cro·ne·*má*·ti·co adj.
a·cro·neu·*ro*·se sf.:
   a·cro·ne·*vro*·se.
a·cro·*ni*·a sf.
a·*crô*·ni·co adj.
a·*crô*·ni·mo sm.
á·cro·no adj. sm.
a·cro·pa·ra·li·*si*·a sf.
a·cro·pa·res·te·*si*·a sf.
a·*cro*·pa·ta s2g.: a·*cró*·pa·ta.
a·cro·pa·*ti*·a sf.
a·cro·*pá*·ti·co adj. sm.
a·cro·pa·to·lo·*gi*·a sf.
a·cro·pa·to·*ló*·gi·co adj.
a·*cró*·pé·ta·lo adj.
a·*cró*·pe·to adj.
a·*cró*·pó·di:o sm.
a·*cró*·po·do sm.

a·*cró*·po·le sf.
a·*cror*·ra·go sm.
a·*cro*·se sf.
a·cros·po·ra·do adj.
a·*crós*·po·ro adj. sm.
a·cro·*sar*·co adj. sm.
a·cros·se·*mi*·a sf.
a·cros·sê·*mi*·co adj.
a·cros·so·*fi*·a sf.
a·cros·*so*·mo sm.
a·*crós*·ti·co adj. sm.
a·cros·*tó*·li:o sm.
a·cro·*tar*·so sm.
a·cro·te·*lêu*·ti·co adj.
a·cro·*té*·ri:o sm.
a·cro·te·ri·*o*·se sf.
a·cro·*tis*·mo sm.
a·cro·to·*mi*·a sf.
a·cro·*tô*·mi·co adj.
a·*cró*·to·mo adj.
a·cro·to·*rá*·ci·co adj. sm.
ac·ti·nau·*xis*·mo (cs) sm.
ac·ti·ne·*lí*·de:o sm.
ac·*tí*·ni:a sf.
ac·ti·ni·*á*·ri:o adj. sm.
ac·*tí*·ni·co adj. sm.
ac·ti·*ní*·de·o adj. sm.
ac·ti·ni·di·*á*·ce:a sf.
ac·ti·ni·di·*á*·ce:o adj.
ac·ti·*ní*·fe·ro adj.
ac·ti·ni·*for*·me adj. 2g.
ac·*tí*·ni:o sm.
ac·ti·*nis*·mo sm.
ac·ti·no·ba·*ci*·lo sm.
ac·ti·no·ba·ci·*lo*·se sf.
ac·ti·no·*blas*·to sm.
ac·ti·no·*car*·po adj. sm.
ac·ti·no·con·ges·*ti*·na sf.
ac·ti·*nó*·dro·mo adj.
ac·ti·*nó*·fo·ro adj. sm.
ac·ti·*nó*·li·to sm.
ac·ti·no·lo·*gi*·a sf.
ac·ti·no·*ló*·gi·co adj.
ac·ti·*nó*·lo·go sm.
ac·ti·no·man·*ci*·a sf.
ac·ti·no·*man*·te s2g.
ac·ti·no·*mân*·ti·co adj.
ac·ti·no·me·*tri*·a sf.
ac·ti·*nô*·me·tro sm.
ac·ti·no·mi·ce·*tá*·ce:a sf.
ac·ti·no·mi·ce·*tá*·ce:o adj.
ac·ti·no·mi·ce·*to*·se sf.
ac·ti·no·mi·*cí*·de:o adj. sm.
ac·ti·no·mi·*co*·se sf.
ac·ti·no·mor·*fi*·a sf.
ac·ti·no·mor·*fis*·mo sf.
ac·ti·no·*mor*·fo adj. sm.

ac·ti·*nô*·ni:o sm.
ac·ti·*nó*·po·de adj. sm.
ac·ti·nop·te·*rí*·gi:o adj. sm.
ac·ti·nos·co·*pi*·a sf.
ac·ti·nos·*có*·pi·co adj.
ac·ti·nos·te·*li*·a sf.
ac·ti·nos·*té*·li·co adj.
ac·ti·nos·*te*·lo sm.:
   ac·ti·*nós*·te·lo.
ac·ti·*nós*·to·ma sf.
ac·ti·no·tac·*tis*·mo sm.:
   ac·ti·no·ta·*tis*·mo.
ac·ti·no·te·ra·*pi*·a sf.
ac·ti·no·te·*rá*·pi·co adj.
ac·ti·*no*·to sm.
ac·ti·no·to·xe·*mi*·a (cs) sf.
ac·ti·no·tro·*pis*·mo sm.
ac·ti·no·zo·*á*·ri:o adj. sm.
ac·*tí*·nu·la sm. *ou* sf.
a·*cu* sm.
-aç*u* suf. (é ligado por hífen,
   quando o exige a pronúncia
   e quando o primeiro
   elemento acaba em vogal
   acentuada graficamente).
a·*çu* adj. 2g.
a·cu:a·*ção* sf.; pl. *-ções*.
a·cu:a·do adj.
a·cu:a·*dor* (ô) adj. sm.
a·cu:a·*men*·to sm.
a·cu:*ar* v. 'perseguir'/Cf. acoar.
a·*cú*·bi·to sm.
a·*çú*·car sm. 'substância doce'/
   Cf. assucar.
a·çu·ca·ra·do adj.
a·çu·ca·*rar* v.
a·*çú*·car·*can*·de sf.; pl.
   açúcares-cande.
a·çu·ca·*rei*·ra sf.
a·çu·ca·*rei*·ro adj. sm.
a·çu·*ce*·na sf.
a·çu·ce·na(s)-*bran*·ca(s) sf.
   (pl.).
a·çu·ce·na(s)-*d'á*·gua sf. (pl.).
a·çu·ce·na(s)-do-*cam*·po sf.
   (pl.).
a·çu·ce·na(s)-do-*ma*·to sf. (pl.).
a·çu·ce·na(s)-do-*ri*:o sf. (pl.).
a·çu·ce·*nal* sm.; pl. *-nais*.
a·çu·ce·*nen*·se adj. s2g.
a·*cu*·chi sm.
a·cu·chi·*la*·do adj. sm.
a·cu·chi·la·*men*·to sm.
a·cu·chi·*lar* v.
a·*çu*·cre sm.: *açúcar*.
a·çu·çu:a·*pa*·ra sm. *ou* sf.
a·cu·cu·*lar* v.

a·çu·*da*·da sf. 'porção de água represada pelo açude'/Cf. açodada, f. de açodado.
a·çu·*da*·do adj.
a·çu·da·*dor* (ô) adj.
a·çu·*da*·gem sf.; pl. ·**gens**.
a·çu·da·*men*·to sm. 'ação de açudar'/Cf. açodamento.
a·çu·*dar* v. 'represar (água) no açude'/Cf. açodar.
a·*çu*·de sm.
a·cu·*dir* v.
a·cu:*ém* adj. s2g.; pl. ·*éns*/Cf. acuem, do v. acuar.
a·çu:*en*·se adj. s2g.
a·cu:*e*·ra adj. 2g. sf.
a·*cú*·fe·no sm.
a·cu:i·*da*·de sf.
a·çu·la·*dor* (ô) adj. sm.
a·cu·*lá*·li:o sm.
a·çu·la·*men*·to sm.
a·çu·*lar* v. 'instigar'/Cf. assolar.
a·cu·le:*a*·do adj. sm.
a·cu·le:*ar* v.
a·cu·le·i·*for*·me adj. 2g.
a·*cú*·le:o sm.
a·cu·le:o·*la*·do adj. sm.
a·*çu*·lo sm.
a·cul·tu·ra·*ção* sf.; pl. ·*ções*.
a·cul·tu·*ra*·do adj.
a·cul·tu·*rar* v.
a·cu·*mã* sm.
a·çu·ma·*grar* v.
a·çu·*ma*·gre sm.: sumagre.
a·cu·ma·*tan*·ga sf.
a·cum·*ben*·te adj. 2g.
a·*cu*·me sm.: acúmen.
a·cu·me:*ar* v.
a·*cú*·men sm.: pl. acumens ou acúmenes: acume.
a·cu·me·*tri*·a sf.: acuometria.
a·cu·*mé*·tri·co adj.: acuométrico.
a·*cú*·me·tro sm.: acuômetro.
a·cu·mi·na·*ção* sf.; pl. ·*ções*.
a·cu·mi·*na*·do adj.
a·cu·mi·*nar* v.
a·cu·mi·*ní*·fe·ro adj.
a·cu·mi·no·fo·li:*a*·do adj.
a·cu·mi·*no*·so (ô) adj.; f. *e* pl. (ó).
a·cum·pli·ci:a·*men*·to sm.
a·cum·pli·ci:*ar* v.
a·cu·mu·la·*ção* sf.; pl. ·*ções*.
a·cu·mu·*la*·da sf.
a·cu·mu·*la*·do adj. sm.
a·cu·mu·la·*dor* (ô) adj. sm.
a·cu·mu·*lar* v.

a·cu·mu·la·*ti*·vo adj.
a·cu·mu·*lá*·vel adj. 2g.; pl. ·**veis**.
a·*cú*·mu·lo sm./Cf. acumulo, do v. acumular.
a·cu·mu·*tan*·ga sf.: acamatanga, acamutanga.
a·cu·*na*·ti sm.: acanati.
a·cu·*nha*·do adj.
a·cu·nha·*men*·to sm.
a·cu·*nhar* v.
a·cu·nhe:*ar* v.
a·*cu*·o sm.
a·cu:o·me·*tri*·a sf.: acumetria.
a·cu:o·*mé*·tri·co adj.: acumétrico.
a·cu:*ô*·me·tro sm.: acúmetro.
a·cu·pre·*mir* v.
a·cu·pres·*são* sf.; pl. ·*sões*.
a·cu·pres·*su*·ra sf.
a·cu·punc·*tu*·ra sf.: acupuntura.
a·cu·punc·tu·ra·*ção* sf.: acupunturação; pl. ·*ções*.
a·cu·punc·tu·*rar* v.: acupunturar.
a·cu·pun·*tu*·ra sf.: acupunctura.
a·cu·pun·tu·ra·*ção* sf.: acupuncturação; pl. ·*ções*.
a·cu·pun·tu·*rar* v.: acupuncturar.
a·cu·pun·tu·*ris*·ta adj. 2g. s2g.
a·cu·*rá*·ci:a sf.
a·cu·*ra*·do adj.
a·cu·*rar* v.
a·cu·ra·*ti*·vo adj.
a·cu·*rau* sm.
a·cu·*rau*·a sf.
a·cu·*ré* sf.
a·cu·*ri* sm.
a·çu·ri·*ni* adj. s2g.: assurini.
a·cu·ri·*zal* sm.; pl. ·*zais*.
a·cur·ra·la·*men*·to sm.
a·cur·ra·*lar* v.
a·cur·*tar* v.
a·cur·*va*·do adj.
a·cur·va·*men*·to sm.
a·cur·*var* v.
a·cur·vi·*lha*·do adj.
a·cur·vi·lha·*men*·to sm.
a·cur·vi·*lhar* v.
a·cu·sa·bi·li·*da*·de sf.
a·cu·sa·*ção* sf.; pl. ·*ções*
a·cu·*sa*·do adj. sm.
a·cu·sa·*dor* (ô) adj. sm.
a·cu·sa·*men*·to sm.
a·cu·*san*·te adj. s2g.
a·cu·*sar* v.

a·cu·sa·*ti*·vo adj. sm.
a·cu·sa·*tó*·rio adj.
a·cu·*sá*·vel adj. 2g.; pl. ·**veis**.
a·*cus*·ma sm.
a·*cús*·ti·ca sf.
a·*cús*·ti·co adj.
a·*cu*·ta sf.
a·cu·tan·gu·*la*·do adj.
a·cu·tan·gu·*lar* adj. 2g.
a·cu·*tân*·gu·lo adj.
a·cu·te·*la*·do adj. 'que tem feitio de cutelo'/Cf. acutilado.
a·cu·te·*ná*·cu·lo sm.
a·*cu*·ti sm. *ou* sf.
a·cu·ti·*boi*·a sf.: acutimboia.
a·cu·ti·cau·*da*·do adj.
a·cu·ti·*cór*·ne:o adj.
a·cu·ti·*flo*·ro adj.
a·cu·ti·fo·li:*a*·do adj.
a·cu·ti·*fó*·li:o adj.
a·cu·ti·*la*·bro adj.
a·cu·ti·*la*·do adj. 'que recebeu cutiladas'/Cf. acutelado.
a·cu·ti·la·*dor* (ô) adj. sm.
a·cu·ti·la·*men*·to sm.
a·cu·ti·*lar* v.
a·cu·ti·lo·*ba*·do adj.
a·cu·tim·*boi*·a sf.: acutiboia.
a·cu·ti·*pum* sm.; pl. ·*puns*.
a·cu·ti·pu·*ru* sm.
a·cu·ti·pu·ru:a·*çu* sm.
a·cu·tir·*ros*·tro adj.
acu·*tís*·si·mo adj. superl. de agudo.
a·cu·ti(s)-ta·*pui*·a(s) sf. (pl.).
a·cu·ti:*ús*·cu·lo adj.
a·dac·ti·*li*·a sf.: adatilia.
a·*dác*·ti·lo adj.: adátilo.
a·*da*·ga sf.
a·da·*ga*·da sf.
a·*da*·ge sm.
a·da·gi:*al* adj. 2g.; pl. ·*ais*.
a·da·gi:*ar* v.
a·da·gi:*á*·ri:o adj. sm.
a·*dá*·gi:o adj. sm./Cf. adagio, do v. adagiar.
a·da·*guei*·ro sm.
a·da·*il* sm.; pl. ·*ís*.
a·da·*ma*·do adj.
a·da·man·ti·*nen*·se adj. s2g.
a·da·man·*ti*·no adj.
a·da·*mar* v.
a·da·mas·*ca*·do adj. sm.
a·da·mas·*car* v.
a·da·mas·qui·*na*·do adj.
a·da·me·*li*·to sm.
a·*dâ*·mi·co adj.

a·da·*mi*·ta adj. s2g.
a·da·*mí*·ti·co adj.
a·*da*·mo sm.
a·dan·*sô*·ni:a sf.
a·dan·so·*ni*·na sf.
a·*dão* sm.; pl. ·*dãos*.
a·dap·ta·bi·li·*da*·de sf.
a·dap·ta·*ção* sf.; pl. ·*ções*.
a·dap·*ta*·do adj. sm.
a·dap·ta·*dor* (ô) adj. sm.
a·dap·*tar* v.
a·dap·*tá*·vel adj. 2g.; pl. ·veis.
a·*dar*·ga sf.
a·dar·*gar* v.
a·dar·*guei*·ro sm.
a·*dar*·me sm.
a·*dar*·*rum* sm.; pl. ·*runs*.
a·dar·*var* v.
a·*dar*·ve sm.
a·*das*·tra sf.
a·das·tra·*gem* sf.; pl. ·*gens*.
a·*das*·trar v.
a·da·ti·*li*·a sf.: adactilia.
a·*dá*·ti·lo adj.: adáctilo.
a·da·xi:*al* (cs) adj. 2g.; pl. ·ais.
a·*dê* sm.
a·de·ci·du:*a*·to sm.
a·de·fa·*gi*·a sf.
a·de·*fá*·gi·co adj.
a·*dé*·fa·go adj. sm.
a·*de*·ga sf.
a·de·*gar* v.
a·de·*guei*·ro sm.
a·de·*ís*·mo sm.
a·de·*ís*·ta adj. s2g.
a·de·*jar* v.
a·*de*·jo (ê) adj. sm./Cf. *adejo* (é),
  do v. *adejar*.
a·*del* adj. sm.; pl. ·*déis*.
a·de·*lei*·ro sm.
a·*del*·fa sf.
a·del·*fal* sm.; pl. ·*fais*.
a·del·*fi*·a sf.
a·*dél*·fi·co adj.
a·del·fi·*xi*·a (cs) sf.
a·*del*·fo adj. sm.
a·del·ga·*ça*·do adj.
a·del·ga·ça·*dor* (ô) adj. sm.
a·del·ga·ça·*men*·to sm.
a·del·ga·*çar* v.
a·dal·ga·*dar* v.
a·del·*gar* v.
a·de·li·ca·*dar* v.
a·*dé*·li:o sm.
a·*de*·lo sm.
a·de·lo·*cór*·di:o adj. sm.
a·de·lo·*fí*·ce:a sf.

a·de·lo·*fí*·ce:o adj.
a·de·*mã* sm.
a·de·*mais* adv.
a·de·*ma*·ne sm.
a·de·*mão* sm.: *demão*; pl. ·*mãos*.
a·de·*mãs* sm. pl.: ademane.
a·de·mo·*ni*·a sf.
a·de·*mô*·ni·co adj. sm.
a·de·nal·*gi*·a sf.
a·de·*nál*·gi·co adj. sm.
a·de·*nan*·dro sm.
a·den·*ção* sf.; pl. ·*ções*.
a·*den*·da sf.
a·*den*·do sm.
a·de·nec·to·*mi*·a sf.
a·de·nen·fra·*xi*·a (cs) sf.
a·de·*ni*·a sf.
a·de·*ni*·na sf.
a·de·*ni*·te sf.
a·de·no·car·ci·*no*·ma sm.
a·de·no·*fí*·lo adj.
a·de·*nó*·fo·ro adj. sm.
a·de·*noi*·de adj. 2g. sf.
a·de·*no*·ma sm.
a·de·no·me·ga·*li*·a sf.
a·de·no·*pa*·ta s2g.:
  a·de·*nó*·pa·ta.
a·de·no·pa·*ti*·a sf.
a·de·no·*pel*·ta sf.
a·de·no·*pó*·di·co adj.
a·de·no·to·*mi*·a sf.
a·de·no·*ví*·rus sm. 2n.
a·den·sa·*men*·to sm.
a·den·*sar* v.
a·den·*ta*·do adj.
a·den·*tar* v.
a·den·*trar* v.
a·*den*·tro adv.
a·*dep*·to adj. sm.
a·de·qua·*ção* sf.; pl. ·*ções*.
a·de·*qua*·do adj.
a·de·*quar* v.
a·de·*quá*·vel adj. 2g.; pl. ·veis.
a·de·re·ça·*men*·to sm.
a·de·re·*çar* v.
a·de·*re*·ce (ê) sm./Cf. *aderece*
  (é), do v. *adereçar*.
a·de·re·*cis*·ta s2g.
a·de·*re*·ço (ê) sm./Cf. *adereço*
  (é), do v. *adereçar*.
a·de·*rên*·ci:a sf.
a·de·*ren*·te adj. s2g.
a·der·*gar* v.
a·*der*·go (ê) sm./Cf. *adergo* (é),
  do v. *adergar*.
a·de·*rir* v.
a·*dér*·mi·co adj.

a·der·mo·tro·*fi*·a sf.
a·der·*na*·do adj.
a·der·*nal* sm.; pl. ·*nais*.
a·der·na·*men*·to sm.
a·der·*nar* v.
a·*der*·no sm.
a·de·*são* sf.; pl. ·*sões*.
a·de·si·o·*nis*·mo sm.
a·de·si·o·*nis*·ta adj. s2g.
a·de·*sis*·mo sm.
a·de·*sis*·ta adj. s2g.
a·de·si·*va*·gem sf.; pl. ·*gens*.
a·de·si·vi·*da*·de sf.
a·de·*si*·vo adj. sm.
a·des·tra·*ção* sf.; pl. ·*ções*.
a·des·*tra*·do adj.
a·des·tra·*dor* (ô) adj. sm.
a·des·tra·*men*·to sm.
a·des·*trar* v.
a·*des*·tro (ê) adj.
a·*deus* interj. sm.; pl. *adeuses*.
a·deu·*sar* v.
a·deu·*si*·nho interj. sm.
a·de·*vão* sm.; pl. ·*vãos*.
a·de·si·*vis*·mo sm.: adeísmo.
a·de·*vis*·ta adj. s2g.: adeísta.
ad·for·*man*·te adj. 2g.
ad·ge·ne·ra·*ção* sf.; pl. ·*ções*.
ad·ge·ne·*rar* v.
a·di:a·*ba*·ta sf.: a·di:*á*·ba·ta.
a·di:a·*bá*·ti·ca sf.
a·di:a·*bá*·ti·co adj.
a·di:*á*·fa·no adj.
a·di:a·fo·*re*·se sf.
a·di:a·fo·*ré*·ti·co adj.
a·di:a·fo·*ri*·a sf.
a·di:a·*fó*·ri·co adj.
a·di:a·fo·*ris*·mo sm.
a·di:a·fo·*ris*·ta adj. s2g.
a·di:*á*·fo·ro adj.
a·di:a·man·*ta*·do adj.
a·di:a·man·*tar* v.
a·di:a·man·*ti*·no adj.:
  diamantino.
a·di:a·*men*·to sm.
a·di:*a*·na adj. s2g.
a·di:*â*·ne·ne adj. s2g.
a·di:an·*tá*·ce:a sf.
a·di:an·*tá*·ce:o adj.
a·di:an·*ta*·do adj. sm. adv.
a·di:an·ta·*men*·to sm.
a·di:an·*tar* v.
a·di:*an*·te adv. interj. sm.; na
  loc. *adiante de*.
a·di:*an*·to sm.
a·di:ap·neus·*ti*·a sf.
a·di:*ar* v.

a·di:a·ter·man·*ci*·a sf.
a·di:a·ter·*mi*·a sf.
a·di:a·*tér*·mi·co adj.
a·di:*á*·vel adj.2g.; pl. ·veis.
a·*di*·be sm.: a·*di*·bo.
a·di·ção sf.; pl. ·ções.
a·di·ci:o·na·*ção* sf.; pl. ·ções.
a·di·ci:o·*na*·do adj.
a·di·ci:o·na·*dor* (ô) adj. sm.
a·di·ci:o·*nal* adj. 2g. sm.; pl. *nais*.
a·di·ci:o·na·*men*·to sm.
a·di·ci:o·*nar* v.
a·di·ci:o·*ná*·vel adj. 2g.; pl. ·veis.
a·*dic*·to adj. sm.
a·*di*·do adj. sm.
a·di:e·*ta*·do adj.
a·di:e·*tar* v.
a·di·men·si:o·*nal* adj. 2g.; pl. ·*nais*.
a·di·*mô*·ni:a sf.
a·dim·ple·*men*·to sm.
a·dim·*plên*·ci:a sf.
a·dim·*plen*·te adj. s2g.
a·dim·*plir* v.
a·di·na·*mi*·a sf.
a·di·*nâ*·mi·co adj.
a·di·na·mi·*zar* v.
a·*dí*·na·mo adj.
a·di·nhei·*ra*·do adj.
a·di·ni·mo·na·*dá*·ce:a sf.
a·di·ni·mo·na·*dá*·ce:o adj.
á·di·pe sm. *ou* sf.: *ádipo*.
a·*dí*·pi·co adj.
á·di·po sm.: *ádipe*.
a·di·po·ce·ra (ê) sf.
a·di·po·ge·*ni*·a sf.
a·di·*po*·ma sm.
a·di·po·*má*·ti·co adj.
a·di·*po*·sa sf.
a·di·*po*·se sf.
a·di·po·si·*da*·de sf.
a·di·*po*·so (ô) adj.
a·dip·si·a sf.
a·*dir* v.
a·di·ta·*men*·to sm.
a·di·*tar* v.
a·di·*tí*·ci:o adj.
a·di·*ti*·va sf.
a·di·ti·*va*·do adj.
a·di·ti·*var* v.
a·di·*ti*·vo adj. sm.
a·di·ti·vo·cons·ti·tu·*ti*·vo(s) adj. (pl.).
á·di·to sm./Cf. *adito*, do v. *aditar*.
a·di·*vi*·nha sf./Cf. *advinha*, do v. *advir*.
a·di·vi·nha·*ção* sf.; pl. ·ções.
a·di·vi·nha·*dei*·ro sm.
a·di·vi·nha·*dor* (ô) adj. sm.
a·di·vi·*nhan*·te adj. s2g.
a·di·vi·*nhão* sm.; pl. ·*nhões*; f. *adivinhona*.
a·di·vi·*nhar* v.
a·di·vi·nhe-quem-vem-*ho*·je sm. 2n.: a·di·vi·nha-quem--vem-*ho*·je.
a·di·*vi*·nho sm.
a·di·vi·*nho*·na sf. de *adivinhão*.
ad·*já* sm.
ad·ja·*cên*·ci:a sf.
ad·ja·*cen*·te adj. 2g.
ad·ja·*zer* v.
ad·je·*ção* sf.; pl. ·ções.
ad·je·ti·va·*ção* sf.; pl. ·ções.
ad·je·ti·*va*·do adj.
ad·je·ti·va·*dor* (ô) adj. sm.
ad·je·ti·*val* adj. 2g.; pl. ·*vais*.
ad·je·ti·va·*men*·to sm.
ad·je·ti·*var* v.
ad·je·*ti*·vo adj. sm.
ad·*je*·to adj. sm.
ad·ju·di·ca·*ção* sf.; pl. ·ções.
ad·ju·di·ca·*dor* (ô) adj. sm.
ad·ju·di·*can*·do adj. sm.
ad·ju·di·*car* v.
ad·ju·di·ca·*tá*·ri:o adj. sm.
ad·ju·di·ca·*ti*·vo adj.
ad·ju·di·ca·*tó*·ri:o adj. sm.
ad·*jun*·ção sf.; pl. ·ções.
ad·*jun*·gir v.
ad·*jun*·to adj. sm.
ad·ju·ra·*ção* sf.; pl. ·ções.
ad·ju·ra·*dor* (ô) adj. sm.
ad·ju·*rar* v.
ad·ju·*tor* (ô) adj. sm.; pl. ·to·res (ô)/Cf. *adjutores* (ó), do v. *adjutorar*.
ad·ju·to·*rar* v.
ad·ju·*tó*·ri:o adj. sm.
ad·ju·*van*·te adj. s2g.
ad·ju·*var* v.
ad·le·ga·*ção* sf.; pl. ·ções: a·dle·ga·ção.
ad·li·ga·*ção* sf.; pl. ·ções: a·dli·ga·ção.
ad·li·*gar* v.: *adligar*.
ad·mi·ni·cu·*lan*·te adj. 2g.
ad·mi·ni·cu·*lar* adj. 2g. v.
ad·mi·*ní*·cu·lo sm./Cf. *adminiculo*, do v. *adminicular*.
ad·mi·nis·tra·*ção* sf.; pl. ·ções
ad·mi·nis·tra·*dor* (ô) adj. sm.
ad·mi·nis·*tran*·te adj. 2g.
ad·mi·nis·*trar* v.
ad·mi·nis·tra·ti·*vis*·ta adj. s2g.
ad·mi·nis·tra·*ti*·vo adj.
ad·mi·nis·tra·*tó*·ri:o adj.
ad·mi·nis·*trá*·vel adj. 2g.; pl. ·veis.
ad·mi·ra·bi·li·*da*·de sf.
ad·mi·ra·*ção* sf.; pl. ·ções.
ad·mi·ra·*dor* (ô) adj. sm.
ad·mi·*ran*·do adj.
ad·mi·*rar* v.
ad·mi·ra·*ti*·vo adj.
ad·mi·*rá*·vel adj. 2g.; pl. ·veis.
ad·mis·*são* sf. sm.; pl. ·sões.
ad·mis·si·bi·li·*da*·de sf.
ad·mis·*sí*·vel adj. 2g.; pl. ·veis.
ad·mis·*tão* sf.; pl. ·*tões*.
ad·mi·*tân*·ci:a sf.
ad·mi·*ti*·do adj.
ad·mi·*tir* v.
ad·mo:es·ta·*ção* sf.; pl. ·ções.
ad·mo:es·ta·*dor* (ô) adj. sm.
ad·mo:es·*tar* v.
ad·mo:es·ta·*tó*·ri:o adj.
ad·mo:es·*tá*·vel adj. 2g.; pl. ·veis.
ad·mo·ni·*ção* sf.; pl. ·ções.
ad·mo·ni·*tor* (ô) adj. sm.
ad·mo·ni·*tó*·ri:o adj. sm.
ad·mo·*ti*·vo adj.
ad·*na*·ta sf.
ad·*na*·to adj.
ad·ner·*val* adj. 2g.; pl. ·*vais*.
ad·no·mi·na·*ção* sf.; pl. ·ções.
ad·no·mi·*nal* adj. 2g.; pl. ·*nais*.
ad·no·ta·*ção* sf.; pl. ·ções.
ad·nu·me·ra·*ção* sf.; pl. ·ções.
ad·nu·me·*rar* v.
a·do sm.
a·*do*·ba (ô) sf.: *adobe*, *adobo*/Cf. *adoba* (ó), do v. *adobar*.
a·*do*·bar v.
a·*do*·be (ô) sm.: *adoba*, a·*do*·bo (ô)/Cf. *adobe* (ó) e *adobo* (ó), do v. *adobar*.
a·*do*·ça·do adj. 'adocicado'/ Cf. *adossado*.
a·do·ça·*gem* sf.; pl. ·*gens*.
a·do·ça·*men*·to sm.
a·do·*çan*·te adj. 2g. sm.
a·do·*ção* sf.; pl. ·ções.
a·do·*çar* v.
a·do·ci·*ca*·do adj.
a·do·ci·*car* v.
a·do·ci:o·*nis*·mo sm.
a·do·ci:o·*nis*·ta adj. s2g.
a·do:e·*cer* v.

a·do:e·ci·*men*·to sm.
a·do:en·*ta*·do adj.
a·do:en·*tar* v.
a·do:es·*tar* v.
a·doi·*da*·do adj.: *adoudado*.
a·doi·*dar* v. *adoudar*.
a·doi·*dar*·*ra*·do adj.: *adoudarrado*.
a·doi·de·*jar* v.: *adoudejar*.
a·do·les·*cên*·ci:a sf.
a·do·les·*cen*·te adj. s2g.
a·do·les·*cên*·tu·lo sm.
a·do·les·*cer* v.
a·*dó*·li:a sf.
a·*do*·lo (ô) sm.
a·do·*ma*·do adj.
a·do·*mar* v.
a·*do*·min·*ga*·do adj.
a·do·min·*gar* v.
a·do·*nai* sm.
a·do·nai·*rar* v.
a·do·*nar* v.
a·*don*·de adj. interj.
a·*dô*·ni:a sf.
a·do·*ní*·a·de 2g. sf.
a·*dô*·ni·co adj.
a·*dô*·ni:o adj.
a·*dô*·nis sm. 2n.
a·do·ni·*sar* v.
a·do·*nis*·mo sm.
a(s) do *ó* sm. (pl.).
a·do·pe·*rar* v.
a·do·ra·*ção* sf.; pl. ·*ções*.
a·do·*ra*·do adj. sm.
a·do·ra·*dor* (ô) adj. sm.
a·do·*ral* adj. 2g.; pl. ·*rais*.
a·do·*rar* v.
a·do·ra·*ti*·vo adj.
a·do·ra·*tó*·ri:o sm.
a·do·*rá*·vel adj. 2g.; pl. ·*veis*.
a·dor·bi·*tal* adj. sm.; pl. ·*tais*.
a·do·*rei*·a sf.
a·*dó*·ri:a sf.
a·*dó*·ri:o sm.
a·dor·me·ce·*dor* (ô) adj. sm.
a·dor·me·*cer* v.
a·dor·me·*ci*·do adj.
a·dor·me·ci·*men*·to sm.
a·dor·men·ta·*dor* (ô) adj. sm.
a·dor·men·*tar* v.
a·dor·*mi*·do adj.
a·dor·*mir* v.
a·dor·na·*men*·to sm.
a·dor·*nar* v.
a·*dor*·no (ô) sm./Cf. *adorno* (ó), do v. *adornar*.
a·*dor*·so adj. sm.

a·dor·*tar* v.
a·dos·*sa*·do adj. 'diz-se de uma figura de heráldica'/ Cf. *adoçado*.
a·dos·se·*la*·do adj.
a·do·ta·*ção* sf.; pl. ·*ções*.
a·do·*tan*·do adj. sm.
a·do·*tan*·te adj. s2g.
a·do·*tar* v.
a·do·*tá*·vel adj. 2g.; pl. ·*veis*.
a·do·*ti*·vo adj. sm.
a·dou·*da*·do adj.: *adoidado*.
a·dou·*dar* v.: *adoidar*.
a·dou·dar·*ra*·do adj.: *adoidarrado*.
a·dou·de·*jar* v.: *adoidejar*.
a·dou·tri·*nar* v.
a·*do*·xa (cs) sf.
a·do·*xá*·ce:a (cs) sf.
a·do·*xá*·ce:o (cs) adj.
a·*do*·xo (cs) sm.
a·do·xo·gra·*fi*·a (cs) sf.
ad·pe·*dân*·ci:a sf.
ad·*pres*·so adj.
ad·qui·*ren*·te adj. s2g.
ad·qui·ri·*ção* sf.; pl. ·*ções*.
ad·qui·*ri*·do adj. sm.
ad·qui·ri·*dor* (ô) adj. sm.
ad·qui·*rir* v.
ad·qui·*rí*·vel adj. 2g.; pl. ·*veis*.
ad·qui·si·*ção* sf.; pl. ·*ções*.
a·dra·*gan*·ta sf.
a·dra·*gan*·to adj. sm.
a·*drás*·te:a sf.
a·*dras*·to sm.
a·*dre*·de (ê) adv.
a·dre·*gar* v.
a·*dre*·go (ê) sm./Cf. *adrego* (é), do v. *adregar*.
a·re·*nal* adj. 2g. sf.; pl. ·*nais*.
a·dre·na·*li*·na sf.
a·dres·*só*·fra·go sm.
a·dri·*á*·ti·co adj.
a·*dri*·ça sf.
a·dri·*çar* v.
a·*drí*·pi:a sf.
a·*dro* sm.
ad·ro·ga·*ção* sf.; pl. ·*ções*.
ad·ro·*gar* v.
ad·ros·*tral* adj. 2g.; pl. ·*trais*.
ads·cre·*ver* v.
ads·cri·*ção* sf.; pl. ·*ções*.
ads·crí·*tí*·ci:o adj. sm.
ads·*cri*·to adj. sm.
ad·sor·*ção* sf.; pl. ·*ções*.
ad·sor·*va*·to sm.
ad·sor·*ven*·te adj. 2g. sm.

ad·sor·*ver* v.
ads·*per*·so adj.
ads·tri·*ção* sf.; pl. ·*ções*.
ads·trin·*gên*·ci:a sf.
ads·trin·*gen*·te adj. 2g. sm.
ads·trin·*gir* v.
ads·trin·gi·*ti*·vo adj. sm.
ads·trin·*gi*·vo adj. sm.
ads·tri·*ti*·vo adj. sm.
ads·*tri*·to adj.
ads·tri·*tó*·ri:o adj.
a·*du*:a sf.
a·*du*:a·gem sf.; pl. ·*gens*.
a·*du*:a·na sf.
a·*du*:a·nar v.
a·*du*:a·*nei*·ro adj. sm.
a·*du*:ar v. sm.
a·du·ba·*ção* sf.; pl. ·*ções*.
a·du·ba·*dor* (ô) adj. sm.
a·du·ba·gem sf.; pl. ·*gens*.
a·du·*bar* v.
a·*du*·bo sm.
a·du·*ção* sf.; pl. ·*ções*.
a·du·*cen*·te adj. 2g.
a·*du*·cha sf.
a·du·*char* v.
a·du·*cir* v.
a·du:*ei*·ro sm.
a·du:*e*·la sf.
a·du:e·*la*·gem sf.: pl. ·*gens*.
a·*du*·fa sf.
a·*du*·*fa*·da sf.
a·*du*·*far* v.
a·*du*·fe sm.: *adufo*².
a·*du*·*fei*·ro sm.
a·*du*·fo¹ sm. 'peça de barro amassado'/Cf. *adufo*².
a·*du*·fo² sm. 'espécie de pandeiro': *adufe*/Cf. *adufo*¹.
a·du·la·*ção* sf.; pl. ·*ções*.
a·du·la·*dor* (ô) adj. sm.
a·du·*lão* adj. sm.; pl. ·*lões*; f. *adulona*.
a·du·*lar* v.
a·du·*lá*·ri:a sf./Cf. *adularia*, do v. *adular*.
a·du·la·*ti*·vo adj.
a·du·la·*tó*·ri:o adj.
a·dul·ço·*rar* v.
a·du·*lo*·na adj. sf. de *adulão*.
a·du·*lo*·so (ô) adj. sm., f. e pl. (ó).
a·*dúl*·te·ra sf./Cf. *adultera*, do v. *adulterar*.
a·dul·te·ra·*ção* sf.; pl. ·*ções*.
a·dul·te·*ra*·do adj.
a·dul·te·ra·*dor* (ô) adj. sm.

a·dul·te·*rar* v.
a·dul·te·ri·ni·*da*·de sf.
a·dul·te·*ri*·no adj.
a·dul·*té*·ri:o sm.
a·dul·te·ri:*o*·so (ô) adj.; f. *e* pl. (ó).
a·*dúl*·te·ro adj. sm./Cf. *adultero*, do v. *adulterar*.
a·dul·te·*ro*·so (ô) adj. sm.; f. *e* pl. (ó).
a·dul·*tí*·ci:a sf.
a·*dul*·to adj. sm.
a·dum·bra·*ção* sf.; pl. *·ções*.
a·dum·*brar* v.
a·du·na·*ção* sf.; pl. *·ções*.
a·du·*na*·do adj.
a·du·na·*men*·to sm.
a·du·*nar* v.
a·dun·*car* v.
a·dun·ci·*da*·de sf.
a·dun·cir·*ros*·tro adj.
a·*dun*·co adj.
a·du·*rar* v.
a·du·*rên*·ci:a sf.
a·du·*ren*·te adj. 2g. sm.
a·du·*rir* v.
a·du·*rol* sm.; pl. *·róis*.
a·dus·*tão* sf.; pl. *·tões*.
a·du·*tez* (ê) sf.
a·dus·*tí*·vel adj. 2g.; pl. *·veis*.
a·dus·*ti*·vo adj.
a·*dus*·to adj.
a·du·*tor* (ô) adj. sm.
a·du·*to*·ra (ô) sf.
a·du·*zir* v.
ad·vec·*ção* sf.; pl. *·ções*.
ád·ve·na adj. s2g.
ad·ve·ni:*en*·te adj. 2g.
ad·ven·*tí*·ci:o adj. sm.
ad·ven·*tis*·mo sm.
ad·ven·*tis*·ta adj. s2g.
ad·*ven*·to sm.
ad·ver·*bal* adj. 2g.; pl. *·bais*.
ad·ver·*bar* v.
ad·ver·bi:*al* adj. 2g.; pl. *·ais*.
ad·ver·bi:a·li·*da*·de sf.
ad·ver·bi:a·li·*zar* v.
ad·ver·bi:*ar* v.
ad·*vér*·bi:o sm./Cf. *adverbio*, do v. *adverbiar*.
ad·ver·*san*·te adj. 2g.
ad·ver·*são* sf.; pl. *·sões*.
ad·ver·*sar* v.
ad·ver·*sá*·ri:o adj. sm.; f. *adversária*/Cf. *adversaria*, do v. *adversar*.
ad·ver·sa·*ti*·va sf.

ad·ver·sa·*ti*·vo adj.
ad·ver·si·*da*·de sf.
ad·*ver*·so adj. sm.
ad·ver·*tên*·ci:a sf.
ad·ver·*ti*·do adj.
ad·ver·ti·*men*·to sm.
ad·ver·*tir* v.
ad·vin·cu·*lar* adj. 2g.
ad·*vin*·do adj.
ad·*vir* v.
ad·vo·ca·*ci*·a sf.
ad·vo·ca·*tí*·ci:o adj.
ad·vo·ca·*tó*·ri:o adj.
ad·vo·ca·*tu*·ra sf.
ad·vo·ga·*ci*·a sf.: *advocacia*.
ad·vo·*ga*·da sf.
ad·vo·*ga*·do adj. sm.
ad·vo·*gar* v.
ad·vul·*tar* v.
ad·zâ·ne·ni adj. s2g.
a·e·do sm.
á·é·i·ó·*u* sm.
a·e·ra·*ção* sf.; pl. *·ções*.
a·e·ra·*gem* sf.; pl. *·gens*.
a·e·re·las·ti·ci·*da*·de sf.: aeroelasticidade.
a·e·re·*mo*·to sm.: *aeromoto*.
a·e·rên·qui·ma sm.
a·*é*·re:o adj.
a·e·res·pa·ci:*al* adj. 2g.: aeroespacial; pl. *·ais*.
a·e·res·*pa*·ço sm.: *aeroespaço*.
a·e·*rí*·co·la adj. 2g.
a·*é*·ri·da adj. 2g. sf.
a·*é*·ri·do adj. sm.
a·e·*rí*·fe·ro adj. sm.
a·e·ri·fi·ca·*ção* sf.; pl. *·ções*.
a·e·ri·fi·*car* v.
a·e·ri·*for*·me adj. 2g.
a·e·*rí*·ne:a sf.
a·e·*rí*·vo·ro adj.
a·e·ri·za·*ção* sf.; pl. *·ções*.
a·e·ri·*zar* v.
a·e·ro·ba·*lís*·ti·ca sf.
a·e·ro·*bar*·co sm.
a·e·ro·*ba*·ta s2g.: a·e·*ró*·ba·ta.
a·e·*ró*·bi·ca sf.
a·e·*ró*·bi·co adj.
a·e·*ró*·bi:o adj. sm.
a·e·ro·bi:*on*·te adj. s2g.
a·e·ro·bi:on·*ti*·a sf.
a·e·ro·bi:*o*·se sf.
a·e·ro·bi:*ó*·ti·co adj.
a·e·ro·*blas*·to sm.
a·e·ro·car·to·gra·*fi*·a sf.
a·e·ro·car·to·*grá*·fi·co adj.
a·e·ro·car·*tó*·gra·fo sm.

a·e·ro·*cên*·tri·co adj.
a·e·ro·*clu*·be sm.
a·e·ro·co·*li*·a sf.
a·e·ro·con·den·sa·*dor* (ô) adj. sm.
a·e·ro·di·*nâ*·mi·ca sf.
a·e·ro·di·*nâ*·mi·co adj. sm.
a·e·*ró*·di·no sm.
a·e·*ró*·dro·mo sm.
a·e·ro·*du*·to sm.
a·e·ro:e·las·ti·ci·*da*·de sf.: aerelasticidade.
a·e·ro:es·pa·ci:*al* adj. 2g.: aerespacial; pl. *·ais*.
a·e·ro:es·*pa*·ço sm.: *aerespaço*.
a·e·ro·fa·*gi*·a sf.
a·e·ro·*fá*·gi·co adj.
a·e·*ró*·fa·go adj. sm.
a·e·*ró*·fa·no adj.
a·e·ro·fa·*lá*·ci:o sm.
a·e·ro·*fil*·me sm.
a·e·*ró*·fi·to adj. sm.
a·e·ro·fo·*bi*·a sf.
a·e·*ró*·fo·bo sm.
a·e·*ró*·fó·li:o sm.
a·e·ro·*fo*·ne sm.
a·e·ro·fô·ni·co adj.
a·e·*ró*·fo·no adj. sm.
a·e·*ró*·fo·ro adj. sm.
a·e·ro·*fo*·to sf.
a·e·ro·fo·to·gra·*fi*·a sf.
a·e·ro·fo·to·*grá*·fi·co adj.
a·e·ro·fo·to·gra·me·*tri*·a sf.
a·e·ro·fo·to·gra·*mé*·tri·co adj.
a·e·ro·fo·to·me·*tri*·a sf.
a·e·ro·fo·to·*mé*·tri·co adj.
a·e·*ró*·fu·go adj.
a·e·ro·*gel* sm.; pl. *·géis*.
a·e·rog·no·*si*·a sf.
a·e·rog·*nós*·ti·co adj.
a·e·ro·gra·*fi*·a sf.
a·e·ro·*grá*·fi·co adj.
a·e·*ró*·gra·fo sm.
a·e·ro·*gra*·ma sm.
a·e·*roi*·de adj. 2g.
a·*é*·ro·la sf.
a·e·ro·*lí*·ti·co adj.
a·e·*ró*·li·to sm.
a·e·ro·lo·*gi*·a sf.
a·e·ro·*ló*·gi·co adj.
a·e·*ró*·lo·go sm.
a·e·ro·man·*ci*·a sf.
a·e·ro·ma·*ni*·a sf.
a·e·ro·ma·*ní*·a·co adj. sm.
a·e·*rô*·ma·no adj. sm.
a·e·ro·*man*·te s2g.
a·e·ro·*mân*·ti·co adj.

a·e·ro·me·di·ci·na sf.
a·e·ro·*mel* sm.; pl. *méis*.
a·e·ro·me·tri·a sf.
a·e·ro·*mé*·tri·co adj.
a·e·rô·me·tro sm.
a·e·ro·*mo*·ça (ô) sf.
a·e·ro·*mo*·ço (ô) sm.
a·e·ro·mo·de·*lis*·mo sm.
a·e·ro·mo·de·*lis*·ta adj. s2g.
a·e·ro·mo·*de*·lo (ê) sm.
a·e·ro·*mo*·to sm.: aeremoto.
a·e·ro·mo·*tor* (ô) sm.
a·e·ro·*nau*·ta s2g. sf.
a·e·ro·*náu*·ti·ca sf.
a·e·ro·*náu*·ti·co adj.
a·e·ro·na·*val* adj. 2g.; pl. *vais*.
a·e·ro·na·ve sf.
a·e·ro·na·ve·ga·ção sf.: pl. *ções*.
a·e·ro·no·*mi*·a sf.
a·e·ro·*pau*·sa sf.
a·e·ro·pe·ri·car·*di*·a sf.
a·e·ro·pe·ri·car·*dí*·a·co adj.
a·e·ro·pi:e·*si*·a sf.
a·e·ro·*pis*·ta sf.
a·e·ro·pla·*nar* v.
a·e·ro·pla·*ni*·a sf.
a·e·ro·*pla*·no sm.
a·e·ro·*pô*·ni·co adj. s.m.
a·e·ro·*por*·to (ô) sm.
a·e·ro·por·tu:*á*·ri:o adj. sm.
a·e·ro·*pos*·ta sf.
a·e·ros·*có*·pi:o sm.
a·e·ros·*fe*·ra sf.
a·e·ro·*sol* sm.: a·e·ros·*sol*; pl. ·*sóis*.
a·e·ros·ta·*ção* sf.; pl. ·*ções*.
a·e·*rós*·ta·ta s2g.
a·e·ros·*tá*·ti·ca sf.
a·e·ros·*tá*·ti·co adj.
a·e·ros·*ta*·to sm.: a·e·*rós*·ta·to.
a·e·ro·tec·*ni*·a sf.
a·e·ro·*téc*·ni·co adj.
a·e·ro·te·*lú*·ri·co adj.
a·e·ro·te·ra·*pêu*·ti·ca sf.
a·e·ro·te·ra·*pêu*·ti·co adj.
a·e·ro·te·ra·*pi*·a sf.
a·e·ro·te·*rá*·pi·co adj.
a·e·ro·ter·mo·di·*nâ*·mi·ca sf.
a·e·ro·ter·mo·di·*nâ*·mi·co adj.
a·e·ro·ter·*res*·tre adj. 2g.
a·e·ro·tor·*pe*·do (ê) sm.
a·e·ro·trans·por·*ta*·do adj.
a·e·ro·trans·por·*ta*·dor (ô) adj. sm.
a·e·ro·trans·por·ta·*do*·ra (ô) sf.
a·e·ro·trans·por·*tar* v.
a·e·ro·trans·*por*·te sm.

a·e·ro·*tró*·pi·co adj.
a·e·ro·tro·*pis*·mo sm.
a·e·ro·*vi*·a sf.
a·e·ro·vi:*á*·ri:o adj. sm.
a·e·ro·zo:*á*·ri:o adj. sm.
a·e·*ti*·ta sf.
a·*fã* sm.
a·fa·bi·li·*da*·de sf.
a·fa·bi·*lís*·si·mo adj. superl. de afável.
a·fa·bu·la·*ção* sf.; pl. ·*ções*.
a·fa·ça·*nhar* v.
a·fa·*ci*·a sf.
a·fa·di·ga·*dor* (ô) adj. sm.
a·fa·di·*gar* v.
a·fa·di·*go*·so (ô) adj.; f. e pl. (ó).
a·fa·dis·*ta*·do adj.
a·fa·dis·*tar* v.
a·fa·ga·*dor* (ô) adj. sm.
a·fa·ga·*men*·to sm.
a·fa·*gan*·te adj. 2g.
a·fa·*gar* v.
a·fa·*gi*·a sf.
a·*fa*·go sm.
a·fa·*go*·so (ô) adj.; f. e pl. (ó).
a·fa·*guei*·rar v.
a·fai·*ma*·do adj.
a·fai·*mar* v.
a·fai·*nar* v.
a·fa·*la*·do adj.
a·fa·*lar* v.
a·fal·co:*a*·do adj.
a·fal·co:*ar* v.
a·fa·lu:*a*·do adj.
a·fa·*ma*·do adj.
a·fa·ma·*na*·do adj.
a·fa·*mar* v.
a·fa·mi·*lha*·do adj.: afamiliado.
a·fa·mi·*lhar* v.: afamiliar.
a·fa·mi·li:*a*·do adj.: afamilhado.
a·fa·mi·li:*ar* v.: afamilhar.
a·fa·*nar* v.
a·fan·dan·*ga*·do adj.
a·fan·dan·*gar* v.
a·fa·*né*·si:o sm.
a·fa·*ni*·a sf.
a·fa·*níp*·te·ro adj. sm.
a·fa·*ni*·se sf.
a·fa·*ni*·ta sf.
a·fa·*ní*·ti·co adj.
a·*fa*·no sm.
a·fa·*no*·so (ô) adj.; f. e pl. (ó).
a·fan·to·*char* v.
a·fa·*que*:ar v.
a·fa·*rar* v.
a·far·fa·*lhar* v.
a·fa·ri·*nhar* v.

a·fa·*si*·a sf./Cf. afazia, do v. afazer.
a·*fá*·si·co adj. sm.
a·fas·*mí*·de:o adj. sm.
a·fas·*ta*·do adj.
a·fas·ta·*dor* (ô) adj. sm.
a·fas·ta·*men*·to sm.
a·fas·*tar* v.
a·fa·ti:*ar* v.
a·fa·*ve*·cos sm. pl.
a·*fá*·vel adj. 2g.; pl. ·*veis*; superl. *afabilíssimo*.
a·fa·xi·*nar* v.
a·fa·zen·*dar* v.
a·fa·*zer* sm. v.
a·fa·*ze*·res (ê) sm. pl.
a·*fe*·a·do adj. 'que se tornou feio'/Cf. *afiado*.
a·*fe*:a·dor (ô) adj. sm. 'que ou o que afeia'/Cf. *afiador*.
a·fe:a·*men*·to sm. 'ação de afear(-se)'/Cf. *afiamento*.
a·fe:*ar* v. 'tornar feio'/Cf. *afiar*.
a·fe·*ção* sf.: a·fec·*ção*; pl. ·*ções*.
a·fe·*gã* adj. s2g.: a·fe·*ga*·ne adj. s2g. sm.
a·fe·*ga*·ne adj. 2g. s2g.
a·fe·*gâ*·ni·co adj.
a·fe·*gão* adj. sm.; pl. ·*gãos*. afegane.
a·fei·*ção* sf.; pl. ·*ções*.
a·fei·ço:*a*·do adj. sm.
a·fei·ço:a·*dor* (ô) adj. sm.
a·fei·ço:a·*men*·to sm.
a·fei·ço:*ar* v.
a·fei·*jo*:ar v.
a·fei·*tar* v.
a·*fei*·to adj. sm.
a·fe·le:*ar* v. 'pôr fel em'/Cf. *afiliar*.
a·*fé*·li:o sm.
a·fe·li:o·*tró*·pi·co adj.
a·fe·li:o·tro·*pis*·mo sm.
a·fe·*ló*·co·ma sm.
a·fe·*mi*·a sf.
a·fe·mi·na·*ção* sf.; pl. ·*ções*.
a·fe·mi·*na*·do adj.
a·fe·mi·*nar* v.
a·fe·*rên*·ci:a sf.
a·fe·*ren*·te adj. 2g.
a·*fé*·re·se sf.
a·fe·*ré*·ti·co adj.
a·fe·ri·*ção* sf.; pl. ·*ções*.
a·fe·*ri*·do adj. sm.
a·fe·ri·*dor* (ô) adj. sm.
a·fe·ri·*men*·to sm.
a·fe·*rir* v.

a·fe·rí·vel adj. 2g.; pl. ·veis.
a·fer·ra·do adj.
a·fer·rar v.
a·fer·re·nhar v.
a·fer·re·tar v.
a·fer·re·te:ar v.
a·fer·re·to:a·dor (ô) adj. sm.
a·fer·re·to:ar v.
a·fer·ro (ê) sm./Cf. aferro (é), do v. aferrar.
a·fer·ro:a·dor (ô) adj. sm.
a·fer·ro:ar v.
a·fer·ro·lha·dor (ô) adj. sm.
a·fer·ro·lhar v.
a·fer·ven·ta·ção sf.; pl. ·ções.
a·fer·ven·ta·do adj. sm.
a·fer·ven·tar v.
a·fer·ves·cer v.
a·fer·vo·rar v.
a·fer·vo·ri·zar v.
a·fe·si·a sf.
a·fes·to:a·do adj. sm.
a·fes·to:ar v.
a·fes·to·nar v.
a·fe·ta·ção sf.; pl. ·ções.
a·fe·ta·do adj.
a·fe·tan·te adj. 2g.
a·fe·tar v.
a·fe·ti·vi·da·de sf.
a·fe·ti·vo adj.
a·fe·to adj. sm.
a·fe·tu:o·so (ô) adj.; f. e pl. (ó).
a·fe·zo:ar v.
affaire sm. (fr.: afér).
a·fi:a·ção sf.; pl. ·ções.
a·fi:a·do adj. 'aguçado'/Cf. afeado.
a·fi:a·dor (ô) adj. sm. 'amolador'/Cf. afeador.
a·fi:am·bra·do adj. sm.
a·fi:am·brar v.
a·fi:a·men·to sm. 'ação de afiar'/Cf. afeamento.
a·fi:an·ça·do adj. sm.
a·fi:an·ça·dor (ô) adj. sm.
a·fi:an·çar v.
a·fi:an·çá·vel adj. 2g.; pl. ·veis.
a·fi:ar v. 'dar fio a'/Cf. afear.
a·fi·ci:o·na·do adj. sm.
a·fi·dal·ga·do adj.
a·fi·dal·ga·men·to sm.
a·fi·dal·gar v.
a·fí·de:o adj. sm.
a·fi·dí·de:o adj. sm.
a·fi·dói·de:o adj. sm.: a·fi·do·í·de·o.
a·fi·gu·ra·ção sf.; pl. ·ções.

a·fi·gu·rar v.
a·fi·gu·ra·ti·vo adj.
a·fi·la·ção sf.; pl. ·ções.
a·fi·la·do adj.
a·fi·la·dor (ô) adj. sm.
a·fi·la·men·to sm.
a·fi·lar v.
a·fi·lha·da sf.
a·fi·lha·da·gem. sf.; pl. ·gens.
a·fi·lha·dis·mo sm.
a·fi·lha·do adj. sm.
a·fi·lhar[1] v. 'dar filhos ou rebentos (as plantas)'/Cf. afiliar, afilhar[2].
a·fi·lhar[2] v. 'açular, filar'/Cf. afiliar, afilhar[1].
a·fi·li:ar v. 'filiar-se a'/Cf. afilhar, afelear.
a·fi·lo adj.
a·fim adj. s2g. 'aparentado'; pl. fins/Cf. a fim, na loc. prep. a fim de 'para'.
a·fi·na·ção sf.; pl. ·ções.
a·fi·na·do adj.
a·fi·na·dor (ô) adj. sm.
a·fi·na·gem sf.; pl. ·gens.
a·fi·nal adv.
a·fi·na·men·to sm.
a·fi·nar v.
a·fin·ca·do adj.
a·fin·ca·men·to sm.
a·fin·car sm.
a·fin·co sm.
a·fin·co:ar v.
a·fi·ni·da·de sf.
a·fir·ma·ção sf.; pl. ·ções.
a·fir·ma·dor (ô) adj. sm.
a·fir·man·te adj. s2g.
a·fir·mar v.
a·fir·ma·ti·va sf.
a·fir·ma·ti·vo adj.
a·fir·má·vel adj. 2g.; pl. ·veis.
a·fis·tu·la·do adj.
a·fis·tu·lar v.
a·fi·ta·men·to sm.
a·fi·tar v.
a·fi·to sm. 'indigestão'/Cf. a loc. adv. a fito 'a fim de'.
a·fi:u·zar v.
a·fi·ve·la·do adj.
a·fi·ve·lar v.
a·fi·xa·ção (cs) sf.; pl. ·ções.
a·fi·xar (cs) v.
a·fi·xo (cs) sm.
a·fla·men·ga·do adj.
a·fla·men·gar v.

a·flan·te adj. 2g.
a·flar v.
a·fla·to sm.
a·flau·ta·do adj.
a·flau·tar v.
a·fle·cha·do adj.
a·fle·char v.
a·flei·mar v.
a·fleu·mar v.
a·fli·ção sf.; pl. ·ções.
a·fli·gen·te adj. 2g.
a·fli·gi·do adj.
a·fli·gi·dor (ô) adj. sm.
a·fli·gi·men·to sm.
a·fli·gir v.
a·fli·ti·vo adj.
a·fli·to adj. sm.
a·flo·gís·ti·co adj.
a·flo·ra·ção sf.; pl. ·ções.
a·flo·ra·men·to sm.
a·flo·rar v.
a·flu:ên·ci:a sf.
a·flu:en·te adj. 2g. sm.
a·flu:i·ção sf.; pl. ·ções.
a·flu:ir v.
a·flu·xo (cs) sm.
a·fo·ba·ção sf.; pl. ·ções.
a·fo·ba·do adj.
a·fo·ba·men·to sm.
a·fo·bar v.
a·fo·bo (ô) sm./Cf. afobo (ó), do v. afobar.
a·fo·cal adj. 2g.; pl. ·cais.
a·fo·ci·nha·do adj.
a·fo·ci·nha·men·to sm.
a·fo·ci·nhar v.
a·fo·dal adj. 2g.; pl. ·dais.
a·fo·dí·ne:o adj. sm.
á·fo·do sm.
a·fo·fa·do adj.
a·fo·fa·men·to sm.
a·fo·far v.
a·fo·fi·é sm. ou sf.: afofiê.
a·fo·ga·ção sf.; pl. ·ções.
a·fo·ga·de·la sf.
a·fo·ga·den·se adj. s2g.
a·fo·ga·di·ço adj.
a·fo·ga·di·lho sm., na loc. de afogadilho.
a·fo·ga·do adj. sm.
a·fo·ga·dor (ô) adj. sm.
a·fo·ga·du·ra sf.
a·fo·ga·men·to sm.
a·fo·gar v.
a·fo·go (ô) sm./Cf. afogo (ó), do v. afogar.
a·fo·gue:a·do adj. sm.

a·fo·gue:a·*men*·to sm.
a·fo·gue:*ar* v.
a·fo·*guen*·tar v.
a·foi·*ça*·do adj. sm.: *afouçado*.
a·foi·*çar* v.: *afouçar*.
a·*foi*·tar v.: *afoutar*.
a·foi·*te*·za (ê) sf.: *afouteza*.
a·*foi*·to adj.: *afouto*.
a·fo·*lar* v. sm.
a·fo·*lha*·do adj.
a·fo·lha·*men*·to sm.
a·fo·*lhar* v.
a·fo·lo·*za*·do adj.
a·fo·lo·*zar* v.
a·fo·men·*tar* v.
a·fo·*ne*·se sf.
a·fo·*né*·ti·co adj.
a·fo·*ni*·a sf.
a·*fô*·ni·co adj.
a·*fo*·no adj.: *á*·fo·no.
a·fon·*sim* adj. 2g. sm.; pl. ·*sins*.
a·fon·*si*·no adj. sm.
a·fon·so·be·zer·*ren*·se(s) adj. s2g. (pl.).
a·*fo*·ra adv. prep.
a·fo·ra·*ção* sf.; pl. ·*ções*.
a·fo·ra·*dor* (ô) sm.
a·fo·ra·*men*·to sm.
a·fo·*rar* v.
a·for·*çar* v.
a·for·çu·*ra*·do adj.
a·for·çu·ra·*men*·to sm.
a·for·çu·*rar* v.
a·fo·*re*·se sf.
a·fo·*ré*·ti·co adj.
a·fo·*ri*·a sf.
a·*fó*·ri·co adj.
a·fo·ris·*mar* v.
a·fo·ris·*má*·ti·co adj.
a·fo·*ris*·mo sm.
a·fo·ris·*ta* s2g.
a·fo·*rís*·ti·co adj.
a·for·mo·*lar* v.
a·for·mo·*sar* v.
a·for·mo·se:a·*dor* (ô) adj. sm.
a·for·mo·se:a·*men*·to sm.
a·for·mo·se:*ar* v.
a·for·mo·sen·*tar* v.
a·for·qui·*lha*·do adj.
a·for·qui·*lhar* v.
a·for·*ra*·do adj. sm.
a·for·ra·*men*·to sm.
a·for·*rar* v.
a·*for*·ro (ô) sm./Cf. *aforro* (ó), do v. *aforrar*.
a·for·ta·le·*za*·do adj.
a·for·ta·le·za·*men*·to sm.

a·for·ta·le·*zar* v.
a·for·tu·*na*·do adj.
a·for·tu·*nar* v.
a·for·tu·*no*·vo (ô) adj.; f. *e* pl. (ó).
a·*fó*·ti·co adj.
a·fou·*ça*·do adj.: *afoiçado*.
a·fou·*çar* v.: *afoiçar*.
a·fou·*tar* v.: *afoitar*.
a·fou·*te*·za (ê) sf.: *afoiteza*.
a·*fou*·to adj.: *afoito*.
a·fo·*xé* sm.: a·fo·*xê*.
a·*fra*·car v.
a·*frac*·to sm.
a·fran·ce·*sa*·do adj. sm.
a·fran·ce·*sar* v.
a·*fra·si*·a sf.
a·*frá*·si·co adj. sm.
a·fre·*cha*·do adj.: *aflechado*.
a·fre·*char* v.: *aflechar*.
a·fre·gue·*sa*·do adj.
a·fre·gue·*sar* v.
a·frei·*mar* v.: *afleimar*.
a·fren·*tar* v.
a·fres·ca·*lha*·do adj.
a·fres·ca·*lhar* v.
a·*fres*·co (ê) sm./Cf. *afresco* (é), do v. *afrescar*.
a·fre·ta·*dor* (ô) sm.
a·fre·ta·*men*·to sm.
a·fre·*tar* v.
á·fri·ca sf.
a·fri·ca·*ção* sf.; pl. ·*ções*.
a·fri·*ca*·da adj. sf.
a·fri·*ca*·na sf.
a·fri·ca·*na*·da sf.
a·fri·ca·*nar* v.
a·fri·*cân*·der adj. s2g.: a·fri·*câ*·ner.
a·fri·ca·*nis*·mo sm.
a·fri·ca·*nis*·ta adj. s2g.
a·fri·ca·ni·*zar* v.
a·fri·*ca*·no adj. sm.
a·fri·ca·no·lo·*gi*·a sf.
a·fri·ca·no·lo·*gis*·ta adj. s2g.
a·fri·ca·*nó*·lo·go sm.
a·fri·*car* v.
a·fric·*ção* sf.; pl. ·*ções*.
á·fri·co adj. sm./Cf. *africo*, do v. *africar*.
a·fri·ni·gro·lo·*gi*·a sf.
a·fri·ni·*gró*·lo·go sm.
a·*fri*·ta sf.: a·*fri*·te.
a·fri·*zi*·ta sf.
a·*fro* adj. sm.
a·fro·a·si·*á*·ti·co(s) adj. sm. (pl.).

a·fro·ba:*ia*·no(s) adj. sm. (pl.).
a·fro·bra·si·*lei*·ro(s) adj. sm. (pl.)
a·fro·des·cen·*den*·te adj. 2g. s2g.
a·fro·di·*si*·a sf.
a·fro·di·*sí*·a·co adj. sm.
a·fro·*di*·ta adj. s2g.
a·fro·di·to·gra·*fi*·a sf.
a·fro·di·to·*grá*·fi·co adj.
a·fro·di·*tó*·gra·fo sm.
a·froi·xa·*men*·to sm.: *afrouxamento*.
a·froi·*xar* v.: *afrouxar*.
a·froi·xe·*la*·do adj.: *afrouxelado*.
a·froi·xe·*lar* v.: *afrouxelar*.
a·fro·*ne*·gro(s) adj. (pl.).
a·fro·ne·*si*·a sf.
a·*fron*·ta sf.
a·fron·ta·*ção* sf.; pl. ·*ções*.
a·fron·*ta*·do adj.
a·fron·ta·*dor* (ô) adj. sm.
a·fron·ta·*men*·to sm.
a·fron·*tar* v.
a·fron·*to*·so (ô) adj.; f. *e* pl. (ó).
a·frou·xa·*men*·to sm.: *afroixamento*.
a·frou·*xar* v.: *afroixar*.
a·frou·xe·*la*·do adj.: *afroixelado*.
a·frou·xe·*lar* v.: *afroixelar*.
a·fru·*ta*·do adj.
a·fru·*tar* v.
af·ta sf.
af·*tá*·ci·da adj. 2g. sm.
af·ta·*ló*·si:o sm.
af·tar·to·do·*ce*·ta s2g.
af·*tó*·fi·to adj.
af·*toi*·de adj. 2g.
af·to·*ni*·ta sf.
áf·to·no sm.
af·*to*·sa adj. sf.
af·*to*·so (ô) adj.; f. *e* pl. (ó).
a·fu:a·*en*·se adj. s2g.
a·fu:a·*za*·do adj.
a·fu·gen·ta·*dor* (ô) adj. sm.
a·fu·gen·ta·*men*·to sm.
a·fu·gen·*tar* v.
a·fu·lei·ma·*ção* sf.; pl. ·*ções*.
a·fu·lei·*ma*·do adj.
a·fu·lei·*mar* v.
a·fu·li·gi·*nar* v.
a·ful·*var* v.
a·fu·ma·*ção* sf.; pl. ·*ções*.
a·fu·*ma*·do adj.
a·fu·ma·*du*·ra sf.
a·fu·*mar* v.
a·fu·me:*ar* v.

a·fu·me·*gar* v.
a·fun·*da*·do adj.
a·fun·da·*men*·to sm.
a·fun·*dar* v.
a·fun·*dir* v.
a·fu·ni·*la*·do adj.
a·fu·ni·la·*men*·to sm.
a·fu·ni·*lar* v.
a·fu·*rá* sm.
a·fu·ro:*a*·do adj.
a·fu·ro:a·*dor* (ô) adj. sm.
a·fu·ro:*ar* v.
a·fu·*sa*·do adj.
a·fu·*sal* sm.; pl. ·*sais*.
a·fu·*são* sf.; pl. ·*sões*.
a·fu·*sar* v.
a·fu·se·*la*·do adj.
a·fus·*ta*·do adj.
a·fus·*tar* v.
a·fus·tu:*a*·do adj.
a·fu·tri·*ca*·do adj.
a·fu·tri·*car* v.
a·fu·zi·*lar* v.
a·*gá* sm.
a·ga·*be*·lo sm.
a·*gá*·car sf.
a·ga·*cé* adj. s2g.
a·ga·*cé*·fa·lo sm.
a·ga·*cha*·da sf.
a·ga·cha·*dei*·ra sf.
a·ga·*cha*·do adj. sm.
a·ga·cha·*men*·to sm.
a·ga·*char* v.
a·*ga*·cho sm.
a·*gá*·ci:a sf.
a·ga·*dá* sm.
a·ga·da·*nha*·do adj.
a·ga·da·nha·*dor* (ô) adj. sm.
a·ga·da·*nhar* v.
a·gã(s) de *fa*·ca sm. (pl.).
a·ga·fa·*nhar* v.
a·ga·*fi*·ta sf.
a·ga·*í* sm.
a·gai·a·*ta*·do adj.
a·gai·a·*tar* v.
a·gai:o·*la*·do adj.
a·gai:o·*lar* v.
a·gai·*ta*·do adj.
a·ga·lac·ta·*ção* sf.; pl. ·*ções*.
a·ga·lac·*ti*·a sf.
a·ga·*lác*·ti·co adj.
a·ga·*lac*·to adj. sm.
a·ga·la·*na*·do adj.
a·ga·la·*nar* v.
a·ga·le·*ga*·do adj.
a·ga·le·*gar* v.
a·gal·*gar* v.

a·*ga*·lha sf.
a·ga·*lha*·do adj.
a·ga·*lhar* v.
a·*ga*·lhas sf. pl., na loc. *de agalhas* 'velhaco'.
a·ga·*lhu*·do adj.
a·*gá*·li·co adj.
a·ga·li·*nhar* v.
a·ga·li·*nol* sm.; pl. ·*nóis*.
a·ga·*li*·ta sf.: a·ga·*li*·te.
a·ga·lo:*a*·do adj. sm.
a·ga·lo:a·*du*·ra sf.
a·ga·lo:*ar* v.
a·*gá*·lo·co sm.: *agáloque*.
a·ga·lo·*qui*·ta sf.
á·*ga*·ma sm.
a·ga·*má* sm.
a·ga·*mi* sm.
a·ga·*mi*·a sf.
a·ga·mi:*a*·no adj. sm.
a·*gâ*·mi·ca sf.
a·*gâ*·mi·co adj.
a·ga·*mí*·de:o adj. sm.
á·*ga*·mo adj. sm.
a·ga·mo·gê·*ne*·se sf.
a·ga·mo·ge·*né*·ti·co adj.
a·ga·mo·go·*ni*·a sf.
a·ga·mo·gô·*ni*·co adj.
a·ga·*moi*·de adj. 2g.
á·*ga*·pa sf.: *ágape*.
a·ga·*pan*·to sm.
á·*ga*·pe sf. *ou* sm.
a·ga·*pe*·ta (ê) sf.
a·ga·*pe*·to (ê) sm.
a·*gar* sm.: á·*gar*.
a·gar·a·*gar* sm.; pl. *agar-agares*: á·*gar*·á·*gar* sm.; pl. *ágar-ágares*.
a·ga·*re*·no adj. sm.
a·gar·ga·*lar* v.
a·ga·ri·*cá*·ce:a sf.
a·ga·ri·*cá*·ce:o adj.
a·ga·ri·*cí*·co·la adj. 2g.
a·*gá*·ri·co sm.
a·gar·na·*char* v.
a·ga·ro·*ta*·do adj.
a·ga·ro·*tar* v.
a·*gar*·ra sm. interj.
a·gar·ra·*ção* sf.; pl. ·*ções*.
a·gar·ra·*dei*·ra sf.
a·gar·ra·*di*·ço adj.
a·gar·ra·*do* adj. sm.
a·gar·ra·*dor* (ô) adj. sm.
a·gar·ra·*men*·to sm.
a·gar·ra·*na*·do adj.
a·gar·*ran*·te adj. 2g. sm.
a·gar·ra·*pé*(s) sm. (pl.).

a·gar·ra·*pin*·to(s) sm. (pl.).
a·gar·*rar* v.
a·gar·ro·*char* v. 'ferir com garrocha'/ Cf. *agarruchar*.
a·gar·ro·*tar* v.
a·gar·ru·*char* v. 'atar com garrucha'/Cf. *agarrochar*.
a·gar·run·*char* v.
a·ga·sa·lha·*dei*·ro adj.
a·ga·sa·*lha*·do adj. sm.
a·ga·sa·lha·*dor* (ô) adj. sm.
a·ga·sa·*lhar* v.
a·ga·*sa*·lho sm.
a·gas·ta·*di*·ço adj.
a·gas·*ta*·do adj.
a·gas·ta·*du*·ra sf.
a·gas·ta·*men*·to sm.
a·gas·*tar* v.
a·gas·*trá*·ri:o adj.
a·gas·*tri*·a sf.
a·*gás*·tri·co adj.
a·*gas*·tro adj.
a·gas·tro·zo:*á*·ri:o adj. sm.
a·gas·*tu*·ra sf.
á·*ga*·ta[1] sf. 'variedade de calcedônia' 'brunidor'/Cf. *ágate*.
á·*ga*·ta[2] sf. 'ferro esmaltado': *ágate*.
a·ga·ta·*nha*·do adj.
a·ga·ta·nha·*du*·ra sf.
a·ga·ta·nha·*men*·to sm.
a·ga·ta·*nhar* v. 'arranhar(-se)'/ Cf. *agatinhar*.
á·*ga*·te sm.: *ágata*[2]/Cf. *agata*[1].
a·ga·te:*a*·do adj.
a·*gá*·te:o adj.
a·ga·*tí*·fe·ro adj.
a·ga·ti·*nhar* v. 'subir com dificuldade'/ Cf. *agatanhar*.
a·ga·to·*fi*·lo sm.
a·ga·*tó*·fi·to sm.
a·ga·*toi*·co adj.
a·ga·*toi*·de adj. 2g.
a·ga·tu·*na*·do adj.
a·ga·tu·*nar* v.
a·ga·tur·*rar* v.
a·ga·*ú* sm.
a·ga:u·*cha*·do adj.
a·ga:u·*char* v.
a·*ga*·ve sf.
a·ga·ve:*á*·ce:a sf.
a·ga·ve:*á*·ce:o adj.
a·ga·ve·*lar* v.
a·ga·vo·tu·cu:*en*·gue adj. s2g.
a·ga·zu:*a*·do adj.
a·ga·zu·*ar* v.

a·gên·ci:a sf./Cf. *agencia*, do v. *agenciar*.
a·gen·ci:a·ção sf.; pl. ·ções.
a·gen·ci:a·dei·ra adj. sf.
a·gen·ci:a·dor (ô) adj. sm.
a·gen·ci:ar v.
a·gen·ci:á·ri:o sm.
a·gen·ci:o·so (ô) adj.; f. *e* pl. (ó).
a·*gen*·da sf.
a·gen·da·*men*·to sm.
a·gen·*dar* v.
a·ge·ne·*si*·a sf.
a·ge·*né*·si·co adj.
a·*gen*·te adj. s2g. sm.
a·ge:o·me·*tri*·a sf.
a·ge:o·*mé*·tri·co adj.
a·ge:o·me·*tro*·si·a sf.
a·ge·ra·*si*·a sf.
a·ge·*rá*·si·co adj.
a·*gé*·ra·to adj. sm.
a·ger·ma·*nar* v.
a·*gér*·ri·mo adj. superl. de *agre* e *agro*².
a·geu·*si*·a sf.
a·geus·*ti*·a sf.
a·gi·gan·*ta*·do adj.
a·gi·gan·ta·*men*·to sm.
a·gi·gan·*tar* v.
á·gil adj. 2g.; pl. ·geis; superl. de *agílimo* ou *agilíssimo*.
a·gi·li·*da*·de sf.
a·*gí*·li·mo adj. superl. de *ágil*.
a·gi·li·*zar* v.
a·*gi*·nha adv.
á·gi:o sm.
a·gi:o·*ta* adj. s2g.
a·gi:o·*ta*·gem sf.; pl. ·gens.
a·gi:o·*tar* v.
a·*gir* v.
a·gi·ra·*fa*·do adj.
a·gi·*ri*·na sf.
a·gi·ro·*na*·do adj.
a·gi·ro·*nar* v.
a·gi·ta·*ção* sf.; pl. ·ções.
a·gi·ta·*di*·ço adj.
a·gi·*ta*·do adj. sm.
a·gi·ta·*dor* (ô) adj. sm.
a·gi·ta·*men*·to sm.
a·gi·*tan*·te adj. 2g.
a·gi·*tar* v.
a·gi·*tá*·vel adj. 2g.; pl. ·veis.
a·*gi*·to sm.
a·*glai*·a sf.
a·*gli*·a sf.
á·*gli*·fo adj. sm.
a·gli·fo·*don*·te adj. 2g. sm.
a·glo·me·ra·*ção* sf.; pl. ·ções.

a·glo·me·*ra*·do adj. sm.
a·glo·me·*ran*·te adj. 2g. sm.
a·glo·me·*rar* v.
a·glo·me·*ra*·to sm.
a·glo·me·*rá*·vel adj. 2g.; pl. ·veis.
a·glos·*si*·a sf.
a·*glos*·so adj. sm.
a·glu·ti·*ção* sf.; pl. ·ções.
a·glu·ti·na·*ção* sf.; pl. ·ções.
a·glu·ti·*na*·do adj.
a·glu·ti·na·*men*·to sm.
a·glu·ti·*nan*·te adj. 2g. sm.
a·glu·ti·*nar* v.
a·glu·ti·na·*ti*·vo adj.
a·glu·ti·*ná*·vel adj. 2g.; pl. ·veis.
a·glu·ti·ni·*da*·de sf.
ag·na·*ção* sf.; pl. ·ções.
ag·*na*·do adj. sm. 'que, ou aquele que é parente por linha masculina': *agnato*.
ag·na·*ti*·a sf.
ag·na·*tí*·ci:o adj.
ag·*ná*·ti·co adj. sm.
ag·na·to adj. sm. 'agnado'/Cf. *ágnato*.
ág·na·to adj. sm. 'que não tem maxila' grupo de animais desprovidos de maxilas'/Cf. *agnato*.
ag·ne·*li*·na adj. sf.
ag·*no*·me sm.
ag·no·mi·na·*ção* sf.; pl. ·ções.
ag·no·*si*·a sf.
ag·nos·ti·*cis*·mo sm.
ag·*nós*·ti·co adj. sm.
ag·nos·to·*zoi*·co adj. sm.
ág·nus-*dei*(s) sm. (pl.).
a·*go*·ge sf.
a·*gó*·gi·ca sf.
a·*gó*·gi·co adj.
a·*go*·gô sm.
a·goi·ral adj. 2g.: *agoural*; pl. ·rais.
a·goi·*rar* v.: *agourar*.
a·goi·*rei*·ro adj. sm.: *agoureiro*.
a·goi·ren·*tar* v.: *agourentar*.
a·goi·*ren*·to adj.: *agourento*.
a·*goi*·ro sm.: *agouro*.
a·gol·pe:*ar* v.
a·go·*mã* sm.
a·go·*mar* v.
a·go·*mi*·a sf.
a·go·mi:*a*·da sf.
a·go·*mil* sm.; pl. ·mis.
a·go·mi·*la*·do adj.

a·go·mi·*lar* v.
a·go·*nais* sf. pl.
a·gon·*fí:*a·se sf.
a·*gon*·fo adj.
a·gon·*fo*·se sf.
a·gon·go·*ra*·do adj.
a·gon·go·*rar* v.
a·go·*ni*·a sf.
a·go·ni:a·*ção* sf.; pl. ·ções.
a·go·ni:*a*·da sf.
a·go·ni:a·*di*·na sf.
a·go·ni:*a*·do adj.
a·go·ni:a·*dor* (ô) adj.
a·go·ni:*ar* v.
a·*gô*·ni·co adj.
a·go·ni:o·lo·*gi*·a sf.
a·go·*nís*·ti·ca sf.
a·go·*nís*·ti·co adj.
a·go·ni·*za*·do adj.
a·go·ni·*zan*·te adj. s2g.
a·go·ni·*zar* v.
á·go·no adj.
a·go·no·gra·*fi*·a sf.
a·go·nos·*so*·mo sm.
a·go·*nó*·te·ta sm.
a·*go*·ra adv. conj. interj. sm/Cf. *ágora*.
á·go·ra sf. 'praça das antigas cidades gregas'/Cf. *agora*.
a·go·ra-a·*go*·ra adv.
a·go·ra·fo·*bi*·a sf.
a·go·*rá*·fo·bo sm.
a·go·ren·*tar* v. 'diminuir': *aguarentar*/Cf. *agourentar*.
a·go·*ri*·nha adv.
a·gos·ti·ni:*a*·no adj. sm.
a·go·ti·*nis*·mo sm.
a·gos·ti·*nis*·ta adj. s2g.
a·*gos*·to (ô) sm.
a·gou·*ral* adj. 2g.: *agoiral*; pal. ·rais.
a·gou·*rar* v.: *agoirar*.
a·gou·*rei*·ro adj. sm.: *agoireiro*.
a·gou·ren·*tar* v. 'fazer mau agouro': *agoirentar*/Cf. *agorentar*.
a·gou·*ren*·to adj.: *agoirento*/Cf. *agorento*, do v. *agorentar*.
a·*gou*·ro sm.: *agoiro*.
a·gra·ci:a·*ção* sf.; pl. ·ções.
a·gra·ci:*a*·do adj.
a·gra·ci:a·*dor* (ô) adj. sm.
a·gra·ci:*ar* v.
a·gra·ci:*á*·vel adj. 2g.; pl. ·veis.
a·*gra*·ço sm.
a·gra·da·bi·*lís*·si·mo adj. superl. de *agradável*.

a·gra·*dar* v.
a·gra·*dá*·vel adj. 2g.; pl. ·veis; superl. *agradabilíssimo*.
a·gra·de·*cer* v.
a·gra·de·*ci*·do adj.
a·gra·de·ci·*men*·to sm.
a·gra·de·*cí*·vel adj. 2g.; pl. ·veis.
a·*gra*·do sm.
a·*gra*·fe sm.
a·gra·*fi*·a sf.
a·*grá*·fi·co adj. sm.
a·*gra*·fo sm. 'gancho metálico usado em cirurgia'/Cf. *ágrafo*.
á·gra·fo adj. 'que não está escrito'/Cf. *agrafo*.
a·gra·ma·ti·*cal* adj. 2g.; pl.: ·cais·
a·gra·ma·*tis*·mo sm.
a·gra·ma·*tis*·ta adj. s2g.
a·gra·*nar* v.
a·gra·ne·*lar* v.
a·gra·ni·*zar* v.
a·gra·nu·lo·ci·*to*·se sf.
a·*grar* v.
a·gra·ri·a·*nis*·mo sm.
a·gra·ri·a·*nis*·ta adj. s2g.
a·*grá*·ri:o adj. sm.
a·gra:u·*dar* v.
a·gra·va·*ção* sf.; pl. ·ções.
a·gra·*va*·do adj. sm.
a·gra·va·*dor* (ô) adj. sm.
a·gra·va·*men*·to sm.
a·gra·*van*·te adj. s2g.
a·gra·*var* v.
a·gra·va·*ti*·vo adj.
a·gra·*vá*·vel adj. 2g.; pl. ·veis.
a·*gra*·vo sm.
a·gra·*vo*·so (ô) adj.; f. e pl. (ó).
a·*graz* adj. 2g. sm.
a·*gre* adj. 2g.; superl. *agérrimo* ou *agríssimo*.
a·gre·*di*·do adj. sm.
a·gre·*dir* v.
a·gre·ga·*ção* sf.; pl. ·ções.
a·gre·*ga*·do adj. sm.
a·gre·*gar* v.
a·gre·ga·*ti*·vo adj.
a·gre·mi:a·*ção* sf.; pl. ·ções.
a·gre·mi:*ar* v.
a·gres·*são* sf.; pl. ·sões.
a·gres·si·vi·*da*·de sf.
a·gres·*si*·vo adj. sm.
a·gres·*sor* (ô) adj. sm.
a·gres·*só*·ri:o adj.
a·gres·*ta*·do adj. sm.
a·*gres*·te adj. 2g. sm.
a·gres·*ti*·a sf.

a·gres·*ti*·ce sf.
a·gres·ti·*da*·de sf.
a·gres·ti·*nen*·se adj. s2g.
a·gres·*ti*·no adj. sm.
á·*gri*:a sf.
a·gri:*ão* sm.; pl. ·ões.
a·gri:*ão*-do-*bre*·jo sm.; pl. *agriões-do-brejo*.
a·gri:*ão*-do-pa·*rá* sm.; pl. *agriões-do-pará*.
a·*grí*·co·la adj. 2g. sm.
a·gri·cul·*ta*·do adj.
a·gri·cul·*tar* v.
a·gri·cul·*tá*·vel adj. 2g.; pl. ·veis.
a·gri·cul·*tor* (ô) adj. sm.
a·gri·cul·*tu*·ra sf.
a·gri·*do*·ce (ô) adj. 2g. sm.: *acre-doce, agro-doce*.
a·gri·gen·*ti*·no adj. sm.
a·gri·lho:a·*men*·to sm.
a·gri·lho:*ar* v.
a·*grí*·li·ca(s)-de-*ra*·ma sf. (pl.).
a·gri·*mar* v.
a·gri·men·*são* sf.; pl. ·sões.
a·gri·men·*sar* v.
a·gri·men·*sor* (ô) sm.
a·gri·men·*só*·ri:o adj.
a·gri·men·*su*·ra sf.
a·gri·*mô*·ni:a sf.
a·gri·*mu*·sa sf.
a·gri·nal·*dar* v.
á·*gri*:o adj.
a·gri:*ó*·fa·go adj. sm.
a·gri:o·*lo*·gi:a sf.
a·gri:*ô*·ni·da adj. 2g. sf.
a·*gri*:o·pe sm.
a·*gri*:o·po sm.
a·*gri*:o·ta sf.
a·*gri*:o·te sm.
a·gri:o·ti·*mi*·a sf.
a·gri:o·*tí*·mi·co adj.
a·gri:*ó*·ti·po sm.
a·*gri*·pa adj. s2g.
a·gri·*pe*·ne adj. 2g.
a·gri·*pi*·na sf.
a·gri·sa·*lha*·do adj.
a·gri·sa·*lhar* v.
a·*gro*[1] sm. 'terra cultivada'/Cf. *agro*[2].
a·*gro*[2] adj. sm. 'acre, azedo' 'sabor agro'; superl. *agérrimo* ou *agríssimo*/Cf. *agro*[1].
a·gro:a·çu·ca·*rei*·ro adj.
a·gro:am·bi·en·*tal* adj. 2g.; pl.: ·tais.
a·gro-*do*·ce(s) adj. 2g. (pl.):

acre-doce, agridoce.
a·*gró*·do·mo sm.
a·gro:e·co·*lo*·gi·a sf.
a·*gró*·ga·no sm.
a·gro·ge:o·gra·*fi*·a sf.
a·gro·ge:o·*grá*·fi·co adj.
a·gro·ge:*ó*·gra·fo sm.
a·gro·ge:o·*lo*·gi·a sf.
a·gro·ge:o·*ló*·gi·co adj.
a·gro·ge:*ó*·lo·go adj. sm.
a·gro·gra·*fi*·a sf.
a·gro·*grá*·fi·co adj.
a·gro:in·*dús*·tri·a sf.
a·gro:in·dus·tri·*al* adj. 2g.; pl. ·ais.
a·gro·*lo*·gi·a sf.
a·gro·*ló*·gi·co adj.
a·*gró*·lo·go sm.
a·gro·man·*ci*·a sf.
a·gro·ma·*ni*·a sf.
a·gro·ma·*ní*·a·co adj.
a·gro·*man*·te s2g.
a·gro·*mân*·ti·co adj.
a·gro·*man*·do adj. sm.
a·gro·ne·*gó*·ci:o sm.
a·gro·no·me·*tri*·a sf.
a·gro·no·*mé*·tri·co adj.
a·gro·no·*mi*·a sf.
a·gro·*nô*·mi·co adj.
a·*grô*·no·mo sm.
a·gro·pe·cu:*á*·ri·a sf.
a·gro·pe·cu:*á*·ri·o adj.
a·gro·*pi*·la sm.
a·gro·*pi*·ro sm.
a·gro·*quí*·mi·ca sf.
a·gro·*quí*·mi·co adj.
a·*gror* (ô) sm.
a·*grós*·te:a sf.
a·gros·*te*·ma sf.
a·gros·te·*mi*·na sf.
a·*grós*·te:o adj.
a·gros·to·gra·*fi*·a sf.
a·gros·to·*grá*·fi·co adj.
a·gros·*tó*·gra·fo sm.
a·gros·to·*lo*·gi·a sf.
a·gros·to·*ló*·gi·co adj.
a·gros·*tó*·lo·go sm.
a·gro·*tí*·ne:o adj. sm.
a·gro·*tó*·xi·co (cs) sm.
a·gro·*vi*·a sf.
a·gro·*vi*·la sf.
a·gru·*mar* v.
a·gru·me·*lar* v.: *agrumular*.
a·gru·me·*tar* v.
a·gru·mu·*lar* v.: *agrumelar*.
a·gru·pa·*ção* sf.; pl. ·ções.
a·gru·pa·*men*·to sm.

a·gru·*par* v.
a·gru·*pá*·vel adj. 2g.; pl. ·veis.
a·*gru*·ra sf.
á·gua[1] sf. 'líquido essencial à vida'/Cf. *água*[2].
á·gua[2] sm. 'homem, entre os omáguas': a·*guá*/Cf. *água*[1].
á·gua(s)-a·*mar*·ga(s) sf. (pl.).
á·gua(s)-*ben*·ta(s) sf. (pl.).
á·gua-do-bo:*en*·se(s) adj. s2g. (pl.).
á·gua(s)-*bran*·ca(s) sf. (pl.).
á·gua-bran·*quen*·se(s) adj. s2g. (pl.).
á·gua(s)-*bra*·va(s) sf. (pl.).
á·gua(s)-*bru*·ta(s) sf. (pl.).
a·*gua*·ça sf.
a·gua·*çal* sm.; pl. ·*çais*.
a·gua·*cei*·ra sf.
a·gua·*cei*·ra·da sf.
a·gua·*cei*·ro sm.
a·gua·*cen*·to adj.
á·gua-cla·*ren*·se(s) adj. s2g. (pl)
á·gua com a·*çú*·car adj.2g. 2n.
á·gua-com·pri·*den*·se(s) adj. s2g. (pl.).
á·gua-co·*mum* sf.; pl. *águas-comuns*.
a·gua·*çu* sm.
a·*gua*·da sf.
á·gua(s)-da-co·lô·ni:a sf. (pl.) *água-de-colônia*.
á·gua(s) da *guer*·ra sf. (pl.).
á·gua(s) de *bri*·ga sf. (pl.).
á·gua(s) de *ca*·na sf. (pl.).
á·gua(s) de *chei*·ro sf. (pl.).
á·gua(s) de *co*·co sf. (pl.).
á·gua(s)-de-co·lô·ni:a sf. (pl.) *água-da-colônia*.
á·gua(s) de *flor* sf. (pl.).
á·gua(s) de *go*·ma sf. (pl.).
a·gua·*dei*·ro sm.
á·gua(s) de o·xa·*lá* sf. (pl.).
a·gua·*di*·lha sf.
a·*gua*·do adj.
á·gua-do-*cen*·se(s) adj. s2g. (pl.).
a·gua·*dor* (ô) sm.
á·gua(s)-e·men·*da*·da(s) sf. (pl.).
á·gua(s)-flo·*ri*·da(s) sf. (pl.): á·gua(s)-*fló*·ri·da(s).
á·gua(s)-*for*·te(s) sf. (pl.).
á·gua-for·*tis*·ta(s) s2g. (pl.).
á·gua(s)-fur·*ta*·da(s) sf. (pl.).
a·*gua*·gem sf.; pl. ·gens.

a·gua·*í* sm./Cf. *aguai*, do v. *aguar*.
a·gua:i·*a*·no adj. sm.
a·gua:i·*zei*·ro sm.
á·gua(s)-*má*(s) sf. (pl.).
á·gua(s)-*mãe*(s) sf. (pl.).
á·gua(s)-ma·*ri*·nha(s) sf. (pl.).
á·gua-*mel* s.; pl. *águas-méis* ou *águas-mel*.
a·gua·*men*·to sm.
á·gua(s)-*mes*·tra(s) sf. (pl.).
á·gua(s)-*mor*·na(s) adj. s2g. (pl.).
a·*gua*·no sm.
a·gua·*pé* sm.
á·gua-pe·*dren*·se(s) adj. s2g. (pl.).
a·gua-pe·*zal* (pè) sm.; pl.·*zais*.
á·gua-pre·*ten*·se(s) sf. (pl.).
á·gua(s) que ga·to não *be*·be sf. (pl.).
á·gua(s) que pas·sa·ri·nho não *be*·be sf. (pl.).
a·*guar* v.
a·gua·*rá* sm.
a·gua·ra·*çu* sm.
a·gua·ra:i·bá(s)-gua·*çu*(s) sf. (pl.).
a·gua·ra·pon·*dá* sf.
a·gua·ra·qui:*á* sm.
a·gua·ra·qui:á(s)-a·*çu*(s) sm. (pl.).
a·gua·ra:u·*çá* sm.
a·gua·ra·xa:*im* sm.; pl. ·*ins*.
a·*guar*·da sf.
a·guar·da·*dor* (ô) adj. sm.
a·guar·da·*men*·to sm.
a·*guar*·dar v.
a·guar·den·*ta*·do adj.
a·guar·den·*tar* v.
a·guar·*den*·te sf.
a·guar·den·*tei*·ro sm.
a·*guar*·do sm.
á·gua(s) re·*don*·da(s) sf. (pl.).
á·gua(s)-*ré*·gia(s) sf. (pl.).
a·gua·*re*·la sf.: *aquarela*.
a·gua·re·*lar* v.: *aquarelar*.
a·gua·re·*lis*·ta s2g.: *aquarelista*.
a·gua·ren·*ta*·dor (ô) adj. sm.
a·gua·ren·*tar* v.: *agorentar*.
a·gua·*ri*·ço sm.
a·gua·ri·*gua*·ra sf.: *acariquara*.
a·*guar*·rás sf.
á·gua(s)-ru·*ça*(s) sf. (pl.).
á·guas-be·*len*·se(s) adj. s2g. (pl.).
á·guas de se·*tem*·bro sf. pl.
á·guas-e·men·*da*·das sf. pl.

á·guas-for·mo·*sen*·se(s) adj. s2g. (pl.).
á·guas-i·*guais* sf. pl.
á·guas-*me*·tras sf. pl.
á·gua(s)-*só*(s) sf. (pl.).
á·guas-pe·*ga*·das sf. pl.
á·guas-pu·la·*dei*·ras sf. pl.
á·gua(s)-*su*·ja(s) sf. (pl.).
a·gua·*tal* sf.; pl. ·*tais*.
a·gua·*tei*·ro sm.
á·gua-*tin*·ta sf.; pl. *águas-tintas* ou *águas-tinta*.
á·gua-tin·*tis*·ta(s) s2g. (pl.).
á·gua(s)-to·*fa*·na(s) sf. (pl.).: *aquatofana*.
á·gua(s)-*vi*·va(s) sf. (pl.).
a·gua·*xa*·do adj.
a·gua·*xi*·ma sf.
a·gua·*zil* sm.: *alguazil*; pl. ·*zis*.
a·gu·ça·*dei*·ra sf.
a·gu·*ça*·do adj.
a·gu·ça·*dor* (ô) adj. sm.
a·gu·ça·*du*·ra sf.
a·gu·*çar* v.
a·*gu*·ço sm.
a·gu·*dar* v.
a·*gu*·de sf.
a·gu·*den*·te adj. s2g.
a·gu·*dez* (ê) sf.: a·gu·*de*·za (ê).
a·*gú*·di:a sf.
a·gu·di·*zar* v.
a·*gu*·do adj.; superl. *acutíssimo* ou *agudíssimo*.
a·*gué* sm.: a·*guê*.
a·*guei*·ra sf.
a·*guei*·ro sm.
a·guen·ta·*dor* (ô) adj. sm.
a·guen·*tar* v.
a·*guen*·te sm.
a·guer·re:*ar* v.
a·guer·*ri*·do adj.
a·guer·ri·*lhar* v.
a·guer·*rir* v.
á·*gui*:a sf.
á·gui·a(s)-chi·*le*·na(s) sf. (pl.).
á·gui:a(s)-cin·*zen*·ta(s) sf. (pl.).
a·gui:*ão* sm.; pl. ·*ões*: *aquilão*[1].
á·gui:a(s)-pes·ca·*do*·ra(s) sf. (pl.).
á·gui:a(s)-pes·*quei*·ra(s) sf. (pl.).
á·gui:a-re:al-eu·ro·*pei*:a sf.; pl. *águias-reais-europeias*.
a·gui:*ei*·ro sm.
a·gui:e·ta (ê) sf.; dim. irreg. de *águia*.
á·*gui*·la sf.

a·gui·lha·da sf.
a·gui·lhão sm.; pl. ·lhões.
a·gui·lhó sm.
a·gui·lho:a·da sf.
a·gui·lho:a·de·la sf.
a·gui·lho:a·dor (ô) adj. sm.
a·gui·lho:a·men·to sm.
a·gui·lho:ar v.
a·gui·lho:ei·ro sm.
a·gui·nha sf. dim. de água.
a·guis·ta adj. s2g.
a·gui·tar·ra·do adj.
a·gui·tar·rar v.
a·gui·za·lha·do adj.
a·gui·za·lhar v.
a·gu·lha sf.
a·gu·lha(s)-bran·ca(s) sf. (pl.).
a·gu·lha(s)-cri:ou·la(s) sf. (pl.).
a·gu·lha·da sf.
a·gu·lha(s)-do-mar sf. (pl.).
a·gu·lha(s)-fer·ru·gen·ta(s) s2g. (pl.).
a·gu·lha(s)-mãe(s) sf. (pl.).
a·gu·lhão sm.; pl. ·lhões.
a·gu·lhão-ban·dei·ra sm.; pl. agulhões-bandeiras ou agulhões-bandeira.
a·gu·lhão-de-ve·la sm.; pl. agulhões-de-vela.
a·gu·lhão-trom·be·ta sm.; pl. agulhões-trombetas ou agulhões-trombeta.
a·gu·lha-pa·drão sf.; pl. agulhas-padrões ou agulhas-padrão.
a·gu·lha(s)-pre·ta(s) sf. (pl.).
a·gu·lhar v.
a·gu·lhe:a·do adj.
a·gu·lhei·ro sm.
a·gu·lhe·ta (ê) sf./Cf. agulheta (é), do v. agulhetar.
a·gu·lhe·tar v.
a·gu·lhe·tei·ro sm.
a·gu·ren·tar v.
a·gu·ri·na sf.
a·gus·ti·a sf.
a·gu·ti sm.
a·gu·ti·gue·pe sf.
a·gu·ti·gue·pe(s)-o·bi(s) sf. (pl.).
a·gu·ti·pu·ru sm.: acutipuru.
ah interj./Cf. há, do v. haver, e á, sm.
ai sm. interj./Cf. aí.
a·í adv. interj. sm./Cf. ai.
ai·a sf.
ai:a·çá sf.: aiuçá.
ai·ag·ná adj. s2g.

ai·ai·a sf.
ai·ai·á sf.
ai·a·pa·í·na sf.: ai·a·pa·na.
ai·a·pu:á sf.
ai·ar v.
ai·a·rá sm.
ai·a·ra·çu sm.
ai·a·to·lá sm.
a:i·bi sm.
a:i·cá adj. s2g.
a:i·cu·na interj.
aids sf.
a:i·ê sf.
a:i·e·re·ba sf.
a·í·gue sf.
a·í·i·bi·re·tê sm.; pl. aís-ibiretês ou aí-ibiretês.
ai·je·sus interj. sm. 2n.
a:i·ju·ba sf.
a:i·ju·la·ta sf.: ajulata.
a:i·ju·na interj.
a:i·la·ti·cul·tu·ra sf.
a:i·lan·ti·na sf.
a:i·lan·to sm.
a:i·le·ron sm. fr.: elerão.
a:i·ma·ra sf. 'árvore'/Cf. aimará.
a:i·ma·rá adj. s2g. sm. 'povo' família linguística aimará 'túnica usada pelos guaranis'/Cf. aimara.
a:im·bi·ré adj. s2g.: a:im·bo·ré.
a:i·mi·rim sm.; pl. ·rins: a·í·mi·rim; pl. aís-mirins ou aí-mirins.
a:i·mo·ré[1] sm. 'peixe': amboré, amoré/Cf. aimoré[2].
a:i·mo·ré[2] adj. s2g. 'povo'/Cf. aimoré[1].
a:i·mo·re·en·se adj. s2g.
a·in·da adv.
a:i·nhum sm.; pl. ·nhuns.
ai·no adj. sm.
a·in·sa sm.
ai·o sm.
a:i·ó sm.
a:i·pat·sê adj. s2g.
a:i·pé sm.
a:i·pi sm.: a:i·pim; pl. ·pins.
a·i·pi·xu·na sm.: a·i·pi·xu·na(s) sm. (pl.).
ai·po sm.
ai·po·rá·ba·no sm.; pl. aipos-rábanos ou aipos-rábano.
a:i·rá sm.
a:i·ra·do adj.
a:i·rão·o·en·se adj. s2g.
a:i·rar v.

ai·re sm.
a:i·ri sm. ou sf.
a:i·ri·mi·rim sf.; pl. ·rins.
a:i·ri·ni adj. s2g.
a:i·ro·ba sf.
a:i·ro·si·da·de sf.
a:i·ro·so (ô) adj.; f. e pl. (ó).
a·is·tó·ri·co adj.
a:i·tá sf.
a·í·te sf.
a:i·ú sm.
a:i·u:á interj.
a:i·u:a·ben·se adj. s2g.
a:i·u:a·ra-a:i·u:a·ra(s) sf. (pl.).
a:i·u:a·te·ri adj. s2g.
a:i·ú·ba sf.
a:i·u·cá sm.: arucá.
a:i·u·çá sf.: aiaçá.
a:i·u:ê interj.
a:i·u:i·mo·ro·ti sm.
a:i·ui·ú sm.
a:i·u·ru:a·pa·ra sm.
a:i·u·ru·ca·tin·ga sm.
a:i·u·ru·ju·ba sm.
a·i·u·ru:o·quen·se adj. s2g.
a·í·va adj. s2g. sf.
a:i·va·do sm.
a:i·vão sm.; pl. ·vões.
a:i·ve·ca sf.
a:i·zo·á·ce:a sf.
a:i·zo·á·ce:o adj.
a·ja:e·za·do adj.
a·ja:e·zar v.
a·ja·já sf.
a·ja·je·mi adj. s2g.
a·jam·bra·do adj.
a·ja·no·ta·do adj.
a·ja·no·tar v.
a·jan·ta·ra·do adj. sm.
a·ja·po·na·do adj.
a·ja·rá sm. ou sf.
a·ja·ra·í sm. ou sf.
a·jar·di·na·do adj.
a·jar·di·na·men·to sm.
a·jar·di·nar v.
a·ja·ré sm.
a·ja·ro·ba sm.
a·ja:u·la·do adj.
a·ja:u·lar v.
a·ja·var·dar v.
a·je·dra sf.
a·jei·ra·do adj.
a·jei·rar v.
ajei·ta·ção sf.; pl. ·ções.
a·jei·ta·men·to sm.
a·jei·tar v.
a·je·ru sm.: ajuru.

a·je·su·i·*ta*·do adj.
a·je·su·i·*tar* v.
a·ji·rau·*za*·do adj.
a·jo:a·*ne*·ta·do adj.
a·jo:e·lha·*ção* sf.; pl. ·*ções*.
a·jo:e·*lha*·do adj.
a·jo:e·*lhar* v.
a·*jor*·car sf.: *axorca*.
a·*jor*·ca·do adj.: *axorcado*.
a·*jor*·car v.: *axorcar*.
a·jor·na·*la*·do adj.
a·jor·na·*lar* v.
a·jou·*ja*·do adj.
a·jou·ja·*men*·to sm.
a·jou·*jar* v.
a·*jou*·jo sm.
a·ju:a·*co*·ra sf.
a·ju:*a*·ga sf.
a·*ju*·ba sf.: *aiuba*.
a·*ju*·da sf.
a·ju·*da*·da sf.
a·ju·da·*doi*·ro sm.: *ajudadouro*.
a·ju·da·*dor* (ô) adj. sm.
a·ju·da·*dou*·ro sm.: *ajudadoiro*.
a·ju·*dân*·ci:a sf.
a·ju·*dan*·te adj. s2g.
a·ju·dan·te(s) de *or*·dem s2g. (pl.).
a·ju·*dar* v.
a·ju·den·*ga*·do adj.
a·ju·den·*gar* v.
a·ju·deu·*za*·do adj.
a·ju·deu·*zar* v.
a·ju·ga·*í*·ba sf.
a·*jú*·ge:a sf.
a·ju:i·*za*·do adj. sm.
a·ju:i·za·*dor* (ô) adj. sm.
a·ju:i·za·*men*·to sm.
a·ju:i·*zar* v.
a·ju:i·*zá*·vel adj. 2g.; pl. ·*veis*.
a·ju·*lar* v.
a·ju·*la*·ta sf.
a·ju·men·*ta*·do adj.
a·ju·men·*tar* v.
a·*jun*·ta sf.
a·jun·ta·*dei*·ra sf.
a·jun·ta·*di*·ço adj.
a·jun·*ta*·do adj.
a·jun·ta·*doi*·ro sm.: *ajuntadouro*.
a·jun·ta·*dor* (ô) adj. sm.
a·jun·ta·*dou*·ro sm.: *ajuntadoiro*.
a·jun·ta·*men*·to sm.
a·jun·ta·*pe*·dra(s) sm. (pl.).
a·jun·*tar* v.
a·jun·*tá*·vel adj. 2g.; pl. ·*veis*.

a·jun·*toi*·ra sf.:
    a·jun·*tou*·ra.
a·ju·*pá* sm.
a·*ju*·pe interj.
a·ju·ra·men·ta·*ção* sf.; pl. ·*ções*.
a·ju·ra·men·*ta*·do adj.
a·ju·ra·men·*tar* v.
a·ju·*ra*·na sf.
a·ju·*ri* sm.
a·ju·ri·*ca*·ba sm.
a·ju·*ru* sm.
a·ju·ru:a·*çu* sm.
a·ju·ru:a·*pa*·ra sm.
a·ju·ru·ca·*tin*·ga sm.
a·ju·ru·cu·*ru*·ca sm.
a·ju·ru:e·*tê* sm.
a·ju·ru·*ju*·ba s2g.
a·ju·ru·ju·ba·*can*·ga sm.
a·ju·ru·*ré* adj. s2g.
a·jus·*ta*·do adj. sm.
a·jus·ta·gem sf.; pl. ·*gens*.
a·jus·ta·*men*·to sm.
a·jus·*tar* v.
a·jus·*tá*·vel adj. 2g.; pl. ·*veis*.
a·*jus*·te sm.
a·jus·*tu*·ra sf.
a·jus·tu·*rar* v.
a·ju·*tó*·rio sm.: *adjutório*.
al pron. sm.
a·la sf. interj.
a·la·*ba*·ma sm.
a·la·*bam*·ba sm. *ou* sf.
a·la·*bâ*·mi·co sm.
a·la·*ban*·da sf.
a·la·ban·*dei*·ro adj. sm.
a·la·ban·deu adj. sm.; f. ·*dei*·a.
a·la·ba·*nen*·se adj. s2g.
a·la·ba·*rar* v.
a·la·*bar*·da sf.
a·la·bar·*da*·da sf.
a·la·bar·*dei*·ro sm.
a·la·bar·*di*·no adj.
a·la·bas·*tri*·lha sf.
a·la·bas·*tri*·no adj.
a·la·*bas*·tro sm.
a·la·bas·tro(s)·cal·*cá*·ri:o(s) sm. (pl.).
a·la·*bê* sm.
a·la·bi·rin·*ta*·do adj.
a·la·bi·rin·*tar* v.
a·la·bre·*ga*·do adj.
a·la·ca:i·*a*·do adj.
a·la·co:*a*·do adj.
a·la·*cra*·do adj.
a·la·*crai*·a sf.
a·la·*cra*·na·do adj.
a·la·cra·*nar* v.

a·la·*crão* sm.; pl. ·*crães*.
a·la·*crau* sm.
á·la·cre adj. 2g.
a·la·cre:*a*·do adj.
a·la·cre:a·*ti*·na sf.
a·la·cre:a·ti·*ni*·na sf.
a·la·cri·*da*·de sf.
a·lac·ta·*men*·to sm.
a·la·dei·*ra*·do adj. sm.
a·la·*di*·no adj.
a·*la*·do adj.
a·la·dro:*a*·do adj.
a·la·dro:*ar* v.
a·la·ga·*ção* sf.; pl. ·*ções*.
a·la·ga·*dei*·ro adj. sm.
a·la·ga·di·*cei*·ro adj.
a·la·ga·*di*·ço adj. sm.
a·la·*ga*·do adj. sm.
a·la·ga·*dor* (ô) adj. sm.
a·la·ga·*mar* sm.
a·la·ga·*men*·to sm.
a·la·*gar* v.
a·la·gar·*ta*·do adj.
a·la·gar·*tar* v.
a·la·gar·ti·*xa*·do adj.
a·*la*·gem sf.; pl. ·*gens*.
a·*la*·go sm.
a·la·*go*·a (ô) sf.
a·la·go·a·gran·*den*·se(s) adj. s2g. (pl.).
a·la·go:*a*·no adj. sm.
a·la·go·a·no·*ven*·se(s) adj. s2g. (pl.).
a·la·go:*ar* v.
a·la·go:*en*·se adj. s2g.
a·la·go:*i*·nha sf.; dim. de *alagoa*.
a·la·go:i·*nhen*·se adj. s2g.
a·la·*go*·so (ô) adj.; f. *e* pl. (ó).
a·la·gos·*ta*·do adj.
a·la·gos·*tê*·mo·ne adj. 2g.
a·la·*lá* sm. interj.
a·la·*li*·a sf.
a·la·*li*·ta sf.: a·la·*li*·te.
a·la·*li*·to sm.: a·*lá*·li·to.
a·la·*man*·da sf.
a·la·*mar* sm.
a·la·ma·*ra*·do adj.
a·lam·ba·*ri* sm.: *lambari*.
a·lam·ba·*za*·do adj.
a·lam·ba·*zar* v.
a·lam·*bel* sm.; pl. ·*béis*.
a·lam·bi·*ca*·da sf.
a·lam·bi·*ca*·do adj.
a·lam·bi·*car* v.
a·lam·*bi*·que sm.
a·lam·bi·*quei*·ro sm.

a·lam·*bor* (ô) sm.; pl. ·*bo*·res (ô)/Cf. *alambores* (ó), do v. *alamborar*.
a·lam·bo·*ra*·do adj.
a·lam·bo·*rar* v.
a·*lam*·bra sf.
a·lam·*bra*·do adj. sm.
a·lam·bra·*dor* (ô) sm.
a·lam·*brar* v.
a·*lam*·bre sm.
a·lam·bre:*a*·do adj.
a·lam·bre:*ar* v.
a·la·*me*·da (ê) sf./Cf. *alameda* (é), do v. *alamedar*.
a·la·me·*da*·do adj.
a·la·me·*dar* v.
a·la·*mi*·a sf.
a·la·mi·*ré* sm.: *lamiré*.
á·la·mo sm.; pl. *álamos*/Cf. *alamos*, do v. *alar*.
á·la·mo(s)-*pre*·to(s) sm. (pl.).
a·*lâm*·pa·da sf.: *lâmpada*.
a·lan·ce:*a*·do adj.
a·lan·ce:a·*dor* (ô) adj. sm.
a·lan·ce:a·*men*·to sm.
a·lan·ce:*ar* v.
a·lan·de:*a*·do adj.
a·*lan*·dro v.
a·lan·dro:*al* sm.; pl. ·*ais*.
a·lan·gi:*á*·ce:a sf.
a·lan·gi:*á*·ce:o adj.
a·lan·gui·*dar* v.
a·la·*nha*·do adj.
a·la·nha·*dor* (ô) adj. sm.
a·la·*nhar* v.
a·la·*ni*·na sf.: *allanina*.
a·la·*ni*·ta sf.: *allanita*.
a·*la*·no adj. sm.
a·lan·*ten*·se adj. s2g.
a·lan·*ter*·na sf.: *laterna*.
a·lan·*tí*:a·se sf.
a·*lân*·ti·co adj.
a·lan·*toi*·co adj.
a·lan·*toi*·de adj. 2g. sf.
a·lan·toi·di:*a*·no adj. sm.
a·lan·to·*í*·na sf.
a·*lan*·tol sm.; pl. ·*tóis*.
a·lan·*tó*·li·co adj.
a·lan·*tós*·po·ro sm.
a·lan·to·*tó*·xi·co (cs) adj. sm.
a·lan·to·*xâ*·ni·co (cs) adj.
a·lan·to·xo:i·*di*·na (cs) sf.
a·lan·*tú*·ri·co adj.
a·lan·zo:a·*dor* (ô) adj. sm.
a·lan·zo:*ar* v.
a·*lão* sm.; pl. ·*lãos*, ·*lães* ou ·*lões*.

a·la·*pa*·do adj.
a·la·*par* v.
a·la·par·*da*·do adj.
a·la·par·*dar* v.
a·la·po:*a*·do adj.
a·la·po:*ar* v.
a·*lap*·to sm.
a·la·pu·*zar* v.
a·*la*·que sm.
a·*lar* v. adj. 2g.
a·la·ra·*cha*·do adj.
a·la·ran·*ja*·do adj. sm.
a·la·*rar* v.
a·lar·*cô*·ni:a sf.
a·lar·*dar* v.
a·*lar*·de sm.
a·lar·de:a·*dei*·ro adj. sm.
a·lar·de:a·*dor* (ô) adj. sm.
a·lar·de:*ar* v.
a·lar·*dei*·o sm.
a·*lar*·do sm.
a·*la*·res sm. pl.
a·lar·ga·*dor* (ô) adj. sm.
a·lar·ga·*men*·to sm.
a·lar·*gar* v.
a·la·ri·ci:*a*·no adj.
a·la·*ri*·da sf.: a·la·*ri*·do sm.
a·la·ri·*fa*·ço adj. sm.
a·la·ri·*fa*·gem sf.; pl. ·*gens*.
a·la·*ri*·fe adj. 2g. sm.
a·*lar*·ma sf. *ou* sm.: *alarme*.
a·lar·*man*·te adj. 2g.
a·lar·*mar* v.
a·*lar*·me sm.
a·lar·*mis*·mo sm.
a·lar·*mis*·ta adj. s2g.
a·lar·*par* v.
a·lar·*va*·do adj.
a·lar·va·*ri*·a sf.
a·lar·*vá*·ti·co adj.
a·*lar*·ve adj. s2g.
a·lar·*vi*·a sf.
a·lar·*vi*·ce sf.
a·las·ca·*í*·ta sf.: a·las·ca·*í*·te.
a·*lá*·si:a sf.
a·las·*quen*·se adj. s2g.
a·las·qui:*a*·no adj. sm.
a·las·tra·*men*·to sm.
a·las·*tran*·te adj. 2g.
a·las·*trar* v.
a·las·*trim* sm.; pl. ·*trins*.
a·la·ti·*na*·do adj.
a·la·ti·na·*men*·to sm.
a·la·ti·*nar* v.
a·la·*ti*·ta sf.: a·la·*ti*·te.
a·la·*ti*·vo adj.
a·la·to:*ar* v.

a·la:u·*da*·do adj.
a·la:*ú*·de sm.
a·la:u·*dis*·ta adj. s2g.
a·la·*ú*·za sf.: *laúza*.
a·la·*van*·ca sf.
a·la·van·*ca*·gem sf.; pl.: ·*gens*.
a·la·van·*car* v.
a·la·ver·*car* v.
a·la·*zão* adj. sm.; pl. ·*zães* ou ·*zões*; f. ·*zã*.
a·la·za·*ra*·do adj.
a·la·zei·*ra*·do adj.
al·ba sf.
al·ba·*car* sm.
al·ba·*cor* (ô) sm.
al·ba·*co*·ra sf.: *alvacora*.
al·ba·*có*·ri:a sf.
al·ba·co·*ri*·nha sf. dim. de *albacora*.
al·ba·*far* sm.
al·ba·*flor* (ô) sf.
al·ba·*for* (ô) sm.
al·ba·*fo*·ra (ô) sf.
al·*ba*·na sf.
al·ba·*nen*·se adj. s2g.
al·ba·*nês* adj. sm.
al·*ba*·no adj. sm.
al·ba·*rá* sf.: al·ba·*rã*.
al·*bar*·ca sf.
al·*bar*·da sf.
al·bar·*dã* adj. sf.
al·bar·*da*·da sf.
al·bar·*da*·do adj.
al·bar·*dão* sm.; pl. ·*dões*.
al·bar·*dar* v.
al·bar·*dei*·ro adj. sm.
al·bar·*di*·lha sf.
al·bar·*di*·na sf.
al·ba·*re*·la sf.
al·ba·*re*·lo sm.
al·bar·*rã* adj. sf.
al·bar·*rar* v.
al·bar·*raz* sm.
al·ba·*troz* sm.
al·ba·troz-re:*al* sm.; pl. *albatrozes-reais*.
al·be·*co*·ra sf.
al·*be*·do (ê) sm.
al·*be*·na sf.
al·*be*·no sm.
al·*ben*·se adj. s2g.
al·*ben*·te adj. 2g.
al·*ber*·ca sf.: *alverca*.
al·ber·*ga*·do adj. sm.
al·ber·ga·*dor* (ô) adj. sm.
al·ber·*ga*·gem sf.; pl. ·*gens*.
al·ber·ga·*men*·to sm.

al·ber·*gar* v.
al·ber·ga·*ri*·a sf.
al·*ber*·gue sm.
al·ber·*guei*·ro sm.
al·ber·to·gal·*va*·no sm.
al·bes·*cen*·te adj. 2g.
al·be·*to*·ça sf.
al·bi·*zão* adj. sm.; pl. ·*ões*.
al·bi·*bar*·do adj.
al·bi·*can*·te adj. 2g. sf.
al·bi·cas·*tren*·se adj. s2g.
al·bi·*cau*·de adj. 2g.
al·bi·*cau*·le adj. 2g.
al·bi·*cen*·se adj. s2g.
ál·bi·co adj.
al·*bi*·co·le adj. 2g.
al·bi·*cór*·ne:o adj.
ál·bi·do adj.
al·bi·fi·ca·*ção* sf.; pl. ·*ções*.
al·bi·fi·*car* v.
al·bi·*flor* (ô) adj. 2g.
al·bi·*flo*·ro adj.
al·bi·*gen*·se adj. s2g.
al·*bí*·ma·no adj.
al·*bi*·na sf.
al·bi·ner·*va*·do adj.
al·bi·*ner*·ve adj. 2g.
al·bi·*nér*·ve:o adj.
al·bi·*ni*·a sf. 'albinismo'/Cf.
  albínia.
al·*bí*·ni:a sf. 'inseto'/Cf. *albinia*.
al·bi·*nis*·mo sm.
al·bi·*nís*·ti·co adj.
al·bi·ni·*ten*·se adj. 2g.
al·*bi*·no adj. sm.
al·bir·ro·*sa*·do adj.
al·bir·*ros*·tro adj.
al·bis·te·*la*·do adj.
al·*bi*·ta sf.
al·bi·*tar*·so adj.
al·bo·ci·*né*·re:o adj.
al·*bo*·gue sm.: al·*bo*·que.
al·*bor* (ô) sm.: *alvor*.
al·bor·*car* v.
al·*bor*·noz sm.
al·bo·ro·que sm.
al·bo·ro·tar v.
al·*bor*·que sm.
al·bri·*co*·que sm.
al·bri·co·*quei*·ro sm.
al·bu·*fei*·ra sf.
al·*bu*·gem sf.; pl. ·gens.
al·bu·gi·*ná*·ce:a sf.
al·bu·gi·*ná*·ce:o adj.
al·bu·gi·*na*·do adj.
al·bu·*gí*·ne:a sf.
al·bu·*gí*·ne:o adj.

al·bu·gi·*ni*·te sf.
al·bu·gi·*no*·so (ô) adj.; f. *e* pl. (ó).
al·*bu*·go sm.
al·bu·*lí*·de:o adj. sm.
ál·bum sm.; pl. ·**buns**.
al·*bu*·me sm.: al·*bú*·men; pl.
  albumens ou *albúmenes*.
al·bu·*mi*·na sf.
al·bu·mi·*na*·do adj.
al·bu·mi·*na*·gem sf.; pl. ·gens.
al·bu·mi·*nar* v.
al·bu·mi·ne·*mi*·a sf.
al·bu·mi·*nê*·mi·co adj.
al·bu·mi·*ní*·fe·ro adj.
al·bu·mi·ni·*for*·me adj. 2g.
al·bu·mi·*noi*·de adj. 2g. sm.
al·bu·mi·*no*·so (ô) adj.; f. *e* pl.
  (ó).
al·bu·mi·*nu*·ri:a sf.:
  al·bu·mi·*nú*·ri:a.
al·bu·mi·*nú*·ri·co adj. sm.
al·*bur*·no sm.
al·ça sf. interj.
al·ca·*ção* sf.; pl. ·*ções*.
al·*cá*·çar sm.: *alcácer*.
al·ca·ça·*ri*·a sf.
al·*cá*·cer sm.
al·ca·ce·*re*·no adj. sm.
al·ca·ce·*ren*·se adj. s2g.
al·ca·chi·*na*·do adj.
al·ca·chi·*nar* v.
al·ca·*cho*·fra (ô) sf./Cf.
  alcachofra (ó), do v.
  alcachofrar.
al·ca·cho·*fra*·do adj. sm.
al·ca·cho·fra(s)-dos-te-*lha*·dos
  sf. (pl.).
al·ca·cho·*fral* sm.; pl. ·*frais*.
al·ca·cho·*frar* v.
al·*cá*·ço·va sf.
al·ca·*çuz* sm.
al·ca·çu-*bra*·vo sm., pl.
  alcaçuzes-bravos.
al·ca·çuz-da-*ter*·ra sm.; pl.
  alcaçuzes-da-terra.
al·*ça*·da sf.
al·ca·*da*·fe sm.: al·ca·*de*·fe.
al·*ça*·do adj. sm.
al·*ça*·*dor* (ô) adj. sm.
al·ça·*do*·ra (ô) sf.
al·ça·*du*·ra sf.
al·*ça*·gem sf.; pl. ·gens.
al·ca·*gue*·ta (ê) sf.
al·ca·gue·*ta*·gem sf.; pl. ·gens.
al·ca·gue·*tar* v.
al·ca·*gue*·te (ê) sm. s2g./Cf.
  alcaguete (é), do v. *alcaguetar*.

al·*cai*·co adj. 'tipo de verso'/Cf.
  arcaio.
al·cai·da·*ri*·a sf.
al·*cai*·de sm.; f. *alcaidessa* ou
  alcaidina.
al·cai·*des*·sa (ê) sf. de *alcaide*.
al·cai·*di*·na sf. de *alcaide*.
al·cai·*o*·ta sf. de *alcaiote*.
al·cai·*o*·te sm.; f. *alcaiota*.
al·ca·la·*ren*·se adj. s2g.
al·ca·*le*·na sf.
al·ca·les·*cên*·ci:a sf.
al·ca·les·*cen*·te adj. 2g.
ál·ca·li sm.
al·*cá*·li·co adj.
al·ca·li·fi·*can*·te adj. 2g.
al·ca·li·fi·*car* v.
al·ca·li·me·*tri*·a sf.
al·ca·li·*mé*·tri·co adj.
al·ca·*lí*·me·tro sm.
al·ca·li·*nar* v.
al·ca·ni·*da*·de sf.
al·ca·li·ni·me·*tri*·a sf.
al·ca·li·ni·*mé*·tri·co adj.
al·ca·li·ni·za·*ção* sf.: pl. ·*ções*.
al·ca·li·ni·*zar* v.
al·ca·*li*·no adj. sm.
al·ca·li·no·ter·*ro*·so (ô) adj.:
  al·ca·li·no·ter·*ro*·so(s) (pl.);
  f. *e* pl. (ó).
al·ca·li·za·*ção* sf.; pl. ·*ções*.
al·ca·li·*zar* v.
al·ca·*loi*·de adj. 2g. sm.
al·ca·loi·*dei*·a adj. f. de
  alcaloideu.
al·ca·*loi*·deu adj.; f.
  alcaloideia.
al·ca·*loi*·di·co adj.:
  al·ca·lo·*í*·di·co.
al·ca·*lo*·se sf.
al·ca·*ló*·ti·do adj.
al·ça·*men*·to sm.
al·ca·*mo*·ni·a sf.
al·can·ça·*di*·ço adj.
al·can·*ça*·do adj.
al·can·ça·*dor* (ô) adj. sm.
al·can·ça·*du*·ra sf.
al·can·ça·*men*·to sm.
al·can·*çar* v.
al·can·*çá*·vel adj. 2g.; pl. ·**veis**.
al·*can*·ce sm.
al·can·*ci*·a sf.: *alcanzia*.
al·can·*ci*·lho sm.
al·*can*·ço sm.
al·*cân*·dor sm.; pl. *alcândores*/
  Cf. *alcandores* (ó), do v.
  alcandorar.

al·cân·do·ra sf./Cf. *alcandora* (ô), do v. *alcandorar*.
al·can·do·ra·do v.
al·can·do·rar v.
al·can·*for* (ô) sm.; pl. *alcanfores*: al·*cân*·fo·ra sf./Cf. *alcanfores* (ó) e *alcanfora* (ó), do v. *alcanforar*.
al·can·fo·rar v.
al·can·fo·*rei*·ra sf.
al·can·fo·rei·ra(s)-do-ja·*pão* sf. (pl.).
al·*ca*·no sm.
al·can·ta·*ren*·se adj. s2g.
al·can·*til* sm.; pl. ·*tis*.
al·can·ti·*la*·da sf.
al·can·ti·*la*·do adj.
al·can·ti·*lar* v.
al·can·ti·*lo*·so (ô) adj.; f. e pl. (ó).
al·can·*zi*·a sf.
al·can·zi:*a*·da sf.
al·ça·*pão* sm.; pl. ·*pões*.
al·ca·*par*·ra sf.
al·ca·par·*ra*·do adj.
al·ca·par·*ral* sm.; pl. ·*rais*.
al·ca·par·*rei*·ra sf.
al·ca·par·rei·ra(s)-chei·*ro*·sa(s) sf. (pl.).
al·ca·par·*rei*·ro sm.
al·ça·*pé*(s) sm. (pl.).
al·ça·po:*a*·do adj.
al·ça·*pre*·ma sf.
al·ça·pre·*mar* v.
al·cap·*to*·na sf.
al·cap·to·nu·*ri*·a sf.: al·cap·to·*nú*·ri:a.
al·cap·to·*nú*·ri·co adj.
al·cap·*tor* (ô) sm.
al·*car* sm.
al·*çar* v.
al·ca·ra·*vão* sm.; pl. ·*vões*.
al·ca·ra·*vi*·a sf.
al·ca·ra·*viz* sm.: *algaraviz*.
al·ca·*ri*·a sf.
al·car·*ra*·da sf.
al·ca·te:*ar* v.
al·ca·*tei*·a sf.
al·ca·*ti*·fa sf.
al·ca·ti·*fa*·do adj.
al·ca·ti·*far* v.
al·ca·ti·*fei*·ro sm.
al·ca·*ti*·ra sf.
al·*ca*·tra sf.
al·ca·*trão* sm.; pl. ·*trões*.
al·ca·*tra*·te sm.
al·ca·*traz* sm.

al·*ca*·tre sm.: *alcatra*.
al·ca·*trei*·ro adj. sm.
al·ca·tro:*a*·do adj. sm.
al·ca·tro:*a*·*men*·to sm.
al·ca·tro:*ar* v.
al·ca·tro:*ei*·ro sm.
al·*ca*·truz sm.
al·ca·tru·*za*·do adj.
al·ca·tru·*zar* v.
al·*ca*·*va*·la sf.
al·ca·va·*lei*·ro sm.
al·*ce* sm.
al·ce:a·*ção* sf.; pl. ·*ções*.
al·ce:*a*·do adj.
al·ce:*a*·*dor* (ô) sm.
al·ce:*a*·*do*·ra (ô) sf.
al·ce:*a*·me sm.
al·ce:*a*·*men*·to sm.
al·ce:*ar* v.
al·ce·*dí*·ni·da adj. 2g. sm.
al·ce·di·*ní*·de:o adj. sm.
al·*ce*·no sm.: *alqueno*.
al·ci:*ão* sm.; pl. ·*ões*: *álcion*.
al·*ci*·*cor*·ne adj. s2g.
al·*ci*·no sm.: *alquino*.
ál·ci:on sm.: *alcião*.
al·*cí*·o·na sf.: *alcíone*.
al·ci·o·*ná*·ri:o adj. sm.
al·*cí*·o:ne sf.
al·ci:*ô*·*ne*:o adj.
al·ci·*ô*·ni·co adj.
alc·*mâ*·ni·co adj. sm.
alc·*mâ*·ni·o adj. sm.
al·co·*ba*·ça sm.
al·co·ba·*cen*·se adj. s2g.
al·*co*·fa (ô) s2g./Cf. *alcofa* (ó), do v. *alcofar*.
al·co·*far* v.
al·*coi*·ce sm.: *alcouce*.
al·coi·*cei*·ro sm.: *alcouceiro*.
al·co:*í*·la sf.: *alquila*.
al·co:i·la·*ção* sf.; pl. ·*ções*: *alquilação*.
al·co:i·la·*dor* (ô) adj. sm.; *alquilador*.
al·co:i·*lar* v.: *alquilar*.
al·co·mo·*ni*·a sf.: *alcamonia*.
ál·co:ol sm.; pl. ·*óis*.
al·co:*ó*·la·se sf.
al·co:o·*la*·to sm.
al·co:*ó*·la·tra s2g.
al·co:o·la·*tu*·ra sf.
al·co·*ó*·le:o sm.
al·co·*ó*·li·co adj. sm.
al·co·o·*lis*·mo sm.
al·co·o·*lis*·ta s2g.
al·co·o·*li*·to sm.

al·co·o·li·za·*ção* sf.; pl. ·*ções*.
al·co·o·li·*za*·do adj. sm.
al·co·o·li·*zar* v.
al·co·o·li·*zá*·vel adj. 2g.; pl. ·veis.
al·co·o·*lô*·me·tro sm.
al·co·o·*lo*·se sf.
al·co·o·*mel* sm.; pl. ·*méis*.
al·co·*ô*·me·tro sm.
al·co·*râ*·ni·co adj.
al·co·ra·*nis*·ta adj. s2g.
al·co·*rão* sm.; pl. ·*rões* ou ·*rães*.
al·*cor*·ca sf.
al·*cor*·ça (ô) sf. al·*cor*·ce (ô) sm.
al·cor·*co*·va sf.
al·cor·co·*var* v.
al·cro·*ni*·na sf.
al·*cor*·que sm.
al·*cou*·ce sm.: *alcoice*.
al·cou·*cei*·ro sm.: *alcoiceiro*.
al·*co*·va (ô) sf.
al·co·*ve*·ta (ê) sf.
al·co·*ve*·to (ê) sm.
al·co·*vis*·ta sm.
al·co·vi·*ta*·gem sf.; pl. ·*gens*.
al·co·vi·*tar* v.
al·co·vi·*tei*·ra sf.
al·co·vi·tei·*ri*·ce sf.
al·co·vi·*tei*·ro sm.
al·co·vi·*ti*·ce sf.
al·*có*·xi·do (cs) sm.
al·*cu*·nha sf.
al·*cu*·nhar v.
al·da·*gran*·te adj. s2g.
al·da·*va*·na sf.: al·da·*va*·ne.
al·de·*ã* adj. sf. de *aldeão*.
al·de:*a*·do adj.
al·de:a·*men*·to sm.
al·de:*ão* adj. sm.; pl. ·*ãos*, ·*ões* ou ·*ães*. f. *aldeã* ou *aldeoa*.
al·de:*ar* v.
al·de·ba·*rá* sf. al·de·ba·*rã*.
al·de·*en*·se adj. s2g.
al·*dei*·a s.; dim. irreg. *aldeola* ou *aldeota*.
al·de:i·*da*·se sf.
al·de·*í*·do sm.
al·de·*o*·a adj. sf. de *aldeão*.
al·de:*o*·la sf.; dim. de *aldeia*.
al·de:*o*·ta sf.; dim. de *aldeia*.
al·de·ra·*mim* sf.; pl. ·*mins*.
al·*di*·no adj.
al·do sm.
al·*dol* sm.; pl. ·*dóis*.
al·*do*·se sf.
al·*dra*·ba sf.; *aldrava*.

al·dra·*ba*·da sf.: *aldravada*.
al·dra·*ba*·do adj.: *aldravado*.
al·dra·*bão* sm.; pl. ·*bões*; f.
    aldrabona; aldravão.
al·dra·*bar* v.: *aldravar*.
al·dra·*bi*·ce sf.: *aldravice*.
al·dra·*bo*·na sf. de *aldrabão*:
    aldravona.
al·*dra*·va sf.: *aldraba*.
al·dra·*va*·da sf.: *aldrabada*.
al·dra·*va*·do adj. *aldrabado*.
al·dra·*vão* sm.; pl. ·*vões* f.
    aldravona: *aldrabão*.
al·dra·*var* v.: *aldrabar*.
al·dra·*vi*·ce sf.: *aldrabice*.
al·dra·*vo*·na sf. de *aldravão*:
    aldrabona.
á·le:a[1] f. 'probabilidade de
    perda ou lucro'/Cf. *álea*[2].
á·le:a[2] sf. 'alameda'/Cf. *álea*[1].
a·le:al·*dar* v.
a·le:a·to·ri:e·*da*·de sf.
a·le:a·*tó*·ri:o adj. 'casual'/Cf.
    alheatório.
a·le·*cí*·ti·co adj.
a·le·*crim* sm.; pl. ·*crins*.
a·le·*crim*-de-an·*go*·la sm.; pl.
    alecrins-de-angola.
a·le·*crim*-de-*chei*·ro sm.; pl.
    alecrins-de-cheiro.
a·le·*crim*-do-*cam*·po sm.; pl.
    alecrins-do-campo.
a·le·crin·*zei*·ro sm.
a·*léc*·ti·co adj.: *alético*.
a·lec·*tó*·ri:a sf.
a·lec·*tó*·ri:o adj.
a·lec·to·ro·man·*ci*·a sf.
a·lec·to·ro·*man*·te s2g.
a·lec·to·ro·*mân*·ti·co adj.
a·lec·to·ro·ma·*qui*·a sf.
a·lec·to·ro·*má*·qui·co adj.
a·*lec*·tra sf.
a·*léc*·tri:o sm.
a·lec·*tru*·ro adj. sm.
a·*lé*·cu·la sf.
a·*le*·fe sm.: *á*·le·fe.
a·le·*fiz* sm.
a·le·ga·*ção* sf.; pl. ·*ções*.
a·le·ga·do adj. sm.
a·le·*gâ*·ni·co adj.: *allegânico,
    alleghânico*.
a·le·*gan*·te adj. s2g.
a·le·*gar* v.
a·le·*gá*·vel adj. 2g.; pl. ·*veis*.
a·le·go·*ri*·a sf.
a·le·*gó*·ri·co adj.
a·le·go·*ris*·ta adj. s2g.

a·le·go·ri·*zar* v.
a·le·*gra*·do adj.
a·le·gra·*dor* (ô) adj. sm.
a·le·gra·*men*·to sm.
a·le·*grão* sm.; pl. ·*grões*.
a·le·*grar* v.
a·le·gra·*ti*·vo adj.
a·*le*·gre adj. 2g. sm.
a·le·*gren*·se adj. s2g.
a·le·*gre*·te (ê) adj. 2g. sm.
a·le·gre·*ten*·se adj. s2g.
a·le·*gre*·to (ê) adj. sm.
a·le·*gri*·a sf.
a·le·gri:*en*·se adj. s2g.
a·*le*·gri·nho sm.
a·*le*·gro sm. adv.
a·*lei*·a sf.
a·lei·*ja*·da sf.
a·lei·*ja*·do adj. sm.
a·lei·ja·*men*·to sm.
a·lei·*jão* sm.; pl. ·*jões*.
a·lei·*jar* v.
a·lei·lo·*ar* v.
a·*lei*·o·de sm.
a·lei·*ra*·do adj.
a·lei·*rar* v.
a·lei·ta·*ção* sf.; pl. ·*ções*.
a·lei·ta·*men*·to sm.
a·lei·*tar* v.
a·lei·ta·*ti*·vo adj.
a·*lei*·ve sm.
a·lei·vo·*si*·a sf.
a·lei·*vo*·so (ô) adj. sm.; f. e pl.
    (ó).
a·*le*·li sm.
a·le·*lis*·mo sm.
a·*le*·lo adj. sm.
a·le·lo·bi:o·se sf.
a·le·lo·mor·*fi*·a sf.
a·le·lo·mor·*fis*·mo sm.
a·le·lo·*mor*·fo adj. sm.
a·le·lo·si·*tis*·mo sm.
a·le·*lui*·a sf.
a·le·lui·*ar* v.
a·le·lu·*í*·ti·co adj.
a·*lém* adv. sm.
além- pref. (é sempre seguido
    de hífen).
a·le·*mã* adj. sf. de *alemão*.
a·le·*mâ*·ni·co adj.
a·le·ma·*nis*·mo sm.
a·le·ma·*nis*·ta adj. s2g.
a·le·ma·ni·*zar* v.
a·le·*mão* adj. sm.; pl. ·*mães*; f.
    alemã; f. pop. *alemoa*.
a·*lém*-mar adv. sm.; pl. *ma.res*.
a·*lém*-*mun*·do(s) sm. (pl.).

a·le·*mo*·a adj. sf. pop. de
    alemão.
a·le·mo:a·do adj.
a·le·mo:*ar* v.
a·*lém*-*tú*·mu·lo(s) sm. (pl.).
a·*le*·no sm.
a·len·que·*ren*·se adj. s2g.
a·len·*ta*·do adj.
a·len·ta·*dor* (ô) adj. sm.
a·len·*tar* v.
a·len·te·*cer* v.
a·len·te·ci·*men*·to sm.
a·len·te·*ja*·no adj.
a·*lên*·te·se sf.
a·*len*·to sm.
á·le:o adj.
a·le·*ó*·ca·ra sf.
a·le·*ó*·ca·ro sm.
a·le·o·*na*·do adj.
a·le·pi·*do*·to adj. sm.
a·le·po·*cé*·fa·lo adj. sm.
a·le·pos·*sau*·ro sm.
a·lep·*ti*·na sf.
a·le·que:a·do adj.
a·ler·*gê*·ni·co adj. sm.
a·ler·*gê*·ni:o sm.
a·*lér*·ge·no sm.
a·ler·*gi*·a sf.
a·*lér*·gi·co adj. sm.
a·ler·*gis*·ta adj. s2g.
a·ler·gi·*zan*·te adj. 2g.
a·ler·gi·*zar* v.
a·ler·go·lo·*gi*·a sf.
a·ler·go·lo·*gis*·ta adj. s2g.
a·ler·*gó*·lo·go sm.
a·*ler*·ta adv. adj. 2g. 2n. sm.
    interj.
a·ler·*tar* v.
a·le·*sa*·do adj.
a·les·*tar* v.
a·*le*·ta (ê) sf.
a·le·tar·*ga*·do adj.
a·*lé*·ti·co adj.: *aléctico*.
a·*le*·to sm.
a·le·to·lo·*gi*·a sf.
a·le·to·*ló*·gi·co adj.
a·le·tra·*dar* v.
a·le·*tri*·a sf.
a·le·tri:a·do adj.
a·leu·ro·man·*ci*·a sf.
a·leu·ro·*man*·te s2g.
a·leu·ro·*mân*·ti·co adj.
a·leu·*rô*·me·tro sm.
a·leu·*ro*·na sf.
a·le·*ú*·te adj. s2g. sm.
a·le·va·*doi*·ro sm.:
    a·le·va·*dou*·ro.

a·le·van·ta·*di*·ço adj.
a·le·van·*tar* v.
a·le·*van*·te sm.
a·le·ve·*dar* v.
a·le·*vim* sm.; pl. ·*vins*.
a·le·*vi*·no sm.
a·le·*xân*·der (cs) sm.; do ing. *alexander*.
a·le·xan·dri:*en*·se adj. s2g.
a·le·xan·dri·*nis*·mo sm.
a·le·xan·dri·*nis*·ta adj. s2g.
a·le·xan·*dri*·no adj. sm.
a·le·xan·*dris*·mo sm.
a·le·xan·*dris*·ta adj. s2g.
a·le·xan·*dri*·ta sf.
a·le·*xi*·a (cs) sf.
a·le·*xí*·a·co (cs) adj.
a·*lé*·xi·co (cs) adj. sm.
a·le·*xi*·na (cs) sf.
a·le·*xí*·ni·co (cs) adj.
a·le·*xó*·te·ro (cs) adj.
a·le·zi·ri:*a*·do adj.
al·*fa* sf. adj. sm.
al·fa·be·ta·*ção* sf.; pl. ·*ções*.
al·fa·be·*ta*·do adj.
al·fa·be·ta·*dor* (ô) sm.
al·be·ta·*men*·to sm.
al·fa·be·*tar* v.
al·fa·be·*tá*·ri:o adj. sm.; f. *alfabetária*/Cf. *alfabetaria*, do v. *alfabetar*.
al·fa·*bé*·ti·co adj.
al·fa·be·*tis*·mo sm.
al·fa·be·ti·za·*ção* sf.; pl. ·*ções*.
al·fa·be·ti·*za*·do adj. sm.
al·fa·be·ti·*zan*·te adj. 2g.
al·fa·be·ti·*zar* v.
al·fa·*be*·to sm.
al·fa·be·to·lo·*gi*·a sf.
al·fa·be·to·*ló*·gi·co adj.
al·fa·*çal* sm.; pl. ·*çais*.
al·*fa*·ce sf.
al·fa·ce(s)-*d'á*·gua sf. (pl.).
al·fa·ce(s)-do-*mar* sf. (pl).
al·fa·*ci*·nha adj. s2g.
al·fa:e·mis·*sor* (ô) adj. sm.: *alfemissor*.
al·*fa*·fa sf.
al·*fa*·*fal* sm.; pl. ·*fais*.
al·fa·*ge*·me sm.
al·*fai*·a sf.
al·fai·*ar* v.
al·fai·*a*·ta sf.
al·fai·*a*·tar v.
al·fai·a·ta·*ri*·a sf.
al·fai·*a*·te sm.
al·*fa*·fa sf.: *alfafa*.

al·*fa*·ma sm. *ou* sf.
al·*fân*·de·ga sf./Cf. *alfandega*, do v. *alfandegar*.
al·fan·de·*ga*·gem sf.; pl. ·*gens*.
al·fan·de·ga·*men*·to sm.
al·fan·de·*gar* v. adj. 2g.
al·fan·de·*gá*·ri:o adj.; f. *alfandegária*/Cf. *alfandegaria*, do v. *alfandegar*.
al·fan·de·*guei*·ro adj. sm.
al·fan·*ja*·da sf.
al·fan·*ja*·do adj.
al·*fan*·je sm.
al·fa·nu·*mé*·ri·co adj.
al·*fa*·que sm.
al·fa·*qui* sm. 'entre os mulçumanos, sacerdote e legista'/Cf. *alfaquim*.
al·fa·*quim* sm. 'peixe-galo'; pl. ·*quins*/Cf. *alfaqui*.
al·fa·*raz* adj. sm.
al·fa·*ri*·ca sf.
al·fa·*ri*:o adj.
al·far·*rá*·bi:o sm.
al·far·ra·*bis*·ta adj. s2g.
al·far·ra·*bís*·ti·co adj.
al·far·*ri·co*·que sm.
al·far·*ro*·ba (ô) sf./Cf. *alfarroba* (ó), do v. *alfarrobar*.
al·far·*ro*·bal sm.; pl. ·*bais*.
al·far·*ro*·bar v.
al·far·ro·*bei*·ra sf.
al·*far*·va sf.
al·fa·*va*·ca sf.
al·fa·va·ca(s)-de-*co*·bra sf. (pl.).
al·fa·va·ca(s)-do-*cam*·po sf. (pl.).
al·fa·*ze*·ma sf.
al·fa·ze·ma(s)-de-ca·*bo*·clo sf. (pl.).
al·fa·ze·*mar* v.
al·fe·*ça* sf.: *alferça*, *alferce*.
al·*fei*·re sm.
al·fei·*rei*·ro sm.
al·fei·*ri*:o adj.
al·fei·*zar* sm.
al·*fé*·lo:a sf.
al·fe·lo·*zei*·ro sm.
al·fe·mis·*sor* (ô) adj. sm.: *alfaemissor*.
al·*fe*·na sf.
al·fe·*na*·do adj.
al·fe·*nar* adj.
al·fe·*nei*·ro sm.
al·fe·*nen*·se adj. s2g.
al·*fê*·ni·co adj. sm.
al·fe·*ni*·de sm.

al·fe·*nim* sm.; pl. ·*nins*.
al·fe·ni·*na*·do adj.
al·fe·ni·*zar* v.
al·*fer*·ça sf.: al·*fer*·ce sm.: *alfeça*.
al·*fe*·res sm. 2n.
al·*feu* adj.; f. *fei*.a.
al·*fim* adv.
al·fi·ne·*ta*·da sf.
al·fi·ne·ta·*de*·la sf.
al·fi·ne·*tar* v.
al·fi·*ne*·te (ê) sm./Cf. *alfinete* (é), do v. *alfinetar*.
al·fi·ne·*tei*·ra sf.
al·fi·ne·*tei*·ro sm.
al·fi·*te*·te sm.
al·fi·to·man·*ci*·a sf.
al·fi·to·*man*·te s2g.
al·*fo*·bre (ô) sm.: al·*fo*·fre (ô): *alfovre*.
al·*fom*·bra sf.
al·fom·*bra*·do adj.
al·fom·*brar* v.
al·fon·*si*·a sf.
al·fon·*sim* sm.; pl. ·*sins*.
al·*for*·ba (ô) sf.
al·*for*·ja sf.
al·for·*ja*·da sf.
al·for·*ja*·do adj.
al·for·*jar* v.
al·*for*·je sm.
al·*for*·ra (ô) sf./Cf. *alforra* (ó). do v. *alforrar*.
al·for·*rar* v.
al·for·*re*·ca sf.
al·for·*ri*·a sf.
al·for·ri:*a*·do adj. sm.
al·for·ri:*ar* v.
al·*fós*·ti·ca sf.
al·*fós*·ti·co sm.
al·*fo*·vre (ô) sm.: *alfobre*, *alfofre*.
al·fre·*den*·se adj. s2g.
al·*fre*·do (ê) sm.
al·fri·*dá*·ri:a sf.
al·*fu*·ja sf.: al·*fur*·ja.
al·ga sf.
al·*gá*·ce:o adj.
al·*ga*·ço sm.
al·*gá*·li:a sf./Cf. *algalia*, do v. *algaliar*.
al·ga·li:*ar* v.
al·gar sm.
al·ga·ra·*vi*·a sf.
al·ga·ra·vi:*a*·da sf.
al·ga·ra·vi:*ar* v.
al·ga·ra·*viz* sm.: *alcaraviz*.
al·ga·*ris*·mo sm.

al·ga·ro·*bei*·ra sf.
al·ga·*ro*·bo (ô) sm.:
   al·gar·*ro*·bo (ô).
al·gar·vi:*en*·se adj. s2g.
al·gar·*vi*:o adj. sm.
al·ga·*zar*·ra sf.
al·ga·zar·*rar* v.
ál·ge·bra sf.
al·*gé*·bri·co adj.
al·ge·*bris*·ta adj. s2g.
al·ge·bri·*zar* v.
al·*ge*·ma sf.
al·ge·*mar* v.
al·*gen*·te adj. 2g.
al·ge·ri:*a*·no adj. sm.
al·ge·*roz* sm.
al·ge·*si*·a sf.
al·*gi*·a sf.
al·*gi*·be sm.
al·gi·*be*·ba sf. de algibebe.
al·gi·*be*·be sm.; f. algibeba.
al·gi·*bei*·ra sf.
al·gi·*dez* (ê) sf.
ál·gi·do adj.
al·gi·*rão* sm.; pl. ·*rões*.
al·go pron. adv. sm.
al·go·*dão* sm.; pl. ·*dões*.
al·go·dão-*bra*·vo sm.; pl.
   algodões-bravo.
al·go·dão-co·*ló*·di:o sm.; pl.
   algodões-colódios ou
   algodões-colódio.
al·go·dão-*cra*·vo sm.; pl.
   algodões-cravos.
al·go·dão-da-*prai*·a sm.; pl.
   algodões-da-praia.
al·go·dão de a·*çú*·car sm.; pl.
   algodões de açúcar.
al·go·dão de *vi*·dro sm.; pl.
   algodões de vidro.
al·go·dão-do-*bre*·jo sm.; pl.
   algodões-do-brejo.
al·go·dão-do-*cam*·po sm.; pl.
   algodões-do-campo.
al·go·dão-*do*·ce sm.; pl.
   algodões-doces.
al·go·dão-do-*ma*·to sm.; pl.
   algodões-do-mato.
al·go·dão-ma·*ca*·co sm.; pl.
   algodões-macacos ou
   algodões-macaco.
al·go·dão-*pól*·vo·ra sm.; pl.
   algodões-pólvoras ou
   algodões-pólvora.
al·go·dão-*ra*·na sf.
al·go·do:*al* sm.; pl. ·*ais*.
al·go·do·*ar* v.

al·go·do·*ri*·a sf.
al·go·do:*ei*·ro adj. sm.
al·go·do:*ei*·ro(s)-do-*cam*·po
   sm. (pl.).
al·go·do:*im* sm.; pl. ·*ins*.
al·go·fi·*li*·a sf.
al·*gó*·fi·lo adj. sm.
al·go·fo·*bi*·a sf.
al·*gó*·fo·bo adj. sm.
al·*goi*·de adj. 2g.
al·*gol* sm.; pl. ·*góis*.
al·go·lag·*ni*·a sf.
al·go·lag·*nis*·ta s2g.
al·go·lo·*gi*·a sf.
al·go·lo·*gis*·ta s2g.
al·*gó*·lo·go sm.
al·gon·qui:*a*·no adj. sm.
al·gon·*qui*·no adj. sm.
al·*gor* (ô) sm.
al·go·*rit*·mo sm.
al·*go*·so (ô) adj. 'que tem algas';
   f. *e* pl. (ó)/Cf. *algozo* (ó), do v.
   algozar 'martirizar'.
al·*gós*·ta·se sf.
al·gos·*tá*·ti·co adj.
al·*goz* (ô) sm.; pl. *algozes* (ô)/Cf.
   algozes (ó), do v. *algozar*.
al·go·*zar* v.
al·go·za·*ri*·a sf.
al·go·z-das-*ár*·vo·res sm.; pl.
   algozes-das-árvores.
al·gra·*fi*·a sf.
al·*grá*·fi·co adj.
al·gra·*vi*·a sf.: algaravia.
al·gra·*vi*:a·da sf.: algaraviada.
al·gra·vi:*ar* v.: algaraviar.
al·gua·*zil* sm.; pl. ·*zis*: aguazil.
al·*guém* pron. sm.
al·*guer*·ga·do adj.
al·*guer*·gar v.
al·*guer*·gue sm.
al·gui·*dar* sm.
al·gui·da·*ra*·da sf.
al·*gum* pron. sm.; pl. ·*guns*.
al·*gu*·res adv.
a·*lha*·da sf.
a·*lhal* sm.; pl. ·*lhais*.
a·lha·*nar* v.
a·*lhas* adj. f. na loc. *palhas alhas*.
a·lhe:a·bi·li·*da*·de sf.
a·lhe:a·*ção* sf.; pl. ·*ções*.
a·lhe:*a*·do adj.
a·lhe:a·*dor* (ô) adj. sm.
a·lhe:a·*men*·to sm.
a·lhe:*ar* v.
a·lhe:a·*tó*·rio adj. 'que alheia'/
   Cf. *aleatório*.

a·lhe:*á*·vel adj. 2g.; pl. ·*veis*.
a·*lhei*·o adj. sm.
a·*lhei*·ra sf.
a·*lhei*·ro sm.
a·*lhe*·ta (ê) sf.
a·*lho* sm.
a·*lho*(s)-po·*ró*(*s*) sm. (pl.).
a·*lhu*·res adv.
a·*li* adv.
a·li:*á* sf.
a·li·*á*·ce:o adj.
a·li:*a*·do adj. sm.
a·li:a·do·fi·*li*·a sf.
a·li:a·*dó*·fi·lo adj. sm.
a·li:a·dó·fo·*bi*·a sf.
a·li:a·*dó*·fo·bo adj. sm.
a·li:*a*·gem sf.; pl. ·*gens*.
a·li·*am*·ba sf.
a·li·*an*·ça sf.
a·li·an·*çar* v.
a·li:an·*cen*·se adj. s2g.
a·li:*ar* v.
a·li:*ás* adv.
a·li:*á*·vel adj. 2g.; pl. ·*veis*.
a·li:a·*zar* sm.: aljazar.
a·li·bam·*bar* v.
á·li·bi sm.
a·*lí*·bil adj. 2g. sm.; pl. ·*beis*.
a·li·bi·li·*da*·de sf.
a·li·*bros*·que sm.
á·li·ca sf.
a·li·ca·*í*·do adj.
a·li·ca·*li* sm.
a·li·can·*ti*·na sf.
a·li·can·ti·na·*dor* (ô) adj. sm.
a·li·can·ti·*nei*·ro sm.
a·li·*cá*·ri:o sm.
a·li·*ca*·te sm.
a·li·cer·ça·*dor* (ô) adj. sm.
a·li·cer·*çar* v.
a·li·*cer*·ce sm.
a·li·ci·a·*ção* sf.; pl. ·*ções*.
a·li·ci·a·*dor* (ô) adj. sm.
a·li·ci·a·*men*·to sm.
a·li·ci·*an*·te adj. 2g.
a·li·ci:*ar* v.
a·li·ci:a·*tó*·ri:o adj.
a·li·*cí*·cli·co adj.
a·li·ci·*en*·te adj. 2g. sm.
a·li·*cor*·ne sm.
a·li·*cu*·ri sm.: *aricuri*.
a·li·*da*·da sf.: a·li·*da*·de.
a·li:e·na·bi·li·*da*·de sf.
a·li:e·na·*ção* sf.; pl. ·*ções*.
a·li:e·*na*·do adj. sm.
a·li:e·na·*dor* (ô) adj. sm.
a·li:e·*nan*·te adj. s2g.

a·li·e·*nar* v.
a·li·e·na·*tá*·ri:o adj. sm.
a·li·e·na·*tó*·ri:o adj.
a·li·e·*ná*·vel adj. 2g.; pl. ·veis.
a·li·e·*ni*·a sf.
a·li·e·*ní*·ge·na adj. s2g.
a·li·e·*nis*·ta adj. s2g.
a·li·*fa*·te sm.
a·li·*fá*·ti·co adj.
a·*lí*·fe·ro adj. sm.
a·li·*for*·me adj. 2g.
a·li·ga·tor (ô) sm.: a·li·*gá*·tor; pl. *aligatores* (ô).
a·li·ga·to·*rí*·de:o adj. sm.
a·li·gei·*rar* v.
a·*lí*·ge·ro adj.
a·li·ja·*ção* sf.; pl. ·*ções*.
a·li·ja·*men*·to sm.
a·li·*jar* v.
a·li·*le*·no sm.
a·*li*·lo sm.
a·li·*má*·ri:a sf.
a·li·men·ta·*ção* sf.; pl. ·*ções*.
a·li·men·*ta*·do adj.
a·li·men·*tan*·do adj. sm.
a·li·men·*tan*·te adj. s2g.
a·li·men·*tar* v. adj. 2g.
a·li·men·*tá*·ri:o adj. sm.; f. *alimentária*/Cf. *alimentaria*, do v. *alimentar*.
a·li·men·*tí*·ci:o adj.
a·li·*men*·to sm.
a·li·men·*to*·so (ô) adj.; f. *e* pl. (ó).
a·*lim*·pa sf.
a·lim·pa·*dei*·ra sf.
a·lim·pa·*dor* (ô) adj. sm.
a·lim·pa·*du*·ra sf.
a·lim·pa·*men*·to sm.
a·lim·*par* v.
a·lin·*cor*·ne sm.: *alicorne*.
a·lin·*da*·do adj.
a·lin·da·*men*·to sm.
a·lin·*dar* v.
a·*lin*·de sm.
a·*lí*·ne:a sf.
a·li·*ne*·gro (ê) adj.
a·li·ne·*vo*·so (ô) adj.; f. *e* pl. (ó).
a·lin·*fi*·a sf.
a·lin·gue·*ta*·do adj.
a·li·*nha*·do adj.
a·li·nha·*dor* (ô) adj. sm.
a·li·nha·*men*·to sm.
a·li·*nhar* v.
a·li·nha·*va*·do adj.
a·li·nha·*var* v.
a·li·*nha*·vo sm.

a·*li*·nho sm.
a·li:*ó*·sio sm.
a·*lí*·pe·de adj. 2g.
a·li·*pi*·na sf.
a·li·po·*ten*·te adj. 2g.
a·*lí*·quo·ta sf.
a·li·*sa*·do adj. sm.
a·li·sa·*dor* (ô) adj. sm.
a·li·*sar* v. 'tornar liso'/Cf. *alizar*.
a·lis·bo:e·*tar* v.
a·li·*seu* adj. sm.
a·*lí*·si:o sm.
a·*lis*·ma sm. *ou* sf.
a·lis·ma·*tá*·ce:a sf.
a·lis·ma·*tá*·ce:o adj.
a·lis·*soi*·de sf.
a·lis·ta·bi·li·*da*·de sf.
a·lis·ta·*men*·to sm.
a·lis·*tan*·do adj. sm.
a·lis·*tão* sm.: pl. ·*tões*.
a·lis·*tar* v.
a·lis·*tá*·vel adj. 2g.; pl. ·*veis*.
a·lis·tri·*den*·te adj. 2g.
a·li·te·ra·*ção* sf.; pl. ·*ções*.
a·li·te·ra·*men*·to sm.
a·li·te·*rar* v.
a·li·te·ra·*ta*·do adj.
a·li·te·ra·*tar* v.
a·li·ti·za·*ção* sf.; pl. ·*ções*.
a·li·*túr*·gi·co adj.
a·li·vi·a·*ção* sf.; pl. ·*ções*.
a·li·vi:*a*·do adj.
a·li·vi:a·*dor* (ô) adj. sm.
a·li·vi:a·*men*·to sm.
a·li·vi:*ar* v.
a·*lí*·vi:o sm./Cf. *alivio*, do v. *aliviar*.
a·li·*za*·ba sf.
a·li·*zar* sm. 'moldura de portas e janelas'/Cf. *alisar*.
a·li·za·*ri* sm.
a·li·*zá*·ri·co adj.
a·li·za·*ri*·na sf.
a·li·za·*rí*·ni·co adj.
al·*ja*·fra sf.
al·*ja*·va sf.
al·ja·*zar* sm.: *aliazar*.
al·*jô*·far sm.; pl. *aljôfares*/Cf. *aljofares*, do v. *aljofarar*.
al·jo·fa·*rar* v.: al·jo·*frar*
al·*jo*·fre (ô) sm.: *aljôfar*/Cf. *aljofre* (ó), do v. *aljofrar*.
al·*ju*·ba sf.
al·*ju*·be sm.
al·ju·*bei*·ro sm.
al·ju·*be*·ta (ê) sf.; dim. irreg. de *aljuba*.

al·ju·be·*tei*·ro sm.
al·la·*ni*·na sf.: *alanina*.
al·la·*ni*·ta sf.: *alanita*.
al·le·*gâ*·ni·co adj.: *alegânico*.
al·le·*ghâ*·ni·co adj.: *alegânico*.
al·ma sf.
al·*má*·ce·ga sf.
al·*má*·ce·go sm.
al·*ma*·ço adj. sm.
al·ma(s)-da·*na*·da(s) sf. (pl.).
al·ma(s)-de·ca·*bo*·clo sf. (pl.).
al·ma(s) de cân·ta·ro sf. (pl.).
al·ma(s)-de·*ga*·to sf. (pl.).
al·ma(s)-de·*mes*·tre sf. (pl.).
al·*má*·de·na sf.
al·ma(s) de *pú*·ca·ro sf. (pl.).
al·ma·*di*·a sf.
al·ma(s) do di:*a*·bo sf. (pl.).
al·ma(s) do pa·*dei*·ro sf. (pl.).
al·ma·*dra*·ba sf.: al·ma·*dra*·va.
al·*ma*·gra sf.: *almagre*.
al·ma·*grar* v.
al·*ma*·gre sm.: al·*ma*·gro.
al·ma·*i*·nha sf.
al·ma·*jar*·ra sf.: *almanjarra*.
al·ma·jar·*rar* v.: *almanjarrar*.
al·*ma*·lho sm.
al·ma·*na*·que sm.
al·*man*·ça sf.
al·man·*di*·na sf.
al·man·*di*·ta sf.
al·man·*dri*·lha sf.
al·ma·*ni*·lha sf.
al·man·*jar*·ra sf.: *almajarra*.
al·man·jar·*rar* v.: *almajarrar*.
al·ma(s)-per·*di*·da(s) sf. (pl.).
al·ma·*ra*·do adj.
al·ma·*raz* sm.
al·mar·ge:*a*·do adj.
al·mar·ge:*al* sm.; pl. ·*ais*.
al·*mar*·gem sm. *ou* sf.; pl. ·*gens*.
al·*mar*·gi:o sf.
al·*már*·ta·ga sf.
al·*mé*·ce·ga sf./Cf. *almecega*, do v. *almecegar*.
al·me·ce·*ga*·do adj.
al·me·ce·*gar* v.
al·me·ce·*guei*·ra sf.
al·*mei*·a sf.
al·*mei*·da sf.
al·mei·*den*·se adj. s2g.
al·mei·*rão* sm.; pl. ·*rões*.
al·me·*jan*·te adj. 2g.
al·me·*jar* v.
al·me·*já*·vel adj. 2g.; pl. ·*veis*.
al·*me*·jo (ê) sm.
al·me·*na*·ra sf.

al·mi·can·ta·*ra*·do sm.:
    almocantarado.
al·*mi*·nha sf.
al·mi·no·a·fon·*sen*·se(s) adj.
    s2g. (pl.).
al·mi·ran·*ta*·do sm.
al·mi·*ran*·te adj. 2g. sm.
al·mi·ran·te(s) de es·*qua*·dra
    sm. (pl.).
al·*mís*·car sm.; pl. *almíscares*/Cf.
    almiscares, do v. almiscarar.
al·mis·ca·*ra*·do adj.
al·mis·ca·*rar* v.
al·mis·ca·*rei*·ra sf.
al·mis·ca·*rei*·ro sm.
al·mo adj. sm.
al·*mó*·a·da adj. s2g.: al·*mô*·a·da.
al·mo·*cá*·bar sm.: almocávar.
al·mo·ça·*dei*·ra adj. sf.
al·mo·ca·*dém* sm.; pl. ·*déns*.
al·mo·*ca*·fo sm.
al·mo·*ca*·fre sm.
al·mo·*cân*·ta·ra sf. *ou* sm.
al·mo·can·ta·*ra*·do adj. sm.:
    almicantarado.
al·mo·*çar* v.
al·mo·*cá*·var sm.: almocábar.
al·mo·*ço* (ô) sm./Cf. *almoço* (ó),
    do v. almoçar.
al·mo·cre·*var* v.
al·mo·cre·va·*ri*·a sf.
al·mo·*cre*·ve sm.
al·mo:*e*·da sf.
al·mo:*e*·dar v.
al·mo·*fa*·ça sf.
al·mo·fa·ça·*du*·ra sf.
al·mo·fa·*çar* v.
al·mo·fa·*ci*·lha sf.
al·mo·*fa*·da sf.
al·mo·fa·*da*·do adj. sm.
al·mo·fa·*dão* sm.; pl. ·*dões*.
al·mo·fa·*dar* v.
al·mo·fa·*di*·lha sf.
al·mo·fa·*di*·nha sf. adj. sm.
al·mo·fa·*dis*·mo sm.
al·mo·*fa*·la sf.
al·mo·fa·*riz* sm.
al·mo·*fa*·te sm.
al·mo·*fei*·ra sf.
al·mo·frei·*xar* v.
al·mo·*frei*·xe sm.
al·mo·*frez* (ê) sm.
al·mo·*gau*·re sm.:
    al·mo·*gá*·var.
al·mo·ga·va·*ri*·a sf.
al·mo·*gra*·ve sm.: almogávar.
al·mo·*já*·ve·na sf.

al·mo·*li*·na sf.
al·*môn*·de·ga sf./Cf. *almondega*,
    do v. almondegar.
al·mon·de·*gar* v.
al·mo·*rá*·vi·da adj. s2g.:
    al·mo·*rá*·vi·de.
al·mor·*rei*·mas sf. pl.
al·mo·ta·*çar* v.
al·mo·ta·ça·*ri*·a sf.
al·mo·ta·*cé* sm.: almotacel.
al·mo·ta·*cel* sm.; pl. *almotacéis*/
    Cf. *almotaceis*, do v.
    almotaçar.
al·mo·to·*li*·a sf.
al·mo·xa·ri·*fa*·do adj. sm.
al·mo·xa·*ri*·fe s2g.
al·mu·*a*·dem sm.; pl. ·*dens*.
al·mu·*da*·da sf.
al·mu·*dar* v.
al·*mu*·de sm.
al·mu:*é*·dão sm.; pl. ·*dãos*:
    almuadem.
al·na sf.
al·no sm.
a·*ló* adv./Cf. *alô*.
a·*lô* interj. sm./Cf. *aló*.
a·lo·*bró*·gi·co adj.
a·*ló*·bro·go adj. sm.
a·lo·*car* v. 'destinar verbar'/Cf.
    aloucar.
a·lo·*cá*·si:a sf.
a·lo·cro·*ís*·mo sm.
a·lo·cro·ma·*ti*·a sf.
a·lo·cro·*má*·ti·co adj.
a·lo·*cro*·mi·a sf.
a·lo·*crô*·mi·co adj.
a·lo·*cro*·mo adj.
a·*lóc*·to·ne adj. s2g.
a·lo·*cu*·ção sf.; pl. ·*ções*.
a·lo·cur·*to*·se sf.
a·*ló*·da·po sm.
a·lo·di:*al* adj. 2g.; pl. ·*ais*.
a·lo·di:a·li·*da*·de sf.
a·*ló*·di:o sm.
a·lo·di·*ploi*·de adj. 2g.
á·lo:e sm.: aloés.
a·lo:*en*·dro sm.
a·lo:e·o·*cé*·li:o adj. sm.
a·lo:e·ro·*tis*·mo sm.
a·lo:*és* sm. 2n.: *áloe*.
a·lo:*é*·ti·co adj.
a·lo:*e*·ti·na sf.
a·lo·*fa*·na sf.
a·lo·*fo*·ne sm.
a·lof·tal·*mi*·a sf.
a·lof·*tál*·mi·co adj.
a·lo·ga·*mi*·a sf.

a·*ló*·ga·mo adj. sm.
a·*ló*·ge·no adj. sm.
a·lo·*gi*·a sf.
a·lo·*gi:a*·no adj. sm.
a·*ló*·gi·co adj.
a·lo·*gis*·mo sm.
á·lo·go adj. sm.
a·lo·go·*ni*·a sf.
a·lo·go·*ni*·ta sf.
a·*ló*·go·no adj.
a·lo·go·tro·*fi*·a sf.
a·lo·go·*tró*·fi·co adj.
a·*loi*·co adj.
a·lo:*í*·na sf.
a·lo:i·*na*·do adj.
a·loi·ra·do adj.: alourado.
a·loi·rar v.: alourar.
a·loi·sar v.: alousar.
a·lo·*í*·ta sf.: a·lo·*í*·te.
a·lo·ja·*men*·to sm.
a·lo·*jar* v.
a·*lo*·jo (ô) sm./Cf. *alojo* (ó), do
    v. alojar.
a·lom·*ba*·do adj.
a·lom·ba·*men*·to sm.
a·lom·*bar* v.
a·lo·mor·*fi*·a sf.
a·lo·*mór*·fi·co adj.
a·*lon*·ga sf.
a·lon·*ga*·do adj.
a·lon·ga·*dor* (ô) adj. sm.
a·lon·ga·*men*·to sm.
a·lon·*gar* v.
a·lon·gin·*quar* v.
a·*lon*·gue sm.
a·*lô*·ni·mo adj. sm.
a·lo·*pa*·ta s2g.: a·*ló*·pa·ta.
a·lo·pa·*ti*·a sf.
a·lo·*pá*·ti·co adj.
a·lo·pa·*tri*·a sf.
a·lo·*pá*·tri·co adj.
a·lo·pe·*ci*·a sf.
a·lo·*pé*·ci·co adj. sm.
a·*ló*·pi·a sf.
a·lo·po·li·*plói*·de adj. 2g.
a·lo·*pra*·ção sf.; pl. ·*ções*.
a·lo·*pra*·do adj. sm.
a·lo·*prar* v.
a·*lóp*·te·ro adj.
a·lo·*que*·te (ê) sm.: *loquete*.
a·*lor* (ô) sm.
a·*los*·na sf.: *losna*.
a·*lós*·po·ro adj. sm.
a·los·*so*·ma sm.: a·los·*so*·mo.
a·lo·ta·*dor* (ô) adj. sm.
a·lo·*tar* v.
a·*lo*·te sm.

a·lo·tí·ge·no adj.
a·lo·tí·pi·co adj.
a·ló·ti·po sm.
a·lo·tri:óg·na·to sm.
a·lo·tri:o·mór·fi·co adj.
a·lo·tri:os·mi·a sf.
a·lo·tro·pi·a sf.
a·lo·tró·pi·co adj.
a·ló·tro·po adj. sm.
a·lou·ca·do adj.
a·lou·ca·men·to sm.
a·lou·car v. 'enlouquecer'/Cf. alocar.
a·lou·ra·do adj.: aloirado.
a·lou·rar v.: aloirar.
a·lou·sar v.: aloisar.
al·pa·ca sf.
al·par·ca sf.
al·par·ca·ta sf.: alpargata, alpercata.
al·par·ca·tei·ro sm.: alpargateiro, alpercateiro.
al·par·ga·ta sf. alparcata, alpercata.
al·par·ga·ta·ri·a sf.
al·par·ga·tei·ro sm.: alparcateiro, alpercateiro.
al·par·quei·ro sm.
al·pe·do (ê) adv.
al·pen·dra·da sf.
al·pen·dra·do adj. sm.
al·pen·drar v.
al·pen·dre sm.
al·pen·se adj. s2g.
al·per·ca·ta sf.: alparcata, alpargata.
al·par·ca·tei·ro sm.: alparcateiro, alpargateiro.
al·per·ce sm.: alperche.
al·per·cei·ro sm.: alpercheiro.
al·per·che sm.: alperce.
al·per·chei·ro sm.: alperceiro.
al·pes·tre adj. 2g.
ál·pi·co adj.
al·pi·nis·mo sm.
al·pi·nis·ta adj. s2g.
al·pi·no adj. sm.
al·pi·no·po·len·se adj. s2g.
al·pis·ta sf.
al·pis·te sm.
al·pon·dra sf.
al·po·ra·ma sm.
al·por·ca sf.: alporque.
al·por·car v.
al·por·que sm.: alporca.
al·por·quen·to adj.
al·que·bra·do adj.

al·que·bra·men·to sm.
al·que·brar v.
al·quei·ra·men·to sm.
al·quei·rão sm.; aum. de alqueire; pl. ·rões.
al·quei·rar v.
al·quei·re sm.
al·quei·var v.
al·quei·ve sm.
al·que·no sm.: alceno.
al·que·quen·je sm.:
    al·que·quen·gue.
al·quer·mes sm. 2n.
al·qui·fa sf.
al·qui·fol sm.; pl. ·fóis:
    al·qui·fu.
al·qui·la sm.: alcoíla.
al·qui·la·ção sf.; pl. ·ções: alcoilação.
al·qui·la·dor (ô) adj. sm.
al·qui·lar v.
al·qui·la·ri·a sf.
al·qui·lé sm.: al·qui·ler.
al·qui·me sm.
al·qui·mi·a sf.
al·qui·mi:ar v.
al·quí·mi·co adj.
al·qui·mis·ta adj. s2g.
al·qui·no sm.: alcino.
al·qui·ta·ra sf.
al·ro·tar v.
al·ru·ca·bá sf.
al·sa·ci:a·no adj. sm.
als·tre·mé·ri:a sf.:
    als·tro:e·mé·ri:a.
al·ta sf.
al·ta(s)·fi·de·li·da·de(s) sf. (pl.).
al·tai·co adj. sm.
al·ta·ma·do adj.
al·ta·mi·ren·se adj. s2g.
al·ta·mi·sa sf.
al·ta·na·di·ce sf.
al·ta·na·do adj. sm.
al·ta·nar v.
al·ta·na·ri·a sf.
al·ta·nei·ro adj.
al·tar sm.
al·ta·ra·gem sf.; pl. ·gens.
al·ta·rei·ro adj. sm.
al·ta·ris·ta sm.
al·tar·mor sm.; pl.altares-mores.
al·ta(s)·ro·da(s) sf. (pl.).
al·ta·ten·são sf.; pl. altas-tensões.
al·ta·zi·mu·tal adj. 2g.; pl. ·tais.
al·ta·zi·mu·te sm.:
    al·ta·zí·mu·te.

al·te:a·do adj.
al·te:a·dor (ô) adj. sm.
al·te:a·men·to sm.
al·te:ar v.
al·tei·a sf./Cf. alteia, do v. altear.
al·ten·se adj. s2g.
ál·ter sm.
al·te·ra·ção sf.; pl. ·ções.
al·te·ra·do adj.
al·te·ra·dor (ô) adj. sm.
al·te·ran·te adj. 2g. sm.
al·te·rar v.
al·te·ra·ti·vo adj.
al·te·rá·vel adj. 2g.; pl. ·veis.
al·ter·ca·ção sf.; pl. ·ções.
al·ter·ca·dor (ô) adj. sm.
al·ter·car v.
al·te·ri·da·de sf.
al·ter·na·ção sf.; pl. ·ções
al·ter·na·do adj.
al·ter·na·dor (ô) adj. sm.
al·ter·nân·cia sf.
al·ter·nan·te adj. 2g.
al·ter·nar v.
al·ter·na·ti·va sf.
al·ter·na·ti·vo adj.
al·ter·ni·fló·re:o adj.
al·ter·ni·flo·ro adj.
al·ter·ni·fo·li:a·do adj.
al·ter·ni·fó·li:o adj.
al·ter·ní·pe·de adj.
al·ter·ni·pe·na·do adj.
al·ter·ni·pe·ne adj. 2g.
al·ter·ni·pé·ta·lo adj.
al·ter·nis·sé·pa·lo adj.
al·ter·no adj.
al·te·ro·sen·so adj. s2g.
al·te·ro·so (ô) adj.; f. e pl.(ó).
al·te·za (ê) sf.
al·ti·bai·xo adj. sm.
al·ti·co·lú·ni:o adj.
al·tí·co·mo adj.
al·ti·cor·ní·ge·ro adj.
al·ti·cú·mu·lo sm.: alto-cúmulo.
al·ti·lo·quên·ci:a sf.
al·ti·lo·quen·te adj.
al·tí·lo·quo adj.; superl. altiloquentíssimo.
al·ti·me·tri·a sf.
al·tí·me·tro sm.
al·ti·mu·ra·do adj.
al·ti·nen·se adj. s2g.
al·ti·no·po·len·se adj. s2g.
al·ti·pla·no sm.
al·ti·pla·nu·ra sf.
al·ti·po·ten·te adj. 2g.
al·tir·ros·tro adj.

al·*tís*·si·mo adj. sm.; superl. de *alto*.
al·tis·so·*nan*·te adj. 2g.
al·*tís*·so·no adj.
al·*tis*·ta adj. 2g.
al·tis·*tra*·to sm.: *altoestrato, altostrato*.
al·ti·to·*nan*·te adj. 2g.
al·ti·*tu*·de sf.
al·ti·*tú*·di·co adj.
al·*tí*·va·go adj.
al·ti·*var* v.
al·ti·*vez* (ê) sf.: al·ti·*ve*·za (ê)
al·*ti*·vo adj.
al·ti·vo·*lan*·te adj. 2g.
al·*tí*·vo·lo adj.
al·to adj. sm. adv. interj.
al·to-a·le·*mão* sm.; pl. *-mães*.
al·to(s)-*cú*·mu·lo(s) sm. (pl.): *alticúmulo*.
al·to e *ma*·lo adv.: **alto e mau**.
al·to-(s)-es·*tra*·to(s) sm. (pl.): *altistrato, altostrato*.
al·to-fa·*lan*·te(s) adj. 2g. sm. (pl.).
al·to(s)-*for*·no(s) sm. (pl.).
al·to(s)-*fun*·do(s) sm. (pl.).
al·to-gar·*cen*·se(s) adj. s2g. (pl.).
al·to(s)-ho·*rá*·rio(s) sm. (pl.).
al·to-*mar* sm.; pl. *alto-mares*.
al·to-pa·ra·na·*en*·se(s) adj. s2g. (pl.).
al·to-par·na·i·*ba*·no(s) adj. sm. (pl.).
al·to(s)-*pla*·no(s) sm. (pl.).
al·*tor* (ô) adj. sm.; f. *altriz*.
al·to(s)-re·*le*·vo(s) sm. (pl.).
al·to-ri:o-do·*cen*·se(s) adj. s2g. (pl.).
al·tos sm. pl.
al·to-ser·*ra*·no(s) adj. sm. (pl.).
al·tos·*tra*·to sm.: *altistrato, altoestrato*.
al·to(s)-*vá*·cu·o(s) sm. (pl.).
al·*triz* adj. sf. de *altor*.
al·tru:*ís*·mo sm.
al·tru:*ís*·ta adj. s2g.
al·tru:*ís*·ti·co adj.
al·tu:*en*·se adj. s2g.
al·*tu*·ra sf.
a·lu:*á* sm.
a·lu:*a*·do adj. sm.
a·lu:a·*men*·to sm.
a·lu:*ar* v.
a·lu·ci·na·*ção* sf.; pl. *·ções*.
a·lu·ci·na·*do* adj. sm.

a·lu·ci·na·*dor* (ô) adj. sm.
a·lu·ci·na·*men*·to sm.
a·lu·ci·*nan*·te adj. 2g. sm.
a·lu·ci·*nar* v.
a·lu·ci·na·*tó*·ri:o adj.
a·lu·ci·*nó*·ge·no adj. sm.
a·*lu*·de sm.
a·lu·*del* sm.; pl. *·déis*.
a·lu·*dir* v.
a·lu·*fá* sm.
a·lu·ga·*ção* sf.; pl. *·ções*.
a·lu·*ga*·do adj. sm.
a·lu·ga·*dor* (ô) adj. sm.
a·lu·ga·*men*·to sm.
a·lu·*gar* v.
a·lu·ga·*tó*·ri:o sm.
a·lu·*guel* sm.; pl. *·guéis*/Cf. *alugueis*, do v. *alugar*.
a·lu·*guer* sm.; pl. *·gue·res*: *aluguel*.
a·lu:i·*ção* sf.; pl. *·ções*
a·lu:i·*dor* (ô) adj. sm.
a·lu:i·*men*·to sm.
a·lu:*ir* v.
a·lu·*já* sm.
á·lu·la sf.
a·lum·*bra*·do adj. sm.
a·lum·bra·*dor* (ô) adj. sm.
a·lum·bra·*men*·to sm.
a·lum·*brar* v.
a·*lu*·me sm.: a·*lú*·men; pl. *alumens* ou *alúmenes*.
a·lu·mi:a·*ção* sf.; pl. *·ções*.
a·lu·mi:*a*·do adj.
a·lu·mi:a·*men*·to sm.
a·lu·mi:*ar* v.
a·lu·*mi*·na sf.; pl. *·ções*.
a·lu·mi·*na*·gem sf. pl. *·gens*.
a·lu·mi·*nar* v.
a·lu·mi·*na*·to sm.
a·lu·*mí*·ni·co adj.
a·lu·mi·*ní*·fe·ro adj.
a·lu·*mí*·ni:o sm.
a·lu·mi·ni:*o*·so (ô) adj.; f. *e* pl. (ó).
a·lu·mi·*ni*·ta sf.
a·lu·mi·ni·za·*ção* sf.; pl. *·ções*.
a·lu·mi·ni·*za*·do adj.
a·lu·mi·ni·*zar* v.
a·lu·mi·no·gra·*fi*·a sf.
a·lu·*na*·gem sf.; pl. *·gens*.
a·lu·*nar* v.
a·lu·nis·*sa*·gem sf.; pl. *·gens*.
a·lu·nis·*sar* v.
a·lu·*nis*·ta sf.
a·*lu*·no sm.
a·lu·*são* sf.; pl. *·sões*.

a·lu·*si*·vo adj.
a·lu·*tá*·ce:o adj.
a·lu·*vai* interj.
a·lu·vi:*al* adj. 2g.; pl. *·ais*.
a·lu·vi:*a*·no adj.
a·lu·vi:*ão* sf. *ou* sm.; pl. *·ões*.
a·*lú*·vi:o sm.
a·lu·vi:o·na·*men*·to sm.
a·lu·vi:o·*ná*·ri:o adj.
al·va sf.
al·va·*cá* sm. *ou* sf.
al·va·*çã* adj. sf. de *alvação*.
al·va·*ção* adj.; pl. *·ções*; f. *alvaçã* ou *alvaçoa*.
al·va·*çar* sf.
al·va·*cen*·to adj.
al·va·*ço*·a (ô) adj. sf. de *alvação*.
al·va·*co*·ra sf.: *albacora*.
al·va·*di*·o adj.
al·*va*·do sm.
al·vai·a·*dar* v.
al·vai·*a*·de sm.
al·vai·*a*·do adj.
al·vai·*ar* v.
al·va·*nel* sm.; pl. *·néis*.
al·va·*ner* sm.; pl. *·ne·res*: *alvanel*.
al·va·*néu* sm.; pl. *·néus*: *alvanel*.
al·*var* adj. 2g. sm.
al·va·*rá* sm. 'autorização'; pl. *·rás*/Cf. *alvaraz*.
al·va·*ra*·do sm.
al·va·*raz* sm. 'doença'/Cf. *alvarás*, pl. de *alvará*.
al·va·*ra*·zo sm.: *alvaraz*.
al·va·*ren*·ga sf.
al·va·ren·*guei*·ro sm.
al·va·*ri*·nho sm.
ál·va·ro-car·va·*lhen*·se(s) adj. s2g. (pl.).
al·var·*rã* adj. sf.: *albarrã*.
al·va·*zil* sm.; pl. *·zis*: al·va·*zir*.
al·ve:a·*dor* (ô) adj. sm.
al·ve:a·*men*·to sm.
al·ve·*ar* v.
al·ve:*á*·ri:o sm.
al·ve·*dri*·o sm.
al·*vei*·ro adj. sf.
al·vei·*tar* sm. v.
al·vei·ta·*ri*·a sf.
al·ve·*jan*·te adj. 2g. sm.
al·ve·*jar* v.
al·ve·na·*ri*·a sf.
al·ve·*nei*·ro sm.
al·ve·*nel* sm.; pl. *·néis*: *alvanel*.
al·ve·*ner* sm.: *alvanel*.
al·ve·*néu* sm.; pl. *·néus*: *alvanel*.

al·*ven*·se adj. s2g.
ál·ve:o sm.
al·ve:o·*la*·do adj.
al·ve:o·*lar* adj. 2g. sf.
al·ve:o·la·ri·*for*·me adj. 2g.
al·ve:o·*li*·te sf.
al·*vé*·o·lo sm.
al·*ver*·ca sf.
al·*ver*·gue sm.: *albergue*.
al·vi:*ão* sm.; pl. *-ões*.
al·vi·dra·*ção* sf.; pl. *-ções*.
al·vi·dra·*men*·to sm.
al·vi·*drar* v.
al·vi·*ne*·gro (ê) adj. sm.
al·*ví*·ne:o adj.
al·vi·ni·*ten*·te adj. 2g.
al·*vi*·no adj.
al·vi·no·po·*len*·se adj. s2g.
al·vir·ro·*sa*·do adj.
al·vir·*ru*·bro adj. sm.
al·vis·sa·*rar* v.
al·*vís*·sa·ras sf. pl. interj./Cf.
  alvissaras, do v. *alvissarar*.
al·vis·sa·*rei*·ro adj. sm.
al·vi·*ta*·na sf.
al·vi·*tó*·rax (cs) adj. 2g. 2n.
al·vi·tra·*dor* (ô) adj. sm.
al·vi·tra·*men*·to sm.
al·vi·*trar* v.
al·*vi*·tre sm.
al·vi·*trei*·ro adj. sm.
al·vi·*ver*·de adj. s2g.
al·vo adj. sm.
al·*vor* (ô) sm.; pl. *alvores* (ô)/
  Cf. *alvores* (ó), do v. *alvorar*:
  albor.
al·vo·*ra*·da sf.
al·vo·ra·den·se(s)-do-*sul* adj.
  s2g. (pl.).
al·vo·*rar* v.
al·vo·re·*cer* v. sm.
al·vo·re·*jar* v.
al·*vo*·ro (ô) sm./Cf. *alvoro* (ó),
  do v. *alvorar*.
al·vo·ro·*ça*·do adj.
al·vo·ro·ça·*dor* (ô) adj. sm.
al·vo·ro·ça·*men*·to sm.
al·vo·ro·*çar* v.
al·vo·ro·*ço* (ô) sm./Cf. *alvoroço*
  (ó), do v. *alvoroçar*.
al·vo·ro·*tar* v.
al·vo·ro·*to* (ô) sm./Cf. *alvoroto*
  (ó), do v. *alvorotar*.
al·*vu*·ra sf.
al·*xai*·ma sf.
alz·*hei*·mer sm.
a·ma sf.

a·*mã* sm. sf.
a·ma·bi·li·*da*·de sf.
a·ma·bi·*lís*·si·mo adj. superl.
  de *amável*.
a·ma·ca·*ca*·do adj.
a·ma·ca·*car* v.
a·ma·ça·ro·*ca*·do adj.
a·ma·ça·ro·*car* v.
a·ma·chor·*ra*·da adj. sf.
a·ma·chor·*rar* v.
a·ma·chu·*ca*·do adj.
a·ma·chu·*car* v.
a·ma·ci:a·*men*·to sm.
a·ma·ci:*an*·te adj. 2g.
a·ma·ci:*ar* v.
a·ma·dei·*ra*·do adj.
a·ma·dei·*rar* v.
a·ma(s) de *lei*·te sf. (pl.).
a·*ma*·do adj. sm.
a·ma·*dor* (ô) adj. sm.
a·ma·do·*ris*·mo sm.
a·ma·do·*ris*·ta adj. s2g.
a·ma·do·*rís*·ti·co adj.
a·ma·dor·*rar* v.: *amodorrar*.
a·ma·dri·*nha*·do adj.
a·ma·dri·nha·*dor* (ô) adj. sm.
a·ma·dri·*nhar* v.
a·ma·du·*ra*·do adj.
a·ma·du·ra·*men*·to sm.
a·ma·du·*rar* v.
a·ma·du·re·*cer* v.
a·ma·du·re·*ci*·do adj.
a·ma·du·re·ci·*men*·to sm.
a·ma·*gar* v.
â·ma·go sm./Cf. *amago*, do v.
  amagar.
â·ma·go(s)-fu·*ra*·do(s) sm.
  (pl.).
a·ma·go·*ta*·do adj.
a·ma·go·*tar* v.
a·*mai*·nar v.
a·mai·ri·pu·*cu* sm.
a·ma·*jou*·va sf.
a·mal·di·ço:*a*·da adj. sm.
a·mal·di·ço:a·*dor* (ô) adj. sm.
a·mal·di·ço:*ar* v.
a·ma·le·*ci*·ta adj. s2g.
a·ma·lei·*ta*·do adj.
a·*mál*·ga·ma sm. *ou* sf./Cf.
  amalgama, do v. *amalgamar*.
a·mal·ga·ma·*ção* sf.; pl. *-ções*.
a·mal·ga·*ma*·do adj.
a·mal·ga·ma·*dor* (ô) adj. sm.
a·mal·ga·*mar* v.
a·mal·*gâ*·mi·co adj.
a·ma·*lhar* v.
a·ma·lho:*ar* v.

a·ma·lo·*car* v. 'aldear'/Cf.
  amalucar.
a·mal·*ta*·do adj.
a·mal·*tar* v.
a·ma·lu·*ca*·do adj.
a·ma·lu·*car* v. 'enlouquecer'/Cf.
  amalocar.
a·mam·ba:i·*en*·se adj. s2g.
a·*ma*·me adj. 2g.
a·ma·men·ta·*ção* sf.; pl. *-ções*.
a·ma·men·ta·*dor* (ô) adj. sm.
a·ma·men·*tar* v.
a·ma·*ná* sm. *ou* sf.
a·ma·na·ca·*í* sf.
a·ma·na·*çai*·a sf.
a·ma·na·*ci* sf.
a·ma·*na*·ga sf.: a·ma·*na*·ja.
a·ma·na·*jé* adj. s2g.
a·ma·na·*ma*·nha sf.
a·ma·na·ra:u·*á* adj. s2g.
a·man·ce·*ba*·do adj. sm.
a·man·ce·ba·*men*·to sm.
a·man·ce·*bar* v.
a·man·*char* v.
a·ma·nei·*ra*·do adj. sm.
a·ma·nei·ra·*men*·to sm.
a·ma·nei·*rar* v.
a·ma·ne·qui·*nar* v.
a·ma·*nhã* adv. sm.
a·ma·nha·*ção* sf.; pl. *-ções*.
a·ma·*nha*·do adj.
a·ma·nha·*dor* (ô) adj. sm.
a·ma·*nhar* v.
a·ma·nhe·*cen*·te adj. 2g.
a·ma·nhe·*cer* v. sm.
a·ma·nhe·ci·*men*·to sm.
a·*ma*·nho sm.
a·ma·ni·nha·*dor* (ô) adj.
a·ma·ni·*nhar* v.
a·ma·ni·*ú* adj. s2g.
a·*mâ*·no:a sf.
a·ma·non·si:*a*·do adj.
a·ma·non·si:a·*dor* (ô) sm.
a·ma·non·si:*ar* v.
a·man·sa·*de*·la sf.
a·man·*sa*·do adj.
a·man·sa·*dor* (ô) adj. sm.
a·man·sa·*men*·to sm.
a·man·*sar* v.
a·man·sa·se·*nhor* sm.; pl.
  amansa-senhores.
a·man·*si*·a sf.
a·man·*tar* v.
a·*man*·te adj. s2g. sm.
a·man·tei·*ga*·do adj. sm.
a·man·tei·*gar* v.
a·man·te·*lar* v.

a·man·té·ti·co adj. sm.
a·man·ti·lhar v.
a·man·ti·lho sm.
a·ma·nu:en·sa·do sm.
a·ma·nu:en·se adj. s2g.
a·ma·pá sm.
a·ma·pá(s)-do·ce(s) sm. (pl.).
a·ma·pa:en·se adj. s2g.
a·ma·po·la (ô) sf.
a·ma·pu·ru adj. s2g.
a·mar v.
a·má·ra·co sm.
a·ma·ra·do adj. 'inundado'/Cf. amarrado.
a·ma·ra·gem sf.; pl. ·gens.
a·ma·ran·tá·ce:a sf.
a·ma·ran·tá·ce:o adj.
a·ma·ran·te sm.
a·ma·ran·ti·no adj. sm.
a·ma·ran·to sm.
a·ma·rar v. 'fazer-se ao mar largo' 'amargura'/Cf. amarrar.
a·ma·ras·me:ar v.
a·ma·re·la sf.
a·ma·re·la·do adj. sm.
a·ma·re·lão adj. sm.; pl. ·lões.
a·ma·re·lar v.
a·ma·re·las sf. pl.
a·ma·re·le·cer v.
a·ma·re·le·ci·do adj.
a·ma·re·le·ci·men·to sm.
a·ma·re·le·jar v.
a·ma·re·len·to adj. sm.
a·ma·re·li·dão sf.; pl. ·dões.
a·ma·re·li·dez (ê) sf.
a·ma·re·li·nha sf.
a·ma·re·li·nho sm.
a·ma·re·lo adj. sm.
a·ma·re·lo-gual·do(s) adj. pl.
a·ma·res·cen·te adj. 2g.
a·mar·fa·lhar v.
a·mar·fa·nhar v.
a·mar·ga·do adj.
a·mar·gar v.
a·mar·go adj. sm.
a·mar·gor (ô) sm.
a·mar·go·sei·ra sf.
a·mar·go·sen·se adj. s2g.
a·mar·go·so (ô) adj.; f. e pl. (ó).
a·mar·gu·ra sf.
a·mar·gu·ra·do adj.
a·mar·gu·rar v.
a·ma·ri·bá adj. s2g.: amaripá.
a·ma·ri·ca·do adj.
a·ma·ri·car v.
a·má·ri·co adj. sm.
a·ma·ri·dar v.

a·ma·rí·de:o adj. sm.
a·ma·ri·lha sf.
a·ma·ri·lho adj. sm.
a·ma·rí·li·co adj.
a·ma·ri·li·dá·ce:a sf.
a·ma·ri·li·dá·ce:o adj.
a·ma·rí·li·de sf.
a·ma·ri·li·di·for·me adj. 2g.
a·ma·rí·lis sf. 2n.
a·ma·rí·ne:o adj.
a·ma·ri·nhar v.
a·ma·ri·nhei·ra·do adj.
a·ma·ri·nhei·rar v.
a·ma·rín·ti:as sf. pl.
a·ma·ri:o adj. sm.
a·ma·ri:o·lar v.
a·ma·ri·pá adj. s2g.: amaribá.
a·ma·rís·si·mo adj. superl. de amaro.
amaro adj.; superl. amaríssimo.
a·ma·ro·lei·ten·se(s) adj. s2g. (pl.).
a·ma·ro·tar v. 'tornar-se maroto'/Cf. amarrotar.
a·mar·ra f.
a·mar·ra·ção sf.; pl. ·ções.
a·mar·ra·do adj. sm. 'atado'/Cf. amarado.
a·mar·ra·doi·ro sm.: amarradouro.
a·mar·ra·dor (ô) adj. sm.
a·mar·ra·dou·ro sm.: amarradoiro.
a·mar·ra·pin·to(s) sm. (pl.).
a·mar·rar v. 'atar'/Cf. amarar.
a·mar·re·ta (ê) sf.; dim. irreg. de amarra.
a·mar·ri·lho sm.
a·mar·ro:a·do adj.
a·mar·ro:a·men·to sm.
a·mar·ro:ar v.
a·mar·ron·za·do adj.
a·mar·ron·zar v.
a·mar·ro·qui·na·do adj.
a·mar·ro·qui·nar v.
a·mar·ro·ta·do adj.
a·mar·ro·tar v. 'enrugar'/Cf. amarotar.
a·mar·te·la·do adj.
a·mar·te·lar v.
a·ma·ru·gem sf.; pl. ·gens/Cf. amarujem, do v. amarujar.
a·ma·ru·jar v.
a·ma·ru·jen·to adj.
a·ma·ru·len·to adj.
a·ma·ru·lhar v.
a·ma·ru·me sm.

a·ma(s)-se·ca(s) sf. (pl.).
a·má·si:a sf. 'amante'/Cf. amasia, do v. amasiar, e amazia.
a·ma·si:ar v.
a·ma·si·o sm. 'mancebia'/Cf. amasio, do v. amasiar, e amásio.
a·má·si:o sm. 'amante'/Cf. amasio, sm. e fl. do v. amasiar.
a·ma·si·na sf.
a·mas·sa·bur·ro(s) sm. (pl.).
a·mas·sa·dei·ra sf.
a·mas·sa·de·la sf.
a·mas·sa·do adj. sm.
a·mas·sa·doi·ro sm.: amassadouro.
a·mas·sa·dor (ô) adj. sm.
a·mas·sa·dou·ro sm.: amassadoiro.
a·mas·sa·du·ra sf.
a·mas·sa·men·to sm.
a·mas·sar v.
a·mas·sa·ri·a sf.
a·mas·si·lho sm.
a·mas·so sm.
a·mas·ti·a sf.
a·mas·to·zo:á·ri:o adj. sm.
a·ma·ta·lar v.
a·ma·ta·lo·tar v.
a·ma·ti·lhar v.
a·ma·ti·vi·da·de sf.
a·ma·ti·vo adj.
a·ma·tol sm.; pl. ·tóis.
a·ma·tó·ri:o adj. sm.
a·ma·tro·nar v.
a·ma·tu·lar v.
a·ma·tun·ga·do adj.
a·ma·tu·tar v.
a·mau·a·ca adj. s2g.: a·ma·ú·ca.
a·mau·ro·se sf.
a·mau·ró·ti·co adj. sm.
a·mau·ro·ti·zar v.
a·má·vel adj. 2g.; pl. ·veis; superl. amabilíssimo.
a·ma·vi·o sm.
a·ma·vi:o·so (ô) adj.; f. e pl. (ó).
a·ma·xo·fo·bi·a (cs) sf.
a·ma·xó·fo·bo (cs) sm.
a·ma·ze·la·do adj.
a·ma·ze·lar v.
a·ma·zi·a sf. 'ausência de mamas'/Cf. amasia, do v. amasiar, e amásia.
a·ma·zi·gue adj. s2g.
a·ma·zo·na sf.
a·ma·zo·nen·se adj. s2g.

a·ma·zô·ni·co adj. sm.
a·ma·zô·ni·de adj. s2g.
a·ma·zô·ni:o adj.
am·ba·ges sm. pl. *ou* sf. pl.
am·ba·í·ba sf.: *ambaúba, umbaúba.*
âm·bar sm.
am·bá·ri·co adj.
am·ba·ri·na sf.
am·ba·ri·no adj.
am·ba·ri·zar v.
am·ba·ú·ba sf.: *ambaíba, umbaúba.*
am·bé adj. 2g. sm.
am·be·la sf.
âm·bi am.
am·bi·ca·*nhes*·tro adj.
am·bi·ção sf.; pl. ·ções.
am·bi·ci:o·*nar* v.
am·bi·ci:o·*nei*·ro adj. sm.
am·bi·ci:o·so (ô) adj. sm.; f. e pl. (ó).
am·bi·des·*tri*·a sf.
am·bi·des·*tris*·mo sm.
am·bi·*des*·tro (ê) adj. sm.
am·bi·*ên*·ci:a sf.
am·bi:en·*tal* adj. 2g.; pl.: ·*tais*.
am·bi:en·ta·*lis*·mo sm.
am·bi:en·ta·*lis*·ta adj. 2g.
am·bi:en·*tar* v.
am·bi:*en*·te adj. 2g. sm.
am·bi:es·*quer*·do (ê) adj. sm.
am·*bí*·ge·no adj.
am·bi·*gra*·ma sm.
am·bi·gui·*da*·de sf.
am·*bí*·gu:o adj.
am·bi·*lá*·te·ro adj.
am·*bí*·pa·ro adj.
am·*bi*·ra sf.
am·bis·*sé*·xu:o (cs) adj.
am·bis·to·*mí*·de:o adj. sm.
âm·bi·to sm.
am·bi·va·lên·ci:a sf.
am·bi·va·*len*·te adj. 2g.
am·*bí*·vi:o sm.
am·*blí*·ce·ro adj. sm.
am·bli·go·*ni*·ta sf.
am·*blí*·go·no adj.
am·bli:o·pe adj. s2g.:
 am·*blí*·o·pe.
am·bli:o·*pi*·a sf.
am·bli:*ó*·pi·co adj.
am·*blí*·pi·go adj. sm.
am·*blo*·se sf.
am·*bló*·ti·co adj. sm.
am·bo·*ré* sm.: *aimoré*[1], *amoré*.
am·bo·re·pi·*ni*·ma sm.

am·bo·re·pi·*xu*·na sm.: *amorepixuna.*
am·bos pron. adj. num. pl.
am·bra·*zô* sm.: *abrozô, ambrozô.*
am·bre sm.: *âmbar.*
am·bre:*a*·da sf.
am·bre:*a*·do adj.
am·bre:*ar* v.
am·*bre*·ta (ê) sf.
am·bro·*si*·a sf. 'manjar'/Cf. *ambrósia.*
am·*bró*·si:a sf. 'planta'/Cf. *ambrosia.*
am·bró·si:a(s)-a·me·ri·*ca*·na(s) sf. (pl.).
am·bro·*sí*·a·co adj.
am·bro·si:*a*·no adj. sm.
am·*bró*·si:o adj.
am·bro·*zô* sm.: *abrozô, ambrozô.*
am·bu·*á* sm.: *embuá.*
âm·bu·la sf./Cf. *ambula*, do v. *ambular.*
am·bu·la·ção sf.; pl. ·ções.
am·bu·la·*cral* adj. 2g.; pl. ·*crais*.
am·bu·la·*crá*·ri:o adj.
am·bu·la·cri·*for*·me adj. 2g.
am·bu·*la*·cro sm.
am·bu·*lân*·ci:a sf.
am·bu·*lan*·te adj. s2g.
am·bu·*lar* v.
am·bu·la·*ti*·vo adj.
am·bu·la·to·ri:*al* adj. 2g.; pl.: ·*ais*.
am·bu·la·*tó*·ri:o adj. sm.
am·bu·*lí*·pe·de adj. 2g.
am·*bun*·do adj. sm.
am·bu·*ra*·na sf.
am·bus·*tão* sf.; pl. ·*tões*.
a·me:*a*·ça sf.
a·me:a·ça·*dor* (ô) adj. sm.
a·me:a·*çan*·te adj. 2g.
a·me:a·*çar* v.
a·me:*a*·ço sm.: *ameaça.*
a·me:*a*·do adj.
a·me:a·*lha*·do adj.
a·me:a·lha·*dor* (ô) sm.
a·me:a·*lhar* v.
a·me:*ar* v.
a·me·ba sf.
a·me·bi:*a*·no adj.
a·me·*bí*·a·se sf.
a·*mé*·bi·co adj.
a·me·*bi*·no adj. sm.
a·me·*bó*·ci·to sm.
a·me·*boi*·de adj. 2g. sm.
a·me·dron·*ta*·do adj.
a·me·dron·ta·*dor* (ô) adj. sm.

a·me·dron·ta·*men*·to sm.
a·me·dron·*tar* v.
a·*mei*·a sf.
a·mei·*ga*·do adj.
a·mei·ga·*dor* (ô) adj. sm.
a·mei·*gar* v.
a·*mêi*·jo:a sf./Cf. *ameijoa* (ô), do v. *ameijoar.*
a·mêi·jo:a(s)-*bran*·ca(s) sf. (pl.).
a·mei·jo:*a*·da sf.
a·mei·jo:*ar* v.
a·mei·jo:a(s)-re·*don*·da(s) sf. (pl.).
a·mei·*ju* sm.
a·*mei*·va sf.
a·*mei*·xa sf.
a·mei·xa(s)-a·ma·re·la(s) sf. (pl.).
a·mei·xa(s)-a·me·ri·*ca*·na(s) sf. (pl.).
a·mei·xa(s)-da-ba·*í*·a sf. (pl.).
a·mei·xa(s)-da-*ter*·ra sf. (pl.).
a·mei·xa(s)-de-es·*pi*·nho sf. (pl.).
a·mei·xa(s)-de-ma·da·*gás*·car sf. (pl.).
a·mei·xa(s)-do-ca·na·*dá* sf. (pl.).
a·mei·xa(s)-do-ja·pão sf. (pl.).
a·mei·xa(s)-do-pa·*rá* sf. (pl.).
a·mei·xa(s)-ja·po·*ne*·sa(s) sf. (pl.).
a·mei·*xal* sm.; pl. ·*xais*.
a·mei·xa(s)-*pre*·ta(s) sf. (pl.).
a·mei·*xei*·ra sf.
a·mei·xei·ra(s)-*bra*·va(s) sf. (pl.).
a·mei·xei·ra(s)-do-bra·*sil* sf. (pl.).
a·mei·xei·ra(s)-do-pa·*rá* sf. (pl.).
a·mei·xi:*al* sm.; pl. ·*ais*.
a·*mêi*·xo:a sf.
a·mei·xo:*al* sm.; pl. ·*ais*.
a·mei·xo:*ei*·ra sf.
a·me·la·*çar* v.
a·me·*la*·do adj.
a·me·*lé* sm.: *a·me·lê.*
a·*mé*·li:a sf.
a·me·lo:*a*·do adj.
a·me·lo·*pi*·a sf.
a·me·*ló*·pi·co adj. sm.
a·mel·ro:*a*·do adj.
a·*mém* interj. adv. sm.: *á·men.*
a·*mên*·ci:a sf.
a·*mên*·do:a sf.

a·men·do:*a*·da sf.
a·mên·do:a(s)-de-*co*·co sf. (pl.).
a·men·do:*a*·do adj.
a·mên·do:a(s)-dos-*an*·des sf. (pl.).
a·mên·do:a-du·*rá*·zi:o sf.; pl. *amêndoas-durázios* ou *amêndoas-durázio.*
a·men·du:*al* sm.; pl. ·*ais.*
a·mên·do:a-mo·*lar* sf.; pl. *amêndoas-molares.*
a·men·do:*ei*·ra sf.
a·men·do:ei·ra(s)-da-*prai*·a sf. (pl.).
a·men·do:ei·ra(s)-dos-*an*·des sf. (pl.).
a·men·do:ei·*ra*·na sf.
a·men·do·*í* sm.: a·men·do:*im*; pl. ·*ins.*
a·men·do:im-*bra*·vo sm.; pl. *amendoins-bravos.*
a·me·*ni*·a sf.
a·me·ni·*da*·de sf.
a·me·ni·*na*·do adj.
a·me·ni·*nar* v.
a·me·*nis*·ta adj. s2g.
a·me·ni·*za*·do adj.
a·me·ni·za·*dor* (ô) adj. sm.
a·me·ni·*zar* v.
a·*me*·no adj.
a·me·nor·*rei*·a sf.
a·me·*no*·so (ô) adj.; f. *e* pl. (ó).
a·*men*·ta sf.
a·men·*tá*·ce:a sf.
a·men·*tá*·ce:o adj.
a·men·ta·*dor* (ô) adj. sm.
a·men·*tar* v.
a·*men*·te adj. 2g.
a·men·*tí*·fe·ro adj.
a·men·ti·*flo*·ro adj.
a·men·ti·*for*·me adj. 2g.
a·men·*ti*·lho sm.
a·*men*·to sm.
a·me·*ra*·ba adj. s2g.
a·mer·ce:a·*dor* (ô) adj. sm.
a·mer·ce:a·*men*·to sm.
a·mer·ce:*ar* v.
a·ma·reu·si:*á*·ti·co adj.
a·*mé*·ri·ca adj. s2g. sf.
a·me·ri·*ca*·na sf.
a·me·ri·ca·*na*·da sf.
a·me·ri·ca·*nen*·se adj. s2g.
a·me·ri·ca·*ni*·ce sf.
a·me·ri·ca·*nis*·mo sm.
a·me·ri·ca·*nis*·ta adj. s2g.
a·me·ri·ca·ni·za·*ção* sf.; pl. ·*ções.*
a·me·ri·ca·ni·*za*·do adj.

a·me·ri·ca·ni·*zar* v.
a·me·ri·*ca*·no adj. sm.
a·me·ri·ca·no(s)-do-*nor*·te adj. sm. (pl.).
a·me·*rí*·ci:o sm.
a·me·*rí*·ge·na adj. s2g.
a·me·*rín*·co·la ad. s2g.
a·me·*rín*·di:o adj. sm.
a·me·ris·*sa*·gem sf.; pl. ·*gens.*
a·me·ris·*sar* v.
a·me·*rós*·po·ro sm.
a·me·sen·*dar* v.:
    a·me·sen·*drar.*
a·mes·qui·*nha*·do adj.
a·mes·qui·nha·*dor* (ô) adj. sm.
a·mes·qui·nha·*men*·to sm.
a·mes·qui·*nhar* v.
a·mes·*tra*·do adj.
a·mes·tra·*dor* (ô) adj. sm.
a·mes·tra·*men*·to sm.
a·mes·*trar* v.
a·me·ta·*bó*·li·co adj.
a·me·*tá*·bo·lo adj. sm.
a·me·ta·*lar* v.
a·me·*tis*·ta sf.
a·me·*tís*·ti·co adj.
a·me·tis·*ti*·no adj.
a·me·*tri*·a sf.
a·*mé*·tri·co adj.
a·me·*tro*·pe adj. s2g.:
    a·*mé*·tro·pe.
a·me·tro·*pi*·a sf.
a·me·zi·nha·*dor* (ô) sm.
a·me·zi·*nhar* v.
a·*mi* sf.
a·mi·*al* sm.; pl. ·*ais.*
a·mi:*an*·to sm.
a·mi:as·te·*ni*·a sf.
a·*mi*·ba sf.: *ameba.*
a·mi·*cal* adj. s2g.; pl. ·*cais.*
a·mi·*cí*·ci:a sf.
a·mi·*cís*·si·mo adj. superl. de *amigo.*
a·*míc*·ti·co adj.
a·*mic*·to sm.
a·*mí*·cu·lo sm.
a·*mi*·da sf.
a·*mí*·da·la sf.: *amígdala.*
a·mi·*dá*·li·co adj.: *amigdálico.*
a·mi·da·*li*·na sf.: *amigdalina.*
a·mi·da·*li*·no adj.: *amigdalino.*
a·mi·da·*li*·te sf.: *amigdalite.*
a·mi·da·*loi*·de adj. 2g. sm.: *amigdaloide.*
a·mi·de·*ri*·a sf.
a·*mi*·do sm.: *â*·mi·do.
a·mi·do:*a*·do adj.

a·mi:ei·*ral* sm.; pl. ·*rais.*
a·mi:*ei*·ro sm.
a·mi:e·*li*·a sf.
a·*mi*·ga sf.
a·mi·ga·*ção* sf.; pl. ·*ções.*
a·mi·*ga*·ço sm. aum. de *amigo.*
a·mi·*ga*·do adj. sm.
a·mi·ga·*lha*·ço sm. aum. irreg. de *amigo.*
a·mi·ga·*lhão* sm.; pl. ·*lhões;* aum. irreg. de *amigo.*
a·mi·*gar* v.
a·mi·*gá*·vel adj. 2g.; pl. ·*veis.*
a·*míg*·da·la sf.: *amídala.*
a·mig·*dá*·li·co adj.: *amidálico.*
a·mig·da·*li*·na sf.: *amidalina.*
a·mig·da·*li*·no adj.: *amidalino.*
a·mig·da·*li*·te sf.: *amidalite.*
a·mig·da·*loi*·de adj. 2g. sm.: *amidaloide.*
a·*mi*·go adj. sm.; superl. *amicíssimo.*
a·mi·go(s) da *on*·ça sm.; (pl.).
a·mi·go(s)-o-*cul*·to(s) sm. (pl.).
a·mi·go(s)-*ur*·so(s) sm. (pl.).
a·mi·*guei*·ro sm.
a·mi·*lá*·ce:o adj.
a·mi·*la*·se sf.: a·*mí*·la·se.
a·mi·*lha*·do adj.
a·mi·*lhar* v.
a·mi·*lí*·fe·ro adj.
a·mi·lo·gê·ne·se sf.
a·mi·*ló*·ge·no adj. sm.
a·mi·*loi*·de adj. 2g. sf.
a·mi·*ló*·li·se sf.
a·mi·lo·*lí*·ti·co adj.
a·mi·lo·pec·*ti*·na sf.
a·mi·lo·*plas*·ta sm.
a·mi·lo·plas·*tí*·dio sm.
a·mi·*lo*·se sf.
a·mi·*ma*·do adj.
a·mi·ma·*dor* (ô) adj. sm.
a·mi·ma·*lhar* v.
a·mi·*mar* v.
a·mi·*mi*·a sf.
a·*mi*·na sf.
a·mi·na·*cé*·ti·co adj. sm.: *aminoacético.*
a·mi·*ná*·ci·do adj. sm.: *aminoácido.*
a·mi·nei·*rar* v.
a·min·*guar* v.
a·mi·no:a·*cé*·ti·co adj. sm.: *aminacético.*
a·mi·no:*á*·ci·do adj. sm.: *aminácido.*
a·mi·no·ben·*zoi*·co adj.

a·mi·no·pro·pi:ô·ni·co adj.
a·min·*ti*·nha sm.
a·mi:os·te·*ni*·a sf.
a·mi:os·*tê*·ni·co adj. sm.
a·mi:o·*tro·fi*·a sf.
a·mi:o·*tró*·fi·co adj. sm.
a·*mir* sm.
a·mi·*sau*·a sf.
a·mi·se·ra·*ção* sf.; pl. ·*ções*.
a·mi·se·*rar* v.
a·mis·*são* sf.; pl. ·*sões*.
a·mis·*sí*·vel adj. 2g.; pl. ·veis.
a·mis·*tar* v.
a·mis·*to*·so (ô) adj. sm.; f. *e* pl. (ó).
a·mi·su·*lar* v.
a·mi·*to*·se sf.
a·mi·*tó*·ti·co adj.
a·mi:u·*da*·do adj.
a·mi:u·*dar* v.
a·mi:*ú*·de adj. v.
a·mi·*xi*·a (s) sf.
a·mi·*za*·de sf.
am·ne·*si*·a sf.: am·*né*·si:a/Cf. *amnesia*, do v. *amnesiar*.
am·ne·si:*ar* v.
am·*né*·si·co adj.
am·*nés*·ti·co adj.
am·ni:a·*pé* adj. s2g.
âm·ni:o sm.
am·ni:o·man·*ci*·a sf.
am·ni:o·*man*·te s2g.
am·ni:o·*mân*·ti·co adj.
am·ni:*o*·ta sm.
am·ni:*ó*·ti·co adj.
a·mo sm.
a·mo·cam·*ba*·do adj.
a·mo·cam·ba·*men*·to sm.
a·mo·cam·*bar* v.
a·mo·*char* v. 'retrair'/Cf. *amouxar*.
a·mo·chi·*lar* v.
a·mo·*cri*·so sm.
a·mo·der·*nar* v.
a·*mó*·di·ta adj. s2g.
a·mo·dor·*rar* v.
a·mo:e·da·*ção* sf.; pl. ·*ções*.
a·mo:e·*dar* v.
a·mo:e·*dá*·vel adj. 2g.; pl. ·veis.
a·mo·fi·na·*ção* sf.; pl. ·*ções*.
a·mo·fi·*na*·do adj.
a·mo·fi·na·*dor* (ô) adj. sm.
a·mo·fi·*nar* v.
a·mo·fum·*bar* v.
a·mo:i·*pi*·ra adj. s2g.
a·moi·ris·*ca*·do adj.: *amouriscado*.

a·moi·ris·*car* v.: *amouriscar*.
a·moi·*tar* v.: *amoutar*.
a·mo·*ja*·do adj.
a·mo·*jar* v.
a·*mo*·jo (ô) sm./Cf. *amojo* (ó), do v. *amojar*.
a·mo·la·*ção* sf.; pl. ·*ções*.
a·mo·la·*dei*·ra sf.
a·mo·la·*de*·la sf.
a·mo·*la*·do adj.
a·mo·la·*dor* (ô) adj. sm.
a·mo·la·*du*·ra sf.
a·mo·*lan*·te adj. 2g.
a·mo·*lar* v.
a·mol·*dar* v.
a·mol·*dá*·vel adj. 2g.; pl. ·veis.
a·mo·le·*ca*·do adj.
a·mo·le·*car* v.
a·mo·le·ce·*dor* (ô) adj. sm.
a·mo·le·*cer* v.
a·mo·le·*ci*·do adj.
a·mo·le·ci·*men*·to sm.
a·mo·le·*gar* v.
a·mo·len·ta·*dor* (ô) adj. sm.
a·mo·len·ta·*men*·to sm.
a·mo·len·*tar* v.
a·mo·les·*tar* v.
a·mol·ga·*ção* sf.; pl. ·*ções*.
a·mol·ga·*de*·la sf.
a·mol·ga·*du*·ra sf.
a·mol·*gar* v.
a·mol·*gá*·vel adj. 2g.; pl. ·veis.
a·mo·*lhar* v.
a·*mó*·li·co adj.
a·mo·*li*·na sf.
a·mo·*nal* sm.; pl. ·*nais*.
a·*mô*·ni:a sf.
a·mo·ni:a·*ca*·do adj.
a·mo·ni:a·*cal* adj. 2g.; pl. ·*cais*.
a·mo·*ní*·a·co adj. sm.
a·*mô*·ni·co adj.
a·*mô*·ni:o sm.
a·mo·*ni*·te sf.
a·mo·ni:u·*ri*·a sf.:
 a·mo·ni:*ú*·ri:a.
a·mon·je:*a*·ba sf.
a·mo·*noi*·de adj. 2g. sm.
a·mo·*nô*·me·tro sm.
a·mon·*ta*·do adj.
a·mon·ta·*nhar* v.
a·mon·*tar* v.
a·mon·*to*·a (ô) sf.
a·mon·to:a·*ção* sf.; pl. ·*ções*.
a·mon·to:*a*·do adj. sm.
a·mon·to:a·*dor* (ô) adj. sm.
a·mon·to:a·*men*·to sm.
a·mon·to:*ar* v.

a·mon·tu·*rar* v.
a·mo·que·*car* v.
a·*mor* (ô) sm.; pl. *amores* (ô)/Cf. *amores* (ó), do v. *amorar*.
a·*mo*·ra sf.
a·*mo*·ra(s)-da-*ma*·ta sf. (pl.).
a·mo·*ra*·do adj. 'da cor da amora'/Cf. *amurado*.
a·mor·a·gar·ra·*di*·nho sm.; pl. *amores-agarradinhos*.
a·mo·*ral* adj. s2g.; pl. ·*rais*.
a·mo·ra·*lis*·mo sm.
a·mo·ra·*lis*·ta adj. s2g.
a·mo·ra·li·*zar* v.
a·mo·*ran*·ça sf.
a·mo·ra(s)-*pre*·ta(s) sf. (pl.).
a·mo·*rar* v. 'afugentar'/Cf. *amurar*.
a·mo·ra·*ti*·vo adj.
a·mo·*rá*·vel adj. 2g.; pl. ·veis.
a·mo·ra(s)-ver-*me*·lha(s) sf. (pl.).
a·mor·cres·*ci*·do sm.; pl. *amores-crescidos*.
a·mor·da·ça·*men*·to sm.
a·mor·da·*çar* v.
a·mor-de-*mo*·ça sm.; pl. *amores-de-moças*.
a·mor-de-va·*quei*·ro sm.; pl. *amores-de-vaqueiro*.
a·mor-do-*cam*·po sm.; pl. *amores-do-campo*.
a·mo·*ré* sm.: *aimoré*[1], *amboré*.
a·mo·*re*·co sm.; na loc. *um amoreco*.
a·mo·*ré*(s)-gua·*çu*(s) sm. (pl.).
a·mo·*rei*·a sf.
a·mo·*rei*·ra sf.
a·mo·rei·ra(s)-*bran*·ca(s) sf. (pl.).
a·mo·rei·*ral* sm.; pl. ·*rais*.
a·mo·rei·ra(s)-*pre*·ta(s) sf. (pl.).
a·mo·rei·*ren*·se adj. s2g.
a·mor-em-*pen*·ca sm.; pl. *amores-em-penca*.
a·mo·re·*na*·do adj.
a·mo·re·*nar* v.
a·mo·re·pi·*ni*·ma sf.
a·mo·re·pi·*xu*·na sf.
a·mo·res-de-*ne*·gro sm. 2n.
a·mo·res-do-cam·po-*su*·jo sm. 2n.
a·mor·fa·*nhar* v.: *amarfanhar*.
a·mor·fe·*bril* sm.; na loc. *no amor-febril*.
a·mor·*fi*·a sf.
a·*mór*·fi·co adj.

a·*mor*·fo adj. sm.
a·mor·*fó*·fi·to adj. sm.
a·mo·*ri*·co sm. dim. irreg. de *amor*.
a·mo·*rí*·fe·ro adj.
a·mo·*rim* adj. sf.; pl. ·*rins*.
a·mo·*ri*:o sm.
a·mo·ris·*ca*·do adj. 'próprio de namorado'/Cf. *amouriscado*.
a·mo·ris·*car* v. 'enamorar-se'/Cf. *amouriscar*.
a·mor·*ma*·do adj.
a·mor·*na*·do adj.
a·mor·*nar* v.
a·mor·ne·*cer* v.
a·mo·*ro*·sa sf.
a·mo·ro·si·*da*·de sf.
a·mo·*ro*·so (ô) adj. sm.; f. *e* pl. (ó).
a·mor·per·*fei*·to sm.; pl. *amores-perfeitos*.
a·mor·per·*fei*·to-*bra*·vo sm.; pl. *amores-perfeitos-bravos*.
a·mor·per·*fei*·to-da-*chi*·na sm.; pl. *amores-perfeitos-da--china*.
a·mor·per·*fei*·to-do-*ma*·to sm.; pl. *amores-perfeitos-do--mato*.
a·mor-*pró*·pri:o sm.; pl. *amores-próprios*.
a·mor·re·*a*·do adj.
a·mor·*reu* adj. sm.; f. ·*rei*·a.
a·mor·ri·*nhar* v.
a·mor·*se*·co sm.; pl. *amores-secos*.
a·mor·se·*gar* v.
a·mor·ta·lha·*dei*·ra sf.
a·mor·ta·*lha*·do adj. sm.
a·mor·ta·lha·*dor* (ô) adj. sm.
a·mor·ta·lha·*men*·to sm.
a·mor·ta·*lhar* v.
a·mor·te·ce·*dor* (ô) adj. sm.
a·mor·te·*cer* v.
a·mor·te·*ci*·do adj.
a·mor·te·ci·*men*·to sm.
a·mor·ti·*çar* v.
a·mor·ti·za·*ção* sf.; pl.·*ções*.
a·mor·ti·*zar* v.
a·mor·ti·*zá*·vel adj. 2g.; pl. ·*veis*.
a·mo·*ru*·do adj.
a·mos·*sar* v.
a·mos·se·*gar* v.
a·mos·*ta*·do adj.
a·mos·tar·*da*·do adj.
a·mos·tar·*dar* v.

a·*mos*·tra sf.
a·mos·tra·*ção* sf.; pl. ·*ções*.
a·mos·tra·*di*·ço adj.
a·mos·tra·*dor* (ô) adj. sm.
a·mos·*tra*·gem sf.; pl. ·*gens*.
a·mos·*trar* v.
a·mos·tra-*ti*·po sf.; pl. *amostras--tipos* ou *amostras-tipo*.
a·mos·*tri*·nha sf.
a·*mo*·ta sf.
a·mo·*tar* v.
a·mo·ti·na·*ção* sf.; pl. ·*ções*.
a·mo·ti·*na*·do adj. sm.
a·mo·ti·na·*dor* (ô) adj. sm.
a·mo·ti·na·*men*·to sm.
a·mo·ti·*nar* v.
a·mo·ti·*ná*·vel adj. 2g.; pl. ·*veis*.
a·mou·*ca*·do adj.
a·mou·*car* v.
a·*mou*·co adj. sm.
a·mou·ris·*ca*·do adj. 'à maneira dos mouros': *amoiriscado*/Cf. *amoriscado*.
a·mou·ris·*car* v. 'dar feição mourisca a': *amoiriscar*/Cf. *amoriscar*.
a·mou·*tar* v.: *amoitar*.
a·mou·*xar* v. 'entesourar'/Cf. *amochar*.
a·mo·xi·*li*·na (cs) sf.
a·*mou*·xo sm.
a·mo·*ver* v.
a·mo·vi·bi·li·*da*·de sf.
a·mo·*ví*·vel adj. 2g.; pl. ·*veis*.
a·mo·xa·*mar* v.
am·pa·*lá*·gua sf.: *ampelágua*.
am·pa·*ra*·do adj.
am·pa·ra·*dor* (ô) adj. sm.
am·pa·*rar* v.
am·pa·*rá*·vel adj. 2g.; pl. ·*veis*.
am·pa·*ren*·se adj. s2g.
am·*pa*·ro sm.
am·*pé*·di:o sm.
âm·*pe*·do sm.
am·pe·*lá*·gua sf.: *ampalágua*.
am·pe·*li*·na sf.
am·pe·*li*·to sm.
am·pe·lo·gra·*fi*·a sf.
am·pe·lo·*grá*·fi·co adj.
am·pe·*ló*·gra·fo sm.
am·pe·lo·lo·*gi*·a sf.
am·pe·lo·*ló*·gi·co adj.
am·pe·ra·*gem* sf.; pl. ·*gens*.
am·*pe*·re sm.; am·*pè*·re.
am·pe·re-es·*pi*·ra sm.; pl. *amperes-espiras* ou *amperes--espira*: am·*pè*·re·es·*pi*·ra; pl.

ampères-espiras ou *ampères--espira*.
am·pe·re-*ho*·ra sm.; pl. *amperes-horas* ou *amperes--hora:* am·*pè*·re·*ho*·ra; pl. *ampères-horas* ou *ampères--hora*.
am·pe·ri·me·*tri*·a sf.: *amperometria*.
am·pe·*rí*·me·tro sm.: *amperômetro*.
am·pe·ro·me·*tri*·a sf.: *amperimetria*.
am·pe·*rô*·me·tro sm.: *amperímetro*.
ampersand sm. do ing.
am·ple·*ti*·vo adj.
am·ple·xi·*cau*·le (cs) adj. 2g.
am·ple·xi·*flo*·ro (cs) adj.
am·ple·xi·fo·li·*a*·do (cs) adj.
am·ple·xi·*fó*·li:o (cs) adj.
am·*ple*·xo (cs) sm.
am·pli:a·*ção* sf.; pl. ·*ções*.
am·pli:*a*·do adj.
am·pli:a·*dor* (ô) adj. sm.
am·pli:*ar* v.
am·pli:a·ti·*flo*·ro adj.
am·pli:a·ti·*fó*·li:o adj.
am·pli:a·ti·*for*·me adj. 2g.
am·pli:a·*ti*·vo adj.
am·pli:*á*·vel adj. 2g.; pl. ·*veis*.
am·pli·*dão* sf.; pl. ·*dões*.
am·pli·*di*·na sf.
am·pli·fi·ca·*ção* sf.; pl. ·*ções*.
am·pli·fi·ca·*dor* (ô) adj. sm.
am·pli·fi·ca·*do*·ra (ô) sf.
am·pli·fi·*can*·te adj. 2g.
am·pli·fi·*car* v.
am·pli·fi·ca·*ti*·vo adj.
am·pli·fi·*cá*·vel adj. 2g.; pl. ·*veis*.
am·pli·*tu*·de sf.
am·plo adj.
am·*po*·la (ô) sf.
am·*pu*·la sf.
am·pu·*lá*·ce:o adj.
am·pu·*lá*·ri:a sf.
am·pu·la·*rí*·de:o adj. sm.
am·*pu*·lhe·ta (ê) sf.
am·pu·li·*for*·me adj. 2g.
am·pu·ta·*ção* sf.; pl. ·*ções*.
am·pu·*ta*·do adj.
am·pu·ta·*dor* (ô) adj. sm.
am·pu·*tar* v.
ams·ter·da·*mês* adj. sm.
a·mu:*a*·do adj.
a·mu:a·*men*·to sm.

a·mu:*ar* v.
a·mu:i·*mó* adj. s2g.
a·mu·la·*ta*·do adj.
a·mu·la·*tar* v.
a·mu·*lé*·ti·co adj.
a·mu·*le*·to (ê) sm.
a·mu·lhe·*ra*·do adj.
a·mu·lhe·*rar* v.
a·mu·lhe·*rar* v.
a·mu·lhe·ren·*ga*·do adj.
a·mu·lhe·ren·*gar* v.
a·mu·mi:*a*·do adj.
a·mu·mi:*ar* v.
a·mun·di·*ça*·do adj.
a·mu·nhe·*car* v.
a·mu·nhe·*ga*·do adj.
a·mu·ni·ci·a·*men*·to sm.
a·mu·ni·ci·*ar* v.
a·mu·ni·ci·o·*nar* v.
a·*mu*·o sm.
a·*mu*·ra sf.
a·*mu*·ra·da sf.
a·*mu*·ra·do adj. 'cercado de muros'/Cf. *amorado*.
a·mu·ra·*lha*·do adj.
a·mu·ra·*lhar* v.
a·mu·*rar* v. 'fixar a amura' 'cercar de muros'/Cf. *amorar*.
a·*mur*·ca sf.
a·mur·che·*cer* v.
a·mu·*ri* sm.
a·mu·*si*·a sf.
a·*ná* sm. adv.
a·*nã* adj. sf. de *anão*.
a·na·ban·*tí*·de:o adj. sm.
a·*ná*·ba·se sf.
a·na·*bá*·se:a sf.
a·na·ba·*si*·a sf.
a·na·ba·*tis*·mo sm.
a·na·ba·*tis*·ta adj. s2g.
a·na·be·no·*dác*·ti·lo adj.: a·na·be·no·*dá*·ti·lo.
a·na·*bi* sm. *ou* sf.
a·na·bi:*o*·se sf.
a·na·bi:*ó*·ti·co adj.
a·na·blep·*sí*·de:o adj. sm.
a·na·*blep*·so sm.
a·na·*bó*·li·co adj.
a·na·bo·*lis*·mo sm.
a·na·bo·li·*zan*·te adj. 2g. sm.
a·na·*bro*·se sf.
a·na·*bró*·ti·co adj.
a·na·*cá* sm: a·na·*cã*.
a·na·ca·*í*·na sf.
a·na·*câmp*·ti·co adj.
a·na·can·*tí*·ne:o adj. sm.
a·na·can·*ti*·no adj. sm.
a·na·*çar* v.

a·na·ca·*ra*·do adj.
a·na·car·di:*á*·ce:a sf.
a·na·car·di:*á*·ce:o adj.
a·na·*cár*·di·co adj.
a·na·ca·*tár*·ti·co adj.
a·na·*cé* adj. s2g.: a·na·*cê*.
a·na·ce·fa·le:*o*·se sf.
a·na·ce·*no*·se sf.
a·na·*cí*·cli·co adj. sm.
a·na·cir·*to*·se sf.
a·*ná*·cla·se sf.
a·na·cli·*si*·a sf.
a·na·co·*li*·a sf.
a·na·co·lu·*ti*·a sf.
a·na·co·*lu*·to sm.
a·na·*con*·da sf.
a·na·co·*re*·se sf.
a·na·co·*re*·ta (ê) s2g.
a·na·co·*ré*·ti·co adj.
a·na·cre:*ôn*·ti·ca sf.
a·na·cre:*ôn*·ti·co adj.
a·na·cro·bi:*on*·te sm.
a·na·*cró*·ge·no adj.
a·na·*crô*·ni·co adj.
a·na·cro·*nis*·mo sm.
a·na·cro·ni·*zar* v.
a·na·*cru*·se sf.
a·na·*crús*·ti·co adj.
a·na·*del* sm.; pl. ·*déis*.
a·na·de·la·*ri*·a sf.
a·na·*dél*·fi:a sf.
a·na·*de*·ma sf.
a·na·di:*en*·se adj. s2g.
a·na·di·*plo*·se sf.
a·*ná*·dro·mo adj. sm.
a·na:e·*ró*·bi·co adj.
a·na:e·*ró*·bi:o adj. sm.
a·na:e·ro·bi:*on*·te sm.
a·na:e·ro·bi:*o*·se sf.
a·*na*·fa sf.
a·na·*fa*·do adj.
a·na·*fai*·a sf.
a·na·*far* v.
a·*ná*·fa·se sf.
a·na·*fá*·si·co adj.
a·*ná*·fe·ga sf.
a·na·*fil* adj. sm.; pl. ·*fis*.
a·na·fi·*lác*·ti·co adj.: *anafilático*.
a·na·fi·lac·ti·*zar* v.: *anafilatizar*.
a·na·fi·*lá*·ti·co adj.: *anafiláctico*.
a·na·fi·la·ti·*zar* v.: *anafilactizar*.
a·na·fi·la·*xi*·a (cs) sf.
a·na·fi·*lei*·ro sm.
a·na·*fi*·lo sm.
a·*ná*·fi·se sf.
a·na·fo·*ne*·se sf.
a·*ná*·fo·ra sf.

a·na·fo·*re*·se sf.
a·na·*fó*·ri·co adj.
a·na·fo·*ris*·mo sm.
a·na·fro·di·*si*·a sf.
a·na·fro·di·*sí*·a·co adj. sm.
a·na·fro·*di*·ta adj. s2g.
a·na·fro·*dí*·ti·co adj.
a·na·ga·*lác*·ti·co adj.
a·na·*gê*·ne·se adj.
a·na·*gê*·ni·co adj.
a·na·ge:o·*tró*·pi·co adj.
a·na·ge·o·tro·*pis*·mo sm.
a·na·*glí*·fi·co adj.
a·*ná*·gli·fo sm.
a·na·glip·to·gra·*fi*·a sf.
a·na·glip·to·*grá*·fi·co adj.
a·nag·no·*si*·a sf.
a·nag·no·si·gra·*fi*·a sf.
a·nag·*nos*·ta sm.
a·na·go·*gi*·a sf.
a·na·*gó*·gi·co adj.
a·na·*gra*·ma sm.
a·na·gra·*má*·ti·co adj.
a·na·gra·ma·*tis*·mo sm.
a·na·gra·ma·ti·*zar* v.
a·*ná*·gua sf.
a·nai·*á* sm.: *anajá*[1].
a·*nais* sm. pl.
a·nai:u·*ri* sm. *ou* sf.
a·na·*já*[1] sm. 'palmeira'/Cf. *anajá*[2].
a·na·*já*[2] adj. s2g. 'povo'/Cf. *anajá*[1].
a·na·ja·*en*·se adj. s2g.
a·na·*já*·mi·*rim* sm.; pl. *anajás-mirins*.
a·na·ja·tu·*ben*·se adj. s2g.
a·na·*jé* sm.
a·*nal* adj. 2g. sm.; pl. ·*nais*.
a·na·*la*·bo sm.: a·*ná*·la·bo.
a·na·lag·*má*·ti·co adj.
a·na·*lam*·po sm.
a·na·lan·*den*·se adj. s2g.
a·nal·*ci*·ma sm.
a·nal·*ci*·ta sf.
a·na·*lec*·to sm.
a·na·*lec*·tor (ô) adj. sm.
a·na·*le*·ma sm.
a·na·le·*má*·ti·ca sf.
a·na·le·*má*·ti·co adj.
a·na·*lep*·se sf.
a·na·*lep*·si·a sf.
a·na·*lép*·ti·ca sf.
a·na·*lép*·ti·co adj.
a·na·ler·*gi*·a sf.
a·na·*lér*·gi·co adj.
a·*nal*·fa adj. s2g.

a·nal·fa·*bé*·ti·co adj.
a·nal·fa·be·*tis*·mo sm.
a·nal·fa·*be*·to adj. sm.
a·nal·ge·*si*·a sf.
a·nal·*gé*·si·co adj. sm.
a·nal·ge·*sí*·de·o adj. sm.
a·nal·ge·*si*·na sf.
a·nal·*gé*·ti·co adj. sm.
a·nal·*gi*·a sf.
a·*nál*·gi·co adj.
a·na·li·*sa*·do adj. sm.
a·na·li·*sa*·dor (ô) adj. sm.
a·na·li·*san*·do adj. sm.
a·na·li·*sar* v.
a·na·li·*sá*·vel adj. 2g.; pl. -veis.
a·*ná*·li·se sf./Cf. *analise*, do v. *analisar*.
a·na·*lis*·ta adj. s2g.
a·na·li·ti·ci·*da*·de sf.
a·na·*lí*·ti·co adj.
a·na·lo·*ga*·do sm.
a·na·lo·*gi*·a sf.
a·na·*ló*·gi·co adj.
a·na·lo·*gis*·mo sm.
a·na·lo·*gis*·ta adj. s2g.
a·na·lo·*gís*·ti·co adj.
a·*ná*·lo·go adj. sm.
a·na·*lo*·se sf.
a·na·*lo*·te sm.
a·na·ma·*ri* adj. s2g.
a·nam·*bé* adj. s2g. sm.
a·nam·bé(s)-a·*çu*(s) sm. (pl.).
a·nam·bé-a-*zul* sm.; pl. *anambés-azuis*.
a·nam·bé(s)-*bran*·co(s) sm. (pl.).
a·nam·bé(s)-*gran*·de(s) sm. (pl.).
a·nam·bé-pi·ti·*ú* sm.; pl. *anambés-pitiús* ou *anambés-pitiú*.
a·nam·bé-*pom*·bo sm.; pl. *anambés-pombos* ou *anambés-pombo*.
a·nam·bé(s)-*pre*·to(s) sm. (pl.).
a·nam·bé(s)-*ro*·xo(s) sm. (pl.).
a·nam·be·*ú*·na sm.
a·na·*mês* adj. sm.
a·na·me·*si*·ta sf.: a·na·me·*si*·te.
a·na·me·*si*·to sm.
a·na·mi·*ri* adj. s2g.
a·na·*mi*·ta adj. s2g.
a·na·*mí*·ti·co adj.
a·nam·*ne*·se sf.:
a·nam·ne·*si*·a sf.:
 a·nam·*né*·si·a.
a·nam·*né*·si·co adj.

a·nam·*nés*·ti·co adj.
a·nam·ni·*o*·ta. s2g.
a·na·mor·*fis*·mo sm.
a·na·mor·*fo*·se sf.
a·na·mor·*fó*·ti·co adj.
a·na·na·*í* sm. *ou* sf.
a·na·*nás* sm.
a·na·na·*sei*·ro sm.
a·nan·*dri*·o sm.: a·*nân*·dri·o.
a·na·*ni* sm.: *ananim*.
a·na·ni·*ca*·do adj.
a·na·ni·*car* v.
a·na·*ni*·co adj.
a·na·*nim* sm.; pl. -*nins*: *anani*.
a·na·nin·*den*·se adj. s2g.
a·na·*nis*·mo sm.
a·na·*no* adj.
a·nan·*te*·ro adj.
a·nan·*zar* v.
a·*não* adj. sm.; pl. *anões* ou *anãos*; f. *anã*.
a·na·*pés*·ti·co adj.
a·na·*pes*·to sm.
a·na·*pin*·ta(s) sf. (pl.).
a·na·pla·*si*·a sf.
a·na·*plá*·si·co adj.
a·na·*plas*·ma sm.
a·na·*plas*·mo·se sf.
a·na·plas·*ti*·a sf.
a·na·*plás*·ti·co adj.
a·na·po·*li*·no adj. sm.
a·nap·*ti*·xe (cs) sf.
a·na·pu·*ru* adj. s2g.: *amapuru*.
a·nar·ci·*sar* v.
a·*nar*·co sm.
a·nar·*coi*·de adj. 2g.
a·nar·cos·sin·di·ca·*lis*·mo sm.
a·nar·co·*ti*·na sf.
a·na·*ri* sm.
a·nar·*mô*·ni·co adj.
a·nar·*qui*·a sf.
a·*nár*·qui·co adj.
a·nar·*quis*·mo sm.
a·nar·*quis*·ta adj. s2g.
a·nar·qui·za·*ção* sf.; pl. -*ções*.
a·nar·qui·*za*·do adj. sm.
a·nar·qui·za·*dor* (ô) adj. sm.
a·nar·qui·*zar* v.
a·nar·qui·*zá*·vel adj. 2g.; pl. -veis.
a·nar·*tri*·a sf.
a·*nar*·tro adj. sm.
a·na·*sar*·ca sf.
a·na·sar·*ca*·do adj.
a·na·*sár*·ci·co adj.
a·na·*sar*·co adj.
a·nas·pi·*dá*·ce:o adj. sm.

a·nas·ta·ci·*a*·no adj. sm.
a·nas·*tá*·ti·co adj.
a·nas·tig·*má*·ti·co adj.
a·nas·to·ma·*tí*·ne:o adj. sm.
a·nas·to·mo·*sa*·do adj.
a·nas·to·mo·*san*·te adj. 2g.
a·nas·to·mo·*sar* v.
a·nas·to·*mo*·se sf.
a·nas·to·*mó*·ti·co adj.
a·*nás*·tro·fe sf.
a·nas·tro·*fi*·a sf.
a·*na*·ta sf.
a·na·*ta*·do adj.
a·na·*tar* v.
a·na·*tá*·si:o sm.
a·na·tei·*ra*·do adj.
a·na·tei·*rar* v.
a·*ná*·te·ma adj. 2g. sm.
a·na·te·*má*·ti·co adj.
a·na·te·ma·*tis*·mo sm.
a·na·te·ma·ti·za·*ção* sf.; pl. -*ções*.
a·na·te·ma·ti·*za*·do adj.
a·na·te·ma·ti·za·*dor* (ô) adj. sm.
a·na·te·ma·ti·*zar* v.
a·na·*té*·xis (cs) sf. 2n.
a·*ná*·ti·da adj. 2g. sm.
a·na·*tí*·de:o adj. sm.
a·na·*ti*·fa sf.
a·na·*ti*·fo sm.
a·na·*ti*·na sf.
a·na·*tis*·ta sm.
a·*na*·to sm.
a·na·to·*cis*·mo sm.
a·na·to·li·*a*·no adj. sm.
a·na·*tó*·li·co adj. sm.
a·na·to·*mi*·a sf.
a·na·to·*tô*·mi·co adj. sm.
a·na·to·*mis*·ta adj. s2g.
a·na·to·mi·za·*ção* sf.; pl. -*ções*.
a·na·to·mi·*zar* v.
a·na·to·mo·pa·to·lo·*gi*·a sf.
a·na·to·mo·pa·to·*ló*·gi·co adj.
a·na·to·*xi*·na (cs) sf.
a·na·*tro*·pi·a sf.
a·*ná*·tro·po adj.
a·nau·e·*rá* sf.
a·nau·*quá* adj. s2g.: *nauquá*.
a·na·va·*lha*·do adj.
a·na·va·*lhar* v.
a·na(s)-*ve*·lha(s) sf. (pl.).
a·na·*vin*·ga sf.
a·na·xa·go·ri·*a*·no (cs) adj.
a·na·xa·*gó*·ri·co (cs) adj.
a·*naz* sm.
a·na·*zó*·ti·co adj.
an·ca sf.

an·*ca*·do adj. sm.
an·ca·*ren*·se adj. s2g.
an·cas sf. pl.
an·ce·*nú*·bi:o sm.
an·ces·*tral* adj. s2g.; pl. ·*trais*.
an·ces·ta·*li*·da·de sf.
an·*ces*·tre adj. s2g.
an·chi:e·*ta*·no adj.
an·chi:e·*ten*·se adj. s2g.
an·chi:e·*ti*·na sf.
an·cho adj. sm.
an·*cho*·va (ô) sf.: *enchova*.
an·cho·*vi*·nha sf. dim. de *anchova*.
an·*chu*·ra sf.
anci·*ã* adj. sf. de *ancião*.
an·ci:a·*ni*·a sf.
an·ci:a·ni·*da*·de sf.
an·ci·*ão* adj. sm.; pl. *anciãos*, *anciões* ou *anciães*; f. *anciã*.
an·*ci*·la sf.
an·ci·*lar* adj. 2g.
an·ci·lo·glos·*si*·a sf.
an·ci·lo·*sar* v.
an·ci·*lo*·se sf.
an·ci·los·to·*mí*·a·se sf.
an·ci·los·to·*mí*·de:o adj. sm.
an·ci·*lós*·to·mo sm.
an·ci·los·to·*mo*·se sf.
an·ci·lo·*ti*·a sf.
an·ci·*ló*·to·mo sm.
an·ci·*nhar* v.
an·*ci*·nho sm.
an·ci·pi·*tal* adj. 2g.; pl. ·*tais*.
an·*cí*·pi·te adj. 2g.
an·co sm.
an·*cô*·ne:o adj. sm.
ân·co·ra sf./Cf. *ancora*, do v. *ancorar*.
an·co·ra·*ção* sf.; pl. ·*ções*.
an·co·ra·*doi*·ro m.: an·co·ra·*dou*·ro.
an·co·*ra*·gem sf.; pl. ·*gens*.
an·co·*rar* v.
an·co·*re*·ta (ê) sf.
an·co·*re*·te (ê) sm.
an·co·*ri*·na sf.
an·*cu*·do adj.
an·*cu*·sa sf.
an·cu·*si*·na sf.
an·*dá*(s)·a·*çu*(s) sm. (pl.).
an·*da*·ço sm.
an·*da*·da sf.
an·da·*dei*·ra sf.
an·da·*dei*·ro adj. sm.
an·*da*·do adj.
an·da·*dor* (ô) adj. sm.

an·da·do·*ri*·a sf.
an·da·*du*·ra sf.
an·dai·*ma*·da sf.
an·dai·*mar* v.
an·dai·ma·*ri*·a sf.
an·*dai*·me sm.
an·*dai*·na sf.
an·da·*luz* adj. sm.
an·da·*lu*·za adj. sf. de *andaluz*.
an·da·lu·*zi*·ta sf.
an·da·*men*·to sm.
an·*da*·na sf.: *andaina*.
an·*dan*·ça sf.
an·*dan*·te s2g. adv.
an·dan·*tes*·co (ê) adj.
an·dan·*ti*·no adv. sm.
an·da que *an*·da adv.
an·*dar* v. sm.
an·da·ra:*en*·se adj. s2g.
an·da·*re*·co adj. sm.
an·da·*ren*·go adj. sm.
an·*da*·res sm. pl.
an·da·*ri*·lho adj. sm.
an·da·*rí*·vel sm.; pl. ·*veis*.
an·das sf. pl.
an·*dá*·vel adj. 2g.; pl. ·*veis*.
an·de·*bol* sm.
an·*dei*·ro adj. sm.
an·de·*jar* v.
an·*de*·jo (ê) adj. sm.
an·de·*si*·ta sf.
an·de·*si*·to sm.
an·*di*·che sf.: *endiche*.
an·*dí*·co·la adj. s2g.
an·*di*·lhas sf. pl.
an·*di*·no adj. sm.
an·*di*·ra sf. adj. s2g.
an·*di*·rá sf. sm.
an·di·rá(s)·a·*çu*(s) sm. (pl.).
an·di·rá(s)·da·*vár*·ze:a sf. (pl.).
an·di·rá(s)·gua·*çu*(s) sm. (pl.).
an·di·ra·pu:am·*pé* sf. ou sm.
an·di·*ro*·ba sf.
an·di·*ro*·bal sm.; pl. ·*bais*.
an·di·ro·ba(s)·su·*ru*·ba(s) sf. (pl.).
an·di·*ro*·va sf.: *andiroba*.
an·di·*ro*·val sm.; pl. ·*vais*: *andirobal*.
ân·di·to sm.
an·*dó* adj. 2g.
an·*dó*·bi:a sf.
an·*dor* (ô) sm.
an·do·*ri*·nha sf.
an·do·ri·nha·co·*lei*·ra sf.; pl. *andorinhas-coleiras* ou *andorinhas-coleira*.

an·do·ri·nha(s)-de-*ban*·do sf. (pl.).
an·do·ri·nha(s)-de-*ca*·sa sf. (pl.).
an·do·ri·nha(s)-de-pes·co·ço-ver·me·lho sf. (pl.).
an·do·ri·nha(s)-de ra·bo-*bran*·co sf. (pl.).
an·do·ri·nha(s)-do-*cam*·po sf. (pl.).
an·do·ri·nha(s)-do-*mar* sf. (pl.).
an·do·ri·nha(s)-do-*ma*·to sf. (pl.).
an·do·ri·nha(s)-do-o·co·do-*pau* sf. (pl.).
an·do·ri·nha(s)-dos-bei·*rais* sf. (pl.).
an·do·ri·nha(s)-*gran*·de(s) sf. (pl.).
an·do·ri·*nhão* sm.; pl. ·*nhões*.
an·do·ri·nhão-das-tor·*men*·tas sm.; pl. *andorinhões-das--tormentas*.
an·do·ri·nha(s)-pe·que·na(s) sf. (pl.).
an·do·*ri*·nho sm.
an·do·ri·ta sf.: an·do·*ri*·te.
an·do·*ri*·to sm.
an·do·*ra*·no adj. sm.
an·dor·*ren*·se adj. s2g.
an·drac·*nei*·a sf.
an·*dra*·de sm.
an·dra·*den*·se adj. s2g.
an·dra·*di*·no adj. sm.
an·dra·*di*·ta sf.
an·*dra*·jo sm.
an·dra·*jo*·so (ô) adj.; f. *e* pl.(ó).
an·dran·to·*so*·mo sm.: *androantossomo*.
an·dre·*be*·lo sm.
an·dre·*ci*·a sf.: an·*dré*·ci:a.
an·dre·*diz* sm.
an·dre:*en*·se adj. s2g.
an·*drei*·a sf.
an·dre·lan·*den*·se adj. s2g.
an·dre·qui·*cé* sm.
an·dro:an·tos·*so*·mo sm.: *andrantossomo*.
an·dro·*ceu* sm.
an·dro·fa·*gi*·a sf.
an·*dró*·fa·go adj. sm.
an·dro·fo·*bi*·a sf.
an·*dró*·fo·bo adj. sm.
an·*dró*·fo·ro sm.
an·dro·gê·*ne*·se sf.
an·dro·ge·ne·*si*·a sf.

an·dro·ge·*né*·si·co adj.
an·dro·ge·*né*·ti·co adj.
an·dro·ge·*ni*·a sf. 'produção de machos, em uma partenogênese'/Cf. *androginia*.
an·dro·*gê*·ni·co adj.
an·*dró*·ge·no adj. sm. 'diz-se de, ou fator que origina os caracteres masculinos'/Cf. *andrógino*.
an·dro·gi·*ni*·a sf. ' qualidade de andrógino'/Cf. *androgenia*.
an·dro·*gí*·ni·co adj.
an·dro·gi·*nis*·mo sm.
an·*dró*·gi·no adj. sm. 'hermafrodita'/Cf. *andrógeno*.
an·dro·gi·*nó*·fo·ro sm.
an·*droi*·de adj. s2g.
an·*dró*·la·tra s2g.
an·dro·la·*tri*·a sf.
an·dro·lo·*gi*·a sf.
an·dro·*ló*·gi·co adj.
an·dro·ma·*ni*·a sf.
an·dro·ma·*ní*·a·co adj. sm.
an·*drô*·me·da sf.
an·dro·me·*dí*·di:o sm.
an·dro·me·ro·go·*ni*·a sf.
an·*drô*·mi·na sf.
an·dro·*plas*·ma sm.
an·dro·*plás*·mi·co adj.
an·dros·*per*·ma sm.
an·dros·so·*mi*·a sf.
an·dros·te·*ro*·na sf.
an·dros·*ti*·lo sm.
an·*du* sm.
an·du·*bé* sm.
an·du:i·*á* sm.
an·du·*rá* sm.
an·dur·ri:*al* sm.; pl. ·*ais*.
an·du·*zei*·ro sm.
an·du·*zi*·nho sm.
a·ne·cu·*mê*·ni·co adj.
a·ne·*cú*·me·no adj. sm.
a·ne·di:*ar* v.
a·ne·*do*·ta sf.
a·ne·do·*tá*·ri:o sm.
a·ne·*dó*·ti·co adj.
a·ne·do·*tis*·ta adj. s2g.
a·ne·do·ti·*zar* v.
a·ne·ga·*lhar* v.
a·ne·*gar* v.
a·ne·*gra*·do adj.
a·ne·gra·*lhar* v.
a·ne·*grar* v.
a·ne·gre·*jar* v.

a·ne·gris·*ca*·do adj.
a·ne·gris·*car* v.
a·*nei*·ro adj.
a·*ne*·jo (ê) adj. sm.
a·*nel* sm.; pl. ·*néis*.
a·ne·la·*ção* sf.; pl. ·*ções*.
a·ne·*la*·do adj. sm.
a·ne·*lan*·te adj. 2g.
a·ne·*lar* adj. 2g. v.
a·ne·las·ti·ci·*da*·de sf.
a·ne·*lás*·ti·co adj.
a·ne·*lei*·ra sf.
a·ne·*lí*·de:o adj. sm.
a·ne·li·*for*·me adj. 2g.
a·ne·*lí*·pe·de adj. 2g.
a·*né*·li·to sm.
a·*ne*·lo sm.
a·ne·*mi*·a sf.
a·ne·mi:*an*·te adj. 2g.
a·ne·mi:*ar* v.
a·*nê*·mi·co adj. sm.
a·ne·mi·*zar* v.
a·ne·mo·co·*ri*·a sf.
a·ne·mo·*có*·ri·co adj.
a·ne·mo·fi·*li*·a sf.
a·ne·*mó*·fi·lo adj.
a·ne·mo·ga·*mi*·a sf.
a·ne·*mó*·ga·mo adj.
a·ne·*mó*·ge·no adj. m.
a·ne·mo·gra·*fi*·a sf.
a·ne·mo·*grá*·fi·co adj.
a·ne·*mó*·gra·fo sm.
a·ne·mo·lo·*gi*·a sf.
a·ne·mo·*ló*·gi·co adj.
a·ne·*mó*·lo·go sm.
a·ne·mo·me·*tri*·a sf.
a·ne·mo·*mé*·tri·co adj.
a·ne·*mô*·me·tro sm.
a·*nê*·mo·na sf.
a·*nê*·mo·na(s)-do-*mar* sf. (pl.).
a·ne·mos·co·*pi*·a sf.
a·ne·mos·*có*·pi·co adj.
a·ne·mos·*có*·pi:o sm.
a·ne·mo·te·ra·*pi*·a sf.
a·nen·ce·fa·*li*·a sf.
a·nen·ce·*fá*·li·co adj.
a·nen·*cé*·fa·lo adj. sm.
a·ne·pi·gra·*fi*·a sf.
a·ne·pi·*grá*·fi·co adj.
a·ne·*pí*·gra·fo adj.
a·ne·*quim* sm.; pl. ·*quins*.
a·ne·*ra*·na sf.
a·*né*·re·ta sm.
a·ne·*roi*·de adj. 2g. sm.
a·*nér*·ve:o adj.
a·nes·*fé*·ri·co adj.
a·nes·ple·*ni*·a sf.

a·nes·te·*si*·a sf.
a·nes·te·si:*an*·te adj. 2g. sm.
a·nes·te·si:*ar* v.
a·nes·*té*·si·co adj. sm.
a·nes·te·si:o·lo·*gi*·a sf.
a·nes·te·si:o·lo·*gis*·ta adj. s2g.
a·nes·te·*sis*·ta adj. s2g.
a·nes·*té*·ti·co adj. sm.
a·*ne*·te (ê) sm.
a·*né*·ti·co adj.
a·*ne*·to sm.
a·*ne*·tol sm.; pl. ·*tóis*.
a·neu·*ploi*·de adj. 2g.
a·neu·ploi·*di*·a sf.
a·neu·*ri*·na sf.
a·neu·*ris*·ma sf.
a·neu·ris·*mal* adj. 2g.; pl. ·*mais*.
a·neu·ris·*má*·ti·co adj.
a·*neu*·ro adj. sm.
a·*neu*·ro·se sf.
a·ne·xa·*ção* (cs) sf.; pl. ·*ções*.
a·ne·*xa*·do (cs) adj. sm.
a·ne·xa·*dor* (cs...ô) adj. sm.
a·ne·*xar* (cs) v.
a·ne·*xim* sm.; pl. ·*xins*.
a·ne·xi:o·*nis*·mo (cs) sm.
a·ne·xi:o·*nis*·ta (cs) adj. s2g.
a·ne·*xi*·te (cs) sf.
a·*ne*·xo (cs) adj. sm.
a·ne·xo·to·*mi*·a (cs) sf.
a·ne·xo·*tô*·mi·co (cs) adj.
an·fe·ta·*mi*·na sf.
an·fi:ar·*tro*·se sf.
an·fi·*ás*·ter sm.
an·*fí*·bi:o adj. sm.
an·fi·bi:o·gra·*fi*·a sf.
an·fi·bi:o·*ló*·li·to sm.
an·fi·bi:o·lo·*gi*·a sf. 'parte da zoologia que trata dos anfíbios'/Cf. *anfibologia*.
an·fi·bi:o·*ló*·gi·co adj. 'referente à anfibiologia'/Cf. *anfibológico*.
an·fi·bo·*li*·a sf.
an·fi·*bó*·li:o sm.
an·fi·*bó*·li·to sm.
an·fi·bo·lo·*gi*·a sf. 'ambiguidade de sentido'/Cf. *anfibiologia* .
an·fi·bo·*ló*·gi·co adj. 'ambíguo'/Cf. *anfibiológico*.
an·fi·bo·lo·*gis*·ta adj. s2g.
an·fi·bo·*loi*·de adj. 2g.
an·*fí*·bra·co adj. sm.
an·fi·*ce*·lo adj. sm.
an·fi·cri·*bal* adj. 2g.; pl. ·*bais*.
  an·fi·cri·*bral*; pl. ·*brais*.

an·fi·cri·*va*·do adj.
in·fic·ti:*ão* sm.; pl. ·*ões*.
an·fic·*tí*·o·ne sm.
an·fic·ti:o·*ni*·a sf.
an·fic·ti:ô·ni·co adj.
an·fi·*drô*·mi·co adj.
an·fi·flo:e·*má*·ti·co adj.
an·fi·*floi*·co adj.
an·fi·ga·*mi*·a sf.
an·*fí*·ga·mo adj.
an·fi·*gás*·ter sm.
an·fi·*gás*·tri:o adj. sm.
an·fi·*gas*·tro sm.
an·fi·gê·ne·se sf.
an·fi·ge·*né*·ti·co adj.
an·fi·gê·ni:o adj. sm.
an·*fí*·ge·no adj. sm.
an·fi·go·*ni*·a sf.
an·fi·*gô*·ni·co adj.
an·fi·*gu*·ri sm.
an·fi·*gú*·ri·co adj.
an·fi·gu·*ris*·mo sm.
an·fi·gu·*rí*·ti·co adj.
an·fi·*lep*·se sf.
an·*fí*·lo·co sm.
an·*fí*·lo·fo sm.
an·fi·*lo*·ma sm.
an·fi·*ma*·cro adj. sm.
an·fi·*ma*·lo sm.
an·fi·*me*·no sm.
an·fi·*mé*·tri·co adj.
an·fi·mi·*xi*·a (cs) sf.
an·fi·*neu*·ro adj. sm.
an·fi:*o*·xo (cs) adj. sm.
an·*fí*·po·de adj. 2g. sm.
an·fi·*pró*·ti·co adj. sm.
an·fis·*be*·na sf.
an·fis·be·*ní*·de:o adj. sm.
an·*fís*·ci:o adj. sm.
an·*fís*·dro·mo adj. sm.
an·fi·te:a·*tral* adj. 2g.; pl. ·*trais*.
an·fi·te:*á*·tri·co adj.
an·fi·te:*a*·tro sm.
an·fi·*té*·ci:o sm.
an·*fí*·te·no sm.
an·fi·tri:*ã* sf.
an·fi·tri:*ão* sm.; pl. ·*ões*; f. *anfitriã* ou *anfitrioa*.
an·fi·tri·*o*·a (ô) sf. de *anfitrião*.
an·fi·*tri*·te sf. sm. adj. 2g.
an·fi·va·*sal* adj. 2g.; pl.·*sais*.
ân·fo·ra sf.
an·fo·*ral* adj. 2g.; pl. ·*rais*.
an·fo·ri·ci·*da*·de sf.
an·*fó*·ri·co adj.
an·*fó*·te·ro adj.

an·*fó*·ti·da sf.
an·fo·to·*ni*·a sf.
an·frac·tu:o·si·*da*·de sf.
an·frac·tu:*o*·so (ô) adj.; f. *e* pl. (ó).
an·ga sm.
an·ga·*pan*·ga sf.
an·ga·*po*·ra sf.
an·ga·*rei*·ra sf.
an·*gá*·ri:a sf./Cf. *angaria*, do v. *angariar*.
an·ga·ri:a·*ção* sf.; pl. ·*ções*.
an·ga·ri:*a*·do adj.
an·ga·ri:a·*dor* (ô) adj. sm.
an·ga·ri:a·*men*·to sm.
an·ga·ri:*ar* v.
an·ga·*ri*·lha sf.
an·ga·te·*có* sm.: an·ga·te·*cô*.
an·ga·tu·*ra*·ma sm.
an·ga·*ú* sm.
an·*gé*·li·ca sf.
an·gé·li·ca(s)-da-*ma*·ta sf. (pl.).
an·gé·li·ca(s)-do-*ma*·to sf. (pl.).
an·gé·li·ca(s)-do-pa·*rá* sf. (pl.).
an·ge·li·*cal* adj. 2g.; pl. ·*cais*.
an·gé·li·ca(s)-*man*·sa(s) sf. (pl.).
an·*gé*·li·co adj. sm.
an·ge·li·*có* sm.
an·ge·*lim* sm.; pl. ·*lins*.
an·ge·lim-a-ma·*re*·lo sm.; pl. *angelins-amarelos*.
an·ge·lim-a-mar·*go*·so sm.; pl. *angelins-amargosos*.
an·ge·lim-a-ra·*ro*·ba sm.; pl. *angelins-ararobas* ou *angelins-araroba*.
an·ge·lim-*co*·co sm.; pl. *angelins-cocos* ou *angelins-coco*.
an·ge·lim-de-es·*pi*·nho sm.; pl. *angelins-de-espinho*.
an·ge·lim-de-fo·lha-*lar*·ga sm. pl. *angelins-de-folha-larga*.
an·ge·lim-*do*·ce sm.; pl. *angelins-doces*.
an·ge·lim-do-pa·*rá* sm.; pl. *angelins-do-pará*.
an·ge·lim-*pe*·dra sm.; pl. *angelins-pedras* ou *angelins-pedra*.
an·ge·lim-pi·*ni*·na sm.
an·ge·lim-ra·*ja*·do sm.; pl. *angelins-rajados*.
an·ge·lim-*ro*·sa sm. pl. *angelins-rosas*.
an·ge·li·*nen*·se adj. s2g.
an·ge·*li*·no adj.

an·ge·*lis*·mo sm.
an·ge·*li*·ta adj. s2g. sf.
an·ge·li·*tu*·de sf.
an·ge·li·za·*ção* sf.; pl. ·*ções*.
an·ge·li·*zar* v.
an·ge·*ló*·la·tra s2g.
an·ge·lo·la·*tri*·a sf.
an·ge·lo·*lá*·tri·co adj.
an·ge·lo·lo·*gi*·a sf.
an·ge·lo·*ló*·gi·co adj.
an·ge·*lô*·ni:a sf.
ân·ge·lus sm. 2n.
an·ge·*vi*·no adj. sm.
an·gi:al·*gi*·a sf.
an·gi:*ál*·gi·co adj.
an·gi·*cal* sm.; pl. ·*cais*.
an·gi·ca·*len*·se adj. s2g.
an·gi·*ca*·no adj. sm.
an·*gi*·co sm.
an·gi·co-bar·ba·ti·*mão* sm.; pl. *angicos-barbatimões*.
an·gi·co(s)-*bran*·co(s) sm. (pl.).
an·gi·co(s)-de-*mi*·nas sm. (pl.).
an·gi·co(s)-*ro*·xo(s) sm. (pl.).
an·gi·co-su·ru·cu·*cu* sm. pl. *angicos-surucucus* ou *angicos-surucucu*.
an·gi·co(s)-ver·da·*dei*·ro(s) sm. (pl.).
an·gi·co(s)-ver·me·lho(s)-do-*cam*·po sm. (pl.).
an·gi:ec·ta·*si*·a sf.
an·gi:ec·*tá*·si·co adj.
an·gi:ec·*tá*·ti·co adj.
an·gi:ec·to·*pi*·a sf.
an·gi·*i*·te sf.
an·*gi*·na sf.
an·gi·*no*·so (ô) adj.; f. *e* pl. (ó).
an·gi:o·co·*li*·te sf.
an·gi:o·gra·*fi*·a sf.
an·gi:o·*grá*·fi·co adj.
an·gi:o·lo·*gi*·a sf.
an·gi:o·*ló*·gi·co adj.
an·gi:o·lo·*gis*·ta sdj. 2g.
an·gi:*ó*·lo·go sm.
an·gi:*o*·ma sm.
an·gi:o·*pa*·ti·a sf.
an·gi:o·*pá*·ti·co adj.
an·gi:o·*pi*·ri·a sf.
an·gi:o·*pí*·ri·co adj.
an·gi:o·plas·*ti*·a sf.
an·gi:os·cle·*ro*·se sf.
an·gi:*o*·se sf.
an·gi:os·*per*·ma sm. *ou* sf.
an·gi:os·per·*mi*·a sf.
an·gi:os·*pér*·mi·co adj.
an·gi:os·*per*·mo adj. sm.

an·gle·*dô*·zer sm.; do ing. *angledozer*.
an·gle·*si*·ta sf.
an·gli·ca·*nis*·mo sm.
an·gli·*ca*·no adj. sm.
an·gli·*cis*·mo sm.
an·gli·*cis*·ta adj. s2g.
an·gli·ci·za·*ção* sf.; pl. ·*ções*.
an·gli·ci·*zar* v.
ân·gli·co adj. sm.
an·gli·*zar* v.
an·glo adj. sm.
an·glo·a·me·ri·*ca*·no(s) adj. sm. (pl.).
an·glo·ca·na·*den*·se(s) adj. s2g. (pl.).
an·glo·ca·to·li·*cis*·mo(s) sm. (pl.).
an·glo·fi·*li*·a sf.
an·*gló*·fi·lo adj. sm.
an·glo·fo·*bi*·a sf.
an·*gló*·fo·bo adj. sm.
an·glo·in·di·*a*·no(s) adj. sm. (pl.).
an·glo·ma·*ni*·a sf.
an·glo·ma·*ní*·a·co adj. sm.
an·glo·nor·*man*·do(s) adj. sm. (pl.).
an·glo·nor·te·a·me·ri·*ca*·no(s) adj. sm. (pl.).
an·glo·sa·*xão* (sc) adj. sm.; pl. *anglo-saxões*.
an·glo·sa·*xô*·ni:o(s) adj. sm. (pl.).
an·*goi*·a sf.
an·*go*·la adj. s2g. sf.
an·go·*la*·no adj. sm.
an·go·*len*·se adj. s2g.
an·go·*li*·nha sf.
an·go·*lis*·ta sf.; 'galinha- -d'angola'/Cf. *angulista*.
an·go·*rá* adj. s2g. sm.
an·gra sf.
an·*gren*·se adj. s2g.
angs·*trom* sm.; pl. ·*trons*.
an·*gu* sm.
an·gu(s) de ca·*ro*·ço sm. (pl.).
an·gui·*ci*·da adj. s2g.
an·gui·co·*ma*·do adj.
an·*guí*·co·mo adj.
an·*guí*·de:o adj. sm.
an·*guí*·fe·ro adj.
an·gui·*for*·me adj. 2g.
an·gui·li·*for*·me adj. 2g. sm.
an·gui·lu·li·*for*·me adj. 2g.
an·*guí*·pe·de adj. 2g.
an·*gui*·te sf.

an·gu·*la*·do adj.
an·gu·*lar* adj. 2g. sm. v.
an·gu·la·ri·*da*·de sf.
an·gu·*lá*·ri:o sm.
an·gu·*le*·ma sf.
an·gu·*le*·te (ê) sm.
an·gu·*lí*·co·lo adj.
an·gu·*lí*·fe·ro adj.
an·gu·lir·*ros*·tro adj.
an·gu·*lis*·ta sm. 'pássaro'/Cf. *angolista*.
ân·gu·lo sm./Cf. *angulo*, do v. *angular*.
an·gu·*loi*·de adj. 2g. sm.
an·gu·*lo*·so (ô) adj. sm.; f. *e* pl. (ó).
an·gur·ri:*a*·do adj.
an·*gús*·ti:a sf./Cf. *angustia*, do v. *angustiar*.
an·gus·ti:*a*·do adj.
an·gus·ti:*an*·te adj. 2g.
an·gus·ti:*ar* v.
an·gus·ti·den·*ta*·do adj.
an·gus·ti·fo·li:*a*·do adj.
an·gus·ti·*fó*·li:o adj.
an·gus·*tí*·ma·no adj.
an·gus·ti:*o*·so (ô) adj.; f. *e* pl. (ó).
an·gus·ti·*pe*·ne adj. 2g.
an·gus·tir·*re*·me adj. 2g.
an·gus·tir·*ros*·tro adj.
an·gus·tis·*sé*·pa·lo adj.
an·gus·tis·*sep*·to adj.
an·*gus*·ti·ta sf.
an·*gus*·to adj.
an·gus·*tur* sm.
an·gus·*tu*·ra sf.
an·gu·*za*·da sf.
an·gu·*zô* sm.
a·*nhá* sm.: a·*nhã*.
a·nham·*bi* sm.
a·nham·bi:*en*·se adj. s2g.
a·*nhan*·ga sm.: a·nhan·*gá*.
a·nha·*ga*·pa sf.
a·nhan·*guen*·se adj. s2g.
a·nhan·*gue*·ra adj. s2g. sm.: a·nhan·*gue*·ra.
a·nhan·gue·ri·no adj. sm.
a·*nha*·pa sf.: *inhapa*.
a·nha·*ú*·va sf.
a·*nhi*·ma sf.
a·nhi·*mí*·de:o adj. sm.
a·*nhin*·ga sf.
a·nhin·*gí*·de:o adj. sm.
a·nho sm.
a·*nho*·to (ô) adj.

a·nhu:*a*·que adj. s2g.
a·*nhu*·ma sf.
a·nhu·ma·*po*·ca sf.
a·nhu·qui·*cé* adj. s2g.
a·nhu·qui·*cê*.
a·ni:*a*·gem sf.; pl. ·*gens*.
a·*ni*·ba adj. s2g. sf.
a·ni·cau·e·ra (ê) sm. *ou* sf.
a·ni·ca·*va*·ra sf.
a·*ni*·char v.
a·ni·co·*ré* adj. s2g.
a·ni·cu:*en*·se adj. s2g.
a·ni·*dri*·do sm.: a·*ní*·dri·do.
a·ni·*dri*·ta sf.
a·ni·dro·bi:*o*·se sf.
a·ni·*dro*·se sf.
a·ni·*dró*·ti·co adj.
a·ni:e·*la*·do adj.
a·ni:e·*la*·gem sf.; pl. ·*gens*.
a·ni:e·*lar* v. 'nigelar'/Cf. *aniilar*, *anilar*.
a·ni·i·*lar* v. 'aniquilar'/Cf. *anielar*, *anilar*.
a·ni·ju:a·*gan*·ga sm.
a·*nil* adj. 2g. 2n. sm.; pl. ·*nis*.
a·ni·*la*·do adj.
a·ni·*lar* v. 'dar cor de anil'/Cf. *anielar*, *aniilar*.
a·nil·*bra*·vo sm.; pl. *anis-bravos*.
a·ni·*lei*·ra sf.
a·ni·lei·ra(s)·ver·da·*dei*·ra(s) sf. (pl.).
a·*ni*·lho sm.
a·ni·*li*·na sf.
a·ni·*li*·te sf.
a·nil·tre·pa·*dor* sm.; pl. *anis-trepadores*.
a·ni·ma·*ção* sf.; pl. ·*ções*.
a·ni·*ma*·do adj.
a·ni·ma·*dor* (ô) adj. sm.
a·ni·mad·ver·*são* sf.; pl. ·*sões*.
a·ni·*mal* adj. 2g. sm.; pl. ·*mais*.
a·ni·ma·*la*·ço sm. aum. de *animal*.
a·ni·ma·*la*·da sf.
a·ni·ma·*lão* sm. aum. de *animal*.
a·ni·mal·cu·*lar* adj. 2g.
a·ni·*mál*·cu·lo sm.
a·ni·ma·*le*·jo (ê) sm. dim. de *animal*.
a·ni·ma·*les*·co (ê) adj.
a·ni·*má*·li:a sf.
a·ni·ma·li·*da*·de sf.
a·ni·ma·*lis*·mo sm.
a·ni·ma·*lis*·ta adj. s2g.
a·ni·ma·li·za·*ção* sf.; pl. ·*ções*.

a·ni·ma·li·*zar* v.
a·ni·*man*·te adj. s2g.
a·ni·*mar* v.
a·ni·ma·*tó*·gra·fo sm.
a·ni·*má*·vel adj. 2g.; pl. ·veis.
a·*ni*·me sf.
a·ni·mi·*ci*·da adj. s2g.
a·ni·mi·*cí*·di:o sm.
a·ni·mi·*clu*·so adj.
a·*ní*·mi·co adj.
a·ni·*mis*·mo sm.
a·ni·*mis*·ta adj. s2g.
â·ni·mo sm./Cf. *animo*, do v. *animar*.
a·ni·mo·si·*da*·de sf.
a·ni·*mo*·so (ô) adj.; f. *e* pl.(ó).
a·ni·*na*·do adj.
a·ni·*nar* v.
a·*nin*·ga sf.
a·nin·ga·*çu* sf.
a·nin·ga(s)-de-es·*pi*·nho sf.
a·nin·ga(s)-de-ma·*ca*·co sf. (pl.).
a·nin·ga(s)-do-pa·*rá* sf. (pl.).
a·nin·ga·*í*·ba sf.: *aningaúba, aningaúva*.
a·nin·*gal* sm.; pl. ·*gais*.
a·nin·ga·*pa*·ra sf.
a·nin·ga·pe·*ré* sf.: a·nin·ga·pe·*rê*.
a·nin·ga·pi·*ri* sf.
a·nin·ga·*ú*·ba sf.: a·nin·ga·*ú*·va.
a·*ni*·nha sf.
a·ni·*nhar* v.
a·ni:o·*dol* sm.; pl. ·*dóis*.
a·ni:*on* sm.: a·*ní*:on, â·ni:on.
a·ni:*ô*·ni:o sm.
a·ni·*on*·te sm.
a·nip·*ni*·a sf.
a·ni·*qui* sf.
a·ni·qui·la·*ção* sf.; pl. ·*ções*.
a·ni·qui·*la*·do adj.
a·ni·qui·la·*dor* (ô) adj. sm.
a·ni·qui·la·*men*·to sm.
a·ni·qui·*lar* v.
a·ni·*ri*·a sf.
a·ni·ri·*di*·a sf.
a·*nis* sm.
a·ni·sa·*can*·ta sf.
a·ni·sa·*can*·to sm.
a·ni·*san*·to adj.
a·ni·*sar* v.
a·nis-*do*·ce sm.; pl. *anises-doces*.
a·nis-es·tre·*la*·do sm.; pl. *anises-estrelados*.
a·ni·*se*·ta (ê) sf.; a·ni·*se*·te sm. *ou* sf.
a·ni·*si*·na sf.

a·ni·so·*cé*·fa·lo adj.
a·ni·so·co·*ri*·a sf.
a·ni·so·co·ti·*li*·a sf.
a·ni·so·*có*·li·to adj.
a·ni·so·fi·*li*·a sf.
a·ni·*só*·fi·lo adj.
a·ni·so·ga·*mi*·a sf.
a·ni·so·*lo*·bo sm.: a·ni·*só*·lo·bo.
a·ni·*sô*·me·la sf.
a·ni·so·me·*li*·a sf.
a·ni·*sô*·me·ro adj.
a·ni·so·me·*tri*·a sf.
a·ni·so·*mé*·tri·co adj.
a·ni·so·me·tro·*pi*·a sf.
a·ni·so·me·*tró*·pi·co adj.
a·ni·so·mi·*á*·ri:o adj. sm.
a·ni·so·*mor*·fi·a sf.
a·ni·so·*mór*·fi·co adj.
a·ni·so·*mor*·fo adj. sm.
a·ni·so·*pé*·ta·lo adj. sm.
a·ni·so·*pi*·a sf.
a·ni·*sóp*·te·ro adj. sm.
a·ni·sos·*per*·mo adj. sm.
a·ni·*sós*·po·ro adj. sm.
a·ni·sos·*tê*·mo·ne adj. 2g.
a·ni·sos·te·mo·*ni*·a sf.
a·ni·sos·ti·*li*·a sf.
a·ni·*só*·to·mo adj.
a·ni·so·tro·*pi*·a sf.
a·ni·so·*tró*·pico adj.
a·ni·*só*·tro·po adj.
a·nis·*ti*·a sf.
a·nis·ti·*a*·do adj. sm.
a·nis·ti·*ar* v.
a·nis·ti·*á*·vel adj. 2g.; pl. ·veis.
a·nis·*tó*·ri·co adj.
a·ni·su·*ri*·a sf.: a·ni·*sú*·ri:a.
a·ni:*ú*·ba sf.
a·ni·ver·sa·ri·*an*·te adj. s2g.
a·ni·ver·sa·ri·*ar* v.
a·ni·ver·*sá*·ri:o adj. sm./Cf. *aniversario*, do v. *aniversariar*.
a·ni·*xi* sm.
a·ni·*xo* sm./cf. *anicho*, do v. *anichar*.
an·*ji*·nho sm.
an·*ji*·nhos sm. pl.
an·jo sm.
anjo(s)-*ben*·to(s) sm. (pl.).
an·jo(s)-*mau*(s) sm. (pl.).
an·*ju*·ba sf.
an·ju·*vi*·no adj. sm.
a·*no*¹ sm. 'espaço de 12 meses'; pl. anos/Cf. *ânus*.
a·*no*² sm.: *ânus*.
a·no-*ba*·se sm.; pl. *anos-bases ou anos-base*.

a·no·bi·*í*·de:o adj. sm.
a·no-*bom* sm.; pl. *anos-bons*.
a·no·*di*·a sf.
a·*nó*·di·co adj.
a·no·di·*ni*·a sf.
a·*nó*·di·no adj. sm.
a·*nó*·di:o sm.: *anodo, ânodo*.
a·no·di·*za*·do adj.
a·*no*·do sm.: *â*·no·do.
a·no·*don*·te adj. 2g. sm.
a·no·don·*ti*·a sf.
a·no(s) e *di*·a(s) sm. (pl.).
a·no:*é*·ti·co adj.
a·*nó*·fe·le adj. 2g. sm.
a·no·fe·*li*·no adj. sm.
a·nof·tal·*mi*·a sf.
a·no·guei·*ra*·do adj.
a·no·guei·*rar* v.
a·noi·te·*cer* v.
a·no:i·*ú*·ba adj. s2g.
a·no·ja·*di*·ço adj.
a·no·*ja*·do adj. sm.
a·no·ja·*dor* (ô) adj. sm.
a·no·*jar* v.
a·*no*·jo (ô) sm./Cf. *anojo*, do v. *anojar*.
a·no·*jo*·so (ô) adj.; f. *e* pl. (ó).
a·no·*lei*·co adj.
a·*nó*·le·no adj. sm.
a·no(s)-*luz* sm. (pl.).
a·no·ma·*li*·a sf.
a·no·ma·li·*flo*·ro adj.
a·no·ma·*lí*·pe·de adj. 2g.
a·no·ma·*lís*·ti·co adj.
a·*nô*·ma·lo adj.
a·*nô*·mi·a sf.
a·*nô*·mi·co adj.
a·no·mi·na·*ção* sf.; pl. ·*ções*.
a·no·mo·*car*·po adj.
a·no·mo·*cé*·fa·lo adj. sm.
a·no·mo·*ce*·lo adj. sm.
a·no·*mós*·po·ro adj.
a·no·*mu*·ro adj. sm.
a·*no*·na sf.
a·no·*ná*·ce:a sf.
a·no·*ná*·ce:o adj.
a·no·na·*dar* v.
a·no·*ná*·rio adj.
a·*nôn*·fa·lo adj.
a·no·ni·*ma*·to sm.
a·no·*ní*·mi:a sf.
a·*nô*·ni·mo adj. sm.
a·no(s)-*no*·vo(s) sm. (pl.).
a·no·*pi*·a sf.
a·no·*pis*·to adj.
a·no·pis·*tó*·gra·fo adj. sm.
a·*no*·plo adj. sm.: *â*·no·plo.

a·no·plo·té·ri·o sm.
a·no·plu·ro adj. sm.
a·nop·si·a sf.
a·*no*·que sm.
a·no·*ra*·que sm.
a·no·re·*xi*·a (cs) sf.
a·no·ré·xi·co (cs) adj.
a·no·re·*xí*·ge·no (cs) adj.
a·nor·gâ·ni·co adj.
a·no·ri·*en*·se adj. s2g.
a·nor·*mal* adj. s2g.; pl. ·*mais*.
a·nor·ma·li·*da*·de sf.
a·nor·*qui*·a sf.
a·nor·qui·*di*·a sf.
a·nor·*quí*·di·co adj.
a·nor·*rin*·co adj.
a·nor·te·*ar* v.
a·*nór*·ti·co adj.
a·nor·*ti*·ta sf.
a·nor·to·*clá*·si:o sm.
a·nor·to·gra·*fi*·a sf.
a·nor·to·*grá*·fi·co adj.
a·nor·*tó*·gra·fo sm.
a·nor·*to*·se sf.
a·no·ru:e·*ga*·do adj.
a·no·si·*da*·de sf.
a·nos·*mi*·a sf.
a·*no*·so (ô) adj.; f. e pl. (ó).
a·nos·te:o·zo:á·ri·o adj. sm.
a·nos·*trá*·ce:o adj. sm.
a·no·ta·ção sf.; pl. ·ções.
a·no·*ta*·do adj.
a·no·ta·dor (ô) adj. sm.
a·no·*tar* v.
a·no·*ti*·no adj.: a·*nó*·ti·no.
a·no·ve·*la*·do adj.
a·no·ve·*lar* v.
a·no·*xi*·a (cs) sf.
a·no·xi·bi·*o*·se (cs) sf.
a·*nó*·xi·co (cs) adj.
a·*noz* sf.
an·qui·lo·*sar* v.: ancilosar.
an·qui·*lo*·se sf.: ancilose.
an·qui·los·to·*mí*·a·se sf.: ancilostomíase.
an·qui·*lós*·to·mo sm.: ancilóstomo.
an·*qui*·nhas sf. pl.
an·*ri*·que sm.
an·sa sf. 'asa'/Cf. hansa.
an·*sei*·o sm.
an·se·mi·*a*·no adj. sm.
an·se·ri·*for*·me adj. 2g. sm.
an·se·*ri*·na sf.
an·se·*ri*·no adj.
ân·si:a sf./Cf. ansia, do v. ansiar.
an·si·*a*·do adj.

an·si:*ar* v.
an·si:e·*da*·de sf.
an·si·*for*·me adj. 2g.
an·si·*o*·so (ô) adj.; f. e pl. (ó).
ans·pe·*ça*·da sf.
an·ta adj. s2g. sf.
an·ta·cu·*ré* sf.
an·*ta*·do adj.
an·ta(s)·ga·me·*lei*·ra(s) sf. (pl.).
an·ta·gô·ni·co adj.
an·ta·go·*nis*·mo sm.
an·ta·go·*nis*·ta adj. s2g.
an·ta·go·ni·*zar* v.
an·tal·*gi*·a sf.
an·*tál*·gi·co adj.
an·ta·*ná*·cla·se sf.
an·ta·na·*go*·ge sf.
an·*ta*·nho adv.
an·*tar* v.
an·tar·*quis*·mo sm.
an·tar·*quis*·ta adj. s2g.
an·*tár*·ti·co adj.
an·ta(s)·sa·pa·*tei*·ra(s) sf. (pl.).
an·ta·xu·*ré* sf.
an·*te* prep. adv.
ante- pref. (é seguido de hífen, quando se lhe junta vocábulo começado por e ou h).
an·te:a·le·xan·*dri*·no adj.
an·te:al·vo·*ra*·da sf.
an·te·âm·bu·lo sm.
an·te:am·bu·*lo*·ne sm.
an·te à *ré* sf.
an·te:*a*·to sm.
an·te:au·*ro*·ra sf.
an·te·*bo*·ca (ô) sf.
an·te·*bra*·ço sm.
an·te·bra·qui:*al* adj. 2g.; pl. ·*ais*.
an·te·*câ*·ma·ra sf.
an·te·*can*·to sm.
an·te·*car*·ga adj. 2g. sf.
an·te·ce·*dên*·ci:a sf.
an·te·ce·*den*·te adj. 2g. sm.
an·te·ce·*der* v.
an·te·*ce*·na sf.
an·te·ces·sor (ô) adj. sm.
an·*té*·ci:o sm.: anteco.
an·te·ci·pa·*ção* sf.; pl. ·ções.
an·te·ci·*pa*·do adj.
an·te·ci·*par* v.
an·te·*ci*·po sm.
an·te·*clá*·si·co adj.
 'pré-clássico'/Cf. anticlássico.
an·*te*·co adj. sm.: antécio.

an·te·con·so·nan·*tal* adj. 2g.; pl. ·*tais*.
an·te·con·so·*nân*·ti·co adj.
an·te·con·*tra*·to sm.
an·te·*cor* (ô) sm.
an·te·co·ra·*ção* sf.; pl. ·ções.
an·te·*co*·ro (ô) sm.; pl. (ó).
an·te·*da*·ta sf.
an·te·da·*ta*·do adj.
an·te·da·*tar* v.
an·te·di·lu·vi·*a*·no adj. sm.
an·te·*di*·zer v.
an·te·*du*·na sf.
an·te·*fa*·ce sf.
an·te·fe·*rir* v.
an·te·*fir*·ma sf.
an·te·*fi*·xa (cs) sf.
an·te·*fos*·so (ô) sm.; pl. (ó).
an·te·gos·*tar* v.
an·te·*gos*·to (ô) sm./Cf. antegosto (ó), do v. antegostar.
an·te·go·*zar* v.
an·te·*go*·zo (ô) sm./Cf. antegozo (ó), do v. antegozar.
an·te·*guar*·da sf.
an·te·hi·*pó*·fi·se(s) sf. (pl.).
an·te·his·*tó*·ri·co(s) adj. (pl.)
 'pré-histórico'/Cf. anti-histórico.
an·*tei*·ro adj. sm.
an·*te*·la sf.
an·te·la·*bi*:al adj. 2g.; pl. ·*ais*.
an·te·la·*ção* sf.; pl. ·ções.
an·te·*la*·do adj.
an·*té*·li·ce sf.
an·*té*·li:o sm.
an·tel·*mín*·ti·co adj. sm.: anti-helmíntico.
an·te·*ló*·qui:o sm.
an·te·lu·*ca*·no adj.
an·te·ma·*nhã* adv. sf.
an·te·*mão* adv. sf.; na loc. adv. de antemão.
an·te·me·ri·di·*a*·no adj.
an·te·*me*·sa (ê) sf.
an·te·mul·ti·pli·ca·*ção* sf.; pl. ·ções.
an·te·mul·ti·pli·*car* v.
an·te·mu·*ra*·do adj.
an·te·mu·*ral* adj. 2g. sm.; pl. ·*rais*.
an·te·mu·*ra*·lha sf.
an·te·mu·*rar* v.
an·te·*mu*·ro sm.
an·*te*·na sf.
an·te·*na*·do adj. sm.
an·te·*nal* adj. 2g.; pl. ·*nais*.

an·te·na·*rí*·de:o adj. sm.
an·te·*ní*·fe·ro adj.
an·te·*no*·me sm.
an·*ten*·se adj. s2g.
an·*tê*·nu·la sf.
an·te·nup·ci·*al* adj. 2g.
'pré-nupcial'; pl. ·*ais*/Cf.
antinupcial.
an·te:o·cu·pa·*ção* sf.; pl.
·*ções*.
an·te:o·cu·*par* v.
an·te:*o*·lhos sm. pl.: antolhos.
an·te:*on*·tem adv.
an·te:or·bi·*tal* adj. 2g.; pl.
·*tais*.
an·te·pa·*gar* v.
an·te·pa:*ís* sm.
an·te·pai·*xão* sf.; pl.·*xões*.
an·te·*pa*·ra sf.
an·te·pa·*rar* v.
an·te·*pa*·ro sm.
an·te·*par*·to sm.
an·te·pas·*sa*·do adj. sm.
an·te·pas·*sar* v.
an·te·*pas*·to sm.
an·te·pei·to·*ral* adj. 2g.; pl.
·*rais*.
an·te·pe·*núl*·ti·mo adj.
an·te·pla·*tô*·ni·co adj.
an·te·*por* v.
an·te·*por*·ta sf.
an·te·por·ta·*ri*·a sf.
an·te·*por*·to (ô) sm.; pl. (ó).
an·te·po·si·*ção* sf.; pl.·*ções*.
an·te·po·si·*ti*·vo adj.
an·te·*prai*·a sf.
an·te·pre·di·ca·men·*tais* s2g.
pl.
an·te·pre·di·ca·men·*tal* adj.
2g.; pl. ·*tais*.
an·te·pre·di·ca·*men*·to sm.
an·te·pri·*mei*·ro adj.
an·te·pro·*je*·to sm.
an·*te*·ra sf.
an·te·*ral* adj. 2g.; pl. ·*rais*.
an·ter·re·pu·bli·ca·*no*(s) adj.
(pl.). 'pré-republicano'/Cf.
antirrepublicano.
an·te·ri·di:*al* adj. 2g.; pl. ·*ais*.
an·te·*rí*·di·co adj.
an·te·ri·di·*for*·me adj. 2g.
an·te·*rí*·di:o sm.
an·te·ri·di:*ó*·fo·ro sm.
an·te·*rí*·fe·ro adj.
an·te·ri·*for*·me adj. 2g.
an·te·ri:*or* (ô) adj. 2g.
an·te·ri:o·*da*·de sf.

an·te·ro·dor·*sal* adj. 2g.; pl.
·*sais*.
an·te·ro:ex·*ter*·no(s) adj. (pl.).
an·te·ro:in·fe·ri:*or* adj. 2g.; pl.
anteroinferiores.
an·te·ro:in·*ter*·no(s) adj. (pl.).
an·te·ro·la·te·*ral* adj. 2g.; pl.
·*rais*.
an·te·ro·pos·te·ri:*or* adj. 2g.
an·te·ros·su·pe·ri:*or* adj. 2g.;
pl. anterossuperiores.
an·te·ro·*zoi*·de adj. 2g. sm.
an·*tes* adv.
an·tes·*sa*·la(s) sf. (pl.).
an·*te*·se sf.
an·tes·*sé*·pa·lo(s) adj. (pl.).
an·tes·so·*crá*·ti·co(s) adj. sm.
(pl.). 'pré-socrático'/Cf.
antissocrático.
an·te·*tem*·po adv.
an·*té*·ti·co adj.
an·te·*tô*·ni·co adj.
an·te·*ver* v.
an·te·ver·*são* sf.; pl. ·*sões*.
an·te·*vés*·pe·ra sf.
an·te·vi·*dên*·ci:a sf.
an·te·vi·*são* sf.; pl. ·*sões*.
an·te·vo·*cá*·li·co adj.
anti- pref. (é seguido de
hífen, quando se lhe junta
vocábulo começado por *i*
ou *h*).
an·ti:a·bor·*ti*·vo adj. sm.
an·ti:*á*·ci·do adj. sm.
an·ti:a·co·pla·*men*·to sm.
an·ti:a·*cús*·ti·co adj.
an·ti:a·de·*ren*·te adj. s2g.
an·ti:a·de·*sis*·mo sm.
an·ti:a·de·*sis*·ta adj. s2g.
an·ti:a·*é*·re:o adj.
an·ti·fro·di·*sí*:a·co adj. sm.
an·ti·al·co·*ó*·li·co adj. sm.
an·ti:a·*lér*·gi·co adj. sm.
an·ti·ma·*rí*·li·co adj.
an·ti·me·ri·ca·*nis*·mo sm.
an·ti·me·ri·ca·*no* adj. sm.
an·ti:*an*·ti sf.
an·ti:*á*·pex (cs) sm. 2n.
an·ti:a·po·*plét*·ti·co adj.:
an·ti:a·po·*plé*·ti·co.
an·ti:*á*·ris sm. 2n.
an·ti:a·ris·to·*cra*·ta s2g.
an·ti:a·ris·to·*crá*·ti·co adj.
an·ti:ar·*trí*·ti·co adj. sm.
an·ti:as·*má*·ti·co adj. sm.
an·ti:au·to·mor·*fis*·mo sm.
an·ti:au·*xi*·na (cs) sf.

an·ti·ba·ci·*lar* adj. 2g.
an·ti·bac·te·ri:a·*no* adj. sm.
an·ti·*bá*·qui:o adj. sm.
an·ti·*bá*·ri:o sm.:
an·ti·*bá*·ri:on.
an·ti·bi:o·*gra*·ma sm.
an·ti·bi:o·se sf.
an·ti·bi:*ó*·ti·co adj. sm.
an·ti·ble·nor·*rá*·gi·co adj.
an·ti·*bom*·ba adj. 2g. 2n.
an·ti·bo·*tró*·pi·co adj.
an·ti·bra·si·*lei*·ro adj. sm.
an·ti·ca·pa(s)-*ze*·ro(s) sm.
(pl.).
an·ti·*car*·ro adj. 2g. 2n.
an·ti·*cá*·to·do sm.
an·ti·ce·fa·*lál*·gi·co adj.
an·ti·*cép*·ti·co adj. 'contrário
aos cépticos': an·ti·*cé*·ti·co/
Cf. antisséptico.
an·ti·ci·*clo*·ne sm.
an·ti·*cí*·vi·co adj.
an·ti·*clás*·si·co adj. 'contrário
ao clássico'/Cf. anteclásico.
an·ti·cle·ri·*cal* adj. s2g.; pl.
·*cais*.
an·ti·*clí*·max (cs) sm. 2n.
an·ti·cli·*nal* adj. sf.; pl.
·*nais*.
an·ti·*clí*·ni·co adj.
an·ti·*cli*·no sm.
an·ti·cli·*nó*·ri:o sm.
an·ti·*clo*·ro sm.
an·ti·co:in·ci·*dên*·ci:a sf.
an·ti·co·ma·*ni*·a sf.
an·ti·co·mer·ci:*al* adj. 2g.; pl.
·*ais*.
an·ti·con·cep·*ção* sf.; pl.
·*ções*.
an·ti·con·cep·ci:o·*nal* adj. 2g.
sm.; pl. ·*nais*.
an·ti·con·cep·*ti*·vo adj. sm.
an·ti·con·for·*mis*·mo sm..
an·ti·cons·ti·tu·ci:o·*nal* adj.
2g.; pl. ·*nais*.
an·ti·*cor*·po (ô) sm.; pl. (ó).
an·ti·cre·*pús*·cu·lo sm.
an·ti·*cre*·se sf.
an·ti·cre·*sis*·ta adj. s2g.
an·ti·*cré*·ti·co adj.
an·ti·cris·*tão* adj. sm.; pl. ·*tãos*;
f. ·*tã*.
an·ti·*cris*·to sm.
an·ti·cro·*nis*·mo sm.
an·ti·cro·*tá*·li·co adj.
an·tic·si(s)-*mais* sm. (pl.).
an·tic·si(s)-*ze*·ro(s) sm. (pl.).

an·tíc·to·ne sm.
an·ti·de·mo·cra·ta adj. s2g.
an·ti·de·mo·crá·ti·co adj. sm.
an·ti·de·pres·si·vo adj.
an·ti·de·ri·va·da sf.
an·ti·de·ri·va·do adj.
an·ti·der·ra·pan·te adj. 2g. sm.
an·ti·des·li·zan·te adj. 2g. sm.
an·ti·de·to·nan·te adj. 2g. sm.
an·ti·dif·té·ri·co adj.
an·ti·dí·ni·co adj. sm.
an·ti·dis·pneí·co adj. sm.
an·ti·dis·tô·ni·co adj. sm.
an·ti·di·vor·cis·ta adj. s2g.
an·ti·dog·má·ti·co adj.
an·ti·dog·ma·tis·mo sm.
antidoping s2g. 2n. (ing.: *antidópin*).
an·ti·do·tis·mo sm.
an·tí·do·to sm.
an·ti·dra·má·ti·co adj.
an·ti·e·pi·cen·tro sm.
an·ti·es·pas·mó·di·co adj. sm.
an·ti·es·por·ti·vo adj.
an·ti·es·ta·be·le·ci·men·to sm.
an·ti·es·té·ti·co adj.
an·ti·es·tres·se adj2g. 2n.
an·ti·é·ti·co adj.
an·ti·e·ti·mo·ló·gi·co adj.
an·ti·fas·cis·mo sm.
an·ti·fas·cis·ta adj. s2g.
an·ti·faz sm.: *anteface*.
an·ti·fe·bril adj. 2g. sm.; pl. ·bris.
an·tí·fen sm.; pl. *antifens* ou *antífenes*.
an·ti·fer·nal adj. 2g.; pl. ·nais.
an·ti·fer·ro·mag·ne·tis·mo sm.
an·ti·fla·tu·len·to adj.
an·ti·flo·gís·ti·co adj. sm.
an·tí·fo·na sf.
an·ti·fo·ná·ri·o adj. sm.
an·ti·fo·neí·ro adj. sm.
an·ti·fô·ni·co adj.
an·ti·fra·se sf.
an·ti·fur·to adj. 2g. 2n.
an·ti·gi·nás·ti·ca sf.
an·ti·gri·pal adj. 2g. sm.; pl.: ·pais.
an·ti·gu·lha sf.: *antigualha*, *antiqualha*.
an·tí·ge·no adj. sm.
an·ti·go adj. sm.; superl. *antiguíssimo* ou *antiquíssimo*.
an·ti·gó·ri·o sm.
an·tí·gra·fo sm.
an·ti·gra·vi·da·de sf.

an·ti·gua·lha sf.: *antigalha*, *antiqualha*.
an·ti·gui·da·de sf.:
an·ti·hé·li·o(s) sm. (pl.).
an·ti·hel·mín·ti·co(s) adj. sm. (pl.): *antelmíntico*.
an·ti·hi·gi·ê·ni·co(s) adj. (pl.).
an·ti·hip·nó·ti·co(s) adj. sm. (pl.): *antipnótico*.
an·ti·hi·po·con·drí·a·co(s) adj. (pl.): *antipocondríaco*.
an·ti·his·ta·mí·na(s) sf. (pl.).
an·ti·his·ta·mí·ni·co(s) adj. sm. (pl.).
an·ti·his·té·ri·co(s) adj. sm. (pl.).
an·ti·his·tó·ri·co(s) adj. (pl.) 'contrário à história'/Cf. *ante-histórico*.
an·ti·hi·tle·ri·a·no(s) adj. sm. (pl.).
an·ti·hi·tle·ris·mo(s) sm. (pl.).
an·ti·hi·tle·ris·ta(s) adj. s2g. (pl.).
an·ti·ho·rá·ri·o(s) adj. (pl.).
an·ti·hu·ma·ni·tá·ri·o(s) adj. (pl.).
an·ti·hu·ma·no(s) adj. (pl.).
an·ti·i·bé·ri·co adj.
an·ti·i·be·ris·mo sm.
an·ti·i·be·ris·ta adj. s2g.
an·ti·ic·té·ri·co adj. sm.: *anti-itérico*.
an·ti·i·mi·gran·tis·ta adj. s2g.
an·ti·im·pe·ri·a·lis·mo sm.
an·ti·im·pe·ri·a·lis·ta adj. s2g.
an·ti·in·fla·ma·tó·ri·o adj. sm.
an·ti·in·te·lec·tu·a·lis·mo sm.
an·ti·i·té·ri·co adj. sm.: *anti-ictérico*.
an·ti·ju·ri·ci·da·de sf.
an·ti·ju·ri·di·ci·da·de sf.
an·ti·ju·rí·di·co adj.
an·tí·la·be sf.
an·ti·la·ci·to·so (ô) adj.; f. e pl. (ó).
an·ti·lamb·da sm.
an·ti·lamb·da(s)·ze·ro(s) sm. (pl.).
an·ti·lha·no adj. sm.
an·ti·lhen·se adj. s2g.
an·ti·lhi·ta sf.
an·ti·li·a·no adj. sm.
an·ti·lo·ca·prí·de:o adj. sm.
an·ti·lo·ga·rít·mi·co adj.
an·ti·lo·ga·rít·mo sm.
an·ti·lo·gi·a sf.

an·ti·ló·gi·co adj.
an·ti·lo·gis·mo sm.
an·tí·lo·go adj. sm.
an·tí·lo·pe sm.
an·ti·ma·cu·la·dor (ô) adj. sm.
an·ti·ma·té·ri·a sf.
an·ti·me·ri·di·a·no sm.
an·ti·me·tá·bo·le sf.
an·ti·me·ta·lep·se sf.
an·ti·me·tá·te·se sf.
an·ti·mi·cro·bi·a·no adj. sm.
an·ti·mi·cró·bi·co adj.
an·ti·mi·li·ta·ris·mo sm.
an·ti·mi·li·ta·ris·ta adj. s2g.
an·ti·mís·sil adj. 2g. sm.; pl. ·seis.
an·ti·mo·da sf.
an·ti·mo·fo (ô) adj. 2g. 2n. sm.
an·ti·mo·nar·quis·mo sm.
an·ti·mo·nar·quis·ta adj. s2g.
an·ti·mo·ni·al adj. 2g. sm.; pl. ·ais.
an·ti·mô·ni·o sm.
an·ti·mo·ni·ta sf.
an·ti·mo·ral adj. 2g. sf.; pl. ·rais.
an·ti·mu·dan·cis·ta adj. s2g.
an·ti·na·tu·ral adj. 2g.; pl. ·rais.
an·ti·na·zis·mo sm.
an·ti·na·zis·ta adj. s2g.
an·ti·ne·frí·ti·co adj. sm.
an·ti·neu·tri·no sm.
an·ti·nêu·tron sm.
an·ti·nó sm.
an·ti·no·dal adj. 2g.; pl. ·dais.
an·ti·no·do sm.
an·ti·no·mi·a sf.
an·ti·no·mi·a·nis·mo sm.
an·ti·no·mi·a·no adj. sm.
an·ti·nô·mi·co adj.
an·ti·no·mis·mo sm.
an·ti·nup·ci·al adj. 2g. 'contra o casamento'; pl. ·ais/Cf. *antenupcial*.
an·ti·o·fí·di·co adj. sm.
an·ti·ô·me·ga(s)·mais sm. (pl.).
an·ti·o·xi·dan·te (cs) adj. 2g. sm.
an·ti·pa·ci·fis·ta adj. s2g.
an·ti·pa·pa sm.
an·ti·pa·pa·do sm.
an·ti·pa·pis·mo sm.
an·ti·pa·pis·ta adj. s2g.
an·ti·pa·ra·fu·so adj. sm.
an·ti·pa·ra·le·la sf.
an·ti·pa·ra·le·lis·mo sm.
an·ti·pa·ra·le·lís·ti·co adj.

an·ti·pa·ra·*le*·lo adj.
an·ti·pa·*rás*·ta·se sf.
an·ti·par·*tí*·cu·la sf.
an·ti·pa·*tá*·ri:o adj. sm.
an·ti·pa·*ti*·a sf.
an·ti·*pá*·ti·co adj. sm.
an·ti·pa·ti·*zar* v.
an·ti·pa·tri:o·ta adj. s2g.
an·ti·pa·tri:*ó*·ti·co adj.
an·ti·pe·da·*gó*·gi·co adj.
an·ti·pe·ri·*ó*·di·co adj.
an·ti·pe·ris·*tál*·ti·co adj.
an·ti·pe·*rís*·ta·se sf.
an·ti·pes·*to*·so (ô) adj. sm.; f. *e* pl. (ó).
an·ti·pi·*ré*·ti·co adj. sm.
an·ti·pi·*ri*·na sf.
an·ti·pleu·*rí*·ti·co adj.
an·tip·*nó*·ti·co adj. sm.: anti-hipnótico.
an·ti·po·con·*drí*·a·co adj.: anti-hipocondríaco.
an·*tí*·po·da adj. 2g. sm.
an·ti·po·*dal* adj. 2g.; pl. ·*dais*.
an·ti·*pó*·di·co adj.
an·ti·po·*dis*·mo sm.
an·ti·po:*é*·ti·co adj.
an·ti·po·li:or·*cé*·ti·ca sf.
an·ti·prin·ci·*pal* adj. 2g.; pl. ·*pais*.
an·ti·pro·te·ci:o·*nis*·mo sm.
an·ti·pro·te·ci:o·*nis*·ta adj. s2g.
an·ti·*pró*·ton sm.
an·tip·*só*·ri·co adj. sm.
an·tip·*to*·se sf.
an·ti·*pú*·tri·do adj.
an·ti·*qua*·do adj.
an·ti·*qua*·lha sf.: antigalha, antigualha.
an·ti·*quar* v.
an·ti·*quá*·ri:o sm.
an·ti·*quís*·si·mo adj. superl. de antigo.
an·tir·*rá*·bi·co(s) adj. (pl.).
an·tir·re·pu·bli·*ca*·no(s) adj. (pl.). 'contrário à república'/ Cf. anterrepublicano.
an·tir·res·so·*nân*·cia(s) sf. (pl.).
an·tir·re·vi·si:o·*nis*·mo(s) sm. (pl.).
an·tir·re·vi·sio·*nis*·ta(s) adj. s2g. (pl.).
an·tis·*sá*·ti·ra(s) sf. (pl.).
an·*tís*·ci:o sm.
an·*tís*·pa·se sf.
an·tis·*pás*·ti·co adj. sm.
an·tis·*pas*·to sm.

an·tis·se·*le*·ne(s) sm. (pl.).
an·tis·se·*mi*·ta(s) adj. s2g. (pl.).
an·tis·se·*mí*·ti·co(s) adj. (pl.).
an·tis·se·mi·*tis*·mo(s) sm. (pl.).
an·tis·sep·*si*·a(s) sf. (pl.).
an·tis·*sép*·ti·co(s) adj. sm. (pl.) 'desinfetante'./Cf. anticéptico.
an·tis·si·fi·*lí*·ti·co(s) adj. sm. (pl.).
an·tis·*sig*·ma(s) sm. (pl.).
an·tis·sig·ma(s)-*mais* sm. (pl.).
an·tis·sig·ma(s)-*me*·nos sm. (pl.).
an·tis·sig·ma(s)-*ze*·ro(s) sm. (pl.).
an·tis·si·*mé*·tri·co(s) adj. (pl.).
an·tis·so·ci:*al* adj. 2g.; pl. antissociais.
an·tis·so·*crá*·ti·co(s) adj. (pl.) 'contrário a Sócrates'/Cf. antessocrático.
an·tis·so·*lar* adj. 2g.; pl. antissolares.
an·tis·sub·ma·*ri*·no(s) adj. (pl.).
an·*tis*·te sm.
an·*tís*·ti·te sm.
an·*tís*·tro·fe sm.
an·tis·tru·*má*·ti·co adj. sm.
an·ti·ta·ba·*gis*·mo sm.
an·ti·*tan*·que adj. 2g. 2n.
an·ti·te·*nar* sm.; pl. antitenares: an·ti·*tê*·nar; pl. antitênares.
an·ti·*tér*·mi·co adj. sm.
an·*tí*·te·se sf.
an·ti·te·*tâ*·ni·co adj. sm.
an·ti·*tê*·ti·co adj.
an·*tí*·ti·po sm.
an·ti·*tó*·xi·co (cs) adj. sm.
an·ti·to·*xi*·na (cs) sf.
an·*tí*·tra·go sm.
an·ti·tri·go·no·*mé*·tri·co adj.
an·ti·tri·ni·*tá*·ri:o adj. sm.
an·ti·va·ri·*ó*·li·co adj.
an·ti·ve·*né*·re:o adj.
an·ti·ver·mi·*no*·so (ô) adj.; f. *e* pl. (ó).
an·ti·*ví*·rus sm. 2n.
an·ti·*zí*·mi·co adj.
an·tli:*a*·do adj. sm.
an·*to* adj. sm.
an·*tó*·bi:o sm.
an·to·bi:o·lo·*gi*·a sf.
an·to·*cé*·fa·lo adj.
an·to·ci·*â*·ni·co adj.
an·to·ci:a·*ni*·na sf.
an·to·ci:*a*·no sm.

an·to·*clâ*·mi·de sf.
an·*tó*·clo:a sf.
an·*tó*·di·co adj.
an·*tó*·di:o sm.
an·to·fa·gas·*ten*·se adj. s2g.
an·*tó*·fa·go adj. sm.
an·to·*fi*·li·co adj.
an·to·fi·li·ta sf.
an·to·*fi*·lo sm.
an·*tó*·fi·lo adj. sm.
an·*tó*·fi·to adj. sm.
an·to·*gê*·ne·se sf.
an·*tó*·ge·no adj.
an·to·gra·*fi*·a sf.
an·to·*grá*·fi·co adj.
an·*toi*·de adj. 2g.
an·to·ja·*di*·ço adj.
an·to·*ja*·do adj.
an·to·ja·*dor* (ô) sm.
an·to·*jar* v.
an·to·*jo*[1] (ô) sm. 'ato de pôr diante dos olhos'; pl. (ó)/ Cf. *antojo* (ó), do v. *antojar*, e *antojos* (ô), pl. de *antojo*[2].
an·to·*jo*[2] (ô) sm. 'nojo'/Cf. *antojo* (ó), do v. *antojar*, e *antojos* (ó), pl. de *antojo*[1].
an·to·*lhar* v.
an·to·lho (ô) sm. 'antojo[1]'; pl. (ó)/Cf. *antolho* (ó), do v. *antolhar*.
an·to·lhos sm. pl.: anteolhos.
an·*tó*·li·se sf.
an·to·*lis*·sa sf.
an·to·lo·*gi*·a sf.
an·to·lo·gi·*ar* v.
an·to·*ló*·gi·co adj. sm.
an·to·lo·*gis*·ta adj. s2g.
an·*tó*·lo·go sm.
an·to·ma·*ni*·a sf.
an·to·ma·*ní*·a·co adj. sm.
an·to·me·*du*·ra adj. 2g. sf.
an·to·*mí*·de:o adj. sm.
an·to·mi·*í*·de:o adj. sm.
an·to·*ní*·mi:a sf.
an·*tô*·ni·mo adj. sm. 'contrário de'/Cf. autônimo.
an·to·ni·*nen*·se adj. s2g.
an·to·*ni*·no adj. sm.
an·*tô*·ni:o-car·*len*·se(s) adj. s2g. (pl.).
an·*tô*·ni:o-di·*zen*·se(s) adj. s2g. (pl.).
an·to·no·*má*·si:a sf.
an·to·no·*más*·ti·co adj.
an·*tô*·no·mo sm.
an·to·*ris*·mo sm.

an·to·ta·xi·a (cs) sf.
an·to·zo:á·ri:o adj. sm.
an·tra·ce·mi·a sf.
an·tra·ce·no sm.
an·tra·cí·fe·ro adj.
an·tra·ci·to sm.
an·trac·no·se sf.
an·tra·coi·de adj. 2g.
an·tra·co·lí·ti·co adj.
an·tra·co·man·ci·a sf.
an·tra·co·man·te adj. s2g.
an·tra·co·mân·ti·co adj.
an·tra·co·se sf.
an·tra·ní·li·co adj.
an·tra·qui·no·na sf.
an·traz sm.
an·trí·bi·do adj. sm.
an·tri·te sf.
an·tro sm.
an·tró·fo·ro sm.
an·trol sm.; pl. ·tróis.
an·tro·mi·a sf.
an·tro·pa·go·gi·a sf.
an·tró·pi·co adj.
an·tro·po·cên·tri·co adj.
an·tro·po·cen·tris·mo sm.
an·tro·po·cen·tris·ta adj. s2g.
an·tro·po·có·ri:a sf.
an·tro·po·có·ri·co adj.
an·tro·po·fa·gi·a sf.
an·tro·po·fá·gi·co adj.
an·tro·pó·fa·go adj. sm.
an·tro·pó·fi·lo adj. sm.
an·tro·pó·fi·to adj.
an·tro·po·fo·bi·a sf.
an·tro·pó·fo·bo adj. sm.
an·tro·po·gê·ne·se sf.
an·tro·po·ge·né·ti·co adj.
an·tro·po·ge·ni·a sf.
an·tro·po·gê·ni·co adj.
an·tro·po·ge:o·gra·fi·a sf.
an·tro·po·ge:o·grá·fi·co adj.
an·tro·po·gra·fi·a sf.
an·tro·po·grá·fi·co adj.
an·tro·poi·de adj. 2g. sm.
an·tro·pó·la·tra adj. s2g.
an·tro·po·la·tri·a sf.
an·tro·po·lá·tri·co adj.
an·tro·po·lo·gi·a sf.
an·tro·po·ló·gi·co adj.
an·tro·po·lo·gis·mo sm.
an·tro·po·lo·gis·ta adj. s2g.
an·tro·pó·lo·go sm.
an·tro·po·mag·né·ti·co adj.
an·tro·po·mag·ne·tis·mo sm.
an·tro·po·man·ci·a sf.
an·tro·po·man·te s2g.

an·tro·po·mân·ti·co adj.
an·tro·po·me·tri·a sf.
an·tro·po·mé·tri·co adj.
an·tro·po·mor·fi·a sf.
an·tro·po·mór·fi·co adj.
an·tro·po·mor·fis·mo sm.
an·tro·po·mor·fis·ta adj. s2g.
an·tro·po·mor·fi·ta adj. s2g.
an·tro·po·mor·fo adj. sm.
an·tro·po·ní·mi:a sf.
an·tro·po·ní·mi·co adj.
an·tro·pô·ni·mo sm.
an·tro·po·pa·ti·a sf.
an·tro·po·pi·te·co sm.
an·tro·pos·fe·ra sf.
an·tro·pos·so·ci:o·lo·gi·a sf.
an·tro·pos·so·ci:o·ló·gi·co adj.
an·tro·pos·so·fi·a sf.
an·tro·pos·só·fi·co adj.
an·tro·pos·so·ma·to·lo·gi·a sf.
an·tro·pos·so·ma·to·ló·gi·co adj.
an·tro·po·te·ís·mo sm.
an·tro·po·te·ís·ta adj. s2g.
an·tro·po·to·mi·a sf.
an·tro·po·zoi·co adj. sm.
an·tror·so adj.
an·tro·to·mi·a sf.
an·tu·er·pi:a·no adj. sm.
an·tú·ri·co sm.
a·nu sm.: anum.
â·nu:a sf./Cf. anua, do v. anuir.
a·nu:a·í sm.
a·nu:al adj. 2g. sm.; pl. ·ais.
a·nu:a·li·da·de sf.
a·nu:á·ri:o adj. sm.
a·nú·bi:a sf.
a·nu(s)-bran·co(s) sm. (pl.).:
    anum-branco.
a·nu·cle:a·do adj.
a·nu(s)-co·ro·ca(s) sm. (pl.):
    anum-coroca.
a·nu(s)-co·roi·a(s) sm. (pl.):
    anum-coroia.
a·nu(s)-da·ser·ra sm. (pl.).:
    anum-da-serra.
a·nu(s)-de-en·chen·te sm. (pl.):
    anum-de-enchente.
a·nu(s)-do-bre·jo sm. (pl.):
    anum-do-brejo.
a·nu(s)-do-cam·po sm. (pl.):
    anum-do-campo.
a·nu(s)-dou·ra·do(s) sm. (pl.):
    anum-dourado.
a·nu:ên·ci:a sf.
a·nu:en·te adj. s2g.

a·nu(s)-ga·le·go(s) sm. (pl.):
    anum-galego.
a·nu(s)-gran·de(s) sm. (pl.):
    anum-grande.
a·nu·gua·çu sm.: anunguaçu.
a·nu:í sm./Cf. anui, do v. anuir.
a·nu:i·á sm.: anujá.
a·nu:i·da·de sf.
a·nu:ir v.
a·nu:i·tá·ri:o adj.
a·nu·já sm.: anuiá.
a·nu·la·bi·li·da·de sf.
a·nu·la·ção sf.; pl. ·ções.
a·nu·la·do adj.
a·nu·la·dor (ô) adj. sm.
a·nu·lan·te adj. 2g.
a·nu·lar v. adj. 2g. sm.
a·nu·la·tó·ri:o adj.
a·nu·lá·vel adj. 2g.; pl. ·veis.
a·nu·li·for·me adj. 2g.
â·nu·lo sm./Cf. anulo, do v.
    anular.
a·nu·lo·so (ô) adj.; f. e pl. (ô).
a·num sm; pl. anuns: anu.
a·num-bran·co sm.; pl.
    anuns-brancos: anu-branco.
a·num-co·ro·ca sm.; pl.:
    anuns-corocas: anu-coroca.
a·num-co·roi·a sm.; pl.
    anuns-coroias: anu-coroia.
a·num-da-ser·ra sm.; pl.
    anuns-da-serra: anu-da-serra.
a·num-de-en·chen·te sm; pl.
    anuns-de-enchente:
    anu-de-enchente.
a·num-do-bre·jo sm.; pl.
    anuns-do-brejo: anu-do-brejo.
a·num-do-cam·po sm.; pl.
    anuns-do-campo:
    anu-do-campo.
a·num-dou·ra·do sm.; pl.
    anuns-dourados:
    anu-dourado.
a·num-ga·le·go sm.; pl.
    anuns-galegos: anu-galego.
a·num-gran·de sm.; pl.
    anuns-grandes: anu-grande.
a·num-pei·xe sm.; pl.
    anuns-peixes ou anuns-peixe:
    anu-peixe.
a·num-pe·que·no sm.; pl.
    anuns-pequenos:
    anu-pequeno.
a·num-pre·to sm.; pl.
    anuns-pretos: anu-preto.
a·nun·ci:a·ção sf.; pl. ·ções.
a·nun·ci:a·da sf.

a·nun·ci·*a*·do adj.
a·nun·ci:a·*dor* (ô) adj. sm.
a·nun·ci:*an*·te adj. s2g.
a·nun·ci:*ar* v.
a·nun·ci:a·*ti*·vo adj.
a·*nún*·ci:o sm./Cf. anuncio, do v. anunciar.
a·*nún*·ci:o-san·*duí*·che sm.; pl. *anúncios-sanduíches* ou *anúncios-sanduíche.*
a·nun·*cis*·ta s2g.
a·nun·gua·*çu* sm.: *anuguaçu.*
a·*nun*·zé adj. s2g.
â·*nu*:o adj./Cf. *anuo*, do v. *anuir.*
a·nu-*pei*·xe sm.; pl. *anus-peixes* ou *anus-peixe*: *anum-peixe.*
a·nu(s)-pe·*que*·no(s) sm. (pl.): *anum-pequeno.*
a·nu(s)-*pre*·to(s) sm. (pl.): *anum-preto.*
a·nu·*re*·se sf.
a·*nu*·ri sm.
a·nu·*ri*·a sf.: a·*nú*·ri:a.
a·*nú*·ri·co adj.
a·*nu*·ro adj. sm.
â·nus sm. 2n. 'orifício na extremidade terminal do intestino'/Cf. *anos*, pl. de *ano.*
a·nus·*va*·ra sm.
a·nu·*u* sm.
a·nu·vi:*ar* v.
an·*ver*·so sm.
an·*zol* sm.; pl. *·zóis.*
an·zo·*la*·do adj.
an·zo·*lar* v.
an·zol-de-*lon*·tra sm.; pl. *anzóis-de-lontra.*
an·zo·*lei*·ro sm.
ao comb. da prep. *a* com o art. ou o pron. dem. *o.*
a·*on*·de adv. interj.
a:o·*ris*·to sm. 'tempo verbal do grego'/Cf. *oaristo.*
a·*or*·ta sf.
a·or·tal·*gi*·a sf.
a·or·tec·ta·*si*·a sf.
a·*ór*·ti·co adj.
a·or·*ti*·te sf.
a·or·to·cla·*si*·a sf.
a·or·to·clas·*ti*·a sf.
a·pá[1] sm. 'espadeira'/Cf. *apá*[2].
a·pá[2] sm. *ou* sf.: *pá*/Cf. *apá*[1].
a·pa·ca·*mã* sm.
a·pa·ca·*nim* sm.; pl. *·nins.*
a·pa·*che* adj. s2g.

a·pa·*chis*·mo sm.
a·pa·chor·*rar* v.
a·pa·dre·*ar* v.
a·pa·dri·*nha*·do adj.
a·pa·dri·nha·*dor* (ô) adj. sm.
a·pa·dri·nha·*men*·to sm.
a·pa·dri·*nhar* v.
a·pa·dro:*ar* v.
a·*pa*·ga sf.
a·pa·*ga*·do adj.
a·pa·ga·*dor* (ô) adj. sm.
a·pa·ga·*men*·to sm.
a·pa·*gão* sm.; pl.: *·gões.*
a·pa·ga·*pó*(s) sm. (pl.).
a·pa·*gar* v.
á·pa·ge interj.
a·pa·go·*gi*·a sf.
a·pa·*gó*·gi·co adj.
a·pa·*í* sm.
a·pai:a·*ri* sm.
a·pai·de·*gua*·do adj.
a·pai·ne·*la*·do adj. sm.
a·pai·ne·la·*men*·to sm.
a·pai·ne·*lar* v.
a·pai:o·*lar* v.
a·pa:i·sa·*na*·do adj.
a·pa:i·sa·*nar* v.
a·pa:i·*sar* v.
a·pai·xo·na·*di*·ço adj.
a·pai·xo·*na*·do adj. sm.
a·pai·xo·*nar* v.
a·pai·xo·*ná*·vel adj. 2g.; pl. *·veis.*
a·pa·je:*ar* v.
a·pa·la·*ça*·do adj.
a·pa·la·*ção* sf.; pl. *·ções.*
a·pa·la·*çar* v.
a·pa·la·ce·*ta*·do adj.
a·pa·la·ce·*tar* v.
a·pa·*la*·che adj. s2g.
a·pa·la·chi:*a*·no adj. sm.
a·pa·la·ci:*a*·*na*·do adj.
a·pa·la·ci:*a*·*nar* v.
a·pa·la·*dar* v.
a·pa·*lai* adj. s2g.: *aparai.*
a·pa·lan·*car* v.
a·pa·la·*vra*·do adj.
a·pa·la·vra·*men*·to sm.
a·pa·la·*vrar* v.
a·pa·la·za·*dor* (ô) sm.
a·pa·la·*zar* v.
a·pa·le:a·*dor* (ô) sm.
a·pa·le:a·*men*·to sm.
a·pa·le:*ar* v.
a·pa·ler·*ma*·do adj. sm.
a·pa·ler·*mar* v.
a·pal·*ma*·do adj.

a·pal·pa·*ção* sf.; pl. *·ções.*
a·pal·pa·*dei*·ra sf.
a·pal·pa·*de*·la sf.
a·pal·pa·*dor* (ô) adj. sm.
a·pal·pa·*men*·to sm.
a·pal·*pão* sm.; pl. *·pões*
a·pal·*par* v.
a·*pal*·po sm.
a·pa·*ná*·gi:o sm.
a·pan·*da*·do adj.
a·pan·*dar* v.
a·pan·di·*lhar* v.
a·pan·*dri*·a sf.
a·*pa*·nha sf.
a·pa·nha·*ção* sf.; pl. *·ções.*
a·pa·nha·*dei*·ra sf.
a·pa·nha·*di*·ço adj.
a·pa·*nha*·do adj. sm.
a·pa·nha·*dor* (ô) adj. sm.
a·pa·nha·*du*·ra sf.
a·pa·nha·*men*·to sm.
a·pa·nha-*mos*·cas sm. 2n.
a·pa·nha o(s) ba·go(s) sm. (pl.).
a·pa·*nhar* v.
a·pa·nha-*sai*·a(s) sf. (pl.).
a·*pa*·nho sm.
a·pa·ni:*e*·cra adj. s2g.
a·pa·ni·*gua*·do adj. sm.
a·pa·ni·*guar* v.
a·pan·to·man·*ci*·a sf.
a·pan·to·*man*·te s2g.
a·pan·to·*mân*·ti·co adj.
a·pan·*tóp*·te·ro adj. sm.
a·pan·tro·*pi*·a sf.
a·pan·*tró*·pi·co adj.
a·pan·tu·*fa*·do adj.
a·pan·tu·*far* v.
a·pa·*pá* sm.
a·pa·pa·gai:a·*do* adj.
a·pa·pa·ri·*car* v.
a·pa·po·*cu*·va adj. s2g.
a·*par* sm. 'tatu-bola'/Cf. a loc *a par* 'ao lado'.
a·*pa*·ra sf. sm.
a·pa·ra·bo·*lar* v.
a·pa·ra·*ção* sf.; pl. *·ções.*
a·pa·ra·*dei*·ra sf.
a·pa·ra·*de*·la sf.
a·pa·*ra*·do adj.
a·pa·ra·*dor* (ô) adj. sm.
a·pa·ra·fu·*sar* v.
a·pa·ra·ga·*tar* v.: *apragatar.*
a·pa·ra·gem sf.; pl. *gens.*
a·pa·*rai* adj. s2g.: *apalai.*
a·pa·ra·*lá*·pis sm. 2n.
a·pa·ra·man·*ga*·ba(s) adj. sm. (pl.).

a·pa·ra·men·*tar* v.
a·pa·*rar* v.
a·pa·ra·*tar* v.
a·pa·*ra*·to sm.
a·pa·ra·*to*·so (ô) adj.; f. *e* pl. (ó).
a·par·cei·*rar* v.
a·par·ce·*la*·do adj.
a·par·ce·la·*men*·to sm.
a·par·ce·*lar* v.
a·pa·re·*cen*·te adj. 2g.
a·pa·re·*cer* v.
a·pa·re·ci·*den*·se adj. s2g.
a·pa·re·*ci*·do adj. sm.
a·pa·re·ci·*men*·to sm.
a·pa·re·*lha*·do adj.
a·pa·re·*lha*·dor (ô) adj. sm.
a·pa·re·*lha*·gem sf.; pl. ·gens.
a·pa·re·lha·*men*·to sm.
a·pa·re·*lhar* v.
a·pa·re·*lhá*·vel adj. 2g.; pl.
    ·veis.
a·pa·re·*re*·lho (ê) sm.
a·pa·*rên*·ci·a sf.
a·pa·ren·*ta*·do adj.
a·pa·ren·*tar* v.
a·pa·*ren*·te adj. 2g.
a·*pá*·re:on sm.
a·pa·ri·*ção* sf.; pl. ·ções.
a·*pa*·ro sm.
a·pa·ro·qui·*a*·do adj.
a·pa·ro·qui·*ar* v.
a·pa·ra·*ção* sf.; pl. ·ções.
a·par·*ra*·do adj.
a·par·rei·*ra*·do adj.
a·par·rei·*rar* v.
a·*par*·ta sf.
a·par·ta·*ção* sf.; pl. ·ções.
a·par·*ta*·da sf.
a·par·ta·*di*·ço adj. sm.
a·par·*ta*·do adj. sm.
a·par·*ta*·dor (ô) adj. sm.
a·par·ta·*men*·to sm.
a·par·*tar* v.
a·*par*·te sm. 'interrupção do
    orador'/Cf. a loc. *à parte* 'de
    lado'.
a·par·te:*ar* v.
apartheid sm. (ing.: *apártaid*).
a·part·ho·*tel* sm.; pl.:
    apart-hotéis.
a·par·*tis*·ta adj. s2g.
a·par·va·*lha*·do adj.
a·par·va·lha·*men*·to sm.
a·par·va·*lhar* v.
a·par·vo·*a*·do adj.
a·par·vo·*ar* v.
a·pas·cen·ta·*dor* (ô) adj. sm.

a·pas·cen·ta·*men*·to sm.
a·pas·cen·*tar* v.
a·pas·qui·*na*·do adj.
a·pas·qui·*nar* v.
a·pas·sa·ma·*na*·do adj.
a·pas·sa·ma·*nar* v.
a·pas·si·va·*ção* sf.; pl. ·ções.
a·pas·si·*va*·do adj.
a·pas·si·va·*dor* (ô) adj.
a·pas·si·va·*men*·to sm.
a·pas·si·*van*·te adj. 2g.
a·pas·si·*var* v.
a·pas·to·*rar* v.
a·pa·ta·*ca*·do adj.
a·pa·te·*ta*·do adj.
a·pa·te·ta·*men*·to sm.
a·pa·te·*tar* v.
a·pa·*ti*·a sf.
a·*pá*·ti·co adj.
a·pa·ti·*far* v.
a·pa·*ti*·ta sf.
a·pa·ti·*zar* v.
a·*pá*·tri·da adj. s2g.
a·pa·tro·*nar* v.
a·pa·tru·*lhar* v.
a·pa·u·*la*·do adj.
a·pa·u·*lar* v.
a·pau·lis·*ta*·do adj.
a·pa·ve·*sar* v.
a·pa·vo·*nar* v.
a·pa·vo·*ra*·do adj.
a·pa·vo·*ra*·dor (ô) adj.
a·pa·vo·ra·*men*·to sm.
a·pa·vo·*ran*·te adj. 2g.
a·pa·vo·*rar* v.
a·pa·*zei*·ro sm.
a·pa·*zi*·go sm.
a·pa·zi·gua·*dor* (ô) adj. sm.
a·pa·zi·gua·*men*·to sm.
a·pa·zi·*guan*·te adj. 2g.
a·pa·zi·*guar* v.
a·*pé* sm. 'árvore' 'flor'/Cf. *apê* e
    a loc. *a pé*.
a·*pê* sm. 'planta amazônica'/Cf.
    apé e a loc. *a pé*.
a·pe:a·*dei*·ra sf.
a·pe:a·*dei*·ro sm.
a·pe:a·*lar* v.
a·pe:a·*nha*·do adj.
a·pe:*ar* v.
a·pe·*cu* sm. 'coroa de areia feita
    pelo mar'/Cf. *apecum, apicu*
    e *apicum*.
a·pe·cu:*i*·tá sm.
a·pe·*cum* sm. 'espuma de
    mandioca'; pl. ·*cuns*/Cf.
    apecu, apicu e *apicum*.

a·pe·*da*·do adj.
a·pe·dan·*ta*·do adj.
a·pe·dan·*tar* v.
a·pe·*deu*·ta adj. s2g.: *apedeuto*.
a·pe·deu·*tis*·mo sm.
a·pe·*deu*·to adj. sm.: *apedeuta*.
a·pe·di·ce·*la*·do adj.
a·pe·*di*·do sm.
a·pe·*drar* v.
a·pe·dre·gu·*lhar* v.
a·pe·dre·*ja*·do adj. sm.
a·pe·dre·*ja*·dor (ô) adj. sm.
a·pe·dre·ja·*men*·to sm.
a·pe·dre·*jar* v.
a·pe·ga·*ção* sf.; pl. ·ções.
a·pe·ga·*di*·ço adj.
a·pe·ga·*dor* (ô) adj. sm.
a·pe·ga·*men*·to sm.
a·pe·*gar* v.
a·pe·*go* (ê) sm./Cf. *apego* (é), do
    v. *apegar*.
a·pe·*gua*·va sf.
a·pe·*gui*·lho sm. dim. irreg. de
    apego.
a·pe·*í*·ba sf.
a·pe:i·*ra*·gem sf.; pl. ·gens.
a·pe:i·*rar* v.
a·*pei*·ro sm. 'conjunto dos
    instrumentos da lavoura'/
    Cf. *apero*.
a·pe·*jar* v.
a·pe·la·*ção* sf.; pl. ·ções.
a·pe·*la*·do adj. sm.
a·pe·la·*doi*·ro sm.:
    a·pe·la·*dou*·ro.
a·pe·la·*men*·to sm.
a·pe·*lan*·te adj. s2g.
a·pe·*lar* v.
a·pe·la·*ti*·vo adj.
a·pe·la·*tó*·ri:o adj.
a·pe·*lá*·vel adj. 2g.; pl. ·veis.
a·pe·li·da·*ção* sf.; pl. ·ções.
a·pe·li·*dar* v.
a·pe·*li*·do sm.
a·pe·lin·*tra*·do adj.
a·pe·lin·*trar* v.
a·pe·*lo* (ê) sm./Cf. *apelo* (é), do
    v. *apelar*, e a loc. *a pelo* (ê).
a·pe·*nar* v.
a·pe·na·*ri* adj. s2g.
a·*pe*·nas adv. conj.
a·pe·*ná*·vel adj. 2g.; pl. ·veis.
a·pen·*der* v.
a·*pên*·di·ce sm.
a·pen·di·ce:*a*·do adj.
a·pen·di·cec·to·*mi*·a sf.
a·pen·di·ci·*for*·me adj. 2g.

a·pen·di·*ci*·te sf.
a·pen·di·co·*ce*·le sf.
a·pen·di·*có*·li·se sf.
a·pen·di·cu·la·*ção* sf.; pl. ·*ções*.
a·pen·di·cu·*la*·do adj.
a·pen·di·cu·*lar* adj. 2g. v.
a·pen·di·cu·*lá*·ri:a sf.
a·pen·di·cu·la·*rí*·de:o adj. sm.
a·pen·*dí*·cu·lo sm./Cf.
   apendiculo, do v. *apendicular*.
a·*pên*·dix (cs) sm.: *apêndice*.
a·pen·do:a·*men*·to sm.
a·pen·do:*ar* v.
a·pe·ne·*da*·do adj.
a·pe·*nha*·do adj. 'apenedado'/
   Cf. *apinhado*.
a·pe·nhas·*ca*·do adj.
a·pe·nho·ra·*men*·to sm.
a·pe·nho·*rar* v.
a·pe·*ní*·ni·co adj.
a·pe·nin·su·*la*·do adj.
a·pen·sa·*ção* sf.; pl. ·*ções*.
a·pen·sa·*men*·to sm.
a·pen·*sar* v.
a·*pen*·so adj. sm.
a·pe·pi·*nar* v.
a·pep·*si*·a sf.
a·*pép*·ti·co adj.
a·pe·que·*na*·do adj.
a·pe·que·*nar* v.
a·pe·*ra*·do adj.
a·pe·ral·*ta*·do adj.
a·pe·ral·*tar* v.
a·pe·ral·vi·*lhar* v.
a·pe·*ra*·na sm. *ou* sf.
a·pe·*rar* v.
a·per·ce·*ber* v.
a·per·ce·bi·*men*·to sm.
a·per·cep·*ção* sf.; pl. ·*ções*.
a·per·cep·ti·bi·li·*da*·de sf.
a·per·cep·*tí*·vel adj. 2g.; pl.
   ·veis.
a·pa·re·*á* sm. *ou* sf.: *preá*.
a·pe·*re*·ma sm.
a·per·fei·ço:*a*·do adj.
a·per·fei·ço:a·*dor* (ô) adj. sm.
a·per·fei·ço:a·*men*·to sm.
a·per·fei·ço:*ar* v.
a·per·fei·ço:*á*·vel adj. 2g.; pl.
   ·veis.
a·per·ga·mi·*nha*·do adj.
a·pe·ri:an·*ta*·do adj.
a·pe·ri·*ben*·se s2g.
a·pe·ri:*en*·te adj. 2g. sm.
a·pe·ri:*ó*·di·co adj.
a·pe·ris·*pér*·mi·co adj.
a·pe·ris·*tal*·se sf.

a·pe·ris·tal·*tis*·mo sm.
a·pe·ri·*ti*·vo adj. sm.
a·pe·ri·*tó*·ri:o adj. sm.
a·*pe*·ro (ê) sm. 'o conjunto
   das peças necessárias
   para encilhar o cavalo'/Cf.
   apero (ê), do v. *aperar*,
   e *apeiro*.
a·pe·ro·*lar* v.
a·per·*rar* v.
a·per·re:a·*ção* sf.; pl. ·*ções*.
a·per·re:*a*·do adj.
a·per·re:a·*dor* (ô) adj. sm.
a·per·re:a·*men*·to sm.
a·per·re:*ar* v.
a·per·*rei*·o sm.
a·per·ta·*chi*·co(s) sm. (pl.).
a·per·*ta*·da sf.
a·per·ta·*dei*·ra sf.
a·per·ta·*de*·la sf.
a·per·*ta*·do adj. sm. adv.
a·per·ta·*doi*·ro sm.:
   apertadouro.
a·per·ta·*dor* (ô) adj. sm.
a·per·ta·*dou*·ro sm.:
   apertadoiro.
a·per·ta·*ga*·lha(s) sm. (pl.).
a·per·ta·*li*·vros sm. 2n.
a·per·ta·*lu*·vas sm. 2n.
a·per·ta·*ner*·vos sm. 2n.
a·per·*tão* sm.; pl. ·*tões*.
a·per·*tar* v.
a·per·ta·ru:*ão* sm.; pl.
   aperta-ruões.
a·per·ti·*nen*·te adj. 2g.
a·*per*·to (ê) sm./Cf. *aperto* (é),
   do v. *apertar*.
a·per·*tô*·me·tro sm.
a·per·*tu*·ra sf.
a·per·tu:a·*ção* sf.; pl. ·*ções*.
a·pe·ru:*ar* v.
a·pe·*sar* adv. conj.; loc. *apesar
   de* e *apesar de que*.
a·pe·sa·*rar* v.
a·pe·sen·*ta*·do adj. sm.
a·pe·sen·*tar* v.
a·pes·so:*a*·do adj.
a·pes·ta·*na*·do adj.
a·pes·*tar* v.
a·pe·ta·*li*·a sf.
a·pe·ta·li·*flo*·ro adj.
a·*pé*·ta·lo adj. sm.
a·pe·te·ce·*dor* (ô) adj.
a·pe·te·*cer* v.
a·pe·te·*cí*·vel adj. 2g.; pl. ·veis.
a·pe·*tên*·ci:a sf.
a·pe·*ten*·te adj. 2g.

a·pe·ti·*tar* v.
a·pe·*ti*·te sm.
a·pe·ti·*ti*·vo adj.
a·pe·ti·*to*·so (ô) adj.; f. *e* pl. (ó).
a·pe·tre·*char* v.
a·pe·tre·*chá*·vel adj. 2g.; pl.
   ·veis.
a·pe·*tre*·cho (ê) sm.
á·pex (cs) sm.: *ápice*.
a·pe·zi·*nhar* v.
a·pi:a·*bar* v.
a·pi:a·be·*té* adj. s2g.:
   a·pi:a·be·*tê*.
a·pi:a·*cá* adj. s2g. sm.
a·pi:a:i·*en*·se adj. s2g.
a·pi:an·*ça*·do adj.
a·pi:an·*çar* v.
a·pi:*a*·ri sm.
a·pi:*á*·ri:o adj. sm.
a·pi:*as*·tro sm.
a·pi·ca·*çar* v.
a·pi·ca·*do* adj.
a·pi·*cal* adj. 2g.; pl. ·*cais*.
á·pi·ce sm.: *ápex*.
a·pi·*char* v.
a·pi·che·*la*·do adj.
a·pi·che·*lar* v.
a·pi·ci:a·*du*·ra sf.
a·pi·ci:*a*·no adj.
a·pi·*ci*·da adj. 2g. sm.
a·pi·ci·*fi*·xo (cs) adj.
a·pi·ci·*flo*·ro adj.
a·pi·co:*a*·do adj. sm.
a·pi·co:*ar* v.
a·*pí*·co·la adj. s2g. 'relativo à
   apicultura' 'apicultor'/Cf.
   apícula.
a·pi·cu sm.: *apicum*.
a·pi·cu·*í* sm.
a·*pí*·cu·la sf. 'pontinha':
   apículo/Cf. *apícola*.
a·pi·cu·*la*·do adj.
a·pi·cu·*lar* adj. 2g.
a·*pí*·cu·lo sm.: *apícula*.
a·pi·cul·*tor* (ô) sm.
a·pi·cul·*tu*·ra sf.
a·pi·*cum* sm. 'brejo de água
   salgada'; pl. ·*cuns*: *apicu*/Cf.
   apecu e *apecum*.
a·*pí*·de:o adj. sm.
a·pi:e·da·*dor* (ô) adj. sm.
a·pi:e·*dar* v.
a·pi·flau·*ta*·do adj.
a·pi·*for*·me adj. 2g.
a·pi·lo:*ar* v.
a·pi·men·*ta*·do adj.
a·pi·men·*tar* v.

a·pi·na·*jé* adj. s2g.
a·pin·ce·*lar* v.
a·pin·*char* v.
a·pin·*gui* adj. s2g.
a·pi·*nha*·do adj. 'superlotador'/ Cf. apenhado.
a·pi·*nhar* v.
a·pi:*oi*·de adj. 2g.
a·pi·*pa*·do adj.
a·pi·*par* v.
a·pi·ran·ga sf.
a·pi·*réc*·ti·co adj.:
   a·pi·*ré*·ti·co.
a·pi·re·*xi*·a (cs) sf.
a·pi·*ri*·ta sf.
á·pi·ro adj. sm.
a·pi·so:a·*men*·to sm.
a·pi·so:*ar* v.
a·pis·*tei*·ro sm.
a·*pis*·to sm.
a·pi·*tã* sm.
a·pi·*tar* v.
a·pi·*tau* sm.
a·*pi*·to sm.
a·*pí*·vo·ro adj.
a·pla·ca·*ção* sf.; pl. ·ções.
a·pla·ca·*dor* (ô) adj. sm.
a·pla·*car* v.
a·pla·*cá*·vel adj. 2g.; pl. ·veis.
a·pla·cen·*tá*·ri:o adj.
a·pla·*có*·fo·ro adj. sm.
a·plai·*na*·do adj.
a·plai·na·*men*·to sm.
a·plai·*nar* v.
a·pla·na·*ção* sf.; pl. ·ções.
a·pla·*na*·do adj.
a·pla·na·*dor* (ô) adj. sm.
a·pla·na·*do*·ra (ô) sf.
a·pla·na·*men*·to sm.
a·pla·*nar* v.
a·pla·*né*·ti·co adj.
a·pla·ne·*tis*·mo sm.
a·pla·no·ga·*me*·ta sm.:
   a·pla·no·gâ·me·ta.
a·pla·*nós*·por·ro adj. sm.
a·pla·*si*·a sf.
a·plas·*ta*·do adj.
a·plas·*tar* v.
a·*plás*·ti·co adj.
a·plau·*den*·te adj. 2g.
a·plau·di·*dor* (ô) adj. sm.
a·plau·*dir* v.
a·plau·*dí*·vel adj. 2g.; pl. ·veis.
a·plau·*sí*·vel adj. 2g.; pl. ·veis.
a·*plau*·co sm.
a·ple·be·*ar* v.
a·*plec*·tro sm.

a·ple·*ró*·ti·co adj.
a·ples·*ti*·a sf.
a·pleu·*ri*·a sf.
a·pli·ca·bi·li·*da*·de sf.
a·pli·ca·*ção* sf.; pl. ·ções.
a·pli·*ca*·do adj. sm.
a·pli·ca·*dor* (ô) adj. sm.
a·pli·*can*·te adj. s2g.
a·pli·*car* v.
a·pli·ca·*ti*·vo adj.
a·pli·*cá*·vel adj. 2g.; pl. ·veis.
a·*pli*·que sm.
a·pli·*sí*·de:o adj. sm.
a·*pli*·to sm.: haplito.
a·*plós*·to·mo adj.
a·plo·to·*mi*·a sf.
a·plu·*mar* v.
a·plu·vi:*ão* sm.; pl. ·ões.
a·*plú*·vi:o sm.
a·plu·vi:o·na·*men*·to sm.
ap·*nei*·a sf.
ap·*nei*·co adj.
a·po sm.
a·po:*as*·tro sm.
a·po·ca·*lip*·se sm.
a·po·ca·*líp*·ti·co adj.:
   a·po·ca·*lí*·ti·co.
a·po·*cár*·pi·co adj.
a·po·*car*·po sm.
a·po·ca·*tás*·ta·se sf.
a·po·ci·*ná*·ce:a sf.
a·po·ci·*ná*·ce:o adj.
a·*pó*·*cín*·ti:o sm.
a·*pó*·ci·to sm.
a·po·co·*pa*·do adj.
a·po·co·*par* v.
a·*pó*·co·pe sf./Cf. apocope, do v. apocopar.
a·po·*có*·pi·co adj.
a·po·cri·*fi*·a sf.
a·*pó*·cri·fo adj. sm.
a·po·cri·*si*·a sf.
a·po·*crí*·ti·co adj.
a·*pó*·cri·to adj. sm.
a·po·cro·*má*·ti·co adj.
a·po·*crô*·mi·co adj.
a·po·*cro*·mo adj.
a·po·da·*crí*·ti·co adj. sm.
a·po·da·*dor* (ô) adj. sm.
a·po·*dar* v.
á·po·de adj. 2g. sm.: *ápodo*/Cf. apode, do v. apodar.
a·po·den·*ga*·do adj.
a·po·de·*rar* v.
a·po·*di*·a sf.
a·po·di:a·*men*·to sm.
a·po·*díc*·ti·co adj.: apodítico.

a·*pó*·di·da adj. 2g. sm.
a·po·*dí*·de:o adj. sm.
a·po·di:*en*·se adj. s2g.
a·po·di·*for*·me adj. 2g. sm.
a·po·di:*o*·xe (cs) sf.
a·po·*dí*·ti·co adj.: apodíctico.
a·po·di·za·*ção* sf.; pl. ·ções.
a·po·di·*zar* v.
a·*po*·do (ô) sm./Cf. apodo (ó), do v. apodar, e ápodo.
á·po·do adj. sm.: *ápode*/Cf. apodo.
a·*pó*·do·se sf.
a·po·dre·*cer* v.
a·po·dre·*ci*·do adj.
a·po·dre·ci·*men*·to sm.
a·po·dren·*tar* v.
a·po·*dri*·do adj.
a·po·*drir* v.
a·po:*é*·ti·co adj.
a·po·*fân*·ti·ca sf.
a·po·*fân*·ti·co adj.
a·*pó*·fa·se sf.
a·po·*fá*·ti·co adj.
a·*pó*·fi·ge sf.
a·po·fi·la·*xi*·a (cs) sf.
a·po·fi·*lê*·ni·co adj.
a·po·fi·*li*·ta sf.
a·*pó*·fi·se sf.
a·po·fi·si:*á*·ri:o adj.
a·po·fi·*si*·te sf.
a·po·*fí*·ti·co adj.
a·po·*fi*·to sm.: a·*pó*·fi·to.
a·po·*fo*·co sm.
a·po·*fo*·ni·a sf.
a·po·ga·*me*·ti·a sf.
a·po·ga·*mi*·a sf.
a·po·*gâ*·mi·co adj.
a·po·*gás*·ter adj. 2g.
a·po·*gás*·tre:o adj.
a·po·*gas*·tro adj.
a·po·geu sm.
a·po·*gís*·ti·co adj.
a·po·*grá*·fi·co adj.
a·*pó*·gra·fo sm.
a·poi·*a*·do adj. sm.
a·poi·*ar* v.
a·*poi*·o (ô) sm./Cf. apoio, do v. apoiar.
a·poi·ta·*gua*·ra sf.: apojitaguara.
a·poi·*tar* v.: apoutar.
a·po·*ja*·do adj.
a·po·ja·*du*·ra sf.
a·po·ja·*men*·to sm.
a·po·*jar* v.
a·po·ja·*tu*·ra sf.

a·po·ji·ta·gua·ra sf.:
   apoitaguara.
a·po·jo (ô) sm./Cf. apojo (ó), do
   v. apojar.
a·po·lai·na·do adj.
a·po·lar adj. 2g.
a·pol·dra·da sf.
a·pol·dra·do adj.
a·po·le·gar v.
a·po·len·ta·dor (ô) adj. sm.
a·po·len·tar v.
a·pó·li·ce sf.
a·po·li·ná·ri:o adj.
a·po·li·na·ris·mo sm.
a·po·li·na·ris·ta adj. s2g.
a·po·lí·ne:o adj.
a·po·lí·ni·co adj.
a·pó·li·se sf.
a·po·lí·ti·co adj. sm.
a·po·lo sm.
a·po·lo·gal adj. 2g.; pl. ·gais.
a·po·lo·gé·ti·co adj.
a·po·lo·gi·a sf.
a·po·ló·gi·co adj.
a·po·lo·gis·mo sm.
a·po·lo·gis·ta adj. s2g.
a·po·lo·gi·zar v.
a·pó·lo·go sm.
a·po·lô·ni·co sm.
a·pol·tro·nar v.
a·pol·vi·lhar v.
a·pom·bo·ca·do adj.
a·po·mei:o·se sf.: apomiose.
a·po·míc·ti·co adj.: apomítico.
a·po·mi·o·se sf.: apomeiose.
a·po·mí·ti·co adj.: apomíctico.
a·po·mi·xi·a (cs) sf.
a·po·mor·fi·na sf.
a·po·ne·ji·crã adj. s2g.
a·po·neu·ro·lo·gi·a sf.:
   aponevrologia.
a·po·neu·ro·se sf.: aponevrose.
a·po·neu·ró·ti·co adj.:
   aponevrótico.
a·po·ne·vro·lo·gi·a sf.:
   aponeurologia.
a·po·ne·vro·se sf.: aponeurose.
a·po·ne·vró·ti·co adj.:
   aponeurótico.
a·po·no·ge·to·ná·ce:a sf.:
   aponogitonácea.
a·po·no·ge·to·ná·ce:o adj.:
   aponogitonáceo.
a·po·no·gi·to·ná·ce:a sf.:
   aponogetonácea.
a·po·no·gi·to·ná·ce:o adj.:
   aponogetonáceo.

a·pon·ta·do adj. sm.
a·pon·ta·dor (ô) adj. sm.
a·pon·ta·men·to sm.
a·pon·tar v.
a·pon·tá·vel adj. 2g.; pl. ·veis.
a·pon·te:ar v.
a·pon·to:a·do adj. sm.
a·pon·to:ar v.
a·po·pé·ta·lo adj.
a·po·pléc·ti·co adj.:
   a·po·plé·ti·co.
a·po·ple·xi·a (cs) sf.
a·po·quen·ta·ção sf.; pl. ·ções.
a·po·quen·ta·do adj. sm.
a·po·quen·ta·dor (ô) adj. sm.
a·po·quen·tar v.
a·por v.
a·po·ri·a sf. 'dubitação'/Cf.
   apória.
a·pó·ri:a sf. 'lepidóptero'/Cf.
   aporia.
a·po·rí·de:o adj. sm.
a·po·ris·ma v.
a·po·ris·mo sm.
á·po·ro adj. sm.
a·po·ro·brân·qui:o adj. sm.
a·por·re:a·do adj.
a·por·re:a·men·to sm.
a·por·re:ar v.
a·por·re·tar v.
a·por·ri·nha·ção sf.; pl. ·ções.
a·por·ri·nha·do adj.
a·por·ri·nha·men·to sm.
a·por·ri·nhar v.
a·por·ta·men·to sm.
a·por·tar v.
a·por·te·la·do adj.
a·por·ti·lhar v.
a·por·tu·gue·sa·do adj.
a·por·tu·gue·sa·men·to sm.
a·por·tu·gue·sar v.
a·por·tu·gue·sá·vel adj. 2g.;
   pl. ·veis.
a·por·tu·nar v.
a·pós prep. adv. /Cf. após, do
   v. apor.
a·po·sen·ta·ção sf.; pl. ·ções.
a·po·sen·ta·do adj. sm.
a·po·sen·ta·dor (ô) adj. sm.
a·po·sen·ta·do·ri·a sf.
a·po·sen·ta·men·to sm.
a·po·sen·tar v.
a·po·sen·to sm.
a·po·si·a sf.
a·po·si·ção sf.; pl. ·ções.
a·po·si:o·pe·se sf.
a·po·sí·ti·co adj.

a·pó·si·to adj. sm.
a·pos·pas·mo sm.
a·pos·pás·ti·co adj. sm.
a·pos·sar v.
a·pos·se:ar v.
a·pos·sín·cli·se sf.
a·pos·sin·clí·ti·co adj.
a·pos·su:ir v.
a·pos·ta sf.
a·pos·ta·do adj.
a·pos·ta·dor (ô) adj. sm.
a·pos·ta·lag·ma sm.
a·pos·tar v.
a·pós·ta·se sf.
a·pos·ta·si·a sf. 'abjuração'/Cf.
   apostásia.
a·pos·tá·si:a sf. 'planta'/Cf.
   apostasia.
a·pos·ta·si:á·ce:a sf.
a·pós·ta·ta adj. s2g./Cf. apostata,
   do v. apostatar.
a·pos·ta·tar v.
a·pos·tá·ti·co adj.
a·pos·te·ma sm.
a·pos·te·mar v.
a·pos·te·má·ti·co adj.
a·pos·te·mei·ra sf.
a·pos·te·mo·so (ô) adj.; f. e pl.
   (ó).
a·pos·ti·çar v.
a·pos·ti·la sf.: apostilha.
a·pos·ti.lar sm.
a·pos·ti·lha sf.: apostila.
a·pos·to (ô) adj. sm./Cf. aposto
   (ó), do v. apostar.
a·pos·to·la·do adj. sm.
a·pos·to·lar adj. 2g. v.
a·pos·to·li·cal adj. 2g.; pl. ·cais.
a·pos·to·li·ci·da·de sf.
a·pos·tó·li·co adj.
a·pos·to·li·zar v.
a·pós·to·lo sm./Cf. apostolo, do
   v. apostolar.
a·pos·tro·far v.
a·pós·tro·fe sf. 'figura de
   retórica'/Cf. apostrofe, do v.
   apostrofar, e apóstrofo.
a·pós·tro·fo sm. 'sinal gráfico'/
   Cf. apostrofo, do v. apostrofar,
   e apóstrofe.
a·pos·tu·ra sf.
a·po·tác·ti·co sm.:
   a·po·tá·ti·co.
a·po·te·ci:al adj. 2g.; pl. ·ais.
a·po·té·ci:o sm.
a·po·teg·ma sm.
a·po·teg·má·ti·co adj.

a·po·teg·ma·*tis*·mo sm.
a·*pó*·te·ma sm.
a·po·te:o·sar v.
a·po·te:*o*·se sf.
a·po·te:*ó*·ti·co adj.
a·*pó*·te·se sf.
á·po·to adj.
a·po·*tó* adj. s2g.
a·*pó*·to·mo adj. sm.
a·po·*trar* v.
a·pou·*ca*·do adj.
a·pou·ca·*dor* (ô) adj. sm.
a·pou·ca·*men*·to sm.
a·pou·*car* v.
a·pou·*tar* v.: apoitar.
a·*pó*·ze·ma sf./Cf. apozema, do v. apozemar.
a·po·ze·*mar* v.
a·pra·ga·*tar* v.: aparagatar.
a·prai:*ar* v.
a·pra·*xi*·a (cs) sf.
a·pra·za·*dor* (ô) adj. sm.
a·pra·za·*men*·to sm.
a·pra·*zar* v.
a·pra·*zer* v.
a·pra·zi·bi·li·*da*·de sf.
a·pra·zi·*men*·to sm.
a·pra·*zí*·vel adj. 2g.; pl. ·veis.
a·pra·zi·ve·*len*·se adj. s2g.
a·pre interj.
a·pre·*ça*·do adj. 'avaliado'/Cf. apressado.
a·pre·ça·*dor* (ô) sm. 'avaliador'/Cf. apressador.
a·pre·ça·*men*·to sm. 'avaliação'/Cf. apressamento.
a·pre·*çar* v. 'avaliar'/Cf. apressar.
a·pre·ci·a·*ção* sf.; pl. ·ções.
a·pre·ci·a·*dor* (ô) adj. sm.
a·pre·ci:*ar* v.
a·pre·ci·a·*ti*·vo adj.
a·pre·ci·a·*á*·vel adj. 2g.; pl. ·veis.
a·*pre*·ço (ê) sm. 'estima'/Cf. apreço (é), do v. apreçar, apresso sm. e apresso (é), do v. apressar.
a·pre:en·de·*dor* (ô) adj. sm.
a·pre:en·*der* v.
a·pre:en·*são* sf.; pl. ·sões.
a·pre:en·si·bi·li·*da*·de sf.
a·pre:en·*sí*·vel adj. 2g.; pl. ·veis.
a·pre:en·*si*·vo adj.
a·pre:en·*sor* (ô) adj. sm.
a·pre:en·*só*·ri:o adj.

a·pre·fi·*xar* (sc) v.
a·pre·go:*a*·do adj.
a·pre·go:a·*dor* (ô) adj. sm.
a·pre·go:*ar* v.
a·pre·*mar* v.
a·pre·*mer* v.
a·pren·*der* v.
a·pren·*diz* sm.
a·pren·di·*za*·do sm.
a·pren·di·*za*·gem sf.; pl. ·gens.
a·pren·diz-ma·ri·*nhei*·ro sm.; pl. aprendizes-marinheiros.
a·pre·sa·*dor* (ô) adj. sm.
a·pre·sa·*men*·to sm.
a·pre·*sar* v.
a·pres·bi·te·*rar* v.
a·pre·sen·ta·*ção* sf.; pl. ·ções.
a·pre·sen·*ta*·do adj. sm.
a·pre·sen·ta·*dor* (ô) adj. sm.
a·pre·sen·*tan*·te adj. s2g.
a·pre·sen·*tar* v.
a·pre·sen·*tá*·vel adj. 2g.; pl. ·veis.
a·pre·si·*gar* v.
a·pre·si·*lhar* v.
a·pres·*sa*·do adj. 'acelerado'/Cf. apreçado.
a·pres·sa·*dor* (ô) adj. sm. 'acelerador'/Cf. apreçador.
a·pres·sa·*men*·to sm. 'aceleração'/Cf. apreçamento.
a·pre·*sar* v. 'acelerar'/Cf. apreçar.
a·*pres*·so (ê) sm. 'aperto' 'pressa'/Cf. apreço (ê), sm., apresso (é), do v. apressar, e apreço (é) do v. apreçar.
a·pres·su·*ra*·do adj.
a·pres·su·ra·*men*·to sm.
a·pres·su·*rar* v.
a·pres·ta·*dor* (ô) adj. sm.
a·pres·ta·*mar* v.
a·pres·ta·*men*·to sm.
a·*prés*·ta·mo sm.; pl. apréstamos/Cf. aprestamos, do v. aprestar.
a·pres·*tar* v.
a·*pres*·to sm.
a·pre·sun·*ta*·do adj.
a·pri·*li*·no adj.
a·pri·mo·*ra*·do adj.
a·pri·mo·ra·*dor* (ô) adj. sm.
a·pri·mo·ra·*men*·to sm.
a·pri·mo·*rar* v.
a·prin·ce·*sar* v.
a·pri:o·*ris*·mo sm.
a·pri:o·*ris*·ta adj. s2g.

a·pri:o·*rís*·ti·co adj.
a·*pris*·car v.
a·*pris*·co sm.
a·pri·si:o·*na*·do adj.
a·pri·si:o·na·*dor* (ô) adj. sm.
a·pri·si:o·na·*men*·to sm.
a·pri·si:o·*nar* v.
a·pri·so:a·*men*·to sm.
a·pri·so:*ar* v.
a·pro:a·*men*·to sm.
a·pro:*ar* v.
a·pro·ba·*ti*·vo adj.: aprovativo.
a·pro·ba·*tó*·ri:o adj.: aprovatório.
a·pro·*char* v.
a·*pro*·che sm.
a·pro·che·*gar* v.
a·proc·*ti*·a sf.
a·pro:e·*jar* v.
a·pro·fun·*dar* v.
a·*prô*·ni:a sf.
a·pron·ta·*men*·to sm.
a·pron·*tar* v.
a·*pron*·te sm.
a·*pron*·to sm.
a·pro·pin·qua·*ção* sf.; pl. ·ções.
a·pro·pin·*quar* v.
a·pro·po·si·*ta*·do adj.
a·pro·po·si·*tar* v.
a·pro·pri·a·*ção* sf.; pl. ·ções.
a·pro·pri·*a*·do adj.
a·pro·pri·a·*dor* (ô) adj. sm.
a·pro·pri·*a*·gem sf.; pl. ·gens.
a·pro·pri:*ar* v.
a·pro·pri·*á*·vel adj. 2g.; pl. ·veis.
a·pro·se·*xi*·a (cs) sf.
a·pro·so·*pi*·a sf.
a·pro·*so*·po (ô) adj. sm.
a·*pró*·ti·co adj.
a·pro·va·*ção* sf.; pl. ·ções.
a·pro·*va*·do adj. sm.
a·pro·va·*dor* (ô) adj. sm.
a·pro·*var* v.
a·pro·va·*ti*·vo adj.: aprobativo.
a·pro·va·*tó*·ri:o adj.: aprobatório.
a·pro·*vá*·vel adj. 2g.; pl. ·veis.
a·pro·vei·*ta*·do adj.
a·pro·vei·ta·*dor* (ô) adj. sm.
a·pro·vei·ta·*men*·to sm.
a·pro·vei·*tan*·te adj. 2g.
a·pro·vei·*tar* v.
a·pro·vei·*tá*·vel adj. 2g.; pl. ·veis.
a·pro·vi·si:o·na·*dor* (ô) adj. sm.
a·pro·vi·si:o·na·*men*·to sm.

a·pro·vi·si:o·*nar* v.
a·pro·xi·ma·*ção* (ss) sf.; pl. ·*ções*.
a·pro·xi·*ma*·do (ss) adj.
a·pro·xi·*mar* (ss) v.
a·pro·xi·ma·*ti*·va (ss) sf.
a·pro·xi·ma·*ti*·vo (ss) adj.
a·pru·ma·*ção* sf.; pl. ·*ções*.
a·pru·*ma*·do adj.
a·*pru*·mo sm. 'posição vertical' 'altivez'/Cf. a loc. a *prumo* 'verticalmente'.
ap·se·la·fe·si·a sf.
ap·si·*dal* adj. 2g.; pl. ·*dais*.
ap·*si*·de sf.
ap·*té*·ri·ge adj. 2g. sf.
ap·te·ri·gi·*for*·me adj. 2g. sm.
ap·te·*rí*·gi:o sm.
ap·te·*ri*·go·to adj. sm.
ap·*té*·ri:o adj. sm.
áp·te·ro adj.
ap·ti·*dão* sf.; pl.·*dões*.
ap·tig·*má*·ti·co adj.
ap·to adj.
a·pu:*á* sm. *ou* sf.
a·pu:*a*·do adj.
a·pu:*a*·men·to sm.
a·pu:*ar* v.
a·pu:*a*·va adj. 2g.
a·pu·ca·ra·*nen*·se adj. s2g.
a·pu·cu·i·*tau*·a sm.
a·pu:*é* sm.
a·pu:*í* sm.
a·pu:i·*ra*·na sf.
a·pu:i·*zei*·ro sm.
a·pu·li:*a*·no adj. sm.
a·*pú*·li·co adj.
a·*pul*·so sm. 'figura do direito romano'/Cf. a loc. *a pulso* 'à força'.
a·pu·nha·*la*·do adj.
a·pu·nha·*lar* v.
a·pu·*nhar* v.
a·pu·*pa*·da sf.
a·pu·*pa*·do adj.
a·pu·*par* v.
a·pu·*pá*·vel adj. 2g.; pl. ·*veis*.
a·*pu*·po sm.
a·pu·ra·*ção* sf.; pl. ·*ções*.
a·pu·*ra*·da sf.
a·pu·*ra*·do adj. sm.
a·pu·ra·*dor* (o) adj. sm.
a·pu·ra·*men*·to sm.
a·pu·*rar* v.
a·pu·ra·*ti*·vo adj.
a·*pu*·ro sm.
a·pu·pu·*ra*·do adj.

a·pu·ru:*í* sm.
a·qua·dri·lha·*men*·to sm.
a·qua·dri·*lhar* v.
a·qua·*for*·te sf.: *água-forte*.
a·qua·for·*tis*·ta adj. s2g.: *água-fortista*.
a·qua·*lou*·co adj. sm.
a·*quan*·do conj. adv.
a·qua·pla·*na*·gem sf.; pl.: ·*gens*.
a·qua·*re*·la sf.
a·qua·re·*lar* v.
a·qua·re·*lis*·ta adj. s2g.
a·qua·ri:*a*·no adj. sm.
a·*quá*·ri:o sm.
a·qua·ri·*qua*·ra sf.
a·quar·ta·*la*·do adj.
a·quar·te·*la*·do adj.
a·quar·te·la·*men*·to sm.
a·quar·te·*lar* v.
a·quar·ti·*lhar* v.
a·*quá*·ti·co adj. sm.
a·*quá*·til adj. 2g.; pl. ·*teis*.
a·qua·to·*fa*·na sf.: *água-tofana*.
a·qua·*vi*·a sf.
a·que·bran·*tar* v.
a·que·ce·*dor* (ô) adj. sm.
a·que·*cer* v.
a·que·*ci*·do adj.
a·que·ci·*men*·to sm.
a·que·*cí*·vel adj. 2g.; pl. ·*veis*.
a·que·*dar* v.
a·que·*du*·to sm.
a·*quei*·a adj. sf. de *aqueu*.
a·*que*·la pron./Cf. àquela.
à·*que*·la contr. da prep. *a* com o pron. *aquela*/Cf. *aquela*.
a·que·*lar* v.
a·*que*·le (ê) pron./Cf. àquele.
à·*que*·le (ê) contr. da prep. *a* com o pron. *aquele*/Cf. *aquele*.
a·que·*lou*·tro pron. (contr. dos pron. *aquele* e *outro*)/Cf. *àqueloutro*.
à·que·*lou*·tro pron. (contr. da prep. *a* com o pron. *aqueloutro*)/Cf. *aqueloutro*.
a·*quém* adv.
a·*quém*·mar adv. sm.; pl. *aquém-mares*.
a·*quê*·ni·co adj.
a·*quê*·ni:o adj. sm.
a·*quen*·se adj. s2g.
a·quen·ta·*men*·to sm.
a·quen·*tar* v.

á·que:o adj.
a·que·ren·ci:a·*dei*·ra sf.
a·que·ren·ci:*a*·do adj. sm.
a·que·ren·ci:a·*dor* (ô) adj. sm.
a·que·ren·ci:*ar* v.
a·que·*rôn*·ci:a sf.
a·que·ron·*tei*·a adj. f. de *aqueronteu*.
a·que·ron·*teu* adj.; f. *aqueronteia*.
a·que·*rôn*·ti·co adj.
a·*ques*·to sm.
a·que·*tói*·de:o adj. sm.: a·que·to:*í*·de:o.
a·*queu* adj. sm.; f. *aqueia* (é).
a·*qui* adv. sm.
a·*quí*·co·la adj. s2g.
a·qui·cul·*tu*·ra sf.
a·qui·da·bã·*en*·se adj. s2g.: a·qui·da·ba·*nen*·se.
a·qui·dau·a·*nen*·se adj. s2g.
aqui del-*rei* interj.
a·qui·es·*cên*·ci:a sf.
a·qui·es·*cen*·te adj. 2g.
a·qui·es·*cer* v.
a·qui:e·ta·*ção* sf.; pl. ·*ções*.
a·qui:e·*ta*·do adj.
a·qui:e·ta·*dor* (o) adj. sm.
a·qui:e·*tar* v.
a·*quí*·fe·ro adj.
a·qui·fo·li:*á*·ce:a sf.
a·qui·fo·li:*á*·ce:o adj.
a·qui·*lão*[1] sm. 'o vento norte'; pl. ·*lões*: *aguião*/Cf. *aquilão*[2].
a·qui·*lão*[2] sm. 'unguento'; pl. ·*lões*/Cf. *aquilão*[1].
a·qui·*lá*·ri:a sf.
a·qui·la·ri:*á*·ce:a sf.
a·qui·la·ri:*á*·ce:o adj.
a·qui·la·ta·*dor* (ô) sm.
a·qui·la·*tar* v.
a·qui·*lé*·gi:a sf.
a·qui·*lei*·a adj. f. de *aquileu*.
a·qui·*leu* adj.; f. *aquileia*.
a·qui·*lha*·do adj.
a·qui·*lhar* v.
a·qui·*li*·a sf.
a·qui·*li*·no adj.
a·*qui*·lo pron./Cf. *áquilo* e *àquilo*.
á·qui·lo sm. 'aquilão[1]'/Cf. *aquilo* e *àquilo*.
à·*qui*·lo contr. da prep. *a* com o pron. *aquilo*/Cf. *aquilo* e *áquilo*.
a·qui·lom·*ba*·do adj.
a·qui·lom·*bar* v.

a·qui·lo·*nal* adj. 2g.; pl. ·*nais*.
a·qui·lo·*nar* adj. 2g.
a·qui·lô·ni:o adj.
a·qui·*lo*·se sf.
a·qui·lo·*ta*·do adj
a·qui·lo·*tar* v.
a·qui·*lu*·cho sm.
a·qui·*nen*·se adj. s2g.
a·qui·nho:*a*·do adj.
a·qui·nho:a·*dor* adj. sm.
a·qui·nho:a·*men*·to sm.
a·qui·nho:*ar* v.
a·qui·*qui* sm.
a·qui·ri·je·*bó* s2g.:
  a·qui·ri·ji·*bó*.
a·qui·ri·*ti*·vo adj.
a·qui·si·*ção* sf.; pl. ·*ções*.
a·qui·si·*ti*·vo adj.
a·quis·*tar* v.
a·*qui*·vo adj. sm.
a·qu:o·si·*da*·de sf.
a·*quo*·so (ô) adj.; f. e pl. (ó).
ar sm.
a·ra sf. interj.
a·rá sm. *ou* sf.
a·ra·ã interj.
a·ra·bai·*a*·na sm.
á·ra·be adj. s2g. sm.
a·ra·be·*béu* sm.; pl. ·*beis*.
á·ra·be-sau·*di*·ta(s) adj. s2g.
  (pl.).
a·ra·bes·*car* v.
a·ra·*bes*·co (ê) sm./Cf. *arabesco*
  (é), do v. *arabescar*.
a·ra·*bi* sm.
a·*rá*·bi·co adj. sm: a·*rá*·bi·go.
a·ra·*bi*·na sf.
a·ra·bi·*no*·se sf.
a·*rá*·bi:o adj. sm.
a·ra·*bis*·mo sm.
a·ra·*bis*·ta adj. s2g.
a·ra·*bi*·ta sf.
a·ra·bi·za·*ção* sf.; pl. ·*ções*.
a·ra·bi·*zar* v.
a·ra·*boi*·a sf.
a·ra·bô·ni·co adj.
a·ra·bri·*cen*·se adj. s2g.
a·ra·bri·*gen*·se adj. s2g.
a·ra·*bu* sm.
a·ra·bu·*tã* sm.
a·*ra*·ca sf.
a·ra·*çá* sm. adj. 2g.
a·ra·*çá*-con·*go*·nha sm.; pl.
  araçás-congonhas ou
  araçás-congonha.
a·ra·ca·*çu* sm.
a·ra·*çá*(s)-da-*an*·ta sf. (pl.).

a·ra·ca·dai·*ni* adj. s2g.
a·ra·*çá*(s)-da-*prai*·a sm. (pl.).
a·ra·*çá*(s)-de-co·*ro*·a sm. (pl.).
a·ra·*çá*(s)-de-*mi*·nas sm. (pl.).
a·ra·*çá*(s)-de-*pom*·ba sm. (pl.).
a·ra·*çá*(s)-de-são-*pau*·lo sm.
  (pl.).
a·ra·*çá*(s)-do-*bre*·jo sm. (pl.).
a·ra·*çá*(s)-do-pa·*rá* sm.(pl.).
a·ra·ça·*ei*·ro sm.
a·ra·*çá*(s)-fel·*pu*·do(s) sm. (pl.).
a·ra·ça·*í* sm.
a·ra·ça·*í*·ba sm.
a·ra·ca·*ju* adj. s2g.
a·ra·ca·ju:*a*·no adj. sm.
a·ra·ca·ju:*en*·se adj. s2g.
a·ra·cam·*bé* sm.
a·ra·ca·*bi* sm.
a·ra·cam·*bus* sm. pl.
a·ra·*çá*-mi·*rim* sm.; pl.
  araçás-mirins.
a·ra·*ca*·ne adj. s2g.
a·ra·*can*·ga sf.
a·ra·*çan*·ga sf.
a·ra·can·*gui*·ra sm.
a·ra·*ção* sf.; pl. ·*ções*.
a·ra·*çá*-*pe*·dra sm.; pl.
  araçás-pedras ou
  araçás-pedra.
a·ra·ca·*pu*·ri sm.
a·ra·ça·*ra*·na sf.
a·ra·ça·*rei*·ro sm.
a·ra·*ça*·ri sm.
a·ra·ça·ri·ba·*na*·na sm.; pl.
  araçaris-bananas ou *araçaris-*
  -banana.
a·ra·ça·ri(s)-*bran*·co(s) sm.
  (pl.).
a·ra·ça·ri(s)-de-mi·*nho*·ca sm.
  (pl.).
a·ra·ça·ri·*po*·ca sm.
a·ra·ça·ri(s)-*pre*·to(s) sm. (pl.).
a·ra·ca·*ro*·ba sm.
a·ra·ca·*ti* sm.
a·ra·ca·ti·*ba*·no adj. sm.
a·ra·ca·ti:*en*·se adj. s2g.
a·ra·ca·*tu* sm.
a·ra·ça·tu·*ben*·se adj. s2g.
a·ra·ça·*za*·da sf.
a·ra·ça·*zal* sm.; pl. ·*zais*.
a·ra·ça·*zei*·ro sm.
a·*rá*·ce:a sf.
a·*rá*·ce:o adj.
a·ra·*ci* adj. s2g.
a·ra·cim·*bo*·ra sf.
a·ra·ci:u:i·*rá* sm.
a·rac·*ní*·de:o adj. sm.

a·rac·*noi*·de adj. 2g. sf.
a·rac·*nói*·de:o adj.:
  a·rac·no·*í*·de:o.
a·rac·noi·*di*·te sf.
a·rac·no·lo·*gi*·a sf.
a·rac·no·*ló*·gi·co adj.
a·rac·no·*lo*·gis·ta s2g.
a·rac·*nó*·lo·go sm.
a·rac·*nó*·te·ro sm.
a·ra·ço:*ei*·ro sm.
a·ra·*çoi*·a sf.: *arazoia*.
a·ra·*çoi*·a·*ba*·no adj. sm.
a·ra·co·*ra*·ma sf.
a·ra·cru·*zen*·se adj. s2g.
a·ra·*cu* sm.
a·ra·cu·*ã* sm. *ou* sf.: *arancuã*,
  aranquã, *araquã*.
a·ra·*çu*:ai·*a*·va sf.
a·ra·cu·*ão* sm.; pl. ·*ãos* ou ·*ões*.
aracu(s)-*bran*·co(s) sm. (pl.).
a·ra·cu·*í* sm.
a·ra·cu·*já* adj. s2g.
a·ra·cu·pi·*ni*·ma sm.
a·ra·cu(s)-pin·*ta*·do(s) sm.
  (pl.).
a·ra·cu·*tin*·ga sm.
a·ra·*da* sf.
a·*rá*·di:o adj. sm.
a·*ra*·do adj. sm.
a·ra·*dor* (ô) adj. sm.
a·ra·*du*·ra sf.
a·ra:*é* adj. s2g.: a·ra:*ê*.
a·ra·gar·*cen*·se adj. s2g.
a·*ra*·gem sf.; pl. ·*gens*.
a·ra·*go*·nês adj. sm.
a·ra·go·*ni*·ta sf.
a·ra·gua·ce·*men*·se adj. s2g.
a·ra·gua·*guá* sm.
a·ra·gua·*guai* sm.:
  a·ra·gua·gua·*í*.
a·ra·gua·*í* sm.
a·ra·guai·*a*·no adj. sm.
a·ra·gua·*ri* sm. *ou* sf.
a·ra·gua·*ri*·no adj. sm.
a·ra·gua·ti·*nen*·se adj. s2g.
a·ra·gui·*rá* sm.
a·*rai* adj. s2g.
a·rai·au·*é* interj.
a·rai·*cá* adj. s2g.
a·rai·*cu* adj. s2g.
a·rai·*ni* adj. s2g.
a·rai·o·*sen*·se adj. s2g.
a·rai·*ú* sm.
a·*ra*·lha sf.
a·ra·li:*á*·ce:a sf.
a·ra·li:*á*·ce:o adj.
a·ra·li:*a*·no adj. sm.

a·ra·*má* sm. *ou* sf.: a·ra·*mã*.
a·ra·ma·*çá* sm.:
    a·ra·ma·*çã*.
a·ra·*ma*·do adj. sm.
a·ra·ma·*dor* (ô) adj. sm.
a·ra·*ma*·gem sf.; pl. ·gens.
a·ra·*mai*·co adj. sm.
a·ra·ma·*ís*·mo sm.
a·ra·ma·*ís*·ta adj. s2g.
a·ra·ma:i·*zar* v.
a·ra·man·*dai*·a sf.
a·ra·*mar* v.
a·ra·ma·*ré* sm.
a·ra·ma·*ris* adj. s2g.
a·ra·ma·*tá* sm.
a·ra·*me* sm.
a·ra·*mei*·a adj. sf. de *arameu*.
a·ra·*mei*·ro sm.
a·ra·*meu* adj. sm.; f. *arameia*.
a·ra·*mí*·de:o adj. sm.
ara·mi·*fí*·ci:o sm.
a·ra·*mi*·na sf.
a·*râ*·mi:o sm.
a·ra·*mis*·ta adj. s2g.
a·ra·*mi*·ta adj. s2g.
a·ra·mit·*chó* adj. s2g.:
    a·ra·mit·*xó*.
a·ra·*mu*·do adj.
a·ra·na·cu:a·*ce*·na adj. s2g.
a·ran·*cim* sm.; pl. ·*cins*.
a·ran·cu·*ã* sm. *ou* sf.: *aracuã*,
    aranquã, *araquã*.
a·ran·*de*·la sf.
a·ra·ne·*í*·de:a sf.
a·ra·ne·*í*·de:o adj. sm.
a·ra·ne·*í*·do adj. sm.
a·ra·ne·*í*·fe·ro adj.
a·ra·ne:i·*for*·me adj. 2g.
a·ra·ne:o·*mor*·fo adj. sm.
a·*ra*·nha sf. adj. 2g.
a·ra·nha(s)·ca·ran·gue·*jei*·ra(s) sf. (pl.).
a·ra·nha·ca·ran·*gue*·jo sf.;
    pl. *aranhas-caranguejos* ou
    aranhas-caranguejo.
a·ra·nhu·*çu* sf.
a·ra·nha(s) de *co*·co sf. (pl.).
a·ra·nha(s)·do·*mar* sf. (pl.).
a·ra·nha·*ga*·to sm.
a·ra·*nhão* sm.; pl. ·*nhões*.
a·ra·*nhar* v.
a·ra·*nhei*·ro sm.
a·ra·*nhen*·to adj.
a·ra·*nhi*·ço sm.
a·ra·*nhi*·nha sf.
a·ra·*nhol* sm.; pl. ·*nhóis*.
a·ra·*nho*·so (ô) adj.; f. *e* pl. (ó).

a·ra·*nho*·ta sf.
a·ra·*nho*·to (ô) sm.
a·ra·nhu·*çu* sf.
a·ran·*quã* sm. *ou* sf.: *aracuã*,
    arancuã, *araquã*.
a·ran·*zel* sm.; pl. ·*zéis*.
a·*rão* sm.; pl. ·*rões*.
a·ra·pa·*ba*·ca sf.
a·ra·*pa*·ce adj. s2g.
a·ra·pa·*çu* sm.
a·ra·pa·*çu*(s)-*gran*·de(s) sm. (pl.).
a·ra·*pai*·ma sm.
a·ra·pa·*pá* sm.
a·ra·pa·*pá*(s)-de-bi·co-
    -com·*pri*·do sm. (pl.).
a·ra·pa·*ri* sm.
a·ra·pa·ri·*ra*·na sf.
a·ra·pa·ri(s)-ver·*me*·lho(s) sm. (pl.).
a·ra·pa·ri·*zal* sm.; pl. ·*zais*.
a·ra·pa·*ti* sm.
a·ra·pi·ra·*quen*·se adj. s2g.
a·ra·*po*·ca sf.
a·ra·po·ca(s)-*bran*·ca(s) sf. (pl.).
a·ra·po·ca(s)-ver·da·*dei*·ra(s) sf. (pl.).
a·ra·*pon*·ga sf.
a·ra·pon·ga(s)-da-*hor*·ta sf. (pl.).
a·ra·pon·*gue*·se adj. s2g.
a·ra·pon·*gui*·nha sf.
a·ra·pon·*gui*·ra sf.
a·ra·po·*pó* sm.
a·ra·po·ti:*en*·se adj. s2g.
a·ra·pu·*á* sf.: a·ra·pu·*ã*.
a·ra·pu:*ar* v.
a·ra·*pu*·ca sf.
a·ra·pu·*çá* sf.
a·ra·*pu*·cu adj. s2g.
a·ra·pu:*é* sm.: a·ra·pu:*ê*.
a·ra·pu·*quei*·ro adj. sm.
a·ra·pu·*ru* sm.: *uirapuru*.
a·ra·pu·*tan*·ga sf.
a·ra·*quã* sm. ou sf.: *aracuã*,
    arancuã, *aranquã*.
a·*ra*·que sm. 'acaso', na loc. *de araque*/Cf. *áraque*.
á·ra·que sm. 'bebida'/Cf.
    araque.
a·ra·que:*a*·do adj.
a·ra·*qui*·cé sm.
a·ra·*quí*·di·co adj.
a·ra·*qui*·na sf.
a·*rar* v.
a·*ra*·ra sf. adj. s2g.

a·ra·*rá* sm.
a·ra·ra·a·*zul* sf.; pl. *araras-azuis*.
a·ra·ra·*can*·ga sf.
a·ra·ra·can·ga·*çu* sm. *ou* sf.
a·ra·ra·ca·nin·*dé* sm.; pl.
    araras-canindés ou
    araras-canindé.
a·ra·ra·*ju*·ba sf.
a·ra·*ra*·ma sf.
a·ra·ra(s)-ma·*cau*(s) sf. (pl.).
a·ra·ram·*boi*·a sf.: *arauemboia*.
a·ra·ran·*déu*·a sf.
a·ra·ran·deu·*a*·ra ad. s2g.
a·ra·ran·gua:*en*·se adj. s2g.
a·ra·ra·*pá* sm.
a·ra·ra·pi·*ran*·ga sf.
a·ra·ra·pi·ti:*ú*; pl. *araras-pitiú*
    ou *araras-pitiú*.
a·ra·ra(s)-*pre*·ta(s) sf. (pl.).
a·ra·ra·qua·*ren*·se adj. s2g.
a·ra·ra·tu·cu·*pé* sf.:
    a·ra·ra·tu·cu·*pi*.
a·ra·*rau* adj. s2g.
a·ra·*rau*·a ad. s2g.: a·ra·*rau*·á.
a·ra·ra·*ú*·ba sf.: *araraúba*.
a·ra·ra·*ú*·na sf.: *ararauna*.
a·ra·ra·*ú*·va sf.: *araraúba*.
a·ra·ra(s)-*ver*·de(s) sf. (pl.).
a·ra·ra(s)-ver·*me*·lha(s) sf. (pl.).
a·ra·*ré* adj. s2g.
a·ra·*ren*·se adj. s2g.
a·ra·*ri* sm.
a·ra·*ri*·ba sf.
a·ra·ri·*bá* sf.
a·ra·ri·*bá*(s)-a·ma·*re*·la(s) sf. (pl.).
a·ra·ri·*bal* sm.; pl. ·*bais*.
a·ra·ri·*bá*(s)-*ro*·sa(s) sf. (pl.).
a·ra·ri:*en*·se adj. s2g.
a·ra·*ri*·nha sf.
a·ra·ri·nha(s)-de-ca·be·ça-
    en·car·*na*·da sf. (pl.).
a·ra·ri·*pen*·se adj. s2g.
a·ra·ri·pi·*nen*·se adj. s2g.
a·ra·ri·pi·*rá* sm.
a·ra·*ro*·pa sf.
a·ra·ru:*á* adj. s2g. sm.
a·ra·ru:*a*·ma adj. s2g.
a·ra·ru:a·*men*·se adj. s2g.
a·ra·*ru*·na sf.: *araraúna*.
a·ra·ru·*nen*·se adj. s2g.
a·ra·*ru*·ta sf.
a·ra·ru·ta(s)-cai·*xul*·ta(s) sf. (pl.).
a·ra·ru·ta·co·*mum* sf.; pl.
    ararutas-comuns.
a·ra·ru·ta(s)-de·*por*·co sf. (pl.).

a·ra·ru·ta-es·pe·ci:*al* sf.; pl.
   ararutas-especiais.
a·ra·ru·ta(s)-gi·*gan*·te(s) sf.
   (pl.).
a·ra·ru·ta-pal·*mei*·ra sf.;
   pl. *ararutas-palmeiras* ou
   ararutas-palmeira.
a·ra·ru·ta(s)-ra·iz-re·*don*·da
   sf. (pl.).
a·ra·ru·ta(s)-ra·*mo*·sa(s) sf.
   (pl.).
a·ra·*ru*·va sf.
a·ra·ru·*ven*·se adj. s2g.
a·ra·*tá* adj. s2g.
a·ra·*ta*·ca adj. s2g. sf.
a·ra·ta·ci:*ú* sf.
a·ra·*tai*·a sf.
a·ra·tai·*á* sm.
a·ra·tai·*çu* sm.
a·ra·*ta*·ná sm.
a·ra·*ta*·nha sf.
a·ra·tau·*á* sf.
a·ra·ti·*ben*·se adj. s2g.
a·ra·ti·*cu* sm.: *araticum*.
a·ra·ti·cu:*ei*·ro sm.
a·ra·ti·cu:*en*·se adj. s2g.
a·ra·ti·*cum* sm.; pl. ·*cuns*:
   araticu.
a·ra·ti·cum-a·ba·*re*·no sm.;
   pl. *araticuns-abarenos* ou
   araticuns-abareno.
a·ra·ti·cum-al·va·*di*:o sm.; pl.
   araticuns-alvadios.
a·ra·ti·cum-a·*pê* sm.; pl.
   araticuns-apês ou
   araticuns-apê.
a·ra·ti·cum-ca·*gão* sm.; pl.
   araticuns-cagões.
a·ra·ti·cum-ca·*tin*·ga sm.;
   pl. *araticuns-catingas* ou
   araticuns-catinga.
a·ra·ti·cum-cor·*ti*·ça sm.;
   pl. *araticuns-cortiças* ou
   araticuns-cortiça.
a·ra·ticum-da·la·*go*·a sm.; pl.
   araticuns-da-lagoa.
a·ra·ti·cum-de-*chei*·ro sm.; pl.
   araticuns-de-cheiro.
a·ra·ti·cum-do-*cam*·po sm.; pl.
   araticuns-do-campo.
a·ra·ti·cum-dos-*li*·sos sm.; pl.
   araticuns-dos-lisos.
a·ra·ti·cun·*zei*·ro sm.:
   a·ra·ti·cu·*zei*·ro.
a·ra·*tim* sm.; pl. ·*tins*.
a·ra·*tin*·ga sf.
a·ra·*tó*·ri:o adj.

a·ra·tri·*for*·me adj. 2g.
a·ra·*tu* sm.
a·ra·tu·*bai*·a sm.
a·ra·tu·*ben*·se adj. s2g.
a·ra·tu(s)-da-*pe*·dra sm. (pl.).
a·ra·tu(s)-do-*man*·gue sm. (pl.).
a·ra·tu(s)-ma·ri·*nhei*·ro(s) sm.
   (pl.).
a·ra·tu:i·*pen*·se adj. s2g.
a·ra·tu·*pe*·ba sm.
a·ra·tu·pi·*ni*·ma sm.
a·ra·tu(s)-ver·*me*·lho(s) sm.
   (pl.).
a·ra·tu(s)-ver·me·lho-e-*pre*·to
   sm. (pl.).
a·rau·*á* adj. s2g.
a·rau·a·*ná* sm.: *aruaná*[1].
a·rau·a·*ri* sm.
a·rau·a·*tu* sm.
a·rau·*câ*·ni:o adj. sm.
a·rau·*ca*·no adj. sm.
a·rau·*cá*·ri:a sf.
a·rau·ca·ri:*á*·ce:a sf.
a·rau·ca·ri:*á*·ce:o adj.
a·rau·*cá*·ri:a(s)-do-ja·*pão* sm.
   (pl.).
a·rau·*é* sf.
a·rau·em·*boi*·a sf.: *araramboia*.
a·rau·*en*·se adj. s2g.
a·rau·i·*ri* sm.
a·ra:u·*jen*·se adj. s2g.
a·ra·*ú*·na sf.
a·*rau*·to sm.
a·ra·*va*·que adj. s2g. sm.:
   aroaqui, *aruaque*.
a·ra·*ve*·ca sf.
a·*rá*·vel adj. 2g.; pl. ·*veis*.
a·ra·*ve*·la sf.
a·ra·*vi*·a sf.
a·ra·*vi*·ne adj. s2g.
a·ra·*xá* adj. s2g. sm.
a·ra·xa·*en*·se adj. s2g.
a·ra·*xi*·na adj. sf.
a·ra·xi·*xá* sf.
a·ra·xi·*xu* sm.
a·ra·*za* adj. s2g.
a·ra·*zoi*·a sf.: *araçoia*.
ar·ba·*le*·ta (ê) sf.
ar·*bi* sm.; pl. ·*bis*: ar·*bim*; pl.
   ·*bins*.
ar·bi·tra·*ção* sf.; pl. ·*ções*.
ar·bi·tra·*dor* (ô) adj. sm.
ar·bi·*tra*·gem sf.; pl. ·*gens*.
ar·bi·*tral* adj. 2g.; pl. ·*trais*.
ar·bi·tra·*men*·to sm.
ar·bi·*trar* v.
ar·bi·tra·ri:e·*da*·de sf.

ar·bi·*trá*·ri:o adj.; f. *arbitrária*/
   Cf. *arbitraria*, do v. *arbitrar*.
ar·bi·tra·*ris*·mo sm.
ar·bi·tra·*ti*·vo adj.
ar·*bí*·tri:o sm.
ar·bi·*tris*·ta s2g.
ár·bi·tro sm./Cf. *arbitro*, do v.
   arbitrar.
ar·*bó*·re:o adj.
ar·bo·res·*cên*·ci:a sf.
ar·bo·res·*cen*·te adj. 2g.
ar·bo·res·*cer* v.
ar·bo·*re*·to (ê) sm.
ar·bo·ri·*ci*·da adj. s2g.
ar·bo·ri·*cí*·di:o sm.
ar·bo·*rí*·co·la adj. 2g.
ar·bo·ri·cul·*tor* (ô) adj. sm.
ar·bo·ri·cul·*tu*·ra sf.
ar·bo·ri·*for*·me adj. 2g.
ar·bo·*ris*·ta s2g.
ar·bo·ri·za·*ção* sf.; pl. ·*ções*.
ar·bo·ri·*za*·do adj.
ar·bo·ri·*zar* v.
ar·*bús*·cu·la sf.
ar·*bús*·cu·lo sm.
ar·bus·*tá*·ce:o adj.
ar·*bús*·te:o adj.
ar·bus·ti·*for*·me adj. 2g.
ar·*bus*·ti·vo adj.
ar·*bus*·to sm.
ar·bu·*ti*·na sf.
ar·*ca* sf.
ar·ca-*boi*·ço sm.: ar·ca-*bou*·ço.
ar·ca·*buz* sm.
ar·ca·bu·*za*·da sf.
ar·ca·bu·*za*·do adj.
ar·ca·bu·za·*men*·to sm.
ar·ca·bu·*zar* v.
ar·ca·bu·za·*ri*·a sf.
ar·ca·bu·*zei*·ro sm.
ar·*ca*·da sf.
ar·ca(s)-*d'á*·gua sf. (pl.).
ár·ca·de adj. s2g.
ar·*cá*·de:o sm.
ar·*cá*·di:a sf.
ar·ca·di·*a*·no adj. sm.
ar·*cá*·di·co adj.
ar·ca·*dis*·mo sm.
ar·*ca*·do adj.
ar·ca·*dor* (ô) sm.
ar·ca·*du*·ra sf.
ar·*cai*·co adj. 'antiquado'/Cf.
   alcaico.
ar·ca·*ís*·mo sm.
ar·ca·*ís*·ta adj. s2g.
ar·ca:i·*zan*·te adj. s2g.
ar·ca:i·*zar* v.

ar·*cal* sm.; pl. ·*cais*.
ar·can·*gé*·li·co adj.
ar·*can*·jo sm.
ar·*ca*·no adj. sm.
ar·*cão* sm.; pl. ·*cões*.
ar·*ção* sm.; pl. ·*ções*.
ar·*car* v.
ar·ca·*ri*·a sf.
ar·ca·*tu*·ra sf.
ar·*caz* sm. aum. irreg. de *arca*.
ar·ce·bis·*pa*·do sm.
ar·ce·bis·*pal* adj. 2g.; pl. ·*pais*.
ar·ce·*bis*·po sm.
ar·ce·bur·*guen*·se adj. s2g.
ar·ce·di:a·*ga*·do sm.
ar·ce·di:a·go sm.
ar·ce·te (ê) sm.
ar·cha sf. 'arma'/Cf. arxa, sf. e fl. do v. *arxar*.
ar·*chei*·ro sm.
ar·*che*·te (ê) sm.
ar·cho·*ta*·da sf.
ar·*cho*·te sm.
ar·*cí*·fe·ro adj. sm.
ar·ci·fi·*nal* sm.; pl. ·*nais*.
ar·ci·*fí*·ni:o adj. sm.
ar·ci·*for*·me adj. 2g.
ar·ci·pres·*ta*·do sm.
ar·ci·pres·*tal* adj. 2g.; pl. ·*tais*.
ar·ci·*pres*·te sm.
ar·co sm.
ar·co·bo·*tan*·te sm.
ar·co(s)-ce·*les*·te(s) sm. (pl.).
ar·co(s) da a·li:*an*·ça sm. (pl.).
ar·co(s) da *chu*·va sm. (pl.).
ar·co(s)-da-*ve*·lha sm. (pl.).
ar·co(s) de *deus* sm. (pl.).
ar·co(s) de *flo*·res sm. (pl.).
ar·co(s) de *pi*·pa sm. (pl.).
ar·co-*í*·ris sm. 2n.
ar·con·di·ci:o·*na*·do sm.: pl. *ares-condicionados*.
ar·con·*ta*·do sm.
ar·*con*·te sm.
ar·*có*·se:o sm.
ar·*co*·so (ô) adj.; f. *e* pl. (ó).
ar·*co*·te sm.
arco-ver·*den*·se(s) adj. s2g.; (pl).
arc·ta·*ção* sf.; pl. ·*ções*.
arc·*tó*·ge:a sf.: arc·to·*gei*·a.
arc·tos sm. pl.
arc·*tu*·ro sm.
ar·cu:*al* adj. 2g.; pl. ·*ais*.
ar·cu·*en*·se adj. s2g.
ár·de:a sf.
ar de *di*·a sm.; pl. *ares de dia*
ár·de·go adj.

ar·de·*í*·de:o adj. sm.
ar·de:i·*for*·me adj. 2g. sm.
ar·*dên*·ci:a sf.
ar·de·*nen*·se adj. s2g.
ar·de·*nês* adj. sm.
ar·*den*·te adj. 2g.
ar·den·*ti*·a sf.
ar·den·*to*·so (ô) adj.; f. *e* pl. (ó).
ar·*der* v.
ar de *ven*·to sm.; pl. *ares de vento*.
ar·di·*dez* (ê) sf.
ar·di·*de*·za (ê) sf.
ar·*di*·do adj. sm.
ar·dil sm.; pl. ·*dis*.
ar·di·*le*·za (ê) sf.
ar·di·*lo*·so (ô) adj.; f. *e* pl. (ó).
ar·di·*men*·to sm.
ar·*dô*·me·tro sm.
ar·*dor* (ô) sm.
ar·do·*ro*·so (ô) adj.; f. *e* pl. (ó).
ar·*dó*·si:a sf.
ar·do·si:*ei*·ra sf.
ar·*do*·so (ô) adj.; f. *e* pl. (ó).
ar·du:i·*da*·de sf.
ar·*du*·me sm.
ár·du:o adj.
a·re sm.
a·*ré* adj. s2g.
á·re:a sf. 'superfície limitada'/ Cf. *ária*.
a·re:a·*ção* sf.; pl. ·*ções*.
a·re:a·*den*·se adj. s2g.
a·re:*a*·do adj.
a·re:al sm.; pl. ·*ais*.
a·re:a·*len*·se adj. s2g.
a·re:al·*ven*·se adj. s2g.
a·re:*ão* sm. aum. de *areia*; pl. ·*ões*.
a·re:*ar* v.
a·*re*·ca sf.
a·re·ca:i·*di*·na sf.
a·re·*cal* sm.; pl. ·*cais*.
a·re·*ci*·na sf.
a·re·*cí*·ne:o adj.
a·re·cu·*ná* adj. s2g.: *aricuna*.
a·re·dê adj. s2g.
a·re:*ei*·ro sm.
a·re:*en*·se adj. s2g.
a·re:*en*·to adj.
a·re·fa·*ção* sf.; pl. ·*ções*.
a·*rei*·a sf. adj. 2g. 2n. sm.
a·*rei*·a adj. sf. de *areu*.
a·rei·a-bran·*quen*·se(s) adj. s2g. (pl.).
a·rei·a(s)-en·go·li·*dei*·ra(s) sf. (pl.).

a·rei·a(s)-gu·*lo*·sa(s) sf. (pl.).
a·rei·a-man·*tei*·ga sf.; pl. *areias--manteigas* ou *areias-manteiga*.
a·rei·a(s)-*pre*·ta(s) sf. (pl.).
a·rei·as-*gor*·das sf. pl.
a·re·*ís*·co adj. sm.
a·rei·*us*·ca sf.
a·re·*ja*·do adj.
a·re·ja·*men*·to sm.
a·re·*jar* v.
a·*re*·jo (ê) sm.
a·*re*·na sf.
a·re·*nã* adj. s2g.
a·re·*ná*·ce:o adj.
a·re·*na*·do adj.
a·re·*nal* sm.; pl. ·*nais*.
a·re·na·po·li·*ta*·no adj. sm.
a·re·*ná*·ri:a sf.
a·re·*ná*·ri:o adj. sm.
a·re·*ná*·ti·co adj. sm.
a·re·*na*·to adj. sm.
a·*ren*·ga sf.
a·*ren*·ga·da sf.
a·ren·ga(s) de mu·*lher* sf. (pl.).
a·ren·ga·*dor* (ô) adj. sm.
a·ren·*gar* v.
a·ren·*gá*·ri:o sm.
a·ren·gue:*ar* v.
a·ren·*guei*·ro adj. sm.
a·re·*ní*·co·la adj. s2g.
a·re·*ní*·fe·ro adj.
a·re·ni·*for*·me adj. 2g.
a·re·*nis*·mo sm.
a·re·*nis*·ta adj. s2g.
a·re·*ni*·to sm.
a·re·*no*·so (ô) adj.; f. *e* pl. (ó).
a·*ren*·que sm.
a·ren·*sar* v. sm.
a·re·nu·*lo*·so (ô) adj.; f. *e* pl. (ó).
a·re:o·*cên*·tri·co adj.
a·re:o·*có* sm.: *ariocó*.
a·re:o·*gra*·fi·a sf.
a·re:o·*grá*·fi·co adj.
a·*ré*:o·la sf. 'círculo'/Cf. *auréola*.
a·re:o·*la*·do adj.
a·re:o·*lar* adj. 2g. 'provido de aréolas'/Cf. *aureolar*.
a·re:o·me·*tri*·a sf.
a·re:o·*mé*·tri·co adj.
a·re:*ô*·me·tro sm.
a·re:o·pa·*gi*·ta sm.
a·re:*ó*·pa·go sm.
a·re:*o*·so (ô) adj. 'arenoso'; f. *e* pl. (ó)/Cf. *arioso*.
a·re:o·tec·*tô*·ni·ca sf.
a·re·*quei*·ra sf.

a·re·*que*·na adj. s2g.
a·re·*sen*·se adj. s2g.
a·*res*·ta sf.
a·*res*·ta·do adj. 'que tem
 aresta'/Cf. *aristado*.
a·res·*tei*·ro sm.
a·res·*tim* sm.; pl. ·*tins*.
a·*res*·to sm.
a·*res*·to·so (ô) adj.; f. *e* pl. (ó).
a·*res*·tu·do adj.
a·re·*ti*·no adj. sm.
a·re·to·lo·*gi*·a sf.
a·re·to·*ló*·gi·co adj.
a·*réu* adj. sm. 'confuso'; f. *areia*
 (é).
ar·*fa*·da sf.
ar·*fa*·du·ra sf.
ar·*fa*·gem sf.; pl. ·**gens**.
ar·*fan*·te adj. 2g.
ar·*far* v.
ar·*ga*·la sf.
ar·ga·*li* sm.
ar·ga·man·*del* sm.; pl. ·*déis*.
ar·ga·*mas*·sa f.
ar·ga·mas·sa·*dor* (ô) adj. sm.
ar·ga·mas·*sar* v.
ar·ga·*naz* adj. 2g. sm.
ar·ga·*nel* sm.; pl. ·*néis*:
 ar·ga·*néu*.
ar·ga·*si*·na sf.
ar·*gau* sm.
ar·*gel* adj. 2g. sm.; pl. ·*géis*.
ar·ge·li:*a*·no adj. sm.
ar·ge·*li*·no adj. sm.
ár·ge·ma sm.
ar·*gê*·ma·te sm.
ar·ge·*mo*·na sf.
ar·gen·*ta*·do adj.
ar·gen·ta·*dor* (ô) adj. sm.
ar·gen·*tão* sm.; pl. ·*tões*.
ar·gen·*tar* v.
ar·gen·ta·*ri*·a sf. 'baixela de
 prata'/cf. *argentária*, f. de
 argentário.
ar·gen·*tá*·ri:o sm. 'guarda-
 -pratas' 'milionário'; f.
 argentária/Cf. *argentaria*, do
 v. *argentar* e f.
ar·gen·te:*ar* v.
ar·*gên*·te:o adj.
ar·gen·*tí*·fe·ro adj.
ar·gen·ti·fo·li:*a*·do adj.
ar·gen·ti·*fó*·li:o adj.
ar·gen·*ti*·no adj. sm.
ar·gen·*ti*·ta sf.
ar·*gen*·to sm.
ar·gen·to·pi·*ra*·ta sf.

ar·gen·to(s)-*vi*·vo(s) sm. (pl.).
ar·*gi*·la sf.
ar·gi·*lá*·ce:o adj.
ar·gi·*lei*·ra sf.
ar·gi·*lí*·fe·ro adj.
ar·gi·lo·*for*·me adj. 2g.
ar·gi·*loi*·de adj. 2g.
ar·gi·*lo*·so (ô) adj.; f. *e* pl. (ó).
ar·gi·*na*·se sf.
ar·gi·*ni*·na sf.
ar·gi:o·*pí*·de:o adj. sm.
ar·gi·ran·*te*·mo adj. sm.:
 ar·gi·*rân*·te·mo.
ar·*gí*·ri·co adj.
ar·gi·*ris*·mo sm.
ar·gi·*ró*·co·mo adj.
ar·gi·ro·*fi*·lo adj.
ar·gi·*ro*·se sf.
ar·*gi*·te sf.
ar·*gi*·vo adj. sm.
ar·go sm.
ar·*gol* sm.; pl. ·*góis*.
ar·*go*·la sf.
ar·go·*la*·ço sm.
ar·go·*la*·da sf.
ar·go·*la*·do adj.
ar·go·*lão* sm.; pl. ·*lões*.
ar·go·*lar* v.
ar·go·*lei*·ro sm.
ar·go·*li*·nha sf.
ar·go·*na*·ço adj. sm.
ar·go·*nau*·ta s2g.
ar·go·*náu*·ti·co adj.
ar·go·nau·*tí*·de:o adj. sm.
ar·*gô*·ni:o sm.
ar·gos sm. 2n.: *argo*.
ar·*gú*·ci:a sf./Cf. *argúcia*, do v.
 arguciar.
ar·gu·ci·*ar* v.
ar·gu·ci:*o*·so (ô) adj.; f. *e* pl. (ó).
ar·guei·*rei*·ro sm.
ar·guei·*ri*·ce sf.
ar·*guei*·ro sm.
ar·*guen*·te adj. s2g.
ar·gui·*ção* sf.; pl. ·*ções*.
ar·*gui*·do adj. sm.
ar·gui·*dor* (ô) adj. sm.
ar·*guir* v.
ar·*gui*·ti·vo adj.
ar·*guí*·vel adj. 2g.; pl. ·**veis**.
ar·gu·men·ta·*ção* sf.; pl. ·*ções*.
ar·gu·men·ta·*dor* (ô) adj. sm.
ar·gu·men·*tan*·te adj. s2g.
ar·gu·men·*tar* v.
ar·gu·men·ta·*ti*·vo adj.
ar·gu·men·*tis*·ta adj. s2g.
ar·*gu·men*·to sm.

ar·*gu*·to adj.
á·ri:a[1] sf. 'peça musical'/Cf.
 área.
á·ri:a[2] adj. s2g. 'povo'/Cf. *área*.
a.ri·*á* sf.
a.ri:a.*có* sm.
a·ri:*a*·na adj. s2g.
a·ri:a·*nis*·mo sm.
a·ri:a·*nis*·ta adj. s2g.
a·ri:a·ni·*zar* v.
a·ri:*a*·no adj. sm.
a·ri:au·*á* sf.
a·ri:au·*ca*·ne adj. s2g.
a·ri:a·*xé* sm.
a·ri·*cá* sm.
a·ri·ca·bo:*é* adj. s2g.
a·ri·ca·*pu* adj. s2g.
a·ri·*có* sm.
a·ri·cu·*í* sf.
a·ri·cu:i·*á* sf.
a·ri·*cu*·na adj. s2g.
a·ri·*cun*·go sm.
a·ri·cu·*ra*·na sf.
a·ri·cu·*ri* sm.
a·ri·cu·ri·*ro*·ba sf.
a·ri·*dez* (ê) sf.
a·ri·di·fi·*car* v.
á·ri·do adj.
a·ri:*e*·ta (ê) sf.
a·*rí*:e·te sm.
a·ri:e·*ti*·no adj. sm.
a·ri·*boi*·a (ó) sf.
a·ri·*gó* adj. s2g.
a·ri·*í*·ni adj. s2g.
a·ri·*la*·do adj.
a·*ri*·lo sm.
a·ri·lo·*car*·po sm.
a·ri·*ló*·di:o sm.
a·ri·*loi*·de adj. 2g. sm.
a·ri·*mã* sm.
a·ri·ma·*ru* sf.
a·rim·*bá* sm.
a·ri·*mé*·ti·ca sf.: *aritmética*.
a·ri·*mé*·ti·co adj. sm.:
 aritmético.
a·ri·*ná* adj. s2g.
a·rin·cob·*dé*·li·do adj. sm.
a·rin·*feu* adj. sm.; f. ·*fei*·a.
a·*rin*·ga sf.
a·*ri*·no adj. s2g.: a·ri·*nó*.
a·*rin*·que sm.
a·*rin*·ta sf.
a·*rin*·to sm.
a·ri:o·*có* sm.: *areocó*.
a·ri:o·fan·*tí*·de:o adj. sm.
a·ri:*o*·so (ô) adj. sm. 'diz-se de,
 ou tipo de ária'/Cf. *areoso*.

a·ri·*pá* sm.
a·ri·*par* v.
a·ri·*pei*·ro sm.
a·ri·*pe*·ne sm.
a·ri·pe·*ra*·na sf.
a·ri·*po* sm.
a·ri·pu:a·*nen*·se adj. s2g.
a·ri·*que*·me adj. s2g.
a·ri·*que*·na adj. s2g.
a·ri·*ram*·ba sf.
a·ri·ram·ba(s)-da-*ma*·ta sf. (pl.).
a·ri·ram·ba(s)-da-ma·ta-*vir*·gem sf. (pl.).
a·ri·ram·ba(s)-*gran*·de(s) sf. (pl.).
a·ri·ram·ba(s)-mi:u-*di*·nha(s) sf. (pl.).
a·ri·ram·ba(s)-mi:u-*di*·nho(s) sm. (pl.).
a·ri·ram·ba(s)-pe·*que*·na(s) sf. (pl.).
a·ri·ram·ba(s)-pin·*ta*·da(s) sf. (pl.).
a·ri·ram·ba(s)-*ver*·de(s) sf. (pl.).
a·ri·*ra*·na sf.
a·ri·*ra*·nha sf.
a·ri·ra·*nhen*·se adj. s2g.
a·ri·re:a·*çu* adj. s2g.
a·ri·*ri* sm.
a·ri·*ri*(s) de *fes*·ta sm. (pl.).
a·ri·*sa*·ro sm.: a·*rí*·sa·ro.
a·ris·*car* v.
a·*ris*·co adj. sm.
a·*ris*·ta sf.
a·ris·*ta*·do adj. 'provido de arista'/Cf. *arestado*.
a·ris·*tar*·co sm.
a·ris·ti·*for*·me adj. 2g.
a·ris·to·cra·*ci*·a sf.
a·ris·to·*cra*·ta adj. s2g.
a·ris·to·*crá*·ti·co adj.
a·ris·to·cra·*tis*·mo sm.
a·ris·to·cra·ti·za·*ção* sf.; pl. *·ções*.
a·ris·to·cra·ti·*zar* v.
a·ris·to·de·mo·cra·*ci*·a sf.
a·ris·to·de·mo·*cra*·ta adj. s2g.
a·ris·to·*fâ*·ne:o adj.
a·ris·to·fa·*nes*·co (ê) adj.
a·ris·to·fa·ni:a·no adj.
a·ris·to·*fâ*·ni·co adj.
a·ris·to·fa·*nis*·mo sm.
a·ris·to·fa·*nis*·ta adj. s2g.
a·ris·to·*ló*·qui:a sf.
a·ris·to·lo·qui:*á*·ce:a sf.

a·ris·to·lo·qui:*á*·ce:o adj.
a·ris·to·lo·qui:*a*·le sf.
a·ris·to·lo·*qui*·na sf.
a·ris·*to*·so (ô) adj.; f. *e* pl. (ó).
a·ris·to·*té*·li·co adj. sm.
a·ris·to·te·*lis*·mo sm.
a·ris·to·te·*lis*·ta adj. s2g.
a·*ris*·tu sm.
a·ri·ta·*rai* adj. s2g.
a·ri·ten·*cé*·fa·lo adj. sm.
a·ri·*ti* adj. s2g.
a·rit·man·*ci*·a sf.: *aritmomancia*.
a·rit·*man*·te s2g.: *aritmomante*.
a·rit·*mân*·ti·co adj.: *aritmomântico*.
a·rit·*mé*·ti·ca sf.
a·rit·*mé*·ti·co adj. sm.
a·rit·mo·gra·*fi*·a sf.
a·rit·mo·*grá*·fi·co adj.
a·rit·*mó*·gra·fo sm.
a·rit·mo·lo·*gi*·a sf.
a·rit·mo·*ló*·gi·co adj.
a·rit·mo·man·*ci*·a sf.
a·rit·mo·*man*·te s2g.
a·rit·mo·*mân*·ti·co adj.
a·rit·*mô*·me·tro sm.
a·ri·xe·*ni*·no (cs) sm.
ar·le·*quim* sm.; pl. *·quins*.
ar·le·quim-da-*ma*·ta sm.; pl. *arlequins-da-mata*.
ar·le·quim-*gran*·de sm.; pl. *arlequins-grandes*.
ar·le·*qui*·na sf.
ar·le·qui·*na*·da sf.
ar·le·qui·*nal* adj. 2g.; pl. *·nais*.
ar·le·*quí*·ne:o adj.
ar·le·qui·*nes*·co (ê) adj.
ar·le·si:*a*·no adj. sm.
ar·ma sf.
ar·ma·bu·*tó* adj. s2g.
ar·ma·*ção* sf.; pl. *·ções*.
ar·*ma*·da sf.
ar·ma·*di*·lha sf.
ar·ma·di·*lí*·de:o adj. sm.
ar·*ma*·do adj. sm.
ar·ma·do-co·*mum* sm.; pl. *armados-comuns*.
ar·ma·*doi*·ra sf.: *armadoura*.
ar·ma·*dor* (ô) adj. sm. 'que ou aquele que arma'; f. *armadora*/Cf. *armadoura*.
ar·ma·dor-ge·*ren*·te sm.; pl. *armadores-gerentes*.
ar·ma·*dou*·ra sf. 'viga de embarcação': *armadoira*/Cf. *armadora*, f. de *armador*.
ar·ma·*du*·ra sf.

ar·ma·men·*tis*·mo sm.
ar·ma·men·*tis*·ta adj. s2g.
ar·ma·*men*·to sm.
ar·*man*·do sm.
ar·ma·*nha*·que sm.
ar·man·*tá*·ri:o adj.
ar·*mão* sm.; pl. *·mões*.
ar·*mar* v.
ar·ma·*ri*·a sf.
ar·ma·ri·*nhei*·ro sm.
ar·ma·*ri*·nho sm.
ar·*má*·ri:o sm.
ar·ma·*tó*·ri:a sf.
ar·ma·*tos*·te sm.
ar·ma·ze·lo (ê) sm.
ar·ma·*zém* sm.; pl. *·zéns*.
ar·ma·ze·*na*·do adj.
ar·ma·ze·na·*dor* (ô) adj. sm.
ar·ma·*ze*·na·gem sf.; pl. *·gens*.
ar·ma·ze·na·*men*·to sm.
ar·ma·ze·*nar* v.
ar·ma·ze·*ná*·ri:a sf. de *armazenário*/Cf. *arrmazenaria*, do v. *armazenar*.
ar·ma·ze·*ná*·ri:o sm.
ar·ma·ze·*nei*·ro sm.
ar·ma·ze·*nis*·ta adj. s2g.
ar·*mei*·ro sm.
ar·*me*·la sf.
ar·me·*li*·na sf.
ar·me·*li*·no adj. sm.
ar·*mê*·ni·co adj. sm.
ar·*mê*·ni:o adj. sm.
ar·men·*tal* adj. 2g.; pl. *·tais*.
ar·men·*tá*·ri:o adj. sm.
ar·men·*ti*:o sm.
ar·*men*·to sm.
ar·men·*to*·so (ô) adj.; f. *e* pl. (ó).
ar·*méu* sm.
ar·me·*zim* sm. pl. *·zins*.
ar·*mí*·fe·ro adj. sm.
ar·*mí*·ge·ro adj. sm.
ar·*mi*·la sf.
ar·mi·*la*·do adj.
ar·mi·*lar* adj. 2g.
ar·mi·*lhei*·ro sm.
ar·*mim* sm.; pl. *·mins*.
ar·mi·*na*·do adj.
ar·mi·*nha*·do adj.
ar·*mi*·nho sm.
ar·*mi*·no sm.
ar·mi·po·*ten*·te adj. 2g.
ar·*mís*·so·no adj.
ar·*mis*·ta adj. s2g.
ar·mis·*tí*·ci:o sm.
ar·mo sm.

ar·mo·*lão* sm.; pl. ·*lões*.
ar·mo·ri*a*·do adj.
ar·mo·ri:*al* adj. 2g. sm.; pl. ·*ais*.
ar·mo·ri:*ar* v.
ar·mo·ri·*ca*·no adj. sm.
ar·*mó*·ri·co adj. sm.
ar·*mó*·ze:o adj. sm.: *armozeu*.
ar·mo·*zeu* adj. sm.; f. *armozeia*.
ar·na·*bu*·to adj. sm.
ar·*na*·do adj. sm.
ar·*ne*·do (ê) sm.
ar·*nei*·ro sm.
ar·nei·*ro*·so (ô) adj.; f. e pl. (ó).
ar·*ne*·la sf.
ar·*nês* sm.; pl. *arneses*/Cf. *arneses* (é), do v. *arnesar*.
ar·ne·*sar* v.
ar·*ni*·ca sf.
ar·ni·ca(s)-do-*cam*·po sf. (pl.).
ar·ni·*ci*·na sf.
a·ro sm.
a·ro:a·*qui* adj. s2g. sm.: *aravaque, aruaque*.
a·ro:*ei*·ra sf.
a·ro:ei·ra(s)-*bran*·ca(s) sf. (pl.).
a·ro:ei·ra(s)-*bra*·va(s) sf. (pl.).
a·ro:ei·ra(s)-da-*prai*·a sf. (pl.).
a·ro:ei·ra(s)-de-*bu*·gre sf. (pl.).
a·ro:ei·ra(s)-de-ca·po:*ei*·ra sf. (pl.).
a·ro:ei·ra(s)-de-goi·*ás* sf. (pl.).
a·ro:ei·ra(s)-do-a·ma·*zo*·nas sf. (pl.).
a·ro:ei·ra(s)-do-*cam*·po sf. (pl.).
a·ro:ei·ra(s)-do-*ma*·to sf. (pl.).
a·ro:ei·ra(s)-do-ri:o-*gran*·de sf. (pl.).
a·ro:ei·ra(s)-do-ser·*tão* sf. (pl.).
a·ro:ei·ra(s)-fo·lha(s)-de-*sal*·so sf. (pl.).
a·ro:ei·ra(s)*man*·sa(s) sf. (pl.).
a·ro:ei·ra(s)-*pre*·ta(s) sf. (pl.).
a·ro:ei·ra(s)-ras·*tei*·ra(s) sf. (pl.).
a·ro:ei·ra(s)-ver·*me*·lha(s) sf. (pl.).
a·ro:ei·*ren*·se adj. s2g.
a·ro:ei·*ri*·nha sf.
a·ro:ei·ri·nha(s)-do-*cam*·po sf. (pl.).
a·ro:ei·ri·nha(s)-*pre*·ta(s) sf. (pl.).
a·*rói*·de:a sf.: a·ro·*í*·de:a.
a·*rói*·de:o adj.: a·ro·*í*·de:o.
a·*ró*·li:o sm.
a·*ro*·ma sm.

a·ro·*mal* adj. 2g.; pl. ·*mais*.
a·ro·*mar* v.
a·*rô*·ma·ta sm.
a·ro·ma·te·ra·*pi*·a sf.
a·ro·mo·ti·ci·*da*·de sf.
a·ro·*má*·ti·co adj.
a·ro·ma·ti·za·*ção* sf.; pl. ·*ções*.
a·ro·ma·ti·*za*·do adj.
a·ro·ma·ti·za·*dor* (ô) adj. sm.
a·ro·ma·ti·*zan*·te adj. 2g. sm.
a·ro·ma·ti·*zar* v.
a·*rô*·ma·to sm.
a·ro·ma·to·*dên*·dri·co adj.
a·ro·ma·to·*den*·dro sm.
ar·*pa*·do adj.
ar·*pão* sm.; pl. ·*pões*.
ar·*par* v. 'arpoar'/Cf. *harpar*.
ar·pe:*ar* v. 'arpoar'/Cf. *harpear*.
ar·pe·*jar* v. 'modular'/Cf. *harpejar*.
ar·*pe*·jo (ê) sm./Cf. *harpejo* (é), do v. *harpejar*.
ar·*péu* sm.
ar·*pis*·ta adj. s2g. 'arisco'/Cf. *harpista*.
ar·po:a·*ção* sf.; pl. ·*ções*.
ar·po:a·*dor* (ô) adj. sm.
ar·po:*ar* v.
ar·po:*ei*·ra sf.
ar·*qué* sf.
ar·que:a·*ção* sf.; pl. ·*ções*.
ar·que:a·*do* adj.
ar·que:a·*dor* (ô) adj. sm.
ar·que:a·*du*·ra sf.
ar·que:a·*men*·to sm.
ar·que:a·*no* adj. sm.
ar·que:*ar* v.
ar·que·go·*ní*·a·da sf.
ar·que·go·ni:*al* adj. 2g.; pl. ·*ais*.
ar·que·gô·ni·co adj.
ar·que·go·ni:o·*fí*·ti·co adj.
ar·que·go·ni:*ó*·fi·to sm.
ar·que·go·ni:*ó*·fo·ro sm.
ar·*qué*·go·no sm.
ar·*quei*·a sf./Cf. *arqueia*, do v. *arquear*.
ar·*quei*·o sm.
ar·*quei*·ro sm.
ar·que·ja·*men*·to sm.
ar·que·*jan*·te adj. 2g.
ar·que·*jar* v.
ar·*que*·jo (ê) sm./Cf. *arquejo* (é), do v. *arquejar*.
ar·que:o·ge:o·*gra*·fi·a sf.
ar·que:o·ge:o·*grá*·fi·co adj.
ar·que:o·ge:o·*lo*·gi·a sf.
ar·que:o·ge:o·*ló*·gi·co adj.

ar·que:o·*gra*·fi·a sf.
ar·que:o·*grá*·fi·co adj.
ar·que:o·*lo*·gi·a sf.
ar·que:o·*ló*·gi·co adj.
ar·que:*ó*·lo·go sm.
ar·que:o·*zoi*·co adj. sm.
ar·*qués*·po·ro sm.
ar·*que*·ta (ê) sf.
ar·*que*·te (ê) sm.
ar·*qué*·ti·po adj. 2g. sm.
arqui- pref. (é seguido de hífen, quando se lhe segue vocábulo começando por *i* ou *h*).
ar·qui:a·*ba*·de sm.; f. ar·qui:a·ba·*des*·sa.
ar·qui:a·ba·*di*·a sf.
ar·qui:a·can·to·*cé*·fa·lo adj. sm.
ar·qui:a·la·*ú*·de sm.
ar·qui·ne·*lí*·de:o adj. sm.
ar·qui:a·*vô* sm.; pl. ·*vós* ou ·*vôs*, f. ·*vó*.
ar·qui·ban·*ca*·da sf.
ar·qui·*ban*·co sm.
ar·qui·cla·*mí*·de:a sf.
ar·qui·cla·*mí*·de:o adj.
ar·qui·*cla*·vo sm.
ar·qui·con·fra·*ri*·a sf.
ar·qui·di:o·ce·*sa*·no adj.
ar·qui·di:o·*ce*·se sf.
ar·qui·du·*ca*·do sm.
ar·qui·du·*cal* adj. 2g.; pl. ·*cais*.
ar·qui·*du*·que sm.; f. ar·qui·du·*que*·sa.
ar·qui:e·pis·co·*pa*·do sm.
ar·qui:e·pis·co·*pal* adj. 2g.; pl. ·*pais*.
ar·qui·hi·*pér*·bo·le(s) sf. (pl.).
ar·qui·hi·per·*bó*·li·co(s) adj. (pl.).
ar·qui·la·*ú*·de sm.: *arquialaúde*.
ar·*qui*·lho sm.
ar·qui·lo·qui:a·no adj.
ar·qui·man·*dri*·ta sm.
ar·qui·me·di:*a*·no adj.
ar·qui·mi·li:o·*ná*·ri:o adj. sm.
ar·qui·mos·*tei*·ro sm.
ar·qui·*pé*·la·go sm.
ar·qui·pri:*or* sm.; f. *arquiprioresa*.
ar·qui·pri:o·*ra*·do sm.
ar·qui·pri:o·*re*·sa sf. de *arquiprior*.
ar·*quíp*·te·ro adj. sm.
ar·quir·ra·*bi*·no(s) sm. (pl.).
ar·quir·ro·*mân*·ti·co(s) adj. sm. (pl.).

ar·quis·sa·cer·*do*·te(s) sm. (pl.).
ar·quis·se·cu·*lar* adj. sm.; pl.
    arquisseculares.
ar·quis·se·na·*dor* (ô) sm.; pl.
    arquissenadores.
ar·quis·si·na·*go*·ga(s) sf. (pl.).
ar·quis·si·na·*go*·go(s) sm. (pl.).
ar·qui·te·*tar* v.
ar·qui·*te*·to sm.
ar·qui·te·*tô*·ni·co adj.
ar·qui·te·*tu*·ra sf.
ar·qui·te·tu·*ral* adj. 2g.; pl.
    ·*rais*.
ar·qui·tra·*va*·da sf.
ar·qui·tra·*va*·do adj.
ar·qui·*tra*·ve sf.
ar·qui·*val* adj. 2g.; pl. ·*vais*.
ar·qui·va·*men*·to sm.
ar·qui·*var* v.
ar·qui·*vis*·ta adj. s2g.
ar·qui·*vís*·ti·ca sf.
ar·qui·*vís*·ti·co adj.
ar·*qui*·vo sm.
ar·qui·vo·lo·*gi*·a sf.
ar·qui·vo·*ló*·gi·co adj.
ar·qui·vo·lo·*gis*·ta adj. s2g.
ar·qui·*vol*·ta sf.
ar·qui·vo·no·*mi*·a sf.
ar·ra·*bal*·de sm.
ar·ra·bal·*dei*·ro adj. sm.
ar·*rá*·bi·do adj. sm.
ar·*ra*·bil sm.; pl. ·*bis*.
ar·ra·bi·*lei*·ro sm.
ar·ra·bi·*le*·te (ê) sm.
ar·ra·*bi*:o sm.
ar·ra·bu·*jar* v.
ar·ra·*ca*·cha sf.
ar·ra·*çar* v. 'apurar a raça'./Cf.
    arrassar.
ar·ra·ci·*ma*·do adj.
ar·ra·ci·*mar* v.
ar·ra·ço:a·*men*·to sm.
ar·ra·ço:*ar* v.
ar·*rai*.a sf.
ar·rai·a-a-*ra*·ra sf.; pl. *arraias*-
    -*araras* ou *arraias-arara*.
ar·rai·a-bor·bo·*le*·ta sf.; pl.
    arraias-borboletas ou
    arraias-borboleta.
ar·rai·*a*·da sf.
ar·rai·*a*·do adj.
ar·rai·a(s)-e-*lé*·tri·ca(s) sf. (pl.).
ar·rai·a(s)-*gran*·de(s) sf. (pl.).
ar·rai·*al* sm.; pl. ·*ais*.
ar·rai·a·*len*·se adj. s2g.
ar·rai·a·*les*·co (ê) adj.
ar·rai·a(s)-mi·*jo*·na(s) sf. (pl.).
ar·rai·a(s)-mi·*ú*·da(s) sf. (pl.).
ar·rai·*a*·no adj. sm.
ar·rai·a(s)-pin·*ta*·da(s) sf. (pl.).
ar·rai·*ar* v.
ar·rai·a-vi:*o*·la sf.; pl.
    arraias-violas ou *arraias-viola*.
ar·rai·*ei*·ra sf.
ar·rai·*ei*·ro sm.
a·rrai:*en*·se adj. s2g.
ar·rai·*ga*·da sf.
ar·rai·*ga*·das sf. pl.
ar·rai·*ga*·do adj.
ar·rai·*gar* v.
ar·*rais* sm. 2n.
ar·ra·len·*tar* v.
ar·ra·ma·*lhar* v.
ar·ra·*mar* v.
ar·ram·*pa*·do adj. sm.
ar·ram·pa·*doi*·ro sm.:
    ar·ram·pa·*dou*·ro.
ar·*ran*·ca sf.
ar·ran·*ca*·da sf.
ar·ran·ca·*de*·la sf.
ar·ran·*ca*·do adj.
ar·ran·ca·*dor* (ô) adj. sm.
ar·ran·ca·*du*·ra sf.
ar·ran·ca·es·*tre*·pe(s) sm. (pl.).
ar·ran·ca·*men*·to sm.
ar·ran·ca·*mi*·lho(s) sm. (pl.).
ar·ran·*car* v.
ar·ran·ca·*ra*·bo(s) sm. (pl.).
ar·ran·ca·*son*·da(s) sm. (pl.).
ar·ran·ca·*to*·co(s) sm. (pl.)
    'indivíduo neurastênico'./Cf.
    arranca-tocos.
ar·ran·ca·*to*·cos sm. 2n.
    'valentão'./Cf. *arranca-toco*.
ar·ran·cha·*ção* sf.; pl. ·*ções*.
ar·ran·cha·*men*·to sm.
ar·ran·*char* v.
ar·*ran*·co sm.
ar·ran·ço:*ar* v.
ar·ran·co·*rar* v.
ar·ran·ha-*céu*(s) sm. (pl.):
    ar·ra·nha-*céus* sm. 2n.
ar·ra·*nha*·do adj.
ar·ra·*nha*·dor (ô) adj. sm.
ar·ra·nha·*du*·ra sf.
ar·ra·*nhão* sm.; pl. ·*nhões*.
ar·ra·*nhar* v.
ar·ra·*ni*·ta sf.
ar·ran·ja·*dei*·ro adj.
ar·ran·*ja*·do adj.
ar·ran·ja·*dor* (ô) adj. sm.
ar·ran·ja·*men*·to sm.
ar·ran·*jar* v.
ar·ran·*já*·vel adj. 2g.; pl. ·*veis*.
ar·*ran*·jo sm.
ar·*ran*·que sm.
ar·ra·pa·*za*·do adj.
ar·ra·pi·*nar* v.
ar·ra·po·*sar* v.
ar·*ras* sf. pl.
ar·*rás* sm.; pl. *arrases*.
ar·ra·*sa*·do adj.
ar·ra·sa·*dor* (ô) adj. sm.
ar·ra·sa·*du*·ra sf.
ar·ra·sa·*men*·to sm.
ar·ra·*san*·te adj. 2g.
ar·ra·*sar* v.
ar·ras·*sar* sm. 'corrente'./Cf.
    arraçar.
ar·*ras*·ta sm. sf.
ar·ras·ta·*dei*·ro adj. sm.
ar·ras·ta·*di*·ço adj.
ar·ras·*ta*·do adj. sm.
ar·ras·ta·*dor* (ô) adj. sm.
ar·ras·ta·*du*·ra sf.
ar·ras·ta·*men*·to sm.
ar·ras·*tão* sm.; pl. ·*tões*.
ar·ras·ta-*pé*(s) sm. (pl.).
ar·ras·*tar* v.
ar·*ras*·te sm.
ar·ras·te·*lar* v.
ar·ras·te·*lo* (ê) sm./Cf. *arrastelo*
    (é), do v. *arrastelar*.
ar·*ras*·to sm.
ar·*rá*·tel sm.; pl. ·*teis*.
ar·ra·te·*lar* v.
ar·ra·zo:*a*·do adj. sm.
ar·ra·zo:*a*·dor (ô) adj. sm.
ar·ra·zo:a·*men*·to sm.
ar·ra·zo:*ar* v.
ar·re interj.
ar·re:a·*ção* sf. 'sangria de
    seringueira'; pl. ·*ções*./Cf.
    arriação.
ar·re:a·*dor* (ô) adj. sm.
    'arreeiro'./Cf. *arriador*.
ar·re:a·*men*·to sm.
    'ornamentação'./Cf.
    arriamento.
ar·re:*ar* v. 'aparelhar etc.'./Cf.
    arriar.
ar·re:a·*ri*·a sf. 'casa de arreios'/
    Cf. *arriaria*, do v. *arriar*.
ar·re:*a*·ta sf.
ar·re:a·*ta*·da sf.
ar·re:a·ta·*du*·ra sf.
ar·re:a·*tar* v.
ar·re·ba·*çar* v.
ar·re·ba·*de*·la sf.
ar·re·ba·*nha*·do adj.
ar·re·ba·nha·*dor* (ô) adj. sm.

ar·re·ba·*nhar* v.
ar·re·ba·*ta*·do adj.
ar·re·ba·ta·*dor* (ô) adj. sm.
ar·re·ba·ta·*men*·to sm.
ar·re·ba·*tan*·te adj. 2g.
ar·re·ba·*tar* v.
ar·re·*bém* sm.; pl. ·*béns*: arrevém.
ar·re·ben·ta·*boi*(s) sm. (pl.).
ar·re·ben·ta·*ção* sf.; pl. ·*ções*.
ar·re·ben·ta·ca·*va*·lo(s) sm. (pl.).
ar·re·ben·ta·*di*·ço adj.
ar·re·ben·*ta*·do adj.
ar·re·ben·ta·*men*·to sm.
ar·re·ben·*tão* sm.; pl. ·*tões*.
ar·re·ben·ta·pa·*ne*·la(s) sm. (pl.).
ar·re·ben·ta·*pe*·dra(s) sm. (pl.).
ar·re·ben·ta·*pei*·to(s) sm. (pl.).
ar·re·ben·*tar* v.
ar·re·*ben*·to sm.: rebento.
ar·re·*bi*·car v.
ar·re·*bi*·que sm.
ar·re·bi·*ta*·do adj.
ar·re·bi·ta·*men*·to sm.
ar·re·bi·*tar* v.
ar·re·bi·ta·*ra*·bo(s) sf. (pl.).
ar·re·*bi*·te sm.
ar·re·*bi*·to sm.
ar·re·*bol* sm.; pl. ·*bóis*.
ar·re·bo·*lar* v.
ar·re·bur·*ri*·nho(s) sm. (pl.).
ar·re·*ca*·be sm.
ar·re·*ca*·da sf.
ar·re·ca·da·*ção* sf.; pl. ·*ções*.
ar·re·ca·*da*·do adj.
ar·re·ca·da·*dor* (ô) adj. sm.
ar·re·ca·da·*men*·to sm.
ar·re·ca·*dar* v.
ar·re·ca·*dá*·vel adj. 2g.; pl. ·veis.
ar·re·*ça*·ga sf.
ar·re·ce·*ar* v.
ar·re·*ci*·fe sm.
ar·*rec*·to adj.
ar·re·*cu*·a sf., na loc. às arrecuas.
ar·*re*·da interj.
ar·re·*da*·do adj.
ar·re·da·*men*·to sm.
ar·re·*dar* v.
ar·re·*dá*·vel adj. 2g.; pl. ·veis.
ar·re·di:*a*·bo(s) sm. (pl.).
ar·re·*di*:o adj.
ar·re·don·da·*ân*·gu·los sm. 2n.
ar·re·don·*da*·do adj.

ar·re·don·da·*dor*·so(s) sm. (pl.).
ar·re·don·da·*men*·to sm.
ar·re·don·*dar* v.
ar·re·*dor* adv. adj. 2g. sm.
ar·re·*do*·res sm. (pl.).
ar·re·fa·*nhar* v.
ar·re·fe·*ça*·do adj.
ar·re·fe·*çar* v. 'aviltar'/Cf. arrefecer.
ar·re·fe·ce·*dor* (ô) adj. sm.
ar·re·fe·*cer* v. 'esfriar'/Cf. arrefeçar.
ar·re·fe·*ci*·do adj.
ar·re·fe·ci·*men*·to sm.
ar·re·fen·*ta*·do adj.
ar·re·fen·*tar* v.
ar·re·fer·*tar* v.
ar·re·fri·ge·*ra*·do sm.; pl. ares-refrigerados.
ar·re·ga·*ça*·da sf.
ar·re·ga·*ça*·do adj.
ar·re·ga·*çar* v.
ar·re·*ga*·ço sm.
ar·re·ga·*la*·do adj.
ar·re·ga·*lar* v.
ar·re·ga·*nha*·do adj.
ar·re·ga·*nhar* v.
ar·re·*ga*·nho sm.
ar·re·*gar* v.
ar·re·gi·men·ta·*ção* sf.; pl. ·*ções*.
ar·re·gi·men·*tar* v.
ar·re·*glar* v.
ar·*re*·glo (ê ou é) sm.
ar·*re*·go (ê) interj. sm., na loc. pedir arrego.
ar·re·go·*ar* v.
ar·re·gou·*ga*·do adj.
ar·re·*grar* v.
ar·*rei*·a sf.
ar·rei·*ga*·da sf.
ar·*rei*·o sm. 'conjunto de peças necessárias ao trabalho de carga do equídeo'/Cf. reio, na loc. a reio.
ar·re·*ís*·mo sm.
ar·rei·*ta*·do adj. 'que sente desejos venéreos': arretado[1]/ Cf. arretado[2].
ar·rei·*tar* v. 'sentir desejos venéreos': arretar[1]/Cf. arretar[2].
ar·re·jei·*tar* v.
ar·re·*lha*·da sf.
ar·re·*lha*·do adj.
ar·re·*lha*·dor (ô) sm.

ar·re·*lhar* v.
ar·re·*li*·a sf.
ar·re·li:a·*ção* sf.; pl. ·*ções*.
ar·re·li:*a*·do adj.
ar·re·li:a·*dor* (ô) adj. sm.
ar·re·li:*an*·te adj. 2g.
ar·re·li:*ar* v.
ar·re·li:*en*·to adj.
ar·re·li:*o*·so (ô) adj.; f. e pl. (ó).
ar·rel·*var* v.
ar·re·man·*gar* v.
ar·re·man·*sar* v.
ar·re·ma·ta·*ção* sf.; pl. ·*ções*.
ar·re·ma·*ta*·do adj.
ar·re·ma·ta·*dor* (ô) adj. sm.
ar·re·ma·*tan*·te adj. s2g.
ar·re·ma·*tar* v.
ar·re·ma·*tá*·vel adj. 2g.; pl. ·veis.
ar·re·*ma*·te sm.
ar·re·me·*ção* sm. 'medida; pl. ·*ções*/Cf. arremessão.
ar·re·me·da·*dor* (ô) adj. sm.
ar·re·me·*dar* v.
ar·re·me·*di*·lho sm.
ar·re·*me*·do (ê) sm./Cf. arremedo (é), do v. arremedar.
ar·re·mes·*sa*·do adj.
ar·re·mes·sa·*dor* (ô) adj. sm.
ar·re·mes·sa·*men*·to sm.
ar·re·mes·*são* sm. 'impulso'; pl. ·sões/Cf. arremeção.
ar·re·mes·*sar* v.
ar·re·*mes*·so (ê) sm./ Cf. arremesso (é), do v. arremessar.
ar·re·me·te·*dor* (ô) adj. sm.
ar·re·me·te·*du*·ra sf.
ar·re·me·*ten*·te adj. 2g.
ar·re·me·*ter* v.
ar·re·me·*ti*·da sf.
ar·re·me·ti·*men*·to sm.
ar·re·mi·na·*ção* sf.; pl. ·*ções*.
ar·re·mi·*na*·do adj.
ar·re·mi·*nar* v.
ar·re·*nal* sm.; pl. ·*nais*.
ar·ren·da·*ção* sf.; pl. ·*ções*.
ar·ren·*da*·do adj. sm.
ar·ren·da·*dor* (ô) adj. sm.
ar·ren·da·*men*·to sm.
ar·ren·*dar* v.
ar·ren·da·*tá*·rio sm.
ar·ren·*dá*·vel adj. 2g.; pl. ·veis.
ar·ren·di·*lha*·do adj.
ar·re·ne·ga·*ção* sf.; pl. ·*ções*.
ar·re·ne·*ga*·da sf.
ar·re·ne·*ga*·do adj. sm.

ar·re·ne·gar v.
ar·re·ne·go¹ (ê) sm./Cf. arrenego (é), do v. arrenegar e interj.
ar·re·ne·go² interj./Cf. arrenego¹ (ê).
ar·re·pa·nha·do adj.
ar·re·pa·nhar v.
ar·re·pe·la·ção sf.; pl. ·ções.
ar·re·pe·la·da sf.
ar·re·pe·la·dor (ô) adj.
ar·re·pe·la·men·to sm.
ar·re·pe·lan·te adj. 2g.
ar·re·pe·lão sm.; pl. ·lões.
ar·re·pe·lar v.
ar·re·pen·der v.
ar·re·pen·di·do adj.
ar·re·pen·di·men·to sm.
ar·re·pi·a·ca·be·lo¹(s) s2g. (pl.) 'pessoa ríspida'/Cf. arrepia-cabelo².
ar·re·pi·a·ca·be·lo² adv. 'em sentido oposto ao natural', na loc. a arrepia-cabelo/Cf. arrepia-cabelo¹.
ar·re·pi:a·do adj. sm.
ar·re·pi:a·dor (ô) adj. sm.
ar·re·pi:a·du·ra sf.
ar·re·pi:a·men·to sm.
ar·re·pi:an·te adj. 2g.
ar·re·pi:ar v.
ar·re·pi:o sm.
ar·re·po·lha·do adj.
ar·re·po·lhar v.
ar·rep·si·a sf.
ar·rep·tí·ci:o adj.
ar·re·qui·fe sm.
ar·res·ta·do adj. sm.
ar·res·tan·te adj. 2g.
ar·res·tar v.
ar·res·to sm.
ar·re·ta·do¹ adj.: arreitado.
ar·re·ta·do² adj. 'bonito'/Cf. arreitado.
ar·re·tar¹ v.: arreitar.
ar·re·tar² v. 'fazer retornar'/Cf. arreitar.
ar·re·meu·má·ti·co adj.
ar·re·vém sm.; pl. ·véns: arrebém.
ar·re·ve·sa·do adj. 'feito ao revés'/Cf. arrevezado.
ar·re·ve·sa·men·to sm. 'obscuridade'/Cf. arrevezamento.
ar·re·ve·sar v. 'obscurecer'/Cf. arrevezar.
ar·re·ves·sa·do adj. sm.

ar·re·ves·sar v.
ar·re·ves·so (ê) adj. sm.: revesso/Cf. arrevesso (é), do v. arrevessar.
ar·re·ve·za·do adj. 'alternado'/Cf. arrevesado.
ar·re·ve·za·men·to sm. 'alternância'/Cf. arrevesamento.
ar·re·ve·zar v. 'alternar'/Cf. arrevesar.
ar·ri:a·ção sf. 'abaixamento'; pl. ·ções/Cf. arreação.
ar·ri:a·dor (ô) sm. 'abaixador'/Cf. arreador.
ar·ri:a·men·to sm. 'abaixação'/Cf. arreamento.
ar·ri:ar v. 'abaixar'/Cf. arrear.
ar·ri:a·ri·a sf./Cf. arrearia. sf. e fl. do v. arrear.
ar·ri:az sm.
ar·ri·ba sf. adv. interj.
ar·ri·ba·çã sf.: ribaçã.
ar·ri·ba·ção sf.; pl. ·ções.
ar·ri·ba·da sf.
ar·ri·ba·di·ço adj.
ar·ri·ba·do adj.
ar·ri·ba·na sf.
ar·ri·ban·cei·ra·do adj.
ar·ri·bar v.
ar·ri·be sm.
ar·ri·çar v.
ar·ri·da sf.
ar·ri·dar v.
ar·ri:ei·ra·da sf.
ar·ri:ei·rá·ti·co adj.
ar·ri:ei·ri·ce sf.
ar·ri:ei·ro sm.
ar·ri:el sm.; pl. ·éis/Cf. arrieis, do v. arriar, e arreeis, do v. arrear.
ar·ri·far v.
ar·ri·fe sm.
ar·ri·jar v.
ar·ri·ma·di·ço adj.
ar·ri·ma·dor (ô) adj. sm.
ar·ri·mar v.
ar·ri·mo sm.
ar·ri·co:ar v.: ar·rin·co·nar.
ar·ri:ó sm.
ar·ri:ol sm.; pl. ·óis.
ar·ri:ós sm.; pl. arrioses.
ar·ri:os·ca sf.
ar·ri:o·ta sf.
ar·ris·ca·do adj.
ar·ris·car v.
ar·ris·pi·dar v.

ar·rit·mi·a sf.
ar·rít·mi·co adj.
ar·rit·mo adj. sm.
ar·ri·vis·mo sm.
ar·ri·vis·ta adj. s2g.
ar·ri·zo adj.
ar·ri·zo·tô·ni·co adj.
ar·ro·ba (ô) sf./Cf. arroba (ó), do v. arrobar, e arrouba, do v. arroubar.
ar·ro·ba·ção sf.; pl. ·ções.
ar·ro·ba·men·to sm. 'pesagem em arrobas'/Cf. arroubamento.
ar·rou·bar¹ v. 'pesar em arrobas'/Cf. arroubar.
ar·ro·bar² v. 'temperar com vinho de mosto'/Cf. arroubar.
ar·ro·be (ô) sm./Cf. arrobe (ó), do v. arrobar, e arroube, do v. arroubar.
ar·ro·bus·tar v.
ar·ro·ca·do adj.
ar·ro·cha·da sf. 'apertabela'/Cf. arroxada, f. de arroxado.
ar·ro·cha·do adj. 'apertado'/Cf. arroxado.
ar·ro·cha·dor (ô) adj. sm.
ar·ro·cha·do·ra(ô) sf.
ar·ro·cha·du·ra sf.
ar·ro·char v. 'apertar'/Cf. arroxar.
ar·ro·chei·ro sm.
ar·ro·che·lar v.
ar·ro·cho (ô) sm./Cf. arrocho (ó), do v. arrochar, e arroxo (ó), do v. arroxar
ar·ro·ci·na·dor (ô) sm.
ar·ro·ci·nar v.
ar·ro·de:ar v.
ar·ro·de·lar v.
ar·ro·di·lhar v.
ar·ro·fo (ô) sm.
ar·ro·ga·ção sf; pl. ·ções.
ar·ro·ga·dor (ô) adj. sm
ar·ro·gân·ci:a sf.
ar·ro·gan·te adj. s2g.
ar·ro·gar v. 'apropriar'/Cf. arrugar.
ar·ro·go (ô) sm./Cf. arrogo (ó), do v. arrogar.
ar·roi·ar v.
ar·roi·o (ô) sm./Cf. arroio, do v. arroiar.
ar·roi·o·gran·den·se(s) adj. s2g. (pl)

ar·roi·o·me:*en*·se(s) adj. s2g. (pl.).
ar·ro·ja·*di*·ço adj.
ar·ro·ja·*di*·ta sf.
ar·ro·*ja*·do adj. sm.
ar·ro·ja·*dor* (ô) adj.sm.
ar·ro·ja·*du*·ra sf.
ar·ro·ja·*men*·to sm.
ar·ro·*jão* sm.; pl. ·*jões*.
ar·ro·*jar* v.
ar·*ro*·jo (ô) sm./Cf. *arrojo* (ó), do v. *arrojar*.
ar·ro·*la*·do adj.
ar·ro·la·*dor* (ô) adj. sm.
ar·ro·la·*men*·to sm.
ar·ro·*lan*·te adj. s2g.
ar·ro·*lar* v.
ar·ro·*lha*·do adj.
ar·ro·lha·*dor* (ô) adj. sm.
ar·ro·lha·*men*·to sm.
ar·ro·*lhar* v. 'colocar rolha em' /Cf. *arrulhar*.
ar·*ro*·lho (ô) sm./Cf. *arrolho* (ó), do v. *arrolhar*.
ar·*ro*·lo (ô) sm./Cf. *arrolo* (ó), do v. *arrolar*.
ar·ro·man·*çar* v.
ar·*rom*·ba sf., na loc. *de arromba*.
ar·rom·*ba*·da sf.
ar·rom·ba·*di*·ço adj.
ar·rom·*ba*·do adj. sm.
ar·rom·ba·*dor* (ô) adj. sm.
ar·rom·ba·*men*·to sm.
ar·rom·*bar* v.
ar·ros·ta·*ção* sf.; pl. ·*ções*.
ar·ros·ta·*dor* (ô) adj. sm.
ar·ros·*tar* v.
ar·ro·ta·*dor* (ô) adj. sm.
ar·ro·*tar* v.
ar·ro·te:*a*·do adj.
ar·ro·te:a·*dor* (ô) adj. sm.
ar·ro·te:a·*men*·to sm.
ar·ro·te:*ar* v.
ar·ro·*tei*·a sf. / Cf. *arroteia*, do v. *arrotear*.
ar·*ro*·to (ô) sm./Cf. *arroto* (ó), do v. *arrotar*.
ar·ro·*to*(s) de *gru*·na sm. (pl).
ar·rou·ba·*men*·to sm. 'êxtase' / Cf. *arrombamento*.
ar·rou·*bar* v. 'extasiar' /Cf. *arrobar*.
ar·*rou*·bo sm.
ar·rou·*pa*·do adj.
ar·rou·*par* v.
ar·ro·*xa*·do adj. 'de cor roxa' / Cf. *arrochado*.

ar·ro·*xar* v. 'tornar roxo'/Cf. *arrochar*.
ar·ro·xe:*a*·do adj.
ar·ro·xe:*ar* v.
ar·*roz* (ô) sm.
ar·ro·*zal* sm.; pl. ·*zais*.
ar·ro·za·*li*·na sf.
ar·ro·*zal*·va sf.
ar·roz-*bra*·vo sm.; pl. *arrozes-bravos*.
ar·roz-*d'á*·gua sm.; pl. *arrozes-d'água*.
ar·roz de car·re·*tei*·ro sm.; pl. *arrozes de carreteiro*.
ar·roz de cu·*xá* sm.; pl. *arrozes de cuxá*.
ar·roz de *fes*·ta sm.; pl. *arrozes de festa*.
ar·roz de fun·*ção* sm.; pl. *arrozes de função*.
ar·roz de hau·*çá* sm.; pl. *arrozes de hauçá*.
ar·roz de *lei*·te sm.; pl. *arrozes de leite*.
ar·roz-de-*ra*·to sm.; pl. *arrozes-de-rato*.
ar·roz de vi·*ú*·va sm.; pl. *arrozes de viúva*.
ar·roz-do-*cam*·po sm.; pl. *arrozes-do campo*.
ar·roz-*do*·ce sm.; pl. *arrozes-doces*.
ar·roz-do·ce de pa·*go*·de sm.; pl. *arrozes-doces de pagode*.
ar·ro·*zei*·ra sf.
ar·ro·*zei*·ro adj. sm.
ar·*ró*·zi:a sf.
ar·ru·*á* adj. 2g.
ar·ru:*a*·ça sf.
ar·ru:a·*ção* sf.; pl. ·*ções*.
ar·ru:a·*çar* v.
ar·ru·a·*cei*·ro adj. sm.
ar·ru:*a*·do adj. sm.
ar·ru:a·*dor* (ô) adj. sm.
ar·ru:a·*men*·to sm.
ar·ru·*ar* v.
ar·ru·*bé* sm.
ar·ru·*ça*·do v.
ar·ru·*çar* v.
ar·*ru*·da sf.
ar·ru·da(s)-dos-*mu*·ros sf. (pl.).
ar·ru:*e*·la sf.
ar·ru:e·*la*·do adj.
ar·ru·fa·*di*·ço adj.
ar·ru·*far* v.
ar·ru·fi:a·*na*·do adj.
ar·*ru*·fo sm.

ar·ru·*ga*·do adj.
ar·ru·ga·*du*·ra sf.
ar·ru·ga·*men*·to sm.
ar·ru·*gar* v. 'enrugar'/Cf. *arrogar*.
ar·*rú*·gi:a sf.
ar·ru:*í*·do sm.
ar·ru:i·na·*ção* sf.; pl. ·*ções*.
ar·ru:*i*·na·do adj.
ar·ru:i·na·*dor* (ô) adj. sm.
ar·ru:i·na·*men*·to sm.
ar·ru:i·*nar* v.
ar·rui·*va*·do adj.
ar·rui·vas·*ca*·do adj.
ar·ru·*lar* v. 'produzir arrulhos': ar·ru·*lhar*/Cf. *arrulhar*.
ar·*ru*·lho sm.: ar·*ru*·lo.
ar·ru·ma·*ção* sf.; pl. ·*ções*
ar·ru·ma·*ço* sm.
ar·ru·*ma*·da sf.
ar·ru·ma·*dei*·ra adj. sf.
ar·ru·ma·*de*·la sf.
ar·ru·*ma*·do adj.
ar·ru·ma·*dor* (ô) adj. sm.
ar·ru·*mar* v.
ar·*ru*·mo sm.
ar·ru·*nhar* v.: *arruinar*.
ar·se·*nal* sm.; pl. ·*nais*.
ar·se·ni:*a*·to sm.
ar·se·ni·*cal* adj. 2g.; pl. ·*cais*.
ar·*sê*·ni·co sm.
ar·se·ni·co·cro·*ci*·ta sf.
ar·se·ni:*e*·to (ê) sm.
ar·*sê*·ni:o sm.
ar·se·ni:*o*·so (ô) adj.; f. *e* pl. (ó).
ar·se·*ni*·to sm.
ar·ses sm. 2n. 'ave'/Cf. *ársis*.
ar·*si*·na sf.
ár·sis sf. 2n. 'altura tonal'/Cf. *arses*.
ar·son·va·li·za·*ção* sf.; pl. ·*ções*.
ar·ta·bi·*ri*·ta adj. s2g.
ar·te sf.
ar·te·*fac*·to sm.: ar·te·*fa*·to.
ar·te·fi·*nal* sf.; pl. *artes-finais*.
ar·te·fi·na·*lis*·ta s2g.; pl. *arte-finalistas*.
ar·tei·*ri*·ce sf.
ar·*tei*·ro adj. sm.
ar·tei·*ro*·so (ô) adj.; f. *e* pl. (ó).
ar·*te*·lho (ê) sm.
ar·te-mai·*or* sm.; pl. *artes-maiores*.
ar·te·*mão* sm.; pl. ·*mões*.
ar·te-me·*nor* sf.; pl. *artes-menores*.
ar·te·*mi*·gem sf.; pl. ·*gens*: ar·te·*mi*·ja.

ar·te·*mí*·si:a sf.
ar·te·mi·si:*á*·ce:a sf.
ar·te·mi·si:*á*·ce:o adj.
ar·te·*mí*·si:a(s)-ver·da·*dei*·ra(s) sf. (pl.).
ar·*té*·ri:a sf.
ar·te·ri:*al* adj. 2g.; pl. *·ais*.
ar·te·ri:a·li·za·*ção* sf.; pl. *·ções*.
ar·te·ri:a·li·*zar* v.
ar·te·ri:o·gra·*fi*·a sf.
ar·te·ri:o·*grá*·fi·co adj.
ar·te·*rí*:o·la sf. dim. irreg. de *artéria*.
ar·te·ri:o·lo·*gi*·a sf.
ar·te·ri:o·*ló*·gi·co adj.
ar·te·ri:os·cle·*ro*·se sf.
ar·te·ri:os·cle·*ro*·so (ô) adj.; f. *e* pl. (ó).
ar·te·ri:os·cle·*ró*·ti·co adj.
ar·te·ri:*o*·so (ô) adj.; f. *e* pl. (ó).
ar·te·ri:o·to·*mi*·a sf.
ar·te·ri:o·tô·mi·co adj.
ar·te·*ri*·te sf.
ar·*te*·sa (ê) sf.
ar·te·*sã* sf. de *artesão*.
ar·te·sa·*nal* adj. 2g.; pl. *·nais*.
ar·te·sa·*na*·to sm.
ar·te·*são*[1] sm. 'artista'; pl. *·sãos*; f. *artesã*.
ar·te·*são*[2] sm. 'painel'; pl. *·sões*.
ar·te·si:a·*nis*·mo sm.
ar·te·si:*a*·no adj. sm.
ar·te·so:*ar* v.: ar·te·so·*nar*.
ár·ti·co adj.
ar·ti·cu·la·*ção* sf.; pl. *·ções*.
ar·ti·cu·*la*·do adj. sm.
ar·ti·cu·la·*dor* (ô) adj. sm.
ar·ti·cu·*lan*·te adj. s2g.
ar·ti·cu·*lar* adj. 2g. v.
ar·ti·cu·la·*tó*·ri:o adj.
ar·ti·cu·*lá*·vel adj. 2g.; pl. *·veis*.
ar·ti·cu·*lis*·ta adj. s2g.
ar·*tí*·cu·lo sm./Cf. *articulo*, do v. *articular*.
ar·ti·cu·*lo*·so (ô) adj.; f. *e* pl. (ó).
ar·*tí*·fi·ce s2g.
ar·ti·fi·ci:*al* adj. s2g.; pl. *·ais*.
ar·ti·fi·ci:a·li·*da*·de sf.
ar·ti·fi·ci:a·*lis*·mo sm.
ar·ti·fi·ci:a·li·*zar* v.
ar·ti·fi·ci:*ar* v.
ar·ti·*fí*·ci:o sm./Cf. *artificio*, do v. *artificiar*.
ar·ti·fi·ci:*o*·so (ô) adj.; f. *e* pl. (ó).
ar·*ti*·go sm.

ar·ti·*gue*·lho (ê) sm.
ar·ti·*gue*·te (ê) sm.
ar·ti·lha·*men*·to sm.
ar·ti·*lhar* v.
ar·ti·lha·*ri*·a sf.
ar·ti·*lhei*·ro sm.
ar·ti·*ma*·nha sf.
ar·*ti*·nha sf.
ar·ti:o·*dác*·ti·lo adj. sm.: ar·ti:o·*dá*·ti·lo.
ar·ti:o·zo:*á*·ri:o adj. sm.
ar·*tis*·ta adj. s2g.
ar·*tís*·ti·co adj.
ar·*tó*·fa·go adj.
ar·*tó*·fo·ro sm.
ar·*to*·la sf.
ar·*tó*·la·tra s2g.
ar·to·la·*tri*·a sf.
ar·to·*lá*·tri·co adj.
ar·*tó*·li·to sm.
ar·to·*mel* sm.; pl. *·méis*.
ar·to·ple:*o*·no sm.
ar·tral·*gi*·a sf.
ar·*trál*·gi·co adj.
ar·trec·to·*mi*·a sf.
ar·*tri*·te sf.
ar·*trí*·ti·co adj. sm.
ar·*tri*·tis·mo sm.
ar·tro·bac·*té*·ri:a sf.
ar·tro·*brân*·qui:o adj.
ar·tro·con·*dri*·te sf.
ar·*tró*·de·se sf.
ar·*trô*·me·ro sm.
ar·tro·pa·*ti*·a sf.
ar·*tró*·po·de adj. 2g. sm.
ar·tros·co·*pi*·a sf.
ar·*tro*·se sf.
ar·tros·*pó*·ri·co adj.
ar·*tró*·po·ro sm.
ar·tros·*trá*·ce:o adj. sm.
a·*ru* sm.
a·*ru*·a adj. s2g. 'povo': *aruá*[3].
a·ru:*á*[1] sm. 'molusco': *arauá*.
a·ru:*á*[2] sm. 'refresco': *aluá*.
a·ru:*á*[3] adj. s2g. 'povo': *arua*.
a·ru:*ã* adj. s2g.
a·ru:*á*(s)-do-ba·*nha*·do sm. (pl.).
a·ru:*á*(s)-do-*bre*·jo sm. (pl.).
a·ru:*á*(s)-do-*ma*·to sm. (pl.).
a·ru·a·*gal* adj. s2g.; pl. *·gais*.
a·ru·a·*í* sm.
a·ru·a·*ná*[1] sm. 'peixe': *aruaná*, *aruanã*/Cf. *aruaná*[2].
a·ru·a·*ná*[2] adj. s2g. 'povo'/Cf. *aruaná*[1].
a·ru·a·*nã* sm.: *aruaná*[1].

a·ru:*a*·que adj. s2g. sm.: *aravaque*, *aroaqui*.
a·ru:*au* adj. s2g.: a·ru:a·*ú*.
a·ru·*bé* sm.
a·ru·*cá* sm.: *aiucá*.
a·ru·cui:*a*·na ad. s2g.
a·ru:*e*·ga sf.
á·ru·la sf.
a·ru·*má* adj. s2g.
a·ru·*mã* sm.
a·ru·*ma*·ça sm.: a·ru·ma·*çá*, a·ru·ma·*çã*.
a·ru·ma·*rá* sm.
a·ru·ma·*ra*·na sf.
a·ru·ma·*ru* sm.
a·rum·*ba*·va adj. s2g.
a·*run*·co sm.
a·run·di·*ná*·ce:a sf.
a·run·di·*ná*·ce:o adj.
a·run·*dí*·ne:o adj.
a·run·di·*no*·so (ô) adj.; f. *e* pl. (ó).
a·*ru*·pa adj. 2g. sm.
a·ru·pa·*na*·do adj.
a·ru·*rá* sm.: *arurau*.
a·ru·*ru* sm.
a·rus·pi·ca·*ção* sf.; pl. *·ções*.
a·*rús*·pi·ce sm.: *harúspice*.
a·rus·pi·*ci*·no adj.: *haruspicino*.
a·rus·*pí*·ci:o sm.: *haruspício*.
ar·*val* adj. 2g. sm.; pl. *·vais*.
ar·*ve*·la sf.
ar·ve·*lha*·na sf.
ar·*ven*·se adj. 2g.
ar·*ví*·co·la adj. s2g.
ar·vi·cul·*tor* (ô) adj. sm.
ar·vi·cul·*tu*·ra sf.
ar·vo:*a*·do adj.
ar·vo:a·*men*·to sm.
ar·vo:*ar* v.
ar·vo·*ra*·do adj. sm.
ar·vo·*ra*·gem sf.; pl. *·gens*.
ar·vo·*rar* v.
ár·vo·re sf./Cf. *arvore*, do v. *arvorar*.
ar·vo·re·*cên*·ci:a sf.: *arborescência*.
ar·vo·re·*cen*·te adj. 2g.: *arborescente*.
ar·vo·re·*cer* v.: *arborescer*.
ár·vo·re(s)-da-bor·*ra*·cha sf. (pl.).
ár·vo·re(s)-da-go·ma-a·*rá*·bi·ca sf. (pl.).
ár·vo·re(s)-da-*lã* sf. (pl.).
ár·vo·re(s)-da-*mor*·te sf. (pl.).

ár·vo·re(s)-da-pre·*gui*·ça sf. (pl.).
ár·vo·re(s)-da-*vi*·da sf. (pl.).
ár·vo·re(s)-de-ar·*roz* sf. (pl.).
ár·vo·re(s)-de-*bál*·sa·mo sf. (pl.).
ár·vo·re(s)-de-*cui*·a sf. (pl.).
ár·vo·re(s)-de-*lei*·te sf. (pl.).
ár·vo·re(s) de na·*tal* sf. 'conjunto de válvulas'.
ár·vo·re(s)-de-na·*tal* sf. (pl.) 'árvore'.
ár·vo·re(s)-de-*ra*.nho sf. (pl.).
ár·vo·re(s)-de-san·ta·lu·*zi*·a sf. (pl.).
ar·vo·re·do (ê) sm.
ár·vo·re(s)-do-dra·*gão* sf. (pl.).
ár·vo·re(s)-do-na·*tal* sf. (pl.).
ár·vo·re(s)-do-pa·*pel* sf. (pl.).
ár·vo·re(s)-do-pa·pel-de-ar·*roz* sf. (pl.).
ár·vo·re(s)-dos-pa·*go*·des sf. (pl.).
ár·vo·re(s)-do-vi:a·*jan*·te sf. (pl.).
ar·vo·re·*jar* v.
ár·vo·re(s)-*mãe*(*s*) sf. (pl.).
ár·vo·re(s)-*san*·ta(*s*) sf. (pl.).
ar·vo·re·ta (ê) sf. dim. irreg. de *árvore*.
ár·vo·re(s)-*tris*·te(*s*) sf. (pl.).
ar·*xar* v.
ar·*zi*·la sf.
ar·*zo*·la sf.
as f. pl. do art. e do pron. pessoal ou dem. *a*.
ás[1] sm. 'carta de baralho' 'pessoa exímia'/Cf. *ás*[2].
ás[2] sm. pl.: *aa* (pl. da letra *a*)/ Cf. *ás*[1].
às contr. da prep. *a* com o art. ou pron. *as*.
a·sa sf./Cf. *aza*, do v. *azar*.
a·sa(s)-*bran*·ca(s) sf. (pl.).
a·sa(s)-de-ba·*ra*·ta sf. (pl.).
a·sa(s)-de-pa·pa·*gai*·o sf. (pl.).
a·sa(s)-de-*te*·lha sf. (pl.).
a·*sa*·do adj. sm. 'com asas'/Cf. *azado*.
a·sa·*fi*·a sf.
a·*sa*·na sf.
a·sa(s)-*ne*·gra(s) s2g. (pl.).
a·*sar* v. 'guarnecer de asas'/ Cf. *azar*.
a·sa·*ri*·na sf.
á·sa·ro sm.
as·bes·*ti*·no adj.
as·*bes*·to sm.
as·ca sf.
as·ca·*fil*·me sm.

as·*cá*·gra·fo sm.
as·ca·*gra*·ma sm.
as·ca·la·*bo*·to sm.
as·*cá*·la·fo sm.
as·ca·lo·*ni*·ta sf.
as·*cá*·ri·da adj. s2g.: as·*cá*·ri·de.
as·ca·*rí*·de:o adj. sm.
as·ca·ri·*dí*·a·se sf.
as·ca·ri·di:o·se sf.
as·cen·*dên*·ci:a sf.
as·cen·*den*·te adj. s2g. sf.
as·cen·*der* v. 'subir'/Cf. *acender*.
as·cen·di·*men*·to sm. 'subida'/ Cf. *acendimento*.
as·cen·*são* sf. 'subida'; pl. ·*sões*/ Cf. *acensão*.
as·cen·si:o·*nal* adj. 2g.; pl. ·*nais*.
as·cen·si:o·*ná*·ri:o adj.
as·cen·si:o·*nis*·ta s2g.
as·*cen*·so sm. 'subida'/Cf. *acenso* e *assenso*.
as·cen·*sor* (ô) adj. sm.
as·cen·so·*ris*·ta s2g.
as·*cen*·se sf.
as·*ce*·ta s2g. 'dado ao trabalho espiritual'/Cf. *aceta*, do v. *acetar*, e *asseta*, do v. *assetar*.
as·ce·*té*·ri:o sm.
as·ce·ti·*cis*·mo sm.
as·*cé*·ti·co adj. 'místico'/Cf. *acético* e *asséptico*.
as·ce·*tis*·mo sm.
as·ce·ti·*zar* v.
as·*cí*·di:a sf. 'animal'/Cf. *acídia*.
as·ci·di:*á*·ce:o adj. sm.
as·ci·di:*a*·do adj. sm.
as·ci·di·*for*·me adj. 2g.
as·*cí*·di:o sm.
as·*cí*·fe·ro adj.
as·*cí*·ge·ro adj.
as·ci·no·*man*·ci·a sf.
ás·ci:o adj. sm.
as·*ci*·te sf.
as·*cí*·ti·co adj. sm.
as·cle·pi:a·*dá*·ce:a sf.
as·cle·pi:a·*dá*·ce:o adj.
as·cle·pi:a·*deu* adj. sm.; f. ·*dei*·a.
as·co sm.
as·co·*car*·po sm.
as·*có*·fo·ro adj. sm.
as·*có*·ge·no adj. sm.
as·*co*·ma sm.
as·co·*má*·ti·co adj.
as·co·mi·*ce*·to adj. sm.
as·co·*noi*·de adj. 2g. sm.
as·*cór*·bi·co adj.
as·co·ro·si·*da*·de sf.

as·co·*ro*·so (ô) adj.; f. *e* pl. (ó).
as·co·si·*da*·de sf.
as·*co*·so (ô) adj.; f. *e* pl. (ó).
as·cos·*pó*·ri·co adj.
as·*cós*·po·ro sm.
as·co·to·*rá*·ci·co adj. sm.
as·*creu* adj. sm.; f. ·*crei*.*a*.
as·cri:*a*·no adj. sm.
ás·cu:a sf.
as·*cu*·ma sf.
as·cu·*ma*·da sf.
as·*cu*·na sf.: *ascuma*.
as·*cu*·nha sf.: *ascuma*.
ás de *paus* sm.; pl. *ases de paus*.
as·*din*·go adj. sm.
a·se:i·*da*·de sf.
a·*se*·lha (ê) sf.
a·*se*·lho sm.
a·*sé*·li·do sm.
a·se·*li*·na sf.
a·*se*·lo sm.
a·*se*·no adj. sm.
as·fal·*ta*·do adj.
as·fal·ta·*dor* (ô) sm.
as·fal·*ta*·gem sf.; pl. ·*gens*.
as·fal·ta·*men*·to sm.
as·fal·*tar* v.
as·*fál*·ti·co adj.
as·fal·*ti*·ta sf.
as·*fal*·to sm.
as·fi·*xi*·ta (cs) sf.
as·fi·xi:*a*·do (cs) adj. sm.
as·fi·xi:*a*·dor (cs...ô) adj. sm.
as·fi·xi:*an*·te (cs) adj. 2g.
as·fi·xi:*ar* (cs) v.
as·*fi*·xi·co (cs) adj.
as·fi·xi:*o*·so (cs...ô) adj.; f. *e* pl. (ó).
as·fo·*dé*·le:a sf.
as·*fó*·de·lo sm.
a·si·*â*·ni·co adj.
a·si:*a*·nis·ta adj. s2g.
a·si:*a*·no adj. sm.
a·si:a·no·lo·*gi*·a sf.
a·si:a·*nó*·lo·go sm.
a·si:*ar*·ca sm.
a·si:*á*·ti·ca sf.
a·si:a·ti·*cis*·mo sm.
a·si:*á*·ti·co adj. sm.
a·si:a·*tis*·mo sm.
a·si·*la*·do adj. sm.
a·si·*lar* v.
a·si·*lí*·de:o adj. sm.
a·*si*·lo sm.
a·si·*mi*·na sf.
a·si·*nal* adj. 2g.; pl. ·*nais*.
a·si·*ná*·ri:o adj.

a·si·nha adv. 'depressa'/Cf. azinha.
a·si·ni·no adj. sm.
a·sir v.
as·ma sf.
as·má·ti·co adj. sm.
as·men·to adj. sm.
as·mo adj. sm.: ázimo.
as·na sf.
as·na·da sf.
as·nal adj. 2g.; pl. ·nais.
as·na·men·to sm.
as·na·ri·a sf.
as·ná·ti·co adj.
as·ne:ar v.
as·nei·ra sf.
as·nei·ra·da sf.
as·nei·rão sm. aum. de asno; pl. ·rões; f. asneirona.
as·nei·rar v.
as·nei·ren·to adj.
as·nei·ro adj. sm.
as·nei·ro·la sf.
as·nei·ro·na sf. de asneirão.
as·ni·ce sf.
as·ni·da·de sf.
as·nil adj. 2g.; pl. ·nis.
as·no sm.
as·pa sf.
as·pa·ço sm.
as·pa·do adj.
as·par v.
as·pa·ra·gá·ce:a sf.
as·pa·ra·gá·ce:o adj.
as·pa·ra·gi·na sf.
as·pa·ra·go sm.: aspargo, espargo.
as·pa·ra·go·lis·ta sf.
as·par·go sm.: aspárago, espargo.
as·par·go(s)-de-jar·dim sm. (pl.).
as·pas sf. pl.
as·pa(s)-tor·ci·da(s) s2g. (pl.).
as·pa(s)-tor·ta(s) s2g. (pl.).
as·pe sm.
as·pe:a·do adj.
as·pe:ar v.
as·pec·to sm.: aspeto.
as·pe·grê·ni:a sf.
as·pe·li·na sf.
as·pe·re·jar v.: asprejar.
as·pe·re·za (ê) sf.
as·per·ger v.: aspergir.
as·per·ges sm. 2n.
as·per·gi·do adj.
as·per·gi·li·for·me adj. 2g.

as·per·gi·lo sm.
as·per·gi·lo·se sf.
as·per·gi·men·to sm.
as·per·gir v.
as·pe·rí·co·mo adj.
as·pe·ri·da·de sf.
as·pe·ri·dão sf.; pl. ·dões.
as·pe·ri·fó·li:o adj.
as·per·ma·tis·mo sm.
as·per·mi·a sf.
as·pér·mi·co adj.
as·per·mo adj.
ás·pe·ro adj.; superl. aspérrimo ou asperíssimo.
as·pér·ri·mo adj.; superl. de áspero.
as·per·são sf.; pl. ·sões.
as·per·so adj.
as·per·só·ri:o sm.
as·pé·ru·la sf.
as·pé·ru·lo adj.
as·pe·to sm.: aspecto.
ás·pi·de sm. ou sf.
as·pi·do·brân·qui:o adj. sm.
as·pi·do·cé·fa·lo adj. sm.
as·pi·do·có·ti·lo adj. sm.
as·pi·do·gás·ter sm.:
    as·pi·do·gas·tro.
as·pi·do·qui·ro·to adj. sm.
as·pi·dos·per·ma sm.:
    as·pi·dos·per·mo.
as·pi·ra·ção sf.; pl. ·ções.
as·pi·ra·do adj.
as·pi·ra·dor (ô) adj. sm.
as·pi·rân·ci:a sf.
as·pi·ran·te adj. s2g.
as·pi·ran·te(s)-pre·men·te(s) adj. 2g. (pl.).
as·pi·rar v.
as·pi·ra·ti·vo adj.
as·pi·rá·vel ad. 2g.; pl. ·veis.
as·pi·ri·na sf.
as·plê·ni:o sm.
as·po·ne sm.
ás·po·ro adj.
as·pre·jar v.: asperejar.
as·pu·do adj. sm.
as·que:ar v.
as·quel·min·to adj. sm.
as·que·ro·si·da·de sf.
as·que·ro·so (ô) adj.; f. e pl. (ó).
as·sa·ca·di·lha sf.
as·sa·ca·dor (ô) adj. sm.
as·sa·car v.
as·sa·ca·te sm.
as·sa·dei·ra sf.
as·sa·dei·ro adj. sm.

as·sa·do adj. sm.
as·sa·dor (ô) adj. sm.
as·sa·du·ra sf.
as·sa·fé·ti·da(s) sf. (pl.).
as·sa·la·ri:a·do adj. sm.
as·sa·la·ri:a·dor (ô) adj. sm.
as·sa·la·ri:a·men·to sm.
as·sa·la·ri:ar v.
as·sa·lei·tão sm.; pl. assa-leitões.
as·sal·mo:a·do adj.:
    as·sal·mo·na·do.
as·sa·loi·a·do adj.
as·sal·ta·da sf.
as·sal·ta·do adj.
as·sal·ta·dor (ô) adj. sm.
as·sal·tan·te adj. s2g.
as·sal·tar v.
as·sal·te:ar v.
as·sal·to sm.
as·sal·va·do adj.
as·sa·mês adj. sm.
ás·sa·na sf.
as·sa·nha·ço sm.: sanhaço.
as·sa·nha·di·ço adj.
as·sa·nha·do adj.
as·sa·nha·men·to sm.
as·sa·nhar v.
as·sa·nho sm.
as·sa·pei·xe(s) sm. (pl.).
as·sar v.
as·sa·ran·zar v.: azaranzar.
as·sa·ra·pan·tar v.: sarapantar.
as·sa·ri·a sf.
as·sa·ri·lha·do adj.
as·sas·si·na·do adj.
as·sas·si·na·dor (ô) adj. sm.
as·sas·si·na·men·to sm.
as·sas·si·nar v.
as·sas·si·na·to sm.
as·sas·sí·ni:o sm.
as·sas·si·no adj. sm.
as·saz adv. pron.
as·sa·zo·na·do adj.
as·se sm.
as·se:a·da·ço adj.
as·se:a·do adj.
as·se:ar v.
as·se·cla s2g.
as·se·cu·ra·tó·ri:o adj.
as·se·da·dei·ra sf.
as·se·da·dor (ô) adj. sm.
as·se·da·gem sf.; pl. ·gens.
as·se·dar v.
as·se·den·ta·do adj.
as·se·den·tar v.
as·se·di:a·dor (ô) adj. sm.
as·se·di:an·te adj. 2g.

as·se·di·*ar* v.
as·*sé*·di:o sm./Cf. *assedio*, do v. *assediar*.
as·se·gu·ra·*ção* sf.; pl. *·ções*.
as·se·gu·*ra*·do adj.
as·se·gu·ra·*dor* (ô) adj. sm.
as·se·gu·ra·*men*·to sm.
as·se·gu·*rar* v.
as·se·gu·rá·vel adj. 2g.; pl. *·veis*.
as·*sei*·o sm.
as·se·*lar* v.
as·sel·va·*ja*·do adj.
as·sel·va·ja·*men*·to sm.
as·sel·va·*jar* v.
as·sem·*blei*·a sf.
as·se·me·lha·*ção* sf.; pl. *·ções*.
as·se·me·*lha*·do adj.
as·se·me·*lhar* v.
as·se·nho·re:a·*men*·to sm.
as·se·nho·re:*ar* v.
as·*sen*·so sm. 'assentimento'/Cf. *acenso* e *ascenso*.
as·sen·*ta*·da sf.
as·sen·*ta*·do adj. sm.
as·sen·ta·*dor* (ô) adj. sm.
as·sen·ta·*men*·to sm.
as·sen·ta·*pau*(s) sf. (pl.).
as·sen·*tar* v.
as·*sen*·te adj. 2g. sm.
as·sen·ti·*men*·to sm.
as·sen·*tir* v.
as·*sen*·to sm. 'fundamento'/Cf. *acento*.
as·sen·za·*la*·do adj.
as·sen·za·*lar* v.
as·*sé*·pa·do adj.
as·sep·*si*·a sf.
as·sep·*ta*·do adj.
as·*sép*·ti·co adj. 'imputrescível'/Cf. *acético* e *ascético*.
as·ser·*ção* sf.; pl. *·ções*.
as·se·re·*nar* v.
as·se·*rir* v.
as·ser·*ti*·va sf.
as·ser·*ti*·vo adj.
as·*ser*·to (ê) sm. 'afirmação'/Cf. *acerto* (é), do v. *acertar*, e *acerto* (ê), sm.
as·ser·to:*ar* v.
as·ser·*tó*·ri·co adj.
as·ser·*tó*·ri:o adj.
as·se·*sor* (ô) sm.; f. *assessora* (ô)/Cf. *assessora* (ó), do v. *assessorar*.
as·ses·so·ra·*men*·to sm.
as·ses·so·*rar* v.

as·ses·so·*ri*·a sf.
as·ses·so·ri:*al* adj. 2g.; pl. *·ais*.
as·ses·*só*·ri:o adj. 'assistente'/Cf. *acessório*.
as·ses·*tar* v.
as·*ses*·to (ê) sm./Cf. *assesto* (é), do v. *assestar*.
as·ses·ta·*dor* (ô) adj. sm.
as·se·*tar* v. 'flechar'/Cf. *acetar*.
as·se·te:*ar* v.
as·se·van·di·ja·*men*·to sm.
as·se·van·di·*jar* v.
as·se·ve·ra·*ção* s.; pl. *·ções*.
as·se·ve·ra·*dor* (ô) adj. sm.
as·se·ve·*rar* v.
as·se·ve·ra·*ti*·vo adj.
as·*se*·xo (cs) adj.
as·se·xu:*a*·do (cs) adj.
as·se·xu:*al* (cs) ad. 2g.; pl. *·ais*.
as·si:a·*li*·a sf.
as·si·*dra*·do adj. 'de cheiro ou sabor de sidra'/Cf. *acidrado*.
as·si·*drar* v. 'dar cheiro ou sabor de sidra a'/Cf. *acidrar*.
as·si·du:i·*da*·de sf.
as·*sí*·du:o adj.
as·si:*en*·se adj. s2g.
as·si·fo·no·ga·*mi*·a sf.
as·si·fo·*nó*·ga·mo adj. sm.
as·*sim* adv. conj.
as·sim-as·*sim* adv.
as·si·me·*tri*·a sf.
as·si·*mé*·tri·co adj.
as·si·mi·la·bi·li·*da*·de sf.
as·si·mi·la·*ção* sf.; pl. *·ções*.
as·si·mi·*la*·do adj.
as·si·mi·la·*dor* (ô) adj. sm.
as·si·mi·*lar* v.
as·si·mi·la·*ti*·vo adj.
as·si·mi·*lá*·vel adj. 2g.; pl. *·veis*.
as·si·mi·*lhar* v.: assemelhar.
as·simp·*to*·ta sf.: assíntota.
as·simp·*tó*·ti·co adj.: assintótico.
as·si·na·*ção* s.; pl. *·ções*.
as·si·*na*·do adj. sm.
as·si·na·la·*ção* sf.; pl. *·ções*.
as·si·na·*la*·do adj.
as·si·na·la·*dor* (ô) adj. sm.
as·si·na·la·*men*·to sm.
as·si·na·*lar* v.
as·si·na·la·*ti*·vo adj.
as·si·na·*lá*·vel adj. 2g.; pl. *·veis*.
as·si·*nan*·te s2g.
as·si·*nap*·se sf.
as·si·*nar* v.
as·si·na·*tu*·ra sf.
as·si·*ná*·vel adj. 2g.; pl. *·veis*.

as·*sín*·de·se sf.
as·sin·*dé*·ti·co adj.
as·*sín*·de·to sm.: as·*sín*·de·ton.
as·si·ner·*gi*·a sf.
as·si·*nóp*·ti·co adj.: as·si·*nó*·ti·co.
as·*sín*·to·ta sf.: assimptota.
as·sin·*tó*·ti·co adj.: assimptótico.
as·sin·*zi*·nho adv.
as·*sí*·ri:o adj. sm.
as·si·ri:o·lo·*gi*·a sf.
as·si·ri:o·*ló*·gi·co adj.
as·si·ri:o·lo·*gis*·ta adj. s2g.
as·si·ri:*ó*·lo·go sm.
as·si·*sa*·do adj.
as·si·*sen*·se adj. s2g.
as·*sís*·mi·co adj.
as·sis·*tên*·ci:a sf.
as·sis·ten·ci:*al* adj. 2g.; pl. *·ais*.
as·sis·ten·ci·a·*lis*·mo sm.
as·sis·*ten*·te adj. s2g.
as·sis·*ti*·da sf.
as·sis·*ti*·do adj. sm.
as·sis·*tir* v.
as·sis·to·*li*·a sf.
as·si·*ti*·a sf.
as·so:*a*·do adj. sm.
as·so:a·*lha*·do adj. sm.
as·so:a·lha·*dor* (ô) adj. sm.
as·so:a·lha·*du*·ra sf.
as·so:a·lha·*men*·to sm.
as·so:a·*lhar* v.
as·so:*a*·lho sm.
as·so:*an*·te adj. s2g.
as·so:*ar* v. 'tirar monco'/Cf. *assuar*.
as·so·ber·*ba*·do adj.
as·so·ber·ba·*dor* (ô) adj.
as·so·ber·ba·*men*·to sm.
as·so·ber·*ban*·te adj. 2g.
as·so·ber·*bar* v.
as·so·bi·a·ca·*chor*·ro(s) sm. (pl.): *assovia-cachorro*.
as·so·bi:*a*·da sf.: *assoviada*.
as·so·bi:a·*dei*·ra sf.: *assoviadeira*.
as·so·bi:*a*·do adj.: *assoviado*.
as·so·bi:a·*dor* (ô) adj. sm.: *assoviador*.
as·so·bi:*an*·te adj. 2g.: *assoviante*.
as·so·bi:*ar* v.: *assoviar*.
as·so·*bi*:o sm.: *assovio*.
as·so·*bi*:o(s) de *co*·bra sm. (pl.).: *assovio de cobra*.
as·so·bra·*dar* v.

as·so·ci:a·*ção* sf.; pl. ·*ções*.
as·so·ci:a·ci:o·*nis*·mo sm.
as·so·ci:a·ci:o·*nis*·ta adj. s2g.
as·so·ci:a·do adj. sm.
as·so·ci:*ar* v.
as·so·ci:a·ti·vi·*da*·de sf.
as·so·ci:a·*ti*·vo adj.
as·so·ci:o·*nis*·mo sm.
as·so·la·*ção* sf.; pl. ·*ções*.
as·so·*la*·do adj.
as·so·la·*dor* (ô) adj. sm.
as·so·la·*men*·to sm.
as·so·la·pa·*dor* (ô) adj. sm.
as·so·la·*par* v.
as·so·*lar* v. 'arrasar'/Cf. *açular*.
as·sol·da·*dar* v.
as·so·le:*a*·do adj.
as·so·le:a·*men*·to sm.
as·so·le:*ar* v.
as·so·*ma*·da sf.
as·so·ma·*di*·ço adj.
as·so·*ma*·do adj.
as·so·*mar* v.
as·som·bra·*ção* sf.; pl. ·*ções*.
as·som·bra·*di*·ço adj.
as·som·*bra*·do adj. sm.
as·som·bra·*men*·to sm.
as·som·bra·*pau*(s) sm. (pl.).
as·som·*brar* v.
as·som·bre:*a*·do adj.
as·som·bre:a·*men*·to sm.
as·som·bre:*ar* v.
as·*som*·bro sm.
as·som·*bro*·so (ô) adj.; f. *e* pl. (ó).
as·*so*·mo sm.
as·so·*nân*·ci:a sf.
as·so·*nan*·te adj. 2g.
as·so·no·ren·*ta*·do adj.
as·son·*sa*·do adj.
as·son·*sar* v.
as·so·pra·*de*·la sf.
as·so·*pra*·do adj.
as·so·pra·*dor* (ô) adj. sm.
as·so·pra·*du*·ra sf.
as·so·pra·*men*·to sm.
as·so·*prar* v.
as·*so*·pro (ô) sm./Cf. *assopro*
   (ó), do v. *assoprar*.
as·so·re:a·*men*·to sm.
as·so·re:*ar* v.
as·sos·se·*gar* v.: *sossegar*.
as·sos·*se*·go (ê) sm.: *sossego*/Cf.
   assossego (é), do v. *assossegar*.
as·so·ve·*la*·do adj.
as·so·ve·*lar* v.
as·so·vi·a·ca·*chor*·ro(s) sm.
   (pl.): *assobia-cachorro*.

as·so·vi:*a*·da sf.: *assobiada*.
as·so·vi:a·*dei*·ra sf.:
   assobiadeira.
as·so·vi:*a*·do adj.: *assobiado*.
as·so·vi:a·*dor* (ô) adj. sm.:
   assobiador.
as·so·vi:*an*·te adj. 2g.:
   assobiante.
as·so·vi:*ar* v.: *assobiar*.
as·so·vi·*nar* v.
as·so·*vi*:o sm.: *assobio*.
as·so·*vi*:o(s) de *co*·bra sm.
   (pl.): *assobio de cobra*.
as·su·*ã* sf.: *suã*.
as·su:*a*·da sf. 'tumulto'/Cf.
   assoada, f. de *assoado*.
as·su:a·*nês* adj. sm.
as·su:*ar* v. 'vaiar'/Cf. *assoar*.
as·subs·tan·ti·*va*·do adj. sm.
as·subs·tan·ti·*var* v.
as·su·ca·*dor* (ô) adj. sm.
as·su·*car* v. 'arar'/Cf. *açúcar*.
as·su·*mir* v.
as·sump·*ção* sf.; pl. ·*ções*:
   assunção.
as·sump·ci:o·*nis*·ta adj. s2g.:
   assuncionista.
as·sump·*tí*·vel adj. 2g.; pl.
   ·veis: *assuntível*.
as·sump·*ti*·vo adj.: *assuntivo*.
as·sun·*ção* sf.; pl. ·*ções*:
   assumpção.
as·sun·ci:o·*nis*·ta adj. s2g.:
   assumpcionista.
as·sun·*gar* v.
as·sun·*tar* v.
as·sun·*tí*·vel adj. 2g.; pl. ·veis:
   assumptível.
as·sun·*ti*·vo adj.: *assumptivo*.
as·*sun*·to sm.
as·sur·*gen*·te adj. 2g.
as·sur·*gir* v.: *surgir*.
as·su·*ri*·ni adj. s2g.: *açurini*.
as·sus·ta·*di*·ço adj.
as·sus·*ta*·do adj. sm.
as·sus·ta·*dor* (ô) adj. sm.
as·sus·*tar* v.
as·sus·*to*·so (ô) adj.; f. *e* pl. (ó).
as·ta·*si*·a sf.
as·*tá*·ti·co adj.
as·ta·*tí*·ni:o sm.
as·*te*·ca adj. s2g.
as·te:*ís*·mo sm.
as·te·*ni*·a sf.
as·*tê*·ni·co adj. sm.
as·te·no·*pi*·a sf.
as·te·*nó*·pi·co adj. sm.

as·te·nos·*fe*·ra sf.
as·*te*·que adj. s2g.: *asteca*.
ás·ter sm.
as·te·re:ô·me·tro sm.
as·*té*·ri:a sf.
as·te·ri·*nói*·de:o adj.:
   as:te·ri·no·*í*·de:o.
as·*té*·ri:o sm.: as·*té*·ri:on.
as·te·*ris*·co sm.
as·te·*ris*·mo sm.
as·ter·*nal* adj. 2g.; pl. ·*nais*.
as·te·*roi*·de adj. 2g. sm.
as·tig·*má*·ti·co adj. sm.
as·tig·ma·*tis*·mo sm.
as·*til*·be sm.
as·*ti*·lha sf. 'lasca'/Cf. *hastilha*.
as·tol·fo·du·*ren*·se(s) adj. s2g.
   (pl.).
ás·to·mo adj. sm.
as·tor·*guen*·se adj. s2g.
as·tra·*cã* sm. *ou* sf.
as·tra·ca·*ni*·ta adj. s2g.:
   as·tra·ca·*ni*·te.
as·tra·*gá*·le:a sf. 'planta'/Cf.
   astragália.
as·tra·*gá*·li:a sf. 'cornija'/Cf.
   astragálea.
as·*trá*·ga·lo sm.
as·*tral* adj. 2g. sm. 'sideral'; pl.
   ·*trais*/Cf. *austral*.
as·tra·*pei*·a sf.
as·*trei*·a sf.
ás·tre:o adj.
as·tres·cle·*rei*·de sf.:
   astroesclereide.
ás·tri·co adj.
as·*trí*·ge·ro adj.
as·tri:*ô*·ni·ca sf.
as·tro sm.
as·tro:an·*te*·na sf.
as·tro:ar·que·o·*lo*·gi·a sf.
as·tro:ar·que·o·*ló*·gi·co adj.
as·*tro*·ble·ma sm.
as·tro·bo·*tâ*·ni·ca sf.
as·tro·bo·*tâ*·ni·co adj.
as·tro·ci·no·*lo*·gi·a sf.
as·tro·ci·no·*ló*·gi·co adj.
as·tro·*cli*·ma sm.
as·tro·di·*nâ*·mi·ca sf.
as·tro·di·*nâ*·mi·co adj.
as·tro:es·cle·*rei*·de sf.:
   astreclereide.
as·tro·fa·*nô*·me·tro sm.
as·tro·*fí*·si·ca sf.
as·tro·*fí*·si·co adj. sm.
as·tro·fo·*bi*·a sf.
as·*tró*·fo·bo adj. sm.

as·tro·fo·to·gra·*fi*·a sf.
as·tro·fo·to·*grá*·fi·co adj.
as·tro·fo·to·me·*tri*·a sf.
as·tro·fo·to·*mé*·tri·co adj.
as·tro·fo·tô·me·tro sm.
as·tro·*gas*·tro adj. sm.
as·tro·ge·*ni*·a sf.
as·tro·*gê*·ni·co adj.
as·tro·ge:o·lo·*gi*·a sf.
as·tro·ge:o·*ló*·gi·co adj.
as·trog·no·*si*·a sf.
as·tro·go·*ni*·a sf.
as·tro·*gô*·ni·co adj.
as·tro·gra·*fi*·a sf.
as·tro·*grá*·fi·co adj.
as·*tró*·gra·fo sm.
as·*troi*·de adj. s2g.
as·tro·*lá*·bi:o sm.
as·*tró*·la·tra s2g.
as·tro·la·*tri*·a sf.
as·tro·*lá*·tri·co adj.
as·*tró*·li·to sm.
as·tro·lo·*gi*·a sf.
as·tro·*ló*·gi·co adj.
as·*tró*·lo·go sm.
as·tro·man·*ci*·a sf.
as·tro·*man*·te s2g.
as·tro·*mân*·ti·co adj.
as·*trô*·me·tra. s2g.
as·tro·me·*tri*·a sf.
as·tro·*mé*·tri·co adj.
as·tro·me·*tris*·ta s2g.
as·tro·*nau*·ta s2g.
as·tro·*náu*·ti·ca sf.
as·tro·*náu*·ti·co adj.
as·tro·*na*·ve sf.
as·tro·na·ve·ga·*ção* sf.; pl.
·*ções*.
as·tro·*ní*·mi:a sf.
as·*trô*·ni·mo sm.
as·tro·no·*mi*·a sf.
as·tro·*nô*·mi·co adj.
as·*trô*·no·mo sm.
as·tros·co·*pi*·a sf.
as·tros·*có*·pi·co adj.
as·tros·*có*·pi:o sm.
as·tros·*fe*·ra sf.
as·*tro*·so (ô) adj.; f. *e* pl. (ó).
as·tro·so·*fi*·a sf.
as·tro·*tá*·ti·ca sf.
as·tro·*tá*·ti·co adj.
as·tros·ta·*tís*·ti·ca sf.
as·tro·ta·*tís*·ti·co adj.
as·tro·te:o·lo·*gi*·a sf.
as·tro·te:o·*ló*·gi·co adj.
as·tro·te·*si*·a sf.
as·tro·zo·o·lo·*gi*·a sf.

as·tro·zo·o·*ló*·gi·co adj.
as·*tú*·ci:a sf./Cf. *astucia*, do v.
 astuciar.
as·tu·ci:*ar* v.
as·tu·ci:*o*·so (ô) adj.; f. *e* pl. (ó).
as·tu·ri:*a*·no adj. sm.
as·*tu*·to adj.
a·ta sf.
a·*tá* sm., na loc. *andar ao atá*.
a·ta·ba·*ca*·do adj.
a·ta·ba·*fa*·do adj.
a·ta·ba·fa·*dor* (ô) adj. sm.
a·ta·ba·*far* v.
a·ta·*bal* sm.; pl. ·*bais*: atabale.
a·ta·ba·*la*·que sm.: atabaque.
a·ta·ba·le sm.: atabal.
a·ta·ba·*lei*·ro sm.
a·ta·ba·lho:*a*·do adj.
a·ta·ba·lho:a·*dor* (ô) adj. sm.
a·ta·ba·lho:a·*men*·to sm.
a·ta·ba·lho:*ar* v.
a·ta·*ba*·que sm.
a·ta·ba·*quei*·ro sm.
a·ta·ber·*na*·do adj.: atavernado.
a·ta·ber·*nar* v.: atavernar.
a·ta·bu·*lar* v.
a·*ta*·ca sf.
a·ta·ca·*dis*·ta adj. s2g.
a·ta·*ca*·do adj. sm.
a·ta·ca·*dor* (ô) adj. sm.
a·ta·ca·*du*·ra sf.
a·ta·ca·*me*·nho adj. sm.
a·ta·ca·*mi*·ta sf.
a·ta·*can*·te adj. s2g.
a·ta·*car* v.
a·ta·*cá*·vel adj. 2g.; pl. ·*veis*.
a·ta·co:*ar* v.
a·tac·tos·te·*li*·a sf.
a·tac·tos·*té*·li·co adj.
as·tac·tos·*te*·lo sm.
a·*ta*·da sf.
a·*ta*·do adj. sm.
a·ta·*dor* (ô) adj. sm.
a·ta·*du*·ra sf.
a·ta·*fal* sm.; pl. ·*fais*.
a·ta·*fo*·na sf.: *tafona*.
a·ta·fo·*nei*·ro sm.: *tafoneiro*.
a·ta·fu·*lar* v.
a·ta·fu·*lha*·do adj.
a·ta·fu·lha·*men*·to sm.
a·ta·fu·*lhar* v.
a·ta·ga·*nhar* v.
a·ta·*lai*·a s2g. sf.
a·ta·lai·*ar* v.
a·ta·lai:*en*·se adj. s2g.
a·ta·le:*en*·se adj. s2g.
a·ta·*lei*·a sf.

a·ta·*lha*·da sf.
a·ta·*lha*·do adj.
a·ta·lha·*dor* (ô) adj. sm.
a·ta·lha·*men*·to sm.
a·ta·*lhar* v.
a·*ta*·lho sm.
a·ta·*mã* sm.: atmã.
a·ta·ma·*cum* adj. s2g.; pl. ·*cuns*:
 atamacum.
a·ta·man·*car* v.
a·ta·man·*cum* adj. s2g.; pl.
 ·*cuns*: atamacum.
a·ta·ma·*ra*·do adj.
a·tam·bei·*ra*·do adj.
a·tam·*bi*·a sf.
a·tam·*bor*[1] (ô) sm.: tambor/Cf.
 atambor[2].
a·tam·*bor*[2] (ô) sm. 'planta'/Cf.
 atambor[1].
a·ta·*men*·to sm.
a·ta·*ná* sf.
a·ta·*na*·do adj. sm.
a·ta·*nar* v.
a·ta·na·za·*men*·to sm.:
 atenazamento.
a·ta·na·*zar* v.: atenazar.
a·tan·ga·*rá* sm.: tangará.
a·tan·ga·ra·*tin*·ga sm.
a·ta·pe·*ra*·do adj.
a·ta·pe·*rar* v.
a·ta·pe·*ta*·do adj.
a·ta·pe·ta·*men*·to sm.
a·ta·pe·*tar* v.
a·ta·*pu* sm.: itapu.
a·ta·*pu*·lhar v.
a·*ta*·que sm.
a·tar v. sm.
a·ta·ran·ta·*ção* sf.; pl. ·*ções*.
a·ta·ran·*ta*·do adj.
a·ta·ran·*tar* v.
a·ta·ra·*ú* sm.
a·ta·ra·*xi*·a (cs) sf.
a·ta·*rá*·xi·co (cs) adj. sm.
a·ta·*rê* sm. *ou* sf.
a·ta·re·*fa*·do adj.
a·ta·re·fa·*men*·to sm.
a·ta·re·*far* v.
a·ta·rou·*ca*·do adj.
a·ta·rou·*car* v.
a·tar·ra·*ca*·do adj.
a·tar·ra·ca·*dor* (ô) adj. sm.
a·tar·ra·*car* v.
a·tar·ra·*xa*·do adj.
a·tar·ra·*xar* v.
a·tar·ta·ru·*ga*·do adj.
a·ta·ru·ba·*qui* sm.
a·tas·ca·*dei*·ro sm.

a·tas·*ca*·do adj.
a·tas·*cal* sm.; pl. ·*cais*.
a·tas·*car* v.
a·tas·*quei*·ro sm.
a·ta·sa·*lha*·do adj.
a·ta·sa·lha·*dor* (ô) sm.
a·ta·sa·lha·*du*·ra sf.
a·ta·sa·*lhar* v.
a·ta·*ú*·ba sf.
a·ta·*ú*·de sm.
a·ta·u·xi:*ar* v.
a·ta·va·*na*·do adj.
a·ta·ver·*na*·do adj.: atabernado.
a·ta·ver·*nar* v.: atabernar.
a·ta·vi:*a*·do adj.
a·ta·vi:a·*dor* (ô) sm.
a·ta·vi:a·*men*·to sm.
a·ta·vi:*ar* v.
a·*tá*·vi·co adj.
a·ta·*vi*:o sm.
a·ta·*vis*·mo sm.
a·ta·*xi*·a (cs) sf.
a·*tá*·xi·co (cs) adj. sm.
a·ta·za·*nar* v.
a·*té* prep. adv.
a·te:*a*·do adj.
a·te:a·*dor* (ô) adj. sm.
a·te:*ar* v.
a·tec·*ni*·a sf.
a·*te*·co adj. sm.
a·te·*cu*·ri adv.
a·te·di:*ar* v.
a·*tei*·a adj. sf. de *ateu*/Cf. *ateia*, do v. *atear*.
a·*tei*·ra sf.
a·tei·*ró* sm.
a·te·*ís*·mo sm.
a·te·*ís*·ta adj. s2g.
a·te·*ís*·ti·co adj.
a·te·*la*·na sf.
a·te·lec·ta·*si*·a sf.
a·te·*lé*·po·de adj. 2g.: atelópode.
a·te·*lha*·do adj.
a·te·lha·*men*·to sm.
a·te·*lhar* v.
a·te·li:*ê* sm.
a·te·lo·car·*di*·a sf.
a·te·lo·glo·*si*·a sf.
a·te·lo·mi:e·*li*·a sf.
a·te·*ló*·po·de adj.
a·te·lo·po·*di*·a sf.
a·te·mo·ri·za·*ção* sf.; pl. ·*ções*.
a·te·mo·ri·*za*·do adj.
a·te·mo·ri·za·*dor* (ô) adj. sm.
a·te·mo·ri·*zan*·te adj. 2g.

a·te·mo·ri·*zar* v.
a·te·mo·ri·*zá*·vel adj. 2g.; pl. ·*veis*.
a·tem·*pa*·do adj.
a·tem·*par* v.
a·te·na·za·*men*·to sm.: atanazamento.
a·te·na·*zar* v.: atanazar.
a·*ten*·ça sf.
a·ten·*ção* sf.; pl. ·*ções*.
a·ten·ci:*o*·so (ô) adj.; f. e pl. (ó).
a·ten·*den*·te adj. s2g.
a·ten·*der* v.
a·ten·di·*men*·to sm.
a·ten·*dí*·vel adj. 2g.; pl. ·*veis*.
a·te·*nei*·a adj. sf. de *ateneu*².
a·te·*nei*·as sf. pl. 'festas'.
a·te·*neu*¹ sm. 'academia'/Cf. *ateneu*².
a·te·*neu*² adj. sm. 'ateniese'; f. *ateneia*/Cf. *ateneu*¹.
a·te·ni:*en*·se adj. s2g.
a·te·no·*ra*·do adj.
a·te·no·*rar* v.
a·ten·*rar* v.
a·ten·*ta*·do adj. sm.
a·ten·*tar* v.
a·ten·ta·*tó*·ri:o adj.
a·ten·*ti*·vo adj.
a·*ten*·to adj.
a·te·nu:a·*ção* sf.; pl. ·*ções*.
a·te·nu:*a*·do adj.
a·te·nu:a·*dor* (ô) adj. sm.
a·te·nu:*an*·te adj. 2g. sf.
a·te·nu:*ar* v.
a·*ter* v.
a·te·*réu*·a sf.
a·*tér*·ma·no adj.
a·ter·*mar* v.
a·ter·ma·*si*·a sf.
a·ter·*mi*·a sf.
a·*tér*·mi·co adj.
a·te·*ro*·ma sm.
a·te·ros·cle·*ro*·se sf.
a·te·ros·cle·*ró*·ti·co adj.
a·ter·*ra*·do adj. sm.
a·ter·ra·*dor* (ô) adj.
a·ter·*ra*·gem sf.; pl. ·*gens*.
a·ter·ra·pla·*nar* v.: a·ter·ra·*ple*·nar.
a·ter·*rar* v.
a·ter·ri·*sa*·gem sf.; pl. ·*gens*.
a·ter·ri·*sar* v.
a·ter·ri·*zar* v.
a·*ter*·ro (ê) sm./Cf. *aterro* (é), do v. *aterrar*.
a·ter·ro:*a*·da sf.

a·ter·ro·bar·*ra*·gem sm.; pl. *aterros-barragens*.
a·ter·ro·*rar* v.
a·ter·ro·ri·*za*·do adj.
a·ter·ro·ri·za·*dor* (ô) adj.
a·ter·ro·ri·*zan*·te adj. 2g.
a·ter·ro·ri·*zar* v.
a·te·*sar* v.
a·tes·ta·*ção* sf.; pl. ·*ções*.
a·tes·*ta*·do adj. sm.
a·tes·ta·*dor* (ô) adj. sm.
a·tes·*tan*·te adj. s2g.
a·tes·*tar* v.
a·tes·ta·*tó*·ri:o adj.
a·*tes*·to (ê) sm./Cf. *atesto* (é), do v. *atestar*.
a·*teu* adj. sm.; f. *ateia*/Cf. *ateia* (ê), do v. *atear*.
a·*ti* sm. *ou* sf.
a·ti:a·*deu* adj. sm.
a·ti:a·*ti* sf.
a·ti·bai:*a*·no adj. sm.
a·ti·bai:*en*·se adj. s2g.
a·ti·*ça*·do adj.
a·ti·ça·*dor* (ô) adj. sm.
a·ti·ça·*men*·to sm.
a·ti·*çar* v.
a·ti·*cis*·mo sm.
á·ti·co adj. sm./Cf. *atico*, do v. *aticar*.
a·ti·*ço* sm.
a·ti·ço:*ar* v.
a·ti·*çu* sm.
a·ti·*cum* adj. s2g.; pl. ·*cuns*.
a·ti·*gra*·do adj.
a·ti·jo·*la*·do adj.
a·ti·jo·*lar* v.
a·ti·*la*·do adj.
a·ti·la·*men*·to sm.
a·ti·*lar* v.
a·*ti*·lho sm.
a·ti·*mi*·a sf.
á·ti·mo sm., loc. *num átimo*.
a·ti·*na*·do adj.
a·ti·*nar* v.
a·tin·*cal* sm.; pl. ·*cais*: *tincal*.
a·ti·*nên*·ci:a sf.
a·ti·*nen*·te adj. 2g.
a·*tin*·ga sf.
a·tin·ga·*çu* sm.: atinguaçu.
a·tin·ga·*ú* sf.
a·tin·*gir* v.
a·tin·*gí*·vel adj. 2g.; pl. ·*veis*.
a·tin·gua·*çu* sm.: atingaçu.
a·*ti*·no sm.
a·tin·ta·*men*·to sm.
a·tin·*tar* v.

a·ti·pi·ci·da·de sf.
a·tí·pi·co adj.
a·ti·plar v.
a·ti·ra·da sf.
a·ti·ra·dei·ra sf.
a·ti·ra·di·ço adj.
a·ti·ra·do adj.
a·ti·ra·dor (ô) adj. sm.
a·ti·ra·men·to sm.
a·ti·rar v.
a·ti·ri·ba sf.
a·ti·tar v.
a·ti·to sm.
a·ti·tu·de sf.
a·ti:u:a·çu sm. ou sf.
a·ti·va sf.
a·ti·va·ção sf.; pl. ·ções.
a·ti·va·do adj.
a·ti·va·dor (ô) adj. sm.
a·ti·van·te adj. 2g. sm.
a·ti·var v.
a·ti·vi·da·de sf.
a·ti·vis·mo sm.
a·ti·vis·ta adj. s2g.
a·ti·vo adj. sm.
a·tlan·te adj. s2g.
a·tlân·ti·co adj. sm.
a·tlan·to·me·di·ter·râ·ne:o(s) adj. sm. (pl.).
a·tlas sm. 2n.
a·tla·si:a·no adj.
a·tlá·si·co adj.
a·tle·ta s2g. sm.
a·tlé·ti·ca sf.
a·tle·ti·ca·no adj. sm.
a·tlé·ti·co adj. sm.
a·tle·tis·mo sm.
at·mã sm.: atamã.
at·mi·dô·me·tro sm.
at·mo·clás·ti·co adj.
at·mó·li·se sf.
at·mo·ló·gi·co adj.
at·mo·me·ta·mor·fis·mo sm.
at·mo·me·tri·a sf.
at·mo·mé·tri·co adj.
at·mô·me·tro sm.
at·mos·fe·ra sf.
at·mos·fé·ri·co adj.
at·mos·fe·ro·lo·gi·a sf.
at·mos·fe·ro·ló·gi·co adj.
a·to sm.
à to·a adj. 2g. 2n./Cf. à toa, loc. adv., e atoa, do v. atoar.
a·to:a·da sf. 'levada à toa': atoarda/Cf. atuada, f. de atuado.
a·to:a·lha·do adj. sm.

a·to:a·lhar v.
a·to:a·men·te adv.
a·to:ar v. 'levar à toa'/Cf. atuar e autuar.
a·to:ar·da sf.: atoada.
a·to·bá sm. ou sf.
a·to·cai:ar v.
a·to·cha·do adj.
a·to·cha·dor (ô) adj. sm.
a·to·char v.
a·to·cho (ô) sm./Cf. atocho (ó), do v. atochar.
a·to·ci·a sf.
a·toi·ci·nha·do adj.: atoucinhado.
a·tol sm.; pl. ·tóis.
a·to·la·di·ço adj.
a·to·la·do adj.
a·to·la·doi·ro sm.: atoladouro.
a·to·la·dor (ô) adj. sm.
a·to·la·dou·ro sm.: atoladoiro.
a·to·lam·ba·do adj.
a·to·lam·bar v.
a·to·lar v.
a·to·le·do (ê) sm.
a·to·lei·ma·do adj.
a·to·lei·mar v.
a·to·lei·ro sm.
a·to·ma·tar v.
a·tom·bar v.
a·tô·mi·co adj.
a·to·mis·mo sm.
a·to·mis·ta adj. s2g.
a·to·mís·ti·ca sf.
a·to·mís·ti·co adj.
a·to·mi·za·do adj.
a·to·mi·za·dor (ô) adj. sm.
a·to·mi·zar v.
á·to·mo sm.
á·to·mo-gra·ma sm.; pl. átomos-gramas ou átomos-grama.
a·to·nal adj. 2g.; pl. ·nais.
a·to·na·li·da·de sf.
a·to·na·lis·mo sm.
a·to·ne·la·do adj.
a·to·ni·a sf.
a·to·ni·ci·da·de sf.
a·tô·ni·co adj.
a·to·nis·mo sm.
a·tô·ni·to adj.
á·to·no adj.
a·ton·tar v.
a·to·pe·tar v.
a·to·pi·a sf.
a·tó·pi·co adj.
a·tor (ô) sm.; f. atriz; pl. atores/ Cf. atores (ó), do v. atorar.

a·to·ra sf.
a·to·rá·ci·co adj.
a·to·ra·í adj. s2g./Cf. atorai, do v. atorar.
a·to·rar v.
a·tor·ça·la·do adj.
a·tor·ça·lar v.
a·tor·ço:ar v.
a·tor·do:a·do adj. sm.
a·tor·do:a·dor (ô) adj.
a·tor·do:a·men·to sm.
a·tor·do:an·te adj. 2g.
a·tor·do:ar v.
a·tor·men·ta·ção sf.; pl. ·ções.
a·tor·men·ta·di·ço adj.
a·tor·men·ta·do adj. sm.
a·tor·men·ta·dor (ô) adj. sm.
a·tor·men·tar v.
a·tor·men·ta·ti·vo adj.
a·tos·si·car v.
a·tou·a·ou sm.
a·tou·ca·do adj.
a·tou·ci·nha·do adj.: atoicinhado.
a·tó·xi·co (cs) adj.
a·tra·bi·le sf.: atrabílis.
a·tra·bi·li:á·ri:o adj.
a·tra·bi·li:o·so (ô) adj.; f. e pl. (ó).
a·tra·bí·lis sf. 2n.: atrabile.
a·tra·ca·ção sf.; pl. ·ções.
a·tra·ca·de·la sf.
a·tra·ca·doi·ro sm.: atracadouro.
a·tra·ca·dor (ô) adj. sm.
a·tra·ca·dou·ro sm.: atracadoiro.
a·tra·ção sm.; pl. ·ções.
a·tra·ção sf.; pl. ·ções.
a·tra·car v.
a·tra:en·te adj. 2g.
a·tra·fe·gar v.
a·trai·ço:a·do adj.
a·trai·ço:a·dor (ô) adj. sm.
a·trai·ço:ar v.
a·tra:i·men·to sm.
a·tra:ir v.
a·tra·men·tá·ri:o adj. sm.
a·tra·men·to sm.
a·tran·ca·men·to sm.
a·tran·car v.
a·tran·quei·ra·do adj.
a·tran·quei·rar v.
a·tra·pa·char v.
a·tra·pa·lha·ção sf.; pl. ·ções.
a·tra·pa·lha·do adj.
a·tra·pa·lha·dor (ô) adj. sm.
a·tra·pa·lhar v.

a·tra·*pa*·lho sm.
a·*trás* adv., na loc. *atrás de.*
a·tra·*sa*·do adj. sm.
a·tra·sa·*dor* (ô) adj. sm.
a·tra·sa·*men*·to sm.
a·tra·*sar* v.
a·*tra*·so sm.
a·tra·ti·vi·*da*·de sf.
a·tra·*ti*·vo adj. sm.
a·tra·van·*ca*·do adj.
a·tra·van·ca·*dor* (ô) adj. sm.
a·tra·van·ca·*men*·to sm.
a·tra·van·*car* v.
a·tra·*van*·co sm.
a·tra·*vés* adv., na loc. *através de.*
a·tra·ves·sa·*dei*·ro sm.
a·tra·ves·sa·*di*·ço adj.
a·tra·ves·*sa*·do adj. sm.
a·tra·ves·sa·*doi*·ro sm.: *atravessadouro.*
a·tra·ves·sa·*dor* (ô) adj. sm.
a·tra·ves·sa·*dou*·ro sm.: *atravessadoiro.*
a·tra·ves·sa·*men*·to sm.
a·tra·ves·*sar* v.
a·tra·vin·*ca*·do adj.
a·tra·vin·*car* v.
a·tre·*guar* v.
a·*trei*·to adj.
a·tre·*la*·gem sf.; pl. ·gens.
a·tre·*lar* v.
a·tre·*ma*·do adj. sm.
a·tre·*mar* v.
a·trep·*si*·a sf.
a·tre·*si*·a sf.
a·tre·*ver* v.
a·tre·vi·*da*·ço adj. sm. aum. de *atrevido.*
a·tre·vi·*dão* adj. sm. aum. de *atrevido*; pl. ·dões; f. *atrevidona.*
a·tre·vi·*de*·te (ê) adj. sm. dim. irreg. de *atrevido.*
a·tre·*vi*·do adj. sm.
a·tre·vi·*do*·na adj. sf. de *atrevidão.*
a·tre·vi·*do*·ta adj. sf. de *atrevidote.*
a·tre·vi·*do*·te adj. sm. dim. irreg. de *atrevido*; f. *atrevidota.*
a·tre·vi·*men*·to sm.
a·tri·bu·i·*ção* sf.; pl. ·ções.
a·tri·bu·i·*dor* (ô) adj. sm.
a·tri·bu·*ir* v.
a·tri·bu:*í*·vel adj. 2g.; pl. ·veis.

a·tri·bu·la·*ção* sf.; pl. ·ções.
a·tri·bu·*la*·do adj. sm.
a·tri·bu·la·*dor* (ô) adj. sm.
a·tri·bu·*lar* v.
a·tri·bu·la·*ti*·vo adj.
a·tri·bu·*ti*·vo adj.
a·tri·*bu*·to sm.
a·tri·*ção* sf.; pl. ·ções.
a·tri·*cau*·de adj. 2g.
a·tri·*ga*·do adj.
a·tri·guei·*ra*·do adj.
a·*tril* sm. 'estante'; pl. *atris*/Cf. *atriz,* sf.
a·tri·mar·gi·*na*·do adj.
a·tri·mar·gi·*nar* v.
á·*tri*:o sm.
a·tri:o·ven·tri·*cu*·lar adj. 2g.
a·*trí*·pe·de adj. 2g.
a·tri·pur·*pú*·re:o adj.
a·tri·*qui*·ta sf.
a·*tri*·tar v.
a·*tri*·to sm.
a·*triz* sf. de *ator.*
a·*tro* adj.
a·tro:*a*·da sf.
a·tro:*a*·do adj.
a·tro:a·*dor* (ô) adj. sm.
a·tro:a·*men*·to sm.
a·tro:*an*·te adj. 2g.
a·tro:*ar* v.
a·tro·ci·*da*·de sf.
a·tro·*cís*·si·mo adj.; superl. de *atroz.*
a·tro·ço·*ar* v.
a·tro·*fi*·a sf.
a·tro·fi:*a*·do adj.
a·tro·fi:a·*dor* (ô) adj. sm.
a·tro·fi:a·*men*·to sm.
a·tro·fi:*an*·te adj. 2g.
a·tro·fi:*ar* v.
a·*tró*·fi·co adj.
a·tro·mar·gi·*na*·do adj.: *atrimarginado.*
a·tro·mar·gi·*nar* v.: *atrimarginar.*
a·trom·be·*ta*·do adj.
a·*tro*·o sm.
á·*tro*·pa sf./Cf. *atropa,* do v. *atropar.*
a·tro·*par* v.
a·tro·pe·la·*ção* sf.; pl. ·ções.
a·tro·pe·*la*·da sf.
a·tro·pe·*la*·do adj. sm.
a·tro·pe·la·*dor* (ô) adj. sm.
a·tro·pe·la·*men*·to sm.
a·tro·pe·*lan*·te adj. 2g.
a·tro·pe·*lar* v.

a·tro·*pe*·lo (ê) sm./Cf. *atropelo* (é), do v. *atropelar.*
a·tro·pi·*lhar* v.
a·tro·*pi*·na sf.
á·*tro*·po adj. sm./Cf. *atropo,* do v. *atropar.*
a·*tróp*·te·ro adj.
a·tro·pur·*pú*·re:o adj.: *atripurpúreo.*
a·*troz* adj. 2g.; surperl. *atrocíssimo.*
a·tu:*á* sm.
a·tu:a·*ção* sf. 'atividade'; pl. ·ções/Cf. *autuação.*
a·tu:*a*·do adj.
a·tu:a·*dor* (ô) adj. sm.
a·tu:*al* adj. 2g.; pl. ·ais.
a·tu:a·li·*da*·de sf.
a·tu:a·*lis*·mo sm.
a·tu:a·*lis*·ta adj. s2g.
a·tu:a·li·za·*ção* sf.; pl. ·ções.
a·tu:a·li·*za*·do adj.
a·tu:a·li·*zar* v.
a·tu:a·li·*zá*·vel adj. 2g.; pl. ·veis.
a·tu:*an*·te adj. 2g.
a·tu:*ar*[1] v. 'agir'/Cf. *atoar, atuar*[2] e *autuar.*
a·tu:*ar*[2] v. 'tutear'/Cf. *atoar, atuar*[1] e *autuar.*
a·tu:*á*·ri:a sf./Cf. *atuaria,* do v. *atuar,* e *atoaria,* do v. *atoar.*
a·tu:a·ri·*al* adj. 2g.; pl. ·ais.
a·tu:*á*·ri:o adj. sm.
a·tu:*á*·vel adj. 2g.; pl. ·veis.
a·tu·bi·*bar* v.
a·tu·ca·*na*·do adj.
a·tu·ca·*nar* v.
a·tu:*ei*·ra sf.
a·tu·*far* v.
a·tu·*lha*·do adj.
a·tu·lha·*men*·to sm.
a·tu·*lhar* v.
a·*tu*·lho sm.
a·*tum* sm.; pl. ·tuns.
a·*tu*·ma adj. s2g.
a·tu·mul·tu:a·*dor* (ô) adj. sm.
a·tu·mul·tu:*ar* v.
a·tu·*nei*·ro adj. sm.
a·tu:o·si·*da*·de sf.
a·tu:*o*·so (ô) adj.; f. e pl. (ó).
a·tu·*rá* sm.
a·tu·*ra*·do adj.
a·tu·ra·*dor* (ô) adj. sm.
a·tu·*rar* v.
a·tu·*rá*·vel adj. 2g.; pl. ·veis.
a·tur·*di*·do adj.

a·tur·di·*men*·to sm.
a·tur·*dir* v.
a·tu·ri·*á* sm. *ou* sf.
a·tu·ri·a·pom·*pé* sm.
a·tu·ri·a·*zal* sm.; p. ·*zais*.
a·*ú* sm. interj.
a:u·a·*çu* sm.
a:u·a·du·*ri* sm.
a:u·a·*í* sm.
a:u·a(s)·gua·*çu*(s) sm. (pl.).
a:u·a·i·na·ma·*ri* adj. s2g.
a:u·a·*ri* sm.: *avari*.
a:u·a·*ti* sm.: *avati*.
a:u·*çá* adj. s2g.
a·*ú*(s)·cor·*ta*·do(s) sm. (pl.).
au·*dá*·ci:a sf.
au·da·*ci*:*o*·so (ô) adj.; f. *e* pl. (ó).
au·da·*cís*·si·mo adj.; superl. de *audaz*.
au·*daz* adj. 2g.; superl. *audacíssimo*.
au·di·bi·li·*da*·de sf.
au·di·*ção* sf.; pl. ·*ções*.
au·di·*ên*·ci:a sf.
au·di·*en*·te adj. 2g.
au·di·mu·*dez* (ê) sf.
áu·di:o sm.
au·di:o·fre·*quên*·ci:a sf.
au·di:o·*gra*·ma sm.
au·di:o·*li*·vro sm.
au·di:o·me·*tri*·a sf.
au·di:o·trans·for·ma·*dor* (ô) adj. sm.
au·di:o·vi·su·*al* adj. 2g.; pl. ·*ais*.
au·di·*ti*·vo adj. sm.
au·di·*tor* (ô) adj. sm.
au·di·to·*ri*·a sf.
au·di·*tó*·ri:o adj. sm.
au·*dí*·vel adj. 2g.; pl. ·*veis*.
a:u·e·*té* adj. s2g.: a:u·e·*tê*.
a*ú*(s)·fe·*cha*·do(s) sm. (pl.).
au·fe·*rir* v. 'obter'/Cf. *aferir*.
au·fe·*rí*·vel adj. 2g. 'que pode ser auferido'; pl. ·*veis*/Cf. *aferível*.
au·ge sm.
au·*gi*·ta sf.
au·gu·*ral* adj. 2g.; pl. ·*rais*.
au·gu·*rar* v.
áu·gu·re sm./Cf. *augure*, do v. *augurar*.
au·*gú*·ri:o sm.
au·gus·ti:a·*nis*·mo sm.
au·gus·ti·ni:a·*nis*·ta adj. s2g.
au·gus·ti·ni:*a*·no adj. sm.
au·gus·ti·*nis*·mo sm.

au·gus·ti·*nis*·ta adj. s2g.
au·*gus*·to adj. sm.
au·gus·to·se·ve·*ren*·se(s) adj. s2g. (pl.).
a:u·*í* adj. s2g. sm.
a:u·*í*·ba sf.
a:u:i·*ti* adj. s2g.
au·la sf.
au·*le*·te sm.
au·*lé*·ti·ca sf.
au·*lé*·tri·da sf.: au·*lé*·tri·de.
au·le·*triz* sf.
au·li·*cis*·mo sm.
áu·li·co adj. sm.
au·*li*·do sm.
au·*lis*·ta adj. s2g.
au·lo sm.
au·lo·*di*·a sf.
au·lo·*don*·te adj. 2g. sm.
au·*lós*·to·mo adj. sm.
au·men·ta·*ção* sf.; pl. ·*ções*.
au·men·*ta*·do adj.
au·men·ta·*dor* (ô) adj. sm.
au·men·*tar* v.
au·men·ta·ti·*var* v.
au·men·ta·*ti*·vo adj. sm.
au·men·*tá*·vel adj. 2g.; pl. ·*veis*.
au·*men*·to sm.
a:u·*nar* v.
au·que·nor·*rin*·co adj. sm.
au·ra sf.
au·ra·*mas*·da sm.
au·*ra*·na sf.
au·ran·*ti*·na sf.
au·ran·*tí*·ne:a sf.
au·ran·*tí*·ne:o adj.
áu·re:o adj. sm.
au·*ré*:o·la sf. 'coroa luminosa'/ Cf. *aréola*, sf., e *aureola*, do v. *aureolar*.
au·re:o·*lar*[1] adj. 2g. 'em forma de auréola'/Cf. *areolar* e *aureolar*[2].
au·re:o·*lar*[2] v. 'coroar'/Cf. *areolar* e *aureolar*[1].
au·ri·*bran*·co adj.
au·ri·*cí*·di:a sf.
áu·ri·co adj.
au·ri·co·*lor* (ô) adj. 2g.
au·*rí*·co·mo adj.
au·ri·*cór*·ne:o adj.
au·ri·cri·*ni*·to adj.
au·*rí*·cu·la sf.
au·ri·cu·*la*·do adj.
au·ri·cu·*lar* adj. 2g.
au·ri·cu·li·*for*·me adj. 2g.
au·ri·cu·*lo*·so (ô) adj.; f. *e* pl. (ó).

au·ri·cu·lo·ven·tri·cu·*lar* adj. 2g.
au·*rí*·fe·ro adj.
au·ri·fi·ca·*ção* sf.; pl. ·*ções*.
au·*rí*·fi·ce s2g.
au·*rí*·fi·co adj.
au·ri·*fla*·ma sf.
au·ri·fla·*men*·se adj. s2g.
au·ri·*for*·me adj. 2g.
au·ri·ful·*gen*·te adj. 2g.
au·ri·*fúl*·gi·do adj.
au·*ri*·ga sm.
au·ri·*gas*·tro adj.: *aurogástreo*.
au·ri·gi·*no*·so (ô) adj.; f. *e* pl. (ó).
au·ri·lan·*den*·se adj. s2g.
au·ri·la·*vra*·do adj.
au·ri·lu·*zir* v.
au·ri·pur·*pú*·re:o adj.
au·rir·ro·*sa*·do adj.
au·rir·*ró*·se:o adj.
au·ri·*ver*·de (ê) adj. 2g.
au·*rí*·vo·ro adj.
au·ro·*gás*·tre:o adj.: *aurigastro*.
au·*ro*·que sm.
au·*ro*·ra sf.
au·ro·*ral* adj. 2g.; pl. ·*rais*.
au·ro·re:*al* adj. 2g.; pl. ·*ais*.
au·ro·res·*cer* v.
aus·*cul*·ta sf.
aus·cul·ta·*ção* sf.; pl. ·*ções*.
aus·cul·ta·*dor* (ô) adj. sm.
aus·cul·*tar* v.
au·*sên*·ci:a sf.
au·sen·*tar* v.
au·*sen*·te adj. s2g.
au·so sm.
áus·pi·ce sm.
aus·pi·ci·*ar* v.
aus·*pí*·ci:o sm./Cf. *auspicio*, do v. *auspiciar*.
aus·pi·ci·*o*·so (ô) adj.; f. *e* pl. (ó).
aus·te·*ni*·ta sf.
aus·te·*re*·za (ê) sf.
aus·te·ri·*da*·de sf.
aus·*te*·ro adj.
aus·*tral* adj. 2g. 'meridional'; pl. ·*trais*/Cf. *astral*.
aus·tra·*lá*·si·co adj. sm.
aus·tra·*lá*·si:o adj. sm.
aus·tra·li·*a*·no adj. sm.
aus·*trí*·a·co adj. sm.
aus·*trí*·fe·ro adj.
aus·tro sm.
aus·tro·a·fri·*ca*·no(s) adj. (pl.).
aus·tro·a·si·*á*·ti·co(s) adj. (pl.).

au·tar·*ci*·a sf.
au·tar·co·*glos*·so adj. sm.
au·tar·*qui*·a sf.
au·*tár*·qui·co adj.
au·ta·*zen*·se adj. s2g.
au·te·co·lo·*gi*·a sf.: *autoecologia*.
au·*tên*·ti·ca sf./Cf. *autentica*, do v. *autenticar*.
au·ten·ti·ca·*ção* sf.; pl. ·*ções*.
au·ten·ti·ca·*do* adj.
au·ten·ti·*car* v.
au·ten·ti·ci·*da*·de sf.
au·*tên*·ti·co adj./Cf. *autentico*, do v. *autenticar*.
au·*tí*·ge·no adj. sm.
au·*tis*·mo sm.
au·*tis*·ta adj. s2g.
au·*tís*·ti·co adj.
au·to sm.
auto- pref. (é seguido de hífen, quando se liga a voc. principiado por *o* ou *h*.)
au·to·a·cu·sa·*ção* sf.; pl. *autoacusações*.
au·to·a·de·*si*·vo sm.
au·to·ad·mi·ra·*ção* sf.; pl. *autoadmirações*.
au·to·a·fir·ma·*ção* sf.; pl. *autoafirmações*.
au·to·a·gres·*são* sf.; pl. *autoagressões*.
au·to·a·na·li·*sar* v.
au·to·a·*ná*·li·se(s) sf. (pl.).
au·to·ba·*sí*·di·o adj. sm.
au·to·bi·o·gra·*far* v.
au·to·bi·o·gra·*fi*·a sf.
au·to·bi·o·*grá*·fi·co adj.
au·to·bi·*ó*·gra·fo sm./ Cf. *autobiografo*, do v. *autobiografar*.
au·to·*car*·ga sm.
au·to·*car*·ro sm.
au·to·ca·*tá*·li·se sf.
au·to·*cé*·fa·lo adj. sm.
au·to·*cí*·di·o sm.
au·to·*cla*·ve sf.
au·to·*clí*·ni·ca sf.
au·to·*clis*·mo sm.
au·to·co·li·ma·*ção* sf.; pl. ·*ções*.
au·to·co·li·ma·*dor* (ô) adj. sm.
au·to·co·mi·se·ra·*ção* sf.; pl. ·*ções*.
au·to·co·mi·se·ra·*ti*·vo adj.
au·to·com·pa·ti·bi·li·*da*·de sf.
au·to·cons·ci·*ên*·ci:a sf.
au·to·con·tem·pla·*ção* sf.; pl. ·*ções*.

au·to·con·*tra*·to sm.
au·to·con·tra·tu:*al* adj. 2g.; pl. ·*ais*.
au·to·*có*·pi:a sf./Cf. *autocopia*, do v. *autocopiar*.
au·to·co·pi:*ar* v.
au·to·co·*pis*·ta s2g.
au·to·*có*·ri·co adj.
au·to·co·ro·lo·*gi*·a sf.
au·to·co·ro·*ló*·gi·co adj.
au·to·cra·*ci*·a sf.
au·to·*cra*·ta adj. s2g.:
    au·*tó*·cra·ta.
au·to·*crá*·ti·co adj.
au·to·*crí*·ti·ca sf.
au·*tóc*·to·ne adj. s2g.
au·toc·to·*ni*·a sf.
au·toc·to·*nis*·mo sm.
au·to(s) da *fé* sm. (pl.): au·*to*(s) de fé.
au·to·de·*fe*·sa (ê) sf.
au·to·de·ter·mi·na·*ção* sf.; pl. ·*ções*.
au·to·di·*da*·ta adj. s2g.
au·to·di·da·*tis*·mo sm.
au·to·di·da·*xi*·a (cs) sf.
au·to·di·ges·*tão* sf.; pl. ·*tões*.
au·*tó*·dro·mo sm.
au·to·e·co·lo·*gi*·a(s) sf. (pl.): *autecologia*.
au·to·e·ro·*tis*·mo(s) sm. (pl.).
au·to·*es*·co·la sf.
au·to·es·*té*·ril adj. 2g.; pl. *autoestéreis*.
au·to·es·te·ri·li·*da*·de(s) sf. (pl.).
au·to·es·*tra*·da(s) sf. (pl.).
au·to·e·*xa*·me sm.
au·to·fa·*gi*·a sf.
au·*tó*·fa·go adj. sm.
au·to·fa·*lên*·ci:a sf.
au·to·fer·ti·li·za·*ção* sf.; pl. ·*ções*.
au·to·fi·*li*·a sf.
au·to·fi·nan·ci·a·*men*·to sm.
au·to·fun·*ção* sf.; pl. ·*ções*.
au·to·ga·*mi*·a sf.
au·to·*gâ*·mi·co adj.
au·*tó*·ga·mo adj. sm.
au·to·*gê*·ne·se sf.
au·*tó*·ge·no adj. sm.
au·to·ges·*tão* sf.; pl. ·*tões*.
au·to·*gi*·ro sm.
au·to·gra·*far* v.
au·to·gra·*fi*·a sf.
au·to·*grá*·fi·co adj.
au·*tó*·gra·fo adj. sm./Cf. *autografo*, do v. *autografar*.

au·to·gra·fo·ma·*ni*·a sf.
au·to·gra·fo·ma·*ní*·a·co adj. sm.
au·to·gra·*fô*·ma·no adj. sm.
au·to·he·mo·te·ra·*pi*·a(s) sf. (pl.).
au·to·i·*mu*·ne adj. 2g.
au·to·in·com·pa·ti·bi·li·*da*·de (s) sf. (pl.).
au·to·in·du·*ção* s.; pl. *autoinduções*.
au·to·in·du·*tân*·ci·a(s) sf. (pl.).
au·*tó*·la·tra adj. s2g.
au·*tó*·la·tri·a sf.
au·*tó*·li·se sf.
au·to·lim·*pan*·te adj. 2g.
au·to·lo·ga·*mi*·a sf.
au·to·lo·*gâ*·mi·co adj.
au·to·*ló*·ga·mo adj.
au·to·*ló*·gi·co adj.
au·to·lo·ta·*ção* sm.; pl. ·*ções*.
au·to·ma·*ção* sf.; pl. ·*ções*.
au·to·mas·tur·ba·*ção* sf.; pl. ·*ções*.
au·to·*má*·ti·ca sf.
au·to·*má*·ti·co adj. sm.
au·to·ma·*tis*·mo sm.
au·to·ma·ti·*zar* v.
au·*tô*·ma·to sm.
au·to·me·*don*·te sm.
au·to·me·ta·mor·*fis*·mo sm.
au·to·mo·bi·*lis*·mo sm.
au·to·mo·bi·*lis*·ta adj. s2g.
au·to·mo·bi·*lís*·ti·co adj.
au·to·*mór*·fi·co adj.
au·to·mor·*fis*·mo sm.
au·to·mo·*triz* adj. sf.
au·to·*mó*·vel adj. 2g. sm.; pl. ·*veis*.
au·*tô*·ni·mo adj. 'diz-se da obra assinada com o nome do seu autor'/Cf. *antônimo*.
au·to·no·*mi*·a sf.
au·to·*nô*·mi·co adj.
au·to·no·*mis*·ta adj. s2g.
au·*tô*·no·mo adj. sm.
au·to·*ô*·ni·bus sm. 2n.
au·to·os·ci·la·*ção* sf.; pl. *auto-oscilações*.
au·to·pa·*trol* sm.; pl. ·*tróis*.
au·to·*pe*·ça sf.
au·to·pe·sa·*dor* (ô) adj. sm.
au·to·*pis*·ta sf.
au·to·plas·*ti*·a sf.
au·to·po·li·ni·za·*ção* sf.; pl. ·*ções*.
au·to·po·li·*ploi*·de adj. 2g.
au·to·po·li·ploi·*di*·a sf.

au·to·pro·pul·si:o·*na*·do adj.
au·top·*si*·a sf.: au·*tóp*·si:a/Cf. *autopsia*, do v. *autopsiar*.
au·top·si:*ar* v.
au·*tóp*·ti·co adj.
au·*tor* (ô) sm.
au·tor·ra·di:o·gra·*fi*·a(s) sf. (pl.).
au·to·*ral* adj. 2g.; pl. ·*rais*.
au·to·*ra*·ma sm.
au·tor·re·*tra*·to(s) sm. (pl.).
au·to·*ri*·a sf.
au·to·ri·*da*·de sf.
au·to·ri·*tá*·ri:o adj.
au·to·ri·ta·*ris*·mo sm.
au·to·ri·ta·*ris*·ta adj. s2g.
au·to·ri·za·*ção* sf.; pl. ·*ções*.
au·to·ri·*za*·do adj.
au·to·ri·za·*dor* (ô) adj. sm.
au·to·ri·*zar* v.
au·to·ri·*zá*·vel adj. 2g.; pl. ·*veis*.
au·tos·ser·*vi*·ço(s) sm. (pl.).
au·to·si·*tá*·ri:o adj.
au·to·*si*·to adj. sm.
au·*tós*·po·ro sm.
au·tos·po·ru·la·*ção* sf.; pl. ·*ções*.
au·tos·po·ru·*lar* v.
au·tos·*sô*·mi·co adj.
au·tos·*so*·mo sm.
au·tos·su·fi·ci:*ên*·ci:a(s) sf. (pl.).
au·tos·su·fi·ci:*en*·te(s) adj. 2g. (pl.).
au·tos·su·ges·*tão* sf.; pl. *autossugestões*.
au·tos·su·ges·ti:o·*nar* v.
au·tos·su·ges·ti:o·*ná*·vel adj. 2g.; pl. *autossugestionáveis*.
au·tos·sus·ten·*tá*·vel adj. 2g.; pl.: ·*veis*.
au·to·*té*·li·co adj.
au·to·te·tra·*ploi*·de adj. 2g.
au·to·te·tra·ploi·*di*·a sf.
au·to·ti·*pi*·a sf.
au·to·*tí*·pi·co adj.
au·to·to·*mi*·a sf.
au·to·trans·for·ma·*ção* sf.; pl. ·*ções*.
au·to·trans·for·ma·*dor* (ô) adj. sm.
au·to·tro·*fi*·a sf.
au·to·*tró*·fi·co adj.
au·to·tro·*fis*·mo sm.
au·*tó*·tro·fo adj.
au·to·va·*lor* (ô) sm.
au·to·*vi*·a sf.
au·to·zin·co·gra·*fi*·a sf.

au·tu:a·*ção* sf. 'processo'; pl. ·*ções*./Cf. *atuação*.
au·tu:*ar* v. 'processar'/Cf. *atoar* e *atuar*.
au·tu·*nal* adj. 2g.; pl. ·*nais*.
au·tu·*ni*·ta sf.
au·tu·pa·*ra*·na sf.
a:u·*u*·va sm.
au·*xe*·se (cs) sf.
au·xi·li·*a*·dor (ss...ô) adj. sm.
au·xi·li:*ar* (ss) v. adj. s2g.
au·xi·li:*á*·ri:o (ss) adj. sm.
au·*xí*·li:o (ss) sm./Cf. *auxilio*, do v. *auxiliar*.
au·*xi*·na (cs) sf.
au·*xô*·me·tro (cs) sm.
au·*xós*·po·ro (cs) sm.
au·xos·po·ru·la·*ção* (cs) sf.; pl. ·*ções*.
a·*vá* adj. s2g.
a·va·*ca*·do adj.
a·va·ca·lha·*ção* sf.; pl. ·*ções*.
a·va·ca·*lha*·do adj. sm.
a·va·ca·lha·*men*·to sm.
a·va·ca·*lhar* v.
a·va:i:*en*·se adj. s2g.
a·*val* sm.; pl. *avales* ou *avais*.
a·va·la·*dar* v.
a·va·*lan*·cha sf.: a·va·*lan*·che.
a·va·len·to:*ar* v.
a·va·li:a·*ção* sf.; pl. ·*ções*.
a·va·li:*a*·do adj.
a·va·li:a·*dor* (ô) adj. sm.
a·va·li:*ar* v.
a·va·li:a·*tó*·ri:o adj.
a·va·li:*á*·vel adj. 2g.; pl. ·*veis*.
a·va·*lis*·ta s2g.
a·va·li·*za*·do adj. sm.
a·va·li·*zar* v.
a·va·li·*zá*·vel adj. 2g.; pl. ·*veis*.
a·va·lu:a·*dor* (ô) adj. sm.: *avaliador*.
a·va·lu:*ar* v.: *avaliar*.
a·van·*çar* sm. *ou* sf.
a·van·*ça*·da sf.
a·van·*ça*·do adj. sm.
a·van·ça·*dor* (ô) adj. sm.
a·van·ça·*men*·to sm.
a·van·*çar* v.
a·*van*·ce sm.: a·*van*·ço.
a·va·nha·da·*ven*·se adj. s2g.
a·va·nhe·*ém* sm.; pl. ·*éns*: *abanheém*.
a·va·nhe·*en*·ga sm.: *abanheenga*.
a·va·*ni*·a sf.
a·van·ta·*ja*·do adj.

a·van·ta·*jar* v.
a·*van*·te adv. interj.
a·van·*tes*·ma (ê) s2g.: *abantesma*.
a·va·quei·*ra*·do adj.
a·va·*rá* sm.
a·va·ran·*da*·do adj. sm.
a·va·ran·*dar* v.
a·va·*ré* sm.: *abaré*.
a·va·re·*en*·se adj. s2g.
a·va·re·mo·*te*·mo sm.
a·va·*ren*·to adj. sm.
a·va·re·za (ê) sf.
a·va·*ri* sm.: *auari*.
a·va·*ri*·a sf.
a·va·ri:*a*·do adj.
a·va·ri:*ar* v.
a·va·ri:*o*·se sf.
a·*va*·ro adj. sm.
a·vas·cu·*lar* adj. 2g.
a·vas·sa·la·*dor* (ô) adj. sm.
a·vas·sa·la·*men*·to sm.
a·vas·sa·*lan*·te adj. 2g.
a·vas·sa·*lar* v.
a·va·*tar* sm.: a·va·*ta*·ra.
a·*va*·ti sm.: *auati*.
a·*ve* sf. interj.
a·ve:*a*·do adj. 'doido'/Cf. *aviado*.
a·ve:*al* sm.; pl. ·*ais*.
a·ve(s)·ca·pu·*chin*·ha(s) sf. (pl.).
a·ve(s)·do·pa·ra·*í*·so sf. (pl.).
a·*vei*·a sf.
a·ve·*jão* sm.; pl. ·*jões*.
a·ve·*lã* sf.
a·ve·*lal* sm.; pl. ·*lais*.
a·ve·la·*na*·do adj.
a·ve·la·*nal* sm.; pl. ·*nais*.
a·ve·la·*nei*·ra sf.
a·ve·*lar* v. sm.
a·ve·lã·*zei*·ra sf.
a·ve·*lei*·ra sf.
a·ve·lei·*ral* sm.; pl. ·*rais*.
a·ve·lha·*ca*·do adj.
a·ve·*lha*·do adj.
a·ve·lhan·*ta*·do adj.: *avelhentado*.
a·ve·lhan·ta·*dor* (ô) adj. sm.: *avelhentador*.
a·ve·lhan·*tar* v.: *avelhentar*.
a·ve·lhen·*ta*·do adj.: *avelhantado*.
a·ve·lhen·ta·*dor* (ô) adj. sm.: *avelhantador*.
a·ve·lhen·*tar* v.: *avelhantar*.
a·ve·*ló*·ri:os sm. pl.
a·ve·lu·*da*·do adj. sm.

a·ve·lu·*dar* v.
a·ve·ma·*ri*·a(s) sf. (pl.).
a·*ve*·na sf.
a·ve·na·*í*·na sf.
a·*ven*·ca sf.
a·*ven*·ça sf.
a·ven·ca(s)-do-ca·na·*dá* sf. (pl.).
a·ven·*çal* adj. s2g.; pl. ·*çais*.
a·ven·*çar* v.
a·ve·*ni*·da sf.
a·ven·*ta*·do adj.
a·ven·ta·*dor* (ô) sm.
a·ven·*tal* sm.; pl. ·*tais*.
a·ven·*tar* v.
a·ven·*tu*·ra sf.
a·ven·tu·*ra*·do adj.
a·ven·tu·*ran*·ça sf.
a·ven·tu·*rar* v.
a·ven·tu·*rei*·ro adj. sm.
a·ven·tu·*ri*·na sf.
a·ven·tu·*ro*·so (ô) adj. sm; f. e pl. (ó)
a·ver·ba·*ção* sf.; pl. ·*ções*.
a·ver·ba·*men*·to sm.
a·ver·*bar* v.
a·ver·ga·*lhar* v.
a·ver·*gar* v.
a·ver·go:*a*·do adj.
a·ver·go:*ar* v.
a·ver·go·*nhar* v.
a·ve·ri·gua·*ção* sf.; pl. ·*ções*.
a·ve·ri·gua·*dor* (ô) adj. sm.
a·ve·ri·*guar* v.
a·ve·ri·*guá*·vel adj. 2g.; pl. ·veis.
a·ver·me·*lha*·do adj. sm.
a·ver·me·lha·*men*·to sm.
a·ver·me·*lhar* v.
a·ver·*nal* adj. 2g.; pl. ·*nais*.
a·*ver*·no adj. sm.
a·ver·*no*·so (ô) adj.; f. e pl.(ó).
a·ver·ro:*ís*·mo sm.
a·ver·ro:*ís*·ta adj. s2g.
a·ver·*são* sf.; pl. ·*sões*.
a·*ver*·so adj.
a·*ver*·te v.
a·ves·*sa*·da sf.
a·ves·*sa*·do adj.
a·ves·*sar* v.
a·ves·*sas* sf. pl., na loc. às avessas/Cf. avessas(ê), f. pl. de avesso (ê).
a·ves·*si*·a sf.
a·*ves*·so (ê) adj. sm.
a·*ves*·ta sm.
a·*vés*·ti·co adj. sm.

a·ves·*truz* s2g.
a·ves·tru·*zei*·ro adj. sm.
a·ve·xa·*ção* sf.; pl. ·*ções*.
a·ve·*xa*·do adj.
a·ve·*xar* v.
a·ve·*za*·do adj.
a·ve·*zar* v.
a·vi:a·*ção* sf.; pl. ·*ções*.
a·vi:a·*da*·do adj.
a·vi:a·*do* adj. sm. 'despachado'/Cf. aveado.
a·vi:a·*dor* (ô) sm.
a·vi:a·*men*·to sm.
a·vi:*ão* sm.; pl. ·*ões*.
a·vi:ão-sui·*ci*·da sm.; pl. aviões-suicidas.
a·vi:*ar* v.
a·vi:*á*·ri:o[1] sm. 'viveiro de aves' /Cf. aviário[2].
a·vi:*á*·ri:o[2] adj. 'relativo às aves'; f. aviária /Cf. aviaria, do v. aviar, e aviáro[1].
a·vi:a·*tó*·ri:o adj.
a·vi·ce·*nis*·mo sm.
a·vi·ce·*nis*·ta adj. s2g.
a·vi·cep·to·lo·*gi*·a sf.
a·vi·cep·to·*ló*·gi·co adj.
a·*ví*·co·la s2g. 'avicultural' /Cf. avícula.
a·*ví*·cu·la sf. 'azevinha' /Cf. avícula.
a·vi·cu·*lar* adj. 2g. sm.
a·vi·cu·*lá*·ri:a sf.
a·vi·cu·la·*rí*·de:o adj. sm.
a·vi·cu·*lá*·ri:o adj. sm.
a·vi·cu·*lí*·de:o adj. sm.
a·vi·cul·*tor* (ô) sm.
a·vi·cul·*tu*·ra sf.
a·vi·*dez* (ê) sf.
á·vi·do adj.
a·vi:ei·*ra*·do adj.
a·vi·*fau*·na sf.
a·vi·go·ra·*men*·to sm.
a·vi·go·*rar* v.
a·vi·*lar* sf. 'merenda' /Cf. ávila.
á·vi·la sf. 'fruta' /Cf. avila, do v. avilar, e sf.
a·vi·la·*na*·do adj.
a·vi·la·*nar* v.
a·vi·*lar* v.
a·vil·ta·*ção* sf.; pl. ·*ções*.
a·vil·*ta*·do adj.
a·vil·ta·*dor* (ô) adj. sm.
a·vil·ta·*men*·to sm.
a·vil·*tan*·te adj. 2g.
a·vil·*tar* v.
a·vil·*to*·so (ô) adj.; f. e pl.(ó).

a·vi·na·*grar* v.
a·*vin*·do adj.
a·vin·*dor* (ô) adj. sm.
a·vi·*nha*·do adj. sm.
a·vi·*nhar* v.
a·*vi*:o sm.
a·vi:o·*la*·do adj.
a·vi:*ô*·ni·ca sf.
a·*vir* v.
a·vi·*ra*·na sf.
a·vi·*sa*·do adj.
a·vi·sa·*dor* (ô) adj. sm.
a·vi·sa·*men*·to sm.
a·vi·*sar* v.
a·*vi*·so sm.
a·vis·*tar* v.
a·vis·*tá*·vel adj. 2g.; pl. ·veis.
a·vi·ta·mi·*no*·se sf.
a·*vi*·to adj.
a·vi·tu:a·lha·*men*·to sm.
a·vi·tu:a·*lhar* v.
a·vi:*ú* sm.
a·vi·*va*·do adj.
a·vi·va·*dor* (ô) adj. sm.
a·vi·va·*men*·to sm.
a·vi·*var* v.
a·vi·ven·ta·*ção* sf.; pl. ·*ções*
a·vi·ven·ta·*dor* (ô) adj. sm.
a·vi·ven·*tar* v.
a·vi·zi·nha·*ção* sf.; pl. ·*ções*.
a·vi·zi·*nhar* v.
a·vo sm.
a·*vó* sf. de avô.
a·*vô* sm.; pl. avós ou avôs; f. avó.
a·vo:a·*çar* v.
a·vo:a·*dei*·ra sf.
a·vo:a·*do* adj. sm.
a·vo:a·*dor* (ô) adj. sm.
a·vo:a·*men*·to sm.
a·vo:*an*·te adj. 2g. sm. ou sf.
a·vo:*ar* v.
a·vo·ca·*ção* sf.; pl. ·*ções*.
a·vo·*car* v.
a·vo·ca·*tó*·ri:o adj. sm.
a·vo·ca·*tu*·ra sf.
a·vo·*cá*·vel adj. 2g.; pl. ·veis.
a·vo:e·*jar* v.
a·vo:en·*go* adj. sm.
a·vo:en·*guei*·ro adj.
a·vo·lu·*mar* v.
à-von·ta·*de*(s) sm. (pl.)/Cf. a loc. à vontade.
a·vo·*sar* v.
a·vo·ze·*ar* v.
a·vul·*são* sf.; pl. ·*sões*.
a·*vul*·so adj. sm.
a·vul·ta·*ção* sf.; pl. ·*ções*.

a·vul·*ta*·do adj.
a·vul·*tan*·te adj. 2g.
a·vul·*tar* v.
a·vul·*to*·so (ô) adj.; f. e pl. (ó).
a·vun·cu·*la*·do adj. sm.
a·vun·cu·*lar* adj. 2g.
a·*xa*·da sm. 'mês hindu'/Cf. achada.
a·xa·dre·*za*·do adj.
a·xa·dre·*zar* v.
a·xa·*guá* adj. s2g.
a·*xe*¹ sm. 'ferida'/Cf. ache, do v. achar, e axe².
a·*xe*² (cs) sm. 'vértebra': áxis¹/ Cf. axe¹.
a·*xé* sm. interj.
a·*xi* sm. interj.
a·xi:*al* (cs) adj. 2g.; pl. ·ais.
a·xi·ca·*ra*·do adj.
a·xi·ca·*rar* v.
a·*xí*·cu·lo (cs) sm.
a·*xí*·fe·ro (cs) adj.
a·xi·foi·*di*·a (cs) sf.
a·xi·*for*·me (cs) adj. 2g.
a·xi·*fu*·go (cs) adj. sm.
á·*xil* (cs) adj. 2g.; pl. áxeis.
a·*xi*·la (cs) sf./Cf. áxila, f. de áxilo.
a·xi·*lar* (cs) adj. 2g.
á·*xi*·lo (cs) adj.; f. áxila/Cf. axila.
a·xi·*lo*·se (cs) sf.
a·xi·*ni*·ta (cs) sf.
a·xi·no·man·*ci*·a (cs) sf.
a·xi·no·*man*·te (cs) s2g.
a·xi·na·*mân*·ti·co (cs) adj.
a·xi:o·*lo*·gi·a (cs) sf.
a·xi:o·*ló*·gi·co (cs) adj.
a·xi:*o*·ma (cs *ou* ss) sm.
a·xi:o·*má*·ti·ca (cs *ou* ss) sf.
a·xi:o·*má*·ti·co (cs *ou* ss) adj.
a·xi:*ô*·me·tro (cs) sm.
a·xi:*ô*·ni·mo (cs) sm.
a·xi·*pai*·e adj. s2g.; xipaia.
a·*xí*·pe·to (cs) adj.
á·*xis*¹ (cs) sm. 2n. 'axe²'/Cf. áxis².
á·*xis*² (cs) sm. 'ruminante'/Cf. áxis¹.
a·xi·xa:*en*·se adj. s2g.
a·xo·*gum* sm.; pl. ·guns:
  a·*xó*·gum; pl. ·guns
a·*xoi*·de (cs) adj. 2g. sm.
a·xo·*lo*·te sm.: a·xo·*lo*·tle.
a·*xô*·ni:o (cs) sm.
a·xo·*nó*·dro·mo (cs) adj.
a·xo·na·*mor*·fo (cs) adj.
a·*xor*·ca sf.; ajorca.

a·*xor*·ca·do adj.: ajorcado.
a·*xor*·car v.: ajorcar.
a·xo·*xô* sm.
a·xu:*á* sm. ou sf.
a·xu:a·*ju* sm.
a·xu:a·*ra*·na sf. az sm. 'gume'/ Cf. as, ás e às.
a·za·bum·*ba*·do adj.
a·za·bum·*bar* v.
a·*za*·do adj. 'oportuno'/Cf. asado.
a·*zá*·fa·ma sf./Cf. azafama, do v. azafamar.
a·za·fa·*ma*·do adj.
a·za·fa·*mar* v.
a·za·*gai*·a sf.
a·za·gai·*a*·da sf.
a·za·gai·*ar* v.
a·*zá*·le:a sf.: a·za·*lei*·a.
a·zam·bo:*ar* v.
a·zam·bu·*jal* sm.; pl. ·jais.
a·zam·bu·*jei*·ro sm.
a·zam·bu·*jo* sm.
a·za·*ne*·ni adj. s2g.: a·*zâ*·ne·ni.
a·zan·*gar* v.: zangar.
a·*zar*¹ sm. 'acaso'/Cf. asar e azar².
a·*zar*² v. 'ensejar'/Cf. asar e azar¹.
a·za·ra·*ção* sf.; pl. ·ções·
a·za·*ra*·do adj. sm.
a·za·ran·*za*·do adj.
a·za·ran·*zar* v. 'aturdir'/Cf. assaranzar.
a·za·*rão* sm.; pl. ·rões.
a·za·*rar* v.
a·zar·*cão* sm.; pl. ·cões: zarcão.
a·za·*ren*·to adj.
a·ze·*brar* v.
a·ze·*bre* (ê) sm./Cf. azebre (é), do v. azebrar.
a·ze·bu·*a*·do adj.
a·*ze*·da (ê) sf./Cf. azeda (é), do v. azedar.
a·ze·*da*·do adj.
a·ze·da(s)-do-*bre*·jo sf. (pl.).
a·ze·da·*dor* (ô) adj. sm.
a·ze·da·*men*·to sm.
a·ze·da(s)-mi·*ú*·da(s) sf. (pl.).
a·ze·*dar* v.
a·ze·das-de-o·*ve*·lha sf. pl.
a·ze·*de*·te (ê) adj. 2g.
a·ze·*di*·a sf.
a·ze·*di*·nha sf.
a·ze·di·nha-a·le·*lui*·a sf.; pl. azedinhas-aleluias ou azedinhas-aleluia.

a·ze·di·nha(s)-da-ba·*í*·a sf. (pl.).
a·ze·di·nha(s)-de-goi·*ás* sf. (pl.).
a·ze·di·nha(s)-do-*bre*·jo sf. (pl.).
a·ze·di·nha(s)-*gran*·de sf. (pl.).
a·ze·di·nha(s)-mi·*ú*·da(s) sf. (pl.).
a·*ze*·do (ê) adj. sm./Cf. azedo (é), do v. azedar.
a·ze·*do*·ta adj.; f. de azedote.
a·ze·*do*·te adj.; f. azedota.
a·ze·*du*·me sm.
a·zei·*ra*·do adj. 'mordaz'/Cf. azerado.
a·zei·*ta*·da sf.
a·zei·*ta*·do adj.
a·zei·*tão* adj. sm.; pl. ·tões.
a·zei·*tar* v.
a·*zei*·te sm.
a·*zei*·te(s) de *chei*·ro sm. (pl.).
a·*zei*·te(s) de den·*dê* sm. (pl.).
a·zei·*tei*·ra adj. sf.
a·zei·*tei*·ro adj. sm.
a·zei·*ti*·nho sm.
a·zei·*to*·na sf.
a·zei·*to*·na(s)-da-*ter*·ra sf. (pl.).
a·zei·to·*na*·do adj. sm.
a·zei·*to*·na(s)-do-*ma*·to sf. (pl.).
a·zei·to·*nar* v.
a·zei·to·*nei*·ra sf.
a·ze·to·*nei*·ro adj. sm.
a·*zê*·me·la sf.: azêmola.
a·ze·me·*lei*·ro sm.
a·*zê*·mo·la sf.: azêmela.
a·*ze*·nha sf.
a·ze:o·*tró*·pi·co adj.
a·ze:o·*tro·pis*·mo sm.
a·ze:*ó*·tro·po sm.
a·ze·*ra*·do adj. 'cor de aço'/Cf. azeirado.
a·ze·*rar* v.
a·*zer*·be sm.: azerve.
a·zer·beid·*ja*·no adj. sm.
a·ze·*re*·do (ê) sm.
a·ze·*rei*·ro sm.
a·*zer*·ve sm.: azerbe.
a·ze·*ve*·do (ê) sm.
a·ze·*vém* sm.; pl. ·véns·
a·ze·vém·i·ta·li:*a*·no som.; pl. azevéns-italianos.
a·ze·vi·*cha*·do adj.
a·ze·*vi*·che sm.
a·zei·vi:*ei*·ro adj. sm.
a·ze·*vim* sm.; pl. ·vins: azevinho.

a·ze·vin·*hei*·ro sm.
a·ze·*vi*·nho sm.: *azevim*.
a·*zi*·a sf. 'azedume'/Cf. *asia*, do v. *asir*.
a·*zi*·ga·do adj.
a·*zi*:*ar* sm.
a·*zi*·da sf.
a·*zi*:*en*·da sf.
a·*zi*:*en*·*dal* adj. 2g.; pl. ·*dais*.
á·*zi*·go adj. sm.
a·*zi*·*gós*·po·ro adj. sm.
a·*zi*·go·to (ô) sm.
á·*zi*·mo adj. sm.; *asmo*.
a·*zi*·mu·*tal* adj. 2g.; pl. ·*tais*.
a·*zi*·*mu*·te sm.
a·*zi*·nha sf. 'fruto da azinheira'/ Cf. *asinha* adv. e sf. dim. de *asa*.
a·*zi*·*nha*·ga sf.
a·*zi*·*nhal* sm.; pl. ·*nhais*.
a·*zi*·nha·*vrar* v.
a·*zi*·nha·vre sm.
a·*zi*·*nhei*·ra sf.
a·*zi*·*nhei*·ro sm.
a·*zi*·*nho*·so (ô) adj.; f. e pl.(ó).
a·*zi*:u·*ma*·do adj.
a·*zi*:u·*mar* v.
a·*zi*:*ú*·me sm.
a·zo sm./Cf. *aso*, do v. *asar*.
a·*zo*:a·da sf.
a·*zo*:a·do adj.
a·*zo*:a·*men*·to sm.
a·*zo*:*ar* v.
a·*zoi*·co adj. sm.
a·*zoi*·na·do adj. sm.
a·*zoi*·*nan*·te adj. 2g.
a·*zoi*·*nar* v.
a·*zom*·*ba*·do adj.
a·*zo*·*nal* adj. 2g.; pl. ·*nais*
a·*zo*·ra·*ta*·do adj.: *azoretado*.
a·*zo*·ra·*tar* v.: *azoretar*.
a·*zo*·re·*ta*·do adj.: *azoratado*.
a·*zo*·re·*tar* v.: *azoratar*.
a·*zor*·ra·*ga*·da sf.
a·*zor*·ra·ga·*men*·to sm.

a·*zor*·ra·*gar* v.
a·*zor*·*ra*·gue sm.
a·*zor*·*rar* v. 'afastar'/Cf. *azurrar*.
a·*zo*·*ta*·do adj. sm.
a·*zo*·*tar* v.
a·*zo*·te·*mi*·a sf.
a·*zo*·*tê*·*mi*·co adj.
a·*zo*·to (ô) sm./Cf. *azoto* (ó), do v. *azotar*.
a·*zo*·tu·*ri*·a sf.: a·*zo*·*tú*·ri:a
a·*zo*·*tú*·ri·co adj.
a·*zou*·*ga*·do adj.
a·*zou*·*gar* v.
a·*zou*·gue sm.
a·*zou*·gue(s)-do-*bra*·sil sm. (pl.).
a·*zou*·gue(s)-do-*cam*·po sm. (pl.).
a·*zou*·gue(s)-dos-*po*·bres sm. (pl.).
a·*zu*·*crim* sm.; pl. ·*crins*.
a·*zu*·*cri*·*nan*·te adj. 2g.
a·*zu*·*cri*·*nar* v.
a·*zu*·*cri*·*nol* sm.; pl. ·*nóis*.
a·*zul* adj. 2g. sm.; pl. ·*zuis*.
a·*zu*·la·*di*·nha sf.
a·*zu*·*la*·do adj. sm.
a·*zu*·la·*dor* (ô) adj. sm.
a·*zu*·*lão* sm.; pl. ·*lões*.
a·*zu*·*lão*-bi·*cu*·do sm.; pl. *azulões-bicudos*.
a·*zu*·*lão*-*boi*·a sm. *ou* sf.: a·*zu*·*lão*-*boi*·a; pl. *azulões-boias* ou *azulões-boia*.
a·*zu*·*lão*-da-*ser*·ra sm.; pl. *azulões-da-serra*.
a·*zu*·*lão*-de-ca·be·*ça*- -en·car·*na*·da sm.; pl. *azulões-de-cabeça-encarnada*.
a·*zu*·*lão*-do-*cam*·po sm.; pl. *azulões-do-campo*.
a·*zu*·*lar* v.
a·*zul*·ce·*les*·te adj. 2g. 2n. sm.; pl. do sm. *azuis-celestes*.

a·*zul* do *céu* adj. 2g. 2n. sm.; pl. do sm. *azuis do céu*.
a·*zu*·le:*ar* v.
a·*zu*·le·*cer* v.
a·*zu*·*le*·go (ê) adj. sm.
a·*zu*·le·*ja*·do adj.
a·*zu*·le·ja·*dor* (ô) adj. sm.
a·*zu*·le·*jar* v.
a·*zu*·le·*jis*·ta s2g.
a·*zu*·*le*·jo (ê) sm.
a·*zul*·es·*cu*·ro adj. 2g. 2n. sm.; pl. do sm.: *azuis-escuros*.
a·*zul*-fai-*an*·ça adj. 2g. 2n. sm.; pl. do sm.: *azuis-faiança*.
a·*zul*-fer·*re*·te adj. 2g. 2n. sm.; pl. do sm.: *azuis-ferrete*.
a·*zul*-*fi*·no adj. 2g. 2n. sm.; pl. do sm.: *azuis-finos*.
a·zu·*lí*·ne:o adj.
a·*zu*·*li*·nho sm.
a·*zu*·*li*·no adj. Sm.
a·*zul*-ma·*ri*·nho adj. 2g. 2n. sm.; pl. do sm.: *azuis-marinhos*.
a·*zu*·*loi*·o adj.sm.
a·*zu*·*lo*·na sf.
a·*zul*-pis·*ci*·na adj. 2g. 2n. sm.; pl. do sm.: *azuis-piscinas*.
a·*zul*-pom·*bi*·nho adj. 2g. 2n. sm. pl. do sm.: *azuis- -pombinho*.
a·*zul*-*se*·da sf.; pl. *azuis-sedas* ou *azuis-seda*.
a·*zul*-tur·*que*·sa adj. 2g. 2n. sm.; pl. do sm.: *azuis- -turquesas* ou *azuis-turquesa*.
a·*zul*·*zi*·nha sf.
a·*zu*·*ma*·ra adj. s2g.
a·*zum*·*bra*·do adj.
a·*zum*·*brar* v.
a·*zum*·bre sm.
a·*zu*·*ra*·do adj. sm.
a·*zur*·ra·*dor* (ô) adj. sm.
a·*zur*·*rar* v. 'ornejar'/Cf. *azorrar*.

B

bá sf. 'ama-seca'/Cf. *bah*, interj.
ba·*al* sm
ba·a·*li*·ta adj. s2g.
ba·ba[1] sf. 'saliva'.
ba·ba[2] sm. 'pequeno tambor cônico de Timor'.
ba·*bá*[1] sm. 'bolo' 'pai ou ancestral do culto ioruba'.
ba·*bá*[2] sf. 'arbusto' 'ama-seca, ama de leite'.
ba·ba·*bi* sm.
ba·ba·ca[1] sf. 'vulva'.
ba·ba·ca[2] adj. s2g. 'imbecil'.
ba·*ba*·ça adj. s2g.
ba·*ba*·ço adj. sm.: *babaça*.
ba·*ba*·çu sm.
ba·ba·çu:*al* sm.; pl. *·ais*.
ba·ba·çu:*ê* sm.
ba·ba·çu·lan·*den*·se adj. s2g.
ba·ba·çu·*zal* sm.; pl. *·zais*.
ba·ba de *boi* sf. 'seiva'.
ba·ba(s)-de-*boi* sf. (pl.) 'palmeira'.
ba·ba(s)-de-boi-da-cam·*pi*·na sf. (pl.).
ba·ba(s) de *mo*·ça sf. (pl.).
ba·ba·*di*·nho adj.
ba·*ba*·do adj. sm.
ba·ba·*doi*·ro sm.: *babadouro*.
ba·ba·*dor* (ô) adj. sm.
ba·ba·*dou*·ro sm.: *babadoiro*.
ba·*bal* sm.; pl *·bais*.
ba·ba·la·*ô* sm.
ba·ba·lo·ri·*xá* sm.
ba·ba·lo·*xá* sm.
ba·*bão* adj. sm.; pl. *·bões*; f. *babona*.
ba·ba·*qua*·ra adj. s2g.
ba·ba·*qui*·ce sf.
ba·*bar* v.
ba·ba·*ré* sm.: **ba·ba·***réu*.
ba·ba·*tar* v.
ba·*bau*[1] sm. 'personagem da farsa popular bumba meu boi'.
ba·*bau*[2] interj. 'acabou-se'.
be·*be*·co sm.
ba·*bei*·ro sm.
ba·*bel* sf.; pl. *·beis*/Cf. *babeis*, do v. *babar*.
ba·*bé*·li·co adj.
ba·be·*lis*·mo sm.
ba·be·li·*zar* v.
ba·*bé*·si:a sf.
ba·be·*sí*·a·se sf.
ba·be·si:*o*·se sf.
ba·*bi:a*·que sm.
ba·bi·*lô*·ni:a sf.
ba·bi·*lô*·ni·co adj. sm.
ba·bi·*lô*·ni:o adj. sm.
ba·bi·*rus*·sa sf.
ba·*bis*·mo sm.
ba·*bis*·ta adj. s2g.
ba·*bo*·ca sf.: *biboca*.
ba·*bo*·na adj. sf. de *babão*.
ba·bo·*ré* sm.: *bamboré*.
ba·*bo*·sa sf.
ba·bo·sa(s)-*bran*·ca(s) sf. (pl.).
ba·bo·sa(s)-*bra*·va(s) sf. (pl.).
ba·bo·*sei*·ra sf.
ba·bo·*si*·ce sf.
ba·*bo*·so (ô) adj. sm.; f. *e* pl. (ó).
ba·*bu* sm.
ba·*bu*·cha sf.
ba·*bu*·co adj. sm.
ba·*bu*·ge sf.: *babugem*.
ba·bu·*gei*·ra sf.
ba·*bu*·gem sf.; pl. *·gens*: *babuge*.
ba·bu:*í* adj. s2g.
ba·bu:*í*·no sm.
ba·bu·*jar* v.
ba·*bu*·nha sf.
baby-sitter s2g. (ing.: *bêibissíter*).
ba·*ca*·a adj. s2g.
ba·ca·ba sf.: **ba·ca·***bá*.

ba·ca·ba·*çu* sf.
ba·ca·*ba*·da sf.
ba·ca·ba(s)-de-a·*zei*·te sf. (pl.).
ba·ca·*ba*·í sf.
ba·ca·*bal* sm.; pl. *·bais*.
ba·ca·ba·*len*·se adj. s2g.
ba·ca·ba·mi·*rim* sf.; pl. *·rins*.
ba·ca·*bão* sm.; pl. *·bões*.
ba·ca·*bi*·nha sf.
ba·*ca*·ca sf.
ba·*cá*·ce:o adj.
ba·*ca*·cu sm.
ba·ca·cu(s)-*pre*·to(s) sm. (pl.).
ba·*ca*·da sf.
ba·ca·*fu*·za·da sf.
ba·ca·*fu*·zar v.
ba·ca:*i*·ri adj. s2g.
ba·ca·lau·re:*a*·to sm.
ba·*cal*·hau sm. adj. s2g.
ba·ca·*lho*:a·da sf.
ba·ca·lho:*ei*·ro adj. sm.
ba·ca·mar·*ta*·da sf.
ba·ca·*mar*·te sm.
ba·*ca*·na adj. s2g.
ba·ca·*nal* adj. 2g. sf.; pl. *·nais*.
ba·*ca*·no adj. sm.: *bacana*.
ba·*can*·te sf.
ba·*cân*·ti·co adj.
ba·ca·*rá* sm.
ba·ca·ra·*í* sm.: *vacaraí*.
ba·ca·*ri*·ja sf.
ba·ca·xa·*en*·se adj. s2g.: **ba·ca·***xen*·se.
ba·*cei*·ro adj.
ba·ce·*la*·da sf.
ba·ce·*lar* v.
ba·ce·la·*ren*·se adj. s2g.
ba·ce·*lei*·ro sm.
ba·*ce*·lo (ê) sm./Cf. *bacelo* (é), do v. *bacelar*.
ba·*cen*·to adj.
ba·cha·*rel* sm.; pl. *·réis*.
ba·cha·*re*·la sf.

ba·cha·re·*la*·da sf.
ba·cha·re·*la*·do adj. sm.
ba·cha·re·*lan*·do sm.
ba·cha·re·*lar* v.
ba·cha·re·*la*·to sm.: bacharelado.
ba·cha·re·*les*·co (ê) adj.
ba·cha·re·*li*·ce sf.
ba·cha·re·*lis*·mo sm.
ba-*chin*-che sm.: bochinche, bochincho.
ba·*ci*·a sf.
ba·ci:*a*·da sf.
ba·ci:*al* adj. 2g.; pl. ·*ais*.
ba·*cí*·fe·ro adj.
ba·ci·*for*·me adj. 2g.
ba·ci·*lar* adj. 2g. sm.
ba·ci·la·ri:*á*·ce:a sf.
ba·ci·la·ri:*á*·ce:o sm.
ba·ci·la·ri:o·*fí*·ce:a sf.
ba·ci·la·ri:o·*fí*·ce:o adj.
ba·ci·la·ri:*ó*·fi·to adj. sm.
ba·ci·le·*mi*·a sf.
ba·ci·li·*for*·me adj. 2g.
ba·*ci*·lo sm.
ba·ci·lo·fi·*li*·a sf.
ba·ci·lo·fo·*bi*·a sf.
ba·ci·los·co·*pi*·a sf.
ba·ci·los·*có*·pi·co adj.
ba·ci·*lo*·se sf.
ba·ci·*ne*·ta (ê) sf. 'pequena bacia'/Cf. bacinete.
ba·ci·*ne*·te (ê) sm. 'pelve renal, etc.'/Cf. bacineta.
ba·*ci*:o sm.
ba·*cí*·vo·ro adj.
backbone sm. (ing.: *bécboun*).
background sm. (ing.: *bécgraund*).
backup sm. (ing.: *becáp*).
ba·co adj. sm.
ba·ço adj. sm.
ba·co:a·*ni* adj. s2g.: baquani.
ba·co-*ba*·co(s) sm. (pl.).
ba·con·*dê* sm.
ba·co·ni:*a*·no (bei) adj. sm.
ba·co·*nis*·ta (bei) adj. s2g.
ba·co·*pá* sm. *ou* sf.
ba·co·pa·*ré* sm.
bá·co·ra sf.
ba·co·*rá* sf.
ba·co·*ral* sf.; pl. ·*rais*.
ba·co·*rei*·ro sm.
ba·co·re·*jar* v.
ba·co·*re*·jo (ê) sm.
ba·co·*rim* sm.; pl. ·*rins*: bacorinho.

ba·ço·*ri*·na sf.
ba·co·*ri*·nha sf.
ba·co·*ri*·nho sm.: bacorim.
bá·co·ro sm.
ba·co·*ro*·te sm.
bac·*té*·ri:a sf.
bac·te·ri:*a*·no adj.
bac·te·ri·*ci*·da adj. 2g. sm.
bac·te·ri:e·*mi*·a sf.
bac·*té*·ri:o sm.
bac·te·ri:o·fa·*gi*·a sf.
bac·te·ri:*oi*·de adj. 2g. sm.: bacteroide.
bac·te·ri:*ó*·li·se sf.
bac·te·ri:o·li·*si*·na sf.
bac·te·ri:o·*lí*·ti·co adj.
bac·te·ri:o·lo·*gi*·a sf.
bac·te·ri:o·*ló*·gi·co adj.
bac·te·ri:o·lo·*gis*·ta adj. s2g.
bac·te·ri:*ó*·lo·go sm.
bac·te·ri:o·pur·pu·*ri*·na sf.
bac·te·ri:*o*·se sf.
bac·te·ri:*ós*·ta·se sf.
bac·te·ri:os·*tá*·ti·co adj. sm.
bac·te·ri·te·ra·*pi*·a sf.
bac·te·*roi*·de adj. 2g. sm.: bacterioide.
ba·*cu* sm.
ba·cu·bi·*xá* sm. *ou* sf.
ba·*cu*·cu sm.
ba·*cu*·çu sm.
ba·*cu*·da sf.
ba·cu(s)-de-*pe*·dra sm. (pl.).
ba·cu:*ém* adj. s2g.; pl. ·*éns*.
ba·cu·*li*·no adj.
bá·cu·lo sm.
ba·cu·*mi*·ni adj. s2g.
ba·cu·mi·*xá* sf. *ou* sm.
ba·cu·mi·xá(s)-*bran*·ca(s) sf. (pl.).
ba·cu·*pa*·ri sm.
ba·cu·pa·ri:a·*çu* sm.
ba·cu·*pe*·dra sm.; pl. bacus-pedra ou bacus-pedras.
ba·cu·pi·*xá* sf.
ba·cu·*pu*·a sm.: ba·cu·*pu*·á.
ba·cu·*rau* sm.
ba·cu·*ri*[1] sm. 'árvore'.
ba·cu·*ri*[2] adj. s2g. 'indivíduo dos bacuris'.
ba·cu·ri·*pa*·ri sm.: ba·cu·ri·pa·*ti*.
ba·cu·ri·*zei*·ro sm.
ba·cu·ru·*bu* sm.: baquerubu.
ba·da·la·*ção* sf.; pl. ·*ções*.
ba·da·*la*·da sf.
ba·da·la·*dal* sm.; pl. ·*dais*.
ba·da·*la*·do adj.

ba·da·la·*dor* (ô) adj. sm.
ba·da·*lão* sm.; pl. ·*lões*.
ba·da·*lar* v.
ba·da·la·*ti*·vo adj.
ba·da·le·*jar* v.
ba·da·*lho*·ca sf.
ba·da·lho·*car* v.
ba·da·lho·*qui*·ce sf.
ba·*da*·lo sm.
ba·*da*·me sm.: bedame.
ba·da·*me*·co sm.
ba·*da*·na sf. s2g.
ba·da·*nal* sm.; pl. ·*nais*.
ba·*dé* sm.: ba·*dê*.
ba·de·*je*·te (ê) sm.
ba·*de*·jo (ê) adj. sm.
ba·de·*le*·í·ta sf.
ba·del·*si*·ta sf.
ba·*dém* sm.; pl. ·*déns*: bedém.
ba·*der*·na sf.
ba·der·*nar* v.
ba·der·*nei*·ro adj. sm.
ba·der·*nis*·ta adj. s2g.
ba·di:*a*·na sf.
ba·di:a·na(s)-de-*chei*·ro sf. (pl.).
ba·*di*·co sm.
ba·*dó* adj. s2g.
ba·*do*·fe sm.
ba·*do*·que sm.: bodoque.
ba·do·*rar* v.
ba·du·*la*·que sm.
ba·*é* adj. s2g.; sm. *ou* sf.
ba·*e*·co adj.
ba:e·pen·di:*en*·se adj. s2g.
ba·*e*·ta (ê) sm. *ou* sf.
ba:e·*tal* adj. 2g.; pl. ·*tais*.
ba:e·*tão* sm.; pl. ·*tões*.
ba:e·*ti*·lha (ê) sf.
ba:e·*tói*·de:o adj. sm.: ba:e·to·*í*·de:o.
ba:e·*ú*·na adj. s2g.
ba·fa sm.
ba·fa·*fá* sm.
ba·*fa*·gem sf.; pl. ·*gens*.
ba·*far* v.
ba·fa·*rei*·ra sf.
ba·*fa*·ri sm.
ba·fe·ja·*dor* (ô) adj. sm.
ba·fe·*jar* v.
ba·*fe*·jo (ê) sm.
ba·*fi*:o sm.
ba·fo sm.
ba·*fô*·me·tro sm.
ba·*fo*·ra·da sf.
ba·fo·*rar* v.
ba·fo·*rei*·ra sf.
ba·fo·*rei*·ro adj.

ba·*fu*·ge sf.: *bafagem*.
ba·*fu*·gem sf.: *bafagem*; pl. ·gens.
ba·ga adj. s2g. sf.
ba·ga·*ça*·da sf.
ba·ga·*cei*·ra sf.
ba·ga·*cei*·ro adj. sm.
ba·ga·cei·ro(s)-*se*·co(s) sm. (pl.).
ba·ga·cei·ro(s)-*ver*·de(s) sm. (pl.).
ba·*ga*·ço sm.
ba·ga·*ço*·se sf.
ba·*ga*·da sf.
ba·ga(s)-da-*prai*·a sf. (pl.).
ba·ga·*gei*·ra sf.
ba·ga·*gei*·ro adj. sm.
ba·*ga*·gem sf.; pl. ·gens.
ba·ga·*gi*·to sm.
ba·ga·*ju*·do adj. sm.
ba·ga·*lhão* sm.; pl. ·*lhões*.
ba·ga·*lho*·ça sf.
ba·*ga*·na sf.
ba·ga·*nei*·ro sm.
ba·*ga*·nha sf.
ba·ga·*ro*·te sm.
ba·*ga*·ta sf.
ba·ga·*te*·la sf.
ba·ga·te·*lei*·ro sm.
ba·*gau*·ri sm.: *baguari*.
ba·*ga*·xa adj. s2g.
bag·da·*li* adj. s2g.
ba·ge:*ar* v.
ba·gem sf.: *vagem*; pl. ·gens.
ba·go sm.
ba·go:*a*·do adj.
ba·go:*ar* v.
ba·gra·*lhão* sm.; pl. ·*lhões*.
ba·gre sm.
ba·gre(s)-a-ma·*re*·lo(s) sm. (pl.).
ba·gre-ban·*dei*·ra sm.; pl. *bagres-bandeiras* ou *bagres-bandeira*.
ba·gre(s)-bei·*çu*·do(s) sm. (pl.).
ba·gre(s)-*bran*·co(s) sm. (pl.).
ba·gre-cai·a·*co*·co sm.; pl. *bagres-caiacocos* ou *bagres-caiacoco*.
ba·gre-cam·*be*·ja sm.; pl. *bagres-cambejas* ou *bagres-cambeja*.
ba·gre-can·ga·*tá* sm.; pl. *bagres-cangatás* ou *bagres-cangatá*.
ba·gre(s)-ce·go(s) sm. (pl.).
ba·gre(s)-ce·*gui*·nho(s) sm. (pl.).

ba·gre(s)-de-a·*rei*·a sm. (pl.).
ba·gre(s)-de-la·*go*·a sm. (pl.).
ba·gre(s)-de-pe·*na*·cho sm. (pl.).
ba·gre·*fi*·ta sm.; pl. *bagres-fitas* ou *bagres-fita*.
ba·gre(s)-gu·*ri*(s) sm. (pl.).
ba·gre-man·*dim* sm.; pl. *bagres-mandins* ou *bagres-mandim*.
ba·gre(s)-*mo*·le(s) sm. (pl.).
ba·gre-mor·*ce*·go sm.; pl. *bagre-morcegos* ou *bagres-morcego*.
ba·gre(s)-pin·*ta*·do(s) sm. (pl.).
ba·gre(s)-ra·*ja*·do(s) sm. (pl.).
ba·gre-*sa*·po sm.; pl. *bagres-sapos* ou *bagres-sapo*.
ba·gre-sa·po-das-*pe*·dras sm.; pl. *bagres-sapos-das-pedras* ou *bagres-sapo-das-pedras*.
ba·gre-*sa*·ri sm.; pl. *bagres-saris* ou *bagres-sari*.
ba·gre-u·ru·*tu* sm.; pl. *bagres-urutus* ou *bagres-urutu*.
ba·*gri*·nho sm.
ba·gri·nho(s)-da-*ser*·ra sm. (pl.).
ba·*gu* sm.
ba·*guá* adj. 2g. sm.
ba·gua·*çu* sm.
ba·*gual* adj. 2g. sm.; pl. ·*guais*; f. *baguala*.
ba·gua·la adj.; f. de *bagual*.
ba·gua·*la*·da sf;
ba·gua·*lão* adj. sm.; pl. ·*lões*.
ba·gua·*ri* adj. 2g. sm.: *bagauri*.
ba·*gu*·do adj.
ba·gue:*ar* v.
ba·*gue*·te sf.
ba·gui·*ó* sm.
ba·gu·*lha*·do adj.
ba·gu·*lhei*·ro sm.
ba·gu·*lhen*·to adj.
ba·*gu*·lho sm.
ba·gu·*lho*·so (ô) adj.; f. e pl. (ó).
ba·*gun*·ça sf.
ba·gun·*ça*·da sf.
ba·gun·*ça*·do adj.
ba·gun·*çar* v.
ba·gun·ce:*ar* v.
ba·gun·*cei*·ro adj. sm.
bah interj./Cf. *bá*, sf.
bai·a sf. 'compartimento da cavalariça'/Cf. *baía*.
ba·*í*·a sf. 'golfo'/Cf. *baia*.
bai·*á* adj. s2g.

bai·a·*cu* sm.
bai·a·cu:a·*rá* sm.
bai·a·cu:a·*ra*·ra sm..
bai·a·cu(s)-de-á·gua-*do*·ce sm. (pl.).
bai·a·cu(s)-de-es·*pi*·nho sm. (pl.).
bai·a·cu-don·*dom* sm.; pl. *baiacus-dondons* ou *baiacus-dondom*.
bai·a·cu-guai·*a*·ma sm.; pl. *baiacus-guaiamas* ou *baiacus-guaiama*.
bai·a·cu·*gui*·ma sm.
bai·a·cu·*ru* sm.
bai·a·gu sm.: *baiacu*.
ba:ia·na adj. s2g. sf.
ba:ia·*na*·da sf.
bai·*an*·ca sf.
ba:ia·no adj. sm.
bai·*ão* sm.; pl. ·*ões*.
bai·ão de *dois* sm.; pl. *baiões de dois*.
bai·*ar* v.
bai·*ar*·do sm.
bai·*bi*·ri adj. s2g.
bai·bu·ru:*á* adj. s2g.
ba:i·*en*·se adj. s2g.
bai·la sf.; na loc. *à baila*.
bai·*la*·da sf.
bai·la·*dei*·ra sf.
bai·*la*·do sm.
bai·la·*dor* (ô) adj. sm.
bai·*lão* sm.; pl. ·*lões*.; f. *bailona*.
bai·*lar* v.
bai·la·*re*·co sm.
bai·la·*ri*·co sm.
bai·la·rim sm.; pl. ·*rins*: bai·la·*ri*·no.
bai·la·ri·*quei*·ro adj. sm.
bai·*la*·ta sf.
bai·le sm.
bai·*le*·co sm.
bai·*léu* sm.
bai·*li*·a sf.
bai·*li*:o sm.
bai·lo·ma·*ni*·a sf.
bai·lo·ma·*ní*·a·co adj.
bai·*lo*·na sf. de *bailão*.
ba·*i*·nha sf.
ba·i·nha(s)-de-es·*pa*·da sf. (pl.).
ba·*i*·nhar v.
ba·i·*nhei*·ro sm.
bai·*ni*·lha sf.: *baunilha*.
bai·o adj. sm.

bai·o·*nen*·se adj. s2g.
bai·o·*ne*·sa (ê) adj. sf.: *baonesa.*
bai·o·*ne*·ta (ê) sf.
bai·o·ne·*ta*·da sf.
bai·o·ne·ta(s)-es·pa·*nho*·la(s) sf. (pl.).
bai·*pi*·ri adj. s2g.
bai·*qua*·ra s2g.
bai·*rão* sm.; pl. ·*rões.*
bai·ra·*ri* sm.
bair·*ris*·mo sm.
bair·*ris*·ta adj. s2g.
bair·ro sm.
bai·ta adj. 2g.
bai·*ta*·ca sf. adj. 2g.
bai·*tar*·ra adj. s2g.
bai·ta·*tá* sm.: *boitatá.*
bai·*to*·la sm.
bai·*u*·ca sf.
bai·u·*quei*·ro adj. sm.
bai·xa sf.
bai·*xa*·da sf.
bai·xa·*dão* sm.; pl. ·*dões.*
bai·xa(s)-fa·*lé*·si:a(s) sf. (pl.).
bai·xa-gran·*den*·se(s) adj. s2g. (pl.).
bai·xa-*mar* sf.; pl. *baixa-mares.*
bai·*xão* sm.; pl. ·*xões.*
bai·*xar* v.
bai·xa·*ri*·a sf.
bai·*xa*·te sm.
bai·xa-ver·*den*·se(s) adj. s2g. (pl.).
bai·*xei*·ra sf.
bai·*xei*·ro adj. sm.
bai·*xel* adj. 2g. sm.; pl. *baixéis/* Cf. *baixeis,* do v. *baixar.*
bai·*xe*·la sf.
bai·*xe*·te (ê) adj. sm.
bai·*xe*·za (ê) sf.
bai·*xi*·a sf.
bai·*xi*·nho adj. sm. adv.
bai·*xi*·o sm.
bai·*xis*·ta adj. s2g.
bai·xo adj. sm. adv.
bai·xo-a·le·*mão* adj. sm.; pl. *baixos-alemães.*
bai·xo-im·*pé*·ri:o sm.
bai·xo-la·*tim* sm.
bai·xo(s)-re·*le*·vo(s) sm. (pl.).
bai·xos sm. pl.
bai·*xo*·ta adj. sf. de *baixote.*
bai·*xo*·te adj. sm.
bai·xo(s)-*ven*·tre(s) sm. (pl.).
bai·*xu*·ra sf.
ba·*jar* v.
ba·je·*en*·se (èên) adj. s2g.

ba·je·*ré* sm.: ba·je·rê.
ba·*jes*·to sm.
ba·ji·*ru* sm.
ba·jo·*gar* v.
ba·jou·*jar* v.
ba·jou·*ji*·ce sf.
ba·*jou*·jo adj. sm.
ba·ju·la·*ção* sf.; pl. ·*ções.*
ba·ju·la·*dor* (ô) adj. sm.
ba·ju·*lar* v.
ba·ju·la·*tó*·ri:o adj.
ba·ju·*li*·ce sf.
ba·la sf.
ba·la·*bre*·ga s2g.
ba·la·*cla*·va sf.
ba·la·*ço* sm.
ba·la·co·*ba*·co sm.: ba·la·cu·*ba*·co.
ba·la·cu·*bau* sm.
ba·*la*·da sf.
ba·la·*dei*·ra sf.
ba·*la*·do sm.
ba·la·*dor* (ô) adj. sm.
ba·*la*·fo sm.
ba·lai:*a*·da sf.
ba·lai:*ei*·ro adj. sm.
ba·la·*i*·nha sf.
ba·*lai*:o sm.
ba·la·*lai*·ca sf.
ba·la·*lão* sm.; pl. ·*lões.*
ba·*la*·me sm.
ba·la·*men*·to sm.
ba·*lan*·ça sf.
ba·lan·*çar* v.
ba·lan·*cê* sm.
ba·lan·ce:*a*·do adj.
ba·lan·ce:a·*dor* (ô) sm.
ba·lan·ce:a·*du*·ra sf.
ba·lan·ce:a·*men*·to sm.
ba·lan·ce:*an*·te adj. 2g.
ba·lan·ce:*ar* v.
ba·lan·*cei*·o sm.
ba·lan·*cei*·ro sm.
ba·lan·ce:*o*·so (ô) adj.; f. *e* pl. (ó).
ba·lan·*ce*·te (ê) sm.
ba·lan·*ci*·a sf.: *melancia.*
ba·lan·*cim* sm.; pl. ·*cins.*
ba·lan·*cis*·ta s2g.
ba·*lan*·co sm.
ba·*lan*·ço sm.
ba·lan·ço(s)-*d'á*·gua sm. (pl.).
ba·*lan*·dra sf.
ba·lan·*drão* sm.; pl. ·*drões.*
ba·lan·*drau* sm.
ba·lan·dro·*na*·da sf.
ba·lan·gan·*dã* sm.: *barangandã, berenguendém.*

ba·lan·*gar* v.
ba·la·*ní*·de:o adj. sm.
ba·la·*ní*·fe·ro adj.
ba·la·*ni*·te sf.
bá·la·no sm.
ba·la·*nó*·fa·go adj. sm.
ba·la·no·fo·*rá*·ce:a sf.
ba·la·no·fo·*rá*·ce:o adj.
ba·la·no·fo·*ra*·le sf.
ba·la·*nó*·fo·ro adj. sm.
ba·la·no·*glos*·so sm.
ba·la·*noi*·de adj. 2g.
ba·la·no·pos·*ti*·te sf.
ba·la·no·pre·pu·ci:*al* adj. 2g.; pl. ·*ais.*
ba·la·nop·si·*dá*·ce:a sf.
ba·la·nop·si·*dá*·ce:o adj.
ba·la·nop·si·*da*·le sf.
ba·la·nor·ra·*gi*·a sf.
ba·la·nor·*rei*·a sf.
ba·la·nor·*rei*·co adj.
ba·lan·que:*ar* v.
ba·*lan*·te adj. s2g.
ba·lan·*tí*·de:o sm.
ba·lan·ti·di:*o*·se sf.
ba·*lão* sm.; pl. ·*lões.*
ba·*lão* de en-*sai*·o sm.; pl. *balões de ensaio.*
ba·lão-*son*·da sm.; pl. *balões-sondas* ou *balões-sonda.*
ba·lão·*zi*·nho sm.; pl. *balõezinhos.*
ba·*lar* v.
ba·*lá*·ri:a sf./Cf. *balaria,* do v. *balar.*
bá·la·ro adj. sm.
ba·las·*tra*·ca sf.
ba·las·*tra*·gem sf.; pl. ·*gens.*
ba·las·*trar* v.
ba·las·*trei*·ra sf.
ba·las·*trei*·ro sm.
ba·*las*·tro sm.
ba·*la*·ta sf.
ba·la·*tal* sm.; pl. ·*tais.*
ba·la·ta(s)-ro·*sa*·da(s) sf.
ba·la·*tei*·ro sm.
ba·la·*ti*·na sf.
ba·la·*ús*·ta sf.
ba·la:us·*tei*·ro sm.
ba·la:us·*tra*·da sf.
ba·la:us·*tra*·do adj.
ba·la:us·*trar* v.
ba·la:*ús*·tre sm.
ba·*la*·xe adj. sm.
ba·*lá*·zi:o sm.
bal·bi·*nen*·se adj. s2g.
bal·bo adj.

bal·*bo*·a (ô) s2g.
bal·bu·ci:a·*ção* sf.; pl. ·*ções*.
bal·bu·ci:a·*de*·la sf.
bal·bu·ci:a·*men*·to sm.
bal·bu·ci:*an*·te adj. 2g.
bal·bu·ci:*ar* v.
bal·*bú*·ci:e sf./Cf. *balbucie*, do v. *balbuciar*, e *balbucio*, sm.
bal·bu·ci:*ên*·ci:a sf.
bal·bu·ci:*en*·te adj. 2g.
bal·bu·*ci*:o sm.
bal·*búr*·di:a sf./Cf. *balburdia*, do v. *balbudiar*.
bal·bur·di:*ar* v.
bal·ça sf. 'mata espessa'/Cf. *balsa*.
bal·*câ*·ni·co adj. sm.
bal·ca·ni·za·*ção* sf.; pl. ·*ções*.
bal·ca·ni·*zar* v.
bal·*cão* sm.; pl. ·*cões*.
bal·*ção* sm. 'balça grande'; pl. ·*ções* /Cf. *balsão*.
bal·cão-fri·go·*rí*·fi·co sm.; pl. *balcões-frigoríficos*.
bal·*ce*·do (ê) sm.
bal·ce·*do*·so (ô) adj.; f. e pl. (ó).
bal·*cei*·ro adj. sm. 'silvestre'/Cf. *balseiro*.
bal·*ce*·lho (ê) sm.; *balselho*.
bal·co·*nis*·ta adj. s2g.
bal·da sf.
bal·*da*·do adj.
bal·*dão* sm.; pl. ·*dões*.
bal·da·*quim* sm.; pl. ·*quins*: *baldaquino*.
bal·da·qui·*na*·do adj.
bal·da·qui·*nar* v.
bal·da·*qui*·no sm.: *baldaquim*.
bal·*dar* v.
bal·de sm.
bal·de:a·*ção* sf.; pl. ·*ções*.
bal·de:a·*dor* (ô) adj. sm.
bal·de:*ar* v.
bal·di·*nen*·se adj. s2g.
bal·di:o adj. sm.
bal·do adj. sm.
bal·do:a·*dor* (ô) adj. sm.
bal·do:*ar* v.
bal·do:*ei*·ro sm.
bal·*do*·sa sf.
bal·do·*si*·nha sf.
bal·*do*·so (ô) adj.; f. e pl. (ó).
bal·*dra*·me sm.
bal·*dréu* sm.
bal·*dro*·ca sf.
bal·dro·*car* v.
bal·du·*í*·na sf.

ba·*lé* sm.
ba·le:*a*·do adj.
ba·le:*al* sm.; pl. ·*ais*.
ba·le:*ar* v. adj. 2g.
ba·le:*á*·ri·co adj. sm.
ba·le:*a*·to sm.
ba·le·*ei*·ra sf.
ba·le·*ei*·ro adj. sm.
ba·*lei*·a sf.
ba·lei·a(s)-a·*nã*(s) sf. (pl.).
ba·lei·a-a·*zul* sf.; pl. *baleias-azuis*.
ba·lei·a(s)-*bran*·ca(s) sf. (pl.).
ba·*lei*·ro sm.
ba·*le*·la sf.
ba·*le*·ma sf.
ba·le·*ní*·de:o adj. sm.
ba·le·nop·te·*rí*·de:o adj. sm.
ba·le:*o*·te sm.
ba·les·*ti*·lha sf.: *balhestilha*.
ba·*les*·tra sf.
ba·les·*trei*·ro sm.
ba·*lha* sf.: *baila*.
ba·lhes·*ti*·lha sf.: *balestilha*.
ba·*li*·do sm.
ba·*lim* sm.; pl. ·*lins*.
ba·li·*nês* adj. sm.
ba·*lí*·po·do sm.
ba·*lir* v.
ba·*lis*·mo sm.
ba·*lis*·ta sf.
ba·lis·*tá*·ri:o adj. sm.
ba·*lís*·ti·ca sf.
ba·*lís*·ti·co adj. sm.
ba·lis·*tí*·de:o sm.
ba·lis·*ti*·ta sf.
ba·*li*·za sf. sm.
ba·li·*za*·dor (ô) sm.
ba·li·*za*·gem sf.; pl. ·*gens*.
ba·li·za·*men*·to sm.
ba·li·*zar* v.
ba·li·*zei*·ro adj. sm.
ba·li·*zen*·se adj. s2g.
bal·*maz* sm.: bal·*má*·zi:o.
bal·ne:a·*ção* sf.; pl. ·*ções*.
bal·ne:*ar* v.
bal·ne:*á*·ri:o adj. sm.
bal·ne:a·*tó*·ri:o adj. sm.
bal·ne:*á*·vel adj. 2g.; pl. ·*veis*.
bal·ne:o·*lo*·gi·a sf.
bal·ne:o·*ló*·gi·co adj.
bal·ne:o·*lo*·gis·ta s2g
bal·ne:o·tec·*ni*·a sf.
bal·ne:o·te·*ra*·pi·a sf.
bal·ne:o·te·*rá*·pi·co adj.
ba·lo·*fi*·ce sf.
ba·*lo*·fo (ô) adj.

ba·loi·ça·*dor* (ô) adj. sm.: *balouçador*.
ba·loi·*çan*·te adj. 2g.: *balouçante*.
ba·loi·*çar* v.: *balouçar*.
ba·*loi*·ço sm.: *balouço*.
ba·*lo*·na sf.
ba·lo·*ne*·te (ê) sm.
ba·*lor*·do (ô) adj. sm.
ba·*lo*·te sm.
ba·*ló*·ti·ca sf.
ba·lou·ça·*dor* (ô) adj. sm.: *baloiçador*.
ba·lou·*çan*·te adj. 2g.: *baloiçante*.
ba·lou·*çar* v.: *baloiçar*.
ba·*lou*·ço sm.: *baloiço*.
bal·*ro*·a (ô) sf.
bal·ro:*ar* v.
bal·sa sf. 'jangada'/Cf. *balça*.
bal·sa·ma·*di*·na sf.
bal·sa·*mar* v.
bal·*sa*·me sm.
bal·sa·*mei*·a sf.
bal·sa·*mei*·ro sm.
bal·sa·*men*·se adj. s2g.
bal·*sâ*·me:o adj.
bal·*sâ*·mi·ca sf.
bal·*sâ*·mi·co adj.
bal·sa·*mí*·fe·ro adj.
bal·*sâ*·mi·na sf.: bal·sa·*mi*·na.
bal·sa·mi·*ná*·ce:a sf.
bal·sa·mi·*ná*·ce:o adj.
bal·sa·mi·na(s)-de-*pur*·ga sf. (pl.).
bal·sa·*mi*·ta sf.
bal·sa·mi·*zan*·te adj. 2g.
bal·sa·mi·*zar* v.
bál·sa·mo sm.; pl. *bálsamos*, *balsamo*, do v. *balsamar*, e *balsamos*, do v. *balsar*.
bál·sa·mo(s)-de-to·*lu* sm. (pl.).
bál·sa·mo(s) do ca·na·*dá* sm. (pl.).
bál·sa·mo(s)-do-pe·*ru* sm. (pl.).
bál·sa·mo(s)-tran·*qui*·lo(s) sm. (pl.).
bal·*são* sm. 'estandarte'; pl. ·*sões* /Cf. *balção*.
bal·*sar* v.
bal·*se*·do (ê) sm.
bal·*sei*·ra sf.
bal·*sei*·ro adj. sm. 'patrão da flutuação de balsa'/Cf. *balceiro*.
bal·*se*·lho (ê) adj. sm.: *balcelho*.
bal·*sen*·se adj. s2g.

bal·so sm.
bal·*tar* adj. 2g.
bal·ta·sa·ri:*a*·no adj. sm.
bál·te:o sm.
bál·ti adj. s2g. sm.
bál·ti·co adj. sm.
bal·to·es·*lá*·vi·co(s) adj. sm. (pl.).
bal·to·es·*la*·vo(s) adj. sm. (pl.).
ba·lu:*ar*·te sm.
ba·*lú*·chi adj. s2g. sm.
ba·*lu*·da sf.
ba·*lu*·do adj.
ba·*lu*·ma sf.: *valuma*.
ba·*lur*·do sm.
ba·lus·*tri*·no sm.
bal·*za*·ca adj. sf.
bal·za·qui:*a*·na adj. sf.
bal·za·qui:*a*·no adj. sm.
bam·ba adj. s2g. sf.
bam·*bá* sm.
bam·ba·le:a·*du*·ra sf.: *bamboleadura*.
bam·ba·le:a·*men*·to sm.: *bamboleamento*.
bam·ba·le:*an*·te adj. 2g.: *bamboleante*.
bam·ba·le:*ar* v.: *bambolear*.
bam·ba·*lei*·o sm.: *bamboleio*.
bam·ba·*lhão* adj. sm.; pl. ·*lhões*; f. ·*lho*·na.
bam·bam·*bã* adj. s2g.; pl. ·*bães*.
bam·*bão* sm.; pl. ·*bões*.
bam·ba·que·*rê* sm.: bam·ba·que·re·*rê*.
bam·*bar* v.
bam·ba·*ra* adj. s2g. sm.
bam·ba·*ré* sm.: *babaré*.
bam·*bê* sm.: bam·*bé*.
bam·be:*ar* v.
bam·*bei*·ra sf.
bam·be·*lô* sm.
bam·*be*·za (ê) sf.
bâm·bi sm.
bam·bi·*nar* v.
bam·bi·*ne*·la sf.
bam·*bi*·no sm.
bam·bo adj. sm.
bam·bo·*char* v.
bam·bo·*cha*·ta sf.
bam·bo·*lê* sm.
bam·bo·le:a·*du*·ra sf.: *bambaleadura*.
bam·bo·le:a·*men*·to sm.: *bambaleamento*.
bam·bo·le:*an*·te adj. 2g.: *bambaleante*.

bam·bo·le:*ar* v.: *bambalear*.
bam·bo·*lei*·o sm.: *bambaleio*.
bam·bo·*lim* sm.; pl. ·*lins*.
bam·bo·*li*·na sf.
bam·bo·li·*ne*·ta (ê) sf.
bam·bo·*ré* sm.
bam·bu sm.
bam·bu:*a*·da sf.
bam·bu:*al* sm.; pl. ·*ais*.
bam·bu-*bal*·be sm.; pl. *bambus--baldes* ou *bambus-balde*.
bam·bu·*ca*·da sf.
bam·bu:*ei*·ra sf.
bam·bu:i·*en*·se adj. s2g.
bam·bu-im·pe·ri:*al* sm.; pl. *bambus-imperiais*.
bam·bu-ja·po·*nês* sm.; pl. *bambus-japoneses*.
bam·*bu*·la sf.
bam·bu(s)-ma·*ci*·ço(s) sm. (pl.).
bam·bur·*ral* sm.; pl. ·*rais*.
bam·bur·*rar* v.
bam·bur·*ri*·ce sf.
bam·*búr*·rio sm.
bam·bur·*ris*·ta adj. s2g.
bam·*bur*·ro sm.
bam·bu·*sá*·ce:a sf.
bam·bu·*sá*·ce:o adj.
bam·*bu*·to adj. sm.
bam·bu-tre·pa·*dor* sm.; pl. *bambus-trepadores*.
bam·bu·*zal* sm.; pl. ·*zais*.
bam·bu·*zi*·nho sm.
ba·na·*boi*·a s2g.
ba·*nal* adj. 2g.; pl. ·*nais*.
ba·na·li·*da*·de sf.
ba·na·li·za·*ção* sf.; pl. ·*ções*.
ba·na·li·*zar* v.
ba·*na*·na sf. adj. s2g.
ba·na·na(s)-a·*nã*(s) sf. (pl.).
ba·na·na(s)-*bran*·ca(s) sf. (pl.).
ba·na·na(s)-com·*pri*·da(s) sf. (pl.).
ba·na·*na*·da sf.
ba·na·na(s)-d'*á*·gua sf. (pl.).
ba·na·na(s)-da-*ter*·ra sf. (pl.).
ba·na·na(s)-de-ma·*ca*·co sf. (pl.).
ba·na·na(s)-de-pa·pa·*gai*·o sf. (pl.).
ba·na·na(s)-do-*bre*·jo sf. (pl.).
ba·na·na-*fi*·go sf.; pl. *bananas--figos* ou *bananas-figo*.
ba·na·na-i·na·*já* sf.; pl. *bananas-inajás* ou *bananas-inajá*.

ba·na·*nal* sm.; pl. ·*nais*.
ba·na·na·*len*·se adj. s2g.
ba·na·na-ma·*çã* sf.; pl. *bananas--maçãs* ou *bananas-maçã*.
ba·na·na(s)-*mãe*(s) sf. (pl.).
ba·na·na-na·*já* sf.; pl. *bananas--najás* ou *bananas-najá*.
ba·na·na(s)-na·*ni*·ca(s) sf. (pl.).
ba·na·na-*ou*·ro sf.; pl. *bananas--ouros* ou *bananas-ouro*.
ba·na·na-*pra*·ta sf.; pl. *bananas--pratas* ou *bananas-prata*.
ba·na·na-re·*al* sf. ou sm.; pl. *bananas-reais*.
ba·na·na(s)-*ro*·xa(s) sf. (pl.).
ba·na·na-*split* sm. *ou* sf. (pl.).
ba·na·*nei*·ra sf.
ba·na·*nei*·ra-de-*cor*·da sf. (pl.).
ba·na·*nei*·ra(s)-do-*cam*·po sf. (pl.).
ba·na·nei·*ral* sm.; pl. ·*rais*
ba·na·nei·*ren*·se adj. s2g.
ba·na·nei·*ri*·nha sf.
ba·na·nei·ri·nha(s)-do-*ma*·to sf. (pl.).
ba·na·*nei*·ro adj. sm.
ba·na·*ni*·ca sf.
ba·na·*ni*·ce sf.
ba·na·ni·cul·*tor* (ô) sm.
ba·na·ni·cul·*tu*·ra sf.
ba·na·*ni*·nha sf.
ba·na·*nis*·ta adj. s2g.
ba·na·*ní*·vo·ro adj. sm.
ba·*na*·no sm.
ba·na·*no*·sa sf.
ba·na·*no*·se sf.
ba·nan·*zo*·la adj. s2g.: *banazola*.
ba·na·*ti*·to sm.
ba·na·*zo*·la adj. s2g.: *bananzola*
ban·ca sf.
ban·ca·*ção* sf.; pl. ·*ções*.
ban·*ca*·da sf.
ban·ca·*dor* (ô) adj. sm.
ban·*cal* sm.; pl. ·*cais*.
ban·*car* v.
ban·ca·*ri*·a sf. 'grande quantidade de bancos'/Cf. *bancária*, f. de *bancário*.
ban·*cá*·ri:o adj. sm.; f. *bancária*/ Cf. *bancaria*, do v. *bancar* e sf.
ban·car·*ro*·ta (ô) sf.
ban·car·ro·te:*ar* v.
ban·car·ro·*tei*·ro adj. sm.
ban·co sm.
ban·co·cra·*ci*·a sf.
ban·co·*cra*·ta s2g.
ban·co·*crá*·ti·co adj.

ban·co(s)-*d'á*·gua sm. (pl.).
ban·crof·*tí*:a·se sf.
ban·crof·*to*·se sf.
ban·da adj. s2g. sf.
ban·*da*·da sf.
ban·da(s)-*for*·ra(s) s2g. (pl.).
ban·*da*·gem sf.; pl. ·gens.
ban·*da*·*í*·ta sf.
ban·*da*·lha adj. 2g.
ban·*da*·*lhei*·ra sf.
ban·*da*·*lhei*·ro sm.
ban·*da*·*lhi*·ce sf.
ban·*da*·lho sm.
ban·*da*·na sf.
ban·*da*·*ne*·co sm.
ban·*dão* sm.; pl. ·*dões*.
ban·*dar* v. sm.
ban·da·*ri*·lha sf.
ban·da·ri·*lhar* v.
ban·da·ri·*lhei*·ro sm.
ban·*dar*·ra s2g.
ban·dar·re:*ar* v.
ban·dar·*ri*·ce sf.
ban·*dár*·ri·co adj. sm.
ban·dar·*ris*·mo sm.
ban·dar·*ris*·ta adj. s2g.
ban·das sf. pl.
ban·de:a·*men*·to sm.
ban·de:*ar* v.
ban·*dei*·ra sf.
ban·*dei*·ra(s)-a·le·*mã*(s) sf. (pl.).
ban·*dei*·*ra*·da sf.
ban·*dei*·*ra*·do adj. sm.
ban·*dei*·ra(s)-es·pa·*nho*·la(s) sf. (pl.).
ban·*dei*·*ran*·te adj. s2g.
ban·*dei*·*ran*·*ten*·se adj. s2g.
ban·*dei*·*ran*·*tis*·mo sm.
ban·*dei*·ra(s)-pau·*lis*·ta(s) sf. (pl.).
ban·*dei*·*rar* v.
ban·*dei*·*rei*·ro sm.
ban·*dei*·*ri*·nha sm. s2g.
ban·*dei*·*ris*·mo sm.
ban·*dei*·*ris*·ta adj. s2g.
ban·*dei*·*rís*·ti·co adj.
ban·*dei*·ro adj.
ban·*dei*·ro·la sf.
ban·*dei*·ro·lo·*gi*·a sf.
ban·*dei*·ro·*ló*·gi·co adj.
ban·*de*·ja (ê) sf.
ban·*de*·ja(s)-*d'á*·gua sf. (pl.).
ban·*de*·*jão* sm.; pl.: ·*jões*.
ban·*de*·*jar* v.
ban·*de*·*je*·te (ê) sm.
ban·*del* sm.; pl. ·*déis*.

ban·*de*·ta (ê) sf.
ban·di·*da*·ço sm.
ban·di·*dis*·mo sm.: *banditismo*.
ban·*di*·do adj. sm.
ban·*dim* sm.; pl. ·*dins*.
ban·di·*tis*·mo sm.
ban·do sm.
ban·*dó* sm.
ban·*do*·la sf.
ban·do·le:*ar* v.
ban·do·*lei*·ra sf.
ban·do·*lei*·*ris*·mo sm.
ban·do·*lei*·ro adj. sm
ban·do·*le*·ta (ê) sf.
ban·do·*lim* sm.; pl. ·*lins*.
ban·do·*li*·na sf.
ban·do·*li*·*na*·da sf.: ban·do·*li*·*na*·ta.
ban·do·*li*·*nis*·ta adj. s2g.
ban·*dô*·ni:o sm.: ban·*dô*·ni:on.
ban·do·*ri*·a sf.
ban·*du*·lho sm.: *pandulho*.
ban·*dur*·ra sf.
ban·dur·re:*ar* v.
ban·dur·*ri*·lha sf. s2g.
ban·dur·*ris*·ta adj. s2g.
ban·ga sf. interj.
ban·ga·la·fu·*men*·ga s2g.: ban·ga·la·fu·*men*·ga.
ban·ga·*lé* sm.
ban·ga·*lô* sm.
ban·gi:*á*·ce:a sf.
ban·gi:*á*·ce:o adj.
ban·gi:o·*fí*·ce:a sf.
ban·go sm.: *bangue*.
ban·go·*lar* v.
ban·gu adj. s2g.
ban·gue sm.
ban·*guê*(ü) sm.
ban·gue-*ban*·gue(s) sm. (pl.).
ban·*guei*·ro(ü) sm. 'indivíduo que se embriaga com o bangue'/Cf. *bangueiro*.
ban·*guei*·ro sm. 'indivíduo que prepara o caldo da cana para o fabrico da rapadura'/Cf. *bangueiro*.
ban·*gue*·la adj. s2g.: *benguela*.
ban·*gue*·*lê* sm.
ban·*gue*·lo adj. sm.
ban·gu:*en*·se adj. s2g.
ban·gue·*zei*·ro sm.
ban·gue·*zis*·ta s2g.
ban·*gui*·na sf.
ban·*gu*·la sf.
ban·gu·*lar* v.
ban·gu·*lê* sm.: ban·gu·*lé*.

ba·nha sf.
ba·nha·*dal* sm.; pl. ·*dais*.
ba·*nha*·do adj. sm.
ba·*nhar* v.
ba·*nhei*·ra sf.
ba·*nhei*·ro sm.
ba·*nhis*·ta adj. s2g.
ba·nho sm.
ba·nho(s) de i·*gre*·ja sm. (pl.).
ba·nho-ma·*ri*·a sm.; pl. *banhos-marias* ou *banhos-maria*.
ba·*ni*·ba adj. s2g.: *baniva*.
ba·*ni*·do adj. sm.
ba·ni·*men*·to sm.
ba·*nir* v.
ba·nis·te·*ri*·na sf.
ba·*ní*:u·a adj. s2g.: *baniva*.
ba·*ni*·va adj. s2g.
ba·*ní*·vel adj. s2g.; pl. ·*veis*.
ban·ja sf.
ban·*jis*·ta adj. s2g.
ban·jo sm.
ban·jo·*ís*·ta adj. s2g.
banner sm. (ing.: *bâner*).
ban·*quei*·ro sm.
ban·*que*·ta (ê) sf.
ban·que·*ta*·ço sm.
ban·*que*·te (ê) sm.
ban·que·te:a·*dor* (ô) sm.
ban·que·te:*ar* v.
ban·que·*ten*·se adj. s2g.
ban·*qui*·sa sf.
ban·to adj. sm.
ban·za sf.
ban·*zar* v. adj. s2g.
ban·za·*ti*·vo adj.
ban·*zé* sm.
ban·ze:*ar* v.
ban·*zé*(s) de *cui*·a sm. (pl.).
ban·*zei*·ro adj. sm.
ban·*zen*·to adj.
ban·zo adj. sm.
ba:o·*bá* sm.
ba:o·*ne*·sa adj. sf.: *baionesa*.
ba·pa·ca·*ri* sm.
ba·*pei*·ra sf.
ba·pi:a·*ná* adj. s2g.
ba·pu:a·na sf.
ba·qua·ni adj. s2g.: *bacoani*.
ba·*qua*·ra adj. s2g.
ba·que sm.
ba·qui:a·no adj. sm.
ba·que:*ar* v.
ba·que·*lis*·ta sf.
ba·que·ru·*bu* sm.: *bacurubu*.
ba·*que*·ta (ê) sf./Cf. *baqueta* (é), do v. *baquetar*.

ba·que·*tar* v.
ba·que·te:*ar* v.
bá·qui·co adj.
bá·qui:o sm.
ba·qui·*qui* sm.
ba·*quis*·ta adj. s2g.
ba·qui·*té* sm.
bar sm.
ba·*rá* adj. s2g.
ba·ra·ba·*ta*·na adj. s2g.
ba·*ra*·ça sf.
ba·*ra*·ce·jo (ê) sm.
ba·*ra*·cha sf.
ba·ra·*char* v.
ba·*ra*·ço sm.
ba·ra·*fun*·da sf.
ba·ra·fus·*tar* v.
ba·rag·*no*·se sf.
ba·ra·*ju*·ba sf.
ba·*ra*·lha sf.
ba·ra·*lha*·da sf.
ba·ra·lha·*dor* (ô) adj. sm.
ba·ra·lha·*men*·to sm.
ba·ra·*lhar* v.
ba·*ra*·lho sm.
ba·ram·*baz* sm.
ba·*ran*·da sf.
ba·ran·*dar* sm.
ba·ran·gan·*dã* sm.: balangandã.
ba·*rão* sm.; pl. ·*rões*; f. baronesa.
ba·ra·ru:*á* sm. ou sf.
ba·*ra*·ta sf.
ba·ra·ta(s)-cas·*cu*·da(s) sf. (pl.).
ba·ra·ta(s)-*d'á*·gua sf. (pl.).
ba·ra·ta(s)-da-*prai*·a sf. (pl.).
ba·ra·ta(s)-das-pal·*mei*·ras sf. (pl.).
ba·ra·ta(s) de sa·cris·*ti*·a sf. (pl.).
ba·ra·ta(s)-do-co·*quei*·ro sf. (pl.).
ba·ra·ta(s)-do-*fí*·ga·do sf. (pl.).
ba·ra·ta(s)-do-*ma*·to sf. (pl.).
ba·ra·ta(s)-ger·*mâ*·ni·ca(s) sf. (pl.)
ba·ra·ta(s)-*noi*·va(s) sf. (pl.).
ba·ra·ta(s)-*nu*·a(s) sf. (pl.).
ba·ra·ta-o·ri:*en*·tal sf.; pl. baratas-orientais.
ba·ra·*tar* v.
ba·ra·ta·*ri*·a sf.
ba·ra·te:*a*·dor (ô) adj. sm.
ba·ra·te:a·*men*·to sm.
ba·ra·te:*ar* v.
ba·ra·*tei*·o sm.
ba·ra·*tei*·ro adj. sm.
ba·ra·*te*·za (ê) sf.
ba·ra·ti·*ci*·da adj. 2g. sm.
ba·ra·ti·*na*·do adj.

ba·ra·ti·*nar* v.
ba·ra·*ti*·nha sf.
ba·ra·ti·nha(s)-*d'á*·gua sf. (pl.).
ba·*ra*·to adj. adv. sm.
ba·ra·*tô*·me·tro sm.
ba·*rá*·tri·co adj.
bá·ra·tro sm.
ba·ra·tro·me·*tri*·a sf.
ba·ra·tro·*mé*·tri·co adj.
ba·ra·*trô*·me·tro sm.
ba·ra·*ú* adj. s2g.
ba·rau:*a*·na adj. s2g.
ba·ra·*ú*·na sf.
bar·ba sf.
bar·ba-a·*zul* sm.; pl. barbas-azuis.
bar·ba·*cã* sf.
bar·*ba*·ças sm. 2n.
bar·ba·*ce*·na sm.
bar·ba·ce·*nen*·se adj. s2g.
bar·ba·*çu*·do adj.
bar·*ba*·da sf.
bar·ba(s)-de-ba·*ra*·ta sf. (pl.).
bar·ba(s) de *bo*·de sm. 'barba longa'.
bar·ba(s)-de-*bo*·de sm. sf. (pl.) 'planta'.
bar·ba(s)-de-*ca*·bra sf. (pl.).
barba(s)-de-*pau* sf. (pl.).
bar·ba(s)-de-são-*pe*·dro sf. (pl.).
bar·ba(s)-de-ti·*mão* sf. (pl.).
bar·ba(s)-de-*ve*·lho sf. (pl.).
bar·ba·di:*a*·no adj. sm.
bar·ba·*di*·nho adj. sm.
bar·*ba*·do adj. sm.
bar·ba·*lha*·da sf.
bar·ba·*lhen*·se adj. s2g.
bar·*ba*·lho sm.
bar·ba·*lhos*·te adj. 2g.
bar·*ban*·te adj. 2g. sm.
bar·ba·*quá* adj. sm.
bar·ba·*quim* sm.; pl. ·*quins*: berbequim.
bar·*bar* v.
bár·ba·ra sf./Cf. barbara, do v. barbar.
bar·ba·*rá* sf.
bar·ba·*ren*·se adj. s2g.
bar·ba·*res*·co (ê) adj.
bar·ba·*ri*·a sf.
bar·ba·*ri*·ce sf.
bar·*bá*·ri·co adj.
bar·ba·ri·*da*·de sf. interj.
bar·*bá*·ri:e sf.
bar·ba·*ris*·co adj.
bar·ba·*ris*·mo sm.
bar·ba·ri·za·*ção* sf.; pl. ·ções.

bar·ba·ri·za·*dor* (ô) adj. sm.
bar·ba·ri·*zan*·te adj. 2g.
bar·ba·ri·*zar* v.
bár·ba·ro adj. sm. interj.
bar·ba·ro·le·*xi*·a (cs) sf.
bar·ba·*rão* sm.; pl. ·*rões*.
bar·ba(s)-*rui*·va(s) sm. (pl.).
bar·bas sm. 2n.
bar·*bas*·co sm.
bar·ba·*ta*·na sf.
bar·ba·*tão* adj. sm.; pl. ·*tões*.
bar·ba·ti·*mão* sm.; pl. ·*mões*.
bar·ba·ti·mão-de-fo·lha-mi·*ú*·da sm.; pl. barbatimões-de-folha-miúda.
bar·ba·ti·mão-*fal*·so sm.; pl. barbatimões-falsos.
bar·ba·ti·mão-ver·da·*dei*·ro sm.; pl. barbatimões-verdadeiros.
bar·*ba*·to adj. sm.
bar·ba·*to*·a (ô) sf.
bar·be:a·*ção* sf.; pl. ·ções.
bar·be:*a*·dor (ô) sm.
bar·be:*ar* v.
bar·be:a·*ri*·a sf.
bar·be·*char* v.
bar·*be*·cho (ê) sm.
bar·bei·*ra*·gem sf.; pl. ·gens.
bar·bei·*ri*·ce sf.
bar·bei·*ris*·mo sm.
bar·*bei*·ro adj. sm.
bar·bei·*ro*·la sm.
bar·*bei*·to sm.
bar·*be*·la sf.
bar·be·*lões* sm. pl.
bar·be·*lu*·do adj.
bar·*bé*·lu·la sf.
bar·*be*·ta (ê) sf.
bar·bi:al·*ça*·do adj.
bar·bi:*a*·na sf.
bar·bi:ar·*gên*·te:o adj.
bar·bi·*bran*·co adj.
bar·*bi*·ca sf.
bar·bi·*ca*·cho sm.
bar·bi·*ca*·no adj.
bar·*bi*·cas sm. 2n.
bar·*bi*·cha sf.
bar·*bi*·chas sm. 2n.
bar·bi:e·*ri*·ta sf.
bar·*bí*·fe·ro adj.
bar·bi·*for*·me adj. 2g.
bar·*bi*·lha sf.
bar·bi·*lhão* sm.; pl. ·*lhões*.
bar·*bi*·lho sm.
bar·bi·*loi*·ro adj.: barbilouro.
bar·bi·*lon*·go adj.

bar·bi·*lou*·ro adj.: barbiloiro.
bar·bi·*ne*·gro (ê) adj.
bar·*bi*·no sm.
bar·*bí*·pe·de adj. 2g.
bar·bir·*ros*·tro adj.
bar·bir·*rui*·vo adj.
bar·bi·*tal* sm.; pl. ·*tais*.
bar·bi·*te*·so (ê) adj.
bar·bi·tu·*ra*·to sm.
bar·bi·*tú*·ri·co adj. sm.
bar·bi·tu·*ris*·mo sm.
bar·bo sm.
bar·bo·*ti*·na sf.
bar·bu·*di*·nho sm.
bar·*bu*·do adj. sm.
bár·bu·la sf.
bár·bus sm. 2n.
bár·bus-de-cin·co-*lis*·tras sm. 2n.
bar·ca sf.
bar·ça sf
bar·*ca*·ça sf.
bar·ca·*cei*·ro sm.
bar·ca·*ci*·nha sf.
bar·*ca*·da sf.
bar·ca(s)-d'*á*·gua sf. (pl.).
bar·ca-fa·*rol* sf.; pl. *barcas-faróis* ou *barcas-farol*.
bar·*ca*·gem sf.; pl. ·*gens*.
bar·*ca*·na sf.
bar·ca·re·*nen*·se adj. s2g.
bar·ca·*ro*·la sf.
bar·*cei*·ro sm.
bar·ce·*la*·da sf.
bar·ce·*len*·ce adj. s2g.
bar·ce·lo·*nen*·se adj. s2g.
bar·ce·lo·*nês* adj. sm.
bar·ce·*ni*·ta sf.
bar·co sm.
bar·*co*·la sf.
bar·*cô*·me·tro sm.
bar·da sf.
bar·*da*·na sf.
bar·da·na-mai·*or* sf.; pl. *bardanas-maiores*.
bar·*dar* v.
bar·de·sa·ni·*a*·no adj. sm.
bár·di·co adj.
bar·do sm.
ba·*ré* adj. s2g.
ba·re·*gi*·na sf.
ba·*rém* adj. s2g.; pl. ·*réns*.
ba·res·te·*si*·a sf.
ba·res·te·si·o·me·*tri*·a sf.
ba·res·te·si·o·*mé*·tri·co adj.
ba·res·te·si·*ô*·me·tro sm.
ba·*re*·ta (ê) sf.

ba·re·*ti*·ta sf.
bar·ga sf.
bar·*ga*·do adj.
bar·*ga*·nha sf.
bar·ga·nha·*dor* (ô) adj. sm.
bar·ga·*nhar* v.
bar·ga·*nhis*·ta adj. s2g.
bar·gan·ta·*ri*·a sf.
bar·*gan*·te adj. s2g.
bar·gan·te·*ar* v.
bar·*ge*·la sf.
bá·ri:a sm.
ba·ri·*cên*·tri·co adj.
ba·ri·*cen*·tro sm.
bá·ri·co adj.
ba·ri·fo·*ni*·a sf.
ba·ri·*gui* sm.
ba·ri·la·*li*·a sf.
ba·ri·*li*·ta sf.
ba·rim·*bé* sm.
ba·ri·me·*tri*·a sf.
ba·ri·*mé*·tri·co adj.
bá·ri:o sm.
ba·ri·o·*la*·gem sf.; pl. ·*gens*.
bá·ri:on sm.
ba·ri·ô·ni·co adj.
ba·ri·*ri* adj. s2g. sm.
ba·ri·ri·*çó* sm.: *maririçó*.
ba·ri·ri(s)-a·ma·*re*·lo(s) sm. (pl.).
ba·ri·ri:*en*·se adj. s2g.
ba·ris·*fe*·ra sf.
ba·ris·*fé*·ri:o sm.
ba·ri·si·*li*·ta sf.
ba·*ri*·ta sf.
ba·ri·ti·*mi*·a sf.
ba·ri·*ti*·na sf.
ba·ri·to·*nan*·te adj. 2g.
ba·*rí*·to·no adj. sm.
bar·ju·*le*·ta (ê) sf.
bar·la·ven·te·a·*dor* (ô) adj. sm.
bar·la·ven·te·*ar* v.
bar·la·ven·*tis*·ta s2g.
bar·la·*ven*·to sm.
barn sm.
bar·na·*bé* s2g.
bar·na·*bi*·ta adj. 2g. sm.
ba·*ro*·co (ô) sm.
ba·ro·co·*ri*·a sf.
ba·ro·*có*·ri·co adj.
ba·*ró*·gra·fo sm.
ba·ro·*gra*·ma sm.
ba·ro·*li*·ta sf.
ba·ro·lo·*gi*·a sf.
ba·ro·*ló*·gi·co adj.
ba·ro·me·*tri*·a sf.
ba·ro·*mé*·tri·co adj.

ba·*rô*·me·tro sm.
ba·ro·me·tro·gra·*fi*·a sf.
ba·ro·me·*tró*·gra·fo sm.
ba·ro·*na*·to sm.
ba·ro·*nen*·se adj. s2g.
ba·ro·*ne*·sa (ê) sf.
ba·ro·*ne*·sas (ê) sf. pl.
ba·ro·*ne*·te (ê) sm.
ba·ro·*ni*·a sf.
ba·ro·ni:*al* adj. 2g.; pl. ·*ais*.
ba·ro·*nis*·ta adj. s2g.
ba·ro·sâ·ne·mo sm.
ba·ros·*có*·pi:o sm.
ba·ros·*tá*·ti·ca sf.
ba·ros·*ta*·to sm.: ba·*rós*·ta·to.
ba·ro·*tác*·ti·co adj.: ba·ro·*tá*·ti·co.
ba·ro·ta·*xi*·a (cs) sf.
ba·ro·te·ra·*pi*·a sf.
ba·ro·ter·mo·*grá*·fi·co adj.
ba·ro·ter·*mó*·gra·fo sm.
ba·ro·ter·*mô*·me·tro sm.
ba·ro·*trau*·ma sm.
bar·*quei*·ra sf.
bar·*quei*·ro sm.
bar·que·*jar* v.
bar·*que*·ta (ê) sf.
bar·*qui*·ço sm
bar·*qui*·nha sf.
bar·ra sf. s2g.
bar·ra-a·le·*gren*·se(s) adj. s2g. (pl.).
bar·ra-bo·ni·*ten*·se(s) adj. s2g. (pl.).
bar·*ra*·ca sf.
bar·ra·ca·*men*·to sm.
bar·ra·*cão* sm.; pl. ·*cões*.
bar·ra·*cen*·to adj.
bar·*ra*·co sm.
bar·ra·co·*nen*·se adj. s2g.
bar·ra·co·*nis*·ta sm.
bar·ra·co·quei·*ren*·se(s) adj. s2g. (pl.).
bar·ra·cor·*den*·se(s) adj. s2g. (pl.).
bar·ra·*có*·ri:o sm.
bar·ra·*cu*·da sf.
bar·ra·*de*·la sf.
bar·*ra*·do adj. sm.
bar·ra·*du*·ra sf.
bar·ra-es·ti·*ven*·se(s) adj. s2g. (pl.).
bar·ra·*fo*·go(s) sm. (pl.).
bar·ra·gar·*cen*·se(s) adj. s2g. (pl.).
bar·*ra*·gem sf.; pl. ·*gens*.
bar·*ral* sm.; pl. ·*rais*.

bar·ra(s)-*lim*·pa(s) adj. s2g. (pl.).
bar·ra-lon-*guen*·se(s) adj. s2g. (pl.).
bar·ra-man-*sen*·se(s) adj. s2g. (pl.).
bar·ra-*men*·to sm.
bar·ra-*mi*·na(s) sf. (pl.).
bar·*ran*·ca sf.: *barranco*.
bar·*ran*·cei·ra sf.
bar·*ran*·co sm.: *barranca*.
bar·ran·*co*·so (ô) adj.; f. e pl. (ó).
bar·ran·*cu*·do adj.
bar·ran·*di*·ta sf.
bar·ran·*quei*·ra sf.
bar·ran·*quei*·ro adj. sm.
bar·*rão* sm.; pl. ·*rões*; f. *barroa*.
bar·ra(s)-pe-*sa*·da(s) adj. s2g. (pl.).
bar·ra·que:*ar* v.
bar·ra·*quei*·ro adj. sm.
bar·ra·*quim* sm.; pl. ·*quins*.
bar·ra·*quis*·ta adj. s2g.
bar·*rar* v.
bar·ras sf. pl.
bar·*ras*·co adj. sm.: *varrasco*.
bar·re:*a*·do adj. sm.
bar·re:*ar* v.
bar·re·*gã* sf.
bar·re·*ga*·na sf.
bar·re·ga·*ni*·a sf.
bar·re·*gão* sm.; pl. ·*gões*.
bar·re·*gar* v.
bar·re·go (ê) sm./Cf. *barrego* (é), do v. *barregar*.
bar·re·*guei*·ro sm.
bar·re·*gui*·ce sf.
bar·*rei*·ro sm.
bar·*rei*·ra sf.
bar·*rei*·rar v.
bar·rei·*ren*·se adj. s2g.
bar·rei·ri·*nhen*·se adj. s2g.
bar·*rei*·ro sm.
bar·re·la sf.
bar·re·*lei*·ro adj. sm.
bar·*rê*·mi:o adj. sm.
bar·re·na sf.
bar·re·*nar* v.
bar·re·*nei*·ro sm.
bar·re·no sm.
bar·*ren*·se adj. s2g.
bar·*ren*·to adj.
bar·rer v.: *varrer*.
bar·re·ta (ê) sf.
bar·re·*ta*·da sf.
bar·re·te (ê) sm.
bar·re·te:*ar* v.
bar·re·*tei*·ro sm.

bar·re·*ten*·se adj. s2g.
bar·re·*ti*·na sf.
bar·*ri*·ca sf.
bar·ri·*ca*·da sf.
bar·ri·*cão* sm.; pl. ·*cões*.
bar·ri·*car* v.
bar·*ri*·do sm.
bar·*ri*·ga sf.
bar·ri·*ga*·da sf.
bar·ri·ga(s)-*d'á*·gua sf. (pl.).
bar·ri·ga(s) de sam·bu·*rá* sf. (pl.).
bar·ri·*gal* adj. 2g.; pl. ·*gais*.
bar·ri·*gão* sm.; pl. ·*gões*.
bar·ri·ga·tin·*tim* sm.; pl. ·*tins*.
bar·ri·ga(s)-*ver*·de(s) adj. s2g. sm. (pl.).
bar·ri·*gu*·da adj. sf.
bar·ri·gu·*di*·nho adj. sm.
bar·ri·*gu*·do adj. sm.
bar·ri·gu·do(s)-cin·*zen*·to(s) sm. (pl.).
bar·ri·gu·do(s)-*par*·do(s) sm. (pl.).
bar·ri·*guei*·ra sf.
bar·*ril* sm.; pl. ·*ris*.
bar·ri·*la*·da sf.
bar·ri·*lei*·ra sf.
bar·ri·*le*·te (ê) sm.
bar·*ri*·lha sf.
bar·ri·*lha*·ra sf.
bar·ri·*lo*·te sm.
bar·ri·*nhen*·se adj. s2g.
bar·ri·*quei*·ro sm.
bar·ri·*qui*·nha sf.
bar·*rir* v.
bar·*ris*·ta adj. s2g.
bar·*ri*·to sm.
bar·ro sm.
bar·*ro*·a (ô) sf. de *barrão*.
bar·ro:*a*·da sf.
bar·ro:*ar* v.
bar·*ro*·ca sf.
bar·ro·*ca*·da sf.
bar·ro·*cal* sm.; pl. ·*cais*.
bar·ro·*cão* sm.; pl. ·*cões*.
bar·*ro*·co (ô) adj. sm.
bar·ro·*quei*·ra sf.
bar·ro·*quis*·mo sm.
bar·ros sm. pl.
bar·ro·*sã* adj. sf. de *barrosão*.
bar·ro·*são* adj. sm.; pl. ·*sões*; f. *barrosã* ou *barrosoa*.
bar·ro·*sei*·ro adj.
bar·ro·*sen*·se adj. s2g.
bar·*ro*·so (ô) sm.; f. e pl. (ó).

bar·ro·*so*·a (ô) adj. sf. de *barrosão*.
bar·ro·*tar* v.
bar·*ro*·te sm.
bar·ro·te:a·*men*·to sm.
bar·ro·te:*ar* v.
bar·ro·*tim* sm.; pl. ·*tins*.
bar·ru·*far* v.: *borrifar*.
bar·*ru*·fo sm.
bar·*ru*·ma sf.: *verruma*.
bar·run·*tar* v.
bar·*run*·to sm.
bar·te·*doi*·ro sm.: bar·te·*dou*·ro.
bar·tho·li·*ni*·te sf.: bar·to·li·*ni*·te.
bar·to·ne·*lá*·ce:a sf.
bar·to·ne·*lá*·ce:o adj.
bar·to·ne·*lo*·se sf.
bar·*tô*·ni:a sf.
ba·ru sm.
ba·ru:e·ri:*en*·se adj. s2g.
ba·ru·*lha*·da sf.
ba·ru·*lhar* v.
ba·ru·*lhei*·ra sf.
ba·ru·*lhei*·ro adj.
ba·ru·*lhen*·to adj.
ba·*ru*·lho sm.
ba·ru·*lho*·so (ô) adj.; f. e pl. (ó).
ba·ru·*ri*·a sf.: ba·*rú*·ri:a.
ba·*ru*·ru adj. s2g.
ba·*sal* adj. 2g.; pl. ·*sais*.
ba·*sál*·ti·co adj.
ba·sal·*tí*·co·la adj. 2g.
ba·sal·ti·*for*·me adj. 2g.
ba·sal·*tí*·ge·no adj.
ba·sal·*ti*·na sf.
ba·sal·*ti*·to sm.
ba·*sal*·to sm.
ba·sa·*ni*·ta sf.
bas·ba·ca·*ri*·a sf.
bas·*ba*·na adj. s2g.
bas·*ba*·que adj. s2g. sm.
bas·ba·*qui*·ce sf.
bas·co adj. sm.
bás·cu·la sf.
bas·cu·la·*dor* (ô) sm.
bas·cu·*lan*·te adj. 2g. sm.
bas·cu·*lha* sf.:
  vasculhadeira.
bas·cu·lha·*de*·la sf.:
  vasculhadela.
bas·cu·lha·*dor* (ô) sm.:
  vasculhador.
bas·cu·*lhar* v.: *vasculhar*.
bas·*cu*·lho sm.: *vasculho*.
bás·cu·lo sm.

ba·se sf.
ba·se:*a*·do adj. sm.
ba·se:a·*men*·to sm.
ba·se:*ar* v.
ba·se·*lá*·ce:a sf.
ba·se·*lá*·ce:o adj.
ba·si·ce·*ri*·na sf.
ba·si·ci·*da*·de sf.
bá·si·co adj. sm.
ba·si·cra·ni:*al* adj. 2g.; pl. ·*ais*.
ba·si·cro·*má*·ti·co adj.
ba·si·cro·ma·*ti*·na sf.
ba·si·*da*·de sf.
ba·*sí*·di:o sm.
ba·si·di:o·*cár*·pi·co adj.
ba·si·di:o·*car*·po sm.
ba·si·di:o·*lí*·quen s.
ba·si·di:o·*dei*·ce·to sm.
ba·si·di:os·*pó*·ri·co adj.
ba·si·di:*ós*·po·ro sm.
ba·si·fa·ci:*al* adj. 2g.; pl. ·*ais*.
ba·si·fi·ca·*ção* sf.; pl. ·*ções*.
ba·si·fi·*car* v.
ba·si·*fi*·xo (cs) adj.
ba·*sí*·fu·go adj.
ba·si·*lar* adj. 2g.
ba·si·*le*·ma sm.
ba·si·li:*a*·no adj. sm.
ba·*sí*·li·ca sf.
ba·si·li·*cal* adj. 2g.; pl. ·*cais*.
ba·si·li·*cão* sm.; pl. ·*cões*.
ba·si·li·*cá*·ri:o sm.
ba·si·*lis*·co sm.
bá·si:o sm.
ba·si:o·*ces*·tro sm.
ba·si:o·fa·*rín*·ge:o adj. sm.
ba·si:o·fo·*bi*·a sf.
ba·si:o·*glos*·so adj. sm.
ba·si·*ó*·tri·bo sm.
ba·*sí*·pe·to adj.
ba·sip·te·*rí*·gi:o adj.
ba·*si*·te sf.
ba·so·ce·lu·*lar* adj. 2g. sm.
ba·so·fi·*li*·a sf.
ba·so·*fí*·li·co adj.
ba·so·fi·*lis*·mo sm.
ba·*só*·fi·lo adj. sm.
ba·so·ma·*tó*·fo·ro adj. sm.
ba·*sô*·ni·mo sm.
bas·*que*·te sm.
bas·que·te·*bol* sm.; pl. ·*bóis*.
bas·que·te(s) de *bol*·so sm. (pl.).
bas·que·*tei*·ra sf.
bas·*sê* adj. sm.
bas·*soi*·ra sf.: *bassoura, vassoira, vassoura*.
bas·*só*·ri·co adj.

bas·so·*ri*·na sf.
bas·*sou*·ra sf.: *bassoira, vassoira, vassoura*.
bas·ta sf. interj.; sm., na loc. *dar o basta*.
bas·*tan*·te adj. 2g. adv.
bas·*tão* adj. sm.; pl. ·*tões*.
bas·tão-de-são-jo·*sé* sm.; pl. *bastões-de-são-josé*.
bas·tão-de-*ve*·lho sm.; pl. *bastões-de-velho*.
bas·tão-do-im·pe·ra·*dor* sm.; pl. *bastões-do-imperador*.
bas·*tar* v.
bas·*tar*·da sf.
bas·tar·de:*ar* v.
bas·tar·*dei*·ra sf.
bas·tar·*di*·a sf. 'condição de bastardo'/Cf. *bastárdia*.
bas·*tár*·di:a sf. 'planta'/Cf. *bastardia*.
bas·tar·*di*·nho sm.
bas·*tar*·do adj. sm.
bas·te:*ar* v.
bas·te·*cer* v.
bas·*tei*·ra sf.
bas·tei·*ra*·do adj.
bas·tei·*rar* v.
bas·*tei*·ras sf. pl.
bas·*ten*·se adj. s2g.
bas·ti:*ães* sm. pl.
bas·ti:*ão* sm.; pl. ·*ães* ou ·*ões*.
bas·*ti*·da sf.
bas·ti·*dão* sf.; pl. ·*dões*.
bas·ti·*dor* (ô) sm.
bas·*ti*·lha sf.
bas·ti·*men*·to sm.
bas·*tir* v.
bas·tis·*sa*·gem sf.; pl. ·*gens*.
bas·*ti*·ta sf.: bas·*ti*·te.
bas·to adj. sm.
bas·to·*na*·da sf.
bas·to·*ne*·te (ê) sm.
bas·to·*ni*·ta sf.
bas·tos sm. pl.
bas·*to*·se sf.
bas·*tu*·ra sf.
ba·ta adj. s2g. sm. sf.
ba·ta·*ca*·ço sm.
ba·ta·co·*tô* sm.
ba·ta·gua·çu:*en*·se adj. s2g.
ba·*ta*·lha sf.
ba·ta·lha·*ção* sf.; pl. ·*ções*.
ba·ta·lha·*dor* (ô) adj. sm.
ba·ta·*lhan*·te adj. 2g.
ba·ta·*lhão* sm.; pl. ·*lhões*.
ba·ta·*lhar* v.

ba·ta·*lhei*·ra sf.
ba·ta·*lhen*·se adj. s2g.
ba·ta·*rá* adj. sm.
ba·ta·*ri*·a sf.
ba·ta·*ris*·mo sm.
bá·ta·ro adj. sm.
ba·*ta*·ta sf.
ba·ta·ta(s)-ba·*ro*·a(s) sf. (pl.).
ba·ta·ta(s)-*bra*·va(s) sf. (pl.).
ba·ta·ta-ce·*nou*·ra sf.; pl. *batatas-cenouras* ou *batatas-cenoura*.
ba·ta·*ta*·da sf.
ba·ta·ta(s)-da-*i*·lha sf. (pl.).
ba·ta·ta(s)-da-*pe*·dra sf. (pl.).
ba·ta·ta(s)-da-*ter*·ra sf. (pl.).
ba·ta·ta(s)-da-u·va-do-*ma*·to sf. (pl.).
ba·ta·ta(s)-de-ca·*bo*·clo sf. (pl.).
ba·ta·ta(s)-de-*pur*·ga sf. (pl.).
ba·ta·ta(s)-do-*cam*·po sf. (pl.).
ba·ta·ta(s)-*do*·ce(s) sf. (pl.).
ba·ta·ta(s)-do-in·*fer*·no sf. (pl.).
ba·ta·ta(s)-do-*ri*·o sf. (pl.).
ba·ta·tai·*en*·se adj. s2g.
ba·ta·ta(s)-in·*gle*·sa(s) sf. (pl.).
ba·ta·*tal* sm.; pl. ·*tais*.
ba·ta·ta(s)-mi·*ú*·da(s) sf. (pl.).
ba·ta·*tão* sm.; pl. ·*tões*.
ba·ta·tão-a·ma·*re*·lo sm.; pl. *batatões-amarelos*.
ba·ta·ta·*ra*·na sf.
ba·ta·ta(s)-sil·*ves*·tre(s) sf. (pl.).
ba·ta·*tei*·ra sf.
ba·ta·tei·*ral* sm.; pl. ·*rais*.
ba·ta·*tei*·ro adj. sm.
ba·ta·*ti*·nha sf.
ba·ta·ti·nha(s)-a·ma·*re*·la(s) sf. (pl.).
ba·ta·ti·nha(s)-ca·a·*pe*·ba(s) sf. (pl.).
ba·ta·ti·nha(s)-d'*á*·gua sf. (pl.).
ba·ta·ti·nha(s)-do-*cam*·po sf. (pl.).
ba·ta·ti·nha(s)-pur·ga·*ti*·va(s) sf. (pl.).
ba·ta·*tu*·do adj.
ba·tau·*á* sm.
ba·*tá*·vi·co adj. sm.
ba·*ta*·vo adj. sm.
ba·te sm.
ba·te:*a*·da sf.
ba·te:a·*dor* (ô) sm.
ba·te:*ar* v.
ba·te-*bar*·ba(s) sm. (pl.).

ba·te-*ba*·te sm.; pl. *bate-bates* ou *bates-bates*.
ba·te-ba·*ú*(s) sm. (pl.).
ba·te-*bo*·ca(s) sm. (pl.).
ba·te-*bo*·la(s) sm. (pl.).
ba·te-chi-*ne*·la(s) sm. (pl.).
ba·te-*co*·xa(s) sm. (pl.).
ba·te-*cu*(s) sm. (pl.).
ba·te-*dei*·ra sf.
ba·te-*de*·la sf.
ba·te-*doi*·ro sm.: batedouro.
ba·te-*dor* (ô) adj. sm.
ba·te-*dou*·ro sm.: batedoiro.
ba·te-*du*·ra sf.
ba·te:*ei*·ro sm.
ba·te-en-*xu*·ga sm. 2n.
ba·te-es-*ta*·ca(s) sm. (pl.).
ba·te-*fo*·lha(s) sm. (pl.).
bá·te·ga sf.
bá·te·gas sf. pl.
ba·*tei*·a sf.
ba·*tei*·ra adj. sf.
ba·*tel* sm.; pl. *batéis*/Cf. *bateis*, do v. *bater*.
ba·te-*la*·da sf.
ba·te-*lão* sm.; pl. ·*lões*.
ba·te·*lei*·ro sm.
ba·te não *qua*·ra sf. 2n.
ba·*ten*·te adj. 2g. sm.
bate-o-*re*·lha(s) s2g. (pl.).
ba·te·pan·*dé* sm.
ba·te-*pa*·po(s) sm. (pl.).
ba·te-*pau*(s) sm. (pl.).
ba·te-*pé*(s) sm. (pl.).
ba·te-*pre*·go(s) sm. (pl.).
ba·*ter* v.
ba·te-*ri*·a sf.
ba·te-*ris*·ta adj. s2g.
ba·te·*tê* sm.
ba·te-*tes*·ta(s) sm. (pl.).
ba·te-vi-*ri*·lha(s) sm. (pl.).
ba·ti:*al* adj. 2g.; pl. ·*ais*.
ba·ti:a·nes·te·*si*·a sf.
ba·ti·*bar*·ba sm. ou sf.
ba·ti·*bi*·co adj.
ba·ti·*ção* sf.; pl. ·*ções*.
ba·ti·car·*di*·a sf.
ba·*tí*·co·la adj. s2g.
ba·ti·*cum* sm.; pl. ·*cuns*.
ba·*ti*·da sf.
ba·ti·*dá*·ce:a sf.
ba·ti·*dá*·ce:o adj.
ba·ti·*da*·le sf.
ba·*ti*·do adj. sm.
ba·ti·*gra*·ma sm.
ba·ti·*lhar* v.
ba·ti·*men*·to sm.

ba·ti·me·*tri*·a sf.: batometria.
ba·ti·*mé*·tri·co adj.: batométrico.
ba·*tí*·me·tro sm.: batômetro.
ba·*ti*·na sf.
ba·*tin*·ga sf.
ba·tin-gua·*cá* sf.
ba·ti·pe·*lá*·gi·co adj.
ba·ti·*planc*·to sm.: ba·ti·*plânc*·ton.
ba·ti·pu·*tá* sm.
ba·*tis*·ca·fo sm.
ba·tis·*fe*·ra sf.
ba·tis·*mal* adj. 2g.; pl. ·*mais*.
ba·*tis*·mo sm.
ba·tis·*se*·la s2g.
ba·*tis*·ta¹ adj. s2g. 'indivíduo que batiza' 'da seita dos batistas'.
ba·*tis*·ta² sf. 'tecido de cambraia'.
ba·tis·*té*·ri:o sm.
ba·ti·*té* sm.
ba·ti·*za*·do adj. sm.
ba·ti·za·*men*·to sm.
ba·ti·*zan*·do sm.
ba·ti·*zan*·te adj. 2g.
ba·ti·*zar* v.
bát·mi·co adj.
bat·*mis*·mo sm.
bat·mo·*gê*·ne·se sf.
bat·mo·*tró*·pi·co adj.
bat·mo·tro·*pis*·mo sm.
ba·to sm.
ba·*to*·ca sf.
ba·*to*·*ca*·ço sm.
ba·*to*·*ca*·da sf. 'prejuízo vultoso'/Cf. batucada.
ba·*to*·*car* v. 'arrolhar'/Cf. batucar.
ba·*to*·*cro*·mo sm.
ba·*to*·*gra*·fi·a sf.
ba·*to*·*grá*·fi·co adj.
ba·*tói*·de:o adj. 2g. sm.: ba·*to*·*í*·de:o.
ba·*toi*·ro sm.
ba·*tó*·li·to sm.
ba·*to*·*lo*·gi·a sf.
ba·*to*·*ló*·gi·co adj.
ba·*tó*·lo·go sm.
ba·*tom* sm.; p. ·*tons*.
ba·*to*·me·*tri*·a sf.
ba·*to*·*mé*·tri·co adj.
ba·*tô*·me·tro sm.
ba·*to*·que sm.
ba·*to*·*quei*·ra sf.
ba·*to*·*ré* adj. 2g.
ba·*to*·ta sf.

ba·*to*·*tar* v.
ba·*to*·*te:ar* v.
ba·*to*·*tei*·ro adj. sm.
ba·*trá*·ci:o adj. sm.: batráquio.
ba·tra·*coi*·de adj. 2g.
ba·tra·*qui*·na sf.
ba·*trá*·qui:o adj. sm.: batrácio.
ba·tu·*ca*·da sf. 'ritmo ou canção do batuque'/Cf. batocada.
ba·tu·ca·*dor* (ô) adj. sm.
ba·tu·ca·*jé* sm.: batucajê.
ba·tu·*can*·te adj. s2g.
ba·tu·*car* v. 'bater ritmadamente'/Cf. batocar.
ba·tu:*ei*·ra sf.: ba·tu:*e*·ra.
ba·tu·*í*·ra sf. adj. 2g.
ba·tu·*í*·ra(s)-do-*cam*·po sf. (pl.).
ba·tu·*í*·ra(s)-do-mar-*gros*·so sf. (pl.).
ba·tu:i·*rão* sm.; pl. ·*rões*.
ba·tu:i·*ri*·nha sf.
ba·tu:i·ru·*çu* sm. ou sf.
ba·tu:i·tu:*í* sm.
ba·*tum* adj. s2g.; pl. ·*tuns*.
ba·tu·*ma*·do adj.: betumado.
ba·*tu*·me sm.: betume.
ba·*tu*·no adj. sm.
ba·*tu*·que sm.
ba·tu·que-*boi* sm.; pl. *batuques-bois* ou *batuques-boi*.
ba·tu·*quei*·ro adj. sm.
ba·tu·*qui*·ra sm.
ba·tu·ri·te-*en*·se adj. s2g.
ba·*tu*·ta adj. s2g. sf.
ba·tu·*té* adj. s2g.
ba·tu·*vi*·ra sf.
ba·*ú* sm.
bau·*á* sm. ou sf.
bau·a·*çu* sf.
bau·a·na adj. s2g.
baud (bô) sm.
bau·de·lai·*res*·co (bô de lè-rês) adj.
bau·de·lai·ri·*a*·no (bô de lè) adj.
bau·*lei*·ro sm.
ba·*ú*·na sf.
ba·*ú*·na(s)-de-*fo*·go sf. (pl.).
ba·*ú*·na(s)-do-*al*·to sf. (pl.).
ba·*ú*·na-*fo*·go sf.; pl. *baúnas-fogo* ou *baúnas-fogos*.
bau·*ni*·lha sf.
bau·ni·lha(s)-do-pe-*ru* sf. (pl.).
bau·ni·lha(s)-dos-jar·*dins* sf. (pl.).

bau·ni·lha(s)-*fal*·sa(s) sf. (pl.).
bau·ni·lha-*zi*·nha sf.
bau·*rim* adj. s2g.; pl. ·*rins*.
bau·ru:*en*·se adj. s2g.
bau·*xi*·ta sf.
bá·va·ro adj. sm.
ba·*xá* sm.
ba·*xa*·do sm.
ba·xa·*la*·to sm.
ba·*xe*·te (ê) sm.
ba·xi:a·*rá* adj. s2g.
ba·xi:*ú*·ba sf.
ba·*zar* sm.
ba·za·*rei*·ro sm.
ba·*zé* sm.
ba·zo·*fei*·ro adj.
ba·*zó*·fi:a sf./Cf. *bazofia*, do v. *bazofiar*.
ba·zo·fi:a·*dor* (ô) adj. sm.
ba·zo·fi:a·*men*·to sm.
ba·zo·fi:*ar* v.
ba·*zó*·fi:o adj. sm.
ba·*zu*·ca sf.
ba·zu·*la*·que sm.
bde·*lí*·de:o adj. sm.
bdé·li:o sm.
bde·*lói*·de:o adj. sm.: bde·lo·*í*·de:o.
bde·*lô*·me·tro sm.
bde·*ló*·po·de adj. 2g.
bé sm. interj.
bê sm.
bê·a-*bá*(s) sm. (pl.): be·a·*bá*.
be:ar·*nês* adj. sm.
be:*a*·ta sf.
be:a·*tão* sm.; pl. ·*tões*. f. *beatona*.
be:a·ta·*ri*·a sf.
be:a·*tei*·ro adj. sm.
be:a·*té*·ri:o sm.
be:a·*ti*·ce sf.
be:a·ti·fi·ca·*ção* sf.; pl. ·*ções*.
be:a·ti·fi·*ca*·do adj.
be:a·ti·fi·ca·*dor* (ô) adj. sm.
be:a·ti·fi·*can*·te adj. 2g.
be:a·ti·fi·*car* v.
be:a·*tí*·fi·co adj./Cf. *beatifico*, do v. *beatificar*.
be:a·*ti*·lha sf.
be:a·*ti*·nha sf.
be:a·*tís*·si·mo adj. superl. de *beato*.
be:a·ti·*tu*·de sf.
be:*a*·to adj. sm.
be:a·*to*·na sf. de *beatão*.
be:a·*tor*·ro (ô) sm.
be:a·*triz* sf.

be·ba (ê) sf.
be·*ba*·ça sm.: be·*ba*·ço.
bê·ba·do adj. sm.: *bêbedo*.
be·*bê* sm.: be·*bé*.
be·be·*dei*·ra sf.
be·be·*di*·ce sf.
bê·be·do adj. sm.: *bêbado*.
be·be·*doi*·ro sm.: *bebedouro*.
be·be·*dor* (ô) adj. sm.
be·be·dou·*ren*·se adj. s2g.
be·be·*dou*·ro sm.: *bebedoiro*.
be·be em *bran*·co adj. s2g. 2n.
be·be·e·*ri*·na sf.: *beberina*.
be·be·e·*ru* sm.: *beberu*.
be·be·*gás* sm.; pl. *bebegases*.
be·be·*mo*·rar v.
be·*ber* v.
bê·be·ra sf./Cf. *bebera*, do v. *beber*.
be·be·*ra*·gem sf.: *beberragem*; pl. ·*gens*.
be·be·*rar* v.
be·be·*rei*·ra sf.
be·*be*·res (ê) sm. pl.
be·be·*re*·te (ê) sm.
be·be·ri·ca·*ção* sf.: *beberricação*; pl. ·*ções*.
be·be·ri·ca·*dor* (ô) adj. sm.: *beberricador*.
be·be·ri·*car* v.: *beberricar*.
be·be·*ri*·na sf.: *bebeerina*.
be·ber·*ra*·gem sf.: *beberagem*; pl. ·*gens*.
be·ber·*rão* adj. sm.; pl. ·*rões*. f. *beberrona*.
be·ber·*raz* adj. s2g.
be·ber·*ri*·ca adj. s2g.
be·ber·ri·ca·*ção* sf.: *bebericação*; pl. ·*ções*.
be·ber·ri·ca·*dor* (ô) adj. sm.: *bebericador*.
be·ber·ri·*car* v.: *bebericar*.
be·ber·*ro*·na adj. sf. de *beberrão*.
be·ber·ro·*ni*·a sf.
be·ber·*ro*·te sm.
be·be·*ru* sm.: *bebeeru*.
be·*bes* sm. pl., na loc. *comes e bebes*.
be·*bi*·da sf.
be·*bi*·do adj. sm.
be·*bí*·vel adj. 2g.; pl. ·*veis*.
be·*bum* adj. 2g. sm.; pl.: ·*buns*.
be·ca sf.
be·ça sf., na loc. *à beça*.
be·*ca*·pe sm.
be·cha·*mel* sm.; pl. ·*méis*.

bé·cher sm.; pl. *bécheres*: *béquer*.
be·*co* (ê) sm.
be·*da*·me sm.: *badame*.
be·de·*gar* sm.
be·de·*gue*·ba sm.
be·*del* sm.; pl. ·*déis*.
be·de·*lhar* v.
be·*de*·lho (ê) sm.
be·*dém* sm.: *badém*; pl. ·*dens*.
be·du·*í* sm.: *beduíno*.
be·du:*im* sm.; pl. ·*ins*: *beduíno*.
be·du:*í*·no adj. sm.
bee·tho·ve·ni:a·no (bê-tô) adj.
be·ge sm. adj. 2g. 2n.
be·gô·*ni*:a sf.
be·go·ni:*á*·ce:a sf.
be·go·ni:*á*·ce:o adj.
be·gô·*ni*:a(s)-de-fo·lha·es·*trei*·ta sf. (pl.).
be·gô·*ni*:a-re·*al* sf.; pl. *begônias-reais*.
be·gô·*ni*:a-*san*·gue sf.; pl. *begônias-sangues* ou *begônias-sangue*.
be·*gua*·da sf.: be·*gua*·va.
be·*gui*·na sf.
be·gui·na·*ri*·a sf.
be·*gui*·no sm.
be·*gui*·ra sm.
be·ha·vi:o·*ris*·mo sm.: be·ha·vi:ou·*ris*·mo.
be·ha·vi:o·*ris*·ta adj. s2g.: be·ha·vi:ou·*ris*·ta.
bei sm.; pl. ·*beis*/Cf. *béis*, pl. de *bel*.
bei·ça sf.
bei·ça·da sf.
bei·ci·nho sm.
bei·ço sm.
bei·ço·ca sf.
bei·ço(s)-de-*ne*·gra sm. (pl.).
bei·ço(s) de *pau* adj. s2g. (pl.).
bei·ço·la sf. s2g.
bei·ço·*la*·da sf.
bei·çor·ra (ô) sf.
bei·ço·te sm.
bei·cu·do adj. sm.
bei·ja sm.
bei·ja·*dor* (ô) adj. sm.
bei·ja-*flor* sm.; pl. *beija-flores*.
bei·ja-flor-d'*á*·gua sm.; pl. *beija-flores-d'água*.
bei·ja-flor-da-ma·ta-*vir*·gem sm.; pl. *beija-flores-da-mata-virgem*.

bei·ja-flor-do-*ma*·to sm.; pl.
beija-flores-do-mato.
bei·ja-flor-do-ma-to-*vir*·gem
sm.; pl.: *beija-flores-do-mato-
-virgem*.
bei·ja-flor-*gran*·de sm.; pl.
beija-flores-grandes.
bei·ja-flor-ver-*me*·lho sm.; pl.
beija-flores-vermelhos.
bei·ja-*mão*(s) sm. (pl.).
bei·ja-*pé*(s) sm. (pl.).
bei·*jar* v.
bei·*ji*·nho sm.
bei·jo sm.
bei·*jo*·ca sf.
bei·jo·ca·*dor* (ô) adj. sm.
bei·jo·*car* v.
bei·jo(s)-de-*fra*·de sm. (pl.).
bei·jo(s)-de-*mo*·ça sm. (pl.).
bei·jo(s)-de-*pal*·mas sm. (pl.).
bei·jo(s) de si·*nhá* sm. (pl.).
bei·jo:*ei*·ro sm.: *benjoeiro*.
bei·jo:*im* sm.: *benjoim*; pl. ·*ins*.
bei·jo·*quei*·ro adj. sm.
bei·*ju* sm.: *biju*.
bei·ju:a·*çu* sm.
bei·ju·*ca*·ba sf.
bei·ju·*ci*·ca sm.: *beijuxica*.
bei·ju·cu·*ru*·ba sm.
bei·ju:*ei*·ra sf.
bei·ju:*ei*·ro sm.
bei·ju·gua·*çu* sm.
bei·ju(s)-mem·*be*·ca(s) sm.
(pl.).
bei·ju·mo·*que*·ca sm.; pl.
beijus-moquecas ou
beijus-moqueca.
bei·ju·pi·*rá* sm.: *bijupirá*.
bei·ju-po·*que*·ca sm.; pl. *beijus-
-poquecas* ou *beijus-poqueca*.
bei·ju·*tei*·ca sm.
bei·ju·*xi*·ca sm.: *beijucica*.
bei·*lhó* s2g.
bei·ra sf.
bei·*rã* adj. de *beirão*.
bei·ra-*cam*·po(s) sm. (pl.).
bei·ra-*cor*·go(s) adj. s2g. (pl.).
bei·*ra*·da sf.
bei·ra·de:*ar* v.
bei·ra·*dei*·ro sm.
bei·ra·de·*jar* v.
bei·*ra*·do sm.
bei·*ral* sm.; pl. ·*rais*.
bei·ra-*mar* sf.; pl. *beira-mares*.
bei·*ran*·te adj. 2g.
bei·*rão* adj. sm.; pl. ·*rões*; f.
beiroa (ô) ou *beirã*.

bei·*rar* v.
bei·*ren*·se adj. s2g.
bei·*ro*·a (ô) adj. sf. de *beirão*.
bei·*ru* sm.
bei·se·*bol* sm.; pl. ·*bóis*.
bei·u·pi·*rã* sm.: *bejupirã*,
bijupirá.
be·ja·*qui* sm.
be·je (ê) sm.
be·*jen*·se adj. s2g.
be·*ju*·co sm.
be·ju·pi·*rá* sm.: *beiupirá*,
bijupirá.
bel sm.; pl. ·*béis*/Cf. *beis*, pl.
de *bei*.
be·*la* sf.
be·la-*cís*·si·mo adj. superl. de
belaz.
be·la·*do*·na sf.
be·la-e-*mí*·li:a sf.; pl. *belas-
-emílias* ou *bela-emílias*.
be·la(s)-mar·ga·*ri*·da(s) sf.
(pl.).
be·*lar*·mi·no sm.
be·las sf. pl.
be·las-*ar*·tes sf. pl.
be·las-*le*·tras sf. pl.
be·la·*triz* adj. sf.
be·la-vis·*ten*·se(s) adj. s2g. (pl.).
be·*laz* adj. 2g.; surpel.
belacíssimo.
bel·*bu*·te sm.
bel·bu·*ti*·na sf.
bel·chi:*or* (ô) sm.
bel·*da*·de sf.
bel·*do*·sa sf.
bel·dro:*e*·ga sf.
bel·dro:e·ga(s)-da-*prai*·a sf.
(pl.).
bel·dro:e·ga(s)-de-*cu*·ba sf.
(pl.).
bel·dro:e·ga(s)-*gran*·de(s) sf.
(pl.).
bel·dro:e·ga(s)-mi·*ú*·da(s) sf.
(pl.).
bel·dro:e·ga(s)-pe·*que*·na(s)
sf. (pl.).
bel·dro:*e*·gas sm. 2n.
bel·dro:e·ga(s)-ver·da·*dei*·ra(s)
sf. (pl.).
be·le·*guim* sm.; pl. ·*guins*.
be·le·*léu* sm., na loc. *ir para o
beleléu*.
be·le·*mi*·ta adj. s2g.
be·lem·*ni*·te sf.
be·len·*den*·gue sm.
be·le·*nen*·se adj. s2g.

be·len·*za*·da sf.
be·le·tre:*ar* v.
be·le·*tris*·ta adj. s2g.
be·le·*trís*·ti·ca sf.
be·le·*trís*·ti·co adj.
be·*le*·za (ê) sf.
be·le·*zi*·nha sf.
be·le·*zo*·ca s2g.
bel·fa sf.
bel·fas sf. pl.
bel·fo adj. sm.
bel·*fu*·do adj.
bel·ga adj. s2g. sm. ou sf.
bél·gi·co adj.
bel·gra·*di*·no adj. sm.
be·lho (ê) sm.
be·*li*·che sm.
be·li·*cis*·mo sm.
be·li·*cis*·ta adj. s2g.
bé·li·co adj.
be·li·co·si·*da*·de sf.
be·li·*co*·so (ô) adj.; f. e pl. (ó).
be·li·cu:*e*·te (ê) sm.
be·*li*·da sf.
be·li·ge·*rân*·ci:a sf.
be·li·ge·*ran*·te adj. s2g.
be·*lí*·ge·ro adj.
be·*li*·la sf.
be·li·po·*tên*·ci:a sf.
be·li·po·*ten*·te adj. 2g.
be·li·*que*·te (ê) sm.
be·li·*sá*·ri:a sf.
be·li·*sá*·ri:o adj. sm.
be·lis·*ca*·da sf.
be·lis·*ca*·do adj.
be·lis·ca·*du*·ra sf.
be·lis·*cão* sm.; pl. ·*cões*.
be·lis·cão de *fra*·de sm.; pl.
beliscões de frade.
be·lis·*car* v.
be·*lis*·co sm.
be·*lís*·so·no adj.
be·*liz* adj. s2g.
bel·*maz* sm.
bel·mon·*ten*·se adj. s2g.
be·lo adj. sm. interj.
be·lo-ho·ri·zon·*ti*·no(s) adj.
sm (pl.).
be·lo·jar·di·*nen*·se(s) adj. s2g.
(pl.).
be·lo·man·*ci*·a sf.
be·lo·*man*·te s2g.
be·*lo*·na sf.
be·lo·*na*·ve sf.
be·lo·*ní*·de:o adj. sm.
be·lo·*ni*·ta sf.: **be·lo·*ni*·te**.
be·los·to·ma·*tí*·de:o adj. sm.

be·los·to·*mí*·de:o adj. sm.
be·lo·va·*len*·se(s) adj. s2g. (pl.).
be·lo·va·*li*·no(s) adj. sm. (pl.).
bel-pra·*zer* sm.; pl. *bel-prazeres*; adv., na loc. *a seu bel-prazer*.
bel·ter·*ren*·se adj. s2g.
bel·ti·*a*·no adj. sm.
bel·*tra*·no sm.
be·lu:a·*ri*·a sf.
be·lu:*á*·ri·o sm.
be·*lu*·ca sf.: *beluga*.
be·*lu*·chi adj. s2g. sm.
be·*lu*·ga sf.: *beluca*.
be·lu:*í*·no adj.
bel·ve·*der* sm.
bel·ve·*de*·re (dê) sm.
bel·*ver* (ê) sm.
bel·ze·*bu* sm.
bel·ze·*bú*·ti·co adj.
bem adv. sm. interj.
bem pref. (com hífen quando, a palavra seguinte tem vida autônoma na língua; em certos casos se aglutina: *bendito* etc.)
bem-a·ca·*ba*·do(s) adj. (pl.).
bem-a·*cei*·to(s) adj. (pl.).
bem-a·fa·*ma*·do(s) adj. (pl.).
bem-a·for·tu·*na*·do(s) adj. (pl.).
bem-a·gra·de·*ci*·do(s) adj. (pl.).
bem-a·jam·*bra*·do(s) adj. (pl.).
bem-a·*ma*·do(s) adj. sm. (pl.).
bem-a·pa·*nha*·do(s) adj. (pl.).
bem-a·pes·so:a·*do*(s) adj. (pl.).
bem-a·pre·sen·*ta*·do(s) adj. (pl.).
bem-ar·ran·*ja*·do(s) adj. (pl.).
bem-ar·ru·*ma*·do(s) adj. (pl.).
bem-a·ven·tu·*ra*·do(s) adj. (pl.).
bem-a·ven·tu·*ran*·ça(s) sf. (pl.).
bem-a·ven·tu·*ran*·ças sf. pl.
bem-a·ven·tu·*rar* v.
bem-a·*vin*·do(s) adj. (pl.).
bem-a·vi·sa·*do*(s) adj. (pl.).
bem·*bé* sm.
bem·bi·*cí*·de:o adj. sm.
bem·*bom* sm.
bem-ca·*sa*·dos sm. pl.
bem-com·por·*ta*·do(s) adj. (pl.).
bem-con·cei·tu:a·*do*(s) adj. (pl.).
bem-con·for·*ma*·do(s) adj. (pl.).
bem-cri·*a*·do(s) adj. (pl.).

bem de *fa*·la sm.; pl. *bens de fala*.
bem-dis·*pos*·to(s) adj. (pl.).
bem-di·*to*·so(s) adj. (pl.).
bem-di·*zer* v.: *bendizer*.
bem-dor·*mi*·do(s) adj. (pl.).
bem-do·*ta*·do(s) adj. (pl.).
bem-e·du·*ca*·do(s) adj. (pl.).
bem-en·ca·*ra*·do(s) adj. (pl.).
bem-es·*tar* sm.; pl. *bem-estares*.
bem-fa·*da*·do(s) adj. (pl.).
bem-fa·*dar* v.
bem-fa·*lan*·te(s) adj. s2g. (pl.).
bem-hu·mo·*ra*·do(s) adj. (pl.).
bem-in·ten·ci:o·*na*·do(s) adj. sm. (pl.).
bem-lan·*ça*·do(s) adj. (pl.).
bem-man·*da*·do(s) adj. (pl.).
bem-me-*quer* adj.; pl. *bem-me-queres*.
bem-*na*·do(s) adj. (pl.).
bem-nas·*ci*·do(s) adj.(pl.).
be·*mol* adj. sm.; pl. ·*móis*.
be·mo·*la*·do adj.
be·mo·*lar* v.
be·mo·li·*za*·do adj.
be·mo·li·*zar* v.
bem-or·de·*na*·do(s) adj. (pl.).
bem-ou·*vi*·do adj. (pl.).
bem-pa·*ra*·do(s) adj. (pl.).
bem-pa·re·*ci*·do(s) adj. (pl.).
bem-*pos*·ta sf.
bem-pos·*ta*·no adj. sm.
bem-*pos*·to(s) adj. (pl.).
bem-pro·ce·*di*·do(s) adj. (pl.).
bem-que·*ren*·ça(s) sf. (pl.): *benquerença*.
bem-que·*ren*·te(s) adj. 2g. (pl.): *benquerente*.
bem-que·*rer* v. sm.: *benquerer*.
bem-so:*an*·te(s) adj. 2g. (pl.).
bem-su·ce·*di*·do(s) adj. (pl.).
bem-te-*vi*(s) sm. (pl.) 'pássaro'.
bem te *vi*(s) sm. (pl.) 'partido político'.
bem-te-*vi*(s)-car·ra·pa·*tei*·ro(s) sm. (pl.).
bem-te-*vi*(s)-ca·va·*lei*·ro(s) sm. (pl.).
bem-te-*vi*(s)-de-ca·be·ça- -ra·*ja*·da sm. (pl.).
bem-te-*vi*(s)-de-co·*ro*·a sm. (pl.).
bem-te-*vi*(s)-de-ga·*me*·la sm. (pl.).
bem-te-*vi*(s) de i·*gre*·ja sm. (pl.).

bem-te-*vi*(s)-do-bi·co-*cha*·to sm. (pl.).
bem-te-*vi*(s)-do-bi·co-*lar*·go sm. (pl.).
bem-te-*vi*(s)-do-*ga*·do sm. (pl.).
bem-te-*vi*(s)-do-*ma*·to sm. (pl.).
bem-te-*vi*(s)-do-ma·to- -*vir*·gem sm. (pl.).
bem-te-*vi*(s)-es·*cu*·ro(s) sm. (pl.).
bem-te-*vi*(s)-mi·*ú*·do(s) sm. (pl.).
bem-te-*vi*(s)-pe·*que*·no(s) sm. (pl.).
bem-te-*vi*(s)-*pre*·to(s) sm. (pl.).
bem-te-*vi*(s)-ris·*ca*·do(s) sm. (pl.).
bem-te-vi·*zi*·nho(s) sm. (pl.).
bem-*vin*·do(s) adj. (pl.) *benvindo*.
bem-*vis*·to(s) adj. (pl.).
ben·*ção* sf.; pl. ·*ções*: bên·*ção*(s) sf. (pl.).
bên·*ção*(s)-de-*deus* sf. (pl.).
benchmarking sm. (ing.: *bêntchmárkin*).
ben·den·*gó* sm.
ben·den·*guê* sm.
ben·di:a·*pá* adj. s2g.
ben·*di*·to adj. sm.
ben·di·*zen*·te adj. 2g.
ben·di·*zer* v.: *bem-dizer*.
be·ne·di·ti·*nen*·se adj. s2g.
be·ne·di·*ti*·no adj. sm.
be·ne·di·*tis*·mo sm.
be·ne·di·*tis*·ta adj. s2g.
be·ne·*di*·to sm.
be·ne·fi·*cên*·ci:a sf.
be·ne·fi·*cen*·te adj. 2g.
be·ne·fi·cen·*tís*·si·mo adj., superl. de *benéfico*.
be·ne·fi·ci:a·*ção* sf.; pl. ·*ções*
be·ne·fi·ci:*a*·do adj. sm.
be·ne·fi·ci:a·*dor* (ô) adj. sm.
be·ne·fi·ci:*al* adj. 2g.; pl. ·*ais*.
be·ne·fi·ci:a·*men*·to sm.
be·ne·fi·ci:*ar* v.
be·ne·fi·ci:*á*·ri:o adj. sm.; f. *beneficiária* /Cf. *beneficiaria*, do v. *beneficiar*.
be·ne·fi·ci:*á*·vel adj. 2g.; pl. ·*veis*.
be·ne·*fí*·ci:o sm./Cf. *beneficio*, do v. *beneficiar*.
be·*né*·fi·co adj.; superl. de *beneficentíssimo*.

be·ne·lei·*ten*·se adj. s2g.
be·ne·me·*rên*·ci:a sf.
be·ne·me·*rên*·te adj. 2g.
be·ne·*mé*·ri·to adj. sm.
be·ne·*plá*·ci·to sm.
be·*nes*·se sm. *e* sf.
be·net·*na*·che sf.
be·ne·ven·*ta*·no adj. sm.
be·ne·ven·*ti*·no adj. sm.
be·ne·vo·*lên*·ci:a sf.
be·ne·vo·*len*·te adj. 2g.
be·*né*·vo·lo adj.
ben·fa·*ze*·jo (ê) adj.
ben·fa·*zer* v. sm.
ben·*fei*·to adj. interj.
ben·fei·*tor* (ô) adj. sm.
ben·fei·to·*ri*·a sf.
ben·fei·to·ri·za·*ção* sf.; pl. ·*ções*.
ben·fei·to·ri·za·*dor* (ô) adj.
ben·fei·to·ri·*zar* v.
ben·*ga*·la sf. adj. s2g.
ben·ga·*la*·da sf.
ben·ga·*lei*·ra sf.
ben·ga·*lei*·ro sm.
ben·ga·*len*·se adj. s2g.
ben·ga·*lês* adj. sm.
ben·*ga*·li adj. s2g. sm.
ben·ga·si·*a*·no adj. sm.
ben·go sm.
ben·gue sm.
ben·*guê* sm.
ben·*gue*·la adj. s2g.:
   banguela.
ben·gue·*len*·se adj. s2g.
bê·ni:a sf.
bê·ni·co adj.
be·nig·ni·*da*·de sf.
be·*nig*·no adj.
be·nin·*ca*·sa sf.
be·ni·*quê* sm.
ben·ja·*mim* sm.; pl. ·*mins*.
ben·ja·mim-cons·tan·*ten*·se(s) adj. s2g. (pl.).
ben·jo:*ei*·ro sm.: *beijoeiro*.
ben·jo:*í* sm.: *benjoim*.
ben·jo:*im* sm.: *beijoim*; pl. ·*ins*.
ben·net·ti·*tá*·ce:a sf.
ben·net·ti·*tá*·ce:o adj.
ben·net·ti·*ta*·le sf.
be·no·dac·ti·*li*·a sf.
be·no·dac·*tí*·li·co adj.:
   be·no·*dá*·ti·lo.
ben·que·*ren*·ça sf.
ben·que·*ren*·te adj. 2g.
ben·que·*rer* v. sm.

ben·quis·*tar* v.
ben·*quis*·to adj.
bens sm. pl.
ben·ta sf.
ben·te·re·*rê* sm.
bên·ti·co adj.
ben·ti·*nhen*·se adj. s2g.
ben·*ti*·nho sm.
ben·*ti*·nhos sm. pl.
ben·to adj. sm.
ben·to-a·breu·*en*·se(s) adj. s2g. (pl.).
ben·*tó*·fi·to adj.
ben·*tô*·ni·co adj.
ben·to·*planc*·to sm.:
   ben·to·*plânc*·ton.
ben·tos sm. pl.
ben·zal·de:*í*·do sm.
ben·ze·*dei*·ra sf.
ben·ze·*dei*·ro sm.
ben·ze·*dor* (ô) sm.
ben·ze·*dri*·na sf.
ben·ze·*du*·ra sf.
ben·*zê*·ni·co adj.
ben·*ze*·no sm.
ben·*zer* v.
ben·zi·*di*·na sf.
ben·*zi*·do adj.
ben·*zil* sm.; pl. ·*zis*.
ben·zi·*lhão* sm.; pl. ·*lhões*.
ben·*zi*·lo sm.
ben·zi·*men*·to sm.
ben·*zi*·na sf.
ben·*zi*·nho-a-*mor* sm.; pl. *benzinhos-amores* ou *benzinho-amores*.
ben·*zi*·ta sf.
ben·zo:*a*·to sm.
ben·zo·ca·*í*·na sf.
ben·*zoi*·co adj.
ben·zo·*í*·la sf.
ben·zo:i·la·*ção* sf.; pl. ·*ções*.
ben·zo·*í*·lo sm.
ben·zo·*í*·na sf.
ben·*zol* sm.; pl. ·*zóis*.
be·*ó*·ci:o adj. sm.
be·*qua*·dro sm.
be·que sm.
bé·quer v.
bé·qui·lha sf.
be·qui·mo·*en*·se adj. s2g.:
   be·qui·mo·*nen*·se.
ber·be·*quim* sm.; pl. ·*quins*:
   barbaquim.
ber·*be*·re adj. s2g. sm.
ber·be·*res*·co (ê) adj.

ber·be·ri·*dá*·ce:a sf.
ber·be·ri·*dá*·ce:o adj.
ber·bi·*gão* sm.; pl. ·*gões*.
ber·bi·*guei*·ra sf.
ber·ça (ê) sf.
ber·ça·*jo*·te sm.
ber·*çá*·ri:o sm.
ber·*cei*·ra sf.
ber·ço (ê) sm.
ber·*çu*·do adj.: *verçudo*.
be·*re*·ba sf.
be·ré-be·*ré*(s) sm. (pl.).
be·ren·guen·*dém* sm.; pl. ·*déns*.
be·re·*ré* sm.: be·re·*rê*.
be·*re*·va sf.
ber·ga·*mo*·ta sf.: *vergamota*.
ber·ga·mo·*tei*·ra sf.:
   vergamoteira.
ber·ga·nha sf.: *barganha*.
ber·ga·*nhar* v.: *barganhar*.
ber·ga·*nhis*·ta adj. s2g.:
   barganhista.
ber·gan·*tim* sm.; pl. ·*tins*.
berg·so·ni·*a*·no adj. sm.
berg·so·*nis*·mo sm.
be·*ri* sm.: *biru*.
be·ri·*bá* sm. 'comprador de cavalos': *berivá*/Cf. *biribá*.
be·ri·*bé*·ri sm.
be·ri·*bé*·ri·co adj. sm.
be·ri·co·*mor*·fo adj. sm.
be·*rí*·li:o sm.
be·ri·li:*o*·se sf.
be·*ri*·lo sm.
be·ri·lo·*ni*·ta sf.
be·rim·*bau* sm.
be·rim·bau(s) de bar·*ri*·ga sm. (pl.).
be·rim·bau(s) de *bo*·ca sm. (pl.).
be·rin·*je*·la sf.: *brinjela*.
be·rin·je·la(s)-*bran*·ca(s) sf. (pl.).
be·rin·je·la-bris·si:*al* sf.; pl. *berinjelas-brissiais*.
be·rin·je·la(s)-com·pri·da(s)--da-*chi*·na sf. (pl.).
be·ri·po·*nês* adj. sm.
be·ri·ri·*çó* sm.
be·ri·*vá* sm.: *beribá*.
ber·ke·li·a·*nis*·mo sm.
ber·ke·li·a·*nis*·ta adj. s2g.
ber·*lin*·da sf.
ber·li·*nen*·se adj. s2g.
ber·li·*nês* adj. sm.

ber·*li*·ques sm. pl.
ber·*lo*·que sm.
ber·ma sf.
ber·*mu*·da sf.
ber·mu·*dão* sm.; pl.: ·*dões*.
ber·mu·*den*·se adj. s2g.
ber·mu·*dês* adj. sm.
ber·*na*·cho sm.
ber·*nar*·da sf.
ber·nar·*den*·se adj. s2g.
ber·nar·*des*·co (ê) adj.
ber·nar·*di*·ce sf.
ber·nar·di·*nen*·se adj. s2g.
ber·*nar*·do adj. sm.
ber·nar·do-e·re·*mi*·ta sm.;
  pl. bernardos-eremitas ou
  bernardo-eremitas.
ber·ne adj. s2g. sm.
ber·*nen*·se adj. s2g.
ber·*nen*·to adj.
ber·*nês* adj. sm.
ber·ni·*ci*·da adj. s2g.
bér·ni:o sm.
ber·no sm.
ber·*no*·so (ô) adj.; f. e pl. (ó).
ber·*nun*·ça sf.: *bernúncia*.
ber·*nún*·ci:a sf.
ber·*nún*·za sf.: *bernúncia*.
be·*ro*·ba sf.
be·ro·*í*·de:o adj. sm.
be·*rôn*·ci:o sm.
be·*ro*·nha sf.: *beruanha*.
ber·*qué*·li:o sm.
ber·ra sf.
ber·ra(s)-*boi*(s) sm. (pl.).
ber·ra·*ça*·da sf.
ber·ra·*ção* sf.; pl. ·*ções*.
ber·ra·*dor* (ô) adj. sm.
ber·*ran*·te adj. 2g. sm.
ber·*rar* v.
ber·ra·*ri*·a sf.
ber·re·ga·*dor* (ô) adj. sm.
ber·re·*gan*·te adj. 2g.
ber·re·*gar* v.
ber·*re*·go (ê) sm./Cf. *berrego*
  (é), do v. *berregar*.
ber·*rei*·ro sm.
ber·ro sm.
ber·*ru*·ga sf.: *verruga*.
ber·ru·*go*·so (ô) adj.: *verrugoso*;
  f. e pl. (ó).
ber·ru·*guen*·to adj.:
  verruguento.
ber·ru·*mei*·ra sf.
ber·ta sm.
ber·*ta*·lha sf.
ber·*tan*·gil sm.; pl. ·*gis*.

ber·tho·*li*·to sm.
ber·tol·*di*·ce sf.
ber·to·li·*nen*·se adj. s2g.
be·ru:a·nha sf.
ber·za·*bum* sm.; pl. ·*buns*.
be·san·*tar* v.
be·*san*·te sm.
be·*si*·gue sm.
be·soi·*ra*·gem sf.: *besouragem*;
  pl. ·*gens*.
be·soi·*ral* adj. 2g.: *besoural*; pl.
  ·*rais*.
be·soi·*rar* v.: *besourar*.
be·*soi*·ro sm.: *besouro*.
be·sou·*ra*·gem sf.: *besoiragem*;
  pl. ·*gens*.
be·sou·*ral* adj. 2g.: *besoiral*; pl.
  ·*rais*.
be·sou·*rar* v.: *besoirar*.
be·*sou*·ro sm.: *besoiro*.
be·*sou*·ro(s)-da-fi·*guei*·ra sm.
  (pl.).
be·sou·ro-sal·ta·*dor* sm.; pl.
  besouros-saltadores.
be·*sou*·ro(s)-*ver*·de(s) sm. (pl.).
bes·pa (ê) sf.: *vespa*.
bes·sa·*rá*·bi:o adj. sm.
bes·ta[1] sf. 'arma antiga'.
bes·ta[2] (ê) sf. adj. s2g.
  'quadrúpede'.
bes·ta(s)-*fe*·ra(s) s2g. (pl.).
bes·*ta*·gem sf.; pl. ·*gens*.
bes·ta·*lhão* adj. sm.; pl. ·*lhões*;
  f. *bestalhona*.
bes·ta·*lho*·na adj. sf. de
  bestalhão.
bes·*tar* v.
bes·ta·*rel* sm.; pl. ·*réis*/Cf.
  bestareis, do v. *bestar*.
bes·te:a·*ri*·a sf.
bes·*tei*·ra sf.
bes·tei·*ri*·nha sf.
bes·*tei*·ro adj. sm.
bes·*tei*·rol sm.; pl.: ·*róis*.
bés·ti:a sf.
bes·ti:*a*·ga sf.
bes·ti:*a*·gem sf.; pl. ·*gens*.
bes·ti·*al* adj. 2g.; pl. ·*ais*.
bes·ti:a·li·*da*·de sf.
bes·ti:a·li·za·*ção* sf.; pl. ·*ções*.
bes·ti:a·li·za·*dor* (ô) adj.
bes·ti:a·li·*zar* v.
bes·ti:a·*lo*·gi·a sf.
bes·ti:a·*ló*·gi·co adj. sm.
bes·ti:*a*·me sm.
bes·ti:*á*·ri·o adj. sm.
bes·*ti*·ce sf.

bes·ti·*da*·de sf.
bes·ti·fi·ca·*ção* sf.; pl. ·*ções*.
bes·ti·fi·ca·*dor* (ô) adj.
bes·ti·fi·ca·*men*·to sm.
bes·ti·fi·*can*·te adj. 2g.
bes·ti·fi·*car* v.
bes·ti·fi·*cá*·vel adj. 2g.; pl. ·*veis*.
bes·*ti*·lha sf.
bes·ti:*o*·la sf.
best-seller sm. (ing.: *béstsséler*).
bes·*tun*·to sm.
be·sun·ta·*ção* sf.; pl. ·*ções*.
be·sun·ta·*de*·la sf.
be·sun·*tão* sm.; pl. ·*tões*; f.
  besuntona.
be·sun·*tar* v.
be·sun·*to*·na sf. de *besuntão*.
be·sun·*tu*·ra sf.
be·ta[1] sf. 'erva' 'letra grega'/Cf.
  beta[3] (ê).
be·ta[2] adj. 2g. 'relativo às
  partículas beta'/Cf. *beta*[3] (ê).
be·ta[3] (ê) sf. 'listra' 'veio'/Cf.
  beta[1], *beta*[2] e fl. do v. *betar*.
be·ta:e·mis·*sor* (ô) sm.
be·ta·*fi*·ta sf.
be·ta·*í*·na sf.
be·ta·*í*·ni·co adj.
be·*tão* sm.; pl. ·*tões*.
be·*tar* v.
be·*ta*·ra sf.
be·ta·*ru* sm.
be·ta·ru(s)-a·ma·re·lo(s) sm.
  (pl.).
be·ta·*tó*·pi·co adj.
be·ta·*trão* sm.; pl. ·*trões*:
  be·ta·*tron*, *bé*·ta·tron.
bé·tel sm.: *bé*·te·le.
be·te·mis·*sor* (ô) sm.:
  betaemissor.
be·ter·*ra*·ba sf.
be·ter·ra·*bal* sm.; pl. ·*bais*.
be·ter·ra·*bei*·ra sf.
be·ter·ra·*bei*·ro sm.
be·*tes*·ga (ê) sf.: *bitesga*.
be·ti·*ca*·no adj. sm.
bé·ti·co adj. sm.
be·*ti*·la sf.
be·*ti*·lho sm.
be·ti·*lí*·de:o adj. sm.
be·ti·*nen*·se adj. s2g.
bé·tis sf. 2n.
be·tle sm.: *betel*, *bétele*.
be·*tom* sm., do fr. *béton*: *betão*.
be·to·*na*·da sf.
be·to·*nar* v.
be·to·*nei*·ra sf.

be·tô·ni:a sf.
be·tô·ni·ca sf.
be·to·ni·ci·na sf.
be·to·ni·lha sf.
be·to·nis·mo sm.
be·tre sm.; bétel, bétele.
be·tu sm.
bé·tu·la sf.
be·tu·lá·ce:a sf.
be·tu·lá·ce:o adj.
be·tu·li·na sf.
be·tu·lí·ne:o adj.
be·tu·ma·do adj.
be·tu·ma·dor (ô) sm.
be·tu·mar v.
be·tu·me sm.
be·tu·mi·na·do adj.
be·tu·mi·no·so (ô) adj.; f. e pl. (ó).
be·vi·lá·qua sf.
be·xi·ga sf.
be·xi·ga·da sf.
be·xi·ga(s) do ca·cau sf. (pl.).
be·xi·gar v.
be·xi·go·so (ô) adj. sm.; f. e pl. (ó).
be·xi·guen·to adj. sm.
be·xu·co sm.
be·xu·go sm.
be·zer·ra·da sf.
be·zer·rão sm.; pl. ·rões; f. bezerrona.
be·zer·ren·se adj. s2g.
be·zer·ro (ê) sm.
be·zer·ro·na sf. de bezerrão.
be·zo:ar sm.
be·zo:ár·di·ca sf.; bezoártica.
be·zo:ár·di·co adj. sm: bezoártico.
be·zo:ar·di·na sf.
be·zo:ár·ti·ca sf.
be·zo:ár·ti·co adj. sm.
bi sm.
bi:a·ba sf.
bi:á·ci·do adj. sm.
bi:a·cu·le:a·do adj.
bi:a·cu·mi·na·do adj.
bi:a·fren·se adj. s2g.
bi:a·la·do adj.
bi:a·ne·jo (ê) adj. sm.
bi:an·go sm.
bi:an·gu·la·do adj.
bi:an·gu·lar adj. 2g.
bi:a·nó·di·co adj.
bi:a·nó·ti·co adj.
bi:a·nu:al adj. 2g.; pl. ·ais.
bi:a·ri·bi sm.: bi·a·ri·bu.
bi:a·ris·ta·do adj.

bi:ar·mô·ni·co adj.
bi:ar·ti·cu·la·do adj.
bi:ar·ti·cu·lar adj. 2g.
bi·as sm.
bi·as-for·ten·se(s) adj. s2g. (pl.).
bi:a·ta·tá sm.: boitatá.
bi:a·tô·mi·co adj.
bi:a·to·ri·no adj.
bi:a·xi:al (cs) adj. 2g.; pl. ·ais.
bi:a·xí·fe·ro (cs) adj.
bi:a·zo·mor·fo·se sf.
bi·bar·ren·se adj. s2g.
bi·bá·si·co adj.
bi·be sm.
bi·be·lô sm.
bi·be·rão sm.; pl. ·rões.
bi·bi sf. ou sm.
bi·bi:a·no sm.
bi·bi·co adj. sm.
bi·bi·ru sm.
bí·bli:a sf.
bi·blí:a·co adj.
bi·bli·á·tri·ca sf.
bi·bli·cis·mo sm.
bi·bli·cis·ta adj. s2g.
bí·bli·co adj.
bi·bli·dá·ce:a sf.
bi·bli·dá·ce:o adj.
bi·bli:o·can·to sm.
bi·bli:o·clas·ta s2g.
bi·bli:o·clas·ti·a sf.
bi·bli:o·clep·ta s2g.
bi·bli:o·cro·mi·a sf.
bi·bli:o·fa·gi·a sf.
bi·bli:ó·fa·go adj. sm.
bi·bli:o·fi·li·a sf.
bi·bli:o·fil·me sm.
bi·bli:ó·fi·lo sm.
bi·bli:o·fo·bi·a sf.
bi·bli:ó·fo·bo adj. sm.
bi·bli:ó·fo·ro sm.
bi·bli:o·gra·fi·a sf.
bi·bli:o·grá·fi·co adj.
bi·bli:ó·gra·fo sm.
bi·bli:ó·la·tra s2g.
bi·bli:o·la·tri·a sf.
bi·bli:o·lí·ti·co adj.
bi·bli:ó·li·to sm.
bi·bli:o·lo·gi·a sf.
bi·bli:o·ló·gi·co adj.
bi·bli:ó·lo·go sm.
bi·bli:o·man·ci·a sf.
bi·bli:o·ma·ni·a sf.
bi·bli:o·ma·ní·a·co adj. sm.
bi·bli:ô·ma·no sm.
bi·bli:o·man·te s2g.
bi·bli:o·mân·ti·co adj.

bi·bli:o·ní·mi·a sf.
bi·bli:ô·ni·mo sm.
bi·bli:o·pi·ra·ta s2g.
bi·bli:o·pi·ra·ta·ri·a sf.
bi·bli:o·po·la s2g.
bi·bli:or·rei·a sf.
bi·bli:or·rei·co adj.
bi·bli:os·sa·ni·da·de sf.
bi·bli:o·te·ca sf.
bi·bli:o·te·cal adj. 2g.; pl. ·cais.
bi·bli:o·te·cá·ri:o adj. sm.
bi·bli:o·tec·ni·a sf.
bi·bli:o·téc·ni·co adj. sm.
bi·bli:o·te·co·lo·gi·a sf.
bi·bli:o·te·co·no·mi·a sf.
bi·bli:o·te·co·nô·mi·co adj.
bi·bli:o·te·co·no·mis·ta s2g.
bi·bli:o·te·ra·pêu·ti·ca sf.
bi·bli:o·te·ra·pêu·ti·co adj.
bi·bli:o·te·ra·pi·a sf.
bi·bli:ó·ti·ca sf.
bi·bli:ó·ti·co adj.
bi·blis·mo sm.
bi·blis·ta s2g.
bi·bo·ca sf.
bi·bo·cal sm.; pl. ·cais.
bi·bo·cão sm.; pl. ·cões.
bi·bo·quei·ra sf.
bi·bo·ra·to sm.
bi·bra sf.
bí·bu·lo adj. sm.
bi·ca sf.
bi·ca·ço sm.
bi·ca·da sf.
bi·ca·do adj.
bi·cal adj. 2g.; pl. ·cais.
bi·ca·me sm.
bi·ca·me·ral adj. 2g.; pl. ·rais.
bi·ca·me·ra·lis·mo sm.
bi·ca·me·ra·lis·ta adj. s2g.
bi·cam·pe:ão adj. sm.; pl. ·ões; f. ·pe·ã.
bi·cam·pe:o·na·to sm.
bi·can·ca sf.
bi·can·ço sm.
bi·can·çu·do adj.
bi·cão sm.; pl. ·cões.
bi·cap·su·la·do adj.
bi·cap·su·lar adj. 2g.
bi·car v. sm.
bi·car·bo·na·do adj.
bi·car·bo·na·to sm.
bi·car·bo·ne·to (ê) sm.
bi·ca·re·na·do adj.
bi·ca·ri·a sf.
bi·car·pe·la·do adj. sm.
bi·car·pe·lar adj. 2g.

bi·ca·*sen*·se adj. s2g.
bi·cau·*da*·do adj.
bi·ce·fa·*li*·a sf.
bi·ce·*fá*·li·co adj.
bi·*cé*·fa·lo adj. sm.
bi·ce·lu·*lar* adj. 2g.
bi·cen·te·*ná*·ri:o adj. sm.
bí·ce·pe sm.: bíceps.
bí·ceps sm. 2n.
bi·ce·rá·ce:a sf.
bi·ce·rá·ce:o adj.
bi·cha sf. *ou* sm.
bi·cha(s)-ca·*de*·la(s) sf. (pl.).
bi·*cha*·ço sm.
bi·*cha*·do adj.
bi·cha·*dor* (ô) sm.
bi·cha(s)-*lou*·ca(s) s2g. (pl.).
bi·cha-lou-*qui*·ce(s) sf. (pl.).
bi·*cha*·na sf.
bi·cha·*na*·da sf.
bi·cha·*na*·do adj.
bi·cha·*nar* v.
bi·chan·*cri*·ce sf.
bi·*chan*·cros sm. pl.
bi·*cha*·no sm.
bi·*chão* sm.; pl. ·*chões*; f. bichona.
bi·*char* v.
bi·cha·*rá* sm.
bi·cha·*ra*·da sf.
bi·cha·*re*·do (ê) sm.
bi·cha·*ri*·a sf.
bi·cha·*ro*·ca sf.
bi·cha·*ro*·co (ô) sm.; f. *e* pl. (ó).
bi·*chei*·ra sf.
bi·*chei*·ro adj. sm.
bi·*chen*·to adj.
bi·*che*·za (ê) sf.
bi·*chi*·ce sf.
bi·*chi*·nha sf.
bi·*chi*·nho sm.
bi·cho sm.
bi·cho(s)-bar-*bei*·ro(s) sm. (pl.).
bi·cho(s)-*bo*·la(s) sm. (pl.).
bi·cho(s)-*bo*·lo(s) sm. (pl.).
bi·*cho*·ca sf.
bi·cho(s)-ca·be·*lu*·do(s) sm. (pl.).
bi·cho(s)-ca·*re*·ta(s) sm. (pl.).
bi·cho(s)-car·pin·*tei*·ro(s) sm. (pl.).
bi·*cho*·co (ô) adj. sm.; f. *e* pl. (ó).
bi·cho(s)-co·lo·*ra*·do(s) sm. (pl.).
bi·cho(s)-da-*se*·da sm. (pl.).
bi·cho(s)-das-*fru*·tas sm. (pl.).

bi·cho(s)-da-*ter*·ra sm. (pl.).
bi·cho(s)-de-*ces*·to sm. (pl.).
bi·cho(s)-de-*co*·co sm. (pl.).
bi·cho(s) de *con*·cha sm. (pl.).
bi·cho(s)-de-*con*·ta sm. (pl.).
bi·cho(s)-de-*fra*·de sm. (pl.).
bi·cho(s)-de-ou-*vi*·do sm. (pl.).
bi·cho(s)-de-pa·*re*·de sm. (pl.).
bi·cho(s)-de-*pau* sm. (pl.).
bi·cho(s)-de-*pé* sm. (pl.).
bi·cho(s)-de-*por*·co sm. (pl.).
bi·cho(s) de se·te ca·*be*·ças sm. (pl.).
bi·cho(s)-de-ta·*qua*·ra sm. (pl.).
bi·cho(s)-de-va·*re*·ja sm. (pl.).
bi·cho(s)-do-*co*·co sm. (pl.).
bi·cho(s) do *ma*·to sm. (pl.).
bi·cho(s)-do-*pé* sm. (pl.).
bi·cho(s)-do-*por*·co sm. (pl.).
bi·cho(s)-*gor*·do(s) sm. (pl.).
bi·cho(s)-*mou*·ro(s) sm. (pl.).
bi·*cho*·na sf. de bichão.
bi·cho-pa·*pão* sm.; pl. bichos-papões.
bi·cho(s)-*pau*(s) sm. (pl.).
bi·cho(s)-*pre*·to(s) sm. (pl.).
bi·*cho*·so (ô) adj.; f. *e* pl. (ó).
bi·cho(s)-ver-*de*(s) sm. (pl.).
bi·ci·*cle*·ta sf.
bi·ci·cle·*tá*·ri:o sm.
bi·*cí*·cli·co adj.
bi·ci·*clis*·mo sm.
bi·ci·*clis*·ta adj. s2g.
bi·*ci*·clo sm.
bi·ci·pi·*tal* adj. 2g.; pl. ·*tais*.
bi·*cí*·pi·te adj. 2g. sm.: bíceps.
bi·clo·*re*·to (ê) sm.
bi·co sm.
bi·*có* adj. 2g.
bi·co(s)-*blan*·co(s) adj. sm. (pl.): bi·co(s)-*bran*·co(s).
bi·co(s)-de-a·*gu*·lha sm. (pl.).
bi·co(s)-de-*bra*·sa sm. (pl.).
bi·co(s) de can·de·*ei*·ro sm. (pl.).
bi·co(s) de co·*ru*·ja sm. (pl.).
bi·co(s)-de-*cor*·vo sm. (pl.).
bi·co(s)-de-*cra*·vo sm. (pl.).
bi·co(s)-de-*fer*·ro sm. (pl.).
bi·co(s)-de-*fo*·go sm. (pl.).
bi·co(s)-de-*fu*·ro sm. (pl.).
bi·co(s) de ga·*vi*·ão sm. (pl.).
bi·co(s)-de-*ja*·ca sm. (pl.).
bi·co(s)-de-*la*·cre sm. (pl.).
bi·co(s) de lam·pa·*ri*·na sm. (pl.).
bi·co(s) de *o*·bra sm. (pl.).
bi·co(s) de pa·pa·*gai*·o sm. (pl.).

bi·co(s)-de-pa·pa·*gai*·o sm. (pl.), 'planta'.
bi·co(s) de *pa*·to sm. (pl.), 'arado, pinça, boné'.
bi·co(s)-de-*pa*·to sm. (pl.), 'árvore'.
bi·co(s) de *pe*·na sm. (pl.).
bi·co(s)-de-pi·*men*·ta sm. (pl.).
bi·co(s)-de-*pra*·ta sm. (pl.).
bi·co(s) de pro·*a*(s) sm. (pl.).
bi·co(s) de vi·*ú*·va sm. (pl.).
bi·co(s)-*do*·ce(s) sm. (pl.).
bi·co(s)-en·car·*na*·do(s) sm. (pl.).
bi·co·la·te·*ral* adj. 2g.; pl. ·*rais*.
bi·co·*lor* (ô) adj. 2g.
bi·com·bus·*tí*·vel adj. 2g.; pl.: ·veis.
bi·co(s)-mi·*ú*·do(s) sm. (pl.).
bi·*côn*·ca·vo adj.
bi·*cô*·ni·co adj.
bi·con·ju·*ga*·do adj.
bi·con·so·nan·*tal* adj. 2g.; pl. ·*tais*.
bi·con·so·*nân*·ti·co adj.
bi·con·*ve*·xo (cs) adj.
bi·co-pi·*men*·ta sm.; pl. bicos--pimentas ou bicos-pimenta.
bi·co·*ra*·da sf.
bi·co·*rar* v.
bi·co(s)-ras·*tei*·ro(s) sm. (pl.).
bi·co(s)-re·*vol*·to(s) sm. (pl.).
bi·*cor*·ne adj. 2g. sm.
bi·*co*·ta sf.
bi·co·*tar* v.
bi·co(s)-ver·*me*·lho(s) sm. (pl.).
bi·cro·*ma*·do adj.
bi·cro·ma·*ta*·do adj.
bi·cro·ma·*tar* v.
bi·cro·*ma*·to sm.
bi·cro·*mi*·a sf.
bi·*cu*·da sf.
bi·cu·da(s)-de-*cor*·so sf. (pl.).
bi·cu·da-gua·ra·*ná* sf.; pl. bicudas-guaranás ou bicudas-guaraná.
bi·cu·da(s)-man·ga·*lô* sf. (pl.).
bi·cu·*dez* (ê) sf.
bi·cu·*di*·ce sf.
bi·cu·*di*·nha sf.
bi·*cu*·do adj. sm.
bi·cu·do(s)-do-*nor*·te sm. (pl.).
bi·cu·do(s)-en·car·*na*·do(s) sm. (pl.).
bi·cu·do-ma·qui·*né* sm.; pl. bicudos-maquinés ou bicudos-maquiné.

bi·cu·do(s)-*pre*·to(s) sm. (pl.).
bi·cu:*í*·ba sf.: *ibicuíba*.
bi·cu:*í*·ba(s)-*bran*·ca(s) sf. (pl.).
bi·cu:*í*·ba·çu sf.
bi·cu:*í*·ba(s)-de-fo·lha-mi·*ú*·da sf. (pl.).
bi·cu:*í*·ba(s)-re-*don*·da(s) sf. (pl.).
bi·cu:*í*·ba(s)-ver-*me*·lha(s) sf. (pl.).
bi·*cu*·la sf.
bi·cus·pi·*da*·do adj.
bi·*cús*·pi·de adj. 2g.
bi·*dé* sm.: bi·*dê*.
bi·den·*ta*·do adj.
bi·den·*tal* adj. 2g.; pl. ·*tais*.
bi·*den*·te sm.
bi·den·te:*a*·do adj.
bi·*dên*·te:o adj.
bi·di·gi·*ta*·do adj.
bi·di·men·si:o·*nal* adj. 2g.; pl. ·*nais*.
bi·di·re·ci:o·*nal* adj. 2g.; pl. ·*nais*.
bi·*dó* sm.
bi·*do*·gue sm.
bi·*du* adj. 2g.
bí·du:o sm.
bi:eb·do·ma·*dá*·ri:o adj. sm.
bi:e·be·*ri*·ta sf.
bi:*e*·la sf.
bi:e·le·tri·ci·*da*·de sf.
bi:e·*lé*·tri·co adj.
bi:e·*lí*·di:o sm.
bi:e·lor·*rus*·so adj. sm.
bi:e·*nal* adj. 2g. sf.; pl. ·*nais*.
bi:*ê*·ni·co adj.
bi:*ê*·ni:o sm.
bi:es·pi·ra·*la*·do adj.: *bispiralado*.
bi:es·*tá*·vel adj. 2g.; pl. ·*veis*.
bi:es·te·*fâ*·ni:o adj.
bi:es·ti·pu·*la*·do adj.
bi·fa·ci:*al* adj. 2g.; pl. ·*ais*.
bi·*fa*·da sf.
bi·*far* v.
bi·*fá*·ri:a sf.
bi·*fá*·ri:o adj.
bi·*fá*·si·co adj.
bi·fe sm.
bi·*fei*·ra sf.
bi·fen·*di*·do adj.
bí·fe·ro adj.
bi·fes·*te*·que sm., do ing. *beefsteak*.
bí·fi·do adj.
bi·fi·*lar* adj. 2g.
bi·fi·*lé*·ti·co adj.
bi·fla·be·*la*·do adj.
bi·fla·ge·*la*·do adj.
bi·*fle*·xo (cs) adj.
bi·*flo*·ro adj.
bi·fo·*cal* adj. 2g. sm.; pl. ·*cais*.
bi·fo·li:*a*·do adj.
bi·fo·li·cu·*lar* adj. 2g.
bi·fo·*lí*·cu·lo sm.
bi·*fó*·li:o adj. sm.
bí·fo·re adj. 2g.
bi·*for*·me adj. 2g.
bi·fos·*fa*·to sm.
bi·fron·*tal* adj. 2g.; pl. ·*tais*.
bi·*fron*·te adj. s2g.
bi·fur·ca·*ção* sf.; pl. ·*ções*.
bi·fur·*ca*·do adj.
bi·fur·*car* v.
bi·ga sf.
bi·ga·*mi*·a sf.
bi·ga·mi·*zar* v.
bí·ga·mo adj. sm.
bi·*ga*·to sm.
bi·*gê*·me:o adj.
bi·ge·mi·*na*·do adj.
bi·*gê*·ne·re adj. 2g.
bi·*gê*·ni·to adj.
bi·glan·du·*lar* adj. 2g.
bi·glan·du·*lo*·so (ô) adj.; f. e pl. (ó).
bi·gle sm., do ing. *beagle*.
big·*nô*·ni:a sf.
big·no·ni·*á*·ce:a sf.
big·no·ni·*á*·ce:o adj.
bi·*go*·de sm.
bi·go·de:*ar* v.
bi·go·de(s) de a·*ra*·me sm. (pl.).
bi·go·de(s) de *ga*·to sm. (pl.).
bi·go·*dei*·ra sf.
bi·go·*dei*·ro sm.
bi·go·*de*·lha (ê) sf.
bi·go·*di*·nho sm.
bi·go·*du*·do adj. sm.
bi·*gor*·na sf.
bi·gor·*ri*·lha s2g.
bi·gor·*ri*·lhas s2g. 2n.
bi·*go*·ta sf.
bi·go·*tis*·mo sm.
bi·*grá*·di·co adj.
bi·*gu* sm.
bi·*guá* sm. *ou* sf.
bi·gua·çu:*a*·no adj. sm.
bi·gua·çu:*en*·se adj. s2g.
bi·*gua*·na adj. 2g.
bi·*guan*·cha sf.
bi·*gua*·ne adj. 2g.: bi·*gua*·no. adj.
bi·*guar* v.
bi·gua·*tin*·ga sf.
bi·*gu*·me adj. 2g.
bi·*gú*·me:o adj.
bi·ja·*ni*·lo sm.
bi·je·*ção* sf.; pl. ·*ções*.
bi·jec·*ção*.
bi·je·*tor* (ô) adj.: bi·jec·*tor*.
bi·*ju* sm.: *beiju*.
bi·ju·*ga*·do adj.
bí·ju·go adj.
bi·ju:*í* sf.
bi·jun·ga·*ri*·tas sf. pl.
bi·ju·pi·*rá* sm.: *beiupirá*, *bejupirá*.
bi·ju·ta·*ri*·a sf.: bi·ju·te·*ri*·a.
bi·*ki*·ni sm. ing.: *biquíni*.
bil sm., do ing. *bill*.
bi·la·bi:*a*·do adj.
bi·la·bi:*al* adj. 2g.; pl. ·*ais*.
bi·la·mi·*na*·do adj.
bi·la·*quen*·se adj. s2g.
bi·la·qui:*a*·no adj. sm.
bi·la·te·*ral* adj. 2g. 'que tem dois lados'; pl. ·*rais*/Cf. *biliteral*.
bi·la·*té*·ri:o adj. sm.
bil·ba:*í*·no adj. sm.
bil·*bo*·de sm.
bil·bo·*quê* sm.
bi·le sf.: *bílis*.
bi·le·*nar* adj. 2g.
bi·le·*ná*·ri:o adj. sm.
bi·lha sf.
bi·*lhão* num. sm.; pl. ·*lhões*: *bilião*.
bi·*lhar* sm.
bi·*lhar*·da sf.
bi·lhar·*dão* sm.; pl. ·*dões*; f. ·*do*·na.
bi·lhar·*dar* v.
bi·lhar·*dei*·ro sm.
bi·lha·*ris*·ta adj. s2g.
bi·lhar·*zí*:a·se sf.
bi·lhar·zi:*o*·se sf.
bi·*lhei*·ra sf.
bi·*lhe*·ta (ê) sf.
bi·lhe·*ta*·gem sf.; pl.: ·*gens*.
bi·lhe·ta·*ri*·a sf.: *bilheteria*.
bi·*lhe*·te (ê) sm.
bi·lhe·*tei*·ra sf.
bi·lhe·*tei*·ro sm.
bi·lhe·te·*pos*·tal sm.; pl. *bilhetes-postais*.
bi·lhe·te·*ri*·a sf.: *bilhetaria*.

bi·*lhos*·tre s2g.
bi·li:*ão* num. sm.; pl. ·*ões*: bilhão.
bi·li:*ar* adj. 2g.
bi·li:ar-*dá*·ri:o adj. sm.
bi·li:*á*·ri:o adj.
bi·li·ci·a·*ni*·na sf.
bi·li·ci·a·nu·*ri*·a sf.: bi·li·ci·a·*nú*·ri:a.
bí·li·co adj. sm.
bi·li·fi·ca·*ção* sf.; pl. ·*ções*.
bi·li·fla·*vi*·na sf.
bi·li·fuc·*si*·na sf.
bi·li·ful·*vi*·na sf.
bi·li·*gê*·ne·se sf.
bi·li·*gê*·ni·co adj.
bi·li·gu·*la*·do adj.
bi·lim·*bi* sm.: bi·lim·*bim*: pl. ·*bins*.
bi·lim·*bi*·no sm.
bi·*li*·na sf.
bi·li·ne:*ar* adj. 2g.
bi·*lín*·gue adj. s2g.
bi·lin·*guis*·mo sm.
bi·li·o·*ná*·ri:o adj. sm.
bi·li·o·*né*·si·mo num. sm.
bi·li:*o*·so (ô) adj.; f. e pl. (ó).
bi·*li*·ro sm.
bi·lir·ru·*bi*·na sf.
bi·lir·ru·bi·ne·*mi*·a sf.
bi·lir·ru·bi·nu·*ri*·a sf.: bi·lir·ru·bi·*nú*·ri:a.
bí·lis sf. 2n.: bile.
bi·li·te·*ral* adj. 2g. 'que tem duas letras'; pl. ·*rais*/Cf. bilateral.
bi·*lí*·te·ro adj.
bi·li·ver·*di*·na sf.
bill sm. ing.: bil.
bi·lo·*ba*·do adj.
bi·lo-*bi*·lo(s) sm. (pl.): bilu-bilu.
bi·lo·*bi*·ta sf.
bi·lo·bu·*la*·do adj.
bi·lo·ca·*ção* sf.; pl. ·*ções*.
bi·lo·*cal* adj. 2g.; pl. ·*cais*.
bi·lo·cu·la·*ção* sf.; pl. ·*ções*.
bi·lo·cu·*lar* adj. 2g.
bi·*lo*·la (ô) sf.
bi·*lon*·tra adj. s2g. sf.
bi·lon·*tra*·gem sf.; pl. ·*gens*.
bi·lon·*trar* v.
bi·lon·*tri*·ce sf.
bi·*los*·ca sf.
bi·*lo*·to (ô) sm.
bil·*rar* v.
bil·*rei*·ra sf.
bil·*rei*·ro adj. sm.

bil·ro sm.
bil·tra sf.
bil·tre adj. s2g.
bi·lu-bi·*lu*(s) sm. (pl.): bilo-bilo.
bi·ma·cu·*la*·do adj.
bí·ma·no adj.
bí·ma·re adj. 2g.
bi·mar·gi·*na*·do adj.
bim·ba sf. interj.
bim·*ba*·da sf.
bim·ba·*du*·ra sf.
bim·ba·*lha*·da sf.
bim·ba·lha·*dor* (ô) adj. sm.
bim·ba·*lhar* v.
bim·ba(s)-*n'á*·gua sf. (pl.).
bim·bar v.
bim·*bar*·ra sf.
bim·bar·*re*·ta (ê) sf.
bim·*bi*·nha sf.
bi·*mem*·bre adj. 2g.
bi·men·*sal* adj. 2g.; pl. ·*sais*.
bi·*mes*·tral adj. 2g.; pl. ·*trais*.
bi·*mes*·tre adj. 2g. sm.
bi·me·*tá*·li·co adj.
bi·me·ta·*lis*·mo sm.
bi·me·ta·*lis*·ta adj. s2g.
bi·mi·le·*ná*·ri:o adj. sm.
bi·mi·*lê*·ni:o sm.
bi·mo adj. sm.
bi·mo·*dal* adj. 2g.; pl. ·*dais*.
bi·mo·le·cu·*lar* adj. 2g.
bi·mo·*tor* (ô) adj. sm.
bi·mus·cu·*lar* adj. 2g.
bi·na·ci:o·*nal* adj. 2g.; pl. ·*nais*.
bi·*na*·do adj.
bi·*na*·gem sf.; pl. ·*gens*.
bi·*ná*·gi:o sm.
bi·*nar* v.
bi·*ná*·ri:a sf.
bi·*ná*·ri:o adj. sm.
bi·na·*ris*·mo sm.
bi·na·*ris*·ta adj. s2g.
bi·nas·*ci*·do adj.
bi·*na*·to adj.
bi·ner·*va*·do adj.
bi·ner·*val* adj. 2g.; pl. ·*vais*.
bi·*nér*·ve:o adj.
bin·ga sf. ou sm.
bin·*ga*·da sf.
bin·*gar* v.
bin·go sm.
bi·ni·*ú* sm.
bi·no·cu·*la*·do adj.
bi·no·cu·*lar* adj. 2g. v.
bi·no·cu·li·*zar* v.
bi·*nó*·cu·lo sm./Cf. binoculo, do v. binocular.

bi·no·*dal* adj. 2g.; pl. ·*dais*.
bi·no·mi:*al* adj. 2g.; pl. ·*ais*.
bi·*nô*·mi·co adj.
bi·no·mi·*nal* adj. 2g.; pl. ·*nais*.
bi·*nô*·mi·no adj. sm.
bi·*nô*·mi:o adj. sm.
bi·nor·*mal* adj. 2g. sf.; pl. ·*mais*.
bí·nu·bo adj. sm.
bi·nu·cle:*ar* adj. 2g.
bi:o·as·tro·*náu*·ti·ca sf.
bi:o·as·tro·no·*mi*·a sf.
bi:o·bi·bli:o·gra·*fi*·a sf.
bi:o·bi·bli:o·*grá*·fi·co adj.
bi:ob·je·*ti*·vo adj. sm.
bi:o·ca·*tá*·li·se sf.
bi:o·ce·*no*·se sf.
bi:o·ce·*nó*·ti·co adj.
bi:o·*ci*·clo sm.
bi:o·ci·*ên*·ci:a sf.
bi:o·ci·*né*·ti·ca sf.
bi:o·ci·*ti*·na sf.
bi:*ó*·ci·to sm.
bi:o·*cli*·ma sm.
bi:o·cli·ma·to·lo·*gi*·a sf.
bi:o·cli·ma·to·*ló*·gi·co adj.
bi:*o*·co (ô) sm.
bi:o·com·bus·*tí*·vel sm.; pl.: ·*veis*.
bi:o·com·pa·*tí*·vel adj. 2g.; pl.: ·*veis*.
bi:*ó*·co·ro sm.
bi:o·de·gra·*dar* v.
bi:o·de·gra·*dá*·vel adj. 2g. sm.; pl. ·*veis*.
bi:o·di·*nâ*·mi·ca sf.
bi:o·di·*nâ*·mi·co adj.
bi:o·di·ver·si·*da*·de sf.
bi:o·e·co·lo·*gi*·a sf.
bi:o·e·co·*ló*·gi·co adj.
bi:o·e·co·lo·*gis*·ta s2g.
bi:o·e·le·tri·ci·*da*·de sf.
bi:o·e·*lé*·tri·co adj.
bi:o·e·ner·*gé*·ti·ca sf.
bi:o·e·ner·*gé*·ti·co adj.
bi:o·e·*ner*·gi·a sf.
bi:o·en·ge·nha·*ri*·a sf.
bi:o·en·ge·*nhei*·ro sm.
bi:o·es·ta·*tís*·ti·ca sf.
bi:o·es·ta·*tís*·ti·co adj.
bi:*ó*·fa·go adj. sm.
bi:o·*fi*·li·a sf.
bi:*ó*·fi·lo adj. sm.
bi:o·*fí*·si·ca sf.
bi:o·*fí*·si·co adj. sm.
bi:*ó*·fi·to sm.
bi:o·fo·*bi*·a sf.
bi:o·*fó*·bi·co adj.

bi:o·fo·*ri*·na sf.
bi:*ó*·fo·ro sm.
bi:o·fo·to-*gê*·ne·se sf.
bi:o·*gê*·ne·se sf.
bi:o·ge·*né*·ti·co adj.
bi:o·ge·*ni*·a sf.
bi:o·*gê*·ni·co adj.
bi:o·ge:o·gra·*fi*·a sf.
bi:o·ge:o·*grá*·fi·co adj.
bi:o·ge:*ó*·gra·fo sm.
bi:o·gra·*fa*·do adj. sm.
bi:o·gra·*fa*·gem sf.; pl. ·gens.
bi:o·gra·*far* v.
bi:o·gra·*fi*·a sf.
bi:o·*grá*·fi·co adj.
bi:o·gra·*fis*·mo sm.
bi:*ó*·gra·fo sm./Cf. *biografo*, do v. *biografar*.
bi:*ó*·li·se sf.
bi:o·*lí*·ti·co adj.
bi:o·*li*·to sm.: bi:*ó*·li·to.
bi:o·lo·*gi*·a sf.
bi:o·*ló*·gi·co adj.
bi:o·lo·*gis*·ta adj. s2g.
bi:*ó*·lo·go sm.
bi:o·lu·mi·nes·*cên*·ci:a sf.
bi:*o*·ma sm.
bi:o·mag·ne·*tis*·mo sm.
bi:o·*mas*·sa sf.
bi:*om*·bo sm.
bi:o·me·*câ*·ni·ca sf.
bi:o·me·*câ*·ni·co adj.
bi:o·me·te:o·ro·lo·*gi*·a sf.
bi:o·me·*tri*·a sf.
bi:o·*mé*·tri·co adj.
bi:o·mor·*fo*·se sf.
bi:o·mor·*fó*·ti·co adj.
bi:*on*·go sm.
bi:*ô*·ni·ca sf.
bi·*ô*·ni·co adj.
bi:*on*·te sm.
bi:*ôn*·ti·co adj.
bi:*op*·se sf.
bi:op·*si*·a sf.: bi:*óp*·si:a.
bi:o·*quí*·ce sf.
bi:o·*quí*·mi·ca sf.
bi:o·*quí*·mi·co adj. sm.
bi:o·*ra*·na sf.: *abiorana, abiurana*.
bi:or·*rit*·mo sm.
bi:os·*fe*·ra sf.
bi:os·*mo*·se sf.
bi:os·sa·*té*·li·te sm.
bi:os·sis·*te*·ma sm.
bi:os·so·ci:*al* adj. 2g.; pl. ·*ais*.
bi:os·so·ci:o·lo·*gi*·a sf.
bi:os·so·ci:o·*ló*·gi·co adj.

bi:*o*·ta sf.
bi:o·*tác*·ti·co adj.: bi:o·*tá*·ti·co.
bi:o·ta·*xi*·a (cs) sf.
bi:o·*tá*·xi·co (cs) adj.
bi:o·ta·xi:o·no·*mi*·a (cs) sf.
bi:o·*té*·ri:o sm.
bi:o·ter·ro·*ris*·mo sm.
bi:*ó*·ti·co adj.
bi:o·*ti*·na sf.
bi:*ó*·ti·po sm.: bi:o·*ti*·po.
bi:o·ti·po·lo·*gi*·a sf.
bi:o·ti·po·*ló*·gi·co adj.
bi:o·*ti*·ta sf.: bi:o·*ti*·te.
bi:o·to·*mi*·a sf.
bi:o·*tô*·mi·co adj.
bi:*ó*·to·po sm.
bi:o·to·xi·*ci*·na (cs) sf.
bi:o·tro·*pis*·mo sm.
bi:o·vu·*la*·do adj.
bi:o·vu·*lar* adj. 2g.
bi:*ó*·xi·do (cs) sm.
bi·pal·*ma*·do adj.
bi·*par* v.
bi·pa·ri:e·*tal* adj. 2g.; pl. ·*tais*.
bí·pa·ro adj.
bi·par·ti·*ção* sf.; pl. ·*ções*.
bi·par·ti·*dá*·ri:o adj.
bi·par·ti·da·*ris*·mo sm.
bi·par·ti·da·*ris*·ta adj. s2g.
bi·par·*ti*·do adj.
bi·par·*tir* v.
bi·par·*tí*·vel adj. 2g.; pl. ·*veis*.
bi·pa·*ten*·te adj. 2g.
bi·pe sm.
bi·pe·*dal* adj. 2g.; pl. ·*dais*.
bí·pe·de adj. 2g. sm.
bi·*pe*·ne adj. s2g.
bi·*pé*·ta·lo adj.
bi·pi·nu·*la*·do adj.
bi·pi·ra·mi·*dal* adj. 2g.; pl. ·*dais*.
bi·pi·*râ*·mi·de sf.
bi·*pla*·no adj. sm.
bi·*plu*·me adj. 2g.
bi·po·*lar* adj. 2g.
bi·po·la·ri·*da*·de sf.
bi·*po*·lo sm.: *bí*·po·lo.
bi·po·*ro*·so (ô) adj.; f. *e* pl. (ó).
bi·*pris*·ma sm.
bi·pro·pe·*len*·te adj. 2g. sm.
bi·pro·pul·*san*·te adj. 2g.
bi·qua·*dra*·do adj.
bi·qua·*drá*·ti·co adj.
bi·*qua*·ra sf.
bi·*quart*·zo sm.
bi·*quei*·ra sf.
bi·*quei*·*ra*·da sf.
bi·*quei*·ro adj. sm.

bi·*quen*·se adj. s2g.
bi·*qui*·nho sm.
bi·*quí*·ni sm., do ing. *bikini*.
bi·ra sm. *ou* sf.
bi·*rai*·a sf.
bi·ra·pa·ça·*pa*·ra adj. s2g.
bi·ra·*ró* sm.
bir·*ban*·te adj. s2g.
bi·ri sm.
bi·*ri*·ba adj. s2g. sm. *ou* sf.
bi·ri·*bá* sm. 'biribazeiro'/Cf. *beribá*.
bi·ri·*bá*(s)-de-per·nam·*bu*·co sm. (pl.).
bi·ri·ba·*ra*·na sf.
bi·ri·*bá*(s)-ver·da·*dei*·ro(s) sm. (pl.).
bi·ri·ba·*zei*·ro sm.
bi·ri·*bi*·ri(s) sm. (pl.).
bi·ri·*ce*·ra sf.
bi·ri·*gui* sm.: *barigui*.
bi·ri·gui·*en*·se(ü) adj. s2g.
bi·*ri*·ta sf.
bi·ri·*tei*·ro adj. sm.
bi·*ri*·va adj. s2g.
bir·*mã* adj. s2g.
bir·*ma*·ne adj. s2g.
bir·ma·*nês* adj. sm.
bi·*ró* sm.
bi·*ro*·la sf.
bi·*ro*·nha sf.
bi·ro·*ró* sm.
bi·*ros*·ca sf.
bi·ros·*quei*·ro sm.
bi·*ro*·te sm.
bir·ra sf.
bir·*ra*·da sf.
bir·ra·di:*al* adj. 2g.; pl. ·*ais*.
bir·ra·*mo*·so (ô) adj.; f. *e* pl. (ó).
bir·*rar* v.
bir·re·fra·*ção* sf.: bir·re·frac·*ção*; pl. ·*ções*.
bir·re·frin·*gên*·ci:a sf.
bir·re·frin·*gen*·te adj. 2g.
bir·re·la·*ti*·vo adj.
bir·*re*·me adj. 2g. sf.
bir·*ren*·to adj. sm.
bir·re·tan·gu·*lar* adj. 2g.
bir·re·*tân*·gu·lo sm.
bir·ro sm.
bir·ro(s)-*bran*·co(s) sm. (pl.).
bir·ros·*tra*·do adj.
bi·ru sm. *ou* sf.
bi·ru·ba sm.
bi·ru(s)-*man*·so(s) sm. (pl.).
bi·*ru*·ta adj. s2g. sf.
bi·ru·*ti*·ce sf.

bis adj. sm. interj.
bi·*sa*·co sm.
bi·*sa*·gra sf.
bi·*sa*·lho sm.
bi·sa·nu:*al* adj. 2g.; pl. ·*ais*.
bi·*são* sm.; pl. ·*sões*.
bi·são-a·me·ri·*ca*·no sm.; pl.
  bisões-americanos.
bi·são-eu·ro·*peu* sm.; pl.
  bisões-europeus.
bi·*sar* v.
bi·*sar*·ma sf.
bi·sar·*ro*·ma sf.: *bujarrona*.
bi·sa·*vô* sm.
bi·sa·*vó* sf. de *bisavô*.
bis·bi·*lhan*·te adj. 2g.
bis·bi·*lhar* v.
bis·*bi*·lho sm.
bis·bi·lho·*tar* v.
bis·bi·lho·*tei*·ro adj. sm.
bis·bi·lho·*ti*·ce sf.
bis·*bór*·ri·a s2g.
bis·ca adj. 2g. sf.
bis·*cai*·a sf.
bis·ca·*i*·nho adj. sm.
bis·*cai*:o adj. sm.
bis·can·*tar* v.
bis·*ca*·te sm.
bis·ca·te:a·*dor* (ô) adj. sm.
bis·ca·te:*ar* v.
bis·ca·*tei*·ro sm.
bis·*ca*·to sm.
bis·coi·*tar* v.: *biscoutar*.
bis·coi·*tei*·ra sf.: *biscouteira*.
bis·coi·*tei*·ro sm.: *biscouteiro*.
bis·*coi*·to sm.: *biscouto*.
bis·cou·*tar* v.: *biscoitar*.
bis·cou·*tei*·ra sf.: *biscoiteira*.
bis·cou·*tei*·ro sm.: *biscoiteiro*.
bis·*cou*·to sm.: *biscoito*.
bi·*se*·gre sm.
bi·*sel* sm.; pl. ·*séis*/Cf. *biseis*, do
  v. *bisar*.
bi·se·la·*do*·ra (ô) sf.
bi·se·la·*men*·to sm.
bi·se·*lar* v.
bi·*se*·lho (ê) sm.
bi·ses·*drú*·xu·lo adj. sm.
bis·marc·ki:*a*·no adj.
bis·marc·*kis*·mo sm.
bis·marc·*kis*·ta adj. s2g.
bis·*me*·la sf.
bis·mu·ti·*ni*·ta sf.
bis·*mu*·to sm.
bis·*na*·ga sf.
bis·na·*ga*·da sf.
bis·na·*gar* v.

bis·*nau* adj. sm.
bis·*ne*·to sm.
bi·so·nha·*ri*·a sf.
bi·so·*nhi*·ce sf.
bi·*so*·nho adj. sm.
bi·*son*·te sm.: *bisão*.
bis·*pa*·da sf.
bis·*pa*·do adj. sm.
bis·*pal* adj. 2g.; pl. ·*pais*.
bis·*par* v.
bis·pi·ra·la·*do* adj.:
  biespiralado.
bis·po sm.
bis·*po*·te sm.
bis·*sa*·co sm.
bis·sa·cra·men·*tal* adj. s2g.:
  pl. ·*tais*.
bis·se·*ção* sf.: bis·*sec*·ção; pl.
  ·*ções*.
bis·*sec*·to adj.: *bisseto*.
bis·*sec*·tor (ô) adj.: *bissetor*.
bis·*sec*·triz sf.: *bissetriz*.
bis·seg·men·ta·*ção* sf.; pl. ·*ções*.
bis·seg·men·*tar* v.
bis·se·ma·*nal* adj. 2g.; pl. ·*nais*.
bis·se·ma·*ná*·ri:o adj. sm.
bis·se·mes·*tral* adj. 2g.; pl.
  ·*trais*.
bis·se·ri:*a*·do adj.
bis·*se*·to adj.: *bissecto*.
bis·se·*tor* (ô) adj. sm.: *bissector*.
bis·se·*triz* sf. de *bissetor*:
  bissectriz.
bis·*se*·xo (cs) adj.
bis·*sex*·til (ês) adj. 2g. sm.; pl.
  ·*teis*.
bis·*sex*·to (ês) adj. sm.
bis·se·xu:*al* (cs) adj. 2g.; pl. ·*ais*.
bis·se·xu:a·li·*da*·de (cs) sf.
bis·*sí*·la·bo adj. sm.
bis·si·li·*ca*·to sm.
bis·si·*no*·se sf.
bis·so sm.
bis·*soi*·de adj. 2g.
bis·*só*·li·to sm.
bís·so·no adj.
bis·sul·*fa*·to sm.
bis·sul·*fe*·to (ê) sm.
bis·sul·*fi*·to sm.
bis·*te*·ca sf.: *bifesteque*.
bis·*tor*·ta sf.
bis·*tra*·do adj.
bis·tre adj. 2g. sm.
bis·*tu*·ri sm.
bis·tu·ri(s)-do-*ma*·to sm. (pl.).
bi·sul·*tor* (ô) adj. sm.
bi·ta sf.

bi·*tá*·cu·la sf.
bi·*tan·gen*·te adj. 2g. sf.
bi·tar·ta·*ra*·to sm.
bi·ta·*tá* sm.: *boitatá*.
bi·te sm.
bi·te·gu·men·*ta*·do adj.
bi·*tei*·ro adj. sm.
bi·te·*ís*·mo sm.
bi·te·*ís*·ta adj. s2g.
bi·te·*má*·ti·co adj.
bi·te·ma·*tis*·mo sm.
bi·tem·po·*ral* adj. 2g.; pl. ·*rais*.
bí·ter sm., do al. *bitter*.
bi·ter·*na*·do adj.
bi·*tes*·ga (ê) sf.: *betesga*.
bi·*to*·la sf.
bi·to·*la*·do adj.
bi·to·*lar* v.
bi·to·*nal* adj. 2g.; pl. ·*nais*.
bi·to·na·li·*da*·de sf.
bi·tran·si·*ti*·vo adj.
bi·tre sm.
bi·tri·bu·ta·*ção* sf.; pl. ·*ções*.
bi·tri·bu·la·*dor* (ô) adj.
bi·tri·bu·la·*men*·to sm.
bi·tri·bu·*tan*·te adj. 2g.
bi·tri·bu·*tar* v.
bitter sm. al.: *bíter*.
bi·tu sm.
bi·tu:*a*·lha sf.: *vitualha*.
bi·tu·ru·*nen*·se adj. s2g.
bi·*tu*·va sf.
bi:un·ci:*al* adj. 2g.; pl. ·*ais*.
bi:un·gui·cu·la·*do*(ü) adj.
bi:un·gui·cu·*lar*(ü) adj. 2g.
bi:u·ni·vo·ci·*da*·de sf.
bi:u·*ní*·vo·co adj.
bi:u·*rá* sm.
bi:u·*ra*·na sf.: *abiurana*.
bi:u·*ré*·ti·co adj.
bi:u·*re*·to (ê) sm.
bi·va sf.
bi·va·*car* v.
bi·va·*lên*·ci:a sf.
bi·va·*len*·te adj. s2g.
bi·val·*var* adj. 2g.
bi·*val*·ve adj. s2g.
bi·val·vu·*la*·do adj.
bi·val·vu·*lar* adj. 2g.
bi·*va*·que sm.
bi·ven·*tral* adj. 2g.; pl.: ·*trais*.
bi·vi:*á*·ri:o adj.
bí·vi:o sm.
bi·*volt* adj. 2g.; pl.: ·*volts*.
bi·*xá*·ce:a (cs) sf.
bi·*xá*·ce:o (cs) adj.
bi·*zân*·ci:o sm.

bi·zan·ti·*ni*·ce sf.
bi·zan·ti·*nis*·mo sm.
bi·zan·ti·ni·*zar* v.
bi·zan·*ti*·no adj. sm.
bi·zar·*ra*·ço adj. sm.
bi·zar·re:ar v.
bi·zar·*ri*·a sf.
bi·zar·*ri*·ce sf.
bi·*zar*·ro adj.
bi·*zo*·gue sm.
bla-bla-*blá*(s) sm. (pl.).
bla·gue sf., do fr. *blague.*
blan·*dí*·ci:a sf.: blan·*dí*·ci:e.
blan·di·ci:*o*·so (ô) adj.; f. *e* pl. (ó).
blan·*dí*·flu:o adj.
blan·di·lo·quen·*tís*·si·mo adj. superl. de *blandíloquo.*
blan·*dí*·lo·quo (quo *ou* co) adj.
blan·*quis*·mo sm.
blan·*quis*·ta adj. s2g.
blas·fe·ma·*dor* (ô) adj. sm.
blas·fe·*mar* v.
blas·fe·ma·*tó*·ri:o adj.
blas·*fê*·mi:a sf.
blas·fe·mo adj. sm.
bla·so·na·*dor* (ô) adj. sm.
bla·so·na·*men*·to sm.
bla·so·*nan*·te adj. 2g.
bla·so·*nar* v.
bla·so·na·*ri*·a sf.
bla·*sô*·ni·co adj.
blas·*te*·ma sm.
blás·ter sm.
blas·*tí*·di:o sm.
blas·to sm.
blas·to·ba·*sí*·de:o adj. sm.
blas·to·*cár*·pi·co adj.
blas·to·*car*·po adj.
blas·to·*ce*·le sf.
blas·to·ci·*ne*·se sf.
blas·to·*cis*·to sm.
blas·*tó*·ci·to sm.
blas·to·*co*·la sf.
blas·to·co·*li*·na sf.
blas·to·*der*·ma sm. *ou* sf.: blas·to·*der*·me.
blas·to·*dér*·mi·co adj.
blas·to·*dis*·co adj.
blas·*tó*·fo·ro sm.
blas·to·*gê*·ne·se sf.
blas·to·ge·*né*·ti·co adj.
blas·to·*ge*·ni·a sf.
blas·to·*gê*·ni·co adj.
blas·*tó*·ge·no adj. sm.
blas·*to*·ma sm.
blas·to·ma·*ni*·a sf.

blas·to·ma·*to*·se sf.
blas·to·*mé*·ri·co adj.
blas·*tô*·me·ro sm.
blas·to·mi·*co*·se sf.
blas·to·mi·*có*·ti·co adj.
blas·to·po·*ral* adj. 2g.; pl. ·*rais.*
blas·to·*pó*·ri·co adj.
blas·*tó*·po·ro sm.
blás·tu·la sf.
blas·*tá*·ri:o adj. sm.
bla·te·ra·*ção* sf.; pl. ·*ções.*
bla·te·*rar* v.
bla·*tí*·de:o adj. sm.
bla·*toi*·de sm.
bla·*tói*·de:o adj. sm.: bla·to·*í*·de:o.
blau adj. 2g. sm.
ble·*far* v.
ble·fa·*ri*·te sf.
ble·fa·ro·*blas*·to sm.
ble·fa·ro·plas·*ti*·a sf.
ble·fa·ro·*plás*·ti·co adj.
ble·fa·ro·*plas*·to sm.
ble·fa·ro·ple·*gi*·a sf.
ble·fe (ê) sm.
ble·*fis*·ta adj. s2g.
ble·*mô*·me·tro sm.
blen·da sf.
ble·nen·te·*ri*·a sf.
ble·nen·te·*ri*·te sf.
ble·*ní*·de:o adj. sm.
ble·no·cis·*ti*·te sf.
ble·nof·tal·*mi*·a sf.
ble·nof·*tál*·mi·co adj.
ble·*nó*·ge·no adj.
ble·nor·ra·*gi*·a sf.
ble·nor·*rá*·gi·co adj.
ble·nor·*rei*·a sf.
ble·*no*·se sf.
ble·*nós*·ta·se sf.
ble·no·*tó*·rax (cs) sm.
ble·no·tor·*rei*·a sf.
ble·no·tor·*rei*·co adj.
ble·nu·*ri*·a sf.: ble·*nú*·ri·a.
ble·si·*da*·de sf.
ble·so adj.
blin·*da*·do adj. sm.
blin·*da*·gem sf.; pl. ·*gens.*
blin·*dar* v.
bli·*tá*·ce:a sf.
bli·*tá*·ce:o adj.
blitz sf., do al. (ing.: *blits*).
blo·ca·*gem* sf.; pl. ·*gens.*
blo·*car* v.
blo·*caus*·se sm., do al. *Blockhaus.*

blo·co sm.
blo·co·di:a·*gra*·ma sm.; pl. *blocos-diagramas* ou *blocos-diagrama.*
blo·co·ma·*triz* sm.; pl. *blocos--matrizes* ou *blocos-matriz.*
blog sm.
blo·*guei*·ro adj. sm.
blon·de·li:*a*·no adj. sm.
blon·de·*lis*·mo sm.
blo·que:*a*·do adj.
blo·que:a·*dor* (ô) adj. sm.
blo·que:*an*·te adj. 2g.
blo·que:*ar* v.
blo·*quei*·o sm.
blo·*quei*·ro sm.
blo·*quis*·ta s2g.
blu·me·nau·*en*·se adj. s2g.
blu-ray sm. (ing.: *blurrêi*).
blu·sa sf.
blu·*são* sm.; pl. ·*sões.*
bo·a (ô) adj. sf.
bo·*á* sm.
bo:*a*·ba adj. s2g.
bo·a-es·pe·ran·*cen*·se(s) adj. s2g. (pl.).
bo:*a*·na sf.
bo:a·na·*ri* adj. s2g.
bo:*a*·ne adj. s2g.
bo·a(s)-*noi*·te(s) sm. *ou* sf. (pl.): *bo*·a(s)-*nou*·te(s).
bo·a(s)-*no*·va(s) sf. (pl.).
bo·a-no·*ven*·se(s) adj. s2g. (pl.).
bo·a(s)-*pin*·ta(s) adj. s2g. (pl.).
bo·a(s)-*pra*·ça(s) adj. s2g. (pl.).
bo·*as* (ô) sf. pl., na loc. *às boas.*
bo·as-en·*tra*·das sf. pl.
bo·as·*fes*·tas sf. pl.
bo·as-*noi*·tes sm. *ou* sf. pl.: bo·as-*nou*·tes.
bo·as-*vin*·das sf. pl.
bo:a·*tar* v.
bo·a(s)-*tar*·de(s) sf. (pl.).
bo:a·ta·*ri*·a sf.
bo:*a*·te sf., do fr. *boîte.*
bo:a·*tei*·ro adj. sm.
bo:*a*·to sm.
bo:*a*·va adj. s2g.
bo·a-vi:a·*gen*·se(s) adj. s2g. (pl.).
bo·a(s)-*vi*·da(s) adj. s2g. (pl.).
bo·a-vis·*ten*·se(s) adj. s2g. (pl.).
bo:a·*zu*·da adj. sf.
bo·ba (ô) sf.: *buba*/Cf. *boba* (ó), do v. *bobar*, e *bouba.*
bo·*ba*·gem sf.; pl. ·*gens.*
bo·ba·*ja*·da sf.

bo·ba·lhão sm.; pl. ·lhões; f. ·lho·na.
bo·bar v.
bo·be:a·da sf.
bo·be:ar v.
bo·bei·a sf./Cf. bobeia, do v. bobear.
bo·bei·ra sf.
bo·bi·ce sf.
bo·bi·ci·a·da sf.
bo·bi·na sf.
bo·bi·na·dei·ra sf.
bo·bi·na·do adj. sm.
bo·bi·na·dor (ô) sm.
bo·bi·na·gem sf.; pl. ·gens.
bo·bi·não sm.; pl. ·nões.
bo·bi·nar v.
bo·bi·ne·te (ê) sm.
bo·bo (ô) adj. sm.; f. boba (ó)/ Cf. bobo (ó) e boba (ó), do v. bobar.
bo·bó sm.
bo·bo·ca adj. s2g. sf.
bo·bu·ré adj. s2g.
bo·ca interj./Cf. boca (ô).
bo·ca (ô) sf. adj. s2g./Cf. boca (ó), interj. e fl. do v. bocar.
bo·ça sf. 'cabo de segurar amarras'/Cf. bossa e bouça.
bo·ca(s)-a·ber·ta(s) s2g. (pl.).
bo·ca-a·cri:a·no(s) adj. sm. (pl.).
bo·ca·ça sf.
bo·ca·da sf.
bo·ca(s)-d'á·gua sf. (pl.).
bo·ca(s)-de-bar·ro sf. (pl.).
bo·ca(s) de ca·no sf. (pl.).
bo·ca(s)-de-dra·gão sf. (pl.).
bo·ca(s) de fo·go sf. (pl.), 'peça de artilharia'.
bo·ca(s)-de-fo·go sf. (pl.), 'peixe'.
bo·ca(s) de for·no sf. (pl.).
bo·ca(s) de fu·mo sf. (pl.).
bo·ca(s) de la·gar·to sf. (pl.).
bo·ca(s)-de-le:ão sf. (pl.).
bo·ca(s) de lo·bo sf. (pl.), 'bueiro'.
bo·ca(s)-de-lo·bo sf. (pl.), 'erva'
bo·ca(s) de sa·po s2g (pl.) 'pessoa de boca grande'.
bo·ca(s)-de-sa·po sf. (pl.), 'arbusto'.
bo·ca(s) de si·no sf. (pl.).
bo·ca(s)-de-ve·lha sf. (pl.).
bo·ca·di·nho sm.
bo·ca·do sm.
bo·ca·du·ra sf.
bo·ca·gem sf.; pl. ·gens.

bo·ca·gi:a·no adj. sm.
bo·cai·na sf. s2g
bo·cai·nen·se adj. s2g.
bo·cai·ú adj. s2g.
bo·cai·u·va sf.
bo·cai·u·va(s)-de-são- -lou·ren·ço sf. (pl.).
bo·cai·u·va(s)-dos-pan·ta·nais sf. (pl)
bo·cai:u·ven·se adj. s2g.
bo·cal sm. 'abertura de vaso, candeeiro etc.'; pl. ·cais/Cf. bucal.
bo·çal adj. s2g. 'estúpido'; pl. çais/Cf. buçal.
bo·ça·le·te (ê) adj. 2g. sm.
bo·ça·li·da·de sf.
bo·ca(s)-li·sa(s) sf. (pl.).
bo·ça·lis·mo sm.
bo·ça·li·zar v.
bo·ca(s)-mo·le(s) s2g. (pl.).
bo·ca(s)-ne·gra(s) adj. s2g. (pl.).
bo·ca·nha sf.
bo·ca·nhar v.
bo·ca(s)-pre·ta(s) adj. s2g. (pl.).
bo·car v.
bo·ça·da sf.
bo·car·do sm.
bo·car·ra sf.
bo·ca(s)-tor·ta(s) sf. (pl.).
bo·ca·xim sm.; pl. ·xins.
bo·ce·ja·dor (ô) adj. sm.
bo·ce·jan·te adj. 2g.
bo·ce·jar v.
bo·ce·jo (ê) sm.
bo·cel sm.; pl. ·céis.
bo·ce·lão sm.; pl. ·lões.
bo·ce·lar v.
bo·ce·lim sm.; pl. ·lins.
bo·ce·li·nho sm.
bo·ce·li·no sm.
bo·ce·ta (ê) sf.
bo·ce·ta(s)-de-mu·la sf. (pl.).
bo·ce·te (ê) sm.
bo·ce·tei·ra sf.
bo·cha sf.
bo·che adj. s2g.
bo·che·cha sf.
bo·che·cha·da sf.
bo·che·cha(s)-de-ve·lho sf. (pl.).
bo·che·chão sm.; pl. ·chões.
bo·che·char v.
bo·che·cho (ê) sm.
bo·che·chu·do adj. sm.
bo·chin·cha·da sf.
bo·chin·che sm.: bochincho.
bo·chin·chei·ro adj. sm.

bo·chin·cho sm.: bochinche.
bo·chor·nal adj. 2g.; pl. ·nais.
bo·chor·no (ô) sm.
bo·chor·no·so (ô) adj.; f. e pl. (ó).
bo·ci·a·do adj.
bó·ci:o sm.
bo·co (ô) sm./Cf. boco (ó), do v. bocar.
bo·có[1] sm. 'alforje'.
bo·có[2] adj. s2. 'tolo'.
bo·có·ri:o adj. sm.
bo·ço·ro·ca sf.
bo·çu sf. ou sm.: buçu.
bo·cu·ba sf.
bo·cu·da sf.
bo·cu:é adj. s2g.
bo·cu·u·va·çu sf.: bucuuvaçu.
bo·da[1] sf. 'mulata'/Cf. boda (ô).
bo·da[2] (ô) sf. 'celebração de casamento'/Cf. boda (ó).
bo·das (ô) sf. pl.
bo·de sm.
bo·de·co sm.
bo·de·ga sf.
bo·de·ga·da sf.
bo·de·gão sm.; pl. ·gões.
bo·de·guei·ro sm.
bo·de·gui·ce sf.
bo·de·guim sm.; pl. ·guins.
bo·de·jar v.
bo·de·jo (ê) sm.
bo·de·lha (ê) sf.
bo·de·lhão sm.; pl. ·lhões.
bo·de·me·ri·a sf.
bo·de(s)-pre·to(s) sm. (pl.).
bo·di·a·no sm.: bo·di:ão; pl. ·ões.
bo·di:ão-pa·pa·gai·o sm.; pl. bodiões-papagaios ou bodiões-papagaio.
bo·di:ão-sa·bo·ne·te sm.; pl. bodiões-sabonetes ou bodiões-sabonete.
bo·di:ão-tu·ca·no sm.; pl. bodiões-tucanos ou bodiões-tucano.
bo·di:ão-ver·me·lho sm.; pl. bodiões-vermelhos.
bo·di·nho sm.
bo·di:o·ni·ce sf.
bo·di:ô·ni·co adj.
bo·do (ô) sm.
bo·dó sm.
bo·do·ca·da sf.
bo·do·co:en·se adj. s2g.
bo·do·ni:a·no adj.
bo·do·que sm.

bo·do·*quei*·ro sm.
bo·*do*·so (ô) adj.; f. *e* pl. (ó).
bo·*dum* sf.; pl. ·*duns*.
bodyboarding sm. (ing.: bódibôrdin).
bo·ê·mi:a sf.: bo·e·*mi*·a.
bo·ê·mi:o adj. sm.
bô·er adj. s2g.
bo·*fa*·da sf.
bo·fa·*de*·la sf.
bo·*far* v.
bo·fe sm.
bo·fe·*jar* v.
bo·*fé*·li:a sf.
bo·fes sm. pl.
bo·fe·*tá* sm.
bo·fe·*ta*·da sf.
bo·fe·*tão* sm.; pl. ·*tões*.
bo·*fe*·te (ê *ou* é) sm. 'bofetada'/ Cf. *bufete*.
bo·fe·te:*ar* v.
bo·fe·*ten*·se adj. s2g.
bo·ga sf.
bo·ga(s)-*li*·sa(s) sf. (pl.).
bo·ga·*ri* sm.: bo·ga·*rim*; pl. ·*rins*.
bo·ga·ri·*zei*·ro sm.
bo·*gó* sm.
bo·go·*mi*·lo sm.
bo·go·*ta*·no adj. sm.
boi sm.
bói sm., do ing. *boy*.
boi·a sf.
boi·*a*·ca sf.
boi:a·*çu* sf.
boi:*a*·da sf.
boi:a·*dão* sm.; pl. ·*dões*.
boi:a·*dei*·ro adj. sm.
boi:a·*doi*·ro sm.: *boiadouro*.
boi:a·*dor* (ô) sm.
boi:a·*dou*·ro sm.: *boiadoiro*.
boi:a(s)-*fri*·a(s) adj. s2g. (pl.).
boi:*a*·ma sf.
boi:*an*·te adj. 2g.
boi:*ão* sm.; pl. ·*ões*.
boi:*ar* v.
boi:*ar*·do sm.
boi·bum·*bá* sm.; pl. *bois*- -*bumbás* ou *boi-bumbás*.
boi·ça sf.: *bouça*.
boi·ca·*á* sf.
boi·ca·*lem*·ba sm.; pl. *bois*- -*calembas* ou *bois-calemba*.
boi·ca·*lum*·ba sm.; pl. *bois*- -*calumbas* ou *bois-calumba*.
boi·*çar* v.: *bouçar*.
boi(s)-ca·*va*·lo(s) sm. (pl.).

boi·*cei*·ra sf.: *bouceira*.
boi·ci·*nin*·ga sf.
boi·ci·*pó* sf.
boi·co:a·ti:*a*·ra sf.: *boiquatiara*.
boi(s) com fo·*lha*·gens sm. (pl.).
boi·co·*rá* sf.
boi·co·*ral* sf.; pl. ·*rais*.
boi·co·*ta*·gem sf.; pl. ·*gens*.
boi·co·*tar* v.
boi·*co*·te sm.
boi·co·te:*ar* v.
boi·*çu* sf.
boi·çu·*nun*·ga sf.: *boicininga*.
boi(s) de *coi*·ce sm. (pl.).
boi(s) de *co*·va sm. (pl.).
boi(s)-de-gua·*rá* sm. (pl.).
boi(s) de ma·*mão* sm. (pl.).
boi(s) de me·*lão* sm. (pl.).
boi(s) de *reis* sm. (pl.).
boi·*ei*·ra sf.
boi·*ei*·ro adj. sm.
boi·es·*pá*·ci:o sm.; pl. *bois-espácios* ou *bois-espácio*.
boi·es·*pa*·ço sm.; pl. *bois-espaços* ou *bois-espaço*.
boi(s)-*gor*·do(s) sm. (pl.).
boi-gua·*çu* sf. *ou* sm.
bói·ler sm.
boi·na sf.
boi(s) na *va*·ra sm. (pl.).
boi·*o*·bi sm. *ou* sf.: *boiubi*, *boiubu*.
boi·*o*·çu sm. *ou* sf.: *boiçu*.
boi·*o*·çu-*boi*·a sm. *ou* sf.
boi·*o*·la sm.
boi·*o*·ta¹ adj. s2g. 'alienado'.
boi·*o*·ta² sf. 'testículos muito desenvolvidos'.
boi·*o*·te sm.
boi·*pe*·ba sf.: *boipeva*.
boi·pe·ba·*çu* sf.: *boipevaçu*.
boi·*pe*·va sf.: *boipeba*.
boi·pe·va·*çu* sf.: *boipebaçu*.
boi·pi·*ran*·ga sf.
boi·qua·ti:*a*·ra sf.
boi·*qui*·ra sf.
boi·*rel* sm.; pl. ·*réis*.
boi·*ru* sf.
boi(s)-su·ru·*bi*(s) sm. (pl.).: boi·su·ru·*bim* sm.; pl. *boi-surubins* ou *bois-surubim*.
boi·ta·*tá* sm.
boîte sf. fr.: *boate*.
boi·ti:a-*boi*·a sf.
boi·ti:a-*poi*·a sf.
boi·tu·*va*·no adj. sm.
boi·tu·*ven*·se adj. s2g.

boi·*u*·bi sm. *ou* sf.: boi·*u*·bu.
boi·u·*çu* sm. *ou* sf.: *boioçu*.
boi·u·çu-*boi*·a sf.: *boioçuboia*.
boi·*u*·na sf.
boi·*u*·no adj.
boi(s)-*vi*·vo(s) sm. (pl.).
bo·*iz* sf.: *aboiz*.
boi·*zi*·nho sm.
bo·ja·*dor* (ô) adj. sm.
bo·ja·*du*·ra sf.
bo·*ja*·ga sf.
bo·ja·*men*·to sm.
bo·*jan*·te adj. 2g.
bo·*jar* v.
bo·*jar*·da sf.
bo·jo (ô) adj. sm./Cf. *bojo* (ó), do v. *bojar*.
bo·jo·*bi* sm. *ou* sf.: *boiobi, boiubi*.
bo·ju·*í* sf.
bo·la sf.
bo·la(s) ao *ces*·to sm. *ou* sf. (pl.).
bo·la·*ção* sf.; pl. ·*ções*.
bo·*la*·cha sf.
bo·la·*cha*·da sf.
bo·la·cha(s)-que·*bra*·da(s) sf. (pl.).
bo·la·*chei*·ra sf.
bo·la·*chei*·ro adj. sm.
bo·la·*chen*·se adj. s2g.
bo·la·*chu*·do adj.
bo·*la*·ço sm.
bo·*la*·da sf.
bo·la(s) de *mi*·lho sf. (pl.).
bo·la(s) de *ne*·ve sf. (pl.) 'o que toma vulto progressivamente'.
bo·la(s)-de-*ne*·ve sf. (pl.) 'arbusto'.
bo·*lai*·na sf.
bo·*lan*·das sf. pl., na loc. *em bolandas*.
bo·lan·*dei*·ra sf.
bo·lan·*de*·ja (ê) sf.
bo·lan·*dis*·mo sm.
bo·lan·*dis*·ta adj. s2g.
bo·*lão* sm.; pl. ·*lões*.
bo·la·*pé* sm.
bo·*lar* adj. 2g. v. 'que pode ser reduzido a bola ou bolo' 'tocar com a bola'/Cf. *bular*.
bo·las s2g. 2n. interj.
bol·*bá*·ce:o adj.: *bulbáceo*.
bol·*bar* adj. 2g.: *bulbar*.
bol·*bí*·fe·ro adj.: *bulbífero*.
bol·bi·*for*·me adj. 2g.: *bulbiforme*.
bol·*bí*·ge·ro adj.: *bulbígero*.
bol·*bi*·lho sm.: *bulbilho*.
bol·bi·*lí*·fe·ro adj.: *bulbilífero*.

bol·bi·lo·*ge*·ma sf.: *bulbilogema*.
bol·bo (ô) sm: *bulbo*.
bol·*boi*·de adj. 2g.: *bulboide*.
bol·bo·ma·*ni*·a sf.: *bulbomania*.
bol·*bo*·so (ô) adj.: *bulboso*; f. e pl. (ó).
bol·*ça*·da sf. 'golfada'/Cf. *bolsada*.
bol·*ça*·do sm. 'golfada'/Cf. *bolsado*.
bol·*çar* v. 'lançar fora'/Cf. *bolsar*.
bol·che·*vi*·que adj. s2g.
bol·che·vi·*quis*·mo sm.
bol·che·vi·*quis*·ta adj. s2g.
bol·che·*vis*·mo sm.
bol·che·*vis*·ta adj. s2g.
bol·che·vi·*za*·ção sf.; pl. ·*ções*.
bol·che·vi·*za*·dor (ô) adj.
bol·che·vi·*zan*·te adj. 2g.
bol·che·vi·*zar* v.
bol·do (ô) sm.
bol·dri·*é* sm.
bo·le:a·*dei*·ra sf.
bo·le:*a*·do adj.
bo·le:*a*·dor (ô) sm.
bo·le:a·*men*·to sm.
bo·le:*ar* v.
bo·le·*ei*·ro sm.
bo·*lei*·a (é) sf./Cf. *boleia*, do v. *bolear*.
bo·*lei*·ma sf. s2g.
bo·*lei*·o sm.
bo·*lei*·ra sf.
bo·*lei*·ro adj. sm.
bo·*le*·ro sm.
bo·*le*·ta (ê) sf. /Cf. *boleta* (é), do v. *boletar*.
bo·le·*tar* v.
bo·le·*tim* sm.; pl. ·*tins*.
bo·le·ti·*nei*·ro sm.
bo·*le*·to (ê) sm./Cf. *boleto* (é), do v. *boletar*.
bo·*léu* sm.
bo·lha (ô) adj. s2g. sf./Cf. *bolha* (ó), do v. *bolhar*.
bo·*lhan*·te adj. 2g.
bo·*lhão* sm. 'borbulhão de líquido'; pl. ·*lhões*/Cf. *bulhão*.
bo·*lhar* v. 'apresentar ou formar bolha'/Cf. *bulhar*.
bo·*lhe*·lho (ê) sm.
bo·*lho*·so (ô) adj.; f. e pl. (ó).
bo·*lhu*·do adj. sm.
bo·li·*char* v.
bo·*li*·che sm.
bo·li·che:*ar* v.
bo·li·*chei*·ro sm.

bó·li·de s2g.: *bó*·li·do sm.
bo·*li*·na sf.
bo·li·na·*ção* sf.; pl. ·*ções*.
bo·li·*na*·dor (ô) sm.
bo·li·*na*·gem sf.; pl. ·**gens**.
bo·li·*nar* v.
bo·li·*nei*·ro adj. sm.
bo·li·*ne*·te (ê) sm. 'molinete'/Cf. *bulinete*.
bo·*li*·nha sf.
bo·*li*·nho sm.
bo·*li*·ta sf.
bo·*lí*·var sm.
bo·li·va·ri·*a*·no adj.
bo·li·vi:*a*·no adj. sm.
bo·lo (ô) sm./Cf. *bolo* (ó), do v. *bolar*.
bo·lo(s)·ar·*mê*·ni:o(s) sm. (pl.).
bo·lo·co·*bó* sm.
bo·lo(s) de *ro*·lo sm. (pl.).
bo·*ló*·gra·fo sm.
bo·lo·man·*ci*·a sf.
bo·lo·*man*·te adj. s2g.
bo·lo·*mé*·tri·co adj.
bo·*lô*·me·tro sm.
bo·lo·*nhês* adj. sm.
bo·lo·ni:*en*·se adj. s2g.
bo·*lô*·ni:o adj. sm.
bo·lo(s)·*po*·dre(s) sm. (pl.).
bo·*lor* (ô) sm.
bo·lo·*rên*·ci:a sf.
bo·lo·*ren*·to adj.
bo·los·*có*·pi:o sm.
bo·los·*tro*·ca sf.
bo·*lo*·ta sf.
bo·lo·*ta*·da sf.
bo·lo·*ta*·do adj.
bo·lo·*tal* sm.; pl. ·*tais*.
bol·sa (ô) sf. sm./Cf. *bolsa* (ó), do v. *bolsar*.
bol·*sa*·da sf. 'acervo de minério'/Cf. *bolçada*.
bol·sa(s)·de·pas·*tor* sf. (pl.).
bol·sa·*dor* adj. 'em forma de bolso'/Cf. *bolçado*.
bol·*sar* v. 'fazer bolsos' /Cf. *bolçar*.
bol·sas (ô) sf. pl.
bol·*sei*·ro sm.
bol·*se*·lho (ê) sm.
bol·*si*·nho sm.
bol·*sis*·ta adj. s2g.
bol·so (ô) sm./Cf. *bolso* (ó), do v. *bolsar*.
bom adj. sm. interj.
bom·ba sf.
bom·ba·*cá*·ce:a sf.

bom·ba·*cá*·ce:o adj.
bom·*bá*·ce:a sf.
bom·*bá*·ce:o adj.
bom·ba·cha sf.
bom·ba·cho sm.
bom·ba·*chu*·do sm.
bom·*ba*·ço sm.
bom·*ba*·da sf.
bom·ba(s)·*d'á*·gua sf. (pl.).
bom·ba(s)·fo·*gue*·te(s) sf. (pl.).
bom·ba(s)·gra·*na*·da(s) sf. (pl.).
bom·*bar* v.
bom·*bar*·da sf.
bom·bar·*da*·da sf.
bom·bar·*dão* sm.; pl. ·*dões*.
bom·bar·de:*a*·do adj.
bom·bar·de:*a*·dor (ô) adj. sm.
bom·bar·de:a·*men*·to sm.
bom·bar·de:*ar* v.
bom·bar·*dei*·ro sm.
bom·bar·*dei*·ra sf.
bom·bar·*dei*·ro adj. sm.
bom·bar·*de*·la sf.
bom·bar·*de*·la (ê) sf.
bom·bar·*di*·no sm.
bom·ba·re·*ló*·gi:o sf.; pl. *bombas-relógios* ou *bombas-relógio*.
bom·*bás*·ti·co adj.
bom·ba·*zi*·na sf.
bom·be:a·*ção* sf.; pl. ·*ções*.
bom·be:*a*·do adj.
bom·be:*a*·dor (ô) adj. sm.
bom·be:a·*men*·to sm.
bom·be:*ar* v.
bom·*bei*·ro sm.
bôm·bi·ce sm.: *bombice*, *bômbix*.
bom·bi·*cí*·de:o adj. sm.
bom·bi·*ci*·no adj.
bom·*bí*·de:o adj. sm.
bom·*bi*·lha sf.
bom·*bi*·lho sm.
bom·bi·*lí*·de:o adj. sm.
bom·*bí*·ne:o adj. sm.
bôm·bix (cs) sm.; pl. *bômbices*: *bombice*, *bômbice*.
bom·bo sm.
bom·bo·*ca*·do sm.; pl. *bons-bocados*.
bom·*bom* sm.; pl. ·*bons*.
bom·*bo*·na sf.
bom·bo·*na*·ça sf.
bom·bo·*nei*·ra sf.
bom·*bóp*·te·ro adj. sm.
bom·*bor*·do sm.
bom-con·se·*lhen*·se(s) adj. s2g. (pl.).

bom-des·pa·*chen*·**se(s)** adj. s2g. (pl.).
bom-*di*·**a** sm.; pl. *bons-dias*.
bom-*é(s)* sm. (pl.).
bom-jar·di·*nen*·**se(s)** adj. s2g. (pl.).
bom-je·su:*en*·**se(s)** adj. s2g. (pl.).
bom-*mo*·**ço** sm.; pl. *bons-moços*.
bom-mo·*cis*·**mo** sm.; pl.: *bons-mocismos*
bom-*no*·**me** sm.; pl. *bons-nomes*.
bo·*môn*·**ci:a** sf.
bom-re·pou·*sen*·**se(s)** adj. s2g. (pl.).
bom-su·ces·*sen*·**se(s)** adj. s2g. (pl.).
bom-*tom* sm.; pl. *bons-tons*.
bo·na·*chão* adj. sm.; pl. *·chões*; f. *bonachona*.
bo·na·chei·*rão* adj. sm.; pl. *·rões*; f. *bonacheirona*.
bo·na·chei·*ri*·**ce** sf.
bo·na·chei·*ro*·**na** adj. sf. de *bonacheirão*.
bo·na·*chi*·**ra(s)** sf. (pl.).: *bona-xira*.
bo·na·*cho*·**na** adj. sf. de *bonachão*.
bo·na:e·*ren*·**se** adj. s2g.
bo·*nan*·**ça** adj. 2g. sf.
bo·*nan*·**çar** v.
bo·*nan*·**ço·so** (ô) adj.; f. *e* pl. (ó).
bo·na·par·*tis*·**mo** sm.
bo·na·par·*tis*·**ta** adj. s2g.
bo·*na*·**ri** adj. s2g.
bo·na-*xi*·**ra(s)** sf. (pl.): *bona-chira*.
bon·*da*·**de** sf.
bon·da·*do*·**so** (ô) adj.; f. *e* pl. (ó).
bon-*de* sm.
bon·*do*·**so** (ô) adj.; f. *e* pl. (ó).
bon·*du*·**que** sm.
bo·*né* sm.
bo·*ne*·**ca** sf.
bo·ne·*ca*·**da** sf.
bo·ne·*car* v.
bo·*ne*·**co** sm.
bo·né(s)-de-*bis*·**po** sm. (pl.).
bo·*nen*·**se** adj. s2g.
bo·né(s)-qua·*dra*·**do(s)** sm. (pl.).
bo·*ne*·**te** sm.
bon·fi·*nen*·**se** adj. s2g.

bon·*gar* v.
bo·*ni*·**cos** sm. pl.
bo·ni·fi·ca·*ção* sf.; pl. *·ções*.
bo·ni·fi·ca·*dor* (ô) adj.
bo·ni·fi·*can*·**te** adj. 2g.
bo·ni·fi·*car* v.
bo·ni·*fra*·**te** sm.
bo·*ni*·**na** sf.
bo·ni·*nal* sm.; pl. *·nais*.
bo·ni·na·*len*·**se** adj. s2g.
bo·*nís*·**si·mo** adj.; superl. de *bom*.
bo·*ni*·**ta** adj.
bo·ni·*ta*·**ço** adj.
bo·ni·*tão* adj. sm.; pl. *·tões*; f. *bonitona*.
bo·ni·*ten*·**se** adj. s2g.
bo·ni·*te*·**te** (ê) adj. 2g.
bo·ni·*te*·**za** (ê) sf.
bo·*ni*·**ti·nha** sf.
bo·*ni*·**to** adj. sm. interj. adv.
bo·ni·to(s)-cha·*chor*·**ro(s)** sm. (pl.).
bo·ni·to(s)-do-*cam*·**po** sm. (pl.).
bo·ni·*to*·**na** adj. sf. de *bonitão*.
bo·ni·to(s)-pin·*ta*·**do(s)** sm. (pl.).
bo·ni·*to*·**ta** adj.; f. de **bo·ni·***to*·**te**.
bo·no·*mi*·**a** sf.
bo·no·*tom* sm.; pl. *·tons*.
bon·*sai* sm.
bons-*di*·**as** sm. pl.
bon·*su*·**ça** adj. s2g.
bon·su·*ces*·**so** adj. s2g.
bô·**nus** sm. 2n.
bon·*zão* adj.; pl. *·zões*.
bon·za·*ri*·**a** sf.
bon·**zo** sm.
bon·**zó** sm.
boo·li:*a*·**no** (bu) adj.
boom sm. (ing.: *bum*)
bo·que:*a*·**da** sf.
bo·que:*ar* v.
bo·*quei*·**ra** sf.
bo·*quei*·**rão** sm.; pl. *·rões*.
bo·*quei*·**ro** sm.
bo·que·ja·*du*·**ra** sf.
bo·que·ja·*men*·**to** sm.
bo·que·*jar* v.
bo·*que*·**jo** (ê) sm.
bo·*que*·**lho** (ê) sm.
bo·*que*·**te** (ê) sm.
bo·qui:a·*ber*·**to** adj.
bo·qui:a·*brir* v.
bo·qui:*al*·**vo** adj.
bo·*qui*·**lha** sf.

bo·*quim* sm.; pl. *·quins*.
bo·*qui*·**nha** sf.
bo·quir·*ro*·**to** (ô) adj. sm.
bo·*rá* sm.
bo·rá-*boi* sm.; pl. *borás-bois* ou *borás-boi*.
bo·rá-ca·*va*·**lo** sm.; pl. *borás-cavalos* ou *borás-cavalo*.
bo·*ra*·**ce** sm.: *bórax*.
bo·*rá*·**ci·co** adj.
bo·ra·*ci*·**ta** sf.
bo·ra·gi·*ná*·**ce:a** sf.: *borraginácea*.
bo·ra·gi·*ná*·**ce:o** adj.: *borragináceo*.
bo·ra·*ju*·**ba** sf.
bo·*ral* sm.; pl. *·rais*.
bo·*ra*·**no** sm.
bo·ra·*qui*·**ra** sf.
bo·ra·*ta*·**do** adj.
bo·*ra*·**to** sm.
bó·**rax** (cs) sm.; pl. *boraces*: *borace*.
bor·*ben*·**se** adj. s2g.
bor·bo·*le*·**ta** (ê) sf.
bor·bo·le·ta(s)-*bran*·**ca(s)** sf. (pl.).
bor·bo·le·ta-co·*ru*·**ja** sf.; pl. *borboletas-corujas* ou *borboletas-coruja*.
bor·bo·le·ta(s)-da-co·ro·*ni*·**lha** sf. (pl.).
bor·bo·le·ta(s)- -trans·pa·*ren*·**te(s)** sf. (pl.).
bor·bo·le·te:a·*dor* (ô) adj. sm.
bor·bo·le·te:a·*men*·**to** sm.
bor·bo·le·te:*an*·**te** adj. 2g.
bor·bo·le·te:*ar* v.
bor·bo·le·*ten*·**se** adj. s2g.
bor·bo·re·*men*·**se** adj. s2g.
bor·bo·*rig*·**mo** sm.: *borborismo*.
bor·bo·*ró* adj. s2g.
bor·bo·*tão* sm.; pl. *·tões*.
bor·bo·*tar* v.
bor·bu·lha·*ção* sf.; pl. *·ções*.
bor·bu·*lha*·**gem** sf.; pl. *·gens*.
bor·bu·*lhan*·**te** adj. 2g. sf.
bor·bu·*lhão* sm.; pl. *·lhões*.
bor·bu·*lhar* v.
bor·bu·*lhen*·**to** adj.
bor·bu·*lho*·**so** (ô) adj.; f. *e* pl. (ó).
bor·*car* v.
bor·**co** (ô) sm., na loc. *de borco/* Cf. *borco* (ó), do v. *borcar*.

bor·da sf.
bor·*da*·ça sf.
bor·*da*·da sf.
bor·da·*dei*·ra sf.
bor·*da*·do adj. sm.
bor·da(s)-do-*cam*·po sf. (pl.).
bor·da·*dor* (ô) adj. sm.
bor·da·*du*·ra sf.
bor·da(s)-*fal*·sa(s) sf. (pl.).
bor·*da*·gem sf.; pl. ·gens.
bor·da·*lei*·ro adj. sm.
bor·da·*len*·go adj.
bor·da·*lês* adj. sm.: bordelês.
bor·da·*le*·sa (ê) adj. sf.
bor·da·*le*·te (ê) sm.
bor·da(s)-*li*·vre(s) sf. (pl.).
bor·*da*·lo sm.
bor·da-ma·*ten*·se(s) adj. s2g. (pl.).
bor·da·*men*·to sm.
bor·*dão* sm.; pl. ·*dões*.
bor·*dão*-de-*ve*·lho sm.; pl. bordões-de-velho.
bor·*dar* v.
bor·de:*ar* v.
bor·de·*jar* v.
bor·*de*·jo (ê) sm.
bor·*del* sm.; pl. ·*déis*/Cf. bordeis, do v. bordar.
bor·de·*lei*·ro adj. sm.
bor·de·*len*·go adj.
bor·de·*len*·se adj. s2g.
bor·de·*lês* adj. sm.: bordalês.
bor·de·*rô* sm., do fr. bordereau.
bor·do[1] sm. 'lado ou rumo do navio'/Cf. bordo (ô).
bor·do[2] (ô) sm. 'árvore'/Cf. bordo (ó) sm. e fl. do v. bordar.
bor·*dô* adj. 2g. 2n. sm.
bor·do:*a*·da sf.
bor·do:*ei*·ra sf.
bor·do(s)-*li*·vre(s) sm. (pl.).
bor·*du*·na sf.
bo·*ré* sm. 'espécie de trombeta dos índios'/Cf. buré.
bo·re:*al* adj. 2g.; pl. ·*ais*.
bó·re:as sm. 2n.
bo·re·li:*a*·no adj.
bo·*res*·ca sf.
bo·*res*·te sm.
bor·*go*·nha sm.
bor·go·*nhão* sm.; pl. ·*nhões*; f. borgonhona.
bor·go·*nhês* adj. sm.
bor·go·*nho*·na sf. de borgonhão.

bor·gui·*nhão* adj. sm.; pl. ·*nhões*; f. ·*nho*·na.
bo·*ri* sm.: buri.
bo·ri·*ca*·do adj.
bó·ri·co adj.
bo·*ris*·mo sm.
bor·*ja*·ca sf.: burjaca.
bor·la sf.
bor·*le*·ta (ê) sf. 'pequena borla'/Cf. burleta.
bor·*nal* sm.; pl. ·*nais*.
bor·ne adj. 2g. sm.
bor·ne:*ar* v.
bor·*nei*:o sm.
bor·*nei*·ra sf.
bor·*nei*·ro adj. sm.
bor·*néu* adj. s2g.
bor·*ni*·ta sf.: bornite.
bo·ro sm.
bo·*ró* sm. 'ficha'/Cf. borô.
bo·*rô* sm. 'peixe'/Cf. boró.
bo·*ro*·a (ô) sf.: broa.
bo·ro·co·*tó* sm.: brocotó.
bo·ro·co·*xô* adj. s2g.
bo·ro:*ei*·ro adj.
bo·ro·go·*dó* sm.
bo·ro·*ré* sm.
bo·ro·ro (ô) adj. s2g. 'indígena'/Cf. bororó.
bo·ro·*ró* sm. 'veado-roxo'/Cf. bororo.
bo·ros·si·li·*ca*·to sm.
bo·ro·tar·ta·*ra*·to sm.
bo·ro·ti·ra·*na*·to sm.
bo·ro·tungs·*ta*·to sm.
bor·*qui*·lho adj. sm.
bor·ra sf. 'diarreia'/Cf. borra (ô).
bor·ra (ô) sf. 'sedimento'/Cf. borra (ó) sf. e fl. do v. borrar.
bor·ra·*bo*·tas s2g. 2n.
bor·ra·*çal* sm.; pl. ·*çais*.
bor·ra·*çar* v.
bor·ra·*cei*·ra sf.
bor·ra·*cei*·ro adj. sm.
bor·ra·cha sf.
bor·ra·*cha*·da sf.
bor·ra·*chão* sm.; pl. ·*chões*; f. borrachona.
bor·ra·*chei*·ra sf.
bor·ra·*chei*·ro sm.
bor·ra·*chi*·ce sf.
bor·ra·*chí*·fe·ro adj.
bor·ra·cho adj. sm.
bor·ra·*cho*·na sf. de borrachão.
bor·ra·*chu*·do adj. sm.
bor·*ra*·da sf. 'ato ou efeito de borrar'/Cf. burrada.

bor·ra·*de*·la sf.
bor·ra·*dor* (ô) adj. sm.
bor·ra·*du*·ra sf.
bor·*ra*·gem sf.; pl. ·*gens*.
bor·ra·gi·*ná*·ce:a sf.
bor·ra·gi·*ná*·ce:o adj.
bor·ra·gi·*no*·so (ô) adj. f. *e* pl. (ó).
bor·*ra*·go sf.: borragem.
bor·*rai*·na sf.: bor·ra·*í*·na.
bor·ra·lha sf.
bor·ra·*lha*·ra sf.
bor·ra·lha·ra(s)-pin·*ta*·da(s) sf. (pl.).
bor·ra·*lhei*·ra sf.
bor·ra·*lhei*·rar v.
bor·ra·*lhei*·ro sm.
bor·ra·*lhen*·to adj.
bor·*ra*·lho adj. sm.
bor·*rão* sm. 'mancha de tinta'; pl. ·*rões*/Cf. burrão.
bor·rar v.
bor·*ras*·ca sf.
bor·ras·co·so (ô) adj.; f. *e* pl. (ó).
bor·ra·*tão* sm.; pl. ·*tões*.
bor·ra·*tin*·tas s2g. 2n.
bor·ra·zo·po·li·*ta*·no adj. sm.
bor·*re*·ga (ê) sf./Cf. borrega (é), do v. borregar.
bor·re·*gã* sf.
bor·re·*ga*·da sf.
bor·re·*ga*·gem sf.; pl. ·*gens*.
bor·re·gar v.
bor·*re*·go (ê) sm. 'cordeiro com menos de um ano'/Cf. borrego (é), do v. borregar, e burrego (ê).
bor·re·*guei*·ro adj. sm.
bor·re·*gui*·ce sf.
bor·*re*·lho (ê) sm.
bor·*ren*·ta sf.
bor·*ren*·to adj.
bor·re·te:*ar* v.
bor·ri·*çar* v.
bor·ri·*cei*·ra sf.
bor·ri·*cei*·ro adj. sm.
bor·*ri*·ço sm.
bor·ri·fa·*de*·la sf.
bor·ri·fa·*dor* (ô) adj. sm.
bor·ri·fa·*men*·to sm.
bor·ri·*fan*·te adj. 2g.
bor·ri·*far* v.
bor·ri·*fá*·vel adj. 2g.; pl. ·*veis*.
bor·ri·*fei*·ro adj. sm.
bor·*ri*·fo sm.
bor·ro (ô) sm./Cf. borro (ó), do v. borrar.

bor·rus·*quê* sm.
bor·ta·*lá* sm.
bo·*rús*·si·co adj. sm.
bo·*rus*·so adj. sm.
bor·ze·*guim* sm.; pl. ·*guins*.
bos·*bo*·que sm.
bos·*ca*·gem sf.; pl. ·*gens*.
bos·ca·*re*·jo (ê) adj.
bos·*ní*·a·co adj. sm.
bos·ni:*a*·no adj. sm.
bós·ni:o adj. sm.
bó·son sm.
bos·que sm.
bos·que·ja·*dor* (ô) adj.
bos·que·*jar* v.
bos·*que*·jo (ê) sm.
bos·*que*·te (ê) sm.
bos·qui·*ma*·no adj. sm.:
 bos·*quí*·ma·no.
bos·sa sf. 'inchação'/Cf. *boça* e *bouça*.
bos·*sa*·gem sf.; pl. ·*gens*.
bos·sa·*no*·va adj. 2g. 2n. sf.
bos·sa·no·*vis*·ta(s) adj. s2g. (pl.).
bos·ta sf. interj.
bos·ta(s) de ba·*ra*·ta sf. (pl.).
bos·ta(s) de *ca*·bra sf. (pl.).
bos·*tar* v.
bos·*tei*·ra sf.
bos·*tei*·ro sm.
bos·*te*·la sf.
bos·te·*len*·to adj.
bós·ton sm.
bos·to·ni:*a*·no adj. sm.
bós·tri·co sm.
bos·tri·*coi*·de adj. 2g.
bos·tri·*quí*·de:o adj. sm.
bós·trix (cs) sm.
bo·ta sf.
bo·*ta*·da sf.
bo·*ta*·do adj.
bo·ta·*fo*·go (ô) adj. s2g.
bo·ta·*fo*·go(s) adj. 2g. sm. (pl.).
bo·ta·fo·*guen*·se adj. s2g.
bo·ta·*fo*·ra sm. 2n.
bo·ta·*ló* sm.
bo·ta·*me*·sa(s) sm. (pl.).
bo·*tâ*·ni·ca sf.
bo·*tâ*·ni·co adj. sm.
bo·ta·no·man·*ci*·a sf.
bo·ta·no·*man*·te s2g.
bo·ta·no·*mân*·tico adj.
bo·*tão* sm.; pl. ·*tões*.
bo·tão-de-*far*·da sm.; pl.
 botões-de-farda.
bo·tão-de-*ou*·ro sm.; pl.
 botões-de-ouro.
bo·*tar* v.
bo·*ta*·ra sf.
bo·ta·*re*·go (ê) sm.
bo·ta·*réu* sm.
bo·ta·*se*·la(s) sf. (pl.).
bo·te sm.
bo·*te*·co sm.
bo·*tei*·ro sm. 'fabricante de botes'/Cf. *buteiro*.
bo·*te*·lha (ê) sf.
bo·te·lha·*ri*·a sf.
bo·te·*lhei*·ra sf.
bo·te·*lhei*·ro sm.
bo·te·*lhen*·se adj. s2g.
bo·te·*quim* sm.; pl. ·*quins*.
bo·te·qui·*nei*·ro sm.
bo·*ti*·ca sf.
bo·ti·*ca*·da sf.
bo·ti·*cão* sm.; pl. ·*cões*.
bo·ti·*cá*·ri:a sf.
bo·ti·*cá*·ri:o sm.
bo·*ti*·ja sf.
bo·ti·*ja*·da sf.
bo·ti·*jão* sm.; pl. ·*jões*.
bo·*tim* sm. 'bota de cano curto': pl. ·*tins*/Cf. *butim*.
bo·*ti*·na sf.
bo·ti·*na*·da sf.
bo·ti·*rão* sm.; pl. ·*rões*.
bo·to[1] sm. 'odre'/Cf. *boto* (ô).
bo·to[2] (ó) adj. sm. 'embotado' 'cetáceo'/Cf. *boto* (ó) sm. e fl. do v. *botar*.
bo·to:*a*·do adj. sm.
bo·to:*a*·du·ra sf.
bo·to:*ar* v.
bo·to:a·*ri*·a sf.
bo·to(s)-*bran*·co(s) sm. (pl.).
bo·to·*car* v. 'saltar para fora'/Cf. *butucar*.
bo·to·cu·*dis*·mo sm.
bo·to·*cu*·do adj. sm.
bo·to:*ei*·ra sf.
bo·to:*ei*·ro sm.
bo·to(s)-*pre*·to(s) sm. (pl.).
bo·*to*·que sm.
bo·tri:*a*·do adj. sm.
bo·tri:*ão* sm.; pl. ·*ões*.
bó·tri:o sm.
bo·tri:*oi*·de adj. 2g. sm.
bo·tri:o·*mor*·fo adj.
bo·*trí*·ti·co adj.
bo·*tru*·co sm.
bo·tu·ca·tu:*en*·se adj. s2g.
bo·*tú*·li·co adj.
bo·tu·li·*for*·me adj. 2g.
bo·tu·*li*·na sf.
bo·tu·*li*·no adj.
bo·tu·*lis*·mo sm.
bou·ba sf. 'doença'/Cf. *boba* (ô).
bou·*ben*·to adj. sm.
bou·ça sf. 'terreno inculto e montanhoso': *boiça*/Cf. *boça* e *bossa*.
bou·*çar* v.: *boiçar*.
bou·*cei*·ra sf.: *boiceira*.
boudoir sm. fr.: *budoar*.
bou·lan·ge·*ri*·ta (bu) sf.
bourbon sm. fr.: *burbom*.
bour·no·*ni*·ta (bur) sf.
bo·va·*ris*·mo sm.
bo·va·*ris*·ta adj. s2g.
bó·vi·da adj. 2g. sm.
bo·*ví*·de:o adj. sm.
bo·*vi*·no adj. sm.
bo·vi·no·cul·*tor* (ô) sm.
bo·vi·no·cul·*tu*·ra sf.
bo·vi·no·*tec*·ni·a sf.
bo·vi·no·*téc*·ni·co adj.
bo·xa·*dor* (cs...ô) sm.
bo·xe (cs) sm.
bo·xe:a·*dor* (cs...ô) sm.
bo·xi·*ma*·ne (cs) adj. s2g.:
 bosquímano, bosquimano, boximano, boxímano.
bo·*xis*·ta (cs) adj. s2g.
bo·*ze*·ra (ê) sf.
bo·*zó* sm.
bra·ban·*ção* adj. sm.; pl. ·*ções*; f. *brabançona*.
bra·ban·*ço*·na adj. sf. de *brabanção*.
bra·ban·*tês* adj. sm.
bra·ban·*ti*·no adj. sm.
bra·*bei*·ra sf.
bra·*be*·za (ê) sf.: *braveza*.
bra·bo adj. sm.: *bravo*.
bra·*bu*·ra sf.: *bravura*.
bra·ça sf.
bra·*ça*·da sf.
bra·ça·*dei*·ra sf.
bra·*ça*·do sm.
bra·*ça*·gem sf.; pl. ·*gens*.
bra·cai·*á* sm.
bra·ca·*já* sm.
bra·*çal* adj. 2g. sm.; pl. ·*çais*.
bra·ça·*lo*·te sm.
bra·ca·*mar*·te sm.
bra·ca·*ren*·se adj. s2g.
bra·ça·*ri*·a sf.
brá·ca·ro adj. sm.
bra·ca·*tin*·ga sf.
bra·ca·tin·*gal* sm.; pl. ·*gais*.
bra·ce:a·*dor* (ô) adj.

bra·ce:*a*·gem sf.; pl. ·gens.
bra·ce:a·*men*·to sm.
bra·ce·*ar* v.
bra·*cei*·ra sf.
bra·*cei*·ro adj. sm.
bra·ce·ja·*dor* (ô) adj.
bra·ce·ja·*men*·to sm.
bra·ce·*jar* v.
bra·*ce*·jo (ê) sm.
bra·ce·*lei*·ra sf.
bra·ce·*le*·te (ê) sm.
bra·ce·*lo*·te sm.
bra·*cen*·se adj. s2g.
bra·co sm.
bra·ço sm.
bra·ço(s) de *fer*·ro sm. (pl.).
bra·ço(s)-de-*mo*·no sm. (pl.).
bra·ço(s)-de-pre·*gui*·ça sm. (pl.).
bra·*ço*·la sf.
bra·ço·*la*·da sf.
bra·co·*ní*·de:o adj. sm.
brác·te:a sf.
brac·te:*al* adj. 2g.; pl. ·*ais*.
brac·te·*í*·fe·ro adj.
brac·te:*oi*·de adj. 2g.
brac·*té*:o·la sf.
brac·te:o·*la*·do adj.
brac·te:o·*lar* adj. 2g.
brac·te:o·*lá*·ri:a sf.
brac·te:o·*lá*·ri:o adj.
brac·te:o·*loi*·de adj. 2g. sm.
brac·te:o·*so* (ô) adj.; f. e pl. (ó).
bra·*çu*·do adj.
bra·cu·*í* sm.
bra·*da*·do adj. sm.
bra·da·*dor* (ô) adj. sm.
bra·*dan*·te adj. s2g.
bra·*dar* v.
bra·*dá*·vel adj. 2g. pl. ·veis.
bra·de·ja·*dor* (ô) adj.
bra·de·ja·*men*·to sm.
bra·de·*jan*·te adj. 2g.
bra·de·*jar* v.
bra·*del* adj. s2g.; pl. ·*déis*.
bra·di:a·*cu*·si·a sf.
bra·di·car·*di*·a sf.
bra·di·car·*dí*·a·co adj.
bra·di·ci·ne·*si*·a sf.
bra·di·ci·ne·*ti*·co adj.
bra·di·ci·*ni*·na sf.
bra·di·fa·*si*·a sf.
bra·di·pep·*si*·a sf.
bra·di·*pó*·di·da adj. 2g. sm.
bra·di·po·*dí*·de:o adj. sm.
bra·dis·se·*ís*·mo sm.
bra·dis·*sis*·mo sm.

bra·do sm.
bra·fo·*nei*·ra sf.
bra·ga sf.
bra·*ga*·da sf.
bra·*ga*·do adj. sm.
bra·ga·*du*·ra sf.
bra·*gal* sm.; pl. ·*gais*.
bra·gan·*çã* adj. sf. de *bragançon*.
bra·gan·*ça*·no adj. sm.
bra·gan·*ção* adj. sm.; pl. ·*ções*; f. *bragançã* ou *bragançona*.
bra·gan·*cês* adj. sm.
bra·gan·*ço*·na adj. sf. de *bragançon*.
bra·*gan*·te sm.: *bargante*.
bra·gan·te:*ar* v.: *bargantear*.
bra·gan·*ti*·no adj. sm.
bra·gas sf. pl.
bra·*guei*·ro sm.
bra·*guen*·se adj. s2g.
bra·*guês* adj. sm.
bra·*gue*·ta (ê) sf.
bra·*gui*·lha sf.
bra·*gui*·nha sf.
brai·le adj. 2g. sm.
bra·la sf.: *bralha*[1].
bra·*lha*[1] sf. 'templo budista': *brala*.
bra·*lha*[2] sf. 'mancha ligeira e macia dos animais de montada': *baralha*.
bra·*lhar* v.: *baralhar*.
bra·ma sf.
bra·ma·*dei*·ro sm.
bra·ma·*dor* (ô) adj. sm.
bra·*ma*·nas sm. pl.
brâ·ma·ne adj. s2g. sm.: *brâmine*.
bra·*mâ*·ni·co adj.
bra·ma·*nis*·mo sm.
bra·ma·*nis*·ta adj. s2g.
bra·*man*·te adj. sm.
bra·mar v.
bra·*mi*·do sm.
bra·mi·*dor* (ô) adj. sm.
brâ·mi·ne adj. 2g. sm.: *brâmane*.
bra·*mir* v.
bra·*mo*·so (ô) adj.; f. e pl. (ó).
bran·ca sf.
bran·ca·*cen*·to adj.
bran·*ca*·gem sf.; pl. ·*gens*.
bran·*cão* sm.; pl. ·*cões*.
bran·ca·*ra*·na sf.
bran·ca·*rão* adj. sm.; pl. ·*rões*: *brancarrão*.
bran·ca·*ri*·a sf.

bran·ca·*ro*·na adj. sf. de *brancarão*: *brancarrona*.
bran·car·*rão* adj. sm.; pl. ·*rões*: *brancarão*.
bran·car·*ro*·na adj. sf. de *brancarrão*: *brancarona*.
bran·cas sf. pl.
bran·ca·ur·*si*·nha(s) sf. (pl.).
bran·co adj. sm.
bran·co(s) da ba·*hi*·a sm. (pl.).
bran·*cor* (ô) sm.
bran·*co*·so (ô) adj.; f e pl. (ó).
bran·*cu*·ra sf.
bran·*dal* sm.; pl. ·*dais*.
bran·da·*lhão* adj.; pl. ·*lhões*.
bran·da·*lho*·na adj.; f. de *brandalhão*.
bran·*dão* sm.; pl. ·*dões*.
bran·de sm., do ing. *brandy*.
bran·de:*ar* v.
bran·dem·bur·*guês* adj. sm.
bran·*dí*·lo·quo (quo *ou* co) adj.
bran·di·*men*·to sm.
bran·*dir* v.
bran·*dí*·vel adj. 2g.; pl. ·*veis*.
bran·do adj. sm.
bran·*du*·ra sf.
bran·du·*ren*·se adj. s2g.
brandy sm. ing.: *brande*.
bran·que:a·*ção* sf.; pl. ·*ções*.
bran·que:*a*·do adj. 'que se tornou branco'/Cf. *branquiado*.
bran·que:a·*dor* (ô) adj. sm.
bran·que:a·*du*·ra sf.
bran·que:a·*men*·to sm.
bran·que:*ar* v.
bran·que:*a*·ri·a sf.
bran·que:*á*·vel adj. 2g.; pl. ·*veis*.
bran·*quei*·ra sf.
bran·*quei*·ro sm.
bran·que·*jan*·te adj. 2g.
bran·que·*jar* v.
bran·*que*·ta (ê) sf.
brân·qui:a sf.
bran·qui:*a*·do adj. 'que tem brânquias ou guelras'/Cf. *branqueado*.
bran·qui:*al* adj. 2g.; pl. ·*ais*.
bran·qui·*cen*·to adj.
bran·*qui*·da·de sf.
bran·qui·*dão* sf.; pl. ·*dões*.
bran·*qui*·lho sm.
bran·*qui*·nha sf.
bran·qui:*o*·ma sm.
bran·qui:*ó*·po·de adj. 2g. sm.

bran·qui:óp·te·ro adj. sm.
bran·qui:os·sau·ro sm.
bran·qui:os·te·gi:al adj. 2g.; pl. ·ais.
bran·qui:os·te·gí·de:o adj. sm.
bran·quir v.
bran·qui:ú·ro adj. sm.
brá·qui:a sf.: bra·qui·a.
bra·qui:al adj. 2g.; pl. ·ais.
bra·qui:al·gi·a sf.
bran·qui:an·ti·cli·nal adj. 2g. sm.; pl. ·nais.
bran·qui·blas·to sm.
bra·qui·ce·fa·li·a sf.
bra·qui·ce·fá·li·co adj.
bra·qui·ce·fa·lí·de:o adj. sm.
bra·qui·ce·fa·lis·mo sm.
bra·qui·cé·fa·lo adj. sm.
bra·qui·cên·tri·co adj.
bra·quí·ce·ro adj. sm.
bra·quí·ci·to sm.
bra·quí·cla·do adj.
bra·qui·dac·ti·li·a sf.: braquidatilia.
bra·qui·dác·ti·lo adj.: braquidátilo.
bra·qui·da·ti·li·a sf.: braquidactilia.
bra·qui·dá·ti·lo adj.: braquidáctilo.
bra·quí·de:o adj. sm.
bra·qui:é·li·tro adj. sm.
bra·qui·gra·fi·a sf.
bra·qui·grá·fi·co adj.
bra·quí·gra·fo sm.
bra·qui·lo·gi·a sf.
bra·qui·ló·gi·co adj.
bra·qui:ó·po·de adj. 2g. sm.
bra·qui:óp·te·ro adj. sm.
bra·qui·o·to·mi·a sf.
bra·qui·pé·ta·lo adj.
bra·quip·nei·a sf.
bra·quis·cle·re·í·de sf.
bra·quis·sin·cli·nal adj. 2g. sm.; pl. ·nais.
bra·quis·ti·li·a sf.
bra·quis·ti·lo adj.
bra·quis·tó·cro·na sf.
bra·qui:ú·ro adj. sm.
bra·sa sf.
bra·sa(s)·es·con·di·da(s) s2g. (pl.).
bra·são sm.; pl. ·sões.
bra·sa(s)·vi·va(s) sf. (pl.).
bra·sei·ra sf.
bra·sei·ro sm.
bra·sen·se adj. s2g.

bra·si·do sm.
bra·si·guai·o sm.
bra·sil adj. s2g. sm.; pl. ·sis.
bra·si·la·çu sm.
bra·si·lan·den·se adj. s2g.
bra·si·lan·dês adj. sm.
bra·si·lan·di:en·se adj. s2g.
bra·si·le·en·se adj. s2g.:
   bra·si·lei·en·se.
bra·si·le·í·na sf.
bra·si·lei·ra sf.
bra·si·lei·ra·da sf.
bra·si·lei·ren·se adj. s2g.
bra·si·lei·res·co (ê) adj.
bra·si·lei·ri·ce sf.
bra·si·lei·ris·mo sm.
bra·si·lei·ris·ta adj. s2g.
bra·si·lei·rís·ti·co adj.
bra·si·lei·ro adj. sm.
bra·si·lei·ro·te sm.
bra·si·len·se adj. s2g.
bra·si·le:os·sau·ro sm.
bra·si·lês adj. sm.
bra·si·le·te (ê) sm.
bra·si·le·to (ê) sm.
bra·si·li·a·na sf.
bra·si·li·a·nis·mo sm.
bra·si·li·a·nis·ta adj. s2g.
bra·si·li·a·nís·ti·co adj.
bra·si·li·a·ni·ta sf.
bra·si·li·a·no adj. sm.
bra·sí·li·co adj.
bra·si·li·da·de sf.
bra·si·li:en·se adj. s2g.
bra·si·li·na sf.
bra·si·lín·di·o adj. sm.
bra·sí·li:o adj. sm.
bra·si·lis·mo sm.
bra·si·lis·ta adj. s2g.
bra·si·li·ta sf.: bra·si·li·te.
bra·si·li·za·ção sf.; pl. ·ções.
bra·si·li·za·dor (ô) adj.
bra·si·li·zan·te adj. s2g.
bra·si·li·zar v.
bra·si·lo·gra·fi·a sf.
bra·si·lo·grá·fi·co adj.
bra·si·ló·gra·fo sm.
bra·si·lo·lo·gi·a sf.
bra·si·lo·ló·gi·co adj.
bra·sil·ro·sa·do sm.; pl. brasis-rosados.
bra·si·no adj. sm.
bra·sis sm. pl.
bra·so·na·do adj.
bra·so·na·dor (ô) adj. sm.
bra·so·na·men·to sm.
bra·so·nan·te adj. 2g.

bra·so·nar v.
bra·so·po·len·se adj. s2g.
brás·pi·ren·se(s) adj. s2g. (pl.).
bras·so·lí·de:o adj. sm.
bra·su·ca adj. 2g. sm.
bra·su·me sm.
bra·ú·na adj. s2g. sf.
bráu·ne:a sf.
bra:u·nen·se adj. s2g.
brau·ni:a·no adj.: browniano.
bra·va·ta sf.
bra·va·te:a·dor (ô) adj. sm.
bra·va·te:ar v.
bra·va·tei·ro adj. sm.
bra·ve:ar v.
bra·vei·ra sf.
bra·ve·jan·te adj. 2g.
bra·ve·jar v.
bra·ve·za (ê) sf.
bra·vi:o adj. sm.
bra·vo adj. sm. interj.
bra·vu·ra sf.
bre:a·do adj.
bre:a·du·ra sf.
breakfast sm. ing.: brequefeste.
bre:ar v.
bre·ca sf.
bre·ca·da sf.
bre·cam·bu·çu sm.
bre·car v.
bre·cha sf.
bre·chão sm.; pl. ·chões.
bre·char v.
brech·ti:a·no adj. sm.
bre·cum·bu·çu sm.
bre·do (ê) sm.
bre·do(s)·de·es·pi·nho sm. (pl.).
bre·do(s)·de·na·mo·ro sm. (pl.).
bre·do(s)·fe·do·ren·to(s) sm. (pl.).
bre·do(s)·ver·da·dei·ro(s) sm. (pl.).
bre·do(s)·ver·me·lho(s) sm. (pl.).
bré·fi·co adj.
bre·fo sm.
bre·ga sf.
breg·ma sm.
bre·ja·do adj.
bre·jal sm.; pl. ·jais.
bre·jão sm.; pl. ·jões.
bre·ja·ú·ba sf.; bre·ja·ú·va.
bre·jei·ra sf.
bre·jei·ra·da sf.
bre·jei·ral adj. 2g.; pl. ·rais.

bre·jei·*rar* v.
bre·jei·*ri*·ce sf.
bre·*jei*·ro adj. sm.
bre·*jen*·se adj. s2g.
bre·*jen*·to adj.
bre·je·*re*·ba sf.
bre·ji·*nhen*·se adj. s2g.
bre·jo sm.
bre·jo·cru·*zen*·se(s) adj. s2g. (pl.).
bre·jo·gran·*den*·se(s) adj. s2g. (pl.).
bre·jo·san·*ten*·se(s) adj. s2g. (pl.).
bre·*jo*·so (ô) adj.; f. *e* pl.(ó).
bre·ma sf.
bre·nha sf.
bre·*nho*·so (ô) adj.; f e pl. (ó).
bre·*nun*·ça sf.: bernúncia.
bre·*nun*·za sf.: bernúncia.
bre·que sm.
bre·que·*fes*·te sm., do ing. breakfast.
bre·*quis*·ta sm.
bres·sa·*nen*·se adj. s2g.
bre·*tã* adj. sf. de bretão.
bre·tan·*gil* sm.: bertangil; pl. ·*gis*.
bre·*ta*·nha sf.
bre·*tão* adj. sm.; pl. ·*tões*; f. bretã.
bre·tch·nei·de·*rá*·ce:a (bretxnai) sf.
bre·tch·nei·de·*rá*·ce:o (bretxnai) adj.
bre·te[1] sm. 'armadilha'/Cf. *brete* (ê).
bre·te[2] (ê) sm. 'pequeno curral'/Cf. brete (é).
breu sm.
breu(s)-*bran*·co(s) sm. (pl.).
breu·jau·a·ri·*ci*·ca sm.; pl. breus-jauaricicas ou breus-jauaricica.
breu(s)-*pre*·to(s) sm. (pl.).
bre·ve adj. 2g. sm. adv.
bre·*vê* sm.
bre·*ven*·se adj. s2g.
bre·ve·*ta*·do adj. sm.
bre·ve·*tar* v.
bre·vi:*a*·dor (ô) sm.
bre·vi:*á*·ri·o sm.
bre·vi·*cau*·da adj. 2g.
bre·vi·cau·*da*·to adj.
bre·vi·*cau*·de adj. 2g.
bre·vi·*cau*·le adj. 2g.
bre·vi·*da*·de sf.

bre·vi·*flo*·ro adj.
bre·vi·fo·li:*a*·do adj.
bre·vi·*lí*·ne:o adj. sm.
bre·vi·*lín*·gue adj. s2g.
bre·vi·pe·ci:o·*la*·do adj.
bre·*ví*·pe·de adj. 2g.
bre·vi·*pe*·ne adj. 2g. sm.
bre·vir·*ros*·tro adj. sm.
bre·*vis*·ta sm.
bre·vis·*ti*·lo adj.
bri:*al* adj. 2g. sm.; pl. ·*ais*.
bri·ca sf.
bri·ca·*bra*·que sm.
bri·ca·bra·*quis*·ta s2g.
bri·che sm.
bri·da sf.
bri·*dão* sm.; pl. ·*dões*.
brí·de·ge sm., do ing. bridge.
bridge sm. ing.: *brídege*.
bri·*far* v.
bri·ga sf.
bri·*ga*·da sf.
bri·ga·de:*ar* v.
bri·ga·dei·*ris*·ta adj. s2g.
bri·ga·*dei*·ro sm.
bri·ga·dei·ro(s) do *ar* sm. (pl.).
bri·ga·*den*·se adj. s2g.
bri·ga·*dor* (ô) adj. sm.
bri·ga·*lha*·da sf.
bri·ga·*lhão* adj. sm. pl. ·*lhões*; f. brigalhona.
bri·ga·*lho*·na adj. sf. de brigalhão.
bri·*gan*·te adj. s2g.
bri·gan·*ti*·no adj. sm.
bri·*gão* adj. sm.; pl. ·*gões*; f. brigona.
bri·*gar* v.
bri·*go*·na adj. sf. de brigão.
bri·gue sm.
bri·gue(s)-*bar*·ca(s) sm. (pl.).
bri·gue·es·*cu*·na sm.; pl. brigues-escunas ou brigues-escuna.
bri·*gue*·la sm.
bri·*guen*·se adj. s2g.
bri·*guen*·to adj. sm.
bri·*ja*·ra v.
bri·lha·*dor* (ô) adj.
bri·*lhân*·ci:a sf.
bri·*lhan*·te adj. 2g. sm.
bri·lhan·*ti*·na sf.
bri·lhan·ti·na(s)-bra·si·*lei*·ra(s) sf. (pl.).
bri·lhan·*tis*·mo sm.
bri·lhan·*tu*·ra sf.
bri·*lhar* v.

bri·lha·*re*·te (ê) sm.
bri·lha·*re*·to (ê) sm.
bri·lha·*tu*·ra sf.
bri·lho sm.
bri·*lho*·so (ô) adj.; f. *e* pl. (ó).
brim sm.; pl. ·*brins*.
brin·ca·*dei*·ra sf.
brin·*ca*·do adj. sm.
brin·ca·*dor* (ô) adj. sm.
brin·ca·*lhão* adj. sm.; pl. ·*lhões*; f. brincalhona.
brin·ca·*lho*·na adj. sf. de brincalhão.
brin·*can*·te s2g.
brin·*car* v.
brin·co sm.
brin·co(s)-de-prin·*ce*·sa sm. (pl.).
brin·co(s)-de-sa·*gui* sm. (pl.).
brin·*dar* v.
brin·de sm.
brin·*je*·la sf.: berinjela.
brin·*que*·do (ê) sm.
brin·*que*·te (ê) sm.
brin·*que*·to (ê) sm.
brin·qui·nha·*ri*·a sf.
brin·qui·*nhei*·ro sm.
brin·*qui*·nho sm.
bri:o sm.
bri:*ó* sm.
bri:*o*·che sm.
bri:*o·fi*·lo sm.
bri:*ó·fi*·lo adj.
bri:*ó·fi*·ta sf.
bri:*ó·fi*·to sm.
bri:*ol* sm.; pl. ·*óis*.
bri:o·lo·*gi*·a sf.
bri:o·*ló*·gi·co adj.
bri:o·lo·*gis*·ta adj. s2g.
bri:*ó·lo*·go sm.
bri:*ô*·ni:a sf.
bri:*o*·*ni*·na sf.
bri:*o*·sa sf.
bri:*o*·so (ô) adj.; f. *e* pl. (ó).
bri:*o*·te·ca sf.
bri:o·zo:*á*·ri:o adj. sm.
bri·que sm.
bri·que·*tar* v. 'fazer briquetes'/ Cf. briquitar.
bri·*que*·te (ê), sm./Cf. briquete (é), do v. briquetar.
bri·qui·*tar* v. 'mourejar, pelejar'/Cf. briquetar.
bri·sa sf.
bri·*san*·ça sf.
bri·*sân*·ci:a sf.
bri·*san*·te adj. 2g.

bri·*sa*·que sm.
bris·ca sf.
brís·tol adj. sm.
bri·ta sf.
bri·ta·*dei*·ra sf.
bri·*ta*·do adj.
bri·*ta*·dor (ô) adj. sm.
bri·*ta*·gem sf.; pl. ·gens.
bri·ta·*men*·to sm.
bri·ta·*nen*·se adj. s2g.
bri·*tâ*·ni·co adj. sm.
bri·ta·*nis*·mo sm.
bri·ta·*nis*·ta s2g.
bri·*tar* v.
bri·*tô*·ni·co adj. sm.
bri·*va*·na sf.
bri·zo·*lis*·mo sm.
bri·zo·*lis*·ta adj. s2g.
bri·zo·*man*·ci·a sf.
bri·zo·*man*·te adj. s2g.
bri·zo·*mân*·ti·co adj.
bró sm.
bro·a (ô) sf.: *boroa*.
bro·ca sf.
bro·ca(s)-de·ce·re·ja·do·ca·*fé* sf. (pl.).
bro·ca·*di*·lho sm.
bro·*ca*·do adj. sm.
bro·ca(s)-do-ca·*fé* sf. (pl.).
bro·*ca*·dor (ô) sm.
bro·*ca*·gem sf.; pl. ·gens.
bro·ca(s)-pau·*lis*·ta(s) sf. (pl.).
bro·*car* v.
bro·*cár*·di·co adj.
bro·*car*·do sm.
bro·ca·*tel* sm.; pl. ·*téis*.
bro·ca·*te*·lo sm.
broccoli sm. pl. it.: *brócoli*.
bròccolo sm. it.: *brócolo*.
bro·cha sf. 'prego curto'/Cf. *broxa*.
bro·cha·*dei*·ra sf.
bro·*cha*·do adj.
bro·*cha*·dor (ô) sm.
bro·*cha*·gem sf.; pl. ·gens.
bro·*char* v. 'fixar pregos'/Cf. *broxar*.
bro·che sm. 'adorno com fecho usado pelas mulheres no vestuário/cf. *broxe*, do v. *broxar*.
bro·*che*·te sf.
bro·*cho*·te sm.
bro·*chu*·ra sf. 'brochagem'/Cf. *broxura*.
bro·co (ô) adj./Cf. *broco* (ó), do v. *brocar*.

bró·co·li sm., do it. *broccoli*.
bró·co·lo sm., do it. *bròccolo*.
bro·co·*tó* sm.: *borocotó*.
bró·di:o sm.
bro·*dis*·ta adj. s2g.
bro·dos·qui:*a*·no adj. sm.
bro·dos·qui:*en*·se adj. s2g.
bro:*ei*·ro adj. sm.
bro·*gún*·ci:a sf.
bro·*gún*·ci:o sm.
bro·*la*·do adj.
bro·la·*du*·ra sf.
bro·*lar* v.
bro·ma adj. 2g. sf.
bro·*ma*·do adj. sm.
bro·*mar* v.
bro·*ma*·to sm.
bro·ma·to·*lo*·gi·a sf.
bro·ma·to·*ló*·gi·co adj.
bro·ma·to·*lo*·gis·ta s2g.
bro·ma·*tó*·lo·go sm.
bro·me·li·*á*·ce:a sf.
bro·me·li·*á*·ce:o adj.
bro·*me*·to (ê) sm.
brô·mi·co adj.
bro·mi·*dra*·to sm.
bro·*mí*·dri·co adj.
bro·mi·*dro*·se sf.
bro·*mis*·mo sm.
bro·mo sm.
bro·mo·*fór*·mi:o sm.
bro·mo·me·nor·*rei*·a sf.
bro·mo·me·*tri*·a sf.
bro·mo·*mé*·tri·co adj.
bro·mop·*nei*·a sf.
bron·ca sf.
bron·co adj.
bron·co·*ce*·le sf.
bron·co·fo·*ni*·a sf.
bron·co·*fô*·ni·co adj.
bron·co·gê·ni·co adj.
bron·co·gra·*fi*·a sf.
bron·co·*grá*·fi·co adj.
bron·cop·neu·mo·*ni*·a sf.
bron·cos·*co*·pi·a sf.
bron·cos·*có*·pi:o sm.
bron·co·to·*mi*·a sf.
bron·*có*·to·mo sm.
bron·go sm.
bro·nha sf.
bron·que:a:*ção* sf.; pl. *ções*.
bron·que:*a*·dor (ô) adj. sm.
bron·que:a·*men*·to sm.
bron·que:*ar* v.
bron·quec·ta·*si*·a sf.
bron·*qui*:al adj. 2g.; pl. ·*ais*.
bron·*qui*·ce sf.

brôn·qui·co adj.
brôn·qui:o sm.
bron·qui:o·*ce*·le sm.
bron·qui:o·*li*·te sf.
bron·*quí*:o·lo sm.
bron·*qui*·te sf.
bron·*quí*·ti·co adj.
bron·*teu* sm.
bron·*za*·gem sf.; pl. ·gens.
bron·ze sm.
bron·ze:*a*·do adj. sm.
bron·ze:*a*·dor (ô) adj. sm.
bron·ze:a·*men*·to sm.
bron·ze:*ar* v.
brôn·ze:o adj.
bron·*zi*·na sf.
bron·*zis*·ta adj. s2g.
broo·*ki*·ta (bru) sf.: *bruquita*.
bro·que sm.
bro·que:*a*·do adj.
bro·que:*ar* v.
bro·*quel* sm.; pl. ·*quéis*/Cf. *broqueis*, do v. *brocar*.
bro·que·*lar* v.
bro·que·*lei*·ro sm.
bro·*quen*·to adj.
bro·qui·*dó*·dro·mo adj.
bros·la·dor (ô) sm.
bros·la·*du*·ra sf.
bros·*lar* v.
bros·sa sf.
bros·*sa*·dor (ô) sm.
bros·*sar* v.
bro·ta sf.
bro·ta·*ção* sf.; pl. ·*ções*.
bro·ta·*dor* (ô) adj.
bro·ta·*du*·ra sf.
bro·ta·*men*·to sm.
bro·*tan*·te adj. 2g.
bro·*tar* v.
bro·te sm.
bro·*ten*·se adj. s2g.
bro·*ti*·nho adj. s2g. sm.
bro·to (ô) sm./Cf. *broto* (ó), do v. *brotar*.
bro·to:*e*·ja (ê) sf.
bro·tu·*lí*·de:o adj. sm.
brow·ni:*a*·no (brau) adj.
brownie sm. (ing.: *bráuni*).
browser sm. (ing.: *bráuser*).
bro·xa adj. s2g. sf. 'pincel' 'indivíduo impotente'/Cf. *brocha*.
bro·*xan*·te s2g.
bro·*xar* v. 'pintar com broxa' 'tornar-se impotente'/Cf. *brochar*.

bro·xu·ra sf. 'impotência sexual'/Cf. *brochura*.
bru·a·*á* sm.
bru:*a*·ca sf.
bru:a·*quei*·ro adj. sm.
bru·ce·*lá*·ce:a sf.
bru·ce·*lá*·ce:o adj.
bru·ce·*li*·na sf.
bru·ce·*lo*·se sf.
bru·*ci*·na sf.
bru·*ci*·ta sf.
bru·co sm.
bru·ços sm. pl., na loc. *de bruços*.
bru:*e*·ga sf. sm.
bru·ga·*lhau* sm.: *burgalhau*.
bru·ga·*lhei*·ra sf.
bru·*guei*·a sf.
bru·ja·*ra*·ra sf.
bru·lho sm.
bru·*lo*·te sm.
bru·ma sf.
bru·ma·*cei*·ro adj.
bru·*má*·ce:o adj.
bru·ma·*den*·se adj. s2g.
bru·*ma*·do adj. sm.
bru·*mal* adj. 2g.; pl. ·*mais*.
bru·ma·*len*·se adj. s2g.
bru·*mar* v.
bru·*má*·ri:o sm.
brum·*brum* adj. 2g.; pl. *brum-bruns*.
bru·*mo*·so (ô) adj.; f. *e* pl. (ó).
brunch sm. (ing.: brântch).
bru·ne·li:*á*·ce:a sf.
bru·ne·li:*á*·ce·o adj.
bru·*ne*·te (ê) adj. 2g. sm.
bru·*nhir* v.: *brunir*.
bru·ni:*á*·ce:a sf.
bru·ni:*á*·ce:o adj.
bru·ni·*dei*·ra sf.
bru·*ni*·do adj. sm.
bru·ni·*dor* (ô) adj. sm.
bru·ni·*du*·ra sf.
bru·ni·*men*·to sm.
bru·*nir* v.: *brunhir*, *burnir*.
bru·no adj.
bru·no·ni:*á*·ce:a sf.
bru·no·ni:*á*·ce:o adj.
bru·*quí*·de:o adj. sm.
bru·*qui*·ta sf.: *brookita*.
bru·ra·*ja*·ra sf.
brus·ca sf.
brus·co adj.
brus·*quen*·se adj. s2g.
brus·qui·*dão* sf.; pl. ·*dões*.
brus·qui·*dez* (ê) sf.
brus·sa sf.: *brossa*.

bru·ta sf., na loc. *à bruta*.
bru·*tal* adj. 2g.; pl. ·*tais*.
bru·ta·*lha*·da sf.
bru·ta·li·*da*·de sf.
bru·ta·li·za·*ção* sf.; pl. *·ções*.
bru·ta·li·*zar* v.
bru·ta·*mon*·te s2g.:
bru·ta·*mon*·tes s2g. 2n.
bru·*te*·lo sm.
bru·*tes*·co (ê) adj. sm.
bru·*te*·za (ê) sf.
bru·ti·*da*·de sf.
bru·ti·*dão* sf.; pl. ·*dões*.
bru·ti·fi·ca·*dor* (ô) adj.
bru·ti·fi·*car* v.
bru·to adj. sm.
bru·xa sf.
bru·xu·*ri*·a sf.
bru·*xe*:*ar* v.
bru·*xe*·do (ê) sm.
bru·xe·*len*·se adj. s2g.
bru·xe·*lês* adj. sm.
bru·*xis*·mo sm.
bru·xo sm.
bru·xo·ma·*ni*·a sf.
bru·*xô*·ma·no sm.
bru·xu·le:*an*·te adj. 2g.
bru·xu·le:*ar* v.
bru·xu·*lei*·o sm.
bru·zun·*dan*·ga sf.: *burundanga*.
bu:*á*·ga·na adj. s2g.
bu:*a*·ra sf.
bu·*bão* sm.; pl. ·*bões*.
bu·bo sm.
bu·*bô*·ni·ca sf.
bu·*bô*·ni·co adj.
bu·bo·*ní*·de:o adj. sm.
bu·bo·no·*ce*·le sf.
bu·bu sm.
bu·*bui*·a sf.
bu·bu:*i*:*ar* v.
bu·bu·i·*tu*·ba sf.
bu·*cã* adj. s2g. sm.
bu·*cal* adj. 2g. 'relativo ou pertencente à boca'; pl. ·*cais*/ Cf. *bocal*.
bu·*çal* sm. 'arreio'; pl. ·*çais*/Cf. *boçal*.
bu·ça·*lar* v.
bu·ça·*le*·te (ê) sm.
bu·ca·*nei*·ro sm.
bu·*ca*·re adj. s2g.
bu·ca·res·*ten*·se adj. s2g.
bu·ca·res·*ti*·no adj. sm.
bu·*cé*·fa·la sf.
bu·ce·fa·*lí*·de:o adj. sm.

bu·*cé*·fa·lo sm.
bu·ce·*lá*·ri:o adj. sm.
bu·cen·*tau*·ro sm.
bu·cha sf.
bu·*cha*·da sf.
bu·cha(s)-dos-ca·ça·*do*·res sf. (pl.).
bu·cha(s)-dos-pau·*lis*·tas sf. (pl.).
bu·cha(s)-dos-pes·ca·*do*·res sf. (pl.).
bu·*chei*·ro sm. 'tripeiro'/Cf. *buxeiro*.
bu·*che*·la sf.
bu·*chi*·nha sf.
bu·cho sm. 'estômago dos mamíferos e dos peixes'/ Cf. *buxo*.
bu·cho(s)-de-*boi* sm. (pl.).
bu·cho(s) de pi:*a*·ba sm. (pl.).
bu·cho(s)-fu·*ra*·do(s) sm. (pl.).
bu·*chu*·do adj.
bu·*cim* sm.; pl. ·*cins*.
bu·ci·na·*dor* (ô) adj. sm.
bu·cle sm.: *bucre*.
bu·co sm.
bu·ço sm.
bu·co·*bu* adj. s2g.
bu·*có*·li·ca sf.
bu·*có*·li·co adj. sm.
bu·co·*lis*·mo sm.
bu·co·*lis*·ta adj. s2g.
bu·co·li·za·*ção* sf.; pl. ·*ções*.
bu·co·li·*zar* v.
bu·*cô*·ni·da adj. 2g. sm.
bu·co·*ní*·de:o adj. sm.
bu·*crâ*·ni:o sm.
bu·cre sm.: *bucle*.
bu·cu sm.
bu·*çu* sf. *ou* sm.
bu·cu:i·*bá* sf.
bu·cum·*bum*·ba sm.
bu·cu·*u*·va sf.
bu·cu·u·va·*çu* sf.
bu·*cu*·va adj. s2g.
bu·da·pes·*ten*·se adj. s2g.
bu·da·pes·*ti*·no adj. sm.
bu·di·*ão* sm.; pl. ·*ões*.
bú·di·co adj.
bu·*dis*·mo sm.
bu·*dis*·ta adj. s2g.
bu·*dís*·ti·co adj.
bu·*dlei*·a sf.
bu·do:*ar* sm., do fr. *boudoir*.
bu·*du*·na sf.
bu:*é* sm.
bu:*ei*·ra sf.
bu:*ei*·ro sm.

bu:é·li·a sf.
bu:e·li:á·ce:a sf.
bu:e·li:á·ce:o adj.
bu:e·na·cho adj.: bu:e·na·ço.
bu:e·na(s)-di·cha(s) sf. (pl.).
bu:e·nai·ren·se adj. s2g.
bu:e·no-bran·den·se(s) adj. s2g.
bu:e·no·po·len·se adj. s2g.
bu·fa sf.
bu·fa·dor (ô) adj. sm.
bu·fa·gi·na sf.
bu·fa·gí·ne:o adj. sm.
bu·fa·li·no adj.
bú·fa·lo sm.
bu·fan·te adj. 2g. sm.
bu·fão sm.; pl. ·fões.
bu·far v.
bu·fa·ri·nha sf.
bu·fa·ri·nhar v.
bu·fa·ri·nha·ri·a sf.
bu·fa·ri·nhei·ro sm.
bu·fê sm., do fr. buffet.
bu·fen·to adj.
bu·fe·te (ê) sm. 'aparador', do fr. buffet/Cf. bofete.
buffer sm. (ing.: baffer).
bu·fi·do sm.
bu·fir v.: bufar.
bu·fo adj. sm.
bu·fo·na·ri·a sf.
bu·fo·ne:ar v.
bu·fo·ní·de:o adj. sm.
bu·fo·ni·te sf.
bu·fo·ta·li·na sf.
bu·fo·te·ni·na sf.
buf·tal·mi·a sf.
buf·tál·mi·co adj.
buf·tal·mí·ne:a sf.
buf·tal·mí·ne:o adj.
buf·tal·mo sm.
bu·ga·lho sm.
bu·ga·lhu·do sm.
bu·gan·ví·li:a sf.
bu·gi·a sf.
bu·gi:a·da sf.
bu·gi:a·do adj.
bu·gi:ar v.
bu·gi·a·ri·a sf.
bu·gi·gan·ga sf.
bu·gi·o adj. sm.
bu·gi·o(s)-pre·to(s) sm. (pl.).
bu·gle sm.
bu·glos·sa sf.
bu·gra sf.
bu·gra·da sf.
bu·gra·ri·a sf.

bu·gre adj. s2g.
bu·grei·ro sm.
bu·gri·nho sm.
bu·gris·mo sm.
bú·gu·la sf.
bu:í·do adj.
bu:i·nho sm.
bu:i·quen·se adj. s2g.
bu:ir v.: puir.
bu:í·tra sf.
bui·u·çu sm.
bu·ja·mé adj. 2g. sm.
bu·jão sm.; pl. ·jões.
bu·jar·ro·na sf.
bu·ja·ru:en·se adj. s2g.
bu·jé adj. s2g. sm.
bu·ji sm.
bu·ji·gua·ra sm.
bu·la sf.
bu·lar v. 'selar com bula'/Cf. bolar.
bu·la·rí·de:o adj. sm.
bu·lá·ri:o sm.
bu·lá·ti·co adj.
bul·bá·ce:o adj.: bolbáceo.
bul·bar adj. 2g.: bolbar.
bul·bí·fe·ro adj.: bolbífero.
bul·bi·for·me adj. 2g.: bolbiforme.
bul·bí·ge·ro adj.: bolbígero.
bul·bi·lho sm.: bolbilho.
bul·bi·lí·fe·ro adj.: bolbilífero.
bul·bi·lo·ge·ma sf.: bolbilogema.
bul·bi·te sf.
bul·bo sm.: bolbo.
bul·bo·cap·ni·na sf.
bul·bo·fi·lo sm.
bul·boi·de adj. 2g.: bolboide.
bul·bo·ma·ni·a sf.: bolbomania.
bul·bo·so (ô) adj.; f. e pl. (ó): bolboso.
bul·cão sm.; pl. ·cões.
bul·do·gue sm.
bul·dô·zer sm.
bu·le sm.
bu·lei·ro sm.
bu·le·var sm.
búl·ga·ro adj. sm.
bu·lha sf.
bu·lhão ad. sm. 'bulhento'; pl. ·lhões; f. bulhona/Cf. bolhão.
bu·lhar v. 'fazer bulha'/Cf. bolhar.
bu·lha·ra·ça sf.
bu·lhen·to adj. sm.
bu·lho·na adj. sf. de bulhão.

bu·lhu·fas sf. pl. pron. adv. interj.: bulufas.
bu·lí·ci:o sm.
bu·li·ço·so (ô) adj.; f. e pl. (ó).
bu·li·dei·ro adj.
bu·li·for·me adj. 2g.
bu·li·mi·a sf.
bu·li·mi·a·se sf.
bu·li·mo sm.
bu·li·ne·te (ê) sm. 'bicame onde se deita o cascalho diamantino para o lavor'/Cf. bolinete.
bu·lir v.
bu·lis·ta sm.
bu·lu·fas sf. pl. pron. adv. interj.: bulhufas.
bu·lu·lu sm.
bum[1] sm. 'braço de extensão móvel para o microfone ou câmera de TV', do ing. boom.
bum[2] interj.
bum·ba sm. interj.
bum·ba meu boi sm. 2n.
bum·bar v.
bum·bo sm.
bum-bum sm.; pl. ·buns: 'nádegas'.
bum-bum sm.; pl. bum-buns. 'Som de tambor'.
bu·me·ran·gue sm.
bun·da adj. s2. sf.
bun·dá sm.
bun·da·ça sf.
bun·da(s)-de-mu·la·ta sf. (pl.).
bun·da·na sf.
bun·dão sm.; pl. ·dões; f. bundona.
bun·da(s)-su·ja(s) s2g. (pl.).
bun·do adj. sm.
bun·dões sm. pl.
bun·do·na sf. de bundão.
bun·du·do adj.
bu·ne·va sm.
bu·nho sm.
bu·no·don·te adj. 2g. sm.
bu·pres·tí·de:o adj. sm.
bu·que sm.
bu·quê sm.
bu·quê(s)-de-noi·va sm. (pl.).
bu·qui·na·dor (ô) adj.
bu·qui·nar v.
bu·qui·nen·se adj. s2g.
bu·ra·ba sf.
bu·ra·ca sm. 'saco de couro'/Cf. búraca.
bú·ra·ca sf. 'gude'/Cf. buraca.
bu·ra·ca·da sf.

bu·ra·*ca*·ma sf.
bu·ra·*çan*·ga sf.
bu·ra·*cão* sm.; pl. ·*cões*.
bu·*ra*·co sm.
bu·*ra*·co(s)-so·*tur*·no(s) sm. (pl.).
bu·ra·*nhém* sm.; pl. ·*nhéns*.
bu·ra·*qua*·ra sf.
bu·ra·*quei*·ra sf.
bu·ra·*quei*·ro sm.
bu·*ra*·ra sf.
bu·ra·ra·*men*·se adj. s2g.
bu·ra·*re*·ma sf.
bu·ra·*téu*:a sf.
bur·*bom* sm., do fr. *bourbon*.
bur·bu·re·*jar* v.
bur·bu·ri·*nhar* v.
bur·bu·*ri*·nho sm.
bur·ca sf.
bur·de·ga·*len*·se adj. s2g.
bur·do adj. sm.
bu·*ré* sm. 'mingau'/Cf. *boré*.
bu·*rel* sm.; pl ·*réis*.
bu·*re*·la sf.
bu·re·*la*·do adj. sm.
bu·re·*li*·na sf.
bu·*re*·ta (ê) sf.
bu·*re*·va sf.
bur·ga·*lês* adj. sm.
bur·ga·*lhão* sm.; pl. ·*lhões*.
bur·ga·*lhau* sm.
bur·*gau*
bur·gau·*di*·na sf.
bur·go sm.
bur·*gó* sm.
bur·go·*mes*·tre sm.
bur·*gra*·ve sm.; f. bur·gra·*vi*·na.
bur·*guês* adj. sm.
bur·gue·*sa*·da sf.
bur·gue·*si*·a sf.
bu·ri sm.: *bori*.
bu·ri·*a*·to adj. sm.
bú·ri·ca sf.: *búraca*.
bu·*ri*(s)-da-*prai*·a sm. (pl.).
bu·*ri*(s)-do-*cam*·po sm. (pl.).
bu·ri:*en*·se adj. s2g.
bu·*ril* sm.; pl. ·*ris*.
bu·ri·la·*ção* sf.; pl. ·*ções*.
bu·ri·*la*·da sf.
bu·ri·la·*dor* (ô) adj. sm.
bu·ri·*la*·gem sf.; pl. ·*gens*.
bu·ri·*lar* v.
bu·ril·es·*co*·pro sm.; pl. *buris-escopros*.
bu·ri·*lis*·ta adj. s2g.
bu·rin·*dan*·ga sf.
bu·ri·*ní*·de:o adj. sm.

bu·ri·*qui* sm.: bu·ri·*quim*; pl. ·*quins*.
bu·ri·*ti* sm.
bu·ri·ti·a·le·*gren*·se(s) adj. s2g. (pl.).
bu·ri·ti·bra·*ven*·se(s) adj. s2g. (pl.).
bu·ri·*ti*(s)-*bra*·vo(s) sm. (pl.).
bu·ri·*ti*(s)-do-*bre*·jo sm. (pl.).
bu·ri·ti:*en*·se adj. s2g.
bu·ri·ti·*gua*·ra adj. s2g.
bu·ri·ti·lo·*pen*·se(s) adj. s2g. (pl.).
bu·ri·ti·mi·*rim* sm.; pl. ·*rins*.
bu·ri·ti·pa·*li*·to sm.; pl. *buritis-palitos* ou *buritis-palito*.
bu·ri·ti·*ra*·na sf.
bu·ri·ti·*za*·da sf.
bu·ri·ti·*zal* sm.; pl. ·*zais*.
bu·ri·ti·*zei*·ro sm.
bu·ri·ti·*zi*·nho sm.
bur·*ja*·ca sf.: *borjaca*.
bur·la sf.
bur·*la*·do adj.
bur·la·*dor* (ô) adj. sm.
bur·*lan*·te adj. s2g.
bur·lan·*tim* sm.; pl. ·*tins*.
bur·*lão* adj. sm.; pl. ·*lões*; f. *burlona*.
bur·*lar* v.
bur·la·*ri*·a sf.
bur·le·que:a·*dor* (ô) adj. sm.
bur·le·que:*ar* v.
bur·*les*·co (ê) adj. sm.
bur·les·que:*ar* v.
bur·*le*·ta (ê) sf. 'comédia ligeira'/Cf. *borleta*.
bur·*lis*·ta adj. s2g.
bur·*lo*·na adj. sf. de *burlão*.
bur·*lo*·so (ô) adj.; f. *e* pl. (ó).
bur·ma·ni·*á*·ce:a sf.
bur·ma·ni·*á*·ce:o adj.
bur·*nei*·ra adj. sf.
bur·*nir* v.: *brunir*.
bur·nu sm.
bur·*nuz* sm.
bu·ro·cra·*ci*·a sf.
bu·ro·cra·ci·*al* adj. 2g.; pl. ·*ais*.
bu·ro·*cra*·ta s2g.
bu·ro·*crá*·ti·co adj.
bu·ro·cra·ti·za·*ção* sf.; pl. ·*ções*.
bu·ro·cra·ti·za·*dor* (ô) adj.
bu·ro·cra·ti·*zan*·te adj. 2g.
bu·ro·cra·ti·*zar* v.
bur·ra sf.

bur·*ra*·da sf.
bur·ra(s)-de-*lei*·te sf. (pl.).
bur·ra(s) de *pa*·dre sf. (pl.).
bur·ra·*gem* sf.; pl. ·*gens*.
bur·ra(s)-lei·*tei*·ra(s) sf. (pl.).
bur·*ra*·ma sf.
bur·*rão* adj. sm.; pl. ·*rões*; f. *burrona*.
bur·*re*·go (ê) adj. sm. 'burro'/ Cf. *borrego*.
bur·*ri*·ca sf.
bur·ri·*ca*·da sf.
bur·ri·*cal* adj. 2g.; pl. ·*cais*.
bur·*ri*·ce sf.
bur·*ri*·co sm.
bur·ri:*é* sm.
bur·ri·fi·*car* v.
bur·*ri*·nha sf.
bur·*ri*·nho sm.
bur·ri·*quei*·ro adj. sm.
bur·ri·*que*·te (ê) sm.
bur·ri·*qui*·ce sf.
bur·ro adj. sm.
bur·*ro*(s)-bur·*rei*·ro(s) sm. (pl.).
bur·ro·*cho*·ro sm.; pl. *burros-choros* ou *burros-choro*.
bur·*roi*·de adj. s2g.
bur·*ro*·na adj. sf. de *burrão*.
bur·*ro*(s)-sem-*ra*·bo sm. (pl.).
bur·*sá*·til adj. 2g.; pl. ·*teis*.
bur·se·*rá*·ce:a sf.
bur·se·*rá*·ce:o adj.
bur·*sí*·cu·la sf.
bur·si·cu·*lar* adj. 2g.
bur·*si*·te sf.
bu·ru·*çan*·ga sf.
bu·ru:*é* adj. s2g.
bu·run·*dan*·ga sf.: *bruzundanga*.
bu·run·*dum* sm.; pl. ·*duns*.
bu·*ru*·ru adj. s2g.
bu·*ru*·so sm.: bu·*rus*·so.
bus adj. s2g. interj.
bu·*sa*·no sm.
bus·ca sf.
bus·*ca*·do adj.
bus·ca·*dor* (ô) adj. sm.
bus·ca·*fun*·do(s) sm. (pl.).
bus·*can*·te adj. 2g. sm.
bus·ca·*pé*(s) sm. (pl.).
bus·*car* v.
bus·ca·*vi*·da(s) sm. (pl.).
bu·*sei*·ra sf.
bu·si·*lhão* sm.; pl. ·*lhões*.
bu·*sí*·lis sm. 2n.
bus·qui·*pa*·ni adj. s2g.

bús·so·la sf./Cf. *bussola*, do v. *bussolar*.
bus·so·lan·te sm.
bus·so·lar v.
bus·to sm.
bus·tu:*á*·ri:o sm.
bu·ta·di:*e*·no sm.
bu·tal·de·*í*·do sm.
bu·ta·*nês* adj. sm.
bu·*ta*·no sm.
bu·*tar*·ga sf.
bu·te sm.
bu·*tei*·ro sm. 'alfaite'/Cf. *boteiro*.
bu·*te*·lo sm.
bu·*te*·no sm.
bu·te·*rei*·ro sm.
bu·ti:*á* sm.
bu·ti:á(s)-a-*çu*(s) sm. (pl.).
bu·ti:á(s)-a-*ze*·do(s) sm. (pl.).
bu·ti:á(s)-de-vi-*na*·gre sm. (pl.).
bu·ti:a-*tu*·ba sf.
bu·ti:á(s)-ver·da·*dei*·ro(s) sm. (pl.).
bu·ti:a-*zal* sm.; pl. *·zais*.
bu·ti:a-*zei*·ro sm.
bu·*til* sm.; pl. *·tis*.
bu·ti·*le*·no sm.
bu·*tim* sm. 'saque, pilhagem'; pl. *·tins*/Cf. *botim*.
bu·*ti*·nha sm.
bú·ti:o sm.
bu·ti·*rá*·ce:o adj.
bu·ti·*ra*·da sf.
bu·*tí*·ri·co adj.
bu·ti·*rô*·me·tro sm.
bu·ti·*ro*·so (ô) adj.; f. *e* pl. (ó).
bú·to·mo sm.
bu·to·*má*·ce:a sf.
bu·to·*má*·ce:o adj.
bu·*tó*·xi·do (cs) sm.
bu·*tó*·xi·lo (cs) sm.
bu·tre sm.
bu·*tu*·a sf.
bu·tu·a(s)-ca·tin-*guen*·ta(s) sf. (pl.).
bu·tu·a(s)-de-*cor*·vo sf. (pl.).
bu·*tu*·ca sf.
bu·*tu*·ca·da sf.
bu·*tu*·car v. 'esporear'/Cf. *botocar*.
bu·tu·*ca*·ri adj. s2g.
bu·tu·*cum* sm.; pl. *·cuns*.
bu·tu:*i*·nha sf.
bu·va sf.
bu·*var* sm.
bu·vu:*a*·ri sm.
bu·*xá*·ce:o (cs ou ch) sf.
bu·*xá*·ce:o (cs ou ch) adj.
bu·*xal* sm.; pl. *·xais*.
bu·*xei*·ro sm. 'buxo'/Cf. *bucheiro*.
bu·*xi*·na (cs ou ch) sf.
bu·*xi*·qui sm.
bu·*xo* sm. 'arbusto'/Cf. *bucho*.
bu·xu:*a*·ri sm.
bu·za·*ra*·te adj. s2g.
bu·*ze*·gar v.
bu·*ze*·no sm.
bu·*zi*·na sf. adj. s2g.
bu·zi·*na*·ção sf.; pl. *·ções*.
bu·zi·*na*·da sf.
bu·zi·*na*·dor (ô) adj. sm.
bu·*zi*·nar v.
bu·zi·*no*·te sm.
bu·zi·*nu*·do adj.
bú·zi:o adj. sm. 'espécie de concha'/Cf. *buzio*, do v. *buziar*.
bu·zo sm.
bu·zo(s)-*fê*·me:a(s) sm. (pl.).
bu·zo(s)-*ma*·cho(s) sm. (pl.).
bu·*zu*·go sm.
by·ro·ni:*a*·no (bai) adj.
by·*rô*·ni·co (bai) adj.
by·ro·*nis*·mo (bai) sm.
by·ro·*nis*·ta (bai) adj. s2g.
by·tow·*ni*·ta (baitau) sf.

C

ca conj./Cf. cá.
cá[1] adv./Cf. ca.
cá[2] sm. 'nome da letra K'; pl. cás ou kk/Cf. cá[1].
cã[1] sf. 'cabelo branco'.
cã[2] adj. f. de cão[2].
cã[3] sm. 'chefe oriental'.
ca·á[1] sf. 'planta'.
ca·á[2] sm. 'capa do prepúcio'.
ca·ã adj. s2g.
ca·á(s)-a·çu(s) sf. (pl.): caaçu, caaguaçu.
ca·a·ba sf.
ca·a·bo·po·xi sf.
ca·a·cam·bu:í sm.
ca·a·chi·ca sf.
ca·a·çu sf.: caá-açu, caaguaçu.
ca·a·e·é sm. ou sf.
ca·a·e·tê sm.: ca·a·e·té.
ca·a·gua·çu sf.: caá-açu, caaçu.
ca·a:i·ga·pó sm.
ca·a:in·gá sf.
ca·a·ja·ca·ra sf.
ca·a·ju·ça·ra sf.
ca·a·ma·nha sf.
ca·a·mem·be·ca sf.
ca·a·mi sm.
ca·a·o·bi sm.
ca·a·pe·ba sf.: capeba.
ca·a·pe·ná sf.
ca·a·pi sm.
ca·a·pi·á sm.: capiá.
ca·a·pi·á(s)-a·çu(s) sm. (pl.).
ca·a·pi·á(s)-do-rio-gran·de sm. (pl.).
ca·a·pi·á·mi·rim sm.; pl. caapiás-mirins.
ca·a·pi·á(s)-pre·to(s) sm. (pl.).
ca·a·pi·ti·ú sm.
ca·a·pi·ti·ú(s)-fe·do·ren·to(s) sm. (pl.).
ca·a·po·ã sf.
ca·a·po·mon·ga sf.

ca·a·pon·ga sf.
ca·a·por adj. s2g.
ca·a·po·ra s2g.
ca·a·pu:ã sm.
ca·a·pu:e·ra(s)-bran·ca(s) sf. (pl.).
ca·a·ri·na sf.
ca·a·tai:a sf.
ca·a·ti·guá sm.
ca·a·tin·ga sf.
ca·a·ti·nin·ga sf.
ca·a:u·e·ti sf.
ca·a·vu·ra·na sf.
ca·a·vu·ra·na(s)-de-cu·nhã sf. (pl.).
ca·a·xa·ra·ma sf.: caxarama, caxirama.
ca·a·xi sf.
ca·a·xi:ó sf.
ca·a·xi·ra sf.
ca·ba sf.
ca·ba·ça[1] sf. 'planta' 'cuia'.
ca·ba·ça[2] sm. 'gêmeo'.
ca·ba·ça(s)-a·mar·go·sa(s) sf. (pl.).
ca·ba(s)-ca·ça·dei·ra(s) sf. (pl.).
ca·ba·ça·da sf.
ca·ba·ça(s)-de-trom·be·ta(s) sf. (pl.).
ca·ba·çal adj. 2g. sm.; pl. ·çais.
ca·ba·ça-pu·run·ga sf. pl. cabaças-purunga ou cabaças-purungas.
ca·ba(s)-ce·ga(s) sf. (pl.).
ca·ba·cei·ra sf.
ca·ba·cei·ren·se adj. s2g.
ca·ba·cei·ro sm.
ca·ba·cei·ro(s)-a·mar·go·so(s) sm. (pl.).
ca·ba·ci·nha sf.
ca·ba·ci·nha(s)-do-cam·po sm. (pl.).
ca·ba·ci·nha(s)-do-ma·to sm. (pl.).

ca·ba·ci·nha(s)-ris·ca·da(s) sf.
ca·ba·ci·nha(s)-ver·ru·go·sa(s) sf. (pl.).
ca·ba·ci·nho sm.
ca·ba·ci·nho(s)-do-pa·rá sm. (pl.).
ca·ba·ço sm.
ca·ba·ço(s)-a·mar·go·so(s) sm. (pl.).
ca·ba·çu sm.: cabuçu.
ca·ba·çu:a·no adj. sm.
ca·ba·çu·da sf.
ca·ba·çu·do adj. sm.
ca·ba(s)-de-i·gre·ja sf. (pl.).
ca·ba(s)-de-la·drão sf. (pl.).
ca·bai·a sf.
ca·ba·í·ba adj. s2g.: ca·ba·í·va.
ca·bal adj. 2g. sm.; pl. ·bais.
ca·ba·la sf.
ca·ba·lar v.
ca·ba·le·ta (ê) sf.
ca·ba·li·no adj.
ca·ba·lis·ta adj. s2g.
ca·ba·lís·ti·co adj.
ca·ba·mi·rim sf.; pl. ·rins.
ca·ba·mo:a·tim sm.; pl. ·tins.
ca·ba·na sf.
ca·ba·na·da sf.
ca·ba·na·gem sf.; pl. ·gens.
ca·ba·nal sm.; pl. ·nais.
ca·ba·nei·ro sm.
ca·ba·nha sf.
ca·ba·no adj. sm.
ca·ba·pi·ran·ga sf.
ca·ba·pi·tã sm.
ca·ba·ré sm.
ca·ba·tã sf.
ca·ba·ta·tu sm. ou sf.
ca·ba·ú sm.
ca·baz sm.
ca·ba·za·da sf.
ca·ba·zei·ro sm.
ca·be sm.

ca·be:*ar* v.
ca·*be*·ça (ê) sf. *ou* sm.
ca·be·ça(s)-a-*mar*·ga(s) sf. (pl.).
ca·be·ça(s)-*bai*·xa(s) s2g. (pl.).
ca·be·ça(s)-*bran*·ca(s) sf. (pl.).
ca·be·ça(s)-*cha*·ta(s) s2g. (pl.).
ca·be·*ça*·da sf.
ca·be·ça(s)-*d'á*·gua sf. (pl.).
ca·be·ça(s) de ar·*roz* s2g. (pl.).
ca·be·ça(s)-de-*boi* sf. (pl.).
ca·be·ça(s) de ca·ma·*rão* s2g. (pl.).
ca·be·ça(s) de *cam*·po sm. (pl.).
ca·be·ça(s) de car·*nei*·ro sm. (pl.).
ca·be·ça(s) de ca·*sal* s2g. (pl.).
ca·be·ça(s) de ca·va·lo sf. (pl.).
ca·be·ça(s) de *cha*·ve sf. (pl.).
ca·be·ça(s)-de-*co*·co s2g. (pl.).
ca·be·ça(s) de *cui*·a sm. (pl.).
ca·be·ça(s)-de-*fer*·ro sm. (pl.).
ca·be·ça(s)-de-*fo*·go sm. (pl.).
ca·be·ça(s)-de-*fra*·de sf. (pl.).
ca·be·ça(s) de ja·ca·*ré* sm. (pl.).
ca·be·ça(s)-de-le:*ão* sm. (pl.).
ca·be·ça(s) de *lo*·bo sf. (pl.).
ca·be·ça(s) de me·*du*·sa sf. (pl.).
ca·be·ça(s)-de-*mon*·ge sf. (pl.).
ca·be·ça(s) de *ne*·gro sf. (pl.) 'bombinha'.
ca·be·ça(s)-de-*ne*·gro sf. (pl.), 'espécie de fruto'.
ca·be·ça(s) de nós *to*·dos s2g. sf. (pl.).
ca·be·ça(s)-de-*pe*·dra sf. (pl.).
ca·be·ça(s) de *pon*·te sf. (pl.).
ca·be·ça(s) de *por*·co sf. (pl.).
ca·be·ça(s) de *prai*·a sf. (pl.).
ca·be·ça(s)-de-*pra*·ta sm. (pl.).
ca·be·ça(s) de *pre*·go sf. (pl.) 'tipo', 'acne'.
ca·be·ça(s)-de-*pre*·go sf. (pl.), 'espécie de inseto'.
ca·be·ça(s)-de-pre·*gui*·ça sf. (pl.).
ca·be·ça(s)-de-to·*ma*·te sm. (pl.).
ca·be·ça(s)-de-u·ru·*bu* sf. (pl.).
ca·be·ça(s) de *ven*·to s2g. (pl.).
ca·be·*ça*·do sm.
ca·be·ça(s) do *pra*·zo sm. (pl.).
ca·be·ça(s)-*du*·ra(s) s2g. (pl.).
ca·be·ça(s)-du·ra(s)--fo·ci·nho(s)-de-*ra*·to sf. (pl.).
ca·be·ça(s)-du·ra(s)-*pre*·go(s) sf. (pl.).
ca·be·ça(s)-en·car·*na*·da(s) sm. *ou* sf. (pl.).

ca·be·ça(s)-in·*cha*·da(s) sf. (pl.).
ca·be·*çal* sm.; pl. ·*çais*.
ca·be·*ça*·lho sm.
ca·be·*ção* sm.; pl. ·*ções*.
ca·be·ça·*ri*·a sf.
ca·be·ça(s)-*se*·ca(s) sm. *ou* sf. (pl.).
ca·be·ça(s)-ver·*me*·lha(s) sf. *ou* sm. (pl.).
ca·be·ce:*a*·do adj. sm.
ca·be·ce:a·*dor* (ô) adj. sm.
ca·be·ce:*ar* v.
ca·be·*cei*·ro sm.
ca·be·*cei*·ra sf. sm.
ca·be·*cei*·ro sm.
ca·be·*cel* sm.: pl. ·*céis*.
ca·be·*ci*·lha sf.
ca·be·*ci*·nha sf.
ca·be·ci·nha(s)-cas·*ta*·nha(s) sf. (pl.).
ca·be·*ço* (ê) sm.
ca·be·*çor*·ra (ô) sf.
ca·be·*çor*·ro (ô) sm.
ca·be·*ço*·te sm.
ca·be·*çu*·da sf.
ca·be·*çu*·do adj. sm.
ca·be·*dais* sm. pl.
ca·be·*dal* adj. 2g. sm.; pl. ·*dais*.
ca·be·de·*len*·se adj. s2g.
ca·be·*de*·lo (ê) sm.
ca·*bei*:o sm.
ca·*bei*·ra sf.
ca·*bei*·ro adj. sm.
ca·be·la·*du*·ra sf.
ca·be·*la*·ma sf.
ca·be·*la*·me sm.
ca·be·*lei*·ra adj. 2g. sf. *ou* sm.
ca·be·*lei*·ra(s) de *vê*·nus sf. (pl.).
ca·be·lei·*rei*·ro sm.
ca·*be*·lo (ê) sm.
ca·be·lo(s)-de-*an*·jo sm. (pl.).
ca·be·lo(s)-de-*ne*·gro sm. (pl.).
ca·be·*loi*·ro sm.: cabelouro.
ca·be·lo(s)-*loi*·ro(s) sm. (pl.): ca·be·lo(s)-*lou*·ro(s).
ca·be·lo(s)-de-*vê*·nus sm. (pl.).
ca·be·*lou*·ro sm.: cabeloiro.
ca·be·lo(s)-*vi*·vo(s) sm. (pl.).
ca·be·*lu*·da sf.
ca·be·lu·*dei*·ra sf.
ca·be·*lu*·do adj. sm.
ca·*ben*·se adj. 2g.
ca·*ber* v.
ca·*beu*·a sm.
ca·bi·çu·*li*·nha sf.
ca·*bi*·da sf.

ca·*bi*·de sm.
ca·bi·*de*·la sf.
ca·*bi*·do adj. sm.
ca·bi·du:*al* adj. 2g.; pl. ·*ais*.
ca·*bi*·la adj. s2g.
ca·*bil*·da sf.
ca·*bi*·*men*·to sm.
ca·*bi*·na sf.: cabine.
ca·*bin*·da adj. s2g. sm. *ou* sf.
ca·*bi*·ne sf.: cabina.
ca·bi·*nei*·ro sm.
ca·bis·*bai*·xo adj.
ca·bi·*tu* sf.
ca·bi:*ú* sm.
ca·bi·*ú*·na adj. s2g. sf.: caviúa.
ca·bi·*ú*·na(s)-do-*cam*·po sf. (pl.).
ca·bi:u·*nen*·se adj. s2g.
ca·*bí*·vel adj. 2g.; pl. ·*veis*.
ca·*bi*·xi adj. s2g. sm.
ca·*blar* v.
ca·*bo* sm.
ca·bo:a·*tã* sf.: camboatã.
ca·bo·*chão* sm. 'pedra'; pl. ·*chões*/Cf. cabuchão.
ca·*bo*·cla (ô) sf.
ca·*bo*·*cla*·da sf.
ca·bo·*cli*·nho sm.
ca·bo·cli·nho(s)-da-ba·*í*·a sm. (pl.).
ca·bo·cli·nho(s)-do-*nor*·te sm. (pl.).
ca·bo·*cli*·nhos sm. pl.
ca·bo·*clis*·mo sm.
ca·bo·*clis*·ta adj. s2g.
ca·*bo*·clo (ô) adj. sm.
ca·bo·clo(s)-*d'á*·gua sm. (pl.).
ca·bo·*cló*·fi·lo adj. sm.
ca·bo·clo(s)-lus·*tro*·so(s) sm. (pl.).
ca·bo·clo(s)-re·tor·*ci*·do(s) sm. (pl.).
ca·bo·*clo*·ta sf. de *caboclote*.
ca·bo·*clo*·te sm.; f. caboclota.
ca·bo·clo(s)-*ve*·lho(s) sm. (pl.).
ca·bo·clo(s)-ver·*me*·lho(s) sm. (pl.).
ca·bo·*có* sm.
ca·bo·co·*li*·nho sm.: caboclinho.
ca·bo·co·*li*·nhos sm. pl.: caboclinhos.
ca·bo·*dá* sm.
ca·bo(s) de es·*qua*·dra sm. (pl.).
ca·bo(s) de *guer*·ra sm. (pl.).
ca·bo(s)-de-*lan*·ça sm. (pl.).
ca·bo(s) de *tro*·pa sm. (pl.).

ca·bo-fri:*en*·se(s) adj. s2g. (pl.).
ca·bo·gra·ma sm.
ca·bo-*gui*·a sm.; pl. *cabos-guias* ou *cabos-guia*.
ca-*boi*·la sf.
ca·*bo*·je sm.
ca·bom·*bá*·ce:a sf.
ca·bom·*bá*·ce:o adj.
ca·*bon*·de adj. 2g. adv.
ca·bo·*que*·na adj. s2g.
ca·*bor*·je sm. *ou* sf.
ca·bor·*jei*·ro adj. sm.
ca·bor·*ju*·do adj.
ca·bo·*ro*·ca sf.
ca·bo·ro·*car* v.
ca·*bor*·tar v.
car·bor·te:*ar* v.
ca·bor·tei·*ri*·ce sf.
ca·bor·*tei*·ro adj. sm.: *cavorteiro*.
ca·bor·*ti*·ce sf.
ca·bos-*bran*·cos adj. s2g. 2n.
ca·bos-*ne*·gros adj. s2g. 2n.
ca·bo·*ta*·gem sf.; pl. ·*gens*.
ca·bo·*tar* v.
ca·bo·ti·*na*·da sf.
ca·bo·ti·*na*·gem sf.; pl. ·*gens*.
ca·bo·ti·*ni*·ce sf.
ca·bo·ti·*nis*·mo sm.
ca·bo·*ti*·no sm.
ca·*bo*·to (ô) sm.; pl. (ô)/Cf. *caboto* (ó), do v. *cabotar*.
ca·bou·ca·*dor* (ô) adj. sm.: *cavoucador*.
ca·bou·*car* v.: *cavoucar*.
ca·*bou*·co sm.: *cavouco*.
ca·bou·*quei*·ro sm.: *cavouqueiro*.
ca·bo(s)-*ver*·de(s) s2g. sm. (pl.).
ca·bo-ver·*den*·se(s) adj. s2g. (pl.).
ca·bo-ver·di:*a*·no(s) adj. sm. (pl.).
ca·bra sf. sm.
ca·bra(s)-*ce*·ga(s) sf. (pl.).
ca·*bra*·da sf.
ca·bra(s) de *chi*·fre sm. (pl.).
ca·bra(s) de *pei*·a sm. (pl.).
ca·bra(s)-*fei*·o(s) sm. (pl.).
ca·*bra*·gem sf.; pl. ·*gens*.
ca·bra·*lha*·da sf.
ca·bra·li:*en*·se adj. s2g.
ca·bra·*li*·no adj.
ca·bra(s)-*ma*·cho(s) sm. (pl.).
ca·*bra*·mo sm.
ca·*brão* sm.; pl. ·*brões*.

ca·bra-*on*·ça sm.; pl. *cabras--onças* ou *cabras-onça*.
ca·bra(s)-sa·*ra*·do(s) sm. (pl.).
ca·bra(s)-*se*·co(s) sm. (pl.).
ca·bra-sel·*va*·gem sf.; pl. *cabras-selvagens*.
ca·bra(s)-to·pe·*tu*·do(s) sm. (pl.).
ca·bre sm.
cá·bre:a sf.
ca·bre:*a*·do adj.
ca·bre:*ar* v.
ca·*brei*·ra sf.
ca·*brei*·ro adj. sm.
ca·bre·*jar* v.
ca·*bre*·ma sf.
ca·bres·*tan*·te sm.
ca·bres·*tão* sm.; pl. ·*tões*.
ca·bres·te:a·*dor* (ô) adj. sm.
ca·bres·te:*ar* v.
ca·bres·*tei*·ra sf.
ca·bres·*tei*·ro adj. sm.
ca·bres·*ti*·lho sm.
ca·*bres*·to (ê) sm.
ca·bri:*ão* sm.; pl. ·*ões*.
ca·*bri*·ce sf.
ca·*bril* adj. 2g. sm.; pl. ·*bris*.
ca·*bri*·lha sf.
ca·brim sm.; pl. ·*brins*.
ca·bri·*ne*·te (ê) sm.
ca·*bri*·nha sf.
ca·bri:*o*·la sf.
ca·bri:*o*·lar v.
ca·bri:*o*·*lé* sm.
ca·bri:o·le:*ar* v.
ca·bri:o·*li*·ce sf.
ca·*bri*·ta sf.
ca·bri·*ta*·da sf.
ca·bri·*tar* v.
ca·bri·te:*ar* v.
ca·bri·*tei*·ro sm.
ca·bri·*ti*·lha sf.
ca·bri·*ti*·nho sm.
ca·bri·*ti*·no adj.
ca·bri·*tis*·mo sm.
ca·*bri*·to adj. sm.
ca·bri:*ú*·va sf.
ca·bri:ú·va(s)-do-*cam*·po sf. (pl.).
ca·bri:u·*va*·no adj. sm.
ca·bri:ú·va(s)-*par*·da(s) sf. (pl.).
ca·bri:ú·va(s)-*pre*·ta(s) sf. (pl.).
ca·bri:ú·va(s)-ver·*me*·lha(s) sf. (pl.).
ca·bri:u·vi·nha(s)-do-*cam*·po sf. (pl.).
ca·bro sm.

ca·*bro:a*·da sf.
ca·*bro*·*bó* sm.
ca·bro·bo:*en*·se adj. s2g.
ca·*bro*·ca sf.
ca·*bro·ca*·do sm.
ca·*bro*·car v.
ca·*bro*·cha s2g. sf.
ca·bro·*chão* sm.; pl. ·*chões*.
ca·*bro*·che sm.
ca·bro:*ei*·ra sf.
ca·bro:*ei*·ro sm.
ca·*bro*·naz sm.
ca·bru:*á* adj. s2g.
ca·*bru*·ca sf.: *cabroca*.
ca·*bru·ca*·do sm.: *cabrocado*.
ca·*bru*·car v.
ca·bru:*é* sm.
ca·*brum* adj. 2g.; pl. ·*bruns*.
ca·bu adj. sm.
ca·bu·*chão* sm. 'que tem forma cônica'; pl. ·*chões*/Cf. *cabochão*.
ca·*bu*·cho sm.
ca·bu·*çu* sm.: *cabaçu*.
ca·bu·cu:*a*·no adj. sm.
ca·*bui*·a sf.
ca·bu:im sm.; pl. ·*ins*.
ca·*bu*·la sf. 'seita afro--brasileira'/Cf. *cábula*.
cá·bu·la adj. s2g. sf. 'astuto' 'falta às aulas'/Cf. *cabula*, sf. e fl. do v. *cabular*.
ca·bu·*lar* v.
ca·bu·le·*té* sm.
ca·bu·*li*·ce sf.
ca·bu·*lo*·so (ô) adj.; f. *e* pl. (ó).
ca·bum·bo(s)-de-a·*zei*·te sm. (pl.).
ca·bun·*dá* sm.
ca·bun·*ga*·da sf.
ca·*bun*·go sm.
ca·bun·*guei*·ro adj. sm.
ca·*bú*·qui adj. 2g. sm., do jap. *kabuki*.
ca·bu·ra·*í*·ba sf.: *cabureíba*.
ca·bu·*ré* sm.
ca·bu·ré(s)-de-o·*re*·lha sm. (pl.).
ca·bu·ré(s)-do-*cam*·po sm. (pl.).
ca·bu·ré(s)-do-*sol* sm. (pl.).
ca·bu·re·*í*·ba sf.: *caburaíba*.
ca·bu·ri·*ce*·na adj. s2g.
ca·*bu*·ta sf.
ca·ca sf. *ou* sm.
ca·cá sf. *ou* sm.
ca·ça sf. sm./Cf. *cassa* sf. *e* fl. do v. *cassar*.

ca·ça·be sm.: caçava, caçave.
ca·ça(s)-bom·bar·dei·ro(s) sm. (pl.).
ca·ca·bor·ra·da sf.: cancaborrada.
ca·ca·da sf.
ca·ça·da sf.
ca·ça·dei·ra sf.
ca·ça·dei·ro adj.
ca·ça·do adj. 'apanhado na caça'/Cf. cassado.
ca·ça·dor (ô) adj. sm.
ca·ça·dor(es)-de-a·ra·nha sm. (pl.).
ca·ça·do·ren·se adj. s2g.
ca·ça·do·tes s2g. 2n.
ca·ça-fe·cho(s) sm. (pl.).
ca·cai·ei·ro adj. sm.
ca·cai·o sm.
ca·ca·jau sm.
ca·cá·li:a(s)-a·mar·ga(s) sf. (pl.).
ca·çam·ba sf.
ca·cam·ba·da sf.
ca·cam·bar v.: ca·cam·be:ar.
ca·cam·bei·ro adj.
ca·ça·mi·nas sm. 2n.
ca·ça·nar sm.; f. caçaneira.
ca·ça·nei·ra sf. de caçanar.
ca·ça·ní·queis sm. 2n.
ca·ça-ní·quel sm.; pl. caça-níqueis.
ca·çan·je adj. s2g. sm.
ca·çan·jis·ta adj. s2g.
ca·çan·te adj. 2g.
ca·ção sm.; pl. ·ções.
ca·ção-a·le·grim sm.; pl. cações-alegrins ou cações-alegrim.
ca·ção-a·ne·quim sm.; pl. cações-anequins ou cações-anequim.
ca·ção-an·go·lis·ta sm.; pl. cações-angolistas.
ca·ção-an·jo sm.; pl. cações-anjos.
ca·ção-ba·gre sm.; pl. cações-bagres ou cações-bagre.
ca·ção-de-a·rei·a sm.; pl. cações-de-areia.
ca·ção-de-bi·co-do·ce sm.; pl. cações-de-bico-doce.
ca·ção-de-es·ca·mas sm.; pl. cações-de-escamas.
ca·ção-de-es·pi·nho sm.; pl. cações-de-espinho.
ca·ção-de-fun·do sm.; pl. cações-de-fundo.

ca·ção-de-ri:o sm.; pl. cações-de-rio.
ca·ção-fi:ú·zo sm.; pl. cações-fiúzos.
ca·ção-fran·go sm.; pl. cações-frangos ou cações-frango.
ca·ção-ga·lhu·do sm.; pl. cações-galhudos.
ca·ção-ga·rou·pa sm.; pl. cações-garoupas ou cações-garoupa.
ca·ção-li·xa sm.; pl. cações-lixas ou cações-lixa.
ca·ção-mar·te·lo sm.; pl. cações-martelos ou cações-martelo.
ca·ção-pa·nã sm.; pl. canções-panãs ou cações-panã.
ca·ção-pe·ru sm.; pl. cações-perus ou cações-peru.
ca·ção-pre·go sm.; pl. cações-pregos ou cações-prego.
ca·ção-ro·de·la sm.; pl. cações-rodelas ou cações-rodela.
ca·ção-si·cu·ri sm.; pl. cações-sicuris ou cações-sicuri.
ca·ção-tor·ra·dor sm.; pl. cações-torradores.
ca·ça·pa sf.
ca·ça·pa·va·no adj. sm.
ca·ça·pa·ven·se adj. s2g.
ca·ça·pei·ra sf.
ca·ça·po sm.
ca·ça·pó sf.
ca·çar v. 'perseguir ou apanhar animais'/Cf. cassar.
ca·ca·rá sm.
ca·ca·ra·cá sm., na loc. de cacaracá.
ca·ca·re·co sm.
ca·ca·re·ja·dor (ô) adj. sm.
ca·ca·re·jan·te adj. 2g.
ca·ca·re·jar v.
ca·ca·re·jo (ê) sm.
ca·ca·rel s2g. 'leviano'; pl. ·réis/Cf. cacaréu.
ca·ça·re·na sf.
ca·ça·re·no sm.
ca·ça·re·ta (ê) sf.
ca·ça·re·te (ê) sm.
ca·ca·réu sm. 'traste sem valor'/Cf. cacarel.
ca·ca·ri·a sf.
ca·ça·ro·ba sf.
ca·ça·ro·la sf.
ca·ça·ro·va sf.
ca·ça-sub·ma·ri·no(s) sm. (pl.).

ca·ça·tin·ga sf.
ca·ca·tó·ri:o adj.
ca·ça-tor·pe·dei·ros sm. 2n.
ca·ca·tu·a sf.: catatua.
ca·cau sm.
ca·ça·ú sm.
ca·ca:u·al sm.; pl. ·ais.
ca·cau-a·zul sm.; pl. cacaus-azuis.
ca·cau(s)-bran·co(s) sm. (pl.).
ca·cau(s)-da-no·va-gra·na·da sm. (pl.).
ca·cau(s)-de-ca·ra·cas sm. (pl.).
ca·cau(s)-de-mi·co sm. (pl.).
ca·cau(s)-do-ma·to sm. (pl.).
ca·cau(s)-do-pe·ru sm. (pl.).
ca·cau·é sm.: ca·cau·ê.
ca·cau·ei·ro adj. sm.
ca·cau·í sm.
ca·cau·i·cul·tor (ô) sm.
ca·cau·i·cul·tu·ra sf.
ca·cau-ja·ca·ré sm.; pl. cacaus-jacarés ou cacaus-jacaré.
ca·cau·lis·ta adj. s2g.
ca·cau·ra·na sf.
ca·cau-sel·va·gem sm.; pl. cacaus-selvagens.
ca·cau(s)-ver·de(s)-da-co·lôm·bi:a sm. (pl.).
ca·cau·zei·ral sm.; pl. ·rais.
ca·cau·zei·ro sm.
ca·ça·va sf.: ca·ça·ve sm./Cf. cassava, do v. cassar.
cá·ce:a sf. 'estado do navio quando garra'/Cf. cássia.
ca·ce:ar v.
ca·cei·a sf.
ca·ce·qui:en·se adj. s2g.
ca·ce·ren·ga sf.
ca·ce·ren·se adj. s2g.
ca·ces·te·si·a sf.
ca·ce·ta (ê) sf.; pl. (ê)/Cf. caceta (é) e cacetas (é), do v. cacetar.
ca·ce·ta·da sf.
ca·ce·tar v.
ca·ce·te (ê) adj. s2g. sm.; pl. (ê)/Cf. cacete (é) e cacetes (é), do v. cacetar.
ca·ce·te:a·ção sf.; pl. ·ções.
ca·ce·te:ar v.
ca·ce·tei·ro sm.
ca·ce·ti·nho sm.
ca·cha sf. 'ardil'/Cf. caxa e caixa.
ca·cha·ça sf. s2g.
ca·cha·ção sm.; pl. ·ções.
ca·cha·cei·ra sf.
ca·cha·cei·ro adj. sm.

ca·cha·ço sm.
ca·cha·çu·do adj. sm.
ca·cha·da sf.
ca·cha·do adj.
ca·cha·gens sf. pl.
ca·cha·lo·te sm.
ca·cha·mor·ra (ô) sf.
ca·cha·mor·ra·da sf.
ca·cha·mor·rei·ro sm.
ca·chão sm. 'borbotão' 'vento'; pl. ·chões/Cf. caxão e caixão.
ca·cha·por·ra (ô) sf.: cachamorra.
ca·cha·por·ra·da sf.: cachamorrada.
ca·cha·por·ra(s)-do-gen·ti·o sf. (pl.).
ca·cha·por·rei·ro sm.: cachamorreiro.
ca·char v.
ca·cha·ro·le·te (ê) sm.
ca·char·réu sm.
ca·chê sm., do fr. cachet.
ca·che:a·da sf.
ca·che:a·do adj.
ca·che:ar v.
ca·che·col sm.; pl. ·cóis.
ca·chei·ra sf. 'cacete'/Cf. caixeira, f. de caixeiro.
ca·chei·ra·da sf. 'cacetada'/Cf. caixeirada.
ca·chei·ro adj. sm. 'que se esconde'/Cf. caixeiro.
ca·che·nê sm., do fr. cachenez.
ca·che·te ta (é) sf. 'jogo'/Cf. cacheta (é), do v. cachetar, caxeta e caixeta.
ca·che·tar v.
ca·chi·a sf. 'flor'; pl. cachias/Cf. caxias.
ca·chi·cho·la sf.: cochicholo.
ca·chi·ma·na sf.
ca·chi·ma·nha sf.
ca·chim·ba·da sf.
ca·chim·ba·dor (ô) adj. sm.
ca·chim·ban·te adj. 2g.
ca·chim·bar v.
ca·chim·bo sm.
ca·chim·bó sm.
ca·chim·bo(s)-de-ja·bu·ti sm. (pl.).
ca·chim·bo(s)-de-tur·co sm. (pl.).
ca·chi·mô·ni:a sf.
ca·chi·na·da sf.
ca·chi·na·dor (ô) adj. sm.
ca·chi·nar v.

ca·cho sm. 'conjunto de flores ou frutos'/Cf. caxo.
ca·cho:an·te adj. 2g.
ca·cho:ar v.
ca·cho·ça sf.
ca·cho·co (ô) sm.
ca·cho(s)-de-mos·qui·to(s) sm. (pl.).
ca·cho:ei·ra sf.
ca·cho:ei·ra-al·ten·se(s) adj. s2g. (pl.).
ca·cho:ei·ra·no adj. sm.
ca·cho:ei·rar v.
ca·cho:ei·ren·se adj. s2g.
ca·cho:ei·ris·ta adj. s2g.
ca·cho:ei·ro sm.
ca·cho·la sf. 'cabeça'/Cf. caixola.
ca·cho·le·ta (ê) sf.
ca·chon·dé sm.
ca·cho·pa (ô) sf.
ca·cho·pi·ce sf.
ca·cho·po (ô) sm.; pl. (óô).
ca·chor·ra (ô) sf.
ca·chor·ra·da sf.
ca·chor·ra·do adj.
ca·chor·rei·ra sf.
ca·chor·rei·ro sm.
ca·chor·ri·ce sf.
ca·chor·ri·nho sm.
ca·chor·ri·nho(s)-da-a·rei·a sm. (pl.).
ca·chor·ri·nho(s)-d'á·gua sm. (pl.).
ca·chor·ri·nho(s)-do-ma·to sm. (pl.).
ca·chor·ri·nho(s)-do-pa·dre sm. (pl.).
ca·chor·ris·mo sm.
ca·chor·ro (ô) sm.
ca·chor·ro(s)-d'á·gua sm. (pl.).
ca·chor·ro(s)-de-pa·dre sm. (pl.).
ca·chor·ro(s)-do-ma·to sm. (pl.).
ca·chor·ro(s)-do-mato--vi·na·gre sm. (pl.).
ca·chor·ro(s)-quen·te(s) sm. (pl.).
ca·cho(s)-ver·me·lho(s) sm. (pl.).
ca·chu·cha sf.
ca·chu·char v.
ca·chu·cho sm.
ca·chu·do adj. sm.
ca·ci:a·na adj. s2g.
ca·ci·ca sf.
ca·ci·ca·do sm.

ca·ci·cal adj. 2g.; pl. ·cais.
ca·ci·car v.
ca·ci·far v.
ca·ci·fe sm. 'cota de entrada num jogo'/Cf. cacifo.
ca·ci·fei·ro sm.
ca·ci·fo sm. 'cofre, caixa'/Cf. cacife: ca·ci·fro.
ca·cim sm.; pl. ·cins.
ca·cim·ba sf.
ca·cim·ba·do adj.
ca·cim·bão sm.; pl. ·bões.
ca·cim·bar v.
ca·cim·bei·ro sm.
ca·ci·nhei·ro adj.
ca·ci·que sm. 'chefe indígena'/Cf. cassique.
ca·ci·quis·mo sm.
ca·ci·te sm.
ca·co sm.
ca·ço sm. 'frigideira'/Cf. casso, adj. e fl. do v. cassar.
ca·ço:a·da sf.
ca·ço:a·dor (ô) adj. sm.
ca·co:al sm.; pl. ·ais: cacaual.
ca·ço:an·te adj. s2g.
ca·ço:ar v.
ca·co·co·li·a sf.
ca·co(s) de te·lha sm. (pl.).
ca·co·di·lo sm.
ca·co·do·xi·a (cs) sf.
ca·co·do·xo (cs) adj. sm.
ca·ço:ei·ra sf.
ca·co:ei·ro sm.
ca·co:é·pi·a sf.
ca·co:é·pi·co adj.
ca·co:e·te sm.
ca·co:e·tei·ro adj. sm.
ca·co:é·ti·co adj.
ca·co·fa·gi·a sf.
ca·có·fa·go adj.
ca·có·fa·to sm.: ca·có·fa·ton.
ca·co·fa·to·fo·bi·a sf.
ca·co·fo·ni·a sf.
ca·co·fo·ni:ar v.
ca·co·fô·ni·co adj.
ca·co·fo·nis·ta adj. s2g.
ca·co·fo·ni·zar v.
ca·co·fo·no·fo·bi·a sf.
ca·co·gê·ne·se sf.
ca·co·ge·ni·a sf.
ca·co·gê·ni·co adj.
ca·co·gra·far v.
ca·co·gra·fi·a sf.
ca·co·grá·fi·co adj.
ca·co·gra·fis·mo sm.
ca·có·gra·fo sm.

ca·çoi·la sf.: *caçoula*.
ca·çoi·la·da sf.: *caçoulada*.
ca·çoi·lo sm.
ca·ço:ís·ta adj. s2g.
ca·ço·*le*·ta (ê) sf.
ca·co·lo·*gi*·a sf.
ca·co·*ló*·gi·co adj.
ca·*có*·lo·go sm.
ca·con·*den*·se adj. s2g.
ca·*con*·go sm.
ca·co·pa·*ti*·a sf.
ca·co·*pá*·ti·co adj.
ca·co·pra·*gi*·a sf.
ca·co·qui·*li*·a sf.
ca·co·*quí*·mi·a sf.
ca·co·*quí*·mi·co adj.
ca·*có*·ri:o adj.
ca·cor·ra·*qui*·a sf.
ca·cor·rit·*mi*·a sf.
ca·cor·*rít*·mi·co adj.
ca·co·si·*ti*·a sf.
ca·cos·*mi*·a sf. 'má olfação'/Cf. *cacósmia*.
ca·*cós*·mi·a sf. 'planta'/Cf. *cacosmia*.
ca·cos·to·*mi*·a sf.
ca·*cós*·to·mo adj. sm.
ca·co·ta·*ná*·si:a sf.: ca·co·ta·na·*si*·a.
ca·*ço*·te sm.
ca·co·tec·*ni*·a sf.
ca·co·*téc*·ni·co adj.
ca·co·ti·*mi*·a sf.
ca·co·ti·*pi*·a sf.
ca·co·tro·*fi*·a sf.
ca·*çou*·la sf.: *caçoila*.
ca·*çou*·la·da sf.: *caçoilada*.
ca·co·xe·*ni*·ta sf.
cac·*tá*·ce:a sf.
cac·*tá*·ce:o adj.
cac·ta·le sf.
cac·ti·*for*·me adj. 2g.
cac·*ti*·no sm.
cac·to sm.
cac·*toi*·de adj. 2g.
ca·çu·*á* sm.
ca·cu·*bi* sm.
ca·çu:*en*·se adj. s2g.
ca·çu:i·*ro*·ba sf.: ca·çu:i·*ro*·va.
ca·*çu*·la adj. s2g. sf.
ca·çu·*lé* sm.: ca·çu·*lê*.
ca·çu·le:*en*·se adj. s2g.
ca·*cu*·lo sm.
ca·*çu*·lo adj. sm.
ca·cu·lu·*ca*·ge sm.
ca·cum·*bi* sm.
ca·cum·*bu* sm.

ca·*cu*·me sm.: ca·*cú*·men; pl. *cacumens* ou *cacúmenes*.
ca·cu·mi·*nal* adj. 2g.; pl. ·*nais*.
ca·cu·mi·na·li·*zar* v.
ca·*cun*·da sf. adj. s2g.
ca·cun·*dê* sm.
ca·cun·*dei*·ro adj. sm.
ca·*cun*·do adj. sm.
ca·çu·*nun*·ga sm. *ou* sf.
ca·çu·nun·gu·*çu* sm.
ca·cu·*ri* sm.
ca·cu·*ru*·to sm.: *cocuruto*.
ca·cu·*tu* sm.
ca·da pron.
ca·da·*fal*·so sm.
ca·da·na·ra·pu·ri·*ta*·na adj. s2g.
ca·*dar*·ço sm.
ca·*das*·te sm.
ca·das·*tra*·gem sf.; pl. ·*gens*.
ca·das·*tral* adj. 2g.; pl. ·*trais*.
ca·das·*trar* v.
ca·*das*·tro sm.
ca·dau·pu·ri·*ta*·na adj. s2g.
ca·*dá*·ver sm.
ca·da·*vé*·ri·co adj.
ca·da·ve·*ri*·na sf.
ca·da·ve·ri·za·*ção* sf.; pl. ·*ções*.
ca·da·ve·ri·*zar* v.
ca·da·ve·*ro*·so (ô) adj.; f. *e* pl. (ó).
ca·de sm. 'zimbro'/Cf. *cádi*.
ca·*dê* adv.: *quede*, *quede* (ê), *quedê*.
ca·de:*a*·do sm.
ca·*dei*·a sf.
ca·dei·*ão* sm.; pl. ·*ões*.
ca·*dei*·ra sf.
ca·*dei*·ra·do adj. sm.
ca·*dei*·ran·te s2g.
ca·*dei*·ras sf. pl.
ca·*dei*·rei·ro sm.
ca·*dei*·ri·nha sf.
ca·*dei*·ru·do adj.
ca·*dei*·xo sm./
ca·*de*·la sf.
ca·de·*li*·ce sf.
ca·de·*li*·nha sf.
ca·*de*·na sf.
ca·*dên*·ci:a sf. 'ritmo'/Cf. *cadencia*, do v. *cadenciar*, e *candência*.
ca·den·ci:*a*·do adj.
ca·den·ci:*ar* v.
ca·den·ci:*o*·so (ô) adj.; f. *e* pl. (ó).
ca·*den*·te adj. 2g. 'que tem cadência' 'que vai caindo'/Cf. *candente*.

ca·*der*·na sf.
ca·der·*nal* sm.; pl. ·*nais*.
ca·der·*ne*·ta (ê) sf.
ca·*der*·no sm.
ca·*de*·te (ê) sm.
cá·di sm. 'juiz muçulmano'/ Cf. *cade*.
cá·di·co adj.
ca·*di*·lho sm.
ca·*di*·mo adj.
ca·*di*·na sf.
ca·di·*ne*·no sm.
ca·*di*·nhar v.
ca·*di*·nho sm.
ca·di·u:*eu* adj. s2g.: ca·di·u:*éu*, ca·di·*veu*, ca·di·*véu*.
ca·*di*·vo adj.
ca·*di*·xe sm.
cad·*meu* adj.; f. cad·*mei*·a.
cad·*mi*·a sf.
cad·mi:*a*·gem sf.; pl. ·*gens*.
cad·mi:*ar* v.
cád·mi·co adj.
cad·*mí*·fe·ro adj.
cád·mi·o sm. 'el. químico'/Cf. *cadmio*, do v. *cadmiar*.
cád·mi:um sm.: *cádmio*.
ca·do sm.
ca·*dor*·na sf.: *codorna*.
ca·*doz* sm.
ca·*du*·ca sf.
ca·du·*can*·te adj. 2g.
ca·du·*car* v.
ca·du·*cá*·ri:o adj.
ca·du·*cá*·vel adj. 2g.; pl. ·*veis*.
ca·du·ce:*a*·dor (ô) adj. sm.
ca·du·*ceu* sm.
ca·du·ci·*cor*·no adj.
ca·du·ci·*da*·de sf.
ca·du·ci·*flo*·ro adj.
ca·du·ci·*fó*·li:o adj.
ca·*du*·co adj.
ca·du·*quez* (ê) sf.
ca·du·*qui*·ce sf.
ca:e·*ta*·no adj. 2g. sm.
ca:e·ta·no·po·li·*ta*·no adj. sm.
ca:e·*té* adj. s2g. 'indígena'/Cf. *caeté* e *caité*.
ca:e·*tê* sm. 'mata'/Cf. *caeté* e *caité*.
ca:e·te:*en*·se adj. s2g.
ca·fa·jes·*ta*·da sf.
ca·fa·jes·*ta*·gem sf.; pl. ·*gens*.
ca·fa·*jes*·te adj. s2g.
ca·fa·jes·*ti*·ce sf.
ca·fa·jes·*tis*·mo sm.

ca·fan·ga sf.
ca·fan·ga·da sf.
ca·fan·gar v.
ca·fan·go·so (ô) adj.; f. e pl. (ó).
ca·far·na·ú sm.: ca·far·na·um; pl. ·uns.
ca·far·rei·ro sm.
ca·far·ro sm.
ca·fé adj. 2g. 2n. sm.
ca·fe:a·ren·se adj. s2g.
ca·fé-bei·rão sm.; pl. cafés--beirões.
ca·fé(s)-bra·vo(s) sm. (pl.).
ca·fé-ca·ne·ca sm.; pl. cafés--canecas ou cafés-caneca.
ca·fé(s)-can·tan·te(s) sm. (pl.).
ca·fé(s) com is·ca sm. (pl.).
ca·fé com lei·te adj. 2g. 2n. sm.
ca·fé(s) com mis·tu·ra sm. (pl.).
ca·fé-con·cer·to sm.; pl. cafés--concertos ou cafés-concerto.
ca·fé(s)-co·nos·co sm. (pl.).
ca·fé(s) de du·as mãos sm. (pl.).
ca·fé(s)-do·di:a·bo sm. (pl.).
ca·fé(s)-do·ma·to sm. (pl.).
ca·fé(s)-do·pa·rá sm. (pl.).
ca·fe·dó·ri:o sm.
ca·fe·ei·ral sm.; pl. ·rais.
ca·fe·ei·ro sm.
ca·fé(s)-gor·do(s) sm. (pl.).
ca·fe·i·cul·tor (ô) sm.
ca·fe·i·cul·tu·ra sf.
ca·fe·i·di·na sf.
ca·fe·í·na sf.
ca·fe·í·ni·co adj.
ca·fe·ís·mo sm.
ca·fe·la·na sf.
ca·fe·lan·den·se adj. s2g.
ca·fe·lar v.
ca·fe·lis·ta adj. s2g.
ca·fe·lo (ê) sm.
ca·fé(s)-mas·ti·ga·do(s) sm. (pl.).
ca·fe:o·cra·ci·a sf.
ca·fe·o·na sf.
ca·fe·ra·na sf.
ca·fe·tã sm.
ca·fe·tâ·ni·co adj.
ca·fe·ta·ni·na sf.
ca·fe·tão sm.; pl. ·tões.
ca·fe·tei·ra sf.
ca·fe·tei·ro sm.
ca·fe·zal sm.; pl. ·zais.
ca·fe·zei·ro adj. sm.
ca·fe·zi·nho sm.

ca·fe·zis·ta adj. s2g.
ca·fi·ta s2g. sm.
ca·fi·far v.
ca·fi·fe sm.
ca·fi·fen·to adj. sm.
ca·fi·fi·ce sf.
ca·fi·fis·mo sm.
cá·fi·la sf.
ca·fin·fa s2g.
ca·fi:o·te sm.
ca·fi:o·to (ô) sm.; f. e pl. (ó).
ca·fi·ro·to (ô) sm., na loc. de cafiroto aceso.
ca·fo·fa sf.
ca·fo·fo (ô) sm.; pl. (ô).
ca·fo·na adj. s2g.
ca·fo·ni·ce sf.
ca·fo·to (ô) sm.; pl. (ô).
ca·fra·ri·a sf.
ca·fre adj. s2g.
ca·fre:al adj. 2g.; pl. ·ais.
ca·fri·ce sf.
ca·fri·no adj. sm.
caf·tã sm.
cáf·ten sm.; f. caftina; pl. caftens.
caf·ti·na sf.
caf·ti·na·gem sf.; pl. ·gens.
caf·ti·nar v.
caf·ti·nis·mo sm.
caf·ti·ni·za·ção sf.; pl. ·ções.
caf·ti·ni·zar v.
caf·tis·mo sm.
ca·fu·a sf.
ca·fu·bá adj. 2g.
ca·fu·ca sf.
ca·fu·çu sm.
ca·fu·le·ta (ê) sf.
ca·fu·le·tar v.
ca·fu·le·tei·ro sm.
ca·fu·lo sm.
ca·fu·man·go sm.
ca·fu·nar v.
ca·fun·dó sm.
ca·fun·do·ca sm.
ca·fun·dó(s) de ju·das sm. (pl.).
ca·fun·dó(s) do ju·das sm. (pl.).
ca·fun·dó·ri:o sm.
ca·fu·né sm.
ca·fun·ga adj. 2g. sm.
ca·fun·ga·gem sf.; pl. ·gens.
ca·fun·gar v.
ca·fun·ge sm.: ca·fun·je.
ca·fur·na sf.
ca·fus sm., na loc. pelos cafus, ali pelo cafus/Cf. cafuz.
ca·fu·te sm.

ca·fuz adj. s2g. sm. 'cafuzo' 'planta'/Cf. cafus.
ca·fu·zo adj. sm.
ca·ga sm.
ca·ga-bai·xi·nho adj. s2g. 2n.
ca·ga·ço sm.
ca·ga·da sf.
ca·ga·de·la sf.
cá·ga·do sm./Cf. cagado, do v. cagar.
cá·ga·do(s)-d'á·gua·do·ce sm. (pl.).
ca·ga·fo·go(s) sm. (pl.).
ca·gai·tei·ra sf.
ca·ga·lhão sm.; pl. ·lhões.
ca·ga·lu·me(s) sm. (pl.).
ca·ga·nei·ra sf.
ca·ga·ni·fân·ci:a sf.
ca·gão adj. sm.; pl. ·gões; f. cagona.
ca·gar v.
ca·ga·rai·va(s) s2g. (pl.).
ca·ga·re·gras s2g. 2n.
ca·ga·ro·las s2g. 2n.
ca·ga·se·bi·nho(s) sm. (pl.).
ca·ga·se·bis·ta(s) s2g. (pl.).
ca·ga·se·bi·te(s) sm. (pl.).
ca·ga·se·bi·to(s) sm. (pl.).
ca·ga·se·bo(s) sm. (pl.).
ca·ga·tó·ri:o sm.
ca·go:ã adj. s2g.
ca·go·na adj. sf. de cagão.
ca·go·san·ga sf.
ca·go·ti·lho sm.
ca·gue·ta·gem sf.; pl. ·gens: alcaguetagem.
ca·gue·tar v.: alcaguetar.
ca·gue·te (ê) sm.: alcaguete/Cf. caguete (é), do v. caguetar.
ca·guin·cha adj. s2g. sm.
ca·guin·cho adj. sm.
ca·gui·ra adj. s2g. sf.: ca·gui·ra.
ca·í sm.
cai·a·ba·na sf.
cai·a·bi adj. s2g.
cai·a·bu:en·se adj. s2g.
cai·a·can·ga sf.: caicanga.
cai·a·ção sf.; pl. ·ções.
cai·a·de·la sf.
cai·a·do adj.
cai·a·dor (ô) adj. sm.
cai·a·du·ra sf.
cai·a·gad·ja·na adj. s2g.
cai:am·bo·la s2g.: quilombola.
cai:am·bu·ca sf.
cai:a·na sm. adj. sf.

cai·a·pi:*á* sm.
cai·a·*pó* adj. s2g. sm.
cai·a·*po*·ni:*a*·no adj. sm.
cai·a·*po*·ni:*en*·se adj. s2g.
cai·a·*pós* sm. pl.
cai·a·*que* sm.
cai:*ar* v.
cai·a·*ra*·ra sm.
cai·a·*ra*·ra(s)-*bran*·co(s) sm. (pl.).
cai·au·*é* sm.
ca·*í*·ba sf.: *caíva*.
cãi·bra sf.: *câimbra*.
cai·*bral* adj. 2g.; pl. ·*brais*.
cai·bra·*men*·to sm.
cai·*brar* v.
cai·bro sm.
cãi·bro sm.: *câimbro*.
cai·*ça*·ca sf.
cai·*ca*·co sm.
cai·*cai* adj. s2g. sm.
cai·*can*·ga sf.: *caiacanga*.
cai·*ca*·nha sf.
ca:i·*ça*·ra adj. s2g. sf.
ca:i·*ça*·ra·da sf.
ca:i·*ça*·ren·se adj. s2g.
cai·*cau* sm.
cai·*có* sm.
cai·co:*en*·se adj. s2g.
cai·cuid·*ja*·na adj. s2g.
cai·*çu*·ma sf.
cai·cu·*ma*·na sm.
cai·cu·*rá* sf.
ca·*í*·da sf.
ca:i·*dei*·ro adj.
ca:i·*di*·ço adj.
ca·*í*·do adj.
ca:i·*dor* (ô) adj. sm.
ca·*í*·dos sm. pl.
cai·*ei*·ra sf.
cai·*ei*·ro sm.
cai·*e*·na adj. s2g. sf.
cai·*e*·*nen*·se adj. s2g.
ca:i·*en*·se adj. s2g.
cai·*guá* adj. 2g.
ca·*im* adj. 2g. sm.; pl. ·*ins*.
cai·ma·*cão* sm.; pl. ·*cões*.
cai·*mão* sm.; pl. ·*mões*.
ca:im·*bé* sm.
ca:im·be·*ra*·na sm.
ca:im·be·*zal* sm.; pl. ·*zais*.
câim·bra sf.: *cãibra*.
câim·bro sm.: *cãibro*.
ca:i·*men*·to sm.
ca:i·*mi*·to sm.
ca:i·*mi*·to(s)-do-*mon*·te sm. (pl.).

cai·*na*·na sf. (pl.).
ca·*in*·ca sf.
ca·*in*·ça sf.
ca:in·*ça*·da sf.
ca:in·*ça*·lha sf.
ca:in·*çar* v.
ca:in·*gan*·gue adj. s2g.
ca:in·*guá* adj. s2g.
ca:i·*nhar* v.
ca:i·*nhe*·za (ê) sf.
ca·*i*·nho adj. sm.
cai·o sm.
cai·*on*·go adj.
cai·o·*vá* adj. s2g.
ca:i·*pi*·ra adj. s2g. sm.
ca:i·pi·*ra*·da sf.
ca:i·pi·*ra*·gem sf.; pl. ·*gens*.
ca:i·pi·*ri*·ce sf.
ca:i·pi·*ri*·nha sf.
ca:i·pi·*ris*·mo sm.
ca:i·pi·*rís*·si·ma sf.
ca:i·*po*·ra adj. s2g. sm. *ou* sf.
ca:i·*po*·ri·ce sf.
ca:i·po·*ris*·mo sm.
ca·*í*·que sm.
ca·*ir* v.
cai·ra·mi·*di*·na sf.
cai·ra·*mi*·na sf.
cai·*ra*·na sf.
cai·*ra*·ra adj. 2g. sm.
cai·*ré* sm. sf.
cai·*rel* sm.; pl. ·*réis*/Cf. *caireis*, do v. *cair*.
cai·re·*lar* v.
cai·*ri* sm.
cai·*ri*·na sf.
cai·*rir* adj. s2g. sm.
cai·*ro* sm.
cai·*ro*·ta adj. s2g.
cai·ru:*á* sm.
cai·ru·*çu* sm.
cai·ru:*en*·se adj. s2g.
cais sm. 2n./Cf. *caís*, do v. *cair*.
cái·ser sm., do al. *Kaiser*.
cai·se·*ris*·mo sm.
cai·se·*ris*·ta adj. s2g.
cai·se·*ri*·ta sf.
cai·se·*rí*·ti·co adj.
cai·*su*·ma sm.
cai·*ta*·tu sm.
cai·*té* sm. 'planta'/Cf. *caetê* e *caeté*.
cai·ti·*té* sm.
cai·*ti*·tu sm.
cai·ti·tu:*a*·da sf.
cai·ti·tu:*a*·gem sf.; pl. ·*gens*.
cai·ti·tu:*ar* v.

cai·u:*á* adj. s2g.
cai·u:*en*·se adj. s2g.
cai·ui·*a* sf.
ca·*í*·va sf.: *caibacaíba*.
cai·xa sf. sm. s2g. 'recipiente' 'livro comercial' 'profissional que trabalha na caixa'/Cf. *cacha* sf. e fl. do v. *cachar*, e *caxa*.
cai·xa-*al*·ta[1] adj. s2g. 2n. 'abastado, rico'.
cai·xa(s)-*al*·ta(s)[2] sf. (pl.). 'maiúscula tipográfica'.
cai·xa(s)-*bai*·xa(s) sf. (pl.).
cai·xa(s)-*bom*·ba(s) sf. (pl.).
cai·xa(s)-*d'á*·gua sf. (pl.).
cai·xa(s) de *fós*·fo·ro(s) sm. (pl.).
cai·xa(s)-*for*·te(s) sf. (pl.).
cai·*xão* sm. 'caixa grande' 'ataúde'; pl. ·*xões*/Cf. *cachão* e *caxão*.
cai·*xão*-de-de·*fun*·to sm.; pl. *caixões-de-defunto*.
cai·xa-*pre*·gos sm. 2n.
cai·xa(s)-*pre*·ta(s) sf. (pl.).
cai·xa·*ri*·a sf.
cai·xa·*ra*·da sf. 'conjunto de caixeiros'/Cf. *cacheirada*.
cai·xei·*ra*·gem sf.; pl. ·*gens*.
cai·xei·*ral* adj. 2g.; pl. ·*rais*.
cai·xei·*rar* v.
cai·xei·*ro* sm. 'empregado do comércio'/Cf. *cacheiro*.
cai·*xe*·ta (ê) sf. 'caixa pequena'/ Cf. *cacheta* (ê) e *cacheta* (é), do v. *cachetar*, e *caxeta*.
cai·xe·ta(s)-a-ma·re·la(s) sf. (pl.).
cai·xi·lha·*ri*·a sf.
cai·*xi*·lho sm.
cai·*xis*·ta s2g.
cai·*xo*·la sf. 'caixa pequena'/Cf. *cachola*.
cai·xo·*tão* sm.; pl. ·*tões*.
cai·xo·ta·*ri*·a sf.
cai·*xo*·te sm.
cai·xo·*tei*·ro sm.
cai·xo·*tim* sm.; pl. ·*tins*.
ca·*já* sm. *ou* sf.
ca·*já*(s)-a-*çu*(s) sm. (pl.).
ca·ja·*da*·da sf.
ca·*ja*·do sm.
ca·ja·*léu* sm.
ca·já-*man*·ga sm.; pl. *cajás-mangas* ou *cajás-manga*.
ca·já·*mi*·rim sm.; pl. *cajás-mirins*.

ca·ja·pi:o·en·se adj. s2g.
ca·ja·ra·na sf.
ca·ja·ri:en·se adj. s2g.
ca·ja·ro sm.
ca·ja·ta·ti sm.
ca·ja·zei·ra sf.
ca·ja·zei·ren·se adj. s2g.
ca·ja·zei·ro sm.
ca·je·ti·lha sm.
ca·ji·la sf.
ca·jo·bi:en·se adj. s2g.
ca·ju sm.
ca·ju:a·çu sm.
ca·ju:a·da sf.
ca·ju:al sm.; pl. ·ais.
ca·ju·bi sm.
ca·ju·bim sm.; pl. ·bins.
ca·ju·ça·ra sm.
ca·ju·ci·ca sf.
ca·ju(s)-do-ma·to sm. (pl.).
ca·ju:ei·ral sm.; pl. ·rais.
ca·ju:ei·ro sm.
ca·ju:ei·ro(s)-bra·vo(s) sm. (pl.).
ca·ju:ei·ro(s)-bra·vo(s)-do--cam·po sm. (pl.).
ca·ju:ei·ro(s)-do-cam·po sm. (pl.).
ca·ju:ei·ro(s)-do-ma·to sm. (pl.).
ca·ju:ei·ro-ja·po·nês sm.; pl. *cajueiros-japoneses*.
ca·ju:í sm.
ca·ju:í·na sf.
ca·ju·ra·na sf.
ca·ju·ri sm.
ca·ju·ru:en·se adj. s2g.
ca·ju·zei·ro sm.
cal sf.; pl. *cales* ou *cais*/Cf. *caís*, do v. *cair*.
ca·la sf. s2g.
ca·la-a·ri:a·no adj. sm.
ca·la·ba·ça adj. s2g. sf.
ca·la·bar adj. s2g. sm.
ca·la·ba·ri·na sf.
ca·la·bo·ca (ô) sm.; pl. (ô).
ca·la·boi·ço sm.: ca·la·bou·ço.
ca·la·bre sm.
ca·la·bre:a·da sf.
ca·la·bre:a·dor (ô) adj. sm.
ca·la·bre:a·du·ra sf.
ca·la·bre:ar v.
ca·la·brês adj. sm.
ca·lá·bri·co adj.
ca·la·bro·tar v.
ca·la·bro·te sm.
ca·la·bro·te:ar v.

ca·la·*bu*·ra sf.
ca·la·ça·*ri*·a sf.
ca·la·ce:*ar* v.
ca·la·cei·*ri*·ce sf.
ca·la·*cei*·ro adj. sm.
ca·*la*·cre sm.
ca·*la*·da sf.
ca·la·*dão* adj. sm.; pl. ·*dões*; f. ·*do*·na.
ca·*la*·do adj. sm.
ca·la·do(s)-*d'á*·gua sm. (pl.).
ca·la·*du*·ra sf.
ca·la·*fan*·je sm.
ca·la·*fa*·te sm.
ca·la·fa·te(s)-da-pa·ta-*gô*·ni:a sm. (pl.).
ca·la·fe·ta·*ção* sf.; pl. ·*ções*.
ca·la·fe·ta·*dor* (ô) sm.
ca·la·fe·*ta*·gem sf.; pl. ·*gens*.
ca·la·fe·ta·*men*·to sm.
ca·la·fe·*tar* v.
ca·la·*fe*·to (ê) sm./Cf. *calafeto* (é), do v. *calafetar*.
ca·la·fri:*a*·do adj.
ca·la·*fri*·o sm.
ca·*la*·gem sf.; pl. ·*gens*.
ca·la·*im* sm.; pl. ·*ins*.
ca·la·*í*·ta sf.
ca·la·*mar* sm.
ca·la·ma·ri·*á*·ce:a sf.
ca·la·ma·ri·*á*·ce:o adj.
ca·lam·*bu*·co sm.
ca·la·mi·*da*·de sf.
ca·la·*mí*·de:o adj. sm.
ca·la·*mí*·fe·ro adj.
ca·la·mi·*for*·me adj. 2g.
ca·la·*mi*·na sf.
ca·la·mis·*tra*·do adj.
ca·la·mis·*trar* v.
ca·la·mis·*tro* sm.
ca·la·*mi*·ta sf.
ca·la·mi·*tá*·ce:a sf.
ca·la·mi·*tá*·ce:o adj.
ca·la·*mi*·te sf.
ca·la·mi·*to*·so (ô) adj.; f. *e* pl. (ó).
cá·la·mo sm.
cá·la·mo(s)-a·ro·*má*·ti·co(s) sm. (pl.).
ca·la·mo·*ca*·da sf.
ca·la·mo·*car* v.
ca·la·mo·den·*drá*·ce:a sf.
ca·la·mo·den·*drá*·ce:o adj.
ca·la·mo·fi·*tá*·ce:a sf.
ca·la·mo·fi·*tá*·ce:o adj.
ca·*lân*·dar sm.: *calênder*.
ca·*lan*·dra sf.
ca·lan·*dra*·do adj.

ca·lan·*dra*·gem sf.; pl. ·*gens*.
ca·lan·*drar* v.
ca·lan·*drei*·ro sm.
ca·lan·*drí*·ni:a sf.
ca·lan·*dris*·ta s2g.
ca·lan·go sm.: ca·lan·gro.
ca·*lão* sm.; pl. ·*lões*.
ca·la·*pa*·lo adj. s2g.
ca·la·*pí*·de:o adj. sm.
ca·*lar* v.
ca·la·*si*·a sf.
ca·*lás*·ti·co adj.
ca·las·tro·*gas*·tro adj. sm.
ca·*lá*·ti·de sf.
ca·la·*vei*·ra adj. s2g. sf.
ca·la·vei·*ra*·da sf.
ca·la·ve·*ri*·ta sf.
ca·*la*·za sf.
ca·la·*zal* adj. 2g.; pl. ·*zais*.
ca·la·*zar* sm.
ca·*lá*·zi:o sm.
ca·la·zo·ga·*mi*·a sf.
ca·la·zo·*gâ*·mi·co adj.
ca·la·*zó*·ga·mo adj. sm.
cal·ca sf.
cal·ça sf.
cal·ça·da sf.
cal·ça·*dei*·ra sf.
cal·ça·*dei*·ra sf.
cal·ça·*den*·se adj. s2g.
cal·ça·do adj. sm.
cal·ca·*dão* sm.; pl.: ·*dões*.
cal·ca·*doi*·ro sm.: *calcadouro*.
cal·ca·*dor* (ô) adj. sm.
cal·ça·*dor* (ô) adj. sm.
cal·ca·*dou*·ro sm.: *calcadoiro*.
cal·ça·*du*·ra sf.
cal·ça·*fe*·cho(s) sm. (pl.).
cal·ça·*foi*·ce(s) sm. (pl.).
cal·ca·*men*·to sm.
cal·ça·*men*·to sm.
cal·*câ*·ne:o adj. sm.
cal·*ca*·nha sf.
cal·ca·*nhar* sm.
cal·ca·nhar de a·*qui*·les sm.; pl. *calcanhares de aquiles*.
cal·ca·nhar de *ju*·das sm.; pl. *calcanhares de judas*.
cal·ca·*nhei*·ra sf.
cal·*can*·te adj. 2g. sm.
cal·can·*ti*·ta sf.
cal·*ção* sm.; pl. ·*ções*.
cal·ção de *cou*·ro sm.; pl. *calções de couro*: **cal·ção de *coi*·ro**; pl. *calções de coiro*.
cal·ção-de-*ve*·lho sm.; pl. *calções-de-velho*.

cal·*car* v. sm.
cal·*çar* v.
cal·ca·*ra*·do adj.
cal·ca·re·*ni*·to sm.
cal·ca·ri·*for*·me adj. 2g.
cal·ca·*ri*·no adj.
cal·*cá*·ri:o adj. sm.
cal·ca·ri·za·*ção* sf.; pl. ·*ções*.
cal·ca·ri·*zar* v.
cal·ças sf. pl.
cal·ce·*dô*·ni:a sf.
cal·ce·do·ni:*en*·se adj. s2g.
cal·ce·*dô*·ni:o adj. sm.
cal·ce·do·*ni*·ta sf.
cal·ce:i·*for*·me adj. 2g.
cal·*cei*·ro sm.
cal·ce·*mi*·a sf.
cal·ce:o·*lá*·ri:a sf.
cal·ce:*o*·se sf.
cal·*cês* sm.
cal·*ce*·ta (ê) sf. sm. pl. *calcetas* (ê)/Cf. *calceta* (é) e *calcetas* (é), do v. *calcetar*.
cal·ce·ta·*men*·to sm.
cal·ce·*tar* v.
cal·ce·ta·*ri*·a sf.
cal·ce·*tei*·ro sm.
cál·ci·co adj.
cal·*cí*·co·la adj. 2g.
cal·ci·*co*·se sf.
cal·ci·*dí*·de:o adj. sm.
cal·ci·fi·ca·*ção* sf.; pl. ·*ções*.
cal·ci·fi·*ca*·do adj.
cal·ci·fi·*car* v.
cal·ci·fi·*li*·a sf.
cal·ci·*fí*·li·co adj.
cal·*cí*·fi·lo adj.
cal·*cí*·fu·go adj.
cal·ci·na·*ção* sf.; pl. ·*ções*.
cal·ci·*na*·do adj.
cal·ci·*nar* v.
cal·ci·na·*tó*·ri:o adj.
cal·ci·*ná*·vel adj. 2g.; pl. ·*veis*.
cal·*ci*·nha sf.
cal·*ci*·nhas sf. pl.
cál·ci:o sm.
cal·ci:*o*·se sf.
cal·ci:o·te·ra·*pi*·a sf.
cal·ci:o·ter·*mi*·a sf.
cal·*cí*·pe·ta adj. 2g.
cal·cis·*pôn*·gi:a adj. 2g. sf.
cal·*ci*·ta sf.
cal·ci·*trar* v.
cal·ci:u·*ri*·a sf.: cal·ci:*ú*·ri·a.
cal·co sm.
cal·ço sm.
cal·co·ci·a·*nis*·ta sf.

cal·ço:e·*nen*·se adj. s2g.
cal·co·fa·*ni*·ta sf.
cal·co·fi·*li*·ta sf.
cal·*có*·fi·lo adj.
cal·*có*·ge·no sm.
cal·co·gra·*far* v.
cal·co·gar·*fi*·a sf.
cal·co·*grá*·fi·co adj.
cal·*có*·gra·fo sm./Cf. *calcografo*, do v. *calcografar*.
cal·*ço*·las sf. pl.
cal·co·*li*·ta sf.
cal·co·li·to·gra·*fi*·a sf.
cal·co·li·to·*grá*·fi·co adj.
cal·co·ma·*ni*·a sf.
cal·co·mor·*fi*·ta sf.
cal·co·pi·*ri*·ta sf.
cal·*cóp*·te·ro adj. sm.
cal·cor·re:*a*·da sf.
cal·cor·re:*a*·*dor* (ô) adj. sm.
cal·cor·re:*ar* v.
cal·*co*·se sf.
cal·cos·fe·*ri*·ta sf.
cal·co·*si*·na sf.
cal·co·*si*·ta sf.
cal·*çu*·do adj.
cal·cu·la·*dor* (ô) adj. sm.
cal·cu·la·*do*·ra (ô) sf.
cal·cu·*lan*·te adj. 2g.
cal·cu·*lar* v. adj. 2g.
cal·cu·*lá*·vel adj. 2g.; pl. ·*veis*.
cal·cu·*lis*·ta adj. s2g.
cál·cu·lo sm./Cf. *calculo*, do v. *calcular*.
cal·cu·*lo*·se sf.
cal·cu·ta:*en*·se adj. s2g.
cal·da sf. 'líquido engrossado com açúcar'/Cf. *cauda*.
cal·*da*·ça sf.
cal·*dai*·co adj.
cal·*dar* v.
cal·*dá*·ri:o adj. sm.
cal·das sf. pl.
cal·das·no·*ven*·se(s) adj. s2g. (pl.).
cal·de:a·*ção* sf.; pl. ·*ções*.
cal·de:*a*·do adj.
cal·de:*a*·*dor* (ô) adj. sm.
cal·de:a·*men*·to sm.
cal·de:*ar* v.
cal·de:*á*·vel adj. 2g.; pl. ·*veis*.
cal·*dei*·a adj. sf. de *caldeu*/Cf. *caldeia* (é), do v. *caldear*.
cal·*dei*·ra sf.
cal·dei·ra·*da* sf.
cal·dei·*rão* sm.; pl. ·*rões*.
cal·dei·*rar* v.

cal·dei·ra·*ri*·a sf.
cal·dei·*rei*·ro sm.
cal·dei·*re*·ta (ê) sf.
cal·dei·*ri*·nha sf.
cal·*dei*·ro adj. sm.
cal·*den*·se adj. s2g.
cal·de·ro·ni:*a*·no adj.
cal·*deu* adj. sm.; f. *caldeia*.
cal·do sm.
cal·do(s) de *ca*·na sm. (pl.).
cal·do(s)-de-fei·*jão* sm. (pl.).
cal·*do*·so (ô) adj.; f. e pl. (ó).
ca·le sm. *ou* sf. 'rego'/Cf. *cáli*.
ca·le:*a*·*men*·to sm.
ca·le:*ar* v.
ca·*le*·ça sf.
ca·le·*cei*·ro sm.
ca·*le*·che sm. *ou* sf.: *caleça*.
ca·le·do·ni:*a*·no adj. sm.
ca·le·*dô*·ni:o adj. sm.
ca·le·do·*ni*·ta sf.
ca·le·fa·*ção* sf.; pl. ·*ções*.
ca·le·fa·ci:*en*·te adj. 2g.
ca·le·fa·*tor* (ô) adj. sm.
ca·le·fa·*tó*·ri:o sm.
ca·le·*fri*:o sm.: *calafrio*.
ca·lei·dos·*có*·pi:o sm.: *calidoscópio*.
ca·*lei*·ra sf.
ca·*lei*·ro sm.
ca·le·*ja*·do adj.
ca·le·ja·*dor* (ô) adj. sm.
ca·le·ja·*men*·to sm.
ca·le·*jar* v.
ca·lem·*bur* sm.
ca·lem·bu·*rar* v.
ca·lem·bu·ra·*ri*·a sf.
ca·lem·bu·*rei*·ro sm.
ca·lem·bur·*gar* v.
ca·lem·*bur*·go sm.: *calembur*.
ca·lem·bu·*ris*·ta adj. s2g.
ca·len·*dar* adj. 2g.
ca·len·*dá*·ri:o adj. sm.
ca·len·da·*ris*·ta s2g.
ca·*len*·das sf. pl.
ca·*lên*·der sm.: *calândar*.
ca·*lên*·du·la sf.
ca·len·du·*lá*·ce:a sf.
ca·len·du·*lá*·ce:o adj.
ca·len·du·*li*·na sf.
ca·len·*tu*·ra sf.
ca·*pi*·no sm.
ca·*le*·te[1] adj. s2g. 'povo': *caleto*/ Cf. *calete*[2] (ê).
ceca·*le*·te[2] (ê) sm. 'qualidade'/ Cf. *calete*[2], *calete*[1] (é).
ca·*le*·to adj. sm.: *calete*.

ca·lha sm.
ca·lha·*doi*·ro sm.:
    ca·lha·*dou*·ro.
ca·lha·ma·*ça*·da sf.
ca·lha·ma·ça·*ri*·a sf.
ca·lha·*ma*·ço sm.
ca·lham·*be*·que sm.
ca·lham·*bo*·la adj. s2g.:
    ca·lham·*bo*·ra.
ca·*lhan*·ça sf.
ca·*lhan*·dra sf.
ca·lhan·*drei*·ra sf.
ca·lhan·*drei*·ro adj. sm.
ca·*lhan*·dro sm.
ca·*lhão* sm.; pl. ·*lhões*.
ca·*lhar* v.
ca·lha·*riz* sf.
ca·*lhau* sm.
ca·lhe sf.
ca·*lhei*·ra sf.
ca·*lhe*·ta (ê) sf.
ca·lho:*a*·da sf.
ca·*lhor*·da adj. s2g.
ca·lhor·*di*·ce sf.
cá·li sm. 'planta' 'potassa'/Cf.
    cale sm. *e* fl. do v. *calar*.
ca·li:*an*·dra sf.
ca·*lí*·bi:o sm.
ca·li·*bra*·ção sf.; pl. ·*ções*.
ca·li·*bra*·dor (ô) adj. sm.
ca·li·*bra*·gem sf.; pl. ·*gens*.
ca·li·*brar* v.
ca·*li*·bre sm.
ca·li·*bri*·na sf.
ca·li·*bro*·so (ô) adj.; f. *e* pl. (ó).
ca·*li*·ça sf.
ca·li·can·*tá*·ce:a sf.
ca·li·can·*tá*·ce:o adj.
ca·li·can·te·*mi*·a sf.
ca·li·*cân*·te·mo adj. sm.
ca·li·can·*ti*·na sf.
ca·li·car·*pi*·a sf.
cá·li·ce sm.
ca·li·ce·*rá*·ce:a sf.
ca·li·ce·*rá*·ce:o adj.
ca·li·*ci*:a·do adj.
ca·li·*ci*·da adj. 2g. sm.
ca·li·ci·*flo*·ro adj.
ca·li·ci·*for*·me adj. 2g.
ca·li·*ci*·nal adj. 2g.; pl.
    ·*nais*.
ca·li·*ci*·no adj.
ca·li·*coi*·de adj. 2g.
ca·li·*co*·se sf.
ca·li·*cro*·mo adj.
ca·lic·*tí*·de:o adj. sm.
ca·li·cu·*la*·do adj.

ca·li·cu·*lar* adj. 2g.
ca·*lí*·cu·lo sm.
ca·li·*dez* (ê) sf.
cá·li·do adj.
ca·li·dos·*có*·pi:o sm.:
    caleidoscópio.
ca·*li*·fa sm.
ca·li·*fa*·do sm.
ca·li·fa·*si*·a sf.
ca·*lí*·fe·ro adj.
ca·li·*fo*·ni·a sf.
ca·li·fo·*rí*·de:o adj. sm.
ca·li·*fór*·ni:a sf.
ca·li·for·ni:*a*·no adj. sm.
ca·li·*fór*·ni:o adj. sm.
ca·li·for·*ni*·ta sf.
ca·li·*gan*·te adj. 2g.
ca·*li*·gem sf.; pl. ·*gens*.
ca·*lí*·ge·no adj.
ca·li·gi·*nar* v.
ca·li·gi·*no*·so (ô) adj.; f. *e* pl. (ó).
ca·li·gra·*far* v.
ca·li·gra·*fi*·a sf.
ca·li·*grá*·fi·co adj.
ca·*lí*·gra·fo sm.
ca·li·*gra*·ma sm.
ca·*lim* sm. sf.; pl. ·*lins*.
ca·lim·*bém* sm.
ca·li·*mei*·ra sf.
ca·li·*mi*·co sm.
ca·*li*·na adj. s2g.: *carina*.
ca·li·*na*·da sf.
ca·li·*ni*·ce sf.
ca·li·*ni*·ta sf.
ca·*li*·no adj. sm.
ca·li·no·to·*mi*·a sf.
cá·li:o sm.: *cálium*.
ca·li:o·fi·*li*·ta sf.
ca·li:o·fi·*lí*·ti·co adj.
ca·li·*pal* sm.; pl. ·*pais*.
ca·li·pe·*di*·a sf.
ca·li·*pé*·di·co adj.
ca·li·*pé*·ta·lo adj.
ca·li·*pí*·gi:o adj.
ca·*lip*·so sm.
ca·lip·*té*·ri:o sm.
ca·*líp*·te·ro adj. sm.
ca·lip·to·*blás*·ti·co adj. sm.
ca·lip·to·*blas*·to adj. sm.
ca·*lip*·tra sf.
ca·lip·*tra*·do adj.
ca·lip·tri·*for*·me adj. 2g.
ca·lip·*tró*·ge·no sm.
ca·lip·*troi*·de adj. 2g.
ca·*lis*·ta s2g.
ca·lis·te·*ni*·a sf.
ca·lis·*tê*·ni·co adj.

ca·*lis*·to sm.
ca·li·tec·*ni*·a sf.
ca·li·ti·*pi*·a sf.
ca·li·tri·*cá*·ce:a sf.
ca·li·tri·*cá*·ce:o adj.
ca·li·tri·*quí*·de:o adj. sm.
cá·li:um sm.; pl. ·*uns*: *cálio*.
cá·lix (s) sm.; *cálice*/Cf. *cális*, pl.
    de *cáli*.
ca·*liz* sm.
cal·ma sf.
cal·*man*·te adj. 2g. sm.
cal·*mar* v.
cal·ma·*ri*·a sf.
cal·*mei*·ro adj. sm.
cal·mo adj.
cal·*mo*·gra sf.
cal·mo·*nen*·se adj. s2g.
cal·*mo*·so (ô) adj.; f. *e* pl. (ó).
cal·*mu*·co adj. sm.
ca·lo sm.
ca·*ló* sm. 'arroz' 'cigano'/Cf.
    calô.
ca·*lô* sm. 'calão'/Cf. *caló*.
ca·*ló*·ba·to sm.
ca·lo·*cé*·fa·lo adj. sm.
ca·lo:*ei*·ro sm.
ca·lo·*fi*·lo adj. sm.
ca·loi·*ra*·da sf.: *calourada*.
ca·loi·*ra*·to sm.: *calourato*.
ca·loi·*ri*·ce sf.: *calourice*.
ca·loi·*ris*·mo sm.: *calourismo*.
ca·*loi*·ro sm.: *calouro*.
ca·*lo*·ji sm.
ca·*lom* sm.; pl. ·*lons*.
ca·lom·*ben*·to adj.
ca·*lom*·bo sm.
ca·lo·me·*la*·no sm.
ca·*lô*·ni:o sm.
ca·*lóp*·te·ro adj.
ca·*lor* (ô) sm.
ca·lo·*rão* sm.; pl. ·*rões*.
ca·lo·*ren*·to adj.
ca·lo·res·*cên*·ci:a sf.
ca·lo·*ri*·a sf.
ca·*ló*·ri·co adj. sm.
ca·lo·*rí*·fe·ro adj. sm.
ca·lo·ri·fi·*ca*·ção sf.; pl. ·*ções*.
ca·lo·ri·fi·*ca*·dor (ô) adj. sm.
ca·lo·ri·fi·*car* v.
ca·lo·*rí*·fi·co adj. sm.
ca·lo·*rí*·fu·go adj.
ca·lo·*rí*·ge·ro adj.
ca·lo·*rim* sm.; pl. ·*rins*.
ca·lo·ri·me·*tri*·a sf.
ca·lo·ri·*mé*·tri·co adj.
ca·lo·*rí*·me·tro sm.

ca·lo·ri·punc·*tu*·ra sf.
ca·lo·ri·za·*ção* sf.; pl. ·*ções*.
ca·lor nos *o*·lhos sm.; pl.
    calores nos olhos.
ca·lo·*ro*·so (ô) adj.; f. *e* pl. (ó).
ca·lor·rin·*quí*·de:o adj. sm.
ca·*lo*·se sf.
ca·*ló*·si·co adj.
ca·lo·si·*da*·de sf.
ca·*lo*·so (ô) adj.; f. *e* pl. (ó).
ca·*lo*·ta sf.
ca·*lo*·te sm.
ca·lo·te:*ar* v.
ca·lo·tei·*ris*·mo sm.
ca·lo·*tei*·ro adj. sm.
ca·*ló*·ti·po sm.
ca·lo·*tis*·mo sm.
ca·lou·*ra*·da sf.: *caloirada*.
ca·lou·*ra*·to sm.: *caloirato*.
ca·lou·*ri*·ce sf.: *caloirice*.
ca·lou·*ris*·mo sm.: *caloirismo*.
ca·*lou*·ro sm.: *caloiro*.
cal·pa sf.
cal·ta sf.
ca·*lu*·da sf. interj.
ca·*lu*·ga sf.
ca·*lu*·je sm.
ca·*lum*·ba sf.
ca·lum·*bá* sf.
ca·lum·*bé* sm.: *carumbé*.
ca·lun·*dei*·ro adj. sm.
ca·lun·*du* sm.
ca·*lun*·ga sm. *ou* sf.
ca·lun·*ga*·gem sf.; pl. ·*gens*.
ca·*lun*·go sm.
ca·lun·*guei*·ra sf.
ca·lun·*guei*·ro sm.
ca·*lú*·ni:a sf./Cf. *calunia*, do v.
    caluniar.
ca·lu·ni:*a*·do adj. sm.
ca·lu·ni:*a*·*dor* (ô) adj. sm.
ca·lu·ni:*ar* v.
ca·lu·ni:*á*·vel adj. 2g.; pl. ·*veis*.
ca·lu·ni:*o*·so (ô) adj.; f. *e* pl. (ó).
cal·va sf.
cal·*var* v.
cal·*vá*·ri:o sm.
cal·va·*ris*·ta adj. s2g.
cal·ve·*jar* v.
cal·*ví*·ci:e sf.
cal·vi·*nis*·mo sm.
cal·vi·*nis*·ta adj. s2g.
cal·vi·*nís*·ti·co adj.
cal·vo adj. sm.
ca·ma sf.
ca·ma·*á* sm.
ca·ma·*cã* adj. s2g. sm.

ca·ma·*ça*·da sf.
ca·ma·*ça*·ri sm.
ca·ma·ça·ri:*en*·se adj. s2g.
ca·*ma*·cho adj. sm.
ca·ma·*cil*·ra sf.
ca·ma·*ci*·ta sf.
ca·*ma*·da sf.
ca·ma(s) de *ga*·to sf. (pl.).
ca·ma(s) de *va*·ras sm. (pl.).
ca·ma(s) de *ven*·to sf. (pl.).
ca·ma·*feu* sm.
ca·ma·*fon*·je sm.
ca·*mai*·a sf.
ca·ma·*ís*·ma sf. *ou* sm.
ca·mai·u·*rá* adj. s2g.
ca·ma·ja·*ri* adj. s2g.
ca·ma·jon·*du*·ra sf.
ca·*mal* sm.; pl. ·*mais*.
ca·*ma*·la sf.
ca·*mál*·du·la sf.
ca·*mál*·du·las sf. pl.:
    camândulas.
ca·*mál*·du·lo adj. sm.
ca·ma·le:*ão* sm.; pl. ·*ões*.
ca·ma·le:ão-de-pe·*drei*·ra sm.;
    pl. *camaleões-de-pedreira*.
ca·ma·le:ão·*fer*·ro sm.;
    pl. *camaleões-ferros* ou
    camaleões-ferro.
ca·ma·le:*ô*·ni·co adj.
ca·ma·le:o·*nis*·mo sm.
ca·*ma*·lha sf.
ca·ma·*lhão* sm.; pl. ·*lhões*.
ca·*ma*·lho sm.
ca·ma·*lo*·te sm.
ca·ma·*mu* adj. s2g.
ca·ma·mu:*en*·se adj. s2g.
ca·ma·*mu*·ri sm.
ca·ma·*ná* sm.
ca·man·du·*á* sm.
ca·man·du·cai:*en*·se adj. s2g.
ca·*mân*·du·las sf. pl.:
    camáldulas.
ca·man·*guá* sf.
ca·ma·*pu* sm.
ca·ma·pu:*a*·no adj. sm.
ca·ma·pu:*en*·se adj. s2g.
ca·ma·*quen*·se adj. s2g.
ca·*mar* v.
câ·*ma*·ra sf. s2g./Cf. *câamara*,
    do v. *camar*.
ca·ma·*rá* sm.
câ·ma·ra(s)-ar·*den*·te(s) sf. (pl.).
ca·ma·*rá*(s)-*bran*·co(s) sm. (pl.).
ca·ma·*rá*(s)-*bra*·vo(s) sm.
câ·ma·ra-cai·*xão* sf.; pl.
    câmaras-caixões.

ca·ma·*ra*·da adj. s2g.
ca·ma·ra·*da*·gem sf.; pl.
    ·*gens*.
câ·ma·ra(s) de *ar* sf. (pl.).
ca·ma·rá(s)-de-*chei*·ro sm.
    (pl.).
ca·ma·rá(s)-de-es·*pi*·nho sm.
    (pl.).
ca·ma·ra·*dei*·ro adj.
ca·ma·ra·*des*·co (ê) adj.
ca·ma·ra·*di*·nha s2g.
ca·ma·ra·gi·*ba*·no adj. sm.
ca·ma·ra·gi·*ben*·se adj. 2g.
ca·ma·ra·*ja*·po sm.
ca·ma·ra·*ju*·ba sf.
ca·ma·ram·*bai*·a sf.
ca·ma·ran·*chão* sm.; pl. ·*chões*:
    caramanchão.
ca·ma·*ra*·no adj.
ca·ma·*rão* adj. sm.; pl. ·*rões*.
ca·ma·*rão*-bra·ço·*for*·te sm.; pl.
    camarões-braços-fortes.
ca·ma·*rão*-*bran*·co sm.; pl.
    camarões-brancos.
ca·ma·*rão*-cas·*ta*·nho sm.; pl.
    camarões-castanhos.
ca·ma·*rão*-d'*á*·gua-*do*·ce sm.;
    pl. *camarões-d'água-doce*.
ca·ma·*rão*-la·*gos*·ta sm.; pl.
    camarões-lagostas.
ca·ma·*rão*-le·*gí*·ti·mo sm.; pl.
    camarões-legítimos.
ca·ma·*rão*-*li*·xo sm.; pl.
    camarões-lixos.
ca·ma·*rão*-*ro*·sa sm.; pl.
    camarões-rosas.
ca·ma·*rão*-ver·da·*dei*·ro sm.;
    pl. *camarões-verdadeiros*.
ca·ma·*rão*·*zi*·nho sm.
ca·ma·ra·*ré* adj. s2g.
ca·ma·ra·*ri*·a sf.
ca·ma·*rá*·ri:o adj. sm.
câ·ma·ras sf. pl.
ca·ma·*ra*·ta sf.
ca·ma·ra·*tin*·ga sf.
ca·ma·*rau* sm.
ca·ma·ra·*zal* sm.; pl. ·*zais*.
ca·mar·*ção* sm.; pl. ·*ções*.
ca·*mar*·ço sm.
ca·ma·rei:*a*·na adj. s2g.
ca·ma·*rei*·ra sf.
ca·ma·*rei*·ro sm.
ca·ma·*ren*·se adj. s2g.
ca·ma·*ren*·to adj.
ca·*mar*·go adj. sm.
ca·ma·*ri*·lha sf.
ca·ma·*rim* sm.; pl. ·*rins*.

ca·ma·*ri*·nha sf.
ca·ma·ri·*nha*·do adj.
ca·ma·ri·*nhei*·ra sf.
ca·ma·*ris*·ta s2g.
ca·mar·*len*·go sm.: *camerlengo*.
ca·ma·ro·*don*·te adj. 2g. sm.
ca·ma·ro:*ei*·ro sm.
ca·ma·*ro*·te sm.
ca·ma·*ro*·te(s) do *tor*·res sm. (pl.).
ca·ma·ro·*tei*·ro sm.
ca·mar·te·*la*·da sf.
ca·mar·te·la·*dor* (ô) adj. sm.
ca·mar·te·*lar* v.
ca·mar·*te*·lo sm.
ca·ma·*ru* sm.
ca·ma·*ru*·*pi* sm.: ca·ma·ru·*pim*; pl. ·*pins*.
ca·ma·*tan*·ga sf.
ca·ma·*xil*·ra sf.: *cambaxirra*.
ca·ma·*xi*·ri adj. s2g.
ca·ma·*xir*·ra sf.: *cambaxirra*.
cam·ba adj. s2g. sf.
cam·*bá* sm.
cam·ba·*cã* sf.
cam·ba·*ci*·ca sf.
cam·*ba*·da sf.
cam·ba·*de*·la sf.
cam·*ba*·do adj.
cam·ba·*í* sm./Cf. *cambai*, do v. *cambar*.
cam·*bai*·a sf.
cam·bai:*ar* v.
cam·*bai*·co adj. sm.
cam·*bai*·o adj. sm.
cam·*bal* sm.; pl. ·*bais*.
cam·ba·*la*·cho sm.
cam·ba·le:*an*·te adj. 2g.
cam·ba·le:*ão* sm.; pl. ·*ões*: *camaleão*.
cam·ba·le:*ar* v.
cam·ba·*lei*·o sm.
cam·ba·*lho*·ta sf.
cam·ba·lho·*tar* v.
cam·ba·*men*·to sm.
cam·*ban*·je sm.
cam·*bão* adj. sm.; pl. ·*bões*.
cam·ba·*pé* sm.
cam·*bar* v.
cam·ba·*rá* sm.
cam·ba·rá(s)-*bran*·co(s) sm. (pl.).
cam·ba·rá(s)-de-*chei*·ro sm. (pl.).
cam·ba·rá(s)-de-*chum*·bo sm. (pl.).

cam·ba·rá(s)-de-es·*pi*·nho sm. (pl.).
cam·ba·rá(s)-de-fo·lha-*gran*·de sm. (pl.).
cam·ba·rá(s)-de-fo·lha--mi·*ú*·da sm. (pl.).
cam·ba·rá(s)-do-*cam*·po sm. (pl.).
cam·ba·ra:*en*·se adj. s2g.
cam·ba·rá(s)-gua·*çu*(s) sm. (pl.).
cam·ba·ra·*í* sm.
cam·ba·ra·*ju*·ba sm.: *camarajuba*.
cam·ba·rá(s)-mi·*ú*·do(s) sm. (pl.).
cam·ba·rá(s)-*pre*·to(s) sm. (pl.).
cam·ba·rá(s)-*ro*·xo(s) sm. (pl.).
cam·ba·rá(s)-ver·da·*dei*·ro(s) sm. (pl.).
cam·ba·rá(s)-ver·*me*·lho(s) sm. (pl.).
cam·*bar*·ba sf.
cam·ba·*ri*·çu sm.
cam·ba·*u* sm.
cam·ba·*xil*·ra sf.: *cambaxirra*.
cam·ba·*xir*·ra sf.
cam·ba·xir·ra(s)-*gran*·de(s) sf. (pl.).
cam·*be*·ba adj. s2g. sm. *ou* sf.
cam·*bei*·ro adj. sm.
cam·*bem*·be adj. s2g. sm.
cam·ber·*ra*·no adj. sm.
cam·*be*·ta[1] adj. s2g. 'indígena'/ Cf. *cambeta*[2] (ê).
cam·*be*·ta[2] (ê) adj. s2g. 'cambaio'/Cf. *cambeta*[1] (é).
cam·be·te:*ar* v.
cam·*béu*·a sf.
cam·*beú*·va adj. 2g.
cam·*be*·va adj. s2g. sm. *ou* sf.
cam·bi:a·*ção* sf.; pl. ·*ções*.
cam·bi:a·*dor* (ô) adj. sm.
cam·bi:*a*·gem sf.; pl. ·*gens*.
cam·bi:*al* adj. 2g. sf.; pl. ·*ais*.
cam·bi:a·li·*da*·de sf.
cam·bi:a·li·za·*ção* sf.; pl. ·*ções*.
cam·bi:a·*men*·to sm.
cam·bi:*ân*·ci:a sf.
cam·bi:*an*·te adj. s2g.
cam·bi:*ar* v.
cam·bi:*á*·ri:o adj.; f. *cambiária*/ Cf. *cambiaria*, do v. *cambiar*.
cam·bi:*á*·vel adj. 2g.; pl. ·*veis*.
cam·*bi*·ca sf.
cam·*bi*·cho sm.
cam·bi·*for*·ma me adj. 2g.

cam·*bin*·da adj. s2g.
cam·*bin*·das sf. pl.
câm·bi:o sf./Cf. *cambio*, do v. *cambiar*.
cam·*bi*·ra sf.
cam·bi·*rim*·ba sm.
cam·*bi*·ro sm.
cam·bi·*ro*·to (ô) sm.
cam·*bis*·mo sm.
cam·*bis*·ta adj. s2g.
cam·bi·*ta*·gem sf.; pl. ·*gens*.
cam·bi·*tar* v.
cam·bi·*tei*·ra sf.
cam·bi·*tei*·ro sm.
cam·*bi*·to sm.
cam·bo adj. sm.
cam·*bo*:a (ô) sf.
cam·bo:a·*tá* sm. 'peixe'/Cf. *camboatá*.
cam·bo:a·*tã* sm. 'planta'/Cf. *camboatá*.
cam·bo:a·tã(s)-*bran*·co(s) sm. (pl.).
cam·bo:a·tã(s)-*bra*·vo(s) sm. (pl.).
cam·bo:a·tã(s)-de-fo·lha--*gran*·de sm. (pl.).
cam·bo:a·tã-mos·qui·*tei*·ro sm.; pl. *camboatãs--mosquiteiros* ou *camboatãs--mosquiteiro*.
cam·bo:a·tã(s)-pe·*que*·no(s) sm. (pl.).
cam·bo·*ja*·no adj. sm.: cam·bo·ji:*a*·no.
cam·*bo*·na sf.
cam·*bon*·do sm.
cam·*bon*·ja sf.: cam·*bon*·je.
cam·bo·ri:u:*en*·se adj. s2g.
cam·*bo*·ta adj. s2g. sf.
cam·bo·ta(s)-*bra*·va(s) sf. (pl.).
cam·*brai*·a sf. adj. 2g.
cam·*brai*·e·ta (ê) sf.
cam·*brão* sm.; pl. ·*brões*.
cam·*brar* v.
cam·bras sf. pl.
cam·bri:*a*·no adj. sm.
câm·bri·co adj. sm.
cam·bro:*ei*·ra sf.
cam·*bro*·ne sm.
cam·*bu*·ba sm.
cam·bu·*cá* sm.
cam·bu·ca·*ra*·na sf.
cam·bu·ca·*zei*·ro sm.
cam·bu·*ci* sm.
cam·bu·*ci*·ca adj. 2g.
cam·bu·ci:*en*·se adj. s2g.

cam·*bu*·cu sm.
cam·bu:*ei*·ras sf. pl.
cam·bu:*ei*·ro sm.
cam·bu:*í* sm.
cam·bu·i:*en*·se adj. s2g.
cam·bu·i·*zal* sm.; pl. ·*zais*.
cam·bu·i·*zei*·ro sm.
cam·*bu*·lha sf.
cam·bu·*lha*·da sf., na loc. *de cambulhada*.
cam·*bu*·lho sm.
cam·bu·*qui*·ra sf.
cam·bu·qui·*ren*·se adj. s2g.
cam·bu·*rão* sm.; pl. ·*rões*.
cam·bu·ri:a·*pe*·va sm.
cam·*bu*·ta adj. s2g.
ca·me sf.
ca·*mé* adj. s2g.
ca·me·*lão* sm.; pl. ·*lões*.
ca·ma·me·le:*ão* sm.; pl. ·*ões*.
ca·me·*lei*·ra sf.
ca·me·*lei*·ro sm.
ca·*mé*·li:a sf.
ca·me·li:*á*·ce:a sf.
ca·me·li:*á*·ce:o adj.
ca·me·*li*·ce sf.
ca·*mé*·li·da adj. 2g. sm.
ca·me·*lí*·de:o adj. sm.
ca·me·li·*for*·me adj. 2g.
ca·me·*li*·no adj.
ca·*me*·lo (ê) sm.
ca·me·*lô* sm.
ca·me·*ló*·ri:o sm.
ca·me·na sf.
câ·me·ra sf. s2g.: *câmara*.
ca·me·*ral* adj. 2g.; pl. ·*rais*.
ca·mer·len·*ga*·do sm.
ca·mer·*len*·go sm.: *camarlengo*.
ca·me·ro·ni:a·*nis*·mo sm.
ca·me·ro·ni:*a*·no sm.
ca·me·ta:*en*·se adj. s2g.
ca·me·ta·*ú* sm.
ca·mi:*ão* sm.; pl. ·*ões*.
ca·mi·*ca*·se sm.: ca·mi·*ca*·ze, do jap. *kamikaze*.
ca·*mi*·lha sf.
ca·mi·li:*a*·na sf.
ca·mi·li:a·*nis*·ta adj. s2g.
ca·mi·li:*a*·no adj. sm.
ca·mi·*lis*·ta adj. s2g.
ca·*mi*·na sf.
ca·mi·na·*ú* sm.
ca·mi·*nha*·da sf.
ca·mi·nha·*dor* (ô) adj. sm.
ca·mi·nha·*men*·to sm.
ca·mi·*nha*·te adj. s2g.
ca·mi·*nhão* sm.; pl. ·*nhões*.

ca·mi·*nhar* v.
ca·mi·*nhei*·ro adj. sm.
ca·*mi*·nho sm.
ca·mi·nho·*ne*·te sf.
ca·mi·o·*na*·gem sf.; pl. ·*gens*.
ca·mi·o·*ne*·ta (ê) sf.
ca·mi·*ran*·ga sm. *ou* sf.
ca·*mi*·sa sf.
ca·*mi*·sa(s) de *for*·ça sf. (pl.).
ca·*mi*·sa(s) de *mei*·a sf. (pl.).
ca·*mi*·sa(s) de *vê*·nus sf. (pl.).
ca·mi·*são* sm.; pl. ·*sões*.
ca·mi·sa·*ri*·a sf.
ca·*mi*·sa(s)-*ver*·de(s) adj. s2g. (pl.).
ca·mi·*sei*·ra sf.
ca·mi·*sei*·ro adj. sm.
ca·mi·*se*·ta (ê) sf.
ca·mi·*si*·nha sf.
ca·mi·*so*·la sf.
ca·mi·*so*·la(s) de *for*·ça sf. (pl.).
ca·mi·so·*lão* sm.; pl. ·*lões*.
ca·mi·so·*lei*·ro sm.
ca·mi·*so*·te sm.
ca·mi·*su* sm.
ca·*mi*·ta adj. s2g.
ca·*mí*·ti·co adj. sm.
ca·mi·to-se·*mí*·ti·co(s) adj. sm. (pl.).
ca·mi·*xi* sm.
ca·mo:a·*ti* sm.: ca·mo:a·*tim*; pl. ·*tins*.
ca·mo·*ci*·ca sm.
ca·mo:*e*·ca sf.
ca·*mões* sm. 2n.
ca·mo:*ês* adj.
ca·mo·*len*·ga sf.
ca·mo·*mi*·la sf.
ca·mo·*mi*·la(s)-dos-a-le·*mães* sf. (pl.).
ca·mo·*mi*·la(s)-ro·*ma*·na(s) sf. (pl.).
ca·mo·*mi*·lha sf.: *camomila*.
ca·mon·*don*·go sm.: *camundongo*.
ca·mo·ni:*a*·na sf.
ca·mo·ni:*a*·no adj. sm.
ca·mo·*nis*·ta adj. s2g.
ca·mo·no·*lo*·gi·a sf.
ca·mo·no·*ló*·gi·co adj.
ca·mo·*nó*·lo·go sm.
ca·mo·*pim* sm.; pl. ·*pins*.
ca·mo·*quen*·que sm.
ca·*mor*·ta (ô) sf.
ca·*mo*·te sm.
ca·mo·*tim* sm.; pl. ·*tins*.
ca·*mou*·co sm.

cam·pa sf.
cam·pa·*ção* sf.; pl. ·*ções*.
cam·pa·*dor* (ô) adj. sm.
cam·pa·*i*·nha sf.
cam·pa·*i*·nha(s)-a·ma·*re*·la(s) sf. (pl.).
cam·pa·:i·*nha*·da sf.
cam·pa·:i·*nhar* v.
cam·pa·:i·*nhei*·ro sm.
cam·*pal* adj. 2g. sm.; pl. ·*pais*.
cam·*pa*·na sf.
cam·pa·*na*·do adj.
cam·pa·*ná*·ri:o sm.
cam·*pa*·nha sf.
cam·pa·*nhen*·se adj. s2g.
cam·pa·*nhis*·ta adj. s2g.
cam·pa·ni·*for*·me adj. 2g.
cam·pa·*nil* sm.; pl. ·*nis*.
cam·pa·no·lo·*gi*·a sf.
cam·pa·*nó*·lo·go adj. sm.
cam·pa·*nu*·do adj.
cam·*pâ*·nu·la sf./Cf. *campanula*, do v. *campanular*.
cam·pa·nu·*lá*·ce:a sf.
cam·pa·nu·*lá*·ce:o adj.
cam·pa·nu·*la*·da sf.
cam·pa·nu·*la*·do adj.
cam·pa·nu·*lar* adj. 2g. v.
cam·pa·nu·*lá*·ri:o adj. sm.
cam·pa·nu·li·*for*·me adj. 2g.
cam·*pão* sm.; pl. ·*pões*.
cam·*par* v.
cam·pe:a·*ção* sf.; pl. ·*ções*.
cam·pe:a·*dor* (ô) adj. sm.
cam·pe:*ão* sm.; pl. ·*ões*; f. ·*ã*.
cam·pe:*ar* v.
cam·*pe*·che sm.
cam·*pei*:o sm.
cam·*pei*·ra sf.
cam·pei·*ra*·ço sm.
cam·pei·*ra*·da sf.
cam·pei·*ra*·gem sf.; pl. ·*gens*.
cam·pei·*rar* v.
cam·*pei*·ro adj. sm.
cam·*pe*·lo (ê) sm.
cam·pe·no·*mi*·a sf.
cam·*pen*·se adj. s2g.
cam·pe:o·*na*·to sm.
cam·pe·*si*·nho adj.
cam·*pes*·no adj.
cam·*pes*·tre adj. 2g. sm.
cam·pes·*tren*·se adj. 2g.
cam·*pe*·va adj. s2g.
cam·pi·*lí*·di:o sm.
cam·pi·*ló*·dro·mo adj.
cam·pi·*ló*·gra·fo sm.
cam·pi·lo·*gra*·ma sm.

cam·pi·lo·me·*tri*·a sf.
cam·pi·*lô*·me·tro sm.
cam·pi·lo·*neu*·ro adj.
cam·pi·los·*per*·mo adj.
cam·pi·lo·tro·*pi*·a sf.
cam·pi·lo·*tró*·pi·co adj.
cam·pi·*ló*·tro·po adj.
camping sm. (ing.: quêmpin).
cam·*pi*·na sf.
cam·pi·*nar* v.
cam·pi·na·*ra*·na sf.
cam·pi·na·ver·*den*·se(s) adj. s2g. (pl.).
cam·pi·*nei*·ro adj. sm.
cam·pi·*nen*·se adj. s2g.
cam·*pi*·no adj. sm.
cam·*pir* v.
cam·*pis*·ta adj. s2g.
cam·po sm.
cam·po·a·le·*gren*·se(s) adj. s2g. (pl.).
cam·po·be·*len*·se(s) adj. s2g. (pl.).
cam·po·bri·*ten*·se(s) adj. s2g. (pl.).
cam·po·de:i·*for*·me adj. 2g. sm.
cam·po·de:*ói*·de:o adj. sm: cam·po·de:o·*í*·de:o.
cam·*po*(s)-do-*bra*·do(s) sm. (pl.).
cam·po·flo·ri·*den*·se(s) adj. s2g. (pl.).
cam·po·for·mo·*sen*·se(s) adj. s2g. (pl.).
cam·po·gran·*den*·se(s) adj. s2g. (pl.).
cam·po·i·*ma*·gem sm.; pl. *campos-imagens* ou *campos-imagem*.
cam·po·lar·*guen*·se(s) adj. s2g. (pl.).
cam·po·mai·o·*ren*·se(s) adj. s2g. (pl.).
cam·po·me·*en*·se(s) adj. s2g. (pl.).
cam·po·mou·*ren*·se(s) adj. s2g. (pl.).
cam·*po*(s)-na·*ti*·vo(s) sm. (pl.).
cam·po·ob·*je*·to sm.; pl. *campos-objetos* ou *campos-objeto*.
cam·po·*nês* adj. sm.
cam·*pô*·ni:o adj. sm.
cam·*po*(s)-pa·*re*·lho(s) sm. (pl.).
cam·pos·al·*ten*·se(s) adj. s2g. (pl.).
cam·*po*(s)-*san*·to(s) sm. (pl.).

cam·pos·ge·rai·*en*·se(s) adj. s2g. (pl.).
cam·pos·no·*ven*·se(s) adj. s2g. (pl.).
camp·to·cor·*mi*·a sf.
camp·*tó*·dro·mo adj.
camp·to·*ni*·to sm.
câm·pus sm. 2n., do lat. *campus* (pl. *campi*).
ca·mu:*á* sf.
ca·mu·*ci* sm.: ca·mu·*cim* sm.; pl. ·*cins*.
ca·mu·ci·*nen*·se adj. s2g.
ca·mu:*en*·go sm.
ca·mu·*fla*·do adj.
ca·mu·*fla*·gem sf.; pl. ·gens.
ca·mu·*flar* v.
ca·mum·*bem*·be sm.
ca·mun·*don*·go sm.: *camondongo*
ca·mun·don·go(s)-do-*ma*·to sm. (pl.).
ca·*mu*·nha sf.
ca·mu·*nhe*·ca sf.
ca·mu·*nhen*·gue adj. 2g.
ca·*mur*·ça sf. adj. 2g.
ca·mur·*ça*·do adj.
ca·mur·*ça*·gem sf.; pl. ·gens.
ca·mu·*ri* sm.
ca·mu·*rim* sm.; pl. ·*rins*.
ca·mu·rim-a·*çu* sm.; pl. *camurins-açus*.
ca·mu·rim·so·*ve*·la sm.; pl. *camurins-sovelas* ou *camurins-sovela*.
ca·mu·ri·*pe*·ba sf.: *camurupeba*.
ca·mu·ri·*pe*·ma sm.
ca·mu·ri·*pim* sm.; pl. ·*pins*: *camurupim*.
ca·mu·ru·*pe*·ba sf.: *camuripeba*.
ca·mu·ru·*pi* sm.: *camurupim*.
ca·mu·ru·*pim* sm.; pl. ·*pins*: *camurupi, camuripim*.
ca·mu·*tan*·ga sf.
ca·na sf.
ca·na·a·*ni*·ta sf.
ca·na·*bi* sm.
ca·na·*bi*·na sf.
ca·na·bi·*nol* sm.; pl. ·*nóis*.
ca·na·*bis*·mo sm.
ca·*na*(s)-*bran*·ca(s) sf. (pl.).
ca·na·*brás* sf.
ca·*na*(s)-*bra*·va(s) sf. (pl.).
ca·*na*·ca adj. s2g.
ca·*ná*·ce:a sf.
ca·*ná*·ce:o adj.

ca·*na*·dá da sf.
ca·na(s)-de-a·*çú*·car sf. (pl.).
ca·*na*(s) de *bra*·ço sf. (pl.).
ca·na(s)-de-ja·ca·*ré* sf. (pl.).
ca·na(s)-de-ma·*ca*·co sf. (pl.).
ca·na·*den*·se adj. s2g.
ca·na(s)-de-são-*pau*·lo sf. (pl.).
ca·na(s)-de-vas·*soi*·ra sf. (pl.): ca·na(s)-de-vas·*sou*·ra.
ca·na·di:*a*·no adj. sm.
ca·*na*·do sm.
ca·na(s)-do-*bre*·jo sf. (pl.).
ca·na(s)-do-*ma*·to sf. (pl.).
ca·na(s)-do-*rei*·no sf. (pl.).
ca·na·*fís*·tu·la sf.
ca·na·*fís*·tu·la(s)-da-*ma*·ta sf. (pl.).
ca·na·*fle*·cha sf.: ca·na·*fre*·cha.
ca·*na*·gra sf.
ca·na·*jei*·ra sf.
ca·*nal* sm.; pl. ·*nais*.
ca·na·*le*·te (ê) sm.
ca·*na*·lha adj. s2g. sf.
ca·na·*lha*·da sf.
ca·na·*lhi*·ce sf.
ca·na·*lhis*·mo sm.
ca·na·lho·cra·*ci*·a sf.
ca·na·lho·*cra*·ta adj. s2g.
ca·na·lho·*crá*·ti·co adj.
ca·na·li·cu·*la*·do adj.
ca·na·li·cu·*li*·te sf.
ca·na·*lí*·cu·lo sm.
ca·na·*lí*·fe·ro adj.
ca·na·li·*for*·me adj. 2g.
ca·na·li·za·*ção* sf.; pl. ·*ções*.
ca·na·li·za·*dor* (ô) sm.
ca·na·li·*zar* v.
ca·na·li·*zá*·vel adj. 2g.; pl. ·*veis*.
ca·na·ma·*ri* adj. s2g.
ca·nam·*bai*·a sf.
ca·na·mi·*ci*·na sf.
ca·na·*mi*·ri adj. s2g.
ca·*na*·na sf.
ca·na·*neu* adj. sm.; f. ca·na·*nei*·a.
ca·*nan*·ga sf.
ca·nan·ga(s)-do-ja·*pão* sf. (pl.).
ca·na·*pé* sm.
ca·na·po·li·*ta*·no adj. sm.
ca·na·*pu* sm.
ca·na·pu·gua·*çu* sm.
ca·na·*ra*·na sf.
ca·na·rei·*nen*·se(s) adj. s2g. (pl.).
ca·na·*rês* adj. sm.
ca·*na*·ri:a sf. 'tubos do órgão'/ Cf. *canária*.

ca·ná·ri:a sf. 'ave' 'planta'/Cf. canaria.
ca·na·rim adj. s2g.; pl. ·rins.
ca·na·ri·nho sm.
ca·na·ri·nho(s)-do-ma·to sm. (pl.).
ca·na·ri·no adj. sm.
ca·ná·ri:o adj. sm.
ca·ná·ri:o-ba·e·ta sm.; pl. canários-baetas ou canários-baeta.
ca·ná·ri:o(s)-da-hor·ta sm. (pl.).
ca·ná·ri:o(s)-da-ter·ra sm. (pl.).
ca·ná·ri:o(s)-do-bre·jo sm. (pl.).
ca·ná·ri:o(s)-do-cam·po sm. (pl.).
ca·ná·ri:o(s)-do-ce:a·rá sm. (pl.).
ca·ná·ri:o(s)-do-ma·to sm. (pl.).
ca·ná·ri:o(s)-do-rei·no sm. (pl.).
ca·ná·ri:o(s)-do-sa·pé sm. (pl.).
ca·ná·ri:o(s)-par·di·nho(s) sm. (pl.).
ca·ná·ri:o(s)-par·do(s) sm. (pl.).
ca·na(s)-ro·xa(s) sf. (pl.).
ca·nas sf. pl.
ca·nas·tra sf.
ca·nas·tra·da sf.
ca·nas·trão sm.; pl. ·trões; f. ·tro·na.
ca·nas·trei·ro adj. sm.
ca·nas·trel sm.; pl. ·tréis.
ca·nas·tro sm.
ca·nas·tro·na sf. de canastrão.
ca·na·tin·ga sf.
ca·na·va·ri adj. s2g.
câ·na·ve adj. 2g. sm.
ca·na·vei·ra sf.
ca·na(s)-ver·de(s) sf. (pl.).
ca·na·vi:al sm.; pl. ·ais.
ca·na·vi:ei·ren·se adj. s2g.
ca·na·voi·ra sf.: ca·na·vou·ra.
ca·naz sm.
can·cã sm.
can·ca·bor·ra·da sf.: cacaborrada.
can·ca·nar v.: can·ca·ne:ar.
can·ca·nis·ta adj. s2g.
can·ção sm.; pl. ·ções.
can·ção sf. 'canto', pl. ·ções./Cf. cansão.
cân·ca·ro sm.

can·ce·la sf.
can·ce·la·do adj.
can·ce·la·du·ra sf.
can·ce·la·men·to sm.
can·ce·lar v.
can·ce·lá·ri:o sm.
can·ce·lo (ê) sm./Cf. cancelo (é), do v. cancelar.
can·ce·lo·so adj.; f. e pl. (ó).
cân·cer sm.
can·ce·ra·ção sf.; pl. ·ções.
can·ce·rar v.
can·ce·rá·vel adj. 2g.; pl. ·veis.
can·ce·ri:a·no adj. sm.
can·ce·ri·for·me adj. 2g.
can·ce·rí·ge·no adj.
can·ce·ri·za·ção sf.; pl. ·ções.
can·ce·ri·zar v.
can·ce·ro·lo·gi·a sf.
can·ce·ro·ló·gi·co adj.
can·ce·ro·so (ô) adj. sm. 'que sofre de câncer' f. e pl. (ó)/Cf. canseiroso.
can·cha sf.
can·chal sm. pl. ·chais.
can·che:a·ção sf.; pl. ·ções.
can·che:a·da sf.
can·che:a·dis·ta adj. s2g.
can·che:a·do adj. sm.
can·che:a·dor (ô) adj. sm.
can·che:a·men·to sm.
can·che:ar v.
can·chei·ro adj. sm.
can·ci:o·nei·ro sm.
can·ci:o·nis·ta adj. s2g.
can·ço·ne·ta (ê) sf.
can·ço·ne·tei·ro sm.
can·ço·ne·tis·ta adj. s2g.
can·co·ro·sa sf.
can·cra sf.
can·cre·jo (ê) sm.
can·cres·cen·te adj. 2g.
can·crí·de:o sm.
can·cri·for·me adj. 2g.
can·cri·ni·ta sf.
can·cro sm.
can·croi·de adj. 2g.
can·cro·se sf.
can·da·do sm.
can·dan·go sm.
can·de adj. 2g. sm.
can·de:a·da sf.
can·de·ei·ra·da sf.
can·de·ei·ro sm.
can·dei·a sf. adj. s2g.
can·dei·en·se adj. s2g.
can·dei·o sm.

can·de·la sf.
can·de·la·bro sm.
can·de·lá·ri:a sf.
can·de·la·ri:en·se adj. s2g.
can·de·li·ça sf.
can·de·li·nha sf.
can·dem·be sm.
can·dên·ci:a sf. 'estado de candente'/Cf. cadência.
can·den·te adj. 2g. 'que está em brasa'/Cf. cadente.
cân·di adj. 2g. sm.: cande.
can·di:al adj. 2g.; pl. ·ais.
can·di:ar v.
cân·di·da sf.
can·di·da·tar v.
can·di·da·to sm.
can·di·da·tu·ra sf.
can·di·dez (ê) sf.
can·di·de·za (ê) sf.
can·di·di·zar v.
cân·di·do adj.
cân·di·do-men·den·se(s) adj. s2g. (pl.).
cân·di·do-mon·ten·se(s) adj. s2g. (pl.).
can·di·jar sm.
can·dil adj. 2g. sm.; pl. ·dis.
can·di·lar v.
can·dim·ba sm.
can·dim·bá sm.
can·di:o·ta adj. s2g.
can·di·ru sm.
can·di·ru(s)-bran·co(s) sm. (pl.).
can·di:u·bá sf.
can·do sm.
can·dom·be sm.
can·dom·bei·ro sm.
can·dom·blé sm.
can·don·ga sf.
can·don·ga·gem sf.; pl. ·gens.
can·don·gar v.: can·don·gue:ar.
can·don·guei·ro adj. sm.
can·don·gui·ce sf.
can·dor (ô) sm.
can·do·ro·so (ô) adj.; f. e pl. (ó).
can·du:á sm.
can·dun·ga sf.
can·du·ra sf.
ca·ne:a·do adj.
ca·ne·ca sf.
ca·ne·ca·da sf.
ca·ne·cen·te adj. 2g.
ca·ne·co sm.
ca·né·fo·ra sf.

ca·*nei*·ro sm.
ca·*ne*·ja (ê) sf.
ca·*ne*·jo (ê) adj. sm.
ca·*ne*·la adj. s2g. sf.
ca·ne·la(s)-a·ma·*re*·la(s) sf. (pl.).
ca·ne·la(s)-a·mar·*go*·sa(s) sf. (pl.).
ca·ne·la-ba·*bo*·sa sf.; pl. canelas--babosas ou canelas-babosa.
ca·ne·la-ba·ra·*ú*·na sf.; pl. canelas-baraúnas ou canelas--baraúna.
ca·ne·la-ba·*ta*·lha sf.; pl. canelas-batalhas ou canelas--batalha.
ca·ne·la-ba·*ta*·ta sf.; pl. canelas--batatas ou canelas-batata.
ca·ne·la-bi·bi·*ru* sf.; pl. canelas--bibirus ou canelas-bibiru.
ca·ne·la(s)-*bran*·ca(s) sf. (pl.).
ca·ne·la(s)-*bra*·va(s) sf. (pl.).
ca·ne·la-cai·*xe*·ta sf.; pl. canelas-caixetas ou canelas--caixeta.
ca·ne·la(s)-chei·*ro*·sa(s) sf. (pl.).
ca·ne·*lá*·ce:a sf.
ca·ne·*lá*·ce:o adj. sm.
ca·ne·*la*·da sf.
ca·ne·la(s)-de-*e*·ma sf. (pl.).
ca·ne·la(s)-de-*gar*·ça sf. (pl.).
ca·ne·la(s)-de-*por*·co sf. (pl.).
ca·ne·la(s)-de-ve:*a*·do sf. (pl.).
ca·ne·la(s)-de-*ve*·lha sf. (pl.).
ca·ne·*la*·do adj. sm.
ca·ne·la(s)-do-*bre*·jo sf. (pl.).
ca·ne·la·*du*·ra sf.
ca·ne·la-*fun*·cho sf.; pl. canelas--funchos ou canelas-funcho.
ca·ne·*la*·gem sf.; pl. ·gens.
ca·ne·la-goi·*a*·ba sf.; pl. canelas--goiabas ou canelas-goiaba.
ca·ne·la-goi·a·*cá* sf.; pl. canelas--goiacás ou canelas-goiacá.
ca·ne·la-*gos*·ma sf.; pl. canelas--gosmas ou canelas-gosma.
ca·ne·la(s)-gos·*men*·ta(s) sf. (pl.).
ca·ne·la-gua·*cá* sf.; pl. canelas--guacás ou canelas-guacá.
ca·ne·la-guai·*cá* sf.; pl. canelas--guaicás ou canelas-guaicá.
ca·ne·la-im·*bui*·a sf.; pl. canelas-imbuias ou canelas--imbuia.
ca·ne·la-i·nha·*í*·ba sf.; pl. canelas-inhaíbas ou canelas--inhaíba.

ca·ne·la-ja·*cu* sf.; pl. canelas--jacus ou canelas-jacu.
ca·ne·la-li·*mão* sf.; pl. canelas--limões ou canelas-limão.
ca·ne·la(s)-lim·*bo*·sa(s) sf. (pl.).
ca·ne·la-mas·sa·*pê* sf.; pl. canelas-massapês ou canela--massapê.
ca·ne·la-*mes*·cla sf.; pl. canelas--mesclas ou canelas-mescla.
ca·ne·*lão* sm.; pl. ·lões.
ca·ne·la(s)-*par*·da(s) sf. (pl.).
ca·ne·la-pi·*men*·ta sf.; pl. canelas-pimentas ou canelas--pimenta.
ca·ne·la-*pre*·go sf.; pl. canelas--pregos ou canelas-prego.
ca·ne·la(s)-*pre*·ta(s) sf. (pl.).
ca·ne·la(s)-pre·ta(s)--ver·da·*dei*·ra(s) sf. (pl.).
ca·ne·*lar* v.
ca·ne·la(s)-ra·*ja*·da(s) sf. (pl.).
ca·ne·la(s)-rui·va(s) sf. (pl.).
ca·ne·la-sas·sa·*frás* sf. pl. canelas-sassafrás ou canelas--sassafrases.
ca·ne·la-ta·pi·nho:*ã* sf.; pl. canelas-tapinhoãs ou canelas--tapinhoã.
ca·ne·la-ta·*tu* sf.; pl. canelas--tatus ou canelas-tatu.
ca·ne·*lei*·ra sf.
ca·ne·lei·ra(s)-do-*ma*·to sf. (pl.).
ca·ne·lei·*ri*·nho sm.
ca·ne·lei·ri·nho(s)-*pre*·to(s) sm. (pl.).
ca·ne·*lei*·ro adj. sm.
ca·ne·*len*·se adj. s2g.
ca·*né*·li·co adj.
ca·ne·*li*·nha sf.
ca·ne·li·nha(s)-a·ma·*re*·la(s) sf. (pl.).
ca·ne·li·nha(s)-ra·*ja*·da(s) sf. (pl.).
ca·*ne*·lo (ê) sm./Cf. canelo (é), do v. canelar.
ca·ne·*lu*·do adj. sm.
ca·ne·*lu*·ra sf.
ca·nes·*cen*·te adj. 2g.: canecente.
ca·*ne*·ta (ê) sf.
ca·ne·ta-*fon*·te sf.; pl. canetas--fontes ou canetas-fonte.
ca·ne·ta-tin·*tei*·ro sf.; pl. canetas-tinteiros ou canetas--tinteiro.
ca·ne·*vás* sm., do fr. canevas.
can·*fe*·no sm.

can·*fi*·na sf.
can·*fin*·ta fa s2g. sf.
cân·fo·ra sf./Cf. canfora, do v. canforar.
can·fo·*ra*·do adj.
can·fo·*rar* v.
can·fo·*ra*·to sm.
can·fo·*rei*·ra sf.
can·fo·*rei*·ro sm.
can·*fó*·ri·co adj.
can·fo·*rí*·fe·ro adj.
can·fo·*ri*·na sf.
can·fo·*ris*·mo sm.
can·ga sf.
can·*gá* sm.
can·ga·*çais* sm. pl.
can·ga·cei·*ra*·da sf.
can·ga·cei·ra·gem sf.; pl. ·gens.
can·ga·cei·*ris*·mo sm.
can·ga·*cei*·ro sm.
can·*ga*·ço sm.
can·ga·lha sf. ou sm.
can·ga·*lha*·da sf.
can·ga·*lhão* sm.; pl. ·lhões; f. ·lho·na.
can·*ga*·lhas sf. pl.
can·ga·*lhei*·ro adj. sm.
can·ga·*lhe*·ta (ê) sf.
can·*ga*·lho sm.
can·ga·*lho*·na sf. de cangalhão.
can·gam·*bá* sm.
can·*gan*·cha sf.
can·gan·*chei*·ro sm.
can·*ga*·nho sm.
can·gan·*guá* sm.
can·ga·*pa*·ra sf.
can·ga·*pé* sm.
can·*gar* v.
can·ga·*ra*·ço sm.
can·ga·ri·*lha*·da sf.
can·ga·*tá* sm.
can·ga·*ti* sm.
can·go:*á* sf. ou sm.: canguá.
can·go:*ei*·ra sf. 'flauta'/Cf. cangueira.
can·*gon*·cha sf.
can·gon·*chei*·ro sm.
cân·*gon*·go sm.
can·*gor*·ça sf.
can·*gos*·ta (ô) sf.: cangosta.
can·*go*·te sm.: cogote.
can·go·*ti*·lho sm.
can·go·*ti*·nho sm.
can·go·*tu*·do adj.: cogotudo.
can·*guá* sf. ou sm.: cangoá.
can·gua·*í* sm.
can·*gua*·ra sf.

can·gua·re·ta·*men*·se adj. s2g.
can·gua·*ri* sm.
can·gua·*xi* sm. *ou* sf.
can·gu·*çu* sm. *ou* sf.
can·gu·çu:*en*·se adj. s2g.
can·*guei*·ra sf. 'calosidade'/Cf. cangoeira.
can·*guei*·ro adj. sm.
can·*gui*·ço sm.
can·*gui*·nhar v.
can·*gui*·nhas s2g. 2n.
can·*gui*·nho adj. sm.
can·*gui*·ra sf.
can·*gui*·to sm.
can·gu·*lei*·ro sm.
can·*gu*·lo sm.
can·gur·*ral* sm.; pl. ·*rais*.
can·*gur*·ro sm.
can·gu·*ru* sm.
can·gu·ru·*pe*·ba sm. *ou* sf.
can·gu·ru·*pi* sm.
ca·nha sf.
ca·nha·da sf.
ca·nha·*dão* sm.; pl. ·*dões*.
ca·nha·ma·*ção* sm.; pl. ·*ções*.
ca·nha·*ma*·ço sm.
ca·nham·*bo*·la adj. s2g.
ca·nham·*bo*·ra adj. s2g.
ca·nha·*mei*·ra sf.
ca·nha·mei·*ral* sm.; pl. ·*rais*.
ca·nha·*mi*·ço adj.
câ·nha·mo sm.
câ·nha·mo(s)-bra·si·*lei*·ro(s) sm. (pl.).
câ·nha·mo(s)-de-ma·*ni*·lha sm. (pl.).
ca·*nha*·nha sf.
ca·nha·nho sm.
ca·*nhão* sm.; pl. ·*nhões*.
ca·nhão-a·*zul* sm.; pl. canhões-azuis.
ca·*nhão*-*ver*·de sm.; pl. canhões-verdes.
ca·nha·*ra*·na sf.
ca·nhem·*bo*·ra adj. s2g.
ca·*nhen*·gue adj. 2g.
ca·*nhe*·nho adj. sm.
ca·*nhes*·tro (ê) adj.
ca·*nhe*·ta (ê) adj.
ca·*nhim* sm.; pl. ·*nhins*.
ca·nho adj. sm.
ca·nho·*ben*·se adj. s2g.
ca·nho·*na*·ço sm.
ca·nho·*na*·da sf.
ca·nho·*nar* v.: ca·nho·ne:*ar*.
ca·nho·*nei*·o sm.
ca·nho·*nei*·ra sf.
ca·nho·*nei*·ro adj.
ca·nho·ta sf.
ca·nho·*tei*·ro adj. sm.
ca·nho·ti·*nhen*·se adj. s2g.
ca·nho·*tis*·mo sm.
ca·*nho*·to (ô) adj. sm.
ca·*ni*·bal adj. s2g.: pl. ·*bais*.
ca·*ni*·ba·*les*·co (ê) adj.
ca·*ni*·ba·*lis*·mo sm.
ca·*ni*·ba·li·za·*ção* sf.; pl. ·*ções*.
ca·*ni*·ba·li·*zar* v.
ca·*ni*·ça·da sf.
ca·*ni*·çal sm.; pl. ·*çais*.
ca·*ni*·ça·lha sf.
ca·*ni*·cho sm.
ca·*ní*·ci:a sf.: canície.
ca·*ni*·ci·da s2g.
ca·*ni*·*cí*·di:o sm.
ca·*ní*·ci:e sf.
ca·*ni*·ço sm.
ca·*ní*·cu·la sf.
ca·*ni*·cu·*lar* adj. 2g.
ca·*ni*·cul·*tor* (ô) adj. sm.
ca·*ni*·cul·*tu*·ra sf.
ca·*ni*·cu·*rá* sm.
ca·*ni*·da sf. 'árvore'/Cf. cânida.
câ·ni·da adj. 2g. sm. 'mamífero'/Cf. canida.
ca·*ní*·de:o sm.
ca·*ni*·*for*·me adj. 2g.
ca·*ni*·*fraz* sm.
ca·*nil* sm.; pl. ·*nis*.
ca·*ni*·lha sf.
ca·*ni*·*na*·na sf.
ca·*nin*·dé sm.
ca·nin·de:*en*·se adj. s2g.
ca·*nin*·ga sf.
ca·*nin*·*guen*·to adj. sm.
ca·*ni*·nha sf.
ca·*ni*·nha(s)-*ver*·de(s) sf. (pl.).
ca·*ni*·no adj. sm.
ca·*ni*·*pre*·to (ê) adj.
ca·*nis*·ta adj. s2g.
ca·*nis*·trel sm.; pl. ·*tréis*: canastrel.
ca·*ni*·tar sm.
ca··ni·ve·*ta*·ço sm.
ca·ni·ve·*ta*·da sf.
ca·ni·*ve*·te sm.
ca·ni·ve·te:*ar* v.
ca·ni·ve·*tei*·ro sm.
can·*ja* sf.
cân·jar sm.
can·ja·*ra*·na sf.: canjerana.
can·je·*bri*·na sf.
can·je·*ra*·na sf.: canjarana.
can·je·*rê* sm.
can·*ji*·ca sf.
can·ji·*ca*·da sf.
can·ji·ca(s)-lus·*tro*·sa(s) sf. (pl.).
can·ji·*quei*·ra sf.
can·ji·*qui*·nha sf.
can·*ji*·ra sm.
can·ji·*rão* sm.; pl. ·*rões*.
can·ju·ru·*pi* sm.:
  can·ju·ru·pim; pl. ·*pins*.
ca·no adj. sm.
ca·*no*·a (ô) sf.
ca·no:*a*·gem sf.; pl. ·*gens*.
ca·no:*ei*·ro adj. sm.
ca·no:*en*·se adj. sm.
ca·*noi*·ra sf.: canoura.
câ·non sm.; pl. ·*no*·nes: cânone.
câ·no·ne sm.: cânon.
ca·no:i·*nhen*·se adj. s2g.
ca·no·ni·*cal* adj. 2g.; pl. ·*cais*.
ca·no·ni·*ca*·to sm.
ca·no·ni·ci·*da*·de sf.
ca·*nô*·ni·co adj.
ca·no·*ni*·sa sf./Cf. canoniza, do v. canonizar.
ca·no·*nis*·ta adj. s2g.
ca·no·ni·za·*ção* sf.; pl. ·*ções*.
ca·no·ni·za·*dor* (ô) adj. sm.
ca·no·ni·*zar* v.
ca·no·ni·*zá*·vel adj. 2g.; pl. ·*veis*.
ca·*no*·po (ô) sm.
ca·no·ri·*zar* v.
ca·*no*·ro adj.
ca·nos·si:*a*·no adj. sm.
ca·*nou*·ra sf.: canoira.
can·sa·*cen*·to adj.
can·*sa*·ço sm.
can·*sa*·do adj.
can·san·*ção* sm.; pl. ·*ções*.
can·san·*ção*-de-*lei*·te sm.; pl. cansações-de-leite.
can·*são* adj. 'cavalo que cansa'; f. ·*so*·na /Cf. canção.
can·*sar* v.
can·sa·*ri*·na sf.
can·sa·*ti*·vo adj.
can·*sá*·vel adj. 2g.; pl. ·*veis*.
can·*sei*·ra sf.
can·sei·*ro*·so (ô) adj. 'em que há canseira'; f. e pl. (ó)/Cf. canceroso.
can·*sim* sm.; pl. ·*sins*.
can·so adj. sm.
can·*so*·na adj.; f. de cansão.
can·*tã* sf.

can·tá·bi·le adj. 2g. sm., do it. cantabile.
can·tá·bri·co adj.
can·tá·bri:o adj.
cân·ta·bro adj. sm.
can·ta·da sf.
can·ta·dei·ra sf.
can·ta·dei·ro adj. sm.
can·ta·de·la sf.
can·ta·do adj.
can·ta·dor (ô) adj. sm.
can·ta·ga·len·se adj. s2g.
can·ta·ga·lo adj.: na loc. *a canta-galo*.
can·ta·lu·po adj. sm.
can·ta·nhe·den·se adj. s2g.
can·tan·te adj. s2g.
can·tão sm.; pl. ·tões.
can·tar v. sm.
cân·ta·ra sf./Cf. *cantara*, do v. *cantar*.
can·ta·rei·ra sf.
can·ta·re·jar v.
can·ta·re·jo (ê) sm.
can·ta·ri·a sf.
can·ta·rí·a·se sf.
can·tá·ri·da sf.: *cantáride*/Cf. *cantarida*, do v. *cantaridar*.
can·ta·ri·dal adj. 2g.; pl. ·*dais*.
can·ta·ri·dar v.
can·tá·ri·de sf.: *cantárida*/Cf. *cantaride*, do v. *cantaridar*.
can·ta·rí·de:o adj. sm.
can·ta·ri·di·na sf.
can·ta·ri·lho sm.
can·ta·ri·na sf.
cân·ta·ro sm.
can·ta·ro·la sf.
can·ta·ro·lar v.
can·ta·ro·lá·vel adj. 2g.; pl. ·*veis*.
can·ta·ta sf.
can·ta·triz sf.
can·tá·vel adj. 2g.; pl. ·*veis*.
can·te:ar v.
can·tei·ra sf.
can·tei·ro sm.
cân·ter sm., do ing. *canter*.
cân·ti·co sm.
can·ti·ga sf.
can·til sm.; pl. ·*tis*.
can·ti·le·na sf.
can·tim·plo·ra sf.: *catimplora*.
can·ti·na sf.
can·ti·nei·ro sm.
can·ti·nho sm.
can·to sm.

can·to·bu·ri·ti:*en*·se(s) adj. s2g. (pl.).
can·to·cha·nis·ta s2g.
can·to·chão sm.; pl. ·*chãos*.
can·to(s) de sa·bi:*á* sm. (pl.).
can·to:*ei*·ra sf.
can·tó·li·se sf.
can·to·na·do adj.
can·to·nal adj. 2g.; pl. ·*nais*.
can·to·na·*lis*·mo sm.
can·to·na·*lis*·ta adj. s2g.
can·to·nei·ra sf.
can·to·nei·ro sm.
can·to·nen·se adj. s2g.
can·to·nês adj. sm.
can·tor (ô) sm.
can·to·ri·a sf.
can·to·ri·na sf.
can·tor·ra·*fi*·a sf.
can·to·to·mi·a sf.
ca·*nu*·do sm.
ca·nu·do(s)-de-*pi*·to sm. (pl.).
câ·nu·la sf.
ca·nu·ta·men·se adj. s2g.
ca·nu·ti·lho sm.
ca·*nu*·to sm.
can·zá sm.: *ganzá*.
can·zar·rão sm.; aum. de *cão*; pl. ·*rões*.
can·zil sm.; pl. ·*zis*.
can·zo sm.
can·zo:*a*·da sf.
can·zo:*al* adj. 2g.; pl. ·*ais*.
can·zo:*ei*·ra sf.
can·zu:*á* sm.
can·zur·ral sm.; pl. ·*rais*.
cão[1] sm. 'mamífero'; pl. *cães*.
cão[2] adj. 'branco'; pl. *cãos*; f. *cã*[2].
ca·o·ba sf.
ca:od·ze·ra sf.
ca:*ol* sm.; pl. ·*óis*.
ca·o·lho (ô) adj. sm.
cão-mi·*ú*·do sm.; pl. *cães-miúdos*.
ca:*os* sm. 2n.
ca·ó·ti·co adj.
cão-ti·*nho*·so sm.; pl. *cães-tinhosos*.
ca:o·ti·za·ção sf.; pl. ·*ções*.
ca:o·ti·zar v.
cão·zi·nho sm.; dim. de *cão*; pl. *cãezinhos*.
cão·zi·to sm.; dim. de *cão*; pl. *cãezitos*.
ca·pa[1] sf. 'vestimenta'.
ca·pa[2] sm. 'nome da 10ª letra do alfabeto grego'.

ca·pa·*bo*·de(s) s2g. (pl.).
ca·pa·ção sf.; pl. ·*ções*.
ca·pa·ce·te (ê) sm.
ca·pa·chei·ro sm.
ca·pa·chi·ce sf.
ca·pa·chis·mo sm.
ca·*pa*·cho sm.
ca·pa·ci·*da*·de sf.
ca·pa·*cí*·me·tro sm.
ca·pa·*cís*·si·mo adj.; superl. de *capaz*.
ca·pa·ci·tân·ci:a sf.
ca·pa·ci·tar v.
ca·pa·ci·ti·vo adj.
ca·pa·ci·tor (ô) sm.
ca·*pa*·da sf.
ca·pa·da·ri·a sf.
ca·pa·dei·ra sf.
ca·pa·dei·ro sm.
ca·pa·de·te (ê) sm.
ca·pa·di·nho sm.
ca·*pa*·do adj. sm.
ca·pa·do·ça·da sf.
ca·pa·do·ça·gem sf.; pl. ·*gens*.
ca·pa·do·*çal* adj. 2g.; pl. ·*çais*.
ca·*pá*·do·ce adj. s2g.
ca·pa·*dó*·ci:o adj. sm.
ca·pa·dor (ô) adj. sm.
ca·pa·du·ra sf.
ca·pa·gar·*ro*·te(s) sm. (pl.).
ca·pa·*ho*·mem sm.; pl. *capa-homens*.
ca·pa(s)·*mag*·na(s) sf. (pl.).
ca·pa(s)·*mais* sm. (pl.).:
ca·pa·*mais* sm. 2n.
ca·pa·nau·á adj. s2g.
ca·pan·du:*a* sf.
ca·pa·ne·ma sm.
ca·pa·ne·men·se adj. s2g.
ca·*pan*·ga sf. sm.
ca·pan·ga·da sf.
ca·pan·ga·gem sf.; pl. ·*gens*.
ca·pan·gar v.
ca·pan·guei·ro sm.
ca·pão sm.; pl. ·*pões*.
ca·pão-bo·ni·*ten*·se(s) adj. s2g. (pl.).
ca·*par* v.
ca·*pa*·ra sf.
ca·pa·ra·ção sm.; pl. ·*ções*.
ca·pa·ra·ri sm.
ca·pa·ra·zão sm.; pl. ·*zões*.
ca·pa·ri·*dá*·ce:a sf.
ca·pa·ri·*dá*·ce:o adj.
ca·*par*·ro sm.
ca·par·*ro*·sa sf.

ca·par·ro·sa(s)-do-*cam*·po sf. (pl.).
ca·pa·*ru* sm.
ca·pa·*taz* sm.
ca·pa·ta·*zar* v.
ca·pa·ta·ze:a·*ção* sf.; pl. ·*ções*.
ca·pa·ta·ze:*ar* v.
ca·pa·ta·*zi*·a sf.
ca·pa(s)-*ver*·de(s) sm. (pl.).
ca·*paz* adj. 2g. interj.; superl. de *capacíssimo*.
ca·pa(s)-*ze*·ro sm. (pl.).
cap·ci:*o*·so (ô) adj.; f. *e* pl. (ó).
ca·pe:*a*·do adj.
ca·pe:a·*dor* (ô) adj. sm.
ca·pe:a·*men*·to sm.
ca·pe:*ar* v.
ca·*pe*·ba sf.: *caapeba*.
ca·pe·ba(s)-chei·*ro*·sa(s) sf. (pl.).
ca·pe·ba(s)-do-*cam*·po sf. (pl.).
ca·pe·ba(s)-do-*nor*·te sf. (pl.).
ca·*pei*·a sf.
ca·pei·*rão* sm.; pl. ·*rões*.
ca·*pei*·ro sm.
ca·pe·*ju*·ba sm.
ca·*pe*·la sf.
ca·pe·*la*·da sf.
ca·pe·la(s)-de-vi·*ú*·va sf. (pl.).
ca·pe·la·*mor* sf.; pl. *capelas-mores*.
ca·pe·la·*ni*·a sf.
ca·pe·la·no·*ven*·se(s) adj. s2g.
ca·pe·*lão* sm.; pl. ·*lães*.
ca·pe·*len*·se adj. s2g.
ca·pe·*le*·te (ê) sm.
ca·pe·*li*·na sf.: ca·pe·*li*·ne.
ca·pe·*li*·nha sf.
ca·pe·li·*nhen*·se adj. s2g.
ca·pe·*lis*·ta adj. s2g.
ca·*pe*·lo (ê) sm.
ca·pe·*lu*·do adj.
ca·*pem*·ba sf.
ca·*pen*·ga adj. s2g.
ca·pen·*gan*·te adj. 2g.
ca·pen·*gar* v.
ca·pen·gue:a·*ção* sf.; pl. ·*ções*.
ca·pen·gue:*ar* v.
ca·pe·*pe*·na sf.
ca·pe·ri·*ço*·ba sf.
ca·pe·*rom* sm.; pl. ·*rons*.
ca·pe·ro·*ta*·da sf.
ca·*pe*·ta (ê) adj. sm.
ca·pe·*ta*·gem sf.; pl. ·*gens*.
ca·pe·*tão* sm. 'pão'; pl. ·*tões*/Cf. *capitão*.
ca·*pe*·te (ê) adj. sm.: *capeta*.
ca·pe·*ti*·ce sf.

ca·pe·*tin*·ga sf.
ca·pe·tin·*guen*·se adj. s2g.
ca·pe·*ti*·nha (ê) s2g.
ca·pi:*á* sm.: *caapiá*.
ca·pi:an·*ga*·gem sf.; pl. ·*gens*.
ca·pi:an·*gar* v.
ca·pi:*an*·go sm. 'gatuno hábil e astuto'/Cf. *capiongo*.
ca·pi:*au* adj. sm.: f. *capioa*.
ca·pi·*con*·go sm.
ca·pi·*cu*·a sf.
ca·pi·*cu*·ru sm.
ca·pi·gua·*rá* sm.
ca·pi·*lá*·ce:o adj.
ca·pi·la·*men*·to sm.
ca·pi·*lar* adj. 2g. sm.
ca·pi·*lá*·ri:a sf.
ca·pi·*lá*·ri:a(s)-do-ca·na·*dá* sf. (pl.).
ca·pi·la·ri·*da*·de sf.
ca·pi·*lé* sm.
ca·*pi*·lha s.
ca·pi·li·ci:*al* adj. 2g.; pl. ·*ais*.
ca·pi·*lí*·ci:o sm.
ca·pi·li·*for*·me adj. 2g.
ca·pi·los·*sa*·da sf.
ca·*pim* sm. sf.; pl. ·*pins*.
ca·pim-a·*çu* sm.; pl. *capins-açus*.
ca·pim-a·*gres*·te sm.; pl. *capins-agrestes*.
ca·pim-a·ma·*re*·lo sm.; pl. *capins-amarelos*.
ca·pim-a·mon·je:*a*·ba sm.; pl. *capins-amonjeabas* ou *capins-amonjeaba*.
ca·pim-a·mar·*go*·so sm.; pl. *capins-amargosos*.
ca·pim-a·*zul* sm.; pl. *capins-azuis*.
ca·pim-*bal*·ça sm.; pl. *capins-balças* ou *capins-balça*.
ca·pim-bam-*bu* sm.; pl. *capins-bambus* ou *capins-bambu*.
ca·pim-*be*·ba sm.
ca·pim-bo·*bó* sm.; pl. *capins-bobós* ou *capins-bobó*.
ca·pim-*bran*·co sm.; pl. *capins-brancos*.
ca·pim-bran·*quen*·se(s) adj. s2g. (pl.).
ca·pim-bur·*rão* sm.; pl. *capins-burrões* ou *capins-burrão*.
ca·pim-ca·nu·*di*·nho sm.; pl. *capins-canudinhos* ou *capins-canudinho*.
ca·pim-can·ti·*guei*·ro sm.; pl. *capins-catingueiros*.

ca·pim-chei·*ro*·so sm.; pl. *capins-cheirosos*.
ca·pim-ci·*drei*·ra sm.; pl. *capins-cidreiras* ou *capins-cidreira*.
ca·pim-co·lo·ni:*ão* sm.; pl. *capins-coloniões*.
ca·pim-da-ci·*da*·de sm.; pl. *capins-da-cidade*.
ca·pim-da-co·*lô*·ni:a sm.; pl. *capins-da-colônia*.
ca·pim-de-an·*go*·la sm.; pl. *capins-de-angola*.
ca·pim-de-*bur*·ro sm.; pl. *capins-de-burro*.
ca·pim-de-ca·*va*·lo sm.; pl. *capins-de-cavalo*.
ca·pim-de-*chei*·ro sm.; pl. *capins-de-cheiro*.
ca·pim-de-*cor*·te sm.; pl. *capins-de-corte*.
ca·pim-de-*fei*·xe sm.; pl. *capins-de-feixe*.
ca·pim-de-*las*·tro sm.; pl. *capins-de-lastro*.
ca·pim-de-*mu*·la sm.; pl. *capins-de-mula*.
ca·pim-de-*plan*·ta sm.; pl. *capins-de-planta*.
ca·pim-de-per·nam·*bu*·co sm.; pl. *capins-de-pernambuco*.
ca·pim-de-*so*·ca sm.; pl. *capins-de-soca*.
ca·pim-de-tou·*cei*·ra sm.; pl. *capins-de-touceira*.
ca·pim-do-pa·*rá* sm.; pl. *capins-do-pará*.
ca·pim-de-*se*·co sm.; pl. *capins-de-seco*.
ca·pim-e·le·*fan*·te sm.; pl. *capins-elefantes* ou *capins-elefante*.
ca·pim-*fi*·no sm.; pl. *capins-finos*.
ca·pim-*fle*·cha sm.; pl. *capins-flechas* ou *capins-flecha*.
ca·pim-gor·*du*·ra sm.; pl. *capins-gorduras* ou *capins-gordura*.
ca·pim-*gue*·des sm.; pl. *capins-guedes*.
ca·pim-gui·*né* sm.; pl. *capins-guinés* ou *capins-guiné*.
ca·pim-ja·ra·*guá* sm.; pl. *capins-jaraguás* ou *capins-jaraguá*.

ca·pim-li·*mão* sm.; pl. *capins--limões* ou *capins-limão*.
ca·pim-mar·me·*la*·da sm.; pl. *capins-marmeladas* ou *capins--marmelada*.
ca·pim-me·la·*di*·nho sm.; pl. *capins-meladinhos*.
ca·pim-me·*la*·do sm.; pl. *capins-melados*.
ca·pim-mem·*be*·ca sm.; pl. *capins-membecas* ou *capins-membeca*.
ca·pim-mi·*mo*·so sm.; pl. *capins-mimosos*.
ca·pim-mu·ru·*ru* sm.; pl. *capins-mururus* ou *capins-mururu*.
ca·pim·*pu*·ba sm.
ca·pim-ro·*se*·ta sm.; pl. *capins--rosetas* ou *capins-roseta*.
ca·pim-sa·*pé* sm.; pl. *capins--sapés* ou *capins-sapé*.
ca·pim-*se*·da sm.; pl. *capins--seda* ou *capins-seda*.
ca·pim-tra·po:e·*ra*·ba sm.; pl. *capins-trapoerabas* ou *capins-trapoeraba*.
capim-ve·ti·*ver* sm.; pl. *capins--vetiveres* ou *capins-vetiver*.
ca·*pi*·na sf.
ca·pi·na·*ção* sf.; pl. ·*ções*.
ca·pi·na·*dei*·ra sf.
ca·pi·na·*dor* (ô) adj. sm.
ca·pi·*nal* sm.; pl. ·*nais*.
ca·pi·*nar* v.
ca·*pin*·cho sm.
ca·pi·*nei*·ra sf.
ca·pi·*nei*·ro sm.
ca·*pi*·nha sf. *ou* sm.
ca·pi·*nhei*·ro sm.
ca·pi·*ni*·ma sf.
ca·pi·*nin*·ga sf.
ca·pi·no·po·*li*·no adj. sm.
ca·pin·*tin*·ga sf.
ca·pin·*zal* sm.; pl. ·*zais*.
ca·pin·za·*len*·se adj. s2g.
ca·pi:*o*·a (ô) adj. sf. de *capiau*.
ca·pi:*on*·go adj. 'triste'/Cf. *capiango*.
ca·pi·*ro*·cho (ô) sm.
ca·pi·*ro*·te sm.
ca·pi·*ro*·to (ô) sm.
ca·pis·*car* v.
ca·*pis*·ta s2g.
ca·pis·*tra*·na sf.
ca·pi·ta·*ção* sf. 'imposto'; pl. ·*ções*/Cf. *captação*.

ca·pi·*ta*·do adj.
ca·pi·*tal* adj. 2g. sm. *ou* sf.; pl. ·*tais*.
ca·pi·tal·a·*ções* sm. pl.
ca·pi·ta·*lis*·mo sm.
ca·pi·ta·*lis*·ta adj. s2g.
ca·pi·ta·li·za·*ção* sf.; pl. ·*ções*.
ca·pi·ta·li·*zar* v.
ca·pi·ta·li·*zá*·vel adj. 2g.; pl. ·*veis*.
ca·pi·tal·o·bri·ga·*ções* sm. pl.
ca·pi·ta·ne·*ar* v.
ca·pi·ta·*ni*·a sf. 'posto' 'dignidade'/Cf. *capitânia*.
ca·pi·*tâ*·ni:a adj. sf. 'nau'/Cf. *capitania*.
ca·pi·*tão* sm. 'posto militar'; pl. ·*tães*; f. *capitoa*/Cf. *capetão*.
ca·pi·tão-a·vi:a·*dor* sm.; pl. *capitães-aviadores*.
ca·pi·tão-*chi*·co sm.; pl. *capitães-chicos*.
ca·pi·tão-da·por·ca·*ri*·a sm.; pl. *capitães-da-porcaria*.
ca·pi·tão-das·por·ca·*ri*·as sm.; pl. *capitães-das-porcarias*.
ca·pi·tão de as·*sal*·tos sm.; pl. *capitães de assaltos*.
ca·pi·tão-de·bi·*go*·de sm.; pl. *capitães-de-bigode*.
ca·pi·tão de ca·bo·*ta*·gem sm.; pl. *capitães de cabotagem*.
ca·pi·tão de cor·*ve*·ta sm.; pl. *capitães de corveta*.
ca·pi·tão de es·*tra*·da sm.; pl. *capitães de estrada*.
ca·pi·tão de fra·*ga*·ta sm.; pl. *capitães de fragata*.
ca·pi·tão de lon·go cur·so sm.; pl. *capitães de longo curso*.
ca·pi·tão de mar e *guer*·ra sm.; pl. *capitães de mar e guerra*.
ca·pi·tão de *ma*·to sm.; pl. *capitães de mato*.
ca·pi·tão-de-sa·*í*·ra sm.; pl. *capitães-de-saíra*.
ca·pi·tão-de-*sa*·la sm.; pl. *capitães-de-sala*.
ca·pi·tão do *cam*·po sm.; pl. *capitães do campo*.
ca·pi·tão do *ma*·to sm. 'feitor'; pl. *capitães do mato*.
ca·pi·tão-do-*ma*·to sm. 'ave'; pl. *capitães-do-mato*.
ca·pi·tão-*mor* sm.; pl. *capitães--mores*.

ca·pi·tão-te-*nen*·te sm.; pl. *capitães-tenentes*.
ca·pi·*tar* v. 'impor capitação'/Cf. *captar*.
ca·pi·ta·*ri* sm.
ca·pi·*ta*·to adj.
ca·pi·*tel* sm.; pl. ·*téis*.
ca·pi·te·*la*·do adj.
ca·pi·té(s)-mi·na·*nei*(s) adj. s2g. (pl.).
ca·pi·ti·*for*·me adj. 2g.
ca·pi·ti·*lú*·vi:o sm.
ca·pi·ti:*ú* sm.
ca·pi·to·*li*·no adj. sm.
ca·pi·to·*tó*·li:o sm.
ca·pi·to·ní·de:o adj. sm.
ca·pi·*to*·so (ô) adj.; f. e pl. (ó).
ca·*pí*·tu·la sf./Cf. *capitula*, do v. *capitular*.
ca·pi·tu·la·*ção* sf.; pl. ·*ções*.
ca·pi·tu·la·*dor* (ô) adj. sm.
ca·pi·tu·*lan*·te adj. s2g.
ca·pi·tu·*lar* adj. 2g. sf. v.
ca·pi·tu·*la*·res sf. pl.
ca·pi·tu·*lei*·ro sm.
ca·pi·tu·li·*for*·me adj. 2g.
ca·*pí*·tu·lo sm./Cf. *capitulo*, do v. *capitular*.
ca·pi:*ú*·na sf.
ca·pi·*va*·ra sf.
ca·pi·va·*ra*·no adj. sm.
ca·pi·*xa*·ba adj. s2g. sm. *ou* sf.
ca·pi·*xim* sm.; pl. ·*xins*.
ca·pi·xin·*gui* sm.
cap·*nó*·fu·go adj.
cap·*noi*·de adj. 2g. sm.
cap·no·man·*ci*·a sf.
cap·no·*man*·te s2g.
cap·no·*mân*·ti·co adj.
ca·*pô* sm., do fr. *capot*.
ca·po:*ei*·ra sf. s2g.
ca·po:ei·ra·*çu* sf.
ca·po:ei·*ra*·da sf.
ca·po:ei·ra(s) de ma·*cha*·do sf. (pl.).
ca·po:ei·ra(s) de pau de ma·*cha*·do sf. (pl.).
ca·po:ei·ra(s)-fu·*ra*·da(s) sf. (pl.).
ca·po:ei·*ra*·gem sf.; pl. ·*gens*.
ca·po:ei·*ra*·na sf.
ca·po:ei·*ra*·no sm.
ca·po:ei·*rão* adj. sm.; pl. ·*rões*.
ca·po:ei·*rão* de ma·*cha*·do sm.; pl. *capoeirões de machado*.
ca·po:ei·*rar* v.

ca·po:ei·*ri*·nha sf.
ca·po:ei·*ris*·ta s2g.
ca·po:*ei*·ro adj. sm.
ca·po:ei·ru·*çu* sm. *ou* sf.
ca·*po*·na sf.
ca·po·*ne*·te (ê) sm.
ca·*pon*·ga sf.
ca·po·*ral* adj. 2g. sm.; pl. ·*rais*.
ca·po·ro·*ro*·ca sf.
ca·po·ro·ro·ca·*çu* sf.
ca·po·ro·ro·ca(s)-ver·*me*·lha(s) sf. (pl.).
ca·*po*·ta sf.
ca·po·*ta*·gem sf.; pl. ·**gens**.
ca·po·*tar* v.
ca·*po*·te sm.
ca·po·te(s) de *po*·bre sm. (pl.).
ca·po·*tei*·ro sm.
ca·po·*ti*·lho sm.
ca·*po*·xo (ô) adj. sm.
ca·pre:o·*lá*·ce:o adj.
ca·pri·*char* v.
ca·*pri*·cho sm.
ca·*pri·cho*·so adj. sm.; f. *e* pl. (ó).
cá·pri·co adj.
ca·pri·cor·ni·*a*·no adj. sm.
ca·pri·*cór*·ni:o adj. sm.
ca·*prí*·de:o adj. sm.
ca·pri·fi·ca·*ção* sf.; pl. ·**ções**.
ca·pri·fi·*car* v.
ca·pri·*fi*·go sm.
ca·pri·fo·li:*á*·ce:a sf.
ca·pri·fo·li:*á*·ce:o adj.
ca·*prí*·li·co adj.
ca·pri·mul·*gí*·de:o adj. sm.
ca·pri·mul·gi·*for*·me adj. 2g. sm.
ca·*pri*·no adj. sm.
ca·*prí*·pe·de adj. 2g.
ca·pro sm.
ca·*proi*·co adj.
ca·*prum* adj. 2g.; pl. ·*pruns*.
cap·sa sf.
cap·*se*·la sf.
cáp·su·la sf./Cf. *capsula*, do v. *capsular*.
cap·su·*lar* v. adj. 2g.
cap·su·*lá*·ce:o adj.
cap·su·*lí*·fe·ro adj.
cap·su·li·*for*·me adj. 2g.
cap·ta·*ção* s. 'ato de obter'; pl. ·*ções*/Cf. *capitação*.
cap·ta·*dor* (ô) adj. sm.
cap·*ta*·gem sf.; pl. ·**gens**.
cap·*tan*·te adj. s2g.
cap·*tar* v. 'apreender'/Cf. *capitar*.

cap·ta·*tó*·ri:o adj.
cap·*tor* (ô) adj. sm.
cap·*tu*·ra sf.
cap·tu·ra·*dor* (ô) adj. sm.
cap·tu·*rar* v.
ca·pu:*a*·ba adj. s2g. sf. *ou* sm.: *capuava*.
ca·pu:*ão* sm.; pl. ·*ões*.
ca·pu:*a*·va adj. s2g. sm.: *capuaba*.
ca·*pu*·cha sf.
ca·pu·*cha*·na sf.
ca·pu·*char* v.
ca·pu·*chi*·nha sf.
ca·pu·*chi*·nho adj. sm.
ca·*pu*·cho adj. sm.
ca·*pu*·lho sm.
ca·pur·*rei*·ro sm.
ca·*pu*·xu sm.
ca·*puz* sm.
ca·puz-de-fra·*di*·nho sm.; pl. *capuz-de-fradinho*.
ca·que:*a*·do sm.
ca·que:*ar* v.
ca·quei·*ra*·da sf.
ca·*quei*·ro sm.
ca·que·*mo*·no sm.
ca·*que*·ra (ê) sf.
ca·*qué*·ti·co adj.
ca·que·*xi*·a (cs) sf.
ca·*qui* sm. 'fruto'/Cf. *cáqui*.
cá·qui adj. 2g. 2n. sm. 'cor'/Cf. *caqui*.
ca·qui·*zei*·ro sm.
ca·ra sf. *ou* sm.
ca·*rá* sm.
ca·ra·*bí*·de:o adj. sm.
ca·ra·*bi*·na sf. 'arma'/Cf. *carambina*.
ca·ra·bi·*na*·da sf.
ca·ra·bi·*nei*·ro sm.
ca·*ra*·ca sf.
ca·ra·*cá* sm.
ca·*ra*·ça sf. *ou* sm.
ca·ra·ca·*rá* sm.: *carcará*.
ca·ra·ca·*rá*(s)-*bran*·co(s) sm. (pl.).
ca·ra·ca·ra·*í* sm.
ca·ra·ca·ra:i·*en*·se adj. s2g.
ca·ra·ca·*rá*(s)-*pre*·to(s) sm. (pl.).
ca·ra·ca·ra·*tin*·ga sm.
ca·ra·ca·*xá* sm.
ca·ra·*cí*·de:o adj. sm.
ca·*ra*·co sm.
ca·ra·*col* sm.; pl. ·*cóis*.
ca·ra·co·*lar* v.

ca·ra·co·le:*ar* v.
ca·ra·co·*lei*·ro sm.
ca·ra·co·*len*·se adj. s2g.
ca·*rác*·ter sm.; pl. *caracteres*: *caráter*.
ca·rac·*te*·re sm.
ca·rac·te·*rís*·ti·ca sf.: *caraterística*.
ca·rac·te·*rís*·ti·co adj. sm.: *caraterístico*.
ca·rac·te·ri·za·*ção* sf.; pl. ·*ções*: *caraterização*.
ca·rac·te·ri·*za*·do adj.: *caraterizado*.
ca·rac·te·ri·za·*dor* (ô) adj.: *caraterizador*.
ca·rac·te·ri·*zan*·te adj. 2g.: *caraterizante*.
ca·rac·te·ri·*zar* v.: *caraterizar*.
ca·rac·te·ro·lo·*gi*·a sf.: *caraterologia*.
ca·rac·te·ro·*ló*·gi·co adj.: *caraterológico*.
ca·ra·*cu* adj. 2g. sm.
ca·ra(s) de a·*çú*·car sm. (pl.).
ca·*rá*(s)-de-ca·*bo*·clo sm. (pl.).
ca·*rá*(s)-de-fo·lha·co·lo·*ri*·da sm. (pl.).
ca·*ra*(s)-de·*ga*·to s2g. (pl.).
ca·*ra*(s) de ma·mão-*ma*·cho s2g. (pl.).
ca·ra(s) de *pau* adj. s2g. (pl.).
ca·*rá*(s)-de-pe·le-*bran*·ca sm. (pl.).
ca·ra·dri·*í*·de:o adj. sm.
ca·ra·dri·i·*for*·me adj. 2g. sm.
ca·ra·*du*·ra adj. s2g.
ca·ra·du·*ris*·mo sm.
ca·ra·*fá* sm.
ca·ra(s)-fe·*cha*·da(s) sf. (pl.).
ca·ra·*fuz* adj. s2g.
ca·ra·*fu*·zo adj. sm.
ca·*ra*·go sm.
ca·ra·gua·*tá* sm.
ca·ra·gua·*tá*(s)-a·*çu*(s) sm. (pl.).
ca·ra·gua·*tal* sm.; pl. ·*tais*.
ca·ra·gua·tá-pi·*tei*·ra sm.: pl. *caraguatás-piteiras* ou *caraguatás-piteira*.
ca·ra·gua·ta·tu·*ben*·se adj. s2g.
ca·ra·gua·ta·*zal* sm.; pl. ·*zais*.
ca·ra·*í* sm.
ca·ra·*í*·ba adj. s2g. sm.
ca·ra:i·*en*·se adj. s2g.
ca·ra(s)-in·*cha*·da(s) s2g. (pl.).
ca·ra:*i*·n·ha sm.
ca·ra·:i·*pé* sm.

ca·ra:i·pe·ra·na sf.
ca·ra·já adj. s2g. sm.
ca·ra·jé sm.
ca·ra·ju·ru sm.
ca·ra·lho sm.
ca·ra(s)-li·sa(s) s2g. (pl.).
ca·rá(s)-li·so(s) sm. (pl.).
ca·ra·man·chão sm.; pl. ·chões.
ca·ra·man·chel sm.; pl. ·chéis.
ca·ram·ba interj. sm.
ca·ram·bi·na sf. 'caramelo'/Cf. carabina.
ca·ram·bó adj. 2g.
ca·ram·bo·la sf.
ca·ram·bo·lar v.
ca·ram·bo·lei·ra sf.
ca·ram·bo·lei·ra(s)--a·ma·re·la(s) sf. (pl.).
ca·ram·bo·lei·ro adj. sm.
ca·ram·bo·li·ce sf.
ca·ram·bo·lim sm.; pl. ·lins.
ca·ram·bu·ru sm.
ca·ra·me·la·do sm.
ca·ra·me·lo sm.
ca·ra(s)-me·ta·de(s) sf. (pl.).
ca·ra·me·ta·ra sf.
ca·rá(s)-mi·mo·so(s) sm. (pl.).
ca·ra·min·guá sm.
ca·ra·mi·nho·la sf.
ca·ra·mo·mom sm.; pl. ·mons.
ca·ra·mu·jei·ro sm.
ca·ra·mu·ji sm.
ca·ra·mu·jo sm.
ca·ra·mu·jo(s)-cas·cu·do(s) sm. (pl.).
ca·ra·mu·jo(s)-do-ba·nha·do sm. (pl.).
ca·ra·mu·jo(s)-de-ma·to sm. (pl.).
ca·ra·mu·nha sf.
ca·ra·mu·nhar v.
ca·ra·mu·nhei·ro adj. sm.
ca·ra·mu·ru sm. s2g.
ca·ra·mu·tan·je adj. s2g.
ca·ra·ná sf.
ca·ra·ná(s)-bran·ca(s) sf. (pl.).
ca·ra·ná(s)-do-rio-ne·gro sf. (pl.).
ca·ra·na·í sf.
ca·ra·na·í(s)-do-ma·to sf. (pl.).
ca·ra·na·í-mi·rim sf.; pl. caranaís-mirins.
ca·ra·nam·bu sm.
ca·ra·nam·bu·u·ba sm.
ca·ran·cho sm.
ca·ran·dá sf.

ca·ran·da·gua·çu sf.
ca·ran·da·í sm.
ca·ran·da·i·ense adj. s2g.
ca·ran·da·í(s)-gua·çu(s) sm. (pl.).
ca·ran·da:i·zi·nho sm.
ca·ran·da·zal sm.; pl. ·zais.
ca·ran·gí·de:o adj. sm.
ca·ran·go sm.
ca·ran·go·len·se adj.
ca·ran·gon·ço sm.
ca·ran·gue·ja (ê) sf.
ca·ran·gue·jar v.
ca·ran·gue·jei·ra sf.
ca·ran·gue·jei·ro adj. sm.
ca·ran·gue·jo (ê) sf.
ca·ran·gue·jo(s)-d'á·gua-do·ce sm. (pl.).
ca·ran·gue·jo(s)-do-ri:o sm. (pl.).
ca·ran·gue·jo·la sf.
ca·ran·gue·jo(s)-mu·la·to(s)-da-ter·ra sm. (pl.).
ca·ran·gue·jo(s)-ver·da·dei·ro(s) sm. (pl.).
ca·ra·nha sf.
ca·ra·nha(s)-do-man·gue sf. (pl.).
ca·ra·nho sm.
ca·ra·nho·ta sf.
ca·ra·nho(s)-ver·da·dei·ro(s) sm. (pl.).
ca·ra·nho(s)-ver·me·lho(s) sm. (pl.).
ca·ran·to·nha sf.
ca·rân·tu·las sf. pl.
ca·rão sm.; pl. ·rões.
ca·ra·ó adj. s2g.: craó, caraú.
ca·ra·o·lho (ô) adj. sm.
ca·ra·o·quê sm.
ca·ra·pa·ça sf.
ca·ra·pa·nã adj. s2g. sm.
ca·ra·pa·nã-pi·ni·ma sm.; pl. carapanãs-pinimas e carapanãs-pinima.
ca·ra·pa·na·ú·ba sm.
ca·ra·pan·ta sf.
ca·ra·pa·ru sm.
ca·ra·pau sm.
ca·ra·pe·ba sf.
ca·ra·pe·ba(s)-lis·ta·da(s) sf. (pl.).
ca·ra·pe·la sf.
ca·ra·pe·ta¹ (ê) sf. 'pião'/Cf. carapeta² (é) sf. e fl. do v. carapetar.
ca·ra·pe·ta² sf. 'árvore'/Cf. carapeta¹ (ê) sf.

ca·ra·pe·tal sm.; pl. ·tais.
ca·ra·pe·tão sm.; pl. ·tões.
ca·ra·pe·tar v.
ca·ra·pe·tei·ro adj. sm.
ca·ra·pi·á sf.
ca·ra·pi:a·ça·ba sf.
ca·ra·pi·cu sm.
ca·ra·pi·cu:a·çu sm.
ca·ra·pi·cu(s)-bran·co(s) sm. (pl.).
ca·ra·pi·cu·pe·ba sf. ou sm.
ca·ra·pi·na sm. ou sf.
ca·ra·pi·nha sf. ou sm.
ca·ra·pi·nha·da sf.
ca·ra·pi·nhé sm.
ca·ra·pi·nhei·ra sf.
ca·ra·pi·nho adj.
ca·ra·pi·nhu·do adj.
ca·ra(s)-pin·ta·da(s) s2g. (pl.).
ca·ra·pi·rá sf.
ca·ra·pi·tai·a sf.
ca·ra·pi·tan·ga sm.
ca·ra·pó sm.
ca·ra·po·be·ba sm. ou sf.
ca·ra·po·ti adj. s2g.
ca·ra·po·to (ô) adj. s2g.
ca·ra·pu·ça sf.
ca·ra·pu·cei·ro adj. sm.
ca·ra·pu·çu sm.
ca·ra·pu·lo sm.
ca·ra·pu·tan·ga sm.
ca·ra(s)-que·bra·da(s) sf. (pl.).
ca·ra·que·nho adj. sm.
ca·ra·rá adj. s2g. sm.
ca·ra(s)-rai·a·da(s) s2g. (pl.).
ca·ra·ra·pi·rá sf.
ca·ra(s)-su·ja(s) s2g. (pl.).
ca·ra·ta·í sm.
ca·ra·ta·te:u:en·se adj. s2g.
ca·ra·té sm. 'doença'/Cf. caratê.
ca·ra·tê sm. 'luta'/Cf. caraté.
ca·rá·ter sm.; pl. caracteres: carácter.
ca·ra·te·rís·ti·ca sf.: característica.
ca·ra·te·rís·ti·co adj. sm.: característico.
ca·ra·te·ri·za·ção sf.; pl. ·ções. caracterização.
ca·ra·te·ri·za·do adj.: caracterizado.
ca·ra·te·ri·za·dor (ô) adj. sm.: caracterizador.
ca·ra·te·ri·zan·te adj. 2g.: caracterizante.
ca·ra·te·ri·zar v.: caracterizar.

ca·ra·te·ro·lo·gi·a sf.:
  caracterologia.
ca·ra·te·ro·ló·gi·co adj.:
  caracterológico.
ca·ra·tin·ga sm.
ca·ra·tin·guen·se adj. s2g.
ca·ra·tu:ã sm.
ca·ra·ú adj. s2g.: caraó, craó.
ca·ra:u·á sm.
ca·ra:u·a·çu sm.
ca·ra:u·a·ri:en·se adj. s2g.
ca·ra:ú·ba sf.
ca·ra:ú·ba(s)-do-cam·po sf.
  (pl.).
ca·ra:u·bal sm.; pl. ·bais.
ca·ra:u·ben·se adj. s2g.
ca·ra:ú·na sf.
ca·ra·va·na sf.
ca·ra·van·ça·rá sm.
ca·ra·van·ça·ra.i sm.
ca·ra·va·nei·ro sm.
ca·ra·va·ta·í sm.
ca·ra·ve·la sf.
ca·ra·ve·lei·ro sm.
ca·ra·ve·len·se adj. s2g.
ca·ra·ve·lha (ê) sf.: cravelha.
ca·ra·ve·lho (ê) sm.: cravelho.
ca·ra·xi·xu sm.
ca·ra·xu:é sm.
ca·ra·xu:é(s)-da-ca·po:ei·ra
  sm. (pl.).
ca·ra·xu:é(s)-da-ma·ta sm.
  (pl.).
ca·ra·zal sm.; pl. ·zais.
ca·ra·zi·nhen·se adj. s2g.
car·ba·ma·to sm.
car·bâ·mi·co adj.
car·ba·mi·da sf.
car·bi·nol sm.; pl. ·nóis.
car·bo:i·dra·to sm.
car·bó·li·co adj.
car·bo·na·do adj. sm.
car·bo·na·dor (ô) sm.
car·bo·nan·te adj. 2g. sm.
car·bo·ná·ri:o adj. sm.
car·bo·na·ris·mo sm.
car·bo·na·tar v.
car·bo·na·to sm.
car·bo·ne·tar v.
car·bo·ne·to (ê) sm./
  Cf. carboneto (é), do v.
  carbonetar.
car·bô·ni·co adj.
car·bo·ní·fe·ro adj. sm.
car·bo·ni·la sf.
car·bô·ni:o adj. sm.
car·bo·ni·za·ção sf.; pl. ·ções.

car·bo·ni·za·do adj.
car·bo·ni·za·dor (ô) adj. sm.
car·bor·ni·zar v.
car·bo·ni·zá·vel adj. 2g.; pl.
  ·veis.
car·bo·no sm.
car·bo·run·do sm.
car·bo·xi·la (cs) sf.
car·bún·cu·lo sm.
car·bun·cu·lo·so (ô) adj.; f. e
  pl. (ó).
car·bu·ra·ção sf.; pl. ·ções.
car·bu·ra·dor (ô) adj. sm.
car·bu·ran·te adj. 2g. sm.
car·bu·rar v.
car·bu·re·to (ê) sm.
car·ca·ça sf.
car·ca·ma·no sm.
car·ca·nel sm.; pl. ·néis.
car·ca·nha sf.
car·ca·rá sm.
car·cás sm.
cár·ca·va sf./Cf. carcava, do v.
  carcavar.
car·ca·var v.
car·cel sm.; pl. ·céis.
car·ce·la sf.
car·ce·la·do adj.
car·ce·ra·gem sf.; pl. ·gens.
car·ce·rar v.
car·ce·rá·ri:o adj.
cár·ce·re sm./Cf. carcere, do v.
  carcerar.
car·ce·rei·ro sm.
car·cé·ru·la sf.
car·cha·rí·de:o adj. sm.
car·che:ar v.
car·chei·o sm.
car·ci·ni·cul·tor (ô) adj. sm.
car·ci·ni·cul·tu·ra sf.
car·ci·noi·de adj. 2g. sm.
car·ci·no·lo·gi·a sf.
car·ci·no·ló·gi·co adj.
car·ci·no·lo·gis·ta adj. s2g.
car·ci·nó·lo·go sm.
car·ci·no·ma sm.
car·ci·no·ma·to·so (ô) adj.; f.
  e pl. (ó).
car·ci·no·se sf.
car·co·ma sf.
car·co·mer v.
car·co·mi·do adj.
cár·co·va sf.
car·cun·da sf. adj. s2g.:
  corcunda.
car·da sf.
car·da·ção sf.; pl. ·ções.

car·da·da sf.
car·da·dor (ô) adj. sm.
car·da·du·ra sf.
car·da·gem sf.; pl. ·gens.
car·dal sm.; pl. ·dais.
car·da·mo·mo sm.
car·da·mo·mo(s)-da-ter·ra sm.
  (pl.).
car·dão adj. sm.; pl. ·dãos; f.
  ·dã.
car·dá·pi:o sm.
car·dar v.
car·de:al adj. 2g. sm. 'prelado'
  'principal' 'ave'; pl. ·ais/Cf.
  cardial.
car·de:al-a·ma·re·lo sm.; pl.
  cardeais-amarelos.
car·de:al-de-mon·te·vi·déu
  sm.; pl. cardeais-de-
  -montevidéu.
car·de:a·li·na sf.
car·dei·ro sm.
car·de·ni·lho sm.
cár·de:o adj.
cár·di::a sf.
car·dí::a·co adj. sm.
car·di:al adj. 2g. 'relativo à
  cárdia'; pl. ·ais/Cf. cardeal.
car·di:al·gi·a sf.
car·di:ál·gi·co adj.
car·di:ar·ti·cu·lar adj. 2g.
cár·di·ce sf.
cár·di·co adj.
car·di·ço sm.
car·dí·de:o adj. sm.
car·di:ec·ta·si·a sf.
car·di·fe adj. 2g. sm., do ing.
  Cardiff.
car·di·gã sm.
car·di·guei·ra sf.
car·dim adj. 2g.; pl. ·dins.
car·di·na sf.
car·di·nal adj. 2g. sm.; pl. ·nais.
car·di·na·la sf.
car·di·na·la·do sm.:
  car·di·na·la·to.
car·di·na·lí·ci:o adj.
car·di·na·lis·ta adj. s2g.
car·di·nhei·ra sf.
car·di:o·ce·le sf.
car·di:o·côn·di·la sm.:
  car·di:o·côn·di·lo.
car·di:o·gra·fi·a sf.
car·di:o·grá·fi·co adj.
car·di:ó·gra·fo sm.
car·di:o·gra·ma sm.
car·di:oi·de adj. 2g. sf.

car·di:o·lo·gi·a sf.
car·di:o·ló·gi·co adj.
car·di:o·lo·gis·ta adj. s2g.
car·di:ó·lo·go sm.
car·di:o·pal·mi·a sf.
car·di:o·pa·ta s2g.
car·di:o·pa·ti·a sf.
car·di:o·pá·ti·co adj.
car·di:o·pé·ta·lo adj.
car·di:o·ple·gi·a sf.
car·di:os·cle·ro·se sf.
car·di:o·vas·cu·lar adj. 2g.
car·di·te sf.
car·dí·ti·co adj.
car·do sm.
car·do·bos·ta sm.; pl. *cardos--bostas* ou *cardos-bosta*.
car·do·me·lão sm.; pl. *cardos--melões* ou *cardos-melão*.
car·*do*·sa sf.
car·do(s)-*san*·to(s) sm. (pl.).
car·do·*sen*·se adj. s2g.
car·do·so-mo·rei·*ren*·se(s) adj. s2g. (pl.).
car·du·ça sf.
car·du·ça·*dor* (ô) adj. sm.
car·du·*çar* v.
car·*du*·me sm.
ca·re:a·ção sf.; pl. ·ções.
ca·re:a·çu:*en*·se adj. s2g.
ca·re:*a*·do adj. 'confrontado'/ Cf. *cariado*.
ca·re:a·*dor* (ô) adj. sm.
ca·re:*ar* v. 'atrair' 'confrontar'/ Cf. *cariar*.
ca·*re*·ca adj. s2g. sf.
ca·re·ce·*dor* (ô) adj. sm.
ca·re·*cen*·te adj. 2g.
ca·re·*cer* v.
ca·re·ci·*men*·to sm.
ca·*rei*·o sm.
ca·*rei*·*ren*·se adj. s2g.
ca·*rei*·ro adj. sm.
ca·*ré*·li:o adj. sm.
ca·*re*·na sf.
ca·re·*na*·da sf.
ca·re·*na*·do adj.
ca·re·nal adj. 2g.; pl. ·*nais*.
ca·re·*nar* v.
ca·*rên*·ci:a sf.
ca·*ren*·te adj. 2g.
ca·*re*·pa sf.
ca·re·*pen*·to adj.
ca·re·*po*·so (ô) adj.; f. *e* pl. (ó).
ca·res·*ti*·a sf.
ca·*re*·ta (ê) sf. adj. s2g.
ca·re·te:*ar* v.

ca·re·*tei*·ro adj. sm.
ca·*re*·za (ê) sf.
car·fo·lo·gi·a sf.
car·fo·ló·gi·co adj.
car·ga sf.
car·ga(s)-*d'á*·gua sf. (pl.).
car·gas-*d'á*·gua sf. pl.
car·go sm.
car·go·se:*ar* v.
car·*go*·so (ô) adj.; f. *e* pl. (ó).
car·*guei*·ro adj. sm.
car·gue·*jar* v.
ca·*ri* sm.
ca·ri:a·ci·*quen*·se adj. s2g.
ca·ri:a·*cu* sm.
ca·ri:*a*·do adj. 'que tem cárie'/ Cf. *careado*.
ca·ri:a·*í* adj. s2g.
ca·ri:a·*mí*·de:o adj. sm.
ca·ri:*a*·na v. 'produzir cárie'/ Cf. *carear*.
ca·ri:*ás*·ter sm.
ca·ri:*á*·ti·de sf.
ca·*ri*·ba adj. s2g.: *caraíba*.
ca·*ri*·be adj. s2g.: *caraíba*.
ca·ri·*bé* sm.
ca·ri·*bo*·ca adj. s2g.: *curiboca*.
ca·ri·*cá*·ce:a sf.
ca·ri·*cá*·ce:o adj.
ca·ri·*ca*·to adj. sm.
ca·ri·ca·*tu*·ra sf.
ca·ri·ca·*tu*·ral adj. 2g.; pl. ·*rais*.
ca·ri·ca·*tu*·rar v.
ca·ri·ca·tu·*res*·co (ê) adj.
ca·ri·ca·tu·*ris*·ta adj. s2g.
ca·*rí*·ci:a sf./Cf. *caricia*, do v. *cariciar*.
ca·ri·ci·*ar* v.
ca·ri·ci:*á*·vel adj. 2g.; pl. ·*veis*.
ca·ri·ci·*o*·so (ô) adj.; f. *e* pl. (ó).
ca·ri·*da*·de sf.
ca·*rí*·di·da adj. 2g.
ca·ri·*dí*·de:o adj. sm.
ca·ri·*do*·so (ô) adj.; f. *e* pl. (ó).
cá·ri:e sf./Cf. *carie*, do v. *cariar*.
ca·*ri*·i adj. s2g.
ca·*ri*·jo sm.
ca·ri·*jó* adj. s2g. sm.
ca·*ril* sm.; pl. ·*ris*.
ca·ri·*mã* adj. 2g. sf. *ou* sm.
ca·rim·ba·*dor* (ô) adj. sm.
ca·rim·*ba*·gem sf.; pl. ·*gens*.
ca·rim·*bam*·ba sm.
ca·rim·*bar* v.
ca·*rim*·bo sm.
ca·rim·*bó* sm.
ca·rim·*bo*·to (ô) sm.

ca·ri·*mé* adj. s2g.
ca·ri·*mi* adj. s2g.
ca·*ri*·na adj. s2g.: *calina*.
ca·ri·*ná* sf.
ca·ri·*na*·ta sf.
ca·rin·*di*·ba sf.
ca·ri·*ne*·gro (ê) adj.
ca·ri·nha·*nhen*·se adj. s2g.
ca·*ri*·nho sm.
ca·ri·*nho*·so (ô) adj.; f. *e* pl. (ó).
cá·ri:o adj. sm./Cf. *cario*, do v. *cariar*.
ca·ri·*ó* adj. s2g.
ca·ri·*o*·ca adj. s2g.
ca·ri:o·ca·*rá*·ce:a sf.
ca·ri:o·ca·*rá*·ce:o adj.
ca·ri:o·ci·*ne*·se sf.
ca·ri:o·ci·*né*·ti·co adj.
ca·ri:o·di:*é*·re·se sf.
ca·ri:o·fi·*lá*·ce:a sf.
ca·ri:o·fi·*lá*·ce:o adj.
ca·ri:o·ga·*me*·ta sm.: ca·ri:o·*gâ*·me·ta.
ca·ri:o·ga·*mi*·a sf.
ca·ri:o·*gâ*·mi·co adj.
ca·ri:*op*·se sf.
ca·ri:*o*·so (ô) adj.; f. *e* pl. (ó).
ca·ri:*o*·ti·na sf.
ca·ri·*pé* sm.
ca·ri·pe·*ra*·na sf.
ca·ri·pe·ra·na(s)-de-fo·lha--*lar*·ga sf. (pl.).
ca·ri·pe·ti·*ri*·ca sf.
ca·ri·*pu*·na adj. s2g.
ca·ri·*ren*·se adj. s2g.
ca·*ri*·ri adj. s2g. sm.
ca·*ris*·ma sm.
ca·ris·*má*·ti·co adj.
ca·ri·ta·*ti*·vo adj.
ca·ri·*tel* sm.; pl. ·*téis*.
ca·ri·ti:*a*·na adj. s2g.
ca·ri·*tó* sm.
ca·ri:*ú* adj. s2g. sm.
ca·ri·*ú*·a adj. s2g.
ca·*ri*·xo sm.
ca·*riz* sm.
car·le·*quim* sm.; pl. ·*quins*.
car·*li*·na sf.
car·lin·*do*·gue sm.
car·*lin*·ga sf.
car·*li*·to sm.
car·*li*·tos sm. 2n.
car·lo·po·li·*ta*·no adj. sm.
car·los-cha·*guen*·se(s) adj. s2g. (pl.).
car·ma sm., do sânsc. *karma*.
car·ma·*nho*·la sf.

car·me sm.
car·me:a·*dor* (ô) adj. sm.
car·me:*ar* v.
car·me·*li*·na sf.
car·me·*li*·ta adj. s2g.
car·me·li·*ta*·no adj. sm.
car·*me*·lo sm.
car·*men*·se adj. s2g.
car·me·*sim* adj. 2g. 2n. sm.; pl.
·*sins*.
car·*mim* adj. 2g. sm.; pl. ·*mins*.
car·mi·*na*·do adj.
car·mi·*nar* v.
car·mi·na·*ti*·vo adj. sm.
car·*mí*·ne:o adj.
car·*mí*·ni·co adj.
car·*mo*·na sf.
car·mo·po·li·*ta*·no adj. sm.
car·*na*·ça sf.
car·na·*ção* sf.; pl. ·*ções*.
car·*na*·da sf.
car·na·*du*·ra sf.
car·*na*·gem sf.; pl. ·*gens*.
car·na·*í*·ba sf.
car·na:i·*bal* sm.; pl. ·*bais*.
car·na:i·*ba*·no adj. sm.
car·na:i·*ben*·se adj. s2g.
car·*nal* adj. 2g. sm.; pl. ·*nais*.
car·na·li·*da*·de sf.
car·*nar* v.
car·na·*tal* sm.; pl.: ·*tais*.
car·na·*ú*·ba sf.
car·na:u·*bal* sm.; pl. ·*bais*.
car·na:u·*bei*·ra sf.
car·na:u·*ben*·se adj. s2g.
car·na·*val* sm.; pl. ·*vais*.
car·na·va·*les*·co (ê) adj. sm.
car·*naz* sm.
car·ne sf.
car·*nê* sm., do fr. *carnet*.
car·ne:a·*ção* sf.; pl. ·*ções*.
car·ne:a·*dor* (ô) adj. sm.
car·ne:*ar* v.
car·ne(s)-as·*sa*·da(s) sf. (pl.).
car·ne(s)-de-*an*·ta sf. (pl.).
car·ne(s) de ce:a·*rá* sf. (pl.).
car·ne(s) de *sol* sf. (pl.).
car·ne(s)-de-*va*·ca sf. (pl.).
car·ne(s) de *ven*·to sf. (pl.).
car·ne(s) do ce:a·*rá* sf. (pl.).
car·ne(s) do ser·*tão* sf. (pl.).
car·ne(s) do *sul* sf. (pl.).
car·ne·*ei*·ro adj.
car·ne·*gão* sm.; pl. ·*gões*:
carnicão, carnigão.
car·*nei*·ra sf.
car·nei·*ra*·da sf.
car·nei·*rei*·ro sm.
car·nei·*ri*·nho sm.
car·*nei*·ro adj. sm.
car·nei·*rum* adj. 2g.; pl. ·*runs*.
cár·ne:o adj.
car·ne(s)-que·*bra*·da(s) sf. (pl.).
car·ne(s)-*se*·ca(s) sf. (pl.).
car·ne(s)-*ve*·lha(s) sf. (pl.).
car·*ni*·ça sf.
car·ni·*çal* adj. 2g.; pl. ·*çais*.
car·ni·*cão* sm.; pl. ·*cões*:
carnegão, carnigão.
car·ni·ça·*ri*·a sf.
car·ni·*cei*·ro adj. sm.
car·*ní*·cu·la sf.
car·ni·fi·ca·*ção* sf.; pl. ·*ções*.
car·ni·fi·*car* v.
car·*ní*·fi·ce adj. s2g.
car·ni·fi·*ci*·na sf.
car·ni·*for*·me adj. 2g.
car·ni·*jó* adj. s2g.
car·*nin*·ga sf.
car·*ni*·ta sf.
car·*ní*·vo·ro adj. sm.
car·no·si·*da*·de sf.
car·*no*·so (ô) adj.; f. *e* pl. (ó).
car·*nu*·do adj.
ca·ro adj. sm. adv.
ca·ro:*á* sm.
ca·ro:a·*tal* sm.; pl. ·*tais*.
ca·ro:*á*·vel adj. 2g.; pl. ·*veis*.
ca·ro:a·*zal* sm.; pl. ·*zais*.
ca·*ro*·ba sf.
ca·ro·ba(s)-*bran*·ca(s) sf. (pl.).
ca·ro·ba(s)-*bra*·va(s) sf. (pl.).
ca·ro·ba(s)-de-flor-*bran*·ca sf.
(pl.).
ca·ro·ba(s)-do-*cam*·po sf. (pl.).
ca·ro·ba(s)-do-car·*ras*·co sf.
(pl.).
ca·ro·ba·gua·*çu* sf.
ca·ro·*bei*·ra sf.
ca·ro·*bi*·nho nha sf.
ca·*ro*·ca sf.
ca·ro·*ça*·ma sf.
ca·ro·cha sf.
ca·ro·*chi*·nha sf.
ca·ro·*cho* (ô) adj. sm.
ca·ro·*ço* (ô) sm.; pl. (ó).
ca·ro·*çu*·do adj.
ca·*ró*·fi·to adj. sm.
ca·*ro*·la adj. 2g. sf.
ca·ro·*li*·ce sf.
ca·ro·*li*·na sf.
ca·ro·li·*nen*·se adj. s2g.
ca·ro·*lín*·gi:o adj. sm.
ca·ro·*li*·no adj. sm.
ca·ro·*lis*·mo sm.
ca·*ro*·lo (ô) sm.
ca·rom·*bó* adj. 2g.
ca·*ro*·na sf. *ou* sm.
ca·ro·*na*·ço sm.
ca·ro·*na*·da sf.
ca·ro·ne:*ar* v.
ca·ro·*te*·no sm.
ca·ro·te·*noi*·de adj. 2g. sm.
ca·*ró*·ti·co adj.
ca·*ró*·ti·da adj. 2g. sf.:
ca·*ró*·ti·de.
ca·ro·*tí*·de:o adj.
car·pa sf.
car·*pal* adj. 2g.; pl. ·*pais*.
car·*par* v.
car·pe:*ar* v.
car·pe·*lar* adj. 2g.
car·*pe*·lo sm.
cár·pe:o adj.
car·*pe*·ta (ê) sf.
car·pe·te:*ar* v.
car·pi·*ção* sf.; pl. ·*ções*.
cár·pi·co adj.
car·pi·*dei*·ra sf.
car·*pi*·do sm.
car·pi·*dor* (ô) adj. sm.
car·pi·*du*·ra sf.
car·pi·*men*·to sm.
car·*pi*·na sm.
car·*pin*·cho sm.
car·pi·*nen*·se adj. s2g.
car·*pins* sm. pl.
car·pin·ta·*ri*·a sf.
car·pin·*tei*·ro adj. sm.
car·pin·tei·ro(s) da *prai*·a sm.
(pl.).
car·pin·te·*jar* v.
car·*pir* v.
car·po sm.
car·*pó*·fa·go adj. sm.
car·*pó*·fo·ro adj. sm.
car·po·gô·ni:o sm.
car·*pó*·li·to sm.
car·po·lo·*gi*·a sf.
car·po·*ló*·gi·co adj.
car·po·ma·*ni*·a sf.
car·pop·*to*·se sf.
car·pos·*té*·gi:o sm.
car·po·*te*·ca sf.
car·po·zi·*go*·to sm.
car·*que*·ja (ê) sf.
car·que·ja(s)-a·mar·*go*·sa(s)
sf. (pl.).
car·*qui*·lha sf.
car·ra·boi·*çal* sm.; pl. ·*çais*:
car·ra·bou·*çal*.

car·ra·ca sf.
car·ra·ça sf.
car·ra·da sf.
car·ral adj. 2g.; pl. ·rais.
car·ran·ca sf.
car·ran·ça adj. s2g.
car·ran·cis·mo sm.
car·ran·cu·do adj.
car·ran·que:ar v.
car·rão sm.; pl. ·rões.
car·ra·pa·ta sf.
car·ra·pa·tal sm.; pl. ·tais.
car·ra·pa·tar v.
car·ra·pa·te:ar v.
car·ra·pa·tei·ra sf.
car·ra·pa·tei·ro sm.
car·ra·pa·ti·ci·da adj. 2g. sm.
car·ra·pa·ti·nha sf.
car·ra·pa·ti·nho sm.
car·ra·pa·to sm.
car·ra·pa·to(s)-das-ga·li·nhas sm. (pl.).
car·ra·pa·to(s)-de-*boi* sm. (pl.).
car·ra·pa·to(s)-de-ca·*va*·lo sm. (pl.).
car·ra·pa·to(s)-de-ga·*li*·nha sm. (pl.).
car·ra·pa·to(s)-de-*sa*·po sm. (pl.).
car·ra·pa·to(s)-do-*chão* sm. (pl.).
car·ra·pa·to(s)-do-*ma*·to sm. (pl.).
car·ra·pa·to-es·*tre*·la sm.; pl. *carrapatos-estrelas* ou *carrapatos-estrela*.
car·ra·pa·to(s)-*fo*·go sm. (pl.).
car·ra·pa·to-*pól*·vo·ra sm.; pl. *carrapatos-pólvoras* ou *carrapatos-pólvora*.
car·ra·pa·to(s)-re·do·*lei*·ro(s) sm. (pl.).
car·ra·pa·to(s)-ro·do·*lei*·ro(s) sm. (pl.).
car·ra·*pe*·ta (ê) sf.
car·ra·*pi*·cho sm.
car·ra·pi·cho(s)-da-*prai*·a sm. (pl.).
car·ra·pi·cho(s)-*gran*·de(s) sm. (pl.).
car·ra·*pi*·to sm.
car·ra·*ren*·se adj. s2g.
car·ra·*ri*·a sf.
car·ras·*cal* sm.; pl. ·*cais*.
car·ras·*cão* adj. sm.; pl. ·*cões*; f. ·*co*·na.
car·ras·co sm.

car·ras·*co*·so (ô) adj.; f. *e* pl. (ó).
car·ras·*pa*·na sf.
car·ras·*quei*·ro sm.
car·ras·*que*·nho adj. sm.
car·ras·*quen*·to adj.
car·re:a·*ção* sf.; pl. ·*ções*.
car·re:a·*dor* (ô) sm.
car·re:a·*dou*·ro sm.
car·re:*ar* v.
car·re·*a*·ta sf.
car·re·ga·*bes*·tas sf. 2n.
car·re·ga·*ção* sf.; pl. ·*ções*.
car·re·ga·*dei*·ra sf.
car·re·*ga*·do adj.
car·re·ga·*dor* (ô) adj. sm.
car·re·ga·ma·*dei*·ra(s) sm. (pl.).
car·re·ga·*men*·to sm.
car·re·*gão* sm.; pl. ·*gões*.
car·re·*gar* v.
car·re·go (ê) sm./Cf. *carrego* (é), do v. *carregar*.
car·re·*go*·so (ô) adj.; f. *e* pl. (ó).
car·*rei*·ra sf.
car·rei·ra·*men*·to sm.
car·rei·*ri*·nha sf.
car·rei·*ris*·mo sm.
car·rei·*ris*·ta adj. s2g.
car·*rei*·ro adj. sm.
car·re·*jar* v.
car·*re*·ta (ê) sf./Cf. *carreta* (é), do v. *carretar*.
car·re·*ta*·gem sf.; pl. ·*gens*.
car·re·*ta*·ma sf.
car·re·*tão* sm.; pl. ·*tões*.
car·re·*tar* v.
car·*re*·te (ê) sm./Cf. *carrete* (é), do v. *carretar*.
car·re·*tei*·ra sf.
car·re·*tei*·ro adj. sm.
car·re·*tel* sm.; pl. ·*téis*/Cf. *carreteis*, do v. *carretar*.
car·re·te·*lei*·ra sf.
car·re·*ti*·lha sf.
car·*re*·to (ê) sm./Cf. *carreto* (é), do v. *carretar*.
car·ri·a·*gem* sf.; pl. ·*gens*.
car·ri·*ão* sm.; pl. ·*ões*.
car·*ri*·ça sf.
car·ri·*ça*·da sf.
car·ri·*çal* sm.; pl. ·*çais*.
car·ri·*ci*·nha sf.
car·ri:*ei*·ra sf.
car·*ril* sm.; pl. ·*ris*.
car·ri·lha·*dor* (ô) sm.
car·ri·*lhão* sm.; pl. ·*lhões*.
car·*ri*·nho sm.
car·*ri*·nhos sm. pl.

car·ri:*o*·la sf.
car·ro sm.
car·*ro*·ça sf.
car·ro·*ça*·da sf.
car·ro·*ção* sm.; pl. ·*ções*.
car·ro·ça·*ri*·a sf.: *carroceria*.
car·ro·*çá*·vel adj. 2g.; pl. ·*veis*.
car·ro·*cei*·ro sm.
car·ro·ce·*ri*·a sf.: *carroçaria*.
car·ro·*cim* sm.; pl. ·*cins*.
car·ro·*ci*·nha sf.
car·ro-*guin*·cho sm.; pl. *carros-guinchos* ou *carros-guincho*.
car·ro-*lei*·to sm.; pl. *carros-leitos* ou *carros-leito*.
car·ro·*sel* sm.; pl. ·*séis*.
car·ru:a·*gei*·ro sm.
car·ru:*a*·gem sf.; pl. ·*gens*/Cf. *carruajem*, do v. *carruajar*.
car·ru:a·*jar* v.
cárs·ti·co adj.
car·ta sf.
car·ta·*bu*·xa sf.
car·*tá*·ce:o adj.
car·*ta*·da sf.
car·ta·gi·*nês* adj. sm.
car·ta·lo·*gi*·a sf.
car·ta·*mi*·na sf.
cár·ta·mo sm.
car·*tão* sm.; pl. ·*tões*.
car·tão-*cou*·ro sm.; pl. *cartões-couros* ou *cartões-couro*.
car·tão-*fi*·bra sm.; pl. *cartões-fibras* ou *cartões-fibra*.
car·tão-*pa*·lha sm.; pl. *cartões-palhas* ou *cartões-palha*.
car·tão-*pe*·dra sm.; pl. *cartões-pedras* ou *cartões-pedra*.
car·tão-pos·*tal* sm.; pl. *cartões-postais*.
car·ta-*pá*·ci:o sm.
car·ta(s)-par·*ti*·da(s) sf. (pl.).
car·ta(s)-pi·*lo*·to(s) sf. (pl.).
car·*taz* sm.
car·ta·*zei*·ro sm.
car·ta·*zis*·ta adj. s2g.
car·te:*a*·do adj. sm.
car·te:a·*dor* (ô) sm.
car·te:a·*men*·to sm.
car·te:*ar* v.
car·*tei*·o sm.
car·*tei*·ra sf.
car·*tei*·ro sm.
car·*tel* sm.; pl. ·*téis*.
car·*te*·la sf.
cár·ter sm.
car·te·si:a·*nis*·mo sm.

car·te·si:*a*·no adj. sm.
car·ti·*la*·gem sf.; pl. ·gens.
car·ti·la·gi·*no*·so (ô) adj.; f. *e* pl. (ó).
car·*ti*·lha sf.
car·*tis*·mo sm.
car·*tis*·ta adj. s2g.
car·*tó*·dro·mo sm.
car·to·gra·*far* v.
car·to·gra·*fi*·a sf.
car·to·*grá*·fi·co adj.
car·*tó*·gra·fo sm./Cf. *cartografo*, do v. *cartografar*.
car·to·*gra*·ma sm.
car·*to*·la sf. sm.
car·to·*li*·na sf.
car·to·man·*ci*·a sf.
car·to·*man*·te adj. s2g.
car·to·*mân*·ti·co adj.
car·to·*na*·do adj.
car·to·na·*dor* (ô) sm.
car·to·na·*gei*·ro sm.
car·to·*na*·gem sf.; pl. ·gens.
car·to·*nar* v.
car·to·*nis*·ta adj. s2g.
car·to·rá·ri:o adj. sm.
car·*tó*·ri:o sm.
car·tu·*cha*·me sm.
car·tu·*chei*·ra sf.
car·*tu*·cho sm. 'invólucro'/Cf. *cartuxo*.
cár·tu·la sf.
car·tu·*lá*·ri:o sm.
car·*tum* sm.; pl.: ·*tuns*.
car·tu·*nis*·ta adj. 2g.
car·tu·si:*a*·no adj. sm.
car·*tu*·xa sf.
car·*tu*·xo adj. sm. 'monge'/Cf. *cartucho*.
ca·ru:*á* sm.
ca·ru:*a*·na s2g.
ca·ru:*a*·ra adj. 2g. sf. sm.
ca·ru:*a*·*ru* sm.
ca·ru:a·ru:*en*·se adj. s2g.
ca·ru:*a·tá* sm.
ca·ru:a·*tá*(s)-a-*çu*(s) sm. (pl.).
ca·ru:a·*tá*(s)-de-*pau* sm. (pl.).
ca·*ru*·ca sf.
ca·ru:*e*·ra (ê) sf.
ca·*ru*·ma sf. *ou* sm.
ca·rum·*bé* sm.: *calumbé*.
ca·run·*char* v.
ca·run·*chen*·to adj.
ca·run·*cho* sm.
ca·run·cho(s)-da-ce·re·ja·do-
 -ca·*fé* sm. (pl.).

ca·run·cho(s)-do-ca·*fé* sm. (pl.).
ca·run·*cho*·so (ô) adj.; f. *e* pl. (ó).
ca·*rún*·cu·la sf.
ca·run·cu·*lá*·ce:o adj.
ca·run·cu·*la*·do adj.
ca·run·cu·*lar* adj. 2g.
ca·ru·*ru* sm.
ca·ru·ru(s)-a-*mar*·go(s) sm. (pl.).
ca·ru·ru(s)-a-*ze*·do(s) sm. (pl.).
ca·ru·ru(s)-*bra*·vo(s) sm. (pl.).
ca·ru·ru(s)-de-es-*pi*·nho sm. (pl.).
ca·ru·ru(s)-de-*sa*·po sm. (pl.).
ca·ru·ru(s)-do-*ma*·to sm. (pl.).
cá·rus sm. 2n. 'grau extremo do estado comatoso'/Cf. *caros*, pl. de *caro*.
ca·*rus*·ma sm.
ca·*rú*·ta·na adj. s2g.
ca·ru·ta·pe·*ren*·se adj. s2g.
car·va·*lhal* sm.; pl. ·*lhais*.
car·va·*lhei*·ra sf.
car·va·*lhei*·ro sm.
car·va·*lhen*·se adj. s2g.
car·va·*lhi*·ça sf.
car·va·*lhi*·nha sf.
car·*va*·lho sm.
car·va·lho(s)-bra·si·*lei*·ro(s) sm. (pl.).
car·va·lho(s)-cor·ti·*cei*·ro(s) sm. (pl.).
car·*vão* sm.; pl. ·*vões*.
car·*vão*-*bran*·co sm.; pl. *carvões-brancos*.
car·*vão* de *pe*·dra sm.; pl. *carvões de pedra*.
car·*vão*-ver-*me*·lho sm.; pl. *carvões-vermelhos*.
car·vo:*a*·ri·a sf.
car·vo:*ei*·ra sf.
car·vo:*ei*·ro adj. sm.
car·vo:*e*·*jar* v.
car·vo:*en*·to adj.
cãs sf. pl.
ca·sa sf.
ca·sa·*be*·que sm.: *casaveque*.
ca·sa·blan·*quen*·se adj. s2g.
ca·sa·bran·*quen*·se(s) adj. s2g. (pl.).
ca·*sa*·ca sf. sm.
ca·sa·ca(s)-de-*coi*·ro s2g. sm. (pl.).: ca·sa·ca(s)-de-*cou*·ro.
ca·*sa*·cão sm.; pl. ·*cões*.
ca·*sa*·co sm.
ca·sa·co·*mum* sf.; pl. *casas-comuns*.

ca·sa·*cu*·do sm.
ca·sa·*dei*·ro adj.
ca·sa·*di*·nhos sm. pl.
ca·*sa*·do adj.
ca·sa·*doi*·ro adj.: *casadouro*.
ca·sa(s) dos *ho*·mens sf. (pl.).
ca·sa·*dou*·ro adj.: *casadoiro*.
ca·sa(s)-*for*·te(s) sf. (pl.).
ca·sa(s)-*gran*·de(s) sf. (pl.).
ca·*sal* sm.; pl. ·*sais*.
ca·sa·*lar* v.
ca·sa·*lei*·ro adj. sm.
ca·sa·*le*·jo (ê) sm.
ca·sa·*ma*·ta sf.
ca·sa·ma·*ta*·do adj.
ca·sa·ma·*tar* v.
ca·sa·men·*te:ar* v.
ca·sa·men·*tei*·ro adj. sm.
ca·sa·*men*·to sm.
ca·sa(s)-*mes*·tra(s) sf. (pl.).
ca·sa·no·*ven*·se(s) adj. s2g. (pl.).
ca·*são* sm.; pl. ·*sões*.
ca·sa·*qui*·nha sf.
ca·*sar* v.
ca·sa·*rão* sm.; pl. ·*rões*.
ca·sa·*réu* sm.
ca·sa·*ri*·a sf.
ca·sa·*ri*:o sm.
ca·sa·*ve*·que sm.: *casabeque*.
ca·sa·*bá* sf.
cas·ca sf. adj. s2g.
cas·ca·*bu*·lho sm.
cas·ca·bur·*ren*·to adj.
cas·ca(s)-de-*an*·ta sf. (pl.).
cas·ca(s)-de-an·ta-*bra*·va sf. (pl.).
cas·ca(s)-*do*·ce(s) sf. (pl.).
cas·ca(s)-do-ma·ra·*nhão* sf. (pl.).
cas·ca(s)-*gros*·sa(s) adj. s2g. sf. (pl.).
cas·ca·*lha*·da sf.
cas·ca·*lhão* sm.; pl. ·*lhões*.
cas·ca·*lhar* v.
cas·ca·*lhei*·ra sf.
cas·ca·*lhen*·to adj.
cas·ca·*lho* sm.
cas·ca·*lho*·so (ô) adj.; f. *e* pl. (ó).
cas·ca·*lhu*·do adj.
cas·*cal*·vo adj.
cas·*cão* sm.; pl. ·*cões*.
cas·ca(s)-pa·ra·*tu*·do sf. (pl.).
cas·ca(s)-pre·ci:*o*·sa(s) sf. (pl.).
cas·ca(s)-*pre*·ta(s) sf. (pl.).
cas·*car* v.

cás·ca·ra sf./Cf. *cáscara*, do v.
   cascar.
cás·ca·ra(s)-sa-*gra*·da(s) sf. (pl.).
cas·ca·*ri*·a sf.
cas·ca·*ri*·lha sf.
cas·car·*rão* sm.; pl. ·*rões*.
cas·car·*ri*·a sf.
cas·car·*ri*·lha sf.
cas·ca·ta sf.
cas·ca·te:*an*·te adj. 2g.
cas·ca·te:*ar* v.
cas·ca·*tei*·ro adj. sm.
cas·ca·*vel* sf. sm.; pl. ·*véis*.
cas·ca·ve·*lei*·ra sf.
cas·ca·ve·*len*·se adj. s2g.
cas·ca·vi·*lhar* v.
cas·co sm.
cas·co(s) de *bur*·ro sm. (pl.).
cas·co(s) de *pe*·ba sm. (pl.).
cas·*co*·so (ô) adj.; f. *e* pl. (ó).
cas·cu·*di*·nho sm.
cas·*cu*·do adj. sm.
cas·cu·do(s)-bar-*ba*·do(s) sm.
   (pl.).
cas·cu·do-co-*mum* sm.; pl.
   cascudos-comuns.
cas·cu·do-es·*pa*·da sm.; pl.
   cascudos-espadas ou *cascudos-*
   -espada.
cas·cu·do-es·*pi*·nho sm.;
   pl. *cascudos-espinhos* ou
   cascudos-espinho.
cas·cu·do-*li*·ma sm.; pl.
   cascudos-limas ou *cascudos-*
   -lima.
cas·cu·do-pi·ri·*ri*·ca sm.; pl.
   cascudos-piriricas ou
   cascudos-piririca.
cas·cu·do(s)-*pre*·to(s) sm. (pl.).
cas·cu·do-vi:*o*·la sm.; pl.
   cascudos-violas ou *cascudos-*
   -viola.
ca·se:a·*ção* sf.; pl. ·*ções*.
ca·se:a·*dei*·ra sf.
ca·se:*a*·do adj. sm.
ca·se:a·*dor* (ô) adj. sm.
ca·se:*ar* v.
ca·se:*a*·se sf.: ca·*sé*·a·se.
ca·*se*·bre sm.
ca·se:i·fi·ca·*ção* sf.; pl. ·*ções*.
ca·se:i·fi·*car* v.
ca·se:i·*for*·me adj. 2g.
ca·se·*í*·na sf.
ca·*sei*·ra sf.
ca·*sei*·ro adj. sm.
ca·*se*·la sf.
ca·se·*o*·so (ô) adj.; f. *e* pl. (ó).

ca·*ser*·na sf.
ca·ser·*nei*·ro sm.
ca·si·*mi*·ra sf.
ca·si·mi·*ren*·se adj. s2g.
ca·sin·ga(s)-chei·*ro*·sa(s) sf.
   (pl.).
ca·*si*·nha sf.
ca·si·*nho*·la sf.
ca·si·*nho*·lo (ô) sm.
ca·si·*nho*·ta sf.
ca·si·*nho*·to (ô) sm.
ca·*si*·no sm.: *cassino*.
ca·*si*·ta sf.
cas·*leu* sm.
cas·*mó*·fi·to sm.
cas·mur·*ral* adj. 2g.: pl. ·*rais*.
cas·mur·*ri*·ce sf.
cas·*mur*·ro adj. sm.
ca·*so* sm.
ca·*só*·ri:o sm.
cas·pa sf.
cas·*pen*·to adj.
cas·pi:*a*·no adj. sm.
cás·pi·te interj.
cas·*po*·so (ô) adj.; f. *e* pl. (ó).
cas·*quei*·ra sf.
cas·*quei*·ro sm.
cas·que·*jar* v.
cas·*quen*·se adj. s2g.
cas·*quen*·to adj.
cas·*que*·te sm.
cas·*qui*·lha sf.
cas·qui·*lha*·da sf.
cas·qui·*lhar* v.
cas·qui·lha·*ri*·a sf.
cas·qui·*lhi*·ce sf.
cas·*qui*·lho adj. sm.
cas·qui·*na*·da sf.
cas·qui·*nar* v.
cas·*qui*·nha sf. *ou* sm.
cas·*qui*·nho adj. sm.
cas·sa sf. 'tecido'/Cf. *caça* sf. sm.
   e fl. do v. *caçar*.
cas·sa·*ção* sf. 'ato de cassar'; pl.
   ·*ções*/Cf. *quassação*.
cas·*sa*·co sm.
cas·*sa*·do adj. sm. 'anulado'/Cf.
   caçado.
cas·*sar* v. 'anular'/Cf. *caçar*.
cas·sa·*tó*·ri:o adj.
cas·*se*·te sm. adj. 2g. 2n.
cas·se·*te*·te sm.
cás·si·a sf.
cas·si·di·*for*·me adj. 2g.
cas·si·du·*loi*·de adj. 2g. sm.
cas·si:*en*·se adj. s2g.
cas·si·lan·*den*·se adj. s2g.

cas·si·*ne*·ta (ê) sf.
cas·*si*·no sm.
cas·si·*noi*·de adj. 2g. sf.
cas·si:o·*pei*·a sf.
cas·*si*·que sm. 'pássaro'/Cf.
   cacique sm. *e* fl. v. *cacicar*.
cas·si·te·*ri*·ta sf.
cas·so adj. 'anulado'/Cf. *caço*
   sm. *e* fl. v. *caçar*.
cas·*soi*·ro sm.: cas·*sou*·ro.
cas·ta sf.
cas·*ta*·nha sf.
cas·ta·nha(s)-*d'á*·gua sf. (pl.).
cas·ta·nha(s)-de-a·*ra*·ra sf.
   (pl.).
cas·ta·nha(s)-de-*bu*·gre sf. (pl.).
cas·ta·nha(s)-de-cu·*ti*·a sf. (pl.).
cas·ta·nha(s)-de-ja·to·*bá* sf.
   (pl.).
cas·ta·nha(s)-de-ma·*ca*·co sf.
   (pl.).
cas·ta·nha(s)-do-ce:a·*rá* sf.
   (pl.).
cas·ta·nha(s)-do-ma·ra·*nhão*
   sf. (pl.).
cas·ta·nha(s)-do-pa·*rá* sf. (pl.).
cas·ta·*nhal* sm.; pl. ·*nhais*.
cas·ta·nha·*len*·se adj. s2g.
cas·ta·nha(s)-mi·*nei*·ra(s) sf.
   (pl.).
cas·ta·*nhe*·do (ê) sm.
cas·ta·*nhei*·ra sf.
cas·ta·nhei·ra(s)-do-
   ma·ra·*nhão* sf. (pl.).
cas·ta·nhei·ra(s)-do-pa·*rá* sf.
   (pl.).
cas·ta·*nhei*·ro sm.
cas·ta·nhei·ro(s)-da-*ín*·di:a
   sm. (pl.).
cas·ta·nhei·ro(s)-do-
   ma·ra·*nhão* sm. (pl.).
cas·ta·*nhe*·ta (ê) sf.
cas·ta·*nhe*·tas (ê) sf. pl.
cas·*ta*·nho adj. sm.
cas·ta·*nho*·las sf.
cas·ta·*nho*·lar v.
cas·ta·*nho*·las sf. pl.
cas·ta·*ni*·ta sf.
cas·*tão* sm.; pl. ·*tões*.
cas·te:*ar* v.
cas·te·*lã* sf.
cas·te·la·*ni*·a sf.
cas·te·*lão* sm.; pl. ·*lãos*; f.
   castelã, *casteloa* ou *castelona*.
cas·te·*lei*·ro adj.
cas·te·*len*·se adj. s2g.
cas·te·lha·*nis*·mo sm.

cas·te·*lha*·no adj. sm.
cas·*te*·lo sm.
cas·te·*lo*·a (ô) sf. de *castelão*.
cas·te·*lo*·na sf. de *castelão*.
cas·ti·*çal* sm.; pl. ·*çais*.
cas·ti·*çar* v.
cas·ti·*cis*·mo sm.
cas·*ti*·ço adj.
cas·ti·*da*·de sf.
cas·ti·fi·*car* v.
cas·ti·*ga*·do adj.
cas·ti·ga·*dor* (ô) adj. sm.
cas·ti·*gar* v.
cas·ti·*gá*·vel adj. 2g.; pl. ·*veis*.
cas·*ti*·go sm.
cas·ti·*lhen*·se adj. s2g.
cas·ti·*lhis*·mo sm.
cas·ti·*lhis*·ta adj. s2g.
cas·*ti*·na sf.
cas·tin·*çal* sm.; pl. ·*çais*.
cas·tin·*cei*·ra sf.
cas·tin·*cei*·ro sm.
cas·to adj.
cas·*tor* (ô) sm.
cas·*tó*·re:o adj. sm.
cas·to·*ri*·na sf.
cas·tra·*ção* sf.; pl. ·*ções*.
cas·*tra*·do adj. sm.
cas·tra·*dor* (ô) adj. sm.
cas·tra·me·ta·*ção* sf.; pl. ·*ções*.
cas·tra·me·*tar* v.
cas·*trar* v.
cas·*tren*·se adj. s2g.
cas·*tris*·mo sm.
cas·*tris*·ta adj. s2g.
cas·tro sm.
cas·tro·al·*ven*·se(s) adj. s2g. (pl.).
cas·tro·lo·man·*ci*·a sf.
cas·tro·lo·*man*·te s2g.
cas·tro·*mân*·ti·co adj.
cas·tro·*ro*·sa sf.
ca·su:*al* adj. 2g.; pl. ·*ais*.
ca·su:a·li·*da*·de sf.
ca·su:a·*lis*·mo sm.
ca·su:a·*lis*·ta adj. s2g.
ca·su:*ar* sm.
ca·su:a·ri·*for*·me adj. s2g.
ca·su:a·*ri*·na sf.
ca·su:a·ri·*ná*·ce:a sf.
ca·su:a·ri·*ná*·ce:o adj.
ca·*su*·cha sf.
ca·su:*ís*·mo sm.
ca·su:*ís*·ta adj. s2g.
ca·su:*ís*·ti·ca sf.
ca·su:*ís*·ti·co adj.
ca·*su*·la sf.

ca·*su*·lo sm.
ca·su·*lo*·so (ô) adj.; f. *e* pl. (ó).
ca·ta sf.
ca·ta·ba·*tis*·mo sm.
ca·ta·ba·*tis*·ta adj. s2g.
ca·*ta*·bi sm.
ca·ta·*bil* sm.; pl. ·*bis*.
ca·ta·bi:*o*·se sf.
ca·ta·bi:*ó*·ti·co adj.
ca·ta·bo·*lis*·mo sm.
ca·ta·*cáus*·ti·co adj.
ca·ta·*ce*·go adj. sm.
ca·ta·*cla*·se sf.: ca·*tá*·cla·se.
ca·ta·*clás*·ti·co adj.
ca·ta·*clís*·mi·co adj.
ca·ta·*clis*·mo sm.
ca·ta·*cre*·se sf.
ca·ta·*cum*·ba sf.
ca·ta·*dei*·ra sf.
ca·ta·*dor* (ô) adj. sm.
ca·*tá*·dro·mo adj. sm.
ca·ta·*du*·pa sf.
ca·ta·du·pe·*jar* v.
ca·ta·*du*·ra sf.
ca·ta·*fal*·co sm.
ca·*tá*·fa·se sf.
ca·ta·*fá*·ti·co adj.
ca·ta·fi·*lar* adj. 2g.
ca·ta·*fi*·li·co adj.
ca·ta·*fi*·lo sm.
ca·*tá*·fo·ra sf.
ca·ta·*fo·re*·se sf.
ca·ta·*guá* adj. s2g. sm.
ca·ta·gua·*sen*·se adj. s2g.
ca·ta·*jé* sm.
ca·ta·*lâ*·ni·co adj.
ca·ta·*la*·no adj. sm.
ca·ta·*lão* adj. sm.; pl. ·*lães*; f. ·*lã*.
ca·ta·*léc*·ti·co adj.: *catalético*.
ca·ta·*lec*·to sm.
ca·ta·*lep·si*·a sf.
ca·ta·*lép*·ti·co adj. sm.
ca·ta·*lé*·ti·co adj.: *cataléctico*.
ca·ta·li·sa·*ção* sf.; pl. ·*ções*.
ca·ta·li·sa·*dor* (ô) adj. sm.
ca·ta·li·*sar* v.
ca·*tá*·li·se sf./Cf. *catalise*, do v. *catalisar*.
ca·ta·*lí*·ti·co adj.
ca·ta·lo·ga·*ção* sf.; pl. ·*ções*.
ca·ta·lo·ga·*dor* (ô) adj. sm.
ca·ta·lo·*gar* v.
ca·*tá*·lo·go sm./Cf. *catalogo*, do v. *catalogar*.
ca·tá·lo·go(s)-di·ci:o·*ná*·ri:o(s) sm. (pl.).
ca·ta·lo·gra·*fi*·a sf.

ca·ta·lo·*grá*·fi·co adj.
ca·tam·*bá* sm.
ca·tam·bru:*e*·ra adj. 2g. sf.
ca·tam·bu:*e*·ra adj. 2g. sf.
ca·ta·me·ni:*al* adj. 2g.; pl. ·*ais*.
ca·ta·*mê*·ni:o sm.
ca·tam·*né*·si:a sf.
ca·ta·mor·*fis*·mo sm.
ca·*ta*·na adj. 2g. sf.
ca·ta·*na*·da sf.
ca·tan·*du*·ba sf.: *catanduva*, *catunduva*.
ca·tan·du·*val* sm.; pl. ·*vais*.
ca·tan·du·*ven*·se adj. s2g.
ca·*tan*·ga sf.
ca·tan·*gue*·ra sf.
ca·ta·nhão·te·*sou*·ra sm.; pl. *catanhões-tesouras* ou *catanhões-tesoura*.
ca·ta·nhe·*den*·se adj. s2g.
ca·*ta*·no sm.
ca·*tão* adj. sm.; pl. ·*tões*.
ca·ta·pe·*rei*·ro sm.
ca·ta·pi:*o*·lho(s) sm. (pl.).
ca·ta·*plas*·ma sf. *ou* sm.
ca·ta·plas·*ma*·do adj.
ca·ta·plas·*mar* v.
ca·ta·*pléc*·ti·co adj.
ca·ta·*plé*·ti·co.
ca·ta·ple·xi·a (cs) sf.
ca·ta·po·li·*ta*·na adj. s2g.
ca·ta·po·*lí*·ta·ni adj. s2g.
ca·ta·*po*·ra sf.
ca·ta·*pul*·ta sf.
ca·*tar* v. sm.
ca·ta·*ra*·ca sf.
ca·ta·*ra*·ta sf.
ca·ta·ri·*nen*·se adj. s2g.
ca·ta·ri·*ne*·ta (ê) adj. s2g. sf.
ca·ta·ri·*ne*·te (ê) adj. s2g.
cá·ta·ro adj. sm.
ca·tar·*ral* adj. 2g. sm. *ou* sf.; pl. ·*rais*.
ca·tar·*rei*·ra sf.
ca·tar·*ren*·to adj.
ca·tar·*ri*·no adj. sm.
ca·*tar*·ro sm.
ca·tar·*ro*·so (ô) adj.; f. *e* pl. (ó).
ca·*tar*·se sf.
ca·*tár*·ti·co adj. sm.
ca·tar·*tí*·de:o adj. sm.
ca·tar·ti·di·*for*·me adj. 2g. sm.
ca·tas·*sol* sm.; pl. ·*sóis*.
ca·*tás*·ta·se sf.
ca·*tás*·tro·fe sf.
ca·tas·*tró*·fi·co adj.
ca·ta·*tau* sm.

ca·ta·ter·*mô*·me·tro sm.
ca·ta·to·*ni*·a sf.
ca·ta·*tô*·ni·co adj.
ca·ta·*traz* interj. sm.
ca·ta·*tu*·a sf.: *cacatua*.
ca·ta·tu:*á* sm.
ca·*tau* sm.
ca·tau·*a*·ri sm.: *catauré*.
ca·tau·*i*·*a*·na adj. s2g.: *cataviana*.
ca·tau·*i*·*xi* adj. s2g.: *catuixi*.
ca·tau·*ré* sm.: *catauari*.
ca·ta·*ven*·to(s) sm. (pl.).
ca·ta·vi:*a*·na adj. s2g.: *catauiana*.
ca·ta·*zo*·na sf.
ca·te sm.
ca·te:a·*men*·to sm.
ca·te:*ar* v.
ca·te·*cis*·mo sm.
ca·te·*col* sm.; pl. ·*cóis*.
ca·te·cu·me·*na*·to sm.
ca·te·*cú*·me·no sm.
cá·te·dra sf.
ca·te·*dral* adj. 2g. sf.; pl. ·*drais*.
ca·te·dra·*les*·co (ê) adj.
ca·te·*drá*·ti·co adj. sm.
ca·te·dra·ti·*zar* v.
ca·te·go·*re*·ma sm.
ca·te·go·re·*má*·ti·co adj.
ca·te·go·*ri*·a sf.
ca·te·*gó*·ri·co adj.
ca·te·go·*ris*·mo sm.
ca·te·go·ri·za·*ção* sf.; pl. ·*ções*.
ca·te·go·ri·*za*·do adj.
ca·te·go·ri·*zar* v.
ca·te·*gu*·te sm., do ing. *catgut*.
ca·te·*ná*·ri:a sf.
ca·ten·*den*·se adj. s2g.
ca·te·*noi*·de adj. 2g. sf.
ca·*tê*·nu·la sf.
ca·te·nu·*la*·do adj.
ca·te·nu·li·*for*·me adj. 2g.
ca·te·*que*·se sf.
ca·te·*qué*·ti·co adj.
ca·te·*quis*·ta adj. s2g.
ca·te·*quís*·ti·co adj.
ca·te·qui·za·*ção* sf.; pl. ·*ções*.
ca·te·qui·za·*dor* (ô) adj. sm.
ca·te·qui·*zar* v.
ca·*té*·re·se sf.
ca·te·re·*tê* sm.
ca·te·*ré*·ti·co adj. sm.
ca·te·*ri*·na sf.
ca·te·ri·*ne*·te (ê) sm.
ca·ter·pi·*lar* sm., do ing. *caterpillar*.

ca·*ter*·va sf.
ca·ter·*va*·gem sf.; pl. ·*gens*.
ca·*te*·te (ê) adj. 2g. sm.
ca·te·*tê* sm.
ca·te·*ter* (tér) sm.
ca·te·te·*ris*·mo sm.
ca·te·te·ri·za·*ção* sf.; pl. ·*ções*.
ca·te·te·ri·*za*·do adj.
ca·te·te·ri·*zar* v.
ca·*te*·to[1] (é ou ê) sm. 'lado do ângulo reto do triângulo retângulo'/Cf. *cateto*[2] (ê).
ca·*te*·to[2] (ê) adj. sm. 'milho'/Cf. *cateto*[1].
ca·te·*tô*·me·tro sm.
catgut sm. ing.: *categute*.
ca·*ti* sf.
ca·ti:*ão* sm.; pl. ·*ões*: *catiom*, *cation*, *cátion*, *catíon*, *cationte*.
ca·ti·*có* sm.
ca·ti·*co*·co (ô) sm.
ca·ti·*guá* sm. *ou* sf.
ca·ti·li·*ná*·ri:a sf.
ca·*tim*·ba sf.
ca·tim·*bar* v.
ca·tim·*bei*·ro adj.
ca·tim·*bau* adj. sm.
ca·tim·*bau*·a sm.
ca·tim·bau·*zei*·ro sm.: *catimbozeiro*.
ca·tim·*bó* sm.
ca·tim·*boi*·a sf.
ca·tim·bo·*zei*·ro sm.: *catimbuzeiro*.
ca·tim·bu·*zei*·ra sf.
ca·tim·*plo*·ra sf.: *cantimplora*.
ca·tim·pu:*e*·ra sf.
ca·*tin*·ga[1] sf. 'cheiro'.
ca·*tin*·ga[2] sf. s2g. 'avaro' 'avareza'.
ca·tin·*gá* sm.
ca·tin·ga(s)·*bran*·ca(s) sf. (pl.).
ca·tin·ga(s)·de·ba·*rão* sf. (pl.).
ca·tin·ga(s)·de·*bo*·de sf. (pl.).
ca·tin·ga(s)·de·for·*mi*·ga sf. (pl.).
ca·tin·ga(s)·de·mu·*la*·ta sf. (pl.).
ca·tin·ga(s)·de·*ne*·gro sf. (pl.).
ca·tin·ga(s)·de·*por*·co sf. (pl.).
ca·tin·ga(s)·de·ta·man·du·*á* sf. (pl.).
ca·tin·ga(s)·de·ta·*tu* sf. (pl.).
ca·tin·*gal* sm.; pl. ·*gais*.
ca·tin·*gan*·te adj. 2g.
ca·tin·*gar* v.
ca·tin·*go*·so (ô) adj.; f. *e* pl. (ó).

ca·tin·*gu*·do adj.
ca·tin·*guei*·ra sf.
ca·tin·*guei*·ro adj. sm.
ca·tin·*guen*·to adj.
ca·ti:*om* sm.; pl. ·*ons*: *cation*, *cátion*, *catíon*, *cationte*, *catião*.
ca·ti:*on* sm.: *cátion*, *catíon*, *cationte*, *catião*.
ca·*ti*·ra sm. *ou* sf.
ca·ti·rum·*ba*·va sf.
ca·*ti*·ta adj. 2g. sf.
ca·ti·*ti*·ce sf.
ca·ti·*tis*·mo sm.
ca·*ti*·to sm.
ca·ti·va·*ção* sf.; pl. ·*ções*.
ca·ti·*van*·te adj. 2g.
ca·ti·*var* v.
ca·ti·*vei*·ro sm.
ca·ti·vo adj. sm.
ca·ti·vo(s) de *chum*·bo sm. (pl.).
ca·ti·vo(s) de *fer*·ro sm. (pl.).
ca·*tlei*·a sf.
ca·to·ca·*ém* sm.; pl. ·*éns*: *catucaém*.
ca·*tó*·di·co adj.
ca·*tó*·di:o sm.: *catodo*.
ca·*to*·do (ô) sm.: *cá*·to·do.
ca·to·*don*·te sm.
ca·to·li·ci·*da*·de sf.
ca·to·li·*cis*·mo sm.
ca·to·li·ci·za·*ção* sf.; pl. ·*ções*.
ca·to·li·ci·*zar* v.
ca·*tó*·li·co adj. sm.
ca·*tó*·li·to sm.
ca·to·li·za·*ção* sf.; pl. ·*ções*.
ca·to·li·*zar* v.
ca·*tom*·bo sm.
ca·*ton*·go sm.
ca·to·ni:*a*·no adj.
ca·*tô*·ni·co adj.
ca·to·*nis*·mo sm.
ca·*tó*·po·de adj. 2g. sm.
ca·*tóp*·tri·ca sf.
ca·*tóp*·tri·co adj.
ca·top·tro·man·*ci*·a sf.
ca·top·tro·*man*·te s2g.
ca·top·tro·*mân*·ti·co adj.
ca·*tor*·ra (ô) sf.
ca·*tor*·ze num.: *quatorze*.
ca·*tor*·ze·no num.: *quatorzeno*.
ca·*to*·ta (ô) sf.
ca·tra·*bu*·cha sf.: *cartabucha*.
ca·*tra*·ca sf.
ca·tra·fi:*ar* v.: ca·tra·fi·*lar*.
ca·*trai*·a sf.
ca·trai·*ei*·ro sm.

ca·*trai*·o sm.
ca·*trâm*·bi:as sf. pl. interj.
ca·*tra*·me sm.
ca·tra·*po*·ço (ô) sm.
ca·tra·*pós* sm. interj.:
   ca·tra·*pus*.
ca·tre sm.
ca·tre·*va*·gem sf.; pl. ·gens:
   catervagem.
ca·tru·*ma*·no sm.
ca·tu:*á* sf.
ca·tu:*a*·ba sf. ou sm.
ca·tu:a·ba(s)-do-*ma*·to sf. (pl.).
ca·tu·ca·*ção* sf.; pl. ·*ções*:
   cutucação.
ca·tu·*ca*·da sf.: cutucada.
ca·tu·ca·*ém* sm.; pl. ·*éns*:
   catocaém.
ca·tu·*cão* sm.; pl. ·*cões*: cutucão.
ca·tu·*car* v.: cutucar.
ca·tu:*ei*·ro sm.
ca·tu:*e*·ma adj. s2g.
ca·tu:*en*·se adj. s2g.
ca·tu:*í*·ba sf.
ca·tu:*i*·xi adj. s2g.: catauixi.
ca·tu·*lé* sm.
ca·tu·le·*en*·se adj. s2g.
cá·tu·lo sm.
ca·*tum*·bi sm.
ca·tun·*du*·va sf.: catanduba,
   catanduva.
ca·tu·*pé* sm.
ca·tu·*qui* sm.: ca·tu·*quim*; pl.
   ·*quins*.
ca·tu·*qui*·na adj. s2g.
ca·tu·qui·na·*ru* adj. s2g.
ca·*tur*·ra adj. s2g. sf.
ca·tur·*ra*·da sf.
ca·tur·*rar* v.
ca·tur·*rei*·ra sf.
ca·tur·*ri*·ce sf.
ca·tur·*ris*·mo sm.
ca·tur·*ri*·ta sf.
ca·tur·ri·*tar* v.
ca·*tur*·ro sm.
ca·*tu*·ta sf.
ca·tu·*za*·do adj.
cau·*ã* sm. ou sf.: acauã.
cau.*a*·ba sf.
cau·a·*çu* sm.
cau·ai·*á* sm.
cau·a·*í*·ba adj. s2g.: cavaíba.
cau·á(s)-ta·*pui*·a(s) adj. s2g.
   (pl.).
cau·a·*nã* sm.
ca·*ú*·ba sf.
cau·*bi* sm.

cau·*cá*·li·de sf.
cau·*ção* sf.; pl. ·*ções*.
cau·ca·si:*a*·no adj. sm.
cau·*cá*·si·co adj. sm.
cau·*cá*·si:o adj. sm.
cau·*chal* adj. 2g. sm.; pl. ·*chais*.
cau·*chei*·ro sm.
cau·cho sm.
cau·cho(s)-*ma*·cho(s) sm. (pl.).
cau·cho·*ra*·na sf.
cau·ci:o·*nan*·te adj. s2g.
cau·ci:o·*nar* v.
cau·ci:o·*ná*·ri:o adj. sm.
cau·da sf. 'rabo'/Cf. calda.
cau·da(s) de an·do·*ri*·nha sf.
   (pl.).
cau·da(s)-de-ra·*po*·sa sf. (pl.).
cauda(s)-de-*véu* sf. (pl.).
cau·*da*·do adj.
cau·*dal* adj. 2g. sm. ou sf.; pl.
   ·*dais*.
cau·da·*lo*·so (ô) adj.; f. e pl. (ó).
cau·da·*tá*·ri:o adj. sm.
cau·*da*·to adj.
cau·*del* sm.; pl. ·*déis*: coudel.
cau·de·la·*ri*·a sf.: coudelaria.
cáu·dex (cs) sm.; pl. ·*di*·ces:
   cáu·di·ce.
cau·di·cu·*la*·do adj.
cau·*dí*·cu·lo sm.
cau·*dí*·fe·ro adj.
cau·di·lha·*men*·to sm.
cau·di·*lhar* v.
cau·di·*lhis*·mo sm.
cau·*di*·lho sm.
cau·*dí*·ma·no adj.
cau·*di*·no adj. sm.
cau·*em*·be sm.
cau·*e*·nha sf.
cau·i:*a*·na adj. s2g.
cau·*i*·la adj. s2g.: cauira.
cau·*í* sm.
cau·im sm.; pl. ·*ins*.
cau·in·*tã* sm.
cau·*i*·ra adj. s2g.: cauila.
cau·i·*xa*·na adj. s2g.
cau·i·*xi* sm.
cau·le sm.
cau·le:*o*·so (ô) adj.; f. e pl. (ó).
cau·*ler*·pa sf.
cau·les·*cên*·ci:a sf.
cau·les·*cen*·te adj. 2g.
cau·*lí*·co·la adj. 2g.
cau·*lí*·cu·lo adj. sm.
cau·*lí*·di:o sm.
cau·*lí*·fe·ro adj.
cau·li·fi·ca·*ção* sf.; pl. ·*ções*

cau·li·flo·*ri*·a sf.
cau·li·*flo*·ro adj.
cau·lim sm.; pl. ·*lins*.
cau·li·*nar* adj. 2g.
cau·*lí*·ni:a sf.
cau·*lí*·ni·co adj.
cau·li·*ni*·ta sf.
cau·li·ni·za·*ção* sf.; pl. ·*ções*.
cau·li·ni·*zar* v.
cau·*li*·no adj. sm.
cau·*loi*·de adj. 2g. sm.
cau·*lo*·ma sm.
cau·*mã* sf.
ca·*ú*·na sf.
cau·*ré* sm.
cau·re·*í* sm.
cau·ri sm.: cauril, caurim.
cau·*ril* sm.; pl. ·*ris*: cauri.
cau·rim sm.; pl. ·*rins*: cauri.
cau·ri·*nar* v.
cau·ri·*nei*·ro sm.
cau·sa sf.
cau·sa·*ção* sf.; pl. ·*ções*.
cau·sa·*dor* (ô) adj. sm.
cau·sal adj. 2g. sf.; pl. ·*sais*.
cau·sa·li·*da*·de sf.
cau·*sar* v.
cau·sa·*ti*·vo adj.
cau·*sí*·di·co sm.
cau·so sm.
caus·ti·ca·*ção* sf.; pl. ·*ções*.
caus·ti·*can*·te adj. 2g.
caus·ti·*car* v.
caus·ti·ci·*da*·de sf.
cáus·ti·co adj. sm./Cf. caustico,
   do v. causticar.
caus·to·bi:*ó*·li·to sm.
caut·chu sm.
cau·*te*·la sf.
cau·te·la·*men*·to sm.
cau·te·*lar* adj. 2g. v.
cau·te·la·*tó*·ri:o adj.
cau·te·*lei*·ro sm.
cau·te·*lo*·so (ô) adj.; f. e pl. (ó).
cau·*té*·ri:o sm.
cau·te·ri·za·*ção* sf.; pl. ·*ções*.
cau·te·ri·*zar* v.
cau·to adj.
cau·*xi* sm.
ca·va sf.
ca·*va*·ca sf.
ca·va·*cão* sm.; pl. ·*cões*.
ca·va·*ção* sf.; pl. ·*ções*.
ca·va·*car* v.
ca·*va*·co sm.
ca·va·cu·*é* sm.
ca·va·*dei*·ra sf.

ca·va·de·la sf.
ca·va·di·ço adj.
ca·va·do adj. sm.
ca·va·dor (ô) adj. sm.
ca·va·du·ra sf.
ca·va·í·ba adj. s2g.: *cauaíba*.
ca·va·la sf.
ca·va·la(s)-a·fri·ca·na(s) sf. (pl.).
ca·va·la(s)-bran·ca(s) sf. (pl.).
ca·va·la·da sf.
ca·va·la·gem sf.; pl. ·gens.
ca·va·lão adj. sm.; pl. ·lões; f. ·lo·na.
ca·va·la(s)-pin·ta·da(s) sf. (pl.).
ca·va·la(s)-pre·ta(s) sf. (pl.).
ca·va·lar adj. 2g. v.
ca·va·la·ri·a sf.
ca·va·la·ri·a·no adj. sm.
ca·va·la·ri·ça sf.
ca·va·la·ri·ço adj. sm.
ca·va·la(s)-ver·da·dei·ra(s) sf. (pl.).
ca·val·can·ten·se adj. s2g.
ca·va·le:a·ção sf.; pl. ·ções.
ca·va·le:ar v.
ca·va·lei·ro adj. sm. 'que cavalga'/Cf. *cavalheiro*.
ca·va·lei·ro·so (ô) adj. 'de cavaleiro'; f. *e* pl. (ó)/Cf. *cavalheiroso*.
ca·va·le·te (ê) sm.
ca·val·ga·ção sf.; pl. ·ções.
ca·val·ga·da sf.: *cavalgata*.
ca·val·ga·du·ra sf.
ca·val·ga·men·to sm.
ca·val·gan·te adj. s2g.
ca·val·gar v.
ca·val·ga·ta sf.: *cavalgada*.
ca·va·lha·da sf.
ca·va·lha·das sf. pl.
ca·va·lhei·res·co (ê) adj.
ca·va·lhei·ri·ço sm.
ca·va·lhei·ris·mo sm.
ca·va·lhei·ro adj. sm. 'homem educado'/Cf. *cavaleiro*.
ca·va·lhei·ro·so (ô) adj. 'de cavalheiro'; f. *e* pl. (ó)/Cf. *cavaleiroso*.
ca·va·li·ce sf.
ca·va·li·co·que sm.
ca·va·li·nha sf.
ca·va·li·nho sm.
ca·va·li·nho(s)-d'água sm. (pl.).
ca·va·li·nho(s)-de-ju·*deu* sm. (pl.).

ca·va·li·nho(s)-do-di:*a*·bo sm. (pl.).
ca·va·li·nho(s)-do-*mar* sm. (pl.).
ca·va·lo sm.
ca·va·lo:ar v.
ca·va·lo-boi sm.; pl. *cavalos-bois* ou *cavalos-boi*.
ca·va·lo(s)-*d'á*·gua sm. (pl.).
ca·va·lo(s) de ba·*ta*·lha sm. (pl.).
ca·va·lo(s)-de-*cão* sm. (pl.).
ca·va·lo(s) de cris·ta sm. (pl.).
ca·va·lo(s)-de-ju·*deu* sm. (pl.).
ca·va·lo(s)-de-*pau* sm. (pl.).
ca·va·lo(s)-de-três-*pés* sm. (pl.).
ca·va·lo(s)-de-*cão* sm. (pl.).
ca·va·lo(s)-frou-*xó*(s) sm. (pl.).
ca·va·lo(s)-ju·*deu*(s) sm. (pl.).
ca·va·lo(s)-ma·*ri*·nho(s) sm. (pl.).
ca·va·lo·na adj. sf. de *cavalão*.
ca·va·lo(s)-sem-ca·*be*·ça sm. (pl.).
ca·va·lo(s)-va·*por* sm. (pl.).
ca·va·ne·jo (ê) sm.
ca·va·nha·que sm.
ca·*vão* sm.; pl. ·vões; f. ·vo·a.
ca·va·pi·tã sm.
ca·va·que:a·dor (ô) adj. sm.
ca·va·que:ar v.
ca·va·quei·ra sf.
ca·va·qui·nho sm.
ca·va·quis·ta adj. s2g.
ca·var v.
ca·va·ter·ra(s) sm. (pl.).
ca·va·ti·na sf.
ca·va·ti·nar v.
ca·ve sf.
cá·ve:a sf. 'gaiola'/Cf. *cávia*.
ca·ve·dal sm.; pl. ·dais.
ca·*vei*·ra sf.
ca·vei·ra(s) de *bur*·ro sf. (pl.).
ca·vei·ra(s) de *pau* sf. (pl.).
ca·vei·ra·do adj.
ca·vei·ro·so (ô) adj.; f. *e* pl. (ó).
ca·ven·*dí*·si:a sf.
ca·ven·se adj. s2g.
ca·*ver*·na sf.
ca·ver·nal adj. 2g.; pl. ·nais.
ca·ver·*na*·me sm.
ca·ver·*ní*·co·la adj. s2g.
ca·ver·*ni*·te sf.
ca·ver·no·si·*da*·de sf.
ca·ver·*no*·so (ô) adj.; f. *e* pl. (ó).
ca·*ve*·to (ê) sm.

cá·vi:a sm. 'porquinho-da--índia'/Cf. *cávea*.
ca·vi:*a*·no adj.
ca·vi:*ar* sm.
ca·vi:*á*·ri:o adj. sm.
ca·vi·*cór*·ne:o adj. sm.
ca·vi·*da*·de sf.
ca·*ví*·de:o adj. sm.
ca·vi·*la*·ção sf.; pl. ·ções.
ca·vi·*la*·dor (ô) adj. sm.
ca·vi·*la*·gem sf.; pl. ·gens.
ca·vi·lar v.
ca·*vi*·lha sf.
ca·vi·lha·ção sf.; pl. ·ções.
ca·vi·lha·dor (ô) adj. sm.
ca·vi·lhar v.
ca·vi·lo·so (ô) adj.; f. *e* pl. (ó).
ca·vin·tau sm.
cá·vi:o adj. sm.
ca·*vi*·ra sf.
ca·vi·rão sm.; pl. ·rões.
ca·vir·*ros*·tro adj.
ca·vi·ta·ção sf.; pl. ·ções.
ca·vi:*ú*·na sf.
ca·vo·a (ô) sf. de *cavão*.
ca·vo adj.
ca·vo·dá sm.
ca·vor·*tei*·ro adj. sm.: *caborteiro*.
ca·vou·ca·dor (ô) adj. sm.: *caboucador*.
ca·vou·car v.: *caboucar*.
ca·*vou*·co sm.: *cabouco*.
ca·vou·quei·ro sm.: *cabouqueiro*.
ca·vu sm.
ca·vu·ca·dor (ô) adj. sm.
ca·vu·car v.
ca·xa sf. 'moeda'/Cf. *cacha* sf. *e* fl. v. *cachar* e *caixa*.
ca·*xam*·bu sm.
ca·xam·bu:*en*·se adj. s2g.
ca·xan·*gá* sm.
ca·*xan*·go sm.
ca·xão sm. 'casa aduaneira'; pl. ·xões/Cf. *cachão* e *caixão*.
ca·xa·*ra*·ma sf.: *caaxarama*, *caxirama*.
ca·xa·*ram*·ba sf.
ca·xa·ra·ri adj. s2g.
ca·xa·*re*·la sm.
ca·xa·*re*·lo sm.
ca·xa·réu sm.
ca·xa·*ren*·ga sf.
ca·xe·ren·*guen*·gue sm.: *caxeringuengue*, *caxirenguengue*.
ca·*xe*·rim sm.; pl. ·rins.

ca·xe·rin·*guen*·gue
sm.: *caxerenguengue,
caxirenguengue.*
ca·*xe*·ta (ê) sf. 'arvoreta'/Cf.
cacheta (ê), sf., *cacheta* (é), do
v. *cachetar*, e *caixeta*, sf.
ca·*xe*·xa (ê) adj. 2g.
ca·*xi*:as adj. s2g. 2n.
'escrupuloso'/Cf. *cachias*, pl.
de *cachia.*
ca·xi·ca:*ém* sm.; pl. ·*éns.*
ca·xi:*en*·se adj. s2g.
ca·xi·*nau*·a adj. s2g.:
ca·xi·nau·*á.*
ca·xin·*du*·ba sf.
ca·*xin*·ga sf.
ca·xin·*gar* v.
ca·xin·*gó* adj. s2g.
ca·xin·gue·*lê* sm.
ca·xin·*guen*·to adj.
ca·*xin*·gui sm.
ca·*xin*·xa s2g.
ca·*xin*·xe sm.
ca·xi·*ra*·ma sf.: *caaxarama,
caxarama.*
ca·xi·*ren*·gue sm. *ou* sf.
ca·xi·ren·*guen*·gue
sm.: *caxerenguengue,
caxirenguengue.*
ca·xi·*ri* sm.: ca·xi·*rim*; pl. ·*rins.*
ca·*xi*·xe sm.
ca·xi·*xei*·ro sm.
ca·xi·*xi* adj. 2g. sf. *ou* sm.
ca·xo sm. 'moeda'/Cf. *cacho*, sm.
e fl. do v. *cachar.*
ca·xu:*a*·na adj. s2g.
ca·xui·*a*·na adj. s2g.
ca·*xum*·ba sf.
ca·*zum*·bi sm.
ca·*zum*·bra sf.
ca·*zu*·za sm.
ca·zu·*zi*·nha sf.
cê[1] sm. 'nome da letra c'; pl. *cês*
ou *cc*/Cf. *sê*, do v. *ser.*
cê[2] pron. 'você'/Cf. *sê*, do v. *ser.*
ce:*ar* v. 'comer a ceia'/Cf. *ciar*
e *siar.*
ce:*a*·rá sm.
ce:a·*rá*(s)-*bra*·vo(s) sm. (pl.).
ce:a·*rá*-mi·ri·*nen*·se(s) adj. s2g.
(pl.).
ce:a·*rá*-mi·ri·*nhen*·se(s) adj.
s2g. (pl.).
ce:a·*ren*·se adj. s2g.
ce:*a*·ta sf.
ce·be·*den*·se adj. 2g.
cé·bi·da adj. 2g. sm.

ce·*bí*·de:o adj. sm.
ce·*bi*·no adj. sm.
ce·bo sm. 'macaco'/Cf. *sebo.*
ce·*bo*·la (ô) sf.
ce·bo·la(s)-*bran*·ca(s) sf. (pl.).
ce·bo·la(s)-*bra*·va(s)-do-pa·*rá*
sf. (pl.).
ce·bo·la-ce·*cém* sf.; pl.
cebolas-cecéns ou
cebolas-cecém.
ce·bo·*la*·da sf.
ce·bo·la(s)-de-*chei*·ro sf. (pl.).
ce·bo·la(s)-gran·de(s)-da-
-*ma*·ta sf. (pl.).
ce·bo·*lal* sm.; pl. ·*lais.*
ce·bo·*lão* sm.; pl. ·*lões.*
ce·bo·*li*·nha sf.
ce·bo·li·nha(s)-de-to·do-o-
-*a*·no sf. (pl.).
ce·bo·*li*·nho sm.
ce·bo·lo (ô) sm.
ce·bo·*ló*·ri:o interj. adj.
ce·ca sf., na loc. *ceca e meca*/Cf.
seca, sf. s2g. fl. do v. *secar* e
seca (ê), sf.
ce·*cal* adj. 2g. pl. ·*cais.*
ce·*cé* sm. *ou* sf.: *tsé-tsé.*
ce·ce:a·*du*·ra sf.
ce·ce:*ar* v. 'pronunciar com
ceceio'/Cf. *ciciar.*
cê(s)-ce·*di*·lha(s) sm. (pl.).
ce·*cei*·o sm.
ce·*cém* sf.; pl. ·*céns*/Cf. *cessem,*
do v. *cessar*, e *sessem*, do v.
sessar.
ce·ce:o·*so* (ô) adj. 'que ceceia'/
Cf. *cicioso.*
ce·*cí*·di:o sm.
ce·ci·di·*ó*·fi·to sm.
ce·ci·di:o·lo·*gi*·a sf.
ce·*cí*·li:a sf.
ce·ci·*lí*·de:o adj. sm.
ce·co sm. 'parte do intestino'/
Cf. *seco*, do v. *secar*, e *seco* (ê),
adj. sm.
ce·co·gra·*fi*·a sf.
cé·cum sm.; pl. ·*cuns*: *ceco.*
cê-dê-*e*-fe(s) s2g. (pl.).
ce·*dên*·ci:a sf.
ce·*den*·te adj. s2g. 'que cede'/Cf.
sedente.
ce·*der* v.
ce·*di*·ço adj.
ce·*di*·do adj.
ce·*di*·lha sf.
ce·di·*lha*·do adj.
ce·di·*lhar* v.

ce·di·*men*·to sm. 'cessão'/Cf.
sedimento.
ce·*di*·nho adv.
ce·*dí*·vel adj. 2g.; pl. ·*veis.*
ce·do (ê) adv. sm./Cf. *sedo*, do
v. *sedar.*
ce·dra·*len*·se adj. s2g.
ce·*drão* sm.; pl. ·*drões.*
ce·*drei*·ro adj. sm.
ce·dre·*lá*·ce:a sf.
ce·dre·*lá*·ce:o adj.
ce·*dren*·se adj. s2g.
ce·*dri*·nho sm.
ce·*dro* sm.
ce·dro(s)-a-ma·re·lo(s) sm. (pl.).
ce·dro(s)-*bran*·co(s) sm. (pl.).
ce·dro(s)-da-*vár*·ze:a sm. (pl.).
ce·dro(s)-do-*lí*·ba·no sm. (pl.).
ce·dro(s)-*fai*·a sm. (pl.).
ce·dro·*í* sm.
ce·dro-ja·po·*nês* sm.; pl. *cedros-
-japoneses.*
ce·dro(s)-*pre*·to(s) sm. (pl.).
ce·dro·*ra*·na sf.
ce·dro(s)-*ro*·sa(s) sm. (pl.).
ce·*dros*·ta sf.
ce·dro(s)-ver·*me*·lho(s) sm. (pl.).
cé·du·la sf.
ce·*fa*·la sf.
ce·fa·*la*·gra sf.
ce·fa·*lal*·gi·a sf.
ce·fa·*lál*·gi·co adj.
ce·fa·*lei*·a sf.
ce·*fá*·li·co adj.
ce·fa·*lí*·di:o sm.
ce·*fá*·li:o sm.
ce·fa·lo·be·*ni*·do adj. sm.
ce·fa·lo·*cá*·ri·do adj. sm.
ce·fa·lo·cor·*da*·do adj. sm.
ce·fa·lo·*cór*·di:o sm.
ce·fa·lo·dis·*cí*·di:o sm.
ce·fa·lo·*don*·te sm.
ce·fa·*ló*·fo·ro adj.
ce·fa·lo·*gi*·ro adj.
ce·fa·*loi*·de adj. 2g.
ce·fa·*ló*·po·de adj. 2g. sm.
ce·fa·lor·ra·qui·di:a·no adj.
ce·fa·lo·*tó*·ra·ce sm.:
ce·fa·lo·*tó*·rax (cs) sm. 2n.
ce·*fei*·da adj. 2g. sf.
ce·*feu* sm.
ce·*ga*·gem sf.; pl. ·*gens.*
ce·ga·*men*·to sm.
ce·*gan*·te adj. 2g.
ce·ga-o·lho(s) sm. (pl.).
ce·*gar* v. 'tornar cego'/Cf. *segar.*
ce·ga-*re*·ga(s) sf. (pl.).

ce·gas sf. pl., na loc. *às cegas*.
ce·ge·*tis*·ta adj. s2g.
ce·go adj. sm./Cf. *sego*, do v. *segar*.
ce·go·nha sf.
ce·gu·de sf.
ce·*guei*·ra sf.
ce·gue·lha (ê) adj. s2g.
ce·gue·ta (ê) adj. s2g.
ce·gui·*da*·de sf.
ce·*gui*·nha sf.
ce·*gui*·nho sm.
cei·a sf.
cei·fa sf.
cei·*far* v.
cei·*fei*·ra sf.
cei·*fei*·ro adj. sm.
cei·lo·*nen*·se adj. 2g.
cei·ta sf. 'tributo'/Cf. *seita*.
cei·*til* sm.; pl. ·*tis*.
ce·la sf. 'cubículo'/Cf. *sela*, sf. e fl. do v. *selar*.
ce·la·can·*ti*·no adj. sm.
ce·la·*can*·to sm.
ce·la·ção sf.; pl. ·*ções*.
ce·*la*·da sf. 'armadura'/Cf. *selada*.
ce·la·do·*fo*·bi·a sf.
ce·*la*·gem sf. 'cor do céu ao nascer e ao pôr do sol'; pl. ·gens/Cf. *selagem* e *silagem*.
ce·la·mim sm.; pl. ·*mins*: *salamim*.
ce·las·*trá*·ce:a sf.
ce·las·*trá*·ce:o adj.
ce·*las*·tro sm.
ce·le·*bér*·ri·mo adj.; superl. de *célebre*.
ce·le·bra·ção sf.; pl. ·*ções*.
ce·le·*bra*·do adj.
ce·le·*bra*·dor (ô) adj. sm.
ce·le·*bran*·te adj. s2g.
ce·le·*brar* v.
ce·le·*brá*·vel adj. 2g.; pl. ·veis.
cé·le·bre adj. 2g.; superl. *celebérrimo* e *celebríssimo*/Cf. *celebre*, do v. *celebrar*.
ce·le·*brei*·ra sf.
ce·le·bri·*da*·de sf.
ce·le·bri·za·ção sf.; pl. ·*ções*.
ce·le·bri·*zar* v.
ce·lei·*rei*·ro sm.
ce·*lei*·ro sm. 'depósito'/Cf. *seleiro*.
ce·lei·*min*·to adj. sm.
ce·len·te·*ra*·do adj. sm.
ce·*lên*·te·ro sm.
ce·*lé*·po·ra sf.

ce·le·*ra*·do adj. sm.
cé·le·re adj. 2g.; superl. *celérrimo* e *celeríssimo*.
ce·*le*·ri sm., do fr. *céleri*.
ce·le·ri·*da*·de sf.
ce·le·*rí*·gra·do adj. sm.
ce·le·*rí*·me·tro sm.
ce·le·*ri*·no adj. sm.
ce·le·*rí*·pe·de adj. 2g.
ce·*lér*·ri·mo adj.; superl. de *célere*.
ce·les·*có*·pi:o sm.
ce·*les*·ta sf.
ce·*les*·te adj. 2g. sm.
ce·les·ti:*al* adj. 2g.; pl. ·ais.
ce·les·*ti*·na sf.
ce·les·*ti*·no adj. sm.
ce·les·*ti*·ta sf.
ce·*leu*·ma sf.
cel·ga sf.: *acelga*.
ce·lha (ê) sf. 'cílio'/Cf. *selha*.
ce·lhe:*a*·do adj.
ce·*lí*·a·co adj.
ce·li·ba·*tá*·ri:o adj. sm.
ce·li·ba·ta·*ris*·mo sm.
ce·li·*ba*·to sm.
cé·li·be adj. s2g.
cé·li·co adj.
ce·*lí*·co·la adj. s2g.
ce·li·*dô*·ni:a sf.
ce·*lí*·flu:o adj.
ce·*lí*·ge·na adj. s2g.
ce·*lí*·ge·ro adj.
ce·li·*nen*·se adj. s2g.
ce·li:os·co·*pi*·a sf.
ce·li:o·to·*mi*·a sf.
ce·li·po·*ten*·te adj. 2g.
ce·lo sm. 'violoncelo'/Cf. *selo* (ê) sm., e *selo*, do v. *selar*.
ce·lo·*fa*·ne adj. 2g. sm.
ce·*lo*·ma sm.
ce·lo·*ma*·do adj. sm.
ce·*lós*·ta·to sm.
cel·si·*tu*·de sf.
cel·so adj.
cel·ta adj. s2. sm.
cel·ti·*be*·ro adj. sm.
cél·ti·co adj.
cé·lu·la sf.
cé·lu·la·o·vo sf.; pl. *células-ovos* ou *células-ovo*.
ce·lu·*lar* adj. 2g.
cé·lu·la·*tron*·co sf.; pl.: *células-troncos*, *células-tronco*.
ce·lu·*lí*·fe·ro adj.
ce·lu·li·*for*·me adj. 2g.
ce·lu·*li*·te sf.

ce·lu·*loi*·de sm. *ou* sf.
ce·lu·*lo*·se sf.
ce·lu·*ló*·si·co adj.
ce·lu·lo·si·*da*·de sf.
ce·lu·*lo*·so (ô) adj.; f. e pl. (ó).
ce·lu·*ló*·ti·co adj.
cem num. sm.
cêm·ba·lo sm.: *címbalo*.
cem·do·*brar* v.
cem·*do*·bro (ô) num. adv./Cf. *cem-dobro* (ó), do v. *cem-dobrar*.
ce·men·ta·*ção* sf. 'purificação'; pl. ·ções/Cf. *cimentação*.
ce·men·*tar* v. 'tornar sem impureza'/Cf. *cimentar* e *sementar*.
ce·*men*·to sm. 'substância para cementar'/Cf. *semento*, do v. *sementar*, e *cimento*.
cem·*fo*·lhas sf. 2n.
ce·mi·te·ri:*al* adj. 2g.; pl. ·ais.
ce·mi·*té*·ri:o sm.
cem·*pas*·so sm.
ce·na sf.
ce·*ná*·cu·lo sm. 'refeitório'/Cf. *senáculo*.
ce·*nan*·to sm.
ce·*ná*·ri:o adj. sm. 'dispositivo cênico' 'relativo a cela'/Cf. *senário*.
ce·na·*ris*·ta adj. s2g.
ce·na·*tó*·ri:o adj. 'relativo a ceia'/Cf. *senatório*.
cen·*crâ*·mi·de sf.
cen·*cri*·te sf.
cen·cro sm.
cen·dal sm.; pl. ·*dais*.
cen·*dra*·do adj.
ce·nes·te·*si*·a sf. 'sentimento vago'/Cf. *cinestesia* e *sinestesia*.
ce·nes·*té*·si·co adj. 'relativo à cenestesia'/Cf. *cinestésico* e *sinestésico*.
ce·nho sm.
ce·*nho*·so (ô) adj.; f. e pl. (ó).
cê·ni·co adj.
ce·*nis*·mo sm. 'vício de linguagem'/Cf. *cinismo*.
ce·*ni*·ta sf.
ce·*ní*·ti·co adj.
ce·no sm. 'atoleiro'/Cf. *seno*.
ce·*nó*·bi:o sm.
ce·no·bi:*on*·te adj. 2g.
ce·no·*bi*:o·se sf.
ce·no·bi:*ó*·ti·co adj.

ce·no·*bis*·mo sm.
ce·no·*bi*·ta s2g.
ce·no·*bí*·ti·co adj.
ce·no·bi·*tis*·mo sm.
ce·no·gra·*fi*·a sf. 'arte de projetar cenários'/Cf. *cinografia*.
ce·no·*grá*·fi·co adj. 'relativo à cenografia'/Cf. *cinográfico*.
ce·*nó*·gra·fo sm.
ce·*noi*·ra sf.: *cenoura*.
ce·no·les·*tí*·de:o adj. sm.
ce·no·lo·*gi*·a sf. 'conferência entre médicos' 'parte da física'/Cf. *cinologia* e *sinologia*.
ce·no·*ló*·gi·co adj. 'relativo à cenologia'/Cf. *cinológico* e *sinológico*.
ce·no·plas·*ti*·a sf.
ce·*nó*·po·de sm.
ce·nos·co·*pi*·a sf.
ce·nos·*có*·pi·co adj.
ce·*no*·se sf.
ce·*nó*·si:a sf.
ce·no·si·*da*·de sf.
ce·*no*·so (ô) adj.; f. e pl. (ó).
ce·no·*tá*·fi:o sm.
ce·no·*téc*·ni·ca sf.
ce·no·*téc*·ni·co adj. sm.
ce·*nou*·ra sf.
ce·no·*zoi*·co adj. sm.
cen·*ra*·da sf.
cen·*rei*·ra sf.
cen·sa·*tá*·ri:o adj. sm.
cen·sa·*ti*·vo adj.
cen·si:o·*ná*·ri:o adj. sm.
cen·si·*tá*·ri:o adj. sm.
cen·*sí*·ti·co adj.
cen·so sm. 'recenseamento'/Cf. *senso*.
cen·*sor* (ô) sm. 'crítico'/Cf. *sensor*.
cen·*só*·ri:o adj. 'relativo a censor ou à censura'/Cf. *sensório*.
cen·su:*al* adj. 2g. 'censório'; pl. ·*ais*./Cf. *sensual*.
cen·su:a·*lis*·ta adj. s2g. 'recebedor de censos'/Cf. *sensualista*.
cen·su:*á*·ri:o adj. sm.
cen·su:*en*·te s2g.
cen·*su*·ra sf.
cen·su·ra·*dor* (ô) adj. sm.
cen·su·*rar* v.
cen·su·*rá*·vel adj. 2g.; pl. ·*veis*.
cen·ta·*fo*·lho (ô) sm.; pl. (ó).

cen·*tão* sm.; pl. ·*tões*.
cen·*tar*·ca sm.
cen·*táu*·re:a sf.
cen·*táu*·re:a·me·*nor* sf.; pl. *centáureas-menores*.
cen·tau·re·*í*·na sf.
cen·*tau*·ro sm.
cen·*ta*·vo sm.
cente:*al* sm.; pl. ·*ais*.
cen·te:*ei*·ra sf.
cen·te:*ei*·ro adj. sm.
cen·*tei*·o adj. sm.
cen·tei·o(s)·es·pi·*ga*·do(s) sm. (pl.).
cen·*tei*·ro sm.
cen·*te*·lha (ê) sf.
cen·te·*lhar* v.
cen·*te*·na sf. num.
cen·te·*nar* adj. 2g. sm.
cen·te·na·ri:*en*·se adj. s2g.
cen·te·*ná*·ri:o adj. sm.
cen·te·*no*·so (ô) adj.; f. e pl. (ó).
cen·te·si·*mal* adj. 2g.; pl. ·*mais*.
cen·*té*·si·mo num. sm.
cen·ti:*a*·re sm.
cen·ti·*fó*·li:o adj.
cen·ti·*gra*·do sm. 'centésima parte do grado'/Cf. *centígrado*.
cen·*tí*·gra·do adj. sm. 'dividido em cem graus'/Cf. *centigrado*.
cen·ti·*gra*·ma sm. 'unidade de massa'/Cf. *cintigrama*.
cen·*til* adj. 2g. sm.; pl. ·*tis*.
cen·ti·*li*·tro sm.
cen·*tí*·ma·no adj.
cen·*tí*·me·tro sm.
cên·ti·mo sm.
cen·*tí*·pe·de adj. 2g.
cen·ti·*poi*·se sm.
cen·to num. sm.
cen·*tó*·cu·lo adj. sm.
cen·to·*pei*·a sf.
cen·*tra*·do adj.
cen·*tral* adj. 2g. sf.; pl. ·*trais*.
cen·tra·li·*da*·de sf.
cen·tra·*lis*·mo sm.
cen·tra·*lis*·ta adj. s2g.
cen·tra·li·za·*ção* sf.; pl. ·*ções*.
cen·tra·li·*za*·do adj.
cen·tra·li·*zar* v.
cen·tra·*van*·te sm.: *centroavante, centro-avante*.
cen·*trar* v.
cen·*trí*·fu·ga sf./Cf. *centrifuga*, do v. *centrifugar*.
cen·tri·fu·ga·*ção* sf.; pl. ·*ções*

cen·tri·fu·ga·*dor* (ô) adj. sm.
cen·tri·fu·ga·*do*·ra (ô) sf.
cen·tri·fu·*gar* v.
cen·*trí*·fu·go adj. sm./Cf. *centrifugo*, do v. *centrifugar*.
cen·*trí*·pe·to adj.
cen·*tris*·co sm.
cen·tro sm.
cen·tro·a·me·ri·*ca*·no(s) adj. sm. (pl.).
cen·tro:a·*van*·te sm.: cen·tro·a·*van*·te(s) sm. (pl.), *centravante*.
cen·tro·*cer*·co (ê) sm.
cen·*tro*·do (ô) sm.: *cên*·tro·do.
cen·tro·*don*·te adj. 2g.
cen·*troi*·de adj. 2g.
cen·tro·le·pi·*dá*·ce:a sf.
cen·tro·le·pi·*dá*·ce:o adj.
cen·tro·*mé*·di:o sm.
cen·tro·o·*es*·te(s) sm. (pl.).
cen·tro·*pé*·ta·la sf.
cen·tro·*pi*·no sm.
cen·tro·po·*mí*·de:o adj. sm.
cen·tros·*fe*·ra sf.
cen·tros·*per*·ma sf.
cen·tros·*per*·mo adj. sm.
cen·tros·so·*má*·ti·co adj.
cen·tros·*sô*·mi·co adj.
cen·tros·*so*·mo sm.
cen·tun·vi·*ra*·do sm.
cen·tun·vi·*ral* adj. 2g.; pl. ·*rais*.
cen·tun·vi·*ra*·to sm.
cen·*tún*·vi·ro sm.
cen·tu·pli·*ca*·do adj.
cen·tu·pli·*car* v.
cên·tu·plo adj. num. sm.
cen·*tú*·ri:a sf.
cen·tu·ri:*al* adj. 2g.; pl. ·*ais*.
cen·tu·ri:*ão* sm.; pl. ·*ões*.
cen·tu·ri:*ô*·ni·co adj.
ce·*nu*·ro sm.
ce·*pa*[1] sf. 'cebola'/Cf. *cepa*[2] (ê).
ce·pa[2] (ê) sf. 'tronco de videira'/Cf. *cepa*[1].
ce·*pá*·ce:o adj.
ce·*pei*·ra sf.
ce·pi·*lhar* v.
ce·*pi*·lho sm.
ce·*pi*·pa sf.
ce·po (ê) sm.
cep·ti·*cis*·mo sm.: *ceticismo*.
cép·ti·co adj. sm. 'descrente': *cético*/Cf. *séptico*.
ce·*pu*·do adj.
ce·*quim* sm.; pl. ·*quins*.

ce·ra (ê) sf./Cf. *cera* (é), do v. *cerar*.
ce·rá·ce:o adj.
ce·ram·bi·cí·de:o adj. sm.
ce·ra·me sm.
ce·râ·mi·ca sf.
ce·râ·mi·co adj.
ce·ra·*mis*·ta adj. s2g.
cé·ra·mo sm.
ce·ra·mo·gra·*fi*·a sf.
ce·ra·mo·*grá*·fi·co adj.
ce·*rar* v.
ce·ra·*si*·na sf.
ce·ra·*si*·ta sf.: ce·ra·*si*·te.
ce·*ras*·ma sm.
ce·*rás*·ti:o sm.
ce·ra·*ti*·te sf.
ce·*ra*·to sm.
ce·ra·to·*car*·po adj. sm.
ce·ra·to·*cé*·fa·lo sm.
ce·ra·to·*ce*·le sf.
ce·ra·to·*co*·ne sm.
ce·ra·to·do·ni·*tí*·de:o adj. sm.
ce·ra·to·fi·*lá*·ce:a sf.
ce·ra·to·fi·*lá*·ce:o adj.
ce·ra·to·gê·ni·co adj.
ce·ra·to·plas·*ti*·a sf.
ce·ra·to·po·go·*ní*·de:o adj. sm.
ce·ra·*to*·sa sf.
ce·ra·*to*·se sf.
ce·ra·*to*·so (ô) adj.; f. *e* pl. (ó).
ce·ra·tos·*pôn*·gi:a sf.
ce·ra·tos·*pôn*·gi:o adj. sm.
ce·*ráu*·ni:a sf.
ce·*ráu*·ni:o sm.
ce·rau·*ni*·ta sf.
cér·be·ro sm.
cer·ca sf. adv./Cf. *cerca* (é), do v. *cercar*.
cer·*cã* adj. sf. de *cercão*.
cer·*ca*·da sf.
cer·*ca*·do adj. sm.
cer·ca·*du*·ra sf.
cer·*cal* sm.; pl. ·*cais*.
cer·ca·*ni*:a sf.
cer·ca·*ni*·as sf. pl.
cer·*can*·te adj. s2g.
cer·*cão* adj. sm.; pl. ·*cãos*; f. ·*cã*.
cer·*car* v.
cer·*cá*·ri:a sf./Cf. *cercaria*, do v. *cercar*.
cer·*cá*·ri:o adj. sm.
cer·*ce* adj. 2g. adv.
cér·ce:a sf.
cer·ce:a·*dor* (ô) adj. sm.
cer·ce:a·*du*·ra sf.
cer·ce:a·*men*·to sm.

cer·ce:*an*·te adj. 2g.
cer·ce:*ar* v.
cer·ce:*á*·vel adj. 2g.; pl. ·veis.
cer·*cei*·o sm.
cér·ce:o adj. adv.
cer·ci·di·fi·*lá*·ce:a sf.
cer·ci·di·fi·*lá*·ce:o adj.
cer·ci·*lha*·do adj.
cer·ci·*lhar* v.
cer·*ci*·lho sm.
cer·co (ê) sm./Cf. *cerco* (é), do v. *cercar*.
cer·co·*pí*·de:o adj. sm.
cer·cos·po·ri:*o*·se sf.
cer·da (ê) sf.
cer·*dá*·ce:o adj.
cer·*da*·na sf.
cer·de:*ar* v.
cer·do sm.
cer·*do*·so (ô) adj.; f. *e* pl. (ó).
ce·re:*al* adj. 2g. sm. 'gramíneas'; pl. ·*ais*/Cf. *cirial*.
ce·re:a·*lí*·fe·ro adj.
ce·re:a·*lis*·ta adj. s2g.
ce·re·be·*lar* adj. 2g.
ce·re·be·*li*·te sf.
ce·re·*be*·lo (ê) sm.
ce·re·be·*lo*·so (ô) adj.; f. *e* pl. (ó).
ce·re·*bí*·de:o adj. sm.
ce·re·*bra*·ção sf.; pl. ·*ções*.
ce·re·*bral* adj. s2g.; pl. ·*brais*.
ce·re·bras·te·*ni*·a sf.
ce·re·*ré*·bri·co adj.
ce·re·*bri*·no adj.
cé·re·bro sm.
ce·re·bro:es·pi·*nhal* adj. 2g.; pl. *cerebroespinhais*: *cerebrospinal*; pl. *cerebrospinais*.
ce·re·*broi*·de adj. 2g.
ce·re·bros·pi·*nal* adj. 2g.; pl. ·*nais*; *cerebroespinhal*.
ce·re·*fo*·lho (ô) sm.; pl. (ó):
ce·re·*fó*·li:o.
ce·*re*·ja (ê) adj. 2g. 2n. sf.
ce·*re*·ja(s)-de-*pur*·ga sf. (pl.).
ce·*re*·ja(s)-do-ri:o-*gran*·de sf. (pl.).
ce·*re*·ja(s)-dos-pas·sa·*ri*·nhos sf. (pl.).
ce·*re*·ja(s)-ga·*le*·ga(s) sf. (pl.).
ce·*re*·jal sm.; pl. ·*jais*.
ce·*re*·jei·ra sf.
ce·re·jei·ra(s)-da-eu·*ro*·pa sf. (pl.).

ce·re·jei·ra(s)-das-an·*ti*·lhas sf. (pl.).
ce·re·jei·ra(s)-do-pa·*rá* sf. (pl.).
cé·re:o adj. 'de cera'/Cf. *cério* e *sério*.
ce·res sf. 2n./Cf. *seres* (ê), fl. do v. *ser*, e pl. do sm. *ser*.
ce·re·*si*·no adj. sm.
cer·*gir* v.: *cerzir*.
ce·ri:an·*tá*·ri:o adj. sm.
ce·ri:*an*·to sm.
cé·ri·ca sf. 'tipo de unguento'/Cf. *sérica*, f. de *sérico*.
cé·ri·co adj. 'ácido'/Cf. *sérico*.
ce·ri·*có*·ri:a sf.
ce·ri:*ei*·ra sf.
ce·ri:*ei*·ro adj. sm. 'que trabalha com cera'/Cf. *cirieiro*.
ce·*rí*·fe·ro adj.
ce·ri·fi·*ca*·ção sf.; pl. ·*ções*.
ce·ri·ga·do(s)-*cher*·ne(s) sm. (pl.).
ce·ri·ga·do(s)-*pre*·to(s) sm. (pl.).
ce·ri·ga·do-sa·*bão* sm.; pl. *cerigados-sabões* ou *cerigados-sabão*.
ce·ri·ga·do(s)-ta·po:*ã*(*s*) sm. (pl.).
ce·ri·ga·do(s)-ver·*me*·lho(s) sm. (pl.).
ce·*rig*·ma sm.: *querigma*.
ce·rig·*má*·ti·co adj.: *querigmático*.
ce·ri·*gue*·la sf.
ce·ri·*mô*·ni:a sf./Cf. *cerimonia*, do v. *cerimoniar*.
ce·ri·mo·ni:*al* adj. 2g. sm.; pl. ·*ais*.
ce·ri·mo·ni:*ar* v.
ce·ri·mo·ni:*á*·ri:o sm.
ce·ri·mo·ni:*á*·ti·co adj.
ce·ri·mo·ni:*o*·so (ô) adj.; f. *e* pl. (ó).
cé·ri:o sm. 'fruto', 'metal'/Cf. *céreo* e *sério*.
ce·ri:*o*·sa sf.
ce·*ri*·ta sf.
cer·*na*·da sf.
cer·*nam*·bi sm.: *sarnambi*.
cer·nam·bi·*gua*·ra sf.: *sarnambiguara*.
cer·nam·bi·*tin*·ga sf.: *sarnambitinga*.
cer·*nar* v.
cer·ne sm.

cer·*nei*·ra sf.
cer·*nei*·ro adj.
cer·*ne*·lha (ê) sf.
cér·ne:o adj.
cer·ni·*dei*·ra sf.
cer·*nir* v.
ce·*ró* sm.
ce·ro·fe·*rá*·ri:o sm.
ce·ro·gra·*fi*·a sf.
ce·*roi*·de adj. 2g. sm.
ce·*roi*·la sf.: *ceroula*.
ce·*rol* sm.; pl. ·*róis*.
ce·*ro*·ma sf.
ce·ro·man·*ci*·a sf.
ce·ro·*man*·te s2g.
ce·ro·*mân*·ti·co adj.
ce·*ro*·me sm.
ce·ro·*mel* sm.; pl. ·*méis*.
ce·ro·plas·*ti*·a sf.
ce·ro·*plás*·ti·ca sf.
ce·ros·co·*pi*·a sf.
ce·ro·*si*·na sf.
ce·*ro*·so (ô) adj. 'céreo'; f. e pl. (ó)/Cf. *seroso*.
ce·*ro*·to (ô) sm.
ce·*rou*·la sf.: *ceroila*.
cer·quei·*ren*·se adj. s2g.
cer·*quei*·ro adj. sm.
cer·qui·*lhen*·se adj. s2g.
cer·ra·*ção* sf. 'nevoeiro'; pl. ·*ções*./Cf. *serração*.
cer·ra·*dal* sm.; pl. ·*dais*.
cer·ra·*dão* sm.; pl. ·*dões*.
cer·*ra*·do adj. sm. 'fechado' 'vegetação'/Cf. *serrado*.
cer·ra·*doi*·ro sm.: cer·ra·*dou*·ro.
cer·ra·*du*·ra sf. 'muro'/Cf. *serradura*.
cer·ra·*fi*·la(s) sm. (pl.).
cer·ra·*men*·to sm. 'ato de cerrar'/Cf. *serramento*.
cer·*rar* v. 'fechar'/Cf. *serrar*.
cer·*ri*·lha sf. 'bordo dos dentes das cavalgaduras'/Cf. *serrilha*.
cer·*ri*·to sm.
cer·ro (é) sm. 'colina'/Cf. *cerro* (é), do v. *cerrar*, *serro* (é), sm., e *serro* (é), do v. *serrar*.
cer·ro-a·zu·*len*·se(s) adj. s2g. (pl.).
cer·ro-co·ra·*en*·se(s) adj. s2g. (pl.).
cer·ro-lar·*guen*·se(s) adj. s2g. (pl.).

cer·ta sf.; nas loc. *à certa*, *na certa* e *pela certa*.
cer·*ta*·me sm.: cer·*tâ*·men; pl. *certamens* ou *certâmenes*.
cer·*tão* adj. 'certo'; pl. ·*tãos*; f. ·*tã*/Cf. *sertão*.
cer·*tar* v.
cer·*tei*·ro adj.
cer·*te*·za (ê) sf.
cer·ti·*dão* sf.; pl. ·*dões*.
cer·ti·fi·ca·*ção* sf.; pl. ·*ções*.
cer·ti·fi·*ca*·do adj. sm.
cer·ti·fi·ca·*dor* (ô) adj. sm.
cer·ti·fi·*can*·te adj. s2g.
cer·ti·fi·*car* v.
cer·ti·fi·ca·*ti*·vo adj.
cer·to adj. sm. adv.
ce·*rú*·le:o adj. sm.
ce·ru·li·cri·*ni*·to adj.
cé·ru·lo adj.
ce·*ru*·me sm.: cer·*rú*·men; pl. *cerumens* ou *cerúmenes*.
ce·ru·mi·*no*·so (ô) adj.; f. e pl. (ó).
ce·ru·*si*·ta sf.
cer·va sf. de *cervo*/Cf. *serva*.
cer·*val* adj. 2g.; pl. ·*vais*.
cer·van·*tes*·co (ê) adj.
cer·van·*tis*·ta adj. s2g.
cer·*va*·to sm.
cer·*ve*·ja (ê) sf.
cer·ve·*ja*·da sf.
cer·ve·ja(s)-de-bar·*ban*·te sf. (pl.).
cer·ve·*jar* v.
cer·ve·ja·*ri*·a sf.
cer·ve·*jei*·ro adj. sm.
cer·vi·*cal* adj. 2g.; pl. ·*cais*.
cer·vi·car·*tro*·se sf.
cer·vi·*ci*·na sf.
cer·vi·*ci*·te sf.
cer·vi·*cór*·ne:o adj.
cer·vi·cu·*la*·do adj.
cer·*ví*·de:o adj. sm.
cer·vi·*guei*·ra sf.
cer·vi·*lhei*·ra sf.
cer·*vi*·no adj.
cer·*viz* sf.
cer·vo sm. 'veado'/Cf. *servo*.
cér·vu·lo sm.
cer·zi·*dei*·ra sf.
cer·*zi*·do adj.
cer·*zi*·dor (ô) adj. sm.
cer·zi·*du*·ra sf.
cer·zi·*men*·to sm.
cer·*zir* v.
ce·sal·pi·*ná*·ce:a sf.

ce·sal·pi·*ná*·ce:o adj.
ce·sal·pi·*nói*·de:a sf.:
ce·sal·pi·no.*í*·de:a.
ce·sal·pi·*nói*·de:o adj.:
ce·sal·pi·no·*í*·de:o.
cé·sar sm.
ce·*sá*·re:a sf. 'cesariana'/Cf. *cesária*.
ce·*sá*·re:o adj.
ce·*sá*·ri:a sf. 'aparelho para cortar'/Cf. *cesárea*.
ce·sa·ri:*a*·na sf.
ce·sa·ri:*a*·no adj.
ce·sa·*ris*·mo sm.
ce·sa·*ris*·ta adj. s2g.
ce·sa·ri·*zar* v.
cé·si:o sm.
ce·so adj. sm.
cés·pe·de sm.
ces·pi·*to*·so (ô) adj.; f. e pl. (ó).
ces·sa·*ção* sf. 'ato de parar'; pl. ·*ções*./Cf. *sessação*.
ces·sa·*men*·to sm. 'ato de parar'/Cf. *sessamento*.
ces·*san*·te adj. 2g.
ces·*são* sf. 'ato de ceder'; pl. ·*sões*/Cf. *sessão* e *seção*.
ces·sar v. 'parar'/Cf. *sessar*.
ces·sar·*fo*·go(s) sm. (pl.).
ces·si·bi·li·*da*·de sf.
ces·si:o·*ná*·ri:o adj. sm.
ces·*sí*·vel adj. 2g.; pl. ·*veis*.
ces·ta (ê) sf. 'utensílio'/Cf. *sexta* e *sesta*.
ces·*ta*·da sf.
ces·*tão* sm.; pl. ·*tões*.
ces·*tei*·ro sm. 'fabricante ou vendedor de cestos'/Cf. *sesteiro*.
ces·to[1] sm. 'manopla'/Cf. *cesto*[2] (ê).
ces·to[2] (ê) sm. 'cesta'/Cf. *cesto*[1] e *sexto*.
ces·to·*dá*·ri:o adj. sm.
ces·to(s) de ce·*re*·ja sm. (pl.).
ces·*toi*·de adj. 2g. sm. 'parasito'/Cf. *cistoide*.
ces·tro sm. 'gênero de plantas'/Cf. *sestro*.
ce·*su*·ra sf.
ce·su·*rar* v.
ce·*tá*·ce:o adj. sm. 'mamífero'/Cf. *setáceo*.
ce·ti·*cis*·mo sm.: *cepticismo*.
cé·ti·co adj. sm.: *céptico*.
ce·*tim* sm.; pl. ·*tins*.
ce·*ti*·na sf.

ce·*tí*·ne:o adj.
ce·ti·*ne*·ta (ê) sf.
ce·ti·*no*·so (ô) adj.; f. *e* pl. (ó).
ce·to·don·*tí*·de:o adj. sm.
ce·*to*·na sf.
ce·top·*sí*·de:o adj. sm.
ce·*to*·se sf.
ce·tra sf.
ce·tra·*ri*·a sf. 'falcoaria'
   'lavores'/Cf. *cetrária*.
ce·*trá*·ri:a sf. 'liquens'/Cf.
   cetraria.
ce·tras sf. pl.
ce·*tri*·no adj. 'vermelho'/Cf.
   citrino.
ce·tro sm.
céu sm.
céus interj.
ceu·*ten*·se adj. s2g.
ce·va sf. 'engorda'/Cf. *seva*, sf. *e*
   fl. do v. *sevar*.
ce·*va*·da sf.
ce·va·dal sm.; pl. ·*dais*.
ce·va·*dei*·ra sf. 'saco em
   que se dá alimento às
   cavalgaduras'/Cf. *sevadeira*.
ce·va·*dei*·ro sm.
ce·va·*di*·ço adj.
ce·va·*di*·lha sf.
ce·va·*di*·nha sf.
ce·*va*·do adj. sm.
ce·va·*doi*·ro sm.: *cevadouro*.
ce·va·dor (ô) sm. 'o que ceva'/
   Cf. *sevador*.
ce·va·*dou*·ro sm.: *cevadoiro*.
ce·va·*du*·ra sf.
ce·*va*·gem sf.; pl. ·*gens*.
ce·*va*·lho sm.
ce·vão sm.; pl. ·*vões*.
ce·var v. 'engordar'/Cf. *sevar*.
ce·va·*ri*·a sf.
ce·va·*tí*·ci:o adj.
ce·*vei*·ro sm.
ce·vi:*a*·na sf.
ce·vo (ê) sm./Cf. *cevo* (é), do v.
   cevar, e *sevo*.
chá sm. 'beberagem'/Cf. *xá*.
chã sf.
cha·*bó* sm.
cha·*bu* sm.
cha·*bu*·co sm.
cha·ça sf.
cha·cal sm.; pl. ·*cais*.
cha·çar v.
chá·ca·ra sf. 'quinta'/Cf. *xácara*.
cha·ca·*rei*·ro sm.
cha·ca·*ren*·se adj. s2g.

cha·ca·*réu* sm.
cha·ca·*ro*·la sf.
cha·*cim* sm.; pl. ·*cins*.
cha·*ci*·na sf.
cha·ci·na·dor (ô) adj. sm.
cha·ci·*nar* v.
cha·ço sm.
cha·co:a·*lhar* v.
cha·*co*·na sf.
cha·*co*·ta sf.
cha·co·te:a·ção sf.; pl. ·*ções*.
cha·co·te:a·dor (ô) adj. sm.
cha·co·te:*ar* v.
cha·cra sf.: *chácara*.
cha·*crei*·ro sm.: *chacareiro*.
cha·*cri*·nha sf.
cha·*cu*·ru sm.
chá(s)·da·cam·*pa*·nha sm.
   (pl.).
chá(s)·da·*ín*·di:a sm. (pl.).
chá(s)·da·*ter*·ra sm. (pl.).
chá(s) de a·le·*crim* sm. (pl.).
chá(s) de be·*bê*(*s*) sm. (pl.).
chá(s) de *bi*·co sm. (pl.).
chá(s)·de·*bu*·gre sm. (pl.).
chá(s) de *bur*·ro sm. (pl.).
chá(s) de cas·ca de *va*·ca sm.
   (pl.).
chã(s) de *den*·tro sf. (pl.).
chá(s) de pa·*ne*·la sm. (pl.).
cha·fa·lhão adj. sm.; pl. ·*lhões*;
   f. ·*lho*·na.
cha·fa·*lhei*·ro adj.
cha·*fa*·lho sm.
cha·fa·*lho*·na adj. sf. de
   chafalhão.
cha·fa·*ri*·ca sf.
cha·fa·*riz* sm.
cha·*fur*·da sf.
cha·*fur*·dar v.
cha·fur·*dei*·ro sm.
cha·fur·*di*·ce sf.
cha·ga sf.
cha·*ga*·do adj.
cha·*gar* v.
cha·gas sf. pl.
cha·*gá*·si·co adj. sm.
cha·*go*·ma sm.
cha·*grém* sm.; pl. ·*gréns*.
cha·*guei*·ra sf.
cha·*guen*·to adj.
cha·*guer* sm.
cha·*guis*·mo sm.
cha·*guis*·ta adj. s2g.
chai·ma adj. s2g.
chai·na sf.
cha·*in*·ça sf.

chai·*o*·la sf.
chai·*o*·ta sf.
chai·ra sf
chai·*rar* v.
chai·*rel* sm.; pl. ·*réis*; *xairel*.
cha·*já* sf.
cha·*la*·ça sf.
cha·la·*çar* v.
cha·la·ce:a·dor (ô) adj. sm.
cha·la·ce:ar v.
cha·la·*cei*·ro sm.
cha·la·*cis*·ta adj. s2g.
cha·*la*·na sf.
cha·*lan*·dra sf.
cha·*lan*·te sm.
cha·lan·*ti*·ce sf.
cha·*lé* sm.
cha·*lei*·ra sf. adj. s2g.
cha·lei·ra·*men*·to sm.
cha·lei·*rar* v.
cha·lei·*ri*·ce sf.
cha·lei·*ris*·mo sm.
cha·lei·*ris*·ta adj. s2g.
cha·lo sm.
chal·*rar* v.
chal·re:*a*·da sf.
chal·re:a·dor (ô) adj. sm.
chal·re:ar v.
chal·*rei*·o sm.
chal·*ro*·te sm.
cha·*lu*·pa sf.
cha·ma sf. sm.
cha·*ma*·da sf.
cha·ma·*di*·lho sm.
cha·*ma*·do adj. sm.
cha·ma·dor (ô) sm.
cha·ma·*lo*·tar v.
cha·ma·*lo*·te sm.
cha·ma·ma·*ré*(*s*) sm. (pl.).
cha·ma·*men*·to sm.
cha·*mar* v.
cha·ma·*ra*·da sf.
cha·ma·*ral*·da sf.
cha·ma·*re*·da (ê) sf.
cha·ma·*ris*·co sm.
cha·ma·*ri*·ta(s) sf. (pl.):
   chamarrita.
cha·ma·*riz* sm.
cha·mar·*ri*·ta sf.: *chama-rita*.
chá·ma·te sm.; pl. *chás-mates*
   ou *chás-mate*.
cha·ma·*ti*·vo adj.
cham·ba·*lé* sm.: *chumbalé*.
cham·*bão* adj. sm.; pl. ·*bões*; f.
   ·*bo*·na.
cham·ba·ril sm.; pl. ·*ris*.
cham·bo:*a*·do adj.

cham·bo·*car* v.
cham·bo·*í*·ce sf.
cham·*bo*·na adj. sf. de *chambão*.
cham·bre sm.
cham·bri·*é* sm.
cha·*me*·go (ê) sm.
cha·me·*guen*·to adj.
cha·me·ja·*men*·to adj. 2g.
cha·me·*jar* v.
cha·*me*·jo (ê) sm.
cha·me·*lo*·te sm.: *chamalote*.
cha·*mi*·ça sf.
cha·mi·*cei*·ro sm.
cha·*mi*·co sm.
cha·*mi*·ço sm.
cha·mi·*né* sf.
chá(s)-mi·*nei*·ro(s) sm. (pl.).
cha·*mís*·so·ca sf.
cha·mo·*ra*·na sf.
cha·*mor*·ro (ô) adj. sm.
cha·*mo*·te sm.
cham·pa sf.
cham·*pã* sm. *ou* sf.: *champanha*.
cham·*pa*·nha sm. *ou* sf.
cham·*pa*·nhe sm. *ou* sf.
cham·pa·nhe(s) de cor·*dão* sm. *ou* sf. (pl.).
cham·pa·*nho*·ta sf.
cham·*pil* sm.; pl. ·*pis*.
cham·pir·re:*ar* v.
cham·*pu*·nha sm. *ou* sf.
cham·pur·ri:*ão* sm.; pl. ·*ões*.
cha·*mur*·ro sm.
cha·*mus*·ca sf.
cha·mus·*ca*·do adj.
cha·mus·ca·*dor* (ô) adj. sm.
cha·mus·ca·*du*·ra sf.
cha·mus·ca·*men*·to sm.
cha·mus·*car* v.
cha·*mus*·co sm.
cha·*na*·na sf.
chan·ca sf.
chan·ça sf.
chan·ca·*ro*·na sf.
chan·ce sf., do fr. *chance*.
chan·ce:*ar* v.
chan·*cei*·ro adj. sm.
chan·*ce*·la sf.
chan·ce·*lar* adj. 2g. v.
chan·ce·la·*ri*·a sf.
chan·ce·*ler* sm.
chan·ce·le·*res*·co (ê) adj.
chan·*cha*·da sf.
chan·*chão* sm.; pl. ·*chões*.
chan·dle·ri:*a*·no adj.
cha·*ne*·co sm.
cha·*ne*·za (ê) sf.

chan·*fa*·lho sm.
chan·*fa*·na sf.
chan·fa·*nei*·ro sm.
chan·fra sf.
chan·fra·*dei*·ra sf.
chan·*fra*·do adj.
chan·fra·*dor* (ô) sm.
chan·fra·dor·cor·ta·*dor* sm.; pl. *chanfradores-cortadores*.
chan·fra·*du*·ra sf.
chan·*frar* v.
chan·*fre*·ta (ê) sf.
chan·fro sm.
chan·ga sf.
chan·*ga*·ço sm.
chan·ga·*dor* (ô) sm.
chan·*gar* v.
chan·gar·*çal* sm.; pl. ·*çais*.
chan·gue:*ar* v.
chan·guei·*rar* v.
chan·*guei*·ro sm.
chan·*gui* sm. na loc. *não dar changui*.
cha·*nis*·co sm.
cha·*nís*·si·mo adj.; superl. de *chão*.
chan·*que*·ta (ê) sf.
chan·ta sf.
chan·ta·*du*·ra sf.
chan·*ta*·gem sf.; pl. ·*gens*.
chan·ta·*gis*·ta adj. s2g.
chan·*tão* sm.; pl. ·*tões*.
chan·*tar* v.
chan·*tel* sm.; pl. ·*téis*/Cf. *chanteis*, do v. *chantar*.
chan·to sm.
chan·to:*ei*·ra sf.
chan·*tra*·do sm.
chan·tre sm.
chan·*tri*·a sf.
cha·*nu*·ra sf.
chão adj. sm.; pl. ·*chãos*; superl. *chaníssimo*.
chão(s)-pa·*ra*·do(s) sm. (pl.).
cha·pa sf. s2g.
cha·pa(s)-*bran*·ca(s) sm. (pl.).
cha·pa·da sf.
cha·pa·*dão* sm.; pl. ·*dões*.
cha·pa·*dei*·ro sm.
cha·pa·*den*·se adj. s2g.
cha·pa·di·*nhen*·se adj. s2g.
cha·pa·do adj. sm.
cha·pa·*lhe*·ta (ê) sf.
cha·*par* v.
cha·pa·*ri*·a sf.
cha·par·*ral* sm.; pl. ·*rais*.
cha·par·*rei*·ro sm.

cha·*par*·ro sm.
cha·pa·*tes*·ta sf.
chá(s)-*pau*·lis·ta(s) sm. (pl.).
cha·pe sm. interj.
cha·pe:*a*·do adj. sm.
cha·pe:*ar* v.
cha·pe-*cha*·pe(s) sm. (pl.).
cha·pe·co:*en*·se adj. s2g.
cha·*pei*·ra·da sf.
cha·pei·*rão* sm.; pl. ·*rões*.
cha·pe·*la*·da sf.
cha·pe·*lão* sm.; pl. ·*lões*.
cha·pe·la·*ri*·a sf.
cha·pe·*lei*·ra sf.
cha·pe·*lei*·ro sm.
cha·pe·*le*·ta (ê) sf.
cha·pe·*le*·te (ê) sm.
cha·pe·*li*·na sf.
cha·pe·*ló*·ri:o sm.
cha·pe·*tão* adj. sm.; pl. ·*tões*; f. ·*to*·na.
cha·pe·to·*na*·da sf.
cha·*péu* sm.
cha·péu(s)-ar·*ma*·do(s) sm. (pl.).
cha·péu-*chi*·le sm.; pl. *chapéus-chiles* ou *chapéus-chile*.
cha·péu-*co*·co sm.; pl. *chapéus-cocos* ou *chapéus-coco*.
cha·péu(s) de *chu*·va sm. (pl.).
cha·péu(s)-de-*co*·bra sm. (pl.).
cha·péu(s) de *co*·co sm. (pl.).
cha·péu(s) de *coi*·ro sm. (pl.).
cha·péu(s)-de-*coi*·ro sm. (pl.).
cha·péu(s) de *cou*·ro sm (pl.) 'doce'.
cha·péu(s)-de-*cou*·ro sm (pl.) 'erva'.
cha·péu(s) de *fer*·ro sm. (pl.).
cha·péu(s) de *fra*·de sm. (pl.) 'diamante'.
cha·péu(s)-de-*fra*·de sm. (pl.) 'arbusto'.
cha·péu(s)-de-na·po·le:*ão* sm. (pl.).
cha·péu(s) de *sol* sm. (pl.) 'guarda-sol'.
cha·péu(s)-de-*sol* sm. (pl.) 'árvore'.
cha·péu(s) do *chi*·le sm. (pl.).
cha·péu(s)-*ve*·lho(s) sm. (pl.).
cha·peu·*zi*·nho sm.
cha·*pim* sm.; pl. ·*pins*.
cha·pi·*nar* v.
cha·pi·*nei*·ro sm.
cha·pi·*nhar* v.
cha·pis·*car* v.
cha·*pis*·co sm.

cha·pis·ta adj. s2g.
cha·pli·ni:a·no adj. sm.
cha·po adj.
cha·po·dar v.
cha·po·ta sf.
cha·po·tar v.
cha·prão sm.; pl. ·prões.
cha·priz sf.
cha·puz sm. interj.
cha·pu·zar v.
cha·quéu sm.
cha·ra sf. 'modo, costume'/Cf. xara.
cha·ra·da sf. 'enigma'/Cf. xarada.
cha·ra·dis·mo sm.
cha·ra·dis·ta adj. s2g.
cha·ra·dís·ti·co adj.
cha·ram·ba sf.
cha·ra·me·la sf.
cha·ra·me·lei·ro sm.
cha·ran·ga sf.
cha·ran·guei·ro sm.
cha·rão sm.; pl. ·rões.
char·ca sf.
char·ca·da sf.
char·co sm.
char·co·so (ô) adj.; f. e pl. (ó).
char·cu·ta·ri·a sf.
char·cu·tei·ro sm.
char·cu·te·ri·a sf.: charcutaria.
char·dó sm.
cha·re·la sf.
char·ge sf., do fr. charge.
cha·ri·va·ri sm.
char·la sf.
char·la·dor (ô) adj. sm.
char·lar v.
char·la·ta s2g.
char·la·ta·na·ri·a sf.
char·la·ta·ne:ar v.
char·la·ta·nes·co (ê) adj.
char·la·ta·ni·ce sf.
char·la·tâ·ni·co adj.
char·la·ta·nis·mo sm.
char·la·tão adj. sm.; pl. ·tães ou ·tões; f. ·to·na.
char·la·tei·ra sf.
char·la·to·na adj. sf. de charlatão.
char·lo·te sm.
char·me sm., do fr. charme.
char·mi·nho sm., na loc. fazer charminho.
char·mo·so (ô) adj.; f. e pl. (ó).
char·ne·ca sf.
char·nei·ra sf.

char·ne·quei·ro adj.
char·ne·que·nho adj. sm.
char·no·qui·to sm.
cha·ro sm.
cha·ro·la sf.
char·pa sf.
char·que sm.
char·que:a·ção sf.; pl. ·ções.
char·que:a·da sf.
char·que:a·dor (ô) sm.
char·que:ar v.
char·que(s) de ven·to sm. (pl.).
char·quei·o sm.
char·quei·ro adj. sm.
char·ra·vas·cal sm.; pl. ·cais.
char·re·te sf.
char·réu sm.
char·ris·car v.
char·ro adj. sm.
char·ru:a sf. adj. s2g.
char·ru:á adj. s2g.
char·ru:a·da sf.
char·ru:ar v.
cha·ru·ta·ri·a sf.
cha·ru·te:ar v.
cha·ru·tei·ra sf.
cha·ru·tei·ro sm.
cha·ru·to sm.
chas·co sm.
chas·pe·le·ta (ê) sf.
chas·pe·le·te (ê) sm.
chas·pu·lho sm.
chas·que sm.
chas·que:a·dor (ô) adj. sm.
chas·que:ar v.
chas·quei·ro adj. sm.
chas·quen·to adj.
chas·si sm., do fr. chassis.
chat sm. (ing.: tchét).
cha·ta sf.
cha·ta·da sf.
cha·te:a·ção sf.; pl. ·ções.
cha·te:ar v.
cha·te·za (ê) sf.
cha·ti·ce sf.
cha·tim sm.; pl. ·tins.
cha·ti·na·gem sf.; pl. ·gens.
cha·ti·nar v.
cha·to adj. sm.
cha·to·bri:ã sm., do fr. chateaubriand ou chateaubriant.
chá·tri:a sm.: xátria.
cha·tu·ra sf.
chau interj. sm., do it. ciao.
chau·á sm. sf.
chau·ã sm.

chau·del sm.; pl. ·déis.
chau·vi·nis·mo (chô) sm.
chau·vi·nis·ta (chô) adj. s2g.
cha·vão sm.; pl. ·vões.
cha·va·ri·a sf.
cha·vas·ca·da sf.
cha·vas·ca·do adj.
cha·vas·cal sm.; pl. ·cais.
cha·vas·car v.
cha·vas·co adj. sm.
cha·vas·quei·ro adj. sm.
cha·vas·qui·ce sf.
cha·ve sf.
cha·ve:ar v.
cha·ve·co sm.
cha·vei·ra sf.
cha·vei·rão sm.; pl. ·rões.
cha·vei·ren·to adj.
cha·vei·ro sm.
cha·ve·ro·se sf.
cha·vei·ro·so (ô) adj.; f. e pl. (ó).
cha·ve·lha (ê) sf.
cha·ve·lhão sm.; pl. ·lhões.
cha·ve·lho (ê) sm.
chá·ve·na sf.
cha·ve·ta (ê) sf./Cf. chaveta (é), do v. chavetar.
cha·ve·tar v.
cha·vi:a·no adj. sm.
cha·vi:en·se adj. s2g.
cha·vo sm.
cha·zei·ro adj. sm.
ché sf. interj.
chê interj.
ché·ba·te sm.
che·bê sm.
che·bu·lho sm.
che·ca·pe sm., do ing. check-up.
che·car v.
check-in sm. (ing.: tchequin).
checklist s2g. (ing.: tcheclist).
checkout sm. (ing.: tchecaut).
check-up sm. ing.: checape.
che·co adj. sm.: tcheco.
che·co-es·lo·va·co adj. sm.: tcheco-eslovaco.
che·da (ê) sf.
che·di·ta sf.
cheesburger sm. (ing.: tchisbârguer).
che·fão sm.; pl. ·fões.
che·fa·tu·ra sf.
che·fe s2g.
che·fe(s) de di·vi·são sm. (pl.).
che·fe(s) de es·qua·dra sm. (pl.).
che·fe·te (ê) sm.

che·*fi*·a sf.
che·fi:*ar* v.
che·*fí*·cu·lo sm.
che·ga (ê) sm. *ou* sf. interj.
che·*ga*·da sf.
che·ga·*dei*·ra sf.
che·ga·*de*·la sf.
che·ga·*di*·ço adj. sm.
che·ga·*di*·nha sf.
che·*ga*·do adj.
che·ga·*dor* (ô) adj. sm.
che·ga-e-*vi*·ra sf. 2n.
che·ga·*men*·to sm.
che·*gan*·ça sf.
che·*gan*·ças sf. pl.
che·*gan*·ço sm.
che·*guel* sm.; pl. ·*guéis* /Cf. chegueis, do v. chegar.
chei·a sf.
chei·o adj. sm.
chei·ra-*chei*·ra adj. s2g. 2n.
chei·ra-*dei*·ra sf.
chei·ra·*dor* (ô) adj. sm.
chei·*ran*·te adj. 2g.
chei·*rar* v.
chei·*re*·te (ê) sm.
chei·ri·*car* v.
chei·ri·*nar* v.
chei·ro sm. 'odor'/Cf. *xero*.
chei·ros sm. pl.
chei·*ro*·so (ô) adj. sm. f. e pl. (ó).
chei·ro(s)-*ver*·de(s) sm. (pl.).
che·la sm.
chel·pa (ê) sf.
che·pe-*che*·pe(s) sm. (pl.).
che·que[1] sm. 'ordem de pagamento'/Cf. *xeque*.
che·que[2] adj. s2g.: *checo*.
che·que-bor·*ra*·cha sm.; pl. cheques-borrachas ou cheques-borracha.
che·que-*ou*·ro sm.; pl. cheques-ouros ou cheques-ouro.
cher·*cô*·ni:a sf.
che·re·*rém* sm.; pl. ·*réns*.
che·ri·*mó*·li:a sf.
che·ri·*vi*·a sf.
cher·na sf.
cher·na(s)-*pre*·ta(s) sf. (pl.).
cher·ne sm.
cher·ne(s)-*pin*·ta·do(s) sm. (pl.).
cher·*ne*·te (ê) sm.
cher·ne(s)-ver·*me*·lho(s) sm. (pl.).
cher·*no*·te sm.
ches·mi·ni·*nés* sm. pl.

che·ta (ê) sf. 'moeda' 'ousadia'/Cf. *xeta*.
che·vi:*o*·te sm.
chi:*a*·da sf.
chi:a·*dei*·ra sf.
chi:*a*·do adj. sm.
chi:a·do·*ren*·se adj. s2g.
chi:*ar* v.
chi:*a*·ta sf.
chi:*a*·tar v.
chi·ba sf. 'cabra' 'empola'/Cf. *xiba*.
chi·*bam*·ba sm.
chi·*ban*·ca sf.
chi·*ban*·ça sf.
chi·ban·ta·*ri*·a sf.
chi·*ban*·te adj. s2g. sm.
chi·ban·te:*ar* v.
chi·ban·*tes*·co (ê) adj.
chi·ban·*ti*·ce sf.
chi·ban·*tis*·mo sm.
chi·*bar* v.
chi·bar·*ra*·da sf.
chi·bar·*rei*·ro sm.
chi·*bar*·ro sm.
chi·*ba*·ta sf.
chi·ba·*tã* sf.
chi·ba·*ta*·da sf.
chi·ba·*tar* v.
chi·ba·te:*ar* v.
chi·ba·*tei*·ro adj. sm.
chi·*ba*·to sm.
chib·cha adj. s2g.
chi·*bé* sm.
chi·bo sm.
chi·*bu*·que sm.
chi·ca sf.
chi·*ca*·na sf.
chi·ca·*nar* v.
chi·ca·ne:*ar* v.
chi·ca·*nei*·ro adj. sm.
chi·ca·*ni*·ce sf.
chi·ca·*nis*·ta adj. s2g.
chi·*can*·te adj. s2g.
chi·ca·*ro*·la sf.
chi·cha sf.
chi·*chá* sm.
chí·cha·ro sm.
chi·*char*·ro sm.
chi·char·ro(s)-*bran*·co(s) sm. (pl.).
chi·char·ro-ca·la·*bar* sm.; pl. *chicharros-calabares* ou *chicharros-calabar*.
chi·char·ro-ca·*va*·la sm.; pl. *chicharros-cavalas* ou *chicharros-cavala*.

chi·char·ro(s)-de-o·lho-*gran*·de sm. (pl.).
chi·char·ro(s)-pin·*ta*·do(s) sm. (pl.).
chi·che·*lar* v.
chi·*che*·lo sm.: *chinelo*.
chi·chi:*ar* v.
chi·chi·ca(s)-*d'á*·gua sf. (pl.).
chi·chis·*béu* sm.
chi·*chor*·ro (ô) sm.
chi·chor·ro·*bi:*o adj. sm.
chi·*chu*·ta sm.: *chicuta*.
chi·cle sm.
chi·*cle*·te sm.
chi·co adj. sm.
chi·co(s)-da-*ron*·da sm. (pl.).
chi·co(s) das *do*·res sm. (pl.).
chi·co(s) de *ro*·da sm. (pl.).
chi·co·le·*rê* sm.
chi·co(s)-*ma*·gro(s) sm. (pl.).
chi·co(s)-*pre*·to(s) sm. (pl.).
chi·co-pu·*xa*·do sm.; pl. *chicos-puxados* ou *chico-puxados*.
chi·*có*·ri·a sf.
chi·co·ri:*á*·ce:a sf.
chi·co·ri:*á*·ce:o adj.
chi·co·*ta*·ço sm.
chi·co·*ta*·da sf.
chi·co·*tar* v.
chi·*co*·te sm.
chi·co·te:*ar* v.
chi·co·te(s)-quei·*ma*·do(s) sm. (pl.).
chi·co·ti·nho(s)-quei·*ma*·do(s) sm. (pl.).
chi·*cu*·ta sm.: *chichuta*.
chi·*do*·va sf.
chi·fa·*ro*·te sm.
chi·fra sf.
chi·*fra*·ço sm.
chi·*fra*·da sf.
chi·fra·*dei*·ra sf.
chi·*frar* v.
chi·fre sm.
chi·fre(s) de *boi* sm. (pl.).
chi·fre(s) de *ca*·bra sm. (pl.).
chi·fre(s)-de-*cão* sm. (pl.).
chi·fre(s)-de-ve:*a*·do sm. (pl.).
chi·fre(s)-fu·*ra*·do(s) sm. (pl.).
chi·*fru*·do adj. sm.
chi·la sf. 'abóbora' 'fazenda'/Cf. *xila*.
chi·la(s)-cai:*o*·ta(s) sf. (pl.).
chi·le sm.
chi·*le*·nas sf. pl.
chi·*le*·no adj. sm. 'do Chile'/Cf. *xileno*.

chi·*li*·do sm.
chi·lin·*drão* sm.; pl. ·*drões*.
chi·*li*·que sm.
chil·*ra*·da sf.
chil·*rão* sm.; pl. ·*rões*.
chil·*rar* v.
chil·re:*a*·da sf.
chil·re:a·*dor* (ô) adj. sm.
chil·re:*an*·te adj. 2g.
chil·re:*ar* v.
chil·*rei*·o sm.
chil·*rei*·ro adj.
chil·ro adj. sm.
chim adj. s2g.; pl. ·*chins*.
chi·*man*·go sm.: ximango.
chi·mar·*rão* adj. sm.; pl. ·*rões*; f. ·*ro*·na.
chi·mar·re:*ar* v.
chi·mar·*ri*·ta sf.
chi·mar·ro·ne:*ar* v.
chim·*bé* adj. 2g.: ximbé.
chim·be:*ar* v.
chim·pan·*zé* sm.
chim·*par* v.
chi·na adj. s2g. sf. *ou* sm.
chi·na·*ra*·da sf.
chi·na·*re*·do (ê) sm.
chin·*ca*·da sf.
chin·ca·lha·*ção* sf.; pl. ·*ções*.
chin·ca·*lha*·da sf.
chin·ca·*lhar* v.
chin·*ca*·lho sm.
chin·*car* v.
chin·*cha* sf.
chin·*char* v.
chin·*chi*·la sf.
chin·cho sm.
chin·*chor*·ro (ô) adj. sm.
chin·co:*ã* sm.
chin·co:*ã*(s)-pe·*que*·no(s) sm. (pl.).
chi·ne:*ar* v.
chi·*nei*·ro adj. sm.
chi·*ne*·la sf.
chi·ne·*la*·da sf.
chi·ne·*lei*·ro sm.
chi·*ne*·lo sm.
chi·ne·*ri*·o sm.
chi·*nês* adj. sm.
chi·ne·*si*·ce sf.
chin·fra sf.
chin·*frão* sm.; pl. ·*frões*.
chin·*frei*·ro adj.
chin·*frim* adj. 2g. sm.; pl. ·*frins*.
chin·fri·na·*ção* sf.; pl. ·*ções*.
chin·fri·*na*·da sf.
chin·fri·*nar* v.

chin·fri·*nei*·ra sf.
chin·fri·*ni*·ce sf.
chin·*gui*·ço sm.
chi·*ni*·nha sf.
chi·*no* adj. sm.
chi·*nó* sm.
chi·*no*·ca sf.
chi·no·*cão* sm.; pl. ·*cões*.
chin·que sm.
chin·*qui*·lho sm.
chi·o sm.
chi:*o*·ba sm.
chi:*o*·co·co (ô) sm.
chip sm. (ing.: chip).
chi·*pa* sf.
chi·pan·*zé* sm.: chimpanzé.
chi·pe sm.
chi·po·*lim* sm.; pl. ·*lins*.
chi·*que* adj. 2g. sm., do fr. chic.
chi·*quei*·ra sf.
chi·*quei*·rá sm.
chi·quei·ra·*dor* (ô) sm.
chi·*quei*·rar v.
chi·quei·*rei*·ro adj.
chi·*quei*·ro sm.
chi·*quis*·mo sm.
chi·*qui*·to adj. sm.
chir·ca sf.
chir·*cal* sm.; pl. ·*cais*.
chi·ri·*bi*·ri sm.
chi·ri·*no*·la sf.
chi·*ri*·pa sf.
chi·ri·*pá* sm.
chi·ri·pe:*ar* v.
chi·ri·*pen*·to adj. sm.
chi·ri·*vi*·a sf.
chi·ri:*an*·te adj. 2g.
chi·ri:*ar* v.
chi·*ru* adj. sm.; f. chi·*ru*·a.
chis·pa sf.
chis·pa·da sf.
chis·pan·te adj. 2g.
chis·par v.
chis·pe sm.
chis·pe:ar v.
chis·te sm.
chis·*to*·so (ô) adj. 'engraçado'; f. e pl. (ó)/Cf. xistoso.
chi·ta adj. 2g. sf.
chi·*ta*·do adj.
chi·*tão* sm. interj.; pl. ·*tões*.
chi·ta·*ri*·a sf.
chi·*tau* sm.
chi·*te*·la sf.
chi·*tom* interj.
cho·ca sf.
cho·ça sf.

cho·ca·*dei*·ra sf.
cho·*ca*·gem sf.; pl. ·*gens*.
cho·ca·*lha*·da sf.
cho·ca·*lha*·do adj.
cho·ca·*lhan*·te adj. 2g.
cho·ca·*lhar* v.
cho·ca·*lhei*·ro adj. sm.
cho·ca·*lhi*·ce sf.
cho·*ca*·lho sm.
cho·ca·lho(s)-de-cas·ca·*vel* sm. (pl.).
cho·*can*·te adj. 2g.
cho·*cão* sm.; pl. ·*cões*.
cho·*car* v.
cho·car·ra·*ri*·a sf.
cho·car·re:*ar* v.
cho·car·*rei*·ro adj. sm.
cho·car·*ri*·ce sf.
cho·*char* v.
cho·*chi*·ce sf.
cho·*chi*·nha s2g.
cho·cho (ô) adj. sm. 'sem miolo'/Cf. chocho (ó), do v. chochar, e xoxo.
cho·co (ô) adj. sm.; f. (ó) *e* pl. (ô)/Cf. choco (ó), do v. chocar.
cho·co·la·ta·*ri*·a sf.
cho·co·*la*·te sm.
cho·co·la·*tei*·ra sf.
cho·co·la·*tei*·ro sm.
cho·cor·*re*·ta (ê) sf.
cho·*fer* sm.
cho·*fra*·da sf.
cho·*frar* v.
cho·fre (ô) sm./Cf. chofre (ó), do v. chofrar.
cho·*frei*·ro adj. sm.
cho·*fris*·ta adj. s2g.
cho·*fru*·do adj.
cho·*gó* sm.
chol·dra (ô) sf.
chol·dra·*bol*·dra sf.
cho·*ma*·gem sf.; pl. ·*gens*; do fr. *chômage*.
cho·pa (ô) sf.
cho·pe (ô) sm.
cho·pe(s)-du·plo(s) sm. (pl.).
cho·*pim* sm.; pl. ·*pins*: chupim.
cho·pi·ni:*a*·no adj.
cho·que sm.
cho·*quei*·ro adj. sm.
cho·*quen*·to adj.
cho·ra·*dei*·ra sf.
cho·ra·*di*·nho sm.
cho·*ra*·do adj. sm.
cho·ra·*lu*·a(s) sm. (pl.).
cho·ra·ma·*ré*(s) sm. (pl.).

cho·ra·mi·*ga*·dor (ô) adj. sm.: *choramingador.*
cho·ra·mi·*gão* sm.; pl. ·*gões*; f. ·*go*·na: *choramingão.*
cho·ra·mi·*gar* v.: *choramingar.*
cho·ra·*mi*·gas s2g. 2n.: *choramingas.*
cho·ra·mi·*go*·na sf. de *choramigão.*
cho·ra·mi·*guei*·ro adj.: *choramingueiro.*
cho·ra·min·ga·*dor* (ô) adj. sm.
cho·ra·min·*gão* sm.; pl. ·*gões*; f. ·*go*·na.
cho·ra·min·*gar* v.
cho·ra·*min*·gas s2g. 2n.
cho·ra·*min*·go sm.
cho·ra·min·*go*·na sf. de *choramingão.*
cho·ra·min·*guei*·ro adj.
cho·*rão* adj. sm.; pl. ·*rões*; f. ·*ro*·na.
cho·*rão*-sal·*guei*·ro sm.; pl. *chorões-salgueiros* ou *chorões--salgueiro.*
cho·*rão*·*zi*·nho sm.
cho·*rar* v.
cho·ra·*ri*·a sf.
cho·ra·vi·*na*·gre(s) sm. (pl.).
cho·ro (ô) sm./Cf. *choro* (ó), do v. *chorar.*
cho·ro:*en*·se adj. s2g.
cho·ro·*lam*·bre sm.
cho·*ro*·na adj. sf. de *chorão.*
cho·*ro*·nas sf. pl.
cho·ro·*rão* sm.; pl. ·*rões.*
cho·ro·*ró* sm.
cho·ro·*rô* sm.
cho·*ro*·so (ô) adj.; f. *e* pl. (ó).
chor·*rar* v.
chor·ri·*lhar* v.
chor·*ri*·lho sm.
chor·ro (ô) sm./Cf. *chorro* (ó), do v. *chorrar.*
chor·*ró* sm.
chor·ro·cho:*en*·se adj. s2g.
cho·*ru*·do adj.
cho·*ru*·me sm.
cho·ru·*me*·la sf.
cho·ru·*men*·to adj.
chou·pa sf.
chou·*pal* sm.; pl. ·*pais.*
chou·*pa*·na sf.
chou·pa·*nei*·ro sm.
chou·po sm.
chou·po(s)-*bran*·co(s) sm. (pl.).
chou·po(s)-*pre*·to(s) sm. (pl.).

chou·ra sf.
chou·*re*·la sf.
chou·*rém* sm.; pl. ·*réns.*
chou·*ri*·ça sf.
chou·ri·*ça*·da sf.
chou·ri·*cei*·ro sm.
chou·*ri*·ço sm.
chou·sa sf.
chou·*sal* sm.; pl. ·*sais.*
chou·so sm.
chou·ta·*dor* (ô) adj. sm.
chou·*tão* adj.; pl. ·*tões*; f. ·*to*·na.
chou·*tar* v.
chou·te:*ar* v.
chou·*tei*·ro adj. sm.
chou·to sm.
chou·*to*·na adj. f. de *choutão.*
cho·ve·*di*·ço adj.
cho·ve·*doi*·ro sm.: cho·ve·*dou*·ro.
cho·ve não *mo*·lha sm. 2n.
cho·*ver* v.
cho·*vi*·do adj.
chu:*á* sm.
chu:*ã* sm.
chu·*be*·to sm.
chu·ca sf.
chu·ça sf.
chu·ca-chu·ca(s) sm. (pl.).
chu·*ça*·da sf.
chu·*çar* v.
chu·*cei*·ro sm.
chu·cha sf.
chu·cha·*dei*·ra sf.
chu·*cha*·do adj.
chu·*char* v.
chu·char·*rão* sm.; pl. ·*rões*
chu·cho sm. 'calefrio'/Cf. *xuxo.*
chu·*chu* sm.
chu·chur·re:*a*·do adj.
chu·chur·re:*ar* v.
chu·ço sm.
chu·*cru*·te sm.
chu:*é* adj. 2g. 'apoucado'/Cf. *xué.*
chu·fa sf.
chu·*far* v.
chu·fe:*ar* v.
chu·*fis*·ta adj. s2g.
chu·la sf.
chu·la·*ri*·a sf.
chu·*la*·ta sf.
chu·*lé* sm.
chu·le:*a*·do adj. sm.
chu·le:*ar* v.
chu·*lei*·o sm.
chu·*lei*·ro adj.

chu·le·*pen*·to adj. sm.
chu·le·*ren*·to adj. sm.
chu·*le*·ta (ê) sf.
chu·*li*·ce sf.
chu·*li*·pa sf.
chu·*lis*·mo sm.
chu·*lis*·ta adj. s2g.
chu·lo adj.
chul·po adj. sm.
chu·ma·*çar* v.
chu·ma·*cei*·ra sf.
chu·ma·*ce*·te (ê) sm.
chu·*ma*·ço sm.
chum·*ba*·da sf.
chum·*ba*·do adj.
chum·ba·*dor* (ô) adj. sm.
chum·*ba*·gem sf.; pl. ·*gens.*
chum·ba·*lé* sm.: *chambalé.*
chum·*bar* v.
chum·be:*a*·do adj.
chum·be:*ar* v.
chúm·be:as sf. pl.: *chúmeas.*
chum·*bei*·ra sf.
chum·*bei*·ro sm.
chum·*bi*·nho sm.
chum·*bis*·mo sm.
chum·*bis*·ta adj. s2g.
chum·bo sm.
chu·me:*ar* v.
chú·me:as sf. pl.: *chúmbeas.*
chu·*me*·co sm.
chun·*cho* adj. sm.
chu·*nen*·se adj. s2g.
chu·pa sf. adj. s2g. sm.
chu·pa-*cal*·do(s) sm. (pl.).
chu·*pa*·da sf.
chu·pa·*de*·la sf.
chu·pa·*den*·te(s) sm. (pl.).
chu·*pa*·do adj.
chu·pa·*doi*·ro sm.: *chupadouro.*
chu·pa·*dor* (ô) adj. sm.
chu·pa·dor de *an*·ta sm.; pl. *chupadores de anta.*
chu·pa·*dou*·ro sm.: *chupadoiro.*
chu·pa·*du*·ra sf.
chu·pa-*flor* sm. pl. *chupa-flores.*
chu·pa-ga·*lhe*·tas sm. 2n.
chu·pa·*gás* sm.; pl. *chupa-gases.*
chu·pa-*mel* sm.; pl. *chupa-méis.*
chu·pa·*men*·to sm.
chu·*pan*·ça sf.
chu·*pão* adj. sm.; pl. ·*pões*; f. ·*po*·na.
chu·pa-o-*vo*(s) sm. (pl.).
chu·pa-*pin*·to(s) sm. (pl.).
chu·*par* v.
chu·pa·*ri*·no sm.

chu·pa-*ro*·lha(s) sm. (pl.).
chu·pa-*san*·gue(s) sm. (pl.).
chu·*pe*·ta (ê) sf.
chu·*pim* sm.; pl. ·*pins*
chu·*pim*-do-ba-*nha*·do sm.; pl.
   chupins-do-banhado.
chu·*pim*-do-*bre*·jo sm.; pl.
   chupins-do-brejo.
chu·*pim*-do-*char*·co sm.; pl.
   chupins-do-charco.
chu·*pis*·ta adj.s2g.
chu·*pi*·ta sf.
chu·*pi*·tar v.
chur·do adj. sm.
chur·ma sf.
chur·ras·*ca*·da sf.
chur·ras·ca·*ri*·a sf.
chur·*ras*·co sm.
chur·ras·que:*a*·da sf.
chur·ras·que:*ar* v.
chur·ras·*quei*·ra sf.
chur·ras·*quei*·ro sm.
chur·ras·*que*·to (ê) sm.
chur·ras·*qui*·nho sm.
chur·ri·*a*·do adj.
chur·ri:*ão* sm.; pl. ·*ões*.
chur·ri·gue·*res*·co (ê) adj. sm.
chur·ro adj. sm.
chus adv., na loc. *nem chus nem bus*.
chus·ma sf.
chus·*mar* v.
chu·ta interj.
chu·ta·*dor* (ô) adj. sm.
chu·*tar* v.
chu·te sm.
chu·*tei*·ra sf.
chu·va sf.
chu·va(s)-cri:a·*dei*·ra(s) sf. (pl.).
chu·*va*·da sf.
chu·va(s) de ca·*ju* sf. (pl.).
chu·va(s) de ca·*ro*·ço sf. (pl.).
chu·va(s)-de-*oi*·ro sf. (pl.):
   chu·va(s)-de-*ou*·ro.
chu·va(s) de *ra*·ma sf. (pl.).
chu·va(s) de san·ta lu·*zi*·a sf. (pl.).
chu·va(s) dos ca·ju:*ei*·ros sf. (pl.).
chu·va(s) dos im·*bus* sf. (pl.).
chu·*vão* sm.; pl. ·*vões*.
chu·va·*ra*·da sf.
chu·vei·*ra*·da sf.
chu·vei·*rão* sm.; pl. ·*rões*.
chu·vei·*ri*·nho sm.
chu·*vei*·ro sm.

chu·vi·*lhar* v.
chu·*vi*·nha sf.
chu·vis·*car* v.
chu·*vis*·co sm.
chu·vis·*quei*·ro sm.
chu·*vo*·so (ô) adj.; f. *e* pl. (ó).
ci:*á* sm.
ci:*ã* adj. s2g.: *ciano*.
ci:a·na·*mi*·da sf.
ci:a·*na*·to sm.
ci:a·ne·fi·*dro*·se sf.
ci:a·ne·fi·*dró*·si·co adj.
ci:a·ne·ta·*ção* sf.; pl. ·*ções*.
ci:a·*ne*·to (ê) sm.
ci:a·*â*·ni·co adj.
ci:a·ni·*cór*·ne:o adj.
ci:a·*ní*·dri·co adj.
ci:a·*ní*·pe·de adj. 2g.
ci:a·nir·*ros*·tro adj.
ci:a·*nis*·mo sm.
ci:a·*ni*·ta sf.: ci:a·*ni*·te.
ci:*a*·no adj. sm. 'povo'/Cf. *cíano*.
cí:a·no adj. sm. 'azul,
   cianogênio'/Cf. *ciano*.
ci:a·no·cal·*ci*·ta sf.:
   ci:a·no·cal·*ci*·te.
ci:a·no·*car*·po adj.
ci:a·no·*cé*·fa·lo adj.
ci:a·no·cro·*í*·ta sf.:
   ci:a·no·cro·*í*·te.
ci:a·no·der·*mi*·a sf.
ci:a·no·*dér*·mi·co adj.
ci:a·no·*fé*·ri·co adj.
ci:a·no·*fer*·ro sm.
ci:a·no·*fí*·ce:a sf.
ci:a·no·*fí*·ce:o adj.
ci:a·no·fi·*li*·a sf.
ci:a·no·*fós*·fo·ro sm.
ci:a·nof·*tal*·mo adj.
ci:a·no·*gás*·ter adj. 2g. sm.
ci:a·no·*gás*·tre:o adj.
ci:a·no·*gás*·tri:o sm.
ci:a·no·*gê*·ni:o sm.
ci:a·*nô*·me·tro sm.
ci:a·*nóp*·te·ro adj.
ci:a·no·*sar* v.
ci:a·*no*·se sf.
ci:a·*nó*·ti·co adj.
ci:a·no·ti·*pi*·a sf.
ci:a·nu·*re*·to (ê) sm.
ci:a·nu·*ri*·a sf.: ci:a·*nú*·ri:a.
ci:a·*nú*·ri·co adj.
ci:*ar* v. 'ter ciúmes' 'remar para
   trás'/Cf. *siar* e *cear*.
ci:a·te:*á*·ce:a sf.
ci:a·te:*á*·ce:o adj.
ci:*á*·ti·ca sf.

ci:*á*·ti·co adj.
ci:a·ti·*for*·me adj. 2g.
ci:*á*·ti:o sm.
cí·a·to sm.
ci:a·*toi*·de adj. 2g.
ci:a·*vo*·ga sf. 2n.
cí·ba·la sf.
ci·*ba*·lho sm.
cí·ba·lo sm.
ci·ber·es·*pa*·ço sm.
ci·ber·*nau*·ta sm.
ci·ber·*né*·ti·ca sf.
ci·ber·*né*·ti·co adj.
ci·bo sm.
ci·*bó*·ri:o sm.
ci·bo·*tá*·ti·co adj.
ci·ca sf. 'adstringência'/Cf. *sica*.
ci·ca·*dá*·ce:a sf.
ci·ca·*dá*·ce:o adj.
ci·ca·*da*·le sf.
ci·ca·*dá*·ri:a sf.
ci·*cá*·de:a sf.
ci·ca·de·*lí*·de:o adj. sm.
ci·ca·*dí*·de:o adj.
ci·ca·do·fi·li·*ca*·le sf.
ci·ca·tri·ci:*al* adj. 2g.; pl. ·*ais*.
ci·ca·*trí*·cu·la sf.
ci·ca·*triz* sf.
ci·ca·tri·*za*·ção sf.; pl. ·*ções*
ci·ca·tri·*za*·do adj.
ci·ca·tri·*zan*·te adj. 2g. sm.
ci·ca·tri·*zar* v.
ci·ca·tri·*zá*·vel adj. 2g.; pl. ·*veis*.
ci·ce·*ra*·do adj.
ci·ce·*ra*·gem sf.; pl. ·*gens*.
ci·ce·*rar* v.
cí·ce·ro sm.
cí·ce·ro-dan·*ten*·se(s) adj. s2g. (pl.).
ci·ce·*ro*·ne sm.
ci·ce·ro·ni:*a*·no adj. sm.
ci·ce·ro·ni·*zar* v.
ci·ci:*ar* v. 'sibilar'/Cf. *cecear*.
ci·cin·de·*lí*·de:o adj. sm.
ci·*ci*·o sm.
ci·*ci*:o·so (ô) adj. sm. 'que
   sibila'/Cf. *ceceoso*.
ci·cla·*den*·se adj. s2g.
cí·cla·me sm.: *ciclâmen*.
ci·*clâ*·men sm.; pl. *ciclâmens*
   ou *ciclâmenes*: *cíclame*.
ci·clan·*tá*·ce:a sf.
ci·clan·*tá*·ce:o adj.
ci·clan·*rí*·de:o adj. sm.
ci·*cle*·no sm.
cí·cli·co adj. sm.
ci·*clis*·mo sm.

ci·*clis*·ta adj. s2g.
ci·clo sm. 'série que se repete regularmente'/Cf. *siclo*.
ci·clo:al·*que*·no sm.
ci·clo·bu·*ta*·no sm.
ci·clo:e·*xa*·no (cs *ou* z) sm.
ci·clo:e·xi·la·*mi*·na (cs *ou* z) sf.
ci·cloi·*dal* adj. 2g.; pl. ·*dais*.
ci·*cloi*·de adj. s2g. sf.
ci·clo·le·*fi*·na sf.
ci·clo·me·*tri*·a sf.
ci·clo·*mé*·tri·co adj.
ci·*clô*·me·tro sm.
ci·clo·*nal* adj. 2g.; pl. ·*nais*.
ci·*clo*·ne sm.
ci·*clô*·ni·co adj.
ci·clo·*ni*·ta sf.
ci·clo·pa·ra·*fi*·na sf.
ci·*clo·pas*·mo sm.
ci·*clo*·pe adj. 2g. sm.
ci·*cló*·pe:o adj.
ci·clo·pi:*a*·no adj. sm.
ci·*cló*·pi·co adj.
ci·clo·ple·*gi*·a sf.
ci·*clóp*·te·ro sm.
ci·clo·*ra*·ma sm.
ci·clor·*ra*·fo adj. sm.
ci·*clo*·se sf.
ci·clos·si·*mé*·tri·co adj.
ci·clos·to·*ma*·do adj. sm.
ci·*clós*·to·mo adj. sm.
ci·clo·ti·*mi*·a sf.
ci·clo·*tí*·mi·co adj. sm.
ci·*cló*·to·mo sm.
cí·clo·tron sm.
ci·clo·*vi*:a sf.
ci·co·*ní*·de:o adj. sm.
ci·co·ni·*for*·me adj. 2g. sm.
ci·*cu*·ta sf.
ci·cu·ta(s)-da-eu·*ro*·pa sf. (pl.).
ci·cu·*tá*·ri:a sf.
ci·cu·*ti*·na sf.
ci·da·*dã* sf. de *cidadão*.
ci·da·da·*ni*·a sf.
ci·da·*dão* sm.; pl. ·*dãos*; f. *cidadã* ou *cidadoa*.
ci·*da*·de sf.
ci·da·de(s)-dor·mi·*tó*·ri:o(s) sf. (pl.).
ci·da·*de*·la sf.
ci·da·de(s)-sa·*té*·li·te(s) sf. (pl.).
ci·da·*do*·a sf. de *cidadão*.
ci·da·*roi*·de adj. 2g. sm.
ci·di·*pí*·di:o adj. sm.
ci·dra sf. 'fruta'/Cf. *sidra*.
ci·*dra*·da sf.
ci·*dral* sm.; pl. ·*drais*.

ci·*drão* sm.; pl. ·*drões*.
ci·*drei*·ra sf.
ci:e·ci:*é* sm.
ci:*ei*·ro sm.
ci:*ên*·ci:a sf.
ci:e·*ní*·de:o adj. sm.
ci:*en*·te adj. 2g. sm.
ci:en·ti·fi·*car* v.
ci:en·*tí*·fi·co adj./Cf. *cientifico*, do v. *cientificar*.
ci:en·*tis*·mo sm.
ci:en·*tis*·ta s2g.
ci:en·to·lo·*gi*·a sf.
ci:*e*·se sf.
ci·fa sf.
ci·*far* v.
ci·*fé* sm.
ci·*fé*·li:o sm.
ci·fof·*tal*·mo adj. sm.
ci·fo·me·*du*·sa sf.
ci·fo·*nis*·mo sm.
ci·fos·co·li:*o*·se sf.
ci·*fo*·se sf.
ci·*fó*·ti·co adj.
ci·fo·zo:*á*·ri:o adj. sm.
ci·fra sf.
ci·fra·*ção* sf.; pl. ·*ções*.
ci·*fra*·do adj.
ci·*frão* sm.; pl. ·*frões*.
ci·*frar* v.
ci·*ga*·lho sm.
ci·*ga*·na sf.
ci·ga·*na*·da sf.
ci·ga·na·*ri*·a sf.
ci·ga·ne:*ar* v.
ci·ga·*ni*·ce sf.
ci·*ga*·no adj. sm.
ci·*gar*·ra sf.
ci·gar·ra(s)-co·bra(s) sf. (pl.).
ci·gar·*rar* v.
ci·gar·ra·*ri*·a sf.
ci·gar·*rei*·ra sf.
ci·gar·*rei*·ro sm.
ci·gar·*ri*·lha sf.
ci·gar·*ri*·nha sf.
ci·gar·*ris*·ta adj. s2g.
ci·*gar*·ro sm.
ci·*gu*·de sm.
ci·*la*·da sf.
ci·lha sf. 'cinta'/Cf. *silha*.
ci·*lha*·do adj.
ci·*lhão* adj. sm. 'peça de arreio' 'cavalo'; pl. ·*lhões*/Cf. *silhão*.
ci·*lhar* v. 'cingir'/Cf. *silhar*.
ci·li:*a*·do adj. sm.
ci·li:*ar* adj. 2g.
ci·li:*á*·tu·lo adj.

ci·li·*brân*·qui:o adj.
ci·li·ci:*ar* v.
ci·*lí*·ci:o sm. 'instrumento de mortificação'/Cf. *cilicio*, do v. *ciliciar*, e *silício*.
ci·li·*for*·me adj. 2g.
ci·*lí*·ge·ro adj.
ci·lin·*dra*·da sf.
ci·lin·*dra*·gem sf.; pl. ·*gens*.
ci·lin·dra·*men*·to sm.
ci·lin·*drar* v.
ci·lin·*drei*·ro sm.
ci·lin·dri·ci·*da*·de sf.
ci·*lín*·dri·co adj.
ci·lin·dri·*cór*·ne:o adj.
ci·lin·dri·*flo*·ro adj.
ci·lin·dri·*for*·me adj. 2g.
ci·lin·*dris*·ta adj. s2g.
ci·lin·*dri*·ta sf.: ci·lin·*dri*·te.
ci·*lin*·dro sm.
ci·lin·dro-*ei*·xo sm.; pl. *cilindros-eixos* ou *cilindros-eixo*.
ci·lin·*droi*·de adj. 2g. sm.
ci·lin·dru·*ri*·a sf.: ci·lin·*drú*·ri:a.
cí·li:o sm.
ci·li:o·den·*ta*·do adj.
ci·li:o·fla·ge·*la*·da sf.
ci·li:o·fla·ge·*la*·do adj.
ci·li:*ó*·fo·ro adj. sm.
ci·li:o·*la*·do adj.
ci·*lí*:o·lo sm.
ci·*li*·to sm.
ci·*lo*·se sf.
ci·ma sf.
ci·*má*·ci:o sm.
ci·*ma*·lha sf.
cim·ba sf.
cím·ba·lo sm.: *cêmbalo*.
cim·bi·*for*·me adj. 2g.
cim·brar v.
cim·bre sm.
cím·bri·co adj.
cim·bro adj. sm.
ci·*mei*·ra sf.
ci·*mei*·ro adj.
ci·me·li:*ar*·ca sm.
ci·*mé*·li:o sm.
ci·men·ta·*ção* sf. 'ato de cimentar'/Cf. *cementação*.
ci·men·*tar* v. 'ligar com cimento'/Cf. *cementar* e *sementar*.
ci·*men*·to sm. 'espécie de argamassa'/Cf. *cemento*, sm., e *semento*, do v. *sementar*.

ci·men·to-a·mi·*an*·to sm.; pl. *cimentos-amiantos* ou *cimentos-amianto*.
ci·*mé*·ri:o adj. sm.
ci·mi·*cí*·de:o adj. sm.
ci·mi·*cí*·fu·ga sf.
ci·mi·*cí*·fu·go adj.
ci·mi·*ci*·no adj.
ci·mi·*tar*·ra sf.
ci·mo sm.
ci·mo·*dó*·ce:a sf.
ci·mo·*dó*·ce:o adj.
ci·mo·*fâ*·ni:o sm.
ci·*mó*·gra·fo sm.
ci·mo·*gra*·ma sm.
ci·*mó*·li:a sf.
ci·mo·li·*a*·no adj.
ci·*mó*·li:o adj.
ci·mo·*pó*·li:a sf.
ci·*mo*·so (ô) adj.; f. e pl. (ó).
ci·*mó*·tri·co adj. sm.
cí·mu·la sf.
ci·na·ba·*ri*·no adj.
ci·*na*·bre sm.
ci·na·*bri*·no adj.
ci·*ná*·bri:o sm.
ci·na·*bri*·ta sf.
ci·*nâ*·mi·co adj.
ci·na·*mo*·mo sm.
ci·*nân*·ci:a sf.
ci·nan·tro·*pi*·a sf.
ci·nan·*tró*·pi·co adj.
cí·na·ra sf.
ci·nas·*trá*·ce:a sf.
ci·nas·*trá*·ce:o adj.
cin·ca sf.
cin·*ca*·da sf.
cin·*car* v.
cin·*cei*·ro sm. 'nevoeiro'/Cf. *sinceiro*.
cin·*cer*·ro (ê) sm.
cin·cha sf.
cin·cha·*dor* (ô) sm.
cin·*chão* sm.; pl. *chões*.
cin·*char* v.
cin·cho sm.
cin·*cho*·na sf.
cin·cho·*ná*·ce:a sf.
cin·cho·*ná*·ce:o adj.
cin·cho·ni·*ci*·na sf.
cin·cho·*ni*·na sf.
cin·ci·*de*·la sf.
cín·cli·se sf. 'agitação'/Cf. *sínclise*.
cin·co num. sm.
cin·co-*cha*·gas sf. 2n.
cin·co-em·*ra*·ma(s) sf. (pl.).

cin·co-*fo*·lhas sf. 2n.
cin·*dir* v.
ci·ne sm.
ci·ne:an·gi:o·co·ro·na·ri:o·gra·*fi*·a sf.
ci·ne:*as*·ta s2g.
ci·ne·*clu*·be sm.
ci·*né*·fi·lo adj. sm.
ci·ne·*gé*·ti·ca sf.
ci·ne·*gé*·ti·co adj.
ci·ne·gra·*fis*·ta adj. s2g.
ci·*ne*·ma sm. 'cinematógrafo'/Cf. *sinema*.
ci·ne·mas·*có*·pi:o sm.
ci·ne·ma·*te*·ca sf.
ci·ne·*má*·ti·ca sf. 'estudo do movimento'/Cf. *sinemática*, f. de *sinemático*.
ci·ne·*má*·ti·co adj. 'relativo a movimento'/Cf. *sinemático*.
ci·ne·ma·to·gra·*far* v.
ci·ne·ma·to·gra·*fi*·a sf.
ci·ne·ma·to·*grá*·fi·co adj.
ci·ne·ma·*tó*·gra·fo sm./ Cf. *cinematografo*, do v. *cinematografar*.
ci·ne·*mei*·ro adj. sm.
ci·ne·ra·*ção* sf.; pl. *·ções*.
ci·ne·*ral* sm.; pl. *·rais*.
ci·ne·*ra*·ma sm.
ci·ne·*rar* v.
ci·ne·*rá*·ri:a sf./Cf. *cineraria*, do v. *cinerar*.
ci·ne·*rá*·ri:o adj. sm.
ci·*né*·re:a sf.
ci·*né*·re:o adj.
ci·ne·*rí*·ce:o adj.
ci·ne·ri·*for*·me adj. 2g.
ci·ner·ra·di:o·gra·*fi*·a sf.
ci·ne·*sal*·gi·a sf.
ci·nes·*co*·pi·a sf.
ci·nes·*có*·pi:o sm.
ci·*ne*·se sf.
ci·ne·*si*·a sf.
ci·ne·si:al·*gi*·a sf.
ci·ne·*sí*·fo·ro sm.
ci·nes·te·*si*·a sf. 'sensibilidade nos movimentos'/Cf. *sinestesia* e *cenestesia*.
ci·nes·*té*·si·co adj. 'relativo à cinestesia'/Cf. *sinestésico* e *cenestésico*.
ci·*né*·ti·ca sf.
ci·*né*·ti·co adj.
cin·ga·*lês* adj. sm.
cin·*gel* sm.; pl. *·géis*.
cin·ge·*la*·da sf.

cin·ge·*lei*·ro sm. 'dono de um cingel'; f. *cingeleira*/Cf. *singeleira*.
cin·gi·*dei*·ra sf.
cin·gi·*doi*·ro sm: cin·gi·*dou*·ro.
cin·*gir* v.
cin·gu·*la*·do adj.
cin·gu·*lar* adj. 2g. v. 'de cíngulo' 'cingir'/Cf. *singular*.
cín·gu·lo sm.
cí·ni·co adj. sm. 'impudico'/Cf. *sínico*.
ci·ni·*pí*·de:o adj. sm.
ci·*ni*·ra sf.
ci·*nis*·mo sm. 'impudência'/Cf. *cenismo*.
ci·no·*cé*·fa·lo adj. sm.
ci·no·*fi*·li·a sf.
ci·*nó*·fi·lo adj.
ci·no·fo·*bi*·a sf.
ci·*nó*·fo·bo adj. sm.
ci·no·*glos*·sa sf.
ci·no·gra·*fi*·a sf. 'tratado sobre cães'/Cf. *cenografia*.
ci·no·*grá*·fi·co adj. 'relativo a cinografia'/Cf. *cenográfico*.
ci·no·lo·*gi*·a sf. 'estudo dos cães'/Cf. *sinologia* e *cenologia*.
ci·no·*ló*·gi·co adj. 'relativo à cinologia'/Cf. *sinológico* e *cenológico*.
ci·no·mo·ri:*á*·ce:a sf.
ci·no·mo·ri:*á*·ce:o adj.
ci·no·re·*xi*·a (cs) sf.: ci·nor·re·*xi*·a.
ci·nor·*ró*·di:o sm.
ci·*nór*·ro·do sm.
ci·no·*sar*·go sm.
ci·*nós*·ba·to sm.
ci·nos·ter·*ní*·de:o adj. sm.
ci·no·*su*·ra sf.
ci·no·*su*·ro adj. sm.
cin·*que*·na sf.
cin·*quen*·ta num. sm.
cin·*quen*·tão adj. sm.; pl. *·tões*; f. *·to*·na.
cin·quen·te·*ná*·ri:o sm.
cin·quen·*to*·na adj. sf. de *cinquentão*.
cin·ta sf. 'faixa'/Cf. *sinta*, do v. *sentir*.
cin·*ta*·do adj. sm.
cin·ta(s)-*lar*·ga(s) adj. s2g. (pl.).
cin·ta(s)-*li*·ga(s) sf. (pl.).
cin·ta·*men*·to sm.
cin·*tar* v.

cin·tas sf. pl./Cf. *sintas*, do v. *sentir*.
cin·te:*ar* v.
cin·*tei*·ro sm.
cin·*tel* sm.; pl. ·*téis*/Cf. *cinteis*, do v. *cintar*.
cin·ti·*gra*·ma sm. 'cintilograma'/Cf. *centigrama*.
cin·ti·la·*ção* sf.; pl. ·*ções*.
cin·ti·la·*dor* (ô) sm.
cin·ti·*lan*·te adj. 2g.
cin·ti·*lar* v.
cin·*ti*·lho sm.
cin·ti·lo·*gra*·ma sm.
cin·to sm. 'cintura'/Cf. *sinto*, do v. *sentir*.
cin·to(s) de *cou*·ro sm. (pl.).
cin·*tu*·ra sf.
cin·tu·*ra*·do adj.
cin·tu·*rão* sm.; pl. ·*rões*.
cin·tu·*rar* v.
ci·nu·rê·ni·co adj.
ci·nu·*ri*·na sf.
cin·za adj. 2g. 2n. sf. *ou* sm.
cin·*zar* v.
cin·zas sf. pl.
cin·*zei*·ro sm.
cin·*zel* sm.; pl. ·*zéis*/Cf. *cinzeis*, do v. *cinzar*.
cin·ze·*la*·do adj.
cin·ze·la·*dor* (ô) adj. sm.
cin·ze·la·*du*·ra sf.
cin·ze·*la*·gem sf.; pl. ·*gens*.
cin·ze·la·*men*·to sm.
cin·ze·*lar* v.
cin·*zen*·to adj. sm.
ci:o sm.
ci:*o*·ba sf. *ou* sm.
ci:o·ba(s)-mu·*la*·ta(s) sf. (pl.).
ci:o·*bi*·nha sf.
ci:o·cro·*mi*·a sf.
ci:o·*crô*·mi·co adj.
ci:o·*gra*·*fi*·a sf.
ci:o·*grá*·fi·co adj.
ci:*ó*·gra·fo sm.
ci:*óp*·gra·fo adj.: *ciótico*.
ci:*o*·so (ô) adj.; f. *e* pl. (ó).
ci:*ó*·ti·co adj.: *cióptico*.
ci:o·to·*mi*·a sf.
ci·pe·*rá*·ce:a sf.
ci·pe·*rá*·ce:o adj.
ci·pe·*ra*·le sf.
ci·po sm.
ci·*pó* sm.
ci·po:*a*·ba sm.
ci·pó-a·ba·*ca*·te sm.; pl. *cipós-abacates* ou *cipós-abacate*.

ci·po:*a*·da sf.
ci·po:*al* sm.; pl. ·*ais*.
ci·*pó*(s)-a·*mar*·go(s) sm. (pl.).
ci·po:*ar* v.
ci·pó-a·*zou*·gue sm.; pl. *cipós--azougues* ou *cipós-azougue*.
ci·pó-*bra*·sil sm.; pl. *cipós-brasis* ou *cipós-brasil*.
ci·*pó*(s)-*bra*·vo(s) sm. (pl.).
ci·*pó*(s)-ca·be·*lu*·do(s) sm. (pl.).
ci·*pó*-ca·*bo*·clo sm.; pl. *cipós--caboclos* ou *cipós-caboclo*.
ci·*pó*-ca·*fé* sm.; pl. *cipós-cafés* ou *cipós-café*.
ci·*pó*-ca·pa·*dor* sm.; pl. *cipós--capadores*.
ci·*pó*-*chum*·bo sm.; pl. *cipós--chumbos* ou *cipós-chumbo*.
ci·*pó*-*cra*·vo sm.; pl. *cipós--cravos* ou *cipós-cravo*.
ci·*pó*-*cruz* sm.; pl. *cipós-cruzes* ou *cipós-cruz*.
ci·*pó*-cu·*ru*·ru sm.; pl. *cipós--cururus* ou *cipós-cururu*.
ci·*pó*(s)-*d'á*·gua sm. (pl.).
ci·*pó*(s)-*d'a*·lho sm. (pl.).
ci·*pó*(s)-de-bei·ra-*mar* sm. (pl.).
ci·*pó*(s)-de-ca·*ba*·ça sm. (pl.).
ci·*pó*(s)-de-ca·ri·*jó* sm. (pl.).
ci·*pó*(s)-de-*co*·bra sm. (pl.).
ci·*pó*(s)-de-co·pa·ca·*ba*·na sm. (pl.).
ci·*pó*(s)-de-im·*bé* sm. (pl.).
ci·*pó*(s)-de-ja·bu·*tá* sm. (pl.).
ci·*pó*(s)-de-ja·bu·*ti* sm. (pl.).
ci·*pó*(s)-de-*lei*·te sm. (pl.).
ci·*pó*(s)-de-mu·*cu*·na sm. (pl.).
ci·*pó*(s)-de-*pai*·na sm. (pl.).
ci·*pó*(s)-de-são-jo:*ão* sm. (pl.).
ci·*pó*(s)-de-*sa*·po sm. (pl.).
ci·*pó*(s)-de-*se*·da sm. (pl.).
ci·*pó*(s)de-tim·*bó* sm. (pl.).
ci·*pó*(s)-do-*rei*·no sm. (pl.).
ci·po:*en*·se adj. s2g.
ci·*pó*-es·*ca*·da sm.; pl. *cipós--escadas* ou *cipós-escada*.
ci·*pó*-im·*bé* sm.; pl. *cipós-imbés* ou *cipós-imbé*.
ci·po·*í*·ra sm.
ci·*pó*-ja·bu·*tá* sm.; pl. *cipós--jabutás* ou *cipós-jabutá*.
ci·po·*li*·no sm.
ci·*pó*(s)-*mo*·le(s) sm. (pl.).
ci·*pó*(s)-*se*·co(s) sm. (pl.).
ci·*pó*-su·ma sm.; pl. *cipós-sumas* ou *cipós-suma*.

ci·po·*tai*·a sm.
ci·po·ta·ne:*a*·no adj. sm.
ci·*pó*-tim·*bó* sm.; pl. *cipós--timbós* ou *cipós-timbó*.
ci·*pó*-tra·cu·*á* sm.; pl. *cipós--tracuás* ou *cipós-tracuá*.
ci·*pó*-trin·*da*·de sm.; pl. *cipós–trindades* ou *cipós-trindade*.
ci·*pó*(s)-ver·*me*·lho(s) sm. (pl.).
ci·*pó*-vi·o·*le*·ta sm.; pl. *cipós--violetas* ou *cipós-violeta*.
ci·po·zi·nho(s)-do-*cam*·po sm. (pl.).
ci·pres·*tal* sm.; pl. ·*tais*.
ci·*pres*·te sm.
ci·pri:a·*nen*·se adj. s2g.
ci·*prí*·ni·da adj. 2g. sm.
ci·pri·*ní*·de:o adj. sm.
ci·pri·no·cul·*tor* (ô) sm.
ci·pri·no·cul·*tu*·ra sf.
ci·pri·no·*don*·te adj. 2g. sm.
ci·pri·*noi*·de adj. 2g. sm.
ci·pri·*nói*·de:o adj. sm.:
ci·pri·no·*í*·de:o.
cí·pri:o adj. sm.
ci·pri:*o*·ta adj. s2g.
ci·pri·*pé*·di:o sm.
cíp·se·la sf.
cip·se·*lí*·de:o adj. sm.
ci·*ran*·da sf.
ci·ran·*da*·gem sf.; pl. ·*gens*.
ci·ran·*dar* v.
ci·ran·*di*·nha sf.
cir·cas·si:*a*·no adj. sm.
cir·ca·te·*ja*·no adj. sm.
cir·*cei*·a sf.
cir·*cen*·se adj. s2g.
cir·ci·*na*·do adj.
cir·ci·*nal* adj. 2g.; pl. ·*nais*.
cir·co sm.
cir·cu·i·*ção* sf.; pl. ·*ções*.
cir·*cui*·tar v.
cir·*cui*·to sm.
cir·cu·la·*ção* sf.; pl. ·*ções*.
cir·cu·la·*dor* (ô) adj. sm.
cir·cu·*lan*·te adj. 2g.
cir·cu·*lar* adj. 2g. sf. v.
cir·cu·la·*tó*·ri:o adj.
cír·cu·lo sm./Cf. *circulo*, do v. *circular*.
circum- pref. (é seguido de hífen apenas quando se lhe junta voc. começado por *vogal*, *h*, *m* ou *n*; o pref. altera-se para *circun*-, quando se lhe junta voc. começado

por consoante, com exceção de -b e -p).
cir·cum-ad-ja·cen·te(s) adj. 2g. (pl.).
cir·cum-am·bi:*en*·te(s) adj. 2g. (pl.).
cir·cum-hos·pi·ta·*lar* adj. 2g.; pl. *circum-hospitalares*.
cir·cum·po·*lar* adj. 2g.
cir·cum-mu·*ra*·do adj.
cir·cum-na·ve·ga·ção sf.; pl. ·ções.
cir·cum-na·ve·ga·*dor* (ô) sm.
cir·cum-na·ve·*gar* v.
cir·cun·*cen*·tro sm.
cir·cun·ci·*da*·do adj. sm.
cir·cun·ci·*dar* v.
cir·cun·*cír*·cu·lo sm.
cir·cun·ci·*são* sf.; pl. ·sões.
cir·cun·cis·*fláu*·ti·co adj.
cir·cun·*cí*·so adj. sm.
cir·cun·da·*men*·to sm.
cir·cun·*dan*·te adj. 2g.
cir·cun·*dar* v.
cir·cun·du·ção sf.; pl. ·ções.
cir·cun·du·*tar* v.
cir·cun·*du*·to adj.
cir·cun·fe·*rên*·ci:a sf.
cir·cun·fe·*ren*·te adj. 2g.
cir·cun·fle·*xão* (cs) sf.; pl. ·xões.
cir·cun·*fle*·xo (cs) adj. sm.
cir·cun·flu:*ên*·ci:a sf.
cir·cun·flu:*en*·te adj. 2g.
cir·cun·flu:*ir* v.
cir·cun·fun·*dir* v.
cir·cun·*fu*·so adj.
cir·cun·gi·*rar* v.
cir·cun·ja·*cen*·te adj. 2g.
cir·cun·ja·*zer* v.
cir·cun·la·bi:*al* adj. 2g.; pl. ·ais.
cir·cun·lo·cu·ção sf.; pl. ·ções.
cir·cun·*ló*·qui:o sm.
cir·cuns·cre·*ver* v.
cir·cuns·cri·ção sf.; pl. ·ções.
cir·cuns·cri·*ti*·vo adj.
cir·cuns·*cri*·to adj.
cir·cun·ses·*são* sf.; pl. ·sões.
cir·cun·so:*an*·te adj. 2g.
cir·cuns·pe·ção sf.; pl. ·ções: cir·cuns·pec·ção.
cir·cuns·*pec*·to adj.: cir·cuns·*pe*·to.
cir·cuns·*tân*·ci:a sf./ Cf. *circunstancia*, do v. *circunstanciar*.

cir·cuns·tan·ci:*a*·do adj.
cir·cuns·tan·ci:*al* adj. 2g.; pl. ·ais.
cir·cuns·tan·ci:*ar* v.
cir·cuns·*tan*·te adj. s2g.
cir·cuns·*tar* v.
cir·cun·va·*gan*·te adj. 2g.
cir·cun·va·*gar* v.
cir·*cún*·va·go adj./Cf. *circunvago*, do v. *circunvagar*.
cir·cun·va·la·ção sf.; pl. ·ções.
cir·cun·va·*lar* v.
cir·cun·*ver* v.
cir·cun·vi·zi·*nhan*·ça sf.
cir·cun·vi·zi·*nhar* v.
cir·cun·vi·zi·*nho* adj.
cir·cun·vo:*ar* v.
cir·cun·vo·lu·ção sf.; pl. ·ções.
cir·cun·vol·*ver* v.
ci·re·*nai*·co adj. sm.
ci·re·na·*ís*·mo sm.
ci·re·*nei*·a adj. sf. de *cireneu*.
ci·re·*neu* adj. sm.; f. *cireneia*.
ci·ri:*al* sm. 'castiçal'; pl. ·ais/ Cf. *cereal*.
ci·ri:*ei*·ro sm. 'vendedor ou fabricante de círios'/Cf. *cerieiro*.
ci·ri·*ga*·do adj. sm.
ci·ri·*lá*·ce:a sf.
ci·ri·*lá*·ce:o adj.
ci·*rí*·li·co adj.
ci·ri·li·za·ção sf.; pl. ·ções.
ci·ri·li·*zar* v.
cí·ri:o sm. 'vela'/Cf. *sírio*.
cí·ri:o(s)-de-nos·sa-se·*nho*·ra sm. (pl.).
cí·ri:o(s)-do-*nor*·te sm. (pl.).
ci·ri:o·lo·*gi*·a sf.
ci·ri:o·*ló*·gi·co adj.
cir·*rí*·fe·ro adj.
cir·*rin*·ga sf.
cir·*rí*·pe·de adj. 2g. sm.
cir·ro sm.
cir·ro-*cú*·mu·lo sm.; pl. *cirros- -cúmulos* ou *cirros-cúmulo*.
cir·ro-es·*tra*·to sm.; pl. *cirros- -estratos* ou *cirros-estrato*.
cir·*ro*·se sf.
cir·ro·si·*da*·de sf.
cir·*ro*·so (ô) adj.; f. *e* pl. (ó).
cir·*ró*·ti·co adj.
cir·*tó*·po·de adj. 2g. sm.
ci·rur·*gi*·a sf.
ci·rur·gi·*ão* sm.; pl. ·ões ou ·ães; f. *cirurgiã*.
ci·rur·gi·ão-den·*tis*·ta sm.;

pl. *cirurgiões-dentistas* ou *cirurgiões-dentistas*.
ci·*rúr*·gi·co adj.
cir·*ze*·ta (ê) sf.
ci·*sa*·lha sf.
ci·sa·lha·*men*·to sm.
ci·*sa*·*lhar* v.
ci·*sa*·lhas sf. pl.
ci·sal·*pi*·no adj.
ci·san·*di*·no adj.
ci·*são* sf.; pl. ·sões.
ci·sa·*tlân*·ti·co adj.
cis·*bor*·do sm.
cis·*ca*·da sf.
cis·ca·*dor* (ô) adj. sm.
cis·ca·*lha*·da sf.
cis·ca·*lha*·gem sf.; pl. ·gens.
cis·*ca*·lho sm.
cis·*car* v.
cis·co sm.
cis·da·nu·bi:*a*·no adj.
ci·*sel* sm.; pl. ·*séis*/Cf. *siseis*, do v. *sisar*.
cis·gan·*gé*·ti·co adj.
cis·ju·*ra*·no adj.
cis·lu·*nar* adj. 2g.
cis·ma sm. sf.
cis·*ma*·do adj.
cis·ma·*dor* (ô) adj. sm.
cis·*mar* v.
cis·ma·*ren*·to adj.
cis·*má*·ti·co adj. sm.
cis·ma·*ti*·vo adj.
cis·mon·*ta*·na adj. sm.
cis·ne sm.
cis·ne(s)-de-pes·co·ço-*pre*·to sm. (pl.).
cís·ne:o adj.
cis·*pa*·da·no adj.
cís·pi:o adj. sm.
cis·pi·re·*nai*·co adj.
cis·pla·*ten*·se adj. s2g.
cis·pla·*ti*·no adj.
cis·*quei*·ro sm.
cis·re·*na*·no adj.
cis·*são* sf.; pl. ·sões.
cis·si·pa·ri·*da*·de sf.
cis·*sí*·pa·ro adj.
cis·*soi*·de adj. 2g. sf.
cis·*su*·ra sf.
cis·*tá*·ce:a sf.
cis·*tá*·ce:o adj.
cis·ta·*ga*·no adj.
cis·tal·*gi*·a sf.
cis·*tál*·gi·co adj.
cis·ter·ci:*en*·se adj. s2g.
cis·*ter*·na sf.

cis·ti·*cer*·co (ê) sm.
cis·ti·cer·*coi*·de adj. 2g. sf.
cis·ti·cer·*co*·se sf.
cís·ti·co adj.
cis·*ti*·na sf.
cis·*tí*·ne:a sf.
cis·ti·ne·*fro*·se sf.
cis·*tí*·ne:o adj.
cis·*ti*·te sf.
cis·to sm.
cis·to·*car*·po sm.
cis·to·*ce*·le sf.
cis·*tó*·ci·to sm.
cis·to·fla·ge·*la*·do adj. sm.
cis·*toi*·de adj. 2g. sm. 'em forma de bexiga'/Cf. *cestoide*.
cis·to·li·*tí*·ge·ro adj.
cis·*tó*·li·to sm.
cis·to·me·*tri*·a sf.
cis·to·pi:e·*li*·te sf.
cis·to·ple·*gi*·a sf.
cis·to·*plé*·gi·co adj.
cis·tos·co·*pi*·a sf.
cis·to·to·*mi*·a sf.
cis·*tó*·to·mo sm.
cis·to·trom·*boi*·de adj. 2g.
cis·to·trom·*bo*·se sf.
cis·tre sm.
ci·ta adj. s2g. sf. *ou* sm.
ci·ta·*ção* sf.; pl. ·*ções*.
ci·ta·*di*·no adj. sm.
ci·ta·do adj. sm.
ci·ta·*mí*·ne:a sf.
ci·ta·*mí*·ne:o adj.
ci·*tan*·do adj. sm.
ci·*tar* v. 'mencionar'/Cf. *sitar*.
cí·ta·ra sf./Cf. *citara*, do v. *citar*.
ci·ta·*re*·do (ê) sm.
ci·ta·*ris*·ta adj. s2g.
ci·ta·*tó*·ri:o adj.
ci·*tá*·vel adj. 2g.; pl. ·*veis*.
ci·te·ri:*or* (ô) adj. 2g.
cí·ti·co adj.
ci·*tí*·gra·do adj. sm.
ci·*ti*·so sm.: *cí*·ti·so.
ci·*tis*·sa sf.
ci·to·blas·*te*·ma sm.
ci·to·ci·*ne*·se sf.
ci·to·*clás*·ti·co adj.
ci·to·di·ag·*nós*·ti·co sm.
ci·to·di·*é*·re·se sf.
ci·*tó*·di:o sm.
cí·to·la sf. 'taramela'/Cf. *sítula*.
ci·*tó*·li·se sf.
ci·to·*lí*·ti·co adj.
ci·to·lo·*gi*·a sf.

ci·to·*ló*·gi·co adj.
ci·to·me·ga·lo·*ví*·rus sm. 2n.
ci·to·me·*ris*·mo sm.
ci·to·*plas*·ma sm.
ci·to·*plás*·mi·co adj.
ci·to·*plás*·ti·co adj.
ci·to·*plas*·to sm.
ci·tos·*tá*·ti·co adj.
ci·to·ta·*xi*·a (cs) sf.
ci·to·*te*·se sf.
ci·to·zo:*á*:ri:o adj. sm.
ci·to·*zoi*·co adj.
ci·*trá*·ce:a sf.
ci·*trá*·ce:o adj.
ci·tra·*cô*·ni·co adj.
ci·*tral* sm.; pl. ·*trais*.
ci·*tra*·to sm.
cí·tre:o adj.
cí·tri·co adj.
ci·*tri*·na sf. 'essência de limão'/Cf. *cetrina*, f. de *cetrino*.
ci·*tri*·no adj. sm. 'da cor do limão'/Cf. *cetrino*.
ci·tro·*ne*·la sf.
ci·tro·ne·*lal* sm.; pl. ·*lais*.
ci·tro·ne·*lol* sm.; pl. ·*lóis*.
ci:u·*ma*·da sf.
ci:u·*ma*·gem sf.; pl. ·*gens*.
ci:u·*mar* v.
ci:u·ma·*ri*·a sf.
ci:*ú*·me sm.
ci:u·*mei*·ra sf.
ci:u·*men*·to adj. sm.
ci:*ú*·mes sm. pl.
ci:u·*rí*·de:o adj. sm.
cí·vel adj. 2g. sm. 'relativo ao direito civil'; pl. *cíveis*/Cf. *civil*.
ci·*ve*·ta (ê) sf.
cí·vi·co adj.
ci·*vil* adj. 2g. sm. 'que diz respeito às relações dos cidadãos entre si'; pl. *civis*/Cf. *cível*.
ci·vi·li·*da*·de sf.
ci·vi·*lis*·mo sm.
ci·vi·*lis*·ta adj. s2g.
ci·vi·*lís*·ti·co adj.
ci·vi·li·za·*ção* sf.; pl. ·*ções*.
ci·vi·li·za·ci:o·*nal* adj. 2g.; pl. ·*nais*.
ci·vi·li·*za*·do adj. sm.
ci·vi·li·za·*dor* (ô) adj. sm.
ci·vi·li·*zar* v.
ci·vi·li·*zá*·vel adj. 2g.; pl. ·*veis*.
ci·*vis*·mo sm.

ci·*zâ*·ni:a sf.
ci·zi·*rão* sm.; pl. ·*rões*.
clã sm.
cla·*dan*·to adj. sm.
cla·*dó*·ce·ro adj. sm.
cla·*dó*·di·co adj.
cla·*dó*·di:o sm.
cla·do·fi:*ú*·ro adj. sm.
cla·*dós*·co·po adj. sm.
cla·ma·*dor* (ô) adj. sm.
cla·*man*·te adj. 2g.
cla·*mar* v.
cla·ma·*tor* adj. sm.
cla·mi·di·*for*·me adj. 2g.
clâ·mi·de sf.
cla·mi·*dó*·fo·ro sm.
cla·mi·*dós*·po·ro sm.
cla·mi·fo·*rí*·de:o adj. sm.
cla·*mor* (ô) sm.
cla·mo·*ro*·so (ô) adj.; f. *e* pl. (ó).
clan·des·ti·ni·*da*·de sf.
clan·des·*ti*·no adj. sm.
clan·*gor* (ô) sm.
clan·go·*rar* v.
clan·go·re·*jar* v.
cla·*pró*·ti:a sf.
cla·pro·*ti*·na sf.
cla·pro·*ti*·ta sf.
cla·que sf.
cla·ra sf.
cla·ra·*boi*·a sf.
cla·ra·*í*·ba sf.
cla·*rão* sm.; pl. ·*rões*.
cla·ras sf. pl., na loc. *às claras*.
cla·ra·va·*len*·se adj. s2g.
cla·re:a·*ção* sf.; pl. ·*ções*.
cla·re:*ar* v.
cla·*rei*·ra sf.
cla·re·*jar* v.
cla·*re*·te (ê) adj. 2g. sf.
cla·*re*·za (ê) sf.
cla·ri·*da*·de sf.
cla·ri·fi·ca·*ção* sf.; pl. ·*ções*.
cla·ri·fi·ca·*dor* (ô) adj. sm.
cla·ri·fi·*car* v.
cla·ri·fi·ca·*ti*·vo adj.
cla·*rim* sm.; pl. ·*rins*.
cla·ri·*na*·da sf.
cla·ri·*nar* v.
cla·ri·*ne*·ta (ê) sf.
cla·ri·*ne*·te (ê) sm.
cla·ri·ne·*tis*·ta adj. s2g.
cla·ri·*ne*·to (ê) sm.
cla·*ris*·sa adj. sf.
cla·*rís*·so·no adj.
cla·*ris*·ta adj. s2g.
cla·ri·vi·*dên*·ci:a sf.

cla·ri·vi·*den*·te adj. 2g.
cla·ro adj. adv. sm. interj.
cla·ro-es·*cu*·ro sm.; pl. *claros--escuros* ou *claro-escuros*.
cla·*ro*·ne sm.
clas·se sf.
clas·si·*cis*·mo sm.
clas·si·*cis*·ta adj. s2g.
clás·si·co adj. sm.
clas·si·fi·ca·*ção* sf.; pl. *·ções*.
clas·si·fi·*ca*·do adj. sm.
clas·si·fi·ca·*dor* (ô) adj. sm.
clas·si·fi·ca·*do*·ra (ô) sf.
clas·si·fi·*car* v.
clas·si·fi·ca·*tó*·ri:o adj.
clas·*sis*·mo sm.
clas·*sis*·ta adj. s2g.
clas·*su*·do adj.
clás·ti·co adj.
clas·to·ma·*ni*·a sf.
clas·to·ma·*ní*:a·co adj. sm.
clas·*tô*·ma·no sm.
cla·*tra*·do adj.
cla·*tra*·to sm.
clau·di·ca·*ção* sf.; pl. *·ções*.
clau·di·*cân*·ci:a sf.
clau·di·*can*·te adj. 2g.
clau·di·*car* v.
claus·*tral* adj. 2g. sm.; pl. *·trais*.
claus·tro sm.
claus·tro·fo·*bi*·a sf.
claus·*tró*·fo·bo adj. sm.
cláu·su·la sf./Cf. *clausula*, do v. *clausular*.
clau·su·*lar* adj. 2g. v.
clau·*su*·ra sf.
clau·su·*rar* v.
cla·va sf.
cla·*va*·do adj.
cla·va·ri·*á*·ce:a sf.
cla·va·ri·*á*·ce:o adj.
cla·ve sf.
cla·ve·ci·*nis*·ta adj. s2g.
cla·ve·*ci*·no sm.
cla·vi·*cím*·ba·lo sm.
cla·vi·*cí*·te·ro sm.
cla·vi·*cór*·di:o sm.
cla·vi·*cór*·ne:o adj. sm.
cla·*ví*·cu·la sf.
cla·vi·cu·*la*·do adj. sm.
cla·vi·cu·*lar* adj. 2g.
cla·vi·fo·li:*a*·do adj.
cla·vi·*for*·me adj. 2g.
cla·*ví*·ge·ro adj.
cla·*vi*·ja sf.
cla·*vi*·na sf.
cla·vi·*na*·ço sm.

cla·vi·*nei*·ro sm.
cla·vi·no·*ta*·ço sm.
cla·vi·*no*·te sm.
cla·vi·no·*tei*·ro sm.
cla·vi:*ór*·gão sm.; pl. *·gãos*.
cla·zo·me·ni:*a*·no adj. sm.
clé·li:a sf.
cle·ma·*ti*·te sf.
cle·*mên*·ci:a sf./Cf. *clemencia*, do v. *clemenciar*.
cle·men·ci:*ar* v.
cle·*men*·te adj. 2g.
cle·men·ti·*nen*·se adj. s2g.
cle·*mói*·de:a sf.
cle·*ná*·ce:a sf.
cle·*ná*·ce:o adj.
clep·*si*·dra sf.
clep·to·fo·*bi*·a sf.
clep·to·ma·*ni*·a sf.
clep·to·ma·*ní*:a·co adj. sm.
clep·*tô*·ma·no sm.
cle·re·*zi*·a sf.
cle·ri·*cal* adj. 2g.; pl. *·cais*.
cle·ri·ca·*lis*·mo sm.
cle·ri·ca·li·za·*ção* sf.; pl. *·ções*.
cle·ri·ca·li·*zar* v.
cle·ri·*ca*·to sm.
clé·ri·go sm.
cle·ro sm.
cle·ro·den·dro(s)-chei·*ro*·so(s) sm. (pl.).
cle·ro·*man*·ci·a sf.
cle·ro·*man*·te s2g.
cle·ro·*mân*·ti·co adj.
cle·*trá*·ce:a sf.
cle·*trá*·ce:o adj.
cli·*car* v.
cli·*cha*·gem sf.; pl. *·gens*.
cli·*chê* sm.
cli·che·*ri*·a sf.
cli·che·*ris*·ta s2g.
cli:*en*·te s2g.
cli:en·*te*·la sf.
cli·en·te·*lis*·mo sm.
cli·ma sm.
clí·ma·ce sm.: *climax*.
cli·ma·*té*·ri·co adj.
cli·ma·*té*·ri:o sm.
cli·*má*·ti·co adj.
cli·ma·ti·za·*ção* sf.; pl. *·ções*.
cli·ma·ti·*za*·do adj.
cli·ma·ti·*zar* v.
cli·ma·to·*lo*·gi·a sf.
cli·ma·to·*ló*·gi·co adj.
clí·max (cs) sm.; pl. *clímaces*: *clímace*.
cli·na sf.: *crina*.

cli·*nâ*·men sm.
cli·na·*na*·to sm.
cli·*nân*·dri:o sm.
cli·ne sm.
clí·ni·ca sf./Cf. *clinica*, do v. *clinicar*.
cli·ni·*car* v.
clí·ni·co adj. sm./Cf. *clinico*, do v. *clinicar*.
cli·no·ba·*sí*·di:o sm.
cli·no·ce·fa·*li*·a sf.
cli·no·*cé*·fa·lo sm.
cli·no·cla·*si*·ta sf.
cli·no·*clo*·ro sm.
cli·no·ma·*ni*·a sf.
cli·*nô*·me·tro sm.
cli·no·te·ra·*pi*·a sf.
clín·quer sm.
cli·*nu*·do adj.
cli·pe sm.
cli·pei·*for*·me adj. 2g.
clí·pe:o sm.
cli·*pé*·o·lo sm.
clí·per sm.
cli·que interj. sm.
cli·*sí*·me·tro sm.
clis·ma sm.
clis·*ter* sm.
clis·te·ri·za·*ção* sf.; pl. *·ções*.
clis·te·ri·*zar* v.
cli·*te*·lo sm.
cli·to·*gas*·tro adj. sm.
cli·*tó*·ris sm. 2n.
cli·*va*·gem sf.; pl. *·gens*.
cli·*var* v.
cli·vo sm.
cli·*vo*·so (ô) adj.; f. *e* pl. (ó).
clo:*a*·ca sf.
clo:a·*cal* adj. 2g.; pl. *·cais*.
clo:a·*ci*·no adj.
clo:*as*·ma sm. *ou* sf.
clo·*na*·gem sf.; pl.: *·gens*.
clo·*nal* adj. 2g.; pl. *·nais*.
clo·*nar* v.
clo·ne sm.
clô·ni·co adj.
clo·no sm.
clo·pe·ma·*ni*·a sf.
clo·pe·ma·*ní*:a·co adj. sm.
clo·pes·*tó*·qui·a sf.
clo·ra·*ção* sf.; pl. *·ções*.
clo·*ra*·gem sf.; pl. *·gens*.
clo·*ral* sm.; pl. *·rais*.
clo·ra·*mi*·da sf.
clo·ra·ne·*mi*·a sf.
clo·ran·fe·ni·*col* sm.; pl. *·cóis*.
clo·ran·*tá*·ce:a sf.

clo·ran·tá·ce:o adj.
clo·rar v.
clo·ra·to sm.
clo·re·la sf.
clo·rên·qui·ma sm.
clo·ren·qui·má·ti·co adj.
clo·ren·qui·ma·to·so (ô) adj.;
f. e pl. (ó).
clo·re·te·mi·a sf.
clo·re·to (ê) sm.
cló·ri·co adj.
clo·rí·dri·co adj.
clo·ri·ta sf.
clo·ri·to sm.
clo·ro sm.
clo·ro·cis·to sm.
clo·ro·fi·ce:a sf.
clo·ro·fí·ce:o adj.
clo·ro·fi·la sf.
clo·ro·fi·lá·ce:o adj.
clo·ro·fi·la·do adj.
clo·ro·fi·la·se sf.
clo·ro·fi·li:a·no adj.
clo·ro·flu·o·ro·car·bo·ne·to sm.
clo·ro·fór·mi·co adj.
clo·ro·fór·mi:o sm.
clo·ro·for·mi·za·ção sf.; pl.
·ções.
clo·ro·for·mi·zar v.
clo·ro·leu·ce·mi·a sf.
clo·ro·leu·ci·to sm.
clo·ro·mi·ce·ti·na sf.
clo·ro·mo·na·di·no adj. sm.
clo·ro·plas·tí·di:o sm.
clo·ro·plas·to sm.
clo·ro·se sf.
clo·ro·si·da·de sf.
clo·ro·so (ô) adj.; f. e pl. (ó).
clo·ró·ti·co adj.
clo·se (ô) sm., do ing. close.
close-up sm. (ing.: closáp).
closet sm. (ing.: closet).
clo·toi·de adj. 2g. sf.
clu·be sm.
clu·bis·ta adj. s2g.
clú·gi:a sf.
clu·gi·ei·a sf.
clu·nâm·bu·lo sm.
clu·pei·a sf.
clu·pei·o sm.
clu·pe·í·de:o adj. sm.
clú·qui:a sf.
cnáu·ci:a sf.
cnêi·fi:a sf.
cnê·mi·da sf.: cnê·mi·de.
cnê·mi:o adj.

cni·dá·ri:o adj. sm.
cni·do·blas·to sm.
cníg·ti:a sf.
cno·pi·ta sf.
cno·pí·ti·co adj.
cnór·ri:a sf.
cnu·tar v.
cnu·te sm.
co pref. (segundo o Acordo
  Ortográfico de 1990, que
  entrou em vigor no Brasil
  em janeiro de 2009, este
  prefixo nunca é seguido de
  hífen, e sempre se aglutina
  com o elemento seguinte).
co:a contr. da prep. com e do
  art. ou pron. a/Cf. côa.
cô:a sf. 'coação'/Cf. coa.
co:a·bi·ta·ção sf.; pl. ·ções.
co:a·bi·tar v.
co:a·ção sf.; pl. ·ções.
co:a·cer·va·ção sf.; pl. ·ções.
co:a·cer·var v.
co:a·cer·va·to sm.
co:ac·tar v.: coatar.
co:ac·ti·vi·da·de sf.: coatividade.
co:ac·ti·vo adj.: coativo.
co:ac·to adj.: coato.
co:ac·tor (ô) adj. sm.: coator.
coa·cu·sa·do(s) sm. (pl.).
co:a·da sf. 'suco coado'/Cf.
  cuada.
co:ad·ju·tor (ô) adj. sm.
co:ad·ju·to·ri·a sf.
co:ad·ju·va·ção sf.; pl. ·ções.
co:ad·ju·van·te adj. s2g.
co:ad·ju·var v.
coad·mi·nis·tra·ção sf.; pl.
  coadministrações.
coad·mi·nis·tra·dor sm.; pl.
  coadministradores.
coad·mi·nis·trar v.
co:a·dor (ô) adj. sm.
co:ad·qui·ren·te adj. s2g.
co:ad·qui·rir v.
co:a·du·na·ção sf.; pl. ·ções.
co:a·du·na·do adj.
co:a·du·nar v.
co:a·du·ná·vel adj. 2g.; pl.
  ·veis.
co:a·du·ra sf.
co:a·gel sm.; pl. ·géis.
co:a·gen·te adj. 2g.
co:a·gi·do adj.
co:a·gir v.
co:ag·men·ta·ção sf.; pl. ·ções
co:ag·men·tar v.

co:ag·men·to sm.
co:a·gre·ga·ção sf.; pl. ·ções.
co:a·gre·gar v.
co:a·gu·la·ção sf.; pl. ·ções.
co:a·gu·la·dor (ô) adj. sm.
co:a·gu·lan·te adj. 2g. sm.
co:a·gu·lar v.
co:a·gu·lá·vel adj. 2g.; pl. ·veis.
co:á·gu·lo sm./Cf. coagulo, do v.
  coagular.
co:a·je·ru·cu sm.
co:a·ju·ba sf.
co:a·les·cên·ci:a sf.
co:a·les·cen·te adj. 2g.
co:a·les·cer v.
co:a·lha·da sf.
co:a·lha·do adj.
co:a·lha·du·ra sf.
co:a·lhar v.
co:a·lhei·ra sf.
co:a·lho sm.
co:a·li·za·ção sf.; pl. ·ções.
co:a·li·zão sf.; pl. ·zões.
co:a·li·zar v.
coa·lu·no(s) sm. (pl.).
có:a·na sf.
có:a·no sm.
co:a·nó·ci·to sm.
co:a·no·fla·ge·la·do adj. sm.
co:a·noi·de adj. 2g.
co:a·nor·ra·gi·a sf.
coa·pós·to·lo(s) sm. (pl.).
co:ap·ta·ção sf.; pl. ·ções.
co:a·qui·si·ção sf.; pl. ·ções.
co:ar v.
co:a·ra·ci:en·se adj. s2g.
co:a·ra·ci·mim·bi sm.
co:a·ra·cu·num·bi sm.
co:a·ra·ci:ui·rá sm.
co:arc·ta·ção sf.; pl. ·ções:
  coartação.
co:arc·tada sf.: coartada.
co:arc·ta·do adj.: coartado.
co:arc·tar v.: coartar.
co:arc·ta·ti·vo adj.: coartativo.
co·arc·to adj.: coarto.
co:a·ri:en·se adj. s2g.
co:a·ri·ú·ba sm.: co:a·ri·ú·va.
coar·ren·da·dor (ô) sm.; pl.
  coarrendadores.
coar·ren·da·men·to(s) sm.
  (pl.).
coar·ren·dar v.
co:ar·ta·ção sf.; pl. ·ções:
  coarctação.
co:ar·ta·da sf.: coarctada.
co:ar·ta·do adj.: coarctado.

co:ar·tar v.: *coarctar.*
co:ar·ta·ti·vo adj.: *coarctativo.*
co:ar·to adj.: *coarcto.*
co:a·tá(s)-*bran*·co(s) sm. (pl.).
co:a·tar v.: *coactar.*
co:a·ti·vi·da·de sf.: *coactividade.*
co:a·*ti*·vo adj.: *coactivo.*
co:*a*·to adj.: *coacto.*
co:a·*tor* (ô) adj. sm.: *coactor.*
coau·*tor* sm.; pl. *coautores.*
coau·to·*ri*·a(s) sf. (pl.).
coa·va·*lis*·ta(s) s2g. (pl.).
co:a·xa·*ção* sf.; pl. ·ções.
co:a·xa·da sf.
co:a·*xan*·te adj. 2g.
co:a·*xar* v. sm.
co:a·*xi* sm.
co:a·*xi*·*xá* sm.
co:*a*·xo sm.
co·*bai*·a sf.
co·*bál*·ti·co adj.
co·bal·*tí*·fe·ro adj.
co·bal·*ti*·ta sf.
co·bal·ti·*za*·gem sf.; pl. ·gens.
co·bal·ti·*zar* v.
co·*bal*·to sm.
co·*bar*·de adj. s2g.: *covarde.*
co·bar·*di*·a sf.: *covardia.*
co·bar·*di*·ce sf.: *covardice.*
co·*ber*·ta sf.
co·ber·*tei*·ra sf.
co·*ber*·to adj. sm.
co·ber·*tor* (ô) sm.
co·ber·*tu*·ra sf.
co·*béu*·a adj. s2g.
co·*bi*·ça sf.
co·bi·*çan*·te adj. 2g.
co·bi·*çar* v.
co·bi·*çá*·vel adj. 2g.; pl. ·veis.
co·bi·*ço*·so (ô) adj.; f. e pl. (ó).
có·bi:o sm.
co·bo·*có* sm.
co·*bol* sf. *ou* sm.; pl. ·*bóis.*
co·bra sf. adj. s2g.
co·bra-ca·*pim* sf.; pl.
  cobras-capins ou
  cobras-capim.
co·bra(s)-*ce*·ga(s) sf. (pl.).
co·bra(s)-*cha*·ta(s) sf. (pl.).
co·bra-ci·*pó* sf.; pl. *cobras-cipós*
  ou *cobras-cipó.*
co·bra-co·*ral* sf.; pl. *cobras-*
  -corais ou *cobras-coral.*
co·bra-co·ral·*fal*·sa sf.; pl.
  cobras-corais-falsas.
co·bra-co·ral-ve·ne·*no*·sa sf.;
  pl. *cobras-corais-venenosas.*

co·bra(s)-d'*á*·gua sf. (pl.).
co·bra(s)-de-*a*·sa sf. (pl.).
co·bra(s)-de-ca·*be*·lo sf. (pl.).
co·bra(s)-de-ca·*pim* sf. (pl.).
co·bra(s)-de-du·as-ca·*be*·ças
  sf. (pl.).
co·bra(s) de *fo*·go sf. (pl.).
co·bra(s)-de-*li*·xo sf. (pl.).
co·bra(s)-de-ve:*a*·dos sf. (pl.).
co·bra(s)-de-*vi*·dro sf. (pl.).
co·bra(s)-do-*ar* sf. (pl.).
co·bra(s)-do-*mar* sf. (pl.).
co·bra·*dor* (ô) adj. sm.
co·bra-es·*pa*·da sf.; pl. *cobras-*
  -espadas ou *cobras-espada.*
co·bra(s)-*gran*·de(s) sf. (pl.).
co·bra(s)-*li*·sa(s) sf. (pl.).
co·bra(s)-na·ri·*gu*·da(s) sf. (pl.).
co·*bran*·ça sf.
co·bra(s)-*no*·va(s) sf. (pl.).
co·*brão* sm.; pl. ·*brões.*
co·bra-pa·pa·*gai*·o sf.; pl.
  cobras-papagaios ou *cobras-*
  -papagaio.
co·bra-pi·*lão* sf.; pl. *cobras-*
  -pilões ou *cobras-pilão.*
co·bra(s)-*pre*·ta(s) sf. (pl.).
co·*brar* v.
co·bra-to·*pe*·te sf.; pl. *cobras-*
  -topetes ou *cobras-topete.*
co·*brá*·vel adj. 2g.; pl. ·veis.
co·bra(s)-*ver*·de(s) sf. (pl.).
co·bra-*vi*·dro sf.; pl. *cobras-*
  -vidros ou *cobras-vidro.*
co·bre sm.
co·bre:a·*ção* sf.; pl. ·ções.
co·bre:*a*·gem sf.; pl. gens.
co·bre:*ar* v.
co·*brei*·ra sf.
co·*brei*·ro sm.
co·bre·*jan*·te adj. 2g.
co·bre·*jar* v.
co·*bre*·lo (ê) sm.
co·bres sm. pl.
co·bri·*ca*·ma sf. *ou* sm.
co·bri·*ção* sf.; pl. ·ções.
co·bri·*men*·to sm.
co·*bri*·nha sf.
co·*brir* v.
co·bro (ô) sm./Cf. *cobro* (ó), do
  v. *cobrar.*
co·bu sm.
co·ca¹ (ô) sf. 'capuz'/Cf. *coca*² (ó)
  sf. e fl. do v. *cocar.*
co·ca² sf. 'planta' 'embarcação'/
  Cf. *coca*¹ (ó).
co·ça sf. 'ato de coçar'/Cf. *cossa.*

co·*ca*·da sf. s2g.
co·ca·da(s)-*pu*·xa sf. (pl.).
co·*ça*·do adj.
co·ca(s)-do-pa·ra·*guai* sf. (pl.).
co·ça·*du*·ra sf.
co·cai·*en*·se adj. s2g.
co·ca·*í*·na sf.
co·ca:i·*nis*·mo sm.
co·ca:i·ni·za·*ção* sf.; pl. ·ções.
co·ca:i·ni·*zar* v.
co·ca:i·no·fo·*bi*·a sf.
co·ca:i·*nó*·fo·bo adj.
co·ca:i·no·ma·*ni*·a sf.
co·ca:i·*nô*·ma·no sm.
co·cal sm.; pl. ·*cais.*
co·ca·*len*·se adj. s2g.
co·*ca*·ma adj. s2g.
co·*ca*·nha sf.
co·*cão* sm.; pl. ·*cões.*
co·car v.
co·çar v.
có·ca·ras sf. pl.: *cócoras.*
coc·*ção* sf.; pl. ·ções.
cóc·ci·da adj. 2g. sm.
coc·*cí*·de:o adj. sm.
coc·ci·de·*o*·se sf.
coc·*cí*·di:o sm.
coc·ci·di·*o*·se sf.
coc·*ci*·ge sm.: *cóccix.*
coc·*cí*·ge:o adj. sm.
coc·ci·gi:*a*·no adj.
coc·ci·*né*·li·da adj. 2g. sm.
coc·ci·ne·*lí*·de:o adj. sm.
coc·*cí*·ne:o adj. sm.
cóc·cix (csis) sm. 2n.
có·ce·ga sf.
có·ce·gas sf. pl.
co·ce·*guen*·to adj.
co·*cei*·ra sf. 'prurido'/Cf.
  cosseira.
co·cha¹ sf. 'empenho'/Cf. *cocha²*
  (ô) e *coxa.*
co·cha² (ô) sf. 'gamela'/Cf. *cocha¹*
  sf., fl. do v. *cochar*, e *coxa.*
co·*cha*·do adj.
co·*char* v.
co·che (ô) sm./Cf. *coche* (ó), do
  v. *cochar.*
co·*chei*·ra sf. 'cavalariça'/Cf.
  coxeira.
co·*chei*·ro sm.
co·chi·*cha*·da sf.
co·chi·*cha*·dor (ô) adj. sm.
co·*chi*·char v.
co·*chi*·cho sm.
co·chi·*chó* sm.
co·chi·*cho*·lo (ô *ou* ó) sm.

co·chi·*lar* v.
co·*chi*·lo sm.
co·chi·*na*·da sf.
co·chi·*nar* v.
co·chin·chi·*nen*·se adj. s2g.
co·chin·chi·*nês* adj. sm.
co·chi·*chi*·no adj. sm.
co·chi·*nês* adj. sm.
co·chi·*ni*·lha sf.
co·*chi*·no adj. sm.
co·cho (ô) sm. 'vasilha'/Cf. cocho (ó), do v. cochar, e coxo.
co·cho·*ni*·la sf.: co·cho·*ni*·lha.
co·cho·ni·lha(s)-do-car·*mim* sf. (pl.).
co·cho·ni·lha(s)-*ver*·de(s) sf. (pl.).
co·cho·ni·lha(s)-ver·*me*·lha(s) sf. (pl.).
co·ci:*en*·te sm.: quociente.
cockpit sm. (ing.: cócpit).
có·cle:a sf.
co·cle:*a*·do adj.
co·cle:*ar* v.
co·cle:*á*·ri:a sf.
co·cle:a·*rí*·de:o adj. sm.
co·cle:a·ri·*for*·me adj. 2g.
co·clei·*for*·me adj. 2g.
co·clos·per·*má*·ce:a sf.
co·clos·per·*má*·ce:o adj.
co·co[1] sm. 'bactéria' 'medida japonesa'/Cf. coco[2] (ô).
co·co[2] (ô) sm. 'fruto' ' dança'/Cf. coco[1] (ó), sm. e fl. do v. cocar.
co·*có* sm.
co·*cô* sm.
co·co·ba·*bão* sm.; pl. cocos-babões.
co·co(s)-ba·*bo*·so(s) sm. (pl.).
co·co(s)-ca·be·*çu*·do(s) sm. (pl.).
co·co·ca·tu·*lé* sm.; pl. cocos-catulés ou cocos-catulé.
co·co(s)-da·ba·*í*·a sm. (pl.).
co·co(s)-da·qua·*res*·ma sm. (pl.).
co·co(s)-da·*ser*·ra sm. (pl.).
co·co(s)-de-ca·*tar*·ro sm. (pl.).
co·co(s)-de-co·*lher* sm. (pl.).
co·co(s)-de-es·*pi*·nho sm. (pl.).
co·co(s)-de-in·dai·*á* sm. (pl.).
co·co(s)-de-i·*ri* sm. (pl.).
co·co(s)-de-ma·*ca*·co sm. (pl.).
co·co(s)-de-pal·*mei*·ra sm. (pl.).
co·co(s) de *prai*·a sm. (pl.).
co·co(s)-de-*pur*·ga sm. (pl.).

co·co(s)-de-vas·*sou*·ra sm. (pl.).
co·co(s) de zam·*bê* sm. (pl.).
co·co-in·dai·*á* sm.; pl. cocos--indaiás ou cocos-indaiá.
co·co-ma·ca·*ú*·ba sm.; pl. cocos--macaúbas ou cocos-macaúba.
co·*com*·bro sm.
co·co-nai·*á* sm.; pl. cocos-naiás ou cocos-naiá.
co·co-pin·*do*·ba sm.; pl. cocos--pindobas ou cocos-pindoba.
có·co·ras sf. pl., na loc. de cócoras e em cócoras.
co·co·*ré* sm.
co·co·ri·*car* v.
co·co·ri·*có* sm.: co·co·ri·*cô*.
co·*có*·ri·o adj.
co·co·*ro*·ca adj. s2g.
co·co·ro·*có* sm.: co·co·ro·*cô*.
co·co·*ro*·te sm.
co·*co*·te sf.
co·cre sm.
co·cre·*dor* sm.; pl. cocredores.
co·cu·*lar* v.: cogular.
co·cu·*li*·na sf.
co·cu·*lo* sm. 'excesso': cogulo/Cf. cóculo.
có·cu·lo sm. 'planta'/Cf. coculo.
co·*cum*·bi sm.
co·cu·*ru*·ta sf.
co·cu·ru·*ta*·do adj. sm.
co·cu·*ru*·to sm.
co·cu·*zu* adj. s2g.
co·da sf.
co·*da*·gem sf.; pl. ·gens.
co·da·ja:*en*·se adj. s2g.
có·dão sm.; pl. ·dãos: codo.
cô·de:a sf.
co·de·*í*·na sf.
code·lin·*quên*·ci:a(s) sf. (pl.).
code·lin·*quen*·te(s) adj. s2g.
code·nun·ci:*a*·do sm.
co·des·*sal* sm.; pl. ·sais.
co·des·*sei*·ra sf.
co·*des*·so (ê) sm.
co·de:*ú*·do adj.
code·ve·*dor* sm.; pl. codevedores.
có·dex (cs) sm.; pl. códices.
co·di:*á*·ce:a sf.
codi:a·*le*·to(s) sm. (pl.).
có·di·ce sm.
co·di·ci·*lar* adj. 2g.
co·di·*ci*·lo sm.
co·di·fi·ca·*ção* sf.; pl. ·ções.
co·di·fi·ca·*dor* (ô) adj. sm.
co·di·fi·*car* v.

có·di·go sm.
co·di·*lhar* v.
co·di·*lhei*·ra sf.
co·*di*·lho sm.
co·di·*no*·me sm.
codi·re·*tor* sm.; pl. codiretores.
co·di·*zar* v.
co·do sm.: códão.
codo:a·*dor* sm.; pl. codoadores.
co·do:*ei*·ra sf.
co·do:*en*·se adj. s2g.
codo·na·*tá*·ri:o(s) sm. (pl.).
co·*dó*·ri:o sm.
co·*dor*·na sf.
co·dor·na(s)-bu·ra·*quei*·ra(s) sf. (pl.).
co·dor·na(s)-mi·*nei*·ra(s) sf. (pl.).
co·dor·*niz* sf.
co·*dor*·no[1] sm. 'soneca'/Cf. codorno[2] (ô).
co·*dor*·no[2] (ô) sm. 'pera'/Cf. codorno[1].
coe·du·ca·*ção* sf.; pl. coeducações.
coe·du·*car* v.
co:e·fi·ci:*en*·te sm.
co:*é*·fo·ro sm.
co:e·*lhei*·ra sf.
co:e·*lhei*·ro adj. sm.
co:*e*·lho (ê) adj. sm.
co:e·lho(s)-do-*ma*·to sm. (pl.).
co:elho-ne·*ten*·se(s) adj. s2g. (pl.).
co:elho(s)-no-*pra*·to sm. (pl.).
co:elho-ro·*chen*·se(s) adj. s2g. (pl.).
co:e·lho-*sai* sm. 2n.
co:*ei*·reu·*té*·ri:a sf.
co:*emp*·ção sf.; pl. ·ções.
co:en·*tra*·da sf.
co:en·*tri*·lho sm.
co:*en*·tro sm.
co:er·*ção* sf.; pl. ·ções.
co:er·ci·bi·li·*da*·de sf.
co:er·*cí*·me·tro sm.
co:er·ci·ti·vi·*da*·de sf.
co:er·ci·*ti*·vo adj.
co:er·*cí*·vel adj. 2g.; pl. ·veis.
co:er·ci·vi·*da*·de sf.
co:er·*ci*·vo adj.
co:er·*dar* v.
co:er·*dei*·ro(s) sm. (pl.).
co:e·*rên*·ci:a sf.
co:e·*ren*·te adj. 2g.
co:e·*rir* v.
co:e·*ru*·na adj. s2g.

co·e·são sf.; pl. ·sões.
co·e·si·vo adj.
co·e·so adj.
co·e·sor (ô) sm.
co·es·sên·ci:a sf.
co·es·sen·ci:al adj. 2g.; pl. ·ais.
co·es·ta·du:a·no adj.
co·e·tâ·ne:o adj. sm.
co·e·ter·ni·da·de sf.
co·e·ter·no adj.
co·e·vo adj. sm.
co·e·xis·tên·ci:a (z) sf.
co·e·xis·ten·te (z) adj. 2g.
co·e·xis·tir (z) v.
co·fa·tor (ô) sm.
có·fer·dã sm.
cofi:a·dor sm.; pl. cofiadores.
co·fi:ar v.
co·fo (ô) sm.
co·fo·se sf.
co·fre sm.
co·fre(s)·for·te(s) sm. (pl.).
co·gen·te adj. 2g.
co·gi·ta·bun·do adj.
co·gi·ta·ção sf.; pl. ·ções.
co·gi·tar v.
co·gi·ta·ti·vo adj.
cog·na·ção sf.; pl. ·ções.
cog·na·do adj. sm.
cog·ná·ti·co adj.
cog·na·to adj. sm.
cog·ni·ção sf.; pl. ·ções.
cog·ni·ti·vo adj.
cóg·ni·to adj.
cog·no·me sm.
cog·no·mi·na·ção sf.; pl. ·ções.
cog·no·mi·na·do adj. sm.
cog·no·mi·nar v.
cog·nos·ci·bi·li·da·de sf.
cog·nos·ci·ti·vo adj.
cog·nos·cí·vel adj. 2g.; pl. ·veis.
co·goi·lo sm.
co·go·te sm.: cangote, congote.
co·go·ti·lho sm.
co·go·tu·do adj.
co·gu·la sf.
co·gu·la·do adj.
co·gu·lar v. cocular.
co·gu·lha·do adj.
co·gu·lho sm.
co·gu·lo sm.
co·gu·me·lar v.
co·gu·me·lo sm.
co·gu·me·lo(s)-de-ca·bo·clo sm. (pl.).
co·gu·me·lo(s)-de-san·gue sm. (pl.).

co·gu·melo(s)-do-mar sm. (pl.).
co:i·bi·ção sf.; pl. ·ções.
co:i·bir v.
coi·ce sm.: couce.
coi·ce(s) de mu·la sm. (pl.): couce de mula.
coi·ce:ar v.: coucear.
coi·cei·ra sf.: couceira.
coi·cei·ro adj.: couceiro.
coi·co·a (ô) sf.
coi·fa sf.
coi·far v.
coi·ma sf.
coi·mar v.
coi·má·vel adj. 2g.; pl. ·veis.
co:im·brão adj. sm.; pl. ·brãos; f. ·brã.
co:im·bren·se adj. s2g.
coi·mei·ro adj. sm.
co:in·ci·dên·ci:a sf.
co:in·ci·den·te adj. 2g.
co:in·ci·dir v.
co:in·ci·dí·vel adj. 2g.; pl. ·veis.
coi·né adj. 2g. sf.
coin·te·res·sa·do(s) adj. sm. (pl.).
coi·o sm.
coi·ó sm.
coi·ó-coi·ó sm.; pl. coiós-coiós ou coió-coiós
coi·o·te sm.
coi·ra sf.: coura.
coi·ra·ça sf.: couraça.
coi·ra·ça·do adj. sm.: couraçado.
coi·ra·ça·men·to sm.: couraçamento.
coi·ra·çar v.: couraçar.
coi·ra·cei·ro sm.: couraceiro.
coi·ra·ma sf.: courama.
coi·ra·na sf.
coi·rão sm.; pl. ·rões: courão.
coi·re:a·da sf.: coureada.
coi·re:a·dor (ô) sm.: coureador.
coi·re:ar v.: courear.
coi·rei·ro sm.: coureiro.
coi·re·la sf.: courela.
coi·ri·nho sm.: courinho.
co:ir·mão adj. sm.; pl. ·mãos; f. ·mã.
coi·ro sm.: couro.
coi·ros sm. pl.: couros.
coi·sa sf.: cousa.
coi·sa·da sf.: cousada.
coi·sa(s) em si sf. (pl.): cousa em si.
coi·sa(s)·fei·ta(s) sf. (pl.): cousa-feita.

coi·sa(s)-má(s) sm. (pl.): cousa-má.
coi·sar v.: cousar.
coi·sa-ru:im sm.; pl. coisas-ruins: cousa-ruim.
coi·sas sf. pl.: cousas.
coi·si·fi·car v.: cousificar.
coi·sís·si·mas sf., na loc. coisíssima nenhuma: cousíssima.
coi·ta sf.
coi·ta·da sf.: courada.
coi·ta·do adj. sm. interj.
coi·tar¹ v. 'afligir'/Cf. coitar².
coi·tar² v. 'tornar defeso': coutar/Cf. coitar¹.
coi·té sm. ou sf.: cuité.
coi·te:en·se adj. s2g.
coi·tei·ro sm.: couteiro.
coi·to¹ sm. 'relação sexual'/Cf. coito² e couto.
coi·to² sm. 'asilo' 'medida': couto/Cf. coito¹.
coi·va·ra sf.
coi·va·rar v.
co·la sf. ou sm.
co·la·bên·ci:a sf.
co·la·bo·ra·ção sf.; pl. ·ções.
co·la·bo·ra·ci:o·nis·mo sm.
co·la·bo·ra·ci:o·nis·ta adj. s2g.
co·la·bo·ra·dor (ô) adj. sm.
co·la·bo·rar v.
co·la·ção sf.; pl. ·ções.
co·la·ci·a sf.
co·la·ci:o·nar v.
co·la·ci:o·ná·vel adj. 2g.; pl. ·veis.
co·la·ço adj. sm.
co·la·da sf.
co·la(s)-de-ca·va·lo sf. (pl.).
co·la·dei·ra sf.
co·la·do adj.
co·la·dor (ô) adj. sm.
co·la·gem sf.; pl. ·gens.
co·la·gê·ni:o sm.
co·lá·ge·no sm.
co·la·ge·no·se sf.
co·la·go·go (ô) adj. sm.
co·la·le·mi·a sf.
co·lá·li·co adj.
co·lan·gi·ec·ta·si·a sf.
co·lan·gi·i·te sf.
co·lan·gi·te sf.
co·lan·te adj. 2g. sm.
co·lan·tre·no sm.
co·lap·sar v.
co·lap·so sm.

co·*lar* sm. v.
co·lar de *pé*·ro·las sm.; pl.
 colares de pérolas.
co·la·*re*·jo (ê) adj. sm.
co·la·*re*·te (ê) sm.
co·lar·*gol* sm.; pl. ·*góis*.
co·la·ri:*a*·no adj. sm.
co·*lá*·ri·co adj.
co·la·*ri*·nho sm.
co·la·*tá*·ri:o sm.
co·la·*tei*·ra sf.
co·la·te·*ral* adj. 2g. sm.; pl.
 ·*rais*.
co·la·te·ra·bi·li·*da*·de sf.
co·la·*tí*·ci:o adj.
co·la·ti·*nen*·se adj. s2g.
co·la·*ti*·no adj. sm.
cola·ti·*tu*·de(s) sf. (pl.).
co·la·*ti*·vo adj.
co·*lau* sm.
col·*ba*·que sm.
col·cha (ô) sf.
col·*chão* sm.; pl. ·*chões*.
col·chão de *noi*·va sm.; pl.
 colchões de noiva.
col·chão de *noi*·vo sm.; pl.
 colchões de noivo.
col·*chei*·a sf.
col·*chei*·ro sm.
col·*che*·ta (ê) sf./Cf. *colcheta* (é),
 do v. *colchetar*.
col·*che*·tar v.
col·*che*·te (ê) sm./Cf. *colchete*
 (é), do v. *colchetar*.
col·*che*·tes (ê) sm. pl./Cf.
 colchetes (é), do v. *colchetar*.
col·*cho*:ar v.
col·cho:a·*ri*·a sf.
col·cho:*ei*·ro sm.
col·co adj. sm.
col·*coz* sm.
col·co·zi:*a*·no sm.
col·dre sm.
co·le:*a*·do adj.
co·le:a·*men*·to sm.
co·le:*ar* v.
co·le·*ção* sf.; pl. ·*ções*.
co·le·ci:o·na·*ção* sf.; pl. ·*ções*.
co·le·ci:o·na·*dor* (ô) sm.
co·le·ci:o·na·*men*·to sm.
co·le·ci:o·*nar* v.
co·le·ci:o·*ná*·vel adj. 2g.; pl.:
 ·*veis*.
co·le·ci:o·*nis*·ta adj. s2g.
co·le·*cis*·te sf.
co·le·cis·tec·*ta*·si·a sf.
co·le·cis·tec·to·*mi*·a sf.
co·le·cis·*ti*·te sf.
co·le·cis·to·to·*mi*·a sf.
co·le·cro·*í*·na sf.
co·*lé*·do·co adj. sm.
co·*le*·ga s2g.
co·le·ga·*tá*·ri:o sm.:
 cole·ga·*tá*·ri:o(s) sm. (pl.).
co·le·gi:*a*·da sf.
co·le·gi:*a*·do adj. sm.
co·le·gi:*al* adj. s2g.; pl. ·*ais*.
co·le·gi:a·li·*da*·de sf.
co·le·gi:a·*tu*·ra sf.
co·le·gi:*en*·se adj. s2g.
co·*lé*·gi:o sm.
co·le·*guis*·mo sm.
co·*lei*·o sm.
co·*lei*·ra sf. ou sm.
co·*lei*·ra(s)-de-sa·*pé* sf. (pl.).
co·*lei*·*ra*·do adj.
co·*lei*·ra(s)-do-*bre*·jo sf. (pl.).
co·*lei*·ra(s)-vi·*ra*·da(s) sf. (pl.).
co·*lei*·*ri*·nha sm.
co·*lei*·ro sm.
co·*lei*·ro(s)-da-ba·*í*·a sm. (pl.).
co·*lei*·ro(s)-da-*ser*·ra sm. (pl.).
co·*lei*·ro(s)-de-sa·*pé* sm. (pl.).
co·*lei*·ro(s)-do-*bre*·jo sm.
 (pl.).
co·*lei*·ro(s)-par·*di*·nho(s) sm.
 (pl.).
co·*lei*·ro(s)-vi·*ra*·do(s) sm.
 (pl.).
co·le·li·*tí*:a·se sf.
co·*lé*·li·to sm.
co·lêm·*bo*·lo adj. sm.
co·*lê*·me·se sf.
co·le·*mi*·a sf.
co·*len*·do adj.
co·*lên*·qui·ma sm.
co·len·qui·*má*·ti·co adj.
co·len·qui·ma·*to*·so (ô) adj.; f.
 e pl. (ó).
co·le:*óp*·te·ro adj. sm.
co·le:*óp*·ti·lo sm.
co·le:or·*ri*·za sf.
có·le·ra¹ sf. 'ira'.
có·le·ra² sf. ou sm. 'doença'.
co·le·*ra*·do adj.
có·le·ra·*mor*·bo sf. ou sm.; pl.
 cóleras-morbos ou
 cóleras-morbo.
co·*lé*·ri·co adj.
co·les·te:a·*to*·ma sm.
co·les·*té*·ri·co adj.
co·les·te·*rol* sm.; pl. ·*róis*.
co·*le*·ta¹ sf. 'contribuição'
 'recolha'/Cf. *coleta*² (ê).
co·*le*·ta² (ê) sf. 'trança de
 cabelo'/Cf. *coleta*¹ sf. e fl. do
 v. *coletar*.
co·le·*ta*·do adj. sm.
co·le·*tâ*·ne:a sf.
co·le·*tâ*·ne:o adj.
co·le·*tar* v.
co·le·*tá*·vel adj. 2g.; pl. ·*veis*.
co·*le*·te (ê) sm./Cf. *colete* (é), do
 v. *coletar*.
co·le·te(s)-*cur*·to(s) sm. (pl.).
co·le·te(s) de *coi*·ro sm. (pl.):
 co·le·te(s) de *cou*·ro sm.
 (pl.).
co·le·*tei*·ro sm.
co·le·*tí*·ci:o adj.
co·*lé*·ti·co adj.
co·le·ti·vi·*da*·de sf.
co·le·ti·*vis*·mo sm.
co·le·ti·*vis*·ta adj. s2g.
co·le·ti·vi·za·*ção* sf.; pl. ·*ções*.
co·le·*ti*·vo adj. sm.
co·*le*·to adj.
co·le·*tor* (ô) adj. sm.
co·le·to·*ri*·a sf.
col·*ga*·do adj.
col·ga·*du*·ra sf.
col·*gar* v.
co·lha (ô) sf.
co·*lhão* sm.; pl. ·*lhões*.
co·lhe·*dei*·ra sf.
co·lhe·*dor* (ô) adj. sm.
co·*lhei*·ra sf.
co·lhei·ta·*dei*·ra sf.
co·lhei·*tei*·ro sm.
co·*lher*¹ sf. 'talher'/Cf. *colher*²
 (ê).
co·*lher*² (ê) v. 'coletar'/Cf.
 *colher*¹.
co·*lhe*·ra sf.
co·*lhe*·*ra*·da sf.
co·lher-de-va·*quei*·ro sm.; pl.
 colheres-de-vaqueiro.
co·lhei·*rei*·ro sm.
co·lhe·*re*·te (ê) sm.
co·lhe·*ril* sm.; pl. ·*ris*.
co·lhe·*rim* sm.; pl. ·*rins*.
co·lhe·*ta*·no adj. sm.
co·lhi·*men*·to sm.
co·lho·*nei*·ra sf.
co·lho·*nei*·ro sm.
co·*lhu*·do adj. sm.
co·li·*bri* sm.
có·li·ca sf.
có·li·co adj.
co·li·*dir* v.
co·*lí*·fe·ro adj.

co·li·*for*·me adj. 2g. sm.
co·li·ga·ção sf.; ·ções.
co·li·*ga*·do adj. sm.
co·li·*gar* v.
co·li·ga·*ti*·vo adj.
co·li·*gir* v.
co·li·ma·ção sf.; pl. ·ções.
co·li·*ma*·do adj.
co·li·ma·*dor* (ô) adj. sm.
co·li·ma·*do*·ra (ô) sf.
co·li·*mar* v.
co·lim·*bí*·de:o adj. sm.
co·lim·bi·*for*·me adj. 2g. sf.
co·lim·bri·*en*·se adj.s2g.
co·li·mi·ta·ção sf.; pl. ·ções.
co·li·mi·*tar* v.
co·*li*·na sf.
co·li·ne:a·ção sf.; pl. ·ções.
co·li·ne:*ar* v. adj. 2g.
co·li·ne:a·ri·*da*·de sf.
co·li·ne:a·ri·za·ção sf.; pl. ·ções.
co·li·*nen*·se adj. s2g.
co·*li*·no adj. sm.
co·li·*no*·so (ô) adj.; f. *e* pl. (ó).
co·lin·*sô*·ni:a sf.
có·li:o sm.
co·li·qua·ção sf.; pl. ·ções.
co·li·*quar* v.
co·li·qua·*ti*·vo adj.
co·*lí*·ri:o sm.
co·lir·*ros*·tro adj. sm.
co·li·*são* sf.; ·sões.
co·li·*seu* sm.
co·*li*·te sf.
co·li·ti·*gan*·te adj. s2g.
co·li·ti·*gar* v.
col·*ma*·do adj. sm.
col·*ma*·gem sf.; pl. ·gens.
col·*mar* v.
col·ma·*ta*·gem sf.; pl. ·gens.
col·ma·*tar* v.
col·me:*al* sm.; pl. ·ais.
col·me·*ei*·ro sm.
col·*mei*·a sf.
col·*mí*·fe·ro adj.
col·*mi*·lho sm.
col·mi·*lho*·so (ô) adj.; f. *e* pl pl. (ó).
col·mi·*lhu*·do adj.
col·mo (ô) sm./Cf. *colmo* (ó), do v. *colmar*.
co·lo sm.
co·lo·ba·ci·*lar* adj. 2g.
co·lo·ba·*ci*·lo sm.
co·*ló*·bi:o sm.
co·lo·*bóg*·na·to adj. sm.
co·lo·ca·ção sf.; pl. ·ções.

co·lo·*car* v.
co·lo·*cín*·ti·da sf.: *coloquíntida*.
co·lo·cu·*tor* (ô) sm.:
   co·lo·cu·*tor*.
co·*ló*·di:o sm.
co·*lo*·dra (ô) sf.
co·*lo*·dro (ô) sm.
co·lo·*fão* sm.; pl. ·*fãos* ou ·*fões*.
có·lo·fon sm.: *colofão*.
co·lo·*fô*·ni·co adj. sm.
co·lo·ga·*rit*·mo sm.:
   colo·ga·*rit*·mo(s) sm. (pl.).
co·lo·gra·*fi*·a sf.
co·*ló*·gra·fo sm.
co·loi·*dal* adj. 2g.; pl. ·*dais*.
co·*loi*·de adj. 2g. sm.
co·lom sm.; pl. ·*lons*.
co·lom·*ben*·se adj. s2g.
co·lom·bi:*a*·no adj. sm. 'da Colômbia'/Cf. *coulombiano*.
co·lom·*bi*·na sf. 'fantasia'/Cf. *columbina*.
co·lom·*bi*·no adj. sm. 'da Colômbia'/Cf. *columbino*.
co·lom·bo·fi·*li*·a sf. *columbofilia*.
co·lom·*bó*·fi·lo adj. sm.: *columbófilo*.
co·*lom*·bro sm.
co·lo·me·*tri*·a sf.
co·lo·*mé*·tri·co adj.
co·lo·*mi* sm.: co·lo·*mim* sm.; pl. ·*mins*.
có·lon sm.
co·lo·*ni*·a sf. 'contrato entre colono e proprietário'/Cf. *colônia*.
co·*lô*·ni:a sf. 'povoação de colonos'/Cf. *colonia*.
co·lo·ni·*al* adj. s2g.; pl. ·*ais*.
co·lo·ni:a·*lis*·mo sm.
co·lo·ni:a·*lis*·ta adj. s2g.
co·lo·ni:*a*·no adj. sm.
co·*lô*·ni·co adj.
co·lo·*nis*·ta adj. s2g.
co·lo·ni·za·ção sf.; pl. ·ções.
co·lo·ni·*za*·do adj.
co·lo·ni·za·*dor* (ô) adj. sm.
co·lo·ni·*zar* v.
co·lo·ni·*zá*·vel adj. 2g.; pl. ·*veis*.
co·*lo*·no sm.
co·lo·pa·*ti*·a sf.
co·lo·pe·*xi*·a (cs) sf.
co·lo·pli·ca·ção sf.; pl. ·ções.
co·lo·qui·*al* adj. 2g.; pl. ·*ais*.
co·lo·*quín*·ti·da sf.: *colocíntida*.

co·*ló*·qui:o sm.
co·*lor* (ô) sf. *ou* sm.
co·lo·ra·ção sf.; pl. ·ções.
co·lo·*ra*·do adj. sm.
co·lo·*ran*·te adj. 2g.
co·lo·*rar* v.
co·lo·*rau* sm.
co·lo·re:*ar* v.
co·lo·*ri*·do adj. sm.
co·lo·*rí*·fi·co adj.
co·lo·*rí*·gra·do sm.
co·lo·ri·me·*tri*·a sf.
co·lo·ri·*mé*·tri·co adj.
co·lo·*rí*·me·tro sm.
co·lo·*rir* v.
co·lo·ris·*có*·pi:o sm.
co·lo·*ris*·mo sm.
co·lo·*ris*·ta adj. s2g.
co·lo·ri·za·ção sf.; pl. ·ções.
co·lo·ri·*zar* v.
co·lor·ra·*fi*·a sf.
co·lor·ra·*gi*·a sf.
co·lor·*rá*·gi·co adj.
co·lor·*rei*·a sf.
co·los·*sal* adj. 2g.; pl. ·*sais*.
co·*los*·so (ô) sm.
co·los·tra·ção sf.; pl. ·ções.
co·*los*·tro (ô) sm.
col·*pa*·do adj.
col·*pi*·te sf.
col·po sm.
col·po·*ce*·le sf.
col·po·to·*mi*·a sf.
col·por·*tor* (ô) sm.
cól·qui·co adj. sm.
col·*tar* sm.
col·ta·ri·za·ção sf.; pl. ·ções.
col·ta·ri·*zar* v.
co·lu·bre:*a*·do adj.
co·lu·bre:*ar* v.
co·lu·bre·*jar* v.
co·lu·*brí*·de:o adj. sm.
co·lu·*bri*·na sf.
co·lu·*bri*·no adj.
co·lu·*dir* v.
co·lum·*bá*·ri:o sm.
co·lum·bi·cul·*tor* (ô) sm.
co·lum·bi·cul·*tu*·ra sf.
co·lum·*bí*·de:o adj. sm.
co·lum·bi·*for*·me adj. 2g. sm.
co·lum·*bi*·na sf. 'adubo'/Cf. *colombina*.
co·lum·*bi*·no adj. sm. 'relativo a pombo' 'da Colúmbia'/Cf. *colombino*.
co·*lúm*·bi:o sm.
co·lum·bo·fi·*li*·a sf.

co·lum·*bó*·fi·lo adj. sm.
co·lu·*me*·la sf.
co·lu·*me*·lo adj.
co·lu·*mim* sm.; pl. ·*mins*.
co·*lu*·na sf.
co·lu·na(s) do *mei*·o s2g. (pl.).
co·lu·*nar* adj. 2g. sf. v.
co·lu·*ná*·ri:o adj. sm.; pl.
   colunária/Cf. *colunaria*, do v.
   colunar.
co·lu·*na*·ta sf.
co·lu·*ná*·vel adj. 2g. s2g.; pl.:
   ·*veis*.
co·lu·*ne*·lo sm.
co·lu·*nen*·se adj. s2g.
co·lu·*ne*·ta (ê) sf.
co·lu·*nis*·mo sm.
co·lu·*nis*·ta adj. s2g.
co·*lú*·ri:a sf.: co·lu·*ri*·a.
co·*lu*·ro sm.
co·lu·*são* sf.; pl. ·*sões*.
co·lu·*tó*·ri:o sm.
co·lu·vi:*ão* sf.; pl. ·*ões*.
col·za (ô) sf.
com prep.
com- prep. (e seguido de
   hífen, quando se lhe junta
   vocábulo começado por
   vogal).
co·ma[1] sf. 'cabeleira' 'intervalo
   musical'/Cf. *coma*[2].
co·ma[2] sm. *ou* sf. 'estado
   mórbido'/Cf. *coma*[1].
co·*ma*·do adj.
co·*ma*·dre sf.
co·ma·dre(s)-do-a·*zei*·te sf.
   (pl.).
co·ma·*dres*·co (ê) adj.
co·ma·*dri*·ce sf.
co·ma·*ge*·no adj. sm.
com-a-*lu*·no(s) sm. (pl.):
   coaluno.
co·*man*·che adj. s2g.
co·man·*dân*·ci:a sf.
co·man·*dan*·te adj. 2g. sm.
co·man·dan·te(s) em *che*·fe
   sm. (pl.).
co·man·*dar* v.
co·man·da·*tu*·ba sf.
co·man·*di*·ta sf.
co·man·di·*ta*·do adj. sm.
co·man·di·*tar* v.
co·man·di·*tá*·ri:o adj. sm.
co·*man*·do sm.
co·man·do(s) em *che*·fe sm.
   (pl.).
co·*ma*·no adj. sm.

co·*mar*·ca sf.
co·mar·*cã* adj. sf. de *comarcão*.
co·mar·*cão* adj. sm.; pl. ·*cãos*;
   f. ·*cã*.
cô·ma·ro adj. sm.
co·*ma*·to adj.
co·ma·*to*·so (ô) adj.; f. *e* pl. (ó).
co·*má*·tu·la sf.
co·ma·*zi*·no sm.
com·ba sf.
com·ba·*li*·do adj.
com·ba·*lir* v.
com·*ba*·te sm.
com·ba·*ten*·te adj. s2g.
com·ba·*ter* v.
com·ba·*tí*·vel adj. 2g.; pl. ·*veis*.
com·ba·ti·vi·*da*·de sf.
com·ba·*ti*·vo adj.
com·bi·na·*ção* sf.; pl. ·*ções*.
com·bi·*na*·do adj. sm.
com·bi·*na*·dor (ô) adj. sm.
com·bi·*nar* v.
com·bi·na·*tó*·ri:o adj.
com·bi·*ná*·vel adj. 2g; pl. ·*veis*.
com·*boi*·a sf.
com·*boi*·ar v.
com·*boi*·*ei*·ro adj. sm.
com·*boi*·o sm.: com·*boi*·o/Cf.
   comboio, do v. *comboiar*.
com·*bo*·na sf.
com·*bor*·ça sf.
com·*bor*·ça·*ri*·a sf.
com·*bor*·ço (ô) sm.
com·bre·*tá*·ce:a sf.
com·bre·*tá*·ce:o adj.
com·*bre*·to sm.
com·bro sm.
com·bu·*ren*·te adj. 2g. sm.
com·bu·*ri*·do adj.
com·bu·*rir* v.
com·bus·*tão* sf.; pl. ·*tões*.
com·bus·*tar* v.
com·bus·ti·bi·li·*da*·de sf.
com·bus·*tí*·vel adj. 2g. sm.; pl.
   ·*veis*.
com·bus·*ti*·vo adj.
com·*bus*·to adj.
com·bus·*tor* (ô) sm.
co·me-a-*ra*·nha(s) sm. (pl.).
co·me·ça·*dor* (ô) adj. sm.
co·me·*çan*·te adj. 2g.
co·me·*çar* v.
co·*me*·ço (ê) sm./Cf. *começo* (é),
   do v. *começar*.
co·me·*co*·bra(s) sm. (pl.).
co·me·*dei*·ra sf.
co·me·*de*·la sf.

co·me·*den*·te adj. s2g.
co·me·*di*·a sf. 'pastagem'/Cf.
   comédia.
co·*mé*·di:a sf. 'peça teatral'/Cf.
   comedia, sf. *e* fl. do v. *comediar*.
co·*mé*·di:a(s) de *ar*·te sf. (pl.).
come·di·a·*dor* sm.; pl.
   comediadores.
co·*mé*·di:a(s)-*far*·sa(s) sf. (pl.).
co·me·di:*an*·te s2g.
co·me·di:*ar* v.
co·me·*di*·do adj.
co·me·di·*men*·to sm.
co·me·di:o·gra·*fi*·a sf.
co·me·di:o·*grá*·fi·co adj.
co·me·di:*ó*·gra·fo sm.
co·me·*dir* v.
co·me·*dis*·ta s2g.
co·me·*doi*·ro adj. sm.:
   comedouro.
co·me·*dor* (ô) adj. sm.
co·me·do·*ri*·a sf.
co·me·*dor*·me sm. 2n.
co·me·*dou*·ro adj. sm.:
   comedoiro.
co·me e *dor*·me sm. 2n.
co·me·li·*ná*·ce:a sf.
co·me·li·*ná*·ce:o adj.
co·me·*lon*·ge s2g. 2n.
co·me·mo·ra·*ção* sf.; pl. ·*ções*.
co·me·mo·*rar* v.
co·me·mo·ra·*ti*·vo adj. sm.
co·me·mo·*rá*·vel adj. 2g.; pl.
   ·*veis*.
co·*men*·da sf.
co·men·da·*dor* (ô) sm.; f.
   comendadeira.
co·men·da·do·*ri*·a sf.
co·men·da·ta·*ri*·a sf.
co·men·da·*tá*·ri:o adj. sm.
co·men·da·*tí*·ci:o adj.
co·men·da·*ti*·vo adj.
co·men·da·*tó*·ri:o adj.
co·*me*·nos sm. 2n., na loc. *neste
   comenos*.
co·men·*sal* adj. s2g.; pl. ·*sais*.
co·men·sa·li·*da*·de sf.
co·men·sa·*lis*·mo sm.
co·men·su·ra·bi·li·*da*·de sf.
co·men·su·*rar* v.
co·men·su·*rá*·vel adj. 2g.; pl.
   ·*veis*.
co·men·ta·*ção* sf.; pl. ·*ções*.
co·men·ta·*dor* (ô) adj. sm.
co·men·*tar* v.
co·men·*tá*·ri:o sm.

co·men·ta·*ris*·ta adj. s2g.
co·men·*tí*·ci:o adj.
co·*men*·to sm.
co·*mer* v. sm.
co·mer·ci:*al* adj. 2g. sm.; pl. ·*ais*.
co·mer·ci:a·*li*·*da*·de sf.
co·mer·ci:a·*lis*·ta adj. s2g.
co·mer·ci:a·li·za·*ção* sf.; pl. ·*ções*.
co·mer·ci:a·li·*zar* v.
co·mer·ci:*an*·te adj. s2g.
co·mer·ci:*ar* v.
co·mer·ci:*á*·ri:o sm.; f. e comerciária/Cf. comerciaria, do v. comerciar.
co·mer·ci:*á*·vel adj. 2g.; pl. ·*veis*.
co·mer·*ci*·nho sm.
co·*mér*·ci:o sm.
co·mes sm. pl., na loc. *comes e bebes*.
co·mes·ti·bi·li·*da*·de sf.
co·mes·*tí*·vel adj. 2g. sm.; pl. ·*veis*.
co·*me*·ta (ê) sm.
co·me·*tá*·cu·la sf.
co·me·*tá*·ri:o adj.
co·me·te·*dor* (ô) adj. sm.
co·me·*ter* v.
co·me·*ti*·da sf.
co·me·ti·*men*·to sm.
co·me·to·gra·*fi*·a sf.
co·me·to·*grá*·fi·co adj.
co·me·*tó*·gra·fo sm.
co·me·to·lo·*gi*·a sf.
co·me·to·*ló*·gi·co adj.
co·me·to·man·*ci*·a sf.
co·me·to·*man*·te s2g.
co·me·to·*mân*·ti·co adj.
co·me·*zai*·na sf.
co·me·*zi*·nho adj.
co·mi·*chão* sf.; pl. ·*chões*.
co·mi·*char* v.
co·mi·*cho*·so (ô) adj.; f. e pl. (ó).
co·mi·ci:*al* adj. 2g.; pl. ·*ais*.
co·mi·*ci*·da·de sf.
co·mi·ci·*ei*·ro adj. sm.
co·*mí*·ci:o sm.
cô·*mi*·co adj. sm.
co·*mi*·da sf.
co·*mi*·do adj.
co·*mí*·fe·ro adj.
co·*mí*·fo·ra sf.
co·*mi*·go pron.
co·mi·go-nin·guém-*po*·de sm. 2n.

co·mi·*lan*·ça sf.
co·mi·*lân*·ci:a sf.
co·mi·*lão* adj. sm.; pl. ·*lões*; f. comilona e comiloa.
co·mi·*lo*:a (ô) adj. sf. de comilão.
co·mi·*lo*·na adj. sf. de comilão.
co·mi·na·*ção* sf.; pl. ·*ções*.
co·mi·na·*dor* (ô) adj. sm.
co·mi·*nar* v.
co·mi·na·*ti*·vo adj.
co·mi·na·*tó*·ri:o adj.
co·*mi*·nho sm.
co·mi·nho(s)-ar·mê·ni:o(s) sm. (pl.).
co·mi·nu·i·*ção* sf.; pl. ·*ções*.
co·mi·nu:*ir* v.
co·mi·nu·*ti*·vo adj.
co·mi·se·ra·*ção* sf.; pl. ·*ções*.
co·mi·se·ra·*dor* (ô) adj.
co·mi·se·*rar* v.
co·mi·se·ra·*ti*·vo adj.
co·mis·*são* sf.; pl. ·*sões*.
co·mis·*sá*·ri:a sf.
co·mis·sa·ri:*a*·do sm.
co·mis·sa·ri:a·*ri*·a sf.
co·mis·*sá*·ri:o sm.
co·mis·si:o·*na*·do adj. sm.
co·mis·si:o·*nar* v.
co·mis·*si*·vo adj.
co·*mis*·so sm.
co·mis·*só*·ri:o adj. sm.
co·mis·*su*·ra sf.
co·mis·su·*ral* adj. 2g.; pl. ·*rais*.
co·mis·*tão* sf.; pl. ·*tões*.
co·mis·*tu*·ra sf.
co·mis·tu·*rar* v.
co·mi·*tê* sm.
co·mi·*ten*·te adj. s2g.
co·mi·*ti*·va sf.
co·*mi*·tre sm.
co·*mí*·vel adj. 2g.; pl. ·*veis*.
commodity sf. (ing.: *comóditi*).
co·mo conj. adv.
co·mo·*ção* sf.; pl. ·*ções*.
co·mo·ci:o·*nal* adj. 2g.; pl. ·*nais*.
co·mo·ci:o·*nar* v.
cô·mo·da sf.
co·mo·*dan*·te adj. s2g.
co·mo·da·*tá*·ri:o sm.
co·mo·*da*·to sm.
co·mo·di·*da*·de sf.
co·mo·*dis*·mo sm.
co·mo·*dis*·ta adj. s2g.
cô·mo·do adj. sm.
co·mo·*do*·ro sm.

co·*mó*·fi·lo adj.
co·mo·*ni*·a sf.
co·mo·ra·*ção* sf.; pl. ·*ções*.
co·mo·*rar* v.
co·mo·ri:*ên*·ci:a sf.
co·mo·ri:*en*·te adj. 2g.
cô·mo·ro sm.
co·*mo*·so (ô) adj.; f. e pl. (ó).
co·mo·ve·*dor* (ô) adj.
co·mo·*ven*·te adj. 2g.
co·mo·*ver* v.
co·mo·*vi*·do adj.
com·pa·ci·*da*·de sf.
com·pac·ta·*ção* sf.; pl. ·*ções*.
com·pac·*tar* v.
com·pac·*tá*·vel adj. 2g.; pl. ·*veis*.
compact disc sm., ing. (ing.: *cômpact disc*).
com·*pac*·to adj. sm.
com·pac·tu:*ar* v.
com·pa·de·ce·*dor* (ô) adj.
com·pa·de·*cer* v.
com·pa·de·*ci*·do adj.
com·pa·de·ci·*men*·to sm.
com·pa·*dra*·da sf.
com·pa·*dra*·do adj. sm.
com·pa·*drar* v.
com·*pa*·dre sm.
com·pa·dre:*ar* v.
com·pa·dre(s)-do-a·*zei*·te sm. (pl.).
com·pa·*dres*·co (ê) adj.
com·pa·*dri*·ce sf.
com·pa·*dri*·o sm.
com·pa·gi·na·*ção* sf.; pl. ·*ções*.
com·pa·gi·*na*·do adj.
com·pa·gi·na·*dor* (ô) adj. sm.
com·pa·gi·*nar* v.
com·pai·*xão* sf.; pl. ·*xões*.
com·*pa*·nha sf.
com·pa·*nhei*·ra sf.
com·pa·nhei·*rão* sm.; pl. ·*rões*; f. ·*ro*·na.
com·pa·*nhei*·ras sf. pl.
com·pa·nhei·*ris*·mo sm.
com·pa·*nhei*·ro adj. sm.
com·pa·nhei·*ro*·na sf. de companheirão.
com·pa·*nhi*·a sf.
côm·par adj. 2g.; pl. *cômpares*/ Cf. compares, do v. comparar.
com·pa·ra·bi·li·*da*·de sf.
com·pa·ra·*ção* sf.; pl. ·*ções*.
com·pa·*ra*·do adj.
com·pa·ra·*dor* (ô) adj. sm.
com·pa·*rar* v.

com·pa·ra·*tis*·ta adj. s2g.
com·pa·ra·*ti*·va sf.
com·pa·ra·*ti*·vo adj. sm.
com·pa·*rá*·vel adj. 2g.; pl. ·veis.
com·pa·re·*cen*·te adj. s2g.
com·pa·re·*cer* v.
com·pa·re·ci·*men*·to sm.
com·pa·*rên*·ci:a sf.
com·*par*·sa s2g.
com·par·sa·*ri*·a sf.
com·*par*·te adj. s2g.
com·par·ti·*ção* sf.; pl. ·ções.
com·par·ti·ci·pa·*ção* sf.; pl. ·ções.
com·par·ti·ci·*par* v.
com·par·ti·*lhan*·te adj. s2g.
com·par·ti·*lhar* v.
com·par·ti·men·*tar* v.
com·par·ti·*men*·to sm.
com·par·*tir* v.
com·*pás*·cu:o sm.
com·pas·*sa*·do adj.
com·pas·sa·*gei*·ro sm.
com·pas·*sar* v.
com·pas·*sí*·vel adj. 2g.; pl. ·veis.
com·pas·si·vi·*da*·de sf.
com·pas·*si*·vo adj.
com·*pas*·so adj. sm.
com·pa·ter·ni·*da*·de sf.
com·pa·ti·bi·li·*da*·de sf.
com·pa·*tí*·vel adj. 2g.; pl. ·veis.
com·pa·*trí*·ci:o adj. sm.
com·pa·tri:*o*·ta adj. s2g.
com·pe·la·*ção* sf.
 'interrogatório'; pl. ·ções/Cf. *compilação*.
com·pe·la·*ti*·vo adj.
com·pe·*lir* v.
com·pen·di:a·*dor* (ô) adj. sm.
com·pen·di:*ar* v.
com·*pên*·di:o sm./Cf. *compendio*, do v. *compendiar*.
com·pen·*dí*·o·lo sm.
com·pen·di:*o*·so (ô) adj.; f. e pl. (ó).
com·pe·ne·tra·*ção* sf.; pl. ·ções.
com·pe·ne·*tra*·do adj.
com·pe·ne·*trar* v.
com·pen·sa·*ção* sf.; pl. ·ções.
com·pen·*sa*·do adj. sm.
com·pen·sa·*dor* (ô) adj. sm.
com·pen·*sar* v.
com·pen·sa·*ti*·vo adj.
com·pen·sa·*tó*·ri:o adj.
com·pen·*sá*·vel adj. 2g.; pl. ·veis.

com·*per*·to adj.
com·pe·*tên*·ci:a sf.
com·pe·*ten*·te adj. 2g.
com·pe·ti·*ção* sf.; pl. ·ções.
com·pe·ti·*dor* (ô) adj. sm.
com·pe·*tir* v.
com·pe·ti·*ti*·vo adj.
com·pe·*tí*·vel adj. 2g.; pl. ·veis.
com·pi·la·*ção* sf. 'reunião'; pl. ·ções/Cf. *compelação*.
com·pi·la·*dor* (ô) adj. sm.
com·pi·*lar* v.
com·pi·la·*tó*·ri:o adj.
com·*pi*·ta sf.
com·*pi*·to sm./Cf. *compito*, do v. *competir*.
com·pla·*cên*·ci:a sf.
com·pla·*cen*·te adj. 2g.
com·pla·na·*ção* sf.; pl. ·ções.
com·pla·*nar* v.
com·plei·*ção* sf.; pl. ·ções.
com·plei·ci:o·*nal* adj. 2g.; pl. ·nais.
com·plei·ço:*a*·do adj.
com·ple·men·ta·*ção* sf.; pl. ·ções.
com·ple·men·*tar* v. adj. 2g.
com·ple·men·ta·ri·*da*·de sf.
com·ple·men·*tá*·ri:o adj.; f. *complementária*/Cf. *complementaria*, do v. *complementar*.
com·ple·*men*·to sm.
com·ple·ta·*ção* sf.; pl. ·ções.
com·ple·ta·*dor* (ô) adj. sm.
com·ple·ta·*men*·to sm.
com·ple·*tar* v.
com·*ple*·tas sf. pl.
com·ple·*te*·za (ê) sf.
com·ple·*tí*·vel adj. 2g.; pl. ·veis.
com·ple·*ti*·vo adj. sm.
com·*ple*·to adj. sm.
com·ple·*tó*·ri:o sm.
com·ple·*xão* (cs) sf.; pl. ·xões.
com·ple·xi·*da*·de (cs) sf.
com·*ple*·xo (cs) adj. sm.
com·pli:*ân*·ci:a sf.
com·pli·ca·*ção* sf.; pl. ·ções.
com·pli·*ca*·do adj.
com·pli·ca·*dor* (ô) adj. sm.
com·pli·*car* v.
com·pli·*cá*·vel adj. 2g.; pl. ·veis.
com·*plô* sm., do fr. *complot*.
com·po·ne·*dor* (ô) sm.
com·po·la·*nen*·da sf.

com·po·*nen*·te adj. s2g.
com·po·*ní*·vel adj. 2g.; pl. ·veis.
com·*por* v.
com·*por*·ta sf.
com·por·ta·*ção* sf.; pl. ·ções.
com·por·*ta*·do adj.
com·por·ta·*men*·to sm.
com·por·*tar* v.
com·*por*·tas sf. pl.
com·por·*tá*·vel adj. 2g.; pl. ·veis.
com·po·si·*ção* sf.; pl. ·ções.
com·*pó*·si·ta sf.
com·po·si·*ti*·vo adj.
com·*pó*·si·to adj. sm.
com·po·si·*tor* (ô) sm.
com·po·si·*to*·ra (ô) sf.
com·*pos*·se sf.
com·pos·ses·*são* sf.; pl. ·sões.
com·pos·ses·*sor* (ô) sm.
com·pos·si·bi·li·*da*·de sf.
com·pos·*sí*·vel adj. 2g.; pl. ·veis.
com·pos·su:i·*dor* (ô) sm.
com·*pos*·ta sf.
com·*pos*·to (ô) adj. sm.
com·pos·*tu*·ra sf.
com·*po*·ta sf.
com·po·*tei*·ra sf.
com·*pra* sf.
com·pra·*di*·ço adj.
com·pra·*dor* (ô) sm.
com·*prar* v.
com·pra·*ri*·xas sm. 2n.
com·pra·*tó*·ri:o adj.
com·*prá*·vel adj. 2g.; pl. ·veis.
com·pra·ze·*dor* (ô) adj. sm.
com·pra·*zen*·te adj. 2g.
com·pra·*zer* v.
com·pra·zi·*men*·to sm.
com·pre:en·*der* v.
com·pre:en·*são* sf.; pl. ·sões.
com·pre:en·si·bi·li·*da*·de sf.
com·pre:en·*si*·va sf.
com·pre:en·*sí*·vel adj. 2g.; pl. ·veis.
com·pre:en·*si*·vo adj.
com·*pres*·sa sf.
com·pres·*são* sf.; pl. ·sões.
com·pres·si·bi·li·*da*·de sf.
com·pres·si·*cau*·de adj. 2g.
com·pres·si·*cau*·le adj. 2g.
com·pres·si·*cór*·ne:o adj.
com·pres·si·*mé*·tri·co adj.
com·pres·*sí*·me·tro sm.
com·pres·*sí*·vel adj. 2g.; pl. ·veis.

com·pres·si·vo adj.
com·pres·sor (ô) adj. sm.
com·pres·só·ri:o adj.
com·pri·dez (ê) sf.
com·pri·do adj. sm. 'longo'/Cf.
  cumprido, do v. cumprir.
com·pri·má·ri:o adj. sm.
com·pri·men·te adj. 2g./
  Cf. cumprimente, do v.
  cumprimentar.
com·pri·men·to sm. 'extensão'/
  Cf. cumprimento, sm. e fl. do
  v. cumprimentar.
com·pri·mi·do adj. sm.
com·pri·mir v.
com·pro·ba·ção sf.; pl. ·ções:
  comprovação.
com·pro·ban·te adj. 2g. sm.:
  comprovante.
com·pro·ba·ti·vo adj.:
  comprovativo.
com·pro·ba·tó·ri:o adj.:
  comprovatório.
com·pro·me·te·dor (ô) adj. sm.
com·pro·me·ter v.
com·pro·me·ti·men·to sm.
com·pro·mis·sal adj. 2g.; pl.
  ·sais.
com·pro·mis·sá·ri:o adj.
com·pro·mis·si·vo adj.
com·pro·mis·so sm.
com·pro·mis·só·ri:o adj.
com·pro·mi·ten·te adj. s2g.
com·pro·pri:e·da·de sf.:
  copropriedade.
com·pro·pri:e·tá·ri:o adj. sm.:
  coproprietário.
com·pro·va·ção sf.; pl. ·ções.
com·pro·va·dor (ô) adj. sm.
com·pro·van·te adj. 2g. sm.
com·pro·var v.
com·pro·va·ti·vo adj.
com·pro·va·tó·ri:o adj.
com·pro·vin·ci:al adj. 2g.; pl.
  ·ais.
com·pro·vin·ci:a·no adj. sm.
comp·so sm.
comp·só·ce·ro sm.
comp·sos·so·mo sm.
comp·so·tli·pí·de:o adj. sm.
com·pul·sa·ção sf.; pl. ·ções.
com·pul·sa·dor adj. sm.
com·pul·são sf.; pl. ·sões.
com·pul·sar v.
com·pul·sá·vel adj. 2g.; pl. ·veis.
com·pul·si·vo adj.
com·pul·só·ri:a sf.

com·pul·só·ri:o adj.
com·pun·ção sf.; pl. ·ções.
com·pun·gi·men·to sm.
com·pun·gir v.
com·pun·gi·ti·vo adj.
com·pur·ga·ção sf.; pl. ·ções.
com·pur·gar v.
com·pu·ta·ção sf.; pl. ções.
com·pu·ta·ci:o·nal adj. 2g.; pl.
  ·nais.
com·pu·ta·dor (ô) adj. sm.
com·pu·ta·do·ri·za·ção sf.; pl.
  ·ções.
com·pu·ta·do·ri·zar v.
com·pu·ta·do·ri·zá·vel adj. 2g.;
  pl. ·veis.
com·pu·tar v.
com·pu·tá·vel adj. 2g.; pl. ·veis.
com·pu·tis·ta s2g.
côm·pu·to sm./Cf. computo, do
  v. computar.
com·sa·be·dor (ô) adj.; pl. com-
  -sabedores: consabedor.
com·sa·bi·do(s) adj. (pl.):
  consabido.
com·tes·co (ê) adj.
com·ti:a·no adj. sm.
com·tis·mo sm. 'de Auguste
  Comte'/Cf. contismo.
com·tis·ta adj. s2g. 'adepto da
  filosofia de Auguste Comte'/
  Cf. contista.
co·mu:a sf.
co·mu·dar v.
co·mum adj. 2g. sm.
co·mum de dois adj. 2g.: pl.
  comuns de dois.
co·mu·na sf. adj. s2g.
co·mu·nal adj. s2g.; pl. ·nais.
co·mu·na·lis·mo sm.
co·mu·na·lis·ta adj. s2g.
co·mu·nei·ro sm.
co·mun·ga·do adj.
co·mun·gan·te adj. s2g.
co·mun·gar v.
co·mun·ga·tó·ri:o adj. sm.
co·mu·nhão sf.; pl. ·nhões.
co·mu·ni:al adj. 2g.; pl. ·ais.
co·mu·ni·ca·bi·li·da·de sf.
co·mu·ni·ca·ção sf.; pl. ·ções.
co·mu·ni·ca·do sm.
co·mu·ni·ca·dor (ô) adj. sm.
co·mu·ni·can·te adj. s2g.
co·mu·ni·car v.
co·mu·ni·ca·ti·vo adj.
co·mu·ni·cá·vel adj. 2g.; pl.
  ·veis.

co·mu·ni·da·de sf.
co·mu·nis·mo sm.
co·mu·nís·si·mo adj. superl. de
  comum.
co·mu·nis·ta adj. s2g.
co·mu·ni·tá·ri:o adj. sm.
co·mu·ni·zan·te adj. s2g.
co·mu·ni·zar v.
co·mu·ta·ção sf.; pl. ·ções.
co·mu·ta·dor (ô) adj. sm.
co·mu·tar v.
co·mu·ta·ti·vi·da·de sf.
co·mu·ta·ti·vo adj.
co·mu·ta·triz sf.
co·mu·tá·vel adj. 2g.: pl. ·veis.
co·na·bi sm.: conambi, conami.
co·na·ção sf.; pl. ·ções.
co·nai·ró sm.: co·nai·ru.
co·nam·bi sm.: conabi, conami.
co·nam·bim sm.
co·na·mi sm.: conabi, conambi.
co·na·rá·ce:a sf.
co·na·rá·ce:o adj.
co·na·ti·vo adj.
co·na·to adj. sm.
co·na·tu·ral adj. 2g.; pl. ·rais.
con·ca sf.
con·ca·me·ra·ção sf.; pl. ·ções.
con·ca·ni adj. s2g. sm.:
  con·ca·nim.
con·ca·ni·zar v.
con·cas·si·vo adj.
con·cas·sor (ô) sm.
con·ca·te·na·ção sf.; pl. ·ções.
con·ca·te·na·men·to sm.
con·ca·te·nar v.
con·cau·sa sf.
con·ca·var v.
con·ca·vi·da·de sf.
con·ca·vi·fo·li:a·do adj.
côn·ca·vo adj. sm./Cf. concavo,
  do v. concavar.
côn·ca·vo-con·ve·xo(s) adj.
  (pl.).
con·ce·ber v.
con·ce·bi·men·to sm.
con·ce·bí·vel adj. 2g.; pl. ·veis.
con·ce·den·te adj. s2g.
con·ce·der v.
con·ce·di·do adj.
con·ce·dí·vel adj. 2g.; pl. ·veis.
con·cei·ção sf.; pl. ·ções.
con·cei·ção·zen·se adj. s2g.
con·cei·ci:o·nen·se adj. s2g.
con·cei·ci:o·nis·ta adj. s2g.
con·cei·ço:en·se adj. s2g.
con·cei·to sm.

con·cei·tu:a·ção sf.; pl. ·ções.
con·cei·tu:a·do adj.
con·cei·tu:a·lis·mo sm.
con·cei·tu:a·lis·ta adj. s2g.
con·cei·tu:ar v.
con·cei·tu:o·so (ô) adj.; f. e pl. (ó).
con·ce·le·bra·ção sf.; pl. ·ções.
con·ce·le·bran·te adj. s2g.
con·ce·le·brar v.
con·ce·lhei·ro adj. 'relativo a concelho'/Cf. conselheiro.
con·ce·lhi·o adj.
con·ce·lho (ê) sm. 'município'/Cf. conselho.
con·cen·to sm.
con·cen·tra·ção sf.; pl. ·ções.
con·cen·tra·do adj. sm.
con·cen·tra·dor (ô) adj. sm.
con·cen·trar v.
con·cen·trá·vel adj. 2g.; pl. ·veis.
con·cen·tri·ci·da·de sf.
con·cên·tri·co adj.
con·cep·ção sf.; pl. ·ções.
con·cep·ci·o·nal adj. 2g.; pl. ·nais.
con·cep·ci·o·ná·ri·o adj. sm.
con·cep·ta·cu·lar adj. 2g.
con·cep·tá·cu·lo sm.
con·cep·ti·bi·li·da·de sf.
con·cep·tí·vel adj. 2g.; pl. ·veis.
con·cep·ti·vo adj.
con·cep·tu:al adj. 2g.; pl. ·ais.
con·cep·tu:a·lis·mo sm.
con·cep·tu:a·lis·ta adj. s2g.
con·cer·nên·ci:a sf.
con·cer·nen·te adj. 2g.
con·cer·nir v.
con·cer·ta·do adj. 'brando' 'harmonizado'/Cf. consertado.
con·cer·ta·dor (ô) adj. sm. 'aquele que harmoniza'/Cf. consertador.
con·cer·ta·men·to sm. 'ato de harmonizar'/Cf. consertamento.
con·cer·tan·te adj. s2g. 'harmonizante'/Cf. consertante.
con·cer·tar v. 'harmonizar'/Cf. consertar.
con·cer·ti·na sf.
con·cer·ti·no sm.
con·cer·tis·ta s2g.
con·cer·to (ê) sm. 'sessão musical'/Cf. concerto (é), do v. concertar, e conserto (ê), sm.
con·ces·são sf.; pl. ·sões.
con·ces·si:o·ná·ri:a sf.
con·ces·si:o·ná·ri:o adj. sm.
con·ces·si·va sf.
con·ces·sí·vel adj. 2g.; pl. ·veis.
con·ces·si·vo adj.
con·ces·sor (ô) sm.
con·ces·só·ri:o adj.
con·cha sf.
con·cha·do adj.
con·cha·len·se adj. s2g.
con·cham·blan·ça sf.
con·char v.
con·cha·ri·a sf.
con·cha·va·do adj. sm.
con·cha·va·dor (ô) adj. sm.
con·cha·var v.
con·cha·vo sm.
con·che:a·do adj.
con·che:ar v.
con·che·ga·do adj.
con·che·gar v.
con·che·ga·ti·vo adj.
con·che·go (ê) sm.
con·chei·ra sf.
con·che·lo sm.
con·chen·se adj. s2g.
con·chí·fe·ro adj.
con·cho adj. sm.
con·choi·de adj. 2g. sf.
con·cho·so (ô) adj.; f. e pl. (ó).
con·chos·trá·ce:o adj. sm.
con·chu·do adj.
con·ci·da·dão sm.: pl. ·dões; f. ·dã.
con·ci·li:á·bu·lo sm.
con·ci·li:a·ção sf.; pl. ·ções.
con·ci·li:a·dor (ô) adj. sm.
con·ci·li:an·te adj. 2g.
con·ci·li:ar adj. 2g. v.
con·ci·li:á·ri:o adj. 'relativo a concílio'; f. conciliária/Cf. conciliaria, do v. conciliar.
con·ci·li:a·ti·vo adj.
con·ci·li:a·tó·ri:o adj.
con·ci·li:á·vel adj. 2g.; pl. ·veis.
con·cí·li:o sm. 'reunião de prelados católicos'/Cf. concilio, do v. conciliar, e consílio.
con·ci:o·nal adj. 2g.; pl. ·nais.
con·ci:o·nar v.
con·ci:o·ná·ri:o adj.; f. concionária/Cf. concionaria, do v. concionar.
con·ci·são sf.; pl. ·sões.
con·ci·so adj.
con·ci·ta·ção sf.; pl. ·ções.
con·ci·ta·dor (ô) adj. sm.
con·ci·tar v.
con·ci·ta·ti·vo adj.
con·cla·ma·ção sf.; pl. ·ções.
con·cla·mar v.
con·cla·ve sm.
con·cla·vis·ta adj. s2g.
con·cliz sm.: concriz.
con·clu·dên·ci:a sf.
con·clu·den·te adj. 2g.
con·clu·í·do adj.
con·clu·i·men·to sm.
con·clu·in·te adj. s2g.
con·clu:ir v.
con·clu·são sf.; pl. ·sões.
con·clu·si:o·nis·ta adj. s2g.
con·clu·si·va sf.
con·clu·si·vo adj.
con·clu·so adj.
con·coc·ção sf.; pl. ·ções.
con·coc·ti·vo adj.
con·coi·dal adj. 2g.; pl. ·dais.
con·coi·de adj. 2g. sf.
con·cô·me·tro sm.
con·co·mi·tân·ci:a sf.
con·co·mi·tan·te adj. 2g.
con·cor·da·do adj.
con·cor·dân·ci:a sf.
con·cor·dan·te adj. 2g.
con·cor·dar v.
con·cor·da·ta sf.
con·cor·da·tá·ri:o adj. sm.
con·cor·dá·vel adj. 2g.; pl. ·veis.
con·cor·de adj. 2g.
con·cór·di:a sf.
con·cor·di:a·no adj.
con·cor·pó·re:o adj.
con·cor·rên·ci:a sf.
con·cor·ren·te adj. s2g.
con·cor·rer v.
con·cor·ri·do adj.
con·co·to·mi·a sf.
con·cre·ção sf.; pl. ·ções.
con·cre·ci:o·na·do adj.
con·cres·cên·ci:a sf.
con·cres·cen·te adj. 2g.
con·cres·ci·bi·li·da·de sf.
con·cres·cí·vel adj. 2g.; pl. ·veis.
con·cre·ta·ção sf.; pl. ·ções.
con·cre·ta·gem sf.; pl. ·gens.
con·cre·tar v.
con·cre·tis·mo sm.

con·cre·*tis*·ta adj. s2g.
con·cre·*ti*·*tu*·de sf.
con·cre·ti·za·ção sf.; pl. ·ções.
con·cre·ti·zar v.
con·cre·to adj. sm.
con·cri:a·ção sf.; pl. ·ções.
con·cri*ar* v.
con·*criz* sm.: *concliz*.
con·cu·*bi*·na sf.
con·cu·bi·*na*·gem sf.; pl. ·gens.
con·cu·bi·*nal* adj. 2g.; pl. ·nais.
con·cu·bi·*nar* v.
con·cu·bi·*ná*·ri:o adj. sm.
con·cu·bi·*na*·to sm.
con·*cú*·bi·to sm.
con·cul·ca·ção sf.; pl. ·ções.
con·cul·ca·*dor* (ô) adj. sm.
con·cul·*car* v.
con·cu·*nha*·do sm.
con·cu·pis·*cên*·ci:a sf.
con·cu·pis·*cen*·te adj. 2g.
con·cu·pis·*cí*·vel adj. 2g.; pl. ·veis.
con·cur·*sa*·do adj. sm.
con·cur·*sar* v.
con·*cur*·so sm.
con·cus·*são* sf.; pl. ·sões.
con·cus·si:o·*ná*·ri:o adj. sm.
con·cu·*tir* v.
con·cu·*tí*·vel adj. 2g.; pl. ·veis.
con·*da*·do sm.
con·*dal* adj. 2g.; pl. ·dais.
con·*dão* sm.; pl. ·dões.
con·de sm.; f. *condessa*.
con·de·ra·ção sf.; pl. ·ções.
con·de·co·*ra*·do adj. sm.
con·de·co·*rar* v.
con·de·na·ção sf.; pl. ·ções.
con·de·*na*·do adj. sm.
con·de·na·*dor* (ô) adj. sm.
con·de·*nar* v.
con·de·na·*tó*·ri:o adj.
con·de·*ná*·vel adj. 2g.; pl. ·veis.
con·den·sa·bi·li·*da*·de sf.
con·den·sa·ção sf.; pl. ·ções.
con·den·sa·*dor* (ô) adj. sm.
con·den·*san*·te adj. 2g.
con·den·*sar* v.
con·den·sa·*ti*·vo adj.
con·den·*sá*·vel adj. 2g.; pl. ·veis.
con·*den*·se adj. s2g.
con·des·cen·*dên*·ci:a sf.
con·des·cen·*den*·te adj. 2g.
con·des·cen·*der* v.
con·*des*·sa (ê) sf. de conde/Cf. *condessa* (é), do v. *condessar*.

con·des·*sar* v.
con·*des*·so (ê) sm./Cf. *condesso* (é), do v. *condessar*.
con·des·ta·*bles*·sa (ê) sf.: *condestabresa*.
con·des·ta·*bre* sm.: *condestável*.
con·des·ta·*bre*·sa (ê) sf. de *condestabre*.
con·des·*tá*·vel sm.; pl. ·veis.
con·de:u·*ben*·se adj. s2g.
con·di·ção sf.; pl. ·ções.
con·di·*cen*·te adj. 2g.
con·di·ci·o·*na*·do adj.
con·di·ci·o·na·*dor* (ô) adj. sm.
con·di·ci·o·*nal* adj. 2g. sm. sf.; pl. ·nais.
con·di·ci·o·na·li·*da*·de sf.
con·di·ci·o·na·*men*·to sm.
con·di·ci·o·*nan*·te adj. 2g. sf.
con·di·ci·o·*nar* v.
con·dig·ni·*da*·de sf.
con·*dig*·no adj.
con·di·*lar*·tro adj. sm.
con·di·lar·*tro*·se sf.
con·di·*li:a*·no adj.
côn·di·lo sm.
con·di·*ló*·fo·ro adj.
con·di·*loi*·de adj. 2g.
con·di·*lo*·ma sm.
con·di·men·ta·ção sf.; pl. ·ções.
con·di·men·*ta*·do adj.
con·di·men·*tar* adj. 2g. v.
con·di·men·*tí*·ci:o adj.
con·di·*men*·to sm.
con·di·men·*to*·so (ô) adj.; f. e pl. (ó).
con·*dir* v.
con·dis·*cí*·pu·lo sm.
con·di·*zen*·te adj. 2g.
con·di·*zer* v.
con·do:*er* v.
con·do:*í*·do adj.
con·do:i·*men*·to sm.
con·do·*lên*·ci:a sf.
con·do·*len*·te adj. 2g.
con·do·mi·ni:*al* adj. 2g.; pl. ·ais.
con·do·*mí*·ni:o sm.
con·*dô*·mi·no sm.
con·*dor* (ô) sm.
con·do·rei·*ris*·mo sm.
con·do·*rei*·ro adj. sm.
con·do·*ris*·mo sm.
con·dral·*gi:a* sf.
con·*dric*·te adj. 2g. sm.
con·*dri*·na sf.
con·dri:*o*·ma sm.

con·dri:os·*so*·mo sm.
con·dro·*blas*·to sm.
con·dro·dis·pla·*si:a* sf.
con·dro·dis·*tro*·fi:a sf.
con·dro·ga·*noi*·de adj. 2g. sm.
con·*droi*·de adj. 2g.
con·*dro*·ma sm.
con·*drós*·te:o adj. sm.
con·du·ção sf.; pl. ·ções.
con·du·*cen*·te adj. 2g.
con·du·*í*·te sm.
con·du·pli·*ca*·do adj.
con·du·*ran*·go sm.
con·du·ru sm.
con·du·ru(s)-de-*san*·gue sm. (pl.).
con·*du*·ta sf.
con·du·*tân*·ci:a sf.
con·du·*tar* v.
con·du·ti·bi·li·*da*·de sf.
con·du·*tí*·me·tro sm.
con·du·*tí*·vel adj. 2g.; pl. ·veis.
con·du·ti·vi·*da*·de sf.
con·du·*ti*·vo adj.
con·*du*·to sm.
con·du·*tor* (ô) adj. sm.
con·du·*zir* v.
co·ne sm.
co·nec·ti·vi·*da*·de sf.
co·nec·*ti*·vo adj. sm.: *conetivo*.
co·nec·*tor* (ô) adj. sm.: *conetor*.
cô·ne·ga sf.
cô·ne·go sm.
co·*nel* sm.; pl. ·néis.
co·ne·*ti*·vo adj. sm.: *conectivo*.
co·ne·*tor* (ô) adj. sm.: *conector*.
co·ne·*xão* (cs) sf.; pl. ·xões.
co·ne·xi·*da*·de (cs) sf.
co·ne·xi:o·*nar* (cs) v.
co·ne·*xi*·vo (cs) adj.
co·*ne*·xo (cs) adj.
co·ne·*zi:a* sf.
con·fa·bu·la·ção sf.; pl. ·ções.
con·fa·bu·*lar* v.
con·far·re:a·ção sf.; pl. ·ções.
con·fec·ção sf.; pl. ·ções.
con·fec·ci·o·na·*dor* (ô) sm.
con·fec·ci·o·*nar* v.
con·fe·de·ra·ção sf.; pl. ·ções.
con·fe·de·*rar* v.
con·fe·de·ra·*ti*·vo adj.
con·fei·ção sf.; pl. ·ções.
con·fei·ço:*ar* v.
con·fei·ta·*dei*·ra sf.
con·fei·*ta*·do adj.
con·fei·*tar* v.
con·fei·ta·*ri*·a sf.

con·fei·*tei*·ra sf.
con·fei·*tei*·ro sm.
con·*fei*·to sm.
con·fe·*rên*·ci:a sf./Cf.
 conferencia, do v. *conferenciar*.
con·fe·ren·ci:a·*dor* (ô) sm.
con·fe·ren·ci·*al* adj. 2g.; pl. ·*ais*.
con·fe·ren·ci·*ar* v.
con·fe·ren·*cis*·ta s2g.
con·fe·*ren*·te adj. s2g.
con·fe·ri·*ção* sf.; pl. ·*ções*.
con·fe·*rir* v.
con·fer·ti·*flo*·ro adj.
con·*fer*·va sf.
con·fer·*vá*·ce:a sf.
con·fer·*vá*·ce:o adj.
con·*fér*·ve:a sf.
con·fer·*ví*·co·la adj. 2g.
con·fes·*sa*·do adj. sm.
con·fes·*san*·do adj. sm.
con·fes·*sar* v.
con·fes·si:o·*nal* adj. 2g.; pl. ·*nais*.
con·fes·si:o·*ná*·ri:o sm.
con·*fes*·so[1] adj. sm. 'que confessou'/Cf. *confesso*[2] (ê).
con·*fes*·so[2] (ê) sm. 'confissão'/ Cf. *confesso*[1] (é), adj. sm. *e* fl. do v. *confessar*.
con·fes·*sor* (ô) sm.
con·fes·*só*·ri:o adj.
con·*fe*·te sm.
con·fi:a·bi·li·*da*·de sf.
con·fi:*a*·do adj. sm.
con·fi:*an*·ça sf.
con·fi:*an*·te adj. 2g.
con·fi:*ar* v.
con·fi·*dên*·ci:a sf./Cf.
 confidencia, do v. *confidenciar*.
con·fi·den·ci·*al* adj. 2g. sf.; pl. ·*ais*.
con·fi·den·ci·*ar* v.
con·fi·den·ci·*o*·so (ô) adj.; f. *e* pl. (ó).
con·fi·*den*·te adj. s2g.
con·fi·gu·ra·*ção* sf.; pl. ·*ções*.
con·fi·gu·*rar* v.
con·fi·gu·*rá*·vel adj. 2g.; pl.: ·*veis*.
con·*fim* adj. 2g. sm.; pl. ·*fins*.
con·fi·*nal* adj. 2g.; pl. ·*nais*.
con·fi·na·*men*·to sm.
con·fi·*nan*·te adj. 2g.
con·fi·*nar* v.
con·fi·ni·*da*·de sf.
con·*fins* sm. pl.
con·fi:*o*·so (ô) adj.

con·fir·ma·*ção* sf.; pl. ·*ções*.
con·fir·ma·*dor* (ô) adj. sm.
con·fir·*man*·te adj. 2g.
con·fir·*mar* v.
con·fir·ma·*ti*·vo adj.
con·fir·ma·*tó*·ri:o adj.
con·fir·*má*·vel adj. 2g.; pl. ·*veis*.
con·fis·ca·*ção* sf.; pl. ·*ções*.
con·fis·*car* v.
con·fis·*cá*·vel adj. 2g.; pl. ·*veis*.
con·*fis*·co sm.
con·fis·*são* sf.; pl. ·*sões*.
con·fi·*ten*·te adj. s2g.
con·fla·gra·*ção* sf.; pl. ·*ções*.
con·fla·*grar* v.
con·fli·*tan*·te adj. 2g.
con·fli·*tar* v.
con·*fli*·to sm.
con·fli·tu·*o*·so (ô) adj.; f. *e* pl. (ó).
con·flu·*ên*·ci:a sf.
con·flu·*en*·te adj. 2g. sm.
con·flu·*ir* v.
con·fo·*cal* adj. 2g.; pl. ·*cais*.
con·for·ma·*ção* sf.; pl. ·*ções*.
con·for·*ma*·do adj. sm.
con·for·ma·*dor* (ô) adj. sm.
con·for·*mal* adj. 2g.; pl. ·*mais*.
con·for·*mar* v.
con·for·ma·*ti*·va sf.
con·for·ma·*ti*·vo adj.
con·*for*·me adj. 2g. adv. conj. prep.
con·*for*·mes sm. pl.
con·for·mi·*da*·de sf.
con·for·*mis*·mo sm.
con·for·*mis*·ta adj. s2g.
con·for·ta·bi·li·*da*·de sf.
con·for·*ta*·do adj.
con·for·ta·*dor* (ô) adj. sm.
con·for·*tan*·te adj. 2g.
con·for·*tar* v.
con·for·ta·*ti*·vo adj. sm.
con·for·*tá*·vel adj. 2g.; pl. ·*veis*.
con·*for*·to (ô) sm./Cf. *conforto* (ó), do v. *confortar*.
con·fra·da·*ri*·a sf.
con·*fra*·de sm.; f. *confreira*.
con·fra·*go*·so (ô) adj.; f. *e* pl. (ó).
con·fran·ge·*dor* (ô) adj.
con·fran·*ger* v.
con·fran·*gi*·do adj.
con·fran·gi·*men*·to sm.
con·fra·*ri*·a sf.
con·fra·ter·*nal* adj. 2g.; pl. ·*nais*.

con·fra·ter·*nar* v.
con·fra·ter·ni·*da*·de sf.
con·fra·ter·ni·za·*ção* sf.; pl. ·*ções*.
con·fra·ter·ni·*zar* v.
con·*frei*·ra sf. de *confrade*.
con·fron·ta·*ção* sf.; pl. ·*ções*.
con·fron·ta·*ções* sf. pl.
con·fron·ta·*dor* (ô) sm.
con·fron·*tan*·te adj. 2g.
con·fron·*tar* v.
con·*fron*·te adj. 2g. adv.
con·*fron*·to sm.
con·fu·ci:*o*·no adj.
con·fu·ci·o·*nis*·mo sm.
con·fu·ci·o·*nis*·ta adj. s2g.
con·fu·*gir* v.
con·*fun*·das sf. pl.
con·fun·*di*·do adj.
con·fun·*dir* v.
con·fun·*dí*·vel adj. 2g.; pl. ·*veis*.
con·*fu*·sa sf.
con·fu·*são* sf.; pl. ·*sões*.
con·*fu*·so adj.
con·fu·ta·*ção* sf.; pl. ·*ções*.
con·fu·ta·*dor* (ô) sm.
con·fu·*tar* v.
con·fu·*tá*·vel adj. 2g.; pl. ·*veis*.
con·ga sf.
con·*ga*·da sf.
con·*ga*·do sm.
con·ge·la·*ção* sf.; pl. ·*ções*.
con·ge·*la*·do adj. sm.
con·ge·la·*dor* (ô) adj. sm.
con·ge·la·*men*·to sm.
con·ge·*lar* v.
con·ge·la·*ti*·vo adj.
con·ge·*lá*·vel adj. 2g.; pl. ·*veis*.
con·ge·lo (ê) sm./Cf. *congelo* (é), do v. *congelar*.
con·ge·mi·na·*ção* sf.; pl. ·*ções*.
con·ge·mi·*nar* v.
con·*gê*·ne·re adj. s2g.
con·ge·*né*·ri·co adj.
con·ge·ne·ri·*da*·de sf.
con·ge·ni·*al* adj. 2g.; pl. ·*ais*.
con·ge·ni·a·li·*da*·de sf.
con·ge·ni·*tal* adj. 2g.; pl. ·*tais*.
con·*gê*·ni·to adj.
con·ge·*rar* v.
con·ge·ri·*al* adj. 2g.; pl. ·*ais*.
con·*gé*·ri:e sf.
con·ges·*tão* sf.; pl. ·*tões*.
con·ges·ti·o·*na*·do adj.
con·ges·ti·o·na·*men*·to sm.
con·ges·ti:o·*nar* v.

con·ges·ti:o·*ná*·vel adj. 2g.; pl. ·veis.
con·ges·*ti*·vo adj.
con·*ges*·to adj. sm.
con·glo·ba·*ção* sf.; pl. ·*ções*.
con·glo·*bar* v.
con·glo·me·ra·*ção* sf.; pl. ·*ções*.
con·glo·me·*ra*·do adj. sm.
con·glo·me·*rar* v.
con·glu·ti·na·*ção* sf.; pl. ·*ções*.
con·glu·ti·*nan*·te adj. 2g.
con·glu·ti·*nar* v.
con·glu·ti·*no*·so (ô) adj.; f. *e* pl. (ó).
con·go adj. sm.
con·go·*len*·se adj. s2g.
con·go·*lês* adj. sm.
con·*go*·nha sf.
con·go·nha(s)-a·ma·*re*·la(s) sf. (pl.).
con·go·nha(s)-*bra*·va(s) sf. (pl.).
con·go·nha(s)-bra·va(s)-de-·fo·lha-mi·*ú*·da sf. (pl.).
con·go·nha-ca·*chim*·bo sf.; pl. *congonhas-cachimbos* ou *congonhas-cachimbo*.
con·go·nha(s)-do-*bre*·jo sf. (pl.).
con·go·nha(s)-do-*cam*·po sf. (pl.).
con·go·nha(s)-do-gen·*ti*:o sf. (pl.).
con·go·nha(s)-do-ser·*tão* sf. (pl.).
con·go·*nhal* sm.; pl. ·*nhais*.
con·go·nha·*len*·se adj. s2g.
con·go·*nhar* v.
con·go·nha(s)-ver·da·*dei*·ra(s) sf. (pl.).
con·go·*nhei*·ro sm.
con·go·*nhen*·se adj. s2g.
con·go·nhi·*nhen*·se adj. s2g.
con·go·*rê* adj. s2g.
con·*gor*·sa sf.
con·*gos*·ta (ô) sf.: *cangosta*.
con·*go*·te sm.: *cangote, cogote*.
con·*go*·xa (ô) sf.
con·gra·ça·*dor* (ô) adj. sm.
con·gra·ça·*men*·to sm.
con·gra·*çar* v.
con·gra·tu·la·*ção* sf.; pl. ·*ções*.
con·gra·tu·la·*dor* (ô) adj. sm.
con·gra·tu·*lan*·te adj. 2g.
con·gra·tu·*lar* v.
con·gra·tu·la·*tó*·ri:o adj.
con·gre·ga·*ção* sf.; pl. ·*ções*.

con·gre·ga·ci:o·*nal* adj. 2g.; pl. ·*nais*.
con·gre·*ga*·do adj. sm.
con·gre·*gan*·te adj. s2g.
con·gre·*gar* v.
con·gres·si:o·*nal* adj. 2g.; pl. ·*nais*.
con·gres·*sis*·ta adj. s2g.
con·*gres*·so sm.
con·gres·su:*al* adj. 2g.; pl. ·*ais*.
con·*gre*·ve sm.
con·gro sm.
con·gro-re:*al* sm.; pl. *congros-reais*.
con·gro(s)-ro·sa(s) sm. (pl.).
côn·gru:a sf.
con·gru:*a*·do adj.
con·gru:*ên*·ci:a sf.
con·gru:*en*·te adj. 2g.
con·gru:i·*da*·de sf.
con·gru:*ís*·mo sm.
con·gru:*ís*·ta adj. s2g.
côn·gru:o adj.
con·*guês* adj. sm.
co·nha sf.
co·*nha*·que sm.
co·nhe·ce·*dor* (ô) adj. sm.
co·nhe·*cen*·ça sf.
co·nhe·*cer* v.
co·nhe·*ci*·do adj. sm.
co·nhe·ci·*men*·to sm.
co·nhe·*cí*·vel adj. 2g.; pl. ·veis.
co·*ni*·bo adj. s2g.
cô·ni·ca sf.
co·ni·ci·*da*·de sf.
co·ni·*ci*·na sf.
cô·ni·co adj.
co·ni·*coi*·de sm.
co·ni·co·ni·*ó* sm.
co·ni·*dâr*·gi:o sm.
co·*ní*·di:a sf.
co·ni·di:*al* adj. 2g.; pl. ·*ais*.
co·*ní*·di:o sm.
co·ni·di:*ó*·fo·ro adj.
co·*ní*·fe·ra sf.
co·*ní*·fe·ro adj.
co·ni·*flo*·ro adj.
co·ni·*for*·me adj. 2g.
co·ni·*i*·na sf.
co·nim·bri·*cen*·se adj. s2g.
co·nim·bri·*gen*·se adj. s2g.
co·*ni*·o sm. 'cicuta'/Cf. *cônio*.
cô·ni:o adj. sm. 'povo'/Cf. *conio*.
co·nir·*ros*·tro adj. sm.
co·ni·*val*·ve adj. 2g.
co·ni·*vên*·ci:a sf.
co·ni·*ven*·te adj. 2g.

con·jec·*tu*·ra sf.: *conjetura*.
con·jec·tu·ra·*dor* (ô) adj. sm.: *conjeturador*.
con·jec·tu·*ral* adj. 2g.; pl. ·*rais*: *conjetural*.
con·jec·tu·*rar* v.: *conjeturar*.
con·jec·tu·*rá*·vel adj. 2g.; pl. ·veis: *conjeturável*.
con·je·*tu*·ra sf.: *conjectura*.
con·je·tu·ra·*dor* (ô) adj. sm.: *conjecturador*.
con·je·tu·*ral* adj. 2g.; pl. ·*rais*: *conjectural*.
con·je·tu·*rar* v.: *conjecturar*.
con·je·tu·*rá*·vel adj. 2g.; pl. ·veis: *conjecturável*.
con·ju·ga·*ção* sf.; pl. ·*ções*.
con·ju·*ga*·do adj. sm.
con·ju·*gal* adj. 2g.; pl. ·*gais*.
con·ju·*gar* v.
con·ju·*gá*·vel adj. 2g.; pl. ·veis.
côn·ju·ge sm.
con·ju·gi·*ci*·da adj. s2g.
con·ju·gi·*cí*·di:o adj. s2g.
con·ju·mi·*nar* v.
con·jun·*ção* sf.; pl. ·*ções*.
con·jun·ci:o·*nal* adj. 2g.; pl. ·*nais*.
con·jun·*gir* v.
con·*jun*·ta sf.
con·jun·*tar* v.
con·jun·*ti*·va sf.
con·jun·ti·*val* adj. 2g.; pl. ·*vais*.
con·jun·ti·*vi*·te sf.
con·jun·*ti*·vo adj. sm.
con·*jun*·to adj. sm.
con·jun·*tu*·ra sf.
con·jun·tu·*ral* adj. 2g.; pl. ·*rais*.
con·*ju*·ra sf.
con·ju·ra·*ção* sf.; pl. ·*ções*.
con·ju·*ra*·do adj. sm.
con·ju·ra·*dor* (ô) sm.
con·ju·*ran*·te adj. 2g.
con·ju·*rar* v.
con·ju·ra·*tó*·ri:o adj.
con·*ju*·ro sm.
con·lui:*a*·do adj.
con·lui:*ar* v.
con·*lui*:o sm.
co·*nó*·bi:a sf.
co·no·*car*·po adj. sm.
co·no·*cé*·fa·lo adj. sm.
co·*nó*·ci·to sm.
co·noi·*dal* adj. 2g.; pl. ·*dais*.
co·*noi*·de adj. 2g. sm.
co·no·*lí*·ni:o sm.
co·*no*·pe sm.

co·no·pi:*al* adj. 2g.; pl. ·*ais*.
co·no·*plei*·a sf.
co·no·po·fa·*gí*·de:o adj. sm.
co·*nos*·co (ô) pron.
co·no·ta·*ção* sf.; pl. ·*ções*.
co·no·ta·*ti*·vo adj.
co·no·*trí*·qui:o adj. sm.
con·*quan*to conj.
con·*quém* sf.; pl. ·*quéns*.
con·qui·li:o·lo·*gi*·a sf.
con·qui·li:o·lo·*gis*·ta adj. s2g.
con·*quis*·ta sf.
con·quis·*ta*·do adj.
con·quis·ta·*dor* (ô) adj. sm.
con·quis·*tar* v.
con·quis·*tá*·vel adj. 2g.; pl. ·veis.
con·quis·*ten*·se adj. s2g.
con·sa·be·*dor* (ô) adj. sm.: com-sabedor.
con·sa·*bi*·do adj.: com-sabido.
con·sa·gra·*ção* sf.; pl. ·*ções*.
con·sa·*gra*·do adj.
con·sa·*grar* v.
con·sa·*grá*·vel adj. 2g.; pl. ·veis.
con·san·*guí*·ne:o adj. sm.
con·san·gui·ni·*da*·de sf.
cons·ci·*ên*·ci:a sf.
cons·ci·en·ci:a·li·*zar* v.
cons·ci·en·ci:o·so (ô) adj.; f. e pl. (ó).
cons·ci·*en*·te adj. 2g.
cons·ci·en·ti·za·*ção* sf.; pl. ·*ções*.
cons·ci·en·ti·*zar* v.
côns·ci:o adj.
cons·cri·*ção* sf.; pl. ·*ções*.
cons·*cri*·to adj. sm.
con·se·cra·*tó*·ri:o adj.
con·sec·*tá*·ri:o adj. sm.
con·se·cu·*ção* sf.; pl. ·*ções*.
con·se·cu·*ti*·va sf.
con·se·cu·*ti*·vo adj.
con·se·gui·*dor* (ô) adj. sm.
con·se·gui·*men*·to sm.
con·se·*guin*·te adj. 2g. sm.
con·se·*guir* v.
con·se·*guí*·vel adj. 2g.; pl. ·veis.
con·se·*lhar* v.
con·se·lhei·*ral* adj. 2g.; pl. ·*rais*.
con·se·lhei·*rá*·ti·co adj.
con·se·lhei·*res*·co (ê) adj.
con·se·lhei·*ri*·ce sf.
con·se·lhei·*ris*·mo sm.
con·se·lhei·*ris*·ta adj. s2g.
con·se·*lhei*·ro adj. sm. 'que aconselha'/Cf. concelheiro.
con·se·lhei·ro·pe·*nen*·se(s) adj. s2g. (pl.).
con·*se*·lho (ê) sm. 'parecer'/Cf. concelho.
con·se·me·*lhan*·ça sf.
con·sen·ci:*al* adj. 2g.; pl. ·*ais*.
con·sen·ci:*en*·te adj. 2g.
con·sen·si:*al* adj. 2g.; pl. ·*ais*: consensual.
con·*sen*·so sm.
con·sen·su:*al* adj. 2g.; pl. ·*ais*.
con·sen·su:a·li·*da*·de sf.
con·sen·ta·nei·*da*·de sf.
con·sen·*tâ*·ne:o adj.
con·sen·ti·*men*·to sm.
con·sen·*ti*·no adj. sm.
con·sen·*tin*·te adj. 2g.
con·sen·*tir* v.
con·se·*quên*·ci:a sf.
con·se·quen·ci:*al* adj. 2g.; pl. ·*ais*.
con·se·*quen*·te adj. 2g. sm.
con·ser·*ta*·do adj. 'remendado'/Cf. concertado.
con·ser·ta·*dor* (ô) adj. sm. 'aquele que conserta'/Cf. concertador.
con·ser·ta·*men*·to sm. 'conserto'/Cf. concertamento.
con·ser·*tan*·te adj. s2g. 'relativo a conserto'/Cf. concertante.
con·ser·*tar* v. 'remendar'/Cf. concertar.
con·*ser*·to (ê) sm. 'ato de consertar'/Cf. concerto, sm., e conserto (é), do v. consertar.
con·*ser*·tos (ê) sm. pl.
con·*ser*·va sf.
con·ser·va·*ção* sf.; pl. ·*ções*.
con·ser·va·ci:o·*nis*·mo sm.
con·ser·*va*·do adj.
con·ser·va·*dor* (ô) adj. sm.
con·ser·va·do·*ris*·mo sm.
con·ser·*van*·te adj. 2g.
con·ser·van·*tis*·mo sm.
con·ser·van·*tis*·ta adj. s2g.
con·ser·*var* v.
con·ser·va·*ti*·vo adj.
con·ser·va·*tó*·ri:o adj. sm.
con·ser·*vá*·vel adj. 2g.; pl. ·veis.
con·ser·*vei*·ro adj. sm.
con·si·de·ra·*ção* sf.; pl. ·*ções*.
con·si·de·*ra*·do adj.
con·si·de·*ran*·do sm.
con·si·de·*rar* v.
con·si·de·*rá*·vel adj. 2g.; pl. ·veis.
con·sig·na·*ção* sf.; pl. ·*ções*.
con·sig·na·*dor* (ô) adj. sm.
con·sig·*nan*·te adj. s2g.
con·sig·*nar* v.
con·sig·na·*tá*·ri:o sm.
con·sig·na·*ti*·vo adj.
con·sig·*ná*·vel adj. 2g.; pl. ·veis.
con·*si*·go pron.
con·si·li:*á*·ri:o adj. sm. 'conselheiro'/Cf. conciliário.
con·*sí*·li:o sm. 'conselho'/Cf. concílio.
con·*sí*·mi·le adj. s2g.
con·sis·*tên*·ci:a sf.
con·sis·*ten*·te adj. 2g.
con·sis·*tir* v.
con·sis·to·ri:*al* adj. 2g.; pl. ·*ais*.
con·sis·*tó*·ri:o sm.
con·so:*a*·da sf.
con·so:*an*·te adj. 2g. sf. sm. conj. prep.
con·so:*ar* v.
con·so:*á*·vel adj. 2g.; pl. veis.
con·so·*bri*·nho sm.
con·so·ci:a·bi·li·*da*·de sf.
con·so·ci:a·*ção* sf.; pl. ·*ções*.
con·so·ci:*ar* v.
con·so·ci:*á*·vel adj. 2g.; pl. ·veis.
con·*só*·ci:o adj. sm./Cf. consocio, do v. consociar.
con·*so*·gra sf.
con·*so*·gro (ô) sm.
con·so·la·*ção* sf.; pl. ·*ções*.
con·so·*la*·do adj.
con·so·la·*dor* (ô) adj. sm.
con·so·*lan*·te adj. 2g.
con·so·*lar* v.
con·so·la·*ti*·vo adj.
con·so·la·*tó*·ri:o adj.
con·so·*lá*·vel adj. 2g.; pl. ·veis.
con·*sol*·da sf.
con·sol·da(s)-do-*cáu*·ca·so sf. (pl.).
con·sol·*dar* v.
con·*só*·li·da sf./Cf. consolida, do v. consolidar.
con·so·li·da·*ção* sf.; pl. ·*ções*.
con·so·li·*da*·do adj. sm.
con·so·li·da·*dor* (ô) adj. sm.
con·so·li·*dan*·te adj. 2g.
con·so·li·*dar* v.
con·so·li·da·*ti*·vo adj.
con·*so*·lo[1] sm. 'móvel'/Cf. consolo[2] (ô).
con·*so*·lo[2] (ô) sm. 'consolação'/Cf. consolo[1] (ó) sm. e fl. do v. consolar.

con·so·lo(s) de vi·ú·va sm. (pl.).
con·so·mê sm.
con·so·nân·ci:a sf.
con·so·nan·tal adj. 2g.; pl. ·tais.
con·so·nan·te adj. 2g.
con·so·nân·ti·co adj.
con·so·nan·tis·mo sm.
con·so·nan·ti·za·ção sf.; pl.
·ções.
con·so·nan·ti·zar v.
con·so·nar v.
côn·so·no adj./Cf. consono, do v.
consonar.
con·sor·ci:ar v.
con·sór·ci:o sm./Cf. consorcio,
do v. consorciar.
con·sor·te adj. s2g.
cons·pec·ção sf.; pl. ·ções:
conspeção.
cons·pec·to sm.: cons·pe·to.
cons·pi·cu:i·da·de sf.
cons·pí·cu:o adj.
cons·pi·ra·ção sf.; pl. ·ções.
cons·pi·ra·dor (ô) adj. sm.
cons·pi·rar v.
cons·pi·ra·ta sf.
cons·pi·ra·ti·vo adj.
cons·pur·ca·ção sf.; pl. ·ções.
cons·pur·car v.
cons·pur·cá·vel adj. 2g.; pl.
·veis.
cons·ta sm.
cons·tân·ci:a sf.
cons·tan·te adj. 2g. sf.
cons·tan·ti·nen·se adj. s2g.
cons·tan·ti·no·po·li·ta·no adj.
sm.
cons·tar v.
cons·ta·ta·ção sf.; pl. ·ções.
cons·ta·tar v.
cons·te·la·ção sf.; pl. ·ções.
cons·te·la·do adj.
cons·te·lar v. adj. 2g.
cons·ter·na·ção sf.; pl. ·ções.
cons·ter·na·do adj.
cons·ter·na·dor (ô) adj.
cons·ter·nar v.
cons·ti·pa·ção sf.; pl. ·ções.
cons·ti·pa·do adj. sm.
cons·ti·par v.
cons·ti·tu·ci·o·nal adj. 2g. sm.;
pl. ·nais.
cons·ti·tu·ci·o·na·li·da·de sf.
cons·ti·tu·ci·o·na·lis·mo sm.
cons·ti·tu·ci·o·na·lis·ta adj. s2g.
cons·ti·tu·ci·o·na·li·za·ção sf.;
pl. ·ções.

cons·ti·tu·ci·o·na·li·zar v.
cons·ti·tu·ci·o·nis·mo sm.
cons·ti·tu·ci·o·nis·ta adj. s2g.
cons·ti·tu:i·ção sf.; pl. ·ções.
cons·ti·tu:í·do adj.
cons·ti·tu:in·te adj. s2g. sf.
cons·ti·tu:ir v.
cons·ti·tu·ti·vo adj.
cons·tran·ge·dor (ô) adj.
cons·tran·ger v.
cons·tran·gi·do adj.
cons·tran·gi·men·to sm.
cons·tri·ção sf.; pl. ·ções.
cons·trin·gên·ci:a sf.
cons·trin·gen·te adj. 2g.
cons·trin·gir v.
cons·tri·ti·vo adj.
cons·tri·to adj.
cons·tri·tor (ô) adj. sm.
cons·tru·ção sf.; pl. ·ções.
cons·tru:ir v.
cons·tru·ti·vis·mo sm.
cons·tru·ti·vis·ta adj. s2g.
cons·tru·ti·vo adj.
cons·tru·tor (ô) adj. sm.
cons·tru·to·ra (ô) sf.
cons·tru·tu·ra sf.
con·subs·tan·ci:a·ção sf.; pl.
·ções.
con·subs·tan·ci:al adj. 2g.; pl.
·ais.
con·subs·tan·ci:a·li·da·de sf.
con·subs·tan·ci:ar v.
con·su:e·to adj.
con·su:e·tu·di·ná·ri:o adj.
côn·sul sm.; pl. cônsules; f.
consulesa.
con·su·la·do sm.
con·su·la·gem sf.; pl. ·gens.
con·su·lar adj. 2g.
con·su·len·te adj. s2g.
con·su·le·sa (ê) sf. de cônsul.
con·sul·ta sf.
con·sul·ta·dor (ô) adj. sm.
con·sul·tan·te adj. s2g.
con·sul·tar v.
con·sul·ti·vo adj.
con·sul·tor (ô) sm.
con·sul·tó·ri:o sm.
con·su·ma·ção sf.; pl. ·ções.
con·su·ma·do adj.
con·su·mar v.
con·su·mi·ção sf.; pl. ·ções.
con·su·mi·do adj.
con·su·mi·dor (ô) adj. sm.
con·su·mir v.
con·su·mis·mo sm.

con·su·mí·vel adj. 2g.; pl. ·veis.
con·su·mo sm.
con·sump·ção sf.; pl. ·ções:
consunção.
con·sump·ti·bi·li·da·de sf.:
consuntibilidade.
con·sump·tí·vel adj. 2g.; pl.
·veis: consuntível.
con·sump·ti·vo adj.: consuntivo.
con·sump·to adj.: consunto.
con·sun·ção sf.; pl. ·ções:
consumpção.
con·su·ti·bi·li·da·de sf.:
consumptibilidade.
con·sun·tí·vel adj. 2g.; pl. ·veis:
consumptível.
con·sun·ti·vo adj.: consumptivo.
con·sun·to adj.: consumpto.
con·sur·gi·men·to sm.
con·sur·gir v.
con·sú·til adj. 2g.; pl. ·teis.
con·ta sf.
con·ta·bes·cên·ci:a sf.
con·ta·bes·cen·te adj. 2g.
con·ta·bes·cer v.
con·tá·bil adj. 2g.; pl. ·beis.
con·ta·bi·li·da·de sf.
con·ta·bi·lis·ta adj. s2g.
con·ta·bi·li·za·ção sf.; pl. ·ções.
con·ta·bi·li·zar v.
con·ta·bi·li·zá·vel adj. 2g.; pl.
·veis.
con·ta(s)-cor·ren·te(s) sf. (pl.).
con·tac·tar v.: contatar.
con·tac·to sm.: contato.
con·ta·do adj. sm.
con·ta·dor (ô) adj. sm.
con·ta·do·ri·a sf.
con·ta·fi·os sm. 2n.
con·ta·gem sf.; pl. ·gens.
con·ta·gen·se adj. s2g.
con·ta·gi:an·te adj. 2g.
con·ta·gi:ão sf.; pl. ·ões.
con·ta·gi:ar v.
con·tá·gi:o sm./Cf. contagio, do
v. contagiar.
con·ta·gi:o·si·da·de sf.
con·ta·gi:o·so (ô) adj.; f. e pl.
(ó).
con·ta·gi·ros sm. 2n.
con·ta·go·tas sm. 2n.
con·ta·mi·na·ção sf.; pl. ·ções.
con·ta·mi·na·do adj.
con·ta·mi·na·dor (ô) adj. sm.
con·ta·mi·nar v.
con·ta·mi·ná·vel adj. 2g.; pl.
·veis.

con·ta·*nau*·a adj. s2g.
con·*tan*·to el. adv., na loc.
  contanto que.
con·ta·*pas*·sos sm. 2n.
con·ta·*qui*·ro adj. s2g.
con·*tar* v.
con·tas-cor·*ren*·tes sm. 2n.
con·ta·*tar* v.: *contactar*.
con·*ta*·to sm.: *contacto*.
con·ta·tu:*al* adj. 2g.; pl. ·*ais*.
con·*tá*·vel adj. 2g.; pl. ·**veis**.
con·ta·*vol*·tas sm. 2n.
con·*têi*·ner sm.
con·*tei*·ra sf.
con·tei·*rar* v.
con·*tei*·ro sm.
con·tem·pla·*ção* sf.; pl. ·*ções*.
con·tem·pla·*dor* (ô) adj. sm.
con·tem·*plan*·te adj. 2g.
con·tem·*plar* v.
con·tem·pla·*ti*·va sf.
con·tem·pla·*ti*·vi·*da*·de sf.
con·tem·pla·*ti*·vo adj. sm.
con·tem·*plá*·vel adj. 2g.; pl.
  ·**veis**.
con·tem·po·ra·nei·*da*·de sf.
con·tem·po·*râ*·ne:o adj. sm.
con·tem·po·ri·za·*ção* sf.; pl.
  ·*ções*.
con·tem·po·ri·za·*dor* (ô) adj.
  sm.
con·tem·po·ri·*zar* v.
con·temp·ta·*men*·to sm.
  'desprezo'/Cf. *contentamento*.
con·temp·*tí*·vel adj. 2g.; pl.
  ·**veis**.
con·*temp*·to sm. 'desprezo'/Cf.
  contento.
con·temp·*tor* (ô) adj. sm.
con·ten·*ção* sf. 'contenda'
  'ato de conter'; pl. ·*ções*/Cf.
  contensão.
con·ten·ci·o·so (ô) adj. sm.; f.
  e pl. (ó).
con·*ten*·da sf.
con·ten·de·*dor* (ô) adj. sm.
con·ten·*den*·se adj. s2g.
con·ten·*der* v.
con·ten·*dor* (ô) adj. sm.
con·ten·*são* sf. 'esforço'; pl.
  ·*sões*/Cf. *contenção*.
con·ten·ta·*di*·ço adj.
con·ten·ta·*men*·to sm. 'alegria'/
  Cf. *contemptamento*.
con·ten·*tar* v.
con·ten·*tá*·vel adj. 2g.; pl. ·**veis**.
con·*ten*·te adj. 2g.

con·*ten*·to sm., na loc. *a
  contento* 'satisfatoriamente'/
  Cf. *contempto*.
con·*ter* v.
con·*tér*·mi·no adj. sm.
con·ter·ra·nei·*da*·de sf.
con·ter·*râ*·ne:o adj. sm.
con·*tér*·ri·to adj.
con·tes·ta·bi·li·*da*·de sf.
con·tes·ta·*ção* sf.; pl. ·*ções*.
con·tes·*ta*·do adj. sm.
con·tes·ta·*dor* (ô) adj. sm.
con·tes·*tan*·te adj. s2g.
con·tes·*tar* v.
con·tes·*tá*·vel adj. 2g.; pl. ·**veis**.
con·*tes*·te adj. 2g.
con·te·*ú*·do adj. sm.
con·*tex*·to (ês) sm.
con·tex·tu:a·*ção* sf.; pl. ·*ções*.
con·tex·tu:*al* adj. 2g.; pl. ·*ais*.
con·tex·tu:a·li·*zar* v.
con·tex·tu:*ar* v.
con·tex·*tu*·ra sf.
con·*ti*·do adj.
con·*ti*·go pron.
con·ti·gu:*ar* v.
con·ti·gui·*da*·de sf.
con·*tí*·guo adj./Cf. *contiguo* (ú),
  do v. *contiguar*.
con·ti·*nên*·ci:a sf.
con·ti·nen·*tal* adj. 2g.; pl. ·*tais*.
con·ti·*nen*·te adj. 2g. sm.
con·ti·nen·*ti*·no adj. sm.
con·ti·nen·*tis*·ta adj. s2g.
con·tin·*gên*·ci:a sf.
con·tin·gen·ci:*al* adj. 2g.; pl. ·*ais*.
con·tin·gen·ci:a·*men*·to sm.
con·tin·*gen*·te adj. sm.
con·ti·nu:a·*ção* sf.; pl. ·*ções*.
con·ti·nu:*a*·do adj. sm.
con·ti·nu:a·*dor* (ô) adj. sm.
con·ti·nu:*an*·te sm.
con·ti·nu:*ar* v.
con·ti·nu:a·*ti*·va sf.
con·ti·nu:a·*ti*·vo adj.
con·ti·nu:i·*da*·de sf.
con·ti·nu:*ís*·mo sm.
con·ti·nu:*ís*·ta adj. s2g.
con·*tí*·nu:o adj. sm.
con·*tis*·mo sm. 'caráter do
  conto'/Cf. *comtismo*.
con·*tis*·ta adj. s2g. 'relativo a
  contas' 'autor de contas'/Cf.
  comtista.
con·to sm.
con·to:*a*·da sf.
con·to(s)-do-vi·*gá*·ri:o sm. (pl.).

con·tor·*ção* sf.; pl. ·*ções*.
con·tor·*cer* v.
con·tor·ci·o·*nis*·mo sm.
con·tor·ci·o·*nis*·ta adj. s2g.
con·tor·*cis*·ta adj. s2g.
con·tor·*nar* v.
con·tor·*ná*·vel adj. 2g.; pl.
  ·**veis**.
con·tor·ne:*ar* v.
con·*tor*·no (ô) sm./Cf. *contorno*
  (ó), do v. *contornar*.
con·*tor*·ta sf.
con·*tor*·to (ô) adj.; f. e pl. (ó).
con·tra prep. adv. sm.
contra- pref. (é seguido de
  hífen, quando se lhe junta
  vocábulo começado por *a*
  ou *h*).
con·tra-a·ber·*tu*·ra(s) sf. (pl.).
con·tra·*lí*·si:o(s) sm. (pl.).
con·tra·al·mi·*ran*·te(s) sm.
  (pl.).
con·tra-a·*mu*·ra(s) sf. (pl.).
con·tra-ar·co(s) sm. (pl.).
con·tra-ar·*mi*·nhos sm. 2n.
con·tra-ar·ra·zo:*a*·do(s) sm.
  (pl.).
con·tra-ar·ra·zo:*ar* v.
con·tra-ar·res·*tar* v.
con·tra-a·ta·*can*·te(s) adj. s2g.
  (pl.).
con·tra-a·ta·*car* v.
con·tra-a·*ta*·que(s) sm. (pl.).
con·tra-a·*ta*·ques sm. pl.
con·tra-a·*vi*·so(s) sm. (pl.).
con·tra·bai·*xis*·ta s2g.
con·tra·*bai*·xo sm.
con·tra·ba·lan·*ça*·do adj.
con·tra·ba·lan·*çar* v.
con·tra·ba·lu:*ar*·te sm.
con·tra·*ban*·da sf.
con·tra·ban·de:*ar* v.
con·tra·ban·*dis*·ta adj. s2g.
con·tra·*ban*·do sm.
con·tra·ba·*ter* v.
con·tra·ba·te·*ri*·a sf.
con·tra·*bor*·do sm.
con·tra·bra·ce:*ar* v.
con·tra·*bra*·ço sm.
con·tra·bra·*ço*·la sf.
con·tra·bu·*zi*·na sf.
con·tra·ca·*das*·te sm.
con·tra·*cai*·xa sf.
con·tra·cam·bi:*ar* v.
con·tra·*câm*·bi:o sm./
  Cf. *contracambio*, do v.
  contracambiar.

con·tra·*can*·to sm.
con·tra·*ção* sf.; pl. ·*ções*.
con·tra·*ca*·pa sf.
con·tra·*ca*·re·na sf.
con·tra·*cé*·du·la sf.
con·tra·*ce*·na sf.
con·tra·*ce*·nar v.
con·tra·*cep*·ção sf.; pl. ·*ções*.
con·tra·*cep*·ti·vo adj. sm.
con·tra·*cha*·ve·ta (ê) sf.
con·tra·*che*·fe sm.
con·tra·*che*·que sm.
con·tra·*cho*·que sm.
con·tra·*ci*·fra sf.
con·tra·*co*·bra sf.
con·tra·*co*·la·gem sf.; pl. ·*gens*.
con·tra·*co*·lar v.
con·tra·*cor*·ren·te sf.
con·tra·*cos*·ta sf.
con·tra·*co*·ti·ca·do adj. sm.
con·*trác*·til adj. 2g.; pl. ·*teis*:
   contrátil.
con·trac·ti·li·*da*·de sf.:
   contratilidade.
con·tra·*ti*·vo sm.: *contrativo*.
con·*trac*·to adj. sm.: *contrato*.
con·tra·*cul*·tu·ra sf.
con·tra·*cu*·nhar v.
con·tra·*cu*·nho sm.
con·tra·*dan*·ça sf.
con·tra·*dan*·çar v.
con·tra·*di*·ção sf.; pl. ·*ções*.
con·tra·*dis*·tin·ção sf.; pl. ·*ções*.
con·tra·*dis*·tin·guir v.
con·tra·*di*·ta sf.
con·tra·*di*·ta·do adj.
con·tra·*di*·tar v.
con·tra·*di*·tá·vel adj. 2g.; pl.
   ·*veis*.
con·tra·*di*·to adj.
con·tra·*di*·tor (ô) adj. sm.
con·tra·*di*·tó·ri:o adj.
con·tra·*di*·zer v.
con·tra·do·*mí*·ni:o sm.
con·trae·le·tro·mo·*tor* adj.
   sm.; pl. *contraeletromotores*.
con·tra·e·le·tro·mo·*triz* adj. sf.;
   pl. *contraeletromotrizes*.
con·tra·em·bos·*ca*·da(s) sf.
   (pl.).
con·tra·e·mer·*gen*·te(s) adj.
   2g. (pl.).
con·tra·en·*cos*·ta(s) sf. (pl.).
con·tra·*en*·te adj. s2g.
con·tra·*er*·va(s) sf. (pl.).
con·tra·*er*·va(s)-do-pe·*ru* sf.
   (pl.).

con·tra·es·*car*·pa(s) sf. (pl.).
con·tra·es·*co*·ta(s) sf. (pl.).
con·tra·es·cri·*tu*·ra(s) sf. (pl.).
con·tra·es·ta·*di*·a(s) sf. (pl.).
con·tra·es·*tai*(s) sm. (pl.).
con·tra·es·ti·mu·*lar* v.
con·tra·es·*tí*·mu·lo(s) sm.
   (pl.)/Cf. contraestimulo, do v.
   contraestimular.
con·trae·*xem*·plo(s) sm. (pl.).
con·tra·*fa*·ção sf.; pl. ·*ções*.
con·tra·*fa*·go·te sm.
con·tra·*fai*·xa sf.
con·tra·fai·*xa*·do adj.
con·tra·*fa*·tor (ô) sm.
con·tra·fa·ze·*dor* (ô) sm.
con·tra·*fa*·zer v.
con·tra·*fé* sf.
con·tra·*fe*·cho (ê) sm.
con·tra·*fei*·ção sf.; pl. ·*ções*.
con·tra·*fei*·to adj. sm.
con·tra·fi·*lé* sm.
con·tra·fi·*lei*·ra sf.
con·tra·*fi*·xa (cs) sf.
con·tra·*fi*·xo (cs) sm.
con·tra·flo·re:a·do adj.
con·tra·*for*·ma (ô) sf.
con·tra·*for*·te sm.
con·tra·fre·*chal* sm.; pl. ·*chais*.
con·tra·*fu*·ga sf.
con·tra·*fun*·do adv.
con·tra·*ge* sf.
con·tra·*gol*·pe sm.
con·tra·*gos*·to (ô) sm.
con·tra·*guar*·da sf.
con·tra·guer·*ri*·lha sf.
con·tra·har·*mo*·ni:a sf.
con·tra·*í*·do adj.
con·tra·im·pe·*lir* v.
con·tra·in·di·ca·*ção* sf.; pl.
   contraindicações.
con·tra·in·di·*ca*·do adj.; pl.
   contraindicados.
con·tra·in·di·*car* v.
con·tra:in·for·ma·*ção* sf.; pl.
   contrainformações.
con·tra:*ir* v.
con·tra·*í*·vel adj. 2g.; pl. ·*veis*.
con·*tral*·to sm.
con·tra·*luz* sf.
con·tra·*ma*·lha sf.
con·tra·ma·*lhar* v.
con·tra·man·*da*·do sm.
con·tra·man·*dar* v.
con·tra·*man*·gas sf. pl.
con·tra·ma·ni·fes·ta·*ção* sf.;
   pl. ·*ções*.

con·tra·ma·*no*·bra sf.
con·tra·*mão* adj. 2g. 2n. sf. adv.;
   pl. do sf. ·*mãos*.
con·tra·*mar*·ca sf.
con·tra·mar·*ca*·ção sf.; pl. ·*ções*.
con·tra·mar·*car* v.
con·tra·*mar*·cha sf.
con·tra·mar·*char* v.
con·tra·ma·*ré* sf.
con·tra·*mar*·gem sf.; pl. ·*gens*.
con·tra·ma·*triz* sf.
con·tra·me·*ão* sm.; pl. ·*ões*.
con·tra·me·*di*·da sf.
con·tra·*mé*·ri·co adj.
con·*trâ*·me·ro sm.
con·tra·*mes*·tra sf.
con·tra·*mes*·tre sm.
con·tra·me·*ze*·na sf.
con·tra·*mi*·na sf.
con·tra·*mi*·nar v.
con·tra·mi·*nu*·ta sf.
con·tra·mi·nu·*tar* v.
con·tra·mol·*da*·gem sf.; pl.
   ·*gens*.
con·tra·mol·*dar* v.
con·tra·*mol*·de sm.
con·tra·mo·vi·*men*·to sm.
con·tra·mu·*rar* v.
con·tra·*mu*·ro sm.
con·tra·na·tu·*ral* adj. 2g.; pl.
   ·*rais*.
con·tra·na·tu·ra·li·*da*·de sf.
con·tra·ni·*tên*·ci:a sf.
con·tra·ni·*ten*·te adj. 2g.
con·tra·ni·ve·la·*men*·to sm.
con·tra·ni·ve·*lar* v.
con·tra:o·fen·*si*·va(s) sf. (pl.).
con·tra·o·*fer*·ta(s) sf. (pl.).
con·tra·o·fer·*tar* v.
con·tra·oi·*ta*·va(s) sf. (pl.).
con·tra·*or*·dem sf.; pl.
   contraordens.
con·tra:or·de·*nar* v.
con·tra·*pa*·la sf.
con·tra·pa·*ren*·te s2g.
con·tra·pa·ren·*tes*·co (ê) sm.
con·tra·*par*·te sf.
con·tra·par·*ti*·da sf.
con·tra·pas·*san*·te adj. 2g.
con·tra·*pas*·so sm.
con·tra·*pé* sm.
con·tra·pe·*ço*·nha sf.
con·tra·*pe*·lo (ê) sm.
con·tra·pe·*sar* v.
con·tra·*pe*·so (ê) sm./
   Cf. contrapeso (é), do v.
   contrapesar.

con·tra·pi·*las*·tra sf.
con·tra·*pi*·no sm.
con·tra·pon·*ta*·do adj.
con·tra·pon·*tar* v.
con·tra·pon·te:a·*dor* (ô) adj. sm.
con·tra·pon·te:*ar* v.
con·tra·pon·*tis*·ta adj. s2g.
con·tra·pon·*tís*·ti·co adj.
con·tra·*pon*·to sm.
con·tra·*por* (ô) v.
con·tra·*por*·ca sf.
con·tra·po·si·*ção* sf.; pl. ·*ções*.
con·tra·*pos*·to (ô) adj. sm.
con·tra·pres·ta·*ção* sf.; pl. ·*ções*.
con·tra·pro·du·*cen*·te adj. 2g.
con·tra·pro·du·*zir* v.
con·tra·pro·pa·*gan*·da sf.
con·tra·pro·*por* (ô) v.
con·tra·pro·*pos*·ta sf.
con·tra·pro·*tes*·to sm.
con·tra·*pro*·va sf.
con·tra·pro·*var* v.
con·tra·pun·*ção* sf.; pl. ·*ções*.
con·tra·*pu*·nho sm.
con·tra·quar·te:*a*·do adj.
con·tra·quar·*tel* sm.; pl. ·*téis*.
con·tra·*qui*·lha sf.
con·trar.*ram*·pa(s) sf. (pl.).
con·trar·ram·*pan*·te(s) adj. 2g. (pl.).
con·trar·re·*for*·ma(s) sf. (pl.).
con·trar·*re*·gra(s) s2g. sf. (pl.).
con·trar·re·*gra*·gem sf.; pl. *contrarregragens*.
con·trar·re·*pa*·ro(s) sm. (pl.).
con·trar·*ré*·pli·ca(s) sf. (pl.).
con·trar·*rep*·to(s) sm. (pl.).
con·trar·re·*tá*·bu·lo(s) sm. (pl.).
con·trar·re·vo·lu·*ção* sf.; pl. *contrarrevoluções*.
con·tra·ri·*a*·do adj.
con·tra·ri·a·*dor* (ô) adj. sm.
con·tra·ri·*an*·te adj. 2g.
con·tra·ri·*ar* v.
con·tra·ri·*á*·vel adj. 2g.; pl. ·*veis*.
con·tra·ri·e·*da*·de sf.
con·*trá*·ri:o adj. sm.
con·trar·ro·*tu*·ra(s) sf. (pl.).
con·trar·rup·*tu*·ra(s) sf. (pl.).
con·tras·se·*gu*·ro(s) sm. (pl.).
con·tras·se·*lar* v.
con·tras·*se*·lo(s) sm. (pl.)/ Cf. *contrasselo* (é), do v. *contrasselar*.

con·tras·*se*·nha(s) sf. (pl.).
con·tras·*sen*·so(s) sm. (pl.).
con·tras·sig·ni·fi·ca·*ção* sf.; pl. *contrassignificações*.
con·tras·so·ca(s) sf. (pl.).
con·tras·*ta*·do adj.
con·tras·*tar* v.
con·tras·ta·*ri*·a sf.
con·tras·*tá*·vel adj. 2g.; pl. ·*veis*.
con·*tras*·te sm.
con·tras·te:a·*ção* sf.; pl. ·*ções*.
con·tras·te:a·*dor* (ô) sm.
con·tras·te:*ar* v.
con·*tra*·ta sf.
con·tra·ta·*ção* sf.; pl. ·*ções*.
con·tra·*ta*·do adj. sm.
con·tra·ta·*dor* (ô) adj. sm.
con·tra·*ta*·lho sm.
con·tra·*tan*·te adj. s2g.
con·tra·*tar* v.
con·tra·*tá*·vel adj. 2g.; pl. ·*veis*.
con·tra·te·*lar* v.
con·tra·*tem*·po sm.
con·*trá*·til adj. 2g.; pl. ·*teis*: *contráctil* /Cf. *contrateis*, do v. *contratar*.
con·tra·ti·li·*da*·de sf.: *contractilidade*.
con·tra·ti·*rar* v.
con·tra·*tis*·ta adj. s2g.
con·tra·*ti*·vo adj.: *contractivo*.
con·*tra*·to adj. sm.: *contracto*.
con·tra·tor·pe·*dei*·ro sm.
con·tra·tor·pe·dei·ro·es·*col*·ta sm.; pl. *contratorpedeiros- -escoltas* ou *contratorpedeiros- -escolta*.
con·tra·tor·pe·dei·ro·*lí*·der sm.; pl. *contratorpedeiros- -líderes*.
con·tra·*tri*·lho sm.
con·tra·tu·*al* adj. 2g.; pl. ·*ais*.
con·tra·tu:a·li·*da*·de sf.
con·tra·tu:a·*lis*·mo sm.
con·tra·*tu*·ra sf.
con·tra·va·la·*ção* sf.; pl. ·*ções*.
con·tra·va·*lar* v.
con·tra·va·*por* (ô) sm.
con·tra·va·ri·*ân*·ci·a sf.
con·tra·vei·*ra*·do adj. sm.
con·tra·*vei*·ro sm.
con·tra·ven·*ção* sf.; pl. ·*ções*.
con·tra·ven·ci·o·*nal* adj. 2g.; pl. ·*nais*.
con·tra·ve·*ne*·no sm.
con·tra·ve·ni:*en*·te adj. s2g.

con·tra·*ven*·to sm.
con·tra·ven·*tor* (ô) adj. sm.
con·tra·ver·*são* sf.; pl. ·*sões*.
con·tra·ver·*ter* v.
con·tra·vi·*gi*·a sf.
con·tra·*vir* v.
con·tra·*vol*·ta sf.
con·trec·ta·*ção* sf.; pl. ·*ções*.
con·tri·bu:i·*ção* sf.; pl. ·*ções*.
con·tri·bu:*in*·te adj. s2g.
con·tri·bu:*ir* v.
con·tri·bu·*tá*·ri:o adj. sm.
con·tri·bu·*ti*·vo adj.
con·tri·*bu*·to sm.
con·tri·*ção* sf.; pl. ·*ções*.
con·tris·ta·*ção* sf.; pl. ·*ções*.
con·tris·ta·*dor* (ô) adj. sm.
con·tris·*tar* v.
con·*tri*·to adj.
con·tro sm. interj.
con·tro·*la*·do adj.
con·tro·la·*dor* (ô) adj. sm.
con·tro·*lar* v.
con·tro·*lá*·vel adj. 2g.; pl. ·*veis*.
con·*tro*·le (ô) sm./Cf. *controle* (ó), do v. *controlar*.
con·tro·*lis*·ta adj. s2g.
con·tro·*vér*·si:a sf.
con·tro·ver·*sis*·ta adj. s2g.
con·tro·*ver*·so adj.
con·tro·ver·*ter* v.
con·tro·ver·*tí*·vel adj. 2g.; pl. ·*veis*.
con·tu·ber·*nal* adj. s2g.; pl. ·*nais*.
con·tu·ber·*nar* v.
con·tu·*bér*·ni:o sm.
con·*tu*·do conj.
con·tu·*má*·ci:a sf.
con·tu·ma·*cís*·si·mo adj. superl. de *contumaz*.
con·tu·*maz* adj. s2g.; superl. *contumacíssimo*.
con·tu·*mé*·li:a sf.
con·tu·me·li·*o*·so (ô) adj.: f. e pl. (ó).
con·tun·*den*·te adj. 2g.
con·tun·*dir* v.
con·tur·ba·*ção* sf.; pl. *ções*
con·tur·ba·*dor* (ô) adj. sm.
con·tur·*bar* v.
con·tur·ba·*ti*·vo adj.
con·tu·*são* sf.; pl. *sões*.
con·*tu*·so adj.
co·nu·bi·*al* adj. 2g.; pl. *ais*.
co·*nú*·bi:o sm.
co·nur·ba·*ção* sf.; pl. ·*ções*.

con·va·*lá*·ri:a sf.
con·*va*·le adj. 2g. sm.
con·va·*les* sm. pl.
con·va·les·cen·ça sf.
con·va·les·*cen*·te adj. s2g.
con·va·les·*cer* v.
con·va·li·da·ção sf.; pl. ·ções.
con·va·li·*dar* v.
con·vec·*ção* sf.; pl. ·ções
con·ve·*lir* v.
con·ven·*ção* sf.; pl. ·ções.
con·ven·ce·*dor* (ô) adj.
con·ven·*cer* v.
con·ven·*ci*·do adj. sm.
con·ven·ci·*men*·to sm.
con·ven·ci:o·*na*·do adj. sm.
con·ven·ci:o·*nal* adj. s2g.; pl. ·nais.
con·ven·ci:o·na·*lis*·mo sm.
con·ven·ci:o·na·*lis*·ta adj. s2g.
con·ven·ci:o·*nar* v.
con·ven·*cí*·vel adj. 2g.; pl. ·veis.
con·ve·*nen*·te adj. 2g.
con·ve·ni:*ên*·ci:a sf.
con·ve·ni:*en*·te adj. 2g.
con·vê·ni:o sm.
con·ven·ti·cu·*lar* adj. 2g.
con·ven·*tí*·cu·lo sm.
con·ven·*ti*·lho sm.
con·*ven*·to sm.
con·ven·tu:*al* adj. s2g.; pl. ·ais.
con·ven·tu:a·li·*da*·de sf.
con·ver·*gên*·ci:a sf.
con·ver·*gen*·te adj. 2g. sm.
con·ver·*gir* v.
con·*ver*·sa sf.
con·ver·sa·*ção* sf.; pl. ·ções.
con·ver·sa·*dei*·ra sf.
con·ver·*sa*·do adj. sm.
con·ver·sa·*dor* (ô) adj. sm.
con·ver·sa(s)-fi:*a*·da(s) s2g. (pl.).
con·ver·*san*·te adj. 2g.
con·ver·*são* sf.; pl. ·sões.
con·ver·*sar* v.
con·ver·*sá*·vel adj. 2g.; pl. ·veis.
con·ver·si·bi·li·*da*·de sf.
con·ver·*sí*·vel adj. 2g. sm.; pl. ·veis.
con·ver·*si*·vo adj.
con·*ver*·so adj. sm.
con·ver·*sor* (ô) adj. sm.
con·ver·te·*dor* (ô) adj. sm.
con·ver·*ter* v.
con·ver·ti·bi·li·*da*·de sf.
con·ver·*ti*·do adj. sm.
con·ver·ti·*men*·to sm.

con·ver·*tí*·vel adj. 2g.; pl. ·veis.
con·*vés* sm.; pl. *conveses*.
con·ves·*co*·te sm.
con·ve·xi·*da*·de (cs) sf.
con·ve·xir·*ros*·tro (cs) adj.
con·ve·*xo* (cs) adj.
con·vic·*ção* sf.; pl. ·ções.
con·*ví*·ci:o sm.
con·vi·ci:*o*·so (ô) adj.; f. e pl. (ó).
con·*vic*·to adj.
con·vi·*da*·do adj. sm.
con·vi·da·*dor* (ô) adj. sm.
con·vi·*dar* v.
con·vi·da·*ti*·vo adj.
con·vin·*cen*·te adj. 2g.
con·*vin*·do adj. sm.
con·vi·*nhá*·vel adj. 2g.; pl. ·veis.
con·*vir* v.
con·*vi*·te sm.
con·*vi*·va s2g.
con·vi·*val* adj. 2g.; pl. ·vais.
con·vi·*vên*·ci:a sf.
con·vi·*ven*·te adj. s2g.
con·vi·*ver* v.
con·*ví*·vi:o sm.
con·vi·zi·*nhan*·ça sf.
con·vi·zi·*nhar* v.
con·vi·*zi*·nho adj. sm.
con·vo·ca·*ção* sf.; pl. ·ções.
con·vo·*ca*·do adj. sm.
con·vo·ca·*dor* (ô) adj. sm.
con·vo·*car* v.
con·vo·ca·*tó*·ri:a sf.
con·vo·ca·*tó*·ri:o adj.
con·vo·la·*ção* sf.; pl. ·ções.
con·vo·*lar* v.
con·vo·lu·*ção* sf.; pl. ·ções.
con·vo·*lu*·to adj. sm.
con·vol·vu·*lá*·ce:a sf.
con·vol·vu·*lá*·ce:o adj.
con·*vos*·co (ô) pron.
con·vul·*são* sf.; pl. ·sões.
con·vul·*sar* v.
con·vul·si·bi·li·*da*·de sf.
con·vul·si·o·*nar* v.
con·vul·si·o·*ná*·ri:o adj. sm.; f. *convulsionária*/ Cf. *convulsionária*, do v. *convulsionar*.
con·vul·*si*·vo adj.
con·*vul*·so adj. sm.
co·o·ba·*ção* sf.; pl. ·ções.
co·o·*bar* v.
co·o·bri·ga·*ção* sf.; pl. ·ções.
co·o·bri·*ga*·do adj. sm.
co·o·cu·*pan*·te adj. s2g.

co·o·cu·*par* v.
co·o·fi·ci·*an*·te adj. s2g.
co·o·fi·ci·*ar* v.
cookie sm. (ing.: *cúki*).
co·o·nes·ta·*ção* sf.; pl. ·ções.
co·o·nes·ta·*dor* (ô) adj. sm.
co·o·nes·*tar* v.
co·o·pe·ra·*ção* sf.; pl. ·ções.
co·o·pe·*ra*·do adj. sm.
co·o·pe·ra·*dor* (ô) adj. sm.
co·o·pe·*rar* v.
co·o·pe·ra·*ti*·va sf.
co·o·pe·ra·ti·*va*·do sm.
co·o·pe·ra·ti·*vis*·mo sm.
co·o·pe·ra·ti·*vis*·ta adj. s2g.
co·o·pe·ra·*ti*·vo adj.
co·o·po·si·*tor* sm.; pl. *coopositores*.
co·op·ta·*ção* sf.; pl. ·ções.
co·op·*tar* v.
co·or·de·na·*ção* sf.; pl. ·ções.
co·or·de·*na*·da sf.
co·or·de·*na*·do adj.
co·or·de·na·*dor* (ô) adj. sm.
co·or·de·*nar* v.
co·or·de·na·*ti*·va sf.
co·or·de·na·*ti*·vo adj.
co·or·te sf.
co·pa sf.
co·pa·ca·ba·*nen*·se adj. s2g.
co·*pa*·ço sm.
co·pa(s)-co·*zi*·nha(s) sf. (pl.).
co·*pa*·da sf.
co·*pa*·do adj.
co·*pa*·gem sf.; pl. ·gens.
co·pa·*í*·ba sf.
co·pa·í·ba(s)-*bran*·ca(s) sf. (pl.).
co·pa·í·ba-cu·ri:*a*·na sf.; pl. *copaíbas-curianas* ou *copaíbas-curiana*.
co·pa·*í*·ba(s)-do-pa·*rá* sf. (pl.).
co·pa·í·ba-ju·ta·*í* sf.; pl. *copaíbas-jutaís* ou *copaíbas-jutaí*.
co·pa·i·*bal* sm.; pl. ·bais.
co·pa·*í*·ba-ma·ri·ma·*ri* sf.; pl. *copaíbas-marimaris* ou *copaíbas-marimari*.
co·pa·*í*·ba(s)-*pre*·ta(s) sf. (pl.).
co·pa·i·ba·*ra*·na sf.
co·pa:i·*bei*·ra sf.
co·pa:i·*bei*·ro sm.
co·*pal* adj. 2g. sm.; pl. ·pais.
co·*par* v.
co·par·*rão* sm.; pl. ·rões.
co·par·ti·ci·pa·*ção* sf.; pl. *coparticipações*.

co·par·ti·ci·*pan*·tes(s) adj. s2g. (pl.).
copar·ti·ci·*par* v.
co·pas sf. pl.
co·*pá*·zi:o sm.
co·pe sm.
co·*pé* sm.
co·*pei*·ra sf.
co·pei·*ra*·gem sf.; pl. ·gens.
co·pei·*rar* v.
co·*pei*·ro adj. sm.
co·pe·*ja*·da sf.
co·pe·ja·*dor* (ô) sm.
co·pe·ja·*du*·ra sf.
co·pe·*jar* v.
co·*pel* sm. pl. ·*péis*/Cf. copeis, do v. copar.
co·*pe*·la sf.
co·pe·la·*ção* sf.; pl. ·ções.
co·pe·*lar* v.
co·pe·nha·*guen*·se adj. s2g.
co·pe:*óg*·na·to adj. sm.
co·*pé*·po·de adj. 2g. sm.
co·*pe*·que sm.
cope·ri:*ó*·di·co(s) adj. (pl.).
co·per·ni·*ca*·no adj. sm.
có·pi:a sf./Cf. copia, do v. copiar.
co·pi:*á* sm.
co·pi:a·*dei*·ra sf.
co·pi:a·*dor* (ô) sm.
co·pi:a·*do*·ra (ô) sf.
co·pi:*a*·gem sf.; pl. ·gens.
co·pi:*ão* sm.; pl. ·*ões*.
co·pi:*ar* v. sm.
co·pi:*a*·ra sf.
co·pi:a·*ti*·vo adj.
co·*pi*·co sm.
co·pi·des·*car* v.
co·pi·*des*·que sm., do ing. copydesk.
co·pi·la·*ção* sf.; pl. ·ções: compilação.
co·pi·la·*dor* (ô) adj. sm.: compilador.
co·pi·*lar* v.: compilar.
co·pi·la·*tó*·ri:o adj.: compilatório.
copi·*lo*·to(s) sm. (pl.).
co·*pi*·o sm.
co·pi:o·gra·*far* v.
co·pi:o·gra·*fi*·a sf.
co·pi:o·*grá*·fi·co adj.
co·pi:*ó*·gra·fo sm./Cf. copiografo, do v. copiografar.
co·pi:o·si·*da*·de sf.
co·pi:*o*·so (ô) adj.; f. e pl. (ó).

co·pir·*rai*·te sm., do ing. copyright.
co·*pis*·ta adj. s2g.
co·pi:*ú*·va sf.
co·pla sf.
co·pla·*nar* adj. 2g.
co·po sm.
co·po(s)-*d'á*·gua sm. (pl.).
co·po(s)-de-*lei*·te sm. (pl.).
co·po·*for*·me sm.
co·po·*lí*·me·ro sm.
co·pos sm. pl.
co·pra sf.
co·pra:*ol* sm. pl. ·*óis*.
co·*prê*·me·se sf.
co·pro·cra·*si*·a sf.
copro·du·*ção* sf.; pl. coproduções.
copro·du·*tor* sm.; pl. coprodutores.
copro·*du*·tos sm. pl.
copro·du·*zir* v.
co·pro·fa·*gi*·a sf.
co·*pró*·fa·go adj. sm.
co·*pró*·fi·lo adj. sm.
co·*pró*·fi·to sm.
co·pro·lag·*ni*·a sf.
co·pro·la·*li*·a sf.
co·*pró*·li·to sm.
co·pro·lo·*gi*·a sf.
co·pro·*ló*·gi·co adj.
co·*pro*·ma sm.
copro·pri:e·*da*·de(s) sf. (pl.): compropriedade.
copro·pri:e·*tá*·ri:o(s) sm. (pl.): coproprietário.
cop·ta adj. s2g. sm.
cóp·ti·co adj.
cop·to adj. sm.
co·*pu*·da sf.
co·*pu*·do adj.
có·pu·la sf./Cf. copula, do v. copular.
co·pu·la·*ção* sf.; pl. ·ções
co·pu·la·*dor* (ô) adj. sm.
co·pu·*lar* v.
co·pu·la·*ti*·va sf.
co·pu·la·*ti*·vo adj.
copydesk sm. ing.: copidesque.
copyleft sm. (ing.: cópileft).
copyright sm. ing.: copirraite.
co·que sm.
co·quei·*ral* sm.; pl. ·*rais*.
co·quei·ri·nho(s)-do-*cam*·po sm. (pl.).
co·*quei*·ro sm.
co·quei·ro-a·ça·*í* sm.; pl.

coqueiros-açaís ou coqueiros--açaí.
co·quei·ro(s)-a·mar·go·so(s) sm. (pl.).
co·quei·ro-a·*não* sm.; pl. coqueiros-anões ou coqueiros--anãos.
co·quei·ro(s)-a·ze·do(s) sm. (pl.).
co·quei·ro-ba·*bu*·nha sm.; pl. coqueiros-babunhas ou coqueiros-babunha.
co·quei·ro-ba·*ca*·ba sm.; pl. coqueiros-bacabas ou coqueiros-bacaba.
co·quei·ro-bu·ri·*ti* sm.; pl. coqueiros-buritis ou coqueiros--buriti.
co·quei·ro(s)-ca·be·çu·do(s) sm. (pl.).
co·quei·ro-cai·au·*é* sm.; pl. coqueiros-caiaués ou coqueiros-caiaué.
co·quei·ro-ca·tu·*lé* sm.; pl. coqueiros-catulés ou coqueiros--catulé.
co·quei·ro(s)-da·ba·*í*·a sm. (pl.).
co·quei·ro(s)-da-*prai*·a sm. (pl.).
co·quei·ro(s)-de-den·*dê* sm. (pl.).
co·quei·ro(s)-de-*vê*·nus sm. (pl.).
co·quei·ro(s)-do-*cam*·po sm. (pl.).
co·quei·ro-gu·ri·*ri* sm.; pl. coqueiros-guriris ou coqueiros--guriri.
co·quei·ro-ja·ta·*í* sm.; pl. coqueiros-jataís ou coqueiros--jataí.
co·quei·ro(s)-*ma*·cho(s) sm. (pl.).
co·quei·ro-pis·san·*dó* sm.; pl. coqueiros-pissandós ou coqueiros-pissandó.
co·quei·ro-ta·ram·*pa*·ba sm.; pl. coqueiros-tarampabas ou coqueiros-tarampaba.
co·quei·ro-tu·*cum* sm.; pl. coqueiros-tucuns ou coqueiros--tucum.
co·que·*lu*·che sf.
co·que·lu·*choi*·de adj. 2g.
co·*que*·te adj. 2g. sf.
co·que·*tel* sm.; pl. ·*téis*.
co·que·te·*lei*·ra sf.

co·que·*tis*·mo sm.
có·qui:a sf.
co·*qui*·lho sm.
co·*qui*·nho sm.
co·*qui*·nho-ba·*bá* sm.; pl.
  coquinhos-babás ou
  coquinhos-babá.
cor[1] sm., na loc. *de cor* 'de
  memória'/Cf. *cor*[2] (ô).
cor[2] (ô) sm./Cf. *cor*[1] (ó).
co·ra sf.
co·ra·*ção* sm. *ou* sf.; pl. ·*ções.*
co·ra·ção-de-*boi* sm.; pl.
  corações-de-boi.
co·ra·ção-de-*bu*·gre sm.; pl.
  corações-de-bugre.
co·ra·ção-de-es·tu·*dan*·te sm.;
  pl. *corações-de-estudante.*
co·ra·ção-de-*ne*·gro sm.; pl.
  corações-de-negro.
co·ra·ção-ma·go:*a*·do sm.; pl.
  corações-magoados.
co·ra·ção-*ver*·de sm.; pl.
  corações-verdes.
co·ra·ção-*zi*·nho sm.; pl.
  coraçõezinhos.
co·ra·ci·*for*·me adj. 2g. sm.
co·ra·cir·*ros*·tro adj. sm.
co·ra·*coi*·de adj. 2g. sm.
co·ra·*cói*·de:o adj. sm.:
  co·ra·co·*í*·de:o.
co·ra·ço·*na*·da sf.
corra·di·*cal* adj. 2g.; pl.
  corradicais.
co·*ra*·do adj.
co·ra·*doi*·ro sm.: co·ra·*dou*·ro.
co·*ra*·gem sf.; pl. ·*gens.*
co·rai·*xi*·ta adj. s2g.
co·ra·*jo*·so (ô) adj.; f. *e* pl. (ó).
co·ra·*ju*·do adj.
co·*ral*[1] adj. 2g. 2n. sm. 'cor'
  'animal'; pl. ·*rais.*
co·*ral*[2] adj. 2g. sm. 'coro'; pl.
  ·*rais.*
co·*ral*[3] sf. 'a flor-de-coral' 'a
  cobra-coral'; pl. ·*rais.*
co·ral-a-*zul* sm.; pl. *corais-azuis.*
co·ral-*bran*·co sm.; pl. *corais-*
  -brancos.
co·ral-dos-jar·*dins* sm.; pl.
  corais-dos-jardins.
co·ra·*lei*·ra sf.
co·ra·*lei*·ro adj. sm.
co·ra·li·*á*·ri:o adj. sm.
co·ra·li·*for*·me adj. 2g.
co·ra·li·mor·*fá*·ri:o adj. sm.
co·ra·*li*·na sf.

co·ra·*lí*·ne:o adj.
co·ra·*li*·no adj.
co·ral-*ne*·gro sm.; pl. *corais-*
  -negros.
co·ral-*pre*·to sm.; pl. *corais-*
  -pretos.
co·ral-ve·ne·*no*·sa sf.; pl. *corais-*
  -venenosas.
co·ral-ver·da·*dei*·ra sf.; pl.
  corais-verdadeiras.
co·ral-ver·*me*·lho sm.; pl.
  corais-vermelhos.
co·ra·*mas*·tro sm.
co·ra·*mi*·na sf.
co·ran·*chim* sm.; pl. ·*chins:*
  curanchim.
co·ran·*del* sm.; pl. ·*déis.*
co·*ran*·te adj. 2g. sm.
co·*rar* v.
cor·*be*·lha (é ou ê) sf.
cor·*bí*·cu·la sf.
cor·ça (ô) sf/Cf. *corsa* (ô), f. de
  corso.
cor·*cel* sm.; pl. ·*céis.*
cor·cha (ô) sf.
cor·cho (ô) sm.
cor·ço (ô) sm. 'veado'/Cf. *corso.*
cor·co·*ro*·ca sf.
cor·*co*·va sf.
cor·co·*va*·do adj. sm.
cor·co·va·*du*·ra sf.
cor·co·*var* v.
cor·co·ve:*a*·dor (ô) adj. sm.
cor·co·ve:*ar* v.
cor·*co*·vo (ô) sm.; pl. (ó)/Cf.
  corcovo (ó), do v. *corcovar.*
cor·*cun*·da adj. s2g. sf.
cor·da sf.
cor·da(s)-*d'á*·gua sf. (pl.).
cor·*da*·do adj. sm.
cor·da-dor·*sal* sf.; pl. *cordas-*
  -dorsais.
cor·*da*·gem sf.; pl. ·*gens.*
cor·dai·*tá*·ce:a sf.
cor·dai·*tá*·ce:o adj.
cor·dai·*ta*·le sf.
cor·*da*·me sf.
cor·*dão* sm.; pl. ·*dões.*
cor·dão-de-*fra*·de sm.; pl.
  cordões-de-frade.
cor·dão-de-são-fran·*cis*·co
  sm.; pl. *cordões-de-são-*
  -francisco.
cor·*da*·to adj. sm.
cor·de:*a*·ção sf.; pl. ·*ções.*
cor·de:*a*·dor (ô) sm.
co·de:*a*·men·to sm.

cor·de:*ar* v.
cor de bur·ro quan·do *fo*·ge
  adj. 2g. 2n.
cor de *car*·ne adj. 2g. 2n.
cor·*dei*·ra sf.
cor·dei·*ra*·gem sf.; pl. ·*gens.*
cor·dei·*ren*·se adj. s2g.
cor·*dei*·ro sm.
cor·dei·ro·po·*len*·se adj. s2g.
cor·*del* sm.; pl. ·*déis.*
cor·de:*o*·na sf.
cor·de·*ro*·sa adj. 2g. 2n. sm. 2n.
cor·*dí*·a·ca sf.
cor·di:*al* adj. 2g. sm.; pl. ·*ais*/Cf.
  cordeaís, do v. *cordear.*
cor·di:a·li·*da*·de sf.
cor·di:e·*ri*·ta sf.
cor·di·fo·li:*a*·do adj.
cor·di·*for*·me adj. 2g.
cor·*di*·lha sf.
cor·di·*lhei*·ra sf.
cor·dis·bur·*guen*·se adj. s2g.
cor·*di*·te sf.
cor·do (ô) adj. sm.
cor·do:*a*·da sf.
cor·do:*a*·lha sf.
cor·do:a·*ri*·a sf.
cór·do·ba sm.
cor·do:*ei*·ro sm.
cor·do·fa·*nês* adj. sm.
cor·do·va·*nei*·ro sm.
cor·do·*vão* sm.; pl. ·*vãos.*
cor·do·*vei*·a sf.
cor·do·*vês* adj. sm.
cor·*du*·ra sf.
co·*ré*(s) sf. (pl.) de *coréu.*
co·re:*a*·no adj. sm.
co·re·ca·*ru* adj. s2g.
co·rê-co·*rê*(s) adj. s2g. (pl.).
corre·da·*tor* sm.; pl.
  corredatores.
corre·den·*tor* sm.; pl.
  corredentores.
co·re·*gi*·a sf.
co·*re*·go sm.
co·re·gra·*fi*·a sf.: *coreografia.*
co·re·*grá*·fi·co adj.: *coreográfico.*
co·*ré*·gra·fo sm.: *coreógrafo.*
co·*rei*·a sf.
co·*rei*·co adj.
co·re·*í*·de:o adj. sm.
co·*rei*·ro sm. 'que reza num
  coro'/Cf. *coureiro.*
co·re·*men*·se adj. s2g.
co·re:o·gra·*fi*·a sf.
co·re:o·*grá*·fi·co adj.
co·re:*ó*·gra·fo sm.

co·re:*óp*·sis s2g. 2n.
co·re:o·tri·pa·*no*·se sf.
co·*re*·ra (ê) sf.
co·*res*·ma sf.: *quaresma*.
corres·pon·sa·bi·li·*da*·de(s) sf. (pl.).
corres·pon·*sá*·vel adj. 2g.; pl. *corresponsáveis*.
co·*re*·to (ê) sm. 'quiosque'/Cf. *cureto*, do v. *curetar*.
co·*reu* sm.
cor·*réu*(s) sm. (pl.); f. *corré*.
co·*reu*·ta s2g.
cor·fi:o·ta adj. s2g.
cor·go sm.: *córrego*.
cor·gui·*nha*·no adj. sm.
cor·gui·*nhen*·se adj. s2g.
co·ri sm.
co·ri:*á*·ce:o adj. sm.
co·ri:*am*·bo sm.
co·ri:*an*·dro sm.
co·ri:*an*·drol sm.; pl. *·dróis*.
co·ri:*á*·ri:a sf.
co·ri:*a*·vo sm.
co·ri·*ban*·te sm.
co·ri·*bân*·ti·co adj.
có·ri·co adj. sm.
co·*rí*·cu·lo sm.
co·ri·*dá*·li·do adj. sm.
co·ri·*do*·ra (ô) sf.
co·ri·*feu* sm.; f. *·fei·*a.
co·ri·*má* sm.
co·rim·*bí*·fe·ro adj.
co·rim·bi·*for*·me adj. 2g.
co·*rim*·bo sm.
co·rim·bó(s)-de-*ma*·ta sm. (pl.).
co·rim·*bo*·so (ô) adj.; f. *e* pl. (ó).
co·*rin*·cho sm.
co·rin·*di*·ba sf.
co·rin·di:*ú*·ba sf.
co·*rin*·do sm.: co·*rin*·don.
co·*rin*·ga sm. *ou* sf. 'trabalhador de barcaça' 'vela'/Cf. *curinga*.
co·ri·no·car·*pá*·ce:a sf.
co·ri·no·car·*pá*·ce:o adj.
co·ri·*nós*·po·ro sm.
co·rin·ti:*a*·no adj. sm.
co·*rín*·ti:ãs s2g. 2n.
co·*rín*·ti:o adj. sm.
co·*rin*·to sm.
có·ri:o sm.: *có*·ri:on.
co·ri·*pa*·ca adj. s2g.
co·ri·*pé*·ta·lo adj.
co·ris·ca·*ção* sf.; pl. *·ções*.
co·ris·*ca*·da sf.

co·ris·*ca*·do adj.
co·ris·*can*·te adj. 2g.
co·ris·*car* v.
co·*ris*·co sm.
co·*ris*·ta adj. s2g. 'que faz parte de coros'/Cf. *curista*.
co·*ri*·xa sf.
co·ri·*xão* sm.; pl. *·xões*.
co·*ri*·xe sm.
co·*ri*·xo sm.
co·*ri*·za sf.
cor·ja sf.
cor·je·su:*en*·se adj. s2g.
cor·mo sm.
cor·mo·*fí*·ti·co adj.
cor·*mó*·fi·to sm.
cor·*na*·ca sm.
cor·*ná*·ce:a sf.
cor·*ná*·ce:o adj.
cor·*na*·ço sm.
cor·*na*·da sf.
cor·na·*du*·ra sf.
cor·*nal* sm.; pl. *·nais*.
cor·na·*li*·na sf.
cor·na·*mu*·sa sf.
cor·*nan*·te adj. 2g. sm.
cor·*nar* v.
cor·ne sm.
cór·ne:a sf.
cor·ne:a·*dor* (ô) adj.
cor·ne:*ar* v.
cor·ne·*í*·ba sf.
cor·ne-in·*glês* sm.; pl. *cornes--ingleses*.
cor·*nei*·ra sf.
cor·ne·li:*a*·no adj. sm.
cór·ne:o adj.
cór·ner sm.; pl. *córneres*.
cor·*ne*·ta (ê) adj. 2g. sf. *ou* sm.
cor·ne·*ta*·da sf.
cor·ne·te:*ar* v.
cor·ne·*tei*·ro sm.
cor·ne·*tim* sm.; pl. *·tins*.
cor·*ne*·to (ê) sm.
cor·ni·*ca*·bra sf.
cor·*ni*·cho sm.
cór·ni·co adj. sm.
cor·ni·cu·*la*·do adj.
cor·ni·*cur*·to adj.
cor·ni·*ní*·fe·ro adj.
cor·ni·*for*·me adj. 2g.
cor·*ní*·ge·ro adj.
cor·*ni*·ja sf.
cor·nim·*bo*·que sm.
cor·*ní*·pe·de adj. 2g.
cor·*ní*·pe·to adj.
cor·*ni*·so sm.

cor·ni·*so*·lo (ô) sm.
cor·no (ô) adj. sm./Cf. *corno* (ó), do v. *cornar*.
cor·nos-do-di:*a*·bo sm. 2n.
cor·nu·bi:a·*ni*·to sm.
cor·nu·*có*·pi:a sf.
cor·*nu*·da sf.
cor·*nu*·do adj. sm.
cor·*nú*·pe·to adj. sm.
cor·*nu*·to adj. sm.
co·ro[1] sm. 'vento do noroeste'/Cf. *coro*[2] (ô).
co·ro[2] (ô) sm. 'conjunto vocal'/Cf. *coro*[1] (ó) sm. *e* fl. do v. *corar*.
co·*ró* sm.
co·ro:a (ô) sf. s2g.
co·ro:*á* adj. s2g. sm.
co·ro:a·*ção* sf.; pl. *·ções*.
co·ro:a·ci:*en*·se adj. s2g.
co·ro·a(s)-*crís*·ti sf. (pl.).
co·ro·a(s)-de-*cris*·to sf. (pl.).
co·ro·a(s)-de-*fra*·de sf. (pl.).
co·ro·a(s)-de-mo·çam·*bi*·que sf. (pl.).
co·ro:a·*den*·se adj. s2g.
co·ro·a(s)-de-vi·*ú*·va sf. (pl.).
co·ro:*a*·do adj. sm.
co·ro·a-gran·*den*·se(s) adj. s2g. (pl.).
co·ro·a-im·pe·ri:*al* sf.; pl. *coroas-imperiais*.
co·ro:a·*men*·to sm.
co·ro:*a*·nha sf.
co·ro:*ar* v.
co·ro:a·ra·ca·*á* sf.
co·ro:a·*tá* sm.
co·ro:a·ta:*en*·se adj. s2g.
co·ro:*á*(s)-ver·da·*dei*·ro(s) sm. (pl.).
co·ro·*bi*·cho adj.
co·ro·*bo*·ca sf.
co·*ro*·ca adj. s2g. sf. *ou* sm.
co·*ro*·ça sf.
co·*ró*·co·*ró*(s) sm. (pl.).
co·ro·co·*ro*·ca sf.
co·ro·co·ro·ca(s)-mu·*la*·ta(s) sf. (pl.).
co·ro·co·*téu* sm.
co·ro·co·*tu*·ri sm.
co·ro·co·*xó* sm.
co·ro·gra·*fi*·a sf.
co·ro·*grá*·fi·co adj.
co·*ró*·gra·fo sm.
co·*roi*·a sm. *ou* sf.
co·*roi*·de adj. 2g. sf.
co·roi·*dei*·a adj. sf. de *coroideu*.

co·rói·de:o adj.
co·roi·deu adj.; f. ·dei·a.
co·roi·di·te sf.
co·ro·i·nha sm.
co·ro·la sf.
co·ro·lá·ce:o adj.
co·ro·la·do adj.
co·ro·lá·ri:o sm.
co·ro·lí·fe·ro adj.
co·ro·li·for·me adj. 2g.
co·ro·li·no adj.
co·ro·lí·ti·co adj.
co·ro·lo·gi·a sf.
co·ró·lu·la sf.
co·ro·man·de·len·se adj. s2g.
co·rom·bó adj. 2g.
co·ro·na sf.
co·ro·ná·cris sf. 2n.
co·ro·na·da adj. 2g. sf.
co·ro·nal adj. 2g. sm.; pl.
·nais.
co·ro·ná·ri:a sf.
co·ro·na·ri:a·no adj.
co·ro·ná·ri:o adj.
co·ro·na·ri:o·gra·fi·a sf.
co·ro·nau·a adj. s2g.
co·ro·na·vi·sor (ô) sm.
co·ron·cho sm.
co·ron·del sm.; pl. ·déis.
co·ron·dó sm.
co·ro·nel sm.; pl. ·néis.
co·ro·nel·a·vi:a·dor sm.; pl.
coronéis-aviadores.
co·ro·ne·la·to sm.
co·ro·ne·lí·ci:o adj.
co·ro·nel·vi·vi·den·se(s) adj.
s2g. (pl.).
co·ron·go sm.
co·ro·nha sf.
co·ro·nha·da sf.
co·ro·nhei·ro sm.
co·rô·ni·de sf.
co·ro·ni·for·me adj. 2g.
co·ro·ni·lha sm. ou sf.
co·rô·ni:o sm.
co·rô·nis sf. 2n.
co·ro·nó·gra·fo sm.
co·ro·no·gra·fo·po·rí·me·tro
sm.
co·ro·noi·de adj. 2g.
co·ro·nói·de:o adj.
co·ro·no·po·la·rí·me·tro sm.
co·ro·pó adj. s2g.
co·ro·que sm.
co·ro·rô sm.
co·ro·ro:á sm.
co·ro·te sm.

co·ro·téu sm.
co·ro·zil sm.; pl. ·zis.
co·ro·zo (ô) sm.
cor·pa·ço sm.
cor·pan·zil sm.; pl. ·zis.
cor·pe:a·da sf.
cor·pe·te (ê) sm.
cor·pi·nho sm.
cor·po (ô) sm.
cor·po a cor·po sm. 2n.
cor·po(s)-a·ma·re·lo(s) sm.
(pl.).
cor·po(s) de pro·va sm. (pl.).
cor·po(s)-lú·te:o(s) sm. (pl.).
cor·po·ra·ção sf.; pl. ·ções.
cor·po·ral adj. 2g. sm.; pl.
·rais.
cor·po·ra·li·da·de sf.
cor·po·ra·li·zar v.
cor·po·ra·ti·vis·mo sm.
cor·po·ra·ti·vis·ta adj. s2g.
cor·po·ra·ti·vo adj.
cor·po·ra·tu·ra sf.
cor·po·re:i·da·de sf.
cor·pó·re:o adj.
cor·po·ri·fi·ca·ção sf.; pl. ·ções.
cor·po·ri·fi·car v.
cor·po(s)-se·co(s) sm. (pl.).
cor·pu·do adj.
cor·pu·lên·ci:a sf.
cor·pu·len·to adj.
corpus sm. do lat. pl. corpora.
cor·pus·cu·lar adj. 2g.
cor·pús·cu·lo sm.
cor·ra (ô) sf.
cor·re:a·da sf.
cor·re:a·gem sf.; pl. ·gens.
cor·re:a·me sm.
cor·re:ão sm. 'correia grande';
pl. ·ões/Cf. corrião.
cor·re:a·ri·a sf.
cor·r·e·cam·po(s) sf. (pl.).
cor·re·ção sf.; pl. ·ções.
cor·re·ci·o·nal adj. 2g. sm.; pl.
·nais.
cor·re·ci·o·na·li·da·de sf.
cor·re·cor·re sm.; pl. corres-
-corres ou corre-corres.
cor·re·dei·ra sf.
cor·re·de·la sf.
cor·re·di·ça sf.
cor·re·di·ço adj.
cor·re·di:o adj.
cor·re·doi·ra sf.: corredoura.
cor·re·doi·ro sm.: corredouro.
cor·re·dor (ô) adj. sm.

cor·re·do·ra (ô) sf.
cor·re·dou·ra sf.: corredoira.
cor·re·dou·ro sm.: corredoiro.
cor·re·du·ra sf.
cor·re:ei·ro sm.
cor·re·ge·dor (ô) sm.
cor·re·ge·do·ri·a sf.
cor·re·ger v.
cor·re·gi·men·to sm.
cór·re·go sm.
cór·re·go-dan·ten·se(s) adj.
s2g. (pl.).
cór·re·go-se·co(s) sm. (pl.).
cor·re·gou·ren·se adj. s2g.
cor·re·gou·ri·no adj. sm.
cor·rei·a sf.
cor·rei·ção sf.; pl. ·ções.
cor·rei·o sm.
cor·re·la·ção sf.; pl. ·ções.
cor·re·la·ci:o·nar v.
cor·re·la·tar v.
cor·re·la·ti·va sf.
cor·re·la·ti·vo adj.
cor·re·la·to adj.
cor·re·li·gi:o·ná·ri:o adj. sm.
cor·re·li·gi:o·na·ris·mo sm.
cor·re·lo·gra·ma sm.
cor·ren·ta·da.
cor·ren·tão adj. sm.; pl. ·tões.
cor·ren·te adj. 2g. sf. sm. adv.
cor·ren·ten·se adj. s2g.
cor·ren·te·za (ê) sf.
cor·ren·ta·za·no adj. sm.
cor·ren·ti·nen·se adj. s2g.
cor·ren·ti·no adj. sm.
cor·ren·ti:o adj. sm.
cor·ren·tis·ta adj. s2g.
cor·ren·to·so (ô) adj.; f. e pl. (ó).
cor·rer v.
cor·re·ri·a sf.
cor·res·pon·dên·ci:a sf.
cor·res·pon·den·te adj. s2g.
cor·res·pon·der v.
cor·re·ta·gem sf.; pl. ·gens.
cor·re·tar v.
cor·re·tis·mo sm.
cor·re·ti·vo adj. sm.
cor·re·to adj.
cor·re·tor (ô) sm.
cor·re·tó·ri·a sf.
cor·re·tó·ri:o adj. sm.
cor·ri·ão sm. 'cinto'; pl. ·ões/Cf.
correão.
cor·ri·cão sf.; pl. ·cões.
cor·ri·car v.
cor·ri·cas sf. pl.
cor·ri·co sm.

cor·*ri*·da sf.
cor·*ri*·do adj. sm.
cor·ri·*gen*·da sf.
cor·ri·gi·bi·li·*da*·de sf.
cor·ri·*gir* v.
cor·ri·*gí*·vel adj. 2g.; pl. ·veis.
cor·ri·*lhei*·ro adj. sm.
cor·*ri*·lho sm.
cor·ri·*ma*·ca sf.
cor·ri·*ma*·ça sf.
cor·ri·*mão* sm.; pl. *corrimãos* ou *corrimões*.
cor·rim·*bo*·que sm.: *cornimboque*.
cor·ri·*men*·to sm.
cor·ri:*o*·la sf.
cor·ri·quei·*ri*·ce sf.
cor·ri·quei·*ris*·mo sm.
cor·ri·*quei*·ro adj. sm. 'trivial'/ Cf. *curriqueiro*.
cor·ri·*qui*·nho sm.
cor·*ri*·xo sm.
cor·ro (ô) sm.
cor·*ró* sm.
cor·ro·bo·ra·*ção* sf.; pl. ·ções.
cor·ro·bo·*ran*·te adj. 2g.
cor·ro·bo·*rar* v.
cor·ro·bo·ra·*ti*·vo adj.
cor·ro·*den*·te adj. 2g. sm.
cor·ro:*er* v.
cor·ro:*í*·do adj.
cor·rom·pe·*dor* (ô) adj. sm.
cor·rom·*per* v.
cor·rom·*pi*·do adj.
cor·rom·pi·*men*·to sm.
cor·ro·*são* sf.; pl. ·sões.
cor·ro·si·bi·li·*da*·de sf.
cor·ro·*sí*·vel adj. 2g.; pl. ·veis.
cor·ro·si·vi·*da*·de sf.
cor·ro·*si*·vo adj. sm.
cor·ru·bi:*a*·na sf.
cor·ru·*ção* sf.; pl. ·ções: *corrupção*.
cor·ru·chi:*ar* v.
cor·ru·ga·*ção* sf.; pl. ·ções.
cor·ru·ga·*dei*·ra sf.
cor·ru·*ga*·do adj.
cor·ru·*gar* v.
cor·ru·*í*·ra sf.
cor·ru·*í*·ra·çu sf.
cor·ru·*í*·ra(s)-do-*bre*·jo sf. (pl.).
cor·ru:*i*·ru·çu sf.
cor·*ru*·me sm.
cor·rup·*ção* sf.; pl. ·ções.
cor·ru·pi:*a*·na sf.
cor·ru·pi·*ão* sm.; pl. ·ões.
cor·ru·pi:*ar* v.

cor·ru·pi:*ê* sm.: *crupiê*.
cor·ru·pi:*é* sm.: *crupiê*.
cor·ru·*pi*:o sm.
cor·ru·pi·*xel* sm.; pl. ·*xéis*.
cor·rup·*te*·la sf.: *corrutela*.
cor·rup·ti·bi·li·*da*·de sf.: *corrutibilidade*.
cor·rup·*tí*·vel adj. 2g.; pl. ·veis: *corrutível*.
cor·rup·*ti*·vo adj.: *corrutivo*.
cor·*rup*·to adj.: *corruto*.
cor·rup·*tor* (ô) adj. sm.: *corrutor*.
cor·ru·*te*·la sf.: *corruptela*.
cor·ru·ti·bi·li·*da*·de sf.: *corruptibilidade*.
cor·ru·*tí*·vel adj. 2g.; pl. ·veis: *corruptível*.
cor·ru·*ti*·vo adj.: *corruptivo*.
cor·*ru*·to adj.: *corrupto*.
cor·ru·*tor* (ô) adj. sm.: *corruptor*.
cor·*sá*·ri:o adj. sm.
cor·se:*ar* v.
cor·se·*le*·te (ê) sm.
cór·si·co adj. sm.
cor·so (ô) adj. sm. 'da Córsega' 'desfile de carros'/Cf. *corço*.
cor·ta sf.
cor·ta-*á*·gua(s) sf. (pl.).
cor·ta-ba·*i*·nha(s) sf. (pl.).
cor·ta-*bro*·cha(s) sm. (pl.).
cor·ta-ca·*pim* sm.; pl. *corta-capins*.
cor·ta·*dei*·ra sf.
cor·ta·*de*·la sf.
cor·*ta*·do adj. sm.
cor·ta·*dor* (ô) adj. sm.
cor·ta-dor·chan·fra·*dor* sm.; pl. *cortadores-chanfradores*.
cor·ta·*du*·ra sf.
cor·ta-ga·*rou*·pa(s) sm. (pl.).
cor·*ta*·gem sf.; pl. ·gens.
cor·ta-*ja*·ca(s) sm. s2g. (pl.).
cor·ta-*mão*(s) sm. (pl.).
cor·ta-*mar* sm.; pl. *corta-mares*.
cor·ta·*men*·to sm.
cor·*tan*·te adj. 2g. sm.
cor·ta-*pa*·lha(s) sm. (pl.).
cor·ta-pa·*pel* sm.; pl. *corta-papéis*.
cor·*tar* v.
cor·ta-*ri*:o(s) sm. (pl.).
cor·ta-*tra*·po(s) sm. (pl.).
cor·ta-*ven*·to(s) sm. (pl.).
cor·te[1] sm. *ou* sf. 'ato ou efeito de cortar' 'curral'/Cf. *corte*[2] (ô).

cor·te[2] (ô) sf. 'paço'/Cf. *corte*[1] (ó).
cor·*tei*·ro sm.
cor·te·ja·*dor* (ô) adj. sm.
cor·te·*jar* v.
cor·*te*·jo (ê) sm.
cor·te·*lei*·ro sm.
cor·*te*·lha (ê) sf.
cor·*te*·lho (ê) sm.
cor·tes (ô) sf. pl.
cor·*tês* adj. 2g.
cor·te·*sã* adj. sf. de *cortesão*.
cor·te·sa·*ni*·a sf.
cor·te·sa·*ni*·ce sf.
cor·te·*são* adj. sm.; pl. ·*sãos* ou ·*sões*; f. ·*sã*.
cor·te·*sen*·se adj. s2g.
cor·te·*si*·a sf.
cór·tex (cs) sm. 2n. ou pl. *córtices*: *córtice*.
cor·*ti*·ça sf.
cor·ti·*ça*·da sf.
cor·ti·*ça*·do adj.
cor·ti·*cal* adj. 2g.; pl. ·*cais*.
cór·ti·ce sm.: *córtex*.
cor·ti·*cei*·ra sf.
cor·ti·*cei*·ro adj. sm.
cor·ti·*cen*·to adj.
cor·*tí*·ce:o adj.
cor·ti·*cí*·co·la adj. 2g.
cor·ti·*cí*·fe·ro adj.
cor·ti·ci·*for*·me adj. 2g.
cor·ti·*ci*·na sf.
cor·*ti*·ço sm.
cor·ti·*coi*·de adj. 2g.
cor·*tí*·co·la adj. 2g.
cor·ti·*co*·so (ô) adj.; f. *e* pl. (ó).
cor·ti·cos·te·*roi*·de adj. 2g. sm.
cor·*til* sm.; pl. ·*tis*.
cor·*ti*·lha sf.
cor·ti·*lhar* v.
cor·*ti*·na sf.
cor·ti·na(s)-de-*po*·bre sf. (pl.).
cor·ti·*na*·do adj. sm.
cor·ti·*nar* v.
cor·ti·*nei*·ro sm.
cor·ti·*so*·na sf.
cor·to (ô) adj.: f. *corta* (ô)/Cf. *corta* (ó), do v. *cortar*.
co·*ru*·ba sf.
co·ru·*cão* sm.; pl. ·*cões*.
co·ru·*chéu* sm.
co·*ru*·ja adj. s2g. sf.
co·ru·ja(s)-*bran*·ca(s) sf. (pl.).
co·ru·ja(s)-bu·ra·*quei*·ra(s) sf. (pl.).
co·ru·ja(s)-ca·*tó*·li·ca(s) sf. (pl.).
co·ru·ja(s)-das-*tor*·res sf. (pl.).

co·ru·ja(s)-de-i·*gre*·ja sf. (pl.).
co·ru·ja(s)-do-*cam*·po sf. (pl.).
co·ru·ja(s)-do-*ma*·to sf. (pl.).
co·ru·*jão* sm.; pl. ·*jões*.
co·ru·jão-de-i·*gre*·ja sm.; pl. *corujões-de-igreja*.
co·ru·jão-o·re·*lhu*·do sm.; pl. *corujões-orelhudos*.
co·ru·ja(s)-*pre*·ta(s) sf. (pl.).
co·ru·*jei*·ra sf.
co·ru·*jei*·ro adj. sm.
co·ru·*ji*·nha sf.
co·ru·ji·nha(s)-bu·ra·*quei*·ra(s) sf. (pl.).
co·ru·ji·nha(s)-do-bu·*ra*·co sf. (pl.).
co·ru·ji·nha(s)-do-*ma*·to sf. (pl.).
co·rum·*bá* sm.
co·rum·ba:*en*·se adj. s2g.
co·rum·ba:i-*ben*·se adj. s2g.
co·rum·*bam*·ba sm.
co·rum·ba·ta:i·*en*·se adj. s2g.
co·ru·*nhês* adj. sm.
co·rus·ca·*ção* sf.; pl. ·*ções*.
co·rus·*can*·te adj. 2g.
co·rus·*car* v.
co·*ru*·ta sf.
co·*ru*·to sm.
cor·*va*·cho sm.
cor·*vei*·a sf.
cor·ve·ja·*men*·to sm.
cor·ve·*jar* v.
cor·ve·lo (ê) adj. sm.
cor·*ven*·se adj. s2g.
cor·ve·ta (ê) sf. 'navio de guerra' 'capitão de corveta'/ Cf. *curveta*.
cor·*ví*·de:o adj. sm.
cor·*vi*·na sf.
cor·vi·na(s)-ma·ris·*quei*·ra(s) sf. (pl.).
cor·vi·*ne*·ta (ê) sf.
cor·*vi*·no adj. sm.
cor·vo (ô) sm.; pl. (ó).
cor·vo(s)-ma·*ri*·nho(s) sm. (pl.).
cós sm. 2n.
cos·ca sf.: *cócegas*.
cos·co·*rão* sm.; pl. ·*rões*.
cos·*co*·ro sm.
cos·*cós* sm.; pl. *coscoses*.
cos·co·se:*ar* v.
cos·co·*sei*·ro adj. 'diz-se do cavalo dado a coscosear'/ Cf. *cuscuzeiro*.
cos·cu·vi·*lhar* v.
cos·cu·vi·*lhei*·ro adj. sm.

cos·cu·vi·*lhi*·ce sf.
cosse·*can*·te(s) sf. (pl.).
co·se·*dor* (ô) adj. sm. 'aparelho para costurar livros'/Cf. *cozedor*.
co·se·*du*·ra sf. 'ato de costurar'/ Cf. *cozedura*.
cosse·gu·*rar* v.
cosse·*gu*·ro(s) sm. (pl.).
cosse·*se*·no(s) sm. (pl.).
cosse·*noi*·de(s) adj. 2g. sf. (pl.).
co·*ser* v. 'costurar'/Cf. *cozer*.
co·si·ca·*dor* (ô) adj. sm.
co·si·*car* v.
cossig·na·*tá*·ri:o(s) sm. (pl.).
cós·me:a sf.
cos·*mé*·ti·co adj. sm.
cós·mi·co adj. sm.
cos·mo sm.
cos·mo·go·*ni*·a sf.
cos·mo·gô·ni·co adj.
cos·mo·go·*nis*·ta adj. s2g.
cos·mo·gra·*fi*·a sf.
cos·mo·*grá*·fi·co adj.
cos·*mó*·gra·fo sm.
cos·mo·*lá*·bi:o sm.
cos·mo·lo·*gi*·a sf.
cos·mo·*ló*·gi·co adj.
cos·mo·lo·*gis*·ta adj. s2g.
cos·*mó*·lo·go sm.
cos·mo·me·*tri*·a sf.
cos·mo·*mé*·tri·co adj.
cos·mo·me·*tris*·ta adj. s2g.
cos·mo·*nau*·ta s2g.
cos·mo·*náu*·ti·ca sf.
cos·mo·*na*·ve sf.
cos·mo·no·*mi*·a sf.
cos·mo·*nô*·mi·co adj.
cos·mo·po·*len*·se adj. s2g.
cos·mo·po·*li*·ta adj. s2g.
cos·mo·po·li·*tis*·mo sm.
cos·mo·*ra*·ma sm.
cos·mo·ra·*men*·se adj. s2g.
cos·mos sm. 2n.
cos·mo·vi·*são* sf.; pl. ·*sões*.
cos·*mur*·gi·a sf.
cos·pe-*cos*·pe sm.; pl. *cospes--cospes* ou *cospe-cospes*.
cos·*quen*·to adj.
cos·qui·*lhen*·to adj.
cos·qui·*lho*·so(ô) adj.; f. *e* pl. (ó).
cos·qui·*lhu*·do adj.
cos·ca adj. s2g. sf. 'povo' 'barco'/ Cf. *coça* sf. *e* fl. do v. *coçar*.
cos·*sa*·co adj. sm.
cos·*sei*·ra sf. 'batente'/Cf. *coceira*.

cos·so (ô) sm. 'planta'/Cf. *coço* (ó), do v. *coçar*.
cos·*soi*·ro sm.: *cossouro*.
cos·*so*·le·te (ê) sm.
cos·*so*·le·to (ê) sm.
cos·*sou*·ro sm.: *cossoiro*.
cos·ta sf.
cos·ta(s)-a·*bai*·xo sf. (pl.).
cos·ta(s)-a·*ci*·ma sf. (pl.).
cos·*ta*·do adj. sm.
cos·*tal* adj. 2g. sm.; pl. ·*tais*.
cos·*tal*·gi·a sf.
cos·*tál*·gi·co adj.
cos·ta·*nei*·ra sf.
cos·ta·*nei*·ro adj. sm.
cos·*tão* sm.; pl. ·*tões*.
cos·tar·ri·*que*·nho adj. sm.
cos·tar·ri·*quen*·se adj. s2g.
cos·tas sf. pl.
cos·te:*a*·do adj.
cos·te:*a*·gem sf.; pl. ·*gens*.
cos·te:*a*·*men*·to sm. 'ação de costear'/Cf. *custeamento*.
cos·te:*ar* v. 'navegar próximo à costa'/Cf. *custear*.
cos·*tei*·o sm. 'costeamento'/Cf. *custeio*.
cos·*tei*·ra sf.
cos·*tei*·ro adj.
cos·*te*·la sf.
cos·te·la(s)-de-a·*dão* sf. (pl.).
cos·te·la(s) de *va*·ca sf. (pl.).
cos·te·*lar* v.
cos·te·*le*·ta (ê) sf.
cos·*ti*·lha sf.
cos·ti·*lhar* v.
cos·tu·*ma*·do adj. sm.
cos·tu·*mar* v.
cos·tu·*má*·ri:o adj.; f. *costumária*/Cf. *costumaria*, do v. *costumar*.
cos·tum·*bris*·mo sm.
cos·*tu*·me sm.
cos·tu·*mei*·ra sf.
cos·tu·*mei*·ro adj. sm.
cos·*tu*·mes sm. pl.
cos·*tu*·ra sf.
cos·tu·ra·*dei*·ra sf.
cos·tu·ra·*dor* (ô) adj. sm.
cos·tu·*ra*·gem sf.; pl. ·*gens*.
cos·tu·*rar* v.
cos·tu·*rei*·ra sf.
cos·tu·*rei*·ro adj. sm.
co·ta[1] sf. 'veste' 'lado da ferramenta oposto ao gume'/Cf. *cota*[2].
co·ta[2] sf. 'porção': *quota*/Cf. *cota*[1].

co·ta·*ção* sf.; pl. ·*ções*.
co·*ta*·do adj.
co·*ta*·dor (ô) sm.
co·ta·*lí*·ci:o adj.
co·ta·*men*·to sm.
cotan·*gen*·te(s) adj. 2g. sf. (pl.): co·tan·*gen*·te.
co·ta·*ni*·lho sm.
co·ta·ni·*lho*·so (ô) adj.; f. *e* pl. (ó).
co·*tão* sm.; pl. ·*tões*.
co·ta(s)-*par*·te(s) sf. (pl.): *quota-parte*.
co·*tar* v.
co·*tá*·ri:o adj. sm.; f. *cotária*/Cf. *cotaria*, do v. *cotar*.
co·tchu·*bei*·a sf.
co·te sm.
co·te·gi·*pen*·se adj. s2g.
co·te·ja·*dor* (ô) adj. sm.
co·te·*jar* v.
co·*te*·jo (ê) sm.
co·te·*lão* sm.; pl. ·*lões*.
co·te·*lei*·ro adj. sm. 'boi manso'/Cf. *cuteleiro*.
co·*ti*·a sf. 'embarcação'/Cf. *cutia*.
co·ti:*a*·do adj.
co·ti:*ar* v.
co·ti:*a*·ra sf.
co·*ti*·ca sf.
co·ti·*ca*·do adj.
co·*tí*·cu·la sf. 'pedra de toque'/ Cf. *cutícola* e *cutícula*.
co·ti·*dal* adj. 2g.; pl. ·*dais*.
co·ti·*da*·de sf.: *quotidade*.
co·ti·di:*a*·no adj. sm.: *quotidiano*.
co·*til* sm.; pl. ·*tis*: *cotim*.
co·ti·*lé*·do·ne sm. *ou* sf.
co·ti·le·*dô*·ne:o adj.
co·ti·*lhão* sm.; pl. ·*lhões*.
có·ti·lo sm.
co·ti·*ló*·fo·ro adj.
co·ti·*loi*·de adj. 2g.
co·ti·*lói*·de:o adj.
co·*tim* sm.; pl pl ·*tins*: *cotil*.
co·*tin*·ga sf.
co·tin·*gal* sm.; pl. ·*gais*.
co·tin·*gí*·de:o adj. sm.
co·ti:o adj. sm.
co·*tis*·ta adj. s2g.: *quotista*.
co·ti·za·*ção* sf. 'ato de cotizar'; pl. ·*ções*: *quotização*/Cf. *cutização*.
co·ti·*zar* v. 'dividir por cota': *quotizar*/Cf. *cutizar*.

co·ti·*zá*·vel adj. 2g.; pl. ·*veis*: *quotizável*.
co·*to*[1] sm. 'saltério'/Cf. *coto*[2] (ô).
co·*to*[2] (ô) sm. 'pedaço'/Cf. *coto*[1] (ó), sm. *e* fl. do v. *cotar*.
co·*tó* adj. s2g. sm.
co·*to*·co (ô) sm.
co·to·na·*ri*·a sf. 'algodoaria'/Cf. *cotonária*.
co·to·*ná*·ri:a sf. 'planta'/Cf. *cotonaria*.
co·to·*nei*·ra sf.
co·to·*ne*·te sm., do fr. *cotonnette*.
co·to·ni·cul·*tor* (ô) sm.
co·to·ni·cul·*tu*·ra sf.
co·to·ni·*fí*·ci:o sm.
co·to·ve·*la*·da sf.
co·to·ve·*lão* sm.; pl. ·*lões*.
co·to·ve·*lar* v.
co·to·ve·*lei*·ra sf.
co·to·*ve*·lo (ê) sm./Cf. *cotovelo*, do v. *cotovelar*.
co·to·*vi*·a sf.
co·to·*xó* adj. s2g.
co·*trei*·a sf.
co·*tri*·ba s2g.
co·*tru*·co sm.
co·tur·*na*·do adj.
co·*tur*·no sm.
co·tu·*tor* sm.; pl. *cotutores*.
cou·ce sm.: *coice*.
cou·ce:*ar* v.: *coicear*.
cou·*cei*·ra sf.: *coiceira*.
cou·*cei*·ro adj.: *coiceiro*.
cou·*ché* adj. sm., do fr. *cuchê*.
cou·ço:*ei*·ra sf.
cou·*del* sm.; pl. ·*déis*.
cou·de·la·*ri*·a sf.
cou·*lomb* (culom) sm.
cou·lom·bi:*a*·no (culom) adj. 'relativo a coulomb'/Cf. *colombiano*.
cou·lo·me·*tri*·a (culom) sf.
cou·lo·*mé*·tri·co (culom) adj.
cou·*lô*·me·tro (culom) sm.
country adj. (ing.: *cáuntri*).
cou·ra sf.: *coira*.
cou·ra·*ça* sf.: *coiraça*.
cou·ra·*ça*·do adj. sm.: *coiraçado*.
cou·ra·ça·*men*·to sm.: *coiraçamento*.
cou·ra·*çar* v.: *coiraçar*.
cou·ra·*cei*·ra sm.: *coiraceiro*.
cou·*ra*·ma sf.: *coirama*.
cou·*rão* sm.; pl. ·*rões*: *coirão*.

cou·re:*a*·da sf.: *coireada*.
cou·re:a·*dor* (ô) sm.: *coireador*.
cou·re:*ar* v.: *coirear*.
cou·*rei*·ro sm. 'vendedor de couro(s)': *coireiro*/Cf. *coreiro*.
cou·*re*·la sf.: *coirela*.
cou·*ri*·nho sm.: *coirinho*.
cou·ro sm.: *coiro*.
cou·ros sm. pl.: *coiros*.
cou·sa sf.: *coisa*.
cou·*sa*·da sf.: *coisada*.
cou·sa(s) em *si* sf. (pl.): *coisa em si*.
cou·sa(s)-*fei*·ta(s) sf. (pl.): *coisa-feita*.
cou·sa(s)-*má*(s) sm. (pl.): *coisa-má*.
cou·*sar* v.: *coisar*.
cou·sa-ru·*im* sm.; pl. *cousas-ruins*: *coisa-ruim*.
cou·*sas* sf. pl.: *coisas*.
cou·si·fi·*car* v.: *coisificar*.
cou·*sís*·si·ma sf., na loc. *cousíssima nenhuma*: *coisíssima*.
cou·*ta*·da sf.: *coitada*.
cou·*tar* v.: *coitar*[2].
cou·*tei*·ro sm.: *coiteiro*.
cou·to sm.: *coito*[2].
cou·*val* sm. 'plantação de couves'; pl. ·*vais*/Cf. *coval*.
cou·ve sf.
cou·ve(s)-de-bru·*xe*·las sf. (pl.).
cou·ve-*flor* sf.; pl. *couves-flores* ou *couves-flor*.
cou·*vei*·ro adj. sm. 'vendedor de couve'/Cf. *coveiro*.
cou·ve(s)-ma·*ri*·nha(s) sf. (pl.).
cou·ve(s)-*na*·bo(s) sf. (pl.).
cou·ve(s)-*rá*·ba·no(s) sf. (pl.).
cou·ve(s)-*rá*·bão(s) sf. (pl.).
couvert sm. (fr.: *cuvér*).
cou·ve·*tin*·ga sf.
cou·ve(s)-tron·*cha*(s) sf. (pl.).
cou·ve(s)-tron·*chu*·da(s) sf. (pl.).
co·va sf.
co·*va*·cho sm.
co·*va*·da sf.
co·va(s) de *an*·jo sf. (pl.).
co·va(s) de *tou*·ro sf. (pl.).
cô·va·do sm.
co·va(s) do la·*drão* sf. (pl.).
co·*va*·gem sf.; pl. ·*gens*.
co·*val* sm. 'divisão dos cemitérios'; pl. ·*vais*/Cf. *couval*.

co·va·*len*·te(s) adj. 2g. sm. (pl.).
co·*van*·ca sf.
co·vão sm. 'cova grande'; pl. ·*vões*/Cf. *côvão*.
cô·vão sm. 'cesto'; pl. ·**vãos**/Cf. *covão*.
co·*var*·de adj. s2g.
co·var·*di*·a sf.
co·var·*di*·ce sf.
co·va·ri:a·*ção* sf.; pl. ·*ções*.
co·va·ri:*ân*·ci:a(s) sf. (pl.).
co·vas de man·di:*o*·ca sf. pl.
co·*va*·to sm.
co·ve:*ar* v.
co·*vei*·ro sm. 'sepultador'/Cf. *couveiro*.
co·ve·*li*·na sf.
cover s2g. (ing.: *cover*).
co·*ve*·ta (ê) sf.
co·*vil* sm.; pl. ·*vis*.
co·vi·*lei*·ro adj. sm.
co·vi·*lhe*·te (ê) sm.
co·vo[1] sm. 'redil de pesca'/Cf. *covo*[2] (ô).
co·vo[2] (ô) adj. sm. 'côncavo'/Cf. *covo*[1] (ó).
co·vo:*á* sm.
co·vo:*a*·da sf.
co·vo:*ão* sm.; pl. ·*ões*.
co·*vo*·ca sf.
co·vo·*có* sm.: *cobocó*.
co·vo·*lu*·me sm.
co·vo·lu·*mé*·tri·co adj.
cowboy sm. (ing.: *caubói*).
co·xa (ô) sf. adj. s2g. 'parte da perna' 'curitibano'/cf. *cocha* sf. e fl. do v. *cochar*, e *cocha* (ó).
co·xa(s)-*bran*·ca(s) adj. s2g. (pl.).
co·*xal* (cs ou ch) adj. 2g.; pl. ·*xais*.
co·xal·*gi*·a (cs *ou* ch) sf.
co·*xál*·gi·co (cs *ou* ch) adj.
co·xar·*tri*·a (cs *ou* ch) sf.
co·xar·*tro*·se (cs *ou* ch) sf.
co·*xé* adj. 2g.
co·xe:a·*du*·ra sf.
co·xe:*ar* v.
cô·*xei*·ra sf. 'ato de coxear'/Cf. *cocheira*.
co·*xên*·di·co (cs) adj.
co·*xi*·a sf.
co·xi·*co*·co (ô) sm.
co·*xi*·lha sf.
co·xi·*lhão* sm.; pl. ·*lhões*.
co·*xim* sm.; pl. ·*xins*.

co·xim·*pim* sm.; pl. ·*pins*.
co·xi·*nen*·se adj. s2g.
co·xi·*ni*·lho sm.
co·*xi*·nha sf.
co·xo (ô) adj. sm. 'que coxeia'/ Cf. *cocho* (ô), sm., e *cocho* (ó), do v. *cochar*.
co·xo·*ni*·lho sm.
co·*xo*·te sm.
co·*xu*·do adj.
co·*ze*·dor (ô) adj. sm. 'que cozinha'/Cf. *cosedor*.
co·ze·*du*·ra sf. 'ato do cozinhar'/Cf. *cosedura*.
co·*zer* v. 'cozinhar'/Cf. *coser*.
co·*zi*·do adj. sm.
co·zi·*men*·to sm.
co·*zi*·nha sf.
co·zi·*nha*·do adj. sm.
co·zi·nha·*dor* (ô) sm.
co·zi·*nhar* v.
co·zi·*nhei*·ra sf.
co·zi·*nhei*·ro sm.
crã sm. *ou* sf.
cra·ca sf.
cra·ca·*xá* sm.: *caracaxá*.
cra·*chá* sm.
cra·*cí*·de:o adj. sm.
crack sm. (ing.: *créc*).
cracker sm. (ing.: *créquer*).
cra·co·vi:*a*·na sf.
cra·co·vi:*a*·no adj. sm.
cra·gua·*tá* sm.: *caraguatá*.
cra:i·*bei*·ra sf.
cra·ni:*a*·no adj.
cra·ni:ec·to·*mi*·a sf.
crâ·ni:o sm.
cra·ni:o·gra·*fi*·a sf.
cra·ni:o·*grá*·fi·co adj.
cra·ni:o·*lar* adj. 2g.
cra·ni:o·*lá*·ri:a sf.
cra·ni:o·lo·*gi*·a sf.
cra·ni:o·*ló*·gi·co adj.
cra·ni:o·lo·*gis*·ta adj. s2g.
cra·ni:*ó*·lo·go sm.
cra·ni:o·*man*·ci·a sf.
cra·ni:o·*man*·te s2g.
cra·ni:o·*mân*·ti·co adj.
cra·ni:o·me·*tri*·a sf.
cra·ni:o·*mé*·tri·co adj.
cra·ni:*ô*·me·tro sm.
cra·ni:*ó*·pa·go adj. sm.
cra·ni:os·co·*pi*·a sf.
cra·ni:os·*có*·pi·co adj.
cra·ni:os·*có*·pi:o sm.
cra·ni:*o*·ta adj. s2g.
cra·ni:o·to·*mi*·a sf.

cra·ni:o·*tô*·mi·co adj.
cran·*jê* adj. s2g.: *crenjê*.
cra·*ó* adj. s2g.: cra·*ô*.
crap·*tê* adj. s2g.
crá·pu·la adj. s2g. sf.
cra·pu·le:*ar* v.
cra·pu·*lo*·so (ô) adj. sm.; f. e pl. (ó).
cra·que sm. adj. s2g. interj.
cra·*quei*·ro sm.
cra·que·*lê* adj. 2g.
crás sm. 2n. adv.
cra·se sf.
cra·se:*ar* v.
cras·pe·*dó*·dro·mo adj.
cras·pe·*do*·ta adj. 2g. sf.
cras·si·*cau*·de adj. 2g.
cras·si·*cau*·le adj. 2g.
cras·*sí*·ci:e sf.
cras·si·*co*·lo adj.
cras·si·*cór*·ne:o adj.
cras·si·*da*·de sf.
cras·si·*dão* sf.; pl. ·*dões*.
cras·si·fo·li:*a*·do adj.
cras·si·*fó*·li:o adj.
cras·si·*lín*·gue adj. 2g. sm.
cras·si·*nér*·ve:o adj.
cras·*sí*·pe·de adj. 2g.
cras·si·*pe*·ne adj. 2g.
cras·sir·*ros*·tro adj.
cras·so adj.
cras·su·*lá*·ce:a sf.
cras·su·*lá*·ce:o adj.
cras·ta sf.
crás·ti·no adj.
cra·*ten*·se adj. s2g.
cra·*te*·ra sf.
cra·te·ra(s)-*la*·go(s) sf. (pl.).
cra·te·ra·*men*·to sm.
cra·te·ri·*for*·me adj. 2g.
cra·ter·*le*·ta (ê) sf.
crau·*á* sm.
crau·a·*çu* sm.
crau·a·*tá* sm.
crau·*çá* sm.: *grauçá*.
crau·*çan*·ga sf.: *traçanga*.
cra·*ú*·na sf.; *graúna*.
cra·va·*ção* sf.; pl. ·*ções*.
cra·va·*dor* (ô) sm.
cra·va·*du*·ra sf.
cra·*va*·gem sf.; pl. ·**gens**.
cra·va·*men*·to sm.
cra·va·*nis*·ta adj. 2g.
cra·*var* v.
cra·*vei*·ra sf.
cra·*vei*·ro adj. sm.
cra·*vei*·ro(s)-da-*ín*·di:a sm. (pl.).

cra·vei·ro(s)-da-*ter*·ra sm. (pl.).
cra·vei·ro(s)-do-*cam*·po sm. (pl.).
cra·ve·ja·*dor* (ô) sm.
cra·ve·ja·*men*·to sm.
cra·ve·*jar* v.
cra·*ve*·lha (ê) sf.
cra·ve·*lhal* sm.; pl. ·*lhais*.
cra·*ve*·lho (ê) sm.
cra·*ve*·te (ê) sm.
cra·*vi*·ja sf.
cra·*vi*·na sf.
cra·vi·na(s)-de-*tú*·nis sf. (pl.).
cra·vi·*nhen*·se adj. s2g.
cra·*vi*·nho sm.
cra·vi·*no*·so (ô) adj.; f. *e* pl (ó).
cra·*vis*·ta adj. s2g.
cra·vo sm.
cra·vo:*á*·ri·a sf.
cra·vo(s)-bor·*da*·do(s) sm. (pl.).
cra·vo(s)-da-*ín*·di:a sm. (pl.).
cra·vo(s)-de-a·*mor* sm. (pl.).
cra·vo(s) de *bou*·ba sm. (pl.).
cra·vo(s)-de-ca·be·*ci*·nha sm. (pl.).
cra·vo(s)-de-de·*fun*·to sm. (pl.).
cra·vo(s)-do-ma·ra·*nhão* sm. (pl.).
cré[1] sf. *ou* sm. 'calcário'.
cré[2] sm., na loc. *cré* com *cré*, *lé* com *lé* 'cada qual com seus iguais'.
cre:a·*ti*·na sf.
cre·a·ti·*ni*·na sf.
cre·bro adj.
cre·ca sf. sm.
cre·che sf.
cre·*dên*·ci:a sf.
cre·den·ci:*al* adj. 2g. sf.; pl. ·*ais*.
cre·den·ci:a·*men*·to sm.
cre·den·ci·*ar* v.
cre·den·ci:*á*·ri:o sm.
cre·di:*á*·ri:o sm.
cre·di:a·*ris*·ta adj. s2g.
cre·di·bi·li·*da*·de sf.
cre·di·bi·*lís*·si·mo adj. superl. de *credível* e *crível*.
cre·di·*tan*·te adj. s2g.
cre·di·*tar* v.
cre·di·*tí*·ci:o adj.
cré·di·to sm./Cf. *credito*, do v. *creditar*.
cre·di·*tó*·ri:o adj.
cre·*dí*·vel adj. 2g.; pl. ·*veis*; superl. *credibilíssimo*.
cre·do sm. interj.

cre·do em *cruz* interj.
cre·*dor* (ô) adj. sm.
cre·du·li·*da*·de sf.
cré·du·lo adj. sm.
crei·*é* adj. s2g.
crei·o em deus *pa*·dre sm. 2n. interj.
crei·*om* sm.; pl. ·*ons*.
cre·*ji*·ca sf.
cre·ju:*á* sm.
cre·ma·*ção* sf.; pl. ·*ções*.
cre·ma·*do* adj.
cre·ma·*dor* (ô) adj. sm.
cra·ma·*lhei*·ra sf.
cre·*mar* v.
cre·mas·*ter* sm.: cre·*más*·ter.
cre·ma·*tó*·ri:o adj.
cre·me sm. adj. 2g. 2n.
cre·*mei*·ra sf.
crem·*nó*·ba·ta s2g.:
    crem·no·*ba*·ta.
crem·no·fo·*bi*·a sf.
cre·mo·*car*·po sm.
cre·*mo*·na sf.
cre·mo·*nen*·se adj. s2g.
cre·*mor* (ô) sm.
cre·*mo*·so (ô) adj.; f. *e* pl. (ó).
cre·na sf.
cre·na·ca·*ro*·re adj. s2g.
cre·*na*·do adj.
cre·*na*·gem sf.; pl. ·*gens*.
cre·*na*·que adj. s2g.
cre·*nar* v.
cren·ça sf.
cren·dei·*ri*·ce sf.
cren·*dei*·ro adj. sm.
cren·*di*·ce sf.
cre·*ní*·fe·ro adj. 'crenulado'/Cf. *crinífero*.
cre·nir·*ros*·tro adj.
cren·*jê* adj. s2g.: *cranjê*.
cre·no·te·ra·*pi*·a sf.
cren·te adj. s2g.
crê·nu·la sf.
cre·nu·*la*·do adj.
cre:o·fa·*gi*·a sf.
cre·*ó*·fa·go adj. sm.
cre·*ó*·fi·lo adj.
cre:*o*·li·na sf.
cre:o·so·*ta*·gem sf.; pl. ·*gens*.
cre:o·so·*tar* v.
cre:o·*so*·to (ô) sm./Cf. *creosoto* (ó), do v. *creosotar*.
cre:o·so·*tol* sm.; pl. ·*tóis*.
cre·pe sm.
cré·pi·do adj.
cre·pi·ta·*ção* sf.; pl. ·*ções*.

cre·pi·*tan*·te adj. 2g.
cre·pi·*tar* v.
cre·*pom* sm.; pl. ·*pons*.
cré·pun·ca·tei·*é* adj. s2g.
cre·pus·cu·*lar* adj. 2g. v.
cre·pus·cu·*lá*·ri:o adj. sm.
cre·pus·cu·le·*jar* v.
cre·pus·cu·*li*·no adj.
cre·*pús*·cu·lo sm./Cf. *crepusculo*, do v. *crepuscular*.
crer v.
cres·*cen*·ça sf.
cres·*cen*·to sm. adv.
cres·*cen*·te adj. 2g. sm. *ou* sf.
cres·cen·ti·*for*·me adj. 2g.
cres·*cer* v.
cres·*ci*·da sf.
cres·*ci*·do adj. sm.
cres·ci·*men*·to sm.
crés·ci·mo sm.
cres·*có*·gra·fo sm.
cre·*sí*·li·co adj.
cre·*sol* sm. 'derivado do tolueno'; pl. ·*sóis*/Cf. *crisol*.
cres·*par* v.
cres·pi·*dão* sf.; pl. ·*dões*.
cres·*pi*·na sf.
cres·*pir* v.
cres·po (ê) adj. sm./Cf. *crespo* (é), do v. *crespar*.
cres·ta sf.
cres·ta·*dei*·ra sf.
cres·*ta*·do adj.
cres·ta·*du*·ra sf.
cres·ta·*men*·to sm.
cres·*tar* v.
cres·to (ê) sm./Cf. *cresto* (é), do v. *crestar*.
cres·to·ma·*ti*·a sf.
cre·ta sf.
cre·*tá*·ce:o adj. sm.
cre·*ten*·se adj. s2g.
cre·ti·*ni*·ce sf.
cre·ti·*nis*·mo sm.
cre·ti·ni·za·*ção* sf.; pl. ·*ções*.
cre·ti·ni·*zar* v.
cre·*ti*·no adj. sm.
cre·ti·*no*·so (ô) adj.; f. *e* pl. (ó).
cre·*to*·ne sm.
cri·a sf.
cri:a·*ção* sf.; pl. ·*ções*.
cri:a·ci·o·*nis*·mo sm.
cri:*a*·da sf.
cri:a·*da*·gem sf.; pl. ·*gens*.
cri:a·*dei*·ra sf.
cri:a·*dei*·ro adj. sm.
cri:*a*·do adj. sm.

cri:a·do(s)-gra·ve(s) sm. (pl.).
cri:a·doi·ro adj. sm.: criadouro.
cri:a·do(s)-mu·do(s) sm. (pl.).
cri:a·dor (ô) adj. sm.
cri:a·dou·ro adj. sm.: criadoiro.
cri:an·ça sf.
cri:an·ça·da sf.
cri:an·ci·ce sf.
cri:an·ço sm.
cri:an·ço·la s2g.
cri:ar v.
cri:a·ti·vi·da·de sf.
cri:a·ti·vo adj.
cri:a·tó·ri:o adj. sm.
cri:a·tu·ra sf.
cri·bri·for·me adj. 2g.
cri·ca·ti adj. s2g.
cri·ce·tí·de:o adj. sm.
cri·ci:ú·ma sf.
cri·ci:u·ma·len·se adj. s2g.
cri·ci:u·men·se adj. s2g.
cri·coi·de adj. 2g. sf.
cri·cós·to·mo adj.
cri-cri(s) adj. s2g. sm. (pl.); 'canto do crilo', 'maçante' etc.
cri·cri·do sm.
cri·cri·lar v.
cri·cri·ó sm.
cri·fi·a sf.
cri·la sm.
cri·la·da sf.
cri·me adj. 2g. sm.
cri·mi·na·ção sf.; pl. ·ções.
cri·mi·na·dor (ô) adj. sm.
cri·mi·nal adj. 2g.; pl. ·nais.
cri·mi·na·li·da·de sf.
cri·mi·na·lis·ta adj. s2g.
cri·mi·na·lís·ti·ca sf.
cri·mi·nar v.
cri·mi·ná·vel adj. 2g.; pl. ·veis.
cri·mi·no·lo·gi·a sf.
cri·mi·no·ló·gi·co adj.
cri·mi·no·lo·gis·ta adj. s2g.
cri·mi·no·so (ô) adj. sm.
cri·mo·di·ni·a sf.
cri·mó·fi·lo adj.
cri·na sf.
cri·nal adj. 2g. sm.; pl. ·nais.
cri·nal·vo adj.
crin·di:ú·va sf.
cri·nei·ra sf.
cri·ni·cór·ne:o adj.
cri·ní·fe·ro adj. 'que tem crina'/ Cf. crenífero.
cri·ni·for·me adj. 2g.
cri·ní·ge·ro adj.

cri·ni·pre·to (ê) adj.
cri·ni·par·so adj.
cri·ni·to adj.
cri·no sm.
cri·noi·de adj. 2g. sm.
cri·no·li·na sf.
cri·nu·do adj.
cri:o·ci·rur·gi·a sf.
cri:ó·fi·ta adj. 2g.
cri:o·ge·ni·a sf.
cri:o·gê·ni·co adj.
cri:o·i·dra·to sm.
cri:o·í·dri·co adj.
cri:o·li·ta sf.
cri:os·co·pi·a sf.
cri:os·có·pi·o sm.
cri:os·ta·to sm.: cri:ós·ta·to.
cri:o·te·ra·pi·a sf.
cri:ou·la·da sf.
cri:ou·léu sm.
cri:ou·li·nho sm.
cri:ou·lis·mo sm.
cri:ou·lo adj. sm.
crip·ta sf.
crip·tan·dro adj. sm.
críp·tão sm.; pl. ·tões, cripto, crípton, criptônio.
crip·te·ro·ni:á·ce:a sf.
crip·te·ro·ni:á·ce:o adj.
crip·tes·te·si·a sf.
críp·ti·co adj.
crip·to sm.: críptão, crípton, criptônio.
crip·to:a·na·li·sar v.
crip·to:a·ná·li·se sf./ Cf. criptoanalise, do v. criptoanalisar.
crip·to·brân·qui:o adj. sm.
crip·to·car·po adj. sm.
crip·to·cé·fa·lo adj. sm.
crip·to·ce·ra·do adj. sm.
crip·to·co·mu·nis·ta adj. s2g.
crip·to·cris·ta·li·no adj.
crip·tó·fi·lo sm.
crip·to·ga·mi·a sf.
crip·to·gâ·mi·co adj.
crip·tó·ga·mo adj. sm.
crip·to·gra·far v.
crip·to·gra·fi·a sf.
crip·to·grá·fi·co adj.
crip·to·gra·ma sm.
crip·to·lo·gi·a sf.
crip·to·ló·gi·co adj.
crip·to·mé·ri:a sf.
crip·to·me·ris·mo sm.
crip·tô·me·ro sm.
crip·to·mo·na·di·no adj. sm.

críp·ton sm.: crip·tô·ni:o, críptão, cripto.
crip·tô·ni·mo adj. sm.
crip·to·plas·ma sm.
crip·tó·po·de adj. 2g. sm.
crip·tor·qui·a sf.
crip·tor·qui·di·a sf.
crip·tu·ri·for·me adj. 2g. sm.
crí·que·te sm.
cris adj. 2g. sm.
cri·sa·da sf.
cri·sa·lho sm.
cri·sá·li·da sf.: crisálide/Cf. crisalida, do v. crisalidar.
cri·sa·li·dar v.
cri·sá·li·de sf.: crisálida/Cf. crisalida, do v. crisalidar.
cri·sân·te·mo sm.
cri·se sf.
cri·se·le·fan·ti·no adj.
cris·ma sm. ou sf.
cris·mar v.
cri·so sm.
cri·so·ba·la·ná·ce:a sf.
cri·so·ba·la·ná·ce:o adj.
cri·so·be·ri·lo sm.
cri·so·co·la sf.
cri·so·fí·ce:a sf.
cri·so·fí·ce:o adj.
cri·so·fi·lo adj. sm. 'planta'/Cf. crisófilo.
cri·só·fi·lo adj. sm. 'que tem amor ao ouro'/Cf. crisofilo.
cri·só·fi·to adj. sm.
cri·so·gra·fi·a sf.
cri·so·grá·fi·co adj.
cri·só·gra·fo sm.
cri·sol sm. 'cadinho'; pl. ·sóis/ Cf. cresol.
cri·so·li·ta sf. 'grão de quartzo hialino'/Cf. crisólita.
cri·só·li·ta sf. 'pedra preciosa cor de ouro'/Cf. crisolita.
cri·só·li·to sm.
cri·so·me·lí·de:o adj. sm.
cri·so·mo·na·di·no adj. sm.
cri·so·pa adj. 2g. sf.
cri·so·pí·de:o adj. sm.
cri·só·pra·so sm.
cri·sós·to·mo adj. sm.
cri·so·ti·la sf.
cris·pa·ção sf.; pl. ·ções.
cris·pa·men·to sm.
cris·par v.
cris·pa·tu·ra sf.
cris·pim sm.; pl. ·pins.
cris·so sm.

cris·ta sf.
cris·tã adj. sf. de *cristão*.
cris·ta(s)-de-*ga*·lo sf. (pl.).
cris·ta(s)-de-mu·*tum* sf. (pl.).
cris·ta(s)-de-pe·*ru* sf. (pl.).
cris·*ta*·do adj.
cris·*tal* sm.; pl. ·*tais*.
cris·ta·*lei*·ra sf.
cris·ta·*lei*·ro sm.
cris·ta·lan·*den*·se adj. s2g.
cris·ta·*len*·se adj. s2g.
cris·ta·*lí*·fe·ro adj.
cris·ta·li·*nen*·se adj. s2g.
cris·ta·li·ni·*da*·de sf.
cris·ta·*li*·no adj. sm.
cris·ta·*li*·to sm.
cris·ta·li·za·*ção* sf.; pl. ·*ções*.
cris·ta·li·*za*·do adj.
cris·ta·li·*za*·dor (ô) adj. sm.
cris·ta·li·*zar* v.
cris·ta·li·*zá*·vel adj. 2g.; pl. ·*veis*.
cris·ta·lo·*blás*·ti·co adj.
cris·ta·lo·gra·*fi*·a sf.
cris·ta·lo·*grá*·fi·co adj.
cris·ta·*ló*·gra·fo sm.
cris·ta·*loi*·de adj. 2g. sm.
cris·ta·lo·man·*ci*·a sf.
cris·ta·lo·*man*·te s2g.
cris·ta·lo·*mân*·ti·co adj.
cris·tan·*da*·de sf.
cris·*tão* adj. sm.; pl. ·*tãos*; f.
   cristã; superl. *cristianíssimo*.
cris·tão(s)-*no*·vo(s) sm. (pl.).
cris·tão(s)-*ve*·lho(s) sm. (pl.).
cris·te:*ar* v.
cris·*tel* sm.; pl. ·*téis*: clister.
cris·ti·a·*nis*·mo sm.
cris·ti·a·*nís*·si·mo adj. superl.
   de *cristão*.
cris·ti·a·ni·za·*ção* sf.; pl. ·*ções*.
cris·ti·a·ni·za·*dor* (ô) adj. sm.
cris·ti·a·ni·*zar* v.
cris·ti·a·no·po·*len*·se adj. s2g.
cris·ti·a·no·po·*li*·no adj. sm.
cris·ti·*nen*·se adj. s2g.
cris·ti·no·cas·*tren*·se(s) adj.
   s2g. (pl.).
cris·to sm.
cris·to·lo·*gi*·a sf.
cris·to·*ló*·gi·co adj.
cris·*tó*·lo·go sm.
cris·to·*ven*·se adj. s2g.
cri·*té*·ri:o sm.
cri·te·ri:o·lo·*gi*·a sf.
cri·te·ri:*o*·so (ô) adj.; f. *e* pl. (ó).
crí·ti·ca sf./Cf. *critica*, do v.
   criticar.

cri·ti·ca·*dor* (ô) sm.
cri·ti·ca·li·*da*·de sf.
cri·ti·*can*·te adj. s2g.
cri·ti·*car* v.
cri·ti·ca·*ri*·a sf.
cri·ti·*cas*·tro sm.
cri·ti·*cá*·vel adj. 2g.; pl. ·*veis*.
cri·ti·*cis*·mo sm.
cri·ti·*cis*·ta adj. s2g.
crí·ti·co sm./Cf. *critico*, do v.
   criticar.
cri·ti·*quei*·ro sm.
cri·ti·*qui*·ce sf.
cri·va·*ção* sf.; pl. ·*ções*.
cri·*va*·do adj.
cri·*var* v.
crí·vel adj. 2g.; pl. ·*veis*; superl.
   credibilíssimo.
cri·vo sm.
cri·*vo*·so (ô) adj.; f. *e* pl. (ó).
cri·xa:*en*·se adj. s2g.
cri·xa·*ná* adj. s2g.
cró sm.
cro·a (ô) sf.
cro:*á*·ci:o adj. sm.
cro:*a*·ta adj. s2g.
cro:a·*tá* sm.
cro·ca sf.
cro·ça sf.
cro·*cal* sm.; pl. ·*cais*.
cró·ce:o adj.
cro·*chê* sm.: cro·*ché*.
cro·ci·*dis*·mo sm.
cro·ci·do·*li*·ta sf.
cro·ci·*tan*·te adj. 2g.
cro·ci·*tar* v.
cro·ci·to sm.
cro·co·di·li:*a*·no adj. sm.
cro·co·*di*·lo sm.
cro·coi·*ó* sm.
cro·co·*í*·ta sf.
cro·co·*ro*·ca sf.
croi·a sf.
cro:*i*·nha sm.: *coroinha*.
croissant sm. (fr.: *croassâ*).
cro·*ma*·do adj. sm.
cro·ma·do·*rí*·di:o adj. sm.
cro·*ma*·gem sf.; pl. ·*gens*.
cro·*mar* v.
cro·*má*·ti·ca sf.
cro·ma·ti·ci·*da*·de sf.
cro·*má*·ti·co adj. sm.
cro·*má*·ti·de sf.
cro·ma·*ti*·na sf.
cro·ma·*tis*·mo sm.
cro·*ma*·to sm.
cro·ma·*tó*·fi·lo adj.

cro·ma·*tó*·fo·ro adj. sm.
cro·ma·to·*gê*·ni·co adj.
cro·ma·to·*grá*·fi·co adj.
cro·ma·*tó*·li·se sf.
cro·*mel* sm.; pl. ·*méis*.
crô·mi:o sm.
crô·mi·co adj.
cro·mi·ni:*en*·se adj. s2g.
cro·*mis*·ta s2g.
cro·*mi*·ta sf.
cro·mo sm.
cro·mo·cal·co·gra·*fi*·a sf.
cro·mo·cal·co·*grá*·fi·co adj.
cro·*mó*·fo·bo adj. sm.
cro·*mó*·fo·ro adj. sm.
cro·*mó*·ge·no adj. sm.
cro·mo·gra·*vu*·ra sf.
cro·mo·li·to·gra·*fi*·a sf.
cro·mo·li·to·*grá*·fi·co adj.
cro·*mô*·me·ro sm.
cro·mo·plas·to·fo·*ni*·a sf.
cro·*mor*·no sm.
cro·mos·*fe*·ra sf.
cro·mos·*sô*·mi·co adj.
cro·mos·*so*·mo sm.
cro·mo·te·ra·*pi*·a sf.
cro·mo·ti·*pi*·a sf.
cro·mo·*tí*·pi·co adj.
cro·mo·ti·po·gra·*fi*·a sf.
cro·mo·ti·po·*grá*·fi·co adj.
cron sm.
cro·na·*xi*·a (cs) sf.
crô·ni·ca sf.
cro·ni·*cão* sm.; pl. *cões*.
cro·ni·ci·*da*·de sf.
crô·ni·co adj.
crô·ni·con sm.
cro·ni·*quei*·ro sm.
cro·*nis*·ta s2g.
cro·no·fo·to·gra·*fi*·a sf.
cro·no·fo·to·*grá*·fi·co adj.
cro·no·fo·*tó*·gra·fo sm.
cro·no·gra·*fi*·a sf.
cro·no·*grá*·fi·co adj.
cro·*nó*·gra·fo sm.
cro·no·*gra*·ma sm.
cro·no:in·ver·*são* sf.; pl. ·*sões*.
cro·no·lo·*gi*·a sf.
cro·no·*ló*·gi·co adj.
cro·no·lo·*gis*·ta adj. s2g.
cro·no·me·*tra*·gem sf.; pl. ·*gens*.
cro·no·me·*trar* v.
cro·no·me·*tri*·a sf.
cro·no·*mé*·tri·co adj.
cro·no·me·*tris*·ta adj. s2g.
cro·*nô*·me·tro sm./Cf.
   cronometro, do v. *cronometrar*.

cro·nô·ni·mo sm.
cro·nos·có·pi:o sm.
cro·que sm.
cro·*qué* sm., do fr. *croquet*.
cro·*que*·te sm., do fr. *croquette*.
cro·*qui* sm., do fr. *croquis*.
cro·qui·*na*·da sf.
croquis sm. (fr. *croqui*).
crós·si·ma sf.
cros·sop·te·*rí*·gi:o adj. sm.
cros·sos·so·ma·*tá*·ce:a sf.
cros·sos·so·ma·*tá*·ce:o adj.
cros·ta (ô) sf.
cro·ta·*lí*·de:o adj. sm.
cró·ta·lo sm.
cro·ta·*loi*·de adj. 2g. sm.
cro·*tão* sm.; pl. ·*tões*: *cróton*.
cro·*tí*·li·co adj.
cro·*ti*·na sf.
cró·ton sm.; pl. *crótones* ou *crótons*: *crotão*.
cro·*tô*·ni·co adj.
cru adj.
cru:*á* sf.
cru·bi·*xá* sm.
cru·ci:a·*ção* sf.; pl. ·*ções*.
cru·ci:a·*dor* (ô) adj. sm.
cru·ci:*al* adj. 2g.; pl. ·*ais*.
cru·ci:*a*·na sf.
cru·ci:*an*·te adj. 2g.
cru·ci:*ar* v.
cru·ci:*á*·ri:o adj.
cru·*cí*·fe·ra sf.
cru·ci·fe·*rá*·ri:o sm.
cru·*cí*·fe·ro sm.
cru·ci·fi·ca·*ção* sf.; pl. ·*ções*.
cru·ci·fi·*ca*·do adj. sm.
cru·ci·fi·ca·*dor* (ô) adj. sm.
cru·ci·fi·ca·*men*·to sm.
cru·ci·fi·*car* v.
cru·ci·fi·*xão* (cs) sf.; pl. ·*xões*.
cru·ci·fi·*xar* (cs) v.
cru·ci·*fi*·xo (cs) adj. sm.
cru·ci·*for*·me adj. 2g.
cru·*cí*·ge·ro adj.
cru·ci·lan·*den*·se adj. s2g.
cru·cir·*ros*·tro adj.
cru·de·*lís*·si·mo adj. superl. de *cruel*.
cru·*dí*·vo·ro adj.
cru:*ei*·ra sf.
cru:*el* adj. 2g.; pl. *cruéis*; superl. *crudelíssimo* e *cruelíssimo*.
cru:el·*da*·de sf.
cru:e·*lís*·si·mo adj. superl. de *cruel*.
cru·en·ta·*ção* sf.; pl. ·*ções*.

cru:en·*tar* v.
cru:*en*·to adj.
cru:*e*·ra (ê) sf.
cru:*e*·za (ê) sf.
cru·me sm.: *crú*·men sm.; pl. *crumens* ou *crúmenes*.
cru:*or* (ô) sm.
cru·pe sm.
cru·pi:*a*·ra sf.
cru·pi:*ê* sm.
cru·*ral* adj. 2g.; pl. *rais*.
cru·ri·*frá*·gi:o sm.
crus·ta sf.
crus·*tá*·ce:o adj. sm.
cru·vi:*a*·na sf.
cruz sf. interj.
cru·*za* sf.
cru·*za*·da sf.
cru·za·*dis*·ta adj. s2g.
cru·*za*·do adj. sm.
cru·za·*dor* (ô) adj. sm.
cruz·al·*men*·se(s) adj. s2g. (pl.).
cruz·al·*ten*·se(s) adj. s2g. (pl.).
cru·za·*men*·to sm.
cru·*zar* v.
cruz·*cre*·do interj.
cruz de *mal*·ta sf.; pl. *cruzes de malta*.
cruz·d'o:es·*ta*·no(s) adj. sm. (pl.).
cru·*zei*·ra sf.
cru·zei·*ren*·se adj. s2g.
cru·zei·ren·se(s)-do-*sul* adj. s2g. (pl.).
cru·*zei*·ro adj. sm.
cru·zes sf. pl. interj.
cru·*ze*·ta (ê) sf.
cru·ze·*ta*·do adj.
cru·ze·*ten*·se adj. s2g.
cru·zi·li:*en*·se adj. s2g.
crú·zi:o adj. sm.
cruz·mal·*ti*·no adj. sm.
cru·zo sm.
cruz·ser·*ra*·no(s) adj. sm. (pl.).
cte·*ná*·ri:o adj. sm.
cte·*ní*·de:o adj. sm.
cte·*nó*·fo·ro sm.
cte·nos·to·*ma*·do adj. sm.
cte·*noi*·de adj. 2g.
cu sm.
cu:*a*·da sf. 'pancada com as nádegas'/Cf. *coada*.
cu:an·*du* sm.
cu:a·*tá* sm.
cu:a·ta·*te*·re adj. s2g.
cu:a·*ti* sm.: *quati*.
cu·ba sf. *ou* sm.

cu·*ba*·gem sf.; pl. ·*gens*.
cu·*ba*·no adj. sm.
cu·*bar* v.
cu·*ba*·ta sf.
cu·ba·*tão* sm.; pl. ·*tões*.
cu·ba·*ten*·se adj. s2g.
cu·ba·*tu*·ra sf.
cu·*bé* sm.
cu·*be*·ba sf.
cu·ben·cra·go·no·*ti*·re adj. s2g.
cú·bi·ca sf./Cf. *cubica*, do v. *cubicar*.
cu·bi·*car* v.
cú·bi·co adj./Cf.*cubico*, do v. *cubicar*.
cu·bi·cu·*lar* adj. 2g.
cu·bi·cu·*lá*·ri:o adj. sm.
cu·*bí*·cu·lo sm.
cu·bi·*for*·me adj. 2g.
cú·bi:o sm.
cu·*bis*·mo sm.
cu·*bis*·ta adj. s2g.
cu·bi·*tal* adj. 2g.; pl. ·*tais*.
cú·bi·to sm.
cu·bi:*ú* sm.
cu·bo adj. sm.
cu·*boi*·de adj. 2g. sm.
cu·bo·man·ci·*a* sf.
cu·bo·*man*·te s2g.
cu·bo·*mân*·ti·co adj.
cu·bo·me·*du*·sa adj. 2g. sf.
cu·ca sf. *ou* sm. interj.
cu·ca(s)·*fres*·ca(s) s2g. (pl.).
cu·*car* v.
cu·*char*·ra sf.
cu·*chê* adj. sm., do fr. *couché*
cu·*co* adj. sm.
cu·co:e·ca·*me*·crã adj. s2g.
cu(s)-co·*si*·do(s) sm. (pl.).
cu·*cu*
cu·*cui*·a sf.
cu·cui·*a*·na adj. s2g.
cu·cu·*la*·do adj.
cu·cu·*lar* adj. 2g. v.
cu·cu·*lí*·de:o adj. sm.
cu·cu·li·*for*·me adj. s2g.
cu·*cu*·lo sm.
cu·*cum*·bi sm.
cu·*cu*·ra sf.
cu·*cúr*·bi·ta sf./Cf. *cucurbita*, do v. *cucurbitar*.
cu·cur·bi·*tá*·ce:a sf.
cu·cur·bi·*tá*·ce:o adj.
cu·cur·bi·*ta*·le sf.
cu·cur·bi·*tar* v.
cu·cur·bi·*ti*·no adj. sm.
cu·*cu*·ri sm.

cu·cu·ri·*car* v.
cu·cu·ri·*tar* v.
cu·cu·ru·*ta*·do sm.
cu·cu·ti·ri·*bá* sf.: *cutitiribá.*
cu(s) de *boi* sm. (pl.).
cu(s)-de-ca·*chor*·ro sm. (pl.).
cu(s) de *fer*·ro adj. s2g. (pl.).
cu(s) de *fo*·ca adj. s2g. (pl.).
cu(s) de ga·*li*·nha sm. (pl.).
cu(s) de *ju*·das sm. (pl.).
cu-de-*lu*·me sm.
cu(s) de mãe-jo:*a*·na sm. (pl.).
cu(s)-de-mu·*la*·ta sm. (pl.).
cu(s) de *con*·de sm. (pl.).
cu:*e*·bas sm. 2n.
cu:*e*·ca sf.
cu:*ei*·ro sm.
cu:*e*·ra sf. 'unheira'/Cf. *quera.*
cu:*e*·re·*tu* adj. s2g.
cu:*e*·*ru*·do adj. 'que sofre de cuera'/Cf. *querudo.*
cu:*í* sm.
cui·a sf.
cui·a·*ba*·no adj. sm.
cui·*a*·ca sf.
cui·*a*·da sf.
cui·a(s)-de-ma·*ca*·co sf. (pl.).
cui·a(s)-do-*bre*·jo sf. (pl.).
cui·am·*bu*·ca sf.
cui·*a*·me sm.
cui·*a*·na adj. s2g.
cui·a·*nau*·a adj. s2g.
cui·a·*peu*·a sf.: cui·a·*péu*·a.
cui·a·pi·*tin*·ga sf.
cui·*a*·ra adj. 2g. sm.
cui·a·*ra*·na sf.
cu:*í*·ca sf.
cu:*í*·ca(s)-*d'á*·gua sf. (pl.).
cui·*cu*·ro adj. sm.: cui·cu·*ru* adj. s2g.
cui·*da*·do adj. sm. interj.
cui·da·*dor* (ô) adj. sm.
cui·da·*do*·so (ô) adj.; f. *e* pl. (ó).
cui·*dar* v.
cui·da·*ru* sm.
cui·*do*·so (ô) adj.; f. *e* pl. (ó).
cui·*ei*·ra sf.
cui·e·*tê* sm.: cui·e·*té.*
cui·e·te·*zei*·ra sf.
cu:*im* sm.; pl. ·*ins.*
cu:*in*·char v.
cu:*in*·cho sm.
cu:*i*·nhar v.
cu:*i*·*nhi*·ra sf.
cu:*in*·tau sm.
cui·*pu*·na sf.
cu:*í*·ra adj. 2g.

cui·*té* sf. *ou* sm.: *coité.*
cui·*té*(s)-a·*çu*(s) sm. (pl.).
cui·te:*en*·se adj. s2g.
cui·te·*lão* sm.; pl. ·*lões.*
cui·*te*·lo adj. sm.
cui·te·*zei*·ra sf.
cui·*u*·ba sf.
cui·*ú*-cui·*ú*(s) sm. (pl.).
cui·u:*í*·ra sf.
cui·u·ma·*ri* sm.: *cujumari.*
cu·*ja*·ra sm.
cu·ji·ge·*né*·ri adj. s2g.
cu·jo adj. sm. pron.
cu·*ju*·ba sf. interj.
cu·ju·*bi* sm.: cu·ju·*bim* sm.; pl. ·*bins.*
cu·ju·ma·*ri* sm.: *cuiumari.*
cu·*la*·pe sm.
cu·*la*·tra sf.
cu·la·*trão* sm.; pl. ·*trões.*
cu·la·tre:*ar* v.
cu·le sm.
cu·li·*cí*·de:o adj. sm.
cu·li·ci·*for*·me adj. 2g.
cu·*li*·na adj. s2g.: *culino.*
cu·li·*ná*·ri:a sf.
cu·li·*ná*·ri:o adj.
cu·*li*·no adj. sm.: *culina.*
cúl·men sm.
cul·mi·na·*ção* sf.; pl. ·*ções.*
cul·mi·*nân*·ci:a sf.
cul·mi·*nan*·te adj. 2g.
cul·mi·*nar* v.
cu·*lo*·te sm.
cul·pa sf.
cul·pa·bi·li·*da*·de sf.
cul·*pa*·do adj. sm.
cul·*pan*·do adj.
cul·*par* v.
cul·*pá*·vel adj. 2g.; pl. ·*veis.*
cul·*po*·so (ô) adj.; f. *e* pl. (ó).
cult adj. (ing.: *câlt*).
cul·te·ra·*nis*·mo sm.
cul·te·ra·*nis*·ta adj. s2g.
cul·*tis*·mo sm.
cul·*tis*·ta adj. s2g.
cul·ti·va·*ção* sf.; pl. ·*ções.*
cul·ti·va·*dor* (ô) adj. sm.
cul·ti·*var* v.
cul·ti·*vá*·vel adj. 2g.; pl. ·*veis.*
cul·*ti*·vo sm.
cul·to adj. sm.
cul·*tor* (ô) sm.
cul·tri·fo·li:*a*·do adj.
cul·tri·*for*·me adj. 2g.
cul·trir·*ros*·tro adj. sm.
cul·tu:*al* adj. 2g.; pl. ·*ais.*

cul·tu:*ar* v.
cul·*tu*·ra sf.
cul·tu·*ris*·mo sm.
cul·tu·*ral* adj. 2g.; pl. ·*rais.*
cu·lu·*mi* sm.: cu·lu·*mim* sm.; pl. ·*mins: curumi, curumim.*
cu·*má*·ce:o adj. sm.
cu·ma·*cha*·ma s2g.
cu·ma·dá·mi·na·*nei* adj. s2g.; pl. *cumadás-minaneis* ou *cumadás-minarnei.*
cu·ma·*í* sm.
cu·ma·*ná* adj. s2g.
cu·ma·*nã* sf.
cu·ma·*na*·xo adj. s2g.
cu·man·*dá* sf.
cu·man·da·ti:*á* sf.
cu·ma·*ré* sm.
cu·ma·*ri* sm.
cu·ma·*rim* sm.; pl. ·*rins.*
cu·ma·*ri*·na sf.
cu·ma·*ri*·no adj. sm.
cu·ma·*ru* sm.
cu·ma·ru(s)-a·ma·*re*·lo(s) sm. (pl.).
cu·ma·ru(s)-do-a·ma·*zo*·nas sm. (pl.).
cu·ma·ru(s)-do-ce:a·*rá* sm.
cu·ma·ru·*ra*·na sf.
cu·ma·ru(s)-ver·da·*dei*·ro(s) sm. (pl.).
cu·ma·ru·*zei*·ro sm.
cu·ma·*tan*·ga sm. *ou* sf.
cu·ma·*tê* sm.
cu·ma·*ti* sm.
cu·mã-u:a·*çu*(s) sf. (pl.).
cum·ba adj. s2g. sf.
cum·*bá* sm.
cum·*ba*·ca sf.
cum·ba·*ri* sm.: cum·ba·*rim*; pl. ·*rins.*
cum·ba·*ru* sm.
cum·ba·ru(s)-das-ca·a·*tin*·gas sm. (pl.).
cum·be sf.
cum·*bé* sm.
cum·*ben*·se adj. s2g.
cum·*bu*·ca sf.
cum·bu·ca(s)-de-ma·*ca*·co sm. (pl.).
cum·*bu*·co adj. sm.
cum·bu·*ru* sm.
cu·me sm.
cu·me:*a*·da sf.
cu·me:*ei*·ra sf.
cu·mi:*a*·na adj. s2g.
cúm·pli·ce adj. s2g.

cum·pli·ci·*ar* v.
cum·pli·ci·*da*·de sf.
cum·pri·*dor* (ô) adj. sm.
cum·pri·men·*tar* v.
cum·pri·men·*tei*·ro adj.
cum·pri·*men*·to sm. 'execução'
 'saudação'/Cf. *comprimento*.
cum·*prir* v.
cu·mu·la·*ção* sf.; pl. ·*ções*.
cu·mu·*lai*·a sf.
cu·mu·*lan*·te adj. 2g. sm.
cu·mu·*lar* v.
cu·mu·la·*ti*·vo adj.
cú·mu·lo sm./Cf. *cumulo*, do v.
 cumular.
cú·mu·lo(s)-*cir*·ro(s) sm. (pl.).
cú·mu·lo(s)-*nim*·bo(s) sm.
 (pl.).
cu·na sf.
cu·na·*bi* sm.: cu·na·*bim*; pl.
 ·*bins*.
cu·nam·*bi* sm.
cu·*nau* sm.
cu·nau·*a*·ru sm.
cun·ca sf. sm.
cunc·ta·*tó*·ri·o adj.: *cuntatório*.
cun·*du*·na sm.
cun·du·*ran*·go sm.
cun·*du*·ru sm.
cu·ne·*a*·do adj.
cu·ni·*a*·no adj.
cu·nei·fo·li·*a*·do adj.
cu·nei·*fó*·li·o adj.
cu·nei·*for*·me adj. 2g.
cu·neir·*ros*·tro adj. sm.
cun·gue sm.
cu·nha sf.
cu·nhã sf.
cu·nham·be·*ben*·se adj. s2g.
cu·*nha*·da sf.
cu·*nha*·di·a sf.
cu·*nha*·di·o sm.
cu·*nha*·do adj. sm.
cu·*nha*·dor (ô) adj. sm.
cu·*nha*·gem sf.; pl. ·*gens*.
cu·*nhal* sm.; pl. ·*nhais*.
cu·nhan·*tã* sf.: *cunhatã*.
cu·nhan·ta·*im* sf.; pl. ·*ins*:
 cunhataim.
cu·*nhar* v.
cu·nha·ra·pi·*xa*·ra adj. 2g.
cu·nha·*tã* sf.: *cunhantã*.
cu·nha·ta·*im* sf.; pl. ·*ins*:
 cunhantaim.
cu·*nhe*·te (ê) sm.
cu·*nhi*·ra sf.
cu·nho sm.

cu·*ni*·ba adj. s2g.
cu·ni·cu·*lí*·de:o adj. sm.
cu·ni·cul·*tor* (ô) sm.
cu·ni·cul·*tu*·ra sf.
cu·ni·*lín*·gua sf.
cu·no·ni·*á*·ce:a sf.
cu·no·ni·*á*·ce:o adj.
cun·ta·*tó*·ri:o adj.: *cunctatório*.
cu·nu:a·*ru* sm.
cu·nu·*ri* adj. s2g. sm.
cun·*zi*·ta sf.
cun·*zí*·ti·co adj.
cu·*pá* sm.
cu·pa·*í* sm.
cu·*pa*·na sf.
cu·*pão* sf.; pl. ·*pões*.
cu·*pé* sm. 'antiga alcunha dada
 aos portugueses'/Cf. *cupê*.
cu·*pê* sm. 'carruagem'/Cf. *cupé*.
cu·*pi* sm.
cu·pi·*dez* (ê) sm.
cu·pi·*dí*·ne:o adj.
cu·pi·di·*no*·so (ô) adj.; f. e pl.
 (ó).
cu·*pi*·do sm. 'personificação do
 amor'/Cf. *cúpido*.
cú·pi·do adj. 'cobiçoso'/Cf.
 cupido.
cu·*pim* sm.; pl. ·*pins*.
cu·*pin*·cha s2g.
cu·pi·*nei*·ro sm.
cu·pi·nho·*ró* adj. s2g.
cu·pi·*nu*·do adj.
cu·pin·*za*·ma sf.
cu·pin·*zei*·ro sm.
cu·*pi*·ra sf.
cu·pi·*ren*·se adj. s2g.
cu·pi:*ú*·ba sf.: cu·pi:*ú*·va.
cu·*pom* sm.; pl. ·*pons*.
cu·pra·*mô*·ni:o sm.
cú·pre:o adj.
cu·pres·*sá*·ce:a sf.
cu·pres·*sá*·ce:o adj.
cu·pres·si·*for*·me adj. 2g.
cú·pri·co adj.
cu·*prí*·fe·ro adj.
cu·*pri*·no adj.
cu·pri·*pe*·ne adj. 2g.
cu·prir·*ros*·tro adj.
cu·*pri*·ta sf.
cu·*pro*·so (ô) adj.; f. e pl. (ó).
cu·pu sm.
cu·pu:a·*çu* sm.
cu·pu:a·çu·*ra*·na sf.
cu·pu:a·*í* sm.
cú·pu·la sf.
cu·pu·*la*·do adj.

cu·pu·*lar* adj. 2g.
cu·pu·*lí*·fe·ra sf.
cu·pu·*lí*·fe·ro adj.
cu·pu·li·*for*·me adj. 2g.
cu·que sf.
cu·*quei*·ro adj. sm.
cu·ra sf. *ou* sm.
cu·ra·*bi* sm.
cu·ra·bi·li·*da*·de sf.
cu·*ra*·ca sm.
cu·ra·ça·*en*·se adj. s2g.
cu·ra·*çau* sm.
cu·ra·*dá* sm.
cu·*ra*·do adj. sm.
cu·ra·*dor* (ô) sm.
cu·ra·do·*ri*·a sf.
cu·ra·mi·*mé*·ti·co adj.
cu·ran·*chim* sm.; pl. ·*chins*:
 coranchim.
cu·ran·dei·*ris*·mo sm.
cu·ran·*dei*·ro sm.
cu·ran·*di*·ce sf.
cu·*rar* v.
cu·*ra*·re sm.
cu·ra·ri·*for*·me adj. 2g.
cu·ra·*ri*·na sf.
cu·ra·*ris*·mo sm.
cu·ra·ri·za·*ção* sf.; pl. ·*ções*.
cu·ra·ri·*zan*·te adj. 2g.
cu·ra·ri·*zar* v.
cu·ra·*tá* sf.
cu·ra·*te*·la sf.
cu·ra·te·*la*·do adj. sm.
cu·ra·*ti*·vo adj. sm.
cu·*ra*·to sm.
cu·*rau* adj. 2g. sm.
cu·rau·*á* adj. 2g. sm.
cu·*rá*·vel adj. 2g.; pl. ·*veis*.
cur·*cú*·li·go sm.
cur·cu·li·ô·*ni*·da adj. 2g. sm.
cur·cu·li·o·*ní*·de:o adj. sm.
cur·cu·*ra*·na sf.
cur·do adj. sm.
cu·*re*·ma adj. s2g.
cu·*re*·ra (ê) sf.
cu·*re*·ta (ê) sf. *ou* sm./Cf. *cureta*
 (é), do v. *curetar*.
cu·re·*ta*·gem sf.; pl. ·*gens*.
cu·re·*tar* v.
cu·re·*tei*·ro sm.
cu·*ri* sm.
cú·ri:a sf.
cu·ri:a·*ci*·ca sm.
cu·ri:a·ci·ca(s)-da-*bran*·ca sm.
 (pl.).
cu·ri:*al* adj. 2g. sm.; pl. ·*ais*.
cu·ri:an·*ga*·da sf.

cu·ri:*an*·go sm.
cu·ri:an·go-te·*sou*·ra sm.;
  pl. *curiangos-tesouras* ou
  curiangos-tesoura.
cu·ri:an·*gu* sm.: *curiango*.
cu·ri:an·*tã* sm.: *guriantã*.
cu·ri:*ão* sm.; pl. ·*ões*.
cu·ri·ba·*tá* sm.: *curimatá*,
  curimbatá.
cu·ri·*bo*·ca adj. s2g.: *cariboca*.
cu·*ri*·ca sm.
cu·ri·*ca*·ca sf.: *curucaca*.
cu·ri·ca·ca(s)-*par*·da(s) sf. (pl.).
cu·*ri*·e sm.
cu·ri:e·te·ra·*pi*·a sf.
cu·ri·*mã* sf. *ou* sm.
cu·ri·ma·*í* sf.
cu·ri·ma·*tá* sm.
cu·ri·ma·*tã* sm.
cu·ri·ma·ta:*en*·se adj. s2g.
cu·ri·ma·ta·*ú* sm.
cu·*rim*·ba sm.
cu·rim·*ba*·ba sm.
cu·rim·ba·*tá* sm.: *curimatá*.
cu·rim·ba·tá(s)-da-la·*go*·a sm.
  (pl.).
cu·rim·*bó* sm.
cu·*ri*·na adj. s2g.
cu·*rin*·ga sm. 'carta de
  baralho'/Cf. *coringa*.
cu·rin·*gão* sm.; pl. ·*gões*.
cú·ri:o sm.
cu·ri:*ó* sm.
cu·ri:*o*·la sf.
cu·ri:*o*·sa sf.
cu·ri:o·si·*da*·de sf.
cu·ri:o·*so* (ô) adj. sm.; f. *e* pl.
  (ó).
cu·*ris*·ta adj. s2g. 'que faz
  estação de águas'/Cf. *corista*.
cu·ri·*ti*·ba s2g.
cu·ri·ti·ba·*nen*·se adj. s2g.
cu·ri·ti·*ba*·no adj. sm.
cu·ri·tu·*ben*·se adj. s2g.
cu·ri:*ú*·va sf.
cu·ri:u·*ven*·se adj. s2g.
cur·ra sf.
cur·*ra*·do adj. sm.
cur·rais-no·*ven*·se(s) adj. s2g.
  (pl.).
cur·*ral* sm.; pl. ·*rais*.
cur·ra·*la*·da sf.
cur·ral de *pei*·xe sm.; pl.
  currais de peixe.
cur·ra·*lei*·ra sf.
cur·ra·*lei*·ro adj. sm.
cur·ra·li·*nhen*·se adj. s2g.

cur·*rar* v.
cur·*rí*·cu·lo sm.
cur·ri·*quei*·ro sm. 'ave'/Cf.
  corriqueiro.
cur·ro sm.
cur·*rum*·*bá* sm.
cur·ru·*pi*·ra sm.: *curupira*.
curry sm. (ing.: *cârri*).
cur·*sar* v.
cur·*sá*·ri:o adj. sm.
cur·si·*lhis*·ta adj. s2g.
cur·*si*·lho sm.
cur·si·nho sm.
cur·*sis*·ta adj. s2g.
cur·*si*·vo adj. sm.
cur·so sm.
cur·*sor* (ô) adj. sm.
cur·ta sf. *ou* sm.
cur·ta·*mão* sm.; pl. ·*mãos*.
cur·ta-me·*tra*·gem sf.; pl.
  curtas-metragens.
cur·ta·*rém* sm.; pl. ·*réns*.
cur·*te*·za (ê) sf.
cur·ti·*ção* sf.; pl. ·*ções*.
cur·*ti*·do adj.
cur·ti·*dor* (ô) adj. sm.
cur·ti·*du*·ra sf.
cur·ti·*men*·ta sf.
cur·ti·*men*·to sm.
cur·*tir* v.
cur·to adj. sm.
cur·to(s)-cir·*cui*·to(s) sm. (pl.).
cur·*to*·se sf.
cur·*tu*·me sm.
cu·ru sm.
cu·ru:*á* sm.
cu·ru:*ai*·a adj. s2g.: cu·ru:*ai*·e.
cu·ru:a·*pé* sm.
cu·ru:a·*tá* sm.
cu·ru:a·*tá*(s)-a·*çu*(s) sm. (pl.).
cu·ru:a·*tá*(s)-de-*pau* sm. (pl.).
cu·ru:a·*tá*(s)-pi·*ni*·ma(s) sm.
  (pl.).
cu·*ru*·ba sf.
cu·ru·*ben*·to adj. sm.
cu·ru·bi·*xá* sm.
cu·*ru*·ca sf. *ou* sm.
cu·ru·*ca*·ca sf.: *curicaca*.
cu·ru·ça:*en*·se adj. s2g.
cu·ru·cu·*ci*·ca sf.
cu·ru(s)-*cu*·ru(s) sm. (pl.).
cu·ru·diu sm.
cu·ru:*en*·se adj. s2g.
cu·ru:*e*·ra (ê) sf.
cu·ru:*i*·ri sm.
cu·*rul* adj. 2g. sf.; pl. ·*ruis*.
cu·ru·*la*·na sf.

cu·ru·*mã* sf. *ou* sm.
cu·ru·ma·*tá* sf. *ou* sm.:
  cu·ru·ma·*tã*.
cu·ru·ma·*tão* sm.; pl. ·*tões*.
cu·*rum*·ba s2g. sf.
cu·rum·ba·*tá* sm.
cu·ru·*mi* sm.: cu·ru·*mim*; pl.
  ·*mins*.
cu·ru·min·*za*·da sf.
cu·ru·mui·*a*·na adj. s2g.
cu·*run*·go adj. sm.
cu·ru·*pé* sf.
cu·ru·pe·*rê* sm.: cu·ru·pe·*ré*.
cu·ru·pe·*té* sm.
cu·ru·pi:*á* sf.
cu·ru·*pi*·ra sm.: *currupira*.
cu·ru·pi·*tã* sf.
cu·ru·*pu* sm.
cu·ru·pu·ru:*í* sm.
cu·ru·que·*rê* sm.:
  cu·ru·que·*ré*.
cu·ru·ri·*pen*·se adj. s2g.
cu·*ru*·ru sm.
cu·ru·ru:*á* sm.
cu·ru·ru·*boi*·a sf.
cu·ru·*ru*·ca sm. *ou* sf.
cu·ru·ru·*ci*·ca sf.
cu·ru·ru:*í* sm.
cu·ru·ru·pu:*en*·se adj. s2g.
cu·ru·ru·xo·*ré* sm.
cu·ru·ti:*é* sm.
cu·ru·*zu* sm.
curv·a sf.
cur·*va*·ça sf.
cur·*va*·do adj.
cur·va·*dor* (ô) adj. sm.
cur·*val* adj. 2g.; pl. ·*vais*.
cur·va·*li*·nhas sm. 2n.
cur·*var* v.
cur·vas sf. pl.
cur·va·*tu*·ra sf.
cur·ve·*jão* sm.; pl. ·*jões*.
cur·ve·*la*·no adj. sm.
cur·*ve*·ta (ê) sf. 'volta ou
  curva'/Cf. *corveta*.
cur·ve·te:*ar* v.
cur·vi:*a*·na sf.: *cruviana*.
cur·vi·*cór*·ne:o adj.
cur·vi·*da*·de sf.
cur·vi·*flo*·ro adj.
cur·vi·fo·li:*a*·do adj.
cur·*ví*·gra·fo sm.
cur·vi·*lhão* sm.; pl. ·*lhões*.
cur·vi·*lí*·ne:o adj.
cur·vi·ner·*va*·do adj.
cur·vi·*nér*·ve:o adj.
cur·*ví*·pe·de adj. 2g.

cur·vir·*ros*·tro adj.
cur·vo adj.
cus·*ca*·da sf.
cus·co sm.
cus·*cu*·ta sf.
cus·cu·*tá*·ce:a sf.
cus·cu·*tá*·ce:o adj.
cus·*cuz* sm. 2n./Admite-se também o pl. *cuscuzes*.
cus·cu·*zei*·ra sf.
cus·cu·*zei*·ro sm. 'forma para fazer cuscuz'/Cf. *coscoseiro*.
cus·cuz-pau·*lis*·ta sm.; pl. *cuscuzes-paulistas*.
cus·*pa*·da sf.
cus·pa·*ra*·da sf.
cus·pe sm.: *cuspo*.
cus·pe(s)-de-tro·*pei*·ro sm. (pl.).
cus·pi·*da*·do adj.: *cuspidato*.
cus·pi·*dal* adj. 2g.; pl. ·*dais*.
cus·pi·*da*·to adj.: *cuspidado*.
cús·pi·de sf.
cus·pi·*dei*·ra sf.
cus·pi·*de*·la sf.
cus·pi·di·*for*·me adj. 2g.
cus·*pi*·do adj.
cus·pi·*dor* (ô) adj. sm.
cus·pi·*du*·ra sf.
cus·pi·*lhar* v.
cus·pi·*nha*·da sf.
cus·pi·nha·*dor* (ô) adj. sm.
cus·pi·nha·*du*·ra sf.
cus·pi·*nhar* v.
cus·*pir* v.
cus·po sm.: *cuspe*.
cus·so sm.
cus·ta sf.
cus·*tar* v.
cus·tas sf. pl.
cus·te:a·*men*·to sm. 'ato de custear'/Cf. *costeamento*.
cus·te:*ar* v. 'prover à despesa'/ Cf. *costear*.
cus·*tei*·o sm. 'custeamento'/Cf. *costeio*.
cus·te·*nau* adj. s2g.

cus·to sm.
cus·*tó*·di:a sf./Cf. *custodia*, do v. *custodiar*.
cus·to·di:*ar* v.
cus·to·di:*en*·se adj. s2g.
cus·*tó*·di:o adj./Cf. *custodio*, do v. *custodiar*.
cus·*to*·so (ô) adj.; f. *e* pl. (ó).
cus·*tâ*·ne:o adj.
cus(s)-ta-*pa*·do(s) sm. (pl.).
cu·ta·*xó* adj. s2g.
cu·te sf.: *cútis*.
cu·*te*·la sf.
cu·te·la·*ri*·a sf.
cu·te·*lei*·ro sm. 'fabricante de instrumento de corte'/Cf. *coteleiro*.
cu·*te*·lo sm.
cú·ter sm.
cu·*ti*·a sf. 'animal'/Cf. *cotia*, sf. e fl. do v. *cotiar*.
cu·ti·a(s)-de-*pau* sf. (pl.).
cu·ti·a(s)-de-*pau*(s) adj. s2g. (pl.).
cu·ti·a(s)-de-*ra*·bo sf. (pl.).
cu·ti:*ai*·a sf.
cu·ti:*a*·no adj. sm.
cu·*tí*·co·la adj. 2g. 'que vive na pele'/Cf. *cutícula* e *cotícula*.
cu·*tí*·cu·la sf. 'película'/Cf. *cutícola* e *cotícula*.
cu·ti·cu·*lar* adj. 2g.
cu·*tí*·cu·lo sm.
cu·ti·cu·*lo*·so (ô) adj.; f. *e* pl. (ó).
cu·ti·*du*·ra sf.
cu·ti:*ei*·ra sf.
cu·ti:*ei*·ro sm.
cu·ti:e·*lão* sm.; pl. ·*lões*.
cu·ti·*la*·da sf.
cu·ti·*lão* sm.; pl. ·*lões*.
cu·ti·*lar* v.
cu·ti·li·*quê* sm.
cu·ti·man·di:*o*·ca sf.
cu·tim·*boi*·a sf.
cu·*ti*·na sf.
cu·ti·ni·za·*ção* sf.; pl. ·*ções*.
cu·ti·*pa*·ca sm.

cu·ti·pu·ru·*í* sm.
cu·tir·re:a·*ção* sf.; pl. ·*ções*.
cú·tis sf. 2n.
cu·ti·sa·*ção* sf. 'ato de cutisar'; pl. *ções*/Cf. *cotização*.
cu·ti·*sar* v. 'converter em cútis'/Cf. *cotizar*.
cu·ti·ti·ri·*bá* sm.
cu·ti·ti·ri·*bá*(s)-*gran*·de(s) sm. (pl.).
cu·ti·ti·ri·ba·*ra*·na sf.
cu·tiu·*ai*·a sf.
cu·ti:*ú*·ba sf.
cu·ti:*ú*(s)-*pre*·to(s) sm. (pl.).
cu·*tru*·ca s2g.
cu·*tu*·ba adj. 2g.
cu·*tú*·be:a sf.
cu·*tu*·ca sf.
cu·tu·ca·*ção* sf.; pl. ·*ções*: *catucação*.
cu·tu·*ca*·da sf.: *catucada*.
cu·tu·*cão* sm.; pl. ·*cões*: *catucão*.
cu·tu·*car* v.: *catucar*.
cu·tu·cu·*rim* sm.; pl. ·*rins*.
cu·vi:*a*·ra sf.
cu·vi·*lhei*·ro adj. sm.
cu·vu sm.
cu·*xá* sm.
cu·xe·*ni* sm.
cu·*xi*·ta adj. s2g. sm.
cu·xi·ti·*ne*·re adj. s2g.
cu·xi·*ú* sm.
cu·xi:*ú*(s)-de-na·riz-*bran*·co sm. (pl.).
cu·xi:*ú*(s)-*ne*·gro(s) sm. (pl.).
czar sm.: *tsar*, *tzar*.
czar·da sf.
cza·*ré*·vi·che sm.: *tsaréviche*, *tzaréviche*.
cza·*rev*·na sf.: *tsarevna*, *tzarevna*.
cza·*ri*·na sf. de *czar*: *tsarina*, *tzarina*.
cza·*ris*·mo sm.: *tsarismo*, *tzarismo*.
cza·*ris*·ta adj. s2g.: *tsarista*, *tzarista*.

D

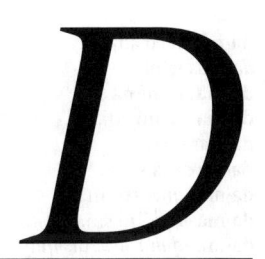

da contr. da prep. *de* com o art. ou pron. dem. *a*.
dá·bli:o sm.
da·ção sf.; pl. ·*ções*.
da·ca·*ren*·se adj. s2g.
dá·ci:o adj. sm.
da·*ci*·to sm.
dac·ma sf.
dac·no·ma·*ni*·a sf.
dac·no·ma·*ní*:a·co adj. sm.
da·co adj. sm.
da·*co*·ta adj. s2g. sm.
da·cri:a·de·nal·*gi*·a sf.
dá·cri:o sm.
da·cri:o·*ce*·le sf.
da·cri:o·*cis*·te sf.
da·cri:o·cis·*ti*·te sm.
da·cri:*o*·ma sm.
dá·cron sm.
dac·*tí*·li·co adj.: *datílico*.
dac·*ti*·li·no adj.: *datilino*.
dac·ti·li:o·*te*·ca sf. 'museu': *datiloteca*/Cf. *dactiloteca*.
dac·ti·*li*·te sf.: *datilite*.
dác·ti·lo adj. sm.: *dátilo*.
dac·ti·lo·*có*·pi:a sf.: *datilocópia*.
dac·ti·lo·gra·*fa*·do adj.: *datilografado*.
dac·ti·lo·gra·*far* v.: *datilografar*.
dac·ti·lo·gra·*fi*·a sf.: *datilografia*.
dac·ti·lo·*grá*·fi·co adj.: *datilográfico*.
dac·ti·*ló*·gra·fo sm.: *datilógrafo*/Cf. *dactilografo*, do v. *dactilografar*.
dac·ti·lo·*gra*·ma sm.: *datilograma*.
dac·ti·*loi*·de adj. 2g.: *datiloide*.
dac·ti·lo·lo·*gi*·a sf.: *datilologia*.
dac·ti·lo·*ló*·gi·co adj.: *datilológico*.
dac·ti·lo·man·*ci*·a sf.: *datilomancia*.

dac·ti·lo·*man*·te adj. s2g.: *datilomante*.
dac·ti·lo·*mân*·ti·co adj.: *datilomântico*.
dac·ti·los·co·*pi*·a sf.: *datiloscopia*.
dac·ti·los·*có*·pi·co adj.: *datiloscópico*.
dac·ti·los·co·*pis*·ta adj. s2g.: *datiloscopista*.
dac·ti·los·cre·*ver* v.: *datiloscrever*.
dac·ti·los·*cri*·to sm.: *datiloscrito*.
dac·ti·los·*pas*·mo sm.: *datilospasmo*.
dac·ti·lo·*te*·ca sf. 'pele dos dedos dos mamíferos': *datiloteca*/Cf. *dactilioteca*.
da·da sf.
da·*dá* adj. s2g. sm.
da·da:*ís*·mo sm.
da·da:*ís*·ta adj. s2g.
da·da:*ís*·ti·co adj.
da·*dei*·ra sf.
dá·di·va sf./Cf. *dadiva*, do v. *dadivar*.
da·di·*var* v.
da·di·*vo*·so (ô) adj.; f e pl. (ó).
da·do adj. sm.
da·*dor* (ô) adj. sm.
daf·*ná*·ce:a sf.
daf·*ná*·ce:o adj.
daf·ne sf.
daf·ne·*ti*·na sf.
dáf·ni:a sf.
daf·*ní*·de:o sm.
daf·ni·fi·*lá*·ce:a sf.
daf·ni·fi·*lá*·ce:o adj.
daf·*ni*·na sf.
daf·*nis*·mo sm.
daf·*ni*·ta adj. s2g.
daf·no·man·*ci*·a sf.

daf·no·*man*·te s2g.
daf·no·*mân*·ti·co adj.
dá·ga·ba sf.
da·guer·re:o·*ti*·par v.
da·guer·re:o·*ti*·*pi*·a sf.
da·guer·re:o·*tí*·pi·co adj.
da·guer·re:o·*ti*·*pis*·ta adj. s2g.
da·guer·re:*ó*·ti·po sm./Cf. *daguerreotipo*, do v. *daguerreotipar*.
da·*í* contr. da prep. *de* com o adv. *aí*/Cf. *dai*, do v. *dar*.
dai·mi:*a*·do sm.: **dai**·mi:*a*·to.
dai·*mi*·o sm.
dai·qui·*ri* sm.
dai·ro sm.
da·la sf.
da·lai-*la*·ma(s) sm. (pl.).
dal·ce·*rí*·de:o adj. sm.
da·*lém* contr. da prep. *de* com o adv. *além*.
d'a·lem·ber·ti:*a*·no (lam) adj. sm.
dá·le·te sm.
da·li contr. da prep. *de* com o adv. *ali*.
dá·li:a sf.
dál·ma·ta adj. s2g. sm.
dal·ma·*ten*·se adj. s2g.
dal·*má*·ti·ca sf.
dal·*má*·ti·co adj. sm.
dál·ton sm.
dal·tô·*ni*·co adj. sm.
dal·to·*nis*·mo sm.
dal·to·ni·*zar* v.
da·ma sf.
da·ma·*cu*·ri adj. s2g.
da·ma(s)-de-*o*·vos sf. (pl.).
da·ma(s)-do-*la*·go sf. (pl.).
da·ma(s)-en·tre-*ver*·des sf. (pl.).
da·ma:*ís*·mo sm.
da·ma·*nen*·se adj. s2g.

da·ma·ni·*vá* adj. s2g.
da·mas sf. pl.
da·mas·ce·*ni*·na sf.
da·mas·*ce*·no adj. sm.
da·*mas*·co sm.
da·ma·*se*·la sf.
da·mas·*quei*·ro sm.
da·mas·*qui*·lho sm.
da·mas·*quim* sm.; pl. ·*quins*.
da·mas·qui·*na*·gem sf.; pl. ·gens.
da·mas·qui·*nar* v.
da·mas·qui·na·*ri*·a sf.
da·mas·*qui*·no adj.
da·me·*jar* v.
da·mi:*a*·na sf.
da·*mi*·ce sf.
da·*mis*·ta adj. s2g.
da·na·*ção* sf.; pl. ·*ções*.
da·*na*·da sf.
da·*na*·do adj. sm.
da·*na*·dor (ô) adj. sm.
da·*nai*·da sf.: da·*nai*·de.
da·na:*í*·de:o adj. sm.
da·na·*í*·ta sf.
da·*nar* v.
dan·bu·*ri*·ta sf.
dan·ça sf.
dan·ça·*dei*·ra adj. sf.
dan·ça(s) de *ra*·to sf. (pl.).
dan·ça·*dor* (ô) adj. sm.
dan·*çan*·te adj. s2g.
dan·*çar* v.
dan·ça·*ri*·na sf.
dan·ça·*ri*·no adj. sm.
dan·ça·*ro*·la sf.
dan·*ça*·ta sf.
dan·ça·*triz* sf.
dan·ce·te·*ri*:a sf.
dancing sm. (ing.: dênsin).
dan·*dão* sm.; pl. ·*dões*: dão-dão.
dân·di sm.
dan·di·na·*men*·to sm.
dan·di·*nar* v.
dan·*dis*·mo sm.
da·*nês* adj. sm.
da·ni·fi·ca·*ção* sf.; pl. ·*ções*.
da·ni·fi·ca·*dor* (ô) adj. sm.
da·ni·fi·ca·*men*·to sm.
da·ni·fi·*car* v.
da·*ní*·fi·co adj./Cf. *danifico*, do v. *danificar*.
da·ni·nha·*dor* (ô) adj. sm.
da·ni·*nhar* v.
da·ni·*nhe*·za (ê) sf.
da·*ni*·nho adj.
da·*nis*·co adj.
dan·nun·zi:*a*·no adj.

da·no sm.
da·*no*·so (ô) adj.; f. *e* pl. (ó).
dan·tes contr. da prep. *de* com o adv. *antes*.
dan·*tes*·co (ê) adj.
dan·tzi·*ga*·no adj. sm.
da·nu·bi:*a*·no adj.
dão-*dão* sm.; pl. ·*dãos*: dandão.
da:o·me:*a*·no adj. sm.
da·pi·fe·*ra*·to sm.
da·*pí*·fe·ro sm.
da·*quei*·ro sm.
da·*que*·le (ê) contr. da prep. *de* com o pron. *aquele*; f. *daquela* (é).
da·que·*lou*·tro contr. de *daquele* com o pron. *outro*.
da·*quém* contr. da prep. *de* com o adv. *aquém*.
da·*qui* contr. da prep. *de* com o adv. *aqui*.
da·*qui*·lo contr. da prep. *de* com o pron. *aquilo*.
dar v.
da·*raf* sm.
da·ra·me·*ça*·lá sm.
dar·da sf.
dar·*dâ*·ni:o adj. sm.
dar·*dar* v.
dar·de·ja·*men*·to sm.
dar·de·*jan*·te adj. 2g. sm.
dar·de·*jar* v.
dar·*de*·jo (ê) sm.
dar·do sm.
da·res sm. pl., na loc. *dares e tomares*.
da·*ri*·co sm.
dar·ma sm.
da·ro:*ês* adj. sm.: *daruês*.
dar·*sa*·na sf.
dar·son·va·li·za·*ção* sf.; pl. ·*ções*.
dar·to sm. 'membrana'/Cf. *dartro*.
dar·*toi*·co adj.
dar·tri:*al* sm.; pl. ·*ais*.
dar·tro sm. 'herpes'/Cf. *darto*.
dar·*tro*·se sf.
dar·*tro*·so (ô) adj.; f. *e* pl. (ó).
da·ru:*ês* sm.: *daroês*.
da·ru:i·ni:*a*·no adj.: *darwiniano*.
da·ru:i·*nis*·mo sm.: *darwinismo*.
da·ru:i·*nis*·ta adj. s2g.: *darwinista*.
da·ru:i·ni·za·*ção* sf.: *darwinização*; pl. ·*ções*.

da·ru:i·ni·*zan*·te adj. 2g.: *darwinizante*.
da·ru:i·ni·*zá*·vel adj. 2g.: *darwinizável*; pl. ·*veis*.
da·*ru*·ra sf.
dar·vis adj. 2g.
dar·wi·ni:*a*·no (ru) adj.: *daruiniano*.
dar·wi·*nis*·mo (ru) sm.: *daruinismo*.
dar·wi·*nis*·ta (ru) adj. s2g.: *daruinista*.
dar·wi·ni·za·*ção* (ru) sf.: *daruinização*; pl. ·*ções*.
dar·wi·ni·*zan*·te (ru) adj. 2g.: *daruinizante*.
dar·wi·ni·*zá*·vel (ru) adj. 2g.: *daruinizável*; pl. ·*veis*.
da·sa·te·ra·*pi*·a sf.: *dasoterapia*.
da·si:a·*tí*·de:o adj. sm.
da·si·cla·*dá*·ce:a sf.
da·si·cla·*dá*·ce:o adj.
da·si·me·*tri*·a sf.
da·si·*mé*·tri·co adj.
da·*sí*·me·tro sm.
da·si·po·*dí*·de:o sm.
da·si·proc·*tí*·de:o adj. sm.
da·*si*·te sf.
da·si:u·*rí*·de:o adj. sm.
da·so·me·*tri*·a sf.
da·so·no·*mi*·a sf.
da·so·te·ra·*pi*·a sf.: *dasaterapia*.
da·ta sf.
da·ta·*ção* sf.; pl. ·*ções*.
da·ta·*dor* (ô) adj. sm.
da·*tal* adj. 2g.; pl. ·*tais*.
da·*tar* v.
da·ta·*ri*·a sf.
da·*tá*·ri:o sm.
datashow sm. (ing.: datashôu).
da·*til* sm.; pl. *datiles* ou *datis*.
da·ti·*la*·do adj.
da·ti·*lei*·ra sf.
da·*tí*·li·co adj.: *dactílico*.
da·ti·*li*·no adj.: *dactilino*.
da·ti·li:o·*te*·ca sf.: *dactilioteca*.
da·ti·*li*·te sf.: *dactilite*.
dá·ti·lo adj. sm.: *dáctilo*.
da·ti·lo·*có*·pi:a sf.: *dactilocópia*.
da·ti·lo·gra·*fa*·do adj.: *dactilografado*.
da·ti·lo·gra·*far* v.: *dactilografar*.
da·ti·lo·gra·*fi*·a sf.: *dactilografia*.
da·ti·lo·*grá*·fi·co adj.: *dactilográfico*.

da·ti·*ló*·gra·fo sm.: *dactilógrafo/* Cf. *datilografo,* do v. *datilografar.*
da·ti·lo·*gra*·ma sm.: *dactilograma.*
da·ti·*loi*·de adj. 2g. *dactiloide.*
da·ti·lo·lo·*gi*·a sf.: *dactilologia.*
da·ti·lo·*ló*·gi·co adj.: *dactilológico.*
da·ti·lo·man·*ci*·a sf.: *dactilomancia.*
da·ti·lo·*man*·te adj. s2g.: *dactilomante.*
da·ti·lo·*mân*·ti·co adj.: *dactilomântico.*
da·ti·los·co·*pi*·a sf.: *dactiloscopia.*
da·ti·los·*có*·pi·co adj.: *dactiloscópico.*
da·ti·los·co·*pis*·ta adj. 2g.: *dactiloscopista.*
da·ti·los·cre·*ver* v.: *dactiloscrever.*
da·ti·los·*cri*·to sm.: *dactiloscrito.*
da·ti·los·*pas*·mo sm.: *dactilospasmo.*
da·ti·lo·*te*·ca sf.: *dactiloteca.*
da·tis·*cá*·ce:a sf.
da·tis·cá·ce:o adj.
da·*tis*·mo sm.
da·*ti*·vo adj. sm.
da·to·*li*·ta sf.
da·*tú*·ri·co adj.
da·tu·*ri*·na sf.
da·tu·*ris*·mo sm.
de prep.
dê sm.
de·*ã* sf.
de:*a*·do sm.
de:al·ba·*ção* sf.; pl. *·ções.*
de:al·*bar* v.: de:al·*var.*
de:am·bu·la·*ção* sf.; pl. *·ções.*
de:am·bu·*lar* v.
de:am·bu·la·*tó*·ri:o adj. sm.
de:*ão* sm.; pl. *deãos, deões* ou *deães;* f. *deã.*
de:ar·ti·cu·la·*ção* sf.; pl. *·ções.*
de:ar·ti·cu·*lar* v.
de·*ba*·cle sf.
de·*bai*·xo adj., adv. na loc. *debaixo de.*
de·*bal*·de adv.
de·ban·*da*·da sf.
de·ban·*dar* v.
de·*bar* v.
de·*ba*·te sm.
de·ba·*ter* v.

de·ba·ti·*di*·ço adj.
de·ba·ti·*du*·ra sf.
de·be·la·*ção* sf.; pl. *·ções.*
de·be·la·*dor* (ô) adj. sm.
de·be·*lar* v.
de·be·la·*tó*·ri:o adj.
de·ben·tu·*ra*·gem sf.; pl. *·gens.*
de·ben·tu·*rar* v.
de·*bên*·tu·re sf./Cf. *debenture,* do v. *debenturar.*
de·ben·tu·*ris*·ta adj. s2g.
de·ben·tu·*rís*·ti·co adj.
de·bi·ca·*dor* (ô) adj.
de·bi·*car* v.
dé·bil adj. s2g.; pl. *·beis.*
de·bi·li·*da*·de sf.
de·bi·li·ta·*ção* sf.; pl. *·ções.*
de·bi·li·*tan*·te adj. 2g. sm.
de·bi·li·*tar* v.
de·bi·li·*tá*·vel adj. 2g.; pl. *·veis.*
de·bi·*loi*·de adj. s2g.
de·*bi*·que sm.
de·bi·*tar* v.
dé·bi·to sm./Cf. *debito,* do v. *debitar.*
de·bla·te·*rar* v.
de·*bo* (ê) sm./Cf. *debo,* do v. *debar.*
de·bo·cha·do adj. sm.
de·bo·cha·*dor* (ô) adj. sm.
de·bo·*char* v.
de·bo·cha·*ti*·vo adj.
de·*bo*·che sm.
de·bo·*chei*·ra sf.
de·bor·*car* v.
de·bor·*dar* v.
de·bre:*ar* v.
de·bru:a·*dei*·ra sf.
de·bru:*ar* v.
de·bru·*çar* v.
de·*brum* sm.; pl. *·bruns.*
de·*bu*·lha sf.
de·bu·lha·*dor* (ô) adj. sm.
de·bu·lha·*do*·ra (ô) sf.
de·bu·*lhar* v.
de·*bu*·lho sm.
début fr.: *debute.*
de·bu·*tan*·te adj. s2g.
de·bu·*tar* v.
de·*bu*·te sm., do fr. *début.*
de·bu·xa·*dor* (ô) adj. sm.
de·bu·*xan*·te adj. 2g.
de·bu·*xar* v.
de·*bu*·xo sm.
dé·ca·da sf.
de·ca·*dác*·ti·lo adj.:
  de·ca·*dá*·ti·lo.

de·ca·*dên*·ci·a sf.
de·ca·den·ci:*al* adj. 2g.; pl. *·ais.*
de·ca·*den*·te adj. s2g.
de·ca·den·*tis*·mo sm.
de·ca·den·*tis*·ta adj. s2g.
de·ca·*dis*·mo sm.
de·ca·*dis*·ta adj. s2g.
da·ca:*e*·dro adj. sm.
de·ca·*fi*·lo adj.
de·*cá*·gi·no adj.
da·ca·go·*nal* adj. 2g.; pl. *·nais.*
de·*cá*·go·no sm.
de·ca·*gra*·ma sm.
de·ca·*í*·da sf.
de·ca·*í*·do adj. sm.
de·ca:i·*dra*·to sm.
de·ca:i·*men*·to sm.
de·ca:*ir* v.
de·ca·*la*·gem sf.; pl. *·gens.*
de·cal·*car* v.
de·*cal*·co sm.: *decalque.*
de·cal·co·ma·*ni*·a sf.
da·ca·*li*·tro sm.
de·*cá*·lo·go sm.
de·*cal*·que sm.: *decalco.*
de·*câ*·me·ro adj.
de·ca·me·*rô*·ni·co adj.
de·*câ*·me·tro sm.
de·cam·pa·*men*·to sm.
de·*cam*·par v.
de·*ca*·na adj. s2g.
de·ca·*na*·do sm.: de·ca·*na*·to.
de·can·*dri*·a sf.
de·*can*·dro adj.
de·can·gu·*lar* adj. 2g.
de·ca·*ni* adj. s2g.: *decanim.*
de·ca·*ni*·a sf.
de·ca·*nim* adj. s2g.; pl. *·nins:* *decani*
de·*ca*·no sm.
de·can·ta·*ção* sf.; pl. *·ções.*
de·can·ta·*dor* (ô) adj. sm.
da·can·*tar* v.
de·ca·*pa*·gem sf.; pl. *·gens.*
de·ca·*pan*·te adj. s2g.
de·ca·*par* v.
de·ca·*pê* adj. 2g. sm.
de·ca·pi·ta·*ção* sf.; pl. *·ções.*
de·ca·pi·ta·*dor* (ô) adj. sm.
de·ca·pi·*tar* v.
de·*cá*·po·de adj. 2g. sm.
de·cap·te·*rí*·gi:o adj. sm.
de·cas·*sé*·gui, de·cas·*sê*·gui adj. 2g. s2g.
de·cas·*sé*·pa·lo adj.
da·cas·si·*lá*·bi·co adj.
de·cas·*sí*·la·bo adj. sm.

de·cas·te·re sm.: de·cas·té·re:o.
de·cas·ti·lo adj. sm.
de·ca·tir sm.
de·ca·tle·ta s2g.
de·*ca*·tlo sm.
de·ca·tron sm.: de·*cá*·tron.
de·ce·*du*·ra sf.
de·cei·*nar* v.
de·cem·pli·*car* v.
de·ce·*nal* adj. 2g.; pl. ·*nais*.
de·ce·*ná*·ri:o adj. sm.
de·*cên*·ci:a sf.
de·cen·di:*al* adj. 2g.; pl. ·*ais*.
de·cen·di:*á*·ri:o adj.
de·*cên*·di:o sm.
de·*cê*·ni:o sm.
de·ce·no·ve·*nal* adj. 2g.; pl. ·*nais*.
de·*cen*·te adj. 2g. 'decoroso'/Cf. descente e discente.
de·cen·vi·ra·do sm.: de·cen·vi·ra·to.
de·*cên*·vi·ro sm.
de·ce·pa·*dor* (ô) adj. sm.
de·ce·*pa*·gem sf.; pl. ·*gens*.
de·ce·*pa*·men·to sm.
de·ce·*par* v.
de·cep·*ção* sf.; pl. ·*ções*.
de·cep·ci:o·*nan*·te adj. 2g.
de·cep·ci:o·*nar* v.
de·cer·*tar* v. 'lutar' /Cf. dissertar.
de·*cer*·to adv.
de·*ces*·so sm.
de·ces·*sor* (ô) sm.
de·cho sm.
de·ci:*a*·re sm.
de·ci·*bel* sm.; pl. ·*béis*.
de·ci·*di*·do adj.
de·ci·*dir* v. 'determinar, resolver' /Cf. dissidir.
de·*cí*·du:a sf.
de·ci·du:i·*fó*·li:o adj.
de·*cí*·du:o adj.
de·ci·fra·*ção* sf.; pl. ·*ções*.
de·ci·fra·*dor* (ô) adj. sm.
de·ci·*frar* v.
de·ci·*frá*·vel adj. 2g.; pl. ·*veis*.
de·ci·*gra*·do sm.
de·ci·*gra*·ma sm.
de·*cil* sm.; pl. ·*cis*.
de·ci·lhão sm.; pl. ·*lhões*.
de·ci·*li*·tro sm.
dé·ci·ma sf.
de·ci·*mal* adj. s2g.; pl. ·*mais*.
de·ci·*mar* v.
de·ci·*má*·vel adj. 2g.; pl. ·*veis*.
de·ci·*mé*·tri·co adj.
de·*cí*·me·tro sm.

dé·ci·mo sm. num. /Cf. decimo, do v. decimar.
de·ci·são sf.; pl. ·*sões*.
de·ci·*si*·vo adj.
de·ci·*sor* (ô) adj. sm.
de·ci·*só*·ri:o adj. sm.
de·cis·te·re sm.: de·cis·té·re:o.
deck sm. (ing.: dec).
de·cla·ma·*ção* sf.; pl. ·*ções*.
de·cla·ma·*dor* (ô) adj. sm.
de·cla·*mar* v.
de·cla·ma·*tó*·ri:o adj.
de·cla·ra·*ção* sf.; pl. ·*ções*.
de·cla·*ra*·do adj.
de·cla·ra·*dor* (ô) adj. sm.
de·cla·*ran*·te adj. s2g.
de·cla·*rar* v.
de·cla·ra·*ti*·vo adj.
de·cla·ra·*tó*·ri:o adj.
de·cli·na·*ção* sf.; pl. ·*ções*.
de·cli·na·*dor* (ô) adj. sm.
de·cli·*nan*·te adj. 2g.
de·cli·*nar* v.
de·cli·na·*ti*·vo adj.
de·cli·na·*tó*·ri:a sf.
de·cli·na·*tó*·ri:o adj.
de·cli·*ná*·vel adj. 2g.; pl. ·*veis*.
de·*clí*·ni:o sm.
de·cli·*no*·so (ô) adj.; f. e pl. (ó).
de·cli·*var* v.
de·*cli*·ve adj. 2g. sm.
de·cli·vi·*da*·de sf.
de·*clí*·vi:o sm.
de·cli·*vo*·so (ô) adj.; f. e pl. (ó).
de·co:*a*·da sf.
de·co:*ar* v.
de·coc·*ção* sf.; pl. ·*ções*.
de·*coc*·to adj. sm.
de·co·di·fi·*car* v.
de·co·*la*·gem sf.; pl. ·*gens*.
de·co·*lar* v.
de·co·*mer* sm. 2n.
de·com·po·*nen*·te adj. 2g.
de·com·po·*ní*·vel adj. 2g.; pl. ·*veis*.
de·com·*por* v.
de·com·po·si·*ção* sf.; pl. ·*ções*.
de·com·*pos*·to (ô) adj.; f. e pl. (ó).
de·*cor* sm., do fr. décor.
de·co·ra·*ção* sf.; pl. ·*ções*.
de·co·ra·*dor* (ô) adj. sm.
de·co·*rar* v.
de·co·ra·*ti*·vo adj.
de·co·*re*·ba s2g.
de·*co*·ro (ô) sm.; pl. (ô)/Cf. decoro (ó), do v. decorar.

de·co·*ro*·so (ô) adj.; f. e pl. (ó).
de·cor·*rên*·ci:a sf.
de·cor·*ren*·te adj. 2g.
de·cor·*rer* v.
de·cor·*ri*·do adj.
de·cor·ti·ca·*ção* sf.; pl. ·*ções*.
de·cor·ti·*car* v.
de·co·*ta*·do adj.
de·co·ta·*dor* (ô) adj. sm.
de·co·*tar* v.
de·*co*·te sm.
de·cre·*men*·to sm.
de·cre·pi·*dez* (ê) sf.
de·cre·pi·ta·*ção* sf.; pl. ·*ções*.
de·cre·pi·*tar* v.
de·*cré*·pi·to adj. sm.
de·cre·pi·*tu*·de sf.
de·cres·*cen*·do adv. sm.
de·cres·*cen*·te adj. 2g.
de·cres·*cer* v.
de·cres·ci·*men*·to sm.
de·*crés*·ci·mo sm.
de·cre·ta·*ção* sf.; pl. ·*ções*.
de·cre·*ta*·do adj.
de·cre·*tal* adj. 2g.; pl. ·*tais*.
de·cre·ta·*lis*·ta adj. s2g.
de·cre·*tar* v.
de·cre·ta·*tó*·ri:o adj.
de·*cre*·to sm.
de·cre·to(s)-*lei*(s) sm. (pl.).
de·cre·*tó*·ri:o adj.
de·crip·ta·*ção* sf.; pl. ·*ções*.
de·crip·*tar* v.
de·*cru*:a sf.
de·cru:*a*·gem sf.; pl. ·*gens*.
de·cru:*ar* v.
de·*cú*·bi·to sm.
de·cum·*ben*·te adj. 2g.
de·cu·pa·*gem* sf.; pl.: ·*gens*.
de·cu·*par* v.
de·cu·*plar* v.
de·cu·pli·*car* v.
dé·cu·plo num. sm.
de·*cú*·ri:a sf.
de·cu·ri:*a*·do sm.: decuriato.
de·cu·ri:*ão* sm.; pl. ·*ões*.
de·cu·ri:*ar* v.
de·cu·ri:*a*·to sm.: decuriato.
de·cur·*si*·vo adj.
de·*cur*·so sm.
de·cus·sa·*ção* sf.; pl. ·*ções*.
de·cus·*sa*·do adj.
de·cus·*só*·ri:o sm.
de·*da*·da sf.
de·*dal* sm.; pl. ·*dais*.
de·dal de re·*pu*·xo sm.; pl. dedais de repuxo.

de·dal-de-*ro*·sa sf.; pl.
  dedais-de-rosa.
de·da·*lei*·ra sf.
de·da·*lei*·ra(s)-*pre*·ta(s) sf. (pl.).
de·da·*lei*·ro(s)-*pre*·to(s) sm.
  (pl.).
de·*dá*·le:o adj.
de·*dá*·li·co adj.
dé·da·lo sm.
de·*dão* sm.; pl. ·*dões*.
de·*dar* v.
de·de·co·*rar* v.
de·*dei*·ra sf.
de·de·*tê* sm.
de·de·ti·za·*ção* sf.; pl. ·*ções*.
de·de·ti·*za*·do adj.
de·de·ti·*zar* v.
de·di·ca·*ção* sf.; pl. ·*ções*.
de·di·*ca*·do adj.
de·di·ca·*dor* (ô) adj. sm.
de·di·*can*·te adj. s2g.
de·di·*car* v.
de·di·ca·*tó*·ri:a sf.
de·dig·na·*ção* sf.; pl. ·*ções*.
de·dig·*nar* v.
de·di·lha·*ção* sf.; pl. ·*ções*.
de·di·*lha*·do adj. sm.
de·di·lha·*men*·to sm.
de·di·*lhar* v.
de·di·*lhá*·vel adj. 2g.; pl. ·*veis*.
de·dir·*ró*·se:o adj.
de·do (ê) sm./Cf. *dedo*, do v.
  dedar.
de·*do*(s)-de-*da*·ma sf. (pl.).
de·do-du·*rar* v.: *dedurar*.
de·do-du·*ris*·mo sm.:
  dedurismo.
de·*do*(s)-*du*·ro(s) adj. 2g. s2g.
  (pl.).
de·du·*ção* sf.; pl. ·*ções*.
de·du·ci·o·*nal* adj. 2g.; pl. ·*nais*.
de·du·*rar* v.: *dedo-durar*.
de·du·*ris*·mo sm.:
  dedo-durismo.
de·du·*tí*·vel adj. 2g.; pl. ·*veis*.
de·du·*ti*·vo adj.
de·du·*zir* v.
de·du·*zí*·vel adj. 2g.; pl. ·*veis*.
de·*ên*·fa·se sf.
de·fa·*sa*·do adj.
de·fa·*sa*·dor (ô) adj. sm.
de·fa·*sa*·gem sf.; pl. ·*gens*.
de·fa·*sar* v.
default sm. (ing.: *difolt*).
de·fau·na·*ção* sf.; pl. ·*ções*.
de·fau·*na*·do adj.
de·fau·*nar* v.

de·fe·ca·*ção* sf.; pl. ·*ções*.
de·fe·*ca*·do adj.
de·fe·ca·*dor* (ô) adj. sm.
de·fe·*car* v.
de·fe·ca·*tó*·ri:o adj.
de·fec·*ção* sf.; pl. ·*ções*.
de·fec·ti·bi·li·*da*·de sf.
de·fec·*tí*·vel adj. 2g.; pl. ·*veis*.
de·fec·*ti*·vo adj.
de·fe·da·*ção* sf.; pl. ·*ções*.
de·*fei*·to sm.
de·fei·tu:*ar* v.
de·fei·tu:o·si·*da*·de sf.
de·fei·tu:*o*·so (ô) adj.; f. *e* pl. (ó).
de·fen·de·*dor* (ô) adj. sm.
de·fen·*den*·te adj. s2g.
de·fen·*der* v.
de·fen·di·*men*·to sm.
de·fen·*dí*·vel adj. 2g.; pl. ·*veis*.
de·fe·nes·tra·*ção* sf.; pl. ·*ções*.
de·*fen*·sa sf.
de·fen·*são* sf.; pl. ·*sões*.
de·fen·*sá*·vel adj. 2g.; pl. ·*veis*.
de·fen·*si*·va sf.
de·fen·*sí*·vel adj. 2g.; pl. ·*veis*.
de·fen·*si*·vo adj. sm.
de·fen·*sor* (ô) adj. sm.
de·fen·*só*·ri:o adj.
de·fe·*rên*·ci:a sf.
de·fe·*ren*·te adj. 2g.
  'obsequioso'/Cf. *diferente*.
de·fe·*ri*·do adj. 'atendido'/Cf.
  diferido.
de·fe·ri·*men*·to sm. 'anuência'/
  Cf. *diferimento*.
de·fe·*rir* v. 'anuir'/Cf. *diferir*.
de·fe·*rí*·vel adj. 2g.; pl. ·*veis*.
de·fer·ves·*cên*·ci:a sf.
de·fer·ves·*cen*·te adj. 2g.
de·fer·ves·*cer* v.
de·*fe*·sa (ê) sf.
de·*fe*·so (ê) adj. sm.
de·*fes*·so (ê) adj.
de·fi·ci:*ên*·ci:a sf.
de·fi·ci:*en*·te adj. 2g. sm.
dé·fi·cit(s) sm. (pl.); do lat.
  deficit.
de·fi·ci·*tá*·ri:o adj.
de·fi·*den*·te adj. 2g.: *difidente*.
de·fi·*nha*·do adj.
de·fi·nha·*dor* (ô) adj. sm.
de·fi·nha·*men*·to sm.
de·fi·*nhar* v.
de·fi·ni·bi·li·*da*·de sf.
de·fi·ni·*ção* sf.; pl. ·*ções*.
de·fi·*ni*·do adj. sm.
de·fi·ni·*dor* (ô) adj. sm.

de·fi·*nir* v.
de·fi·ni·*ti*·vo adj.
de·fi·*ni*·to adj. sm.
de·fi·ni·*tó*·ri:o adj. sm.
de·fi·*ní*·vel adj. 2g.; pl. ·*veis*.
de·fla·*ção* sf.; pl. ·*ções*.
de·fla·ci·o·*na*·do adj.
de·fla·ci:o·*nar* v.
de·fla·ci:o·*ná*·ri:o adj.
de·fla·ci:o·*ná*·vel adj. 2g.; pl.
  ·*veis*.
de·fla·ci:o·*nis*·ta adj. s2g.
de·fla·gra·*ção* sf.; pl. ·*ções*.
de·fla·gra·*dor* (ô) adj. sm.
de·fla·*gar* v.
de·flec·*tir* v.: *defletir*.
de·flec·*tó*·gra·fo sm.
de·flec·*tô*·me·tro sm.
de·flec·*tor* (ô) adj. sm.: *defletor*.
de·fleg·ma·*ção* sf.; pl. ·*ções*.
de·fleg·ma·*dor* (ô) adj. sm.
de·fleg·*mar* v.
de·fle·*tir* v.: *deflectir*.
de·fle·*tor* (ô) adj. sm.: *deflector*.
de·fle·*xão* (cs) sf.; pl. ·*xões*.
de·fle·xi:o·*nar* (cs) v.
de·*fle*·xo (cs) adj.
de·flo·cu·la·*ção* sf.; pl. ·*ções*.
de·flo·cu·la·*men*·to sm.
de·flo·cu·*lan*·te adj. 2g. sm.
de·flo·cu·*lar* v.
de·flo·ra·*ção* sm.; pl. ·*ções*.
de·flo·*ra*·do adj.
de·flo·ra·*dor* (ô) adj. sm.
de·flo·ra·*men*·to sm.
de·flo·*rar* v.
de·flu:*ên*·ci:a sf. 'ação de
  defluir' /Cf. *difluência*.
de·flu:*en*·te adj. 2g. 'que
  deflui'/Cf. *difluente*.
de·flu·*ir* v. 'manar/Cf. *difluir*.
de·*flú*·vi:o sm.
de·flu·*xão* (cs *ou* ss) sf.; pl. ·*xões*.
de·flu·*xei*·ra (cs *ou* ss) sf.
de·flu·xi:o·*ná*·ri:o (cs *ou* ss) adj.
de·*flu*·xo (cs *ou* ss) sm.
de·fo·*re*·te (ê *ou* é) sm.
de·for·ma·*ção* sf.; pl. ·*ções*.
de·for·ma·*dor* (ô) adj. sm.
de·for·*mar* v.
de·for·ma·*tó*·ri:o adj.
de·*for*·me adj. 2g.
de·for·mi·*da*·de sf.
de·frau·da·*ção* sf.; pl. ·*ções*.
de·frau·da·*dor* (ô) adj. sm.
de·frau·da·*men*·to sm.
de·frau·*dar* v.

de·fron·ta·ção sf.; pl. ·ções.
de·fron·tan·te adj. 2g.
de·fron·tar v.
de·fron·te adv.
de·fu·ma·ção sf.; pl. ·ções.
de·fu·ma·do adj.
de·fu·ma·doi·ro sm.:
  defumadouro.
de·fu·ma·dor (ô) adj. sm.
de·fu·ma·dou·ro sm.:
  defumadoiro.
de·fu·ma·du·ra sf.
de·fu·mar v.
de·fun·ção sf.; pl. ·ções.
de·fun·tar v.
de·fun·te:ar v.
de·fun·tei·ro adj. sm.
de·fun·to adj. sm.
de·gas sm. 2n.
de·ga·sar v.
de·ge·la·dor (ô) adj.
de·ge·lar v.
de·ge·lo (ê) sm./Cf. degelo (é),
  do v. degelar.
de·ge·ne·ra·ção sf.; pl. ·ções.
de·ge·ne·ra·do adj. sm.
de·ge·ne·ran·te adj. 2g.
de·ge·ne·rar v.
de·ge·ne·ra·ti·vo adj.
de·ge·ne·res·cên·ci:a sf.
de·ge·ne·res·cen·te adj. 2g.
de·glu·ti·ção sf.; pl. ·ções.
de·glu·ti·dor (ô) adj.
de·glu·ti·na·ção sf.; pl. ·ções.
de·glu·tir v.
de·go·la sf.
de·go·la·ção sf.; pl. ·ções.
de·go·la·doi·ro sm.:
  degoladouro.
de·go·la·dor (ô) sm.
de·go·la·dou·ro sm.:
  degoladoiro.
de·go·la·du·ra sf.
de·go·la·men·to sm.
de·go·lar v.
de·go·tar v.: decotar.
de·go·te sm.: decote.
de·gra·da·ção sf.; pl. ·ções.
de·gra·da·dor (ô) adj. sm.
de·gra·da·men·to sm.
de·gra·dan·te adj. 2g.
de·gra·dar v. 'aviltar'/Cf.
  degredar.
de·gra·dê sm.
de·gra·na·dei·ra sf.
de·gra·nar v.
de·grau sm.

de·gre·da·do adj. sm.
de·gre·dar v. 'exilar'/Cf.
  degradar.
de·gre·do (ê) sm./Cf. degredo
  (é), do v. degredar.
de·gres·si·vo adj. 'que vai
  diminuindo'/Cf. digressivo.
de·grin·go·la·da sf.
de·grin·go·lar v.
de·gus·ta·ção sf.; pl. ·ções.
de·gus·ta·dor sm.
de·gus·tar v.
dei sm.
dei·a sf.
de:i·ci·da adj. s2g.
de:i·cí·di:o sm.
de·í·co·la adj. s2g.
dêic·ti·co adj.: dêitico, díctico.
dei·da·de sf.
de:i·fi·ca·ção sf.; pl. ·ções.
de:i·fi·ca·dor (ô) adj. sm.
de:i·fi·car v.
de·í·fi·co adj./Cf. deifico, do v.
  deificar.
de:i·for·me adj. 2g.
de·í·pa·ra sf.
de:is·cên·ci:a sf.
de:is·cen·te adj. 2g.
de:ís·mo sm.
de:ís·ta adj. s2g.
dei·ta·da sf.
dei·ta·do adj. sm.
dei·tar v.
dêi·ti·co adj.: dêictico, díctico.
dei·xa sf.
dei·xa·ção sf.; pl. ·ções.
dei·xa·da sf.
dei·xa·men·to sm.
dei·xar v.
dêi·xis (cs) sf.
de·jar·re·tar v.
déjà vu sm. (ing.: dejavi).
de·je·ção sf.; pl. ·ções.
de·je·ju·a sf.
de·je·ju·a·doi·ro sm.:
  de·je·ju·a·dou·ro.
de·je·ju·ar v.
de·je·tar v.
de·je·to sm.
de·je·tó·ri:o adj. sm.
de·jun·gir v.
de·jú·ri:o sm.
de·la contr. da prep. de com o
  pron. ela.
de·la·ção sf. 'denúncia'; pl.
  ·ções/Cf. dilação.
de·lam·ber v.

de·lam·bi·do adj. sm.
de·las·fri·as sf. 2n.
de·la·tar v. 'denunciar'/Cf.
  dilatar.
de·la·tá·vel adj. 2g.
  'denunciável'/Cf. dilatável;
  pl. ·veis.
de·la·tor (ô) sm.
de·la·tó·ri:o adj. 'relativo à
  delação'/Cf. dilatório.
de·le (ê) contr. da prep. de com
  o pron. ele/Cf. dele (é), do
  v. delir.
de·le·ga·ção sf.; pl. ·ções.
de·le·ga·ci·a sf.
de·le·ga·do adj. sm.
de·le·gan·te adj. s2g.
de·le·gar v.
de·le·ga·tá·ri:o adj. sm.
de·le·ga·tó·ri:o adj.
de·le·gá·vel adj. 2g.; pl. ·veis.
de·lei·ta·ção sf.; pl. ·ções.
de·lei·ta·men·to sm.
de·lei·tan·te adj. 2g.
de·lei·tar v.
de·lei·tá·vel adj. 2g.; pl. ·veis.
de·lei·te sm.
de·lei·to·so (ô) adj.; f. e pl. (ó).
de·le·ri:a·do adj.
de·le·tar v.
de·le·tá·vel adj. 2g.; pl. ·veis.
de·le·té·ri:o adj.
de·le·tre:ar v.
de·lé·vel adj. 2g.; pl. ·veis.
dél·fi·ca sf.
dél·fi·co adj.
del·fim sm.; pl. ·fins.
del·fi·na·do sm.
del·fi·náp·te·ro sm.
del·fi·nen·se adj. s2g.
del·fí·ni·da adj. 2g. sm.
del·fi·ní·de:o adj. sm.
del·fi·no sm.
del·fi·no·po·li·ta·no adj. sm.
del·fi·nor·rin·co sm.
del·ga·de·za (ê) sf.
del·ga·do adj. sm.
de·lí·a·co adj. sm.
de·li·ba·ção sf.; pl. ·ções.
de·li·bar v.
de·li·be·ra·ção sf.; pl. ·ções.
de·li·be·ran·te adj. s2g.
de·li·be·rar v.
de·li·be·ra·ti·vo adj.
de·li·be·ra·tó·ri:o adj.
de·li·ca·da sf.
de·li·ca·de·za (ê) sf.

de·li·ca·do adj.
de·lí·ci:a sf.
de·li·ci:ar v.
de·li·ci:o·so (ô) adj.; f. e pl. (ó).
de·li·ga·ção sf.; pl. ·ções.
de·li·gar v.
de·li·mi·ta·ção sf.; pl. ·ções.
de·li·mi·ta·dor (ô) adj. sm.
de·li·mi·tar v.
de·li·mi·ta·ti·vo adj.
de·li·ne:a·ção sf.; pl. ·ções.
de·li·ne:a·dor (ô) adj. sm.
de·li·ne:a·men·to sm.
de·li·ne:ar v.
de·li·ne:a·ti·vo adj.
de·li·nei·o sm.
de·lin·quên·ci:a sf.
de·lin·quen·te adj. s2g.
de·lin·qui·do adj.
de·lin·quir v.
dé·li:o adj. sm.
de·li·ques·cên·ci:a sf.
de·li·ques·cen·te adj. 2g.
de·li·ques·cer v.
de·lí·qui:o sm.
de·lir v.
de·li·ra·ção sf.; pl. ·ções.
de·li·ra·do adj.
de·li·ra·men·to sm.
de·li·ran·te adj. 2g.
de·lí·ri:o sm.
de·li·ri:o·so (ô) adj.; f. e pl. (ó).
de·li·tes·cên·ci:a sf.
de·li·tes·cen·te adj. 2g.
de·li·ti·vo adj.
de·li·to sm.
de·li·tu:o·so (ô) adj.; f. e pl. (ó).
de·li·vra·men·to sm.
de·li·vrar v.
del·mi·ren·se adj. s2g.
de·lo·mór·fi·co adj.:
  de·lo·mor·fo.
de·lon·ga sf.
de·lon·ga·dor (ô) adj. sm.
de·lon·gar v.
del·ta sm.
del·ta·cis·mo sm.
del·tai·co adj.
del·ta·í·ta sf.
del·ta(s)·mais sm. (pl.).
del·ta(s)·me·nos sm. (pl.).
del·ta(s)·ze·ro(s) sm. (pl.).
del·ti·di:al adj. 2g.; pl. ·ais.
del·tí·di:o sm.
del·ti·ri:al adj. 2g.; pl. ·ais.
del·tí·ri:o sm.
del·to·car·po adj.

del·toi·de adj. 2g. sm.
del·tói·de:o adj.: del·to·í·de:o.
del·toi·di:a·no adj.
del·to·to sm.
del·tu·ro adj.
de·lu·bro sm.
de·lu·dir v.
de·lu·são sf.; pl. ·sões.
de·lu·so adj.
de·lu·sor (ô) adj.
de·lu·só·ri:o adj.
de·lu·zir v.
de·ma·ci:á·ce:o adj.
de·ma·go·gi·a sf.
de·ma·go·gi·ce sf.
de·ma·gó·gi·co adj.
de·ma·go·gis·mo sm.
de·ma·go·go (ô) adj. sm.
de·mais adv.
de·man·da sf.
de·man·da·do adj. sm.
de·man·da·dor (ô) adj. sm.
de·man·dan·te adj. s2g.
de·man·dar v.
de·man·dis·ta adj. s2g.
de·man·toi·de sf.
de·mão sf.; pl. ·mãos.
de·mar·ca·ção sf.; pl. ·ções.
de·mar·ca·dor (ô) adj. sm.
de·mar·car v.
de·mar·ca·ti·vo adj.
de·mar·ca·tó·ri:o adj.
de·mar·cá·vel adj. 2g.; pl. ·veis.
de·ma·si·a sf.
de·ma·si·a·do adj. adv.
de·ma·si:ar v.
de·mên·ci:a sf.
de·men·ta·ção sf.; pl. ·ções.
de·men·ta·do adj. sm.
de·men·tar v.
de·men·te adj. s2g.
de·me·ra·ra adj. 2g. sm. ou sf.
de·mé·ri·to adj. sm.
de·me·ri·tó·ri:o adj. sm.
de·mí·fu·go adj.
de·mi·lu·nar adj. 2g.
de·mis·são sf.; pl. ·sões.
de·mis·si·bi·li·da·de sf.
de·mis·si:o·ná·ri:o adj.
de·mis·sí·vel adj. 2g.; pl. ·veis.
de·mis·so adj.
de·mis·sor (ô) adj.
de·mi·ten·te adj. 2g.
de·mi·tir v.
de·mi·ti·za·ção sf.; pl. ções.
de·mi·ti·zar v.
de·mi:úr·gi·co adj.

de·mi:ur·go sm.
de·mo sm.
de·mo·cra·ci·a sf.
de·mo·cra·ta adj. s2g.
de·mo·crá·ti·co adj. sm.
de·mo·cra·tis·mo sm.
de·mo·cra·ti·za·ção sf.; pl. ·ções.
de·mo·cra·ti·za·do adj.
de·mo·cra·ti·zan·te adj. 2g.
de·mo·cra·ti·zar v.
de·mo·cri·ti:a·no adj.
de·mo·crí·ti·co adj.
de·mo·dé·ci·co adj.
de·mo·di·cí·de:o sm.
de·mo·di·ci:o·se sf.
de·mo·fi·li·a sf.
de·mó·fi·lo adj. sm.
de·mo·fo·bi·a sf.
de·mó·fo·bo adj. sm.
de·mo·gra·fi·a sf.
de·mo·grá·fi·co sf.
de·mo·gra·fis·ta adj. s2g.
de·mó·gra·fo sm.
de·mo·lhar v.
de·mo·li·ção sf.; pl. ·ções.
de·mo·li·dor (ô) adj. sm.
de·mo·lir v.
de·mo·li·tó·ri:o adj.
de·mo·lo·gi·a sf.
de·mo·nar·ca sm.
de·mo·ne·te (ê) sm.
de·mo·ne·ti·za·ção sf.; pl. ·ções.
de·mo·ne·ti·zar v.
de·mo·ní·a·co adj.
de·mo·ni·co sm. 'demoninho'/
  Cf. demônico.
de·mô·ni·co adj. 'demoníaco'/
  Cf. demonico.
de·mô·ni:o sm.
de·mo·ni:o·ma·ni·a sf.
de·mo·ni:o·ma·ní:a·co adj. sm.
de·mo·nis·mo sm.
de·mo·nis·ta adj. s2g.
de·mo·ni·zar v.
de·mo·no·cra·ci·a sf.
de·mo·no·fo·bi·a sf.
de·mo·no·gra·fi·a sf.
de·mo·no·grá·fi·co adj.
de·mo·nó·gra·fo sm.
de·mo·nó·la·tra s2g.
de·mo·no·la·tri·a sf.
de·mo·no·lá·tri·co adj.
de·mo·no·lo·gi·a sf.
de·mo·no·ló·gico adj.
de·mo·nó·lo·go sm.
de·mo·no·man·ci·a sf.
de·mo·no·ma·ni·a sf.

de·mo·no·ma·*ní*·a·co adj.
de·mo·*nô*·ma·no sm.
de·mo·no·*man*·te s2g.
de·mo·no·*mân*·ti·co adj.
de·mo·no·*pa*·ta adj. s2g.:
   de·mo·*nó*·pa·ta.
de·mo·no·pa·*ti*·a sf.
de·mons·tra·bi·li·*da*·de sf.
de·mons·tra·*ção* sf.:
   demostração; pl. *·ções*.
de·mons·tra·*dor* (ô) adj. sm.:
   demostrador.
de·mons·*tran*·te adj. 2g.
de·mons·*trar* v.: demostrar.
de·mons·tra·*ti*·vo adj. sm.
de·mons·*trá*·vel adj. 2g.; pl.
   ·veis.
de·mop·si·co·lo·*gi*·a sf.
de·mop·si·co·*ló*·gi·co adj.
de·mop·si·*có*·lo·go sm.
de·*mo*·ra sf.
de·mo·*ra*·do adj.
de·mo·*rar* v.
de·mo·*rô* interj.
de·mo·*ro*·so (ô) adj.; f. e pl. (ó).
de·mos·*pôn*·gi:a sf.
de·mos·*pôn*·gi:o adj.
de·mos·*tê*·ni·co adj.
de·mos·tra·*ção* sf.:
   demostração; pl. *·ções*.
de·mos·tra·*dor* (ô) adj. sm.:
   demonstrador.
de·mos·*trar* v.: demonstrar.
de·*mó*·ti·co adj.
de·mo·*ver* v.
de·mu·*da*·do adj.
de·mu·da·*men*·to sm.
de·mu·*dar* v.
de·mul·*cen*·te adj. 2g. sm.
de·*ná*·ri:o adj. sm.
den·*dê* sm.
den·de·*zal* sm.; pl. *·zais*.
den·de·*zei*·ro sm.
den·*di* adj. s2g.
den·dra·*xô*·ni:o (cs) sm.
den·*dri*·a sf.
den·*drí*·co·la adj. s2g.
den·dri·*for*·me adj. 2g.
den·*dri*·te sf.
den·*drí*·ti·co adj.
den·*dri*·to sm.
den·dro·*ba*·ta adj. s2g.:
   den·*dró*·ba·ta.
den·*dró*·bi:o sm.
den·dro·*cár*·pi:o sm.:
   den·dro·*car*·po.
den·dro·*cé*·li:o adj. sm.

den·dro·*clas*·ta s2g.
den·dro·*clas*·ti·a sf.
den·dro·co·lap·*tí*·de:o adj. sm.
den·dro·cro·no·lo·*gi*·a sf.
den·dro·cro·no·*ló*·gi·co adj.
den·dro·cro·no·lo·*gis*·ta adj.
   s2g.
den·*dró*·fa·go adj. sm.
den·*dró*·fi·lo adj. sm.
den·*dró*·fi·se sf.
den·dro·fo·*bi*·a sf.
den·*dró*·fo·bo adj. sm.
den·dro·gra·*fi*·a sf.
den·dro·*grá*·fi·co adj.
den·*dró*·gra·fo sm.
den·dro·*gra*·ma sm.
den·*drói*·de adj. 2g.
den·*drói*·de:o adj. 2g.:
   den·dro·*í*·de:o.
den·*dró*·la·tra s2g.
den·dro·la·*tri*·a sf.
den·dro·*li*·te sm.
den·dro·lo·*gi*·a sf.
den·dro·*ló*·gi·co adj.
den·dro·lo·*gis*·ta s2g.
den·*dró*·lo·go sm.
den·dro·*man*·ci·a sf.
den·dro·*mân*·ti·co adj.
den·dro·me·*tri*·a sf.
den·*drô*·me·tro sm.
den·dro·qui·*ro*·to (ô) sm.; pl.
   (ó).
de·ne·ga·*ção* sf.; pl. *·ções*.
de·ne·*gar* v.
de·ne·ga·*tó*·ri:o adj.
de·ne·*gre*·cer v.
de·ne·*gri*·do adj.
de·ne·*gri*·dor (ô) adj. sm.
de·ne·*grir* v.
den·*gar* v.
den·go sm.
den·*go*·sa sf.
den·*go*·so (ô) adj.; f. pl. (ó).
den·gue adj. 2g. sm.
den·*guei*·ro adj.
den·*gui*·ce sf.
de·no·*da*·do adj.
de·no·*dar* v.
de·*no*·do (ô) sm./Cf. denodo (ó),
   do v. denodar.
de·no·mi·na·*ção* sf.; pl. *·ções*.
de·no·mi·na·*dor* (ô) adj. sm.
de·no·mi·*nar* v.
de·no·mi·na·*ti*·vo adj.
de·no·ta·*ção* sf.; pl. *·ções*.
de·no·ta·*dor* (ô) adj. sm.
de·no·*tar* v.

de·no·ta·*ti*·vo adj.
den·si·*da*·de sf.
den·si·*dão* sf.; pl. *·dões*.
den·si·fi·ca·*ção* sf.; pl. *·ções*.
den·si·fi·ca·*dor* (ô) adj. sm.
den·si·fi·*car* v.
den·si·*flo*·ro adj.
den·si·fo·li·*a*·do adj.
den·si·me·*tri*·a sf.
den·si·*mé*·tri·co adj.
den·*sí*·me·tro sm.
den·si·*tô*·me·tro sm.
den·so adj.
den·*ta*·da sf.
den·*ta*·do adj.
den·ta·*du*·ra sf.
den·*tal* adj. sm.; pl. *·tais*.
den·*ta*·ma sf.
den·*tão* sm.; pl. *·tões*.
den·*tar* v.
den·*tá*·ri:a sf./Cf. dentaria, do
   v. dentar.
den·*tá*·ri:o adj.
den·te sm.
den·te:a·*ção* sf.; pl. *·ções*.
den·te:*a*·do adj.
den·te:*ar* v.
den·te(s) de ca·*chor*·ro sm. (pl.).
den·te(s)-de-*cão* sm. (pl.).
den·te(s)-de-ca·*va*·lo sm. (pl.).
den·te(s) de co:*e*·lho sm. (pl.).
den·te(s) de cu·*ti*·a sm. (pl.).
den·te(s)-de-le·*ão* sm. (pl.).
den·te(s) de *lei*·te sm. (pl.).
den·te(s) de *lo*·bo sm. (pl.).
den·te(s) de *o*·vo sm. (pl.).
den·te(s)-de-ve·lha sm. (pl.).
den·*tel* sm.; pl. *·téis*/Cf. dentei,
   do v. dentar, e dintel.
den·te·*lá*·ri:a sf.
den·te·*lá*·ri:a(s)-da-*chi*·na sf.
   (pl.).
den·te·*lá*·ri:a(s)-da-*ín*·di:a sf.
   (pl.).
den·te·*lá*·ri:a(s)-do-*ca*·bo sf.
   (pl.).
den·*te*·lo (ê) sm.
den·te(s)-*se*·co(s) sm. (pl.).
den·ti·*ção* sf.; pl. *·ções*.
den·ti·*cór*·ne:o adj.
den·ti·cu·la·*ção* sf.; pl. *·ções*.
den·ti·cu·*la*·do adj.
den·ti·cu·*lar* adj. 2g. v.
den·*tí*·cu·lo sm.
den·ti·fi·ca·*ção* sf.; pl. *·ções*.
den·ti·*for*·me adj. 2g.
den·ti·*frí*·ci:o adj. sm.

den·tí·ge·ro adj.
den·ti·lhão sm.; pl. ·lhões.
den·ti·na sf.
den·ti·ná·ri:o adj.
den·ti·ni·te sf.
den·ti·no·blas·to sm.
den·ti·no·gê·ne·se sf.
den·ti·no·gê·ni·co adj.
den·ti·noi·de adj. 2g.
den·ti·nos·te:oi·de sm.
den·tir·ros·tro (ô) adj. sm.
den·tis·ta adj. s2g.
den·toi·de adj. 2g.
den·to:i·di·na sf.
den·to·la sm.
den·tre prep.
den·tro adv.
den·tro·sa sf.
den·tu·ça sf.
den·tu·ço adj. sm.
den·tu·do adj. sm.
den·tu·do(s)-dou·ra·do(s) sm. (pl.).
den·tu·do(s)-pin·ta·do(s) sm. (pl.).
de·nu·da·ção sf.; pl. ·ções.
de·nu·dar v.
de·nún·ci:a sf./Cf. denuncia, do v. denunciar.
de·nun·ci:a·ção sf.; pl. ·ções.
de·nun·ci:a·dor (ô) adj. sm.
de·nun·ci:an·te adj. s2g.
de·nun·ci:ar v.
de·nun·ci:a·ti·vo adj.
de·nun·ci:a·tó·ri:o adj.
de·nun·ci:á·vel adj. 2g.; pl. ·veis.
de·nun·cis·mo sm.
de:on·to·lo·gi·a sf.
de:on·to·ló·gi·co adj.
de:on·to·lo·gis·ta s2g.
de·pa·ra·dor (ô) adj. sm.
de·pa·rar v.
de·pa·rá·vel adj. 2g.; pl. ·veis.
de·par·ta·men·tal adj. 2g.; pl. ·tais.
de·par·ta·men·to sm. 'seção administrativa'/Cf. departimento.
de·par·ti·men·to sm. 'ação de departir, dividir'/Cf. departamento.
de·par·tir v.
de·pas·cen·te adj. 2g.
de·pau·pe·ra·ção sf.; pl. ·ções.
de·pau·pe·ra·do adj.
de·pau·pe·ra·dor (ô) adj.
de·pau·pe·ra·men·to sm.

de·pau·pe·ran·te adj. 2g.
de·pau·pe·rar v.
de·pe·na·do adj.
de·pe·na·dor (ô) adj. sm.
de·pe·nar v.
de·pen·dên·ci:a sf.
de·pen·den·te adj. s2g.
de·pen·der v.
de·pen·du·ra sf.
de·pen·du·ra·do adj. sm.
de·pen·du·rar v.
de·pe·ni·car v.
de·pe·re·cer v.
de·pe·re·ci·men·to sm.
de·pi·la·ção sf.; pl. ·ções.
de·pi·lar v.
de·pi·la·tó·ri:o adj. sm.
de·ple·ção sf.; pl. ·ções.
de·ple·ti·vo adj.
de·plo·ra·ção sf.; pl. ·ções.
de·plo·ra·dor (ô) adj. sm.
de·plo·rar v.
de·plo·ra·ti·vo adj.
de·plo·ra·tó·ri:o adj.
de·plo·rá·vel adj. 2g.; pl. ·veis.
de·plu·mar v.
de·po:ên·ci:a sf.
de·po:en·te adj. s2g.
de·po:i·men·to sm.
de·pois adv.
de·po·la·ri·za·ção sf.; pl. ·ções.
de·po·la·ri·za·dor (ô) adj. sm.
de·po·la·ri·zan·te adj. s2g.
de·po·la·ri·zar v.
de·pol·mar v.
de·po·pu·la·ção sf.; pl. ·ções.
de·po·pu·lar v.
de·por v.
de·por·ta·ção sf.; pl. ·ções.
de·por·ta·do adj.
de·por·tar v.
de·por·tá·vel adj. 2g.; pl. ·veis.
de·por·te sm.
de·pós prep. 'depois'/Cf. depôs, do v. depor.
de·po·si·ção sf.; pl. ·ções.
de·po·si·ta·dor (ô) adj. sm.
de·po·si·tan·te adj. s2g.
de·po·si·tar v.
de·po·si·tá·ri:o sm.
de·pó·si·to sm.
de·pos·to (ô) adj.
de·pra·va·ção sf.; pl. ·ções.
de·pra·va·do adj. sm.
de·pra·va·dor (ô) adj. sm.
de·pra·var v.
de·pre·ca·ção sf.; pl. ·ções.

de·pre·ca·da sf.: deprecata.
de·pre·ca·do adj. sm.
de·pre·can·te adj. s2g.
de·pre·car v.
de·pre·ca·ta sf.: deprecado.
de·pre·ca·ti·vo adj.
de·pre·ca·tó·ri:o adj.
de·pre·ci:a·ção sf.; pl. ·ções.
de·pre·ci:a·dor (ô) adj. sm.
de·pre·ci:ar v.
de·pre·ci:a·ti·vo adj.
de·pre·ci:á·vel adj. 2g.; pl. ·veis.
de·pre·da·ção sf.; pl. ·ções.
de·pre·da·dor (ô) adj. sm.
de·pre·dar v.
de·pre·da·tó·ri:o adj.
de·pre:en·der v.
de·pre:en·são sf.; pl. ·sões.
de·pres·sa adv.
de·pres·são sf.; pl. ·sões.
de·pres·si·cau·de adj. 2g.
de·pres·si·cor·ne adj. 2g.
de·pres·sí·me·tro sm.
de·pres·sí·vel adj. 2g.; pl. ·veis.
de·pres·si·vo adj.
de·pres·so adj.
de·pres·sor (ô) adj. sm.
de·pri·mên·ci:a sf.
de·pri·men·te adj. 2g.
de·pri·mi·do adj.
de·pri·mir v.
de·pu·ra·ção sf.; pl. ·ções.
de·pu·ra·dor (ô) adj. sm.
de·pu·ran·te adj. 2g.
de·pu·rar v.
de·pu·ra·ti·vo adj. sm.
de·pu·ta·ção sf.; pl. ·ções.
de·pu·ta·do adj. sm.
de·pu·tar v.
de·que sm.
de·qui·ta·ção sf.; pl. ·ções.
de·qui·ta·du·ra sf.
de·qui·tar v.
de·ra·del·fi·a sf.
de·ra·del·fo sm.
de·ra·de·ni·te sf.
der·bi·li·ta sf.
de·rei·to adj. sm.: direito.
de·re·li·to adj. sm.: derrelito.
de·ren·ce·fa·li·a sf.
de·ren·ce·fá·li·co adj.
de·ren·cé·fa·lo sm.
de·ren·ce·fa·lo·ce·le sf.
de·ri·va sf.
de·ri·va·ção sf.; pl. ·ções.
de·ri·va·da sf.
de·ri·va·do adj. sm.

de·ri·van·te adj. 2g.
de·ri·var v.
de·ri·va·ti·vo adj. sm.
de·ri·va·tó·ri:o adj.
de·ri·vá·vel adj. 2g.; pl. ·veis.
der·ma sf.: derme.
der·ma·nis·sí·de:o adj. sm.
der·máp·te·ro adj. sm.
der·ma·tal·gi·a sf.
der·ma·te·mi·a sf.
der·ma·ti·te sf.
der·ma·to·gê·ni:o sm.
der·ma·tó·ge·no sm.
der·ma·toi·de adj. 2g.
der·ma·to·lo·gi·a sf.
der·ma·to·ló·gi·co adj.
der·ma·to·lo·gis·ta adj. s2g.
der·ma·to·se sf.
der·me sf.: derma.
der·mes·tí·de:o adj. sm.
dér·mi·co adj.
der·mi·te sf.
der·mo·der·máp·te·ro adj. sm.
der·mo·gra·fi·a sf.
der·mo·grá·fi·co adj.
der·moi·de adj. 2g.
der·mo·máp·te·ro adj. sm.
der·móp·te·ro adj. sm.
der·mo·que·lí·de:o adj. sm.
de·ro·tre·ma·do adj. sm.
der·ra·ba·do adj.
der·ra·bar v.
der·ra·dei·ras sf. pl.
der·ra·dei·ro adj.
der·rai·gar v.
der·ra·mar sf.
der·ra·ma·ção sf.; pl. ·ções.
der·ra·ma·dei·ra sf.
der·ra·ma·dor (ô) adj. sm.
der·ra·ma·men·to sm.
der·ra·ma·mo·lho(s) sm. (pl.).
der·ra·mar v.
der·ra·me sm.
der·ran·ca·men·to sm.
der·ran·car v.
der·ran·co sm.: der·ran·que.
der·ra·pa·gem sf.; pl. ·gens.
der·ra·pan·te adj. 2g.
der·ra·par v.
der·re:a·dor (ô) adj. sm.
der·re:a·men·to sm.
der·re:ar v.
der·re·dor adv. sm.
der·re·ga·dor (ô) sm.
der·re·gar v.
der·re·li·ção sf.; pl. ·ções.
der·re·li·to adj.

der·ren·ga·do adj.
der·ren·gar v.
der·ren·go sm.: der·ren·gue.
der·re·te:ar v.
der·re·te·du·ra sf.
der·re·ter v.
der·re·ti·do adj.
der·re·ti·men·to sm.
der·ri·ba·da sf.
der·ri·ba·di·nha sf.
der·ri·ba·do adj.
der·ri·ba·dor (ô) adj. sm.
der·ri·ba·men·to sm.
der·ri·bar v.
der·ri·ça sf.
der·ri·ça·dor (ô) adj. sm.
der·ri·ça·gem sf.; pl. ·gens.
der·ri·çar v.
der·ri·ço sm.
der·ri·são sf.; pl. ·sões.
der·ris·ca sf.
der·ris·car v.
der·ri·sor (ô) adj. sm.
der·ri·só·ri:o adj.
der·ro·ca·da sf.
der·ro·ca·do adj.
der·ro·ca·dor (ô) adj. sm.
der·ro·ca·men·to sm.
der·ro·car v.
der·ro·ga·ção sf.; pl. ·ções.
der·ro·ga·dor (ô) sm.
der·ro·ga·men·to sm.
der·ro·gan·te adj. 2g.
der·ro·gar v.
der·ro·ga·tó·ri:o adj.
der·ro·gá·vel adj. 2g.; pl. ·veis.
der·ro·ta sf.
der·ro·ta·do adj.
der·ro·ta·dor (ô) adj. sm.
der·ro·ta·men·to sm.
der·ro·tar v.
der·ro·tei·ro sm.
der·ro·tis·mo sm.
der·ro·tis·ta adj. s2g.
der·ru·ba sf.
der·ru·ba·da sf.
der·ru·ba·do adj.
der·ru·ba·dor (ô) adj. sm.
der·ru·ba·men·to sm.
der·ru·bar v.
der·ru·be sm.
der·ru·i·ção sf.; pl. ·ções.
der·ru·í·do adj.
der·ru·i·men·to sm.
der·ru:ir v.
der·vis sm.: der·vi·xe.
dês prep.: desde.

de·sa·ba·do adj. sm.
de·sa·ba·fa·do adj.
de·sa·ba·fa·men·to sm.
de·sa·ba·far v.
de·sa·ba·fo sm.
de·sa·ba·la·do adj.
de·sa·ba·lar v.
de·sa·ba·li·zar v.
de·sa·bal·ro:a·men·to sm.
de·sa·bal·ro:ar v.
de·sa·ba·men·to sm.
de·sa·bar v.
de·sa·bas·ta·do adj.
de·sa·bas·tar v.
de·sa·bas·te·ci·men·to sm.
de·sa·be sm.
de·sa·be·lhar v.
de·sa·be·lho (ê) sm.
de·sa·bi·li·da·de sf.
de·sa·bi·li·tar v.
de·sa·bi·ta·do adj.
de·sa·bi·tar v.
de·sá·bi·to sm.
de·sa·bi·tu:a·ção sf.; pl. ·ções.
de·sa·bi·tu:ar v.
de·sa·bo·car v.
de·sa·bo·co v.
de·sa·bo·na·do adj.
de·sa·bo·na·dor (ô) adj. sm.
de·sa·bo·nar v.
de·sa·bo·no sm.
de·sa·bor·da·men·to sm.
de·sa·bor·dar v.
de·sa·bor·re·cer v.
de·sa·bo·ti·na·do adj.
de·sa·bo·to:a·du·ra sf.
de·sa·bo·to:a·men·to sm.
de·sa·bo·to:ar v.
de·sa·bra·çar v.
de·sa·bri·do adj.
de·sa·bri·ga·do adj.
de·sa·bri·gar v.
de·sa·bri·go sm.
de·sa·bri·men·to sm.
de·sa·brir v.
de·sa·bro·cha·do adj.
de·sa·bro·cha·men·to sm.
de·sa·bro·chan·te adj. 2g.
de·sa·bro·char v.
de·sa·bro·cho (ô) sm./
   Cf. desabrocho (ó), do v.
   desabrochar.
de·sa·bro·lhar v.
de·sa·bu·sa·do adj.
de·sa·bu·sar v.
de·sa·bu·so sm.
de·sa·çai·mar v.: de·sa·ça·mar.

de·sa·cam·*par* v.
de·sa·ca·*nha*·do adj.
de·sa·ca·*nhar* v.
des·car·*tá*·vel adj. 2g.; pl.: ·veis.
de·sa·ca·sa·*lar* v.
de·sa·ca·ta·*men*·to sm.
de·sa·ca·*tar* v.
de·sa·*ca*·to sm.
de·sa·cau·di·*lha*·do adj.
de·sa·cau·te·*la*·do adj.
de·sa·cau·te·*lar* v.
de·sa·ca·va·*lar* v.
de·sa·cei·*tar* v.
de·sa·*cei*·to adj.
de·sa·ce·le·ra·*ção* sf.; pl. ·*ções*.
de·sa·ce·le·ra·*dor* (ô) adj. sm.
de·sa·ce·le·*rar* v.
de·sa·cen·tu:*ar* v.
de·sa·cer·*bar* v.
de·sa·cer·*ta*·do adj.
de·sa·cer·*tar* v.
de·sa·*cer*·to (ê) sm./Cf.
  desacerto (é), do v. desacertar.
de·sa·che·*gar* v.
de·sa·ci·di·fi·ca·*ção* sf.; pl. ·*ções*.
de·sa·ci·di·fi·*can*·te adj. 2g.
de·sa·ci·di·fi·*car* v.
de·sa·cli·ma·*ção* sf.; pl. ·*ções*.
de·sa·cli·*mar* v.
de·sa·cli·ma·*tar* v.
de·sa·co·bar·*dar* v.:
  desacovardar.
de·sa·co·*char* v.
de·sa·coi·*mar* v.
de·sa·coi·*ta*·do adj.:
  desacoutado.
de·sa·coi·*tar* v.: desacoutar.
de·sa·col·che·*tar* v.
de·sa·col·cho:*ar* v.
de·sa·co·*lher* v.
de·sa·co·lhe·*rar* v.
de·sa·co·lhi·*men*·to sm.
de·sa·co·mo·*da*·do adj.
de·sa·co·mo·*dar* v.
de·sa·com·pa·*nha*·do adj.
de·sa·com·pa·*nhar* v.
de·sa·con·che·*gar* v.
de·sa·con·se·*lha*·do adj.
de·sa·con·se·*lhar* v.
de·sa·con·se·*lhá*·vel adj. 2g.;
  pl. ·veis.
de·sa·co·pla·*men*·to sm.
de·sa·co·*plar* v.
de·sa·cor·ço:*a*·do adj. sm.:
  descoroçoado.
de·sa·cor·ço:*ar* v.: descorçoar.
de·sa·cor·*da*·do adj.

de·sa·cor·*dan*·te adj. 2g.
de·sa·cor·*dar* v.
de·sa·*cor*·de adj. sm.
de·sa·*cor*·do (ô) sm.; pl. (ô)/
  Cf. desacordo (ó), do v.
  desacordar.
de·sa·co·ro·ço:*a*·do adj. sm:
  desacorçoado.
de·sa·co·ro·ço:*ar* v.
de·sa·cor·ren·ta·*men*·to sm.
de·sa·cor·ren·*tar* v.
de·sa·cos·tu·*ma*·do adj.
de·sa·cos·tu·*mar* v.
de·sa·cou·*ta*·do adj.:
  desacoitado.
de·sa·cou·*tar* v.: desacoitar.
de·sa·co·var·*dar* v.:
  desacobardar.
de·sa·cre·di·*ta*·do adj.
de·sa·cre·di·ta·*dor* (ô) adj. sm.
de·sa·cre·di·*tar* v.
de·sa·cu:*ar* v.
de·sa·cu·mu·*lar* v.
de·sa·cu·*nhar* v.
de·sad·mo:es·*tar* v.
de·sa·do·ra·*ção* sf.; pl. ·*ções*.
de·sa·do·*ra*·do adj.
de·sa·do·ra·*dor* (ô) adj. sm.
de·sa·do·*rar* v.
de·sa·dor·me·*cer* v.
de·sa·dor·*nar* v.
de·sa·*dor*·no (ô) sm.; pl. (ô)/
  Cf. desadorno (ó), do v.
  desadornar.
de·sa·*do*·ro (ô) sm.; pl. (ô)/Cf.
  desadoro (ó), do v. desadorar.
de·sa·du·*na*·do adj.
de·sa·du·*nar* v.
de·sad·ver·*ti*·do adj.
de·as:e·ra·*ção* sf.; pl. ·*ções*.
de·as:e·ra·*dor* (ô) adj. sm.
de·as:e·*rar* v.
de·sa·fa·bi·li·*da*·de sf.
de·sa·fal·*mar* v.
de·sa·fa·*mar* v.
de·sa·fas·*tar* v.
de·sa·*fá*·vel adj. 2g.; pl. ·veis.
de·sa·fa·*zer* v.
de·sa·fe:*a*·do adj. 'tirada de
  fealdade a'/Cf. desafiado.
de·sa·fe:*ar* v. 'tirar a fealdade'/
  Cf. desafiar.
de·sa·fei·*ção* sf.; pl. ·*ções*.
de·sa·fei·ço:*a*·do adj.
de·sa·fei·ço:*ar* v.
de·sa·fei·*tar* v.
de·sa·*fei*·to adj.

de·sa·fer·*rar* v.
de·sa·*fer*·ro (ê) sm./Cf.
  desaferro (é), do v. desaferrar.
de·sa·fer·ro·*lhar* v.
de·sa·fer·vo·*rar* v.
de·sa·fe·ta·*ção* sf.; pl. ·*ções*.
de·sa·fe·*ta*·do adj.
de·sa·*fe*·to adj. sm.
de·sa·fi:*a*·do adj. 'provocado'
  'que perdeu o fio'/Cf.
  desafeado.
de·sa·fi:a·*ção* sf.; pl. ·*ções*.
de·sa·fi:a·*dor* (ô) adj. sm.
de·sa·fi:*an*·te adj. s2g.
de·sa·fi:*ar* v. 'provocar' 'perder
  o fio'/Cf. desafear.
de·sa·fi·na·*ção* sf.; pl. ·*ções*.
de·sa·fi·*na*·do adj.
de·sa·fi·na·*men*·to sm.
de·sa·fi·*nar* v.
de·sa·*fi*:o sm.
de·sa·fi·ve·*lar* v.
de·sa·fi·*xar* (cs) v.
de·sa·fo·*ga*·do adj.
de·sa·fo·*gar* v.
de·sa·*fo*·go (ô) sm.; pl. (ô)/Cf.
  desafogo (ó), do v. desafogar.
de·sa·fo·gue:*ar* v.
de·sa·fo·*ra*·do adj. sm.
de·sa·fo·*ra*·ma sf.
de·sa·fo·ra·*men*·to sm.
de·sa·fo·*rar* v.
de·sa·*fo*·ro (ô) sm.; pl. (ô)/Cf.
  desaforo (ó), do v. desaforar.
de·sa·for·tu·*na*·do adj.
de·sa·fre·gue·*sar* v.
de·sa·*fron*·ta sf.
de·sa·*fron*·ta·do adj.
de·sa·fron·ta·*dor* (ô) adj. sm.
de·sa·fron·ta·*men*·to sm.
de·sa·fron·*tar* v.
de·sa·ga·lo:*ar* v.
de·sa·gar·*rar* v.
de·sa·ga·sa·*lha*·do adj.
de·sa·ga·sa·lha·*dor* (ô) adj. sm.
de·sa·ga·sa·*lhar* v.
de·sa·ga·sa·*lho* sm.
de·sa·gas·ta·*men*·to sm.
de·sa·gas·*tar* v.
de·*sá*·gi:o sm.
de·sa·glo·me·*rar* v.
de·sa·go·ni:*ar* v.
de·sa·gra·*da*·do adj.
de·sa·gra·*dar* v.
de·sa·gra·*dá*·vel adj. 2g.; pl. ·veis.
de·sa·gra·de·*cer* v.
de·sa·gra·de·*ci*·do adj. sm.

de·sa·gra·de·ci·*men*·to sm.
de·sa·*gra*·do sm.
de·sa·gra·va·*dor* (ô) adj. sm.
de·sa·gra·*var* v.
de·sa·*gra*·vo sm.
de·sa·gre·ga·*ção* sf.; pl. ·*ções*.
de·sa·gre·ga·*dor* (ô) adj. sm.
de·sa·gre·*gan*·te adj. 2g.
de·sa·gre·*gar* v.
de·sa·gre·ga·*ti*·vo adj.
de·sa·gre·*gá*·vel adj. 2g.; pl. ·veis.
de·sa·gri·lho:a·*men*·to sm.
de·sa·gri·lho:*ar* v.
de·sa·gua·*doi*·ro sm.:
    de·sa·gua·*dou*·ro.
de·sa·gua·*men*·to sm.
de·sa·*guar* v.
de·sa·gua·*xa*·do adj.
de·sa·gua·*xar* v.
de·sa·*gua*·xe sm.
de·sa·gui·*sa*·do sm.
de·sa·gui·*sar* v.
de·sa·*gui*·so sm.
de·sai·na·*du*·ra sf.
de·sai·*nar* v.
de·sai·*rar* v.
de·*sai*·re sm.
de·sai·*ro*·so (ô) adj.; f. e pl. (ó).
de·sa·jei·*ta*·do adj.
de·sa·jei·ta·*men*·to sm.
de·sa·jei·*tar* v.
de·sa·jou·*jar* v.
de·sa·*jou*·jo sm.
de·sa·*ju*·da sf.
de·sa·ju·*da*·do adj.
de·sa·*ju*·dar v.
de·sa·ju:i·*za*·do adj. sm.
de·sa·ju:i·*zar* v.
de·sa·*jun*·tar v.
de·sa·jus·*ta*·do adj. sm.
de·sa·jus·ta·*men*·to sm.
de·sa·jus·*tar* v.
de·sa·*jus*·te sm.
de·sa·la·*gar* v.
de·sa·las·*trar* v.
de·sal·bar·*dar* v.
de·sa·*le*·gre adj. 2g.
de·sa·lei·*tar* v.
de·sa·len·*ta*·do adj.
de·sa·len·ta·*dor* (ô) adj. sm.
de·sa·len·*tar* v.
de·sa·*len*·to sm.
de·sal·for·*jar* v.
de·sal·ge·*mar* v.
de·sa·lhe:*ar* v.
de·sa·li:*ar* v.
de·sa·li·*jar* v.
de·sa·li·*nha*·do adj.
de·sa·li·*nhar* v.
de·sa·li·nha·*var* v.
de·sa·*li*·nho sm.
de·sa·lis·*tar* v.
de·sa·li·vi:*ar* v.
de·sal·*ma*·do adj.
de·sal·ma·*men*·to sm.
de·sa·lo·ja·*men*·to sm.
de·sa·lo·*jar* v.
de·sal·te·*rar* v.
de·sa·lu·*gar* v.
de·sa·lu·mi:*a*·do adj.
de·sa·ma·bi·li·*da*·de sf.
de·sa·ma·go:*ar* v.
de·sa·mal·ga·*mar* v.
de·sa·ma·men·*tar* v.
de·sa·ma·*nhar* v.
de·sa·*mar* v.
de·sa·mar·*rar* v.
de·sa·mar·ro·*tar* v.
de·sa·mas·*sar* v.
de·sa·*má*·vel adj. 2g.; pl. ·veis.
de·sam·bi·*ção* sf.; pl. ·*ções*.
de·sam·bi·ci:*o*·so (ô) adj. sm.; f. e pl. (ó).
de·sam·bi:en·*ta*·do adj.
de·sam·bi:en·*tar* v.
de·sa·mi·*gar* v.
de·sa·*mi*·go adj.
de·sa·mi·*na*·se sf.
de·sa·mi·*za*·de sf.
de·sa·mo:a·*dor* (ô) sm.
de·sa·mo·dor·*rar* v.
de·sa·mo:e·da·*ção* sf.; pl. ·*ções*.
de·sa·mo:e·*dar* v.
de·sa·mol·*gar* v.
de·sa·mon·to:*ar* v.
de·sa·*mor* (ô) sm.
de·sa·mo·*ra*·do adj.
de·sa·mo·*rá*·vel adj. 2g.; pl. ·veis.
de·sa·mo·*ro*·so (ô) adj.; f. e pl. (ó).
de·sa·mor·ta·*lhar* v.
de·sa·mor·ti·za·*ção* sf.; pl. ·*ções*.
de·sa·mor·ti·*zar* v.
de·sa·mor·ti·*zá*·vel adj. 2g.; pl. ·veis.
de·sa·mo·ti·*nar* v.
de·sam·pa·*ra*·do adj. sm.
de·sam·pa·ra·*dor* (ô) adj. sm.
de·sam·pa·*rar* v.
de·sam·*pa*·ro sm.
de·sa·mu:a·*dor* (ô) adj. sm.
de·sa·mu:*ar* v.
de·*sa*·na adj. s2g.

de·san·ca·*dor* (ô) adj. sm.
de·san·ca·*men*·to sm.
de·san·*car* v.
de·san·co·*rar* v.
de·*san*·da sf.
de·san·da·*dor* (ô) adj. sm.
de·san·*dar* v.
de·*san*·do sm.
de·sa·ne·*lar* v.
de·sa·ne·*xar* (cs) v.
de·sa·*ne*·xo (cs) adj. sm.
de·sa·ni·*char* v.
de·sa·ni·ma·*ção* sf.; pl. ·*ções*.
de·sa·ni·*ma*·do adj.
de·sa·ni·ma·*dor* (ô) adj.
de·sa·ni·*mar* v.
de·*sâ*·ni·mo sm./Cf. *desanimo*, do v. *desanimar*.
de·sa·ni·*nhar* v.
de·sa·no·*jar* v.
de·sa·*no*·jo (ô) sm.; pl. (ô)/Cf. *desanojo* (ó), do v. *desanojar*.
de·sa·nu·vi:a·*dor* (ô) adj. sm.
de·sa·nu·vi:a·*men*·to sm.
de·sa·nu·vi:*ar* v.
de·sa·pa·dri·*nhar* v.
de·sa·pa·*gar* v.
de·sa·pai·xo·*na*·do adj.
de·sa·pai·xo·*nar* v.
de·sa·pa·ra·fu·*sa*·gem sf.; pl. ·gens.
de·sa·pa·ra·fu·*sar* v.
de·sa·pa·re·*cer* v.
de·sa·pa·re·*ci*·do adj. sm.
de·sa·pa·re·ci·*men*·to sm.
de·sa·pa·re·*lhar* v.
de·sa·pa·ri·*ção* sf.; pl. ·*ções*.
de·sa·pa·*rtar* v.
de·sa·pa·vo·*rar* v.
de·sa·pe:*ar* v.
de·sa·pe·*ga*·do adj.
de·sa·pe·ga·*men*·to sm.
de·sa·pe·*gar* v.
de·sa·*pe*·go (ê) sm./Cf. *desapego* (é), do v. *desapegar*.
de·sa·per·ce·*ber* v.
de·sa·per·ce·*bi*·do adj.
de·sa·per·ce·bi·*men*·to sm.
de·sa·per·*rar* v.
de·sa·per·*tar* v.
de·sa·*per*·to (ê) sm./Cf. *desaperto* (é), do v. *desapertar*.
de·sa·pi:e·*da*·do adj.
de·sa·pi:e·*dar* v.
de·sa·*plau*·dir v.
de·sa·*plau*·so sm.
de·sa·pli·ca·*ção* sf.; pl. ·*ções*.

de·sa·pli·*car* v.
de·sa·po·de·*ra*·do adj.
de·sa·po·de·*rar* v.
de·sa·poi*ar* v.
de·sa·*poi*·o sm./Cf. *desapoio (ó)*, do v. *desapoiar*.
de·sa·pol·vi·*lhar* v.
de·sa·pon·*ta*·do adj.
de·sa·pon·ta·*men*·to sm.
de·sa·pon·*tar* v.
de·sa·*pon*·to sm.
de·sa·po·quen·*tar* v.
de·sa·por·tu·gue·*sar* v.
de·sa·po·sen·*tar* v.
de·sa·pos·sa·*men*·to sm.
de·sa·pos·*sar* v.
de·sa·pra·*zer* v.
de·sa·pra·*zí*·vel adj. 2g.; pl. ·veis.
de·sa·pre·*çar* v.
de·sa·pre·ci*ar* v.
de·sa·*pre*·ço (ê) sm./ Cf. *desapreço (é)*, do v. *desapreçar*.
de·sa·pren·*der* v.
de·sa·pre·si·*lhar* v.
de·sa·pres·*sar* v.
de·sa·pri·mo·*ra*·do adj.
de·sa·pro·po·si·*ta*·do adj.
de·sa·pro·*pó*·si·to sm.
de·sa·pro·pri·a·*ção* sf.; pl. ·ções.
de·sa·pro·pri·a·*dor* (ô) adj. sm.
de·sa·pro·pri·*an*·do sm.
de·sa·pro·pri·*an*·te adj. s2g.
de·sa·pro·pri·*ar* v.
de·sa·pro·va·*ção* sf.; pl. ·ções.
de·sa·pro·va·*dor* (ô) adj. sm.
de·sa·pro·*var* v.
de·sa·pro·va·*ti*·vo adj.
de·sa·pro·vei·*ta*·do adj.
de·sa·pro·vei·ta·*men*·to sm.
de·sa·pro·vei·*tar* v.
de·sa·pro·xi·*mar* (ss) v.
de·sa·pru·*mar* v.
de·sa·*pru*·mo sm.
de·sa·pu·*ra*·do adj.
de·sa·*pu*·ro sm.
de·sa·quar·te·*lar* v.
de·sa·que·*cer* v.
de·sa·que·ci·*men*·to sm.
de·sa·qui·nho·*ar* v.
de·*sar* sm.
de·sa·ra·*nhar* v.
de·sa·*rar* v.
de·sar·bo·ri·za·*ção* sf.; pl. ·ções.
de·sar·bo·ri·za·*dor* (ô) adj. sm.
de·sar·bo·ri·*zar* v.
de·sar·*car* v.

de·sa·re:*ar* v.
de·sa·re·*jar* v.
de·sa·res·*tar* v.
de·sar·*ma*·do adj.
de·sar·ma·men·*tis*·mo sm.
de·sar·ma·*men*·to sm.
de·sar·*mar* v.
de·sar·*má*·vel adj. 2g.; pl. ·veis.
de·sar·mo·*ni*·a sf.
de·sar·*mô*·ni·co adj.
de·sar·mo·ni:*o*·so (ô) adj.; f. e pl. (ó).
de·sar·mo·ni·za·*dor* (ô) adj. sm.
de·sar·mo·ni·*zar* v.
de·sa·ro·*mar* v.
de·sa·ro·ma·ti·*zar* v.
de·sar·que:*ar* v.
de·sar·rai·ga·*men*·to sm.: *desarreigamento*.
de·sar·rai·*gar* v.: *desarreigar*.
de·sar·ran·*car* v.
de·sar·ran·*cha*·do adj.
de·sar·ran·*char* v.
de·sar·ran·ja·*dor* (ô) adj. sm.
de·sar·ran·*jar* v.
de·sar·*ran*·jo sm.
de·sar·ra·zo:*a*·do adj.
de·sar·ra·zo:*ar* v.
de·sar·re:*ar* v.
de·sar·re·don·*dar* v.
de·sar·re·ga·*çar* v.
de·sar·rei·ga·*men*·to sm.: *desarraigamento*.
de·sar·rei·*gar* v.: *desarraigar*.
de·sar·ri·*mar* v.
de·sar·*ri*·mo sm.
de·sar·ro·*char* v.
de·sar·ro·*lhar* v.
de·sar·rou·*pa*·do adj.
de·sar·ru*ar* v.
de·sar·ru·*far* v.
de·sar·*ru*·fo sm.
de·sar·ru·ga·*men*·to sm.
de·sar·ru·*gar* v.
de·sar·ru·ma·*ção* sf.; pl. ·ções.
de·sar·ru·*mar* v.
de·sar·ti·cu·la·*ção* sf.; pl. ·ções.
de·sar·ti·cu·*lar* v.
de·sar·ti·fi·ci·*o*·so (ô) adj.; f. e pl. (ó).
de·sar·vo·*ra*·do adj.
de·sar·vo·ra·*men*·to sm.
de·sar·vo·*rar* v.
de·*sa*·sa sf.
de·sa·*sa*·do adj. 'sem asa'/Cf. *desazado*.

de·sa·*sar* v. 'partir as asas de'/ Cf. *desazar*.
de·sa·*sir* v.
de·sas·*nar* v.
de·sas·sa·*nhar* v.
de·sas·sa·zo·*na*·do adj.
de·sas·se:*a*·do adj.
de·sas·se:*ar* v.
de·sas·*sei*·o sm.
de·sas·sel·va·*jar* v.
de·sas·se·me·*lhar* v.
de·sas·se·nho·re:*ar* v.
de·sas·sen·ti·*men*·to sm.
de·sas·ses·*tar* v.
de·sas·si·mi·la·*ção* sf.; pl. ·ções.
de·sas·si·mi·la·*dor* (ô) adj. sm.
de·sas·si·mi·*lar* v.
de·sas·si·*sa*·do adj. sm.
de·sas·si·*sar* v.
de·sas·*si*·so sm.
de·sas·sis·*tir* v.
de·sas·so·ci*a*·do adj.
de·sas·so·ci*ar* v.
de·sas·so·*mar* v.
de·sas·som·*bra*·do adj.
de·sas·som·*brar* v.
de·sas·*som*·bro sm.
de·sas·so·re:a·*men*·to sm.
de·sas·so·re:*ar* v.
de·sas·sos·se·*ga*·do adj.
de·sas·sos·se·*gar* v.
de·sas·sos·*se*·go (ê) sm./ Cf. *desassossego (é)*, do v. *desassossegar*.
de·sas·sus·*tar* v.
de·sas·*tra*·do adj. sm.
de·*sas*·tre sm.
de·sas·*tro*·so (ô) adj.; f. e pl. (ó).
de·sa·ta·ba·*far* v.
de·sa·ta·*car* v.
de·sa·*ta*·do adj.
de·sa·ta·*dor* (ô) adj. sm.
de·sa·ta·*du*·ra sf.
de·sa·ta·*men*·to sm.
de·sa·*tar* v.
de·sa·tar·ra·*xar* v.
de·sa·tas·*car* v.
de·sa·ta·vi:*a*·do adj.
de·sa·ta·vi·*ar* v.
de·sa·ta·*vi*·o sm.
de·*sa*·te sm.
de·sa·te·mo·ri·*zar* v.
de·sa·ten·*ção* sf.; pl. ·ções.
de·sa·ten·ci·*o*·so (ô) adj.; f. e pl. (ó).
de·sa·ten·*der* v.
de·sa·ten·*dí*·vel adj. 2g.; pl. ·veis.

de·sa·ten·*tar* v.
de·sa·*ten*·to adj.
de·sa·ter·*rar* v.
de·sa·*ter*·ro (ê) sm./Cf.
　desaterro (é), do v. desaterrar.
de·sa·tes·*tar* v.
de·sa·ti·*la*·do adj.
de·sa·ti·*lhar* v.
de·sa·ti·*na*·do adj. sm.
de·sa·ti·*nar* v.
de·sa·*ti*·no sm.
de·sa·ti·va·*ção* sf.; pl. ·*ções*.
de·sa·ti·*va*·do adj.
de·sa·ti·va·*dor* (ô) adj. sm.
de·sa·ti·*var* v.
de·sa·to·*la*·do adj.
de·sa·to·*lar* v.
de·sa·tor·do:*ar* v.
de·sa·tra·ca·*ção* sf.; pl. ·*ções*.
de·sa·tra·*car* v.
de·sa·tra·van·*car* v.
de·sa·tra·ves·*sar* v.
de·sa·tre·*lar* v.
de·sa·tre·*mar* v.
de·sau·to·ra·*ção* sf.; pl. ·*ções*.
de·sau·to·*ra*·do adj.
de·sau·to·*rar* v.
de·sau·to·ri·*da*·de sf.
de·sau·to·ri·za·*ção* sf.; pl. ·*ções*.
de·sau·to·ri·*za*·do adj.
de·sau·to·ri·*zar* v.
de·sa·va·*gar* v.
de·sa·*ven*·ça sf.
de·sa·ver·*bar* v.
de·sa·ver·go·*nha*·do adj. sm.
de·sa·ver·go·*nhar* v.
de·sa·ve·*xar* v.
de·sa·ve·*za*·do adj.
de·sa·ve·*zar* v.
de·sa·*ve*·zo (ê) sm./Cf. desavezo
　(é), do v. desavezar.
de·sa·vi·*ar* v.
de·sa·*vin*·do adj.
de·sa·vi·*nhar* v.
de·sa·*vi*·nho sm.
de·sa·*vir* v.
de·sa·vi·*sa*·do adj. sm.
de·sa·vi·sa·*men*·to sm.
de·sa·vi·*sar* v.
de·sa·*vi*·so sm.
de·sa·vis·*tar* v.
de·sa·vo·lu·*mar* v.
de·sa·*za*·do adj. 'inapto'/Cf.
　desasado.
de·sa·*zar* v. 'tornar inapto'/Cf.
　desasar.
de·*sa*·zo sm.

des·ba·*bar* v.
des·ba·be·li·za·*ção* sf.; pl. ·*ções*.
des·ba·be·li·*zar* v.
des·ba·go:*ar* v.
des·ba·gu·*lhar* v.
des·ba·li·*zar* v.
des·ban·*car* v.
des·ban·dei·*rar* v.
des·ba·ra·ta·*dor* (ô) adj. sm.
des·ba·ra·ta·*men*·to sm.
des·ba·ra·*tar* v.
des·ba·*ra*·te sm.: des·ba·*ra*·to.
des·bar·*ba*·do adj.
des·bar·*bar* v.
des·bar·ran·*ca*·do adj. sm.
des·bar·ran·ca·*men*·to sm.
des·bar·ran·*car* v.
des·bar·*rar* v.
des·bar·re·*tar* v.
des·bar·ri·*ga*·do adj.
des·bar·ri·*gar* v.
des·bas·ta·*ção* sf.; pl. ·*ções*.
des·bas·ta·*dor* (ô) adj. sm.
des·bas·ta·*men*·to sm.
des·bas·*tar* v.
des·bas·tar·*dar* v.
des·*bas*·te sm.
des·ba·ti·*zar* v.
des·bei·*çar* v.
des·bi·*car* v.
des·blo·que:*ar* v.
des·blo·*quei*·o sm.
des·bo·*ca*·do adj. sm.
des·bo·ca·*men*·to sm.
des·bo·*car* v.
des·bo·*la*·do adj.
des·bo·li·*nar* v.
des·bo·lo·*tar* v.
des·bor·*car* v.
des·bor·ci·*nar* v.
des·bor·da·*men*·to sm.
des·bor·*dan*·te adj. 2g.
des·bor·*dar* v.
des·*bor*·do (ô) sm.; pl. (ô)/Cf.
　desbordo (ó), do v. desbordar.
des·bo·ro:*ar* v.
des·bor·*rar* v.
des·bo·*ta*·do adj.
des·bo·ta·*du*·ra sf.
des·bo·ta·*men*·to sm.
des·bo·*tar* v.
des·*bo*·te sm.
des·bra·*ga*·do adj. sm.
des·bra·ga·*men*·to sm.
des·bra·*gar* v.
des·bra·va·*dor* (ô) adj. sm.
des·bra·va·*men*·to sm.

des·bra·*var* v.
des·bra·ve·*ja*·do adj.
des·bra·ve·*jar* v.
des·bri:*a*·do adj. sm.
des·bri:*a*·dor (ô) adj. sm.
des·bri:a·*men*·to sm.
des·bri:*ar* v.
des·bri·da·*men*·to sm.
des·bri·*dar* v.
des·*bri*:o sm.
des·bri:*o*·so (ô) adj.; f. e pl. (ó).
des·bro·*char* v.
des·bu·*lhar* v.
des·bun·*da*·do adj.
des·bun·*dar* v.
des·*bun*·de sm.
des·bu·ro·cra·ti·za·*ção* sf.; pl.
　·*ções*.
des·bu·ro·cra·ti·za·*dor* (ô) adj.
des·bu·ro·cra·ti·*zan*·te adj. 2g.
des·bu·ro·cra·ti·*zar* v.
des·bur·ri·fi·*car* v.
des·ca·ba·*çar* v.
des·ca·be·*ça*·do adj. sm.
des·ca·be·ça·*dor* (ô) adj. sm.
des·ca·be·ça·*men*·to sm.
des·ca·be·*çar* v.
des·ca·be·*la*·do adj.
des·ca·be·*lar* v.
des·ca·*ber* v.
des·ca·*bi*·do adj.
des·ca·cha·*çar* v.
des·ca·dei·*ra*·do adj.
des·ca·dei·ra·*men*·to sm.
des·ca·dei·*rar* v.
des·ca·*í*·da sf.
des·ca·*í*·do adj.
des·ca:i·*men*·to sm.
des·ca:*ir* v.
des·ca·*la*·bro sm.
des·ca·*lar* v.
des·cal·ça·*dei*·ra sf.
des·cal·ça·*de*·la sf.
des·cal·ça·*dor* (ô) adj. sm.
des·cal·ça·*du*·ra sf.
des·cal·*çar* v.
des·cal·ci·fi·ca·*ção* sf.; pl. ·*ções*.
des·cal·ci·fi·*car* v.
des·*cal*·ço adj. sm.
des·ca·lho:*ar* v.
des·ca·li·*çar* v.
des·cal·va·*den*·se adj. s2g.
des·cal·*va*·do adj.
des·cal·*var* v.
des·ca·ma·*ção* sf.; pl. ·*ções*.
des·ca·*mar* v.
des·cam·ba·*ção* sf.; pl. ·*ções*.

des·cam·*ba*·da sf.
des·cam·ba·*de*·la sf.
des·cam·*ba*·do adj. sm.
des·cam·*bar* v.
des·ca·mi·*nhar* v.
des·ca·*mi*·nho sm.
des·ca·*mi*·sa sf.
des·ca·mi·*sa*·da sf.
des·ca·mi·*sa*·do adj. sm.
des·ca·mi·*sar* v.
des·cam·*pa*·do adj. sm.
des·cam·*par* v.
des·can·*gar* v.
des·can·go·*ta*·do adj.
des·can·go·*tar* v.
des·ca·nho·*tar* v.
des·can·ji·*car* v.
des·can·sa·*dei*·ro sm.
des·can·*sa*·do adj.
des·can·*sar* v.
des·*can*·so sm.
des·can·*tar* v.
des·*can*·te sm.
des·can·te:*ar* v.
des·can·ti·*lhão* sm.; pl. ·*lhões*.
des·*can*·to sm.
des·ca·pa·ci·*tar* v.
des·ca·pi·ta·li·*zar* v.
des·ca·rac·te·ri·za·*ção* sf.:
descaraterização; pl. ·*ções*.
des·ca·rac·te·ri·*zar* v.:
descaraterizar.
des·ca·*ra*·do adj. sm.
des·ca·ra·*men*·to sm.
des·ca·ra·pu·*çar* v.
des·ca·*rar* v.
des·ca·ra·te·ri·za·*ção* sf.:
descaracterização; pl. ·*ções*.
des·ca·ra·te·ri·*zar* v.:
descaracterizar.
des·car·bo·na·*ção* sf.; pl. ·*ções*.
des·car·bo·*nar* v.
des·car·bo·na·ta·*ção* sf.; pl. ·*ções*.
des·car·bo·na·*tar* v.
des·car·bo·ne·ta·*ção* sf.; pl.
·*ções*.
des·car·bo·ne·*tar* v.
des·car·bo·ni·za·*ção* sf.; pl.
·*ções*.
des·car·bo·ni·*zar* v.
des·car·bu·ra·*ção* sf.; pl. ·*ções*.
des·car·bu·*ran*·te adj. 2g.
des·car·bu·*rar* v.
des·*car*·ga sf.
des·*car*·go sm.
des·ca·ri·*da*·de sf.
des·ca·ri·*do*·so (ô) adj.; f. *e* pl.
(ó).
des·ca·ri·*nho*·so (ô) adj.; f. *e*
pl. (ó).
des·car·*na*·do adj.
des·car·na·*dor* (ô) adj. sm.
des·car·na·*du*·ra sf.
des·car·*nar* v.
des·*ca*·ro sm.
des·ca·ro:*á*·vel adj. 2g.; pl. ·veis.
des·ca·ro·ça·*dor* (ô) adj. sm.
des·ca·ro·ça·*men*·to sm.
des·ca·ro·*çar* v.
des·ca·ro·*çá*·vel adj. 2g.; pl.
·veis.
des·car·*rar* v.
des·car·re·ga·*doi*·ro sm.:
descarregadouro.
des·car·re·ga·*dor* (ô) adj. sm.
des·car·re·ga·*dou*·ro sm.:
descarregadoiro.
des·car·re·ga·*men*·to sm.
des·car·re·*gar* v.
des·car·*re*·go (ê) sm.
des·car·rei·*rar* v.
des·car·*re*·to (ê) sm.
des·car·ri·la·*men*·to sm.:
descarrilhamento.
des·car·ri·*lar* v.: *descarrilhar*.
des·car·ri·lha·*men*·to sm.:
descarrilamento.
des·car·ri·*lhar* v.: *descarrilar*.
des·car·*tar* v.
des·car·*tá*·vel adj. 2g.; pl. ·veis
des·*car*·te sm.
des·ca·*sa*·do adj.
des·ca·sa·*du*·ra sf.
des·ca·sa·*lar* v.
des·ca·sa·*men*·to sm.
des·ca·*sar* v.
des·*cas*·ca sf.
des·cas·ca·*ção* sf.; pl. ·*ções*.
des·cas·ca·*de*·la sf.
des·cas·ca·*di*·nha sf.
des·cas·ca·*dor* (ô) adj. sm.
des·cas·ca·*du*·ra sf.
des·cas·ca·*men*·to sm.
des·cas·*car* v.
des·ca·*so* sm.
des·cas·*par* v.
des·*cas*·que sm.
des·ca·ti·*var* v.
des·ca·*ti*·vo adj.
des·cau·*da*·do v.: *descaudato*.
des·cau·*dar* v.
des·cau·*da*·to adj.: *descaudado*.
des·cau·*li*·no adj.
des·cau·*te*·la sf.
des·cau·te·*lo*·so (ô) adj.; f. *e*
pl. (ó).
des·ca·val·ga·*men*·to sm.
des·ca·val·*gar* v.
des·ca·*var* v.
des·ca·vei·*ra*·do adj.
des·ca·xe·*la*·do adj.:
desqueixelado.
des·ce·lu·*lar* v.
des·cen·*dên*·ci:a sf.
des·cen·*den*·te adj. s2g.
des·cen·*der* v.
des·cen·di·*men*·to sm.
des·cen·*são* sf. 'descida'; pl.
·*sões*/Cf. *dissensão*.
des·cen·si:o·*nal* adj. 2g.; pl.
·*nais*.
des·*cen*·so sm. 'descida'/Cf.
dissenso.
des·*cen*·te adj. 2g. sf. 'que
desce' 'descida'/Cf. *decente* e
discente.
des·cen·tra·*lis*·mo sm.
des·cen·tra·*lis*·ta adj. s2g.
des·cen·tra·li·za·*ção* sf.; pl. ·*ções*.
des·cen·tra·li·za·*dor* (ô) adj. sm.
des·cen·tra·li·*zan*·te adj. 2g.
des·cen·tra·li·*zar* v.
des·cen·tra·li·*zá*·vel adj. 2g.;
pl. ·veis.
des·cen·*trar* v.
des·*cer* v.
des·cer·ca·*dor* (ô) adj. sm.
des·cer·*car* v.
des·*cer*·co (ê) sm./Cf. *descerco*
(é), do v. *descercar*.
des·ce·re·bra·*ção* sf.; pl. ·*ções*.
des·ce·re·*bra*·do adj. sm.
des·ce·re·*brar* v.
des·ce·ri·*mô*·ni:a sf.
des·ce·ri·mo·ni:*o*·so (ô) adj.; f.
e pl. (ó).
des·cer·*rar* v.
des·chan·ce·*lar* v.
des·cha·pe·*lar* v.
des·chum·*bar* v.
des·*ci*·da sf.
des·*ci*·do adj. sm.
des·cim·bra·*ção* sf.; pl. ·*ções*.
des·cim·bra·*men*·to sm.
des·cim·*brar* v.
des·ci·men·ta·*ção* sf.; pl. ·*ções*.
des·ci·men·*tar* v.
des·ci·*men*·to sm.
des·cin·*gir* v.
des·cla·ri·*da*·de sf.
des·clas·si·fi·ca·*ção* sf.; pl. ·*ções*.

des·clas·si·fi·*ca*·do adj. sm.
des·clas·si·fi·*car* v.
des·co:a·gu·la·*ção* sf.; pl. *ções*.
des·co:a·gu·la·*men*·to sm.
des·co:a·gu·*lar* v.
des·co:a·*lhar* v.
des·co:*a*·lho sm.
des·co·*ber*·ta sf.
des·co·ber·*ten*·se adj. s2g.
des·co·*ber*·to adj. sm.
des·co·bri·*dor* (ô) adj. sm.
des·co·bri·*men*·to sm.
des·co·*brir* v.
des·co·*ca*·do adj.
des·co·*car* v.
des·co·*char* v.
des·*co*·co (ô) sm.; pl. (ô)/Cf.
  descoco (ó), do v. *descocar*.
des·co·de:*ar* v.
des·co·di·fi·ca·*ção* sf.; pl. *·ções*.
des·co·di·fi·ca·*dor* (ô) adj. sm.
des·co·di·fi·*can*·te adj. 2g.
des·co·di·fi·*car* v.
des·co·di·fi·*cá*·vel adj. 2g.; pl.
  ·veis.
des·co·fra·*dor* (ô) adj.
des·co·*fra*·gem sf.; pl. ·gens.
des·co·*frar* v.
des·coi·*mar* v.
des·coi·va·*rar* v.
des·co·*la*·gem sf.; pl. ·gens.
des·co·*lar* v.
des·col·*mar* v.
des·co·lo·*car* v.
des·co·lo·ni·*zar* v.
des·co·lo·ra·*ção* sf.; pl. *·ções*.
des·co·lo·*ran*·te adj. s2g.
des·co·lo·*rar* v.
des·co·lo·*rir* v.
des·co·me·*di*·do adj.
des·co·me·di·*men*·to sm.
des·co·me·*dir* v.
des·co·*mer* v.
des·co·me·*ter* v.
des·co·mo·di·*da*·de sf.
des·*cô*·mo·do sm.
des·co·mo·*ver* v.
des·com·pac·*tar* v.
des·com·pa·de·*cer* v.
des·com·pa·*drar* v.
des·com·pai·*xão* sf.; pl. *·xões*.
des·com·pas·*sa*·do adj.
des·com·pas·*sar* v.
des·com·pas·*si*·vo adj.
des·com·*pas*·so sm.
des·com·pen·sa·*ção* sf.; pl. *·ções*.
des·com·pen·*sar* v.

des·com·pli·*car* v.
des·com·po·*nen*·da sf.
des·com·*por* v.
des·com·po·si·*ção* sf.; pl. *·ções*.
des·com·*pos*·to (ô) adj.
des·com·pos·*tu*·ra sf.
des·com·pra·*zen*·te adj. 2g.
des·com·pra·*zer* v.
des·com·pres·*são* sf.; pl. *·sões*.
des·com·pri·*mir* v.
des·co·mu·*nal* adj. 2g.; pl. *·nais*.
des·co·mun·*gar* v.
des·co·mu·*nhão* sf.; pl. *·nhões*.
des·con·*cei*·to sm.
des·con·cei·tu:*a*·do adj. sm.
des·con·cei·tu:*ar* v.
des·con·cen·*trar* v.
des·con·cer·*ta*·do adj.
  'descomposto'/Cf.
  desconsertado.
des·con·cer·ta·*dor* (ô) adj.
  sm. 'desorientador'/Cf.
  desconsertador.
des·con·cer·*tan*·te adj.
  2g. 'desorientador'/Cf.
  desconsertante.
des·con·cer·*tar* v. 'desorientar'/
  Cf. *desconsertar*.
des·con·*cer*·to (ê) sm.
  'desordem'/Cf. *desconcerto*
  (é), do v. *desconcertar*,
  desconserto (ê) sm. e
  desconserto (é), do v.
  desconsertar.
des·con·cha·*var* v.
des·con·*cha*·vo sm.
des·con·che·*gar* v.
des·con·*che*·go (ê) sm.
des·con·ci·li·a·*ção* sf.; pl. *·ções*.
des·con·ci·li:*ar* v.
des·con·cor·*dân*·ci:a sf.
des·con·cor·*dan*·te adj. 2g.
des·con·cor·*dar* v.
des·con·*cor*·de adj. 2g.
des·con·*cór*·di:a sf.
des·con·den·*sar* v.
des·co·nec·*tar* v.
des·co·ne·*xão* (cs) sf.; pl. *·xões*.
des·co·*ne*·xo (cs) adj.
des·con·*fei*·to adj.
des·con·fi:*a*·do adj. sm.
des·con·fi:*an*·ça sf.
des·con·fi:*an*·te adj. 2g.
des·con·fi:*ar* v.
des·con·fi:*ô*·me·tro sm.
des·con·for·*mar* v.
des·con·*for*·me adj. 2g.

des·con·for·mi·*da*·de sf.
des·con·for·ta·*dor* (ô) adj.
des·con·for·*tar* v.
des·con·for·*tá*·vel adj. 2g.; pl.
  ·veis.
des·con·*for*·to (ô) sm./
  Cf. *desconforto* (ó), do v.
  desconfortar.
des·con·fran·*ger* v.
des·con·ge·la·*ção* sf.; pl. *·ções*.
des·con·ge·la·*dor* (ô) adj.
des·con·ge·*lar* v.
des·con·ges·ti·o·na·*dor* (ô) adj.
des·con·ges·ti·o·na·*men*·to sm.
des·con·ges·ti·o·*nan*·te adj.
  2g. sm.
des·con·ges·ti·o·*nar* v.
des·co·nhe·ce·*dor* (ô) adj. sm.
des·co·nhe·*cer* v.
des·co·nhe·*ci*·do adj. sm.
des·co·nhe·ci·*men*·to sm.
des·co·nhe·*cí*·vel adj. 2g.; pl.
  ·veis.
des·con·*jun*·ção sf.; pl. *·ções*.
des·con·*jun*·ta·do adj.
des·con·jun·ta·*men*·to sm.
des·con·jun·*tar* v.
des·con·*jun*·to adj.
des·con·jun·*tu*·ra sf.
des·con·ju·*rar* v.
des·con·sa·gra·*ção* sf.; pl. *·ções*.
des·con·sa·*grar* v.
des·cons·ci·*ên*·ci:a sf.
des·con·sen·ti·*men*·to sm.
des·con·sen·*tir* v.
des·con·ser·*ta*·do adj.
  'desarranjado'/Cf.
  desconcertado.
des·con·ser·ta·*dor* (ô) adj.
  sm. 'desarranjador'/Cf.
  desconcertador.
des·con·ser·*tan*·te adj.
  2g. 'desarranjador'/Cf.
  desconcertante.
des·con·ser·*tar* v. 'desarranjar'/
  Cf. *desconcertar*.
des·con·*ser*·to (ê) sm.
  'desarranjo'/Cf. *desconserto*
  (é), do v. *desconsertar*,
  desconcerto (ê) sm. e
  desconcerto (é), do v.
  desconcertar.
des·con·si·de·ra·*ção* sf.; pl.
  ·ções.
des·con·si·de·*rar* v.
des·con·so·la·*ção* sf.; pl. *·ções*.
des·con·so·*la*·do adj. sm.

des·con·so·la·*dor* (ô) adj.
des·con·so·*lar* v.
des·con·so·la·*ti*·vo adj.
des·con·so·*lá*·vel adj. 2g.; pl.
·veis.
des·con·*so*·lo (ê) sm.; pl. (ô)/
Cf. *desconsolo* (ó), do v.
desconsolar.
des·cons·tran·*ger* v.
des·cons·tru·*ir* v.
des·con·ta·*dor* (ô) adj.
des·con·*tar* v.
des·con·*tá*·ri:o adj. sm.
des·con·ta·*tá*·ri:o adj. sm.
des·con·*tá*·vel adj. 2g.; pl. ·veis.
des·con·ten·ta·*di*·ço adj.
des·con·ten·ta·*men*·to sm.
des·con·ten·*tar* v.
des·con·*ten*·te adj. s2g.
des·con·ti·*nên*·ci:a sf.
des·con·ti·nu:a·*ção* sf.; pl. ·*ções*.
des·con·ti·nu:*ar* v.
des·con·ti·nu:i·*da*·de sf.
des·con·*tí*·nu:o adj./
Cf. *descontinuo*, do v.
descontinuar.
des·*con*·to sm.
des·con·tra·*ção* sf.; pl. ·*ções*.
des·con·tra:*ir* v.
des·con·tra·man·*te*·lo (ê) sm.
des·con·tra·*tar* v.
des·con·tro·*la*·do adj. sm.
des·con·tro·*lar* v.
des·con·*tro*·le (ô) sm.
des·con·tur·*bar* v.
des·con·ven·*cer* v.
des·con·ve·ni:*ên*·ci:a sf.
des·con·ve·ni:*en*·te adj. 2g.
des·con·ver·sa·*ção* sf.; pl. ·*ções*.
des·con·ver·*sar* v.
des·con·ver·*sá*·vel adj. 2g.; pl.
·veis.
des·con·ver·*ter* v.
des·con·vi·*dar* v.
des·con·*vir* v.
des·con·vi·*vên*·ci:a sf.
des·co·or·de·*nar* v.
des·*cor* (ô) sf.
des·co·*ra*·do adj.
des·co·ra·ja·*men*·to sm.
des·co·ra·*jar* v.
des·co·ra·*men*·to sm.
des·co·*ran*·te adj. 2g. sm.
des·co·*rar* v.
des·cor·ço:*a*·do adj. sm.:
descoroçoado.
des·cor·ço:*ar* v.: *descoroçoar*.

des·cor·*dar* v. 'cortar a medula
do touro'/Cf. *discordar*.
des·*cor*·do (ô) sm.; pl. (ô)/Cf.
descordo (ó), do v. *descordar*,
discordo (ô), sm., *discordos*
(ô), sm. pl., e *discordo* (ó), do
v. *discordar*.
des·cor·na·*dor* (ô) sm.
des·cor·*nar* v.
des·co·ro:a·*ção* sf.; pl. ·*ções*.
des·co·ro:*ar* v.
des·co·ro·ço:*a*·do adj. sm.:
descorçoado.
des·co·ro·ço:*ar* v.: *descoroçoar*.
des·co·ro·*la*·do adj.
des·cor·re·la·*ção* sf.; pl. ·*ções*.
des·cor·re·la·ci:o·*nar* v.
des·cor·te·*jar* v.
des·cor·*tês* adj. 2g.
des·cor·te·*si*·a sf.
des·cor·ti·ca·*ção* sf.; pl. ·*ções*.
des·cor·ti·ça·*men*·to sm.
des·cor·ti·*car* v.
des·cor·ti·*çar* v.
des·cor·ti·na·*dor* (ô) adj. sm.
des·cor·ti·*nar* v.
des·cor·ti·*ná*·vel adj. 2g.; pl.
·veis.
des·cor·*ti*·no sm.
des·co·se·*du*·ra sf.
des·co·*ser* v.
des·co·*si*·do adj.
des·cos·tu·*mar* v.
des·cos·*tu*·me sm.
des·cos·tu·*rar* v.
des·co·to:*ar* v.
des·cra·*var* v.
des·cra·ve·*jar* v.
des·cra·vi·*zar* v.
des·cre·di·*tar* v.
des·*cré*·di·to sm./Cf. *descredito*,
do v. *descreditar*.
des·cre·ma·*ção* sf.; pl. ·*ções*.
des·cre·*mar* v.
des·*cren*·ça sf.
des·*cren*·te adj. s2g.
des·*crer* v.
des·cre·*ver* v.
des·*cri*·*ção* sf. 'exposição
em palavras'; pl. ·*ções*/Cf.
discrição.
des·*cri*·do adj. sm.
des·cri·mi·na·*ção* sf.
'absolvição de crime'; pl.
·*ções*/Cf. *discriminação*.
des·cri·mi·na·*dor* (ô) adj. 'que
absolve'/Cf. *discriminador*.

des·cri·mi·na·li·*zar* v.
des·cri·mi·*nan*·te adj. 2g. 'que
absolve'/Cf. *discriminante*.
des·cri·mi·*nar* v. 'absolver'/Cf.
discriminar.
des·cri·mi·*ná*·vel adj. 2g. 'que
pode ser absolvido'; pl. ·veis/
Cf. *discriminável*.
des·cris·ti:a·ni·za·*ção* sf.; pl.
·*ções*.
des·cri·ti:a·ni·*zar* v.
des·cris·ti:a·ni·*zá*·vel adj. 2g.;
pl. ·veis.
des·cri·te·ri:*o*·so (ô) adj.; f. *e*
pl. (ó).
des·cri·*tí*·vel adj. 2g.; pl. ·veis.
des·cri·*ti*·vo adj. 'que apresenta
descrição'/Cf. *discretivo*.
des·cri·*tor* (ô) adj. sm.
des·cru·za·*men*·to sm.
des·cru·*zar* v.
des·cui·*da*·do adj. sm.
des·cui·da·*do*·so (ô) adj.; f. *e*
pl. (ó).
des·cui·*dar* v.
des·cui·*dis*·ta s2g.
des·*cui*·do sm.
des·*cui*·*do*·so (ô) adj.; f. *e* pl. (ó).
des·*cul*·pa sf.
des·cul·pa·*dor* (ô) adj. sm.
des·cul·*par* v.
des·cul·*pá*·vel adj. 2g.; pl. ·veis.
des·cul·ti·va·*dor* (ô) adj.
des·cul·ti·*var* v.
des·*cul*·to adj. sm.
des·cum·pri·*dor* (ô) sm.
des·cum·pri·*men*·to sm.
des·cum·*prir* v.
des·cu·pi·ni·za·*ção* sf.; pl.: ·*ções*.
des·cu·ra·*men*·to sm.
des·cu·*rar* v.
des·cu·ri:o·si·*da*·de sf.
des·cu·ri:*o*·so (ô) adj.; f. *e* pl. (ó).
des·cur·*var* v.
des·*dar* v.
des·de (ê) prep.
des·*dém* sm.; pl. ·*déns*.
des·de·nha·*dor* (ô) adj. sm.
des·de·*nhar* v.
des·de·nha·*ti*·vo adj.
des·de·*nhá*·vel adj. 2g.; pl.
·veis.
des·de·*nho*·so (ô) adj.; f. *e* pl. (ó).
des·den·*ta*·do adj. sm.
des·den·ta·*men*·to sm.
des·den·*tar* v.
des·*di*·ta sf.

des·di·*ta*·do adj.
des·*di*·to adj.
des·di·*to*·so (ô) adj. sm.; f. *e* pl. (ó).
des·di·*zer* v.
des·do·bra·*dei*·ra sf.
des·do·bra·*men*·to sm.
des·do·*brar* v.
des·do·*brá*·vel adj. 2g.; pl. ·veis.
des·*do*·bre sm.
des·*do*·bro (ô) sm.; pl. (ô)/Cf. *desdobro* (ó), do v. *desdobrar*.
des·doi·*rar*.: desdourar.
des·*doi*·ro sm.: desdouro.
des·dor·*mi*·do adj.
des·dou·*rar* v.: desdoirar.
des·*dou*·ro sm.: desdoiro.
des·dou·tri·na·*ção* sf.; pl. ·ções.
des·dou·tri·*nar* v.
de·se·clip·*sar* v.
de·se·di·fi·ca·*ção* sf.; pl. ·ções.
de·se·di·fi·*car* v.
de·se·di·fi·ca·*ti*·vo adj.
de·se·du·ca·*ção* sf.; pl. *ções*.
de·se·du·*car* v.
de·sei·*xar* v.
de·se·ja·*dor* (ô) adj. sm.
de·se·*jar* v.
de·se·*já*·vel adj. 2g.; pl. ·veis.
de·*se*·jo (ê) sm.
de·se·*jo*·so (ô) adj.; f. *e* pl. (ó).
de·se·le·*gân*·ci:a sf.
de·se·le·*gan*·te adj. 2g.
de·se·ma·*çar* v.
de·se·ma·dei·*rar* v.
de·se·ma·*lar* v.
de·se·ma·*lhar* v.
de·se·ma·ra·*nhar* v.
de·sem·ba·*çar* v.
de·sem·ba·ci:*ar* v.
de·sem·ba:i·*nhar* v.
de·sem·ba·*la*·gem sf.; pl. ·gens.
de·sem·ba·*lar* v.
de·sem·bal·*sar* v.
de·sem·ban·dei·*rar* v.
de·sem·ba·ra·*ça*·do adj.
de·sem·ba·ra·ça·*dor* (ô) adj. sm.
de·sem·ba·ra·*çar* v.
de·sem·ba·ra·*ço* sm.
de·sem·ba·ra·*lhar* v.
de·sem·bar·ca·*doi*·ro sm.: de·sem·bar·ca·*dou*·ro.
de·sem·bar·*car* v.
de·sem·bar·*ga*·do adj.
de·sem·bar·ga·*dor* (ô) adj. sm.
de·sem·bar·*gar* v.
de·sem·bar·ga·*tó*·ri:o adj.

de·sem·*bar*·go sm.
de·sem·*bar*·que sm.
de·sem·bar·ran·*car* v.
de·sem·bar·ri·*ga*·do adj.
de·sem·bar·ri·*gar* v.
de·sem·bar·ri·*lar* v.
de·sem·ba:u·*la*·do adj.
de·sem·ba:u·*lar* v.
de·sem·be·be·*dar* v.
de·sem·bes·*ta*·da sf.
de·sem·bes·*ta*·do adj.
de·sem·bes·ta·*dor* (ô) adj.
de·sem·bes·ta·*men*·to sm.
de·sem·bes·*tar* v.
de·sem·be·zer·*rar* v.
de·sem·bir·*rar* v.
de·sem·bo·ca·*du*·ra sf.
de·sem·bo·*car* v.
de·sem·bo·*lar* v.
de·sem·bol·*sar* v.
de·sem·*bol*·so (ô) sm./ Cf. *desembolso* (ó), do v. *desembolsar*.
de·sem·bo·*car* v.
de·sem·bor·ra·*char* v.
de·sem·bor·ras·*car* v.
de·sem·bos·*car* v.
de·sem·bo·*tar* v.
de·sem·bra·*çar* v.
de·sem·bra·*mar* v.
de·sem·bra·ve·*cer* v.
de·sem·bre:*a*·gem sf.; pl. ·gens.
de·sem·bre:*ar* v.
de·sem·bre·*nhar* v.
de·sem·bri:a·*ga*·do adj.
de·sem·bri:a·*gar* v.
de·sem·*bri*·dar v.
de·sem·bri:o·*nar* v.
de·sem·bru·*lhar* v.
de·sem·*bru*·lho sm.
de·sem·brus·*car* v.
de·sem·bru·te·*cer* v.
de·sem·bru·*xar* v.
de·sem·bu·*çar* v.
de·sem·bu·*char* v.
de·sem·*bu*·ço sm.
de·sem·bur·*rar* v.
de·se·me·*dar* v.
de·se·mo:i·*nhar* v.
de·se·mol·du·*rar* v.
de·sem·pa·*car* v.
de·sem·pa·*char* v.
de·sem·*pa*·cho sm.
de·sem·pa·co·ta·*men*·to sm.
de·sem·pa·co·*tar* v.
de·sem·pa·*lhar* v.
de·sem·pal·*mar* v.

de·sem·pam·*ba*·do adj.
de·sem·pa·*na*·do adj.
de·sem·pa·*nar* v.
de·sem·pan·dei·*rar* v.
de·sem·pa·*par* v.
de·sem·pa·pe·la·*men*·to sm.
de·sem·pa·pe·*lar* v.
de·sem·*par* v.
de·sem·par·cei·*rar* v.
de·sem·pa·re·*dar* v.
de·sem·pa·re·*lhar* v.
de·sem·pas·*tar* v.
de·sem·pas·te·*lar* v.
de·sem·pa·ta·*dor* (ô) adj. sm.
de·sem·pa·*tar* v.
de·sem·*pa*·te sm.
de·sem·pa·ve·*sar* v.
de·sem·pe·*çar* v.
de·sem·pe·*cer* v.
de·sem·pe·ci·*lhar* v.
de·sem·*pe*·ço (ê) sm./Cf. *desempeço*, do v. *desempeçar*, *desempeço* (é), do v. *desempecer* e *desimpeço*, do v. *desimpedir*.
de·sem·pe·der·*nir* v.
de·sem·pe·dra·*dor* (ô) adj. sm.
de·sem·pe·*drar* v.
de·sem·pe·*gar* v.
de·sem·*pe*·go (ê) sm./ Cf. *desempego* (é), do v. *desempegar*.
de·sem·pe·na·*dei*·ra sf.
de·sem·pe·*na*·do adj.
de·sem·pe·*nar* v.
de·sem·pe·*nhar* v.
de·sem·*pe*·nho sm.
de·sem·*pe*·no sm.
de·sem·per·*nar* v.
de·sem·per·ra·*men*·to sm.
de·sem·per·*rar* v.
de·sem·*per*·ro (ê) sm./ Cf. *desemperro* (é), do v. *desemperrar*.
de·sem·pes·*tar* v.
de·sem·pi·*lhar* v.
de·sem·plas·*trar* v.
de·sem·*plas*·tro sm.
de·sem·plu·*mar* v.
de·sem·po:*a*·do adj.
de·sem·po:*ar* v.
de·sem·po·bre·*cer* v.
de·sem·po·*çar* v.
de·sem·po:ei·*ra*·do adj.
de·sem·po:ei·*rar* v.
de·sem·po·la·*dei*·ra sf.
de·sem·po·*lar* v.

de·sem·po·lei·*rar* v.
de·sem·pol·ga·*du*·ra sf.
de·sem·pol·*gar* v.
de·sem·po·*lhar* v.
de·sem·pos·*sar* v.
de·sem·pre·*ga*·do adj. sm.
de·sem·pre·*gar* v.
de·sem·*pre*·go (ê) sm./ Cf. *desemprego* (é), do v. *desempregar*.
de·sem·pre·*nhar* v.
de·sem·pro:*ar* v.
de·sem·pu·*lhar* v.
de·sem·pu·*nhar* v.
de·se·mu·de·*cer* v.
de·se·na·mo·*rar* v.
de·se·nas·*trar* v.
de·sen·ca·*bar* v.
de·sen·ca·be·*çar* v.
de·sen·ca·bres·*tar* v.
de·sen·ca·bri·*tar* v.
de·sen·ca·bu·*lar* v.
de·sen·ca·de:a·*men*·to sm.
de·sen·ca·de:*ar* v.
de·sen·ca·der·na·*ção* sf.; pl. ·ções.
de·sen·ca·der·*na*·do adj.
de·sen·ca·der·*nar* v.
de·sen·ca·di·*lhar* v.
de·sen·ca·fi·*far* v.
de·sen·cai·po·*rar* v.
de·sen·cai·xa·*du*·ra sf.
de·sen·cai·xa·*men*·to sm.
de·sen·cai·*xar* v.
de·sen·*cai*·xe sm.
de·sen·cai·xi·*lhar* v.
de·sen·cai·xo·ta·*men*·to sm.
de·sen·cai·xo·*tar* v.
de·sen·ca·la·cra·*ção* sf.; pl. ·ções.
de·sen·ca·la·*crar* v.
de·sen·ca·*lhar* v.
de·sen·*ca*·lhe sm.:
  de·sen·*ca*·lho·
de·sen·cal·*mar* v.
de·sen·ca·mi·nha·*dor* (ô) adj. sm.
de·sen·ca·mi·nha·*men*·to sm.
de·sen·ca·mi·*nhar* v.
de·sen·ca·mi·*sar* v.
de·sen·cam·*par* v.
de·sen·ca·*nar* v.
de·sen·ca·nas·*trar* v.
de·sen·can·ta·*ção* sf.; pl. ·ções.
de·sen·can·ta·*dor* (ô) adj. sm.
de·sen·can·ta·*men*·to sm.
de·sen·can·*tar* v.
de·sen·*can*·to sm.

de·sen·can·to:*ar* v.
de·sen·ca·nu·*dar* v.
de·sen·ca·*par* v.
de·sen·ca·pe·*lar* v.
de·sen·ca·po:ei·*rar* v.
de·sen·ca·po·*tar* v.
de·sen·ca·ra·co·*lar* v.
de·sen·ca·ra·pe·*lar* v.
de·sen·ca·ra·pi·*nhar* v.
de·sen·ca·ra·pu·*çar* v.
de·sen·car·ce·ra·*men*·to sm.
de·sen·car·ce·*rar* v.
de·sen·car·di·*men*·to sm.
de·sen·car·*dir* v.
de·sen·ca·re·*cer* v.
de·sen·*car*·go sm.
de·sen·car·na·*ção* sf.; pl. ·ções.
de·sen·car·*nar* v.
de·sen·car·qui·*lhar* v.
de·sen·car·ran·*car* v.
de·sen·car·re·*gar* v.
de·sen·car·rei·*rar* v.
de·sen·car·re·*tar* v.
de·sen·car·ri·la·*men*·to sm.:
  desencarrilhamento.
de·sen·car·ri·*lar* v.:
  desencarrilhar.
de·sen·car·ri·lha·*men*·to sm.:
  desencarrilamento.
de·sen·car·ri·*lhar* v.:
  desencarrilar.
de·sen·car·*tar* v.
de·sen·ca·sa·*car* v.
de·sen·ca·*sar* v.
de·sen·cas·*car* v.
de·sen·cas·que·*tar* v.
de·sen·cas·te·*lar* v.
de·sen·cas·to:*ar* v.
de·sen·ca·tar·ro:*ar* v.
de·sen·ca·*var* v.
de·sen·ca·ver·*nar* v.
de·sen·ca·vi·*lhar* v.
de·sen·ce·*par* v.
de·sen·ce·*rar* v.
de·sen·cer·ra·*men*·to sm.
de·sen·cer·*rar* v.
de·sen·char·*car* v.
de·sen·cha·ve·ta·*dei*·ra sf.
de·sen·cha·ve·ta·*men*·to sm.
de·sen·cha·ve·*tar* v.
de·sen·*cher* v.
de·sen·ci·lha·*dor* (ô) adj. sm.
de·sen·ci·*lhar* v.
de·sen·claus·*trar* v.
de·sen·cla·vi·*nhar* v.
de·sen·co·*brir* v.
de·sen·coi·*far* v.

de·sen·coi·va·*rar* v.
de·sen·co·la·*men*·to sm.
de·sen·co·*lar* v.
de·sen·co·le·ri·*zar* v.
de·sen·co·*lher* v.
de·sen·co·lhi·*men*·to sm.
de·sen·co·men·*dar* v.
de·sen·con·*char* v.
de·sen·con·tra·*di*·ço adj.
de·sen·con·*tra*·do adj.
de·sen·con·*trar* v.
de·sen·*con*·tro sm.
de·sen·co·ra·ja·*men*·to sm.
de·sen·co·ra·*jar* v.
de·sen·cor·do:*ar* v.
de·sen·cor·*par* v.
de·sen·cor·re:*ar* v.
de·sen·cor·ti·*çar* v.
de·sen·cos·co·*rar* v.
de·sen·cos·*tar* v.
de·sen·co·va·*dor* (ô) adj. sm.
de·sen·co·*var* v.
de·sen·co·vi·*lar* v.
de·sen·cra·*var* v.
de·sen·cra·vi·*lhar* v.
de·sen·cren·*car* v.
de·sen·cres·*par* v.
de·sen·cros·*tar* v.
de·sen·cru:*ar* v.
de·sen·cru·*zar* v.
de·sen·cur·ra·*lar* v.
de·sen·cur·*var* v.
de·sen·de·mo·ni·*nhar* v.
de·sen·deu·*sar* v.
de·sen·di·vi·*dar* v.
de·se·ne·gre·*cer* v.
de·se·ner·va·*ção* sf.; pl. ·ções.
de·se·ner·*var* v.
de·se·ne·vo:*ar* v.
de·sen·fa·da·*di*·ço adj.
de·sen·fa·*da*·do adj.
de·sen·fa·da·*men*·to sm.
de·sen·fa·*dar* v.
de·sen·*fa*·do sm.
de·sen·fai·*xar* v.
de·sen·far·*dar* v.
de·sen·far·de·*lar* v.
de·sen·*far*·do sm.
de·sen·far·pe·*lar* v.
de·sen·far·rus·*car* v.
de·sen·far·*tar* v.
de·sen·fas·ti:a·*di*·ço adj.
de·sen·fas·ti:*ar* v.
de·sen·fas·ti:*o*·so (ô) adj.; f. *e* pl. (ó).
de·sen·fei·*tar* v.
de·sen·fei·ti·*çar* v.

de·sen·fei·xar v.
de·sen·fer·mar v.
de·sen·fer·ru·ja·men·to sm.
de·sen·fer·ru·jar v.
de·sen·fes·tar v. 'desdobrar'/Cf.
   desinfestar.
de·sen·fe·zar v.
de·sen·fi:ar v.
de·sen·fi·lei·rar v.
de·sen·flo·rar v.
de·sen·for·çar v.
de·sen·for·jar v.
de·sen·for·mar v.
de·sen·for·na·do·ra sf.
de·sen·for·na·gem sf.; pl. ·gens.
de·sen·for·nar v.
de·sen·fras·car v.
de·sen·fre:a·do adj.
de·sen·fre:a·men·to sm.
de·sen·fre:ar v.
de·sen·fre·char v.
de·sen·frei·o sm.
de·sen·fre·nar v.
de·sen·fro·nhar v.
de·sen·fu:ei·rar v.
de·sen·fu·nar v.
de·sen·fu·re·cer v.
de·sen·fur·nar v.
de·sen·fus·car v.
de·sen·ga·ça·dor (ô) adj. sm.
de·sen·ga·çar v.
de·sen·gai·o·lar v.
de·sen·ga·ja·do adj. sm.
de·sen·ga·jar v.
de·sen·gal·fi·nhar v.
de·sen·ga·na·do adj.
de·sen·ga·na·dor (ô) adj. sm.
de·sen·ga·nar v.
de·sen·gan·char v.
de·sen·ga·no sm.
de·sen·gar·ra·far v.
de·sen·gas·gar v.
de·sen·gas·go sm.:
   de·sen·gas·gue.
de·sen·gas·tar v.
de·sen·ga·tar v.
de·sen·ga·te sm.
de·sen·ga·ti·lhar v.
de·sen·ga·ve·tar v.
de·sen·ge·nho·so (ô) adj.; f. e
   pl. (ó).
de·sen·glo·bar v.
de·sen·go·dar v.
de·sen·gol·far v.
de·sen·go·lir v.
de·sen·go·mar v.
de·sen·gon·ça·do adj.

de·sen·gon·ça·men·to sm.
de·sen·gon·çar v.
de·sen·gon·ço sm.
de·sen·gor·dar v.
de·sen·gor·du·ra·dor (ô) adj.
de·sen·gor·du·ra·men·to sm.
de·sen·gor·du·ran·te adj. s2g.
de·sen·gor·du·rar v.
de·sen·gra·ça·do adj. sm.
de·sen·gra·çar v.
de·sen·gra·dar v.
de·sen·gran·de·cer v.
de·sen·gran·zar v.: desengrazar.
de·sen·gra·va·ta·do adj.
de·sen·gra·va·tar v.
de·sen·gra·ves·cer v.
de·sen·gra·xar v.
de·sen·gra·zar v.: desengranzar.
de·sen·gre·na·do adj.
de·sen·gre·nar v.
de·sen·gre·nhar v.
de·sen·gri·lar v.
de·sen·grim·par v.
de·sen·gri·nal·dar v.
de·sen·gro·sa·dei·ra sf.
de·sen·gros·sa·men·to sm.
de·sen·gros·sar v.
de·sen·gros·so (ô) sm./
   Cf. desengrosso (ó), do v.
   desengrossar.
de·sen·gru·mar v.
de·sen·gua·ran·char v.
de·sen·gui·çar v.
de·sen·gu·lhar v.
de·se·nha·dor (ô) adj. sm.
de·se·nhar v.
de·se·nhis·ta adj. s2g.
de·se·nho sm.
de·sen·jo:ar v.
de·sen·jo·a·ti·vo adj. sm.
de·sen·la·ça·men·to sm.
de·sen·la·çar v.
de·sen·la·ce sm.
de·sen·lam·bu·zar v.
de·sen·la·me:ar v.
de·sen·la·par v.
de·sen·le:a·do adj.
de·sen·le:ar v.
de·sen·lei·o sm.
de·sen·le·var v.
de·sen·li·çar v.
de·sen·lo·dar v.
de·sen·lou·que·cer v.
de·sen·lu·tar v.
de·sen·lu·var v.
de·se·no·bre·cer v.
de·se·no·do:ar v.

de·se·no·jar v.
de·se·no·ve·lar v.
de·sen·qua·drar v.
de·sen·rai·ar v.
de·sen·rai·ve·cer v.
de·sen·ra:i·za·men·to sm.
de·sen·ra:i·zar v.
de·sen·ra·mar v.
de·sen·ras·car v.
de·sen·re·da·dor (ô) adj. sm.
de·sen·re·dar v.
de·sen·re·do (ê) sm./
   Cf. desenredo (é), do v.
   desenredar.
de·sen·re·ge·la·men·to sm.
de·sen·re·ge·lar v.
de·sen·ri·çar v.
de·sen·ri·jar v.
de·sen·ri·que·cer v.
de·sen·ris·tar v.
de·sen·ri·zar v.
de·sen·ro·di·lhar v.
de·sen·ro·la·men·to sm.
de·sen·ro·lar v.
de·sen·ros·car v.
de·sen·rou·par v.
de·sen·ru·bes·cer v.
de·sen·ru·ga·men·to sm.
de·sen·ru·gar v.
de·sen·sa·bo:ar v.
de·sen·sa·bur·rar v.
de·sen·sa·car v.
de·sen·san·de·cer v.
de·sen·san·guen·ta·do adj.
de·sen·san·guen·tar v.
de·sen·sa·ra·do sm.
de·sen·sa·ri·lhar v.
de·sen·sar·tar v.
de·sen·se·bar v.
de·sen·si·nar v.
de·sen·si·no sm.
de·sen·so·ber·be·cer v.
de·sen·so·car v.
de·sen·sol·var v.
de·sen·som·brar v.
de·sen·so·par v.
de·sen·sur·de·cer v.
de·sen·ta·bu:ar v.
de·sen·ta·bu·lar v.
de·sen·tai·par v.
de·sen·ta·la·do adj.
de·sen·ta·lar v.
de·sen·ta·ra·me·lar v.
de·sen·tar·ra·xar v.
de·sen·te·di:ar v.
de·sen·ten·der v.
de·sen·ten·di·do adj. sm.

de·sen·ten·di·*men*·to sm.
de·sen·te·ne·bre·*cer* v.
de·sen·ter·ne·*cer* v.
de·sen·ter·*ra*·do adj.
de·sen·ter·ra·*dor* (ô) adj. sm.
de·sen·ter·ra·*men*·to sm.
de·sen·ter·*rar* v.
de·sen·ter·ro:*ar* v.
de·sen·te·*sar* v.
de·sen·te·soi·ra·*dor* (ô) adj. sm.: *desentesourador.*
de·sen·te·soi·*rar* v.: *desetensourar.*
de·sen·te·sou·ra·*dor* (ô) adj. sm.: *desentesoirador.*
de·sen·te·sou·*rar* v.: *desentesoirar.*
de·sen·ti·bi:*ar* v.
de·sen·to:a·*ção* sf.; pl. ·*ções*.
de·sen·to:*a*·do adj.
de·sen·to:a·*dor* adj. sm.
de·sen·to:a·*men*·to sm.
de·sen·to:*ar* v.
de·sen·to·*car* v.
de·sen·to·*lher* v.
de·sen·to·*nar* v.
de·sen·tor·pe·*cer* v.
de·sen·tor·pe·ci·*men*·to sm.
de·sen·tor·*tar* v.
de·sen·tra·*lhar* v.
de·sen·tran·*çar* v.
de·sen·tra·nha·*men*·to sm.
de·sen·tra·*nhar* v.
de·sen·tra·*var* v.
de·sen·*tre*·cho (ê) sm.
de·sen·tre·li·*nha*·do adj.
de·sen·tre·li·nha·*men*·to sm.
de·sen·tre·li·*nhar* v.
de·sen·trin·chei·*rar* v.
de·sen·tris·te·*cer* v.
de·sen·tro·ni·*zar* v.
de·sen·tro·pi·*lhar* v.
de·sen·tro·*sa*·do adj.
de·sen·trou·*xar* v.
de·sen·tu·lha·*dor* (ô) adj. sm.
de·sen·tu·*lhar* v.
de·sen·*tu*·lho sm.
de·sen·tu·mes·*cer* v.
de·sen·tu·pi·*men*·to sm.
de·sen·tu·*pir* v.
de·sen·tur·*ma*·do adj.
de·sen·tur·*var* v.
de·sen·va·*sar* v.
de·sen·va·si·*lhar* v.
de·sen·ven·ci·*lhar* v.
de·sen·ve·ne·*nar* v.
de·sen·ve·re·*dar* v.

de·sen·ver·*gar* v.
de·sen·ver·ni·*zar* v.
de·sen·vi:e·*sar* v.
de·sen·vi:o·*lar* v.
de·sen·vis·*car* v.
de·sen·*vol*·to (ô) adj.
de·sen·vol·*tu*·ra sf.
de·sen·vo·lu·*ção* sf.; pl. ·*ções*.
de·sen·vol·*ven*·te adj. 2g.
de·sen·vol·*ver* v.
de·sen·vol·*vi*·do adj.
de·sen·vol·vi·men·*tis*·mo sm.
de·sen·vol·vi·men·*tis*·ta adj. s2g.
de·sen·vol·vi·*men*·to sm.
de·sen·vol·*ví*·vel adj. 2g.; pl. ·veis.
de·sen·xa·bi·*dez* (ê) sf.
de·sen·xa·*bi*·do adj.: *desenxavido.*
de·sen·xa·bi·*men*·to sm.
de·sen·xa·*bir* v.
de·sen·xa·me:*ar* v.
de·sen·xar·ci:*ar* v.
de·sen·xa·*vi*·do adj.: *desenxabido.*
de·sen·xo·fra·*men*·to sm.
de·sen·xo·*frar* v.
de·sen·xo·va·*lha*·do adj.
de·sen·xo·va·*lhar* v.
de·sen·xo·*va*·lho sm.
de·sen·xo·*var* v.
de·se·qui·li·*bra*·do adj. sm.
de·se·qui·li·bra·*dor* (ô) adj.
de·se·qui·li·*brar* v.
de·se·qui·*lí*·bri:o sm.
de·se·qui·*par* v.
de·ser·*ção* sf.; pl ·*ções*.
de·ser·da·*ção* sf.; pl. ·*ções*.
de·ser·*da*·do adj. sm.
de·ser·da·*men*·to sm.
de·ser·*dar* v.
de·ser·*tar* v.
de·*sér*·ti·co adj.
de·ser·ti·fi·ca·*ção* sf.; pl.: ·*ções*.
de·*ser*·to adj. sm. 'desabitado'/ Cf. *diserto.*
de·*ser*·to (ô) sm.
de·ses·ca·*la*·da sf.
de·ses·cu·*dar* v.
de·ses·cu·re·*cer* v.
de·ses·pe·ra·*ção* sf.; pl. ·*ções*
de·ses·pe·*ra*·do adj. sm.
de·ses·pe·ra·*dor* (ô) adj. sm.
de·ses·pe·*ran*·ça sf.
de·ses·pe·ran·*çar* v.
de·ses·pe·*ran*·te adj. 2g.

de·ses·pe·*rar* v.
de·ses·pe·ra·*ti*·vo adj.
de·ses·*pe*·ro (ê) sm./Cf. *desespero* (é), do v. *desesperar.*
de·ses·pe·ro(s)·dos·pin·to·*res* sm. (pl.).
de·ses·ta·bi·li·*zar* v.
de·ses·tag·na·*ção* sf.; pl. ·*ções*.
de·ses·tag·*nar* v.
de·ses·ta·ti·*zar* v.
de·ses·tei·*rar* v.
de·ses·*ti*·ma sf.
de·ses·ti·ma·*ção* sf.; pl. ·*ções*.
de·ses·ti·ma·*dor* (ô) adj. sm.
de·ses·ti·*mar* v.
de·ses·ti·*má*·vel adj. 2g.; pl. ·veis.
de·ses·*ti*·va sf.
de·ses·tor·*var* v.
de·ses·*tor*·vo (ô)/Cf. *desestorvo* (ó), do v. *desestorvar.*
de·se·van·ge·li·*zar* v.
de·sex·ci·*tar* v.
de·sex·co·mun·*gar* v.
de·sex·co·mun·*hão* sf.; pl. ·*nhões*.
des·fa·bri·*car* v.
des·fa·bu·*lar* v.
des·fa·*ça*·do adj.
des·fa·ça·*men*·to sm.
des·fa·*çar* v.
des·fa·ça·*tez* (ê) sf.
des·fa·ça·*to*·so (ô) adj.; f. e pl. (ó).
des·fa·*di*·ga sf.
des·fa·di·*gar* v.
des·fal·ca·*çar* v.
des·fal·ca·*men*·to sm.
des·fal·*car* v.
des·fal·*cá*·vel adj. 2g.; pl. ·veis.
des·fa·le·*cen*·te adj. 2g.
des·fa·le·*cer* v.
des·fa·le·*ci*·do adj.
des·fa·le·ci·*men*·to sm.
des·*fal*·que sm.
des·fa·na·ti·*zar* v.
des·fa·re·*lar* v.
des·fas·*ti*·o sm.
des·fa·*vor* (ô) sm.
des·fa·vo·*rá*·vel adj. 2g.; pl. ·veis.
des·fa·vo·re·ce·*dor* (ô) adj. sm.
des·fa·vo·re·*cer* v.
des·fa·vo·re·*ci*·do adj.
des·fa·ze·*dor* (ô) adj. sm.
des·fa·*zer* v.
des·fa·zi·*men*·to sm.
des·fe:*a*·do adj. 'afeado'/Cf. *desfiado.*
des·fe:*ar* v. 'afear'/Cf. *desfiar.*

des·fe·*brar* v.
des·fe·*char* v.
des·*fe*·cho (ê) sm.
des·*fei*·ta sf.
des·fei·te:a·*dor* (ô) adj. sm.
des·fei·te:*ar* v.
des·fei·*tei*·ra sf.
des·*fei*·to adj. sm.
des·fe·mi·ni·za·*ção* sf.; pl. ·*ções*.
des·fe·mi·ni·*zar* v.
des·fe·ri·*men*·to sm. 'vibração'/ Cf. *disferimento*.
des·fe·*rir* v. 'descarregar, vibrar'/Cf. *disferir*.
des·fer·*rar* v.
des·fer·ti·li·*zar* v.
des·fer·vo·*ro*·so (ô) adj.; f. *e* pl. (ó).
des·fi:a·do adj. sm. 'desfeito em fios'/Cf. *desfeado*.
des·fi:a·*dor* (ô) adj. sm.
des·fi:a·*du*·ra sf.
des·fi:*ar* v. 'desfazer em fios'/ Cf. *desfear*.
des·fi·bra·*ção* sf.; pl. ·*ções*.
des·fi·*bra*·do adj. sm.
des·fi·bra·*dor* (ô) adj. sm.
des·fi·bra·*do*·ra (ô) sf.
des·fi·bra·*men*·to sm.
des·fi·*bran*·te adj. 2g.
des·fi·*brar* v.
des·fi·*brá*·vel adj. 2g.; pl. ·*veis*.
des·fi·bri·la·*dor* sm.
des·fi·bri·*nar* v.
des·fi·gu·ra·*ção* sf.; pl. ·*ções*.
des·fi·gu·*ra*·do adj.
des·fi·gu·ra·*dor* (ô) adj. sm.
des·fi·gu·*rar* v.
des·fi·gu·*rá*·vel adj. 2g.; pl. ·*veis*.
des·fi·*la*·da sf.
des·fi·la·*dei*·ro sm.
des·fi·la·*do*·ra (ô) sf.
des·fi·la·*men*·to sm.
des·fi·*lar* v.
des·*fi*·le sm.
des·fi·*lhar* v.
des·fi·*tar* v.
des·fi·ve·*lar* v.
des·fleg·ma·*ção* sf.; pl. ·*ções*.
des·fleg·ma·*dor* (ô) sm.
des·fleg·*mar* v.
des·flo·ra·*ção* sf.; pl. ·*ções*.
des·flo·ra·*dor* (ô) adj. sm.
des·flo·ra·*men*·to sm.
des·flo·*rar* v.
des·flo·res·*cer* v.
des·flo·res·*ci*·do adj.

des·flo·res·ci·*men*·to sm.
des·flo·res·ta·*ção* sf.; pl. ·*ções*.
des·flo·res·ta·*dor* (ô) adj. sm.
des·flo·res·ta·*men*·to sm.
des·flo·res·*tar* v.
des·flo·*ri*·do adj.
des·flo·*rir* v.
des·flu:o·ra·*ção* sf.; pl. ·*ções*.
des·flu:o·*rar* v.
des·*fo*·lha sf.
des·fo·lha·*ção* sf.; pl. ·*ções*.
des·fo·*lha*·da sf.
des·fo·lha·*dor* (ô) adj. sm.
des·fo·lha·*du*·ra sf.
des·fo·lha·*men*·to sm.
des·fo·*lhan*·te sm.
des·fo·*lhar* v.
des·fo·*lhá*·vel adj. 2g.; pl. ·*veis*.
des·*fo*·lho (ô) sm.; pl. (ó)/Cf. *desfolho* (ó), do v. *desfolhar*.
des·fon·tai·ne:*á*·ce:a (te) sf.: *desfontenácea*.
des·fon·tai·ne:*á*·ce:o (te) adj.: *desfontenáceo*.
des·fon·te·*ná*·ce:a sf.: *desfontaineácea*.
des·fon·te·*ná*·ce:o adj.: *desfontaineáceo*.
des·for·*ça*·do adj.
des·for·ça·*dor* (ô) adj. sm.
des·for·ça·*men*·to sm.
des·for·*çar* v.
des·*for*·ço (ô) sm.; pl. (ó)/Cf. *desforço* (ó), do v. *desforçar*.
des·for·*mar* v. 'tirar da forma'/ Cf. *disformar*.
des·*for*·ra sf.
des·for·*rar* v.
des·*for*·ro (ô) sm.; pl. (ó)/Cf. *desforro* (ó), do v. *desforrar*.
des·for·ta·le·*cer* v.
des·for·*tu*·na sf.
des·fos·fo·ra·*ção* sf.; pl. ·*ções*.
des·fos·fo·*rar* v.
des·fra·*dar* v.
des·fral·*dar* v.
des·fran·*gir* v.
des·fran·*jar* v.
des·fran·*zir* v.
des·fre:*ar* v.
des·fre·*char* v.
des·fre·quen·*ta*·do adj.
des·fre·quen·*tar* v.
des·fri·*san*·te adj. 2g.
des·fri·*sar* v.
des·fro·*car* v.
des·fru:i·*dor* (ô) adj. sm.

des·fru:*ir* v.
des·*fru*·ta sf.
des·fru·ta·*ção* sf.; pl. ·*ções*.
des·fru·ta·*dor* (ô) adj. sm.
des·fru·*tar* v.
des·fru·*tá*·vel adj. s2g.; pl. ·*veis*.
des·*fru*·te sm.: des·*fru*·to.
des·fun·*dar* v.
des·ga·ba·*dor* (ô) adj. sm.
des·ga·*bar* v.
des·*ga*·bo sm.
des·ga·de·*lha*·do adj.: *desguedelhado*.
des·ga·de·*lhar* v.: *desguedelhar*.
des·ga·*lan*·te adj. 2g.
des·gal·*gar* v.
des·*gal*·gue sm.
des·ga·*lhar* v.
des·gar·*ra*·da sf.
des·gar·*ra*·do adj.
des·gar·*rão* adj. sm.; pl. ·*rões*; f. ·*rona*.
des·gar·*rar* v.
des·*gar*·re sm.: des·*gar*.ro.
des·gar·ro·*nar* v.
des·gas·*tar* v.
des·*gas*·te sm.: des·*gas*·to.
des·ge·*lar* v.
design sm. (ing.: *desáin*).
designer sm. (ing.: *desáiner*).
des·gor·*ja*·do adj.
des·gor·*nir* v.
des·gos·*tar* v.
des·*gos*·to (ô) sm./Cf. *desgosto* (ó), do v. *desgostar*.
des·gos·*to*·so (ô) adj.; f. *e* pl. (ó).
des·go·ver·na·*ção* sf.; pl. ·*ções*.
des·go·ver·*na*·do adj.
des·go·ver·*nar* v.
des·go·*ver*·no (ê) sm. / Cf. *desgoverno* (é), do v. *desgovernar*.
des·*gra*·ça sf.
des·gra·*ça*·do adj. sm.
des·gra·*çar* v.
des·gra·*cei*·ra sf.
des·gra·ci:*ar* v.
des·gra·ci:o·si·*da*·de sf.
des·gra·ci:*o*·so (ô) adj.; f. *e* pl. (ó).
des·gra·de:*a*·do adj.
des·gra·de:*ar* v.
des·gra·*ma*·do adj.
des·gra·*mar* v.
des·gra·na·*ção* sf.; pl. ·*ções*.
des·gra·*nar* v.
des·gra·*nha*·do adj.
des·gra·*ni*·do adj.

des·gra·vi·*dar* v.
des·gra·vi·*tar* v.
des·gra·xa·*men*·to sm.
des·gra·*xar* v.
des·gre·*gar* v.
des·gre·*nha*·do adj.
des·gre·nha·*men*·to sm.
des·gre·*nhar* v.
des·gri·*lho*:*ar* v.
des·gri·nal·*dar* v.
des·gru·*dar* v.
des·gru·*mar* v.
des·guam·*par* v.
des·guar·*dar* v.
des·gua·ri·*tar* v.
des·guar·ne·*cer* v.
des·gue·de·*lha*·do adj.:
  desgadelhado.
des·gue·de·*lhar* v.: desgadelhar.
des·gue·*lar* v.
des·gui:*ar* v.
de·si·de:a·li·*za*·do adj.
de·si·den·ti·fi·ca·*ção* sf.; pl. ·*ções*.
de·si·den·ti·fi·*car* v.
de·si·de·*ran*·do sm.
de·si·de·ra·*ti*·vo adj.
de·si·de·ra·to sm.
de·*sí*·di:a sf.
de·si·di:*o*·so (ô) adj.; f. *e* pl. (ó).
de·si·dra·ta·*ção* sf.; pl. ·*ções*.
de·si·dra·*ta*·do adj. sm.
de·si·dra·*tan*·te adj. 2g.
de·si·dra·*tar* v.
de·si·dre·*mi*·a sf.
de·si·dro·ge·na·*ção* sf.; pl. ·*ções*.
de·si·dro·ge·*nar* v.
design sm. (ing.: *desáin*).
de·sig·na·*ção* sf.; pl. ·*ções*.
de·sig·*na*·do adj. sm.
de·sig·na·*dor* (ô) adj. sm.
de·sig·*nan*·te adj. s2g.
de·sig·*nar* v.
de·sig·na·*tá*·ri:o sm.
de·sig·na·*ti*·vo adj.
designer sm. (ing.: *desáiner*).
de·*síg*·ni:o sm.
de·si·*gual* adj. 2g.; pl. ·*guais*.
de·si·gua·*lar* v.
de·si·gual·*da*·de sf.
de·si·lu·*di*·do adj. sm.
de·si·lu·*dir* v.
de·si·lu·*são* sf.; pl. ·*sões*.
de·si·lu·si:o·*na*·do adj.
de·si·lu·si:o·*nan*·te adj. 2g.
de·si·*lu*·so adj.
de·si·lu·*só*·ri:o adj.
de·si·lus·*trar* v.

de·si·ma·gi·*nar* v.
de·sim·bu:*ir* v.
de·sim·pe·*di*·do adj.
de·sim·pe·di·*men*·to sm.
de·sim·pe·*dir* v.
de·sim·pli·*car* v.
de·sim·*por* v.
de·sim·pos·si·bi·li·*tar* v.
de·sim·preg·*nar* v.
de·sim·pren·*sar* v.
de·sim·pres·si·o·*nar* v.
de·sin·*çan*·te adj. 2g
de·sin·*çar* v.
de·sin·cha·*ção* sf.; pl. ·*ções*.
de·sin·*char* v.
de·sin·cli·na·*ção* sf.; pl. ·*ções*.
de·sin·cli·*nar* v.
de·sin·com·pa·ti·bi·li·za·*ção* sf.; pl. ·*ções*.
de·sin·com·pa·ti·bi·li·*zar* v.
de·sin·cor·po·ra·*ção* sf.; pl. ·*ções*.
de·sin·cor·po·*rar* v.
de·sin·crus·ta·*ção* sf.; pl. ·*ções*.
de·sin·crus·*tan*·te adj. 2g.
de·sin·crus·*tar* v.
de·sin·cu·ba·*ção* sf.; pl. ·*ções*.
de·sin·cu·*bar* v.
de·sin·cum·*bir* v.
de·sin·di·ci:a·*ção* sf.; pl. ·*ções*.
de·sin·di·ci:*ar* v.
de·sin·di·vi·du:a·li·*zar* v.
de·si·nên·ci:a sf.
de·si·nen·ci:*al* adj. 2g.; pl. ·*ais*.
de·si·*nen*·te adj. 2g.
de·sin·fa·*mar* v.
de·sin·fe·*ção* sf.: de·sin·fec·*ção*; pl. ·*ções*.
de·sin·fec·ci:o·*nar* v.:
  de·sin·fe·ci:o·*nar*.
de·sin·fe·li·ci·*da*·de sf.
de·sin·fe·*liz* adj. s2g.
de·sin·fer·*nar* v.
de·sin·fes·ta·*ção* sf.; pl. ·*ções*.
de·sin·fes·*tar* v.
de·sin·fe·ta·*dor* (ô) adj. sm.
de·sin·fe·*tan*·te adj. 2g.
de·sin·fe·*tar* v.
de·sin·fe·*tó*·ri:o sm.
de·sin·fi·ci:o·*nar* v.
de·sin·fla·*ção* sf.; pl. ·*ções*.
de·sin·fla·ci:o·*nar* v.
de·sin·fla·ci:o·*ná*·ri:o adj.
de·sin·fla·ma·*ção* sf.; pl. ·*ções*.
de·sin·fla·*mar* v.
de·sin·*flar* v.
de·sin·flu:en·ci:*a*·do adj.
de·sin·flu:*ir* v.

de·sin·for·ma·*ção* sf.; pl. ·*ções*.
de·sin·for·*mar* v.
de·sin·gur·gi·*tar* v.
de·si·ni·bi·*ção* sf.; pl. ·*ções*.
de·si·ni·*bi*·do adj.
de·si·ni·*bir* v.
de·si·ni·bi·*tó*·ri:o adj.
de·sin·ju·ri:*ar* v.
de·sin·qui:e·ta·*ção* sf.; pl. ·*ções*.
de·sin·qui:e·ta·*dor* (ô) adj. sm.
de·sin·qui:e·*tan*·te adj. 2g.
de·sin·qui:e·*tar* v.
de·sin·qui:*e*·to adj.
de·sins·cul·*pir* v.
de·sin·se·ti·za·*ção* sf.; pl. ·*ções*.
de·sin·se·ti·*zar* v.
de·sin·so·*fri*·do adj.
de·sin·so·fri·*men*·to sm.
de·sin·te·gra·*ção* sf.; pl. ·*ções*.
de·sin·te·gra·*dor* (ô) adj. sm.
de·sin·te·*grar* v.
de·sin·tei·*rar* v.
de·sin·tei·ri·*çar* v.
de·sin·te·li·*gên*·ci:a sf.
de·sin·ten·ci:o·*nal* adj. 2g.; pl. ·*nais*.
de·sin·te·res·*sa*·do adj.
de·sin·te·res·*san*·te adj. 2g.
de·sin·te·res·*sar* v.
de·sin·te·res·se (ê) sm./
  Cf. *desinteresse* (é), do v.
  desinteressar.
de·sin·te·res·*sei*·ro adj.
de·sin·ter·*nar* v.
de·sin·ti·mi·*dar* v.
de·sin·to·xi·ca·*ção* (cs) sf.; pl. ·*ções*.
de·sin·to·xi·*car* (cs) v.
de·sin·tri·*car* v.:
  de·sin·trin·*car*.
de·sin·tu·mes·*cer* v.
de·sin·ver·*nar* v.
de·sin·ves·*tir* v.
de·si·po·te·*car* v.
de·sir·ma·*na*·do adj.
de·sir·ma·*nar* v.
de·sir·*mão* adj.; pl. ·*mãos*.
de·sis·*car* v.
de·sis·*tên*·ci:a sf.
de·sis·*ten*·te adj. s2g.
de·sis·*tir* v.
de·sis·*ti*·vo adj.
de·si·*ti*·vo adj.
des·jar·re·*tar* v.
des·*jei*·to sm.
des·jei·*to*·so (ô) adj.; f. *e* pl. (ó).
des·je·*ju*·a sf.
des·je·ju:*ar* v.

des·je·*jum* sm.; pl. ·*juns*.
des·ju:i·*zar* v.
des·jun·*gir* v.
des·jun·*tar* v.
desktop sm. (ing.: *desktop*).
des·la·bi:*a*·do adj.
des·la·ça·*men*·to sm.
des·la·*çar* v.
des·la·*crar* v.
des·la·dri·*lhar* v.
des·la·je:a·*men*·to sm.
des·la·je:*ar* v.
des·lam·*bi*·do adj.
des·la·*nar* v.
des·lan·*char* v.
des·la·*par* v.
des·la·pi·*dar* v.
des·lar·*gar* v.
des·lar·*var* v.
des·las·*sar* v.
des·las·tra·*dor* (ô) adj. sm.
des·las·*trar* v.
des·*las*·tre sm.: *deslastro*.
des·las·tre:*ar* v.
des·*las*·tro sm.: *deslastre*.
des·lau·re:*ar* v.
des·la·*va*·do adj.
des·la·va·*men*·to sm.
des·la·*var* v.
des·*la*·vra sf.
des·la·*vrar* v.
des·le:*al* adj. 2g.; pl. *desleais*/Cf. *desliais*, do v. *desliar*.
des·le:al·*da*·de sf.
des·le:al·*dar* v.
des·le:al·*do*·so (ô) adj.; f. *e* pl. (ó).
des·le·*gar* v.
des·le·gi·ti·*mar* v.
des·*lei*·ta sf.
des·lei·*ta*·gem sf.; pl. ·*gens*.
des·lei·*tar* v.
des·lei·xa·*ção* sf.; pl. ·*ções*.
des·lei·*xa*·do adj. sm.
des·lei·xa·*men*·to sm.
des·lei·*xar* v.
des·*lei*·xo sm.
des·lem·bra·do adj.
des·lem·*bran*·ça sf.
des·lem·*brar* v.
des·lem·bra·*ti*·vo adj.
des·len·de:*ar* v.
des·le·*tra*·do adj.
des·le·*xi*·a (cs) sf.
des·li:*ar* v.
des·li·ga·*ção* sf.; pl. ·*ções*.
des·li·*ga*·do adj. sm.
des·li·ga·*dor* (ô) adj. sm.

des·li·ga·*du*·ra sf.
des·li·ga·*men*·to sm.
des·li·*gar* v.
des·lin·da·*ção* sf.; pl. ·*ções*.
des·lin·da·*dor* (ô) sm.
des·lin·da·*men*·to sm.
des·lin·*dar* v.
des·lin·*dá*·vel adj. 2g.; pl. ·*veis*.
des·*lin*·de sm.
des·lin·*gua*·do adj. sm.
des·lin·*guar* v.
des·li·*sar* v. 'alisar'/Cf. *deslizar*.
des·li·*su*·ra sf.
des·li·za·*dei*·ro sm.
des·li·za·*dor* (ô) adj. sm.
des·li·za·*men*·to sm.
des·li·*zan*·te adj. 2g.
des·li·*zar* v. 'escorregar'/Cf. *deslisar*.
des·*li*·ze sm. 'falha'/Cf. *deslise*, do v. *deslisar*.
des·lo·ca·*ção* sf.; pl. ·*ções*.
des·lo·*ca*·do adj.
des·lo·ca·*dor* (ô) adj. sm.
des·lo·ca·*men*·to sm.
des·lo·*car* v.
des·lo·*cá*·vel adj. 2g.; pl. ·*veis*.
des·lo·da·*men*·to sm.
des·lo·*dar* v.
des·lo·*grar* v.
des·lom·*bar* v.
des·lou·*car* v.
des·lou·*var* v.
des·lou·*vor* (ô) sm.
des·lum·*bra*·do adj. sm.
des·lum·bra·*dor* (ô) adj. sm.
des·lum·bra·*men*·to sm.
des·lum·*bran*·te adj. 2g.
des·lum·*brar* v.
des·lum·bra·*ti*·vo adj.
des·*lum*·bre sm.
des·lus·tra·*dor* (ô) adj. sm.
des·lus·*tral* adj. 2g.; pl. ·*trais*.
des·lus·*trar* v.
des·*lus*·tre sm.: des·*lus*·tro.
des·lus·*tro*·so (ô) adj.; f. *e* pl. (ó).
des·lu·*zi*·do adj.
des·lu·zi·*dor* (ô) adj. sm.
des·lu·zi·*men*·to sm.
des·lu·*zir* v.
des·ma·cu·*lar* v.
des·ma·dei·ra·*men*·to sm.
des·ma·dei·*rar* v.
des·mag·ne·ti·za·*ção* sf.; pl. ·*ções*.
des·mag·ne·ti·za·*dor* (ô) adj. sm.
des·mag·ne·ti·*zan*·te adj. 2g.
des·mag·ne·ti·*zar* v.

des·mai·*a*·do adj. sm.
des·mai·*ar* v.
des·*mai*·o sm.
des·ma·*lhar* v.
des·*ma*·lhe sm.
des·ma·li·ci:*o*·so (ô) adj.; f. *e* pl. (ó).
des·*ma*·ma sf.: *desmame*.
des·ma·*ma*·do adj. sm.
des·ma·*mar* v.
des·*ma*·me sm.: *desmama*.
des·ma·*mar* v.
des·*man*·cha sf.
des·man·cha·*dão* adj. sm.; pl. ·*dões*; f. ·*do*·na.
des·man·cha·*di*·ço adj.
des·man·*cha*·do adj.
des·man·cha·*do*·na adj. sf. de *desmanchadão*.
des·man·cha·pra·*ze*·res s2g. 2n.
des·man·*char* v.
des·man·cha·*sam*·ba(s) sf. (pl.).
des·*man*·che sm.
des·*man*·cho sm.
des·man·da·*men*·to sm.
des·man·*dar* v.
des·man·di·bu·la·*ção* sf.; pl. ·*ções*.
des·man·di·bu·*lar* v.
des·*man*·do sm.
des·ma·ne:*ar* v.
des·man·go·*la*·do adj.
des·ma·ni·*lhar* v.
des·ma·ni·*nhar* v.
des·ma·ni·*va*·do adj.
des·ma·ni·*var* v.
des·man·te·*la*·do adj.
des·man·te·la·*dor* (ô) adj. sm.
des·man·te·la·*men*·to sm.
des·man·te·*lar* v.
des·man·*te*·lo (ê) sm./ Cf. *desmantelo* (é), do v. *desmantelar*.
des·*man*·to sm.
des·mar·*ca*·do adj.
des·mar·*car* v.
des·mar·ci:a·li·*zar* v.
des·ma·re:*ar* v.
des·mar·gi·*nar* v.
des·mas·ca·ra·*men*·to sm.
des·mas·ca·*rar* v.
des·mas·ca·*rá*·vel adj. 2g.; pl. ·*veis*.
des·ma·*si*·a sf.
des·mas·*trar* v.
des·mas·tre:a·*men*·to sm.
des·mas·tre:*ar* v.

des·mas·*trei*·o sm.
des·ma·ta·*men*·to sm.
des·ma·*tar* v.
des·ma·te·ri:a·li·za·*ção* sf.; pl.
 ·ções.
des·ma·te·ri:a·li·*zar* v.
des·ma·ze·*la*·do adj. sm.
des·ma·ze·*lar* v.
des·ma·*ze*·lo (ê) sm./
 Cf. *desmazelo* (é), do v.
 desmazelar.
des·mar·zor·*rar* v.
des·me·*di*·do adj.
des·me·*dir* v.
des·*me*·dra sf.
des·me·*dra*·do adj.
des·me·dra·*men*·to sm.
des·me·*dran*·ça sf.
des·me·*drar* v.
des·*me*·dro (ê) sm./Cf.
 desmedro (é), do v.
 desmedrar.
des·me·*dro*·so (ô) adj.; f. *e* pl. (ó).
des·me·du·*lar* v.
des·me·lan·co·li·*zar* v.
des·me·lho·*rar* v.
des·me·lin·*drar* v.
des·mem·bra·*ção* sf.; pl. ·ções.
des·mem·*bra*·do adj.
des·mem·bra·*men*·to sm.
des·mem·*brar* v.
des·me·*mó*·ri:a sf.
des·me·mo·ri:a·*ção* sf.; pl. ·ções.
des·me·mo·ri:*a*·do adj. sm.
des·me·mo·ri:a·*dor* (ô) adj. sm.
des·me·mo·ri:a·*men*·to sm.
des·memo·ri:*ar* v.
des·men·*ti*·do adj. sm.
des·men·ti·*dor* (ô) adj. sm.
des·men·ti·*du*·ra sf.
des·men·*tir* v.
des·me·re·ce·*dor* (ô) adj. sm.
des·me·re·*cer* v.
des·me·re·*ci*·do adj.
des·me·re·ci·*men*·to sm.
des·*mé*·ri·to sm.: *demérito*.
des·mes·*clar* v.
des·me·*su*·ra sf.
des·me·su·*ra*·do adj.
des·me·su·*rar* v.
des·me·su·*rá*·vel adj. 2g.; pl.
 ·veis.
des·me·ta·li·*zar* v.
des·mi:e·li·*nar* v.
des·mi·lin·*guir* v.
des·mi·li·ta·ri·za·*ção* sf.; pl. ·ções.
des·mi·li·ta·*ri*·zar v.

des·mi·ne·ra·li·za·*ção* sf.; pl.
 ·ções.
des·mi·ne·ra·li·*zar* v.
des·mi:o·*la*·do adj. sm.
des·mi:o·*lar* v.
des·mi·se·ri·*cór*·di:a sf.
des·mi·se·ri·cor·di:*o*·so (ô)
 adj.; f. *e* pl. (ó).
des·mi:u·*dar* v.
des·mo·bi·*lar* v.
des·mo·bi·*lhar* v.:
 des·mo·bi·li:*ar*.
des·mo·bi·li·za·*ção* sf.; pl. ·ções.
des·mo·bi·li·*zar* v.
des·mo·bi·li·*zá*·vel adj. 2g.; pl.
 ·veis.
des·mo·*çar* v.
des·mo·*char* v.
des·mo·de·*rar* v.
des·mo·don·*tí*·de:o adj. sm.
des·mo·du·la·*ção* sf.; pl. ·ções.
des·mo·du·la·*dor* (ô) adj. sm.
des·mo·du·*lar* v.
des·mo·flo·*gi*·a sf.
des·mo·*fló*·gi·co adj.
des·*mó*·ge·no sm.
des·mog·na·*tis*·mo sm.
des·*móg*·na·to sm.
des·mo·gra·*fi*·a sf.
des·*mó*·gra·fo sm.
des·*moi*·de adj. 2g.
des·*moi*·ta sf.: *desmouta*.
des·moi·ta·*dor* (ô) adj. sm.:
 desmoutador.
des·moi·*tar* v.: *desmoutar*.
des·mol·*dar* v.
des·mo·mi·*á*·ri:o sm.
des·mo·ne·ti·za·*ção* sf.; pl. ·ções.
des·mo·ne·ti·*zar* v.
des·mo·no·po·li·*zar* v.
des·mon·*ta*·da sf.
des·mon·*ta*·do adj.
des·mon·*ta*·gem sf.; pl. ·gens.
des·mon·*tar* v.
des·mon·*tá*·vel adj. 2g.; pl. ·veis.
des·*mon*·te sm.
des·mo·pa·*ti*·a sf.
des·mo·*pá*·ti·co adj.
des·mo·pe·*xi*·a (cs) sf.
des·mo·ra·li·*da*·de sf.
des·mo·ra·li·za·*ção* sf.; pl. ·ções.
des·mo·ra·li·*za*·do adj. sm.
des·mo·ra·li·za·*dor* (ô) adj. sm.
des·mo·ra·li·*zar* v.
des·mor·fi·ni·za·*ção* sf.; pl. ·ções.
des·mor·fi·ni·*zar* v.
des·mo·ro·na·*ção* sf.; pl. ·ções.

des·mo·ro·na·*di*·ço adj.
des·mo·ro·na·*men*·to sm.
des·mo·ro·*nar* v.
des·mor·*rer* v.
des·mor·re·*xi*·a (cs) sf.
des·mor·ti·fi·*car* v.
des·*mo*·se sf.
des·mo·ti·*va*·do adj.
des·mo·ti·*var* v.
des·mo·to·*mi*·a sf.
des·mo·tro·*pi*·a sf.
des·mo·*tró*·pi·co adj.
des·mo·tro·*pis*·mo sm.
des·*mou*·ta sf.: *desmoita*.
des·mou·ta·*dor* (ô) adj. sm.:
 desmoitador.
des·mou·*tar* v.: *desmoitar*.
des·mul·si·fi·ca·*dor* (ô) adj. sm.
des·mu·nhe·*ca*·do adj. sm.
des·mu·nhe·*car* v.
des·mu·ni·ci:*ar* v.
des·mu·*rar* v.
des·mur·*gi*·a sf.
des·na·ci:o·na·li·za·*ção* sf.; pl.
 ·ções.
des·na·ci:o·na·li·*za*·do adj. sm.
des·na·ci:o·na·li·za·*dor* (ô)
 adj. sm.
des·na·ci:o·na·li·*zan*·te adj. 2g.
des·na·ci:o·na·li·*zar* v.
des·na·ci:o·na·li·*zá*·vel adj. 2g.;
 pl. ·veis.
des·nal·*ga*·do adj.
des·nal·*gar* v.
des·na·ri·*ga*·do adj.
des·na·ri·*gar* v.
des·na·sa·la·*ção* sf.; pl. ·ções.
des·na·sa·*lar* v.
des·na·sa·li·za·*ção* sf.; pl. ·ções.
des·na·sa·li·*zar* v.
des·nas·*trar* v.
des·na·ta·*ção* sf.; pl. ·ções.
des·na·ta·*dei*·ra sf.
des·na·*ta*·do adj.
des·na·*tar* v.
des·na·tu·ra·*ção* sf.; pl. ·ções.
des·na·tu·*ra*·do adj. sm.
des·na·tu·ra·*dor* (ô) adj. sm.
des·na·tu·*ral* adj. 2g.; pl. ·rais.
des·na·tu·ra·li·za·*ção* sf.; pl.
 ·ções.
des·na·tu·ra·li·*zan*·te adj. 2g.
des·na·tu·ra·li·*zar* v.
des·na·tu·*ran*·te adj. 2g. sm.
des·na·tu·*rar* v.
des·ne·ces·*sá*·ri:o adj.
des·ne·ces·si·*da*·de sf.

des·ne·ces·si·*tar* v.
des·ne·go·ci·*ar* v.
des·ner·va·*men*·to sm.
des·ner·*var* v.
des·ne·*va*·da sf.
des·ne·*var* v.
des·ni·que·*la*·gem sf.; pl. ·gens.
des·ni·que·*lar* v.
des·ni·tra·*ção* sf.; pl. ·ções.
des·ni·*trar* v.
des·ni·tri·fi·ca·*ção* sf.; pl. ·ções.
des·ni·tri·fi·*car* v.
des·ni·tro·ge·na·*ção* sf.; pl. ·ções.
des·ni·tro·ge·*nar* v.
des·*ní*·vel sm.; pl. ·veis.
des·ni·ve·la·*men*·to sm.
des·ni·ve·*lar* v.
des·no·bi·*lís*·si·mo adj. superl. de *desnobre*.
des·*no*·bre adj.; superl. *desnobilíssimo* ou *desnobríssimo*.
des·no·bre·*cer* v.
des·no·ca·*men*·to sm.
des·no·*car* v.
des·no·do:*an*·te adj. 2g.
des·no·do:*ar* v.
des·no·*do*·so (ô) adj.; f. *e* pl. (ó).
des·noi·*var* v.
des·nor·te:*a*·do adj. sm.
des·nor·te:*a*·dor (ô) adj. sm.
des·nor·te:a·*men*·to sm.
des·nor·te:*an*·te adj. 2g.
des·nor·te:*ar* v.
des·nor·*tei*·o sm.
des·no·*tar* v.
des·no·ve·*lar* v.
des·*nu* adj.
des·nu:*ar* v.
des·nu·*bla*·do adj.
des·nu·*blar* v.
des·nu·*car* v.
des·nu·da·*ção* sf.; pl. ·ções.
des·nu·da·*men*·to sm.
des·nu·*dan*·te adj. 2g.
des·nu·*dar* v.
des·nu·*dez* (ê) sf.
des·*nu*·do adj.
des·nu·*tri*·ção sf.; pl. ·ções.
des·nu·*tri*·do adj.
des·nu·*trir* v.
de·so·be·de·*cer* v.
de·so·be·di:*ên*·ci:a sf.
de·so·be·di:*en*·te adj. s2g.
de·so·*bri*·ga sf.
de·so·bri·ga·*ção* sf.; pl. ·ções.
de·so·bri·*ga*·do adj.

de·so·bri·*gar* v.
de·so·bri·ga·*tó*·ri:o adj.
de·sobs·cu·re·*cer* v.
de·sobs·tru·*ção* sf.; pl. ·ções.
de·sobs·tru:*ên*·ci:a sf.
de·sobs·tru:*en*·te adj. 2g.
de·sobs·tru:i·*men*·to sm.
de·sobs·tru:*in*·te adj. 2g.
de·sobs·tru:*ir* v.
de·sobs·tru·*ti*·vo adj.
de·so·cu·pa·*ção* sf.; pl. ·ções.
de·so·cu·*pa*·do adj. sm.
de·so·cu·*par* v.
de·so·do·*ran*·te adj. 2g. sm.
de·so·do·*rar* v.
de·so·do·ri·*zan*·te adj. 2g. sm.
de·so·do·ri·*zar* v.
de·so·fi·ci·a·li·za·*ção* sf.; pl. ·ções.
de·so·fi·ci·a·li·*zar* v.
de·so·fus·*car* v.
de·so·la·*ção* sf.; pl. ·ções.
de·so·*la*·do adj.
de·so·la·*dor* (ô) adj. sm.
de·so·*lar* v.
de·*so*·lha sf.
de·*so*·lha·do adj.
de·so·*lhar* v.
de·so·li·gar·qui·za·*ção* sf.; pl. ·ções.
de·so·li·gar·qui·*zar* v.
de·so·ne·ra·*ção* sf.; pl. ·ções.
de·so·ne·*rar* v.
de·so·nes·*tar* v.
de·so·nes·ti·*da*·de sf.
de·so·*nes*·to adj. sm.
de·*son*·ra sf.
de·son·ra·*dez* (ê) sf.
de·son·ra·*do* adj.
de·son·ra·*dor* (ô) adj. sm.
de·son·*ran*·te adj. 2g.
de·son·*rar* v.
de·son·*ro*·so (ô) adj.; f. *e* pl. (ó).
de·so·per·cu·la·*ção* sf.; pl. ·ções.
de·so·per·cu·la·*dor* (ô) adj. sm.
de·so·per·cu·*lar* v.
de·so·pi·la·*ção* sf.; pl. ·ções.
de·so·pi·*lan*·te adj. 2g.
de·so·pi·*lar* v.
de·so·pi·la·*ti*·vo adj.
de·so·por·*tu*·no adj.
de·so·pres·*são* sf.; pl. ·sões.
de·so·pres·*sar* v.
de·so·pres·*si*·vo adj.
de·so·pres·*sor* (ô) adj. sm.
de·so·pri·*men*·te adj. 2g.
de·so·pri·*mir* v.

de·so·*ras* sf.; pl. na loc. adv. *a desoras*.
de·sor·bi·*tar* v.
de·sor·*dei*·ro adj. sm.
de·*sor*·dem sf.; pl. ·dens.
de·sor·de·*na*·do adj.
de·sor·de·na·*dor* (ô) adj. sm.
de·sor·de·na·*men*·to sm.
de·sor·de·*nar* v.
de·so·re·*lha*·do adj. sm.
de·so·re·lha·*men*·to sm.
de·so·re·*lhar* v.
de·sor·ga·ni·za·*ção* sf.; pl. ·ções.
de·sor·ga·ni·za·*dor* (ô) adj. sm.
de·sor·ga·ni·*zar* v.
de·so·ri·en·ta·*ção* sf.; pl. ·ções.
de·so·ri·en·*ta*·do adj. sm.
de·so·ri·en·ta·*dor* (ô) adj. sm.
de·so·ri·en·ta·*men*·to sm.
de·so·ri·en·*tar* v.
de·sor·*na*·do adj.
de·sor·*nar* v.
de·sos·*sa*·do adj.
de·sos·sa·*men*·to sm.
de·sos·*sar* v.
de·sos·si·fi·ca·*ção* sf.; pl. ·ções.
de·*so*·va sf.
de·so·va·*men*·to sm.
de·so·*var* v.
de·so·xi·da·*ção* (cs) sf.; pl. ·ções.
de·so·xi·da·*dor* (cs...ô) adj. sm.
de·so·xi·*dan*·te (cs) adj. 2g.
de·so·xi·*dar* (cs) v.
de·so·xi·ge·na·*ção* (cs) sf.; pl. ·ções.
de·so·xi·ge·*nan*·te (cs) adj. 2g.
de·so·xi·ge·*nar* (cs) v.
de·so·xir·ri·bo·nu·*clei*·co (cs) adj.
de·so·zo·ni·za·*dor* (ô) adj. sm.
de·so·zo·ni·*zar* v.
des·pa·cha·*dão* adj. sm.; pl. ·*dões*; f. ·*do*·na.
des·pa·*cha*·do adj. sm.
des·pa·cha·*do*·na adj. sf. de *despachadão*.
des·pa·cha·*dor* (ô) adj. sm.
des·pa·*chan*·te adj. s2g.
des·pa·*char* v.
des·*pa*·cho sm.
des·pa·*drar* v.
des·pa·gi·*nar* v.
des·pa·la·ta·li·za·*ção* sf.; pl. ·ções.
des·pa·la·ta·li·*zar* v.
des·pa·la·ti·za·*ção* sf.; pl. ·ções.
des·pa·la·ti·*zar* v.

des·pa·le·te:*ar* v.
des·*pa*·lha sf.
des·pa·lha·*men*·to sm.
des·pa·*lhar* v.
des·pal·*mar* v.
des·pal·mi·*lha*·do adj.
des·pal·mi·*lhar* v.
des·pam·pa·*nar* v.
des·pa·*par* v.
des·pa·ra·fi·na·*ção* sf.; pl. ·*ções*.
des·pa·ra·fi·*nar* v.
des·pa·ra·fu·*sa*·gem sf.; pl. ·*gens*.
des·pa·ra·fu·*sar* v.
des·pa·ra·men·*tar* v.
des·pa·re·*cer* v.
des·par·*gir* v.
des·par·*rar* v.
des·par·*tir* v.
des·par·*zir* v.
des·pas·*sar* v.
des·pas·*tar* v.
des·pa·tri:*a*·do adj.
des·pa·tri:*o*·ta adj. s2g.
des·pa·tri:*ó*·ti·co adj.
des·pau·*té*·ri:o sm.
des·pa·vo·*ri*·do adj.
des·pa·vo·*rir* v.
des·pe:*ar* v.
des·pe·cu·ni:*ar* v.
des·pe·da·ça·*dor* (ô) adj. sm.
des·pe·da·ça·*men*·to sm.
des·pe·da·*çar* v.
des·pe·*di*·da sf.
des·pe·di·da(s)·de·ve·*rão* sf. pl.
des·pe·di·*men*·to sm.
des·pe·*dir* v.
des·pe·*drar* v.
des·pe·*gar* v.
des·*pe*·go (ê) sm./Cf. *despego*
 (é), do v. *despegar*.
des·pei·*ta*·do adj. sm.
des·pei·ta·*dor* (ô) adj. sm.
des·pei·ta·*men*·to sm.
des·pei·*tar* v.
des·*pei*·to sm.
des·pei·to·ra·*men*·to sm.
des·pei·to·*rar* v.
des·pei·*to*·so (ô) adj.; f. *e* pl. (ó).
des·pe·*ja*·do adj.
des·pe·ja·*dor* (ô) adj. sm.
des·pe·ja·*men*·to sm.
des·pe·*jar* v.
des·*pe*·jo (ê) sm.
des·*pe*·la sf.
des·pe·*lar* v.
des·pe·*nar* v.
des·pen·*car* v.
des·pen·de·*dor* (ô) adj. sm.
des·pen·*der* v.
des·pen·du·*rar* v.
des·pe·nha·*dei*·ro sm.
des·pe·nha·*men*·to sm.
des·pe·*nhar* v.
des·*pe*·nho sm.
des·pe·*nho*·so (ô) adj.; f. *e* pl. (ó).
des·*pen*·que sm.
des·*pen*·sa sf. 'local onde se
 guardam mantimentos'/Cf.
 dispensa.
des·pen·*sei*·ro sm.
des·pen·te:*ar* v.
des·per·ce·*ber* v.
des·per·ce·*bi*·do adj.
des·per·ce·bi·*men*·to sm.
des·per·ce·*bí*·vel adj. 2g.; pl.
 ·*veis*.
des·per·di·*ça*·do adj.
des·per·di·ça·*dor* (ô) adj. sm.
des·per·di·ça·*men*·to sm.
des·per·di·*çar* v.
des·per·*dí*·ci:o sm.
des·pe·re·*cer* v.
des·pe·re·ci·*men*·to sm.
des·per·fi·la·*men*·to sm.
des·per·fi·*lar* v.
des·per·so·na·li·za·*ção* sf.; pl.
 ·*ções*.
des·per·so·na·li·*zar* v.
des·per·su:a·*dir* v.
des·per·su:a·*são* sf.; pl. ·*sões*.
des·per·ta·*dor* (ô) adj. sm.
des·per·*tar* v.
des·*per*·to adj.
des·*pe*·sa (ê) sf.
des·*pes*·ca sf.
des·pes·*car* v.
des·pes·ta·*nar* v.
des·pe·ta·*la*·do adj.
des·pe·ta·*lar* v.
des·pe·tre·*char* v.
des·pi·ca·*dei*·ra adj. sf.
des·pi·ca·*dor* (ô) adj. sm.
des·pi·*car* v.
des·pi·ca·*ti*·vo adj.
des·pi·ci:*en*·do adj.
des·pi·ci:*en*·te adj. 2g.
des·*pi*·do adj.
des·pi:e·*da*·de sf.
des·pi:e·*da*·do adj.
des·pi:e·*dar* v.
des·pi:e·*do*·so (ô) adj.; f. *e* pl.
 (ó).
des·pig·men·ta·*ção* sf.; pl.
 ·*ções*.
des·pig·men·*ta*·do adj.
des·pig·men·*tar* v.
des·pil·*char* v.
des·pi·*men*·to sm.
des·pin·*çar* v.
des·pi·ni·*car* v.
des·pin·*tar* v.
des·*pi*·que sm.
des·*pir* v.
des·pi·ro·*car* v.
des·pi·ta·*dor* (ô) adj. sm.
des·pis·ta·*men*·to sm.
des·pis·*tar* v.
des·pi·tor·*ra*·do adj.
des·plan·ta·*dor* (ô) adj. sm.
des·plan·*tar* v.
des·*plan*·te sm.
des·plu·*ma*·gem sf.; pl. ·*gens*.
des·plu·*mar* v.
des·po:*é*·ti·co adj.
des·po:e·ti·za·*ção* sf.; pl. ·*ções*.
des·po:e·ti·za·*dor* (ô) adj. sm.
des·po:e·ti·*zar* v.
des·*pois* adj.: *depois*.
des·po·*ja*·do adj.
des·po·ja·*dor* (ô) adj. sm.
des·po·ja·*men*·to sm.
des·po·*jar* v.
des·*po*·jo (ô) sm.; pl. (ó)/Cf.
 despojo (ó), do v. *despojar*.
des·po·la·ri·za·*ção* sf.; pl. ·*ções*.
des·po·la·ri·za·*dor* (ô) adj. sm.
des·po·la·ri·*zan*·te adj. 2g.
des·po·la·ri·*zar* v.
des·po·la·ri·*zá*·vel adj. 2g.; pl.
 ·*veis*.
des·po·li·*dez* (ê) sf.
des·po·li·*men*·to sm.
des·po·li·me·ri·za·*ção* sf.; pl.
 ·*ções*.
des·po·li·me·ri·*zar* v.
des·po·*lir* v.
des·pol·pa·*dor* (ô) adj. sm.
des·pol·*par* v.
des·po·lu:*ir* v.
des·pol·vi·*lhar* v.
des·pon·de·ra·*ção* sf.; pl. ·*ções*.
des·pon·de·*ra*·do adj.
des·pon·de·*rar* v.
des·pon·*só*·ri:o sm.: *desposório*.
des·pon·*ta*·do adj.
des·pon·ta·*dor* (ô) adj. sm.
des·pon·*tan*·te adj. 2g.
des·pon·*tar* v.
des·*pon*·te sm.
des·pon·tu:*al* adj. 2g.; pl. ·*ais*.
des·pon·tu:a·li·*da*·de sf.

des·pon·tu:*ar* v.
des·po·pu·la·ri·za·*ção* sf.; pl. ·*ções*.
des·po·pu·la·ri·*zar* v.
des·*por*·te sm.: *desporto*.
des·por·ti·*lhar* v.
des·por·*tis*·mo sm.
des·por·*tis*·ta adj. s2g.
des·por·ti·vi·*da*·de sf.
des·por·ti·*vo* adj.
des·*por*·to (ô) sm.; pl. (ó): *desporte*.
des·po·*sa*·do adj. sm.
des·po·*sar* v.
des·po·*só*·ri:o sm.: *desponsório*.
des·pos·*sar* v.
des·pos·su:*ir* v.
des·pos·ti·*gar* v.
dés·po·ta adj. s2g.
des·*pó*·ti·co adj.
des·po·*tis*·mo sm.
des·po·ti·*zar* v.
des·po·vo:a·*ção* sf.; pl. ·*ções*.
des·po·vo:*a*·do adj. sm.
des·po·vo:a·*dor* (ô) adj. sm.
des·po·vo:a·*men*·to sm.
des·po·vo:*ar* v.
des·*pra*·gue·ja·do adj.
des·pra·gue·ja·*men*·to sm.
des·pra·gue·*jar* v.
des·pra·te:a·*men*·to sm.
des·pra·te:*ar* v.
des·pra·*zer* v. sm.
des·pra·zi·*men*·to sm.
des·pra·*zí*·vel adj. 2g.; pl. ·*veis*.
des·pre·ca·*ta*·do adj.
des·pre·ca·*tar* v.
des·pre·cau·*ção* sf.; pl. ·*ções*.
des·pre·ca·*ver* v.
des·pre·con·ce·*bi*·do adj.
des·pre·con·*cei*·to sm.
des·pre·*ga*·do adj.
des·pre·ga·*du*·ra sf.
des·pre·*ga*·gem sf.; pl. ·*gens*.
des·pre·*gar* v.
des·pre·gui·*çar* v.
des·pre·mi:*ar* v.
des·pren·*da*·do adj.
des·pren·*der* v.
des·pren·di·do adj.
des·pren·di·*men*·to sm.
des·pre:o·cu·pa·*ção* sf.; pl. ·*ções*.
des·pre:o·cu·*pa*·do adj.
des·pre:o·cu·*par* v.
des·pre·pa·*ra*·do adj.
des·pre·*pa*·ro sm.
des·pre·si·*lhar* v.

des·pres·sen·*ti*·do adj.
des·pres·sen·*tir* v.
des·pres·ti·gi:a·*dor* (ô) adj. sm.
des·pres·ti·gi:*ar* v.
des·pres·*tí*·gi:o sm.
des·pre·ten·*são* sf.; pl. ·*sões*.
des·pre·ten·si:*o*·so (ô) adj.; f. e pl. (ó).
des·pre·ven·*ção* sf.; pl. ·*ções*.
des·pre·ve·*ni*·do adj.
des·pre·ve·*nir* v.
des·pre·za·*dor* (ô) adj. sm.
des·pre·*zar* v.
des·pre·za·*ti*·vo adj.
des·pre·*zá*·vel adj. 2g.; pl. ·*veis*.
des·pre·*zi*·lho sm.
des·pre·*zí*·vel adj. 2g.; pl. ·*veis*.
des·pre·*zi*·vo adj.
des·*pre*·zo (ê) sm.
des·pri·*mor* (ô) sm.
des·pri·mo·*rar* v.
des·pri·mo·ro·so (ô) adj.; f. e pl. (ó).
des·pri·*var* v.
des·pri·vi·le·gi:*ar* v.
des·pro·fa·*nar* v.
des·pro·*nún*·ci:a sf.
des·pro·nun·ci:*ar* v.
des·pro·*pé*·ri:o sm.
des·pro·por·*ção* sf.; pl. ·*ções*.
des·pro·por·ci:o·na·*ção* sf.; pl. ·*ções*.
des·pro·por·ci:o·*na*·do adj.
des·pro·por·ci:o·*nal* adj. 2g.; pl. ·*nais*.
des·pro·por·ci:o·na·li·*da*·de sf.
des·pro·por·ci:o·*nar* v.
des·pro·po·si·*ta*·do adj.
des·pro·po·si·*tar* v.
des·pro·*pó*·si·to sm.
des·pro·te·*ção* sf.; pl. ·*ções*.
des·pro·te·*ger* v.
des·pro·te·i·ni·za·*ção* sf.; pl. ·*ções*.
des·pro·te·i·ni·*zar* v.
des·pro·*vei*·to sm.
des·pro·*ver* v.
des·pro·*vi*·do adj.
des·pro·vi·*men*·to sm.
des·pu·*dor* (ô) sm.
des·pu·do·*ra*·do adj. sm.
des·pu:e·ri·li·*zar* v.
des·pun·do·*nor* (ô) sm.
des·pun·do·no·*ro*·so (ô) adj.; f. e pl. (ó).
des·pu·ri·fi·*car* v.
des·qua·*drar* v.

des·qua·dri·*lhar* v.
des·qua·li·fi·ca·*ção* sf.; pl. ·*ções*.
des·qua·li·fi·*ca*·do adj. sm.
des·qua·li·fi·ca·*dor* (ô) adj. sm.
des·qua·li·fi·*car* v.
des·qua·li·fi·ca·*ti*·vo adj.
des·quar·*ta*·do adj.
des·quar·*tar* v.
des·quei·*xa*·do adj.
des·quei·xa·*dor* (ô) adj. sm.
des·quei·*xar* v.
des·quei·xe·*la*·do adj.: *descaxelado*.
des·que·*rer* v.
des·qui·ci:*ar* v.
des·qui:e·*tar* v.
des·qui·ta·*ção* sf.; pl. ·*ções*.
des·qui·*ta*·do adj. sm.
des·qui·*tan*·do adj. sm.
des·qui·*tar* v.
des·*qui*·te sm.
des·ra·*bar* v.
des·ra·i·*gar* v.
des·ra·i·*zar* v.
des·ra·*mar* v.
des·ra·ti·za·*ção* sf.; pl. ·*ções*.
des·ra·ti·*zar* v.
des·ra·*zão* sf.; pl. ·*zões*.
des·ra·zo:*á*·vel adj. 2g.; pl. ·*veis*.
des·re:a·li·za·*ção* sf.; pl. ·*ções*.
des·re·fo·*lhar* v.
des·re·*fo*·lho (ô) sm.; pl. (ó)/ Cf. *desrefolho* (ó), do v. *desrefolhar*.
des·re·*gra*·do adj. sm.
des·re·gra·*men*·to sm.
des·re·*grar* v.
des·rel·*var* v.
des·re·me·di:*a*·do adj.
des·re·me·di:*ar* v.
des·re·pu·bli·ca·ni·*zar* v.
des·res·pei·ta·*dor* (ô) adj. sm.
des·res·pei·*tar* v.
des·res·*pei*·to sm.
des·res·pei·*to*·so (ô) adj.; f. e pl. (ó).
des·res·pon·sa·bi·li·*zar* v.
des·re·tra·*tar* v.
des·re·ve·*rên*·ci:a sf.
des·re·ves·*tir* v.
des·ri·*çar* v.
des·ris·*car* v.
des·ri·*zar* v.
des·ro·*lhar* v.
des·ros·*car* v.
des·ru·*gar* v.

des·ru:i·*do*·so (ô) adj.; f. *e* pl. (ó).
des·sa·*ber* v.
des·sa·*bor* (ô) sm.
des·sa·bo·*rar* v.
des·sa·bo·re:*ar* v.
des·sa·bo·*ri*·do adj. 'insípido'/
  Cf. *dissaborido*.
des·sa·bo·*ro*·so (ô) adj.
  'insípido'/Cf. *dissaboroso*.
des·sa·bur·*rar* v.
des·sa·*grar* v.
des·sai·*brar* v.
des·sal·*ga*·do adj.
des·sal·*gar* v.
des·sa·li·fi·ca·*ção* sf.; pl. ·ções.
des·sa·li·fi·*car* v.
des·sa·li·ni·za·*ção* sf.; pl. ·ções.
des·sa·li·ni·*zar* v.
des·sa·mou·*car* v.
des·san·gra·*men*·to sm.
des·san·*grar* v.
des·sar·ro:*ar* v.
des·*sar*·te adv.
des·sa·u·*dar* v.
des·sa:u·*do*·so (ô) adj.; f. *e* pl. (ó).
des·sa·zo·*nar* v.
des·se (ê) contr. da prep. *de*
  com o pron. *esse*/Cf. *desse* (é),
  do v. *dar*.
des·se·ca·*ção* sf. 'ação de tornar
  seco'; pl. ·ções/Cf. *dissecação*.
des·se·ca·*dor* (ô) adj. sm. 'que
  torna seco'/Cf. *dissecador*.
des·se·*ca*·gem sf.; pl. ·gens.
des·se·ca·*men*·to sm.
des·se·*can*·te adj. 2g. sm.
des·se·*car* v. 'secar'/Cf. *dissecar*.
des·se·ca·*ti*·vo adj. sm. 'que
  torna seco' 'cicatrizante'/Cf.
  dissecativo.
des·se·den·*tar* v.
des·se·gre·*dar* v.
des·se·*gre*·do (ê) sm./
  Cf. *dessegredo* (é), do v.
  dessegredar.
des·se·gre·ga·*ção* sf.; pl. ·ções.
des·se·gre·*gar* v.
des·se·*guir* v.
des·se·gu·*rar* v.
des·sei·*va*·gem sf.; pl. ·gens.
des·sei·*var* v.
des·se·*lar* v.
des·se·me·lhan·ça sf.
des·se·me·*lhan*·te adj. 2g.
des·se·me·*lhar* v.
des·se·me·*lhá*·vel adj. 2g.; pl.
  ·veis.

des·sen·si·bi·li·za·*ção* sf.; pl.
  ·ções.
des·sen·si·bi·li·za·*dor* (ô) adj.
  sm.
des·sen·si·bi·li·*zan*·te adj. s2g.
des·sen·si·bi·li·*zar* v.
des·sen·*tir* v. 'perder o
  sentimento de'/Cf. *dissentir*.
des·se·pul·*tar* v.
des·se·*pul*·to adj. sm.
des·ser·vi·*çal* adj. 2g.; pl. ·cais.
des·ser·*vi*·ço sm.
des·ser·*vi*·do adj.
des·ser·vi·*dor* (ô) adj. sm.
des·ser·*vir* v.
des·se·xu:a·*ção* (cs) sf.; pl. ·ções.
des·se·xu:*a*·do (cs) adj.
des·se·xu:a·li·*zar* (cs) v.
des·se·xu:*ar* (cs) v.
des·si·me·*tri*·a sf.: *dissimetria*.
des·si·*mé*·tri·co adj.:
  dissimétrico.
des·sim·pa·ti·*zar* v.
des·si·na·*la*·do adj.
des·sin·cro·ni·za·*ção* sf.; pl.
  ·ções.
des·sin·cro·ni·*zar* v.
des·sin·to·ni·*zar* v.
des·*si*·so sm.
des·si·*su*·do adj.
des·si·ti:*ar* v.
des·so:a·*lhar* v.
des·so:*an*·te adj. 2g.
des·so:*ar* v.
des·so·bra·*çar* v.
des·so·*car* v.
des·so·ci:*á*·vel adj. 2g.; pl. ·veis.
des·so·ço·*brar* v.
des·so·*ço*·bro (ô) sm./
  Cf. *dessoçobro* (ó), do v.
  dessoçobrar.
des·so·cor·*rer* v.
des·so·*lar* v.
des·sol·da·*du*·ra sf.
des·sol·*dar* v.
des·so·*ra*·do adj.
des·so·ra·*dor* (ô) adj. sm.
des·so·ra·*men*·to sm.
des·so·*rar* v.
des·sor·*ção* sf.; pl. ·ções.
des·sor·te:*ar* v.
des·sor·*ver* v.
des·sos·se·*gar* v.
des·sos·*se*·go (ê) sm./
  Cf. *dessossego* (é), do v.
  dessossegar.
des·so·ter·*rar* v.

des·*sou*·tro contr. do pron.
  desse com o pron. *outro*.
des·su:*ar* v.
des·sub·ju·*gar* v.
des·subs·tan·ci:*ar* v.
des·su·da·*ção* sf.; pl. ·ções.
des·su:*e*·to adj.
des·su:a·*tu*·de sf.
des·su·*jar* v.
des·su·*jei*·to adj.
des·sul·fo·na·*ção* sf.; pl. ·ções.
des·sul·fo·*nar* v.
des·sul·fu·ra·*ção* sf.; pl. ·ções.
des·sul·fu·*rar* v.
des·sul·*tó*·ri:o adj.
des·su·*mir* v.
des·*sur*·do adj.
des·ta·bo·*ca*·do adj. sm.
des·ta·bo·*car* v.
des·ta·*ca*·do adj. sm.
des·ta·ca·*dor* (ô) adj.
des·ta·ca·*men*·to sm.
des·ta·*car* v.
des·ta·*cá*·vel adj. 2g.; pl. ·veis.
des·*ta*·la sf.
des·ta·*la*·do adj.
des·ta·*lar* v.
des·ta·lin·*gar* v.
des·tam·*pa*·do adj.
des·tam·pa·*men*·to sm.
des·tam·*par* v.
des·tam·pa·*tó*·ri:o sm.
des·ta·pa·*men*·to sm.
des·ta·*par* v.
des·*ta*·que sm.
des·ta·que:*ar* v.
des·ta·ra·me·*lar* v.
des·*tar*·te adv.
des·te (ê) contr. da prep. *de*
  com o pron. *este*.
des·te·ce·*du*·ra sf.
des·te·*cer* v.
des·te·lha·*men*·to sm.
des·te·*lhar* v.
des·te·*mer* v.
des·te·me·*ro*·so (ô) adj.; f. *e*
  pl. (ó).
des·te·mi·*dez* (ê) sf.
des·te·*mi*·do adj. 'sem temor'/
  Cf. *destímido*.
des·te·*mor* (ô) sm.
des·*têm*·pe·ra sf./Cf. *destempera*
  (é), do v. *destemperar*.
des·tem·pe·ra·*ção* sf.; pl. ·ções.
des·tem·pe·*ra*·do adj. sm.
des·tem·pe·*ran*·ça sf.
des·tem·pe·*rar* v.

des·tem·*pe*·ro (ê) sm./ Cf. *destempero* (é), do v. *destemperar*.
des·*tem*·po sm.; na loc. adv. *a destempo*.
des·te·ri·*da*·de sf.
des·ter·nei·*rar* v.
des·ter·*ra*·do adj. sm.
des·ter·ra·*dor* (ô) adj. sm.
des·ter·ra·*men*·to sm.
des·ter·*rar* v.
des·ter·*ren*·se adj. s2g.
des·*ter*·ro (ê) sm./Cf. *desterro* (é), do v. *desterrar*.
des·ter·ro:a·*dor* (ô) adj. sm.
des·ter·ro:a·*men*·to sm.
des·ter·ro:*ar* v.
des·te·ta·*dei*·ra sf.
des·te·*tar* v.
des·ti·la·*ção* sf.; pl. ·*ções*.
des·ti·la·*dei*·ra sf.
des·ti·*la*·do adj. sm.
des·ti·la·*dor* (ô) adj. sm.
des·ti·la·*men*·to sm.
des·ti·*lar* v.
des·ti·la·*ri*·a sf.
des·ti·la·*tó*·ri:o adj.
des·ti·mi·*dez* (ê) sf.
des·*tí*·mi·do adj. 'que não é tímido'/Cf. *destemido*.
des·ti·na·*ção* sf.; pl. ·*ções*.
des·ti·na·*dor* (ô) adj. sm.
des·ti·*nar* v.
des·ti·na·*tá*·ri:o sm.
des·tin·*gir* v.
des·*ti*·no sm.
des·*tin*·to adj. 'que se destingiu'/Cf. *distinto*.
des·ti·tu:i·*ção* sf.; pl. ·*ções*.
des·ti·tu:*ir* v.
des·ti·tu:*í*·vel adj. 2g.; pl. ·veis.
des·to:*an*·te adj. 2g.
des·to:*ar* v.
des·to·ca·*dor* (ô) adj. sm.
des·to·ca·*men*·to sm.
des·to·*car* v.
des·tol·*dar* v.
des·*tom* sm.; pl. ·*tons*.
des·to·pe·te:a·*ção* sf.; pl. ·*ções*.
des·to·pe·te:*ar* v.
des·to·*rar* v.
des·tor·ce·*dor* (ô) adj. sm.
des·tor·*cer* v.
des·tor·*ci*·do adj.
des·tor·ci·*men*·to sm.
des·tor·ni·*lhar* v.
des·tor·pe·*cer* v.

des·tor·ro:a·*men*·to sm.
des·tor·ro:*ar* v.
des·tou·*car* v.
des·*tou*·tro contr. de *deste* com o pron. *outro*.
des·*tra* (ê) sf.
des·tra·*mar* v.
des·tra·*má*·vel adj. 2g.; pl. ·veis.
des·tram·be·*lha*·do adj. sm.
des·tram·be·lha·*men*·to sm.
des·tram·be·*lhar* v.
des·tram·*be*·lho (ê) sm.
des·tran·*car* v.
des·tran·*çar* v.
des·*tran*·que sm.
des·tra·*tar* v.
des·tra·van·*car* v.
des·tra·*var* v.
des·tra·ves·*sar* v.
des·trei·*na*·do adj.
des·trei·*nar* v.
des·tre·*lar* v.
des·tre·*par* v.
des·*tre*·za (ê) sf.
des·tri·ba·li·za·*ção* sf.; pl. ·*ções*.
des·tri·ba·li·*zar* v.
des·tri·*bar* v.
des·tri·ma·*nis*·mo sm.
des·*trí*·ma·no adj.
des·*trin*·ça sf.
des·trin·ça·*dor* (ô) adj. sm.
des·trin·*car* v.
des·trin·*çar* v.: *destrinchar*.
des·trin·*çá*·vel adj. 2g.; pl. ·veis.
des·trin·*char* v.: *destrinçar*.
des·tri·*par* v.
des·tri·pu·*lar* v.
des·tris·te·*cer* v.
des·tro (ê) adj. sm.
des·*tro*·ca sf.
des·tro·ca·*dor* (ô) adj. sm.
des·tro·ça·*dor* (ô) adj. sm.
des·tro·*car* v.
des·tro·*çar* v.
des·*tro*·ço (ô) sm.; pl. (ó)/Cf. *destroço* (ó), do v. *destroçar*.
des·*tró*·gra·do adj.
des·*trói*·er sm.
des·tro·na·*ção* sf.; pl. ·*ções*.
des·tro·na·*dor* (ô) adj. sm.
des·tro·na·*men*·to sm.
des·tro·*nar* v.
des·tron·*ca*·do adj.
des·tron·ca·*men*·to sm.
des·tron·*car* v.
des·tro·ni·za·*ção* sf.; pl. ·*ções*.
des·tro·ni·*zar* v.

des·trui·*ção* sf.; pl. ·*ções*.
des·tru:i·*dor* (ô) adj. sm.
des·tru:*ir* v.
des·tru:*í*·vel adj. 2g.; pl. ·veis.
des·trun·*far* v.
des·tru·ti·bi·li·*da*·de sf.
des·tru·*tí*·vel adj. 2g.; pl. ·veis.
des·tru·ti·vi·*da*·de sf.
des·tru·ti·*vis*·mo sm.
des·tru·ti·*vis*·ta adj. s2g.
des·tru·*ti*·vo adj.
des·tru·*tor* (ô) adj. sm.
des·tu·te·*la*·do adj.
de·sul·tra·*jar* v.
de·su·ma·*nar* v.
de·su·ma·ni·*da*·de sf.
de·su·ma·ni·za·*ção* sf.; pl. ·*ções*.
de·su·ma·ni·*zar* v.
de·su·*ma*·no adj.
de·su·mec·*tan*·te adj. s2g.
de·su·mec·*tar* v.
de·su·me·de·*cer* v.
de·su·mi·di·fi·ca·*ção* sf.; pl. ·*ções*.
de·su·mi·di·fi·ca·*dor* (ô) adj. sm.
de·su·mi·di·fi·*car* v.
de·su·*nhar* v.
de·su·ni·*ão* sf.; pl. ·*ões*.
de·su·ni·fi·*car* v.
de·su·ni·for·mi·*da*·de sf.
de·su·*nir* v.
de·su·*ní*·vel adj. 2g.; pl. ·veis.
de·sur·*dir* v.
de·su·*sa*·do adj.
de·su·*sar* v.
de·*su*·so sm.
de·*sú*·til adj. 2g.; pl. ·teis.
de·su·ti·li·*da*·de sf.
des·va:e·*cer* v.
des·vai·*da*·de sf.
des·vai·*do*·so (ô) adj.; f. *e* pl. (ó).
des·va:*ir* v.
des·vai·*ra*·do adj. sm.
des·vai·ra·*dor* (ô) adj. sm.
des·vai·ra·*men*·to sm.
des·vai·*ran*·ça sf.
des·vai·*rar* v.
des·*vai*·ro sm.
des·va·*len*·te adj. 2g.
des·va·*ler* v.
des·va·*li*·a sf.
des·va·li:a·*ção* sf.; pl. ·*ções*.
des·va·li:*ar* v.
des·va·li·*dar* v.
des·va·*li*·do adj. sm.
des·va·li·*jar* v.

248

des·va·li·*men*·to sm.
des·va·li:*o*·so (ô) adj.; f. e pl. (ó).
des·va·*lor* (ô) sm.
des·va·lo·ri·za·*ção* sf.; pl. ·ções.
des·va·lo·ri·za·*dor* (ô) adj. sm.
des·va·lo·ri·*zar* v.
des·va·lo·*ro*·so (ô) adj.; f. e pl. (ó).
des·val·vu·*la*·do adj.
des·va·ne·ce·*dor* (ô) adj. sm.
des·va·ne·*cer* v.
des·va·ne·*ci*·do adj.
des·va·ne·ci·*men*·to sm.
des·va·ne·*cí*·vel adj. 2g.; pl. ·veis.
des·van·*ta*·gem sf.; pl. ·gens.
des·van·ta·*jo*·so (ô) adj.; f. e pl. (ó).
des·*vão* sm.; pl. ·*vãos*.
des·va·ri:*ar* v.
des·va·*ri*·o sm.
des·vas·sa·*lar* v.
des·ve·*la*·do adj.
des·ve·*lar* v.
des·ve·le·*jar* v.
des·*ve*·lo (ê) sm./Cf. *desvelo* (é), do v. *desvelar*.
des·ven·ci·*lhar* v.
des·ven·da·*dor* (ô) adj. sm.
des·ven·*dar* v.
des·ven·*dá*·vel adj. 2g.; pl. ·veis.
des·ve·ne·ra·*ção* sf.; pl. ·ções.
des·ve·ne·*rar* v.
des·ven·*to*·so (ô) adj.; f. e pl. (ó).
des·ven·tra·*ção* sf.; pl. ·ções.
des·ven·*trar* v.
des·ven·*tu*·ra sf.
des·ven·tu·*ra*·do adj. sm.
des·ven·tu·*rar* v.
des·ven·tu·*ro*·so (ô) adj.; f. e pl. (ó).
des·*ver*·de (ê) adj. 2g.
des·ver·de·*cer* v.
des·ver·*go*·nha sf.
des·ver·go·nha·*men*·to sm.
des·ver·go·*nhar* v.
des·ves·*tir* v.
des·ve·*za*·do adj.
des·ve·*zar* v.
des·vi:a·*ção* sf.; pl. ·ções.
des·vi:a·do adj.
des·vi:a·*dor* (ô) adj. sm.
des·vi:*ân*·ci:a sf.
des·vi:*ar* v.
des·vi·*ço*·so (ô) adj.; f. e pl. (ó).
des·vi·dra·*çar* v.
des·vi·*drar* v.

des·vi·*gar* v.
des·vi·gi:*ar* v.
des·vi·go·ra·*men*·to sm.
des·vi·go·*rar* v.
des·vi·go·ri·*zar* v.
des·vi·go·*ro*·so (ô) adj.; f. e pl. (ó).
des·vin·*car* v.
des·vin·ci·*lhar* v.: *desvencilhar*.
des·vin·cu·la·*ção* sf.; pl. ·ções.
des·vin·cu·*la*·do adj.
des·vin·cu·*lar* v.
des·vin·cu·*lá*·vel adj.; pl. ·veis.
des·*vi*:o sm.
des·vi·*rar* v.
des·vir·*gar* v.
des·vir·gi·na·*men*·to sm.
des·vir·gi·*nar* v.
des·vir·gi·ni·za·*ção* sf.; pl. ·ções.
des·vir·gi·ni·*zar* v.
des·vir·gu·*lar* v.
des·vi·ri·li·*da*·de sf.
des·vi·ri·li·za·*dor* (ô) adj.
des·vi·ri·li·*zan*·te adj. 2g.
des·vi·ri·li·*zar* v.
des·vir·tu:a·*ção* sf.; pl. ·ções.
des·vir·tu:a·*dor* (ô) adj.
des·vir·tu:a·*men*·to sm.
des·vir·tu:*ar* v.
des·vir·*tu*·de sf.
des·vir·tu:*o*·so (ô) adj.; f. e pl. (ó).
des·vis·ce·ra·*ção* sf.; pl. ·ções.
des·vis·ce·*ra*·do adj.
des·vis·ce·*rar* v.
des·vis·*gar* v.
des·vi·ta·li·za·*ção* sf.; pl. ·ções.
des·vi·ta·li·*zar* v.
des·vi·ta·mi·*nar* v.
des·vi·tri·fi·ca·*ção* sf.; pl. ·ções.
des·vi·tri·fi·*car* v.
des·vi·*ver* v.
des·vi·zi·*nhan*·ça sf.
des·vi·zi·*nhar* v.
des·vo·ca·li·za·*ção* sf.; pl. ·ções.
des·vo·ca·li·*zar* v.
des·vul·ca·ni·za·*ção* sf.; pl. ·ções.
des·ze·*lar* v.
des·zin·ci·ca·*ção* sf.; pl. ·ções.
des·zin·ci·fi·ca·*ção* sf.; pl. ·ções.
de·ta·lha·*men*·to sm.
de·ta·*lhar* v.
de·*ta*·lhe sm.
de·ta·*lhis*·mo sm.
de·ta·*lhis*·ta adj. s2g.
de·tec·*ção* sf.; pl. ·ções.
de·tec·*tar* v.

de·tec·*tá*·vel adj. 2g.; pl. ·veis.
de·tec·*ti*·ve sm.: *detetive*.
de·tec·*tor* (ô) sm.
de·*ten*·ça sf.
de·ten·*ção* sf.; pl. ·ções.
de·*ten*·to sm.
de·ten·*tor* (ô) adj. sm.
de·*ter* v.
de·ter·*gên*·ci:a sf.
de·ter·*gen*·te adj. 2g. sm.
de·ter·*gir* v.
de·te·ri:o·ra·*ção* sf.; pl. ·ções.
de·te·ri:o·ra·*men*·to sm.
de·te·ri:o·*ran*·te adj. 2g.
de·te·ri:o·*rar* v.
de·te·ri:o·*rá*·vel adj. 2g.; pl. ·veis.
de·ter·mi·na·*ção* sf.; pl. ·ções.
de·ter·mi·*na*·do adj. sm.
de·ter·mi·na·*dor* (ô) adj. sm.
de·ter·mi·*nan*·te adj. 2g. sm. ou sf.
de·ter·mi·*nar* v.
de·ter·mi·na·*ti*·vo adj.
de·ter·mi·*ná*·vel adj. 2g.; pl. ·veis.
de·ter·mi·*nis*·mo sm.
de·ter·mi·*nis*·ta adj. s2g.
de·ter·*são* sf.; pl. ·sões.
de·ter·*si*·vo adj.
de·ter·*só*·ri:o adj.
de·tes·ta·*ção* sf.; pl. ·ções.
de·tes·*tan*·do adj.
de·tes·*tar* v.
de·tes·*tá*·vel adj. 2g.; pl. ·veis.
de·te·*ti*·ve sm.: *detective*.
de·*ti*·do adj. sm.
de·to·na·*ção* sf.; pl. ·ções.
de·to·na·*dor* (ô) adj. sm.
de·to·*nan*·te adj. 2g.
de·to·*nar* v.
de·to·*rar* v.
de·tra·*ção* sf.; pl. ·ções.
de·tra·*en*·te adj. 2g.
de·tra·i·*dor* (ô) adj. sm.
de·tra:*ir* v.
de·*trás* adv.
de·tra·*tar* v.
de·tra·*ti*·vo adj.
de·tra·*tor* (ô) adj. sm.
de·tri·*ção* sf.; pl. ·ções.
de·tri·*men*·to sm.
de·*trí*·ti·co adj.
de·*tri*·to sm.
de·trun·*car* v.
de·tu:a·*ná* adj. s2g.
de·tu·mes·*cên*·ci:a sf.

de·tu·mes·*cen*·te adj. 2g.
de·tu·mes·*cer* v.
de·tur·ba·*ção* sf.; pl. ·*ções*.
de·tur·*bar* v.
de·tur·pa·*ção* sf.; pl. ·*ções*.
de·tur·pa·*dor* (ô) adj. sm.
de·tur·*par* v.
déu sm., na loc. adv. *de déu em déu*/Cf. *deu*, do v. *dar*.
deus sm.; f. *deusa* ou *deia*.
deu·sa sf.
deus·da·*rá* sm.; na loc. adv. *ao deus-dará*.
deus me *li*·vre sm. 2n.
deus nos a·*cu*·da sm.
deu·te·ra·go·*nis*·mo sm.
deu·te·ra·go·*nis*·ta adj. s2g.
deu·ter·*gi*·a sf.
deu·*té*·ri:o sm.
deu·te·ro·ga·*mi*·a sf.
deu·te·*ró*·ga·mo sm.
deu·te·ro·lo·*gi*·a sf.
deu·te·ro·mi·*ce*·to sm.
dêu·te·ron sm.: *dêu*·te·ro.
deu·te·ro·*nô*·mi:o sm.
deu·te·ro·pa·*ti*·a sf.
deu·te·ro·*pá*·ti·co adj.
deu·te·*ro*·se sf.
dêu·ton sf.: *dêuteron*.
deu·to·neu·*rô*·ni:o sm.
de·va (ê) sm.
de·va·*gar* adv. 'sem pressa'/Cf. *divagar*.
de·va·ne:a·*dor* (ô) adj. sm.
de·va·ne:a·*men*·to sm.
de·va·ne:*an*·te adj. 2g.
de·va·ne:*ar* v.
de·va·*nei*·o sm.
de·*vas*·sa sf.
de·vas·*sa*·do adj.
de·vas·sa·*dor* (ô) adj. sm.
de·vas·sa·*men*·to sm.
de·vas·*san*·te adj. 2g.
de·vas·*sar* v.
de·vas·*sá*·vel adj. 2g.; pl. ·*veis*.
de·vas·si·*dão* sf.; pl. ·*dões*.
de·*vas*·so adj. sm.
de·vas·ta·*ção* sf.; pl. ·*ções*.
de·vas·ta·*dor* (ô) adj. sm.
de·vas·*tar* v.
de·ve sm.
de·ve·*dor* (ô) adj. sm.
de·ve·*nir* v. sm.
de·*ven*·tre sm.
de·*ver* v. sm.
de·*ve*·ras adv.
de·ver·*bal* adj. sm.; pl. ·*bais*.

de·ver·ba·*ti*·vo adj.
de·*ve*·sa (ê) sf.
de·*vi* sf.
de·vi:a·*ção* sf.; pl. ·*ções*.
de·*vi*·do adj. sm./Cf. *divido*, do v. *dividir*.
dé·vi:o adj.; f. *dévia*/Cf. *devia*, do v. *dever*.
de·*vir* v. sm.
de·vi·*sar* v. 'planejar'/Cf. *divisar*.
de·vi·tri·fi·ca·*ção* sf.; pl. ·*ções*.
de·vi·tri·fi·*car* v.
de·vo·*ção* sf.; pl. ·*ções*.
de·vo·ci·o·*ná*·ri:o sm.
de·vo·ci·o·*nis*·mo sm.
de·vo·ci·o·*nis*·ta adj. s2g.
de·vo·lu·*ção* sf.; pl. ·*ções*.
de·vo·lu·*ti*·vo adj.
de·vo·*lu*·to adj.
de·vo·lu·*tó*·ri:o adj.
de·vol·*ver* v.
de·vo·ni·*a*·no adj. sm.
de·vo·ra·*ção* sf.; pl. ·*ções*.
de·vo·ra·*dor* (ô) adj. sm.
de·vo·ra·*men*·to sm.
de·vo·*ran*·te adj. 2g.
de·vo·*rar* v.
de·vo·*ris*·mo sm.
de·vo·*ris*·ta adj. s2g.
de·vo·ta·*ção* sf.; pl. ·*ções*.
de·vo·*ta*·do adj.
de·vo·ta·*men*·to sm.
de·vo·*tar* v.
de·*vo*·to adj. sm.
de·wat·*ta*·do (va) adj.
de·xi:o·car·*di*·a (cs) sf.
de·xi:o·car·*dí*·a·co (cs) adj.
dex·*tra*·no (ês ou êcs) sm.
dex·*tra*·se (ês ou êcs) sf.
dex·*tri*·na (ês ou êcs) sf.
dex·tro·*gi*·ro (ês ou êcs) adj.
dex·*tro*·so (ês ou êcs) adj.
dex·*tro*·se (ês ou êcs) sf.
dex·tro·*sú*·ri:a (ês ou êcs) sf.: dex·tro·su·*ri*·a.
dex·tro·vo·*lú*·vel (ês ou êcs) adj. 2g.; pl. ·*veis*.
dez num.
de·za·*no*·ve num.: *dezenove*.
de·zas·*seis* num.: *dezesseis*.
de·zas·*se*·te num.: *dezessete*.
de·zem·*bra*·da sf.
de·zem·*bri*·no adj.
de·*zem*·bro sm.
de·*ze*·na sf.
de·*ze*·no num.

de·ze·*no*·ve num.
de·zes·*seis* num.
de·zes·*se*·te num.
dez e *um* s2g. 2n.
de·*zoi*·to num.: de·*zoi*·to.
de·*zoi*·to(s)-*gran*·de(s) sm. (pl.).
de·*zoi*·to(s)-pe·*que*·no(s) sm. (pl.).
dez pés em qua·*drão* sm. 2n.
dez-*réis* sm. 2n.
di·a sm.
di:*á* sm.
dia a *di*·a sm.
di:*a*·ba sf.
di:a·*ba*·da sf.
di:a·ban·*ti*·ta sf.
di:*á*·ba·se sf.
di:a·*bá*·si·co adj.
di:a·*bá*·si:o sm.
di:a·*be*·te sm. *ou* sf.
di:a·*be*·tes sm. *ou* sf. 2n.
di:a·*bé*·ti·co adj.
di:a·be·to·lo·*gi*·a sf.
di:a·be·to·*ló*·gi·co adj.
di:a·be·*tó*·lo·go sm.
di:a·be·*to*·se sf.
di:a·*bi*·nho sm.
di:a·*bi*·nho(s)-ma·*lu*·co(s) sm. (pl.).
di:*a*·bo sm.
di:*á*·bo:a sf.
di:a·*bó*·li·co adj.
di:a·bo·*lis*·mo sm.
di:a·bo·*lô* sm.
di:a·bo(s)-ma·*ri*·nho(s) sm. (pl.).
di:*a*·bra sf.
di:a·*bre*·te (ê) sm.
di:a·*bril* adj. 2g.; pl. ·*bris*.
di:*a*·bro sm.
di:a·*bro*·se sf.
di:a·*bró*·ti·co adj.
di:a·*bru*·ra sf.
di:a·*cá*·la·se sf.
di:a·*cau*·se sf.
di:a·cau·*si*·a sf.
di:a·*cáus*·ti·ca sf.
di:a·*cáus*·ti·co adj.
di:a·*cho* sm.
di:a·ci·*drão* sm.; pl. ·*drões*.
di:a·ci·*ne*·se sf.
di:*á*·cla·se sf.
di:a·cla·*si*·ta sf.
di:a·*clas*·to sm.
di:a·*có*·di·o sm.
di:a·co·*má*·ti·ca sf.
di:a·co·*má*·ti·co adj.

di:a·co·*na*·do sm.: *diaconato*.
di:a·co·*nal* adj. 2g.; pl. ·*nais*.
di:a·co·*na*·to sm.: *diaconado*.
di:a·co·*ni*·a sf.
di:a·*cô*·ni·co adj.
di:a·co·*ni*·sa sf.
di:*á*·co·no sm.
di:a·co·*pa*·do adj.
di:*á*·co·pe sf.
di:a·cra·ni:*a*·no adj.
di:*á*·cri·no adj.
di:*á*·cri·se sf.
di:a·*crí*·ti·co adj. sm.
di:a·cro·ma·top·*si*·a sf.
di:a·cro·mi:*o*·do (ô) sm.
di:a·cro·*ni*·a sf.
di:a·*crô*·ni·co adj.
di:a·*cús*·ti·ca sf.
di:ac·*tí*·ni·co adj.
di:ac·ti·*nis*·mo sm.
dí:a·da sf.: *dí*:a·de.
di:a·del·*fi*·a sf.
di:a·*del*·fo adj.
di:a·*de*·ma sm.
di:a·de·*ma*·do adj.
di:a·de·*mar* v.
di:a·de·ma·re:*al* sf.; pl. *diademas-reais*.
di:a·de·*xi*·a (cs) sf.
di:*á*·di·co adj. sm.
di:*á*·do·co sm.
di:a·fa·ne:i·*da*·de sf.
di:a·fa·*ni*·a sf.
di:*á*·fa·no adj.
di:a·fa·*nô*·me·tro sm.
di:a·*fil*·me sm.
di:*á*·fi·se sf.
di:a·fo·*ni*·a sf.
di:*á*·fo·ra sf.
di:a·fo·*re*·se sf.
di:a·fo·*ré*·ti·co adj.
di:a·fo·*ri*·ta sf.
di:a·*frag*·ma sm.
di:a·frag·*má*·ti·co adj.
di:a·*gê*·ne·se sf.
di:a·ge·*né*·ti·co adj.
di:ag·*no*·se sf.
di:ag·nos·ti·ca·*dor* (ô) adj. sm.
di:ag·nos·ti·*car* v.
di:ag·nos·ti·*cá*·vel adj. 2g.; pl. ·veis.
di:ag·*nós*·ti·co adj. sm.
di:a·go·*nal* adj. 2g. sf.; pl. ·*nais*.
di:a·gra·*fi*·a sf.
di:a·*grá*·fi·co adj.
di:*á*·gra·fo sm.
di:a·*gra*·ma sm.

di:a·gra·ma·*ção* sf.; pl. ·*ções*.
di:a·gra·ma·*dor* (ô) adj. sm.
di:a·*gra*·ma v.
di:a·gra·*má*·ti·co adj.
di:*al* sm.; pl. ·*ais*.
di:a·*lá*·gi·co adj.
di:a·*lá*·gi·o sm.
di:*ál*·co·ol sm.; pl. ·*óis*.
di:a·le sm.
di:a·*le*·lo sm.
di:a·le·ta·*ção* sf.; pl. ·*ções*.
di:a·le·*tal* adj. 2g.; pl. ·*tais*.
di:a·*lé*·ti·ca sf.
di:a·*lé*·ti·co adj. sm.
di:a·*le*·to sm.
di:a·le·to·lo·*gi*·a sf.
di:a·le·to·*ló*·gi·co adj.
di:a·le·*tó*·lo·go sm.
di:*a*·lho sm.
di:a·li·car·pe·*lar* adj. 2g.
di:a·li·pe·ta·lan·*tá*·ce:a sf.
di:a·li·pe·ta·lan·*tá*·ce:o adj.
di:a·li·*pé*·ta·lo adj.
di:a·li·sa·*ção* sf.; pl. ·*ções*.
di:a·li·sa·*dor* (ô) adj. sm.
di:a·li·*sar* v.
di:a·li·*sá*·vel adj. 2g.; pl. ·*veis*.
di:*á*·li·se sf./Cf. *dialise*, do v. *dialisar*.
di:a·lis·*sé*·pa·lo adj.
di:a·lo·ga·*ção* sf.; pl. ·*ções*.
di:a·lo·*ga*·do adj.
di:a·lo·ga·*dor* (ô) sm.
di:a·lo·*gal* adj. 2g.; pl. ·*gais*.
di:a·lo·*gar* v.
di:a·lo·*gi*·a sf.
di:a·*ló*·gi·co adj.
di:a·lo·*gis*·mo sm.
di:a·lo·*gis*·ta s2g.
di:a·lo·*gís*·ti·co adj.
di:a·lo·*gi*·ta sf.
di:*á*·lo·go sm.
di:a·mag·*né*·ti·co adj.
di:a·mag·ne·*tis*·mo sm.
di:a·man·*tá*·ri·o sm.
di:a·*man*·te adj. 2g. sm.
di:a·man·te·ro·sa sm.; pl. *diamantes-rosas* ou *diamantes-rosa*.
di:a·man·*tí*·fe·ro adj.
di:a·man·ti·*nen*·se s2g.
di:a·man·*ti*·no adj.: *adiamantino*.
di:a·man·*tis*·ta adj. s2g.
di:a·man·ti·*zar* v.
di:a·*mão* sm.; pl. *diamães*.
di:a·mas·ti·*go*·se sf.

di:*am*·ba sf.
di:am·ba·*ra*·na sf.
di:a·me·*tral* adj. 2g.; pl. ·*trais*.
di:*â*·me·tro sm.
di:a·*mi*·da sf.
di:a·mi·do·fe·*nol* sm.; pl. ·*nóis*.
di:a·*mi*·na sf.
di:a·*mô*·ni:o adj.
di:*a*·na sf.
di:an·*dri*·a sf.
di:*an*·dro adj.
di:a·*né*·ti·ca sf.
di:*an*·gas sm. 2n.
di:*a*·nho sm.
di:a·no·po·li·*ta*·no adj. sm.
di:*an*·te prep.
di:an·*tei*·ra sf.
di:an·*tei*·ro adj. sm.
di:a·*pal*·mo sm.
di:a·pa·*são* sm.; pl. ·*sões*.
di:a·*pas*·ma sm.
di:a·*pau*·sa sf.
di:a·pe·*de*·se sf.
di:a·pen·*sa*·les sf. pl.
di:a·pen·si:*á*·ce:a sf.
di:a·pen·si:*á*·ce:o adj.
di:*á*·pi·ro sf.
di:a·po·*re*·se sf.
di:a·po·si·*ti*·vo sm.
di:a·qui·*lão* sm.; pl. ·*lões*.
di:*ar*·ca sm.
di:*ar*·co adj.
di:*á*·ri:a sf.
di:*á*·ri:o adj. sm.
di:a·*ris*·mo sm.
di:a·*ris*·ta s2g.
di:ar·*qui*·a sf.
di:*ár*·qui·co adj.
di:ar·*rei*·a sf.
di:ar·*rei*·co adj. sm.
di:ar·re·*mi*·a sf.
di:ar·ti·cu·*lar* adj. 2g.
di:ar·*tro*·se sf.
di:a(s)-*san*·to(s) sm. (pl.).
di:as·ce·*vas*·ta sm.
di:as·ce·*vás*·ti·ca sf.
di:as·co·*pi*·a sf.
di:as·*có*·pi·o sm.
di:as·*cór*·di·o sm.
di:as·pi·*dí*·de:o adj. sm.
di:*ás*·po·ra sf.
di:as·*pó*·ri:o sm.
di:*ás*·po·ro sm.
di:*ás*·qui·se sf.
di:as·*quis*·ma sm.
di:a·*se*·ne sm.
di:as·sin·to·*mi*·a sf.

di·ás·ta·se sf.
di·as·te·ma sm.
di·as·ti·lo sm.
di·ás·to·le sf.
di·as·tó·li·co adj.
di·as·tro·fi·a sf.
di·as·tró·fi·co adj.
di·as·tro·fis·mo sm.
di·a·ter·man·ci·a sf.
di·a·tér·ma·no adj.
di·a·ter·mi·a sf.
di·a·tér·mi·co adj.
di·a·ter·mo·co·a·gu·la·ção sf.; pl. ·ções.
di·á·te·se sf.
di·a·té·si·co adj.
di·a·té·ti·co adj.
di·á·ti·ro sm.
di·a·to·má·ce·a sf.
di·a·to·má·ce·o adj.
di·a·tô·mi·co adj.
di·a·to·mi·na sf.
di·a·to·mi·to sm.
di·a·tô·ni·co adj.
di·a·tri·be sf.
di·a·tri·pe·se sf.
di·a·tró·pi·co adj.
di·a·tro·pis·mo sm.
di·au s2g.
di·au·lo sm.
di·a·zi·na sf.
di·a·zo sm.
di·a·zoi·co adj.
di·a·zo·ma sm.
di·bá·si·co adj.
di·brân·qui·o adj. sm.
di·ca sf.
di·ca·ci·da·de sf.
di·ca·cís·si·mo adj.; surperl. de dicaz.
di·ca·na s2g.
di·ção sf.; pl. ·ções: dicção.
di·ca·pe·ta·lá·ce·a sf.
di·ca·pe·ta·lá·ce·o adj.
di·car v.
di·car·pe·lar adj. 2g.
di·ca·si·al adj. 2g.; pl. ·ais.
di·cá·si·o sm.
di·ca·ta·léc·ti·co adj.: di·ca·ta·lé·ti·co.
di·caz adj. 2g.; superl. dicacíssimo.
dic·ção sf.; pl. ·ções: dição.
di·ce·fa·li·a sf.
di·cé·fa·lo adj.
di·cé·li·a sf.
di·cé·li·o adj.

di·ce·lis·ta adj. s2g.
di·cé·ri·o sm.
dí·ce·ro adj.
di·ce·to·na sf.
di·cho·te sm.
di·cí·cli·co adj. sm.
di·ci·clo sm.
di·ci·ê·mi·o adj. sm.
di·ci·o·na·ri·ar v.
di·ci·o·ná·ri·o sm.
di·ci·o·na·ris·ta adj. s2g.
di·ci·o·na·ri·za·ção sf.; pl. ·ções.
di·ci·o·na·ri·za·do adj.
di·ci·o·na·ri·zar v.
di·ci·o·na·ri·zá·vel adj. 2g.; pl. ·veis.
di·cla·mí·de·o adj.
di·cli·dan·te·rá·ce·a sf.
di·cli·dan·te·rá·ce·o adj.
di·cli·di·te sf.
di·cli·dos·te·o·se sf.
di·clí·ni·a sf.
di·cli·no adj.
di·co·co adj.
di·co·ga·mi·a sf.
di·có·ga·mo adj.
di·co·ge·ni·a sf.
di·có·li·co adj.
di·con·ro·que sm.
di·co·po·di·a sf.
di·co·ti·lé·do·ne adj.
di·co·ti·le·dô·ne·a sf.
di·co·ti·le·dô·ne·o adj.
di·co·tí·le·o sm.
di·co·ti·lí·de·o adj. sm.
di·co·to·mi·a sf.
di·co·tô·mi·co adj.
di·co·to·mi·za·ção sf.; pl. ·ções.
di·co·to·mi·za·do adj.
di·co·to·mi·zar v.
di·có·to·mo adj.
di·croi·co adj.
di·cro·ís·mo sm.
di·cro·má·ti·co adj.
di·cro·ma·to sm.
di·crô·mi·co adj.
di·cros·có·pi·o sm.
di·cró·ti·co adj.
di·cro·tis·mo sm.
dí·cro·to adj.
dic·te·rí·a·de sf.: diteríade.
dic·té·ri·o sm.: ditério.
díc·ti·co adj.: dêitico.
dic·ti·o·car·po sm.
dic·ti·o·ci·ne·se sf.
dic·ti·ó·ge·no adj.

dic·ti·op·si·a sf.
dic·ti·óp·te·ro adj. sm.
dic·ti·os·co·pi·a sf.
dic·ti·os·per·ma sf.
dic·ti·os·pó·ri·o sm.
dic·ti·os·so·mo sm.
dic·ti·os·te·lo sm.
dic·ti·te sf.
di·dác·ti·lo adj.: didátilo.
di·dac·to·lo·gi·a sf.: didatologia.
di·dac·to·ló·gi·co adj.: didatológico.
di·das·cá·li·a sf.
di·das·cá·li·co adj.
di·da·ta s2g.
di·dá·ti·ca sf.
di·dá·ti·co adj.
di·dá·ti·lo adj.: didáctilo.
di·da·to·lo·gi·a sf.: didactologia.
di·da·to·ló·gi·co adj.: didactológico.
di·del·fí·de·o adj. sm.
di·di(s)·da·por·tei·ra sf. (pl.).
di·di·e·rá·ce·a sf.
di·di·e·rá·ce·o adj.
di·di·mal·gi·a sf.
di·di·mál·gi·co adj.
di·dí·mi·o sm.
di·di·mi·te sf.
dí·di·mo adj. sm.
di·dí·na·mo adj.
di·do·ni·a·no adj.
di·du·ção sf.; pl. ·ções.
di·é·ci·co adj.
di·é·ci·o adj.
di·é·dri·co adj.
di·e·dro adj. sm.
di·e·ge·se sf.
di·e·lé·tri·co adj. sm.
di·e·le·tró·li·se sf.
di·e·le·tro·lí·ti·co adj.
di·é·re·se sf.
di·e·ré·ti·co adj.
di·e·sar v.
dí·e·se sf./Cf. diese, do v. diesar.
diet adj. (ing.: dáiet).
di·e·ta sf.
di·é·ter sm.
di·e·te·ta s2g.
di·e·té·ti·ca sf.
di·e·té·ti·co adj.
di·e·tí·li·co adj.
di·e·ti·lo sm.
di·e·tis·ta adj. s2g.
di·fa·ma·ção sf.; pl. ·ções.
di·fa·ma·dor (ô) adj. sm.

di·fa·*man*·te adj. 2g.
di·fa·*mar* v.
di·fa·ma·*tó*·ri:o adj.
di·*fá*·si·co adj.
di·fe:o·mor·*fis*·mo sm.
di·fe·*ren*·ça sf.
di·fe·ren·*çar* v.
di·fe·ren·*çá*·vel adj. 2g.; pl. ·veis.
di·fe·ren·ci:a·*ção* sf.; pl. ·*ções*.
di·fe·ren·ci:*al* adj. 2g. sm. *ou* sf.; pl. ·*ais*.
di·fe·ren·ci:*ar* v.
di·fe·*ren*·te adj. 2g. 'desigual'/ Cf. *deferente*.
di·fe·*ri*·do adj. 'adiado, retardo'/Cf. *deferido*.
di·fe·ri·*men*·to sf. 'adiamento'/ Cf. *deferimento*.
di·fe·*rir* v. 'adiar'/Cf. *deferir*.
di·fi·*cer*·ca sf.
di·*fí*·cil adj. 2g. sm. adv.; pl. ·ceis; superl. *dificílissimo, dificílimo*.
di·fi·*cí*·li·mo adj. superl. de *difícil*.
di·fi·cul·*da*·de sf.
di·fi·cul·ta·*ção* sf.; pl. ·*ções*.
di·fi·cul·*tar* v.
di·fi·cul·*to*·so (ô) adj.; f. e pl. (ó).
di·fi·*dên*·ci:a sf.
di·fi·*den*·te adj. 2g.
di·fi·*lí*·de:o adj. sm.
di·fi·lo·bo·*trí*·de:o adj. sm.
di·fi:o·*don*·te adj. 2g.
di·flu:*ên*·ci:a sf. 'qualidade de difluente'/Cf. *defluência*.
di·flu:*en*·te adj. 2g. 'que diflui'/ Cf. *defluente*.
di·flu:*ir* v. 'espalhar-se, difundir-se'/Cf. *defluir*.
di·fra·*ção* sf.; pl. ·*ções*.
di·fra·*tar* v.
di·fra·*ti*·vo adj.
di·frin·*gen*·te adj. 2g.
dif·te·*ri*·a sf.
dif·*té*·ri·co adj.
di·fun·di·*dor* (ô) adj. sm.
di·fun·*dir* v.
di·fu·*são* sf.; pl. ·*sões*.
di·fu·si·bi·li·*da*·de sf.
di·fu·si:o·*nis*·mo sm.
di·fu·si:o·*nis*·ta adj. s2g.
di·fu·*sí*·vel adj. 2g.; pl. ·veis.
di·fu·si·vi·*da*·de sf.
di·fu·*si*·vo adj.
di·*fu*·so adj.
di·fu·*sor* (ô) adj. sm.

di·*ga*·ma sm.
di·ga·*mi*·a sf.
dí·ga·mo adj. sm.
di·*gás*·tri·co adj. sm.
di·gê·*ne*:o adj. sm.
di·gê·ne·se sf.
di·ge·*né*·ti·co adj.
di·ge·*ni*·a sf.
di·*gê*·ni·co adj.
di·ge·*ni*·ta sf.
di·ge·*ri*·do adj.
di·ge·ri·*dor* (ô) adj.
di·ge·*rir* v.
di·ge·*rí*·vel adj. 2g.; pl. ·veis.
di·ges·*tão* sf.; pl. ·*tões*.
di·ges·ti·bi·li·*da*·de sf.
di·ges·*tir* v.
di·ges·*tí*·vel adj. 2g.; pl. ·veis.
di·ges·*ti*·vo adj. sm.
di·*ges*·to adj. sm.
di·ges·*tor* (ô) adj. sm.
di·ges·*tó*·ri:o adj.
di·gi·ta·*ção* sf.; pl. ·*ções*.
di·gi·*ta*·do adj.
di·gi·ta·*dor* (ô) adj. sm.
di·gi·*tal* adj. 2g. sf.; pl. ·*tais*.
di·gi·ta·le·*í*·na sf.
di·gi·*tá*·li·co adj.
di·gi·ta·*li*·na sf.
di·gi·ta·*lis*·mo sm.
di·gi·ta·li·za·*ção* sf.; pl. ·*ções*.
di·gi·ta·li·*zar* v.
di·gi·*tar* v.
di·gi·ti·fo·li:*a*·do adj.
di·gi·ti·*for*·me adj. 2g.
di·gi·*tí*·gra·do adj. sm.
dí·gi·to adj. sm./Cf. *digito*, do v. *digitar*.
di·gla·di:a·*ção* sf.; pl. ·*ções*.
di·gla·di:a·*dor* (ô) adj. sm.
di·gla·di:*an*·te adj. 2g.
di·gla·di:*ar* v.
dí·gli·fo sm.
dig·na·*ção* sf.; pl. ·*ções*.
dig·*nar* v.
dig·ni·*da*·de sf.
dig·ni·fi·ca·*ção* sf.; pl. ·*ções*.
dig·ni·fi·ca·*dor* (ô) adj. sm.
dig·ni·fi·*can*·te adj. 2g.
dig·ni·fi·*car* v.
dig·ni·*tá*·ri:o sm.
dig·no adj.
di·go·*gra*·ma sm.
di·go·*nal* adj. 2g.; pl. ·*nais*.
dí·go·no adj.
di·*grá*·fi·co adj.
dí·gra·fo adj. sm.

di·*gra*·ma sm.
di·gres·*são* sf.; pl. ·*sões*.
di·gres·si:o·*nar* v.
di·gres·si:o·*nis*·mo sm.
di·gres·si:o·*nis*·ta adj. s2g.
di·gres·*si*·vo adj. 'que divaga'/ Cf. *degressivo*.
di·*gres*·so sm.
di·*gui*·ce sf.
di·i·*ca*·na s2g.
di·la·*ção* sf.; pl. ·*ções*.
di·la·ce·ra·*ção* sf.; pl. ·*ções*.
di·la·ce·ra·*dor* (ô) adj. sm.
di·la·ce·ra·*men*·to sm.
di·la·ce·*ran*·te adj. 2g.
di·la·ce·*rar* v.
di·la·ce·*rá*·vel adj. 2g.; pl. ·veis.
di·la·pi·da·*ção* sf.; pl. ·*ções*.
di·la·pi·da·*dor* (ô) adj. sm.
di·la·pi·*dar* v.
di·la·pi·da·*tá*·ri:o adj. sm.
di·la·pi·da·*tó*·ri:o adj.
di·la·ta·bi·li·*da*·de sf.
di·la·ta·*ção* sf.; pl. ·*ções*.
di·la·*ta*·do adj.
di·la·ta·*dor* (ô) adj. sm.
di·la·ta·*men*·to sm.
di·la·*tan*·te adj. 2g.
di·la·*tar* v.
di·la·ta·*ti*·vo adj.
di·la·*tá*·vel adj. 2g.; pl. ·veis.
di·la·*tó*·ri:o adj. 'que faz adiar'/ Cf. *delatório*.
di·le·*ção* sf.; pl. ·*ções*.
di·*le*·ma sm.
di·le·*má*·ti·co adj.
di·le·*ná*·ce:a sf.: *dileniácea*.
di·le·*ná*·ce:o adj.: *dileniáceo*.
di·*lê*·ni:a sf.
di·le·ni:*á*·ce:a sf.: *dilenácea*.
di·le·ni:*á*·ce:o adj.: *dilenáceo*.
di·le·*tan*·te adj. s2g.
di·le·tan·*tis*·mo sm.
di·*le*·to adj.
di·li·*gên*·ci:a sf./Cf. *diligencia*, do v. *diligenciar*.
di·li·gen·ci:a·*dor* (ô) adj. sm.
di·li·gen·ci:*ar* v.
di·li·*gen*·te adj. 2g.
di·lo·bu·*la*·do adj.
di·lo·cu·*lar* adj. 2g.
di·*lo*·gi·a sf.
di·lu·ci·da·*ção* sf.; pl. ·*ções*.
di·lu·ci·da·*men*·to sm.
di·lu·ci·*dar* v.
di·*lú*·ci·do adj./Cf. *dilucido*, do v. *dilucidar*.

di·lu·cu·*lar* adj. 2g.
di·*lú*·cu·lo sm.
di·lu:*en*·te adj. 2g. sm.
di·lu:i·*ção* sf.; pl. ·*ções*.
di·lu:i·*dor* (ô) adj. sm.
di·lu:i·*men*·to sm.
di·lu:*ir* v.
di·*lu*·to adj.
di·lu·vi:*al* adj. 2g.; pl. ·*ais*.
di·lu·vi:*a*·no adj.
di·lu·vi:*ão* sf.; pl. ·*ões*.
di·lu·vi:*ar* v.
di·*lú*·vi:o sm.
di·lu·vi:*o*·so (ô) adj.; f. *e* pl. (ó).
di·ma·na·*ção* sf.; pl. ·*ções*.
di·ma·*na*·te adj. 2g.
di·ma·*nar* v.
di·men·*são* sf.; pl. ·*sões*.
di·men·si:o·*nal* adj. 2g.; pl. ·*nais*.
di·men·si:o·na·li·*da*·de sf.
di·men·si:o·na·*men*·to sm.
di·men·si:o·*nar* v.
di·men·*sí*·vel adj. 2g.; pl. ·*veis*.
di·men·*só*·ri:o adj.
dí·mer sm.
di·me·*ris*·mo sm.
di·me·ri·za·*ção* sf.; pl. ·*ções*.
di·me·ri·*zar* v.
dí·me·ro adj. sm.
di·me·*tri*·a sf.
di·*mé*·tri·co adj.
dí·me·tro sm.
di·mi·di:a·*ção* sf.; pl. ·*ções*.
di·mi·di:a·*do* adj.
di·mi·di:*ar* v.
di·mi·di:*a*·to adj.
di·mi·nu:*en*·do adj. sm. adv.
di·mi·nu:*en*·te adj. 2g.
di·mi·nu:i·*ção* sf.; pl. ·*ções*.
di·mi·nu:i·*dor* (ô) adj. sm.
di·mi·nu:*in*·do sm. adv.
di·mi·nu:*ir* v.
di·mi·nu·*ti*·vo adj. sm.
di·mi·*nu*·to adj.
di·mis·*só*·ri:a sf.
di·mis·*só*·ri:o adj.
di·mor·*fi*·a sf.
di·mor·*fis*·mo sm.
di·mor·*fi*·ta sf.
di·*mor*·fo adj.
di·mor·fo·*te*·ca sf.
di·na sm.
di·na·mar·*quês* adj. sm.
di·na·me·*lé*·tri·co adj.:
 dinamoelétrico.

di·na·*mi*·a sf.
di·*nâ*·mi·ca sf.
di·*nâ*·mi·co adj.
di·na·mi:o·ge·*ni*·a sf.:
 dinamogenia.
di·na·mi:o·gê·ni·co adj.:
 dinamogênico.
di·na·mi:o·*lo·gi*·a sf.
di·na·mi:o·*ló*·gi·co adj.
di·na·mi:o·me·*tri*·a sf.:
 dinamometria.
di·na·mi:o·*mé*·tri·co adj.:
 dinamométrico.
di·na·mi:ô·me·tro sm.:
 dinamômetro.
di·na·*mis*·mo sm.
di·na·*mis*·ta adj. s2g.
di·na·mi·ta·*ção* sf.; pl. ·*ções*.
di·na·mi·ta·*dor* (ô) adj. sm.
di·na·mi·*tar* v.
di·na·*mi*·te sm.
di·na·mi·*tei*·ro adj. sm.
di·na·mi·*tis*·ta adj. s2g.
di·na·mi·za·*ção* sf.; pl. ·*ções*.
di·na·mi·*zar* v.
dí·na·mo sm.
di·na·mo:e·*lé*·tri·co adj.:
 dinamelétrico.
di·na·mo·ge·*ni*·a sf.:
 dinamiogenia.
di·na·mo·gê·ni·co adj.:
 dinamiogênico.
di·na·mo·me·*tri*·a sf.:
 dinamiometria.
di·na·mo·*mé*·tri·co adj.:
 dinamiométrico.
di·na·*mô*·me·tro sm.:
 dinamiômetro.
di·na·mo·ter·*mal* adj. 2g.; pl. ·*mais*.
di·*nar* sm.
di·*nas*·ta s2g. sm.
di·*nas·ti*·a sf.
di·*nás*·ti·co adj.
din·da sf.
din·*di*·nha sf.
din·*di*·nho sm.
din·go sm.
di·nhei·*ra*·da sf.
di·nhei·*ra*·ma sf.
di·nhei·*ra*·me sm.
di·nhei·*rão* sm.; pl. ·*rões*.
di·nhei·*ren*·to adj.
di·*nhei*·ro sm.
di·nhei·ro·pa·*pel* sm.; pl.
 dinheiros-papéis.
di·nhei·*ro*·so (ô) adj.; f. *e* pl. (ó).

di·nhei·*ru*·do adj.
di·no adj.
dí·no·do sm.
di·no·fla·ge·*la*·da sf.
di·no·fla·ge·*la*·do adj. sm.
di·no·fo·*bi*·a sf.
di·no·*fó*·gi·co adj.
di·no·ma·*ni*·a sf.
di·no·ma·*ní*·a·co adj.
di·no·*mí*·de:o adj. sm.:
 di·no·mi·*í*·de:o.
di·no·mo·na·*di*·na adj. 2g. sf.
di·nos·*sau*·ro sm.
di·no·*té*·ri:o sm.
di·no·*tim* sm.; pl. ·*tins*.
din·*tel* sm. 'verga'/Cf. *dentel*.
di:o·ce·*sa*·no adj. sm.
di:o·*ce*·se sf.
di:oc·to·fi·ma·*ti*·no adj. sm.
di:*o*·do (ô) sm.: *dí*·o·do.
di:o·don·ce·fa·*li*·a sf.
di:o·don·*cé*·fa·lo sm.
di:o·don·*tí*·de:o adj. sm.
di:o·do·*ren*·se adj. s2g.
di:o·*en*·se adj. s2g.
di:o·me·de·*í*·de:o adj. sm.
di:o·*fân*·ti·co adj.
di:o·fan·*ti*·no adj.
di:o·fi·*sis*·mo sm.
di:o·fi·*sis*·ta adj. s2g.
di:*o*·go (ô) sm.
di:*oi*·co adj.
di:o·le·*fi*·na sf.
di:o·*nei*·a sf.
di:o·ni·*sí*·a·cas sf. pl.
di:o·ni·*sí*·a·co adj.
di:o·ni·si:*a*·no adj.
di:o·ni·si:*ar*·ca sm.
di:o·*ní*·si:as sf. pl.
di:o·*ní*·si·co adj.
di:o·ni·si:*en*·se adj. s2g.
di:o·*ní*·si:o adj.
dí·o·po sm.
di:op·*sí*·de:o sm.
di:op·*tá*·si:o sm.
di:op·to·*grá*·fi·co adj.
di:op·*tó*·gra·fo sm.
di:op·to·me·*tri*·a sf.
di:op·to·*mé*·tri·co adj.
di:op·*tô*·me·tro sm.
di:op·*tri*·a sf.
di:*óp*·tri·ca sf.
di:o·*ra*·ma sf.
di:o·*râ*·mi·co adj.
di:o·*re*·se sf.
di:o·*rí*·ti·co adj.
di:o·*ri*·to sm.

di·os·co·re:á·ce:a sf.
di:os·co·re:á·ce:o adj.
di:os·co·ri·a·no adj. sm.
di:os·co·ri·na sf.
di:ós·me:a sf.
di:os·mo·se sf.
di:os·ti·lo sm.
di·o·xa·na (cs) sf.
di:ó·xi·do (cs) sm.
di·pe·ri:an·ta·do adj.
di·pé·ta·lo adj.
di·pla·dê·ni:a sf.
di·pla·né·ti·co adj.
di·plar·tro adj.
di·pla·si:o·ce·lo adj. sm.
di·ple sf.
di·ple·gi·a sf.
dí·plo:a sf.
di·plo·ba·ci·lo sm.
di·plo·bac·té·ri:a sf.
di·plo·bi:on·te sm.
di·plo·blás·ti·co sm.
di·plo·ce·fa·li·a sf.
di·plo·cé·fa·lo sm.
di·plo·co·co sm.
dí·plo:e sf.
di·plo·fo·ni·a sf.
di·plo·glos·sa·do adj. sm.
di·ploi·co adj.
di·ploi·de adj. 2g. sm.
di·ploi·di·a sf.
di·ploi·di·za·ção sf.; pl. ·ções.
di·ploi·di·zar v.
di·plo·ma sm.
di·plo·ma·ção sf.; pl. ·ções.
di·plo·ma·ci·a sf.
di·plo·ma·ci:ar v.
di·plo·ma·do adj. sm.
di·plo·man·do sm.
di·plo·mar v.
di·plo·ma·ta s2g.
di·plo·má·ti·ca sf.
di·plo·má·ti·co adj. sm.
di·plo·ma·tis·ta adj. s2g.
di·plo·pi·a sf.
di·pló·po·de adj. 2g. sm.
di·plóp·te·ro adj. sm.
di·plos·có·pi:o sm.
di·plo·se sf.
di·plos·po·ri·a sf.
di·plos·tê·mo·ne adj. 2g. sm.
di·plu·ro adj. sm.
dip·nêu·mo·ne adj. 2g. sm.
dip·neus·ta adj. 2g. sm.
dip·noi·co adj. sm.
dí·po·de adj. 2g.
di·po·di·a sf.

di·pó·di·co adj.
di·po·dí·de:o adj. sm.
di·po·lar adj. 2g.
di·po·lo sm.
di·pris·má·ti·co adj.
di·pro·so·pi·a sf.
di·pro·so·po sm.
di·pro·to·don·te adj. s2g.
dip·sa·cá·ce:a sf.
dip·sa·cá·ce:o adj.
dip·sé·ti·co adj.
dip·sis sm. 2n.
dip·so·ma·ni·a sf.
dip·so·ma·ní·a·co adj. sm.
dip·so·pa·ti·a sf.
dip·sor·re·xi·a (cs) sf.
dip·so·se sf.
dip·so·te·ra·pi·a sf.
dip·te·ra·can·to sm.
dip·té·ri·co adj.
dip·te·rí·gi:o sm.
díp·te·ro adj. sm.
dip·te·ro·car·pá·ce:a sf.
dip·te·ro·car·pá·ce:o adj.
díp·ti·co sm.
di·que sm.
di·re·ção sf.; pl. ·ções.
di·re·ci:o·nal adj. 2g.; pl. ·nais.
di·re·ci:o·nar v.
di·rei·ta sf.
di·rei·tei·ro sm.
di·rei·te·za (ê) sf.
di·rei·ti·nho adj. adv.
di·rei·tis·mo sm.
di·rei·tis·ta adj. s2g.
di·rei·to adj. sm. adv.
di·rei·tu·ra sf.
di·re·ti·va sf.
di·re·ti·vi·da·de sf.
di·re·ti·vo adj.
di·re·to adj. sm. adv.
di·re·tor (ô) adj. sm.
di·re·to·ra·do sm.
di·re·to·ri·a sf.
di·re·to·ri:al adj. 2g.; pl. ·ais.
di·re·tó·ri:o sm.
di·re·triz adj. sf.
di·ri·gen·te adj. s2g.
di·ri·gi·bi·li·da·de sf.
di·ri·gi·do adj.
di·rí·gi:o sm.: dirijo.
di·ri·gir v.
di·ri·gis·mo sm.
di·ri·gis·ta adj. s2g.
di·ri·gí·vel adj. 2g. sm.; pl. ·veis.
di·ri·jo sm.: dirígio.

di·ri·men·te adj. 2g. sf.
di·ri·mir v.
dí·ro adj.
di·ru:ir v.
di·rup·ção sf.; pl. ·ções.
di·rup·ti·vo adj.
di·sa·fi·a sf.
di·sar·tri·a sf.
dis·ba·si·a sf.
dis·bu·li·a sf.
dis·bú·li·co adj. sm.
dis·ca·gem sf.; pl. ·gens.
dis·car v.
dis·cen·te adj. 2g. 'relativo a alunos'/Cf. descente e decente.
dis·cep·ta·ção sf.; pl. ·ções.
dis·cer·nen·te adj. 2g.
dis·cer·ní·cu·lo sm.
dis·cer·ni·dor (ô) adj. sm.
dis·cer·ni·men·to sm.
dis·cer·nir v.
dis·cer·ní·vel adj. 2g.; pl. ·veis.
dis·ci·flo·ro adj.
dis·ci·for·me adj. 2g.
dis·ci·ne·si·a sf.
dis·ci·né·ti·co adj.
dis·ci·pli·na sf.
dis·ci·pli·na·ção sf.; pl. ·ções.
dis·ci·pli·na·dor (ô) adj. sm.
dis·ci·pli·na·men·to sm.
dis·ci·pli·nan·te adj. 2g. sm.
dis·ci·pli·nar adj. 2g. v.
dis·ci·pli·ná·vel adj. 2g.; pl. ·veis.
dis·ci·pu·la·do sm.
dis·ci·pu·lar adj.
dis·cí·pu·lo sm.
dis·co sm.
dis·có·bo·lo sm.
dis·co·cé·fa·lo adj. sm.
dis·co·fi·li·a sf.
dis·có·fi·lo sm.
dis·có·fo·ro adj. sm.
dis·co·glos·sí·de:o adj. sm.
dis·co·gra·fi·a sf.
dis·coi·de adj. 2g. sf.
dis·có·li·to sm.
dís·co·lo adj. sm.
dis·co·lor (ô) adj. 2g.
dis·co·me·du·sa adj. 2g. sf.
dis·cô·me·tro sm.
dis·cor·dân·ci:a sf.
dis·cor·dan·te adj. s2g.
dis·cor·dar v.
dis·cor·de adj. 2g.
dis·cór·di·a sf.

dis·cor·do (ô) sm./Cf. *discordo* (ó), do v. *discordar*, e *descordo* (ó), do v. *descordar*.
dis·cor·*rer* v.
dis·cor·ri·*men*·to sm.
dis·cor·*rí*·vel adj. 2g.; pl. ·veis.
dis·cos·so·*mi*·a sf.
dis·cos·so·mo adj.
dis·co·*te*·ca sf.
dis·co·te·*cá*·ri:o sm.
dis·*có*·tri·co adj. sm.
dis·co·*trí*·qui:o adj. sm.
dis·cra·*si*·a sf.
dis·*crá*·si·co adj. sm.
dis·cra·*si*·ta sf.:
 dis·cra·*si*·te
dis·cre·*pân*·ci:a sf.
dis·cre·*pan*·te adj. 2g.
dis·cre·*par* v.
dis·cre·*pá*·vel adj. 2g.; pl. ·veis.
dis·cre·te:a·*ção* sf.; pl. ·*ções*.
dis·cre·te:a·*dor* (ô) adj. sm.
dis·cre·te:*an*·te adj. 2g.
dis·cre·te:*ar* v.
dis·cre·te:*á*·vel adj. 2g.; pl. ·veis.
dis·cre·*ti*·vo adj.
dis·*cre*·to adj.
dis·cri·*ção* sf. 'prudência, reserva'; pl. ·*ções*/Cf. *descrição*.
dis·cri·ci:o·*nal* adj. 2g.; pl. ·*nais*.
dis·cri·ci:o·na·ri:e·*da*·de sf.
dis·cri·ci:o·*ná*·ri:o adj.
dis·*cri*·me sm.: dis·*crí*·men.
dis·cri·mi·na·*ção* sf. 'discernimento'; pl. ·*ções*/Cf. *descriminação*.
dis·cri·mi·na·*dor* (ô) adj. sm. 'que, ou o que discrimina'/ Cf. *descriminador*.
dis·cri·mi·*nan*·te adj. 2g. sm. 'discriminador'/Cf. *descriminante*.
dis·cri·mi·*nar* v. 'diferençar'/Cf. *descriminar*.
dis·cri·mi·na·*tó*·ri:o adj.
dis·cri·mi·*ná*·vel adj. 2g. 'que se pode discriminar'; pl. ·veis/Cf. *descriminável*.
dis·cro·ma·top·*si*·a sf.
dis·cro·*mi*·a sf.
dis·cro·mop·*si*·a sf.
dis·cur·sa·*dor* (ô) adj. sm.
dis·cur·*sal* adj. 2g.; pl. ·*sais*.
dis·cur·sa·li·*da*·de sf.

dis·cur·*san*·te adj. 2g.
dis·cur·*sar* v.
dis·cur·*sá*·vel adj. 2g.; pl. ·veis.
dis·cur·*sei*·ra sf.
dis·cur·*sis*·ta adj. s2g.
dis·cur·si·vi·*da*·de sf.
dis·cur·si·vo adj.
dis·*cur*·so sm.
dis·cur·*só*·ri:o sm.
dis·cus·*são* sf.; pl. ·*sões*.
dis·cu·ti·*ção* sf.; pl. ·*ções*.
dis·cu·ti·*dor* (ô) adj. sm.
dis·cu·ti·*men*·to sm.
dis·cu·*tir* v.
dis·cu·*tí*·vel adj. 2g.; pl. ·veis.
dis·dip·*si*·a sf.
di·se·*cei*·a sf.
di·*se*·ma sf.
di·se·*mi*·a sf.
di·sen·te·*ri*·a sf.
di·sen·*té*·ri·co adj. sm.
di·se·pa·*ti*·a sf.
di·*ser*·to adj. 'que se exprime com facilidade'/Cf. *deserto*.
di·ses·te·*si*·a sf.
dis·fa·*gi*·a sf.
dis·fa·ni:*á*·ce:a sf.
dis·fa·ni:*á*·ce:o adj.
dis·far·*ça*·do adj.
dis·far·*çar* v.
dis·*far*·ce sm.
dis·fa·*si*·a sf. 'dificuldade no falar'/Cf. *desfazia*, do v. *desfazer*.
dis·fe·ri·*men*·to sm. 'dilatação'/ Cf. *desferimento*.
dis·fe·*rir* v. 'dilatar'/Cf. *desferir*.
dis·*fo*·ni·a sf.
dis·*fô*·ni·co adj. sm.
dís·fo·no adj. sm.: dis·*fo*·no.
dis·*fo*·ri·a sf.
dis·*fó*·ri·co adj.
dis·for·*mar* v. 'tornar disforme'/Cf. *desformar*.
dis·*for*·me adj. 2g. 'sem forma'/Cf. *desforme*, do v. *desformar*.
dis·for·*mi*·a sf.
dis·fra·*si*·a sf.
dis·fun·*ção* sf.; pl. ·*ções*.
dis·ga sf.: *disgra*.
dis·ge·ne·*si*·a sf.
dis·ge·*né*·si·co adj.
dis·ge·*né*·ti·co adj.
dis·ge·*ni*·a sf.
dis·*gê*·ni·co adj.
dis·ge·ni·*tal* adj. 2g.; pl. ·*tais*.

dis·gra sf.: *disga*.
dis·gra·*fi*·a sf.
dis·gre·ga·*ção* sf.; pl. ·*ções*.
dis·gre·ga·*dor* (ô) adj.
dis·gre·*gan*·te adj. 2g.
dis·gre·*gar* v.
di·si·*dri*·a sf.
di·si·*dro*·se sf.
dis·jun·*ção* sf.; pl. ·*ções*.
dis·jun·*gir* v.
dis·jun·*tar* v.
dis·jun·*ti*·vo adj.
dis·*jun*·to adj.
dis·jun·*tor* (ô) sm.
dis·la·*li*·a sf.
dis·*la*·te sm.
dis·*lé*·ti·co adj. sm.
dis·le·*xi*·a (cs) sf.
dis·*lé*·xi·co (cs) adj. sm.
dis·lo·*gi*·a sf.
dis·*ló*·gi·co adj.
dis·lo·*qui*·a sf.
dis·*ló*·qui·co adj.
dis·lu·*í*·ta sf.: dis·lu·*í*·te.
dis·me·*ni*·a sf.
dis·*mê*·ni·co adj.
dis·me·nor·*rei*·a sf.
dis·me·nor·*rei*·co adj.
dis·me·*tri*·a sf.
dis·*mé*·tri·co adj.
dis·mi·*mi*·a sf.
dism·*né*·si:a sf.: dism·ne·*si*·a.
dis·mu·ta·*ção* sf.; pl. ·*ções*.
di·so·*di*·a sf.
di·*só*·di·co adj.
di·so·me:*ó*·si:o sm.
di·so·*mi*·a sf.
di·*sô*·mi·co adj.
di·so·*pi*·a sf.
di·so·re·*xi*·a (cs) sf.
di·sos·*mi*·a sf.
di·sos·te:*o*·se sf.
dís·par adj. 2g.; pl. *díspares*/cf. *dispares*, do v. *disparar*.
dis·pa·*ra*·da sf.
dis·pa·*ra*·do adj.
dis·pa·ra·*dor* (ô) adj. sm.
dis·pa·*ran*·te adj. 2g.
dis·pa·*rar* v.
dis·pa·ra·*ta*·do adj.
dis·pa·ra·*tar* v.
dis·pa·ra·*tá*·vel adj. 2g.; pl. ·veis.
dis·pa·*ra*·te sm.
dis·pa·reu·*ni*·a sf.
dis·pa·ri·*da*·de sf.
dis·pa·ris·so·*nan*·te adj. 2g.

dis·*pa*·ro sm.
dis·par·ti·*ção* sf.; pl. ·*ções*.
dis·par·*tir* v.
dis·*pên*·di:o sm.
dis·pen·di:o·so (ô) adj.; f. *e* pl. (ó).
dis·*pen*·sa sf. 'licença'/cf. *despensa*.
dis·pen·sa·bi·li·*da*·de sf.
dis·pen·sa·*ção* sf.; pl. ·*ções*.
dis·pen·sa·do adj.
dis·pen·sa·*dor* (ô) adj. sm.
dis·pen·*sar* v.
dis·pen·*sá*·ri:o sm.
dis·pen·sa·*tá*·ri:o sm.
dis·pen·sa·*ti*·vo adj.
dis·pen·sa·*tó*·ri:o adj. sm.
dis·pen·*sá*·vel adj. 2g.; pl. ·veis.
dis·pep·*si*·a sf.
dis·*pép*·ti·co adj. sm.
dis·per·*der* v.
dis·per·*má*·ti·co adj.
dis·per·ma·*tis*·mo sm.
dis·*pér*·mi·co adj.
dis·*per*·mo adj.
dis·per·sa·*dor* (ô) adj. sm.
dis·per·*são* sf.; pl. ·*sões*.
dis·per·*sar* v.
dis·per·si·vi·*da*·de sf.
dis·per·*si*·vo adj. sm.
dis·*per*·so adj.
dis·*per*·soi·de sm.
dis·*per*·sor (ô) adj.
dis·pi·*re*·ma sm.
dis·pi·*ri*·a sf. 'má combustão'/ Cf. *despiria*, do v. *despir*.
dis·pla·*si*·a sf.
dis·*plás*·ti·co adj.
display sm. (ing.: *displêi*).
dis·pli·*cên*·ci:a sf.
dis·pli·*cen*·te adj. s2g.
disp·*nei*·a sf.
disp·*nei*·co adj. sm.
disp·neu·*mi*·a sf.
disp·*nêu*·mi·co adj.
dis·po:*en*·te adj. s2g.: *disponente*.
dis·po:*é*·ti·co adj.
dis·*pôn*·ci:o sm.
dis·pon·*deu* sm.
dis·po·*nen*·te adj. s2g.
dis·po·ni·bi·li·*da*·de sf.
dis·po·ni·bi·li·*zar* v.
dis·po·*ní*·vel adj. 2g.; pl. ·veis.
dis·*por* v.
dis·po·si·*ção* sf.; pl. ·*ções*.

dis·po·si·*ti*·vo adj. sm.
dis·po·si·*tor* (ô) adj. sm.
dis·*pos*·to (ô) adj. sm.; f. *e* pl. (ó).
dis·pra·*xi*·a (cs) sf.
dis·*pró*·si:o sm.
dis·*pu*·ta sf.
dis·pu·ta·*ção* sf.; pl. ·*ções*.
dis·pu·ta·*dor* (ô) adj. sm.
dis·pu·*tal* adj. 2g.; pl. ·*tais*.
dis·pu·*tan*·do adj.
dis·pu·*tan*·te adj. s2g.
dis·pu·*tar* v.
dis·pu·ta·*ti*·vo adj.
dis·pu·ta·*tó*·ri:o adj.
dis·pu·*tá*·vel adj. 2g.; pl. ·veis.
dis·que·*si*·a sf.
dis·qui·si·*ção* sf.; pl. ·*ções*.
dis·qui·si·*tó*·ri:o sm.
dis·*qui*·to sm.
dis·ra·*fi*·a sf.
dis·rit·*mi*·a sf.
dis·rup·*ção* sf.; pl. ·*ções*.
dis·rup·*ti*·vo adj.
dis·sa·*bor* (ô) sm. 'desgosto'/Cf. *dessabor*.
dis·sa·bo·re:*ar* v. 'aborrecer'/ Cf. *dessaborear*.
dis·sa·bo·*ri*·do adj. 'sem sabor'/ Cf. *dessaborido*.
dis·sa·bo·*ro*·so (ô) adj. 'dissaborido'; f. *e* pl. (ó)/Cf. *dessaboroso*.
dis·se·ca·*ção* sf. 'ação de dissecar'; pl. ·*ções*./Cf. *dessecação*.
dis·se·ca·*dor* (ô) adj. sm. 'retalhador'/Cf. *dessecador*.
dis·se·*car* v. 'retalhar'/Cf. *dessecar*.
dis·se·ca·*ti*·vo adj. sm. 'que separa'/Cf. *dessecativo*.
dis·sec·*ção* sf.; pl. ·*ções*.
dis·sec·*ti*·vo adj.: *dissecativo*.
dis·sec·*tor* (ô) adj. sm.
dis·sec·to·ri:*al* adj. 2g.; pl. ·*ais*.
dis·se·*mi*·a sf.
dis·se·mi·na·*ção* sf.; pl. ·*ções*.
dis·se·mi·na·*dor* (ô) adj. sm.
dis·se·mi·*nar* v.
dis·se não *dis*·se sm. 2n.
dis·sen·*são* sf. 'divergência'; pl. ·*sões*./Cf. *descensão*.
dis·*sen*·so sm. 'dissensão'/Cf. *descenso*.
dis·sen·ta·nei·*da*·de sf.
dis·sen·*tâ*·ne:o adj.

dis·sen·ti·*dor* (ô) adj. sm.
dis·sen·ti·*men*·to sm.
dis·sen·*tir* v. 'estar em desacordo'/Cf. *dessentir*.
dis·sen·*tí*·vel adj. 2g.; pl. ·veis.
dis·*sé*·pa·lo adj.
dis·se·pi·*men*·to sm.
dis·se que *dis*·se sm. 2n.
dis·ser·ta·bi·li·*da*·de sf.
dis·ser·ta·*ção* sf.; pl. ·*ções*.
dis·ser·ta·*dor* (ô) sm.
dis·ser·*tan*·te adj. 2g.
dis·ser·*tar* v. 'discorrer'/Cf. *decertar*.
dis·ser·ta·*ti*·vo adj.
dis·ser·ta·*tó*·ri:o adj.
dis·ser·*tá*·vel adj. 2g.; pl. ·veis.
dis·si·*dên*·ci:a sf.
dis·si·*den*·te adj. s2g.
dis·si·di:*ar* v.
dis·*sí*·di:o sm./Cf. *dissidio*, do v. *dissidiar*.
dis·si·*dir* v. 'ser dissidente'/Cf. *decidir*.
dis·si·*lá*·bi·co adj.
dis·si·la·*bis*·mo sm.
dis·*sí*·la·bo adj. sm.
dis·si·*la*·no sm.
dis·si·me·*tri*·a sf.: *dessimetria*.
dis·si·*mé*·tri·co adj.: *dessimétrico*.
dis·*sí*·mil adj. 2g.; pl. ·meis; superl. *dissimílimo*.
dis·si·mi·la·*ção* sf.; pl. ·*ções*.
dis·si·mi·*la*·do adj.
dis·si·mi·*lar* adj. 2g. v.
dis·si·*mí*·li·mo adj. superl. de *dissímil*.
dis·si·mu·la·*ção* sf.; pl. ·*ções*.
dis·si·mu·*la*·do adj. sm.
dis·si·mu·la·*dor* (ô) adj. sm.
dis·si·mu·*lar* v.
dis·si·mu·la·*ti*·vo adj.
dis·si·mu·la·*tó*·ri:o adj.
dis·si·mu·*lá*·vel adj. 2g.; pl. ·veis.
dis·si·*mu*·lo sm./Cf. *dissimulo*, do v. *dissimular*.
dis·*sín*·di·ce sm.
dis·sin·*dí*·ti·co adj.
dis·si·pa·*ção* sf.; pl. ·*ções*.
dis·si·*pa*·do adj. sm.
dis·si·pa·*dor* (ô) adj. sm.
dis·si·*par* v.
dis·si·pa·*ti*·vo adj.
dis·si·*pá*·vel adj. 2g.; pl. ·veis.
dis·sis·to·*li*·a sf.

dis·sis·tó·li·co adj.
dis·so contr. da prep. *de* com o pron. *isso*.
dis·so·ci·a·bi·li·*da*·de sf.
dis·so·ci·a·*ção* sf.; pl. ·*ções*.
dis·so·ci·*al* adj. 2g.; pl. ·*ais*.
dis·so·ci·*ar* v.
dis·so·ci·*á*·vel adj. 2g.; pl. ·*veis*.
dis·*só*·di·co adj.
dis·so·ge·*ni*·a sf.
dis·so·lu·bi·li·*da*·de sf.
dis·so·lu·*ção* sf.; pl. ·*ções*.
dis·so·lu·*ti*·vo adj.
dis·so·*lu*·to adj.
dis·so·lu·*tó*·ri:o adj.
dis·so·*lú*·vel adj. 2g.; pl. ·*veis*.
dis·sol·ve·*dor* (ô) adj.
dis·sol·*vên*·ci:a sf.
dis·sol·*ven*·te adj. 2g. sm.
dis·sol·*ver* v.
dis·sol·*ví*·vel adj. 2g.; pl. ·*veis*.
dis·so·*nân*·ci:a sf.
dis·so·*nan*·te adj. 2g.
dis·so·*nar* v.
dís·so·no adj./Cf. *dissono*, do v. *dissonar*.
dis·so·*no*·ro adj.
dis·su·a·*dir* v.
dis·su:a·*são* sf.; pl. ·*sões*.
dis·su:a·*si*·vo adj.
dis·su:a·*sor* (ô) adj. sm.
dis·su:a·*só*·ri:o adj.
dis·sul·*fe*·to (ê) sm.
dis·*tal* adj. 2g.; pl. ·*tais*.
dis·ta·na·*si*·a sf.
dis·*tân*·ci:a sf.
dis·tan·ci·a·*men*·to sm.
dis·tan·ci·*ar* v.
dis·tan·ci·*ô*·me·tro sm.
dis·*tan*·te adj. 2g.
dis·*tá*·qui:o adj.
dis·*tar* v.
dis·ta·*xi*·a (cs) sf.
dis·te·la·*zi*·a sf.
dis·te·le:o·lo·*gi*·a sf.
dis·te·le:o·*ló*·gi·co adj.
dis·*tê*·mo·ne adj. 2g.
dis·ten·de·*dor* (ô) adj.
dis·ten·*den*·te adj. 2g.
dis·ten·*der* v.
dis·*tê*·ni:o sm.
dis·ten·*são* sf.; pl. ·*sões*.
dis·ten·si·bi·li·*da*·de sf.
dis·ten·*sí*·vel adj. 2g.; pl. ·*veis*.
dis·*ten*·so adj.
dis·ten·*sor* (ô) adj. sm.
dis·ter·ma·*si*·a sf.

dis·ter·*má*·si·co adj.
dis·ter·*má*·ti·co adj.
dis·ter·*mi*·a sf.
dís·ti·co adj. sm.
dis·*ti*·lo adj./Cf. *destilo*, do v. *destilar*.
dis·ti·*mi*·a sf.
dis·*tí*·mi:o adj.
dis·tin·*ção* sf.; pl. ·*ções*.
dis·tin·gui·*dor* (ô) sm.
dis·tin·*guir* v.
dis·tin·*guí*·vel adj. 2g.; pl. ·*veis*.
dis·tin·*ti*·vo adj. sm.
dis·*tin*·to adj. sm./Cf. *destinto*.
dis·ti·*quí*:a·se sf.
dis·*ti*·re·oi·*di*·a sf.:
    dis·ti·roi·*di*·a.
dis·to contr. da prep. *de* com o pron. *isto*.
dis·to·*ci*·a sf.
dis·to·*cí*:a·co adj.
dis·to·ma·*to*·se sf.
dis·to·*mí*:a·se sf.
dis·*to*·mo adj. sm.
dis·to·*ni*·a sf.
dis·*tô*·ni·co adj.
dis·to·*pi*·a sf.
dis·tor·*ção* sf.; pl. ·*ções*.
dis·tor·*cen*·te adj. 2g.
dis·tor·*cer* v.
dis·tor·*ci*·do adj.
dis·tor·ci·*men*·to sm.
dis·tor·*cí*·vel adj. 2g.; pl. ·*veis*.
dis·*tor*·to (ô) adj.
dis·tra·*ção* sf.; pl. ·*ções*.
dis·*trác*·til adj. 2g.; pl. ·*teis*.
dis·tra:i·*men*·to sm.
dis·tra:*ir* v.
dis·tra·*tar* v.
dis·*tra*·te sm.: *distrato*.
dis·tra·*ti*·vo adj.
dis·*tra*·to sm.: *distrate*.
dis·tri·bu:i·*ção* sf.; pl. ·*ções*.
dis·tri·bu:i·*dor* (ô) adj. sm.
dis·tri·bu·*ir* v.
dis·tri·bu·*í*·vel adj. 2g.; pl. ·*veis*.
dis·tri·bu·*tá*·ri:o adj. sm.
dis·tri·bu·ti·vi·*da*·de sf.
dis·tri·bu·*ti*·vo adj.
dis·tri·*ção* sf.; pl. ·*ções*.
dis·tri·*tal* adj. 2g.; pl. ·*tais*.
dis·*tri*·to sm.
dis·tro·*fi*·a sf.
dis·tro·fi:a·do adj.
dis·*tró*·fi·co adj.
dis·tur·*bar* v.

dis·*túr*·bi:o sm.
di·*sú*·ri:a sf.: di·su·*ri*·a.
di·*sú*·ri·co adj. sm.
dis·vi·ta·mi·*no*·se sf.
di·ta sf.
di·ta·do sm.
di·ta·*dor* (ô) adj. sm.
di·ta·*du*·ra sf.
di·ta·*fo*·ne sm.
di·ta·fo·*ni*·a sf.
di·ta·*fô*·ni·co adj.
di·ta·*fo*·no sm.: *ditafone*.
di·*ta*·me sm.
di·ta·*mi*·na sf.
di·*tam*·no sm.
di·*tan*·te adj. 2g.
di·*tar* v.
di·ta·to·ri:*al* adj. 2g.; pl. ·*ais*.
di·ta·*tó*·ri:o adj.
di·ta·to·ri:a·*lis*·mo sm.
di·*te*·co adj.
di·te:*ís*·mo sm.
di·te:*ís*·ta adj. s2g.
di·*te*·ma sm.
di·te·*má*·ti·co adj.
di·te·ma·*tis*·mo sm.
di·te·*rí*:a·de sf.: *dicteríade*.
di·*té*·ri:o sm.: *dictério*.
dí·ti·co adj. sm.
di·*ti*·nho sm.
di·ti·*râm*·bi·co adj.
di·ti·*ram*·bo sm.
di·to adj. sm.
di·to(s)-*cu*·jo(s) sm. (pl.).
di·to·gra·*fi*·a sf.
di·*tó*·gra·fo sm.
di·to·lo·*gi*·a sf.
dí·to·mo sm.
di·ton·ga·*ção* sf.; pl. ·*ções*.
di·ton·*gal* adj. 2g.; pl. ·*gais*.
di·ton·*gar* v.
di·*ton*·go sm.
dí·to·no sm.
di·*to*·so (ô) adj.; f. e pl. (ó).
di·*trí*·gli·fo sm.
dí·tro·po adj.
di·tro·*queu* sm.
di:u·*re*·se sf.
di:u·*ré*·ti·co adj.
di:ur·*nal* adj. sm.; pl. ·*nais*.
di:*ur*·no adj. sm.
di:u·tur·ni·*da*·de sf.
di:u·*tur*·no adj.
di·va sf.
di·*vã* sm.
di·va·ga·*ção* sf.; pl. ·*ções*.
di·va·ga·*dor* (ô) adj. sm.

di·va·*gan*·te adj. 2g.
di·va·*gar* v. 'vaguear'/Cf. *devagar*.
di·va·ga·*ti*·vo adj.
di·va·ga·*tó*·ri:o adj.
di·va·*gá*·vel adj. 2g.; pl. ·veis.
di·va·*lên*·ci:a sf.
di·va·*len*·te adj. 2g.
di·va·ri·ca·*ção* sf.; pl. ·ções.
di·va·ri·*ca*·do adj.
di·ver·*gên*·ci:a sf.
di·ver·*gen*·te adj. 2g.
di·ver·*gir* v.
di·ver·gi·ve·*no*·so (ô) adj.; f. *e* pl. (ó).
di·ver·*são* sf.; pl. ·sões.
di·ver·si·co·*lor* (ô) adj. 2g.
di·ver·si·*da*·de sf.
di·ver·si·fi·ca·*ção* sf.; pl. ·ções.
di·ver·si·fi·*ca*·do adj.
di·ver·si·fi·*can*·te adj. 2g.
di·ver·si·fi·*car* v.
di·ver·si·fi·*cá*·vel adj. 2g.; pl. ·veis.
di·ver·si·*flo*·ro adj.
di·ver·si·fo·li:*a*·do adj.
di·ver·si:o·*ná*·ri:o adj.
di·ver·si:o·*nis*·mo sm.
di·ver·si:o·*nis*·ta adj. s2g.
di·ver·*si*·vo adj.
di·*ver*·so adj.
di·ver·*só*·ri:o adj. sm.
di·ver·ti·cu·*li*·te sf.
di·ver·*tí*·cu·lo sm.
di·ver·*ti*·do adj.
di·ver·ti·*men*·to sm.
di·ver·*tir* v.
di·*ví*·ci:a sf.
di·vi·ci:*o*·so (ô) adj.; f. *e* pl. (ó).
dí·vi·da sf./Cf. *divida*, do v. *dividir*.
di·vi·*den*·do adj. sm.
di·vi·di·*men*·to sm.
di·vi·*dir* v.
di·vi·di·*vi* sm.
di·*ví*·du:o adj.
di·vi·na·*ção* sf.; pl. ·ções.
di·vi·*nal* adj. 2g.; pl. ·nais.
di·vi·na·pas·to·*ren*·se(s) adj. s2g. (pl.).
di·vi·na·*tó*·ri:o adj.
di·vi·na·*triz* adj. sf.
di·vin·*da*·de sf.
di·vi·*nen*·se adj. s2g.
di·vi·ni·za·*ção* sf.; pl. ·ções.
di·vi·ni·za·*dor* (ô) adj. sm.
di·vi·ni·*zan*·te adj. 2g.

di·vi·ni·*zar* v.
di·vi·ni·*zá*·vel adj. 2g.; pl. ·veis.
di·*vi*·no adj. sm.
di·vi·no·lan·*den*·se adj. s2g.
di·vi·no·po·li·*ta*·no adj. sm.
di·*vi*·sa sf.
di·vi·sa·no·*ven*·se(s) adj. s2g. (pl.).
di·vi·*são* sf.; pl. ·sões.
di·vi·*sar* v. 'avistar'/Cf. *devisar*.
di·vi·sas sf. pl.
di·vi·si·bi·li·*da*·de sf.
di·vi·si:o·*nal* adj. 2g.; pl. ·nais.
di·vi·si:o·*ná*·ri:o adj.
di·vi·*sí*·vel adj. 2g.; pl. ·veis.
di·*ví*·so adj.
di·vi·*sor* (ô) adj. sm.
di·vi·*só*·ri:a sf.
di·vi·*só*·ri:o adj. sm.
di·vo adj. sm.
di·vor·ci:a·*ção* sf.; pl. ·ções.
di·vor·ci:*ar* v.
di·*vór*·ci:o sm./Cf. *divorcio*, do v. *divorciar*.
di·vul·ga·*ção* sf.; pl. ·ções.
di·vul·ga·*dor* (ô) adj. sm.
di·vul·*gar* v.
di·vul·*são* sf.; pl. ·sões.
di·xe sm.
di·ze·*dor* (ô) adj. sm.
di·*zer* v. sm.
di·ze tu di·*rei eu* sm. 2n.
di·zi·go·*má*·ti·co adj.
di·zi·*gó*·ti·co adj.
dí·zi·ma sf.
di·zi·ma·*ção* sf.; pl. ·ções.
di·zi·ma·*dor* (ô) adj. sm.
di·zi·*man*·te adj. 2g.
di·zi·*mar* v.
di·zi·ma·*ri*·a sf.
di·zi·*má*·vel adj. 2g.; pl. ·veis.
di·zi·*mei*·ro sm.
dí·zi·mo sm./Cf. *dizimo*, do v. *dizimar*.
di·*zí*·vel adj.; pl. ·veis.
diz que *diz* sm. 2n.
diz que *diz* que sm. 2n.
djal·ma·cou·ti·*nhen*·se(s) adj. s2g. (pl.).
djal·ma:*í*·ta sf.
djim sm.
do contr. da prep. *de* com o artigo ou com o pron. *o*.
dó sm.
do:a:*ção* sf.; pl. ·ções.
do:*a*·do adj.
do:a·*dor* (ô) adj. sm.

do:*ar* v.
do·ba·*ção* sf.; pl. ·ções.
do·ba·*dei*·ra sf.
do·ba·*doi*·ra sf.: do·ba·*dou*·ra.
do·*ba*·gem sf.; pl. ·gens.
do·*bar* v.
do·bla sf.
do·ble adj. 2g. sm.
do·*ble*·te (ê) sm.
do·*blez* (ê) sf.
do·bra sf.
do·bra·*ção* sf.; pl. ·ções.
do·*bra*·da sf.
do·bra·*dei*·ra sf.
do·bra·*di*·ça sf.
do·bra·*di*·ço adj.
do·bra·*di*·nha sf.
do·*bra*·do adj. sm.
do·bra·*dor* (ô) adj. sm.
do·bra·*do*.ra (ô) sf.
do·bra·*du*·ra sf.
do·*bra*·gem sf.; pl. ·gens.
do·bra·*men*·to sm.
do·*brão* sm.; pl. ·brões.
do·*brar* v.
do·*brá*·vel adj. 2g.; pl. ·veis.
do·bre adj. 2g. sm.
do·*brez* (ê) sf.
do·bro (ô) sm./Cf. *dobro* (ó), do v. *dobrar*.
do·ca adj. 2g. sf.
do·*çai*·na sf.
do·ça·*ri*·a sf.
do·ce (ô) adj. sm.; superl. *docíssimo*, *dulcíssimo*.
do·ce-a·*mar*·ga sf.; pl. *doce-amargas* ou *doces-amargas*.
do·ce(s) de pi·*men*·ta sm. (pl.).
do·*cei*·ra sf.
do·*cei*·ro sm.
do·*cên*·ci:a sf.
do·*cên*·ci:a(s)-*li*·vre(s) sf. (pl.).
do·*cen*·te adj. s2g.
do·cen·te(s)-*li*·vre(s) s2g. (pl.).
do·*ce*·ta (ê) s2g.
do·*cé*·ti·co adj.
do·ce·*tis*·mo sm.
dó·cil adj. 2g.; pl. ·ceis; superl. *docílimo*, *docilíssimo*.
do·ci·li·*da*·de sf.
do·*cí*·li·mo adj. superl. de *dócil*.
do·ci·*lís*·si·mo adj. superl. de *dócil*.
do·ci·li·*zar* v.
do·ci·ma·*si*·a sf.
do·ci·*más*·ti·co adj.
do·ci·*me*·no adj. sm.

do·ci·*meu* adj. sm.; f. ·*mei*·a.
do·*ci*·nho sm.
do·*cis*·ta adj. s2g.
do·cle:*a*·ta adj. s2g.
do·*clei*·a sf.
dóc·mi·o sm.
doc·mi:*o*·se sf.
do·co·*glos*·so adj. sm.
do·co·sa·*e*·dro sm.
do·co·*sá*·go·no sm.
doc·ti:*o*·*quen*·te adj. 2g.
doc·ti·*ló*·qui:o sm.
doc·*tí*·lo·quo (co *ou* quo) adj.
do·cu·men·ta·*ção* sf.; pl. ·*ções*.
do·cu·men·*ta*·do adj.
do·cu·men·*tal* adj. 2g.; pl. ·*tais*.
do·cu·men·ta·*lis*·ta adj. s2g.
do·cu·men·*tar* v.
do·cu·men·*tá*·ri:o adj. sm.
do·cu·men·ta·*ris*·ta adj. s2g.
do·cu·men·ta·*ti*·vo adj.
do·cu·men·*tá*·vel adj.; pl. ·*veis*.
do·cu·*men*·to sm.
do·cu·men·to·lo·*gi*·a sf.
do·*çu*·ra sf.
do·de·ca:*é*·dri·co adj.
do·de·ca:*e*·dro sm.
do·de·ca·*fô*·ni·co adj.
do·de·ca·fo·*nis*·mo sm.
do·de·ca·gi·*ni*·a sf.
do·de·*cá*·gi·no adj.
do·de·ca·go·*nal* adj. 2g.; pl. ·*nais*.
do·de·*cá*·go·no sm.
do·de·can·*dri*·a sf.
do·de·*can*·dro adj.
do·de·ca·*pé*·ta·lo adj.
do·de·car·*qui*·a sf.
do·de·cas·si·*lá*·bi·co adj.
do·de·cas·*sí*·la·bo adj. sm.
do·de·cas·*ti*·lo adj. sm.
do·de·*cá*·ti·lo sm.
do·de·ca·*tô*·ni·co adj.
do·*do* sm.
do·*dó* sm.
do·*dói* adj. 2g. sm.
do·do·*ná*·ce:a sf.
do·do·*neu* adj. sm.; f. ·*nei*·a.
do:*en*·ça sf.
do:en·ça(s) do *mun*·do sf. (pl.).
do:en·ça·*ri*·a sf.
do:en·ça-ru:*im* sf.; pl.
   doenças-ruins.
do:*en*·te adj. s2g.
do:en·*ti*:o adj.
do:*er* v.
do:es·ta·*dor* (ô) adj. sm.
do:es·*tar* v.
do:*es*·to (ê) sm.
do·*gal* adj. 2g.; pl. ·*gais*.
do·ga·*res*·sa (ê) sf. de *doge*.
do·ge sm.; f. *dogaressa, dogesa*.
do·*ge*·sa (ê) sf. de *doge*.
dó·gi·co adj.
dog·ma sm.
dog·*má*·ti·ca sf.
dog·*má*·ti·co adj.
dog·ma·*tis*·mo sm.
dog·ma·*tis*·ta adj. 2g.
dog·ma·ti·za·*ção* sf.; pl. ·*ções*.
dog·ma·ti·za·*dor* (ô) adj. sm.
dog·ma·ti·*zan*·te adj. s2g.
dog·ma·ti·*zar* v.
dog·ma·ti·*zá*·vel adj. 2.; pl.
   ·*veis*.
dog·ma·to·lo·*gi*·a sf.
dog·ma·to·*ló*·gi·co adj.
dog·ma·*tó*·lo·go sm.
do·gue sm.
doi·da sf.: *douda*.
doi·*dão* adj. sm.; pl. ·*dões*; f.
   ·*do*·na: *doudão*.
doi·da·*ri*·a sf.: *doudaria*.
doi·dar·*rão* adj. sm.; pl. ·*rões*; f.
   ·*ro*·na: *doudarrão*.
doi·dar·*raz* adj. sm.: *doudarraz*.
doi·*dei*·ra sf.: *doudeira*.
doi·de·*ja*·dor (ô) adj. sm.:
   doudejador.
doi·de·*jan*·te adj. 2g.:
   doudejante.
doi·de·*jar* v.: *doudejar*.
doi·de·*já*·vel adj. 2g.; pl. ·*veis*.
   doudejável.
doi·*de*·jo (ê) sm.: *doudejo*.
doi·*de*·lo (ê) sm.: *doudelo*.
doi·*di*·ce sf.: *doudice*.
doi·di·*va*·nas s2g. 2n.:
   doudivanas.
doi·*do* adj. sm.: *doudo*.
do·*í*·do adj.
doi·ra·*ção* sf.; pl. ·*ções*.:
   douração.
doi·*ra*·da sf.: *dourada*.
doi·ra·*dão* adj. sm.; pl. ·*dões*:
   douradão.
doi·ra·*di*·lho adj.: *douradilho*.
doi·ra·*di*·nha sf.: *douradinha*.
doi·*ra*·do adj. sm.: *dourado*.
doi·ra·*dor* (ô) sm.: *dourador*.
doi·ra·*du*·ra sf.: *douradura*.
doi·ra·*men*·to sm.: *douramento*.
doi·*rar* v.: *dourar*.
doi·*rá*·vel adj. 2g.; pl. ·*veis*:
   dourável.
dois num.
dois-a·*mi*·gos sm. 2n.
dois-a·*mo*·res (ô) sm. 2n.
dois-cor·re·*guen*·se(s) adj. s2g.
   (pl.).
dois de *paus* sm. 2n.
dois-*dois* sm. 2n.
dois-ir·*mãos* sm. 2n.
do·la·*be*·la sf.
do·la·bri·*for*·me adj. 2g.
dó·lar sm.
do·la·ri·*zar* v.
do·*lên*·ci:a sf.
do·*len*·te adj. 2n.
do·le·*ri*·to sm.
do·*le*·ro adj.
do·li sm.: *dolim*.
dó·li·ca sf.
dó·li·co adj. sm.
do·li·co·ce·fa·*li*·a sf.
do·li·co·ce·*fá*·li·co adj.
do·li·co·*cé*·fa·lo adj. sm.
do·li·*có*·ce·ro adj.
do·li·co·co·*li*·a sf.
do·li·co·*co*·lo sm.:
   do·li·co·*có*·lon.
do·li·*có*·de·ro adj.
do·li·cog·na·*ti*·a sf.
do·li·cog·*ná*·ti·co adj.
do·li·*cóg*·na·to adj. sm.
do·li·*có*·po·de adj. 2g.
do·li·cop·si·*lí*·de:o adj. sm.
do·*lim* sm.; pl. ·*lins*: *doli*.
do·*li*·na sf.
do·li:o·*di*·do adj. sm.
dól·mã sm.
dól·men sm.
dol·*mê*·ni·co adj.
do·lo sm.
do·lo·*mi*·a sf.
do·lo·*mi*·ta sf.
do·lo·*mí*·ti·co adj.
do·lo·*mi*·to sm.
do·lo·ni·za·*ção* sf.; pl. ·*ções*.
do·lo·ni·*zar* v.
do·*lo*·peu adj. sm.; f. ·*pei*·a.
do·lo·*ri*·do adj.
do·lo·*rí*·fe·ro adj.
do·lo·*rí*·fi·co adj.
do·lo·*ro*·sa sf.
do·lo·*ro*·so (ô) adj.; f. *e* pl. (ó).
do·*lo*·so (ô) adj.; f. *e* pl. (ó).
dom sm.; pl. ·*dons*.
do·ma sf.
do·ma·bi·li·*da*·de sf.
do·ma·*ção* sf.; pl. ·*ções*.
do·*má*·ci:a sf.

do·ma·*dor* (ô) adj. sm.
do·*mar* v.
do·*má*·ri:o sm.
do·*má*·ti·co adj.
do·ma·to·fi·*li*·a sf.
do·ma·to·*fí*·li·co adj. sm.
do·ma·*tó*·fi·lo adj. sm.
do·ma·to·fo·*bi*·a sf.
do·ma·to·*fó*·bi·co adj.
do·ma·*tó*·fo·bo adj. sm.
do·*má*·vel adj. 2g.; pl. ·veis.
do·ma·*za*·no adj. sm.
dom·ber·*nar*·do(s) sm. (pl.).
do·*més*·ti·ca sf./Cf. domestica, do v. domesticar.
do·mes·ti·ca·*ção* sf.; pl. ·ções.
do·mes·ti·*car* v.
do·mes·ti·*cá*·vel adj. 2g.; pl. ·veis.
do·mes·ti·ci·*da*·de sf.
do·*més*·ti·co adj. sm./Cf. domestico, do v. domesticar.
do·mi·ci·li:*ar* adj. v.
do·mi·ci·li:*á*·ri:o adj.; f. domiciliária/Cf. domiciliaria, do v. domiciliar.
do·mi·*cí*·li:o sm./Cf. domicilio, do v. domiciliar.
do·mi·na·*ção* sf.; pl. ·ções.
do·mi·na·*dor* (ô) adj. sm.
do·mi·*nân*·ci:a sf.
do·mi·*nan*·te adj. 2g. sf.
do·mi·*nar* v.
do·mi·*ná*·vel adj. 2g.; pl. ·veis.
do·*min*·ga sf.
do·min·*gal* adj. 2g.; pl. ·gais.
do·min·*gar* v.
do·*min*·go sm.
do·min·*guei*·ra sf.
do·min·*guei*·ro adj.
do·min·*gui*·nha sf.
do·mi·ni·*al* adj. 2g.; pl. ·ais.
do·mi·ni·*cal* adj. 2g.; pl. ·cais.
do·mi·ni·*ca*·no adj. sm.
do·*mí*·ni·co sm.
do·*mí*·ni:o sm.
do·mi·ni:*o*·so (ô) adj.; f. e pl. (ó).
do·mi·*nó* sm.
dom·jo·*ão* sm.; pl. dom·jo:*ões*.
dom·jo:a·qui·*nen*·se(s) adj. s2g. (pl.).
dom·ju:a·*nes*·co(s) (ê) adj. (pl.): donjuanesco.
dom·ju:a·*nis*·mo(s) sm. (pl.): donjuanismo.

do·mo sm.
dom·pe·*dren*·se(s) adj. s2g. (pl.).
dom·qui·*xo*·te(s) sm. (pl.).
dom·qui·xo·*tes*·co(s) (ê) adj. (pl.).
dom·qui·xo·*tis*·mo(s) sm. (pl.).
dom·sil·ve·ri:*en*·se(s) adj. s2g. (pl.).
dom·vi·ço·*sen*·se(s) adj. s2g. (pl.).
do·na sf.
do·na(s)·*bran*·ca(s) sf. (pl.).
do·na·*cí*·de:o adj. sm.
do·na(s) de *ca*·sa sf. (pl.).
do·na·*di*·o sm.
do·*nai*·re sm.
do·nai·re:*ar* v.
do·nai·*ro*·so (ô) adj.; f. e pl. (ó).
do·na·*tal* adj. 2g.; pl. ·tais.
do·na·ta·*ri*·a sf.
do·na·*tá*·ri:o sm.
do·na·*tis*·mo sm.
do·na·*tis*·ta adj. s2g.
do·na·*ti*·vo sm.
do·*na*·to sm.
don·de contr. da prep. de com o adv. onde.
do·*ni*·nha sf.
don·ju:a·*nes*·co (ê) adj.: dom-juanesco.
don·ju:a·*nis*·mo sm.: dom-juanismo.
do·no sm.
do·no(s) de *ser*·ra sm. (pl.).
do·*no*·so (ô) adj.; f. e pl. (ó).
don·*zel* adj. sm.; pl. ·zéis.
don·*ze*·la sf.
don·ze·la(s) de can·de:*ei*·ro(s) sf. (pl.).
don·ze·la·*ri*·a sf.
don·ze·*li*·a sf.
don·ze·*li*·ce sf.
don·ze·*li*·nha sf.
don·*ze*·lo sm.
don·ze·*lo*·na sf.
do·*pa*·do adj.
do·*pa*·gem sf.; pl.: ·gens.
do·pa·*mi*·na sf.
do·*par* v.
do·pe sm., do ing. doping.
doping sm. ing.: dope.
do·*quei*·ro sm.
dor (ô) sm.
do·ra·*dí*·de:o adj. sm.
do·ra·*van*·te adv.
dór·ca·da sf.: *dór*·ca·de.

dor de ca·*ne*·la sf.; pl. dores de canela.
dor de *cor*·no sf.; pl. dores de corno.
dor de co·to·*ve*·lo sf.; pl. dores de cotovelo.
dor de *tor*·tos sf.; pl. dores de tortos.
dor de vi:*ú*·va sf.; pl. dores de viúva.
dor·*d'o*·lhos sf.; pl. dores-d'olhos.
do·*ren*·se adj. s2g.
dó·ri sm.
dó·ri·co adj. sm.
dó·ri·da adj. 2g. sm.
dó·ri·de sf.
do·*rí*·de:o adj. sm.
do·ri·*dí*·de:o adj. sm.
do·*ri*·do adj.
do·*rí*·fo·ra sf.
do·*rí*·fo·ro adj. sm.
do·ri·*len*·se adj. s2g.
do·ri·*leu* adj. sm.; f. ·*lei*·a.
do·ri·*lí*·de:o adj. sm.
do·ri·*lí*·ne:o adj.
dó·ri:o adj. sm.
dor·me·*dor*·me sm.; pl. dormes-dormes ou dorme-dormes.
dor·me·ma·*ri*·a(s) sf. (pl.).
dor·*mên*·ci:a sf.
dor·me·ne·*nê*(s) sm. (pl.).
dor·*men*·te adj. 2g. sm.
dor·mi:*ão* sm.; pl. ·ões.
dor·mi·*ção* sf.; pl. ·ções.
dor·*mi*·da sf.
dor·mi·*dei*·ra sf.
dor·mi·dei·ra(s)·*gran*·de(s) sf. (pl.).
dor·mi·*dor* (ô) adj. sm.
dor·mi·*nhar* v.
dor·mi·*nho*·ca sf.
dor·mi·*nho*·co (ô) adj. sm.; f. e pl. (ó).
dor·*mir* v.
dor·mi·*tar* v.
dor·mi·*tá*·vel adj. 2g.; pl. ·veis.
dor·mi·*ti*·vo adj.
dor·mi·*tó*·lo·go sm.
dor·mi·to·*rei*·ro sm.
dor·mi·*tó*·ri:o sm.
dor·na sf.
dor·*na*·cho sm.
dor·*nei*·ra sf.
do·*ro*·bo (ô) sm.
do·*rô*·ni·co sm.

do·ro·tei·a sf.
dor·sal adj. 2g.; pl. ·sais.
dor·sa·li·za·ção sf.; pl. ·ções.
dor·sa·li·zar v.
dor·si·brân·qui:o adj. sm.
dor·sí·fe·ro adj.
dor·si·fi·xo (cs) adj.
dor·si·ven·tral adj. 2g.; pl. ·trais.
dor·so (ô) sm.
dor·so·la·te·ral adj. 2g.; pl. ·rais.
dor·so·lin·gual adj. 2g.; pl. ·guais.
dor·so·pa·la·tal adj. 2g.; pl. ·tais.
dor·so·ve·lar adj. 2g.
do·sa·gem sf.; pl. ·gens.
do·sar v.
do·se sf. 'porção'/Cf. *doze* (ô), num.
do·se:a·men·to sm.
do·se:ar v.
do·si·fi·car v.
do·si·me·tri·a sf.
do·si·mé·tri·co adj.
dos·sel sm.; pl. ·séis.
dos·se·lar v.
dos·si:ê sm.
dos·toi:evs·ki:a·no adj.
do·ta·ção sf.; pl. ·ções.
do·ta·do adj.
do·ta·dor (ô) adj. sm.
do·tal adj. 2g.; pl. ·tais.
do·ta·lí·ci:o adj.
do·ta·li·za·ção sf.; pl. ·ções.
do·ta·li·zar v.
do·tar v.
do·te sm.
do·ti:e·nen·te·ri·a sf.
do·ti:e·nen·té·ri·co adj.
do·ti:e·nen·te·ri·te sf.
do·tri:a·con·ta:e·dro sm.
do·tri:a·con·tá·go·no sm.
dou·da sf.: *doida*.
dou·dão sm.; pl. ·dões; f. ·do·na: *doidão*.
dou·da·ri·a sf.: *doidaria*.
dou·dar·rão adj. sm.; pl. ·rões; f. ·ro·na: *doidarrão*.
dou·dar·raz adj. sm.: *doidarraz*.
dou·dei·ra sf.: *doideira*.
dou·de·ja·dor (ô) adj. sm.: *doidejador*.
dou·de·jan·te adj. 2g.: *doidejante*.
dou·de·jar v.: *doidejar*.

dou·de·*já*·vel adj. 2g.; pl. ·veis: *doidejável*.
dou·*de*·jo (ê) sm.: *doidejo*.
dou·*de*·lo (ê) sm.: *doidelo*.
dou·di·ce sf.: *doidice*.
dou·di·va·nas s2g. 2n.: *doidivanas*.
dou·do adj. sm.: *doido*.
dou·ra·ção sf.; pl. ·ções: *doiração*.
dou·ra·da sf.: *doirada*.
dou·ra·dão sm.; pl. ·dões: *doiradão*.
dou·ra·den·se adj. s2g.
dou·ra·di·lho adj.: *doiradilho*.
dou·ra·di·nha sf.: *doiradinha*.
dou·ra·di·nha(s)-do-*cam*·po sf. (pl.).
dou·ra·do adj. sm.: *doirado*.
dou·ra·dor (ô) adj. sm.: *doirador*.
dou·ra·du·ra sf.: *doiradura*.
dou·ra·men·to sm.: *doiramento*.
dou·rar v.: *doirar*.
dou·*rá*·vel adj. 2g.; pl. ·veis: *doirável*.
dou·ro sm.
dous num. sm.: *dois*.
dou·to adj.
dou·tor sm.; pl. *doutores* (ó)/Cf. *doutores* (ó), do v. *doutorar*.
dou·to·ra·ço sm.
dou·to·ra·do sm.
dou·to·ral adj. 2g.; pl. ·rais.
dou·to·ra·men·to sm.
dou·to·ran·do sm.
dou·to·rar v.
dou·tor de ra·iz sm.; pl. *doutores de raiz*.
dou·to·ri·ce sf.
dou·tri·na sf.
dou·tri·na·ção sf.; pl. ·ções.
dou·tri·na·do adj.
dou·tri·na·dor (ô) adj. sm.
dou·tri·nal adj. 2g.; pl. ·nais.
dou·tri·na·men·to sm.
dou·tri·nan·te adj. s2g.
dou·tri·nar v.
dou·tri·ná·ri:o adj. sm.
dou·tri·na·ris·mo sm.
dou·tri·na·ris·ta adj. s2g.
dou·tri·*ná*·vel adj. 2g.; pl. ·veis.
dou·tri·*nei*·ro sm.
download sm. (ing.: *dáunlôd*).
do·xo·gra·fi·a (cs) sf.
do·xo·*grá*·fi·co (cs) adj.

do·*xó*·gra·fo (cs) sm.
do·xo·lo·gi·a (cs) sf.
do·xo·*ló*·gi·co (cs) adj.
do·xo·ma·ni·a (cs) sf.
do·xo·ma·ní:a·co (cs) adj. sm.
do·*xô*·ma·no (cs) sm.
do·ze (ô) num./Cf. *dose* (ó), sf. e fl. do v. *dosar*.
do·ze·na sf.
do·ze·no num.
dra·ce·na sf.
dra·*cê*·ne:a sf.
dra·ce·*nen*·se adj. s2g.
dra·*cê*·ne:o adj.
dra·ce·ni·na sf.
dra·ci·na sf.
drac·ma sf.
dra·co·*cé*·fa·lo sm.
dra·co·gri·fo sm.
dra·co·ni:a·no adj.
dra·co·ni·na sf.
dra·co·ni·ta sf.
dra·co·*ní*·ti·co adj.
dra·con·tei·a sf.
dra·con·*tí:*a·se sf.
dra·*côn*·ti·co adj.
dra·con·ti·de sf.
dra·ga sf.
dra·*ga*·do adj.
dra·ga·dor (ô) adj.
dra·ga·gem sf.; pl. ·gens.
dra·gão sm.; pl. ·gões.
dra·gão-fe·do·*ren*·to sm.; pl. *dragões-fedorentos*.
dra·gar v.
drá·ge:a sf.: dra·*gei*·a.
dra·go sm.
dra·go:*ei*·ro sm.
dra·go·*ma*·no sm.: *drogomano*.
dra·*go*·na sf.
dra·go·na·da sf.
dra·go·*ná*·ri:o sm.
dra·go·ne·te (ê) sm.
dra·gon·*tei*·a sf.
dra·gon·ti·no adj.
drai·no sm.
drai·va sm.
dra·ma sm.
dra·ma·*lhão* sm.; pl. ·lhões.
dra·*má*·ti·ca sf.
dra·ma·ti·ci·*da*·de sf.
dra·*má*·ti·co adj.
dra·ma·tis·ta s2g.
dra·ma·ti·za·ção sf.; pl. ·ções.
dra·ma·ti·za·dor (ô) adj. sm.
dra·ma·ti·*zan*·te adj. 2g.
dra·ma·ti·zar v.

dra·ma·ti·*zá*·vel adj. 2g.; pl. ·veis.
dra·ma·to·lo·*gi*·a sf.
dra·ma·to·*ló*·gi·co adj.
dra·ma·tur·*gi*·a sf.
dra·ma·*túr*·gi·co adj.
dra·ma·*tur*·go sm.
dra·gi:*a*·no adj. sm.
dra·*pê* adj. 2g. sm., do fr. *drapé*.
dra·pe:*ar* v.
dra·pe·ja·*men*·to sm.
dra·pe·*jar* v.
dra·pe·*já*·vel adj. 2g.; pl. ·veis.
dra·*pé*·ri:a sf.
drá·pe·te sm.
dra·pe·to·ma·*ni*·a sf.
dra·pe·to·ma·*ní*·a·co adj.
dra·pe·*tô*·ma·no adj. sm.
dras·*sí*·de:o adj. sm.
dras·*sí*·ne:o adj. sm.
dras·*té*·ri:o sm.
drás·ti·co adj. sm.
drau·*ba*·que sm., do ing. drawback.
drá·vi·da adj. s2g.
dra·vi·di:*a*·no adj. sm.
dra·*ví*·di·co adj. sm.
drawback sm. ing: *draubaque*.
dre·*na*·gem sf.; pl. ·gens.
dre·*nar* v.
dre·*ná*·vel adj. 2g.; pl. ·veis.
dre·no sm.
dre·pa·*né*·fo·ro adj. sm.
dre·pa·*ní*·di:o sm.
dre·*pâ*·ni:o sm.
dre·pa·ni·*ta*·no adj. sm.
dres·*den*·se adj. s2g.
dre·*si*·na sf.
dri·a sf.
drí·a·da sf.: *drí*·a·de.
dri:*á*·de:a sf.
dri:*á*·de:o adj.
dri:a·*dí*·ne:o adj. sm.
dri:*an*·dra sf.
dri·*bla*·da sf.
dri·bla·*dor* (ô) adj. sm.
dri·*bla*·gem sf.; pl. ·gens.
dri·*blar* v.
dri·*blá*·vel adj. 2g.; pl. ·veis.
dri·ble sm.
dri·ça sf.
drin·que sm.
dri:*ó*·ba·ta sm.: dri:*ó*·ba·tes sm. 2n.
dri:o·*fan*·to sm.
dri:o·*fí*·de:o adj. sm.
dri:*ó*·fi·lo adj. sm.

drí:o·pe adj. 2g. sm.
dri:o·pi·*te*·co sm.
drive sm. (ing.: *draiv*).
drive-in sm. (ing.: *draivin*).
driver sm. (ing.: *dráiver*).
dro·ca sf.
dro·fa sf.
dro·ga sf.
dro·*ga*·do adj.
dro·ga·*dor* (ô) adj. sm.
dro·*gan*·te adj. 2g.
dro·*gar* v.
dro·ga·*ri*·a sf.
dro·ga·*ti*·vo adj.
dro·ga·*tó*·ri:o adj.
dro·*gá*·vel adj. 2g.; pl. ·veis.
dro·go·*ma*·no sm.: *dragomano*.
dro·*gue*·te (ê) sm.
dro·*guis*·ta adj. s2g.
dro·me·*dá*·ri:o sm.
dro·me·og·*na*·to adj.
dro·mo·*grá*·fi·co adj.
dro·*mó*·gra·fo sm.
dro·mo·ma·*ni*·a sf.
dro·*mô*·me·tro sm.
dro·*mór*·ni·to sm.
dro·mo·te·ra·*pi*·a sf.
dro·mo·tro·*pi*·a sf.
dro·*mó*·tro·po adj.
dro·pa·*cis*·mo sm.
dro·par v.
dro·pe sm.
dró·se·ra sf.
dro·se·*rá*·ce:a sf.
dro·se·*rá*·ce:o adj.
dro·*só*·fi·lo sm.
dro·so·me·*tri*·a sf.
dro·so·*mé*·tri·co adj.
dro·*sô*·me·tro sm.
drui·da sm.; f. *druidesa* e *druidisa*.
drui·*de*·sa (ê) sf. de *druida*.
dru:*í*·di·co adj.
drui·*di*·sa sf. de *druida*.
drui·*dis*·mo sm.
dru·*me*·te (é) sm.
dru·pa sf.
dru·*pá*·ce:o adj.
dru·*pé*:o·la sf.
dru·pe:o·*la*·do adj.
dru·*pé*:o·lo sm.
dru·*pí*·fe·ro adj.
dru·sa sf.
dru·si·*for*·me adj. 2g.
dru·so adj. sm.
du:*al* adj. 2g. sm.; pl. ·ais.
du:a·li·*da*·de sf.

du:a·*lis*·mo sm.
du:a·*lis*·ta adj. s2g.
du:a·*lís*·ti·co adj.
du:a·li·za·*dor* (ô) adj.
du:a·li·*zar* v.
du:*ân*·du:a sm.
du:ar·*ten*·se adj. s2g.
du:ar·ti·*nen*·se adj. s2g.
du·as num. f. de *dois*.
du·*bá* sm.
du·bi:e·*da*·de sf.
du·bi·*ez* (ê) sf.
du·bi:*e*·za (ê) sf.
dú·bi:o adj.
du·bi·ta·*ção* sf.; pl. ·ções.
du·bi·ta·*ti*·vo adj.
du·bi·*tá*·vel adj. 2g.; pl. ·veis.
du·*bla*·gem sf.; pl. ·gens.
du·*blar* v.
du·*blá*·vel adj. 2g.; pl. ·veis.
du·*ble*·te (ê) sm.
du·*ble*·to (ê) sm.
du·bli·*nen*·se adj. s2g.
du·blo adj. sm.
dub·ne sm.
dúb·ni·co adj.
du·boi·*si*·na sf.
du·*bu* sm.
du·*ca*·do sm.
du·*cal* adj. 2g.; pl. ·cais.
du·ca·*tão* sm.; pl. ·tões.
du·cen·*té*·si·mo num. sm.
du·cha sf.
du·*chal* adj. 2g.; pl. ·chais.
du·*char* v.
du·*chis*·ta adj. s2g.
du·*ci*·na sf.
dúc·til adj.; pl. ·teis; superl. *ductílimo*, *ductilíssimo*.
duc·ti·li·*da*·de sf.
duc·*tí*·li·mo adj. superl. de *dúctil*.
duc·ti·*lís*·si·mo adj. superl. de *dúctil*.
duc·to sm.: *duto*.
du:e·*lar* adj. 2g. v.
du:e·*lis*·ta adj. s2g.
du:e·*lís*·ti·co adj.
du:*e*·lo sm.
du:*en*·de sm.
du:*er*·no sm.
du:e·*tis*·ta adj. s2g.
du:*e*·to (ê) sm.
du:i·*da*·de sf.
du:*í*·pa·ro adj. sm.
dul·ca·*ma*·ra sf.
dul·ca·*má*·ri·co adj.

dúl·ci·do adj.
dul·*cí*·fe·ro adj.
dul·ci·fi·ca·*ção* sf.; pl. ·*ções*.
dul·ci·fi·*ca*·do adj.
dul·ci·fi·ca·*dor* (ô) adj.
dul·ci·fi·*can*·te adj. 2g.
dul·ci·fi·*car* v.
dul·*cí*·fi·co adj./Cf. *dulcifico*, do v. *dulcificar*.
dul·*cí*·flu:o adj.
dul·*cí*·lo·quo (co *ou* quo) adj.
dul·ci·*nei*·a sf.
dul·*cís*·si·mo adj. superl. de *doce*.
dul·*cis*·so·no adj.
dul·*çor* (ô) sm.
dul·ço·*ro*·so (ô) adj.; f. e pl. (ó).
du·*li*·a sf.
du·lo·cra·*ci*·a sf.
du·*lu*·di adj. s2g.
dum contr. da prep. *de* com o art. *um*.
dumping sm. (ing.: *dâmpin*).
du·na sf.
du·*ná*·li:a sf.
dun·*du* sm.
dun·*dum* sf.
du·*ne*·ta (ê) sf.
dun·ga sm.
dun·*gui*·nha sm.
du·*ni*·to sm.
dun·*quer*·que sm.
du·o sm.
du:*ó*·bo·lo sm.
du:o·de·ci·*mal* adj. 2g.; pl. ·*mais*.
du:o·*dé*·ci·mo num.
du:o·*dé*·cu·plo num. sm.
du:o·de·*nal* adj.; pl. ·*nais*.
du:o·de·*ná*·ri:o adj.
du:o·de·*ni*·te sf.

du:o·*de*·no sm.
du:o·de·nor·re·*nal* adj. 2g.; pl. ·*nais*.
du:o·de·nos·to·*mi*·a sf.
du:o·de·no·to·*mi*·a sf.
du:o·di·na·*mis*·mo sf.
du:o·*tal* sm.; pl. ·*tais*.
du·pla sf.
du·*ple*·to (ê) sm.
dú·plex (cs) num. adj. 2g. sm.: *dúplice*; pl. *dúplices*.
du·ple·*xor* (csô) sm.
du·pli·ca·*ção* sf.; pl. ·*ções*.
du·pli·*ca*·do adj. sm.
du·pli·ca·*dor* (ô) adj. sm.
du·pli·*can*·te adj. 2g.
du·pli·*car* v.
du·pli·*cá*·ri:o sm.
du·pli·*ca*·ta sf.
du·pli·ca·*ti*·vo adj.
du·pli·ca·*tu*·ra sf.
du·pli·*cá*·vel adj. 2g.; pl. ·*veis*.
dú·pli·ce num. 2g.: *dúplex*.
du·pli·ci·*á*·ri:o sm.
du·pli·ci·*da*·de sf.
du·pli·ci·den·*ta*·do adj. sm.
du·pli·ci·*pe*·ne sm.
du·pli·*pe*·ne sm.
du·plo num. sm.
du·plo(s)·*fun*·do(s) sm. (pl.).
du·*pló*·gra·fo sm.: *diplógrafo*.
du·*pôn*·di:o sm.
du·que sm.
du·*que*·sa (ê) sf. de *duque*.
du·ra sf.
du·ra·bi·li·*da*·de sf.
du·ra·*ção* sf.; pl. ·*ções*.
du·ra·*doi*·ro adj.:
 du·ra·*dou*·ro.
du·*ral* sm.; pl. ·*rais*.
du·ra·lu·*mí*·ni:o sm.

du·ra·*má*·ter sf.
du·*ra*·me sm.: du·*râ*·men; pl. *duramens*.
du·*ran*·te adj. 2g. sm. prep.
du·*rão* sm.; pl. ·*rões*.
du·*ra*·que sm.
du·rar v.
du·ras·*nal* sm.; pl. ·*nais*.
du·*rá*·vel adj. 2g.; pl. ·*veis*.
du·*rá*·zi:o adj.
du·*rex* (cs) sm. 2n.
du·*re*·za (ê) sf.
du·ri·*ão* sm.; pl. ·ri:*ões*.
du·*rí*·a·de sf.
du·ri:*en*·se adj. s2g.
du·rim-du·*rim* sm.; pl. *durim-durins*.
du·ri·*mí*·ni:o adj.
du·*ri*·na sf.
du·rin·*da*·na sf.
du·ro adj. sm.
du·ro(s)·a·*fo*·go sm. (pl.).
du·ro:a·rac·*ni*·te sf.
du·to sm.: *ducto*.
du:un·vi·*ra*·do sm.: *duunvirato*.
du:un·vi·*ral* adj. 2g.; pl. ·*rais*.
du:un·vi·*ra*·to sm.: *duunvirado*.
du:*ún*·vi·ro sm.
du·*vá*·li:a sf.
dú·vi·da sf.
du·vi·da·*dor* (ô) adj. sm.
du·vi·*dan*·ça sf.
du·vi·*dar* v.
du·vi·*dá*·vel adj. 2g.; pl. ·*veis*.
du·vi·*do*·so (ô) adj.; f. e pl. (ó).
du·zen·*tão* sm.; pl. ·*tões*.
du·*zen*·tos num.
dú·zi:a sf.
du·zu sm.
DVD sm.
dze·ta sm.

E

e¹ sm. 'nome da letra e'.
e² conj.
e·bâ·ne:o ad.
e·ba·nes·ta·ri·a sf.
e·ba·ni:a·no adj.
e·ba·nis·ta s2g.
e·ba·ni·zar v.
é·ba·no sm.
é·ba·no-o·ri:en·tal sm.; pl. ébanos-orientais.
e·be·ná·ce:a sf.
e·ba·ná·ce:o adj.
e·be·na·le sf.
e·ber·the·mi·a sf.
e·ber·thi:a·no adj.
é·bi:a sf., na loc. cair na ébia.
e·bi·o·nis·mo sm.
e·bi:o·ni·ta adj. s2g.
e·bi·xa·ta·nha sf.
e·bó sm.: e·bô.
e·bo·ni·te sf.
e-book sm. (ing.: ibuk).
e·bo·ra·ri·a sf.
e·bo·rá·ri:o sm.
e·bo·ren·se adj. s2g.
e·bó·re:o adj.
e·brac·te:a·do adj.
e·bri·á·ti·co adj.
e·bri·a·ti·vo adj.
e·bri·e·da·de sf.
e·bri·fes·ti·vo adj.
é·bri·o adj. sm.
e·bri:o·so (ô) adj.; f. e pl. (ó).
e·bu·li·ção sf.; pl. ·ções.
e·bu·li:en·te adj. 2g.
e·bu·li:o·me·tri·a sf.
e·bu·li:ô·me·tro sm.
e·bu·li:os·có·pi·a sf.
e·bu·li:os·có·pi·co adj.
e·bu·li:os·có·pi:o sm.
e·bu·lir v.
e·bu·li·ti·vo adj.
e·bu·li·ti·vo adj.

e·bu·rão adj. sm.; pl. ·rões.
e·bú·ri·co adj.
e·bu·ri·na sf.
e·bu·ri·no adj. sm.
e·bur·na·ção sf.; pl. ·ções.
e·bur·na·do adj.
e·bur·nar v.
e·búr·ne:o adj.
e·bur·ni·fi·ca·ção sf.; pl. ·ções.
e·bur·ni·fi·ca·do adj.
e·bur·ni·fi·car v.
e·bur·ni·te sf.
e·bu·ro·du·nen·se adj. s2g.
e·bu·ro·vi·ce adj. s2g.
e·bu·ro·vi·co adj. sm.
e·bu·si·ta·no adj. sm.
e·ca·bó·ri·co adj.
e·ca·bo·ro sm.
e·ca·cé·si·co adj.
e·ca·cé·si:o sm.
e·ca·gra sm.
e·cai·ó·di·co adj.
e·cai·o·do (ô) sm.
e·cal·ca·ra·do adj.
e·ca·li·ce adj. s2g.
e·ca·lip·tro·car·po adj.
e·ca·lu·mí·ni·co adj.
e·ca·lu·mí·ni:o sm.
e·can·da sf.
e·ça·ni:a·no adj.
é·ca·no sm.
e·can·tí·de:o adj. sm.
e·can·tí·ne:o adj. sm.
e·can·to sm.
e·car v.
e·car·di·nal adj. 2g.; pl. ·nais.
e·car·di·ne adj. s2g.
e·ca·re·na·do adj.: e·ca·ri·na·do.
e·cra·tê sm., do fr. écarté.
e·cas·si·lí·ci·co adj.
e·cas·si·lí·ci:o sm.
e·cas·te·fi·lo sm.

e·ca·tan·tá·li·co adj.
e·ca·tân·ta·lo sm.
e·ca·tár·ti·co adj.: catártico.
e·ca·ton·tar·qui·a sf.
e·cau·da·do adj.
e·ca·vi:a·no adj.
ec·bá·li:o sm.
éc·ba·se sf.
ec·bir·so·ma sm.
ec·blas·te·se sf.
éc·bo·la sf.
ec·bó·la·de sf.
ec·bó·li·co adj.
ec·bo·li·na sf.
ec·bó·li:o sm.
ec·bris·so·ma sf.
ec·ce:i·da·de sf.
ec·ci:e·se sf.: eciese.
ec·dê·mi·co adj.
ec·di·ce sf.
ec·dó·ti·ca sf.
ec·fi·lá·ti·co adj.
ec·fi·la·xi·a (cs) sf.
ec·fi·si·a sf.
ec·fo·ne·ma sm.
éc·fo·ra sf.
ec·frá·ti·co adj.
e·cha·po·ren·se adj. s2g.
e·char·pe sf.
e·ci:a·no adj. 'relativo a Eça de Queirós'/Cf. hessiano.
e·ci:e·se sf.: ecciese.
e·ci·cle·ma sm.
e·cí·di:o sm.
e·ci·di:ós·po·ro sm.
éclair sm. fr.: ecler.
e·clamp·se sf.: e·clamp·si·a.
e·clamp·sis·mo sm.
e·clâmp·ti·co adj.
e·cleg·ma sm.
e·cler sm., do fr. éclair.
e·cle·si:al adj. 2g.; pl. ·ais.
e·cle·si·a·no adj. sm.

e·cle·si:*ar*·ca sm.
e·cle·si:*ás*·ti·co adj. sm.
e·cle·si:o·fo·*bi*·a sf.
e·cle·si:*ó*·fo·bo adj. sm.
e·cle·si:o·lo·*gi*·a sf.
e·cle·si:o·*ló*·gi·co adj.
e·cle·si:*ó*·lo·go sm.
e·*clé*·ti·co adj. sm.
e·cle·*tis*·mo sm.
e·*clí*·me·tro sm.
e·clip·*sa*·do adj.
e·clip·*san*·te adj. 2g.
e·clip·*sar* v.
e·*clip*·se sm.
e·clip·so·*fí*·ce:o adj.
e·*clíp*·ti·ca sf.
e·*clíp*·ti·co adj.
e·*cli*·se sf.
e·clo·*dir* v.
e·clo·*dí*·vel adj. 2g.; pl. ·veis.
é·*clo*·ga sf.: *égloga*.
e·clo·*gi*·to sm.
e·clo·*são* sf.; pl. ·*sões*.
e·*clu*·sa sf.
ec·mne·*si*·a sf.: ec·*mné*·si:a.
ec·*mné*·ti·co adj.
ec·mo·fo·*bi*·a sf.
ec·*mó*·fo·bo adj. sm.
ec·ne·*fi*·a sf.: ec·*né*·fi·a.
e·co sm.
e·*cô* interj.
e·co:a·*dor* (ô) adj. sm.
e·co:*an*·te adj. 2g.
e·co:*ar* v.
e·co:*á*·vel adj. 2g.; pl. ·veis.
ecobag sm. (ing.: *ecobég*).
e·co·ba·*tí*·me·tro sm.
e·co·car·di:o·*gra*·ma sm.
e·co:en·ce·fa·lo·*gra*·ma sm.
e·co·fo·*ni*·a sf.
e·*coi*·co adj.
e·co·la·*li*·a sf.
e·co·lo·*gi*·a sf.
e·co·*ló*·gi·co adj.
e·co·lo·*gis*·ta adj. s2g.
e·*có*·lo·go sm.
e·co·ma·*ni*·a sf.
e·co·me·*tri*·a sf. 'cálculo de distâncias e posições'/Cf. *econometria*.
e·co·*mé*·tri·co adj.
e·*cô*·me·tro sm.
e·con·*dro*·ma sm.
e·co·no·*man*·do sm.
e·co·no·*ma*·to sm.
e·co·no·me·*tri*·a sf. 'método que mede as grandezas econômicas'/Cf. *ecometria*.
e·co·no·me·*tris*·ta adj. s2g.
e·co·no·*mês* sm.
e·co·no·*mi*·a sf.
e·co·no·mi:*á*·ri:o adj. sm.
e·co·no·mi·ci·*da*·de sf.
e·co·*nô*·mi·co adj.
e·co·no·*mis*·ta adj. s2g.
e·co·no·mi·za·*dor* (ô) adj. sm.
e·co·no·mi·*zar* v.
e·*cô*·no·mo sm.
e·co·pa·*ti*·a sf.
e·co·po·ran·*guen*·se adj. s2g.
e·cos·*fe*·ra sf.
e·cos·sis·*te*·ma sm.
e·cos·son·da·*dor* (ô) sm.
e·*có*·ti·po adj. sm.
e·co·tu·*ris*·mo sm.
e·co·xu·*pé* interj.
ec·pi:*e*·ma sm.
ec·pi:*es*·ma (ê) sm.
e·*crã* sf., do fr. *écran*.
ecstasy sm. (ing.: *êcstasi*).
éc·ta·se sf.
ec·ta·*si*·a sf.
ec·ta·*si*·na sf.
éc·ti·po sm.
ec·ti·po·gra·*fi*·a sf.
ec·ti·po·*grá*·fi·co adj.
ec·*tlip*·se sf.
ec·to·*cár*·pi·co adj.
ec·to·*car*·po adj. sm.
ec·to·ce·fa·*li*·a sf.
ec·to·ce·*fá*·li·co adj.
ec·to·*cé*·fa·lo sm.
ec·to·*cis*·to sm.
ec·to·*der*·ma sm.
ec·to·*dér*·mi·co adj.
ec·to·der·*mo*·se sf.
ec·*tó*·fi·to adj. sm.
ec·*tóg*·na·to adj. sm.
ec·to·pa·ra·*si*·to sm.
ec·to·pa·ra·si·*to*·se sf.
ec·to·pe·ri·*cár*·di:o sm.
ec·to·pe·ri·to·*ni*·te sf.
ec·to·*pi*·a sf.
ec·*tó*·pi·co adj.
ec·to·*plas*·ma sm.
ec·to·plas·*má*·ti·co adj.
ec·to·plas·*mi*·a sf.
ec·to·*plas*·to sm.
ec·to·*proc*·to sm.
ec·tos·po·*ra*·le sf.
ec·*tó*·tro·fo adj. sm.
ec·to·zo:*á*·ri:o sm.
ec·*tró*·pi·o sm.: ec·*tró*·pi:on.

ec·*tro*·se sf.
ec·*tró*·ti·co adj.
e·*cu* sm.
e·*cu*·bo sm.
é·*cu*·la sf.
e·*cú*·le:o sm.
é·*cu*·lo sm.
e·cu·*mê*·ni·co adj.
e·cu·me·*nis*·mo sm.
e·*cú*·me·no sm.
e·*cu*·ru sm.
ec·*ze*·ma sm.
ec·ze·ma·*to*·so (ô) adj. sm.; f. *e* pl. (ó).
e·da·ci·*da*·de sf.
e·da·*cís*·si·mo adj. superl. de *edaz*.
e·*dá*·fi·co adj.
e·da·*fis*·mo sm.
e·da·fo·lo·*gi*·a sf.
e·da·fo·*ló*·gi·co adj.
e·*daz* adj. 2g.; superl. *edacíssimo*.
e·de:*a*·go sm.
e·de:*en*·se adj s2g.
e·*dei*·a sf. 'partes sexuais'/Cf. *ideia*.
e·del·*vais* sm.
e·*de*·ma sm.
e·de·ma·ci:*a*·do adj.
e·de·ma·ci:*ar* v.
e·de·*má*·ti·co adj.
e·de·ma·*ti*·na sf.
e·de·ma·*to*·so (ô) adj.; f. *e* pl. (ó).
é·*den* sm.
e·*dê*·ni·co adj.
e·de·*nis*·mo sm.
e·de·ni·*zar* v.
e·den·*ta*·do adj.
e·de:o·lo·*gi*·a sf. 'estudo dos órgãos genitais'/Cf. *ideologia*.
e·de:o·*ló*·gi·co adj. 'referente à edeologia'/Cf. *ideológico*.
e·de:os·co·*pi*·a sf.
e·de:os·*có*·pi·co adj.
e·des·*se*·no adj. sm.
e·des·*ti*·na sf.
e·di·*ção* sf.; pl. ·ções.
e·*dí*·cu·la sf.
e·di·fi·ca·*ção* sf.; pl. ·ções
e·di·fi·ca·*dor* (ô) adj. sm.
e·di·fi·*can*·te adj. 2g.
e·di·fi·*car* v.
e·di·fi·ca·*ti*·vo adj.
e·di·*fí*·ci:o sm.
e·*dil* sm.; pl. ·dis.

e·dí·li·co adj. 'referente a edil'/ Cf. edílico.
e·di·li·da·de sf.
e·di·pi:a·no adj. sm.
e·dí·pi·co adj.
e·di·pis·mo sm.
é·di·po sm.
e·di·ta·ção sf.; pl. ·ções.
e·di·tal adj. 2g. sm.; pl. ·tais.
e·di·tar v.
e·dí·ti·mo sm.
e·di·to sm. 'lei, decreto'/Cf. édito.
é·di·to sm. 'ordem judicial publicada por anúncios'/Cf. edito, do v. editar, e sm.
e·di·tor (ô) adj. sm.
e·di·to·ra (ô) sf./Cf editora (ó), do v. editorar.
e·di·to·ra·ção sf.; pl. ·ções.
e·di·to·rar v.
e·di·to·ri·a sf.
e·di·to·ri:al adj. 2g.; pl. ·ais.
e·di·to·ri:a·lis·ta s2g.
e·dí·vel adj. 2g.; pl. ·veis.
e·dre·dão sm.: edredom; pl. ·dões.
e·dri:of·tal·mo adj. sm.
e·du·ca·bi·li·da·de sf.
e·du·ca·ção sf.; pl. ·ções.
e·du·ca·ci:o·nal adj.; pl. ·nais.
e·du·ca·do adj.
e·du·ca·dor (ô) adj. sm.
e·du·can·dá·ri:o sm.
e·du·can·do sm.
e·du·ca·ção sf.; pl. ·ções.
e·du·car v.
e·du·ca·ti·vo adj.
e·du·cá·vel adj. 2g.; pl. ·veis.
e·duc·to adj.
e·dul·çar v.
e·dul·co·ra·ção sf.; pl. ·ções.
e·dul·co·ran·te adj. 2g. sm.
e·dul·co·rar v.
e·du·le adj. 2g. sm.
e·du·lo sm.: edule.
e·du·tor (ô) adj. sm.
e·du·zir v.
e·fa·bu·la·ção sf.; pl. ·ções.
e·fa·bu·la·dor (ô) adj. sm.
e·fa·bu·lar v.
e·fa·bu·lá·vel adj.; pl. ·veis.
e·fe sm.
e·fe·bo (ê ou é) sm.
e·fe·dri·na sf.
e·fei·to sm.
e·fei·tu:a·ção sf.; pl. ·ções.

e·fei·tu:a·dor (ô) adj. sm.
e·fei·tu:ar v.
e·fé·li·de sf.
e·fe·mé·ri·da sf. 'inseto'/Cf. eféméride.
e·fe·me·ri·da·de sf.
e·fe·mé·ri·de sf. 'as coordenadas que definem a posição de um astro'/Cf. efemérida.
e·fe·me·rí·de:o adj. sm.
e·fe·me·ri·na sf.
e·fê·me·ro adj. sm.
e·fe·me·ro·fí·ce:o adj.
e·fe·me·rói·de:o adj. sm.:
  e·fe·me·ro·í·de:o
e·fe·me·róp·te·ro adj. sm.
e·fe·mi·na·ção sf.; pl. ·ções.
e·fe·mi·na·do adj. sm.
e·fe·mi·na·dor (ô) adj.
e·fe·mi·nar v.
e·fên·di sm.
e·fe·ren·te adj. 2g.
e·fer·ven·ta·ção sf.; pl. ·ções.
e·fer·ven·ta·men·to sm.
e·fer·ven·tar v.
e·fer·ves·cên·ci:a sf.
e·fer·ves·cen·te adj. 2g.
e·fer·ves·cer v.
e·fes e er·res sm. pl.
e·fé·si:o adj. sm.
e·fe·ti·va·ção sf.; pl. ções.
e·fe·ti·var v.
e·fe·tí·vel adj. 2g.; pl. ·veis/Cf. efetiveis, do v. efetivar.
e·fe·ti·vi·da·de sf.
e·fe·ti·vo adj. sm.
e·fe·tu:a·ção sf.; pl. ·ções.
e·fe·tu:ar v.
e·fe·tu:o·so (ô) adj.; f. e pl. (ó).
e·fi·cá·ci:a sf.
e·fi·ca·cís·si·mo adj. superl. de eficaz.
e·fi·caz adj. 2g.; superl. eficacíssimo.
e·fi·ci:ên·ci:a sf.
e·fi·ci:en·te adj. 2g.
e·fi·gi:ar v.
e·fí·gi:e sf./Cf. efigie, do v. efigiar.
e·fi·pí·de:o adj. sm.
e·fí·pi:o sm.
e·fi·reu adj. sm.; f.
  e·fi·rei·a.
é·fi·ro adj. sm.
e·flo·res·cên·ci:a sf.
e·flo·res·cen·te adj. 2g.

e·flo·res·cer v.
e·flu:ên·ci:a sf.
e·flu:en·te adj. 2g.
e·flu:ir v.
e·flu·vi:a·ção sf.; pl. ·ções.
e·flu·vi:a·dor (ô) adj. sm.
e·flú·vi:o sm.
e·flu·vi:o·so (ô) adj.; f. e pl. (ó).
e·flu·xão (cs) sf.; pl. ·xões.
e·flu·xo (cs) sm.
e·fó sm.
é·fo·de sm.
é·fo·ro sm.
e·frac·ção sf.; pl. ·ções: efração.
e·frac·to adj.: efrato.
e·frac·tu·ra sf.: efratura.
e·fra·to adj.: efracto.
e·fra·tu·ra sf.: efractura.
e·fú·gi:o sm.
e·fun·dir v.
e·fu·são sf.; pl. ·sões.
e·fu·si·ô·me·tro sm.
e·fu·si·vo adj.
e·fu·so adj.
e·gé·ri:a sf.
é·gi·de sf.
e·gi·pã sm.
e·gip·cí·a·co adj. sm.
e·gip·ci:a·no adj. sm.
e·gíp·ci:o adj. sm.
e·gip·to·lo·gi·a sf.
e·gip·to·ló·gi·co adj.
e·gip·tó·lo·go sm.
e·glan·du·lo·so (ô) adj.; f. e pl. (ó).
é·glo·ga sf.: écloga.
e·go sm.
e·go·cen·tri·ci·da·de sf.
e·go·cên·tri·co adj.
e·go·cen·tris·mo sm.
e·go·cen·tris·ta adj. s2g.
e·go·fa·gi·a sf.
e·go·fá·gi·co adj.
e·gó·fa·go sm.
e·go·fo·ni·a sf.
e·go·fô·ni·co adj.
e·go·ís·mo sm.
e·go·ís·ta adj. s2g. ' que trata só dos seus interesses'/Cf. egotista.
e·go·ís·ti·co adj.
e·gó·la·tra adj. s2g.
e·go·la·tri·a sf.
e·go·ma·ni·a sf.
e·go·ma·ní·a·co adj.
e·gó·ti·co adj.
e·go·tis·mo sm.

e·go·tis·ta adj. s2g. ' que tem exagerado sentimento de seu eu'/Cf. *egoísta*.
e·*gré*·gi:o adj.
e·*gres*·são sf.; pl. ·*sões*.
e·*gres*·so adj.
e·*gre*·ta sf.: e·*gre*·te.
é·gri:o sm.
e·gro adj.
é·gua sf.
e·*gua*·da sf.
e·*guar* v.
e·gua·*ri*·ço adj. sm.
e·*gum* sm.
eh interj.: *êh*.
eh-eh interj.: *êh-êh*.
ei interj.
eia interj.
ei·*am* sm.: ei·*ã*.
ei·co·*nal* sf.; pl. ·*nais*.
ei·co·sâ·ni·co adj.
êi·der sm.
ei·*dé*·ti·co adj.
ei·do sm.
ei·gen·fun·*ção* sf.; pl. ·*ções*.
ei·gen·va·*lor* (ô) sm.
ei·*mé*·ri:a sm.
ei·me·*rí*:a·se sf.
ei·me·ri:*o*·se sf.
eins·tei·ni:*a*·no (ains-) adj.
eins·*têi*·ni:o (ains-) sm.
ei·ra sf.
ei·*rá* sm.
ei·*ra*·da sf.
ei·*ra*·do adj. sm.
ei·*ran*·ta sf. de *eirante*.
ei·*ran*·te sm.
ei·*ren*·se adj.s2g.
ei·*ró* sm.
ei·ru·ne·pe·*en*·se adj. s2g.
eis adv.
ei·ta interj.
ei·ta-*fer*·ro interj.
ei·ta-*pau* interj.
ei·to sm.
ei·va sf.
ei·va-*dor* (ô) adj. sm.
ei·*var* v.
ei·xo sm.
ei·xo-ba·*dei*·xo(s) sm. (pl.).
ei·*xu* sm.: *exu*.
e·ja·cu·la·*ção* sf.; pl. ·*ções*.
e·ja·cu·la·*dor* (ô) adj. sm.
e·ja·cu·*lar* v.
e·ja·cu·la·*tó*·ri:o adj.
e·je·*ção* sf.; pl. ·*ções*.
e·je·*ta*·do adj.

e·je·ta·*men*·to sm.
e·je·*tar* v.
e·je·*tá*·vel adj. 2g.; pl. ·*veis*.
e·je·*ti*·vo adj.
e·*je*·to sm.
e·je·*tor* (ô) adj. sm.
e·la pron.
e·*lã* sm., do fr. *élan*.
e·la·bo·ra·*ção* sf.; pl. ·*ções*.
e·la·bo·ra·*dor* (ô) adj. sm.
e·la·bo·*rar* v.
e·la·bo·ra·*ti*·vo adj.
e·la·bo·*rá*·vel adj. s2g.; pl. ·*veis*.
e·la·*ção* sf. 'elevação do espírito'/Cf. *ilação*; pl. ·*ções*.
e·la·fe·*bó*·li:as sf.; pl.
e·la·fe·*bó*·li:o adj.
e·la·fi:*a*·no adj.
é·la·fo sm.
e·la·fo·gra·*fi*·a sf.
e·la·fo·*grá*·fi·co adj.
e·lai·*ú*·ri:a adj.: *eleúria*.
e·lai·*ú*·ri·co adj.: *eleúrico*
e·la·*mi*·ta adj. s2g.
élan sf., do fr.: *elã*.
e·lan·gues·*cên*·ci:a sf.
e·lan·gues·*cen*·te adj. 2g.
e·lan·gues·*cer* v.
e·la·*pí*·de:o sm.
e·la·quis·*tói*·de:o adj. sm.: e·la·quis·to.*í*·de:o.
e·*lar* v.
e·la·*sí*·po·de adj. 2g. sm.
e·las·mo·*brân*·qui:o adj. sm.
e·las·*tân*·ci:a sf.
e·las·te·*cer* v.
e·las·*té*·ri:o sm.
e·las·ti·ci·*da*·de sf.
e·*lás*·ti·co adj. sm.
e·las·ti·fi·*car* v.
e·las·*ti*·na sf.
e·las·*tí*·na·se sf.: e·las·ti·*na*·se.
e·las·*tô*·me·ro sm.
e·*la*·te sm. 'tecido'/Cf. *élate*.
é·*la*·te sm. 'palmeira'/Cf. *elate*.
e·la·te·*rí*·de:o adj. sm.
e·la·te·*ri*·na sf.
e·la·*té*·ri:o sm.
e·la·te·*ri*·te sf.
e·la·te·ro·me·*tri*·a sf.
e·la·te·ro·*mé*·tri·co adj.
e·la·te·*rô*·me·tro sm.
e·*la*·ti·na sf.
e·la·ti·*ná*·ce:a sf.
e·la·ti·*ná*·ce:o adj.
e·la·*tor* (ô) adj. sm.

e·*la*·tro sm.
el·bos·*la*·vo adj. sm.
el·do·ra·*den*·se adj. s2g.
el·do·*ra*·do sm.
e·le[1] sm. 'nome da letra l'.
e·le[2] (ê) pron.
e·le:ag·*ná*·ce:a sf.
e·le:ag·*ná*·ce:o adj.
e·le:*a*·ta adj. s2g.
e·le:*á*·ti·co adj. sm.
e·le:a·*tis*·mo sm.
e·lec·tra·*cús*·ti·ca sf.: *eletracústica*.
e·lec·*trão* sm.: *eletrão*; pl. ·*trões*.
e·lec·tren·ce·fa·lo·*gra*·ma sm.: *eletrencefalograma*.
e·lec·*tre*·to (ê) sm.: *eletreto*.
e·lec·*trí*·mã sm.: *eletrímã*.
e·*léc*·tri:o sm.: *elétrio*.
e·*lec*·tro sm.: *eletro*.
e·lec·tro:a·*cús*·ti·ca sf.: *eletroacústica*.
e·lec·tro:a·*cús*·ti·co adj.: *eletroacústico*.
e·lec·tro·car·di:o·gra·*fi*·a sf.: *eletrocardiografia*.
e·lec·tro·car·di:o·*grá*·fi·co adj.: *eletrocardiográfico*.
e·lec·tro·car·di:*ó*·gra·fo sm.: *eletrocardiógrafo*.
e·lec·tro·car·di:o·*gra*·ma sm.: *eletrocardiograma*.
e·lec·tro·*cho*·que sm.: *eletrochoque*.
e·lec·tro·ci·*né*·ti·co adj.: *eletrocinético*.
e·lec·tro·*có*·pi·a sf.: *eletrocópia*.
e·lec·tro·de·po·si·*ção* sf.: *eletrodeposição*; pl. ·*ções*.
e·lec·tro·di·*nâ*·mi·ca sf.: *eletrodinâmica*.
e·lec·tro·di·*nâ*·mi·co adj.: *eletrodinâmico*.
e·lec·tro·di·na·*mô*·me·tro sm.: *eletrodinamômetro*.
e·lec·*tró*·di:o sm.: *eletródio*.
e·*léc*·tro·do (ô) sm.: *elétrodo*.
e·lec·tro·do·*més*·ti·co adj. sm.: *eletrodoméstico*.
e·lec·tro·*dó*·ti·co adj.: *eletrodótico*.
e·lec·tro:e·mis·*são* sf.: *eletroemissão*; pl. ·*sões*.
e·lec·tro:en·ce·fa·lo·*gra*·ma sf.: *eletroencefalograma*.
e·lec·tro:en·dos·*mo*·se sf.: *eletroendosmose*.

e·lec·tro·*fí*·li·co adj.:
  eletrofílico.
e·lec·tro·flu:o·res·cên·ci:a sf.:
  eletrofluorescência.
e·lec·tro·fo·*re*·se sf.:
  eletroforese.
e·lec·tro·fo·*rí*·de:o sm.:
  eletroforídeo.
e·lec·*tró*·fo·ro sm.: *eletróforo*.
e·lec·tro·gal·*vâ*·ni·co adj.:
  eletrogalvânico.
e·lec·tro·gal·va·*nis*·mo sm.:
  eletrogalvanismo.
e·lec·tro·*gê*·ne:o adj.:
  eletrogêneo.
e·lec·tro·gra·*fi*·a sf.: *eletrografia*.
e·lec·tro·*grá*·fi·co adj.:
  eletrográfico.
e·lec·tro·gra·*vu*·ra sf.:
  eletrogravura.
e·lec·tro·*í*·mã sm.: *eletroímã*.
e·lec·tro·*lí*·ti·co adj.:
  eletrolítico
e·lec·tro·*li*·to, e·lec·*tró*·li·to
  sm.: *eletrolito, eletrólito*.
e·lec·tro·lo·*gi*·a sf.: *eletrologia*.
e·lec·tro·lu·mi·nes·*cên*·ci:a sf.:
  eletroluminescência.
e·lec·tro·mag·*né*·ti·co adj.:
  eletromagnético.
e·lec·tro·mag·ne·*tis*·mo sm.:
  eletromagnetismo.
e·lec·tro·*mé*·tri·co adj.:
  eletrométrico.
e·lec·*trô*·me·tro sm.:
  eletrômetro.
e·lec·tro·mo·*tân*·ci:a sf.:
  eletromotância.
e·*léc*·tron sm.: *elétron*.
e·lec·tro·ne·ga·ti·vi·*da*·de sf.:
  eletronegatividade.
e·lec·tro·ne·ga·*ti*·vo adj.:
  eletronegativo.
e·lec·*trô*·ni·ca sf.: *eletrônica*.
e·lec·*trô*·ni·co adj.: *eletrônico*.
e·léc·tron(s)-*volt* sm. (pl.):
  elétrons(s)-*volts*.
e·lec·tro:*óp*·ti·ca sf.:
  eletroóptica.
e·lec·tro·ples·*são* sf.:
  eletroplessão; pl. ·*sões*.
e·lec·tro·po·si·*ti*·vo adj.:
  eletropositivo.
e·lec·tro·*quí*·mi·ca sf.:
  eletroquímica.
e·lec·tro·*quí*·mi·co adj.:
  eletroquímico.

e·lec·tros·co·*pi*·a sf.:
  eletroscopia.
e·lec·tros·*có*·pi·co adj.:
  eletroscópico.
e·lec·tros·*có*·pi:o sm.:
  eletroscópio.
e·lec·tros·*mo*·se sf.: *eletrosmose*.
e·lec·tros·*so*·no sm.:
  eletrossono.
e·lec·tros·*tá*·ti·ca sf.:
  eletrostática.
e·lec·tros·*tá*·ti·co adj.:
  eletrostático.
e·lec·tros·te·*gi*·a sf.:
  eletrostegia.
e·lec·tros·te·*nó*·li·se sf.:
  eletrostenólise.
e·lec·tros·tri·*ção* sf.:
  eletrostrição; pl. ·*ções*.
e·lec·tro·ta·*xi*·a (cs) sf.:
  eletrotaxia.
e·lec·tro·te·ra·*pi*·a sf.:
  eletroterapia.
e·lec·tro·te·*rá*·pi·co adj.:
  eletroterápico.
e·lec·tro·ter·*mi*·a sf.:
  eletrotermia.
e·lec·tro·ti·*par* v.: *eletrotipar*.
e·lec·tro·ti·*pi*·a sf.: *eletrotipia*.
e·lec·*tró*·to·no sm.: *eletrótono*.
e·lec·tro·*tô*·nus sm. 2n.:
  eletrotônus.
e·le·*fan*·ta sf. de *elefante*.
e·le·*fan*·te sm.; f. *elefanta*,
  elefoa.
e·le·fan·*tí*·a·se sf.
e·le·fan·*tí*·a·se(s) dos *á*·ra·bes.
e·le·fan·*tí*·a·se(s) dos *gre*·gos
  sf. (pl.).
e·le·*fân*·ti·co adj.
e·le·fan·*tí*·de:o adj. sm.
e·le·fan·*ti*·na sf.
e·le·fan·*ti*·no adj.
e·le·fan·*tó*·fa·go adj.
e·le·fan·to·gra·*fi*·a sf.
e·le·fan·to·*grá*·fi·co adj.
e·le·fan·*toi*·de adj. 2g.
e·le·fan·*tó*·po·de adj. 2g.
e·le·*fo*:a sf. de *elefante*.
e·le·*gân*·ci·a sf.
e·le·*gan*·te adj. s2g.
e·le·*gen*·do sm.
e·le·*ger* v.
e·le·*gi*·a sf.
e·le·*gí*·a·co adj.
e·le·*gí*·a·da sf.
e·le·gi·bi·li·*da*·de sf.

e·le·*gí*·vel adj. 2g. 'que pode ser
  eleito'/Cf. *ilegível*; pl. ·**veis**.
e·lei·*ção* sf.; pl. ·*ções*.
e·lei·ço:*ei*·ro adj.
e·le.*í*·dri·co adj.
e·*lei*·to adj. sm.
e·lei·*tor* (ô) adj. sm.
e·lei·to·*ra*·do sm.
e·lei·to·*ral* adj. 2g.; pl. ·*rais*.
e·lei·to·*rei*·ro adj.
e·le·men·*tal* adj. 2g.; pl. ·*tais*:
  e·le·men·*tar*·
e·le·men·*tá*·ri:o adj.
e·le·*men*·to sm.
e·*le*·*mi* sm.
e·*le*·na sf. 'santelmo'/Cf. *helena*,
  f. de *heleno*.
e·len·*car* v.
e·*len*·co sm.
e·le:o·car·*pá*·ce:a sf.
e·le:o·car·*pá*·ce:o adj.
e·le:o·ce·*ró*·le:o sm.
e·le:*ó*·le:o sm.
e·le:*ó*·li·co sm.
e·le:o·*li*·ta sf.: e·le·*ó*·li·ta.
e·le:o·*mé*·tri·co adj.
e·le:*ô*·me·tro sm.
e·le:o·*plas*·to sm.
e·le:o·*trí*·de:o adj. sm.
e·le·*pê* sm.
e·le·*rão* sm., do fr. *aileron*; pl.
  ·*ões*.
e·les·bo·*nen*·se adj. s2g.
e·le·ti·vi·*da*·de sf.
e·le·*ti*·vo adj.
e·le·tra·*cús*·ti·ca sf.:
  electracústica.
e·le·tra·*cús*·ti·co adj.:
  electracústico.
e·le·*trão* sm.: *electrão*; pl. *trões*.
e·le·tren·ce·fa·lo·*gra*·ma sm.:
  electrencefalograma.
e·le·*tre*·to (ê) sm.: *electreto*.
e·le·tri·ci·*da*·de sf.
e·le·*tri*·*cis*·mo sm.
e·le·*tri*·*cis*·ta adj. s2g.
e·*lé*·tri·co adj.
e·le·tri·fi·ca·*ção* sf.; pl. ·*ções*.
e·le·tri·fi·*car* v.
e·le·tri·fi·*cá*·vel adj. 2g.; pl. ·*veis*.
e·le·*trí*.mã sf.: *electrímã*.
e·le·*trí*·mo adj.
e·*lé*·tri:o sm.: *eléctrio*.
e·le·*triz* sf.
e·le·tri·za·*ção* sf.; pl. ·*ções*.
e·le·tri·*za*·do adj.
e·le·tri·za·*dor* (ô) adj. sm.

e·le·tri·*zan*·te adj. 2g.
e·le·tri·*zar* v.
e·le·tri·*zá*·vel adj. 2g.; pl. ·veis.
e·*le*·tro sm.: *electro*.
e·le·tro:a·*cús*·ti·ca sf.: *electroacústica*.
e·le·tro:a·*cús*·ti·co adj.: *electroacústico*.
e·le·tro·car·di:o·gra·*fi*·a sf.: *electrocardiografia*.
e·le·tro·car·di:o·*grá*·fi·co adj.: *electrocardiográfico*.
e·le·tro·car·di:*ó*·gra·fo sm.: *electrocardiógrafo*.
e·le·tro·car·di:o·*gra*·ma sm.: *electrocardiograma*.
e·le·tro·*cho*·que sm.: *electrochoque*.
e·le·tro·ci·*né*·ti·co adj.: *electrocinético*.
e·le·tro·*có*·pi:a sf.: *electrocópia*.
e·le·tro·cus·*são* sf.; pl. ·*sões*.
e·le·tro·cu·*tar* v.
e·le·tro·cu·*tor* (ô) adj. sm.
e·le·tro·de·po·si·*ção* sf.: *electrodeposição*; pl. ·*ções*.
e·le·tro·di·*nâ*·mi·ca sf.: *electrodinâmica*.
e·le·tro·di·*nâ*·mi·co adj.: *electrodinâmico*.
e·le·tro·di·na·*mô*·me·tro sm.: *electrodinamômetro*.
e·le·*tró*·di:o sm.: *electródio*.
e·*lé*·tro·do sm. *eléctrodo*.
e·le·tro·do·*més*·ti·co adj. sm.: *electrodoméstico*.
e·le·tro·*dó*·ti·co adj.: *electrodótico*.
e·le·tro:e·le·*trô*·ni·co adj. sm.
e·le·tro:e·mis·*são* sf.: *electroemissão*; pl. ·*sões*.
e·le·tro:en·ce·fa·lo·*gra*·ma sm.: *electroencefalograma*.
e·le·tro:en·dos·*mo*·se sf.: *electroendosmose*.
e·le·tro·*fí*·li·co adj.: *electrofílico*.
e·le·tro·flu:o·res·*cên*·ci·a sf.: *electrofluorescência*.
e·le·tro·fo·*re*·se sf.: *electroforese*.
e·le·tro·fo·*rí*·de:o sm.: *electroforídeo*.
e·le·*tró*·fo·ro sm.: *electróforo*.
e·le·tro·gal·*vâ*·ni·co adj.: *electrogalvânico*.
e·le·tro·gal·va·*nis*·mo sm.: *electrogalvanismo*.
e·le·tro·gê·*ne*:o adj.: *electrogêneo*.
e·le·tro·gra·*fi*·a sf.: *electrografia*.
e·le·tro·*grá*·fi·co adj.: *electrográfico*.
e·le·tro·gra·*vu*·ra sf.: *electrogravura*.
e·le·tro·*í*·mã sm.: *electroímã*.
e·le·*tro*·la sf.
e·le·tro·li·sa·*ção* sf.; pl. ·*ções*.
e·le·tro·li·*sar* v.
e·le·*tró*·li·se sf.
e·le·*tró*·*lí*·ti·co adj.: *electrolítico*.
e·le·*tró*·li·to sm.
e·le·tro·*li*·to, e·le·*tró*·li·to sm.: *electrolito*, *electrólito*.
e·le·tro·lo·*gi*·a sf.: *electrologia*.
e·le·tro·lu·mi·nes·*cên*·ci:a sf.: *electroluminescência*.
e·le·tro·mag·*né*·ti·co adj.: *electromagnético*.
e·le·tro·mag·ne·*tis*·mo sm.: *electromagnetismo*.
e·le·tro·me·*câ*·ni·co adj.
e·le·tro·*mé*·tri·co adj.: *electrométrico*.
e·le·*trô*·me·tro sm.: *electrômetro*.
e·le·tro·mo·*tân*·ci:a sf.: *electromotância*.
e·*lé*·tron sm.: *eléctron*.
e·le·tro·ne·ga·ti·vi·*da*·de sf.: *electronegatividade*.
e·le·tro·ne·ga·*ti*·vo adj.: *electronegativo*.
e·le·*trô*·ni·ca sf.: *electrônica*.
e·le·*trô*·ni·co adj.: *electrônico*.
e·*lé*·tron(s)-*volt* sm. (pl.): *eléctron(s)-volt*.
e·le·tro:*óp*·ti·ca sf.: *electroóptica*.
e·le·tro·ples·*são* sf.: *electroplessão*; pl. ·*sões*.
e·le·tro·po·si·*ti*·vo adj.: *electropositivo*.
e·le·tro·*quí*·mi·ca sf.: *electroquímica*.
e·le·tro·*quí*·mi·co adj.: *electroquímico*.
e·le·tros·co·*pi*·a sf.: *electroscopia*.
e·le·tros·*có*·pi·co adj.: *electroscópico*.
e·le·tros·*có*·pi:o sm.: *electroscópio*.
e·le·tros·*mo*·se sf.: *electrosmose*.
e·le·tros·*so*·no sm.: *electrossono*.
e·le·tros·*tá*·ti·ca sf.: *electrostática*.
e·le·tros·*tá*·ti·co adj.: *electrostático*.
e·le·tros·te·*gi*·a sf.: *electrostegia*.
e·le·tros·te·*nó*·li·se sf.: *electrostenólise*.
e·le·tros·tri·*ção* sf.: *electrostrição*; pl. ·*ções*.
e·le·tro·ta·*xi*·a (cs) sf.: *electrotaxia*.
e·le·tro·*téc*·ni·co adj. sm.
e·le·tro·te·ra·*pi*·a sf.: *electroterapia*.
e·le·tro·te·*rá*·pi·co adj.: *electroterápico*.
e·le·tro·ter·*mi*·a sf.: *electrotermia*.
e·le·tro·ti·*par* v.: *electrotipar*.
e·le·tro·ti·*pi*·a sf.: *electrotipia*.
e·le·*tró*·to·no sm.: *electrótono*.
e·le·tro·*tô*·nus sm. 2n.: *electrotônus*.
e·le·tu·*á*·ri:o sm.
e·le·*ú*·ri:a sf.
e·le·*ú*·ri·co adj. sm.
e·le·u·*sí*·ni:as sf. pl.
e·leu·*si*·no adj. sm.
e·leu·te·*ra*·do adj. sm.
e·leu·te·ran·*té*·re:o adj.
e·leu·*té*·ri:as sf. pl.
e·leu·te·*ró*·gi·no adj.
e·leu·tor·ro·zo:*á*·ri:o adj. sm.
e·le·va·*ção* sf.; pl. ·*ções*.
e·le·*va*·do adj. sm.
e·le·*va*·dor (ô) adj. sm.
e·le·*var* v.
e·le·va·*tó*·ri:a sf.
e·le·va·*tó*·ri:o adj.
el·fa sf.
el·fo sm.
e·li:*a*·no adj.
e·li:as·fa:us·*ten*·se(s) adj. s2g. (pl.).
e·li·ci:*ar* v.
e·*lí*·ci·to adj. 'atraído'/Cf. *ilícito*.
e·li·*den*·te adj. 2g.
e·li·*dir* v. 'eliminar'/Cf. *ilidir*.
e·li·*dí*·vel adj. 2g. 'que pode ser elidido'/Cf. *ilidível*; pl. ·veis.
e·li:*en*·se adj. s2g.
e·li·gi·*men*·to sm.
e·li·mi·na·*ção* sf.; pl. ·*ções*.
e·li·mi·na·*dor* (ô) adj. sm.
e·li·mi·*nan*·te adj. 2g.
e·li·mi·*nar* v.
e·li·mi·na·*tó*·ri:a sf.

e·li·mi·na·*tó*·ri:o adj.
e·li·mi·*ná*·vel adj. 2g.; pl. ·veis.
e·li·*póp*·te·ro sm.
e·*lip*·se sf.
e·lip·*só*·gra·fo sm.:
 e·lip·si:*ó*·gra·fo.
e·lip·soi·*dal* adj. 2g.; pl. ·*dais*.
e·lip·*soi*·de adj. 2g. sm.
e·lip·sos·*per*·mo adj.
e·lip·*sós*·to·mo adj.
e·*líp*·ti·co adj.: elítico.
e·li·sa·be·*ta*·no adj.:
 e·li·sa·be·ti:*a*·no.
e·li·são sf.; pl. ·sões.
e·li·*seu* sm.
e·*lí*·si:o adj. sm.
e·lis·*seu* adj. sm.; f. ·*sei*·a.
e·*li*·te sf.
e·*lí*·ti·co adj.: elíptico.
e·li·*tis*·mo sm.
e·li·*tis*·ta adj. s2g.
e·li·ti·*zan*·te adj. 2g.
e·li·ti·*zar* v.
e·li·*tri*·te sf.
é·li·tro sm.
e·li·tro·*ce*·le sf.
e·li·*tró*·fo·ro adj. sm.
e·li·*troi*·de adj. 2g.
e·li·tro·plas·*ti*·a sf.
e·li·*tróp*·te·ro adj. sm.
e·li·trop·*to*·se sf.
e·li·tror·ra·*gi*·a sf.
e·li·tror·*rei*·a sf.
e·li·tro·to·*mi*·a sf.
e·li·*tró*·to·mo sm.
e·li·*xir* sm.
el·mo sm.
el niño sm. (esp.: elninho).
e·lo sm.
e·lo·cu·*ção* sf.; pl. ·*ções*.
e·lo·cu·*tó*·ri:a sf.
e·lo·cu·*tó*·ri:o adj.
e·lo:*en*·dro sm.
e·lo·gi:a·*dor* (ô) adj. sm.
e·lo·gi·*an*·te adj. 2g.
e·lo·gi·*ar* v.
e·lo·gi·*á*·vel adj. 2g.; pl. ·veis.
e·lo·*gi*·o sm.
e·lo·gi:*o*·so (ô) adj.; f. *e* pl. (ó).
e·loi:*en*·se adj. s2g.
e·lói·men·*den*·se(s) adj. s2g. (pl.).
e·lo·*ís*·mo sm.
e·lo·*ís*·ta adj. s2g.
e·lon·ga·*ção* sf.; pl. ·*ções*.
e·lo·*pí*·de:o sm.
e·lo·*quên*·ci:a sf.

e·lo·*quen*·te adj. 2g.
e·*ló*·qui:o sm.
e·lo·si·*í*·de:o adj. sm.
el·*rei* sm.
e·*lu* sm.
e·lu·ci·da·*ção* sf.; pl. ·*ções*.
e·lu·ci·da·*dor* (ô) adj. sm.
e·lu·ci·*dan*·te adj. 2g.
e·lu·ci·*dar* v.
e·lu·ci·*dá*·ri:o sm.
e·lu·ci·da·*ti*·vo adj.
e·lu·cu·bra·*ção* sf.; pl. ·*ções*: lucubração.
e·lu·cu·*brar* v.: lucubrar.
e·lu·*dir* v. 'evitar com destreza'/ Cf. *iludir*.
e·lu·*dó*·ri·co adj.
e·lu:i·*ção* sf.; pl. ·*ções*.
e·lu:*ir* v.
e·*lul* sm.
e·lu·tri:a·*ção* sf.; pl. ·*ções*.
e·lu·tri:a·*dor* (ô) adj. sm.
e·lu·tri:*ar* v.
e·lu·vi:a·*ção* sf.; pl. ·*ções*.
e·lu·vi:*al* adj.; pl. ·*ais*.
e·lu·vi:*ão* sf.; pl. ·*ões*.
el·ze·*vir* adj. 2g. sm.
el·ze·vi·ri:*a*·no adj.
em prep.
e·ma sf.
e·ma·*çar* v. 'reunir em maço(s)'/Cf. *emassar*.
e·ma·ci:a·*ção* sf.; pl. ·*ções*.
e·ma·ci:*a*·do adj.
e·ma·ci:*ar* v.
e·ma·dei·ra·*men*·to sm.
e·ma·dei·*rar* v.
e·ma·dei·*xar* v.
e·ma·go·*tar* v.
e·ma·gre·*cer* v.
e·ma·gre·ci·*men*·to sm.
e·ma·gren·*tar* v.
e·ma·la·*dor* (ô) adj. sm.
e·ma·*lar* v.
e·ma·*lhar* v.
e·ma·lhe·ta·*men*·to sm.
e·ma·lhe·*tar* v.
e·ma·na·*ção* sf.; pl. ·*ções*.
e·ma·na·ci:o·*nis*·mo sm.
e·ma·na·ci:o·*nis*·ta adj. s2g.
e·ma·*na*·do adj.
e·ma·na·*dor* (ô) adj. sm.
e·ma·*nan*·te adj. 2g.
e·ma·*nar* v. 'proceder, vir'/Cf. *imanar*.
e·ma·na·*tis*·mo sm.
e·man·ci·pa·*ção* sf.; pl. ·*ções*.

e·man·ci·*pa*·do adj. sm.
e·man·ci·pa·*dor* (ô) adj.
e·man·ci·*par* v.
e·man·ci·*pá*·vel adj. 2g.; pl. ·veis.
e·ma·no·*car* v.
e·man·que·*cer* v.
e·man·*tar* v. 'cobrir com manta'/Cf. *imantar*.
e·ma·ra·nha·*men*·to sm.
e·ma·ra·*nhar* v.: maranhar.
e·ma·*rar* v.
e·ma·re·*ar* v.
e·ma·re·le·*cer* v.
e·mar·gi·*na*·do adj.
e·mar·ti·*lhar* v.: martilhar.
e·mas·ca·*rar* v.: mascarar.
e·mas·cu·la·*ção* sf.; pl. ·*ções*.
e·mas·cu·la·*dor* (ô) adj. sm.
e·mas·cu·*lar* v.
e·mas·*sar* v. 'converter em massa'/Cf. *emaçar*.
e·mas·*si*·lha v.
e·mas·*trar* v.: e·mas·tre·*ar*.
em·ba·ça·*de*·la sf.
em·ba·ça·*dor* (ô) adj. sm.
em·ba·ça·*men*·to sm.
em·ba·*çan*·te adj. 2g.
em·ba·*çar* v.
em·ba·ce·*lar* v.
em·ba·ci:*a*·do adj.
em·ba·ci:a·*dor* (ô) adj.
em·ba·ci:a·*men*·to sm.
em·ba·ci:*ar* v.
em·ba·ci:*á*·vel adj. 2g.; pl. ·veis.
em·ba·ga·*du*·ra sf.
em·ba·*gar* v.
em·ba:i·*dor* (ô) adj. sm.
em·ba:i·*men*·to sm.
em·ba:i·*nhar* v.
em·ba·*ir* v.
em·bai·*xa*·da sf.
em·bai·xa·*dor* (ô) sm.; f. *embaixadora* ou *embaixatriz*.
em·bai·xa·*triz* sf. de *embaixador*.
em·bai·xa·*tu*·ra sf.
em·*bai*·xo adv.
em·*ba*·la sf.
em·ba·la·*dei*·ra sf.
em·ba·*la*·do adj.
em·ba·la·*dor* (ô) adj. sm.
em·ba·*la*·gem sf.; pl. ·*gens*.
em·ba·lan·*çar* v.
em·ba·lan·*ço*·so (ô) adj.; f. *e* pl. (ó).

em·ba·*lan*·te adj. 2g.
em·ba·*lar* v.
em·bal·*çar* v. 'meter em balça'/ Cf. *embalsar*.
em·*bal*·de adv.
em·ba·*le*·te (ê) sm.
em·ba·lo sm.
em·ba·lo·nu·*rí*·de:o adj. sm.
em·bal·sa·ma·*ção* sf.; pl. ·*ções*.
em·bal·sa·*ma*·do adj.
em·bal·sa·ma·*dor* (ô) adj. sm.
em·bal·sa·ma·*men*·to sm.
em·bal·sa·*man*·te adj. 2g.
em·bal·sa·*mar* v.
em·bal·sa·*men*·to sm.
em·bal·*sar* v. 'meter o vinho em balsa'/Cf. *embalçar*.
em·*ba*·ma sf.
em·ba·*ma*·ta sf.
em·bam·be·*cer* v.
em·ba·na·*na*·do adj.
em·ba·na·na·*men*·to sm.
em·ba·na·*nar* v.
em·ban·*dar* v.
em·ban·dei·*ra*·do adj.
em·ban·dei·*rar* v.
em·ba·ra·ça·*dor* (ô) adj. sm.
em·ba·ra·ça·*men*·to sm.
em·ba·ra·*çan*·te adj. 2g.
em·ba·ra·*çar* v.
em·ba·ra·*ço* sm.
em·ba·ra·*ço*·so (ô) adj.; f. e pl. (ó).
em·ba·ra·fus·*tar* v.
em·ba·ra·lha·*ção* sf.; pl. *ções*.
em·ba·ra·lha·*men*·to sm.
em·ba·ra·*lhar* v.
em·bar·*bar* v.
em·bar·bas·*car* v.
em·bar·be·*cer* v.
em·bar·be·*lar* v.
em·bar·bi·*lhar* v.
em·bar·ca·*ção* sf.; pl. *ções*.
em·bar·ca·*di*·ço sm.
em·bar·*ca*·do adj.
em·bar·ca·*doi*·ro sm.: *embarcadouro*.
em·bar·ca·*dor* (ô) sm.
em·bar·ca·*dou*·ro sm.: *embarcadoiro*.
em·bar·ca·*men*·to sm.
em·bar·*car* v.
em·ba·*ré* sf.
em·bar·*ga*·do adj. sm.
em·bar·ga·*dor* (ô) adj. sm.
em·bar·*gan*·te adj. s2g.
em·bar·*gar* v.

em·bar·*gá*·vel adj. 2g.; pl. ·*veis*.
em·*bar*·go sm.
em·*bar*·que sm.
em·bar·ra·*dor* (ô) sm.
em·bar·ra·*men*·to sm.
em·bar·ran·*car* v.
em·bar·*rar* v.
em·bar·re:*ar* v.
em·bar·rei·*rar* v.
em·bar·re·*lar* v. 'meter em barrela'/Cf. *embarrilar*.
em·bar·re·*ta*·do adj.
em·bar·re·*tar* v.
em·bar·ri·*car* v.
em·bar·ri·*gar* v.
em·bar·ri·*la*·gem sf.; pl. gens.
em·bar·ri·*lar* v. 'meter em barril'/Cf. *embarrelar*.
em·ba·sa·*men*·to sm.
em·ba·*sar* v.
em·bas·ba·ca·*dor* (ô) adj.
em·bas·ba·ca·*men*·to sm.
em·bas·ba·*car* v.
em·bas·*tar* v.
em·bas·te·*cer* v.
em·bas·*tir* v.
em·*ba*·te sm.
em·ba·*ter* v.
em·ba·to·*car* v. 'pôr batoque em'/Cf. *embatucar*.
em·ba·tu·*car* v. 'fazer calar'/Cf. *embatocar*.
em·ba·tu·*mar* v.
em·ba·*ú*·ba sf.
em·ba:u·*bei*·ra sf.
em·ba:u·ca·*dor* (ô) adj. sm.
em·ba:u·*car* v.
em·ba:u·*lar* v.
em·be:a·xi:*ó* sm.
em·be·be·*cer* v.: *embevecer*.
em·be·be·*dar* v.
em·be·*ber* v.
em·be·be·*rar* v.
em·be·bi·*ção* sf.; pl. ·*ções*.
em·bei·*ça*·do adj.
em·bei·ça·*men*·to sm.
em·bei·*çar* v.
em·be·le·ca·*dor* (ô) adj. sm.
em·be·le·*car* v.
em·be·le·*cá*·vel adj. 2g.; pl. ·*veis*.
em·be·le·*cer* v.
em·be·*le*·co (ê) sm./Cf. *embeleco* (é), do v. *embelecar*.
em·be·le·za·*dor* (ô) adj. sm.
em·be·le·za·*men*·to sm.
em·be·le·*zar* v.

em·be·*le*·zo (ê) sm./Cf. *embelezo* (é), do v. *embelezar*.
em·ber·*nar* v.
em·be·sou·*ra*·do adj.: *embesoirado*.
em·be·sou·*rar* v.: *embesoirar*.
em·bes·pi·*nhar* v.
em·bes·*tar* v.
em·be·*ta*·ra sf.
em·be·tes·*gar* v.
em·be·ve·*cer* v.: *embelecer*.
em·be·ve·ci·*men*·to sm.
em·be·zer·*ra*·do adj.
em·be·zer·*rar* v.
em·bi:*a*·ra sf.
em·bi:*á*·ri:o adj. sm.
em·bi·bo·*ca*·do adj.
em·bi·*ca*·do adj.
em·bi·ca·*dor* (ô) adj. sm.
em·bi·*car* v. 'dar a forma de bico a'/Cf. *imbicar*.
em·bi·*ga*·da sf.: *umbigada*.
em·*bi*·go sm.: *umbigo*.
em·bi·go(s) de *frei*·ra sf. (pl.).
em·bi·*guei*·ra sf.: *umbigueira*.
em·bi:*í*·de:o adj. sm.
em·bi·*í*·di·no adj. sm.
em·bi·lo·*car* v.
em·bi:o·*car* v.
em·bi:*ó*·de:o adj. sm.
em·bi:o·*í*·de:o adj. sm.
em·bi:*óp*·te·ro sm.
em·*bi*·ra sf.
em·bi·ra(s)-*bran*·ca(s) sf. (pl.).
em·bi·ra(s)-da-ma·ta-*bran*·ca sf. (pl.).
em·bi·ra(s)-de-ca·ça·*dor* sf. (pl.).
em·bi·ra(s)-do-*man*·gue sf. (pl.).
em·bi·ra:*ém* sm.; pl. ·*éns*.
em·bi·*rar* v.
em·bi·ra·ta·*í* sf.
em·bi·ra·*ta*·nha sf.
em·bi·ra·toi·ci·*nhei*·ra sf.; pl. *embiras-toicinheiras* ou *embiras-toicinheira*.
em·bi·*ri* sm.
em·bi·*ri*·ba sf.
em·bi·ri·*ci*·ca sf.
em·*bir*·ra sf.
em·bir·ra·*ção* sf.; pl. ·*ções*.
em·bir·ra·*dor* (ô) adj. sm.
em·bir·*rân*·ci:a sf.
em·bir·*ran*·te adj. s2g.
em·bir·*rar* v.
em·bir·ra·*ti*·vo adj.

em·bir·*ren*·to adj.
em·bi·ru·*çu* sm.
em·bi·ru·*tar* v.
em·bi:*ú* sm.
em·bi:*ú*(s)-*bran*·co(s) sm. (pl.).
em·*ble*·ma sm.
em·ble·*mar* v.
em·ble·*má*·ti·co adj.
em·bo:*a*·ba adj. s2g.: *emboava*.
em·bo:*an*·ça sf.
em·bo:*a*·va adj. s2g.: *emboada*.
em·bo·bi·na·*dor* (ô) adj. sm.
em·bo·bi·na·*do*·ra sf.
em·bo·bi·*nar* v.
em·*bo*·ca sm.
em·bo·ça·*dor* (ô) adj. sm.
em·bo·ca·*du*·ra sf.
em·bo·ça·*men*·to sm.
em·bo·*car* v.
em·bo·*çar* v. 'pôr emboço em'/ Cf. *embuçar*.
em·*bo*·ço (ô) sm./Cf. *emboço* (ó), do v. *emboçar*.
em·bo·de·*gar* v.
em·bo·do·*car* v.
em·*bó*·fi:a sf.
em·bo:i·*zar* v. 'tornar curvo como o arco da boiz'/Cf. *embuizar*.
em·bo·la·*ção* sf.; pl. ·*ções*.
em·bo·*la*·da sf.
em·bo·*lar* v.
em·bo·*léu* sm.
em·bo·*li*·a sf.
em·*bó*·li·co adj.
em·bo·*lís*·mi·co adj.
em·bo·*lis*·mo sm.
êm·bo·lo sm.
em·bo·lo·*rar* v.
em·bo·lo·re·*cer* v.
em·bo·lo·*tar* v.
em·bol·*sar* v.
em·*bol*·so (ô) sm. 'ato de embolsar'/Cf. *embolso* (ó), do v. *embolsar*.
em·bo·*nar* v.
em·bon·*dei*·ro sm.
em·*bon*·do sm.
em·bo·ne·ca·*men*·to sm.
em·bo·ne·*car* v.
em·bo·ne·cra·*men*·to sm.
em·bo·ne·*crar* v.
em·*bo*·no sm.
em·*bo*·que sm.
em·*bo*·ra adv.
em·*bo*·ras sm. pl.
em·bor·ca·*ção* sf. 'ato ou efeito de emborcar'; pl. ·*ções*/Cf. *embrocação*.
em·bor·*car* v.
em·*bor*·co (ô) sm. 'ato ou efeito de emborcar'/Cf. *emborco* (ó), do v. *emborcar*.
em·bor·*nal* sm.; pl. ·*nais*.
em·bor·na·*lar* v.
em·*bor*·que sm.
em·bor·qui·*lhar* v.
em·bor·ra·*char* v.
em·bor·ra·*dor* (ô) adj. sm.
em·bor·ra·*du*·ra sf.
em·bor·ra·*lhar* v.
em·bor·*rar* v. 'dar a primeira carda (à lã)'/Cf. *emburrar*.
em·bor·ras·*car* v.
em·bos·*ca*·da sf.
em·bos·*car* v.
em·bos·*tar* v.
em·bos·te:*ar* v. 'sujar'/Cf. *embustear*.
em·bos·te·*lar* v.
em·bo·ta·*dei*·ra sf.
em·bo·ta·*dor* (ô) adj.
em·bo·ta·*du*·ra sf.
em·bo·ta·*men*·to sm.
em·bo·*tar* v.
em·*bo*·te sm.
em·bo·te·*lhar* v.
em·bo·ti·ja·*men*·to sm.
em·bo·ti·*jar* v.
em·bo·*ti*·jo sm.
em·bra·*bar* v.
em·bra·be·*cer* v.
em·bra·ça·*dei*·ra sf.
em·bra·ça·*du*·ra sf.
em·bra·ça·*men*·to sm.
em·bra·*çar* v.
em·*bra*·ce sm.
em·bra·*guei*·ra sf.
em·bra·*mar* v.
em·bran·*car* v.
em·bran·de·*cer* v.
em·bran·que·*cer* v.
em·bra·ve·*ar* v.
em·bra·ve·*cer* v.
em·bra·ve·ci·*men*·to sm.
em·bre:a·*du*·ra sf.
em·bre:*a*·gem sf.; pl. ·*gens*.
em·bre:*ar* v.
em·bre·*cha*·do adj. sm.
em·bre·*char* v.
em·bre·*ja*·do adj.
em·bre·*nhar* v.
em·bre·*ta*·da sf.
em·bre·ta·*men*·to sm.
em·bre·*tar* v.
em·bri:a·*ga*·do adj. sm.
em·bri:a·ga·*dor* (ô) adj.
em·bri:a·ga·*men*·to sm.
em·bri:a·*gan*·te adj. 2g.
em·bri:a·*gar* v.
em·bri:a·*guez* (ê) sf.
em·bri:*ão* sm.; pl. ·*ões*.
em·bri·*dar* v.
em·brin·*car* v.
em·bri:o·car·*di*·a sf.
em·bri:o·car·*dí*:a·co adj.
em·bri:*ó*·fi·to sm.
em·bri:*ó*·fo·ro sm.
em·bri:o·ge·*ni*·a sf.
em·bri:o·*gê*·ni·co adj.
em·bri:o·ge·*nis*·ta s2g.
em·bri:o·gra·*fi*·a sf.
em·bri:o·lo·*gi*·a sf.
em·bri:o·*ló*·gi·co adj.
em·bri:o·lo·*gis*·ta adj. s2g.
em·bri·*o*·ma sm.
em·bri:o·*na*·do adj.
em·bri:o·*nar* v.
em·bri:o·*ná*·ri:o adj.
em·bri:o·*ni*·a sf.
em·bri:o·*ní*·fe·ro adj.
em·bri:o·*pa*·ti·a sf.
em·bri:os·*có*·pi:o sm.
em·bri:o·to·*mi*·a sf.
em·bri:o·*tô*·mi·co adj.
em·bri:*ó*·to·mo sm.
em·bri:o·tro·*fi*·a sf.
em·bri:*ó*·tro·fo sm.
em·bri:ul·*ci*·a sf.
em·bri:*ul*·co sm.
em·bro·ca·*ção* sf.; pl. ·*ções*.
em·bro·*car* v.
em·*bro*·ma sf.
em·bro·ma·*ção* sf.; pl. ·*ções*.
em·bro·ma·*dor* (ô) adj. sm.
em·bro·*mar* v.
em·bro·*mei*·ro adj. sm.
em·bru:a·*ca*·do adj.
em·bru:a·*car* v.
em·bru·*lha*·da sf.
em·bru·*lha*·do adj.
em·bru·lha·*dor* (ô) adj. sm.
em·bru·lha·*men*·to sm.
em·bru·*lhar* v.
em·*bru*·lho sm.
em·bru·*ma*·do adj.
em·bru·*mar* v.
em·brus·*car* v.
em·bru·*tar* v.
em·bru·te·*cer* v.
em·bru·te·ci·*men*·to sm.

em·bru·*xar* v.
em·bu:*á* sm.: *ambuá*.
em·bu·ça·*de*·la sf.
em·bu·*ça*·do adj. sm.
em·bu·ça·la·*dor* (ô) adj. sm.
em·bu·ça·*lar* v.
em·bu·*çar* v. 'cobrir (o rosto) até os olhos'/Cf. *emboçar*.
em·bu·*cha*·do adj.
em·bu·*char* v.
em·*bu*·ço sm.
em·bu·*dar* v.
em·*bu*·de sm.
em·bu·i·*zar* v. 'embutir'/Cf. *emboizar*.
em·bu·ra·*car* v.
em·bu·*ra*·do adj. sm.
em·bur·ra·*men*·to sm.
em·bur·*rar* v. 'embrutecer' 'amuar-se'/Cf. *emborrar*.
em·bur·ri·*car* v.
em·bus·ta·*ri*·a sf.
em·*bus*·te sm.
em·bus·te:*ar* v. 'usar de embuste(s) com'/Cf. *embostear*.
em·bus·tei·*ri*·ce sf.
em·bus·*tei*·ro adj. sm.
em·bus·*ti*·ce sf.
em·bus·ti·*dei*·ra sf.
em·bu·*ti*·do adj. sm.
em·bu·ti·*dor* (ô) adj. sm.
em·bu·ti·*du*·ra sf.
em·bu·*tir* v.
em·bu·zi·*ar* v.
em·bu·zi·*na*·do adj.
em·bu·zi·*nar* v.
e·me sm.
e·me·*dar* v.
e·me·de·*bis*·mo sm.
e·me·de·*bis*·ta adj. s2g.
e·me·*lar* v.
e·me·*li*·a sf.
e·me·na·*go*·go (ô) adj. sm.
e·*men*·da sf.
e·men·da·*ção* sf.; pl. *-ções*.
e·men·da·*dor* (ô) adj. sm.
e·men·*dar* v.
e·men·*dá*·vel adj. 2g.; pl. *-veis*.
e·*mê*·ni·co adj.
e·*men*·ta sf.
e·men·*tar* v.
e·men·*tá*·ri·o sm.
e·me·re·*nhom* adj. s2g.; pl. *-nhons*.
e·mer·*gên*·ci:a sf. 'urgência'/Cf. *imergência*.

e·mer·*gen*·te adj. 2g. 'que emerge'/Cf. *imergente*.
e·mer·*gir* v. 'sobrenadar'/Cf. *imergir*.
e·me·ri·*ten*·se adj. s2g.
e·*mé*·ri·to adj. 'sábio'/Cf. *imérito*.
ê·*me*·ro sm.
e·mer·*são* sf. 'boiação'; pl. *-sões*/Cf. *imersão*.
e·*mer*·so adj. 'boiante'/Cf. *imerso*.
ê·*me*·se sf.
e·me·ti·ci·*da*·de sf.
e·*mé*·ti·co adj. sm.
e·me·*ti*·na sf.
e·me·ti·*zar* v.
e·me·*tro*·pe adj. s2g.
e·me·tro·*pi*·a sf.
e·mi·gra·*ção* sf. 'saída'; pl. *-ções*/Cf. *imigração*.
e·mi·*gra*·do adj. sm. 'que emigrou' 'emigrante'/Cf. *imigrado*.
e·mi·*gran*·te adj. s2g. 'aquele que emigra'/Cf. *imigrante*.
e·mi·*grar* v. 'sair'/Cf. *imigrar*.
e·mi·gra·*tó*·ri:o adj. 'referente à emigração'/Cf. *imigratório*.
e·mi·*nên*·ci:a sf. 'elevação'/Cf. *iminência*.
e·mi·*nen*·te adj. 2g. 'alto'/Cf. *iminente*.
e·*mir* sm.: *amir*.
e·mi·*ra*·do sm.
e·mi·ra·*ém* sm.; pl. *-éns*.
e·mi·ra·*ú*·na sf.
e·mis·*são* sf. 'ação de emitir ou expelir de si'; pl. *-sões*/Cf. *imisção* e *imissão*.
e·mis·*sá*·ri:o adj.
e·mis·si·o·*nis*·mo sm.
e·mis·si·o·*nis*·ta adj. s2g.
e·mis·*sí*·vel adj. 2g.; pl. *-veis*.
e·mis·si·vi·*da*·de sf.
e·mis·*si*·vo adj.
e·mis·*sor* (ô) adj. sm.
e·mis·*so*·ra (ô) sf.
e·mi·*tân*·ci:a sf.
e·mi·*ten*·te adj. s2g.
e·mi·*tir* v. 'expedir'/Cf. *imitir*.
e·mo·*ção* sf.; pl. *-ções*
e·mo·ci·o·*nal* adj. 2g.; pl. *-nais*.
e·mo·ci·o·*nan*·te adj. 2g.
e·mo·ci·o·*nar* v.
e·mo·ci·o·*ná*·vel adj. 2g.; pl. *-veis*.

e·mol·*dar* v.
e·mol·du·*rar* v.
e·mo·li:*en*·te adj. 2g. sm.
e·mo·*lir* v.
e·mo·lu·*men*·to sm.
e·mo·*nar* v.
e·mor·da·*çar* v.: *amordaçar*.
e·mor·te·*cer* v.: *amortecer*.
e·mos·*tar* v.
e·mo·ti·vi·*da*·de sf.
e·mo·*ti*·vo adj. sm.
e·mou·que·*cer* v.
em·pa sf.
em·pa·ca·*dor* (ô) adj.
em·pa·ca·*men*·to sm.
em·pa·*car* v.
em·pa·ca·vi·*rar* v.
em·pa·*cha*·do adj.
em·pa·cha·*men*·to sm.
em·pa·*char* v.
em·*pa*·che sm.
em·*pa*·cho sm.
em·pa·cho·*la*·do adj.
em·pa·ço·*car* v.
em·pa·co·ta·*dei*·ra sf.
em·pa·co·ta·*dor* (ô) adj. sm.
em·pa·co·ta·*do*·ra sf.
em·pa·co·ta·*men*·to sm.
em·pa·co·*tar* v.
em·*pa*·da sf.
em·pa·*dão* sm.; pl. *-dões*.
em·pa·dro:*ar* v.
em·*pá*·fi:a sf.
em·pai·o·*lar* v.
em·pa·la·*ção* sf.; pl. *-ções*.
em·pa·la·*ma*·do adj.: *empalemado*.
em·pa·la·*mar* v.
em·pa·*lar* v.
em·pa·le·*cer* v.
em·pa·le·*ma*·do adj.: *empalamado*.
em·pa·le·*tar* v.
em·pa·lha·*ção* sf.; pl. *-ções*.
em·pa·lha·*dor* (ô) sm.
em·pa·lha·*men*·to sm.
em·pa·*lhar* v.
em·pa·lhei·*rar* v.
em·pa·li·de·*cer* v.
em·pal·ma·*ção* sf.; pl. *-ções*.
em·pal·ma·*dor* (ô) adj. sm.
em·pal·*mar* v.
em·pam·*ba*·do adj.
em·pam·pa·*nar* v.
em·pa·*na*·da sf.
em·pa·na·di·*lha* sf. dim. de *empanada*.

em·pa·*na*·do adj.
em·pa·na·*dor* (ô) adj. sm.
em·pa·na·*men*·to sm.
em·pa·*nar* v.
em·pan·*car* v.
em·pan·dei·ra·*men*·to sm.
em·pan·dei·*rar* v.
em·pan·di·*lhar* v.
em·pa·nei·*rar* v.
em·pa·ne·*mar* v.
em·pan·*gar* v.
em·*pan*·que sm.
em·pan·ta·*nar* v.
em·pan·tu·*far* v.
em·pan·tur·ra·*men*·to sm.
em·pan·tur·*rar* v.
em·pan·zi·na·*dor* (ô) adj. sm.
em·pan·zi·na·*men*·to sm.
em·pan·zi·*nar* v.
em·pa·*pa*·gem sf.; pl. ·gens.
em·pa·*par* v.
em·pa·pe·*la*·do adj.
em·pa·pe·la·*dor* (ô) adj. sm.
em·pa·pe·la·*men*·to sm.
em·pa·pe·*lar* v.
em·pa·*pe*·lo (ê) sm./Cf.
   empapelo, do v. *empapelar*.
em·pa·pu·*ça*·do adj.
em·pa·pu·*çar* v.
em·pa·que·ta·*men*·to sm.
em·pa·que·*tar* v.
em·*par* v. 'suster a videira'/Cf.
   impar.
em·par·cei·ra·*men*·to sm.
em·par·cei·*rar* v.
em·par·ce·la·*men*·to sm.
em·par·ce·*lar* v.
em·par·*dar* v.
em·par·de·*cer* v.
em·pa·re·*da*·do adj.
em·pa·re·da·*men*·to sm.
em·pa·re·*dar* v.
em·pa·re·*lha*·do adj.
em·pa·re·lha·*men*·to sm.
em·pa·re·*lhar* v.
em·par·*rar* v.
em·par·rei·*rar* v.
em·par·va·*men*·to sm.
em·par·*var* v.
em·par·ve·*cer* v.
em·par·vo:e·*cer* v.
em·*pas*·ma sm.
em·pas·ta·*ção* sf.; pl. ·ções.
em·pas·*ta*·do adj.
em·pas·ta·*dor* (ô) adj. sm.
em·pas·ta·*men*·to sm.
em·pas·*tar* v.

em·*pas*·te sm.
em·pas·te·*la*·do adj.
em·pas·te·la·*men*·to sm.
em·pas·te·*lar* v.
em·*pa*·ta s2g.
em·pa·ta·*dor* (ô) adj. sm.
em·pa·*tar* v.
em·*pa*·te sm.
em·pa·*ti*·a sf.
em·pa·ve·sa·*men*·to sm.
em·pa·ve·*sar* v.
em·pa·vo·*nar* v.
em·pe·*çar* v.
em·pe·*cer* v.
em·pe·ci·*lhar* v.
em·pe·ci·*lhei*·ro adj. sm.
em·pe·ci·*lho* sm.
em·pe·ci·*men*·to sm.
em·pe·*cí*·vel adj. 2g.; pl.
   ·veis.
em·pe·ci·*vo* adj.
em·*pe*·ço (ê) sm./Cf. *empeço* (é),
   do v. *empeçar*, e *impeço* (é),
   do v. *impedir*.
em·pe·ço·nha·*dor* (ô) adj. sm.
em·pe·ço·nha·*men*·to sm.
em·pe·ço·*nhar* v.
em·pe·ço·nhen·*tar* v.
em·pe·der·ne·*cer* v.
em·pe·der·*ni*·do adj.
em·pe·der·*nir* v.
em·pe·do·cli·*a*·no adj. sm.
em·pe·*dra*·do adj. sm.
em·pe·dra·*dor* (ô) adj. sm.
em·pe·dra·*du*·ra sf.
em·pe·dra·*men*·to sm.
em·pe·*drar* v.
em·pe·drou·*ça*·do adj.
em·pe·*gar* v.
em·pei·rei·*ra*·do adj.
em·pei·rei·*rar* v.
em·pei·ti·ca·*ção* sf.; pl. ·ções.
em·pei·ti·*car* v. 'embirrar'/Cf.
   impeticar.
em·pe·la·*mar* v.
em·pe·*lar* v.
em·pe·li·*ca*·do adj.
em·pe·li·*car* v.
em·*pe*·lo (ê) sm./Cf. *empelo* (é),
   do v. *empelar*.
em·pe·*lo*·ta sf.
em·pe·lo·*tar* v.
em·*pe*·na sf.
em·pe·na·*char* v.
em·pe·*na*·do adj.
em·pe·*na*·gem sf.; pl. ·gens.
em·pe·na·*men*·to sm.

em·pe·*nar* v. 'curvar'/Cf.
   empinar.
em·pen·*ca*·do adj.
em·pen·*car* v.
em·pen·do:*ar* v.
em·*pe*·nha sf.
em·pe·nha·*dor* (ô) adj. sm.
em·pe·nha·*men*·to sm.
em·pe·*nhar* v.
em·*pe*·nho sm.
em·pe·*nho*·ca sf.
em·pe·nho·ra·*men*·to sm.
em·pe·nho·*rar* v.
em·*pe*·no sm.
em·pe·pi·*nar* v.
em·pe·ri·qui·*ta*·do adj.
em·pe·ri·qui·*tar* v.
em·per·*lar* v.
em·per·me:*ar* v.
em·per·*nar* v.
em·per·ra·*men*·to sm.
em·per·*rar* v.
em·*per*·ro (ê) sm./Cf. *emperro*
   (é), do v. *emperrar*.
em·per·ti·*ga*·do adj.
em·per·ti·ga·*men*·to sm.
em·per·ti·*gar* v.
em·pes·ga·*du*·ra sf.
em·pes·*gar* v.
em·pes·*ta*·do adj.
em·pes·ta·*dor* (ô) adj.
em·pes·*tan*·te adj. 2g.
em·pes·*tar* v.
em·pe·te·*car* v.
em·pe·*trá*·ce:a sf.
em·pe·*trá*·ce:o adj.
em·pe·*zar* v.
em·pe·zi·*nhar* v.
em·pi·co·*tar* v.
em·pi:*e*·ma sm.
em·pi:e·*má*·ti·co adj.
em·pi:*e*·se sf.
em·pil·*char* v.
em·pi·lha·*dei*·ra sf.
em·pi·lha·*dor* (ô) adj. sm.
em·pi·lha·*men*·to sm.
em·pi·*lhar* v.
em·pi·*na*·do adj.
em·pi·na·*dor* (ô) adj. sm.
em·pi·*nar* v. 'pôr direito'/Cf.
   empenar.
em·*pi*·no sm.
em·pi:o·*ce*·le sf.
em·pi:*ôn*·fa·lo sm.
em·pi:o·*rar* v.
em·pi:*o*·se sf.
em·pi·*par* v.

em·pi·po·*car* v.
em·pi·re·*má*·ti·co adj.
em·*pí*·re:o adj. sm.
em·pi·*reu*·ma sm.
em·pi·reu·*má*·ti·co adj.
em·pi·*ri*·a sf.
em·*pí*·ri·co adj. sm.
em·pi·ri·o·cri·ti·*cis*·mo sm.
em·pi·*ris*·mo sm.
em·pi·*ris*·ta adj. s2g.
em·pir·re:*ar* v.
em·pir·*rei*·o sm.
em·pis·to·*la*·do adj. sm.
em·pis·to·*lar* v.
em·pla·ca·*men*·to sm.
em·pla·*car* v.
em·plas·*ma*·do adj.
em·plas·*mar* v.
em·plas·ta·*ção* sf.; pl. ·*ções*.
em·plas·ta·gem sf.; pl. ·gens.
em·plas·ta·*men*·to sm.:
    emplastramento.
em·plas·*tar* v.: emplastrar.
em·*plas*·to sm.: emplastro.
em·plas·tra·*men*·to sm.:
    emplastamento.
em·plas·*trar* v.: emplastar.
em·*plás*·tri·co adj.
em·*plas*·tro sm.: emplasto.
em·plu·ma·*ção* sf.; pl. ·*ções*.
em·plu·*ma*·do adj.
em·plu·*mar* v.
em·po:*a*·do adj.
em·po:a·*men*·to sm.
em·po:*ar* v.
em·po·*bre*·cer v.
em·po·bre·ci·*men*·to sm.
em·po·*ça*·do adj. 'metido em
    poço ou poça'/Cf. empossado.
em·po·*çar* v. 'meter em poço
    ou poça'/Cf. empossar.
em·po·*cil*·gar v.
em·po:ei·ra·*men*·to sm.
em·po:ei·*rar* v.
em·*po*·fe sm.
em·*po*·la (ô) sf.: ampola (ô)/Cf.
    empola (ó), do v. empolar.
em·po·*lá*·ce:o adj.
em·po·*la*·do adj.
em·po·la·*men*·to sm.
em·po·*lar* v. adj. 2g.
em·po·lei·*ra*·do adj.
em·po·lei·*rar* v.
em·pol·ga·*dei*·ra sf.
em·pol·ga·*dor* (ô) adj.
em·pol·ga·*du*·ra sf.
em·pol·ga·*men*·to sm.

em·pol·*gan*·te adj. 2g.
em·pol·*gar* v.
em·po·*lhar* v.
em·pol·*mar* v.
em·pom·ba·*ção* sf.; pl. ·*ções*.
em·pom·*bar* v.
em·po·*par* v.
em·por·ca·*lhar* v.
em·po·ré·ti·co adj.
em·*pó*·ri:o sm.
em·*pós* prep. adv.
em·pos·*sa*·do adj. 'investido'/
    Cf. empoçado.
em·pos·*sar* v. 'dar posse'/Cf.
    empoçar.
em·*pos*·se sf./Cf. empoce, do v.
    empoçar.
em·*pos*·ta sf. 'pilastra'/Cf.
    imposta, sf. e fl. do v. impostar.
em·pos·ta·*ção* sf. 'feitura
    de postas'; pl. ·*ções*/Cf.
    impostação.
em·pos·*tar* v. 'fazer postas'/Cf.
    impostar.
em·pra·za·*dor* (ô) adj. sm.
em·pra·za·*men*·to sm.
em·pra·*zar* v.
em·pre:en·de·*dor* (ô) adj. sm.
em·pre:en·*der* v.
em·pre:en·di·*men*·to sm.
em·pre·*ga*·do adj. sm.
em·pre·ga·*dor* (ô) adj. sm.
em·pre·*gar* v.
em·pre·ga·*tí*·ci:o adj.
em·*pre*·go (ê) sm./Cf. emprego
    (é), do v. empregar.
em·pre·go·ma·*ni*·a sf.
em·pre·go·ma·*ní*:a·co adj. sm.
em·pre·gui·*çar* v.
em·pre·*guis*·mo sm.
em·pre·*guis*·ta adj. s2g.
em·*prei*·ta sf.
em·prei·*ta*·da sf.
em·prei·*tar* v.
em·prei·*tei*·ra sf.
em·prei·*tei*·ro adj. sm.
em·*prei*·to sm.
em·pre·*nhar* v.
em·*pre*·sa (ê) sf.; pl. (ê)/Cf.
    empresa (é) e empresas (é),
    do v. empresar.
em·pre·*sar* v.
em·pre·sa·ri:*a*·do sm.
em·pre·sa·ri:*al* adj.; pl. ·*ais*.
em·pre·*sá*·ri:o adj. sm.
em·pres·*sa*·da sf.
em·pres·ta·*dar* v.

em·pres·ta·*di*:o adj.
em·pres·ta·*dor* (ô) adj. sm.
em·pres·*tar* v.
em·*prés*·ti·mo sm.
em·pre·te·*cer* v.
em·pri·si·o·*nar* v.
em·pro:*a*·do adj.
em·pro:*ar* v.
em·pros·*tó*·to·no sm.
emp·si·*co*·se sf.
em·pu·*bes*·cer v.
em·pu·*lha*·ção sf.; pl. ·*ções*.
em·pu·*lha*·dor (ô) adj.
em·pu·*lhar* v. 'troçar'/Cf.
    empolhar.
em·pu·nha·*du*·ra sf.
em·pu·*nhar* v.
em·*pur*·ra sf.
em·pur·ra·*ção* sf.; pl. ·*ções*.
em·pur·ra·*dor* (ô) adj. sm.
em·pur·*rão* sm.; pl. ·*rões*.
em·pur·*rar* v.
em·*pur*·ro sm.
em·pu·te·*cer* v.
em·pu·xa·*dor* (ô) adj. sm.
em·pu·xa·*men*·to sm.
em·pu·*xão* sm.; pl. *xões*.
em·pu·*xar* v.
em·*pu*·xo sm.
e·mu·de·*cer* v.
e·mu·de·ci·*men*·to sm.
e·mu·la·*ção* sf.; pl. ·*ções*.
e·mu·la·*dor* (ô) adj. sm.
e·mu·*lar* v.
e·mu·la·*ti*·vo adj.
e·mul·*gen*·te adj. 2g.
ê·mu·lo adj. sm./Cf. emulo, do
    v. emular.
e·mul·*são* sf.; pl. ·*sões*.
e·mul·si·fi·ca·*dor* (ô) adj. sm.
e·mul·si·fi·*car* v.
e·mul·*si*·na sf.
e·mul·si·o·na·*dor* (ô) adj. sm.
e·mul·si·o·na·*men*·to sm.
e·mul·si·o·*nan*·te adj. 2g.
e·mul·si·o·*nar* v.
e·mul·si·o·*ná*·vel adj. 2g.; pl.
    ·veis.
e·mul·*si*·vo adj.
e·mul·*soi*·de sm.
e·munc·*tó*·ri:o sm.
e·mun·da·*ção* sf.; pl. ·*ções*.
e·mun·*dar* v.
e·mur·che·*cer* v.
e·*na*·ção sf. 'excrescência
    superficial de vegetais'/Cf.
    inação; pl. ·*ções*.

e·ná·gua sf.: *anágua*.
e·nai·*par* v.
e·*ná*·la·ge sf.
e·na·*ló*·ge·no adj.
e·nal·*tar* v.
e·nal·te·*cer* v.
e·nal·te·ci·*men*·to sm.
e·na·mo·*rar* v.
e·nan·*tal* sm.; pl. ·*tais*.
e·nan·*te*·ma sm.
e·nan·*te*·se sf.
e·*nân*·ti·co adj.
e·nan·ti:o·*mor*·fo adj.
e·nan·ti:o·pa·*ti*·a sf.
e·nan·ti:o·*pá*·ti·co adj.
e·nan·ti:o·se sf.
e·nan·ti:o·tro·*pi*·a sf.
e·*nan*·to sm.
e·na·pu·*pê* sm.
e·nar·*gi*·a sf.
e·nar·mo·*ni*·a sf. 'harmonias concordantes'/Cf. *inarmonia*.
e·nar·*mô*·ni·co adj. 'respeitante à enarmonia'/Cf. *inarmônico*.
e·nar·*rar* v.
e·nar·tro·di·*al* adj. 2g.; pl. ·*ais*.
e·nar·*tro*·se sf.
e·*na*·se sf.
e·nas·*trar* v.
e·na·*tar* v.
e·na·tei·*rar* v.
e·nau·se:*ar* v.
en·ca·ba·*doi*·ro sm.:
    en·ca·ba·*dou*·ro.
en·ca·*bar* v.
en·ca·be·ça·*dor* (ô) adj. sm.
en·ca·be·ça·*men*·to sm.
en·ca·be·*çar* v.
en·ca·be·*ço* (ê) sm./Cf. *encabeço* (é), do v. *encabeçar*.
en·ca·*bei*·ra sf.
en·ca·bei·*rar* v.
en·ca·be·*la*·do adj. sm.
en·ca·be·la·*dor* (ô) adj. sm.
en·ca·be·la·*du*·ra sf.
en·ca·be·*lar* v.
en·ca·be·li·*zar* v.
en·ca·bres·ta·*du*·ra sf.
en·ca·bres·ta·*men*·to sm.
en·ca·bres·*tar* v.
en·ca·bri·ta·*men*·to sm.
en·ca·bri·*tar* v.
en·ca·bru:*a*·do adj.
en·ca·bu·la·*ção* sf.; pl. ·*ções*.
en·ca·bu·*la*·do adj.
en·ca·bu·la·*dor* (ô) adj. sm.
en·ca·bu·*lar* v.

en·ca·ça·*par* v.
en·ca·cha·*ça*·do adj.
en·ca·cha·*çar* v.
en·ca·*char* v.
en·*ca*·cho sm. 'tanga'/Cf. *encaixo*, do v. *encaixar* e sm.
en·ca·cho:ei·*ra*·do adj.
en·ca·cho:ei·ra·*men*·to sm.
en·ca·cho:ei·*rar* v.
en·ca·cho·*lar* v.
en·ca·de:a·*ção* sf.; pl. ·*ções*.
en·ca·de:*a*·do adj.
en·ca·de:a·*men*·to sm.
en·ca·de:*ar* v. 'ligar ou prender com cadeia'/Cf. *encandear*.
en·ca·dei·*rar* v.
en·ca·der·na·*ção* sf.; pl. ·*ções*.
en·ca·der·*na*·do adj.
en·ca·der·na·*dor* (ô) adj. sm.
en·ca·der·*nar* v.
en·ca·fi·*far* v.
en·ca·fu·*ar* v.
en·ca·fur·na·*dor* (ô) adj. sm.
en·ca·fur·na·*men*·to sm.
en·car·fur·*nar* v.
en·cai·bra·*men*·to sm.
en·cai·*brar* v.
en·cai·ei·*rar* v.
en·ca:i·pi·*rar* v.
en·ca:i·po·*rar* v.
en·cai·xa·*men*·to sm.
en·cai·*xan*·te adj. 2g.
en·cai·*xar* v. 'pôr em caixa'/Cf. *encachar*.
en·*cai*·xe sm.: *encaixo*/Cf. *encache*, do v. *encachar*.
en·cai·xi·*lhar* v.
en·*cai*·xo sm.: *encaixe*/Cf. *encacho*, do v. *encachar* e sm.
en·cai·xo·ta·*dor* (ô) adj. sm.
en·cai·xo·ta·*men*·to sm.
en·cai·xo·*tar* v.
en·ca·la·cra·*ção* sf.; pl. ·*ções*.
en·ca·la·cra·*de*·la sf.
en·ca·la·cra·*dor* (ô) adj. sm.
en·ca·la·*crar* v.
en·ca·la·me·*char* v.
en·ca·la·*men*·to sm.
en·ca·la·mis·*trar* v.
en·ca·la·mou·*car* v.
en·ca·*lar* v.
en·cal·ca·*dei*·ra sf.
en·cal·*car* v.
en·cal·*çar* v.
en·*cal*·ço sm.
en·cal·*dar* v.
en·cal·dei·ra·*ção* sf.; pl. ·*ções*.

en·cal·dei·*rar* v.
en·ca·le·*cer* v.
en·ca·lei·*rar* v.
en·ca·lha·*ção* sf.; pl. ·*ções*.
en·ca·*lha*·do adj.
en·ca·lha·*men*·to sm.
en·ca·*lhar* v.
en·ca·*lhe* sm.
en·*ca*·lho sm.
en·ca·li·*çar* v.
en·ca·li·*de*·la sf.
en·ca·*lir* v.
en·ca·lis·*tar* v. 'causar agouro a'/Cf. *encalistrar*.
en·ca·lis·tra·*men*·to sm.
en·ca·lis·*trar* v. 'envergonhar'/Cf. *encalistar*.
en·cal·ma·*di*·ço adj.
en·cal·ma·*men*·to sm.
en·cal·*mar* v.
en·ca·lom·ba·*men*·to sm.
en·ca·lom·*bar* v.
en·*cal*·que sm.
en·cal·ve·*cer* v.
en·cal·ve·*ci*·do adj.
en·ca·ma·*çar* v.
en·ca·*mar* v.
en·ca·ma·ro·*tar* v.
en·cam·*bar* v.
en·cam·bi·ta·*ção* sf.; pl. ·*ções*.
en·cam·bi·*tar* v.
en·cam·bo:*ar* v.: en·cam·bo·*nar*.
en·cam·bu·*lha*·da sf.
en·cam·bu·*lhar* v.
en·*ca*·me sm.
en·ca·mi·nha·*dor* (ô) adj. sm.
en·ca·mi·nha·*men*·to sm.
en·ca·mi·*nhar* v.
en·ca·mi·*sa*·da sf.
en·ca·mi·*sa*·do adj. sm.
en·ca·mi·*sar* v.
en·cam·pa·*ção* sf.; pl. ·*ções*.
en·cam·pa·*dor* (ô) adj. sm.
en·cam·pa·*na*·do adj.
en·cam·*par* v.
en·çam·*par* v.
en·ca·mur·*çar* v.
en·ca·na·*ção* sf.; pl. ·*ções*.
en·ca·*na*·do sm.
en·ca·na·*dor* (ô) sm.
en·ca·na·*lhar* v.
en·ca·na·*men*·to sm.
en·ca·*nar* v.
en·ca·nas·*tra*·do adj. sm.
en·ca·nas·*trar* v.
en·can·ce·*rar* v.

en·can·de:a·*men*·to sm.
en·can·de:*ar* v. 'ofuscar'/Cf. *encadear*.
en·can·di·*lar* v.
en·ca·ne·ce·*dor* (ô) adj.
en·ca·ne·*cer* v.
en·ca·ne·*lar* v.
en·can·fi·*far* v.: *encafifar*.
en·can·ga·*lhar* v.
en·can·*gar* v.
en·can·go·*tar* v.
en·ca·nho·*ta*·do adj.
en·ca·ni·*çar* v.
en·ca·no:*ar* v.
en·can·ta·*ção* sf.; pl. ·*ções*.
en·can·ta·*den*·se adj. s2g.
en·can·ta·*di*·ço adj.
en·can·*ta*·do adj. sm.
en·can·ta·*dor* (ô) adj. sm.
en·can·ta·*men*·to sm.
en·can·*tar* v.
en·can·tei·*rar* v.
en·*can*·to sm.
en·can·to:*ar* v.
en·ca·nu·*da*·do adj.
en·ca·nu·da·*men*·to sm.
en·ca·nu·*dar* v.
en·can·zi·na·*ção* sf.; pl. ·*ções*.
en·can·zi·na·*men*·to sm.
en·can·zi·*nar* v.
en·can·zo:*ar* v.
en·ca·pa·*char* v.
en·ca·*pa*·do adj. sm.
en·ca·*par* v.
en·ca·pe·*la*·do adj.
en·ca·pe·la·*du*·ra sf.
en·ca·pe·*lar* v.
en·ca·pe·*ta*·do adj.
en·ca·pe·*tar* v.
en·ca·po:ei·*rar* v.
en·ca·po·*ta*·do adj.
en·ca·po·*tar* v.
en·ca·pri·*char* v.
en·cap·su·la·*ção* sf.; pl. ·*ções*.
en·cap·su·*lar* v.
en·ca·pu·*char* v.
en·ca·pu·*zar* v.
en·ca·ra·*ção* sf.; pl. ·*ções*.
en·ca·ra·co·*lar* v.
en·ca·ra·me·*lar* v.
en·ca·ra·mo·*nar* v.
en·ca·ra·mu·*ja*·do adj.
en·ca·ra·mu·*jar* v.
en·ca·ran·ga·*ção* sf.; pl. ·*ções*.
en·ca·ran·*ga*·do adj.
en·ca·ran·*gar* v.
en·ca·ran·gue·*jar* v.

en·ca·ra·pe·*lar* v.
en·ca·ra·pi·*nha*·do adj.
en·ca·ra·pi·*nhar* v.
en·ca·ra·pi·*tar* v.
en·ca·ra·pu·*çar* v.
en·ca·*rar* v.
en·car·ce·ra·*men*·to sm.
en·car·ce·*ran*·te adj. 2g.
en·car·ce·*rar* v.
en·car·ce·*rá*·vel adj. 2g.; pl. ·*veis*.
en·car·*di*·do adj.
en·car·di·*men*·to sm.
en·car·*dir* v.
en·car·du·*mar* v.
en·ca·re·ce·*dor* (ô) adj. sm.
en·ca·re·*cer* v.
en·ca·re·ci·*men*·to sm.
en·ca·re·*ta*·do adj.
en·ca·re·*tar* v.
en·car·*gar* v.
en·*car*·go sm.
en·ca·ri·*jar* v.
en·*car*·na sf.
en·car·na·*ção* sf.; pl. ·*ções*.
en·car·*na*·do adj. sm.
en·car·na·*dor* (ô) adj. sm.
en·car·*nar* v.
en·*car*·ne v.
en·car·nei·*ra*·do adj.
en·car·nei·*rar* v.
en·car·ni·*ça*·do adj.
en·car·ni·ça·*men*·to sm.
en·car·ni·*çar* v.
en·*ca*·ro sm.
en·ca·ro·*ça*·da sf.
en·ca·ro·*ça*·do adj.
en·ca·ro·*çar* v.
en·ca·ro·*char* v.
en·*car*·po sm.
en·car·qui·*lha*·do adj.
en·car·qui·*lhar* v.
en·car·ra·*men*·to sm.
en·car·ran·*car* v.
en·car·ra·pi·*char* v.
en·car·ra·pi·*tar* v.
en·car·*rar* v.
en·car·ras·*car* v.
en·car·ras·pa·*nar* v.
en·car·re·*ga*·do adj. sm.
en·car·re·*gar* v.
en·car·*re*·go (ê) sm./ Cf. *encarrego* (é), do v. *encarregar*.
en·car·rei·ra·*men*·to sm.
en·car·rei·*rar* v.
en·car·re·*tar* v.
en·car·ri·*lha*·do adj.

en·car·ri·*lhar* v.
en·car·ta·*ção* sf.; pl. ·*ções*.
en·car·ta·*dei*·ra sf.
en·car·ta·*men*·to sm.
en·car·*tar* v.
en·*car*·te sm.
en·car·tu·*char* v.
en·car·vo:*ar* v.
en·car·vo:e·*jar* v.
en·ca·sa·*ca*·do adj.
en·ca·sa·ca·*men*·to sm.
en·ca·sa·*car* v.
en·ca·*sa*·do sm.
en·ca·sa·*men*·to sm.
en·ca·*sar* v.
en·cas·ca·lha·*men*·to sm.
en·cas·ca·*lhar* v.
en·cas·*car* v.
en·cas·mur·*rar* v.
en·*cas*·que sm.
en·cas·que·*tar* v.
en·cas·qui·*lhar* v.
en·cas·ta·*lhar* v.
en·cas·*ta*·lho sm.
en·cas·te·*la*·do adj.
en·cas·te·la·*men*·to sm.
en·cas·te·*lar* v.
en·cas·to:a·*men*·to sm.
en·cas·to:*ar* v.
en·cas·tra·*men*·to sm.
en·cas·*trar* v.
en·ca·su·*lar* v.
en·ca·ta·plas·*mar* v.
en·ca·tar·*rar* v.
en·ca·tar·ro:*ar* v.
en·ca·tri·*nar* v.
en·cau·*cha*·do sm.
en·cau·*char* v.
en·cau·*dar* v.
en·*cau*·ma sm.
en·*caus*·ta sm.
en·*caus*·tes sm. 2n.
en·*cáus*·ti·ca sf.
en·caus·ti·*car* v.
en·*cáus*·ti·co adj./Cf. *encaustico*, do v. *encausticar*.
en·*ca*·va sf.
en·ca·va·ca·*ção* sf.; pl. ·*ções*.
en·ca·va·*ca*·do adj.
en·ca·va·ca·*men*·to sm.
en·ca·va·*car* v.
en·ca·va·la·*men*·to sm.
en·ca·va·*lar* v.
en·ca·val·ga·*men*·to sm.
en·ca·val·*gar* v.
en·ca·*var* v.
en·ca·ver·*nar* v.

en·ca·vi·*lhar* v.
en·*ca*·vo sm.
en·ca·xum·*ba*·do adj.
en·ce·*drar* v.
en·ce·fa·lal·*gi*·a sf.
en·ce·fa·*lál*·gi·co adj.
en·ce·fa·las·te·*ni*·a sf.
en·ce·fa·la·tro·*fi*·a sf.
en·ce·fa·le·*mi*·a sf.
en·ce·fa·*li*·a sf.
en·ce·*fá*·li·co adj.
en·ce·fa·*li*·te sf.
en·*cé*·fa·lo sm.
en·ce·fa·lo·*ce*·le sf.
en·ce·fa·lo·*cé*·li·co adj.
en·ce·fa·lo·gra·*fi*·a sf.
en·ce·fa·lo·*grá*·fi·co adj.
en·ce·fa·*ló*·gra·fo sm.
en·ce·fa·lo·*gra*·ma sm.
en·ce·fa·*loi*·de adj. 2g.
en·ce·fa·*ló*·li·to sm.
en·ce·fa·lo·lo·*gi*·a sf.
en·ce·fa·lo·lo·*gis*·ta adj. s2g.
en·ce·fa·*lo*·ma sm.
en·ce·gue·*cer* v.
en·ce·gue·ci·*men*·to sm.
en·ce·guei·*ra*·do adj.
en·ce·*la*·do adj. 'metido em cela'/Cf. encelado.
en·*cé*·la·do sm. 'gênero de inseto'/Cf. encelado.
en·ce·*lar* v.
en·ce·lei·ra·*dor* (ô) adj.
en·ce·lei·ra·*men*·to sm.
en·ce·lei·*rar* v.
en·*cé*·li:a sf.
en·ce·li:al·*gi*·a sf.
en·ce·li:*ál*·gi·co adj.
en·ce·*li*·te sf.
en·ce·na·*ção* sf.; pl. ·ções.
en·ce·na·*dor* (ô) adj. sm.
en·ce·*nar* v.
en·cen·*dar* v.
en·*cê*·ni:a sf.
en·cen·*trar* v.
en·ce·*par* v.
en·ce·ra·*ção* sf.; pl. ·ções.
en·ce·ra·*dei*·ra sf.
en·ce·*ra*·do adj. sm.
en·ce·ra·*dor* (ô) sm. 'engraxador'/Cf. enseirador.
en·ce·ra·*du*·ra sf.
en·ce·ra·*men*·to sm. 'engraxamento'/Cf. enseiramento.
en·ce·*rar* v. 'engraxar'/Cf. enseirar.

en·ce·re·bra·*ção* sf.; pl. ·ções.
en·ce·re·*brar* v.
en·ce·roi·*lar* v.: en·ce·rou·*lar*.
en·*cer*·ra sf.
en·cer·ra·*dor* (ô) adj. sm.
en·cer·ra·*men*·to sm.
en·cer·*rar* v.
en·*cer*·ro (ê) sm./Cf. encerro (é), do v. encerrar.
en·cer·ve·*jar* v.
en·ces·*tar* v. 'arrecadar (qualquer objeto) em cesto'/Cf. incestar.
en·ce·ta·*du*·ra sf.
en·ce·ta·*men*·to sm. 'iniciação'/Cf. incitamento.
en·ce·*tar* v. 'começar'/Cf. incitar.
en·cha·co·*tar* v.
en·cha·fur·*dar* v.
en·cham·bo:*a*·do adj.
en·cha·pe·*la*·do adj.
en·cha·pe·*lar* v.
en·cha·pi·*na*·do adj.
en·char·ca·*di*·ço adj.
en·char·*car* v.
en·cha·ro·*lar* v.
en·cha·ve·*tar* v.
en·che·ca·*bres*·to(s) sm. (pl.).
en·che·*ção* sf.; pl. ·ções.
en·che·*dei*·ra sf.
en·che·*dor* (ô) adj. sm.
en·che·*mão* sm.; pl. enche--mãos.
en·*che*·te sf.
en·*cher* v.
en·*chi*·do adj. sm.
en·chi·*men*·to sm.
en·chi·quei·ra·*dor* (ô) adj. sm.
en·chi·quei·*rar* v.
en·cho·ca·lha·*ção* sf.; pl. ·ções.
en·cho·ca·lha·*dor* (ô) adj. sm.
en·cho·ca·*lhar* v.
en·cho·*çar* v.
en·choi·ri·*ça*·do adj.: enchouriçado.
en·choi·ri·*çar* v.: enchouriçar.
en·chou·ri·*ça*·do adj.: enchoiriçado.
en·chou·ri·*çar* v.: enchoiriçar.
en·*cho*·va (ô) sf. 'peixe': anchova/Cf. enxova (ó), do v. enxovar e sf.
en·cho·va(s)-*pre*·ta(s) sf. (pl.).
en·cho·*vi*·nha sf.
en·chu·ma·*çar* v.
en·ci·*cli*·a sf.

en·*cí*·cli·ca sf.
en·*cí*·cli·co adj.
en·ci·clo·*pé*·di:a sf.
en·ci·clo·*pé*·di·co adj.
en·ci·clo·pe·*dis*·mo sm.
en·ci·clo·pe·*dis*·ta adj. s2g.
en·ci·*lha*·da sf.
en·ci·lha·*de*·la sf.
en·ci·lha·*dor* (ô) sm.
en·ci·lha·*men*·to sm.
en·ci·*lhar* v.
en·ci·*ma*·do adj. sm.
en·ci·ma·*lhar* v.
en·ci·*mar* v.
en·cin·cha·*men*·to sm.
en·cin·*char* v.
en·cin·*tar* v.
en·cin·*zar* v.
en·cin·zen·*ta*·do adj.
en·ci·po:*a*·do adj.
en·cis·*ta*·do adj.: enquistado.
en·cis·ta·*men*·to sm.: enquistamento.
en·cis·*tar* v.: enquistar.
en·ci:u·*mar* v.
en·claus·*tra*·do adj.
en·claus·tra·*men*·to sm.
en·claus·*trar* v.
en·clau·*su*·ra sf.
en·clau·su·ra·*ção* sf.; pl. ·ções.
en·clau·su·*ra*·do adj. sm.
en·clau·su·ra·*men*·to sm.
en·clau·su·*ran*·te adj. 2g.
en·clau·su·*rar* v.
en·*cla*·ve sm.: encrave.
en·cla·vi·*nhar* v.
en·*clen*·que adj. 2g.
ên·cli·se sf.
en·*clí*·ti·ca sf.
en·*clí*·ti·co adj.
en·clo:*a*·car v.
en·clo:*ar* v.
en·co:a·*du*·ra sf.
en·co·bar·*dar* v.
en·co·*ber*·ta sf.
en·co·ber·*tar* v.
en·co·*ber*·to adj. sm.
en·co·bri·*dor* (ô) adj. sm.
en·co·bri·*men*·to sm.
en·co·*brir* v.
en·co·cu·ru·*tar* v.
en·co·de:a·*men*·to sm.
en·co·de:*ar* v.
en·co·*far* v.
en·co·*frar* v.
en·coi·*far* v.
en·coi·ma·*ção* sf.; pl. ·ções.

en·coi·*mar* v.
en·coi·ra·*ça*·do adj. sm.: encouraçado.
en·coi·ra·*çar* v.: encouraçar.
en·coi·ra·do adj. sm.: encourado.
en·coi·*rar* v.: encourar.
en·coi·va·ra·*ção* sf.; pl. ·*ções*.
en·coi·va·ra·*men*·to sm.
en·coi·va·*rar* v.
en·co·la·*men*·to sm.
en·co·*lar* v.
en·co·lei·*rar* v.
en·co·le·ri·*zar* v.
en·*co*·lha (ô) sf.
en·co·*lher* v.
en·co·lhi·do adj. sm.
en·co·lhi·*men*·to sm.
en·*cól*·pi:o sm.
en·col·*pis*·mo sm.
en·co·*men*·da sf.
en·co·men·da·*ção* sf.; pl. ·*ções*.
en·co·men·*da*·do adj. sm.
en·co·men·da·*dor* (ô) adj. sm.
en·co·men·*dar* v.
en·co·men·*dei*·ro sm.
en·co·mi:*ar* v. 'gabar'/Cf. encumear.
en·co·mi:*as*·ta adj. s2g.
en·co·mi:*ás*·ti·co adj.
en·*cô*·mi:o sm./Cf. encomio, do v. encomiar.
en·co·mis·*sar* v.
en·co·mo·ro·*çar* v.
en·com·pri·*dar* v.
en·con·*car* v.
en·con·*char* v.
en·con·*dar* v.
en·con·*dro*·ma sm.
en·con·*tra*·da sf.
en·con·tra·*di*·ço adj.
en·con·*tra*·do adj.
en·con·*trão* sm.; pl. ·*trões*.
en·con·*trar* v.
en·con·*trá*·vel adj. 2g.; pl. ·*veis*.
en·*con*·tro sm.
en·con·tro:*a*·da sf.
en·con·tro:*ar* v.
en·con·tro(s)-*d'á*·gua sm. (pl.).
en·con·tros-*ver*·des sm. 2n.
en·co·*par* v.
en·co·qui·*nar* v.:
    en·co·qui·*nhar*.
en·co·ra·ja·*men*·to sm.
en·co·ra·*jar* v.
en·cor·cun·*dar* v.
en·cor·de·*lar* v.

en·*cór*·di:o sm.
en·cor·do:a·*du*·ra sf.
en·cor·do:a·*men*·to sm.
en·cor·do:*ar* v.
en·cor·*nar* v.
en·co·ro·*nha*·do adj.
en·co·ro·*nhar* v.
en·cor·*pa*·do adj.
en·cor·pa·*du*·ra sf.
en·cor·pa·*men*·to sm.
en·cor·*pan*·te adj. 2g.
en·cor·*par* v.
en·cor·re:*a*·do adj.
en·cor·re:a·*du*·ra sf.
en·cor·re:a·*men*·to sm.
en·cor·re:*ar* v. 'prender com correia'/Cf. encorriar.
en·cor·ren·*ta*·do adj.
en·cor·ren·*tar* v.
en·cor·ri:*ar* v. 'amansar mal (o gado)'/Cf. encorrear.
en·cor·ri·*lhar* v.
en·cor·ru·*gir* v.
en·cor·te·*lhar* v.
en·cor·ti·*çar* v.
en·cor·ti·*nar* v.
en·co·ru·*jar* v.
en·cos·co·ra·*men*·to sm.
en·cos·co·*rar* v.
en·*cós*·pi:as sf. pl.
en·*cos*·ta sf.
en·cos·ta·*de*·la sf.
en·cos·*ta*·do adj. sm.
en·cos·ta·*dor* (ô) adj. sm.
en·cos·ta·*lar* v.
en·cos·ta·*men*·to sm.
en·cos·*tão* adj. sm.; pl. ·*tões*; f. ·*to*·na.
en·cos·*tar* v.
en·*cos*·te sm.
en·cos·te·*lar* v.
en·*cos*·to (ô) sm./Cf. encosto (ó), do v. encostar.
en·cos·*to*(s) de *ga*·do sm. (pl.).
en·cos·*to*·na adj. sf. de encostão.
en·cou·*char* v.
en·cou·ra·*ça*·do adj. sm.: encoiraçado.
en·cou·ra·*çar* v.: encoiraçar.
en·cou·*ra*·do adj. sm.: encoirado.
en·cou·*rar* v.: encoirar.
en·co·*va*·do adj.
en·co·va·*du*·ra sf.
en·co·va·*men*·to sm.
en·co·*var* v.
en·co·var·*dar* v.

en·co·vi·*lar* v.
en·co·*xar* v.
en·co·xi·*lha*·do adj.
en·cras·*sar* v.
en·*cra*·va sf.
en·cra·va·*ção* sf.; pl. ·*ções*.
en·cra·*va*·do adj.
en·cra·va·*doi*·ro sm.:
    en·cra·va·*dou*·ro.
en·cra·va·*du*·ra sf.
en·cra·va·*men*·to sm.
en·cra·*var* v.
en·*cra*·ve sm.: encravo.
en·cra·ve·*lha*·ção sf.; pl. ·*ções*.
en·cra·ve·*lhar* v.:
    en·cra·vi·*lhar*.
en·*cra*·vo sm.: encrave.
en·*cren*·ca sf.
en·cren·*ca*·do adj.
en·cren·*car* v.
en·cren·*quei*·ro adj. sm.
en·cres·pa·*ção* sf.; pl. ·*ções*.
en·cres·*pa*·do adj.
en·cres·pa·*dor* (ô) adj. sm.
en·cres·pa·*du*·ra sf.
en·cres·pa·*men*·to sm.
en·cres·*par* v.
en·cri·*sar* v.
en·cris·*tar* v.
en·cros·ta·*ção* sf.; pl. ·*ções*.
en·cros·*tar* v.
en·cru:a·*men*·to sm.
en·cru:*ar* v.
en·cru·de·*cer* v.
en·cru·des·*cer* v.
en·cru:e·*cer* v.
en·cru:e·le·*cer* v.
en·cru:en·*tar* v.
en·cru·*za*·da sf.
en·cru·za·*men*·to sm.
en·cru·*zar* v.
en·cru·zi·*lha*·da sf.
en·cru·zi·lha·*den*·se adj. s2g.
en·cru·zi·*lha*·do adj.
en·cru·zi·*lhar* v.
en·cu·ba·*ção* sf. 'ato de encubar'; pl. ·*ções*/Cf. incubação.
en·cu·*bar* v. 'recolher em cuba'/Cf. incubar.
en·cu·*car* v.
en·cu·char·*rar* v.
en·cu·me:*a*·da sf.
en·cu·me:*ar* v. 'pôr no cume'/ Cf. encomiar.
en·cur·ra·la·*men*·to sm.
en·cur·ra·*lar* v.

en·cur·ta·*dor* (ô) adj. sm.
en·cur·ta·*men*·to sm.
en·cur·*tar* v.
en·cur·va·*ção* sf.; pl. ·*ções*.
en·cur·va·*du*·ra sf.
en·cur·va·*men*·to sm.
en·cur·*var* v.
en·da·*me*·ba sf.: *entameba*.
en·dar·*té*·ri:o sm.
en·das·pi·di:*a*·no sm.
en·*de*·cha (ê) sf.
en·de·cha·*dor* (ô) adj. sm.
en·de·*char* v.
en·de·flu·*xar* (cs *ou* ss) v.
en·de·*mi*·a sf.
en·de·mi·ci·*da*·de sf.
en·*dê*·mi·co adj.
en·de·mi:o·lo·*gi*·a sf.
en·de·mi:o·*ló*·gi·co adj.
en·de·mi:*ó*·lo·go sm.
en·de·*mis*·mo sm.
en·de·mo·ni·*nha*·do adj. sm.
en·de·mo·ni·*nhar* v.
en·den·ta·*ção* sf.; pl. ·*ções*.
en·den·*tar* v.
en·den·te·*cer* v.
en·den·te·*ri*·te sf.
en·de·re·ça·*men*·to sm.
en·de·re·*çar* v.
en·de·*re*·ço (ê) sm./Cf. *endereço* (é), do v. *endereçar*.
en·*dér*·mi·co adj.
en·der·*mo*·se sf.
en·des·te·*si*·a sf.
en·des·*té*·si·co adj.
en·des·*té*·ti·co adj.
en·deu·*sa*·do adj.
en·deu·sa·*dor* (ô) adj. sm.
en·deu·sa·*men*·to sm.
en·deu·*sar* v.
en·deu·*sá*·vel adj. 2g.; pl. ·*veis*.
en·*dez* (ê) adj. 2g. sm.: *indez*.
en·di:a·*bra*·do adj. sm.
en·di:a·*brar* v.
en·*di*·che sf.: *andiche*.
en·di·nhei·*ra*·do adj.
en·di·nhei·ra·*men*·to sm.
en·di·nhei·*rar* v.
en·di·*rei*·ta sm.
en·di·rei·*ta*·do adj.
en·di·rei·*tar* v.
ên·di·se sf.
en·*di*·to sm.
en·*di*·va sf.: en·*dí*·vi:a.
en·di·vi·*da*·do adj.
en·di·vi·*dar* v.
en·do:*a*·do adj.

en·do·bi:*o*·se sf.
en·do·bi:*ó*·ti·co adj.
en·do·*blás*·ti·co adj.
en·do·*blas*·to sm.
en·do·ca·ni·ba·*lis*·mo sm.
en·do·car·*dí*:a·co adj.
en·do·*cár*·di·co adj.
en·do·*cár*·di:o sm.
en·do·car·*di*·te sf.
en·do·*cár*·pi:o sm.:
 en·do·*car*·po.
en·do·*cé*·fa·lo adj.
en·do·ce·*lí*:a·co adj.
en·do·cer·vi·*cal* adj. 2g.; pl. ·*cais*.
en·do·*ci*·clo sm.
en·do·*cis*·to sm.
en·do·co·*li*·te sf.
en·do·*có*·ri:o sm.
en·do·cra·ni:*a*·no adj.
en·do·*crâ*·ni:o sm.
en·do·*cri*·a sf.
en·do·*crí*·ni·co adj.
en·*dó*·cri·no adj.
en·do·cri·no·lo·*gi*·a sf.
en·do·cri·no·*ló*·gi·co adj.
en·do·cri·no·lo·*gis*·ta adj. s2g.
en·do·cri·no·pa·*ti*·a sf.
en·do·*der*·ma sm.
en·do·*der*·me sf.: *endoderma*.
en·do·*dér*·mi·co adj.
en·do·don·*ti*·te sf.
en·do:*en*·ças sf. pl.
en·do·*fau*·na sf.
en·*dó*·fi·to sm.
en·do·*flo*·ra sf.
en·*dó*·fo·ro adj.
en·do·ga·*mi*·a sf.
en·do·*gâ*·mi·co adj.
en·*dó*·ga·mo adj. sm.
en·*dó*·ge·ne adj. 2g.:
 en·*dó*·ge·no adj.
en·doi·*dar* v.: *endoudar*.
en·doi·de·*cer* v.: *endoudecer*.
en·doi·de·ci·*men*·to sm.:
 endoudecimento.
en·do·*lin*·fa sf.
en·do·li·*si*·na sf.
en·do·*lí*·ti·co adj.
en·do·*mé*·tri:o sm.
en·do·me·*tri*·te sf.
en·do·mi·*co*·se sf.
en·do·min·*ga*·do adj.
en·do·min·*gar* v.
en·do·mi·*to*·se sf.
en·do·*mór*·fi·co adj.
en·do·mor·*fis*·mo sm.

en·do·*mor*·fo sm.
en·do·pa·ra·*si*·to sm.
en·do·pa·*ti*·a sf.
en·do·*pá*·ti·co adj.
en·do·*plas*·ma sm.
en·do·plas·*má*·ti·co adj.
en·do·*plás*·mi·co adj.
en·do·*plas*·to sm.
en·do·*pleu*·ra sf.
en·do·*pó*·di·to sm.
en·do·*proc*·to sm.
en·dop·te·ri·*go*·to adj. sm.
en·dor·*fi*·na sf.
en·dor·sa·*men*·to sm.
en·dor·*sar* v.
en·dos·co·*pi*·a sf.
en·dos·*có*·pi·co adj.
en·dos·*có*·pi:o sm.
en·dos·*fe*·ra sf.
en·dos·*fé*·ri·co adj.
en·dos·*mô*·me·tro sm.
en·dos·*mo*·se sf.
en·dos·*mó*·ti·co adj.
en·dos·*per*·ma sm.: *endospermo*.
en·dos·*pér*·mi·co adj.
en·dos·*per*·mo sm.: *endosperma*.
en·*dós*·po·ro sm.
en·dos·que·*le*·to (ê) sm.
en·dos·sa·bi·li·*da*·de sf.
en·dos·*sa*·do adj. sm.
en·dos·sa·*dor* (ô) adj. sm.
en·dos·sa·*men*·to sm.
en·dos·*san*·te adj. s2g.
en·dos·*sar* v.
en·dos·sa·*tá*·ri:o sm.
en·dos·*sá*·vel adj. 2g.; pl. ·*veis*.
en·*dos*·se sm.: en·*dos*·so (ô)/Cf. *endosso* (ó), do v. *endossar*.
en·dos·so·cau·*ção* sf.; pl. *endossos-cauções* ou *endossos--caução*.
en·dos·so·man·*da*·to sm.; pl. *endossos-mandatos* ou *endossos-mandato*.
en·do·*te*·ca sf.
en·do·te·li:*al* adj. 2g.; pl. ·*ais*.
en·do·*té*·li:o sm.
en·do·te·li:*o*·ma sf.
en·do·*tér*·mi·co adj.
en·do·tra·que:*al* adj. 2g.; pl. ·*ais*.
en·do·tra·que·*í*·te sf.
en·*dó*·tro·fo adj.
en·dou·*dar* v.: *endoidar*.
en·dou·de·*cer* v.: *endoidecer*.

en·dou·de·ci·men·to sm.: endoidecimento.
en·do·ve·no·so (ô) adj.; f. e pl. (ó).
en·drão sm.; pl. ·drões.
en·drí·a·co sm.: en·drí·a·go.
en·dro sm.: endrão.
en·drô·mi·na sf.: andrômina.
en·du:a·pe sm.
en·du·ra·ção sf.; pl. ·ções.
en·du·ra·do adj.
en·du·rar v.
en·du·re·cer v.
en·du·re·ci·men·to sm.
en·du·ren·tar v.
en·du·ro sm.
e·ne sm.
e·ne:a·can·to adj.
e·ne:a·cór·di:o sm.
e·ne:a·gi·ni·a sf.
e·ne:á·gi·no adj.
e·ne:a·go·nal adj. 2g.; pl. ·nais.
e·ne:á·go·no sm.
e·ne:an·dri·a sf.
e·ne:an·dro adj.
e·ne:as·sé·pa·lo adj.
e·ne:as·si·lá·bi·co adj.
e·ne:as·sí·la·bo adj. sm.
e·ne·gé·si·mo adj.
e·ne·gre·ce·dor (ô) adj. sm.
e·ne·gre·cer v.
e·ne·gre·ci·do adj.
e·ne·gre·ci·men·to sm.
e·ne·ma sm.
ê·ne:o adj.
e·ne:o·lí·ti·co adj. sm.
e·ne:o·re·ma sm.
e·ne·quim sm.: anequim; pl. ·quins.
e·ner·gei·a sf.
e·ner·gé·ti·ca sf.
e·ner·gé·ti·co adj.
e·ner·gi·a sf.
e·nér·gi·co adj.
e·nér·gi·de sf.
e·ner·gis·mo sm.
e·ner·gi·zar v.
e·ner·gú·me·no sm.
e·ner·va·ção sf. 'ação de enervar'; pl. ·ções/Cf. inervação.
e·ner·va·dor (ô) adj.
e·ner·va·men·to sm.
e·ner·van·te adj. 2g.
e·ner·var v. 'enfurecer'/Cf. inervar.
e·ner·ve adj. 2g.

e·nér·ve:o adj.
e·nes·gar v.
e·né·si·mo adj. num.
e·ne·vo:a·do adj.
e·ne·vo:ar v.
en·fa·cei·rar v.
en·fa·da·di·ço adj.
en·fa·da·men·to sm.
en·fa·dar v.
en·fa·do sm.
en·fa·do·nho adj.
en·fa·do·so (ô) adj.; f. e pl. (ó).
en·fai·xar v.
en·fai·xe sm.
en·fa·ni·car v.
en·fa·ra·men·to sm.
en·fa·rar v.
en·far·da·dei·ra sf.
en·far·da·dor (ô) adj. sm.
en·far·da·men·to sm.
en·far·dar v.
en·far·de·lar v.
en·fa·re·lar v.
en·fa·ri·nha·de·la sf.
en·fa·ri·nha·men·to sm.
en·fa·ri·nhar v.
en·fa·ro sm.
en·fa·ro·so (ô) adj.; f. e pl. (ó).
en·far·pe·lar v.
en·far·ra·par v.
en·far·rus·ca·men·to sm.
en·far·rus·car v.
en·far·ta·ção sf.; pl. ·ções.
en·far·ta·do adj.
en·far·ta·men·to sm.
en·far·tar v.
en·far·te sm.: infarto.
ên·fa·se sf.
en·fas·ti:a·di·ço adj.
en·fas·ti:a·men·to sm.
en·fas·ti:an·te adj. 2g.
en·fas·ti:ar v.
en·fas·ti:o·so (ô) adj.; f. e pl. (ó).
en·fá·ti·co adj.
en·fa·ti:o·tar v.
en·fa·tis·mo sm.
en·fa·ti·zar v.
en·fa·tu:a·ção sf.; pl. ·ções.
en·fa·tu:a·do adj.
en·fa·tu:a·men·to sm.
en·fa·tu:ar v.
en·fe:a·do adj. 'tornado feio'/Cf. enfiado.
en·fe:ar v. 'afear, tornar feio'/Cf. enfiar.
en·fe·bre·cer v.
en·fei·rar v.

en·fei·ta·do adj.
en·fei·ta·dor (ô) adj. sm.
en·fei·ta·men·to sm.
en·fei·tar v.
en·fei·te sm.
en·fei·ti·ça·dor (ô) adj. sm.
en·fei·ti·ça·men·to sm.
en·fei·ti·çar v.
en·fei·xa·dor (ô) adj. sm.
en·fei·xa·men·to sm.
en·fei·xar v.
en·fel·par v.
en·fel·trar v.
en·fe·lu·jar v.
en·fe·ne·cer v.
en·fer·ma·gem sf.; pl. ·gens.
en·fer·mar v.
en·fer·ma·ri·a sf.
en·fer·mei·ra sf.
en·fer·mei·ro sm.
en·fer·mi·ço adj.
en·fer·mi·da·de sf.
en·fer·mo (ê) adj./Cf. enfermo (é), do v. enfermar.
en·fer·ru·ja·men·to sm.
en·fer·ru·jar v.
en·fes·ta sf. 'cume, pico'/Cf. infesta, do v. infestar.
en·fes·ta·ção sf. 'ato de enfestar'/Cf. infestação; pl. ·ções.
en·fes·ta·do adj. 'dobrado em largura'/Cf. infestado.
en·fes·ta·dor (ô) sm. 'indivíduo acostumado a furtar no jogo'/Cf. infestador.
en·fes·tar v. 'aumentar'/Cf. infestar.
en·fes·to (ê) adj. sm. 'íngreme'/ Cf. enfesto, do v. enfestar, e infesto, adj. sm.
en·fes·to:ar v.
en·feu·da·ção sf.; pl. ·ções.
en·feu·dar v.
en·fe·za·do adj.
en·fe·za·dor (ô) adj.
en·fe·za·men·to sm.
en·fe·zar v.
en·fi:a sm.
en·fi:a·ção sf.; pl. ·ções.
en·fi:a·da sf. 'novelo'/Cf. enfeada, f. de enfeado.
en·fi:a·do adj. 'posto em fio'/ Cf. enfeado.
en·fi:a·dor (ô) sm.
en·fi:a·du·ra sf.
en·fi:a·men·to sm.

en·fi·ar v. 'meter (um fio) num orifício'/Cf. enfear.
en·fi·lei·ra·men·to sm.
en·fi·lei·rar v.
en·fim adv. interj.
en·fin·car v.
en·fi·se·ma sm.
en·fi·se·má·ti·co adj.
en·fi·se·ma·to·so (ô) adj. sm.; f. e pl. (ó).
en·fis·tu·lar v.
en·fi·tar v.
en·fi·teu·se sf.
en·fi·teu·ta s2g.
en·fi·teu·ti·ca·ção sf.; pl. ·ções.
en·fi·teu·ti·ca·do adj.
en·fi·teu·ti·car v.
en·fi·teu·ti·cá·ri:o adj.
en·fi·têu·ti·co adj./Cf. enfiteutico, do v. enfiteuticar.
en·fi·ve·la·men·to sm.
en·fi·ve·lar v.
en·fi·xar (cs) v.
en·fla·ne·lar v.
en·flo·rar v.
en·flo·re:ar v.
en·flo·res·cer v.
en·flo·res·ta·do adj.
en·fo·bi:ar v.
en·fo·ca·ção sf.; pl. ·ções.
en·fo·car v.
en·fo·gar v.
en·fo·lar v.
en·fo·lha·do adj.
en·fo·lha·men·to sm.
en·fo·lhar v.
en·fo·li·par v.
en·fo·que sm.
en·for·ca·di·nho sm.
en·for·ca·do adj. sm.
en·for·ca·men·to sm.
en·for·car v.
en·for·jar v.
en·for·ma·ção sf. 'ação de enformar'/Cf. informação; pl. ·ções.
en·for·ma·do adj. 'colocado na forma' (ô)/Cf. informado.
en·for·ma·dor (ô) adj. sm. 'aquele que enforma'/Cf. informador.
en·for·mar v. 'pôr em forma (ô)'/Cf. informar.
en·for·nar v.
en·for·qui·lha·men·to sm.
en·for·qui·lhar v.
en·for·ro (ô) sm.

en·for·te·cer v.
en·for·tir v.
en·frác·ti·co adj. sm.
en·fra·gar v.
en·fra·que sm.
en·fra·que:ar v.
en·fra·que·ce·dor (ô) adj.
en·fra·que·cer v.
en·fra·que·ci·do adj.
en·fra·que·ci·men·to sm.
en·fra·quen·tar v.
en·fras·car v.
en·fre:a·do adj. 'que tem freio'/ Cf. enfriado.
en·fre:a·dor (ô) adj. sm.
en·fre:a·men·to sm.
en·fre:ar v. 'pôr freio a'/Cf. enfriar.
en·fre·cha·du·ra sf.
en·fre·char v.
en·fre·cha·te sm.
en·fre·nar v.
en·fre·ne·si:ar v.
en·fren·tar v.
en·fres·tar v.
en·fri:a·do adj. 'tornado frio'/ Cf. enfreado.
en·fri:ar v. 'tornar frio'/Cf. enfrear.
en·froi·xe·cer v.: enfrouxecer.
en·fro·nha·do adj.
en·fro·nhar v.
en·frou·xe·cer v.: enfroixecer.
en·fru·te·cer v.
en·fu:ei·ra·da sf.
en·fu:ei·ra·do adj.
en·fu:ei·rar v.
en·fu·li·jar v.
en·fu·ma·çar v.
en·fu·ma·gem sf.; pl. ·gens.
en·fu·mar v.
en·fu·ma·rar v.
en·fu·na·ção sf.; pl. ·ções.
en·fu·nar v.
en·fu·ni·la·do adj.
en·fu·ni·la·men·to sm.
en·fu·ni·lar v.
en·fu·re·cer v.
en·fu·re·ci·do adj.
en·fu·ri:a·do adj.
en·fu·ri:ar v.
en·fur·nar v.
en·fu·sar v. 'encalhar'/Cf. infusar.
en·fus·ca sf.
en·fus·car v.
en·fus·ta sf.

en·fus·tar v.
en·fus·te sm.
en·ga·be·la·ção sf.; engambelação; pl. ·ções.
en·ga·be·la·dor (ô) adj. sm.: engambelador, engrambelador.
en·ga·be·lar v.: engambelar.
en·ga·be·lo (ê) sm.: engrambelo/ Cf. engabelo (é), do v. engabelar.
en·ga·çar v.
en·ga·cei·ra sf.
en·ga·ço sm.
en·ga·da·nhar v.
en·ga·de·lhar v.
en·ga·fe·cer v.
en·gai:ar v.
en·gai·fo·nar v.
en·gai:o sm.
en·gai:o·la·men·to sm.
en·gai:o·lar v.
en·ga·ja·do adj. sm.
en·ga·ja·dor (ô) adj. sm.
en·ga·ja·men·to sm.
en·ga·jar v.
en·ga·la sf.
en·ga·la·na·do adj.
en·ga·la·nar v.
en·ga·lar v.
en·gal·fi·nhar v.
en·gal·gar v.
en·ga·lha·de·tar v.
en·ga·li·ca·do adj.
en·ga·li·car v.
en·ga·li·nha·do adj.
en·ga·li·nhar v.
en·ga·lis·par v.
en·gam·be·la·ção sf.: engabelação; pl. ·ções.
en·gam·be·la·dor (ô) adj. sm.: engabelador.
en·gam·be·lar v.: engabelar.
en·gam·be·lo (ê) sm.: engabelo/ Cf. engambelo (é), do v. engambelar.
en·gam·bi·tar v.
en·ga·na·di·ço adj.
en·ga·na·do adj.
en·ga·na·dor (ô) adj. sm.
en·ga·nar v.
en·ga·na·ti·co(s) sm. (pl.).
en·ga·na·to·lo(s) sm. (pl.).
en·ga·na·vis·ta(s) sm. (pl.).
en·gan·cha·men·to sm.
en·gan·char v.
en·gan·gor·ra·do adj.
en·gan·gor·rar v.

en·gan·*jen*·to adj.
en·*ga*·no sm.
en·ga·*no*·so (ô) adj.; f. *e* pl. (ó).
en·*gar* v.
en·ga·ran·*tar* v.
en·ga·ra·*par* v.
en·ga·ra·vi·*ta*·do adj.
en·ga·ra·vi·*tar* v.
en·gar·*far* v.
en·gar·gan·*tar* v.
en·gar·ra·fa·*dei*·ra sf.
en·gar·ra·*fa*·do adj.
en·gar·ra·fa·*dor* (ô) adj. sm.
en·gar·ra·*fa*·gem sf.; pl. ·gens.
en·gar·ra·fa·*men*·to sm.
en·gar·ra·*far* v.
en·ga·ru·*par*-se v.
en·gas·ga·*ga*·to(s) sm. (pl.).
en·gas·ga·*lhar* v.
en·gas·ga·*men*·to sm.
en·gas·*gar*-se v.
en·gas·ga·va·*ca*(s) sf. (pl.).
en·*gas*·go sm.
en·*gas*·gue sm.
en·gas·ta·*dor* (ô) adj. sm.
en·gas·ta·*lhar* v.
en·gas·ta·*men*·to sm.
en·gas·*tar* v.
en·*gas*·te sm.
en·gas·*tar* v.
en·*ga*·te sm.
en·ga·ti·*lhar* v.
en·ga·ti·*nhar* v.
en·ga·ve·*lar* v.
en·ga·ve·ta·*men*·to sm.
en·ga·ve·*tar* v.
en·ga·zo·pa·*ção* sf.; pl. ·ções.
en·ga·zo·pa·*dor* (ô) adj. sm.
en·ga·zo·pa·*men*·to sm.
en·ga·zo·*par* v.: en·ga·zu·*par*.
en·ge·lha·do adj.
en·ge·*lhar* v.
en·gen·dra·*ção* sf.; pl. ·ções.
en·gen·dra·*dor* (ô) adj. sm.
en·gen·*drar* v.
en·ge·nha·*dor* (ô) adj. sm.
en·ge·*nhar* v.
en·ge·nha·*ri*·a sf.
en·ge·nhei·*ran*·do adj. sm.
en·ge·nhei·ro sm.
en·ge·nho sm.
en·ge·nho·ca sf.
en·ge·nho·si·*da*·de sf.
en·ge·*nho*·so (ô) adj.; f. *e* pl. (ó).
en·ges·sa·do adj.
en·ges·sa·*dor* (ô) adj. sm.
en·ges·sa·*du*·ra sf.

en·ges·*sar* v.
en·glo·*bar* v.
en·glo·bu·*lar* v.
en·go·*da*·do adj.
en·go·da·*dor* (ô) adj. sm.
en·go·da·*men*·to sm.
en·go·*dar* v.
en·go·da·*ti*·vo adj.
en·go·di·*lhar* v.
en·*go*·do (ô) sm./Cf. *engodo* (ó), do v. engodar.
en·goi:*a*·do adj.
en·goi:*ar* v.
en·go·le·*ven*·to(s) sm. (pl.).
en·gol·*far* v.
en·go·li·*ção* sf.; pl. ·ções.
en·go·li·*dei*·ras sf. pl.
en·go·li·*dor* (ô) adj. sm.
en·go·li·*par* v.
en·go·*lir* v.
en·go·*lí*·vel adj. 2g.; pl. ·veis.
en·go·ma·da·*ri*·a sf.
en·go·ma·*dei*·ra sf.
en·go·ma·*de*·la sf.
en·go·ma·*dor* (ô) adj. sm.
en·go·ma·*du*·ra sf.
en·go·*ma*·gem sf.; pl. ·gens.
en·go·*mar* v.
en·go·na·*tão* sm.; pl. ·tões.
en·gon·*çar* v.
en·*gon*·ço sm.
en·*gor*·da sf.
en·gor·*dar* v.
en·*gor*·de sm.
en·*gor*·do (ô) sm./Cf. *engordo* (ó), do v. engordar.
en·gor·du·*ra*·do adj.
en·gor·du·ra·*men*·to sm.
en·gor·du·*rar* v.
en·go·ro·vi·*nha*·do adj.
en·gor·*rar* v.
en·go·tei·*ra*·do adj.
en·*gra* sf.
en·gra·*ça*·do adj. sm.
en·gra·ça·*men*·to sm.
en·gra·*çar* v.
en·gra·da·*ção* sf.; pl. ·ções.
en·gra·*da*·do adj. sm.
en·gra·*da*·gem sf.; pl. ·gens.
en·gra·da·*men*·to sm.
en·gra·*dar* v.
en·gra·de·*cer* v.
en·gra:e·*cer* v.
en·gram·be·la·*ção* sf.: engabelação; pl. ·ções.
en·gram·be·la·*dor* (ô) adj. sm.: engabelador.

en·gram·be·*lar* v.: engabelar.
en·gram·be·lo (ê) sm./ Cf. *engrambelo* (é), do v. engrambelar.
en·gram·pa·*dor* (ô) adj. sm.
en·gram·*par* v.
en·gram·po·*nar* v.
en·gran·de·*cer* v.
en·gran·de·ci·*men*·to sm.
en·gran·za·*dor* (ô) adj. sm.
en·gran·*za*·gem sf.; pl. ·gens.
en·gran·za·*men*·to sm.
en·gran·*zar* v.: engrazar.
en·grau·*lí*·de:o sm.
en·gra·va·*tar* v.
en·gra·va·ti·*zar* v.
en·gra·ves·*cen*·te adj. 2g.
en·gra·ves·*cer* v.
en·gra·vi·da·*men*·to sm.
en·gra·vi·*dar* v.
en·gra·vi·*tar* v.
en·gra·xa·*de*·la sf.
en·gra·xa·*dor* (ô) adj. sm.
en·gra·xa·*men*·to sm.
en·gra·*xar* v.
en·gra·xa·ta·*ri*·a sf.: engraxateria.
en·gra·xa·*te* sm.
en·gra·xa·te·*ri*·a sf.: engraxataria.
en·gra·*zar* v.: engranzar.
en·gre·*lar* v. 'deitar grelo'/Cf. *engrilar*.
en·gre·*na*·gem sf.; pl. ·gens.
en·gre·na·*men*·to sm.
en·gre·*nar* v.
en·gre·nha·*men*·to sm.
en·gre·*nhar* v.
en·gri·fa·*men*·to sm.
en·gri·*far* v.
en·gri·gui·*lha*·do adj.
en·gri·*gui*·lho sm.
en·gri·*la*·do adj.
en·gri·*lar* v. 'pôr direito ou reto'/Cf. *engrelar*.
en·gri·*man*·ço sm.
en·grim·*par* v.
en·grim·pi·*nar* v.
en·grim·po·*nar* v.
en·gri·nal·*dar* v.
en·gro·la·*dor* (ô) adj. sm.
en·gro·*lar* v.
en·gros·sa·*dor* (ô) adj. sm.
en·gros·sa·*men*·to sm.
en·gros·*san*·te adj. 2g.
en·gros·*sar* v.
en·grou·vi·*nha*·do adj.

en·gru·*ja*·do adj.
en·gru·*jar* v.
en·gru·na·*ção* sf.; pl. ·*ções*.
en·gru·*na*·do sm.
en·gru·*nhi*·do adj.
en·gru·*nhir* v.
en·gru·*pir* v.
en·gua·xu·*ma*·do adj.
en·*gui*·a sf.
en·*gui*·a(s)-d'á·gua-*do*·ce sf. (pl.).
en·*gui*·a(s)-e-*lé*·tri·ca(s) sf. (pl.).
en·gui·ça·*dor* (ô) adj. sm.
en·gui·ça·*men*·to sm.
en·gui·*çar* v.
en·*gui*·ço sm.
en·guir·lan·*dar* v.
en·gu·lha·*ção* sf.; pl. ·*ções*.
en·gu·*lha*·do adj.
en·gu·lha·*men*·to sm.
en·gu·*lhar* v.
en·gu·*lhen*·to adj.
en·gu·lho sm.
en·gu·*lho*·so (ô) adj.; f. e pl. (ó).
en·gu·lo·si·*nar* v.
en·gun·*da*·do adj.
en·gun·*dar* v.
en·gu·*nhar* v.
en·gu·ru·*ja*·do adj.
en·gu·ru·*jar* v.
e·nho sm.
e·*ní*·co·la adj. 2g.
e·nig·ma sm.
e·nig·*mar* v.
e·nig·*má*·ti·co adj.
e·nig·ma·*tis*·ta adj. s2g.
e·nig·*mis*·ta adj. s2g.
enjambement sm. (fr.: *anjambemâ*).
en·jam·*bra*·do adj.
en·jam·*brar* v.
en·jan·*gar* v.
en·jau·la·*men*·to sm.
en·jau·*lar* v.
en·jei·*rar* v.
en·jei·*ta*·do adj. sm.
en·jei·ta·*dor* (ô) adj. sm.
en·jei·ta·*men*·to sm.
en·jei·*tar* v.
en·jei·*tá*·vel adj. 2g.; pl. ·*veis*.
en·je·*ri*·do adj. 'enrugado'/Cf. *ingerido*.
en·je·*rir* v. 'encolher-se com frio ou por doença'/Cf. *ingerir*.
en·*ji*·ca sf.
en·ji·*car* v.

en·jo:a·*di*·ço adj.
en·jo:*a*·do adj. sm.
en·jo:a·*men*to sm.
en·jo:*ar* v.
en·jo:a·*ti*·vo adj.
en·*jo*·o sm.
en·jo·*o*·so (ô) adj.; f. e pl. (ó).
en·ju·ga·*men*·to sm.
en·ju·*gar* v.
en·la·*bi:ar* v.
en·la·bi·rin·*tar* v.
en·la·*ça*·do adj.
en·la·ça·*dor* (ô) adj. sm.
en·la·ça·*du*·ra sf.
en·la·ça·*men*·to sm.
en·la·*çar* v.
en·*la*·ce sm.
en·la·*crar* v.
en·la·dei·*ra*·do adj.
en·la·dei·*rar* v.
en·lai·*var* v.
en·lam·bu·*jar* v.
en·lam·bu·za·*men*·to sm.
en·lam·bu·*zar* v.
en·la·me:*a*·do adj.
en·la·me:a·*du*·ra sf.
en·la·me:*ar* v.
en·la·mi·*nar* v.
en·lan·gues·*cên*·ci:a sf.
en·lan·gues·*cen*·te adj. 2g.
en·lan·gues·*cer* v.
en·lan·gues·ci·*men*·to sm.
en·lan·*zar* v.
en·la·*pa*·do adj.
en·la·*par* v.
en·la·*ta*·do adj. sm.
en·la·ta·*men*·to sm.
en·la·*tar* v.
en·le:*a*·da sf.
en·le:*a*·do adj.
en·le:a·*dor* (ô) adj.
en·le:a·*men*·to sm.
en·le:*an*·te adj. 2g.
en·le:*ar* v.
en·*lei*·o sm.
en·lei·*ta*·do adj.
en·lei·va·*men*·to sm. 'ato ou efeito de enleivar'/Cf. *enlevamento*.
en·lei·*var* v. 'revestir (um terreno) com leiva'/Cf. *enlevar*.
en·*ler*·dar v.
en·le·va·*ção* sf.; pl. ·*ções*.
en·le·va·*men*·to sm. 'encantamento'/Cf. *enleivamento*.

en·le·*var* v. 'encantar'/Cf. *enleivar*.
en·*le*·vo (ê) sm./Cf. enlevo (é), do v. *enlevar*.
en·li·ça·*dor* (ô) adj. sm.
en·li·ça·*men*·to sm.
en·li·*çar* v.
en·*li*·ço sm.
en·lo·*car* v.
en·lo·da·*çar* v.
en·lo·*da*·do adj.
en·lo·*dar* v.
en·loi·*ra*·do adj.: *enlourado*.
en·loi·*rar* v.: *enlourar*.
en·loi·re·*cer* v.: *enlourecer*.
en·loi·sa·*men*·to sm.: *enlousamento*.
en·loi·*sar* v.: *enlousar*.
en·lo·ja·*men*·to sm.
en·lo·*jar* v.
en·lom·*bar* v.
en·lor·pe·*cer* v.
en·lor·pe·ci·*men*·to sm.
en·lou·que·ce·*dor* (ô) adj.
en·lou·que·*cer* v.
en·lou·que·ci·*men*·to sm.
en·lou·*ra*·do adj.: *enloirado*.
en·lou·*rar* v.: *enloirar*.
en·lou·re·*cer* v.: *enloirecer*.
en·lou·sa·*men*·to sm.: *enloisamento*.
en·lou·*sar* v.: *enloisar*.
en·lu:*a*·ra·do adj.
en·lu·*drar* v.
en·lu·*rar* v.
en·lu·*tar* v.
en·lu·*va*·do adj.
e·no·bre·ce·*dor* (ô) adj. sm.
e·no·bre·*cer* v.
e·no·bre·ci·*men*·to sm.
e·no·ci:a·*ni*·na sf.
e·*nó*·ci·to sm.
e·no·cri·*si*·na sf.
e·no·da·*ção* sf.; pl. ·*ções*.
e·no·*dar* v.
e·*no*·do adj.
e·no·do:a·*ção* sf.; pl. ·*ções*.
e·no·do:a·*men*·to sm.
e·no·do:*ar* v.
e·no·fi·*li*·a sf.
e·*nó*·fi·lo adj. sm.
e·no·*fo*·bi·a sf.
e·*nó*·fo·bo adj.
e·*nó*·fo·ra sf.
e·*nó*·fo·ro sm.
e·nof·tal·*mi*·a sf.
e·nof·*tál*·mi·co adj.

e·nof·*tal*·mo sm.
e·*nó*·ga·mo adj.
e·no·gra·*fi*·a sf.
e·no·*grá*·fi·co adj.
e·*nó*·gra·fo sm.
e·noi·ri·*çar* v.: *enouriçar*.
e·noi·*tar* v.: *enoutar*.
e·noi·te·*cer* v.
e·no·ja·*di*·ço adj.
e·no·*ja*·do adj.
e·no·ja·*dor* (ô) adj. sm.
e·no·ja·*men*·to sm.
e·no·*jar* v.
e·*no*·jo (ô) sm./Cf. *enojo* (ó), do v. *enojar*.
e·*nol* sm.; pl. e·*nóis*.
e·*nó*·le:o sm.
e·*nó*·li·co adj.
e·no·*li*·na sf.
e·no·*lis*·mo sm.
e·no·li·za·*ção* sf.; pl. ·*ções*.
e·no·li·*zar* v.
e·no·lo·*gi*·a sf.
e·no·*ló*·gi·co adj.
e·no·lo·*gis*·ta adj. s2g.
e·*nó*·lo·go sm.
e·no·man·*ci*·a sf.
e·no·ma·*ni*·a sf.
e·no·ma·*ní*:a·co adj. sm.
e·no·*mel* sm.; pl. ·*méis*.
e·no·me·*tri*·a sf.
e·no·*mé*·tri·co adj.
e·*nô*·me·tro sm.
e·no·*plí*·de:o sm.
e·*no*·plo sm.: ê·*no*·plo.
e·*no*·ra sf.
e·*nor*·me adj. 2g.
e·nor·mi·*da*·de sf.
e·nos·te:*o*·se sf.: e·nos·*to*·se.
e·no·*te*·ca sf.
e·no·te·*rá*·ce:a sf.
e·no·te·*rá*·ce:o adj.
e·nou·ri·*çar* v.: *enoiriçar*.
e·nou·*tar* v.: *enoitar*.
e·no·ve·la·*dei*·ra sf.
e·no·ve·*la*·do adj.
e·no·ve·la·*men*·to sm.
e·no·ve·*lar* v.
en passant adv. (fr.: *anpassã*).
en·qua·dra·*ção* sf.; pl. ·*ções*.
en·qua·dra·*men*·to sm.
en·qua·*drar* v.
en·qua·dri·lha·*men*·to sm.
en·qua·dri·*lhar* v.
en·*quan*·to conj.
en·quar·*ta*·do adj.
en·quar·*tar* v.

en·*que* sm.
en·quei·*jar* v.
en·quei·*xar* v.
en·qui·*mo*·se sf.
en·quis·*ta*·do adj.: *encistado*.
en·quis·ta·*men*·to sm.: *encistamento*.
en·quis·*tar* v.: *encistar*.
en·qui·*tar* v.
en·qui·zi·*la*·do adj.
en·qui·zi·la·*men*·to sm.
en·qui·zi·*lar* v.
en·ra·*bar* v.
en·ra·bi·*cha*·do adj.
en·ra·bi·cha·*men*·to sm.
en·ra·bi·*char* v.
en·ra·di·*ca*·do adj.
en·rai·*ar* v.
en·rai·*va*·do adj.
en·rai·*var* v.
en·rai·ve·*cer* v.
en·rai·ve·*ci*·do adj.
en·rai·ve·ci·*men*·to sm.
en·ra·i·*za*·do adj.
en·ra·i·za·*men*·to sm.
en·ra·i·*zar* v.
en·ra·ma·*ção* sf.; pl. ·*ções*.
en·ra·*ma*·da sf.
en·ra·*ma*·do adj.
en·ra·ma·*lhar* v.
en·ra·ma·lhe·*tar* v.
en·ra·ma·*men*·to sm.
en·ra·*mar* v.
en·ra·mi·lhe·*tar* v.
en·ran·*çar* v.
en·ran·*char* v.
en·ra·re·*cer* v.
en·ra·re·ci·*men*·to sm.
en·ras·*ca*·da sf.
en·ras·ca·*de*·la sf.
en·ras·ca·*du*·ra sf.
en·ras·*car* v.
en·re·*da*·da sf.
en·re·da·*dei*·ra sf.
en·re·da·*dei*·ro adj. sm.
en·re·da·*de*·la sf.
en·re·*da*·do adj.
en·re·da·*dor* (ô) adj. sm.
en·re·da·*men*·to sm.
en·re·*dar* v.
en·re·de:*ar* v.
en·re·*dei*·ro adj. sm.
en·re·di·*çar* sf.
en·re·*di*·ço adj.
en·re·*do* (ê) sm./Cf. *enredo* (é), do v. *enredar*.
en·re·doi·*çar* v.: *enredouçar*.

en·re·*do*·so (ô) adj.; f. e pl. (ó).
en·re·dou·*çar* v.: *enredoiçar*.
en·re·ge·*la*·do adj.
en·re·ge·la·*men*·to sm.
en·re·ge·*lan*·te adj. 2g.
en·re·ge·*lar* v.
en·re·*lhar* v.
en·re·mis·*sar* v.
en·ren·que:*ar* v.
en·re·si·*na*·gem sf.; pl. ·*gens*.
en·re·si·*nar* v.
en·*res*·mar v.
en·res·*ta*·do adj.
en·res·*tar* v.
en·ri·*car* v.
en·ri·*çar* v.
en·ri·ja·*men*·to sm.
en·ri·*jar* v.
en·ri·je·*cer* v.
en·ri·*lhar* v.
en·rin·co·*nar* v.
en·ri·pa·*men*·to sm.
en·ri·*par* v.
en·ri·que·*cer* v.
en·ri·que·*ci*·do adj.
en·ri·que·ci·*men*·to sm.
en·ris·*tar* v.
en·*ris*·te sm.
en·ri·*zar* v.
en·ro·*ca*·do adj.
en·ro·ca·*men*·to sm.
en·ro·*car* v.
en·ro·de·*lar* v.
en·ro·di·lha·*dor* (ô) adj. sm.
en·ro·di·lha·*men*·to sm.
en·ro·di·*lhar* v.
en·ro·la·ca·*be*·lo(s) sf. (pl.).
en·ro·*la*·da sf.
en·ro·la·*dei*·ra sf.
en·ro·la·*di*·nho sm.
en·ro·*la*·do adj. sm.
en·ro·la·*doi*·ro sm.: *enroladouro*.
en·ro·la·*dor* (ô) adj. sm.
en·ro·la·*dou*·ro sm.: *enroladoiro*.
en·ro·la·*men*·to sm.
en·ro·*lar* v.
en·*ros*·ca sf.
en·ros·ca·*de*·la sf.
en·ros·*ca*·do adj.
en·ros·ca·*du*·ra sf.
en·ros·ca·*men*·to sm.
en·ros·*car* v.
en·rou·*pa*·do adj.
en·rou·pa·*men*·to sm.
en·rou·*par* v.

en·rou·que·*cer* v.
en·rou·que·ci·*men*·to sm.
en·ro·*xar* v.
en·ru·bes·*cer* v.: *erubescer*.
en·ru·bes·ci·*men*·to sm.
en·ru·*çar* v.
en·ru·de·*cer* v.
en·ru·*far* v.
en·ru·ga·*ção* sf.; pl. ·*ções*.
en·ru·*ga*·do adj.
en·ru·ga·*men*·to sm.
en·ru·*gar* v.
en·ru·*gá*·vel adj. 2g.; pl. ·veis.
en·rus·*ti*·do adj.
en·rus·*tir* v.
en·sa·bo:a·*de*·la sf.
en·sa·bo:a·do adj. sm.
en·sa·bo:a·*du*·ra sf.
en·sa·bo:*ar* v.
en·sa·bur·*rar* v.
en·*sa*·ca sf.
en·sa·ca·*dei*·ra sf.
en·sa·ca·*di*·nha sf.
en·sa·ca·*dor* (ô) adj. sm.
en·sa·ca·*du*·ra sf.
en·sa·ca·*men*·to sm.
en·sa·*car* v.
en·sai·a·*dor* (ô) adj. sm.
en·sai·a·*men*·to sm.
en·sai·*ar* v.
en·sai·*á*·vel adj. 2g.; pl. ·veis.
en·sai·bra·*men*·to sm.
en·sai·*brar* v.
en·*sai*:o sm.
en·sa·*ís*·mo sm.
en·sa·*ís*·ta adj. s2g.
en·sa·*la*·da sf.
en·sa·li·*var* v.
en·sal·ma·*dor* (ô) adj. sm.
en·sal·*mar* v.
en·sal·*mei*·ro adj. sm.
en·*sal*·mo sm.
en·sal·moi·*rar* v.:
  en·sal·mou·*rar*.
en·sa·mam·bai·a·do adj.
en·sa·mar·*rar* v.
en·sam·be·ni·*tar* v.
en·sam·bla·*dor* (ô) adj. sm.
en·sam·bla·*du*·ra sf.
en·sam·*bla*·gem sf.; pl. ·gens.
en·sam·bla·*men*·to sm.
en·sam·*blar* v.
en·*san*·cha sf.
en·san·*char* v.
en·san·da·*lar* v.
en·san·de·*cer* v.
en·san·du:i·*char* v.

en·sa·ne·*far* v.
en·san·guen·*ta*·do adj.
en·san·guen·*tar* v.
en·san·gui·*nhar* v.
en·sa·pe·*za*·do adj.
en·*sa*·que sm.
en·sa·ri·lha·*men*·to sm.
en·sa·ri·*lhar* v.
en·sar·ne·*cer* v.
en·sar·ra·*far* v.
en·sar·*tar* v.
en·se:*a*·da sf.
en·se·*ba*·do adj.
en·se·ba·*men*·to sm.
en·se·*bar* v.
en·se·ca·*dei*·ra sf.
en·se·ca·*du*·ra sf.
en·se·ca·*men*·to sm.
en·se·*car* v.
en·*sei*·o sm.
en·sei·ra·*dor* (ô) sm. 'aquele que enseira'/Cf. *encerador*.
en·sei·ra·*men*·to sm. 'ação de enseirar'/Cf. *enceramento*.
en·sei·*rar* v. 'meter em seira'/Cf. *encerar*.
en·se·*jar* v.
en·*se*·jo (ê) sm.
en·se·men·*tar* v.
en·se·nho·re:*ar* v.
en·*sí*·fe·ro adj. sm.
en·si·*for*·me adj. 2g.
en·si·*la*·do adj. 'relativo ao cereal guardado em silos'/Cf. *encelado*.
en·si·*la*·gem sf.; pl. ·gens.
en·si·*lar* v.
en·si·mes·*mar* v.
en·si·mes·*mar*·se v.
en·si·na·*ção* sf.; pl. ·ções.
en·si·na·*de*·la sf.
en·si·na·*dor* (ô) adj. sm.
en·si·na·*men*·to sm.
en·si·*nan*·ça sf.
en·si·*nar* v.
en·si·*ná*·vel adj. 2g.; pl. ·veis.
en·*si*·no sm.
en·sir·*ros*·tro adj.
en·so:*a*·do adj.
en·so·a·lhei·*rar* v.
en·so·a·*men*·to sm.
en·so:*ar* v.
en·so·ber·*bar* v.
en·so·ber·be·*cer* v.
en·so·bra·*dar* v.
en·so·fre·*gar* v.
en·so·la·*ra*·do adj.

en·so·lei·ra·*men*·to sm.
en·so·lei·*rar* v.
en·sol·va·*men*·to sm.
en·sol·*var* v.
en·som·bra·*men*·to sm.
en·som·*brar* v.
en·som·bre:*ar* v.
en·*som*·bro sm.
en·so·pa·*di*·nho sm.
en·so·*pa*·do adj. sm.
en·so·pa·*men*·to sm.
en·so·*par* v.
en·sor·*nar* v.
ens·ta·*ti*·ta sf.
en·su·ma·*grar* v.
en·sur·de·ce·*dor* (ô) adj.
en·sur·de·*cên*·ci:a sf.
en·sur·de·*cer* v.
en·sur·de·ci·*men*·to sm.
en·sur·ro:*ar* v.
en·ta·bla·*men*·to sm.
en·ta·bo·*car* v.
en·ta·bu:a·*men*·to sm.
en·ta·bu:*ar* v.
en·ta·bu·la·*men*·to sm.
en·ta·bu·*lar* v.
en·ta·fu·*lhar* v.
en·tai·*pa*·ba sf.: *entaipava*.
en·tai·*pa*·do adj.
en·tai·pa·*men*·to sm.
en·tai·*par* v.
en·tai·*pa*·va sf.: *entaipaba*.
en·ta·la·*ção* sf.; pl. ·ções.
en·ta·*la*·da sf.
en·ta·la·*de*·la sf.
en·ta·*la*·do adj. sm.
en·ta·la·*dor* (ô) adj. sm.
en·ta·*lar* v.
en·ta·le·*cer* v.
en·ta·lei·*gar* v.
en·*ta*·lha sf.
en·ta·lha·*dor* (ô) adj. sm.
en·ta·lha·*du*·ra sf.
en·ta·lha·*men*·to sm.
en·ta·*lhar* v.
en·*ta*·lhe sm.: en·*ta*·lho.
en·ta·lis·*car* v.
en·*ta*·lo sm.
en·ta·lo:*a*·do adj.
en·tal·*pi*·a sf.
en·ta·*me*·ba sf.: *endameba*.
en·tan·*car* v.
en·tan·gue·*cer* v.
en·tan·*gui*·do adj.
en·tan·*guir* v.
en·tan·gui·*ta*·do adj.
en·ta·ni·*çar* v.

en·tan·to sm. adv.; na loc. *no entanto.*
en·tão adv. interj.
en·ta·pe·tar v.
en·ta·pi·zar v.
en·ta·ra·me·lar v.
en·tar·de·cer v. sm.
en·tar·ra·xar v.
ên·ta·se sf.
en·te sm.
en·te:a·do sm.
en·te:ar v.
en·te·ben·se adj. s2g.
en·te·car v. 'ficar imóvel'/Cf. *enticar.*
en·te·cer v.
en·te·di:ar v.
en·tei·a adj.; f. de *enteu*/Cf. *enteia*, do v. *entear.*
en·te·ís·mo sm.
en·te·jar v.
en·te·jo (ê) sm.
en·te·la·gem sf.; pl. ·gens.
en·te·lar v.
en·te·lé·qui:a sf.
en·te·lha·do adj.
en·te·lhar v.
en·te·lo sm.
en·ten·de·dor (ô) adj. sm.
en·ten·der v. 'ter ideia clara de'/Cf. *intender.*
en·ten·di·do adj. sm.
en·ten·di·men·to sm.
en·ten·dí·vel adj. 2g.; pl. ·veis.
en·te·ne·bre·cer v.
en·te·ne·bre·ci·men·to sm.
en·ten·re·cer v.
en·te·nu:e·cer v.
en·te:o·ma·ni·a sf.
en·te·ra·dê·ni·co adj.
en·te·ra·dê·ni:o sm.
en·te·ra·de·ni·te sf.
en·te·ral adj. 2g.; pl. ·rais.
en·te·ral·gi·a sf.
en·te·rál·gi·co adj.
en·te·rau·xi·a (cs) sf.
en·ter·çar v.
en·ter·ço (ê) sm.
en·te·rec·ta·si·a sf.
en·te·rec·to·mi·a sf.
en·te·re·mi·a sf.
en·té·ri·co adj.
en·te·ri·te sf.
en·ter·ne·ce·dor (ô) adj. sm.
en·ter·ne·cer v.
en·ter·ne·ci·do adj.
en·ter·ne·ci·men·to sm.

en·te·ro·ce·le sf.
en·te·ro·ci·ne·se sf.
en·te·ro·cis·to sm.
en·te·ro·cis·to·ce·le sf.
en·te·ró·cli·se sf.
en·te·ro·clis·ma sm.
en·te·ro·co·co sm.
en·te·ro·de·lo adj.
en·te·ro·di·ni·a sf.
en·te·ro·gas·tri·te sf.
en·te·ró·ge·no adj. sm.
en·te·ro·gra·fi·a sf.
en·te·ro·grá·fi·co adj.
en·te·ró·li·to sm.
en·te·ro·lo·gi·a sf.
en·te·ro·ló·gi·co adj.
en·te·ro·pa·ti·a sf.
en·te·ro·pe·xi·a (cs) sf.
en·te·ro·plas·ti·a sf.
en·te·ro·ple·xi·a (cs) sf.
en·te·rop·neus·to adj. sm.
en·te·ro·quí·na·se sf.
en·te·ro·se sf.
en·te·ros·te·no·se sf.
en·te·ro·to·mi·a sf.
en·te·ró·to·mo sm.
en·te·ro·ví·rus sm. 2n.
en·te·ro·zo·á·ri:o adj. sm.
en·ter·ra·dor (ô) adj. sm.
en·ter·ra·men·to sm.
en·ter·rar v.
en·ter·rei·rar v.
en·ter·ro (ê)/Cf. *enterro* (é), do v. *enterrar.*
en·ter·ro(s) dos os·sos sm. (pl.).
en·ter·ro:ar v.: *entorroar.*
en·te·sa·do adj.
en·te·sa·du·ra sf.
en·te·sar v.
en·te·soi·ra·dor (ô) adj. sm.: *entesourador.*
en·te·soi·ra·men·to sm.: *entesouramento.*
en·te·soi·rar v.: *entesourar.*
en·te·sou·ra·dor (ô) adj. sm.: *entesoirador.*
en·te·sou·ra·men·to sm.: *entesoiramento.*
en·te·sou·rar v.: *entesoirar.*
en·tes·tar v.
en·teu adj.; f. *enteia.*
en·ti·be·cer v.
en·ti·bi:a·dor (ô) adj.
en·ti·bi:a·men·to sm.
en·ti·bi:ar v.
en·ti·ca sf.
en·ti·ca·dor (ô) adj. sm.

en·ti·can·te adj. 2g.
en·ti·car v. 'provocar'/Cf. *entecar.*
en·ti·da·de sf.
en·ti·jo·la·men·to sm.
en·ti·jo·lar v.
en·ti·ju·ca·do adj.: *entujucado.*
en·ti·ju·car v.: *entujucar.*
en·ti·me·ma sm.
en·ti·me·má·ti·co adj.
en·ti·me·mis·mo sm.
en·tin·ta·dor (ô) adj.
en·tin·ta·men·to sm.
en·tin·tar v.
en·ti·si·car v.
en·ti·va·ção sf.; pl. ·ções.
en·ti·va·dor (ô) adj. sm.
en·ti·var v.
en·to:a·ção sf.; pl. ·ções.
en·to:a·dor (ô) adj. sm.
en·to:a·men·to sm.
en·to:ar v. 'fazer soar'/Cf. *entonar.*
en·to·cai·ar v.
en·to·ca·men·to sm.
en·to·car v.
en·to·cé·fa·lo sm.
en·tó·ci·to sm.
en·to·côn·di·lo sm.
en·tó·fi·to adj.
en·to·gás·tri·co sm.
en·tóg·na·to adj. sm.
en·toi·çar v.: *entouçar.*
en·to·ja·do adj.
en·to·jar v.
en·to·jo (ô) sm.: *antojo*/Cf. *entojo* (ó), do v. *entojar.*
en·tô·mi·co adj.
en·to·mo·bri:o·mor·fo adj. sm.
en·to·mo·fi·li·a sf.
en·to·mó·fi·lo adj.
en·to·mó·ge·no adj.
en·to·mo·lo·gi·a sf.
en·to·mo·ló·gi·co adj.
en·to·mo·lo·gis·ta adj. s2g.
en·to·mó·lo·go sm.
en·to·mos·trá·ce:o adj. sm.
en·to·mo·zo·á·ri:o sm.
en·to·na·ção sf.; pl. ·ções.
en·to·nar v.
en·ton·ce adv.: en·ton·ces.
en·to·no sm.
en·ton·te·ce·dor (ô) adj.
en·ton·te·cer v.
en·ton·te·ci·men·to sm.
en·tó·pi·co adj.
en·tóp·ti·co adj.: *entótico.*

en·top·tos·co·*pi*·a sf.:
	entotoscopia.
en·tor·*na*·do adj.
en·tor·na·*du*·ra sf.
en·tor·*nar* v.
en·*tor*·no (ô) sm.
en·tor·pe·ce·*dor* (ô) adj.
en·tor·pe·*cen*·te adj. 2g. sm.
en·tor·pe·*cer* v.
en·tor·pe·*ci*·do adj.
en·tor·pe·ci·*men*·to sm.
en·tor·ro:*ar* v.: *enterroar*.
en·*tor*·se sf.
en·tor·ta·*du*·ra sf.
en·tor·*tar* v.
en·*tó*·ti·co adj.: *entóptico*.
en·to·tos·co·*pi*·a sf.:
	entoptoscopia.
en·to·*tro*·fo adj. sm.
en·tou·*çar* v.: *entoiçar*.
en·to·zo:*á*·ri:o adj. sm.
en·to·*zó*·ri:o adj.
en·*tra*·da sf.
en·*tra*·da(s) de *bar*·ra sf. (pl.).
en·tra·*dis*·ta sm.
en·*tra*·do adj.
en·*tra* e *sai* sm. 2n.
en·tra·*jar* v.
en·*tra*·je sm.
en·tra·lha·*ção* sf.; pl. ·*ções*.
en·tra·lha·*men*·to sm.
en·tra·*lhar* v.
en·*tra*·lho sm.
en·tran·*ça*·do adj. sm.
en·tran·ça·*du*·ra sf.
en·tran·ça·*men*·to sm.
en·tran·*çar* v.
en·*trân*·ci:a sf.
en·tra·nha sf.
en·tra·*nha*·do adj.
en·tra·*nhar* v.
en·tra·*nhá*·vel adj. 2g.; pl. ·*veis*.
en·tran·quei·*rar* v.
en·*tran*·te adj. 2g.
en·tra·*par* v.
en·*trar* v.
en·tras·ta·*men*·to sm.
en·tras·*tar* v.
en·tra·va·*dor* (ô) adj.
en·tra·*var* v.
en·*tra*·ve sm.
en·tre prep.
en·tre:a·*ber*·ta sf.
en·tre:a·*ber*·to adj.
en·tre:a·*brir* v.
en·tre:*a*·to sm.
en·tre·ba·*ter* v.

en·tre·*bran*·co adj.
en·tre·cam·*ba*·do adj.
en·tre·*ca*·na sf.
en·tre·*ca*·sa sf.
en·tre·*cas*·ca sf.
en·tre·*cas*·co sm.
en·tre·*ce*·na sf.
en·tre·cer·*rar* v.
en·tre·*char* v.
en·*tre*·cho (ê) sm.
en·tre·cho·*car* v.
en·tre·*cho*·que sm.
en·tre·*ci*·lhas sf. pl.
en·tre·co·*ber*·ta sf.
en·tre·co·*lú*·ni:o sm.
en·tre·co·nhe·*cer* v.
en·tre·*co*·ro (ô) sm.; pl. (ó).
en·tre·cor·*rer* v.
en·tre·cor·*ta*·do adj.
en·tre·cor·*tar* v.
en·tre·*cor*·te sm.
en·tre·*cos*·to (ô) sm.
entrecôte sf. (fr.: *antrecót*).
en·tre·co·*zer* v.
en·tre·cru·za·*men*·to sm.
en·tre·cru·*zar* v.
en·tre·*de*·do (ê) sm.
en·tre·de·vo·*rar* v.
en·tre·di·la·ce·*rar* v.
en·tre·di·*zer* v.
en·tre·dor·*mi*·do adj.
en·tre·*fa*·la sf.
en·tre·fa·*lar* v.
en·tre·fe·*cha*·do adj.
en·tre·fe·*char* v.
en·tre·*fer*·ro sm.
en·tre·fi·*le*·te (ê) sm.
en·tre·*fi*·no adj.
en·tre·*fo*·lha (ô) sf./
	Cf. *entrefolha* (ó), do v.
	entrefolhar.
en·tre·fo·*lha*·do adj.
en·tre·fo·*lhar* v.
en·tre·*fo*·lho (ô) sf./
	Cf. *entrefolho* (ó), do v.
	entrefolhar.
en·tre·*for*·ro (ô) sm.
en·*tre*·ga sf.
en·tre·ga·*dei*·ra sf.
en·tre·ga·*dor* (ô) adj. sm.
en·tre·*gar* v.
en·*tre*·gue adj. 2g.
en·tre·*guis*·mo sm.
en·tre·hos·*til* adj. 2g.; pl. *entre-
	-hostis*.
en·tre·la·*ça*·do adj. sm.
en·tre·la·ça·*men*·to sm.

en·tre·la·*çar* v.
en·tre·*la*·ce sm.
en·tre·*la*·ço sm.
en·tre·lem·*brar* v.
en·tre·li·*gar* v.
en·tre·*li*·nha sf.
en·tre·li·*nha*·do adj.
en·tre·li·nha·*men*·to sm.
en·tre·li·*nhar* v.
en·tre·*li*·nhas sf. pl.
en·tre·*lo*·po (ô) adj. sm.
en·tre·lu·*zir* v.
en·tre·ma·*du*·ro adj.
en·tre·ma·*nhã* sf.
en·tre·mar·*rar* v.
en·tre·ma·*tar* v.
en·tre·me:*ar* v.
en·tre·*mei*:o sm.
en·tre·*men*·tes adv.
en·tre·*mês* sm. 'trigo'/Cf.
	entremez.
en·tre·me·sa (ê) sf.
en·tre·mes·*clar* v.
en·tre·me·*ter* v.
en·tre·me·ti·*men*·to sm.
en·tre·*mez* (ê) sm. 'pequena
	farsa de um só ato'/Cf.
	entremês.
en·tre·me·*za*·da sf.
en·tre·me·*zis*·ta adj. s2g.
en·tre·mis·tu·*rar* v.
en·tre·mo·di·*lhão* sm.; pl.
	·*lhões*.
en·tre·mon·*ta*·no adj.
en·tre·mos·*trar* v.
en·tre·*ner*·vo (ê) sm.
en·tre·*nó* sm.
en·tre·*noi*·te adj.:
	en·tre·*nou*·te.
en·tre·nu·*bla*·do adj.
en·tre·nu·*blar* v.
en·tre:o·*cul*·to adj.
en·tre:o·*lhar* v.
en·tre:ou·*vir* v.
en·tre·*pa*·no sm.
en·tre·pa·*rar* v.
en·tre·pas·*sar* v.
en·tre·*pau*·sa sf.
en·tre·pe·*la*·do adj. sm.
en·tre·*per*·na sf.
en·tre·pi·*las*·tras sm. 2n.
en·tre·*pla*·no sm.
en·tre·*pon*·te sf.
en·tre·*por* v.
en·tre·*pó*·si·to sm.
en·tre·*pos*·to (ô) sm.
en·tre·*pre*·sa (ê) sf.

en·tre·que·*rer* v.
en·trer·ri:*a*·no adj. sm.
en·trer·ri:*en*·se adj. s2g.
en·tres·co·lher v.
en·tre·si·*lha*·do adj.
en·tre·si·*lhar* v.
en·tres·sa·*char* v.
en·tres·*sa*·fra sf.
en·tres·*sei*:o sm.
en·tres·se·me:*ar* v.
en·tres·*so*·la sf.
en·tres·so·*lhar* v.
en·tres·*so*·lho (ô) sm./
  Cf. *entressolho* (ó), do v.
  entressolhar.
en·tres·so·*nhar* v.
en·tres·*so*·nho sm.
en·tres·sor·*rir* v.
en·tres·sor·*ri*·so sm.
en·tre·ta·*lha·dor* (ô) adj. sm.
en·tre·ta·lha·*du*·ra sf.
en·tre·ta·*lhar* v.
en·tre·*ta*·lho sm.
en·tre·*tan*·to adv. conj.
en·tre·te·ce·*dor* (ô) adj. sm.
en·tre·te·ce·*du*·ra sf.
en·tre·te·*cer* v.
en·tre·te·ci·*men*·to sm.
en·tre·*te*·la sf.
en·tre·te·*la*·do adj.
en·tre·te·*lar* v.
en·tre·*tém* sm.; pl. ·*téns*.
en·tre·*tem*·po sm.
en·tre·te·ni·*men*·to sm.
en·tre·*ter* v.
en·tre·*tes*·ta sf.
en·tre·*ti*·do adj.
en·tre·ti·*men*·to sm.
en·tre·*ti*·nho sm.
en·tre·*tom* sm.; pl. ·*tons*.
en·tre·tro·pi·*cal* adj. 2g.; pl.
  ·*cais*.
en·tre·*tró*·pi·co adj.
en·tre·tur·*ba*·do adj.
en·tre·tur·*bar* v.
en·tre·va·*ção* sf.; pl. ·*ções*.
en·tre·*va*·do adj. sm.
en·tre·va·*men*·to sm.
en·tre·*var* v.
en·tre·ve·*cer* v.
en·tre·ve·ci·*men*·to sm.
en·tre·*vei*·ro sm.: *entrevero*.
en·tre·*ver* v.
en·tre·ve·*rar* v.
en·tre·*ve*·ro (ê) sm./Cf.
  entrevero (é), do v. *entreverar*.
en·tre·*vi*·a sf.

en·tre·*vi*·ga sf.
en·tre·*vin*·da sf.
en·tre·*vir* v.
en·tre·vi·*são* sf.; pl. ·*sões*.
en·tre·*vis*·ta sf.
en·tre·vis·*ta*·do adj. sm.
en·tre·vis·ta·*dor* (ô) adj. sm.
en·tre·vis·*tar* v.
en·tre·*zar* v.
en·tri·lha·*men*·to sm.
en·tri·*lhar* v.
en·trin·chei·*ra*·do adj.
en·trin·chei·ra·*men*·to sm.
en·trin·chei·*rar* v.
en·tris·te·ce·*dor* (ô) adj.
en·tris·te·*cer* v.
en·tris·te·ci·*men*·to sm.
en·*tri*·ta sf.
en·troi·*xar* v.: *entrouxar*.
en·*troi*·xo sm.: *entrouxo*.
en·tro·*nar* v.
en·tron·*ca*·do adj.
en·tron·ca·*men*·to sm.
en·tron·*car* v.
en·tron·*cha*·do adj.
en·tron·*char* v.
en·tro·ni·za·*ção* sf.; pl. ·*ções*.
en·tro·ni·*zar* v.
en·tro·ni·*zá*·vel adj.2 g.; pl.
  ·*veis*.
en·tron·que·*cer* v.
en·tron·que·*ci*·do adj.
en·tro·*pi*·a sf.
en·tro·pi·*car* v.
en·*tró*·pi·co adj.
en·tro·pi·*gai·tar* v.
en·tro·pi·*lhar* v.
en·*tró*·pi:o sm.: en·*tró*·pi:on.
en·*trós* sf.
en·tro·*sa* sf.
en·tro·*sa*·gem sf.; pl. ·*gens*.
en·tro·sa·*men*·to sm.
en·tro·*sar* v.
en·trou·*xar* v.: *entroixar*.
en·*trou*·xo sm.: *entroixo*.
en·tro·vis·*ca*·da sf.
en·tro·vis·ca·*dor* (ô) sm.
en·tro·vis·ca·*men*·to sm.
en·tro·vis·*car* v.
en·tru·*da*·da sf.
en·tru·*dal* adj. 2g.; pl. ·*dais*.
en·tru·*dar* v.
en·tru·*des*·co (ê) adj.
en·*tru*·do sm.
en·tu·ba·*ção* sf.; pl. ·*ções*.
en·tu·*bar* v.
en·tu·cha·*men*·to sm.

en·tu·*char* v.
en·tu·*fa*·do adj.
en·tu·fa·*men*·to sm.
en·tu·*far* v.
en·tu·ju·*ca*·do adj.: *entijucado*.
en·tu·ju·*car* v.: *entijucar*.
en·tu·*lha*·gem sf.; pl. ·*gens*.
en·tu·lha·*men*·to sm.
en·tu·*lhar* v.
en·*tu*·lho sm.
en·*tu*·na sf.
en·tu·ni·*ca*·do adj.
en·tu·*pi*·do adj.
en·tu·pi·*dor* (ô) adj. sm.
en·tu·pi·gai·ta·*ção* sf.; pl. ·*ções*.
en·tu·pi·gai·*tar* v.
en·tu·pi·*men*·to sm.
en·tu·*pir* v.
en·tur·*bar* v.
en·tur·ma·*ção* sf.; pl. ·*ções*.
en·tur·*mar* v.
en·tur·va·*ção* sf.; pl. ·*ções*.
en·tur·*va*·do adj.
en·tur·*var* v.
en·tur·ve·*cer* v.
en·tur·vis·*car* v.
en·tu·si·as·*ma*·do adj.
en·tu·si·as·*mar* v.
en·tu·si·as·*má*·vel adj. 2g.; pl.
  ·*veis*.
en·tu·si·*as*·mo sm.
en·tu·si:*as*·ta adj. s2g.
en·tu·si:*ás*·ti·co adj.
en·tu·*vi*:a·da sf.
e·nu·bla·*ção* sf.; pl. ·*ções*.
e·nu·*blar* v.
e·nu·cle:a·*ção* sf.; pl. ·*ções*.
e·nu·cle:*ar* v.
e·nu·me·ra·bi·li·*da*·de sf.
e·nu·me·ra·*ção* sf.; pl. ·*ções*.
e·nu·me·ra·*dor* (ô) adj. sm.
e·nu·me·*rar* v.
e·nu·me·ra·*ti*·vo adj.
e·nu·me·*rá*·vel adj. 2g.; pl.
  ·*veis*.
e·nun·ci·a·*ção* sf.; pl. ·*ções*.
e·nun·ci·*a*·do adj. sm.
e·nun·ci·a·*dor* (ô) adj. sm.
e·nun·ci·*ar* v.
e·nun·ci·a·*ti*·vo adj.
e·nun·ci·*á*·vel adj. 2g.; pl. ·*veis*.
ê·*nu*·pla sf.
e·nu·*re*·se sf.
e·nu·*re*·si·a sf.
e·nu·vi:*ar* v.
en·va·gi·na·*ção* sf.; pl. ·*ções*:
  invaginação.

en·va·gi·*na*·do adj.: *invaginado*.
en·va·gi·*nan*·te adj. 2g.: *invaginante*.
en·va·gi·*nar* v.: *invaginar*.
en·vai·*dar* v.
en·vai·de·ce·*dor* (ô) adj.
en·vai·de·*cer* v.
en·vai·de·ci·*men*·to sm.
en·va·*lar* v.
en·va·*rar* v.
en·va·re·*ta*·do adj.
en·va·re·*tar* v.
en·va·sa·*du*·ra sf.
en·va·sa·*men*·to sm.
en·va·*sar* v.
en·va·si·lha·*men*·to sm.
en·va·si·*lhar* v.
en·ve·lha·*car* v.
en·ve·lhe·ce·*dor* (ô) adj.
en·ve·lhe·*cer* v.
en·ve·lhe·*ci*·do adj.
en·ve·lhe·ci·*men*·to sm.
en·ve·lhen·ta·*men*·to sm.
en·ve·lhen·*tar* v.
en·ve·lo·*par* v.
en·ve·*lo*·pe sm.
en·ve·ci·*lha*·do adj.
en·ve·ci·*lhar* v.
en·ve·ne·*na*·do adj.
en·ve·ne·na·*dor* (ô) adj. sm.
en·ve·ne·na·*men*·to sm.
en·ve·ne·*nar* v.
en·ven·ta·*nar* v.
en·ver·de·*cer* v.
en·ver·de·ci·*men*·to sm.
en·ver·de·*jar* v.
en·ve·re·da·*men*·to sm.
en·ve·re·*dar* v.
en·ver·ga·*du*·ra sf.
en·ver·ga·*men*·to sm.
en·ver·*gar* v.
en·ver·go·nha·*dor* (ô) adj.
en·ver·go·nha·*men*·to sm.
en·ver·go·*nhar* v.
en·*ver*·gues sm. pl.
en·ver·me·*lhar* v.
en·ver·me·lhe·*cer* v.
en·ver·ni·*za*·do adj.
en·ver·ni·za·*dor* (ô) sm.
en·ver·ni·za·*du*·ra sf.
en·ver·ni·za·*men*·to sm.
en·ver·ni·*zar* v.
en·ver·ru·*ga*·do adj.
en·ver·ru·*gar* v.
en·ve·*sar* v.: *envessar*.
en·ves·*gar* v.
en·ves·*sa*·do adj.

en·ves·*sar* v.: *envesar*.
en·*ves*·so (ê) sm./Cf. *envesso* (é), do v. *envessar*.
en·vi:*a*·da sf.
en·vi:*a*·do adj. sm.
en·vi:*ar* v.
en·vi:a·*tu*·ra sf.
en·vi·da·*dor* (ô) sm.
en·vi·*dar* v.
en·*vi*·de sm.
en·vi·*di*·lha sf.
en·vi·di·*lhar* v.
en·vi·dra·*ça*·do adj.
en·vi·dra·ça·*men*·to sm.
en·vi·dra·*çar* v.
en·vi:ei·*rar* v.
en·vi·*és* sm.; na loc. *de enviés*.
en·vi:e·*sa*·do adj.
en·vi:e·*sar* v.
en·vi·ga·*men*·to sm.
en·vi·*gar* v.
en·vi·go·*ran*·te adj. 2g.
en·vi·go·*rar* v.
en·vi·le·*cer* v.
en·vi·le·ci·*men*·to sm.
en·vi·na·*gra*·do adj.
en·vi·na·*grar* v.
en·vin·ci·*lhar* v.: *envencilhar*.
en·*vi*·o sm.
en·vi·pe·*ra*·do adj.
en·vi·pe·*rar* v.
en·*vi*·ra sf.: *embira*.
en·*vi*·ra·ta·*í* sf.: *embirataí*.
en·vi·*ren*·se adj. s2g.
en·vis·ca·*dor* (ô) adj.
en·vis·*can*·te adj. 2g.
en·*vis*·car v.
en·vi:u·*var* v.
en·vi·vei·*rar* v.
en·*vol*·ta sf. 'confusão'/Cf. *envolta* (ô), f. de *envolto*.
en·*vol*·to (ô) adj. 'envolvido'.
en·vol·*tó*·ri:a sf.
en·vol·*tó*·ri:o sm.
en·vol·*tu*·ra sf.
en·vol·ve·*dor* (ô) adj. sm.
en·vol·*vên*·ci:a sf.
en·vol·*ven*·te adj. 2g.
en·vol·*ver* v.
en·vol·vi·*men*·to sm.
en·xa·bi·*dez* (ê) sf.
en·xa·*bi*·do adj.
en·xa·*co*·co (ô) adj. sm.
en·*xa*·da sf.
en·xa·*da*·da sf.
en·xa·*dão* sm.; pl. *·dões*.
en·xa·da(s)-*ver*·de(s) sf. (pl.).

en·xa·*dei*·ro sm.
en·xa·*drez* (ê) sm.
en·xa·dre·*za*·do adj. sm.
en·xa·dre·*zar* v.
en·xa·*dris*·mo sm.
en·xa·*dris*·ta adj. s2g.
en·xa·gua·*du*·ra sf.
en·xa·*guar* v.
en·xai·me:a·*ção* sf.: *enxameação*; pl. *·ções*.
en·xai·me:a·*dor* (ô) sm.: *enxameador*.
en·xai·me:a·*men*·to sm.: *enxameamento*.
en·xai·me:*ar* v.: *enxamear*.
en·xai·*mel* sm.; pl. *·méis*.
en·*xal*·ço sm.
en·*xal*·ma·*dor* (ô) adj. sm.
en·*xal*·ma·*du*·ra sf.
en·*xal*·mar v.
en·*xal*·mo sm.
en·*xa*·ma sf.
en·xa·*ma*·gem sf.; pl. *·gens*.
en·xam·*be*·que sm.
en·xam·*bra*·do adj.: *enxombrado, enxumbrado*.
en·xam·*brar* v.: *enxombrar, enxumbrar*.
en·*xa*·me sm.
en·xa·me:a·*ção* sf.: *enxaimeação*; pl. *·ções*.
en·xa·me:a·*dor* (ô) sm.: *enxaimeador*.
en·xa·me:a·*men*·to sm.: *enxaimeamento*.
en·xa·me:*ar* v.: *enxaimear*.
en·xa·*que*·ca (ê) sf.
en·xa·que·*ta*·do adj.: *enxequetado*.
en·xa·que·*tar* v.: *enxequetar*.
en·*xa*·ra sf.
en·xa·ra·*vi*·a sf.
en·*xár*·ci:a sf./Cf. *enxarcia*, do v. *enxarciar*.
en·xar·ci:*ar* v.
en·xa·ro·*par* v.
en·xe·que·*ta*·do adj.: *enxaquetado*.
en·xe·que·*tar* v.: *enxaquetar*.
en·*xer*·ca sf.
en·xer·*car* v.
en·*xer*·co (ê) sm./Cf. *enxerco* (é), do v. *enxercar*.
en·*xer*·ga (ê) sf./Cf. *enxerga* (é) e *enxergas* (é), do v. *enxergar*.
en·xer·*gão* sm.; pl. *·gões*.
en·xer·*gar* v.

en·xer·*guei*·ro sm.
en·xe·*ri*·do adj. sm.
en·xe·ri·*men*·to sm.
en·xe·*rir* v.
en·xer·ta·*dei*·ra sf.
en·xer·ta·*dor* (ô) adj. sm.
en·xer·ta·*du*·ra sf.
en·xer·*tar* v.
en·xer·*tá*·ri:o sm.
en·xer·*ti*·a sf.
en·*xer*·to (ê) sm./Cf. enxerto (é), do v. *enxertar*.
en·xer·to(s)-de-pas·sa·*ri*·nho sm. (pl.).
en·*xó* sf.
en·xo:*a*·da sf.
en·xo·fra·*dei*·ra sf.
en·xo·*fra*·do adj.
en·xo·fra·*dor* (ô) adj. sm.
en·xo·fra·*men*·to sm.
en·xo·*frar* v.
en·*xo*·fre (ô) sm./Cf. *enxofre* (ó), do v. *enxofrar*.
en·xo·*frei*·ra sf.
en·xo·*fren*·to adj.
en·xo·*fri*·a sf.
en·xom·*bra*·do adj.:
   enxambrado, enxumbrado.
en·xom·*brar* v.: enxambrar, enxumbrar.
en·xo·ta-*cães* sm. 2n.
en·xo·ta-di:*a*·bos sm. 2n.
en·xo·ta·*dor* (ô) adj. sm.
en·xo·ta·*du*·ra sf.
en·xo·ta·*men*·to sm.
en·xo·ta-*mos*·cas sm. 2n.
en·xo·*tar* v.
en·*xo*·va sf. 'prisão': *enxovia*/Cf. *enchova* (ô).
en·xo·*val* sm.; pl. ·*vais*.
en·xo·va·*lha*·do adj.
en·xo·va·lha·*men*·to sm.
en·xo·va·*lhar* v.
en·xo·*va*·lho sm.
en·xo·*ve*·do (ê) sm.
en·xo·*vi*·a sf.: *enxova*.
en·*xu* sm. sf.
en·xu(s)-da-bei·ra·do--te·*lha*·do sm. (pl.).
en·*xu*·ga sf.
en·xu·ga-*doi*·ro sm.: *enxugadouro*.
en·xu·ga·*dor* (ô) sm.
en·xu·ga·*dou*·ro sm.: *enxugadoiro*.
en·xu·ga-*ge*·lo(s) s2g. (pl.).
en·xu·ga·*men*·to sm.

en·xu·*gar* v.
en·*xu*·go sm.
en·*xu*:*í* sm.
en·xum·*bra*·do adj.:
   enxambrado, enxombrado.
en·xum·*brar* v.: *enxambrar*, *enxombrar*.
en·*xún*·di:a sf./Cf. *enxundia*, do v. *enxundiar*.
en·xun·di:*ar* v.
en·xun·di:*o*·so (ô) adj.; f. *e* pl. (ó).
en·*xur*·dar v.
en·xur·*dei*·ro sm.
en·*xur*·do sm.
en·xu·*ra*·da sf.
en·xur·*rar* v.
en·xur·*rei*·ra sf.: *enxurreiro*.
en·xur·*rei*·ro adj. sm.
en·xur·*ri*·a sf.
en·xur·*ri*·lho sm.
en·*xur*·ro sm.
en·*xu*·to adj. sm.
en·*zam*·pa s2g.
en·zam·pa·*men*·to sm.
en·*zam*·par v.
en·*zam*·pe sm.
en·*zen*·za sf.
en·zi·*gó*·ti·co adj.
en·*zi*·ma sf.
en·zi·*má*·ti·co adj.
en·*zí*·mi·co adj.
en·zi·*moi*·de adj. 2g.
en·zi·*mó*·li·se sf.
en·zi·mo·lo·*gi*·a sf.
en·zi·mo·*ló*·gi·co adj.
en·zi·mo·lo·*gis*·ta adj. s2g.
en·zi·*mó*·lo·go sm.
en·zi·*mo*·se sf.
en·*zi*·nha sf.
en·zi·*nhei*·ra sf.
e:o·can·to·*cé*·fa·lo adj. sm.
e:o·*cê*·ni·co adj.
e:o·*ce*·no adj. sm.
e:o·*fí*·ti·co adj.
e:*ó*·fi·to sm.
e:*ó*·li:a sf.
e:*ó*·li·co adj. sm.
e:o·li·*dí*·de:o adj.:
e:o·*li*·na sf.
e:*ó*·li:o adj. sm.
e:o·*lí*·pi·la sf.
e:o·*lis*·mo sm.
e:o·*lí*·ti·co adj.
e:*ó*·li·to adj. sm.
é:*o*·lo sm.
e:o·*si*·na sf.

e:o·si·no·fi·*li*·a sf.
e:o·si·*nó*·fi·lo adj. sm.
e:o·*zoi*·co adj.
e·pac·*más*·ti·co adj.
e·pa·cri·*dá*·ce:a sf.
e·pa·cri·*dá*·ce:o adj.
e·*pac*·ta sf.
e·pac·*tal* adj.; pl. ·*tais*.
e·pa·*go*·ge sf.
e·pa·*gó*·gi·co adj.
e·pa·*go*·go (ô) sm.
e·pa·*gô*·me·no adj.
e·pa·na·di·*plo*·se sf.
e·pa·*ná*·fo·ra sf.
e·pa·na·*lep*·se sf.
e·pa·*nás*·tro·fe sf.
e·*pâ*·no·do sm.
e·pa·nor·*to*·se sf.
e·pan·*té*·ri:o adj. sm.
e·*pan*·to adj.
e·par·*qui*·a sf.
e·pe·*ci*·no adj. sm.
e·pen·*cé*·fa·lo sm.
e·*pên*·di·ma sm.
e·pen·di·*mal* adj. 2g.; pl. ·*mais*.
e·*pên*·te·se sf.
e·pen·*té*·ti·co adj.
e·pe·*ru*·a sf.
e·pe·xe·*ge*·se (cs) sf.
e·pe·xe·*gé*·ti·co (cs) adj.
e·*pí*:a·lo adj.
e·pi:*ás*·ti·co adj.
e·pi·bi·*on*·to sm.
e·pi·bi:*o*·se sf.
e·pi·bi·*ó*·ti·co adj.
e·pi·*blás*·ti·co adj.
e·pi·*blas*·to sm.
e·pi·*ble*·ma sm.
e·pi·bo·*li*·a sf.
e·pi·*bó*·li·co adj.
é·pi·ca sf.
e·pi·*cân*·ti·co adj.
e·pi·*can*·to sm.
e·pi·*cár*·pi·co adj.
e·pi·*car*·po sm.
e·pi·*cau*·le adj. 2g.
e·pi·*cé*·di:o sm.
e·pi·*ce*·no adj.
e·pi·cen·*tral* adj. 2g.; pl. ·*trais*
e·pi·*cên*·tri·co adj.
e·pi·*cen*·tro sm.
e·pi·*ci*·clo sm.
e·pi·ci·*cloi*·dal adj. 2g.; pl. ·*dais*.
e·pi·ci·*cloi*·de sf.
e·pi·*cle*·se sf.
e·pi·*cli*·no adj.
e·pi·clo·ri·*dri*·na sf.

e·pic·*más*·ti·co adj.
é·pi·co adj. sm.
e·pi·*có*·li·co adj.
é·pi·co-*lí*·ri·co(s) adj. (pl.).
e·pi·con·di·li:*a*·no adj.
e·pi·*côn*·di·lo sm.
e·pi·cor·*dal* adj. 2g.; pl. ·*dais*.
e·pi·*có*·ti·lo sm.
e·pi·cra·ni:*al* adj. 2g.; pl. ·*ais*.
e·pi·cra·ni:*a*·no adj.
e·pi·*crâ*·ni·co adj.
e·pi·*crâ*·ni:o sm.
e·*pí*·cri·se sf.
e·pi·*crí*·ti·co adj.
e·pi·*cro*·se sf.
e·pic·*tô*·ni:o adj.
e·pi·cu·*rei*·a adj. sf. de *epicureu*.
e·pi·cu·*reu* adj. sm.
e·pi·cu·*ris*·mo sm.
e·pi·cu·*ris*·ta adj. s2g.
e·pi·de·*mi*·a sf.
e·pi·de·mi:*ar* v.
e·pi·de·mi·ci·*da*·de sf.
e·pi·*dê*·mi·co adj.
e·pi·de·mi:o·lo·*gi*·a sf.
e·pi·de·mi:o·lo·*ló*·gi·co adj.
e·pi·de·mi:o·lo·*gis*·ta adj. s2g.
e·pi·de·mi:*ó*·lo·go sm.
e·pi·*den*·dro adj. sm.
e·pi·*der*·me sf.
e·pi·*dér*·mi·co adj.
e·pi·der·*mí*·cu·la sf.
e·pi·der·*mi*·na sf.
e·pi·der·mo·fi·*to*·se sf.
e·pi·der·*moi*·de adj. 2g.
e·pi·der·*mó*·li·se sf.
e·pi·di:as·*có*·pi:o sm.
e·pi·*díc*·ti·co adj.: *epidítico*.
e·pi·di·di·*mi*·te sf.
e·pi·*dí*·di·mo sm.
e·pi·*dí*·ti·co adj.: *epidíctico*.
e·*pí*·do·to sm.
e·pi·fa·*ni*·a sf.
e·pi·*fau*·na sf.
e·pi·*fá*·ti·co adj.
e·pi·fe·no·me·*nal* adj. 2g.; pl. ·*nais*.
e·pi·fe·no·me·na·*lis*·mo sm.
e·pi·fe·*nô*·me·no sm.
e·pi·fe·no·*mé*·ti·co adj.
e·pi·fi·*lis*·mo sm.
e·pi·*fi*·lo sm.
e·*pí*·fi·se sf.
e·pi·*fí*·ti·co adj.
e·pi·fi·*tis*·mo sm.
e·*pí*·fi·to adj. sm.
e·pi·*flo*·ra sf.

e·pi·fi·to·lo·*gi*·a sf.
e·pi·fle:*o*·se sf.
e·pi·flo·*go*·se sf.
e·pi·fo·*ne*·ma sm.
e·pi·fo·*nê*·mi·co adj.
e·*pí*·fo·no sm.
e·*pí*·fo·ra sf.
e·pi·*frag*·ma sm.
e·pi·frag·*má*·ti·co adj.
e·*pí*·fra·se sf.
e·pi·ga·*mi*·a sf.
e·pi·*gâ*·mi·co adj.
e·pi·gas·tral·*gi*·a sf.
e·pi·*gás*·tri·co adj.
e·pi·*gás*·tri:o sm.
e·pi·*gei*·a adj. sf. de *epigeu*.
e·pi·*gê*·ne·se sf.
e·pi·ge·ne·*si*·a sf.
e·pi·ge·ne·*sis*·ta adj. s2g.
e·pi·ge·*né*·ti·co adj.
e·pi·ge·*ni*·a sf. 'alteração da composição de um mineral'/ Cf. *epiginia*.
e·pi·ge·ni·*za*·do adj.
e·pi·ge·ni·*zar* v.
e·*pí*·ge·no adj.
e·pi·*geu* adj. sm.; f. *epigeia*.
e·pi·gi·*ni*·a sf. 'caráter da flor epígina'/Cf. *epigenia*.
e·*pí*·gi·no adj.
e·pi·*glos*·sa sf.
e·pi·*glo*·te sf.
e·pi·*gló*·ti·co adj.
e·pi·glo·*ti*·te sf.
e·pig·*na*·ta adj. 2g.
e·pig·*na*·to adj.
e·pi·*gô*·ni·co adj.
e·pi·*gô*·ni:o sm.
e·pi·go·*nis*·mo sm.
e·*pí*·go·no sm.
e·pi·gra·*far* v.
e·*pí*·gra·fe sf./Cf. *epigrafe*, do v. *epigrafar*.
e·pi·gra·*fi*·a sf.
e·pi·*grá*·fi·co adj.
e·pi·gra·*fis*·ta adj. s2g.
e·*pí*·gra·fo sm./Cf. *epigrafo*, do v. *epigrafar*.
e·pi·*gra*·ma sf.
e·pi·gra·*mar* v.
e·pi·gra·*má*·ti·co adj.
e·pi·gra·ma·*tis*·mo sm.
e·pi·gra·ma·*tis*·ta adj. s2g.
e·pi·gra·ma·ti·*zar* v.
e·pi·la·*ção* sf.; pl. ·*ções*.
e·pi·la·*tó*·ri:o adj. sm.

e·pi·lep·*si*·a sf.
e·pi·*lép*·ti·co adj.: *epilético*.
e·pi·le·ti·*for*·me adj. 2g.
e·pi·*lé*·ti·co adj. sm.: *epiléptico*.
e·pi·lo·ga·*ção* sf.; pl. ·*ções*.
e·pi·lo·ga·*dor* (ô) adj. sm.
e·pi·lo·*gar* v.
e·*pí*·lo·go sm./Cf. *epilogo*, do v. *epilogar*.
e·pi·*má*·ci:o sm.
e·pi·*mê*·ni·de sm.
e·pi·*mí*·ti:o sm.
e·pi·*mor*·fo adj. sm.
e·pi·mor·*fo*·se sf.
e·pi·*nas*·ti·a sf.
e·pi·*nás*·ti·co adj.
e·pi·ne·fe·*lí*·de:o sm.
e·pi·ne·*fri*·na sf.
e·pi·*ne*·ma sm.
e·pi·neu·*ral* adj. 2g.; pl. ·*rais*.
e·pi·*nêu*·ri:o sm.
e·pi·*ní*·ci:o sm.
e·pi:*ó*·di:a sf.
e·pi:o·o·*lí*·ti·co adj.
e·pi:*ór*·nis sm. 2n.
e·pi·pe·*lá*·gi·co adj.
e·pi·*pé*·ta·lo adj.
e·pi·*pig*·ma sm.
e·pi·*plas*·ma sm.
e·pi·ple·*ro*·se sf.
e·pi·*pleu*·ra sf.
e·pi·plo·*ce*·le sf.
e·pi·plo·*í*·te sf.
e·*pí*·plo:o sm.: e·*pí*·plo:on.
e·pip·te·*ra*·do adj.
e·pi·*qui*·lo sm.
e·pi·qui·*re*·ma sm.
e·pi·qui·re·*má*·ti·co adj.
e·pi·*ren*·se adj. s2g.
e·pi·ro·*gê*·ne·se sf.
e·pi·ro·ge·*ni*·a sf.
e·pi·ro·*gê*·ni·co adj.
e·pi·ro·gra·*fi*·a sf.
e·pi·ro·*grá*·fi·co adj.
e·pi·*ro*·ta adj. s2g.
e·pi·*ró*·ti·co sf.
e·pir·*rei*·a sf.
e·pir·*ri*·zo adj.
e·pi·*cê*·ni:o sm.
e·pis·cle·*ri*·te sf.
e·pis·co·*pa*·do sm.
e·pis·co·*pal* adj. 2g.; pl. ·*pais*.
e·pis·co·pa·li:*a*·no adj.
e·pis·*có*·pi·co adj.
e·pis·*có*·pi:o sm.
e·pis·co·*pi*·sa sf.
e·pi·so·di:*ar* v.

e·pi·só·di·co adj.
e·pi·só·di:o sm./Cf. *episodio*, do v. *episodiar*.
e·pis·pa·di·a sf. 'deformação'/Cf. *epispádia*.
e·pis·pá·di:a sf. 'planta'/Cf. *epispadia*.
e·pís·pa·se sf.
e·pis·pas·mo sm.
e·pis·pás·ti·co adj.
e·pis·per·ma sm.
e·pis·per·má·ti·co adj.
e·pis·pér·mi·co adj.
e·pis·po·ro sm.
e·pis·sé·pa·lo adj.
e·pis·ta·ção sf.; pl. ·ções.
e·pis·ta·mi·nal adj. 2g.; pl. ·nais.
e·pis·ta·mi·ni·a sf.
e·pis·tar v.
e·pís·ta·se sf.
e·pis·ta·si·a sf.
e·pis·tá·ti·co adj.
e·pis·ta·xe (cs) sf.
e·pis·te·mo·lo·gi·a sf.
e·pis·te·mo·ló·gi·co adj.
e·pis·te·mó·lo·go sm.
e·pis·ter·nal adj. 2g.; pl. ·nais.
e·pis·ter·no sm.
e·pis·tí·li:o sm.
e·pís·to·la sf./Cf. *epistola*, do v. *epistolar*.
e·pis·to·lar adj. 2g. v.
e·pis·to·lá·ri:o sm.
e·pis·to·lei·ro sm.
e·pis·to·li·zar v.
e·pis·to·lo·gra·fi·a sf.
e·pis·to·lo·grá·fi·co adj.
e·pis·to·ló·gra·fo sm.
e·pís·to·ma sm.
e·pís·tro·fe sf.
e·pi·ta·ci·a·no adj. sm.
e·pi·tá·fi:o sm.
e·pi·ta·fis·ta adj. s2g.
e·pi·ta·lâ·mi·co adj.
e·pi·ta·lâ·mi:o sm.
e·pi·tá·la·mo sm.
e·pi·ta·lo sm.
e·pí·ta·se sf. 'parte do poema dramático'/Cf. *epítese*.
e·pi·té·ci:o sm.
e·pi·te·li·al adj. 2g.; pl. ·ais.
e·pi·té·li:o sm.
e·pi·te·li·oi·de adj. 2g.
e·pi·te·li·o·ma sm.
e·pi·te·li:o·se sf.
e·pi·te·li·zar v.

e·pi·te·ma sm.
e·pi·tér·mi·co adj.
e·pí·te·se sf. 'paragoge'/Cf. *epítase*.
e·pi·te·tar v.
e·pi·té·ti·co adj.
e·pi·te·tis·mo sm.
e·pí·te·to sm./Cf. *epiteto*, do v. *epitetar*.
e·pi·te·to·ma·ni·a sf.
e·pí·to·ga sf.
e·pi·to·mar v.
e·pí·to·me sm./Cf. *epitome*, do v. *epitomar*.
e·pi·tró·cie:a sf.
e·pi·tro·coi·de adj. s2g.
e·pi·tro·fi·a sf.
e·pí·tro·pe sf.
e·pi·tu:i·tá·ri:o adj.
e·pí·xi·lo (cs) adj.
e·pi·zeu·xe (cs) sf.: e·pi·zêu·xis (cs) sf. 2n.
e·pi·zo:á·ri:o sm.
e·pi·zoi·co adj.
e·pi·zo·na sf.
e·pi·zo·o·ti·a sf.
é·po·ca sf.
e·pó·di·co adj.
e·po·do sm.
e·po·ní·mi:a sf.
e·po·ní·mi·co adj.
e·pô·ni·mo adj. sm.
e·po·pei·a sf.
e·po·pei·co adj.
e·po·pe·li·zar v.
e·pop·si·a sf.
e·pop·ta sm.
e·póp·ti·co adj.
e·pó·xi (cs) sm.
e·pó·xi·do (cs) sm.
ep·si·lo sm.: ep·síl·lon.
ep·so·mi·ta sf.
e·pu·lar adj. 2g.
e·pu·lá·ri:o sm.
é·pu·la sf.
e·pú·li·da sf.: e·pú·li·de.
e·pu·lo·se sf.
e·pu·ló·ti·co adj.
é·pu·ra sf.
e·pu·xa sf.
e·qua·bi·li·da·de sf.
e·qua·ção sf.; pl. ·ções.
e·qua·ci·o·na·men·to sm.
e·qua·ci:o·nar v.
e·qua·dor (ô) sm.
e·qua·li·za·ção sf.; pl. ·ções.
e·qua·li·zar v.

e·quâ·ni·me adj. 2g.: e·quâ·ni·mo adj.
e·qua·ni·mi·da·de sf.
e·qua·to·ri·al adj. 2g. sf.; pl. ·ais.
e·qua·to·ri:a·no adj. sm.
e·quá·vel adj. 2g.; pl. ·veis.
e·que·ne·í·de adj. 2g. sm.
e·ques·tre adj. 2g.
e·que·vo (ê) adj.
e·qui·al·to adj.
e·qui·ân·gu·lo adj.
e·qui:a·xi:al (cs) adj. 2g.; pl. ·ais.
e·quí·co·la sm.
e·qui·da·de sf.
e·quí·de:o adj. sm.
e·qui·di·fe·ren·ça sf.
e·qui·di·fe·ren·te adj. 2g.
e·qui·di·la·ta·do adj.
e·qui·dis·tân·ci:a sf.
e·qui·dis·tan·te adj. 2g.
e·qui·dis·tar v.
é·quid·na sf.
e·quíd·ni·co adj.
e·quid·ni·na sf.
e·qui·do·so (ô) adj.; f. *e* pl. (ó).
e·quí·fe·ro sm.
e·qui·la·te·ral adj. 2g.; pl. ·ais.
e·qui·lá·te·ro adj.
e·qui·li·bra·ção sf.; pl. ·ções.
e·qui·li·bra·do adj.
e·qui·li·bra·dor (ô) adj. sm.
e·qui·li·bran·te adj. 2g.
e·qui·li·brar v.
e·qui·li·brá·vel adj. 2g.; pl. ·veis.
e·qui·lí·bri:o sm.
e·qui·li·bris·mo sm.
e·qui·li·bris·ta adj. s2g.
e·qui·mí·de:o adj. sm.
e·qui·mo·lar adj. 2g.
e·qui·mo·le·cu·lar adj. 2g.
e·qui·mo·sar v.
e·qui·mo·se sf.
e·qui·mó·ti·co adj.
e·qui·mul·tí·pli·ce adj. 2g.
e·qui·múl·ti·plo adj.
e·qui·na·do adj.
e·qui·ní·de:o adj. sm.
e·qui·ní·pe·de adj. 2g.
e·qui·no sm. 'moldura curva' 'ouriço'/Cf. *equino*.
e·qui·no adj. 'relativo ao cavalo'/Cf. *equino*.
e·qui·no·car·po adj.
e·qui·no·ci·al adj. 2g.; pl. ·ais.
e·qui·nó·ci:o sm.

e·qui·no·*co*·co sm.
e·qui·no·co·*co*·se sf.
e·qui·no·*der*·mo adj. sm.
e·qui·no·*de*·ro adj. sm.
e·qui·*nó*·fo·ro adj.
e·qui·nof·tal·*mi*·a sf.
e·qui·nof·*tál*·mi·co adj.
e·qui·*noi*·de sm.
e·qui·nor·*rin*·co sm.
e·qui·nos·*per*·mo adj.
e·qui·*nós*·to·mo adj.
e·qui·*nu*·ro adj.
e·qui:*oi*·de adj. 2g. sm.
e·*qui*·pa sf.: *equipe*.
e·qui·pa·*ção* sf.; pl. ·*ções*.
e·qui·*pa*·gem sf.; pl. ·*gens*.
e·qui·pa·*men*·to sm.
e·qui·*par* v.
e·qui·pa·ra·*ção* sf.; pl. ·*ções*.
e·qui·pa·*rar* v.
e·qui·pa·*rá*·vel adj. 2g.; pl. ·*veis*.
e·*qui*·pe sf.
e·*quí*·pe·de adj. 2g.
e·qui·pen·*dên*·ci:a sf.
e·qui·pen·*den*·te adj. 2g.
e·*qui*·po sm.
e·qui·po·*lên*·ci:a sf.
e·qui·po·*len*·te adj. 2g.
e·qui·pon·de·ra·*ção* sf.; pl. ·*ções*.
e·qui·pon·de·*rân*·ci:a sf.
e·qui·pon·de·*ran*·te adj. 2g.
e·qui·pon·de·*rar* v.
e·qui·po·ten·ci:*al* adj. 2g. sm.; pl. ·*ais*.
e·qui·po·*ten*·te adj. 2g.
e·qui·pro·ba·bi·li·*da*·de sf.
e·qui·pro·ba·bi·*lis*·mo sm.
e·qui·pro·*vá*·vel adj.; pl. ·*veis*.
e·*quí*·ri:os adj. sm. pl.
e·quis·se·*tá*·ce:a sf.
e·quis·se·*tá*·ce:o adj.
e·quis·se·*ta*·le sf.
e·quis·*se*·to (ê) sm.
e·*quís*·si·mo adj. superl. de *équo*.
e·quis·so·*nân*·ci:a sf.
e·quis·so·*nan*·te adj. 2g.
e·qui·ta·*ção* sf.; pl. ·*ções*.
e·qui·ta·*dor* (ô) sm.
e·qui·ta·*ti*·vo adj.
é·qui·te sm.
e·qui:u·*rí*·de:o sm.
e·qui·va·*lên*·ci:a sf.
e·qui·va·*len*·te adj. sm. 2g.
e·qui·va·*ler* v.
e·qui·*val*·ve adj. 2g.

e·qui·vo·ca·*ção* sf.; pl. ·*ções*.
e·qui·vo·*ca*·do adj..
e·qui·vo·*can*·te adj. 2g.
e·qui·vo·*car* v.
e·*quí*·vo·co adj. sm./Cf. *equivoco*, do v. *equivocar*.
e·qui·vo·*quis*·ta adj. s2g.
é·quo adj.; superl. *equíssimo*.
e·*quó*·re:o adj.
e·ra sf. 'época'/Cf. *hera* e *era*, fl. do v. *ser*.
e·*ra*·do adj.
e·*rar* v.
e·*rá*·ri:o sm.
e·ras·mi:*a*·no adj.
e·*rás*·mi·co adj.
e·ras·*mis*·mo sm.
e·ras·*mis*·ta adj. s2g.
e·ra·ta·*ta*·ca sf.
er·*bi*·na sf.
ér·bi:o adj. sm.
e·*rê* interj.
é·*re*·bo sm.
e·re·*ção* sf.; pl. ·*ções*: e·rec·*ção*.
e·*réc*·til adj. 2g.: *erétil*; pl. ·*teis*.
e·rec·ti·li·*da*·de sf.: *eretilidade*.
e·*rec*·to adj.: *ereto*.
e·*rec*·tor (ô) adj. sm.: *eretor*.
e·rec·*triz* adj. sf. de *erector*: *eretriz*.
e·*rê*·mi·co adj.
e·*rê*·mi:o adj.
e·re·*mi*·ta s2g.: *ermita*.
e·re·mi·ta(s)·ber·*nar*·do(s) sm. (pl.).
e·re·mi·*té*·ri:o sm.: *ermitério*.
e·re·*mí*·ti·co adj.
e·re·*mó*·fi·lo adj.
e·re·*mó*·fi·ta sf.
e·re·mo·fo·*bi*·a sf.
é·re:o adj.
e·rep·*si*·na sf.
e·*ré*·til adj. 2g.; pl. ·*teis*: *eréctil*.
e·re·ti·li·*da*·de sf.: *erectilidade*.
e·res·ti·*mal* adj. 2g.; pl. ·*mais*.
e·*re*·tis·mo sm.
e·re·ti·zon·*tí*·de:o adj. sm.
e·*re*·to adj.: *erecto*.
e·*re*·tor (ô) adj. sm.: *erector*.
e·*ré*·tri:a sf.
e·re·*triz* adj. sf. de *eretor*: *erectriz*.
e·reu·to·fo·*bi*·a sf.
e·re·xi·*nen*·se adj. s2g.
erg sm.
er·ga·si:o·fo·*bi*·a sf.
er·ga·si:*ó*·fo·bo adj. sm.

er·gas·te·*ni*·a sf.
er·*gás*·ti·co adj.
er·gas·*tí*·de:o sm.
er·gas·tu·*lá*·ri:o sm.
er·*gás*·tu·lo sm.
er·*gó*·di·go adj.
er·go·fo·*bi*·a sf.
er·*gó*·fo·bo adj.
er·go·*gê*·ni·co adj.
er·go·gra·*fi*·a sf.
er·go·*grá*·fi·co adj.
er·*gó*·gra·fo sm.
er·go·lo·*gi*·a sf.
er·go·me·*tri*·a sf.
er·go·*mé*·tri·co adj.
er·*gô*·me·tro sm.
er·go·no·*mi*·a sf.
er·gos·te·*rol* sm.; pl. ·*róis*.
er·go·te·ra·*pi*·a sf.
er·go·te·*rá*·pi·co adj.
er·*gó*·ti·co adj.
er·go·*ti*·na sf.
er·go·*tis*·mo sm.
er·go·to·*xi*·na (cs) sf.
er·*guer* v.
er·*gui*·do adj.
e·ri:*an*·to adj. sm.
e·*ri*·ca sf.: *erice*.
e·ri·*cá*·ce:a sf.
e·ri·*cá*·ce:o adj.
e·*ri*·ça·do adj.: *eriçado*.
e·ri·*ca*·le sf.
e·ri·ça·*men*·to sm.: *erriçamento*.
e·ri·*çar* v.: *erriçar*.
e·*ri*·ce sf.: *erica*.
e·ri·*ci*·na sf.
e·ri·*coi*·de adj. 2g.
e·*rí*·da·no sm.
e·ri·*gir* v.
e·ri·*gí*·vel adj. 2g.; pl. ·*veis*.
e·rig·*pact*·sa adj. s2g.
e·*ril* adj. 2g. 'de bronze'; pl. ·*ris*/ Cf. *heril*.
é·*ri*·na sf.
e·ri·*ná*·ce:o adj.
e·ri·na·*cí*·de:o adj. sm.
e·ri·*neu* sm.
e·ri·*no*·se sf.
e·ri:o·*cár*·pi·co adj.
e·ri:o·cau·*lá*·ce:a sf.
e·ri:o·cau·*lá*·ce:o adj.
e·ri·*ó*·co·mo adj.
e·ri·*ó*·fi·li·a sf.
e·ri·*ó*·fi·lo adj.
e·ri·o·*pé*·ta·lo adj.
e·ri·*ó*·po·de adj. 2g.
e·ri·si·*pe*·la sf.

e·ri·si·pe·*lar* v.
e·ri·si·pe·*lo*·so (ô) adj. sm.; f. *e* pl. (ó).
e·*rís*·ti·ca sf.
e·*rís*·ti·co adj. sm.
e·ri·*te*·ma sm.
e·ri·te·*má*·ti·co adj.
e·ri·te·ma·*to*·so (ô) adj.; f. *e* pl. (ó).
e·ri·*trei*·a adj. sf. de *eritreu*.
e·ri·tre·*mi*·a sf.
e·ri·*treu* adj. sm.; f. ·*trei*·a.
e·ri·*tri*·na sf.
e·ri·tri·*ní*·de:o sm.
e·ri·*tris*·mo sm.
e·ri·tro·*blas*·to sm.
e·ri·tro·*car*·po adj.
e·ri·*tró*·ce·ro adj.
e·ri·tro·ci:a·*no*·se sf.
e·ri·tro·*cí*·ti·co adj.
e·ri·*tró*·ci·to adj.
e·ri·tro·*dác*·ti·lo adj.:
  e·ri·tro·*dá*·ti·lo.
e·ri·tro·der·*mi*·a sf.
e·ri·tro·*der*·mo adj.
e·ri·tro·*fi*·la sf.
e·ri·tro·*fi*·lo adj. 'que tem folhas vermelhas'/Cf. *eritrófilo*.
e·ri·*tró*·fi·lo adj. sm. 'que tem predileção pela cor vermelha'/Cf. *eritrofilo*.
e·ri·tro·*gás*·tre:o adj.
e·ri·tro·*gê*·ni·o sm.
e·ri·*troi*·de adj. 2g.
e·ri·tro:i·*di*·na sf.
e·ri·*trol* sm.; pl. ·*tróis*.
e·ri·*tró*·lo·fo adj.
e·ri·*tró*·po·de adj. 2g.
e·ri·tro·po:*e*·se sf.
e·ri·trop·*si*·a sf.
e·ri·*tróp*·tero adj.
e·ri·*tróp*·ti·co adj. sm.
e·ri·*tro*·se sf.
e·ri·tros·*per*·mo adj. sm.
e·ri·*trós*·to·mo adj.
e·ri·tro·*tó*·ra·ce adj. 2g.:
  e·ri·tro·*tó*·rax (cs).
e·ri·tro·xi·*lá*·ce:a (cs) sf.
e·ri·tro·xi·*lá*·ce:o (cs) adj.
e·ri·*tró*·xi·lo (cs) adj.
er·ma·*dor* (ô) adj.
er·*mal* adj. 2g.; pl. ·*mais*.
er·ma·*men*·to sm.
er·*mar* v.
er·*mi*·da sf.
er·*mi*·ta sm.: *eremita*.

er·mi·*tã* sf. de *ermitão*.
er·mi·*tá*·gi:o sm.
er·mi·ta·*ni*·a sf.
er·mi·*tão* sm.; f. *ermitã* ou *ermitoa*.
er·mi·*té*·ri·o sm.: *eremitério*.
er·mi·*to*·a (ô) sf. de *ermitão*.
er·*mo* (ê) adj. sm./Cf. *ermo* (é), do v. *ermar*.
e·ro·*den*·te adj. 2g.
e·ro·*der* v.: *erodir*.
e·ro·*di*·do adj.
e·ro·*dir* v.: *eroder*.
e·*ró*·ge·no adj.
e·ros sm. 2n.
e·ro·*são* sf.; pl. ·*sões*.
e·ro·*si*·vo adj.
e·*ro*·so (ô) adj.; f. *e* pl. (ó).
e·ro·te·*má*·ti·ca sf.
e·ro·te·ma·ti·*cis*·mo sm.
e·ro·te·*má*·ti·co adj.
e·*ró*·ti·co adj.
e·ro·ti·*lí*·de:o adj. sm.
e·ro·*tis*·mo sm.
e·ro·to·fo·*bi*·a sf.
e·ro·*tó*·ge·no adj.
e·ro·to·ma·*ni*·a sf.
e·ro·to·ma·*ní*·a·co adj. sm.
e·ro·*tô*·ma·no sm.
e·ro·to·pa·*ti*·a sf.
er·pe adj. 2g. 'gabola'/Cf. *herpes*.
er·ra·*bun*·do adj.
er·*ra*·da sf.
er·ra·di·ca·*ção* sf.; pl. ·*ções*.
er·ra·di·*can*·te adj. 2g.
er·ra·di·*car* v.
er·ra·di·ca·*ti*·vo adj.
er·ra·di·*cá*·vel adj. 2g.; pl. ·*veis*.
er·*ra*·di:o adj. sm.
er·*ra*·do adj. sm.
er·ra·*í* sf./Cf. *errai*, do v. *errar*.
er·*ran*·te adj. s2g.
er·*rar* v.
er·*ra*·ta sf.
er·ra·ti·ci·*da*·de sf.
er·*rá*·ti·co adj.
er·*rá*·til adj. 2g.; pl. ·*teis*.
er·re sm.
er·ri·*ça*·do adj.: *eriçado*.
er·ri·ça·*men*·to sm.: *eriçamento*.
er·ri·*çar* v.: *eriçar*.
er·*ri*·no adj. sm.
er·ro (ê) sm./Cf. *erro* (é), do v. *errar*.
er·*rô*·ne:a sf.
er·ro·nei·*da*·de sf.
er·*rô*·ne:o adj.

er·ro·*ni*·a sf.
er·*ro* (ô) sm.
er·se adj. 2g.
e·ru·bes·*cên*·ci:a sf.
e·ru·bes·*cen*·te adj. 2g.
e·ru·bes·*cer* v.: *enrubescer*.
e·ru·ci·*for*·me adj. 2g.
e·ruc·ta·*ção* sf.; pl. ·*ções*.
e·ru·di·*ção* sf.; pl. ·*ções*.
e·ru·di·*tis*·mo sm.
e·ru·*di*·to adj.
e·ru·gi·*no*·so (ô) adj.; f. *e* pl. (ó).
e·rup·*ção* sf. 'saída com ímpeto'; pl. ·*ções*/Cf. *irrupção*.
e·rup·*ti*·vo adj. 'que causa erupção'/Cf. *irruptivo*.
er·va sf.
er·va·*çal* sm.; pl. ·*çais*.
er·va·ca·par·*ro*·sa sf.; pl. *ervas-caparrosas* ou *ervas-caparrosa*.
er·va·ca·pi·*tão* sf.; pl. *ervas-capitães* ou *ervas-capitão*.
er·va(s)·cas·te·*lha*·na(s) sf. (pl.).
er·va(s)·ci·*drei*·ra(s) sf. (pl.).
er·va(s)·da·*gui*·né sf. (pl.).
er·va(s)·das·ber·*mu*·das sf. (pl.).
er·va(s)·da·trin·*da*·de sf. (pl.).
er·va(s)·de·*bi*·cho sf. (pl.).
er·va(s)·de·bo·*tão* sf. (pl.).
er·va(s)·de·ca·*bri*·ta sf. (pl.).
er·va(s)·de·car·do·a·ma·*re*·lo sf. (pl.).
er·va(s)·de·*co*·bra sf. (pl.).
er·va(s)·de·*ge*·lo sf. (pl.).
er·va(s)·de·ja·*bu*·ti sf. (pl.).
er·va(s)·de·*lou*·co sf. (pl.).
er·va(s)·de·nos·sa·se·*nho*·ra sf. (pl.).
er·va(s)·de·pas·sa·*ri*·nho sf. (pl.)
er·va(s)·de·san·ta·*lú*·ci:a sf. (pl.).
er·va(s)·de·san·ta·lu·*zi*·a sf. (pl.).
er·va(s)·de·san·ta·ma·*ri*·a sf. (pl.).
er·va(s)·de·san·*ta*·na sf. (pl.).
er·va(s)·de·san·to·es·*tê*·vão sf. (pl.).
er·va(s)·de·são·jo:*ão* sf. (pl.).
er·va(s)·de·ve:*a*·do sf. (pl.).
er·*va*·do adj. sm.
er·va(s)·do·*bre*·jo sf. (pl.).
er·va(s)·*do*·ce(s) sf. (pl.).

er·va(s)-do-*pân*·ta·no sf. (pl.).
er·va(s)-do-pa·*rá* sf. (pl.).
er·va(s)-dos-*ga*·tos sf. (pl.).
er·va(s)-do-su·mi·*dou*·ro sf. (pl.).
er·va·*du*·ra sf.
er·va·*du*·tra sf.; pl. *ervas-dutras* ou *ervas-dutra*.
er·*va*·gem sf.; pl. ·*gens*.
er·va-ger·*vão* sf.; pl. *ervas--gervões* ou *ervas-gervão*.
er·va(s)-gi·*gan*·te(s) sf. (pl.).
er·va(s)-*gor*·da(s) sf. (pl.).
er·*val* sm.; pl. ·*vais*.
er·va-lan·*ce*·ta sf.; pl. *ervas--lancetas* ou *ervas-lanceta*.
er·va·*len*·se adj. s2g.
er·va-lom·bri·*guei*·ra sf.; pl. *ervas-lombrigueiras* ou *ervas--lombrigueira*.
er·va-*ma*·te sf.; pl. *ervas-mates* ou *ervas-mate*.
er·va(s)-ma·te(s)-a·mar·ga(s)--de-ma·to-*gros*·so sf. (pl.)
er·va(s)-mis·si:o·*nei*·ra(s) sf. (pl.).
er·va(s)-*moi*·ra(s) sf. (pl.): *erva--moura*.
er·va(s)-mo·la·*ri*·nha sf. (pl.).
er·va(s)-*mou*·ra(s) sf. (pl.): *erva-moira*.
er·va·na·*ri*·a sf.
er·va·*ná*·ri:o adj. sm.
er·van·*çal* sm.; pl. ·*çais*.
er·*van*·ço sm.
er·va(s)-pi·nhei·ra(s)-de-*ro*·sa sf. (pl.).
er·va-pi·*pi* sf.; pl. *ervas-pipis* ou *ervas-pipi*.
er·va-pom·*bi*·nha sf.; pl. *ervas-pombinhas* ou *ervas-pombinha*.
er·*var* v.
er·va(s)-*san*·ta(s) sf. (pl.).
er·va·*tá*·ri:o sm.
er·va·*tei*·ro adj. sm.
er·ve·*cer* v.
er·vi·*ci*·da adj. 2g.
er·ve·*dal* sm.; pl. ·*dais*.
êr·*ve*·do sm.
er·*vei*·ro adj.
er·*vi*·lha sf.
er·vi·*lha*·ca sf.
er·vi·lha·ca(s)-pe·*lu*·da(s) sf. (pl.).
er·vi·lha·ca(s)-de-nar·*bo*·na sf. (pl.).

er·vi·lha(s)-de-*chei*·ro sf. (pl.).
er·vi·lha(s)-de-*pom*·bo sf. (pl.).
er·vi·lha(s)-de-*va*·ca sf. (pl.).
er·vi·*lhal* sm.; pl. ·*lhais*.
er·vi·*lha*·me sm.
er·vi·*lhei*·ra sf.
er·*vi*·nha sf.
êr·*vo*·do sm.
er·vo:*ei*·ra sf.
er·*vo*·so (ô) adj.; f. *e* pl. (ó).
es·ba·fo·*ri*·do adj.
es·ba·fo·*rir* v.
es·ba·ga·*çar* v.
es·ba·ga·*char* v.
es·ba·ga·*nhar* v.
es·ba·go:*ar* v.
es·ba·gu·*lhar* v.
es·bal·*dar* v.
es·bam·be:*ar* v.
es·bam·bo:*ar* v.
es·ban·da·*lha*·do adj.
es·ban·da·lha·*men*·to sm.
es·ban·da·*lhar* v.
es·ban·dei·ra·*men*·to sm.
es·ban·dei·*rar* v.
es·ban·du·*lhar* v.
es·ban·ja·*dor* (ô) adj. sm.
es·ban·ja·*men*·to sm.
es·ban·*jar* v.
es·ban·ja·*tó*·ri:o adj.
es·ba·*ra*·lhar v.
es·bar·ba·*dor* (ô) adj. sm.
es·bar·*bar* v.
es·bar·bo·*tar* v.
es·bar·*ra*·da sf.
es·bar·ran·*ca*·da sf.
es·bar·ran·*ca*·do adj. sm.
es·bar·ran·*car* v.
es·bar·*rão* sm.; pl. ·*rões*.
es·bar·*rar* v.
es·bar·ri·*gar* v.
es·*bar*·ro sm.
es·bar·ro:*ar* v.
es·bar·ro·*ca*·da sf.
es·bar·ro·ca·*men*·to sm.
es·bar·ro·*car* v.
es·bar·ro·da·*dei*·ro sm.
es·bar·*ron*·dar v.
es·ba·*ter* v.
es·ba·*ti*·do adj. sm.
es·ba·ti·*men*·to sm.
es·be:a·*ta*·do adj.
es·be:a·*tar* v.
es·bei·ça·*men*·to sm.
es·bei·*çar* v.
es·bel·*tar* v.

es·bel·*tez* (ê) sf.
es·bel·*te*·za (ê) sf.
es·*bel*·to adj.
es·bi·lho·*tar* v.
es·bir·*rar* v.
es·*bir*·ro sm.
es·bo·*ça*·do adj.
es·bo·*çar* v.
es·bo·*ce*·to (ê) sm.
es·*bo*·ço (ô) sm./Cf. *esboço* (ó), do v. *esboçar*.
es·bo·de·ga·*ção* sf.; pl. ·*ções*.
es·bo·de·*ga*·do adj.
es·bo·de·*gar* v.
es·bo·*fa*·do adj.
es·bo·fa·*men*·to sm.
es·bo·*fan*·te adj. 2g.
es·bo·*far* v.
es·bo·fe·te:a·*dor* (ô) adj. sm.
es·bo·fe·te:a·*men*·to sm.
es·bo·fe·te:*ar* v.
es·boi·*çar* v.: *esbouçar*.
es·bom·bar·de:*ar* v.
es·bor·ce·*lar* v.
es·bor·ci·*nar* v.
es·bor·*dar* v.
es·bor·do:*ar* v.
es·*bór*·ni:a sf.
es·bor·ni:a·*dor* (ô) sm.
es·bor·ni:*ar* v.
es·bo·ro:a·*di*·ço adj.
es·bo·ro:a·*men*·to sm.
es·bo·ro:*ar* v.
es·bo·ro:o sm.
es·bor·ra·cha·*de*·la sf.
es·bor·ra·*cha*·do adj.
es·bor·ra·cha·*men*·to sm.
es·bor·ra·*char* v.
es·bor·ra·*de*·la sf.
es·bor·*ra*·lha sf.
es·bor·ra·*lha*·da sf.
es·bor·ra·lha·*doi*·ro sm.: es·bor·ra·lha·*dou*·ro.
es·bor·ra·*lhar* v.
es·bor·*rar* v.
es·bor·ra·ta·*de*·la sf.
es·bor·ra·*tar* v.: *esborretar*.
es·bor·*re*·ga sf.
es·bor·re·*gar* v.
es·bor·re·*tar* v.
es·bor·ri·*far* v.
es·bor·*ri*·fo sm.
es·*bor*·ro (ô) sm./Cf. *esborro* (ó), do v. *esborrar*.
es·bou·*çar* v.: *esboiçar*.
es·bra·be·*ja*·do adj.
es·bra·ce·*jar* v.

es·bra·ce·jo (ê) sm./Cf. *esbracejo*
(é), do v. *esbracejar*.
es·bra·gui·lha·do adj.
es·bran·qui·ça·do adj.
es·bran·qui·ça·men·to sm.
es·bran·qui·çar v.
es·bra·se:a·do adj.
es·bra·se:a·men·to sm.
es·bra·se:an·te adj. 2g.
es·bra·se:ar v.
es·bra·ve:ar v.
es·bra·ve·cer v.
es·bra·ve·jan·te adj. 2g.
es·bra·ve·jar v.
es·bre·gue sm.
es·bro:ar v.
es·bru·gar v.: *esburgar*.
es·bu·ga·lha·do adj.
es·bu·ga·lhar v.
es·bu·lha·do adj. sm.
es·bu·lha·dor (ô) adj. sm.
es·bu·lhar v.
es·bu·lho sm.
es·bu·ra·ca·do adj.
es·bu·ra·car v.
es·bu·ra·quen·to sm.
es·bur·gar v.: *esbrugar*.
es·bu·nir v.
es·bu·xar v.
es·ca·be·çar v.
es·ca·be·ce:a·dor (ô) adj. sm.
es·ca·be·ce:ar v.
es·ca·be·char v.
es·ca·be·che sm.
es·ca·be·la sf.
es·ca·be·la·do adj. sm.
es·ca·be·lar v.
es·ca·be·lo (ê) sm./Cf. *escabelo*
(é), do v. *escabelar*.
es·ca·bi·cha·dor (ô) adj. sm.
es·ca·bi·char v. 'investigar,
sondar'/Cf. *escambichar*.
es·ca·bi·no sm.
es·ca·bi:o·sa sf.
es·ca·bi:o·se sf.
es·ca·bi:o·so (ô) adj.; f. *e* pl. (ó).
es·ca·bre:a·ção sf.; pl. ·*ções*.
es·ca·bre:a·do adj.
es·ca·bre:ar v.
es·ca·bro adj.
es·ca·bro·si·da·de sf.
es·ca·bro·so (ô) adj.; f. *e* pl. (ó).
es·ca·bru·ra sf.
es·ca·bu·ja·men·to sm.
es·ca·bu·jan·te adj. 2g.
es·ca·bu·jar v.
es·ca·bu·lhar v.

es·ca·bu·lho sm.
es·ca·car v.
es·ca·cha·dor (ô) sm.
es·ca·char v.
es·ca·cho:an·te adj. 2g.
es·ca·cho:ar v.
es·ca·cho·lar v.
es·ca·cho·o sm.
es·ca·ço sm. 'adubo'/Cf. *escasso*.
es·ca·da sf.
es·ca·da(s)-de-ja·bu·ti sf. (pl.).
es·ca·da·ri·a sf.
es·cá·de:a sf.
es·ca·de:ar v.
es·ca·dei·rar v.
es·ca·de·le·cer v.
es·ca·den·se adj. s2g.
es·ca·di·nha sf.
es·ca·dó·ri:o sm.
es·ca·dós sm.
es·ca·do·te sm.
es·ca·fa sf.
es·ca·fan·dris·ta adj. s2g.
es·ca·fan·dro sm.
es·ca·fe·der v.
es·ca·fo·ce·fa·li·a sf.
es·ca·fo·ce·fá·li·co adj.
es·ca·fo·ce·fa·lis·mo sm.
es·ca·fo·cé·fa·lo adj.
es·ca·foi·de adj. sm. 2g.
es·ca·foi·di·te sf.
es·ca·fó·po·de adj. sm.
es·cai·o·la sf.
es·cai·o·la·dor (ô) sm.
es·cai·o·lar v.
es·ca·la sf.
es·ca·la·bi·ta·no adj. sm.
es·ca·la·ção sf.; pl. ·*ções*.
es·ca·la·da sf.
es·ca·la·di·ço adj.
es·ca·la·dor (ô) adj. sm.
es·ca·la·fo·bé·ti·co adj.
es·ca·la·fri·o sm.
es·ca·la·men·to sm.
es·ca·lão sm.; pl. ·*lões*.
es·ca·lar v. adj. sm.
es·ca·la·ri·for·me adj. 2g.
es·ca·lá·vel adj. 2g.; pl. ·*veis*.
es·ca·la·vra·do adj.
es·ca·la·vra·du·ra sf.
es·ca·la·vra·men·to sm.
es·ca·la·vrar v.
es·cal·da sf.
es·cal·da·ção sf.; pl. ·*ções*.
es·cal·da·de·la sf.
es·cal·da·di·ço adj.
es·cal·da·do adj. sm.

es·cal·da·dor (ô) adj. sm.
es·cal·da·du·ra sf.
es·cal·da·mar sf.; pl. *escalda-
-mares*.
es·cal·dân·ci:a sf.
es·cal·dan·te adj. 2g.
es·cal·dão sm.; pl. ·*dões*.
es·cal·da·pés sm. 2n.
es·cal·dar v.
es·cal·da·ra·bo(s) sm. (pl.).
es·cal·de:ar v.
es·*cal*·do sm.
es·ca·lei·ra sf.
es·ca·lê·ni·co adj.
es·ca·le·no adj.
es·ca·le·no:e·dro adj. sm.
es·ca·ler sm.
es·ca·le·ta (ê) sf.
es·ca·le·te (ê) sm.: es·ca·le·to (ê).
es·cal·fa·dor (ô) adj. sm.
es·cal·far v.
es·cal·fe·ta (ê) sf.
es·ca·lhei·ro sm.
es·ca·lho sm.
es·ca·li·çar v.
es·ca·li·na·ta sf.
es·cal·mo sm.
es·ca·lo·na·men·to sm.
es·ca·lo·nar v.
es·ca·lô·ni:a sf.
es·ca·lo·pe sm.
es·cal·pa·ção sf.; pl. ·*ções*.
es·cal·pa·men·to sm.
es·cal·par v.
es·cal·pe·lar v.
es·cal·pe·li·zar v.
es·cal·pe·lo (ê) sm./Cf. *escalpelo*
(é), do v. *escalpelar*.
es·cal·po sm.
es·cal·ra·char v.
es·cal·ra·cho sm.
es·cal·ri·cha·do adj.
es·cal·va·ção sf.; pl. ·*ções*.
es·cal·va·do adj. sm.
es·cal·var v.
es·ca·ma sm.
es·ca·ma·ção sf.; pl. ·*ções*.
es·ca·ma(s)-chi·ne·sa(s) sf. (pl.).
es·ca·ma·dei·ra sf.
es·ca·ma(s)-de-são-jo·sé sf. (pl.).
es·ca·ma·di·ço adj.
es·ca·ma·do adj. sm.
es·ca·ma·dor (ô) adj. sm.
es·ca·ma·du·ra sf.
es·ca·*ma*·gem sf.; pl. *gens*.
es·ca·ma·lho:ar v.

es·ca·*mar* v.
es·ca·ma·*ri*·a sf.
es·ca·ma(s)-*ver*·de(s) sf. (pl.).
es·cam·ba·*dor* (ô) adj. sm.
es·cam·*bar* v.
es·cam·*bau* sm.
es·cam·bi:*ar* v.
es·cam·bi·*char* v. 'descadeirar'/ Cf. *escabichar*.
es·cam·bi·*nha*·do adj.
es·*câm*·bi:o sm./Cf. *escambio*, do v. *escambiar*.
es·*cam*·bo sm.
es·cam·bro:*ei*·ro sm.
es·ca·me:*a*·do adj.
es·ca·me·*char* v.
es·ca·*mel* sm.; pl. ·*méis*/Cf. *escameis*, do v. *escamar*.
es·ca·*men*·to sm.
es·*câ*·me:o adj.
es·ca·*me*·ta (ê) sf.
es·ca·*mí*·fe·ro adj. sm.
es·ca·*mi*·*for*·me adj. 2g.
es·ca·*mí*·ge·ro adj.
es·ca·mi·*sa*·da sf.
es·ca·mi·*sar* v.
es·ca·*mô*·ne:a sf.
es·ca·mo·ne:*ar* v.
es·ca·*mô*·ni·co adj.
es·ca·mo·*ni*·na sf.
es·ca·*mo*·so (ô) adj.; f. e pl. (ó).
es·ca·mo·*tar* v.: *escamotear*.
es·ca·mo·te:a·*ção* sf.; pl. ·*ções*.
es·ca·mo·te:a·*dor* (ô) adj. sm.
es·ca·mo·te:*ar* v.: *escamotar*.
es·ca·mo·te:*á*·vel adj. 2g.; pl. ·*veis*.
es·ca·*mou*·cho sm.
es·cam·*pa*·do adj. sm.
es·cam·*par* v.
es·*cam*·po adj. sm.
es·ca·mu·*gir* v.
es·ca·mu·*jar* v.
es·*câ*·mu·la sf.
es·ca·mu·*lo*·so (ô) adj.; f. e pl. (ó).
es·ca·mur·*ra*·do adj.
es·ca·mur·ren·*gar* v.
es·ca·*na*·do adj.
es·can·*ção* sm. 'aquele que distribuía o vinho'; pl. ·*ções*/ Cf. *escansão*.
es·can·*çar* v.
es·*cân*·ca·ra sf.; nas locs. *à escâncara*, *às escâncaras*/Cf. *escancara* e *escancaras*, do v. *escancarar*.

es·can·ca·ra·*ção* sf.; pl. ·*ções*.
es·can·ca·*rar* v.
es·can·ce:*ar* v.
es·can·ce·*lar* v.
es·*can*·cha sf.
es·can·*char* v.
es·can·da·li·za·*dor* (ô) adj. sm.
es·can·da·li·za·*men*·to sm.
es·can·da·li·*zar* v.
es·can·da·li·*zá*·vel adj. 2g.; pl. ·*veis*.
es·*cân*·da·lo sm.
es·can·da·*lo*·so adj.; f. e pl. (ó).
es·*cân*·de:a sf.
es·can·*den*·te adj. 2g.
es·can·des·*cên*·ci:a sf.
es·can·des·*cen*·te adj. 2g.
es·can·des·*cer* v.
es·can·di·*na*·vo adj. sm.
es·*cân*·di:o sm.
es·can·*dir* v.
es·ca·ne·*ar* v.
es·*câ*·ner sm.
es·ca·ne·*la*·do adj.
es·can·ga·*lha*·do adj.
es·can·ga·*lhar* v.
es·can·*ga*·lho sm.
es·can·ga·nha·*dei*·ra sf.
es·can·ga·*nhar* v.
es·can·*ga*·nho sm.
es·can·go·*tar* v.
es·ca·nho:*ar* v.
es·ca·ni·*fra*·do adj.
es·ca·ni·*frar* v.
es·ca·*ni*·nho sm.
es·*ca*·no sm.
es·can·*são* sf. 'marcação de verso'; pl. ·*sões*/Cf. *escanção*.
es·can·*ta*·do adj.
es·can·te:*a*·do adj.
es·can·*tei*·o sm.
es·can·ti·*lha*·do adj.
es·can·ti·*lhão* sm.; pl. ·*lhões*.
es·can·ti·*lhar* v.
es·can·ze·*la*·do adj.
es·can·*ze*·lo (ê) sm.
es·can·zur·*ra*·do adj.
es·can·zur·*rar* v.
es·ca·*pa*·da sf.
es·ca·pa·*de*·la sf.
es·ca·pa·*di*·ço adj.
es·ca·pa·*men*·to sm.
es·ca·*par* v.
es·ca·pa·*ra*·te sm.
es·ca·pa·*tó*·ri:a sf.
es·ca·pa·*tó*·ri:o adj. sm.
es·cap·ci:*en*·se adj. s2g.

es·*cáp*·ci:o adj. sm.
es·*ca*·pe adj. 2g. sm.
es·ca·pe·*la*·da sf.
es·ca·pe·*lar* v.
es·ca·*pis*·mo sm.
es·ca·*po* adj. sm.
es·*cá*·po·le adj. 2g./Cf. *escapole* (ó), do v. *escapulir*.
es·ca·*pu*·la sf. 'escapamento'/Cf. *escápula*.
es·*cá*·pu·la sf. 'prego'/Cf. *escapula*, sf. e fl. do v. *escapulir*.
es·ca·pu·*lal* adj. 2g.; pl. ·*lais*.
es·ca·pu·*lar* adj. 2g.
es·ca·pu·*lá*·ri:o sm.
es·ca·pu·*li*·ta sf.
es·ca·pu·*lir* v.
es·*ca*·que sm.
es·ca·que:*ar* v.
es·ca·quei·*rar* v.
es·*ca*·ra sf.
es·ca·ra·be·*í*·de:o adj. sm.
es·ca·ra·be:i·*for*·me adj. s2g.
es·ca·ra·*beu* sm.
es·ca·ra·*bí*·de:o adj. sm.
es·ca·ra·*bo*·cho (ô) sm.
es·ca·ra·fun·cha·*dor* (ô) adj. sm.
es·ca·ra·fun·*char* v.
es·ca·ram·*ba*·da sf.
es·ca·ram·*bar* v.
es·ca·ra·*mu*·ça sf.
es·ca·ra·mu·*ça*·da sf.
es·ca·ra·mu·ça·*dor* (ô) adj. sm.
es·ca·ra·mu·*çar* v. 'travar escaramuça(s)'/Cf. *escramuçar*.
es·ca·ra·mu·ce:*a*·da sf.
es·ca·ra·mu·*cei*:o sm.
es·ca·ra·*pe*·la sf.
es·ca·ra·pe·*lar* v.
es·ca·ra·*pe*·to (ê) sm.
es·ca·ra·ve·*lhar* v.
es·ca·ra·*ve*·lho (ê) sm./ Cf. *escaravelho* (é), do v. *escaravelhar*.
es·*car*·ça sf.
es·car·*ção* sm.; pl. ·*ções*.
es·car·*çar* v.
es·car·ca·ve·*lar* v.
es·car·ce:*a*·da sf.
es·car·ce:a·*dor* (ô) adj. sm.
es·car·ce:*ar* v.
es·car·*ce*·la sf.
es·car·*céu* sm.
es·*car*·cha sf.

es·car·*cha*·do adj.
es·car·*char* v.
es·*car*·ço sm.
es·car·*da*·do sm.
es·car·de:*ar* v.
es·car·de·*cer* v.
es·car·di·*lhar* v.
es·car·*di*·lho sm.
es·car·du·ça·*dor* (ô) adj. sm.
es·car·du·*çar* v.
es·ca·re:a·*dor* (ô) adj. sm.
es·ca·re:*ar* v.
es·ca·*re*·pe sm.
es·car·*gô* sm.
escargot sm. (fr.: *escargô*).
es·ca·ri·fi·ca·*ção* sf.; pl. ·*ções*.
es·ca·ri·fi·ca·*dor* (ô) aj. sm.
es·ca·ri·fi·*car* v.
es·ca·ri:*o*·la sf.
es·ca·ri:*o*·so (ô) adj.; f. *e* pl. (ó).
es·car·*la*·ta sf.
es·car·*lan*·te adj. 2g. sm.
es·car·la·*tim* sm.; pl. ·*tins*.
es·car·la·*ti*·na sf.
es·car·la·ti·*no*·so (ô) adj.; f. *e* pl. (ó).
es·car·men·ta·*ção* sf.; pl. ·*ções*.
es·car·men·*ta*·do adj.
es·car·men·*tar* v.
es·ca·re·*men*·to sm.
es·*car*·na sf.
es·car·na·*ção* sf.; pl. ·*ções*.
es·car·na·*dor* (ô) adj. sm.
es·car·*nar* v.
es·car·ne·ce·*dor* (ô) adj. sm.
es·car·ne·*cer* v.
es·car·ne·*ci*·do adj.
es·car·ne·ci·*men*·to sm.
es·car·ne·*cí*·vel adj. 2g.; pl. ·*veis*.
es·car·ni:*ar* v.
es·car·ni·ca·*ção* sf.; pl. ·*ções*.
es·car·ni·ca·*dor* (ô) adj. sm.
es·car·ni·*car* v.
es·car·*ni*·do adj.
es·car·ni·fi·ca·*ção* sf.; pl. ·*ções*.
es·car·ni·fi·*car* v.
es·car·*ni*·nho adj.
es·*cár*·ni:o sm./Cf. *escarnio*, do v. *escarniar*.
es·car·*nir* v.
es·car·*no*·so (ô) adj.; f. *e* pl. (ó).
es·*ca*·ro sm.
es·ca·ro·*çar* v.
es·ca·ro·*la* sf.
es·ca·ro·*la*·do adj.
es·ca·ro·la·*dor* (ô) sm.
es·ca·ro·*lar* v.

es·ca·*ró*·ti·co adj. sm.
es·*car*·pa sf.
es·car·*pa*·do adj.
es·car·pa·*du*·ra sf.
es·car·pa·*men*·to sm.
es·car·*par* v.
es·car·pe·*la*·do adj. sm.
es·car·pe·*lar* v.
es·*car*·pe sf.
es·car·pe·te:a·*dor* (ô) adj.
es·car·pe·te:*ar* v.
es·car·pi:*ar* v.
es·car·*pim* sm.; pl. ·*pins*.
es·car·*pi*·na sf.
es·car·ra·*dei*·ra sf.
es·car·*ra*·do adj.
es·car·ra·*dor* (ô) sm.
es·car·ra·*du*·ra sf.
es·car·ran·*cha*·do adj.
es·car·ran·*char* v.
es·car·ra·pa·*cha*·do adj.
es·car·ra·pa·*char* v.
es·car·ra·pa·*tar* v.
es·car·ra·pi·*çar* v.
es·car·ra·pi·*char* v.
es·car·*rar* v.
es·car·ri·*nhar* v.
es·*car*·ro sm.
es·car·*ro*·so (ô) adj. sm.; f. *e* pl. (ó).
es·*car*·va sf.
es·car·va·*dor* (ô) adj. sm.
es·car·*va*·lho sm.
es·car·*var* v.
es·car·vo:*ar* v.
es·*cas*·car v.
es·cas·que:*ar* v.
es·cas·se:*ar* v.
es·*cas*·sez (ê) sf.
es·cas·*se*·za (ê) sf.
es·cas·*si*·lho sm.
es·*cas*·so adj. 'pouco'/Cf. *escaço*.
es·*ca*·tel sm.; pl. ·*téis*.
es·ca·te·*lar* v.
es·ca·*te*·ma sf.
es·ca·*ti*·ma sf.
es·ca·ti·*mar* v.
es·ca·ti·*mo*·so (ô) adj.; f. *e* pl. (ó).
es·ca·to·fa·*gi*·a sf.
es·ca·*tó*·fa·go adj. sm.
es·ca·*tó*·fi·lo adj. sm.
es·ca·*tol* sm.; pl. ·*tóis*.
es·ca·*tó*·li·co adj. sm.
es·ca·to·lo·*gi*·a sf.
es·ca·to·*ló*·gi·co adj.
es·ca·*to*·ma sm.

es·ca·*to*·pe sm.
es·ca·tos·co·*pi*·a sf.
es·ca·*tó*·xi·lo (cs) sm.
es·*cau*·ro sm.
es·ca·va·*ção* sf.; pl. ·*ções*.
es·ca·va·*ca*·do adj.
es·ca·va·*ção* sf.; pl. ·*ções*.
es·ca·va·*car* v.
es·ca·va·*çar* v.
es·ca·va·*dei*·ra sf.
es·ca·*va*·do adj.
es·ca·va·*dor* (ô) adj. sm.
es·ca·va·*do*·ra (ô) sf.
es·ca·*var* v.
es·ca·vei·*ra*·do adj.
es·ca·vei·*rar* v.
es·ca·xe·*la*·do adj.
es·cin·*dir* v.
es·ci:o·*fi*·li·a sf.
es·ci:*ó*·fi·lo adj.
es·ci:*ó*·fi·to sm.
es·*cir*·po sm.
es·ci·ta·*mí*·ne:a sf.
es·ci·ta·*mí*·ne:o adj.
es·ci·to·pe·ta·*lá*·ce:a sf.
es·ci·to·pe·ta·*lá*·ce:o adj.
es·cla·re·ce·*dor* (ô) adj. sm.
es·cla·re·*cer* v.
es·cla·re·*ci*·do adj.
es·cla·re·ci·*men*·to sm.
es·cla·*rei*·a sf.
es·cla·*vão* adj. sm.; pl. ·*vões*.
es·cla·*vi*·na sf.
es·cla·*vo*·na sf.
es·cla·vo·*nes*·co (ê) adj.
es·cla·*vô*·ni·co adj.
es·cla·*vô*·ni:o adj. sm.
es·cle·*ral* adj. 2g.; pl. ·*rais*.
es·cle·*rân*·te:a sf.
es·cle·*ran*·to sm.
es·cle·rec·ta·*si*·a sf.
es·cle·rec·to·*mi*·a sf.
es·cle·re·*de*·ma sm.
es·cle·*rei*·de sf.
es·cle·*re*·ma sm.
es·cle·re·*mi*·a sf.
es·cle·ren·ce·*fa*·li·a sf.
es·cle·*rên*·qui·ma sm.
es·cle·ren·qui·*má*·ti·co adj.
es·cle·ren·qui·ma·*to*·so (ô) adj.; f. *e* pl. (ó).
es·*clé*·ri:a sf.
es·cle·*ri*·te sf.
es·cle·ro·*car*·po sm.
es·cle·*ró*·ci:o sm.
es·cle·*ró*·ci·to sm.
es·cle·ro·*clá*·si:o sm.

es·cle·ro·co·ro:i·*di*·te sf.
es·cle·ro·der·*mi*·a sf.
es·cle·ro·*dér*·mi·co adj.
es·cle·ro·*der*·mo sm.
es·cle·*ró*·di:o sm.
es·cle·ro·*don*·te sm.
es·cle·ro·fi·*li*·a sf.
es·cle·*ró*·fi·lo adj.
es·cle·*ró*·fi·to sm.
es·cle·rof·tal·*mi*·a sf.
es·cle·rof·*tál*·mi·co adj.
es·cle·ro·ge·*ni*·a sf.
es·cle·ro·*gê*·ni·co adj.
es·cle·*ró*·ge·no adj.
es·cle·ro·ge·*no*·so (ô) adj.; f. *e* pl. (ó).
es·cle·*ró*·li·se sf.
es·cle·*ro*·ma sm.
es·cle·ro·me·*nin*·ge sf.
es·cle·ro·me·nin·*gi*·te sf.
es·cle·ro·me·*tri*·a sf.
es·cle·ro·*mé*·tri·co adj.
es·cle·*rô*·me·tro sm.
es·cle·ro·no·*mi*·a sm.
es·cle·*rô*·no·mo adj.
es·cle·ro·*pá*·re:o sm.
es·cle·ro·*sar* v.
es·cle·*ro*·se sf.
es·cle·*ró*·ti·ca sf.
es·*clu*·sa sf.
es·co:a (ô) sf.
es·co:a·*ção* sf.; pl. ·*ções*.
es·co:a·*doi*·ro sm.:
   es·co:a·*dou*·ro.
es·co:a·*du*·ra sf.
es·co:*a*·lha sf.
es·co:*a*·lho sm.
es·co:a·*men*·to sm.
es·co:*ar* v.
es·co·*cês* adj. sm.
es·co·*ce*·sa (ê) sf.
es·*có*·ci:a sf.
es·*có*·ci:o adj.
es·*co*·da sf.
es·co·*dar* v. 'lavrar com escoda'/ Cf. *escudar*.
es·co·de:*ar* v.
es·*có*·di·co adj.
es·co·*dis*·mo sm.
es·co·*dren*·se adj. s2g.
es·*co*·dro adj. sm.
es·coi·ce:a·*dor* (ô) adj. sm.: *escouceador*.
es·coi·ce:*ar* v.: *escoucear*
es·coi·ci·nha·*dor* (ô) adj. sm.: *escoucinhador*.
es·coi·ci·*nhar* v.: *escoucinhar*.

es·coi·*mar* v.
es·*col* sm.; pl. ·*cóis*.
es·*co*·la sf.
es·co·*la*·do adj. sm.
es·co·*lá*·gi:o sm.
es·co·*lá*·pi:o sm. 'membro das Escolas Pias'/Cf. *esculápio*.
es·co·*lar* adj. s2g.
es·co·*lar*·ca sm.
es·co·*lar*·ca·do sm.
es·co·la·ri·*da*·de sf.
es·co·la·ri·za·*ção* sf.; pl. ·*ções*.
es·co·la·ri·*zar* v.
es·co·la·ri·*zá*·vel adj. 2g.; pl. ·*veis*.
es·co·*lás*·ti·ca sf.
es·co·las·ti·*cis*·mo sm.
es·co·*lás*·ti·co adj.
es·col·dri·nha·*dor* (ô) adj.
es·col·dri·nha·*du*·ra sf.
es·col·dri·nha·*men*·to sm.
es·col·dri·*nhan*·te adj. 2g.
es·col·dri·*nhar* v.
es·col·dri·*nhá*·vel adj. 2g.; pl. ·*veis*.
es·*có*·le·ce sm.: *escólex*.
es·co·le·*ci*·ta sf.
es·*có*·lex (cs) sm. 2n.: *escólece*.
es·*co*·lha (ô) sf.
es·co·lhe·*dor* (ô) adj. sm.
es·co·*lher* v.
es·co·*lhi*·do adj. sm.
es·co·lhi·*men*·to sm.
es·*co*·lho (ô) sm.; pl. (ó).
es·*có*·li:a sf./Cf. *escolia*, do v. *escoliar*.
es·co·li:a·*dor* (ô) sm.
es·co·li:*ar* v.
es·co·li:*as*·ta s2g.
es·*có*·li:o sm./Cf. *escolio*, do v. *escoliar*.
es·co·li:o·se sf.
es·co·li:*ó*·ti·co adj.
es·col·*mar* v.
es·co·lo·pa·*cí*·de:o sm.
es·co·lo·*pen*·dra sf.
es·co·lo·*pên*·dri:o sm.
es·co·lo·pen·dro·*mor*·fo adj. sm.
es·*col*·ta sf.
es·col·*tar* v.
es·*côm*·bri·da sm.
es·com·*brí*·de:o adj. sm.
es·*com*·bro sm.
es·co·mu·*nal* adj. 2g.; pl. ·*nais*.
es·con·de·*da*·lha sf.
es·con·de·*doi*·ro sm.: *escondedouro*.

es·con·de·*dor* (ô) adj. sm.
es·con·de·*dou*·ro sm.: *escondedoiro*.
es·con·de·*du*·ra sf.
es·con·de-es·*con*·de sm.; pl *esconde-escondes* ou *escondes-escondes*.
es·con·*der* v.
es·con·de·*re*·lo (ê) sm.
es·con·de·*re*·te (ê) sm.
es·con·de·*ri*·jo sm.
es·con·di·*das* sf. pl., na loc. *às escondidas*.
es·con·*di*·do adj. sm.
es·con·di·*men*·to sm.
es·con·ge·mi·*nar* v.
es·con·jun·*tar* v.
es·con·ju·ra·*ção* sf.; pl. ·*ções*.
es·con·ju·*rar* v.
es·con·ju·ra·*ti*·vo adj.
es·con·ju·ra·*tó*·ri:o adj.
es·*con*·ju·ro sm.
es·con·*sar* v.
es·*con*·sas sf. pl., na loc. *às esconsas*.
es·con·si·*da*·de sf.
es·*con*·so adj.
es·*co*·o sm.
es·*co*·pa (ô) sf.
es·co·*pá*·ri:a sf.
es·co·pa·*ri*·na sf.
es·co·*pá*·ri:o sm.
es·co·pe:*ar* v.
es·co·*pei*·ro sm.
es·co·pe·*lis*·mo sm.
es·co·*pe*·ta (ê) sf.
es·co·pe·te:*ar* v.
es·co·pe·*tei*·ro adj. sm.
es·*co*·po (ô) sm.
es·co·po·la·*mi*·na sf.
es·co·po·le·*í*·na sf.
es·co·po·le·*ti*·na sf.
es·co·po·*li*·na sf.
es·*co*·pro (ô) sm.
es·*co*·ra sf.
es·co·ra·*dor* (ô) sm.
es·co·ra·*men*·to sm.
es·co·*rar* v.
es·cor·*bú*·ti·co adj. sm.
es·cor·*bu*·to sm.
es·cor·*çar* v.
es·cor·*cha*·do adj.
es·cor·cha·*dor* (ô) adj. sm.
es·cor·cha·*men*·to sm.
es·cor·*char* v.
es·cor·*chi*·ce sf.
es·cor·ci:o·*nei*·ra sf.

es·cor·ço (ô) sm./Cf. *escorço* (ó), do v. *escorçar*.
es·cor·ço·*nei*·ra sf.
es·cor·*dar* v.
es·cor·de·*í*·na sf.
es·*cór*·di:o sm.
es·cor·*dis*·co adj. sm.
es·*co*·re sm.
es·*có*·ri:a sf./Cf. *escoria*, do v. *escoriar*.
es·co·ri·a·*ção* sf.; pl. ·*ções*.
es·co·ri:*á*·ce:o adj.
es·co·ri:*ar* v.
es·co·ri·fi·ca·*ção* sf.; pl. ·*ções*.
es·co·ri·fi·*car* v.
es·co·ri·fi·ca·*tó*·ri:o adj. sm.
es·co·ri·*nho*·te sm.
es·cor·*jar* v.
es·*cor*·lo (ô) sm.
es·cor·*na*·do adj.
es·cor·na·dor (ô) adj. sm.
es·cor·*nar* v.
es·cor·ne:a·*dor* (ô) adj. sm.
es·cor·ne:*ar* v.
es·cor·ni·*char* v.
es·co·ro:*ar* v.
es·co·ro·*di*·te sf.
es·co·ro·dô·ni:a sf.
es·cor·*pe*·na sf.
es·cor·pe·*ní*·de:o adj. sm.
es·cor·pi·*ão* sm.; pl. ·*ões*.
es·cor·pi:*ão*-d'*á*-gua sm.; pl. *escorpiões-d'água*.
es·cor·pi:*ão*-*gran*-de sm.; pl. *escorpiões-grandes*.
es·cor·pi:*oi*·de adj. 2g.
es·cor·pi:o·*ní*·de:o adj. sm.
es·cor·pi:*ú*·ra sf.
es·cor·ra·*ça*·do adj.
es·cor·ra·ça·*dor* (ô) adj. sm.
es·cor·ra·ça·*men*·to sm.
es·cor·ra·*çan*·te adj. 2g.
es·cor·ra·*çar* v.
es·cor·*ra*·lhas sf. pl.
es·cor·*ra*·lho sm.
es·cor·re·*doi*·ro sm.: *escorredouro*.
es·cor·re·*dor* (ô) sm.
es·cor·re·*dou*·ro sm.: *escorredoiro*.
es·cor·re·*du*·ra sf.
es·cor·*re*·ga sm.
es·cor·re·ga·*de*·la sf.
es·cor·re·ga·*di*·ço adj.
es·cor·re·ga·*di*·o adj.
es·cor·re·ga·*dor* (ô) adj. sm.
es·cor·re·ga·*du*·ra sf.

es·cor·re·ga·*men*·to sm.
es·cor·re·*gão* sm.; pl. ·*gões*.
es·cor·re·*gar* v.
es·cor·re·*gá*·vel adj. 2g.; pl. ·*veis*.
es·cor·re·go (ê) sm./Cf. *escorrego* (é), do v. *escorregar*.
es·cor·*rei*·to adj.
es·cor·*rên*·ci:a sf.
es·cor·*rer* v.
es·cor·ri·*char* v.
es·cor·*ri*·do adj.
es·cor·*ri*·lho sm.
es·cor·ri·*men*·to sm.
es·cor·ro·pi·cha·*de*·la sf.
es·cor·ro·pi·cha·ga·*lhe*·tas sm. 2n.
es·cor·ro·pi·*char* v.
es·cor·ti·ca·*ção* sf.; pl. ·*ções*.
es·cor·ti·*car* v.
es·cor·ti·*nar* v.
es·*cor*·va sf.
es·cor·va·*dor* (ô) adj. sm.
es·cor·va·*men*·to sm.
es·cor·*var* v.
es·*co*·ta sf.
es·*co*·te sm.
es·co·*tei*·ra sf.
es·co·*tei*·*ris*·mo sm.
es·co·*tei*·ro adj. sm.
es·co·*tel* sm.; pl. ·*téis*.
es·*có*·ti·co adj.
es·co·*ti*·lha sf.
es·co·ti·*lhão* sm.; pl. ·*lhões*.
es·co·*tis*·mo sm.
es·co·*tis*·ta adj. s2g.
es·*co*·to (ô) adj. sm.
es·co·to·di·*ni*·a sf.
es·co·*to*·ma sm.
es·cou·ce:a·*dor* (ô) adj. sm.: *escoiceador*.
es·cou·ce:*ar* v.: *escoicear*.
es·cou·ci·nha·*dor* (ô) adj. sm.: *escoicinhador*.
es·cou·ci·*nhar* v.: *escoicinhar*.
es·*co*·va[1] sf. 'escovadela'/Cf. *escova*[2] (ó).
es·*co*·va (ô) sf. 'vassourinha'/ Cf. *escova*[1] (ó), sf. *e* fl. do v. *escovar*.
es·co·va-*bo*·tas s2g. 2n.
es·co·va·*ção* sf.; pl. ·*ções*.
es·co·va·*dei*·ra sf.
es·co·va·*de*·la sf.
es·co·va·do adj.
es·co·va·*dor* (ô) adj. sm.
es·co·*va*·lho sm.

es·co·*vão* sm.; pl. ·*vões*.
es·co·*var* v.
es·co·*vei*·ra sf.
es·co·*vei*·ro sm.
es·co·*vém* sm.; pl. ·*véns*/Cf. *escovem* (ó), do v. *escovar*.
es·co·*vi*·lha sf.
es·co·vi·lha·gem sf.; pl. ·*gens*.
es·co·vi·*lhão* sm.; pl. ·*lhões*.
es·co·vi·*lhar* v.
es·co·vi·*lhei*·ro sm.
es·co·*vi*·nha sf.
es·cra·*cha*·do adj.
es·cra·*char* v.
es·cra·che·*tar* v.
es·*cra*·cho sm.
es·cra·me:*ar* v.
es·cra·mu·*çar* v. 'corcovear'/Cf. *escaramuçar*.
es·cra·pe·te:a·*dor* (ô) adj. sm.
es·cra·pe·te:*ar* v.
es·*cra*·va sf.
es·cra·*va*·gem sf.; pl. ·*gens*.
es·cra·va·*gis*·mo sm.
es·cra·va·*gis*·ta adj. s2g.
es·cra·va·*gís*·ti·co adj.
es·cra·va·*ri*·a sf.
es·cra·va·*tu*·ra sf.
es·cra·vi·*dão* sf.; pl. ·*dões*.
es·cra·*vis*·mo sm.
es·cra·*vis*·ta adj. s2g.
es·cra·vi·za·*ção* sf.; pl. ·*ções*.
es·cra·vi·za·*dor* (ô) adj. sm.
es·cra·vi·*zan*·te adj. 2g.
es·cra·vi·*zar* v.
es·cra·vi·*zá*·vel adj. 2g.; pl. ·*veis*.
es·*cra*·vo adj. sm.
es·cra·vo·*cra*·ci·a sf.
es·cra·vo·*cra*·ta adj. s2g.
es·cra·vo·*crá*·ti·co adj.
es·*cre*·te sm., do ing. *scratch*.
es·cre·ve·*dor* (ô) adj. sm.
es·cre·ve·*du*·ra sf.
es·cre·*ven*·te adj. s2g.
es·cre·*ver* v.
es·cre·vi·nha·*dei*·ro adj. sm.
es·cre·vi·nha·*dor* (ô) adj. sm.
es·cre·vi·nha·*du*·ra sf.
es·cre·vi·*nhan*·te adj. s2g.
es·cre·vi·*nhar* v.
es·*cri*·ba s2g.
es·*crí*·ni:o sm.
es·*cri*·ta sf.
es·*cri*·to adj. sm.
es·cri·tor (ô) adj. sm.
es·cri·*tó*·ri:o sm.
es·cri·*tu*·ra sf.

es·cri·tu·ra·ção sf.; pl. ·ções.
es·cri·tu·ral adj. 2g. sm.; pl. ·rais.
es·cri·tu·rar v.
es·cri·tu·rá·ri:o adj. sm.
es·cri·vã sf. de escrivão.
es·cri·va·ni·a sf.
es·cri·va·ni·nha sf.
es·cri·vão sm.; pl. ·vões; f. escrivã.
es·cro·bi·cu·la·do adj.
es·cro·bi·cu·lá·ri:o sm.
es·cro·bí·cu·lo sm.
es·cro·bi·cu·lo·so (ô) adj.; f. e pl. (ó).
es·cro·fi·na sf.
es·cró·fu·la sf.
es·cro·fu·lá·ri:a sf.
es·cro·fu·la·ri:á·ce:a sf.
es·cro·fu·la·ri:á·ce:o adj.
es·cro·fu·la·rí·ne:a sf.
es·cro·fu·li·zar v.
es·cro·fu·lo·se sf.
es·cro·fu·lo·so (ô) adj. sm.; f. e pl. (ó).
es·cró·pu·lo sm.
es·cro·que sm.
es·cro·tal adj. 2g.; pl. ·tais.
es·cro·ti·dão sf.
es·cro·to (ô) adj. sm.
es·cro·to·ce·le sf.
es·crun·chan·te adj. s2g.
es·crun·char v.
es·crun·cho sm.
es·cru·pu·la·ri·a sf.
es·cru·pu·le:ar v.
es·cru·pu·li·zar v.
es·crú·pu·lo sm.
es·cru·pu·lo·si·da·de sf.
es·cru·pu·lo·so (ô) adj.; f. e pl. (ó).
es·cru·ta·ção sf.; pl. ·ções.
es·cru·ta·dor (ô) adj. sm.
es·cru·tar v.
es·cru·tá·vel adj. 2g.; pl. ·veis.
es·cru·ti·na·ção sf.; pl. ções.
es·cru·ti·na·dor (ô) adj. sm.
es·cru·ti·nar v.
es·cru·tí·ni:o sm.
es·cu·bér·ti:a sf.
es·cu·blé·ri:a sf.
es·cu·dar v. 'cobrir ou defender com escudo'/Cf. escodar.
es·cu·dá·vel adj. 2g.; pl. ·veis.
es·cu·dei·rar v.
es·cu·dei·rá·ti·co adj.
es·cu·dei·ri·ce sf.

es·cu·dei·ril adj. 2g.; pl. ·ris.
es·cu·dei·ro sm.
es·cu·de·la sf.
es·cu·de·lar v.
es·cu·de·ri·a sf.
es·cu·de·te (ê) sm.
es·cu·di·lho sm.
es·cu·di·lho·so (ô) adj.; f. e pl. (ó).
es·cu·do sm.
es·cu·lá·ce:a sf.
es·cu·la·cha·do adj. sm.
es·cu·la·char v.
es·cu·la·cho sm.
es·cu·lá·pi:o sm. 'médico'/Cf. escolápio.
es·cul·ca sm.
es·cul·car v.
es·cu·lên·ci:a sf.
es·cu·len·to adj.
es·cu·lham·ba·ção sf.; pl. ·ções.
es·cu·lham·ba·do adj. sm.
es·cu·lham·bar v.
es·cu·lham·bo sm.
es·cú·li·co adj.
es·cu·li·na sf.
és·cu·lo sm.
es·cul·pi·do adj.
es·cul·pi·dor (ô) adj. sm.
es·cul·pir v.
es·cul·tor (ô) sm.
es·cul·tó·ri·co adj.
es·cul·tó·ri:o adj.
es·cul·tu·ra sf.
es·cul·tu·ra·ção sf.; pl. ·ções.
es·cul·tu·ral adj. 2g.; pl. ·rais.
es·cul·tu·rar v.
es·cu·ma sf.
es·cu·ma·ção sf.; pl. ·ções.
es·cu·ma·dei·ra sf.
es·cu·ma·do adj. sm.
es·cu·ma·dor (ô) adj. sm.
es·cu·ma·lha sf.
es·cu·ma·lho sm.
es·cu·ma·na sf.
es·cu·man·te adj. 2g.
es·cu·mar v.
es·cu·mi·lha sf.
es·cu·mi·lhar v.
es·cu·mo·so (ô) adj.; f. e pl. (ó).
es·cu·na sf.
es·cu·rão sm.; pl. ·rões.
es·cu·rar v.
es·cu·rar sf. pl. na loc. às escuras.
es·cu·re·ce·dor (ô) adj. sm.

es·cu·re·cer v.
es·cu·re·ci·men·to sm.
es·cu·re·cí·vel adj. 2g.; pl. ·veis.
es·cu·re·jar v.
es·cu·ren·tar v.
es·cu·re·za (ê) sf.
es·cu·ri·ço adj.
es·cu·ri·da·de sf.
es·cu·ri·dão sf.; pl. ·dões.
es·cu·ri·dez (ê) sf.
es·cu·ri·de·za (ê) sf.
es·cu·ro adj. sm.
es·cur·ra s2g.
es·cur·ri·ban·da sf.
es·cur·ril adj. 2g.; pl. ·ris.
es·cu·sa sf.
es·cu·sa·ção sf.; pl. ·ções.
es·cu·sa·do adj.
es·cu·sa·dor (ô) adj. sm.
es·cu·sar v.
es·cu·sa·tó·ri:o adj.
es·cu·sá·vel adj. 2g.; pl. ·veis.
es·cu·so adj.
es·cu·ta sf.
es·cu·ta·dor (ô) adj. sm.
es·cu·tar v.
es·cu·te·la sf.
es·cu·te·lar adj. 2g.
es·cu·te·lá·ri:a sf.
es·cu·te·la·rí·de:o sm.
es·cu·te·lo sm.
es·cu·ti·fó·li:o adj.
es·cu·ti·for·me adj. 2g.
es·cu·ti·ge·ro·mor·fo adj. sm.
es·dru·xu·lar v.
es·dru·xu·la·ri·a sf.
es·dru·xu·lez (ê) sf.
es·dru·xu·li·za·ção sf.; pl. ·ções.
es·dru·xu·li·zar v.
es·drú·xu·lo adj. sm./Cf. esdruxulo, do v. esdruxular.
e·se·rê sf.
e·se·ri·na sf.
e·ser·ni·no adj. sm.
es·fa·ce·la·do adj.
es·fa·ce·la·men·to sm.
es·fa·ce·lar v.
es·fá·ce·lo sm./Cf. esfacelo (é), do v. esfacelar, e esfacelo (ê) sm.
es·fa·ce·lo (ê) sm./Cf. esfacelo (é), do v. esfacelar, e esfácelo, sm.
es·fa·che·ar v.
es·fag·ná·ce:a sf.
es·fag·no sm.
es·fai·ma·do adj.

es·fai·*mar* v.
es·fal·ca·*çar* v.
es·fal·*car* v.
es·fa·le·*ri*·ta sf.
es·fal·fa·*ção* sf.; pl. ·*ções*.
es·fal·*fa*·do adj. sm.
es·fal·fa·*men*·to sm.
es·fal·*far* v.
es·fa·ni·*ca*·do adj.
es·fa·ni·*car* v.
es·fa·que:*a*·do adj.
es·fa·que:*ar* v.
es·fa·re·*la*·do adj.
es·fa·re·la·*men*·to sm.
es·fa·re·*lar* v.
es·fa·re·*li*·ta sf.
es·fa·ri·*nha*·do adj.
es·fa·ri·*nhar* v.
es·far·*pa*·do adj.
es·far·*par* v.
es·far·ra·pa·*dei*·ra sf.
es·far·ra·*pa*·do adj. sm.
es·far·ra·pa·*men*·to sm.
es·far·ra·*par* v.
es·far·ri·*pa*·do adj.
es·far·ri·*par* v.
es·fa·ti·*ar* v.
es·fa·*zer* v.
es·fe·*cí*·de:o adj. sm.
es·fe·*men*·ça sf.
es·*fe*·na sf.
es·fe·ni·*cí*·de:o adj. sm.
es·*fê*·ni:o sm.
es·fe·nis·ci·*for*·me adj.
es·fe·no·bul·*bar* adj. 2g.
es·fe·no·ce·fa·*li*·a sf.
es·fo·no·*cé*·fa·lo adj. sm.
es·fe·no:*e*·dro sm.
es·fe·*noi*·dal adj. 2g.; pl. ·*dais*.
es·fe·*noi*·de adj. 2g. sm.
es·fe·*noi*·di·te sf.
es·fe·nop·te·*rí*·de:a sf.
es·fe·*nóp*·te·ro sm.
es·fe·*no*·se sf.
es·fe·no·tre·*si*·a sf.
es·fe·*nó*·tri·bo sm.
es·fe·no·trip·*si*·a sf.
es·*fe*·ra sf.
es·fe·*ral* adj. 2g.; pl. ·*rais*.
es·*fé*·ri:a sf.
es·fe·ri:*á*·ce:a sf.
es·fe·ri:*á*·ce:o adj.
es·fe·ri·ci·*da*·de sf.
es·*fé*·ri·co adj.
es·fe·*ris*·ta s2g.
es·fe·ris·*té*·ri:o sm.
es·fe·*rís*·ti·ca sf.

es·fe·*rís*·ti·co adj.
es·fe·ro·*blas*·to adj.
es·fe·ro·*cé*·fa·lo adj.
es·fe·ro·*grá*·fi·ca sf.
es·fe·ro·*grá*·fi·co adj.
es·fe·*roi*·dal adj. 2g.; pl. ·*dais*.
es·fe·*roi*·de sm.
es·fe·*rói*·de:o adj.:
  es·fe·ro:*í*·de:o.
es·fe·ro·*li*·ta sf.
es·fe·*ró*·li·to sm.
es·fe·*ro*·ma sm.
es·fe·ro·me·*tri*·a sf.
es·fe·ro·*mé*·tri·co adj.
es·fe·*rô*·me·tro sm.
es·*fé*·ru·la sf.
es·fer·vi·lha·*ção* sf.; pl. ·*ções*.
es·fer·vi·*lhar* v.
es·fi:am·*par* v.
es·fi:a·*par* v.
es·fi:*ar* v.
es·fi·*brar* v.
es·*fig*·mi·co adj.
es·fig·*mis*·mo sm.
es·fig·mo·bo·lo·me·*tri*·a sf.
es·fig·bo·lo·*mé*·tri·co adj.
es·fig·mo·bo·*lô*·me·tro sm.
es·fig·mo·car·di:o·gra·*fi*·a sf.
es·fig·mo·car·di:o·*grá*·fi·co adj.
es·fig·mo·car·di:*ó*·gra·fo sm.
es·fig·mo·*fo*·ne sm.
es·fig·mo·fo·*ni*·a sf.
es·fig·mo·*fô*·ni·co adj.
es·fig·mo·gra·*fi*·a sf.
es·fig·mo·*grá*·fi·co adj.
es·fig·*mó*·gra·fo sm.
es·fig·mo·*gra*·ma sm.
es·fig·mo·lo·*gi*·a sf.
es·fig·mo·*ló*·gi·co adj.
es·fig·mo·man·*ci*·a sf.
es·fig·mo·ma·*ni*·a sf.
es·fig·mo·ma·*nô*·me·tro sm.
es·fig·mo·*mân*·ti·co adj.
es·fig·mo·me·*tri*·a sf.
es·fig·mo·*mé*·tri·co adj.
es·fig·*mô*·me·tro sm.
es·*finc*·ter sm.: es·*finc*·ter.
es·*fin*·ge sf.
es·fin·*gé*·ti·co adj.
es·*fin*·gi·co adj.
es·fin·*gí*·de:o adj.
es·fi·ra:e·*ní*·de:o adj. sm.:
  es·fi·re·*ní*·de:o.
es·*fir*·ra sf.
es·flo·*car* v.
es·flo·*rar* v.
es·fo·ci·*nhar* v.

es·fo·gue:*a*·do adj.
es·fo·gue:*ar* v.
es·fo·guei·*rar* v.
es·fo·gue·te:*a*·do adj. sm.
es·fo·gue·te:a·*men*·to sm.
es·fo·gue·te:*ar* v.
es·foi·*çar* v.: *esfouçar*.
es·*fo*·la sf.
es·fo·la·*de*·la sf.
es·fo·la·*doi*·ro sm.: *esfoladouro*.
es·fo·la·*dor* (ô) adj. sm.
es·fo·la·*dou*·ro sm.: *esfoladoiro*.
es·fo·la·*du*·ra sf.
es·fo·la·*men*·to sm.
es·fo·*lar* v.
es·fo·le·*gar* v.
es·*fo*·lha sf.
es·fo·lha·*ção* sf.; pl. ·*ções*.
es·fo·*lha*·da sf.
es·fo·lha·*de*·la sf.
es·fo·*lhar* v.
es·fo·lhe:*ar* v.
es·fo·*lho*·so (ô) adj.; f. e pl. (ó).
es·fo·li:a·*ção* sf.; pl. ·*ções*.
es·fo·li:*a*·do adj.
es·fo·li:*ar* v.
es·fo·li:a·*ti*·vo adj.
es·fo·me:a·*ção* sf.; pl. ·*ções*.
es·fo·me:*a*·do adj. sm.
es·fo·me:*ar* v. 'causar fome a'/
  Cf. *esfumear*.
es·fon·*dí*·li:o sm.
es·for·*ça*·do adj. sm.
es·for·*çar* v.
es·*for*·ço (ô) sm/Cf. *esforço* (ó),
  do v. *esforçar*.
es·fou·*çar* v.: *esfoiçar*.
es·fra·*gis*·ta adj. s2g.
es·fra·*gís*·ti·ca sf.
es·fra·*gís*·ti·co adj.
es·fral·*dar* v.
es·fran·*çar* v.
es·fran·ga·*lhar* v.
es·*fre*·ga sf.
es·fre·ga·*ção* sf.; pl. ·*ções*.
es·fre·*ga*·ço sm.
es·fre·ga·*de*·la sf.
es·fre·ga·*dor* (ô) adj. sm.
es·fre·ga·*du*·ra sf.
es·fre·*ga*·lho sm.
es·fre·*gão* sm.; pl. ·*gões*.
es·fre·*gar* v.
es·fre·gu·*lhar* v.
es·fre·*gu*·lho sm.
es·*fri*·a sm.
es·fri:a·*doi*·ro sm.:
  es·fri:a·*dou*·ro.

es·fri·a·*men*·to sm.
es·fri:*ar* v.
es·fri:a-ver·*ru*·ma(s) s2g. (pl.).
es·fro·*lar* v.
es·fru·*gir* v.
es·fu·li·*nhar* v.
es·fu·ma·*ça*·do adj.
es·fu·ma·*ção* sf.; pl. ·*ções*.
es·fu·ma·*çar* v.
es·fu·*ma*·do adj. sm.
es·fu·ma·*dor* (ô) adj. sm.
es·fu·*mar* v.
es·fu·ma·*ra*·do adj.
es·fu·ma·*rar* v.
es·fu·ma·*tu*·ra sf.
es·fu·me:*ar* v. 'fumegar'/Cf. esfomear.
es·fu·mi·*lhar* v.
es·fu·mi·*nhar* v.
es·fu·*mi*·nho sm.
es·fun·di·*lhar* v.
es·fu·ra·*car* v.
es·fu·tri·*car* v.
es·fu·zi:*a*·da sf.
es·fu·zi:*an*·te adj. 2g.
es·fu·zi:*ar* v.
es·fu·zi·*lar* v.
es·fu·zi:*o*·te sm.
es·ga·*çar* v.: *esgarçar*.
es·*ga*·che sm.
es·ga·da·*nhar* v.
es·ga·de·*lha*·do adj.: esguedelhado.
es·ga·de·*lhar* v.: *esguedelhar*.
es·gai·*var* v.
es·gai·vo·*ta*·do adj.
es·ga·la·*mi*·do adj.
es·gal·dri·*pa*·do adj.
es·gal·dri·*par* v.
es·gal·*ga*·do adj.
es·gal·*gar* v.
es·*gal*·go adj.
es·*ga*·lha sf.
es·ga·*lha*·do adj.
es·ga·*lhar* v.
es·*ga*·lho sm.
es·ga·li·*nhar* v.
es·ga·lo·*pa*·do adj.
es·*ga*·na sf.
es·ga·na·*ção* sf.; pl. ·*ções*.
es·ga·*na*·do adj. sm.
es·ga·na·*du*·ra sf.
es·ga·*nar* v.
es·ga·na·*re*·lo sm.
es·ga·ni·*çar* v.
es·*gar* sm.
es·ga·ra·*bu*·lha sf.

es·ga·ra·bu·*lhão* sm.; pl. ·*lhões*.
es·ga·ra·bu·*lhar* v.
es·ga·ra·fun·cha·*dor* (ô) adj. sm.
es·ga·ra·fun·cha·*men*·to sm.
es·ga·ra·fun·*char* v.
es·ga·ra·pa·*ta*·na sf.
es·ga·ra·tu·*jar* v.
es·ga·ra·va·*ta*·*dor* (ô) adj. sm.: esgravatador.
es·ga·ra·va·*ta*·na sf.
es·ga·ra·va·*tar* v.: *esgravatar*.
es·ga·ra·va·te:*ar* v.: *esgravatear*.
es·ga·ra·va·*til* sm.; pl. ·*tis*.
es·gar·ça·*du*·ra sf.
es·gar·*çar* v.: *esgaçar*.
es·gar·du·*nhar* v.
es·gar·ga·*lar* v.
es·gar·ga·*lhar* v.
es·gar·na·*char* v.
es·ga·*nar* v.
es·gar·ran·*char* v.
es·gar·*rão* adj. sm.; pl. ·*rões*.
es·gar·*rar* v.
es·gas·*tri*·te sf.
es·ga·ta·*nhar* v.
es·ga·ze:*a*·do adj.
es·ga·ze:*ar* v.
es·go:e·*lar* v.
es·gor·*ja*·do adj.
es·gor·*jar* v.
es·go·*ta*·do adj.
es·go·ta·*doi*·ro sm.: esgotadouro.
es·go·ta·*du*·ra sf.
es·go·ta·*men*·to sm.
es·go·*tan*·te adj. 2g.
es·go·*tar* v.
es·go·*tá*·vel adj. 2g.; pl. ·*veis*.
es·*go*·te sm.
es·go·*tei*·ra sf.
es·go·*tei*·ro sm.
es·*go*·to (ô) sm/Cf. *esgoto* (ó), do v. *esgotar*.
es·gra·fi:*ar* v.
es·gra·*fi*·to sm.
es·gra·mi·*nhar* v.
es·gra·va·ta·*dor* (ô) adj. sm.: esgaravatador.
es·gra·va·*tar* v.: *esgaravatar*.
es·gra·va·te:*ar* v.: *esgaravatear*.
es·*gri*·ma sf.
es·gri·*ma*·ça sf.
es·gri·ma·*dor* (ô) adj. sm.
es·gri·*man*·ça sf.
es·gri·mi·*du*·ra sf.
es·gri·*mir* v.

es·gri·*mis*·ta adj. s2g.
es·grou·vi:*a*·do adj.: es·grou·vi·*nha*·do.
es·gru·*mir* v.
es·guar·*dar* v.
es·gua·ri·*tar* v.
es·gue·de·*lha*·do adj.: esgadelhado.
es·gue·de·*lhar* v.: *esgadelhar*.
es·guei·*rão* adj. sm.; pl. ·*rões*.
es·guei·*rar* v.
es·guei·*ro*·a (ô) adj. sf.
es·*gue*·lha (ê) sf.
es·gue·*lhar* v.: *esguilhar*.
es·gui:*ão* sm.; pl. ·*ões*.
es·gui:*ar* v.
es·gui·*cha*·ta sf.
es·gui·cha·*de*·la sf.
es·gui·*char* v.
es·*gui*·cho sm.
es·gui·*lhar* v.: *esguelhar*.
es·*gui*:o adj.
es·gui·*ta*·do adj.
es·gui·*tar* v.
es·*gun*·cho sm.
es·gu·re·*jar* v.: *escurejar*.
es·gu·*ri*·do adj.
é·*si*·po sm.
e·*si*·pra sf.
es·la·*bão* sm.; pl. ·*bões*.
es·la·*dro*:a (ô) sf.
es·la·dro·*ar* v.
es·la·gar·*ta*·gem sf.; pl. ·*gens*.
es·la·gar·*tar* v.
es·*lá*·vi·co adj.
es·la·*vis*·mo sm.
es·la·*vis*·ta adj. s2g.
es·la·*vís*·ti·ca sf.
es·la·*vís*·ti·co adj.
es·la·vi·za·*ção* sf.; pl. ·*ções*.
es·la·vi·za·*dor* (ô) adj.
es·la·vi·*zan*·te adj. 2g.
es·la·vi·*zar* v.
es·la·vi·*zá*·vel adj. 2g.; pl. ·*veis*.
es·*la*·vo adj. sm.
es·la·vo·fi·*li*·a sf.
es·la·vo·fi·*lis*·mo sm.
es·la·vo·fi·*lis*·ta adj. s2g.
es·la·vo·fi·*lís*·ti·co adj.
es·la·*vó*·fi·lo adj. sm.
es·la·vo·fo·*bi*·a sf.
es·la·*vó*·fo·bo adj. sm.
es·la·*vó*·fo·no sm.: es·la·vo·*fo*·no.
es·la·*vô*·ni·co adj. sm.
es·la·*vô*·ni:o adj. sm.
es·*lin*·ga sf.

es·lin·gar v.
es·lo:a·na sf.
es·lo·va·co adj. sm.
es·lo·vá·qui:o adj. sm.
es·lo·vê·ni·co adj.
es·lo·ve·no adj. sm.
es·ma·dri·ga·do adj.
es·ma·dri·gar v.
es·ma:e·cer v.
es·ma:e·ci·do adj.
es·ma:e·ci·men·to sm.
es·ma·ga·ção sf.; pl. ·ções.
es·ma·ga·dor (ô) adj. sm.
es·ma·ga·du·ra sf.
es·ma·ga·lhar v.
es·ma·ga·men·to sm.
es·ma·gar v.
es·ma·gri·çar v.
es·mai·ar v.
es·ma·lei·ta·do adj.
es·ma·lei·tar v.
es·ma·lhar v.
es·mal·ma·do adj.
es·mal·mar v.
es·mal·ta·ção sf.; pl. ·ções.
es·mal·ta·do adj.
es·mal·ta·dor (ô) adj. sm.
es·mal·ta·gem sf.; pl. gens.
es·mal·tar v.
es·mal·te sm.
es·mal·ti·ta sf.
es·ma·ma·ça·do adj.
es·ma·ma·lha·do adj.
es·ma·ni:a·do adj.
es·ma·ni:ar v.
es·mar v.
es·mar·rag·di·te sf.
es·mar·rag·do·cal·ci·ta sf.
es·ma·re·li·do adj.
es·mar·gal sm.; pl. ·gais.
es·mar·ri·do adj.
es·mar·rir v.
es·mar·ro·tar v.
es·mas·tre:a·do adj.
es·ma·tru·çar v.
es·me:ar v.
es·me·cha·da sf.
es·me·char v.
es·méc·ti·co adj.: esmético.
es·mec·ti·ta sf.: es·mec·ti·te.
es·meg·ma sm.
es·me·ra·do adj.
es·me·ral·da sf.
es·me·ral·da(s) do bra·sil sf. (pl.).
es·me·ral·de:ar v.
es·me·ral·den·se adj. s2g.

es·me·rál·di·co adj.
es·me·ral·di·no adj.
es·me·rar v.
es·me·ril sm.; pl. ·ris.
es·me·ri·la·dor (ô) adj. sm.
es·me·ri·la·men·to sm.
es·me·ri·lar v.: esmerilhar
es·me·ri·lha·ção sf.; pl. ·ções.
es·me·ri·lha·dor (ô) adj. sm.
es·me·ri·lha·men·to sm.
es·me·ri·lhão sm.; pl. ·lhões.
es·me·ri·lhar v.: esmerilar
es·me·ro (ê) sm./Cf. esmero (é), do v. esmerar.
es·mé·ti·co adj.: esméctico.
es·mi·ga·lha·dor (ô) adj. sm.
es·mi·ga·lha·du·ra sf.
es·mi·ga·lha·men·to sm.
es·mi·ga·lhar v.
es·mí·la·ce sf.
es·mi·lá·ce:a sf.
es·mi·lá·ce:o adj.
es·mi·la·ci·na sf.
es·mi·la·ci·ta sf.: es·mi·la·ci·te.
es·mi·lhar v.
es·mi·lhen·to adj.
es·min·teu adj.; f. ·tei·a.
es·mi:o·la·do adj.
es·mi:o·lar v.
es·mir·neu adj. sm.; f. ·nei·a.
es·mír·ni:a sf.
es·mír·ni:o sm.
es·mir·rar v.
es·mi:u·ça·do adj.
es·mi:u·ça·dor (ô) adj. sm.
es·mi:u·çar v.
es·mi:u·dar v.
es·mo (ê) sm./Cf. esmo (é), do v. esmar.
es·mo·car v. 'bater com moca'/ Cf. esmoucar.
es·mo·char v.
es·mo·di·ta sf.: es·mo·di·te.
es·mo:e·dor (ô) adj. sm.
es·mo:er v.
es·moi·tar v.
es·mo·la sf.
es·mo·la·dor (ô) adj. sm.
es·mo·lam·ba·do adj. sm.
es·mo·lam·ba·dor (ô) adj. sm.
es·mo·lam·bar v.
es·mo·lar v.
es·mo·la·ri:a sf.
es·mo·lei·ra sf.
es·mo·lei·ro adj. sm.
es·mo·len·to adj.
es·mo·ler adj. s2g.

es·mon·car v.
es·mon·dar v.
es·mor·çar v.
es·mor·da·çar v.
es·mor·di·car v.
es·mo·re·cer v.
es·mo·re·ci·do adj.
es·mo·re·ci·men·to sm.
es·mor·mar v.
es·mor·ro·nar v.
es·mor·ra·çar v. 'tirar o morrão a'/Cf. esmurraçar.
es·mor·rar v. 'espevitar'/Cf. esmurrar.
es·mou·car v. 'danificar'/Cf. esmocar.
es·mou·tar v.: esmoitar.
es·mur·ra·çar v. 'esmurrar'/Cf. esmorraçar.
es·mur·rar v. 'dar murros em'/ Cf. esmorrar.
es·mur·re·gar v.: es·mur·ren·gar.
és não és adv. sm.
es·no·ba·ção sf.; pl. ·ções.
es·no·bar v.
es·no·be adj. s2g., do ing. snob.
es·no·bis·mo sm.
es·no·car v.
es·no·ga sf.
és·nor·des·te sm.
é·so·ce sm.
e·só·ci·da sf. 2g. sm.
e·so·cí·de:o adj. sm.
e·so·der·ma sm.
e·so·fa·gi:a·no adj.
e·so·fá·gi·co adj.
e·so·fa·gis·mo sm.
e·so·fa·gi·te sf.
e·sô·fa·go sm.
e·so·fa·go·ma·ci·a sf.
e·so·fa·go·me·tri·a sf.
e·so·fa·go·plas·ti·a sf.
e·so·fa·gop·to·se sf.
e·so·fa·gor·ra·gi·a sf.
e·so·fa·gor·rá·gi·co adj.
e·so·fa·gos·co·pi·a sf.
e·so·fa·gos·có·pi·co adj.
e·so·fa·gos·có·pi:o sm.
e·so·fa·gos·pas·mo sm.
e·so·fa·gos·to·mi·a sf.
e·so·fa·gos·tô·mi·co adj.
e·so·fa·go·to·mi·a sf.
e·so·fal·gi·a sf.
e·so·fo·ri·a sf.
e·so·fó·ri·co adj.
e·so·pi:a·no adj.

e·só·pi·co adj.
e·so·té·ri·co adj. 'adepto do esoterismo'/Cf. *exotérico*.
e·so·te·ris·mo sm. 'doutrina filosófica secreta'/Cf. *exoterismo*.
es·pa·ça·do adj.
es·pa·ça·dor (ô) adj. sm.
es·pa·ça·men·to sm.
es·pa·çar v.
es·pa·ça·ri·a sf.
es·pa·ce:ar v.
es·pa·ce·ja·ção sf.; pl. *·ções*.
es·pa·ce·ja·men·to sm.
es·pa·ce·jar v.
es·pa·ci:al adj. 2g.; pl. *·ais*.
es·pa·ci:a·li·za·ção sf.; pl. *·ções*.
es·*pá*·ci:o adj. sm.
es·pa·ci:o·so (ô) adj.; f. e pl. (ó).
es·*pa*·ço sm.
es·pa·ço-i·*ma*·gem sm.; pl. *espaços-imagens* ou *espaços-imagem*.
es·pa·ço·*na*·ve sf.
es·pa·ço-ob·*je*·to sm.; pl. *espaços-objetos* ou *espaços-objeto*.
es·pa·*ço*·so (ô) adj. f. e pl. (ó).
es·pa·ço-*tem*·po sm.; pl.: *espaços-tempos* e *espaços-tempo*.
es·*pa*·da sf.
es·pa·da·*chim* sm.; pl. *·chins*.
es·pa·da·chi·*nar* v.
es·pa·*da*·da sf.
es·pa·da(s)-de-são-*jor*·ge sf. (pl.).
es·pa·da·gão sm.; pl. *·gões*.
es·pa·*da*·na sf.
es·pa·da·*na*·do adj.
es·pa·da·*nal* sm.; pl. *·nais*.
es·pa·da·*nar* v.
es·pa·*dâ*·ne:o adj.
es·pa·*dão* sm.; pl. *dões*.
es·pa·*dar* v.
es·pa·*dar*·te sm.
es·pa·da·*ú*·do adj.
es·pa·*dei*·ra sf.
es·pa·dei·*ra*·da sf.
es·pa·dei·*rão* sm.; pl. *·rões*.
es·pa·dei·*rar* v.
es·pa·*dei*·ro sm.
es·pa·*de*·la sf.
es·pa·de·la·*dei*·ra sf.
es·pa·de·la·*dor* (ô) sm.
es·pa·de·*la*·gem sf.; pl. *·gens*.
es·pa·de·*lar* v.
es·pa·*de*·ta (ê) sf.

es·pa·*di*·ce sf.
es·pa·*dí*·ce:o adj.
es·pa·di·ci·*flo*·ro adj.
es·pa·di·ci·*for*·me adj. 2g.
es·pa·*di*·lha sf.
es·pa·*dim* sm.; pl. *·dins*.
es·pa·*dis*·ta adj. s2g.
es·pa·don·*ga*·do adj.: *espandongado*.
es·*pá*·du:a sf./Cf. *espadua*, do v. *espaduar*.
es·pa·du:*ar* v.
es·pa·*gí*·ri:a sf.
es·pa·*gí*·ri·co adj.
es·pa·gi·*ris*·mo sm.
es·pa·*gue*·te sm.
es·pai·re·*cer* v.
es·pai·re·ci·*men*·to sm.
es·pa·la·*ção* sm.; pl. *·ções*.
es·*pal*·da sf.
es·*pal*·dão sm.; pl. *·dões*.
es·*pal*·dar sm.
es·pal·de:*ar* v.
es·pal·*dei*·ra sf.
es·pal·dei·*ra*·da sf.
es·pal·dei·*rar* v.
es·pal·*de*·ta (ê) sf.
es·pa·*lei*·ra sf.
es·pa·*leu* adj. sm.; f. *·lei*·a.
es·*pa*·lha sm.
es·pa·lha-*bra*·sas sm. 2n.
es·pa·*lha*·da sf.
es·pa·lha·*dei*·ra sf.
es·pa·*lha*·do adj. sm.
es·pa·lha·*doi*·ra sf.: *espalhadoura*.
es·pa·lha·*dor* (ô) adj. sm.
es·pa·lha·*dou*·ra sf.: *espalhadoira*.
es·pa·lha·fa·*tão* adj. sm.; pl. *·tões*.
es·pa·lha·fa·*tar* v.
es·pa·lha·*fa*·to sm.
es·pa·lha·fa·*to*·na adj. sf. de *espalhafatão*.
es·pa·lha·fa·*to*·so (ô) adj.; f. e pl. (ó).
es·pa·lha·ga·*ção* sf.; pl. *·ções*.
es·pa·lha·*gar* v.
es·pa·lha·*men*·to sm.
es·pa·*lhar* v.
es·*pa*·lho sm.
es·pal·*ma*·do adj.
es·pal·*mar* v.
es·pa·lom·*bar* v.
es·*pal*·to sm. 'tinta ou verniz'/ Cf. *esparto*.

es·pam·pa·*nar* v.
es·pam·pa·*rar* v.
es·pa·na·*ção* sf.; pl. *·ções*.
es·pa·na·*dor* (ô) adj. sm.
es·pa·*nar* v.
es·pa·nas·*car* v.
es·pan·ca·*dor* (ô) adj. sm.
es·pan·ca·*men*·to sm.
es·pan·*car* v.
es·pan·don·*ga*·do adj. sm.: *espadongado*.
es·pan·don·ga·*men*·to sm.
es·pan·don·*gar* v.
es·pa·*né*·fi·co adj.
es·pa·ne·*ja*·do adj.
es·pa·ne·ja·*dor* (ô) adj. sm.
es·pa·ne·*jar* v.
es·pa·*nhol* adj. sm.; pl. *·nhóis*.
es·pa·*nho*·la adj. sf.
es·pa·nho·*la*·da sf.
es·pa·nho·*la*·do adj.
es·pa·nho·*le*·ta (ê) sf.
es·pa·nho·*li*·ce sf.
es·pa·nho·*lis*·mo sm.
es·pa·nta(s)-boi:*a*·da(s) sm. (pl.).
es·pan·ta-coi:*ó*(s) sm. (pl.).
es·pan·ta·*dão* adj. sm.; pl. *·dões*; f. *espantadona*.
es·pan·ta·*di*·ço adj.
es·pan·*ta*·do adj.
es·pan·ta·*do*·na adj. sf. de *espantadão*.
es·pan·ta·*dor* (ô) adj. sm.
es·pan·*ta*·lho sm.
es·pan·ta·*lo*·bos s2g. 2n.
es·pan·ta·pa·*tru*·lha(s) s2g. (pl.).
es·pan·ta·*por*·co(s) sm. (pl.).
es·pan·*tar* v.
es·pan·ta·*ra*·tos s2g. 2n.
es·pan·*tá*·vel adj. 2g.; pl. *·veis*.
es·*pan*·to sm.
es·pan·*to*·so (ô) adj.; f. e pl.(ó).
es·pa·pa·*çar* v.
es·pa·*par* v.
es·pa·ra·dra·*pei*·ro sm.
es·pa·ra·*dra*·po sm.
es·pa·ra·*vão* sm.; pl. *·vões*.
es·pa·*rá*·vel sm.; pl. *·veis*.
es·pa·ra·vo·*na*·do adj.
es·par·*ce*·to (ê) sm.
es·par·ci:*a*·ta adj. s2g.
es·par·ci:*á*·ti·co adj.
es·par·*de*·que sm.
es·pa·*re*·la sf.
es·*par*·gal sm.; pl. *·gais*.
es·par·ga·ni:*á*·ce:a sf.

es·par·ga·ni:á·ce:o adj.
es·par·gâ·ni:o sm.
es·par·ga·no·se sf.
es·par·ge·lar v.
es·par·gi·do adj. sm.
es·par·gi·men·to sm.
es·par·gir v.: esparzir.
es·par·go sm.: aspárago, aspargo.
es·par·go(s)-de-jar·dim sm. (pl.).
es·par·go·se sf.
es·par·gu·ta sf.
es·pa·rí·de:o adj. sm.
es·pa·roi·de adj. 2g. sm.
es·pa·ro·la·ção sf.; pl. ·ções.
es·pa·ro·la·do adj. sm.
es·par·ra·lhar v.
es·par·ra·ma·ção sf.; pl. ·ções.
es·par·ra·ma·do adj.
es·par·ra·mar v.
es·par·ra·me sm.: es·par·ra·mo.
es·par·ra·nhar v.
es·par·rar v.
es·par·re·ga·do adj. sm.
es·par·re·gar v.
es·par·re·la sf.
es·par·ri·mar v.
es·par·ri·nhar v.
es·par·ro sm.
es·par·sa sf.
es·par·si·flo·ro adj.
es·par·so adj.
es·par·tal sm.; pl. ·tais.
es·par·ta·no adj. sm.
es·par·ta·ri·a sf.
es·par·te·í·na sf.
es·par·tei·ro adj. sm.
es·par·te·jar v.
es·par·te·nhas sf. pl.
es·par·té:o·lo sm.
es·par·ti·lha·do adj.
es·par·ti·lhar v.
es·par·ti·lhei·ro adj. sm.
es·par·ti·lho sm.
es·par·tir v.
es·par·to sm. 'planta medicinal'/Cf. espalto.
es·par·va·di·ço adj.
es·par·va·lha·do adj.
es·par·var v.
es·par·vo:a·do adj.
es·par·ze·ta (ê) sf.
es·par·zir v.: espargir.
es·pas·mar v.
es·pas·mo sm.

es·pas·mo·der·mi·a sf.
es·pas·mo·di·ci·da·de sf.
es·pas·mó·di·co adj.
es·pas·mo·fi·li·a sf.
es·pas·mo·lo·gi·a sf.
es·pas·mo·ló·gi·co adj.
es·pas·ti·ci·da·de sf.
es·pás·ti·co adj.
es·pa·ta sf.
es·pa·tá·ce:o adj.
es·pa·ta·la sf.
es·pa·tan·goi·de adj. sm.
es·pa·te·la sf.
es·pa·té·li:a sf.
es·pa·ti·car·pa sf.
es·pa·ti·cár·pe:a sf.
es·pá·ti·co adj.
es·pa·ti·fa·do adj.
es·pa·ti·far v.
es·pa·ti·flo·ra sf.
es·pa·ti·flo·ro adj.
es·pa·ti·for·me adj. 2g.
es·pa·ti·lha sf.
es·pa·ti·lhar v.
es·pa·to sm.
es·pa·tó·de:a sf.
es·pa·to(s)-de-is·lân·di:a sm. (pl.).
es·pa·to·flú·or sm.
es·pa·tó·fo·ro sm.
es·pa·to(s)-pe·sa·do(s) sm. (pl.).
es·pa·tóp·te·ro sm.
es·pá·tu·la sf.
es·pa·tu·la·do adj.
es·pa·tu·lar v.
es·pa·tu·lá·ri:a sf./Cf. espatularia, do v. espatular.
es·pa·tu·le·ta (ê) sf.
es·pa·ven·tar v.
es·pa·ven·to sm.
es·pa·ven·to·so (ô) adj.; f. e pl. (ó).
es·pa·vo·re·cer v.
es·pa·vo·ri·do adj.
es·pa·vo·rir v.
es·pa·vo·ri·zar v.
es·pe·car v.
es·pe·çar v.
es·pé·ci:a sf.
es·pe·ci:a·ção sf.; pl. ·ções.
es·pe·ci:al adj. 2g. sm.; pl. ·ais.
es·pe·ci:a·li·da·de sf.
es·pe·ci:a·lis·ta adj. s2g.
es·pe·ci:a·li·za·ção sf.; pl. ·ções.
es·pe·ci:a·li·zar v.
es·pe·ci:a·ri·a sf.

es·pé·ci:e sf.
es·pe·ci:ei·ro sm.
es·pe·ci·fi·ca·ção sf.; pl. ·ções.
es·pe·ci·fi·ca·do adj.
es·pe·ci·fi·ca·dor (ô) adj. sm.
es·pe·ci·fi·car v.
es·pe·ci·fi·ca·ti·vo adj.
es·pe·ci·fi·ci·da·de sf.
es·pe·cí·fi·co adj. sm./Cf. específico, do v. especificar.
es·pe·ci·lho sm.
es·pé·ci·me sm.: es·pé·ci·men; pl. ·mens.
es·pe·ci:o·si·da·de sf.
es·pe·ci:o·so (ô) adj.; f. e pl. (ó).
es·pec·ta·dor (ô) adj. sm. 'testemunha'/Cf. expectador.
es·pec·tá·vel adj. 2g. 'notável'/Cf. expectável; pl. ·veis.
es·pec·tral adj. 2g.: espetral; pl. ·trais.
es·pec·tro sm.: espetro.
es·pec·tro·fo·to·gra·fi·a sf.: espetrofotografia.
es·pec·tro·fo·to·me·tri·a sf.: espetrofotometria.
es·pec·tro·fo·tô·me·tro sm.: espetrofotômetro.
es·pec·tro·gra·fi·a sf.: espetrografia.
es·pec·tró·gra·fo sm.: espetrógrafo.
es·pec·tro·lo·gi·a sf.: espetrologia.
es·pec·tro·ló·gi·co adj.: espetrológico.
es·pec·tro·me·tri·a sf.: espetrometria.
es·pec·tro·mé·tri·co adj.: espetrométrico.
es·pec·trô·me·tro sm.: espetrômetro.
es·pec·tros·co·pi·a sf.: espetroscopia.
es·pec·tros·có·pi·co adj.: espetroscópico.
es·pec·tros·có·pi:o sm.: espetroscópio.
es·pe·cu·la s2g.
es·pe·cu·la·ção sf.; pl. ·ções.
es·pe·cu·la·dor (ô) adj. sm.
es·pe·cu·lar adj. 2g. v. 'diáfano' 'examinar'/Cf. espicular.
es·pe·cu·lá·ri:a sf./Cf. especularia, do v. especular.
es·pe·cu·la·ri·ta sf.
es·pe·cu·la·ti·vo adj.

es·pé·cu·lo sm./Cf. *especulo*, do v. *especular*.
es·pe·da·*çar* v.
es·pe·dre·*gar* v.
es·pe·le:o·lo·*gi*·a sf.
es·pe·le:o·*ló*·gi·co adj.
es·pe·le:o·lo·*gis*·ta adj. s2g.
es·pe·le:*ó*·lo·go sm.
es·pe·*leu* adj. sm.; f. ·*lei*·a.
es·pe·lha·*ção* sf.; pl. ·*ções*.
es·pe·lha·*di*·ço adj.
es·pe·*lha*·do adj.
es·pa·lha·*men*·to sm.
es·pe·*lhan*·te adj. 2g.
es·pe·*lhar* v.
es·pe·lha·*ri*·a sf.
es·pe·*lhei*·ro sm.
es·pe·*lhen*·to adj.
es·pe·*lhim* sm.; pl. ·*lhins*.
es·pe·lho (ê) sm./Cf. *espelho* (é), do v. *espelhar*.
es·pe·lho(s)-de-*vê*·nus sm. (pl.).
es·pe·*li*·na sf.
es·pe·lo·te:*a*·do adj. sm.
es·pe·lo·te:a·*men*·to sm.
es·pe·lo·te:*ar* v.
es·pe·lo·*tei*·ro sm.
es·*pel*·ta sf.
es·pe·*lun*·ca sf.
es·*pen*·da sf.
es·pe·ne·*jar* v.: *espanejar*.
es·pe·ni·*car* v. 'depenar'/Cf. *espinicar*.
es·pe·ni·*frar* v.
es·pe·*ni*·fre sm.
es·*pe*·que sm.
es·*pe*·ra sf. 'esperança'/Cf. *éspera*.
és·pe·ra sf. 'alga'/Cf. *espera*.
es·pe·*ra*·do adj. sm.
es·pe·ra·*doi*·ro sm.: es·pe·ra·*dou*·ro.
es·pe·ra-fe·li·*zen*·se(s) adj. s2g. (pl.).
es·pe·ra·*ga*·na sf.
es·pe·ra·ma·*ri*·do(s) sm. (pl.).
es·pe·*ran*·ça sf.
es·pe·ran·*ça*·do adj.
es·pe·ran·*çar* v.
es·pa·ran·*cen*·se adj. s2g.
es·pe·ran·*ço*·so (ô) adj.; f. *e* pl. (ó).
es·pe·ran·ti·*nen*·se adj. s2g.
es·pe·ran·ti·no·*pen*·se adj. s2g.
es·pe·ran·*tis*·ta adj. s2g.
es·pe·*ran*·to sm.

es·pe·*rar* v.
es·pe·*rá*·vel adj. 2g.; pl. ·*veis*.
es·per·di·ça·*dor* (ô) adj. sm.
es·per·di·*çar* v.
es·per·*dí*·ci:o sm.
es·*pér*·gu·la sf.
es·per·gu·*lá*·ri:a sf.
es·per·*gú*·li:a sf.
es·per·*li*·na sf.
es·*per*·ma sm.
es·per·ma·*ce*·te sm.
es·per·*má*·ci:a sf.
es·per·*má*·ci:o sm.
es·per·*má*·fi·to sm.: *espermatófito*.
es·per·ma·*te*·ca sf.
es·per·ma·*ti*·a sf.
es·per·*má*·ti·co adj.
es·per·ma·*tí*·di:o sm.
es·per·ma·ti·*zar* v.
es·per·ma·to·*ce*·le sf.
es·per·ma·*tó*·fi·to sm.: *espermáfito*.
es·per·ma·to·*gê*·ne·se sf.
es·per·ma·to·ge·*né*·ti·co adj.
es·per·ma·to·gra·*fi*·a sf.
es·per·ma·to·*grá*·fi·co adj.
es·per·ma·to·lo·*gi*·a sf.
es·per·ma·to·*ló*·gi·co adj.
es·per·ma·tor·*rei*:a sf.
es·per·ma·tor·*rei*·co adj.
es·per·ma·*to*·se sf.
es·per·ma·to·*zoi*·de sm.
es·per·mi·*ci*·da sm.
es·per·ne·*ar* v.
es·per·ne·*gar* v.
es·per·ta·*dor* (ô) adj. sm.
es·per·ta·*lhão* adj. sm.; pl. ·*lhões*; f. ·*lho*·na.
es·per·ta·*men*·to sm.
es·per·*tar* v.
es·per·*te*·za (ê) sf.
es·per·*ti*·na sf.
es·per·ti·*nar* v.
es·*per*·to adj. 'acordado'/Cf. *experto*.
es·pes·co·*çar* v.
es·pes·sa·*men*·to sm.
es·pes·*sar* v.
es·pes·sar·*ti*·ta sf.
es·pes·si·*dão* sf.; pl. ·*dões*.
es·*pes*·so (ê) adj./Cf. *espesso* (é), do v. *espessar*, *espeço* (é), do v. *espeçar*, e *expeço* (é), do v. *expedir*.
es·*pes*·sor (ô) sm.
es·pes·*su*·ra sf.

es·*pe*·ta sf.
es·pe·ta-ca·*ju*(s) s2g. (pl.).
es·pe·ta·cu·*lar* adj. 2g. v.
es·pe·ta·cu·la·ri·*da*·de sf.
es·pe·*tá*·cu·lo sm.
es·pe·ta·cu·lo·si·*da*·de sf.
es·pe·ta·cu·*lo*·so (ô) adj.; f. *e* pl. (ó).
es·pe·ta·da sf.
es·pe·ta·*de*·la sf.
es·pe·*ta*·do adj.
es·pe·*tan*·ço sm.
es·pe·*tão* sm.; pl. ·*tões*.
es·pe·*tar* v.
es·*pe*·to (ê) sm./Cf. *espeto* (é), do v. *espetar*.
es·pe·*tral* adj. 2g.: *espectral*; pl. *trais*.
es·*pe*·tro sm.: *espectro*.
es·pe·tro·fo·to·gra·*fi*·a sf.: *espectrofotografia*.
es·pe·tro·fo·to·me·*tri*·a sf.: *espectrofotometria*.
es·pe·tro·fo·*tô*·me·tro sm.: *espectrofotômetro*.
es·pe·tro·gra·*fi*·a sf.: *espectrografia*.
es·pe·*tró*·gra·fo sm.: *espectrógrafo*.
es·pe·tro·lo·*gi*·a sf.: *espectrologia*.
es·pe·tro·*ló*·gi·co adj.: *espectrológico*.
es·pe·tro·me·*tri*·a sf.: *espectrometria*.
es·pe·tro·*mé*·tri·co adj.: *espectrométrico*.
es·pe·*trô*·me·tro sm.: *espectrômetro*.
es·pe·tros·co·*pi*·a sf.: *espectroscopia*.
es·pe·tros·*có*·pi·co adj.: *espectroscópico*.
es·pe·tros·*có*·pi:o sm.: *espectroscópio*.
es·pe·vi·ta·*dei*·ra sf.
es·pe·vi·*ta*·do adj. sm.
es·pe·vi·ta·*dor* (ô) adj. sm.
es·pe·vi·ta·*men*·to sm.
es·pe·vi·*tar* v.
es·pe·zi·*nha*·do adj.
es·pe·zi·nha·*dor* (ô) adj. sm.
es·pe·zi·*nhar* v.
es·*pi*·a s2g. sf./Cf. *expia*, do v. *expiar*.
es·pi·*ã* sf. de *espião*.
es·pi:*a*·da sf.

es·pi:a·*de*·la sf.
es·pi·a-ma·*ré(s)* sm. (pl.).
es·pi:an·ta·*dor* (ô) sm.
es·pi:an·*tar* v.
es·pi:*ão* sm.; pl. *-ões*; f. *espiã*.
es·pi:*ar* v. 'observar, vigiar'/Cf. *expiar*.
es·pi:au·te·*ri*·ta sf.
es·pi·ca·*ça*·do adj.
es·pi·ca·*çar* v.
es·pi·ca·*nar*·do sm.
es·pi·*cé* sm.
es·*pi*·cha sf.
es·pi·*char* v.
es·pi·cha·*ré*·tur sm.
es·*pi*·che sm.
es·pi·*chel* sm.; pl. *-chéis*.
es·*pi*·cho sm.
es·pi·ci·*flo*·ro adj.
es·pi·ci·*for*·me adj. 2g.
es·pi·ci·*lé*·gi:o sm.
es·pi·clon·*drí*·fi·co adj.
es·pi·coi·*çar* v.: es·pi·cou·*çar*.
es·*pí*·cu·la sf./Cf. *espicula*, do v. *espicular*.
es·pi·cu·*la*·do adj.
es·pi·cu·*lar* adj. 2g. 'relativo a espícula'; v. 'prover de espícula'/Cf. *especular*.
es·*pí*·cu·lo sm./Cf. *espiculo*, do v. *espicular*.
es·*pi*·ga sf.
es·pi·ga(s)-de-fer·*ru*·gem sf. (pl.).
es·pi·ga(s)-de-*san*·gue sf. (pl.).
es·pi·*ga*·do adj.
es·pi·gai·*ta*·do adj.
es·pi·*ga*·me sm.
es·pi·*gão* sm.; pl. *-gões*.
es·pi·*gar* v.
es·pi·*gé*·li:a sf.
es·pi·ge·li·*á*·ce:a sf.
es·*pi*·go sm.
es·pi·*go*·so (ô) adj.; f. *e* pl. (ó).
es·pi·*guei*·ro sm.
es·pi·*gue*·ta (ê) sf.
es·pi·*gue*·to (ê) sm.
es·pi·*gui*·lha sf.
es·pi·*gui*·lha·do adj.
es·pi·*gui*·lhar v.
es·*pim* adj. 2g.; pl. *-pins*.
es·pi·na·fra·*ção* sf.; pl. *-ções*.
es·pi·na·*frar* v.
es·pi·*na*·fre sm.
es·pi·na·fre(s)-da-gui:*a*·na sm. (pl.).

es·pi·na·fre(s)-de-*cu*·ba sf. (pl.).
es·pi·*nal* adj. 2g.; pl. *-nais*.
es·pi·nal·*gi*·a sf.
es·pi·*nál*·gi·co adj.
es·*pin*·ça sf.
es·pin·*ça*·gem sf.; pl. *-gens*.
es·pin·*çar* v.
es·pi·*nel* sm.; pl. *-néis*.
es·pi·*ne*·la sf.
es·pi·*né*·li:o sm.
es·*pí*·ne:o adj.
es·pi·nes·*cên*·ci:a sf.
es·pi·nes·*cen*·te adj. 2g.
es·pi·nes·*ci*·do adj.
es·pi·*ne*·ta (ê) sf.
es·pin·ga·*lhar* v.
es·pin·*gar*·da sf.
es·pin·gar·*da*·da sf.
es·pin·gar·*dão* sm.; pl. *-dões*.
es·pin·gar·da·*ri*·a sf.
es·pin·gar·de:a·*men*·to sm.
es·pin·gar·de:*ar* v.
es·pin·gar·*dei*·ra sf.
es·pin·gar·*dei*·ro sm.
es·pin·go·*la*·do adj. sm.
es·*pi*·nha sf.
es·pi·*nha*·ço sm.
es·pi·*nha*·do adj. sm.
es·pi·*nhal* adj. 2g. sm.; pl. *-nhais*.
es·pi·*nhar* v.
es·pi·*nhei*·ra sf.
es·pi·*nhei*·ral sm.; pl. *-rais*.
es·pi·*nhei*·ro sm.
es·pi·nhei·ro(s)-*bra*·vo(s) sm. (pl.).
es·pi·nhei·ro(s)-da-vir·*gí*·ni:a sf. (pl.).
es·pi·nhei·ro(s)-de-*cris*·to sm. (pl.).
es·pi·nhei·ro(s)-*pre*·to(s) sm. (pl.).
es·pi·*nhel* sm.; pl. *-nhéis*/Cf. *espinheis*, do v. *espinhar*.
es·pi·*nhe*·la sf.
es·pi·*nhen*·se adj. s2g.
es·pi·*nhen*·to adj.
es·*pi*·nho sm.
es·pi·nho(s)-a-ma·*re*·lo(s) sm. (pl.).
es·pi·nho(s)-de-a·*gu*·lha sm. (pl.).
es·pi·nho(s)-de-ba·na·*nei*·ra sm. (pl.).
es·pi·nho(s)-de-car·*nei*·ro sm. (pl.).

es·pi·nho(s)-de-*cer*·ca sm. (pl.).
es·pi·nho(s)-de-*cris*·to sm. (pl.).
es·pi·nho(s)-de-*cruz* sm. (pl.).
es·pi·nho(s)-de-ju·*deu* sm. (pl.).
es·pi·nho(s)-de-ma·ri·*cá* sm. (pl.).
es·pi·nho(s)-de-ro·*se*·ta sm. (pl.).
es·pi·nho(s) de san·to an·*tô*·ni:o sm. (pl.) 'faca de ponta'.
es·pi·nho(s)-de-san·to--an·*tô*·ni:o sm. (pl.) 'arbusto'.
es·pi·nho(s)-de-são-jo·*ão* sm. (pl.).
es·pi·nho(s)-de-vin·*tém* sm. (pl.).
es·pi·nho-ma·ri:*a*·na sm.; pl. *espinhos-marianas* ou *espinhos-mariana*.
es·pi·nho(s)-*ro*·xo(s) sm. (pl.).
es·pi·*nho*·so (ô) adj.; f. *e* pl. (ó).
es·pi·ni·*car* v. 'apurar-se muito no trajar'/Cf. *espenicar*.
es·pi·ni·*for*·me adj. 2g.
es·pi·*ni*·lho sm.
es·pi·*ni*·te sf.
es·pi·no·ce·lu·*lar* adj. 2g.
es·pi·*nol* sm.; pl. *-nóis*.
es·pi·*nor* (ô) sm.
es·pi·no·*sen*·se adj. s2g.
es·pi·no·*sis*·mo sm.
es·pi·no·*sis*·ta adj. s2g.
es·pi·no·*tar* v.
es·pi·no·te:*a*·do adj.
es·pi·no·te:*ar* v.
es·pin·ta·ris·*có*·pi:o sm.
es·*pí*·nu·la sf.
es·pi·nu·*lo*·so (ô) adj.; f. *e* pl. (ó).
es·pi:o·*lhar* v.
es·pi:o·*na*·gem sf.; pl. *-gens*.
es·pi:o·*nar* v.
es·pi·*par* v.
es·pi·po·*car* v.
es·*pi*·que sm.
es·pi·que:*a*·do adj.
es·*pi*·ra sf./Cf. *expira*, do v. *expirar*.
es·pi·ra·*ção* sf. 'ato de espirar'/Cf. *expiração*; pl. *-ções*.
es·pi·*rá*·cu·lo sm.
es·pi·*ral* adj. 2g. sf. sm.; pl. *-rais*.
es·pi·ra·*la*·do adj.
es·pi·ra·*lar* v.
es·pi·*rá*·le:o adj.

es·pi·*ran*·te adj. 2g. 'que espira'/ Cf. *expirante*.
es·pi·*rar* v. 'exalar'/Cf. *expirar*.
es·*pí*·re:a sf.
es·pi·re·*í*·na sf.
es·pi·*re*·ma sm.
es·pi·*rí*·cu·la sf.
es·pi·ri·*dan*·to sm.
es·pi·*rí*·di:a sf.
es·pi·*rí*·fe·ro adj.
es·pi·ri·*for*·me adj. 2g.
es·pi·ri·*lá*·ce:a sf.
es·pi·ri·*lá*·ce:o adj.
es·*pí*·ri·lo sm.
es·pi·ri·*lo*·se sf.
es·pi·*ri*·ta adj. s2g.: es·*pí*·ri·ta.
es·pi·ri·*tar* v.
es·pi·ri·*tei*·ra sf.
es·pi·ri·*tis*·mo sm.
es·pi·ri·*tis*·ta adj. s2g.
es·*pí*·ri·to sm.
es·*pí*·ri·to-san·*ten*·se(s) adj. s2g. (pl.).
es·pi·ri·tu:*al* adj. 2g.; pl. ·*ais*.
es·pi·ri·tu:a·li·*da*·de sf.
es·pi·ri·tu:a·*lis*·mo sm.
es·pi·ri·tu:a·*lis*·ta adj. s2g.
es·pi·ri·tu:a·li·za·*ção* sf.; pl. ·*ções*.
es·pi·ri·tu:a·li·*zar* v.
es·pi·ri·tu:*o*·so (ô) adj.; f. *e* pl. (ó).
es·pi·ro·bac·*té*·ri:a sf.
es·pi·*ró*·fo·to sm.
es·pi·ro·gra·*fi*·a sf.
es·pi·ro·*grá*·fi·co adj.
es·pi·*ró*·gra·fo sm.
es·pi·*roi*·de adj. 2g.
es·pi·ro·me·*tri*·a sf.
es·pi·ro·*mé*·tri·co adj.
es·pi·*rô*·me·tro sm.
es·pi·ro·*que*·ta (ê) sm.: es·pi·ro·*que*·to.
es·pi·ro·que·*tá*·ce:a sf.
es·pi·ro·que·*to*·se sf.
es·pi·ros·co·*pi*·a sf.
es·pi·ro·*trí*·qui:o adj. sm.
es·pir·ra·ca·ni·*ve*·tes s2g. 2n.
es·pir·ra·*dei*·ra sf.
es·pir·ra·dei·ra(s)-do-*cam*·po sf. (pl.).
es·pir·*rar* v.
es·*pir*·ro sm.
es·pi·ru·*rí*·de:o adj. sm.
es·pla·*na*·da sf.
es·pla·na·*den*·se adj. s2g.
es·*plânc*·ni·co adj.

es·planc·no·gra·*fi*·a sf.
es·planc·no·*grá*·fi·co adj.
es·planc·no·lo·*gi*·a sf.
es·planc·no·*ló*·gi·co adj.
es·planc·no·to·*mi*·a sf.
es·planc·no·*tô*·mi·co adj.
es·plan·de·*cer* v.
es·ple·nal·*gi*·a sf.
es·ple·*nál*·gi·co adj.
es·ple·na·tro·*fi*·a sf.
es·ple·na·*tró*·fi·co adj.
es·plen·de·*cên*·ci:a sf.
es·plen·de·*cen*·te adj. 2g.
es·plen·de·*cer* v.
es·plen·*den*·te adj. 2g.
es·plen·*der* v.
es·plen·di·*dez* (ê) sf.
es·plen·di·*de*·za (ê) sf.
es·*plên*·di·do adj.; superl. es·plen·di·*dís*·si·mo e *esplendíssimo*.
es·plen·*dís*·si·mo adj. superl. de *esplêndido*.
es·plen·*dor* (ô) sm.
es·plen·do·*rar* v.
es·plen·do·*ro*·so (ô) adj.; f. *e* pl. (ó).
es·ple·nec·to·*mi*·a sf.
es·ple·nec·*tô*·mi·co adj.
es·ple·ne·*mi*·a sf.
es·ple·nen·pra·*xi*·a (cs) sf.
es·ple·*né*·ti·co adj. sm.
es·ple·ni:*al* adj. 2g.; pl. ·*ais*.
es·*plê*·ni·co adj.
es·ple·ni·fi·ca·*ção* sf.; pl. ·*ções*.
es·*plê*·ni:o sm.
es·ple·*ni*·te sf.
es·ple·ni·za·*ção* sf.; pl. ·*ções*.
es·ple·no·*ce*·le sf.
es·ple·no·ce·ra·*to*·se sf.
es·ple·*nó*·ci·to sm.
es·ple·no·ci·*to*·ma sm.
es·ple·no·*cli*·se sf.
es·ple·no·di:ag·*no*·se sf.
es·ple·no·di:ag·*nós*·ti·co adj.
es·ple·no·*di*·ni·a sf.
es·ple·no·fle·*bi*·te sf.
es·ple·no·gra·*fi*·a sf.
es·ple·no·*grá*·fi·co adj.
es·ple·*noi*·de adj. 2g.
es·ple·no·lo·*gi*·a sf.
es·ple·no·*ló*·gi·co adj.
es·ple·no·me·ga·*li*·a sf.
es·ple·no·me·*gá*·li·co adj.
es·ple·non·*ci*·a sf.
es·ple·no·pa·*ti*·a sf.
es·ple·no·*pá*·ti·co adj.

es·ple·no·pe·*xi*·a (cs) sf.
es·ple·nop·neu·mo·*ni*·a sf.
es·ple·nop·*to*·se sf.
es·ple·nor·ra·*fi*·a sf.
es·ple·nor·ra·*gi*·a sf.
es·ple·no·ti·*foi*·de sf.
es·ple·no·to·*mi*·a sf.
es·ple·no·*tô*·mi·co adj.
es·ple·no·to·*xi*·na (cs) sf.
es·*plim* sm., do ing. *spleen*; pl. ·*plins*.
es·po:*ar* v.
es·po·*car* v.
es·po·*di*·te sf.
es·po·*dó*·ge·no adj.
es·po·do·man·*ci*·a sf.
es·po·do·*mân*·ti·co adj.
es·po·du·*mê*·ni:o sm.
es·po·ja·*doi*·ro sm.: es·po·ja·*dou*·ro.
es·po·*jar* v.
es·po·*jei*·ro sm.
es·po·ji·*nhar* v.
es·*po*·jo (ô) sm./Cf. *espojo* (ó), do v. *espojar*.
es·*pol*·dra sf.
es·pol·*drar* v.
es·pol·di·*nhar* v.
es·po·*le*·ta (ê) sf./Cf. *espoleta* (é), do v. *espoletar*.
es·po·le·*tar* v.
es·po·le·te:*ar* v.
es·po·li:a·*ção* sf.; pl. ·*ções*.
es·po·li:*a*·do adj. sm.
es·po·li:a·*dor* (ô) adj. sm.
es·po·li:*an*·te adj. 2g.
es·po·li:*ar* v.
es·po·li:*á*·ri:o sm.
es·po·li:a·*ti*·vo adj. sm.
es·po·*lim* sm.; pl. ·*lins*.
es·po·li·*nar* v.
es·po·li·nha·*doi*·ro sm.: es·po·li·nha·*dou*·ro.
es·po·li·*nhar* v.
es·*pó*·li:o sm./Cf. *espolio*, do v. *espoliar*.
es·pol·*par* v.
es·*pon*·da sf.
es·pon·*dai*·co adj.
es·pon·*deu* adj. sm.
es·pon·di·lar·*tró*·ca·co sm.
es·pon·*dí*·li·co adj.
es·pon·di·*li*·te sf.
es·pon·di·li·*ze*·ma sm.
es·*pôn*·di·lo sm.
es·pon·di·lo·*cli*·se sf.
es·pon·di·*ló*·li·se sf.

es·pon·di·lo·lis·*te*·se sf.
es·pon·di·lo·lis·*té*·ti·co adj.
es·pon·di·lo·pa·*ti*·a sf.
es·pon·di·lo·*pá*·ti·co adj.
es·pon·di·lop·*to*·se sf.
es·pon·di·*lo*·se sf.
es·pon·di·*lós*·qui·se sf.
es·pon·di·lo·te·ra·*pi*·a sf.
es·pon·di·lo·te·*rá*·pi·co adj.
es·pon·di·lo·zo:*á*·ri:o sm.
es·pon·gi:*á*·ri:o adj. sm.
es·pon·gi·*for*·me adj. 2g.
es·pon·gi·*lí*·de:o adj. sm.
es·pon·*gi*·na sf.
es·pon·*gí*·o·lo sm.
es·pon·gi:o·*plas*·ma sm.
es·pon·*gi*·to sm.
es·pon·*goi*·de adj. 2g.
es·pon·*gó*·li·to sm.
es·*pon*·ja sf.
es·pon·ja(s)-d'á·gua-*do*·ce sf. (pl.).
es·pon·ja(s)-de-ra·*iz* sf. (pl.).
es·pon·ja(s)-do-*ma*·to sf. (pl.).
es·pon·*jar* v.
es·pon·*jei*·ra sf.
es·pon·*ji*·nha sf.
es·pon·jo·si·*da*·de sf.
es·pon·*jo*·so (ô) adj.; f. *e* pl. (ó).
es·pon·*sais* sm. pl.
es·pon·*sal* adj. 2g.; pl. ·*sais*.
es·pon·*sá*·li:as sf. pl.
es·pon·sa·*lí*·ci:o adj.
es·pon·*só*·ri:o sm.
es·pon·ta·nei·*da*·de sf.
es·pon·*tâ*·ne:o adj.
es·pon·*tar* v.
es·pon·te·*ar* v.
es·pon·*tei*·rar v.
es·*pon*·to sm.
es·pon·to:*ar* v.
es·*po*·ra sf.
es·po·*ra*·da sf.
es·po·ra·di·ci·*da*·de sf.
es·po·*rá*·di·co adj.
es·po·*rân*·gi:o sm.
es·po·*rão* sm.; pl. ·*rões*.
es·po·rão-de-*ga*·lo sf.; pl. *esporões-de-galo*.
es·po·*rar* v.: *esporear*.
es·po·ra·*ú*·do adj.
es·po·re:*a*·do adj.
es·po·re:a·*men*·to sm.
es·po·re:*an*·te adj. 2g.
es·po·re:*ar* v.: *esporar*.
es·po·*rei*:o sm.
es·po·*rei*·ra sf.

es·po·*rí*·fe·ro adj.
es·po·*rí*·ge·no adj.
es·po·*rim* sm.; pl. ·*rins*.
es·po·*ri*·nha sf.
es·*pó*·ri:o sm.
es·*po*·ro sm.
es·po·ro:*ar* v.
es·po·ro·*blas*·to sm.
es·po·ro·*car*·po sm.
es·po·ro·*cís*·ti·co adj.
es·po·ro·*cis*·to sm.
es·po·ro·*fi*·lo sm.
es·po·*ró*·fi·to sm.
es·po·*ró*·fo·ro adj. sm.
es·po·ro·*gô*·ni:o sm.
es·po·ro·tri·*co*·se sf.
es·po·ro·zo:*á*·ri:o adj. sm.
es·po·ro·zo·*í*·ta sm.:
es·po·ro·zo·*í*·to.
es·po·*rar* v.
es·*por*·ro (ô) sm./Cf. *esporro* (ó), do v. *esporrar*.
es·*por*·ta sf.
es·*por*·te sm.
es·por·tei·*rar* v.
es·por·*te*·la sf.
es·por·*tis*·mo sm.
es·por·*tis*·ta adj. s2g.
es·por·*ti*·va sf.
es·por·*ti*·vo adj.
es·*pór*·tu·la sf./Cf. *esportula*, do v. *esportular*.
es·por·tu·*lar* v.
es·po·ru·la·*ção* sf.; pl. ·*ções*.
es·*pó*·ru·lo sm.
es·*po*·sa (ô) sf./Cf. *esposa* (ó), do v. *esposar*.
es·po·*sa*·do adj. sm.
es·po·*sar* v.
es·*po*·so (ô) sm./Cf. *esposo* (ó), do v. *esposar*.
es·po·*só*·ri:o sm.
es·pos·te·*ja*·do adj.
es·pos·te·ja·*men*·to sm.
es·pos·te·*jar* v.
es·*po*·te sm.
es·pra·ga·*tar* v.
es·prai:*a*·do adj. sm.
es·prai:a·*men*·to sm.
es·prai:*ar* v.
es·*prei*·ta sf.
es·prei·ta·*dei*·ra adj. sf.
es·prei·ta·*de*·la sf.

es·prei·ta·*dor* (ô) adj. sm.
es·prei·*tan*·te adj. s2g.
es·prei·*tar* v.
es·pre·me·*da*·lho sm.
es·pre·me·*di*·ço adj.
es·pre·me·*dor* (ô) adj. sm.
es·pre·me·*du*·ra sf.
es·pre·me·*ga*·to(s) sm. (pl.).
es·pre·*mer* v.
es·pre·*mi*·do adj. 'apertado, premido'/Cf. *exprimido*, do v. *exprimir*.
es·pri·*ta*·do adj.
es·pri·*tar* v.
es·*pru* sm.
es·pu:*ir* v.
es·pul·ga·*ção* sf.; pl. ·*ções*.
es·pul·ga·*men*·to sm.
es·pul·*gar* v.
es·*pu*·ma sf.
es·pu·ma·*dei*·ra sf.: *escumadeira*.
es·pu·ma(s) do *mar* sf. (pl.).
es·pu·*man*·te adj. 2g.
es·pu·*mar* v.: *escumar*.
es·pu·ma·*ra*·da sf.
es·pu·me·*jar* v.
es·pu·me·jo (ê) sm.
es·pu·*men*·to adj.
es·*pú*·me:o adj.
es·pu·*mí*·fe·ro adj.
es·pu·*mí*·ge·ro adj.
es·pu·mo·*sen*·se adj. s2g.
es·pu·*mo*·so (ô) adj.; f. *e* pl. (ó).
es·pur·*cí*·ci:a sf.
es·*pur*·co adj.
es·pu·ri:e·*da*·de sf.
es·*pú*·ri:o adj.
es·pu·ta·*ção* sf.; pl. ·*ções*.
es·pu·*tar* v.
es·pu·ti·*ni*·que sm., do rus. *sputnik*.
es·*pu*·to sm.
es·*qua*·dra sf.
es·qua·dra·*ço*·so (ô) adj.; f. *e* pl. (ó).
es·qua·*dra*·do adj.
es·qua·*drão* sm.; pl. ·*drões*.
es·qua·*drar* v.
es·qua·dre·ja·*men*·to sm.
es·qua·dre·*jar* v.
es·qua·*dri*·a sf.
es·qua·dri·*ar* v.
es·qua·*dri*·lha sf.
es·qua·dri·*lha*·do adj.
es·qua·dri·*lhar* v.
es·qua·dri·nha·*dor* (ô) adj. sm.

es·qua·dri·nha·*du*·ra sf.
es·qua·dri·nha·*men*·to sm.
es·qua·dri·*nhar* v.
es·qua·dri·*nhá*·vel adj. 2g.; pl. ·*veis*.
es·*qua*·dro sm.
es·qua·dro·*nar* v.
es·qua·*lí*·de:o adj. sm.
es·qua·li·*dez* (ê) sf.
es·*quá*·li·do adj.
es·*qua*·lo adj. sm.
es·qua·*lor* (ô) sm.
es·quar·*ro*·so (ô) adj.; f. *e* pl. (ó).
es·quar·te·*ja*·do adj.
es·quar·te·ja·*doi*·ro sm.: es·quar·te·ja·*dou*·ro.
es·quar·te·ja·*men*·to sm.
es·quar·te·*jar* v.
es·quar·*te*·jo (ê) sm.
es·quar·te·*lar* v.
es·qua·*ti*·na sf.
es·qua·ti·*ní*·de:o adj. sm.
es·que·*cer* v.
es·que·ci·*dí*·ço adj.
es·que·*ci*·do adj. sm.
es·que·ci·*men*·to sm.
es·que·*cí*·vel adj. 2g.; pl. ·*veis*.
es·que·le·*tal* adj. 2g.; pl. ·*tais*.
es·que·*lé*·ti·co adj.
es·que·*le*·to (ê) sm.
es·*que*·ma sm.
es·que·*má*·ti·co adj.
es·que·ma·ti·za·*ção* sf.; pl. ·*ções*.
es·que·ma·ti·*zar* v.
es·que·*nan*·to sm.
es·quen·ta·*ção* sf.; pl. ·*ções*.
es·quen·*ta*·da sf.
es·quen·ta·*di*·ço adj.
es·quen·*ta*·do adj.
es·quen·ta·*dor* (ô) adj. sm.
es·quen·ta·*men*·to sm.
es·quen·ta·mu·*lher* sm.; pl. es·quen·ta·mu·lhe·*res*.
es·quen·ta por *den*·tro sm. 2n.
es·quen·*tar* v.
es·*quer*·da (ê) sf.
es·quer·*dis*·mo sm.
es·quer·*dis*·ta adj. s2g.
es·*quer*·do (ê) adj.
es·*que*·te sm., do ing. *sketch*.
es·*qui* sm.
es·qui:a·*dor* (ô) adj. sm.
es·qui:*ar* v.
es·*qui*·bir v.
es·*qui*·ça sf.

es·qui·*çar* v.
es·*qui*·ço sm.
es·qui:*ei*·ro adj. sm.
es·qui·*far* v.
es·*qui*·fe sm.
es·*qui*·la sf.
es·*qui*·lar v.
es·*qui*·lha sf.
es·*qui*·*li*·a sf.
es·qui·li:a·no adj. sm.
es·*qui*·lo sm.
es·qui·*lo*·so (ô) adj.; f. *e* pl. (ó).
es·qui·*mó* adj. s2g.
es·*qui*·na sf.
es·qui·*na*·ço sm.
es·qui·*na*·do adj. sm.
es·qui·*nal* adj. 2g.; pl. ·*nais*.
es·qui·*nar* v.
es·quin·di·*le*·se sf.
es·quin·di·*lé*·ti·co adj.
es·qui·*nên*·ci:a sf.
es·qui·*ne*·ta (ê) sf.
es·qui·*ne*·za (ê) sf.
es·qui:o·fi·*li*·a sf.
es·qui:*ó*·fi·lo adj.
es·qui·pa·*ção* sf.; pl. ·*ções*.
es·qui·*pa*·do adj. sm.
es·qui·pa·*dor* (ô) adj. sm.
es·qui·pa·*men*·to sm.
es·qui·*par* v.
es·qui·*pá*·ti·co adj.
es·qui·pe·*tar* adj. s2g.
es·*quí*·ro·la sf.
es·qui·ro·*lo*·so (ô) adj.; f. *e* pl. (ó).
es·qui·si·*tão* adj. sm.; pl. ·*tões*; f. *esquisitona*.
es·qui·si·*ti*·ce sf.
es·qui·*si*·to adj. sm.
es·qui·si·*to*·na adj. sf. de *esquisitão*.
es·qui·si·*tó*·ri:o adj.
es·qui·*si*·to sm.
es·quis·to·qui·*lá*·ce:a sf.
es·quis·to·qui·*lá*·ce:o adj.
es·qui·to·so·*mí*·a·se sf.: *esquistossomíase*.
es·quis·to·so·*mí*·de:o sm. adj.: *esquistossomídeo*.
es·quis·to·so·mo sm.: *esquistossomo*.
es·quis·to·so·*mói*·de:o sm.: *esquistossomoideo*.
es·qui·to·so·mo·se sf.: *esquistossomose*.
es·quis·tos·so·*mí*:a·se sf.: *esquistosomíade*.

es·quis·tos·so·*mí*·de:o adj. sm.: *esquistosomídeo*.
es·quis·tos·so·mo sm.: *esquistosomo*.
es·quis·tos·so·*mói*·de:o adj. sm.: *esquistosomoideo*.
es·quis·tos·so·mo·se sf.: *esquistosomose*.
es·quis·tos·te·*gá*·ce:a sf.
es·quis·tos·te·*gá*·ce:o adj.
es·quis·tos·te·*ga*·le sf.
es·*qui*·va sf.
es·qui·*van*·ça sf.
es·qui·*var* v.
es·qui·*vez* (ê) sf.
es·qui·*ve*·za (ê) sf.
es·*qui*·vo adj.
es·qui·*vo*·so (ô) adj.; f. *e* pl. (ó).
es·qui·*zân*·dre:a sf.
es·qui·*zân*·dre:o adj.
es·qui·ze·*á*·ce:a sf.
es·qui·ze·*á*·ce:o adj.
es·qui·zo·*car*·po sf.
es·qui·zo·ce·fa·*li*·a sf.
es·qui·zo·cé·fa·lo sm.
es·qui·zo·fa·*si*·a sf.
es·qui·zo·*fí*·ce:a sf.
es·qui·*zó*·fi·to sm.
es·qui·zo·fre·*ni*·a sf.
es·qui·zo·*frê*·ni·co adj. sm.
es·qui·zo·*gê*·ni:o sm.
es·qui·*zóg*·na·to adj.
es·qui·zo·go·*ni*·a sf.
es·qui·zo·*gô*·ni·co adj.
es·qui·*zoi*·de adj. s2g.
es·qui·zoi·di·*a* sf.
es·qui·zo·mi·*ce*·to sm.
es·qui·*zon*·te sm.
es·qui·*zó*·po·de adj. 2g.
es·qui·*zó*·po·do sm.
es·qui·zo·pro·so·*pi*·a sf.
es·qui·*zóp*·te·ro adj.
es·qui·zo·*ti*·mi·a sf.
es·qui·zo·*tí*·mi·co adj.
es·qui·zo·to·*rá*·ci·co adj.
es·qui·zo·*tó*·rax (cs) sm. 2n.
es·qui·zo·tri·*qui*·a sf.
es·*sa*[1] sf. 'espécie de túmulo'.
es·*sa*[2] pron. f.
es·*se*[1] sm. 'nome da letra s'.
es·*se*[2] (ê) pron.
és·*se*·da sf.
es·se·*dá*·ri:o sm.
és·*se*·do sm.
es·*sé*·do·ne adj. s2g.
es·se·*dô*·ni:o adj. sm.
es·*sên*·ci:a sf.

es·sen·ci:*al* adj. 2g. sm.; pl. ·*ais*.
es·sen·ci:a·li·*da*·de sf.
es·*sê*·ni:o sm.
es·se·*xí*·ti·co (cs) adj.
es·*se*·*xi*·to (cs) sm.
es·*si*·vo adj.
es·*sou*·tro contr. de *esse* e *outro*.
és·su·*des*·te sm.: és·su:*es*·te.
és·su·do:*es*·te sm.
és·su:o adj. sm.
es·ta pron.
es·ta·ba·lho:*a*·do adj.
es·ta·ba·*na*·do adj.:
 estavanado.
es·ta·be·le·ce·*dor* (ô) adj. sm.
es·ta·be·le·*cer* v.
es·ta·be·le·*ci*·do adj.
es·ta·be·le·ci·*men*·to sm.
es·ta·bi:*a*·no adj. sm.
es·ta·bi·li·*da*·de sf.
es·ta·bi·li·*tar* v.
es·ta·bi·li·za·*ção* sf.; pl. ·*ções*.
es·ta·bi·li·*za*·do adj.
es·ta·bi·li·za·*dor* (ô) adj. sm.
es·ta·bi·li·*zar* v.
es·ta·bi·li·*zá*·vel adj. 2g.; pl.
 ·veis.
es·ta·bu·la·*ção* sf.; pl. ·*ções*.
es·ta·bu·*lar* v. adj. 2g.
es·*tá*·bu·lo sm./Cf. *estabulo*, do
 v. *estabular*.
es·*ta*·ca sf.
es·ta·*ca*·da sf.
es·ta·*ca*·do adj. sm.
es·ta·ca·*dor* (ô) adj. sm.
es·ta·*ca*·gem sf.; pl. ·*gens*.
es·ta·*ção* sf.; pl. ·*ções*.
es·ta·ca·no·*vis*·mo sm.
es·ta·ca·no·*vis*·ta adj. s2g.
es·ta·ca(s)-*pran*·cha(s) sf. (pl.).
es·ta·*car* v.
es·ta·ca·*ri*·a sf.
es·ta·ca(s)-tes·te·*mu*·nha(s)
 sf. (pl.).
es·ta·ci·o·*nal* adj. 2g.; pl. ·*nais*.
es·ta·ci·o·na·*men*·to sm.
es·ta·ci·o·*nar* v.
es·ta·ci·o·*ná*·ri:o adj.
es·ta·ci·o·*ná*·vel adj. 2g.; pl.
 ·veis.
es·ta·co:a·*de*·la sf.
es·ta·cou·si·*á*·ce:a (cu) sf.:
 estacusiácea.
es·ta·cou·si·*á*·ce:o (cu) adj.:
 estacusiáceo.
es·ta·cu·si·*á*·ce:a sf.:
 estacousiácea.

es·ta·cu·si·*á*·ce:o adj.:
 estacousiáceo.
es·*ta*·da sf.
es·ta·*dão* sm.; pl. ·*dões*.
es·ta·de:*ar* v.
es·ta·*de*·la sf.
es·ta·*di*·a sf. 'prazo concedido
 a um navio para carga
 e descarga no porto'/Cf.
 estádia.
es·*tá*·di:a sf. 'avaliador de
 distâncias'/Cf. *estadia*.
es·ta·di·*mé*·tri·co adj.
es·*tá*·di:o sm.
es·ta·di·*ô*·me·tro sm.
es·ta·*dis*·mo sm.
es·ta·*dis*·ta adj. s2g.
es·ta·*dís*·ti·ca sf. 'ciência de
 governar'/Cf. *estatística*.
es·ta·*dís*·ti·co adj. ' referente à
 estadística'/Cf. *estatístico*.
es·ta·di·za·*ção* sf.; pl. ·*ções*.
es·ta·di·*zar* v.
es·*ta*·do sm.
es·ta·do-mai:*or* sm.; pl.
 es·ta·dos-mai·*o*·res.
es·ta·dos-ge·*rais* sm. pl.
es·ta·do-tam·*pão* sm.; pl.
 estados-tampões ou *estados-
 -tampão*.
es·ta·du·*al* adj. 2g.; pl. ·*ais*.
es·ta·du·*lha*·da sf.
es·ta·du·*lhei*·ra sf.
es·ta·du·*lhei*·ro sm.
es·ta·*du*·lho sm.
es·ta·du·ni·*den*·se adj. s2g.
es·*ta*·fa sf.
es·ta·fa·*dei*·ra sf.
es·ta·*fa*·do adj.
es·ta·fa·*dor* (ô) adj. sm.
es·ta·fa·*men*·to sm.
es·ta·fa·*ná*·ri:o adj. sm.
es·ta·*fan*·te adj. 2g.
es·ta·*far* v.
es·*ta*·fe sm., do ing. *staff*.
es·ta·fe·*gar* v.
es·ta·*fer*·mo (ê) sm.
es·ta·*fe*·ta (ê) sm./Cf. *estafeta*
 (é), do v. *estafetar*.
es·ta·fe·ta·*men*·to sm.
es·ta·fe:*ar* v.
es·ta·fi·le·*á*·ce:a sf.
es·ta·fi·le·*á*·ce:o adj.
es·ta·fi·lec·to·*mi*·a sf.
es·ta·fi·le·ma·*to*·ma sm.
es·ta·fi·le·ma·*to*·se sf.
es·ta·fi·li·*ní*·de:o sm.

es·ta·fi·*li*·no adj.
es·ta·fi·*li*·te sf.
es·ta·fi·lo·*có*·ci·co adj.
es·ta·fi·lo·*co*·co sm.
es·ta·fi·lo·di·*á*·li·se sf.
es·ta·fi·*lo*·ma sm.
es·ta·fi·lo·man·*ci*·a sf.
es·ta·fi·lo·*mân*·ti·co adj.
es·ta·fi·lo·ma·*to*·so (ô) adj.; f.
 e pl. (ó).
es·ta·fi·lo·*plas*·ti·a sf.
es·ta·fi·lo·*plás*·ti·co adj.
es·ta·gi·*ar* v.
es·ta·gi·*á*·ri:o adj. sm.
es·*tá*·gi:o sm./Cf. *estagio*, do v.
 estagiar.
es·ta·gi·*ri*·ta adj. s2g.
es·tag·ma·*ti*·ta sf.:
 es·tag·ma·*ti*·te.
es·tag·na·*ção* sf.; pl. ·*ções*.
es·tag·*na*·do adj.
es·tag·*nan*·te adj. 2g.
es·tag·*nar* v.
es·tag·*ní*·co·la adj. 2g.
es·*tag*·no sm.
es·*tai* sm.
es·tai:a·*ção* sf.; pl. ·*ções*.
es·tai:*ar* v. 'aguentar com
 estai(s)'/Cf. *estear*.
es·*ta*·la sf.
es·ta·lac·*tí*·fe·ro adj.
es·ta·lac·ti·*for*·me adj. 2g.
es·ta·lac·*ti*·te sf.
es·ta·lac·*tí*·ti·co adj.
es·ta·*la*·da sf.
es·ta·la·*dei*·ra sf.
es·ta·la·*di*·ço adj.
es·ta·la·*dor* (ô) adj. sm.
es·ta·la·*gei*·ro sm.
es·ta·*la*·gem sf.; pl. ·*gens*.
es·ta·lag·*mi*·te sf.
es·ta·lag·*mí*·ti·co adj.
es·ta·lag·mo·me·*tri*·a sf.
es·ta·lag·mo·*mé*·tri·co adj.
es·ta·lag·*mô*·me·tro sm.
es·ta·la·ja·*dei*·ro sm.
es·ta·*lan*·te adj. 2g.
es·ta·*lão* sm.; pl. ·*lões*.
es·ta·*lar* v.
es·ta·le·*ci*·do adj. 2g.
es·ta·lei·*rar* v.
es·ta·*lei*·ro sm.
es·ta·le·*jar* v.
es·tal·*fa*·do sm.
es·ta·*li*·a sf.
es·ta·li·*car* v.
es·ta·li·*cí*·di:o sm.: *estilicídio*.

es·ta·li·*dan*·te adj. 2g.
es·ta·li·*dar* v.
es·ta·*li*·do sm.
es·*ta*·lo sm.
es·ta·lo·*nar* v.
es·tam·*brar* v.
es·*tam*·bre sm.
es·*ta*·me sm.
es·ta·*me*·nha sf.
es·ta·*men*·to sm.
es·ta·*me*·te (ê) sm.
es·ta·*mim* adj.; pl. ·*mins*.
es·ta·mi·*ná*·ce:o adj.
es·ta·mi·*na*·do adj.
es·ta·mi·*nal* adj. 2g.; pl. ·*nais*.
es·ta·mi·*nar* v.
es·ta·mi·*ná*·ri:o adj.
es·ta·mi·*ní*·fe·ro adj.
es·ta·mi·*nó*·di:o sm.
es·ta·mi·*noi*·de adj. 2g.
es·ta·mi·*no*·so (ô) adj.; f. *e* pl. (ó).
es·ta·*mí*·nu·la sf.
es·*tam*·pa sf.
es·tam·pa·*ção* sf.; pl. ·*ções*.
es·tam·pa·*dei*·ra sf.
es·tam·*pa*·do adj. sm.
es·tam·pa·*dor* (ô) adj. sm.
es·tam·*pa*·gem sf.; pl. ·*gens*.
es·tam·pa·*men*·to sm.
es·tam·*pan*·te adj. 2g.
es·tam·*par* v.
es·tam·pa·*ri*·a sf.
es·tam·*pei*·ro sm.
es·tam·*pi*·do sm.
es·tam·*pi*·lha sf.
es·tam·pi·*lha*·do adj.
es·tam·pi·*lha*·gem sf.; pl. ·*gens*.
es·tam·pi·*lhar* v.
es·ta·*na*·to sm.
es·*tan*·ça sf.: *estância*.
es·tan·ca·*ção* sf.; pl. ·*ções*.
es·tan·*ca*·gem sf.; pl. ·*gens*.
es·tan·ca·*men*·to sm.
es·tan·*car* v.
es·tan·ca·*ri*:os sm. 2n.
es·tan·*cá*·vel adj.; pl. ·*veis*.
es·tan·*cei*·ro sm.: *estancieiro*.
es·*tân*·ci:a sf./Cf. *estancia*, do v. *estanciar*.
es·tan·ci·*a*·no adj. sm.
es·tan·ci·*ar* v.
es·tan·ci·*ei*·ro sm.: *estanceiro*.
es·tan·ci·*o*·la sf.
es·*tan*·co sm.
es·*tân*·dar adj. 2g. sm., do ing. *standard*.

es·tan·dar·di·za·*ção* sf.; pl. ·*ções*.
es·tan·dar·di·*za*·do adj.
es·tan·dar·di·za·*dor* (ô) adj.
es·tan·dar·di·*zan*·te adj. 2g.
es·tan·dar·di·*zar* v.
es·tan·*dar*·te sm.
es·*tan*·de sm., do ing. *stand*.
es·tan·*for*·te sm.
es·*tan*·ga sf.
es·tan·*gi*·do adj.: es·tan·*gui*·do.
es·ta·nha·*ção* sf.; pl. ·*ções*.
es·ta·*nha*·do adj.
es·ta·nha·*du*·ra sf.
es·ta·*nha*·gem sf.; pl. ·*gens*.
es·ta·*nhar* v.
es·*ta*·nho sm.
es·*tâ*·ni·co adj.
es·ta·*ní*·fe·ro adj.
es·ta·*ni*·na sf.
es·ta·*ni*·ta sf.
es·ta·no·*li*·ta sf.
es·ta·*no*·so (ô) adj.; f. *e* pl. (ó).
es·*tan*·que adj. 2g. sm.
es·tan·quei·*da*·de sf.
es·tan·*quei*·ro sm.
es·*tan*·te adj. 2g. sf.
es·ta·pa·*fúr*·di:o adj.
es·*ta*·pe sm.
es·ta·pe:*ar* v.
es·ta·pe·di:*a*·no adj.
es·ta·*pé*·di:co adj.
es·ta·que:a·*ção* sf.; pl. ·*ções*.
es·ta·que:a·*doi*·ro sm.: *estaqueadouro*.
es·ta·que:a·*dor* (ô) adj. sm.
es·ta·que:a·*dou*·ro sm.: *estaqueadoiro*.
es·ta·que:a·*men*·to sm.
es·ta·que:*ar* v.
es·ta·*quei*·ro sm.
es·ta·*quei*·ra sf.
es·ta·*qui*·a sf.
es·*tá*·qui·da(s)-do-ja·*pão* sf. (pl.).
es·ta·*quí*·de:a sf.
es·ta·*quí*·de:o adj.
es·ta·*qui*·lha sf.
es·ta·qui·*ói*·de:a sf.
es·ta·qui:u·*rá*·ce:a sf.
es·ta·qui:u·*rá*·ce:o adj.
es·*tar* v.
es·tar·da·lha·*çan*·te adj. 2g.
es·tar·da·lha·*çar* v.
es·tar·da·*lha*·ço sm.
es·tar·da·*lhan*·te adj. 2g.
es·tar·da·*lhar* v.

es·tar·di:*o*·ta sm.: *estradiota*.
es·ta·*ros*·ta sm.: es·ta·*ros*·te.
es·ta·ros·*ti*·a sf.
es·tar·re·*cer* v.
es·tar·re·ci·*men*·to sm.
es·tar·ri·na·*car* v.
es·tar·ta·*lar* v.
es·*tár*·ter sm., do ing. *starter*.
es·*ta*·se sf. 'estagnação do sangue'/Cf. *êxtase*.
es·ta·si:*a*·do adj. 'ressequido'/Cf. *extasiado*.
es·*tá*·si·mo sm.
es·ta·si:o·fo·*bi*·a sf.
es·ta·*tal* adj. 2g.; pl. ·*tais*.
es·ta·te·*la*·do adj.
es·ta·te·la·*men*·to sm.
es·ta·te·*lar* v.
es·ta·*ter* sm.: es·*tá*·ter.
es·ta·tes·te·*si*·a sf.
es·*tá*·ti·ca sf. 'parte da física'/Cf. *extática*, fem. de *extático*.
es·ta·ti·*cis*·ta adj. s2g.
es·*tá*·ti·co adj. 'imóvel'/Cf. *extático*.
es·ta·*tis*·ta adj. s2g.
es·ta·*tís*·ti·ca sf. 'parte da matemática que investiga os processos de obtenção e análise de dados'/Cf. *estadística*.
es·ta·*tís*·ti·co adj. sm. 'relativo à estatística'/Cf. *estadístico*.
es·ta·ti·za·*ção* sf.; pl. ·*ções*.
es·ta·ti·*zar* v.
es·ta·*tó*·la·tra s2g.
es·ta·to·la·*tri*·a sf.
es·ta·to·*lá*·tri·co adj.
es·ta·*tor* (ô) sm.
es·ta·tor·re:a·*tor* (ô) sm.
es·ta·tos·*có*·pi·co adj.
es·ta·tos·*có*·pi:o sm.
es·*tá*·tu:a sf./Cf. *estatua*, do v. *estatuar*.
es·ta·tu:*ar* v.
es·ta·tu:*a*·ri·a sf. 'coleção de estátuas'/Cf. *estatuária* sf. e f. do adj. *estatuário*.
es·ta·tu:*á*·ri·a sf. 'escultura'/Cf. *estatuaria*, do v. *estatuar* e sf.
es·ta·tu:*á*·ri:o adj. sm.
es·ta·tu·ci:*o*·nal adj. 2g.; pl. ·*nais*.
es·ta·tu:*e*·ta (ê) sf.
es·ta·tui·fi·ca·*ção* sf.; pl. ·*ções*.
es·ta·tui·fi·*car* v.
es·ta·tu:*ir* v.

es·ta·tu·ra sf.
es·ta·tu·tá·ri·o adj.
es·ta·tu·to sm.
es·tau sm.
es·tau·ra·can·to sm.
es·tau·ran·te·ra sf.
es·tau·ras·tro sm.
es·tau·rí·de·o adj. sm.
es·tau·ró·fo·ro sm.
es·tau·ró·la·tra s2g.
es·tau·ro·la·tri·a sf.
es·tau·ro·li·ta sf.
es·tau·ro·me·du·sa sf.
es·tau·ro·ple·gi·a sf.
es·tau·ro·plé·gi·co adj.
es·tau·ros·co·pi·a sf.
es·tau·ros·có·pi·co adj.
es·tau·ros·có·pi·o sm.
es·tau·ros·per·mo sm.
es·tau·ro·te·ca sf.
es·tau·ró·ti·da sf.
es·ta·va·na·do adj.: *estabanado*.
es·tá·vel adj. 2g.; pl. ·veis.
es·ta·za·do adj.
es·ta·za·dor (ô) adj. sm.
es·ta·za·men·to sm.
es·ta·zar v.
es·te sm. 'ponto da esfera celeste situado ao lado do nascer dos astros'/Cf. *este* (ê).
es·te (ê) pron./Cf. *este* (é).
es·te·ar v. 'suster com esteios ou escoras'/Cf. v. *estiar* e *estaiar*.
es·te:a·ra·to sm.
es·te:ar·gi·li·to sm.
es·te:a·ri·a sf.
es·te:á·ri·co adj.
es·te:a·ri·na sf.
es·te:a·ri·na·ri·a sf.
es·te:a·ro·der·mi·a sf.
es·te:a·ro·la·to sm.
es·te:a·ti·ta sf. 'variedade compacta de talco'/Cf. *esteatite*.
es·te:a·ti·te sf. 'inflamação do tecido adiposo'/Cf. *esteatita*.
es·te:a·to·ma sm.
es·te:a·to·má·ti·co adj.
es·te:a·to·ma·to·so (ô) adj.; f. *e* pl. (ó).
es·te:a·to·pi·gi·a sf.
es·te:a·to·pí·gi·co adj. sm.
es·te:a·tor·rei·a sf.
es·te:a·to·se sf.
es·te:en·se adj. s2g.
es·te·fâ·ni:a sf.
es·te·fâ·ni·co adj.
es·te·fâ·ni:o sm.
es·te·fa·ni·ta sf.
es·te·fa·nó·fo·ro adj.
es·te·fa·nô·me·tro sm.
es·te·fa·nô·mi:a sf.
es·te·fa·nos·co·pi·a sf.
es·te·fa·nos·có·pi·co adj.
es·te·fa·nos·có·pi:o sm.
es·te·fa·no·te sm.
es·té·ga·no adj.
es·te·ga·no·gra·fi·a sf.
es·te·ga·no·grá·fi·co adj.
es·te·ga·nó·gra·fo sm.
es·te·ga·nó·po·de adj. 2g. sm.
es·teg·no·se sf.
es·teg·nó·ti·co adj.
es·te·go·mi·a sf.
es·tei:o sm.
es·tei·ra sf.
es·tei·ra·do adj.
es·tei·ra·me sm.
es·tei·rão sm.; pl. ·rões.
es·tei·rar v.
es·tei·ra·ri·a sf.
es·tei·rei·ro sm.
es·tei·ro sm.
es·te·la sf.
es·te·lan·te adj. 2g.
es·te·lar adj. 2g.
es·te·la·rí·de:o adj. sm.
es·te·le·có·po·de adj. sm.
es·te·lí·fe·ro adj.
es·te·li·for·me adj. 2g.
es·te·lí·ge·ro adj.
es·te·lí·no sm.
es·té·li:o sm.
es·te·li:o·na·tá·ri:o sm.
es·te·li:o·na·to sm.
es·te·li·ta sf.
es·tel·ma·tó·po·de adj. sm.
es·te·lo sm.
es·te·lo·gra·fi·a sf.
es·te·lo·grá·fi·co adj.
es·te·ma sm.
es·te·má·ti·co adj.
es·te·má·ti:o sm.
es·te·mo·ná·ce:a sf.
es·te·mo·ná·ce:o adj.
es·tên·cil sm.; pl. ·ceis.
es·ten·da·gem sf.; pl. gens.
es·ten·dal sm.; pl. ·dais.
es·ten·da·ri·a sf.
es·ten·de·doi·ro sm.:
  es·ten·de·dou·ro.
es·ten·der v.
es·ten·de·re·te (ê) sm.
es·ten·di·do adj. sm.
es·ten·dí·vel adj. 2g.; pl. ·veis.
es·te·ni·a sf.
es·tê·ni·co adj.
es·te·no sm.
es·te·no·car·di·a sf.
es·te·no·ce·fa·li·a sf.
es·te·no·cé·fa·lo adj. sm.
es·te·no·dac·ti·lo·gra·fi·a sf.:
  estenodatilografia.
es·te·no·dac·ti·lo·grá·fi·co adj.:
  estenodatilográfico.
es·te·no·dac·ti·ló·gra·fo sm.:
  estenodatilógrafo.
es·te·no·da·ti·lo·gra·fi·a sf.:
  estenodactilografia.
es·te·no·da·ti·lo·grá·fi·co adj.:
  estenodactilográfico.
es·te·no·da·ti·ló·gra·fo sm.:
  estenodactilógrafo.
es·te·no·gra·far v.
es·te·no·gra·fi·a sf.
es·te·no·grá·fi·co adj.
es·te·nó·gra·fo sm./Cf. *estenografo*, do v. *estenografar*.
es·te·no·gra·ma sm.
es·te·no·le·ma·do adj. sm.
es·te·no·me·rí·de:a sf.
es·te·no·me·tri·a sf.
es·te·no·mé·tri·co adj.
es·te·nô·me·tro sm.
es·te·no·mí·de:o sm.
es·te·no·ní·mi:a sf.
es·te·no·ní·mi·co adj.
es·te·nô·ni·mo sm.
es·te·no·pei·a sf.
es·te·no·pei·co adj.
es·te·nóp·te·ro adj. sm.
es·te·no·sa·do adj.
es·te·no·sar v.
es·te·no·se sf.
es·te·no·tér·mi·co adj.
es·te·no·ter·mo adj. sm.
es·te·no·ti·par v.
es·te·no·ti·pi·a sf.
es·te·no·tí·pi·co adj.
es·te·no·ti·pis·ta adj. s2g.
es·te·nó·ti·po sm.
es·ten·tor (ô) sm.
es·ten·tó·re:o adj.
es·ten·tó·ri·co adj.
es·ten·to·ro·so (ô) adj.; f. *e* pl. (ó).
es·te·pe[1] sf. 'tipo de vegetação dominado por plantas pequenas', do rus. *step*.
es·te·pe[2] sm. 'pneu sobressalente', do ing. *step*.

es·tép·ti·co adj.
es·te·qui:o·lo·gi·a sf.
es·te·qui:o·ló·gi·co adj.
es·te·qui:o·me·tri·a sf.
es·te·qui:o·mé·tri·co adj.
és·ter sm. 'composto orgânico'/ Cf. hester.
es·te·ra·gem sf.; pl. ·gens.
es·te·rar v.
es·ter·ca·do adj.
es·ter·car v.
es·ter·çar v.
es·ter·co (ê) sm./Cf. esterco (é), do v. estercar.
es·ter·co(s) de tro·vão sm. (pl.).
es·ter·co·ral adj. 2g.; pl. ·rais.
es·ter·co·ra·rí·de:o adj. sm.
es·ter·co·rá·ri:o adj.
es·ter·co·re·mi·a sf.
es·ter·co·ri·ta sf.:
es·ter·co·ri·te.
es·ter·co·ro·na sm.
es·ter·co·ro·so (ô) adj.; f. e pl. (ó).
es·ter·cú·li:a sf.
es·ter·cu·li:á·ce:a sf.
es·ter·cu·li:á·ce:o adj.
es·te·re sm.
es·té·re:o sm.
es·te·re:ó·ba·ta sm.
es·te·re:o·cro·mi·a sf.
es·te·re:o·crô·mi·co adj.
es·te·re:o·der·ma sm.:
es·te·re:o·der·mo.
es·te·re:o·di·nâ·mi·ca sf.
es·te·re:o·di·nâ·mi·co adj.
es·te·re:o·don·te sm.
es·te·re:o·fo·ni·a sf.
es·te·re:o·fô·ni·co adj.
es·te·re:o·fo·to·gra·far v.
es·te·re:o·fo·to·gra·fi·a sf.
es·te·re:o·fo·to·grá·fi·co adj.
es·te·re:o·fo·to·gra·ma sm.
es·te·re:og·no·si·a sf.
es·te·re:og·nós·ti·co adj.
es·te·re:o·gra·far v.
es·te·re:o·gra·fi·a sf.
es·te·re:o·grá·fi·co adj.
es·te·re:ó·gra·fo sm./ Cf. estereografo, do v. estereografar.
es·te·re:o·gra·ma sm.
es·te·re:o·gra·me·tri·a sf.
es·te·re:o·i·so·me·ri·a sf.
es·te·re:o·lo·gi·a sf.
es·te·re:o·ló·gi·co adj.

es·te·re:o·ma sm.
es·te·re:o·me·tri·a sf.
es·te·re:o·mé·tri·co adj.
es·te·re:ô·me·tro sm.
es·te·re:o·no·mi·a sf.
es·te·re:o·nô·mi·co adj.
es·te·re:o·plas·ma sm.
es·te·re:o·plás·mi·co adj.
es·te·re:o·quí·mi·ca sf.
es·te·re:o·ra·ma sm.
es·te·re:os·co·pi·a sf.
es·te·re:os·có·pi·co adj.
es·te·re:os·có·pi:o sm.
es·te·re:os·fe·ra sm.
es·te·re:os·so·mi·a sf.
es·te·re:os·tá·ti·ca sf.
es·te·re:os·tá·ti·co adj.
es·te·re:o·te·le·me·tri·a sf.
es·te·re:o·te·lê·me·tro sm.
es·te·re:o·ti·pa·do adj.
es·te·re:o·ti·pa·gem sf.; pl. ·gens.
es·te·re:o·ti·par v.
es·te·re:o·ti·pi·a sf.
es·te·re:o·tí·pi·co adj.
es·te·re:o·ti·pis·ta adj. s2g.
es·te·re:ó·ti·po sm./Cf. estereotipo, do v. estereotipar.
es·te·re:o·to·mi·a sf.
es·te·re:o·tô·mi·co adj.
es·te·re:o·tró·pi·co adj.
es·te·re:o·tro·pis·mo sm.
es·te·re:o·zo:á·ri:o sm.
es·te·ri·fi·ca·ção sf.; pl. ·ções.
es·te·ri·fi·car v.
es·te·rig·ma sm.
es·té·ril adj. 2g.; pl. ·reis.
es·te·ri·le·cer v.
es·te·ri·li·da·de sf.
es·te·ri·li·za·ção sf.; pl. ·ções.
es·te·ri·li·za·do adj.
es·te·ri·li·za·dor (ô) adj. sm.
es·te·ri·li·zan·te adj. 2g.
es·te·ri·li·zar v.
es·te·ri·li·zá·vel adj. 2g.; pl. ·veis.
es·ter·li·car v.
es·ter·li·no adj. sm.
es·ter·nal adj. 2g.; pl. ·nais.
es·ter·nal·gi·a sf.
esternágico adj.
es·tér·ne·bra sf.
es·ter·ne·bral adj. 2g.; pl. ·brais.
es·ter·ne·gue sm.
es·ter·no sm. 'osso do peito'/Cf. hesterno e externo.

es·ter·no·cli·do·mas·tói·de:o adj.
es·ter·no·pa·gi·a sf.
es·ter·nó·pa·go sm.
es·ter·no·pú·bi·co adj.
es·ter·nor·rin·co adj.
es·ter·nós·qui·se sf.
es·ter·no·ti·re:ói·de:o adj. sm.
es·ter·nu·ta·ção sf.; pl. ·ções.
es·ter·nu·ta·tó·ri:o adj. sm.
es·te·ro (ê) sm./Cf. esteiro, do v. esteirar e sm.
es·te·rog·no·si·a sf.
es·te·rog·nós·ti·co adj.
es·te·rol sm.; pl. ·róis.
es·te·ró·po·de sm.
es·ter·quei·ra sf.
es·ter·quei·ro adj. sm.
es·ter·qui·ce sf.
es·ter·qui·lí·ni:o sm.
es·ter·ra·doi·ra sf.:
es·ter·ra·dou·ra.
es·ter·rar v.
es·ter·re·cer v.
es·ter·ro:a·da sf.
es·ter·ro:a·dor (ô) adj. sm.
es·ter·ro:ar v.
es·ter·tor (ô) sm.
es·ter·to·ran·te adj. 2g.
es·ter·to·rar v.
es·ter·to·ro·so (ô) adj.; f. e pl. (ó).
es·te·se sf.
es·te·si·a sf.
es·te·si:ar v.
es·te·si:ó·di·co adj.
es·te·si:o·fi·si:o·lo·gi·a sf.
es·te·si:o·ge·ni·a sf.
es·te·si:o·gê·ni·co adj.
es·te·si:ó·ge·no adj.
es·te·si:o·lo·gi·a sf.
es·te·si:o·ló·gi·co adj.
es·te·si:o·me·tri·a sf.
es·te·si:o·mé·tri·co adj.
es·te·si:ô·me·tro sm.
es·te·sou·rar v.
es·te·ta s2g.
es·te·ta·cús·ti·co adj.
es·té·ti·ca sf.
es·te·ti·cis·mo sm.
es·te·ti·cis·ta adj. s2g.
es·té·ti·co adj.
es·te·tis·mo sm.
es·te·ti·zar v.
es·te·to·fo·ne sm.:
es·te·to·fo·no.
es·te·to·fo·no·me·tri·a sf.

es·te·to·fo·no·*mé*·tri·co adj.
es·te·to·fo·*nô*·me·tro sm.
es·te·to·me·*tri*·a sf.
es·te·to·*mé*·tri·co adj.
es·te·*tô*·me·tro sm.
es·te·tos·co·*pi*·a sf.
es·te·tos·*có*·pi·co adj.
es·te·tos·*có*·pi:o sm.
es·*te*·va (ê) sf./Cf. *esteva* (é), do v. *estevar*.
es·te·*val* sm.; pl. ·*vais*.
es·te·*vão* sf.; pl. ·*vões*/Cf. *estevam* (é), do v. *estevar*.
es·*té*·vi:a sf.
es·te·*var* v. 'governar a esteva'/ Cf. *estivar*.
es·*ti*·a sf.
es·ti:*a*·da sf. 'estiagem'/Cf. *esteada*, do v. *estear*.
es·ti:*a*·do adj. 'relativo ao tempo sereno e seco'/Cf. *esteado*, do v. *estear*.
es·ti:*a*·gem sf.; pl. ·*gens*.
es·ti:*ar* v. 'cessar de chover'/ Cf. *estear*.
es·ti·bi:*a*·do adj.
es·ti·bi:*al* adj. 2g.; pl. ·*ais*.
es·ti·bi:*a*·to sm.
es·ti·*bi*·na sf.
es·*tí*·bi:o sm.
es·ti·*bor*·do sm.
es·*ti*·ca sf.
es·ti·ca·*de*·la sf.
es·ti·*ca*·do adj.
es·ti·ca·*dor* (ô) adj. sm.
es·ti·ca·*men*·to sm.
es·ti·*cão* sm.; pl. ·*cões*.
es·ti·*car* v.
es·ti·co·man·*ci*:a sf.
es·ti·co·*mân*·ti·co adj.
es·ti·co·me·*tri*·a sf.
es·ti·co·*mé*·tri·co adj.
es·ti·fe·*lí*·ne:a sf.
es·ti·fe·*lí*·ne:o adj.
es·ti·gi:*al* adj. 2g.; pl. ·*ais*.
es·*tí*·gi:o adj.
es·*tig*·ma sm.
es·tig·*man*·te adj. 2g.
es·tig·*mar* v.
es·tig·*má*·ri:o sm.
es·tig·mar·*ro*·ta sf.
es·tig·ma·*si*·a sf.
es·tig·ma·*tá*·ri:o adj.
es·*tíg*·ma·te sm.
es·tig·*má*·ti·co adj.
es·tig·ma·*tí*·fe·ro adj.
es·tig·ma·*tis*·mo sm.

es·tig·ma·ti·za·*ção* sf.; pl. ·*ções*.
es·tig·ma·ti·*za*·do adj. sm.
es·tig·ma·ti·*zar* v.
es·tig·ma·ti·*zá*·vel adj. 2g.; pl. ·*veis*.
es·tig·ma·to·*co*·co sm.
es·tig·ma·to·der·*mi*·a sf.
es·tig·ma·to·*fi*·lo sm.
es·tig·ma·*tó*·fo·ro adj.
es·tig·ma·to·gra·*fi*·a sf.
es·tig·ma·to·*grá*·fi·co adj.
es·tig·ma·*tó*·gra·fo sm.
es·tig·ma·to·*ní*·mi·co adj.
es·tig·ma·*tô*·ni·mo sm.
es·tig·ma·*to*·se sf.
es·tig·*mi*·ta sf.
es·tig·mo·*gra*·ma sm.
es·tig·mo·lo·*gi*·a sf.
es·tig·mo·*ló*·gi·co adj.
es·tig·mo·*ní*·mi·co adj.
es·tig·*mô*·ni·mo sm.
es·tig·mos·te·*rol* sm.; pl. ·*róis*.
es·*tíg*·mu·lo sm.
es·*ti*·la sf.: *estilha*.
es·ti·*lar* v.
es·til·*bi*·ta sf.
es·ti·*le*·te (ê) sm.
es·ti·le·te:*ar* v.
es·*ti*·lha sf.: *estila*.
es·ti·lha·*çar* v.
es·ti·*lha*·ço sm.
es·ti·*lhar* v.
es·ti·li:*al* sm.; pl. ·*ais*.
es·ti·li·*cí*·di:o sm.: *estalicídio*.
es·ti·li·ci·di:*o*·so (ô) adj. sm.; f. e pl. (ó).
es·*tí*·li·co adj. sm.
es·ti·li·di:*á*·ce:a sf.
es·ti·li·di:*á*·ce:o adj.
es·ti·li·*for*·me adj. 2g.
es·ti·*lin*·gue sm.
es·ti·li:*ói*·de:o adj.: es·ti·li:o·*í*·de:o.
es·ti·*lis*·mo sm.
es·ti·*lis*·ta sm.
es·ti·*lís*·ti·ca sf.
es·ti·*lís*·ti·co adj.
es·ti·*li*·ta sm.
es·ti·li·za·*ção* sf.; pl. ·*ções*.
es·ti·li·*za*·do adj.
es·ti·li·za·*dor* (ô) adj. sm.
es·ti·li·*zar* v.
es·ti·li·*zá*·vel adj. 2g.; pl. ·*veis*.
es·*ti*·lo sm.
es·ti·lo·*ba*·ta sf.: es·ti·*ló*·ba·ta.
es·ti·lo·fa·*rín*·ge:o adj.
es·ti·lof·*tál*·mi:o sm.

es·ti·lo·*glós*·si·co adj.
es·ti·lo·*glos*·so sm.
es·ti·lo·gra·*fi*·a sf.
es·ti·lo·*grá*·fi·co adj.
es·ti·*ló*·gra·fo sm.
es·ti·*loi*·de adj. 2g.
es·ti·loi·*dal* adj. 2g.; pl. ·*dais*.
es·ti·*lói*·de:o adj.: es·ti·lo:*í*·de:o.
es·ti·loi·*deu* adj.; f. ·*dei*·a.
es·ti·lo·lo·*gi*·a sf.
es·ti·*ló*·lo·go sm.
es·ti·lo·man·di·bu·*lar* adj. 2g.
es·ti·lo·ma·*tó*·fo·ro adj. sm.
es·ti·lo·ma·xi·*lar* (cs) adj. 2g.
es·ti·lo·me·*tri*·a sf.
es·ti·lo·*mé*·tri·co adj.
es·ti·*lô*·me·tro sm.
es·*tí*·lo·pe sm.
es·ti·*ló*·po·de sm.
es·ti·los·*pó*·ri:o sm.
es·ti·los·*so*·mo sm.
es·tilp·no·me·*la*·na sf.:
  es·tilp·no·*mé*·la·na.
es·tilp·nos·si·de·*ri*·ta sf.
es·*ti*·ma sf.
es·ti·ma·*ção* sf.; pl. ·*ções*.
es·ti·*ma*·do adj.
es·ti·ma·*dor* (ô) adj. sm.
es·ti·*mar* v.
es·ti·ma·*ti*·va sf.
es·ti·ma·*ti*·vo adj.
es·ti·ma·*tó*·ri:o adj.
es·ti·*má*·vel adj. 2g.; pl. ·*veis*.
es·ti·mu·la·*ção* sf.; pl. ·*ções*.
es·ti·mu·*lan*·te adj. 2g.
es·ti·mu·*lar* v.
es·*tí*·mu·lo sm./Cf. *estimulo*, do v. *estimular*.
es·ti·mu·*lo*·so (ô) adj.; f. e pl. (ó).
es·tin·*gar* v.
es·*tin*·gue sm./Cf. *extingue*, do v. *extinguir*.
es·*ti*·nha sf.
es·ti·*nhar* v.
es·ti:o adj. sm.
es·ti:o·la·*ção* sf.; pl. ·*ções*.
es·ti:o·la·*men*·to sm.
es·ti:o·*lar* v.
es·ti:o·me·*nar* v.
es·ti:*ô*·me·no sm.
es·*ti*·pa sf.
es·ti·*pa*·gem sf.; pl. ·*gens*.
es·*ti*·pe sm.
es·ti·*pe*·la sf.
es·ti·pen·di:a·*ção* sf.; pl. ·*ções*.

es·ti·pen·di:a·*dor* (ô) adj.
es·ti·pen·di:*ar* v.
es·ti·pen·di:*á*·ri:o adj. sm.
es·ti·pen·di:*á*·vel adj. 2g.; pl.
·veis.
es·ti·*pên*·di:o sm.
es·*tí*·pi·da sf.
es·ti·pi·*for*·me adj. 2g.
es·ti·pi·*ta*·do adj.
es·*tí*·pi·te sm.
es·ti·pi·ti·*for*·me adj. 2g.
es·tip·te·*ri*·ta sf.
es·tip·ti·ci·*da*·de sf.
es·tip·ti·*ci*·na sf.
es·tip·ti·*ci*·ta sf.
es·*típ*·ti·co adj.: *estítico*.
es·*tí*·pu·la sf./Cf. *estipula*, do v.
estipular.
es·ti·pu·la·*ção* sf.; pl. ·*ções*.
es·ti·pu·*la*·do adj. sm.
es·ti·pu·la·*dor* (ô) adj. sm.
es·ti·pu·*lan*·te adj. s2g.
es·ti·pu·*lar* v. adj. 2g.
es·ti·pu·li·*for*·me adj. 2g.
es·ti·pu·*lo*·so (ô) adj.; f. *e* pl. (ó).
es·ti·que·*pô*·quer sm., do ing.
stick-poker; pl. *estique-
-pôqueres*.
es·*ti*·ra sf.
es·ti·ra·*cá*·ce:a sf.
es·ti·ra·*cá*·ce:o adj.
es·ti·ra·*çar* v.
es·*tí*·ra·ce sm./Cf. *estirace*, do
v. *estiraçar*, e *estirasse*, do v.
estirar.
es·ti·*ra*·ço sm.
es·ti·*ra*·da sf.
es·ti·*ra*·do adj.
es·ti·ra·*dor* (ô) adj. sm.
es·ti·*ra*·gem sf.; pl. ·*gens*.
es·ti·ra·*men*·to sm.
es·ti·*rân*·ci:o sm.
es·ti·*rão* sm.; pl. ·*rões*.
es·ti·*rar* v.
es·ti·*re*·no sm.
es·ti·ri·la·*mi*·na sf.
es·*tí*·ri:o adj. sm.
es·ti·ro·*don*·te adj. sm.
es·ti·*ro*·na sf.
es·*tir*·pe sf.
es·tir·pi·cul·*tor* (ô) sm.
es·tir·pi·cul·*tu*·ra sf.
es·*tí*·ti·co adj.: *estíptico*.
es·*ti*·va sf.
es·ti·va·*ção* sf.; pl. ·*ções*.
es·ti·*va*·do adj. sm.
es·ti·va·*dor* (ô) adj. sm.

es·ti·*va*·gem sf.; pl. ·*gens*.
es·ti·*val* adj. 2g.; pl. ·*vais*.
es·ti·*var* v. 'arrumar a estiva
em (embarcação)'/Cf. *estevar*.
es·*ti*·vo adj.
es·ti·xo·lo·*gi*·a (cs) sf.
es·to[1] sm. 'grande calor'/Cf.
esto[2] (ê) pron.
es·to[2] (ê) pron./Cf. *esto*[1] (é).
es·to·*ca*·da sf. 'golpe com
estoque'/Cf. *estucada*, do v.
estucar.
es·to·*ca*·do adj. 'de que se fez
estoque'/Cf. *estucado*.
es·to·*ca*·gem sf.; pl. ·*gens*.
es·to·*car* v. 'golpear com
estoque' 'armazenar'/Cf.
estucar.
es·to·*cás*·ti·co adj.
es·to·*cá*·vel adj. 2g.; pl. ·*veis*.
es·*to*·fa (ô) sf./Cf. *estofa* (ó), do
v. *estofar*.
es·to·*fa*·do adj. 'coberto de
estofo'/Cf. *estufado*, do v.
estufar.
es·to·fa·*dor* (ô) adj. sm.
es·to·fa·*men*·to sm.
es·to·*far* v. 'cobrir com estofo'/
Cf. *estufar*.
es·*to*·fo (ô) sm./Cf. *estofo* (ó),
do v. *estofar*.
es·toi·ci·*da*·de sf.
es·toi·*cis*·mo sm.
es·*toi*·co adj. sm.
es·toi·co·man·*ci*·a sf.
es·toi·co·*man*·te s2g.
es·toi·co·*mân*·ti·co adj.
es·toi·*ra*·da sf.: *estourada*.
es·toi·*ra*·do adj.: *estourado*.
es·toi·*rar* v.: *estourar*.
es·toi·ra·*ver*·gas sm. 2n.:
estoura-vergas.
es·toi·*raz* adj. 2g.: *estouraz*.
es·toi·*re*:ar v.: *estourear*.
es·*toi*·ro sm.: *estouro*.
es·to·*jar* v.
es·*to*·jo (ô) sm./Cf. *estojo* (ó), do
v. *estojar*.
es·*tol* sm.; pl. ·*tóis*.
es·*to*·la sf.
es·to·*la*·gem sf.; pl. ·*gens*.
es·to·*lão* sm.; pl. ·*lões*.
es·to·*lar* v.
es·*to*·lho (ô) sm.; f. *e* pl. (ó).
es·to·*lho*·so (ô) adj.; f. *e* pl. (ó).
es·to·li·*dez* (ê) sf.
es·*tó*·li·do adj.

es·to·lo·*ní*·fe·ro adj. sm.
es·to·lo·ni·*for*·me adj. 2g.
es·tol·*gi*·ta sf.
es·*to*·ma sm.
es·to·ma·ca·*ci*·a sf.
es·to·ma·*cal* adj. 2g.; pl. ·*cais*.
es·to·ma·*ga*·do adj.
es·to·ma·*gar* v.
es·*tô*·ma·go sm./Cf. *estomago*,
do v. *estomagar*.
es·to·*má*·qui·co adj.
es·to·ma·tal·*gi*·a sf.
es·to·ma·*tál*·gi·co adj.
es·to·*má*·ti·co adj.
es·to·ma·*ti*·te sf.
es·*tô*·ma·to sm.
es·to·ma·to·ce·fa·*li*·a sf.
es·to·ma·to·ce·*fá*·li·co adj.
es·to·ma·to·*cé*·fa·lo sm.
es·to·ma·to·la·*li*·a sf.
es·to·ma·to·*lá*·li·co adj.
es·to·ma·to·lo·*gi*·a sf.
es·to·ma·to·*ló*·gi·co adj.
es·to·ma·to·lo·*gis*·ta adj. s2g.
es·to·ma·to·me·*ni*·a sf.
es·to·ma·to·mi·*co*·se sf.
es·to·ma·to·ne·*cro*·se sf.
es·to·ma·to·plas·*ti*·a sf.
es·to·ma·to·*plás*·ti·co adj.
es·to·ma·*tó*·po·de adj. sm.
es·to·ma·tor·ra·*gi*·a sf.
es·to·ma·tor·*rá*·gi·co adj.
es·to·ma·tos·*có*·pi·co adj.
es·to·ma·tos·*có*·pi:o sm.
es·to·men·*cé*·fa·lo adj. sm.
es·to·men·*tar* v.
es·to·*na*·do adj.
es·to·*nar* v.
es·to·ni·*a*·no adj. sm.
es·*tô*·ni·co adj. sm.
es·*tô*·ni:o adj. sm.
es·ton·te:a·*ção* sf.; pl. ·*ções*.
es·ton·te:*a*·do adj.
es·ton·te:a·*dor* (ô) adj. sm.
es·ton·te:a·*men*·to sm.
es·ton·te:*an*·te adj. 2g.
es·ton·te:*ar* v.
es·ton·te·*cer* v.
es·*to*·pa (ô) sf./Cf. *estopa* (ó), do
v. *estopar*.
es·to·*pa*·da sf.
es·to·pa·*dor* (ô) adj. sm.
es·to·*pan*·te adj. 2g.
es·to·*par* v. adj. 2g.
es·to·*pen*·to adj.
es·to·*pe*·ta (ê) sf./Cf. *estopeta*,
do v. *estopetar*.

es·to·pe·*tar* v.
es·to·*pim* sm.; pl. ·*pins*.
es·to·*pi*·nha sf.
es·*to*·que sm.
es·to·que:*ar* v.
es·to·*qué*·si:a sf.
es·to·*quis*·ta adj. s2g.
es·to·*ra*·que sm. e s2g.
es·to·ra·que(s)-do-*cam*·po sm. (pl.).
es·tor·ce·*gão* sm.; pl. ·*gões*.
es·tor·ce·*gar* v.: *estortegar*.
es·tor·*cer* v.
es·*tor*·ço (ô) sm. 'postura pouco natural'/Cf. *extorso*.
es·*to*·re sm.
es·*tor*·ga sf.
es·*tó*·ri:a sf.: *história*.
es·tor·*nar* v.
es·tor·ni·*ca*·do adj.
es·tor·ni·*car* v.
es·tor·*ní*·de:o adj. sm.
es·tor·*ni*·nho sm.
es·*tor*·no (ô) sm./Cf. *estorno* (ó), do v. *estornar*.
es·tor·ra·*dor* (ô) sm.
es·tor·re·*jar* v.
es·tor·re·*si*·na sf.
es·tor·ri·*ca*·do adj.: *esturricado*.
es·tor·ri·*car* v.: *esturricar*.
es·tor·ro:*ar* v.
es·tor·te·*gar* v.: *estorcegar*.
es·tor·tu·*rar* v.
es·*tor*·va sf.
es·tor·va·*ção* sf.; pl. ·*ções*.
es·tor·va·*dor* (ô) adj. sm.
es·tor·va·*men*·to sm.
es·tor·*var* v.
es·*tor*·vi·lho sm.
es·*tor*·vo (ô) sm./Cf. *estorvo* (ó), do v. *estorvar*.
es·tou·*fra*·ca sf. 2n.
es·tou·ra·*ço* sm.: *estoiraço*.
es·tou·ra·da sf.: *estoirada*.
es·tou·ra·do adj.: *estoirado*.
es·tou·*rar* v.: *estoirar*.
es·tou·ra·*ver*·gas sm. 2n.: *estoira-vergas*.
es·tou·*raz* adj. 2g.: *estoiraz*.
es·tou·re:*ar* v.: *estoirear*.
es·*tou*·ro sm.: *estoiro*.
es·*tou*·tro contr. de *este* e *outro*.
es·tou·*va*·do adj.
es·tou·va·*men*·to sm.
es·tou·*vi*·ce sf.
es·to·va·*í*·na sf.
es·tra·ba·*ção* sf.; pl. ·*ções*.

es·tra·*ba*·da sf.
es·tra·*bão* adj. sm.; pl. ·*bões*.
es·tra·*bar* v.: *estravar*.
es·tra·be·*li*·no adj. sm.
es·*trá*·bi·co adj. sm.
es·tra·*bis*·mo sm.
es·*tra*·bo sm.
es·tra·bo·me·*tri*·a sf.
es·tra·bo·*mé*·tri·co adj.
es·tra·*bô*·me·tro sm.
es·tra·*bô*·ni:a sf.
es·tra·bo·to·*mi*·a sf.
es·tra·bou·*car* v.
es·tra·bu·*le*·ga adj. s2g.
es·tra·bu·le·*gui*·ce sf.
es·tra·ça·*lhar* v.
es·tra·ci·*nhar* v.
es·*trá*·ci:o adj. sm.
es·tra·ço:*ar* v.
es·*tra*·da sf.
es·tra·da-no-*vi*·no(s) adj. s2g. (pl.).
es·tra·*dão* sm.; pl. ·*dões*.
es·*tra*·da v.
es·tra·*dá*·ri:o adj.
es·tra·dei·*ro* adj. sm.
es·tra·dei·*ri*·ce sf.
es·tra·di·*ol* sm.; pl. ·*óis*.
es·tra·di·*o*·ta sf. sm.: *estardiota*.
es·tra·di·*o*·to sm.
es·tra·di·*vá*·ri:o adj.
es·*tra*·do sm.
es·tra·*do*·na sf.
es·tra·fa·*lá*·ri:o adj.
es·*tra*·fe·ga sf.
es·tra·fe·*gar* v.
es·tra·*fe*·go (é) sm./Cf. *estrafego* (é), do v. *estrafegar*.
es·tra·fi·ca·*ção* sf.; pl. ·*ções*.
es·tra·ga-al·*bar*·das sm. 2n.
es·tra·*ga*·do adj.
es·tra·ga·*dor* (ô) adj. sm.
es·tra·*gão* sm.; pl. ·*gões*.
es·tra·*gar* v.
es·*tra*·go sm.
es·*trá*·gu·lo sm.
es·tra·la·*ça*·da sf.
es·tra·*la*·da sf.
es·tra·*lar* v.
es·tra·le·*jar* v.
es·tra·*le*·jo (ê) sm./Cf. *estralejo* (é), do v. *estralejar*.
es·tra·*lhei*·ra sf.
es·*tra*·lo sm.
es·tra·man·*guei*·ra sf.
es·tra·ma·*zão* sm.; pl. ·*zões*.
es·tram·be·*lhar* v.

es·tram·*be*·lho (ê) sm.
es·tram·*bó*·li·co adj.
es·tram·*bo*·te sm.
es·tram·*bó*·ti·co adj.
es·tram·*bo*·to (ô) sm.
es·tra·*mel*·ga sf.
es·tra·mo·*ni*·na sf.
es·tra·*mô*·ni:o sm.
es·tra·mon·*ta*·do adj.
es·tra·mon·*tar* v.
es·tran·*çar* v.
es·tran·ci·*lhar* v.
es·tra·nei·*da*·de sf.
es·tran·ga·*lhar* v.
es·tran·gei·*ra*·da sf.
es·tran·gei·*ra*·do adj. sm.
es·tran·gei·*rar* v.
es·tran·gei·*ri*·ce sf.
es·tran·gei·*ris*·mo sm.
es·tran·*gei*·ro adj. sm.
es·tran·gu·la·*ção* sf.; pl. ·*ções*.
es·tran·gu·*la*·do adj.
es·tran·gu·la·*dor* (ô) adj. sm.
es·tran·gu·la·*men*·to sm.
es·tran·gu·*lar* v.
es·tran·gu·la·*tó*·ri:o adj.
es·tran·gu·*ri*·a sf.: es·tran·*gú*·ri:a.
es·tra·*nha*·do adj.
es·tra·nha·*men*·to sm.
es·tra·*nhão* adj. sm.; pl. ·*nhões*; f. *estranhona*.
es·tra·*nhar* v.
es·tra·*nhá*·vel adj. 2g.; pl. ·*veis*.
es·tra·*nhez* (ê) sf.
es·tra·*nhe*·za (ê) sf.
es·*tra*·nho adj. sm.
es·tra·*nho*·na adj. sf. de *estranhão*.
es·tran·*jar* sf. sm.
es·tran·si·*lhar* v.
es·*trão* sm.; pl. ·*trões*.
es·tra·*pa*·da sf.
es·tra·pa·*ga*·do sm.
es·tra·pe·*li*·no adj. sm.
es·tra·pi·*lhar* v.
es·tra·*pi*·lho adj. sm.
es·*trar* v.
es·tra·bur·*guês* adj.
es·tra·ta·*ge*·ma sm.
es·tra·*té*·gi:a sf./Cf. *estrategia*, do v. *estrategiar*.
es·tra·te·gi:*ar* v.
es·tra·*té*·gi·co adj. sm.
es·tra·te·*gis*·ta adj. s2g.
es·*tra*·te·go sm.
es·tra·ti·fi·ca·*ção* sf.; pl. ·*ções*.

es·tra·ti·fi·ca·do adj.
es·tra·ti·fi·car v.
es·tra·ti·for·me adj. 2g.
es·tra·ti·gra·fi·a sf.
es·tra·ti·grá·fi·co adj.
es·tra·tí·gra·fo sm.
es·tra·ti:o·mi·a sf.
es·tra·ti:ó·te:a sf.
es·tra·to sm. 'cada uma das camadas das rochas'/Cf. extrato, do v. extratar e sm.
es·tra·to(s)-cir·ro(s) sm. (pl.).
es·tra·to·cra·ci:a sf.
es·tra·to-cú·mu·lo sm.; pl. estratos-cúmulos ou estratos--cúmulo.
es·tra·to·gra·fi·a sf.
es·tra·to·grá·fi·co adj.
es·tra·tó·gra·fo sm.
es·tra·to·nau·ta sm.
es·tra·to-nim·bo sm.; pl. estratos-nimbos ou estratos--nimbo.
es·tra·to·no·mi·a sf.
es·tra·to·nô·mi·co adj.
es·tra·tos·fe·ra sf.
es·tra·tos·fé·ri·co adj.
es·tra·van·te sm.
es·tra·var v.: estrabar.
es·tre:an·te adj. s2g.
es·tre:ar v. 'inaugurar'/Cf. estriar.
es·tre·ba·ri·a sf. 'curral'/Cf. estribaria, do v. estribar.
es·tre·bu·cha·men·to sm.
es·tre·bu·char v.
es·tre·cer v.
es·tre·ci·ca·do adj.
es·tre·fen·dó·po·de adj. s2g.
es·tre·fen·do·po·di·a sf.
es·tre·fe·xó·po·de (cs) adj. s2g.
es·tre·fe·xo·po·di·a (cs) sf.
es·tre·fó·po·de adj. s2g.
es·tre·fo·po·di·a sf.
es·tre·fó·to·mo sm.
es·tre·gar v.
es·trei·a sf.
es·trei·ta·men·to sm.
es·trei·tar v.
es·trei·te·za (ê) sf.
es·trei·to adj. sm.
es·trei·tu·ra sf.
es·tre·la (ê) sf./Cf. estrela (é), do v. estrelar.
es·tre·la-a·zul sf.; pl. estrelas--azuis.
es·tre·la(s)-d'·al·va sf. (pl.).

es·tre·la-d'al·ven·se(s) adj. s2g. (pl.).
es·tre·la(s)-da-re·pú·bli·ca sf. (pl.).
es·tre·la(s) de da·vi sf. (pl.).
es·tre·la-dei·ra sf.
es·tre·la(s)-de-je·ru·sa·lém sf. (pl.).
es·tre·la(s) de de·mô·ni:o(s) sf. (pl.).
es·tre·la(s)-de-ou·ro sf. (pl.).
es·tre·la(s) de ra·bo sf. (pl.).
es·tre·la·do adj.
es·tre·la(s)-do-mar sf. (pl.).
es·tre·la(s)-do-nor·te sf. (pl.).
es·tre·la·mim sm.; pl. ·mins.
es·tre·lan·te adj. 2g.
es·tre·lar v.
es·tre·lá·ri:o adj.
es·tre·la·to sm.
es·tre·le·cer v.
es·tre·lei·ro adj.
es·tre·le·jar v.
es·tre·len·se adj. 2g.
es·tre·lí·ci:a sf.
es·tre·li·nha sf.
es·tre·lis·mo sm.
es·tre·lo (ê) adj. sm./Cf. estrelo (é), do v. estrelar.
es·tre·ma sf. 'limite'/Cf. extrema, do v. extremar e f. de extremo.
es·tre·ma·de·la sf.
es·tre·ma·do adj. 'demarcado'/ Cf. extremado.
es·tre·ma·du·ra sf.
es·tre·mar v. 'limitar'/Cf. extremar.
es·tre·má·vel adj. 2g.; pl. ·veis.
es·tre·me adj. 2g. 'puro'/Cf. extreme, do v. extremar.
es·tre·me·ção sm.; pl. ·ções.
es·tre·me·cer v.
es·tre·me·ci·do adj.
es·tre·me·ci·men·to sm.
es·tre·me·nho adj. sm.
es·tre·mu·dar v.
es·tre·mu·nhar v.
es·tre·ni·do adj.
es·tren·quei·ro sm.
es·trê·nu:o adj.
es·tre·pa·da sf.
es·tre·par v.
es·tre·pe sm.
es·tre·pei·ro sm.
es·tre·pi·tan·te adj. 2g.
es·tre·pi·tar v.

es·tré·pi·to sm./Cf. estrepito, do v. estrepitar.
es·tre·pi·to·so (ô) adj.; f. e pl. (ó).
es·trep·síp·te·ro sm.
es·trep·to·ba·ci·lo sm.
es·trep·to·co·ce·mi·a sf.
es·trep·to·co·ci·a sf.
es·trep·to·có·ci·co adj.
es·trep·to·co·co sm.
es·trep·to·dif·te·ri·a sf.
es·trep·to·fi:ú·ro sm.
es·trep·to·neu·ro adj. sm.
es·trep·to·trí·ce:a sf.
es·trep·to·tri·co·se sf.
es·tre·sir v.
es·tres·san·te adj. 2g.
es·tres·sar v.
es·tres·se sm., do ing. stress: estrição.
es·tres·sor (ô) adj. sm.
es·tre·to (ê) sm.
es·tri·a sf.
es·tri:a·do adj.
es·tri:a·men·to sm.
es·tri:ar v. 'listrar'/Cf. estrear.
es·tri·ba·do adj.
es·tri·bar v.
es·tri·bei·ra sf.
es·tri·bei·ro sm.
es·tri·bi·lhar v.
es·tri·bi·lho sm.
es·tri·bo sm.
es·tri·ção sf.; pl. ·ções: estresse.
es·tri·çar v.
es·tric·na·to sm.
es·tríc·ne:a sf.
es·tríc·ni·co adj.
es·tric·ni·na sf.
es·tric·nis·mo sm.
es·tric·to adj.: estrito.
es·tri·dên·ci:a sf.
es·tri·den·te adj. 2g.
es·tri·dir v.
es·tri·dor (ô) sm.
es·tri·du·la·ção sf.; pl. ·ções.
es·tri·du·lan·te adj. 2g. sm.
es·tri·du·lar v.
es·trí·du·lo adj./Cf. estridulo, do v. estridular.
es·tri·du·lo·so (ô) adj.; f. e pl. (ó).
es·tri·ga sf.
es·tri·ga·do adj.
es·tri·gar v.
es·tri·ge sf.
es·tri·gí·de:o adj. sm.

es·tri·gi·*for*·me adj. sm.
es·*trí*·gil sf.; pl. ·geis.
es·tri·gi·la·*ção* sf.; pl. ·*ções*.
es·tri·go·so (ô) adj.; f. e pl. (ó).
es·tri·la·*dor* (ô) adj. sm.
es·tri·*lar* v.
es·*tri*·lo sm.
es·tri·*mô*·ni:o adj. sm.
es·*trin*·ca sf.
es·*trin*·*car* v.
es·*trin*·*çar* v.
es·*trin*·*char* v.
es·*trin*·ge sf.
es·*trin*·*gir* v.
es·tri:*ol* sm.; pl. ·*óis*.
es·tri·pa·*ção* sf.; pl. ·*ções*.
es·tri·*pa*·do adj.
es·tri·*pa*·gem sf.; pl. ·gens.
es·tri·*par* v. 'tirar as tripas a'/Cf. extirpar.
es·tri·pu·*len*·to adj.
es·tri·pu·*li*·a sf.
es·*tri*·to adj.: estricto.
es·tri·*tu*·ra sf.
es·tro sm.
es·tro·bi·*lí*·fe·ro adj.
es·tro·bi·li·*for*·me adj. 2g.
es·*tró*·bi·lo sm.
es·tro·bos·co·*pi*·a sf.
es·tro·bos·*có*·pi·co adj.
es·tro·bos·*có*·pi:o sm.
es·tro·*çar* v.
es·*tro*·ço (ô) sm./Cf.*estroço* (ó), do v. *estroçar*.
es·tro·fa·*ção* sf.; pl. ·*ções*.
es·tro·fan·*ti*·na sf.
es·tro·*fan*·to sm.
es·*tro*·fe sf.
es·tro·fi:*ão* sm.; pl. ·*ões*.
es·*tró*·fi·co adj.
es·tro·*fí*:o·lo sm.
es·tro·fo·ce·fa·*li*·a sf.
es·tro·fo·ce·*fá*·li·co adj.
es·tro·fo·*cé*·fa·lo sm.
es·tro·*foi*·de sm.
es·tro·fo·quei·*lí*·de:o adj. sm.
es·*tró*·fu·lo sm.
es·*troi*·na adj. s2g..
es·*troi*·*nar* v.
es·*troi*·ne:*ar* v.
es·*troi*·*ni*·ce sf.
es·*tro*·ma sm.
es·tro·ma·*ni*·a sf.
es·tro·ma·*ní*:a·co adj. sm.
es·*trô*·ma·to sm.
es·tro·ma·tur·*gi*·a sf.
es·trom·*bí*·de:o adj. sm.

es·*trom*·pa adj. 2g.
es·*trom*·*pa*·do adj.
es·*trom*·*par* v.
es·*trom*·*pi*·do sm.
es·*tron*·ca sf.
es·*tron*·ca·*men*·to sm.
es·*tron*·*car* v.
es·*tron*·ci:a·*ni*·ta sm.
es·*trôn*·ci·co adj.
es·*trôn*·ci:o sm.
es·*tron*·*dar* v.: *estrondear*.
es·*tron*·de:*an*·te adj. 2g.
es·*tron*·de:*ar* v.: *estrondar*.
es·*tron*·de·*jar* v.
es·*tron*·do sm.
es·*tron*·*do*·so (ô) adj.; f. e pl. (ó).
es·*trôn*·gi·lo sm.
es·*tron*·gi·*lo*·se sf.
es·*tron*·que sm.
es·tro·*pa*·lho sm.
es·tro·pe:*a*·da sf. 'tropel'/Cf. *estropiada*, f. de *estropiado*.
es·tro·pe:*ar* v. 'fazer tropel'/Cf. *estropiar*.
es·tro·pi:*a*·do adj. 'aleijado, mutilado'/Cf. *estropeado*.
es·tro·pi:*ar* v. 'mutilar'/Cf. *estropear*.
es·tro·*pí*·ci:o sm. 'dano, prejuízo'/Cf. *estrupício*.
es·*tro*·po (ô) sm.
es·*tros*·ca sm.
es·tro·te·*jar* v.
es·trou·*xar* v.
es·*trou*·xo sm.
es·tro·va·*du*·ra sf.
es·tro·*ven*·ga sf.
es·tro·vi·*nhar* v.
es·*tro*·vo (ô) sm.
es·tru·fi·*lha*·do adj.
es·tru·*gi*·do sm.
es·tru·gi·*dor* (ô) adj.
es·tru·gi·*men*·to sm.
es·tru·*gir* v.
es·tru:i·*ção* sf.; pl. ·*ções*.
es·tru:*ir* v.
es·*tru*·ma sf.
es·tru·ma·*ção* sf.; pl. ·*ções*.
es·tru·*ma*·da sf.
es·tru·*mal* sm.; pl. ·*mais*.
es·tru·*mar* v.
es·*tru*·me sm.
es·tru·mec·to·*mi*·a sf.
es·tru·*mei*·ra sf.
es·tru·*me*·la sf.
es·tru·*me*·lo (ê) sm.
es·tru·mi·*pri*·va sf.

es·tru·mi·*pri*·vo adj.
es·tru·*mi*·te sf.
es·tu·*mo*·so (ô) adj.; f. e pl. (ó).
es·tru·*pa*·da sf.
es·tru·*pí*·ci:o sm. 'conflito, motim'/Cf. *estropício*.
es·tru·pi·*dan*·te adj. 2g.
es·tru·pi·*dar* v.
es·tru·*pi*·do sm.
es·tru·*pir* v.
es·*tru*·po sm. 'tropel'/Cf. *estupro*.
es·tru·ti:o·ni·*for*·me adj. sm.
es·tru·*tu*·ra sf.
es·tru·tu·ra·*ção* sf.; pl. ·*ções*.
es·tru·tu·*ral* adj. 2g.; pl. ·*rais*.
es·tru·tu·ra·*lis*·mo sm.
es·tru·tu·*rar* v.
es·tu:*a*·ção sf.; pl. ·*ções*.
es·tu:*ân*·ci:a sf.
es·tu:*an*·te adj. 2g.
es·tu:*ar* v.
es·tu·*á*·ri:o sm.
es·tu·be·*reu* adj. sm.; f. ·*rei*·a.
es·tu·*ca*·do adj. 'revestido de estuque'/Cf. *estocado*.
es·tu·*ca*·dor (ô) adj. sm.
es·tu·*car* v. 'revestir de estuque'/Cf. *estocar*.
es·*tu*·cha sf.
es·tu·*cha*·do adj.
es·tu·*char* v.
es·*tu*·che sm.
es·tu·*da*·do adj.
es·tu·dan·*ta*·ço sm.
es·tu·dan·*ta*·da sf.
es·tu·dan·*tal* adj. 2g.; pl. ·*tais*.
es·tu·dan·*tão* sm.; pl. ·*tões*; f. *estudantona*.
es·tu·*dan*·te adj. s2g.
es·tu·dan·*til* adj. 2g.; pl. ·*tis*.
es·tu·dan·*ti*·na sf.
es·tu·dan·*to*·na sf. de *estudantão*.
es·tu·dan·*tó*·ri:o sm.
es·tu·*dar* v.
es·*tú*·di:o sm.
es·tu·di:o·si·*da*·de sf.
es·tu·di:*o*·so (ô) adj. sm.; f. e pl. (ó).
es·*tu*·do sm.
es·*tu*·fa sf.
es·tu·fa·*dei*·ra sf.
es·tu·*fa*·do adj. sm. 'metido em estufa'/Cf. *estofado*, do v. *estofar* e adj.
es·tu·*fa*·gem sf.; pl. ·gens.

es·tu·*far* v. 'meter em estufa'/ Cf. *estofar*.
es·tu·*fei*·ro sm.
es·tu·*fi*·lha sf.
es·tu·*fim* sm.; pl. ·*fins*.
es·tu·*gar* v.
es·tul·*pi*·no adj. sm.
es·tul·*ti*·ce sf.
es·tul·*tí*·ci:a sf.
es·tul·ti·fi·ca·*ção* sf.; pl. ·*ções*.
es·tul·ti·fi·*car* v.
es·tul·ti·*ló*·qui:o sm.
es·*tul*·to adj.
es·tu·ma·*ção* sf.; pl. ·*ções*.
es·tu·*mar* v.
es·*tu*:o sm.
es·tu:*o*·so (ô) adj.; f. *e* pl. (ó).
es·tu·pe·fa·*ção* sf.; pl. ·*ções*: es·tu·pe·fac·*ção*.
es·tu·pe·fa·ci:*en*·te adj. 2g. sm.
es·tu·pe·fac·*ti*·vo adj.: *estupefativo*.
es·tu·pe·*fac*·to adj.: *estupefato*.
es·tu·pe·fac·*tor* (ô) adj. sm.: *estupefator*.
es·tu·pe·fa·*ti*·vo adj.: *estupefactivo*.
es·tu·pe·*fa*·to adj.: *estupefacto*.
es·tu·pe·fa·*tor* (ô) adj. sm.: *estupefactor*.
es·tu·pe·fa·*zer* v.
es·tu·pe·fi·ca·*dor* (ô) adj.
es·tu·pe·fi·*can*·te adj. 2g.
es·tu·pe·fi·*car* v.
es·tu·*pen*·do adj.
es·tu·pi·*dar* v.
es·tu·pi·dar·*rão* adj. sm.; f. es·tu·pi·dar·*ro*·na.
es·tu·pi·*dez* (ê) sf.
es·tu·pi·di·fi·*car* v.
es·*tú*·pi·do adj. sm./Cf. *estupido*, do v. *estupidar*.
es·tu·*por* (ô) sm.
es·tu·po·ra·*ção* sf.; pl. ·*ções*.
es·tu·po·*ra*·do adj.
es·tu·po·*rar* v.
es·tu·po·*ro*·so (ô) adj.; f. *e* pl. (ó).
es·tu·pra·*ção* sf.; pl. ·*ções*.
es·tu·*pra*·do adj. sm.
es·tu·pra·*dor* (ô) adj. sm.
es·tu·*prar* v.
es·*tu*·pro sm. 'coito forçado'/ Cf. *estrupo*.
es·*tu*·que sm.
es·*túr*·di:a sf./Cf. *esturdia*, do v. *esturdiar*.

es·tur·di:*ar* v.
es·*túr*·di:o adj./Cf. *esturdio*, do v. *esturdiar*.
es·tur·*jão* sm.; pl. ·*jões*.
es·tur·*ra*·do adj. sm.
es·tur·*rar* v.
es·tur·ri·*ca*·do adj.: *estorricado*.
es·tur·ri·*car* v.: *estorricar*.
es·tur·ri·*nhar* v.
es·tur·*ri*·nho sm.
es·*tur*·ro sm.
es·tur·vi·*nha*·do adj.
e·su·bi:*a*·no adj. sm.
é·*su*·la sf.
e·su·*ri*·no adj.
es·va·*bi*·ta sf.
es·va:e·*cer* v.
es·va:e·*ci*·do adj.
es·va:e·ci·*men*·to sm.
es·va:i·*men*·to sm.
es·va:*ir* v.
es·va·li·*jar* v.
es·va·ne·*cer* v.
es·*vão* sm.; pl. ·*vãos*.
es·var·*rer* v.
es·va·*zar* v.
es·va·zi:a·*men*·to sm.
es·va·zi:*ar* v.
es·ven·*tar* v.
es·ver·de:*a*·do adj.
es·ver·de:*ar* v.
es·ver·di·*nha*·do adj.
es·ver·di·*nhar* v.
es·ver·*ga*·ço adj.
es·vi·*dar* v.
es·vi·di·*gar* v.
es·vi:e·tê·*ni*:a sf.
es·vi·*nhar* v.
es·vis·ce·*ra*·do adj.
es·vis·ce·*rar* v.
es·vo:a·*ça*·do adj.
es·vo:a·ça·*men*·to sm.
es·vo:a·*çan*·te adj. 2g.
es·vo:a·*çar* v.
es·vo:e·*jar* v.
es·vur·*mar* v.
e·*ta*¹ sm. 'letra do alfabeto grego'.
e·*ta*² (ê) interj.
e·ta·*fer*·ro (ê) interj.: *eita-ferro*.
e·ta·*cis*·mo sm.
e·*tal* sm.; pl. ·*tais*.
e·*tá*·li·co adj.
e·ta·*nal* sm.; pl. ·*nais*.
e·*tâ*·ni·co adj.
e·*ta*·no sm.
e·ta·*noi*·co adj.

e·ta·*nol* sm.; pl. ·*nóis*.
e·*ta*·pa sf.
e·ta·*pau* (ê) interj.: *eita-pau*.
e·*tá*·ri:o adj.
e·te·*cé*·te·ra adv., abrev. *etc*., do lat. *et coetera*.
e·*te*·no adj.
é·ter sm.
e·*té*·re:o adj.
e·*té*·ri·co adj.
e·te·ri·fi·ca·*ção* sf.; pl. ·*ções*.
e·te·ri·fi·*car* v.
e·te·*ri*·na sf.
e·te·*ris*·mo sm.
e·te·ri·za·*ção* sf.; pl. ·*ções*.
e·te·ri·*zar* v.
e·te·ri·*zá*·vel adj. 2g.; pl. ·*veis*.
e·ter·*nal* adj. 2g.; pl. ·*nais*.
e·ter·*nar* v.
e·ter·ni·*da*·de sf.
e·ter·*ní*·flu:o adj.
e·ter·ni·*zar* v.
e·*ter*·no adj.
e·te·ro·*gra*·ma sm.
e·te·ro·*la*·do adj.
e·te·ro·*la*·to sm.
e·te·*ró*·le:o sm.
e·te·*ró*·li·co adj.
e·te·ro·man·*ci*·a sf.
e·te·ro·ma·*ni*·a sf.
e·te·ro·ma·*ní*:a·co adj. sm.
e·te·*rô*·ma·no adj. sm.
e·te·ro·*man*·te s2g.
e·te·ro·*mân*·ti·co adj.
e·*té*·si:o adj.
é·ti·ca sf. 'ciência da moral'/Cf. *hética*.
é·ti·co adj. 'relativo à ética'/Cf. *hético*.
e·ti·la·*ção* sf.; pl. ·*ções*.
e·ti·la·ce·te·*mi*·a sf.
e·ti·la·ce·tê·*mi*·co adj.
e·ti·la·*cé*·ti·co adj.
e·ti·la·*mi*·na sf.
e·ti·*la*·to sm.
e·ti·*le*·no sm.
e·*tí*·li·co adj.
e·ti·*lis*·mo sm.
e·ti·*lis*·ta adj. s2g.
e·ti·li·*zar* v.
e·*ti*·lo sm.
é·*ti*·mo sm.
e·ti·mo·lo·*gi*·a sf.
e·ti·mo·*ló*·gi·co adj.
e·ti·mo·lo·*gis*·mo sm.
e·ti·mo·lo·*gis*·ta adj. s2g.
e·ti·mo·lo·gi·*zan*·te adj. s2g.

e·ti·mo·lo·gi·*zar* v.
e·ti·*mó*·lo·go sm.
e·*ti*·no sm.
e·ti:o·lo·gi·a sf.
e·ti:o·*ló*·gi·co adj.
e·ti:o·*ne*·ma sm.
e·ti:o·*ni*·co adj.
e·ti:o·pa·to·ge·*ni*·a sf.
e·*tí*·o·pe adj. s2g.
e·ti:*ó*·pi·co adj. sm.
e·ti·*que*·ta (ê) sf./Cf. etiqueta (é), do v. *etiquetar*.
e·ti·que·*ta*·gem sf.; pl. ·gens.
e·ti·que·*tar* v.
et·mo·ce·fa·*li*·a sf.
et·mo·ce·*fá*·li·co adj.
et·mo·*cé*·fa·lo sm.
et·moi·*dal* adj. 2g.; pl. ·*dais*.
et·*moi*·de adj. sm.
et·*mói*·de:o adj.: et·mo·*í*·de:o
et·moi·*di*·te sf.
et·na sm.
et·*nar*·ca sm.
et·nar·*qui*·a sf.
et·*nár*·qui·co adj.
et·*nen*·se adj. s2g.
et·*neu* adj. sm.; f. ·*nei*·a.
et·*ni*·a sf.
et·*ni*·ci·da adj. 2g.
et·ni·*cis*·mo sm.
ét·ni·co adj. sm.
et·no·*cên*·tri·co adj.
et·no·cen·*tris*·mo sm.
et·no·*cra*·ci·a sf.
et·no·*crá*·ti·co adj.
et·no·di·*cei*·a sf.
et·no·ge·ne·a·lo·*gi*·a sf.
et·no·ge·ne·a·*ló*·gi·co adj.
et·no·ge·*ni*·a sf.
et·no·*gê*·ni·co adj.
et·no·gra·*fi*·a sf.
et·no·*grá*·fi·co adj.
et·*nó*·gra·fo sm.
et·no·lin·*guis*·ta s2g.
et·no·lin·*guís*·ti·ca sf.
et·no·lin·*guís*·ti·co adj.
et·no·lo·*gi*·a sf.
et·no·*ló*·gi·co adj.
et·no·lo·*gis*·ta adj. s2g.
et·*nó*·lo·go sm.
et·no·me·*tri*·a sf.
et·no·*mé*·tri·co adj.
et·no·*ní*·mi:a sf.
et·no·*ní*·mi·co adj.
et·*nô*·ni·mo sm.
et·nop·si·co·lo·*gi*·a sf.
et·nop·si·co·*ló*·gi·co adj.

e·to·*cra*·ci·a sf.
e·to·*cra*·ta s2g.
e·to·*crá*·ti·co adj.
e·to·ge·*ni*·a sf.
e·to·*gê*·ni·co adj.
e·to·*gê*·ni:o sm.
e·tog·no·*si*·a sf.
e·tog·*nós*·ti·co adj.
e·to·gra·*fi*·a sf.
e·to·*grá*·fi·co adj.
e·*tó*·gra·fo sm.
e·to·li:*a*·no adj. sm.
e·*tó*·li·co adj.
e·*tó*·li:o adj. sm.
e·to·lo·*gi*·a sf.
e·to·*ló*·gi·co adj.
e·*tó*·lo·go sm.
e·to·*pei*·a sf.
e·to·*peu* sm.
e·tri·os·co·*pi*·a sf.
e·tri·os·*có*·pi·co adj.
e·tri·os·*có*·pi:o sm.
e·*trus*·co adj. sm.
e·trus·co·lo·*gi*·a sf.
e·trus·co·*ló*·gi·co adj.
e·trus·*có*·lo·go sm.
e·*tú*·li:a sf.
e·*tún*·gu·la sf.
e·*tu*·sa sf.
eu pron. sm./Cf. *heu*.
eu·ar·*tró*·po·de adj. 2g. sm.
eu·a:u·a·*çu* sm.
eu·*ba*·ge sm.
eu·*beu* adj. sm.; f. ·*bei*·a.
eu·bi:*ó*·ti·ca sf.
eu·*boi*·co adj. sm.
eu·bo·*li*·a sf.
eu·ca·*í*·na sf.
eu·ca·lip·*tal* sm.; pl. ·*tais*.
eu·ca·lip·*tê*·ni:o sm.
eu·ca·*lip*·to sm.
eu·ca·lip·*tol* sm.; pl. ·*tóis*.
eu·camp·*ti*·ta sf.:
  eu·camp·*ti*·te.
eu·ca·ri·*o*·ta adj. 2g. sm.
eu·ca·ris·*ti*·a sf.
eu·ca·*rís*·ti·co adj.
eu·ca·ri·*tí*·de:o adj. sm.
eu·car·*pe*·no sm.
eu·*ca*·ta adj. s2g.
eu·ce·lo·*ma*·do adj. sm.
eu·ces·*tói*·de:o 2g. sm.
eu·ci·li:*a*·do adj. sm.
eu·ci·ne·*si*:a sf.
êu·cla·se sf.
eu·*clá*·si:o sm.
eu·cle:*í*·de:o adj. sm.

eu·cli·*den*·se adj. s2g.
eu·cli·di:*a*·no adj. sm.
eu·clo·*ri*·na sf.
eu·co·*ló*·gi·co adj.
eu·co·*ló*·gi:o sm.
eu·*có*·lo·go sm.
eu·co·mi·*á*·ce:a sf.
eu·co·mi·*á*·ce:o adj.
eu·co·*pé*·po·de sm.
eu·cra·*si*·a sf.
eu·*crá*·si·co adj.
eu·cra·*si*·ta sf.: eu·cra·*si*·te.
eu·cri·fi·*á*·ce:a sf.
eu·cri·fi·*á*·ce:o adj.
eu·crip·*ti*·ta sf.: eu·crip·*ti*·te.
eu·cro·*í*·ta sf.: eu·cro·*í*·te.
eu·cro·*má*·ti·co adj.
eu·*crô*·mi·co adj.
eu·*cro*·mo adj.
êu·de·ma sf.
eu·*dê*·mo·ne adj. s2g.
eu·de·mo·*nis*·mo sm.
eu·de·mo·*nis*·ta adj. s2g.
eu·de·mo·*nís*·ti·co adj.
eu·di:a·*li*·ta sf.
eu·di:ap·neus·*ti*·a sf.
eu·di:ap·*nêus*·ti·co adj.
eu·di·di·*mi*·ta sf.
eu·di:o·me·*tri*·a sf.
eu·di:o·*mé*·tri·co adj.
eu·di:*ô*·me·tro sm.
eu·*dis*·ta adj. s2g.
eu:e·*mi*·a sf.: *evemia*.
eu·fau·si·*á*·ce:o adj. sm.
eu·fe·*mi*·a sf.
eu·*fê*·mi·co adj.
eu·fe·*mis*·mo sm.
eu·fe·*mís*·ti·co adj.
eu·fe·mi·*zar* v.
eu·fi·li·*ca*·le sf.
eu·fi·*li*·ta sf.: eu·fi·*li*·te.
eu·fla·ge·*la*·do adj. sm.
eu·fo·*ni*·a sf.
eu·*fô*·ni·co adj.
eu·*fô*·ni:o sm.
eu·fo·ni·za·*ção* sf.; pl. ·*ções*.
eu·fo·ni·*zar* v.
êu·fo·no adj.: eu·*fo*·no.
eu·for·bi:*á*·ce:a sf.
eu·for·bi:*á*·ce:o adj.
eu·for·bi:*a*·le sf.
eu·*fór*·bi·co adj.
eu·*fór*·bi:o sm.
eu·fo·*ri*·a sf.
eu·*fó*·ri·co adj.
eu·fo·ri·*zan*·te adj. 2g.
eu·*fó*·ti·co adj.

eu·*frá*·si:a sf.
eu·*frá*·ti·co adj.
euf·tal·*mi*·na sf.
eu·fu:*ís*·mo sm.
eu·fu:*ís*·ta adj. s2g.
eu·fu:*ís*·ti·co adj.
eu·*gâ*·ne:o adj. sm.
eu·ge interj. sm.
eu·ge·*na*·to sm.
eu·ge·ne·*si*·a sf.
eu·ge·*né*·si·co adj.
eu·ge·*né*·ti·co adj.
eu·ge·*ni*·a sf. 'melhora da raça'/ Cf. *eugênia*.
eu·*gê*·ni:a sf. 'planta'/Cf. *eugenia*.
eu·*gê*·ni·co adj.
eu·ge·ni·*zar* v.
eu·ge·*nol* sm.; pl. *·nóis*.
eu·ge·no·po·li·*ta*·no adj. sm.
eu·*gle*·ma sf.
eu·gle·noi·*di*·no adj. sm.
êu·gra·fo sm.
eu·ip·*ni*·a sf.
eu·*íp*·ni·co adj. sm.
eu·la·*li*·a sf. 'boa maneira de falar'/Cf. *eulália*.
eu·*lá*·li:a sf. 'planta'/Cf. *eulalia*.
eu·la·me·li·*brân*·qui:o adj. sm.
eu·*le*·ma sf.
eu·*le*·mo sm.
eu·li·*si*·na sf.
eu·li·*ti*·na sf.
eu·*ló*·bi:o sm.
eu·*ló*·fi:o sm.
êu·lo·fo sm.
eu·*ló*·gi:a sf.
eu·ma·*ti*·a sf.
eu·*má*·ti·co adj.
eu·me·*cóp*·te·ro adj. sm.
êu·me·ne sm.
eu·me·*né*·ti·co adj. sm.
eu·me·*ní*·de:o adj. sm.
eu·mol·*pí*·de:o adj. sm.
eu·*nu*·co sm.
eu·nu·*coi*·de adj. 2g.
eu·or·te·*si*·a sf.
eu·pa·*ti*·a sf.
eu·*pá*·ti·co adj.
eu·pa·to·*ri*·na sf.
eu·pa·*tó*·ri:o sm.
eu·pep·*si*·a sf.
eu·*pép*·ti·co adj. sm.
eu·*pé*·ta·la sf.
eu·pis·*té*·ri:a sf.
eu·*plás*·ti·co adj.
eu·ple·*cóp*·te·ro adj. sm.

eu·ple·*xóp*·te·ro (cs) adj. sm.
eu·*pló*·ca·mo adj. sm.
eup·*nei*·a sf.
êu·po·de adj. sm.
eu·po·*gô*·ni:a sf.
eu·po·ma·ci:*á*·ce:a sf.
eu·po·ma·ci:*á*·ce:o adj.
eu·pra·*xi*·a (cs) sf.
eu·*prá*·xi·co (cs) adj.
eup·te·ro·*tí*·de:o adj. sm.
eu·qui·*li*·a sf.
eu·*qui*·mo sm.
eu·qui·*ni*·na sf.
eu·ra·fri·*ca*·no adj. sm.
eu·ra·si:*a*·no adj. sm.
eu·ra·si:*á*·ti·co adj. sm.
eu·*rá*·si·co adj.
eu·*rá*·si:o adj. sm.
eu·*re*·ca interj.: *heureca*.
eu·*re*·ma sm.: *heurema*.
eu·re·*má*·ti·co adj.: *heuremático*.
eu·ri:*á*·le:o adj. sm.
eu·*rí*·a·lo sm.
eu·ri·ce·fa·*li*·a sf.
eu·ri·*cé*·fa·lo adj.
eu·*rí*·ce·ro adj.
eu·*rí*·co·ro sm.
eu·rig·na·*tis*·mo sm.
eu·*ríg*·na·to adj. sm.
eu·ri·*le*·ma sm.
eu·ri·le·*mí*·de:o adj. sm.
eu·ri·*lép*·ti·da adj. 2g. sm.
eu·ri·pi·di:*a*·no adj.
eu·ri·pi·*gí*·de:o adj. sm.
eu·*ri*·po sm.
eu·*rís*·to·mo adj.
eu·rit·*mi*·a sf.: *eurritmia*.
eu·*rít*·mi·co adj.: *eurrítmico*.
eu·ro sm.
eu·ro·*bô*·nus sm. 2n.
eu·ro·*dó*·lar sm.
eu·*rô*·no·to sm.
eu·ro·*pei*·a adj. sf. de *europeu*.
eu·ro·pe:i·za·*ção* sf.; pl. *·ções*.
eu·ro·pe:i·*zar* v.
eu·ro·pe:i·*zá*·vel adj.; pl. *·veis*.
eu·ro·*peu* sm.; f. *europeia*.
eu·*ró*·pi:o sm.
eur·rit·*mi*·a sf.: *euritmia*.
eur·*rít*·mi·co adj.: *eurítmico*.
eus·*ca*·ra sm.
eus·ca·ri:*a*·no adj.
eus·*ca*·ro adj. sm.
eu·son·fa·*li*·a sf.
eu·son·*fá*·li·co adj.
eu·son·*fá*·li:o sm.

eus·*que*·ra sm.
eus·se·*lá*·qui:o adj.
eus·se·*mi*·a sf.
eus·ta·qui·*a*·no adj.
eus·ta·*si*·a sf.
eus·*tá*·ti·co adj.
eus·*ti*·lo adj. sm.
eus·to·*mi*·a sf.
eus·*tô*·mi·co adj.
eu·ta·*ná*·si:a sf.
eu·ta·*xi*·a (cs) sf.
eu·tec·*ni*·a sf.
eu·*téc*·ni·co adj.
eu·*téc*·ti·co adj.
eu·tec·*toi*·de adj. 2g. sm.
eu·te·*mí*·de:a sf.
eu·te·*ni*·a sf.
eu·*tê*·ni·co adj.
eu·*té*·ri:o adj. sm.
eu·*ter*·pe sf.
eu·te·*si*·a sf.
eu·*té*·ti·co sm.
eu·te·*xi*·a (cs) sf.
eu·*tí*·co·mo adj. sm.
eu·ti·*mi*·a sf.
eu·*tí*·mi·co adj.
eu·ti·qui:a·*nis*·mo sm.
eu·ti·qui:a·*nis*·ta adj. s2g.
eu·ti·qui:*a*·no adj. sm.
eu·*to*·ca sf.
eu·to·*ci*·a sf.
eu·*tó*·ci·co adj.
eu·*tó*·ci:o adj.
êu·to·co adj.
eu·tra·pe·*li*·a sf.
eu·tra·*pé*·li·co adj.
eu·*trá*·pe·lo adj.
eu·tre·pis·*ti*·a sf.
eu·tri·*e*·na sf.
eu·tro·*fi*·a sf.
eu·*tró*·fi·co adj.
eu·*xân*·ti·co (cs) adj.
eu·xan·ti·*na*·to (cs) sm.
eu·*xê*·ni:a (cs) sf.
eu·xe·*ni*·ta (cs) sf.: eu·xe·*ni*·te.
e·va·cu·a·*ção* sf.; pl. *·ções*.
e·va·cu·a·*dor* (ô) adj. sm.
e·va·cu·a·*men*·to sm.
e·va·cu·*an*·te adj. 2g. sm.
e·va·cu·*ar* v.
e·va·cu·a·*ti*·vo adj.
e·va·cu·a·*tó*·ri:o adj. sm.
e·va·cu·*á*·vel adj. 2g.; pl. *·veis*.
e·va·*dir* v.
e·va·ga·*ção* sf.; pl. *·ções*.
e·va·gi·na·*ção* sf.; pl. *·ções*.
e·va·gi·na·*dor* (ô) adj. sm.

e·va·gi·na·*men*·to sm.
e·va·gi·*nan*·te adj. 2g.
e·va·gi·*nar* v.
e·va·gi·*ná*·vel adj. 2g.; pl. ·veis.
e·*val*·ve adj. 2g.
e·va·nes·*cên*·ci:a sf.
e·va·nes·*cen*·te adj. 2g.
e·van·*ge*·lho sm.
e·van·ge·li:*á*·ri:o sm.
e·van·ge·li·*cal* adj. 2g.; pl. ·cais.
e·van·*gé*·li·co adj.
e·van·ge·*lis*·mo sm.
e·van·ge·*lis*·ta adj. s2g.
e·van·ge·*lis*·ta·no adj. s2g.
e·van·ge·li·za·*ção* sf.; pl. ·ções.
e·van·ge·li·za·*dor* (ô) adj. sm.
e·van·ge·li·*zan*·te adj. 2g.
e·van·ge·li·*zar* v.
e·*vâ*·ni:a sf.
e·van·*si*·ta sf.: e·van·*si*·te.
e·va·po·ra·*ção* sf.; pl. ·ções.
e·va·po·ra·*dei*·ra sf.
e·va·po·*ra*·do adj.
e·va·po·*rar* v.
e·va·po·ra·*ti*·vo adj.
e·va·po·ra·*tó*·ri:o adj. sm.
e·va·po·*rá*·vel adj. 2g.; pl. ·veis.
e·va·po·ri·*zar* v.
e·va·po·*rô*·me·tro sm.
e·*var* v.
e·va·*são* sf.; pl. ·sões.
e·va·*si*·va sf.
e·va·*si*·vo adj.
e·*va*·za adj. s2g.
e·va·*zar* v.
e·vec·*ção* sf. 'desigualdade no movimento da Lua'/Cf. *evicção*.
e·ve·*li*·na sf.
e·ve·me·*ris*·mo sm.
e·ve·me·*ris*·ta adj. s2g.
e·ve·*mi*·a sf.: *euemia*.
e·ven·*cer* v.
e·ve·*ni*·no adj. sm.
e·*ven*·to sm.
e·ven·tra·*ção* sf.; pl. ·ções.
e·ven·*trar* v.
e·ven·tu:*al* adj. 2g.; pl. ·ais.
e·ven·tu:a·li·*da*·de sf.
e·ver·*são* sf.; pl. ·sões.
e·ver·*si*·vo adj.
e·ver·*sor* (ô) adj. sm.
e·ver·*ter* v.
e·*veu* adj. sm.; f. e·*vei*·a.
e·ve·*xi*·a (cs) sf.

e·vic·*ção* sf. 'ato de reivindicar o que lhe pertence'/Cf. *evecção*.
e·*víc*·ti:o adj. sm.
e·*vic*·to adj. sm.
e·*vic*·tor (ô) adj. sm.
e·vi·*dên*·ci:a sf./Cf. *evidencia*, do v. *evidenciar*.
e·vi·den·ci:*ar* v.
e·vi·*den*·te adj. 2g.
é·*vi*:o adj.
e·vi·*pi*·no adj. sm.
e·vi·ra·*ção* sf.; pl. ·ções.
e·vi·*rar* v.
e·vis·ce·ra·*ção* sf.; pl. ·ções.
e·vis·ce·*ra*·do adj.
e·vis·ce·*rar* v.
e·vi·*só*·po·de adj. 2g. sm.
e·vi·ta·bi·li·*da*·de sf.
e·vi·ta·*ção* sf.; pl. ·ções.
e·vi·*tar* v.
e·vi·*tá*·vel adj. 2g.; pl. ·veis.
e·vi·ter·ni·*da*·de sf.
e·vi·*ter*·no adj.
e·*vo* sm.
e·vo·ca·*ção* sf.; pl. ·ções.
e·vo·*car* v.
e·vo·ca·*ti*·vo adj.
e·vo·ca·*tó*·ri:o adj.
e·vo·*cá*·vel adj. 2g.; pl. ·veis.
e·vo·*é* interj. sm.
e·vo·*lar* v.
e·vo·lu·*ção* sf.; pl. ·ções.
e·vo·lu·ci:o·*nal* adj. 2g.; pl. ·nais.
e·vo·lu·ci:o·*nar* v.
e·vo·lu·ci:o·*ná*·ri:o adj. sm.
e·vo·lu·ci:o·*nis*·mo sm.
e·vo·lu·ci:o·*nis*·ta adj. s2g.
e·vo·lu:*ir* v.
e·vo·*lu*·ta sf.
e·vo·lu·*ti*·vo adj.
e·vo·*lu*·to adj.
e·vo·lu·*toi*·de sf.
e·vol·*ven*·te sf.
e·vol·*ver* v.
e·*vô*·ni·co adj.
e·vo·*ní*·me:a sf.
e·vo·ni·*mi*·na sf.
e·vo·ni·*mi*·ta sf.: e·vo·ni·*mi*·te.
e·*vô*·ni·mo sm.
e·*vô*·ni·mo(s)-da-a·*mé*·ri·ca sm. (pl.).
e·*vô*·ni·mo(s)-da-eu·*ro*·pa sm. (pl.).
e·*vô*·ni·mo(s)-do-ja·*pão* sm. (pl.).

e·*vul*·são sf.; pl. ·sões.
e·*vul*·si·vo adj.
ex- pref. (com o sentido de cessamento ou estado anterior, é sempre seguido de hífen).
e·xa·bun·*dân*·ci:a (z) sf.
e·xa·bun·*dan*·te (z) adj. 2g.
e·xa·bun·*dar* (z) v.
e·xa·*ção* sf.; pl. ·ções.
e·xa·cer·ba·*ção* (z) sf.; pl. ·ções.
e·xa·cer·*bar* (z) v.
e·xa·ge·ra·*ção* (z) sf.; pl. ·ções.
e·xa·ge·*ra*·do (z) adj. sm.
e·xa·ge·ra·*dor* (z...ô) adj. sm.
e·xa·ge·*rar* (z) v.
e·xa·*ge*·ro (z...ê) sm./Cf. *exagero* (é), do v. *exagerar*.
e·xa·gi·ta·*ção* (z) sf.; pl. ·ções.
e·xa·gi·*ta*·do (z) adj.
e·xa·gi·*tar* (z) v.
e·xa·la·*ção* (z) sf.; pl. ·ções.
e·xa·*lan*·te (z) adj. 2g.
e·xa·*lar* (z) v.
e·xal·bu·mi·*na*·do (z) adj.
e·xal·bu·mi·*no*·so (z...ô) adj.; f. e pl. (ó).
e·xal·ça·*ção* sf.; pl. ·ções.
e·xal·ça·*men*·to (z) sm.
e·xal·*çar* (z) v.
e·xal·*gi*·na (z) sf.
e·*xal*·mo (z) sm.
e·xal·ta·*ção* (z) sf.; pl. ·ções.
e·xal·*ta*·do (z) adj. sm.
e·xal·*tar* (z) v.
e·xal·ta·*tó*·ri:o (z) adj.
ex-a-*lu*·no(s) sm. (pl.).
e·xal·vi·*ça*·do (z) adj.
e·*xa*·me (z) sm.
e·*xâ*·mi·na (z) sf./Cf. *examina*, do v. *examinar*.
e·xa·mi·na·*ção* (z) sf.; pl. ·ções.
e·xa·mi·na·*dor* (z...ô) adj. sm.
e·xa·mi·*na*·do (z) sm.
e·xa·mi·*nar* (z) v.
e·xa·mi·*ná*·vel (z) adj. 2g.: pl. ·veis.
e·*xâ*·mi·to (z) sm.
e·*xan*·gue (z) adj. 2g.
e·xa·*ni*·a (z ou cs) sf.
e·xa·ni·ma·*ção* (z) sf.; pl. ·ções.
e·*xâ*·ni·me (z) adj. 2g.
e·xan·*te*·ma (z ou cs) sm.
e·xan·te·*má*·ti·co (z ou cs) adj.
e·xan·te·ma·*to*·so (z ou cs) (ô) adj.; f. e pl. (ó).
e·xa·ra·*ção* (z) sf.; pl. ·ções.

e·xa·rar (z) v.
e·xar·ca (z) sm.
e·xar·ca·do (z ou cs) sm.
e·xar·co (z ou cs) sm.
e·xar·ti·cu·la·ção (z) sf.; pl. ·ções.
e·xar·ti·cu·lar (z) v.
e·xar·tre·ma (z ou cs) sm.
e·xar·tro·se (z ou cs) sf.
e·xas·pe·ra·ção sf.; pl. ·ções.
e·xas·pe·ra·dor (z...ô) adj. sm.
e·xas·pe·ra·men·to (z) sm.
e·xas·pe·ran·te (z) adj. 2g.
e·xas·pe·rar (z) v.
e·xas·pe·ro (z...ê) sm./Cf. exaspero (é), do v. exasperar.
e·xas·pi·di:a·no (z ou cs) adj.
e·xa·ti·dão (z) sf.; pl. ·dões.
e·xa·ti·fi·car (z) v.
e·xa·to (z) adj.
e·xa·tor (z...ô) sm.
e·xa·to·ri·a (z) sf.
e·xau·ri·ção (z) sf.; pl. ·ções.
e·xau·ri·men·to (z) sm.
e·xau·rir (z) v.
e·xau·rí·vel (z) adj. 2g.; pl. ·veis.
e·xaus·ta·ção (z) sf.; pl. ·ções.
e·xaus·tão (z) sf.; pl. ·tões.
e·xaus·tar (z) v.
e·xaus·ti·vo (z) adj.
e·xaus·to (z) adj.
e·xaus·tro (z...ô) adj. sm.
e·xaus·to·ra·ção (z) sf.; pl. ·ções.
e·xaus·to·rar (z) v.
ex·car·ce·ra·ção sf.; pl. ·ções.
ex·car·ce·ra·dor (ô) adj. sm.
ex·car·ce·rar v.
ex·ce·ção sf.; pl. ·ções.
ex·ce·ci:o·nal adj.: excepcional; pl. ·nais.
ex·ce·ci:o·na·li·da·de sf.: excepcionalidade.
ex·ce·ci:o·nar v.: excepcionar.
ex·ce·ci:o·ná·vel adj. 2g.: excepcionável; pl. ·veis.
ex·ce·den·te adj. s2g.
ex·ce·der v.
ex·ce·dí·vel adj. 2g.; pl. ·veis.
ex·ce·lên·ci:a sf.
ex·ce·len·te adj. 2g.
ex·ce·len·tís·si·mo adj.; superl. de excelente.
ex·ce·ler v.
ex·ce·lir v.
ex·cel·si·tu·de sf.
ex·cel·so adj.

ex·cen·tri·ci·da·de sf.
ex·cên·tri·co sf.
ex·cep·ci:o·nal adj. 2g.; pl. ·nais.
ex·cep·ci:o·na·li·da·de sf.
ex·cep·ci:o·nar v.
ex·cep·ci:o·ná·vel adj. 2g.; pl. ·veis.
ex·cep·ti·va sf.
ex·cep·ti·vo adj.
ex·cer·to sm.
ex·ces·si·vo adj.
ex·ces·so sm.
ex·ce·ti·va sf.: exceptiva.
ex·ce·ti·vo adj.: exceptivo.
ex·ce·to prep. sm.
ex·ce·tu:ar v.
ex·ce·tu:á·vel adj. 2g.; pl. ·veis.
ex·cí·di:o sm.
ex·ci·pi:en·te sm.
ex·cí·pu·lo sm.
ex·ci·são sm.; pl. ·sões.
ex·ci·sar v.
ex·ci·ta·bi·li·da·de sf.
ex·ci·ta·ção sf.; pl. ·ções.
ex·ci·ta·do adj.
ex·ci·ta·dor (ô) adj. sm.
ex·ci·ta·men·to sm.
ex·ci·tan·te adj. 2g. sm.
ex·ci·tar v.
ex·ci·ta·ti·vo adj.
ex·ci·ta·tó·ri:o adj.
ex·ci·ta·triz sf.
ex·ci·tá·vel adj. 2g.; pl. ·veis.
éx·ci·tron sm., do ing. excitron.
ex·cla·ma·ção sf.; pl. ·ções.
ex·cla·ma·dor (ô) adj. sm.
ex·cla·mar v.
ex·cla·ma·ti·vo adj.
ex·cla·ma·tó·ri:o adj.
ex·claus·tra·ção sf.; pl. ·ções.
ex·claus·trar v.
ex·clu·den·te adj. 2g.
ex·clu·í·do adj.
ex·clu·ir v.
ex·clu·são sf.; pl. ·sões.
ex·clu·si·va sf.
ex·clu·si·ve adv.
ex·clu·si·vi·da·de sf.
ex·clu·si·vis·mo sm.
ex·clu·si·vis·ta adj. s2g.
ex·clu·si·vo adj.
ex·clu·so adj.
ex·co·gi·ta·ção sf.; pl. ·ções.
ex·co·gi·ta·dor (ô) adj. sm.
ex·co·gi·tar v.
ex·co·gi·tá·vel adj. 2g.; pl. ·veis.

ex·co·mun·ga·ção sf.; pl. ·ções.
ex·co·mun·ga·do adj. sm.
ex·co·mun·ga·doi·ro adj.: ex·co·mun·ga·dou·ro.
ex·co·mun·gar v.
ex·co·mun·gá·vel adj. 2g.; pl. ·veis.
ex·co·mu·nhão sf.; pl. ·nhões.
ex·cor·co (ô) sm.
ex·cre·ção sf.; pl. ·ções.
ex·cre·men·ti·ci:al adj.; pl. ·ais.
ex·cre·men·tí·ci:o adj.
ex·cre·men·to sm.
ex·cre·men·to·so (ô) adj.; f. e pl. (ó).
ex·cres·cên·ci:a sf.
ex·cres·cen·te adj. 2g.
ex·cres·cer v.
ex·cre·ta sm.
ex·cre·tar v.
ex·cre·to adj. sm.
ex·cre·tor (ô) adj.
ex·cre·tó·ri:o adj.
ex·cru·ci:a·ção sf.; pl. ·ções.
ex·cru·ci:an·te adj. 2g.
ex·cru·ci:ar v.
ex·cul·pa·ção sf.; pl. ·ções.
ex·cul·par v.
ex·cur·são sf. 'passeio de instrução ou recreio'; pl. ·sões/Cf. excussão.
ex·cur·si:o·nar v.
ex·cur·si:o·nis·mo sm.
ex·cur·si:o·nis·ta adj. s2g.
ex·cur·so sm.
ex·cur·sor (ô) adj. sm
ex·cur·va·ção sf.; pl. ·ções.
ex·cus·são sf. 'ato de excutir'; pl. ·sões/Cf. excursão.
ex·cu·tir v.
ex·de·pu·ta·do sm.
e·xe (ê) interj.
e·xe·cra·ção (z) sf.; pl. ·ções.
e·xe·cra·dor (z...ô) adj. sm.
e·xe·cran·do (z) adj.
e·xe·crar (z) v.
e·xe·cra·tó·ri:o (z) adj.
e·xe·crá·vel (z) adj. 2g.; pl. ·veis.
e·xe·cu·ção (z) sf.; pl. ·ções.
e·xe·cu·ta·do (z) adj. sm.
e·xe·cu·tan·te (z) adj. s2g.
e·xe·cu·tar (z) v.
e·xe·cu·tá·vel (z) adj. 2g.; pl. ·veis.
e·xe·cu·ti·vo (z) adj. sm.
e·xe·cu·tor (z...ô) adj. sm.

e·xe·cu·tó·ri·a (z) sf.
e·xe·cu·to·ri·e·da·de (z) sf.
e·xe·cu·tó·ri·o (z) adj.
ê·xe·dra (z ou cs) sf.
e·xe·ge·se (z ou cs) sf.
e·xe·ge·ta (z ou cs) s2g.
e·xe·gé·ti·ca (z ou cs) sf.
e·xe·gé·ti·co (z ou cs) adj.
e·xem·pla·dor (z...ô) adj. sm.
e·xem·plar (z) adj. 2g. sm. v.
e·xem·pla·ri·da·de (z) sf.
e·xem·plá·ri·o (z) sm.
e·xem·pla·ri·za·ção (z) sf.; pl. ·ções.
e·xem·pla·ri·za·dor (z...ô) adj.
e·xem·pla·ri·zan·te (z) adj. 2g.
e·xem·pla·ri·zar (z) v.
e·xem·pli·fi·ca·ção (z) sf.; pl. ·ções.
e·xem·pli·fi·car (z) v.
e·xem·pli·fi·ca·ti·vo (z) adj.
e·xem·plo (z) sm.
e·xemp·to (z) adj. sm.: isento.
e·xen·ce·fa·li·a (z ou cs) sf.
e·xen·cé·fa·lo (z ou cs) adj. sm.
e·xe·ner·gé·ti·co (z ou cs) adj.
e·xen·te·ra·ção (z ou cs) sf.; pl. ·ções.
e·xen·te·ri·te (z ou cs) sf.
e·xe·quen·do (z) adj.
e·xe·quen·te (z) adj. s2g.
e·xe·qui·al (z) adj. 2g.; pl. ·ais.
e·xé·qui·as (z) sf. pl.
e·xe·qui·bi·li·da·de (z) sf.
e·xe·quí·vel (z) adj. 2g.; pl. ·veis.
e·xer·cer (z) v.
e·xer·cí·ci·o (z) sm.
e·xer·ci·ta·ção (z) sf.; pl. ·ções.
e·xer·ci·ta·dor (z...ô) adj. sm.
e·xer·ci·tan·te (z) adj. s2g.
e·xer·ci·tar (z) v.
e·xér·ci·to (z) sm./Cf. exercito, do v. exercitar.
e·xer·ci·tor (z...ô) sm.
e·xer·da·ção (z) sf.; pl. ·ções.
e·xer·dar (z) v.
e·xé·re·se (z ou cs) sf.
e·xer·go (z) sm.
e·xer·ro·se (z ou cs) sf.
ex·fe·ta·ção sf.; pl. ·ções.
ex·fo·li·a·ção sf.; pl. ·ções.
es·fo·li·a·do adj.
ex·go·ver·na·dor sm.
ex·gre·gar v.
ex·his·tó·ri·co adj.
e·xi·bi·ção (z) sf.; pl. ·ções.
e·xi·bi·ci·o·nis·mo (z) sm.

e·xi·bi·ci·o·nis·ta (z) adj. s2g.
e·xi·bi·do (z) adj. s2g.
e·xi·bi·dor (z...ô) adj. sm.
e·xi·bir (z) v.
e·xi·bi·tó·ri·o (z) adj.
e·xi·bí·vel (z) adj. 2g.; pl. ·veis.
e·xi·ci·al (z) adj. 2g.; pl. ·ais.
e·xí·ci·o (z) sm.
e·xí·do sm.
e·xi·gên·ci·a (z) sf.
e·xi·gen·te (z) adj. 2g.
e·xi·gi·bi·li·da·de (z) sf.
e·xi·gir (z) v.
e·xi·gí·vel (z) adj. 2g.; pl. ·veis.
e·xi·gui·da·de (z) sf.
e·xi·gui·fi·car (z) v.
e·xí·gu·o (z) adj.
e·xi·la·do (z) adj. sm.
e·xi·lar (z) v.
e·xi·lá·ri·a (z ou cs) sf. /Cf. exilaria, do v. exilar.
e·xi·le (z) adj. 2g.
e·xí·li·o (z) sm.
e·xí·mi·o (z) adj. 'excelente'; f. exímia/Cf. eximia, do v. eximir.
e·xi·mir (z) v.
e·xi·na (z ou cs) sf.
e·xi·na·ni·ção (z) sf.; pl. ·ções.
e·xi·na·nir (z) v.
e·xis·tên·ci·a (z) sf.
e·xis·ten·ci·al (z) adj. 2g.; pl. ·ais.
e·xis·ten·ci·a·lis·mo (z) sm.
e·xis·ten·ci·a·lis·ta (z) adj. s2g.
e·xis·ten·te (z) adj. s2g.
e·xis·tir (z) v.
e·xi·té·li·o (z ou cs) sm.
ê·xi·to (z) sm.
ex·li·bris·mo sm.
ex·li·bris·ta adj. s2g.
ex·mi·nis·tro sm.
e·xo·ba·sí·di·o (z ou cs) sm.
e·xo·car·di·a (z ou cs) sf.
e·xo·car·dí·a·co (z ou cs) adj.
e·xo·cár·di·co (z ou cs) adj.
e·xo·cár·di·o (z ou cs) sm.
e·xo·car·di·te (z ou cs) sf.
e·xo·ca·ta·fo·ri·a (z ou cs) sf.
e·xo·cé·fa·lo (z ou cs) sm.
e·xo·ce·tí·de·o (z ou cs) adj. sm.
e·xo·ci·clói·de·o (z ou cs) adj. sm.: e·xo·ci·clo·í·de·o.
e·xo·cis·ti·a (z ou cs) sf.
e·xó·co·mo (z ou cs) sm.
e·xo·có·ri·o (z ou cs) sm.
e·xo·cra·ni·a·no (z ou cs) adj.
e·xo·crâ·ni·co (z ou cs) adj.

e·xo·crâ·ni·o (z ou cs) sm.
e·xo·der·me (z ou cs) sf.
e·xo·di·á·ri·o (z ou cs) sm.
ê·xo·do (z) sm. 'saída'/Cf. hêxodo.
e·xo:es·que·le·to (z ou cs) (ê) sm.: exosqueleto.
ex-o·fí·ci·o loc. adv., do lat. ex officio.
e·xo·fí·ti·co (z ou cs) adj.
e·xof·tal·mi·a (z ou cs) sf.
e·xof·tál·mi·co (z ou cs) adj.
e·xof·tal·mo (z ou cs) sm.
e·xo·ga·mi·a (z ou cs) sf.
e·xó·ga·mo (z ou cs) adj. sm.
e·xó·ge·no (z ou cs) adj. 'que cresce para fora'/Cf. exógino.
e·xó·gi·no (z ou cs) adj. ' que tem estilete fora da flor'/Cf. exógeno.
e·xo·me·tri·a (z ou cs) sf.
e·xo·mo·lo·ge·se (z ou cs) sf.
e·xo·ne·ra·bi·li·da·de (z) sf.
e·xo·ne·ra·ção (z) sf.; pl. ·ções.
e·xo·ne·ra·dor (z...ô) adj. sm.
e·xo·ne·ran·te (z) adj. 2g.
e·xo·ne·rar (z) v.
e·xo·ne·ra·tó·ri·o (z) adj.
e·xo·ne·rá·vel (z) adj. 2g.; pl. ·veis.
e·xon·fa·li·a (z ou cs) sf.
e·xôn·fa·lo (z ou cs) sm.
e·xo·ní·mi·co (z ou cs) adj.
e·xô·ni·mo (z ou cs) sm.
e·xo·ni·ro·se (z ou cs) sf.
e·xo·pa·ti·a (z ou cs) sf.
e·xo·pá·ti·co (z ou cs) adj.
e·xo·pó·di·to (z ou cs) sm.
e·xop·te·ri·go·to (z ou cs) (ô) adj. sm.
e·xo·rar (z) v.
e·xo·rá·vel (z) adj. 2g.; pl. ·veis.
e·xor·bi·tân·ci·a (z) sf.
e·xor·bi·tan·te (z) adj. 2g.
e·xor·bi·tar (z) v.
e·xor·cis·mar (z) v.
e·xor·cis·mo (z) sm.
e·xor·cis·ta (z) adj. s2g.
e·xor·cis·ta·do (z) sm.
e·xor·ci·za·ção (z) sf.; pl. ·ções.
e·xor·ci·za·dor (z...ô) adj. sm.
e·xor·ci·zan·te (z) adj. 2g.
e·xor·ci·zar (z) v.
e·xor·di·al (z) adj. 2g.; pl. ·ais.
e·xor·di·ar (z) v.
e·xór·di·o (z) sm./Cf. exordio, do v. exordiar.

e·*xór*·mi:a (z) sf.
e·xor·na·*ção* (z) sf.; pl. ·*ções*.
e·xor·na·*dor* (z...ô) adj.
e·xor·*nan*·te (z) adj. 2g.
e·xor·*nar* (z) v.
e·xor·na·*ti*·vo (z) adj.
e·xor·*ná*·vel (z) adj. 2g.; pl. ·veis.
e·xor·*rei*·a (z *ou* cs) sf.
e·xor·*rei*·co (z *ou* cs) adj.
e·xor·*ri*·zo (z) adj.
e·xor·ta·*ção* (z) sf.; pl. ·*ções*.
e·xor·ta·*dor* (z...ô) adj. sm.
e·xor·*tan*·te (z) adj. 2g.
e·xor·*tar* (z) v.
e·xor·ta·*ti*·vo (z) adj.
e·xor·ta·*tó*·ri:a (z) sf.
e·xor·ta·*tó*·ri:o (z) adj.
e·xor·*tá*·vel (z) adj. 2g.; pl. ·veis.
e·xos·*fe*·ra (z *ou* cs) sf.
e·xos·*mo*·se (z *ou* cs) sf.
e·xos·*mó*·ti·co (z *ou* cs) adj.
e·*xós*·po·ro (z *ou* cs) sm.
e·xos·que·*le*·to (z *ou* cs) (ê) sm.
e·*xós*·to·mo (z *ou* cs) sm.
e·xos·*to*·se (z *ou* cs) sf.
e·xo·*té*·ri·co (z *ou* cs) adj.
'aberto a todos'/Cf. *esotérico*.
e·xo·te·*ris*·mo (z *ou* cs) sm.
'doutrina aberta a todos'/Cf. *esoterismo*.
e·xo·*tér*·mi·co (z *ou* cs) adj.
e·*xó*·ti·co (z) adj.
e·xo·*tis*·mo (z) sm.
ex·pan·*dir* v.
ex·pan·*são* sf.; pl. ·*sões*.
ex·pan·si·bi·li·*da*·de sf.
ex·pan·si:o·*nis*·mo sm.
ex·pan·si:o·*nis*·ta adj. s2g.
ex·pan·*sí*·vel adj. 2g.; pl. ·veis.
ex·pan·si·vi·*da*·de sf.
ex·pan·*si*·vo adj.
ex·*pan*·so adj.
ex·pa·tri:a·*ção* sf.; pl. ·*ções*.
ex·pa·tri:a·*do* adj. sm.
ex·pa·tri:a·*men*·to sm.
ex·pa·tri:*ar* v.
ex·pec·ta·*ção* sf.: *expetação*; pl. ·*ções*.
ex·pec·ta·*dor* (ô) sm. 'aquele que tem expectativa': *expetador*/Cf. *espectador*.
ex·pec·*tan*·te adj. 2g.: *expetante*.
ex·pec·*tar* v. 'esperar': expetar/ Cf. *espectar*.
ex·pec·ta·*ti*·va sf. ' espera': *expetativa*/Cf. *espectativa*.

ex·pec·*tá*·vel adj. 2g. 'que se pode esperar': *expetável*/Cf. *espectável*; pl. ·veis.
ex·pec·to·ra·*ção* sf.: *expetoração*; pl. ·*ções*.
ex·pec·to·*ran*·te adj. 2g. sm.: *expetorante*.
ex·pec·to·*rar* v.: expetorar.
ex·pe·di·*ção* sf.; pl. ·*ções*.
ex·pe·di·ci:o·*ná*·ri:o adj. sm.
ex·pe·di·ci:o·*nei*·ro sm.
ex·pe·*di*·da sf.
ex·pe·di·*dor* (ô) adj. sm.
ex·pe·di:*ên*·ci:a sf.
ex·pe·di:*en*·te adj. 2g. sm.
ex·pe·*dir* v.
ex·pe·di·*ti*·vo adj.
ex·pe·*di*·to adj.
ex·pe·*drar* v.
ex·pe·*lir* v.
ex·pen·*der* v.
ex·pen·*são* sf.; pl. ·*sões*.
ex·*pen*·sas sf. pl.
ex·pe·ri:*ên*·ci:a sf.
ex·pe·ri:en·ci:*al* adj. 2g.; pl. ·ais.
ex·pe·ri:*en*·te adj. s2g.
ex·pe·ri·*men*·ta sf.
ex·pe·ri·men·ta·*ção* sf.; pl. ·*ções*.
ex·pe·ri·men·ta·*do* adj. sm.
ex·pe·ri·men·*tal* adj. 2g.; pl. ·tais.
ex·pe·ri·men·ta·*lis*·mo sm.
ex·pe·ri·men·ta·*lis*·ta adj. s2g.
ex·pe·ri·men·*tar* v.
ex·pe·ri·men·*tá*·vel adj. 2g.; pl. ·veis.
ex·pe·ri·*men*·to sm.
expertise sf. (fr.: *ecspertiz*).
ex·*per*·to adj. ' experimentado'/Cf. *esperto*, do v. *espertar* e adj.
ex·pe·ta·*ção* sf.: expectação; pl. ·*ções*.
ex·pe·ta·*dor* (ô) sm.: *expectador*.
ex·pe·*tan*·te adj. 2g.: *expectante*.
ex·pe·*tar* v. 'estar na expectativa': expectar/Cf. *espetar*.
ex·pe·ta·*ti*·va sf.: *expectativa*.
ex·pe·*tá*·vel adj. 2g.: *expectável*; pl. ·veis.
ex·pe·to·ra·*ção* sf.: *expectoração*; pl. ·*ções*
ex·pe·to·*ran*·te adj. 2g. sm.: *expectorante*.

ex·pe·to·*rar* v.: *expectorar*.
ex·pi·a·*ção* sf. 'penitência'; pl. ·*ções*/Cf. *espiação*.
ex·pi:*ar* v. 'redimir'/Cf. *espiar*.
ex·pi:a·*tó*·ri:o adj.
ex·pi:*á*·vel adj. 2g. 'penitencial'; pl. ·veis/Cf. *espiável*.
ex·pi·la·*ção* sf.; pl. ·*ções*.
ex·pi·*lar* v.
ex·pi·ra·*ção* sf. 'expulsão do ar dos pulmões' 'morte'/Cf. *espiração*; pl. ·*ções*.
ex·pi·*ran*·te adj. 2g. 'que expira' 'moribundo'/Cf. *espirante*.
ex·pi·*rar* v. 'expelir o ar dos pulmões' 'morrer'/Cf. *espirar*.
ex·pi:a·*tó*·ri:o adj.
ex·pla·na·*ção* sf.; pl. ·*ções*.
ex·pla·na·*dor* (ô) adj. sm.
ex·pla·*nar* v.
ex·pla·na·*ti*·vo adj.
ex·pla·na·*tó*·ri:o adj.
ex·pla·*ná*·vel adj. 2g.; pl. ·veis.
ex·plan·*tar* v.
ex·plan·*tá*·vel adj. 2g.; pl. ·veis.
ex·ple·*ti*·va sf.
ex·ple·*ti*·vo adj.
ex·pli·ca·*ção* sf.; pl. ·*ções*.
ex·pli·ca·*dor* (ô) adj. sm.
ex·pli·*car* v.
ex·pli·ca·*ti*·va sf.
ex·pli·ca·*ti*·vo adj.
ex·pli·*cá*·vel adj. 2g.; pl. ·veis.
ex·pli·ci·ta·*ção* sf.; pl. ·*ções*.
ex·pli·ci·ta·*dor* (ô) adj. sm.
ex·pli·ci·*tan*·te adj. 2g.
ex·pli·ci·*tar* v.
ex·pli·ci·*tá*·vel adj. 2g.; pl. ·veis.
ex·*plí*·ci·to adj./Cf. *explicito*, do v. *explicitar*.
ex·plo·*dir* v.
ex·plo·ra·*ção* sf.; pl. ·*ções*.
ex·plo·ra·*dor* (ô) adj. sm.
ex·plo·*rar* v.
ex·plo·ra·*tó*·ri:o adj.
ex·plo·*rá*·vel adj. 2g.; pl. ·veis.
ex·plo·*são* sf.; pl. ·*sões*.
ex·plo·*sí*·vel adj. 2g.; pl. ·veis.
ex·plo·*si*·vo adj. sm.
ex·plo·*sor* (ô) adj. sm.
ex·plo·ta·*ção* sf.; pl. ·*ções*.
ex·plo·*tar* v.
ex·po:*en*·te s2g. sm.
ex·po·li·*ção* sf.; pl. ·*ções*.
ex·po·*lir* v.

ex·po·nen·ci·*al* adj. 2g. sf.; pl. ·*ais*.
ex·po·*nen*·te s2g.
ex·po·*ní*·vel adj. 2g.; pl. ·veis.
ex·*por* v.
ex·por·ta·*ção* sf.; pl. ·*ções*.
ex·por·ta·*dor* (ô) adj. sm.
ex·por·ta·*do*·ra (ô) sf.
ex·por·*tar* v.
ex·por·*tá*·vel adj. 2g.; pl. ·veis.
ex·po·si·*ção* sf.; pl. ·*ções*.
ex·po·si·*ti*·vo adj.
ex·po·si·*tor* (ô) sm.
ex·*pos*·to (ô) adj. sm.
ex·pos·tu·la·*ção* sf.; pl. ·*ções*.
ex·pos·tu·*lar* v.
ex·pre·si·*den*·te sm.
ex·pres·sa·*dor* (ô) adj. sm.
ex·pres·*san*·te adj. 2g.
ex·pres·*são* sf.; pl. ·*sões*.
ex·pres·*sar* v.
ex·pres·si·o·*nis*·mo sm.
ex·pres·si·o·*nis*·ta adj. s2g.
ex·pres·si·vi·*da*·de sf.
ex·pres·*si*·vo adj.
ex·*pres*·so adj.
ex·pres·*sor* (ô) adj. sm.
ex·pri·*mi*·do adj.' expresso, manifesto'/Cf. *espremido*.
ex·pri·*mir* v.
ex·pri·*mí*·vel adj. 2g.; pl. ·veis.
ex·pro·ba·*ção* sf.; pl. ·*ções*: *exprobração*.
ex·pro·ba·*dor* (ô) adj. sm.: *exprobrador*.
ex·pro·*ban*·te adj. 2g.: *exprobrante*.
ex·pro·*bar* v.: *exprobrar*.
ex·pro·ba·*tó*·ri·o adj.: *exprobratório*.
ex·pro·bra·*ção* sf.; pl. ·*ções*.
ex·pro·bra·*dor* (ô) adj. sm.
ex·pro·*bran*·te adj. 2g.
ex·pro·*brar* v.
ex·pro·bra·*tó*·ri·o adj.
ex·pro·fes·*sor* sm.
ex·pro·mis·*são* sf.; pl. ·*sões*.
ex·pro·mis·*sor* (ô) adj. sm.
ex·pro·pri·a·*ção* sf.; pl. ·*ções*.
ex·pro·pri·a·*dor* (ô) adj. sm.
ex·pro·pri·*an*·te adj. 2g.
ex·pro·pri·*ar* v.
ex·pro·pri·a·*ti*·vo adj.
ex·pro·pri·a·*tó*·ri·o adj.
ex·pro·pri·*á*·vel adj. 2g.; pl. ·veis.
ex·pro·*va*·do adj.

ex·pug·na·*ção* sf.; pl. ·*ções*.
ex·pug·na·*dor* (ô) adj. sm.
ex·pug·*nar* v.
ex·pug·*ná*·vel adj. 2g.; pl. ·veis.
ex·pul·sa·*dor* (ô) adj.
ex·pul·sa·*men*·to sm.
ex·pul·*san*·do adj. sm.
ex·pul·*são* sf.; pl. ·*sões*.
ex·pul·*sar* v.
ex·pul·*sá*·vel adj. 2g.; pl. ·veis.
ex·pul·*si*·vo adj.
ex·*pul*·so adj.
ex·pul·*sor* (ô) adj. sm.; f. ex·pul·*so*·ra ou *expultriz*.
ex·pul·*só*·ri·o adj.
ex·pul·*triz* adj. sf. de *expulsor*.
ex·pun·*ção* sf.; pl. ·*ções*.
ex·pun·*gir* v.
ex·pur·ga·*ção* sf.; pl. ·*ções*.
ex·pur·*ga*·do adj.
ex·pur·ga·*dor* (ô) adj. sm.
ex·pur·*gar* v.
ex·pur·ga·*tó*·ri·o adj. sm.
ex·*pur*·go sm.
exs·*cri*·to adj.
ex·se·na·*dor* sm.
ex·si·ca·*ção* sf.; pl. ·*ções*.
ex·si·*can*·te adj. 2g.
ex·si·*car* v.
ex·si·*ca*·ta sf.
ex·si·ca·*ti*·vo adj.
ex·sol·*ver* v.
exs·pu·i·*ção* sf.; pl. ·*ções*.
exs·ti·pu·*la*·do adj. 'privado de estípulas'/Cf. *estipulado*, do v. *estipular* e adj.
ex·su·*ar* v.: *exsudar*.
ex·su·*ção* sf.: ex·suc·*ção*; pl. ·*ções*.
ex·su·da·*ção* sf.; pl. ·*ções*.
ex·su·*dar* v.: *exsuar*.
ex·su·*da*·to sm.
ex·sur·*gir* v.
êx·ta·se sm. 'enlevo, encanto'/ Cf. *estase*.
ex·ta·si·*a*·do adj.
ex·ta·si·*ar* v.
ex·*tá*·ti·co adj. 'posto em êxtase'/Cf. *estático*.
ex·tem·po·ra·nei·*da*·de sf.
ex·tem·po·*râ*·ne:o adj.
ex·ten·*são* sf.; pl. ·*sões*.
ex·ten·si·bi·li·*da*·de sf.
ex·ten·*sí*·vel adj. 2g.; pl. veis.
ex·ten·*si*·vo adj.
ex·*ten*·so adj.
ex·ten·*sô*·me·tro sm.

ex·ten·*sor* (ô) adj. sm.
ex·te·nu:a·*ção* sf.; pl. ·*ções*.
ex·te·nu:*a*·do adj.
ex·te·nu:a·*dor* (ô) adj. sm.
ex·te·nu:*an*·te adj. 2g.
ex·te·nu:*ar* v.
ex·te·nu:*ar* v.
ex·te·nu:a·*ti*·vo adj.
ex·ter·*gen*·te adj. 2g.
ex·te·ri·*or* (ô) adj. sm.
ex·te·ri·o·ri·*da*·de sf.
ex·te·ri·o·ri·za·*ção* sf.; pl. ·*ções*.
ex·te·ri·o·ri·*zar* v.
ex·ter·mi·na·*ção* sf.; pl. ·*ções*.
ex·ter·mi·na·*dor* (ô) adj. sm.
ex·ter·mi·*nar* v.
ex·ter·mi·*ná*·vel adj.; pl. ·veis.
ex·ter·*mí*·ni:o sm.
ex·ter·na·*ção* sf.; pl. ·*ções*.
ex·ter·*nar* v.
ex·ter·*na*·to sm.
ex·*ter*·no adj. sm. 'de fora'/Cf. *esterno* e *hesterno*.
ex·te·ro·an·te·ri·*or* (ô) adj. 2g.
ex·te·ro·in·fe·ri·*or* (ô) adj. 2g.
ex·te·ro·pos·te·ri:*or* (ô) adj. 2g.
ex·te·ros·su·pe·ri:*or* (ô) adj. 2g.
ex·ter·ri·to·ri·a·li·*da*·de sf.
ex·tin·*ção* sf.; pl. ·*ções*.
ex·tin·*guir* v.
ex·tin·*guí*·vel adj. 2g.; pl. ·veis.
ex·*tin*·to adj. sm.
ex·tin·*tor* (ô) adj. sm.
ex·tir·pa·*ção* sf.; pl. ·*ções*.
ex·tir·pa·*dor* (ô) adj. sm.
ex·tir·*par* v. 'desarraigar'/Cf. *estripar*.
ex·tir·*pá*·vel adj. 2g.; pl. ·veis.
ex·tor·*quir* v.
ex·tor·*são* sf.; pl. ·*sões*.
ex·tor·si·o·*ná*·ri:o adj. sm.
ex·tor·*si*·vo adj.
ex·*tor*·so (ô) sm./Cf. *estorço* (ó), do v. *estorcer*, e *estorço* (ô), sm.
ex·tor·*tor* (ô) adj. sm.
ex·to·xi·*cá*·ce:a (cs) sf.
ex·to·xi·*cá*·ce:o (cs) adj.
extra- pref. (é seguido de hífen, quando se lhe junta vocábulo começando por *a* ou *h*).
ex·tra adj. 2g. sm. s2g. 'extraordinário, quem faz serviço suplementar'.
ex·tra·al·*can*·ce adv.
ex·tra·ar·ti·cu·*lar* adj. 2g.; pl. *extra-articulares*.

ex·tra-a·xi·*lar* adj. 2g.; pl. *extra-axilares*.
ex·tra·*ção* sf.; pl. ·*ções*.
ex·tra·con·ju·*gal* adj. 2g.; pl. ·*gais*.
ex·tra·con·ti·nen·*tal* adj. 2g.; pl. ·*tais*.
ex·tra·cor·*ren*·te sf.
ex·tra·*cós*·mi·co adj.
ex·tra·cres·*cen*·te adj. 2g.
ex·tra·cur·ri·cu·*lar* adj. 2g.
ex·tra·*cur*·to adj.
ex·tra·di·*ção* sf.; pl. ·*ções*.
ex·tra·di·*ta*·do sm.
ex·tra·di·*tan*·do sm.
ex·tra·di·*tar* v.
ex·tra·*dor*·so (ô) sm.
ex·tra·es·co·*lar* adj. 2g.
ex·tra·eu·ro·*peu*(s) adj. (pl.).
ex·tra·*fi*·no adj.
ex·tra·flo·*ral* adj.; pl. ·*rais*.
ex·tra·fo·li·*á*·ce:o adj.
ex·tra·*fó*·li:o adj.
ex·tra·ga·*lác*·ti·co adj.
ex·tra·ge·ni·*tal* adj. 2g.; pl. ·*tais*.
ex·tra·hu·*ma*·no(s) adj. (pl.).
ex·tra:*ir* v.
ex·tra·*í*·vel adj. 2g.; pl. ·*veis*.
ex·tra·ju·di·ci:*al* adj. 2g.; pl. ·*ais*.
ex·tra·ju·di·ci:*á*·ri:o adj.
ex·tra·ju·*rí*·di·co adj.
ex·tra·le·*gal* adj. 2g.; pl. ·*gais*.
ex·tra·*le*·ve adj. 2g.
ex·tra·li·te·*rá*·ri:o adj.
ex·tra·ma·tri·mo·ni:*al* adj. 2g.; pl. ·*ais*.
ex·tra·*mé*·ri·co adj.
ex·*trâ*·me·ro sm.
ex·tra·mu·*ral* adj. 2g.; pl. ·*rais*.
ex·tra·*mu*·ros adj. 2g. 2n. adv.
ex·tra·na·tu·*ral* adj. 2g.; pl. ·*rais*.
ex·tra·nu·me·*ral* adj. 2g.; pl. ·*rais*.
ex·tra·nu·me·*rá*·ri:o adj. sm.
ex·tra·o·fi·ci:*al* adj. 2g.
ex·tra:or·di·*ná*·ri:o adj. sm.
ex·tra·or·*gâ*·ni·co(s) adj. (pl.).
ex·tra·pas·*sar* v.
ex·tra·po·la·*ção* sf.; pl. ·*ções*.
ex·tra·po·*lar* v.

ex·tra·*por* v.
ex·tra·pro·*gra*·ma adj. 2g. 2n.
ex·trar·re·gu·la·men·*tar* adj. 2g.; pl.
ex·*trá*·ri:o adj.
ex·tras·sa·gi·*tal* adj. 2g.
ex·tras·sen·*sí*·vel adj. 2g.; pl. ·*veis*.
ex·tra·*tar* v.
ex·tra·te·*lú*·ri·co adj.
ex·tra·ter·*re*·no adj.
ex·tra·ter·ri·to·ri:*al* adj. 2g.; pl. ·*ais*.
ex·tra·ter·ri·to·ri:a·li·*da*·de sf.
ex·tra·tex·tu:*al* adj. 2g.; pl. ·*ais*.
ex·tra·tim·*pâ*·ni·co adj.
ex·tra·ti·*vis*·mo sm.
ex·tra·*ti*·vo adj.
ex·tra·to sm. 'coisa que se extrai de outra'/Cf. estrato, do v. estratar e sm.
ex·tra·*tor* (ô) adj. sm.
ex·tra·to·*rá*·ci·co adj.
ex·tra·tro·pi·*cal* adj. 2g.; pl. ·*cais*.
ex·tra·u·te·*ri*·no(s) adj. (pl.).
ex·tra·va·*gân*·ci:a sf./Cf. extravagância, do v. extravaganciar.
ex·tra·va·gan·ci:*ar* v.
ex·tra·va·*gan*·te adj. s2g.
ex·tra·va·*gar* v.
ex·tra·va·sa·*men*·to sm.
ex·tra·va·gi·*nal* adj. 2g.; pl. ·*nais*.
ex·tra·va·sa·*ção* sf.; pl. ·*ções*.
ex·tra·va·*são* sf.; pl. ·*sões*.
ex·tra·va·*sar* v.
ex·tra·vi:*a*·do adj.
ex·tra·vi:a·*dor* (ô) adj. sm.
ex·tra·vi:*ar* v.
ex·tra·*vi*·o sm.
ex·tra·*vir*·gem adj. 2g.; pl.: ·*gens*.
ex·*tre*·ma sf.
ex·*tre*·ma(s)-di·*rei*·ta(s) s2g. (pl.).
ex·tre·*ma*·do adj. 'extraordinário'/Cf. extremado.
ex·tre·ma(s)-es·*quer*·da(s) s2g. (pl.).
ex·tre·*man*·te sm.

ex·tre·*mar* v. 'tornar máximo'/Cf. extremar.
ex·tre·ma·un·*ção* sf.; pl. extremas-unções ou extrema-unções.
ex·tre·*má*·vel adj. 2g.; pl. ·*veis*.
ex·tre·mi·*da*·de sf.
ex·tre·*mis*·mo sm.
ex·tre·*mis*·ta adj. s2g.
ex·*tre*·mo adj. sm. 'que está no ponto mais afastado'/Cf. estremo, do v. estremar.
ex·tre·*mo*·sa sf.
ex·tre·*mo*·so (ô) adj.; f. *e* pl. (ó).
ex·*trín*·se·co adj.
ex·tro·*fi*·a sf.
ex·*tror*·so adj.
ex·tros·pec·*ção* sf.; pl. ·*ções*.
ex·tros·pec·*ti*·vo adj.
ex·tro·ver·*são* sf.; pl. ·*sões*.
ex·tro·ver·*ti*·do adj. sm.
ex·tru·*são* sf.; pl. ·*sões*.
ex·tru·*si*·vo adj.
e·*xu* (ch) sm.
e·xu·be·*rân*·ci:a (z) sf.
e·xu·be·*ran*·te (z) adj. 2g.
e·xu·be·*rar* (z) v.
e·*xú*·be·re (z) adj. 2g. 'desmamado'/Cf. exubere, do v. exuberar.
e·xu:*en*·se (ch) adj. s2g.
ê·*xul* (z) adj. 2g.
e·xu·*lar* (z) v.
e·xul·ce·ra·*ção* (z) sf.; pl. ·*ções*.
e·xul·ce·*ran*·te (z) adj. 2g.
e·xul·ce·*rar* (z) v.
e·xul·ce·ra·*ti*·vo (z) adj.
ê·xu·le (z) adj. 2g./Cf. exule, do v. exular.
e·xul·ta·*ção* (z) sf.; pl. ·*ções*.
e·xul·*tan*·te (z) adj. 2g.
e·xul·*tar* (z) v.
e·xul·*tó*·ri:o (z) adj.
e·xu·ma·*ção* (z) sf.; pl. *ções*
e·xu·*mar* (z) v.
e·xu·ma·*tó*·ri:o (z) sm.
e·*xú*·vi:a (z) sf.
e·xu·vi:a·bi·li·*da*·de (z) sf.
e·xu·vi:*á*·vel (z) adj. 2g.; pl. ·*veis*.
e·*xú*·vi:o (z) sm.
e·ze·qui:e·*len*·se adj. s2g.

F

fá sm.; pl. *fás*/Cf. *faz*, do v. *fazer*.
fã s2g.
fa·ba·ge·la sf.
fa·be·la sf.
fa·bi:*a*·na sf.
fa·bi:*a*·no adj. sm.
fa·bor·*dão* sm.; pl. ·*dões*.
fá·bri·ca sf./Cf. *fabrica*, do v. *fabricar*.
fa·bri·ca·*ção* sf.; pl. ·*ções*.
fa·bri·ca·*dor* (ô) adj. sm.
fa·bri·can·te s2g.
fa·bri·*car* v.
fa·bri·*cá*·ri:o sm.; f. *fabricária*/Cf. *fabricaria*, do v. *fabricar*.
fa·bri·*cá*·vel adj. 2g.; pl. ·*veis*.
fa·bri·ci:a·*nen*·se adj. s2g.
fa·*bri*·co sm. 'fabricação'/Cf. *fábrico*.
fá·bri·co sm. 'época em que se prepara a borracha'/Cf. *fabrico*, sm. e fl. do v. *fabricar*.
fa·*bril* adj. 2g.; pl. ·*bris*.
fa·bri·*quei*·ro adj. sm.
fa·bro sm.
fá·bu·la sf./Cf. *fabula*, do v. *fabular*.
fa·bu·la·*ção* sm.; pl. ·*ções*.
fa·bu·la·*dor* (ô) adj. sm.
fa·bu·*lar* v. adj. 2g.
fa·bu·*lá*·ri:o sm.
fa·bu·*lis*·ta adj. s2g.
fa·bu·*lís*·ti·ca sf.
fa·bu·*lís*·ti·co adj.
fa·bu·li·*zar* v.
fa·bu·*lo*·so (ô) adj.; f. *e* pl. (ó).
fa·ca sf.
fa·ca·da sf.
fa·ca(s)-*po*·bre sm. (pl.).
fa·ca·*dis*·ta adj. s2g.
fa·ca·*lhão* sm.; pl. ·*lhões*.
fa·ca·*lhaz* sm.
fa·*çal*·vo adj.

fa·*ça*·nha sf.
fa·ça·*nhei*·ro adj. sm.
fa·ça·*nho*·so (ô) adj.; f. *e* pl. (ó).
fa·ça·*nhu*·do adj.
fa·*cão* sm.; pl. ·*cões*.
fa·*ção* sf.; pl. ·*ções*: *facção*.
fa·ca·*taz* sm.
fac·*ção* sf.; pl. ·*ções*: *fação*.
fac·ci·o·*nar* v.: *facionar*.
fac·ci·o·*ná*·ri:o adj. sm.: *facionário*; f. *faccionária*/Cf. *faccionaria*, do v. *faccionar*.
fac·ci·o·si·*da*·de sf.: *faciosidade*.
fac·ci·o·*sis*·mo sm.: *faciosismo*.
fac·ci·*o*·so (ô) adj.: *facioso*; f. *e* pl. (ó).
fa·ce sf.
fa·ce:*ar* v.
fa·*cé*·ci:a sf.
fa·ce·ci:*ar* v.
fa·ce·ci·*o*·so (ô) adj.; f. *e* pl. (ó).
fa·*cei*·ra s2g. sf.
fa·cei·*ra*·ço adj.
fa·cei·*rar* v.
fa·cei·*ri*·ce sf.
fa·*cei*·ro adj. sm.
fa·ce·ja·*men*·to sm.
fa·ce·*jar* v.
fa·*ce*·ta (ê) sf./Cf. *faceta* (é), do v. *facetar*.
fa·ce·ta·*dor* (ô) adj. sm.
fa·ce·ta·*men*·to sm.
fa·ce·*tar* v.
fa·ce·te:*ar* v.
fa·*ce*·to (ê) adj./Cf. *faceto* (é), do v. *facetar*.
fa·cha sf. 'cara' 'facho' 'arma'/Cf. *faixa*, sf. e fl. do v. *faixar*.
fa·*cha*·da sf.
fa·che:*a*·da sf.
fa·che:*a*·dor* (ô) sm.
fa·che:*ar* v. 'pescar com facho'/Cf. *faixear*.

fa·*chei*·ro sm. 'condutor de facho'/Cf. *faixeiro*.
fa·chei·ro(s)-*pre*·to(s) sm. (pl.).
fa·cho sm./Cf. *faixo*, do v. *faixar*.
fa·chu·*da*·ço adj.
fa·*chu*·do adj.
fa·ci:*al* adj. 2g. sm.; pl. ·*ais*.
fa·ci·di:*á*·ce:a sf.
fa·ci·di:*á*·ce:o adj.
fa·ci·dro·pi·*si*·a sf.
fa·ci:*en*·da sf.
fá·ci:es sf. 2n.
fá·cil adj. 2g. adv.; pl. ·*ceis*; superl. *facílimo* ou *facilíssimo*.
fa·ci·li·*da*·de sf.
fa·*cí*·li·mo adj. superl. de *fácil*.
fa·ci·li·ta·*ção* sf.; pl. ·*ções*.
fa·ci·li·*tar* v.
fa·ci·li·*tá*·ri:o sm.
fa·*cí*·no·ra adj. s2g.
fa·ci·no·*ro*·so (ô) adj. sm.: f. *e* pl. (ó).
fa·ci·o·*nar* v.: *faccionar*.
fa·ci·o·*ná*·ri:o adj. sm.: *faccionário*; f. *facionaria*/Cf. *facionaria*, do v. *facionar*.
fa·ci·o·si·*da*·de sf.: *facciosidade*.
fa·ci·o·*sis*·mo sm: *facciosismo*.
fa·ci·*o*·so (ô) adj.: *faccioso*; f. *e* pl. (ó).
fa·*cis*·tol sm.; pl. ·*tóis*.
fa·*ci*·te sf.
fa·co·*ce*·le sf.
fa·co·cis·tec·to·*mi*·a sf.
fa·co·*cis*·to sm.
fa·co:es·cle·*ro*·se sf.: *facosclerose*.
fa·*coi*·dal adj. 2g.; pl. ·*dais*.
fa·*coi*·de adj. 2g.
fa·*çoi*·la sf.
fa·*có*·li·se sf.
fa·co·*li*·ta sf.
fa·co·*lí*·ti·co adj.
fa·*có*·li·to sm.

fa·co·*ni*·na sf.
fa·co·pi:o·se sf.
fa·cos·cle·*ro*·se sf.: *facoesclerose*.
fa·cos·co·*pi*·a sf.
fa·cos·*có*·pi·co adj.
fa·cos·*có*·pi:o sm.
fa·*co*·te sm.
fac·si·mi·*la*·do(s) adj. (pl.).
fac·si·mi·*lar* adj. 2g. v.; pl. *fac-similares*.
fac·*sí*·mi·le sm./Cf. *fac-simile*, do v. *fac-similar*.
fac·ti·ci·*da*·de sf.: *faticidade*.
fac·*tí*·ci:o adj.: *fatício*.
fac·ti·*ti*·vo adj.: *fatitivo*.
fac·*tí*·vel adj. 2g.: *fatível*; pl. ·veis.
fac·*toi*·de sm.
factoring sm.(ing.: *féctorin*).
fac·*tó*·tum sm.; pl. ·tuns.
fac·tu:*al* adj. 2g.: *fatual*; pl. ·*ais*.
fa·*çu*·do adj.
fá·cu·la sf.
fa·*çu*·la sf.
fa·cul·*da*·de sf.
fa·cul·*tar* v.
fa·cul·ta·*ti*·vo adj. sm.
fa·cul·*to*·so (ô) adj.; f. *e* pl. (ó).
fa·*cún*·di:a sf./Cf. *facundia*, do v. *facundiar*; *fecúndia*.
fa·cun·di:*ar* v.
fa·cun·di·*da*·de sf. 'eloquência'/ Cf. *fecundidade*.
fa·*cun*·do adj. 'eloquente'/Cf. *fecundo*.
fa·da sf.
fa·*da*·do adj.
fa·*dar* v.
fa·*dá*·ri:o sm.
fa·de·*jar* v.
fá·di·co adj.
fa·*di*·ga sf.
fa·di·ga-cor·ro·*são* sf.; pl. *fadigas-corrosões* ou *fadigas-corrosão*.
fa·di·*gar* v.: *fatigar*.
fa·di·*go*·so (ô) adj.; f. *e* pl. (ó).
fá·din·gue sm., do ing. *fading*.
fa·*dis*·ta adj. s2g.
fa·dis·*ta*·gem sf.; pl. ·gens.
fa·dis·*tal* adj. 2g.; pl. ·*tais*.
fa·dis·*tar* v.
fa·dis·*tis*·mo sm.
fa·dis·*tis*·ta adj. s2g.
fa·do sm.
fá·e·ton sm.: fa:e·*ton*·te.
fa·e·ton·*tí*·de:o adj. sm.

fa·*gá*·ce:a sf.
fa·*gá*·ce:o adj.
fa·*ga*·le sf.
fa·ge·*dê*·ni·co adj.
fa·ge·de·*nis*·mo sm.
fa·ge·de·*no*·na sm.
fa·*gí*·co·la adj. 2g.
fa·go·ci·*tá*·ri:o adj.
fa·*gó*·ci·to sm.
fa·go·ci·*to*·se sf.
fa·*gó*·li·se sf.
fa·go·ma·*ni*·a sf.
fa·*gó*·pi·ro sm.
fa·*go*·te sm.
fa·go·te·ra·*pi*·a sf.
fa·go·te·*rá*·pi·co adj.
fa·go·*tis*·ta adj. s2g.
fa·*guei*·ro adj.
fa·*gui*·ce sf.
fa·*gu*·lha sf.
fa·gu·lha·*ção* sf.; pl. ·*ções*.
fa·gu·*lhan*·te adj. 2g.
fa·gu·*lhar* v.
fa·gu·lha·*ri*·a sf.
fa·gu·*lhei*·ro sm.
fa·gu·*lhen*·to adj.
fai·a sf. adj. s2g.
fai·*al* sm.; pl. ·*ais*.
fai·a·*len*·se adj. s2g.
fai·a·*li*·ta sf.
fai·*an*·ça sf.
fai:*ar* v.
fa·*im* sm.; pl. ·*ins*.
fai·na sf.
fai·*sã* sf. de *faisão*.
fai·*são* sm.; f. *faisã* ou *faisoa*; pl. *faisães* ou *faisões*.
fa·*ís*·ca sf. adj. 2g.
fa:is·ca·*ção* sf.; pl. ·*ções*.
fa:is·ca·*dor* (ô) adj. sm.
fa:is·*can*·te adj. 2g.
fa:is·*car* v.
fai·*so*·a (ô) sf. de *faisão*.
fa:is·*quei*·ra sf.
fa:is·*quei*·ro sm.
fait divers loc. subst. (fr.: *fédivér*).
fai·xa[1] sf. 'tira,banda'/Cf. *facha*.
fai·xa[2] sm. 'cavalo(s) inscrito(s) sob o mesmo número'/Cf. *facha*.
fai·*xar* v.
fai·xe:*ar* v. 'rodear com faixa de madeira'/Cf. *fachear*.
fa·*ju*·to adj.: *farjuto*.
fa·la sf.
fa·*la*·ca sf.

fa·la·*ção* sf.; pl. ·*ções*.
fa·*lá*·ce:a sf.
fa·*lá*·ce:o adj.
fa·*lá*·ci:a sf.
fa·la·ci:*o*·so (ô) adj.; f. *e* pl. (ó).
fa·la·*cís*.*si*·mo adj. superl. de *falaz*.
fa·*la*·ço sm.
fa·la·cro·co·ra·*cí*·de:o adj. sm.
fa·la·*cro*·se sf.
fa·*la*·da sf.
fa·la·*dei*·ra sf.
fa·*la*·do adj. sm.
fa·la·*dor* (ô) adj. sm.; f. *faladora* ou *faladeira*.
fa·*lá*·fel sm.; pl. ·feis.
fa·la·go·*gi*·a sf.
fa·lan·*gar*·ca sm.
fa·lan·gar·*qui*·a sf.
fa·*lan*·ge sf.
fa·lan·ge:*al* adj. 2g.; pl. ·*ais*.
fa·lan·*ge*·ta (ê) sf.
fa·lan·gi:*a*·no adj.
fa·lan·*gí*·de:o adj. sm.
fa·lan·gi·*for*·me adj. 2g.
fa·lan·gi·na·*ção* sf.; pl. ·*ções*.
fa·lan·*gi*·nha sf.
fa·lan·*gis*·ta adj. s2g.
fa·lan·*gi*·te sf.
fa·lan·go·*dí*·de:o adj. sm.
fa·lan·*go*·se sf.
fa·la·no·*glos*·so sm.
fa·lans·te·ri:*a*·no adj. sm.
fa·lans·*té*·ri:o sm.
fa·lans·te·*ris*·mo sm.
fa·*lan*·te adj. s2g.
fa·*lar* v.
fa·la·*raz* sm./Cf. *falarás*, do v. *falar*.
fa·*lá*·ri·ca sf.
fa·la·*ri*:o sm.
fa·la·ro·*pí*·de:o adj. sm.
fa·las·*trão* adj. sm.; pl. ·*trões*; f. ·*tro*·na.
fa·la·*tó*·ri:o sm.
fa·la·ver·*da*·de(s) sm. (pl.).
fa·*laz* adj. 2g.; superl. *falacíssimo*.
fal·ba·*lá* sm.: *falvalá*.
fal·ca sf.
fal·*ca*·ça sf.
fal·*ca*·çar v.
fal·*ca*·do adj.
fal·*cão* sm.; pl. ·*cões*.
fal·*ca*·to adj.
fal·ca·*tru*:a sf.
fal·ca·tru:*ar* v.

fal·ca·tru:*ei*·ro adj. sm.
fal·*cí*·fe·ro adj.
fal·ci·fo·li:*a*·do adj.
fal·ci·*for*·me adj. 2g.
fal·*cí*·pe·de adj. 2g.
fal·cir·*ros*·tro
fal·co:*a*·da sf.
fal·co:*a*·do adj.
fal·co:*ar* v.
fal·co:a·*ri*·a sf.
fal·co:*ei*·ro sm.
fal·co·*ne*·te (ê) sm.
fal·*cô*·ni·da adj. 2g. sm.
fal·co·*ní*·de:o adj. sm.
fal·co·ni·*for*·me adj. 2g. sm.
fál·cu·la sf.
fal·cu·*lar* adj. 2g.
fal·da sf.
fal·dis·*tó*·ri:o sm.
fal·dra sf.
fa·le·*cer* v.
fa·le·*ci*·do adj. sm.
fa·le·ci·*men*·to sm.
fa·*lé*·ci:o adj. sm.
fa·*le*·na sf.
fa·*lên*·ci:a sf.
fa·len·ci:*al* adj. 2g.; pl. ·*ais*.
fa·*ler*·no adj. sm.
fe·*lé*·si:a sf.
fa·lha sf.
fa·lha·*dão* sm.; pl. ·*dões*.
fa·*lha*·do adj.
fa·lha·*du*·ra sf.
fa·lha·*men*·to sm.
fa·*lhar* v.
fa·lho adj.
fa·*lhu*·do adj.
fa·li·bi·li·*da*·de sf.
fa·li·bi·*lís*·si·mo adj. superl. de
  falível.
fa·li·*cis*·mo sm.
fá·li·co adj.
fa·*li*·da sf.
fa·*li*·do adj. sm.
fa·li·men·*tar* adj. 2g.
fa·li·*men*·to sm.
fa·*li*·na sf.
fa·*lí*·ni·co adj.
fa·*lir* v.
fa·*lis*·co adj. sm.
fa·*li*·te sf.
fa·*lí*·vel adj. 2g.; pl. ·*veis*;
  superl. *falibilíssimo*.
fa·lo sm.
fa·lo·di·*ni*·a sf.
fa·lo·*fó*·ri:as sf. pl.
fa·*ló*·fo·ro adj. sm.

fa·*loi*·de adj. 2g. sm.
fa·lon·*co*·se sf.
fa·lor·ra·*gi*·a sf.
fa·lor·*rá*·gi·co adj.
fa·*lou* interj.
fal·que:a·*dor* (ô) sm.
fal·que:a·*du*·ra sf.
fal·que:a·*men*·to sm.
fal·que:*ar* v.
fal·que·ja·*dor* (ô) sm.
fal·que·ja·*du*·ra sf.
fal·que·ja·*men*·to sm.
fal·que·*jar* v.
fal·*que*·jo (ê) sm.
fal·*que*·ta (ê) sf.
fal·*ri*·pa sf.
fal·sa(s)-*bra*·ga(s) sf. (pl.).
fal·sa(s)-ca·ri·*bei*·a(s) sf. (pl.).
fal·sa(s)-er·va(s)-de-*ra*·to sf.
  (pl.).
fal·sa-er·va-*ma*·te sf.; pl.
  falsas-ervas-mates ou
  falsas-ervas-mate.
fal·sa(s)-es·pe·*li*·na(s) sf. (pl.).
fal·sa(s)-gli·*cí*·ni:a(s) sf. (pl.).
fal·sa(s)-*guar*·da(s) sf. (pl.).
fal·sa(s)-i·*pe*·ca(s) sf. (pl.).
fal·sa-po·si·*ção* sf.; pl. *falsas-
  posições*.
fal·sa(s)-*qui*·na(s) sf. (pl.).
fal·*sar* v.
fal·sa(s)-*ré*·de:a(s) sf. (pl.).
fal·*sá*·ri:o sm.; f. *falsária*/Cf.
  falsaria, do v. *falsar*.
fal·sa(s)-ti·ri·*ri*·ca(s) sf. (pl.).
fal·se:a·*men*·to sm.
fal·se:*ar* v.
fal·*se*·ta (ê) sf.
fal·*se*·te (ê) sm.
fal·se·te:*ar* v.
fal·*si*·a sf.
fal·*si*·da·de sf.
fal·*sí*·di:a sf.
fal·*sí*·di·co adj.
fal·si·fi·ca·*ção* sf.; pl. ·*ções*.
fal·si·fi·*ca*·do adj.
fal·si·fi·ca·*dor* (ô) adj. sm.
fal·si·fi·*car* v.
fal·si·fi·*cá*·vel adj. 2g.; pl. ·*veis*.
fal·*sí*·fi·co adj./Cf. *falsifico*, do v.
  falsificar.
fal·so adj.
fal·so(s)-al·ca·par·*rei*·ro(s) sm.
  (pl.).
fal·so-a·*nil* sm.; pl. *falsos-anis*.
fal·so(s)-*dor*·so(s) sm. (pl.).
fal·so(s)-o·*ró*(s) sm. (pl.).

fal·so(s)-pa·ra·*tu*·do(s) sm. (pl.).
fal·so(s)-*plá*·ta·no(s) sm. (pl.).
fal·ta sf.
fal·*tan*·te adj. s2g.
fal·*tar* v.
fal·to adj.
fal·*to*·so adj.; f. *e* pl.(ó).
fa·*lu*·a sf.
fa·*lu*·ca sf.
fa·*lu*·cho sm.: *felucho*.
fa·lu:*ei*·ro adj. sm.
fa·*lu*·pa sf.
fá·lus sm. 2n.: *falo*.
fal·va·*lá* sm.: *falbalá*.
fa·ma sf.
fa·ma·*li*·a sm.
fa·ma·*na*·do adj.
fa·ma·*naz* adj. 2g.
fa·*mel*·ga s2g.
fa·*mel*·go sm.
fa·mel·*gui*·ta s2g.
fa·*mé*·li·co adj.
fa·*men*·se adj. s2g.
fa·mi·ge·*ra*·do adj.
fa·mi·ge·ra·*dor* (ô) adj. sm.
fa·*mí*·ge·ro adj.
fa·*mí*·li:a sf.
fa·mi·li:*al* adj. 2g.; pl. ·*ais*.
fa·mi·li:*ar* adj. s2g.
fa·mi·li:a·ri·*da*·de sf.
fa·mi·li:a·ri·za·*ção* sf.; pl. ·*ções*.
fa·mi·li:a·ri·*zar* v.
fa·mi·li:a·ri·*zá*·vel adj. 2g.; pl.
  ·*veis*.
fa·mi·lis·*té*·ri:o sm.
fa·*min*·to adj. sm.
fa·*mo*·so (ô) adj.; f. *e* pl. (ó).
fa·mu·*la*·gem sf.; pl. ·*gens*.
fa·mu·*lar* v.
fa·mu·la·*tí*·ci:o adj.
fa·mu·*la*·to sm.
fa·mu·la·*tó*·ri:o adj. sm.
fa·mu·*len*·to adj.
fa·mu·*lí*·ci:o sm.
fâ·mu·lo sm./Cf. *famulo*, do v.
  famular.
fa·na·*dei*·ro adj.
fa·*na*·do adj. sm.
fa·*nal* sm.; pl. ·*nais*.
fa·*nar* v.
fa·*ná*·ti·co adj. sm.
fa·*na*·tis·mo sm.
fa·na·ti·za·*ção* sf.; pl. ·*ções*.
fa·na·ti·za·*dor* (ô) adj. sm.
fa·na·ti·*zar* v.
fa·na·ti·*zá*·vel adj. 2g.; pl. ·*veis*.
fan·ca sf.

fan·ca·ri·a sf.
fan·ca·ris·ta adj. s2g.
fan·cho sm.
fan·cho·na sf.
fan·cho·ne sm. 'tipo de carro'/ Cf. *fanchono*.
fan·cho·ni·ce sf.
fan·cho·nis·mo sm.
fan·*cho*·no sm. 'homossexual'/ Cf. *fanchone*.
fan·dan·ga·çu sm.
fan·da·gar v.
fan·*dan*·go sm.
fan·dan·gue·ar v.
fan·dan·guei·ro adj. sm.
fan·dan·guis·ta adj. s2g.
fa·ne·ca adj. 2g. sf.
fa·ne·co adj. sm.
fâ·ne·ga sf.
fa·ne·ran·to adj. sm.
fa·ne·rí·ti·co adj. sm.
fa·ne·ri·to sm.
fâ·ne·ro sm.
fa·ne·ro·car·po adj.
fa·ne·ro·cé·fa·lo adj. sm.
fa·ne·ro·fi·ce:o adj.
fa·ne·ró·fi·to sm.
fa·ne·ró·fo·ro adj.
fa·ne·ró·ga·ma sf.
fa·ne·ro·ga·mi·a sf.
fa·ne·ro·gâ·mi·co adj.
fa·ne·ró·ga·mo adj. sm.
fa·ne·ros·co·pi·a sf.
fa·ne·ros·có·pi·co adj.
fa·no·ros·có·pi:o sm.
fa·ne·ro·zoi·co sm.
fa·ne·ro·zô·ni:o adj. sm.
fan·fa adj. 2g. sm.
fan·*fã* sm.
fan·*far*·ra sf.
fan·far·ra·da sf.
fan·far·rão adj. sm.; pl. *·rões*; f. *·ro·*na.
fan·far·re:ar v.
fan·far·ri·a sf.
fan·far·ri·ce sf.
fan·far·ro·na adj. sf. de *fanfarrão*.
fan·far·ro·na·da sf.
fan·far·ro·nar v.
fan·far·ro·nes·co (ê) adj.
fan·far·ro·ni·ce sf.
fan·fre·lu·che sf.
fan·ga sf.
fan·glo·me·ra·do sm.
fa·nha adj. s2g.
fa·nho adj.

fa·nho·se:ar v.
fa·*nho*·so (ô) adj.; f. *e* pl. (ó).
fa·ni·*car* v.
fa·*ni*·co sm.
fa·ni·*quei*·ro adj.
fa·ni·qui·*tei*·ro adj. sm.
fa·ni·*qui*·to sm.
fa·*nis*·co sm.
fa·no sm.
fan·*quei*·ro sm.
fan·tas·có·pi:o sm.
fan·ta·*si*·a sf.
fan·ta·si:a·*ção* sf.; pl. *·ções*.
fan·ta·si:a·*dor* (ô) adj. sm. (pl.).
fan·ta·si:ar v.
fan·ta·si:o·so (ô) adj.; f. *e* pl. (ó).
fan·ta·*sis*·ta adj. 2g.
fan·*tas*·ma sm.
fan·tas·ma·go·*ri*·a sf.
fan·tas·ma·gó·ri·co adj.
fan·tas·ma·go·ri·*zar* v.
fan·tas·*mal* adj. 2g.; pl. *·mais*.
fan·tas·*mar* v.
fan·tas·ma·*si*·a sf.
fan·tas·má·ti·co adj.
fan·*tás*·ti·co adj. sm.
fan·tas·ti·*qui*·ce sf.
fan·*til* adj. 2g.; pl. *·tis*.
fan·to·*cha*·da sf.
fan·*to*·che sm.
fão sm.; pl. *fãos*.
fa·que:ar v.
fa·*quei*·ro sm.
fa·*qui*·nha sm.
fa·*qui*·no sm. 'carregador' 'faquir'.
fa·*quir* sm.
fa·qui·*ris*·mo sm.
fa·qui·*ris*·ta adj. s2g.
fa·*quis*·ta adj. s2g.
farad sm. ing.: *farádio*.
fa·rá·di·co adj.
fa·rá·di:o sm., do ing. *farad*.
fa·ra·di·za·*ção* sm.; pl. *·ções*.
fa·ra·di·*zar* v.
fa·ra·na·ca·*ré* adj. s2g.:
  fa·ra·na·ca·*ru*-
fa·*rân*·do·la sf./Cf. *farandola*, do v. *farandolar*.
fa·ran·do·*la*·gem sf.; pl. *·gens*.
fa·ran·do·*lar* v.
fa·ran·do·*lei*·ro adj. sm.
fa·ra·*ó* sm.
fa·ra·*ô*·ni·co adj.
far·*ci*·no sm.
far·ci·*no*·se sf.

far·da sf.
far·*da*·gem sf.; pl. *·gens*.
far·da·*lhão* sm.; pl. *·lhões*.
far·da·*men*·ta sf.
far·da·*men*·to sm.
far·*dão* sm.; pl. *·dões*.
far·*dar* v.
far·*del* sm.; pl. *·déis*/Cf. *fardeis*, do v. *fardar*.
far·de·*la*·gem sf.; pl. *·gens*.
far·*de*·ta (ê) sf.
far·*de*·te (ê) sm.
far·do sm.
far·*do*·la sm.
fa·*rei*·a adj. sf. de *fareu*.
fa·re·ja·*dor* (ô) adj. sm.
fa·re·*jan*·te adj. 2g.
fa·re·*jar* v.
fa·*re*·jo (ô) sm.
fa·re·lá·ce:o adj.
fa·re·*la*·da sf.
fa·re·*la*·gem sf.; pl. *·gens*.
fa·re·*len*·to adj.
fa·re·*lhão* sm.; pl. *·lhões*.
fa·re·*li*·ce sf.
fa·*re*·lo sm.
fa·re·*ló*·ri:o sm.
fa·*ren*·se adj. s2g.
fá·re·tra sf.
fa·re·*trar* v.
fa·reu adj. sm.; f. *fareia*.
far·*fa*·lha sf.
far·fa·*lha*·da sf.
far·fa·lha·*dor* (ô) adj. sm.
far·fa·*lhan*·te adj. 2g.
far·fa·*lhão* sm.; pl. *·lhões*; f. *·lho·*na.
far·fa·*lhar* v.
far·fa·lha·*ri*·a sf.
far·fa·*lhei*·ra sf.
far·fa·*lhei*·ro adj.
far·fa·*lhen*·to adj.
far·fa·*lhi*·ce sf.
far·*fa*·lho sm.
far·fa·*lho*·na sf. de *farfalhão*.
far·fa·*lho*·so (ô) adj.; f. *e* pl. (ó).
far·fa·*lhu*·do adj.
far·*fân*·ci:a sf.
far·*fan*·te adj. s2g.
fa·ri·a·le·*men*·se(s) adj. s2g. (pl.).
fa·ri·*ná*·ce:o adj. sm.
fa·ri·*nar* v.
fa·*rin*·ge sf.
fa·rin·gec·to·*mi*·a sf.
fa·*rín*·ge:o adj.
fa·rin·ge:og·*na*·to adj. sm.

fa·rín·gi·co adj.
fa·rin·gi·te sf.
fa·rin·go·ce·le sf.
fa·rin·go·di·ni·a sf.
fa·rin·góg·na·to sm.
fa·rin·go·gra·fi·a sf.
fa·rin·go·grá·fi·co adj.
fa·rin·gó·gra·fo sm.
fa·rin·go·la·rin·gi·te sf.
fa·rin·go·lo·gi·a sf.
fa·rin·go·ló·gi·co adj.
fa·rin·go·lo·gis·ta adj. s2g.
fa·rin·go·ple·gi·a sf.
fa·rin·go·plé·gi·co adj.
fa·rin·gos·co·pi·a sf.
fa·rin·gos·có·pi·co adj.
fa·rin·gos·có·pi:o sm.
fa·rin·go·to·mi·a sf.
fa·rin·gó·to·mo sm.
fa·ri·nha sf.
fa·ri·nha·da sf.
fa·ri·nha(s)-d'á·gua sf. (pl.)
fa·ri·nha(s) da ter·ra sf. (pl.).
fa·ri·nha(s) de guer·ra sf. (pl.).
fa·ri·nha(s) do rei·no sf. (pl.).
fa·ri·nha-fós·sil sf.; pl.
  farinhas-fósseis.
fa·ri·nha(s)-quei·ma·da(s) sf.
  (pl.).
fa·ri·nha(s)-se·ca(s) sf. (pl.).
fa·ri·nhei·ra sf.
fa·ri·nhei·ro adj. sm.
fa·ri·nhen·to adj.
fa·ri·nho·so (ô) adj.; f. e pl. (ó).
fa·ri·nhu·do adj.
fa·ri·no·se sf.
fa·ri·sai·co adj.
fa·ri·sa·ís·mo sm.
fa·ris·ca·dor (ô) adj. sm.
fa·ris·can·te adj. 2g.
fa·ris·car v.
fa·ris·co sm.
fa·ri·seu sm.; f. ·sei·a.
fa·ris·quei·ro adj.
far·ju·to adj.: fajuto.
far·ma·cêu·ti·co adj. sm.
far·má·ci:a sf.
fár·ma·co sf.
far·ma·co·di·nâ·mi·ca sf.
far·ma·co·di·nâ·mi·co adj.
far·ma·co·fi·li·a sf.
far·ma·có·fi·lo adj. sm.
far·ma·cog·no·si·a sf.
far·ma·cog·nó·si·co adj.
far·ma·co·gra·fi·a sf.
far·ma·co·grá·fi·co adj.
far·ma·co·lan·do adj. sm.

far·ma·co·lo·gi·a sf.
far·ma·co·ló·gi·co adj.
far·ma·co·lo·gis·ta adj. s2g.
far·ma·có·lo·go sm.
far·ma·co·ma·ni·a sf.
far·ma·co·ma·ní·a·co adj.
far·ma·co·pei:a sf.
far·ma·co·po·la sm.
far·ma·co·tec·ni·a sf.
far·ma·co·téc·ni·co adj. sm.
far·nel sm.; pl. ·néis.
far·ne·si·a sf.: frenesia.
far·ne·sim sm.; pl. ·sins: frenesi.
fa·ro sm.
fa·ro:es·te sm.
fa·ro·fa sf.: farófia.
fa·ro·fa·da sf.
fa·ro·fei·ro adj. sm.
fa·ro·fen·to adj.
fa·ró·fi:a sf.: farofa.
fa·rol sm.; pl. ·róis.
fa·ro·la·gem sf.; pl. ·gens.
fa·ro·lei·ro adj. sm.
fa·ro·le·te (ê) sm.
fa·ro·lim sm.; pl. ·lins.
far·pa sf.
far·pa·da sf.
far·pa·do adj.
far·pan·te adj. 2g.
far·pão sm.; pl. ·pões.
far·par v.
far·pe:ar v.
far·pe·la sf.
far·ra sf.
far·ra·cho sm.
far·ra·fai·a·do sm.
far·ra·gem sf.; pl. ·gens.
far·ra·gou·lo sm.: ferragoilo,
  ferragoulo.
far·ram·bam·ba sf.
far·ran·cho sm.
far·ra·pa·da sf.
far·ra·pa·gem sf.; pl. ·gens.
far·ra·pão sm.; pl. ·pões; f.
  ·po·na.
far·ra·par v.
far·ra·pa·ri·a sf.
far·ra·pei·ro sm.
far·ra·pen·to adj.
far·ra·pi:a·da sf.
far·ra·po sm.
far·ra·po·na sf. de farrapão.
far·re:ar v.
fár·re:o adj. sm.
far·ri·co·co (ô) sm.
far·ri·pa sf.
far·ris·ta adj. s2g.

far·ro sm.
far·ro·ma sf. sm.: far·rom·ba.
far·rom·bei·ro adj. sm.
far·ro·me:ar v.
far·ro·mei·ro adj. sm.
far·ron·ca s2g.
far·ro·car v.
far·rou·pa s2g.
far·rou·pi·lha adj. s2g.
far·rou·pi·lhen·se adj. s2g.
far·rou·po sm.
far·ru·ma sf.
far·rus·ca sf.
far·rus·co adj. sm.
far·sa sf.
far·sa·da sf.
far·sa·lhão sm.; pl. ·lhões.
far·sá·li·co adj.
far·sá·li:o adj. sm.
far·san·ta sf.
far·san·te adj. s2g.
far·san·te:ar v.
far·ses·co (ê) adj.
far·si·lhão sm.; pl. ·lhões.
far·sis·ta adj. s2g.
far·so·la s2g.
far·so·lar v.: far·so·le:ar.
far·so·li·ce sf.
far·ta sf., na loc. à farta.
far·ta·ção sf.; pl. ·ções.
far·ta·de·la sf.
far·ta·le·jo (ê) sm.
far·tão sm.; pl. ·tões.
far·tar v.
far·tá·vel adj. 2g.; pl. ·veis.
far·te sm.
far·to adj. sm.
far·tum sm.; pl. ·tuns: fortum.
far·tu·ra sf.
far·tu·ren·se adj. s2g.
fa·ru:a·ru adj. s2g.
fa·ru·co·tó adj. s2g.: parucotó.
fás sm., na loc. por fás ou por
  nefas/Cf. faz, do v. fazer.
fas·cá·ce:a sf.
fas·cá·ce:o adj.
fas·cal sm.; pl. ·cais.
fa·ces sm. pl.
fás·ci:a sf.
fas·ci:a·ção sf.; pl. ·ções.
fas·ci:a·do adj.
fas·ci·cu·la·do adj.
fas·ci·cu·lar adj. 2g.
fas·cí·cu·lo sm.
fas·ci·na·ção sf.; pl. ·ções
fas·ci·na·dor (ô) adj. sm.
fas·ci·nan·te adj. 2g.

fas·ci·*nar* v.
fas·*cí*·ni:o sm.
fas·*cí*:o·la sf.
fas·ci:o·*lá*·ri:a sf.
fas·ci:o·la·*rí*·de:o adj. sm.
fas·ci:o·*lí*:a·se sf.
fas·ci:o·*lí*·de:o adj. sm.
fas·*cis*·mo sm.
fas·*cis*·ta adj. s2g.
fas·*cis*·te sf.
fas·cis·*toi*·de adj. 2g.
fa·se sf./Cf. *faze*, do v. *fazer*.
fa·se:o·*lar* adj. 2g.
fa·se:o·li·*for*·me adj. 2g.
fa·se:o·*li*·na sf.
fas·go·nu·*roi*·de adj. 2g.
fashion adj. 2g. 2n. (ing.: *féshn*).
fa·si:a·*ní*·de:o adj. sm.
fa·*sí*·me·tro sm.
fas·ma·*tó*·de:o adj. sm.
fas·*mí*·de:o adj. sm.
fas·*mi*·do adj. sm.
fas·*mó*·de:o adj. sm
fas·*moi*·de adj. 2g. sm.
fas·*mói*·de:o adj. sm.:
 fas·mo·*í*·de:o.
fas·*qui*·a sf.
fas·qui:a·*dor* (ô) adj. sm.
fas·qui:*ar* v.
fas·*tar* v.
fast-food sm. (ing.: *féstfud*).
fas·ti·di:*o*·so (ô) adj.; f. *e* pl. (ó).
fas·ti:*en*·to adj.
fas·ti·gi:*a*·do adj.
fas·*tí*·gi:o sm.
fas·ti·gi:*o*·so (ô) adj.; f. *e* pl. (ó).
fas·*ti*:o sm.
fas·to adj. sm.
fas·tos sm. pl.
fas·*to*·so (ô) adj.; f. *e* pl. (ó).
fas·tu:*o*·so (ô) adj.; f. *e* pl. (ó).
fa·ta·ça sf.
fa·ta·*caz* sm.: *fatracaz*.
fa·ta·ge:*ar* v.
fa·*ta*·gem sf.; pl. ·*gens*.
fa·*tal* adj. 2g.; pl. ·*tais*.
fa·ta·li·*da*·de sf.
fa·ta·*lis*·mo sm.
fa·ta·*lis*·ta adj. s2g.
fata morgana sm. pl. (lat.).
fa·*tá*·ri:o sm.
fa·*tei*·ro sm.
fa·*tei*·xa sf.
fa·*tei*·xar v.
fa·te·*jar* v.
fa·teu·*sim* adj. s2g.; pl. ·*sins*.
fa·*ti*·a sf.

fa·ti·a(s) de pa·*ri*·da sf. (pl.).
fa·ti·a(s)-doi·*ra*·da(s) sf. (pl.):
 fa·ti·a(s)-dou·*ra*·da(s).
fa·ti:*ar* v.
fa·ti·ci·*da*·de sf.: *facticidade*.
fa·*tí*·ci:o adj.: *factício*.
fá·ti·co adj.
fa·*tí*·di·co adj.
fa·ti·ga·*dor* (ô) adj.
fa·ti·ga·*men*·to sm.
fa·ti·*gan*·te adj. 2g.
fa·ti·*gar* v.
fa·ti·*gá*·vel adj. 2g.; pl. ·*veis*.
fa·ti·*go*·so (ô) adj.; f. *e* pl. (ó).
fa·ti·lo·*quen*·te adj. 2g.
fa·*tí*·lo·quo (co) adj.
fa·ti·*men*·se adj. s2g.
fa·*tí*·mi·da adj.
fa·ti·*mi*·ta adj. s2g.
fa·ti:*o*·ta sf.
fa·ti·*ti*·vo adj.: *factitivo*.
fa·*tí*·vel adj. 2g.: *factível*; pl.
 ·*veis*.
fa·to sm.
fa·*tor* sm.; pl. (ô)/Cf. *fatores* (ó),
 do v. *fatorar*.
fa·to·ra·*ção* sf. 'decomposição
 em fatores'; pl. ·*ções*/Cf.
 faturação.
fa·to·*rar* v. 'decompor em
 fatores'/Cf. *faturar*.
fa·to·ri·*al* adj. 2g. sm.; pl. ·*ais*.
fa·*tó*·ti·po sm.: fa·to·*ti*·po.
fa·tra·*caz* sm.: *fatacaz*.
fa·tu·*al* adj. 2g. sm.: *factual*;
 pl. ·*ais*.
fa·tui·*da*·de sf.
fá·tu:o adj.
fa·*tu*·ra sf.
fa·tu·ra·*ção* sf. 'faturamento';
 pl. ·*ções*/Cf. *fatoração*.
fa·tu·ra·*men*·to sm.
fa·tu·*rar* v. 'fazer a fatura de'/
 Cf. *fatorar*.
fa·tu·*rá*·vel adj. 2g.; pl. ·*veis*.
fa·tu·*ris*·ta adj. s2g.
fau·ce sf.
fa·*ú*·la sf.
fa:u·*lan*·te adj. 2g.
fa:u·*lar* v.
fa·*ú*·lha sf.
fa:u·*lhen*·to adj.
fau·na sf.
fau·*nes*·co (ê) adj.
fau·ni:*a*·no adj.
fau·*nís*·ti·ca sf.
fau·*nís*·ti·co adj.

fau·no sm.
fáu·nu·la sf.
faus·ti:*a*·no adj.
fáus·ti·co adj.
faus·*ti*·no adj.
faus·to adj. sm.
faus·to·si·*da*·de sf.
faus·*to*·so (ô) adj.; f. *e* pl. (ó).
faus·tu:*o*·so (ô) adj.; f. *e* pl. (ó).
fau·*tor* (ô) adj. sm.; f. *fautriz*.
fau·to·*ri*·a sf.
fau·to·ri·*zar* v.
fau·*triz* sf. de *fautor*.
fau·*vis*·mo (fo) sm.
fau·*vis*·ta (fo) adj. s2g.
fa·va sf.
fa·va·be·*lém* sf.; pl. *favas-belém*
 ou *favas-beléns*.
fa·va(s)-*bra*·va(s) sf. (pl.).
fa·va·ca·*fé* sf.; pl. *favas-cafés* ou
 favas-café.
fa·va(s)-*con*·tra sf. (pl.).
fa·va(s)-con·tra·o·mau-
 o·*lha*·do sf. (pl.).
fa·va(s)-da-*ín*·di:a sf. (pl.).
fa·va(s)-de·a·*ra*·ra sf. (pl.).
fa·va(s)-de·be·*sou*·ro sf. (pl.).
fa·va(s)-de·bo·*la*·chas sf. (pl.).
fa·va(s)-de·bo·*lo*·ta sf. (pl.).
fa·va(s)-de·ca·la·*bar* sf. (pl.).
fa·va(s)-de·*chei*·ro sf. (pl.).
fa·va(s)-de·im·*pi*·gem sf. (pl.).
fa·va(s)-de·*li*·ma sf. (pl.).
fa·va(s)-de·ma·*la*·ca sf. (pl.).
fa·va(s)-de·que·*bran*·to sf. (pl.).
fa·va(s)-de·*ra*·ma sf. (pl.).
fa·va(s)-de·*ros*·ca sf. (pl.).
fa·va(s)-de·san·to·i·*ná*·ci:o sf.
 (pl.).
fa·va(s)-de·san·to·i·ná·ci:o-
 ·*fal*·sa sf. (pl.)
fa·va(s)-de·su·cu·*pi*·ra sf. (pl.).
fa·*va*·do adj.
fa·va(s)-do·*bre*·jo sf. (pl.).
fa·*val* sm.; pl. ·*vais*.
fa·va(s)-or·di·*ná*·ri:a(s) sf. (pl.).
fa·va·o·*ró* sf.; pl. *favas-orós* ou
 favas-oró.
fa·*var* v.
fa·va·*ra*·na sf.
fa·va·*ri*·a sf.
fa·va·*ton*·ca sf.; pl. *favas-toncas*
 ou *favas-tonca*.
fa·*ve*·ca sf.
fa·ve·ca(s)-ver·*me*·lha(s) sf.
 (pl.).
fa·*vei*·ra sf.

fa·vei·ra(s)-a·ma·re·la(s) sf. (pl.).
fa·vei·ra(s)-de-im·pi·gem sf. (pl.).
fa·vei·ra(s)-do-*cam*·po sf. (pl.).
fa·vei·ra(s)-do-*ma*·to sf. (pl.).
fa·vei·ra(s)-pe-*que*·na(s) sf. (pl.).
fa·*vei*·ro adj. sm.
fa·vei·ro(s)-do-cer·*ra*·do sm. (pl.).
fa·*ve*·la sf.
fa·ve·la(s)-*bran*·ca(s) sf. (pl.).
fa·ve·*la*·do adj. sm.
fa·ve·*lei*·ra sf.
fa·ve·*lei*·ro sm.
fa·*ve*·lo sm.
fa·ve:o·*la*·do adj.
fa·vi·*for*·me adj. 2g.
fa·*vi*·la sf.
fa·vi·nha(s)-*bra*·va(s) sf. (pl.).
fa·*vis*·mo sm.
fa·vo sm.
fa·vo·ne:a·*dor* (ô) adj. sm.
fa·vo·ne:*ar* v.: fa·vo·ni:*ar*.
fa·*vô*·ni:o sm.
fa·*vor* (ô) sm.
fa·vo·*rá*·vel adj. 2g.; pl. ·veis.
fa·vo·re·ce·*dor* (ô) adj. sm.
fa·vo·re·*cer* v.
fa·vo·re·*ci*·do adj. sm.
fa·vo·re·ci·*men*·to sm.
fa·vo·*ri*·ta sf.
fa·vo·ri·*tis*·mo sm.
fa·vo·*ri*·to adj. sm.
fa·*vo*·so (ô) adj.; f. e pl. (ó).
fax (cs) sm. 2n.
fa·*xi*·na sf. sm.
fa·xi·*na*·gem sf.; pl. ·gens.
fa·xi·*nal* sm.; pl. ·*nais*.
fa·xi·na·*len*·se adj. 2g.
fa·xi·na·*men*·to sm.
fa·*xi*·nar v.
fa·xi·na·*ri*·a sf.
fa·xi·na(s)-ver·*me*·lha(s) sf. (pl.).
fa·xi·*nei*·ra sf.
fa·xi·*nei*·ro sm.
fa·xi·no(s)-ver·*me*·lho(s) sm. (pl.).
fax-*mo*·dem(s) sm. (pl.).
faz de *con*·ta adj. sm. 2n.
fa·ze·*doi*·ro adj.: *fazedouro*.
fa·ze·*dor* (ô) adj. sm.
fa·ze·*dou*·ro adj.: *fazedoiro*.
fa·*zen*·da sf.
fa·zen·da-no·*ven*·se(s) adj. s2g. (pl.).
fa·zen·*dão* sm.; pl. ·*dões*; f. ·*do*·na.

fa·zen·*dá*·ri:o adj.
fa·zen·*dei*·ro sm.
fa·zen·*dis*·ta adj. s2g.
fa·zen·*do*·la sf.
fa·zen·*do*·na sf. de *fazendão*.
fa·*zer* v.
fa·zi·*men*·to sm.
fa·*zí*·vel adj. 2g.; pl. ·veis.
faz-*tu*·do sm. 2n.
fé sf.; pl. *fés*/Cf. *fé* sm., pl. *fês*; fez sf. e fl. do v. *fazer*.
fê sm.; pl. *fês*/Cf. *fé* sf., pl. *fés*; fez sf. e fl. do v. *fazer*.
fe:al·*da*·de sf.
fe·*bei*·a adj. sf. de *febeu*.
fe·*beu* adj. sm.; f. *febeia*.
fe·bo sm.
fe·bra (ê) sf.
fe·*brão* sm.; pl. ·*brões*.
fe·bre adj. 2g. sf. sm.
fe·bre(s) de ca·*ro*·ço sf. (pl.).
fe·*bren*·to adj. sm.
fe·bri·ci·*tan*·te adj. 2g.
fe·bri·ci·*tar* v.
fe·*brí*·cu·la sf.
fe·bri·cu·*lo*·so (ô) adj.; f. e pl. (ó).
fe·*brí*·fu·go adj. sm.
fe·*bril* adj. 2g.; pl. ·*bris*.
fe·bri:o·lo·*gi*·a sf.
fe·bri:o·*ló*·gi·co adj.
fe·*cal* adj. 2g.; pl. ·*cais*.
fe·ca·*loi*·de adj. 2g.
fe·ca·*lo*·ma sm.
fe·ca·*lú*·ri:a sf.: fe·ca·lu·*ri*·a.
fe·cha (ê) sm.
fe·cha-bo·*de*·gas sm. 2n.
fe·cha·*ção* sf.; pl. ·*ções*.
fe·*cha*·da sf.
fe·*cha*·do adj. sm.
fe·cha·*du*·ra sf.
fe·cha-*fe*·cha sm.; pl. *fechas-fechas* ou *fecha-fechas*.
fe·*chal* sm.; pl. ·*chais*.
fe·cha·*men*·to sm.
fe·*char* v.
fe·cha·*ri*·a sf.
fe·cho (ê) sm.
fe·ci:*al* sm.; pl. ·*ais*.
fé·ci:o sm.
fé·cu·la sf.
fe·cu·la·*ri*·a sf.
fe·cu·*lên*·ci:a sf.
fe·cu·*len*·to adj.
fe·cu·*lói*·de:o adj. sm.: fe·cu·lo·*í*·de:o.
fe·cu·*lo*·so (ô) adj.; f. e pl. (ó).

fe·cun·da·*ção* sf.; pl. ·*ções*.
fe·cun·da·*dor* (ô) adj. sm.
fe·cun·*dan*·te adj. 2g.
fe·cun·*dar* v.
fe·cun·da·*ti*·vo adj.
fe·cun·*dá*·vel adj. 2g.; pl. ·*veis*.
fe·cun·*dez* (ê) sf.
fe·*cún*·di:a sf. 'fertilidade'/Cf. *facúndia*.
fe·cun·di·*da*·de sf. 'fertilidade'/ Cf. *facundidade*.
fe·*cun*·do adj. 'fértil'/Cf. *facundo*.
fe·de·*go*·so (ô) adj. sm.; f. e pl. (ó).
fe·de·go·so(s)-de-fo·lha-*tor*·ta sm. (pl.).
fe·de·go·so(s)-do-jar·*dim* sm. (pl.).
fe·de·go·so(s)-do-*ma*·to sm. (pl.).
fe·de·go·so(s)-do-pa·*rá* sm. (pl.).
fe·de·go·so(s)-do-ri:o-de-ja·*nei*·ro sm. (pl.).
fe·de·go·so(s)-dos-jar·*dins* sm. (pl.).
fe·de·go·so(s)-*gran*·de(s) sm. (pl.).
fe·de·go·so(s)-ver·da·*dei*·ro(s) sm. (pl.).
fe·de·*lhi*·ce sf.
fe·*de*·lho (ê) sm.
fe·den·*ti*·na sf.
fe·*der* v.
fe·de·ra·*ção* sf.; pl. ·*ções*.
fe·de·*ra*·do adj. sm.
fe·de·*ral* adj. 2g. sm.; pl. ·*rais*.
fe·de·ra·*lis*·mo sm.
fe·de·ra·*lis*·ta adj. s2g.
fe·de·ra·li·za·*ção* sf.; pl. ·*ções*.
fe·de·ra·li·*zar* v.
fe·de·*rar* v.
fe·de·ra·*ti*·vo adj.
fe·*di*·do adj.
fe·*dor* (ô) sm.
fe·do·ren·*ti*·na sf.
fe·do·*ren*·to adj. sm.
feedback sm. (ing.: fidbéc).
fe·é·ri·co adj.
fei·an·*chão* adj. sm.; pl. ·*chões*; f. *feianchona*.
fei·an·*cho*·na adj. sf. de *feianchão*.
fei·ar·*rão* adj. sm.; pl. ·*rões*; f. *feiarrona*.
fei·ar·*ro*·na adj. sf. de *feiarrão*.

fei·ção sf.; pl. ·ções.
fei·jão sm.; pl. ·jões.
fei·jão-as·par·go sm.; pl.
   feijões-aspargos ou
   feijões-aspargo.
fei·jão-bra·vo sm.; pl. feijões-
   bravos.
fei·jão-bra·vo-a·ma·re·lo sm.;
   pl. feijões-bravos-amarelos.
fei·jão-chi·co·te sm.; pl. feijões-
   -chicotes ou feijões-chicote.
fei·jão-chi·nês sm.; pl.
   feijões-chineses.
fei·jão-co·mum sm.; pl.
   feijões-comuns.
fei·jão-cru sm.; pl. feijões-crus.
fei·jão-da-chi·na sm.; pl.
   feijões-da-china.
fei·jão-da-es·pa·nha sm.; pl.
   feijões-da-espnha.
fei·jão-da-ín·di:a sm.; pl.
   feijões-da-índia.
fei·jão-da-prai·a sm.; pl.
   feijões-da-praia.
fei·jão-de-ár·vo·re sm.; pl.
   feijões-de-árvore.
fei·jão-de-boi sm.; pl.
   feijões-de-boi.
fei·jão-de-fra·de sm.; pl.
   feijões-de-frade.
fei·jão-de-gui·zos sm.; pl.
   feijões-de-guizos.
fei·jão-de-li·ma sm.; pl.
   feijões-de-lima.
fei·jão-de-me·tro sm.; pl.
   feijões-de-metro.
fei·jão-de-pom·bi·nha sm.; pl.
   feijões-de-pombinha.
fei·jão-de-por·co sm.; pl.
   feijões-de-porco.
fei·jão-de-ro·la sm.; pl.
   feijões-de-rola.
fei·jão de tro·pei·ro sm.; pl.
   feijões de tropeiro.
fei·jão-de-va·ca sm.; pl.
   feijões-de-vaca.
fei·jão-do-ma·to sm.; pl.
   feijões-do-mato.
fei·jão-dos-ca·bo·clos sm.; pl.
   feijões-dos-caboclos.
fei·jão-fa·va-bra·vo sm.; pl.
   feijões-favas-bravos ou
   feijões-fava-bravos.
fei·jão-flor sm.; pl. feijões-flores
   ou feijões-flor.
fei·jão-fra·de sm.; pl.
   feijões-frades ou feijões-frade.

fei·jão-fra·di·nho sm.; pl.
   feijões-fradinhos ou
   feijões-fradinho.
fei·jão-guan·do sm.; pl.
   feijões-guandos ou
   feijões-guando.
fei·jão-ho·lan·dês sm.; pl.
   feijões-holandeses.
fei·jão-man·tei·ga sm.; pl.
   feijões-manteigas ou
   feijões-manteiga.
fei·jão-mu·la·ti·nho sm.; pl.
   feijões-mulatinhos.
fei·jão-o·ró sm.; pl. feijões-orós
   ou feijões-oró.
fei·jão-pre·to sm.; pl.
   feijões-pretos.
fei·jão-so·ja sm.; pl. feijões-sojas
   ou feijões-soja.
fei·jão-tre·pa·dor sm.; pl.
   feijões-trepadores.
fei·jão-vi·ra·do sm.; pl.
   feijões-virados.
fei·jão-zi·nho-bra·vo sm.; pl.
   feijõezinhos-bravos.
fei·jo:a·da sf.
fei·jo:al sm.; pl. ·ais.
fei·jo·ca sf.
fei·jo·ei·ro sm.
fei·jo:en·se adj. s2g.
fei·la sf.
fei·o adj. sm. adv.
fei·o·so (ô) adj. sm.; f. e pl. (ó).
fei·ra sf.
fei·ra-gran·den·se(s) adj. s2g.
fei·ral adj. 2g.; pl. ·rais.
fei·ran·te adj. s2g.
fei·rão sm.; pl. ·rões.
fei·rar v.
fei·rei·ro adj. sm.
fei·ren·se adj. s2g.
fei·ro·to sm.
fei·ta sf.
fei·tal sm.; pl. ·tais.
fei·tar v.
fei·ti:ar v.
fei·ti·ça·ri·a sf.
fei·ti·cei·ra sf.
fei·ti·cei·ro sm. adj.
fei·ti·cis·mo sm.
fei·ti·cis·ta adj. s2g.
fei·ti·ço adj. sm.
fei·ti:o sm.
fei·to adj. sm. conj.
fei·tor (ô) adj. sm.
fei·to·rar v.
fei·to·ri·a sf.

fei·to·ri:ar v.
fei·to·ri·za·ção sf.; pl. ·ções.
fei·to·ri·zar v.
fei·tu·ra sf.
fei·u·me sm.
fei·u·ra sf.
fei·xas-fra·di·nho(s) sm. (pl.).
fei·xe sm./Cf. feche, do v. fechar.
fel sm.; pl. féis ou feles.
fe·lá adj. sm.; f. felaína.
fe·la·ção sf.; pl. ·ções.
fe·la·í·na sf. de felá.
fe·lan·dral sm.; pl. ·drais.
fel-da-ter·ra sm.; pl.
   féis-da-terra ou feles-da-terra.
feld·ma·re·chal sm.; pl. ·chais.
felds·pá·ti·co adj.
felds·pa·to sm.
fe·le·ma sm.
fé·le:o adj.
fe·li·ce adj. 2g.; feliz.
fe·lí·ci:a sf.
fe·li·ci·da·de sf.
fe·li·cís·si·mo adj. superl. de
   feliz.
fe·li·ci·ta·ção sf.; pl. ·ções.
fe·li·ci·ta·dor (ô) adj. sm.
fe·li·ci·tar v.
fe·lí·de:o adj. sm.
fe·li·no adj. sm.
fe·lix·lan·den·se adj. s2g.
fe·liz adj. 2g.; felice; superl.
   felicíssimo.
fe·liz·a·mor sm.; pl.
   felizes-amores.
fe·li·zão adj. sm.; pl. ·zões; f.
   ·zo·na.
fe·li·zar·do sm.
fe·liz-meu-bem sm. 2n.
fe·li·zo·na adj. f. de felizão.
fe·lô sm.
fe·lo·der·ma sf. ou sm.
fe·lo·dér·mi·co adj.
fe·ló·fi·lo adj.
fe·ló·fi·ta sf.
fe·lo·gê·ni·co adj. 'relativo a
   casca'/Cf. filogênico.
fe·lo·gê·ni:o sm.
fe·ló·ge·no sm.
fe·lo·ni·a sf.
fe·lo·plás·ti·ca sf.
fe·lo·plás·ti·co adj.
fe·lo·se sf.
fel·pa (ê) sf./Cf. felpa (é), do v.
   felpar.
fel·pa·do adj.
fel·par v.

fel·po (ê) adj. sm./Cf. *felpo* (é), do v. *felpar*.
fel·pu·do adj. sm.
fel·sí·ti·co adj.
fel·si·to sm.
fel·tra·do adj.
fel·tra·gem sf. 'ato de feltrar'; pl. *·gens*/Cf. *filtragem*.
fel·trar v. 'estofar'/Cf. *filtrar*.
fel·tro (ê) sm./Cf. *feltro* (é), do v. *feltrar*.
fel·tró·gra·fo sm.
fel·tro·so (ô) adj.; f. *e* pl. (ó).
fe·lu·cho sm.: *falucho*.
fe·lu·gem sf.: *fuligem*; pl. *·gens*.
fê·me:a sf.
fe·me:a·ço sm.
fe·me:al adj. 2g.; pl. *·ais*.
fe·me:ar v.
fe·me:ei·ro adj. sm.
fe·men·ti·do adj.
fe·men·tir v.
fê·me:o adj.
fê·mi·co adj.
fe·mi·nal adj. 2g.; pl. *·nais*.
fe·mi·ne·la sf.
fe·mí·ne:o adj.
fe·mi·ni·da·de sf.
fe·mi·ni·flo·ro adj.
fe·mi·nil adj. 2g.; pl. *·nis*.
fe·mi·ni·li·da·de sf.
fe·mi·ni·no adj. sm.
fe·mi·nis·mo sm.
fe·mi·nis·ta adj. s2g.
fe·mi·ni·za·ção sf.; pl. *·ções*.
fe·mi·ni·zar v.
fe·mo·ral adj. 2g.; pl. *·rais*.
fê·mur sm.
fe·na·ção sf.; pl. *·ções*.
fe·na·ce·tu·ra·to sm.
fe·na·ce·tú·ri·co adj.
fe·na·ce·ti·na sf.
fe·na·ci·ta sf.
fe·na·mi·na sf.
fe·nân·te·ro adj.
fe·nan·tre·no sm.
fe·nan·trol sm.; pl. *·tróis*.
fe·nar v. 'cultivar feno'/Cf. *finar*.
fe·na·to sm.
fe·na·zi·na sf.
fen·da sf.
fen·de·dor (ô) adj. sm.
fen·de·lei·ra sf.
fen·den·te adj. 2g. sm.
fen·der v.
fen·di·do adj.
fen·di·men·to sm.

fe·ne·cen·te adj. 2g.
fe·ne·cer v.
fe·ne·ci·men·to sm.
fe·nei·ro sm.
fe·ne·ra·tí·ci:o adj.
fe·nes·te·la sf.
fe·nes·tra sf.
fe·nes·tra·ção sf.; pl. *·ções*
fe·nes·tra·do adj.
fe·nes·tral adj. 2g. sm.; pl. *·trais*.
fe·nes·trar v.
fe·ne·ti·di·na sf.
fe·ne·tol sm.; pl. *·tóis*.
fen·fém sm.; pl. *·féns*.
feng shui sm. (chin.: *fen chui*).
fe·ni·a·nis·mo sm.
fe·ni·a·no adj. sm.
fê·ni·ce sf.: *fênix*.
fe·ní·ci:o adj. sm.
fê·ni·co adj.
fe·ni·cop·te·rí·de:o adj. sm.
fe·ni·cop·te·ri·for·me adj. 2g. sm.
fe·nig·ma sm.
fê·ni·gue sm., do al. *Pfenning*.
fe·ni·li·dra·zi·na sf.
fê·nix (s *ou* cs) sf. 2n.: *fênice*.
fe·no sm.
fe·no·bi·ó·ti·co adj.
fe·no·car·po sm.
fe·no·ci:a·ni·na sf.
fe·no·có·pi:a sf.
fe·no·cris·tal sm.; pl. *·tais*.
fe·no(s)-de-chei·ro sm. (pl.).
fe·no·ga·mi:a sf.
fe·no·gâ·mi·co adj.
fe·no·ge·né·ti·ca sf.
fe·no·ge·né·ti·co adj.
fe·no(s)-gre·go(s) sm. (pl.).
fe·nol sm.; pl. *·nóis*.
fe·nolf·ta·le·í·na sf.
fe·nó·li·co adj.
fe·no·lo·gi:a sf.
fe·no·ló·gi·co adj.
fe·no·lo·gis·ta adj. s2g.
fe·no·me·nal adj. 2g.; pl. *·nais*.
fe·no·me·na·li·da·de sf.
fe·no·me·nis·mo sm.
fe·nô·me·no sm.
fe·no·me·no·lo·gi:a sf.
fe·no·me·no·ló·gi·co adj.
fe·nos·são sm.; pl. *·sões*.
fe·no·tí·pi·co adj.
fe·nó·ti·po sm.
fe:o·dér·mi·co adj.
fe:o·fí·ce:a sf.
fe:o·fí·ce:o adj.
fe:ó·fi·to adj. sm.

fe·ra sf.
fe·ra·ci·da·de sf. 'fertilidade'/Cf. *ferocidade*.
fe·ra·cís·si·mo adj. superl. de *feraz*.
fe·ral adj. 2g.; pl. *·rais*.
fe·raz adj. 2g. 'fertil'; superl. *feracíssimo*/Cf. *feroz*.
fér·cu·lo sm.
fe·re·fo·lha(s) s2g. (pl.).
fé·re·tro sm.
fe·re·za (ê) sf.
fé·ri:a sf./Cf. *feria*, do v. *ferir* e *feriar*.
fe·ri:a·do adj.
fe·ri:al adj. 2g.; pl. *·ais*.
fe·ri:ar v.
fé·ri:as sf. pl./Cf. *ferias*, do v. *feriar* e *ferir*.
fe·ri:á·vel adj. 2g.; pl. *·veis*.
fe·ri·da sf.
fe·ri·da·de sf.
fe·ri·da·gem sf.; pl. *·gens*.
fe·ri·den·to adj. sm.
fe·ri·do adj. sm.
fe·ri·dor (ô) adj. sm.
fe·ri·men·to sm.
fe·ri·no adj.
fe·rir v.
fer·ma·ta sf.
fer·men·ta·ção sf.; pl. *·ções*.
fer·men·tá·ce:o adj.
fer·men·tan·te adj. 2g.
fer·men·tar v.
fer·men·ta·ti·vo adj.
fer·men·tá·vel adj. 2g.; pl. *·veis*.
fer·men·tes·cên·ci:a sf.
fer·men·tes·cen·te adj. 2g.
fer·men·tes·ci·bi·li·da·de sf.
fer·men·tes·cí·vel adj. 2g.; pl. *·veis*.
fer·men·to sm.
fer·men·to·so (ô) adj.; f. *e* pl. (ó).
fér·mi:o sm.
fér·mi·on sm.
fer·nan·di·na sf.
fer·nan·do·po·len·se adj. s2g.
fer·nan·do·pres·ten·se(s) adj. s2g.
fe·ro adj.
fe·ró·ci:a sf.
fe·ro·ci·da·de sf. 'qualidade de feroz'/Cf. *feracidade*.
fe·ro·cís·si·mo adj. superl. de *feroz*.

fe·ro·mô·ni:o sm.
fe·roz adj. 2g. 'selvagem';
  surperl. *ferocíssimo*/Cf. *feraz*.
fer·ra sf.
fer·ra·*brás* adj. s2g. 2n.
fer·*ra*·ça sf.
fer·ra·ção sf.; pl. ·ções.
fer·ra·*de*·la sf.
fer·*ra*·do adj. sm.
fer·ra·*dor* (ô) sm.
fer·ra·*du*·ra sf.
fer·ra·*gei*·ro sm.
fer·*ra*·gem sf.; pl. ·gens.
fer·ra·*gis*·ta adj. s2g.
fer·ra·*goi*·lo sm.: fer·ra·*gou*·lo:
  farragoulo.
fer·ra·jão sm.; pl. ·*jões*.
fer·ra·ja·*ri*·a sf.
fer·ral adj. 2g.; pl. ·*rais*.
fer·ra·*men*·ta sf.
fer·ra·men·*tal* sm.; pl. ·*tais*.
fer·ra·men·ta·*ri*·a sf.
fer·ra·men·*tei*·ro sm.
fer·rão sm.; pl. ·*rões*.
fer·rar v.
fer·ra·*ri*·a sf. 'fábrica de
  ferragens'/Cf. *ferrária*.
fer·*rá*·ri:a sf. 'gênero de plantas
  iridáceas'/Cf. *ferraria*, sf. e fl.
  do v. *ferrar*.
fer·ra·*zen*·se adj. s2g.
fer·rei·*ren*·se adj. s2g.
fer·rei·*ri*·nha sf.
fer·rei·*ri*·nho sm.
fer·*rei*·ro adj. sm.
fer·re·le·tri·ci·*da*·de sm.:
  ferroeletricidade.
fer·*re*·nho adj.
fer·*ren*·se adj. s2g.
fér·re:o adj.
fer·*re*·ta (ê) sf./Cf. *ferreta* (é), do
  v. *ferretar*.
fer·re·*tar* v.
fer·*re*·te (ê) sm./Cf. *ferrete* (é),
  do v. *ferretar*.
fer·re·te:a·*men*·to sm.
fer·re·te:*an*·te adj. 2g.
fer·re·te:*ar* v.
fer·re·to:*a*·da sf.
fer·re·to:*ar* v.
fer·ri·ci:a·*ne*·to (ê) sm.
fer·ri·ci:*â*·ni·co adj.
fér·ri·co adj.
fer·*rí*·fe·ro adj.
fer·ri·fi·ca·ção sf.; pl. ·ções.
fer·ri·mag·ne·*tis*·mo sm.
fer·*ri*·nhos sm. pl.

fer·*ri*·ta sf.
fer·ro sm.
fer·ro:*a*·da sf.
fer·ro:*ar* v.
fer·ro:e·le·tri·ci·*da*·de sf.:
  ferreletricidade.
fer·ro·*lhar* v.
fer·*ro*·lho (ô) sm./Cf. *ferrolho*
  (ó), do v. *ferrolhar*.
fer·ro·mag·ne·si:*a*·no adj.
fer·ro·mag·*né*·ti·co adj.
fer·ro·mag·ne·*tis*·mo sm.
fer·ro·*mo*·ça (ô) sf.
fer·ro·pe:*ar* v.
fer·ro·*pei*·a sf. (éi *ou* ei).
fer·*ro*·so (ô) adj.; f. *e* pl. (ó).
fer·ro(s)·*ve*·lho(s) sm. (pl.).
fer·ro·*vi*·a sf.
fer·ro·vi:*á*·ri:o adj. sm.
fer·*ru*·gem sf.; pl. ·gens.
fer·ru·*gen*·to adj. sm.
fer·ru·*gí*·ne:o adj.
fer·ru·gi·no·si·*da*·de sf.
fer·ru·gi·*no*·so (ô) adj. sm.; f.
  e pl. (ó).
fer·*run*·cho sm.
ferryboat sm. (ing.: *férribout*).
fér·til adj. 2g.; pl. ·*teis*.
fer·ti·li·*da*·de sf.
fer·ti·li·za·ção sf.; pl. ·ções.
fer·ti·li·za·*dor* (ô) adj. sm.
fer·ti·li·*zan*·te adj. 2g. sm.
fer·ti·li·*zar* v.
fer·ti·li·*zá*·vel adj. 2g.; pl. ·*veis*.
fer·ti·li·*zi*·na sf.
fé·ru·la sf.
fer·ve·*doi*·ro sm.:
  fer·ve·*dou*·ro.
fer·ve·*du*·ra sf.
fer·*ven*·ça sf.
fer·*vên*·ci:a sf.
fer·ven·*tar* v.
fer·*ven*·te adj. 2g.
fer·*ver* v.
fer·ves·*cen*·te adj. 2g.
fer·*vi*·do adj. sm. 'que ferveu'/
  Cf. *férvido*.
fér·vi·do adj. 'abrasante'/Cf.
  fervido adj. sm. e fl. do v.
  ferver.
fer·*vi*·lha adj. s2g.
fer·vi·lha·ção sf.; pl. ·ções.
fer·vi·lha·*men*·to sm.
fer·vi·*lhan*·te adj. 2g.
fer·vi·*lhar* v.
fer·vo (ê) sm.
fer·*vor* (ô) sm.

fer·vor·do·*san*·gue sm.; pl.
  fervores-do-sangue.
fer·vo·*ro*·so (ô) adj.; f. *e* pl. (ó).
fer·*vu*·ra sf.
fes·ce·*ni*·no adj. sm.
fes·ta sf.
fes·*tan*·ça sf.
fes·*tão* sm.; pl. ·*tões*.
fes·*tar* v.
fes·ta·*ro*·la sf.
fes·*tei*·ro adj. sm.
fes·te·ja·*dor* (ô) adj. sm.
fes·te·*jar* v.
fes·te·*já*·vel adj. 2g.; pl. ·*veis*.
fes·*te*·jo (ê) sm.
fes·*tim* sm.; pl. ·*tins*.
fes·*ti*·nho adv. sm.
fes·ti·*val* adj. 2g. sm.; pl. ·*vais*.
fes·ti·vi·*da*·de sf.
fes·*ti*·vo adj.
fes·to[1] adj. sm. 'festivo'/Cf. *festo*
  (ê).
fes·to[2] (ê) sm. 'largura'/Cf. *festo*
  (é), adj. sm. e fl. do v. *festar*.
fes·to:*ar* v.
fes·to·*na*·da sf.
fes·to·*nar* v.
fes·to·*nê* sm.
fe·ta·ção sf.; pl. ·ções.
fe·*tá*·ce:o adj.
fe·*tal* adj. 2g. sm.; pl. ·*tais*.
fe·ta·*lis*·mo sm.
fe·*ti*·che sm.
fe·*tí*·chi·co adj.
fe·ti·*chis*·mo sm.
fe·ti·*chis*·ta adj. s2g.
fe·ti·*ci*·da s2g.
fe·ti·*cí*·di:o sm.
fe·ti·*dez* (é) sf.
fé·ti·do adj. sm.
fe·to sm.
fe·to(s)·ma·cho(s)-
  ver·da·*dei*·ro(s) sm. (pl.).
feu·*dal* adj. 2g.; pl. ·*dais*.
feu·da·*lis*·mo sm.
feu·da·*lis*·ta adj. s2g.
feu·da·*tá*·ri:o adj. sm.
feu·do sm.
fe·ve·*rei*·ro sm.
fez[1] sf. 'excremento'/Cf. *fez* (ê),
  do v. *fazer*, *fez* (ê) sm., e *fês*,
  pl. de *fê*.
fez[2] (ê) sm. 'barrete'/Cf. *fez*
  (é) sf.
fe·zes sf. pl. 'excrementos'/Cf.
  fezes (ê), pl. de *fez* sm.
fe·*zi*·nha sf.

fi sm.
fi:a·*ção* sf.; pl. ·*ções*.
fi:*a*·cre sm.
fi:*a*·da sf.
fi:a·*dei*·ra sf.
fi:a·*dei*·ro sm.
fi:a·*di*·lho sm.
fi:*a*·do adj. sm. adv.
fi:a·*dor* (ô) sm.
fi:a·do·*ri*·a sf.
fi:a·*du*·ra sf.
fi:*am*·bre sm.
fi:am·*brei*·ra sf.
fi:am·*brei*·ro sm.
fi:*an*·ça sf.
fi:an·*dei*·ra sf.
fi:an·*dei*·ro sm.
fi:*an*·go sm.
fi:a·*pa*·gem sf.; pl. ·*gens*.
fi:*a*·po sm.
fi:*ar* v.
fi:*as*·co sm.
fi:*au* interj.
fi:*á*·vel adj. 2g.; pl. ·*veis*.
fi·bra sf.
fi·*bra*·na sf.
fi·*bri*·la sf.: *fibrilha*.
fi·bri·la·*ção* sf.; pl. ·*ções*.
fi·*bri*·lar adj. 2g.
fi·*bri*·lha sf.: *fibrila*.
fi·bri·*lí*·fe·ro adj.
fi·bri·*lo*·so (ô) adj.; f. *e* pl. (ó).
fi·*bri*·na sf.
fi·*bri*·no adj.
fi·bri·no·fer·*men*·to sm.
fi·bri·*nó*·ge·no adj. sm.
fi·bri·no·*gê*·ni:o adj. sm.
fi·bri·*no*·so (ô) adj.; f. *e* pl. (ó).
fi·bro·*blas*·to sm.
fi·bro·car·ti·*la*·gem sf.; pl. ·gens.
fi·bro·car·ti·la·*gí*·ne:o adj.
fi·bro·car·ti·la·gi·*no*·so (ô) adj.; f. *e* pl. (ó).
fi·bro·ce·lu·*lar* adj. 2g.
fi·bro·ci·*men*·to sm.
fi·bro·*cís*·ti·co adj.
fi·bro·*cis*·to sm.
fi·bro·gra·nu·*lar* adj. 2g.
fi·*broi*·de adj. 2g.
fi·bro·*í*·na sf.
fi·*bró*·li·se sf.
fi·bro·li·*si*·na sf.
fi·bro·*li*·ta sf.
fi·*bro*·ma sm.
fi·bro·ma·*toi*·de adj. 2g.
fi·bro·ma·*to*·se sf.

fi·bro·mi:*o*·ma sf.
fi·bro·mus·cu·*lar* adj. 2g.
fi·bror·ra·di:*a*·do adj.
fi·bro·*sa*·do adj.
fi·*bro*·se sf.
fi·bro·si·*da*·de sf.
fi·*bro*·so (ô) adj.; f. *e* pl. (ó).
fí·bu·la sf.
fi·bu·la·*ção* sf.; pl. ·*ções*.
fi·*cá*·ce:a sf.
fi·*cá*·ce:o adj.
fi·*ca*·da sf.
fi·*car* v.
fi·*cá*·ri:o adj.
fic·*ção* sf. 'simulação'; pl. ·*ções*/ Cf. *fissão*.
fic·ci:o·*nal* adj. 2g.; pl. ·*nais*.
fic·ci:o·*nis*·mo sm.
fic·ci:o·*nis*·ta adj. s2g.
fi·*ce*·la sf.
fi·cha sf.
fi·cha·*men*·to sm.
fi·*char* v. 'catalogar'/Cf. *fixar*.
fi·*chá*·ri:o sm.
fi·*chei*·ro sm.
fi·*chi*·nha sf.
fi·*chu* sm.
fi·ci·cul·*tor* (ô) sm.
fi·*cí*·de:o adj. sm.
fi·ci·*for*·me adj. 2g. 'que tem forma de figo'/Cf. *fissiforme*.
fi·ci·*tí*·de:o adj.
fi·co sm.: *ficus*.
fi·co·ci:a·*ni*·na sf.
fi·co·ci:*a*·no adj. sm.
fi·co·*cro*·mo sm.
fi·*có*·fa·go adj.
fi·*coi*·de adj. 2g.
fi·co·*í*·te sf.
fi·co·lo·*gi*·a sf.
fi·co·*ló*·gi·co adj.
fi·co·lo·*gis*·ta adj. s2g.
fi·*có*·lo·go sm.
fi·co·mi·*ce*·to (ê) adj. sm.
fi·co·te·ra·*pi*·a sf.
fic·*tí*·ci:o adj.
fic·to adj. 'fingido, falso'/Cf. *fito*.
fí·cus sm.: *fico*.
fi·cus·ben·ja·*mim* sm.; pl. *ficus-benjamins* ou *ficus-benjamim*.
fi·*dal*·ga sf.
fi·*dal*·ga·ço sm.
fi·*dal*·gal adj. 2g.; pl. ·*gais*.
fi·dal·ga·*ri*·a sf.
fi·dal·gar·*rão* sm., aum. de *fidalgo*; pl. ·*rões*; f. ·*ro*·na.

fi·*dal*·go adj. sm.
fi·dal·*go*·ta sf. de *fidalgote*.
fi·dal·*go*·te sm.; f. *fidalgota*.
fi·dal·*guei*·ro adj. sm.
fi·dal·*gues*·co (ê) adj.
fi·dal·*guei*·te (ê) sm.
fi·dal·*gui*·a sf.
fi·dal·*gui*·ce sf.
fi·de·dig·ni·*da*·de sf.
fi·de·*dig*·no adj.
fi·dei·co·me·*ti*·do adj.
fi·dei·co·mis·*sá*·ri:o adj. sm.
fi·dei·co·*mis*·so sm.
fi·dei·co·mis·*só*·ri:o adj.
fi·dei·co·mi·*ten*·te s2g.
fi·de·*ís*·mo sm.
fi·de·*ís*·ta adj. s2g.
fi·de·jus·*só*·ri:a sf.
fi·de·jus·*só*·ri:o adj.
fi·de·*len*·se adj. s2g.
fi·de·li·*da*·de sf.
fi·de·*lís*·si·mo adj. superl. de *fiel*.
fi·de·li·*zar* v.
fi·*déus* sm. pl.
fi·do adj.
fi·*dú*·ci:a sf.
fi·du·ci:*al* adj. 2g.; pl. ·*ais*.
fi·du·ci:*á*·ri:o adj. sm.
fi·*dún*·ci:a sf.: *fidúcia*.
fi:*ei*·ra sf.
fi:*el* adj. 2g. sm.; pl. ·*éis*; superl. *fidelíssimo*/Cf. *fieis*, do v. *fiar*.
fi:el·*da*·de sf.
fi:*e*·za (ê) sf.
fí·fi:a sf.
fi·*fó* sm.
fi·ga sf.
fi·*ga*·da sf.
fi·ga·*dal* adj. 2g. sm.; pl. ·*dais*.
fi·ga·*dei*·ra sf.
fí·ga·do sm.
fí·ga·ro sm.
fi·gle sm.
fi·go sm.
fi·*guei*·ra sf.
fi·*guei*·ra-ben·ja·*mim* sf.; pl. *figueiras-benjamins* ou *figueiras-benjamim*.
fi·*guei*·ra(s)-*bran*·ca(s) sf. (pl.).
fi·*guei*·ra(s)-*bra*·va(s) sf. (pl.).
fi·*guei*·ra(s)-da-bar·*bá*·ri:a sf. (pl.).
fi·*guei*·ra(s)-da-eu·*ro*·pa sf. (pl.).
fi·*guei*·ra(s)-da-*ín*·di:a sf. (pl.).
fi·*guei*·ra(s)-do-in·*fer*·no sf. (pl.).

fi·guei·ra(s)-dos-pa·go·des sf. (pl.).
fi·guei·ra(s)-gran·de(s) sf. (pl.).
fi·guei·ral sm.; pl. ·rais.
fi·guei·re·do (ê) sm.
fi·guei·ri·lha sf.
fi·guei·ri·nha sf.
fi·gu·li·na sf.
fi·gu·li·no adj.
fi·gu·ra sf.
fi·gu·ra·ção sf.; pl. ·ções.
fi·gu·ra·do adj.
fi·gu·ral adj. 2g.; pl. ·rais.
fi·gu·ra·li·da·de sf.
fi·gu·ran·te adj. s2g.
fi·gu·rão sm.; pl. ·rões; f. ·ro·na.
fi·gu·rar v.
fi·gu·ra·ri·as sf. pl.
fi·gu·ra·ti·va sf.
fi·gu·ra·ti·vis·mo sm.
fi·gu·ra·ti·vis·ta adj. s2g.
fi·gu·ra·ti·vo adj.
fi·gu·rá·vel adj. 2g.; pl. ·veis.
fi·gu·ri·lha s2g.
fi·gu·ri·nha sf.
fi·gu·ri·nis·ta adj. s2g.
fi·gu·ri·no sm.
fi·gu·ris·mo sm.
fi·gu·ris·ta adj. s2g.
fi·gu·ro sm.
fi·gu·ro·na sf. de *figurão*.
fi·la sf.
fi·*la*·ça sf.
fi·la·*del*·fo adj. sm.
fi·la·di·*for*·me adj. 2g.
fi·*lá*·di:o sm.
fi·*la*·me sm.
fi·la·men·*tar* adj. 2g. v.
fi·la·*men*·to sm.
fi·la·men·*to*·so (ô) adj.; f. *e* pl. (ó)
fi·*lan*·dras sf. pl.
fi·lan·*dro*·so (ô) adj.; f. *e* pl. (ó).
fi·*lan*·te adj. s2g.
fi·lan·*tí*·de:o adj. sm.
fi·*lan*·to adj. sm.
fi·lan·tro·*pi*·a sf.
fi·lan·*tró*·pi·co adj. sm.
fi·lan·tro·*pis*·mo sm.
fi·lan·*tro*·po (ô) adj. sm.
fi·lan·tro·po·ma·*ni*·a sf.
fi·*lão* sm.; pl. ·*lões*.
fi·*lar* v.
fi·*lar*·co sm.
fi·lar·*gí*·ri:a sf.
fi·*lá*·ri:a sf./Cf. *filaria*, do v. *filar*.
fi·la·*rí*·de:o adj. sm.

fi·la·ri·*ói*·de:o adj. sm.:
  fi·la·ri·o·*í*·de:o.
fi·la·*ri*:o·se sf.
fi·la·ri·*ó*·si·co adj.
fi·la·ri·*ó*·ti·co adj.
fi·lar·*mô*·ni·ca sf.
fi·lar·*mô*·ni·co adj. sm.
fi·la·*rói*·de:o adj. sm.:
  fi·la·ro·*í*·de:o.
fi·lar·*qui*·a sf.
fi·*lás*·ti·ca sf.
fi·la·te·*li*·a sf.
fi·la·*té*·li·co adj.
fi·la·te·*lis*·mo sm.
fi·la·te·*lis*·ta adj. s2g.
fi·la·*tó*·ri:o adj. sm.
fi·*láu*·ci:a sf.
fi·*lau*·ci:*o*·so (ô) adj.; f. *e* pl. (ó).
fi·*lé* sm.
fi·*lei*·ra sf.
fi·ler sm., do ing. *filler*.
fi·le·*re*·te (ê) sm.
fi·le·*ta*·gem sf.; pl. ·gens.
fi·le·*tar* v.
fi·*le*·te (ê) sm./Cf. *filete* (é), do v. *filetar*.
fi·*lé*·ti·ca sf.
fi·*lé*·ti·co adj.
fi·lha sf.
fi·lha·*ção* sf.; pl. ·*ções*.
fi·*lha*·da sf.
fi·lha(s) de se·nhor de
  en·*ge*·nho sf. (pl.).
fi·lha·*dor* (ô) adj. sm.
fi·lha·*men*·to sm.
fi·*lhar* v.
fi·lha·*ra*·da sf.
fi·lha·*rar* v.
fi·*lhei*·ro adj.
fi·*lhen*·to adj.
fi·lho adj. sm.
fi·*lhó* s2g.: *filhós*.
fi·lho(s)-de-bem-te-*vi* sm. (pl.).
fi·lho(s)-de-sa·*í* sm. (pl.).
fi·lho-fa·*mí*·li:a sm.; pl. *filhos-famílias* ou *filhos-família*.
fi·*lhós* s2g.: *filhó*.
fi·*lho*·tão sm.; pl. ·*tões*.
fi·*lho*·te sm.
fi·lho·*tis*·mo sm.
fi·li:a·*ção* sf.; pl. ·*ções*.
fi·li:*al* adj. 2g. sf.; pl. ·*ais*.
fi·li:*ar* v.
fi·li·*ci*·da s2g.
fi·li·*cí*·di:o sm.
fi·li·*cí*·fe·ro adj.
fi·li·ci·*fó*·li:o adj.

fi·li·ci·*for*·me adj. 2g.
fi·li·*cí*·ne:a sf.
fi·li·*cí*·ne:o adj.
fi·li·*ci*·te sf./Cf. *felicite*, do v. *felicitar*.
fi·li·*cór*·ne:o adj.
fi·li·*drá*·ce:a sf.
fi·li·*drá*·ce:o adj.
fi·*lí*·fe·ro adj.
fi·li·*fo*·lha (ô) sf.
fi·li·*for*·me adj. 2g.
fi·li·*gra*·na sf.
fi·li·gra·*na*·do adj.
fi·li·gra·na·*dor* (ô) adj. sm.
fi·li·gra·na·gem sf.; pl. ·gens.
fi·li·gra·*nar* v.
fi·li·gra·*nei*·ro adj. sm.
fi·li·gra·*nis*·ta adj. s2g.
fi·li·gra·nos·*có*·pi:o sm.
fi·lin·ti:*a*·no adj.
fi·lin·*ti*·no adj.
fi·lin·*tis*·mo sm.
fi·lin·*tis*·ta adj. s2g.
fi·*li*·pe sm.
fi·li·*pen*·se adj. s2g.
fi·*lí*·pi·ca sf.
fi·li·*pi*·na sf.
fi·li·*pi*·no adj. sm.
fi·li·*plu*·ma sf.
fi·li·*plú*·mu·la sf.
fi·lip·*si*·ta sf.
fi·lir·*ros*·tro (ô) adj.
fi·lis·*tei*:a adj. sf. de *filisteu*.
fi·lis·*teu* adj. sm.; f. *filisteia*.
fi·*li*·te sf.
fi·*li*·to sm.
filler sm. ing.: *filer*.
fil·ma·*dor* (ô) adj. sm.
fil·ma·*do*·ra (ô) sf.
fil·*ma*·gem sf.; pl. ·gens.
fil·*mar* v.
fil·me sm.
fil·mo·*te*·ca sf.
fi·lo sm.
fi·*ló* sm.
fi·lo·*brân*·qui:o adj. sm.
fi·lo·ci:a·*ni*·na sf.
fi·lo·ci:*â*·ni·co adj.
fi·lo·*cí*·ni·co adj.
fi·lo·*clá*·di:o sm.
fi·lo·cla·*dó*·di:o sm.
fi·lo·co·*li*·a sf.
fi·lo·*cra*·ci:a sf.
fi·lo·*cra*·ta s2g.
fi·lo·*den*·dro sm.
fi·lo·*dér*·mi·co adj.
fi·*ló*·di·co adj.

fi·ló·di:o sm.
fi·lo·do·xi·a (cs) sf.
fi·lo·*do*·xo (cs) sm.
fi·ló·dro·mo sm.
fi·ló·fa·go adj. sm.
fi·lo·gê·ne·se sf.
fi·lo·ge·*né*·ti·co adj.
fi·lo·ge·ni·a sf. 'genealogia de uma espécie biológica'/Cf. *filoginia.*
fi·lo·gê·ni·co adj. 'relativo à filogenia'/Cf. *felogênico.*
fi·lo·gi·*ni*·a sf. 'amor às mulheres'/Cf. *filogenia.*
fi·*ló*·gi·no adj. sm.
fi·*loi*·de adj. 2g.
fi·lo·lo·gi·a sf.
fi·lo·*ló*·gi·co sm.
fi·lo·lo·*gis*·ta adj. s2g.
fi·*ló*·lo·go sm.
fi·*lo*·ma sm.
fi·lo·ma·ti·a sf.
fi·lo·*má*·ti·co adj.
fi·lo·*me*·la sf.
fi·lo·me·*nen*·se adj. s2g.
fi·lo·*mor*·fo adj.
fi·lo·mor·*fo*·se sf.
fi·lo·*nar* adj. 2g.
fi·lo·ne·*ís*·mo sm.
fi·*ló*·po·de adj. 2g. sm.
fi·lo·so·*fal* adj. 2g.; pl. *·fais.*
fi·lo·so·*fan*·te adj. s2g.
fi·lo·so·*far* v.
fi·lo·so·*fas*·tro sm.
fi·lo·so·*fe*·ma sm.
fi·lo·so·*fi*·a sf.
fi·lo·so·*fi*·ce sf.
fi·lo·*só*·fi·co adj.
fi·lo·so·*fis*·mo sm.
fi·lo·so·*fis*·ta s2g.
fi·*ló*·so·fo adj. sm./Cf. *filosofo,* do v. *filosofar.*
fi·los·to·*mí*·de:o adj. sm.
fi·lo·*tác*·ti·co adj.: fi·lo·*tá*·ti·co.
fi·lo·ta·*xi*·a (cs) sf.
fi·lo·tec·*ni*·a sf.
fi·lo·*téc*·ni·co adj.
fi·lo·ti·*mi*·a sf.
fi·lo·*tí*·mi·co adj.
fi·lo·tra·*quei*·a sf.
fi·lo·xan·*ti*·na sf.
fi·lo·*xe*·ra (cs) sf.
fil·tra·*ção* sf.; pl. *·ções.*
fil·*tra*·gem sf. 'ato de filtrar'; pl. *·gens*/Cf. *feltragem.*
fil·*trar* v. 'coar'/Cf. *feltrar.*

fil·*trá*·vel adj. 2g.; pl. *·veis.*
fil·*trei*·ro sm.
fil·tro sm.
fi·lus·*tri*·a sf.
fim sm.; pl. *fins.*
fi·ma·*ti*·na sf.
fi·ma·*toi*·de adj. 2g.
fi·ma·*to*·se sf.
fím·bri:a sf./Cf. *fimbria,* do v. *fimbriar.*
fim·bri:*a*·do adj.
fim·bri:*ar* v.
fim-*d'á*·guas m.; pl. *fins-d'águas.*
fim de *ra*·ma sm.; pl. *fins de rama.*
fim de *sa*·fra sm.; pl. *fins de safra.*
fim de *sé*·cu·lo adj. 2g. 2n.
fí·mi·co adj.
fi·*mí*·co·la adj. 2g.
fi·*mo*·se sf.
fi·*mó*·si·co adj.
fi·*na*·do adj. sm.
fi·*nal* adj. s2g.; pl. *·nais.*
fi·na·li·*da*·de sf.
fi·na·*lis*·mo sm.
fi·na·*lís*·si·ma sf. superl. de *final* sf.
fi·na·*lis*·ta adj. s2g.
fi·na·li·za·*ção* sf.; pl. *·ções.*
fi·na·li·*zar* v.
fi·na·*men*·to sm.
fi·*nan*·ça sf.
fi·nan·*cei*·ra sf.
fi·nan·*cei*·ro adj. sm.
fi·nan·ci·*al* adj. 2g.; pl. *·ais.*
fi·nan·ci·a·*men*·to sm.
fi·nan·ci·*ar* v.
fi·nan·ci·*á*·vel adj. 2g.; pl. *·veis.*
fi·nan·*cis*·ta adj. s2g.
fi·*nar* v. 'acabar'/Cf. *fenar.*
fin·ca sf.
fin·*ca*·da sf.
fin·*ca*·gem sf.; pl. *·gens.*
fin·ca·*men*·to sm.
fin·*cão* sm.; pl. *·cões.*
fin·ca·*pé*(s) sm. (pl.).
fin·*car* v.
fin·co sm.
fin·*cu*·do sm.
fin·*dar* v.
fin·*dá*·vel adj. 2g.; pl. *·veis.*
fin·*din*·ga sf.
fin·do adj.
fi·*nês* adj. sm. 'finlandês'; f. *finesa*/Cf. *fineza.*

fi·*ne*·za (ê) sf. 'gentileza'/Cf. *finesa,* f. de *finês.*
fin·gi·*di*·ço adj.
fin·*gi*·do adj. sm.
fin·gi·*dor* (ô) sm.
fin·gi·*men*·to sm.
fin·*gir* v.
fi·ni·*da*·de sf.
fi·*ni*·nha sf.
fi·*ni*·nho sm.
fi·*ní*·ti·mo adj.
fi·*ni*·to adj. sm.
fi·ni·*tu*·de sf.
fin·lan·*dês* adj. sm.
fi·no adj. sm.
fi·*nó*·ri:o adj. sm.
fi·no-*rus*·so(s) adj. sm. (pl.)
fi·no-so·vi:*é*·ti·co(s) adj. sm. (pl.).
fi·no-*ú*·gri·co(s) adj. sm. (pl.).
fins-*d'á*·gua sm. pl.
fin·ta sf.
fin·ta·*dor* (ô) adj. sm.
fin·*tar* v.
fi·*nu*·ra sf.
fi:o sm.
fi:o-*den*·tal sm.; pl· *fios-dentais*
fi:*o*·fó sm.
fi:*or*·de sm.
fi:o·*ri*·ta sf.
fi:o·ri·*tu*·ra sf.
fi:*o*·ta adj. s2g.
fi:*o*·te adj. 2g. sm.
fi·que sf.
firewall sm. (ing.: *fairuól*).
fir·ma sf.
fir·*mã* sf.
fir·ma·*ção* sf.; pl. *·ções.*
fir·ma·*dor* (ô) adj. sm.
fir·*mal* sm.; pl. *·mais.*
fir·ma·men·*tal* adj. 2g.; pl. *·tais.*
fir·ma·*men*·to sm.
fir·*mar* v.
fir·me adj. 2g. sm.
fir·*me*·za (ê) sf.
fir·mi·*nen*·se adj. s2g.
fir·mi·no·po·*li*·no adj. sm.
fir·mis·*ter*·no adj. sm.
fi·ro sm.
fi·*ru*·la sf.
fi·sa·*lí*·de:o adj. sm.
fi·sa·*li*·na sf.
fi·sa·*li*·ta sf.
fi·*sá*·po·de adj. 2g. sm.
fis·cal adj. s2g.; pl. *·cais.*
fis·ca·*lis*·ta adj. s2g.

fis·ca·li·za·*ção* sf.; pl. ·ções.
fis·ca·li·za·*dor* (ô) adj. sm.
fis·ca·li·*zar* v.
fis·*ce*·la sf.
fis·ce·*lar* v.
fis·co sm.
fi·se·te·*rí*·de:o adj. sm.
fis·ga sf.
fis·*ga*·da sf.
fis·ga·*dor* (ô) adj. sm.
fis·*gar* v.
fis·go sm.
fi·si:a·*tri*·a sf.
fí·si·ca sf.
fi·si·ca·*lis*·mo sm.
fi·si·*cis*·mo sm.
fí·si·co adj. sm.
fí·si·co-*quí*·mi·ca(s) sf. (pl.).
fí·si·co-*quí*·mi·co(s) adj. (pl.).
fi·si·cul·tu·*ris*·mo sm.
fi·si·o·cra·*ci*·a sf.
fi·si·o·*cra*·ta s2g.
fi·si·o·*crá*·ti·co adj.
fi·si·o·ge·*ni*·a sf.
fi·si:og·no·mo·*ni*·a sf.
fi·si:og·no·*mô*·ni·co adj.
fi·si:og·no·mo·*nis*·ta adj. s2g.
fi·si:o·gra·*fi*·a sf.
fi·si:o·*grá*·fi·co adj.
fi·si:o·lo·*gi*·a sf.
fi·si:o·*ló*·gi·co adj.
fi·si:o·lo·*gis*·ta adj. s2g.
fi·si:*ó*·lo·go sm.
fi·si·o·los·*tri*·a sf.
fi·si·o·no·*mi*·a sf.
fi·si·o·*nô*·mi·co adj.
fi·si·o·no·*mis*·ta adj. s2g.
fi·si:o·pa·*ti*·a sf.
fi·si:o·*pá*·ti·co adj.
fi·si:o·pa·to·lo·*gi*·a sf.
fi·si:o·pa·to·*ló*·gi·co adj.
fi·si:o·te·ra·*pi*·a sf.
fi·si:o·te·*rá*·pi·co adj.
fi·so·*car*·po adj.
fi·so·ce·fa·*li*·a sf.
fi·so·*cé*·fa·lo sm.
fi·so·*ce*·le sf.
fi·so·*clis*·to adj. sm.
fi·*soi*·de adj. 2g.
fi·so·me·*tri*·a sf.
fi·*só*·po·de adj. 2g. sm.
fi·*sós*·to·mo adj. sm.
fis·*são* sf. 'ruptura de um núcleo atômico'; pl. ·sões/ Cf. *ficção*.
fis·si·*flo*·ro adj.
fis·si·*for*·me adj. 2g. 'semelhante a fenda'/Cf. *ficiforme*.
fís·sil adj. 2g.; pl. ·seis.
fis·si·*lín*·gue adj. 2g. sm.
fis·si:o·*nar* v.
fis·si:o·*ná*·vel adj. 2g.; pl. ·veis.
fis·si·pa·ri·*da*·de sf.
fis·*sí*·pa·ro adj.
fis·*sí*·pe·de adj. 2g. sm.
fis·si·*pe*·ne adj. 2g.
fis·sir·*ros*·tro adj. sm.
fis·*su*·ra sf.
fis·su·ra·*ção* sf.; pl. ·ções.
fis·su·*rar* v.
fís·tu·la sf./Cf. *fistula*, do v. *fistular*.
fis·tu·*la*·do adj.
fis·tu·*lar* v. adj. 2g.
fis·tu·li·*val*·ve adj. 2g.
fis·tu·*lo*·so (ô) adj.; f. e pl. (ó).
fi·su·*ri*·na sf.
fi·ta sf.
fi·*tá*·ce:o adj.
fi·ta(s)-de-*mo*·ça sf. (pl.).
fi·*tar* v.
fi·ta·*ri*·a sf.
fi·te·co·lo·*gi*·a sf.
fi·te·co·*ló*·gi·co adj.
fi·*tei*·ro adj. sm.
fi·*ti*·lho sm.
fi·*ti*·na sf.
fi·to adj. sm. 'alvo, mira'/Cf. *ficto*.
fi·to·ce·no·lo·*gi*·a sf.
fi·to·cre·*ná*·ce:a sf.
fi·to·cre·*ná*·ce:o adj.
fi·to·fa·*gi*·a sf.
fi·*tó*·fa·go adj. sm.
fi·to·fi·si:o·lo·*gi*·a sf.
fi·to·fi·si:o·no·*mi*·a sf.
fi·to·*gê*·ne:o adj.
fi·to·ge·*ni*·a sf.
fi·to·*gê*·ni·co adj.
fi·to·ge:o·gra·*fi*·a sf.
fi·to·ge:o·*grá*·fi·co adj.
fi·tog·no·*mi*·a sf.
fi·tog·no·*mô*·ni·ca sf.
fi·tog·no·*si*·a sf.
fi·to·gra·*fi*·a sf.
fi·to·*grá*·fi·co adj.
fi·*tó*·gra·fo sm.
fi·*toi*·de adj. 2g.
fi·*tol* sm.; pl. ·tóis.
fi·to·la·*cá*·ce:a sf.
fi·to·la·*cá*·ce:o adj.
fi·*tó*·li·to sm.
fi·to·li·to·lo·*gi*·a sf.
fi·to·li·to·*ló*·gi·co adj.
fi·to·lo·*gi*·a sf.
fi·to·*ló*·gi·co adj.
fi·*tó*·lo·go sm.
fi·*to*·ma sf.
fi·to·mas·ti·*gi*·no adj. sm.
fi·to·me·*lâ*·ni:o sm.
fi·to·me·*tri*·a sf.
fi·*tô*·me·tro sm.
fi·to·mo·na·*di*·no adj. sm.
fi·to·*mor*·fo adj.
fi·to·mor·fo·lo·*gi*·a sf.
fi·to·mor·*fo*·se sf.
fi·*tô*·ni:a sf.
fi·to·*ní*·ci:a sf.
fi·to·*ní*·mi:a sf.
fi·*tô*·ni·mo adj. sm.
fi·to·no·*mi*·a sf.
fi·to·*nô*·mi·co adj.
fi·to·*no*·se sf.
fi·to·pa·le:on·to·lo·*gi*·a sf.
fi·to·pa·le:on·to·*ló*·gi·co adj.
fi·to·pa·to·lo·*gi*·a sf.
fi·to·pa·to·*ló*·gi·co adj.
fi·to·pa·to·lo·*gis*·ta s2g.
fi·to·*planc*·to sm.: fi·to·*plânc*·ton; pl. ·tons.
fi·to·*plas*·ma sm.
fi·to·*quí*·mi·ca sf.
fi·*to*·se sf.
fi·tos·sa·ni·*tá*·ri:o adj.
fi·tos·sa·ni·ta·*ris*·ta s2g.
fi·tos·so·ci:o·lo·*gi*·a sf.
fi·to·ta·*xi*·a (cs) sf.
fi·to·ta·xi:o·no·*mi*·a (cs) sf.
fi·to·*te*·ca sf.
fi·to·tec·*ni*·a sf.
fi·to·*téc*·ni·co adj.
fi·to·te·ra·*pi*·a sf.
fi·to·te·*rá*·pi·co adj.
fi·to·to·*xi*·na (cs) sf.
fi·to·zo:*á*·ri:o adj. sm.
fi:*ú*·sa adj. 2g. 'desusado'/Cf. *fiúza*.
fi:*ú*·za sf. 'fidúcia'/Cf. *fiúsa*.
fi·*ve*·la sf.
fi·ve·*la*·me sm.
fi·ve·*lé*·ta (ê) sf.
fi·xa (cs) sf./Cf. *ficha*, sf. de fl. do v. *fichar*.
fi·xa·*ção* (cs) sf.; pl. ·ções.
fi·*xa*·dor (cs...ô) adj. sm.
fi·*xar* (cs) v. 'reter, unir'/Cf. *fichar*.
fi·xa·*ti*·vo (cs) adj. sm.
fi·*xá*·vel (cs) adj. 2g.; pl. ·veis.

fi·xe (ch) adj. s2g./Cf. *fiche*, do v. *fichar* e *fixe* (cs), do v. *fixar*.
fi·xi·*da*·de (cs) sf.
fi·xi·*dez* (cs...ê) sf.
fi·xo (cs) adj. sm./Cf. *ficho*, do v. *fichar*.
flã sm.
fla·be·la·*ção* sf.; pl. ·*ções*.
fla·be·*la*·do adj.
fla·be·*lar* v. adj. 2g.
fla·be·*lí*·fe·ro adj.
fla·be·li·fo·li·*a*·do adj.
fla·be·li·*for*·me adj. 2g.
fla·be·*lí*·pe·de adj. 2g.
fla·*be*·lo sm.
fla·ci·*dez* (ê) sf.
flá·ci·do adj.
fla·co adj.: *fraco*.
fla·cur·ti:*á*·ce:a sf.
fla·cur·ti:*á*·ce:o adj.
fla·ge·la·*ção* sf.; pl. ·*ções*.
fla·ge·*la*·do adj. sm.
fla·ge·la·*dor* (ô) adj. sm.
fla·ge·*lan*·te adj. s2g.
fla·ge·*lar* v.
fla·ge·la·*ti*·vo adj.
fla·ge·*lí*·fe·ro adj. sm.
fla·ge·li·*for*·me adj. 2g.
fla·*ge*·lo sm.
fla·gi·ci·*ar* v.
fla·*gí*·ci:o sm./Cf. *flagicio*, do v. *flagiciar*.
fla·gi·ci:*o*·so (ô) adj.; f. e pl. (ó).
fla·gra sm.
fla·*grân*·ci:a sf. 'estado daquilo que é flagrante'/Cf. *fragrância*.
fla·*gran*·te adj. 2g. sm. 'ardente, acalorado' 'comprovação'/Cf. *fragrante*.
fla·*grar* v.
fla·jo·*lé* sm.
fla·ma sf.
fla·*mân*·ci:a sf.
fla·*man*·te adj. 2g.
fla·*mar* v.
flam·*ba*·gem sf.; pl. ·*gens*.
flam·*brar* v.
flam·bo:ai·*ã* sm. do fr. *flamboyant*; *flambuaiã*.
flamboyant (buaiã) adj. 2g. sm. fr.: *flamboaiã*, *flambuaiã*.
flam·bu:ai·*ã* adj. sm.: *flamboaiã*.
fla·me sm.: *fleme*, *freme*.
fla·me:*ar* v.
fla·me·ja·*men*·to sm.
fla·me·*jan*·te adj. 2g.

fla·me·*jar* v.
fla·*men*·go adj. sm.
fla·men·*gui*·nha sf.
fla·men·*guis*·ta adj. s2g.
flâ·me:o adj. sm.
fla·*mí*·fe·ro adj.
fla·mi·fer·*ven*·te adj. 2g.
fla·*mí*·ge·ro adj.
fla·mi·*na*·to sm.
flâ·mi·ne sm.; f. *flamínica*.
fla·*min*·go sm.
fla·*mí*·ni·ca sf. de *flâmine*.
fla·mi·po·*ten*·te adj. s2g.
fla·mis·pi·*ran*·te adj. 2g.
fla·*mí*·vo·lo adj.
fla·*mí*·vo·mo adj.
flâ·mu·la sf./Cf. *flamula*, do v. *flamular*.
fla·mu·*lar* v.
fla·na·*dor* (ô) sm.
fla·*nar* v.
flan·co sm.
flan·de sm.: *flandre*.
flan·*dei*·ro sm.
flan·dre sm.: *flande*.
flan·*dren*·se adj. s2g.
flan·dres sm. 2n.
flan·dri·*a*·no sm.
flan·*dri*·no adj. sm.
flan·*dris*·co adj. sm.
fla·*ne*·la sf.
fla·ne·*li*·nha sf.
fla·ne·*ló*·gra·fo sm.
flan·ge sm.
flan·que:a·*dor* (ô) adj. sm.
flan·que:a·*men*·to sm.
flan·que:*ar* v.
flap sm. ing.: *flape*.
fla·pe sm., do ing. *flap*.
fla·quei·*rão* adj.; pl. ·*rões*.
fla·*qui*·to adj.
flash sm. (ing.: *flesh*).
flashback sm. (ing.: *flesbéc*).
flat sm. (ing.: *flet*).
fla·to sm.
fla·*to*·so (ô) adj.; f. e pl. (ó).
fla·tu·*lên*·ci:a sf.
fla·tu·*len*·to adj.
fla·tu·*lo*·so (ô) adj.; f. e pl. (ó).
fla·tu·o·si·*da*·de sf.
fla·tu:*o*·so (ô) adj.; f. e pl. (ó).
flau·ber·ti:*a*·no (flô) adj. sm.
flau·ta sf.: *frauta*.
flau·*ta*·do adj.
flau·*tar* v.
flau·te:a·*ção* sf.; pl. ·*ções*.
flau·te:a·*dor* (ô) adj. sm.

flau·te:*ar* v.: *frautear*.
flau·*tei*·o sm.
flau·*tei*·ro sm.: *frauteiro*.
flau·*tim* sm.; pl. ·*tins*.
flau·ti·*nei*·ro sm.
flau·ti·*nis*·ta adj. s2g.
flau·*tis*·ta adj. s2g.
fla·va sf.
fla·ves·*cên*·ci:a sf.
fla·ves·*cen*·te adj. 2g.
fla·ves·*cer* v.
fla·vi·*en*·se adj. s2g.
fla·*ví*·pe·de adj. 2g.
fla·vo adj.
fla·*vo*·na sf.
fla·*vor* (ô) sm.
fle·ba·nes·te·si·*a* sf.
fle·bec·ta·si·*a* sf.
fle·bec·to·*mi*·a sf.
fle·bec·to·*pi*·a sf.
flé·bil adj. 2g.; pl. ·*beis*.
fle·*bi*·na sf.
fle·*bi*·te sf.
fle·bo·gra·*fi*·a sf.
fle·bo·*grá*·fi·co adj.
fle·*bó*·gra·fo sm.
fle·*bó*·li·to sm.
fle·bo·ma·la·ci·*a* sf.: fle·bo·ma·*lá*·ci:a.
fle·bo·pa·*li*·a sf.
fle·bor·ra·*gi*·a sf.
fle·bor·*rá*·gi·co adj.
fle·bos·ta·*si*·a sf.
fle·bo·to·*mi*·a sf.
fle·bo·*tô*·mi·co adj.
fle·bo·to·*mí*·ne:o adj. sm.
fle·*bó*·to·mo sm.
fle·cha sf.: *frecha*.
fle·*cha*·ço sm.
fle·*cha*·da sf.: *frechada*.
fle·cha(s) de *par*·to sf. (pl.): *frecha de parto*.
fle·*cha*·do adj.: *frechado*.
fle·cha-*pei*·xe(s) sm. (pl.).
fle·*char* v.: *frechar*.
fle·cha·*ri*·a sf.: *frecharia*.
fle·*chei*·ra sf.: *frecheira*.
fle·*chei*·ro sm.: *frecheiro*.
fle·*chi*·lha sf.
fle·*chi*·nha sf.
flec·*tir* v.: *fletir*.
fleg·ma (ê) sf.: *fleima*, *fleuma*.
fleg·*mão* sm.; pl. ·*mões*: *fleimão*.
fleg·ma·si·*a* sf.
fleg·*má*·ti·co adj.: *fleumático*.
fleg·mo·*no*·so (ô) adj.; f. e pl. (ó).

flei·ma sf.: *flegma, fleuma, freima.*
flei·*mão* sm.; pl. ·*mões*: *flegmão, freimão.*
fle·me sm.: *flame, freme.*
flen·te adj. 2g.
fle:o·gli·*fi*·a sf.
fle:o·tri·*pí*·de:o adj. sm.
fler·*tar* v.
fler·te (ê) sm./Cf. *flerte* (é), do v. *flertar.*
fle·*ta*·ço sm.
fle·te sm.
fle·*tir* v.: *flectir.*
fleug·ma sm. *ou* sf.: *fleuma.*
fleug·*má*·ti·co adj.: *fleumático.*
fleu·ma sm. *ou* sf.: *flegma, fleima, freimar.*
fleu·*má*·ti·co adj.: *flegmático.*
fle·*xão* (cs) sf.; pl. ·*xões.*
fle·xi·bi·li·*da*·de (cs) sf.
fle·xi·bi·li·*zar* (cs) v.
fle·xi·*cau*·le (cs) adj. 2g.
flé·xil (cs) adj. 2g.; pl. ·xi·les ou ·xeis.
fle·*xí*·lo·quo (cs...co) adj. sm.
fle·xi:o·*nal* (cs) adj. 2g.; pl. ·nais.
fle·xi:o·*nar* (cs) v.
fle·xi:o·*nis*·mo (cs) sm.
fle·*xí*·pe·de (cs) adj. 2g.
fle·*xí*·vel (cs) adj. 2g.; pl. ·veis.
fle·*xi*·vo (cs) adj.
fle·xo (cs) adj.
fle·xo·gra·*fi*·a (cs) sf.
fle·*xor* (cs...ô) adj.
fle·*xó*·ri:o (cs) sm.
fle·xu:*ar* (cs) v.
fle·xu:o·si·*da*·de (cs) sf.
fle·xu:o·*so* (cs...ô) adj.; f. *e* pl. (ó).
fle·*xu*·ra (cs) sf.
fli·bus·*tei*·ro sm.
flic·*te*·na sf.
flic·*tê*·nu·la sf.
flic·te·nu·*lar* adj. 2g.
fli·pe·*ra*·ma sm.
flip-*flop* sm. 2n.
flo·*ca*·do adj.
flo·*car* v.
flo·co sm.
flo·*co*·so (ô) adj.; f. *e* pl. (ó).
flo·co·so-to·men·*to*·so (ô) adj. (pl.).
flo·cu·la·*ção* sf.; pl. ·*ções.*
flo·cu·*lan*·te adj. 2g.
flo·cu·*lar* v. adj. 2g.

fló·cu·lo sm./Cf. *floculo*, do v. *flocular.*
flo:*e*·ma sf.
flo:e·*má*·ti·co adj.
flo:e·tri·*pí*·de:o adj. sm.
flo·*gís*·ti·co adj. sm.
flo·*gis*·to sm.
flo·*gó*·ci·to sm.
flo·go·*pi*·ta sf.
flo·*go*·se sf.
flor (ô) sf.; pl. *flo*·res (ô)/Cf. *flores* (ó), do v. *florar.*
flo·ra sf.
flo·ra·*ção* sf.; pl. ·*ções.*
flo·*ra*·da sf.
flo·*ra*·do adj.
flo·ra:i·*en*·se adj. s2g.
flo·*ral* adj. 2g.; pl. ·*rais.*
flo·ra·*nen*·se adj. s2g.
flo·*rão* sm.; pl. ·*rões.*
flo·*rar* v.
flo·ra·ri·*quen*·se(s) adj. s2g. (pl.).
flor-da-ca·cho:*ei*·ra sf.;
    flores-da-cachoeira.
flor-d'*á*·gua sf.; pl. *flores-d'água.*
flor-da-es·pe·*ran*·ça sf.;
    flores-da-esperança.
flor-da-im·pe·ra·*triz* sf.; pl.
    flores-da-imperatriz.
flor-da-*noi*·te sf.; pl.
    flores-da-noite.
flor-da-pai·*xão* sf.; pl.
    flores-da-paixão.
flor-da-*pás*·co:a sf.; pl.
    flores-da-páscoa.
flor-da-qua·*res*·ma sf.; pl.
    flores-da-quaresma.
flor-da-re·den·*ção* sf.; pl.
    flores-da-redenção.
flor-das-*al*·mas sf.; pl.
    flores-das-almas.
flor-das-*pe*·dras sf.; pl.
    flores-das-pedras.
flor-da-ver·*da*·de sf.; pl.
    flores-da-verdade.
flor-de-a·*bril* sf.; pl.
    flores-de-abril.
flor-de-a·*mor* sf.; pl.
    flores-de-amor.
flor-de-a·*mo*·res sf.; pl.
    flores-de-amores.
flor-de-ba·*ba*·do sf.; pl.
    flores-de-babado.
flor-de-ba·*bei*·ro sf.; pl.
    flores-de-babeiro.
flor-de-*bai*·le sf.; pl.
    flores-de-baile.

flor-de-bau·*ni*·lha sf.; pl.
    flores-de-baunilha.
flor-de-be·*sou*·ro sf.; pl.
    flores-de-besouro.
flor-de-ca·*bo*·clo sf.; pl.
    flores-de-caboclo.
flor de *cal* sf.; pl. *flores de cal.*
flor-de-car·de:*al* sf.; pl.
    flores-de-cardeal.
flor-de-car·na·*val* sf.; pl.
    flores-de-carnaval.
flor-de-*ce*·ra sf.; pl.
    flores-de-cera.
flor-de-*cha*·gas sf.; pl.
    flores-de-chagas.
flor-de-*co*·bra sf.; pl.
    flores-de-cobra.
flor-de-*con*·tas sf.; pl.
    flores-de-contas.
flor-de-co·*ral* sf.; pl.
    flores-de-coral.
flor-de-*cou*·ro sf.; pl.
    flores-de-couro.
flor-de-du·as-es·*po*·ras sf.; pl.
    flores-de-duas-esporas.
flor de en·*xo*·fre sf.; pl. *flores de enxofre.*
flor-de-*ge*·lo sf.; pl.
    flores-de-gelo.
flor-de-*ín*·di:o sf.; pl.
    flores-de-índio.
flor-de-je·*sus* sf.; pl.
    flores-de-jesus.
flor-de-*lã* sf.; pl. *flores-de-lã.*
flor-de-*lis* sf.; pl. *flores-de-lis.*
flor-de-ma·*dei*·ra sf.; pl.
    flores-de-madeira.
flor-de-*mai*·o sf.; pl.
    flores-de-maio.
flor-de-*mi*·co sf.; pl.
    flores-de-mico.
flor-de-na·*tal* sf.; pl.
    flores-de-natal.
flor-de-*noi*·va sf.; pl.
    flores-de-noiva.
flor-de-*pa*·dre sf.; pl.
    flores-de-padre.
flor-de-pa·pa·*gai*·o sf.; pl.
    flores-de-papagaio.
flores-de-pas·sa·*ri*·nho sf.; pl.
    flores-de-passarinho.
flor-de-*pau* sf.; pl.
    flores-de-pau.
flor-de-*pé*·ro·las sf.; pl.
    flores-de-pérolas.
flor-de-*san*·gue sf.; pl.
    flores-de-sangue.

flor-de-são-jo:ão sf.; pl.
  flores-de-são-joão.
flor-de-são-mi·guel sf.; pl.
  flores-de-são-miguel.
flor-de-sa·po sf.; pl.
  flores-de-sapo.
flor-de-se·da sf.; pl.
  flores-de-seda.
flor-de-so·la sf.; pl.
  flores-de-sola.
flor-de-trom·be·ta sf.; pl.
  flores-de-trombeta.
flor-de-va·ca sf.; pl.
  flores-de-vaca.
flor-de-vi:ú·va sf.; pl.
  flores-de-viúva.
flor-do-cam·po sf.; pl.
  flores-do-campo.
flor-do-céu sf.; pl. *flores-do-céu.*
flor-do-es·pí·ri·to-san·to sf.;
  pl. *flores-do-espírito-santo.*
flor-do-im·pe·ra·dor sf.; pl.
  flores-do-imperador.
flor-do-mon·tu·ro sf.; pl.
  flores-do-monturo.
flor-do-na·tal sf.; pl.
  flores-do-natal.
flor-do-nor·te sf.; pl.
  flores-do-norte.
flor-dos-a·mo·res sf.; pl.
  flores-dos-amores.
flor-dos-for·mi·guei·ros sf.; pl.
  flores-dos-formigueiros.
flo·re:a·do adj. sm.
flo·re:a·dor (ô) adj. sm.
flo·re:al sm.; pl. *·ais.*
flo·re:an·te adj. 2g.
flo·re:ar v.
flo·rei·o sm.
flo·rei·ra sf.
flo·rei·ro sm.
flo·re·jan·te adj. 2g.
flo·re·jar v.
flo·re·na sf.
flo·ren·ça sf.
flo·rên·ci·a sf.
flo·ren·ci·a·do adj.
flo·ren·ci·ta sf.
flo·ren·se adj. s2g.
flo·ren·te adj. 2g. sm.
flo·ren·tim adj. sm.; pl. *·tins*:
  flo·ren·ti·no.
fló·re:o adj.
flo·res-bran·cas sf. pl.
flo·res·cên·ci·a sf.
flo·res·cen·te adj. 2g.
flo·res·cer v.

flo·res·cu·*nhen*·se(s) adj. s2g.
  (pl.).
flo·res·ta sf.
flo·res·*tal* adj. 2g.; pl. *·tais.*
flo·res·*ta*·no adj. sm.
flo·res·*ten*·se adj. s2g.
flo·re·ta (ê) sf.
flo·re·te (ê) sm.
flo·re·te:*a*·do adj.
flo·re·te:*a*·dor (ô) adj. sm.
flo·re·te:*ar* v.
flo·ri:a·*nen*·se adj. s2g.
flo·ri:a·*nis*·mo sm.
flo·ri:a·*nis*·ta adj. s2g.
flo·ri:a·no·po·li·ta·no adj. sm.
flo·rí·co·la adj. 2g. sm.
flo·ri·co·ro:*a*·do adj.
flo·rí·cu·lo sm.
flo·ri·cul·*tor* (ô) adj. sm.
flo·ri·cul·*tu*·ra sf.
flo·rí·*de*:a sf.
flo·ri·*den*·se adj. s2g.
flo·rí·*de*:o adj.
flo·rí·do adj. 'cheio de flores'/
  Cf. *flórido.*
fló·ri·do adj. 'brilhante'/Cf.
  florido.
flo·rí·fa·go adj.
flo·rí·fe·ro sm.
flo·ri·*fer*·to sm.
flo·ri·*for*·me adj. 2g.
flo·rí·ge·ro adj.
flo·ri·*lé*·gi:o sm.
flo·*rim* sm.; pl. *·rins.*
flo·rí·pa·ro adj.
flo·*rir* v.
flo·*ris*·ta s2g.
flo·*rís*·ti·ca sf.
flo·*rís*·ti·co adj.
flo·ri·*tu*·ra sf.
flo·ro·ma·ni·a sf.
flo·ro·ma·*ní*·a·co adj. sm.
flor-*san*·ta sf.; pl. *flores-santas.*
flor-se·*rá*·fi·ca sf.; pl.
  flores-seráficas.
flor-*ti*·gre sf.; pl. *flores-tigres* ou
  flores-tigre.
fló·ru·la sf.
flós·cu·lo sm.
flos·cu·*lo*·so (ô) adj.; f. e pl. (ó).
flos-san·*tó*·ri:o(s) sm. (pl.).
flo·ta·ção sf.; pl. *·ções.*
flo·*ti*·lha sf.
flox (cs) sm.
flo·xo (ô) adj. sm.
flo·zô sm.
flu:*ên*·ci:a sf.

flu:*en*·te adj. 2g.
flu·i·*dal* adj. 2g.; pl. *·dais.*
flu·i·*dez* (ê) sf.
flu·í·di·co adj.
flu·i·di·fi·ca·ção sf.; pl. *·ções.*
flu·i·di·fi·ca·dor (ô) adj. sm.
flu·i·di·fi·*can*·te adj. 2g.
flu·i·di·fi·*car* v.
flu·i·di·fi·*cá*·vel adj. 2g.; pl.
  ·veis.
flu·*í*·do adj. sm./Cf. *fluído,* do
  v. *fluir.*
flu:*ir* v.
flu·me sm.: *flúmen.*
flú·men sm.; pl. *flúmens* ou
  flúmenes: flume.
flu·mi·*nen*·se adj. s2g.
flu·*mí*·ne:o adj.
flú·or sm.
flu:o·ra·ção sf.; pl. *·ções.*
flu:o·ra·no sm.
flu:o·rar v.
flu:o·res·*cên*·ci:a sf.
flu:o·res·*cen*·te adj. 2g.
flu:o·res·*cer* v.
flu:o·res·*ci*·na sf.
flu:o·re·ta·do adj.
flu:o·re·to (ê) sm.
flu:o·ri·*dra*·to sm.
flu:o·rí·dri·co adj.
flu:o·rí·me·tro sm.
flu:o·ri·ta sf.
flu:o·rí·ti·co adj.
flu:o·ró·fo·ro sm.
flu:or·me·ta·no sm.
flu:o·ro·*fór*·mi:o sm.
flu:o·ro·gra·fi·a sf.
flu:o·ro·me·tri·a sf.
flu:o·ro·mé·tri·co adj.
flu:o·ros·co·pi·a sf.
flu:o·ros·có·pi·co adj.
flu:o·ros·có·pi:o sm.
flu:o·ro·se sf.
flu:os·si·li·ca·to sm.
flu:os·si·*lí*·ci·co adj.
flu·*tí*·co·la adj. 2g.
flu·ti·co·*lor* (ô) adj. 2g.
flu·*tí*·ge·no adj.
flu·tis·so·*nan*·te adj. 2g.
flu·*tís*·so·no adj.
flu·*tí*·va·go adj.
flu·tu:a·bi·li·*da*·de sf.
flu·tu:a·ção sf.; pl. *·ções.*
flu·tu:a·*dor* (ô) adj. sm.
flu·tu:*an*·te adj. 2g. sm.
flu·tu:*ar* v.
flu·tu:*á*·vel adj. 2g.; pl. **·veis.**

flu·tu:o·si·*da*·de sf.
flu·tu:*o*·so (ô) adj.; f. *e* pl. (ó).
flu·vi:*al* adj. 2g.; pl. ·*ais*.
flu·vi:*á*·til adj. 2g.; pl. ·teis.
flu·vi:*ô*·me·tro sm.
flux (cs) sm., na loc. *a flux.*
flu·xão (cs) sf.; pl. ·xões.
flu·xi·bi·li·*da*·de (cs) sf.
flu·*xí*·me·tro (cs) sm.
flu·xi·o·*ná*·ri:o (cs) adj.
flu·*xí*·vel (cs) adj. 2g.; pl. ·veis.
flu·xo (cs) sm.
flu·xo·*gra*·ma (cs) sm.
fo·ba adj. s2g.
fo·*ba*·do adj.
fo·*bar* v.
fo·*bi*·a sf.
fó·bi·co adj.
fo·*bó* adj. 2g. sm.
fo·*bo*·ca sf.
fo·bo·fo·*bi*·a sf.
fo·bo·*fó*·bi·co adj.
fo·*bó*·fo·bo sm.
fo·ca adj. s2g. sf.
fo·*ca*·gem sf.; pl. ·gens.
fo·*cal* adj. s2g.; pl. ·*cais*.
fo·ca·li·za·*ção* sf.; pl. ·*ções*.
fo·ca·li·*zar* v.
fo·*car* v.
fo·ce·*na*·to sm.
fo·*cê*·ni·co adj.
fo·ce·*ni*·na sf.
fo·*cí*·de:o adj. sm.
fo·ci·*nha*·da sf.
fo·ci·*nhar* v.
fo·ci·*nhei*·ra sf.
fo·*ci*·nho sm.
fo·ci·nho(s)-de-*por*·co sm. (pl.).
fo·ci·*nhu*·do adj. sm.
fó·ci:o adj. sm.
fo·co sm.
fo·da sf.
fo·*der* v.
fo·fa (ô) sf./Cf.*fofa* (ó). do v.
    fofar.
fo·*far* v.
fo·*fi*·ce sf.
fo·fo (ô) adj. sm./Cf. *fofo* (ó), do
    v. *fofar.*
fo·*fo*·ca sf.
fo·fo·*car* v.
fo·fo·*quei*·ro adj. sm.
fo·*ga*·ça sf.
fo·ga·*cei*·ra sf.
fo·*ga*·cho sm.
fo·*ga*·gem sf.; pl. ·gens.
fo·*gal* sm.; pl. ·*gais*.

fo·ga·*lei*·ra sf.
fo·*gão* sm.; pl. ·*gões*.
fo·ga·*rei*·ro sm.
fo·ga·*réu* sm.
fo·ge-*fo*·ge sm.; pl. *foges-foges*
    ou *foge-foges*.
fo·go (ô) sm.; pl. (ó).
fo·go-a·pa·*gou* sf. 2n.:
    fogo-pagou.
fo·go-cen·*tral* sm. *ou* sf.; pl.
    fogos-centrais.
fo·go(s) de ben·*ga*·la sm. (pl.).
fo·go(s) de san·*tel*·mo sm.
    (pl.).
fo·go(s)-*fá*·tu:o(s) sm. (pl.).
fo·go-pa·*gou* sf. 2n.: *fogo-
    apagou*.
fo·go-sel·*va*·gem sm.; pl.
    fogos-selvagens.
fo·go-si·*da*·de sf.
fo·*go*·so (ô) adj.; f. *e* pl. (ó).
fo·gue:*ar* v.
fo·*guei*·ra sf.
fo·*guei*·ro sm.
fo·gue·*ta*·da sf.
fo·gue·*tão* sm.; pl. ·tões.
fo·*gue*·te (ê) sm.
fo·gue·te-*al*·vo sm.; pl.
    foguetes-alvos ou
    foguetes-alvo.
fo·gue·te:*ar* v.
fo·gue·te(s) de as·so·*vi*:o sm.
    (pl.).
fo·gue·*tei*·ro sm.
fo·gue·te-*son*·da sm.; pl.
    foguetes-sondas ou
    foguetes-sonda.
fo·gue·*ti*·ce sf.
fo·gue·*ti*·nho sm.
fo·gue·*tó*·ri:o sm.
fo·*guis*·ta s2g.
foi·a·*í*·to sm.
foi·*ça*·da sf.: *fouçada.*
foi·*çar* v.: *fouçar.*
foi·ce sm.: *fouce.*
foi·ci·*for*·me adj. 2g.:
    fouciforme.
foi·*ci*·nha sf.: *foucinha.*
foi·*ci*·nho sm.: *foucinho.*
foi·*te*·za (ê) sf.
foi·to adj.
fo·jo (ô) sm.; f. *e* pl. (ó).
fo·la (ô) sf.
fo·*la*·cho sm.
fo·la·*dí*·de:o adj. sm.
fo·*lar* sm. 'presente de páscoa'/
    Cf. *fular.*

fo·las·*tri*·a sf.
fol·*clo*·re sm.
fol·*cló*·ri·co adj.
fol·clo·*ris*·mo sm.
fol·clo·*ris*·ta adj. s2g.
fol·clo·*rís*·ti·co adj.
folc·*mú*·si·ca sf.
fôl·der sm.
fo·le sm.
fo·le:*ar* v.
fo·le·*gar* v.
fô·le·go sm.
fo·*lei*·ro sm.
fo·le·*ri*·ta sf.
fol·ga sf.
fol·*ga*·do adj. sm.
fol·*ga*·dor (ô) adj.
fol·*gan*·ça sf.
fol·*gan*·te adj. s2g.
fol·*gar* v.
fol·*gaz* adj. 2g.
fol·ga·*zão* adj. sm.; pl. ·*zões*; f.
    ·*zo*·na.
fol·ga·*zar* v.
fol·ga·*zo*·na adj. sf. de *folgazão*.
fol·*gue*·do (ê) sm.
fol·*guis*·ta adj. 2g.
fo·lha (ô) sf./Cf. *folha* (ó), do v.
    folhar.
fo·lha(s)-chei·*ro*·sa(s) sf. (pl.).
fo·*lha*·da sf.
fo·lha(s)-da-*fon*·te sf. (pl.).
fo·lha(s)-da-for·*tu*·na sf. (pl.).
fo·lha(s)-de-*bo*·lo sf. (pl.).
fo·lha(s)-de-co·mi·*chão* sf.
    (pl.).
fo·lha(s) de *flan*·dres sf. (pl.).
fo·lha(s)-de-*ge*·lo sf. (pl.).
fo·lha(s)-de-*he*·ra sf. (pl.).
fo·lha(s)-de-*lei*·te sf. (pl.).
fo·lha(s)-de-*li*·xa sf. (pl.).
fo·lha(s)-de-*man*·gue sf. (pl.).
fo·lha(s)-de-*ou*·ro sf. (pl.).
fo·lha(s)-de-pa·pa·*gai*·o sf.
    (pl.).
fo·lha(s)-de-*pra*·ta sf. (pl.).
fo·lha(s)-de-*san*·gue sf. (pl.).
fo·lha(s)-de-san·*ta*·na sf. (pl.).
fo·lha(s)-de-*ser*·ra sf. (pl.).
fo·lha(s)-de-u·*ru*·bu sf. (pl.).
fo·*lha*·do adj. sm.
fo·lha(s)-dou·*ra*·da(s) sf. (pl.).
fo·lha(s)-dou·ra·da(s)-da-
    prai·a sf. (pl.).
fo·lha(s)-fu·*ra*·da(s) sf. (pl.).
fo·*lha*·gem sf.; pl. ·gens.
fo·lha(s)-*gor*·da(s) sf. (pl.).

fo·lha-*li*·xa sf.; pl. *folhas-lixas* ou *folhas-lixa*.
fo·*lha*·me sm.
fo·lha(s)-*mor*·ta(s) sf. (pl.).
fo·lhão (ô) adj. sm.; pl. ·*lhões*; f. ·*lho*·na.
fo·lha(s)-pra·te:*a*·da(s) sf. (pl.).
fo·lhar v.
fo·lha·*ra*·da sf.
fo·lha·*ral* sm.; pl. ·*rais*.
fo·lha(s)-re·*don*·da(s) sf. (pl.).
fo·lha·*ri*·a sf.
fo·lha(s)-*san*·ta(s) sf. (pl.).
fo·lha(s)-*se*·ca(s) sf. (pl.).
fo·*lha*·to sm.
fo·lha·*tu*·ra sf.
fo·lhe:*a*·do adj. sm.
fo·lhe:*a*·dor (ô) adj. sm.
fo·lhe:*ar* v. adj. 2g.
fo·*lhe*·ca sf.
fo·*lhe*·do (ê) sm.
fo·*lhei*·o sm.
fo·*lhei*·ro adj. sm./Cf. *fulheiro*.
fo·*lhe*·lho (ê) adj. sm.
fo·*lhen*·to adj.
fo·*lhe*·ta (ê) sf.
fo·lhe·ta·*ri*·a sf.
fo·lhe·te:*ar* v.
fo·lhe·*tei*·ro sm.
fo·lhe·*tim* sm.; pl. ·*tins*.
fo·lhe·ti·*nes*·co (ê) adj.
fo·lhe·ti·*nis*·ta adj. s2g.
fo·lhe·ti·*nís*·ti·co adj.
fo·lhe·*tis*·ta adj. s2g.
fo·*lhe*·to (ê) sm.
fo·*lhi*·ço sm.
fo·*lhi*·nha sf.
fo·lho (ô) sm.; f. *e* pl. (ó)/Cf. *folho* (ó), do v. *folhar*.
fo·*lho*·na adj. sf. de *folhão*.
fo·*lho*·so (ô) adj. sm.; f. *e* pl. (ó).
fo·*lhu*·do adj.
fo·*li*·a sf.
fo·li:*a*·ção sf.; pl. ·*ções*.
fo·li:*á*·ce:o adj.
fo·li:*a*·da sf.
fo·li:*a*·do adj.
fo·li:*a*·dor (ô) adj. sm.
fo·li:*a*·gu·do adj.
fo·li:*ão* adj. sm.; pl. ·*ões*: f. ·*o*·na.
fo·li:*ar* adj. 2g. v.
fo·li·cu·*lar* adj. 2g.
fo·li·cu·*lá*·ri:o sm.
fo·li·cu·*li*·na sf.
fo·*lí*·cu·lo sm.
fo·li·cu·*lo*·se sf.

fo·li·cu·*lo*·so (ô) adj.; f. *e* pl. (ó).
fo·li·*dó*·li·to sm.
fo·*lí*·do·to adj. sm.
fo·li:*en*·to adj.
fo·*lí*·fa·go adj.
fo·*lí*·fe·ro adj.
fo·li·*for*·me adj. 2g.
fó·li:o sm./Cf. *folio*, do v. *foliar*.
fo·li:o·*la*·do adj.
fo·*lí*:o·lo sm.
fo·li:*o*·na adj. sf. de *folião*.
fo·*li*·pa sf.
fo·*lí*·pa·ro adj.
fo·*li*·po sm.
folk sm. (ing: *fôlk*).
fo·*lo*·te adj. 2g.
fo·me sf.
fo·me·*ni*·ca s2g.
fo·men·ta·*ção* sf.; pl. ·*ções*.
fo·men·ta·*dor* (ô) adj. sm.
fo·men·*tar* v.
fo·men·ta·*ti*·vo adj.
fo·*men*·to sm.
fo·*mi*·nha adj. s2g.
fo·mi·*tu*·ra sf.
fo·mo sm.
fon sm.
fo·na adj. s2g. sf.
fo·na·*ção* sf.; pl. ·*ções*.
fo·*na*·do adj.
fo·na·*dor* (ô) adj.
fo·na·li·*da*·de sf.
fo·nas·*ci*·a sf.
fo·nas·te·*ni*·a sf.
fo·*nás*·ti·ca sf.
fondue s2g. (fr.: *fondi*).
fo·ne sm.: *fono*.
fo·*ne*·ma sm.
fo·ne·*má*·ti·ca sf.
fo·*nê*·mi·ca sf.
fo·*né*·ti·ca sf.
fo·ne·ti·*cis*·mo sm.
fo·ne·ti·*cis*·ta s2g.
fo·*né*·ti·co adj.
fo·ne·*tis*·mo sm.
fo·ne·*tis*·ta s2g.
fo·ne·ti·*zar* v.
fon·*fom* sm.; pl. ·*fões* ou ·*fons*.
fon·fo·*nar* v.
fo·*ni*·a sf.
fo·ni:*a*·tra s2g.
fo·ni:a·*tri*·a sf.
fo·ni:*á*·tri·co adj.
fô·ni·ca sf.
fo·*ni*·ce sf.
fô·ni·co adj.
fo·no sm.: *fone*.

fo·no:au·di:o·lo·*gi*·a sf.
fo·no·*câmp*·ti·co adj.
fo·no·car·di:o·gra·*fi*·a sf.
fo·no·ci·ne·ma·to·gra·*fi*·a sf.
fo·no·ci·*né*·ti·co adj.
fo·no·fil·*ma*·gem sf.; pl. ·*gens*.
fo·no·*fil*·mar v.
fo·no·*fil*·me sm.
fo·no·fo·*bi*·a sf.
fo·*nó*·fo·bo sm.
fo·*nó*·fo·ro sm.
fo·no·fo·to·gra·*fi*·a sf.
fo·no·fo·to·*grá*·fi·co adj.
fo·no·ge·*ni*·a sf.
fo·no·*gê*·ni·co adj.
fo·no·gra·*far* v.
fo·no·gra·*fi*·a sf.
fo·no·*grá*·fi·co adj.
fo·*nó*·gra·fo sm./Cf. *fonógrafo*, do v. *fonografar*.
fo·no·*gra*·ma sm.
fo·no·*lí*·ti·co adj.
fo·*nó*·li·to sm.
fo·no·lo·*gi*·a sf.
fo·no·*ló*·gi·co adj.
fo·no·lo·*gis*·ta adj. s2g.
fo·*nó*·lo·go sm.
fo·no·me·*tri*·a sf.
fo·no·*mé*·tri·co adj.
fo·*nô*·me·tro sm.
fô·non sm.
fo·no·pa·*ti*·a sf.
fo·*nop*·si·a sf.
fo·nos·*có*·pi:o sm.
fo·nos·pas·*mi*·a sf.
fo·nos·*pás*·mi·co adj.
fo·nos·*pas*·mo sm.
fo·no·*te*·ca sf.
fo·no·vi·*são* sf.; pl. ·*sões*.
fon·ta·*i*·nha sf.
fon·*tal* adj. 2g.; pl. ·*tais*.
fon·*ta*·na sf.
fon·ta·*nal* adj. 2g.; pl. ·*nais*.
fon·ta·*ná*·ri:o adj. sm.
fon·ta·*nei*·ra sf.
fon·ta·*ne*·la sf.
fon·ta·*né*·si:a sf.
fon·*ta*·no adj.
fon·te sf.
fon·te-bo·*en*·se(s) adj. s2g. (pl.).
fon·*tí*·co·la adj. 2g. 'que vive cresce nas fontes'/Cf. *fontícula*.
fon·*tí*·cu·la sf. 'pequena fonte'/ Cf. *fontícola*.
fon·ti·*nal* adj. 2g.; pl. ·*nais*.

fon·ti·na·*lá*·ce:a sf.
fon·ti·na·*lá*·ce:o adj.
for sm./Cf. *for* (ô), do v. *ser* e do v. *ir*.
fo·ra prep. adv. interj. sm./Cf. *fora* (ô), fl. do v. *ser* e do v. *ir*.
fo·ra da *lei* adj. s2g. 2n.
fo·ra de es·*tra*·da adj. 2g. 2n.
fo·*ra*·gem sf.; pl. ·gens.
fo·ra·*gi*·do adj. sm.
fo·ra·*gir* v.
fo·*ral* adj. 2g. sm.; pl. ·*rais*.
fo·ra·*lei*·ro adj.
fo·ra·*len*·go adj.
fo·*ra*·me sm.: fo·*râ*·men sm.; pl. *forâmens* ou *forâmenes*.
fo·ra·mi·*ní*·fe·ro adj. sm.
fo·ra·mi·*no*·so (ô) adj.; f. *e* pl. (ó).
fo·ra·mon·*tão* adj. sm.; pl. ·*tões*.
fo·*râ*·ne:o adj.
fo·ra·*ni*·a sf.
fo·*ran*·to sm.
fo·ras·tei·*ris*·mo sm.
fo·ras·*tei*·ro adj. sm.
fo·*ra*·ta sf.
for·ca (ô) sf./Cf. *forca* (ó), do v. *forcar*.
for·ça (ô) sf./Cf. *força* (ó), do v. *forçar*.
for·ça·*ção* sf.; pl. ·*ções*.
for·*ca*·do adj. sm.
for·*ça*·do adj. sm.
for·ça·*dor* (ô) sm.
for·ca·*du*·ra sf.
for·*ca*·gem sf.; pl. ·gens.
for·ça·*men*·to sm.
for·*can*·te adj. 2g.
for·*ção* sm.; pl. ·*ções*.
for·*car* v.
for·*çar* v.
for·ça·ta·*re*·fa sf.; pl. *forças-tarefas* ou *forças-tarefa*.
for·ce·*jar* v.
for·*ce*·jo (ê) sm.
fór·ceps sm. 2n.: *fórcipe*.
fór·ci·pe sm.: *fórceps*.
for·ci·pu·*la*·do adj. sm.
for·*ço*·so (ô) adj.; f. *e* pl. (ó).
for·*çu*·do adj.
for·*çu*·ra sf.
for·di·*cí*·di:o sm.
for·do (ô) adj.
fo·*rei*·ro adj. sm.
fo·*ren*·se adj. 2g.
fo·*ré*·si:a sf.

for·fe·*tá*·ri:o adj.
fór·fex (cs) sm.; pl. *fórfices*: *fór*·fi·ce.
for·fi·cu·*li*·no adj. sm.
for·ja sf.
for·*ja*·do adj.
for·ja·*dor* (ô) adj. sm.
for·ja·*du*·ra sf.
for·ja·*men*·to sm.
for·*jar* v.
for·*já*·vel adj. 2g.; pl. ·veis.
for·je sm.
for·ji·ca·*dor* (ô) adj. sm.
for·ji·*car* v.
for·ma¹ sf. 'disposição exterior de algo'/Cf. *forma* (ô).
for·ma² (ô) sf. 'molde'/Cf. *forma* (ó), do v. *formar*, e sf.
for·*ma*·ção sf.; pl. ·*ções*.
for·*ma*·do adj. sm.
for·ma·*dor* (ô) adj. sm.
for·ma·*du*·ra sf.
for·*mal* adj. 2g. sm.; pl. ·*mais*.
for·mal·de·*í*·do sm.
for·ma·li·*da*·de sf.
for·ma·*li*·na sf.
for·ma·*lis*·mo sm.
for·ma·*lis*·ta adj. s2g.
for·ma·*lís*·ti·ca sf.
for·ma·*lís*·ti·co adj.
for·ma·li·*za*·do adj.
for·ma·li·*zar* v.
for·ma·*mi*·da sf.
for·*man*·do adj. sm.
for·ma·*ner*·vos sm. 2n.
for·ma·*ni*·ta sf.
for·*mão* sm.; pl. ·*mões*.
for·*mar* v.
for·ma·*ri*·a sf.
for·ma·*tar* v.
for·ma·*ti*·vo adj. sm.
for·*ma*·to sm.
for·ma·*tu*·ra sf.
for·*má*·vel adj. 2g.; pl. ·veis.
for·*mei*·ro sm.
for·*mê*·ni·co adj.
for·*me*·no sm.
for·*mi*·ca sf. 'doença'/Cf. *fórmica*.
fór·mi·ca sf. 'revestimento de móveis, etc.'/Cf. *formica*.
for·mi·ca·*ção* sf.; pl. ·*ções*.
for·mi·*can*·te adj. 2g.
for·mi·ca·*rí*·de:o adj. sm.
for·mi·*cá*·ri:o adj. sm.
for·mi·*ci*·da adj. 2g. sm.
for·mi·*cí*·de:o adj. sm.
for·mi·*cí*·di:o sm.

for·mi·*cí*·vo·ro adj.
fór·mi·co adj.
for·mi·cu·*lar* adj. 2g.
for·mi·*dan*·do adj.
for·mi·*dá*·vel adj. 2g.; pl. ·veis.
for·mi·do·*lo*·so (ô) adj.; f. *e* pl. (ó).
for·*mi*·ga sf.
for·*mi*·ga(s)-a·çu·ca·*rei*·ra(s) sf. (pl.).
for·*mi*·ga(s)-a·gui·lho:*a*·da(s) sf. (pl.).
for·*mi*·ga(s)-ar·gen·*ti*·na(s) sf. (pl.).
for·*mi*·ga(s)-as·*te*·ca(s) sf. (pl.).
for·*mi*·ga(s)-*bran*·ca(s) sf. (pl.).
for·mi·ga-ca·*ba*·ça sf.; pl. *formigas-cabaças* ou *formigas-cabaça*.
for·*mi*·ga(s)-ca·be·*çu*·da(s) sf. (pl.).
for·*mi*·ga(s)-ca·ça·*do*·ra(s) sf. (pl.).
for·*mi*·ga(s)-car·re·ga·*dei*·ra(s) sf. (pl.).
for·*mi*·ga(s)-chi:a·*dei*·ra(s) sf. (pl.).
for·*mi*·ga(s)-ci·*ga*·na(s) sf. (pl.).
for·*mi*·ga-cor·rei·*ção* sf.; pl. *formigas-correições* ou *formigas-correição*.
for·*mi*·ga(s)-cor·ta·*dei*·ra(s) sf. (pl.).
for·*mi*·ga(s)-cui·a·*ba*·na(s) sf. (pl.).
for·*mi*·ga(s)-de-ben·*ti*·nho sf. (pl.).
for·*mi*·ga(s)-de-*bo*·de sf. (pl.).
for·*mi*·ga(s)-de-cu·*pim* sf. (pl.).
for·*mi*·ga(s)-de-fer·*rão* sf. (pl.).
for·*mi*·ga(s)-de-*fo*·go sf. (pl.).
for·*mi*·ga(s)-de-man·di·*o*·ca sf. (pl.).
for·*mi*·ga(s)-de-*mon*·te sf. (pl.).
for·*mi*·ga(s)-de-no·*va*·to sf. (pl.).
for·*mi*·ga(s)-de-*ro*·ça sf. (pl.).
for·*mi*·ga(s)-do·*cei*·ra(s) sf. (pl.).
for·*mi*·ga(s)-fei·ti·*cei*·ra(s) sf. (pl.).
for·mi·ga-le·*ão* sf.; pl. *formigas-leões* ou *formigas-leão*.
for·mi·ga-ma·la·*gue*·ta sf.; pl. *formigas-malaguetas* ou *formigas-malagueta*.
for·mi·ga·*men*·to sm.

for·mi·ga(s)-mi·*nei*·ra(s) sf. (pl.).
for·mi·*gan*·te adj. 2g.
for·mi·*gão* adj. sm.; pl. ·*gões*.
for·mi·gão-*pre*·to sf.; pl. *formigões-pretos*.
for·mi·ga(s)-pa·ra·*guai*·a(s) sf. (pl.).
for·mi·ga-quen·*quém* sf.; pl. *formigas-quenquém* ou *formigas-quenquéns*.
for·mi·*gar* v.
for·mi·ga(s)-*rui*·va(s) sf. (pl.).
for·mi·*guei*·ra sf.
for·mi·*guei*·ro adj. sm.
for·mi·gue·*jar* v.
for·mi·*guen*·se adj. s2g.
for·mi·*gui*·lho sm.
for·mi·*lhão* sm.; pl. ·*lhões*.
for·mi·*lhar* v.
for·*mi*·lho sm.
for·mi·*ó* adj. s2g.
for·*mis*·ta adj. s2g.
for·*mol* sm.; pl. ·*móis*.
for·mo·li·za·*ção* sf.; pl. ·*ções*.
for·mo·li·za·*dor* (ô) sm.
for·mo·li·*zar* v.
for·mo·se·*ar* v.
for·mo·*sen*·se adj. s2g.
for·mo·sen·*tar* v.
for·mo·*si*·no adj. sm.
for·*mo*·so (ô) adj.; f. e pl. (ó).
for·mo·*su*·ra sf.
fór·mu·la sf./Cf. *formula*, do v. *formular*.
for·mu·la·*ção* sf.; pl. ·*ções*.
for·*mu*·lar adj. 2g. v.
for·mu·*lá*·ri:o sm.
for·mu·*lis*·mo sm.
for·mu·*lis*·ta adj. s2g.
for·*na*·ça sf.
for·*na*·da sf.
for·*na*·lha sf.
for·na·*lhei*·ro sm.
for·ne·*ar* v.
for·ne·ce·*dor* (ô) adj. sm.
for·ne·*cer* v.
for·ne·ci·*men*·to sm.
for·*ne*·co sm.
for·*nei*·ra sf.
for·*nei*·ro adj. sm.
for·ne·*jar* v.
for·ni·ca·*ção* sf.; pl. ·*ções*.
for·ni·ca·*dor* (ô) adj. sm.
for·ni·*car* v.
for·ni·*cá*·ri:o adj. sm.
fór·ni·ce sm.

for·*ni*·do adj.
for·*ni*·lho sm.
for·ni·*men*·to sm.
for·*nir* v.
for·no (ô) sm.; pl. (ó).
for·no(s)-*d'á*·gua sm. (pl.).
for·no(s)-de-ja·ca·*nã* sm. (pl.).
for·no(s)-de-ja·ca·*ré* sm. (pl.).
fo·ro[1] sm.: *fórum*/Cf. *foro* (ô).
fo·ro[2] (ô) sm. 'aforamento'/Cf. *foro*[1] (ó).
fo·*ró*·ci·to sm.
fo·ro·ci·*to*·se sf.
fo·ro·*ní*·de:o adj. sm.
fo·ro·*plas*·to sm.
fo·ros sm. pl.
for·que:a·*du*·ra sf.
for·que:*ar* v.
for·*que*·ta (ê) sf.
for·*qui*·lha sf.
for·qui·*lhar* v.
for·qui·*lhei*·ro sm.
for·qui·*lho*·so (ô) adj.; f. e pl. (ó).
for·ra[1] (ô) adj. sf. de *forro*/Cf. *forra* (ó), do v. *forrar*, e sf.
for·ra[2] sf. 'desforra'/Cf. *forra* (ô).
for·ra·*ção* sf.; pl. ·*ções*.
for·ra·*do* adj. sm.
for·ra·*dor* (ô) sm.
for·ra·*gai*·tas s2g. 2n.
for·ra·ge:a·*dor* (ô) adj. sm.
for·ra·ge:*al* sm.; pl. ·*ais*.
for·ra·ge:*ar* v.
for·ra·*gei*·ra sf.
for·ra·*gei*·ro adj. sm.
for·*ra*·gem sf.; pl. ·*gens*.
for·ra·gi·*no*·so (ô) adj.; f. e pl. (ó).
for·ra·*men*·to sm.
for·*rar* v.
for·*re*·ca sf.
for·*re*·ta (ê) s2g.
for·ro (ô) adj. sm./Cf. *forro* (ó), do v. *forrar*.
for·*ró* sm.
for·ro·bo·*dó* sm.
for·*roi*·a sf.
for·ta·le·ce·*dor* (ô) adj. sm.
for·ta·le·*cen*·te ajd. 2g.
for·ta·le·*cer* v.
for·ta·le·ci·*men*·to sm.
for·ta·le·xi:*en*·se adj. s2g.: *fortalezense*.
for·ta·le·*za* (ê) sf./Cf. *fortaleza* (é), do v. *fortalezar*.
for·ta·le·*zar* v.

for·ta·le·*zen*·se adj. s2g.: *fortalexiense*.
for·te adj. 2g. sm. adv.
for·*ten*·se adj. s2g.
for·te-pi:*a*·no(s) sm. (pl.).
for·*te*·za (ê) sf.
for·ti·*dão* sf.; pl. ·*dões*.
for·ti·fi·ca·*ção* sf.; pl. ·*ções*.
for·ti·fi·ca·*do* adj.
for·ti·fi·ca·*dor* (ô) adj. sm.
for·ti·fi·*can*·te adj. 2g. sm.
for·ti·fi·*car* v.
for·*tim* sm.; pl. ·*tins*.
for·*tís*·si·mo[1] adv., do it. *fortissimo*.
for·*tís*·si·mo[2] adj. superl. de *forte*.
for·ti·*tu*·de sf.
for·*tran* sm.
for·*tui*·to adj.
for·*tum* sm.; pl. ·*tuns*: *fartum*.
for·*tu*·na sf.
for·tu·*nar* v.
for·tu·*no*·so (ô) adj.; f. e pl. (ó).
fó·rum sm.; pl. ·*runs*: *foro*[1].
fos·ca sf. 'fosquinha'/Cf. *fosca* (ô), f. de *fosco* (ô).
fos·*car* v.
fos·co (ô) adj. sm./Cf. *fosco* (ó), do v. *foscar*.
fos·fa·*gê*·ni:o sm.
fos·*fâ*·mi·co adj.
fos·fa·*mi*·na sf.
fos·fa·*ta*·do adj.
fos·fa·*ta*·gem sf.; pl. ·*gens*.
fos·fa·*tar* v.
fos·fa·*ta*·se sf.: fos·*fá*·ta·se.
fos·*fá*·ti·co adj.
fos·*fa*·to sm.
fos·fa·*tú*·ri:a sf.: fos·fa·tu·*ri*·a.
fos·*fe*·na sf.
fos·*fe*·no sm.
fos·*fe*·to (ê) sm.
fos·*fi*·na sf.
fos·*fi*·to sm.
fos·*fô*·ni:o sm.
fos·fo·pro·te·*í*·na sf.
fos·fo·ra·*ção* sf.; pl. ·*ções*.
fos·fo·*ra*·do adj.
fos·fo·*rar* v.
fos·fo·re:*ar* v.
fos·fo·*rei*·ra sf.
fos·fo·*rei*·ro adj. sm.
fos·fo·re·*jan*·te adj. 2g.
fos·fo·re·*jar* v.
fos·*fó*·re:o adj.
fos·fo·res·*cên*·ci:a sf.

fos·fo·res·cên·ci:a(s)-do-*mar* sf. (pl.).
fos·fo·res·*cen*·te adj. 2g.
fos·fo·res·*cer* v.
fos·*fó*·ri·co adj.
fos·fo·*rí*·fe·ro adj.
fos·fo·*rí*·fo·ro adj.
fos·fo·*ri*·ta sf.
fos·fo·ri·za·ção sf.; pl. ·ções.
fos·fo·ri·*zar* v.
fós·fo·ro sm./Cf. *fosforo*, do v. *fosforar*.
fos·fo·ro·*gê*·ne:o adj.
fos·fo·ros·*có*·pi:o sm.
fos·fo·*ro*·so (ô) adj.; f. e pl. (ó).
fos·*gê*·ni:o sm.
fós·me:a sf.
fós·me:o adj.
fos·que:a·*men*·to sm.
fos·*qui*·nha sf.
fos·sa sf.
fos·*sa*·do adj. sm.
fos·sa·*dor* (ô) adj. sm.
fos·sa·*du*·ra sf.
fos·*sar* v.
fos·*sá*·ri:o sm.
fos·se·ta (ê) sf.
fos·se·te (ê) sm.
fós·sil adj. 2g. sm.; pl. ·seis/Cf. *fosseis*, do v. *fossar*, e *fôsseis*, do v. *ir* e do v. *ser*.
fos·si·*lí*·fe·ro adj.
fos·si·li·fi·*car* v.
fos·si·*lis*·mo sm.
fos·si·*lis*·ta adj. s2g.
fos·si·li·za·ção sf.; pl. ·ções.
fos·si·li·*za*·do adj.
fos·si·li·*zar* v.
fos·*sí*·pe·de adj. 2g. sm.
fos·so (ô) sm./Cf. *fosso* (ó), do v. *fossar*.
fos·so·ri:*al* adj. 2g.; pl. ·ais.
fos·*só*·ri:o adj.
fos·te (ô) sm.: *fuste*.
fot sm., do ing. *phot*.
fo·ta sf.
fo·tal·*gi*·a sf.
fo·*tál*·gi·co adj.
fo·tau·*xis*·mo (cs) sm.
fo·te:*ar* v.
fo·te·las·ti·ci·*da*·de sf.: *fotoelasticidade*.
fo·te·*lás*·ti·co adj.: *fotoelástico*.
fo·te·*léc*·tron sm.: *fotoeléctron*.
fo·te·lec·*trô*·ni·ca sf.: *fotoeletrônica*.
fo·te·*lé*·tri·co adj.: *fotoelétrico*.

fo·te·*lé*·tron sm.: *fotoelétron*.
fo·te·le·*trô*·ni·ca sf.: *fotoeletrônica*.
fo·te·li:*ó*·gra·fo sm.: *fotoeliógrafo*.
fo·te·mis·*são* sf.; pl. ·sões: *fotoemissão*.
fo·te·mis·*si*·vo adj.: *fotoemissivo*.
fo·te·mis·*sor* (ô) adj.: *fotoemissor*.
fo·*tis*·mo sm.
fo·to¹ sf. 'fotografia'.
fo·to² sm., na loc. *estar em foto*.
fo·to:al·gra·*fi*·a sf.
fo·to·*car*·ta sf.
fo·to·car·to·gra·*fi*·a sf.
fo·to·car·to·*grá*·fi·co adj.
fo·to·ca·*tá*·li·se sf.
fo·to·ca·*to*·do (ô) sm.
fo·to·*cé*·lu·la sf.
fo·to·com·po·si·ção sf.; pl. ·ções.
fo·to·com·po·si·*to*·ra (ô) sf.
fo·to·con·du·ti·vi·*da*·de sf.
fo·to·con·du·*ti*·vo adj.
fo·to·con·du·*tor* (ô) adj. sm.
fo·to·*có*·pi:a sf./Cf. *fotocopia*, do v. *fotocopiar*.
fo·to·co·pi:*ar* v.
fo·to·co·*pis*·ta adj. s2g.
fo·to·cro·*má*·ti·co adj.
fo·to·cro·*mi*·a sf.
fo·to·*crô*·mi·co adj.
fo·to·de·sin·te·gra·ção sf.; pl. ·ções.
fo·to·di:*o*·do (ô) sm.
fo·to·dos·*có*·pi:o sm.
fo·to:e·las·ti·ci·*da*·de sf.: *fotelasticidade*.
fo·to:e·*lás*·ti·co adj.: *fotelástico*.
fo·to:e·*léc*·tron sm.: *foteléctron*.
fo·to:e·lec·*trô*·ni·ca sf.: *fotelectrônica*.
fo·to:e·*lé*·tri·co adj.: *fotelétrico*.
fo·to:e·*lé*·tron sm.: *fotelétron*.
fo·to:e·le·*trô*·ni·ca sf.: *foteletrônica*.
fo·to:e·li:*ó*·gra·fo sm.: *foteliógrafo*.
fo·to:e·mis·*são* sf.: *fotemissão*.
fo·to:e·mis·*si*·vo adj.: *fotemissivo*.
fo·to:e·mis·*sor* (ô) adj.: *fotemissor*.
fo·to·fis·*são* sf.; pl. ·sões.
fo·to·fo·*bi*·a sf.

fo·to·*fó*·bi·co adj.
fo·*tó*·fo·bo sm.
fo·*tó*·fo·ro sm.
fo·to·gal·va·no·gra·*fi*·a sf.
fo·to·gal·va·no·plas·*ti*·a sf.
fo·to·*gê*·ne·se sf.
fo·to·ge·*ni*·a sf.
fo·to·*gê*·ni·co adj.
fo·to·gra·fa·ção sf.; pl. ·ções.
fo·to·gra·*far* v.
fo·to·gra·*fi*·a sf.
fo·to·*grá*·fi·co adj.
fo·*tó*·gra·fo sm./Cf. *fotografo*, do v. *fotografar*.
fo·to·*gra*·ma sm.
fo·to·gra·me·*tri*·a sf.
fo·to·gra·va·*dor* (ô) adj. sm.
fo·to·gra·*var* v.
fo·to·gra·*vu*·ra sf.
fo·to·jor·na·*lis*·mo sm.
fo·to(s)·le·gen·da(s) sf. (pl.).
fo·to·*li*·to sm.
fo·to·li·to·gra·*far* v.
fo·to·li·to·gra·*fi*·a sf.
fo·to·li·to·*grá*·fi·co adj.
fo·to·li·*tó*·gra·fo sm.
fo·to·lo·*gi*·a sf.
fo·to·*ló*·gi·co adj.
fo·to·lu·mi·nes·*cên*·ci:a sf.
fo·to·mag·*né*·ti·co adj.
fo·to·mag·ne·*tis*·mo sm.
fo·to·me·*câ*·ni·co adj. sm.
fo·to·*mé*·son sm.
fo·to·me·ta·lo·gra·*fi*·a sf.
fo·to·me·*trar* v.
fo·to·me·*tri*·a sf.
fo·to·*mé*·tri·co adj.
fo·*tô*·me·tro sm./Cf. *fotometro*, do v. *fotometrar*.
fo·to·mi·cro·gra·*fi*·a sf.
fo·to·mi·cro·*grá*·fi·co adj.
fo·to·mi·*cró*·gra·fo sm.
fo·to·mi·ni:a·*tu*·ra sf.
fo·to·mi·ni:a·tu·*ris*·ta adj. s2g.
fo·to·mon·*ta*·gem sf.; pl. ·gens.
fo·to·mul·ti·pli·ca·*dor* (ô) adj. sm.
fo·to·mul·ti·pli·ca·*do*·ra (ô) sf.
fó·ton sm.
fo·to·no·*ve*·la sf.
fo·to·nu·cle:*ar* adj. s2g.
fo·to·pa·*ti*·a sf.
fo·to·*pá*·ti·co adj.
fo·to·pe·*rí*·o·do sm.
fo·to·*pi*·lha sf.
fo·top·*si*·a sf.
fo·*tóp*·ti·co adj.

fo·top·to·me·*tri*·a sf.
fo·to·*quí*·mi·ca sf.
fo·to·*quí*·mi·co adj.
fo·tor·re·*cep*·tor (ô) adj.
fo·tor·re·por·*ta*·gem sf.; pl.
·gens.
fo·tor·ro·*man*·ce sm.
fo·tos·co·*pi*·a sf.
fo·tos·*có*·pi·co adj.
fo·tos·*có*·pi:o sm.
fo·tos·cul·*tu*·ra sf.
fo·tos·*fe*·ra sf.
fo·tos·*fé*·ri·co adj.
fo·tos·sen·si·bi·li·*da*·de sf.
fo·tos·sen·*sí*·vel adj. 2g.; pl.
·veis.
fo·tos·*sín*·te·se sf.
fo·tos·sin·*té*·ti·co adj.
fo·tos·*tá*·ti·ca sf.
fo·tos·*tá*·ti·co adj.
fo·*tós*·ta·to sm.
fo·to·tac·*tis*·mo sm.
fo·to·ta·*xi*·a (cs) sf.
fo·to·*te*·ca sf.
fo·to·te·le·gra·*fi*·a sf.
fo·to·te·le·*grá*·fi·co adj.
fo·to·te·ra·*pi*·a sf.
fo·to·te·*rá*·pi·co adj.
fo·to·*tes*·te sm.
fo·to·ti·*par* v.
fo·to·ti·*pi*·a sf.
fo·to·ti·pi:*ar* v.
fo·to·*tí*·pi·co adj.
fo·*tó*·ti·po sm./Cf. *fototipo*, do v.
   fototipar.
fo·to·ti·po·gra·*fi*·a sf.
fo·to·ti·po·gra·*vu*·ra sf.
fo·to·tro·*pis*·mo sm.
fo·to·vol·*tai*·co adj.
fo·to·zin·co·gra·*fi*·a sf.
fo·to·zin·co·*grá*·fi·co adj.
fo·to·zin·co·gra·*vu*·ra sf.
fou·*ça*·da sf.: *foiçada*.
fou·*çar* v.: *foiçar*.
fou·ce sf.: *foice*.
fou·ci·*for*·me ajd. 2g.: *foiciforme*.
fou·*ci*·nha sf.: *foicinha*.
fou·*ci*·nho sm.: *foicinho*.
fou·qui:e·*rá*·ce:a (fu) sf.
fou·qui:e·*rá*·ce:o (fu) adj.
fou·ri:e·*ris*·mo (fu) sm.
fou·*vei*·ro adj. sm.
fó·ve:a sf.
fo·*ven*·te adj. 2g.
fo·ve:o·*la*·do adj.
fo·*vi*·la sf.
fo·*vis*·mo sm.

fo·*vis*·ta adj. s2g.
fox (cs) sm.
fox terrier sm. (ing.: *facs térrier*).
fox·*tro*·te (cs) sm.
foyer sm. (fr.: *foiê*).
foz sf.
fra·ca·*lhão* adj. sm.; pl. *lhões*; f.
   ·*lho*·na.
fra·ca·*lho*·na adj. sf. de
   fracalhão.
fra·*ção* sf.; pl. ·*ções*.
fra·ca(s)·*rou*·pa(s) s2g. (pl.).
fra·*cas*·sar v.
fra·*cas*·so sm.
fra·ca·te:*ar* v.
fra·ci:o·*na*·do adj.
fra·ci:o·na·*men*·to sm.
fra·ci:o·*nar* v.
fra·ci:o·*ná*·ri:o adj.; f.
   fracionária/Cf. *fracionaria*, do
   v. *fracionar*.
fra·co adj. sm.: *flaco*.
fra·*co*·las adj. s2g. 2n.
fra·*co*·ta adj. f. de *fracote*.
fra·*co*·te adj.
frac·*tal* adj. 2g.; pl. ·*tais*.
frac·ti·*cí*·pi:to adj. sm.
fra·*da*·ço sm.
fra·da·*lha*·da sf.
fra·da·*lhão* sm.; pl. ·*lhões*.
fra·*dar* v.
fra·da·*ri*·a sf.
fra·de sm.
fra·de(s) de *pe*·dra sm. (pl.).
fra·de(s)·fe·do·*ren*·to(s) sm.
   (pl.).
fra·*dei*·ro adj. sm.
fra·de·*jar* v.
fra·*den*·se adj. s2g.
fra·*dé*·pi:o sm.
fra·*des*·co (ê) adj.
fra·*de*·te (ê) sm.
fra·*di*·ce sf.
fra·di·*ci*·da s2g.
fra·di·*cí*·di:o sm.
fra·*di*·nho sm.
fra·*di*·nho(s) da mão fu·*ra*·da
   sm. (pl.).
fra·ga sf.
fra·*gal* adj. 2g. sm.; pl. ·*gais*.
fra·ga·*lhei*·ro adj. sm.
fra·*ga*·lho sm.
fra·ga·*lho*·na sf.: *frangalhona*.
fra·ga·lho·te:*ar* v.:
   frangalhotear.
fra·ga·*ri*·a sf. 'porção de fragas'/
   Cf. *fragária*.

fra·*gá*·ri:a sf. 'rosácea'/Cf.
   fragaria.
fra·ga·ta sf.
fra·ga·*tei*·ro adj. sm.
fra·ga·*tim* sm.; pl. ·*tins*.
frá·gil adj. 2g.; pl. ·*geis*; superl.
   fragílimo ou *fragilíssimo*.
fra·gi·la·ri:*á*·ce:a sf.
fra·gi·la·ri:*á*·ce:o adj.
fra·gi·li·*da*·de sf.
fra·*gí*·li·mo adj. superl. de
   frágil.
fra·gi·li·*zar* v.
frag·men·ta·*ção* sf.; pl. ·*ções*.
frag·men·*tar* v.
frag·men·*tá*·ri:o adj.; f.
   fragmentária/Cf. *fragmentaria*,
   do v. *fragmentar*.
frag·men·*tá*·vel adj. 2g.; pl.
   ·*veis*.
frag·men·*tis*·ta s2g.
frag·*men*·to sm.
frag·*mo*·se sf.
fra·go sm.
fra·go:*í*·do sm.
fra·*gor* (ô) sm.; pl. *fragores*/Cf.
   fragores (ó), do v. *fragorar*.
fra·go·*rar* v.
fra·go·*ro*·so (ô) adj.; f. *e* pl. (ó).
fra·go·si·*da*·de sf.
fra·*go*·so (ô) adj.; f. *e* pl. (ó).
fra·*grân*·ci:a sf. 'aroma'/Cf.
   flagrância.
fra·*gran*·te adj. 2g. 'aromático'/
   Cf. *flagrante*.
frá·gua sf.
fra·*guar* v.
fra·*gue*·do (ê) sm.
fra·*guei*·ri*·ce sf.
fra·*guei*·ro adj. sm.
fra·*gu*·ra sf.
fra·*jo*·la adj. s2g.
fral·da sf.
fral·*dão* sm.; pl. ·*dões*.
fral·*dar* v.
fral·da(s)·*ro*·ta(s) sf. (pl.).
fral·de:*ar* v.
fral·*dei*·ro adj. sm.
fral·de·*jar* v.
fral·de·*lim* sm.; pl. ·*tins*.
fral·di·*cur*·to adj.
fral·*di*·lha sf.
fral·*di*·nha adj. 2g.
fral·di·*quei*·ra sf.
fral·di·*quei*·ro adj. sm.:
   fral·dis·*quei*·ro.
fral·*do*·so (ô) adj.; f. *e* pl. (ó).

fram·bo:*e*·sa (ê) sf.
fram·bo:e·*sei*·ra sf.
fram·bo:e·*sei*·ro sm.
fram·bo:e·*si*·a sf.
frame sm. (ing.: *freim*).
fran·ça adj. s2g. sf.
fran·ca·*le*·te (ê) sm.
fran·*ca*·no adj. sm.
fran·ças sf. pl.
fran·ca·*tri*·pa sf.
fran·ce:*ar* v.
fran·ce·*lhi*·ce sf.
fran·*ce*·lho (ê) sm.
fran·*cês* adj. sm.
fran·*ce*·sa (ê) sf.
fran·ce·*sa*·da sf.
fran·ce·*si*·a sf.
fran·ce·si:*ar* v.
fran·ce·*sis*·mo sm.
fran·ce·*sis*·ta adj. s2g.
fran·*cha*·do adj.
fran·*chão* adj.; pl. ·*chões*; f. ·*cho*·na.
fran·chi·*no*·te sm.
fran·chi·*nó*·ti·co adj.
franchise sf. (ing.: *frenctcháis*).
fran·*cho*·na adj. f. de *franchão*.
frân·ci·ca sf.
frân·ci·co adj. sm.
frân·ci:o sm.
fran·*cis*·ca sf.
fran·cis·*ca*·na sf.
fran·cis·ca·*na*·da sf.
fran·cis·*ca*·no adj. sm.
fran·cis·co·sa·*en*·se(s) adj. s2g. (pl.).
fran·cis·*quen*·se adj. s2g.
fran·ci·*ú* sm.
fran·co adj. sm.
fran·co·a·ti·ra·*dor* adj. sm.; pl. *franco-atiradores*.
fran·co·*bor*·do(s) sm. (pl.).
fran·co·bra·si·*lei*·ro(s) adj. sm. (pl.).
fran·co·ca·na·*den*·se(s) adj. s2g. (pl.).
fran·co·fi·*li*·a sf.
fran·*có*·fi·lo adj. sm.
fran·co·fo·*bi*·a sf.
fran·*có*·fo·bo adj. sm.
fran·co·ma·*ção* sm.; pl. *franco-maçōes*.
fran·co·ma·*çon*(s) sm. (pl.).
fran·co·ma·ço·na·*ri*·a(s) sf. (pl.).
fran·*cô*·ni:o adj. sm.
fran·co·pro·ven·*çal* adj. s2g.; pl. *franco-provençais*.

fran·co·ro·*chen*·se(s) adj. s2g. (pl.).
fran·co·su:*í*·ço(s) adj. sm. (pl.).
fran·du·*la*·gem sf.; pl. ·gens.
fran·du·*lei*·ro adj.
fran·*du*·no adj. sm.
fran·ga sf.
fran·ga·*i*·nha sf.
fran·ga·*i*·nho sm.
fran·ga·*lha*·da sf.
fran·ga·*lhar* v.
fran·ga·*lhei*·ro adj. sm.
fran·ga·*lho* sm.
fran·ga·*lho*·na adj. f. sf.: *fragalhona*.
fran·ga·*lho*·te sm.
fran·ga·lho·te:*ar* v.: *fragalhotear*.
fran·ga·lho·*tei*·ro adj.
fran·ga·lho·*ti*·ce sf.
fran·ga·*ni*·to adj. sm.
fran·ga·*no*·te sm.
fran·*gão* sm.; pl. ·*gões*; f. *frangona*.
frân·gão sm.; pl. ·gãos.
fran·*ge*·lha (ê) sf.
fran·*ger* v.
fran·gi·bi·li·*da*·de sf.
fran·*gir* v.
fran·*gí*·vel adj. 2g.; pl. ·veis.
fran·go sm.
fran·go(s)·*d'á*·gua sm. (pl.).
fran·go(s) de bo·*ti*·ca sm. (pl.).
fran·*go*·lho (ô) sm.
fran·*go*·na sf. de *frangão*.
fran·*go*·ta sf. de *frangote*.
fran·*go*·te sm.
fran·gue:*ar* v.
fran·*guei*·ro adj. sm.
frân·gu·la sf.
fran·ja sf.
fran·*ja*·do adj.
fran·ja·*men*·to sm.
fran·*jar* v.
fran·ke·ni·*á*·ce:a sf.
fran·ke·ni:*á*·ce:o adj.
fran·que:*ar* v.
fran·que:*á*·vel adj. 2g.; pl. ·veis.
fran·*quei*·ra sf.
fran·*quei*·ro adj. sm.
fran·*que*·za (ê) sf.
fran·*qui*·a sf.
fran·*quis*·mo sm.
fran·*quis*·que sm.
fran·*quis*·ta adj. s2g.
fran·*zi*·do adj. sm.

fran·zi·*men*·to sm.
fran·*zi*·no adj.
fran·*zir* v.
fra·que sm.
fra·que:*ar* v.
fra·*quei*·ra sf.
fra·*quei*·rão adj. sm.; pl. ·*rões*; f. ·*ro*·na.
fra·*quei*·ro adj.
fra·*quei*·ro·na adj. sf. de *fraqueirão*.
fra·que·*jar* v.
fra·*que*·te (ê) adj. 2g.
fra·*que*·za (ê) sf.
fra·*sal* adj. 2g.; pl. ·*sais*.
fras·ca sf.
fras·ca·*ri*·a sf. 'quantidade de frascos'/Cf. *frascária*, f. de *frascário*.
fras·*cá*·ri:o adj. sm. 'libertino, devasso'; f. *frascária*/Cf. *frascaria*.
fras·co sm.
fra·se sf.
fra·se:*a*·do adj. sm.
fra·se:a·*dor* (ô) adj. sm.
fra·se:*ar* v.
fra·*sei*·o sm.
fra·se:o·*lo*·gi·a sf.
fra·se:o·*ló*·gi·co adj.
fra·se:o·*ma*·ni·a sf.
frá·si·co adj.
fra·*sis*·mo sm.
fras·*quei*·ra sf.
fras·*quei*·ro adj. sm.
fras·*que*·ta (ê) sf.
frá·ter sm.
fra·*ter*·na sf.
fra·*ter*·nal adj. 2g.; pl. ·*nais*.
fra·ter·ni·*da*·de sf.
fra·ter·ni·za·*ção* sf.; pl. ·*ções*.
fra·ter·ni·*zar* v.
fra·*ter*·no adj.
fra·*tri*·a sf.
fra·*tri*·ci·da adj. s2g.
fra·*tri*·cí·di:o sm.
fra·*tu*·ra sf.
fra·tu·ra·*men*·to sm.
fra·tu·*rar* v.
frau·da·*ção* sf.; pl. ·*ções*.
frau·da·*dor* (ô) adj. sm.
frau·*dar* v.
frau·da·*tó*·ri:o adj.
frau·*dá*·vel adj. 2g.; pl. ·veis.
frau·de sf.
frau·*den*·to adj.
frau·du·*lên*·ci:a sf.

frau·du·*len*·to adj.
frau·du·*lo*·so (ô) adj.; f. e pl. (ó).
frau·ta sf.: *flauta*.
frau·te:*ar* v.: *flautear*.
frau·*tei*·ro sm.: *flauteiro*.
fra·*xí*·ne:o (cs) adj.
fre:*a*·da sf.
fre:a·*men*·to sm.
fre:*ar* v.
fre:*á*·ti·co adj.
fre·cha sf.: *flecha*.
fre·*cha*·da sf.: *flechada*.
fre·*cha*(s) de *par*·to sf. (pl.).: *flecha de parto*.
fre·*cha*·do adj.: *flechado*.
fre·*chal* sm.; pl. ·*chais*.
fre·*char* v.: *flechar*.
fre·cha·*ri*·a sf.: *flecharia*.
fre·*chei*·ra sf.: *flecheira*.
fre·*chei*·ro sm.: *flecheiro*.
fre·de·*ri*·co sm.
fre·*ei*·ro sm.
freelancer adj. 2g. s2g. (ing.: *frilêncer*).
freezer sm. (ing.: *frízer*).
fre·ga sf.
fre·ga·*tí*·de:o adj. sm.
fre·ge sm.
fre·ge·*mos*·cas sm. 2n.
fre·*gis*·ta s2g.
fre·*go*·na sf.
fre·*guês* sm.
fre·gue·*si*·a sf.
frei sm.
frei(s)·*bo*·de(s) sm. (pl.).
frei·*jó* sm.
frei·*jor*·ge sm.; pl. *freis-jorges* ou *freis-jorge*.
frei·ma sf.: *fleima, fleuma*.
frei·*mão* sm.; pl. ·*mões*: *fleimão*.
frei·*má*·ti·co adj.
frei·o sm.
frei·pau·lis·*ta*·no(s) adj. sm. (pl.).
frei·ra sf.
frei·*ral* adj. 2g.; pl. ·*rais*.
frei·*rar* v.
frei·ra·*ri*·a sf.
frei·*rá*·ti·co adj. sm.
frei·re sm.
frei·*ri*·a sf.
frei·*ri*·ce sf.
frei·*ri*·nha sf.
frei·*ten*·se adj. s2g.
frei·vi·*cen*·te sm.; pl. *freis-vicentes* ou *frei-vicentes*.
frei·*xal* sm.; pl. ·*xais*.

frei·xi:*al* sm.; pl. ·*ais*.
frei·xo sm.
fre·je·*re*·ba sf.
fre·me sm.: *flame, fleme*.
fre·me·*bun*·do adj.
fre·*mên*·ci:a sf.
fre·*men*·te adj. 2g.
fre·*mir* v.
frê·mi·to sm.
fre·na·*ção* sf.; pl. ·*ções*.
fre·na·*dor* (ô) adj.
fre·*na*·gem sf.; pl. ·*gens*.
fre·nal·*gi*·a sf.
fre·*nar* v.
fren·*den*·te adj. 2g.
fren·*der* v.
fren·*dor* (ô) sm.
fre·ne·*si* sm.: fre·ne·*si*·a, sf.: *farnesia*.
fre·ne·si:*ar* v.
fre·ne·*sim* sm.; pl. ·*sins*: *frenesi*.
fre·*né*·ti·co adj.
fre·ni·cec·to·*mi*·a sf.
frê·ni·co adj.
fre·ni·co·trip·*si*·a sf.
fre·*ni*·te sf.
fre·*ní*·ti·co adj.
fre·no·car·*di*·a sf.
fre·no·car·*dí*:a·co adj.
fre·no·*gás*·tri·co adj.
fre·no·*lo·gi*·a sf.
fre·no·*ló*·gi·co adj.
fre·no·lo·*gis*·mo sm.
fre·no·lo·*gis*·ta adj. s2g.
fre·no·*pa*·ta s2g:
fre·*nó*·pa·ta.
fre·no·pa·*ti*·a sf.
fre·no·*pá*·ti·co adj.
fre·no·ple·*gi*·a sf.
fres·nop·*to*·se sf.
fres·nos·*plê*·ni·co adj.
fre·no·to·*mi*·a sf.
fre·*on* sm.: *fré*·on.
fre:*ô*·ni·co adj.
fren·te sf.
fren·te:*ar* v.
fren·*tis*·ta sm.
fre·nu·*la*·do adj. sm.
frê·nu·lo sm.
fre·*quên*·ci:a sf.
fre·quen·*cí*·me·tro sm.
fre·quen·ci:*ô*·me·tro sm.
fre·quen·ta·*ção* sf.; pl. ·*ções*.
fre·quen·ta·*dor* (ô) adj. sm.
fre·quen·*tar* v.
fre·quen·ta·*ti*·vo adj.
fre·quen·*tá*·vel adj. 2g.; pl.

·*veis*.
fre·*quen*·te adj. 2g.
fre·sa sf.
fre·sa·*dor* (ô) adj. sm.
fre·sa·*do*·ra (ô) sf.
fre·*sa*·gem sf.; pl. ·*gens*.
fre·*sar* v.
fres·ca (ê) sf.
fres·*cal* adj. 2g. sm.; pl. ·*cais*.
fres·ca·*lhão* adj. sm.; pl. ·*lhões*; f. ·*lho*·na.
fres·ca·*lho*·na adj. sf. de *frescalhão*.
fres·*ca*·ta sf. sm.
fres·co (ê) adj. sm.
fres·co·*bol* sm.; pl. ·*bóis*.
fres·*cor* (ô) sm.
fres·*cu*·ra sf.
fre·se adj. 2g. 2n. sm.
fré·si:a sf.
fres·*nel* sm.; pl. ·*néis*.
fres·qui·*dão* sf.; pl. ·*dões*.
fres·*su*·ra sf.
fres·su·*rei*·ro sm.
fres·ta sf.
fres·*ta*·do adj.
fres·*tão* sm.; pl. ·*tões*.
fres·*tar* v.
fre·*ta*·do adj.
fre·ta·*dor* (ô) sm.
fre·*ta*·gem sf.; pl. ·*gens*.
fre·ta·*men*·to sm.
fre·*tar* v.
fre·te sm.
fre·*tei*·ro sm.
fre·te·ja·*dor* (ô) sm.
fre·te·*jar* v.
fre·te·*nir* v.
fre·to sm.
freu·di:*a*·no (frói) adj. sm.
freu·*dis*·mo (frói) sm.
freu·*dis*·ta (frói) adj. s2g.
fre·*van*·ça sf.
fre·*var* v.
fre·*vis*·ta adj. s2g.
fre·vo (ê) sm.
fri·a sf.
fri:a·bi·li·*da*·de sf.
fri:*a*·cho adj. sm.
fri:*a*·gem sf.; pl. ·*gens*.
fri:al·*da*·de sf.
fri:*a*·me sm.
fri:*á*·vel adj. 2g.; pl. ·*veis*.
fri·bur·*guen*·se adj. s2g.
fri·can·*dó* sm.
fri·cas·*sé* sm: fri·cas·*sê*.
fri·ca·*ti*·va sf.

fri·ca·*ti*·vo adj.
fric·*ção* sf.; pl. ·*ções*.
fric·ci:o·*nar* v.
fri·*co*·te sm.
fri·co·*tei*·ro adj. sm.
fric·*tor* (ô) sm.
fri:*ei*·ra sf.
fri:ei·*rão* sm.; pl. ·*rões*.
fri:ei·*ren*·to adj.
fri:*en*·to adj.
fri:*e*·za (ê) sf.
fri·ga·*ná*·ri:o adj. sm.
fri·ga·ne·*í*·de:o adj. sm.
fri·ga·*ni*·do adj. sm.:
   fri·*gâ*·ni·do.
fri·ga·*noi*·de adj. 2g. sm.
fri·gi·*dei*·ra sf. s2g.
fri·gi·*dez* (ê) sf.
fri·gi·*dís*·si·mo adj. superl. de
   frígido e *frio*.
frí·gi·do adj.; superl.
   frigidíssimo.
fri·*gí*·fu·go adj.
frí·gi:o adj. sm.; f. *frígia*/Cf.
   frigia, do v. *frigir*.
fri·*gir* v.
fri·go·*bar* sm.
fri·go·*ri*·a sf.
fri·*gó*·ri·co adj.
fri·go·*rí*·fe·ro adj. sm.
fri·go·ri·fi·ca·*ção* sf.; pl. ·*ções*.
fri·go·ri·fi·*car* v.
fri·go·*rí*·fi·co adj. sm./Cf.
   frigorifico, do v. *frigorificar*.
fri·go·te·ra·*pi*·a sf.
fri·go·te·*rá*·pi·co adj.
fri·*má*·ce:a sf.
fri·*má*·ce:o adj.
fri·*má*·ri:o sm.
frin·cha sf.
frin·gi·*lí*·de:o adj. sm.
fri·*ní*·de:o adj. sm.
fri·*ni*·na sf.
fri:o   adj.   sm.;   superl.
   frigidíssimo.
fri:o·*lei*·ra sf.
fri:o·*ren*·to adj.
fri·sa sf.
fri·*sã* adj. sf. de *frisão*.
fri·sa·do adj. sm.
fri·sa·*dor* (ô) adj. sm.
fri·*sa*·gem sf.; pl. ·*gens*.
fri·*san*·te adj. 2g.
fri·*são* adj. sm.; pl. ·*sãos*; f. *frisã*.
fri·*sar* v.
frí·si:o adj. sm.
fri·so sm.

fri·ta sf.
fri·*ta*·da sf.
fri·ta·*dei*·ra sf.
fri·ta·*lha*·da sf.
fri·tan·*ga*·da sf.
fri·*tar* v.
fri·*ti*·lo sm.
fri·to adj. sm.
fri·*tu*·ra sf.
fri:u·*la*·no adj. sm.
fri:*ú*·me sm.
fri:*ú*·ra sf.
fri·vo·*le*·za (ê) sf.
fri·vo·li·*da*·de sf.
frí·vo·lo adj. sm.
fro·*ca*·do adj. sm.
fro·ca·*du*·ra sf.
froi·xel sm.; pl. ·*xéis*: *frouxel*.
froi·xe·*la*·do adj.: *frouxelado*.
froi·*xe*·za (ê) sf.: *frouxeza*.
froi·xi·*da*·de sf.: *frouxidade*.
froi·xi·*dão* sf.; pl. ·*dões*:
   frouxidão.
froi·xo adj. sm.: *frouxo*.
froi·*xu*·ra sf.: *frouxura*.
fro·lo sm.
fron·*cil* adj. 2g. sm.; pl. ·*cis*.
fron·da sf.
fron·dar v.
fron·de sf.
fron·de:*ar* v.
fron·de·*jan*·te adj. 2g.
fron·de·*jar* v.
fron·*den*·te adj. 2g.
frôn·de:o adj.
fron·des·*cên*·ci:a sf.
fron·des·*cen*·te adj. 2g.
fron·des·*cer* v.
fron·*dí*·co·la adj. 2g.
fron·*dí*·fe·ro adj.
fron·di·*for*·me adj. 2g.
fron·*dí*·pa·ro adj.
fron·*dis*·ta adj. s2g.
fron·do·si·*da*·de sf.
fron·*do*·so (ô) adj.; f. e pl. (ó).
frôn·du·la sf.
fro·nha sf.
fro·ni·*mí*·de:o adj. sm.
fron·ta·*ber*·to adj.
fron·*tal* adj. 2g. sm.; pl. ·*tais*.
fron·ta·*lei*·ra sf.
fron·ta·li·*da*·de sf.
fron·*tão* sm.; pl. ·*tões*.
fron·ta·*ri*·a sf.
fron·te sf.
fron·te:*ar* v.
fron·*tei*·ra sf.

fron·tei·ra·*fai*·xa sf.; pl.
   fronteiras-faixas ou
   fronteiras-faixa.
fron·tei·ra·*li*·nha sf.; pl.
   fronteiras-linhas ou
   fronteiras-linha.
fron·tei·*rar* v.
fron·tei·ra·*zo*·na sf.; pl.
   fronteiras-zonas ou
   fronteiras-zona.
fron·tei·*ren*·se adj. s2g.
fron·tei·*ri*·ço adj. sm.
fron·*tei*·ro adj. sm.
fron·*ti*·no adj.
fron·tir·*ros*·tro adj. sm.
fron·tis·*pí*·ci:o sm.
fron·to·cer·vi·*cal* adj. 2g. sf.;
   pl. ·*cais*.
fron·to·na·*sal* adj. 2g.; pl. ·*sais*.
fron·to·pa·ri:e·*tal* adj. 2g.; pl.
   ·*tais*.
fron·to·tem·po·*ral* adj. 2g.;
   pl. ·*rais*.
fro·ta sf.
fro·*tis*·ta s2g.
fró·to·la sf.
frou·xel sm.; pl. ·*xéis*: *froixel*.
frou·xe·*la*·do adj.: *froixelado*.
frou·*xe*·za (ê) sf.: *froixeza*.
frou·xi·*da*·de sf.: *froixidade*.
frou·xi·*dão* sf.; pl. ·*dões*:
   froixidão.
frou·xo adj. sm.: *froixo*.
frou·*xu*·ra sf.: *froixura*.
fruc·ti·*dor* (ô) sf.: *frutidor*.
fru·fru sm.
fru·fru·*an*·te adj. 2g.
fru·fru·*lhan*·te adj. 2g.
fru·fru·*lhar* v.
fru·fru·*tar* v.
fru·*gal* adj. 2g.; pl. ·*gais*.
fru·ga·li·*da*·de sf.
fru·*gí*·fe·ro adj.
fru·*gí*·vo·ro adj. sm.
fru:i·*ção* sf.; pl. ·*ções*.
fru:*ir* v.
frui·ta sf.: *fruta*.
fru:i·*ti*·vo adj.
frui·to sm.: *fruto*.
fru·la·ni·*á*·ce:a sf.
fru·la·ni·*á*·ce:o adj.
fru·men·ta·*ção* sf.; pl. ·*ções*.
fru·men·*tá*·ce:o adj.
fru·men·*tal* adj. 2g. sm.; pl.
   ·*tais*.
fru·men·*tí*·ci:o adj.
fru·*men*·to sm.

fru·men·to·so (ô) adj.; f. *e* pl. (ó).
frun·cho sm.
frún·cu·lo sm.: *furúnculo*.
frus·se·ri·a sf.
frus·to adj. sm. 'não polido'/ Cf. *frustro*.
frus·tra·ção sf.; pl. ·ções.
frus·tra·do adj. sm.
frus·tra·dor (ô) adj. sm.
frus·trâ·ne:o adj.
frus·trar v.
frus·tra·tó·ri:o adj.
frus·tá·vel adj. 2g.; pl. ·veis.
frus·tro adj. 'frustrado'/Cf. *frusto*.
frús·tu·la sf.
frús·tu·lo sm.
fru·ta sf.: *fruita*.
fru·ta(s)-de-a·nel sf. (pl.).
fru·ta(s)-de-a·ra·ra sf. (pl.).
fru·ta(s)-de-ca·chor·ro sf. (pl.).
fru·ta(s)-de-cai·a·pó sf. (pl.).
fru·ta(s)-de-con·de sf. (pl.).
fru·ta(s)-de-con·des·sa sf. (pl.).
fru·ta(s)-de-co·ru·ja sf. (pl.).
fru·ta(s)-de-cu·ti·a sf. (pl.).
fru·ta(s)-de-e·ma sf. (pl.).
fru·ta(s)-de-gen·ti:o sf. (pl.).
fru·ts(s)-de-gua·ri·ba sf. (pl.).
fru·ta(s)-de-ja·cu sf. (pl.).
fur·ta(s)-de-lo·bo sf. (pl.).
fru·ta(s)-de-ma·ca·co sf. (pl.).
fru·ta(s)-de-man·tei·ga sf. (pl.).
fru·ta(s)-de-mor·ce·go sf. (pl.).
fru·ta(s)-de-pa·pa·gai·o sf. (pl.).
fru·ta(s)-de-pom·ba sf. (pl.).
fru·ta(s)-de-sa·bi:á sf. (pl.).
fru·ta(s)-de-sa·í·ra sf. (pl.).
fru·ta(s)-de-tu·ca·no sf. (pl.).
fru·ta(s)-de-ve:a·do sf. (pl.).
fru·ta·do adj.
fru·ta(s)-do·ce(s) sf. (pl.).
fru·ta(s)-do-con·de sf. (pl.).
fru·ta(s)-dos-pau·lis·tas sf. (pl.).
fru·ta·len·se adj. s2g.
fru·tão sm.; pl. ·tões.
fru·ta-pão sf.; pl. *frutas-pães* ou *frutas-pão*.
fru·tar v.
fru·te:ar v.
fru·tei·ra sf.
fru·tei·ra(s)-de-a·ra·ra sf. (pl.).
fru·tei·ra(s)-de-bur·ro sf. (pl.).
fru·tei·ra(s)-de-ja·cu sf. (pl.).
fru·tei·ro adj. sm.

fru·tes·cên·ci:a sf.
frus·tes·cen·te adj. 2g.
frus·tes·cer v.
frú·ti·ce sm.
fru·tí·ce·to sm.
fru·ti·co·so (ô) adj.; f. *e* pl. (ó).
fru·ti·cu·lo·so (ô) adj.; f. *e* pl. (ó).
fru·ti·cul·tor (ô) sm.
fru·ti·cul·tu·ra sf.
fru·ti·dor (ô) sm.: *fructidor*.
fru·tí·fe·ro adj.
fru·ti·fi·ca·ção sf.; pl. ·ções.
fru·ti·fi·car v.
fru·ti·fi·ca·ti·vo adj.
fru·ti·for·me adj. 2g.
fru·tí·ge·ro adj.
fru·ti·lha sf.
fru·tí·vo·ro adj.
fru·to sm.: *fruito*.
fru·to(s)-a·mar·go·so(s) sm. (pl.).
fru·to(s)-de-im·bê sm. (pl.).
fru·to(s)-de-mor·ce·go sm. (pl.).
fru·to(s)-de-pa·pa·gai·o sm. (pl.).
fru·to·se sf.
fru·tu:á·ri:o adj.
fru·tu:o·so (ô) adj.; f. *e* pl. (ó).
fru·xu sm.
fru·zu·ê sm.: *fuzuê*.
fta·la·to sm.
fta·le·í·na sf.
ftá·li·co adj.
fta·li·na sf.
fta·lo·ci:a·ni·na sf.
fti·rí·a·se sf.
fu interj.
fu:á adj. 2g. sm.
fu:ão sm.; pl. ·*ãos* ou ·*ões*; f. fu:ã.
fu·ba sf. *ou* sm.
fu·bá adj. 2g. sm.
fu·ba·na sf.
fu·be·ca sf.
fu·be·ca·da sf.
fu·be·car v.
fu·bi·ca sm. s2g.
fu·ça sf.
fu·cá·ce:a sf.
fu·cá·ce:o adj.
fu·çar v.
fu·cí·co·la 2g.
fu·ci·for·me adj. 2g.
fu·co sm.
fu·coi·de adj. 2g.

fu·co·se sf.
fu·co·xan·ti·na (cs) sf.
fúc·si:a sf.
fuc·si·na sf.
fu:e·gui·no adj. sm.
fu:ei·ra·da sf.
fu:ei·rar v.
fu:ei·ro sm.
fú·fi:a sf. s2g.
*fú:*fi:o adj. sm.
fu·ga sf.
fu·ga·ce adj. 2g.: *fugaz*.
fu·ga·ci·da·de sf.
fu·ga·cís·si·mo adj. superl. de *fugaz*.
fu·ga·do adj.
fu·ga·la·ça sf.
fu·gar v.
fu·gaz adj. 2g.: *fugace*; superl. *fugacíssimo*.
fu·gen·te adj. 2g. sm.
fu·gi·ção sf.; pl. ·ções.
fu·gi·da sf.
fu·gi·di·ço adj.
fu·gi·di:o adj.
fu·gi:en·te adj. 2g.
fu·gir v.
fu·gi·ti·vo adj. sm.
fu:i·nha sf. s2g.
fu:i·nho sm.
fu·jão adj. sm.; pl. ·*jões*; f. ·*jo·na*.
fu·ji·car v.
fu·jo·na adj. sf. de *fujão*.
fu·la adj. s2g. sf.
fu·lá adj. s2g.
fu·la·no sm.
fu·la·no(s) dos an·zóis sm. (pl.).
fu·la·no(s) dos an·zóis ca·ra·pu·ça sm. (pl.).
fu·la·no(s) dos gru·des sm. (pl.).
fu·lar sm. 'tecido de seda'/Cf. *folar*.
ful·cra·do adj.
ful·cro sm.
fu·lei·ra·gem sf.; pl. ·gens.
fu·lei·ro adj. sm.
ful·gên·ci:a sf.
ful·gen·te adj. 2g.
ful·gen·te:ar v.
fúl·gi·do adj./Cf. *fulgido*, do v. *fulgir*.
ful·gir v.
ful·gor (ô) sm.
ful·go·rí·de:o adj. sm.

ful·gu·ra·ção sf.; pl. ·ções.
ful·gu·ral adj. 2g.; pl. ·rais.
ful·gu·rân·ci:a sf.
ful·gu·ran·te adj. 2g. sm.
ful·gu·rar v.
ful·gu·ri·to sm.
ful·gu·ro·so (ô) adj.; f. e pl. (ó).
fu·lhei·ra sf.
fu·lhei·ro adj. sm. 'trapaceiro'/ Cf. folheiro.
fu·li·gem sf.: felugem; pl. ·gens.
fu·li·gi·no·si·da·de sf.
fu·li·gi·no·so (ô) adj.; f. e pl. (ó).
fu·lis·ta s2g.
full time loc.subst. (ing.: fultáim).
ful·mi·le·nho sm.
ful·mi·na·ção sf.; pl. ·ções.
ful·mi·na·do adj.
ful·mi·na·dor (ô) adj. sm.
ful·mi·nan·te adj. 2g. sm.
ful·mi·nar v.
ful·mi·na·to sm.
ful·mi·na·tó·ri:o adj.
ful·mí·ne:o adj.
ful·mí·ni·co adj.
ful·mi·ní·fe·ro adj.
ful·mi·ní·vo·mo adj.
ful·mi·no·so (ô) adj.; f. e pl. (ó).
ful·ni:ô adj. s2g.
fu·lo adj. sm.
fu·lus·tre·co sm.
ful·ve·ri·no sm.
ful·ves·cên·ci:a sf.
ful·ves·cen·te adj. 2g.
ful·vi·cór·ne:o adj.
fúl·vi·do adj.
ful·ví·pe·de adj. 2g.
ful·vi·pe·ne adj. 2g.
ful·vir·ros·tro adj.
ful·vo adj. sm.
fu·ma·ça adj. 2g. sf.
fu·ma·ça·da sf.
fu·ma·çar v.
fu·ma·ças sf. pl.
fu·ma·cê sm.
fu·ma·cei·ra sf.
fu·ma·cen·to adj.
fu·ma·cis·ta adj. s2g.
fu·ma·da sf.
fu·ma·doi·ro sm.: fumadouro.
fu·ma·dor (ô) adj. sm.
fu·ma·dou·ro sm.: fumadoiro.
fu·ma·gei·ro adj.
fu·ma·gem sf.; pl. ·gens.
fu·ma·gi·na sf.
fu·mal sm.; pl. ·mais.

fu·man·te adj. s2g.
fu·mar v.
fu·ma·ra·ça sf.
fu·ma·ra·da sf.
fu·ma·rar v.
fu·ma·ra·se sf.
fu·ma·ra·to sm.
fu·ma·re·da (ê) sf.
fu·ma·ren·to adj.
fu·má·ri:a sf./Cf. fumaria, do v. fumar.
fu·ma·ri:á·ce:a sf.
fu·ma·ri:á·ce:o adj.
fu·má·ri·co adj.
fu·ma·ro·la sf.
fu·ma·tó·ri:o adj. sm.
fu·má·vel adj. 2g.; pl. ·veis.
fum·bam·ba sm.
fu·mê adj. 2g.
fu·me:an·te adj. 2g.
fu·me:ar v.
fu·me·ga s2g.
fu·me·gan·te adj. 2g.
fu·me·gar v.
fu·me·go (ê) sm./Cf. fumego (é), do v. fumegar.
fu·mei·ra sf.
fu·mei·ro adj. sm.
fú·me:o adj.
fu·mes·tí·vel adj. 2g.; pl. ·veis.
fu·mi·cul·tor (ô) sm.
fu·mi·cul·tu·ra sf.
fú·mi·do adj.
fu·mí·fe·ro adj.
fu·mí·fi·co adj.
fu·mi·fla·man·te adj. 2g.
fu·mí·fu·go adj. sm.
fu·mi·ga·ção sf.; pl. ·ções.
fu·mi·ga·dor (ô) adj. sm.
fu·mi·gan·te adj. 2g. sm.
fu·mi·gar v.
fu·mi·ga·tó·ri:o adj. sm.
fu·mí·ge·no adj.
fu·mis·ta adj. s2g.
fu·mí·vo·mo adj.
fu·mí·vo·ro adj. sm.
fu·mo sm.
fu·mo(s)-bra·vo(s) sm. (pl.).
fu·mo(s)-bra·vo(s)-de-per·nam·bu·co sm. (pl.).
fu·mo(s)-bra·vo(s)-do-a·ma·zo·nas sm. (pl.).
fu·mo(s)-bra·vo(s)-do-ce:a·rá sm. (pl.).
fu·mo(s)-da-ter·ra sm. (pl.).
fu·mo(s) de an·go·la sm. (pl.).
fu·mo(s)-de-jar·dim sm. (pl.).

fu·mo(s) de ro·lo sm. (pl.).
fu·mo·si·da·de sf.
fu·mo·so (ô) adj.; f. e pl. (ó).
fu·nam·bu·les·co (ê) adj.
fu·nam·bu·lis·mo sm.
fu·nâm·bu·lo sm.
fu·na·ri:á·ce:a sf.
fu·na·ri:á·ce:o adj. sm.
fun·ca adj. s2g.
fun·ça·na·da sf.: fun·ça·na·ta.: funçonata.
fun·ça·nis·ta adj. s2g.
fun·ção sf.; pl. ·ções.
fun·chal sm.; pl. ·chais.
fun·cha·len·se adj. s2g.
fun·cho sm.
fun·cho(s)-de-por·co sm. (pl.).
fun·cho(s)-dos-al·pes sm. (pl.).
fun·ci·o·nal adj. 2g. sm.; pl. ·nais.
fun·ci·o·na·li·da·de sf.
fun·ci·o·na·lis·mo sm.
fun·ci·o·na·lis·ta adj. s2g.
fun·ci·o·na·li·zar v.
fun·ci·o·na·men·to sm.
fun·ci·o·nar v.
fun·ci·o·ná·ri:a sf./Cf. funcionaria, do v. funcionar.
fun·ci·o·ná·ri:o sm.
fun·ci·o·na·ris·mo sm.
fun·ço·na·ta sf.: funçanata.
fun·da sf.
fun·da·ção sf.; pl. ções.
fun·da·do adj.
fun·da·dor (ô) adj. sm.
fun·da·gem sf.; pl. ·gens.
fun·da·men·ta·bi·li·da·de sf.
fun·da·men·ta·ção sf.; pl. ·ções.
fun·da·men·ta·do adj.
fun·da·men·tal adj. 2g. sm.; pl. ·tais.
fun·da·men·ta·lis·mo sm.
fun·da·men·tar v.
fun·da·men·tá·vel adj. 2g.; pl. ·veis.
fun·da·men·to sm.
fun·dão sm.; pl. ·dões.
fun·dão:en·se adj. s2g.
fun·dar v.
fun·dá·vel adj. 2g.; pl. ·veis.
fun·de:a·do adj.
fun·de:a·doi·ro sm.: fun·de:a·dou·ro.
fun·de:ar v.
fun·dei·ro adj. sm.
fun·den·te adj. 2g. sm.
fun·di:á·ri:o adj.

fun·di·bu·lá·ri:o adj. sm.
fun·dí·bu·lo sm.
fun·di·ção sf.; pl. ·ções.
fun·di·do adj.
fun·di·dor (ô) sm.
fun·di·lhar v.
fun·di·lho sm.
fun·di·nho sm.
fun·dir v.
fun·dis·mo sm.
fun·dis·ta adj. s2g.
fun·dí·vel adj. 2g.; pl. ·veis.
fun·do adj. sm.
fun·do(s) de lâm·pa·da sm. (pl.).
fun·do·nen·se adj. s2g.
fun·dos sm. pl.
fun·dos·co·pi·a sf.
fun·dos·có·pi·co adj.
fun·dos·có·pi:o sm.
fun·du·ra sf.
fú·ne·bre adj. 2g.
fu·ne·ral adj. 2g. sm.; pl. ·rais.
fu·ne·rá·ri:a sf.
fu·ne·rá·ri:o adj.
fu·né·re:o adj.
fu·nes·ta·ção sf.; pl. ·ções.
fu·nes·ta·dor (ô) adj. sm.
fu·nes·tar v.
fu·nes·to adj.
fun·fun·ga·gá sm.: fungagá.
fun·ga sf.
fun·ga·ção sf.; pl. ·ções.
fun·ga·da sf.
fun·ga·dei·ra sf.
fun·ga·dor·on·ça sm.; pl.
  fungadores-onças ou
  fungadores-onça.
fun·ga·gá sm.: funfungagá.
fun·gan·gá sm.: fungagá.
fun·gão adj. sm.; pl. ·gões; f. ·go·na.
fun·gar v.
fun·gi·ci·da adj. 2g. sm.
fún·gi·co adj.
fun·gí·co·la adj. 2g.
fun·gi·for·me adj. 2g.
fun·gí·vel adj. 2g.; pl. ·veis.
fun·go sm.
fun·go·lo·gis·ta s2g.
fun·go·na adj. sf. de fungão.
fun·go·si·da·de sf.
fun·go·so (ô) adj.; f. e pl. (ó).
fun·gu sm.
fu·ni·cu·lar adj. 2g. sm.
fu·ni·cu·li·te sf.
fu·ní·cu·lo sm.

fu·ni·for·me adj. 2g.
fu·nil sm.; pl. ·nis.
fu·ni·la·ri·a sf.
fu·ni·lei·ro sm.
fun·je sm.
funk sm. (ing.: fank).
fun·quei·ro, fun·kei·ro adj. sm.
fu·ra sf.
fu·ra·bar·rei·ra(s) sm. (pl.).
fu·ra·bar·ri·ga(s) sm. (pl.).
fu·ra·bo·lo(s) sm. s2g. (pl.).
fu·ra·bo·los sm. s2g. 2n.
fu·ra·bu·xo(s) sm. (pl.).
fu·ra·ca·mi·sas sm. 2n.
fu·ra·cão sm.; pl. ·cões.
fu·ra·ção sf.; pl. ·ções.
fu·ra·ca·pa(s) sf. (pl.).
fu·ra·car v.
fu·ra·ci·da·de sf.
fu·ra·da sf.
fu·ra·dei·ra sf.
fu·ra·do adj. sm.
fu·ra·dor (ô) adj. sm.
fu·ra·ge·lo(s) sm. (pl.).
fu·ra·gem sf.; pl. ·gens.
fu·ra·ma·to(s) sm. (pl.).
fu·ra·no sm.
fu·rão adj. sm.; pl. ·rões; f. ·ro·na.
fu·ra·pa·re·des sm. s2g. 2n.
fu·rar v.
fu·ra·ter·ra(s) sf. (pl.).
fu·rá·vel adj. 2g.; pl. ·veis.
fu·ra·vi·das s2g. 2n.
fur·bes·co (ê) adj.
fur·ca sf.
fur·ca·do adj.
fur·cí·fe·ro adj.
fur·co sm.
fúr·cu·la sf.
fur·dun·çar v.
fur·dun·cei·ro adj. sm.
fur·dún·ci:o sm.
fur·dun·ço sm.
fu·ren·te adj. 2g.
fur·fu·ra·ção sf.; pl. ·ções.
fur·fu·rá·ce:o adj.
fur·fu·ral adj. 2g. sm.; pl. ·rais.
fur·fu·ra·mi·do sm.
fur·fú·re:o adj.
fur·fu·ri·la·to sm.
fur·fu·rí·li·co adj.
fur·fu·ri·na sf.
fur·fu·rol sm.; pl. ·róis.
fur·gão sm.; pl. ·gões.
fú·ri:a sf.

fu·ri·bun·dér·ri·mo adj.
  superl. de furibundo.
fu·ri·bun·do adj.; superl.
  furibundérrimo.
fu·ri:o·sa sf.
fu·ri:o·si·da·de sf.
fu·ri:o·so (ô) adj.; f. e pl. (ó).
fu·rip·te·rí·de:o adj. sm.
fur·la·na sf.
fur·na sf.
fur·na·rí·de:o adj. sm.
fu·ro sm.
fu·ro:ar v.
fu·ro·na adj. sf. de furão.
fu·ror (ô) sm.
fur·ri:el sm.; pl. ·éis.
fur·run·du sm.: fur·run·dum
  sm. pl. ·duns.
fur·ta·cor adj. 2g. sm. sf.; pl.
  furta-cores.
fur·ta·co·res adj. s2g. 2n.
fur·ta·de·la sf.
fur·ta·dor (ô) sm.
fur·ta·fo·go(s) sm. (pl.).
fur·ta·mo·ça(s) adj. 2g. (pl.).
fur·ta·pas·so(s) sm. (pl.).
fur·tar v.
fur·ti·vo adj.
fur·to sm.
fu·ru·fu·ru sm.
fu·run·cu·lar adj. 2g.
fu·rún·cu·lo sm.: frúnculo.
fu·run·cu·lo·se sf.
fu·run·cu·lo·so (ô) adj.; f. e pl. (ó).
fu·run·cu·ló·to·mo sm.
fu·run·gar v.
fur·vo adj.
fu·sa sf.
fu·sa·da sf.
fu·sai:o·la sf.
fu·são sf.; pl. ·sões.
fu·sa·ri:o sm.
fu·sa·ri:o·se sf.
fus·ca sm.
fus·cal·vo adj.
fus·cão sm.; pl. ·cões.
fus·ci·co·lo 2g.
fus·ci·cór·ne:o adj.
fus·cí·ma·no adj.
fus·ci·na sf.
fus·ci·pe·ne adj. 2g.
fus·ci·pê·ne:o adj.
fus·cir·ros·tro adj.
fus·co adj. sm., na loc. entre
  lusco e fusco.
fus·co·fus·co(s) sm. (pl.).

fu·*sei*·ra sf.
fu·*sei*·ro sm.
fu·*se*·la sf.
fu·se·*la*·do adj.
fu·se·*la*·gem sf.; pl. ·gens.
fu·si·bi·li·*da*·de sf.
fu·si·*cór*·ne:o adj. sm.
fu·si·*for*·me adj. 2g.
fú·sil adj. 2g. 'fundível'; pl. ·seis/Cf. *fuzil*.
fu·si:o·na·*men*·to sm.
fu·si:o·*nar* v.
fu·si:o·*nis*·ta adj. s2g.
fu·*sí*·pe·de adj. 2g.
fu·*sí*·vel adj. 2g. sm.; pl. ·veis.
fu·so sm. 'instrumento'/Cf. *fuzo*.
fu·*soi*·de adj. 2g.
fu·*só*·ri:o adj.
fus·que:*ar* v.
fus·qui·*dão* sf.; pl. ·*dões*.
fus·*qui*·nha sm.
fus·ta sf.
fus·*tão* sm.; pl. ·*tões*.
fus·te sm.: *foste*.
fus·*te*·te (ê) sm.
fu·te·*vô*·lei sm.
fus·ti·ga·*ção* sf.; pl. ·*ções*.
fus·ti·ga·*dor* (ô) adj. sm.
fus·ti·ga·*men*·to sm.
fus·ti·*gan*·te adj. 2g.
fus·ti·*gar* v.

fus·*ti*·go sm.
fu·te sm.
fu·te·*bol* sm.; pl. ·*bóis*.
fu·te·bo·*lis*·mo sm.
fu·te·bo·*lis*·ta s2g.
fu·te·bo·*lís*·ti·co adj.
fu·ti·*car* v.
fú·til adj. 2g.; pl. ·teis.
fu·ti·li·*da*·de sf.
fu·ti·li·*zar* v.
futon sm. (jap.: *futon*).
fu·tre adj. s2g
fu·*tri*·ca sf. s2g.
fu·*tri*·ca·da sf.
fu·tri·*ca*·gem sf.; pl. ·gens.
fu·*tri*·car v.
fu·tri·ca·*ri*·a sf.
fu·*tri*·co sm.
fu·tri·*qui*·ce sf.
fut·*sal* sm.; pl. .*sais*.
fu·*tu*·car v.
fu·*tu*·ra sf.
fu·tu·ra·*ção* sf.; pl. ·*ções*.
fu·tu·*rar* v.
fu·tu·ri·*ção* sf.; pl. ·*ções*.
fu·tu·ri·*da*·de sf.
fu·tu·*ris*·mo sm.
fu·tu·*ris*·ta s2g.
fu·tu·*rís*·ti·co adj.
fu·tu·*rí*·vel adj. 2g. sm.; pl. ·veis.

fu·*tu*·ro adj. sm.
fu·tu·ro·lo·*gi*·a sf.
fu·tu·ro·*ló*·gi·co adj.
fu·tu·*ró*·lo·go sm.
fu·tu·*ro*·so (ô) adj.; f. *e* pl. (ó).
fu·xi·ca·*ção* sf.; pl. ·*ções*.
fu·xi·*ca*·da sf.
fu·xi·*car* v.
fu·xi·ca·*ri*·a sf.
fu·*xi*·co sm.
fu·xi·*quei*·ro adj. sm.
fu·xi·*quen*·to adj. sm.
fu·*zar*·ca sf.
fu·zar·que:*ar* v.
fu·zar·*quei*·ro adj. sm.
fu·*zil* sm. 'arma'; pl. ·*zis*./Cf. *fúsil*.
fu·zi·la·*ção* sf.; pl. ·*ções*.
fu·zi·*la*·da sf.
fu·zi·*la*·do adj.
fu·zi·la·*dor* (ô) adj. sm.
fu·zi·la·*men*·to sm.
fu·zi·*lan*·te adj. 2g.
fu·zi·*lar* v.
fu·zi·la·*ri*·a sf.
fu·zi·*lei*·ro sm.
fu·zi·*lhão* sm.; pl. ·*lhões*.
fu·zis sm. pl.
fu·zo sm. 'baile'/Cf. *fuso*.
fu·zu·ê sm: *fruzuê*.

G

gá sm.
gã sm.
ga·ba·ção sf.; pl. ·ções.
ga·ba·de·la sf.
ga·ba·dor (ô) adj. sm.
gá·ba·le adj. s2g.
ga·ba·li·ta·no adj. sm.
gá·ba·lo adj. sm.
ga·ba·men·to sm.
ga·ban·ça sf.
ga·ban·ço sm.
ga·bão sm.; pl. ·bões; f. ·bo·na.
ga·ba:o·ni·ta adj. s2g.
ga·bar v.: *gavar*.
ga·bar·di·na sf.: ga·bar·di·ne.
ga·bar·do sm.
ga·ba·ri sm.
ga·ba·ri·ta·do adj.
ga·ba·ri·ta·gem sf.; pl. ·gens.
ga·ba·ri·tar v.
ga·ba·ri·to sm.
ga·ba·ro·la adj. s2g.
ga·ba·ro·lar v.
ga·ba·ro·las adj. s2g. 2n.
ga·ba·ro·li·ce sf.
ga·bar·ra sf.
ga·bar·rei·ro sm.
ga·bar·ro sm.: *gavarro*.
ga·ba·ru sm.
ga·ba·tó·ri:o sm.
ga·ba·zo·la adj. s2g.
ga·be·la sf.: *gavela*.
ga·be·no adj. sm.
ga·bi:a·gem sf.; pl. ·gens.
ga·bi:*ão* sm.; pl. ·ões.
ga·bi:*ar* v.
ga·bi·*la*·mi sm.
ga·bi·nar·do sm.
ga·bi·ne·te (ê) sm.
ga·bi:o·nar v.
ga·bi·ra·ba sf.: *guabirada*.
ga·bi·ro·ba sf.: *guabiroba*.
ga·bi·ro·bei·ra sf.: *guabirobeira*.

ga·bi·ro·va sf.: *gavirova, guabiroba, guavirova*.
ga·bi·ro·vei·ra sf.: *guabirobeira*.
ga·bi·ru adj. sm.
ga·bo sm.
ga·bo·la adj. s2g.
ga·bo·las adj. s2g. 2n.
ga·bo·li·ce sf.
ga·bo·na sf. de *gabão*.
ga·bo·nen·se adj. s2g.
ga·bo·nês adj. sm.
ga·bor·do (ô) sm.
ga·bri:e·*len*·se adj. s2g.
ga·bro sm.
gá·bu·la sf.
gá·bu·lo sm.
ga·*ça*·ba sf.: *igaçaba*.
ga·cha sf.
ga·*chei*·ra sf.
ga·*chei*·ro adj.
ga·cho adj. sm.
ga·chum·bo sm.
ga·da·cha sf.
ga·da·cho sm.
ga·da·gem sf.; pl. ·gens.
ga·da·mo sm.
ga·da·nha sf.
ga·da·nha·da sf.
ga·da·nhar v.
ga·da·nhei·ra sf.
ga·da·nhei·ro sm.
ga·da·nho sm.
ga·dão sm.; pl. ·dões.
ga·de sf.
ga·dei·ra sf.
ga·de·lha (ê) sf.
ga·de·*lhei*·ra sf.
ga·de·lho (ê) sm.
ga·de·lhu·do adj.: *guedelhudo*.
ga·de·mar sm.
gadget sm. (ing.: *guédjt*).
ga·di·*çar* v.
ga·di·ço adj. sm.

ga·dí·cu·lo sm.
gá·di·da adj. 2g. sm.
ga·dí·de:o adj. sm.
ga·di·ta·no adj. sm.
ga·do sm.
ga·*doi*·de adj. 2g. sm.
ga·do·*lí*·ni:o sm.
ga·do·li·ni·ta sf.: ga·do·li·ni·te.
ga·du·*í*·na sf.
ga·du·nhar v.
ga:*é*·li·co adj. sm.
ga·fa sf.
ga·*fa*·do adj.
ga·fa·nho·tão sm.; pl. ·tões.
ga·fa·nho·to (ô) sm.
ga·fa·nho·to(s)-de-ju·*re*·ma sm. (pl.).
ga·fa·nho·to(s)-de-mar·me·*lei*·ro sm. (pl.).
ga·fa·nho·to(s)-pe·re·*gri*·no(s) sm. (pl.).
ga·*far* v. sm.
ga·fa·ri·a sf.
ga·fe sf.
ga·*fei*·ra sf.
ga·fei·ra·ção sf.; pl. ·ções.
ga·fei·rar v.
ga·fei·ren·to adj.
ga·fei·ro·so (ô) adj.; f. *e* pl. (ó).
ga·fe·jar v.
ga·*fe*·nho adj.
ga·*fen*·to adj.
ga·fe·to·pe sm. *ou* sf.: *gavetope*.
ga·fi:*ei*·ra sf.
ga·fo adj. sm.
ga·*fo*·nha sf.
ga·fo·ri·na sf.: ga·fo·ri·nha.
gag sf. (ing.: *gueg*).
ga·*gá* adj. s2g.
ga·*ga*·ta sf.
ga·*gi*·no sm.
ga·go adj. sm.
ga·*go*·sa sf., na loc. *à gagosa*.

ga·guei·ra sf.
ga·gue·jar v.
ga·gue·jo (ê) sm.
ga·guez (ê) sf.
ga·gui·ce sf.
gái·a·co sm.: guáiaco.
gai·a·col sm.; pl. ·cóis: guaiacol.
gai·a·do adj. sm.
gai·al sm.; pl. ·ais.
gai·ar v.
gai·as sf. pl.
gai·a·ta·da sf. pl.
gai·a·tar v.
gai·a·ti·ce sf.
gai·a·to adj. sm.
gai:en·se adj. s2g.
gai·fo·na sf.
gai·fo·nar v.
gai·fo·ni·ce sf.
gaijin sm. pl. (jap.: gaijín).
gai·me·nho adj. sm.
gai·nam·bé sm.
gai·o adj. sm.
gai·o·la sm. sf.
gai·o·lei·ro sm.
gai·o·lim sm.; pl. ·lins.
gai·o·lo (ô) adj. sm.
gai·pa·pa sf.: gaipava.
gai·pa·po sm.
gai·pa·ra sf.
gai·pa·va sf.: gaipapa.
gai·ta sf.
gai·ta·da sf.
gai·ta(s) de bo·ca sf. (pl.).
gai·tas sf. pl.
gai·te:ar v.
gai·tei·ra sf.
gai·tei·ro adj. sm.
gai·u·ta sf.
gai·va sf.
gai·va·ção sf.; pl. ·ções.
gai·va·gem sf.; pl. ·gens.
gai·vão sm.; pl. ·vões.
gai·var v.
gai·vel sm.; pl. ·véis/Cf. gaiveis, do v. gaivar.
gai·vi·na sf.
ga:i·vo·ta sf.
ga:i·vo·tão sm.; pl. ·tões.
ga:i·vo·ta(s)-pre·ta(s) sf. (pl.).
ga:i·vo·ta(s)-ra·pi·nei·ra(s) sf. (pl.).
ga:i·vo·te:ar v.
ga:i·vo·ti·nha sf.
ga·jão sm.; pl. ·jões.
ga·jar v.
ga·jei·ra sf.

ga·jei·ro adj. sm.
ga·je·ru sm.: gajiru.
ga·je·ta (ê) sf.
ga·ji·ce sf.
ga·ji·ru sm.: gajeru.
ga·jo adj. sm.
ga·ju·ru sm.
ga·la sf.
ga·lã sm.
ga·la·ção sf.; pl. ·ções.
ga·la·cris·ta sf.
ga·lac·ta·go·go (ô) adj. sm.
ga·lac·te·mi·a sf.
ga·lác·ti·co adj.
ga·lac·ti·na sf.
ga·lac·ti·ta sf.: ga·lac·ti·te.
ga·lac·to·ce·le sf.
ga·lac·to·fa·gi·a sf.
ga·lac·tó·fa·go adj. sm.
ga·lac·to·fo·ri·te sf.
ga·lac·tó·fo·ro adj. sm.
ga·lac·to·gê·ni:o sm.
ga·lac·tó·ge·no adj.
ga·lac·to·gra·fi·a sf.
ga·lac·to·grá·fi·co adj.
ga·lac·toi·de adj. 2g.
ga·lac·to·lo·gi·a sf.
ga·la·to·ló·gi·co adj.
ga·lac·tó·lo·go sm.
ga·lac·to·me·tri·a sf.
ga·lac·to·mé·tri·co adj.
ga·lac·tô·me·tro sm.
ga·lac·to·po:e·se sf.
ga·lac·to·po·si·a sf.
ga·lac·tor·rei·a sf.
ga·lac·tos·có·pi:o sm.
ga·lac·to·se sf.
ga·lac·to·sú·ri·a sf.: ga·lac·to·su·ri·a.
ga·lac·tó·ti·se sf.
ga·lac·tu·ri·a sf.: ga·lac·tú·ri:a.
ga·la·du·ra sf.
ga·la·fu·ra adj. 2g.
ga·la·ga·la sm. ou sf.
ga·lai·co adj.
ga·lai·co-por·tu·guês adj. sm.; pl. galaico-portugueses.
ga·la·lau sm.
ga·la·li·te sf.
ga·lâ·mi·co adj.
ga·la·na sf.
ga·la·nar v.
ga·la·ne adj. 2g.
ga·la·ne:ar v.
ga·lan·ga sf.
ga·la·ni·ce sf.
ga·la·nol sm.; pl. ·nóis.

ga·lan·ta·ri·a sf.: galanteria.
ga·lan·te adj. s2g.
ga·lan·te:a·dor (ô) adj. sm.
ga·lan·te:ar v.
ga·lan·tei·o sm.
ga·lan·te·ri·a sf.: galantaria.
ga·lan·ti·na sf.
ga·lão sm.; pl. ·lões.
ga·lá·pa·go sm.
ga·lá·pi:o sm.
ga·la·po sm.
ga·lar v.
ga·lar·dão sm.; pl. ·dões.
ga·lar·do:a·dor (ô) adj. sm.
ga·lar·do:ar v.
ga·la·ri·a sf.: galeria.
ga·la·rim sm.; pl. ·rins.
ga·la·roz sm.
gá·la·ta adj. s2g.
ga·la·tei·a sf.
ga·lau·la adj. s2g.
ga·lá·xi:a (cs) sf.
gál·ba·no sm.
gal·bo sm.
gál·bu·la sf.
gal·bu·lí·de:o adj. sm.
gál·bu·lo sm.
gal·cô·ni:a sf.
gal·de·ri:ar v.
gal·dé·ri:o adj. sm./Cf. galderio, do v. galderiar.
gal·dir v.
gal·dro·pe sm.: gualdrope.
ga·lé sf. sm.
gá·le:a sf.
ga·le:a·ça sf.
ga·le:a·do adj.
ga·le:an·co·nis·mo sm.
ga·le:an·tro·pi·a sf.
ga·le:ão sm.; pl. ·ões./Cf. galião.
ga·le:ar v.
ga·le:a·to adj.
ga·le·ci·a·no adj. sm.
ga·le·ga (ê) sf.
ga·le·ga·da sf.
ga·le·ga·gem sf.; pl. ·gens.
ga·le·ga·ri·a sf.
ga·le·go (ê) adj. sm.
ga·le·go-por·tu·guês adj. sm.; pl. galego-portugueses.
ga·le·gui·ce sf.
ga·lei·for·me adj. 2g.
ga·lei·o sm.
ga·lei·rão sm.; pl. ·rões.
ga·lei·ro sm.
ga·le·na sf. sm.
ga·lê·ni·co adj.

ga·le·*nis*·mo sm.
ga·le·*nis*·ta adj. s2g.
ga·le·*ni*·ta sf.: ga·le·*ni*·te.
ga·*le*·no sm.
ga·*len*·se adj. s2g.
ga·le:o·*dí*·de:o adj. sm.
ga·le:*oi*·de adj. 2g. sm.
ga·*lé*:o·la sf.
ga·le:o·*lá*·ri:a sf.
ga·le:o·*ne*·te (ê) sm.
ga·le:o·pi·*te*·co adj. sm.
ga·le:*o*·ta sf.
ga·le:*o*·te sm.
ga·*le*·ra sf.
ga·le·*rão* sm.; pl. *·rões*.
ga·le·*ri*·a sf. 'corredor': *galaria*/ Cf. *galéria*.
ga·*lé*·ri:a sf. 'inseto'/Cf. *galeria*.
ga·le·ri:*a*·no adj. sm.
ga·le·*rí*·co·la adj. 2g.
ga·*ler*·no adj. sm.
ga·*le*·ro sm.
ga·*lés* sf. pl.
ga·*lês* adj. sm.
ga·*le*·to (ê) sm.
ga·le·*zi*·a sf.
gal·*far*·ro sm.
gal·ga sf.
gal·ga·*ção* sf.; pl. *·ções*.
gal·*gar* v.
gal·*gaz* adj. 2g.
gal·go adj. sm.
gal·*guin*·cho adj.
ga·lha sf.
ga·*lha*·ça sf.
ga·*lha*·da sf.
ga·lha·*du*·ra sf.
ga·*lhar*·da sf.
ga·lhar·da·*ri*·a sf.
ga·lhar·de:*ar* v.
ga·lhar·*de*·te (ê) sm.
ga·lhar·*di*·a sf.
ga·*lhar*·do adj. sm.
ga·lhas sf. pl.
ga·*lha*·to sm.
ga·*lhei*·ro adj. sm.
ga·*lhe*·ta (ê) sf.
ga·lhe·*tei*·ro sm.
gá·lhi·co adj.
ga·lho sm.
ga·lho·*ba*·no adj.
ga·*lho*·fa sf.
ga·lho·*fa*·da sf.
ga·lho·*far* v.
ga·lho·fa·*ri*·a sf.
ga·lho·fe:*ar* v.
ga·lho·*fei*·ro adj. sm.

ga·lho·*fi*·ce sf.
ga·lhos sm. pl.
ga·*lho*·so (ô) adj.; f. e pl. (ó).
ga·*lhos*·tra sf.
ga·*lho*·to (ô) adj.
ga·*lhu*·ça sf.
ga·*lhu*·do adj. sm.
gá·li:a sf.
ga·li:*âm*·bi·co adj.
ga·li:*am*·bo sm.
ga·li:*ão* sm. 'erva'; pl. *·ões*/Cf. *galeão*.
ga·*li*·bi adj. s2g.
ga·li·ca·*nis*·mo sm.
ga·li·*ca*·no adj. sm.
ga·li·*can*·to sm.
ga·li·*car* v.
ga·li·*cen*·tro sm.
ga·li·ci:*a*·no adj. sm.
ga·li·*cí*·ni:o sm.
ga·li·ci·*par*·la adj. s2g.
ga·li·ci·par·*lar* v.
ga·li·cis·*mar* v.
ga·li·*cis*·mo sm.
ga·li·*cis*·ta adj. s2g.
ga·li·ci·*zan*·te adj. s2g.
ga·li·ci·*zar* v.
gá·li·co adj. sm./Cf. *galico*, do v. *galicar*.
ga·li·*zen*·se adj. s2g.
ga·*lí*·fe·ro adj.
ga·li·*for*·me adj. 2g. sm.
ga·li·le:*a*·no adj.
ga·li·*lei*·a adj. sf. de *galileu*.
ga·li·*leu* adj. sm.; f. *galileia*.
ga·li·ma·*ti*·as sm. 2n.
ga·li·ma·ti·*zar* v.
ga·li·*ná*·ce:o adj. sm.
ga·li·*ná*·ri:o sm.
ga·lin·*dréu* sm.: *garlindéu*.
ga·*li*·nha sf.
ga·li·nha(s)-ar·re·pi·*a*·da(s) sf. (pl.).
ga·li·nha(s)-*cho*·ca(s) sf. (pl.).
ga·li·*nha*·ço sm.
ga·li·nha(s)-d'*á*·gua sf. (pl.).
ga·li·nha(s)-da-gui·*né* sf. (pl.).
ga·li·nha(s)-da-*ín*·di:a sf. (pl.).
ga·li·nha(s)-d'an·*go*·la sf. (pl.).
ga·li·nha(s)-da-nu·*mí*·di:a sf. (pl.).
ga·li·*nha*·gem sf.; pl. *·gens*.
ga·li·nha(s)-*gor*·da(s) sf. (pl.).
ga·li·nha(s)-*mor*·ta(s) sf. (pl.).
ga·li·nha(s)-*ver*·de(s) s2g. (pl.).
ga·li·*nhei*·ro sm.

ga·*li*·nho sm.
ga·li·*nho*·la sf.
ga·li·*nho*·ta sf.
ga·li·ni·cul·*tor* (ô) adj. sm.
ga·li·ni·cul·*tu*·ra sf.
ga·lin·*sec*·to sm.: ga·lin·*se*·to.
ga·lin·*so*·ga sf.
ga·li·mu·*lí*·de:o adj. sm.
gá·li:o adj. sm.
ga·li·*pão* sm.; pl. *·pões*.
ga·li·*par*·la s2g.
ga·li·par·*lis*·ta s2g.
ga·li·*pei*·a sf.
ga·li·*pó*·di:o sm.
ga·li·*po*·te sm.
ga·li·*ré* sf.
ga·*lis*·po sm.
ga·*lis*·ta adj. s2g.
ga·*li*·to sm.
ga·li·va·*ção* sf.; pl. *·ções*.
ga·li·*var* v.
ga·li·*za*·bra sf.
ga·li·*zi*·a sf.
ga·li·zi:*a*·no adj. sm.
ga·lo adj. s2g. sm.
ga·lo-ban·*dei*·ra sm.; pl. *galos-bandeiras* ou *galos-bandeira*.
ga·lo(s)-*bran*·co(s) sm. (pl.).
ga·*lo*·cha sf.
ga·lo·*cris*·ta sf.
ga·lo(s)-da-cam·*pi*·na sm. (pl.).
ga·lo(s)-da-*cos*·ta sm. (pl.).
ga·lo(s)-da-*ro*·cha sm. (pl.).
ga·lo(s)-da-*ser*·ra sm. (pl.).
ga·lo(s) das *tre*·vas sm. (pl.).
ga·lo(s)-de-cam·*pi*·na sm. (pl.).
ga·lo(s)-de-pe·*na*·cho sm. (pl.).
ga·lo(s)-de-re·*ba*·nho sm. (pl.).
ga·lo(s)-do-*al*·to sm. (pl.).
ga·lo(s)-do-*cam*·po sm. (pl.).
ga·lo(s)-do-*fun*·do sm. (pl.).
ga·lo(s)-do-*mar* sm. (pl.).
ga·lo(s)-do-*ma*·to sm. (pl.).
ga·lo(s)-do-pa·*rá* sm. (pl.).
ga·lo(s)-en·fei·*ta*·do(s) sm. (pl.).
ga·lo·*fi*·li·a sf.
ga·*ló*·fi·lo adj. sm.
ga·ló·*fo*·bi·a sf.
ga·*ló*·fo·bo adj. sm.
ga·*ló*·la·tra adj. s2g.
ga·lo·la·*tri*·a sf.
ga·lo·*lá*·tri·co adj.
ga·lo·lo·*gi*·a sf.
ga·*ló*·lo·go sm.
ga·lo·*ma*·ni·a sf.
ga·lo·ma·*ní*·a·co adj. sm.

ga·lô·ma·no adj. sm.
ga·lo·nar v.
ga·lo·pa·da sf.
ga·lo·pa·dor (ô) adj. sm.
ga·lo·pan·te adj. 2g. sm.
ga·lo·par v.
ga·lo·pe sm.
ga·lo·pe:a·ção sf.; pl. ·ções.
ga·lo·pe:a·da sf.
ga·lo·pe:a·do adj. sm.
ga·lo·pe:a·dor (ô) adj. sm.
ga·lo·pe:a·du·ra sf.
ga·lo·pe:ar v.
ga·lo·pim sm.; pl. ·pins.
ga·lo·pi·na·gem sf.; pl. ·gens.
ga·lo·pi·nar v.
ga·lo(s)·ver·da·dei·ro(s) sm. (pl.).
gal·pão sm.; pl. ·pões.
gal·po·nei·ro adj.
gal·rão adj. sm.; pl. ·rões; f. ·ro·na.
gal·rar v.
gal·re:a·dor (ô) adj. sm.
gal·re:ar v.
gal·rei·ro adj. sm.
gal·re·ja·dor (ô) adj. sm.
gal·re·jar v.
gal·ri·cho sm.: gal·ri·to.
gal·ro·na adj. sf. de galrão.
gal·tô·ni:a sf.
ga·lu·bé sm.
ga·lu·cha sf.
ga·lu·cho sm.
gal·vâ·ni·co adj.
gal·va·nis·mo sm.
gal·va·ni·za·ção sf.; pl. ·ções.
gal·va·ni·za·do adj.
gal·va·ni·za·dor (ô) adj. sm.
gal·va·ni·za·gem sf.; pl. ·gens.
gal·va·ni·zan·te adj. 2g.
gal·va·ni·zar v.
gal·va·no sm.
gal·va·no·cáus·ti·ca sf.
gal·va·no·cáus·ti·co adj.
gal·va·no·cau·té·ri:o sm.
gal·va·na·fa·rá·di·co adj.
gal·va·no·fa·ra·di·za·ção sf.; pl. ·ções.
gal·va·no·gli·fi·a sf.
gal·va·no·gra·fi·a sf.
gal·va·no·grá·fi·co adj.
gal·va·nó·gra·fo sm.
gal·va·no·gra·vu·ra sf.
gal·va·no·mag·né·ti·co adj.
gal·va·no·mag·ne·tis·mo sm.
gal·va·no·me·tri·a sf.

gal·va·no·mé·tri·co adj.
gal·va·nô·me·tro sm.
gal·va·no·ní·quel sm.; pl. ·queis.
gal·va·no·plas·ti·a sf.
gal·va·no·plás·ti·ca sf.
gal·va·no·plás·ti·co adj.
gal·va·nos·co·pi·a sf.
gal·va·nos·có·pi·co adj.
gal·va·nos·có·pi:o sm.
gal·va·nos·te·gi·a sf.
gal·va·no·te·ra·pi·a sf.
gal·va·no·te·rá·pi·co adj.
gal·va·no·ti·pa·gem sf.; pl. ·gens.
gal·va·no·ti·par v.
gal·va·no·ti·pi:a sf.
gal·va·no·tí·pi·co adj.
gal·va·no·ti·pis·ta adj. s2g.
gal·va·nó·ti·po sm.: gal·va·no·ti·po.
ga·ma sm. sf.
ga·ma·ção sf.; pl. ·ções.
ga·ma·ce·lu·lo·se sf.
ga·ma·cha sf.
ga·ma·cis·mo sm.
ga·ma·do adj.
ga·ma·glo·bu·li·na sf.
ga·ma·gra·fi·a sf.
ga·ma·grá·fi·co adj.
ga·mão sm.; pl. ·mãos ou ·mões.
ga·mar v.
ga·mar·ra sf.
gam·ba sf.
gam·bá sm. ou sf.
gam·ba·do·nas sf. pl.
gam·ba·do·no sm.
gam·bar·ra sf.
gam·baz sm.
gam·bei·ro sm.
gam·be·la sf.
gam·be·lar v.
gam·be·lo (ê) sm./Cf. gambelo (é), do v. gambelar.
gam·bér·ri:a sf.
gam·be·ta (ê) adj. s2g. sf.
gam·be·te:a·ção sf.; pl. ·ções.
gam·be·te:a·dor (ô) adj. sm.
gam·be·te:ar v.
gam·be·tei·ro adj. sm.
gâm·bi:a sf./Cf. gambia, do v. gambiar.
gam·bi:ar v.
gam·bi:ar·ra sf.
gam·bi·to sm.
gam·bo·a (ô) sf.
gam·bo·cha sf.

gam·bo:ei·ro sm.
gam·bo·í·na sf.
gam·bo·ta sf.: cambota.
game sm. (ing.: gueim).
ga·me·la adj. s2g. sf.
ga·me·la·da sf.
ga·me·lão sm.; pl. ·lões.
ga·me·lei·ra sf.
ga·me·lei·ra(s)-bran·ca(s) sf. (pl.).
ga·me·lei·ra(s)-de-can·sa·ço sf. (pl.).
ga·me·lei·ra(s)-de-pur·ga sf. (pl.).
ga·me·lei·ra(s)-de-ve·ne·no sf. (pl.).
ga·me·lei·ren·se adj. s2g.
ga·me·lo (ê) sm.
ga·me·lo·te sm.
ga·me·nhar v.
ga·me·nhi·ce sf.
ga·me·nho adj. sm.
ga·me·ta[1] (ê) sf.
ga·me·ta[2] (ê) sm.: gâmeta.
gâ·me·ta sm.: gameta.
ga·me·tân·gi:o sm.
ga·mé·ti·co adj.
ga·me·to·fi·ti·co adj.
ga·me·tó·fi·to adj. sm.
ga·me·to·gê·ne·se sf.
gâ·mi·co adj.
ga·mo sm.
ga·mo·car·pe·lar adj. 2g.
ga·mo·fi·li·a sf.
ga·mo·fi·lo adj.
ga·mo·gás·ter adj. 2g.
ga·mo·gás·tre:o adj.
ga·mo·gê·ne·se sf.
ga·mo·go·ni·a sf.
ga·mo·lo·gi·a sf.
ga·mo·ló·gi·co adj.
ga·mo·ma·ni·a sf.
ga·mo·ma·ní·a·co adj. sm.
ga·mo·pe·ta·li·a sf.
ga·mo·pé·ta·lo adj.
ga·mos·se·pa·li·a sf.
ga·mos·sé·pa·lo adj.
ga·mos·tê·mo·ne adj. 2g.
ga·mos·ti·lo adj.
ga·mo·te sm.
ga·mo·té·pa·lo adj.
ga·mo·te·ra·pi·a sf.
ga·mo·te·rá·pi·co adj.
ga·mo·tro·pis·mo sm.
ga·mó·tro·po adj.
ga·mo·zo·á·ri:o sm.
ga·mo·zoi·de adj. 2g. sm.

ga·na sf.
ga·*na*·cha sf.
ga·*nân*·ci:a sf./Cf. *ganancia*, do v. *gananciar*.
ga·nan·ci:*ar* v.
ga·nan·ci:*o*·so (ô) adj. sm.; f. *e* pl. (ó).
gan·ça sf. 'meretriz'/Cf. *gansa*.
gan·*char* v.
gan·che:*a*·do adj.
gan·che:*ar* v.
gân·*chei*·ro sm.
gan·cho sm.
gan·*chor*·ra (ô) sf.
gan·*cho*·so (ô) adj.; f. *e* pl. (ó).
gan·ço sm. 'lucro'/Cf. *ganso*.
gan·*dai*·a sf.
gan·dai·*ar* v.
gan·dai·*ei*·ro adj. sm.
gan·dai·*i*·ce sf.
gân·*da*·ra sf.: *gandra*.
gan·*da*·rês adj. sm.
gan·*da*·vo sm.: gân·*da*·vo.
gan·*do*·la sf.
gan·dra sf.: *gândara*.
gan·*du*·la sm.
gan·du·*lar* v.
gan·*du*·lo adj. sm.
ga·*nei*·ra sf.
ga·*nen*·se adj. s2g.
ga·*nês* adj. sm.
gan·ga sf.
gan·*ga*·na sf.
gan·*gão* sm.; pl. ·*gões*.
gan·ga·*ri*·na sf.
gan·gar·re:*ão* sm.; pl. ·*ões*.
gan·*gé*·ti·co adj.
gan·gli:ec·to·*mi*·a sf.
gan·gli·*for*·me adj. 2g.
gân·*gli*:o sm.
gan·gli:*o*·ma sm.
gan·gli:o·*nar* adj. 2g. v.
gan·gli:o·*ni*·te sf.
gan·go·*li*·na sf.
gan·go·*li*·no adj. sm.
gan·gon·*cu* sm.
gan·*gor*·ra (ô) sf.
gan·gor·re:*ar* v.
gan·*go*·sa sf.
gan·*go*·so (ô) adj. sm.; f. *e* pl. (ó).
gan·*gre*·na sf.
gan·gre·*na*·do adj.
gan·gre·*nar* v.
gan·gre·*no*·so (ô) adj.; f. *e* pl. (ó).
gângs·ter sm. pl. *gângsteres*.

gangs·te·*ris*·mo sm.
gangs·te·*rís*·ti·co adj.
gan·gue sf.
gan·*guê* sm.
gan·*gue*·la adj. s2g.
gan·*guen*·se adj. s2g.
ga·nha·*dei*·ro adj. sm.
ga·nha·*di*·a sf.
ga·nha·*di*·ço adj.
ga·nha·di·*nhei*·ro(s) sm. (pl.).
ga·nha·*dor* (ô) adj. sm.
ga·*nhan*·ça sf.
ga·*nhão* sm.; pl. ·*nhões*.
ga·nha·*pão* sm.; pl. *ganha-pães*.
ga·nha·*per*·de sm. 2n.
ga·*nhar* v.
ganha-*sai*·a(s) sf. (pl.).
ga·*nhá*·vel adj. 2g.; pl. ·*veis*.
ga·nha·*vi*·da(s) sm. (pl.).
ga·nho adj. sm.
ga·*nho*·so (ô) adj.; f. *e* pl. (ó).
ga·*nhu*·ça sf.
ga·ni·*çar* v.
ga·*ni*·do sm.
ga·*nir* v.
gan·ja adj. 2g. sf.
gan·*jen*·to adj.
ga·*noi*·de adj. 2g. sm.
ga·no:*í*·na sf.
gan·sa sf. 'fêmea do ganso'/Cf. *gança*.
gan·*sa*·da sf.
gan·*são* sm.; pl. ·*sões*.
gan·so sm. 'ave'/Cf. *ganço*.
gan·so(s)-do-*ma*·to sm. (pl.).
gan·so(s)-do-*nor*·te sm. (pl.).
gan·*zá* sm.
gan·*ze*·pe sm.
ga·pa·*ru*·vo sm.: ga·pa·ru·*vu*.
ga·pi·*nar* v.
ga·*pi*·ra sf.
ga·*pó* sm.: *igapó*.
ga·*pon*·ga sf.
ga·po·ro·*ro*·ca sf.
ga·*pui*·a sf.
ga·pui:a·*dor* (ô) adj. sm.
ga·pui:*ar* v.
ga·pu:i·ci·*pó* sm.
ga·ra·be·*bel* sm.; pl. ·*béis*.
ga·ra·*bu* sm.
ga·ra·*bu*·lha adj. s2g. sf.: *garabulho*.
ga·ra·bu·*lhar* v.
ga·ra·bu·*lhen*·to adj.
ga·ra·*bu*·lho sm.: *garabulha*.
ga·ra·ça·*pé* sm.
ga·ra·*che*·ta (ê) sf.

ga·ra·cu:*í* sm.
ga·ra·*fu*·nhas sf.; pl.: ga·ra·*fu*·nhos sm. pl.
ga·*ra*·ge sf.: ga·*ra*·gem; pl. ·gens.
ga·ra·*gis*·ta s2g.
ga·ra·*jau* sm.
ga·ra·*ju*·ba sf.
ga·ra·*lha*·da sf.: *gralhada*.
ga·ra·*lhar* v.
ga·*ran*·ça sf.
ga·*ran*·çar v.
ga·ran·*cei*·ra sf.
ga·ran·*ci*·na sf.
ga·ran·*gan*·ja sm. sf.
ga·ra·*nhão* sm.; pl. ·*nhões*.
ga·ra·*nho*·to (ô) sm.
ga·ra·nhu:*en*·se adj. s2g.
ga·ran·*jão* sm.; pl. ·*jões*.
ga·*ran*·te s2g.
ga·ran·*ti*·a sf.
ga·ran·*ti*·do adj.
ga·ran·ti·*dor* (ô) adj. sm.
ga·ran·*tir* v.
ga·*ra*·pa sf.
ga·ra·pa(s)-a·ma·re·la(s) sf. (pl.).
ga·ra·pa·ca·*pun*·ta sf.
ga·ra·*pa*·da sf.
ga·ra·pa·*ju*·ba sf.
ga·ra·*pa*·lha sf.
ga·ra·pa·*ná* sm.
ga·ra·*pau* sm.
ga·ra·*pei*·ra sf.
ga·ra·pi:a·*pu*·nha sf.
ga·ra·*pu* sm.
ga·ra·*ro*·ba sf.
ga·ra·ru:*en*·se adj. s2g.
ga·ra·*tei*·a sf.
ga·ra·*tu*·ja sf.
ga·ra·tu·ja·*dor* (ô) adj. sm.
ga·ra·tu·*jar* v.
ga·ra·*tu*·sa sf.
ga·ra:u·*çá* sm.
ga·ra·*van*·ço sm.
ga·ra·va·ta·*í* sm.
ga·ra·*va*·to sm.
ga·ra·ve·*tar* v.
ga·ra·*ve*·to (ê) sm.: *graveto*/Cf. *garaveto* (é), do v. *garavetar*.
ga·ra·*vu*·nha sf.
ga·ra·xim·*bo*·la sf.
gar·bo sm.
gar·bo·si·*da*·de sf.
gar·*bo*·so (ô) adj.; f. *e* pl. (ó).
gar·ça sf.
gar·ça-a·*zul* sf.; pl. *garças-azuis*.

gar·ça(s)-bran·ca(s)-*gran*·de(s) sf. (pl.).
gar·ça(s)-bran·ca(s)-pe-*que*·na(s) sf. (pl.).
gar·ça(s)-cin-*zen*·ta(s) sf. (pl.).
gar·ça(s)-de-ca·be·ça-*pre*·ta sf. (pl.).
gar·ça(s)-mo-*re*·na(s) sf. (pl.).
gar·*ção* sm.; pl. ·*ções*: garçom.
gar·ça(s)-*par*·da(s) sf. (pl.).
gar·ça(s)-pe-*que*·na(s) sf. (pl.).
gar·ça-re:*al* sf.; pl. *garças-reais*.
gar·ça(s)-ver-*me*·lha(s) sf. (pl.).
gar·*cei*·ro adj. sm.
gar·*ce*·la sf.
gar·*ce*·nho sm.
gar·*cen*·se adj. s2g.
gar·*ce*·ra sf.
gar·*cês* sm.
gar·*ce*·ta (ê) sf.
gar·*ci*·na sf.
gar·*ci*:o·te sm.
gar·*ço* adj.
gar·*ço*·la sf.
gar·*çom* sm.: *garção*.
gar·*ço*·ne·te sf.
garçonnière sf. (fr. *garçoniér*).
gar·*ço*·ta sf.
gar·*dê*·ni:a sf.
gar·din-*ga*·to sm.
gar·*din*·go sm.
gar·*du*·nha sf.
gar·*du*·nho sm.
ga·re sf.
ga·*re*·la sf.
ga·*re*·ra sf.
gar·*fa*·da sf.
gar·*far* v.
gar·*fei*·ra sf.
gar·*fe*·te (ê) sm.
gar·fi:*ar* v.
gar·*fi*·lha sf.
gar·fo sm.
gar·fu:*a*·na sf.
gar·ga·ça·*la*·da sf.
gar·ga·*jo*·la sm.
gar·ga·la·*ça*·da sf.
gar·ga·la·*çar* v.
gar·ga·*lei*·ra sf. 'batoque'/Cf. *gargalheira*.
gar·ga·*lha*·da sf.
gar·ga·lha·de:*ar* v.
gar·ga·*lha*-*dor* (ô) adj. sm.
gar·ga·*lhar* v.
gar·ga·*lhei*·ra sf. 'coleira de prender escravos'/Cf. *gargaleira*.

gar·ga·lho sm. 'escravo'/Cf. *gargalo*.
gar·*ga*·lo sm. 'colo da garrafa'/Cf. *gargalho*.
gar·*gan*·ta sf. adj. s2g.
gar·*gan*·ta(s)-de-*fer*·ro sf. (pl.).
gar·*gan*·tão adj. sm.; pl. ·*tões*; f. ·*to*·na.
gar·gan·te:a·*ção* sf.; pl. ·*ções*.
gar·gan·te:*a*·do adj. sm.
gar·gan·te:*a*·*dor* (ô) adj. sm.
gar·gan·te:*ar* v.
gar·gan·*tei*:o sm.
gar·gan·*ti*·lha sf.
gar·gan·*ti*·lho adj. sm.
gar·gan·to:*í*·ce sf.
gar·gan·*to*·na adj. sf. de *gargantão*.
gar·*gân*·tu:a sm.
gar·gan·tu:*es*·co (ê) adj.
gár·ga·re adj. s2g.
gar·ga·re·ja·*men*·to sm.
gar·ga·re·*jar* v.
gar·ga·re·jo (ê) sm.
gar·ga·*ú* sm.
gar·ga·*ú*·ba sf.
gar·*gó* sm.
gar·go:i·*lis*·mo sm.: *gargulismo*.
gar·go·*la*·da sf.
gar·go·*li*·to sm.
gar·gui·te:*ar* v.
gár·gu·la sf.
gar·gu·*lis*·mo sm.: *gargoilismo*.
ga·*ri* sm.
ga·ri·*bál*·di s2g.
ga·ri·bal·*di*·no adj. sm.
ga·ri·*de*·la adj. sm.
ga·rim·*pa*·gem sf.; pl. ·*gens*.
ga·rim·*par* v.
ga·rim·*pei*·ro sm.
ga·rim·*pen*·se adj. s2g.
ga·*rim*·po sm.
ga·ri·*tei*·ro sm.
ga·*ri*·to sm.
gar·lin·*déu* sm.: gar·lin·*dréu*: *galindréu*.
gar·*lo*·pa sf.
gar·na sf.
gar·*na*·cha sf.
gar·*na*·cho sm.
gar·ne:*ar* v.
gar·ni:e·*ri*·ta sf.
gar·ni·*men*·to sm.
gar·*nir* v.
gar·ni·*sé* adj. 2g. sm.
ga·ro sm.
ga·*ró* sm.

ga·*ro*·a (ô) sm. sf.: *garua*.
ga·ro:*ar* v.: *garuar*.
ga·ro:*en*·to adj.
ga·*ro*·ta (ô) sf./Cf. *garota* (ó), do v. *garotar*.
ga·ro·*ta*·da sf.
ga·ro·*ta*·gem sf.; pl. ·*gens*.
ga·ro·*tal* adj. 2g.; pl. ·*tais*.
ga·ro·*tão* sm.; pl. ·*tões*.
ga·ro·*tar* v.
ga·ro·te:*ar* v.
ga·ro·*ti*·ce sf.
ga·ro·*til* sm.; pl. ·*tis*.
ga·*ro*·to (ô) adj. sm./Cf. *garoto* (ó), do v. *garotar*.
ga·*rou*·pa sf.
ga·rou·pa-*chi*·ta sf.; pl. *garoupas-chitas* ou *garoupas-chita*.
ga·rou·pa(s)-cri-*ou*·la(s) sf. (pl.).
ga·rou·pa(s)-de-se-*gun*·da sf. (pl.).
ga·rou·pa-*ga*·to sf.; pl. *garoupas-gatos* ou *garoupas-gato*.
ga·rou·pa(s)-*pre*·ta(s) sf. (pl.).
ga·rou·pa(s)-ver·da-*dei*·ra(s) sf. (pl.).
ga·rou·*pei*·ra sf.
ga·rou·*pi*·nha sf.
gar·*po*·ti sm.
gar·ra adj. sm. sf.
gar·*ra*·fa sf.
gar·ra·*fa*·da sf.
gar·ra·*fal* adj. 2g.; pl. ·*fais*.
gar·ra·*fão* sm.; pl. ·*fões*.
gar·ra·fa·*ri*·a sf.
gar·ra·*fei*·ra sf.
gar·ra·*fei*·ro sm.
gar·rai·*a*·da sf.
gar·*rai*·o adj. sm.
gar·*ra*·na sf.
gar·ran·*cha*·da sf.
gar·ran·*chen*·to adj.
gar·*ran*·cho sm.
gar·ran·*cho*·so (ô) adj.; f. *e* pl. (ó).
gar·*ra*·no sm.
gar·*rão* sm.; pl. ·*rões*.
gar·*rar* v.
gar·ras sf. pl.
gar·*rau* sm.
gar·*raz* sm.
gar·re:*a*·do adj.
gar·re:*ar* v.
gar·*rei*·o sm.
gar·*ren*·to adj. sm.

gar·ret·ti·*a***·na** sf.
gar·ret·ti·*a***·no** adj. sm.
gar·ret·*tis***·mo** sm.
gar·ret·*tis***·ta** adj. s2g.
gar·ri:*á***·ce:a** sf.
gar·ri:*á***·ce:o** adj.
gar·ri·*a***·le** sf.
gar·ri·*a***·me** sm.
gar·ri:*ão* sm.; pl. *·ões*.
gar·*ri***·ça** sf.
gar·*ri***·cha** sf.
gar·*ri***·da** sf.
gar·*ri·di***·ce** sf.
gar·*ri·dis***·mo** sm.
gar·*ri***·do** adj. sm.
gar·*ril* sm.; pl. *·ris*.
gar·*rin***·cha** sf.
gar·*rir* v.
gar·ro adj. sm.
gar·*ro***·cha** sf.
gar·*ro·cha***·da** sf.
gar·*ro·char* v.
gar·*ro·ei***·ra** sf.
gar·*ro***·ta** sf.
gar·*ro·ta***·da** sf.
gar·*ro·tar* v.
gar·*ro***·te** adj. sm.
gar·*ro·te:ar* v.
gar·*ro·ti***·lho** sm.
gar·*ru***·cha** adj. s2g. sf.
gar·*ru·char* v.
gar·*ru·chis***·mo** sm.
gar·*ru***·cho** sm.
gar·*ru·lar* v.
gar·*ru·li***·ce** sf.
gár·ru·lo adj. sm./Cf. *garrulo*,
   do v. *garrular*.
gar·*run***·cho** sm.
ga·*ru***·a** sf.: *garoa*.
ga·ru:*ar* v.: *garoar*.
ga·*rum***·no** adj. sm.
ga·*ru***·pa** sf.
ga·*ru·pa***·da** sf.
ga·*ru·pei***·ra** sf.
ga·*ru·pi:ão* sm.; pl. *·ões*.
ga·*ru***·va** sf.
gás sm. 'fluido'/Cf. *gaz*.
ga·*sa·lha***·do** adj. sm.
ga·*sa·lhar* v.
ga·*sa***·lho** sm.
ga·*sa·lho***·so** (ô) adj.; f. *e* pl. (ó).
gas·*cão* adj. sm.; pl. *·cões*.
gas·*co·na***·da** sf.
ga·*se:ar* v. 'atacar com gases'/
   Cf. *gazear*.
ga·*se:i·fi·ca·ção* sf.; pl. *·ções*:
   gasificação.

ga·*se:i·fi·car* v.: *gasificar*.
ga·*se:i·fi·cá***·vel** adj. 2g.; pl.
   ·veis: *gasificável*.
ga·*se:i·for***·me** adj. 2g.:
   gasiforme.
gas·*ga·ne***·te** (ê) sm.
gas·*guen***·to** adj.
gas·*gue***·te** (ê) sm.
gas·*gui***·ta** adj. s2g.
gas·*gui·tar* v.
gas·*gui·te:ar* v.
gas·*gui***·to** adj.
ga·*si·fi·ca·ção* sf.; pl. *·ções*:
   gaseificação.
ga·*si·fi·car* v.: *gaseificar*.
ga·*si·fi·cá***·vel** adj. 2g.; pl. *·veis*:
   gaseificável.
ga·*si·for***·me** adj. 2g.:
   gaseiforme.
ga·*sis***·ta** s2g.
gas·*na***·te** sm.
gas·*ne***·te** (ê) sm.
ga·*so·du***·to** sm.
ga·*so·gê***·ni:o** sm.
ga·*so·ge·nis***·ta** adj. s2g.
ga·*só·ge***·no** adj. sm.
ga·*so·le***·no** sm.
ga·*só***·le:o** sm.
ga·*so·li***·na** sf.
ga·*so·lí·ti***·co** adj.
ga·*só·li***·to** adj. sm.
ga·*so·me·tri***·a** sf.
ga·*so·mé***·tri·co** adj.
ga·*sô***·me·tro sm.
ga·*so***·sa** sf.
gas·*cós·co·pi***·co** adj.
gas·*cós·có***·pi:o sm.
ga·*so***·so (ô) adj.; f. *e* pl. (ó).
gas·*pa***·cho** sm.
gas·*pa·ren***·se** adj. s2g.
gas·*pa·ri***·nho** sm.:
   gas·pa·ri·no.
gás·pe:a sf.
gas·*pe:a·dei***·ra** sf.
gas·*pe:a·dor* (ô) adj. sm.
gas·*pe:ar* v.
gas·*ta·dor* (ô) adj. sm.
gas·*ta***·lho** sm.
gas·*ta·men***·to** sm.
gas·*tar* v.
gas·*tá***·vel** adj. 2g.; pl. *·veis*.
gás·ter sm.
gas·*to* adj. sm.
gas·*tra·di·nâ·mi***·co** adj.
gas·*tral·gi***·a** sf.
gas·*trál·gi***·co** adj.
gas·*trec·ta·si***·a** sf.

gas·*trec·to·mi***·a** sf.
gas·*tre·li·tro·to·mi***·a** sf.
gas·*tren·ce·fa·li***·te** sf.
gas·*tren·te·ral·gi***·a** sf.
gas·*tren·te·ri***·te** sf.:
   gastroenterite.
gas·*tren·te·ro·co·li***·te** sf.:
   grastroenterocolite.
gas·*tren·te·ro·lo·gi***·a** sf.:
   gastroenterologia.
gas·*tren·te·ro·ló·gi***·co** adj.:
   gastroenterológico.
gas·*tren·te·ro·lo·gis***·ta** adj.
   s2g.: *gastroenterologista*.
gas·*tren·te·ros·to·mi***·a** sf.
gas·*tre·pá·ti***·co** adj.
gas·*tre·pa·ti***·te** sf.
gas·*tre·pi·ploi***·co** adj.
gas·*tre·pi·plo·í***·te** sf.
gas·*tre·so·fa·gi***·te** sf.
gas·*tri·ci·da***·de** sf.
gás·tri·co adj.
gas·*trí***·co·la adj. 2g.
gas·*trí***·di:o sm.
gas·*trí***·li·quo (quo *ou* co) adj.
   sm.
gas·*tri***·na sf.
gas·*trin·tes·ti·nal* adj. 2g.; pl.
   ·nais.
gas·*tris·te·ro·to·mi***·a** sf.
gas·*tri***·te sf.
gas·tro sm.
gas·*tro·ble·nor·rei***·a** sf.
gas·*tro·bron·qui***·te** sf.
gas·*tro·bro·si***·a** sf.
gas·*tro·câ·ma***·ra** sf.
gas·*tro·clí***·ni·ca sf.
gas·*tro·clí***·ni·co adj.
gas·*troc·nê***·mi·co adj.
gas·*tro·có***·li·co adj.
gas·*tro·co·li***·te** sf.
gas·*tro·con·jun·ti·vi***·te** sf.
gas·*tro·di:a·fa·ni***·a** sf.
gas·*tro·di·ni***·a** sf.
gas·*tro·dí***·ni·co adj.
gas·*tro·du:o·de·nal* adj. 2g.;
   pl. *·nais*.
gas·*tro·du:o·de·ni***·te** sf.
gas·*tro·du:o·de·nos·to·mi***·a** sf.
gas·*tro:en·te·ri***·te** sf.:
   gastrenterite.
gas·*tro:en·te·ro·co·li***·te** sf.:
   gastrenterocolite.
gas·*tro:en·te·ro·lo·gi***·a** sf.:
   gastrenterologia.
gas·*tro:en·te·ro·ló·gi***·co** adj.:
   gastrenterológico.

gas·tro:en·te·ro·lo·*gis*·ta s2g.:
  gastrenterologista.
gas·tro:e·so·fa·*gi*·te sf.
gas·tro:in·tes·ti·*nal* adj. 2g.;
  pl. ·*nais*
gas·tro·je·ju·nos·to·*mi*·a sf.
gas·tro·la·rin·*gi*·te sf.
gas·*tró*·la·tra s2g.
gas·tro·la·*tri*·a sf.
gas·*tró*·li·se sf.
gas·tro·li·*ti*·a·se sf.
gas·*tró*·li·to sm.
gas·tro·lo·*gi*·a sf.
gas·tro·*ló*·gi·co adj.
gas·*tró*·lo·go sm.
gas·tro·ma·la·*ci*·a sf.
gas·tro·man·*ci*·a sf.
ga·tro·*mân*·ti·co adj.
gas·tro·me·*li*·a sf.
gas·*trô*·me·lo sm.
gas·tro·me·nin·*gi*·te sf.
gas·tro·me·*tri*·te sf.
gas·tro·mi·*ce*·te sm.
gas·tro·mu·*co*·sa sf.
gas·tro·*nec*·to adj. sm.
gas·tro·ne·*fri*·te sf.
gas·tro·no·*mi*·a sf.
gas·tro·*nô*·mi·co adj.
gas·*trô*·no·mo sm.
gas·tro·pan·cre·a·*ti*·te sf.
gas·tro·pa·ra·li·*si*·a sf.
gas·tro·*pa*·ta s2g.: gas·*tró*·pa·ta.
gas·tro·pa·*ti*·a sf.
gas·tro·*pá*·ti·co adj.
gas·tro·pe·ri·to·*ni*·te sf.
gas·tro·pe·*xi*·a (cs) sf.
gas·tro·pi·*ló*·ri·co adj.
gas·tro·plas·*ti*·a sf.
gas·tro·*plás*·ti·co adj.
gas·tro·ple·*gi*·a sf.
gas·*tró*·po·de adj. 2g. sm.
gas·trop·te·*rí*·gi·o adj.
gas·trop·*ti*·xe (cs) sf.
gas·trop·*to*·se sf.
gas·tror·*rei*·a sf.
gas·tros·co·*pi*·a sf.
gas·*tro*·se sf.
gas·tro·*pas*·mo sm.
gas·tros·*plê*·ni·co adj.
gas·tros·te·*no*·se sf.
gas·*trós*·te:o sm.
gas·tros·to·*mi*·a sf.
gas·tro·*trí*·qui:o adj. sm.
gas·tro·vas·cu·*lar* adj. 2g.
gas·tro·zo:*á*·ri:o adj. sm.
gás·tru·la sf.
gas·tru·la·*ção* sf.; pl. ·*ções*.

gas·*tu*·ra sf.
ga·ta sf.
ga·ta·fu·*nhar* v.
ga·ta·*fu*·nho sm.
ga·ta·*nhar* v.
ga·*tão* adj. sm.; pl. ·*tões*.
ga·ta(s)-pa·*ri*·da(s) sf. (pl.).
ga·ta·*ri*·a sf. 'multidão de
  gatos'/Cf. *gatária.*
ga·*tá*·ri:a sf. 'planta'/Cf.
  gataria.
ga·tar·*rão* sm.; pl. *rões*; f.
  ·*ro*·na.
ga·*tá*·zi:o sm.
ga·te:*a*·do adj.
ga·te:a·*dor* (ô) adj. sm.
ga·te:*ar* v.
ga·*tei*·o sm.
ga·*tei*·ra sf.
ga·*tei*·ro adj. sm.
ga·*tes*·co (ê) adj.
gateway sm. (ing.: *gueituêi*).
ga·*te*·za (ê) sf.
ga·*ti*·ce sf.
ga·ti·*ci*·da s2g.
ga·ti·*cí*·di:o sm.
ga·*til* sm.; pl. ·*tis*.
ga·*ti*·lho sm.
ga·ti·*ma*·nhos sm. pl.
ga·ti·*mo*·nha sf.
ga·ti·*mo*·nho sm.
ga·ti·*mô*·ni:as sf. pl.
ga·*ti*·na sf.
ga·*ti*·nha sf.
ga·ti·nha·*ção* sf.; pl. ·*ções*.
ga·ti·*nhar* v.
ga·*ti*·nhas sf. pl., na loc. *andar
  de gatinhas.*
ga·to sm.
ga·to(s)-a·*çu*(s) sm. (pl.).
ga·to(s) com *bo*·tas sm. (pl.).
ga·to(s) de *bo*·tas sm. (pl.).
ga·to(s)-do-*ma*·to sm. (pl.).
ga·to(s)-do-ma·to-*gran*·de(s)
  sm. (pl.).
ga·to(s)-mou·*ris*·co(s) sm. (pl.).
ga·to(s)-pin·*ga*·do(s) sm. (pl.).
ga·to(s)-*pre*·to(s) sm. (pl.).
ga·*tor*·ro (ô) sm.
ga·to-sa·*pa*·to sm.; pl. *gatos-
  sapatos* ou *gatos-sapato*.
ga·*to*·so (ô) adj.; f. *e* pl. (ó).
ga·*tum* adj. 2g.; pl. ·*tuns*.
ga·tu·*na*·gem sf.; pl. ·*gens*.
ga·tu·*nar* v.
ga·tu·*nhar* v.
ga·tu·*ni*·ce sf.

ga·*tu*·no adj. sm.
ga·tu·*ra*·mo sm.: *guturamo*.
ga·tu·*ra*·mo(s)-mi·u·*di*·nho(s)
  sm. (pl.).
ga·tu·*ra*·mo(s)-*rei(s)* sm. (pl.).
ga·tu·*ra*·mo-ser·ra·*dor* sm.; pl.
  gaturamos-serradores.
ga·tu·*ra*·mo(s)-ver·da·*dei*·ro(s)
  sm. (pl.).
ga·tu·*ra*·mo(s)-*ver*·de(s) sm.
  (pl.).
ga·tu·*rar* v.: *gaturrar*.
ga·*tur*·da sf.
ga·tur·*rar* v.: *gaturar*.
ga:u·*cha*·ço sm.
ga:u·*cha*·da sf.
ga:u·*cha*·gem sf.; pl. ·*gens*.
ga:u·*char* v.
ga:u·cha·*ri*·a sf.
gauche s2g. (fr.: *gôch*).
ga:u·che·re:*ar* v.
ga:u·che·*ri*·a sf.
ga:u·*ches*·co (ê) adj.
ga:u·*chis*·mo sm.
ga:u·*chi*·to sm.
ga·*ú*·cho adj. sm.
gau·da sf.
gau·de·ri:a·*ção* sf.; pl. ·*ções*.
gau·de·ri·*ar* v.
gau·*dé*·ri:o adj. sm./Cf.
  gauderio, do v. *gauderiar*.
gau·di·*ar* v.
gáu·di:o sm./Cf. *gaudio*, do v.
  gaudiar.
gau·di·*o*·so adj.; f. *e* pl. (ó).
gau·*dir* v.
gau·*lês* adj. sm.
gau·ra·*men*·se adj. s2g.
gau·ro sm. 2n.
gauss sm. 2n.
gaus·si·*a*·no adj. sm.
gaus·*sí*·me·tro sm.
ga·*var* v.: *gabar*.
ga·*var*·ro sm.: *gabarro*.
gá·ve:a sf.
ga·ve:*ar* v.
gá·ve·do sm.
ga·*ve*·la sf.: *gabela*.
ga·*ve*·ta (ê) sf.
ga·ve·*tão* sm.; pl. ·*tões*.
ga·ve·*tei*·ro sm.
ga·*ve*·to (ê) sm.
ga·ve·*to*·pe sm. *ou* sf.: *gafetope*.
ga·vi·*al* sm.; pl. ·*ais*.
ga·vi·*ão* sm.; pl. ·*ões*.
ga·vi·ão-a·*zul* sm.; pl.
  gaviões-azuis.

ga·vi:ão-*be***·lo** sm.; pl. *gaviões-belos.*
ga·vi:ão-ca·*bo***·clo** sm.; pl. *gaviões-caboclos.*
ga·vi:ão-ca·bu·*ré*** **sm.; pl. *gaviões-caburés* ou *gaviões-caburé.*
ga·vi:ão-ca:i·*pi***·ra** sm.; pl. *gaviões-caipiras.*
ga·vi:ão-ca·ra·mu·*jei***·ro** sm.; pl. *gaviões-caramujeiros.*
ga·vi:ão-ca·ri·*jó*** **sm.; pl. *gaviões-carijós.*
ga·vi:ão-car·ra·pa·*tei***·ro** sm.; pl. *gaviões-carrapateiros.*
ga·vi:ão-das-ta·*pe***·ras** sm.; pl. *gaviões-das-taperas.*
ga·vi:ão-de-co·*lei***·ra** sm.; pl. *gaviões-de-coleira.*
ga·vi:ão-de-pe·*na***·cho** sm.; pl. *gaviões-de-penacho.*
ga·vi:ão-de-u·ru:*á*** **sm.; pl. *gaviões-de-uruá.*
ga·vi:ão-do-*man***·gue** sm.; pl. *gaviões-do-mangue.*
ga·vi:ão-ma·*tei***·ro** sm.; pl. *gaviões-mateiros.*
ga·vi:ão-*pa***·dre** sm.; pl. *gaviões-padres.*
ga·vi:ão-*pa***·to** sm.; pl. *gaviões-patos* ou *gaviões-pato.*
ga·vi:ão-pes·ca·*dor*** **sm.; pl. *gaviões-pescadores.*
ga·vi:ão-pi·*nhé*** **sm.; pl. *gaviões-pinhés.*
ga·vi:ão-*pom***·ba** sm.; pl. *gaviões-pombas* ou *gaviões-pomba.*
ga·vi:ão-*pom***·bo** sm.; pl. *gaviões-pombos* ou *gaviões-pombo.*
ga·vi:ão-*pre***·to** sm.; pl. *gaviões-pretos.*
ga·vi:ão-*pu***·va** sm.; pl. *gaviões-puvas* ou *gaviões-puva.*
ga·vi:ão-qui·ri·qui·*ri*** **sm.; pl. *gaviões-quiriquiris* ou *gaviões-quiriquiri.*
ga·vi:ão-ra·*pi***·na** sm.; pl. *gaviões-rapinas* ou *gaviões-rapina.*
ga·vi:ão-re:*al*** **sm.; pl. *gaviões-reais.*
ga·vi:ão-sau·*vei***·ro** sm.; pl. *gaviões-sauveiros.*
ga·vi:ão-te·*soi***·ra** sm.; pl. *gaviões-tesoiras* ou

gaviões-tesoira: *gavião-tesoura.*
ga·vi:ão-te·*sou***·ra** sm.; pl. *gaviões-tesouras* ou *gaviões-tesoura: gavião-tesoira.*
ga·vi:ão-*tin***·ga** sm.; pl. *gaviões-tingas* ou *gaviões-tinga.*
ga·vi:ão-va·*quei***·ro** sm.; pl. *gaviões-vaqueiros.*
ga·vi:ão-*ve***·lho** sm.; pl. *gaviões-velhos.*
ga·vi:ão-*zi***·nho** sm.
ga·vi:*e***·te** (ê) sm.
ga·vi·*for***·me** adj. 2g. sm.
ga·*vi***·nha** sf.
ga·vi·*nho***·so** (ô) adj.; f. *e* pl. (ó).
ga·vi:*o***·la** sf.
ga·vi:*o***·nar** v.
ga·vi:o·*nen***·se** adj. s2g.
ga·vi:o·*ni***·ce** sf.
ga·vi·*ro***·va** sf.: *gabirova, guabiroba, gavirova.*
ga·*vo***·ta** sf.
ga·*xe***·ta** (ê) sf.
gaz sm. 'medida de extensão'/ Cf. *gás.*
ga·*za*** **sf.: *gaze.*
ga·*zal*** **sm.; pl. ·*zais*: *gazel.*
ga·*zâ***·ni:a** sf.
ga·*zão*** **sm.; pl. ·*zões.*
ga·*ze*** **sf.: *gaza.*
ga·*ze:***a·***dor*** **(ô) adj. sm.
ga·*ze:an***·te** adj. 2g.
ga·*ze:ar*** **v. 'cantar' 'faltar às aulas'/Cf. *gasear.*
ga·*ze***·bo** (ê) sm.
ga·*zei***·o** sm.
ga·*zel*** **sm.; pl. ·*zéis*: *gazal.*
ga·*ze***·la** sf.
ga·*zen***·se** adj. s2g.
gá·ze:o adj. sm.
ga·*ze***·ta** (ê) sf.
ga·*ze***·tal** adj. 2g.; pl. ·*tais.*
ga·*ze***·tá·ri:o** adj.
ga·*ze***·te:ar** v.
ga·*ze***·*tei*·ro** adj. sm.
ga·*ze***·ti·lha** sf.
ga·*ze***·ti·*lhis*·ta** adj. s2g.
ga·*ze***·*tis*·mo** sm.
ga·*zeu*** **adj. sm.
ga·*zi***·a** sf.
ga·*zil*** **adj. 2g.; pl. ·*zis.*
ga·*zi***·lar** v.
ga·*zi***·*nar* v.
ga·*zo*** **adj. sm.
ga·zo·fi·*lá***·ci:o** sm.
ga·*zo***·la** sf.

ga·*zu***·a** sf. 'chave falsa'/Cf. *gázua.*
gá·zu:a sf. 'expedição primitiva'/Cf. *gazua.*
gê[1] sm. 'nome da letra g'/Cf. *jê.*
gê[2] adj. 2g. 'povo': *jê.*
ge:*a***·da** sf.
ge:an·ti·cli·*nal*** **adj. 2g.; pl. ·*nais.*
ge:*ar*** **v.
ge·*ba*** **(ê) sf./Cf. *geba* (é), do v. *gebar.*
ge·*ba***·da** sf.
ge·ba·*doi***·ra** sf.: **ge·ba·***dou***·ra.
ge·*bar*** **v.
ge·*bi***·ce** sf.
ge·*bo*** **(ê) adj. sm./Cf. *gebo* (é), do v. *gebar.*
ge·*bo***·so** (ô) adj.; f. *e* pl. (ó).
ge·*brar*** **v.
ge·car·ci·*ní***·de:o** adj. sm.
ge·*co*** **sm.
ge·co·*ní***·de:o** adj. sm.
ge·*dró***·si:o** adj. sm.
ge·*e***·na** sf.
ge·*en***·to** adj.
ge·fi·*ren***·se** adj. s2g.
ge·fi·*ri***·a·no** adj. sm.
ge·fi·ro·fo·*bi***·a** sf.
ge·fi·*ró***·fo·bo** adj. sm.
gei·a sf.
ge:i·dro·gra·*fi***·a** sf.: *geo-hidrografia, geoidrografia.*
ge:i·dro·*grá***·fi·co** adj.: *geo-hidrográfico, geoidrográfico.*
ge:i·*dró***·gra·fo** sm.: *geo-hidrógrafo, geoidrógrafo.*
gei·*gé***·ri:a** sf.
gei·o sm.
gêi·ser sm.; pl. *gêiseres.*
ge:i·se·*ri***·ta** sf.
ge:is·so·lo·ma·*tá***·ce:a** sf.
ge:is·so·lo·ma·*tá***·ce:o** adj.
ge:is·*tó***·ri·a** sf.: *geo-história, geoistória.*
ge:is·*tó***·ri·co** adj.: *geo-histórico, geoistórico.*
gel sm.; pl. *géis.*
ge·*la***·da** sf.
ge·la·*dei***·ra** sf.
ge·la·*di***·ço** adj.
ge·*la***·do** adj.sm.
ge·la·*dor*** **(ô) adj.
ge·la·*du***·ra** sf.
ge·*lar*** **v.
ge·*lá***·si·mo** sm.
ge·la·*si***·no** sm.

ge·la·*ti*·na sf.
ge·la·ti·ni·*for*·me adj. 2g.
ge·la·ti·ni·*za*·ção sf.; pl. ·ções.
ge·la·ti·ni·*za*·do adj.
ge·la·ti·ni·*zar* v.
ge·la·ti·ni·*zá*·vel adj. 2g.; pl. veis.
ge·la·ti·no·gra·*fi*·a sf.
ge·la·ti·*nó*·gra·fo sm.
ge·la·ti·*noi*·de adj. 2g.
ge·la·ti·*no*·so (ô) adj.; f. e pl. (ó).
ge·la·ti·no·*pi*·a sf.
ge·le:*a*·da sf.
ge·*lei*·a sf.
ge·le:i·fi·ca·*ção* sf.; pl. ·ções.
ge·le:i·fi·*car* v.
ge·le:i·fi·*cá*·vel adj. 2g.; pl. ·veis.
ge·le·*í*·na sf.
ge·*lei*·ra sf.
ge·*lei*·ro adj. sm.
ge·le·*quí*·de:o adj. sm.
ge·le·qui·*ói*·de:o adj. sm.:
  ge·le·qui·o·*í*·de:o.
ge·lha (ê) sf.
ge·li·*dez* (ê) sf.
gé·li·do adj.
ge·li·vi·*da*·de sf.
ge·lo (ê) adj. 2g. 2n. sm./Cf. *gelo* (é), do v. *gelar*.
ge·lo(s)·bai·*a*·no(s) sm. (pl.).
ge·*lo*·se sf.
ge·lo(s)-*se*·co(s) sm. (pl.).
ge·lo·*si*·a sf.
gel·se·*mi*·na sf.
gel·*sê*·mi:o sm.
gé·*lu*·la sf.
ge·ma sf.
ge·ma·*ção* sf.; pl. ·ções.
ge·*ma*·da sf.
ge·ma·de·*o*·vo adj. 2g. 2n. 'de cor semelhante à gema de ovo'.
ge·ma(s)-de-*o*·vo sf. (pl.) 'árvore'.
ge·*ma*·do adj.
ge·*ma*·gem sf.; pl. ·gens.
ge·*man*·te adj. 2g.
ge·*mar* v.
ge·ma·*tri*·a sf.
ge·me:*ar* v.
ge·me·*bun*·do adj.
ge·me·*dei*·ra adj. sf.
ge·me·*dor* (ê) adj. sm.
ge·me·*lar* adj. 2g.
ge·me·lhi·*car* v.
ge·me·*lí*·pa·ra adj. sf.

ge·*me*·los adj. sm. pl.
ge·*men*·te adj. 2g.
gê·me:o adj. sm.
ge·*mer* v.
ge·mi·*car* v.
ge·*mi*·do adj. sm.
ge·*mí*·fe·ro adj.
ge·mi·na·*ção* sf.; pl. ·ções.
ge·mi·*na*·do adj.
ge·mi·*nar* v.
ge·mi·*ná*·vel adj. 2g.; pl. ·veis.
ge·mi·ni:*a*·no adj. sm.
gê·mi·no adj./Cf. *gemino*, do v. *geminar*.
ge·mi·pa·ri·*da*·de sf.
ge·*mí*·pa·ro adj.
ge·mo·lo·*gi*·a sf.
ge·*mô*·ni:as sf. pl.
gê·*mu*·la sf.
ge·mu·la·*ção* sf.; pl. ·ções.
ge·*nal* adj. 2g.; pl. ·nais.
gen·ci:*a*·na sf.
gen·ci:a·na(s)-bra·si·*lei*·ra(s) sf. (pl.).
gen·ci:a·*ná*·ce:a sf.
gen·ci:a·*ná*·ce:o adj.
gen·ci:a·na(s)-do-bra·*sil* sf. (pl.).
gen·ci:a·na(s)-dos-jar·*dins* sf. (pl.).
gen·dar·ma·*ri*·a sf.:
  gendarmeria.
gen·*dar*·me sm.
gen·dar·me·*ri*·a sf.:
  gendarmaria.
ge·ne sm.
ge·ne:a·gê·*né*·se·se sf.
ge·ne:a·ge·*né*·si·co adj.
ge·ne:a·ge·*né*·ti·co adj.
ge·ne:a·lo·*gi*·a sf.
ge·ne:a·*ló*·gi·co adj. sm.
ge·ne:a·lo·*gis*·ta adj. s2g.
ge·ne:an·tro·*pi*·a sf.
ge·ne:an·*tró*·pi·co adj.
ge·ne:*ar*·ca sm.
ge·*ne*·bra sf.
ge·ne·*bra*·da sf.
ge·ne·*bren*·se adj. s2g.
gê·ne·*brês* adj. sm.
ge·ne·*bri*·no adj. sm.
ge·ne·co·lo·*gi*·a sf. 'estudo da interação entre genótipos e o meio'/Cf. *ginecologia*.
ge·ne·*ral* adj. 2g. sm.; pl. ·*rais*; superl. *generalíssimo*.
ge·ne·*ra*·la sf.
ge·ne·ra·*la*·do sm.:
  ge·ne·ra·*la*·to.

ge·ne·ral de bri·*ga*·da sm.; pl. *generais de brigada*.
ge·ne·ral de di·vi·*são* sm.; pl. *generais de divisão*.
ge·ne·ral de e·*xér*·ci·to sm.; pl. *generais de exército*.
ge·ne·ra·*lí*·ci:o adj.
ge·ne·ra·li·*da*·de sf.
ge·ne·ra·*lís*·si·mo adj. sm.; superl. de *general* e de *geral*.
ge·ne·ra·li·za·*ção* sf.; pl. ·ções.
ge·ne·ra·li·*za*·do adj.
ge·ne·ra·li·*za*·dor (ô) adj.
ge·ne·ra·li·*zan*·te adj. 2g.
ge·ne·ra·li·*zar* v.
ge·ne·ra·li·*zá*·vel adj. 2g.; pl. ·veis.
ge·ne·*ran*·te adj. 2g.
ge·ne·ra·*ti*·vo adj.
ge·ne·ra·*triz* adj. sf.
ge·*né*·ri:a sf.
ge·*né*·ri·co adj.
gê·ne·ro sm.
ge·ne·ro·si·*da*·de sf.
ge·ne·*ro*·so (ô) adj. sm.; f. e pl. (ó).
ge·ne·sa·*re*·no adj. sm.
gê·ne·se sm. sf.
ge·ne·*si* sm.: *genesim*.
ge·ne·*sí*·a·co adj.
ge·*né*·si·co adj.
ge·ne·*sim* sm.; pl. ·*sins*: *genesi*.
ge·*né*·ti·ca sf.
ge·ne·ti·*cis*·ta adj. s2g.
ge·*né*·ti·co adj.
ge·ne·*tlí*·a·co adj. sm.
ge·ne·tli:o·lo·*gi*·a sf.
ge·ne·tli:o·*ló*·gi·co adj.
ge·ne·*triz* sf.
gen·gi·*bir*·ra sf.: *jinjibirra*.
gen·gi·be·*rá*·ce:a sf.
gen·gi·be·*rá*·ce:o adj.
gen·*gi*·bre sm.
gen·gi·bre(s)-de-dou·*rar* sm. (pl.).
gen·gi·bre(s)-dou·*ra*·do(s) sm. (pl.).
gen·*gi*·va sf.
gen·gi·*val* adj. 2g.; pl. ·*vais*.
gen·gi·*vi*·te sf.
ge·ni:*al* adj. 2g.; pl. ·*ais*.
ge·ni:a·li·*da*·de sf.
ge·ni:*a*·no adj.
gê·ni·co adj.
ge·ni·cu·la·*ção* sf.; pl. ·ções.
ge·ni·cu·*la*·do adj.
ge·*ní*·cu·lo sm.

ge·*ni*·na sf.
gê·ni:o sm.
ge·ni:o·fa·*rín*·ge:o adj. sm.
ge·ni:o·*glos*·so adj.
ge·ni:o·*plas*·ti·a sf.
ge·ni:o·*plás*·ti·co adj.
ge·ni:*o*·so (ô) adj.; f. *e* pl. (ó).
ge·*nis*·ta adj. 2g. sf.
ge·ni·*tal* adj. 2g. sm.; pl. *tais*.
ge·ni·*tá*·li:a sf.
ge·ni·*ti*·vo adj. sm.
gê·ni·to adj. sm.
ge·ni·to·cru·*ral* adj. 2g.; pl. *·rais*.
ge·ni·*tor* (ô) sm.
ge·ni·tos·pi·*nal* adj. 2g.; pl. *·nais*.
ge·ni·*tu*·ra sf.
ge·ni·tu·ri·*ná*·ri:o adj.
ge·no·*blas*·to sm.
ge·no·*cí*·di:o sm.
ge·*no*·ma sm.
ge·no·no·*mi*·a sf.
ge·no·*plas*·ti·a sf.
ge·no·*plás*·ti·co adj.
ge·*nó*·ti·po sm.
ge·no·*vês* adj. sm.
gen·re:a·*dor* (ô) adj. sm.
gen·re:*ar* v.
gen·ro sm.
gen·ro·cra·*ci*·a sf.
gen·*ta*·ça sf.
gen·*ta*·lha sf.
gen·*ta*·ma sf.
gen·ta·*ra*·da sf.
gen·te sf.
gen·te·de·fo·ra·já-*che*·gou sm. 2n.
gen·te·de·fo·ra·vem·*aí* sm. 2n.
gen·ti:*en*·se adj. s2g.
gen·*til* adj. 2g. sm.; pl. *·tis*; superl. *gentílimo* e *gentilíssimo*.
gen·til·*do*·na sf.; pl. *gentis-donas*.
gen·ti·*le*·za (ê) sf.
gen·til·*ho*·mem sm.; pl. *gentis-homens*.
gen·ti·*lí*·ci:o adj. sm.
gen·*tí*·li·co adj. sm.
gen·ti·li·*da*·de sf.
gen·*tí*·li·mo adj. superl. de *gentil*.
gen·ti·*lis*·mo sm.
gen·ti·*lís*·si·mo adj. superl. de *gentil*.
gen·ti·li·*zar* v.
gen·*ti*·nha sf.

gen·*ti*:o adj. sm.
gen·*tu*·ça sf.
ge·nu:*en*·se adj. s2g.
ge·nu:*ês* adj. sm.
ge·nu·flec·*tir* v.: *genufletir*.
ge·nu·flec·*tor* (ô) adj. sm.: *genufletor*.
ge·nu·fle·*tir* v.: *genuflectir*.
ge·nu·fle·*tor* (ô) adj. sm.: *genuflector*.
ge·nu·fle·*xão* (cs) sf.; pl. *·xões*.
ge·nu·*fle*·xo (cs) adj.
ge·nu·fle·*xó*·ri:o (cs) sm.
ge·nu:i·ni·*da*·de sf.
ge·nu·*í*·no adj.
ge·nu·*si*·no adj. sm.
ge·nu·*val*·go adj.
ge·nu·*va*·ro adj.
ge:o·bi:o·lo·*gi*·a sf.
ge:o·bi:o·*ló*·gi·co adj.
ge:o·*blas*·to adj.
ge:o·bo·*tâ*·ni·ca sf.
ge:o·bo·*tâ*·ni·co adj. sm.
ge:o·car·*pi*·a sf.
ge:o·*cár*·pi·co adj.
ge:o·*cên*·tri·co adj.
ge:o·*cí*·cli·co adj. sm.
ge:o·ci·*ên*·ci:a sf.
ge:o·ci·*né*·ti·co adj.
ge:*ó*·cla·se sf.
ge:o·*có*·re:o adj. sm.
ge:o·co·*ri*·sa sf.
ge:o·co·ri·*si*·do adj. sm.
ge:o·co·*rô*·ni:o sm.
ge:o·cro·no·lo·*gi*·a sf.
ge:o·cro·no·*ló*·gi·co adj.
ge:*o*·de sm.: *geodo*.
ge:o·de·*si*·a sf.: ge:o·*dé*·si:a.
ge:o·*dé*·si·ca sf.
ge:o·*dé*·si·co adj.
ge:o·*dé*·ti·co adj.
ge:o·di·*nâ*·mi·ca sf.
ge:o·di·*nâ*·mi·co adj.
ge:*o*·do sm.: *geode*.
ge:o·fa·*gi*·a sf.
ge:*ó*·fa·go adj. sm.
ge:o·fi·lo·*mor*·fo adj. sm.
ge:o·*fí*·si·ca sf.
ge:o·*fí*·si·co adj. sm.
ge:*ó*·fi·to adj. sm.
ge:o·*fo*·ne sm.: ge:o·*fo*·no.
ge:o·ge·*ni*·a sf.
ge:o·ge·*ni*·co adj.
ge:og·no·*si*·a sf.
ge:og·*nós*·ti·co adj.
ge:o·gra·*far* v.
ge:o·gra·*fi*·a sf.

ge:o·*grá*·fi·co adj.
ge:*ó*·gra·fo sm./Cf. *geografo*, do v. *geografar*.
ge:o·hi·dro·gra·*fi*·a sf.: *geoidrografia, geidrografia*.
ge:o·hi·dro·*grá*·fi·co adj.: *geoidrográfico, geidrográfico*.
ge:o·hi·*dró*·gra·fo sm.: *geoidrógrafo, geidrógrafo*.
ge:o·his·*tó*·ri:a sf.: *geoistória, geistória*.
ge:o·his·*tó*·ri·co adj.: *geoistórico, geistórico*.
ge:*oi*·de adj. 2g. sm.
ge:o·i·dro·gra·*fi*·a sf.: *geo-hidrografia, geidrografia*.
ge:o·i·dro·*grá*·fi·co adj.: *geo-hidrográfico, geidrográfico*.
ge:o·i·*dró*·gra·fo sm.: *geo-hidrógrafo, geidrógrafo*.
ge:o·is·*tó*·ri:a sf.: *geo-história, geistória*.
ge:o·is·*tó*·ri·co adj.: *geo-histórico, geistórico*.
ge:o·lo·*gi*·a sf.
ge:o·*ló*·gi·co adj.
ge:*ó*·lo·go sm.
ge:o·mag·*né*·ti·co adj.
ge:o·mag·ne·*tis*·mo sm.
ge:o·mag·ne·*tis*·ta s2g.
ge:o·man·*ci*·a sf.
ge:o·*man*·te s2g.
ge:o·*mân*·ti·co adj.
ge:o·ma·*rí*·ti·mo adj.
ge:o·ma·te·*má*·ti·co adj.
ge:*ô*·me·tra s2g.
ge:o·me·*tral* adj. 2g.; pl. *·trais*.
ge:o·me·*tri*·a sf.
ge:o·*mé*·tri·co adj.
ge:o·me·*trí*·de:o adj. sm.
ge:o·me·tri·za·*ção* sf.; pl. *·ções*.
ge:o·me·tri·*zar* v.
ge:o·me·tro·gra·*fi*·a sf.
ge:o·me·tro·*grá*·fi·co adj.
ge:o·*mor*·fi·a sf.
ge:o·mor·fo·ge·*ni*·a sf.
ge:o·mor·fo·*gê*·ni·co adj.
ge:o·mor·fo·gra·*fi*·a sf.
ge:o·mor·fo·*grá*·fi·co adj.
ge:o·mor·fo·lo·*gi*·a sf.
ge:o·mor·fo·*ló*·gi·co adj.
ge:o·*ní*·mi:a sf.
ge:o·*ní*·mi·co adj.
ge:*ô*·ni·mo sm.
ge:o·no·*más*·ti·co adj.
ge:o·no·*mi*·a sf.
ge:o·*nô*·mi·co adj.

ge·ô·no·mo sm.
ge:o·pi·te·co sm.
ge:o·pla·ne·to·lo·gi·a sf.
ge:o·pla·ne·to·ló·gi·co adj.
ge:o·pla·ní·de:o adj. sm.
ge:o·po·lí·ti·ca sf.
ge:o·po·lí·ti·co adj.
ge:o·po·ni·a sf.
ge:o·pô·ni·ca sf.
ge:o·pô·ni·co adj.
ge:o·po·ten·ci:al adj. 2g. sm.; pl. ·ais.
ge:o·quí·mi·ca sf.
ge:o·quí·mi·co adj.
ge:o·ra·ma sm.
ge:or·gi:a·no adj. sm.
ge:ór·gi·ca sf.
ge:ór·gi·co adj. sm.
ge:or·gi·na sf.
ge:or·gis·mo sm.
ge:os·co·pi·a sf.
ge:os·có·pi·co adj.
ge:ós·co·po sm.
ge:o·so (ô) adj.; f. e pl. (ó).
ge:os·sau·ro sm.
ge:os·sin·cli·nal adj. 2g. sm.; pl. ·nais.
ge:os·sin·clí·ni·co adj.
ge:os·tá·ti·ca sf.
ge:o·tac·tis·mo sm.
ge:o·ta·xi·a (cs) sf.
ge:o·tec·ni·a sf.
ge:o·téc·ni·ca sf.
ge:o·téc·ni·co adj. sm.
ge:o·tec·tô·ni·ca sf.
ge:o·tec·tô·ni·co adj. sm.
ge:o·ter·mal adj. 2g.; pl. ·mais.
ge:o·ter·mi·a sf.
ge:o·tér·mi·co adj.
ge:o·ter·mô·me·tro sm.
ge:o·tró·pi·co adj.
ge:o·tro·pis·mo sm.
ge:ó·tro·po sm.
ge:o·xê·ni:o (cs) sm.
ge·ra·ção sf.; pl. ·ções.
ge·ra·dor (ô) adj. sm.
ge·ra·do·ra (ô) adj. sf.
ge·ral adj. 2g. sm. sf.; pl. ·rais; superl. generalíssimo.
ge·ra·lis·ta adj. s2g.
ge·ra·ni:á·ce:a sf.
ge·ra·ni:á·ce:o adj.
ge·ra·ni·a·le sf.
ge·râ·ni·co adj.
ge·râ·ni:o sm.
ge·râ·ni:o(s)-bra·si·lei·ro(s) sm. (pl.).

ge·ra·ni:ol sm.; pl. ·óis.
ge·rar v.
ge·rár·di:a sf.
ge·rar·di:a·da sf.
ge·rar·di:a·do adj.
ge·ra·ti·vo adj.
ge·ra·triz adj. sf.
ger·bão sm.; pl. ·bões.
gér·be·ra sf.
ger·bo sm.
ge·rên·ci:a sf./Cf. gerencia, do v. gerenciar.
ge·ren·ci:al adj. 2g.; pl. ·ais.
ge·ren·ci:ar v.
ge·ren·te adj. s2g.
ger·ge·lim sm.: gerzelim, gingerlim; pl. ·lins.
ger·gi·la·da sf.
ge·ri:an·ta sf.
ge·ri·a·tra s2g.
ge·ri·a·tri·a sf.
ge·ri·á·tri·co adj.
ge·ri·fal·te sm.
ge·ri·gon·ça sf.: ge·rin·gon·ça.
ge·rir v.
ger·ma·nal adj. 2g.; pl. ·nais.
ger·ma·nar v.
ger·man·drei·a sf.
ger·mâ·ni·co adj. sm.
ger·ma·ni·da·de sf.
ger·mâ·ni:o sm.
ger·ma·nis·mo sm.
ger·ma·nis·ta adj. s2g.
ger·ma·nís·ti·co adj.
ger·ma·ni·za·ção sf.; pl. ·ções.
ger·ma·ni·zar v.
ger·ma·no adj. sm.
ger·ma·no·fi·li·a sf.
ger·ma·nó·fi·lo adj. sm.
ger·ma·no·fo·bi·a sf.
ger·ma·nó·fo·bo adj. sm.
ger·ma·no·lo·gi·a sf.
ger·ma·nó·lo·go sm.
ger·me sm.: gér·men; pl. germens ou gérmenes.
ger·mi·ci·da adj. 2g. sm.
ger·mi·na·ção sf.; pl. ·ções.
ger·mi·na·doi·ro sm.: germinadouro.
ger·mi·na·dor (ô) adj. sm.
ger·mi·na·dou·ro sm.: germinadoiro.
ger·mi·nal adj. 2g. sm.; pl. ·nais.
ger·mi·nan·te adj. 2g.
ger·mi·nar v.
ger·mi·na·ti·vo adj.

ger·mi·ní·pa·ro adj.
ger·mi·nis·mo sm.
ger·mi·nis·ta adj. s2g.
ge·ro·co·mi·a sf.
ge·ro·cô·mi:o sm.
ge·ro·der·mi·a sf.
ge·ro·mór·fi·co adj.
ge·ro·mor·fis·mo sm.
ge·ron·te sm.
ge·rôn·ti·co adj.
ge·ron·to·cra·ci·a sf.
ge·ron·to·crá·ti·co adj.
ge·ron·to·fi·li·a sf.
ge·ron·tó·fi·lo adj. sm.
ge·ron·to·lo·gi·a sf.
ge·ron·to·ló·gi·co adj.
ge·ron·to·lo·gis·ta adj. s2g.
ge·ron·to·xo (cs) sm.
ger·rí·de:o adj. sm.
ger·tru·des sf. 2n.
ge·run·di:al adj. 2g.; pl. ·ais.
ge·rún·di:o sm.
ge·run·di·vo sm.
ge·rú·si:a sf.
ger·vão sm.; pl. ·vões.
ger·vão-ver·da·dei·ro sm.; pl. gervões-verdadeiros.
ger·ví·li:a sf.
ger·ze·lim sm.: gergelim; gingerlim; pl. ·lins.
ges·né·ri:a sf.
ges·ne·ri:á·ce:a sf.
ges·ne·ri:á·ce:o adj.
ges·sa·da sf.
ges·sa·do adj.
ges·sa·gem sf.; pl. ·gens.
ges·sal sm.; pl. ·sais.
ges·sar v.
ges·sei·ra sf.
ges·sei·ro sm.
ges·se·te (ê) sm.
ges·so (ê) sm./Cf. gesso (é), do v. gessar.
ges·so·so (ô) adj.; f. e pl. (ó).
ges·ta sf.
ges·ta·ção sf.; pl. ·ções.
gestalt sf. (al.: guestalt).
ges·tal·tis·mo (gues) sm.
ges·tan·te adj. s2g.
ges·tão sf.; pl. ·tões.
ges·ta·po sm.
ges·ta·tó·ri:o adj.
ges·ti·cu·la·ção sf.; pl. ·ções.
ges·ti·cu·la·do adj. sm.
ges·ti·cu·la·dor (ô) adj. sm.
ges·ti·cu·lar v.
ges·ti·cu·la·tó·ri:o adj.

ges·to sm.
ges·to-*cha*·ve sm.; pl. *gestos-chaves* ou *gestos-chave*.
ges·*tor* (ô) sm.
ges·*to*·se sf.
ges·tu:*al* sm.; pl. .*ais*.
ge·*teu* adj. sm.; f. ·*tei*·a.
gé·ti·co adj.
ge·tu·li:*en*·se adj. s2g.
ge·tu·li·*nen*·se adj. s2g.
ge·*tu*·*lis*·mo sm.
ge·*tu*·*lis*·ta adj. s2g.
ge·*tu*·lo adj. sm.
GeV sm.
ghost-writer s2g. (ing.: *gôstráiter*).
gi:*ár*·di:a sf.
gi:ar·*dí*·a·se sf.
gi·ba sf. 'corcova' 'vela de proa'/ Cf. *jiba*.
gi·*bão* sm.; pl. ·*bões*.
gi·bão-de-*coi*·ro sm.; pl. *gibões-de-coiro*: *gibão-de-couro*.
gi·bão-de-*cou*·ro sm.; pl. *gibões-de-couro*: *gibão-de-coiro*.
gi·*bar*·ra adj. 2g.
gi·ba·*tão* sm.; pl. ·*tões*.
gib·*bsi*·ta sf.
gi·be·*li*·no adj. sm.
gi·be·*ré*·li·co adj.
gi·bi sm.
gi·*bí*·fe·ro adj.
gi·*bi*·*flo*·ro adj.
gi·bi·*pe*·ne adj. 2g.
gi·bi·*za*·da sf.
gi·bo·si·*da*·de sf.
gi·*bo*·so (ô) adj.; f. *e* pl. (ó).
gi·bral·ta·*ri*·no adj. sm.
gi·*brei*·ro sm.
gi·*clê* sm.
gi·di:*a*·no adj.
gi:*es*·ta sf.
gi:es·*tal* sm.; pl. ·*tais*.
gi:es·*tei*·ra sf.
gi:es·*tei*·ro sm.
gi:es·*to*·so (ô) adj.; f. *e* pl. (ó).
gif·for·di:*á*·ce:a sf.
gif·for·di:*á*·ce:o adj.
gi·ga sf. 'canastra'/Cf. *jiga*.
gigabyte sm. (ing.: *gigabáit*).
gi·ga·*me*·tro sm.
gi·*gan*·ta sf.
gi·gan·*tão* adj. sm.; pl. ·*tões*.
gi·*gan*·te adj. 2g. sm.
gi·*gan*·te:*ar* v.
gi·*gan*·*tei*·a adj. sf. de *giganteu*.
gi·gan·*tes*·co (ê) adj.

gi·gan·*teu* adj. sm.; f. *giganteia*.
gi·*gan*·*tez* (ê) sf.
gi·gan·*tí*·fe·ro adj.
gi·gan·*til* adj. 2g.; pl. ·*tis*.
gi·gan·*tis*·mo sm.
gi·gan·to·*blas*·to sm.
gi·gan·to·*fo*·ne adj.:
  gi·gan·to·*fo*·no.
gi·gan·to·gra·*fi*·a sf.
gi·gan·to·*grá*·fi·co adj.
gi·gan·*tó*·gra·fo sm.
gi·gan·to·*li*·ta sf.
gi·gan·to·*lo*·*gi*·a sf.
gi·gan·to·*ló*·gi·co adj.
gi·gan·*tó*·lo·go sm.
gi·gan·to·ma·*qui*·a sf.
gi·gan·to·*má*·qui·co adj.
gi·gan·tos·*trá*·ce:o adj. sm.
gi·gan·tu·*rói*·de:o adj. sm.:
  gi·gan·tu·ro·*í*·de:o.
gi·go sm.
gi·*gô* sm.
gi·go·*lô* sm.
gi·go·lo·*ta*·gem sf.; pl. ·*gens*
gi·*go*·te sm.
gi·*gur*·ro adj. sm.
gi·la sf.
gi·la-cai:*o*·ta(s) sf. (pl.).
gil·bar·*bei*·ra sf.
gil·bar·*dei*·ra sf.: *girbadeira*.
gil·bu:*en*·se adj. s2g.
gi·*le*·te sf.
gí·li:a sf.
gil·*vaz* sm.
gil·vi·cen·*tes*·co (ê) adj.:
  gil·vi·cen·*ti*·co.
gim sm.; pl. *gins*.
gim·bo sm. 'dinheiro'/Cf. *jimbo*.
gim·na·*me*·ba sf.
gim·*nan*·to adj.
gim·*nás*·ce:a sf.
gim·*nás*·ce:o adj.
gim·*né*·si:o adj. sm.
gim·*ne*·ta sm.
gim·*ne*·tro sm.
gím·ni·co adj.
gim·*ni*·ta sf.
gim·no·*blás*·ti·co adj. sm.
gim·no·*car*·po adj. sm.
gim·no·*cau*·le adj. 2g.
gim·no·*cé*·fa·lo adj. sm.
gim·no·ce·*ra*·do adj. sm.
gim·no·ci·*to*·de sm.
gim·no·*dác*·ti·lo adj.
gim·no·*der*·mo adj.
gim·no·*don*·te adj. 2g.
gim·no·*fi*·di:o adj.

gim·no·fi:ô·ni:o adj. sm.
gim·no·fo·*bi*·a sf. 'aversão ou medo ao nu'/Cf. *ginofobia*.
gim·*nó*·fo·bo sm. 'que tem gimnofobia'./Cf. *ginófobo*.
gim·*nó*·gi·no adj.
gim·no·le·*ma*·do adj. sm.
gim·no·*gon*·fo sm.
gim·no·*gra*·ma sm.
gim·no·*nec*·to adj. sm.
gim·no·*pé*·di:a sf.
gim·*nó*·po·de adj. 2g. sm.
gim·no·*po*·mo adj.
gim·*nóp*·te·ro adj.
gim·nor·*rin*·co sm.
gim·nor·*ri*·no adj. sm.
gim·no·so·*fi*·a sf.
gim·no·so·*fis*·ta adj. s2g.
gim·nos·*per*·ma sf.
gim·nos·per·*mi*·a sf.
gim·nos·*pér*·mi·co adj.
gim·nos·*per*·mo adj. sm.
gim·nos·*pó*·di:a sf.
gim·nos·po·*ra*·do adj.
gim·*nós*·po·ro adj. sm.
gim·nos·*so*·mo adj.
gim·nos·*ti*·lo adj.
gim·*nós*·to·mo adj.
gim·no·te·tras·*per*·mo adj.
gim·*no*·to sm.
gim·*nu*·ro adj. sm.
gi·mo sm.
gim·*tô*·ni·ca sm.; pl. *gins-tônicas*.
gi·*nan*·dri·a sf.
gi·*nan*·dro adj. sm.
gi·nan·*dró*·fo·ro sm.
gi·nan·*droi*·de adj. 2g.
gi·nan·dro·*mor*·fo adj. sm.
gi·nan·*tro*·po (ô) sm.
gi·nan·si:*al* adj. 2g. sm.; pl. ·*ais*.
gi·na·si:*a*·no adj. sm.
gi·na·si:*ar*·co sm.
gi·na·si:ar·*qui*·a sf.
gi·*ná*·si:o sm.
gi·*nas*·ta adj. s2g.
gi·*nás*·ti·ca sf.
gi·*nás*·ti·co adj.
gi·na·tre·si·a sf.
gin·*ca*·na sf.
gi·ne·*ceu* sm.
gi·ne·co·cra·*ci*·a sf.
gi·ne·co·*cra*·ta s2g.
gi·ne·co·*crá*·ti·co adj.
gi·ne·co·fo·*bi*·a sf.
gi·ne·*có*·fo·bo sm.
gi·ne·co·gra·*fi*·a sf.

gi·ne·co·*grá*·fi·co adj.
gi·ne·*có*·gra·fo sm.
gi·ne·co·lo·*gi*·a sf. 'tratado acerca da mulher'/Cf. genecologia.
gi·ne·co·*ló*·gi·co adj.
gi·ne·co·lo·*gis*·ta adj. s2g.
gi·ne·*có*·lo·go sm.
gi·ne·co·ma·*ni*·a sf.
gi·ne·co·ma·*ní*·a·co adj. sm.
gi·ne·*cô*·ma·no sm.
gi·ne·co·mas·*ti*·a sf.
gi·ne·co·*mas*·to adj. sm.
gi·ne·*cô*·no·mo sm.
gi·ne·co·*pa*·ta s2g.: gi·ne·*có*·pa·ta.
gi·ne·co·pa·*ti*·a sf.
gi·ne·co·*pá*·ti·co adj.
gi·ne·co·plas·*ti*·a sf.
gi·ne·co·*plás*·ti·co adj.
gi·ne·cos·so·*fi*·a sf.
gi·*né*·ri:o sm.
gi·*ne*·ta (ê) sf.
gi·ne·*ta*·ço sm.
gi·ne·*ta*·do adj.
gi·ne·*tá*·ri:o sm.
gi·*ne*·te (ê) adj. sm.
gi·ne·te:*ar* v.
gi·*ne*·to (ê) sm.
gin·ga sf. 'tipo de remo' 'movimento corporal'/Cf. jinga.
gin·ga·*ção* sf.; pl. ·ções.
gin·*gan*·te adj. 2g.
gin·*gão* adj. sm.; pl. ·*gões*; f. gingona.
gin·*gar* v.
gin·ge sm.
gin·ger·*lim* sm.: gergelim, gerzelim; pl. ·*lins*.
gin·ger·*li*·na sf.
gin·*gí*·di:o sm.
gín·gli·mo sm.
gin·gli·*mo*·do adj. sm.
gin·gli·*moi*·dal adj. 2g.; pl. ·*dais*.
gin·go sm. 'ato de gingar'/Cf. jingo.
gin·go:*á*·ce:a sf.
gin·go:*á*·ce:o adj.
gin·go:*al* adj. 2g.; pl. ·*ais*.
gin·*go*·na adj. sf. de gingão.
gin·*guei*·ro sm.
gi·ni:*a*·tra s2g.
gi·ni:a·*tri*·a sf.
gi·ni·*tri*·a sf.
gin·ja sf. s2g.

gin·*jal* sm.; pl. ·*jais*.
gin·*jei*·ra sf.
gin·jei·ra(s)-da-*ter*·ra sf. (pl.).
gin·*ji*·nha sf.
gink·go:*á*·ce:a sf.: gingoácea.
gink·go:*á*·ce:o adj.: gingoáceo.
gink·go:*a*·le sf.: gingoale.
gi·*nó*·ba·se sf.
gi·no·*bá*·si·co adj.
gi·no·*bá*·ti·co adj.
gi·no·fo·*bi*·a sf. 'aversão ao sexo feminino'/Cf. gimnofobia.
gi·*nó*·fo·bo sm. 'o que tem ginofobia'/Cf. gimnófobo.
gi·no·fo·*ra*·do adj.
gi·*nó*·fo·ro sm.
gi·nos·*té*·gi:o sm.
gi·nos·*tê*·mi:o sm.
gi·*nós*·te·mo sm.
gi·no·*tí*·de:o adj. sm.
gin·*seng* sm.
gi:o sm.
gi·pa·*e*·to sm.
gi·po·ge·*râ*·ni·da sm.
gíp·se:o adj.
gip·*sí*·fe·ro adj.
gip·*si*·ta sf.
gip·so sm.
gip·*só*·fi·la sf.: gip·so·*fi*·la.
gip·so·gra·*fi*·a sf.
gip·so·*grá*·fi·co adj.
gip·so·me·*tri*·a sf.
gip·so·*mé*·tri·co adj.
gip·*sô*·me·tro sm.
gir adj. s2g.
gi·ra adj. s2g. sf.
gi·ra·*ção* sf.; pl. ·ções.
gi·ra·*dor* (ô) adj. sm.
gi·*ra*·fa sf.
gi·*rai*·ta sf.
gi·*râm*·bu·la sf.
gi·*ra*·me sm.
gi·*rân*·do·la sf./Cf. girandola, do v. girandolar.
gi·ran·do·*lar* v.
gi·*ran*·te adj. 2g.
gi·*rão* sm.; pl. ·*rões*.
gi·*rar* v.
gi·ras·*sol* sm.; pl. ·*sóis*.
gi·ras·sol-do-*cam*·po sm.; pl. girassóis-do-campo.
gi·ras·sol-do-*ma*·to sm.; pl. girassóis-do-mato.
gi·*ra*·ta sf.
gi·ra·*tó*·ri:o adj.
gi·ra·*vol*·ta sf.
gir·*ba*·fo sm.

gir·bar·*dei*·ra sf.: gilbardeira.
gi·*rei*·a adj. sf. de gireu.
gi·*re*·la sf.
gi·ren·ce·*fá*·li·co adj.
gi·ren·*cé*·fa·lo sm.
gi·*ren*·to adj. sm.
gi·*reu* adj. sf.; f. ·*rei*·a.
gir·go·*li*·na sf.
gí·ri:a sf. s2g.
gi·ri:a·fa·*si*·a sf.
gi·*ri*·ce sf.
gi·*ri*·es·co (ê) adj.
gi·ri·*go*·te adj. sm.
gi·ri·*go*·to (ô) adj. sm.
gi·ri·*ní*·de:o adj. sm.
gi·*ri*·no sm.
gí·ri:o adj.
gi·ro adj. sm. sf.
gi·ro·*cár*·pe:a sf.
gi·ro·*cár*·pe:o adj.
gi·ro·*car*·po sm.
gi·ro·com·*pas*·so sm.
gi·ro:*é*·dri·co adj.
gi·ro:*e*·dro sm.
gi·ro·*fal*·co sm.
gi·*ro*·fle sm.
gi·*ró*·fo·ro sm.
gi·ro·gi·*rar* v.
gi·*ro*·las s2g. 2n.
gi·*ro*·ma sm.
gi·ro·mag·*né*·ti·co adj.
gi·*ron*·da sf.
gi·ron·*di*·no adj. sm.
gi·ro·*pan*·go sm.
gi·ro·pi·*lo*·to (ô) sm.
gi·ro·*pla*·no sm.
gi·ros·*có*·pi·co adj.
gi·ros·*có*·pi:o sm.
gi·ro·*se*·la sf.
gi·ros·*pas*·mo sm.
gi·ros·*tá*·ti·co adj.
gi·*rós*·ta·to sm.
gi·ros·te·*mô*·ne:a sf.
gi·ro·va·*gar* v.
gi·*ró*·va·go sm./Cf. girovago, do v. girovagar.
gi·ru:a·*en*·se adj. s2g.
gis·mon·*di*·na sf.
gi·ta·*gi*·na sf.
gi·ta·*gis*·mo sm.
gi·ta·na·*ri*·a sf.
gi·*ta*·no adj. sm.
giz sm.
gi·za·*men*·to sm.
gi·*zar* v.
gla·*be*·la sf.
gla·bres·*cên*·ci:a sf.

gla·bres·cen·te adj. 2g.
gla·bri·fo·li:a·do adj.
gla·bris·mo sm.
gla·bri:ús·cu·lo adj.
gla·bro adj.
gla·ce sf.
gla·cê adj. 2g. sm., do fr. glacé.
gla·ci:a·ção sf.; pl. ·ções.
gla·ci:al adj. 2g. sf.; pl. ·ais.
gla·ci:ar adj. 2g. sm.
gla·ci:á·ri:o adj.
gla·ci:a·ris·ta adj. s2g.
gla·cin·da sf.
gla·ci:o·lo·gi·a sf.
gla·ci:o·ló·gi·co adj.
gla·ci:o·lo·gis·ta adj. s2g.
gla·di:a·dor (ô) adj. sm.
gla·di:ar v.
gla·di:a·tó·ri:o adj.
gla·di:a·tu·ra sf.
gla·dí·fe·ro adj.
glá·di:o sm./Cf. gladio, do v. gladiar.
gla·dí:o·lo sm.
glads·to·ni:a·no adj.
gla·gó·li·co adj.
gla·go·lí·ti·co adj.
glai·a·di·na sf.
gla·mo·ro·so (ô) adj.; f. e pl. (ó): gla·mou·ro·so.
glamour sm. (fr.: glamur).
glan·da·do adj.
glan·de sf.
glan·de(s)-do-mar sf. (pl.).
glan·dí·fe·ro adj.
glan·di·for·me adj. 2g.
glân·du·la sf.
glan·du·la·ção sf.; pl. ·ções.
glan·du·lar adj. 2g.
glan·du·lí·fe·ro adj.
glan·du·li·for·me adj. 2g.
glan·du·lo·so (ô) adj.; f. e pl. (ó).
gla·ro adj. sm.
glau·be·ri·ta sf.
gláu·ci:a sf.
gláu·ci·co adj.
glau·ci·na sf.
gláu·ci:o sm.
glau·co adj.
glau·có·fa·na sf.
glau·co·fâ·ni:o sm.
glau·co·li·ta sf.
glau·co·ma sm.
glau·co·ma·to·so (ô) adj. sm.; f. pl. (ó).
glau·co·ni·ta sf.
glau·co·pi·cri·na sf.
glau·co·pi·ri·ta sf.
glau·cos·si·de·ri·ta sf.
gle·ba sf.
gle·bá·ri:o sm.
glei·che·ni:á·ce:a sf.
glei·che·ni:á·ce:o adj.
glei·quê·ni:a sf.
gle·na sf.
gle·no·di·na sf.
gle·noi·dal adj. 2g.; pl. ·dais.
gle·noi·de adj. 2g.
gle·nói·de:o adj.: gle·no·í·de:o.
gleu·co·mé·tri·co adj.
gleu·cô·me·tro sm.
gli·a sf.
gli:a·di·na sf.
gli·ca·to sm.
gli·ce·mi·a sf.
glí·ce·ra sf.
gli·ce·ra·mi·na sf.
gli·ce·ra·no adj. sm.
gli·ce·ra·to sm.
gli·ce·ren·se adj. s2g.
gli·cé·ri:a sf.
gli·ce·rí·de:o sm.
gli·cé·ri:o adj.
gli·ce·ri·na sf.
gli·ce·ri·na·do adj.
gli·ce·ro·fos·fa·to sm.
gli·ce·rol sm.; pl. ·róis.
gli·ce·ró·le:o sm.
glí·ci·co adj.
gli·cí·me·tro sm.
gli·ci·na sf.
gli·cí·ni·a sf.
gli·cí·ni:o sm.
gli·cir·re·ti·na sf.
gli·cir·ri·za sf.
gli·cir·ri·zi·na sf.
gli·co·bac·té·ri:a sf.
gli·co·co·la sf.
gli·co·gê·ne·se sf.
gli·co·ge·ni·a sf.
gli·co·gê·ni·co adj.
gli·co·gê·ni:o sm.
gli·có·ge·no adj.
gli·col sm.; pl. ·cóis.
gli·có·li·se sf.
gli·co·lí·ti·co adj.
gli·co·mé·tri·co adj.
gli·cô·me·tro sm.
gli·co·na·to sm.
gli·cô·ni·co adj. sm.
gli·co·ni·to sm.
gli·co·sa·do adj.
gli·co·se sf.
gli·co·sí·di:o sm.
gli·co·si·do sm.: gli·có·si·do.
gli·co·sí·me·tro sm.
gli·co·si·na sf.
gli·co·sú·ri:a sf.: gli·co·su·ri·a.
gli·co·sú·ri·co adj. sm.
glí·fi·co adj.
gli·fo sm.
gli:o·ma sm.
glíp·ti·ca sf.
glip·to·don·te sm.
glip·to·gê·ne·se sf.
glip·tog·no·si·a sf.
glip·tog·nó·si·co adj.
glip·to·gra·fi·a sf.
glip·to·grá·fi·co adj.
glip·tó·gra·fo sm.
glip·to·lo·gi·a sf.
glip·to·ló·gi·co adj.
glip·tó·lo·go sm.
glip·tos·per·ma sf.
glip·to·te·ca sf.
gli·que·mi·a sf.
glis·se·ta (ê) sf.
glo·ba sf.
glo·bal adj. 2g.; pl. ·bais.
glo·ba·li·za·ção sf.; pl. .ções
glo·ba·li·zar v.
globe-trotter sm. (ing.: glôbtróter).
glo·bi·cé·fa·lo sm.
glo·bi·ce·lu·lar adj. 2g.
glo·bi·con·ca sf.
glo·bi·cór·ne:o adj.
glo·bí·fe·ro adj.
glo·bi·flo·ro adj.
glo·bi·for·me adj. 2g.
glo·bi·na sf.
glo·bo (ô) sm.
glo·bo·si·da·de sf.
glo·bo·so (ô) adj.; f. e pl. (ó).
glo·bu·lar adj. 2g.
glo·bu·la·ri:á·ce:a sf.
glo·bu·la·ri:á·ce:o adj.
glo·bu·li·for·me adj. 2g.
glo·bu·li·na sf.
glo·bu·li·nú·ri:a sf.: glo·bu·li·nu·ri·a.
glo·bu·li·to sm.
gló·bu·lo sm.
glo·bu·lo·so (ô) adj.; f. e pl. (ó).
glo·me·rar v.
glô·me·re sm./Cf. glomere, do v. glomerar.
glo·me·ru·li·te sf.
glo·mé·ru·lo sm.
glo·me·ru·lo·ne·fri·te sf.
glo·mo sm.

glo·no·í·na sf.
gló·ri:a sf./Cf. *gloria*, do v.
  gloriar.
glo·ri:a·*bun*·do adj.
glo·ri:*ar* v.
glo·ri:*en*·se adj. s2g.
glo·ri·fi·ca·*ção* sf.; pl. ·*ções*.
glo·ri·fi·ca·*dor* (ô) adj. sm.
glo·ri·fi·*can*·te adj. 2g.
glo·ri·fi·*car* v.
glo·ri·fi·ca·*ti*·vo adj.
glo·*rí*:o·la sf.
glo·ri:*o*·sa sf.
glo·ri:o·sa(s)-dos-jar·*dins* sf. (pl.).
glo·ri:*o*·so (ô) adj.; f. *e* pl. (ó).
glo·sa sf.
glo·sa·*dor* (ô) adj. sm.
glo·*sar* v.
glos·sa sf.
glos·sa·do adj. sm.
glos·sal·*gi*·a sf.
glos·sal·*gi*·te sf.
glos·san·*traz* sm.
glos·*sá*·ri:o sm.
glos·sa·*ris*·ta adj. s2g.
glos·*se*·ma sm.
glos·se·*má*·ti·ca sf.
glos·*sê*·mi·co adj.
glos·se·pi·*gló*·ti·co adj.
glo·si:*al* sm.; pl. ·*ais*.
glos·si:*a*·no adj.
glós·si·co adj.
glos·*si*·na sf.
glos·*si*·te sf.
glos·so·*cá*·to·co sm.
glos·so·*ce*·le sf.
glos·*só*·co·mo sm.
glos·*só*·di:a sf.
glos·so·di·*ni*·a sf.
glos·so·*don*·te adj. 2g. sm.
glos·so:es·co·le·*cí*·de:o adj. sm.
glos·so·fa·*rín*·ge:o adj. sm.
glos·so·fi·*ti*·a sf.
glos·so·fi·ti:*o*·se sf.
glos·so·gra·*fi*·a sf.
glos·so·*grá*·fi·co adj.
glos·*só*·gra·fo sm.
glos·so:i·*al* sm.; pl. ·*ais*.
glos·*soi*·de adj. 2g.
glos·so·la·bi:*a*·do adj.
glos·so·la·*li*·a sf.
glos·so·lo·*gi*·a sf.
glos·so·*ló*·gi·co adj.
glos·so·lo·*gis*·ta adj. s2g.
glos·*só*·lo·go sm.
glos·so·man·*ci*·a sf.
glos·so·*man*·te s2g.
glos·so·*mân*·ti·co adj.
glos·*só*·pe·tra sf.:
  glos·so·*pe*·tra.
glos·so·ple·*gi*·a sf.
glos·so·*plé*·gi·co adj.
glos·sos·ta·fi·*li*·no adj. sm.
glos·so·*te*·ca sf.
glos·so·to·*mi*·a sf.
glo·ta sf.: glote.
glo·*tal* adj. 2g.; pl. ·*tais*.
glo·*tá*·li·co adj.
glo·ta·*li*·ta sf.
glo·te sf.
glo·te·*rar* v.: glotorar.
gló·ti·ca sf.
gló·ti·co adj.
glo·*ti*·te sf.
glo·ti·za·*ção* sf.; pl. ·*ções*.
glo·ti·*zar* v.
glo·to·lo·*gi*·a sf.
glo·to·*ló*·gi·co adj.
glo·to·lo·*gis*·ta adj. s2g.
glo·*tó*·lo·go sm.
glo·to·*rar* v.: gloterar.
glo·*xí*·ni:a (cs) sf.
glu·*cí*·di:o sm.
glu·*cí*·ni:o sm.
glu·co·*sí*·di:o sm.
glu·glu sm.
glu·ma sf.
glu·*má*·ce:a sf.
glu·*má*·ce:o adj.
glu·*me*·la sf.
glu·*mé*·lu·la sf.
glu·mi·*flo*·ra sf.
glu·mi·*flo*·*ral* adj. 2g.; pl. ·*rais*.
glu·mi·*flo*·ra·le sf.
glu·*tâ*·mi·co adj.
glu·*tão* adj. sm.; pl. ·*tões*; f. *glutona*.
glu·te sm.: *glú*·ten; pl. *glutens* ou *glútenes*.
glú·te:o adj. sm.
glu·*ti*·na sf.
glu·ti·*nar* v.
glu·ti·na·*ti*·vo adj.
glu·ti·no·si·*da*·de sf.
glu·ti·*no*·so (ô) adj.; f. *e* pl. (ó).
glu·*to*·na adj. sf. de *glutão*.
glu·to·na·*ri*·a sf.:
  glu·to·ne·*ri*·a.
glu·to·*ni*·a sf.
glu·*tô*·ni·co adj.
gme·*li*·na sf.
gme·*lí*·ni:a sf.
gme·li·*ni*·ta sf.: gme·li·*ni*·te.
gme·*li*·no sm.
gna·*fá*·li:o sm.
gnais·se sm.
gnás·si·co adj.
gnais·*soi*·de adj. 2g.
gnas·to·*ma*·do adj. sm.
gna·*tá*·fa·no sm.
gna·tal·*gi*·a sf.
gna·*táp*·te·ro sm.
gna·ti·*cí*·di:o sm.
gná·ti·de sf.
gna·tob·*dé*·li·do adj. sm.
gna·*tó*·ce·ra sf.
gna·*tó*·ce·ro sm.
gna·to·*don*·te adj. 2g.
gna·to·*fáu*·si:a sf.
gna·*tó*·fo·ro sm.
gna·to·plas·*ti*·a sf.
gna·to·ple·*gi*·a sf.
gna·*tó*·po·de sm.
gna·to·*pó*·di·co adj.
gna·to·*pó*·fi·se sf.
gna·tor·ra·*gi*·a sf.
gna·*tós*·to·ma sm.
gna·tos·to·*ma*·do adj.
gna·tos·tô·me:o adj. sm.
gna·to·*te*·ca sf.
gne·*tá*·ce:a sf.
gne·*tá*·ce:o adj.
gne·*ta*·le sf.
gne·to sm.
gní·di:a sf.
gno·ma sf.
gnô·mi·co adj.
gno·mo sm.
gno·mo·lo·*gi*·a sf.
gno·mo·*ló*·gi·co adj.
gno·*mó*·lo·go sm.
gnô·mon sm.; pl. ·*mons* e ·*mo*·nes: *gnô*·mo·ne.
gno·*mô*·ni·ca sf.
gno·*mô*·ni·co adj.
gno·mo·*nis*·ta adj. s2g.
gno·se sf.
gno·*sí*·ma·co sm.
gno·si:o·lo·*gi*·a sf.
gnó·si:o adj. sm.: *cnóssio*.
gnos·ti·*cis*·mo sm.
gnós·ti·co adj. sm.
gnu sm.
gnu-*gnu* sm.
goal sm. ing.: *gol*.
goal-*keeper* sm. ing.: *golquíper*.
go:a·*nês* adj. sm.
go:*a*·no adj. sm. ' de, ou pertencente ou relativo a Goa'/Cf. *guano*.

go·be·*lim* sm., do fr. *gobelin*; pl. *·lins*.
go·be·*li*·no adj. sm.
go·*bí*·de:o adj. sm.
go·bo (ô) sm.
go·dê sm.: go·*dé*.
go·*dé*·ci:a sf.: *godétia*.
go·*de*·me sm.
go·de·*rar* v.
go·*dé*·ri:o sm.
go·*de*·ro sm.
go·des adv.
go·*dé*·ti:a sf.: *godécia*.
go·di:*ar* v.
go·di·*lhão* sm.; pl. *·lhões*.
go·do[1] sm. 'alça'/Cf. *godo*[2] (ô).
go·do[2] (ô) adj. sm. 'povo'/Cf. *godo*[1] (ó).
go:e·la sf. s2g.
go:e·la(s)-*d'á*·gua sf. (pl.).
go:e·la(s) de *pa*·to sf. (pl.).
go:e·*lar* v.
go:*en*·se adj. s2g.
go:ês adj. sm.
go:e·te (ê) sm.
go:e·thi:*a*·no (gue) adj. sm.
go·*fai*·no sm.
go·*fé* sm.
go·*fra*·do adj.
go·fra·dor (ô) adj. sm.
go·fra·*du*·ra sf.
go·*fra*·gem sf.; pl. *·gens*.
go·*frar* v.
go·ga sf.
go·go[1] sm. 'pedra'/Cf. *gogo*[2] (ô).
go·go[2] (ô) sm. 'gosma'/Cf. *gogo*[1] (ó).
go·*gó* sm.
go·*gó*(s)-de-gua·*ri*·ba sm. (pl.).
go·*goi*·a sf.
go·go·*ro*·ba sm.
go·*go*·so (ô) adj.; f. *e* pl. (ó).
go·*guen*·to adj.
goi·*á* adj. s2g.
goi·a·ba sf.: *guaiaba*.
goi·a·*ba*·da sf.
goi·a·*bal* sm.; pl. *·bais*.
goi·a·ba·*len*·se adj. s2g.
goi·*bei*·ra sf.
goi·a·*bi*·nha sf.
goi·a·ca sf.: *guaiaca*.
goi·a·*mu* sm.: goi·a·*mum*; pl. *·muns*: *guaiamu, guiamum*.
goi:an·di·*ren*·se adj. s2g.
goi:a·*nen*·se adj. s2g.
goi:a·ne·si:*en*·se adj. s2g.
goi:a·ni:*en*·se adj. s2.

goi:a·ni·*nhen*·se adj. s2g.
goi:*a*·no adj. sm.
goi:an·*zei*·ro sm.
goi·a·*si*·ta sf.: *goiazita*.
goi·a·tu·*ben*·se adj. s2g.
goi·a·*ú*·na sm.
goi·a·*zi*·ta sf.: *goiasita*.
goi·*pe*·ba sf.
goi·ta·*cá* adj. s2g.: goi·ta·*cás.*: *guaitacá*.
goi·*ti* sm.
goi·va sf.
goi·va·*du*·ra sf.
goi·*var* v.
goi·*vei*·ro sm.
goi·*ve*·te (ê) sm.
goi·*vi*·ra sf.: *guaibira, guaivira*.
goi·vo sm.
gol (ô) sm., do ing. *goal*; pl. irreg. *gols*.
go·la sf.
go·*la*·ço sm.
go·*la*·da sf.
go·*lar* v.
go·la·*zei*·ra sf.
gol·*con*·da sf.
gol·da sf.
go·le sm.: *golo*[1].
go·le:*a*·da sf.
go·le:a·*dor* (ô) adj. sm.
go·le:*ar* v.
go·*lei*·ro sm.
go·le·*jar* v.
go·le·lha (ê) sf.
go·le·*lhar* v.
go·le·*lhei*·ro sm.
go·les sm. pl.
go·*le*·ta (ê) sf.
gol·*fa*·da sf.
gol·*fão* sm.; pl. *·fãos*/Cf. *golfam*, do v. *golfar*.
gol·*far* v.
gol·fe (ô) sm./Cf. *golfe* (ó), do v. *golfar*.
gol·fe·*jar* v.
gol·fi·*nha*·da sf.
gol·*fi*·nho sm.
gol·*fis*·ta s2g.
gol·*fís*·ti·co adj.
gol·fo (ô) sm./Cf. *golfo* (ó), do v. *golfar*.
gol·ga sf.
gól·go·ta sm.
go·li:ar·*des*·co (ê) adj.
go·li:*ar*·do adj. sm.
go·*li*·lha sf.
go·*lo*[1] sm.: *gole*/Cf. *golo*[2] (ô).

go·*lo*[2] (ô) sm. 'gol'/Cf. *golo*[1] (ó).
gol·*pa*·da sf.
gol·*pá*·zi:o sm.
gol·pe sm.
gol·pe:*a*·do adj. sm.
gol·pe:*ão* sm.; pl. *·ões*.
gol·pe:*ar* v.
gol·*pe*·lha (ê) sf.
gol·*quí*·per sm., do ing. *goal-keeper*.
go·*lun*·go sm.
go·ma sf.
go·ma(s)-a·*rá*·bi·ca(s) sf. (pl.).
go·ma-co·*pal* sf.; pl. *gomas-copais*.
go·*ma*·do adj. sm.
go·ma·*dor* (ô) adj. sm.
go·ma(s)-e·*lás*·ti·ca(s) sf. (pl.).
go·ma·*la*·ca sf.; pl. *gomas-lacas* ou *gomas-laca*.
go·*mar* v.
go·ma·re·*si*·na sf.; pl. *gomas-resinas* ou *gomas-resina*.
gom·*bô* sm.
gom·bo(s)-*gran*·de(s) sm. (pl.).
go·*mei*·ra sf.
go·*mei*·ro sm.
go·me·*lei*·ra sf.
go·me·*nol* sm.; pl. *·nóis*.
go·*mi*·a sf.
go·mi:*a*·da sf.
go·*mil* sm.; pl. *·mis*: *agomil*.
go·mi·*lo*·so (ô) adj.; f. *e* pl. (ó).
go·mo (ô) sm.
go·mo:*ar* v.
go·*môn*·ci:a sf.
go·*mor* (ô) sm.: *gô·mor*.
go·mor·*reu* adj. sm.; f. *·rei*·a.
go·mor·te·*gá*·ce:a sf.
go·mor·te·*gá*·ce:o adj.
go·*mo*·se sf.
go·mo·si·*da*·de sf.
go·*mo*·so (ô) adj.; f. *e* pl. (ó).
gô·na·da sf.
go·na·dec·to·*mi*·a sf.
go·na·*di*·a sf.
go·na·*di*·na sf.
go·na·do·*tró*·fi·co adj.
go·*na*·gra sf.
go·nal·*gi*·a sf.
go·*nál*·gi·co adj.
go·nan·to·zi·*gá*·ce:a sf.
go·nan·to·zi·*gá*·ce:o adj.
gon·*ça*·la sf.
gon·ça·*len*·se adj. s2g.
gon·ça·lo-*al*·ves sm. 2n.

gon·çal·*ven*·se adj. s2g.
gon·*di*·to sm.
gôn·do·la sf./Cf. *gondola*, do v. *gondolar*.
gon·do·*lar* v.
gon·do·*lei*·ro sm.
go·*ne*·la sf.
go·*ne*·te (ê) sm.
gon·fa·*lão* sm.; pl. ·*lões*.
gon·fa·lo·*nei*·ro sm.
gôn·fi:a sf.
gon·*fi*:a·se sf.
gôn·fi·lo sm.
gon·fo·*car*·po sm.
gon·*fo*·se sf.
gon·*fre*·na sf.
gon·ga sf.
gon·*gá* sm.
gon·*gar* v.
gon·gi·*lan*·go sm.
gon·gi·*lar* v.
gon·gi·*li*·ta sf.
gôn·gi·lo sm.
gon·go sm.
gon·*go*·lo (ô) sm.: gon·go·*lô*.
gôn·go·ra sf./Cf. *gongora*, do v. *gongorar*.
gon·go·*rar* v.
gon·go·*res*·co (ê) adj.
gon·go·*ri*·ce sf.
gon·*gó*·ri·co adj.
gon·go·*ris*·mo sm.
gon·go·*ris*·ta adj. 2g.
gon·go·ri*zar* v.
gon·*gro*·na sf.
gon·*gué* sm.: gon·*guê*.
gon·*gui*·nha sf.
gon·*gui*·to sm.
go·*ni* sm.
gô·*ni*:a sf.
go·*ní*·a·co adj.
go·ni:al·*gi*·a sf.
go·ni:*ál*·gi·co adj.
go·ni·*ce*·le sf.
go·*ní*·di:a sf.
go·ni·di:*al* adj. 2g.; pl. ·*ais*.
go·*ní*·di:o sm.
go·*ni*·lha sf.
go·*ní*·mi·co adj.
go·*ní*·mi:o sm.
gô·ni·mo adj. sm.
go·ni·mo·*blas*·to sm.
gô·ni:o sm.
go·ni:o·*car*·po sm.
go·ni:o·*cé*·fa·lo sm.
go·ni:*ó*·gra·fo sm.
go·ni:o·me·*tri*·a sf.

go·ni:o·*mé*·tri·co adj.
go·ni:*ô*·me·tro sm.
go·ni:*ós*·to·mo sm.
gô·nis sm. 2n.
go·ni·*te*·ca sf.
go·no·*cé*·fa·lo sm.
go·no·*ce*·le sf.
go·*nó*·ci·to sm.
go·no·co·*ci*·a sf.
go·no·*có*·ci·co adj.
go·no·*co*·co sm.
go·no·co·*ris*·mo sm.
go·*nó*·fo·ro sm.
go·*nó*·po·de adj. 2g. sm.
go·nor·*rei*·a sf.
go·nor·*rei*·co adj.
go·no·zo:*á*·ri:o adj. sm.
go·*nu* sm.
gon·za·gui:*a*·no adj. sm.
gon·*zá*·le:a sf.
gon·zo sm.
goo·de·ni:*á*·ce:a (gu) sf.
goo·de·ni:*á*·ce:o (gu) adj.
goo·de·nou·ghi:*á*·ce:a (gu) sf.
goo·de·nou·ghi:*á*·ce:o (gu) adj.
go·*rá* sm.
go·*ral* sm.; pl. ·*rais*.
go·ra·na·tim·*bó* sm.
go·*rar* v.
go·ra·*re*·ma sf.
go·*raz* sm.
go·ra·*zei*·ra sf.
go·ra·*zei*·ro adj.
gor·*ba*·ga sf.
gor·da (ô) sf.
gor·*da*·cho adj. sm.
gor·*da*·ço adj. sm.
gor·da·*lha*·ço adj. sm.
gor·da·*lhão* adj. sm.; pl. ·*lhões*; f. ·*lho*·na.
gor·da·*lhu*·do adj. sm.
gor·da·*lhu*·fo adj. sm.
gor·dan·*chu*·do adj. sm.
gor·*dão* adj. sm.; pl. ·*dões*; f. *gordona*.
gor·di:*á*·ce:o adj. sm.
gor·di:*a*·no adj.
gor·di:*e*·no adj.
gor·*di*·nho adj. sm.
gór·di:o adj. sm.
gor·di:*ói*·de:o adj. sm.: gor·di:o·*í*·de:o.
gor·do (ô) adj. sm.
gor·*do*·na adj. sf. de *gordão*.
gor·*do*·ta adj. sf. de *gordote*.
gor·*do*·te adj. sm.; f. *gordota*.

gor·*du*·cho adj. sm.
gor·*du*·fo adj. sm.
gor·*du*·ra sf. sm.
gor·du·*ra*·gem sf.; pl. ·**gens**.
gor·du·*ral* sm.; pl. ·*rais*.
gor·du·*ren*·to adj.
gor·du·*ro*·so (ô) adj.; f. e pl. (ó).
go·*re*·te (ê) sm.
gor·*gão* sm.; pl. ·*gões*.
gor·gaz sm.
gor·gi:*â*·ni·co adj.
gor·gi:*a*·no adj. sm.
gor·go·*lão* sm.; pl. ·*lões*.
gor·go·*lar* v.
gor·go·le·*jan*·te adj. 2g.
gor·go·le·*jar* v.
gor·go·*le*·jo (ê) sm. 'gargarejo'/ Cf. *gorgorejo*.
gor·go·*le*·ta (ê) sf.
gor·go·*lhão* sm.; pl. ·*lhões*.
gor·go·*lhar* v.
gor·go·*mi*·la sf.
gor·go·*mi*·lo sm.
gór·go·na sf.: *górgone*.
gor·go·*ná*·ce:o adj. sm.
gór·go·ne sf.: *górgona*.
gor·*gô*·ne:o adj.
gor·*gô*·ni:a sf.
gor·gon·*zo*·la sm.
gor·go·*rão* sm.; pl. ·*rões*.
gor·go·*re*·jo (ê) sm. 'som gutural'/Cf. *gorgolejo*.
gor·*guei*·ra sf.
gor·*gu*·lho sm.
gor·*guz* sm.
go·*ri*·la sf.: *gorilha*.
go·ri·*lão* sm.; pl. ·*lões*.
go·*ri*·lha sm.: *gorila*.
go·ri·*lhoi*·de adj. 2g.
go·ri·*lis*·mo sm.
go·ri·*lis*·ta adj. s2g.
gor·ja sf.
gor·*jal* sm.; pl. ·*jais*.
gor·*ja*·la sm.
gor·*jão* sm.; pl. ·*jões*.
gor·je:a·*dor* (ô) adj.
gor·je:*ar* v.
gor·*jei*·o sm.
gor·*jei*·ra sf.
gor·je·*re*·to (ê) sm.
gor·*je*·ta (ê) sf.
gor·*je*·te (ê) sm.
gor·je·te:*ar* v.
gor·*ji*·lo sm.
gor·ne sm.
gor·*nir* v.
gor·*no*·pe sm.

go·ro (ô) adj./Cf. *goro* (ó), do v. *gorar*.
go·ro·*ro*·ba sf. s2g.
go·ro·ti·*ré* adj. s2g.
go·ro·*vi*·nhas sf. pl.
gor·ra (ô) sf.
gor·ri·*ão* sm.; pl. ·*ões*.
gor·*ri*·xo sm.
gor·ro (ô) sm.
gor·*ru*·cho sm.
gor·*tí*·ni:o adj. sm.
go·ru·*ju*·ba sm.
go·ru·tu·*ba*·no adj. sm.
gos·ma sf.
gos·*ma*·do adj. sm.
gos·mar v.
gos·*men*·to adj.
gos·*mo*·so (ô) adj.; f. e pl. (ó).
gos·pe-*gos*·pe(s) sm. (pl.): *cospe-cospe*.
gospel adj. 2g. s2g. (ing.: *góspel*).
gos·*tar* v.
gos·*tá*·vel adj. 2g.; pl. ·*veis*.
gos·*ti*·lho sm.
gos·to (ô) sm./Cf. *gosto* (ó), do v. *gostar*.
gos·to·*são* adj. sm.; pl. ·*sões*; f. *gostosona*.
gos·tos-da-*vi*·da sm. pl.
gos·*to*·so (ô) adj.; f. e pl. (ó).
gos·to·*so*·na adj. sf. de *gostosão*.
gos·to·*su*·ra sf.
go·ta[1] sm. 'tipo de avião'/Cf. *gota*[2] (ô).
go·ta[2] (ô) sf. 'pingo'/Cf. *gota*[1] (ó).
go·ta-co·*ral* sf.; pl. *gotas-corais*.
go·ta(s)-*d'á*·gua sf. (pl.).
go·ta(s)-de-*san*·gue sf. (pl.).
go·*ta*·do adj.
go·ta(s)-se·*re*·na(s) sf. (pl.).
go·te:*ar* v.
go·*tei*·ra sf.
go·te·ja·*men*·to sm.
go·te·*jan*·te adj. 2g.
go·te·*jar* v.
go·ti·*cis*·mo sm.
gó·ti·co adj. sm.
go·*tí*·cu·la sf.
go·*tí*·me·tro sm.
go·*ti*·no adj. sm.
go·*tis*·mo sm.
go·to (ô) sm.
go·*to*·so (ô) adj. sm.; f. e pl. (ó).
go·*tu*·lho sm.
go·*tú*·li:o sm.
go·*tú*·ri:o sm.
gou·gre adj. 2g.

gou·*lão* adj. sm.; pl. ·*lões*.; f. *goulona*.
gou·li sm.; f. *goulina*.
gou·*li*·na sf. de *gouli*.
gou·*lo*·na adj. sf. de *goulão*.
gourmet sm. (fr.: *gurmê*).
gou·ve:*a*·no adj. sm.
gou·*vei*·o adj. sm.
go·var v.
go·ver·na·bi·li·*da*·de sf.
go·ver·na·*ção* sf.; pl. ·*ções*.
go·ver·na·*dei*·ra adj. sf.
go·ver·*na*·do adj.
go·ver·na·*dor* (ô) adj. sm.
go·ver·na·*do*·ra (ô) adj. sf.
go·ver·na·men·*tal* adj. s2g.; pl. ·*tais*.
go·ver·*nan*·ça sf.
go·ver·*nan*·ta sf.
go·ver·*nan*·te adj. s2g.
go·ver·*nar* v.
go·ver·na·*ti*·vo adj.
go·ver·na·*triz* adj. sf.
go·ver·*ná*·vel adj. 2g.; pl. ·*veis*.
go·ver·*ni*·char v.
go·ver·*ni*·cho sm.
go·ver·*ní*·cu·lo sm.
go·ver·*nis*·mo sm.
go·ver·*nis*·ta adj. s2g.
go·*ver*·no (ê) sm./Cf. *governo* (é), do v. *governar*.
go·*ve*·ta (ê) sf.
go·*ve*·te (ê) sm.
goy·es·co (ê) adj.
go·za·*ção* sf.; pl. ·*ções*.
go·*za*·da sf.
go·*za*·do adj.
go·za·*dor* (ô) adj. sm.
go·*zar* v.
go·za·*ri*·a sf.
go·*zá*·vel adj. 2g.; pl. ·*veis*.
go·*zei*·ra sf.
go·*ze*·te (ê) sm.
go·zo (ô) sm./Cf. *gozo* (ó), do v. *gozar*.
go·*zo*·so (ô) adj.; f. e pl. (ó).
grã adj. 2g. sf.
gra·*al* sm.; pl. ·*ais*: *gral*.
gra·a·*lis*·ta s2g.
gra·*ba*·no sm.
gra·ba·*tá*·ri:o sm.
gra·ba·*tei*·ro sm.
gra·ba·*té*·ri:o sm.
gra·ba·to sm.
gra·beu adj. sm.; f. e ·*bei*·a.
gra·*bo*·sa sf.
gra·ça sf.

gra·ça:*im* sm.; pl. ·*ins*.
gra·ça·*i*·nha sf.
gra·ce·ja·*dor* (ô) adj. sm.
gra·ce·*jar* v.
gra·*ce*·jo (ê) sm.
gra·*ce*·ta (ê) sf. 'gracejo'/Cf. *grasseta*.
gra·ci·*a*·na sf.
gra·ci·*a*·no adj. sm.
grá·cil adj. 2g.; pl. ·*ceis*; superl. *gracílimo* ou *gracilíssimo*.
gra·ci·li·*da*·de sf.
gra·ci·li·*flo*·ro adj.
gra·ci·li·fo·li:*a*·do adj.
gra·*cí*·li·mo adj. superl. de *grácil*.
gra·ci·*lí*·pe·de adj. 2g.
gra·ci·lir·*ros*·tro adj.
gra·ci·*lís*·si·mo adj. superl. de *grácil*.
gra·*cin*·da sf.
gra·*cí*·o·la sf.
gra·ci·o·*la*·do adj.
gra·ci·o·*li*·na sf.
gra·ci·o·si·*da*·de sf.
gra·ci·*o*·so (ô) adj. sm.; f. e pl. (ó).
gra·ci·*tar* v.
gra·*ço*·la sf. s2g.
gra·*ço*·lar v.
gra·*ço*·ta sf.
grã-*cruz* sm.; pl. *grã-cruzes*.
gra·da·*ção* sf.; pl. ·*ções*.
gra·da·*dor* (ô) adj. sm.
gra·da·*du*·ra sf.
gra·*da*·gem sf.; pl. ·*gens*.
gra·da·*ó* adj. s2g.: *gradaú*.
gra·*dar* v.
gra·da·*ri*·a sf.
gra·da·*ti*·vo adj.
gra·da·*ú* adj. s2g.: *gradaó*.
gra·de sf.
gra·de:*a*·do adj. sm.
gra·de:a·*men*·to sm.
gra·de:*ar* v.
gra·de·*cer* v.
gra·*dei*·ra sf.
gra·de·*lha* (ê) sf.
gra·des sf. pl.
gra·*de*·za (ê) sf.
gra·di:*en*·te adj. 2g. sm.
gra·*dil* sm.; pl. ·*dis*.
gra·*dim* sm.; pl. ·*dins*.
gra·di·*na*·da sf.
gra·di·*nar* v.
gra·do[1] sm., na loc. *de bom grado*.

gra·do² sm. 'unidade de medida do ângulo'.
gra·do³ adj. 'graúdo, importante'.
gra·dô·me·tro sm.
gra·du·a·*ção* sf.; pl. ·*ções*.
gra·du:*a*·do adj. sm.
gra·du:a·*dor* (ô) adj. sm.
gra·du:*al* adj. 2g. sm.; pl. ·*ais*.
gra·du:a·*men*·to sm.
gra·du:*an*·do sm.
gra·du:*ar* v.
gra·du·*á*·vel adj. 2g.; pl. ·veis.
grã-du·*ca*·do(s) sm. (pl.).
grã-du·*cal* adj. 2g.; pl. *grã-ducais*.
grã-*du*·que(s) sm. (pl.).
grã-du·*que*·sa(s) sf. (pl.).
gra·*ei*·ro sm.
gra·*far* v.
gra·*fe*·ma sm.
gra·fe·*má*·ti·co adj.
gra·*fê*·mi·co adj.
gra·*fi*·a sf.
gra·fi:á·*ri*:o adj. sm.
grá·fi·ca sf.
grá·fi·co adj. sm.
gra·*fi*·la sf.
gra·*fi*·lha sf.
grã-fi·*na*·ge, sf.; pl. ·gens.
grã-fi·*nis*·mo(s) sm. (pl.).
grã-*fi*·no(s) adj. sm. (pl.).
grá·fi:o sm.
gra·fi:*oi*·de adj. 2g.
gra·*fis*·mo sm.
gra·*fis*·ta adj. s2g.
gra·*fi*·ta sf.: *grafite*.
gra·fi·*ta*·do adj.
gra·fi·*tar* v.
gra·*fi*·te sf.: *grafita*.
gra·fi·*tei*·ro sm.
gra·*fí*·ti·co adj.
gra·*fi*·to sm.
gra·fog·no·*si*·a sf.
gra·fo·lo·*gi*·a sf.
gra·fo·*ló*·gi·co adj.
gra·*fó*·lo·go sm.
gra·fo·ma·*ni*·a sf.
gra·fo·ma·*ní*·a·co adj. sm.
gra·*fô*·ma·no sm.
gra·*fô*·me·tro sm.
gra·fo·*no*·la sf.
gra·for·*rei*·a sf.
gra·for·*rei*·co adj. sm.
gra·fos·*pas*·mo sm.
gra·fos·*tá*·ti·ca sf.
gra·fo·*te*·ca sf.

gra·go:a·*tá* sm.
gra·go:a·*tã* sf. *ou* sm.
gra:in·*çar* v.
gra·*i*·nha sf.
grai·o adj. sm.
grai·*ó*·ce·lo adj. sm.
grai·pa sf.
grai·pu sm.
gra·*jau* sm.
gra·ja:u·*en*·se adj. s2g.
gra·*jei*·a sf.: *granjeia*.
gral sm.; pl. ·*grais*: *graal*.
gra·lha sf.
gra·lha-a-*zul* sf.; pl. gralhas-azuis.
gra·lha(s)-*bran*·ca(s) sf. (pl.).
gra·*lha*·da sf.: *garalhada*.
gra·lha(s)-do-*cam*·po sf. (pl.).
gra·lha(s)-do-*ma*·to sf. (pl.).
gra·lha(s)-do-pei·to-*bran*·co sf. (pl.).
gra·*lhão* sm.; pl. ·*lhões*.
gra·*lhar* v.
gra·lhe:*ar* v.
gra·lho sm.
gra·*lí*·de:a sf.
gra·*lí*·de:o adj.
gra·ma¹ sf. 'vegetal'.
gra·ma² sm. 'unidade de medida'.
gra·ma-co·*mum* sf.; pl. *gramas-comuns*.
gra·ma(s)-da-gui·*né* sf. (pl.).
gra·ma(s)-das-bo·*ti*·cas sf. (pl.).
gra·ma(s)-da-*ter*·ra sf. (pl.).
gra·ma·*dei*·ra sf.
gra·ma(s)-de-ja·co·*bi*·na sf. (pl.).
gra·ma(s)-de-ma·ra·*jó* sf. (pl.).
gra·ma·*den*·se adj. s2g.
gra·ma(s)-de-são-*pau*·lo sf. (pl.).
gra·*ma*·do adj. sm.
gra·ma(s)-do-pa·*rá* sf. (pl.).
gra·ma(s)-*fi*·na(s) sf. (pl.).
gra·ma(s)-*for*·ça sm. (pl.).
gra·*ma*·gem sf.; pl. ·gens.
gra·ma·*lhei*·ra sf.
gra·ma(s)-*mas*·sa sm. (pl.).
gra·*mão* sm.; pl. ·*mões*.
gra·*mar* v.
gra·ma-ras·*tei*·ra sf.; pl. *gramas-rasteiras* ou *gramas-rasteira*.
gra·ma(s)-*ro*·xa(s) sf. (pl.).
gra·*má*·ti·ca sf./Cf. *gramatica*, do v. *gramaticar*.
gra·ma·ti·*cal* adj. 2g.; pl. ·*cais*.

gra·ma·ti·ca·li·*da*·de sf.
gra·ma·ti·ca·*lis*·mo sm.
gra·ma·ti·*cão* sm.; pl. ·*cões*.
gra·ma·ti·*car* v.
gra·ma·ti·*cá*·vel adj. 2g.; pl. ·veis.
gra·ma·ti·*ci*·da s2g.
gra·ma·ti·*cí*·di:o sm.
gra·ma·ti·*cis*·mo sm.
gra·*má*·ti·co adj. sm./Cf. *gramatico*, do v. *gramaticar*.
gra·ma·ti·co·gra·*fi*·a sf.
gra·ma·ti·*có*·gra·fo sm.
gra·ma·ti·*coi*·de s2g.
gra·ma·ti·co·lo·*gi*·a sf.
gra·ma·ti·co·*ló*·gi·co adj.
gra·ma·ti·*có*·lo·go sm.
gra·ma·ti·*quei*·ro sm.
gra·ma·ti·*qui*·ce sf.
gra·ma·ti·*quis*·mo sm.
gra·ma·*tis*·ta s2g.
gra·ma·*ti*·ta sf.: gra·ma·*ti*·te.
gra·ma·to sm.
gra·ma·*tó*·fo·ra sf.
gra·ma·to·lo·*gi*·a sf.
gra·ma·to·*ló*·gi·co adj.
gra·ma·to·*lo*·gis·ta adj. s2g.
gra·ma·*tó*·lo·go sm.
gra·ma·to·man·*ci*·a sf.
gra·ma·to·*man*·te s2g.
gra·ma·to·*mân*·ti·co adj.
gra·ma·*tu*·ra sf.
gram·be sm.
gra·me:*al* sm.; pl. ·*ais*.
gra·*mei*·ra sf.
gra·*me*·lho (ê) sm.
gra·*men*·se adj. s2g.
gra·*mí*·ne:a sf.
gra·*mí*·ne:o adj.
gra·*mi*·nha sf.
gra·mi·nha-co·*mum* sf.; pl. *graminhas-comuns*.
gra·mi·nha(s)-da-ci·*da*·de sf. (pl.).
gra·mi·nha(s)-de-ja·co·*bi*·na sf. (pl.).
gra·mi·nha(s)-de-ra·*iz* sf. (pl.).
gra·mi·nha(s)-do-*ma*·to sf. (pl.).
gra·mi·nha(s)-*fi*·na(s) sf. (pl.).
gra·mi·*nhar* v.
gra·mi·nha-*se*·da sf.; pl. *graminhas-sedas* ou *graminhas-seda*.
gra·*mi*·nho sm.
gra·mi·*ní*·co·la adj. 2g.
gra·mi·ni·*fó*·li:o adj.

gra·mi·ni·*for*·me adj. 2g.
gra·mi·*no*·so (ô) adj.; f. e pl. (ó).
gra·mi:o·la sf.
gra·mi·*pol*·po (ô) sm.
gra·*mi*·ta sm.
gra·mi·xin·ga sf.
gra·mo:*ei*·ra sf.
gra·mo·*fo*·ne sm.
gra·*mô*·me·tro sm.
gra·mon·*dé* sm.
gra·mo·*ne*·mo sm.
gra·mo·*ni*·lho sm.
gram·pa·*ção* sf.; pl. ·ções.
gram·pa·*dor* (ô) sm.
gram·pa·*do*·ra (ô) sf.
gram·*pa*·gem sf.; pl. ·gens.
gram·*par* v.
gram·pe:a·*ção* sf.; pl. ·ções.
gram·pe:a·*dei*·ra sf.
gram·pe:a·*dor* (ô) sm.
gram·pe:a·*do*·ra (ô) sf.
gram·pe:a·*men*·to sm.
gram·pe:*ar* v.
gram·po sm.
gra·na sf.
gra·*na*·da sf.
gra·na·da-fo·*gue*·te sf.;
    pl. *granadas-foguetes* ou
    granadas-foguete.
gra·na·*dei*·ro sm.
gra·na·*den*·se adj. s2g.
gra·na·*di*·lho sm.
gra·na·*di*·na sf.
gra·na·*di*·no adj. sm.
gran·*dor* (ô) sm.
gra·*nal* adj. 2g. sm.; pl. ·nais.
gra·*na*·lha sf.
gra·*nar* v.
gra·na·*tá*·ri:a sf.
gra·*na*·te sm.
gra·na·*ten*·se adj. s2g.
gra·na·*tí*·fe·ro adj.
gra·na·*ti*·na sf.
gran·ça sf.
gran·da·*lhão* adj. sm.; pl.
    ·lhões; f. grandalhona.
gran·da·*lho*·na adj. sf. de
    grandalhão.
gran·*dão* adj. sm.; pl. ·dões; f.
    grandona.
gran·de adj. 2g. sm.; superl.
    *grandessíssimo e
    grandíssimo.*
gran·de-an·gu·*lar* adj. 2g.; pl.
    grande-angulares.
gran·de(s)-ca·lo·*ri*·a(s) sf.
    (pl.).
gran·de-hi·po·*glos*·so adj. sm.
    pl.
gran·*dei*·ra sf.
gran·de-o·*blí*·quo(s) adj. sm.
    (pl.).
gran·de(s)-sim·*pá*·ti·co(s) adj.
    sm. (pl.).
gran·des·*sís*·si·mo adj. superl.
    de *grande.*
gran·*de*·vo adj.
gran·*de*·za (ê) sf.
gran·di·lo·*quên*·ci:a sf.
gran·di·lo·*quen*·te adj. s2g.;
    superl. *grandiloquentíssimo.*
gran·di·lo·quen·*tís*·si·mo
    adj. superl. de *grandíloquo e
    grandiloquente.*
gran·*dí*·lo·quo adj.; superl.
    grandiloquentíssimo.
gran·di:o·si·*da*·de sf.
gran·di:o·so (ô) adj.; f. e pl. (ó).
gran·*do*·na adj. sf. de *grandão.*
gran·*do*·ta adj. sf.
gran·*do*·te adj. s2g.
gran·*dum*·ba adj. 2g.
gra·ne:*ar* v.
gra·*nel* sm.; pl. ·néis; adv., na
    loc. *a granel.*
gra·ne·*lei*·ro adj. sm.
gran·fa adj. s2g.
gran·gan·*zá* adj. s2g.:
    gran-ga·zá.
gra·*ni*·do adj. sm.
gra·*ni*·dor (ô) sm.
gra·*ní*·fe·ro adj.
gra·ni·*for*·me adj. 2g.
gra·ni·*li*·ta sf.
gra·ni·*li*·to sm.
gra·*nir* v.
gra·*ni*·ta sf.
gra·ni·*ta*·gem sf.; pl. ·gens.
gra·ni·*tar* v.
gra·*ní*·ti·co adj.
gra·ni·ti·za·*ção* sf.; pl. ·ções.
gra·*ni*·to sm.
gra·ni·*toi*·de adj. 2g.
gra·ni·*to*·so (ô) adj.; f. e pl. (ó).
gra·*ní*·vo·ro adj. sm.
gra·ni·*za*·da sf.
gra·ni·*zar* v.
gra·ni·*zí*·fu·go adj.
gra·*ni*·zo sm.
gran·ja sf.
gran·ja·*ri*·a sf.
gran·je:a·*dor* (ô) adj. sm.
gran·je:*ar* v.
gran·je:a·*ri*·a sf.
gran·*jei*·a sf.: *grajeia*/Cf.
    granjeia, do v. *granjear.*
gran·*jei*·o sm.
gran·*jei*·ro sm.
gran·*jen*·se adj. s2g.
gran·*jo*·la adj. s2g.
gran·jo·*li*·ce sf.
gra·no·di:o·*ri*·to sm.
gra·*no*·so (ô) adj.; f. e pl. (ó).
gra·*nu*·cho sm.
gra·nu·la·*ção* sf.; pl. ·ções.
gra·nu·*la*·do adj. sm.
gra·nu·*la*·gem sf.; pl. ·gens.
gra·nu·*lar* adj. 2g. v.
gra·nu·*li*·a sf.
gra·nu·li·*for*·me adj. 2g.
gra·nu·*lí*·ti·co adj.
gra·nu·*li*·to sm.
grâ·nu·lo sm.
gra·nu·*ló*·ci·to sm.
gra·nu·*lo*·ma sm.
gra·nu·lo·ma·*to*·so (ô) adj.; f.
    e pl. (ó).
gra·nu·lo·me·*tri*·a sf.
gra·nu·lo·*mé*·tri·co adj.
gra·nu·lo·si·*da*·de sf.
gra·nu·*lo*·so (ô) adj.; f. e pl. (ó).
gran·za sf.
gran·*zal* sm.; pl. ·zais.
grão adj. sm.; pl. *grãos.*
grão(s) de ar·*roz* sm. (pl.).
grão(s)-de-*bi*·co sm. (pl.).
grão(s)-de-*ga*·lo sm. (pl.).
grão(s)-de-*por*·co sm. (pl.).
grão-du·*ca*·do(s) sm. (pl.).
grão-du·*cal* adj. 2g.; pl.
    grão-ducais.
grão-du·*que*(s) sm. (pl.).
grão-*la*·ma(s) sm. (pl.).
grão-*mes*·tre(s) sm. (pl.).
grão-mo·go·*len*·se(s) adj. s2g.
    (pl.).
grão-ra·*bi*·no(s) sm. (pl.).
grãos de ca·*fé* sm. pl.
grão-ti·*nho*·so(s) sm. (pl.).
grão-*tur*·co(s) sm. (pl.).
grão-vi·*zir* sm.; pl. *grão-vizires.*
grão-*zei*·ro sm.
gra·pa sf.
gra·pe·*ci*·que sm.
grape fruit sm. (ing.: grêipfruit).
gra·pe·*lim* sm.; pl. ·lins.
gra·pi:a·*pu*·nha sf.
gra·pi·*rá* sm. *ou* sf.
gra·pi·*ú*·na s2g.
grap·*sí*·de:o adj. sm.
grap·so sm.

grap·*soi*·de adj. 2g. sm.
grap·*tó*·li·to sm.
gras·*na*·da sf.
gras·na·*de*·la sf.
gras·na·*dor* (ô) adj. sm.
gras·*nan*·te adj. 2g.
gras·*nar* v.
gras·*nei*·ro adj.
gras·*ni*·do sm.
gras·*nir* v.
gras·no sm.
gras·pa sf.
gras·*sar* v.
gras·*sen*·to adj.
gras·*se*·ta (ê) sf. 'planta'/Cf.
  graceta.
gras·so adj.
gra·te:*ar* v.
gra·*tei*·a sf./Cf. grateia (ê), do v.
  gratear.
gra·te·*lei*·ro sm.
gra·*tí*·cu·la sf.
gra·ti·*dão* sf.; pl. ·*dões*.
gra·ti·fi·ca·*ção* sf.; pl. ·*ções*.
gra·ti·fi·ca·*dor* (ô) adj. sm.
gra·ti·fi·*car* v.
gra·*tí*·fi·co adj./Cf. gratifico, do
  v. gratificar.
gra·ti·*na*·do adj. sm.
grá·tis adv.
gra·to adj.
gra·tu·i·*da*·de sf.
gra·tu:i·ti·*da*·de sf.
gra·*tui*·to adj.
gra·tu·la·*ção* sf.; pl. ·*ções*.
gra·tu·*lar* v.
gra·tu·la·*tó*·ri:o adj.
grau sm.
gra:u·*çá* sm.: crauçá.
grau·*dez* adj. 2g. 2n.
gra·*ú*·do adj. sm.
gra·*ú*·lho sm.
gra·*ú*·na sf.
gra·*u*·nha sf.
gra:u·*va*·ca sf.
gra·*vá* sm.
gra·va·*ção* sf.; pl. ·*ções*.
gra·*va*·do adj. sm.
gra·va·*dor* (ô) adj. sm.
gra·va·*do*·ra (ô) sf.
gra·*va*·me sm.
gra·van·ce:*ar* v.
gran·van·*ce*·lo sm.
gra·*van*·ço sm.
gra·van·*zu*·do adj.
gra·*var* v.
gra·*va*·ta sf.

gra·va·*tá* sm.
gra·va·tá(s)-a-*çu*(s) sm. (pl.).
gra·va·ta-bor·bo·*le*·ta sf.;
  pl. gravatas-borboletas ou
  gravatas-borboleta.
gra·va·ta(s) de *cou*·ro sm. (pl.):
  gravata de coiro.
gra·va·ta:*en*·se adj. s2g.
gra·va·ta·*í* sm: carataí.
gra·va·ta:i·*en*·se adj. s2g.
gra·va·*tão* sm.; pl. ·*tões*.
gra·va·ta·*ri*·a sf.
gra·va·ta·*zal* sm.; pl. ·*zais*.
gra·va·te:a·*dor* (ô) sm.
gra·va·te:*ar* v.
gra·va·*tei*·ro sm.
gra·va·*til* sm.; pl. ·*tis*.
gra·va·*ti*·lho sm.
gra·va·*ti*·nha sf.
gra·*va*·to sm.: garavato.
gra·ve adj. 2g. sm.
gra·ve·*bun*·do adj.
gra·*ve*·la sf.
gra·ve·*la*·do adj.
gra·*ve*·lho (ê) sm.
gra·ve·*lo*·so (ô) sm.
gra·*vé*:o·la sf.
gra·ve:o·*lên*·ci:a sf.
gra·ve:o·*len*·te adj. 2g.:
  gra·ve:o·*len*·to adj.
gra·ve·*tar* v.
gra·*ve*·to (ê) sm.: garaveto/Cf.
  graveto (é), do v. gravetar.
gra·*ve*·za (ê) sf.
gra·*vi*·ço sm.
gra·vi·da·*ção* sf.; pl. ·*ções*.
gra·vi·*da*·de sf.
gra·vi·*dar* v.
gra·vi·*dez* (ê) sf.
gra·*ví*·di·co adj.
grá·vi·do adj./Cf. gravido, do v.
  gravidar.
gra·*ví*·fi·co adj.
gra·*ví*·gra·do adj. sm.
gra·vi·me·*tri*·a sf.
gra·vi·*mé*·tri·co adj.
gra·vi·me·*tris*·ta adj. s2g.
gra·*ví*·me·tro sm.
grá·vi:o adj. sm.
gra·vi:*o*·la sf.
gra·vis·*ca*·no adj. sm.
gra·*vis*·co adj.
gra·vi·ta·*ção* sf.; pl. ·*ções*.
gra·vi·ta·ci:o·*nal* adj. 2g.; pl.
  ·*nais*.
gra·vi·*tan*·te adj. 2g.
gra·vi·*tar* v.

gra·*vi*·to adj. sm.
grá·vi·ton sm.; pl. **tons**:
  gra·*vi*·ton.
gra·*vo*·so (ô) adj.; f. e pl. (ó).
gra·vo·te:*ar* v.
gra·*vul*·to sm.
gra·*vu*·nha sf.
gra·vu·*nhar* v.
gra·*vu*·ra sf.
gra·xa sf.
gra·xa(s)-de-es·tu·*dan*·te sf.
  (pl.).
gra·xa:*im* sm.; pl. ·*ins*.
gra·xe:*ar* v.
gra·*xei*·ra sf.
gra·*xei*·ro sm.
gra·*xen*·to adj.
gra·xo adj.
gra·*xu*·do adj.
gra·*zi*·na adj. s2g. sf.
gra·zi·*na*·da sf.
gra·zi·na·*dor* (ô) adj. sm.
gra·*zi*·nar v. sm.
gré sm. 'curral de peixe'; pl.
  grés/Cf. grés.
gre·*câ*·ni·co adj.
gre·ci:*a*·no adj. sm.
gre·ci·*da*·de sf.
gre·*cí*·ge·na adj. s2g.
gre·*cis*·mo sm.
gre·*cis*·ta adj. s2g.
gre·ci·*zar* v.
gre·co·*bár*·ba·ro(s) adj. sm.
  (pl.).
gre·*coi*·de adj. 2g.
gre·co·la·*ti*·no(s) adj. sm. (pl.).
gre·*có*·la·tra s2g.
gre·co·la·*tri*·a sf.
gre·co·*lá*·tri·co adj.
gre·co·*ma*·ni·a sf.
gre·co·ro·*ma*·no(s) adj. sm.
gre·da (ê) sf.
gre·de·*lém* adj. 2g. sm. 2n.:
  gridelém, gridelim.
gre·*do*·so (ô) adj.; f. e pl. (ó).
gre·ga (ê) sf.
gre·*gal* adj. 2g.; pl. ·*gais*.
gre·ga·*la*·da sf.
gre·ga·*ri*·a sf.
gre·ga·*ri*·na sf.
gre·ga·*rí*·ni·do adj. sm.
gre·*gá*·ri:o adj. sm.
gre·ga·*ris*·mo sm.
gre·ga·*ris*·ta adj. s2g.
gre·ge sf.
gre·go (ê) adj. sm.
gre·*go*·ge sm.

gre·go·ri·a·no adj. sm.
gre·gó·ri:o adj. sm.
gre·go·tim sm.; pl. ·tins.
gre·gue·jar v.
gre·guês adj.
gre·gui·ce sf.
grei sf.
grei·ro sm.
gre·la sf.
gre·la·ção sf.; pl. ·ções.
gre·la·do adj.
gre·la·dor (ô) adj. sm.
gre·lar v.
gre·lha sf.
gre·lha·do adj. sm.
gre·lha·gem sf.; pl. ·gens.
gre·lhar v.
gre·lhei·ro sm.
gre·lo (ê) sm./Cf. grelo (é), do
  v. grelar.
gre·mi:al adj. 2g. sm.; pl. ·ais.
gre·mi·lha sf.
grê·mi:o sm.
gre·mis·ta adj. s2g.
gre·ná adj. 2g. 2n. sm.
gre·na·do adj.
gre·ne·ti·na sf.
gre·nha adj. s2g. sf.
gre·nho adj.
gre·nho·so (ô) adj.; f. e pl. (ó).
gre·nhu·do adj.
gre·quis·mo sm.
gre·quis·ta adj. s2g.
grés sm. 'arenito'/Cf. gré sm.
gre·sí·fe·ro adj.
gre·si·for·me adj. 2g.
gres·só·ri:o adj. sm.
gre·ta (ê) sf./Cf. greta (é), do v.
  gretar.
gre·ta·do adj. sm.
gre·ta·du·ra sf.
gre·tar v.
gre·vas (ê) sf. pl.
gre·ve sf.
gre·vi·cul·tor (ô) adj. sm.
gre·vi·cul·tu·ra sf.
gre·ví·le:a sf.
gre·ví·li:a sf.
gre·vis·ta adj. s2g.
gri·de·lém adj. 2g. 2n. sm.; pl.
  ·léns: gredelém, gridelim.
gri·fa sf.
gri·far v.
gri·far·do sm.
gri·fe sf.
grí·fi·co adj.
gri·fí·ni:a sf.

gri·fo adj. sm.
gri·gri sm.
gri·la·do adj.
gri·la·gem sf.; pl. ·gens.
gri·lar v.
gri·lei·ro sm.
gri·len·to adj.
gri·lha·gem sf.; pl. ·gens.
gri·lhão sm.; pl. ·lhões.
gri·lhe·ta (ê) sm. sf.
gri·lho sm.
gri·lí·de:o adj. sm.
grill sm. (ing.: gril).
gri·lo sm.
gri·lo·bla·tó·de:o adj. sm.
gri·lo·bla·tói·de:o adj. sm.:
  gri·lo·bla·to·í·de:o.
gri·ló·de:o adj. sm.
gri·lói·de:o adj. sm.:
  gri·lo·í·de:o.
gri·lo·tal·pói·de:o adj. sm.:
  gri·lo·tal·po·í·de:o.
gri·lo·tou·pei·ra sm.; pl. grilos-
  -toupeiras ou grilos-toupeira.
gri·ma sf.
gri·ma·ça sf.
grim·pa sf.
grim·pa·do adj.
grim·pa·gem sf.; pl. ·gens:
  gripagem.
grim·par v.
gri·nal·da sf.
gri·nal·da(s)-de-noi·va sf. (pl.).
gri·nal·dar v.
grin·dé·li:a sf.
grin·far v.
grin·fo sm.
grin·ga·da sf.
grin·gal sm.; pl. ·gais.
grin·ga·lha·da sf.
grin·go sm.
grin·go·lim sm.; pl. ·lins.
gri·pa·do adj. sm.
gri·pa·gem sf.; pl. ·gens:
  grimpagem.
gri·pal adj. 2g.; pl. ·pais.
gri·par v.
gri·pe sf.
gri·po·se sf.
gris adj. 2g. 2n. sm.
gri·sa·do adj. sm.
gri·sa·lhar v.
gri·sa·lho adj.
gri·san·dra sf.
gri·são adj. sm.; pl. ·sões.
gri·sar v.
gri·se sm.

gri·sê sm., do fr. grisé.
gri·se·ta (ê) sf.
gri·séu adj. sm.
gri·sis·co adj.
gri·so sm.
gri·só sm.
gri·su sm.
gri·ta sf.
gri·ta·da sf.
gri·ta·dei·ra sf.
gri·ta·dor (ô) adj. sm.
gri·ta·lhão sm.; pl. ·lhões; f.
  gritalhona.
gri·ta·lho·na adj. sf. de
  gritalhão.
gri·tan·te adj. 2g.
gri·tão sm.; pl. ·tões.
gri·tar v.
gri·ta·ri·a sf.
gri·to sm.
gri:u·ju·ba sf.
gri·var v.
gró·bi:a sf.
gro·ça·í sm.
gro·ça·í·a·zei·te sm.; pl. groçaís-
  -azeites ou groçaís-azeite.
gro·ça·í(s)-par·do(s) sm. (pl.).
gro·do·te sm.
gro:en·lan·dês adj. sm.
gro·go·jó sm.
gro·go·tó interj.
gro·go·to·ri sm.
gro·go·tu·ba sf.
gro·gue adj. 2g. sm., do ing. grog.
gro·la·do sm.
gro·ló sm.
gro·ma sf.
gro·má·ti·ca sf.
gro·má·ti·co adj.
gro·mo sm.
gron·fe·na sf.
gron·ga sf.
gro·nho sm.
gron·ja sf.
gro·nó·vi:a sf.
gro·sa sf.
gro·sar v.
gro·sei·ra sf.
gro·se·lha adj. 2g. 2n. sm. sf.
gro·se·lhei·ra sf.
gro·se·lhei·ro sm.
gros·sa·grã sf.
gros·sa·gra·na sf.
gros·sa·ri·a sf.
gros·sei·ra sf.
gros·sei·rão adj. sm.; pl. ·rões; f.
  grosseirona.

gros·*sei*·ro adj. sm.
gros·sei·*ro*·na adj. sf. de *grosseirão*.
gros·*sen*·se adj. s2g.
gros·se·*ri*·a sf.
gros·si·*dão* sf.; pl. ·*dões*.
gros·*sis*·ta adj. s2g.
gros·so (ô) adj. sm. adv.; f. *e* pl. (ó).
gros·*su*·do adj.
gros·su·*lá*·ri:a sf.
gros·su·la·*ri*·na sf.
gros·su·*lá*·ri:o adj.
gros·su·*li*·na sf.
gros·*su*·ra sf.
gro·ta sf.
gro·*tão* sm.; pl. ·*tões*.
gro·*tei*·ro sm.
gro·*tes*·co (ê) adj. sm. 'ridículo'/ Cf. *grutesco*.
grou sm.; f. *grua*.
gru·a sf. de *grou*.
grub·bi·*á*·ce:a sf.: *grubiácea*.
grub·bi·*á*·ce:o adj.: *grubiáceo*.
gru·*da*·do adj.
gru·da·*doi*·ro sm.: *grudadouro*.
gru·da·*dor* (ô) adj. sm.
gru·da·*dou*·ro sm.: *grudadoiro*.
gru·da·*du*·ra sf.
gru·*dar* v.
gru·de sm.
gru·*den*·to adj.
gru:*ei*·ro adj.
gru·*gru* sm.
gru·gru·le·*jar* v.
gru·gru·*lhar* v.
gru·gu·le·*jar* v.
gru·gu·*lhar* v.
gru·gun·*zar* v.
gru·gu·*tu*·ba sm.
gru:i·*for*·me adj. 2g. sm.
gru:i·*ju*·ba sf.: *gurijuba*.
gru:i·*na*·le sf.
gru:*ir* v.
gru·ja sf.
gru·lha adj. s2g.
gru·*lha*·ço adj. sm.
gru·*lha*·da sf.
gru·*lhar* v.
gru·lho sm.
gru·*mar* v.
gru·ma·*ré* sm. *ou* sf.
gru·ma·*ri* sm.: gru·ma·*rim*; pl. ·*rins*.
gru·ma·*tá* sm.: gru·ma·*tã*.
gru·me·*cên*·ci:a sf.
gru·me·*cen*·te adj. 2g.

gru·me·*cer* v.
gru·me·*ta*·gem sf.; pl. *gens*.
gru·*me*·te (ê) sm.
gru·mi·*xá* sm.
gru·mi·*xa*·ba sf.
gru·mi·*xa*·ma sf.
gru·mi·xa·*mei*·ra sf.
gru·mo sm.
gru·*mo*·so (ô) adj.; f. *e* pl. (ó).
grú·mu·lo sm.
gru·na sf.
gru·*na*·do sm.
gru·*nei*·ro sm.
gru·ne·*ri*·ta sf.
grunge s2g. (ing.: *grundji*).
gru·nha sf.
gru·nhi·*dei*·ro adj.
gru·nhi·*de*·la sf.
gru·*nhi*·do sm.
gru·nhi·*dor* (ô) adj. sm.
gru·*nhir* v.
gru·*pal* adj. 2g.; pl. *pais*.
gru·pa·*men*·to sm.
gru·*par* v.
gru·*pe*·lho (ê) sm.
gru·*pe*·to (ê) sm.
gru·pi:*a*·ra sf.
gru·po sm.
gru·ta sf.
gru·*tes*·co (ê) adj. sm. 'relativo a, ou próprio de gruta'/Cf. *grotesco*.
gru·*zí*·ni·co adj.
gru·*zí*·ni:o adj. sm.
gua·a·*ri*·bo adj. s2g.
gua·bi·*ju* sm.
gua·bi·ju:*ei*·ro sm.
gua·bi·ju·*zal* sm.; pl. ·*zais*.
gua·bi·ju·*zei*·ro sm.
gua·*bi*·ra sf.
gua·bi·*ra*·ba sf.: *gabiraba*.
gua·bi·*ro*·ba sf.: *gabiroba*, *gavirova*, *guavirova*.
gua·bi·ro·*bei*·ra sf.: *gabirobeira*.
gua·bi·*ro*·va sf.: *gabirova*.
gua·bi·ro·*vei*·ra sf.: *gabiroveira*.
gua·*bi*·ru sm.
gua·*cá* sm.
gua·ca·*mo*·le sm.
gua·ca·*pi* sm.
gua·ca·*ré* adj. s2g.
gua·ca·*ri* sm.
gua·ca·ri:a·*çu* sm.: gua·ca·ri·gua·*çu*.
gua·ça·*tin*·ga sf.
gua·ça·*ton*·ga sf.
gua·ça·*tum*·ba sf.

gua·ça·*tun*·ga sf.
gua·che sm. 'pintura': *guacho*/ Cf. *guaxe*.
gua·*cho* sm. 'pintura': *guache*/ Cf. *guaxo*.
gua·co sm.
gua·*çu* adj. 2g.
gua·çu:*a*·no adj. sm.
gua·çu·bi·*rá* sm.
gua·çu·*boi*·a sf.
gua·çu·ca·*tin*·ga sm.
gua·cu·*cui*:a sm.
gua·çu:e·*tê* sm.
gua·çu·i:*en*·se adj. s2g.
gua·cu·*mã* sm.
gua·çu·pi·*tã* sm.
gua·cu·*ri* sm.
gua·cu·*ru* sm. 'ave'/Cf. *guaiuru*.
gua·çu·*ti* sm.
gua·çu·*tin*·ga sm. *ou* sf.
gua·da·lu·*pen*·se adj. s2g.
gua·da·me·*ci* sm.:
  gua·da·me·*cil*; pl. ·*cis*;
  gua·da·me·*cim*; pl. ·*cins*.
gua·de·*mã* sf.
gua·de·*mão* sm.; pl. ·*mões* ou ·*mãos*.
gua·di·*má* sm.
gua·dra·mi·*lês* adj. sm.
gua·gua·*çu* sm.
guai sm. interj.
guai·a sf.
guai·*á* sm.
guai·*á*(s)-a-pa·*rá*(s) sm. (pl.).
guai:*a*·ba sf.: *goiaba*.
guai:*a*·ca sf.: *goiaca*.
guái:a·co sm.: *gáiaco*.
guai·a·*col* sm.; pl. ·*cóis*: *gaiacol*.
guai·*á*(s)-das-pe·*dras* sm. (pl.).
guai·am·*bé* sm.
guai·a·*mu* sm.: guai·a·*mum*; pl. ·*muns*: *goiamu*, *goiamum*.
guai·a·*ná* adj. s2g.
guai·a·*pá* sm.
guai·a·*qui* adj. s2g.
guai·*ar* v.
guai·a·*ú*·na adj. s2g.
gua·*í*·ba adj. 2g. sf.
gua:i·*ben*·se adj. s2g.
gua:i·*bi*·ra sf.: *goivira*, *guaivira*.
gua:i·*cá* sf.
gua:i·ça·*ren*·se adj. s2g.
gua:i·cu·*ru* adj. s2g. sm. 'povo' 'planta'/Cf. *guacuru*.
gua:im·*bé* sm.
gua:im·be:*en*·se adj. s2g.

guai·nam·bé sm.
guai·num·bi sm.: *guanumbi*.
guai·num·bi:a·pi·ra·ti sm.
guai·pé sm.
guai·pe·ca sm.: guai·pe·va.
guai·pe·va·da sf.
guai·ra·na sf.
guai·ren·se adj. s2g.
guai·ta·cá adj. s2g.: *goitacá*.
guai·ú sm.
guai·u·ba sf.
guai·u·ba·no adj. sm.
guai·u·le sm.
guai·vi·ra sf.: *goivira*, *guaibira*.
gua·já adj. s2g. sm.
gua·ja·ba·ra sf.
gua·ja·ja·ra adj. s2g.
gua·ja·ná(s)-tim·bó(s) sm. (pl.).
gua·ja·rá sm.
gua·ja·ra:en·se adj. s2g.
gua·ja·ru sm.: gua·je·ru, gua·ji·ru.
gua·ju·ba sf. ou sm.
gua·ju-gua·ju(s) sf. ou sm. (pl.).
gua·ju·ru sm.
gua·ju·vi·ra sf.
gual·dir v.
gual·do adj.
gual·dra sf.
gual·dra·pa sf.
gual·dri·par v.
gual·dro·pe sm.: *galdrope*.
gual·té·ri:a sf.
gual·te·ri·na sf.
gua·ma:en·se adj. s2g.
gua·mi·rim sm.; pl. ·rins.
gua·mi·rim-fel·pu·do sm.; pl. *guamirins-felpudos*.
guam·pa sf.
guam·pa·ço sm.
guam·pa·da sf.
guam·pa(s)-tor·ta(s) sf. (pl.).
guam·pe:ar v.
guam·po sm.
guam·pu·do adj. sm.
gua·ná adj. s2g.
gua·na·ba·no sm.
gua·na·ba·ren·se adj. s2g.
gua·na·ba·ri·no adj. sm.
gua·na·cá adj. s2g.
gua·na·cas·te sm.
gua·na·co sm.
gua·nam·bi sm.
gua·nam·bi:en·se adj. s2g.
gua·nan·di sm.
gua·nan·di·ra·na sf.

guan·cho adj. sm.
guan·dei·ro sm.
guan·di·ra sf.
guan·di·rá sm.
guan·di·ra·çu sm.
guan·do sm.
guan·du sm.
guan·du:en·se adj. s2g.
gua·ne·va·na adj. s2g.
gua·nha·ci sf.
gua·nha·nen·se adj. s2g.
guâ·ni·co adj.
gua·ni·na sf.
gua·no sm. 'adubo'/Cf. *goano*.
guan·te sm.
gua·num·bi sm.: *guainumbi*.
gua·num·bi-gua·çu sm.
guan·xu·ma sf.: *guaxima*, *guaxuma*.
gua·pa·ra·í·ba sf.
gua·pa·ron·ga sf.
gua·pé s2g.
gua·pe:ar v.
gua·pe·ba sf.: *guapeva*.
gua·pe:en·se adj. s2g.
gua·pe·ta·ço adj.
gua·pe·ta·gem sf.; pl. ·gens.
gua·pe·tão adj.; pl. ·tões.
gua·pe·to·na·gem sf.; pl. ·gens.
gua·pe·to·ne:ar v.
gua·pe·va adj. 2g. sm. sf.: *guapeba*.
gua·pe·za (ê) sf.
gua·pi:a·çu:en·se adj. s2g.
gua·pi:a·ra sf.
gua·pi·ce sf.
gua·pi·co·ba·í·ba sf.
gua·pi·ra sf.
gua·pi·ron·ga sf.
gua·pi·ru·vu sm.
gua·po adj.
gua·pô sm.
gua·po:en·se adj. s2g.
gua·po·ran·ga sf.
gua·po·ren·se adj. s2g.
gua·pu·í sm.
gua·pu·ru·bu sm.: *guapuruvu*.
gua·pu·run·ga sf.
gua·pu·ru·vu sm.: *guapurubu*.
gua·pu·ti·ni sm.
gua·qui sm.
gua·qui·ca sf.
gua·rá sm.
gua·ra·bi·ren·se adj. s2g.
gua·ra·bu sm.
gua·ra·bu(s)-a·ma·re·lo(s) sm.

(pl.).
gua·ra·bu(s)-*bran*·co(s) sm. (pl.).
gua·ra·bu(s)-da·*ser*·ra sm. (pl.).
gua·ra·bu(s)-*pre*·to(s) sm. (pl.).
gua·ra·bu(s)-ver·*me*·lho(s) sm. (pl.).
gua·ra·ca·bu·çu sm.: *guaracavuçu*.
gua·ra·ça·í sf.
gua·ra·ça·i:en·se adj. s2g.
gua·ra·ça·í·ma sm.
gua·ra·cão sm.; pl. ·cães.
gua·ra·ca·va sf.: *guracava*.
gua·ra·ca·vu·çu sm.: *guaracabuçu*.
gua·ra·ce·ma sf.
gua·ra·ci:a·ben·se adj. s2g.
gua·ra·ci·ca sf.
gua·ra·ci:en·se adj. s2g.
gua·ra·cim·bo·ra sm.
gua·ra·cu sm.
gua·ra·çu·ma sm. ou sf.
gua·ra:en·se adj. s2g.
gua·ra·guá sm.
gua·rai·o adj. sm.
gua·rai·po sm.
gua·rai·u·ba sf.
gua·ra·ju adj. s2g.
gua·ra·ju·ba sf.
gua·ral sm.; pl. ·rais.
gua·ram·bá sm.
gua·ra·me·mi adj. s2g.
gua·ra·ná sm.
gua·ra·na·zal sm.; pl. ·zais.
gua·ra·na·zei·ro sm.
gua·ran·di sm.
gua·ra·nhém sm.; pl. ·nhéns.
gua·ra·ni adj. sm.
gua·ra·ni:a·çu:en·se adj. s2g.
gua·ra·ni:a·na sf.
gua·ra·ni·cin·ga sf.
gua·ra·ni:en·se adj. s2g.
gua·ra·ní·ti·co adj.
gua·ran·tã sf. ou sm.
gua·ran·tã:en·se adj. s2g.
gua·ra·pa·ré adj. s2g.: *guarapari*, *guaraparim*.
gua·ra·pa·ri sm.: *guaraparé*, *guaraparim*.
gua·ra·pa·ri:en·se adj. s2g.
gua·ra·pa·rim sm.; pl. ·rins: *guaraparé*, *guarapari*.
gua·ra·pe·rê sm.: gua·ra·pe·ré.
gua·ra·pi:a·pu·nha sf.
gua·ra·pi·ci·ca sf.
gua·ra·pi·rá sm.

gua·ra·pi·*ran*·ga sf.
gua·ra·*po*·ca sf.
gua·ra·*pu* sm.
gua·ra·pu:*a*·va sm.
gua·ra·pu:a·*va*·no adj. sm.
gua·ra·pu:a·*ven*·se adj. s2g.
gua·ra·que·ça·*ba*·no adj. sm.
gua·ra·*quim* sm.; pl. ·*quins*.
gua·ra·ra·*pen*·se adj. s2g.
gua·ra·*re*·ma sf.: *guarema*,
 gurarema.
gua·ra·re·*men*·se adj. s2g.
gua·ra·*ren*·se adj. s2g.
gua·ra·*ri*·ba sf.
gua·ra·*tã* sf. *ou* sm.
gua·ra·te·ga·*ja* adj. s2g.
gua·ra·*ti*·ba sf.
gua·ra·tin·gue·ta:*en*·se adj. s2g.
gua·ra·tu·*ba*·no adj. sm.
gua·ra·tu·*ben*·se adj. s2g.
gua·ra·*ú*·na sf.
gua·ra·*vi*·ra sm. *ou* sf.
gua·ra·xa·*im* sm.; pl. ·*ins*.
guar·da sf. sm.
guar·da·ar·*nês* sm.; pl.
 guarda-arneses.
guar·da·bar·*rei*·ra(s) sm. (pl.).
guar·da·*bra*·ço(s) sm. (pl.).
guar·da·ca·*dei*·ra(s) sm. (pl.).
guar·da·*ca*·ma(s) sm. (pl.).
guar·da·can·*ce*·la(s) sm. (pl.).
guar·da·*cas*·cos sm. 2n.
guar·da·cha·*pim* sm.; pl.
 guarda-chapins.
guar·da·*cha*·ves sm. 2n.
guar·da·*chu*·va(s) sm. (pl.).
guar·da·chu·*va*·da(s) sf. (pl.).
guar·da·ci·*vil* sm.; pl.
 guardas-civis.
guar·da·co·*mi*·da(s) sm. (pl.):
 guar·da·co·*mi*·das sm. 2n.
guar·da·*cos*·tas sm. 2n.
guar·da·*dor* (ô) adj. sm.
guar·da·es·*pe*·lho(s) sm. (pl.).
guar·da·*fa*·to(s) sm. (pl.).
guar·da·*fe*·chos sm. 2n.
guar·da·*fi*:o(s) sm. (pl.):
 guar·da·*fi*:os sm. 2n.
guar·da·flo·res·*tal* sm.; pl.
 guardas-florestais.
guar·da·*fo*·go(s) sm. (pl.).
guar·da·*frei*·o(s) sm. (pl.):
 guar·da·*frei*·os sm. 2n.
guar·da·*joi*·as sm. 2n.
guar·da·*la*·ma(s) sm. (pl.).
guar·da·*li*·nha(s) sm. (pl.).
guar·da·*li*·vros s2g. 2n.

guar·da·*loi*·ça(s) sm. (pl.):
 guar·da·*lou*·ça(s).
guar·da·*lu*·me(s) sm. (pl.).
guar·da·man·*ce*·bo(s) sm. (pl.).
guar·da·*mão*(s) sm. (pl.).
guar·da·ma·*ri*·nha sm.; pl.
 guardas-marinhas ou
 guardas-marinha.
guar·da·*ma*·to(s) sm. (pl.).
guar·da·*men*·to sm.
guar·da·*me*·ta(s) sm. (pl.).
guar·da·*mor* sm.; pl.
 guardas-mores.
guar·da·mo·*ri*·a sf.
guar·da·*mó*·veis sm. 2n.
guar·da·*na*·po sm.
guar·da(s)·no·*tur*·no(s) sm.
 (pl.).
guar·da·pa·*trão* sm.; pl.
 guarda-patrões.
guar·da·*pé*(s) sm. (pl.).
guar·da·*pei*·to(s) sm. (pl.).
guar·da·*pó*(s) sm. (pl.).
guar·da·por·*tão* sm.; pl.
 guarda-portões.
guar·da·*pra*·tas sm. 2n.
guar·*dar* v.
guar·da·*re*·de(s) sm. (pl.):
 guar·da·*re*·des sm. 2n.
guar·da·*rou*·pa(s) sm. (pl.).
guar·da·*se*·los sm. 2n.
guar·da·*se*·xo(s) sm. (pl.).
guar·da·*sol* sm.; pl. *guarda-sóis*.
guar·da·so·*lei*·ro(s) sm. (pl.).
guar·da·*va*·la(s) sm. (pl.):
 guar·da·*va*·las sm. 2n.
guar·da·vas·*soi*·ras sm. 2n.:
 guar·da·vas·*sou*·ras.
guar·da·*ven*·to(s) sm. (pl.).
guar·da·ves·*ti*·dos sm. 2n.
guar·da·*vi*·da(s) s2g. (pl.).
guar·da·*vi*·nho(s) sm. (pl.).
guar·da·*vis*·ta(s) sm. (pl.).
guar·da·vo·*lan*·te(s)[1] sf.
 (pl.). 'corpo de soldados
 que fazem guarda sem
 estacionar'.
guar·da·vo·*lan*·te(s)[2] sm. (pl.).
 'peça que cobre o volante
 dos relógios'.
guar·da·*voz* sm.; pl.
 guarda-vozes.
guar·de:*ar* v.
guar·di:*ã* sf. de *guardião*.
guar·di:a·*ni*·a sf.
guar·di:*ão* sm.; pl. *guardiães* ou
 guardiões; f. *guardiã*.

guar·*dim* sm.; pl. ·*dins*.
guard-rail sm. (ing.: *gardrêil*).
gua·*ré* sm.
gua·re·ce·*dor* (ô) adj. sm.
gua·re·*cer* v.
gua·re:i·*en*·se adj. s2g.
gua·re·ma sf.: *guararema*,
 gurarema.
gua·*ren*·te sm.
gua·*ri* sm.
gua·*ri*·ba sm. *ou* sf.
gua·*ri*·ba(s)·*pre*·to(s) sm. (pl.).
gua·*ri*·ba(s)·ver·*me*·lho(s) sm.
 (pl.).
gua·ri·*ben*·se adj. s2g.
gua·ri·*bu* sm.
gua·ri·*can*·ga sf.
gua·ri·*ce*·ma sf. *ou* sm.
gua·*ri*·da sf.
gua·ri·*ju*·ba sf.
gua·*rim*·pe sm.
gua·ri·nha·*tã* sm. *ou* sf.
gua·ri·*pé* sf.
gua·*rir* v.
gua·ri·*ro*·ba sf.
gua·ri·ro·ba(s)·do·*cam*·po sf.
 (pl.).
gua·ri·ro·*bal* sm.; pl. ·*bais*.
gua·*ri*·ta sf.
gua·ri·*tá* sm.
gua·ri:*ú*·ba sf.
guar·ne·ce·*dor* (ô) adj. sm.
guar·ne·*cer* v.
guar·ne·*ci*·do adj.
guar·ne·ci·*men*·to sm.
guar·*ni*·a sf.
guar·ni·*ção* sf.; pl. ·*ções*.
guar·*nir* v.
guar·te interj.; na loc. *sem tir-te
 nem guar-te*.
gua·*ru* sm.
gua·ru:a·*çu* sm.
gua·*ru*·ba sf.
gua·*ru*·bá sm.
gua·*ru*·çá sm.
gua·ru·*cai*·a sf.
gua·ru·gua·*ru*(s) sm. (pl.).
gua·*ru*·la sf.
gua·ru·*lhen*·se adj. s2g.
gua·*ru*·lho adj. sm.
gua·run·*di* sm.
gua·run·di·a·*zul* sm.; pl.
 guarundis-azuis.
gua·ru·*pu* sm.
guas·ca adj. s2g. sf.
guas·*ca*·ço sm.
guas·*ca*·da sf.

guas·ca(s)-lar·ga·do(s) sm. (pl.).
guas·ca·ri·a sf.
guas·que:a·ção sf.; pl. ·ções.
guas·que:a·da sf.
guas·que:ar v.
guas·quei·ro adj. sm.
gua·tai·a sf.
gua·ta:i·a·po·ca sf.
gua·tam·bu sm.
gua·ta·pa·rá sm.
gua·ta·pi sm.
gua·ta·pu·ma sf.
gua·te·ma·len·se adj. s2g.
gua·te·mal·te·co adj. sm.
gua·tin·guei·ro sm.
gua·ti·nhu·ma sf.
gua·tó adj. s2g.
gua·tu:em·pa·ju·ba sm.
gua·va·tã sm.
gua·vi·ro·va sf.: gabiroba, gavirova, guabirova.
gua·xe sm. 'ave'/Cf. guache.
gua·xi adj. s2g.
gua·xi·ma sf.: guanxuma, guaxuma.
gua·xim·ba(s)-pre·ta(s) sf. (pl.).
gua·xin·di·ba sf.
gua·xin·gu·ba sf.
gua·xi·nim sm.; pl. ·nins.
gua·xi:ú·ma sf.
gua·xo adj. sm. 'muda de erva-mate' 'animal amamentado com leite que não é materno'/Cf. guacho.
gua·xu·ma sf.: guanxuma, guaxima.
gua·xum·bo sm.
gua·xu·pé sf. ou sm.
gua·xu·pe:a·no adj. sm.
gua·zil sm.; pl. ·zis.
gua·zu·ma sf.
gua·zu·pu·co sm.
gu·de sm.
gu·der·ma·ni:a·na sf.
gu·di·ão sm.; pl. ·ões.
gu·du·nho sm.
guê sm.
gu:é sm.
gue·ba sf.
gue·bo (ê) sm.
gue·bro adj. sm.
gue·bu·çu sm.
gue·dé sf. ou sm.
gue·de·lha (ê) sf.
gue·de·lho(ê) sm.
gue·de·lhu·do adj.: gadelhudo.

gue·di·ce sf.
gue·guês adj. sm.
guei·jo sm.
guei·ra·na sf.
guei·xa sf. 'jovem dançarina japonesa'/Cf. guexa.
guel·fo adj. sm.
guel·ra sf.
guem·bé sm.
guem·bê sm.: gu:em·bé.
guen·za sf.
guen·za(s)-bran·ca(s) sf. (pl.).
guen·za(s)-ver·de(s) sf. (pl.).
guen·zo adj. sm.
gue·par·do sm.
gue·re sm.
gue·rê-gue·rê(s) sm. (pl.).
gue·ri·cke sm.
gue·ri·ri sf.
guer·ra sf.
guer·re:a·dor (ô) adj. sm.
guer·re:ar v.
guer·rei·ra sf.
guer·rei·ro adj. sm.
guer·rí·de:o adj. sm.
guer·ri·lha sf.
guer·ri·lhar v.
guer·ri·lhei·ro adj. sm.
gue·ta (ê) sf.
gue·tár·de:a sf.
gue·tár·de:o adj.
gue·te (ê) sm.
gue·to (ê) sm.
gue·xa (ê) sf. 'mula'/Cf. gueixa.
gui·a adj. 2g. sf. sm.
gui·a·be·lha (ê) sf.
gui:a·ca sf.
gui:a·ca·na sf.
gui:a-cor·ren·te(s) sm. (pl.).
gui:a·da sf.
gui:a·dor (ô) adj. sm.
gui:a-fi:os sm. 2n.
gui:a·gem sf.; pl. ·gens.
gui:a-lo·pen·se(s) adj. s2g. (pl.).
gui:a-ma·tri·zes sm. 2n.
gui:a·men·to sm.
gu:i·a·na adj. s2g. 'indivíduo das Guianas'/Cf. goiana, f. de goiano.
gu:i·a·nen·se adj. s2g.
gu:i·a·nês adj. s2g.
gui:an·te adj. 2g.
gui:ão sm.; pl. ·ões ou ·ães.
gui:ar v.
gui:a·rá sm.
gui-bu·gui·bu·ra sf.
gui·búr·ci:a sf.

gui·cei·ro sm.
gui·chê sm.
gui·co sm.
gui·dão sm.; pl. ·dões.
gui·dom sm.; pl. ·dons.
gui·do·va·len·se adj. s2g.
gui:ei·ro adj. sm.
gui·ga sf.
gui·gó sm.
guil·da sf.
gui·lha sf.
gui·lher·me sm.
gui·lho sm.
gui·lho·char v.
gui·lho·chê sm.: guilochê.
gui·lho·te sm.
gui·lho·ti·na sf.
gui·lho·ti·nar v.
gui·lo·chê sm.: guilhochê.
guim·ba sf.
gui·ma·ran·ti·no adj. sm.
guim·bar·da sf.
guim·bé sm.
guim·be·ra·na sf.
guí·mel sm.; pl. ·meis.
gui·na sf.
gui·na·da sf.
gui·nam·bé sm.
gui·nar v.
gui·na·ú adj. s2g.
guin·cha sf.
guin·cha·do adj. sm.
guin·char v.
guin·chei·ro sm.
guin·cho sm.
guin·da sf.
guin·da·do adj.
guin·da·gem sf.; pl. ·gens.
guin·da·le·ta (ê) sf.
guin·da·le·te (ê) sm.
guin·dar v.
guin·das·te sm.
guin·do·la sf.
gui·né sf. ou sm.
gui·ne:en·se adj. s2g.
gui·né(s)-le·gí·ti·mo(s) sm. (pl.).
gui·néu[1] sm. 'moeda'.
gui·néu[2] adj. s2g. 'guineense'.
guin·gão sm.; pl. ·gões.
guin·gau sm.
guim·gom·bô sm.
guin·gue·to (ê) sm.
gui·ni·lha sm. sf.
gui·num·bi sm.
gui:o sm.
gui·pu·ra sf.
gui·pus·co:a·no adj. sm.

gui·rá sm. sf.
gui·rá-a·can·ga·ta·ra sf.; pl.
    guirás-acangataras ou
    guirás-acangatara.
gui·ra·gua·çu·be·ra·ba sm.
gui·ra·men·bé sm.
gui·ra·mom·bu·cu sm.
gui·ran·tan·ga sf.
gui·ra·pe·re:á sm.
gui·ra·pon·ga sf.
gui·ra·pu·ru sm.
gui·ra·que·re:á sm.
gui·ra·re·po·ti sf.
gui·ra·ró sm.
gui·ra·ru s2g.
gui·ra·tan·gue·í·ma sf.
gui·ra·tin·ga sf.
gui·ra·tin·ga·no adj. sm.
gui·ra·tin·guen·se adj. s2g.
gui·ra·ti·ri·ca sf.
gui·ra:un·di sm.
gui·ra·xu:é sm.
gui·ri sm.
gui·ri·ce·men·se adj. s2g.
guir·lan·da sf.
guir·lan·dar v.
guir·ri sm.
gui·ru·çu sm.
gui·sa sf.
gui·sa·do adj. sm.
gui·sa·men·to sm.
gui·sar v.
gui·ta sm. sf.
gui·tar·ra sf.
gui·tar·ra·da sf.
gui·tar·re:ar v.
gui·tar·rei·ro sm.
gui·tar·réu sm.
gui·tar·ri·lha sf.
gui·tar·ris·ta adj. s2g.
gui·ti·ro·ba sf.
gui·ti·ti·ro·ba sf.
gui·za·lhar v.
gui·zei·ra sf.
gui·zo sm./Cf. guiso, do
    v. guisar.
gui·zo(s)-de-cas·ca·vel sm. (pl.).
gu·la sf.
gu·lan·dim sm.; pl. ·dins.
gu·la·par v.
gu·lar adj. 2g.
gu·lar·ros·tro adj. sm.
gu·lei·ma s2g.
gulag sm. (rus.: gulak).
gu·lo·di·ce sf.

gu·lo·sa sf.
gu·lo·sar v.
gu·lo·sei·ma sf.
gu·lo·si·ce sf.
gu·lo·so (ô) adj. sm.; f. e pl. (ó).
gu·me sm.
gú·me·na sf.
gu·mí·fe·ro adj.
gu·mo·so (ô) adj.; f. e pl. (ó).
gún·da·ra sf.
gun·du sm.
gun·ga sm. sf.
gun·ga-mu·xi·que(s) sm. (pl.).
gun·gu·nar v.
gun·gu·nha·na adj. s2g.
gu·pi:a·ra sf.
gu·ra·ca·va sf.: guaracava.
gu·ra·ém sm.; pl. ·éns.
gu·ran·di·a·zul sm.; pl.
    gurandis-azuis.
gu·ra·nhém sm.; pl. ·nhéns.
gu·ra·re·ma sf.: guarema,
    guararema.
gu·ra·tai·a·po·ca sm. ou sf.
gu·ra:un·di sm.: guiraundi.
gu·re·ri sm.
gu·ri sm.; f. guria.
gu·ri·a sf. de guri.
gu·ri:a·çu sm.
gu·ri:an·tã sm.: guriatã,
    gurinhatã.
gu·ri·a·tã sm.: guriantã,
    gurinhatã.
gu·ri·ba adj. s2g.
gu·ri·bu sm.
gu·ri·çá sm.
gu·ri·ce·ma sf.
gu·ri·gua·çu sm.
gu·ri·ju·ba sf.: gruijuba.
gu·rin·di·ba sf.
gu·ri·nha·tã sm.: guriatã,
    guriantã.
gu·ri·nhém sm.; pl. ·nhéns.
gu·ri·ri sm.
gu·ri·ri(s)-do-cam·po sm. (pl.).
gu·ri·ta sf.
gu·ri·xi·ma sf.
gu·ri·za·da sf.
gu·ri·zei·ro sm.
gu·ri·zo·te sm.
gur·ma sf.
gur·nir v.
gu·ro·pé sm. 'certa
    embarcação'/Cf. gurupés.
gu·ru sm.

gu·ru·bu sm.
gu·ru·gum·ba sf. 'tipo de
    cacete'/Cf. gurungumba.
gu·ru·ju·ba sf.
gu·ru·ju·va sf.
gu·ru·mi·xa·ma sf.
gu·ru·mi·xa·mei·ra sf.
gu·run·di sm.
gu·run·di·a·zul sm.; pl.
    gurundis-azuis.
gu·run·ga sm.
gu·run·gum·ba sf. 'terreno
    íngreme'/Cf. gurugumba.
gu·ru·pa:en·se adj. s2g.
gu·ru·pe·ma sf.
gu·ru·pés sm. 2n. 'termo de
    construção naval'/Cf. guropés,
    pl. de guropé.
gu·ru·pi sm.
gu·ru·ri sm.
gu·ru·til sm.; pl. ·tis.
gu·ru·tu·ba sf.
gu·ru·tu·ba·no sm.
gu·sa sf.
gu·sa·no sm.
gus·la sf.
gus·ta·ção sf.; pl. ·ções.
gus·ta·ti·vo adj.
gus·ta·tó·ri:o adj. sm.
gus·tá·vi:a sf.
gu·ta sf.
gu·ta·ção sf.; pl. ·ções.
gu·ta·per·cha sf.; pl.
    gutas-perchas ou
    guta-perchas.
gu·tem·ber·gi:a·no adj.
gu·tí·cu·la sf.: gotícula.
gu·tí·fe·ra sf.
gu·ti·fe·rá·ce:a sf.
gu·ti·fe·rá·ce:o adj.
gu·tí·fe·ro adj.
gu·ti·na sf.
gú·tu·la sf.
gú·tu·lo sm.
gu·tu·ral adj. 2g. sf.; pl. ·rais.
gu·tu·ra·li·za·ção sf.; pl. ·ções.
gu·tu·ra·li·zar v.
gu·tu·ra·mo sm.: gaturamo.
gu·tu·ro·so (ô) adj. sm.; f. e
    pl. (ó).
gu·za.
gu·ze·rá adj. s2g.
gu·ze·ra·te adj. s2g.
gu·zo sm.
gu·zun·ga sm.

H

há sm./Cf. *ah*, interj.
hã interj.
ha·ba·*ne*·ra sf.
há·be:as sm. 2n.
habeas corpus loc.subst. (lat.).
ha·*be*·na sf.
ha·bê·nu·la sf.
ha·be·nu·*lar* adj. 2g.
há·bil adj. 2g.; pl. ·beis.
ha·bi·lha·*men*·to sm.
ha·bi·li·*da*·de sf.
ha·bi·li·*do*·so (ô) adj.; f. *e* pl. (ó).
ha·bi·li·ta·ção sf.; pl. ·ções.
ha·bi·li·*ta*·do adj. sm.
ha·bi·li·ta·*dor* (ô) adj. sm.
ha·bi·li·*tan*·ço sm.
ha·bi·li·*tan*·do adj. sm.
ha·bi·li·*tan*·te adj. s2g.
ha·bi·li·*tar* v.
ha·bi·ta·bi·li·*da*·de sf.
ha·bi·ta·*ção* sf.; pl. ·ções
ha·bi·ta·ci·o·*nal* adj. 2g.; pl. ·nais.
ha·bi·*tá*·cu·lo sm.
ha·bi·ta·*dor* (ô) adj. sm.
ha·bi·*tan*·te adj. s2g.
ha·bi·*tar* v.
há·bi·tat sm.
ha·bi·*tá*·vel adj. 2g.; pl. ·veis.
ha·*bi*·te·se sm. 2n.
há·bi·to sm./Cf. *habito* e *abito*, dos v. *habitar* e *abitar*.
ha·bi·tu·a·*ção* sf.; pl. ·ções
ha·bi·tu·*a*·do adj. sm.
ha·bi·tu·*al* adj. 2g.; pl. ·ais.
há·bi·tu·a·li·*da*·de sf.
ha·bi·tu·a·*lis*·mo sm.
ha·bi·tu·*ar* v.
ha·bi·*tu*·de sf.
ha·bi·tu·di·*ná*·ri:o adj. sm.
ha·ca·*nei*·a sf.
ha·*cer* sm.
ha·*chu*·ra sf.
ha·*chu*·rar v.
hacker s2g.
ha·*de*·na sf.
ha·de·*ní*·de:o adj. sm.
ha·de·*ní*·ne:o adj. sm.
ha·*dji* sm.: há·dji; *háji*.
ha·*do*·que sm., do ing. *haddock*.
há·dri:on sm.: ha·*dri*·on.
há·dron sm.; pl.: *hádrons, hadrones*
ha·fal·ge·*si*·a sf.
ha·fal·*gé*·si·co adj.
háf·ni:a sf.
háf·ni:o sm.
ha·gi:o·gra·*fi*·a sf.
ha·gi:o·*grá*·fi·co adj.
ha·gi:*ó*·gra·fo adj. sm.
ha·gi·*ó*·la·tra s2g.
ha·gi·o·la·*tri*·a sf.
ha·gi:o·*ló*·gi·co adj.
ha·gi:o·*ló*·gi:o sm.
ha·gi:ó·to·go sm.
ha·gi·*ô*·ma·co sm.
ha·gi·o·ma·*qui*·a sf.
ha·gi·*ô*·ni·mo sm.
ha·gi:os·se·*man*·dro sm.: ha·gi:os·se·*man*·tro.
ha·gi:o·te·ra·*pi*·a sf.
ha·gi·o·te·*rá*·pi·co adj.
ha·*glu*·ra sf.
hah·ne·man·ni·*a*·no adj. sm.
hah·ne·*mân*·ni·co adj.
hai·*cai* sm.
ha:i·ti·*a*·no adj. sm.
há·ji sm.: *hadji*, *hádji*.
há·ji·be sm.
ha·la sf. 'pó vegetal'/Cf. *ala*.
ha·*la*·li sm.
ha·*lé*·si:a sf.
ha·le·*si*·no adj. sm.
ha·*le*·to (ê) sm.
ha·li:*al* adj. 2g.; pl. ·ais.
ha·li:*ár*·ci:o adj. sm.
ha·li·car·nas·*sen*·se adj. s2g.
ha·li·car·*nás*·si:o adj. sm.
ha·li·*côn*·dri:o sm.
ha·li·co·*rá*·ce:o adj. sm.
ha·*lic*·to sm. 'gênero de insetos'/Cf. *halito* e *hálito*.
ha·li:êu·ti·ca sf.
ha·li:êu·ti·co adj.
ha·*lís*·ta·se sf.
ha·*li*·to sm. 'sal-gema'/Cf. *hálito* e *halicto*.
há·li·to sm. 'bafo'/Cf. *halito*.
ha·li·*to*·se sf.
halloween sm. (ing.: *halouín*).
hal·mi·*ró*·li·se sf.
ha·lo sm. 'coroa'/Cf. *alo*, do v. *alar*.
ha·*ló*·ba·to sm.
ha·*ló*·bi:o sm.
ha·lo·cal·*ci*·ta sf.
ha·lo·cro·*mi*·a sf.
ha·lo·*crô*·mi·co adj.
ha·*ló*·fi·lo adj.
ha·*ló*·fi·to sm.
ha·lo·ge·na·*ção* sf.; pl. ·ções.
ha·lo·ge·*ne*·to (ê) sm.
ha·lo·*gê*·ni·co adj.
ha·lo·*gê*·ni:o sm.
ha·*ló*·ge·no sm.
ha·lo·gra·*fi*·a sf.
ha·lo·*grá*·fi·co adj.
ha·*ló*·gra·fo sm.
ha·*loi*·de adj. 2g. sm.
ha·lo:i·*si*·ta sf.
ha·lo·lo·*gi*·a sf.
ha·lo·man·*ci*·a sf.
ha·lo·man·ci·*a*·no adj.
ha·lo·*man*·te s2g.
ha·lo·*mân*·ti·co adj.
ha·lo·me·*tri*·a sf.
ha·lo·*mé*·tri·co adj.
ha·lo·*planc*·to sm.: ha·lo·*plânc*·to.

há·lo·ra·*gá*·ce:a sf.
há·lo·ra·*gá*·ce:o adj.
ha·lor·ra·gi·*dá*·ce:a sf.
ha·lor·ra·gi·*dá*·ce:o adj.
ha·lo·tec·*ni*·a sf.
ha·lo·*téc*·ni·co adj.
hal·*ter* sm.; pl. *halteres: haltere/* Cf. *alteres,* do v. *alterar.*
hal·te·*ra*·do adj. sm. 'díptero'/ Cf. *alterado.*
hal·*te*·re sm.: *halter;* pl. *halteres*/Cf. *alteres,* do v. *alterar.*
hal·te·*ríp*·te·ro adj. sm.
hal·te·ro·fi·*li*·a sf.
hal·te·ro·fi·*lis*·mo sm.
hal·te·ro·fi·*lis*·ta adj. s2g.
ha·lur·*gi*·a sf.
ha·*lúr*·gi·co adj.
há·lux (cs) sm.
ha·ma·*dri*·a sf.
ha·ma·*dri*·a·da sf.:
   ha·ma·*dri*·a·de.
ha·ma·me·li·*dá*·ce:a sf.
ha·ma·me·li·*dá*·ce:o adj.
há·ma·*mé*·lis sf. 2n.
ham·*bur*·go sm.
ham·bur·*guen*·se adj. s2g.
ham·*búr*·guer sm.; do ing. *hamburger;* pl. ·**gue·res**.
ham·bur·*guês* adj. sm.
ham·bur·*gue*·sa (ê) sf.
ha·mil·to·ni:*a*·na sf.
ha·mil·to·ni:*a*·no adj. sm.
hâ·mu·lo sm.
han·de·*bol* sm.
handicap sm. (ing.: *rêndiquep*).
han·*gar* sm.
ha·ni·*fis*·mo sm.
hâ·ni:o sm.
ha·no·ve·ri:*a*·no adj. sm.:
   ha·no·vri:*a*·no.
han·sa sf. 'liga de várias cidades do N. da Europa na Idade Média/Cf. *ansa.*
han·se:*á*·ti·co adj.
han·se·ni·*a*·no adj. sm.
han·se·*ní*:a·se sf.
hans·ma·*ni*·to sm.
han·ta·*ví*·rus sm. 2n.
ha·pa·*lé*·li·tro adj. sm.
ha·*pá*·li·da sm.
ha·pa·*lí*·de:o adj. sm.
há·pax (cs) sm. 2n.
ha·pa·*xan*·to (cs) adj.
ha·*plan*·to sm.
ha·*pli*·to sm.: *aplito.*

ha·plo·bi:*on*·te sm.
ha·plo·*car*·fa sf.
ha·plo·*cau*·je adj. 2g.
ha·*pló*·ce·ro sm.
ha·ploc·*nê*·mi:a sf.
ha·*pló*·de·ro sm.
ha·*pló*·do·co adj. sm.
ha·plo·gra·*fi*·a sf.
ha·plo·*grá*·fi·co adj.
ha·*ploi*·de adj. 2g.
ha·plo·lo·*gi*·a sf.
ha·plo·*ló*·gi·co adj.
ha·*plô*·me·ro sm.
ha·plo·*mi*·a sf.
ha·*plo*·mo adj. sm.
ha·plo·*pé*·ta·lo adj.
ha·plos·po·*rí*·di:o adj. sm.
ha·*plós*·to·mo adj.
ha·plo·to·*mi*·a sf.
happening sm. (ing.: *hépenin*).
happy end loc. subst. (ing.: *hépiênd*).
happy hour loc. subst. (ing.: *hépiháuer*).
ha·ra·ga·*nar* v.
ha·ra·ga·ne:*ar* v.
ha·ra·*ga*·no adj.
ha·ra·*qui*·ri sm.
ha·ras sm. 2n. 'coudelaria'/Cf. *aras,* do v. *arar* e pl. de *ara.*
hard disk loc. subst. (ing.: *hardisk*).
hardware sm. (ing.: *hárduér*).
ha·*rém* sm.; pl.·*réns.*
ha·*rí*:o·lo sm.
ha·ri:o·lo·man·*ci*·a sf.
ha·ri:o·lo·*man*·te s2g.
har·*ma*·la sf.
har·mo·*ni*·a sf.
har·*mô*·ni·ca sf.
har·*mô*·ni·co adj.
har·mo·ni·*cor*·de sm.
har·mo·ni·*flu*·te sm.
har·*mô*·ni:o sm.
har·mo·ni:*o*·so (ô) adj.; f. *e* pl. (ó).
har·mo·*nis*·ta adj. s2g.
har·mo·*nís*·ti·ca sf.
har·*mô*·ni:um sm.: *harmônio.*
har·mo·ni·za·*ção* sf.; pl. ·*ções.*
har·mo·ni·za·*dor* (ô) adj. sm.
har·mo·ni·*zar* v.
har·mo·*nó*·gra·fo sm.
har·mo·*nô*·me·tro sm.
har·pa sf./Cf. *arpa,* do v. *arpar.*
hár·pa·ga sf.
har·pa·*gão* sm.; pl. ·*gões.*

har·*par* v. 'tocar harpa'/Cf. *arpar.*
har·pe:*ar* v. 'tocar harpa'/Cf. *arpear.*
har·pe·*jar* v. 'tocar harpa'/Cf. *arpejar.*
har·*pi*·a sf.
har·*pis*·ta adj. s2g. 'que toca harpa'/Cf. *arpista.*
har·to adj. adv.
ha·*rús*·pi·ce sm.: *arúspice.*
ha·rus·pi·*ci*·no adj.: *aruspicino.*
ha·rus·*pí*·ci:o sm.: *aruspício.*
has·ta sf. 'lança'/Cf. *asta.*
has·*ta*·do adj.
has·te sf.: *hás*·te:a.
has·te:*a*·do adj.
has·te:*al* sm.: pl. ·*ais.*
has·te:*ar* v.
has·ti·*bran*·co adj.
has·ti·*fi*·no adj.
has·ti·fo·li:*a*·do adj.
has·ti·*for*·me adj. 2g.
has·*til* sm.; pl.·*tis.*
has·*ti*·lha sf. 'pequena haste'/ Cf. *astilha.*
has·ti·*ver*·de (ê) adj 2g.
hau·a·*ru*·na adj. s2g.
hau·*çá* adj. s2g.: ha·*ú*·ça.
ha·u·*í*·na sf.
ha·u·i·*ní*·ta sf.
ha·u·i·*ní*·ti·co adj.
hau·*rir* v. 'esgotar'/Cf. *aurir.*
hau·*rí*·vel adj. 2g.; pl.·*veis.*
haus·te·*la*·do adj. sm.
haus·te·*lar* adj. 2g.
haus·*te*·lo sm.
haus·to sm.
haus·*tó*·ri·co sm.
ha·vai·*a*·no adj. sm.
ha·*va*·na adj. 2g. 2n. sm.
ha·va·*nês* adj. sm.
ha·*va*·no adj. sm.
ha·*ver* v. sm.
ha·*xi*·xe sm.
headphone sm. (ing.: *hédfoun*).
he·au·tog·*no*·se sf.
heavy-metal sm. (ing.: *hevimétl*).
heb·*dô*·ma·da sf.
heb·do·ma·*dá*·ri:o adj. sm.
heb·do·*má*·ti·co adj.
he·be·*clí*·ni:o sm.
he·be·*fre*·ni·a sf.
he·be·*frê*·ni·co adj.
he·be·ta·*ção* sf.; pl. ·*ções.*
he·be·*ta*·do adj.

he·be·ta·*men*·to sm.
he·be·*tar* v.
he·*bé*·ti·co adj.
he·be·*tis*·mo sm.
he·be·ti·*za*·do adj.
he·be·tu·*de* sf.
he·*brai*·co adj. sm.
he·bra·*ís*·mo sm.
he·bra·*ís*·ta adj. s2g.
he·bra·i·*zan*·te adj. 2g.
he·bra·i·*zar* v.
he·*brei*·a adj. sf. de *hebreu.*
he·*breu* adj. sm.; f. *hebreia.*
he·bri·*den*·se adj. s2g.
he·ca·*tom*·ba sf.:
   he·ca·*tom*·be.
he·ca·*tôm*·be;on sm.
he·ca·*tôm*·pe·do adj. sm.
he·ca·tons·*ti*·lo sm.:
   he·ca·tôns·ti·lo.
hec·cei·*da*·de sf.
he·*chor* (ô) adj. sm.
hec·ta:*e*·dro sm.
hec·*tá*·go·no sm.
hec·ta·re sm.
héc·ti·ca sf. 'tísica': *hética/*Cf.
   ética.
hec·ti·ci·*da*·de sf.: *heticidade.*
héc·ti·co adj. sm. 'tísico': *hético/*
   Cf. *ético.*
hec·to:e·*dri*·a sf.
hec·to:*é*·dri·co adj.
hec·to·gra·*fi*·a sf.
hec·to·*grá*·fi·co adj.
hec·*tó*·gra·fo sm.
hec·to·*gra*·ma sm.
hec·to·*li*·tro sm.
hec·*tô*·me·tro sm.
hec·to·pi:*e*·zo sm.
hec·top·*si*·la sf.
hec·top·si·*lí*·de:o adj. sm.
hec·tos·*te*·re sm.:
   hec·tos·*té*·re:o.
he·den·ber·*gi*·ta sf.
he·de·*rá*·ce:a sf.
he·de·*rá*·ce;o adj.
he·de·ri·*for*·me adj. 2g.
he·de·*rí*·ge·ro adj.
he·de·*ro*·so (ô) adj.; f *e* pl. (ô).
hedge sm. (ing.: *hedj*).
he·di·on·*dez* (ê) sf.
he·di·on·de·*za* (ê) sf.
he·di:*on*·do adj.
he·di:*ó*·ti·da sf.
he·di·*sá*·re:a sf.
he·di·*sá*·re:o adj.
he·do·*nal* sm.; pl. ·*nais.*

he·*dô*·ni·co adj.
he·do·*nis*·mo sm.
he·do·*nis*·ta adj. s2g.
he·do·*nís*·ti·co adj.
he·dro·*ce*·le sf. 'tipo de hérnia'/
   Cf. *hidrocele.*
he·ge·li:a·*nis*·mo (gue) sm.
he·ge·li:*a*·no (gue) adj. sm.
he·ge·mo·*ni*·a sf.
he·ge·*mô*·ni·co adj.
hé·gi·ra sf.
hei·deg·ge·ri:*a*·no (hai...gue)
   adj. sm.
hei·*du*·que sm.
hein interj.: *hem.*
hel·ci·*á*·ri:o sm.
hel·co·lo·*gi*·a sf.
hel·co·*ló*·gi·co adj.
hel·*co*·se sf.
he·le·bo·*ri*·nha sf.
he·le·bo·*ris*·mo sm.
he·le·bo·ri·*zar* v.
he·*lé*·go·ro sm.
he·*lé*·bo·ro(s)-*bran*·co(s) sm.
   (pl.).
he·*lé*·bo·ro(s)-*ver*·de(s) sm.
he·le·*nen*·se adj. s2g.
he·*lê*·ni·co adj. sm.
he·*lê*·ni:o adj. sm.
he·le·*nis*·mo sm.
he·le·*nis*·ta adj. s2g.
he·le·*nís*·ti·co adj.
he·le·ni·*za*·ção sf.; pl. ·*ções.*
he·le·ni·*zan*·te adj. s2g.
he·le·ni·*zar* v.
he·le·*no* adj. sm. 'grego'; f.
   helena.
he·le·no·*clás*·si·co(s) adj. (pl.).
he·le·no·cris·*tão*(s) adj. (pl.).
he·le·no·la·*ti*·no(s) adj. (pl.).
he·le·*nó*·la·tra s2g.
he·le·no·la·*tri*·a sf.
he·le·no·*lá*·tri·co adj.
he·*lé*·po·le sf.
he·les·pon·*tí*·a·co adj.
he·les·*pôn*·ti·co adj.
he·*lí*·a·co adj.
he·li:*ân*·te:a sf.
he·li:*ân*·te:o adj.
he·li:*an*·to sm.
he·li:*as*·ta sm.
hé·li·ce sf.: *hélix.*
he·li·ci·cul·*tor* (ô) sm.
he·li·ci·cul·*tu*·ra sf.
he·*lí*·ci·da adj. 2g. sm.
he·li·*cí*·de:o adj. sm.
he·li·*ci*·te sf.

he·li·coi·*dal* adj. 2g.; pl.
   ·*dais.*
he·li·*coi*·de adj. 2g. sm.
he·li·co·*í*·de:o adj. sm.
he·li·*cô*·me·tro sm.
hé·li·con sm.
he·li·*cô*·ni:a sf.
he·li·co·ni·*í*·de:o adj. sm.
he·li·*cóp*·te·ro sm.
he·li·cos·po·*rí*·di:o adj. sm.
he·*lí*·cu·la sf.; dim. de *hélice.*
hé·li:o sm.
he·li:o·*cên*·tri·co adj.
he·li:o·co·*me*·ta (ê) sm.
he·li:o·*cri*·so sm.
he·li:o·cro·*mi*·a sf.
he·li:o·*crô*·mi·co adj.
he·li:o·di·*nâ*·mi·ca sf.
he·li:o·di·*nâ*·mi·co adj sm.
he·li:o·do·*ren*·se adj s2g.
he·li:o·*fi·li*·a sf.
he·li:*ó*·fi·lo adj. sm.
he·li:o·*fí*·si·ca sf.
he·li:*ó*·fi·to sm.
he·li:o·fo·*bi*·a sf.
he·li:o·*fó*·bi·co adj.
he·li:*ó*·fo·bo adj. sm.
he·li:*ó*·fu·go adj.
he·li:o·gra·*fi*·a sf.
he·li:o·*grá*·fi·co adj.
he·li:*ó*·gra·fo sm.
he·li:o·gra·va·*dor* (ô) adj. sm.
he·li:o·gra·*vu*·ra sf.
he·li:*ó*·la·tra s2g.
he·li:o·la·*tri*·a sf.
he·li:o·*lá*·tri·co adj.
he·li:o·*mé*·tri·co adj.
he·li:o·*ô*·me·tro sm.
he·li:o·*no*·se sf.
he·li:o·pa·*ti*·a sf.
he·li:o·*pá*·ti·co adj.
he·li:o·plas·*ti*·a sf.
he·li:o·*plás*·ti·co adj.
he·li:o·po·*lar* adj. 2g.
he·li:o·po·*li*·ta adj. s2g.
he·li:o·po·li·*ta*·no adj. sm.
he·li:or·ni·*tí*·de:o adj.
he·li:os·co·*pi*·a sf.
he·li:os·*có*·pi·co adj.
he·li:os·*có*·pi:o sm.
he·li:*o*·se sf.
he·li:os·*tá*·ti·ca sf.
he·li:os·*tá*·ti·co adj.
he·li:*ós*·ta·to sm.
he·li:o·te·ra·*pi*·a sf.
he·li:o·te·*rá*·pi·co adj.
he·li:o·ter·*mô*·me·tro sm.

he·li:o·tro·*pi*·a sf.
he·li:o·*tró*·pi·co adj.
he·li:o·tro·*pi*·na sf.
he·li:o·*tró*·pi:o sm.
he·li:o·tro·*pis*·mo sm.
he·li:o·zo:*á*·ri:o adj. sm.
he·li·*por*·to (ô) sm.; pl. (ó).
hé·lix sm.: *hélice*.
hel·*min*·te sm.: *helminto*.
hel·min·*tí*:a·se sf.
hel·*mín*·ti·co adj.
he·*min*·to sm.: *helminte*.
hel·min·*toi*·de adj. 2g. sm.
hel·min·*tó*·li·to sm.
hel·min·to·lo·*gi*·a sf.
hel·min·to·*ló*·gi·co adj.
hel·min·to·lo·*gis*·ta adj. s2g.
he·lo·bi:*a*·le sf.
he·*ló*·ce·ro adj. sm.
he·lo·ci:*á*·ce:a sf.
he·lo·ci:á·ce:o adj.
he·*ló*·fi·to adj. sm.
he·*ló*·fo·ro sm.
he·lo·pi:*a*·no adj. sm.
he·lo·pi·*te*·co sm.
he·lo·*tis*·mo sm.
help sm. (ing.: *hélp*).
hel·*vé*·ci:o adj. sm.
hel·*vé*·ti·co adj.
hem interj.: *hein*/Cf. *em*.
he·*má*·ci:a sf.: *hematia*.
he·ma·cro·*í*·na sf.
he·ma·fe·*í*·na sf.
he·ma·*go*·go (ô) adj. sm.
he·ma·lo·*pi*·a sf.
he·man·gi:*o*·ma sm.
he·*man*·to sm.
he·mar·*tro*·se sf.
he·mas·*tá*·ti·ca sf.
he·ma·tê·me·se sf.
he·ma·ti·a sf.: *hemácia*.
he·*má*·ti·co adj.
he·ma·ti·*dro*·se sf.
he·ma·*tí*·me·tro sm.
he·ma·*ti*·na sf.
he·ma·*ti*·ta sf.
he·ma·to·*cé*·fa·lo sm.
he·ma·to·*ce*·le sf.
he·ma·to·*col*·po sm.
he·ma·*tó*·cri·to sm.
he·ma·to·de adj. 2g.
he·ma·to·der·*mi*·te sf.
he·ma·to·fa·*gi*·a sf.
he·ma·*tó*·fa·go adj. sm.
he·ma·to·*fi*·lo adj. 'que tem folhas vermelhas'/Cf. *hematófilo*.

he·ma·*tó*·fi·lo adj. 'que gosta de sangue'/Cf. *hematofilo*.
he·ma·to·fo·*bi*·a sf.
he·ma·*tó*·fo·bo adj. sm.
he·ma·to·gra·*fi*·a sf.
he·ma·to·*grá*·fi·co adj.
he·ma·*tó*·gra·fo sm.
he·ma·*toi*·de adj. 2g.
he·ma·to·lo·*gi*·a sf.
he·ma·to·*ló*·gi·co adj.
he·ma·to·lo·*gis*·ta adj. s2g.
he·ma·*tó*·lo·go sm.
he·ma·*to*·ma sm.
he·ma·*tôn*·fa·lo sm.
he·ma·to·pi·*ní*·de:o adj. sm.
he·ma·to·po·*dí*·de:o adj. sm.
he·ma·to·po:*e*·se sf.
he·ma·to·po:*é*·ti·co adj.
he·ma·to·*sar* v.
he·ma·*to*·se sf.
he·ma·*tó*·xi·lo (cs) sm.
he·ma·to·zo:*á*·ri:o adj. sm.
he·ma·*tú*·ri:a sf.:
   he·ma·*tu*·ri·a.
he·ma·*tú*·ri·co adj. sm.
he·me·ra·lo·*pi*·a sf.
he·me·ra·*ló*·pi·co adj. sm.
he·me·ro·bi·*for*·me adj. 2g. sm.
he·me·ro·*ca*·le sf.
he·me·ro·lo·*gi*·a sf.
he·me·ro·*ló*·gi·o sm.
he·me·*ró*·lo·go sm.
he·me·ro·*pa*·ta s2g.:
   he·me·*ró*·pa·ta.
he·me·ro·pa·*ti*·a sf.
he·me·ro·*te*·ca sf.
he·mi:al·*gi*·a sf.
he·mi:*ál*·gi·co adj.
he·mi:a·nop·*si*·a sf.
he·mi·*car*·po sm.
he·mi·ce·lu·*lo*·se sf.
he·mi·*cí*·cli·co adj.
he·mi·*ci*·clo sm.
he·mi·ci·*lín*·dri·co adj.
he·mi·ci·*lin*·dro sm.
he·mi·clo·*ni*·a sf.
he·mi·*clô*·ni·co adj.
he·mi·cor·*da*·do adj. sm.
he·mi·cra·*ni*·a sf.:
   he·mi·*crâ*·ni:a.
he·mi·*crâ*·ni·co adj.
he·mi·crip·tó·*fi*·ta sf.
he·mi:e·*dri*·a sf.
he·mi:*é*·dri·co adj.
he·mi:*e*·dro sm.
he·mi:*é*·li·tro sm.
he·mi:en·ce·fa·*li*·a sf.

he·mi:en·*cé*·fa·lo adj. sm.
he·mi:epi·lep·*si*·a sf.
he·mi:epi·*lép*·ti·co adj.
he·mi·fa·ci:*al* adj. 2g.; pl. ·*ais*.
he·mi·la·bi:*al* adj. 2g.; pl. ·*ais*.
he·mi·me·*li*·a sf.
he·mi·*mé*·li·co adj. sm.
he·*mí*·me·lo adj. sm.
he·mi·me·*ri*·no adj. sm.
he·mi·me·ta·*bó*·li·co adj. sm.
he·mi·mor·*fi*·ta sf.
he·mi:oc·ta·*e*·dro sm.
he·mi:o·*pi*·a sf.
he·*mí*·pa·go adj. sm.
he·mi·pa·ra·*si*·ta adj. 2g. sm.
he·mi·pa·ra·si·*tis*·mo sm.
he·mi·pa·ra·*si*·to adj. sm.
he·mi·pa·re·*si*·a sf.
he·mi·pa·*ti*·a sf.
he·mi·*pê*·nis sm. 2n.
he·mi·ple·*gi*·a sf.
he·mi·*plé*·gi·co adj. sm.
he·mi·pris·*má*·ti·co adj.
he·*míp*·te·ro adj. sm.
he·mi·ran·*fi*·de:o adj. sm.
he·mis·*fé*·ri·co adj.
he·mis·*fé*·ri:o sm.
he·mis·fe·ro:*é*·dri·co adj.
he·mis·fe·roi·*dal* adj. 2g.; pl. ·*dais*.
he·mis·fe·*roi*·de adj. 2g. sm.
he·mis·si·*mé*·tri·co adj.
he·mis·sin·*gí*·ni·co adj.
he·mis·*tí*·qui:o sm.
he·mi·te·ra·*ti*·a sf.
he·mi·te·*rá*·ti·co adj.
he·mi·te·*ri*·a sf.
he·mi·tri·*tei*·a sf.
he·mi·*trí*·ti:a sf.
he·mi·*trí*·ti·ca sf.
he·mi·tro·*pi*·a sf.
he·*mí*·tro·po adj.
he·mo·ce·li·*do*·se sf.
he·mo·ci:a·*ni*·na sf.
he·mo·ci·to·me·*tri*·a sf.
he·mo·ci·*tô*·me·tro sm.
he·*mó*·cla·se sf.
he·mo·cla·*si*·a sf.
he·mo·coc·*cí*·de:o adj. sm.
he·mo·cul·*tu*·ra sf.
he·mo·*di*·a sf.
he·mo·di:*á*·li·se sf.
he·mo·di·*nâ*·mi·ca sf.
he·mo·di·*nâ*·mi·co adj.
he·mo·di·na·*mô*·me·tro sm.
he·mo·do·*rá*·ce:a sf.
he·mo·do·*rá*·ce:o adj.

he·mo·dro·*mô*·me·tro sm.
he·mo·fi·*li*·a sf.
he·mo·*fí*·li·co adj. sm.
he·mo·fla·ge·*la*·do adj. sm.
he·mof·tal·*mi*·a sf.
he·mof·*tal*·mo sm.
he·mo·glo·*bi*·na sf.
he·mo·glo·bi·nu·*ri*·a sf.:
  he·mo·glo·bi·*nú*·ri:a.
he·mo·*gra*·ma sm.
he·mo·li·*sar* v.
he·*mó*·li·se sf.
he·mo·*lí*·ti·co adj.
he·*mô*·me·tro sm.
he·mo·pa·*ti*·a sf.
he·mo·pa·to·lo·*gi*·a sf.
he·mo·pa·to·*ló*·gi·co adj.
he·mo·pa·to·lo·*gis*·ta s2g.
he·mo·pla·*ni*·a sf.
he·mo·plas·*ti*·a sf.
he·mo·*plás*·ti·co adj.
he·*móp*·ti·co adj.
he·mop·*ti*·se sf.
he·mor·ra·*gi*·a sf.
he·mor·*rá*·gi·co adj. sm.
he·mor·ri·*ni*·a sf.
he·mor·roi·*dal* adj. 2g.; pl.
  ·*dais*.
he·mor·roi·da·*ri*·a sf.
  'ataque de hemorroidas'/
  Cf. *hemorroidária*, f. de
  hemorroidário.
he·mor·roi·*dá*·ri:o adj.
  sm. 'hemorroidoso'/Cf.
  hemorroidaria.
he·mor·*roi*·das sf. pl.
  he·mor·*roi*·des.
he·mor·roi·*do*·so (ô) adj. sm.;
  f. *e* pl. (ó).
he·mor·ro:*ís*·sa sf.
he·mos·pa·*si*·a sf.
he·mos·*pá*·si·co adj.
he·mos·*pá*·ti·co adj.
he·mos·po·*rí*·de:o adj. sm.
he·mos·se·di·men·ta·*ção* sf.;
  pl. ·*ções*.
he·*mós*·ta·se sf.
he·mos·ta·*si*·a sf.
he·mos·*tá*·ti·co adj. sm.
he·mo·te·*xi*·a (cs) sf.
he·mo·*tó*·rax (cs) sm. 2n.
he·mu·*re*·se sf.
he·mu·re·*si*·a sf.
he·na sf.
hen·de·ca:*e*·dro sm.
hen·de·ca·*fi*·lo adj.
hen·de·*cá*·gi·no adj.

hen·de·ca·go·*nal* adj. 2g.; pl.
  ·*nais*.
hen·de·*cá*·go·no adj. sm.
hen·de·can·*dri*·a sf.
hen·de·*can*·dro adj.
hen·de·*ca*·no sm.
hen·de·cas·si·*lá*·bi·co adj.
hen·de·cas·*sí*·la·bo adj. sm.
hen·de·co·sa:*e*·dro sm.
hen·de·co·*sá*·go·no sm.
hen·*dí*·a·de sf.
hen·*dí*·a·des sf. 2n.
he·ne·*quém* sf.; pl. ·*quéns*.
he·no·te·*ís*·mo sm.
hen·ri sm., do ing. *henry*.
hen·tri:a·con·ta:*e*·dro sm.
hen·tri:a·con·*tá*·go·no sm.
he:or·to·lo·*gi*·a sf.
he:or·to·*ló*·gi·co adj.
he:or·*tó*·ti·go sm.
he:or·to·*ní*·mi:a sf.
he:or·to·*ní*·mi·co adj.
he:or·to·*tô*·ni·mo sm.
hep interj.
hé·par sm.
he·pa·*tal* adj. 2g.; pl. ·*tais*.
he·pa·tal·*gi*·a sf.
he·pa·*tál*·gi·co adj.
he·pa·tar·*gi*·a sf.
he·*pá*·ti·ca sf.
he·pa·ti·*ca*·le sf.
he·*pá*·ti·co adj.
he·pa·*tis*·mo sm.
he·pa·*ti*·ta sf. 'variedade de
  barita'/Cf. *hepatite*.
he·pa·*ti*·te sf. 'inflamação do
  fígado'/Cf. *hepatita*.
he·pa·ti·za·*ção* sf.; pl. ·*ções*.
he·pa·ti·*zar* v.
he·pa·to·*ce*·le sf.
he·pa·to·*cís*·ti·co adj.
he·pa·to·*có*·li·co adj.
he·pa·to·*dí*·ni·co adj.
he·pa·to·gra·*fi*·a sf.
he·pa·to·*grá*·fi·co adj.
he·pa·*tó*·li·se sf.
he·pa·to·lo·*gi*·a sf.
he·pa·to·*ló*·gi·co adj.
he·pa·*to*·ma sm.
he·pa·to·me·ga·*li*·a sf.
he·pa·to·pa·*ti*·a sf.
he·pa·tor·*rei*·a sf.
he·pa·to·to·*mi*·a sf.
hep·ta·cam·pe·*ão* sm.; pl. ·*ões*.
hep·ta·con·ta:*e*·dro sm.
hep·ta·con·*tá*·go·no sm.
hep·ta·*cor*·do adj. sm.

hep·ta·co·sa:*e*·dro sm.
hep·ta·co·*sá*·go·no sm.
hep·ta·*dác*·ti·lo adj.:
  hep·ta·*dá*·ti·lo.
hep·ta·de·ca·*e*·dro sm.
hep·ta·de·*cá*·go·no sm.
hep·ta·*é*·dri·co adj.
hep·ta·*e*·dro sm.
hep·ta·*fo*·ne adj.: hep·ta·*fo*·no.
hep·ta·ge·ni:*ói*·de:o adj. sm.:
  hep·ta·ge·ni:o·*í*·de:o.
hep·ta·gi·*ni*·a sf.
hep·*tá*·gi·no adj.
hep·ta·go·*nal* adj. 2g.; pl. ·*nais*.
hep·*tá*·go·no sm.
hep·*tâ*·me·ro sm.:
  hep·*tâ*·me·ron.
hep·*tâ*·me·tro adj. sm.
hep·tan·*dri*·a sf. 'qualidade de
  heptandro'/Cf. *heptândria*.
hep·*tân*·dri:a sf. 'conjunto de
  heptandros'/Cf. *heptandria*.
hep·*tan*·dro adj.
hep·ta·*ne*·mo adj.
hep·*ta*·no sm.
hep·tan·te·*ra*·do adj.
hep·tan·*te*·ro adj.
hep·ta·*pé*·ta·lo adj.
hep·*tá*·pi·lo adj.
hep·*táp*·te·ro sm.
hep·*tar*·ca sm.
hep·tar·*qui*·a sf.
hep·*tár*·qui·co adj.
hep·tas·*sé*·pa·lo adj.
hep·tas·si·*lá*·bi·co adj.
hep·tas·*sí*·la·bo adj. sm.
hep·*tás*·ti·co sm.
hep·tas·*ti*·lo sm.
hep·ta·*teu*·co sm.
hep·*tá*·to·mo adj.
hep·*ti*·lo sm.
hep·*ti*·na sf.
hép·to·do sm.
hep·*to*·na sf.
hep·*to*·se sf.
he·ra sf. 'planta trepadeira'/Cf.
  era, sf. e fl. do v. *ser*.
he·*rá*·cli:as sf. pl.
he·ra·*clí*·te:o adj.
he·ra·cli·ti:*a*·no adj.
he·ra·*clí*·ti·go sf.
he·ra·cli·*tis*·mo sm.
he·ra·cli·*tis*·ta adj. s2g.
he·*rál*·di·ca sf.
he·*rál*·di·co adj. sm.
he·ral·*dis*·ta adj. s2g.
he·*ral*·do sm.

he·*ran*·ça sf.
he·ra(s)-ter-*res*·tre(s) sf. (pl.).
her·*bá*·ce:o adj.
her·ba·*ná*·ri:o sm.
her·*bá*·ri:o sm.
her·bar·ti:*a*·no adj. sm.
her·*bá*·ti·co adj.
her·ber·*tis*·mo sm.
her·ber·*tis*·ta adj. s2g.
her·bi·*ci*·da adj. 2g. sm.
her·*bí*·co·la adj. 2g.
her·*bí*·fe·ro adj.
her·bi·*for*·me adj. 2g.
her·*bí*·vo·ro adj. sm.
her·bo·*lá*·ri:a sf.
her·bo·*lá*·ri:o adj. sm.
her·*bó*·re:o adj.
her·bo·*re*·to sm.
her·bo·*ris*·ta s2g.
her·bo·ri·za·*ção* sf.; pl. *-ções*.
her·bo·ri·za·*dor* (ô) adj. sm.
her·bo·ri·*zan*·te adj. 2g.
her·bo·ri·*zar* v.
her·*bo*·so (ô) adj.; f. *e* pl. (ó): ervoso.
her·ci·ni:*a*·no adj.
her·*cí*·ni·co adj.
her·ci·ni:*en*·se adj. s2g.
her·*cí*·ni:o adj.
her·co·tec·*tô*·ni·ca sf.
her·cu·lan·*den*·se adj. s2g.
her·cu·la·*nen*·se adj. s2g.
her·cu·la·ni:*a*·no adj.
her·cu·*la*·no adj.
her·*cú*·le:o adj.
hér·cu·les sm. 2n.
her·*da*·de sf.
her·da·*do*·la sf.
her·*dan*·ça sf.
her·*dar* v.
her·*dei*·ro sm.
he·re·di·ta·ri:e·*da*·de sf.
he·re·di·*tá*·ri:o adj.
he·re·do·lo·*gi*·a sf.
he·re·do·*ló*·gi·co adj.
he·*re*·ge adj. s2g.
he·re·*gi*·a sf.: he·re·*si*·a.
he·re·si:*ar*·ca adj. s2g.
he·*ré*·ti·co adj. sm.
he·*réu* sm.
he·*ril* adj. 2g. 'próprio do senhor em relação ao escravo': pl. *-ris*/Cf. *eril*.
her·ma sf. 'espécie de pedestal'/ Cf. *erma*, do v. *ermar*, e *erma* (ê), f. de *ermo*.
her·ma·fro·*di*·ta adj. s2g.

her·ma·fro·di·*tis*·mo sm.
her·ma·fro·*di*·to adj. sm.
her·*mâ*·ni:a sf.
her·me·*neu*·ta s2g.
her·me·*nêu*·ti·ca sf.
her·me·*nêu*·ti·co adj.
her·mes sm. 2n./Cf. *ermes*, do v. *ermar*.
her·*me*·ta sf.: her·*me*·te sm.
her·*mé*·ti·co adj. sm.
her·me·*tis*·mo sm.
her·me·*tis*·ta adj.
her·mi:*a*·no adj. sm.
her·*mí*·o·ne adj. s2g.
her·mo·ca·pe·*li*·ta adj. s2g.
her·mo·*cên*·tri·co adj.
her·mo·gra·*fi*·a sf.
her·mo·*grá*·fi·co adj.
her·*nân*·di:a sf.
her·nan·di:*á*·ce:a sf.
her·nan·di:*á*·ce:o adj.
hér·ni:a sf.
her·ni:*a*·do adj. sm.
her·ni:*al* adj. 2g.; pl. *-ais*.
her·ni:*á*·ri:o adj.
hér·ni·co adj. sm.
her·ni:*o*·so (ô) adj.; f. *e* pl. (ó).
her·ni:o·to·*mi*·a sf.
her·*nu*·to adj. sm.
he·*ro*·des sm. 2n.
he·ro·di:*a*·no adj. sm.
he·ro·di:*o*·ne adj. 2g. sf.
he·ro·*fo*·ne sm.: he·ro·*fo*·no.
he·*rói* sm.; f. *heroína*.
he·ro:i·ci·*da*·de sf.
he·rói·ci·vi·li·za·*dor* adj. sm.; pl. *heróis-civilizadores*.
he·*roi*·co adj.
he·rói·cô·mi·co(s) adj. (pl.).
he·*roi*·de sf.
he·ro:i·fi·*car* v.
he·ro:*í*·na[1] sf. de *herói*.
he·ro:*í*·na[2] sf. 'alcaloide'.
he·ro:*ís*·mo sm.
her·pes sm. 2n. 'certa erupção de vesículas'/Cf. *erpes*, pl. de *erpe*.
her·pes·*zós*·ter sm.; pl. *herpes-zósteres*.
her·*pé*·ti·co adj. sm.
her·pe·ti·*for*·me adj. 2g.
her·pe·*tis*·mo sm.
her·pe·to·gra·*fi*·a sf.
her·pe·to·*grá*·fi·co adj.
her·pe·*tó*·gra·fo sm.
her·pe·to·lo·*gi*·a sf.
her·pe·to·*ló*·gi·co adj.

her·pe·to·*lo·gis*·ta adj. s2g.
her·pe·*tó*·lo·go sm.
her·pob·*dé*·li·do adj. sm.
her·po·*ló*·di:a sf.
hertz sm. 2n.
hert·zi:*a*·no adj. sm.
hert·*zó*·gra·fo sm.
hé·ru·lo adj. sm.
her·ze·go·*vi*·no adj. sm.
he·si·ta·*ção* sf.; pl. *-ções*.
he·si·*tan*·te adj. 2g.
he·si·*tar* v.
hes·*pé*·ri:a sf.
hes·*pé*·ri·co adj.
hes·pe·*rí*·de:o adj.
hes·pe·*rí*·di:o sm.
hes·*pé*·ri:o adj. sm.
hés·pe·ro sm. 'o planeta Vênus'/Cf. *espero*, do v. *esperar*.
hes·si:*a*·no adj. sm. 'determinante funcional que envolve as derivadas segundas de uma função de diversas variáveis'/Cf. *eciano*.
hes·ter sm. 'certo tipo de madeira'/Cf. *éster*.
hes·*ter*·no adj. 'referante ao dia de ontem'/Cf. *esterno* e *externo*.
he·*tai*·ra sf.: *hetera*.
he·*tei*·a adj. sf. de *heteu*.
hé·te·mã sm.: *hétmã*.
he·*te*·ra sf.: *hetaira*.
he·te·ra·*can*·to adj. sm.
he·te·ra·ce·*fa·li*·a sf.
he·te·ra·*cé*·fa·lo sm.
he·te·ra·del·*fi*·a sf.
he·te·*ran*·dro adj.
he·te·*ri*·a sf. 'sociedade política'/Cf. *hetéria*.
he·*té*·ri:a sf. 'planta'/Cf. *heteria*.
he·te·rin·fe·*ção* sf.: he·te·rin·fec·*ção* sf.; pl. *-ções*.
he·te·*ris*·mo sm.
he·te·*ris*·ta adj. s2g.
he·te·*ri*·ta sf.: he·te·*ri*·te.
he·te·ro:a·gres·*são* sf.; pl. *-sões*.
he·te·ro·*brân*·qui:o adj. sm.
he·te·ro·*car*·po adj. sm.
he·te·*ró*·ce·lo adj. sm.: he·te·ro·*ce*·lo.
he·te·*ró*·ce·ro adj. sm.
he·te·ro·*cer*·co adj.
he·te·ro·*cí*·cli·co adj.
he·te·ro·*cis*·to sm.
he·te·ro·cla·*mí*·de:o adj.

he·te·ró·cli·to adj.
he·te·ro·có·li·to adj. sm.
he·te·ro·con·ta sf.
he·te·ro·con·tá·ce:a sf.
he·te·ro·con·tá·ce:o adj.
he·te·ro·cro·mi·a sf.
he·te·ro·cro·ni·a sf.
he·te·ró·cro·no adj.
he·te·ro·dác·ti·lo adj.:
   he·te·ro·dá·ti·lo.
he·te·ro·di·na·mi·a sf.
he·te·ro·di·nâ·mi·co adj.
he·te·ró·di·no adj. sm.
he·te·ro·do·xi·a (cs) sf.
he·te·ro·do·xo (cs) adj. sm.
he·te·ro·dro·mi·a sf.
he·te·ró·dro·mo adj. sm.
he·te·ro:e·ro·tis·mo sm.
he·te·ro·fa·si·a sf.
he·te·ro·fi·li·a sf.
he·te·ro·fi·lo adj.
he·te·ro·fo·ni·a sf.
he·te·ro·fô·ni·co adj.
he·te·ró·fo·no adj. sm.
he·te·ro·fo·ri·a sf.
he·te·rof·tal·mi·a sf.
he·te·rof·tal·mo adj. sm.
he·te·ro·ga·mi·a sf.
he·te·ro·gâ·mi·co adj.
he·te·ró·ga·mo adj.
he·te·ro·ge·ne:i·da·de sf.
he·te·ro·gê·ne:o adj.
he·te·ro·gê·ne·se sf.
he·te·ro·ge·né·ti·co adj.
he·te·ro·ge·ni·a sf.
he·te·ró·gi·no adj. sm.
he·te·ro·gra·di·a sf.
he·te·ró·gra·do adj.
he·te·ró·gra·fo adj. sm.
he·te·ro:in·fe·ção sf.; pl. ·ções:
   he·te·ro:in·fec·ção.
he·te·ro·lo·gi·a sf.
he·te·ro·ló·gi·co adj.
he·te·ró·lo·go adj. sm.
he·te·ro·ma·qui·a sf.
he·te·ro·mas·tur·ba·ção sf.;
   pl. ·ções.
he·te·rô·me·ra adj. 2g.
he·te·rô·me·ro adj. sm.
he·te·ro·me·ta·bó·li·co adj. sm.
he·te·ro·me·tri·a sf.
he·te·ro·mé·tri·co adj.
he·te·ro·me·tro·pi·a sf.
he·te·ro·mo sm.
he·te·ro·mor·fi·a sf.
he·te·ro·mór·fi·co adj.
he·te·ro·mor·fis·mo sm.

he·te·ro·mor·fo adj. sm.
he·te·ro·mor·fo·se sf.
he·te·ro·na sf.
he·te·ro·ne·mer·ti·no adj. sm.
he·te·ro·ne·ta sf.
he·te·ro·neu·ro adj. sm.
he·te·ro·ne·xo (cs) adj. sm.
he·te·ro·ní·mi·a sf.
he·te·ro·rô·ni·mo adj. sm.
he·te·ro·no·mi·a sf.
he·te·ro·nô·mi·co adj.
he·te·ro·rô·no·mo adj.
he·te·ro·pa·ti·a sf.
he·te·ro·pá·ti·co adj.
he·te·ro·pé·ta·lo adj. sm.
he·te·ro·pi·xi·dá·ce:a (cs) sf.
he·te·ro·pi·xi·dá·ce:o (cs) adj.
he·te·ro·pla·si·a sf.
he·te·ro·plá·si·co adj.
he·te·ro·plas·ma sm.
he·te·ro·plas·ti·a sf.
he·te·ro·plás·ti·co adj.
he·te·ró·po·de adj. 2g. sm.
he·te·ro·po·dí·de:o adj. sm.
he·te·ro·po·lar adj. 2g.
he·te·ro·po·li:á·ci·do adj. sm.
he·te·ró·po·ro adj. sm.
he·te·róp·te·ro adj. sm.
he·te·ror·gâ·ni·co adj.
he·te·rós·ci·o adj. sm.
he·te·ros·po·ra·do adj.
he·te·ros·po·ri·a sf.
he·te·rós·po·ro adj. sm.
he·te·ros·se·xu:al (cs) adj. s2g.;
   pl. ·ais.
he·te·ros·se·xu:a·li·da·de (cs) sf.
he·te·ros·si·lá·bi·co adj.
he·te·ros·si·la·bis·mo sm.
he·te·ros·so·mi·a sf.
he·te·ros·so·mo adj. sm.
he·te·ro·ta·li·a sf.
he·te·ro·tá·li·co adj.
he·te·ro·ta·xi·a (cs) sf.
he·te·ro·tec·ni·a sf.
he·te·ro·téc·ni·co adj.
he·te·ro·ter·mi·a sf.
he·te·ro·tér·mi·co adj.
he·te·ro·té·ti·co adj.
he·te·ro·ti·pi·a sf.
he·te·ro·tí·pi·co adj.
he·te·ró·ti·po sm.
he·te·ro·to·ci·a sf.
he·te·ró·tri·co adj. sm.
he·te·ro·trí·qui:o adj. sm.
he·te·ro·tro·fi·a sf.
he·te·ro·tró·fi·co adj.

he·te·ro·tró·fi·to sm.
he·te·ró·tro·fo adj.
he·te·ro·xi·a (cs) sf.
he·te·ro·zi·go·se sf.
he·te·ro·zi·gó·ti·co adj.
he·te·ro·zi·go·to sm.
he·teu adj. sm.; f. heteia.
hé·ti·ca sf. 'consumpção
   progressiva do organismo':
   héctica/Cf. ética.
he·ti·ci·da·de sf.: hecticidade.
hé·ti·co adj. sm. 'aquele que
   sofre de hética': héctico/Cf.
   ético.
hét·mã sm.: hétemã.
heu sm. interj./Cf. eu.
heu·lan·di·ta sf.
heu·re·ca interj.
heu·re·ma sm.
heu·re·má·ti·ca sf.
heu·re·má·ti·co adj.
heu·ré·ti·co adj.
heu·rís·ti·ca sf.
heu·rís·ti·co adj.
he·xa·cam·pe·ão (cs ou z) adj.;
   pl. ·ões.
he·xa·can·to (cs ou z) adj.
he·xa·ci·clo (cs ou z) adj.
he·xa·con·ta·e·dro (cs ou z) sm.
he·xa·con·tá·go·no (cs ou z)
   sm.
he·xa·co·rá·li:a (cs ou z) sf.
he·xa·co·ra·li:á·ri:o (cs ou z)
   adj. sm.
he·xa·cor·de (cs ou z) adj. 2g.
   sm.: he·xa·cor·do (cs ou z)
   adj. sm.
he·xa·co·sa·e·dro (cs ou z) sm.
he·xa·co·sá·go·mo (cs ou z) sm.
he·xac·ti·né·li·da (cs ou z) adj.
   2g. sf.
he·xac·ti·né·li·do (cs ou z) adj.
   sm.
he·xa·dác·ti·lo (cs ou z) adj.:
   he·xa·dá·ti·lo (cs ou z).
he·xa·de·ca·e·dro (cs ou z) sm.
he·xa·de·cá·go·no (cs ou z) sm.
he·xa·de·ci·mal (cs ou z) adj.
   2g.; pl. ·mais
he·xa·é·dri·co (cs ou z) adj.
he·xa·e·dro (cs ou z) adj. sm.
he·xa·fi·lo (cs ou z) adj.
he·xa·gi·ni·a (cs ou z) sf.
he·xá·gi·no (cs ou z) adj.
he·xa·go·nal (cs ou z) adj.; pl.
   ·nais.
he·xá·go·no (cs ou z) adj. sm.

he·xa·*gra*·ma (cs *ou* z) sm.
he·*xâ*·me·ro (cs *ou* z) adj.
he·*xâ*·me·tro (cs *ou* z) adj. sm.
he·xan·*dri*·a (cs *ou* z) sf.
he·*xân*·dri·co (cs *ou* z) adj.
he·*xan*·dro (cs *ou* z) adj.
he·*xa*·no (cs *ou* z) sm.
he·xan·*té*·re:o (cs *ou* z) adj.
he·xa·*pé*·ta·lo (cs *ou* z) adj.
he·*xá*·po·de (cs *ou* z) adj. 2g. sm.
he·xas·*per*·mo (cs *ou* z) adj.
he·xas·*sé*·pa·lo (cs *ou* z) adj.
he·xas·*sí*·la·bo (cs *ou* z) adj. sm.
he·xas·*tê*·mo·ne (cs *ou* z) adj. 2g. sm.
he·*xás*·ti·co (cs *ou* z) adj. sm.
he·xas·*ti*·lo (cs *ou* z) sm.
he·xil (cs) sm.; pl. ·xis.
he·*xi*·ta (cs) sf.
he·*xo*·do (cs...ô) sm. 'tubo com seis elétrodos': hê·xo·do/Cf. êxodo.
he·*xó*·ge·no (cs *ou* z) sm.
he·*xo*·se (cs) sf.
hi:a·cin·*ti*·na sf.
hi:a·cin·*ti*·no adj.: *jacintino*.
hi:a·*cin*·to sm.: *jacinto*.
hí·a·des sf. pl.
hi:*á*·li·co adj.
hi:a·*li*·na sf.
hi:a·li·ni·*zar* v.
hi:a·*li*·no adj.
hi:a·*li*·ta sf.
hi:a·*li*·te sf.
hi:*á*·li·to sm.
hi:a·lo·*fâ*·ni:o sm.
hi:a·lo·gra·*fi*·a sf.
hi:a·lo·*grá*·fi·co adj.
hi:a·*ló*·gra·fo sm.
hi:a·*loi*·de adj. 2g. sf.
hi:a·*lói*·de:o adj.: hi:a·lo·*í*·de:o.
hi:a·lo·me·*lâ*·ni:o sm.
hi:a·lo·pi·*lí*·ti·co adj.
hi:a·lo·*plas*·ma sm.
hi:a·lo·plas·*má*·ti·co adj.
hi:a·los·*pôn*·gi:o adj. sm.
hi:a·los·si·de·*ri*·ta sf.
hi:a·los·*so*·mo adj.
hi:a·lo·tec·*ni*·a sf.
hi:a·lo·*téc*·ni·co adj.
hi:a·lo·ti·*pi*·a sf.
hi:a·lur·*gi*·a sf.
hi:a·*lúr*·gi·co adj.
hi:a·no·*co*·to adj. s2g.
hi:*an*·te adj. 2g.
hi:a·pu·*á* sm.

hi:a·ti·*zar* v.
hi:*a*·to sm.
hi:*a*·va sf.
hi·ber·na·*ção* sf.; pl. ·*ções*.
hi·ber·*ná*·cu·lo sm.
hi·ber·*na*·gem sf.; pl. ·**gens**.
hi·ber·*nal* adj. 2g.; pl. ·*nais*.
hi·ber·*nan*·te adj. 2g.
hi·ber·*nar* v.
hi·*bér*·ni:a sf.
hi·ber·ni:a·*nis*·mo sm.
hi·ber·ni:a·*nis*·ta adj. s2g.
hi·*bér*·ni·co adj. sm.
hi·*bér*·ni:o adj. sm.
hi·*ber*·no adj.
hi·ber·*no*·so (ô) adj.; f. e pl. (ó).
hi·*bis*·co sm.
hi·*blei*·a adj. sf. de *hibleu*.
hi·*blen*·se adj. s2g.
hi·*bleu* adj. sm.; f. *hibleia*.
hi·bo sm.
hi·*bo*·ma sm.
hi·bri·da·*ção* sf.; pl. ·*ções*.
hi·bri·*dez* (ê) sf.
hi·bri·*dis*·mo sm.
hi·bri·di·za·*ção* sf.; pl. ·*ções*.
hí·bri·do adj. ms.
hi·*dá*·ti·co adj.
hi·*dá*·ti·de sf.
hi·da·*tí*·di·co adj.
hi·da·ti·do·*ce*·le sf.
hi·da·ti·*do*·se sf.
hi·da·ti·*for*·me adj. 2g.
hi·da·*tí*·ge·ro adj. sm.
hi·da·*ti*·na sf.
hi·da·*tis*·mo sm.
hi·da·*tó*·di:o sm.
hi·da·*toi*·de adj. 2g.
hi·da·to·*lo*·gi·a sf.
hi·da·to·*ló*·gi·co adj.
hi·da·to·mor·*fis*·mo sm.
hi·da·tos·co·*pi*·a sf.
hi·da·tos·*có*·pi·co adj.
hi·*dá*·tu·lo adj. sm.
hid·no sm.
hid·no·*cár*·pi:a sf.
hid·no·*cár*·pi:o adj. sm.
hid·no·*car*·po adj. sm.
hi·*dra* sf.
hi·dra·ce·*ti*·na sf.
hi·*drá*·ci·do sm.
hi·drac·*ní*·de:o adj. sm.
hi·dra·*crí*·li·co adj.
hi·dra·de·*ni*·te sf.
hi·dra·*go*·go (ô) adj. sm.
hi·dra·*má*·ti·co adj.
hi·*drân*·ge:a sf.

hi·dra·*no*·se sf.
hi·*dran*·te sm.
hi·drar·gi·*li*·ta sf.
hi·drar·gi·*ri*·a sf.
hi·drar·*gí*·ri·co adj.
hi·drar·*gí*·ri:o sm.
hi·drar·gi·*ris*·mo sm.
hi·drar·gi·*ro*·se sf.
hi·*drá*·ri:o adj. sm.
hi·drar·*tro*·se sf.
hi·*dras*·te sf.
hi·dras·*ti*·na sf.
hi·dra·ta·*ção* sf.; pl. ·*ções*.
hi·dra·*ta*·do adj.
hi·dra·*ta*·dor (ô) adj. sm.
hi·dra·*tan*·te adj. 2g. sm.
hi·dra·*tar* v.
hi·dra·*tá*·vel adj. 2g.; pl. ·*veis*.
hi·*drá*·ti·co adj.
hi·*dra*·to sm.
hi·*dráu*·li·ca sf.
hi·drau·li·ci·*da*·de sf.
hi·*dráu*·li·co adj. sm.
hi·*drau*·lo sm.
hi·dra·vi:*ão* sm.; pl. ·*ões*: *hidroavião*.
hi·dra·*zi*·na sf.
hi·dra·*zoi*·co adj. sm.
hi·dre·*lé*·tri·ca sf.: *hidroelétrica*.
hi·dre·*lé*·tri·co adj.: *hidroelétrico*.
hi·*drê*·me·se sf.
hi·dre·*mi*·a sf.
hi·*dre*·to (ê) sm.
hí·dri:a sf.
hi·dri:a·*tri*·a sf.
hí·dri·co adj.
hi·dri·*lá*·ce:a sf.
hi·dri·*lá*·ce:o adj.
hi·*dro*:a (ô) sf.
hi·dro:a·de·*ni*·te sf.
hi·dro:a·vi:*ão* sm.; pl. ·*ões*: *hidravião*.
hi·dro·ba·*tí*·de:o adj. sm.
hi·dro·ben·*ze*·no sm.
hi·*dró*·bi:o adj. sm.
hi·dro·bi:o·*lo*·gi·a sf.
hi·dro·bi:o·*ló*·gi·co adj.
hi·dro·bi:o·lo·*gis*·ta s2g.
hi·dro·bro·*ma*·to sm.
hi·dro·bro·*me*·to (ê) sm.
hi·dro·car·bo·*na*·to sm.
hi·dro·car·bo·*ne*·to (ê) sm.
hi·dro·ca·ri·*tá*·ce:a sf.
hi·dro·ca·ri·*tá*·ce:o adj.
hi·dro·ce·fa·*li*·a sf.

hi·dro·cé·fa·lo adj. sm.
hi·dro·ce·le sf. 'derrame nos testículos'/Cf. *hedrocele*.
hi·dro·cé·li·co adj. sm.
hi·dro·ce·lu·lo·se sf.
hi·dro·ci·a·na·to sm.
hi·dro·ci·â·ni·co adj.
hi·dro·ci·ne·má·ti·ca sf.
hi·dro·cis·to sm.
hi·dro·cor (ô) sm.
hi·dro·co·ra·li·no adj. sm.
hi·dro·có·ri·a sf.
hi·dro·co·ri·si·do adj. sm.: hi·dro·co·rí·si·do.
hi·dro·cor·ti·so·na sf.
hi·dro·cul·tu·ra sf.
hi·dro·di·nâ·mi·ca sf.
hi·dro·di·nâ·mi·co adj.
hi·dro:e·lé·tri·ca sf.: *hidrelétrica*.
hi·dro:e·lé·tri·co adj.: *hidrelétrico*.
hi·dró·fa·na sf.
hi·dró·fa·no adj.
hi·dro·fi·lá·ce:a sf.
hi·dro·fi·lá·ce:o adj.
hi·dro·fí·li·co adj.
hi·dro·fi·lo sm. 'gênero de algas e de insetos'/Cf. *hidrófilo*.
hi·dró·fi·lo adj. 'que gosta de água'/Cf. *hidrofilo*.
hi·dró·fi·to adj. sm.
hi·dro·fo·bi·a sf.
hi·dro·fó·bi·co adj.
hi·dró·fo·bo adj. sm.
hi·dro·fo·ne sm.
hi·dró·fo·ro adj.
hi·dro·fos·fa·to sm.
hi·dro·frác·ti·co adj.: hi·dro·frá·ti·co.
hi·drof·tal·mi·a sf.
hi·drof·tal·mo sm.
hi·dró·fu·go adj. sm.
hi·dro·gel sm.; pl. *géis*.
hi·dro·ge·na·ção sf.; pl. *ções*.
hi·dro·ge·na·da sf.
hi·dro·ge·na·do adj.
hi·dro·ge·nar v.
hi·dro·gê·ni·a sf.
hi·dro·gê·ni:o sm.
hi·dró·ge·no adj.
hi·dro·ge:o·lo·gi·a sf.
hi·dro·ge:o·ló·gi·co adj.
hi·dro·ge:o·lo·gis·ta adj. s2g.
hi·dro·ge:ó·lo·go sm.
hi·drog·no·si·a sf.

hi·*dró*·go·no adj.
hi·*dro*·gra·fi·a sf.
hi·*dro*·grá·fi·co adj.
hi·*dró*·gra·fo sm.
hi·*droi*·de adj. 2g. sm.
hi·*drol* sm.; pl. *dróis*.
hi·*dro*·lan·*den*·se adj. s2g.
hi·*dro*·la·to sm.
hi·*dró*·la·tra s2g.
hi·*dro*·la·*tri*·a sf.
hi·*dró*·le:a sf.
hi·*dro*·le:*á*·ce:a sf.
hi·*dro*·le:*á*·ce:o adj.
hi·*dro*·li·*sar* v.
hi·*dro*·li·*sá*·vel adj. 2g.; pl. *·veis*.
hi·*dró*·li·se sf./Cf. *hidrolise*, do v. *hidrolisar*.
hi·*dro*·*lí*·ti·co adj.
hi·*dro*·lo·*gi*·a sf.
hi·*dro*·*ló*·gi·co adj.
hi·*dró*·lo·go sm.
hi·*dro*·man·*ci*·a sf.
hi·*dro*·ma·*ni*·a sf.
hi·*drô*·ma·no sm.
hi·*dro*·man·te s2g.
hi·*dro*·mân·ti·co adj.
hi·*dro*·me·câ·ni·ca sf.
hi·*dro*·me·câ·ni·co adj.
hi·*dro*·me·di·*ci*·na sf.
hi·*dro*·me·di·ci·*nal* adj. 2g.; pl. *·nais*.
hi·*dro*·me·*du*·sa sf.
hi·*dro*·*mel* sm.; pl. *·méis*.
hi·*dro*·me·tra sf.
hi·*dro*·me·*tri*·a sf.
hi·*dro*·*mé*·tri·co adj.
hi·*drô*·me·tro sm.
hi·*dro*·mi:e·*li*·a sf.
hi·*dro*·mi·ne·*ral* adj. 2g.; pl. *·rais*.
hi·*dro*·mo·*tor* (ô) adj. sm.
hi·*dro*·ne·*fro*·se sf.
hi·*dro*·ne·*fró*·ti·co adj.
hi·*drôn*·fa·lo sm.
hi·*drô*·ni:o sm.
hi·*dro*·pa·ta s2g.: hi·*dró*·pa·ta.
hi·*dro*·pa·*ti*·a sf.
hi·*dro*·*pá*·ti·co adj.
hi·*dro*·pe·*de*·se sf.
hi·*dro*·pe·ri·*cár*·di:o sm.
hi·*dró*·pi·co adj. sm.
hi·*dro*·pi·*ré*·ti·co adj.
hi·*dro*·*pí*·ri·co adj.
hi·*dro*·pi·si·a sf.
hi·*dro*·pla·no sm.
hi·*dro*·po·*ni*·a sf.

hi·dro·pô·ni·ca sf.
hi·*dró*·po·ta s2g.
hi·drop·te·ri·*da*·de sf.
hi·dro·*púl*·vis sm. 2n.
hi·dro·qui·*no*·na sf.
hi·dro·*quis*·to sm.
hi·dro·quis·*to*·ma sm.
hi·dror·ra·*gi*·a sf.
hi·dror·rá·gi·co adj.
hi·dror·rá·qui·co adj.
hi·dror·rá·qui:o adj. sm.
hi·dror·rei·a sf.
hi·dro·sa·de·*ni*·te sf.
hi·dros·co·*pi*·a sf.
hi·dros·*có*·pi·co adj.
hi·*drós*·co·po sm.
hi·dro·se sf.
hi·dros·*fe*·ra sf.
hi·dros·*fé*·ri·co adj.
hi·dros·*sá*·ca·ro sm.
hi·dros·*sáu*·ri:o adj. sm.
hi·dros·si·li·*ca*·to sm.
hi·dros·si·li·*co*·so (ô) adj.; f. *e* pl.(ó).
hi·dros·sol sm.; pl. *·sóis*.
hi·dros·so·*lú*·vel adj.; pl. *·veis*.
hi·dros·sul·*fa*·to sm.
hi·dros·ta·qui:*á*·ce:a sf.
hi·dros·ta·qui:*á*·ce:o adj.
hi·dros·ta·qui:a·le sf.
hi·dros·*tá*·ti·ca sf.
hi·dros·*tá*·ti·co adj.
hi·*drós*·ta·to sm.
hi·dro·ta·*quí*·me·tro sm.
hi·dro·tec·*ni*·a sf.
hi·dro·*téc*·ni·co adj.
hi·dro·te·ra·*peu*·ta s2g.
hi·dro·te·ra·*pêu*·ti·ca sf.
hi·dro·te·ra·*pi*·a sf.
hi·dro·te·*rá*·pi·co adj.
hi·dro·ter·*mal* adj. 2g.; pl. *·mais*.
hi·dro·*tér*·mi·co adj.
hi·*dró*·ti·co adj.
hi·dro·ti·me·*tri*·a sf.
hi·dro·ti·*mé*·tri·co adj.
hi·dro·*tí*·me·tro sm.
hi·dro·ti·*pi*·a sf.
hi·dro·*tí*·pi·co adj.
hi·dro·*tó*·rax (cs) sm. 2n.
hi·dro·*tró*·pi·co adj.
hi·dro·tro·*pis*·mo sm.
hi·dro·vi·a sf.
hi·dro·vi:*á*·ri:o adj.
hi·dro·xi:a·*cé*·ti·co (cs) adj.
hi·dro·xi:a·ce·*to*·na (cs) sf.
hi·dro·xi:*á*·ci·do (cs) adj. sm.

hi·dro·xi:al·de·í·di·co (cs) adj.
hi·dro·xi:al·de·í·do (cs) sm.
hi·dro·xi·ben·ze·no (cs) sm.
hi·dró·xi·do (cs) sm.
hi·dro·xi·dri·la (cs) sf.
hi·dro·xi·la (cs) sf.
hi·dro·xi·la·ção (cs) sf.; pl.
  ·ções.
hi·dro·xi·la·mi·na (cs) sf.
hi·dro·zin·ci·ta sf.
hi·dro·zo·a (ô) sf.
hi·dro·zo:á·ri:o adj. sm.
hi·dru·ri·a sf.: hi·drú·ri:a.
hi·drú·ri·co adj. sm.
hi:e·ma·ção sf.; pl. ·ções.
hi:e·mal adj. 2g.; pl. ·mais.
hi:e·ma·li·zar v.
hi:e·mí·fu·go adj.
hi:e·na sf.
hi:e·ral·gi·a sf.
hi:e·ra·no·se sf.
hi:e·rar·ca s2g.
hi:e·rar·qui·a sf.
hi:e·rár·qui·co adj.
hi:e·rar·quis·mo sm.
hi:e·rar·qui·za·ção sf.; pl. ·ções.
hi:e·rar·qui·zar v.
hi:e·rá·ti·co adj.
hi:e·ro·fan·ta sm.:
  hi:e·ro·fan·te.
hi:e·ro·glí·fi·ca sf.
hi:e·ro·glí·fi·co adj. sm.
hi:e·ró·gli·fo sm.
hi:e·ro·gra·fi·a sf.
hi:e·ro·grá·fi·co adj.
hi:e·ró·gra·fo sm.
hi:e·ro·gra·ma sm.
hi:e·ro·gra·má·ti·co adj.
hi:e·ro·lo·gi·a sf.
hi:e·ro·ló·gi·co adj.
hi:e·ro·ma·ni·a sf.
hi:e·ro·ma·ní·a·co adj.
hi:e·ro·ní·mi:a sf.
hi:e·ro·ní·mi·co adj.
hi:e·ro·ni·mi·ta adj. s2g.
hi:e·ro·rô·ni·mo sm.
hi:e·ro·so·li·mi·ta adj. s2g.
hi:e·ro·so·li·mi·ta·no adj. sm.
hi:e·ro·te·ra·pi·a sf.
hi:e·ro·te·rá·pi·co adj.
hi:e·to·me·tri·a sf.
hi:e·to·mé·tri·co adj.
hi:e·tô·me·tro sm.
hi·fa sf.
hi·fa·le sf.
hi·fal·mi·planc·to sm.:
  hi·fal·mi·no·plânc·ton.

hi·fe·ma sm.
hi·fe·mi·a sf.
hí·fen sm.; pl. hifens ou
  hífenes.
hi·fe·ni·za·ção sf.; pl. ·ções.
hi·fe·ni·zar v.
hí·fi·co adj.
hi·fo·mi·ce·to sm.
high-tech adj. 2g. 2n. (ing.:
  háitéc).
hi·gi·dez (ê) sf.
hí·gi·do adj.
hi·gi:e·ne sf.
hi·gi:ê·ni·co adj.
hi·gi:e·nis·ta adj. s2g.
hi·gi:e·ni·za·ção sf.; pl. ·ções
hi·gi:e·ni·zar v.
hi·gi:o·lo·gi·a sf.
hi·gi:o·ló·gi·co adj.
hi·gi:o·te·ra·pi·a sf.
hi·gi:o·te·rá·pi·co adj.
hi·gra sf.
hi·gró·bi:o adj.
hi·gró·fi·lo adj.
hi·gro·fi·tis·mo sm.
hi·gró·fi·to adj. sm.
hi·gró·gra·fo sm.
hi·gro·lo·gi·a sf.
hi·gro·ló·gi·co adj.
hi·gró·lo·go sm.
hi·gro·ma sm.
hi·gro·me·tri·a sf.
hi·gro·mé·tri·co adj.
hi·grô·me·tro sm.
hi·gros·có·pi·co adj. sm.
hi·gros·có·pi:o sm.
hi·grós·ta·to sm.
hi·lar adj. 2g. 'referente ao
  hilo'; pl. hilares/Cf. hílares, pl.
  de hílare.
hí·la·re adj. 2g. 'alegre,
  risonho';pl. hílares/Cf. hilares,
  pl. de hilar.
hi·lá·ri:a sf.
hi·la·ri:an·te adj. 2g.
hi·la·ri·da·de sf.
hi·lá·ri:o adj. sm.
hi·la·ri·zar v.
hi·lei·a sf. de hileu.
hi·lei·a·no adj.
hi·le·mór·fi·co adj.
hi·le·mor·fis·mo sm.
hi·le·si·no sm.
hi·lé·ti·ca sf.
hi·leu adj. sm.; f. hileia.
hí·li·da adj. 2g. sm.
hi·lí·de:o adj. sm.

hi·lí·fe·ro adj. sm.
hi·lo sm.
hi·ló·fe·ro sm.
hi·lo·ge·ni·a sf.
hi·lo·mór·fi·co adj.
hi·lo·mor·fis·mo sm.
hi·lo·ta s2g.
hi·lo·tis·mo sm.
hi·lo·tro·pi·a sf.
hi·lo·tró·pi·co adj.
hi·lo·zoi·co adj.
hi·lo·zo:ís·mo sm.
hi·lo·zo:ís·ta adj. s2g.
hi·ma·lai·co adj. sm.
hi·man·tan·dra sf.
hi·man·tan·drá·ce:a sf.
hi·man·tan·drá·ce:o adj.
hí·men sm.; pl. himens ou
  hímenes.
hi·me·neu sm.
hi·me·ni:al adj. 2g.; pl. ·ais.
hi·mê·ni:o sm.
hi·me·ni·te sf.
hi·me·no·car·po adj.
hi·me·no·fi·lá·ce:a sf.
hi·me·no·fi·lá·ce:o adj.
hi·me·no·gra·fi·a sf.
hi·me·no·grá·fi·co adj.
hi·me·noi·de adj. 2g.
hi·me·no·lí·quen sm.;
  pl. himenoliquens ou
  himenolíquenes.
hi·me·no·lo·gi·a sf.
hi·me·no·ló·gi·co adj.
hi·me·no·mi·ce·te sm.:
  hi·me·no·mi·ce·to.
hi·me·no·mi·ce·tí·ne:a sf.
hi·me·no·mi·ce·tí·ne:o adj.
hi·me·nó·po·de adj. 2g.
hi·me·nóp·te·ro adj. sm.
hi·me·no·to·mi·a sf.
hi·nai·a·na sf.
hi·ná·ri:o sm.
hin·di adj. s2g. sm.
hin·du adj. s2g.
hin·du:ís·mo sm.
hin·du:ís·ta adj. s2g.
hin·du:i·zar v.
hin·dus·ta·ni adj. s2g. sm.
hin·dus·tâ·ni·co adj.
hin·dus·ta·nis·ta adj. s2g.
hin·dus·ta·no adj. sm.
hí·ni·co adj.
hi·nir v.
hi·nis·ta adj. s2g.
hi·no sm.
hi·no·do sm.

hi·no·gra·*fi*·a sf.
hi·no·*grá*·fi·co adj.
hi·*nó*·gra·fo sm.
hi·no·lo·*gi*·a sf.
hi·no·*ló*·gi·co adj.
hi·*nó*·lo·go sm.
hin·ter·*lân*·di:a sf., do al.
　Hinterland.
hi:o·ci:a·*mi*·na sf.
hi:o·fa·*rín*·ge:o adj. sm.
hi:o·*glos*·so adj. sm.
hi:*oi*·de adj. 2g. sm.
hi:*ói*·de:o adj. sm.: hi:o·*í*·de:o.
hi:os·*cí*·a·mo sm.
hi:os·*ci*·na sf.
hi·pa·bis·*sal* adj. 2g.; pl. ·*ais*:
　hipoabissal.
hi·pa·cu·*si*·a sf.: *hipoacusia*.
hi·pa·*cús*·ti·co adj.:
　hipoacústico.
hi·*pá*·la·ge sf.
hi·pal·ge·*si*·a sf.: *hipoalgesia*.
hi·pal·*gi*·a sf.: *hipoalgia*.
hi·*pan*·to sm.
hi·pan·*tó*·di:o sm.
hi·pan·tro·*pi*·a sf.
hi·pan·*tro*·po (ô) sm.
hi·*par*·ca sm.
hi·pa·*re*·no adj. sm.
hi·par·gi·*ri*·ta sf.
hi·*pá*·ri:o sm.
hi·par·*qui*·a sf.
hi·pa·*teu* adj. sm.; f. ·*tei*·a.
hi·pe·ra·ci·*dez* (ê) sf.
hi·pe·*rá*·ci·do adj.
hi·pe·ra·cu·*si*·a sf.
hi·pe·ra·*cús*·ti·co adj.
hi·pe·ra·*gu*·do adj.
hi·pe·ral·bu·mi·*no*·se sf.
hi·pe·ral·ge·*si*·a sf.
hi·pe·ral·*gé*·si·co adj.
hi·pe·ral·*gi*·a sf.
hi·pe·*rál*·gi·co adj.
hi·pe·ran·*dri*·a sf.
hi·pe·*rás*·pi·de sf.
hi·pe·ra·ti·vi·*da*·de sf.
hi·pe·ra·*ti*·vo adj. sm.
hi·*pér*·ba·to sm.:
　hi·*pér*·ba·ton.
hi·per·bi·*bas*·mo sm.
hi·*pér*·bo·le sf.
hi·per·*bó*·li·co adj.
hi·per·bo·li·*for*·me adj. 2g.
hi·per·bo·*lis*·mo sm.
hi·per·bo·li·za·*ção* sf.; pl. ·*ções*.
hi·per·bo·li·*zar* v.
hi·per·bo·*loi*·de adj. 2g. sm.

hi·per·*bó*·re:o adj. sm.
hi·per·bra·qui·ce·fa·*li*·a sf.
hi·per·bra·qui·*cé*·fa·lo adj. sm.
hi·per·ca·*ló*·ri·co adj.
hi·per·cap·*ni*·a sf.
hi·per·car·*di*·a sf.
hi·per·car·*dí*:a·co adj.
hi·per·*car*·ga sf.
hi·per·ca·ta·*léc*·ti·co adj.:
　hipercatalético.
hi·per·ca·ta·*lec*·to sm.:
　hipercataleto.
hi·per·ca·ta·*lé*·ti·co adj.:
　hipercataléctico.
hi·per·ca·ta·*le*·to adj.:
　hipercatalecto.
hi·per·ce·ra·*to*·se sf.
hi·per·ce·re·bra·*ção* sf.; pl.
　·*ções*.
hi·per·ci·*ne*·se sf.
hi·per·ci·ne·*si*·a sf.
hi·per·ci·*né*·ti·co adj.
hi·per·clo·*ra*·to sm.
hi·per·clo·*ri*·to sm.
hi·per·clo·*ro*·so (ô) adj.; f. e
　pl. (ó).
hi·per·cor·re·*ção* sf.; pl. ·*ções*.
hi·per·cri·*ni*·a sf.
hi·per·*crí*·ni·co adj.
hi·per·cri·*se* sf.
hi·per·cri·ti·*cis*·mo sm.
hi·per·*crí*·ti·co adj. sm.
hi·per·*cro*·ma sm.
hi·per·cro·*mi*·a sf.
hi·per·*crô*·mi·co adj.
hi·per·*cu*·bo sm.
hi·per·cul·*tu*·ra sf.
hi·per·der·ma·*to*·se sf.
hi·per·di:á·*cri*·se sf.
hi·per·do·li·co·*cé*·fa·lo adj. sm.
hi·per·do·*sa*·gem sf.; pl. ·*gens*.
hi·per·du·*li*·a sf.
hi·per·*dú*·li·co adj.
hi·pe·*re*·mi·a sf.
hi·pe·*rê*·mi·co adj.
hi·pe·ren·te·*ro*·se sf.
hi·pe·*rer*·gi·a sf.
hi·pe·res·*pa*·ço sm.
hi·pe·res·*tá*·ti·co adj.
hi·pe·res·te·*si*·a sf.
hi·pe·res·te·si:*ar* v.
hi·pe·res·*té*·ti·co adj.
hi·pe·re·to·lo·*gi*·a sf.
hi·pe·re·to·*ló*·gi·co adj.
hi·pe·reu·fê·*mi*·co adj. sm.
hi·pe·reu·fe·*mis*·mo sm.
hi·pe·reu·fe·*mis*·ta s2g.

hi·per·fo·*cal* adj. 2g.; pl. ·*cais*.
hi·per·fo·*ri*·a sf.
hi·per·fun·*ção* sf.; pl. ·*ções*.
hi·per·*gê*·ne·se sf.
hi·per·ge·ne·*si*·a sf.
hi·per·ge·*né*·ti·co adj.
hi·per·ge:o·*mé*·tri·co adj.
hi·per·gli·ce·*mi*·a sf.
hi·per·gli·*cê*·mi·co adj.
hi·per·glo·bu·*li*·a sf.
hi·per·*glo*·te sf.
hi·pe·ri·*dro*·se sf.
hi·pe·rin·fla·*ção* sf.; pl. ·*ções*.
hi·pe·ri·*no*·se sf.
hi·pe·ri·*ô*·ni·co adj.
hi·per·mas·ti·*gi*·no adj. sm.
hi·per·me·nor·*rei*·a sf.
hi·per·me·*tri*·a sf.
hi·per·*mé*·tri·co adj.
hi·per·me·*tro*·pe adj. s2g.
hi·per·me·tro·*pi*·a sf.
hi·per·mi:o·*pi*:a sf.
hi·perm·ne·*si*·a sf.:
　hi·perm·*né*·si:a.
hi·per·*nú*·cle:o sm.
hí·pe·ron sm.: hi·pe·*rô*·ni:o.
hi·pe·ros·*mi*·a sf.
hi·pe·ros·te:*o*·se sf.
hi·per·pi:e·se sf.: hi·per·*pí*·e·se.
hi·per·*pla*·no sm.
hi·per·pla·*si*·a sf.
hi·per·sa·*li*·no adj.
hi·per·sar·*co*·ma sm.
hi·per·sar·*co*·se sf.
hi·per·se·cre·*ção* sf.; pl. ·*ções*.
hi·per·se·cre·*tor* (ô) adj.
hi·per·se·*mi*·a sf.
hi·per·sen·si·bi·li·*da*·de sf.
hi·per·sen·*sí*·vel adj. 2g.; pl.
　·veis.
hi·per·se·xu:a·*lis*·mo (cs) sm.
hi·per·sis·to·*li*·a sf.
hi·per·*sô*·ni·co adj.
hi·pers·ple·*ni*·a sf.
hi·pers·*plê*·ni·co adj.
hi·pers·*tê*·ni:o sm.
hi·pers·*tí*·li·co adj.
hi·pers·*tô*·mi·co adj.
hi·per·ten·*são* sf.; pl. ·*sões*.
hi·per·*ten*·so adj. sm.
hi·per·ten·*sor* (ô) adj. sm.
hi·per·ter·*mi*·a sf.
hi·per·*tér*·mi·co adj.
hi·*pér*·te·se sf.
hi·per·*tex*·to sm.
hi·per·ti·re:oi·*dis*·mo,
　hi·per·ti·ro:i·*dis*·mo sm.

hi·per·to·*ni*·a sf.
hi·per·*tô*·ni·co adj.
hi·per·tro·*fi*·a sf.
hi·per·tro·fi:*ar* v.
hi·pe·rur·ba·*nis*·mo sm.
hi·pes·te·*si*·a sf.: *hipoestesia.*
hi·pi:a·*tri*·a sf.
hi·pi:*á*·tri·co adj.
hi·pi:*a*·tro sm.
hí·pi·ca sf.
hí·pi·co adj.
hi·*pí*·de:o adj.sm.
hi·pi·di:o·*mór*·fi·co adj.
hi·pi·*no*·se sf. 'diminuição da coagulabilidade sanguínea'/ Cf. *hipnose.*
hi·pi·*nó*·ti·co adj. 'relativo à hipinose'/Cf. *hipnótico.*
hi·*pis*·mo sm.
hi·*pis*·ta adj. s2g.
hip·na·*gó*·gi·co adj.
hip·ni:a·*tri*·a sf.
hip·ni:*a*·tro sm.
hip·no·blep·*si*·a sf.
hip·no·*co*·co sm.
hip·no·fo·*bi*·a sf.
hip·*nó*·fo·bo sm.
hip·no·*fo*·ne sm.: hip·no·*fo*·no.
hip·*nó*·ge·no adj. sm.
hip·no·gra·*fi*·a sf.
hip·no·*grá*·fi·co adj.
hip·no·lo·*gi*·a sf.
hip·no·*ló*·gi·co adj.
hip·*no*·se sf. 'sono provocado'/ Cf. *hipinose.*
hip·no·*si*·a sf.
hip·*nós*·po·ro sm.
hip·*nó*·ti·co adj. sm. 'relativo à hipnose'/Cf. *hipinótico.*
hip·no·*tis*·mo sm.
hip·no·ti·za·*ção* sf.; pl. ·*ções.*
hip·no·ti·za·*dor* (ô) sm.
hip·no·ti·*zan*·te adj. 2g.
hip·no·ti·*zar* v.
hip·no·ti·*zá*·vel adj. 2g.; pl. ·**veis.**
hip·no·to·*xi*·na (cs) sf.
hip·no·zi·*go*·to (ô) sm.
hi·po sm.
hi·po:a·bis·*sal* adj. 2g.; pl. ·*sais*: *hipabissal.*
hi·po:a·cu·*si*·a sf.: *hipacusia.*
hi·po:a·*cús*·ti·co adj.: *hipacústico.*
hi·po:al·ge·*si*·a sf.: *hipalgesia.*
hi·po:al·*gi*·a sf.: *hipalgia.*
hi·po·*blás*·ti·co adj.

hi·po·*blas*·to sm.
hi·*pó*·bo·le sf.
hi·po·*bó*·ri·co adj.
hi·po·bran·*qui*·a sf.
hi·po·*brân*·qui:o adj.
hi·po·bro·*ma*·to sm.
hi·po·bro·*mi*·to sm.
hi·po·bu·*li*·a sf.
hi·po·*bú*·li·co adj.
hi·po·ca·fe·*í*·na sf.
hi·po·ca·*ló*·ri·co adj.
hi·po·*cam*·po sm.
hi·po·*car*·po sm.
hi·po·cas·ta·*ná*·ce:a sf.
hi·po·cas·ta·*ná*·ce:o adj.
hi·po·cen·*tau*·ro sm.
hi·po·*cen*·tro sm.
hi·po·ci·cloi·*dal* adj. 2g.; pl. ·*dais.*
hi·po·ci·*cloi*·de adj. 2g. sf.
hi·po·ci·ne·*si*·a sf.
hi·po·clo·*ri*·na sf.
hi·po·clo·*ri*·to sm.
hi·po·clo·*ro*·so (ô) adj.; f. *e* pl. (ó).
hi·po·co·*fo*·se sf.
hi·po·con·*dri*·a sf.
hi·po·con·*drí*:a·co adj. sm.
hi·po·*côn*·dri:o sm.
hi·po·co·*rís*·ti·co adj. sm.
hi·po·co·ro·*la*·do adj.
hi·po·co·ro·*li*·a sf.
hi·po·co·ti·*lar* adj. 2g.
hi·po·*có*·ti·lo sm.
hi·po·cra·ni:*a*·no adj.
hi·po·cra·te·*á*·ce:a sf.
hi·po·cra·te·*á*·ce:o adj.
hi·po·*crá*·ti·co adj.
hi·po·cra·*tis*·mo sm.
hi·po·*craz* sm.
hi·po·*crê*·ni·co adj.
hi·po·cri·*si*·a sf.
hi·po·cris·ta·*li*·no adj. sm.
hi·*pó*·cri·ta s2g.
hi·po·cro·*mi*·a sf.
hi·po·*crô*·mi·co adj.
hi·poc·*tô*·ni:o sm.
hi·po·*dác*·ti·lo sm.: hi·po·*dá*·ti·lo.
hi·po·der·ma·to·*mi*·a sf.
hi·po·*der*·me sf.
hi·po·*dér*·mi·co adj.
hi·po·dro·*mi*·a sf.
hi·*pó*·dro·mo sm.
hi·po:*e*·ma sf.
hi·po:e·*mi*·a sf.
hi·po:es·te·*si*·a sf.: *hipestesia.*

hi·po·fa·*gi*·a sf.
hi·po·*fá*·gi·co adj.
hi·*pó*·fa·go adj. sm.
hi·po·fa·lan·*gi*·a sf.
hi·po·fa·*rin*·ge sf.
hi·*pó*·fa·se sf.
hi·*pó*·fi·se sf.
hi·*pó*·fo·ra sf.
hi·po·fos·*fa*·to sm.
hi·po·fos·*fi*·to sm.
hi·po·fos·*fó*·ri·co adj.
hi·po·fos·fo·*ro*·so (ô) adj.; f. *e* pl. (ó).
hi·po·*frí*·gi:o adj. sm.
hi·pof·tal·*mi*·a sf.
hi·po·gâ·*mi*·co adj.
hi·po·*gás*·tri·co adj.
hi·po·*gás*·tri:o sm.
hi·po·*geu* adj. sm.
hi·*pó*·gi·no adj.
hi·po·gli·ce·*mi*·a sf.
hi·po·gli·*cê*·mi·co adj.
hi·po·*glos*·sa sf.
hi·po·*glos*·so adj. sm.
hi·*póg*·na·ta adj. 2g.
hi·po·gna·*ti*·a sf.
hi·*póg*·na·to adj. sm.
hi·*pó*·go·no sm.
hi·po·*gri*·fo sm.
hi·*pó*·li·to sm.
hi·po·lo·*gi*·a sf.
hi·po·*ló*·gi·co adj.
hi·*pó*·lo·go sm.
hi·po·man·*ci*·a sf.
hi·po·ma·*ni*·a sf.
hi·po·ma·*ní*:a·co adj. sm.
hi·po·*man*·te s2g.
hi·po·*mân*·ti·co adj.
hi·*pô*·me·tro sm.
hi·po·*mó*·vel adj. 2g. sm.; pl. ·*veis.*
hi·po·mu·*co*·so (ô) adj.; f. *e* pl. (ó).
hi·po·*nac*·to sm.
hi·po·nas·*ti*·a sf.
hi·po·*nás*·ti·co adj.
hi·po·*nen*·se adj. s2g.
hi·po·pa·to·lo·*gi*·a sf.
hi·po·pa·to·*ló*·gi·co adj.
hi·po·*pé*·di:a sf.: hi·po·pe·*di*·a.
hi·po·pep·*si*·a sf.
hi·po·pe·ta·*li*·a sf.
hi·po·*pé*·ta·lo adj.
hi·po·pe·*xi*·a (cs) sf.
hi·po·pi:*e*·se sf.
hi·po·*pí*·gi:o sm.
hi·*pó*·pi:o sm.: hi·*pó*·pi:on.

hi·po·pla·*si*·a sf.
hi·po·*plás*·ti·co adj.
hi·*pó*·po·de adj. s2g.
hi·po·po·*tâ*·mi·co adj.
hi·po·*pó*·ta·mo sm.
hi·por·*que*·ma sm.
hi·por·*ri*·no sm.
hi·por·*rit*·mo sm.
hi·pos·cê·ni:o sm.
hi·pos·cle·*ri*·ta sf.
hi·pos·*fag*·ma sm.
hi·pos·*mi*·a sf.
hi·pos·pa·*di*·a sf.
hi·pos·*pa*·do adj. sm.
hi·pos·pa·*tis*·mo sm.
hi·pos·po·*rân*·gi:o sm.
hi·pos·sa·*li*·no adj.
hi·pos·sis·to·*li*·a sf.
hi·pos·su·fi·ci:*en*·te adj. s2g.
hi·pos·sul·*fa*·to sm.
hi·pos·sul·*fi*·to sm.
hi·pos·sul·*fú*·ri·co adj.
hi·pos·ta·mi·*na*·do adj.
hi·pos·ta·mi·*ni*·a sf.
hi·*pós*·ta·se sf.
hi·pos·ta·si:*ar* v.
hi·pos·*tá*·ti·co adj.
hi·pos·te·*ni*·a sf.
hi·pos·*tê*·ni·co adj.
hi·pos·te·*no*·se sf.
hi·pos·*ti*·lo adj. sm.
hi·pos·to·*mi*·a sf.
hi·pos·to·*mí*·de:o adj. sm.
hi·po·ta·*lâ*·mi·co adj.
hi·po·*tá*·la·mo sm.
hi·po·ta·*lás*·si·co adj.
hi·po·*ta*·lo sm.
hi·po·*tá*·ti·co adj.
hi·po·*ta*·xe (cs) sf.
hi·po·*te*·ca sf.
hi·po·te·*car* v.
hi·po·te·*cá*·ri:o adj.
hi·po·te·*cá*·vel adj. 2g.; pl.
  ·veis.
hi·po·*té*·ci:o sm.
hi·po·*tê*·nar sm.: hi·*pó*·te·nar;
  pl. *hipotênares*.
hi·po·ten·*são* sf.; pl. ·*sões*.
hi·po·ten·*si*·vo adj.
hi·po·*ten*·so adj. sm.
hi·po·ten·*sor* (ô) adj. sm.
hi·po·te·*nu*·sa sf.
hi·po·ter·*mal* adj.; pl. ·*mais*.
hi·po·ter·*mi*·a sf.
hi·*pó*·te·se sf.
hi·po·*té*·ti·co adj.
hi·*pó*·ti·po sm.

hi·po·ti·*po*·se sf.
hi·po·ti·re:oi·*dis*·mo,
  hi·po·ti·ro:i·*dis*·mo sm.
hi·po·to·*mi*·a sf.
hi·po·*tô*·mi·co adj.
hi·po·to·*ni*·a sf.
hi·po·*tô*·ni·co adj.
hi·po·tre·*ma*·do adj. sm.
hi·po·*trí*·qui:o adj. sm.
hi·po·tro·*coi*·de adj. 2g. sf.
hi·po·tro·*fi*·a sf.
hippie adj. 2g. s2g. (ing.: *hípi*).
hip·*si*·lo sm.: *ipsilão*.
hip·si·*loi*·de adj. 2g. sm.
hip·so·ce·fa·*li*·a sf.
hip·so·*cé*·fa·lo adj. sm.
hip·so·*fi*·lo sm.
hip·so·gra·*fi*·a sf.
hip·so·*grá*·fi·co adj.
hip·so·me·*tri*·a sf.
hip·so·*mé*·tri·co adj.
hip·*sô*·me·tro sm.
hi·pu·*ra*·to sm.
hi·pur·*gi*·a sf.
hi·pu·*ri*·a sf.: hi·*pú*·ri:a.
hi·*pú*·ri·co adj.
hi·pu·ri·*dá*·ce:a sf.
hi·pu·ri·*dá*·ce:o adj.
hi·ra·*coi*·de adj. 2g. sm.
hi·ra·*cói*·de:o adj. sm.:
  hi·ra·co·*í*·de:o.
hir·*ci*·na sf.
hir·*ci*·no adj.
hir·*cis*·mo sm.
hir·*co*·so (ô) adj.; f. *e* pl. (ó).
hir·cu·la·*ção* sf.; pl. ·*ções*.
hir·*su*·to adj. sm.
hir·*te*·za (ê) sf.
hir·to adj.
hi·ru·*dí*·ne:o adj. sm.
hi·run·di·*ní*·de:o adj. sm.
hi·run·*di*·no adj.
his·pa·*len*·se adj. s2g.
his·*pâ*·ni·co adj.
his·pa·ni·*da*·de sf.
his·pa·ni·*zen*·se adj. s2g.
his·pa·*nis*·mo sm.
his·pa·*nis*·ta adj. s2g.
his·pa·ni·*zar* v.
his·*pa*·no adj. sm.
his·pa·no:a·me·ri·ca·*nis*·mo(s)
  sm. (pl.).
his·pa·no:a·me·ri·*ca*·no(s)
  adj. sm. (pl.); f. *hispano-
  americana*.
his·pa·no:*á*·ra·be(s) adj. s2g.
  (pl.).

his·pa·no·fi·*li*·a sf.
his·pa·*nó*·fi·lo adj. sm.
his·pa·no·fo·*bi*·a sf.
his·pa·*nó*·fo·bo adj. sm.
his·*par* v.
his·pi·*dar* v.
his·pi·*dez* (ê) sf.
hís·pi·do adj.
hís·pi·do·se·*rí*·ce:o(s) adj. (pl.).
his·*pí*·ne:o adj. sm.
his·so·*pa*·da sf.
his·so·*par* v.
his·*so*·pe sm. 'aspersório'/Cf.
  hissopo.
his·so·*pes*·co (ê) adj.
his·so·*pi*·na sf.
his·so·*po* (ô) sm. 'planta'/Cf.
  hissope sm. e *hissopo* (ó), do
  v. *hissopar*.
his·ta·*mi*·na sf.
his·ta·*mí*·ni·co adj.
his·ta·*ti*·ta sf.
his·te·ral·*gi*·a sf.
his·te·*rál*·gi·co adj.
his·te·*ran*·dra sf.
his·te·ran·*dri*·a sf.
his·te·*rân*·dri·co adj.
his·te·*ran*·to adj. sm.
his·te·rec·to·*mi*·a sf.
his·te·*re*·lho (ê) sm.
his·te·re·pi·lep·*si*·a sf.:
  histeroepilepsia.
his·te·re·pi·*lép*·ti·co adj.:
  histeroepiléptico.
his·te·*re*·se sf.
his·te·*ri*·a sf.
his·te·ri·*cis*·mo sm.
his·*té*·ri·co adj. sm.
his·te·*ris*·mo sm.
his·te·ri·*zar* v.
his·te·*ro*·ce·le sf.
his·te·ro·*cli*·se sf. 'sutura
  uterina'/Cf. *histeróclise*.
his·te·*ró*·cli·se sf. 'lavagem
  uterina'/Cf. *histeroclise*.
his·te·ro:e·pi·lep·*si*·a sf.:
  histerepilepsia.
his·te·ro:e·pi·*lép*·ti·co adj.:
  histerepiléptico.
his·te·ro·*fi*·na sf.
his·te·ro·gra·*fi*·a sf.
his·te·ro·*grá*·fi·co adj.
his·te·*ró*·li·to sm.
his·te·ro·lo·*gi*·a sf.
his·te·*ró*·lo·go sf.
his·te·ro·lo·*xi*·a (cs) sf.
his·te·ro·ma·la·*ci*·a sf.

his·te·ro·ma·*ni*·a sf.
his·te·*rô*·me·tro sm.
his·te·rop·*to*·se sf.
his·te·ros·*có*·pi:o sm.
his·te·ros·to·ma·to·*mi*·a sf.
his·te·ros·to·*má*·to·mo sm.:
 his·te·ros·to·*mó*·to·mo.
his·te·ro·to·co·to·*mi*·a sf.
his·te·ro·to·*mi*·a sf.
his·te·*ró*·to·mo sm.
his·te·ro·to·mo·to·*ci*·a sf.
his·ti·*di*·na sf.
his·ti·*dí*·ni·co adj.
his·ti:o·*blás*·ti·co adj.
his·ti:o·*blas*·to sm.
his·ti:o·*cé*·fa·lo sm.
his·ti:o·dro·*mi*·a sf.
his·to·com·pa·ti·bi·li·*da*·de sf.
his·to·fi·si:o·lo·*gi*·a sf.
his·to·fi·si:o·*ló*·gi·co adj.
his·to·*gê*·ne:o adj.
his·to·*gê*·ne·se sf.
his·to·ge·*ni*·a sf.
his·to·*gê*·ni·co adj.
his·to·gra·*fi*·a sf.
his·to·*grá*·fi·co adj.
his·*tó*·gra·fo sm.
his·to·*gra*·ma sm.
his·*tó*·li·se sf.
his·to·*lí*·ti·co adj.
his·to·lo·*gi*·a sf.
his·to·*ló*·gi·co adj.
his·to·lo·*gis*·ta s2g.
his·*tó*·lo·go sm.
his·to·*ma* sm.
his·to·me·*tá*·ba·se sf.
his·to·mo·*no*·se sf.
his·*to*·na sf.
his·to·neu·ro·lo·*gi*·a sf.
his·to·neu·ro·*ló*·gi·co adj.
his·to·neu·ro·lo·*gis*·ta s2g.
his·to·no·*mi*·a sf.
his·to·*nô*·mi·co adj.
his·to·po:*e*·se sf.:
 his·to·poi·*e*·se.
his·to·*quí*·mi·ca sf.
his·to·*quí*·mi·co adj. sm.
his·*tó*·ri:a sf.
his·to·ri:*a*·da sf.
his·to·ri:*a*·do adj.
his·to·ri:*a*·dor (ô) adj. sm.
his·to·ri:*al* adj. 2g. sm.; pl. ·*ais*.
his·to·ri:*ar* v.
his·to·ri·ci·*da*·de sf.
his·to·ri·*cis*·mo sm.
his·to·ri·*cis*·ta adj. s2g.
his·*tó*·ri·co adj.

his·to·ri:*ei*·ro adj.
his·to·ri:*en*·to adj.
his·to·ri:*e*·ta (ê) sf.
his·to·ri:o·gra·*fi*·a sf.
his·to·ri:o·*grá*·fi·co adj.
his·to·ri:*ó*·gra·fo sm.
his·to·ri:o·*gra*·ma sm.
his·to·*rí*:o·la sf.
his·to·ri:o·lo·*gi*·a sf.
his·to·ri:o·*ló*·gi·co adj.
his·to·ri:*ó*·lo·go sm.
his·to·*ris*·mo sm.
his·to·*ris*·ta adj. s2g.
his·to·ri·*zar* v.
his·to·ti·*pi*·a sf.
his·to·to·*mi*·a sf.
his·to·*tô*·mi·co adj.
his·*tó*·to·mo sm.
his·to·*trip*·si·a sf.
his·to·tro·*mi*·a sf.
his·to·*trô*·mi·co adj.
his·to·tro·*pis*·mo sm.
his·to·zo:*á*·ri:o adj. sm.
his·tri:*ão* sm; pl. ·*ões*.
his·tri·*cí*·de:o adj. sm.
his·tri·co·*mor*·fo adj. sm.
his·tri:*ô*·ni·ce sf.
his·tri:*ô*·ni·co adj.
his·tri:*ô*·nis·mo sm.
hit sm. (ing.: *hit*).
hi·*ti*·ta adj. s2g. sm.
hi·ti·to·lo·*gi*·a sf.
hi·ti·*tó*·lo·go sm.
hi·tle·*ris*·mo sm.
hi·tle·*ris*·ta adj. s2g.
hi:*ul*·co adj.
HIV sm.
hobby sm. (ing.: *hóbi*).
ho·di:*er*·no adj.
ho·do·gra·*fi*·a sf.
ho·do·*grá*·fi·co adj.
ho·*dó*·gra·fo sm.
ho·do·me·*tri*·a sf.
ho·do·*mé*·tri·co adj.
ho·*dô*·me·tro sm.
ho·do·ta·*cô*·me·tro sm.
ho·je (ô) adv.
hol sm., do ing. *hall*.
ho·*lan*·da sf.
ho·lan·*dês* adj. sm.
ho·lan·*de*·sa (ê) sf.
ho·lan·*di*·lha sf.
ho·*lár*·ti·ca sf.
ho·*lár*·ti·co adj.
holding sf. (ing.: *hôldin*).
ho·lec·ti·*poi*·de adj. 2g. sm.
ho·*ler*·ca sf.

ho·le·*ri*·te sm.
ho·*le*·tro adj. sm.
ho·li·*cis*·mo sm.
ho·*lis*·mo sm.
ho·*lis*·ta adj. s2g.
hól·mi:o sm.
ho·lo·ba·*sí*·di:o sm.
ho·lo·*blás*·ti·co adj.
ho·lo·*brân*·qui:o adj. sm.
ho·lo·ca·*í*·na sf.
ho·lo·*cá*·li·ce sm.: *holocálix*.
ho·lo·*cá*·lix (cs) sm.: *holocálice*.
ho·lo·*can*·to sm.
ho·lo·*car*·po adj.
ho·lo·*caus*·to sm.
ho·lo·*cé*·fa·lo adj. sm.
ho·lo·*ce*·no adj. sm.
ho·*ló*·cri·no adj.:
 ho·lo·*cri*·no.
ho·lo·cris·ta·*li*·no adj.
ho·lo:*e*·*dri*·a sf.
ho·lo:*é*·dri·co adj.
ho·lo:*e*·dro sm.
ho·lo·*fí*·ti·co adj.
ho·lo·*fo*·te sm.
ho·lo·*fó*·ti·co adj.
ho·*ló*·fra·se sf.
ho·lo·*frás*·ti·co adj.
ho·lo·ga·*mi*·a sf.
ho·lo·*gás*·tri:o adj. sm.
ho·lo·*gas*·tro adj. sm.
ho·lo·*gê*·ne·se sf.
ho·lo·gra·*fi*·a sf.
ho·lo·*grá*·fi·co adj.
ho·*ló*·gra·fo adj. sm.
ho·lo·*gra*·ma sm.
ho·lo·me·ta·*bó*·li·co adj. sm.
ho·lo·*mé*·tri·co adj.
ho·*lô*·me·tro sm.
ho·lo·*mór*·fi·co adj.
ho·lo·mor·*fis*·mo sm.
ho·lo·*mor*·fo adj.
ho·lo·mor·*fo*·se sf.
ho·lo·no·*mi*·a sf.
ho·*lô*·no·mo adj.
ho·lo·pa·ra·si·*tis*·mo sm.
ho·lo·pa·ra·*si*·to adj. sm.
ho·lo·pa·*ti*·a sf.
ho·lo·*pá*·ti·co adj.
ho·lo·pe·ta·*lar* adj. 2g.
ho·*ló*·po·de adj. 2g. sm.
ho·los·sa·*pró*·fi·to sm.
ho·*lós*·te:o adj. sm.
ho·*lós*·to·mo adj. sm.
ho·*ló*·ti·po sm.
ho·lo·to·*mi*·a sf.
ho·lo·*tô*·mi·co adj.

ho·lo·tô·ni·co adj.
ho·ló·tri·co adj. sm.
ho·lo·trí·qui:o adj. sm.
ho·lo·tú·ri:a sf.
ho·lo·tu·ri:ói·de:o adj. sm.:
    ho·lo·tu·ri:o·í·de:o.
ho·lo·zoi·co adj.
holter sm. (ing.: *houlter*).
ho·ma·*lan*·to sm.
ho·ma·*lí*·ne:a sf.
ho·ma·*lí*·ne:o adj.
ho·*má*·li:o sm.
ho·ma·lo·ce·fa·li:a sf.
ho·ma·lo·*cé*·fa·lo adj. sm.
ho·ma·lo·gra·*fi*·a sf.
ho·ma·*ló*·gra·fo sm.
ho·mão sm.; pl. ·*mões*.
ho·ma·*rí*·de:o adj. sm.
hom·bri·*da*·de sf.
home care loc. subst. (ing.:
    houmquêir).
ho·mem sm.; pl. ·**mens**.
ho·mem·*cha*·ve sm.; pl.
    homens-chaves ou
    homens-chave.
ho·mem de *pa*·lha sm.; pl.
    homens de palha.
ho·mem-*ho*·ra sm.; pl. *homens-
    -horas* ou *homens-hora*.
ho·mem-*rã* sm.; pl. *homens-rãs*
    ou *homens-rã*.
ho·mem-san·du:*í*·che sm.;
    pl. *homens-sanduíches* ou
    homens-sanduíche.
ho·me·na·ge:*a*·do adj. sm.
ho·me·na·ge:*ar* v.
ho·me·*na*·gem sf.; pl. ·*gens*.
ho·men·zar·*rão* sm.; pl. ·*rões*.
ho·me:o·*blás*·te:o adj.:
    ho·me:o·*blás*·ti·co.
ho·me:o·ci·*ne*·se sf.
ho·me:o·ci·*né*·ti·co adj.
ho·me:o·gra·*fi*·a sf.
ho·me:o·*grá*·fi·co adj.
ho·me:*ó*·gra·fo sm.
ho·me:o·*lo*·gi·a sf.
ho·me:o·me·*ri*·a sf.
ho·me:*ô*·me·ro adj.
ho·me:o·mor·*fis*·mo sm.
ho·me:o·*mor*·fo adj. sm.
ho·me:o·*pa*·ta s2g.
ho·me:o·pa·*ti*·a sf.
ho·me:o·*pá*·ti·co adj.
ho·me:o·pla·*si*·a sf.
ho·me:o·*plás*·ti·co adj.
ho·me:op·*to*·to adj. sm.:
    homoptoto.

ho·me:os·*ta*·se sf.
ho·me:o·*ter*·mo adj. sm.
ho·me:o·tro·*pi*·a sf.
ho·me:o·*tró*·pi·co adj.
ho·me:*ó*·tro·po sm.
ho·me:o·*zoi*·co adj.
ho·*mé*·ri·co adj.
ho·*mé*·ri·da adj. s2g.
ho·*mes*·sa interj.
ho·mi·*ci*·da adj. s2g.
ho·mi·*cí*·di:o sm.
ho·mi·*lé*·ti·ca sf.
ho·mi·li·a sf.: ho·*mí*·li:a.
ho·mi·li:*ar* v.
ho·mi·li:*as*·ta s2g.
ho·mi·*nal* adj. 2g.; pl. ·*nais*.
ho·mi·na·li·*da*·de sf.
ho·mi·*ní*·co·la s2g.
ho·*mí*·ni·da adj. s2g.
ho·mi·*ní*·de:o adj. sm.
ho·*mí*·ni·do adj.
ho·mi·*nis*·mo sm.
ho·mi·*nis*·ta adj. s2g.
ho·mi·*ní*·vo·ro adj.
    'antropófago'/Cf. *omnívoro*.
ho·mi·*noi*·de adj. s2g.
ho·mi·zi:*a*·do adj. sm.
ho·mi·zi:a·*doi*·ro sm.:
    ho·mi·zi:a·*dou*·ro.
ho·mi·zi:*ar* v.
ho·mi·*zi*:o sm.
ho·mo·*ce*·lo adj. sm.
ho·mo·*cên*·tri·co adj.
ho·mo·*cen*·tro sm.
ho·mo·*cer*·co adj.
ho·mo·*cí*·cli:o adj.
ho·mo·cla·*mí*·de:o adj. sm.
ho·mo·*cro·mi*·a sf.
ho·mo·*cro*·mo adj.
ho·mo·*crô*·ni·co adj.
ho·*mó*·cro·no adj.
ho·mo·*der*·mo adj. sm.
ho·mo·di·na·*mi*·a sf.
ho·mo·di·*nâ*·mi·ca sf.
ho·mo·di·*nâ*·mi·co adj.
ho·mo·*don*·te adj. 2g.
ho·mo·*don*·ti·a sf.
ho·mo·*dro·mi*·a sf.
ho·*mó*·dro·mo adj. sm.
ho·mo·fa·*gi*·a sf.
ho·mo·*fá*·gi·co adj.
ho·*mó*·fa·go adj. sm.
ho·mo·*fi*·lo adj.: ho·*mó*·fi·lo
ho·mo·fo·*cal* adj. 2g.; pl. ·*cais*.
ho·mo·*fo·ni*·a sf.
ho·mo·*fô*·ni·co adj.
ho·*mó*·fo·no adj. sm.

ho·mo·fo·*nó*·gra·fo adj.
ho·mo·fo·no·*lo·gi*·a sf.
ho·mo·fo·no·*ló*·gi·co adj.
ho·mo·ga·*mé*·ti·co adj.
ho·mo·ga·*mi*·a sf.
ho·*mó*·ga·mo adj.
ho·mo·ge·nei·*da*·de sf.
ho·mo·ge·ne:i·za·*ção* sf.; pl.
    ·*ções*.
ho·mo·ge·ne:i·za·*dor* (ô) adj.
    sm.
ho·mo·ge·ne:i·*zar* v.
ho·mo·*gê*·ne:o adj.
ho·mo·*gê*·ne·se sf.
ho·mo·ge·ne·*si*·a sf.
ho·mo·ge·*ni*·a sf.
ho·mo·gra·*fi*·a sf.
ho·mo·*grá*·fi·co adj.
ho·*mó*·gra·fo adj. sm.
ho·*moi*·ca sf.
ho·*moi*·co adj.
ho·*moi*·de adj. 2g.
ho·mo·la·te·*ral* adj. 2g.; pl.
    ·*rais*.
ho·mo·lo·ga·bi·li·*da*·de sf.
ho·mo·lo·ga·*ção* sf.; pl. ·*ções*.
ho·mo·lo·*gar* v.
ho·mo·lo·ga·*tó*·ri:o adj.
ho·mo·lo·*gá*·vel adj. 2g.; pl.
    ·*veis*.
ho·mo·lo·*gi*·a sf.
ho·mo·*ló*·gi·co adj.
ho·*mó*·lo·go adj./Cf. *homologo*,
    do v. *homologar*.
ho·mo·me·*ri*·a sf.
ho·*mô*·me·ro adj.
ho·mo·me·ro·*lo·gi*·a sf.
ho·mo·mor·*fis*·mo sm.
ho·mo·*mor*·fo adj. sm.
ho·mo·*mor*·fo·se sf.
ho·mo·*ní*·mi·a sf.
ho·mo·*ní*·mi·co adj.
ho·*mô*·ni·mo adj. sm.
ho·mo·no·*mi*·a sf.
ho·mo·*nô*·mi·co adj.
ho·*mô*·no·mo adj.
ho·mo·*pé*·ta·lo adj.
ho·mo·pla·*si*·a sf.
ho·mo·pla·*ná*·ti·co adj.
ho·mo·pla·*si*·a sf.
ho·mo·*plás*·ti·co adj.
ho·*mó*·po·de adj. 2g. sm.
ho·mo·po·*lar* adj. 2g.
ho·mo·po·*lí*·me·ro sm.
ho·*móp*·te·ro adj. sm.
ho·mop·*to*·to adj. sm.:
    homeoptoto: ho·mop·*tó*·ton.

ho·mor·gâ·ni·co adj.
homo sapiens loc. subst. (lat.).
ho·mo·fo·*bi*.a sf.
ho·*mo*·se sf.
ho·mos·sen·*sor* (ô) sm.
ho·mos·sen·so·ri:*al* adj. 2g.; pl. ·*ais*.
ho·mos·se·xu:*al* (cs) adj. s2g.; pl. ·*ais*.
ho·mos·se·xu:a·li·*da*·de (cs) sf.
ho·mos·se·xu:a·*lis*·mo (cs) sm.
ho·mos·se·xu:a·*lis*·ta (cs) adj. s2g.
ho·mo·ta·*li*·a sf.
ho·mo·*tá*·li·co adj.
ho·mo·ter·*mal* adj. 2g.; pl. ·*mais*.
ho·mo·ter·*mi*·a sf.
ho·mo·*tér*·mi·co adj.
ho·mo·te·*ti*·a sf.
ho·mo·*té*·ti·co adj.
ho·mo·ti·*pi*·a sf.
ho·mo·*tí*·pi·co adj.
ho·*mó*·ti·po adj.
ho·mo·ti·*po*·se sf.
ho·mo·to·*mi*·a sf.
ho·mo·tô·mi·co adj.
ho·*mó*·to·no adj.
ho·mo·*tó*·pi·co adj.
ho·mo·tro·*pi*·a sf.
ho·*mó*·tro·po adj. sm.
ho·mo·*val*·ve adj. 2g.
ho·mo·zi·*go*·to sm.
ho·*mún*·cu·lo sm.
hon·du·*re*·nho adj. sm.
ho·nes·ta·*dor* (ô) adj. sm.
ho·nes·*tar* v.
ho·nes·ti·*da*·de sf.
ho·nes·ti·*zar* v.
ho·*nes*·to adj.
ho·*nor* (ô) sm.; pl. *honores* (ô)/ Cf. *honores* (ó), do v. *honorar*.
ho·no·ra·bi·li·*da*·de sf.
ho·no·*rar* v.
ho·no·*rá*·ri:o adj.; f. *honorária*/ Cf. *honoraria*, do v. *honorar*.
ho·no·*rá*·ri:os sm. pl.
ho·no·*rá*·vel adj. 2g.; pl. ·**veis**.
ho·no·ri·fi·*car* v.
ho·no·ri·fi·cên·ci:a sf.
ho·no·*rí*·fi·co adj./Cf. *honorifico*, do v. *honorificar*.
hon·ra sf.
hon·ra·*dez* (ê) sf.
hon·ra·*de*·za (ê) sf.
hon·*ra*·do adj. sm.
hon·*rar* v.

hon·ra·*ri*·a sf.
hon·*ro*·so (ô) adj.; f. *e* pl. (ó).
ho·*ó*·de·ne adj. s2g.
hooligan sm. (ing.: *rúligan*).
ho·*om*·be sm.
ho·pe·*í*·ta sf.: ho·pe·*í*·te.
ho·ples·tig·ma·*tá*·ce:a sf.
ho·ples·tig·ma·*tá*·ce:o adj.
ho·*pli*·ta sm.
ho·ploc·*ne*·mo sm.
ho·*pló*·cri·to sm.
ho·*pló*·fo·ro sm.
ho·plo·ne·mer·*ti*·no adj. sm.
ho·plo·*te*·ca sf.
hó·quei sm. 'espécie de jogo esportivo'/Cf. *oquei*, do v. *ocar*.
ho·ra sf. 'a 24ª parte do dia'/Cf. *ora*, adv., conj., interj., sf. e fl. do v. *orar*.
ho·ra·ci:a·no adj. sm.
ho·*ral* adj. 2g. 'relativo a hora'; pl. ·*rais*/Cf. *oral*.
ho·*rá*·ri:o adj. sm. 'relativo a hora' 'tabela indicativa das horas'/Cf. *orário*.
hor·da sf.
hor·de:*á*·ce:a sf.
hor·de:*á*·ce:o adj.
hor·de·*í*·na sf.
hor·de·*ni*·na sf.
hor·*déo*·lo sm.
ho·*ris*·ta adj. s2g.
ho·ri·zon·*tal* adj. sf.; pl. ·*tais*.
ho·ri·zon·ta·li·*da*·de sf.
ho·ri·zon·ta·*lis*·mo sm.
ho·ri·*zon*·te sm.
ho·ri·zon·ti·*nen*·se adj. s2g.
hor·mo·*cis*·to sm.
hor·mo·*gas*·tro sm.
hor·mo·gê·ne·se sf.
hor·mo·gô·ne:a sf.
hor·mo·gô·ni:o sm.
hor·*mo*·na sf.
hor·mo·*nal* adj.; pl. ·*nais*.
hor·*mô*·ni:o sm.
horn·*blen*·da sf., do al. *Hornblende*.
horn·*fel(s)* sm. (pl.), do al. *Hornfels*.
ho·ro·gra·*fi*·a sf. 'técnica de construir quadrantes'/Cf. *orografia*.
ho·ro·*grá*·fi·co adj. 'relativo a horografia'/Cf. *orográfico*.
ho·*ró*·gra·fo sm./Cf. *orógrafo*.
ho·ro·lo·gi:*al* adj. 2g.; pl. ·*ais*.

ho·ros·co·*par* v.
ho·ros·*có*·pi:o sm.
ho·ros·co·*pis*·ta adj. s2g.
ho·ros·co·pi·*zar* v.
ho·*rós*·co·po sm./Cf. *horoscopo*, do v. *horoscopar*.
hor·*ren*·do adj.
hor·*ren*·te adj. 2g.
hor·ri·bi·li·*da*·de sf.
hor·ri·bi·*lís*·si·mo adj. superl. de *horrível*.
hór·ri·do adj.
hor·*rí*·fe·ro adj.
hor·*rí*·fi·co adj.
hor·ri·pi·la·*ção* sf.; pl. ·*ções*.
hor·ri·pi·*lan*·te adj. 2g.
hor·ri·pi·*lar* v.
hor·*rí*·pi·lo adj./Cf. *horripilo*, do v. *horripilar*.
hor·ris·so·*nan*·te adj. 2g.
hor·*rís*·so·no adj.
hor·ris·tri·*den*·te adj. 2g.
hor·ri·tro:*an*·te adj. 2g.
hor·*rí*·vel adj. 2g.; pl. ·**veis**: superl. *horribilíssimo*.
hor·*ror* (ô) sm.
hor·ro·*rí*·fi·co adj.
hor·ro·ri·*zar* v.
hor·ro·*ro*·so (ô) adj.; f. *e* pl. (ó).
hor·sa sf., do ing. *horse*/Cf. *orça*, sf. e fl. do v. *orçar*.
hors-concours adj. 2g. 2n. s2g. 2n. (fr.: *hórconcúr*).
hors-d'oeuvre sm. 2n. (fr.: *hórdêvr*).
hor·ta sf.
hor·ta·*li*·ça sf.
hor·ta·li·*cei*·ro sm.
hor·*tar* v.
hor·ta·*ti*·vo adj.
hor·te·*jar* v.
hor·te·*lã* sf.
hor·te·lã(s)·*bra*·va(s) sf. (pl.).
hor·te·lã(s)·*d'á*·gua sf. (pl.).
hor·te·lã(s)·do·*bra*·sil sf. (pl.).
hor·te·lã(s)·do·*cam*·po sf. (pl.).
hor·te·lã(s)·*do*·ce(s) sf. (pl.).
hor·te·lã(s)·do·*ma*·to sf. (pl.).
hor·te·*lão* sm.; pl. ·*lãos* ou ·*lões*; f. ·*lo*·a.
hor·te·lã·pi·*men*·ta sf.; pl. *hortelãs-pimentas* ou *hortelãs-pimenta*.
hor·te·lã(s)·ro·*ma*·na(s) sf. (pl.).
hor·te·*lei*·ro sm.
hor·te·*lo*·a sf. de *hortelão*.

hor·*ten*·se adj. s2g.
hor·*tên*·si:a sf.
hor·*tí*·co·la adj. 2g.
hor·ti·cul·*tor* (ô) sm.
hor·ti·cul·*tu*·ra sf.
hor·ti·fru·ti·gran·*jei*·ro adj. sm.
hor·ti·gran·*jei*·ro adj. sm.
hor·to (ô) sm. 'pequena horta'/ Cf. *horto* (ó), do v. *hortar*, e *orto*, sm.
hor·tu·*la*·na sf.
ho·*sa*·na sm. interj.
hos·co (ô) adj. 'diz-se do gado vacum de pelo escuro com lombo tostado'/Cf. *osco*.
hós·pe·da sf. de *hóspede*/Cf. *hospeda*, do v. *hospedar*.
hos·pe·da·*dor* (ô) adj. sm.
hos·pe·*da*·gem sf.; pl. ·*gens*.
hos·pe·*dal* adj. 2g.; pl. ·*dais*.
hos·pe·*dan*·ça sf.
hos·pe·*dar* v.
hos·pe·da·*ri*·a sf.
hos·pe·*dá*·vel adj. 2g.; pl. ·*veis*.
hós·pe·de adj. s2g.; f ·*da*/Cf. *hospede*, do v. *hospedar*.
hos·pe·*dei*·ro adj. sm.
hos·pe·*do*·so (ô) adj.; f. *e* pl. (ó).
hos·*pí*·ci:o sm.
hos·pi·*tal* adj. 2g. sm.; pl. ·*tais*.
hos·pi·ta·*lar* adj. 2g. v.
hos·pi·ta·*lá*·ri:o adj. sm.
hos·pi·ta·*lei*·ra sf.
hos·pi·ta·*lei*·ro adj. sm.
hos·pi·*tá*·li:a sf.
hos·pi·ta·li·*da*·de sf.
hos·pi·ta·li·*za*·ção sf.; pl. ·*ções*.
hos·pi·ta·li·*zar* v.
hos·po·*dar* sm.
hos·po·da·*ra*·to sm.
host sm. (ing.: houst).
hos·te sm.
hostess sf. (ing.: *hóstes*).
hós·ti:a sf.
hos·ti:a·*ri*·a sf.
hos·ti:*á*·ri:o sm. 'caixa de hóstias'/Cf. *ostiário*.
hos·ti:*en*·se adj. s2g.
hos·*til* adj. 2g.; pl. ·*tis*.
hos·ti·li·*da*·de sf.

hos·ti·li:*en*·se adj. s2g.
hos·ti·li·*zar* v.
hos·ti·li·*zá*·vel adj. 2g.; pl. ·*veis*.
hot dog loc. subst. (ing.: hotdóg).
ho·*tel* sm.; pl. ·*téis*.
ho·te·la·*ri*·a sf.
ho·te·*lei*·ro adj. sm.
ho·tel·fa·*zen*·da sm.; pl. *hotéis-fazendas*.
ho·ten·*to*·te adj. s2g. sm.
ho·ten·to·*tis*·mo sm.
hou interj./Cf. *ô*, *oh* e *ou*.
hou·*lá* interj.
hu:a·*nha*·me adj. s2g.
hu:*a*:ri adj. s2g.
hud·*sô*·ni:a sf.
hu·du sm.
hu:*ér*·ni:a sf.
hu·go:*a*·no adj. sm.
hu·gue·*no*·te adj. s2g.
hui interj.
hu·lha sf.
hu·lha·a·*zul* sf.; pl. *hulhas-azuis*.
hu·lha(s)·*bran*·ca(s) sf. (pl.).
hu·*lhei*·ra sf.
hu·*lhei*·ro adj.
hu·*lhí*·fe·ro adj.
hum interj./Cf. *um*.
hu·ma:i·ta:*en*·se adj. s2g.
hu·ma·*nal* adj. 2g. sm.; pl. ·*nais*.
hu·ma·*nar* v.
hu·ma·ni·*da*·de sf.
hu·ma·*nis*·mo sm.
hu·ma·*nis*·ta adj. s2g.
hu·ma·*nís*·ti·co adj.
hu·ma·ni·*tá*·ri:o adj. sm.
hu·ma·ni·ta·*ris*·mo sm.
hu·ma·ni·*za*·ção sf.; pl. ·*ções*.
hu·ma·ni·*zar* v.
hu·*ma*·no adj. sm.
hu·ma·*noi*·de sm.
hum·ber·tu:*en*·se adj. s2g.
hu·*mí*·co·la adj. 2g.
hu·*mí*·fe·ro adj.
hu·mi·fi·*ca*·ção sf.; pl. ·*ções*.
hu·mi·fi·*car* v.
hu·mi·*fu*·so adj.

hú·mil adj. 2g.; pl. ·*meis*; superl. *humílimo* e *humilíssimo: húmile*.
hu·mil·da·*ção* sf.; pl. ·*ções*.
hu·mil·*da*·de sf.
hu·mil·*dar* v.
hu·*mil*·de adj. 2g.; superl. *humildíssimo* e *humílimo*.
hu·mil·*do*·so (ô) adj.; f. *e* pl. (ó).
hú·mi·le adj. 2g.; superl. *humílimo* e *humilíssimo*: *húmil*.
hu·mi·lha·*ção* sf.; pl. ·*ções*.
hu·mi·*lhan*·te adj. 2g.
hu·mi·*lhar* v.
hu·*mí*·li·mo adj. superl. de *húmil*, *humilde* e *húmile*.
hu·mi·ri:*á*·ce:a sf.
hu·mi·ri:*á*·ce:o adj.
hu·mo sm.: *húmus*.
hu·*mor* (ô) sm.
hu·mo·*ra*·do adj.
hu·mo·*ral* adj. 2g.; pl. ·*rais*.
hu·mo·*ris*·mo sm.
ho·mo·*ris*·ta adj. s2g.
hu·mo·*rís*·ti·co adj.
hu·mo·ri·*zar* v.
hu·mo·*ro*·so (ô) adj.; f. *e* pl. (ó).
hu·*mo*·so (ô) adj.; f. *e* pl. (ó).
hu·mu·*lá*·ce:a sf.
hu·mu·*lá*·ce:o adj.
hu·mu·*li*·na sf.
hú·mu·lo sm.
hú·mus sm. 2n.: *humo*.
hun·ga·*rês* (ê) adj. sm.
hún·ga·ro adj. sm.
hu·no adj. sm. 'povo'/Cf. *uno*, adj. e fl. do v. *unir*.
hun·te·ri:*a*·no adj.
hu·ra sf. 'planta'/Cf. *ura*.
hu·*ri* sf.
hu·*rí*·de:a sf.
hu·*rí*·de:o adj.
hu·ro·ni:*a*·no adj. sm.
hur·ra interj. sm./Cf. *urra*, do v. *urrar*.
hús·sar sm.
hus·*sar*·do sm.
hus·*si*·ta adj. s2g.
hu·*ú*·te·ni adj. s2g.
hyperlink sm. (ing.: *háiperlink*).

I

i sm./Cf. *ih*.
i-*á* interj. sf.
i:a:*bá* sm. sf.
i:*a*·ca adj. s2g.: *inhaca*².
i:*a*·cá sm.
i:a·cai:a·*cá* sf.
i:a·can·*guen*·se adj. s2g.
i:a·ca·*ni*·nã sf.
i:a·*cu*·to adj. sm.: *jacuto*.
i:a·der·*ti*·no adj. sm.
i:*a*·go sm.
i:a·gua·ra·ta·*í* sm.
ia·*iá* sf.
i:a·lo·ri·*xá* sf.
i:a·mas·*qui*·ta sf.
i:a·mas·*quí*·ti·co adj.
i:a·mas·*qui*·to sm.
i:*âm*·bi·co adj.
i:*am*·bo sm.
i:a·mo·lo·*gi*·a sf.
i:a·mo·*ló*·gi·co adj.
i:a·mo·*téc*·ni·ca sf.
i:a·mo·*téc*·ni·co adj.
i:an·di·ba·*ca*·ba sm.
i:*an*·que adj. s2g.
i:an·*sã* sf.
i:an·*ti*·no adj.
i:*an*·tra sm.
i:a·pi·ru:*a*·ra sm.
i:a·pu·*çá* sm.: *japuçá*.
i:a·pu:*en*·se adj. s2g.
i:a·pu·na·que·ua:u·*pê(s)* sm. (pl.): i:a·pu·na·queu·au·*pê*.
i:*a*·que sm.
i:*a*·ra sf.
i:as·*sen*·se adj. s2g.
i:a·ta·*gã* sm.
i:a·ta·*í* sm.: *jataí*.
i:*a*·te sm.
i:a·*tê* sm.
i:a·*tis*·mo sm.
i:a·*tis*·ta adj. s2g.
i:a·tra·*lip*·ta s2g.
i:a·tra·*líp*·ti·ca sf.
i:a·tra·*líp*·ti·co adj.
i:a·*tri*·a sf.
i:*á*·tri·ca sf.
i:a·tro·ge·*ni*·a sf.
i:a·tro·*gê*·ni·co adj.
i:a·tro·gra·*fi*·a sf.
i:a·tro·*grá*·fi·co adj.
i:a·*tró*·gra·fo sm.
i:a·tro·*lé*·xi·co (cs) sm.
i:a·tro·*quí*·mi·ca sf.
i:a·tro·*quí*·mi·co adj. sm.
i:au·*á*·ca·no sm.
i:au·pe(s)-ja·ça·*nã(s)* sm. (pl.): i:au·pê-ja·ça·*nã*.
i·ba·bi·*ra*·ba sf.
i·ba·cu·ru·pa·*ri* sm.: *bacupari*.
i·ba:i·a·*ri*·ba sf.
i·ba:i·ti:*en*·se adj. s2g.
i·ba·po·*ca*·ba sf.
i·ba·te:*en*·se adj. s2g.
i·ba·ti·*mô* sm.
i·be·ri·*cis*·mo sm.
i·*bé*·ri·co adj. sm.
i·be·*ris*·mo sm.
i·be·*ris*·ta adj. s2g.
i·be·ri·za·*ção* sf.; pl. ·*ções*.
i·be·ri·*zar* v.
i·*be*·ro adj. sm.
i·be·ro-a·me·ri·*ca*·no(s) adj. sm. (pl.).
i·bi:a·pi·*nen*·se adj. s2g.
i·bi·bo·*bo*·ca sf.: i·bi·*bo*·ca.
i·bi·*ca*·ra sm.
i·bi·ca·ra:i:*en*·se adj. s2g.
i·bi·cu·*í*·ba sf.: *bicuíba*.
i·bi·cu:i:*en*·se adj. s2g.
i·bi·*dí*·de:o adj. sm.
i·bi:*en*·se adj. s2g.
i·bi·*ja*·ra sf.
i·bi·ja·*ú* sm.
i·bi·ja·*ú(s)*-gua·*çu(s)* sm. (pl.).
i·bi:*o*·ca sf.
i·bi·pe·tu·*ben*·se adj. s2g.
i·*bi*·ra sf.
i·bi·ra·ci:*en*·se adj. s2g.
i·bi·ra·çu:*en*·se adj. s2g.
i·bi·ra:*en*·se adj. s2g.
i·bi·ra·*men*·se adj. s2g.
i·bi·ra·nhi·*rá* sf.
i·bi·ra·pi·*ro*·ca sf.
i·bi·ra·pi·*tan*·ga sf.
i·bi·ra·*re*·ma sf.
i·bi·ra·re·*men*·se adj. s2g.
i·bi·ra·ta·*í*·ba sf.
i·bi·ra·*tin*·ga sf.
i·bi·ru·*bá* s2g.
i·bi·ru·*ben*·se adj. s2g.
í·bis s2g. 2n.
í·bis-*bran*·ca(s) sf. (pl.).
í·bis-sa·*gra*·da(s) sf. (pl.).
i·bi·ti:a·*ren*·se adj. s2g.
i·bi·ti·gua·çu:*a*·no adj. sm.
i·bi·tin·*guen*·se adj. s2g.
i·bi:u·*nen*·se adj. s2g.
i·bi·*xu*·ma sf.: i·bi·*xu*·na.
i·*bo*·pe sm.
ib·se·ni:*a*·no adj. sm.
i·ca sf.
i·*cá* adj. s2g. sm. *ou* sf.
i·ça·bi·*tu* sm.
i·ca·ci·*ná*·ce:a sf.
i·ca·ci·*ná*·ce:o adj.
i·ca·co·ré·ca·*tin*·ga sf.; pl. *icacorés-catingas* ou *icacorés-catinga*.
i·*çã*·*men*·to sm.
i·*can*·ga sf.
i·ca·pi·*ri*·ra sf.
i·*çar* v.
i·*ça*·ra sf./Cf. *içara*, do v. *içar*.
í·ca·ro sm.
i·*cás*·ti·co adj.
i·ca·tu:*en*·se adj. s2g.
iceberg sm. (ing.: *áisberg*).
i·*cé*·ri:a sf.

ich·neu·mo·*ní*·de:o adj. sm.
i·*chó* s2g.
i·*ci*·ca sf.
i·ci·ca·*ri*·ba sf.
i·ci·*pó* sm.: *cipó*.
ic·no·gra·*fi*·a sf. 'planta de um edifício'/Cf. *iconografia*.
ic·no·*grá*·fi·co adj. 'relativo à icnografia'/Cf. *iconográfico*.
ic·*nó*·gra·fo sm. 'aquele que é versado em icnografia'/Cf. *iconógrafo*.
i·*có* adj. s2g. sm.
i·co·di·*dé* sm.
i·co:*en*·se adj. s2g.
i·co·*glã* sm.
í·co·ne sm.
i·co·*nhen*·se adj. s2g.
i·*cô*·ni·co adj.
i·co·*nis*·ta adj. s2g.
i·co·no·*clas*·mo sm.
i·co·no·*clas*·ta adj. s2g.
i·co·no·clas·*ti*·a sf.
i·co·no·*clás*·ti·co adj.
i·co·no·fi·*li*·a sf.
i·co·*nó*·fi·lo sm.
i·co·no·gra·*fi*·a sf. 'arte de representar por meio de imagens'/Cf. *icnografia*.
i·co·no·*grá*·fi·co adj. 'relativo à iconografia'/Cf. *icnográfico*.
i·co·*nó*·gra·fo sm. 'especialista em iconografia'/Cf. *icnógrafo*.
i·co·*nó*·la·tra s2g.
i·co·no·la·*tri*·a sf.
i·co·no·*lo*·gi·a sf.
i·co·no·*ló*·gi·co adj.
i·co·no·lo·*gis*·ta adj. s2g.
i·co·*nó*·lo·go sm.
i·co·*nô*·ma·co adj. sm.
i·co·no·ma·*ni*·a sf.
i·co·no·me·*tri*·a sf.
i·co·*nô*·me·tro sm.
i·co·nos·*có*·pi:o sm.
i·co·no·*te*·ca sf.
i·*có*(s)-*pre*·to(s) sm. (pl.).
i·*cor* (ô) sm.
i·co·sa·e·*dro* sm.
i·co·sa·go·*nal* adj. 2g.; pl. *nais*.
i·co·*sá*·go·no sm.
i·co·san·*dri*·a sf.
i·co·*sân*·dri·co adj.
i·co·*san*·dro adj.
i·co·si·te·tra·*é*·dri·co adj.
i·co·si·te·tra·*e*·dro sm.
i·co·*zei*·ro sm.
ic·te·*rí*·ci:a sf.

ic·*té*·ri·co adj. sm.
ic·te·*rí*·de:o adj. sm.
ic·te·ro·*cé*·fa·lo adj.
ic·te·*roi*·de adj. 2g. sm.
ic·*tí*·i·co adj.: ic·*tí*·a·co.
ic·ti:o·*co*·la sf.
ic·ti:o·*don*·te sm.
ic·ti:o·do·ri·*li*·to sm.
ic·ti:o·fa·*gi*·a sf.
ic·ti:o·*fá*·gi·co adj.
ic·ti:*ó*·fa·go adj. sm.
ic·ti:o·gra·*fi*·a sf.
ic·ti:o·*grá*·fi·co adj.
ic·ti:*ó*·gra·fo sm.
ic·ti:*ói*·de adj. 2g.
ic·ti:*ói*·de:o adj.: ic·ti·o·*í*·de:o.
ic·ti:*ol* sm.; pl. *óis*.
ic·ti:o·*lo*·gi·a sf.
ic·ti:o·*ló*·gi·co adj.
ic·ti:*ó*·lo·go sm.
ic·ti:op·so·*fo*·se sf.
ic·ti:o·se sf.
ic·ti:os·*pôn*·di·lo sm.
ic·ti:os·*sau*·ro sm.
id sm. 'a parte mais profunda da psique'/Cf. *ide*, do v. *ir*.
i·da sf.
i·*da*·de sf.
i·*dá*·li:a sf.
i·*dá*·li·co adj.
i·*dá*·li:o adj.
i·de:a·*ção* sf.; pl. *ções*.
i·de:*al* adj. 2g. sm.; pl. *ais*.
i·de:a·li·*da*·de sf.
i·de:a·*lis*·mo sm.
i·de:a·*lis*·ta adj. s2g.
i·de:a·*lís*·ti·co adj.
i·de:a·li·za·*ção* sf.; pl. *ções*.
i·de:a·li·za·*dor* (ô) adj. sm.
i·de:a·li·*zar* v.
i·de:a·li·*zá*·vel adj. 2g.; pl. *veis*.
i·de:*ar* v.
i·de:*á*·ri:o sm.
i·de:a·*ti*·vo adj.
i·de:*á*·vel adj. 2g.; pl. *veis*.
i·*dei*·a sf. 'representação mental'/Cf. *edeia*.
i·dem·po·*ten*·te adj. 2g.
i·*dên*·ti·co adj.
i·den·ti·*da*·de sf.
i·den·ti·fi·ca·*ção* sf.; pl. *ções*.
i·den·ti·fi·*car* v.
i·den·ti·fi·ca·*tó*·ri:o adj.
i·den·ti·fi·*cá*·vel adj. 2g.; pl. *veis*.
i·de:o·fo·*bi*·a sf.
i·de:o·fre·*ni*·a sf.

i·de:o·ge·*ni*·a sf.
i·de:o·*gê*·ni·co adj.
i·de:o·gra·*far* v.
i·de:o·gra·*fi*·a sf.
i·de:o·*grá*·fi·co adj.
i·de:o·gra·*fis*·mo sm.
i·de:*ó*·gra·fo sm./Cf. *ideografo*, do v. *ideografar*.
i·de:o·*gra*·ma sm.
i·de:o·lo·*gi*·a sf. 'estudo das ideias'/Cf. *edeologia*.
i·de:o·*ló*·gi·co adj. 'relativo à ideologia'/Cf. *edeológico*.
i·de:o·lo·gi·*zar* v.
i·de·*ó*·lo·go sm.
i·de:o·plas·*ti*·a sf.
i·de:os·*fe*·ra sf.
i·*deu* adj.; f. *ideia*.
í·di·che, i·*í*·di·che sm.
i·di:e·*lé*·tri·co adj.: *idioelétrico*.
i·*dí*·li·co adj. sm. 'relativo ao idílio'/Cf. *edílico*.
i·*dí*·li:o sm.
i·di·*lis*·ta adj. s2g.
i·di:o·*blás*·ti·co adj.
i·di:o·*blas*·to sm.
i·di:o·cro·*má*·ti·co adj.
i·di:o·*crô*·mi·co adj.
i·di:o·*cro*·mo adj.
i·di:o:e·*lé*·tri·co adj.: *idielétrico*.
i·di:*ó*·fo·no adj.
i·di:*ó*·gi·no adj.
i·di:*ó*·la·tra s2g. 'que se adora a si mesmo'/Cf. *idólatra*.
i·di:o·la·*tri*·a sf. 'adoração de si mesmo'/Cf. *idolatria*.
i·di:o·ma sm.
i·di:o·*má*·ti·co adj.
i·di:o·ma·*tis*·mo sm.
i·di:o·me·*tri*·te sf.
i·di:o·mo·gra·*fi*·a sf.
i·di:o·mo·*grá*·fi·co adj.
i·di:o·*mór*·fi·co adj.
i·di:o·pa·*ti*·a sf.
i·di:o·*pá*·ti·co adj.
i·di:o·*plas*·ma sm.
i·di:os·sin·cra·*si*·a sf.
i·di:os·sin·*crá*·ti·co adj.
i·di:os·si·ne·*rá*·si·co adj.
i·di:o·ta adj. s2g.
i·di:o·*tar* v.
i·di:o·*ti*·a sf.
i·di:o·*ti*·ce sf.
i·di:*ó*·ti·co adj.
i·di:o·*tis*·mo sm.
i·di:o·ti·*zar* v.
i·do adj. sm.

i·do·crá·si:o sm.
i·dó·la·tra adj. s2g. 'que adora ídolos'/Cf. *idolatra*, do v. *idolatrar*, e *idiólatra*.
i·do·la·trar v.
i·do·la·trá·vel adj. 2g.; pl. ·veis.
i·do·la·tri·a sf. 'adoração de ídolos'/Cf. *idolatria*.
i·do·lá·tri·co adj.
í·do·lo sm.
i·do·lo·pei·a sf.
i·do·me·*nen*·se adj. s2g.
i·do·nei·*da*·de sf.
i·dô·ne:o adj.
í·dos sm. pl.
i·dos·có·pi·co adj.
i·do·so (ô) adj.; f. e pl. (ó).
i·dri:a·*li*·na sf.
i·du·*mei*·a adj. sf.; f. de *idumeu*.
i·du·*meu* adj. sm.; f. *idumeia*.
i:e·*ba*·ro sm.
i:e·cu:*a*·na adj. s2g.
iê-iê-iê sm.
i:e·man·*já* sf.
i:e·me·*ni*·ta adj. s2g.
i:*e*·ne sm.
i:e·*pen*·se adj. s2g.
i·ga·*ça*·ba sf.
i·ga·ça·*ben*·se adj. s2g.
i·ga·ci sm.
i·ga·pa·*rá* sm.
i·ga·*pó* sm.
i·ga·po·*zal* sm.; pl. ·*zais*.
i·*ga*·ra sf.
i·ga·ra·çu:*a*·no adj. sm.
i·ga·ra·çu:*en*·se adj. s2g.
i·ga·ra·pa·*ven*·se adj. s2g.
i·ga·ra·*pé* sm.
i·ga·ra·pé-a·çu:*en*·se(s) adj. s2g. (pl.).
i·ga·ra·pé-mi·ri:*en*·se(s) adj. s2g. (pl.).
i·ga·ra·*ten*·se adj. s2g.
i·ga·ra·*tim* sm.; pl. ·*tins*.
i·gar·*çu* sm.
i·ga·ri·*té* sf.
i·ga·ri·*tei*·ro sm.
i·ga·ru:*a*·na sm.
i·ga·ru·*çu* sf.
i·ga·*sol* sm.; pl. ·*sóis*.
i·ga·su·*ra*·to sm.
i·ga·*sú*·ri·co adj.
i·ga·su·*ri*·na sf.
i·ga·tu:*en*·se adj. s2g.
i·*glu* sm.
ig·*na*·ro adj. sm.
ig·*ná*·vi:a sf.

ig·*na*·vo adj.
íg·ne:o adj.
ig·nes·*cên*·ci:a sf.
ig·nes·*cen*·te adj. 2g.
ig·ni·*ção* sf.; pl. ·*ções*.
ig·*ní*·co·la adj. s2g.
ig·*ní*·fe·ro adj.
ig·ni·fi·ca·*ção* sf.; pl. ·*ções*.
ig·*ní*·fu·go adj.
ig·*ní*·ge·no adj. sm.
ig·*ní*·ge·ro adj.
ig·*ní*·pe·de adj. 2g.
ig·ni·po·*ten*·te adj. 2g.
ig·*ni*·to adj.
ig·*ní*·va·go adj.
ig·*ní*·vo·mo adj.
ig·*ní*·vo·ro adj.
ig·ni·zar v.
ig·*nó*·bil adj. 2g.; pl. ·*beis*.
ig·no·bi·li·*da*·de adj.
ig·no·*mí*·ni:a sf./Cf. *ignominia*, do v. *ignominiar*.
ig·no·mi·ni:*ar* v.
ig·no·mi·ni:*o*·so (ô) adj.; f. e pl. (ó).
ig·no·*ra*·do adj.
ig·no·*rân*·ci:a sf.
ig·no·ran·*tão* adj. sm.; pl. ·*tões*; f. *ignorantona*.
ig·no·*ran*·te adj. s2g.
ig·no·ran·*ti*·nho adj. sm.
ig·no·ran·*tis*·mo sm.
ig·no·ran·*tis*·ta adj. s2g.
ig·no·ran·*to*·na adj. sf.; f. de *ignorantão*.
ig·no·rar v.
ig·no·*rá*·vel adj. 2g.; pl. ·*veis*.
ig·nos·*cên*·ci:a sf.
ig·nos·*cen*·te adj. 2g.
ig·nos·*cí*·vel adj. 2g.; pl. ·*veis*.
ig·*no*·to (ó ou ô) adj. sm.
i·*gre*·ja (ê) sf.
i·gre·ja-no·*ven*·se(s) adj. s2g. (pl.).
i·gre·*já*·ri:o sm.
i·gre·*jei*·ro adj. sm.
i·gre·*ji*·ca sf.
i·gre·*ji*·nha sf.
i·gre·*jo*·la sf.
i·gre·*jó*·ri:o sm.
i·gua·*ben*·se adj. s2g.
i·gua·çu:*a*·no adj. sm.
i·gua·çu:*en*·se adj. s2g.
i·gua:i·*en*·se adj. s2g.
i·*gual* adj. s2g.; pl. ·*guais*.
i·gua·la·*ção* sf.; pl. ·*ções*
i·gua·la·*dor* (ô) adj. sm.

i·gua·la·*men*·to sm.
i·gua·*lar* v.
i·gua·*lá*·vel adj. 2g.; pl. ·*veis*.
i·gual·*da*·de sf.
i·gual·*dar* v.
i·gua·*le*·za (ê) sf.
i·*gua*·lha sf.
i·gua·li·*tá*·ri:o adj. sm.
i·gua·li·ta·*ris*·mo sm.
i·gua·li·za·*ção* sf.; pl. ·*ções*
i·gua·li·*zar* v.
i·*gua*·na sm.
i·gua·*na*·ra sf.
i·gua·*ní*·de:o adj. sm.
i·gua·no·*don*·te sm.
i·gua·*pen*·se adj. s2g.
i·gua·*ri*·a sf.
i·gua·ta·*men*·se adj. s2g.
i·gua·tu:*en*·se adj. s2g.
i·gua·*pá* sm.
ih interj./Cf. *i*.
i·*í*·di·che sm.: *ídiche*.
i·ju:i·*en*·se adj. s2g.
i·la·*ção* sf. 'dedução'; pl. ·*ções*/ Cf. *elação*.
i·la·ce·*rá*·vel adj. 2g.; pl. ·*veis*.
i·la·cri·*má*·vel adj. 2g.; pl. ·*veis*.
i·lan·gue-i·*lan*·gue(s) sm. (pl.).
i·*lap*·so sm.
i·la·que:*ar* v.
i·la·*ti*·va sf.
i·la·*ti*·vo adj. sm.
i·le:*á*·ce:o adj.
i·le:a·del·*fi*·a sf.
i·le:a·*del*·fo sm.
i·*lé*·ce·bra sf.
i·lec·to·*mi*·a sf.
i·*le*·gal adj. 2g.; pl. ·*gais*.
i·le·ga·li·*da*·de sf.
i·le·ga·li·*zar* v.
i·le·gi·bi·li·*da*·de sf.
i·le·gi·ti·*má*·vel adj. 2g.; pl. ·*veis*.
i·le·gi·ti·mi·*da*·de sf.
i·le·*gí*·ti·mo adj. sm.
i·le·*gí*·vel adj. 2g. 'que não pode ser lido'; pl. ·*veis*/Cf. *elegível*.
i·le·*í*·te sf.
í·le:o sm. 'oclusão intestinal'/ Cf. *ílio*.
i·le:o·ce·*cal* adj. 2g.; pl. ·*cais*.
i·le:os·to·*mi*·a sf.
i·*le*·so (ê ou é) adj.
i·le·*tra*·do adj. sm.
i·*lha* sf.
i·lha-be·*len*·se(s) adj. s2g. (pl.).

i·lha-gran·*den*·se(s) adj. s2g. (pl.).
i·*lhal* sm.; pl. ·*lhais*.
i·*lha*·pa sf.
i·*lhar* v.
i·*lhar*·ga sf.
i·*lha*·va sf.
i·lha-*ven*·se adj. s2g.
í·*lha*·vo adj. sm.
i·lhe:*en*·se adj. s2g.
i·*lhe*·ta (ê) sf.
i·*lhéu* adj. sm.; f. *ilhoa*.
i·*lhó* s2g.: *ilhós*.
i·*lho*·a (ô) adj. sf.; f. de *ilhéu*.
i·*lhós* s2g.; pl. *ilhoses*.
i·*lho*·ta sf.
i·*lí*·a·co adj. sm.
i·*lí*·a·da sf.
i·li·ba·*ção* sf.; pl. ·*ções*.
i·li·*ba*·do adj.
i·li·*bar* v.
i·li·be·*ral* adj. 2g.; pl. ·*rais*.
i·li·be·ra·li·*da*·de sf.
i·li·be·ra·*lis*·mo sm.
i·li·ça·*dor* (ô) sm.
i·li·*ção* sf.; pl. ·*ções*.
i·li·*çar* v.
i·*lí*·ci:o sm.
i·*lí*·ci·to adj. sm. 'proibido pela lei'/Cf. *elícito*.
i·li·ci·*tu*·de sf.
i·*lí*·di·mo adj.
i·li·*dir* v. 'rebater'/Cf. *elidir*.
i·li·*dí*·vel adj. 2g. 'que se pode ilidir'; pl. ·*veis*/Cf. *elidível*.
i·li·*gar* v.
i·li·mi·*ta*·do adj.
i·li·mi·*tá*·vel adj. 2g.; pl. ·*veis*.
í·*li*:o sm. 'a maior das três partes do osso ilíaco': *í*·li:on/ Cf. *íleo*.
i·*lí*·qui·do adj.
i·*lí*·ri·co adj. sm.
i·*lí*·ri:o adj. sm.
i·li·te·*ra*·to adj. sm.
il·me·*ni*·ta sf.
i·lo·*cá*·vel adj. 2g.; pl. ·*veis*.
i·lo·gi·ci·*da*·de sf.
i·*ló*·gi·co adj.
i·lo·*gis*·mo sm.
i·lor·ci·*ta*·no adj. sm.
i·lo·ri·*ca*·do adj. sm.
i·*lu* sm.
i·lu·*den*·te adj. 2g.
i·lu·*dir* v. 'enganar'/Cf. *eludir*.
i·lu·*dí*·vel adj. 2g.; pl. ·*veis*.
i·lu·mi·na·*ção* sf.; pl. ·*ções*.

i·lu·mi·*na*·do adj. sm.
i·lu·mi·na·*dor* (ô) adj. sm.
i·lu·mi·na·*men*·to sm.
i·lu·mi·*nân*·ci:a sf.
i·lu·mi·*nan*·te adj. 2g.
i·lu·mi·*nar* v.
i·lu·mi·na·*ti*·vo adj.
i·lu·mi·*nis*·mo sm.
i·lu·mi·*nis*·ta adj. s2g.
i·lu·mi·*nu*·ra sf.
i·lu·*são* sf.; pl. ·*sões*.
i·lu·si:o·*nis*·mo sm.
i·lu·si:o·*nis*·ta adj. s2g.
i·lu·*si*·vo adj.
i·*lu*·so adj.
i·lu·*sor* (ô) adj. sm.
i·lu·*só*·ri:o adj.
i·lus·tra·*ção* sf.; pl. ·*ções*.
i·lus·*tra*·do adj.
i·lus·tra·*dor* (ô) adj. sm.
i·lus·*trar* v.
i·lus·tra·*ti*·vo adj.
i·*lus*·tre adj. 2g.
i·lus·*trís*·si·mo adj. sm. superl. de *ilustre*.
i·lu·ta·*ção* sf.; pl. ·*ções*.
i·lu·*tar* v.
i·lu·vi:a·*ção* sf.; pl. ·*ções*.
i·lu·vi:*ar* v.
i·*lú*·vi:o sm.
il·va·*í*·ta sf.: il·va·*í*·te.
i·*mã* sm. 'chefe islâmico'/Cf. *imã*.
í·*mã* sm. 'que atrai'/Cf. *imã*.
i·ma·cu·la·bi·li·*da*·de sf.
i·ma·cu·*la*·da sf.
i·ma·cu·*la*·do adj.
i·ma·cu·la·*tis*·mo sm.
i·ma·cu·*lá*·vel adj. 2g.; pl. ·*veis*.
i·ma·cu·*lis*·mo sm.
i·*má*·cu·lo adj.
i·ma·ge·*ar* v.
i·*ma*·gem sf.; pl. ·*gens*.
i·ma·gi·na·*ção* sf.; pl. ·*ções*.
i·ma·gi·na·*dor* (ô) adj. sm.
i·ma·gi·*nan*·te adj. 2g.
i·ma·gi·*nar* v.
i·ma·gi·*ná*·ri:a sf./Cf. *imaginaria*, do v. *imaginar*.
i·ma·gi·*ná*·ri:o adj. sm.
i·ma·gi·na·*ti*·va sf.
i·ma·gi·na·*ti*·vo adj.
i·ma·gi·*ná*·vel adj. 2g.; pl. ·*veis*.
i·ma·gi·*nei*·ro sm.
i·ma·gi·*no*·so (ô) adj.; f. e pl. (ó).
i·ma·*gis*·mo sm.

i·*ma*·go sf.
i·*ma*·la sf.
i·ma·le:a·bi·li·*da*·de sf.
i·ma·le:*á*·vel adj. 2g.; pl. ·*veis*.
i·*ma*·me sm.
i·ma·*nar* v. 'magnetizar'/Cf. *emanar*.
i·*ma*·ne adj. 2g. 'muito grande'/ Cf. *emane*, do v. *emanar*.
i·ma·*nên*·ci:a sf.
i·ma·*nen*·te adj. 2g.
i·ma·nen·*tis*·mo sm.
i·ma·ni·*da*·de sf.
i·ma·ni·za·*ção* sf.; pl. ·*ções*.
i·ma·ni·*zar* v.
i·man·ta·*ção* sf.; pl. ·*ções*.
i·man·*tar* v. 'imanizar'/Cf. *emantar*.
i·man·*tó*·gra·fo sm.
i·mar·ces·ci·bi·li·*da*·de sf.
i·mar·ces·*cí*·vel adj. 2g.; pl. ·*veis*.
i·mar·gi·*na*·do adj.
i·ma·ru:i·*en*·se adj. s2g.
i·ma·te·ri·*al* adj. 2g. sm.; pl. ·*ais*.
i·ma·te·ri·a·li·*da*·de sf.
i·ma·te·ri·a·*lis*·mo sm.
i·ma·te·ri·a·*lis*·ta adj. s2g.
i·ma·te·ri·a·li·*zar* v.
i·ma·tu·ri·*da*·de sf.
i·ma·*tu*·ro adj. sm.
im·ba sf.
im·ba·*í*·ba sf.: *imbaúba*.
im·ba·*tí*·vel adj. 2g.; pl. ·*veis*.
im·ba·*ú*·ba sf.: *imbaíba*.
im·ba·*ú*·ba(s)-de-*chei*·ro sf. (pl.).
im·ba:u·ba·pu·*ru*·ma sf.
im·*bé* sm.
im·be·*cil* adj. s2g.; pl. ·*cis*.
im·be·ci·li·*da*·de sf.
im·be·ci·li·*zar* v.
im·*bé*(s)-da-*prai*·a sm. (pl.).
im·*bé*(s)-de-co·*mer* sm. (pl.).
im·*bé*(s)-fu·*ra*·do(s) sm. (pl.).
im·*be*·le adj. 2g.
im·be·*ra*·na sf.
im·*ber*·be adj. 2g. sm.
im·be·*ti*·ba sf.: *imbituba*.
im·bi·*car* v. 'abicar'/Cf. *embicar*.
im·bi·*tu*·ba sf.: *imbetiba*.
im·bi·tu·*ven*·se adj. s2g.
im·bri·ca·*ção* sf.; pl. ·*ções*.
im·bri·*ca*·do adj.
im·bri·*car* v.
im·bri·ca·*ti*·vo adj.

im·brí·fe·ro adj.
im·brí·fu·go adj.
im·bró·gli:o sm., do it. imbroglio.
im·bu sm.: umbu.
im·bu·cu·ru sm.
im·bui·a sf./Cf. imbuía, do v. imbuir.
im·bu:ir v.
im·bu·ra·na sf.: umburana.
im·bu·ra·na(s)-de-chei·ro sf. (pl.).
im·bu·ra·na(s)-va·quei·ra(s) sf. (pl.).
im·bu·ri sm.: buri.
im·bu·ri·zal sm.; pl. ·zais.
im·bu·za·da sf.: umbuzada.
im·bu·zal sm.; pl. ·zais: umbuzal.
im·bu·zei·ro sm.: umbuzeiro.
i·me·di·a·ção sf.; pl. ·ções.
i·me·di·a·tar v.
i·me·di·a·ti·ce sf.
i·me·di·á·ti·co adj.
i·me·di·a·tis·mo sm.
i·me·di·a·tis·ta adj. s2g.
i·me·di·a·to adj. sm.
i·me·di·cá·vel adj. 2g.; pl. ·veis.
i·me·mo·ra·do adj.
i·me·mo·rá·vel adj. 2g.; pl. ·veis.
i·mê·mo·re adj. 2g.
i·me·mo·ri:al adj. 2g.; pl. ·ais.
i·me·mo·ri:á·vel adj. 2g.; pl. ·veis.
i·me·ne sm.
i·men·si·da·de sf.
i·men·si·dão sf.; pl. ·dões.
i·men·so adj. adv.
i·men·su·ra·bi·li·da·de sf.
i·men·su·rá·vel adj. 2g.; pl. ·veis.
i·me·re·ci·do adj.
i·mer·gên·ci:a sf. 'imersão'/Cf. emergência.
i·mer·gen·te adj. 2g. 'que imerge'/Cf. emergente.
i·mer·gir v. 'mergulhar'/Cf. emergir.
i·mé·ri·to adj. 'imerecido'/Cf. emérito.
i·mer·são sf. 'ato de imergir'; pl. ·sões/Cf. emersão.
i·mer·sí·vel adj. 2g.; pl. ·veis.
i·mer·si·vo adj.
i·mer·so adj. 'mergulhado'/Cf. emerso.

i·mer·sor (ô) adj. sm.
i·mi·da sf.
i·mi·do sm.
i·mi·go adj. sm.: inimigo.
i·mi·gra·ção sf. 'ato de imigrar'; pl. ·ções/Cf. emigração.
i·mi·gra·do adj. sm. 'que ou aquele que imigrou'/Cf. emigrado.
i·mi·gran·te adj. s2g. 'pessoa que imigra'/Cf. emigrante.
i·mi·gran·tis·ta adj. s2g.
i·mi·grar v. 'entrar num país estranho para viver nele'/Cf. emigrar.
i·mi·gra·tó·ri:o adj. 'referente à imigração'/Cf. emigratório.
i·mi·na sf.
i·mi·nên·ci:a sf. 'proximidade'/Cf. eminência.
i·mi·nen·te adj. 2g. 'próximo'/Cf. eminente.
i·mi·no adj. sm.
i·mis·ção sf. 'ação de misturar'; pl. ·ções/Cf. imissão e emissão.
i·mis·ci·bi·li·da·de sf.
i·mis·cí·vel adj. 2g.; pl. ·veis.
i·mis·cu:ir v.
i·mi·se·ri·cór·di:a sf.
i·mi·se·ri·cor·di:o·so (ô) adj.; f. e pl. (ó).
i·mis·são sf. 'entrada'; pl. ·sões/Cf. imisção e emissão.
i·mis·so adj.
i·mi·ta·bi·li·da·de sf.
i·mi·ta·ção sf.; pl. ·ções
i·mi·ta·dor (ô) adj. sm.
i·mi·tan·te adj. 2g.
i·mi·tar v.
i·mi·ta·ti·vo adj.
i·mi·tá·vel adj. 2g.; pl. ·veis.
i·mi·tir v. 'fazer entrar'/Cf. emitir.
i·mi·za·de sf.: inimizade.
i·mo adj. sm.
i·mo·bi·li:á·ri:a sf.
i·mo·bi·li:á·ri:o adj. sm.
i·mo·bi·li·da·de sf.
i·mo·bi·lis·mo sm.
i·mo·bi·lis·ta adj. s2g.
i·mo·bi·li·za·ção sf.; pl. ·ções.
i·mo·bi·li·za·dor (ô) adj.
i·mo·bi·li·zar v.
i·mo·de·ra·ção sf.; pl. ·ções
i·mo·de·ra·do adj.
i·mo·dés·ti:a sf.
i·mo·des·to adj.

i·mo·di·ci·da·de sf.
i·mó·di·co adj.
i·mo·di·fi·cá·vel adj. 2g.; pl. ·veis.
i·mo·la·ção sf.; pl. ·ções.
i·mo·la·do adj.
i·mo·la·dor (ô) adj. sm.
i·mo·lan·do adj.
i·mo·lan·te adj. 2g.
i·mo·lar v.
i·mo·ral adj. s2g.; pl. ·rais.
i·mo·ra·li·da·de sf.
i·mo·ra·lis·mo sm.
i·mo·ri·ge·ra·do adj.
i·mor·re·doi·ro adj.: i·mor·re·dou·ro.
i·mor·tal adj. s2g.; pl. ·tais.
i·mor·ta·li·da·de sf.
i·mor·ta·lis·mo sm.
i·mor·ta·li·za·ção sf.; pl. ·ções
i·mor·ta·li·za·dor (ô) adj. sm.
i·mor·ta·li·zar v.
i·mor·ta·li·zá·vel adj. 2g.; pl. ·veis.
i·mor·ti·fi·ca·ção sf.; pl. ·ções.
i·mos·ca·po sm.
i·mo·ti·va·do adj.
i·mo·to adj.
i·mó·vel adj. 2g. sm.; pl. ·veis.
im·pa·ci:ên·ci:a sf.
im·pa·ci:en·tar v.
im·pa·ci:en·te adj. s2g.
im·pac·tan·te adj. 2g.
im·pac·tar v.
im·pac·to adj. sm.
im·pa·gá·vel adj. 2g.; pl. ·veis.
im·pa·lan·ca sf.
im·pal·pa·bi·li·da·de sf.
im·pal·pá·vel adj. 2g.; pl. ·veis.
im·pa·lu·da·ção sf.; pl. ·ções
im·pa·lu·da·do adj. sm.
im·pa·lu·dar v.
im·pa·lu·dis·mo sm.
im·par v. 'respirar a custo'/Cf. ímpar e empar.
ím·par adj. 2g. sm. 'não par'/Cf. impar.
im·par·ci:al adj. 2g.; pl. ·ais.
im·par·ci:a·li·da·de sf.
im·par·ci:a·li·zar v.
im·pa·ri·da·de sf.
im·pa·ri·ner·va·do adj.
im·pa·ri·pe·na·do adj.
im·pa·ris·si·lá·bi·co adj.
im·pa·ris·sí·la·bo adj. sm.
im·par·ti·lhá·vel adj. 2g.; pl. ·veis.

im·par·*tí*·vel adj. 2g.; pl. ·veis.
im·*pas*·se sm.
im·pas·si·bi·li·*da*·de sf.
im·pas·si·bi·li·*zar* v.
im·pas·*sí*·vel adj. 2g.; pl. ·veis.
im·pas·si·vi·*da*·de sf.
im·pa·tri:*ó*·ti·co adj.
im·pa·vi·*dez* (ê) sf.
im·*pá*·vi·do adj.
impeachment sm. (ing.: impítshment).
im·pe·ca·bi·li·*da*·de sf.
im·pe·*cá*·vel adj. 2g.; pl. ·veis.
im·pe·ci:o·*la*·do adj.
im·pe·cu·ni:o·so (ô) adj.; f. *e* pl. (ó).
im·pe·*dân*·ci:a sf.
im·pe·di·*ção* sf.; pl. ·ções.
im·pe·*di*·do adj. sm.
im·pe·di·*dor* (ô) adj. sm.
im·pe·di·*ên*·ci:a sf.
im·pe·di:*en*·te adj. 2g.
im·pe·di·*men*·to sm.
im·pe·*dir* v.
im·pe·di·*ti*·vo adj.
im·pe·*dor* (ô) sm.
im·pe·*len*·te adj. 2g.
im·pe·*lir* v.
im·pen·*den*·te adj. 2g.
im·pen·*der* v.
im·pen·di:*o*·so (ô) adj.; f. *e* pl. (ó).
im·*pe*·ne adj. 2g. sm.
im·pe·ne·tra·bi·li·*da*·de sf.
im·pe·ne·*tra*·do adj.
im·pe·ne·*trá*·vel adj. 2g.; pl. ·veis.
im·pe·nho·*rá*·vel adj. 2g.; pl. ·veis.
im·pe·ni·*tên*·ci:a sf.
im·pe·ni·*ten*·te adj. 2g.
im·pen·*sa*·do adj.
im·pen·*sá*·vel adj. 2g.; pl. ·veis.
im·pe·ra·*dor* (ô) sm.; f. *imperadora* e *imperatriz*.
im·pe·*ran*·te adj. s2g.
im·pe·*rar* v.
im·pe·ra·*ti*·vo adj. sm.
im·pe·ra·*tó*·ri:o adj.
im·pe·ra·*triz* sf.; f. de *imperador*.
im·pe·ra·triz-do-bra·*sil* sf.; pl. *imperatrizes-do-brasil*.
im·pe·ra·tri·*zen*·se adj. s2g.
im·per·ce·*bí*·vel adj. 2g.; pl. ·veis.
im·per·cep·ti·bi·li·*da*·de sf.

im·per·cep·*tí*·vel adj. 2g.; pl. ·veis.
im·per·*dí*·vel adj. 2g.; pl. ·veis.
im·per·do:*á*·vel adj. 2g.; pl. ·veis.
im·pe·re·ce·*doi*·ro adj.:
  im·pe·re·ce·*dou*·ro.
im·pe·re·*cí*·vel adj. 2g.; pl. ·veis.
im·per·fec·ti·bi·li·*da*·de sf.
im·per·fec·*tí*·vel adj. 2g.; pl. ·veis.
im·per·fei·*ção* sf.; pl. ·ções.
im·per·fei·ço:*ar* v.
im·per·*fei*·to adj. sm.
im·per·fu·ra·*ção* sf.; pl. ·ções.
im·per·fu·*ra*·do adj.
im·per·fu·*rá*·vel adj. 2g.; pl. ·veis.
im·pe·ri:*al* adj. 2g.; pl. ·ais.
im·pe·ri:a·*lis*·mo sm.
im·pe·ri:a·*lis*·ta adj. s2g.
im·pe·ri:a·li·za·*ção* sf.; pl. ·ções.
im·pe·ri:a·li·*zar* v.
im·pe·ri·*an*·te adj. 2g.
im·pe·*rí*·ci:a sf.
im·*pé*·ri:o adj. sm.
im·pe·ri:o·si·*da*·de sf.
im·pe·ri:o·*so* (ô) adj.; f. *e* pl. (ó).
im·pe·*ri*·to adj.
im·per·ma·*nên*·ci:a sf.
im·per·ma·*nen*·te adj. 2g.
im·per·me:a·bi·li·*da*·de sf.
im·per·me:a·bi·li·za·*ção* sf.; pl. ·ções.
im·per·me:a·bi·li·*za*·do adj.
im·per·me:a·bi·li·*zar* v.
im·per·me:*ar* v.
im·per·me:*á*·vel adj. 2g. sm.; pl. ·veis.
im·per·*mis*·to adj.
im·per·mu·ta·bi·li·*da*·de sf.
im·per·mu·*tá*·vel adj. 2g.; pl. ·veis.
im·pers·cru·*tá*·vel adj. 2g.; pl. ·veis.
im·per·sis·*tên*·ci:a sf.
im·per·sis·*ten*·te adj. 2g.
im·per·so·na·li·*da*·de sf.
im·per·so·na·li·*zar* v.
im·per·*tér*·ri·to adj.
im·per·ti·*nên*·ci:a sf.
im·per·ti·*nen*·te adj. 2g.
im·per·tur·ba·bi·li·*da*·de sf.
im·per·tur·*ba*·do adj.
im·per·tur·*bá*·vel adj. 2g.; pl. ·veis.

im·*pér*·vi:o adj. sm.
im·pes·so:*al* adj. 2g.; pl. ·ais.
im·pes·so:a·li·*da*·de sf.
im·pes·so:a·li·*zar* v.
im·pe·*tar* v.
im·pe·ti·*car* v. 'implicar'/Cf. *empeiticar*.
im·pe·*ti*·gem sf.; pl. ·gens.
im·pe·ti·gi·*no*·so (ô) adj.; f. *e* pl. (ó).
im·pe·*ti*·go sm.
ím·pe·to sm./Cf. *impeto*, do v. *impetar*.
im·*pe*·tra sf./Cf. *impetra*, do v.*impetrar*.
im·pe·tra·bi·li·*da*·de sf.
im·pe·tra·*ção* sf.; pl. ·ções.
im·pe·*tran*·te adj. s2g.
im·pe·*trar* v.
im·pe·tra·*ti*·vo adj.
im·pe·tra·*tó*·ri:o adj.
im·pe·*trá*·vel adj. 2g.; pl. ·veis.
im·pe·tu:o·si·*da*·de sf.
im·pe·tu:*o*·so (ô) adj.; f. *e* pl. (ó).
im·pi:e·*da*·de sf.
im·pi:e·*do*·so (ô) adj.; f. *e* pl. (ó).
im·*pi*·gem sf.; pl. ·gens:
  im·*pin*·gem.
im·pin·gi·*de*·la sf.
im·pin·*gir* v.
im·*pi*·o adj. sm. 'impiedoso'/Cf. *ímpio*.
ím·pi:o adj. sm. 'herege'/Cf. *impio*.
im·pla·ca·bi·li·*da*·de sf.
im·pla·*cá*·vel adj. 2g.; pl. veis.
im·pla·ci·*dez* (ê) sf.
im·plan·ta·*ção* sf.; pl. ·ções.
im·plan·*tar* v.
im·*plan*·te sm.
im·plan·to·don·*ti*:a sf.
im·plan·to·don·*tis*·ta adj. s2g.
im·plan·to·lo·*gi*·a sf.
im·plan·to·*ló*·gi·co adj.
im·plau·*sí*·vel adj. 2g.; pl. ·veis.
im·ple·men·ta·*ção* sf.; ·ções.
im·ple·men·*tar* v.
im·ple·*men*·to sm.
im·*ple*·xo (cs) adj.
im·pli·ca·*ção* sf.; pl. ·ções.
im·pli·*ca*·do adj. sm.
im·pli·*cân*·ci:a sf.
im·pli·*can*·te adj. s2g.
im·pli·*car* v.
im·pli·ca·*ti*·vo adj.
im·pli·ca·*tó*·ri:o adj.

im·plí·ci·to adj.
im·plo·dir v.
im·plo·ra·ção sf.; pl. ·ções.
im·plo·ra·dor (ô) adj. sm.
im·plo·ran·te adj. s2g.
im·plo·rar v.
im·plo·ra·ti·vo adj.
im·plo·rá·vel adj. 2g.; pl. ·veis.
im·plo·são sf.; pl. ·sões.
im·plo·si·vo adj.
im·plu·me adj. 2g.
im·plú·vi:a sf.
im·plú·vi:o sm.
im·po:é·ti·co adj.
im·po·la·ri·zá·vel adj. 2g.; pl. ·veis.
im·po·li·dez (ê) sf.
im·po·li·do adj.
im·po·lí·ti·ca sf.
im·po·lí·ti·co adj.
im·po·lu:í·vel adj. 2g.; pl. ·veis.
im·po·lu·to adj.
im·pon·de·ra·bi·li·da·de sf.
im·pon·de·ra·ção sf.; pl. ·ções.
im·pon·de·ra·do adj.
im·pon·de·rá·vel adj. 2g. sm.; pl. ·veis.
im·po·nên·ci:a sf.
im·po·nen·te adj. 2g.
im·po·ní·vel adj. 2g.
'tributável'; pl. ·veis/Cf. impunível.
im·pon·tu:al adj. s2g.; pl. ·ais.
im·pon·tu:a·li·da·de sf.
im·po·pu·lar adj. 2g.
im·po·pu·la·ri·da·de sf.
im·po·pu·la·ri·zar v.
im·por v.
im·por·ta·ção sf.; pl. ·ções.
im·por·ta·dor (ô) adj. sm.
im·por·ta·do·ra (ô) sf.
im·por·tân·ci:a sf.
im·por·tan·te adj. 2g. sm.
im·por·tar v.
im·por·tá·vel adj. 2g.; pl. ·veis.
im·por·te sm.
im·por·tu·na·ção sf.; pl. ·ções.
im·por·tu·na·dor (ô) adj. sm.
im·por·tu·nân·ci:a sf.
im·por·tu·nar v.
im·por·tu·ni·ce sf.
im·por·tu·ni·da·de sf.
im·por·tu·no adj. sm.
im·po·si·ção sf.; pl. ·ções.
im·po·si·ti·vo adj.
im·po·si·tor (ô) sm.

im·pos·si·bi·li·da·de sf.
im·pos·si·bi·li·tar v.
im·pos·sí·vel adj. 2g. sm.; pl. ·veis.
im·pos·ta sf. 'tipo de cornija'/ Cf. emposta.
im·pos·ta·ção sf.; pl. ·ções: empostação.
im·pos·tar v.: empostar.
im·pos·to (ô) adj. sm.; f. e pl. (ó)/Cf. imposto (ó), do v. impostar.
im·pos·tor (ô) adj. sm.
im·pos·to·ra·ço adj. sm.
im·pos·tu·ra sf.
im·pos·tu·rar v.
im·pos·tu·ri·a sf.
im·po·ta·bi·li·da·de sf. 'qualidade de impotável'/Cf. imputabilidade.
im·po·tá·vel adj. 2g. 'não potável'; pl. ·veis/Cf. imputável.
im·po·tên·ci:a sf.
im·po·ten·te adj. s2g.
im·pra·ti·ca·bi·li·da·de sf.
im·pra·ti·cá·vel adj. 2g.; pl. ·veis.
im·pre·ca·ção sf.; pl. ·ções.
im·pre·car v.
im·pre·ca·ta·do adj.
im·pre·ca·ti·vo adj.
im·pre·ca·tó·ri:o adj.
im·pre·cau·ção sf.; pl. ·ções.
im·pre·ci·são sf.; pl. ·sões.
im·pre·ci·so adj.
im·pre:en·chí·vel adj. 2g.; pl. ·veis.
im·preg·na·ção sf.; pl. ·ções.
im·preg·nar v.
im·preg·ná·vel adj. 2g.; pl. ·veis.
im·pre·me·di·ta·ção sf.; pl. ·ções.
im·pre·me·di·ta·do adj.
im·pre·mi·á·vel adj. 2g.; pl. ·veis.
im·pren·sa sf.
im·pren·sa·do adj.
im·pren·sa·dor (ô) adj. sm.
im·pren·sa·du·ra sf.
im·pren·sa·gem sf.; pl. ·gens.
im·pren·sa·men·to sm.
im·pren·san·te adj. 2g.
im·pren·sar v.
im·pres·ci:ên·ci:a sf.
im·pres·cin·di·bi·li·da·de sf.

im·pres·cin·dí·vel adj. 2g.; pl. ·veis.
im·pres·crip·tí·vel adj. 2g.; pl. ·veis: imprescritível.
im·pres·cri·ti·bi·li·da·de sf.
im·pres·cri·tí·vel adj. 2g.; pl. ·veis: imprescriptível.
im·pres·são sf.; pl. ·sões.
im·pres·sen·ti·do adj.
im·pres·si·o·na·bi·li·da·de sf.
im·pres·si·o·na·dor (ô) adj.
im·pres·si·o·nan·te adj. 2g.
im·pres·si·o·nar v.
im·pres·si·o·ná·vel adj. 2g.; pl. ·veis.
im·pres·si·o·nis·mo sm.
im·pres·si·o·nis·ta adj. s2g.
im·pres·sí·vel adj. 2g.; pl. ·veis.
im·pres·si·vo adj.
im·pres·so adj. sm.
im·pres·sor (ô) adj. sm.
im·pres·so·ra (ô) sf.
im·pres·só·ri:o sm.
im·pres·ta·bi·li·da·de sf.
im·pres·ta·bi·li·zar v.
im·pres·tá·vel adj. s2g.; pl. ·veis.
im·pre·su·mí·vel adj. 2g.; pl. ·veis.
im·pre·ten·são sf.; pl. ·sões.
im·pre·te·rí·vel adj. 2g.; pl. ·veis.
im·pre·vi·dên·ci:a sf.
im·pre·vi·den·te adj. s2g.
im·pre·vi·são sf.; pl. ·sões.
im·pre·vi·si·bi·li·da·de sf.
im·pre·vi·sí·vel adj. 2g.; pl. ·veis.
im·pre·vis·to adj. sm.
im·pri·ma·ção sf.; pl. ·ções.
im·pri·ma·du·ra sf.
im·pri·mar v.
im·pri·má·tur sm.
im·pri·mi·bi·li·da·de sf.
im·pri·mir v.
im·pri·mí·vel adj. 2g.; pl. ·veis.
im·pro·ba·bi·li·da·de sf.
im·pro·bar v.
im·pro·bi·da·de sf.
ím·pro·bo adj./Cf. improbo, do v. improbar.
im·pro·ce·dên·ci:a sf.
im·pro·ce·den·te adj. 2g.
im·pro·ce·der v.
im·pro·du·ção sf.; pl. ·ções.
im·pro·du·cen·te adj. 2g.
im·pro·du·ti·bi·li·da·de sf.

im·pro·du·*tí*·vel adj. 2g.; pl. ·veis.
im·pro·du·ti·vi·*da*·de sf.
im·pro·du·*ti*·vo adj.
im·pro·fa·*ná*·vel adj. 2g.; pl. ·veis.
im·pro·fe·*rí*·vel adj. 2g.; pl. ·veis.
im·pro·fi·ci·*ên*·ci:a sf.
im·pro·fi·ci:*en*·te adj. 2g.
im·pro·fi·cu·i·*da*·de sf.
im·pro·*fí*·cu:o adj.
im·pro·gres·*si*·vo adj.
im·pro·*lí*·fe·ro adj.
im·pro·*lí*·fi·co adj.
im·pro·*nún*·ci:a sf./ Cf. *impronuncia*, do v. *impronunciar*.
im·pro·nun·ci:*ar* v.
im·pro·nun·ci:*á*·vel adj. 2g.; pl. ·veis.
im·pro·pe·*rar* v.
im·pro·*pé*·ri:o sm.
im·pro·por·ci:o·*nal* adj. 2g.; pl. ·nais.
im·pro·pri:*ar* v.
im·pro·pri:e·*da*·de sf.
im·*pró*·pri:o adj./Cf. *improprio*, do v. *impropriar*.
im·pror·ro·ga·bi·li·*da*·de sf.
im·pror·ro·*gá*·vel adj. 2g.; pl. ·veis.
im·*prós*·pe·ro adj.
im·pro·va·*ção* sf.; pl. ·*ções*.
im·pro·*var* v.
im·pro·*vá*·vel adj. 2g.; pl. ·veis.
im·pro·vi·*dên*·ci:a sf.
im·pro·vi·*den*·te adj. 2g.
im·pro·*vi*·do adj. 'sem provimento'/Cf. *impróvido*.
im·*pró*·vi·do adj. 'improvidente'/Cf. *improvido*.
im·pro·vi·sa·*ção* sf.; pl. ·*ções*.
im·pro·vi·sa·*dor* (ô) adj. sm.
im·pro·vi·*são* sf.; pl. ·*sões*.
im·pro·vi·*sar* v.
im·pro·*vi*·so adj. sm.
im·pru·*dên*·ci:a sf.
im·pru·*den*·te adj. s2g.
im·pu·ber·*da*·de sf.
im·*pú*·be·re adj. s2g.
im·pu·bes·*cên*·ci:a sf.
im·pu·bes·*cen*·te adj. s2g.
im·pu·*dên*·ci:a sf.
im·pu·*den*·te adj. s2g.
im·pu·di·*cí*·ci:a sf.
im·pu·*di*·co adj. sm.

im·pu·*dor* (ô) sm.
im·pu·*ei*·ra sf.: *ipueira*.
im·pug·na·*ção* sf.; pl. ·*ções*.
im·pug·na·*dor* (ô) adj. sm.
im·pug·*nân*·ci:a sf.
im·pug·*nan*·te adj. s2g.
im·pug·*nar* v.
im·pug·na·*ti*·vo adj.
im·pug·na·*tó*·ri:o adj.
im·pug·*ná*·vel adj. 2g.; pl. ·veis.
im·pul·*são* sf.; pl. ·*sões*.
im·pul·*sar* v.
im·pul·si:o·*nar* v.
im·pul·si·vi·*da*·de sf.
im·pul·*si*·vo adj. sm.
im·*pul*·so sm.
im·pul·*sor* (ô) adj. sm.
im·*pu*·ne adj. 2g.
im·pu·ni·*da*·de sf.
im·pu·*ni*·do adj.
im·pu·*ní*·vel adj. 2g. 'não punível'; pl. ·veis/Cf. *imponível*.
im·pu·*rei*·ra sf.: *ipueira*.
im·pu·*re*·za (ê) sf.
im·pu·ri·*da*·de sf.
im·pu·ri·fi·*car* v.
im·*pu*·ro adj. sm.
im·pu·ta·bi·li·*da*·de sf. 'responsabilidade'/Cf. *impotabilidade*.
im·pu·ta·*ção* sf.; pl. ·*ções*.
im·pu·ta·*dor* (ô) adj. sm.
im·pu·*tar* v.
im·pu·*tá*·vel adj. 2g. 'suscetível de se imputar'; pl. ·veis/Cf. *impotável*.
im·pu·tre·fa·*ção* sf.; pl. ·*ções*.
im·pu·tres·ci·bi·li·*da*·de sf.
im·pu·tres·*cí*·vel adj. 2g.; pl. ·veis.
i·mu·*dá*·vel adj. 2g.; pl. ·veis.
i·mun·*di*·ce sf.: *imundícia*, *imundície*.
i·mun·*dí*·ci:a sf.: *imundice*, *imundície*.
i·mun·*dí*·ci:e sf.: *imundice*, *imundícia*.
i·*mun*·do adj.
i·*mu*·ne adj. 2g.
i·mun·di·*da*·de sf.
i·mu·ni·za·*ção* sf.; pl. ·*ções*.
i·mu·ni·za·*dor* (ô) adj. sm.
i·mu·ni·*zan*·te adj. s2g.
i·mu·ni·*zar* v.
i·mu·no·de·fi·ci:*ên*·ci:a sf.

i·mu·no·de·pres·*são* sf.; pl. ·*sões*
i·mu·no·de·pres·*sor* (ô) adj.
i·mu·no·ge·*ni*·a sf.
i·mu·no·gê·ni·co adj.
i·mu·*nó*·ge·no adj. sm.
i·mu·no·glo·bu·*li*·na sf.
i·mu·no·lo·*gi*·a sf.
i·mu·no·*ló*·gi·co adj.
i·mu·no·lo·*gis*·ta adj. s2g.
i·mu·no·pa·to·lo·*gi*·a sf.
i·mu·no·pa·to·*ló*·gi·co adj.
i·mu·nor·re:a·*ção* sf.; pl. ·*ções*.
i·mu·no·su·pres·*sor* (ô) adj. sm.
i·mu·no·te·ra·*pi*·a sf.
i·mu·ta·bi·li·*da*·de sf.
i·mu·ta·*ção* sf.; pl. ·*ções*.
i·mu·*tar* v.
i·mu·*tá*·vel adj. 2g.; pl. ·veis.
i·na·ba·*lá*·vel adj. 2g.; pl. ·veis.
i·nab·di·*cá*·vel adj. 2g.; pl. ·veis.
i·*ná*·bil adj. 2g.; pl. ·beis.
i·na·bi·li·*da*·de sf.
i·na·bi·li·ta·*ção* sf.; pl. ·*ções*.
i·na·bi·li·*tar* v.
i·na·bi·*ta*·do adj.
i·na·bi·*tá*·vel adj. 2g.; pl. ·veis.
i·na·bor·*dá*·vel adj. 2g.; pl. ·veis.
i·na·ca·*ba*·do adj.
i·na·ca·*bá*·vel adj. 2g.; pl. ·veis.
i·na·*ção* sf. 'inércia'; pl. ·*ções*/ Cf. *enação*.
i·nac·ces·si·bi·li·*da*·de sf.: *inacessibilidade*.
i·nac·ces·*sí*·vel adj. 2g.; pl. ·veis: *inacessível*.
i·na·cei·*tá*·vel adj. 2g.; pl. ·veis.
i·na·ces·si·bi·li·*da*·de sf.
i·na·ces·*sí*·vel adj. 2g.; pl. ·veis.
i·na·*ces*·so adj.
i·*ná*·ci:a sf.
i·na·cli·*má*·vel adj. 2g.; pl. ·veis.
i·na·co·mo·*dá*·vel adj. 2g.; pl. ·veis.
i·na·cre·di·*tá*·vel adj. 2g.; pl. ·veis.
i·na·cu·mu·la·*ção* sf.; pl. ·*ções*.
i·na·cu·*sá*·vel adj. 2g.; pl. ·veis.
i·na·dap·ta·bi·li·*da*·de sf.
i·na·dap·ta·*ção* sf.; pl. ·*ções*.
i·na·dap·*ta*·do adj. sm.
i·na·dap·*tar* v.
i·na·dap·*tá*·vel adj. 2g.; pl. ·veis.

i·na·de·*qua*·do adj.
i·na·de·*ren*·te adj. 2g.
i·na·des·*tra*·do adj.
i·na·des·*trar* v.
i·na·di:a·bi·li·*da*·de sf.
i·na·di:*á*·vel adj. 2g.; pl. ·veis.
i·na·dim·ple·*men*·to sm.
i·na·dim·*plên*·ci:a sf.
i·na·dim·*plen*·te adj. s2g.
i·na·dim·*plir* v.
i·nad·mis·*são* sf.; pl. ·sões.
i·nad·mis·si·bi·li·*da*·de sf.
i·nad·mis·*sí*·vel adj. 2g.; pl. ·veis.
i·na·do·*tá*·vel adj. 2g.; pl. ·veis.
i·nad·qui·*rí*·vel adj. 2g.; pl. ·veis.
i·nad·ver·*tên*·ci:a sf.
i·nad·ver·*ti*·do adj.
i·na·fi:an·ça·bi·li·*da*·de sf.
i·na·fi:an·*çá*·vel adj. 2g.; pl. ·veis.
i·nai·*á* sm.: i·na·*já*.
i·na·ja·*en*·se adj. s2g.
i·na·*jé* sm.
i·na·la·*ção* sf.; pl. ·ções.
i·na·*la*·do adj.
i·na·la·*dor* (ô) adj. sm.
i·na·*lan*·te adj. 2g. sm.
i·na·*lar* v.
i·na·la·*tó*·ri:o adj.
i·nal·bu·mi·*na*·do adj.
i·na·li:*á*·vel adj. 2g.; pl. ·veis.
i·na·li:e·na·bi·li·*da*·de sf.
i·na·li:e·na·*ção* sf.; pl. ·ções.
i·na·li:e·*na*·do adj.
i·na·li:e·*ná*·vel adj. 2g.; pl. ·veis.
i·nal·te·ra·bi·li·*da*·de sf.
i·nal·te·*ra*·do adj.
i·nal·te·*rá*·vel adj. 2g.; pl. ·veis.
i·na·*má*·vel adj. 2g.; pl. ·veis.
i·nam·*bu* sm. ou sf.: inamu.
i·nam·bu·a·*çu* sm.: inamuaçu.
i·nam·bu·a·*nhan*·ga sm.: inamuanhanga.
i·nam·bu·cu:*á* sm.: inamucuá.
i·nam·bu(s)·*gran*·de(s) sm. (pl.): inamu-grande.
i·nam·bu·gua·*çu* sm..: inamuguaçu.
i·nam·bu·la·*ção* sf.; pl. ·ções.
i·nam·bu·mi·*rim* sm.; pl. ·rins: inamumirim.

i·nam·bu·pi·*xu*·na sm.: inamupixuna.
i·nam·bu(s)·*pre*·to(s) sm. (pl.): inamu-preto.
i·nam·bu·qui:*á* sm.: inamuquiá.
i·nam·bu·qui·*çau*·a s2g: inamuquiçaua.
i·nam·bu·re·*ló*·gi:o sm.; pl. inambus-relógios ou inambus-relógio: inamu-relógio.
i·nam·bu·sa·ra·cu·*í*·ra sm.; pl. inambus-saracuíras ou inambus-saracuíra: inamu-saracuíra.
i·nam·bu(s)·*su*·jo(s) sm. (pl.): inamu-sujo.
i·nam·bu·*u* sm.: inamuu.
i·nam·bu·xin·*tã* sm.: inamuxintã.
i·nam·bu·xo·ro·*ró* sm.: inamuxororó.
i·na·mis·si·bi·li·*da*·de sf.
i·na·mis·*sí*·vel adj. 2g.; pl. ·veis.
i·na·mis·*to*·so (ô) adj.; f. e pl. (ó).
i·na·mol·*gá*·vel adj. 2g.; pl. ·veis.
i·na·mo·vi·bi·li·*da*·de sf.
i·na·mo·*ví*·vel adj. 2g.; pl. ·veis.
i·na·*mu* sm.: inambu.
i·na·mu·a·*çu* sm.: inambuaçu.
i·na·mu:a·*nhan*·ga sm. ou sf.: inambuanhanga.
i·na·mu·cu:*á* sm.: inambucuá.
i·na·mu(s)·*gran*·de(s) sm. (pl.): inambu-grande.
i·na·mu·gua·*çu* sm.: inambuguaçu.
i·na·mu·mi·*rim* sm.; pl. ·rins: inambumirim.
i·na·mu·pi·*xu*·na sm.: inambupixuna.
i·na·mu(s)·*pre*·to(s) sm. (pl.): inambu-preto.
i·na·mu·qui:*á* sm.: inambuquiá.
i·na·mu·re·*ló*·gi:o sm.; pl. inamus-relógios ou inamus-relógio: inambu-relógio.
i·na·mu·sa·ra·cu·*í*·ra sm.; pl. inamus-saracuíras ou inamus-saracuíra: inambu-saracuíra.

i·na·mu(s)·*su*·jo(s) sm. (pl.): inambu-sujo.
i·na·mu·*u* sm.: inambuu.
i·na·mu·xin·*tã* sm.: inambuxintã.
i·na·mu·xo·ro·*ró* sm.: inambuxororó.
i·*na*·na sf.
i·na·na·li·*sá*·vel adj. 2g.; pl. ·veis.
i·*na*·ne adj. 2g.
i·nâ·*ni*:a sf./Cf. inania, do v. inaniar.
i·na·ni·*ção* sf.; pl. ·ções.
i·na·ni·*da*·de sf.
i·na·*ni*·do adj.
i·na·ni·*ma*·do adj.
i·nâ·*ni*·me adj. 2g.
i·na·*nir* v.
i·na·nis·ti:*á*·vel adj. 2g.; pl. ·veis.
i·nan·*té*·re:o adj.
i·na·pa·ca·*nim* sm.; pl. ·nins.
i·na·pa·*ga*·do adj.
i·na·pa·*ren*·te adj. 2g.
i·na·pe·la·bi·li·*da*·de sf.
i·na·pe·*lá*·vel adj. 2g.; pl. ·veis.
i·na·pen·di·cu·*la*·do adj.
i·na·*per*·to adj.
i·na·per·tu·*ra*·do adj.
i·na·pe·*tên*·ci:a sf.
i·na·pe·*ten*·te adj. 2g.
i·na·pli·ca·bi·li·*da*·de sf.
i·na·pli·*ca*·do adj.
i·na·pli·*cá*·vel adj. 2g.; pl. ·veis.
i·na·pre·ci:*á*·vel adj. 2g.; pl. ·veis.
i·na·pre·sen·*tá*·vel adj. 2g.; pl. ·veis.
i·na·pro·vei·*tá*·vel adj. 2g.; pl. ·veis.
i·nap·ti·*dão* sf.; pl. ·dões.
i·*nap*·to adj.
i·na·*quí*·de:o adj. sm.
i·nar·mo·*ni*·a sf. 'falta de harmonia'/Cf. enarmonia.
i·nar·*mô*·ni·co adj. 'sem harmonia'/Cf. enarmônico.
i·nar·mo·*ni*:o·so (ô) adj.; f. e pl. (ó).
i·nar·*rá*·vel adj. 2g.; pl. ·veis.
i·nar·re·ca·*dá*·vel adj. 2g.; pl. ·veis.
i·nar·re·*dá*·vel adj. 2g.; pl. ·veis.
i·nar·ti·cu·*la*·do adj. sm.

i·nar·ti·cu·*lá*·vel adj. 2g.; pl. ·veis.
i·nar·ti·fi·ci:*al* adj. 2g.; pl. ·*ais*.
i·nar·ti·fi·ci:*o*·so (ô) adj.; f. e pl. (ó).
i·nar·*tís*·ti·co adj.
i·nas·*cí*·vel adj. 2g.; pl. ·veis.
i·nas·si·du:i·*da*·de sf.
i·nas·*sí*·du:o adj.
i·nas·si·mi·*lá*·vel adj. 2g.; pl. ·veis.
i·nas·si·*ná*·vel adj. 2g.; pl. ·veis.
i·na·ta·ca·bi·li·*da*·de sf.
i·na·ta·*cá*·vel adj. 2g.; pl. ·veis.
i·na·ten·*dí*·vel adj. 2g.; pl. ·veis.
i·na·tin·*gi*·do adj.
i·na·tin·*gí*·vel adj. 2g.; pl. ·veis.
i·na·*tis*·mo sm.
i·na·ti·*var* v.
i·na·ti·vi·*da*·de sf.
i·na·*ti*·vo adj. sm.
i·*na*·to adj.
i·na·tu:*al* adj. 2g.; pl. ·*ais*.
i·na·tu·*ral* adj. 2g.; pl. ·*rais*.
i·na·tu·*rá*·vel adj. 2g.; pl. ·veis.
i·nau·di·*tis*·mo sm.
i·nau·*di*·to adj.
i·nau·*dí*·vel adj. 2g.; pl. ·veis.
i·nau·fe·*rí*·vel adj. 2g.; pl. ·veis.
i·nau·gu·ra·*ção* sf.; pl. ·*ções*.
i·nau·gu·ra·*dor* (ô) adj. sm.
i·nau·gu·*ral* adj. 2g.; pl. ·*rais*.
i·nau·gu·*rar* v.
i·nau·gu·ra·*ti*·vo adj.
i·nau·gu·ra·*tó*·ri:o adj.
i·nau·ten·ti·ci·*da*·de sf.
i·nau·*tên*·ti·co adj.
i·na·ve·ga·bi·li·*da*·de sf.
i·na·ve·*gá*·vel adj. 2g.; pl. ·veis.
i·na·ve·ri·gua·bi·li·*da*·de sf.
i·na·ve·ri·*guá*·vel adj. 2g.; pl. ·veis.
i·na·vis·*tá*·vel adj. 2g.; pl. ·veis.
in·ca adj. s2g.
in·ca·*bí*·vel adj. 2g.; pl. ·veis.
in·*cai*·co adj.
in·cal·ci·*ná*·vel adj. 2g.; pl. ·veis.
in·cal·cu·*lá*·vel adj. 2g.; pl. ·veis.
in·ca·lu·ni·*á*·vel adj. 2g.; pl. ·veis.
in·ca·me·ra·*ção* sf.; pl. ·*ções*.
in·can·des·*cên*·ci:a sf.
in·can·des·*cen*·te adj. 2g.
in·can·des·*cer* v.

in·*ca*·no adj. 'branco, com leves laivos pretos'/Cf. *encano*, do v. *encanar*.
in·can·sa·bi·li·*da*·de sf.
in·can·*sá*·vel adj. 2g.; pl. ·veis.
in·ca·pa·ci·*da*·de sf.
in·ca·pa·*cís*·si·mo adj. superl. de *incapaz*.
in·ca·pa·ci·*ta*·do adj. sm.
in·ca·pa·ci·*tar* v.
in·ca·pa·ci·*tá*·vel adj. 2g.; pl. ·veis.
in·ca·*paz* adj. s2g.; superl. *incapacíssimo*.
in·*çar* v.
in·ca·rac·te·*rís*·ti·co adj.: in·ca·ra·te·*rís*·ti·co.
in·car·di·*nar* v.
in·*cá*·si·co adj.
in·*cas*·to adj.
in·*cau*·to adj. sm.
in·ce·*len*·ça sf.
in·ce·*lên*·ci:a sf.
in·cen·*der* v.
in·cen·di:*ar* v.
in·cen·di·*á*·ri:o adj. sm.; f. *incendiária*/Cf. *incendiaria*, do v. *incendiar*.
in·cen·*di*·do adj.
in·cen·di·*men*·to sm.
in·*cên*·di:o sm.
in·cen·di:*o*·so (ô) adj.; f. e pl. (ó).
in·cen·sa·*ção* sf.; pl. ·*ções*.
in·cen·sa·*de*·la sf.
in·cen·sa·*dor* (ô) adj. sm.
in·cen·sa·*men*·to sm.
in·cen·*sar* v.
in·cen·*sá*·ri:o sm.; f. *incensária*/ Cf. *incensaria*, do v. *incensar*.
in·*cen*·so sm.
in·*cen*·so(s)-de-cai·e·na sm. (pl.).
in·cen·*só*·ri:o sm.
in·cen·su·*rá*·vel adj. 2g.; pl. ·veis.
in·cen·ti·*var* v.
in·cen·*ti*·vo adj. sm.
in·cen·*tor* (ô) sm.
in·ce·ri·mo·ni:*o*·so (ô) adj.; f. e pl. (ó).
in·*cer*·ta sf.
in·cer·*tar* v.
in·cer·*te*·za (ê) sf.
in·*cer*·to adj. sm. 'duvidoso'/Cf. *inserto*.
in·ces·*san*·te adj. 2g.

in·ces·si·bi·li·*da*·de sf.
in·ces·*sí*·vel adj. 2g.; pl. ·veis.
in·ces·*tar* v. 'desonrar com incesto'/Cf. *encestar*.
in·*ces*·to adj. sm. 'união sexual entre parentes'/Cf. *encesto*, do v. *encestar*.
in·ces·tu:*o*·so (ô) adj. sm.; f. e pl. (ó).
in·cha sf.
in·cha·*ção* sf.; pl. ·*ções*.
in·*cha*·ço sm.
in·*cha*·do adj.
in·cha·*men*·to sm.
in·*char* v.
in·*chu*·me sm.
in·ci·ca·tri·*zá*·vel adj. 2g.; pl. ·veis.
in·ci·*dên*·ci:a sf.
in·ci·den·*ta*·do adj.
in·ci·den·*tal* adj. 2g.; pl. ·*tais*.
in·ci·*den*·te adj. 2g. sm.
in·ci·*dir* v.
in·ci·ne·ra·*ção* sf.; pl. ·*ções*.
in·ci·ne·*rar* v.
in·ci·pi:*en*·te adj. 2g. 'principiante'/Cf. *insipiente*.
in·cir·cun·ci·*da*·do adj.
in·cir·cun·ci·*são* sf.; pl. ·*sões*.
in·cir·cun·*ci*·so adj. sm.
in·cir·cuns·cri·*tí*·vel adj. 2g.; pl. ·veis.
in·cir·cuns·*cri*·to adj.
in·ci·*são* sf.; pl. ·*sões*.
in·ci·*sar* v.
in·ci·*si*·vo adj. sm.
in·*ci*·so adj. sm.
in·ci·*sor* (ô) adj. sm.
in·ci·*só*·ri:o adj.
in·ci·*su*·ra sf.
in·ci·ta·bi·li·*da*·de sf.
in·ci·ta·*ção* sf.; pl. ·*ções*.
in·ci·ta·*dor* (ô) adj. sm.
in·ci·ta·*men*·to sm. 'estímulo'/ Cf. *encetamento*.
in·ci·*tan*·te adj. 2g.
in·ci·*tar* v. 'instigar'/Cf. *encetar*.
in·ci·ta·*ti*·vo adj.
in·ci·*tá*·vel adj. 2g.; pl. ·veis.
in·ci·*vil* adj. 2g.; pl. ·*vis*.
in·ci·vi·li·*da*·de sf.
in·ci·vi·li·*za*·do adj.
in·ci·vi·li·*zá*·vel adj. 2g.; pl. ·veis.
in·clas·si·fi·*cá*·vel adj. 2g.; pl. ·veis.
in·cle·*mên*·ci:a sf.

in·cle·*men*·te adj. 2g.
in·cli·na·ção sf.; pl. ·ções.
in·cli·*na*·do adj.
in·cli·*nar* v.
in·cli·*ná*·vel adj. 2g.; pl. ·veis.
ín·cli·to adj.
in·clu·*den*·te adj. 2g.
in·clu:*ir* v.
in·*clu*·sa sf.
in·*clu*·são sf.; pl. ·sões.
in·*clu*·si·ve adv.
in·*clu*·si·vo adj.
in·*clu*·so adj. sm.
in·ço sm.
in·co:a·ção sf.; pl. ·ções.
in·co:*a*·do adj.
in·co:a·du·*ná*·vel adj. 2g.; pl. ·veis.
in·co:a·gu·*lá*·vel adj. 2g.; pl. ·veis.
in·co:*ar* v.
in·co:a·*ti*·vo adj. sm.
in·co·*brá*·vel adj. 2g.; pl. ·veis.
in·coc·*tí*·vel adj. 2g.; pl. ·veis.
in·*cõe* adj. 2g.: *inconho*.
in·co:er·ção sf.; pl. ·ções.
in·co:er·ci·bi·li·*da*·de sf.
in·co:er·*cí*·vel adj. 2g.; pl. ·veis.
in·co:e·*rên*·ci:a sf.
in·co:e·*ren*·te adj. s2g.
in·co:e·*são* sf.; pl. ·sões.
in·co:e·xis·*tên*·ci:a (z) sf.
in·co:e·xis·*ten*·te (z) adj. 2g.
in·co·gi·*ta*·do adj.
in·co·gi·*tá*·vel adj. 2g.; pl. ·veis.
in·*cóg*·ni·ta sf.
in·*cóg*·ni·to adj. adv. sm.
in·cog·nos·ci·bi·li·*da*·de sf.
in·cog·nos·*cí*·vel adj. 2g.; pl. ·veis.
ín·co·la adj. s2g.
in·co·*lor* (ô) adj. 2g.
in·*có*·lu·me adj. 2g.
in·co·lu·mi·*da*·de sf.
in·com·bi·*ná*·vel adj. 2g.; pl. ·veis.
in·com·bus·ti·bi·li·*da*·de sf.
in·com·bus·*tí*·vel adj. 2g.; pl. ·veis.
in·com·*bus*·to adj.
in·co·men·su·ra·bi·li·*da*·de sf.
in·co·men·su·*rá*·vel adj. 2g.; pl. ·veis.
in·co·mo·*da*·do adj.
in·co·mo·da·dor (ô) adj. sm.
in·co·mo·*dan*·te adj. 2g.
in·co·mo·*dar* v.

in·co·mo·da·*ti*·vo adj.
in·co·mo·di·*da*·de sf.
in·*cô*·mo·do adj. sm./Cf.
 incomodo, do v. *incomodar*.
in·com·pa·ra·bi·li·*da*·de sf.
in·com·pa·*rá*·vel adj. 2g.; pl. ·veis.
in·com·pas·*sí*·vel adj. 2g.; pl. ·veis.
in·com·*pas*·si·vo adj.
in·com·pa·ti·bi·li·*da*·de sf.
in·com·pa·ti·bi·li·za·ção sf.; pl. ·ções·
in·com·pa·ti·bi·li·*zar* v.
in·com·pa·*tí*·vel adj. 2g.; pl. ·veis.
in·com·pen·sa·ção sf.; pl. ·ções.
in·com·pen·*sa*·do adj.
in·com·pen·*sá*·vel adj. 2g.; pl. ·veis.
in·com·pe·*tên*·ci:a sf.
in·com·pe·*ten*·te adj. s2g.
in·com·pla·*cên*·ci:a sf.
in·com·pla·*cen*·te adj. 2g.
in·com·*ple*·to adj.
in·com·ple·xi·*da*·de (cs) sf.
in·com·*ple*·xo (cs) adj.
in·com·por·*tá*·vel adj. 2g.; pl. ·veis.
in·com·pos·*sí*·vel adj. 2g.; pl. ·veis.
in·com·pre:en·*di*·do adj. sm.
in·com·pre:en·*são* sf.; pl. ·sões.
in·com·pre:en·si·bi·li·*da*·de sf.
in·com·pre:en·*sí*·vel adj. 2g.
 sm.; pl. ·veis.
in·com·pre:en·*si*·vo adj.
in·com·pres·si·bi·li·*da*·de sf.
in·com·pres·*sí*·vel adj. 2g.; pl. ·veis.
in·com·pri·*mi*·do adj.
in·*compto* adj.
in·com·pu·*tá*·vel adj. 2g.; pl. ·veis.
in·co·*mum* adj. 2g.; pl. ·*muns*.
in·co·mu·ni·ca·bi·li·*da*·de sf.
in·co·mu·ni·ca·ção sf.; pl. ·ções.
in·co·mu·ni·*can*·te adj. 2g.
in·co·mu·ni·*cá*·vel adj. 2g.; pl. ·veis.
in·co·mu·ta·bi·li·*da*·de sf.
in·co·mu·*tá*·vel adj. 2g.; pl. ·veis.
in·con·ce·*bí*·vel adj. 2g.; pl. ·veis.
in·con·*cep*·to adj.
in·con·ces·si·bi·li·*da*·de sf.

in·con·ces·*sí*·vel adj. 2g.; pl. ·veis.
in·con·*ces*·so adj.
in·con·ci·li:a·bi·li·*da*·de sf.
in·con·ci·li:a·ção sf.; pl. ·ções.
in·con·ci·li:*an*·te adj. 2g.
in·con·ci·li:*á*·vel adj. 2g.; pl. ·veis.
in·con·clu·*den*·te adj. 2g.
in·con·clu·*si*·vo adj.
in·con·*clu*·so adj.
in·con·cor·*dá*·vel adj. 2g.; pl. ·veis.
in·con·*cus*·so adj.
in·con·di·ci:o·*na*·do adj. sm.
in·con·di·ci:o·*nal* adj. 2g.; pl. ·nais.
in·con·di·ci:o·na·li·*da*·de sf.
in·con·di·ci:o·na·*lis*·mo sm.
in·*côn*·di·to adj.
in·co·ne·*xão* (cs) sf.; pl. ·*xões*.
in·co·*ne*·xo (cs) adj.
in·con·fes·*sa*·do adj.
in·con·fes·*sá*·vel adj. 2g.; pl. ·veis.
in·con·*fes*·so adj.
in·con·fi:*á*·vel adj. 2g.; pl. ·*veis*
in·con·fi·*dên*·ci:a sf.
in·con·fi·den·*cis*·ta adj. s2g.
in·con·fi·*den*·te adj. 2g.
in·con·for·ma·ção sf.; pl. ·ções.
in·con·for·*ma*·do adj. sm.
in·con·for·*má*·vel adj. 2g.; pl. ·veis.
in·con·*for*·me adj. 2g.
in·con·for·mi·*da*·de sf.
in·con·for·*mis*·mo sm.
in·con·for·*mis*·ta adj. s2g.
in·cor·for·*tar* v.
in·con·for·*tá*·vel adj. 2g.; pl. ·veis.
in·con·fun·*dí*·vel adj. 2g.; pl. ·veis.
in·con·ge·*la*·do adj.
in·con·ge·*lá*·vel adj. 2g.; pl. ·veis.
in·con·gru·*ên*·ci:a sf.
in·con·gru:*en*·te adj. 2g.
in·con·gru·i·*da*·de sf.
in·*côn*·gru:o adj.
in·*co*·nho adj.
in·co·ni·*ven*·te adj. 2g.
in·con·ju·*gá*·vel adj. 2g.; pl. ·veis.
in·con·quis·ta·bi·li·*da*·de sf.
in·con·*quis*·ta·do adj.
in·con·quis·*tá*·vel adj. 2g.; pl. ·veis.

in·cons·ci:ên·ci:a sf.
in·cons·ci:en·ci:o·so (ô) adj.; f.
  e pl. (ó).
in·cons·ci:en·te adj. s2g. sm.
in·côns·ci:o adj.
in·con·se·quên·ci:a sf.
in·con·se·quen·te adj. s2g.
in·con·si·de·ra·ção sf.; pl.
  ·ções.
in·con·si·de·ra·do adj.
in·con·sis·tên·ci:a sf.
in·con·sis·ten·te adj. 2g.
in·con·so·la·bi·li·da·de sf.
in·con·so·la·do adj.
in·con·so·lá·vel adj. 2g.; pl.
  ·veis.
in·con·so·nân·ci:a sf.
in·con·so·an·te adj. 2g.
in·cons·pí·cu:o adj.
in·cons·tân·ci:a sf.
in·cons·tan·te adj. s2g.
in·cons·ti·tu·ci:o·nal adj. 2g.;
  pl. ·nais.
in·cons·ti·tu·ci:o·na·li·da·de sf.
in·con·sul·to adj.
in·con·su·mí·vel adj. 2g.; pl.
  ·veis.
in·con·sump·to adj.:
  in·con·sun·to.
in·con·sú·til adj. 2g.; pl. ·teis.
in·con·ta·mi·na·do adj.
in·con·tá·vel adj. 2g.; pl. ·veis.
in·con·ten·tá·vel adj. 2g.; pl.
  ·veis.
in·con·tes·ta·bi·li·da·de sf.
in·con·tes·ta·do adj.
in·con·tes·tá·vel adj. 2g.; pl.
  ·veis.
in·con·tes·te adj. 2g.
in·con·ti·do adj.
in·con·ti·nên·ci:a sf.
in·con·ti·nen·te adj. s2g.
  'imoderado'/Cf. incontinenti.
in·con·ti·nen·ti adv. 'sem
  interrupção'/Cf. incontinente.
in·con·tin·gên·ci:a sf.
in·con·tin·gen·te adj. 2g.
in·con·ti·nu:i·da·de sf.
in·con·tí·nu:o adj.
in·con·tor·ná·vel adj. 2g.; pl.
  ·veis.
in·con·tra·di·to adj.
in·con·tra·ri:á·vel adj. 2g.; pl.
  ·veis.
in·con·tras·tá·vel adj. 2g.; pl.
  ·veis.
in·con·tri·to adj.

in·con·tro·lá·vel adj. 2g.; pl.
  ·veis.
in·con·tro·ver·so adj.
in·con·tro·ver·ti·do adj.
in·con·tro·ver·tí·vel adj. 2g.;
  pl. ·veis.
in·con·ve·ni:ên·ci:a sf.
in·con·ve·ni:en·te adj. s2g. sm.
in·con·ver·sá·vel adj. 2g.; pl.
  ·veis.
in·con·ver·si·bi·li·da·de sf.
in·con·ver·sí·vel adj. 2g.; pl.
  ·veis.
in·con·ver·so adj.
in·con·ver·tí·vel adj. 2g.; pl.
  ·veis.
in·con·vic·to adj.
in·co·or·de·na·ção sf.; pl.
  ·ções.
in·cor·po·ra·ção sf.; pl. ·ções.
in·cor·po·ra·do adj.
in·cor·po·ra·dor (ô) adj. sm.
in·cor·po·ra·do·ra (ô) sf.
in·cor·po·ral adj. 2g.; pl. ·rais.
in·cor·po·ra·li·da·de sf.
in·cor·po·ran·te adj. 2g.
in·cor·po·rar v.
in·cor·po·ra·ti·vo adj.
in·cor·po·rei·da·de sf.
in·cor·pó·re:o adj.
in·cor·re·ção sf.; pl. ·ções.
in·cor·rer v.
in·cor·re·to adj.
in·cor·ri·gi·bi·li·da·de sf.
in·cor·ri·gí·vel adj. s2g.; pl.
  ·veis.
in·cor·ri·men·to sm.
in·cor·ro·sí·vel adj. 2g.; pl.
  ·veis.
in·cor·rup·ti·bi·li·da·de sf.:
  incorrutibilidade.
in·cor·rup·tí·vel adj. 2g.; pl.
  ·veis: incorrutível.
in·cor·rup·ti·vo adj.:
  incorrutivo.
in·cor·rup·to adj.: incorruto.
in·cor·ru·ti·bi·li·da·de sf.:
  incorruptibilidade.
in·cor·ru·tí·vel adj. 2g.; pl.
  ·veis: incorruptível.
in·cor·ru·ti·vo adj.:
  incorruptivo.
in·cor·ru·to adj.: incorrupto.
in·cre·di·bi·li·da·de sf.
in·cre·di·bi·lís·si·mo adj.
  superl. de incredível e
  incrível.

in·cre·dí·vel adj. 2g.; pl. ·veis;
  superl. incredibilíssimo.
in·cre·du·li·da·de sf.
in·cré·du·lo adj. sm.
in·cre·men·ta·ção sf.; pl. ·ções.
in·cre·men·ta·do adj.
in·cre·men·tal adj. 2g.; pl. ·tais·
in·cre·men·tar v.
in·cre·men·to sm.
in·cre·pa·ção sf.; pl. ·ções.
in·cre·pa·dor (ô) adj. sm.
in·cre·pan·te adj. 2g.
in·cre·par v.
in·cre·pá·vel adj. 2g.; pl. ·veis.
in·créu sm.
in·cri:a·do adj. sm.
in·cri·mi·na·ção sf.; pl. ·ções.
in·cri·mi·nar v.
in·cris·ta·li·zá·vel adj. 2g.; pl.
  ·veis.
in·cri·ti·cá·vel adj. 2g.; pl.
  ·veis.
in·crí·vel adj. 2g. sm.; pl. ·veis;
  superl. incredibilíssimo.
in·cru:en·tar v.
in·cru:en·to adj.
in·crus·ta·ção sf.; pl. ·ções.
in·crus·ta·dor (ô) adj. sm.
in·crus·tan·te adj. 2g.
in·crus·tar v.
in·cu·ba·ção sf. 'preparação';
  pl. ·ções/Cf. encubação.
in·cu·ba·dei·ra sf.
in·cu·ba·dor (ô) adj. sm.
in·cu·ba·do·ra (ô) sf.
in·cu·bar v. 'chocar'/Cf.
  encubar.
ín·cu·bo adj. sm. 'que se deita
  sobre algo'/Cf. incubo, do
  v. incubar, e encubo, do v.
  encubar.
in·cu·de sf.
in·cu·di·for·me adj. 2g.
in·cul·ca sf./Cf. inculca, do v.
  inculcar.
in·cul·ca·dei·ra sf.
in·cul·ca·dor (ô) adj. sm.
in·cul·car v.
in·cul·cá·vel adj. 2g.; pl. ·veis.
in·cul·pa·bi·li·da·de sf.
in·cul·pa·ção sf.; pl. ·ções.
in·cul·pa·do adj. sm.
in·cul·par v.
in·cul·pá·vel adj. 2g.; pl. ·veis.
in·cul·pe adj. 2g.
in·cul·po·so (ô) adj.; f. e pl. (ó).
in·cul·ti·vá·vel adj. 2g.; pl. ·veis.

in·cul·*ti*·vo sm.
in·*cul*·to adj. sm.
in·cul·*tu*·ra sf.
in·cum·*bên*·ci:a sf.
in·cum·*ben*·te adj. 2g.
in·cum·*bir* v.
in·cu·na·bu·*lar* adj. 2g.
in·cu·*ná*·bu·lo adj. sm.
in·cu·ra·bi·li·*da*·de sf.
in·cu·*rá*·vel adj. 2g.; pl. ·veis.
in·*cú*·ri:a sf.
in·cu·ri:*al* adj. 2g.; pl. ·ais.
in·cu·ri:a·li·*da*·de sf.
in·cu·ri:o·si·*da*·de sf.
in·cu·ri:*o*·so (ô) adj.; f. *e* pl. (ó).
in·cur·*são* sf.; pl. ·*sões*.
in·*cur*·so adj. sm.
in·*cu*·so adj.
in·cu·*tir* v.
in·da adv.: ainda.
in·da·ga·*ção* sf.; pl. ·*ções*.
in·da·ga·*dor* (ô) adj. sm.
in·da·*gar* v.
in·da·ga·*ti*·vo adj.
in·da·ga·*tó*·ri:o adj.
in·da·*gá*·vel adj. 2g.; pl. ·veis.
in·da·gua·*çu* sm.
in·dai·*á* sm. s2g.
in·dai·a·*çu* sm.
in·dai·a·*len*·se adj. s2g.
in·dai·á(s)-ras·*tei*·ro(s) sm. (pl.).
in·dai·a·tu·*ba*·no adj. sm.
in·dai·a·tu·*ben*·se adj. s2g.
in·dai·*é* sm.
in·*dé*·bi·to adj. sm.
in·de·*cên*·ci:a sf.
in·de·*cen*·te adj. s2g.
in·de·ci·*di*·do adj.
in·de·ci·*frá*·vel adj. 2g.; pl. ·veis.
in·de·ci·*são* sf.; pl. ·*sões*.
in·de·*ci*·so adj. sm.
in·de·cla·*rá*·vel adj. 2g.; pl. ·veis.
in·de·cli·na·bi·li·*da*·de sf.
in·de·cli·*ná*·vel adj. 2g.; pl. ·veis.
in·de·com·po·*ní*·vel adj. 2g.; pl. ·veis.
in·de·*co*·ro (ô) sm. 'falta de decoro'/Cf. indécoro.
in·*dé*·co·ro adj. 'indecoroso'/Cf. indecoro.
in·de·co·*ro*·so (ô) adj.; f. *e* pl. (ó).
in·de·fec·ti·bi·li·*da*·de sf.
in·de·fec·*tí*·vel adj. 2g.; pl. ·veis.

in·de·fen·*sá*·vel adj. 2g.; pl. ·veis.
in·de·fen·*sí*·vel adj. 2g.; pl. ·veis.
in·de·*fen*·so adj. 'que não é defendido'/Cf. indefesso.
in·de·fe·*ri*·do adj.
in·de·fe·ri·*men*·to sm.
in·de·fe·*rir* v.
in·de·fe·*rí*·vel adj. 2g.; pl. ·veis.
in·de·*fe*·so (ê) adj. 'indefenso'/Cf. indefesso.
in·de·*fes*·so adj. 'incansável'/Cf. indefeso e indefenso.
in·de·fi·ci:*en*·te adj. 2g.
in·de·fi·*ni*·do adj. sm.
in·de·fi·*ni*·to adj.
in·de·fi·*ní*·vel adj. 2g.; pl. ·veis.
in·de·for·*má*·vel adj. 2g.; pl. ·veis.
in·de:is·*cên*·ci:a sf.
in·de:is·*cen*·te adj. 2g.
in·de·le·bi·li·*da*·de sf.
in·de·*lé*·vel adj. 2g.; pl. ·veis.
in·de·li·be·ra·*ção* sf.; pl. ·*ções*.
in·de·li·be·*ra*·do adj.
in·de·li·ca·*de*·za (ê) sf.
in·de·li·*ca*·do adj.
in·de·li·ne:*á*·vel adj. 2g.; pl. ·veis.
in·de·mis·*sí*·vel adj. 2g.; pl. ·veis.
in·*dem*·ne adj. 2g.: indene.
in·dem·ni·*da*·de sf.: indenidade.
in·dem·ni·za·*ção* sf.; pl. ·*ções*: indenização.
in·dem·ni·za·*dor* (ô) adj. sm.: indenizador.
in·dem·ni·*zar* v.: indenizar.
in·dem·ni·*zá*·vel adj. 2g.; pl. ·veis: indenizável.
in·de·mons·*trá*·vel adj. 2g.; pl. ·veis.
in·*de*·ne, in·*dem*·ne adj. 2g.
in·de·ni·*da*·de sf.
in·de·ni·za·*ção* sf.; pl. ·*ções*.
in·de·ni·za·*dor* (ô) adj. sm.
in·de·ni·*zar* v.
in·de·ni·*zá*·vel adj. 2g.; pl. ·veis.
in·de·pen·*dên*·ci:a sf.
in·de·pen·*den*·te adj. s2g.
in·de·pen·den·ti·*zar* v.
in·de·sa·*tá*·vel adj. 2g.; pl. ·veis.

in·des·con·fi:*á*·vel adj. 2g.; pl. ·veis.
in·des·cor·*ti*·no sm.
in·des·cri·*tí*·vel adj. 2g.; pl. ·veis.
in·des·cul·*pá*·vel adj. 2g.; pl. ·veis.
in·de·se·*já*·vel adj. s2g.; pl. ·veis.
in·des·lin·*dá*·vel adj. 2g.; pl. ·veis.
in·des·trin·*çá*·vel adj. 2g.; pl. ·veis.
in·des·tro·*ná*·vel adj. 2g.; pl. ·veis.
in·des·tru·ti·bi·li·*da*·de sf.
in·des·tru·*tí*·vel adj. 2g.; pl. ·veis.
in·des·vi:*á*·vel adj. 2g.; pl. ·veis.
in·de·ter·mi·na·bi·li·*da*·de sf.
in·de·ter·mi·na·*ção* sf.; pl. ·*ções*.
in·de·ter·mi·*na*·do adj. sm.
in·de·ter·mi·*nar* v.
in·de·ter·mi·*ná*·vel adj. 2g.; pl. ·veis.
in·de·ter·mi·*nis*·mo sm.
in·de·vas·*sá*·vel adj. 2g.; pl. ·veis.
in·de·*vi*·do adj.
in·de·vo·*ção* sf.; pl. ·*ções*.
in·de·*vo*·to adj.
ín·dex (cs) adj. 2g. sm.; 2n. *ou* pl. índices.
in·de·xa·*ção* (cs) sf.; pl. ·*ções*.
in·de·*xa*·do (cs) adj.
in·de·xa·*dor* (cs ... ô) adj. sm.
in·de·xa·*men*·to (cs) sm.
in·de·*xan*·te (cs) adj. 2g.
in·de·*xar* (cs) v.
in·de·*xá*·vel (cs) adj. 2g.; pl. ·veis.
in·*dez* (ê) adj. 2g. sm.
in·di:*a*·da sf.
in·di:a·*nen*·se adj. s2g.
in·di:a·*nis*·mo sm.
in·di:a·*nis*·ta adj. s2g.
in·di:*a*·no adj. sm.
in·di:a·no·po·*len*·se adj. s2g.
in·di:a·ro·*ben*·se adj. s2g.
in·di:*á*·ti·co adj. sm.
in·di·ca·*ção* sf.; pl. ·*ções*.
in·di·*ca*·do adj. sm.
in·di·ca·*dor* (ô) adj. sm.
in·di·*ca*·na sf.
in·di·*can*·te adj. 2g.

in·di·*car* v.
in·di·ca·*tá*·ri:o sm.
in·di·ca·*ti*·vo adj. sm.
in·di·ca·*tó*·ri:o adj. sm.
in·dic·*ção* sf.; pl. ·*ções*.
ín·di·ce sm.
in·di·ci:a·*ção* sf.
in·di·ci:*a*·do adj. sm.
in·di·ci:a·*dor* (ô) adj. sm.
in·di·ci*an*·te adj. 2g. sm.
in·di·ci:*ar* v.
in·di·ci:*á*·ri:o adj.; f. *indiciária*/Cf. *indiciaria*, do v. *indiciar*.
in·di·ci:a·*ti*·vo adj.
in·*dí*·ci:o sm./Cf. *indicio*, do v. *indiciar*.
in·di·ci:o·na·ri·*za*·do adj.
ín·di·co adj./Cf. *indico*, do v. *indicar*.
in·di·co·*li*·ta sf.
in·*dí*·cu·lo sm.
in·di·fe·*ren*·ça sf.
in·di·fe·*ren*·te adj. s2g.
in·di·fe·ren·*tis*·mo sm.
in·di·fe·ren·*tis*·ta adj. s2g.
in·di·fu·*sí*·vel adj. 2g.; pl. ·*veis*.
in·*dí*·ge·na adj. s2g.
in·di·ge·*na*·to sm.
in·di·*gên*·ci:a sf.
in·di·ge·*nis*·mo sm.
in·di·ge·*nis*·ta adj. s2g.
in·di·*gen*·te adj. s2g.
in·di·ge·*ri*·do adj.
in·di·ge·*rí*·vel adj. 2g.; pl. ·*veis*.
in·di·ges·*tão* sf.; pl. ·*tões*.
in·di·ges·*tar* v.
in·di·*ges*·to adj.
in·*dí*·ge·te s2g.
in·di·gi·ta·*ção* sf.; pl. ·*ções*.
in·di·gi·*ta*·do adj. sm.
in·di·gi·ta·*men*·to sm.
in·di·gi·*tar* v.
in·dig·na·*ção* sf.; pl. ·*ções*.
in·dig·*na*·do adj.
in·dig·*nar* v.
in·dig·na·*ti*·vo adj.
in·dig·ni·*da*·de sf.
in·*dig*·no adj. sm.
ín·di·go sm.
ín·di·go(s)-do-bra·*sil* sm. (pl.).
in·di·*gó*·fe·ra sf.
in·di·*gó*·fe·ro adj.
in·di·*gó*·ge·no sm.
in·di·*goi*·de adj. 2g.
in·di·go·*li*·ta sf.
in·di·li·*gên*·ci:a sf.
in·di·li·*gen*·te adj. 2g.

ín·di:o[1] sm. 'elemento de nº atômico 49'/Cf. *índio*[2].
ín·di:o[2] adj. sm. 'indiano; aborígene do continente americano'/Cf. *índio*[1].
in·di·*re*·ta sf.
in·di·*re*·to adj.
in·di·ri·*gí*·vel adj. 2g.; pl. ·*veis*.
in·di·ri·*mí*·vel adj. 2g.; pl. ·*veis*.
in·dis·cer·ni·bi·li·*da*·de sf.
in·dis·cer·ni·*men*·to sm.
in·dis·cer·*ní*·vel adj. 2g.; pl. ·*veis*.
in·dis·ci·*pli*·na sf.
in·dis·ci·pli·na·bi·li·*da*·de sf.
in·dis·ci·pli·na·*ção* sf.; pl. ·*ções*.
in·dis·ci·pli·*na*·do adj. sm.
in·dis·ci·pli·*nar* v.
in·dis·ci·pli·*ná*·vel adj. 2g.;pl. ·*veis*.
in·dis·*cre*·to adj. sm.
in·dis·cri·*ção* sf.; pl. ·*ções*.
in·dis·cri·mi·*na*·do adj.
in·dis·cri·mi·*ná*·vel adj. 2g.; pl. ·*veis*.
in·dis·cu·ti·bi·li·*da*·de sf.
in·dis·cu·*tí*·vel adj. 2g.; pl. ·*veis*.
in·dis·far·*çá*·vel adj. 2g.; pl. ·*veis*.
in·dis·pen·sa·bi·li·*da*·de sf.
in·dis·pen·*sá*·vel adj. 2g.; pl. ·*veis*.
in·dis·po·ni·bi·li·*da*·de sf.
in·dis·po·*ní*·vel adj. 2g.; pl. ·*veis*.
in·dis·*por* v.
in·dis·po·si·*ção* sf.; pl. ·*ções*.
in·dis·*pos*·to (ô) adj.; f. *e* pl. (ó).
in·dis·pu·ta·bi·li·*da*·de sf.
in·dis·pu·*ta*·do adj.
in·dis·pu·*tá*·vel adj. 2g.; pl. ·*veis*.
in·dis·si·mu·*lá*·vel adj. 2g.; pl. ·*veis*.
in·dis·so·lu·bi·li·*da*·de sf.
in·dis·so·lu·*ção* sf.; pl. ·*ções*.
in·dis·so·*lú*·vel adj. 2g.; pl. ·*veis*.
in·dis·tin·*ção* sf.; pl. ·*ções*.
in·dis·tin·*guí*·vel adj. 2g.; pl. ·*veis*.
in·dis·*tin*·to adj.
in·di·*to*·so (ô) adj. sm.; f. *e* pl. (ó).
ín·di:um sm.; pl. ·*uns*.
in·di·vi·du:a·*ção* sf.; pl. ·*ções*.
in·di·vi·du:a·*dor* (ô) adj. sm.
in·di·vi·du:*al* adj. 2g. sm.; pl. ·*ais*.

in·di·vi·du:a·li·*da*·de sf.
in·di·vi·du:a·*lis*·mo sm.
in·di·vi·du:a·*lis*·ta adj. s2g.
in·di·vi·du:a·li·za·*ção* sf.; pl. ·*ções*.
in·di·vi·du:a·li·*zar* v.
in·di·vi·du:*an*·te adj. 2g.
in·di·vi·du:*ar* v.
in·di·*ví*·du:o adj. sm./Cf. *individuo*, do v. *individuar*.
in·di·vi·*são* sf.; pl. ·*sões*.
in·di·vi·si·bi·li·*da*·de sf.
in·di·vi·*sí*·vel adj. 2g. sm.; pl. ·*veis*.
in·di·*vi*·so adj.
in·di·*zí*·vel adj. 2g. sm.; pl. ·*veis*.
in·do sm.
in·do·bri·*tâ*·ni·co(s) adj. sm. (pl.).
in·do·chi·*nês* adj. sm. 'relativo ou pertencente à Indochina'; pl. *indochineses*/Cf. *indo-chinês*.
in·do-chi·*nês* adj. sm. 'relativo à Índia e à China'; pl. *indo-chineses*/Cf. *indochinês*.
in·*dó*·cil adj. 2g.; pl. ·*ceis*; superl. *indocílimo* ou *indocilíssimo*.
in·do·ci·li·*da*·de sf.
in·do·*cí*·li·mo adj. superl. de *indócil*.
in·do·ci·li·*zar* v.
in·do·cu·men·*ta*·do adj.
in·do-eu·ro·*peu*(s) adj. sm. (pl.).
in·do·gan·*gé*·ti·co(s) adj. (pl.).
in·do·ger·*mâ*·ni·co(s) adj. sm. (pl.).
in·do·he·*lê*·ni·co(s) adj. sm. (pl.).
in·do-in·*glês* adj. sm.; pl. *indo-ingleses*.
in·do-i·ra·ni:*a*·no(s) adj. sm. (pl.).
in·*dol* sm.; pl. ·*dóis*.
ín·do·le sf.
in·do·*lên*·ci:a sf.
in·do·*len*·te adj. s2g.
in·do·lo·*gi*·a sf.
in·do·*ló*·gi·co adj.
in·*dó*·lo·go sm.
in·do·*lor* (ô) adj. 2g.
in·do·*ma*·do adj.
in·do·*má*·vel adj. 2g.; pl. ·*veis*.
in·do·mes·ti·ca·bi·li·*da*·de sf.
in·do·mes·ti·*ca*·do adj.
in·do·mes·ti·*cá*·vel adj. 2g.; pl. ·*veis*.

in·do·*més*·ti·co adj.
in·*dô*·mi·to adj.
in·do·*né*·si:o adj. sm.
in·do·por·tu·*guês* adj. sm.; pl. *indo-portugueses.*
in·*dou*·to adj. sm.
in·du·bi·*ta*·do adj.
in·du·bi·*tá*·vel adj. 2g.; pl. ·veis.
in·du·*ção* sf.; pl. ·*ções.*
in·*dú*·ci:a sf.
in·*dúc*·til adj. 2g.; pl. ·teis.
in·duc·ti·li·*da*·de sf.
in·dul·*gên*·ci:a sf./ Cf. *indulgencia,* do v. *indulgenciar.*
in·dul·gen·ci:*ar* v.
in·dul·*gen*·te adj. 2g.
in·dul·*ta*·do adj. sm.
in·dul·*tar* v.
in·dul·*tá*·ri:o adj.; f. *indultária/* Cf. *indultaria,* do v. *indultar.*
in·*dul*·to sm.
in·du·men·*tá*·ri:a sf.
in·du·men·*tá*·ri:o adj.
in·du·*men*·to sm.
in·du·pli·*ca*·do adj.
in·*dú*·si:a sf.
in·*dú*·si:o sm.
in·*dús*·tri:a sf./Cf. *industria,* do v. *industriar.*
in·dus·tri:a·*dor* (ô) adj. sm.
in·dus·tri:*al* adj. s2g.; pl. ·*ais.*
in·dus·tri:a·*lis*·mo sm.
in·dus·tri:a·*lis*·ta adj. s2g.
in·dus·tri:a·li·*za*·ção sf.; pl. ·*ções.*
in·dus·tri:a·li·*za*·do adj.
in·dus·tri:a·li·za·*dor* (ô) adj. sm.
in·dus·tri:a·li·*zar* v.
in·dus·tri:a·li·*zá*·vel adj. 2g.; pl. ·veis.
in·dus·tri:*ar* v.
in·dus·tri:*á*·ri:o adj. sm.; f. *industriária/*Cf. *industriaria,* do v. *industriar.*
in·dus·tri:*o*·so (ô) adj.; f. *e* pl. (ó).
in·du·*tân*·ci:a sf.
in·du·*tar* v.
in·du·*ti*·vo adj.
in·*du*·to sm.
in·du·*tô*·me·tro sm.
in·du·*tor* (ô) adj. sm.
in·*dú*·vi:a sf.
in·du·vi:*a*·do adj.
in·du·vi:*al* adj. 2g.; pl. ·*ais.*
in·du·*zi*·do adj. sm.
in·du·zi·*dor* (ô) adj. sm.

in·du·zi·*men*·to sm.
in·du·*zir* v.
i·ne·bri:*an*·te adj. 2g.
i·ne·bri:*ar* v.
i·*né*·di:a sf.
i·ne·di·*tis*·mo sm.
i·*né*·di·to adj. sm.
i·ne·du·*cá*·vel adj. 2g.; pl. ·veis.
i·ne·fa·bi·li·*da*·de sf.
i·ne·*fá*·vel adj. 2g.; pl. ·veis.
i·ne·fi·*cá*·ci:a sf.
i·ne·fi·ca·*cís*·si·mo adj. superl. de *ineficaz.*
i·ne·fi·*caz* adj. 2g.; superl. *ineficacíssimo.*
i·ne·fi·ci:*ên*·ci:a sf.
i·ne·fi·ci:*en*·te adj. 2g.
i·ne·*gá*·vel adj. 2g.; pl. ·veis.
i·ne·go·ci:*á*·vel adj. 2g.; pl. ·veis.
i·ne·*lás*·ti·co adj.
i·ne·le·*gân*·ci:a sf.
i·ne·le·*gan*·te adj. 2g.
i·ne·le·gi·bi·li·*da*·de sf.
i·ne·le·*gí*·vel adj. 2g.; pl. ·veis.
i·ne·lu·*dí*·vel adj. 2g.; pl. ·*veis*
i·ne·lu·*tá*·vel adj. 2g.; pl. ·veis.
i·nem·bri:o·*na*·do adj.
i·ne·nar·*rá*·vel adj. 2g.; pl. ·veis.
i·nen·con·*trá*·vel adj. 2g.; pl. ·veis.
i·nen·ru·*gá*·vel adj. 2g.; pl. ·veis.
i·*nép*·ci:a sf.
i·nep·ti·*dão* sf.; pl. ·*dões.*
i·*nep*·to adj. sm.
i·ne·qua·*ção* sf.; pl. ·*ções.*
i·ne·qui·*lá*·te·ro adj.
i·ne·qui·*pal*·do adj. sm.
i·ne·qui·*val*·ve adj. 2g.
i·ne·*quí*·vo·co adj. sm.
i·*nér*·ci:a sf./Cf. *inercia,* do v. *inerciar.*
i·ner·ci:*al* adj. 2g.; pl. ·*ais.*
i·ner·ci:*ar* v.
i·ne·*rên*·ci:a sf.
i·ne·*ren*·te adj. 2g.
i·ne·*rir* v.
i·*ner*·me adj. 2g.
i·ner·*rân*·ci:a sf.
i·ner·*ran*·te adj. 2g.
i·ner·*tân*·ci:a sf.
i·*ner*·te adj. 2g.
i·ner·va·*ção* sf. 'penetração dos nervos'; pl. ·*ções*/Cf. *enervação.*
i·ner·*var* v. 'prover com nervos'/Cf. *enervar.*

i·*nér*·ve:o adj.
i·nes·cru·pu·*lo*·so (ô) adj.; f. *e* pl. (ó).
i·nes·cru·ta·bi·li·*da*·de sf.
i·nes·cru·*tá*·vel adj. 2g.; pl. ·veis.
i·nes·cu·re·*cí*·vel adj. 2g.; pl. ·veis.
i·nes·cu·*sá*·vel adj. 2g.; pl. ·veis.
i·nes·go·ta·bi·li·*da*·de sf.
i·nes·go·*tá*·vel adj. 2g.; pl. ·veis.
i·ne·si·*tan*·te adj. 2g.
i·nes·pe·*cí*·fi·co adj.
i·nes·pe·*ra*·do adj. sm.
i·nes·que·*cí*·vel adj. 2g.; pl. ·veis.
i·nes·tan·*cá*·vel adj. 2g.; pl. ·veis.
i·nes·ten·*dí*·vel adj. 2g.; pl. ·veis.
i·nes·*té*·ti·co adj.
i·nes·ti·*má*·vel adj. 2g.; pl. ·veis.
i·nes·tu·di:*o*·so (ô) adj.; f. *e* pl. (ó).
i·ne·vi·*dên*·ci:a sf.
i·ne·vi·*den*·te adj. 2g.
i·ne·vi·ta·bi·li·*da*·de sf.
i·ne·vi·*tá*·vel adj. 2g. sm.; pl ·veis.
i·ne·xa·mi·*ná*·vel (z) adj. 2g.; pl. ·veis.
i·ne·xa·ti·*dão* (z) sf.; pl. ·*dões.*
i·ne·*xa*·to (z) adj.
i·ne·xau·ri·bi·li·*da*·de (z) sf.
i·ne·xau·*rí*·vel (z) adj. 2g.; pl. ·veis.
i·ne·*xaus*·to (z) adj.
i·nex·ce·*dí*·vel adj. 2g.; pl. ·veis.
i·nex·ci·ta·bi·li·*da*·de sf.
i·nex·ci·*tá*·vel adj. 2g.; pl. ·veis.
i·ne·xe·cu·*ção* (z) sf.; pl. ·*ções.*
i·ne·xe·cu·*tá*·vel (z) adj. 2g.; pl. ·veis.
i·ne·xe·qui·bi·li·*da*·de (z) sf.
i·ne·xe·*quí*·vel (z) adj. 2g.; pl. ·veis.
i·ne·xi·*gí*·vel (z) adj. 2g.; pl. ·veis.
i·ne·xis·*tên*·ci:a (z) sf.
i·ne·xis·*ten*·te (z) adj. 2g.
i·ne·xis·*tir* (z) v.
i·ne·xo·ra·bi·li·*da*·de (z) sf.
i·ne·xo·*ra*·do (z) adj.
i·ne·xo·*rá*·vel (z) adj. 2g.; pl. ·veis.
i·nex·pan·*si*·vo adj.
i·nex·pe·*di*·to adj.
i·nex·pe·ri·*ên*·ci:a sf.

i·nex·pe·ri:*en*·te adj. s2g.
i·nex·*per*·to adj.
i·nex·pi:*a*·do adj.
i·nex·pi:*á*·vel adj. 2g.; pl. ·veis.
i·nex·pli·ca·bi·li·*da*·de sf.
i·nex·pli·*cá*·vel adj. 2g. sm.; pl. ·veis.
i·nex·plo·*ra*·do adj.
i·nex·plo·*rá*·vel adj. 2g.; pl. ·veis.
i·nex·pres·*são* sf.; pl. ·*sões*.
i·nex·pres·si·vi·*da*·de sf.
i·nex·pres·*si*·vo adj.
i·nex·pri·*mí*·vel adj. 2g.; pl. ·veis.
i·nex·pug·na·bi·li·*da*·de sf.
i·nex·pug·*ná*·vel adj. 2g.; pl. ·veis.
i·nex·ten·*são* sf.; pl. ·*sões*.
i·nex·ten·si·bi·li·*da*·de sf.
i·nex·ten·*sí*·vel adj. 2g.; pl. ·veis.
i·nex·*ten*·so adj.
i·nex·ter·mi·*ná*·vel adj. 2g.; pl. ·veis.
i·nex·tin·gui·bi·li·*da*·de sf.
i·nex·tin·*guí*·vel adj. 2g.; pl. ·veis.
i·nex·*tin*·to adj.
i·nex·tir·*pá*·vel adj. 2g.; pl. ·veis.
in extremis loc. adv. (lat.).
i·nex·tri·ca·bi·li·*da*·de sf.
i·nex·tri·*cá*·vel adj. 2g.; pl. ·veis: i·nex·trin·*cá*·vel.
in·fac·*tí*·vel adj. 2g.; pl. ·veis: *infatível*.
in·fa·*cun*·do adj. 'não eloquente'/Cf. *infecundo*.
in·fa·li·bi·li·*da*·de sf.
in·fa·*lí*·vel adj. 2g.; pl. ·veis.
in·fal·si·fi·*cá*·vel adj. 2g.; pl. ·veis.
in·fa·ma·*ção* sf.; pl. ·*ções*.
in·fa·ma·*dor* (ô) adj. sm.
in·fa·*man*·te adj. 2g.
in·fa·*mar* v.
in·fa·ma·*tó*·ri:o adj.
in·*fa*·me adj. s2g.; superl. *infamíssimo* e *infamérrimo*.
in·*fâ*·mi:a sf.
in·fan·*ção* sf.; pl. ·*ções*.
in·*fân*·ci:a sf.
in·*fan*·do adj.
in·*fan*·ta sf.
in·fan·*ta*·do sm.
in·fan·ta·*ri*·a sf.:*infataria*.

in·*fan*·te adj. 2g. sm.
in·fan·te·*ri*·a sf.: *infantaria*.
in·fan·ti·*ci*·da adj. s2g.
in·fan·ti·*cí*·di:o sm.
in·fan·*til* adj. 2g. sm.; pl. ·*tis*.
in·fan·ti·li·*da*·de sf.
in·fan·ti·*lis*·mo sm.
in·fan·ti·li·za·*ção* sf.; pl. ·*ções*.
in·fan·ti·li·*zar* v.
in·fan·to·ju·ve·*nil* adj. 2g.; pl. *infanto-juvenis*.
in·*far*·to sm.
in·fa·ti·ga·bi·li·*da*·de sf.
in·fa·ti·*gá*·vel adj. 2g.; pl. ·veis.
in·fa·*tí*·vel adj. 2g.; pl. ·veis:s *infactível*.
in·*faus*·to adj.
in·fe·*ção* sf.; pl. ·*ções*: *infecção*.
in·fec·*ção* sf.; pl. ·*ções*: *infeção*.
in·fec·ci:o·*na*·do adj.: *infecionado, inficionado*.
in·fec·ci:o·*nar* v.: *infecionar, inficionar*.
in·fec·ci:o·si·*da*·de sf.: *infeciosidade*.
in·fec·ci:*o*·so (ô) adj.; f. e pl. (ó): *infecioso*.
in·fe·ci:o·*na*·do adj.: *infeccionado*.
in·fe·ci:o·*nar* v.: *infeccionar*.
in·fe·ci:o·si·*da*·de sf.: *infecciosidade*.
in·fe·ci:*o*·so (ô) adj.; f. e pl. (ó): *infeccioso*.
in·fec·*ta*·do adj.: *infetado*.
in·fec·*tan*·te adj. 2g.: *infetante*.
in·fec·*tar* v.: *infetar*.
in·*fec*·to adj.: *infeto*.
in·fec·to·con·ta·gi:*o*·so(s) adj.; f. e pl (ó).
in·fec·tu:*o*·so (ô) adj.; f. e pl. (ó): *infetuoso*.
in·fe·cun·*da*·do adj.
in·fe·cun·*dar* v.
in·fe·cun·di·*da*·de sf.
in·fe·*cun*·do adj. 'estéril'/Cf. *infacundo*.
in·fe·*li*·ce adj. 2g: *infeliz*.
in·fe·li·ci·*da*·de sf.
in·fe·li·*cís*·si·mo adj. superl. de *infeliz*.
in·fe·li·ci·ta·*ção* sf.; pl. ·*ções*.
in·fe·li·ci·ta·*dor* (ô) adj. sm.
in·fe·li·ci·*tar* v.
in·fe·*liz* adj. s2g.; superl. *infelicíssimo*.
in·*fen*·so adj.

in·fe·ra·xi·*lar* (cs) adj. 2g.
in·fe·*rên*·ci:a sf.
in·fe·ri:*or* (ô) adj. s2g.
in·fe·ri:o·ri·*da*·de sf.
in·fe·ri:o·ri·za·*ção* sf.; pl. ·*ções*.
in·fe·ri:o·ri·*zar* v.
in·fe·*rir* v.
in·fer·men·tes·ci·bi·li·*da*·de sf.
in·fer·men·tes·*cí*·vel adj. 2g.; pl. ·veis.
in·fer·na·*ção* sf.; pl. ·*ções*.
in·fer·*nal* adj. 2g.; pl. ·*nais*.
in·fer·na·li·*da*·de sf.
in·fer·*nar* v.
in·fer·*nei*·ra sf.
in·fer·*ni*·nho sm.
in·fer·ni·*zar* v.
in·*fer*·no sm.
ín·fe·ro adj. sm.
in·fe·ro·an·te·ri:*or* (ô) adj. 2g.; pl. *inferoanteriores*.
in·fe·ro·ex·te·ri:*or* (ô) adj. 2g.; pl. *inferoexteriores*.
in·fe·ro·in·te·ri:*or* (ô) adj. 2g.; pl. *inferointeriores*.
in·fe·ro·pos·te·ri:*or* (ô) adj. 2g.; pl. *inferoposteriores*.
in·fe·ro·va·ri:*a*·do adj.
in·*fér*·til adj. 2g.; pl. ·*teis*.
in·fer·ti·li·*da*·de sf.
in·fer·ti·li·*zar* v.
in·fer·ti·li·*zá*·vel adj. 2g.; pl. ·veis.
in·fes·ta·*ção* sf.; 'invasão'; pl. ·*ções*/Cf. *enfestação*.
in·fes·*ta*·do adj. 'invadido'/Cf. *enfestado*.
in·fes·ta·*dor* (ô) adj. sm. 'devastador'/Cf. *enfestador*.
in·fes·*tan*·te adj. 2g.
in·fes·*tar* v. 'assolar'/Cf. *enfestar*.
in·*fes*·to adj. sm. 'molesto'/Cf. *enfesto*, do v. *enfestar*.
in·fe·*ta*·do adj.: *infectado*.
in·fe·*tan*·te adj. 2g.: *infectante*.
in·fe·*tar* v.: *infectar*.
in·*fe*·to adj.: *infecto*.
in·fe·to·con·ta·gi:*o*·so (ô) adj.; f. e pl. (ó).
in·fe·tu:*o*·so (ô) adj.; f. e pl. (ó): *infectuoso*.
in·fi·bu·la·*ção* sf.; pl. ·*ções*.
in·fi·bu·la·*dor* (ô) adj. sm.
in·fi·bu·*lar* v.
in·fi·ci:o·na·*ção* sf.; pl. ·*ções*.
in·fi·ci:o·*na*·do adj.: *infeccionado*.

in·fi·ci:o·*nar* v.: *infeccionar*.
in·fi·de·li·*da*·de sf.
in·fi·de·*lís*·si·mo adj. superl. de *infiel*.
in·*fi*·do adj.
in·fi:*el* adj. s2g. sm.; superl. *infidelíssimo* e *infielíssimo*.
in·fi·lo·*só*·fi·co adj.
in·fil·tra·*ção* sf.; pl. ·*ções*.
in·fil·tra·*dor* (ô) adj.
in·fil·*trar* v.
in·fil·tra·*ti*·vo adj.
in·fil·*trá*·vel adj. 2g.; pl. ·*veis*.
ín·fi·mo adj.
in·fin·*dá*·vel adj. 2g.; pl. ·*veis*.
in·*fin*·do adj.
in·fin·*gir* v.
in·fi·ni·*da*·de sf.
in·fi·ni·*té*·si·ma sf.
in·fi·ni·te·si·*mal* adj. 2g.; pl. ·*mais*.
in·fi·ni·*tu*·de sf.
in·fi·ni·*té*·si·mo adj. sm.
in·fi·ni·*ti*·vo adj. sm.
in·fi·ni·*tí*·vo·co adj.
in·fi·*ni*·to adj. sm.
in·fir·ma·*ção* sf.; pl. ·*ções*.
in·fir·*mar* v.
in·fir·ma·*ti*·vo adj.
in·*fir*·me adj. 2g.
in·fi·xi·*dez* (cs ... ê) sf.
in·*fi*·xo (cs) adj. sm.
in·fla·*ção* sf.; pl. ·*ções*.
in·fla·ci:o·*na*·do adj.
in·fla·ci:o·*nar* v.
in·fla·ci:o·*ná*·ri:o adj.
in·fla·ci:o·*ná*·vel adj. 2g.; pl. ·*veis*.
in·fla·ci:o·*nis*·mo sm.
in·fla·ci:o·*nis*·ta adj. s2g.
in·*fla*·do adj.
in·fla·*dor* (ô) sm.
in·fla·ma·bi·li·*da*·de sf.
in·fla·ma·*ção* sf.; pl. ·*ções*.
in·fla·*ma*·do adj.
in·fla·ma·*dor* (ô) adj. sm.
in·fla·*mar* v.
in·fla·ma·*ti*·vo adj.
in·fla·ma·*tó*·ri:o adj.
in·fla·*má*·vel adj. 2g. sm.; pl. ·*veis*.
in·*flar* v.
in·fla·*tó*·ri:o adj.
in·*flá*·vel adj. 2g.; pl. ·*veis*.
in·flec·*tir* v.: in·fle·*tir*.
in·fle·*xão* (cs) sf.; pl. ·*xões*.
in·fle·xi·bi·li·*da*·de (cs) sf.
in·fle·*xí*·vel (cs) adj. 2g.; pl. ·*veis*.
in·*fle*·xo (cs) adj.
in·fli·*ção* sf.; pl. ·*ções*.
in·fli·gi·*dor* (ô) adj. sm.
in·fli·*gir* v. 'cominar pena'/Cf. *infrigir*.
in·flo·res·*cên*·ci:a sf.
in·flu:*ên*·ci:a sf./Cf. *influencia*, do v. *influenciar*.
in·flu:en·ci:a·*ção* sf.; pl. ·*ções*.
in·flu:en·ci:a·*dor* (ô) adj. sm.
in·flu:en·ci:*ar* v.
in·flu:en·ci:*á*·vel adj. 2g.; pl. ·*veis*.
in·flu:*en*·te adj. s2g.
in·flu:*en*·za sf.
in·flu:i·*ção* sf.; pl. ·*ções*.
in·flu:*í*·do adj.
in·flu:i·*dor* (ô) adj. sm.
in·flu:*ir* v.
in·*flu*·xo (cs) sm.
in·*fó*·li:o(s) adj. sm. (pl.): in·*fó*·li:o.
in·for·ma·*ção* sf. 'notícias'; pl. ·*ções*/Cf. *enformação*.
in·for·*ma*·do adj. 'esclarecido'/ Cf. *enformado*.
in·for·ma·*dor* (ô) adj. sm. 'informante'/Cf. *enformador*.
in·for·*mal* adj. 2g.; pl. ·*mais*.
in·for·ma·li·*da*·de sf.
in·for·ma·*lis*·mo sm.
in·for·*man*·te adj. s2g.
in·for·*mar* v. 'instruir'/Cf. *enformar*.
in·for·*má*·ti·ca sf.
in·for·ma·*ti*·vo adj.
in·for·ma·ti·*zar* v.
in·*for*·me[1] sm. 'informação';/ Cf. *enforme*, do v. *enformar*, e *informe*[2].
in·*for*·me[2] adj. 2g. 'sem forma';/ Cf. *enforme*, do v. *enformar*, e *informe*[1].
in·for·mi·*da*·de sf.
in·for·ti·fi·*cá*·vel adj. 2g.; pl. ·*veis*.
in·for·*tu*·na sf.
in·for·tu·*na*·do adj. sm.
in·for·tu·*nar* v.
in·for·*tú*·ni:o sm.
in·for·tu·*nís*·ti·ca sf.
in·for·tu·*no*·so (ô) adj.; f. e pl. (ó).
in·fo·*vi*·a sf.

infra- pref. (é seguido de hífen, quando se lhe junta voc. começado por *a* ou *h*.)
in·fra·as·si·*na*·do(s) adj. sm. (pl.).
in·fra·a·xi·*lar* adj. 2g.; pl. *infra-axilares*.
in·fra·ba·si·*lar* adj. 2g.
in·fra·*ção* sf.; pl. ·*ções*: in·*frac*·ção.
in·fra·ci·*ta*·do adj.
in·fra·co·lo·*ca*·do adj.
in·*frac*·to adj.: *infrato*.
in·*frac*·tor (ô) sm.: *infrator*.
in·fra·es·*cri*·to adj.
in·fra·es·tru·*tu*·ra sf.
in·fra·es·tru·tu·*ral* adj. 2g.; pl. *infraestruturais*.
in·fra·*gló*·ti·co adj.
in·fra·he·*pá*·ti·co(s) adj. (pl.).
in·fra·me·*dí*·o·cre adj. 2g.
in·fran·gi·bi·li·*da*·de sf.
in·fran·*gí*·vel adj. 2g.; pl. ·*veis*.
in·fran·que:*á*·vel adj. 2g.; pl. ·*veis*.
in·fra·oi·*ta*·va sf.
in·frar·re·*nal* adj. 2g.; pl. *infrarrenais*.
in·fras·*som* sm.; pl. *infrassons*.
in·*fra*·to adj.: *infracto*.
in·fra·*tor* (ô) sm.: *infractor*.
in·fra·ver·*me*·lho (ê) adj. sm.
in·*fre*·ne adj. 2g.
in·fre·*quên*·ci:a sf.
in·fre·*quen*·ta·do adj.
in·fre·*quen*·te adj. 2g.
in·frin·*gen*·te adj. 2g.
in·frin·*gir* v. 'violar'/Cf. *infligir*.
in·frin·*gí*·vel adj. 2g.; pl. ·*veis*.
in·fru·tes·*cên*·ci:a sf.
in·fru·*tí*·fe·ro adj.
in·fru·tu:o·si·*da*·de sf.
in·fru·tu:*o*·so (ô) adj.; f. e pl. (ó).
in·*fu*·ca sf.
in·fu·lei·*ma*·do adj.
in·fu·lei·*mar* v.
in·ful·mi·*ná*·vel adj. 2g.; pl. ·*veis*.
in·fu·*má*·vel adj. 2g.; pl. ·*veis*.
in·fun·*da*·do adj.
in·fun·di·bu·li·*for*·me adj. 2g.
in·fun·*dí*·bu·lo sm.
in·fun·*di*·ça sf. 'barrela': in·fun·*di*·ce/Cf. *infundisse*, do v. *infundir*.
in·fun·*dir* v.

in·fu·ni·*car* v.
in·*fu*·sa sf.
in·fu·sa·*ção* sf.; pl. ·*ções*.
in·fu·*sa*·do adj. sm.
in·fu·*são* sf.; pl. ·*sões*.
in·fu·*sar* v. 'empobrecer'/Cf. enfusar.
in·fu·si·bi·li·*da*·de sf.
in·fu·*sí*·vel adj. 2g.; pl. ·veis.
in·*fu*·so adj. sm.
in·fu·*só*·ri:o adj. sm.
in·fus·ta·*men*·to sm.
in·fu·*su*·ra sf.
in·*gá* sm.
in·gá(s)-a·*çu*(s) sm. (pl.).
in·gá-ci·*pó* sm.; pl. *ingás-cipós* ou *ingás-cipó*.
in·gá-cu·ru·*ru* sm.; pl. *ingás-cururus* ou *ingás-cururu*.
in·gá(s)-de-*fo*·go sm. (pl.).
in·gá(s)-*do*·ce(s) sm. (pl.).
in·ga·*en*·se adj. s2g.
in·gá-fer·ra·*du*·ra sm.; pl. *ingás-ferraduras* ou *ingás-ferradura*.
in·gá-mi·*rim* sm.; pl. *ingás-mirins*.
in·ga·*pe*·ba sm.
in·ga·*ra*·na sf.
in·ga·*ru*·ne adj. s2g.
in·gá(s)-*ver*·de(s) sm. (pl.).
in·ga·xi·*xi* sm.
in·ga·*zei*·ra sf.
in·ga·*zei*·ro sm.
in·ga·*zen*·se adj. s2g.
in·gê·*ni*·to adj.
in·*gen*·te adj. 2g.
in·gê·*nu*:a sf.
in·ge·nu·i·*da*·de sf.
in·gê·*nu*:o adj. sm.
in·ge·*rên*·ci:a sf.
in·ge·*ri*·do adj. 'engolido'/Cf. enjerido.
in·ge·*rir* v. 'engolir'/Cf. *enjerir*.
in·ges·*tão* sf.; pl. ·*tões*.
in·*glês* adj. sm.
in·*gle*·sa (ê) sf./Cf. *inglesa* (é), do v. *inglesar*.
in·gle·*sa*·da sf.
in·gle·*sar* v.
in·*gló*·ri:o adj.
in·glu·vi:*al* adj. 2g.; pl. ·*ais*.
in·*glú*·vi:a sf.
in·*glú*·vi:o sm.
in·*gom*·ba sm.
in·*go*·me sm.
in·*go*·no sm.

in·go·ver·na·bi·li·*da*·de sf.
in·go·ver·*ná*·vel adj. 2g.; pl. ·veis.
in·gran·*zéu* sm.
in·gra·*tão* sm.; pl. ·*tões*; f. *ingratona*.
in·gra·ta·*tão* sm.; pl. ·*tões*; f. *ingratatona*.
in·gra·ta·*to*·na sf.; f. de *ingratatão*.
in·gra·ti·*dão* sf.; pl. ·*dões*.
in·*gra*·to adj. sm.
in·gra·*to*·na sf.; f. de *ingratão*.
in·gre·di:*en*·te sm.
ín·gre·me adj. 2g.
in·gre·mi·*da*·de sf.
in·gre·mi·*dez* (ê) sf.
in·gre·*si*·a sf.
in·gres·*sar* v.
in·*gres*·so sm.
in·*gri*·ba sf.
ín·gua sf.
in·*guen*·to sm.: *unguento*.
in·gui·*nal* adj. 2g.; pl. ·*nais*.
in·gur·gi·ta·*ção* sf.; pl. ·*ções*.
in·gur·gi·ta·*men*·to sm.
in·gur·gi·*tar* v.
in·gu·*run*·ga sf.
i·nha·*ben*·to sm.
i·*nha*·ca¹ sm. 'senhor'/Cf. *inhaca*².
i·*nha*·ca² sm. 'bodum': *iaca*/Cf. *inhaca*¹.
i·nha·ça·*nã* sf.
i·nha·ça·*nhã* sf.
i·nha·cu·ru·*tu* sm.
i·nha·*í*·ba sf.
i·nha·*í*·ba(s)-de-*re*·go sf. (pl.).
i·*nham*·*bu* sm.: *inambu*.
i·nham·bu:a·*çu* sm.: *inambuaçu*.
i·nham·bu:a·*nhan*·ga sf.: *inambuanhanga*.
i·nham·bu:a·*pé* s2g.
i·nham·bu·cu:*á* sm.: *inambucuá*.
i·nham·bu(s)-*gran*·de(s) sm. (pl.): *inambu-grande*.
i·nham·bu·gua·*çu* sm.: *inambuguaçu*.
i·nham·bu:*í* sm.
i·nham·bu·mi·*rim* sm.; pl. ·*rins*: *inambumirim*.
i·nham·bu·pi·*xu*·na sm.: *inambupixuna*.
i·nham·bu(s)-*pre*·to(s) sm. (pl.): *inambu-preto*.

i·nham·bu·qui:*á* sm.: *inambuquiá*.
i·nham·bu·re·*ló*·gi:o sm.; pl. *inhambus-relógios* e *inhambus-relógio*: *inambu-relógio*.
i·nham·bu·sa·ra·cu:*í*·ra sm.; pl. *inhambus-saracuíras* e *inhambus-saracuíra*: *inambu-saracuíra*.
i·nham·bu(s)-*su*·jo(s) sm. pl.: *inambu-sujo*.
i·nham·bu·*u* sm.: *inambuu*.
i·nham·bu·xin·*tã* sm.: *inambuxintã*.
i·nham·bu·xo·ro·*ró* sm.: *inambuxororó*.
i·*nha*·me sm.
i·nha·me(s)-*bran*·co(s) sm. (pl.).
i·nha·me-ca·*rá* sm.; pl. *inhames-carás* e *inhames-cará*.
i·nha·me(s)-da-*chi*·na sm. (pl.).
i·nha·me(s)-de-são-to-*mé* sm. (pl.).
i·nha·me-nam·*bu* sm.; pl. *inhames-nambus* e *inhames-nambu*.
i·nha·me-tai·o·*ba* sm.; pl. *inhames-taiobas* e *inhames-taioba*.
i·nham·bu·*pen*·se adj. s2g.
i·nhan·ga·pi:*en*·se adj. s2g.
i·*nha*·pa sf.: *anhapa*.
i·nha·pi·*nhen*·se adj. s2g.
i·nha·pu·*pê* sm.
i·*nha*·to adj. 'que tem nariz arrebitado e curto'/Cf. *nhato*.
i·nha·*ú*·ma sf.
i·nha:u·*men*·se adj. s2g.
i·*nhe*·nho adj. sm.
i·*nhu*·ma sf.: *anhuma*.
i·nhu·ma·*po*·ca sf.: *anhumapoca*.
i·nhu·*men*·se adj. s2g.
i·ni·bi·*ção* sf.; pl. ·*ções*.
i·ni·*bi*·do adj. sm.
i·ni·bi·*dor* (ô) adj. sm.
i·ni·*bir* v.
i·ni·bi·*ti*·vo adj.
i·ni·bi·*tó*·ri:a sf.
i·ni·bi·*tó*·ri:o adj.
i·ni·ci:a·*ção* sf.; pl. ·*ções*.
i·ni·ci:a·*do* adj. sm.
i·ni·ci:a·*dor* (ô) adj. sm.
i·ni·ci:*al* adj. 2g. sf.; pl. ·*ais*.
i·ni·ci:*an*·te adj. 2g. s2g.
i·ni·ci:*ar* v.
i·ni·ci:a·*ti*·va sf.

i·ni·ci:a·*ti*·vo adj.
i·ni·ci:a·*tó*·ri:o adj.
i·*ní*·ci:o sm./Cf. *inicio*, do v. *iniciar*.
i·ni·den·ti·fi·*cá*·vel adj. 2g.; pl. ·veis.
i·ni·do·nei·*da*·de sf.
i·ni·*dô*·ne:o adj.
i·ni·gua·*lá*·vel adj. 2g.; pl. ·veis.
i·ni·lu·*dí*·vel adj. 2g.; pl. ·veis.
i·ni·ma·gi·*ná*·vel adj. 2g.; pl. ·veis.
i·nim·*bó* sm.
i·ni·mi·*cí*·ci:a sf.
i·ni·mi·*cís*·si·mo adj. superl. de *inimigo*.
i·ni·*mi*·go adj. sm.; superl. *inimicíssimo*.
i·ni·mis·*tar* v.
i·ni·mi·*tá*·vel adj. 2g.; pl. ·veis.
i·ni·mi·*za*·de sf.
i·ni·mi·*zar* v.
i·nim·pu·ta·bi·li·*da*·de sf.
i·nim·pu·*tá*·vel adj. 2g.; pl. ·veis.
i·nin·fla·*má*·vel adj. 2g.; pl. ·veis.
i·nin·flu:en·ci:*á*·vel adj. 2g.; pl. ·veis.
i·nin·te·li·*gên*·ci:a sf.
i·nin·te·li·*gen*·te adj. 2g.
i·nin·te·li·gi·bi·li·*da*·de sf.
i·nin·te·li·*gí*·vel adj. 2g.; pl. ·veis.
i·nin·ter·rom·*pi*·do adj.
i·nin·ter·rup·*ção* sf.; pl. ·ções.
i·nin·ter·*rup*·to adj.
i·nin·ves·ti·*gá*·vel adj. 2g.; pl. ·veis.
í·ni:o sm.
i·ni:*ó*·di·mo sm.
i·ni:*o*·mo adj. sm.
í·ni:on sm.; pl. *ínions* e *iníones*: *ínio*.
i·ni·qui·*da*·de sf.
i·*ní*·quo adj.
in·je·*ção* sf.; pl. ·ções.
in·je·*tar* v.
in·je·*tá*·vel adj. 2g.; pl. ·veis.
in·je·*tor* (ô) adj. sm.
in·jin·gua·*çu* sm.
in·ju·*cun*·do adj.
in·ju·di·ci:*o*·so (ô) adj.; f. *e* pl. (ó).
in·jun·*ção* sf.; pl. ·ções.
in·jun·*gir* v.
in·jun·*ti*·vo adj.

in·*jú*·ri:a sf./Cf. *injuria*, do v. *injuriar*.
in·ju·ri:a·*dor* (ô) adj. sm.
in·ju·ri:*an*·te adj. 2g.
in·ju·ri:*ar* v.
in·ju·ri·ci·*da*·de sf.
in·ju·ri·di·ci·*da*·de sf.
in·ju·*rí*·di·co adj.
in·ju·ri:*o*·so (ô) adj.; f. *e* pl. (ó).
in·jus·*ti*·ça sf.
in·jus·ti·*ça*·do adj. sm.
in·jus·ti·*ço*·so (ô) adj.; f. *e* pl. (ó).
in·jus·ti·fi·*cá*·vel adj. 2g.; pl. ·veis.
in·*jus*·to adj. sm.
in limine loc. adv. (lat.).
in loco loc. adv. (lat.).
in memoriam loc. adv. (lat.).
in natura loc. adv. (lat.).
i·no·be·di·*ên*·ci:a sf.
i·no·be·di:*en*·te adj. 2g.
i·no·bli·te·*rá*·vel adj. 2g.; pl. ·veis.
i·nobs·cu·re·*cí*·vel adj. 2g.; pl. ·veis.
i·nob·ser·*va*·do adj.
i·nob·ser·*vân*·ci:a sf.
i·nob·ser·*van*·te adj. 2g.
i·nob·ser·*vá*·vel adj. 2g.; pl. ·veis.
i·no·*cên*·ci:a sf.
i·no·cen·*tar* v.
i·no·*cen*·te adj. s2g.
i·no·cu:i·*da*·de sf.
i·no·cu·la·bi·li·*da*·de sf.
i·no·cu·la·*ção* sf.; pl. ·ções.
i·no·cu·*lar* v.
i·no·cu·*lá*·vel adj. 2g.; pl. ·veis.
i·no·cul·*tá*·vel adj. 2g.; pl. ·veis.
i·*nó*·cu:o adj.
i·no·cu·pa·*ção* sf.; pl. ·ções.
i·no·*do*·ro adj.
i·no:*en*·se adj. s2g.
i·no·fen·*si*·vo adj.
i·no·fi·ci:*o*·so (ô) adj.; f. *e* pl. (ó).
in·oi·ta·*vo*(s) adj. sm. (pl.).
i·no·*len*·te adj. 2g.
i·nol·vi·*dá*·vel adj. 2g.; pl. ·veis.
i·no·mi·*na*·do adj.
i·no·mi·*ná*·vel adj. 2g.; pl. ·veis.
i·no·mo·ge·ne:i·*da*·de sf.
i·no·pe·*rân*·ci:a sf.
i·no·pe·*ran*·te adj. 2g.
i·no·pe·*rá*·vel adj. 2g.; pl. ·veis.

i·*nó*·pi:a sf.
i·no·pi·*na*·do adj. sm.
i·no·pi·*ná*·vel adj. 2g.; pl. ·veis.
i·no·*pi*·no adj.
i·no·pi:*o*·so (ô) adj.; f. *e* pl. (ó).
i·no·por·tu·ni·*da*·de sf.
i·no·por·*tu*·no adj.
i·no·pri·*mi*·do adj.
i·no·*rar* v.: *ignorar*.
i·nor·*gâ*·ni·co adj.
i·nor·ga·ni·za·*ção* sf.; pl. ·ções.
i·nor·ga·ni·*za*·do adj.
i·nor·to·*do*·xo (cs) adj.
i·nos·cu·la·*ção* sf.; pl. ·ções.
i·no·si·*tol* sm.; pl. ·*tóis*.
i·nos·pi·ta·*lei*·ro adj.
i·nos·pi·ta·li·*da*·de sf.
i·*nós*·pi·to adj.
i·no·va·*ção* sf.; pl. ·ções.
i·no·va·*dor* (ô) adj. sm.
i·no·*var* v.
i·*nox* (cs) sm. 2n.
i·no·xi·*dá*·vel (cs) adj. 2g.; pl. ·veis.
i·*nó*·xi:o (cs) adj.
input sm. 2n. (ing.: *input*).
in·que·bran·ta·bi·li·*da*·de sf.
in·que·bran·*tá*·vel adj. 2g.; pl. ·veis.
in·que·*brá*·vel adj. 2g.; pl. ·*veis*·
in·que·ri·*ção* sf. 'ato de inquerir'; pl. 'ções/Cf. *inquirição*.
in·que·ri·*dei*·ra sf.
in·que·*rir* v. 'apertar'/Cf. *inquirir*.
in·*qué*·ri·to sm.
in·ques·ti·o·*ná*·vel adj. 2g.; pl. ·veis.
in·qui:e·ta·*ção* sf.; pl. ·ções.
in·qui:e·ta·*dor* (ô) adj. sm.
in·qui:e·*tan*·te adj. 2g.
in·qui:e·*tar* v.
in·qui:*e*·to adj. sm.
in·qui:e·*tu*·de sf.
in·qui·li·*na*·to sm.
in·qui·li·*nis*·mo sm.
in·qui·*li*·no sm.
in·qui·na·*ção* sf.; pl. ·ções.
in·qui·na·*men*·to sm.
in·qui·*nar* v.
in·qui·ri·*ção* sf. 'sindicância'; pl. ·ções/Cf. *inquerição*.
in·qui·ri·*dor* (ô) adj. sm.
in·qui·ri·*men*·to sm.
in·qui·*rir* v. 'averiguar'/Cf. *inquerir*.

in·qui·si·*ção* sf.; pl. ·*ções*.
in·qui·si·*dor* (ô) sm.
in·qui·si·*ti*·vo adj.
in·qui·si·to·ri:*al* adj. 2g.; pl.
 ·*ais*.
in·qui·si·*tó*·ri:o adj.
in·sa·ci·a·bi·li·*da*·de sf.
in·sa·ci:*a*·do adj.
in·sa·ci:*á*·vel adj. 2g.; pl. ·veis.
in·sa·li·va·*ção* sf.; pl. ·*ções*.
in·sa·li·*var* v.
in·sa·lu·*bér*·ri·mo adj. superl.
 de insalubre.
in·sa·*lu*·bre adj. 2g.;
 superl. *insalubérrimo* e
 insalubríssimo.
in·sa·lu·bri·*da*·de sf.
in·sa·lu·*tí*·fe·ro adj.
in·sa·na·bi·li·*da*·de sf.
in·sa·*ná*·vel adj. 2g.; pl. ·veis.
in·*sâ*·ni:a sf.
in·sa·ni·*da*·de sf.
in·*sa*·no adj. sm.
in·sa·po·ni·fi·*cá*·vel adj. 2g.;
 pl. ·veis.
in·sa·tis·fa·*ção* sf.; pl. ·*ções*.
in·sa·tis·fa·*tó*·ri:o adj.
in·sa·tis·*fei*·to adj. sm.
in·sa·tu·*ra*·do adj.
in·sa·tu·*rá*·vel adj. 2g.; pl. ·veis.
ins·ci·*ên*·ci:a sf.
ins·ci:*en*·te adj. 2g.
íns·ci:o adj.
ins·cre·*ver* v.
ins·cri·*ção* sf.; pl. ·*ções*.
ins·cri·*tí*·vel adj. 2g.; pl. ·veis.
ins·*cri*·to adj.
ins·cul·*pir* v.
ins·cul·*tor* (ô) sm.
ins·cul·*tu*·ra sf.
in·se·*cá*·vel adj. 2g.; pl. ·veis.
in·*séc*·til adj. 2g.; pl. ·teis:
 insétil.
in·se·du·*zí*·vel adj. 2g.; pl. ·veis.
in·se·gu·*ran*·ça sf.
in·se·gu·ri·*da*·de sf.
in·se·*gu*·ro adj.
in·se·mi·na·*ção* sf.; pl. ·*ções*.
in·se·mi·*nar* v.
in·sen·sa·*tez* (ê) sf.
in·sen·*sa*·to adj. sm.
in·sen·si·bi·li·*da*·de sf.
in·sen·si·bi·li·za·*ção* sf.; pl.
 ·*ções*.
in·sen·si·bi·li·*zar* v.
in·sen·si·*ti*·vo adj.
in·sen·*sí*·vel adj. s2g.; pl. ·veis.

in·se·pa·ra·bi·li·*da*·de sf.
in·se·pa·*rá*·vel adj. 2g.; pl.
 ·veis.
in·se·*pul*·to adj.
in·ser·*ção* sf.; pl. ·*ções*.
in·se·*rir* v.
in·*ser*·to adj. 'introduzido'/Cf.
 incerto, adj. e fl. do v. *incertar*.
in·ser·*ví*·vel adj. 2g.; pl. ·veis.
in·se·tar·*rão* sm. aum. de
 inseto.
in·se·ti·*ci*·da adj. 2g. sm.
in·se·ti·*cí*·di:o sm.
in·se·*tí*·fe·ro adj.
in·se·*tí*·fu·go adj. sm.
in·*sé*·til adj. 2g.; pl. ·teis:
 inséctil.
in·se·ti·vo·ri·a sf.
in·se·*tí*·vo·ro adj. sm.
in·*se*·to sm. 'espécie de animais
 artrópodes'; aum. *insetarrão*/
 Cf. *enceto*, do v. *encetar*.
in·se·to·lo·*gi*·a sf.
in·se·to·*ló*·gi·co adj.
in·se·to·lo·*gis*·ta adj. s2g.
in·se·xu·*a*·do (cs) adj.
in·se·xu·*al* (cs) adj. 2g.; pl. ·*ais*.
in·se·xu·a·li·*da*·de (cs) sf.
in·*sí*·di:a sf./Cf. *insidia*, do v.
 insidiar.
in·si·di:a·*dor* (ô) adj. sm.
in·si·di:*ar* v.
in·si·di:*o*·so (ô) adj.; f. *e* pl. (ó).
insight sm. (ing.: *insáit*).
in·*sig*·ne adj. 2g.
in·*síg*·ni:a sf.
in·sig·ni·fi·*cân*·ci:a sf.
in·sig·ni·fi·*can*·te adj. s2g.
in·sig·ni·fi·ca·*ti*·vo adj.
in·si·mu·la·*ção* sf.; pl. ·*ções*.
in·si·mu·*lar* v.
in·sin·ce·ri·*da*·de sf.
in·sin·*ce*·ro adj.
in·si·nu:a·*ção* sf.; pl. ·*ções*.
in·si·nu:a·*dor* (ô) adj. sm.
in·si·nu:*ân*·ci:a sf.
in·si·nu:*an*·te adj. 2g.
in·si·nu:*ar* v.
in·si·nu:a·*ti*·va sf.
in·si·nu:a·*ti*·vo adj.
in·si·*pi*·dez (ê) sf.
in·*sí*·pi·do adj.
in·si·pi·*ên*·ci:a sf.
in·si·pi:*en*·te adj. 2g.
 'ignorante'/Cf. *incipiente*.
in·sis·*tên*·ci:a sf.
in·sis·*ten*·te adj. 2g.

in·sis·*tir* v.
ín·si·to adj. 'inserido'/Cf. *incito*,
 do v. *incitar*.
in situ loc. adv. (lat.).
in·si·tu:*á*·vel adj. 2g.; pl. ·veis.
in·*só*·bri:o adj.
in·so·ci:a·bi·li·*da*·de sf.
in·so·ci:*al* adj. 2g.; pl. ·*ais*.
in·so·ci:*á*·vel adj. 2g.; pl. ·veis.
in·so·fis·*má*·vel adj. 2g.; pl.
 ·veis.
in·so·fre·*á*·vel adj. 2g.; pl. ·veis.
in·so·*fri*·do adj.
in·so·fri·*men*·to sm.
in·so·*frí*·vel adj. 2g.; pl. ·veis.
in·so·la·*ção* sf. 'exposição ao
 sol'; pl. ·*ções*/Cf. *insulação*.
in·so·*lar* v. 'expor ao sol'/Cf.
 insular.
in·so·*lên*·ci:a sf.
in·so·*len*·te adj. s2g.
in·so·li·da·ri:e·*da*·de sf.
in·*só*·li·to adj.
in·so·lu·bi·li·*da*·de sf.
in·so·*lú*·vel adj. 2g.; pl. ·veis.
in·sol·va·bi·li·*da*·de sf.
in·sol·*vá*·vel adj. 2g.; pl. ·veis.
in·sol·*vên*·ci:a sf.
in·sol·*ven*·te adj. s2g.
in·sol·*ví*·vel adj. 2g.; pl. ·veis.
in·son·da·bi·li·*da*·de sf.
in·son·*da*·do adj.
in·son·*dá*·vel adj. 2g.; pl. ·veis.
in·*so*·ne adj. 2g.
in·so·*nhá*·vel adj. 2g.; pl. ·veis.
in·*sô*·ni:a sf.
in·so·ni:*o*·so (ô) adj.; f *e* pl. (ó).
in·so·no·*lên*·ci:a sf.
in·so·no·ri·*da*·de sf.
in·so·*no*·ro adj.
in·*son*·te adj. 2g.
in·so·pe·*sá*·vel adj. 2g.; pl.
 ·veis.
in·so·pi·*tá*·vel adj. 2g.; pl. ·veis.
in·*sos*·sar v.
in·*sos*·so (ô) adj. sm.; f. *e* pl.
 (ó)/Cf. *insosso* (ó), do v.
 insossar.
ins·pe·*ção* sf.; pl. ·*ções*.
ins·pe·ci:o·na·*men*·to sm.
ins·pe·ci:o·*nar* v.
ins·pe·*tar* v.
ins·pe·*tor* (ô) adj. sm.
ins·pe·to·*ri*·a sf.
ins·pi·ra·*ção* sf.; pl. ·*ções*.
ins·pi·*ra*·do adj. sm.
ins·pi·ra·*dor* (ô) adj. sm.

ins·pi·*rar* v.
ins·pi·ra·*ti*·vo adj.
ins·pi·ra·*tó*·ri:o adj.
ins·pi·*rá*·vel adj. 2g.; pl. ·veis.
ins·pis·sa·*ção* sf.; pl. ·*ções*.
ins·pis·*sar* v.
ins·ta·bi·li·*da*·de sf.
ins·ta·la·*ção* sf.; pl. ·*ções*.
ins·ta·la·*dor* (ô) adj. sm.
ins·ta·la·*do*·ra (ô) sf.
ins·ta·*lar* v.
ins·*tân*·ci:a sf.
ins·tan·ta·ne:i·*da*·de sf.
ins·tan·*tâ*·ne:o adj. sm.
ins·*tan*·te adj. 2g. sm.
ins·*tar* v.
ins·tau·ra·*ção* sf.; pl. ·*ções*.
ins·tau·ra·*dor* (ô) adj. sm.
ins·tau·*rar* v.
ins·*tá*·vel adj. 2g.; pl. ·veis.
ins·ti·ga·*ção* sf.; pl. ·*ções*.
ins·ti·ga·*dor* (ô) adj. sm.
ins·ti·*gan*·te adj. 2g.
ins·ti·*gar* v.
ins·ti·la·*ção* sf.; pl. ·*ções*.
ins·ti·*lar* v.
ins·tin·ti·vi·*da*·de sf.
ins·tin·*ti*·vo adj.
ins·*tin*·to sm.
ins·tin·tu:*al* adj. 2g.; pl. ·*ais*.
ins·ti·*tor* (ô) sm.
ins·ti·*tó*·ri:o adj.
ins·ti·tu·ci:o·*nal* adj. 2g.; pl. ·*nais*.
ins·ti·tu·ci:o·na·li·*da*·de sf.
ins·ti·tu·ci:o·na·*lis*·mo sm.
ins·ti·tu·ci:o·na·*lis*·ta adj. s2g.
ins·ti·tu·ci:o·na·li·za·*ção* sf.; pl. ·*ções*.
ins·ti·tu·ci:o·na·li·za·do adj.
ins·ti·tu·ci:o·na·li·*zar* v.
ins·ti·tu:*i*·ção sf.; pl. ·*ções*.
ins·ti·tu:*í*·do adj. sm.
ins·ti·tu:*i*·dor (ô) adj. sm.
ins·ti·tu:*ir* v.
ins·ti·*tu*·ta sf.
ins·ti·*tu*·to sm.
ins·tru·*ção* sf.; pl. ·*ções*.
ins·tru:*en*·do sm.
ins·tru:*ir* v.
ins·tru·men·ta·*ção* sf.; pl. ·*ções*.
ins·tru·men·ta·*dor* (ô) adj. sm.
ins·tru·men·*tal* adj. 2g. sm.; pl. ·*tais*.
ins·tru·men·ta·*lis*·mo sm.
ins·tru·men·ta·*lis*·ta adj. s2g.
ins·tru·men·*tar* v.

ins·tru·men·*tá*·ri:o adj.;
f. *instrumentária*/ Cf. *instrumentaria*, do v. *instrumentar*.
ins·tru·men·*tis*·ta adj. s2g.
ins·tru·*men*·to sm.
ins·tru·*ti*·vo adj.
ins·tru·*tor* (ô) adj. sm.
ins·tru·*tu*·ra sf.
ín·su:a sf.
in·su:*a*·ve adj. 2g.
in·su:a·vi·*da*·de sf.
in·sub·mer·gi·bi·li·*da*·de sf.
in·sub·mer·*gí*·vel adj. 2g.; pl. ·veis.
in·sub·mer·*sí*·vel adj. 2g.; pl. ·veis.
in·sub·mis·*são* sf.; pl. ·*sões*.
in·sub·*mis*·so adj. sm.
in·su·bor·di·na·*ção* sf.; pl. ·*ções*.
in·su·bor·di·*na*·do adj. sm.
in·su·bor·di·*nar* v.
in·su·bor·di·*ná*·vel adj. 2g.; pl. ·veis.
in·su·bor·*ná*·vel adj. 2g.; pl. ·veis.
in·sub·sis·*tên*·ci:a sf.
in·sub·sis·*ten*·te adj. 2g.
in·subs·*tân*·ci:a sf.
in·subs·tan·ci:*al* adj. 2g.; pl. ·*ais*.
in·subs·tan·ci:a·li·*da*·de sf.
in·subs·ti·tu:*í*·vel adj. 2g.; pl. ·veis.
in·su·ces·*sí*·vel adj. 2g.; pl. ·veis.
in·su·*ces*·so sm.
in·su:*e*·to adj.
in·su·fi·ci:*ên*·ci:a sf.
in·su·fi·ci:*en*·te adj. 2g.
in·su·fla·*ção* sf.; pl. ·*ções*.
in·su·fla·*dor* (ô) adj. sm.
in·su·*flar* v.
ín·su·la sf. 'ilha'/Cf. *insula*, do v. *insular*.
in·su·la·*ção* sf. 'insulamento'; pl. ·*ções*/Cf. *insolação*.
in·su·la·*men*·to sm.
in·su·*la*·no adj. sm.
in·su·*lar* adj. s2g. v. 'insulano' 'isolar'/Cf. *insolar*.
in·su·la·ri·*da*·de sf.
in·sul·*ca*·do adj.
in·sul·*fil*·me sm.
in·su·*li*·na sf.
in·su·*lí*·ni·co adj.
in·su·li·no·te·ra·*pi*·a sf.

in·su·li·no·te·*rá*·pi·co adj.
in·*sul*·so adj.
in·sul·*ta*·do adj. sm.
in·sul·ta·*dor* (ô) adj. sm.
in·sul·*tan*·te adj. 2g.
in·sul·*tar* v.
in·*sul*·to sm.
in·sul·tu:o·so (ô) adj.; f. *e* pl. (ó).
in·*su*·mo sm.
in·su·pe·ra·bi·li·*da*·de sf.
in·su·pe·*rá*·vel adj. 2g.; pl. ·veis.
in·su·por·*tá*·vel adj. 2g.; pl. ·veis.
in·su·*prí*·vel adj. 2g.; pl. ·veis.
in·sur·*gên*·ci:a sf.
in·sur·*gen*·te adj. s2g.
in·sur·*gir* v.
in·sur·re·ci:o·*na*·do adj. sm.
in·sur·re·ci:o·*nal* adj. 2g.; pl. ·*nais*.
in·sur·re·ci:o·*nar* v.
in·sur·*rec*·to adj. sm.: *insurreto*.
in·sur·rei·*ção* sf.; pl. ·*ções*.
in·sur·*re*·to adj. sm.: *insurrecto*.
in·sus·pei·*ção* sf.; pl. ·*ções*.
in·sus·*pei*·to adj.
in·sus·ten·*tá*·vel adj. 2g.; pl. ·veis.
in·*tã* sf.: *itã*.
in·*tác*·til adj. 2g.; pl. ·*teis*: *intátil*.
in·tac·ti·li·*da*·de sf.: *intatilidade*.
in·*tac*·to adj.: *intato*.
in·ta:i·*pa*·ba sf.: *itaipava*.
in·ta:i·*pa*·va sf.: *itaipava*.
in·tan·gi·bi·li·*da*·de sf.
in·tan·*gí*·vel adj. 2g.; pl. ·veis.
in·*ta*·nha sf.
in·ta·ti·bi·li·*da*·de sf.: *intactibilidade*.
in·*tá*·til adj. 2g.; pl. ·teis: *intáctil*.
in·*ta*·to adj.: *intacto*.
in·te·*gér*·ri·mo adj. superl. de *íntegro*.
ín·te·gra sf./Cf. *integra*, do v. *integrar*.
in·te·gra·bi·li·*da*·de sf.
in·te·gra·*ção* sf.; pl. ·*ções*.
in·te·gra·ci:o·*nis*·mo sm.
in·te·gra·ci:o·*nis*·ta adj. s2g.
in·te·*gra*·do adj.
in·te·gra·*dor* (ô) adj. sm.
in·*té*·gra·fo sm.

in·te·*gral* adj. 2g. sf.; pl. ·*grais*.
in·te·gra·*lis*·mo sm.
in·te·gra·*lis*·ta adj. s2g.
in·te·gra·li·za·*ção* sf.; pl. ·*ções*.
in·te·gra·li·*za*·do adj.
in·te·gra·li·*zar* v.
in·te·gra·li·*zá*·vel adj. 2g.; pl. ·*veis*.
in·te·*gran*·do sm.
in·te·*gran*·te adj. s2g.
in·te·*grar* v.
in·te·gra·*ti*·vo adj.
in·te·*grá*·vel adj. 2g.; pl. ·*veis*.
in·te·gri·*cí*·pi·to adj. sm.
in·te·gri·*da*·de sf.
in·te·gri·*fó*·li:o adj.
in·te·gri·pa·li:*a*·do adj. sm.
in·te·*gris*·mo sm.
in·te·*gris*·ta adj. s2g.
ín·te·gro adj.; superl.
  integérrimo e *integríssimo*/Cf.
  integro, do v. *integrar*.
in·*tei*·ra sf.
in·tei·ra·*ção* sf.
  'complementação'; pl. ·*ções*/
  Cf. *interação*.
in·tei·*ra*·do adj.
in·tei·*rar* v.
in·tei·*re*·za (ê) sf.
in·tei·ri·*ça*·do adj.
in·tei·ri·*çar* v.
in·tei·*ri*·ço adj.
in·*tei*·ro adj. sm.
in·te·lec·*ção* sf.; pl. ·*ções*.
in·te·lec·*ti*·vo adj.
in·te·*lec*·to sm.
in·te·lec·tu:*al* adj. s2g.; pl. ·*ais*.
in·te·lec·tu:a·li·*da*·de sf.
in·te·lec·tu:a·*lis*·mo sm.
in·te·lec·tu:a·*lis*·ta adj. s2g.
in·te·lec·tu:a·li·za·*ção* sf.; pl. ·*ções*.
in·te·lec·tu:a·li·*zar* v.
in·te·lec·tu:a·li·*zá*·vel adj. 2g.; pl. ·*veis*.
in·te·li·*gên*·ci:a sf.
in·te·li·*gen*·te adj. s2g. sm.
inteligentsia sf. (rus.:
  inteliguêntsia).
in·te·li·gi·bi·li·*da*·de sf.
in·te·li·*gir* v.
in·te·li·*gí*·vel adj. 2g. sm.; pl. ·*veis*.
in·te·li·ju·*mên*·ci:a sf.
in·te·li·ju·*men*·to adj. sm.
in·te·*mé*·li:o adj. sm.
in·te·*men*·te adj. 2g.

in·te·me·*ra*·to adj. 'puro'/Cf. *intimorato*.
in·tem·pe·*ra*·do adj.
in·tem·pe·*ran*·ça sf.
in·tem·pe·*ran*·te adj. s2g.
in·tem·pe·*rar* v.
in·tem·*pé*·ri:e sf.
in·tem·*pé*·ri·co adj.
in·tem·pe·*ris*·mo sm.
in·tem·pes·ti·vi·*da*·de sf.
in·tem·pes·*ti*·vo adj.
in·tem·po·*ral* adj. 2g.; pl. ·*rais*.
in·tem·po·ra·li·*da*·de sf.
in·ten·*ção* sf. 'ato de tender';
  pl. ·*ções*/Cf. *intensão*.
in·ten·ci:o·*na*·do adj.
in·ten·ci:o·*nal* adj. 2g.; pl. ·*nais*.
in·ten·ci:o·na·li·*da*·de sf.
in·ten·ci:o·*nar* v.
in·ten·ci:o·*ná*·vel adj. 2g.; pl. ·*veis*.
in·ten·ci:o·*nis*·ta adj. s2g.
in·ten·*dên*·ci:a sf.
in·ten·*den*·te adj. s2g. sm.
in·ten·*der* v. 'dirigir'/Cf. *entender*.
in·ten·*são* sf. 'veemência'; pl. ·*sões*/Cf. *intenção*.
in·ten·*sar* v.
in·ten·si·*da*·de sf.
in·ten·si·fi·ca·*ção* sf.; pl. ·*ções*.
in·ten·si·fi·*car* v.
in·ten·*si*·vo adj. sm.
in·*ten*·so adj.
in·ten·*tar* v.
in·ten·*tá*·vel adj. 2g.; pl. ·*veis*.
in·*ten*·to adj. sm.
in·ten·to·*na* sf.
inter- pref. (é seguido de hífen,
  quando se lhe junta voc.
  começado por *h* ou *r*).
in·te·ra·ca·dê·mi·co adj.
in·te·ra·*ção* sf. 'ação recíproca';
  pl. ·*ções*/Cf. *inteiração*.
in·te·ra·ci:o·*nis*·mo sm.
in·te·ra·ço·ri:*a*·no adj.
in·te·ra·*gen*·te adj. 2g.
in·te·ra·*gir* v.
in·te·ra·li:*a*·do adj.
in·te·ram·bu·la·*crá*·ri:o adj.
in·te·ram·*nen*·se adj. s2g.
in·te·ra·nu·*lar* adj. 2g.
in·te·rar·ti·cu·*lar* adj. 2g.
in·te·ra·ti·vi·*da*·de sf.
in·te·ra·*ti*·vo adj.
in·ter·ban·*cá*·ri:o adj. 2g.
in·ter·ca·*dên*·ci:a sf.

in·ter·ca·*den*·te adj. 2g.
in·ter·ca·la·*ção* sf.; pl. ·*ções*.
in·ter·ca·*la*·do adj.
in·ter·ca·*lar* adj. 2g. v.
in·ter·cam·bi·*ar* v.
in·ter·*câm*·bi:o sm./
  Cf. *intercambio*, do v. *intercambiar*.
in·ter·ce·*der* v.
in·ter·ce·lu·*lar* adj. 2g.
in·ter·cep·*ção* sf.; pl. ·*ções*.
in·ter·cep·ta·*ção* sf.; pl. ·*ções*.
in·ter·cep·ta·*dor* (ô) adj. sm.
in·ter·cep·*tar* v.
in·ter·*cep*·to adj./Cf. *intercepto*, do v. *interceptar*.
in·ter·cep·*tor* (ô) adj. sm.
in·ter·cer·vi·*cal* adj. 2g.; pl. ·*cais*.
in·ter·ces·*são* sf. 'intervenção'/
  Cf. *interseção*.
in·ter·ces·*sor* (ô) adj. sm.
in·ter·*cí*·li:o sm.
in·ter·*ci*·so adj.
in·ter·cla·vi·cu·*lar* adj. 2g.
in·ter·*clu*·be adj. 2g.
in·ter·co·le·gi:*al* adj. 2g.; pl. ·*ais*.
in·ter·co·lo·ni:*al* adj. 2g.; pl. ·*ais*.
in·ter·co·lu·*nar* adj. 2g.
in·ter·co·*lú*·ni:o sm.
in·ter·com·bi·na·*ção* sf.; pl. ·*ções*.
in·ter·co·mu·ni·ca·*ção* sf.; pl. ·*ções*.
in·ter·co·mu·ni·*car* v.
in·ter·con·*dral* adj. 2g.; pl. ·*drais*.
in·ter·con·ti·nen·*tal* adj. 2g.; pl. ·*tais*.
in·ter·cor·*rên*·ci:a sf.
in·ter·cor·*ren*·te adj. 2g.
in·ter·cos·*tal* adj. 2g.; pl. ·*tais*.
in·ter·*cur*·so sm.
in·ter·cu·*tâ*·ne:o adj.
in·ter·den·*tal* adj. 2g.; pl. ·*tais*·
in·ter·de·pen·*dên*·ci:a sf.
in·ter·de·pen·*den*·te adj. 2g.
in·ter·de·pen·*der* v.
in·ter·di·*ção* sf.; pl. ·*ções*.
in·ter·di·gi·*tal* adj. 2g.; pl. ·*tais*.
in·ter·dis·ci·pli·*nar* adj. 2g.
in·ter·di·*ta*·do adj. sm.
in·ter·di·*tar* v.
in·ter·*di*·to adj. sm.
in·ter·di·*zer* v.
in·te·re·le·*tró*·di·co adj.

in·te·res·co·*lar* adj. 2g.
in·te·res·pa·ce·ja·*men*·to sm.
in·te·res·pa·ce·*jar* v.
in·te·res·*sa*·do adj. sm.
in·te·res·*san*·te adj. 2g.
in·te·res·*sar* v.
in·te·*res*·se (ê ou é) sm./Cf.
   interesse (é), do v. *interessar*.
in·te·res·*sei*·ro adj. sm.
in·te·res·ta·du:*al* adj. 2g.; pl.
   ·*ais*.
in·te·res·ta·*tal* adj. 2g.; pl. ·*tais*.
in·te·res·te·*lar*, in·ters·te·*lar*
   adj. 2g.
in·ter·*fa*·ce sf.
in·ter·fa·ci:*al* adj. 2g.; pl. ·*ais*.
in·ter·fa·lan·gi:*a*·no adj.
in·ter·fe·*rên*·ci:a sf.
in·ter·fe·*ren*·te adj. 2g.
in·ter·fe·*rir* v.
in·ter·fe·ro·me·*tri*·a sf.
in·ter·fe·ro·*mé*·tri·co adj.
in·ter·fe·*rô*·me·tro sm.
in·ter·fe·*ron* sm.; pl. ·*rones* e
   ·*rons*
in·ter·fi·bri·*lar* adj. 2g.
in·ter·*fi*·xo (cs) adj. sm.
in·ter·*fo*·lha (ô) adj. 2g.
in·ter·fo·li:a·*ção* sf.; pl. ·*ções*.
in·ter·fo·li:*á*·ce:o adj.
in·ter·fo·li:*a*·do adj.
in·ter·fo·li:*ar* adj. 2g. v.
in·ter·fo·*nar* v.
in·ter·*fo*·ne sm.
in·ter·ga·*lác*·ti·co adj.:
   in·ter·ga·*lá*·ti·co.
in·ter·gan·gli:o·*nar* adj. 2g.
in·ter·gi·na·si:*al* adj. 2g.; pl. ·*ais*.
in·ter·gi·ver·*sá*·vel adj. 2g.; pl.
   ·*veis*.
in·ter·gla·ci:*á*·ri:o adj. sm.
in·ter·glo·bu·*lar* adj. 2g.
in·ter·*glos*·sa sf.
in·ter·*glú*·te:o adj.
in·ter·go·ver·na·men·*tal* adj.
   2g.; pl. ·*tais*.
in·ter·he·lê·ni·co(s) adj. (pl.).
in·ter·hu·*ma*·no(s) adj. (pl.).
ín·te·rim sm.; pl. ·*rins*.
in·te·ri·*na*·do adj. sm.
in·te·ri·*nar* v.
in·te·rin·de·pen·*dên*·ci:a sf.
in·te·rin·de·pen·*den*·te adj. 2g.
in·te·rin·flu:*ên*·ci:a sf.
in·te·ri·ni·*da*·de sf.
in·te·*ri*·no adj. sm.
in·te·rin·su·*lar* adj. 2g.

in·te·ri:*or* (ô) adj. 2g. sm.
in·te·ri:o·*ra*·no adj. sm.
in·te·ri:o·ri·*da*·de sf.
in·te·ri:o·ri·za·*ção* sf.; pl. ·*ções*.
in·te·ri:o·ri·*zar* v.
in·ter·ja·*cen*·te adj. 2g.
in·ter·je·ci:o·*nal* adj. 2g.; pl.
   ·*nais*.
in·ter·jei·*ção* sf.; pl. ·*ções*.
in·ter·je·*ti*·vo adj.
in·ter·la·*çar* v.
in·ter·li·ga·*ção* sf.; pl. ·*ções*.
in·ter·li·*gar* v.
in·ter·li·ne:*al* adj. 2g.; pl. ·*ais*.
in·ter·li·ne:*ar* adj. 2g.
in·ter·*lín*·gua sf.
in·ter·lin·*guis*·ta adj. s2g.
in·ter·lin·*guís*·ti·ca sf.
in·ter·lo·bu·*lar* adj. 2g.
in·ter·lo·cu·*ção* sf.; pl. ·*ções*.
in·ter·lo·cu·*tor* (ô) sm.
in·ter·lo·cu·*tó*·ri:a sf.
in·ter·lo·cu·*tó*·ri:o adj. sm.
in·ter·*lo*·pe sm.: entrelopo.
in·ter·*lú*·di:o sm.
in·ter·lu·*nar* adj. 2g.
in·ter·*lú*·ni:o sm.
in·ter·ma·*ção* sf.; pl. ·*ções*.
in·ter·ma·xi·*lar* (cs) adj. 2g. sm.
in·ter·me:*ar* v.
in·ter·me·di:*ar* v.
in·ter·me·di:*á*·ri:o adj. sm.
in·ter·*mé*·di:o adj. sm.
in·ter·me·*ter* v.
intermezzo sm. (it.: *intermédzo*).
in·ter·*mí*·di:a sf.
in·ter·mi·di:*á*·ti·co adj.
in·ter·mi·*ná*·vel adj. 2g.; pl.
   ·*veis*.
in·ter·mi·nis·te·ri:*al* adj. 2g.;
   pl. ·*ais*.
in·*tér*·mi·no adj.
in·ter·mis·*são* sf.; pl. ·*sões*.
in·ter·mi·*tên*·ci:a sf.
in·ter·mi·*ten*·te adj. 2g.
in·ter·mi·*tir* v.
in·ter·mo·du·la·*ção* sf.; pl. ·*ções*.
in·ter·mun·di:*al* adj. 2g.; pl.
   ·*ais*.
in·ter·*mún*·di:o sm.
in·ter·mu·ni·ci·*pal* adj. 2g.; pl.
   ·*pais*.
in·ter·mu·*ral* adj. 2g.; pl. ·*rais*.
in·ter·mus·cu·*lar* adj. 2g.
in·ter·na·*ção* sf.; pl. ·*ções*.
in·ter·na·ci:o·*nal* adj. 2g. sf.;
   pl. ·*nais*.

in·ter·na·ci:o·na·li·*da*·de sf.
in·ter·na·ci:o·na·*lis*·mo sm.
in·ter·na·ci:o·na·*lis*·ta adj. s2g.
in·ter·na·ci:o·na·li·za·*ção* sf.;
   pl. ·*ções*.
in·ter·na·ci:o·na·li·*zar* v.
in·ter·*na*·do adj. sm.
in·ter·na·li·*zar* v.
in·ter·na·*men*·to sm.
in·ter·*nar* v.
in·ter·*na*·to sm.
in·ter·*nau*·ta s2g.
in·ter·*net* sf.
in·*ter*·no adj. sm.
in·ter·*nó*·di:o sm.
in·ter·*nún*·ci:o sm.
in·te·ro:an·te·ri:*or* (ô) adj. 2g.;
   pl. *interoanteriores*.
in·te·ro·ce·*â*·ni·co adj.
in·te·ro·cu·*lar* adj. 2g.
in·te·ro:in·fe·ri:*or* (ô) adj. 2g.;
   pl. *interoinferiores*.
in·te·ro·po·si·*ção* sf.; pl. ·*ções*.
in·te·ro·pos·te·ri:*or* (ô) adj.
   2g.; pl. *interoposteriores*.
in·te·*rós*·se:o adj.
in·te·ros·su·pe·ri:*or* (ô) adj.
   2g.; pl. *interossuperiores*.
in·ter·pa·ri:e·*tal* adj. 2g.; pl.
   ·*tais*.
in·ter·par·la·men·*tar* adj. 2g.
in·ter·par·ti·*dá*·ri:o adj.
in·ter·pe·ci:o·*lar* adj. 2g.
in·ter·pe·la·*ção* sf.; pl. ·*ções*.
in·ter·pe·*la*·do adj. sm.
in·ter·pe·la·*dor* (ô) adj. sm.
in·ter·pe·*lan*·te adj. s2g.
in·ter·pe·*lar* v.
in·ter·pe·ne·tra·*ção* sf.; pl.
   ·*ções*.
in·ter·pe·ne·*trar* v.
in·ter·pe·nin·su·*lar* adj. 2g.
in·ter·pla·ne·*tá*·ri:o adj.
in·ter·*pol* sf.
in·ter·po·la·*ção* sf.; pl. ·*ções*.
in·ter·po·la·*dor* (ô) adj. sm.
in·ter·po·*lar* adj. 2g. v.
in·ter·po·la·*triz* sf.
in·ter·pon·tu:a·*ção* sf.; pl. ·*ções*.
in·ter·*por* v.
in·ter·*por*·to (ô) sm.
in·ter·po·si·*ção* sf.; pl. ·*ções*.
in·ter·po·si·*ti*·va sf.
in·ter·po·si·*ti*·vo adj.
in·ter·*pos*·to (ô) adj. sm.; f. e
   pl. (ó).
in·ter·po·*ten*·te adj. 2g.

in·ter·pren·*der* v.
in·ter·*pre*·sa (ê) sf./Cf. *interpresa* (é), do v. *interpresar*.
in·ter·pre·*sar* v.
in·ter·pre·ta·*ção* sf.; pl. ·*ções*.
in·ter·pre·ta·*dor* (ô) adj. sm.
in·ter·pre·*tan*·te adj. s2g.
in·ter·pre·*tar* v.
in·ter·pre·ta·*ti*·vo adj.
in·ter·pre·*tá*·vel adj. 2g.; pl. ·veis.
in·*tér*·pre·te s2g./Cf. *interprete*, do v. *interpretar*.
in·ter·ra·ci:*al* adj. 2g.; pl. *inter-raciais*.
in·ter·re·gi:o·*nal* adj. 2g.; pl. *inter-regionais*.
in·ter·*reg*·no sm.
in·ter·re·la·*ção* sf.; pl. *inter-relações*.
in·ter·re·la·ci:o·*na*·do(s) adj. (pl.).
in·ter·re·la·ci:o·na·*men*·to(s) sm. (pl.).
in·ter·re·la·ci:o·*nar* v.
in·ter·re·la·*ti*·vo(s) adj. (pl.).
in·ter·re·sis·*ten*·te(s) adj. 2g. (pl.).
in·*tér*·ri·to adj.
in·ter·ro·ga·*ção* sf.; pl. ·*ções*.
in·ter·ro·*ga*·do adj. sm.
in·ter·ro·ga·*dor* (ô) adj. sm.
in·ter·ro·*gan*·do adj. sm.
in·ter·ro·*gan*·te adj. s2g.
in·ter·ro·*gar* v.
in·ter·ro·ga·*ti*·vo adj.
in·ter·ro·ga·*tó*·ri:o adj. sm.
in·ter·*rom*·per v.
in·ter·rup·*ção* sf.; pl. ·*ções*.
in·ter·*rup*·ti·vo adj.
in·ter·*rup*·to adj.
in·ter·*rup*·tor (ô) adj. sm.
in·ter·se·*ção* sf. 'cruzamento'; pl. ·*ções*: in·ter·sec·ção/Cf. *intercessão*.
in·ter·sec·ci:o·*nal* adj. 2g.; pl. ·*nais*: in·ter·se·ci:o·*nal*.
in·ter·se·*rir* v.
in·ter·se·xu:*al* (cs) adj. 2g.; pl. ·*ais*.
in·ter·se·xu:a·li·*da*·de (cs) sf.
in·ter·si·de·*ral* adj. 2g.; pl. ·*rais*.
in·ter·sin·di·*cal* adj. 2g.; pl. ·*cais*.
in·ter·*sís*·to·le sf.
in·ter·so·ci:*al* adj. 2g.; pl. ·*ais*.

in·ters·te·*lar* adj. 2g.
in·ters·ti·ci:*al* adj. 2g.; pl. ·*ais*.
in·ters·*tí*·ci:o sm.
in·ter·te·*cer* v.
in·ter·tem·po·*ral* adj. 2g.; pl. ·*rais*.
in·ter·*tex*·to (ô) adj.
in·ter·tex·tu:*al* adj. 2g.; pl. ·*ais*.
in·ter·tex·tu:a·li·*da*·de sf.
in·ter·tex·tu:a·*lis*·mo sm.
in·ter·tex·tu:a·*lís*·ti·co adj.
in·ter·*ti*·po sf.
in·ter·*tri*·gem sf.; pl. ·*gens*.
in·ter·tri·gi·*no*·so (ô) adj.; f. *e* pl. (ó).
in·ter·tro·pi·*cal* adj. 2g.; pl. ·*cais*.
in·te·rur·*ba*·no adj. sm.
in·te·ru·tri·cu·*lar* adj. 2g.
in·ter·va·*la*·do adj.
in·ter·va·*lar* adj. 2g. v.
in·ter·*va*·lo sm.
in·ter·ven·*ção* sf.; pl. ·*ções*.
in·ter·ven·ci:o·*nis*·mo sm.
in·ter·ven·ci:o·*nis*·ta adj. s2g.
in·ter·ve·ni:*en*·te adj. s2g.
in·ter·ve·*no*·so (ô) adj.; f. *e* pl. (ó).
in·ter·ven·*ti*·vo adj.
in·ter·ven·*tor* (ô) adj. sm.
in·ter·ven·tri·cu·*lar* adj. 2g.
in·ter·*ver* v.
in·ter·ver·*são* sf.; pl. ·*sões*.
in·ter·ver·te·*bral* adj. 2g.; pl. ·*brais*.
in·ter·ver·*ter* v.
in·ter·*vin*·do adj.
in·ter·*vir* v.
in·ter·vi·*zi*·nho adj.
in·ter·vo·*cal* adj. 2g.; pl. ·*cais*.
in·ter·vo·*cá*·li·co adj.
in·tes·*ta*·do adj.
in·tes·*tá*·vel adj. 2g.; pl. ·veis.
in·tes·ti·*nal* adj. 2g.; pl. ·*nais*.
in·tes·*ti*·no adj. sm.
in·*tex*·to (ês) adj.
in·ti·*bé*·li:a sf.
in·ti·*fa*·da sf.
in·ti·ma·*ção* sf.; pl. ·*ções*.
in·ti·ma·*dor* (ô) adj. sm.
in·ti·*mar* v.
in·ti·ma·*ti*·va sf.
in·ti·ma·*ti*·vo adj.
in·ti·mi·da·*ção* sf.; pl. ·*ções*.
in·ti·mi·*da*·de sf.
in·ti·mi·da·*dor* (ô) adj. sm.
in·ti·mi·*dan*·te adj. 2g.

in·ti·mi·*dar* v.
in·ti·mi·da·*ti*·vo adj.
in·ti·mi·da·*tó*·ri:o adj.
ín·ti·mo adj. sm./Cf. *intimo*, do v. *intimar*.
in·ti·mo·*ra*·to adj. 'destemido'/ Cf. *intemerato*.
in·*ti*·na sf.
in·tin·*ção* sf.; pl. ·*ções*.
in·ti·tu·la·*ção* sf.; pl. ·*ções*.
in·ti·tu·*lar* v.
in·to·*cá*·vel adj. s2g.; pl. ·veis.
in·to·le·*rân*·ci:a sf.
in·to·le·*ran*·te adj. s2g.
in·to·le·ran·*tis*·mo sm.
in·to·le·*rá*·vel adj. 2g.; pl. ·veis.
in·*ton*·so adj.
in totum loc. adv. (lat.).
in·to·xi·ca·*ção* (cs) sf.; pl. ·*ções*.
in·to·xi·*car* (cs) v.
intra- pref. (é seguido de hífen, quando se lhe junta voc. começado por *a* ou *h*).
in·tra·ab·do·mi·*nal* adj. 2g.; pl. *intra-abdominais*.
in·tra·a·*tô*·mi·co(s) adj. (pl.).
in·tra·cra·ni:*a*·no adj.
in·tra·di·la·*ta*·do adj.
in·tra·*dor*·so (ô) sm.
in·tra·du·*zí*·vel adj. 2g.; pl. ·veis.
in·tra·e·pi·*dér*·mi·co adj.
in·tra·fa·ci:*al* adj. 2g.; pl. ·*ais*.
in·tra·fe·*gá*·vel adj. 2g.; pl. ·veis.
in·tra·*gá*·vel adj. 2g.; pl. ·veis.
in·tra·he·*pá*·ti·co(s) adj. (pl.).
in·tra·mar·gi·*nal* adj. 2g.; pl. ·*nais*.
in·tra·me·du·*lar* adj. 2g.
in·tra·mer·cu·ri:*al* adj. 2g; pl. ·*ais*.
in·tra·*mu*·ros adj. adv.
in·tra·mus·cu·*lar* adj. 2g.
in·tra·na·*sal* adj. 2g.; pl. ·*sais*.
in·tra·*net* sf.
in·tran·qui·li·*da*·de sf.
in·tran·qui·li·za·*dor* (ô) adj.
in·tran·qui·li·*zar* v.
in·tran·*qui*·lo adj.
in·trans·fe·*rên*·ci:a sf.
in·trans·fe·*rí*·vel adj. 2g.; pl. ·veis.
in·tran·si·*gên*·ci:a (zi) sf.
in·tran·si·*gen*·te (zi) adj. s2g.
in·tran·si·ta·bi·li·*da*·de (zi) sf.
in·tran·si·*ta*·do (zi) adj.

in·tran·si·*tá*·vel (zi) adj. 2g.; pl. ·veis.
in·tran·si·ti·*var* (zi) v.
in·tran·si·*ti*·vo (zi) adj. sm.
in·trans·mis·si·bi·li·*da*·de sf.
in·trans·mis·*sí*·vel adj. 2g.; pl. ·veis.
in·trans·mu·*tá*·vel adj. 2g.; pl. ·veis.
in·trans·po·*ní*·vel adj. 2g.; pl. ·veis.
in·trans·por·*tá*·vel adj. 2g.; pl. ·veis.
in·tra·o·cu·*lar* adj. 2g.; pl. *intraoculares.*
in·tra:*ós*·se:o adj.
in·tra·pe·ci:o·*lar* adj. 2g.
in·tra·pul·mo·*nar* adj. 2g.
in·trar·ra·di:*al* adj. 2g.; pl. *intrarradiais.*
in·trar·ra·qui·di:*a*·no adj.
in·*trá*·ri:o adj. sm.
in·tras·seg·men·*tar* adj. 2g.; pl. *intrassegmentares.*
in·tras·so·*má*·ti·co adj.
in·tra·ta·bi·li·*da*·de sf.
in·tra·*ta*·do adj.
in·tra·*tá*·vel adj. s2g.; pl. ·veis.
in·tra·tex·tu:*al* adj. 2g.; pl. ·ais.
in·tra·u·te·*ri*·no adj.
in·tra·vas·cu·*lar* adj. 2g.
in·tra·ve·*no*·so (ô) adj.; f. *e* pl. (ó).
in·*trê*·mu·lo adj.
in·tre·pi·*dez* (ê) sf.
in·*tré*·pi·do adj. sm.
in·tri·bu·*tá*·vel adj. 2g.; pl. ·veis.
in·tri·*ca*·do adj.: *intrincado.*
in·tri·*car* v.: *intrincar.*
in·*tri*·co sm.
in·*tri*·ga sf.
in·tri·*ga*·do adj. sm.
in·tri·ga·*lha*·da sf.
in·tri·ga·*lhar* v.
in·tri·*gan*·te adj. s2g.
in·tri·*gar* v.
in·tri·*gue*·lha (ê) sf.
in·tri·*guis*·ta adj. s2g.
in·trin·*ca*·do adj.: *intricado.*
in·trin·*car* v.: *intricar.*
in·*trín*·se·co adj.
in·tro·du·*ção* sf.; pl. ·*ções.*
in·tro·du·*ti*·vo adj.
in·tro·du·*tor* (ô) adj. sm.
in·tro·du·*tó*·ri:o adj.

in·tro·du·*zir* v.
in·*troi*·to sm.
in·tro·je·*ção* sf.; pl. ·*ções.*
in·tro·je·*tar* v.
in·tro·me·*ter* v.
in·tro·me·*ti*·da sf.
in·tro·me·ti·*di*·ço adj. sm.
in·tro·me·*ti*·do adj. sm.
in·tro·me·ti·*men*·to sm.
in·tro·mis·*são* sf.; pl. ·*sões.*
in·tro·pel·*ví*·me·tro sm.
in·*tror*·sar v.
in·*tror*·so adj.
in·*tros*·ca s2g.
in·tros·pe·*ção* sf.: in·tros·pec·*ção*; pl. ·*ções.*
in·tros·pec·*ti*·vo adj.: in·tros·pe·*ti*·vo.
in·tro·ver·*são* sf.; pl. ·*sões.*
in·tro·*ver*·so adj.
in·tro·ver·*ter* v.
in·tro·ver·*ti*·do adj. sm.
in·tru·*jão* adj. sm.; pl. ·*jões.*
in·tru·*jar* v.
in·tru·*ji*·ce sf.
in·tru·*jir* v.
in·*tru*·sa sf.
in·tru·*são* sf.; pl. ·*sões.*
in·tru·*si*·vo adj.
in·*tru*·so adj. sm.
in·tu:i·*ção* sf.; pl. ·*ções.*
in·tu:i·ci:o·*nan*·te adj. 2g.
in·tu:i·ci:o·*nar* v.
in·tu:i·ci:o·*nis*·mo sm.
in·tu:*ir* v.
in·tu:i·ti·*vis*·mo sm.
in·tu:i·*ti*·vo adj.
in·*tui*·to sm.
in·tu·mes·*cên*·ci:a sf.
in·tu·mes·*cen*·te adj. 2g.
in·tu·mes·*cer* v.
in·tu·mes·*ci*·do adj.
in·tu·mes·ci·*men*·to sm.
in·tur·*bá*·vel adj. 2g.; pl. ·veis.
in·tur·ges·*cên*·ci:a sf.
in·tur·ges·*cer* v.
in·tus·cep·*ção* sf.; pl. ·*ções: intussuscepção.*
in·tus·pe·*ção* sf.: in·tus·pec·*ção*; pl. ·*ções.*
in·tus·pec·*ti*·vo adj.: in·tus·pe·*ti*·vo.
in·tus·sus·cep·*ção* sf.; pl. ·*ções: intuscepção.*
i·*nú*·bi:a sf.
i·*nú*·bil adj. 2g.; pl. ·beis.
i·*nu*·bo adj.

i·nu·*li*·na sf.
i·*nul*·to adj.
i·nul·tra·pas·*sá*·vel adj. 2g.; pl. ·veis.
i·nu·ma·*ção* sf.; pl. ·*ções.*
i·nu·ma·ni·*da*·de sf.
i·nu·*ma*·no adj.
i·nu·*mar* v.
i·nu·ma·*tó*·ri:o adj.
i·nu·me·ra·bi·li·*da*·de sf.
i·nu·me·*rá*·vel adj. 2g.; pl. ·veis.
i·*nú*·me·ro adj.
i·nu·me·*ro*·so (ô) adj.; f. *e* pl. (ó).
i·nun·da·*ção* sf.; pl. ·*ções.*
i·nun·*da*·do adj. sm.
i·nun·*dan*·te adj. 2g.
i·nun·*dar* v.
i·nun·*dá*·vel adj. 2g.; pl. ·veis.
i·*nup*·to adj.
i·nu·si·*ta*·do adj.
i·*nú*·til adj. s2g.; pl. ·teis.
i·nu·ti·li·*da*·de sf.
i·nu·ti·li·za·*ção* sf.; pl. ·*ções.*
i·nu·ti·li·*zar* v.
i·nu·ti·li·*zá*·vel adj. 2g.; pl. ·veis.
in·va·ci·*lan*·te adj. 2g.
in·va·de:*á*·vel adj. 2g.; pl. ·veis.
in·va·*dir* v.
in·va·gi·na·*ção* sf.; pl. ·*ções: envaginação.*
in·va·gi·*na*·do adj.: *envaginado.*
in·va·gi·*nan*·te adj. 2g.: *envaginante.*
in·va·gi·*nar* v.: *envaginar.*
in·va·les·*cer* v.
in·va·li·da·*ção* sf.; pl. ·*ções.*
in·va·li·*da*·de sf.
in·va·li·*da*·do adj.
in·va·li·*dar* v.
in·va·li·*dá*·vel adj. 2g.; pl. ·veis.
in·va·li·*dez* (ê) sf.
in·*vá*·li·do adj. sm./Cf. *invalido,* do v. *invalidar.*
in·*var* sm.
in·va·ri:a·bi·li·*da*·de sf.
in·va·ri:*ân*·ci:a sf.
in·va·ri:*an*·te adj. 2g. sm.
in·va·ri:*á*·vel adj. 2g.; pl. ·veis.
in·va·*são* sf.; pl. ·*sões.*
in·va·*si*·vo adj.
in·va·*sor* (ô) adj. sm.
in·vec·*tar* v.
in·vec·*ti*·va sf.
in·vec·ti·va·*dor* (ô) adj. sm.

in·vec·ti·*var* v.
in·vec·ti·*vis*·ta adj. s2g.
in·vec·*ti*·vo adj.
in·ve·*dá*·vel adj. 2g.; pl. ·veis.
in·*ve*·ja sf.
in·ve·*jan*·do adj.
in·ve·*jar* v.
in·ve·*já*·vel adj. 2g.; pl. ·veis.
in·ve·*jo*·so (ô) adj. sm.; f. *e* pl. (ó).
in·ve·*nal* adj. 2g.; pl. ·nais.
in·ven·ção sf.; pl. ·ções
in·ven·ci·bi·li·*da*·de sf.
in·ven·ci·o·*nar* v.
in·ven·ci·o·*nei*·ro adj. sm.
in·ven·ci·o·*ni*·ce sf.
in·ven·*cí*·vel adj. 2g.; pl. ·veis.
in·ven·*dá*·vel adj. 2g.; pl. ·veis.
in·ven·*dí*·vel adj. 2g.; pl. ·veis.
in·ven·*tar* v.
in·ven·ta·ri·*a*·ção sf.; pl. ·ções.
in·ven·ta·ri·*a*·do adj. sm.
in·ven·ta·ri·*an*·ça sf.
in·ven·ta·ri·*an*·te adj. s2g.
in·ven·ta·ri·*ar* v.
in·ven·ta·ri·*á*·vel adj. 2g.; pl. ·veis.
in·ven·*tá*·ri·o sm./Cf. *inventario*, do v. *inventariar*.
in·ven·*tá*·vel adj. 2g.; pl. ·veis.
in·ven·*ti*·va sf.
in·ven·ti·vi·*da*·de sf.
in·ven·*ti*·vo adj.
in·*ven*·to sm.
in·ven·*tor* (ô) adj. sm.
in·ve·*rí*·di·co adj.
in·ve·ri·fi·*cá*·vel adj. 2g.; pl. ·veis.
in·ver·na·ção sf.; pl. ·ções.
in·ver·*ná*·cu·lo adj. sm.
in·ver·*na*·da sf.
in·ver·na·*doi*·ro sm.: *invernadouro*.
in·ver·na·*dor* (ô) sm.
in·ver·na·*dou*·ro sm.: *invernadoiro*.
in·ver·*na*·gem sf.; pl. ·gens.
in·ver·*nal* adj. 2g.; pl. ·nais.
in·ver·*nar* v.
in·ver·*ni*·a sf.
in·ver·*nis*·ta s2g.
in·*ver*·no sm.
in·ver·*no*·so (ô) adj.; f. *e* pl. (ó).
in·ve·ro·*sí*·mil adj. 2g. sm.; pl. ·meis: *inverossímil*.
in·ve·ro·si·mi·*lhan*·ça sf.: *inverossimilhança*.

in·ve·ro·si·*mí*·li·mo adj.; superl. de *inverossímil*: *inverossimílimo*.
in·ve·ros·*sí*·mil adj. 2g. sm.; pl. ·meis.
in·ve·ros·si·mi·*lhan*·ça sf.
in·ve·ros·si·*mí*·li·mo adj.; superl. de *inverossímil*.
in·*ver*·sa sf.
in·ver·*são* sf.; pl. ·sões.
in·ver·si·o·*nis*·ta adj. s2g.
in·ver·*si*·vo adj.
in·*ver*·so adj. sm.
in·ver·*sor* (ô) adj. sm.
in·ver·te·*bra*·do adj. sm.
in·ver·*ter* v.
in·ver·*ti*·do adj. sm.
in·ver·*ti*·na sf.
in·ver·*tí*·vel adj. 2g.; pl. ·veis.
in·*vés* sm., nas locs. *ao invés e ao invés de*.
in·ves·*ti*·da sf.
in·ves·ti·*dor* (ô) adj. sm.
in·ves·ti·*du*·ra sf.
in·ves·ti·ga·ção sf.; pl. ·ções.
in·ves·ti·*ga*·do adj. sm.
in·ves·ti·ga·*dor* (ô) adj. sm.
in·ves·ti·*gan*·te adj. s2g.
in·ves·ti·*gar* v.
in·ves·ti·*gá*·vel adj. 2g.; pl. ·veis.
in·ves·ti·*men*·to sm.
in·ves·*tir* v.
in·ve·te·ra·ção sf.; pl. ·ções.
in·ve·te·*ra*·do adj.
in·ve·te·*rar* v.
in·vi:a·bi·li·*da*·de sf.
in·vi:a·bi·li·*zar* v.
in·vi:*á*·vel adj. 2g.; pl. ·veis.
in·*vic*·to adj. 'invencível'/Cf. *invito*, adj. *e* fl. do v. *invitar*.
in·vi·*dar* v.: *envidar*.
in·*ví*·di:a sf.
in·vi·di·*ar* v.
ín·vi·do adj. 'invejoso'/Cf. *invido*, do v. *invidar*.
in·vi·gi·*lân*·ci:a sf.
in·vi·gi·*lan*·te adj. 2g.
in·vin·*ga*·do adj.
in·vin·*gá*·vel adj. 2g.; pl. ·veis.
in·*vi*:o adj.
in·vi:o·la·bi·li·*da*·de sf.
in·vi:o·la·bi·li·*zar* v.
in·vi:o·*la*·do adj.
in·vi:o·*lá*·vel adj. 2g.; pl. ·veis.
in·vi:o·*len*·ta·do adj.
in·*vi*·ril adj. 2g.; pl. ·ris.
in·vi·ri·li·*da*·de sf.

in·vir·tu:*o*·so (ô) adj.; f. *e* pl. (ó).
in·vis·ce·ra·ção sf.; pl. ·ções.
in·vis·ce·*rar* v.
in·vi·si·bi·li·*da*·de sf.
in·vi·si·bi·li·*zar* v.
in·vi·*sí*·vel adj. 2g. sm.; pl. ·veis.
in·*vi*·so adj.
in·vi·ta·ção sf.; pl. ·ções.
in·vi·ta·*men*·to sm.
in·vi·*tar* v.
in·vi·ta·*tó*·ri:o adj. sm.
in·*vi*·te sm.
in·*vi*·to adj. 'involuntário'/Cf. *invicto*.
in·vi·tres·*cí*·vel adj. 2g.; pl. ·veis.
in vitro loc. adv. (lat.).
in·vo·ca·ção sf.; pl. ·ções.
in·vo·*ca*·do adj.
in·vo·ca·*dor* (ô) adj. sm.
in·vo·*car* v.
in·vo·ca·*ti*·vo adj.
in·vo·ca·*tó*·ri:a sf.
in·vo·ca·*tó*·ri:o adj.
in·vo·*cá*·vel adj. 2g.; pl. ·veis.
in·vo·lu·ção sf.; pl. ·ções.
in·vo·lu·ce·*la*·do adj.
in·vo·lu·*ce*·lo sm.
in·vo·lu·*cra*·do adj.
in·vo·lu·*cral* adj. 2g.; pl. ·crais.
in·vo·lu·cri·*for*·me adj. 2g.
in·*vó*·lu·cro sm.
in·vo·lun·*tá*·ri:o adj.
in·vo·*lu*·ta sf.
in·vo·*lu*·to adj.
in·vo·lu·*tó*·ri:o sm.
in·vul·*gar* adj. 2g.
in·vul·ne·ra·bi·li·*da*·de sf.
in·vul·ne·*ra*·do adj.
in·vul·ne·*rá*·vel adj. 2g.; pl. ·veis.
in·*zo*·na sf.
in·zo·*nar* v.
in·zo·*nei*·ro adj. sm.
in·zo·*ni*·ce sf.
i:o·*dar* v.
i:o·*da*·to sm.
i:o·*de*·to (ê) sm.
i:*ó*·di·co adj.
i:o·di·me·*tri*·a sf.
i:o·*dis*·mo sm.
i:*o*·do (ô) sm./Cf. *iodo* (ó), do v. *iodar*.
i:o·do·*fór*·mi:o sm.
i:o·do·te·ra·*pi*·a sf.
i:o·do·te·*rá*·pi·co adj.

i·*o*·ga sf.
i:*o*·ga-*ca*·ra sf.
i:*o*·gue adj. s2g.
i:*o*·gur·te sm.
i:o·im·*bi*·na sf.
io·*iô* sm.
io·*io*·ca sf.
i:*o*·le sf.
í:on sm.: iônio², ionte.
i:ô·*ni*·co adj.
i:ô·ni:o¹ adj. sm.: jônio/Cf. iônio².
i:ô·ni:o² sm.: íon/Cf. iônio¹.
i:o·ni·za-*ção* sf.; pl. ·*ções*.
i:o·ni·*zan*·te adj. 2g.
i:o·*no*·na sf.
i:o·nos·*fe*·ra sf.
i:*on*·te sm.: íon, iônio².
i:ôn·ti·co adj.
i:on·ti·za-*ção* sf.; pl. ·*ções*.
i:on·ti·*zar* v.
i:on·to·fo·*re*·se sf.
i:o·*ru*·ba adj. s2g. sm.
i:o·ru·*ba*·no adj. sm.
i:*o*·ta sm.
i:o·ta·*cis*·mo sm.
i·pa·*du* sm.
i·pa·me·*ri*·no adj. sm.
i·pa·ne·*men*·se adj. s2g.
i·pan·gua·çu:*en*·se adj. s2g.
i·pau·çu:*en*·se adj. s2g.
i·*pé* sm.: i·*pê*.
i·pê(s)-a·ma·re·lo(s) sm. (pl.).
i·pê-ba·*ta*·ta sm.; pl.
  ipês-batatas ou ipês-batata.
i·pê-*boi*·a sm.; pl. ipês-boias ou ipês-boia.
i·pê(s)-*bran*·co(s) sm. (pl.).
i·*pe*·ca adj. s2g. sf.
i·pê(s)-ca·*bo*·clo(s) sm. (pl.).
i·pe·ca·cu:*a*·nha sf.
i·pe·ca·cu:a·nha(s)-*bran*·ca(s) sf. (pl.).
i·pe·ca·cu:a·nha(s)-*fal*·sa(s) sf. (pl.).
i·pe·ca·cu:a·nha(s)-*pre*·ta(s) sf. (pl.).
i·pe·*cu* sm.
i·pe·cu:a·ca·mi·*rá* sm.
i·pe·cu:a·*ti* sm.
i·pe·cu·mi·*rim* sm.; pl. ·*rins*.
i·pe·cu·pa·*rá* sm.
i·pe·cu·pi·*ni*·ma sm.
i·pe·cu·tau·*á* sm.
i·pê-ma·*mo*·no sm.; pl. ipês-mamonos ou ipês-mamono.
i·pê(s)-*pre*·to(s) sm. (pl.).

i·pe·*qui* sm.
i·pe·*ri*·ta sf.
i·pê(s)-*ro*·sa(s) sm. (pl.).
i·pê(s)-*ro*·xo(s) sm. (pl.).
i·pê-ta·*ba*·co sm.; pl.
  ipês-tabacos ou ipês-tabaco.
i·pe:u·*í* adj. s2g.
i·pe:*ú*·na sf.
i·pe:*ú*·va sf.
i·pi:a:u:*en*·se adj. s2g.
i·pi·i·*ben*·se adj. s2g.
i·*pí*·ne:o adj. sm.
i·pi·ra:*en*·se adj. s2g.
i·pi·xu·*nen*·se adj. s2g.
i·po·ju·*ca*·no adj. sm.
i·po·ju·*quen*·se adj. s2g.
i·po·*mei*·a sf.
i·po·ra·*en*·se adj. s2g.
i·po·ran·*guei*·ro adj. sm.
i·po·ran·*guen*·se adj. s2g.
i·po·teu·*a*·te adj. s2g.
ip·se:i·*da*·de sf.
ip·*si*·do adj. sm.
ip·si·*lão* sm.; pl. ·*lões*: hipsilão, hípsilo, hípsilon, ip·si·*lo*, íp·si·lon, ip·*sí*·lon.
ipsis litteris loc. adv. (lat.).
ipso facto loc. adv. (lat.).
i·*pu* sm.
i·pu:*ã* sf.
i·pu:a·*çu* sm.
i·pu:a·*da* sf.
i·pu:a·*nen*·se adj. s2g.
i·*pu*·ca sf.
i·pu:*ei*·ra sf.: impueira, impureira.
i·pu:ei·*ren*·se adj. s2g.
i·pu:*en*·se adj. s2g.
i·pu·*e*·ra (ê) sf.
i·pu:i·u·*nen*·se adj. s2g.
i·pu·*quen*·se adj. s2g.
i·pu·ri·*ná* sm.
i·pu·*ru*·na sf.
ir v.
i·ra sf.
i·*rá* sm./Cf. irá, do v. ir.
i·ra·ce·ma·po·*len*·se adj. s2g.
i·ra·*cún*·di·a sf.
i·ra·*cun*·do adj. sm.
i·ra·do adj.
i·ra·*í* sm.
i·ra:i·*en*·se adj. s2g.
i·*ran*·che adj. s2g.
i·ra·ni:*a*·no adj. sm.
i·*rã*·ni·co adj. sm.
i·ra·ni·*zan*·te adj. s2g.
i·ra·*pon*·ga sf.: araponga.

i·ra·pu:*á* sf.: arapuá, i·ra·pu:*ã*.
i·ra·pu:*en*·se adj. s2g.
i·ra·pu·*rá* sm.
i·ra·pu·*ru* sm.
i·ra·pu·ru:*en*·se adj. s2g.
i·ra·qui:*a*·no adj. sm.
i·*rar* v.
i·*ra*·ra sf.
i·ra·ra:*en*·se adj. s2g.
i·ras·ci·bi·li·*da*·de sf.
i·ras·*cí*·vel adj. 2g.; pl. ·*veis*.
i·ra·ta·*pui*·a adj. s2g.
i·ra·tau·*á* sm.
i·ra·ti:*en*·se adj. s2g.
i·ra·*tim* sm.; pl. ·*tins*: iraxim.
i·ra·*ú*·na sf.
i·ra·*xim* sf.; pl. ·*xins*: iratim.
i·re·ce:*en*·se adj. s2g.
i·re·*nis*·mo sm.
i·re·*nis*·ta adj. s2g.
i·re·*rê* s2g.
i·*ri* sf.
i·ri:*a*·do adj.
i·ri:*an*·te adj. 2g.
i·ri:*ar* v.
i·ri·*ce*·ca sf.
i·ri·cu·*ra*·na sf.
i·ri·cu·*ri* sm.: aricuri.
i·ri·*dá*·ce:a sf.
i·ri·*dá*·ce:o adj.
i·ri·*de*·ca sf.
i·ri·dec·to·*mi*·a sf.
i·ri·dec·*tô*·mi·co adj.
i·ri·dec·to·*pi*·a sf.
i·ri·de·*mi*·a sf.
i·ri·de·re·*mi*·a sf.
i·ri·des·*cen*·te adj. 2g.
i·*rí*·di·co adj.
i·ri·*dí*·fe·ro adj.
i·*rí*·di:o sm.
i·ri·*di*·te sf.
i·ri·do·ci·*ne*·si·a sf.
i·ri·don·*co*·se sf.
i·ri·do·ple·*gi*·a sf.
i·ri·do·*plé*·gi·co adj.
i·ri·do·to·*mi*·a sf.
i·ri·mi·*rim* sm.; pl. ·*rins*.
i·ri·ri·*bá* sm.
i·ri·ri·bá(s)-a·ma·re·lo(s) sm. (pl.).
i·ri·ri·bá(s)-*ro*·sa(s) sm. (pl.).
í·ris sm. ou sf. 2n. 'o espectro solar' 'pupila'/Cf. ires, do v. ir, e iriz.
i·ri·sa·*ção* sf.; pl. ·*ções*.
i·ri·*sa*·do adj.
i·ri·*sar* v. 'matizar'/Cf. irizar.

i·ri·sop·si·a sf.
i·ri·ta·ta·ca sf.: *jaritataca*.
i·*ri*·te sf.
i·ri·tin·ga sf.
i·*riz* sf. 'doença que dá no cafeeiro'/Cf. *íris* s., e *ires*, fl. do v. *ir*.
i·ri·*zar* v. 'ser o cafeeiro atacado de iriz'/Cf. *irisar*.
ir·lan·*dês* adj. sm.
ir·*mã* adj. sf.; f. de *irmão*.
ir·ma·na·*ção* sf.; pl. ·*ções*.
ir·ma·*nar* v.
ir·man·*da*·de sf.
ir·*mão* adj. sm.; pl. ·*mãos*; f. *irmã*.
ir·mão(s) da *o*·pa sm. (pl.).
ir·mão(s)-mo·*rá*·vi:o(s) sm. (pl.).
i·ro·*ni*·a sf.
i·*rô*·ni·co adj.
i·ro·*nis*·mo sm.
i·ro·*nis*·ta adj. s2g.
i·ro·ni·*zar* v.
i·ro·*quês* adj. sm.
i·*ro*·so (ô) adj.; f. *e* pl. (ó).
ir·ra interj.
ir·ra·ci:o·ci·*na*·do adj.
ir·ra·ci:o·*nal* adj. 2g. sm.; pl. ·*nais*.
ir·ra·ci:o·na·li·*da*·de sf.
ir·ra·ci:o·na·*lis*·mo sm.
ir·ra·ci:o·na·li·*zar* v.
ir·ra·ci:o·*ná*·vel adj. 2g.; pl. ·veis.
ir·ra·di:a·*ção* sf.; pl. ·*ções*.
ir·ra·di:a·*dor* (ô) adj. sm.
ir·ra·di:*an*·te adj. 2g.
ir·ra·di:*ar* v.
ir·ra·di:*o*·so (ô) adj.; f. *e* pl. (ó).
ir·*ré* sf.
ir·re:a·jus·*tá*·vel adj. 2g.; pl. ·veis.
ir·re:*al* adj. 2g. sm.; pl. ·*ais*.
ir·re:a·*lis*·mo sm.
ir·re:a·li·za·bi·li·*da*·de sf.
ir·re:a·li·za·*ção* sf.; pl. ·*ções*.
ir·re:a·li·*za*·do adj.
ir·re:a·li·*zá*·vel adj. 2g.; pl. ·veis.
ir·re·cla·*má*·vel adj. 2g.; pl. ·veis.
ir·re·cli·*ná*·vel adj. 2g.; pl. ·veis.
ir·re·co·*brá*·vel adj. 2g.; pl. ·veis.
ir·re·con·ci·li:a·bi·li·*da*·de sf.
ir·re·con·ci·li:*a*·do adj.
ir·re·con·ci·li:*á*·vel adj. 2g.; pl. ·veis.
ir·re·co·nhe·*cí*·vel adj. 2g.; pl. ·veis.
ir·re·cor·ri·bi·li·*da*·de sf.
ir·re·cor·*rí*·vel adj. 2g.; pl. ·veis.
ir·re·cu·pe·*rá*·vel adj. 2g.; pl. ·veis.
ir·re·cu·sa·bi·li·*da*·de sf.
ir·re·cu·*sá*·vel adj. 2g.; pl. ·veis.
ir·re·den·*tis*·mo sm.
ir·re·den·*tis*·ta adj. s2g.
ir·re·*den*·to adj.
ir·re·di·*mí*·vel adj. 2g.; pl. ·veis.
ir·re·du·ti·bi·li·*da*·de sf.
ir·re·du·*tí*·vel adj. 2g.; pl. ·veis.
ir·re·du·*zí*·vel adj. 2g.; pl. ·veis.
ir·re:e·le·*gí*·vel adj. 2g.; pl. ·veis.
ir·re·fle·*ti*·do adj.
ir·re·fle·*xão* (cs) sf.; pl. ·*xões*.
ir·re·fle·*xi*·vo (cs) adj.
ir·re·*fle*·xo (cs) adj.
ir·re·for·*má*·vel adj. 2g.; pl. ·veis.
ir·re·fra·ga·bi·li·*da*·de sf.
ir·re·fra·*gá*·vel adj. 2g.; pl. ·veis.
ir·re·fran·*gí*·vel adj. 2g.; pl. ·veis.
ir·re·fre:*á*·vel adj. 2g.; pl. ·veis.
ir·re·fu·ta·bi·li·*da*·de sf.
ir·re·fu·*ta*·do adj.
ir·re·fu·*tá*·vel adj. 2g.; pl. ·veis.
ir·re·ge·ne·*ra*·do adj.
ir·re·ge·ne·*rá*·vel adj. 2g.; pl. ·veis.
ir·re·gres·*sí*·vel adj. 2g.; pl. ·veis.
ir·re·gu·*lar* adj. s2g.
ir·re·gu·la·ri·*da*·de sf.
ir·re:i·te·*rá*·vel adj. 2g.; pl. ·veis.
ir·re·le·*vân*·ci:a sf.
ir·re·le·*van*·te adj. 2g.
ir·re·li·gi:*ão* sf.; pl. ·*ões*.
ir·re·li·gi:o·si·*da*·de sf.
ir·re·li·gi:*o*·so (ô) adj.; f. *e* pl. (ó).
ir·re·me:*á*·vel adj. 2g.; pl. ·veis.
ir·re·me·di:a·bi·li·*da*·de sf.
ir·re·me·di:*á*·vel adj. 2g.; pl. ·veis.
ir·re·mis·si·bi·li·*da*·de sf.
ir·re·mis·*sí*·vel adj. 2g.; pl. ·veis.
ir·re·mi·*ten*·te adj. 2g.
ir·re·*mí*·vel adj. 2g.; pl. ·veis.
ir·re·mo·*ví*·vel adj. 2g.; pl. ·veis.
ir·re·mu·ne·*ra*·do adj.
ir·re·mu·ne·*rá*·vel adj. 2g.; pl. ·veis.
ir·re·nun·ci:a·bi·li·*da*·de sf.
ir·re·nun·ci:*á*·vel adj. 2g.; pl. ·veis.
ir·re·pa·ra·bi·li·*da*·de sf.
ir·re·pa·*rá*·vel adj. 2g.; pl. ·veis.
ir·re·par·*tí*·vel adj. 2g.; pl. ·veis.
ir·re·ple·*gí*·vel adj. 2g.; pl. ·veis.
ir·re·pli·*cá*·vel adj. 2g.; pl. ·veis.
ir·re·pre:en·si·bi·li·*da*·de sf.
ir·re·pre:en·*sí*·vel adj. 2g.; pl. ·veis.
ir·re·pre·sen·ta·ti·vi·*da*·de sf.
ir·re·pre·sen·ta·*ti*·vo adj.
ir·re·pre·sen·*tá*·vel adj. 2g.; pl. ·veis.
ir·re·pri·mi·bi·li·*da*·de sf.
ir·re·pri·*mi*·do adj.
ir·re·pri·*mí*·vel adj. 2g.; pl. ·veis.
ir·re·pro·*chá*·vel adj. 2g.; pl. ·veis.
ir·re·pro·du·*zí*·vel adj. 2g.; pl. ·veis.
ir·re·qui:e·ta·*ção* sf.; pl. ·*ções*.
ir·re·qui:*e*·to adj.
ir·re·qui:e·*tu*·de sf.
ir·res·cin·di·bi·li·*da*·de sf.
ir·res·cin·*dí*·vel adj. 2g.; pl. ·veis.
ir·res·ga·*tá*·vel adj. 2g.; pl. ·veis.
ir·re·sig·*ná*·vel adj. 2g.; pl. ·veis.
ir·re·si·*lí*·vel adj. 2g.; pl. ·veis.
ir·re·sis·*tên*·ci:a sf.
ir·re·sis·*ten*·te adj. 2g.
ir·re·sis·ti·bi·li·*da*·de sf.
ir·re·sis·*tí*·vel adj. 2g.; pl. ·veis.
ir·re·so·lu·*ção* sf.; pl. ·*ções*.
ir·re·so·*lu*·to adj. sm.
ir·re·so·*lú*·vel adj. 2g.; pl. ·veis.
ir·res·pei·*tá*·vel adj. 2g.; pl. ·veis.
ir·res·pi·ra·bi·li·*da*·de sf.
ir·res·pi·*rá*·vel adj. 2g.; pl. ·veis.
ir·res·pon·*dí*·vel adj. 2g.; pl. ·veis.
ir·res·pon·sa·bi·li·*da*·de sf.

ir·res·pon·sa·bi·li·*zar* v.
ir·res·pon·*sá*·vel adj. s2g.; pl. ·veis.
ir·res·trin·*gí*·vel adj. 2g.; pl. ·veis.
ir·res·*tri*·to adj.
ir·re·to·*cá*·vel adj. 2g.; pl. ·veis·
ir·re·tor·*quí*·vel adj. 2g.; pl. ·veis.
ir·re·tra·ta·bi·li·*da*·de sf.
ir·re·tra·*tá*·vel adj. 2g.; pl. ·veis.
ir·re·tro:a·ti·vi·*da*·de sf.
ir·re·tro:a·*ti*·vo adj.
ir·re·ve·*la*·do adj.
ir·re·ve·*lá*·vel adj. 2g.; pl. ·veis.
ir·re·ve·*rên*·ci:a sf.
ir·re·ve·ren·ci:o·so (ô) adj.; f. *e* pl. (ó).
ir·re·ve·*ren*·te adj. s2g.
ir·re·ver·si·bi·li·*da*·de sf.
ir·re·ver·*sí*·vel adj. 2g.; pl. ·veis.
ir·re·vo·ca·bi·li·*da*·de sf.
ir·re·vo·*cá*·vel adj. 2g.; pl. ·veis.
ir·re·vo·ga·bi·li·*da*·de sf.
ir·re·vo·*gá*·vel adj. 2g.; pl. ·veis.
ir·ri·ga·*ção* sf.; pl. ·*ções.*
ir·ri·ga·*dor* (ô) adj. sm.
ir·ri·*gar* v.
ir·ri·ga·*tó*·ri:o adj.
ir·ri·*gá*·vel adj. 2g.; pl. ·veis.
ir·ri·*são* sf.; pl. ·*sões.*
ir·ri·*sor* (ô) adj. sm.
ir·ri·*só*·ri:o adj.
ir·ri·ta·bi·li·*da*·de sf.
ir·ri·ta·*ção* sf.; pl. ·*ções.*
ir·ri·ta·*di*·ço adj.
ir·ri·*ta*·do adj.
ir·ri·ta·*dor* (ô) adj. sm.
ir·ri·ta·*men*·to sm.
ir·ri·*tan*·te adj. 2g. sm.
ir·ri·*tar* v.
ir·ri·ta·*ti*·vo adj.
ir·ri·*tá*·vel adj. 2g.; pl. ·veis.
ír·ri·to adj. 'nulo'/Cf. *irrito,* do v. *irritar.*
ir·ri·va·li·*zá*·vel adj. 2g.; pl. ·veis.
ir·ro·ga·*ção* sf.; pl. ·*ções.*
ir·ro·*gar* v.
ir·rom·*per* v.
ir·rom·*pí*·vel adj. 2g.; pl. ·veis.
ir·ro·ra·*ção* sf.; pl. ·*ções.*
ir·ro·*rar* v.
ir·ro·ta·ci:o·*nal* adj. 2g.; pl. ·*nais.*
ir·ru·mi·na·*ção* sf.; pl. ·*ções.*

ir·rup·*ção* sf. 'invasão súbita'; pl. ·*ções*/Cf. *erupção.*
ir·rup·*ti*·vo adj. 'que causa irrupção'/Cf. *eruptivo.*
ir·*rup*·to adj.
i·*ru* sm.
i·ru·*çu* sm.
i·ru·çu(s)·do·*chão* sm. (pl.).
i·ru·çu(s)·mi·*nei*·ro(s) sm. (pl.).
i·sa·*bel* adj. 2g. sm. sf.; pl. ·*béis.*
i·sa·be·*len*·se adj. s2g.
i·sa·be·*li*·no adj.
i·sa·*go*·ge sf.
i·sa·*gó*·gi·co adj.
í·sa·te sf.: *í*·sa·tis.
is·*bá* sf.
is·ca interj. sf.
is·car v.
isc·*nó*·ce·ro adj. sm.
isc·no·fo·*ni*·a sf.
is·co·ble·*ni*·a sf.
is·co·*blê*·ni·co adj.
is·co·ce·*no*·se sf.
is·co·lo·qui:*al* adj. 2g.; pl. ·*ais.*
is·co·me·*ni*·a sf.
is·co·*mê*·ni·co adj.
is·cu·*ré*·ti·co adj.
is·*cú*·ri:a sf.: is·cu·*ri*·a.
is·*cú*·ri·co adj.
i·sen·*ção* sf.; pl. ·*ções.*
i·se·*nér*·gi·co adj.: *isoenérgico.*
i·sen·*tál*·pi·co adj.: *isoentálpico.*
i·sen·*tar* v.
i·sen·*ti*·vo adj.
i·*sen*·to adj.
i·sen·*tró*·pi·co adj.
i·se·*ri*·na sf.
i·*sí*·a·co adj. sm.
i·*sí*·di:o sm.
i·si·*do*·ra sf.
i·si·do·*ren*·se adj. s2g.
i·si·*do*·ro sm.
is·*lã* sm.: is·*la*·me, *islão.*
is·la·*mis*·mo sm.
is·la·*mi*·ta adj. s2g.
is·la·*mí*·ti·co adj.
is·lan·*dês* adj. sm.
is·*lão* sm.; pl. ·*lãos*: *islã, islame.*
is·*le*·nho adj. sm.
is·ma:e·li:*a*·no adj. sm.
is·ma:e·*lis*·mo sm.
is·ma:e·*li*·ta adj. s2g.
is·ma:e·*lí*·ti·co adj.
is·mo sm.
i·so:*a*·xe (cs) adj. 2g.
i·so·ba·*fi*·a sf.

i·so·*bá*·fi·co adj.
i·*só*·ba·ra sf.
i·*só*·ba·re adj. 2g. sf.
i·so·*bá*·ri·ca sf.
i·so·*bá*·ri·co adj.
i·*só*·ba·ro adj. sm.
i·*só*·ba·ta sf.
i·so·bri:*a*·le sf.
i·so·*car*·po adj.: i·so·*cár*·pe:o.
i·so·*cí*·cli·co adj.
i·*só*·cli·na sf.
i·so·cli·*nal* adj. 2g.; pl. ·*nais.*
i·*só*·cli·no adj. sm.: i·so·*cli*·no.
i·*só*·co·lo adj. sm.: i·so·*có*·lon.
i·so·*có*·ri·co adj.
i·*só*·co·ro adj. sm.
i·so·co·ti·*li*·a sf.
i·so·cro·*má*·ti·co adj.
i·so·cro·*mi*·a sf.
i·so·*crô*·mi·co adj.
i·so·cro·*nis*·mo sm.
i·*só*·cro·no adj.
i·so·*dác*·ti·lo adj.: i·so·*dá*·ti·lo.
i·so·di:*á*·fe·ro adj. sm.
i·so·di:a·*mé*·tri·co adj.
i·*só*·di·co adj.
i·so·di·na·*mi*·a sf.
i·so·di·*nâ*·mi·co adj.
i·so·*don*·te adj. 2g. sm.
i·so:*é*·dri·co adj.
i·so:e·*nér*·gi·co adj.: *isenérgico.*
i·so:en·*tál*·pi·co adj.: *isentálpico.*
i·so:e·*tá*·ce:a sf.
i·so:e·*tá*·ce:o adj.
i·so:e·*ti*·na sf.
i·so·fi·*li*·a sf.
i·so·*fi*·lo adj.
i·*só*·fo·no adj.: i·so·*fo*·no.
i·*só*·fo·to sm.: i·so·*fo*·to.
i·*só*·ga·ma sf.
i·so·ga·*me*·ta (ê *ou* é) sm.: i·so·*gâ*·me·ta.
i·so·ga·me·*ti*·a sf.
i·so·ga·*mi*·a sf.
i·so·*gâ*·mi·co adj.
i·*só*·ga·mo adj.
i·so·*gê*·ne·se sf.
i·so·ge·*né*·ti·co adj.
i·so·*gê*·ni·co adj.
i·*só*·ge·no adj.
i·*só*·gi·no adj.
i·so·*glos*·sa sf.
i·so·*glós*·si·co adj.
i·so·*gló*·ti·co adj.
i·so·*gô*·ni·ca adj. sf.
i·*só*·go·no adj.

i·so·gra·*fi*·a sf.
i·so·*grá*·fi·co adj.
i·so·i·e·ta (ê) sf.
i·so:*íp*·sa sf.
i·so·la·*ção* sf.; pl. ·*ções*.
i·so·*la*·do adj.
i·so·la·*dor* (ô) adj. sm.
i·so·la·*men*·to sm.
i·so·*lan*·te adj. 2g. sm.
i·so·*lar* v.
i·so·la·te·*ral* adj. 2g.; pl. ·*rais*.
i·so·*lá*·vel adj. 2g.; pl. ·*veis*.
i·*só*·lo·do adj. sm.
i·*sô*·me·re adj. s2g.
i·so·me·*ri*·a sf.
i·so·*mé*·ri·co adj.
i·so·me·*ris*·mo sm.
i·sô·me·ro adj. sm.
i·so·me·*tri*·a sf.
i·so·*mé*·tri·ca sf.
i·so·*mé*·tri·co adj.
i·*sô*·me·tro sm.
i·so·me·tro·*pi*·a sf.
i·so·mi:*á*·ri:o adj.
i·so·mor·*fi*·a sf.
i·so·*mór*·fi·co adj.
i·so·mor·*fis*·mo sm.
i·so·*mor*·fo adj.
i·so·no·*mi*·a sf.
i·so·pa·ra·*mé*·tri·co adj.
i·so·*pa*·ta s2g.: i·*só*·pa·ta.
i·so·pa·*ti*·a sf.
i·so·*pá*·ti·co adj.
i·so·*pé*·ta·lo adj.
i·so·*pi*·a sf.
i·*só*·po·de adj. 2g. sm.
i·so·*por* (ô) sm.
i·so·*pó*·ri·ca sf.
i·so·*pre*·no sm.
i·*sóp*·te·ro adj. sm.
i·*sóp*·ti·ca sf.
i·*sóp*·ti·co adj.
i·so·*quí*·me·na sf.
i·so·*quí*·mê·ni·co adj.
i·so·*quí*·me·no adj.
i·so·ri:en·*ta*·do adj.
i·*sós*·ce·le adj. 2g.
i·*sós*·ce·les adj. 2g. 2n.
i·sos·ce·*li*·a sf.
i·sos·*fé*·ri·co adj.
i·sos·*mi*·a sf.
i·sos·*mo*·se sf.
i·sos·*mó*·ti·ca sf.
i·sos·*pôn*·di·lo adj. sm.
i·sos·po·*ra*·do adj.
i·sos·si·*lá*·bi·co adj.
i·sos·*sis*·ta sf.

i·*sós*·ta·se sf.
i·sos·ta·*si*·a sf.
i·sos·*tá*·ti·co adj.
i·sos·*tê*·mo·ne adj. 2g.
i·so·ta·lan·*to*·sa sf.
i·so·*ter*·ma sf.
i·so·*tér*·mi·ca sf.
i·so·*tér*·mi·co adj.
i·so·*ter*·mo adj.
i·*só*·ti·po sm.
i·so·to·*ni*·a sf.
i·so·*tô*·ni·co adj.
i·*só*·to·no adj.
i·so·to·*pi*·a sf.
i·so·*tó*·pi·co adj.
i·*só*·to·po adj. sm.
i·so·tro·*pi*·a sf.
i·so·*tró*·pi·co adj.
i·*só*·tro·po adj.
i·so·vo·lu·*mé*·tri·co adj.
is·*quei*·ro sm.
is·que·*mi*·a sf.
is·que·mi·*a*·do adj.
is·*quê*·mi·co adj.
is·qui:a·del·*fi*·a sf.
is·qui:a·*del*·fo adj. sm.
is·qui:*á*·di·co adj.
is·qui:a·gra sf.
is·qui:*al* adj. 2g.; pl. ·*ais*.
is·qui:*al*·gi·a sf.
is·qui:*á*·ti·co adj.
is·qui·*dro*·se sf.
ís·qui:o sm.: *ísquion*.
is·qui:o·*ce*·le sf.
ís·qui:on sm.: *ísquio*.
is·qui:o·pa·*gi*·a sf.
is·qui:*ó*·pa·go adj. sm.
is·ra:*el* sm.; pl. ·*éis*.
is·ra:e·*len*·se adj. s2g.
is·ra:e·li:*a*·no adj. sm.
is·ra:e·*li*·ta adj. s2g.
is·ra:e·*lí*·ti·co adj.
is·*sei* adj. s2g. 'japonês que emigra para a América'/Cf. icei, do v. içar.
is·so pron./Cf. iço, do v. içar.
íst·mi·co adj.
íst·mo sm.
ist·mo·ple·*gi*·a sf.
is·to pron.
i·su·*ri*·a sf.: i·*sú*·ri:a.
i·su·*rí*·de:o adj. sm.
i·ta sm.
i·*tá* sf.
i·*tã* sf.: *intã*.
i·ta·bai·a·*nen*·se adj. s2g.
i·ta·bai·a·ni·*nhen*·se adj. s2g.

i·ta·ba·pu:a·*nen*·se adj. s2g.
i·ta·be·*ra*·ba sf.
i·ta·be·ra·*ben*·se adj. s2g.
i·ta·be·*ren*·se adj. s2g.
i·ta·be·*ri*·no adj. sm.
i·ta·bi:*en*·se adj. s2g.
i·ta·bi·*ra*·no adj. sm.
i·ta·bi·ri·*ten*·se adj. s2g.
i·ta·bi·*ri*·to sm.
i·ta·bo·ra:i·*en*·se adj. s2g.
i·ta·bu·*nen*·se adj. s2g.
i·ta·ca·ja:*en*·se adj. s2g.
i·ta·ca·re:*en*·se adj. s2g.
i·ta·co·lo·*mi*·to sm.: i·ta·co·lu·*mi*·to.
i·ta·cu:*ã* sm.
i·ta·cu·*ru* sm.
i·ta·cu·*ru*·a sf.
i·ta·cu·*ru*·ba sf.
i·ta·cu·*ru*·*bá* sm.
i·ta·cu·ru·ça:*en*·se adj. s2g.
i·ta·cu·*rum*·bi sm.
i·ta:e·te:*en*·se adj. s2g.
i·ta·gua·çu:*en*·se adj. s2g.
i·ta·gua·i·*en*·se adj. s2g.
i·ta·gua·je:*en*·se adj. s2g.
i·ta·gua·*ren*·se adj. s2g.
i·ta·gua·ti·*nen*·se adj. s2g.
i·ta:i·*en*·se adj. s2g.
i·ta:im·*bé* sm.
i·ta:i·no·po·*len*·se adj. s2g.
i·ta:i·o·po·*len*·se adj. s2g.
i·ta:i·*pa*·ba sf.: i·ta:i·*pa*·va.
i·ta:i·pa·*ven*·se adj. s2g.
i·ta:i·tu·*ben*·se adj. s2g.
i·ta·ja:i·*en*·se adj. s2g.
i·ta·jo·bi:*en*·se adj. s2g.
i·ta·*ju*·ba sf.
i·ta·ju·*ben*·se adj. s2g.
i·ta·ju:*en*·se adj. s2g.
i·ta·ju:i·*pen*·se adj. s2g.
i·ta·li:a·*na*·da sf.
i·ta·li:a·ni·*da*·de sf.
i·ta·li:a·*nis*·mo sm.
i·ta·li:a·*nis*·ta adj. s2g.
i·ta·li:a·ni·za·*ção* sf.; pl. ·*ções*.
i·ta·li:a·ni·*zar* v.
i·ta·li:*a*·no adj. sm.
i·ta·li:a·no·fi·*li*·a sf.
i·ta·li:a·*nó*·fi·lo adj. sm.
i·ta·li:a·no·fo·*bi*·a sf.
i·ta·li:a·*nó*·fo·bo adj. sm.
i·*tá*·li·co adj. sm.
i·ta·li:*o*·ta adj. s2g.
í·ta·lo adj. sm.
í·ta·lo-bra·si·*lei*·ro(s) adj. sm. (pl.).

i·tal·*ven*·se adj. s2g.
i·ta·*ma*·ca sf.
i·ta·ma·ran·di·*ba*·no adj. sm.
i·tam·ba·ra·ca:*en*·se adj. s2g.
i·tam·*bé* sm.
i·tam·be:*en*·se adj. s2g.
i·ta·mo·ji:*en*·se adj. s2g.
i·ta·mon·*ten*·se adj. s2g.
i·tan·*gá* adj. s2g.
i·ta·nha·*en*·se adj. s2g.
i·ta·nhan·du:*en*·se adj. s2g.
i·ta·nho·mi:*en*·se adj. s2g.
i·ta·*o*·ca sf.
i·ta:o·ca·*ren*·se adj. s2g.
i·ta·pa·*ci*·no adj. sm.
i·ta·pa·gi·*pen*·se adj. s2g.
i·ta·pa·nho:a·*can*·ga sf.
i·ta·pa·ri·*ca*·no adj. sm.
i·ta·*pe*·ba sf.: *itapeva*.
i·ta·pe·ce·*ri*·ca sf.
i·ta·pe·ce·ri·*ca*·no adj. sm.
i·ta·pe·cu:*im* sm.: *itapicuim*; pl. ·*ins*.
i·ta·pe·cu·ru:*en*·se adj. s2g. 'de, ou pertencente ou relativo a Itapecurumirim'/Cf. *itapicuruense*.
i·ta·*pe*·ma sf.
i·ta·pe·mi·ri·*nen*·se adj. s2g.
i·ta·pe·ru·*nen*·se adj. s2g.
i·ta·pe·ti·*nen*·se adj. s2g.
i·ta·pe·tin·*guen*·se adj. s2g.
i·ta·pe·ti·nin·*ga*·no adj. sm.
i·ta·peu·*á* sm.
i·ta·*pe*·va sf.: *itapeba*.
i·ta·pe·*ven*·se adj. s2g.
i·ta·pi·cu:*im* sm.: *itapecuim*; pl. ·*ins*.
i·ta·pi·cu·*ru* sm.
i·ta·pi·cu·ru:*en*·se adj. s2g. 'de, ou pertencente ou relativo a Itapecuru'/Cf. *itapecuruense*.
i·ta·pi·po·*quen*·se adj. s2g.
i·ta·pi·*ran*·ga sm.
i·ta·pi·ran·*guen*·se adj. s2g.
i·ta·pi·*ren*·se adj. s2g.
i·ta·pi·*ri* sm.
i·ta·pi:*ú*·na sf.
i·ta·po·*li*·no adj. sm.
i·ta·po·ra·*nen*·se adj. s2g.
i·ta·po·ran·*guen*·se adj. s2g.
i·ta·*pu* sm.: *atapu*.
i·ta·pu:*á* sm.: i·ta·pu·*ã*.
i·ta·pu:i·*en*·se adj. s2g.
i·ta·pu·ran·*guen*·se adj. s2g.
i·ta·qua·que·ce·tu·*ba*·no adj. s2g.

i·ta·qua·*ren*·se adj. s2g.
i·ta·qua·ti:*a*·ra sf.
i·ta·qua·ti:a·*ren*·se adj. s2g.
i·ta·qui:*en*·se adj. s2g.
i·ta·ra·*ré* sm.
i·ta·ra·re:*en*·se adj. s2g.
i·ta·ri·ri:*en*·se adj. s2g.
i·ta·ru·*men*·se adj. s2g.
i·ta·ti·*ba*·no adj. sm.
i·ta·ti·*ben*·se adj. s2g.
i·ta·tin·*guen*·se adj. s2g.
i·ta·ti·*ren*·se adj. s2g.
i·tau·*á* sm.: *ituá*.
i·ta·*ú*·ba sf.
i·ta·*ú*·ba(s)-ver·*me*·lha(s) sf. (pl.).
i·ta:u·ba·*ra*·na sf.
i·ta:u·en·se adj. s2g.
i·ta:u·çu:*en*·se adj. s2g.
i·ta:u·ei·*ren*·se adj. s2g.
i·ta·*ú*·na sf.
i·ta·u·*nen*·se adj. s2g.
i·*té* adj. 2g.
i·tem sm.; pl. ·*tens*.
i·te·ra·*ção* sf.; pl. ·*ções*.
i·te·*rar* v.
i·te·ra·*ti*·vo adj.
i·te·*rá*·vel adj. 2g.; pl. ·*veis*.
i·*tér*·bi·co adj.
i·*tér*·bi:o sm.
i·ter·*bi*·ta sf.
i·ter·*bí*·ti·co adj.
i·te·*rí*·ci:a sf.: *icterícia*.
i·*té*·ri·co adj.: *ictérico*.
i·ti·ne·*ran*·te adj. s2g.
i·ti·ne·*rá*·ri:o adj. sm.
i·tin·*guen*·se adj. s2g.
i·ti·qui·*ra*·no adj. sm.
i·ti·qui·*ren*·se adj. s2g.
i·ti·ra·pi·*nen*·se adj. s2g.
i·ti·ra·pu:a·*nen*·se adj. s2g.
i·ti·ra·çu:*en*·se adj. s2g.
i·ti:u·*ben*·se adj. s2g.
i·to·ga·*pu*·que adj. sm.
i·to·*mí*·de:o adj. sm.
i·to·ro·*ró* sm.
i·tou·*pa*·va sf.: *itupava*.
í·tri:o sm.
i·tro·ce·*ri*·ta sf.
i·tro·ce·*rí*·ti·co adj.
i·tro·co·lum·*bi*·ta sf.
i·tro·co·lum·*bí*·ti·co adj.
i·tro·cra·*si*·ta sf.
i·tro·cra·*sí*·ti·co adj.
i·tro·flu·o·*ri*·ta sf.
i·tro·flu:o·*rí*·ti·co adj.
i·tro·tan·ta·*li*·ta sf.

i·tro·tan·ta·*lí*·ti·co adj.
i·*tu* sm.
i·tu:*á* sm.: *itauá*.
i·tu·*á*(s)-a·*çu*(s) sm. (pl.).
i·tu:a·çu:*en*·se adj. s2g.
i·tu:*a*·no adj. sm.
i·tu·be·ra:*en*·se adj. s2g.
i·tu:e·*ten*·se adj. s2g.
i·tu:*í* sm.
i·tu·í-ca·*va*·lo sm.; pl. *ituís-cavalos* ou *ituís-cavalo*.
i·tu:i·*a*·na adj. s2g.
i·tu:i·pi·*ni*·ma sm.: i·tu·í(s)--pi·*ni*·ma(s) sm. (pl.).
i·tu:í-ter·*ça*·do sm.; pl. *ituís-terçados* ou *ituís-terçado*.
i·tu:i·tu:*í* sm.
i·tui:u·ta·*ba*·no adj. sm.
i·tum·bi:a·*ren*·se adj. s2g.
i·tu·*pa*·va sf.
i·tu·*pe*·ba sf.: i·tu·*pe*·va.
i·tu·pi·ran·*guen*·se adj. s2g.
i·tu·ra·*men*·se adj. s2g.
i·tu·ve·ra·*ven*·se adj. s2g.
i:u·*á* sf.
i:u·a·la·*pi*·ti adj. s2g.
i:u·*cá* sf.
i:u·*çá* sm.
i:u·*ça*·ra sf.
i:u·ca·*ta*·no adj. sm.
i:u·ca·*te*·go adj. sm.
i:u·ca·*te*·que adj. s2g.
i:u·gos·*la*·vo adj. sm.
iu·i:*ú* sm.
i:u·*nen*·se adj. s2g.
i:u·qui·*cé* sm.
i:u·ra·*rá* sf.
i:u·ra·ra·can·ga·*çu* sf.
i:*ur*·ta sf.
i:u·ru·*mi* sm.
i·va sf.
i·van·ti·*ji* sm.
i·vi·ra·*pe*·ma sf.
i·vi·*tin*·ga sf.
i·vo·lan·*den*·se adj. s2g.: i·vo·lan·di:*en*·se.
i·vu·ra·*nhê* sm.
i·xe interj.
i·xo·ci·*fo*·se (cs) sf.
i·xo·*dí*·de:o (cs) adj. sm.
i·xo·mi:e·*li*·te (cs) sf.
i·*xo*·ra (cs) sf.
i·za sf.
i·zo adj. sm.

J

já adv. conj.
ja·**ba** sf.
ja·**bá** s2g. sf.
ja·**ba**-*a*·**na** adj. s2g.
ja·**ba**·**ca**-*tim* sm.; pl. ·*tins*.
ja·**ba**·**cu**-*lê* sm.
ja·**ba**:**e**·**te**:*en*·**se** adj. s2g.
ja·**ba**·**qua**·*ren*·**se** adj. s2g.
ja·*ba*·**ra** sf.: *jaibara, jaribara*.
ja·**ba**·**ran**·*dai*:**a** sf.
ja·**be**·*bi*·**ra** sf.
ja·**be**·**bi**·**re**·*tê* sf.
ja·**bi**·*ra*·**ca** sf.
ja·**bi**·*ru* sm.: *jaburu*.
ja·*bó* sm.
ja·*bô* sm., do fr. *jabot*.
ja·**bo**:**a**·**tão**·*zen*·**se** adj. s2g.
ja·**bo**·**ran**·*di* sm.
ja·**bo**·**ran**·**di**(**s**)-**do**-*ma*·**to** sm. (pl.).
ja·**bo**·**ran**·**di**(**s**)-**do**-*ri*:**o** sm. (pl.).
ja·**bo**·**ran**·**di**:*en*·**se** adj. s2g.
jabot sm. fr.: *jabô*.
ja·*bo*·**ta** sf.
ja·*bre* sm.
ja·**bu**·*ru* sm.: *jabiru*.
ja·**bu**·**ru**(**s**)-**mo**·*le*·**que**(**s**) sm. (pl.).
ja·**bu**·*tá* sm.
ja·**bu**·**ta**·**pi**·*tá* sm.
ja·**bu**·**ti** adj. s2g. sm. f. *jabota*.
ja·**bu**·*ti*:**a** sf.
ja·**bu**·**ti**·**a**·**pe**·*re*·**ma** sm.; pl. *jabutis-aperemas* ou *jabutis-aperema*.
ja·**bu**·*ti*·**ba** sf.
ja·**bu**·**ti**·*boi*·**a** sf.
ja·**bu**·**ti**·*ca*·**ba** sf.
ja·**bu**·**ti**·**ca**·**ba**(**s**)-**de**-**ci**·*pó* sf. (pl.).
ja·**bu**·**ti**·**ca**·*bal* sm.; pl. ·*bais*.
ja·**bu**·**ti**·**ca**·**ba**·*len*·**se** adj. s2g.
ja·**bu**·**ti**·**ca**·*bei*·**ra** sf.
ja·**bu**·**ti**·**ca**·**bei**·**ra**(**s**)-*bran*·**ca**(**s**) sf. (pl.).
ja·**bu**·**ti**·**ca**·**bei**·**ra**(**s**)-**do**-*ma*·**to** sf. (pl.).
ja·**bu**·**ti**·**ca**·**bei**·**ra**(**s**)-**pe**·*lu*·**da**(**s**) sf. (pl.).
ja·**bu**·**ti**·**ca**·**rum**·*bé* sm.; pl. *jabutis-carumbés* ou *jabutis-carumbé*.
ja·**bu**·**ti**·**ca**·**tu**·*ben*·**se** adj. s2g.
ja·**bu**·**ti**:*en*·**se** adj. s2g.
ja·**bu**·**ti**·*fe*·**de** adj. s2g.
ja·**bu**·*tim* sm.; pl. ·*tins*: *jabuti*.
ja·**bu**·**ti**·**ma**·*cha*·**do** sm.; pl. *jabutis-machados* ou *jabutis-machado*.
ja·**bu**·**ti**·*pé* sm.
ja·**bu**·**ti**·**pi**·*ran*·**ga** sm.
ja·**bu**·**ti**·*tin*·**ga** sm.
ja·**ca** adj. s2g. sm. sf.
ja·*cá* sm.
ja·**ça** sf.
ja·**ca**·*çu* sm.
ja·**ca**(**s**)-**do**-**pa**·*rá* sf. (pl.).
ja·**cai**·*ó* sm.
ja·**ca**·**ma**·*ci*·**ra** s2g.
ja·**ca**·**ma**:**i**·*ci* sm.
ja·**ca**·*mar* sm.
ja·**ca**·**ma**·**ri**·*ci* sm.
ja·**ca**·*mi* sm.: *ja*·**ca**·*mim*; pl. ·*mins*.
ja·**ca**·**mim**-**co**·**pe**·*ju*·**ba** sm.; pl. *jacamins-copejubas* ou *jacamins-copejuba*.
ja·**ca**·**mim**-**co**·**pe**·**tin**·**ga** sm.; pl. *jacamins-copetingas* ou *jacamins-copetinga*.
ja·**ca**·**mim**-**de**-**cos**·**tas**-*bran*·**cas** sm.; pl. *jacamins-de-costas- -brancas*.
ja·**ca**·**mim**-**de**-**cos**·**tas**-**es**·*cu*·**ras** sm.; pl. *jacamins-de-costas- -escuras*.
ja·**ca**·**mim**-**de**-**cos**·**tas**-*pre*·**tas** sm.; pl. *jacamins-de-costas- -pretas*.
ja·**ca**·**mim**-*pre*·**to** sm.; pl. *jacamins-pretos*.
ja·**ca**·**mim**-*u*·**na** sf.; pl. *jacamins-unas*.
ja·**ca**·**min**·*cá* sf.
ja·*ça*·**na** sf.
ja·**ça**·*nã* sf.
ja·**ca**·**na**·*ra*·**na** sf.
ja·**ça**·*nen*·**se** adj. s2g.
ja·**ca**·*ní*·**de**:**o** adj. sm.
ja·**ca**·*pá* sm.
ja·**ca**·**pa**·*ni* sm.: *ja*·**ca**·**pa**·*nim*.; pl. ·*nins*.
ja·**ca**·*pé* sm.
ja·**ca**·*pu* sm.
ja·**ca**·**ra**·**ci**:*en*·**se** adj. s2g.
ja·**ca**·*ran*·**da** sf. 'árvore bignoniácea'/Cf. *jacarandá*.
ja·**ca**·**ran**·*dá* sm. 'árvore leguminosa'/Cf. *jacaranda*.
ja·**ca**·**ran**·*dá*(**s**)-*bran*·**co**(**s**) sm. (pl.).
ja·**ca**·**ran**·*dá*(**s**)-**ca**·**bi**:*ú*·**na**(**s**) sm. (pl.).
ja·**ca**·**ran**·*dá*-**ca**·*ro*·**ba** sm.; pl. *jacarandás-carobas* ou *jacarandás-caroba*.
ja·**ca**·**ran**·*dá*(**s**)-**da**-**ba**·*í*·**a** sf. (pl.).
ja·**ca**·**ran**·*dá*(**s**)-**de**-**es**·*pi*·**nho** sm. (pl.).
ja·**ca**·**ran**·*dá*(**s**)-**do**-**pa**·*rá* sm. (pl.).
ja·**ca**·**ran**·*dá*(**s**)-*mi*·*mo*·**so**(**s**) sm. (pl.).
ja·**ca**·**ran**·*dá*(**s**)-**pau**·*lis*·**ta**(**s**) sm. (pl.).
ja·**ca**·**ran**·*dá*(**s**)-*pre*·**to**(**s**) sm. (pl.).

ja·ca·ran·dá(s)-*ro*·xo(s) sm. (pl.).
ja·ca·ran·da·*tã* sm.
ja·ca·ra·ti:*á* sm. *ou* sf.
ja·ca·*ré* sm.
ja·ca·ré(s)-a·*çu*(s) sm. (pl.).
ja·ca·re:a·*ru* sm.
ja·ca·ré-co·pa·*í*·ba sm.; pl. *jacarés-copaíbas* ou *jacarés-copaíba*.
ja·ca·ré-co·*ro*·a sm.; pl. *jacarés-coroas* ou *jacarés-coroa*.
ja·ca·ré(s)-de-*ó*·cu·los sm. (pl.).
ja·ca·ré(s)-de-pa·po-a·ma·*re*·lo sm. (pl.).
ja·ca·ré(s)-do-*ma*·to sm. (pl.).
ja·ca·re·*í* sm.
ja·ca·re:i·*en*·se adj. s2g.
ja·ca·re·*ra*·na sm.
ja·ca·re·ta·*fá* adj. s2g.
ja·ca·re·*tin*·ga sm.
ja·ca·re:*ú*·ba sf.: ja·ca·re·*ú*·va.
ja·ca·re·*zei*·ro adj. sm.
ja·ca·re·zi·*nhen*·se adj. s2g.
ja·ca·*ri*·na sf.
ja·ca·ti·*rão* sm.; pl. *·rões*.
ja·ca·ti·*ri*·ca sf.: *jaguatirica*.
ja·ca·tu·*pé* sm.: *jacutupé, jocotupé*.
ja·ca·*ú*·na adj. s2g.
ja·ce·*guai* sm.
ja·*cen*·te adj. 2g. sm.
ja·*ci* sm.
ja·*ci*·na sf.
ja·cin·*ten*·se adj. s2g.
ja·cin·*ti*·no adj.
ja·*cin*·to sm.
ja·ci·*ta*·ra sf.
ja·co·*bei*·a[1] sf. 'planta'/Cf. *jacobeia*[2].
ja·co·*bei*·a[2] adj. sf. de *jacobeu*/ Cf. *jacobeia*[1].
ja·co·*beu* adj. sm. 'partidário de seita'; f. *jacobeia*.
ja·co·bi:*a*·no adj. sm.
ja·co·*bi*·ce sf.
ja·co·*bi*·na sf.
ja·co·bi·*nen*·se adj. s2g.
ja·co·bi·*ni*·ce sf.
ja·co·bi·*nis*·mo sm.
ja·co·bi·*nis*·ta adj. s2g.
ja·co·bi·ni·*zar* v.
ja·co·*bi*·no adj. sm.
ja·co·*bi*·ta adj. s2g.
já·co·*me*·ça s2g. 2n.
ja·cru:a·*ru* sm.: *jacuraru*.
jac·ta·*ção* sf.; pl. *·ções*. *jatação*.

jac·*tân*·ci:a sf.: *jatância*.
jac·tan·ci:o·si·*da*·de sf.: *jatanciosidade*.
jac·tan·ci:*o*·so (ô) adj.; f. *e* pl. (ó): *jatancioso*.
jac·*tan*·te adj. 2g.: *jatante*.
jac·*tar* v.: *jatar*.
jac·to sm.: *jato*.
ja·*cu* sm.
ja·cu:a·*bi*·na sf.
ja·cu:a·*can*·ga sf.
ja·cu:a·*çu* sm.
ja·cu·*an*·ga sf.
ja·cu:a·pe·*ti* sm.
ja·cu·a·*ru* sm.: *jacruaru*.
ja·*cu*·ba sf.
ja·cu·*ca*·ca sm.
ja·cu·*can*·ga sm.
ja·cu(s)-ci·*ga*·no(s) sm.; (pl.).
ja·cu:e·can·*guen*·se adj. s2g.
ja·cu·gua·*çu* sm.
ja·cu·*í* sm.
ja·cu·i·*en*·se adj. s2g.
ja·cu·i·*pen*·se adj. s2g.
ja·cu·la·*ção* sf.; pl. *·ções*.
ja·cu·*lar* v.
ja·cu·la·*tó*·ri:a sf.
ja·cu·la·*tó*·ri:o adj.
ja·cu·*mã* sm.
ja·cu·ma·*í*·ba sm.: ja·cu·ma·*ú*·ba.
ja·cu·mo·*lam*·bo sm.; pl. *jacus-molambos* ou *jacus-molambo*.
ja·cun·*dá* sm.
ja·cun·*dá*(s)-a·*çu*(s) sm. (pl.).
ja·cun·*dá*(s)-*bran*·co(s) sm. (pl.).
ja·cun·*dá*-co·*ro*·a sm.; pl. *jacundás-coroas* ou *jacundás-coroa*.
ja·cun·*dá*(s)-pi·*ran*·ga(s) sm. (pl.).
ja·cun·da·to·*tó* sm.
ja·cun·*dá*(s)-*ver*·de(s) sm. (pl.).
ja·cu·pa·*rá* sf. *ou* sm.
ja·cu·*pe*·ba sf. *ou* sm.: *jacupemba*.
ja·cu·*pe*·ma sm.: *jacupemba*.
ja·cu·*pem*·ba s2g.
ja·cu·pi·ran·*gi*·to sm.
ja·cu·pi·ran·*guen*·se adj. s2g.
ja·cu(s)-*por*·co(s) sm. (pl.).
ja·cu·ra·*ru* sm.: *jacuraru*.
ja·cu·ri·*en*·se adj. s2g.
ja·cu·*ru* sm.
ja·cu·ru:a·*ru* sm.: *jacuraru*.

ja·cu·ru·*tu* sm.
ja·cu·ru·*xi* sm.
ja·cu·ta·*qua*·ra sm.; pl. *jacus-taquaras* e *jacus-taquara*.
ja·cu·*tin*·ga sf.
ja·*cu*·to adj. sm.: *iacuto*.
ja·cu·tu·*pé* sm.: *jacatupé, jocotupé*.
ja·cu(s)-*ve*·lho(s) sm. (pl.).
ja· *cuz*· zi sf. (marca registrada).
ja·de sm.
ja·de·*í*·ta sf.
jã(s) de la *foi*·ce sm. (pl.).
ja·*ez* (ê) sm.
ja·e·*zar* v.
ja·*fé*·ti·co adj.
ja·*go*·des adj. s2g. 2n.
ja·go:i·*ra*·na sf.
ja·gua·ca·*ca*·ca sf. *ou* sm.
ja·gua·ci·*nim* sm.; pl. *·nins*.
ja·gua·ci·*nin*·ga sf.
ja·gua·mi·*tin*·ga sf.
ja·gua·*né* adj. 2g. sm.
ja·gua·*né*(s)-*pre*·to(s) sm. (pl.).
ja·gua·*né*(s)-ver·*me*·lho(s) sm. (pl.).
ja·gua·*pé* sm.
ja·gua·*pe*·ba sm.: ja·gua·*pe*·va.
ja·gua·pi·*tã*·en·se adj. s2g.
ja·gua·pi·*tan*·ga sf.
ja·gua·pi·*ten*·se adj. s2g.
ja·gua·*po*·ca sm.
ja·gua·qua·*ren*·se adj. s2g.
ja·*guar* sm.
ja·*gua*·ra sm.
ja·gua·ra·*çá* sm.
ja·gua·ra·cam·*bé* sm.
ja·gua·ra·çu:*en*·se adj. s2g.
ja·gua·ra·*í*·va sm.
ja·gua·ra·mu·*ru* sm.
ja·gua·ra·pi·*ni*·ma sm.
ja·gua·ra·ri:*en*·se adj. s2g.
ja·gua·*ré* sm.
ja·gua·re·*çá* sm.: *jaguariçá, jaguaruçá*.
ja·gua·rem·*ben*·se adj. s2g.
ja·gua·*ren*·se adj. s2g.
ja·gua·re·*tê* s2g.
ja·gua·ri:a:i·*ven*·se adj. s2g.
ja·gua·ri·*ba*·no adj. sm.
ja·gua·ri·*çá* sm.: *jaguareçá, jaguaruçá*.
ja·gua·ri·*en*·se adj. s2g.
ja·gua·ri·*pen*·se adj. s2g.
ja·gua·ri·*ta*·ca s2g.
ja·gua·ri·u·*nen*·se adj. s2g.

ja·gua·ru:a·nen·se adj. s2g.
ja·gua·ru·çá sm.: *jaguareçá, jaguariçá.*
ja·gua·ru·na sf.
ja·gua·run·di sm.
ja·gua·ru·nen·se adj. s2g.
ja·gua·ti·ri·ca sf.: *jacatirica.*
ja·gun·ça·da sf.
ja·gun·ça·ri·a sf.
ja·gun·ço sm.
ja·gu·re·ca·ca sf.
ja·gu·ri·çá sm.
jai·ba·ra sf.: *jabara, jaribara.*
jai·bra·dei·ra sf.
jai·bro sm.
jai·có adj. s2g.: *jeicó.*
jai·co:en·se adj. s2g.
jai·nis·mo sm.
jai·nis·ta adj. s2g.
ja·lão sm.; pl. ·*lões.*
ja·la·pa sf.
ja·la·pão sm.; pl. ·*pões.*
ja·la·pa(s)-ver·da·dei·ra(s) sf. (pl.).
ja·la·pi·nha sf.
jal·de adj. 2g.
jal·di·ni·no adj.
ja·le·ca sf.
ja·le·co sm.
ja·le·sen·se adj. s2g.
jal·ne adj. 2g.
ja·lo·fo (ô) adj. sm.
ja·ma·ca·í sm.
ja·ma·ca·ru sm.
ja·ma:i·ca·no adj. sm.
ja·ma:i·qui·nho sm.
ja·*mais* adv.
ja·ma·man·di adj. s2g.
ja·*man*·ta sm. sf.
ja·ma·pa·ren·se adj. s2g.
ja·ma·ra·ca·ú sm.
ja·ma·ru sm.
jam·ba sf.
jam·bé sm.
jam·be:a·do adj. sm.
jam·bei·ren·se adj. s2g.
jam·bei·ro sm.
jam·be·te sf.
jâm·bi·co adj.
jam·bo sm.
jam·bo(s)-*bran*·co(s) sm. (pl.).
jam·bo·lão sm.; pl. ·*lões.*
jam·bo(s)-*ro*·sa(s) sm. (pl.).
jam·bo(s)-ver·*me*·lho(s) sm. (pl.).
jam·*bu* sm.
jam·bu:a·çu sm.

jam·bu·*ra*·na sf.
ja·me·*gão* sm.; pl. ·*gões.*
ja·me·*lão* sm.; pl. ·*lões.*
ja·mi·nau·*á* adj. s2g.
ja·na·*í*·na sf.
ja·na·na·í·ra sm.: *janauira.*
ja·na·ri sm.
ja·na·tu·ba sf.
ja·na·ú·ba sf.
ja·na:u·*ben*·se adj. s2g.
ja·nau·i·ra sm.: *jananaíra.*
jan·dai·a sf.
jan·da:i·en·se adj. s2g.
jan·da:i·en·se(s)-do-*sul* adj. s2g. (pl.).
jan·da·í·ra sf.
jan·dai·ren·se adj. s2g.
jan·di·*á* sm.
jan·di·pa·ra·í·ba sm.
jan·di·ro·ba sf.: *jendiroba.*
jan·du·*í* adj. s2g.
ja·*nei*·ra sf.
ja·*nei*·ras sf. pl.
ja·nei·rei·ro adj. sm.
ja·nei·ri·nho adj.
ja·*nei*·ro sm.
ja·ne·la sf.
ja·ne·lei·ro adj. sm.
ja·ne·*lão* sm.; pl. ·*lões.*
jan·ga·da sf.
jan·ga·da(s)-*bra*·va(s) sf. (pl.).
jan·ga·da(s)-do-*cam*·po sf. (pl.).
jan·ga·dei·ra sf.
jan·ga·dei·ro sm.
jân·gal sm. *jân*·ga·la.
jan·ga·la·*mar*·te sm.
jan·ga·la·*mas*·te sm.
jan·*guis*·mo sm.
jan·*guis*·ta adj. s2g.
ja·ni·ce·fa·li·a sf.
ja·ni·cé·fa·lo sm.
ja·ni·pa·rin·di·ba sf.
ja·*nis*·mo sm.
ja·*nis*·ta adj. s2g.
ja·nis·*tro*·ques sm. 2n.
ja·ni·*tá* sf.
ja·*ní*·za·ro sm.
ja·*no*·ta adj. sm.
ja·no·*ta*·da sf.
ja·no·*tar* v.
ja·no·ta·ri·a sf.
ja·no·te:ar v.
ja·no·*ti*·ce sf.
ja·no·*tis*·mo sm.
jan·se·*nis*·mo sm.
jan·se·*nis*·ta adj. s2g.

jan·ta sf.
jan·*tar* sm. v.
jan·ta·*rão* sm.; pl. ·*rões.*
jan·te sf.
ja·nu:a·*í*·ra s2g.
ja·nu:a·*ren*·se adj. s2g.
ja·nu:*á*·ri:a sf.
ja·*ó* s2g.: *juó.*
ja·pa sf.
ja·*pá* sm.
ja·pa·ca·ni sm.: ja·pa·ca·*nim*; pl. ·*nins.*
ja·pa·ca·nim-do-*bre*·jo sm.; pl. *japacanins-do-brejo.*
ja·*pa*·na sf.
ja·*pa*·ni sm.: ja·pa·*nim*; pl. ·*nins.*
ja·*pão* adj. sm.; pl. ·*pões*; f. *japoa.*
ja·*pa*·ra sf.
ja·pa·ra·tu·*ben*·se adj. s2g.
ja·pe·*can*·ga sf.
ja·pe·ra·*ça*·ba sf.
ja·*pi* sm.: *japim, japiim.*
ja·pi:a·*çó* sm.
ja·pi:a·*ço*·ca sf.
ja·pi·ca·*í* sm.
ja·pi·cu·*ru* sm.
ja·pi·*im* sm.; pl. ·*ins*: *japi, japim.*
ja·*pim* sm.; pl. ·*pins*: *japi, japiim.*
ja·pim-da-ma·ta-en·car·*na*·do sm.; pl. *japins-da-mata--encarnado.*
ja·pim-de-cos·ta-ver·*me*·lha sm.; pl. *japins-de-costa--vermelha.*
ja·pim-do-*ma*·to sm.; pl. *japins-do-mato.*
ja·*pi*·ra sm. *ou* sf.
ja·pi·*ren*·se adj. s2g.
ja·*po*·a (ô) adj. sf. de *japão.*
ja·po:a·to·*nen*·se adj. s2g.
ja·*po*·na s2g sf.
ja·po·*nês* adj. sm.
ja·po·ne·*sar* v.
ja·*pô*·ni·co sm.
ja·po·*nis*·mo sm.
ja·po·ni·*zar* v.
ja·*pu* sm.
ja·pu:a·*çu* sm.
ja·pu·*çá* sm.: *iapuçá.*
ja·pu·*çá*(s)-de-co·*lei*·ra sm. (pl.).
ja·pu·ca·nim·pi:*um* sm.; pl. ·*uns.*

ja·pu(s)-do-bi·co-en·car·*na*·do sm. (pl.).
ja·pu-ga·*me*·la sm.; pl. *japus--gamelas* ou *japus-gamela*.
ja·pu(s)-*gran*·de(s) sm. (pl.).
ja·pu-gua·*çu* sm.
ja·pu:*í* sm.
ja·pu:*í*·ra sm.
ja·pu·*ju*·ba sf.
ja·pu·*rá* adj. s2g. sm.
ja·pu·ra:*en*·se adj. s2g.
ja·pu·ru·xi·*tá* sm.:
   ja·pu·ru·*xi*·ta.
ja·pu(s)-*ver*·de(s) sm. (pl.).
ja·*quei*·ra sf.
ja·quei·*ral* sm.; pl. ·*rais*.
ja·*que*·ta (ê) sf. sm.
ja·que·*tão* sm.; pl. ·*tões*.
ja·qui·ra·na·*boi*·a sf.
ja·*rá* sf. *ou* sm.
ja·ra·cam·*be*·va sf.
ja·ra·ca·ti:*á* sm.
ja·ra·*guá* sm.
ja·ra·gua·*en*·se adj. s2g.
ja·ra·gua·mu·*ru* sm.
ja·ra·gua·ri:*en*·se adj. s2g.
ja·ra·*guen*·se adj. s2g.
ja·ra:i·*ú*·ba sf.: ja·ra:i·*ú*·va.
ja·ra·ma·*tai*·a sf.
ja·*ra*·na sf.
ja·ran·*deu*·a sf.: ja·ran·*déu*·a.
ja·ran·*ga*·nha sf.
ja·ra·*qui* sm.
ja·ra·*ra*·ca sf.
ja·ra·ra·ca(s)-da-*ma*·ta sf. (pl.).
ja·ra·ra·ca(s)-de-*prai*·a sf. (pl.).
ja·ra·ra·ca(s)-da-*se*·ca sf. (pl.).
ja·ra·ra·ca(s)-de-bar·ri·ga-ver·*me*·lha sf. (pl.).
ja·ra·ra·ca(s)-do-ba·*nha*·do sf. (pl.).
ja·ra·ra·ca(s)-do-*cam*·po sf. (pl.).
ja·ra·ra·ca(s)-do-cer·*ra*·do sf. (pl.).
ja·ra·ra·ca(s)-do-ra·bo-*bran*·co sf. (pl.).
ja·ra·ra·ca(s)-dor·mi·*dei*·ra(s) sf. (pl.).
ja·ra·ra·ca(s)-do-ta·bu·*lei*·ro sf. (pl.).
ja·ra·ra·cam·*be*·va sf.
ja·ra·ra·ca(s)-pin·*ta*·da(s) sf. (pl.).
ja·ra·ra·ca(s)-pre·gui·*ço*·sa(s) sf. (pl.).
ja·ra·ra·ca(s)-*pre*·ta(s) sf. (pl.).

ja·ra·ra·ca(s)-ver·da·*dei*·ra(s) sf. (pl.).
ja·ra·ra·ca(s)-*ver*·de(s) sf. (pl.).
ja·ra·ra·cu·*çu* sf. *ou* sm.
ja·ra·ra·cu·çu(s)-do-*bre*·jo sf. (pl.).
ja·ra·ra·cu·çu(s)-ti·pi·*ti*(s) sf. (pl.).
ja·ra·ra·cu·çu(s)-ver·da·*dei*·ro(s) sf. (pl.).
ja·ra·ra·qui·nha(s)-do-*cam*·po sf. (pl.).
ja·ra·ta·*ca*·ca sf.
ja·ra·ta·*ta*·ca sf.
ja·ra·*zal* sm.; pl. ·*zais*.
jar·da sf.
jar·*dim* sm.; pl. ·*dins*.
jar·di·*na*·gem sf.; pl. ·*gens*.
jar·di·*nar* v.
jar·di·*nei*·ra sf.
jar·di·*nei*·ro sm.
jar·di·*nen*·se adj. s2g.
jar·di·*nis*·ta adj. s2g.
jar·di·no·po·*len*·se adj. s2g.
ja·*rê* sm.: ja·*ré*.
ja·re·*ré* sm.: *jereré*.
ja·*reu*·á sf.
jar·*gão* sm.; pl. ·*gões*.
jar·*gô*·ni·co adj.
ja·ri·*ba*·ra sf.: *jabara*, *jaibara*.
ja·*ri*·na sf.
ja·ri·nu:*en*·se adj. s2g.
ja·ri·ta·*ca*·ca sf.: ja·ri·ta·*ta*·ca.
ja·ri·*vá* sm.: *jeribá, jerivá*.
ja·*ro*·ba sf.
ja·ro·vi·za·*ção* sf.; pl. ·*ções*.
jar·ra sf.
jar·*rão* sm.; pl. ·*rões*.
jar·*re*·ta (ê) adj. s2g. sf./Cf. *jarreta* (é), do v. *jarretar*.
jar·re·*tar* v.
jar·*re*·te (ê) sm./Cf. *jarrete* (é), do v. *jarretar*.
jar·re·*tei*·ra sf.
jar·*ri*·lho sm.
jar·*ri*·nha sf.
jar·ri·nha-ar·*rai*·a sf.; pl. *jarrinhas-arraias* ou *jarrinhas-arraia*.
jar·ri·nha(s)-*pre*·ta(s) sf. (pl.).
jar·ro sm.
ja·*ru* adj. s2g.
ja·ru·*má* adj. s2g.
ja·*ru*·va sf.
jas·*mim* sm.; pl. ·*mins*.
jas·mim-a·ma·*re*·lo sm.; pl. *jasmins-amarelos*.

jas·mim-a-*zul* sm.; pl. *jasmins-azuis*.
jas·mim-da-bei·*ra*·da sm.; pl. *jasmins-da-beirada*.
jas·mim-da-i·*tá*·li:a sm.; pl. *jasmins-da-itália*.
jas·mim-da-vir·*gí*·ni:a sm.; pl. *jasmins-da-virgínia*.
jas·mim-de-sol·*da*·do sm.; pl. *jasmins-de-soldado*.
jas·mim-de-ve·*ne*·za sm.; pl. *jasmins-de-veneza*.
jas·mim-do-*ca*·bo sm.; pl. *jasmins-do-cabo*.
jas·mim-do-im·pe·ra·*dor* sm.; pl. *jasmins-do-imperador*.
jas·mim-do-*ma*·to sm.; pl. *jasmins-do-mato*.
jas·mim-la·*ran*·ja sm.; pl. *jasmins-laranjas* ou *jasmins-laranja*.
jas·mim-*man*·ga sm.; pl. *jasmins-mangas* ou *jasmins-manga*.
jas·mim-por·ce·*la*·na sm.; pl. *jasmins-porcelanas* ou *jasmins-porcelana*.
jas·mim-*ver*·de sm.; pl. *jasmins-verdes*.
jas·mim-ver·*me*·lho sm.; pl. *jasmins-vermelhos*.
jas·mi·*ná*·ce:a sf.
jas·mi·*ná*·ce:o adj.
jas·mi·*nei*·ro sm.
jas·*mí*·ne:o adj.
jas·pe sm.
jas·pe:a·do adj.
jas·pe:*ar* v.
jás·pe:o adj.
jás·pi·co adj.
jas·*sí*·de:o adj. sm.
ja·ta·*ção* sf.; pl. ·*ções*: *jactação*.
ja·ta·*í* sm. *ou* sf.: *iataí*.
ja·ta·*í*·ba sf.: *jataúba*.
ja·ta·*í*(s)-da-*ter*·ra sf. *ou* sm. (pl.).
ja·ta:i·*en*·se adj. s2g.
ja·ta·í-mon·*dé* sm. *ou* sf.; pl. *jataís-mondés* ou *jataís-mondé*.
ja·ta·í-mos·*qui*·to sm. *ou* sf.; pl. *jataís-mosquitos* ou *jataís-mosquito*.
ja·ta:i·*pe*·va sm.
ja·ta·*í*(s)-*pre*·ta(s) sf. (pl.).
ja·*tân*·ci:a sf.: *jactância*.
ja·tan·ci:o·si·*da*·de sf.: *jactanciosidade*.

ja·tan·ci·o·so (ô) adj.; f. e pl. (ó): *jactancioso*.
ja·*tan*·te adj. 2g.: *jactante*.
ja·*tar* v.: *jactar*.
ja·ta·*ú*·ba sf.: *jataíba*.
ja·te·*a*·do adj.
ja·te·*cu*·ba sm.
ja·te·*um* sm.; pl. ·*uns*: *jatium*.
ja·ti sf.
ja·ti·*cá* sm.
ja·*ti*·nho sm.
ja·ti:*um* sm.; pl. ·*uns*: *jateum*.
ja·to sm.: *jacto*.
ja·to·*bá* sm.
ja·to·bá(s)-do-*cam*·po sm. (pl.).
ja·to·ba·*en*·se adj. s2g.
ja·to·bá-mi·*rim* sm.; pl. *jatobás-mirins*.
ja·tor (ô) sm.
já·tro·fa sf.
ja·tu:a·*ra*·na sf.
ja·tu:a·ra·*nen*·se adj. s2g.
ja·tu:a·*ú*·ba sf.
ja·tu:a·*ú*·ba(s)-*bran*·ca(s) sf. (pl.).
ja·tu:a·*ú*·ba(s)-*pre*·ta(s) sf. (pl.).
ja·tu·*ra*·na sf.
jau adj. sm. 'javanês'/Cf. *jaú*.
ja·*ú* sm. 'peixe'/Cf. *jau*.
jau·*á* sm.
jau·a·pe·*ri* adj. s2g.
jau:a·ra:i·*ci*·ca sf.
ja·u·a·*ra*·na sm.
ja·u·a·ra·ta·ceu·a sf.: ja·u·a·ra·ta·*céu*·a.
jau·a·*ri* sm.
jau·a·ri·*zal* sm.; pl. ·*zais*.
ja:u·*en*·se adj. s2g.
jau·la sf.
jau·la·pi·*ti* adj. s2g.
ja·*ú*·na adj. s2g.
ja·u·pa·*ti* sm.
ja·u·*po*·ca sm.
ja·u·qua·*ren*·se adj. s2g.
ja·u·ru:*en*·se adj. s2g.
ja·u·zi·*nhen*·se adj. s2g.
ja·va adj. sm. sf.
ja·va·*é* adj. s2g.
ja·va·*li* sm.; f. *javalina*.
ja·va·*li*·na sf. de *javali*.
ja·va·*nês* adj. sm.
ja·va·*ni*·na sf.
ja·va·*ni*·to sm.
ja·var·*dei*·ro sm.
ja·*var*·do adj. sm.
ja·va·ri sm.
ja·va·ri:*en*·se adj. s2g.

ja·*var*·ro sm.
ja·*vé* sm.
ja·ve·*vó* adj. 2g.
já vi *on*·tem sm. 2n.
ja·vra·*dei*·ra sf.
ja·*vra*·gem sf.; pl. ·*gens*.
ja·*vrar* v.
ja·vre sm.
jaz sm., do ing. *jazz*.
ja·*zen*·te adj. 2g. sf.
ja·*zer* v.
ja·*zi*·da sf.
ja·*zi*·go sm.
ja·*zis*·mo sm.
ja·*zis*·ta adj. s2g.
ja·*zís*·ti·co adj.
ja·zi·*tu*·ra sf.
jazz sm. ing.: *jaz*.
jê adj. s2g. 'grupo étnico': *jé*; *gê*²/Cf. *gê*¹.
jeans sm. 2n. (ing.: *djins*).
je·ba sf.
je·*ba*·ra sf.
je·ba·*ru* sm.
je·be·bra·*ju* sm.
je·*bim*·ba sf.
je·*bu* sm.
je·ca adj. s2g.
je·ca(s)-ta·*tu*(s) adj. s2g. (pl.).
je·co·*ral* adj. 2g.; pl. ·*rais*.
je·co·*rá*·ri:o adj.
je·gue adj. 2g. sm.
je·gue·*dê* sm.: je·gue·*dé*.
je:i·*có* adj. s2g.: *jaicó*.
jei·ra sf.
jai·*tão* sm.; pl. ·*tões*.
jei·to sm.
jei·to·*sen*·se adj. s2g.
jei·*to*·so (ô) adj.; f. e pl. (ó).
je·*já* sf.
je·je (ê) adj. s2g. 'povo'/Cf. *jejé* e *jejê*.
je·*jé* sm. 'prisão'/Cf. *jeje* e *jejê*.
je·*jê* adj. 2g. 'bovino'/Cf. *jeje* e *jejé*.
je·ju sm.
je·ju:a·*dor* (ô) adj. sm.
je·ju:*ar* v.
je·ju·*í*·ra sf.
je·*jum* sm.; pl. ·*juns*.
je·ju·*nal* adj. 2g.; pl. ·*nais*.
je·ju·*ni*·te sf.
je·ju·*ní*·ti·co adj.
je·*ju*·no adj. sm.
je·ju·nos·to·*mi*·a sf.
jem·*bê* sm.: jem·*bé*.
jem·be·*zei*·ro sm.

je·mi:*á* adj. s2g.
jen·di·*ro*·ba sf.: *jandiroba*.
je·ne:*ú*·na sf.
je·ni·pa·*pa*·da sf.
je·ni·pa·pa·*ra*·na sf.
je·ni·pa·pa·ra·na(s)-da-*ma*·ta sf. (pl.).
je·ni·pa·*pei*·ro sm.
je·ni·pa·*pim* sm.; pl. ·*pins*.
je·ni·*pa*·po sm.
je·ni·pa·po(s)-do-*cam*·po sm. (pl.).
jen·ne·ri:*a*·no adj.
jen·ne·ri·za·*ção* sf.; pl. ·*ções*.
je·no·*lim* sm.; pl. ·*lins*.
je:o·*vá* sm.
je:o·*vis*·mo sm.
je:o·*vis*·ta adj. s2g.
je:o·*vís*·ti·co adj.
je·que sm.
je·que·ri:*en*·se adj. s2g.
je·*qui* adj. 2g. sm.
je·qui:*á* sm.
je·*qui*·ce sf.
je·qui·e·*en*·se adj. s2g.
je·qui·ri·*cen*·se adj. s2g.
je·qui·ri:*o*·ba sf.
je·qui·*ri*·ti sm.
je·qui·*tá* sm.
je·qui·ta:i·*en*·se adj. s2g.
je·qui·ti·*bá* sm.
je·qui·ti·*bá*(s)-*bran*·co(s) sm. (pl.).
je·qui·ti·ba·*en*·se adj. s2g.
je·qui·ti·*bá*(s)-*ro*·sa(s) sm. (pl.).
je·qui·ti·*bá*(s)-ver-*me*·lho(s) sm. (pl.).
je·qui·ti·gua·*çu* sm.
je·qui·ti·*ra*·na sf.
je·qui·ti·ra·na·*boi*·a sf.
je·*qui*·to adj.
je·ra·*qui* sm.
je·rar·*qui*·a sf.: *hierarquia*.
je·ra·ta·*ta*·ca sf.
je·*re*·ba sm. sf.
je·re·ma·*tai*·a sf.
je·re·mi:*a*·da sf.
je·re·mi:*ar* v.
je·re·mo:a·*ben*·se adj. s2g.
je·re·*ré* sm.: *jareré*.
je·ri·*bá* sm.
je·ri·ba·*zei*·ro sm.: *jerivazeiro*.
je·ri·*bi*·ta sf.: *jurubita*.
je·ri·*ca*·da sf.
je·*ri*·co sm. 'jumento'/Cf. *jericó*.
je·ri·*có* sm. 'erva'/Cf. *jerico*.

je·ri·cun·ti·no adj. sm.: hiericuntino.
je·rim·bam·ba sf.
je·ri·mu sm.: je·ri·mum; pl. ·muns.
je·ri·mum·zei·ro sm.: je·ri·mu·zei·ro.
je·ri·ta·ta·ca sf.: jaritacaca, jaritataca.
je·ri·ti·ba sf.
je·ri·vá sm.: jarivá, jeribá.
je·ri·vá(s)-sem·fo·lha sm. (pl.).
je·ri·va·zal sm.; pl. ·zais.
je·ri·va·zei·ro sm.: jeribazeiro.
je·ri·za sf.
je·ro sm. 'planta'/Cf. gero, do v. gerar.
je·ró·gli·fo sm.: hieróglifo.
je·ro·ni·men·se adj. s2g.
je·ro·pa·ri sm.
je·ro·pi·ga sf.
je·ro·so·li·mi·ta adj. s2g.: hierosolimita.
je·ro·so·li·mi·ta·no adj. sm.: hierosolimitano.
jer·ra sf.
jér·sei adj. 2g. sm.
je·ru sm.
je·ru:en·se adj. s2g.
je·rum·ba sf.
je·ru·me·nhen·se adj. s2g.
je·ru·mu sm.: jerimum.
je·ru·po·ca sm.: jurupoca.
je·ru·ti sf.: juriti, juruti.
je·ru·va sf.: juruva.
je·su:a·nen·se adj. s2g.
je·su:í·ta adj. 2g. sm.
je·su:í·ti·co adj.
je·su:i·tis·mo sm.
je·sus-meu-deus sm. 2n.
je·ta:i·ci·ca sf.
je·ta·tu·ra sf.
je·ti·ca sf.
je·ti·ca·ra·na sf.
je·ti·cu·çu sm.
je·tom, je·ton sm.; pl. ·tons·
jet ski loc. subst. (ing.: djetski).
ji:a sf.
ji·ba sf. 'planat'/Cf. giba.
ji·boi·a sf.
ji·boi·a·çu sf.
ji·boi:ar v.
ji·boi·a(s)-ver·de(s) sf. (pl.).
ji·boi·a(s)-ver·me·lha(s) sf.
ji·bun·go sm.
ji·ça·ra sf.: juçara.

ji·çu:í adj. 2g.
ji·ga sf. 'dança'/Cf. giga.
ji·ga·jo·ga sf.
jihad sm. (ár.: djihád).
ji·ju sm.
ji·ló sm.
ji·lo:ei·ro sm.
jim·be·lê sm.
jim·bo sm.
jim·bo·a (ô) sf.
jim·boi·a sf.
jim·bo·lo sm.
jim·bon·go sm.
jim·bra sf.
jin·ga adj. s2g. 'povo'/Cf. ginga sf., e fl. do v. gingar.
jinge sm. (ing.: djingoul).
jin·go sm. 'cachimbo'/Cf. gingo sm., e fl. do v. gingar.
jin·go:ís·mo sm.
jin·go:ís·ta adj. s2g.
jin·go·to (ô) sm.
jin·ji·bir·ra sf.
jin·ri·qui·xá sm.
jin·são sm.; pl. ·sões.
ji·pão sm.; pl. ·pões.
ji·pe sm.
ji·pi sm.
ji·pi·ja·pá sm.
ji·pi:o·ca sf.: ji·po·o·ca.
ji·po·ú·ba sf.
ji·que sm.
ji·qui·pan·ga sf.
ji·qui·tai·a sf.
ji·qui·ti·ra·na·boi·a sf.
ji·ra·ba·na sf.
ji·ra·çal adj. 2g. sm.; pl. ·çais.
ji·ram·bo sm.
ji·rau sm.
ji·ri·ba s2g.
ji·ri·ba·na sf.: xeripana.
ji·ri·ban·da sf.
ji·ri·go·te adj. s2g.
ji·ri·ma·te sm.
ji·ri·po·ca sf.
ji·ri·qui·ti sm.
ji·ri·ta sf.
ji·ri·ta·na sf.
ji·ro·te adj. 2g. sm.
ji·ti·ra·na sf.
ji·ti·ra·na·boi·a sf.
ji·ti·ra·na(s)-de·lei·te sf. (pl.).
ji·to adj. sm.
ji·tó sm.
jiu·jít·su(s) sm. (pl.) jujitsu.
jo:a·lha·ri·a sf.: joalheria.
jo:a·lhei·ro sm.

jo:a·lhe·ri·a sf.: joalharia.
jo:a·na(s)-guen·za(s) sf. (pl.).
jo:a·ne·te (ê) sm.
jo:a·ni·nha sf.
jo:a·ni·nha(s)-guen·za(s) sf. (pl.).
jo:a·ni·no adj. sm.
jo:a·no·po·len·se adj. s2g.
jo·ão sm.; pl. ·ões.
jo·ão-ba·lão sm.; pl. joões--balão ou joões-balões.
jo·ão-bar·bu·do sm.; pl. joões-barbudos.
jo·ão-bar·rei·ro sm.; pl. joões-barreiros.
jo·ão-bo·bo sm.; pl. joões-bobos.
jo·ão-ca·cha·ça sm.; pl. joões--cachaças ou joão-cachaças.
jo·ão-con·go sm.; pl. joões--congos ou joão-congos.
jo·ão-con·gui·nho sm.; pl. joões-conguinhos ou joão-conguinhos.
jo·ão-cor·rei·a sm.; pl. joões--correias ou joões-correia.
jo·ão-cor·ta-pau sm.; pl. joões-corta-pau.
jo·ão-da·cos·ta sm.; pl. joões-da-costa.
jo·ão-de-bar·ro sm.; pl. joões-de-barro.
jo·ão-de-cris·to sm.; pl. joões-de-cristo.
jo·ão-dei·ta·do sm.; pl. joões-deitados.
jo·ão-de-lei·te sm.; pl. joões-de-leite.
jo·ão de pau sm.; 'remo'.
jo·ão-de-pau sm.; 'ave' pl. joões-de-pau.
jo·ão-di:as sm.; pl. joões-dias ou joão-dias.
jo·ão-doi·do sm.; pl. joões-doidos.
jo·ão-do-ma·to sm.; pl. joões-do-mato.
jo·ão-fer·nan·des sm.; pl. joões-fernandes.
jo·ão-ga·la·foi·ce sm.; pl. joões-galafoices.
jo·ão-ga·la·mar·te(s) sm. (pl.).
jo·ão-go·mes sm.; pl. joões-gomes ou joão-gomes.
jo·ão-gran·de sm.; pl. joões-grandes.
jo·ão-gra·ve·to sm.; pl. joões-gravetos.

jo·ão-*ma*·gro sm.; pl.
    joões-magros.
jo:ão-me-de-*lé*·guas sm.; pl.
    joões-mede-léguas.
jo:ão-*mo*·le sm.; pl.
    joões-moles.
jo:ão-nin·*guém* sm.; pl. *joões-*
    -ninguém ou *joões-ninguéns*.
jo:ão-pau·*li*·no sm.; pl.
    joões-paulinos.
jo:ão-pes·*ta*·na sm.; pl. *joões-*
    pestanas ou *joão-pestanas*.
jo:ão-*pin*·to sm.; pl. *joões-pintos*
    ou *joão-pintos*.
jo:ão-*po*·bre sm.; pl.
    joões-pobres.
jo:ão-re-*don*·do sm.; pl.
    joões-redondos.
jo:ão-tei-*mo*·so sm.; pl.
    joões-teimosos.
jo:ão-te·ne·*ném* sm.; pl.
    joões-tenenéns ou
    joão-tenenéns.
jo:ão-ti·*ri*·ri sm.; pl. *joões-tiriris*
    ou *joão-tiriris*.
jo:ão-*to*·lo sm.; pl. *joões-tolos*.
jo:ão-tor·*rão* sm.; pl.
    joões-torrões ou
    joão-torrões.
jo:ão-tor·*res*·mo sm.; pl.
    joões-torresmo ou
    joão-torresmos.
jo:ão-*ve*·lho sm.; pl.
    joões-velhos.
jo:a·qui·*nen*·se adj. s2g.
jo·ça sf.
jo·*çal* sm.; pl. ·*çais*.
jo·cos·*sé*·ri:o(s) adj. (pl.).
jo·co·si·*da*·de sf.
jo·*co*·so (ô) adj.; f. *e* pl. (ó).
jo·co·tu·*pé* sm.: *jacatupé*,
    jacutupé.
jo:*ei*·ra sf.
jo:ei·ra·*do*·ra (ô) sf.
jo:ei·ra·*men*·to sm.
jo:ei·ra·*nen*·se adj. s2g.
jo:ei·*rar* v.
jo:ei·*rei*·ro sm.
jo:*e*·lha·da sf.
jo:e·*lhei*·ra sf.
jo:e·*lhei*·ro adj.
jo:*e*·lho (ê) sm.
jo:e·*lhu*·do adj.
jo·ga sf.
jo·*ga*·da sf. 'ato de jogar'/Cf.
    jugada.
jo·ga·*dei*·ra sf.

jo·*ga*·do adj.
jo·ga·*dor* (ô) adj. sm.
jo·ga·*lhar* v.
jo·*gar* v. 'praticar um jogo'/Cf.
    jugar.
jo·*ga*·ta sf.
jo·ga·*ti*·na sf.
jogging sm. (ing.: *djóguin*).
jo·go (ô) sm.; pl. (ó)/Cf. *jogo*
    (ó), do v. *jogar*.
jo·go(s) da *gló*·ri:a sm. (pl.).
jo·go(s) da *ve*·lha sm. (pl.).
jo·*gral* sm.; pl. ·*grais*; f.
    jogralesa.
jo·gra·*le*·sa (ê) sf. de *jogral*.
jo·gra·*les*·ca (ê) sf.
jo·gra·*les*·co (ê) adj.
jo·gra·li·*da*·de sf.
jo·gue adj. s2g.: *iogue*.
jo·gue·*tar* v.
jo·*gue*·te (ê) sm./Cf. *joguete* (é),
    do v. *joguetar*.
jo·gue·te:*ar* v.
joi·a adj. 2g. sf.
jo:in·vi·*len*·se adj. s2g.
joi·o sm.
joi·o(s)-cas·te·*lha*·no(s) sm.
    (pl.).
jol·dra sf.: *choldra*.
jo·*liz* adj. 2g.
jo·mi·*rim* sm.; pl. ·*rins*: *juá-*
    mirim.
jon·*con*·go sm.: *joão-congo*.
jon·gar v.
jon·go sm.
jon·*guei*·ro sm.
jô·ni·co adj. sm.
jô·ni:o adj. sm.
jó·quei sm.
jó·quei-*clu*·be sm.; pl. *jóqueis-*
    -clubes ou *jóqueis-clube*.
jor·da·*nen*·se adj. s2g.
jor·da·ni:*a*·no adj. sm.
jor·*dâ*·ni·co adj.
jor·da·ni:*en*·se adj. s2g.
jor·*dâ*·ni:o adj. sm.
jor·ge(s)-*gran*·de(s) sm. (pl.).
jor·ge(s)-pe·*que*·no(s) sm. (pl.).
jor·na sf.
jor·*na*·da sf.
jor·na·*dão* sm.; pl. ·*dões*.
jor·na·de:*a*·dor (ô) adj. sm.
jor·na·de:*an*·te adj. s2g.
jor·na·de:*ar* v.
jor·*nal* sm.; pl. ·*nais*.
jor·na·*le*·co sm.
jor·na·*lei*·ro adj. sm.

jor·na·*li*·ce sf.
jor·na·*lis*·mo sm.
jor·na·*lis*·ta adj. s2g.
jor·na·*lís*·ti·co adj.
jor·ra (ô) sf./Cf. *jorra* (ó), do v.
    jorrar.
jor·ra·*men*·to sm.
jor·*rão* sm.; pl. ·*rões*.
jor·ro (ô) sm./Cf. *jorro* (ó), do
    v. *jorrar*.
jor·ro-*jor*·ro sm.; pl.
    jorros-jorros ou *jorro-jorros*.
jô·ru·ri sm.
jo·se·*en*·se adj. s2g.
jo·se·*fen*·se adj. s2g.
jo·*sé*(s)-*mo*·le(s) sm.; pl. (pl.).
jo·se·*zi*·nho sm.
jo·ta sm. sf.
jou·le (ju) sm.
jo·vem adj. s2g.; pl. ·*vens*;
    superl. *juveníssimo*.
jo·vi:*al* adj. 2g.; pl. ·*ais*.
jo·vi:a·li·*da*·de sf.
jo·vi:a·li·*zar* v.
jo·vi:a·ni·*en*·se adj. s2g.
joystick sm. (ing.: *djóistic*).
ju:*á* sm.
ju:*á*(s)-*bra*·vo(s) sm. (pl.).
ju:a·ça·*ben*·se adj. s2g.
ju:á-mi·*rim* sm.; pl. *juás-mirins*:
    jomirim.
ju:a·*po*·ca sm.
ju:a·*ti* sm.
ju:a·zei·*ren*·se adj. s2g.
ju:a·*zei*·ro sm.
ju:a·*zen*·se adj. s2g.
ju·ba sf.
ju·ba·*can*·ga sf.
ju·*ba*·do adj.
ju·ba·*í* sm.
ju·ba:i·*en*·se adj. s2g.
ju·*bar*·te sf.
ju·*ba*·ta sf.
ju·*be*·ba sf.
ju·be·*ri* adj. s2g.
ju·bi·la·*ção* sf.; pl. ·*ções*.
ju·bi·*la*·do adj.
ju·bi·la·*dor* (ô) adj. sm.
ju·bi·*lar* v. adj. 2g.
ju·bi·*leu* sm.
jú·bi·lo sm./Cf. *jubilo*, do v.
    jubilar.
ju·bi·*lo*·so (ô) adj.; f. *e* pl. (ó).
ju·*cá* adj. s2g. sm.
ju·ça sm.
ju·ca·*en*·se adj. s2g.
ju·*ça*·na sf.

ju·ça·na·bi·pi·i:a·ra sf.; pl.
　juçanas-bipiiaras ou
　juçanas-bipiiara.
ju·ça·na·ju·ri·pi·i:a·ra sf.; pl.
　juçanas-juripiiaras ou
　juçanas-juripiiara.
ju·ça·na-pi·te·re·ba sf.; pl.
　juçanas-piterebas ou
　juçanas-pitereba.
ju·ça·pé sm.
ju·ça·ra sf.: jiçara.
ju·ça·ral sm.; pl. ·rais.
ju·ça·ren·se adj. s2g.
ju·ci·ri sm.
ju·ci·ri(s)-de-co·mer sm. (pl.).
ju·cu sm.
ju·cu·ba·ú·ba sm.
ju·cu:en·se adj. s2g.
ju·cu·ma·nen·se adj. s2g.
ju·cu·na adj. s2g.
ju·cun·da sf.
ju·cun·di·da·de sf.
ju·cun·do adj.
ju·cu·ri sm.
ju·cu·ru sm.
ju·cu·ru·ri:en·se adj. s2g.
ju·cu·ru·ru:en·se adj. s2g.
ju·cu·ru·tu sm.
ju·cu·ru·tu:en·se adj. s2g.
ju·dai·co adj.
ju·da·ís·mo sm.
ju·da·ís·ta adj. s2g.
ju·da·ís·ti·co adj.
ju·da·i·za·ção sf.; pl. ·ções.
ju·da·i·zan·te adj. s2g.
ju·da·i·zar v.
ju·das sm. 2n.
ju·deu adj. sm.; f. judia.
ju·deu-a·le·mão adj. sm.; pl.
　judeus-alemães.
ju·deu-cris·tão adj. sm.; pl.
　judeus-cristãos.
ju·deu-cris·ti:a·nis·mo(s) sm.
　(pl.).
ju·di·a sf. de judeu.
ju·di:a·ção sf.; pl. ·ções
ju·di:ar v.
ju·di:a·ri·a sf.
ju·di·ca·ção sf.; pl. ·ções.
ju·di·can·te adj. s2g.
ju·di·car v.
ju·di·ca·ti·vo adj.
ju·di·ca·tó·ri:o adj.
ju·di·ca·tu·ra sf.
ju·di·ci:al adj. 2g.; pl. ·ais
ju·di·ci:an·te adj. 2g.
ju·di·ci:ar v.

ju·di·ci:á·ri:o adj. sm.; f.
　judiciária/Cf. judiciaria, do v.
　judiciar.
ju·di·ci:o·so (ô) adj.; f. e pl. (ó).
ju·dô sm.
ju·do·ca s2g.
ju·do:ís·ta s2g.
ju:e·ra·na sf.
ju:e·ra·nen·se adj. s2g.
ju·ga sf.
ju·ga·da sf. 'jeira'/Cf. jogada sf. e
　fl. do v. jogar.
ju·ga·dar v.
ju·ga·dei·ro adj. sm.
ju·ga·do adj. sm.
ju·ga·dor (ô) sm.
ju·ga·gal adj. 2g. sm.; pl. ·gais.
ju·gar v. 'abater reses'/Cf.
　jogar.
ju·glan·dá·ce:a sf.
ju·glan·dá·ce:o adj.
ju·glan·da·le sf.
ju·go sm.
ju·gos·la·vo adj. sm.: iugoslavo.
ju·gu·lar adj. 2g. sf. v.
ju·gu·ri·çá sm.
ju·i·pon·ga sf.
ju:iz sm.
ju:í·za sf. de juiz.
ju:i·za·do sm.
ju:iz-do-ma·to sm.; pl. juízes-
　do-mato.
ju:iz-fo·ra·no(s) adj. sm. (pl.).
ju:iz-fo·ren·se(s) adj. s2g. (pl.).
ju:í·zo sm.
ju·ji·tsu sm.: jiu-jitsu.
ju·ju·ba sf.
ju·ju·bei·ra sf.
ju·ju:ís·mo sm.
ju·ju:ís·ta adj. s2g.
ju·la·ta sf.
ju·la·ven·to sm.
ju·le·po sm.
jul·ga·do adj. sm.
jul·ga·dor (ô) adj. sm.
jul·ga·men·to sm.
jul·gar v.
ju·lho sm.
jú·li:a sf.
ju·li:a·na sf.
ju·li:a·ná·ce:a sf.
ju·li:a·ná·ce:o adj.
ju·li:a·na·le sf.
ju·li:a·no adj.
ju·li:ão sm.; pl. ·ões.
jú·li·da adj. 2g. sm.
ju·li·for·me adj. 2g. sm.

jú·li:o-mes·qui·ten·se(s) adj.
　s2g. (pl.).
ju·ma adj. s2g.
ju·ma·na adj. s2g.
ju·ma·rá sm.
jum·be·la sf.
ju·men·ta sf.
ju·men·ta·da sf.
ju·men·tal adj. 2g.; pl. ·tais.
ju·men·ti·ce sf.
ju·men·to sm.
jumping sm. (ing.: djâmpin).
jun·ça sf.
jun·cá·ce:a sf.
jun·cá·ce:o adj.
jun·ca·da sf.
jun·cal sm.; pl. ·cais.
jun·ção sf.; pl. ·ções.
jun·car v.
jun·co sm.
jun·co(s)-a·gres·te(s) sm. (pl.).
jun·co(s)-a·na·ni·co(s) sm.
　(pl.).
jun·co(s)-bra·vo(s) sm. (pl.).
jun·co(s)-da-prai·a sm. (pl.).
jun·co(s)-de-três-qui·nas sm.
　(pl.).
jun·co(s)-do-ba·nha·do sm.
　(pl.).
jun·co(s)-flo·ri·do(s) sm. (pl.).
jun·co(s)-man·so(s) sm. (pl.).
jun·co(s)-mi·ú·do(s) sm. (pl.).
jun·co-po·po·ca sm.; pl. juncos-
　-popocas ou juncos-popoca.
jun·di·á sm.
jun·di·á(s)-da-la·go·a sm. (pl.).
jun·di:a:i·en·se adj. s2g.
jun·du sm.
jun·ger·man·ni:a·le sf.
jun·gir v.
ju·nho sm.
ju·ni·no adj.
jú·ni:or adj. sm.; pl. juniores
　(ô).
ju·ni·pe·rá·ce:a sf.
ju·ni·pe·rá·ce:o adj.
ju·ní·pe·ro sm.
junk food loc. subst. (ing.:
　djankfud).
jun·quei·ra sf.
jun·quei·ren·se adj. s2g.
jun·quei·ro adj. sm.
jun·quei·ro·po·len·se adj. s2g.
jun·qui·lho sm.
jun·ta sf.
jun·ta·da sf.
jun·ta(s)-de-co·bra sf. (pl.).

jun·ta(s)-*mo*·le(s) sf. (pl.).
jun·*tar* v.
jun·*tá*·vel adj. 2g.; pl. ·veis.
jun·*tei*·ra sf.
jun·to adj. adv. sm.
jun·*toi*·ra sf.: jun·*tou*·ra.
jun·*tu*·ra sf.
ju:ó sm.: *jaó*.
ju·pa·rá sm.
ju·pa·ra·ba sf.
ju·pa·*ren*·se adj. s2g.
ju·pa·ri·te·*nen*·se adj. s2g.
ju·pa·*ti* sm.
ju·pi:á sm.
ju·pin·*dá* sm.
jú·pi·ter sm.
ju·pi·te·ri·*a*·no adj.
ju·pu:á adj. s2g.
ju·pu·*í*·ra sf.
ju·pu·rá sm.: *jupará*.
ju·*qui* adj. s2g.
ju·qui:á sm.
ju·qui:a·*en*·se adj. s2g.
ju·qui·ra·*í* sm.
ju·qui·*ri* sm.
ju·qui·ri:a·*çu* sm.
ju·qui·ri(s)-*bra*·vo(s) sm. (pl.).
ju·qui·ri(s)-car·*ras*·co(s) sm. (pl.).
ju·qui·ri(s)-*gran*·de(s) sm. (pl.).
ju·qui·ri(s)-*man*·so(s) sm. (pl.).
ju·qui·ri(s)-ras·*tei*·ro(s) sm. (pl.).
ju·qui·ri·*zi*·nho sm.
ju·ra sf.
ju·ra·ci:*en*·se adj. s2g.
ju·ra·*dei*·ra sf.
ju·ra·*dei*·ro adj. sm.
ju·*ra*·do adj. sm.
ju·ra·*dor* (ô) adj. sm.
ju·ra·men·*ta*·do adj.
ju·ra·men·*tar* v.
ju·ra·*men*·to sm.
ju·*ra*·na sf.
ju·ran·*den*·se adj. s2g.
ju·*rão* sm.; pl. ·*rões*.
ju·ra·pa:i·*ten*·se adj. s2g.
ju·*rar* v.
ju·ra·rá sm.
ju·*rás*·si·co adj. sm.
ju·re sm.: *júri*.
ju·*re*·ma sf.
ju·re·ma(s)-*bran*·ca(s) sf. (pl.).
ju·re·ma(s)-da·*pe*·dra sf. (pl.).
ju·re·*mal* sm.; pl. ·*mais*.

ju·re·ma·mi·*rim* sf.; pl. *juremas-mirins*.
ju·re·ma(s)-*pre*·ta(s) sf. (pl.).
ju·re·*mei*·ro sm.
ju·re·*men*·se adj. s2g.
ju·re·*mi*·nha sf.
ju·*ri* adj. s2g. 'povo'/Cf. *júri*.
jú·ri sm. 'reunião de jurados'/Cf. *juri*.
ju·ri·*ca*·na sf.
ju·ri·ci·*da*·de sf.:
   ji·ri·di·ci·*da*·de.
ju·*rí*·di·co adj.
ju·*rí*·ge·no adj.
ju·ri·*má*·gua adj. s2g.:
   ju·ri·ma·*ná*.
ju·ris·con·*sul*·to sm.
ju·ris·con·sul·to·ri·a sf.
ju·ris·di·*ção* sf.; pl. ·*ções*.
ju·ris·di·ci·o·*na*·do adj. sm.
ju·ris·di·ci·o·*nal* adj. 2g.; pl. ·*nais*.
ju·ris·di·ci·o·*nar* v.
ju·ris·pe·*rí*·ci:a sf.
ju·ris·pe·*ri*·to adj. sm.
ju·ris·pru·*dên*·ci:a sf.
ju·ris·pru·den·ci:*al* adj. 2g.; pl. ·*ais*.
ju·ris·pru·*den*·te s2g.
ju·*ris*·ta adj. s2g.
ju·ri·*ti* sf.
ju·ri·ti·a·*zul* sf.; pl. *juritis-azuis*.
ju·ri·ti(s)-*gran*·de(s) sf. (pl.).
ju·ri·ti·pi·*ran*·ga sf.
ju·ri·ti:u·*bim* sf.; pl. ·*bins*.
ju·ri·ti(s)-ver·da·*dei*·ra(s) sf. (pl.).
ju·ro sm.
ju·ru sm.
ju·ru:a·*çu* sm.
ju·ru:a·*en*·se adj. s2g.
ju·ru·*be*·ba sf. 'planta solanácea'/Cf. *jurumbeba*.
ju·ru·be·ba(s)-*gran*·de(s) sf. (pl.).
ju·ru·*be*·bal sm.; pl. ·*bais*.
ju·ru·*bi*·ta sf.: *jeribita*.
ju·ru·cu:á sf.
ju·ru·cu·*tu* sm.
ju·ru:*e*·ba sf.
ju·ru·*ju*·ba sf.
ju·rum·*be*·ba sf. 'planta cactácea'/Cf. *jurubeba*.
ju·ru·*mim* sm.; pl. ·*mins*.

ju·*ru*·na adj. s2g.
ju·ru·*pan*·go sm.
ju·ru·pa·rá sm.
ju·ru·pa·rã sm.
ju·ru·pa·*ri* sm.
ju·ru·pa·ri·pin·*dá* sm.
ju·ru·pa·ri·pi·*ru*·ba sf.
ju·ru·pa·ri(s)-ta·*pui*·o(s) adj. sm. (pl.).
ju·ru·*pe*·ma sf.
ju·ru·pen·*sém* sm.; pl. ·*séns*.
ju·ru·pe·*tin*·ga sf.
ju·ru·pi·*ran*·ga sf.
ju·ru·pi·*xu*·na sm.
ju·ru·*po*·ca sm.: *jerupoca*.
ju·ru·rá sf.
ju·*ru*·ru adj. s2g.
ju·ru·*tau* sm.: *urutau*.
ju·ru·*té* sm.
ju·ru·*ti* sf.: *juriti*.
ju·ru·ti:*en*·se adj. s2g.
ju·ru·ti·pi·*ran*·ga sf.
ju·*ru*·va sf.
ju·ru·vi:*a*·ra sf.
ju·ru·*vo*·ca sf.
jus sm., na loc. *fazer jus a*.
ju·*san*·te sf.
jus·ce·li·*nis*·mo sm.
jus·ce·li·*nis*·ta adj. s2g.
jus·ta sf.
jus·ta·*dor* (ô) adj. sm.
jus·ta·flu·vi:*al* adj. 2g.; pl. ·*ais*.
jus·ta·li·ne:*ar* adj. 2g.
jus·ta·ma·*rí*·ti·mo adj.
jus·ta·*por* v.
jus·ta·po·si·*ção* sf.; pl. ·*ções*.
jus·ta·*pos*·to (ô) adj.; f. e pl.(ó).
jus·*tar* v.
jus·*te*·za (ê) sf.
jus·*ti*·ça sf.
jus·ti·*ça*·do adj. sm.
jus·ti·*çar* v.
jus·ti·*cei*·ro adj. sm.
jus·ti·*ço*·so (ô) adj.; f. e pl. (ó).
jus·ti·fi·ca·*ção* sf.; pl. ·*ções*.
jus·ti·fi·*ca*·do adj. sm.
jus·ti·fi·ca·*dor* (ô) adj. sm.
jus·ti·fi·*can*·te adj. s2g.
jus·ti·fi·*car* v.
jus·ti·fi·ca·*ti*·va sf.
jus·ti·fi·ca·*ti*·vo adj.
jus·ti·fi·*cá*·vel adj. 2g.; pl. ·veis.
jus·*ti*·lho sm.
jus·to adj. sm.
jus·*tu*·ra sf.

ju·ta sf.
ju·ta·*í* sm.
ju·ta:i·*en*·se adj. s2g.
ju·ta:i·*pe*·ba sm.
ju·ta·*í*·po·ro·*ro*·ca sm.; pl.
   jutaís-pororocas ou
   jutaís-pororoca.
ju·ta:i·*ra*·na sf.
ju·ta(s)·pau·*lis*·ta(s) sf. (pl.).
ju·tu:a·*ú*·ba sf.
ju·tu·ba·*ra*·na sf.

ju·*u*·na sf.
ju·*vá* sm.
ju·ve·*nais* sm. pl.
ju·ve·*nal* adj. 2g.; pl.
   ·*nais*.
ju·ve·na·*les*·co (ê) adj.
ju·ve·na·li:*a*·no adj.
ju·ve·*na*·to sm.
ju·*ven*·ca sf.
ju·*ven*·ça sf.
ju·ven·ci:*en*·se adj. s2g.

ju·ve·*nê* sm.: *juvevê*.
ju·ve·nes·*cer* v.
ju·ve·nes·ci·*men*·to sm.
ju·ve·*nil* adj. 2g. sm.; pl. ·*nis*.
ju·ve·*ní*·li:a sf.
ju·ve·ni·li·*da*·de sf.
ju·ve·*nís*·si·mo adj. superl. de
   jovem.
ju·ven·*tu*·de sf.
ju·ve·*vê* sm.: *juvenê*.
ju·vi·*ra* sm.

K

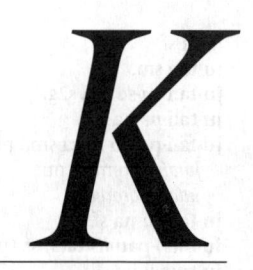

kabuki sm. jap.: *cabúqui*.
kadish sm. (hebr.: *cadísh*).
ka:emp·fé·ri:a sf.: *quempféria*.
ka:emp·fe·rol sm.; pl. *-óis*: *quempferol*.
kaf·ka·es·co (ê) adj.
kaf·kes·co (ê) adj.
kaf·ki·a·no adj. sm.
kaf·tan sm.: *caftã*.
kai·ni·ta sf.: *cenita*.
kai·ní·ti·co adj.: *cenítico*.
kaiser sm. (al.: *cáiser*).
kai·se·ris·mo sm.: *caiserismo*.
kai·se·ris·ta adj. s2g.: *caiserista*.
kai·se·ri·ta sf.: *caiserita*.
kai·se·rí·ti·co adj.: *caiserítico*.
ka·li·ni·ta sf.: *calinita*.
ka·li:o·fi·li·ta sf.: *caliofilita*.
ka·li:o·fi·lí·ti·co adj.: *caliofilítico*.
kamikase sm. (jap.: *camicase*).
ka·na·mi·ci·na sf.: *canamicina*.
kan·djar sm.: *candijar*.
kan·ti:a·no adj. sm.
kan·tis·mo sm.
kan·tis·ta adj. s2g.
ka:od·ze·ra sf.: *caodzera*.
ka·ra·o·kê sm.
kar·de·ci:a·no adj. sm.
kar·de·cis·mo sm.
kar·de·cis·ta adj. s2g.
karma sm. sânscr.: *carma*.
kart sm. (ing.: *cart*).
kar·tis·mo sm.: *cartismo*.
kar·tis·ta adj. s2g.: *cartista*.
kar·tó·dro·mo sm.: *cartódromo*.
keeper sm. (ing.: *quíper*).

kel·vin sm.
ke·ni:a·no adj. sm.: *queniano*.
kep·le·ri:a·no adj. sm.
ker·me·si·ta sf.: *quermesita*.
ker·me·sí·ti·co adj.: *quermesítico*.
ker·ni·ta sf.: *quernita*.
ker·ní·ti·co adj.: *quernítico*.
kér·ri:a sf.: *quérria*.
ker·rí·e:a sf.: *querríea*.
ketchup sm. (ing: *quétchap*).
key·ne·si:a·nis·mo sm.
key·ne·si:a·no adj. sm.
key·ser·lin·gui:a·no (cai) adj. sm.
kibutz sm. (hebr.: *kibútz*. pl.: *kibutzim*).
kíck·xia (cs) sf.: *quíxia*.
ki:el·mey·e·ra sf.: *quielmeiera*.
ki:el·mey·e·rói·de:a sf.: *kielmeieroídea*, *quielmeieroídea*.
ki:er·ke·ga:ar·di:a·no adj. sm.
ki:e·se·ri·ta sf.: *quieserita*.
ki:e·se·rí·ti·co adj.: *quieserítico*.
ki·gé·li:a sf.: *quigélia*.
kim·bér·gi:a sf.: *quimbérgia*.
kim·ber·lí·ti·co adj.: *quimberlítico*.
kim·ber·li·to sm.: *quimberlito*.
kim·me·rid·gi:a·no adj. sm.: *quimeridgiano*.
kín·gi:a sf.: *quíngia*.
kit sm. (ing.: *kit*).
ki·ta·sa·mi·ci·na sf.: *quitasamicina*.

kitchenette sf. (ing.: *quitinete*).
kitesurf sm. (ing.: *káitsarf*).
kitsch adj. 2g. 2n. sm. 2n. (al.: *kitch*).
kiwi sm. (ing.: *kiuí*).
kla·pró·ti:a sf.: *claprótia*.
kla·pro·ti·na sf.: *claprotina*.
klop·stó·cki:a sf.: *clopestóquia*.
klú·gi:a sf.: *clúgia*.
klu·gi:ei·a sf.: *clugieia*.
klú·ki:a sf.: *clúquia*.
knáu·ti:a sf.: *cnáutia*.
knêi·ffi:a sf.: *cnêifia*.
kneip·pis·ta (ai) adj. s2g.
knígh·ti:a sf.: *cnígtia*.
kni·phó·fi:a sf.: *cnifófia*.
kni·pho·fi·i·na sf.: *cnifofiina*.
knock-out sm. ing.: *nocaute*.
kno·pi·ta sf.: *cnopita*.
kno·pí·ti·co adj.: *cnopítico*.
knór·ri:a sf.: *cnórria*.
know how sm. (ing.: *nourráu*).
kó·chi:a sf.: *cóquia*.
ko·el·reu·té·ri:a sf.: *coelreutéria*.
koiné sf. gr.: *coiné*.
kôm·bi sf.
ko·nel sm.: *conel*.
kosher adj. 2g. 2n. (ídiche: *kósher*).
kot·chu·bei·a sf.: *cotchubeia*.
kouros sm. gr.: *curo*.
kung fu sm. (chin.: *kungfu*).
ku:wai·ti:a·no sm.
kun·zi·ta sf.: *cunzita*.
kun·zí·ti·co adj.: *cunzítico*.

L

la art. pron.
lá adv. sm.
lã sf.
la·*ba*·**ça** sf.
la·*ba*·**çal** sm.; pl. ·*çais*.
la·*ba*·**çol** sm.; pl. ·*çóis*.
la·*ba*·*la*·**ba** sf. pl. *labas-labas* ou *laba-labas*.
la·*bão* sm.; pl. ·*bões*.
la·*ba*·*re*·**da** (ê) sf. sm.: *lavareda*.
lá·**ba·ro** sm.
la·*bá*·**ti:a** sf.
láb·**da·no** sm.: *ládano*.
la·*be*·*la*·**do** adj.
la·*be*·**lo** sm.
la·*béu* sm.
lá·**bi:a** sf.
la·*bi:a*·**ção** sf.; pl. ·*ções*.
la·*bi:a*·**da** sf.
la·*bi:a*·**do** adj. sm.
la·*bi:al* adj. 2g. sf.; pl. ·*ais*.
la·*bi:a*·*lis*·**mo** sm.
la·*bi:a*·*li*·*za*·**ção** sf.; pl. ·*ções*.
la·*bi:a*·*li*·**zar** v.
la·*bi:a*·*ti*·*flo*·**ro** adj.
la·*bi:a*·*ti*·*for*·**me** adj. 2g.
la·*bi*·*ca*·**no** adj. sm.
la·*bi*·*dóg*·**na·ta** sf.
la·*bi*·*dóg*·**na·to** adj.
lá·**bil** adj. 2g.; pl. ·**beis**.
lá·**bi:o** sm.
la·*bi*·*o*·*den*·**tal** adj. 2g. sf.; pl. ·*tais*.
la·*bí*·**o·lo** sm.
la·*bi*·*o*·*na*·**sal** adj. 2g.; pl. ·*sais*.
la·*bi*·*o*·*si*·*da*·**de** sf.
la·*bi:o*·**so** (ô) adj.; f. *e* pl. (ó).
la·*bi*·*o*·*ve*·**lar** adj. 2g.
la·*bi*·*rín*·**ti·co** adj.
la·*bi*·*rin*·*tí*·**de:o** sm.
la·*bi*·*rin*·*ti*·*for*·**me** adj. 2g.
la·*bi*·*rin*·*ti*·**te** sf.
la·*bi*·*rin*·**to** sm.
la·*bla*·**de** sf.
la·*bor* (ô) sm.; pl. *labores* (ô)/Cf. *labores* (ó), do v. *laborar*.
la·*bo*·*ra*·**ção** sf.; pl. ·*ções*.
la·*bo*·**rão** sm.; pl. ·*rões*.
la·*bo*·**rar** v.
la·*bo*·*ra*·*to*·*ri:al* adj. 2g.; pl. ·*ais*.
la·*bo*·*ra*·*tó*·**ri:o** sm.
la·*bo*·*ra*·*to*·*ris*·**ta** adj. s2g.
la·*bo*·*ri:o*·*si*·*da*·**de** sf.
la·*bo*·*ri:o*·**so** (ô) adj.; f. *e* pl. (ó).
la·*bo*·*ris*·**ta** adj. s2g.
la·*bo*·**ro** (ô) sm./Cf. *laboro* (ó), do v. *laborar*.
la·*bor*·*te*·*ra*·*pi*·**a** sf.
la·*bra*·*dó*·**ri·co** adj.
la·*bra*·*do*·*ri*·**ta** sf.: *lavradoria*.
la·*bre:a*·**do** adj.
la·*bre:ar* v.
la·*bre*·**go** (ê) adj. sm.
la·*bren*·**se** adj. s2g.
la·*brí*·**de:o** adj. sm.
la·**bro** sm.
la·*bro*·**so** (ô) adj.; f. *e* pl. (ó).
la·*bros*·**ta** adj. s2g.: **la·***bros*·**te**.
la·*brus*·**ca** sf.
la·*brus*·**co** adj. sm.
la·*bur*·**no** sm.
la·*bu*·**ta** sf.
la·*bu*·*ta*·**ção** sf.; pl. ·*ções*.
la·*bu*·*ta*·*dor* (ô) adj. sm.
la·*bu*·**tar** v.
la·*bu*·**zar** v.: *lambuzar*.
la·**ca** sf.
la·*ça*·**ço** sm.
la·*ça*·**da** sf. 'nó corredio'/Cf. *lassada*, part. de *lassar*.
la·*ça*·*dor* (ô) sm.
la·*cai*·*a*·**da** sf.
la·*cai*·*a*·**gem** sf.; pl. ·**gens**.
la·*cai*·**ar** v.
la·*cai*·**co** adj.
la·*cai*·*es*·**co** (ê) adj.
la·*cai*·**o** adj. sm.
la·*cam*·*be*·**che** sm.
la·*ca*·*ni*·*a*·**no** sm.
la·*çar* v. 'prender com laços'/Cf. *lassar*.
la·*ça*·*ra*·**da** sf.
la·*ça*·*ri*·**a** sf. 'ornatos em forma de laço'/Cf. *lassaria*, do v. *lassar*.
la·*ça*·*ro*·**te** sm.
la·*çar*·**rão** sm.; pl. ·**rões**.
la·*ce*·*de*·*mô*·**ni·co** adj.
la·*ce*·*de*·*mô*·**ni:o** adj. sm.
la·*cei*·**ra** sf.
la·*ce*·*ra*·**ção** sf.; pl. ·*ções*.
la·*ce*·*ran*·**te** adj. 2g.
la·*ce*·**rar** v.
la·*ce*·*rá*·**vel** adj. 2g.; pl. ·**veis**.
la·*cer*·*di*·**nha** sm.
la·*cer*·*dis*·**mo** sm.
la·*cer*·*dis*·**ta** adj. s2g.
la·*cer*·*di*·*for*·**me** adj. 2g.
la·*cer*·*tí*·**li:o** adj. sm.
la·*cer*·*ti*·**no** sm.
la·*cer*·**to** sm.
la·*ce*·*ta*·**no** adj. sm.
la·*ce*·**te** (ê) sm.
la·**cha** sf. 'arma'/Cf. *laxa*, do v. *laxar*.
la·*ci:al* adj. 2g.; pl. ·*ais*.
lá·**ci·co** adj.
la·*cí*·**fe·ro** adj.
la·*cí*·**ni:a** sf.
la·*ci*·*ni:a*·**do** adj.
la·*cí*·**ni:o** sm.
la·*cis*·*te*·*má*·**ce:a** sf.
la·*cis*·*te*·*má*·**ce:o** adj.
la·**ço** sm. 'espécie de nó'/Cf. *lasso*, adj. e fl. do v. *lassar*.
la·*co*·*bri*·*cen*·**se** adj. s2g.
la·*co*·*bri*·*gen*·**se** adj. s2g.
la·*ço(s)*-**de-a·*mor*** sm. (pl.).
la·*co*·*li*·**to** sm.

la·co·man·ci:a sf.
la·co·man·te s2g.
la·co·mân·ti·co adj.
la·con·dé adj. s2g.
la·cô·ni·co adj.
la·cô·ni:o adj. sm.
la·co·nis·mo sm.
la·co·ni·zar v.
la·co-pa·co(s) sm. (pl.).
la·ços-es·pa·nhóis sm. pl.
la·crai·a sf.
la·cra·nar v.
la·crar v.
la·crau sm.
la·cre sm.
la·cre:a·da sf.
la·cre:ar v.
la·cre(s)-bran·co(s) sm. (pl.).
la·cre·ca·nha sf.
la·cri·ma·ção sf.; pl. ·ções.
la·cri·mal adj. 2g. sm.; pl. ·mais: lagrimal.
la·cri·man·te adj. 2g.: lagrimante.
la·cri·mar v.: lagrimar.
la·cri·ma·tó·ri:o adj. sm.
la·cri·má·vel adj. 2g.; pl. ·veis.
la·cri·me·ja·men·to sm.: lagrimejamento.
la·cri·me·jan·te adj. 2g.: lagrimejante.
la·cri·me·jar v.: lagrimejar.
la·cri·me·jo (ê) sm./Cf. lacrimejo (é), do v. lacrimejar.
la·cri·mi·for·me adj. 2g.
la·cri·mo·gê·ne:o adj. sm.
la·cri·mo·so (ô) adj.; f e pl. (ó): lagrimoso.
la·cri·mo·to·mi·a sf.
lac·ta·ção sf.; pl. ·ções.
lac·tal·bu·mi·na sf.
lac·ta·me sm.
lac·tân·ci:a sf.
lac·tan·te adj. s2g. 'que produz leite'/Cf. lactente.
lac·tar v.
lac·ta·ra·to sm.
lac·tá·ri:o adj. sm.; f. lactária/Cf. lactaria, do v. lactar.
lac·ta·se sf.
lac·ta·to sm.
lac·ten·te adj. s2g. 'diz-se de, ou ser que mama'/Cf. lactante e latente.
lác·te:o adj.: láteo.
lac·tes·cên·ci:a sf.: latescência.

lac·tes·cen·te adj. 2g.: latescente.
lac·ti·ce·mi·a sf.
lac·ti·cí·ni:o sm.: laticínio.
lac·ti·ci·no·so (ô) adj.; f e pl. (ó): laticinoso.
lác·ti·co adj.: lático.
lac·ti·co·lor (ô) adj. 2g.
lac·ti·cul·tor (ô) sm.
lac·ti·cul·tu·ra sf.
lac·tí·fa·go adj. sm.
lac·tí·fe·ro adj.
lac·tí·fi·co adj.
lac·ti·fo·bi·a sf.
lac·tí·fo·bo adj. sm.
lac·ti·for·me adj. 2g.
lac·tí·fu·go adj. sm.
lac·tí·ge·no adj.
lac·ti·na sf.
lac·tí·ne:o adj.
lac·tir·ró·se:o adj.
lac·tí·vo·ro adj.
lac·to·den·si·me·tri·a sf.
lac·to·den·sí·me·tro sm.
lac·to·den·si·mé·tri·co adj.
lac·tô·me·tro sm.
lac·to·ri·dá·ce:a sf.
lac·to·ri·dá·ce:o adj.
lac·to·se sf.
lac·to·su·ri·a sf.: lac·to·sú·ri:a.
lac·tu·cá·ri:o sm.
la·cu·na sf.
la·cu·nar adj. 2g. 'lacunoso'; pl. lacunares/Cf. lacunaris, pl. de lacunari.
la·cu·na·ri sm. 'tucanaré'; pl. lacunaris/Cf. lacunares, pl. de lacunar.
la·cu·ná·ri:o sm.
la·cu·no·si·da·de sf.
la·cu·no·so (ô) adj.; f. e pl. (ó).
la·cus·tre adj. 2g.
la·cu·tei·o sm.
la·da sf.
la·da·i·nha sf.
la·da·i·nhar v.
la·da·i·nhen·se adj. s2g.
la·dai·ro sm.: ladário.
la·da·ní·fe·ro adj.
lá·da·no sm.: lábdano.
la·da·ren·se adj. s2g.
la·dá·ri:o sm.: ladairo.
la·de:a·men·to sm.
la·de:ar v.
lã(s) de ca·me·lo sf. (pl.).
la·dei·ra sf.
la·dei·ra·me sm.

la·dei·ra·men·to sm.
la·dei·ren·to adj.
la·dei·ro adj. sm.
la·dei·ro·so (ô) adj.; f. e pl. (ó).
la·di·na·gem sf.; pl. ·gens.
la·di·ne·za (ê) sf.
la·di·ni·ce sf.
la·di·no adj. sm.
la·do sm.
la·dra adj. sf.; f. de ladrão.
la·dra·do sm.
la·dra·dor (ô) adj. sm.
la·dran·te adj. s2g.
la·drão adj. sm.; pl. ·drões; f. ladra, ladroa e ladrona.
la·drar v.
la·dra·ri·a sf.
la·dra·vão sm.; pl. ·vões.
la·dra·vaz sm.
la·dri·ço sm.
la·dri·do sm.
la·dri·lha·do adj.
la·dri·lha·dor (ô) adj. sm.
la·dri·lha·gem sf.; pl. ·gens.
la·dri·lhar v.
la·dri·lhei·ro sm.
la·dri·lho sm.
la·dro adj. sm.
la·dro:a (ô) adj. sf.; f. de ladrão.
la·dro:a·ço sm.
la·dro:a·gem sf.; pl. ·gens.
la·dro:ar v.
la·dro·ei·ra sf.
la·dro·ei·rar v.
la·dro·ei·ro sm.
la·dro·í·ce sf.
la·dro:ís·mo sm.
la·dro·na adj. sf.; f. de ladrão.
la·dro·na·ço sm.
lady sf. (ing.: lêidi).
la·fai·e·ten·se adj. s2g.
la·ga·lhé sm.
la·ga·mal sm.; pl. ·mais.
la·ga·mar sm.
lá·ga·na sf.
la·gão sm.; pl. ·gões.
la·gar sm.
la·ga·ra·da sf.
la·ga·ra·gem sf.; pl. ·gens.
la·ga·rei·ro sm.
la·ga·ri·ça sf.
la·ga·ri·ço adj. sm.
lá·ga·ro sm.
la·gar·ta sf.
la·gar·ta-a·ra·nha sf.; pl. lagartas-aranhas ou lagartas-aranha.

la·gar·ta(s)-ca·be·*lu*·da(s) sf. (pl.).
la·gar·ta(s)-de-*fo*·go sf. (pl.).
la·gar·ta(s)-de-*vi*·dro sf. (pl.).
la·gar·ta(s)-dos-co·*quei*·ros sf. (pl.).
la·gar·ta(s)-ro·*sa*·da(s) sf. (pl.).
la·gar·ta-*ros*·ca sf.; pl. lagartas-roscas ou lagartas-rosca.
la·gar·te:*ar* v.
la·gar·*tei*·ra sf.
la·gar·*tei*·ro adj.
la·gar·*ten*·se adj. s2g.
la·gar·*ti*·xa sf.
la·gar·*ti*·xa(s)-das-*du*·nas sf. (pl.).
la·*gar*·to sm.
la·*gar*·to(s)-do-*mar* sm. (pl.).
la·*ge*·na sf.
la·ge·*ná*·ri:a sf.
la·*gê*·ni:a sf.
la·ge·*ní*·de:o adj. sm.
la·ge·ni·*for*·me adj. 2g.
la·ge·no·*rin*·co sm.
la·*gê*·nu·la sf.
la·gi·*ra*·no adj. sm.
la·go sm.
la·*go*·a (ô) sf.
la·go:*a*·cho sm.
la·go:*a*·no adj. sm.
la·go:*ão* sm.; pl. ·*ões*.
la·go·a-san·*ten*·se(s) adj. s2g. (pl.).
la·go·*cé*·fa·lo adj.
la·go:*ei*·ro sm.
la·go:*e*·nho adj. sm.
la·go:*en*·se adj. s2g.
la·gof·*tal*·mo sm.
la·go:*i*·*nhen*·se adj. s2g.
la·go·*mar* sm.; pl. *lagos-mares*.
la·go·*mor*·fo adj. sm.
la·go·pe·*dren*·se(s) adj. s2g. (pl.).
la·*gó*·po·de adj. 2g. sm.
la·go·qui·*li*·a sf.
la·*gos*·ta (ô) sf.
la·gos·ta-co·*mum* sf.; pl. *lagostas-comuns*.
la·gos·ta·ga·fa·*nho*·to sf.; pl. *lagostas-gafanhotos* ou *lagostas-gafanhoto*.
la·*gos*·tim sm.; pl. ·*tins*.
la·gos·*ti*·nha sf.
la·gos·to·*mi*·a sf.
la·*gós*·to·mo adj. sm.
la·gran·gi:*a*·na sf.

lá·gri·ma sf./Cf. *lagrima*, do v. *lagrimar*.
la·gri·ma·*ção* sf.; pl. ·*ções*.
lá·gri·ma(s)-de-*mo*·ça sf. (pl.).
lá·gri·ma(s)-de-nos·sa-
 -se·*nho*·ra sf. (pl.).
lá·gri·ma(s)-de-san·ta-ma·*ri*·a sf. (pl.).
la·gri·*mal* adj. 2g. sm.; pl. ·*mais*: *lacrimal*.
la·gri·*man*·te adj. 2g.: *lacrimante*.
la·gri·*mar* v.: *lacrimar*.
la·gri·me·ja·*men*·to sm.: *lacrimejamento*.
la·gri·me·*jan*·te adj. 2g.: *lacrimejante*.
la·gri·me·*jar* v.: *lacrimejar*.
la·gri·*mo*·so (ô) adj.; f. *e* pl. (ó): *lacrimoso*.
la·*gu*·na sf.
la·gu·*nen*·se adj. s2g.
la·gu·*no*·so (ô) adj.; f. *e* pl. (ó).
lai sm. 'poemeto'; pl. *lais*/Cf. *lais*.
lai·a sf.
lai·*a*·na adj. s2g.
lai·*ca*·do sm.
lai·*cal* adj. 2g.; pl. ·*cais*.
lai·ca·li·*da*·de sf.
lai·ca·*lis*·mo sm.
lai·*ca*·to sm.
lai·ci·*da*·de sf.
lai·ci·fi·*car* v.
lai·*cis*·mo sm.
lai·ci·za·*ção* sf.; pl. ·*ções*.
lai·ci·*zar* v.
lai·co adj.
lai·cra sf.
lais sm. 'testamento' 'ponta da verga'; pl. *laises*/Cf. *lais*, pl. de *lai*.
laisser-faire sm. 2n. (fr.: *lessêfér*).
la:i·*tu* sm.
lai·var v.
lai·vo sm.
la·ja sf.: *laje*.
la·*jão* sm.; pl. ·*jões*.
la·je sf.: *laja*.
lá·je:a sf.
la·je:a·*den*·se adj. s2g.
la·je:*a*·do adj. sm.
la·je:*a*·dor (ô) adj. sm.
la·je:a·*men*·to sm.
la·je:*ar* v.
la·*je*·do (ê) sm.

la·*jei*·ro sm.
la·jem sf.; pl. ·*jens*.
la·*jen*·se adj. s2g.
la·je:*o*·so (ô) adj.; f *e* pl. (ó).
la·ji:*a*·no adj. sm.
la·ji·*nhen*·se adj. s2g.
la·*jis*·ta adj. s2g.
la·*jo*·ta sf.
la·la·*ção* sf.; pl. ·*ções*.
la·*lau* sm.
la·lo·ma·*ni*·a sf.
la·lo·ple·*gi*·a sf.
la·ma[1] sf. 'lodo'/Cf. *lama*[2] .
la·ma[2] sm. 'sacerdote budista'/ Cf. *lama*[1].
la·ma·*çal* sm.; pl. ·*çais*.
la·ma·*cei*·ra sf.
la·ma·*cei*·ro sm.
la·ma·*cen*·to adj.
la·*mai*·co adj.
la·ma:*ís*·mo sm.
la·ma:*ís*·ta adj. s2g.
la·ma·*rão* sm.; pl. ·*rões*.
la·marc·ki:a·*nis*·mo sm.
la·marc·ki:*a*·no adj. sm.
la·marc·*kis*·mo sm.
la·marc·*kis*·ta adj. s2g.
la·mar·ti·ni:*a*·no adj. sm.
la·mar·ti·*nis*·ta adj. s2g.
la·ma·se·*ri*·a sf.
lam·*ba*·da sf.
lam·*bai*·o sm.
lam·*bam*·ba adj. s2g.
lam·*ban*·ça sf.
lam·ban·ce:*a*·dor (ô) adj. sm.
lam·ban·ce:*ar* v.
lam·ban·*cei*·ro adj. sm.
lam·*bão* adj. sm.; pl. ·*bões*; f. ·*bo*·na.
lam·*bar* v.
lam·ba·*rão* adj. sm.; pl. ·*rões*; f. ·*ro*·na.
lam·ba·*rar* v.
lam·ba·*raz* adj. s2g.
lam·ba·*rei*·ro adj. sm.
lam·ba·*ri* sm.
lam·ba·*ri*·ce sf.
lam·ba·*ri*(s)-do-ra·bo-
 -ver·*me*·lho sm. (pl.).
lam·ba·ri:*en*·se adj. s2g.
lam·ba·ri·gua·*çu* sm.
lam·ba·ri·mi·*rim* sm.; pl. ·*rins*.
lam·ba·*ri*(s)-pin·*ta*·do(s) sm. (pl.).
lam·ba·*ri*(s)-pi·*qui*·ra(s) sm. (pl.).

lam·ba·ri-*pra*·ta sm.; pl.
lambaris-pratas ou
lambaris-prata.
lam·ba·ri-*zi*·nho sm.
lam·ba·*ro*·na adj. sf.; f. de
lambarão.
lam·*baz* adj. 2g. sm.
lam·ba·*zar* v.
***lamb*·da** sm.
lamb·*dá*·*cis*·mo sm.
lamb·*dá*·ti·co adj.
lamb·da-*ze*·ro sm.; pl. *lambdas-*
-zeros ou *lambdas-zero*.
lamb·*doi*·de adj. 2g.
lam·be-*bo*·tas s2g. 2n.
lam·be-*cu(s)* s2g. (pl.).
lam·be-*dei*·ra sf.
lam·be-*de*·la sf.: *lambidela*.
lam·be·*dor* (ô) adj. sm.
lam·be·*du*·ra sf.
lam·be-es·*po*·ras s2g. 2n.
lam·*bei*·ro adj. sm.
lam·*bel* sm. 'cotica de brasão';
pl. *lambéis*/Cf. *lambeis*, do v.
lamber.
lam·be-*lam*·be(s) sm. (pl.).
lam·be-*o*·lhos sf. 2n.
lam·be-*pra*·tos s2g. 2n.
lam·*ber* v.
lam·be·*ri*·na sf.
lam·be-*sa*·po(s) sf. (pl.).
lam·*be*·ta (ê) adj. s2g.
lam·be·*te:ar* v.
lam·be·*tei*·ro adj. sm.
lam·bi·*ção* sf.; pl. ·*ções*.
lam·bi·*car* v.
lam·*bi*·da sf.
lam·bi·*de*·la sf.
lam·*bi*·do adj.
lam·bis·*ca*·da sf.
lam·bis·ca·*dor* (ô) adj. sm.
lam·bis·*car* v.
lam·bis·ca·*ri*·a sf.
lam·*bis*·co sm.
lam·bis·*goi*·a s2g.
lam·bis·*quei*·ro adj. sm.
lam·*bo*·na adj. sf.; f. de *lambão*.
lam·bo·*ra*·da sf.
lam·bre·*ca*·do adj.
lam·bre·*car* v.
lam·bre·*quim* sm.; pl. ·*quins*.
lam·bre·qui·*na*·do adj.
lam·*bre*·ta (ê) sf.
lam·bre·*tis*·ta s2g.
lam·*bri* sm.
lam·*bril* sm.; pl. ·*bris*.
lam·*brim* sm.; pl. ·*brins*.

lam·*bris* sm. pl.
lam·bri·sa·*men*·to sm.
lam·bri·*sar* v.
lam·*bu* s2g.: *inamu, inhambu,*
nambu, nhambu.
lam·bu·*çar* v.
lam·*bu*·ja sf.
lam·bu·*jar* v.
lam·bu·*jei*·ro adj. sm.
lam·*bu*·jem sf.; pl. ·*jens*
lam·bu·*za*·da sf.
lam·bu·za·*de*·la sf.
lam·bu·*zão* adj. sm.; pl. ·*zões*; f.
lambuzona.
lam·bu·*zar* v.
lam·bu·*zei*·ra sf.
lam·bu·*zo*·na adj. sf.; f. de
lambuzão.
la·*mê* adj. sm.
la·me·*cen*·se adj. s2g.
la·*me*·cha adj. s2g.
la·me·cha·*ri*·a sf.
la·me·*chi*·ce sf.
la·me·*chis*·mo sm.
la·*mé*·cu·la sf.
la·me·cu·*lar* adj. 2g.
***lâ*·me·de** sm., do hebr. *lamed*.
la·*mei*·ra sf.
la·mei·*rão* sm.; pl. ·*rões*
la·*mei*·ro sm.
la·*me*·la sf.
la·me·la·*ção* sf.; pl. ·*ções*.
la·me·*la*·do adj.
la·me·*lar* adj. 2g. v.
la·me·li·*brân*·qui:o adj. sm.
la·me·li·*cór*·ne:o adj. sm.
la·me·*lí*·fe·ro adj. sm.
la·me·li·*for*·me adj. 2g.
la·me·*li*·nha sf.
la·me·*lí*·pe·de adj. 2g.
la·me·lir·*ros*·tro adj. sm.
la·me·*lo*·so (ô) adj.; f. e pl. (ó).
la·men·ta·*ção* sf.; pl. ·*ções*.
la·men·ta·*dor* (ô) adj. sm.
la·men·*tar* v.
la·men·*tá*·vel adj. 2g.; pl. ·*veis*.
la·*men*·to sm.
la·men·*to*·so (ô) adj.; f. e pl. (ó).
***lâ*·mi:a** sf.
***lâ*·mi·na** sf./Cf. *lamina*, do v.
laminar.
la·mi·na·*ção* sf.; pl. ·*ções*
la·mi·*na*·do adj. sm.
la·mi·na·*dor* (ô) adj. sm.
la·mi·*na*·gem sf.; pl. ·*gens*.
la·mi·*nar* adj. 2g. v.
la·mi·*ná*·vel adj. 2g.; pl. ·*veis*.

la·mi·nec·to·*mi*·a sf.
la·mi·*no*·so (ô) adj.; f. e pl. (ó).
la·*mí*·nu·la sf.
***lâ*·mi:o** sm.
la·mi·*ré* sm.
la·*mo*·ja sf.
la·*mo*·so (ô) adj.; f. e pl. (ó).
***lam*·pa** sf. sm.
***lâm*·pa·da** sf.
lam·pa·*dá*·ri:o sm.
lam·pa·*dei*·ro sm.
lam·pa·de·*jar* v.
lam·pa·*dis*·ta sf.
***lâm*·pa·do** sm.
lam·pa·do·dro·*mi*·a sf.
lam·pa·do·*fó*·ri:as sf. pl.
lam·pa·*dó*·fo·ro sm.
lam·pa·do·man·*ci*:a sf.
lam·pa·do·*man*·te s2g.
lam·pa·do·*mân*·ti·co adj.
***lam*·pa·na** sf.
lam·pa·*rão* sm; pl. ·*rões*.
lam·pa·*ri*·na sf.
lam·*pei*·ro adj. sm.
lam·pe·*jan*·te adj. 2g.
lam·pe·*jar* v.
lam·*pe*·jo (ê) sm.
lam·pi:*ão* sm.; pl. ·*ões*.
lam·*pi*·nho adj. sm.
lam·*pí*·ri·de sf.
lam·*pí*·ri:o sm.
lam·*pi*·ro sm.
***lam*·po** adj. sm.
lam·*prei*·a sf.
lam·prei·a(s)-dos-*ri*:os sf. (pl.).
lam·*pró*·fi·ro sm.
lam·*prô*·me·tro sm.
lamp·*sa*·na sf.
la·*mú*·ri:a sf./Cf. *lamuria*, do v.
lamuriar.
la·mu·ri·*an*·te adj. 2g.
la·mu·ri·*ar* v.
la·mu·ri·*en*·to adj.
la·na-ca·*pri*·na sf.; na loc. *de*
lana-caprina.
la·*na*·da sf.
la·*nar* adj. 2g.
***lan*·ça** sf.
lan·ça-*bom*·bas sm. 2n.
lan·ça-*ca*·bos sm. 2n.
lan·ça-*cha*·mas sm. 2n.
lan·*ça*·ço sm.
lan·*ça*·da sf.
lan·ça·*dei*·ra sf.
lan·ça·*di*·ço adj.
lan·*ça*·do adj. sm.
lan·ça·*dor* (ô) adj. sm.

lan·ça·*du*·ra sf.
lan·ça-*ga*·ses sm. 2n.
lan·ça-*men*·to sm.
lan·*çan*·te adj. 2g. sm.
lan·ça-per·*fu*·me(s) sm. (pl.).
lan·*çar* v.
lan·ça-*ro*·te sm.
lan·cas·te·ri:*a*·no adj. sm.
lan·cas·te·*ri*·ta sf.
lan·cas·tri:*a*·no adj. sm.
lan·ça-tor·*pe*·dos sm. 2n.
lan·ce sm.
lan·ce:*a*·da sf.
lan·ce:a·*dor* (ô) adj. sm.
lan·ce:*ar* v.
lan·*cei*·ro sm.
lan·ce:o·*la*·do adj.
lan·ce:o·*lar* adj. 2g.
lan·*ce*·ta (ê) sf.; pl. *lancetas* (ê)/
  Cf. *lanceta* (é) e *lancetas* (é),
  do v. *lancetar*.
lan·ce·*ta*·da sf.
lan·ce·*tar* v.
lan·ce·*tei*·ra sf.
lan·cha sf.
lan·cha(s)-ca·nho·*nei*·ra(s) sf.
  (pl.).
lan·*cha*·da sf.
lan·*chão* sm.; pl. ·*chões*.
lan·*char* v.
lan·cha(s)-tor·pe·*dei*·ra(s) sf.
  (pl.).
lan·che sm.
lan·*chei*·ra sf.
lan·*chei*·ro sm.
lan·cho·*ne*·te sf.
lan·ci·*for*·me adj. 2g.
lan·*cil* sm.; pl. ·*cis*.
lan·ci·*nan*·te adj. 2g.
lan·ci·*nar* v.
lan·ço sm.
lan·*çol* sm.; pl. ·*çóis*.
lan·da sf.
lan·*dau* sm.
lan·de[1] sf. 'glande do carvalho'/
  Cf. *lande*[2].
lan·de[2] sm. 'charneca'/Cf. *lande*[1].
lan·*dei*·ra sf.
land·*gra*·ve sm.; f. *landgravina*.
land·gra·vi:*a*·do sm.:
  land·gra·vi:*a*·to.
land·gra·*vi*·na sf.; f. de *landgrave*.
lan·*di* sm.
lan·di·*ra*·na sf.
lan·*dô* sm.
lan·du:*á* sm.
lan·fra·*nhu*·do adj. sm.

lan·ga·*bo*·te sm.
lan·*ga*·nha sf.
lan·*ga*·nho sm.
lan·ga·*nho*·so (ô) adj.; f. *e* pl. (ó).
lan·*gor* (ô) sm.
lan·go·*ro*·so (ô) adj.; f. *e* pl. (ó).
lan·*gu*·a sf.
lan·gue adj. 2g.
lan·*gue*·nho sm.
lan·*guen*·te adj. 2g.
lan·*guen*·to adj.
lan·gues·*cen*·te adj. 2g.
lan·gues·*cer* v.
lan·gui·*dez* (ê) sf.
lân·gui·do adj.
lan·gui·*nhen*·to adj.
lan·*guir* v.
la·*nhar* v.
la·nho sm.
la·ni:*á*·de:o adj. sm.
la·*ní*·fe·ro adj.
la·ni·fi·ci:*al* adj. 2g.; pl. ·*ais*.
la·ni·*fí*·ci:o sm.
la·*ní*·ge·ro adj.
la·no·*li*·na sf.
la·no·si·*da*·de sf.
la·*no*·so (ô) adj.; f. *e* pl. (ó).
lans·que·*nê* sm.
lans·que·*ne*·te (ê) sm.
lan·ta·*ní*·de:o sm.
lan·*tâ*·ni:o sm.
lan·te·*joi*·la sf.: *lantejoula*,
  lentejoila, *lentejoula*.
lan·te·joi·*lar* v.: *lantejoular*,
  lentejoilar, *lentejoular*.
lan·te·*jou*·la sf.: *lantejoila*,
  lentejoila, *lentejoula*.
lan·te·jou·*lar* v.: *lantejoilar*,
  lentejoilar, *lentejoular*.
lan·*ter*·na sf.
lan·*ter*·na(s) de a·ris·*tó*·te·les
  sf. (pl.).
lan·ter·*na*·gem sf.; pl. ·*gens*.
lan·ter·*nar* v.
lan·ter·*nei*·ro sm.
lan·ter·*ne*·ta (ê) sf.
lan·ter·*nim* sm.; pl. ·*nins*.
lan·ter·*ni*·nha s2g.
lan·*ti* sm.: lan·*tim*; pl. ·*tins*.
la·*nu*·do adj.
la·*nu*·gem sf.; pl. ·*gens*.
la·*nu·gen*·to adj.
la·nu·gi·*na*·to adj.
la·nu·gi·*no*·so (ô) adj.; f. *e* pl.
  (ó).
lan·*zu*·do adj. sm.
la·pa sf.

la·pa·*ce*·nho adj. sm.
la·*pá*·ce:o adj.
la·*pa*·da sf.
la·pan·*ta*·na adj. s2g.
la·*pão* adj. sm.; pl. ·*pões*; f.
  lapona.
la·pa·*rão* sm.; pl. ·*rões*.
lá·pa·ro sm.
la·pa·ro·*ce*·le sf.
la·pa·*ró*·ce·ro sm.
la·pa·ro·plas·*ti*·a sf.
la·pa·ros·co·*pi*:a sf.
la·pa·ro·to·*mi*·a sf.
la·pe:*ar* v.
la·*pe*·do (ê) sm.
la·*pei*·ro adj.
la·*pe*·la sf.
la·*pen*·se adj. s2g.
la·pi:*a*·na sf.
la·pi:*a*·no adj. sm.
lá·pi·da sf.: *lápide*/Cf. *lapida*, do
  v. *lapidar*.
la·pi·da·*ção* sf.; pl. ·*ções*.
la·pi·da·*dor* (ô) adj. sm.
la·pi·*da*·gem sf.; pl. ·*gens*.
la·pi·*dar* adj. 2g. v.
la·pi·da·*ri*·a sf./Cf. *lapidária*, sf.
  e fl. do adj. *lapidário*.
la·pi·*dá*·ri:a sf./Cf. *lapidaria*, do
  v. *lapidar*, e *lapidaria* sf.
la·pi·*dá*·ri:o adj. sm.; f.
  lapidária/Cf. *lapidaria*, sf. e fl.
  do v. *lapidar*.
lá·pi·de sf.: *lápida*/Cf. *lapide*, do
  v. *lapidar*.
la·*pí*·de:o adj.
la·pi·des·*cên*·ci:a sf.
la·pi·des·*cen*·te adj. 2g.
la·pi·*dí*·co·la adj. 2g.
la·pi·di·fi·ca·*ção* sf.; pl. ·*ções*.
la·pi·di·fi·*car* v.
la·pi·*dí*·fi·co adj./Cf. *lapidifico*,
  do v. *lapidificar*.
la·pi·*do*·so (ô) adj.; f. *e* pl. (ó).
la·*pi*·ga adj. sm.
la·pi·*jar* v.
la·*pí*·li sm.
la·pi·*lo*·so (ô) adj.; f. *e* pl. (ó).
la·*pi*·nha sf.
lá·pis sm. 2n.
la·pi·*sa*·da sf.
la·pi·*sar* v.
la·pi·*sei*·ra sf.
lá·pis-la·*zú*·li sm.; pl.
  lápis-lazúlis.
lá·pis-*tin*·ta sm.; pl. *lápis-tintas*
  e *lápis-tinta*.

la·pla·ci:*a*·no adj. sm.
la·pla·*ten*·se adj. s2g.
la·po sm.
la·*po*·na adj. sf., f. de *lapão*.
la·*pô*·ni:o adj. sm.
lap·so adj. sm.
laptop sm. (ing.: *leptóp*).
la·*puz* adj. 2g. sm.
la·pu·*zi*·ce sf.
la·*quê* sm.
la·que:a·*ção* sf.; pl. ·*ções*.
la·que:*a*·do adj.
la·que:a·*dor* (ô) sm.
la·que:*ar* sm. v.
la·que:*á*·ri:o sm.
la·que·*di*·vo adj. sm.
la·*qué*·ti·co adj.
lar sm.
la·*ra*·cha sf. sm.
la·ra·che:*ar* v.
la·*ra*·da sf.
la·ra·*fi* sm.
la·*ran*·ja adj. 2g. 2n. sf.
la·*ran*·ja(s)-a·*mar*·ga(s) sf. (pl.).
la·*ran*·ja-a·pe·*ru* sf.; pl. *laranjas-aperus* ou *laranjas-aperu*.
la·*ran*·ja(s)-a·*ze*·da(s) sf. (pl.).
la·*ran*·ja-*cra*·vo sf.; pl. *laranjas-cravos* ou *laranjas-cravo*.
la·*ran*·*ja*·da sf.
la·*ran*·ja(s)-da-ba·*í*·a sf. (pl.).
la·*ran*·ja(s)-da-*chi*·na sf. (pl.).
la·*ran*·ja(s)-da-*ter*·ra sf. (pl.).
la·*ran*·ja(s)-de-um-*bi*·go sf. (pl.).
la·*ran*·jai·*en*·se adj. s2g.
la·*ran*·*jal* sm.; pl. ·*jais*.
la·*ran*·ja·*len*·se adj. s2g.
la·*ran*·ja(s)-mi·*mo*·sa(s) sf. (pl.).
la·*ran*·*jão* sm.; pl. ·*jões*.
la·*ran*·ja-*pe*·ra sf.; pl. *laranjas-peras* ou *laranjas-pera*.
la·*ran*·ja·*ra*·na sf.
la·*ran*·*jei*·ra sf.
la·*ran*·jei·ra(s)-do-*ma*·to sf. (pl.).
la·*ran*·jei·*ren*·se adj. s2g.
la·*ran*·jei·ren·se(s)-do-*sul* adj. s2g. (pl.).
la·*ran*·*jei*·ro adj. sm.
la·*ran*·*ji*·nha sf.
la·*ran*·ji·nha(s)-do-*cam*·po sf. (pl.).
la·*ran*·ji·nha(s)-do-*ma*·to sf. (pl.).

la·*ran*·jo adj.
la·ra·pi:*ar* v.
la·*rá*·pi:o sm./Cf. *larapio*, do v. *larapiar*.
la·*rá*·ri:o sm.
lar·de:a·*dei*·ra sf.
lar·de:*ar* v.
lar·di·*for*·me adj. 2g.
lar·*di*·ta sf.
lar·*dí*·vo·ro adj.
lar·di·za·ba·*lá*·ce:a sf.
lar·di·za·ba·*lá*·ce:o adj.
lar·do sm.
la·*ré* sm., na loc. *andar ao laré*.
la·*rei*·ra sf.
la·*rei*·ro adj. sm.
lar·ga sf.
lar·ga·*ção* sf.; pl. ·*ções*.
lar·*ga*·da sf.
lar·*ga*·do adj. sm.
lar·*gar* v.
lar·*gí*·flu:o adj.
lar·go adj. adv. sm.
lar·gue:a·*dor* (ô) adj. sm.
lar·gue:*ar* v.
lar·guei·*rão* adj.; pl. ·*rões*; f. *largueirona*.
lar·guei·*ro*·na adj.; f. de *largueirão*.
lar·*gue*·to (ê) adv. sm.
lar·*gue*·za (ê) sf.
lar·*gu*·ra sf.
la·*ri*·ço sm.
la·ri·*dão* sm.; pl. ·*dões*.
la·*rí*·de:o adj. sm.
la·ri·*for*·me adj. 2g. sm.
la·rin·gal·*gi*·a sf.
la·*rin*·ge s2g.
la·*rín*·ge:o adj.
la·rin·gi:*a*·no adj.
la·rin·*gis*·mo sm.
la·rin·*gi*·te sf.
la·rin·go·*ce*·le sf.
la·rin·go·fis·*su*·ra sf.
la·rin·go·gra·*fi*·a sf.
la·rin·go·*grá*·fi·co adj.
la·rin·*gó*·gra·fo sm.
la·rin·go·lo·*gi*·a sf.
la·rin·go·*ló*·gi·co adj.
la·rin·go·lo·*gis*·ta adj. s2g.
la·rin·*gó*·lo·go sm.
la·rin·go·pa·*ti*·a sf.
la·rin·go·*pá*·ti·co adj.
la·rin·go·ple·*gi*·a sf.
la·rin·gos·co·*pi*·a sf.
la·rin·gos·*có*·pi·co adj.
la·rin·gos·*có*·pi:o sm.

la·rin·gos·te·*no*·se sf.
la·rin·*gós*·to·mo adj.
la·rin·go·to·*mi*·a sf.
la·ro sm.
la·*roz* sm.
lar·ra·*guis*·mo sm.
lar·ra·*guis*·ta adj. s2g.
lar·va sf.
lar·*vá*·ce:o adj. sm.
lar·*va*·do adj.
lar·*val* adj. 2g.; pl. ·*vais*.
lar·*var* adj. 2g.
lar·*vá*·ri:o adj. sm.
lar·vi·*ci*·da adj. 2g. sm.
lar·vi·*cí*·di:o sm.
lar·*ví*·co·la adj. 2g.
lar·*vó*·fa·go sm.
la·*sa*·nha sf.
las·ca sf.
las·*ca*·do adj.
las·ca·*pei*·to(s) sm. (pl.).
las·*car* v.
las·*cí*·vi:a sf.
las·*ci*·vo adj. sm.
la·*sé*·gue:a sf.: la·se·*guei*·a.
láser sm., do (ing. *laser*).
la·se·*rol* sm.; pl. ·*róis*.
lá·si:a sf.
las·*sar* v. 'tornar lasso'/Cf. *laçar*.
las·se:*ar* v.
las·si·*dão* sf.; pl. ·*dões*: *laxidão*.
las·si·*tu*·de sf.
las·so adj. 'cansado, frouxo': *laxo*/Cf. *laço*.
lás·ti·ma sf./Cf. *lastima*, do v. *lastimar*.
las·ti·*ma*·do adj.
las·ti·ma·*dor* (ô) adj. sm.
las·ti·ma·*du*·ra sf.
las·ti·*mar* v.
las·ti·*má*·vel adj. 2g.; pl. ·*veis*.
las·ti·*mei*·ra sf.
las·ti·*mo*·so (ô) adj.; f. *e* pl. (ó).
las·tra·*ção* sf.; pl. ·*ções*.
las·tra·*dor* (ô) adj. sm.
las·*tra*·gem sf.; pl. ·*gens*.
las·tra·*men*·to sm.
las·*trar* v.
las·tre:a·*men*·to sm.
las·tre:*ar* v.
lás·tri·co sm.
las·tro sm.
la·ta sf.
la·*ta*·cho sm.
la·*ta*·da sf.
la·ta·*gão* sm.; pl. ·*gões*; f. ·*go*·na.

la·ta·*go*·na sf.; f. de *latagão*.
la·*ta*·na sf.
la·*tâ*·ne:o adj.
la·ta·*nha*·do adj.
la·ta·*nhar* v.
la·*tão* sm.; pl. ·*tões*.
la·ta·*ri*·a sf.
la·te:*ar* v.
la·te·*bro*·so (ô) adj.; f. e pl. (ó).
la·te·*ga*·ço sm.
la·te·*ga*·da sf.
lá·te·go sm.
la·te·*jan*·te adj. 2g.
la·je·*tar* v.
la·*te*·jo (ê) sm.
la·*tên*·ci:a sf.
la·*ten*·te adj. 2g. 'oculto'/Cf. lactente.
lá·te:o adj.: *lácteo*.
la·*ter* v.
la·te·*ral* adj. 2g. sf. sm.; pl. ·*rais*.
la·te·ra·li·*da*·de sf.
la·te·ra·*nen*·se adj. 2g.
la·te·*rí*·ci:o adj.
la·te·ri·cos·*tal* adj. 2g.; pl. ·*tais*.
la·te·ri·dor·*sal* adj. 2g.; pl. ·*sais*.
la·te·ri·fle·*xão* (cs) sf.; pl. ·*xões*.
la·te·ri·*fó*·li:o adj.
la·te·*ri*·ta sf.
la·te·*rí*·ti·co adj.
la·te·ri·za·*ção* sf.; pl. ·*ções*.
la·tes·*cên*·ci:a sf.: *lactescência*.
la·tes·*cen*·te adj. 2g.: *lactescente*.
lá·tex (cs) sm.; pl. *látices*: *látice*.
la·*tí*·bu·lo sm.
lá·ti·ce sm.: *látex*.
la·ti·*cí*·fe·ro adj.
la·ti·*cí*·ni:o sm.: *lacticínio*.
la·ti·ci·*no*·so (ô) adj.; f. e pl. (ó): *lacticinoso*.
la·ti·*clá*·vi:o sm.
la·ti·*cla*·vo sm.
lá·ti·co adj.: *láctico*.
la·ti·*co*·lo adj.
la·ti·*cór*·ne:o adj.
la·*ti*·do sm.
la·ti·*flo*·ro adj.
la·ti·fo·li:*a*·do adj.
la·ti·*fó*·li:o adj.
la·ti·fun·di:*a*·do adj.
la·ti·fun·di:*á*·ri:o adj. sm.
la·ti·*fún*·di:o sm.
la·ti·fun·*dis*·mo sm.
la·ti·*la*·bro adj.: la·*tí*·la·bro.
la·*tim* sm.; pl. ·*tins*.
la·*tí*·ma·no adj.
la·ti·*na*·da sf.

la·ti·*nar* v.
la·ti·na·*ri*·a sf.
la·ti·*ni*·ce sf.
la·ti·ni·*da*·de sf.
la·ti·ni·*par*·la s2g.
la·ti·*nis*·mo sm.
la·ti·*nis*·ta s2g.
la·ti·ni·za·*ção* sf.; pl. ·*ções*.
la·ti·ni·*zan*·te adj. 2g.
la·ti·ni·*zar* v.
la·ti·ni·*zá*·vel adj. 2g.; pl. ·*veis*.
la·*ti*·no adj. sm.
la·ti·no·a·me·ri·*ca*·no(s) adj. sm. (pl.).
la·ti·no·*clás*·si·co(s) adj. (pl.).
la·ti·no·fi·*li*·a sf.
la·ti·*nó*·fi·lo adj. sm.
la·ti·no·fo·*bi*·a sf.
la·ti·*nó*·fo·bo adj. sm.
la·ti·*nó*·la·tra s2g.
la·ti·no·la·*tri*·a sf.
la·ti·*nó*·ri:o sm.
la·*tí*·pe·de adj. 2g.
la·ti·*pe*·ne adj. 2g.
la·*tir* v.
la·ti·*ri*·na sf.
la·ti·*ris*·mo sm.
la·tir·*ros*·tro adj.
la·ti·*tu*·de sf.
la·ti·tu·di·*nal* adj. 2g.; pl. ·*nais*.
la·ti·tu·di·*ná*·ri:o adj. sm.
la·to adj. sm.
la·to:*a*·ri·a sf.
la·to:*ei*·ro sm.
la·to·*mi*·a sf.
la·*to*·na sf.
la·to·po·*li*·ta adj. s2g.
la·to·po·li·*ta*·no adj. sm.
la·*trêu*·ti·co adj.
la·*tri*·a sf.
la·*tri*·na sf.
la·tri·*ná*·ri:o adj.
la·tri·*nei*·ro sm.
la·tro·ci·*nar* v.
la·tro·*cí*·ni:o sm.
lau·da sf.
lau·da·bi·li·*da*·de sf.
lau·da·ni·za·do adj.
lau·da·ni·*zar* v.
láu·da·no sm.
lau·da·*tí*·ci:o adj.
lau·da·*ti*·vo adj.
lau·da·*tó*·ri:o adj.
lau·*dá*·vel adj. 2g.; pl. ·*veis*.
la·*ú*·de sm. 'alaúde'; pl. *laúdes*/ Cf. *laudes* sf. pl.
lau·*del* sm.; pl. ·*déis*.

lau·*dê*·mi:o sm.
lau·des sf. pl. 'horas canônicas após as matinas'/Cf. *laúdes*, pl. de *laúde*.
lau·*déu* adj. sm.
lau·do sm.
lau·*é* sm.
lau·lau sm.
lau·*nim* sm.; pl. ·*nins*.
lau·*rá*·ce:a sf.
lau·*rá*·ce:o adj.
lau·*ra*·to sm.
la:ur·ba·*nen*·se adj. s2g.
láu·re:a sf.
lau·re:*a*·do adj. sm.
lau·re:*ar* v.
lau·*rel* sm.; pl. ·*réis*.
lau·*rên*·ci:a sf.
lau·ren·ci:*a*·no adj.
lau·ren·*ti*·no adj. sm.
láu·re:o adj.
lau·*ré*:o·la sf.
láu·ri·co adj.
lau·*rí*·co·mo adj.
lau·*rí*·fe·ro adj.
lau·ri·*fó*·li:o adj.
lau·*rí*·ge·ro adj.
lau·*ri*·no adj.
lau·ri:o·*ni*·ta sf.: lau·ri:o·*ni*·te.
lau·*ri*·ta sf.: lau·*ri*·te.
laus·pe·*re*·ne sm.
lau·to adj.
la·*ú*·za sf.: *alaúza*.
la·va sf.
la·va a *ja*·to sm. 2n.
la·*va*·bo sm.
la·va·*bun*·da(s) sm. (pl.).
la·va·ca·*be*·los sm. 2n.
la·va·*ção* sf.; pl. ·*ções*.
la·*va*·da sf.
la·va·da·*ri*·a sf.
la·va·*dei*·ra sf.
la·va·dei·ra(s)·de·nos·sa--se·*nho*·ra sf. (pl.).
la·va·*dei*·ro adj. sm.
la·va·*de*·la sf.
la·va·*den*·te(s) sm. (pl.).
la·va·*di*·ço adj.
la·*va*·do adj.
la·va·*doi*·ro sm.: *lavadouro*.
la·va·*dor* (ô) adj. sm.
la·va·*do*·ra (ô) sf.
la·va·*dou*·ro sm.: *lavadoiro*.
la·va·*du*·ra sf.
la·*va*·gem sf.; pl. ·*gens*.
la·va·*lou*·ças sf. 2n.
la·va·*men*·to sm.

la·**van**·ca sf.
la·**van**·da sf.
la·van·da·**ri**·a sf.: *lavanderia*.
la·van·**dei**·ra sf.
la·van·**dei**·ra(s)-de-nos·sa-
  -se·**nho**·ra sf. (pl.).
la·van·de·**ri**·a sf.: *lavandaria*.
la·**vân**·du·la sf.
la·va·**pé** sm.: la·va·**pés** sm. 2n.
la·va·**pra**·tos sm. 2n.
la·**var** v.
la·va·**rá**·pi·do sm. 2n.
la·va·**re**·da (ê) sf.: *labareda*.
la·va·**rin**·to sm.
la·**vá**·ti·co adj.
la·va·**ti**·vo adj.
la·va·**tó**·ri:o sm.
la·**vá**·vel adj. 2g.; pl. ·**veis**.
la·vi·**nen**·se adj. s2g.
la·**voi**·ra sf.: *lavoura*.
la·**vor** (ô) sm.; pl. *lavores* (ô)/Cf.
  lavores (ó), do v. *lavorar*.
la·vo·**rar** v.
la·**vo**·so (ô) adj.; f. e pl. (ó).
la·**vou**·ra sf.: *lavoira*.
la·**vra** sf.
la·vra·**ção** sf.; pl. ·**ções**.
la·*vra*·da sf.
la·vra·**dei**·ra sf.
la·vra·**dei**·ro adj.
la·vra·**di**:o adj. sm.
la·*vra*·do adj. sm.
la·vra·**dor** (ô) adj. sm.
la·vra·do·**ra**·gem sf.; pl. ·**gens**.
la·vra·do·**ri**·ta sf.: *labradorita*.
la·*vra*·gem sf.; pl. ·**gens**.
la·vra·**mão**(s) sf. (pl.).
la·vra·**men**·to sm.
la·**vran**·te adj. s2g.
la·**vrar** v.
la·vra·**tu**·ra sf.
la·**vren**·se adj. s2g.
la·vri·**nhen**·se adj. s2g.
la·**vri**·ta sf.
la·xa·**ção** sf.; pl. ·**ções**.
la·**xan**·te adj. 2g. sm.
la·**xar** v.
la·xa·**ti**·vo adj. sm.
la·xi·**dão** sf.; pl. ·**dões**: *lassidão*.
la·xi·**flo**·ro (cs) adj.
la·**xis**·mo (cs) sm.
la·**xis**·ta (cs) adj. s2g.
la·**xo** adj.: *lasso*.
layout sm. ing.: *leiaute*.
la·**zã** adj. sf.; f. de *lazão*: *alazã*.
la·**zão** adj. sm.; pl. *lazães* ou
  lazões; f. *lazã*: *alazão*.

la·za·**ra**·do adj.
la·za·**rar** v.
la·za·**ren**·to adj. sm.
la·za·re·**tá**·ri:o adj. sm.
la·za·**re**·to (ê) sm.
la·za·**ri**·a sf.
la·za·**ri**·na sf.
la·za·**ris**·mo sm.
la·za·**ris**·ta adj. s2g.
lá·za·ro sm./Cf. *lazaro*, do v.
  lazarar.
la·za·**ro**·ne sm., do it. *lazzarone*.
la·za·**rô**·ni·co adj.
la·**zei**·ra sf.
lã·**zei**·ra sf.
la·zei·**rar** v.
la·zei·**ren**·to adj. sm.
la·**zer** (ê) sm.
lã·**zi**·nha sf.
lã·**zu**·do adj. sm.
la·zu·**li**·ta sf.
la·zu·**ri**·ta sf.
lazzarone sm. it.: *lazarone*.
lé[1] sm. 'atabaque'/Cf. lê sm. e fl.
  do v. *ler*, e *lé*[2].
lé[2] sm., na loc. *lé com lé, cré com
  cré*/Cf. *lé*[1] e *lê*.
lê sm. 'nome da letra *l*'; pl. *lês*
  ou *ll*/Cf. *lé*[1] e *lé*[2].
le:**al** adj. 2g. sm.; pl. ·**ais**.
le:al·da·**ção** sf.; pl. ·**ções**.
le:al·**da**·de sf.
le:al·**da**·do adj.
le:al·da·**dor** (ô) adj. sm.
le:al·da·**men**·to sm.
le:al·**dar** v.
le:al·**do**·so (ô) adj.; f. e pl. (ó).
le:**ão** sm.; pl. ·**ões**; f. *leoa*.
le:**ão** de *chá*·ca·ra sm.; pl. *leões
  de chácara*.
le:**ão** do *mar* sm.; pl.
  leões do mar.
le:**ão**-ma·**ri**·nho sm.; pl.
  leões-marinhos.
le:**ão**-ze·te (ê) sm.; pl. *leãozetes*.
leasing sm. (ing.): *lísin*).
le·**bra**·cho sm.
le·**bra**·da sf.
le·**brão** sm.; pl. ·**brões**.
le·**bre** sf.
le·**bré** sm. 'cão de fila'/Cf. *libré*.
le·**brei**·a sf.
le·**brei**·ro adj.
le·**brel** sm.; pl. ·**bréis**.
le·**bréu** sm.
le·**bru**·no adj.
le·**bu**·no adj. sm.

le·ca·**nan**·to sm.
le·ca·ni·ce·fa·**lói**·de:o adj. sm.:
  le·ca·ni·ce·fa·lo·**í**·de:o.
le·ca·no·**man**·ci·a sf.
le·ca·no·**man**·te s2g.
le·ca·no·**mân**·ti·co adj.
le·che·**gua**·na sf.: *lechiguana*,
  lichiguana.
le·che·**trez** (ê) sm.
le·**chi**·a sf.: *lichia*.
le·chi·**gua**·na sf.: *lecheguana*,
  lichiguana.
le·ci·o·na·**ção** sf.; pl. ·**ções**.
le·ci·o·**nan**·do adj. sm.
le·ci·o·**nar** v.
le·ci·o·**ná**·ri:o sm.
le·ci·o·**ná**·vel adj. 2g.; pl. ·**veis**.
le·ci·o·**nis**·ta s2g.
le·ci·ti·**dá**·ce:a sf.
le·ci·ti·**dá**·ce:o adj.
le·ci·**ti**·na sf.
lé·ci·to sm.
le·co adj. sm.
le·cre sm.
lec·**tí**·co·la adj. 2g.: *letícola*.
lec·to·**cé**·fa·lo adj. sm.
le·da sf. 'molusco'/Cf. *leda* (ê), f.
  de *ledo* (ê).
le·**di**·ce sf.
le·do (ê) adj.
le·**dor** (ô) adj. sm.
le·dra sf.
le·ga sf.
le·ga·**ção** sf.; pl. ·**ções**.
le·ga·**ci**·a sf.
le·**ga**·do adj. sm.
le·**gal** adj. 2g. adv.; pl. ·**gais**.
le·ga·li·**da**·de sf.
le·ga·**lis**·ta adj. s2g.
le·ga·li·za·**ção** sf.; pl. ·**ções**.
le·ga·li·**zar** v.
le·**gar** v. 'doar'/Cf. *ligar*.
le·ga·**tá**·ri:o sm.
le·ga·**tó**·ri:o adj.
le·**gen**·da sf./Cf. *legenda*, do v.
  legendar.
le·gen·da·**ção** sf.; pl. ·**ções**.
le·gen·**dar** v.
le·gen·**dá**·ri:o adj. sm.; f.
  legendária/Cf. *legendaria*, do
  v. *legendar*.
legging s2g. (ing.): *léguin*).
le·gi·**ão** sf.; pl. ·**ões**.
le·gi·bi·li·**da**·de sf.
le·gi·fe·ra·**ção** sf.; pl. ·**ções**.
le·gi·fe·**ran**·te adj. 2g.
le·gi·fe·**rar** v.

le·*gí*·fe·ro adj. sm./Cf. *legifero*, do v. *legiferar*.
le·gi·o·*ná*·ri:o adj. sm.
le·gis·la·*ção* sf.; pl. ·*ções*.
le·gis·*la*·do adj.
la·gis·la·*dor* (ô) adj. sm.
le·gis·*lar* v.
le·gis·la·*ti*·vo adj. sm.
le·gis·la·*tó*·ri:o adj.
le·gis·la·*tu*·ra sf.
le·gis·*lá*·vel adj. 2g.; pl. ·*veis*.
le·gis·lor·*rei*·a sf.
le·*gis*·mo sm.
le·gis·pe·*rí*·ci:a sf.
le·gis·pe·ri·ci:*al* adj. 2g.; pl. ·*ais*.
le·gis·pe·*ri*·to sm.
le·*gis*·ta adj. s2g.
le·*gí*·ti·ma sf./Cf. *legitima*, do v. *legitimar*.
le·gi·ti·ma·*ção* sf.; pl. ·*ções*.
le·gi·ti·*ma*·do adj. sm.
le·gi·ti·ma·*dor* (ô) adj. sm.
le·gi·ti·*mar* v.
le·gi·ti·*má*·ri:o adj.; f. *legitimária*/Cf. *legitimaria*, do v. *legitimar*.
le·gi·ti·*má*·vel adj. 2g.; pl. ·*veis*
le·gi·ti·mi·*da*·de sf.
le·gi·ti·*mis*·mo sm.
le·gi·ti·*mis*·ta adj. s2g.
le·*gí*·ti·mo adj./Cf. *legitimo*, do v. *legitimar*.
le·*gí*·vel adj. 2g.; pl. ·*veis*.
le·go·gra·*fi*·a sf.
le·go·*grá*·fi·co adj.
le·*gor*·ne adj. s2g.
le·gra sf.
le·gra·*ção* sf.; pl. ·*ções*.
le·gra·*du*·ra sf.
le·*grar* v.
le·gre sm.
lé·gu:a sf.
le·gue·*lhé* sm.
le·gu·*lei*·o sm.
le·*gu*·me sm.
le·gu·*mi*·lha sf.
le·gu·*mi*·na sf.
le·gu·mi·*ná*·ri:o adj.
le·gu·mi·ni·*for*·me adj. 2g.
le·gu·mi·*nis*·ta adj. s2g.
le·gu·mi·*ní*·vo·ro adj. sm.
le·gu·mi·*no*·sa sf.
le·gu·mi·*no*·so (ô) adj.; f. e pl. (ó).
le·gu·*mis*·ta s2g.
lei sf.
lei·au·ta·*ção* sf.; pl. ·*ções*.

lei·au·ta·*dor* (ô) adj. sm.
lei·au·*tar* v.
lei·*au*·te sm., do ing. *layout*.
lei·au·*tis*·ta s2g.
lei·*cen*·ço sm.
lei·*ga*·ço adj. sm.
lei·*gal* adj. 2g.; pl. ·*gais*.
lei·*gar* v.
lei·gar·*ra*·ço sm.
lei·gar·*rão* sm.; pl. ·*rões*; f. ·*ro*·na.
lei·go adj. sm.
lei·*gui*·ce sf.
lei·*lão* sm.; pl. ·*lões*.
lei·lo:a·*men*·to sm.
lei·lo:*ar* v.
lei·lo:*ei*·ro sm.
lei·ra sf.
lei·*rão* sm.; pl. ·*rões*.
lei·*rar* v.
lei·ri:*en*·se adj. s2g.
leish·*mâ*·ni:a (leich *ou* lich) sf.
leish·ma·ni:*o*·se (leich *ou* lich) sf.
lei·ta sf.
lei·*ta*·do adj.
lei·*tão* sm.; pl. ·*tões*; f. *leitoa*.
lei·*tar* adj. 2g. v.
lei·ta·*ri*·a sf.: *leiteria*.
lei·ta·*ri*·ga sf.
lei·te sm.
lei·te-*cre*·me sm.; pl. *leites-cremes* e *leites-creme*.
lei·te(s)-de-ca·*chor*·ro sm. (pl.).
lei·te(s) de ca·*me*·lo sm. (pl.).
lei·te(s) de *on*·ça sm. (pl.).
lei·te·*ga*·da sf.
lei·*tei*·ra sf.
lei·*tei*·ro adj. sm.
lei·*te*·lho (ê) sm.
lei·*ten*·to adj.
lei·te·*ri*·a sf.: *leitaria*.
leitmotiv sm. (al.: *laitmotif*).
leit·ne·ri:*á*·ce:a sf.
leit·ne·ri:*á*·ce:o adj.
leit·ne·ri:*a*·le sf.
lei·to sm.
lei·*to*:a (ô) sf.; f. de *leitão*.
lei·to:*a*·da sf.
lei·to:*a*·do adj.
lei·*tor* (ô) adj. sm.
lei·*to*·ra (ô) sf.
lei·to·*ral* adj. 2g.; pl. ·*rais*.
lei·to·*ra*·do sm.
lei·to·*ril* sm.; pl. ·*ris*.
lei·*to*·so (ô) adj.; f. e pl. (ó).

lei·tu:*al* adj. 2g.; pl. ·*ais*.
lei·tu:*á*·ri:o adj. sm.
lei·*tu*·ga sf.
lei·*tu*·ra sf.
lei·va sf.
lei·xa·*men*·to sm.
lei·*xão* sm.; pl. ·*xões*.
lei·*xar* v.
le·*lé* adj. s2g. 'doido'/Cf. *lelê*.
le·*lê* sm. 'confusão'/Cf. *lelé*.
le·lo adj. sm.
le·ma sm.
le·ma·*ná*·ce:a sf.
le·ma·*ná*·ce:o adj.
le·*mâ*·ne:a sf.
le·ma·*ni*·ta sf.
le·*má*·ti·co adj.
lem·bra·*di*·ço adj. sm.
lem·*bra*·do adj.
lem·bra·*dor* (ô) adj. sm.
lem·*bran*·ça sf.
lem·*brar* v.
lem·*bre*·te (ê) sm.
le·me sm.
le·*men*·se adj. s2g.
lê·min·gue sm.
le·*mis*·te sm.
lem·na sf. 'planta'/Cf. *lena*.
lem·*ná*·ce:a sf.
lem·*ná*·ce:o adj.
lem·nis·*ca*·ta sf.
lem·nis·*cá*·ti·co adj.
lem·*nis*·co sm.
le·*mo*·si adj. s2g.: le·mo·*sim*; pl. ·*sins*.
lem·pa sf.
lem·*pi*·ra sf.
le·mu·*ral* adj. 2g.; pl. ·*rais*.
lê·mu·re sm.
le·mu·ri:*a*·no adj. sm.
le·mu·*roi*·de adj. 2g. sm.
le·na sf. 'alcoviteira' 'vestimenta'/Cf. *lemna*.
le·*na*·no adj.
len·*ça*·lho sm.
len·ça·*ri*·a sf.
len·ci:*en*·se adj. s2g.: *lentiense*.
len·ço sm.
len·ço:*en*·se adj. s2g. 'relativo a, ou natural de Lençóis'/Cf. *lençoiense*.
len·çoi·*en*·se adj. s2g. 'relativo a, ou natural de Lençóis Paulista'/Cf. *lençoense*.
len·*çol* sm.; pl. ·*çóis*.
len·ço-pa·*pel* sm.; pl. *lenços-papéis* ou *lenços-papel*.

len·da sf.
len·dá·ri:o adj.
lên·de:a sf.
len·de:a·ço sm.
len·de:o·so (ô) adj.; f. e pl. (ó).
len·dro:ei·ra sf.
le·ne adj. 2g.
le·ne:a·nas sf. pl.
lê·ne:o adj.
len·ga-len·ga(s) sf. (pl.).
len·ga·len·gar v.
lên·gua adj. s2g.
le·nha sf.
le·nha(s)-bran·ca(s) sf. (pl.).
le·nha·da sf.
le·nha·dor (ô) adj. sm.
le·nhar v.
le·nha·tei·ro sm.
le·nhei·ra sf. 'lugar de onde se tira lenha'/Cf. *linheira*.
le·nhei·ro sm. 'lenhador'/Cf. *linheiro*.
le·nhi·fi·ca·ção sf.; pl. ·ções.
le·nhi·fi·car v.
le·nhi·na sf.
le·nho sm.
le·nho·so (ô) adj. 'relativo à lenha'; f. e pl. (ó)/Cf. *linhoso*.
le·ni·da·de sf.
le·ni:ên·ci:a sf.
le·ni:en·te adj. 2g.
le·ni·fi·car v.
le·ni·men·to sm. 'suavização'/Cf. *linimento*.
le·ni·nis·mo sm.
le·ni·nis·ta adj. s2g.
le·nir v.
le·nir·ro·bi·na sf.
le·ni·ti·vo adj. sm.
le·ni·za·ção sf.; pl. ·ções.
len·no:á·ce:a sf.: *lenoácea*.
len·no:á·ce:o adj.: *lenoáceo*.
le·no:á·ce:a sf.: *lennoácea*.
le·no:á·ce:o adj.: *lennoáceo*.
le·no·cí·ni:o sm.
len·quên·ci:a sf.
len·tar v.
len·te adj. s2g. sf.
len·te:ar v.
len·tei·ro sm.
len·te·jar v.
len·te·joi·la sf.: *lantejoila, lantejoula, lentejoula*.
len·te·joi·lar v.: *lantejoilar, lantejoular, lentejoilar*.
len·te·jou·la sf.: *lantejoila, lantejoula, lentejoila*.

len·te·jou·lar v.: *lantejoilar, lantejoular, lentejoilar*.
len·tes·cen·te adj. 2g.
len·tes·cer v.
len·te·za (ê) sf.
len·ti·bu·la·ri:á·ce:a sf.
len·ti·bu·la·ri:á·ce:o adj.
len·ti·ce·la sf.
len·tí·cu·la sf.
len·ti·cu·lar adj. 2g. sm.
len·ti·dão sf.; pl. ·dões.
len·ti:en·se adj. s2g.: *lenciense*.
len·ti·for·me adj. 2g.
len·ti·gem sf.; pl. ·gens.
len·ti·gi·no·so (ô) adj.; f. e pl. (ó).
len·ti·go sm.
len·tí·gra·do adj.
len·ti·lha sf.
len·ti·lha(s)-d'á·gua sf. (pl.).
len·ti·lha(s)-do-cam·po sf. (pl.).
len·ti·lho·so (ô) adj.; f. e pl. (ó).
len·ti·na sf.
len·tis·cal sm.; pl. ·cais.
len·tis·co adj. sm.
len·tis·quei·ra sf.
len·ti·ví·rus sm. 2n.
len·to adj. adv. sm.
len·tor (ô) sm.
len·tu·li·ta sf.: **len·tu·li·te**.
len·tu·ra sf.
le:o·a (ô) sf.; f. de *leão*.
le:o·ba sf.
le:o·cá·di:o sm. 'candeeiro'/Cf. *leucádio*.
le:o·flo·res·ta·no adj. sm.
le:o·na·do adj.
le:o·nar·di·ta sf.: **le:o·nar·di·te**.
le:ôn·cu·lo sm.
le:o·ne sm.
le:o·nei·ra sf.
le:o·nês adj. sm. 'relativo a, ou natural de Leão'/Cf. *lionês*.
le:o·ni·cen·se adj. s2g.
le:o·ô·ni·co adj.
le:o·ni·no adj. sm.
le:on·tí:a·se sf.
le:o·par·do sm.
le:o·pol·den·se adj. s2g.
le:o·pol·di·nen·se adj. s2g.
le:o·po·len·se adj. s2g.
le·pi·ce·na sf.
le·pi·dez (ê) sf.
lé·pi·do adj.
le·pi·do·car·po adj. sm.
le·pi·do·cen·troi·de adj. 2g. sm.

le·pi·dó·ce·ro adj. sm.
le·pi·do·den·drá·ce:a sf.
le·pi·do·den·drá·ce:o adj.
le·pi·dói·de:o adj.:
   le·pi·do:í·de:o.
le·pi·do·li·ta sf.: **le·pi·do·li·te**.
le·pi·dóp·te·ro adj. sm.
le·pi·dop·te·ro·lo·gi·a sf.
le·pi·dop·te·ro·ló·gi·co adj.
le·pi·dop·te·ro·lo·gis·ta adj. s2g.
le·pi·dop·te·ró·lo·go sm.
le·pi·dor·to·se sf.
le·pi·do·si·re·ní·de:o adj. sm.:
   le·pi·dos·si·re·ní·de:o.
le·pi·do·to adj.
le·píp·te·ro sm.
le·pi·ro sm.
le·pis·ma sm.
le·pís·to·ma sf. sm.
le·po·rí·de:o adj. sm.
le·po·rí·ne:o adj. sm.
le·po·ri·no adj.
le·pra sf.
le·pro·lo·gi·a sf.
le·pro·ló·gi·co adj.
le·pro·lo·gis·ta adj. s2g.
le·pró·lo·go sm.
le·pro·ma sm.
le·pro·sa·ri:a sf.
le·pro·sá·ri:o sm.
le·pro·so (ô) adj. sm.; f. e pl. (ó).
le·pro·só·ri:o sm.
lep·tá·le:a sf.
lep·tá·le:o adj.
lep·tan·dra sf.
lep·ti·ni·to sm.
lep·ti·no sm.
lep·ti·nóp·te·ro adj. sm.
lep·ti·no·tar·sa sf.
lep·ti·no·tar·so sm.
lep·tín·ti·co adj.
lep·ti·to sm.
lep·to·cár·di:o adj. sm.
lep·to·cúr·ti·co adj.
lep·to·dac·ti·lí·de:o adj. sm.
lep·to·don·te adj. 2g. sm.
lep·tó·do·ro sm.
lep·to·fi·la sf.
lep·to·fi·lo adj.
lep·to·fo·ni:a sf.
lep·to·fô·ni·co adj.
lep·to·li·no adj. sm.
lep·to·lo·gi·a sf.
lep·to·ló·gi·co adj.
lep·to·me·du·sa sf.
lep·to·me·nin·ge sf.

lep·to·me·nin·*gi*·te sf.
lep·*tô*·me·ra sf.
lep·*tô*·me·ro adj.
lep·to·*mór*·fi·co adj.
lep·to·*mor*·fo adj.
lép·ton sm.
lep·to·pro·*so*·po (ô) adj. sm.
lep·tor·ri·*ni*·a sf.
lep·tor·*ri*·no adj. sm.
lep·tos·*pi*·ra sf.
lep·tos·pi·*ro*·se sf.
lep·tos·*sô*·mi·co adj. sm.
lep·tos·*so*·mo adj. sm.
le·que sm.
le·*qués*·si:a sf.
ler v.
ler·ca sf.
ler·*da*·ço adj.
ler·de:a·*dor* (ô) adj. sm.
ler·de:*ar* v.
ler·*de*·za (ê) sf.
ler·*di*·ce sf.
ler·do adj.
le·*rei*·a sf.
lé·ri:a sf. s2g. 'fala astuciosa' 'pessoa tagarela'/Cf. *leria*, do v. *ler*.
le·ro·*le*·ro(s) sm. (pl.).
lés sm., na loc. *de lés a lés*.
le·*sa*·do adj.
le·sa·*dor* (ô) adj. sm.
le·sa(s)-ma·jes·*ta*·de(s) sf. (pl.).
le·*san*·te adj. s2g.
le·*são* sf.; pl. ·*sões*.
le·sa(s)-*pá*·tri:a(s) sf. (pl.).
le·*sar* v.
le·sa·ra·*zão* sf.; pl. *lesas-razões*.
lés·bi:a sf.
les·*bí*·a·co adj.
les·bi:*a*·na sf.
les·bi:a·*nis*·mo sm.
les·bi:*a*·no adj. sm.
lés·bi·ca sf.
lés·bi·co adj.
lés·bi:o adj. sm.
les·co·*les*·co(s) sm. (pl.).
le·se sf.
le·*sei*·ra sf.
le·*sim* sm.; pl. ·*sins*.
le·si:o·*nal* adj. 2g.; pl. ·*nais*.
le·*si*·vo adj.
les·ma (ê) sf./Cf. *lesma* (é), do v. *lesmar*.
les·ma(s)-do·co·*quei*·ro sf. (pl.).
les·ma(s)-do·*mar* sf. (pl.).
les·*mar* v.

les·*mi*·ce sf.
lés·nor·*des*·te(s) sm. (pl.).
lés·no·ro:*es*·te(s) sm. (pl.).
le·so adj. sm.
lés·o:*es*·te(s) sm. (pl.).
le·so(s)-pa·tri:o·*tis*·mo(s) sm. (pl.).
lés·su·*des*·te(s) sm. (pl.).
lés·su·do:*es*·te(s) sm. (pl.).
lés·su:*es*·te(s) sm. (pl.).
les·*ta*·da sf.
les·te adj. 2g. sm./Cf. *leste* (ê), do v. *ler*.
les·to adj. adv.
le·*tã* adj. sf.; f. de *letão*.
le·*tal* adj. 2g.; pl. ·*tais*.
le·ta·li·*da*·de sf.
le·*tão* adj. sm.; pl. ·*tões*; f. *letã*.
le·tar·*gi*·a sf.
le·tar·gi:*ar* v.
le·*tár*·gi·co adj. sm.
le·*tar*·go sm.
le·*tei*·a adj.; f. de *leteu*.
le·*teu* adj.; f. *leteia*.
le·*tí*·ci:a sf.
lé·ti·co adj. sm.
le·*tí*·co·la adj. 2g.; *lectícola*.
le·*tí*·fe·ro adj.
le·ti·fi·*can*·te adj. 2g.
le·ti·fi·*car* v.
le·*tí*·fi·co adj./Cf. *letifico*, do v. *letificar*.
le·tis·si·mu·la·*ção* sf.; pl. ·*ções*.
le·*ti*·vo adj.
le·to adj. sm.
le·to·li·tu:a·*no*(s) adj. sm. (pl.).
le·to·*ló*·gi·co adj.
le·to·ma·*ni*·a sf.
le·to·ma·*ní*:a·co adj. sm.
le·*tô*·ni·co adj.
le·to·po·*la*·co(s) adj. sm. (pl.).
le·to·po·lo·*nês* adj. sm.; pl. *leto-poloneses*.
le·to·*rus*·so(s) adj. sm. (pl.).
le·to·su:*e*·co(s) adj. sm. (pl.).
le·to·vi·*ci*·ta sf.
le·tra (ê) sf.
le·tra·*dal* adj. 2g.; pl. ·*dais*.
le·tra·*de*·te (ê) adj. 2g.
le·tra·*di*·ce sf.
le·*tra*·do adj. sm.
le·tra·*gui*·a sf.; pl. *letras-guias* ou *letras-guia*.
le·tra·*men*·to sm.
le·tras (ê) sf. pl.
le·tre:*ar* v.
le·*trei*·ris·ta adj. s2g.

le·*trei*·ro sm.
le·*tri*·a sf.: *aletria*.
le·*tri*·lha sf.
le·*tris*·ta adj. s2g.
le·*tru*·do adj. sm.
let·*sô*·mi:a sf.
let·so·*mi*·ta sf.
leu sm. 'unidade monetária da Romênia'/Cf. *léu*.
léu sm. 'vagar, ocasião'/Cf. *leu* sm. e *leu*, do v. *ler*.
leu·ca·*can*·to sm.
leu·*cá*·di:o adj. sm. 'povo'/Cf. *leocádio*.
leu·*can*·dra sm.
leu·ca·ne·*mi*·a sf.
leu·ca·*nê*·mi·co adj.
leu·*câ*·ni:a sf.
leu·ca·ni·*li*·na sf.
leu·*cân*·te·mo sm.
leu·*can*·to adj. sm.
leu·ce·*mi*·a sf.
leu·cê·*mi*·co adj. sm.
leu·*ci*·na sf.
leu·*ci*·ta sf.
leu·*ci*·to sm.
leu·co adj. sm.
leu·co·*car*·po adj. sm.
leu·co·*cé*·fa·lo adj.
leu·co·*cis*·to sm.
leu·*có*·ci·to sm.
leu·co·ci·*to*·se sf.
leu·*có*·co·mo adj. sm.
leu·co·*der*·mi·a sf.
leu·co·*dér*·mi·co adj.
leu·co·*don*·te adj. 2g. sf.
leu·*co*·ma sm.
leu·co·ma·*í*·na sf.
leu·co·ni·*qui*·a sf.
leu·co·*noi*·de adj. 2g. sf.
leu·co·*pa*·ti·a sf.
leu·co·*pá*·ti·co adj.
leu·co·*pe*·ni·a sf.
leu·co·*pê*·ni·co adj.
leu·co·*pé*·ta·lo adj.
leu·co·*pla*·si·a sf.
leu·co·*plas*·to sm.
leu·*có*·po·de adj. 2g.
leu·cor·*rei*·a sf.
leu·cor·*rei*·co adj.
leu·*co*·se sf.
leu·cos·fe·*ni*·ta sf.
leu·*có*·si:a sf.
leu·*có*·si·ro adj. sm.
leu·cos·*pó*·re:o adj. sm.
leu·co·to·*mi*·a sf.
leu·co·tri·*qui*·a sf.

leu·que·*mi*·a sf.: *leucemia*.
leu·*quê*·mi·co adj.: *leucêmico*.
le·va sf.
le·*va*·da sf.
le·va-*den*·te(s) sm. (pl.).
le·va·*di*·a sf.
le·va·*di*·ça sf.
le·va·*di*·ço adj.
le·*va*·do adj. sm.
le·va-*doi*·ra sf.: *levadoura*.
le·va-*dor* (ô) adj. sm.
le·va·*dou*·ra sf.: *levadoira*.
le·va e *traz* s2g. 2n.
le·va-*men*·to sm.
le·van·*ta*·da sf.
le·van·ta·*di*·ço adj.
le·van·*ta*·do adj.
le·van·ta·*dor* (ô) adj. sm.
le·van·ta·*du*·ra sf.
le·van·ta-*men*·to sm.
le·van·*tan*·te adj. 2g.
le·van·ta-*pé*(s) sm. (pl.).
le·van·*tar* v.
le·*van*·te adj. 2g. sm.
le·*vân*·ti·co adj.
le·van·*ti*·no adj.
le·*van*·tis·co adj. sm.
le·*van*·to sm.
le·*var* v.
le·ve adj. 2g. adv./Cf. *leve*, do v. *levar*.
le·ve·da·*ção* sf.; pl. *·ções*.
le·ve·*da*·do adj.
le·ve·*dar* v.
le·*ve*·do (ê) sm. 'fermento'/Cf. *levedo* (é), do v. *levedar*, e *lêvedo*.
lê·ve·do adj. 'fermentado, levedado'/Cf. *levedo* (ê).
le·ve·*du*·ra sf.
le·ves sm. pl./Cf. *leves*, do v. *levar*.
le·*vez* (ê) sf.
le·*ve*·za (ê) sf.
le·vi:an·*da*·de sf.
le·vi:*a*·no adj. sm.
le·vi:a·*tã* sf.
le·vi·*da*·de sf.
le·vi·*dão* sf.; pl. *·dões*.
le·vi·ga·*ção* sf.; pl. *·ções*.
le·vi·*gar* v.
le·*ví*·pe·de adj. 2g.
le·vi·*ra*·do sm.: le·vi·*ra*·to.
le·vir·*ros*·tro adj. sm.
le·vi·*si*·ta sf.
le·*vi*·ta adj. s2g. sm.
le·vi·ta·*ção* sf.; pl. *·ções*.

le·vi·*tar* v.
le·*ví*·ti·co adj. sm.
le·vo·*gi*·ro adj.
le·vu·*lo*·se sf.
le·*xe*·ma (cs) sm.
le·xe·*má*·ti·ca (cs) sf.
le·xe·*má*·ti·co (cs) adj.
le·*xê*·mi·ca (cs) sf.
le·*xê*·mi·co (cs) adj.
le·*xi*·a (cs) sf.
le·xi·*cal* (cs) adj. 2g.; pl. *·cais*.
le·xi·ca·li·*da*·de (cs) sf.
le·xi·ca·li·za·*ção* (cs) sf.; pl. *·ções*.
le·xi·ca·li·*zar* (cs) v.
lé·xi·co (cs) adj. sm.
le·xi·co·gra·*far* (cs) v.
le·xi·co·gra·*fi*·a (cs) sf.
le·xi·co·*grá*·fi·co (cs) adj.
le·xi·*có*·gra·fo (cs) sm./Cf. *lexicografo*, do v. *lexicografar*.
le·xi·co·lo·*gi*·a (cs) sf.
le·xi·co·*ló*·gi·co (cs) adj.
le·xi·*có*·lo·go (cs) sm.
le·xi·co·me·*tri*·a (cs) sf.
le·xi·co·*mé*·tri·co (cs) adj.
lé·xi·con (cs) sm.: *léxico*.
le·xi:o·*gê*·ni·co (cs) adj.
le·xi:o·lo·*gi*·a (cs) sf.
le·xi:o·*ló*·gi·co (cs) adj.
lé·xis sf. 2n.
le·*zi*·ra sf.: le·*zí*·ri:a.
lha·ma[1] sf. 'certo tipo de tecido'/Cf. *lhama*[2].
lha·ma[2] s2g. 'alpaca'/Cf. *lhama*[1].
lha·*ne*·za (ê) sf.
lha·no adj. sm.
lha·*nu*·ra sf.
lhe pron.
lhe·que·*lhé* sm.: *leguelé*.
lho contr. do pron. *lhe* com o pron. *o*.
li sm.
li·a sf./Cf. *lia*, do v. *ler*.
li:*a*·bo sm.
li:a·ça sf.
li:a·*ção* sf.; pl. *·ções*.
li:a·*doi*·ro sm.: li:a·*dou*·ro.
li:*á*·go·ra sf.
li:*á*·go·ro sm.
li:*am*·ba sf.: *riamba*.
li:*a*·me sm.
li:*a*·na sf.
li:*an*·ça sf.
li:*ar* v.
li:*as* sm. 2n./Cf. *lias*, do v. *ler*.
li:*ás*·si·co adj. sm.

li·ba·*ção* sf.; pl. *·ções*.
li·*bam*·bo sm.
li·*ba*·me sm.
li·ba·*nês* adj. sm.
li·ba·no·man·*ci*·a sf.
li·ba·no·*man*·te s2g.
li·ba·no·*mân*·ti·co adj.
li·*bar* v.
li·ba·*tó*·ri:o sm.
li·be·*lar* v.
li·be·*lá*·ti·co adj. sm.
li·be·*li*·nha sf.
li·be·*lis*·ta adj. s2g.
li·*be*·lo sm.
li·*bé*·lu·la sf.
li·bé·lu·la-*mó*·vel sf.; pl. *libélulas-móveis*.
li·be·lu·*lói*·de:o adj. sm.: li·be·lu·lo·*í*·de:o.
li·*ben*·te adj. 2g.
lí·ber sm.; pl. *líberes*/Cf. *liberes*, do v. *liberar*.
li·be·ra·*ção* sf.; pl. *·ções*.
li·be·*ra*·do adj. sm.
li·be·*ral* adj. s2g.; pl. *·rais*.
li·be·ra·*lão* adj. sm.; pl. *·lões*; f. *·lo*·na.
li·be·ra·*len*·go adj. sm.
li·be·ra·*les*·co (ê) adj.
li·be·ra·li·*da*·de sf.
li·be·ra·*lis*·mo sm.
li·be·ra·*lis*·ta adj. s2g.
li·be·ra·li·za·*ção* sf.; pl. *·ções*.
li·be·ra·li·*zan*·te adj. 2g.
li·be·ra·li·*zar* v.
li·be·ra·*lo*·na adj. sf.; f. de *liberalão*.
li·be·*ran*·do sm.
li·be·*rar* v.
li·be·ra·*ti*·vo adj.
li·be·ra·*tó*·ri:o adj.
li·ber·*da*·de sf.
li·ber·*do*·so (ô) adj.; f. e pl. (ó).
li·*bé*·ri:a adj. sm.
li·be·ri:*a*·no adj. sm.
lí·be·ro sm./Cf. *libero*, do v. *liberar*.
li·be·ro·le·*nho*·so (ô) adj.; f. e pl. (ó).
li·*bér*·ri·mo adj. superl. de *livre*.
li·ber·ta·*ção* sf.; pl. *·ções*.
li·ber·ta·*dor* (ô) adj. sm.
li·ber·*tar* v.
li·ber·*tá*·ri:o adj. sm.; f. *libertária*/Cf. *libertaria*, do v. *libertar*.

li·ber·*ten*·se adj. s2g.
li·ber·ti·*ci*·da adj. s2g.
li·ber·ti·*cí*·di:o sm.
li·ber·ti·*na*·gem sf.; pl. ·gens.
li·ber·*ti*·no adj. sm.
li·ber·*tis*·ta adj. s2g.
li·*ber*·to adj. sm.
lí·bi·co adj. sm.
li·bi·di·*bi* sm.
li·bi·di·*na*·gem sf.; pl. ·gens.
li·bi·di·no·si·*da*·de sf.
li·bi·di·*no*·so (ô) adj. sm.; f. e pl. (ó).
li·*bi*·do sf.
lí·bi:o adj. sm.
li·*bi*·ta sf.
li·bi·*ti*·na sf.
lí·bi·to sm.
li·*bom*·bo sm.
li·bra sf.
li·bra·*ção* sf.; pl. ·ções.
li·bra·*mas*·sa sf.; pl. *libras--massas* ou *libras-massa*.
li·bra·*pe*·so sf.; pl. *libras-pesos* ou *libras-peso*.
li·*brar* v.
li·*bré* sf. 'tipo de fardamento'/ Cf. *lebré*.
li·bre·*tis*·ta adj. s2g.
li·*bre*·to (ê) sm.
li·bri:*a*·no adj. sm.
li·*bri*·na sf.
li·*bri*·nar v.
li·*bu*·no adj. sm.
li·*bur*·na sf.
li·*búr*·ne:o adj.
li·bur·ni:*a*·no adj. sm.
li·*búr*·ni·ca sf.
li·*bur*·no adj. sm.
li·ça sf. 'arena' 'peça têxtil'/Cf. *lissa*.
li·ca·co·ni·*ti*·na sf.
li·ca:e·*ní*·de:o adj. sm.
li·can·tro·*pi*·a sf.
li·can·*tro*·po (ô) sm.
li·*ção* sf.; pl. ·ções.
li·ça·*rol* sm.; pl. ·*róis*.
li·ce sf.
li·ce:*al* adj. 2g.; pl. ·*ais*.
li·ce:i·*da*·de sf.
li·*cen*·ça sf.
li·*cen*·ça·*prê*·mi:o sf.; pl. *licenças-prêmios* ou *licenças-prêmio*.
li·cen·ci·a·*ção* sf.; pl. ·ções.
li·cen·ci·a·do adj. sm.
li·cen·ci·a·*men*·to sm.

li·cen·ci:*an*·do sm.
li·cen·ci:*ar* v.
li·cen·ci·a·*tu*·ra sf.
li·cen·ci:o·si·*da*·de sf.
li·cen·ci:*o*·so (ô) adj. sm.; f. e pl. (ó).
li·ce·*ní*·de:o adj. sm.
li·*ceu* sm.
li·*chi* sf.: *lechia*.
li·*chi*·a sf.: *lechia*.
li·chi·*gua*·na sf.: *lecheguana*, *lechiguana*.
li·ci·a·*tó*·ri:o sm.
lí·ci:o adj. sm.
li·ci·ta·*ção* sf.; pl. ·ções.
li·ci·ta·*dor* (ô) adj. sm.
li·ci·*tan*·te adj. s2g.
li·ci·*tar* v.
lí·ci·to adj. sm./Cf. *licito*, do v. *licitar*.
li·ci·*tu*·de sf.
líc·ni·co adj. sm.
lic·*ní*·de:a sf.
lic·*ní*·de:o adj.
lic·*ni*·ta sf.: lic·*ni*·te.
lic·*nó*·bi:o adj. sm.
lic·no·*man*·ci·a sf.
lic·no·*man*·te s2g.
lic·no·*mân*·ti·co adj.
lic·nos·co·*pi*·a sf.
lic·*nu*·co sm.
li·ço sm.
li·coc·*tô*·ni·co adj.
li·coc·to·*ni*·na sf.
li·coc·to·*ní*·ni·co adj.
li·co·*di*·te sf.
li·co·po·di:*á*·ce:a sf.
li·co·po·di:*á*·ce:o adj.
li·co·po·di:*a*·le sf.
li·co·*pó*·di:o sm.
li·*cor* (ô) sm. 'tipo de bebida'/ Cf. *liquor*.
li·co·*rei*·ra sf.
li·co·*rei*·ro sm.
li·co·re·*xi*·a (cs) sf.: *licorrexia*.
li·co·*ris*·ta adj. s2g.
li·*cor*·ne sm.
li·co·*ro*·so (ô) adj.; f. e pl. (ó).
li·cor·re·*xi*·a (cs) sf.: *licorexia*.
li·co·*sí*·de:o adj. sm.
li·*cran*·ço sm.
lic·*tor* (ô) sm.: *litor*.
lic·*tó*·ri:o adj.: *litório*.
li·cu·*ra*·na sf.
li·*cu*·ri sm.
li·cu·ri·*zal* sm.; pl. ·*zais*.
li·cu·ri·*zei*·ro sm.

li·da sf./Cf. *lida*, do v. *lidar*.
li·da·*dor* (ô) adj. sm.
li·*dar* v.
li·de sf.
lí·der s2g.; pl. *líderes*/Cf. *lideres*, do v. *liderar*.
li·de·*ra*·do adj. sm.
li·de·*ran*·ça sf.
li·de·*rar* v.
li·di·*cen*·se adj. s2g.
li·di:*en*·se adj. s2g.
li·di·*mar* v.
li·di·mi·*da*·de sf.
lí·di·mo adj./Cf. *lidimo*, do v. *lidimar*.
lí·di:o adj. sm.
lí·di·ta sf.
li·*di*·te sf.
li·do adj. sm./Cf. *lido*, do v. *lidar*.
li:e·*nal* adj. 2g.; pl. ·*nais*.
li:e·*ni*·te sf.
li:e·no·*ce*·le sf.
li:en·te·*ri*·a sf.
li:en·*té*·ri·co adj. sm.
li:*er*·ne sm.
li·*for*·me sm.
lifting sm. (ing.: *líftin*).
li·ga sf. s2g.
li·*gá* sm.
li·ga·*ção* sf.; pl. ·ções.
li·*ga*·da sf.
li·*ga*·do adj. sm.
li·ga·*du*·ra sf.
li·*gal* sm.; pl. ·*gais*.
li·*ga*·me sm.: li·*gâ*·men; pl. *ligamens* ou *ligâmenes*.
li·ga·*men*·to sm.
li·ga·men·*to*·so (ô) adj.; f. e pl. (ó).
li·*gan*·te adj. s2g.
li·*gar* sm. v. 'atar'/Cf. *legar*.
li·*gá*·ri:o sm.
li·ga·*tu*·ra sf.
li·*gei*·ra sf.
li·gei·*re*·za (ê) sf.
li·gei·*ri*·ce sf.
li·*gei*·ro adj. adv. sm.
light adj. 2g. 2n. (ing: *lait*).
li·*gí*·de:o adj. sm.: li·gi·*í*·de:o.
lí·gi:o adj. sm.
li·gi·*ta*·no adj. sm.
líg·ne:o adj.
lig·*ní*·co·la adj. 2g.
lig·*ní*·fe·ro adj.
lig·ni·fi·ca·*ção* sf.; pl. ·ções.
lig·ni·fi·*ca*·do adj.
lig·ni·fi·*car* v.

lig·ni·*for*·me adj. 2g.
lig·*ni*·na sf.
lig·*ni*·ta sf.
lig·*ní*·vo·ro adj. sm.
lí·gu·la sf.
li·gu·*lá*·ce:o adj.
li·gu·*la*·do adj.
li·gu·*lí*·fe·ro adj.
li·gu·li·*flo*·ro adj.
li·gu·li·*fó*·li:o adj.
li·gu·li·*for*·me adj. 2g.
li·gu·*lo*·so (ô) adj.; f. e pl. (ó).
li·*gu*·ra sf.
lí·gu·re adj. s2g. sm.
li·*gú*·ri:o adj. sm.
li·*gús*·ti·ca sf.
li·la sf.
li·*lá* adj. 2g. sm.: li·*lás*; pl. lilases.
li·lás-da-*ín*·di:a sm.; pl. lilases-da-índia.
li·*li* sm.
li·li:*á*·ce:a sf.
li·li:*á*·ce:o adj.
li·li·*flo*·ra sf.
li·li·*flo*·ro adj.
li·li·*for*·me adj. 2g.
li·li·pu·ti:*a*·no adj. sm.
li·ma sf.
li·*má*·ci·da adj. 2g. sm.
li·ma·*cí*·de:o adj. sm.
li·ma·ci·*for*·me adj. 2g. sm.
li·ma·*ci*·na sf.
li·ma·*ci*·no adj. sm.
li·ma·co·*mor*·fo adj. sm.
li·*ma*·da sf.
li·ma(s)-da-*pér*·si:a sf. (pl.).
li·ma(s)-de-*chei*·ro sf. (pl.).
li·ma·*dor* (ô) adj. sm.
li·ma·du:ar·*ti*·no(s) adj. sm. (pl.).
li·ma·*du*·ra sf.
li·*ma*·gem sf.; pl. ·gens.
li·*ma*·lha sf.
li·man·*trí*·de:o adj. sm.
li·*mão* sm.; pl. ·*mões*.
li·mão-*bra*·vo sm.; pl. limões-bravos.
li·mão-ca·*nu*·do sm.; pl. limões-canudos e limões-canudo.
li·mão-*cra*·vo sm.; pl. limões--cravos e limões-cravo.
li·mão-de-cai·*e*·na sm.; pl. limões-de-caiena.
li·mão de *chei*·ro sm.; pl. limões de cheiro.

li·mão-*do*·ce sm.; pl. limões-doces.
li·mão-do-*ma*·to sm.; pl. limões-do-mato.
li·mão-fran·*cês* sm.; pl. limões-franceses.
li·mão-ga·*le*·go sm.; pl. limões-galegos.
li·mão-*ra*·na sm.
li·mão-ra·na(s)-da-*vár*·ze:a sm. (pl.).
li·mão-ra·na-*zi*·nho sm.
li·mão-*zi*·nho sm.; pl. limõezinhos.
li·mão-*zi*·nho-do-jar·*dim* sm.; pl. limõezinhos-do-jardim.
li·*mar* v.
li·ma·*ren*·se adj. s2g.
li·ma·*tão* sm.; pl. ·*tões*.
lim·*bel* sm.; pl. ·*béis*.
lím·bi·co adj.
lim·*bí*·fe·ro adj.
lim·bo sm.
li·*mei*·ra sf.
li·mei·ra(s)-da-*pér*·si:a sf. (pl.).
li·mei·*ren*·se adj. s2g.
li·*me*·nho adj. sm.
li·mi:*ar* sm.
li·*mí*·co·la adj. 2g.
li·mi·*for*·me adj. 2g.
li·mi·*nar* adj. 2g. sf. sm.
li·mi·ta·*ção* sf.; pl. ·*ções*.
li·mi·*ta*·do adj.
li·mi·ta·*dor* (ó) adj. sm.
li·mi·*tan*·te adj. 2g.
li·mi·*tar* v.
li·mi·ta·*ti*·vo adj.
li·*mi*·te sm.
li·*mí*·tro·fe adj. 2g.
lim·nan·*tá*·ce:a sf.
lim·nan·*tá*·ce:o adj.
lim·ne·*í*·do adj. sm.
lim·ni·me·*tri*·a sf.: limnometria.
lim·*ní*·me·tro sm.
lim·*nó*·fi·lo adj. sm.
lim·no·gra·*fi*·a sf. 'descrição dos lagos'/Cf. linografia.
lim·no·*grá*·fi·co adj. 'referente à limnografia'/Cf. linográfico.
lim·*nó*·gra·fo sm.
lim·no·*lo*·gi·a sf.
lim·no·*ló*·gi·co adj.
lim·no·*lo*·gis·ta adj. s2g.
lim·*nó*·lo·go sm.
lim·no·me·*du*·sa adj. 2g. sf.
lim·no·me·*tri*·a sf.
lim·no·*mé*·tri·co adj.

lim·*nô*·me·tro sm.
lim·no·*planc*·to sm.: lim·no·*plânc*·ton.
li·mo sm.
li·mo:*al* sm.; pl. ·*ais*.
li·moc·*tô*·ni:a sf.: li·moc·to·*ni*·a.
li·mo:ei·*ren*·se adj. s2g.
li·mo:*ei*·ro sm.
li·mo:ei·ro(s)-*bra*·vo(s) sm. (pl.).
li·mo:ei·ro(s)-do-*cam*·po sm. (pl.).
li·mo:ei·ro(s)-do-*ma*·to sm. (pl.).
li·mo·*na*·da sf.
li·mo·na·*dei*·ro sm.
li·mo·*ne*·no sm.
li·mo·*ni*·ta sf.
li·mo·*ní*·ti·co adj.
li·mo·*ni*·to sm.
li·mo·si·*da*·de sf.
li·mo·*si*·no adj. sm.: limusino.
li·*mo*·so (ô) adj.; f. e pl. (ó).
li·*mo*·te sm.
lim·pa sf./Cf. limpa, do v. limpar.
lim·pa-*bo*·tas sm. 2n.
lim·pa-*cam*·po(s) sm. (pl.).
lim·pa·*ção* sf.; pl. ·*ções*.
lim·pa·*dei*·ra sf.
lim·pa·*de*·la sf.
lim·*pa*·do adj. sm.
lim·pa·*dor* (ô) adj. sm.
lim·*pa*·du·ra sf.
lim·*pa*·lho sm.
lim·pa-*ma*·to(s) sf. (pl.).
lim·pa·*men*·to sm.
lim·pa-*pas*·to(s) sf. (pl.).
lim·pa-*pe*·nas sm. 2n.
lim·pa-*pés* sm. 2n.
lim·pa-*plan*·tas sm. 2n.
lim·pa-*pra*·tos sm. 2n.
lim·*par* v.
lim·pa-*ti*·pos sm. 2n.
lim·pa-*tri*·lho(s) sm. (pl.): lim·pa-*tri*·lhos sm. 2n.
lim·pa-*vi*·dro(s) sm. (pl.): lim·pa-*vi*·dros sm. 2n.
lim·pa-vi:*o*·la(s) sf. (pl.).
lim·*pe*·za (ê) sf.
lim·pi·*dez* (ê) sf.
lím·pi·do adj.
lim·po adj. adv. sm.
li·mu·*ri*·ta sf.: li·mu·*ri*·te.
li·mu·*si*·ne sf.
li·mu·*si*·no adj. sm.: limosino.
li·*ná*·ce:a sf.

li·ná·ce:o adj.
li·ná·ri:a sf.
lin·ce sm.
lin·cha·dor (ô) adj. sm.
lin·cha·gem sf.; pl. ·gens.
lin·cha·men·to sm.
lin·char v.
lin·col·ni·ta sf.
lin·da sf.
lin·da·ço adj.
lin·da-flor sf.; pl. lindas-flores.
lin·dan·te adj. 2g.
lin·dar v.
lin·de sm.
lin·dei·ra sf.
lin·dei·ro adj.
lin·de·za (ê) sf.
lin·di·nha sf.
lin·do adj.
lin·do-a·zul sm.; pl. lindos-azuis e lindo-azuis.
lin·doi:en·se adj. s2g.
lin·do·te adj.; f. lindota.
lin·du·ra sf.
li·ne:al adj. 2g. sm.; pl. ·ais.
li·ne:a·men·to sm.
li·ne:a·no adj.
li·ne:ar adj. 2g.
li·nen·se adj. s2g.
lí·ne:o adj.
li·ne:o·lar adj. 2g.
lin·fa sf.
lin·fa·de·ni·a sf.
lin·fa·de·no·ma sm.
lin·fa·go·go (ô) adj. sm.
lin·fan·gi:o·ma sm.
lin·fan·gi·te sf.
lin·fá·ti·co adj.
lin·fa·tis·mo sm.
lin·fa·ti·te sf.
lin·fa·ti·zar v.
lin·fo·ce·le sf.
lin·fo·ci·tá·ri:o adj.
lin·fo·ci·te·mi·a sf.
lin·fó·ci·to sm.
lin·fo·gra·nu·lo·ma sm.
lin·fo·gra·nu·lo·ma·to·se sf.
lin·foi·de adj. 2g.
lin·fo·ma sm.
lin·fo·pa·ti·a sf.
lin·for·ra·gi·a sf.
lin·for·rá·gi·co adj.
lin·fo·se sf.
lin·fo·to·mi·a sf.
lin·fo·tô·mi·co adj.
lin·ga[1] sf. 'aparelho de marinharia'/Cf. linga[2].

lin·ga[2] sm. 'representação de órgãos genitais masculinos, no culto do deus Xiva'/Cf. linga[1].
lin·ga·da sf.
lin·gão sm.; pl. ·gões.
lin·gar v.
lingerie sf. (fr.: lanjerri).
lin·go·ta·men·to sm.
lin·go·te sm.
lin·go·tei·ra sf.
lín·gua sf.
lín·gua(s)-de-cão sf. (pl.).
lín·gua(s) de ga·to sf. (pl.).
lín·gua(s)-de-mu·la·ta sf. (pl.).
lín·gua(s) de so·gra sf. (pl.).
lín·gua(s)-de-te·ju sf. (pl.).
lín·gua(s) de tra·pos s2g. (pl.).
lín·gua(s)-de-tu·ca·no sf. (pl.).
lín·gua(s)-de-va·ca sf. (pl.).
lin·gua·do adj. sm.
lin·gua·do(s)-da-a·rei·a sm. (pl.).
lin·gua·fo·ne sm.:
 lin·gua·fo·no.
lin·gua·gem sf.; pl. ·gens.
lin·gua·gem-fon·te sf.; pl. linguagens-fontes ou linguagens-fonte.
lin·gua·gis·ta adj. s2g.
lin·gua·jar sm. v.
lin·gual adj. 2g.; pl. ·guais.
lin·gua·rá sm. 'intérprete dos brancos junto aos bugres'; pl. linguarás/Cf. linguaraz.
lin·gua·ra·do adj. sm.
lin·gua·ral sm.; pl. ·rais.
lin·gua·rão adj. sm.; pl. ·rões; f. linguarona.
lin·gua·raz adj. s2g. 'tagarela'/ Cf. linguarás, pl. de linguará.
lin·gua·rei·ro adj. sm.
lin·gua·ro·na sm. sf.; f. de linguarão.
lin·gua·ru·do adj. sm.
lín·gua(s)-su·ja(s) s2g. (pl.).
lin·gua·tu·lí·de:o adj. sm.
lin·guei·rão sm.; pl. ·rões.
lin·gue·ta (ê) sf.
lin·gue·te (ê) sm.
lin·gui·ça sf.
lin·guí·fe·ro adj.
lin·gui·for·me adj. 2g.
lin·gui·nha adj. s2g.
lin·guis·ta adj. s2g.
lin·guís·ti·ca sf.

lin·guís·ti·co adj.
lin·gu·la·do adj.
lin·guo·den·tal adj. 2g. sf.; pl. ·tais.
li·nha sf.
li·nha-blo·co sf.; pl. linhas--blocos ou linhas-bloco.
li·nha·ça sf.
li·nha·da sf.
li·nha(s)-d'á·gua sf. (pl.).
li·nha-du·ra adj. 2g. 2n. s2g.; pl. do s2g.: linhas-duras.
li·nha·gem sf.; pl. ·gens.
li·nha·gis·ta adj. s2g.
li·nhal sm.; pl. ·nhais.
li·nha·ren·se adj. s2g.
li·nhei·ra sf. 'mulher que trabalha com linho'/Cf. lenheira.
li·nhei·ro adj. sm. 'que trabalha com linho'/Cf. lenheiro.
li·nhi·ta sf.
li·nho sm.
li·nhol sm.; pl. ·nhóis.
li·nho·so (ô) adj.; f. e pl. (ó) 'relativo ao linho'/Cf. lenhoso.
li·nho·te sm.
lí·ni·co adj.
li·ni·fí·ci:o sm.
li·ní·ge·ro adj.
li·ni·men·tar v.
li·ni·men·to sm. 'unguento'/Cf. lenimento.
li·ni·na sf.
li·nis·co sm.
link sm. (ing.: link).
li·no·com·po·si·tor (ô) sm.
li·no·gra·fi·a sf. 'impressão sobre linho'/Cf. limnografia.
li·no·grá·fi·co adj. 'relativo à linografia'/Cf. limnográfico.
li·nó·gra·fo sm.
li·no·lei·co adj.
li·nó·le:o sm.
le·no·le:o·gra·vu·ra sf.
li·nô·me·tro sm.
li·no·ti·par v.
li·no·ti·pi·a sf.
li·no·tí·pi·co adj.
li·no·ti·pis·ta adj. s2g.
li·no·ti·po sf.: linótipo.
li·nó·ti·po sm.: linotipo.
li·no·ti·pó·gra·fo sm.
lin·tel sm.; pl. ·téis.
li:o sm.
li:o·car·po adj.

li·o·cé·fa·lo adj. sm.
li·o·ci·to·se sf.
li:ó·co·ma sf.
li:ó·co·mo adj.
li:o·der·mo adj.
li:o·fi·li·za·ção sf.; pl. ·ções.
li:o·fi·li·za·do adj.
li:o·fi·li·zar v.
li:o·fi·lo adj. 'de folha lisa'/Cf. liófilo.
li:ó·fi·lo adj. sm. 'que passa rapidamente do sólido ao líquido'/Cf. liofilo.
li:ó·fo·bo adj. sm.
li:ó·li·se sf.
li:ô·me·ro adj. sm.
li:o·mi:o·ma sm.
li:o·nês adj. sm. 'relativo a, ou natural da província de Lião'; f. ·ne·sa/Cf. leonês.
li:o·ne·tí·de:o adj. sm.
li:ó·po·de adj. 2g. sm.
li:os·per·mo adj.
li:ó·tri·co adj.
li·pa·ri·to sm.
li·pa·ro·ce·le sf.
li·pa·se sf.: lí·pa·se.
li·pe·ma·ni·a sf.
li·pe·mi·a sf.
lí·pi·de sm.
li·pí·di·o sm.
li·pi·do·gra·ma sm.
li·po:as·pi·ra·ção sf.; pl. ·ções·
li·po·cro·mo sm.
li·po·gê·ne·se sf.
li·po·ge·né·ti·co adj.
li·po·gê·ni·co adj.
li·póg·na·to adj. sm.
li·po·gra·ma sm.
li·po·gra·má·ti·co adj.
li·po·gra·ma·tis·ta adj. s2g.
li·poi·de adj. 2g. sm.
li·poi·do·se sf.
li·po·li·sar v.
li·pó·li·se sf./Cf. lipolise, do v. lipolisar.
li·po·lí·ti·co adj.
li·po·ma sm.
li·po·ma·to·se sf.
li·po·ma·to·so (ô) adj.; f. e pl. (ó).
li·pop·si·qui·a sf.
li·póp·te·ro adj. sm.
li·po·so (ô) adj.; f. e pl. (ó).
li·pos·so·lu·bi·li·da·de sf.
li·pos·so·lú·vel adj. 2g.; pl. ·veis.

li·po·ti·mi·a sf.
li·po·tí·mi·co adj.
li·po·tro·pi·a sf.
li·pó·tro·po adj. sm.
lip·sa·no·lo·gi·a sf.
lip·sa·no·ló·gi·co adj.
lip·sa·no·te·ca sf.
li·pu·ri·a sf.: li·pú·ri:a.
li·qua·ção sf.; pl. ·ções.
li·que·fa·ção sf.; pl. ·ções.
li·que·fa·ti·vo adj.
li·que·fa·tor (ô) sm.
li·que·fa·zer v.
li·que·fei·to adj.
lí·quen sm.; pl. liquens ou líquenes.
li·que·ná·ce:a sf.
li·que·ná·ce:o adj.
lí·quen·da·is·lân·di:a sm.; pl. liquens-da-islândia ou líquenes-da-islândia.
li·que·no·gra·fi·a sf.
li·que·no·grá·fi·co adj.
li·que·nó·gra·fo sm.
li·ques sm. 2n.
li·ques·cer v.
li·qui·da·ção sf.; pl. ·ções.
li·qui·da·dor (ô) adj. sm.
li·qui·dâm·bar sm.
li·qui·dan·do adj. sm.
li·qui·dan·te adj. s2g.
li·qui·dar v.
li·qui·da·tá·ri:o adj. sm.
li·qui·dá·vel adj. 2g.; pl. ·veis.
li·qui·dez (ê) sf.
li·qui·di·fi·ca·ção sf.; pl. ·ções.
li·qui·di·fi·ca·dor (ô) adj. sm.
li·qui·di·fi·can·te adj. 2g.
li·qui·di·fi·car v.
li·qui·di·fi·cá·vel adj. 2g.; pl. ·veis.
lí·qui·do adj. sm. /Cf. liquido, do v. liquidar.
li·quor (ô) sm. 'líquido cefalorraquiano'/Cf. licor.
li·ra sf.
li·ra·do adj.
li·ri:al adj. 2g. sm.; pl. ·ais.
lí·ri·ca sf./Cf. lirica, do v. liricar.
li·ri·car v.
lí·ri·co adj. sm./Cf. lirico, do v. liricar.
li·ri·for·me adj. 2g.
li·ri·na·te adj. s2g.
lí·ri:o sm.
lí·ri:o(s)-bran·co(s) sm. (pl.).

lí·ri:o(s)-d'á·gua sm. (pl.).
lí·ri:o(s)-da-ín·di:a sm. (pl.).
lí·ri:o(s)-dos-as·te·cas sm. (pl.).
lí·ri:o(s)-das·pe·dras sm. (pl.).
lí·ri:o(s)-de-pe·tró·po·lis sm. (pl.).
lí·ri:o(s)-do-a·ma·zo·nas sm. (pl.).
lí·ri:o(s)-do-bre·jo sm. (pl.).
lí·ri:o(s)-do-mar sm. (pl.).
lí·ri:o(s)-dos·tin·tu·rei·ros sm. (pl.).
lí·ri:o(s)-do·va·le sm. (pl.).
li·ri·oi·de adj. 2g.
li·rí:o·pe sf.
lí·ri:o(s)-ro·xo(s) sm. (pl.).
lí·ri:o(s)-ro·xo(s)-do-cam·po sm. (pl.).
lí·ri:o(s)-ver·de(s) sm. (pl.).
li·ris·mo sm.
li·ris·ta adj. s2g.
li·ris·tri·a sf.
li·ro·co·ni·ta sf.
li·ro·do sm.
lis sm.
li·sa sf. 'calandra'/Cf. liza, do v. lizar.
li·sa·do sm.
lis·bo:ês adj. sm.
lis·bo:e·ta (ê) adj. s2g.
lis·bo:e·ti·zar v.
lis·bo·nen·se adj. s2g.
lis·bo·nês adj. sm.
lis·bo·ni·no adj. sm.
li·se sf. 'dissolução de elementos orgânicos'/Cf. lize, do v. lizar.
li·sér·gi·co adj.
li·si:an·to sm.
li·si·di·na sf.
li·sí·ge·no adj.
li·sim sm.; pl. ·sins: lesim.
li·sí·me·tro sm.
li·si·na sf.
lí·si:o adj.
li·so adj. sm. 'sem aspereza'/Cf. lizo, do v. lizar.
li·so·fór·mi:o sm.
li·sol sm.; pl. ·sóis.
li·son·ja sf.
li·son·ja·ri·a sf.
li·son·je:a·dor (ô) adj. sm.
li·son·je:ar v.
li·son·jei·ro adj. sm.
lis·sa sf. 'peça de tear' 'pústula'/Cf. liça.
lis·sa·dei·ra sf.

lis·sen·cé·fa·lo adj. sm.
lis·so·car·pá·ce:a sf.
lis·so·car·pá·ce:o adj.
lis·só·tri·co adj. sm.
lis·ta sf.
lis·ta·do adj.
lis·ta·gem sf.; pl. ·gens.
lis·tão adj. sm.; pl. ·tões.
lis·tar v.
lis·tá·ri:o sm.
lis·tel sm.; pl. ·téis.
lis·te·ra sf.
lis·te·ri·na sf.
lis·tra sf.
lis·tra·do adj.
lis·trão sm.; pl. ·trões.
lis·trar v.
lis·tre·no adj. sm.
li·*su*·ra sf.
li·ta·ção sf.; pl. ·ções.
li·ta·go·gi·a sf.
li·ta·go·go (ô) adj. sm.
li·ta·*ni*·a sf.
li·tan·traz sm.
li·tão sm.; pl. ·tões.
li·tar·*gí*·ri:a sf.
li·tar·*gí*·ri:o sm.
li·*tei*·ra sf.
li·tei·*rei*·ro sm.
li·te·*ral* adj. 2g.; pl. ·*rais*.
li·te·ra·li·*da*·de sf.
li·te·ra·*lis*·mo sm.
li·te·ra·*lis*·ta adj. s2g.
li·te·*rá*·ri:o adj.
li·te·ra·*ta*·ço sm.
li·te·ra·*ta*·gem sf.; pl. ·gens.
li·te·ra·*tei*·ro sm.
li·te·ra·te·*jar* v.
li·te·ra·*te*·lho (ê) sm.
li·te·ra·*ti*·ce sf.
li·te·ra·*ti*·cho adj. sm.
li·te·ra·*ti*·ço adj. sm.
li·te·ra·ti·*quei*·ro adj. sm.
li·te·ra·*tis*·mo sm.
li·te·*ra*·to adj. sm.
li·te·ra·*tu*·ra sf.
li·te·ra·*tu*·rar v.
li·te·ro·ma·*ni*·a sf.
li·te·ro·ma·*ní*:a·co adj. sm.
li·*tí*:a·se sf.
lí·ti·co adj.
li·ti·*gan*·te adj. s2g.
li·ti·*gar* v.
li·ti·*gá*·vel adj. 2g.; pl. ·veis.
li·ti·gi·*ar* v.
li·*tí*·gi:o sm./Cf. *litigio*, do v. litigiar.

li·ti·gi:*o*·so (ô) adj.; f. *e* pl. (ó).
li·*ti*·na sf.
li·ti·*ní*·fe·ro adj.
lí·ti:o sm.
li·tis·con·*sór*·ci:o sm.
li·tis·con·*sor*·te s2g.
li·tis·con·tes·ta·*ção* sf.; pl. ·ções.
li·tis·pen·*dên*·ci:a sf.
li·tis·pen·*den*·te adj. s2g.
li·ti·*zon*·te sm.
li·to·bi:o·*mor*·fo adj. sm.
li·to·*car*·po sm.
li·to·ce·*no*·se sf.
li·*tó*·cla·se sf.
li·to·cla·*si*·a sf.
li·to·clas·*ti*·a sf.
li·to·*clas*·to sm.
li·to·*co*·la sf.
li·to·cro·*mi*·a sf.
li·to·*crô*·mi·co adj.
li·to·cro·*mis*·ta adj. s2g.
li·to·di:*á*·li·se sf.
li·to·*fa*·gi·a sf.
li·*tó*·fa·go adj. sm.
li·to·*fi*·lo sm. 'folha fóssil'/Cf. *litófilo*.
li·*tó*·fi·lo adj. sm. 'rupestre' 'produção marinha pétrea'/Cf. *litofilo*.
li·*tó*·fi·to sm.
li·to·ge·ne·*si*·a sf.
li·to·ge·*né*·ti·co adj.
li·to·*gli*·fi·a sf.
li·to·*glí*·fi·co adj.
li·*tó*·gli·fo sm.
li·to·gra·*far* v.
li·to·gra·*fi*·a sf.
li·to·*grá*·fi·co adj.
li·*tó*·gra·fo sm./Cf. *litografo*, do v. litografar.
li·to·gra·*vu*·ra sf.
li·*toi*·de adj. 2g.
li·*tó*·la·bo sm.
li·*tó*·la·tra s2g.
li·to·la·*tri*·a sf.
li·to·*lá*·tri·co adj.
li·*tó*·li·se sf.
li·to·lo·*gi*·a sf.
li·to·*ló*·gi·co adj.
li·to·ló·*gis*·ta s2g.
li·*tó*·lo·go sm.
li·to·ma·la·*ci*·a sf.
li·to·*man*·ci·a sf.
li·to·*man*·te s2g.
li·to·*mân*·ti·co adj.
li·*tô*·me·tro sm.

li·to·*pé*·di:o sm.
li·to·*pô*·ni:o sm.
li·*tor* (ô) sm.: *lictor*.
li·to·*ral* adj. 2g. sm.; pl. ·*rais*.
li·to·*râ*·ne:o adj.
li·*tó*·re:o adj. 'de litoral'/Cf. *litório*.
li·to·*ri*·na sf.
li·to·ri·*ní*·de:o adj. sm.
li·*tó*·ri:o adj. 'relativo a litor': *lictório*/Cf. *litóreo*.
li·tos·*có*·pi:o sm.
li·tos·*fe*·ra sf.
li·tos·*fé*·ri·co adj.
li·tos·*per*·mo adj. sm.
li·to·*te*·ca sf.
li·*to*·tes sf. 2n.: *lí*·to·tes.
li·to·to·*mi*·a sf.
li·to·*tô*·mi·co adj.
li·to·to·*mis*·ta adj. s2g.
li·to·*trí*·ci:a sf.
li·to·*trí*·ci·co adj.
li·to·trip·*si*·a sf.
li·to·*tríp*·ti·co adj. sm.
li·*trá*·ce:a sf.
li·*trá*·ce:o adj.
li·tra·gem sf.; pl. ·gens.
li·tro sm.
li·tu:*a*·no adj. sm.
li·*tu*·ra sf.
li·tur·*gi*·a sf.
li·*túr*·gi·co adj.
li·tur·*gis*·ta adj. s2g.
li·*tur*·go sm.
li·*vel* sm.; pl. ·*véis*.
li·ve·*lar* v.
li·vi·*dez* (ê) sf.
lí·vi·do adj.
living sm. (ing.: lívin).
li·*vor* (ô) sm.
li·vo·*ro*·so (ô) adj.; f. *e* pl. (ó).
li·vra interj. sf./Cf. *livra*, do v. livrar.
li·vra·ção sf.; pl. ·ções.
li·vra·*dor* (ô) adj. sm.
li·vra·*lha*·da sf.
li·vra·men·*ta*·no adj. sm.
li·vra·men·*ten*·se adj. s2g.
li·vra·*men*·to sm.
li·*vran*·ça sf.
li·*vrar* v.
li·vra·*ri*·a sf.
li·*vre* adj. 2g. adv.; superl. *libérrimo* e *livríssimo*.
li·vre(s)·al·ve·*dri*:o(s) sm. (pl.).
li·vre(s)·ar·*bí*·tri:o(s) sm. (pl.).
li·vre·cam·*bis*·mo(s) sm. (pl.).

li·vre-cam·*bis*·ta(s) adj. s2g. (pl.).
li·*vre*·co sm.
li·vre(s)-cul·*tis*·mo(s) sm. (pl.).
li·vre-cul·*tis*·ta(s) adj. s2g. (pl.).
li·vre(s)-*cul*·to(s) sm. (pl.).
li·vre(s)-do·*cên*·ci:a(s) sf. (pl.).
li·vre(s)-do·*cen*·te(s) adj. s2g. (pl.).
li·*vrei*·ro adj. sm.
li·vre-pen·sa·*dor* (ô) sm.; pl. *livres-pensadores*.
li·*vres*·co (ê) adj.
li·*vre*·ta (ê) sf.
li·*vre*·te (ê) sm.
li·vre(s)-*tro*·ca(s) sf. (pl.).
li·*vri*·lho sm.
li·*vro* sm.
li·*vró*·ri:o sm.
li·vro·*xa*·da sf.
li·xa sf.
li·xa·*ção* sf.; pl. ·*ções*.
li·xa·*dei*·ra sf.
li·xa·*dor* (ô) adj. sm.
li·*xão* sm.; pl. ·*xões*.
li·*xar* v.
li·xa-ve·ge·*tal* sf.; pl. *lixas--vegetais*.
li·*xei*·ra sf.
li·*xei*·ro sm.
li·*xen*·to adj.
li·*xí*·vi:a sf./Cf. *lixivia*, do v. *lixiviar*.
li·xi·vi:a·*ção* sf.; pl. ·*ções*.
li·xi·vi:a·*dor* (ô) sm.
li·xi·vi:a·gem sf.; pl. ·*gens*.
li·xi·vi:*ar* v.
li·xo sm.
li·*xo*·so (ô) adj.; f. *e* pl. (ó).
li·*zar* v.
li·zar·*den*·se adj. s2g.
lo pron.
ló sm.
lo:a (ó) sf.
lo:*an*·do sm.
lo:*an*·go sm.
lo:*ar* v.
lo:a·*sá*·ce:a sf.
lo:a·*sá*·ce:o adj.
lob sm. (ing.: lób).
lo·ba¹ sf. 'tumor no peito do cavalo'/Cf. *loba* (ô), f. de *lobo* (ô), e *loba*² (ô).
lo·ba² (ô) sf. 'a fêmea do lobo' 'batina'/Cf. *loba*¹ (ó).
lo·*ba*·cho sm.
lo·*ba*·do adj. sm.
lo·*bal* adj. 2g.; pl. ·*bais*.

lo·*bão* sm.; pl. ·*bões*.
lo·*bar* adj. 2g.
lo·ba·*ten*·se adj. s2g.
lo·*ba*·to sm.
lo·*baz* sm.
lobby sm. (ing.: lóbi).
lo·be·*cão* sm.; pl. ·*cães*.
lo·bec·to·*mi*·a sf.
lo·*bei*·ro adj. sm.
lo·*bé*·li:a sf.
lo·be·li:*á*·ce:a sf.
lo·be·li:*á*·ce:o adj.
lo·be·*li*·na sf.
lo·*bé*·li·co adj. sm.
lo·be·*li*·na sf.
lo·*bé*·li:o sm.
lo·*be*·no adj.
lo·*be*·te (ê) sm.: lo·*be*·to (ê).
lo·*bi*·nho sm.
lo·bi·so·*mem* sm.; pl. ·*mens*.
lo·*bis*·ta s2g.
lo·bo¹ sm. 'parte arredondada e saliente de um órgão'/Cf. *lobo*² (ô).
lo·bo² (ô) sm. 'animal'/Cf. *lobo*¹ (ó).
lo·bo-cer·*val* sm.; pl. *lobos--cervais*.
lo·bo(s)-do-*mar* sm. (pl.).
lo·bo·*lo*·bo (ô) sm.
lo·bo(s)-ma·*ri*·nho(s) sm. (pl.).
lo·*bo*·so (ô) adj. sm.; f. *e* pl. (ó).
lo·bo·to·*mi*·a sf.
lo·bre·*gar* v. 'tornar lôbrego'/Cf. *lobrigar*.
lô·bre·go adj./Cf. *lobrego*, do v. *lobregar*.
lo·bre·gui·*dão* sf.; pl. ·*dões*.
lo·bri·ga·*dor* (ô) adj. sm.
lo·bri·*gar* v. 'ver a custo'/Cf. *lobregar*.
lo·bu·la·*ção* sf.; pl. ·*ções*.
lo·bu·*la*·do adj.
lo·bu·*lar* adj. 2g.
ló·bu·lo sm.
lo·bu·*lo*·so (ô) adj.; f. *e* pl. (ó).
lo·*bu*·no adj. sm.
lo·ca sf.
lo·ca·*ção* sf.; pl. ·*ções*.
lo·ca·*dor* (ô) adj. sm.
lo·ca·*do*·ra (ô) sf.
lo·*ca*·go sm.
lo·*cai*·na sf.
lo·*cal* adj. 2g. sm.; pl. ·*cais*.
lo·ca·li·*da*·de sf.
lo·ca·*lis*·mo sm.

lo·ca·*lis*·ta adj. s2g.
lo·ca·li·za·*ção* sf.; pl. ·*ções*.
lo·ca·li·*za*·do adj.
lo·ca·li·*zar* v.
lo·ca·li·*zá*·vel adj. 2g.; pl. ·*veis*.
lo·*can*·da sf.
lo·can·*dei*·ro sm.
lo·*ção*¹ sf. 'lavagem'; pl. ·*ções*/Cf. *loção*², *loução*.
lo·*ção*² sm. 'antigo militar chinês'; pl. ·*ções*/Cf. *loção*¹, *loução*.
lo·*car* v.
lo·*cá*·ri:o sm.
lo·ca·*tá*·ri:o sm.
lo·ca·*ti*·vo adj. sm.
lo·*cau*·te sm.
lo·*cé* sm., na loc. *a locé*.
lo·ci:o·*nar* v.
lockout sm. (ing.: locaut).
lo·co¹ sm. 'disposição dos antigos exércitos gregos'/Cf. *loco*².
lo·co² (ô) sm. 'carne guisada com milho'/Cf. *loco*¹.
lo·co·mo·bi·li·*da*·de sf.
lo·co·mo·*ção* sf.; pl. ·*ções*.
lo·co·mo·*ti*·va sf.
lo·co·mo·ti·vi·*da*·de sf.
lo·co·mo·*ti*·vo adj.
lo·co·mo·*tor* (ô) adj. sm.; f. *locomotora* ou *locomotriz*.
lo·co·mo·*triz* adj. sf.; f. de *locomotor*.
lo·co·*mó*·vel adj. 2g. sm.; pl. ·*veis*.
lo·co·mo·*ver* v.
lo·co·te·*nên*·ci:a sf.
lo·co·te·*nen*·te sm.
lo·cro (ô) sm.
loc·*tal* adj. 2g.; pl. ·*tais*.
lo·cu·*ção* sf.; pl. ·*ções*.
lo·cu·ci:o·*nar* v.
lo·cu·*la*·do adj.
lo·cu·la·*men*·to sm.
lo·cu·*lar* adj. 2g.
lo·cu·li·*ci*·da adj. 2g.
ló·cu·lo sm.
lo·cu·*lo*·so (ô) adj.; f. *e* pl. (ó).
lo·cu·ple·ta·*ção* sf.; pl. ·*ções*.
lo·cu·ple·ta·*men*·to sm.
lo·cu·ple·*tar* v.
lo·*cus*·ta sf.
lo·cus·*tá*·ri:o adj. sm.
lo·cus·*tí*·de:o adj. sm.
lo·cus·*tó*·de:o adj. sm.
lo·cu·*tor* (ô) sm.

lo·cu·tó·ri:o sm.
lo·da·ça sf.
lo·da·çal sm.; pl. ·çais.
lo·da·cen·to adj.
ló·dão sm.; pl. ·dãos.
lo·dei·ra sf.
lo·dei·ro sm.
lo·dí·cu·la sf.
lo·do[1] sm. 'lódão'/Cf. lodo[2].
lo·do[2] (ô) sm. 'lama'/Cf. lodo[1].
lo·do·so (ô) adj.; f. e pl. (ó).
lo:en·dral sm.; pl. ·drais.
lo:en·dro sm.
lo:es·se sm.
lo:es·te sm.
ló·fi:o sm.
ló·fi·ro sm.
lo·fo·brân·qui:o adj. sm.
lo·fó·co·mo adj. sm.
lo·fo·don·te adj. 2g. sm.
lo·fo:é·li:a sf.
lo·fó·po·de adj. 2g. sm.
lo·ga·dec·to·mi·a sf.
lo·ga·di·te sf.
lo·ga·do adj.
lo·ga·ni:á·ce:a sf.
lo·ga·ni:á·ce:o adj.
lo·gar v.
lo·ga·rít·mi·co adj.
lo·ga·rit·mo sm.
ló·gi·ca sf./Cf. logica, do v. logicar.
lo·gi·car v.
lo·gi·cis·mo sm.
lo·gi·cís·ti·co adj.
ló·gi·co adj. sm./Cf. logico, do v. logicar.
login sm. (ing.: loguín).
lo·gís·ti·ca sf.
lo·gís·ti·co adj.
lo·go adv. conj. sm.
logoff sm. (ing.: logóf).
lo·go·gra·fi·a sf.
lo·go·grá·fi·co adj.
lo·gó·gra·fo sm.
lo·go·grí·fi·co adj.
lo·go·gri·fo sm.
lo·go·ma·ni·a sf.
lo·go·ma·ní:a·co adj. sm.
lo·go·ma·qui·a sf.
lo·go·má·qui·co adj.
lo·go·mar·ca sf.
lo·go·pe·di·a sf.
lo·go·pé·di·co adj.
lo·go·pe·dis·ta adj. s2g.
lo·gor·rei·a sf.
lo·go·so·fi·a sf.

lo·go·só·fi·co adj.
lo·gó·so·fo sm.
lo·go·tec·ni·a sf.
lo·go·téc·ni·co adj. sm.
lo·go·ti·pi·a sf.
lo·go·tí·pi·co adj.
lo·go·ti·po sm.: lo·gó·ti·po.
lo·gra·ção sf.; pl. ·ções.
lo·gra·dei·ra adj. sf.
lo·gra·doi·ro sm.: logradouro.
lo·gra·dor (ô) adj. sm.
lo·gra·dou·ro sm.: logradoiro.
lo·gra·men·to sm.
lo·grão sm.; pl. ·grões; f. logrona.
lo·grar v.
lo·gra·ti·vo adj.
lo·gro (ô) sm./Cf. logro (ó), do v. lograr.
lo·gro·na sf.; f. de logrão.
loi·ça sf.: louça.
loi·ça·ri·a sf.: louçaria.
loi·cei·ra sf.: louceira.
loi·cei·ro sm.: louceiro.
loi·o·la sm.: loyola.
loi·o·lis·ta adj. s2g.: loyolista.
loi·ra sf.: loura.
loi·ra·ça s2g. sf.: louraça.
loi·re·cer v.: lourecer.
loi·rei·ra sf.: loureira.
loi·rei·ral sm.; pl. ·rais: loureiral.
loi·rei·ro sm.: loureiro.
loi·re·jan·te adj. 2g.: lourejante.
loi·re·jar v.: lourejar.
loi·ro adj. sm.: louro.
loi·ro(s)-a·ba·ca·te(s) sm. (pl.): louro-abacate.
loi·ro(s)-a·ma·re·lo(s) sm. (pl.): louro-amarelo.
loi·ro(s)-bran·co(s) sm. (pl.): louro-branco.
loi·ro-ce·re·ja sm.; pl. loiros-cerejas ou loiros-cereja: louro-cereja.
loi·ro(s)-chei·ro·so(s) sm. (pl.): louro-cheiroso.
loi·ro-cra·vo sm.; pl. loiros-cravos ou loiros-cravo: louro-cravo.
loi·ro(s)-da-bei·ra sm. (pl.): louro-da-beira.
loi·ro(s)-da-ter·ra sm. (pl.): louro-da-terra.
loi·ro(s)-de-cas·ca-pre·ta sm. (pl.): louro-de-casca-preta.

loi·ro(s)-do-i·ga·pó sm. (pl.): louro-do-igapó.
loi·ro-i·nha·mu:í sm.; pl. loiros-inhamuís ou loiros-inhamuí: louro-inhamuí.
loi·ro-ma·mo·rim sm.; pl. loiros-mamorins ou loiros-mamorim: louro-mamorim.
loi·ro(s)-par·do(s) sm. (pl.): louro-pardo.
loi·ro-pi·men·ta sm.; pl. loiros-pimentas ou loiros-pimenta: louro-pimenta.
loi·ro(s)-pre·to(s) sm. (pl.): louro-preto.
loi·ro-ro·sa sm.; pl. loiros-rosas ou loiros-rosa: louro-rosa.
loi·ro-ta·man·cão sm.; pl. loiros-tamancões ou loiros-tamancão: louro-tamancão.
loi·ro-ta·man·co sm.; pl. loiros-tamancos ou loiros-tamanco: louro-tamanco.
loi·ro(s)-ver·me·lho(s) sm. (pl.): louro-vermelho.
loi·sa sf.: lousa.
loi·ta sf.
lo·ja sf.
lo·je·ca sf.
lo·jis·ta adj. s2g.
lo·lé interj. sm.
lo·li·gí·de:o adj. sm.
ló·li:o sm.
lo·li·ta sf.
lom·ba sf.
lom·bab·do·mi·nal adj. 2g.; pl. ·nais.
lom·ba·da sf.
lom·bar adj. 2g. v.
lom·bar·do adj. sm.
lom·ba·da(s)-ver·de(s) sf. (pl.).
lom·be:ar v. 'torcer o lombo'/ Cf. lombiar.
lom·bei·ra sf.
lom·bei·ro adj. sm.
lom·be·lo (ê) sm.
lom·bi:ar v. 'ferir o lombo'/Cf. lombear.
lom·bi·lhar v.
lom·bi·lha·ri·a sf.
lom·bi·lhei·ro sm.
lom·bi·lho sm.
lom·bi·nho sm.
lom·bo sm.
lom·bo·cos·tal adj. 2g.; pl. ·tais.
lom·bri·cal adj. 2g.; pl. ·cais: lumbrical.

lom·bri·*ci*·to sm.
lom·bri·*coi*·de adj. 2g. sm.
lom·*bri*·ga sf.
lom·bri·*guei*·ra sf.
lom·bri·*guei*·ro sm.
lom·bro·si:*a*·no adj. sm.
lom·*bu*·do adj.
lo·*men*·to sm.
lo·na sf.
lo·*na*·do adj.
lon·ca sf.
lon·co·*car*·po sm.
lon·*cóp*·te·ro sm.
lon·dri·*nen*·se adj. s2g.
lon·*dri*·no adj. sm.
lon·ga sf.
lon·*ga*·da sf.
lon·ga:*en*·se adj. s2g.
lon·*gal* adj. 2g.; pl. ·*gais*.
lon·ga·me·*tra*·gem sm.; pl.
 longas-metragens.
lon·ga·*mi*·ra sf.
lon·*ga*·na sf.
lon·*gâ*·ni·me adj. 2g.:
 longânimo.
lon·ga·ni·mi·*da*·de sf.
lon·*gâ*·ni·mo adj.: *longânime*.
lon·ga·*ri*·na sf.
lon·ga·*ri*·no sm.
lon·ge adj. 2g. adv. interj. sm.
lon·ge·*rão* sm.; pl. ·*rões*.
lon·ge·vi·*da*·de sf.
lon·*ge*·vo adj.
lon·gi·*cau*·le adj. 2g.
lon·gi·*cór*·ne:o adj. sm.
lon·gi·*fó*·li:o adj.
lon·gi·*lí*·ne:o adj.
lon·gi·lo·*ba*·do adj.
lon·*gí*·ma·no adj.
lon·gi·me·*tri*·a sf.
lon·gi·*mé*·tri·co adj.
lon·*gín*·quo adj.
lon·gi·*pal*·po adj.
lon·*gí*·pe·de adj. 2g.
lon·gi·*pe*·ne adj. 2g. sf.
lon·gi·*pé*·ta·lo adj.
lon·*gí*·quo adj.: *longínquo*.
lon·gir·*ros*·tro adj.
lon·gis·*ti*·lo adj.
lon·gi·*tas*·so adj. sm.
lon·gi·tro:*an*·te adj. 2g.:
 lon·gi·tru:*an*·te.
lon·gi·*tu*·de sf.
lon·gi·tu·di·*nal* adj. 2g. sf.; pl.
 ·*nais*.
lon·go adj. sm.
lon·go·*bar*·do adj. sm.

lon·*gor* (ô) sm.
longplay sm. (ing.: *longplêi*).
lon·*gri*·na sf.
lon·guei·*rão* adj.; pl. ·*rões*.
lon·gui·*dão* sf.; pl. ·*dões*.
lon·*gu*·ra sf.
lo·ni·ce·*rá*·ce:a sf.
lo·ni·ce·*rá*·ce:o adj.
lo·*ni*·ta sf.
lon·*ju*·ra sf.
lon·que:a·*dor* (ô) sm.
lon·que:*ar* v.
lon·tra sf.
loop sm. (ing.: *lup*).
looping sm. (ing.: *lúpin*).
lo·*pes*·co (ê) adj.
lop·so adj. sm.
lo·qua·ci·*da*·de sf.
lo·qua·*cís*·si·mo adj. superl. de
 loquaz.
lo·*quaz* adj. 2g.; superl.
 loquacíssimo.
lo·que sm.
lo·*que*·la sf.
lo·*que*·te (ê) sm.
lo·qui:*al* adj. 2g.; pl. ·*ais*.
lo·qui·o·me·*tri*·a sf.
lo·qui·or·ra·*gi*·a sf.
lo·qui·or·*rá*·gi·co adj.
lo·qui·or·*rei*·a sf.
lo·qui·or·*rei*·co adj.
ló·qui:os sm. pl.
lo·*ra*·ço adj. sm.
lo·ran·*di*·ta sf.
lo·ran·*tá*·ce:a sf.
lo·ran·*tá*·ce:o adj.
lor·*da*·ça s2g.
lor·*da*·ço adj. sm.
lor·*dar* v.
lor·de adj. 2g. sm.
lor·*do*·se sf.
lo·*ré* sf.
lo·re·*nen*·se adj. s2g.
lo·re·*ten*·se adj. s2g.
lo·*ri*·ca sf.
lo·ri·ca·do adj. sm.
lo·ri·ca·*rí*·de:o adj. sm.
lo·ri·*for*·me adj. 2g.
lo·*ri*·ga sf.
lo·ri·*ga*·do adj.
lo·ri·*gão* sm.; pl. ·*gões*.
lor·*nhão* sm.; pl. ·*nhões*.
lo·ro sm.
lo·*ró*·ce·ro sm.
lo·ro·*glos*·so sm.
lo·ro·*pé*·ta·lo sm.
lo·*ro*·ta sf.

lo·ro·*ta*·gem sf.; pl. ·*gens*.
lo·ro·*tar* v.
lo·ro·*tei*·ro adj. sm.
lor·pa (ô) adj. s2g.
lor·*pi*·ce sf.
lo·*sân*·gi·co adj.
lo·*san*·go sm.
lo·san·gu·*lar* adj. 2g.
los·na sf.
los·na(s)·do·al·*gar*·ve sf. (pl.).
los·na(s)·do·ma·ra·*nhão* sf.
 (pl.).
los·na·me·*nor* sf.; pl.
 losnas-menores.
lo·ta sf.
lo·ta·*ção* sf. sm.; pl. ·*ções*.
lo·*ta*·da sf.
lo·ta·*dor* (ô) sm.
lo·*tar* v.
lo·ta·*ri*·a sf.
lo·te sm.
lo·te:*a*·do adj.
lo·te:a·*men*·to sm.
lo·te:*ar* v.
lo·*te*·ca sf.
lo·te·*ri*·a sf.
lo·*té*·ri·co adj. sm.
lo·to[1] (ô) sm. 'certo jogo de
 azar'/Cf. *loto* (ó), do v. *lotar*, e
 loto[2] (ó) sm.
lo·to[2] (ó) sm. 'certa planta
 aquática'/Cf. *loto*[1] (ô) sm.:
 lótus.
lo·to(s)·a·ma·*re*·lo(s) sm. (pl.):
 lótus-amarelo.
lo·to·a·*zul* sm.; pl. *lotos-azuis*:
 lótus-azul.
lo·to:*í*·de:a sf.: lo·*tói*·de:a.
lo·to:*í*·de:o adj.: lo·*tói*·de:o.
lo·to(s)·*ín*·di·co(s) sm. (pl.):
 lótus-índico.
lo·to(s)·sa·gra·do(s)·do·e·*gi*·to
 sm. (pl.): *lótus-sagrado-do-
 -egito*.
ló·tus sm. 2n.: *loto*[2].
ló·tus·a·ma·*re*·lo(s) sm. (pl.):
 loto-amarelo.
ló·tus·a·*zul* sm.; pl. *lótus-azuis*:
 loto-azul.
ló·tus·*ín*·di·co(s) sm. (pl.):
 loto-índico.
ló·tus·sa·gra·do(s)·do·e·*gi*·to
 sm. (pl.): *loto-sagrado-do-
 -egito*.
lou·ca sf.
lou·ça sf.: *loiça*.
lou·çã adj.; f. de *loução*.

lou·ça·i·nha sf.
lou·ça·i·nhar v.
lou·ça·i·nho adj.
lou·ça·ne:*ar* v.
lou·ça·ni·a sf.
lou·*ção* adj. 'gracioso, gentil'; pl. ·*ções*; f. *louçã*/Cf. *loção*.
lou·ça·ri·a sf.: *loiçaria*.
lou·cei·ra sf.: *loiceira*.
lou·cei·ro sm.: *loiceiro*.
***lou*·co** adj. sm.
lou·cu·ra sf.
lou·le·*ta*·no adj. sm.
lou·que:*ar* v.
lou·que·*jar* v.
lou·*qui*·ce sf.
***lou*·ra** sf.: *loira*.
lou·*ra*·ça s2g. sf.: *loiraça*.
lou·re·*cer* v.: *loirecer*.
lou·*rei*·ra sf.: *loireira*.
lou·rei·*ral* sm.; pl. ·*rais*: *loireiral*.
lou·*rei*·ro sm.: *loireiro*.
lou·re·*jan*·te adj. 2g.: *loirejante*.
lou·re·*jar* v.: *lourejar*.
lou·ren·ci:*a*·no adj. sm.
***lou*·ro** adj. sm.: *loiro*.
lou·ro(s)-a·ba·*ca*·te(s) sm. (pl.): *loiro-abacate*.
lou·ro(s)-a·ma·*re*·lo(s) sm. (pl.): *loiro-amarelo*.
lou·ro(s)-*bran*·co(s) sm. (pl.): *loiro-branco*.
lou·ro-ce·*re*·ja sm.; pl. *louros-cerejas* ou *louros-cereja*: *loiro-cereja*.
lou·ro(s)-chei·*ro*·so(s) sm. (pl.): *loiro-cheiroso*.
lou·ro-*cra*·vo sm.; pl. *louros-cravos* ou *louros-cravo*: *loiro-cravo*.
lou·ro(s)-da-*bei*·ra sm. (pl.): *loiro-da-beira*.
lou·ro(s)-da-*ter*·ra sm. (pl.): *loiro-da-terra*.
lou·ro(s)-de-cas·ca-*pre*·ta sm. (pl.): *loiro-de-casca-preta*.
lou·ro(s)-do-i·ga·*pó* sm. (pl.): *loiro-do-igapó*.
lou·ro-i·nha·mu:*í* sm.; pl. *louros-inhamuís* ou *louros--inhamuí*: *loiro-inhamuí*.
lou·ro-ma·mo·*rim* sm.; pl. *louros-mamorins* ou *louros--mamorim*: *loiro-mamorim*.
lou·ro(s)-*par*·do(s) sm. (pl.): *loiro-pardo*.

lou·ro-pi·*men*·ta sm.; pl. *louros-pimentas* ou *louros--pimenta*: *loiro-pimenta*.
lou·ro(s)-*pre*·to(s) sm. (pl.): *loiro-preto*.
lou·ro(s)-*ro*·sa(s) sm. (pl.): *loiro-rosa*.
***lou*·ros** sm. pl.
lou·ro-ta·*man*·cão sm.; pl. *louros-tamancões* ou *louros--tamancão*: *loiro-tamancão*.
lou·ro-ta·*man*·co sm.; pl. *louros-tamancos* ou *louros--tamanco*: *loiro-tamanco*.
lou·ro(s)-ver·*me*·lho(s) sm. (pl.): *loiro-vermelho*.
***lou*·sa** sf.: *loisa*.
lou·va-a-*deus* sm. 2n.
lou·va·bi·li·*da*·de sf.
lou·va·bi·*lís*·si·mo adj. superl. de *louvável*.
lou·va·*ção* sf.; pl. ·*ções*.
lou·va·do adj. sm.
lou·va·*dor* (ô) adj. sm.
lou·va·*men*·to sm.
lou·va·*mi*·nha sf./ Cf. *louvaminha*, do v. *louvaminhar*.
lou·va·mi·*nhar* v.
lou·va·mi·*nhei*·ro adj. sm.
lou·va·mi·*nhi*·ce sf.
lou·*var* v.
lou·*vá*·vel adj. 2g.; pl. ·*veis*.; superl. *louvabilíssimo*.
lou·*vei*·ra sf.
lou·*vor* (ô) sm.
lo·ve·*la*·ce sm.
lo·ve·la·ci:*a*·no adj.
lo·xo·*dro*·ma (cs) sf.
lo·xo·*drô*·mi·co (cs) adj.
lo·xo·dro·*mis*·mo (cs) sm.
lox·so·*má*·ce:a (cs) sf.
lox·so·*má*·ce:o (cs) adj.
loy·o·*la* sm.: *loiola*.
loy·o·*lis*·ta adj. s2g.: *loiolista*.
***lu*·a** sf.
lu:a·*cei*·ro sm.
lu:a(s) de *mel* sf. (pl.).
lu:an·*den*·se adj. s2g.
lu:*ar* sm.
lu:a·*ren*·to adj.
lu·bam·*bei*·ro adj. sm.
lu·*bam*·bo sm.
lu·*bri*·car v.
lu·bri·ci·*da*·de sf.
***lú*·bri·co** adj. sm./Cf. *lubrico*, do v. *lubricar*.

lu·bri·fi·ca·*ção* sf.; pl. ·*ções*.
lu·bri·fi·ca·*dor* (ô) adj. sm.
lu·bri·fi·*can*·te adj. 2g. sm.
lu·bri·fi·*car* v.
lu·bri·fi·*cá*·vel adj. 2g.; pl. ·*veis*.
***lú*·bri·go** sm.
lu·*bri*·na sf.
lu·ca·*ná*·ri:o sm.
lu·*ca*·no adj. sm.
lu·*cão* sm.; pl. ·*cões*.
lu·*car*·na sf.
lu·ce·li:*en*·se adj. s2g.
lu·*cer*·na sf.
lu·cer·*ná*·ri·da adj. 2g. sf.
lu·ces·*cen*·te adj. 2g.
lu·*char* v. 'sujar'/Cf. *luxar*.
lu·ci:a·no·po·*len*·se adj. s2g.
lu·*ci*·dar v.
lu·ci·*dez* (ê) sf.
***lú*·ci·do** adj./Cf. *lucido*, do v. *lucidar*.
***lú*·ci·fer** sm.; pl. *lucíferes*.
lu·ci·fe·*rá*·ri:o sm.
lu·ci·fe·ri:*a·nis*·mo sm.
lu·ci·fe·ri:*a*·no adj. sm.
lu·ci·*fé*·ri·co adj.
lu·ci·fe·*ri*·no adj.
lu·ci·fe·*ris*·mo sm.
lu·*cí*·fe·ro adj.
lu·*cí*·fu·go adj. sm.
lu·ci·la·*ção* sf.; pl. ·*ções*.
lu·ci·*lân*·ci:a sf.
lu·ci·*lan*·te adj. 2g.
lu·ci·*lar* v.
lu·*cí*·li:a sf.
lu·ci·lu·*zir* v.
lu·*cí*·me·tro sm.
lu·*ci*·na sf.
lu·ci·*ní*·de:o adj. sm.
***lú*·ci:o** sm.
lu·ci·po·*ten*·te adj. 2g.
lu·*cí*·va·go adj.
lu·ci·*ve*·lo sm.
lu·ci·*véu* sm.
***lu*·co** sm.
***lu*·crar** v.
lu·cra·ti·vi·*da*·de sf.
lu·cra·*ti*·vo adj.
***lu*·cro** sm.
lu·*cro*·so (ô) adj.; f. e pl. (ó).
luc·*tí*·fe·ro adj.: *lutífero*.
luc·*tís*·so·no adj.: *lutíssono*.
lu·cu·bra·*ção* sf.; pl. ·*ções*: *elucubração*.
lu·cu·*brar* v.: *elucubrar*.
***lú*·cu·la** sf.
lu·cu·*len*·to** adj.

lu·cu·li·a·no adj.
lu·cu·ma sf.
lu·cu·na·ri sm.
lu·dâm·bu·lo adj. sm.
lu·di·ão sm.; pl. ·ões.
lu·di·bri·an·te adj. 2g.
lu·di·bri·ar v.
lu·di·bri·á·vel adj. 2g.; pl. ·veis.
lu·dí·bri·o sm./Cf. ludibrio, do v. ludibriar.
lu·di·bri·o·so (ô) adj.; f. e pl. (ó).
lú·di·co adj. sm.
lú·di·o sm.
lu·dis·mo sm.
lu·dis·ta adj. s2g.
lu·do sm.
lu·do·te·ra·pi·a sf.
lu·do·vi·cen·se adj. s2g.
lu·drei·ro sm.
lú·dri·co adj.
lu·dro adj.
lu·dro·so (ô) adj.; f. e pl. (ó).
lu:es sf. 2n.
lu:é·ti·co adj.
lu·fa sf.
lu·fa·da sf.
lu·fa-lu·fa(s) sf. (pl.).
lu·far v.
lu·gar sm. 'local' 'porção de espaço'; pl. lugares/Cf. lúgar sm., e lúgares, pl. de lúgar.
lú·gar sm. 'veleiro'; pl. lúgares/Cf. lugar sm., e lugares, pl. de lugar.
lu·gar-co·mum sm.; pl. lugares-comuns.
lu·ga·rei·ro adj.
lu·ga·re·jo (ê) sm.
lu·gar-te·nên·ci·a(s) sf. (pl.).
lu·gar-te·nen·te(s) s2g. (pl.).
lug·du·nen·se adj. s2g.
lu·gen·te adj. 2g.
lu·gre sm.
lú·gu·bre adj. 2g.
lu·gu·bri·da·de sf.
lu:ís sm.
lu:ís-al·ven·se(s) adj. s2g. (pl.).
lu:ís-an·to·ni:en·se(s) adj. s2g. (pl.).
lu:ís-bur·guen·se(s) adj. s2g. (pl.).
lu:ís-ca·chei·ro(s) sm. (pl.).
lu:ís-cor·re:en·se(s) adj. s2g. (pl.).
lu:ís-go·men·se(s) adj. s2g. (pl.).
lui·ta sf.: luta.
lui·tar v.

lu·la sf.
lu·ma sf.
lu·ma·que·la sf.
lu·ma·réu sm.
lum·ba·gem sf.; pl. ·gens.
lum·bá·gi·co adj.
lum·ba·go sm.
lum·bri·cal adj. 2g.; pl. ·cais: lombrical.
lum·bri·cá·ri:o adj.
lum·bri·ci·da adj. 2g. sm.
lu·me sm.
lu·me:ei·ra sf.
lu·me:ei·ro sm.
lú·men sm.; pl. lumens ou lúmenes.
lu·me(s)-pron·to(s) sm. (pl.).
lu·mi:ar sm. v.
lu·mi·nân·ci:a sf.
lu·mi·nan·cí·me·tro sm.
lu·mi·nar adj. 2g. sm.
lu·mi·ná·ri:a sf.
lu·mi·na·ris·ta adj. s2g.
lu·mí·ne:o adj.
lu·mi·nes·cên·ci:a sf.
lu·mi·nes·cen·te adj. 2g.
lu·mi·ní·me·tro sm.
lu·mi·nó·fo·ro sm.
lu·mi·no·si·da·de sf.
lu·mi·no·so (ô) adj. sm.; f. e pl. (ó).
lu·mi:o·so (ô) adj.; f. e pl. (ó): luminoso.
lum·pem·pro·le·ta·ri·a·do sm.
lúm·pen s2g.; pl. lumpens ou lúmpenes.
lum·pe·si·na·gem sf.; pl. ·gens.
lum·pe·si·nar v.
lum·pe·si·na·to sm.
lu·na sf.
lu·na·ção sf.; pl. ·ções.
lu·na·do adj.
lu·nan·co adj.
lu·nan·que:ar v.
lu·nar adj. 2g. sm.
lu·na·re·jo (ê) adj.
lu·ná·ri:a sf.
lu·ná·ri:o adj. sm.
lu·ná·ti·co adj. sm.
lu·nau·ta s2g.
lun·dês adj. sm.
lun·du sm.
lun·dum sm.; pl. ·duns.
lun·du·zei·ro adj. sm.
lu·ne·ta (ê) sf.
lun·far·do adj. sm.
lu·ní·co·la s2g.

lu·ni·for·me adj. 2g.
lu·nis·so·lar adj. 2g.
lú·nu·la sf.
lu·nu·la·do adj.
lu·nu·lar adj. 2g.
lu·nu·li·ta sf.: lu·nu·li·te.
lu·pa sf.
lu·pa·da sf.
lu·pa·nar sm.
lu·pan·ga sf.
lu·pa·ná·ri:o adj.
lu·pa·ni·di·na sf.
lu·pa·ni·na sf.
lu·per·cais sf. pl.
lu·per·cen·se adj. s2g.
lu·per·co sm.
lú·pi:a sf.
lu·pi:en·se adj. s2g.
lu·pi·nas·tro sm.
lu·pi·no adj. sm.
lu·pi·no·se sf.
lu·pi·no·to·xi·na (cs) sf.
lu·po sm.: lúpus.
lu·pu·li·na sf.
lu·pu·li·za·ção sf.; pl. ·ções.
lu·pu·li·zar v.
lú·pu·lo sm.
lú·pus sm. 2n.: lupo.
lu·ra sf.
lu·rar v.
lú·ri·do adj.
lus·co adj.
lus·co-fus·co(s) sm. (pl.): lusque-fusque.
lu·sí·a·da adj. s2g.
lu·sis·mo sm.
lu·si·tâ·ni·co adj.
lu·si·ta·ni·da·de sf.
lu·si·ta·ni:en·se adj. s2g.
lu·si·ta·nis·mo sm.
lu·si·ta·ni·zar v.
lu·si·ta·no adj. sm.
lu·so adj. sm.
lu·so-a·fri·ca·no(s) adj. sm. (pl.).
lu·so-a·si·á·ti·co(s) adj. sm. (pl.).
lu·so-bra·si·lei·ro(s) adj. sm. (pl.).
lu·so-bri·tâ·ni·co(s) adj. sm. (pl.).
lu·so-cas·te·lha·no(s) adj. sm. (pl.).
lu·so-es·pa·nhol adj. sm.; pl. luso-espanhóis.
lu·so·fi·li·a sf.
lu·só·fi·lo adj. sm.

lu·so·fo·*bi*·a sf.
lu·*só*·fo·bo adj. sm.
lu·so·fo·*ni*·a sf.
lu·*só*·fo·no adj. sm.
lu·*só*·ri:o adj.
lus·que-*fus*·que(s) sm. (pl.): *lusco-fusco*.
lus·tra sm.
lus·tra·*ção* sf.; pl. ·*ções*.
lus·tra·*de*·la sf.
lus·tra·*dor* (ô) adj. sm.
lus·*tral* adj. 2g.; pl. ·*trais*.
lus·tra·*mó*·veis sm. 2n.
lus·*trar* v.
lus·tre sm.
lus·*tri*·lho adj. sm.
lus·*tri*·na sf.
lus·*tri*·no adj. sm.
lus·tro sm.
lus·*tro*·so (ô) adj. sm.; f. *e* pl. (ó).
lu·ta sf.
lu·ta·*dor* (ô) adj. sm.
lu·*tar* v.
lu·te·ci:*a*·no adj. sm.
lu·*té*·ci:o adj. sm.
lu·te:i·*cór*·ne:o adj.
lu·te·*í*·na sf.
lú·te:o adj.
lu·te·ra·*nis*·mo sm.
lu·te·ra·*nis*·ta adj. s2g.
lu·te·*ra*·no adj. sm.
lutier sm. (fr.: *lutiê*).
lu·*tí*·fe·ro adj.: *luctífero*.
lu·*ti*·na sf.
lu·*tís*·so·no adj.: *luctíssono*.
lu·*ti*·to sm.
lut·ja·*ní*·de:o adj. sm.
lu·to sm.
lu·tu·*lên*·ci:a sf.
lu·tu·*len*·to adj. sm.
lu·tu:*o*·so (ô) adj.; f. *e* pl. (ó).
lu·va sf.
lu·va·*ri*·a sf.
lu·*vei*·ro sm.
lu·*vis*·ta adj. s2g.
lux (cs) sm. 2n.
lu·xa·*ção* sf.; pl. ·*ções*.
lu·*xar* v. 'deslocar' 'ostentar'/ Cf. *luchar*.
lu·xa·*ri*·a sf./Cf. *luxaria*, do v. *luxar*
lu·xem·bur·*guês* adj. sm.
lu·*xen*·to adj.
lu·*xí*·me·tro (cs) sm.
lu·xo sm.
lu·xu·*á*·ri:o adj.
lu·xu:o·si·*da*·de sf.
lu·xu:*o*·so (ô) adj.; f. *e* pl. (ó).
lu·*xú*·ri:a sf./Cf. *luxuria*, do v. *luxuriar*.
lu·xu·ri:*an*·te adj. 2g.
lu·xu·ri:*ar* v.
lu·xu·ri:*o*·so (ô) adj.; f. *e* pl. (ó).
luz sf.
lu·*zei*·ro sm.
lu·ze-*lu*·ze sm.; pl. *luzes-luzes* ou *luze-luzes*.
lu·*zen*·dro sm.
lu·*zen*·se adj. s2g.
lu·*zen*·te adj. sm.
lu·*zer*·na sf.
lu·zer·*nal* sm.; pl. ·*nais*.
lu·zer·*nei*·ra sf.
lu·*ze*·tro sm.
lu·*zi*·a adj. s2g.
lu·*zi*:a·*nen*·se adj. s2g.
lu·*zi*·di:o adj.
lu·*zi*·do adj.
lu·*zi*·ê sm.
lu·*zi:en*·se adj. s2g.
lu·zi·lan·*den*·se adj. s2g.
lu·zi·*lu*·me sm.
lu·zi·*lu*·zir v.
lu·zi·*men*·to sm.
lú·zi:o adj. sm.
lu·*zir* v.

M

ma contr. do pron. *me* com o pron. *a*.
má adj. sf. de *mau*.
ma·*ba*·ça adj. s2g.
ma·*bei*·a sf.
ma·*boi*·a sf.
ma·*bo*·la sf.
ma·*bo*·lo sm.
ma·ca sf.
ma·ça sf. 'clava'/Cf. *massa*.
ma·*çã* sf.
ma·ca·*á* sm.
ma·*ca*·ba sf.
ma·ca·bre·*ar* v.
ma·ca·*bris*·mo sm.
ma·*ca*·bro adj.
ma·ca·bu:*en*·se adj. s2g.
ma·*ca*·ca sf.
ma·*ca*·ça sf.
ma·ca·ca·a·*çã* sf.
ma·ca·ca·*cau* sf.
ma·ca·*ca*·da sf.
ma·ca·ca(s) de au·di·*tó*·ri·o sf. (pl.).
ma·ca·ca:i·an·*du* sf.
ma·ca·*cal* adj. 2g.; pl. ·*cais*.
ma·ca·*cão* sm.; pl. ·*cões*.
ma·ca·ca·pu·*ran*·ga sf.
ma·ca·*car* v.
ma·ca·ca·re·*cui*·a sf.
ma·ca·ca·*ri*·a sf.
ma·ca·ca·*ú*·ba sf.
ma·*ca*·co sm.
ma·ca·*co*·a (ô) sf.
ma·ca·co(s)-a·du·*fei*·ro(s) sm. (pl.).
ma·ca·co-a·*ra*·nha sm.; pl. macacos-aranhas ou macacos-aranha.
ma·ca·co(s)-ca·be·*lu*·do(s) sm. (pl.).
ma·ca·co(s)-da-mei·a-*noi*·te sm. (pl.): ma·ca·co(s)-da-mei·a-*nou*·te.
ma·ca·co(s)-da-*noi*·te sm. (pl.): ma·ca·co(s)-da-*nou*·te.
ma·ca·co(s)-de-*ban*·do sm. (pl.).
ma·ca·co(s)-de-*chei*·ro sm. (pl.).
ma·ca·co-in·*glês* sm.; pl. macacos-ingleses.
ma·ca·co-pa·*tro*·na sm.; pl. macacos-patronas ou macacos-patrona.
ma·ca·co-*pre*·go sm.; pl. macacos-pregos ou macacos-prego.
ma·ca·co(s)-ver·*me*·lho(s) (ê) sm. (pl.).
ma·ca·cu sm.
ma·ca·cu:*a*·no adj. sm.
ma·ça·da sf.
ma·ca·*da*·me sm.
ma·ca·*dâ*·mi:a sf.
ma·ca·da·mi·za·*ção* sf.; pl. ·*ções*.
ma·ca·da·mi·*za*·do adj.
ma·ca·da·mi·*zar* v.
ma·*çã*(s) de a·*dão* sf. (pl.).
ma·ça·*di*·ço adj.
ma·ça·*dor* (ô) adj. sm.
ma·ça·*du*·ra sf.
ma·ca:*en*·se adj. s2g.
ma·ça·gem sf. 'maçadura'; pl. ·gens/Cf. *massagem*.
ma·ca·*guã* sm.
ma·*cai*·a sf.
ma·ca·*í*·ba sf.
ma·ca:i·*bei*·ra sf.
ma·ca:i·*ben*·se adj. s2g.
ma·*cai*:o adj. sm.
ma·çai·*ó* sm.: *maceió*.
ma·ca·*ís*·ta adj. s2g.
ma·ca·*já* sm.: *mucajá*.
ma·ca·*ju*·ba sf.
ma·ca·ju·*ben*·se adj. s2g.
ma·*çal* sm.; pl. ·*çais*.
ma·ca·*mã* sm.
ma·*cam*·ba s2g. sf.
ma·çam·ba·*rá* sm.
ma·çam·*bi*·que sm.
ma·cam·*bi*·ra sf.
ma·cam·bi·ra(s)-de-*pe*·dra sf. (pl.).
ma·cam·bi·ra(s)-de-ser·*ro*·te sf. (pl.).
ma·cam·bi·*ral* sm.; pl. ·*rais*.
ma·cam·bi·*ren*·se adj. s2g.
ma·*cam*·bo sm.
ma·cam·bu·zi:*ar* v.
ma·cam·bu·*zi*·ce sf.
ma·cam·*bú*·zi:o adj./Cf. *macambuzio*, do v. *macambuziar*.
ma·cam·bu·*zis*·mo sm.
ma·ca·me·cra adj. s2g.
ma·ca·*ná* sm.
ma·ça·*ne*·ta (ê) sf./Cf. *maçaneta* (é), do v. *maçanetar*.
ma·ça·ne·*tar* v.
ma·çan·*ga*·na sf.
ma·ça·*ni*·lha sf.
ma·can·*ji*·ce sf.
ma·*can*·jo adj. sm.
ma·*çan*·te adj. s2g.
ma·ca·*nu*·do adj.
ma·*ção* sm.; pl. ·*ções*.
ma·ca·pa:*en*·se adj. s2g.
ma·ça·*pão* sm.; pl. ·*pães*.
ma·ça·*quai*·a sf.
ma·ça·*qua*·ra sf.
ma·ca·que:a·*ção* sf.; pl. ·*ções*.
ma·ca·que:a·*dor* (ô) adj. sm.
ma·ca·que·*ar* v.
ma·ca·*quei*·ro adj. sm.
ma·ca·*qui*·ce sf.
ma·ca·*qui*·nho sm.
ma·ca·qui·nho(s)-de-bam·*bá* sm. (pl.).

ma·çar v.
ma·ça·rá sm.
ma·ça·ran·di·ba sf.:
  ma·ça·ran·du·ba.
ma·ça·ran·du·ba sf.
ma·ça·ran·du·ba(s)-do-pa·rá
  sf. (pl.).
ma·ça·ran·du·ba(s)-
  -ver·me·lha(s) (ê) sf. (pl.).
ma·ça·ran·du·bei·ra sf.
ma·ca·ra·ni:en·se adj. s2g.
ma·ca·réu sm.
ma·ça·ri·cão sm.; pl. ·cões.
ma·ça·ri·co sm.
ma·ça·ri·co(s)-d'á·gua-do·ce
  sm. (pl.).
ma·ça·ri·co(s)-de-bi·co-tor·to
  sm. (pl.).
ma·ça·ri·co(s)-de-co·lei·ra sm.
  (pl.).
ma·ça·ri·co(s)-pe·que·no(s)
  sm. (pl.).
ma·ça·ri·co(s)-pre·to(s) sm. (pl.).
ma·ça·ri·co-re:al sm.; pl.
  maçaricos-reais.
ma·ça·ro·ca sf.
ma·ça·ro·ca·da sf.
ma·ça·ro·car v.
ma·ça·ro·co (ô) sm./
  Cf. maçaroco (ó), do v.
  maçarocar.
ma·ça·ro·quei·ra sf.
ma·car·rão sm.; pl. ·rões.
ma·car·ro·na·da sf.
ma·car·ro·nar v.
ma·car·rô·ne:a sf.
ma·car·ro·nei·ro sm.
ma·car·ro·ne·te (ê) sm.
ma·car·rô·ni·co adj.
ma·car·ro·nis·mo sm.
ma·car·ro·nis·ta adj. s2g.
ma·car·this·mo sm.
ma·car·this·ta adj. s2g.
ma·cau adj. sm.
ma·cau·á sm.
ma·ça·ú·ba sf.
ma·ca:u·bal sm.; pl. ·bais.
ma·ca:u·ba·len·se adj. s2g.
ma·ca:u·ben·se adj. s2g.
ma·ca:u·en·se adj. s2g.
ma·ca·xei·ra sf.: macaxera.
ma·ca·xei·ral sm.; pl. ·rais:
  macaxeral.
ma·ca·xe·ra (ê) sf.: macaxeira.
ma·ca·xe·ral sm.; pl. ·rais.
ma·cé·di:o sm.
ma·ce·dô·ni:a sf.
ma·ce·dô·ni·co adj.

ma·ce·dô·ni:o adj. sm.
ma·ce·ga sf.
ma·ce·gal sm.; pl. ·gais.
ma·ce·go·so (ô) adj.; f. e pl. (ó).
ma·ce·guen·to adj.
ma·cei·ó sm.
ma·cei·o:en·se adj. s2g.
ma·cei·ro sm. 'porta-maça'/Cf.
  masseiro.
ma·ce·la sf.: marcela.
ma·ce·la(s)-do-ma·to sf. (pl.).
ma·ce·lão sm.; pl. ·lões:
  marcelão.
ma·ce·rá sm.
ma·ce·ra·ção sf.; pl. ·ções.
ma·ce·ra·do adj. sm.
ma·ce·ra·men·to sm.
ma·ce·ran·te adj. 2g.
ma·ce·rar v.
ma·cé·ri:a sf.
ma·cér·ri·mo adj. superl. de
  magro.
ma·ce·ta (ê) adj. 2g. sf./Cf.
  maceta (é), do v. macetar.
ma·ce·ta·ção sf.; pl. ·ções.
ma·ce·ta·da sf.
ma·ce·ta·do adj.
ma·ce·tar v.
ma·ce·te (ê) sm./Cf. macete (é),
  do v. macetar.
ma·ce·te:a·do adj.
ma·ce·te:ar v.
ma·ce·tu·do adj.
mach sf.
ma·cha·cá sm.
ma·cha·ca·li sm.
ma·cha·caz adj. sm.
ma·cha·da sf.
ma·cha·da·da sf.
ma·cha·dar v.
ma·cha·dei·ro sm.
ma·cha·den·se adj. s2g.
ma·cha·di:a·na sf.
ma·cha·di:a·no adj. sm.
ma·cha·di·nha sf.
ma·cha·di·nho sm.
ma·cha·do sm.
ma·cha·do(s) de ân·co·ra sm.
  (pl.).
ma·cha·dor (ô) sm.
ma·cha(s)-fê·me:a(s) sf. (pl.).
ma·chão adj. sm.; pl. ·chões.
ma·char·rão sm.; pl. ·rões.
ma·che:a·do adj. sm.
ma·che:ar v.
ma·che·go (ê) sm.
ma·chei·ro adj. sm.

ma·che·ta·da sf.
ma·che·te (ê) sm.
ma·che·ti·nho sm.
ma·che·za (ê) sf.
ma·chi:al sm.; pl. ·ais.
ma·chi:ar v.
ma·chi:ei·ro sm.
ma·chim sm. 'articulação dos
  pés do cavalo'; pl. ·chins/Cf.
  maxim.
ma·chi·nho sm.
ma·chi:o sm. 'acasalamento'/
  Cf. máchio.
má·chi:o adj. 'chocho'/Cf.
  machio.
ma·chis·mo sm.
ma·chis·ta adj. s2g.
ma·cho adj. sm.
ma·cho:a (ô) sf. de machão.
ma·cho(s)-de-jo:ão-go·mes
  sm. (pl.).
ma·cho·na sf.; f. de machão.
ma·chor·ra (ô) adj. sf.
ma·chu·ca sf./Cf. machuca, do v.
  machucar.
ma·chu·ca·ção sf.; pl. ·ções.
ma·chu·ca·do adj. sm.
ma·chu·ca·dor (ô) adj. sm.
ma·chu·ca·du·ra sf.
ma·chu·cão sm.; pl. ·cões.
ma·chu·car v.
ma·chu·cho sm.
ma·chu·chu sm.
ma·ci:ar v.
ma·ci·ço adj. sm.
ma·ci:ei·ra sf.
ma·ci:ei·ra(s)-de-a·ná·fe·ga
  sf. (pl.).
ma·ci:ei·ra(s)-de-boi sf. (pl.).
ma·ci:ei·ra(s)-do-cer·ra·do
  sf. (pl.).
ma·ci:ez (ê) sf.
ma·ci:e·za (ê) sf.
ma·ci·lên·ci:a sf.
ma·ci·len·to adj.
ma·ci·na sf.
ma·ci:o adj. sm.
ma·ci:o·nei·ra sf.
ma·ci:o·ta sf.
ma·cis sm.
ma·cla sf.
ma·clí·fe·ro adj.
ma·ço sm.
ma·çom sm.; pl. ·çons.
ma·ço·na·ri:a sf.
ma·co·nha sf.
ma·co·nha·do adj. sm.

ma·co·*nhei*·ro adj. sm.
ma·*çô*·ni·co adj. sm.
ma·ço·ni·*zar* v.
ma·co·*ron*·go sm. 'rufião'/Cf. mocorongo.
ma·çor·*ral* adj. 2g.; pl. ·*rais*: mazorral.
ma·co·ta sm.
ma·co·te:*ar* v.
ma·co·*tei*·ro adj. sm.
ma·co·*te*·na adj. s2g.
ma·*cou*·ba sf.
ma·cra·*mé* sm.
ma·*cran*·to adj.
ma·cren·ce·fa·*li*·a sf.: macroencefalia.
má·cri:a·ção sf.; pl. *más*-criações ou má-criações.
ma·cro sm.: *mácron*.
ma·cro·*bi*·a sf. 'longevidade'/Cf. macróbia, f. de macróbio.
ma·*cró*·bi:o adj. sm. 'longevo'; f. macróbia/Cf. macrobia.
ma·cro·bi:*ó*·ti·ca sf.
ma·cro·bi:*ó*·ti·co adj.
ma·cro·ce·fa·*li*·a sf.
ma·cro·ce·*fá*·li·co adj.
ma·cro·*cé*·fa·lo adj. sm.
ma·cro·*cer*·co adj.
ma·*cró*·ce·ro adj.
ma·*cró*·ci·to sm.
ma·*cró*·co·mo adj.
ma·cro·*cos*·mo sm.
ma·cro·cos·mo·lo·gi·a sf.
ma·cro·cos·mo·*ló*·gi·co adj.
ma·cro·*dác*·ti·lo adj. sm.: macrodátilo.
ma·cro·da·si:*ói*·de:o adj. sm.: ma·cro·da·si:o·*í*·de:o.
ma·cro·*dá*·ti·lo adj. sm.: macrodáctilo.
ma·cro:e·co·no·*mi*·a sf.
ma·cro:e·co·*nô*·mi·co adj.
ma·cro:e·co·no·*mis*·ta adj. s2g.
ma·cro:e·du·ca·*ção* sf.; pl. ·ções.
ma·cro:e·du·ca·ci:o·*nal* adj. 2g.; pl. ·*nais*.
ma·cro:e·du·ca·*ti*·vo adj.
ma·cro:en·ce·fa·*li*·a sf.: macrencefalia.
ma·cro:es·*ta*·do sm.
ma·cro:es·te·*si*·a sf.
ma·*cró*·fi·lo adj. sm.
ma·crof·*tal*·mo adj. sm.
ma·cro·ga·*me*·ta sm.: ma·cro·gâ·me·ta.

ma·cro·gas·*tri*·a sf.
ma·cro·*glos*·so adj.
ma·cro·go·*ní*·di:o sm.
ma·*cró*·lo·fo adj.
ma·cro·lo·*gi*·a sf.
ma·cro·*ló*·gi·co adj.
ma·cro·me·*li*·a sf.
ma·cro·*mé*·li·co adj.
ma·cro·me·te:o·*ri*·to sm.
má·cron sm.: macro.
ma·cro·*pé*·ta·lo adj.
ma·cro·*pi*·a sf.
ma·*cró*·po·de adj. 2g. sm.
ma·cro·po·*lí*·me·ro sm.
ma·cro·*po*·mo adj.
ma·crop·si·a sf.
ma·*cróp*·te·ro adj. sm.
ma·cror·re·gi·*ão* sf.; pl. ·*ões*.
ma·cror·*rin*·co adj.
ma·cror·*ri*·zo adj.
ma·cros·ce·*li*·a sf.
ma·cros·*cé*·li·co adj.
ma·*crós*·ci:o adj. sm.
ma·cros·*có*·pi·co adj.
ma·cro·so·ma·*ti*·a sf.
ma·cros·so·*má*·ti·co adj.
ma·cros·so·*mi*·a sf.
ma·cros·*sô*·mi·co adj.
ma·*crós*·ti·co adj.
ma·cros·*ti*·lo adj.
ma·cro·*tár*·si·co adj.
ma·*cru*·ro adj. sm.
mac·tra sf.
mac·*trá*·ce:o adj. sm.
mác·tri·da adj. 2g. sm.
mac·*trí*·de:o adj. sm.
mac·*tris*·mo sm.
ma·*cu* adj. s2g.
ma·*cu*·ca sf.
ma·*cu*·car v.
ma·*cu*·cau sm.
ma·*cu*·co sm.
ma·*cu*·co(s)-do-pan·ta·*nal* sm. (pl.).
ma·*cu*·cu sm.
ma·cu·cu·*ra*·na sf.
ma·*cu*·cu(s)-ver·da·*dei*·ro(s) sm. (pl.).
ma·*çu*·do adj. 'maçador'/Cf. massudo.
má·cu·la sf./Cf. macula, do v. macular.
ma·cu·*la*·do adj.
ma·cu·la·*dor* (ô) adj.
ma·cu·*lan*·te adj. 2g.
ma·cu·*lar* v.
ma·cu·la·*tu*·ra sf.

ma·cu·*lá*·vel adj. 2g.; pl. ·*veis*.
ma·cu·le·*lê* sm.
ma·cu·li·*for*·me adj. 2g.
ma·cu·lir·*ros*·tro adj.
ma·*cu*·lo sm.
ma·cu·*lo*·so (ô) adj.; f. e pl. (ó).
ma·*cu*·ma sf.
ma·cu·*mã* adj. s2g. sm.
ma·*cum*·ba sf.
ma·cum·*bar* v.
ma·cum·*bei*·ro adj. sm.
ma·*cu*·na adj. s2g.
ma·cu·*na*·be adj. s2g.
ma·*cun*·go sm.
ma·cu·*ni* adj. s2g.
ma·çu·*nim* sm.; pl. ·*nins*.
ma·cu·*quen*·se adj. s2g.
ma·cu·*qui*·nho sm.
ma·cu·*ra*·pe adj. s2g.
ma·cu·ri·pa·*í* sm.
ma·*cu*·ru sm.
ma·*cu*·ta sf.
ma·cu·*te*·na s2g. sf.
ma·cu·*te*·no adj. sm.
ma·*cu*·xi adj. s2g.
ma·da·gas·ca·*ren*·se adj. s2g.
ma·da·*le*·na sf.
ma·da·le·*nen*·se adj. s2g.
ma·*da*·ma sf.: ma·*da*·me.
ma·da·*mis*·mo sm.
ma·da·po·*lão* sm.; pl. ·*lões*.
ma·da·*ro*·se sf.
ma·de·fa·*ção* sf.; pl. ·*ções*.
ma·de·*fa*·to adj.
ma·de·fi·*car* v.
ma·*dei*·ra sm. sf.
ma·*dei*·ra(s)-*bran*·ca(s) sf. (pl.).
ma·*dei*·ral adj.; pl. ·*rais*.
ma·*dei*·ra·me sm.
ma·*dei*·ra·*men*·to sm.
ma·*dei*·rar v.
ma·*dei*·*rei*·ro adj. sm.
ma·*dei*·*ren*·se adj. s2g.
ma·*dei*·ro sm.
ma·*dei*·xa sf.
ma·*dei*·xar v.
má·di·do adj.
ma·*do*·na sf.
ma·*dor*·na sf.
ma·*dor*·nar v.
ma·*dor*·ra (ô) sf.
ma·*dor*·rar v.
ma·dor·*ren*·to adj.
ma·dra·*çar* v.
ma·dra·ça·*ri*·a sf.
ma·dra·ce:a·*dor* (ô) adj. sm.
ma·dra·ce:*ar* v.

ma·dra·cei·*rão* adj. sm.; pl. ·*rões*.
ma·dra·cei·ro·na adj. sf.; f. de *madraceirão*.
ma·dra·ci·ce sf.
ma·*dra*·ço adj. sm.
ma·dras sm. 2n.: ma·*drás*.
ma·*dras*·ta sf.
ma·*dras*·to adj. sm.
ma·dre sf.
ma·dre-deu·*sen*·se(s) adj. s2g. (pl.).
ma·dre·*pé*·ro·la sf.
ma·dre·pe·ro·*la*·do adj.
ma·*dré*·po·ra sf.
ma·dre·po·*rá*·ri:o adj. sm.
ma·dre·*pó*·ri·co adj.
ma·dre·po·*rí*·fe·ro adj.
ma·dre·po·ri·*for*·me adj. 2g.
ma·dre·po·*ri*·ta sf.: ma·dre·po·*ri*·te.
ma·dres·*sil*·va sf.
ma·*dri*·a sf.
ma·dri·*gal* sm.; pl. ·*gais*.
ma·dri·ga·*les*·co (ê) adj.
ma·dri·ga·*lis*·ta adj. s2g.
ma·dri·ga·li·*zar* v.
ma·dri·*gaz* sm.
ma·*dri*·ja sf.
ma·*dri*·jo sm.
ma·dri·*le*·no adj. sm.
ma·dri·*len*·se adj. s2g.
ma·dri·*lês* adj. sm.
ma·*dri*·nha sf.
ma·dri·*nhar* v.
ma·dri·*nhei*·ro sm.
ma·dru·*ga*·da sf.
ma·dru·ga·*dor* (ô) adj. sm.
ma·dru·*gar* v.
ma·du·ra·*ção* sf.; pl. ·*ções*.
ma·du·ra·*dor* (ô) adj.
ma·du·*ral* adj. 2g.; pl. ·*rais*.
ma·du·*rão* adj. sm.; pl. ·*rões*; f. *madurona*.
ma·du·*rar* v.
ma·du·re·*cer* v.
ma·du·*rei*·ro sm.
ma·du·*re*·la sf.
ma·du·*rês* adj. sm. 'povo e idioma da Malásia'; f. *maduresa*/Cf. *madurez*.
ma·du·*rez* (ê) sf. 'madureza'/Cf. *madurês*.
ma·du·*re*·za (ê) sf. 'maturação'/ Cf. *maduresa*, f. de *madurês*.
ma·*du*·ro adj. sm.
ma·du·ro·mi·*co*·se sf.

ma·du·*ro*·na adj. sf.; f. de *madurão*.
mãe sf.
mãe(s)-*ben*·ta(s) sf. (pl.).
mãe(s)-*bo*·a(s) sf. (pl.).
mãe(s)-ca·ri·*do*·sa(s) sf. (pl.).
mãe(s)-ca·ri·*nho*·sa(s) sf. (pl.).
mãe(s)-*d'á*·gua sf. (pl.).
mãe(s)-da·*lu*·a sf. (pl.).
mãe(s) da *ma*·ta sf. (pl.).
mãe(s)-da-ta·o·ca (ô) sf. (pl.).
mãe(s)-da-*to*·ra sf. (pl.).
mãe(s)-de-a·*nhã* sf. (pl.).
mãe(s) de fa·*mí*·li:a sf. (pl.).
mãe(s)-de-*por*·co sf. (pl.).
mãe(s) de *san*·to sf. (pl.).
mãe(s)-de-sa·*ú*·va sf. (pl.).
mãe(s)-de-tu·*ca*·no sf. (pl.).
mãe(s)-do-a·*nhã* sf. (pl.).
mãe(s)-do-ca·ma·*rão* sf. (pl.).
mãe(s) do *cor*·po sf. (pl.).
mãe(s) do *fo*·go sf. (pl.).
mãe(s) do *ou*·ro sf. (pl.).
mãe(s) do *ri*:o sf. (pl.).
mãe(s)-do-*sol* sf. (pl.).
mãe-jo:a·na sf.; pl. *mães-joanas* ou *mães-joana*.
ma·*en*·ga sf.
mãe(s)-pa·*ri*·da(s) sf. (pl.).
mãe(s)-pe·*que*·na(s) sf. (pl.).
ma:e·*ru*·na adj. s2g.
ma:es·*tri*·a sf.
ma:es·*tri*·na sf.; f. de *maestro*.
ma:es·*tri*·no sm.
ma:*es*·tro sm.; f. *maestrina*.
ma·fa·*bé* adj. 2g.
ma·fa·*mé*·ti·co adj.
ma·far·*ri*·co sm.
ma·fa·*ú* sm.
má·fi:a sf.
ma·fi·*ão* adj. sm.; pl. ·*ões*.
ma·fi·*o*·so (ô) adj. sm.; f. *e* pl. (ó).
ma·fo·*mis*·ta adj. s2g.
má-for·ma·*ção* sf.; pl. *más--formações*.
ma·*fren*·se adj. s2g.
ma·fu:*á* sm.
ma·fu·*rá* sm.
ma·ga sf.
ma·ga·*lã*·ni·co adj. sm.
ma·ga·*lhen*·se adj. s2g.
ma·*ga*·na sf.
ma·ga·*na*·gem sf.; pl. ·*gens*.
ma·ga·*não* adj. sm.; pl. ·*nões*.
ma·ga·*nei*·ra sf.
ma·ga·*ni*·ce sf.

ma·*ga*·no adj. sm.
ma·ga·*re*·fe sm.
ma·ga·*ri* adj. s2g.
ma·ga·*zi*·ne sm.
mag·da·li:*ão* sm.; pl. ·*ões*.
mag·*den*·se adj. s2g.
ma·ge:*en*·se adj. s2g.
ma·*gen*·ta adj. 2g. sf.
ma·*gér*·ri·mo adj. superl. de *magro*.
ma·*gi*·a sf.
ma·gi:*ar* adj. s2g.
má·gi·ca sf./Cf. *magica*, do v. *magicar*.
ma·gi·*car* v.
má·gi·co adj. sm./Cf. *magico*, do v. *magicar*.
ma·gi·na·*ção* sf.; pl. ·*ções*.
ma·gi·*nar* v.
ma·*gis*·mo sm.
ma·gis·te·ri:*al* adj. 2g.; pl. ·*ais*.
ma·gis·*té*·ri:o sm.
ma·gis·to·*cé*·fa·lo adj.
ma·gis·*tra*·do sm.
ma·gis·*tral* adj. 2g. sm.; pl. ·*trais*.
ma·gis·tra·li·*da*·de sf.
ma·gis·*tran*·do sm.
ma·gis·*trá*·ti·co adj.
ma·gis·tra·*tu*·ra sf.
mag·ma sm.
mag·*má*·ti·co adj.
mag·na·ni·mi·*da*·de sf.
mag·*nâ*·ni·mo adj.
mag·*na*·ta sm.: mag·*na*·te.
mag·*né* adj. s2g.
mag·*né*·si:a sf.
mag·*né*·si:a·no adj.
mag·*né*·si·co adj.
mag·ne·*si*·ta sf.
mag·ne·te·*léc*·tri·co adj.: mag·ne·te·*lé*·tri·co: *magnetoeléctrico*.
mag·*né*·ti·co adj.
mag·ne·*tis*·mo sm.
mag·ne·*ti*·ta sf.
mag·ne·ti·za·*ção* sf.; pl. ·*ções*.
mag·ne·ti·za·*dor* (ô) adj. sm.
mag·ne·ti·*zan*·te adj. 2g.
mag·ne·ti·*zar* v.
mag·ne·ti·*zá*·vel adj. 2g.; pl. ·*veis*.
mag·*ne*·to sm.
mag·ne·to:e·*léc*·tri·co adj.: mag·ne·to:e·*lé*·tri·co: *magneteléctrico*.
mag·ne·to·ge·*ni*·a sf.

mag·ne·*tó*·gra·fo sm.
mag·ne·to·lo·*gi*·a sf.
mag·ne·to·*ló*·gi·co adj.
mag·ne·*tô*·me·tro sm.
mag·ne·to·mo·*triz* adj. 2g. sf.
mag·ne·*ton* sm.: mag·*né*·ton.
mag·ne·to·*óp*·ti·ca(s) sf. (pl.)
mag·ne·to·*quí*·mi·ca sf.
mag·ne·tor·ro·ta·*ção* sf.; pl. ·ções.
mag·ne·tos·*tá*·ti·ca sf.
mag·ne·tos·*tá*·ti·co adj.
mag·ne·tos·tri·*ção* sf.; pl. ·ções.
mag·*né*·tron sm.
mag·ni·*ci*·da adj. s2g.
mag·ni·*cí*·di:o sm.
mag·*ní*·fi·ca sf./Cf. *magnifica*, do v. *magnificar*.
mag·ni·fi·ca·*ção* sf.; pl. ·ções.
mag·ni·fi·*car* v.
mag·ni·fi·ca·*tó*·ri:o adj.
mag·ni·fi·*cá*·vel adj. 2g.; pl. ·veis.
mag·ni·fi·*cên*·ci:a sf.
mag·ni·fi·*cen*·te adj. 2g.
mag·ni·fi·cen·*tís*·si·mo adj.; superl. de *magnífico*.
mag·*ní*·fi·co adj. sm.
mag·ni·lo·*quên*·ci:a sf.
mag·ni·lo·quen·*tís*·si·mo adj.; superl. de *magníloquo*.
mag·*ní*·lo·quo (quo *ou* co) adj.
mag·ni·*tu*·de sf.
mag·no adj. sm.
mag·no·*lei*·ra sf.
mag·*nó*·li:a sf.
mag·*nó*·li:a(s)-*bran*·ca(s) sf. (pl.).
mag·no·li:*á*·ce:a sf.
mag·no·li:*á*·ce:o adj.
mag·*nó*·li:a(s)-de-pe·*tró*·po·lis sf. (pl.).
ma·go adj. sm.
má·go:a sf./Cf. *magoa*, do v. *magoar*.
ma·go:*a*·do adj.
ma·go:*an*·te adj. 2g.
ma·go:*ar* v.
ma·go:a·*ti*·vo adj.
ma·*go*·do sm.
ma·go·fo·*ni*·a sf.
ma·gon·*ça*·lo sm.
ma·*gon*·ga sf.
ma·gon·*guê* sm.
ma·gos·*fe*·ra sf.
ma·*go*·te sm.
ma·gra sf.

ma·*grei*·ra sf.
ma·*gre*·lo adj. sm.
ma·*grém* sf.; pl. ·*gréns*.
ma·*gre*·te (ê) adj.
ma·*grez* (ê) sf.
ma·*gre*·za (ê) sf.
ma·gri·*ce*·la adj. s2g.
ma·*gri*·ço adj. sm.
ma·*gri*·nha sf.
ma·*griz* adj. sm.
ma·gri·*zel* adj. sm.; pl. ·*zéis*.
ma·gro adj. sm.; superl. *macérrimo*, *magérrimo*, *magríssimo*.
ma·*gru*·ço adj.
ma·gua·*ri* sm.
ma·*gus*·to sm.
mai·a adj. s2g. sm. sf.
mai·*á* adj. s2g.
mai·a·*cá*·ce:a sf.
mai·a·*cá*·ce:o adj.
mai·eu·so·fo·*bi*·a sf.
mai·eu·so·ma·*ni*·a sf.
mai·*êu*·ti·ca sf.
mai·*êu*·ti·co adj.
mai·*ná* sm.
mai·nau·*á* adj. s2g.
ma·*in*·ça sf.
mai·*nel* sm.; pl. ·*néis*.
mai·o sm.
mai·*ô* sm.
mai·*o*·ba sf.
mai·*ó*·li·ca sf.: *majólica*.
mai·o·*ne*·se sf.
mai·on·ga sf.: mai·on·*gá*.
mai·on·*gon*·gue adj. s2g.
mai·*or* adj. s2g.
mai·o·*ral* s2g.; pl. ·*rais*.
mai·o·ral·*mor* sm.; pl. *maiorais-mores*.
mai·o·*ran*·ta sf.
mai·*or* de *to*·dos (ô) sm.; pl. *maiores de todos*.
mai·o·*ri*·a sf.
mai·o·ri·*da*·de sf.
mai·or·*men*·te adv.
mai·or·*qui*·no adj. sm.
mai·o·*zi*·nho adj.
mai·*po*·ca sf.
mai·pu·*ré* sm.
mai·pu·rid·*ja*·na adj. s2g.
ma·*ir* sm.
mai·*rá* sf.
mai·*ra*·ta sm.
mai·ri:*en*·se adj. s2g.
mai·ri·po·ra·*nen*·se adj. s2g.
mai·ri·po·ta·*ben*·se adj. s2g.

mais adv. prep. pron. sm./Cf. *maís*.
ma·*ís* sm. 'milho'/Cf. *mais*.
mai·*se*·na sf.
mais-que-per·*fei*·to(s) adj. sm. (pl.).
mais-que·*rer* v.
mais que *tu*·do s2g. 2n.
mais-va·*li*·a(s) sf. (pl.).
mai·*tá* sf.
mai·*ta*·ca sf.
mai·ta·ca(s)-da-ca·be·ça-·ver·*me*·lha (ê) sf. (pl.).
mai·ta·ca(s)-*ro*·xa(s) (ô) sf. (pl.).
mai·u·*í*·ra sf.
mai·u·*ru*·na adj. s2g.: *majuruna*.
mai·*ús*·cu·la sf.
mai·us·cu·li·*zar* v.
mai·*ús*·cu·lo adj.
ma·jes·*ta*·de sf.
ma·jes·*tá*·ti·co adj.
ma·jes·*to*·so (ô) adj.; f. *e* pl. (ó).
ma·*jo*·li·ca sf.: *maiólica*.
ma·*jor* sm.
ma·jo·ra·*ção* sf.; pl. ·ções.
ma·jo·*ra*·na sf.
ma·jo·*rar* v.
ma·jor·a·vi:a·*dor* sm.; pl. *majores-aviadores*.
ma·jor·bri·ga·*dei*·ro sm.; pl. *majores-brigadeiros*.
ma·jo·*ri*·a sf.
ma·jo·ri·*tá*·ri:o adj. sm.
ma·*ju*·ba sf.
ma·ju·*bim* adj. s2g.; pl. ·*bins*.
ma·ju·*ru*·na adj. s2g.: *maiuruna*.
mal adv. conj. sm./Cf. *mau*.
ma·la sf. s2g.
ma·la·*bar* adj. s2g.
ma·la·ba·*ren*·se adj. s2g.
ma·la·ba·*ris*·mo sm.
ma·la·ba·*ris*·ta adj. s2g.
ma·la·ba·*ri*·ta adj. s2g.
ma·*la*·ca sf.
mal·a·ca·*ba*·do(s) adj. (pl.).
ma·la·ca·*che*·ta (ê) sf.
ma·la·ca·che·*ten*·se adj. s2g.
ma·la·ca·*fen*·to adj.
ma·la·*ca*·ra adj. s2g.
ma·la·*ca*·ro adj. sm.
ma·*la*·cas sf. pl.
ma·la·*ca*·te sm.
ma·la·ca·*ti*·fa sf.
ma·la·*ci*·a sf. 'calmaria'/Cf. *malácia*.

ma·*lá*·ci:a sf. 'inseto'/Cf.
    malacia.
ma·la·*cic*·te adj. 2g. sm.
ma·*lá*·ci:o adj. sm.
ma·la·co·co·*tí*·le:o sm.
ma·la·co·*der*·mo adj. sm.
ma·la·co·lo·*gi*·a sf.
ma·la·co·*ló*·gi·co adj.
ma·la·co·lo·*gis*·ta adj. s2g.
mal·a·con·se·*lha*·do(s) adj. (pl.).
ma·la·*có*·po·de adj. 2g. sm.
ma·la·cop·te·*rí*·gi:o adj. sm.
ma·la·cos·*trá*·ce:o adj. sm.
ma·la·co·zo:*á*·ri:o adj. sm.
ma·la·*di*·a sf.
ma·la·*fai*·a sf.
mal·a·fa·*ma*·do(s) adj. (pl.).
mal·a·fei·ço:*a*·do(s) adj. (pl.).
mal·a·for·tu·*na*·do(s) adj. (pl.).
má·la·ga sm.
ma·*lag*·ma sm.
mal·a·goi·*ra*·do(s) adj. (pl.):
    mal·a·gou·*ra*·do(s).
mal·a·gra·de·*ci*·do(s) adj. sm.
    (pl.).
ma·la·*gue*·nha sf.
ma·la·*gue*·nho adj. sm.
ma·la·*guês* adj. sm.
ma·la·*gue*·ta (ê) sf.
ma·lai·*a*·la adj. 2g. sm.
ma·*lai*·o adj. sm.
ma·lai:o(s)·po·li·*né*·si:o(s) adj.
    sm. (pl.).
mal·a·jam·*bra*·do(s) adj. (pl.).
mal·a·jei·*ta*·do(s) adj. (pl.).
ma·la·*li* adj. s2g.
mal·a·*ma*·da(s) adj. sf. (pl.).
mal·a·ma·*nha*·do(s) adj. (pl.).
ma·*lam*·ba sf.
ma·lam·*bei*·ro adj. sm.
mal·a·me·ri·*ca*·no sm.; pl.
    males-americanos.
ma·lam·*pan*·ça sf.:
    manampança.
ma·lan·*dan*·ça sf.
ma·lan·*dan*·te adj. s2g.
ma·lan·*déu* sm.
ma·*lan*·dra sf.
ma·lan·*dra*·gem sf.; pl. ·gens.
ma·lan·*drar* v.
ma·*lan*·dre sm.
ma·lan·dre:*ar* v.
ma·lan·*dréu* sm.
ma·lan·*dri*·ce sf.
ma·lan·*drim* sm.; pl. ·drins.
ma·lan·*dri*·no adj. sm.
ma·*lan*·dro adj. sm.

mal·a·pa·*nha*·do(s) adj. (pl.).
mal·a·pes·so:*a*·do(s) adj. (pl.).
ma·la(s)-*pos*·ta(s) sf. (pl.).
mal·a·pre·sen·*ta*·do(s) adj.
    (pl.).
ma·la·*quei*·ro adj. sm.
ma·la·*quês* adj. sm.
ma·la·*qui*·ta sf.
ma·*lar* adj. 2g. sm. v.
ma·la·*ri*·a sf. 'quantidade de
    malas'/Cf. *malária*.
ma·*lá*·ri:a sf. 'doença'/Cf.
    malaria, do v. *malar* e sf.
ma·*lá*·ri·co adj.
ma·la·ri:o·lo·*gi*·a sf.
ma·la·ri:o·lo·*gis*·ta adj. s2g.
ma·la·ri:o·te·ra·*pi*·a sf.
mal·ar·ran·*ja*·do(s) adj. (pl.).
mal·ar·ru·*ma*·do(s) adj. (pl.).
ma·las·*ar*·te adj. s2g.
ma·las·*ar*·tes adj. s2g. 2n.
ma·la(s) sem *al*·ça s2g. (pl.).
ma·*lá*·si:o adj. sm.
mal·as·*sa*·da(s) sf. (pl.).
mal·as·som·*bra*·do(s) adj.
    (pl.).
mal·as·som·bra·*men*·to(s) sm.
    (pl.).
mal·as·*som*·bro(s) sm. (pl.).
mal·a·ven·tu·*ra*·do(s) adj.
    (pl.).
mal·a·*vin*·do(s) adj. (pl.).
mal·a·vi·*sa*·do(s) adj. (pl.).
ma·la·xa·*ção* (cs) sf.; pl. ·ções.
ma·la·xa·*dei*·ra (cs) sf.
ma·la·xa·*dor* (cs...ô) adj. sm.
ma·la·*xar* (cs) v.
mal·a·*za*·do(s) adj. (pl.).
mal·ba·ra·ta·*ção* sf.; pl. ·ções.
mal·ba·ra·ta·*dor* (ô) adj. sm.
mal·ba·ra·ta·*men*·to sm.
mal·ba·ra·*tan*·te adj. 2g.
mal·ba·ra·*tar* v.
mal·ba·ra·te:*ar* v.
mal·ba·*ra*·to sm.
mal·*bru*·to sm.; pl. *males-
    -brutos*.
mal·ca·*du*·co sm.; pl. *males-
    -caducos*.
mal·ca·na·*den*·se sm.; pl.
    males-canadenses.
mal·ca·*sa*·do adj. sm.
mal·cas·*sá* sm.
mal·*cél*·ti·co adj.; pl. *males-
    célticos*.
mal·chei·*ro*·so (ô) adj.; f. e pl.
    (ó).

mal com *cris*·to adj. 2g. 2n.
mal com *deus* adj. 2g. 2n.
mal·*cô*·mi:a sf.
mal·co·*mi*·do adj.
mal·com·por·*ta*·do adj.
mal·con·cei·tu:*a*·do adj.
mal·con·du·*zi*·do adj.
mal·con·du·*zir* v.
mal·con·fi:*ar* v.
mal·con·for·*ma*·do adj.
mal·con·ser·*va*·do adj.
mal·con·ten·ta·*di*·ço adj.
mal·con·*ten*·te adj. 2g.
mal·cri:*a*·do adj. sm.
mal·cui·*da*·do adj.
mal da ba·*í*·a de são *pau*·lo
    sm.; pl. *males da baía de são
    paulo*.
mal·*da*·de sf.
mal·da·*do*·so (ô) adj.; f. e pl. (ó).
mal da *prai*·a sm.; pl. *males
    da praia*.
mal·*dar* v.
mal das *an*·cas sm.; pl. *males
    das ancas*.
mal das en·se·ca·*dei*·ras sm.;
    pl. *males das ensecadeiras*.
mal das mon·*ta*·nhas sm.; pl.
    males das montanhas.
mal da *ter*·ra sm.; pl. *males da
    terra*.
mal de a·*mo*·res sm.; pl. *males
    de amores*.
mal de *a*·no sm.; pl. *males de
    ano*.
mal de *bi*·cho sm.; pl. *males
    de bicho*.
mal de ca·*dei*·ras sm.; pl. *males
    de cadeiras*.
mal de chu·*pan*·ça sm.; pl.
    males de chupança.
mal de *coi*·to sm.; pl. *males
    de coito*.
mal de *cui*·a sm.; pl. *males de
    cuia*.
mal de en·*gas*·go sm.; pl. *males
    de engasgo*.
mal de en·*gas*·gue sm.; pl.
    males de engasgue.
mal de es·*can*·cha sm.; pl.
    males de escancha.
mal de fi:*ú*·me sm.; pl. *males
    de fiúme*.
mal de *fran*·ga sm.; pl. *males
    de franga*.
mal de *fren*·ga sm.; pl. *males
    de frenga*.

mal de ga·*ra*·pa sm.; pl. *males de garapa.*
mal de go·ta sm.; pl. *males de gota.*
mal de lá·za·ro sm.; pl. *males de lázaro.*
mal·de·la·*zen*·to adj. sm.
mal de lu:*an*·da sm.; pl. *males de luanda.*
mal de *mon*·te sm.; pl. *males de monte.*
mal de ná·po·les sm.; pl. *males de nápoles.*
mal de san·ta eu·*fê*·mi:a sm.; pl. *males de santa eufêmia.*
mal de são jó sm.; pl. *males de são jó.*
mal de são *né*·vi:o sm.; pl. *males de são névio.*
mal de são se·*men*·to sm.; pl. *males de são semento.*
mal de se·*car* sm.; pl. *males de secar.*
mal de se·te *di*·as sm.; pl. *males de sete dias.*
mal de *ter*·ra sm.; pl. *males de terra.*
mal de va·so sm.; pl. *males de vaso.*
mal·di·*ção* sf.; pl. ·*ções.*
mal·di·ço:*ar* v.
mal·*dig*·no adj.
mal·dis·*pos*·to (ô) adj.; f. e pl. (ó).
mal·*di*·ta sf.
mal·*di*·to adj. sm.
mal·*di*·*to*·so (ô) adj.; f. e pl. (ó).
mal·*di*·va·no adj. sm.
mal·*di*·vo adj. sm.
mal·*di*·*zen*·te adj. s2g.
mal·*di*·zer v.
mal do *mon*·te sm.; pl. *males do monte.*
mal do *pin*·to sm.; pl. *males do pinto.*
mal·dor·*mi*·do adj.
mal do *san*·gue sm.; pl. *males do sangue.*
mal dos a·vi:a·*do*·res sm.; pl. *males dos aviadores.*
mal dos *cas*·cos sm.; pl. *males dos cascos.*
mal dos *chi*·fres sm.; pl. *males dos chifres.*
mal dos cris·*tãos* sm.; pl. *males dos cristãos.*

mal dos mer·gu·lha·*do*·res sm.; pl. *males dos mergulhadores.*
mal·*do*·so (ô) adj.; f. e pl. (ó).
mal dos *pei*·tos sm.; pl. *males dos peitos.*
mal dos *quar*·tos sm.; pl. *males dos quartos.*
mal·do·*ta*·do adj.
mal do ve:*a*·do sm.; pl. *males do veado.*
ma·*lê* adj. s2g.
ma·le:a·bi·li·*da*·de sf.
ma·le:a·bi·li·*zar* v.
ma·le:*á*·ce:o adj. sm.
ma·le:*ar* adj. 2g. v.
ma·le:*á*·vel adj. 2g.; pl. ·veis.
ma·*le*·bra adj. s2g.
ma·le·di·*cên*·ci:a sf.
ma·le·di·*cen*·te adj. s2g.; superl. *maledicentíssimo.*
ma·le·di·cen·*tís*·si·mo adj.; superl. de *maledicente.*
ma·*lé*·di·co adj. sm.
mal·e·du·*ca*·do(s) adj. sm. (pl.).
ma·le·fi·*cên*·ci:a sf.
ma·le·fi·cen·*tís*·si·mo adj.; superl. de *maléfico.*
ma·le·fi·ci:*ar* v.
ma·le·*fí*·ci:o sm./Cf. *maleficio,* do v. *maleficiar.*
ma·*lé*·fi·co adj.
ma·*lei*·co adj.
ma·lei·*for*·me adj. 2g.
ma·*lei*·ro sm.
ma·*lei*·ta sf.
ma·lei·ta(s)·*bra*·va(s) sf. (pl.).
ma·lei·*tei*·ra sf.
ma·lei·*to*·so (ô) adj. sm.; f. e pl. (ó).
mal e *mal* adv.
ma·*lem*·be sm.
mal·em·pre·*ga*·do(s) adj. (pl.).
mal·en·ca·*ra*·do(s) adj. (pl.).
ma·len·co·li:a sf.: *melancolia.*
ma·len·co·*ni*·a sf.: *melancolia.*
mal·en·ga·*na*·do(s) adj. (pl.).
mal·en·gra·*ça*·do(s) adj. (pl.).
mal·en·jor·*ca*·do(s) adj. (pl.).
ma·le·*noi*·de adj. 2g.
mal·en·si·*na*·do(s) adj. (pl.).
mal·en·ten·*di*·do(s) adj. sm. (pl.).
mal·en·tra·ja·*do*(s) adj. (pl.).
ma·le:o·*lar* adj. 2g. sm.
ma·*lé*·o·lo sm.
ma·le:o·to·*mi*·a sf.

mal·es·co·*cês* sf.; pl. *males-escoceses.*
ma·le·ser·bi:*á*·ce:a sf.
ma·le·ser·bi:*á*·ce:o adj.
mal·es·*tar* sm.; pl. *mal-estares.*
mal·es·tre:*a*·do(s) adj. (pl.).
ma·*le*·ta (ê) sf.
ma·*le*·va adj. s2g. sm. sf.
ma·*le*·vão adj. sm.; pl. ·*vões.*
ma·*le*·vo adj. sm.
ma·le·vo·*lên*·ci:a sf.
ma·le·vo·*len*·te adj. 2g.
ma·le·vo·len·*tís*·si·mo adj.; superl. de *malevolente* e *malévolo.*
ma·*lé*·vo·lo adj.; superl. *malevolentíssimo.*
mal·fa·*da*·do adj. sm.
mal·fa·*dar* v.
mal·fa·*la*·do adj.
mal·fa·*lan*·te adj. s2g.
mal·fa·ze·jo (ê) adj.
mal·fa·*zen*·te adj. 2g.
mal·fa·zer v.
mal·*fei*·to adj. sm.
mal·fei·*tor* (ô) adj. sm.
mal·fei·to·*ri*·a sf.
mal·fe·*liz* adj. s2g.
mal·fe·*ri*·do adj.
mal·fe·*rir* v.
mal·for·ma·*ção* sf.; pl. ·*ções.*
mal·for·*ma*·do adj.
mal·fran·*cês* sm.; pl. *males-franceses.*
mal·ga sf.
mal·ga·*lan*·te adj. 2g.
mal·*gá*·li·co sm.; pl. *males-gálicos.*
mal·*ga*·nho adj.
mal·gas·*tar* v.
mal·*ga*·xe adj. s2g.
mal·ger·*mâ*·ni·co sm.; pl. *males-germânicos.*
mal·gos·*to*·so (ô) adj.; f. e pl. (ó).
mal·go·ver·*nar* v.
mal·gra·*da*·do adj.
mal·*gra*·do prep. sm.
ma·lha sf.
ma·lha·*ça*·da sf.
ma·lha·*ção* sf.; pl. ·*ções.*
ma·*lha*·da sf.
ma·lha·*dal* sm.; pl. ·*dais.*
ma·lha·*dei*·ro adj. sm.
ma·lha·*den*·se adj. s2g.
ma·lha·*di*·ço adj.
ma·*lha*·do adj. sm.

ma·lha·*doi*·ro sm.: *malhadouro*.
ma·lha·*dor* (ô) adj. sm.
ma·lha·*dou*·ro sm.: *malhadoiro*.
ma·*lha*·gem sf.; pl. ·**gens**.
ma·*lhal* sm.; pl. ·*lhais*.
ma·*lhão* sm.; pl. ·*lhões*.
ma·*lhar* sm. v.
ma·lha·*ri*·a sf.
ma·lhei·*rão* sm.; pl. ·*rões*.
ma·lhe·*tar* v.
ma·*lhe*·te (ê) sm./Cf. *malhete* (é), do v. *malhetar*.
ma·lho sm.
ma·lho:*a*·da sf.
mal·hu·mo·*ra*·do(s) adj. (pl.).
ma·*lí*·ci:a sf./Cf. *malicia*, do v. *maliciar*.
ma·*lí*·ci:a(s)-*d'á*·gua sf. (pl.).
ma·*lí*·ci:a(s)-de-mu·*lher* sf. (pl.).
ma·li·ci:a·*dor* (ô) adj.
ma·li·ci:*ar* v.
ma·li·ci:o·si·*da*·de sf.
ma·li·ci:*o*·so (ô) adj. sm.; f. *e* pl. (ó).
má·li·co adj.
ma·li·*for*·me adj. 2g.
ma·*lig*·na sf.
ma·*lig*·nar v.
ma·lig·ni·*da*·de sf.
ma·*lig*·no adj. sm.
mal·i·*lí*·ri·co sm.; pl. *males-ilíricos*.
ma·*li*·na sf.
ma·li·*na*·do adj.
ma·li·*nar* v.
ma·lin·co·*ni*·a sf.: *melancolia*.
ma·lin·*cô*·ni·co adj.: *melancólico*.
ma·li·*ne*·za (ê) sf.
má(s)-*lín*·gua adj. s2g. sf. (pl.).
ma·*li*·nha sf.
ma·li·ni·*da*·de sf.: *malignidade*.
ma·*li*·no adj. sm.: *maligno*.
mal·in·ten·ci:o·*na*·do(s) adj. (pl.).
ma·*lís*·si·mo adj.; superl. de *mau*.
mal·jei·*to*·so (ô) adj.; f. *e* pl. (ó).
mal·le·*ten*·se adj. s2g.
mal·man·*da*·do adj.
mal·*men*·te adv.
mal·me·*quer* sm.
mal·me·quer-a·ma·*re*·lo sm.; pl. *malmequeres-amarelos*.

mal·me·quer-de-cam·*pi*·na sm.; pl. *malmequeres-de--campina*.
mal·me·quer-do-*cam*·po sm.; pl. *malmequeres-do-campo*.
mal·me·quer-do-ri:o-*gran*·de sm.; pl. *malmequeres-do-rio--grande*.
mal·me·quer-*gran*·de sm.; pl. *malmequeres-grandes*.
mal·mor·*fé*·ti·cos sm.; pl. *males-morféticos*.
mal·na·po·li·*ta*·no sm.; pl. *males-napolitanos*.
mal·nas·*ci*·do adj.
ma·lo adj. sm.
ma·*lo*·ca sf.
ma·lo·*ca*·do adj. sm.
ma·lo·*car* v.
ma·*ló*·fa·go adj. sm.
ma·lo·*gra*·do adj.
ma·lo·*grar* v.
ma·*lo*·gro (ô) sm./Cf. *malogro* (ó), do v. *malograr*.
ma·*loi*·o sm.
ma·lo·*na*·to sm.
ma·*lô*·ni·co adj.
ma·lo·*quei*·ro sm.
ma·lo·*tão* sm.; pl. ·*tões*.
ma·*lo*·te sm.
mal·ou·*vi*·do(s) adj. sm.
mal·pa·*ra*·do adj.
mal·pa·*rar* v.
mal·pa·re·*ci*·do adj.
mal·pa·ri·*ção* sf.; pl. ·*ções*.
mal·pa·*rir* v.
mal·pas·*sa*·do adj.
mal·pi·ghi:*á*·ce:a sf.
mal·pi·ghi:*á*·ce:o adj.
mal·pin·*gui*·nho sm.: *mapinguim*.
mal·po·*la*·co sm.; pl. *males-polacos*.
mal·*pos*·to (ô) adj.; f. *e* pl. (ó).
mal·pro·ce·*di*·do adj.
mal·pro·*pí*·ci:o adj.
mal·que·*ren*·ça sf.
mal·que·*ren*·te adj. 2g.
mal·que·*rer* v.
mal·quis·*tar* v.
mal·*quis*·to adj.
mal·re·*ger* v.
mal·rou·*pi*·do adj. sm.
mal·*sã* adj.; f. de *malsão*.
mal·*são* adj.; pl. ·*sãos*; f. *malsã*.
mal·sa·tis·*fei*·to adj.
mal·se·*gu*·ro adj.

mal·*sim* adj. 2g. sm.; pl. ·*sins*.
mal·si·na·*ção* sf.; pl. ·*ções*.
mal·si·*nar* v.
mal·si·*su*·do adj.
mal·so:*an*·te adj. 2g.
mal·so·*fri*·do adj.
mal·so·*nân*·ci:a sf.
mal·so·*nan*·te adj. 2g.
mal·sor·te:*a*·do adj.
mal·su·ce·*di*·do adj.
mal·ta sf.
mal·ta·*ci*·ta sf.
mal·*ta*·do adj.
mal·*ta*·gem sf.; pl. ·**gens**.
mal·*tar* v.
mal·te sm.
mal·*ten*·se adj. s2g.
mal·*tês* adj. sm.
mal·te·sa·*ri*·a sf.
mal·te·*si*·a sf.
mal·thu·si:a·*nis*·mo sm.
mal·thu·si:*a*·no adj. sm.
mal·*ti*·na sf.
mal·*to*·se sf.
mal·to·su·*ri*·a sf.: mal·to·*sú*·ri:a.
mal·tra·ba·*lha*·do adj.
mal·tra·*pi*·do adj. sm.
mal·tra·*pi*·lho adj. sm.
mal·tra·*tar* v.
mal·*tris*·te sm.; pl. *males-tristes*.
mal·*tur*·co sm.; pl. *males-turcos*.
ma·lu·*ca*·gem sf.; pl. ·**gens**.
ma·lu·*car* v.
ma·*lu*·co adj. sm.
ma·*lu*·do adj. sm.
ma·*lun*·ga sf.
ma·*lun*·go sm.
ma·lu·que·*ar* v.
ma·lu·*quei*·ra sf.
ma·lu·*qui*·ce sf.
mal·u·*sar* v.
ma·*lu*·vo sm.: *marufo*.
mal·va sf.
mal·va(s)-*bran*·ca(s) sf. (pl.).
mal·*vá*·ce:a sf.
mal·va·*cei*·ra sf.
mal·*vá*·ce:o adj.
mal·*va*·da sf.
mal·va·*dez* (ê) sf.
mal·va·*de*·za (ê) sf.
mal·*va*·do adj. sm.
mal·va(s)-do-*cam*·po sf. (pl.).
mal·*va*·le sf.
mal·va·*lis*·tro sm.
mal·va-ma·*çã* sf.; pl. *malvas--maçãs* ou *malvas-maçã*.

mal·*var* sm.
mal·va·re·lo·*gi*·nho sf.; pl.
malvas-reloginhos ou
malvas-reloginho.
mal·va·*ris*·co sm.
mal·va·*ro*·sa sf.; pl. *malvas-rosas*
ou *malvas-rosa*.
mal·va·*si*·a sf.
mal·va·*vis*·co sm.
mal·ven·tu·*ro*·so (ô) adj.; f. *e*
pl. (ó).
mal·ver·sa·*ção* sf.; pl. ·*ções*.
mal·ver·sa·*dor* (ô) adj. sm.
mal·ver·*sar* v.
mal·vi·*nen*·se adj. s2g.
mal·vi·*nês* adj. sm.
mal·*vis*·to adj.
mal·vo sm.
ma·ma sf.
ma·*mã* sf.
ma·ma·ca·*de*·la sf.; pl. *mamas-*
-cadelas ou *mamas-cadela*.
ma·*ma*·da sf.
ma·ma(s)-de-ca·*chor*·ra sf.
(pl.).
ma·ma·*dei*·ra sf.
ma·ma(s)-de-*por*·ca sf. (pl.).
ma·*ma*·do adj. sm.
ma·ma·*du*·ra sf.
ma·mãe sf.
ma·mãe(s) de a·lu:*a*·na sf.
(pl.).
ma·mãe(s) de a·ru:*a*·na sf.
(pl.).
ma·mãe(s) de lu:*an*·da sf. (pl.).
ma·ma em *on*·ça sm. 2n.
ma·mãe-sa·*co*·de sf. 2n.
ma·mãe·za·da sf.
ma·mai·a·*cu* sm.
ma·ma:in·*dê* adj. s2g.
ma·ma·*lhu*·do adj.
ma·ma·*lu*·co adj.: *mameluco*.
ma·ma na é·gua sm. 2n.
ma·man·*gá* sm.
ma·man·*ga*·ba sf.: *mamangava,*
manganá, mangangaba,
mangangava.
ma·man·*ga*·va sf.: *mamangaba*.
ma·man·gua·*pen*·se adj. s2g.
ma·*mão* adj. sm.; pl. ·*mões*.
ma·mão-*ma*·cho sm.; pl.
mamões-machos.
ma·*mar* v.
ma·*má*·ri:a sf.
ma·*má*·ri:o adj.; f. *mamária*/Cf.
mamaria, do v. *mamar*.
ma·mar·*ra*·cho sm.

ma·mar·*reis* sm. 2n.
ma·mar·*ro*·te adj. 2g. sm.
ma·*ma*·ta sf.
ma·mau·*ra*·na sf.
mam·ba·*ré* adj. s2g.
mam·*bem*·be adj. 2g. sm.
mam·*bem*·bo sm.
mam·*bi*·ra adj. s2g.
mam·bi·*ra*·da sf.
mam·bo sm.
mam·bu·ca·*ben*·se adj. s2g.
mam·bu·*ção* sm.; pl. ·*ções*.
ma·me·*lão* sm.; pl. ·*lões:*
mamilão.
ma·me·lo·*na*·do adj.
ma·me·*lu*·co sm.: *mamaluco*.
ma·*mí*·fe·ro adj. sm.
ma·mi·*for*·me adj. 2g.
ma·*mi*·la sf.
ma·mi·*lão* sm.; pl. ·*lões:*
mamelão.
ma·mi·*lar* adj. 2g.
ma·mi·*lá*·ri:a sf.
ma·*mi*·lho sm.
ma·*mi*·lo sm.
ma·mi·*lo*·so (ô) adj.; f. *e* pl. (ó).
ma·*mi*·nha sf.
ma·mi·nha(s)-de-ca·*de*·la sf.
(pl.).
ma·mi·nha(s)-de-*por*·ca sf.
(pl.).
ma·*mi*·te sf.
ma·mo·*ei*·ro sm.
ma·mo·ei·ro(s)-do-*ma*·to sm.
(pl.).
ma·mo·ei·ro(s)-*ma*·cho(s) sm.
(pl.).
ma·mo·gra·*fi*·a sf.
ma·*mo*·na sf.
ma·mo·*nei*·ra sf.
ma·mo·*nei*·ro sm.
ma·mo·ni·nho(s)-*bra*·vo(s)
sm. (pl.).
ma·mo·plas·*ti*:a sf.
ma·mo·*ra*·na sf.
ma·mo·ra·na(s)-*gran*·de(s) sf.
(pl.).
ma·*mo*·so (ô) adj.; f. *e* pl. (ó).
ma·*mo*·te adj. sm.
ma·*mo*·to (ô) sm.
mam·*par* v.
mam·*par*·ra sf.
mam·par·re:a·*ção* sf.; pl. ·*ções*.
mam·par·re:a·*dor* (ô) adj. sm.
mam·par·re:*ar* v.
mam·par·*rei*·ro adj. sm.
mam·*pos*·ta sf.

mam·pos·*tei*·ro sm.
mam·pos·te·*ri*·a sf.
ma·*mu*·do adj.
ma·mu·*jar* v.
ma·mu·*len*·go sm.
ma·mu·len·*guei*·ro sm.
ma·*mu*·lo sm.
ma·*mu*·ri sm.
ma·*mu*·te sm.
ma·na¹ sf. 'irmã'/Cf. *mana*².
ma·na² sm. 'forças
sobrenaturais'/Cf. *mana*¹.
ma·*ná* sm.
ma·na·*cá* sm.
ma·na·cá(s)-a·*çu*(s) sm. (pl.).
ma·na·cá(s)-da-*ter*·ra sm. (pl.).
ma·na·*çai*·a sf.: *mandaçaia*.
ma·na·*ção* sf.; pl. ·*ções*.
ma·na·ca·pu·ru:*en*·se adj. s2g.
ma·na·ca·*ra*·na sf.
ma·na·*chi*·ca sf.; pl.
manas-chicas ou *mana-chicas*.
ma·*na*·da sf.
ma·na·*dei*·ra sf.
ma·na·*dei*·ro sm.
ma·na·*di*:o adj.
ma·na·*gue*·nho adj. sm.
ma·na·*guen*·se adj. s2g.
ma·na·*í* sm.: *manati, manatim*.
ma·nai·*a*·ra sf.
ma·na·*í*·ba sf.
ma·nai·*é* adj. s2g.
ma·na·*jó* adj. s2g.
ma·na·jo:*a*·na sf.; pl. *manas-*
joanas ou *mana-joanas*.
ma·*nal*·vo adj.
ma·nam·*pan*·ça sf.:
malampança.
ma·nan·ci:*al* adj. 2g. sm.; pl.
·*ais*.
ma·*nan*·ga sm.
ma·nan·*gue*·ra adj. s2g.
ma·*nan*·te adj. 2g.
ma·nan·*téu* sm.
ma·na·ti:*al* sm.; pl. ·*ais*.
ma·na·pu·*çá* sm.
ma·*ná*·pu·la sf.
ma·*nar* v.
ma·*na*·ta sm.
ma·na·*ti* sm.: *manaí, manatim*.
ma·*ná*·ti·da adj. 2g. sm.
ma·na·*tí*·de:o adj. sm.
ma·na·*tim* sm.; pl. ·*tins: manaí,*
manati.
ma·nau adj. s2g.
ma·nau·*ê* sm.: *manuê*.
ma·nau·*en*·se adj. s2g.

man·ca·da sf.
man·ca·dor (ô) adj. sm.
man·cal sm.; pl. ·cais.
man·car v.
man·car·rão adj. sm.; pl. ·rões.
man·ce·ba (ê) sf.
man·ce·bi·a sf.
man·ce·bil adj. 2g.; pl. ·bis.
man·ce·bo (ê) adj. sm.
man·ce·ni·lha sf.
man·ce·ni·lhei·ra sf.
man·cha sf.
man·cha(s) de fer·ro sf. (pl.).
man·cha·do adj.
man·cha(s)-gor·da(s) sf. (pl.).
man·cha(s)-ne·gra(s) sf. (pl.).
man·chão sm.; pl. ·chões.
man·char v.
man·cha(s)-ro·xa(s) sf. (pl.).
manche sm. (fr.: mânch).
man·che:ar v.
man·che·go (ê) adj. sm.
man·chei·a sf.: mão-cheia.
man·ches·te·ri:a·no adj. sm.
man·che·te sf.
man·chil sm.; pl. ·chis.
man·chi·lha sf.
man·cho adj. sm.
man·chu adj. s2g.: mandchu.
man·ci·nis·mo sm.
man·cí·pi:o sm.
man·co adj. sm.
man·co·lis·ta sf.
man·cô·me·tro sm.
man·co·mu·na·ção sf.; pl. ·ções.
man·co·mu·na·do adj.
man·co·mu·na·gem sf.; pl. ·gens.
man·co·mu·nar v.
man·co·na sf.
man·co·ni·na sf.
man·cor·nar v.
man·cu:e·ba (ê) sm.
man·da sf.
man·da·ca·de·no adj. sm.
man·da·çai·a sf.: manaçaia.
man·da·çai·a(s)-do-chão sf. (pl.).
man·da·ca·ru sm. s2g.
man·da·chu·va(s) s2g. (pl.).
man·da·da sf.
man·da·dei·ro adj. sm.
man·da·do adj. sm.
man·da·do(s) de deus sm. (pl.).
man·da·dor (ô) adj. sm.
man·da·gua·ri sm.

man·da·gua·ri:en·se adj. s2g.
man·da·la sf.
man·da·le·te (ê) sm.
man·da·lu·a(s) sf. (pl.).
man·da·men·tal adj. 2g.; pl. ·tais.
man·da·men·to sm.
man·dân·ci:a sf.
man·dan·te adj. s2g.
man·dão adj. sm.; pl. ·dões; f. mandona.
man·da·pu:á sf.
man·da·pu·çá sm.
man·dar v.
man·da·ra·vê sf.
man·da·re·te (ê) sm.
man·da·ri sm.: man·da·rim; pl. ·rins.
man·da·ri·na sf.
man·da·ri·na·do sm.:
    man·da·ri·na·to.
man·da·ri·nes·co (ê) adj.
man·da·ri·ne·te (ê) sm.
man·da·ro·vá sm.:
    man·da·ru·vá, mandorová.
man·da·tá·ri:o adj. sm.
man·da·tí·ci:o adj.
man·da·to sm.
man·da·tu·do sm. 2n.
man·dau·a·ca adj. s2g.
mand·chu adj. s2g.: manchu.
man·dê adj. s2g.
man·dem·be sm.
man·den·go sm.
man·des·tro (ê) adj.:
    manidestro.
man·di sm.: mandim.
man·di:a·çu sm.
man·di(s)-a·ma·re·lo(s) sm. (pl.).
man·di·ba sf.: mandiva, maniva.
man·di-ban·dei·ra sm.; pl.
    mandis-bandeiras ou
    mandis-bandeira.
man·di·bé sm.
man·di(s)-bran·co(s) sm. (pl.).
man·dí·bu·la sf.
man·di·bu·la·do adj.
man·di·bu·lar adj. 2g. v.
man·di·bu·li·for·me adj. 2g.
man·di·ca·sa·ca sm.; pl.
    mandis-casacas ou
    mandis-casaca.
ma·di·cho·rão sm.; pl.
    mandis-chorões.
man·di·cum·bá sm.
man·di(s)-da·pe·dra sm. (pl.).

man·di·gua·çu sm.
man·di·gua·ru sm.
man·di·gue·ra sm.
man·di·ju·ba sm.
man·dil sm.; pl. ·dis.
man·di·lei·ro sm.
man·dim sm.; pl. ·dins: mandi.
man·din·ga adj. s2g. sf.
man·din·ga·do adj.
man·din·gar v.
man·din·ga·ri·a sf.
man·din·guei·ro adj. sm.
man·din·guen·to adj. sm.
man·di:o·ca sf.
man·di:o·ca·ba sf.
man·di:o·ca(s)-bra·va(s) sf. (pl.).
man·di:o·ca·çu sf.
man·di:o·ca(s)-do·ce(s) sf. (pl.).
man·di:o·cal sm.; pl. ·cais.
man·di:o·ca(s)-man·sa(s) sf. (pl.).
man·di:o·la sf.
man·di:o·quei·ra sf.
man·di:o·quei·ro sm.
man·di:o·qui·nha sf.
man·di:o·qui·nha(s)-bra·va(s) sf. (pl.).
man·di:o·qui·nha(s)-do-cam·po sf. (pl.).
man·di(s)-pe·ru:a·no(s) sm. (pl.).
man·di·pi·ni·ma sm.
man·di(s)-pin·ta·do(s) sm. (pl.).
man·di·tin·ga sm.
man·di:ú·ba sf.: mandiúva.
man·di·u·ru·tu sm.; pl. mandis-urutus ou mandis-urutu.
man·di:ú·va sf.: mandiúba.
man·di·va sf.: mandiba, maniva.
man·di·zi·nho sm.
man·do sm.
man·do·bi sm.: mandubi.
man·do·la sf.
man·do·lim sm.; pl. ·lins.
man·do·li·na sf.: mandolim.
man·do·li·na·ta sf.
man·do·li·ne·te (ê) sm.
man·do·na adj. sf.; f. de mandão.
man·do·nis·mo sm.
man·do·ra sf.
man·do·ro·vá sm.: mandarová, mandaruvá.
man·dra·ca sf.
man·dra·co sm.
man·drá·go·ra sf.

man·dra·na adj. s2g.
man·dra·ni·ce sf.
man·dra·quei·ro adj. sm.
man·dra·qui·ce sf.
mân·dri:a sf./Cf. mandria, do v. mandriar.
man·dri·a·nar v.
man·dri:ão adj. sm.; pl. ·ões; f. mandriona.
man·dri:ar v.
man·dri·i·ce sf.
man·dril sm.; pl. ·dris.
man·dri·la·gem sf.; pl. ·gens.
man·dri·lar v.
man·dri:o·na adj. sf.; f. de mandrião.
man·dri:o·nar v.
man·dru·vá sm.: mandorová.
man·du adj. s2g. sm.
man·du·bé sm.
man·du·bi sm.: mandobi.
man·du·bi·gua·çu sm.
man·dú·bi:o adj. sm.
man·du·bi·ra·na sf.
man·du·ca sf.
man·du·ça sf.
man·du·ca·ção sf.; pl. ·ções.
man·du·car v.
man·du·ca·ti·vo adj.
man·du·ca·tó·ri:o adj.
man·du·cá·vel adj. 2g.; pl. ·veis.
man·du·pi·ti:ú sm.
man·du·qui·nha sm.
man·du·re·ba sf.
man·du·ri sf.: mandurim.
man·du·ri·cão sm.; pl. ·cões.
man·du·rim sf.; pl. ·rins: manduri.
man·dúr·ri:a sf.
man·du·ru·va sf.
man·du·ru·vá sm.: mandorová.
man·du·vá sm.
man·du·vi·ra sf.
man·du·vi·ra(s)-gran·de(s) sf. (pl.).
man·du·vi·ra·na sf.
man·du·vi·ra(s)-pe·que·na(s) sf. (pl.).
ma·né sm.
ma·ne:a·bi·li·da·de sf.
ma·ne:a·dor (ô) sm.
ma·ne:ar v.
ma·ne:á·vel adj. 2g.; pl. ·veis.
ma·né-co·co sm.; pl. manés--cocos ou manés-coco.
ma·né(s) do ja·cá sm. (pl.).

ma·né(s)-gos·to·so(s) sm. (pl.).
ma·nei·a sf.
ma·nei·o sm.
ma·nei·ra sf.
ma·nei·ra(s)-ne·gra(s) sf. (pl.).
ma·nei·rar v.
ma·nei·ris·mo sm.
ma·nei·ris·ta adj. s2g.
ma·nei·ro adj.
ma·nei·ro(s)-pau(s) sm. (pl.).
ma·nei·ro·so (ô) adj.; f. e pl. (ó).
ma·né-ja·cá sm.; pl. manés--jacás ou manés-jacá.
ma·ne·jar v.
ma·ne·já·vel adj. 2g.; pl. ·veis.
ma·ne·jo (ê) sm.
ma·ne·lo (ê) sm.
ma·ne·ma sm.
ma·né(s)-ma·gro(s) sm. (pl.).
ma·nem·bro sm.
ma·ne·mo·lên·ci:a sf.: manimolência.
ma·ne·mo·len·te adj. 2g.: manimolente.
ma·nen·gue·ra adj. 2g.
ma·nen·te adj. 2g.
ma·ne·quim s2g.; pl. ·quins.
ma·nes sm. pl.
ma·ne·ta (ê) adj. s2g. sm.
ma·ne·te sm.
ma·ne·te:ar v.
ma·ne·te·ne·ri adj. s2g.
ma·né·ti:a sf.
man·far·ri·co sm.
man·ga sf.
man·gá sm.
man·ga·ba sf.
man·ga·bal sm.; pl. ·bais.
man·ga·bar v.
man·ga·ba·ra·na sf.
man·ga·bei·ra sf.
man·ga·bei·ren·se adj. s2g.
man·ga·bei·ro sm.
man·ga·bi·nha sf.
man·ga·bi·nha(s)-do-nor·te sf. (pl.).
man·ga·ção sf.; pl. ·ções.
man·ga·ço sm.
man·ga(s)-d'á·gua sf. (pl.).
man·ga(s)-da-prai·a sf. (pl.).
manga(s) de al·pa·ca s2g. (pl.).
man·ga·dor (ô) adj. sm.
man·ga·gá adj. 2g.
man·gal sm.; pl. ·gais.
man·ga·la·ça sf.
man·ga·la·ço sm.

man·ga(s)-lar·ga(s) adj. 2g. (pl.).
man·ga·lho sm.
man·ga·lô sm.
man·ga·lô(s)-a·mar·go(s) sm. (pl.).
man·ga·na·to sm.
man·ga·nês sm.; pl. ·ne·ses (ê).
man·ga·ne·sí·fe·ro adj.
man·gan·gá sm.
man·gan·ga·ba sf.: mangangava.
man·gan·gá(s)-li·so(s) sm. (pl.).
man·gan·ga·va sf.: mangangaba.
man·gâ·ni·co adj.
man·ga·ní·fe·ro adj.
man·ga·ni·lha sf.
man·ga·ni·na sf.
man·ga·ni·ta sf.
man·ga·ni·to sm.
man·gão adj. sm.; pl. ·gões; f. mangona.
man·gar v.
man·ga·rá sm.
man·ga·rá-mi·rim sm.; pl. magarás-mirins.
man·ga·ra·tai·a sf.
ma·ga·ra·ti·ba·no adj. sm.
man·ga·ri·to sm.
man·ga·ro·bei·ra sf.
man·ga·ro·sa sf.; pl. mangas--rosas ou mangas-rosa.
man·gau·a s2g.
man·go sm.
man·go:a·da sf.
man·go·ça sf.
man·go·fa sf.
man·go·lar v.
man·go·na sf.; f. de mangão.
man·go·ná·li:a sf.
man·go·nar v.
man·go·ne:ar v.
man·gon·ga sf.
man·gon·gu sm.
man·gon·guê sm.
man·go·ra sf.
man·gor·ra (ô) sf.
man·gor·re:ar v.
man·gos·tão sm.; pl. ·tães: mangustão.
man·go·te sm.
man·gra sf.
man·gra·do adj.
man·grar v.
man·gro·ve sm.

man·gru:*ei*·ro adj.
man·*gru*·lho sm.
man·*guá* sm.
man·*gual* sm.; pl. ·*guais*.
man·gua·*la*·da sf.
man·*gua*·pa adj. 2g.
man·*gua*·ra sm. sf.
man·gua·rão sm.; pl. ·*rões*.
man·gua·*ri* sm.
man·*gu*·ço sm.
man·gue sm.
man·gue:a·*ção* sf.; pl. ·*ções*.
man·gue:*ar* v.
man·gue(s)-*bran*·co(s) sm. (pl.).
man·gue(s)-*bra*·vo(s) sm. (pl.).
man·gue(s)-da-*prai*·a sm. (pl.).
man·*guei*·ra sf.
man·guei·*ral* sm.; pl. ·*rais*.
man·guei·*rão* sm.; pl. ·*rões*.
man·guei·*ren*·se adj. s2g.
man·*guei*·ro sm.
man·*guen*·se adj. s2g.
man·gue·*ra*·na sf.
man·gue(s)-ver·*me*·lho(s) sm. (pl.).
man·gue·*zal* sm.; pl. ·*zais*.
man·*gui*·nha sf.
man·*gui*·to sm.
man·gu·ri:*ú* sm.
man·gus·*tão* sm.; pl. ·*tães*: mangostão.
man·gus·tão-a·ma·*re*·lo sm.; pl. *mangustães-amarelos*.
man·*gus*·to sm.
man·*gu*·xo sm.
man·gu·*zá* sm.
ma·nha sf.
ma·*nhã* sf.
ma·nhã·*zi*·nha adj. sf.
ma·*nhei*·ra sf.
ma·nhei·*rar* v.
ma·nhei·*ren*·to adj.
ma·*nhei*·ro adj.
ma·*nhen*·to adj.
ma·nho adj.
ma·nho·*sar* v.
ma·nho·si·*da*·de sf.
ma·*nho*·so (ô) adj.; f. e pl. (ó)/ Cf. *manhoso*, do v. *manhosar*.
ma·nhu:a·çu:*en*·se adj. s2g.
ma·nhu·*a*·ra sf.
ma·*ni*·a sf.
ma·*ní*·a·co adj. sm.
ma·*ní*·a·co(s)-de·pres·si·vo(s) adj. sm. (pl.).
ma·ni:a·*tar* v.: *manietar*.

ma·*ni*·ca sf.
ma·ni·*ca*·ca s2g.
ma·*ni*·cla sf.
ma·ni·*ço*·ba sf.
ma·ni·ço·*bal* sm.; pl. ·*bais*.
ma·ni·ço·*bei*·ra sf.
ma·ni·ço·*bei*·ro sm.
ma·ni·co·mi:*al* adj. 2g.; pl. ·*ais*.
ma·ni·*cô*·mi:o sm.
ma·ni·*co*·ra sf.
ma·ni·*cór*·di:o sm.
ma·ni·co·re:*en*·se adj. s2g.
ma·ni·cu:*e*·ra sf.
ma·ni·cu·*já* sm.
ma·*ní*·cu·la sf.
ma·ni·*cu*·ra sf.
ma·ni·cu·*ra*·do adj.
ma·ni·*cu*·ro sm.
ma·ni·*cur*·to adj. sm.
ma·ni·*des*·tro (ê) adj.
ma·ni:*e*·tar v.: *maniatar*.
ma·ni·fes·ta·*ção* sf.; pl. ·*ções*.
ma·ni·fes·ta·*dor* (ô) adj. sm.
ma·ni·fes·*tan*·te adj. s2g.
ma·ni·fes·*tar* v.
ma·ni·*fes*·to adj. sm.
ma·ni·*flau*·tis·ta s2g.
ma·ni·*for*·me adj. 2g.
ma·ni·*gân*·ci:a sf./ Cf. *manigancia*, do v. *maniganciar*.
ma·ni·gan·ci:*ar* v.
ma·*ni*·lha sm. sf.
ma·ni·*lhão* sm.; pl. ·*lhões*.
ma·ni·*lhar* v.
ma·ni·*lhei*·ro sm.
ma·ni·*lú*·vi:o sm.
ma·nim·*bé* sm.
ma·ni·mo·*lên*·ci:a sf.: *manemolência*.
ma·ni·mo·*len*·te adj. 2g.: *manemolente*.
ma·*ni*·na sf.: *maninha*.
ma·ni·*ne*·lo (ê) adj. sm.
ma·*ni*·nha sf.: *manina*.
ma·ni·*nhar* v.
ma·ni·*nhez* (ê) sf.
ma·*ni*·nho adj. sm.
ma·*ni*·no adj.
ma·ni:o·gra·*fi*·a sf.
ma·ni:*o*·ta sf.
ma·ni·*pan*·so sm.
ma·ni·*pres*·to adj. sm.
ma·ni·pu·*çá* sm.
ma·ni·pu:*ei*·ra sf.: ma·ni·pu:*e*·ra (ê).
ma·ni·pu·la·*ção* sf.; pl. ·*ções*.

ma·ni·pu·la·*dor* (ô) adj. sm.
ma·ni·pu·*lar* adj. 2g. sm. v.
ma·ni·pu·*lá*·ri:o adj. sm.
ma·ni·pu·*lá*·vel adj. 2g.; pl. ·*veis*.
ma·*ní*·pu·lo sm./Cf. *manipulo*, do v. *manipular*.
ma·ni·*quei*·a adj. sf.; f. de *maniqueu*.
ma·ni·que·*ís*·mo sm.
ma·ni·que·*ís*·ta adj. s2g.
ma·ni·*que*·te (ê) sm.
ma·ni·*queu* adj. sm.; f. *maniqueia*.
ma·*nir*·ro·to (ô) adj.
ma·nis·*tér*·gi:o sm.
ma·*ni*·ta adj. s2g. sf.
ma·ni·te·*ne*·re adj. s2g.
ma·ni·*tó* sm.: ma·ni·*tô*.
ma·nit·sau·*á* adj. s2g.
ma·ni·*tu* sm.
ma·niu·*a*·ra sf.
ma·*ni*·va sf.: *mandiba*, *mandiva*.
ma·ni·*val* sm.; pl. ·*vais*.
ma·ni·*vei*·ra sf.
ma·ni·*ve*·la sf.
ma·ni·ve·*lar* v.
ma·ni·*vér*·si:a sf.
man·ja sf.
man·*ja*·do adj.
man·ja·*doi*·ra sf.: man·ja·*dou*·ra, *manjedoira*, *manjedoura*.
man·ja·*le*·co sm.
man·ja·*lé*·gu:as s2g. 2n.
man·ja·*léu* sm.
man·jan·*go*·me sm.
man·*jar* sm. v.
man·jar·*bran*·co sm.; pl. *manjares-brancos*.
man·*já*·vel adj. 2g.; pl. ·*veis*.
man·je·*doi*·ra sf.: man·je·*dou*·ra, *manjadoira*, *manjadoura*.
man·je·ri·*cão* sm.; pl. ·*cões*.
man·je·ri·cão-chei·*ro*·so sm.; pl. *manjericões-cheirosos*.
man·je·ri·cão-dos-jar·*dins* sm.; pl. *manjericões-dos-jardins*.
man·je·*ri*·co sm.
man·je·ri:*o*·ba sf.
man·je·ri:o·ba(s)-*gran*·de(s) sf. (pl.).
man·je·*ro*·na sf.
man·je·ro·na(s)-do-*cam*·po sf. (pl.).

man·jí·fe·ra sf.
man·jo·la sf.
man·jo·lão sm.; pl. ·lões.
man·jo·li·nho sm.
man·jor·ra (ô) sf.
man·ju·a sf.
man·ju·ba sf.: man·ju·va.
ma·no adj. sm.
ma·no·bra sf.
ma·no·bra·bi·li·da·de sf.
ma·no·brar v.
ma·no·brá·vel adj. 2g.; pl. ·veis.
ma·no·brei·ro sm.
ma·no·bris·ta adj. s2g.
ma·no·ca sf.
ma·no·ca·gem sf.; pl. ·gens.
ma·no·car v.
ma·no·cór·di·o sm.
ma·no·grá·fi·co adj.
ma·nó·gra·fo sm.
ma·no·jei·ro sm.
ma·no·jo (ô) sm.
ma·no(s)·ju·ca(s) sm. (pl.).
ma·no·la (ô) sf.
ma·no·lho (ô) sm.
ma·no·me·tri·a sf.
ma·no·mé·tri·co adj.
ma·nô·me·tro sm.
ma·no·pé sm.
ma·no·pé(s)·da·prai·a sm. (pl.).
ma·no·pla sf.
ma·no·se:a·do adj. 'domado'/ Cf. manuseado.
ma·no·se:a·dor (ô) sm. 'domador'/Cf. manuseador.
ma·no·se:ar v. 'domar'/Cf. manusear.
ma·no·sei·o sm. 'doma'/Cf. manuseio, do v. manusear e sm.
ma·nos·sol·fa sf.
ma·nós·ta·to sm.
ma·no·ta·ço sm.
ma·no·te:a·dor (ô) adj.
ma·no·te:ar v.
ma·no·tei·ro adj.
ma·no·tu·do adj.
man·que·cer v.
man·quei·ra sf.
man·que·jan·te adj. 2g.
man·que·jar v.
man·que·te:ar v.
man·qui·ça·pá sm.
man·qui·tar v.
man·qui·tó adj. s2g.
man·qui·to·la adj. s2g.

man·qui·to·lar v.
man·são sf.; pl. ·sões.
man·sar·da sf.
man·sar·rão adj. sm.; pl. ·rões; f. mansarrona.
man·sar·ro·na adj. sf.; f. de mansarrão.
man·si·dão sf.; pl. ·dões.
man·si·nho adj. adv., na loc. de mansinho.
man·so adj. sm. adv.
man·su:e·tá·ri·o sm.
man·su:e·tu·de sf.
man·ta sf.
man·tar v.
man·te:ar v.
man·te:a·ri·a sf.
man·te·dor (ô) adj. sm.
man·te:ei·ro sm.
man·tei·ga sf.
man·tei·ga·ri·a sf.
man·tei·go·so (ô) adj.; f. e pl. (ó).
man·tei·guei·ra sf.
man·tei·guei·ro adj. sm.
man·tei·guen·to adj.
man·tei·ro sm.
man·tel sm.; pl. ·téis/Cf. manteis, do v. mantar.
man·te·la·do adj.
man·te·lão sm.; pl. ·lões.
man·te·ler
man·te·le·te (ê) sm.
man·tém sm.; pl. ·téns/Cf. mantém, do v. manter, e mantem, do v. mantar.
man·te·na adj. 2g.
man·ten·ça sf.
man·te·ne·dor (ô) adj. sm.
man·te·nen·se adj. s2g.
man·te·no·po·li·ta·no adj. sm.
man·ter v.
man·teu sm. 'local oráculo'/Cf. mantéu.
man·téu sm. 'capa'/Cf. manteu.
mân·te:ú·do adj. sm.
mân·ti·ca sf.
man·ti·cos·tu·mes sm. pl.
mân·ti·da adj. 2g. sm.
man·tí·de:o adj. sm.
man·ti·lha sf.
man·ti·men·to sm.
man·tí·ne:o adj. sm.
man·ti·po sm.
man·ti·quei·ra sf.
man·tis·sa sf.
man·to sm.

man·tô sm.
man·tó·de:o sm.
man·to(s)·do·di:a·bo sm. (pl.).
man·tói·de:o adj. sm.: man·to·í·de:o.
man·to·pa·que sm.
man·tra sm.
man·tu:a·no adj. sm.
ma·nu:al adj. 2g. sm.; pl. ·ais.
ma·nu:á·ri:o adj. sm.
ma·nu·bi:al adj. 2g.; pl. ·ais.
ma·nú·bri:o sm.
ma·nu·da·ção sf.; pl. ·ções.
ma·nu:ê sm.: manauê.
ma·nu:el·de·a·breu sm.; pl. manuéis-de-abreu.
ma·nu:el·de·bar·ro sm.; pl. manuéis-de-barro.
ma·nu:el·de·breu sm.; pl. manuéis-de-breu.
ma·nu:e·li·no adj.
ma·nu:el·ma·gro sm.; pl. manuéis-magros.
ma·nu:el·ri·ben·se(s) adj. s2g. (pl.).
ma·nu:el·va·quei·ro sm.; pl. manuéis-vaqueiros.
ma·nu·fa·to sm.
ma·nu·fa·tor (ô) adj. sm.
ma·nu·fa·tu·ra sf.
ma·nu·fa·tu·ra·ção sf.; pl. ·ções.
ma·nu·fa·tu·ra·do adj. sm.
ma·nu·fa·tu·ra·dor (ô) adj. sm.
ma·nu·fa·tu·rar v.
ma·nu·fa·tu·rá·vel adj. 2g.; pl. ·veis.
ma·nu·fa·tu·rei·ro adj.
ma·nu·lei·o sm.
ma·nu·mis·são sf.; pl. ·sões.
ma·nu·mis·so adj. sm.
ma·nu·mis·sor (ô) adj.
ma·nu·mi·ten·te adj. 2g.
ma·nu·mi·tir v.
ma·nus·cre·ver v.
ma·nus·cri·to adj. sm.
ma·nus·dei sm.
ma·nu·se:a·ção sf.; pl. ·ções.
ma·nu·se:a·do adj. 'movido com a mão'/Cf. manoseado.
ma·nu·se:a·dor (ô) sm. 'que manuseia'/Cf. manoseador.
ma·nu·se:a·men·to sm.
ma·nu·se:ar v. 'mover com a mão'/Cf. manosear.
ma·nu·se:á·vel adj. 2g.; pl. ·veis.

ma·nu·*sei*·o sm. 'ato de manusear'/Cf. *manoseio.*
ma·nus·*tér*·gi:o sm.
ma·nu·ten·*ção* sf.; pl. ·*ções.*
ma·nu·te·*nir* v.
ma·nu·te·*ní*·vel adj. 2g.; pl. ·veis.
ma·nu·*tér*·gi:o sm.
man·*zan*·za adj. s2g.
man·zan·*zar* v.
man·*za*·pe sm.
man·*zor*·ra (ô) sf.
man·zu·*á* sm.
mão sf.; pl. mãos.
mão(s)-a-*ber*·ta(s) s2g. (pl.).
mão(s)-*bo*·ba(s) sm. sf. (pl.).
mão(s)-*chei*·a(s) sf. (pl.).: mancheia.
mão(s)-*cur*·ta(s) sm. (pl.).
mão(s)-de-*bran*·co sf. (pl.).
mão(s) de ca·*be*·lo sm. (pl.).
mão(s) de *fer*·ro sf. (pl.).
mão(s) de fi·*na*·do s2g. (pl.).
mão(s)-de-*ga*·to sf. (pl.).
mão(s) de lei·*tão* s2g. (pl.).
mão(s) de *o*·bra sf. (pl.).
mão(s)-de-*on*·ça sf. (pl.).
mão(s) de *on*·ze sf. (pl.).
mão(s) de *pa*·dre sm. (pl.).
mão(s)-fran·*ce*·sa(s) sf. (pl.).
mão(s)-fu·*ra*·da(s) s2g. (pl.).
ma:o·*ís*·mo sm.
ma:o·*ís*·ta adj. s2g.
mão(s)-*le*·ve(s) s2g. (pl.).
ma:o·*me*·ta adj. s2g.
ma:o·*me·ta*·no adj. sm.
ma:o·*mé*·ti·co adj.
ma:o·me·*tis*·mo sm.
mão(s)-pe·*la*·da(s) sm. (pl.).
mão(s)-pen·*den*·te(s) sf. (pl.).
mão(s)-*pos*·ta(s) sf. (pl.).
ma:o·*ri* adj. s2g.
mãos-a·*ta*·das s2g. 2n.
mãos-*chei*·as sf. pl., na loc. a *mãos-cheias* e às *mãos-cheias.*
mãos-de-*sa*·po sf. pl.
mãos-*lar*·gas s2g. 2n.
mãos-*ro*·tas s2g. 2n.
mão-te·*nen*·te sf., na loc. *à mão-tenente.*
mão-*ten*·te sf., na loc. *à mão--tente.*
mão·*za*·da sf.
mão·*zi*·nha sf.
mão·*zi*·nha(s)-*pre*·ta(s) sf. (pl.).
mão·*zu*·do adj.

ma·pa sm.
ma·*pã* sm.
ma·pa(s) do bra·*sil* sm. (pl.).
ma·pa(s)-*mún*·di sm. (pl.).
má·pa·nai adj. s2g.
ma·pa·*rá* sm.: mapurá.
ma·pa·*rá*(s)-de-ca·me·*tá* sm. (pl.).
ma·pa·ra·*ju*·ba sf.
ma·pa·re·*í*·ba sf.
ma·pa·*ti* sm.
ma·pe:a·*ção* sf. 'ato de fazer mapa'; pl. ·*ções*/Cf. *mapiação.*
ma·pe:a·*men*·to sm.
ma·pe:*ar* v. 'fazer o mapa de'/ Cf. *mapiar.*
ma·pe·ro:*á* sm.
ma·pi:a·*ção* sf. 'falatório'; pl. ·*ções*/Cf. *mapeação.*
ma·pi:a·*dor* (ô) adj. sm.
ma·pi:a·*gem* sf.; pl. ·*gens.*
ma·pi:*ar* v. 'tagarelar'/Cf. *mapear.*
ma·pi·di:*ã* adj. s2g.
ma·pin·gua·*ri* sm.
ma·pin·*guim* sm.; pl. ·*guins*: malpinguinho.
ma·pi·*ron*·ga sf.
ma·pi·*xi* sm.
ma·po:*ão* sm.; pl. ·*ões.*
ma·po·*te*·ca sf.
ma·pu·*á* adj. s2g. sm.
ma·*pu*·che sm.
ma·pu·*rá* sm.: mapará.
ma·pu·*ri*·ti sm.
ma·pu·*run*·ga sf.
ma·que sm.
ma·*quei*·ra sf.
ma·*qué*·ri:o sm.
ma·*quei*·ro sm.
ma·que·*ró*·fo·ro sm.
ma·*que*·ta (ê) sf.
ma·*qui* sm.
ma·*qui*·a sf.
ma·qui:a·*dor* (ô) adj. sm.: maquilador.
ma·qui:a·*du*·ra sf.
ma·qui:a·*gem* sf.; pl. ·*gens*: maquilagem.
ma·qui:*ar* v.: maquilar.
ma·qui:a·*ve*·li·ce sf.
ma·qui:a·*vé*·li·co adj.
ma·qui:a·ve·*lis*·mo sm.
ma·qui:a·ve·*lis*·ta adj. s2g.
ma·qui:a·ve·li·*zar* v.
ma·qui·*dum* sm.; pl. ·*duns.*

ma·qui·la·*dor* (ô) adj. sm.: maquiador.
ma·qui·*la*·gem sf.; pl. ·*gens*: maquiagem.
ma·qui·*lar* v.: maquiar.
ma·qui·*mo*·no sm.
má·qui·na sf.
má·qui·na-cai·*xão* sf.; pl. máquinas-caixões ou máquinas-caixão.
ma·qui·na·*ção* sf.; pl. ·*ções.*
ma·qui·na·*dor* (ô) adj. sm.
ma·qui·*nal* adj. 2g.; pl. ·*nais.*
ma·qui·na·li·*da*·de sf.
ma·qui·*nan*·te adj. s2g.
ma·qui·*nar* v.
ma·qui·na·*ri*·a sf.
ma·qui·*ná*·ri:o sm.
ma·qui·*né* sm.
ma·qui·*ne*·ta (ê) sf.
ma·qui·*nis*·mo sm.
ma·qui·*nis*·ta adj. s2g.
ma·qui·ri·*ta*·re adj. s2g.
mar sm.
ma·*rá* sm. sf.
ma·ra·ã·*en*·se adj. s2g.
ma·ra·*bá* adj. s2g.
ma·ra·ba·*en*·se adj. s2g.
ma·ra·bi·*ta*·na adj. s2g.: marapitana.
ma·ra·*bu* sm.
ma·ra·*bu*·to sm.
ma·ra·*ca* sf.
ma·ra·*cá* sm.
ma·ra·ca·*boi*·a sf.
ma·ra·ca·*en*·se adj. s2g.
ma·ra·ca:i·*en*·se adj. s2g.
ma·ra·ca·*já* sm.
ma·ra·ca·*já*(s)-*pre*·to(s) sm. (pl.).
ma·ra·ca·ju:*a*·no adj. sm.
ma·ra·ca·ju:*en*·se adj. s2g.
ma·ra·ca·*ná* adj. s2g.
ma·ra·ca·*nã* sm. *ou* sf.
ma·ra·ca·*nã*(s)-a·*çu*(s) sf. *ou* sm. (pl.).
ma·ra·ca·*nã*(s)-do-bu·*ri*·ti sf. *ou* sm. (pl.).
ma·ra·ca·*nã*(s)-gua·*çu*(s) sf. *ou* sm. (pl.).
ma·ra·ca·*nen*·se adj. s2g.
ma·ra·ca·re·*cui*·a sf.
ma·ra·ca·*sen*·se adj. s2g.
ma·ra·ca·ti:*a*·ra sm.
ma·ra·ca·*tim* sm.; pl. ·*tins.*
ma·ra·ca·*tu* sm.
ma·*ra*·cha sf.

ma·ra·*chão* sm.; pl. ·*chões*.
ma·ra·chi·*te*·re adj. s2g.
ma·ra·*chó* adj. s2g.
ma·ra·co·*tão* sm.; pl. ·*tões*.
ma·ra·co·*tei*·ro sm.
ma·ra·cu·*gua*·ra sm.
ma·ra·cu·*já* sm.
ma·ra·cu·já(s)-a·*çu*(s) sm. (pl.).
ma·ra·cu·já(s)-a·*zul* sm.; pl. *maracujás-azuis*.
ma·ra·cu·já(s)-*bran*·co(s) sm. (pl.).
ma·ra·cu·já(s)-de-*ca*·cho sm. (pl.).
ma·ra·cu·já(s)-de-*co*·bra sm. (pl.).
ma·ra·cu·já(s)-de-cor·*ti*·ça sm. (pl.).
ma·ra·cu·já(s)-de-*pe*·dra sm. (pl.).
ma·ra·cu·já(s)-*gran*·de(s) sm. (pl.).
ma·ra·cu·já-me·*lão* sm.; pl. *maracujás-melões* ou *maracujás-melão*.
ma·ra·cu·já-mi·*rim* sm.; pl. *maracujás-mirins*.
ma·ra·cu·já(s)-pin·*ta*·do(s) sm. (pl.).
ma·ra·cu·já(s)-su·ru·*ru*·ca(s) sm. (pl.).
ma·ra·cu·já-sus·*pi*·ro sm.; pl. *maracujás-suspiros* ou *maracujás-suspiro*.
ma·ra·cu·já(s)-ver·*me*·lho(s) sm. (pl.).
ma·ra·cu·ja·*zei*·ro sm.
ma·rad·*jó* adj. s2g.: *maratchó*.
ma·*ra*·fa sf.
ma·ra·*fai*·a sf.
ma·*ra*·fo sm.
ma·ra·*fo*·na sf.
ma·ra·fo·ne:*ar* v.
ma·ra·fo·*nei*·ro sm.
ma·ra·*fun*·da sf.
ma·ra·ga·*ta*·da sf.
ma·ra·ga·*ta*·gem sf.; pl. ·*gens*.
ma·ra·ga·te:*ar* v.
ma·ra·ga·*ti*·ce sf.
ma·ra·ga·*tis*·mo sm.
ma·ra·*ga*·to adj. sm.
ma·ra·go·gi:*en*·se adj. s2g.
ma·ra·go·gi·*pa*·no adj. sm.
ma·ra·go·*gi*·pe adj. sm.
ma·ra·go·gi·*pen*·se adj. s2g.
ma·rai·a·*len*·se adj. s2g.
ma·ra·*já* sm.

ma·ra·ja·*ti*·na sf.
ma·ra·*jó* adj. s2g. sm.
ma·ra·jo:*a*·ra adj. s2g. sm.
ma·ra·*ju*·ba sf.
ma·ram·*bá* sm.
ma·ram·*bai*·a sm.
ma·ram·bai·*ar* v.
ma·ra·mi·*mi* adj. s2g.: *maromimi*.
ma·ran·do·*vá* sm.
ma·ran·*du*·ba sf.: ma·ran·*du*·va.
ma·ran·ga·tu:*a*·no adj. sm.
ma·ran·gua·*pen*·se adj. s2g.
ma·*ra*·nha sf.
ma·ra·*nhão* sm.; pl. ·*nhões*.
ma·ra·*nhar* v.: *emaranhar*.
ma·ra·*nhen*·se adj. s2g.
ma·*ra*·nho sm.
ma·ra·*nho*·so (ô) adj.; f. e pl. (ó).
ma·ra·*ni* sf.
ma·*ran*·ta sf.
ma·ran·*tá*·ce:a sf.
ma·ran·*tá*·ce:o adj.
ma·ra·*pá* sm.
ma·ra·pa·*ju*·ba sf.
ma·ra·pi·*ni*·ma sf.
ma·ra·pi·*ta*·na adj. s2g.: *marabitana*.
ma·ra·pu:*a*·ma sf.
ma·ra·pu:*a*·na sf.
ma·*ras*·ca sf.
ma·ras·*ma*·do adj.
ma·ras·*man*·te adj. 2g.
ma·ras·*mar* v.
ma·ras·*má*·ti·co adj.
ma·ras·mi:*á*·ce:a sf.
ma·ras·mi:*á*·ce:o adj.
ma·*ras*·mo sm.
ma·ras·*mó*·di·co adj.
ma·ras·*qui*·no sm.: *marrasquino*.
ma·*ra*·ta adj. s2g. sf.
ma·ra·ta·*ta*·ca sf.
ma·ra·tau·*á* sm.
ma·rat·*chó* adj. s2g.: *maradjó*.
ma·ra·ti:*á*·ce:a sf.
ma·ra·ti:*á*·ce:o adj.
ma·ra·ti:*a*·le sf.
ma·ra·*tim*·ba s2g.
ma·ra·*to*·na sf.
ma·ra·*tô*·ni:o adj. sm.
ma·*ra*·tro sm.
ma·*rau* sm.
ma·rau·*á* adj. s2g.
ma·rau·a·*ná* adj. s2g.

ma·rau·*en*·se adj. s2g.
ma·rau:*ni*·ta sf.
ma·ra·*va*·lhas sf. pl.
ma·ra·ve·*di* sm.: ma·ra·ve·*dil*; pl. ·*dis*.
ma·ra·*vi*·lha adj. 2g. 2n. sf.
ma·ra·vi·lha-*dor* (ô) adj. sm.
ma·ra·vi·lha(s) do ser·*tão* sf. (pl.).
ma·ra·vi·lha·*men*·to sm.
ma·ra·*vi*·lhar v.
ma·ra·vi·*lhen*·se adj. s2g.
ma·ra·vi·*lho*·so (ô) adj. sm.; f. e pl. (ó).
ma·ra·xim·*bé* sm.
mar·ca sf.
mar·ca·*ção* sf.; pl. ·*ções*.
mar·ca(s)-*d'á*·gua sf. (pl.).
mar·ca(s) de *ju*·das s2g. (pl.).
mar·*ca*·do adj. sm.
mar·ca·*dor* (ô) adj. sm.
mar·ca(s)-*gran*·de(s) sm. (pl.).
mar·ça·*li*·no adj.
mar·ca·*mês* sm.; pl. *marca-meses*.
mar·ça·no sm.
mar·*can*·te adj. 2g. sm.
mar·ca·*pas*·so(s) sm. (pl.).
mar·ca·*pés* sm. 2n.
mar·*car* v.
mar·cas·*si*·ta sf.
mar·*ce*·la sf.: *macela*.
mar·ce·*lão* sm.; pl. ·*lões*: *macelão*.
mar·ce·li:a·*nis*·mo sm.
mar·ce·li:*a*·no adj. sm.
mar·ce·*li*·na sf.
mar·ce·li·*nen*·se adj. s2g.
mar·ce·na·*ri*·a sf.
mar·ce·*nei*·rar v.
mar·ce·*nei*·ro sm.
mar·ces·*cên*·ci:a sf.
mar·ces·*cen*·te adj. 2g.
mar·ces·*cí*·vel adj. 2g.; pl. ·*veis*.
marc·gra·vi:*á*·ce:a sf.
marc·gra·vi:*á*·ce:o adj.
mar·cha sf.
mar·cha-*dor* (ô) adj. sm.
marchand s2g. (fr.: *marchã*).
mar·chan·ta·*ri*·a sf.
mar·*chan*·te adj.
mar·chan·ti:*á*·ce:a sf.
mar·chan·ti:*á*·ce:o adj.
mar·chan·ti:*a*·le sf.
mar·*char* v.
mar·cha(s)-*ran*·cho sf. (pl.).

mar·che-*mar*·che sm.; pl.
   marches-marches ou
   marche-marches.
mar·*che*·ta (ê) sf./Cf. *marcheta*
   (é), do v. *marchetar*.
mar·*che*·ta·do adj. sm.
mar·*che*·tar v.
mar·*che*·ta·ri·a sf.
mar·*che*·te (ê) sm.
mar·*che*·tei·ro sm.
mar·*chi*·nha sf.
mar·ci:*al* adj. 2g.; pl. ·*ais*.
mar·ci:*á*·li·co adj.
mar·ci:a·li·*da*·de sf.
mar·ci:a·li·za·*ção* sf.; pl. ·*ções*.
mar·ci:a·li·*zar* v.
mar·ci:*a*·no adj. sm.
mar·ci:*á*·ti·co adj.
már·ci·do adj.
már·ci:o adj.
mar·co sm.
mar·ço sm. 'mês'/Cf. *marso*.
mar·co·*mâ*·ni·co adj.
mar·co·*ma*·no adj. sm.
mar·con·*den*·se adj. s2g.
mar·de·es·pa·*nhen*·se(s) adj.
   s2g. (pl.).
ma·*ré* sf.
ma·re:a·*ção* sf.; pl. ·*ções*.
ma·re:*a*·do adj.
ma·re:*a*·gem sf.; pl. ·*gens*.
ma·re:*an*·te adj. 2g. sm.
ma·re:*ar* v.
ma·re·*chal* sm.; pl. ·*chais*.
ma·re·cha·*la*·do sm.:
   ma·re·cha·*la*·to.
ma·re·chal de *cam*·po sm.; pl.
   marechais de campo.
ma·re·chal de e·*xér*·ci·to sm.;
   pl. *marechais de exército*.
ma·re·chal do *ar* sm.; pl.
   marechais do ar.
ma·ré(s)-*chei*·a(s) sf. (pl.).
ma·re·gra·*fis*·ta s2g.:
   mareografista.
ma·*ré*·gra·fo sm.: *mareógrafo*.
ma·re·*gra*·ma sm.
mar e *guer*·ra(s) sm. (pl.).
ma·*rei*·ro adj. sm.
ma·re·*ja*·da sf.
ma·re·*jar* v.
ma·*rel* adj. sm.; pl. ·*réis*.
ma·*re*·ma sf.
ma·re·*má*·ti·co adj.
ma·ré me le·va ma·ré me *traz*
   s2g. 2n.
ma·*rê*·me·tro sm.

ma·re·*mo*·ço (ô) sm.
ma·re·*mo*·to sm.
ma·re:o·gra·*fis*·ta s2g.:
   maregrafista.
ma·re:*ó*·gra·fo sm.: *marégrafo*.
ma·re:*ô*·me·tro sm.
ma·re·*si*·a sf.
ma·*re*·ta (ê) sf.
ma·re·*ta*·da sf.
mar·*fa*·do adj.
mar·*far* v.
mar·*fim* sm.; pl. ·*fins*.
mar·fim-ve·ge·*tal* sm.; pl.
   marfins-vegetais.
mar·fi·ni·*zar* v.
mar·ga sf.
mar·*ga*·gem sf.; pl. ·*gens*.
mar·*gar* v.
mar·*gá*·ri·co adj.
mar·ga·*ri*·da sf.
mar·ga·ri·da(s)-a·ma·*re*·la(s)
   sf. (pl.).
mar·ga·ri·da-a·nu:*al* sf.; pl.
   margaridas-anuais.
mar·ga·ri·da(s)-do-*cam*·po sf.
   (pl.).
mar·ga·ri·da(s)-do-trans·*val*
   sf. (pl.).
mar·ga·ri·da-me·*nor* sf.; pl.
   margaridas-menores.
mar·ga·ri·da(s)-ras·*tei*·ra(s)
   sf. (pl.).
mar·ga·ri·*di*·nha sf.
mar·ga·*ri*·na sf.
mar·ga·*ri*·ta sf.
mar·ga·ri·*tá*·ce:o adj.
mar·ga·*tí*·fe·ro adj.
mar·ge:a·*ção* sf.; pl. ·*ções*.
mar·ge:a·*dor* (ô) sm.
mar·ge:*an*·te adj. 2g.
mar·ge:*ar* v.
mar·*gem* sf.; pl. ·*gens*.
mar·gi·na·*ção* sf.; pl. ·*ções*.
mar·gi·*na*·do adj.
mar·gi·na·*dor* (ô) sm.
mar·gi·*nal* adj. 2g. sm.; pl.
   ·*nais*.
mar·gi·na·li·*da*·de sf.
mar·gi·na·*lis*·mo sm.
mar·gi·na·li·za·*ção* sf.; pl. ·*ções*.
mar·gi·na·li·*za*·do adj.
mar·gi·na·li·*zar* v.
mar·gi·*nar* v.
mar·gi·*ná*·ri:o adj.; f.
   marginária/Cf. *marginaria*, do
   v. *marginar*.
mar·gi·na·*tu*·ra sf.

mar·gi·ni·*for*·me adj. 2g.
mar·*gol*·fo sm.; pl. *mares-golfos*
   ou *mares-golfo*.
mar·*go*·so (ô) adj. sm.; f. *e* pl.
   (ó).
mar·*gra*·ve sm.; f. *margravina*.
mar·gra·vi:*a*·do sm.:
   mar·gra·vi:*a*·to.
mar·gra·*vi*·na sf.; f. de *margrave*.
mar·*guei*·ra sf.
mar·*guei*·ro sm.
ma·*ri* sm.
ma·ri·a(s)-*bes*·ta(s) sf. (pl.).
ma·ri·a(s)-*bran*·ca(s) sf. (pl.).
ma·ri·a-ca·*dei*·ra sf.; pl. *marias-
   -cadeiras* ou *maria-cadeiras*.
ma·ri·a-ca·ra·*í*·ba sf.; pl.
   marias-caraíbas ou
   maria-caraíbas.
ma·ri·a(s)-ca·va·*lei*·ra(s) sf.
   (pl.).
ma·ri·a(s)-chi·*qui*·nha(s) sf.
   (pl.).
ma·ri·a(s)-com-a-vo·*vó* sf. (pl.).
ma·ri·a-con·*dé* sf.; pl. *marias-
   -condés* ou *maria-condés*.
ma·ri·a(s)-da-*ser*·ra sf. (pl.).
ma·ri·a(s)-da-*to*·ca sf. (pl.).
ma·ri·a(s)-de-*bar*·ro sf. (pl.).
ma·ri·a-é-*di*·a sf. 2n.
ma·ri·a(s)-fa·*cei*·ra(s) sf. (pl.).
ma·ri·a-fu·*ma*·ça sf.; pl.
   marias-fumaça ou
   marias-fumaças.
ma·ri·a·*gom*·be sf.
ma·ri·a(s)-*go*·mes sf. (pl.).
ma·ri·a(s)-*guen*·za(s) sf. (pl.).
ma·ri·a-i·sa·*bel* sf.; pl. *marias-
   -isabéis* ou *maria-isabéis*.
ma·ri·a-já-é-*di*·a sf. 2n.
ma·ri·a(s)-ju·*di*·a(s) sf. (pl.).
ma·ri·a(s)-*le*·cre(s) sf. (pl.).
ma·ri:*al*·va adj. 2g. sm.
ma·ri·al·*ven*·se adj. s2g.
ma·ri·a-ma·cum·*bé* sf.; pl.
   marias-macumbés ou
   maria-macumbés.
ma·ri·a(s)-mi·*jo*·na(s) adj. 2g.
   2n. (pl.).
ma·ri·a(s)-*mo*·le(s) sf. (pl.).
ma·ri·a-mu·can·*guê* sf.; pl.
   marias-mucanguês ou
   maria-mucanguês.
ma·ri·a(s)-mu·*la*·ta(s) sf. (pl.).
ma·ri·*a*·na sf.
ma·ri·a·na·*gô* sf.; pl.
   marias-nagôs ou *maria-nagôs*.

ma·ri:a·*nei*·ra sf.
ma·ri:a·*nen*·se adj. s2g.
ma·ri:an·*gom*·be sf.
ma·ri:an·*gu* sm.
ma·ri:a·*ni*·nha sf.
ma·ri:a·*nis*·mo sm.
ma·ri:a·*ni*·ta adj. s2g. sf.
ma·ri:an·*ji*·ca sf.
ma·ri:a·no adj. sm.
ma·ri·a(s)-pei·dor·*rei*·ra(s) sf. (pl.).
ma·ri·a·pe·*rei*·ra sf.; pl. *marias--pereiras* ou *marias-pereira*.
ma·ri·a·po·*len*·se adj. s2g.
ma·ri·a(s)-*pre*·ta(s) sf. (pl.).
ma·ri·a(s)-pre·*ti*·nha(s) sf. (pl.).
ma·ri·a(s)-ren·*dei*·ra(s) sf. (pl.).
ma·ri·a-*ri*·ta sf.; pl. *marias-ritas* ou *maria-ritas*.
ma·ri·a-*ro*·sa sf.; pl. *marias-rosas* ou *maria-rosas*.
ma·ri·a(s)-*se*·ca(s) sf. (pl.).
ma·ri·a(s)-sem-ver·*go*·nha sf. (pl.).
ma·ri·a·*té* adj. s2g.: *muriaté*.
ma·ri·a vai com as *ou*·tras s2g. 2n.
ma·ri·a(s)-*ve*·lha(s) sf. (pl.).
ma·ri·a-vi·*tó*·ri:a sf.; pl. *marias-vitórias* ou *maria-vitórias*.
ma·ri·*bon*·do sm.: *marimbondo*.
ma·ri·bon·do(s)-ca·*bo*·clo(s) sm. (pl.): *marimbondo--caboclo*.
ma·ri·bon·do-ca·*ça*·dor sm.; pl. *maribondos-caçadores*: *maribondo-caçador*.
ma·ri·bon·do(s)-ca·*va*·lo(s) sm. (pl.): *marimbondo-cavalo*.
ma·ri·bon·do(s)-cha·*péu*(s) sm. (pl.): *marimbondo--chapéu*.
ma·ri·bon·do-man·gan·*gá* sm.; pl. *maribondos--mangangás* ou *maribondos--mangangá*: *marimbondo--mangangá*.
ma·ri·bon·do-ta·*tu* sm.; pl. *maribondos-tatus* ou *maribondos-tatu*: *marimbondo-tatu*.
ma·*ri*·ca sf.
ma·ri·*cá* sm.
ma·ri·ca·*en*·se adj. s2g.
ma·ri·*ca*·gem sf.; pl. ·gens.

ma·ri·*cão* sm.; pl. ·*cões*.
ma·*ri*·cas sm. 2n.
ma·ri·*cau*·a sm.
ma·ri·ca·*zal* sm.; pl. ·*zais*.
ma·*ri*·co adj. sm.
ma·ri·*da*·do adj.
ma·ri·*da*·gem sf.; pl. ·gens.
ma·ri·*dan*·ça sf.
ma·ri·*dar* v.
ma·ri·de·*di*·a sf.
ma·*ri*·do sm.
ma·ri·do-é-*di*·a sf. 2n.
ma·ri:*en*·se adj. s2g.
ma·ri·*gui* sm.
ma·ri·ju:*a*·na sm.
ma·ri·li:*en*·se adj. s2g.
ma·ri·*mã* adj. s2g.
ma·ri·*ma*·cho sm.
ma·ri·ma·*ri* sm.
ma·rim·ba sf.
ma·rim·*bá* sm.
ma·rim·*bar* v.
ma·rim·*bau* sm.
ma·rim·bo sm.
ma·rim·*bon*·do sm.: *maribondo*.
ma·rim·bon·do(s)-ca·*bo*·clo(s) sm. (pl.): *maribondo-caboclo*.
ma·rim·bon·do-ca·*ça*·dor sm.; pl. *marimbondos-caçadores*: *maribondo-caçador*.
ma·rim·bon·do(s)-ca·*va*·lo(s) sm. (pl.): *maribondo-cavalo*.
ma·rim·bon·do-cha·*péu* sm.; pl. *marimbondos-chapéus* ou *marimbondos-chapéu*: *maribondo-chapéu*.
ma·rim·bon·do-man·gan·*gá* sm.; pl. *marimbondos--mangangás* ou *marimbondos-mangangá*: *maribondo-mangangá*.
ma·rim·bon·do-ta·*tu* sm.; pl. *marimbondos-tatus* ou *marimbondos-tatu*: *maribondo-tatu*.
ma·rim·bu sm.
ma·ri·*mon*·da sm.
ma·*ri*·na sf.
ma·ri·*na*·da sf.
ma·ri·*nar* v.
ma·ri·*ne*·te sf.
ma·rin·*gá* adj. 2g.
ma·rin·ga·*en*·se adj. s2g.
ma·rin·*guim* sm.; pl. ·*guins*.
ma·*ri*·nha sf.
ma·ri·*nha*·gem sf.; pl. ·gens.

ma·ri·*nhar* v.
ma·ri·nha·*res*·co (ê) adj.
ma·ri·nha·*ri*·a sf.
ma·ri·nhei·*rar* v.
ma·ri·nhei·*res*·co (ê) adj.
ma·ri·*nhei*·ro adj. sm.
ma·ri·*nhes*·co (ê) adj.
ma·ri·*nhis*·ta adj. s2g.
ma·*ri*·nho adj. 2g. 2n. sm.
ma·ri·*nis*·mo sm.
ma·ri·*nis*·ta adj. s2g.
ma·*ri*·no adj.
ma·ri:o·la adj. s2g. sf.
ma·ri·o·*la*·da sf.
ma·ri·o·*la*·gem sf.; pl. ·gens.
ma·ri:o·*lar* v.
ma·ri:o·la·*tri*·a sf.
ma·ri:o·*lá*·tri·co adj.
ma·ri:o·*ne*·te sf.
ma·ri·*po*·sa (ô) sf./Cf. *mariposa* (ó), do v. *mariposar*.
ma·ri·po·sa(s)-ci·*ga*·na(s) sf. (pl.).
ma·ri·po·*sar* v.
ma·ri·po·se:*ar* v.
ma·ri·*qui*·nha sm. *e* sf.
ma·ri·*qui*·ta sf.
ma·ri·ri·*çó* sm.
ma·ris·*ca*·da sf.
ma·ris·*ca*·dor (ô) adj. sm.
ma·ris·*car* v.
ma·*ris*·co sm.
ma·*ris*·ma sf.
ma·ris·*quei*·ra sf.
ma·ris·*quei*·ro adj. sm.
ma·*ris*·ta adj. s2g.
ma·ri·*ta*·ca sf.: ma·ri·ta·*ca*·ca.
ma·ri·ta·*fe*·de sf.
ma·ri·*tal* adj. 2g.; pl. ·*tais*.
ma·ri·ta·*ta*·ca sf.
ma·ri·ti·*ci*·da sf.
ma·ri·ti·*cí*·di:o sm.
ma·ri·ti·*mis*·ta s2g.
ma·*rí*·ti·mo adj. sm.
ma·ri·*zei*·ra sf.
marketing sm. (ing.: *márketin*).
mark-up sm. (ing.: *markap*).
mar·li:e·*ren*·se adj. s2g.
mar·*lo*·ta sf.
mar·lo·*tar* v.
mar·ma sf.
mar·*man*·cha sm.; pl. *mares--manchas* ou *mares-mancha*.
mar·*man*·ga sm.; pl. *mares--mangas* ou *mares-manga*.
mar·*man*·jo sm.
mar·me·*la*·da sf.

mar·me·la·da(s)-*bra*·va(s) sf. (pl.).
mar·me·la·da(s)-de-ca-*chor*·ro sf. (pl.).
mar·me·la·da(s)-de-ca-*va*·lo sf. (pl.).
mar·me·la·*dei*·ro sm.
mar·me·lei·*ral* sm.; pl. ·*rais*.
mar·me·*lei*·ro sm.
mar·me·lei·ro(s)-da-*chi*·na sm. (pl.).
mar·me·lei·ro(s)-do-*cam*·po sm. (pl.).
mar·*me*·lo sm.
mar·*mi*·ta sf.
mar·mi·ta(s) de gi·*gan*·te sf. (pl.).
mar·mi·*tei*·ro sm.
mar·mo adj.
mar·mo·ra·*ri*·a sf. 'oficina para mármore'/Cf. *marmorária*, f. de *marmorário*.
mar·mo·*rá*·ri:o adj. sm. 'relativo a mármore'; f. *marmorária*/Cf. *marmoraria*.
már·mo·re sm.
mar·mo·re:a·*ção* sf.; pl. ·*ções*.
mar·mo·re:a·*do* adj. sm.
mar·mo·re:a·*dor* (ô) sm.
mar·mo·re:*ar* v.
mar·mo·*rei*·ra sf.
mar·*mó*·re:o adj.
mar·mo·*ris*·ta s2g.
mar·mo·ri·za·*ção* sf.; pl. ·*ções*.
mar·mo·ri·*za*·do adj. sm.
mar·mo·ri·*za*·dor (ô) adj. sm.
mar·mo·ri·*zar* v.
mar·*mo*·ta sf.
mar·na sf.
mar·*nel* sm.; pl. ·*néis*.
mar·no·*cei*·ro sm.
mar·*no*·ta sf.
mar·no·*ta*·gem sf.; pl. ·*gens*.
mar·no·*tal* adj. 2g.; pl. ·*tais*.
mar·no·*tei*·ro sm.: *marroteiro*.
ma·ro sm.
ma·*roi*·ço sm.: *marouço*.
ma·*ro*·la sf.
ma·ro·*li*·nho sm.
ma·ro·li·nho(s)-do-*cam*·po sm. (pl.).
ma·*ro*·lo (ô) sm.
ma·*ro*·ma sf.
ma·*rom*·ba sf.
ma·rom·*ba*·do adj.
ma·rom·*bar* v.
ma·rom·be:*ar* v.

ma·rom·*bei*·ro adj. sm.
ma·rom·*bis*·ta adj. s2g.
ma·ro·mi·*mi* adj. s2g.: *maramimi*.
ma·ro·*nês* adj. sm.
ma·ro·*ni*·ta adj. s2g.
má·ro:o adj. sm.
ma·*ros*·ca sf.
ma·ro·*ta*·gem sf.; pl. ·*gens*.
ma·ro·te:*ar* v.
ma·ro·*tei*·ra sf.
ma·ro·*tis*·mo sm.
ma·*ro*·to (ô) adj.
ma·*rou*·ço sm.: *maroiço*.
ma·*ro*·va adj. s2g.
mar·*quei*·ro sm.
mar·*quês* sm.
mar·*que*·sa (ê) sf.
mar·que·sa(s)-de-*be*·las sf. (pl.).
mar·que·*sa*·do sm.
mar·que·*sal* adj. 2g.; pl. ·*sais*.
mar·que·*si*·nha sf.
mar·que·*tei*·ro sm.
mar·*qui*·sa sf.: mar·*qui*·se.
mar·qui·*se*·te sf.
mar·ra sf.
mar·*rã* sf.
mar·*ra*·co sm.
mar·*ra*·da sf.
mar·*ra*·fa sf.
mar·*rai*·o sm.
mar·ra·*lhar* v.
mar·ra·*lhei*·ro adj. sm.
mar·ra·*lhi*·ce sf.
mar·*ra*·no adj. sm.
mar·*rão*[1] sm. 'porco'; pl. ·*rões*/ Cf. *marrão*[2].
mar·*rão*[2] sm. 'martelo'; pl. ·*rões*/Cf. *marrão*[1].
mar·*ra*·que sm.
mar·*rar* v.
mar·ras·*qui*·no sm.: *marasquino*.
mar·*ra*·xo adj. sm.
mar·*re*·ca sf.
mar·re·ca-a·na·na·*í* sf.; pl. *marrecas-ananaís* ou *marrecas-ananaí*.
mar·re·ca(s)-a·pa·*í*(s) sf. (pl.).
mar·re·ca(s)--as·so·bi:a·*dei*·ra(s) sf. (pl.): *marreca-assoviadeira*.
mar·re·ca(s)-as·so·vi:a·*dei*·ra(s) sf. (pl.): *marreca-assobiadeira*.
mar·re·ca(s)-ca·*bo*·cla(s) sf. (pl.).

mar·re·ca·ca·ri·*jó* sf.; pl. *marrecas-carijós* ou *marrecas--carijó*.
mar·re·ca(s)-do-pa·*rá* sf. (pl.).
mar·re·ca(s)-dos-pés--en·car·*na*·dos sf. (pl.).
mar·re·ca(s)-gran·de(s)-de--ma·ra·*jó* sf. (pl.).
mar·re·*cão* sm.; pl. ·*cões*.
mar·re·ca·*pe*·ba sf.:
mar·re·ca·*péu*·a.
mar·re·ca(s)-pi:a·*dei*·ra(s) sf. (pl.).
mar·re·ca·*ra*·na sf.
mar·re·ca-toi·*ci*·nho sf.; pl. *marrecas-toicinhos* ou *marrecas-toicinho*: *marreca-toucinho*.
mar·re·ca-tou·*ci*·nho sf.; pl. *marrecas-toucinhos* ou *marrecas-toucinho*: *marreca-toicinho*.
mar·re·ca(s)-vi·*ú*·va(s) sf. (pl.).
mar·*re*·co sm.
mar·*ren*· to adj.
mar·re·*quém* sf.; pl. ·*quéns*.
mar·re·quém-do-i·ga·*pó* sm.; pl. *marrequéns-do-igapó*.
mar·re·*qui*·nha sf.
mar·re·*qui*·nho sm.
mar·re·*qui*·nho(s)-do-*bre*·jo sm. (pl.).
mar·re·*qui*·nho(s)-do-*cam*·po sm. (pl.).
mar·*re*·ta (ê) sf./Cf. *marreta* (é), do v. *marretar*.
mar·re·*ta*·da sf.
mar·re·*tar* v.
mar·*re*·te (ê) sm./Cf. *marrete* (é), do v. *marretar*.
mar·re·*tei*·ro sm.
mar·ro:*a*·da sf.
mar·ro:*az* adj. 2g. sm. 'teimoso'/Cf. *marruás*, sm. e pl. de *marruá*.
mar·*rom* adj. 2g. sm.; pl. ·*rons*.
mar·ro·*quim* sm.; pl. ·*quins*.
mar·ro·*qui*·nar v.
mar·ro·*qui*·no adj. sm.
mar·*ro*·te sm.
mar·ro·*tei*·ro sm.: *marnoteiro*.
mar·*ro*·xo (ô) sm.
mar·ru:*á* sm.; pl. *marruás*/Cf. *marruás*.
mar·ru:*ás* sm. 'touro'; pl. *marruases*/Cf. *marroaz*.
mar·*ru*·co sm.

mar·ru:*ei*·ro sm.
mar·se·*lhês* adj. sm.
mar·se·*lhe*·sa (ê) sf.
marshmallow sm. (ing.: marshmélou).
mar·*sig*·no adj. sm.
ma·*sí*·li:a sf.
mar·si·li:*á*·ce:a sf.
mar·si·li:*á*·ce:o adj.
mar·si·pi:*an*·to sm.
mar·si·po·*brân*·qui:o adj. sm.
mar·so adj. sm. 'povo'/Cf. *março*.
mar·su·pi:*al* adj. 2g. sm.; pl. ·*ais*.
mar·su·pi:a·li·*da*·de sf.
mar·su·pi:a·li·za·*ção* sf.; pl. ·*ções*.
mar·*sú*·pi:o sm.
mar·ta sf.
mar·ta·*gão* sm.; pl. ·*gões*.
mar·te sm.
mar·*tel* sm.; pl. ·*téis*.
mar·te·*la*·da sf.
mar·te·la·*dor* (ô) sm.
mar·te·*la*·gem sf.; pl. ·*gens*.
mar·te·*lão* sm.; pl. ·*lões*; f. martelona.
mar·te·*lar* v.
mar·te·*lei*·ro sm.
mar·te·le·*jar* v.
mar·te·*le*·te (ê) sm.
mar·te·*li*·nho sm.
mar·*te*·lo sm.
mar·te·*lo*·na sf.; f. de *martelão*.
mar·ti·lhar v.: emartilhar.
mar·*tim* sm.; pl. ·*tins*.
mar·tim-ca·*chá* sm.; pl. martins-cachás ou martins--cachá.
mar·tim-ca·*cha*·ça sm.; pl. martins-cachaças ou martins--cachaça.
mar·tim-*gran*·de sm.; pl. martins-grandes.
mar·tim-pe·re·*rê* sm.; pl. martins-pererês.
mar·tim-pes·ca·*dor* sm.; pl. martins-pescadores.
mar·tim-pes·ca·dor-*gran*·de sm.; pl. martins-pescadores--grandes.
mar·tim-pes·ca·dor-pe·*que*·no sm.; pl. martins-pescadores--pequenos.
mar·tim-pes·ca·dor-pin·*ta*·do sm.; pl. martins-pescadores--pintados.
mar·tim-pes·ca·dor-*ver*·de sm.; pl. martins-pescadores--verdes.
mar·ti·*nen*·se adj. s2g.
mar·ti·*ne*·te (ê) sm.
mar·ti·*né*·zi:a sf.
mar·tin·*gal* sm.; pl. ·*gais*.
mar·tin·*ga*·le sm.
mar·ti·nho-cam·*pen*·se(s) adj. s2g. (pl.).
mar·*tí*·ni sm.
mar·ti·ni:*á*·ce:a sf.
mar·ti·ni:*á*·ce:o adj.
mar·ti·*ni*·ca sf.
mar·ti·no·po·*len*·se adj. s2g.
már·tir adj. s2g.
mar·*tí*·ri:o sm.
mar·ti·ri·za·*ção* sf.; pl. ·*ções*.
mar·ti·ri·za·*dor* (ô) adj. sm.
mar·ti·ri·*zan*·te adj. 2g.
mar·ti·ri·*zar* v.
mar·ti·ro·*ló*·gi·co adj.
mar·ti·ro·*ló*·gi:o sm.
mar·ti·ro·lo·*gis*·ta adj. s2g.
mar·ti·*ró*·lo·go sm.
mar·*ti*·ta sf.
mar·ty·ni:*á*·ce:a sf.: martiniácea.
mar·ty·ni:*á*·ce:o adj.: martiniáceo.
ma·ru·*á* adj. s2g.
ma·ru·*bá* sm.
ma·*ru*·fle sm.
ma·*ru*·fo sm.: maluvo.
ma·ru:*í* sm.: ma·ru:*im*; pl. ·*ins*.
ma·ru:i·*nen*·se adj. s2g.
ma·*ru*·ja sf.
ma·ru·*ja*·da sf.
ma·*ru*·jo adj. sm.
ma·ru·*lha*·da sf.
ma·ru·*lha*·do adj.
ma·ru·*lhan*·te adj. 2g.
ma·ru·*lhar* v.
ma·ru·*lhei*·ro adj.
ma·*ru*·lho sm.
ma·ru·*lho*·so (ô) adj.; f. e pl. (ó).
ma·rum·*bé* sm.
ma·rum·*bi* sm.
ma·ru·*pá* sm.
ma·ru·pa·pi·*ran*·ga sf.
ma·ru·pa·*ú*·ba sf.
ma·ru·pi:*a*·ra adj. s2g.
mar·xi:*a*·no (cs) adj. sm.
mar·*xis*·mo (cs) sm.
mar·xis·mo-le·ni·*nis*·mo sm.; pl. marxismos-leninismos ou marxismos-leninismo.
mar·*xis*·ta (cs) adj. s2g.
mar·xis·ta-le·ni·*nis*·ta(s) adj. s2g. (pl.).
mar·za·go·*nen*·se adj. s2g.
mar·*zão* sm.; pl. ·*zões*.
mar·zi·*pã* sm.
mar·*zo*·co (ô) sm.
mas conj. sm. contr. dos pron. *me* e *as*/Cf. *más*, pl. de *má*.
ma·sa·*cá* adj. s2g.
ma·sa·ca·*rá* adj. s2g.
mas·ca sf.
mas·ca·*dor* (ô) adj. sm.
mas·ca·la·de·*ni*·te sf.
mas·ca·le·fi·*dro*·se sf.
mas·ca·li:a·*tri*·a sf.
mas·*car* v.
más·ca·ra sf./Cf. *mascara*, dos v. *mascar* e *mascarar*.
mas·ca·*ra*·da sf.
mas·ca·*ra*·do adj. sm.
mas·ca·*ra*·gem sf.; pl. ·*gens*.
mas·ca·*rão* sm.; pl. ·*rões*.
mas·ca·*rar* v.: emascarar.
mas·ca·*ri*·lha sf.
mas·*car*·ra sf.
mas·car·*rar* v.
mas·ca·*ta*·gem sf.; pl. ·*gens*.
mas·ca·ta·*ri*·a sf.
mas·*ca*·te sm.
mas·ca·te:a·*ção* sf.; pl. ·*ções*.
mas·ca·te:*a*·gem sf.; pl. ·*gens*.
mas·ca·te:*ar* v.
mas·ca·*va*·do adj.
mas·ca·*var* v.
mas·ca·*vi*·nho adj. sm.
mas·*ca*·vo adj. sm.
mas·co adj. sm.
mas·co·*tar* v.
mas·*co*·te sf.
mas·*co*·to (ô) sm./Cf. *mascoto* (ó), do v. *mascotar*.
mas·cu·li·*flo*·ro adj.
mas·cu·li·ni·*da*·de sf.
mas·cu·li·ni·za·*ção* sf.; pl. ·*ções*.
mas·cu·li·ni·*zar* v.
mas·cu·*li*·no adj. sm.
más·cu·lo adj.
mas·de·*ís*·mo sm.
mas·de·*ís*·ta adj. s2g.
mas·*mar*·ro sm.
mas·*mor*·ra (ô) sf.
ma·so·*quis*·mo sm.
ma·so·*quis*·ta adj. s2g.
mas·sa sf. 'mistura, etc.'/Cf. *maça*.

mas·sa(s)-*bru*·ta(s) s2g. (pl.).
mas·sa·*cra*·do adj.
mas·sa·*cran*·te adj. 2g.
mas·sa·*crar* v.
mas·*sa*·cre sm.
mas·sa·*ga*·da sf.
mas·sa·ge:a·*dor* (ô) sm.
mas·sa·ge:*ar* v.
mas·*sa*·gem sf. 'fricção'; pl.
·gens/Cf. *maçagem*.
mas·sa·*gis*·ta adj. s2g.
mas·*sa*·me sm.
mas·sa·*mor*·da (ô) sf.
mas·sa·*pé* sm.: mas·sa·*pê*.
mas·sa·pe:*en*·se adj. s2g.
mas·sa·*ro*·co (ô) sm.
mas·*sau* sm.
mas·*sei*·ra sf.
mas·*sei*·ro sm. 'padeiro'/Cf.
maceiro.
maser sm. (ing.: *mêiser*).
mas·se·*ter* sm.
mas·se·*té·ri*·co adj.
mas·se·te·*ri*·no adj.
más·si·co adj.
mas·si·*co*·te sm.
mas·si·fi·ca·*ção* sf.; pl. ·*ções*.
mas·si·fi·*ca*·do adj.
mas·si·fi·*car* v.
mas·*so*·ca sf.
mas·so·*rá* sf.
mas·so·*re*·ta (ê) sm.
mas·so·te·ra·*pi*·a sf.
mas·*su*·do adj. 'encorpado'/Cf.
maçudo.
mas·*ta*·ba s2g.
mas·ta·de·*ni*·te sf.
mas·tal·*gi*·a sf.
mas·ta·*réu* sm.
mas·ta·tro·*fi*·a sf.
mas·tec·to·*mi*·a sf.
mas·te·ri·za·*ção* sf.; pl. ·*ções*.
más·ti·ca sf.: *mástique*.
mas·ti·ca·*tó·ri*:o adj. sm.
mas·ti·ga·*ção* sf.; pl. ·*ções*.
mas·ti·*ga*·do adj.
mas·ti·ga·*doi*·ro sm.:
mas·ti·ga·*dou*·ro.
mas·ti·*gar* v.
mas·ti·ga·*tó·ri*:o adj. sm.
mas·ti·*gó*·fo·ro adj. sm.
mas·*tim* sm.; pl. ·*tins*.
más·ti·que sm.: *mástica*.
mas·*ti*·te sf.
mas·to·di·*ni*·a sf.
mas·to·*don*·te sm.
mas·to·*dôn*·ti·co adj.

mas·*toi*·de adj. s2g.
mas·*tói*·de:o adj.:
  mas·to·*í*·de:o.
mas·toi·*di*·te sf.
mas·ton·*co*·se sf.
mas·top·*to*·se sf.
mas·to·zo:*á·ri*:o adj. sm.
mas·to·zo·o·lo·*gi*·a sf.
mas·to·zo·o·*ló·gi*·co adj.
mas·to·zo·*ó·ti*·co adj.
mas·tre:a·*ção* sf.; pl. ·*ções*.
mas·tre:*ar* v.
mas·tro sm.
mas·*tru*·ço sm.: mas·*truz*,
mentruz.
mas·tur·ba·*ção* sf.; pl. ·*ções*.
mas·tur·ba·*dor* (ô) adj. sm.
mas·tur·*bar* v.
mas·tur·ba·*tó·ri*:o adj.
ma·ta sf.
ma·ta·ba:i·a·*no*(s) sm. (pl.).
ma·ta·ba·*ra*·ta(s) sm. (pl.).
ma·ta·*bi*·cho(s) sm. (pl.).
ma·ta·*boi*(s) sm. (pl.).
ma·ta·bor·*rão* sm.; pl. *mata*-
-*borrões*.
ma·ta·*bur*·ro(s) sm. (pl.).
ma·ta·ca·*chor*·ro(s) sm. (pl.).
ma·ta·ca·*la*·do sm.
ma·ta·*cão* sm. 'pedregulho'; pl.
·*cães*/Cf. *mata-cão*.
ma·ta·*cão* sm. 'planta'; pl.
mata-cães/Cf. *matacão*.
ma·ta·ca·*va*·lo(s) sm. (pl.).
ma·*ta*·co sm.
ma·ta·*co*·bra(s) sm. (pl.).
ma·*ta*·do adj.
ma·ta·*doi*·ro sm.: *matadouro*.
ma·ta·*dor* (ô) adj. sm.
ma·ta·*do*·ra (ô) adj. sf.; f. de
matador.
ma·ta·*dou*·ro sm.: *matadoiro*.
ma·ta·*du*·ra sf.
ma·ta·*fo*·me(s) sm. (pl.).
ma·ta·*gal* sm.; pl. ·*gais*.
ma·ta·ga·*le*·go(s) sm. (pl.).
ma·ta·*ga*·to(s) sm. (pl.).
ma·ta·*go*·so (ô) adj.; f. e pl. (ó).
ma·ta·gran·*den*·se(s) adj. s2g.
(pl.).
ma·ta·*jun*·ta(s) sf. (pl.).
ma·ta·le:o·*par*·dos sm. 2n.
ma·ta·*lo*·ta·do adj.
ma·ta·*lo*·ta·gem sf.; pl. ·*gens*.
ma·ta·*lo*·te sm.
ma·ta·ma·*tá* sm.
ma·*tam*·bre sm.

ma·*ta*·me sm.
ma·ta·me·em·*bo*·ra sm. 2n.
ma·ta·*moi*·ros sm. 2n.: *mata*-
-*mouros*.
ma·ta·*mos*·cas sm. 2n.
ma·ta·mos·*qui*·to(s) sm. (pl.).
ma·ta·*mou*·ros sm. 2n.: *mata*-
-*moiros*.
ma·ta·nau·*é* adj. s2g.
ma·ta·na·*vi* adj. s2g.
ma·*tan*·ça sf.
ma·ta·*ne*·gro(s) sf. (pl.).
ma·*tão* adj. sm.; pl. ·*tões*.
ma·ta·o·*lho*(s) sm. (pl.).
ma·ta·*pas*·to(s) sm. (pl.).
ma·ta·*pau*(s) sm. (pl.).
ma·ta·*pei*·xe(s) sm. (pl.).
ma·ta·*pi* sm.
ma·ta·pi:o·*lho*(s) sm. (pl.).
ma·*tar* v.
ma·ta·*rá* sm.: *batará*, *mbatará*/
Cf. *matará*, do v. *matar*.
ma·ta·*ra*·na sf.
ma·ta·*ra*·tos adj. 2g. 2n. sm. 2n.
ma·ta·*réu* sm.
ma·ta·*ri* sm.
ma·ta·*ri*·a sf./Cf. *mataria*, do v.
matar.
ma·ta·*ru* sm.
ma·ta·*sa*·no(s) sm. (pl.).
ma·*tas*·sa sf.
ma·ta·ta·*ú*·ba sf.
match-point loc. subst. (ing.:
métchpôint).
ma·te adj. 2g. 2n. sm.
ma·te:a·*dor* (ô) adj. sm.
ma·te:*ar* v.
ma·te(s)-bas·*tar*·do(s) sm. (pl.).
ma·te:*en*·se adj. s2g.
ma·te(s)-es·*pú*·ri:o(s) sm. (pl.).
ma·te(s)-*fal*·so(s) sm. (pl.).
ma·tei·*ren*·se adj. s2g.
ma·*tei*·ro adj. sm.
ma·te·*jar* v.
ma·te·las·*sê* adj. 2g.
ma·te·*má*·ti·ca sf.
ma·te·ma·ti·ci·*da*·de sf.
ma·te·*má*·ti·co adj. sm.
ma·te·ma·*tis*·mo sm.
ma·*ten*·se adj. s2g.
ma·te:o·lo·*gi*·a sf.
ma·te:o·*ló·gi*·co adj.
ma·te:o·lo·*gis*·ta adj. s2g.
ma·te·*ó*·lo·go sm.
ma·te:o·tec·*ni*·a sf.
ma·*té*·ri:a sf.
ma·te·ri:*al* adj. 2g. sm.; pl. ·*ais*.

ma·te·ri:a·*lão* adj. sm.; pl. ·*lões*; f. *materialona*.
ma·te·ri:a·li·*da*·de sf.
ma·te·ri:a·*lis*·mo sm.
ma·te·ri:a·*lis*·ta adj. s2g.
ma·te·ri:a·li·za·*ção* sf.; pl. ·*ções*.
ma·te·ri:a·li·za·*dor* (ô) adj. sm.
ma·te·ri:a·li·*zan*·te adj. 2g.
ma·te·ri:a·li·*zar* v.
ma·te·ri:a·*lo*·na adj. sf.; f. de *materialão*.
ma·té·ri:a(s)-*pri*·ma(s) sf. (pl.).
ma·té·ri:o-es·pi·ri·tu:*al* adj. s2g.; pl. *matério-espirituais*.
ma·ter·*nal* adj. 2g.; pl. ·*nais*.
ma·ter·ni·*da*·de sf.
ma·*ter*·no adj.
ma·te·si:o·lo·*gi*·a sf.
ma·te·si:o·*ló*·gi·co adj.
ma·*te*·te sm.
ma·te·*tê* sm.
ma·*teus* sm. 2n.
ma·teus-le·*men*·se(s) adj. s2g. (pl.).
ma·teus-su·*li*·no(s) adj. sm. (pl.).
ma·ti·*car* v.
ma·ti·co(s)-*fal*·so(s) sm. (pl.).
ma·ti·*dez* (ê) sf.
ma·ti:*en*·se adj. s2g.
ma·*ti*·lha sf.
ma·tim·pe·re·*rê* sm.: *matintapereira*, *matitapererê*.
ma·*ti*·na sf.
ma·ti·*na*·da adj. 2g. sf.
ma·ti·na·*dor* (ô) adj. sm.
ma·ti·*nal* adj. 2g.; pl. ·*nais*.
ma·ti·*nar* v.
ma·ti·*nas* sf. pl.
ma·ti·*nê* sf.
ma·ti·*nei*·ro adj. sm.
ma·ti·*nhen*·se adj. s2g.
ma·tin·ta·pe·*rei*·ra sm.: ma·tin·ta·pe·*re*·ra, *matimpererê*, *matitaperê*.
ma·ti·pu:*í* adj. s2g.
ma·ti·*rão* sm.; pl. ·*rões*.
ma·ti·*ri* sm.
ma·*tis*·ta adj. s2g.
ma·ti·ta·pe·*rê* sm.: *matimpererê*, *matintapereira*.
ma·*tiz* sm.
ma·ti·za·*ção* sf.; pl. ·*ções*.
ma·ti·*zar* v.
ma·to sm.
ma·to:*en*·se adj. s2g.
ma·to-gros·*sen*·se(s) adj. s2g. (pl.).

ma·to·*lão* sm. 'alforje'; pl. ·*lões*/ Cf. *matulão*.
ma·*tom*·bo sm.: *matumbo*.
ma·to·*nen*·se adj. s2g.
ma·to·ni:*á*·ce:a sf.
ma·to·ni:*á*·ce:o adj.
ma·tor·*ral* sm.; pl. ·*rais*.
ma·*to*·so (ô) adj.; f. e pl. (ó).
ma·to·zi·*nhen*·se adj. s2g.
ma·*tra*·ca sf.
ma·tra·ca(s) de qua·*res*·ma sf. (pl.).
ma·tra·*car* v.
ma·tra·co·le·*jan*·te adj. 2g.
ma·tra·co·le·*jar* v.
ma·tra·que:*a*·do adj. sm.
ma·tra·que:a·*dor* (ô) adj. sm.
ma·tra·que:*ar* v.
ma·*traz* sm.
ma·*trei*·rar v.
ma·*trei*·re:*ar* v.
ma·trei·*ri*·ce sf.
ma·*trei*·ro adj.
ma·tri:*ar*·ca sf.
ma·tri:ar·*ca*·do sm.
ma·tri:ar·*cal* adj. 2g.; pl. ·*cais*.
ma·tri·*cá*·ri:a sf.
ma·tri·ci:*al* adj. 2g.; pl. ·*ais*.
ma·tri·*ci*·da adj. s2g.
ma·tri·*cí*·di:o sm.
ma·*trí*·cu·la sf./Cf. *matricula*, do v. *matricular*.
ma·tri·cu·*la*·do adj. sm.
ma·tri·cu·*lan*·do sm.
ma·tri·cu·*lar* v.
ma·tri·li·ne:*ar* adj. 2g.
ma·tri·lo·*cal* adj. 2g.; pl. ·*cais*.
ma·tri·mo·ni:*al* adj. 2g.; pl. ·*ais*.
ma·tri·mo·ni:*ar* v.
ma·tri·mo·ni:*á*·vel adj. 2g.; pl. ·*veis*.
ma·tri·*mô*·ni:o sm.
ma·trin·*xã* s2g.: ma·trin·*xão* sm.; pl. ·*xões*.
má·tri:o adj.
ma·tri·*ten*·se adj. s2g.
ma·*triz* sf.
ma·tri·za·*ção* sf.; pl. ·*ções*.
ma·tri·za·*dor* (ô) sm.
ma·tri·za·*gem* sf.; pl. ·*gens*.
ma·tri·*zar* v.
ma·triz-ga·*ve*·ta sf.; pl. *matrizes-gavetas* ou *matrizes-gaveta*.
ma·*tro*·ca sf., na loc. *à matroca*.

ma·*tro*·na sf.
ma·tro·*na*·ça sf.
ma·tro·*nal* adj. 2g.; pl. ·*nais*.
ma·tru·*car* v.
ma·*tru*·co sm.
ma·tru·*quei*·ro sm.
ma·*tu*·la sf. 'corja, farnel'/Cf. *mátula*.
má·tu·la sf. 'gamela'/Cf. *matula*.
ma·tu·*la*·gem sf.; pl. ·*gens*.
ma·tu·*lão* sm. 'vadio'; pl. ·*lões*; f. ·*lo*·na/Cf. *matolão*.
ma·*tum*·bo sm.: *matombo*.
ma·tun·*ga*·da sf.
ma·tun·*ga*·ma sf.
ma·tun·*gão* sm.; pl. ·*gões*.
ma·*tun*·go sm.
ma·tu·*pá* sm.
ma·tu·*pi*·ri sm.
ma·tu·ra·*ção* sf.; pl. ·*ções*.
ma·tu·ra·ci:o·*nal* adj. 2g.; pl. ·*nais*.
ma·tu·*ra*·do adj.
ma·tu·ra·*dor* (ô) adj. sm.
ma·tu·ra·*qué* sm.
ma·tu·*rar* v.
ma·tu·ra·*ti*·vo adj.
ma·tu·res·*cên*·ci:a sf.
ma·tu·res·*cen*·te adj. 2g.
ma·*tu*·ri sm.
ma·tu·ri·*da*·de sf.
ma·tur·ran·*ga*·da sf.
ma·tur·ran·*gar* v.
ma·tur·*ran*·go sm.: *maturrengo*.
ma·tur·ran·gue:*ar* v.
ma·tur·*rão* sm.; pl. ·*rões*.
ma·tur·*ren*·go sm.: *maturrango*.
ma·tur·ren·gue:*ar* v.
ma·*tu*·ru sm.
ma·tu·sa·*lém* sm.; pl. ·*léns*.
ma·tu·sa·*lê*·ni·co adj.
ma·tus·*que*·la s2g.
ma·tu·ta·*ção* sf.; pl. ·*ções*.
ma·tu·*ta*·da sf.
ma·tu·*ta*·gem sf.; pl. ·*gens*.
ma·tu·*tar* v.
ma·tu·*ti*·ce sf.
ma·tu·*ti*·na sf.
ma·tu·ti·*nal* adj. 2g.; pl. ·*nais*.
ma·tu·ti·*ná*·ri:o adj. sm.
ma·tu·ti·*nen*·se adj. s2g.
ma·tu·*ti*·no adj. sm.
ma·*tu*·to adj. sm.
mau adj. sm. 'nocivo'/Cf. *mal* e *maú*.
ma·*ú* sm. 'ave'/Cf. *mau*.
mau·a·*en*·se adj. s2g.

mau·a:i·*a*·na adj. s2g.
mau·a·*ri* sm.
mau·*au*·a adj. s2g.
ma·*ú*·ba sf.
mau-ca-*rá*·ter s2g.; pl. *maus-
-caracteres*.
mau·*é* adj. s2g.
mau·e·*sen*·se adj. s2g.
mau·e·za (ê) sf.
ma·*ú*·jo sm.
mau·la adj. 2g.
mau·li:e·*ni* adj. s2g.
ma·*un*·ça sf.
mau(s)-o-*lha*·do(s) sm. (pl.).
mau·*res*·co (ê) adj. sm.
mau·ri·*ci*·nho sm.
mau·ri:*en*·se adj. s2g.
mau·ri·*tâ*·ni:a sf.
mau·ri·*ta*·no adj. sm.
mau·ri·ti:*en*·se adj. s2g.
mau·ro adj. sm.
máu·ser sf.
mau·so·*léu* sm.
maus-*tra*·tos sm. pl.
mau(s)-vi·*zi*·nho(s) sm. (pl.).
mau·*zão* adj. sm.; pl. ·*zões*; f.
·*zo*·na.
ma·vi:o·si·*da*·de sf.
ma·vi:*o*·so (ô) adj.; f. *e* pl. (ó).
ma·*vór*·ci:o adj.
ma·*vór*·ti·co adj.
ma·vor·*tis*·mo sm.
ma·xa·ca·*li* adj. s2g.:
  ma·xa·ca·*ri*.
ma·xam·*be*·ta (ê) sf.
ma·xam·*bom*·ba sf.
má·xi (cs) adj. s2g.
ma·xi·ca·*sa*·co (cs) sm.
ma·xi·*co*·te sm.
ma·*xi*·la (cs) sf.
ma·xi·*lar* (cs) adj. sm.
ma·xi·*lí*·pe·de (cs) sm.
ma·xi·*lí*·po·de (cs) sm.
ma·xi·*li*·te (cs) sf.
ma·xi·*lo*·so (cs...ô) adj.; f. e pl. (ó).
ma·*xim* sm. 'faca'; pl. ·*xins*/Cf. *machim*.
má·xi·ma (cs ou ss) sf.
ma·xi·ma·*ção* (cs ou ss) sf.; pl. ·*ções*.
ma·xi·ma·*dor* (cs ou ss...ô) adj.
ma·xi·*mal* (cs ou ss) adj. 2g.; pl. ·*mais*.
ma·xi·ma·li·*da*·de (cs ou ss) sf.
ma·xi·ma·*lis*·mo (cs ou ss) sm.

ma·xi·ma·*lis*·ta (cs ou ss) adj. s2g.
ma·xi·ma·li·*zar* (cs ou ss) v.
ma·xi·*man*·te (cs ou ss) adj. 2g. sm.
ma·xi·*má*·ri:o (cs ou ss) sm.
ma·xi·*má*·vel (cs ou ss) adj. 2g.; pl. ·*veis*.
má·xi·me (cs ou ss) adv.
ma·xi·mi·za·*ção* (cs ou ss) sf.; pl. ·*ções*.
ma·xi·mi·*zar* (cs ou ss) v.
má·xi·mo (cs ou ss) adj. sm.
ma·xi·*ro*·na adj. s2g.
ma·xis·*sai*·a (cs) sf.
ma·xi·ves·*ti*·do (cs) sm.
ma·xi·*xar* v.
ma·*xi*·xe sm.
ma·xi·*xei*·ro adj. sm.
ma·xu·*bi* adj. s2g.
ma·xu·*ru*·na adj. s2g.
maxwell sm. (ing.: *mácsuel*)
ma·za·ga·*nen*·se adj. s2g.
ma·za·*grã* sm.
ma·*za*·ma sm.
ma·*zan*·za adj. s2g.
ma·*zan*·zar v.
ma·*ze*·la sf.
ma·ze·*la*·do adj.
ma·ze·*lar* v.
ma·ze·*lei*·ro adj.
ma·ze·*len*·to adj.
ma·zom·*bi*·ce sf.
ma·*zom*·bo adj. sm.
ma·*zor*·ca sf.
ma·zor·*quei*·ro adj. sm.
ma·zor·*ral* adj. 2g.; pl. ·*rais*: *maçorral*.
ma·*zor*·ro (ô) adj. sm.
ma·*zur*·ca sf.
mba·cai·*á* sm.
mba·ta·*rá* sm.: *matará*.
mbi:*á* adj. s2g.
mboi sf.
mboi·a sf.
mbu:*í* sm.
me pron.
mê sm.
me:*ã* adj. sf.; f. de *meão*.
me:a·*ção* sf.; pl. ·*ções*.
me:a·*cul*·pa sm., na loc. *fazer mea-culpa* 'arrepender-se'.
me:*a*·da sf. 'porção de fio'/Cf. *miada*.
me:a·*dei*·ra sf.
me:*a*·do adj. sm. 'meio'/Cf. *miado*.

me:*a*·lha sf.
me:a·*lhei*·ro adj. sm.
me:an·*drar* v.
me:*ân*·dri·co adj.
me:*an*·dro sm.
me:*an*·te adj. 2g. sm.
me:*ão* sm.; pl. *meãos*; f. *meã*.
me:*ar* v. 'dividir'/Cf. *miar*.
me:*a*·to sm.
me·ca sf.
me·ca·*nal* adj. 2g. sm.; pl. ·*nais*.
me·*câ*·ni·ca sf.
me·ca·ni·*cis*·mo sm.
me·ca·ni·*cis*·ta adj. s2g.
me·*câ*·ni·co adj. sm.
me·ca·*nis*·mo sm.
me·ca·ni·za·*ção* sf.; pl. ·*ções*.
me·ca·ni·*za*·do adj.
me·ca·ni·*zar* v.
me·ca·no·gra·*fi*·a sf.
me·ca·no·*grá*·fi·co adj.
me·ca·*nó*·gra·fo sm.
me·ca·no·*quí*·mi·co adj. sm.
me·ca·nos·*cri*·to sm.
me·ca·no·te·ra·*pi*·a sf.
me·ca·no·te·*rá*·pi·co adj.
me·ca·no·ti·*pi*·a sf.
me·*cáp*·te·ro adj. sm.
me·cas sf. pl. 'jogo'/Cf. *meças*.
me·ças sf. pl. 'medição'/Cf. *mecas*.
me·*cê* pron.
me·*ce*·nas sm. 2n.
me·ce·*na*·to sm.
me·*cê*·ni·co adj.
me·cha sf.
me·char v.
me·cho:a·*cão* sm.; pl. ·*cães*.
me·co adj. sm.
me·*cô*·me·tro sm.
me·*cô*·ni:o sm.
me·*có*·po·de adj. 2g.
me·*cóp*·te·ro adj. sm.
me·da sf.
me·da·lha sf.
me·da·*lhão* sm.; pl. ·*lhões*.
me·da·*lhar* v.
me·da·*lhá*·ri:o sm.
me·da·*lhei*·ro sm.
me·da·*lhis*·ta adj. s2g.
me·da·*lhís*·ti·ca sf.
me·da·lho·*nis*·mo sm.
mé·dão sm.; pl. ·*dãos*.
me·*dei*·xes sm. pl.
me·de·*lé*·gu:as sm. 2n.
me·de·*pal*·mas sm. 2n.
mé·di:a sf.

me·di:a·ção sf.; pl. ·ções.
me·di:a·dor (ô) adj. sm.
me·di:al adj. 2g.; pl. ·ais.
me·di:a·na sf.
me·di:a·nei·ro adj. sm.
me·di:a·ni·a sf.
me·di:a·niz sf.
me·di:a·no adj.
me·di:an·te adj. 2g. prep. sm. sf.
me·di:ar v.
me·di:as·ti·ni·te sf.
me·di:as·ti·no sm.
me·di:a·tá·ri:o adj. sm.
me·di:a·to adj.
me·di:a·triz sf.
mé·di·ca sf./Cf. medica, do v. medicar.
me·di·ca·ção sf.; pl. ·ções.
me·di·cal adj. 2g.; pl. ·cais.
me·di·ca·men·ta·ção sf.; pl. ·ções.
me·di·ca·men·tar v.
me·di·ca·men·to sm.
me·di·ca·men·to·so (ô) adj.; f. e pl. (ó).
me·di·can·ça sf.
me·di·can·do adj. sm.
me·di·ção sf.; pl. ·ções.
me·di·car v.
me·di·cas·tro sm.
me·di·ca·ti·vo adj.
me·di·ca·triz adj.; f. de medicador.
me·di·cá·vel adj. 2g.; pl. ·veis.
me·di·ci·na sf.
me·di·ci·nal adj. 2g.; pl. ·nais.
me·di·ci·nar v.
me·di·ci·nei·ro sm.
mé·di·co adj. sm./Cf. medico, do v. medicar.
mé·di·co-ci·rur·gi:ão sm.; pl. médicos-cirurgiões ou médicos-cirurgiães.
mé·di·co-den·tá·ri:o(s) adj. (pl.).
mé·di·co-hos·pi·ta·lar adj. 2g.; pl. médicos-hospitalares.
mé·di·co-le·gal adj. 2g.; pl. médico-legais.
mé·di·co(s)-le·gis·ta(s) sm. (pl.).
me·di·da sf.
me·di·da·gem sf.; pl. ·gens.
me·di·dei·ra sf.
me·di·dor (ô) adj. sm.
me·di:e·val adj. 2g.; pl. ·vais.
ma·di:e·va·li·da·de sf.

me·di:e·va·lis·mo sm.
me·di:e·va·lis·ta adj. s2g.
me·di:é·vi·co adj.
me·di:e·vis·mo sm.
me·di:e·vis·ta adj. s2g.
me·di:e·vo adj. sm.
me·di·ma·rí·me·tro sm.
me·di·nen·se adj. s2g.
mé·di:o adj. sm./Cf. media, do v. medir.
me·di:o·cra·ci·a sf.
me·di:o·crão sm.; pl. ·crões.
me·di:o·crá·ti·co adj.
me·dí:o·cre adj.
me·di:o·cri·da·de sf.
me·di:o·cri·za·ção sf.; pl. ·ções.
me·di:o·cri·zar v.
me·di:o·de·vô·ni·co adj.
me·di:o·dor·sal adj. 2g.; pl. ·sais.
me·di:o·dor·so (ô) sm.
me·di:o·fron·tal adj. 2g.; pl. ·tais.
me·di:ô·ni:o adj. sm.
me·di:o·pa·la·tal adj. 2g.; pl. ·tais.
me·di:o·pas·si·vo adj.
me·dir v.
me·di·ta·bun·do adj.
me·di·ta·ção sf.; pl. ·ções.
me·di·ta·dor (ô) adj. sm.
me·di·tar v.
me·di·ta·ti·vo adj.
me·di·tá·vel adj. 2g.; pl. ·veis.
me·di·ter·râ·ne:o adj. sm.
me·di·ter·râ·ni·co adj.
mé·di:um s2g.; pl. ·uns.
me·di:ú·ni·co adj.
me·di:u·ni·da·de sf.
medley sm. (ing.: médlei).
me·do adj. sm. 'povo'/Cf. medo (ê).
me·do (ê) sm. 'temor'/Cf. medo.
me·do·nho adj.
me·dor·rei·a sf.
me·dra sf.
me·dran·ça sf.
me·drar v.
me·dri·ca s2g.
me·dro·nhal sm.; pl. ·nhais.
me·dro·nhei·ro sm.
me·dro·nho adj. sm.
me·dro·so (ô) adj. sm.; f. e pl. (ó).
me·du·la sf.
me·du·lar adj. 2g. v.
me·du·lo·sá·ce:a sf.

me·du·lo·sá·ce:o adj.
me·du·lo·so (ô) adj.; f. e pl. (ó).
me·du·sa sf.
me·du·sa·gi·ná·ce:a sf.
me·du·sa·gi·ná·ce:o adj.
me·du·san·drá·ce:a sf.
me·du·san·dra·le sf.
me·du·sá·ri:o adj.
me·du·sei·a adj.; f. de meduseu.
me·du·seu adj.; f. meduseia.
me·dú·si·co adj.
me:ei·ro adj. sm.
me·fis·to·fé·li·co adj.
me·fí·ti·co adj.
me·fi·tis·mo sm.
megabyte sm. (ing.: megabáit).
me·ga·ci·clo sm.
me·ga·dri·lo sm.
me·ga:e·sô·fa·go sm.
me·ga·fo·ne sm.: me·ga·fo·no.
me·ga-hertz sm. 2n.
me·ga·lan·to adj.
me·ga·le·go·ri·a sf.
me·ga·li·no sm.
me·gá·li:o sm.
me·ga·lí·ti·co adj.
me·gá·li·to sm.
me·ga·lo·blas·to sm.
me·ga·lo·ce·fa·li·a sf.
me·ga·lo·cé·fa·lo adj.
me·ga·ló·ci·to sm.
me·ga·ló·go·no adj.
me·ga·lo·gra·fi·a sf.
me·ga·lo·grá·fi·co adj.
me·ga·ló·gra·fo sm.
me·ga·lo·ma·ni·a sf.
me·ga·lo·ma·ní:a·co adj. sm.
me·ga·lô·ma·no sm.
me·ga·lo·pi·a sf.
me·ga·ló·pi·co adj.
me·ga·lo·pi·gí·de:o adj. sm.
me·ga·ló·po·le sf.
me·ga·ló·po·ro adj.
me·ga·lóp·te·ro adj. sm.
me·ga·los·ple·ni·a sf.
me·ga·los·sau·ro sm.
me·ga·nha sm.
me·ga·ohm sm.; pl. irreg. ·ohms: megohm.
me·ga·par·sec sm.: me·ga·par·se·que.
me·gá·ri·co adj.
me·gas·có·pi·co adj.
me·gas·có·pi:o sm.
megastore sf. (ing.: megastór).
me·gas·se·na sf.
me·ga·te·rí·de:o adj. sm.

me·ga·té·ri:o sm.
me·ga·tér·mi·co adj.
me·ga·ter·mo adj.
me·ga·ton sm.
me·ga·watt sm.
me·ge·ra sf.
me·gis·ta·ne adj. sm.
ma·gis·to·cé·fa·lo adj.
me·gohm sm.; pl. irreg. ·gohms: megaohm.
mei·a sf.
mei·a·á·gua sf.; pl. meias-águas ou meia-águas.
mei·a·ar·ma·dor sm.; pl. meias-armadores.
mei·a(s)·cal·ça(s) sf. (pl.).
mei·a(s)·ca·na(s) sf. (pl.).
mei·a(s)·can·cha(s) sf. (pl.).
mei·a(s)·ca·nha(s) sf. (pl.).
mei·a(s)·ca·ra(s) s2g. (pl.).
mei·a(s)·cla·ri·da·de(s) sf. (pl.).
mei·a-co·lher sm. pl. meias--colheres.
mei·a-con·fec·ção sf.; pl. meias--confecções.
mei·a(s)·co·ro·nha(s) sf. (pl.).
mei·a(s)·di·rei·ta(s) sf. (pl.).
mei·a-en·ca·der·na·ção sf.; pl. meias-encadernações.
mei·a(s)·en·tra·da(s) sf. (pl.).
mei·a(s)·es·pes·su·ra(s) sf. (pl.).
mei·a(s)·es·qua·dri·a(s) sf. (pl.).
mei·a(s)·es·quer·da(s) s2g. (pl.).
mei·a-es·ta·ção sf.; pl. meias--estações.
mei·á·gua sf.
mei·a(s)·i·da·de(s) sf. (pl.).
mei·a(s)·la·gar·ta(s) sf. (pl.).
mei·a(s)·la·ran·ja(s) sf. (pl.).
mei·a(s)·lé·gua(s) sf. (pl.).
mei·a(s)·lín·gua(s) sf. (pl.).
mei·a(s)·lo·na(s) sf. (pl.).
mei·a(s)·lu·a(s) sf. (pl.).
mei·a(s)·lu·va(s) sf. (pl.).
mei·a-luz sf.; pl. meias-luzes.
mei·a(s)·más·ca·ra(s) sf. (pl.).
mei·a(s)·mo·ra·da(s) sf. (pl.).
mei·a(s)·nau(s) sf. (pl.).
mei·a(s)·noi·te(s) sf. (pl.): mei·a(s)·nou·te(s).
mei·a(s)·pa·ta·ca(s) sf. (pl.).
mei·a-pon·ten·se(s) adj. s2g. (pl.).
mei·a(s)·por·ta(s) sf. (pl.).
mei·a(s)·pra·ça(s) sm. (pl.).
mei·a(s)·ré·de:a(s) sf. (pl.).

mei·a(s)·ro·tun·da(s) sf. (pl.).
mei·a(s)·so·la(s) sf. (pl.).
mei·a(s)·ti·ge·la(s) sf. (pl.).
mei·a(s)·tin·ta(s) sf. (pl.).
mei·a(s)·vi·da(s) sf. (pl.).
mei·a(s)·vol·ta(s) sf. (pl.).
mei·a-voz sf.; pl. meias-vozes.
mei·go adj.
mei·gui·ce sf.
mei·gui·cei·ro adj.
mei·jo:a·da sf.
mei·men·dro sm.
mei·mi·nho sm.
mei·na·co adj. s2g.
mei·o adj. sm. num. adv.
mei·o(s)·bus·to(s) sm. (pl.).
mei·o(s)·chum·bo(s) sm. (pl.).
mei·o·ci·ca sf.
mei·o·cla·ro(s) adj. sm. (pl.).
mei·o·co·pei·ro(s) adj. (pl.).
mei·o(s)·cor·po(s) sm. (pl.).
mei·o(s)·di·a(s) sm. (pl.).
mei·o(s)·fe·ri:a·do(s) sm. (pl.).
mei·o(s)·fi·no(s) adj. sm. (pl.).
mei·o(s)·fi:o(s) sm. (pl.).
mei·o-lar·go(s) adj. (pl.).
mei·o(s)·lu·to(s) sm. (pl.).
mei·o(s)·mé·di:o(s) adj. sm. (pl.).
mei·o(s)·na·vi:o(s) sm. (pl.).
mei·o(s)·nor·te(s) sm. (pl.).
mei·o(s)·pei·xe(s) sm. (pl.).
mei·o(s)·pe·sa·do(s) adj. sm. (pl.).
mei·o(s)·pre·to(s) adj. sm. (pl.).
mei·o-qua·dra·tim sm.; pl. meios-quadratins.
mei·o(s)·qui·lo(s) sm. (pl.).
mei·o-re:al sm.; pl. meios-reais.
mei·o(s)·re·don·do(s) sm. (pl.).
mei·o(s)·re·le·vo(s) sm. (pl.).
mei:o·se sf.
mei·o(s)·ser·vi·ço(s) sm. (pl.).
mei·o(s)·sol·do(s) sm. (pl.).
mei·o(s)·so·no(s) sm. (pl.).
mei·o(s)·so·pra·no(s) s2g. (pl.).
mei·o·ta sf.
mei·o(s)·ter·mo(s) sm. (pl.).
mei·ó·ti·co adj.
mei·o(s)·ti·jo·lo(s) sm. (pl.).
mei·o-tom sm.; pl. meios-tons.
mei·o(s)·vo·o(s) sm. (pl.).
mei·ri·nha·do sm.
mei·ri·nhar v.
mei·ri·nho sm.
mei·ri·nho-mor sm.; pl. meirinhos-mores.

mei·ru(s)·de·pre·to sm. (pl.).
mei·zi·nha sf.: mezinha.
mel sm.; pl. méis e meles.
me·la sf.
me·la·cei·ro sm.
me·la·ço sm.
me·la·di·nha sf.
me·la·di·nha(s)·fal·sa(s) sf. (pl.).
me·la·do adj. sm.
me·la·dor (ô) sf.
me·la·du·ra sf.
me·lá·fi·ro sm.
me·la·fó·li:o sm.
me·lam·bo sm.
me·la·mi·na sf.
me·la·na·go·go (ô) adj. sm.
me·la·nan·to adj.
me·lan·ça sf.
me·lan·ci·a sf.
me·lan·ci·a(s)·da·prai·a sf. (pl.).
me·lan·ci·a(s)·de·co·bra sf. (pl.).
me·lan·ci:al sm.; pl. ·ais.
me·lan·ci:ei·ra sf.
me·lan·ci:ei·ro sm.
me·lan·co·li·a sf.
me·lan·có·li·co adj.
me·lan·co·li·za·dor (ô) adj.
me·lan·co·li·zar v.
me·la·ne·mi·a sf.
me·la·nê·mi·co adj. sm.
me·la·né·si:o adj. sm.
me·lan·gás·tre:o adj.
me·la·ni·a sf.
me·lâ·ni·co adj.
me·la·ni·na sf.
me·la·nis·mo sm.
me·la·ni·ta sf.
me·la·ni·zar v.
me·la·no·car·po adj.
me·la·no·cé·fa·lo adj.
me·la·no·cé·ra·so sm.
me·la·nó·ce·ro adj.
me·la·no·der·mi·a sf.
me·la·no·fí·ce:a sf.
me·la·no·fí·ce:o adj.
me·la·nof·tal·mo adj. sm.
me·la·no·ma sm.
me·la·no·pe adj. 2g.
me·la·nóp·te·ro adj.
me·la·nor·ra·gi·a sf.
me·la·nor·rei·a sf.
me·la·no·se sf.
me·la·nos·per·mo adj.
me·la·nos·sar·co·ma sm.
me·la·nós·to·mo adj.

me·la·*nó*·ti·co adj. sm.
me·la·*nó*·tri·co adj.
me·la·no·*xan*·to (cs) adj. sm.
me·*lân*·te·mo sm.
me·lan·*té*·ri:a sf.
me·lan·te·*ri*·ta sf.
me·la·*nú*·ri:a sf.: me·la·nu·*ri*·a.
me·la·*nu*·ro adj.
me·*lão* sm.; pl. ·*lões*.
me·lão-ca·*bo*·clo sm.; pl. *melões-caboclos*.
me·lão-de-mor·*ce*·go sm.; pl. *melões-de-morcego*.
me·lão-de-são-ca:e·*ta*·no sm.; pl. *melões-de-são-caetano*.
me·lão-de-sol·*da*·do sm.; pl. *melões-de-soldado*.
me·*lar* v.
me·*las*·mo sm.
me·las·to·*má*·ce:a sf.
me·las·to·*má*·ce:o adj.
me·las·to·ma·*tá*·ce:a sf.
me·las·to·ma·*tá*·ce:o adj.
me·la·to·*ni*·na sf.
me·la·tro·*fi*·a sf.
mel·ca·*tre*·fe adj. sm.
mel·co·*cha*·do sm.
mel-de-*an*·ta sm.; pl. *méis-de-anta*.
mel-de-ca·*chor*·ro sm.; pl. *méis-de-cachorro*.
mel-de-*pau* sm.; pl. *méis-de-pau*.
mel-de-*sa*·po sm.; pl. *méis-de-sapo*.
me·*lé* sm. 'curinga'/Cf. *melê*.
me·*lê* sm. 'confusão'/Cf. *melé*.
me·*le*·ca sf.
me·*lei*·ra sf.
me·*lei*·ro sm.
me·*le*·na sf.
me·le·*nu*·do adj.
mé·le:o adj.
me·*le*·te (ê) sm.
mel·ga sf.
mel·ga·ci·*a*·no adj. sm.
mel·*ga*·ço adj.
mel·*guei*·ra sf.
me·lha·*ru*·co sm.
me·*lhor* adj. 2g. adv. sm.
me·*lho*·ra sf.
me·lho·*ra*·do adj.
me·lho·*ra*·dor (ô) adj. sm.
me·lho·ra·*men*·to sm.
me·lho·*rar* v.
me·lho·*rá*·vel adj. 2g.; pl. ·*veis*.

me·lho·*ri*·a sf.
me·li:*á*·ce:a sf.
me·li:*á*·ce:o adj.
me·li:*a*·na adj. sf.
me·li:an·*tá*·ce:a sf.
me·li:an·*tá*·ce:o adj.
me·li:*an*·te s2g.
me·li·*cé*·ri·de sf.
me·li·*cé*·ris sf. 2n.
me·*lí*·ci:a sf. 'morcela'/Cf. *milícia*.
mé·li·co adj.
me·li:*ei*·ro adj.
me·*lí*·fe·ro adj.
me·li·fi·ca·*ção* sf.; pl. ·*ções*.
me·li·fi·ca·*dor* (ô) sm.
me·li·fi·*car* v.
me·*lí*·fi·co adj./Cf. *melifico*, do v. *melificar*.
me·li·flu:en·*tar* v.
me·li·flu:i·*da*·de sf.
me·*lí*·flu:o adj.
me·li·*li*·ta sf.
me·li·*lo*·to (ô) sm.
me·lin·*da*·no adj. sm.
me·lin·*drar* v.
me·lin·*drá*·vel adj. 2g.; pl. ·*veis*.
me·*lin*·dre sm.
me·lin·*dri*·ce sf.
me·lin·*dris*·mo sm.
me·*lin*·dro sm.
me·lin·*dro*·sa sf.
me·lin·*dro*·so (ô) adj.; f. e pl. (ó).
me·li·*ni*·ta sf.
me·li·no·*fa*·na sf.
me·li·no·*fâ*·ni:o sm.
me·li·no·fa·*ni*·ta sf.
me·li·*no*·se sf.
me·li·*nó*·si:o sm.
me·li:o·ra·*ti*·vo adj.
me·li:o·*ris*·mo sm.
me·li:o·*ris*·ta adj. s2g.
me·li·*po*·na sf.
me·*lis*·ma sm.
me·*lis*·sa sf.
me·*lís*·si·co adj.
me·lis·so·gra·*fi*·a sf.
me·lis·so·*grá*·fi·co adj.
me·lis·*só*·gra·fo sm.
me·lis·*su*·go adj.
me·*li*·to adj. sm.
me·li·tur·*gi*·a sf.
me·li·tu·*ri*·a sf.: me·li·*tú*·ri:a.
me·*lí*·vo·ro adj.
me·*lô* sm.

me·*lo*:a (ô) sf.
me·lo:*al* sm.; pl. ·*ais*.
me·*ló*·di:a sf. 'confusão'/Cf. *melodia*, sf. e fl. do v. *melodiar*.
me·lo·*di*·a sf. 'música'/Cf. *melódia*.
me·lo·di:*ar* v.
me·lo·di·a·te·*nor* sf.; pl. *melodias-tenores* ou *melodias-tenor*.
me·*ló*·di·ca sf.
me·*ló*·di·co adj. sm.
me·*ló*·di:o sm./Cf. *melodio*, do v. *melodiar*.
me·lo·di:*o*·so (ô) adj.; f. e pl. (ó).
me·lo·*dis*·ta adj. s2g.
me·lo·di·*zar* v.
me·lo·*dra*·ma sm.
me·lo·dra·*má*·ti·co adj.
me·lo·dra·ma·ti·*zar* v.
me·lo·dra·ma·*tur*·go sm.
me·lo:*ei*·ro sm.
me·lo·*fo*·ne sm.: me·lo·*fo*·no.
me·lo·gra·*fi*·a sf.
me·lo·*grá*·fi·co adj.
me·*ló*·gra·fo sm.
me·lo·lon·*tí*·ne:o adj. sm.
me·lo·lon·*toi*·de adj. 2g.
me·lo·ma·*ni*·a sf.
me·lo·ma·*ní*·a·co adj. sm.
me·*lô*·ma·no adj. sm.
me·*lô*·me·le sm.: *melômelo*.
me·lo·me·*li*·a sf.
me·*lô*·me·lo sm.: *melômele*.
me·lo·ni·*for*·me adj. 2g.
me·lo·no·plas·*ti*·a sf.
me·lo·no·*plás*·ti·co adj.
me·lo·*pei*·a sf.
me·lo·*plas*·ti·a sf.
me·lo·*plas*·to sm.
me·*lo*·po sm.
me·lop·*si*·ta sf.: me·lop·*si*·te.
me·*lo*·sa sf.
me·*lo*·se sf.
me·*lo*·so (ô) adj.; f. e pl. (ó).
me·*lo*·te sm.
me·lo·te·ra·*pi*·a sf.
me·lo·te·*rá*·pi·co adj.
mel·ra sf.; f. de *melro*.
mel·*rão* sm.; pl. ·*rões*.
mel·ro sm.; f. *melra* ou *mélroa*.
mél·ro:a sf.; f. de *melro*.
mel·ro:*a*·do adj.
mel·ro(s)-pin·*ta*·do(s) sm. (pl.).

mel·ro(s)-pin·ta·do(s)-do-
-*bre*·jo sm. (pl.).
mel·ro·*sa*·do sm.; pl.
méis-rosados ou
meles-rosados.
me·*lú*·ri:a s2g. sf.
me·mac·*té*·ri:on sm.:
me·mac·*té*·ri:o.
mem·*bé* sm.: *membi*.
mem·*be*·ca adj. 2g. sf.
mem·*bi* sm.: *membé*.
mem·bi·chu:ê sm.
mem·bi·ta·ra·*rá* sm.
mem·*bra*·do adj.
mem·*bra*·na sf.
mem·bra·*ná*·ce:o adj.
mem·bra·*ne*·la sf.
mem·bra·ni·*for*·me adj. 2g.
mem·bra·no·*fo*·ne sm.
mem·bra·*no*·so (ô) adj.; f. *e*
  pl. (ó).
mem·bra·*nu*·do adj.
mem·*brâ*·nu·la sf.
mem·bro sm.
mem·*bru*·do adj.
me·me·ci·*lá*·ce:a sf.
me·me·ci·*lá*·ce:o adj.
me·me·*cí*·le:a sf.
me·me·*cí*·le:o adj.
me·*men*·to sm.
me·*mi* sm.
me·mo·*ran*·do adj. sm.:
  me·mo·*rân*·dum.
me·mo·*rar* v.
me·mo·ra·*ti*·vo adj.
me·mo·*rá*·vel adj. 2g.; pl. ·*veis*.
me·*mó*·ri:a sf.
me·mo·ri·*al* adj. 2g. sm.; pl.
  ·*ais*.
me·mo·ri·a·*lis*·ta adj. s2g.
me·mo·ri·a·*lís*·ti·ca sf.
me·mo·ri:*ão* sm.; pl. ·*ões*.
me·mo·ri·*ar* v.
me·mo·ri·*á*·vel adj. 2g.; pl.
  ·*veis*.
me·mo·ri:*o*·so (ô) adj.; f. *e* pl.
  (ó).
me·mo·*ris*·ta adj. s2g.
me·mo·ri·za·*ção* sf.; pl. ·*ções*.
me·mo·ri·*zar* v.
me·mo·*ro*·so (ô) adj.; f. *e* pl.
  (ó).
mê·na·de sf.
me·*na*·gem sf.; pl. ·*gens*.
me·*ná*·li:o adj.
me·*nar*·ca sf.
me·nar·*qui*:a sf.

men·*ção* sf.; pl. ·*ções*.
men·che·*vi*·que adj. s2g.
men·che·vi·*quis*·mo sm.
men·che·*vis*·mo sm.
men·che·*vis*·ta adj. s2g.
men·ci:o·*na*·do adj.
men·ci:o·*nar* v.
men·crag·no·*ti*·re adj. s2g.
men·*da*·ce adj. 2g.: *mendaz*;
  superl. *mendacíssimo*.
men·da·ci·*da*·de sf.
men·da·*cís*·si·mo adj. superl.
  de *mendaz*.
men·*dá*·cu·lo sm.
men·*daz* adj. 2g.: *mendace*;
  superl. *mendacíssimo*.
men·de·*lé*·vi:o sm.
men·de·li:*a*·no adj.
men·de·*lis*·mo sm.
men·*den*·se adj. s2g.
men·di·*cân*·ci:a sf.
men·di·*can*·te adj. s2g.
men·di·ci·*da*·de sf.
men·di·ga·*ção* sf.; pl. ·*ções*.
men·di·*gar* v.
men·*di*·go sm.
men·do adj. s2g.
men·du·*bi* sm.: men·du·*bim*;
  pl. ·*bins*.
men·du·bim-de-ve:*a*·do sm.;
  pl. *mendubins-de-veado*.
men·du·bi·*ra*·na sf.
men·du·*í* sm.
me·ne:a·*dor* (ô) adj. sm.
me·ne:a·*men*·to sm.
me·ne:*ar* v.
me·ne:*á*·vel adj. 2g.; pl. ·*veis*.
me·*nec*·ma sf.
me·*nei*:o sm.
me·nes·*trel* sm.; pl. ·*tréis*.
me·ne·te·*né*·ri adj. s2g.:
  me·ne·te·*ne*·ri.
men·*fi*·ta adj. s2g.
men·*gar* v.
men·go adj. sm.
me·ni·*ca*·ca s2g.
me·ni:*ém* adj. s2g.; pl. ·*éns*.
me·ni:e·*ris*·mo sm.
me·ni·*li*·ta sf.
me·*ni*·na sf.
me·ni·*na*·da sf.
me·ni·na(s)-*mo*·ça(s) sf. (pl.).
me·ni·*nei*·ro adj.
me·ni·*nez* (ê) sf.
me·*nin*·ge sf.
me·nin·*gis*·mo sm.
me·nin·*gi*·te sf.

me·nin·*gí*·ti·co adj.
me·nin·go·*co*·co sm.
me·nin·*go*·se sf.
me·ni·*ni*·ce sf.
me·ni·*ni*·co sm.
me·ni·*nil* adj. 2g.; pl. ·*nis*.
me·*ni*·no sm.
me·ni·*nó*·ri:o sm.
me·ni·*no*·ta sf.
me·ni·*no*·te sm.
me·*nir* sm.
me·*nis*·co sm.
me·nis·*coi*·de adj. 2g.
me·nis·*cói*·de:o adj.:
  me·nis·co·*í*·de:o.
me·nis·per·*má*·ce:a sf.
me·nis·per·*má*·ce:o adj.
me·no·*ló*·gi:o sm.
me·no·*pau*·sa sf.
me·*nor* adj. s2g.
me·no·ri·*da*·de sf.
me·no·*ris*·ta sm.
me·no·*ri*·ta adj. s2g.
me·no·*rí*·ti·co adj.
me·nor·ra·*gi*·a sf.
me·nor·*rá*·gi·co adj.
me·nor·*rei*·a sf.
me·nos adv. prep. pron. sm.
me·nos·ca·ba·*dor* (ô) adj. sm.
me·nos·ca·*bar* v.
me·nos·*ca*·bo sm.
me·nos·pre·ça·*men*·to sm.:
  menosprezamento.
me·nos·pre·*çar* v.: *menosprezar*.
me·nos·*pre*·ço (ê) sm.:
  menosprezo/Cf. *menospreço*
  (é), do v. *menospreçar*.
me·nos·pre·za·*dor* (ô) adj. sm.
me·nos·pre·*zar* v.: *menospreçar*.
me·nos·pre·*zí*·vel adj. 2g.; pl.
  ·*veis*.
me·nos·*pre*·zo (ê) sm.:
  menospreço/Cf. *menosprezo*
  (é), do v. *menosprezar*.
me·nos·ta·*si*·a sf.
men·sa·*gei*·ro adj. sm.
men·*sa*·gem sf.; pl. ·*gens*.
men·*sal* adj. 2g.; pl. ·*sais*.
men·sa·*lão* sm.; pl. ·*lões*·
men·sa·*lei*· ro sm.
men·sa·li·*da*·de sf.
men·sa·*lis*·ta adj. s2g.
men·*sá*·ri:o adj. sm.
men·so adj.
mens·tru·a·*ção* sf.; pl. ·*ções*.
mens·tru:*a*·do adj.
mens·tru:*al* adj. 2g.; pl. ·*ais*.

mens·tru·*ar* v.
mêns·tru·o sm./Cf. *menstruo*, do v. *menstruar*.
men·su·*al* adj. 2g. sm.; pl. ·*ais*.
men·*su*·ra sf.
men·su·ra·bi·li·*da*·de sf.
men·su·ra·*ção* sf.; pl. ·*ções*.
men·su·ra·*dor* (ô) adj. sm.
men·su·*rar* v.
men·su·*rá*·vel adj. 2g.; pl. ·*veis*.
men·ta sf.
men·*ta*·do adj.
men·*ta*·gra sf.
men·*tal* adj. 2g.; pl. ·*tais*.
men·ta·li·*da*·de sf.
men·ta·*lis*·mo sm.
men·ta·*lis*·ta adj. 2g. s2g.
men·ta·li·*zar* v.
men·*tar* v.
men·*tá*·rio sm.
men·*tas*·tre sm.: men·*tas*·tro, *mentraste, mentrasto*.
men·te sf.
men·te·*cap*·to adj. sm.
men·ti·*dei*·ro adj. sm.
men·*ti*·do adj.
men·*tir* v.
men·*ti*·ra sf.
men·ti·ra(s)-ca·ri·*zo*·ca(s) sf. (pl.).
men·ti·*ra*·da sf.
men·ti·*ra*·lha sf.
men·ti·ra·*ri*·a sf.
men·ti·*ro*·la sf.
men·ti·*ro*·lar v.
men·ti·*ro*·so (ô) adj.; f. e pl. (ó).
men·to sm.
men·*tol* sm.; pl. ·*tóis*.
men·to·*la*·do adj.
men·*tor* (ô) sm.
men·to·re·*ar* v.
men·*tras*·te sm.: *mentastre*.
men·*tras*·to sm.: *mentastro*.
men·*truz* sm.: *mastruço*.
men·tuc·*ti*·re adj. s2g.
me·*nu* sm., do fr. *menu*.
me·*quém* adj. s2g.; pl. ·*quéns*.
me·que·*tre*·fe sm.
me·ra sf.
me·ral·*gi*·a sf.
me·*rál*·gi·co adj.
me·ra·pi·*ni*·ma sf.
mer·ca sf.
mer·ca·de·*jar* v.
mer·ca·*de*·jo (ê) sm.
mer·ca·di·za·*ção* sf.; pl. ·*ções*.
mer·ca·di·*zar* v.
mer·*ca*·do sm.

mer·ca·do·lo·*gi*·a sf.
mer·ca·do·*ló*·gi·co adj.
mer·ca·*dor* (ô) sm.
mer·ca·do·*ri*·a sf.
mer·ca·*hon*·ra(s) s2g. (pl.).
mer·can·*ci*·a sf.
mer·can·ci·*ar* v.
mer·*can*·te adj. s2g.
mer·can·*til* adj. 2g.; pl. ·*tis*.
mer·can·ti·*la*·gem sf.; pl. ·gens.
mer·can·ti·*li*·ce sf.
mer·can·ti·li·*da*·de sf.
mer·can·ti·*lis*·mo sm.
mer·can·ti·*lis*·ta adj. s2g.
mer·can·ti·li·*zar* v.
mer·cap·*tã* sm.: mer·cap·*tan*.
mer·cap·*tal* sm.; pl. ·*tais*.
mer·*car* v.
mer·ca·*tó*·ri·o adj.
mer·ca·*tu*·do sm. 2n.
mer·*cá*·vel adj. 2g.; pl. ·*veis*.
mer·ce sf. 'mercadoria'/Cf. *mercê*.
mer·*cê* sf. 'favor'/Cf. *merce*.
mer·ce·a·*ri*·a sf.
mer·ce·*dá*·ri·o sm.
mer·ce·*ei*·ro sm.
mer·ce·*ná*·ri·o adj. sm.
mer·ce·na·*ris*·mo sm.
mer·ce·o·lo·*gi*·a sf.
mer·ce·*sa*·no adj. sm.
mér·ci·a sf.
mer·cu·ri·*al* adj. 2g. sm. sf.; pl. ·*ais*.
mer·cu·ri·a·*lis*·mo sm.
mer·*cú*·ri·o sm.
mer·*cú*·ri·o·*cro*·mo sm.: *mercurocromo*.
mer·*cú*·ri·o(s)-do-*cam*·po sm. (pl.).
mer·*cú*·ri·o(s)-dos-*po*·bres sm. (pl.).
mer·cu·ro·*cro*·mo sm.: *mercuriocromo*.
mer·cu·*ro*·so (ô) adj.; f. e pl. (ó).
mer·da sf.
mer·*dí*·co·la adj. 2g.
mer·*dí*·vo·ro adj.
me·re·ce·*dor* (ô) adj.
me·re·*cer* v.
me·re·*ci*·do adj.
me·re·ci·*men*·to sm.
me·re·*jar* v.
me·ren·*có*·ri·o adj.
me·*ren*·da sf.
me·ren·*dar* v.
me·ren·*dei*·ra sf.

me·ren·*dei*·ro adj. sm.
me·ren·*di*·ba sf.
me·ren·*ga*·da sf.
me·*ren*·gue sm.
me·*re*·pe sm.
me·re·*pei*·ro adj.
me·re·*quém* sm.; pl. ·*quéns*.
me·re·*rê* sm.: me·re·*ré*.
me·re·tri·ci·*ar* v.
me·re·*trí*·ci·o adj. sm.
me·re·*trí*·cu·la sf.
me·re·*triz* sf.
me·reu·*á* adj. s2g.
mer·gu·lha·*dor* (ô) adj. sm.
mer·gu·*lhan*·te adj. 2g.
mer·gu·*lhão* adj. sm.; pl. ·*lhões*.
mer·gu·*lhar* v.
mer·gu·*lhi*·a sf.
mer·*gu*·lho sm.
me·ri·*car*·po sm.
me·ri·*cis*·mo sm.
me·ri·co·lo·*gi*·a sf.
me·ri·co·*ló*·gi·co adj.
me·ri·*den*·se adj. s2g.
me·ri·di·*a*·na sf.
me·ri·di·*a*·no adj. sm.
me·ri·di·a·no-o·*ri*·gem sm.; pl. *meridianos-origem* ou *meridianos-origens*.
me·*rí*·di·o adj.
me·ri·di·o·*ná*·ce:a sf.
me·ri·di·o·*ná*·ce:o adj.
me·ri·di·o·*nal* adj. s2g.; pl. ·*nais*.
me·ri·*na*·que sm.
me·*ri*·no adj. sm.
me·ri·*nó* sm.
me·*ris*·ma sm.
me·ris·*má*·ti·co adj.
me·ris·*te*·ma sm.
me·ri·*ta*·lo sm.
me·ri·ta·*men*·te adv.
me·ri·ti·*en*·se adj. s2g.
me·ri·*tís*·si·mo adj. superl. de *mérito*.
mé·ri·to sm.
me·ri·to·cra·*ci*·a sf.
me·ri·*tó*·ri·o adj.
mer·*lão* sm.; pl. ·*lões*.
mer·*lim* sm.; pl. ·*lins*.
mer·ma sf.
mer·*mar* v.
me·ro adj. sm.
me·ro·*ce*·le sf.
me·ro·lo·*gi*·a sf.
me·ro·*ló*·gi·co adj.
me·ro·*mór*·fi·co adj.

me·ro(s)-*pre*·to(s) sm. (pl.).
me·ros·to·*ma*·do adj. sm.
me·*ro*·te sm.
me·ro·*vín*·gi:o adj. sm.
me·ro·zo:*á*·ri:o adj. sm.
mer·*re*·ca sf.
mer·to·*len*·se adj. s2g.
me·*ru* sm.
me·*ru*·a sf.
me·ru:*a*·nha sf.
me·ru·*ço*·ca sf.: *muriçoca*.
me·ru:*í* sm.
me·ru·qui:*á* sm.
mês sm.
me·sa (ê) sf.
me·*sa*·da sf.
me·sa(s) de ca·be·*cei*·ra sf. (pl.).
me·sa(s) de *ren*·das sf. (pl.).
me·sa·*rai*·co adj.
me·sa(s)-re·*don*·da(s) sf. (pl.).
me·*sá*·ri:o sm.
me·sa·te·*nis*·ta(s) s2g. (pl.).
me·sar·*té*·ri:a sf.
me·sar·te·*ri*·te sf.
me·sa·te·*nís*·ti·co(s) adj. (pl.).
me·sa·to·ce·fa·*li*·a sf.
me·sa·to·ce·*fá*·li·co adj.
me·sa·to·ce·*cé*·fa·lo adj. sm.
mes·*cal* sm.; pl. ·*cais*.
mes·ca·*li*·na sf.
mes·cla sf.
mes·*cla*·do adj.
mes·*clar* v.
mês de *mai*·o sm.; pl. *meses de maio*.
mês de ma·*ri*·a sm.; pl. *meses de maria*.
me·sem·bri:an·te·*má*·ce:a sf.
me·sem·bri:an·te·*má*·ce:o adj.
me·sen·*cé*·fa·lo sm.
me·sen·*té*·ri·co adj.
me·sen·*té*·ri:o sm.
me·sen·te·*ri*·te sf.
me·*se*·ta (ê) sf.
mes·ma (ê) sf., nas loc. *dar na mesma* e *na mesma*.
mes·me·ri:*a*·no adj. sm.
mes·me·*ris*·mo sm.
mes·me·ri·*zar* v.
mes·*mi*·ce sf.
mes·*mís*·si·mo adj. superl. de *mesmo*.
mes·mo adj. adv. pron. sm.
mes·*na*·da sf.
mes·na·da·*ri*·a sf.
mes·na·*dei*·ro sm.
me·so·*cár*·pi·co adj.

me·so·*car*·po sm.
me·so·ce·fa·*li*·a sf.
me·so·ce·*fá*·li·co adj.
me·so·ce·fa·*li*·te sf.
me·so·*cé*·fa·lo sm.
me·*só*·cli·se sf.
me·so·*clí*·ti·co adj.
me·so·cra·*ci*·a sf.
me·so·crâ·ni:o sm.
me·so·*crá*·ti·co adj.
me·so·cu·nei·*for*·me adj. 2g.
me·so·*der*·ma sm.
me·so·*dér*·mi·co adj.
me·so·dis·*cal* adj. 2g.; pl. ·*cais*.
me·so·fa·*lan*·ge sf.
me·so·fa·lan·ge:*al* adj. 2g.; pl. ·*ais*.
me·so·*fi*·lo adj. sm. 'de folhas médias'/Cf. *mesófilo*.
me·*só*·fi·lo adj. 'que prefere meio ambiente médio'/Cf. *mesofilo*.
me·*só*·fi·to sm.
me·*só*·fri:o sm.
me·so·*gás*·tri:o sm.
me·*sóg*·na·ta adj. 2g.
me·*sóg*·na·to adj.
me·so·*lá*·bi:o sm.
me·so·*li*·ta sf.
me·so·*lí*·ti·co adj. sm.
me·so·*ló*·bu·lo sm.
me·so·lo·*gi*·a sf.
me·so·*ló*·gi·co adj.
me·so·me·*ri*·a sf.:
  me·so·*mé*·ri:a.
me·so·me·*ris*·mo sm.
me·so·me·te:o·*ri*·to sm.
me·so·mor·*fi*·a sf.
me·so·mor·*fis*·mo sm.
mé·son sm.
me·so·ne·mer·*ti*·no adj. sm.
me·so·po·*tâ*·mi:a sf.
me·so·po·*tâ*·mi·co adj.
me·so·pro·*só*·pi:o sm.
me·sor·*ri*·ne adj. 2g. sm.: *mesorrino*.
me·sor·ri·*ni*·a sf.
me·sor·*ri*·no adj. sm.: *mesorrine*.
me·sos·*fe*·ra sf.
me·sos·tig·*ma*·do adj. sm.
me·so·te·*nar* sm.
me·so·*tér*·mi·co adj.
me·so·*ter*·mo adj.
me·so·to·*rá*·ci·co adj.
me·so·*tó*·rax (cs) sm. 2n.
me·so·zo:*á*·ri:o adj. sm.
me·so·*zoi*·co adj. sm.

me·so·*zo*·na sf.
mes·qui·nha·*dor* (ô) adj. sm.
mes·qui·*nhar* v.
mes·qui·nha·*ri*·a sf.
mes·qui·*nhez* (ê) sf.
mes·qui·*nhe*·za (ê) sf.
mes·*qui*·nho adj. sm.
mes·*qui*·ta sf.
mes·sa·*li*·na sf.
mes·sa·*lí*·ni·co adj.
mes·se sf.
mes·si:*a*·do sm.
mes·si:*â*·ni·co adj.
mes·si:a·*nis*·mo sm.
mes·si:a·*nis*·ta adj. s2g.
mes·*si*·as sm. 2n.
mes·*si*·dor (ô) sm.
mes·si:*en*·se adj. s2g.
me·*só*·ri:o adj.
mes·ti·*ça*·gem sf.; pl. ·*gens*.
mes·ti·ça·*men*·to sm.
mes·ti·*çar* v.
mes·*ti*·ço adj. sm.
mes·to adj.
mes·*tra* adj. sf.; f. de *mestre*.
mes·*tra*·ço sm.
mes·*tra*·do sm.
mes·*tral* adj. 2g.; pl. ·*trais*.
mes·*tran*·ça sf.
mes·*trão* sm.; pl. ·*trões*.
mes·tre adj. sm.; f. *mestra*.
mes·tre·*ar* v.
mes·tre(s)-*cu*·ca(s) sm. (pl.):
  mes·tre(s)-*cu*·co(s).
mes·tre(s)-*d'ar*·mas sm. (pl.)
  'responsável pelo rancho'/Cf. *mestre de armas*.
mes·tre(s) de *ar*·mas sm. (pl.)
  'professor de esgrima'/Cf. *mestre-d'armas*.
mes·tre(s) de *cam*·po sm. (pl.).
mes·tre(s) de ca·*pe*·la sm. (pl.).
mes·tre(s) de ce·ri·*mô*·ni:as sm. (pl.).
mes·tre(s) de *o*·bras sm. (pl.).
mes·tre(s)-es·*co*·la(s) sm. (pl.).
mes·tre-im·pres·*sor* sm.; pl. *mestres-impressores*.
mes·tre(s)-*sa*·la(s) sm. (pl.).
mes·*tri*·a sf.
me·*su*·ra sf.
me·*su*·ra·do adj.
me·*su*·rar v.
me·su·*rei*·ro adj.
me·su·*ri*·ce sf.
me·ta sf./Cf. *meta* (ê), do v. *meter*.

me·tá·bo·le sf. 'figura de retórica'/Cf. *metábolo*.
me·ta·*bó*·li·co adj.
me·ta·bo·*lis*·mo sm.
me·ta·bo·li·za·*dor* (ô) adj.
me·ta·bo·li·*zar* v.
me·tá·bo·lo adj. sm. 'inseto que sofre metamorfose'/Cf. *metábole*.
me·ta·bo·lo·gi·a sf.
me·ta·bo·lo·*gis*·ta adj. s2g.
me·ta·car·pi·*a*·no adj.
me·ta·*cár*·pi·co adj.
me·ta·*car*·po sm.
me·ta·*cen*·tro sm.
me·ta·cer·*cá*·ri·a sf.
me·ta·*cis*·mo sm.
me·ta·cla·*mí*·de:a sf.
me·ta·cla·*mí*·de:o adj.
me·ta·*crí*·ti·ca sf.
me·ta·cro·ma·*tis*·mo sm.
me·ta·cro·*nis*·mo sm.
me·ta·de sf.
me·ta:es·*tá*·vel adj. 2g.; pl. ·veis.
me·ta·fa·*lan*·ge sf.
me·*tá*·fa·se sf.
me·ta·*fá*·si·co adj.
me·*tá*·fi·se sf.
me·ta·*fí*·si·ca sf./Cf. *metafísica*, do v. *metafisicar*.
me·ta·fi·si·*car* v.
me·ta·fi·si·*cis*·mo sm.
me·ta·*fí*·si·co adj. sm./Cf. *metafísico*, do v. *metafisicar*.
me·ta·fo·*ni*·a sf.
me·ta·*fô*·ni·co adj.
me·*tá*·fo·ra sf.
me·ta·*fó*·ri·co adj.
me·ta·fo·*ris*·mo sm.
me·ta·fo·*ris*·ta adj. s2g.
me·ta·fo·ri·za·*dor* (ô) adj. sm.
me·ta·fo·ri·*zan*·te adj. 2g.
me·ta·fo·ri·*zar* v.
me·ta·fos·*fó*·ri·co adj.
me·*tá*·fra·se sf.
me·ta·*fras*·ta s2g.
me·ta·*frás*·ti·co adj.
me·ta·ga·*lá*·xi:a (cs) sf.
me·ta·*gê*·ne·se sf.
me·ta·ge·*né*·si·co adj.
me·ta·ge·*né*·ti·co adj.
me·ta·ge·o·me·*tri*·a sf.
me·ta·ge·o·*mé*·tri·co adj.
me·tag·no·*mi*·a sf.
me·tag·*nô*·mi·co adj.
me·ta·*go*·ge sf.

me·ta·*gra*·ma sm.
me·ta·ju·*rí*·di·co adj.
me·*tal* sm.; pl. ·*tais*.
me·ta·*lei*·ro sm.
me·ta·*lep*·se sf.
me·ta·*lep*·si·a sf.
me·ta·*lép*·ti·co adj.: *metalético*.
me·ta·les·*cên*·ci:a sf.
me·ta·les·*cen*·te adj. 2g.
me·ta·*lé*·ti·co adj.: *metaléptico*.
me·ta·li·ci·*da*·de sf.
me·ta·*tá*·li·co adj.
me·ta·*lí*·fe·ro adj.
me·ta·li·fi·ca·*ção* sf.; pl. ·*ções*.
me·ta·li·*for*·me adj. 2g.
me·ta·lin·*gua*·gem sf.; pl. ·*gens*.
me·ta·*li*·no adj.
me·ta·*lis*·mo sm.
me·ta·*lis*·ta adj. s2g.
me·ta·li·za·*ção* sf.; pl. ·*ções*.
me·ta·li·*za*·do adj.
me·ta·li·*zar* v.
me·ta·lo·bran·que:a·*du*·ra sf.
me·ta·lo·*fo*·ne sm.
me·ta·*ló*·gi·ca sf.
me·ta·*ló*·gi·co adj.
me·ta·lo·gra·*fi*·a sf.
me·ta·lo·*grá*·fi·co adj.
me·ta·*ló*·gra·fo sm.
me·ta·*loi*·de adj. 2g. sm.
me·ta·los·*fe*·ra sf.
me·ta·lo·te·ra·*pi*·a sf.
me·ta·lo·te·*rá*·pi·co adj.
me·*tal*-*ti*·po sm.; pl. *metais*-*tipos* ou *metais*-*tipo*.
me·ta·*lur*·gi·a sf.
me·ta·*lúr*·gi·ca sf.
me·ta·*lúr*·gi·co adj. sm.
me·ta·mag·*né*·ti·co adj.
me·ta·mag·ne·*tis*·mo sm.
me·ta·ma·te·*má*·ti·ca sf.
me·ta·me·ri·za·*ção* sf.; pl. ·*ções*.
me·ta·me·ri·*za*·do adj.
me·*tâ*·me·ro adj. sm.
me·ta·*mór*·fi·co adj.
me·ta·mor·*fis*·mo sm.
me·ta·mor·*fo*·se sf.
me·ta·mor·fo·se:*ar* v.
me·ta·*nal* sm.; pl. ·*nais*.
me·ta·ne·mer·*ti*·no adj. sm.
me·ta·*no* sm.
me·ta·*noi*·a sf.
me·ta·*nol* sm.; pl. ·*nóis*.
me·ta·*plas*·mo sm.
me·ta·*plás*·ti·co adj.
me·tap·si·co·lo·*gi*·a sf.
me·tap·*sí*·qui·ca sf.

me·tap·*sí*·qui·co adj.
me·*ta*·ra sf.
me·tas·so·ma·*tis*·mo sm.
me·tas·so·ma·*to*·se sf.
me·*tás*·ta·se sf.
me·tas·*tá*·ti·co adj.
me·tas·*tá*·vel adj. 2g.; pl. ·**veis**.
me·tas·*ter*·no sm.
me·ta·*tár*·si·co adj. sm.
me·ta·*tar*·so sm.
me·ta·*té*·ri·o adj. sm.
me·*tá*·te·se sf.
me·ta·*té*·ti·co adj.
me·ta·ti·*pi*·a sf.
me·ta·*tí*·pi·co adj.
me·*tá*·to·mo sm.
me·ta·*tó*·rax (cs) sm. 2n.
me·ta·xi·*le*·ma (cs) sm.
me·ta·zo·*á*·ri:o adj. sm.
me·*te*·co sm.
me·te·*di*·ço adj.
me·te·*dor* (ô) sm.
me·temp·si·*co*·se sf.
me·temp·*to*·se sf.
me·te·*ó*·ri·co adj.
me·te·o·*ris*·mo sm.
me·te·o·*ri*·to sm.
me·te·o·ri·za·*ção* sf.; pl. ·*ções*.
me·te·o·ri·*zar* v.
me·te:*o*·ro sm.
me·te·o·ro·gra·*fi*·a sf.
me·te·o·ro·*grá*·fi·co adj.
me·te·o·*ró*·gra·fo sm.
me·te·o·*ró*·li·to sm.
me·te·o·ro·lo·*gi*·a sf.
me·te·o·ro·*ló*·gi·co adj.
me·te·o·ro·lo·*gis*·ta adj. s2g.
me·te·o·ro·man·*ci*·a sf.
me·te·o·ro·*man*·te s2g.
me·te·o·ro·*mân*·ti·co adj.
me·te·o·ro·no·*mi*·a sf.
me·te·o·ro·*nô*·mi·co adj.
me·te·o·ros·*có*·pi:o sm.
me·*ter* v.
me·ti·*ção* sf.; pl. ·*ções*.
me·ti·cu·lo·si·*da*·de sf.
me·ti·cu·*lo*·so (ô) adj.; f. *e* pl. (ó).
me·*ti*·da sf.
me·*ti*·do adj.
me·*til* sm.; pl. ·*tis*.
me·*ti*·la sf.
me·ti·la·*ção* sf.; pl. ·*ções*.
me·ti·*le*·no sm.
me·*tí*·li·co adj.
me·*tim* sm.; pl. ·*tins*.
me·ti·o·*ni*·na sf.

me·tó·di·ca sf.
me·tó·di·co adj.
me·to·dis·mo sm.
me·to·dis·ta adj. s2g.
me·to·di·za·ção sf.; pl. ·ções.
me·to·di·za·do adj.
me·to·di·za·dor (ô) adj. sm.
me·to·di·zar v.
mé·to·do sm.
me·to·do·lo·gi·a sf.
me·to·do·ló·gi·co adj.
me·to·ma·ni·a sf.
me·to·ma·ní·a·co adj. sm.
me·to·ní·mi:a sf.
me·to·ní·mi·co adj.
me·to·no·má·si:a sf.
mé·to·pa sf.: métope.
me·to·pa·gi·a sf.: metopopagia.
me·tó·pa·go adj. sm.: metopópago.
mé·to·pe sf.: métopa.
me·tó·pi:o sm.: me·tó·pi:on.
me·to·po·pa·gi·a sf.: metopagia.
me·to·pó·pa·go adj. sm.: metópago.
me·tra·gem sf.; pl. ·gens.
me·tral·gi·a sf.
me·trál·gi·co adj.
me·tra·lha sf.
me·tra·lha·da sf.
me·tra·lha·dor (ô) adj. sm.
me·tra·lha·do·ra (ô) sf.
me·tra·lhar v.
me·tra·ne·mi·a sf.
me·tra·to·ni·a sf.
me·trec·ta·si·a sf.
me·trec·to·pi·a sf.
mé·tri·ca sf.
me·tri·cis·ta adj. s2g.
mé·tri·co adj.
me·tri·fi·ca·ção sf.; pl. ·ções.
me·tri·fi·ca·do adj.
me·tri·fi·ca·dor (ô) adj. sm.
me·tri·fi·car v.
me·tri·pe·re·mi·a sf.
me·tri·te sf.
me·tro sm.
me·trô sm.
me·tro·ce·le sf.
me·tro·di·ni·a sf.
me·tro·dí·ni·co adj.
me·tro·gra·fi·a sf.
me·tro·grá·fi·co adj.
me·tro·lo·gi·a sf.
me·tro·ló·gi·co adj.
me·tro·lo·gis·ta adj. s2g.
me·tro·ma·ni·a sf.

me·tro·ma·ní·a·co adj. sm.
me·trô·ma·no adj. sm.
me·tro·nô·mi·co adj.
me·trô·no·mo sm.
me·tro·pa·ti·a sf.
me·tro·pá·ti·co adj.
me·tró·po·le sf.
me·tro·po·li·ta adj. s2g.
me·tro·po·li·ta·no adj. sm.
me·trop·to·se sf.
me·tror·ra·gi·a sf.
me·tror·rá·gi·co adj.
me·tror·rei·a sf.
me·tror·rei·co adj.
me·tros·se·xu:al sm.; pl. ·ais·
me·tro·to·mi·a sf.
me·tro·tô·mi·co adj.
me·tro·vi·á·ri:o adj. sm.
me·tu:en·do adj.
meu pron.
meu·á sm.
meu·ã sm.
meu(s)-con·so·lo(s) sm. (pl.).
meu·ê-meu·ê adv.
me·xe·ção sf.; pl. ·ções.
me·xe·di·ço adj.
me·xe·dor (ô) adj. sm.
me·xe·du·ra sf.
me·xe·lhão adj. sm. 'mexedor'; pl. ·lhões; f. mexelhona/Cf. mexilhão.
me·xe·lho·na adj. sf.; f. de mexelhão.
me·xe-me·xe sm.; pl. mexes-mexes ou mexe-mexes.
me·xer v.
me·xe·ri·ca sf.
me·xe·ri·car v. 'intrigar'/Cf. mexerucar.
me·xe·ri·co sm.
me·xe·ri·quei·ra sf.
me·xe·ri·quei·ro adj. sm.
me·xe·ru·car v. 'mexer em'/Cf. mexericar.
me·xe·ru·fa·da sf.
me·xi·ca·na sf.
me·xi·ca·no adj. sm.
me·xi·da sf.
me·xi·do adj. sm.
me·xi·lhão[1] sm. 'marisco'; pl. ·lhões/Cf. mexelhão.
me·xi·lhão[2] adj. sm. 'travesso'; pl. ·lhões; f. ·lho·na/Cf. mexelhão.
me·xi·lho sm.
me·xin·fló·ri:o sm.
me·xí·vel adj. 2g.; pl. ·veis.

me·xo:a·lho sm.
me·xo·na·da sf.
me·za·ne·lo sm.
me·za·ni·no sm.
me·ze·na sf.
me·ze·re:ão sm.; pl. ·ões.
me·zi·nha sf.
me·zi·nhar v.
me·zi·nhei·ro sm.
me·zi·nhi·ce sf.
me·zu·zá sf.
mi sm.
mi:a·da sf. 'voz do gato'/Cf. meada.
mi:a·de·la sf.
mi:a·do sm. 'mio'/Cf. meado.
mi:a·dor (ô) adj. sm.
mi:a·du·ra sf.
mi:a·la·te adj. s2g.
mi:al·gi·a sf.
mi:ál·gi·co adj.
mi:ar v. 'soltar miados'/Cf. mear.
mi:as·ma sm.
mi:as·má·ti·co adj.
mi:au sm.
mi·bu sm.
mi·ca sf.
mi·cá·ce:o adj.
mi·ca·do sm.
mi·ca·gei·ro adj.
mi·ca·gem sf.; pl. ·gens.
mi·çan·ga sf.
mi·can·te adj. 2g.
mi·car v.
mi·ca·re·ta (ê) sf.
mi·ca·xis·to sm.
mic·ção sf.; pl. ·ções.
mi·ce·la sf.
mi·ce·li·for·me adj. 2g.
mi·cé·li:o sm.
mi·ce·te·mi·a sf.
mi·ce·to·gra·fi·a sf.
mi·ce·to·grá·fi·co adj.
mi·ce·tó·gra·fo sm.
mi·ce·to·lo·gi·a sf.
mi·ce·to·ló·gi·co adj.
mi·ce·tó·lo·go sm.
mi·ce·to·zo:á·ri:o adj. sm.
mi·cha sf.
mi·chê sm.
mi·cho·la sf.
mi·cho·le sm.
mi·cho·le(s)-da-a·rei·a sm. (pl.).
mi·co sm.
mi·co(s)-a·ma·re·lo(s) sm. (pl.).

mi·co·*der*·ma sm.
mi·co(s)-de-to·*pe*·te sm. (pl.).
mi·co·gra·*fi*·a sf.
mi·co·*grá*·fi·co adj.
mi·co·le:*ão* sm.; pl. *mico-leões*.
mi·co·le:ão-*pre*·to sm.; pl. *micos-leões-pretos*.
mi·co·lo·*gi*·a sf.
mi·co·*ló*·gi·co adj.
mi·*có*·lo·go sm.
mi·co(s)-*pre*·to(s) sm. (pl.).
mi·cor·*ri*·zo sm.
mi·co(s)-*rui*·vo(s) sm. (pl.).
mi·*co*·se sf.
mi·*có*·ti·co adj.
mi·cra sm.; pl.: de *mícron*.
mi·cra·*cús*·ti·co adj.: *microacústico*.
mi·*cran*·to adj.
mi·*crei*·ro adj. sm.
mi·cro sm.
mi·cro:a·*cús*·ti·co adj.: *micracústico*.
mi·cro·*bar* sm.
mi·cro·bi:*al* adj. 2g.; pl. ·*ais*.
mi·cro·bi:*a*·no adj.
mi·cro·bi·*ci*·da adj. 2g. sm.
mi·*cró*·bi:o sm.
mi·cro·bi:o·lo·*gi*·a sf.
mi·cro·bi:o·*ló*·gi·co adj.
mi·cro·bi:o·lo·*gis*·ta adj. s2g.
mi·cro·bi:*ó*·lo·go sm.
mi·cro·*câ*·me·ra sf.
mi·cro·ce·fa·*li*·a sf.
mi·cro·ce·*fá*·li·co adj.
mi·cro·*cé*·fa·lo adj. sm.
mi·cro·cen·*tral* sf.; pl. ·*trais*.
mi·*cró*·ce·ro adj.
microchip sm. (ing.: *máicrochip*).
mi·cro·ci·*pri*·no adj. sm.
mi·cro·cir·*cui*·to sm.
mi·cro·ci·rur·*gi*·a sf.
mi·cro·*clí*·ni:o sm.
mi·cro·*co*·co sm.
mi·cro·*có*·pi:a sf.
mi·cro·*cós*·mi·co adj.
mi·cro·*cos*·mo sm.
mi·cro·cos·mo·lo·*gi*·a sf.
mi·cro·cos·mo·*ló*·gi·co adj.
mi·cro·cris·*tal* sm.; pl. ·*tais*.
mi·cro·cris·ta·*li*·no adj.
mi·cro·*dác*·ti·lo adj.: mi·cro·*dá*·ti·lo.
mi·cro·*don*·te adj. 2g.
mi·cro·*dri*·lo adj. sm.
mi·cro:e·co·no·*mi*·a sf.

mi·cro:e·co·*nô*·mi·co adj.
mi·cro:e·lec·*trô*·ni·ca sf.: mi·cro:e·le·*trô*·ni·ca.
mi·cro:em·*pre*·sa (ê) sf.
mi·cro:es·*ta*·do sm.
mi·cro:es·tru·*tu*·ra sf.
mi·cro·*fi*·bra sf.
mi·cro·*fi*·cha sf.
mi·cro·fil·*ma*·gem sf.; pl. ·*gens*.
mi·cro·fil·*mar* v.
mi·cro·*fil*·me sm.
mi·cro·*fi*·lo adj. 'que tem folhas pequenas'/Cf. *micrófilo*.
mi·*cró*·fi·lo adj. sm. 'que gosta de minúcias'/Cf. *microfilo*.
mi·cro·*fí*·si·ca sf.
mi·*cró*·fi·ta sf.
mi·cro·*fí*·ti·co adj.
mi·*cró*·fi·to sm.
mi·cro·*flo*·ra sf.
mi·cro·*fo*·ne sm.: *microfono*.
mi·cro·*fo*·ni·a sf.
mi·cro·*fô*·ni·co adj.
mi·cro·fo·*nis*·mo sm.
mi·cro·fo·*nis*·ta adj. s2g.
mi·cro·*fo*·no sm.: *microfone*/Cf. *micrófono*.
mi·*cró*·fo·no adj. sm. 'que tem voz fraca'/Cf. *microfono*.
mi·cro·*fo*·to sf.
mi·cro·fo·to·gra·*fi*·a sf.
mi·cro·fo·to·*grá*·fi·co adj.
mi·cro·fo·to·*te*·ca sf.
mi·crof·*tal*·mo sm.
mi·cro·ga·*me*·ta (ê) sm.
mi·cro·glo·*si*·a sf.
mi·cro·*glos*·so adj. sm.
mi·crog·na·*ti*·a sf.
mi·crog·na·*tis*·mo sm.
mi·*cróg*·na·to adj.
mi·cro·gra·*fi*·a sf.
mi·cro·*grá*·fi·co adj.
mi·*cró*·gra·fo sm.
mi·cro:in·ci·*são* sf.; pl. ·*sões*.
mi·cro:ins·tru·*men*·to sm.
mi·cro·lei·*tor* (ô) sm.
mi·cro·le·pi·*dóp*·te·ro sm.
mi·cro·*lí*·ti·co adj.
mi·*cró*·li·to adj. sm.
mi·cro·lo·*gi*·a sf.
mi·cro·*ló*·gi·co adj.
mi·*cró*·lo·go sm.
mi·cro·ma·ni·pu·la·*dor* (ô) adj. sm.
mi·*crô*·ma·to adj.

mi·*crô*·me·go sm.
mi·cro·me·*li*·a sf.
mi·*crô*·me·ro adj. sm.
mi·cro·me·te:o·*ri*·to sm.
mi·cro·me·*tri*·a sf.
mi·cro·*mé*·tri·co adj.
mi·*crô*·me·tro sm.
mi·cro·mi·*ce*·te sm.
mi·cro·mi·li·*mé*·tri·co adj.
mi·cro·mi·*lí*·me·tro sm.
mí·cron sm.; pl. *micra*.
mi·cro·*ne*·mo adj.
mi·cro·*né*·si:o adj. sm.
mi·cro·*on*·da sf.
mi·cro·*ô*·ni·bus sm. 2n.
mi·cro·or·ga·*nis*·mo sm.: *microrganismo*.
mi·cro·*pé*·ta·lo adj.
mi·*cró*·pi·la sf.
mi·cro·po·*dí*·de:o adj. sm.
mi·cro·po·di·*for*·me adj. 2g. sm.
mi·cro·po·le·*ga*·da sf.
mi·*cró*·po·ro adj.
mi·cro·*pró*·ta·lo sm.
mi·cro·pro·ces·sa·*dor* (ô) sm.
mi·crop·*si*·a sf.
mi·crop·sí·*qui*·a sf.
mi·crop·*sí*·qui·co adj.
mi·crop·te·*rí*·gi:o adj. sm.
mi·*cróp*·te·ro adj. sm.
mi·cror·ga·*nis*·mo sm.: *micro--organismo*.
mi·cror·re·gi:*ão* sf.; pl. ·*ões*.
mi·cror·re·pro·du·*ção* sf.; pl. ·*ções*.
mi·cros·co·*pi*·a sf.
mi·cros·*có*·pi·co adj.
mi·cros·*có*·pi:o sm.
mi·cros·co·*pis*·ta adj. s2g.
mi·cros·*fic*·to adj.
mi·cros·fig·*mi*·a sf.
mi·cros·*per*·ma sf.
mi·cros·*per*·mo adj.
mi·cros·po·*rí*·de:o adj. sm.
mi·*crós*·po·ro sm.
mi·cros·*sai*:a sf.
mi·cros·se·*gun*·do sm.
mi·cros·*sís*·mi·co adj.
mi·cros·*sis*·mo sm.
mi·cros·sis·*mó*·gra·fo sm.
mi·cros·so·*ma*·ti·a sf.
mi·cros·so·*má*·ti·co adj.
mi·cros·so·*mi*·a sf.
mi·cros·*sô*·mi·co adj.
mi·cros·*so*·mo adj. sm.
mi·*crós*·to·mo adj.

mi·cro·*tex*·to (ê) sm.
mi·*cró*·to·mo sm.
mi·cro·zo:*á*·ri:o adj. sm.
mi·*cru*·ro adj.
mic·te·*ris*·mo sm.
mic·*tó*·de·ro adj. sm.
mic·*tó*·ri:o adj. sm.
mic·tu·ri·*ção* sf.; pl. ·*ções*.
mi·cu:*im* sm.; pl. ·*ins*.
mi·cu:im-a·ma·*re*·lo sm.; pl.
  micuins-amarelos.
mi·cu:im-cas·*ta*·nho sm.; pl.
  micuins-castanhos.
mi·cu·*rê* sm.
mí·di adj. 2g. 2n.
mí·di:a sf. s2g.
mi·di·*á*·ti·co adj.
mi·di:a·ti·*zar* v.
mi·*drí*·a·se sf.
mi:e·lal·*gi*·a sf.
mi:e·las·te·*ni*·a sf.
mi:e·len·ce·*fá*·li·co adj.
mi:e·len·*cé*·fa·lo sm.
mi:e·*li*·na sf.
mi:e·*li*·te sf.
mi:e·*ló*·ci·te sm.: mi:e·*ló*·ci·to.
mi:e·*loi*·de adj. 2g.
mi:e·*lo*·ma sm.
mi:e·lo·ma·la·*ci*·a sf.
mi:e·los·sar·*co*·ma sm.
mi·ga sf.
mi·*ga*·do adj.
mi·*ga*·la sf.
mi·*ga*·lha sf.
mi·ga·*lhar* v.
mi·ga·*lhei*·ro adj. sm.
mi·ga·*lhi*·ce sf.
mi·*ga*·lho sm.
mi·ga·lo·*mor*·fo adj. sm.
mi·*gar* v.
mig·ma·*ti*·to sm.
mi·gra·*ção* sf.; pl. ·*ções*.
mi·gra·*dor* (ô) adj. sm.
mi·*gran*·te adj. s2g.
mi·*grar* v.
mi·gra·*tó*·ri:o adj.
mi·guel·al·*ven*·se(s) adj. s2g.
  (pl.).
mi·gue·*len*·se adj. s2g.
mi·gue·*lis*·mo sm.
mi·gue·*lis*·ta adj. s2g.
mi·gue·lo·*pen*·se adj. s2g.
mi·*guim* sm.; pl. ·*guins*.
mi·*í*·a·se sf.
mi·i:o·ce·*fá*·li·co adj.
mi·i:o·*cé*·fa·lo sm.
mi·i:o·dop·*si*·a sf.

mi·i:o·lo·*gi*·a sf.
mi·i:o·*ló*·gi·co adj.
mi·i:o·lo·*gis*·ta adj. s2g.
mi·i:*ó*·lo·go sm.
mi·*i*·te sf.
mi·ja·*cão* sm.; pl. ·*cãos*: mijicão.
mi·*ja*·da sf.
mi·ja·*dei*·ro sm.
mi·ja·*de*·la sf.
mi·ja·*doi*·ro sm.: mi·ja·*dou*·ro.
mi·ja·*fo*·go(s) sf. (pl.).
mi·ja·*mi*·ja sf.; pl. mijas-mijas
  ou mija-mijas.
mi·*jão* adj. sm.; pl. ·*jões*; f.
  mijona.
mi·*jar* v.
mi·ja·vi·*na*·gre(s) sm. (pl.).
mi·ji·*cão* sm.; pl. ·*cãos*: mijacão.
mi·jo sm.
mi·jo(s) de *pa*·dre sm. (pl.).
mi·*jo*·na adj.; f. de *mijão*.
mi·*ju*·ba sf.
mi·ju·*í* sm.
mil num. sm.
mi·la·gra·*ri*·a sf.
mi·*la*·gre sm.
mi·la·*grei*·ro adj. sm.
mi·la·*gren*·to adj.
mi·la·*gro*·sa sf.
mi·la·*gro*·so (ô) adj. sm.; f. e
  pl. (ó).
mi·la·*nês* adj. sm.
mi·la·*ne*·sa (ê) sf.
míl·di:o sm.
mi·le·*fó*·li:o sm.
mil-em-*ra*·ma sf. 2n.
mi·le·*nar* adj. 2g.
mi·le·*ná*·ri:o adj. sm.
mi·le·na·*ris*·mo sm.
mi·le·na·*ris*·ta adj. s2g.
mi·*lê*·ni:o sm.
mi·*lé*·si·ma sf.; f. de milésimo.
mi·*lé*·si·mo num. sm.
mi·*lé*·si:o adj. sm.
mil-*flo*·res sf. 2n.
mil-*fo*·lhas sf. 2n.
mil-fo·lhas-d'*á*·gua sm. 2n.
mil·fu·*ra*·do adj.
mil·*grãos* sm. 2n.
mi·lha sf.
mi·*lhã* sf.
mi·lha·do adj.
mi·lhã(s)-do-ser·*tão* sf. (pl.).
mi·*lha*·fre sm.
mi·lha·gem sf.; pl. ·*gens*.
mi·lhã(s)-gi·*gan*·te(s) sf. (pl.).
mi·*lhal* sm.; pl. ·*lhais*.

mi·*lha*·no sm.
mi·*lhão* num. sm.; pl. ·*lhões*.
mi·*lhar* num. sm. v.
mi·lha·*ra*·da sf.
mi·lha·*ra*·do adj.
mi·lha·*ral* sm.; pl. ·*rais*.
mi·*lha*·ras sf. pl. /Cf. milharás,
  do v. *milhar*.
mi·lha·*rós* sm.
mi·lhã(s)-*ver*·de(s) sf. (pl.).
mi·lhe:*ar* adj. 2g.
mi·lhei·*ral* sm.; pl. ·*rais*.
mi·*lhei*·ro sm. num.
mi·*lhen*·to adj. sm.
mi·*lhe*·te (ê) sm.
mi·lho adj. sm.
mi·*lho*(s)-co·*zi*·do(s) sm. (pl.).
mil-ho·mens-do-ri:o-gran·de-
  -do-*sul* sm. 2n.
mi·*lho*(s)-za·*bur*·ro sm. (pl.).
mi·li:am·*pè*·re sm.
mi·li:am·pe·*rí*·me·tro sm.:
  mi·li:am·pe·*rô*·me·tro.
mi·li:*ar* adj. 2g.
mi·li:ar·*dá*·ri:o adj. sm.
mi·li:*a*·re sm.
mi·li:*á*·ri:o adj.
mi·li·*bar* sm.
mi·li·*ca*·da sf.
mi·*lí*·ci:a sf. 'tropa'/Cf. melícia.
mi·li·ci:*a*·no adj. sm.
mi·*li*·co sm.
mi·li·*gra*·ma sm.
mi·li·*li*·tro sm.
mi·li·*mé*·tri·co adj.
mi·*lí*·me·tro sm.
mi·li·*mi*·cro sm.:
  mi·li·*mí*·cron.
mi·*lí*·mo·do adj.
mi·li:o·*ná*·ri:o adj. sm.
mi·li:o·*né*·si·ma sf.
mi·li:o·*né*·si·mo num. sm.
mi·li:o·no·cra·*ci*·a sf.
mi·*lí*·pe·de adj. 2g. sm.
mi·lis·se·*gun*·do sm.
mi·lis·*te*·re sm.
mi·lis·*té*·re:o sm.
mi·li·*tan*·ça sf.
mi·li·*tân*·ci:a sf.
mi·li·*tan*·te adj. s2g.
mi·li·*tar* adj. 2g. sm. v.
mi·li·ta·*rão* sm.; pl. ·*rões*/Cf.
  militarão, do v. *militar*.
mi·li·ta·*ris*·mo sm.
mi·li·ta·*ris*·ta adj. s2g.
mi·li·ta·ri·za·*ção* sf.; pl. ·*ções*.
mi·li·ta·ri·*za*·do adj.

mi·li·ta·ri·zar v.
mí·li·te sm./Cf. milite, do v.
    militar.
mi·li·to·fo·bi·a sf.
mi·li·watt (úo) sm.
milk-shake sm. (ing.: milshêik).
mi·lo·ló sm.
mi·lon·ga sf.
mi·lon·go sm.
mi·lon·guei·ro adj. sm.
mi·lo·ni·to sm.
mi·lor·de sm.
mil-réis adj. 2g. sm. 2n.
mil·tô·ni:a sf.
míl·vi:o sm.
mim pron.
mi·ma·ça sf.
mi·ma·do adj.
mi·ma·lhi·ce sf.
mi·ma·lho adj. sm.
mi·man·ça adj. sf.; f. de
    mimanço 'piegas'/Cf.
    mimansa.
mi·man·ço adj. sm.
mi·man·sa sf. 'sistema
    filosófico'/Cf. mimança.
mi·mar v.
mim·bu·ras sf. pl.: mumburas.
mi·mê sm.
mi·me:o·gra·fa·gem sf.; pl.
    ·gens.
mi·me:o·gra·far v.
mi·me:o·gra·fi·a sf.
mi·me:ó·gra·fo sm./
    Cf. mimeografo, do v.
    mimeografar.
mi·me·se sf.
mi·mé·ti·co adj.
mi·me·tis·mo sm.
mi·me·ti·zar v.
mi·mi sm.
mí·mi·ca sf./Cf. mimica, do v.
    mimicar.
mi·mi·car v.
mí·mi·co adj. sm./Cf. mimico,
    do v. mimicar.
mi·mí·de:o adj. sm.
mi·mo sm.
mi·mo(s)-de-vê·nus sm. (pl.).
mi·mo·dra·ma sm.
mi·mo·gra·fi·a sf.
mi·mo·grá·fi·co adj.
mi·mó·gra·fo sm.
mi·mo·lo·gi·a sf.
mi·mo·ló·gi·co adj.
mi·mo·lo·gis·mo sm.
mi·mó·lo·go sm.

mi·mo·sa sf.
mi·mo·sá·ce:a sf.
mi·mo·sá·ce:o adj.
mi·mo·se:ar v.
mi·mo·sen·se adj. s2g.
mi·mo·so (ô) adj. sm.; f. e pl. (ó).
mi·na adj. s2g. sf.
mi·na·cís·si·mo adj. superl. de
    minaz.
mi·na·doi·ro sm.: minadouro.
mi·na·dor (ô) sm.
mi·na·dou·ro sm.: minadoiro.
mi·nar v.
mi·na·re·te (ê) sm.
mi·naz adj. 2g.; superl.
    minacíssimo.
min·di·nho adj. sm.
min·du·ba sf.
min·du·bi sm.
min·du·ri:en·se adj. s2g.
mi·nei·ra sf.
mi·nei·ra·da sf.
mi·nei·ra(s)-de-pe·tró·po·lis
    sf. (pl.).
mi·nei·ren·se adj. s2g.
mi·nei·ri·ce sf.
mi·nei·ri·da·de sf.
mi·nei·ris·mo sm.
mi·nei·ro adj. sm.
mi·nei·ro(s) com bo·tas sm.
    (pl.).
mi·nei·ro(s) de bo·tas sm. (pl.).
mi·nei·ro(s)-pau(s) sm. (pl.).
mi·ne·ra·ção sf.; pl. ·ções.
mi·ne·ral adj. 2g. sm.; pl. ·rais.
mi·ne·ra·li·da·de sf.
mi·ne·ra·li·za·ção sf.; pl. ·ções
mi·ne·ra·li·za·do adj.
mi·ne·ra·li·za·dor (ô) adj. sm.
mi·ne·ra·li·zar v.
mi·ne·ra·li·zá·vel adj. 2g.; pl.
    ·veis.
mi·ne·ra·lo·gi·a sf.
mi·ne·ra·ló·gi·co adj.
mi·ne·ra·lo·gis·ta adj. s2g.
mi·ne·ra·lur·gi·a sf.
mi·ne·ra·lúr·gi·co adj. sm.
mi·ne·rar v.
mi·ne·rá·ri:o adj.; f. minerária/
    Cf. mineraria, do v. minerar.
mi·né·ri:o sm.
mi·ner·va sf.
mi·ner·val adj. 2g. sm.; pl. ·vais.
mi·ner·vis·ta s2g.
mi·nes·tra sf.
mi·nes·tre sm.
mi·ne·te sm.

mi·ne·tei·ro sm.
min·ga·cho sm.
min·gau sm.
min·gau(s) das al·mas sm. (pl.).
min·gau·pi·tin·ga sm.
min·go adj. sm.
min·go·las adj. s2g. 2n.
min·go·te sm.
min·gu sm.
mín·gua sf.
min·gua·do adj.
min·gua·men·to sm.
min·guan·te adj. sm.
min·guar v.
min·gui·nho adj. sm.
min·gu·ta adj. 2g.
mi·nha pron.
mi·nho·ca sf.
mi·nho·ca(s)-bra·va(s) sf. (pl.).
mi·nho·ca·çu sm.
mi·nho·cal sm.; pl. ·cais.
mi·nho·ca(s)-lou·ca(s) sf. (pl.).
mi·nho·cão sm.; pl. ·cões.
mi·nho·car v.
mi·nho·cu·çu sm.
mi·nho·to (ô) adj. sm.
mí·ni s2g.
mi·ni:an·to sm.
mi·ni:ar v.
mi·ni:a·tu·ra sf.
mi·ni:a·tu·ral adj. 2g.; pl. ·rais.
mi·ni:a·tu·rar v.
mi·ni:a·tu·ris·ta adj. s2g.
mi·ni:a·tu·ri·zar v.
mi·ni·bi·bli·o·te·ca sf.
mi·ni·ca·sa·co sm.
mi·ni·di·ci:o·ná·ri:o sm.
mi·ni·fun·di:á·ri:o sm.
mi·ni·fún·di:o sm.
mi·ni·gân·ci:as sf. pl.
mí·ni·ma sf.
mi·ni·ma·lis·mo sm.
mi·ni·ma·lis·ta adj. s2g.
mi·ni·ma·li·zar v.
mi·ni·man·te adj. 2g.
mi·ni·man·tô sm.
mi·ni·mi·da·de sf.
mi·ni·mi·za·ção sf.; pl. ·ções.
mi·ni·mi·zar v.
mí·ni·mo adj. sm.
mí·ni:o sm.
mi·nis·sai·a sf.
mi·nis·te·ri·al adj. 2g.; pl. ·ais.
mi·nis·te·ri:a·lis·mo sm.
mi·nis·te·ri:a·lis·ta adj. s2g.
mi·nis·te·ri:á·vel adj. 2g.; pl.
    ·veis.

mi·nis·té·ri:o sm.
mi·nis·tra sf./Cf. *ministra*, do v. *ministrar*.
mi·nis·tra·dor (ô) adj. sm.
mi·nis·tral adj. 2g.; pl. *trais*.
mi·nis·tran·te adj. s2g.
mi·nis·trar v./Cf. *ministraria*, do v. *ministrar*.
mi·nis·tra·ri·a sf./Cf. *ministraria*, do v. *ministrar*.
mi·nis·trí·cu·lo sm.
mi·nis·tri·fi·ca·ção sf.; pl. *ções*.
mi·nis·tri·fi·car v.
mi·nis·tro sm./Cf. *ministro*, do v. *ministrar*.
mi·ni·ves·ti·do sm.
min·jo:a·da sf.
min·jo·li·nho sm.
mi·no:a·no adj. sm. 'minoico'/ Cf. *minuano*.
mi·no:en·se adj. s2g.
mi·noi·co adj.
mi·no·ra·ção sf.; pl. *ções*.
mi·no·rar v.
mi·no·ra·ti·vo adj. sm.
mi·no·ri·a sf.
mi·no·ri·tá·ri:o adj. sm.
mi·nor·qui·no adj. sm.
mi·nu:a·na sf.
mi·nu:a·no adj. sm. 'indígena' 'vento'/Cf. *minoano*.
mi·nú·ci:a sf./Cf. *minucia*, do v. *minuciar*.
mi·nu·ci:ar v.
mi·nu·ci:o·so (ô) adj.; f. *e* pl. (ó).
mi·nu·dên·ci:a sf./ Cf. *minudencia*, do v. *minudenciar*.
mi·nu·den·ci:ar v.
mi·nu·den·te adj. 2g.
mi·nu:en·do sm.
mi·nu:e·te (ê) sm.: mi·nu:e·to (ê).
mi·nu:ir v.
mi·nu·ra sf.
mi·nús·cu·la sf.
mi·nus·cu·li:zar v.
mi·nús·cu·lo adj.
mi·nu·ta sf.
mi·nu·ta·dor (ô) adj. sm.
mi·nu·ta·gem sf.; pl. *gens*.
mi·nu·tar v.
mi·nu·te·ri·a sf.
mi·nu·tís·si·mo adj. superl. de *miúdo* e de *minuto*.
mi·nu·to adj. sm.
mi:o sm.

mi:o·cár·di:o sm.
mi:o·car·di·te sf.
mi:o·car·dí·ti·co adj.
mi:o·ce·le sf.
mi:o·ce·no adj. sm.
mi:o·clo·ni·a sf.
mi:o·clô·ni·co adj.
mi:o·di·ni·a sf.
mi:o·dí·ni·co adj.
mi:o·dó·co·po adj. sm.
mi:o·gra·fi·a sf.
mi:o·grá·fi·co adj.
mi:ó·gra·fo sm.
mi:oi·de adj. 2g. sm.
mi:o·la·da sf.
mi:o·lei·ra sf.
mi:o·le·ma sm.
mi:o·le·má·ti·co adj.
mi:o·li·nho sm.
mi:o·lo (ô) sm.; pl. (ó).
mi:o·lo·gi·a sf.
mi:o·ló·gi·co adj.
mi:o·lo·so (ô) adj.; f. *e* pl. (ó).
mi:o·lu·do adj.
mi:o·ma sm.
mi:o·ma·la·ci·a sf.
mi:o·ma·lá·ci·co adj.
mi:o·mé·tri:o sm.
mi:o·mi:o sm.; pl. *mios-mios* ou *mio-mios*.
mi:o·mor·fo adj. sm.
mi:o·pa·ti·a sf.
mi:o·pá·ti·co adj.
mí:o·pe adj. s2g.
mi:o·pi·a sf.
mi:o·plas·ti·a sf.
mi:o·ple·gi·a sf.
mi:o·po·rá·ce:a sf.
mi:o·po·rá·ce:o adj.
mi:o·pra·gi·a sf.
mi:o·pra·xi·a (cs) sf.
mi:o·se sf.
mi:o·si·na sf.
mi:o·só·tis sm. 2n.
mi:ó·ti·co adj.
mi:o·to·mi·a sf.
mi:o·tô·mi·co adj.
mi·pi·bu:en·se adj. s2g.
mi·que:a·do adj.
mi·que:ar v.
mi·que·le·te (ê) sm.
mi·que·li·no adj.
mi·ra sm. sf.
mi·ra·ban·da sf.
mi·ra·be·la sf.
mi·ra·bo·lan·te adj. 2g.
mi·ra·ca·tu:en·se adj. s2g.

mi·ra·ce·men·se adj. s2g.
mi·ra·céu(s) sm. (pl.).
mi·ra·cí·di:o sm.
mi·ra·cu·la·do adj. sm.
mi·ra·cu·lo·so (ô) adj.; f. *e* pl. (ó).
mi·ra·da sf.
mi·ra·doi·ro sm.: *miradouro*.
mi·ra·do·ren·se adj. s2g.
mi·ra·dou·ren·se adj. s2g.
mi·ra·dou·ro sm.: *miradoiro*.
mi·ra(s)-fa·lan·te(s) sf. (pl.).
mi·ra·gai·a sf.
mi·ra·gem sf.; pl. *gens*.
mi·ra·guai·a sf.
mi·rai·a sf.
mi·ra:i·en·se adj. s2g.
mi·ra·mo·lim sm.: mi·ral·mu·mi·nim; pl. *nins*.
mi·ra·mar sm.
mi·ra·mo·lim sm.; pl. *lins*.
mi·ra·mo·mi sm.
mi·ra(s)-mu·da(s) sf. (pl.).
mi·ran·den·se adj. s2g.
mi·ran·dês adj. sm.
mi·ran·do·po·len·se adj. s2g.
mi·ra·nha adj. s2g.
mi·ran·te sm.
mi·ran·ten·se adj. s2g.
mi·rão adj. sm.; pl. *rões*; f. *mirona*.
mi·ra·o·lho(s) adj. 2g. sm. (pl.).
mi·rar v.
mi·ras·so·len·se adj. s2g.
mi·ri sf.
mi·rí·a·da sf.: mi·rí·a·de.
mi·ri·a·gra·ma sm.
mi·ri·a·li·tro sm.
mi·ri:â·me·tro sm.
mi·ri:á·po·de adj. 2g. sm.
mi·ri:a·re sm.
mi·ri·cá·ce:a sf.
mi·ri·cá·ce:o adj.
mi·ri·ca·le sf.
mi·ri:en·to·ma·do adj. sm.
mi·ri·fi·car v.
mi·rí·fi·co adj./Cf. *mirifico*, do v. *mirificar*.
mi·rim adj. 2g. sm. sf.; pl. *rins*.
mi·rim·pin·ta·da sf.; pl. *mirins- -pintadas*.
mi·rim·pre·gui·ça sf.; pl. *mirins-preguiças* ou *mirins- -preguiça*.
mi·rim·ren·dei·ra sf.; pl. *mirins-rendeiras*.
mi·rin·di·ba sf.

mi·rin·di·ba(s)-*ró*·se:a(s) sf. (pl.).
mi·*rin*·ge sf.
mi·rin·*gi*·te sf.
mi·rin·go·plas·*ti*·a sf.
mi·rin·go·to·*mi*·a sf.
mi·rin·gua·*çu* sf.
mi·rin·*zal* sm.; pl. ·*zais*.
mi·ri:of·*tal*·mo adj.
mi·ri:*ó*·po·de adj. 2g.
mi·ri·qui·*ná* sm.
mi·ris·ti·*cá*·ce:a sf.
mi·ris·ti·*cá*·ce:o adj.
mi·*rís*·ti·co sm.
mi·ri·*ti* sm.
mi·ri·ti(s)-ta·*pui*·a(s) adj. s2g. (pl.).
mir·me·co·fa·*gí*·de:o adj. sm.
mir·me·*có*·fa·go adj. sm.
mir·me·*có*·fi·li·a sf.
mir·me·*có*·fi·lo adj. sm.
mir·me·co·lo·*gi*·a sf.
mir·me·co·*ló*·gi·co adj.
mir·me·*qui*·to sm.
mir·mi·*dão* sm.; pl. ·*dões*.
mi·*ro*·lho (ô) adj. sm.
mi·*ro*·ne sm.
mi·*ron*·ga sf.
mi·ro·*ró* sm.: *mororó*.
mi·ro·tam·*ná*·ce:a sf.
mi·ro·tam·*ná*·ce:o adj.
mir·ra sf. s2g.
mir·ra·do adj.
mir·ra·*dor* (ô) adj.
mir·*rar* v.
mír·re:o adj.
mir·si·*ná*·ce:a sf.
mir·si·*ná*·ce:o adj.
mir·*tá*·ce:a sf.
mir·*tá*·ce:o adj.
mir·*tal* adj. 2g. sm.; pl. ·*tais*.
mir·*ta*·le sf.
mir·*te*·do (ê) sm.
mír·te:o adj.
mir·ti·*flo*·ra sf.
mir·ti·*for*·me adj. 2g.
mir·to sm.
mir·*toi*·de adj. 2g.
mir·*to*·so (ô) adj.; f. *e* pl. (ó).
mi·ru:*ei*·ra sf.
mi·ru:*im* sm.; pl. ·*ins*: *maruim*.
mi·san·tro·*pi*·a sf.
mi·san·*tró*·pi·co adj.
mi·san·*tro*·po (ô) adj. sm.
mis·ce·*lâ*·ne:a sf.
mis·ci·bi·li·*da*·de sf.
mis·ci·ge·na·*ção* sf.; pl. ·*ções*.

mis·ci·ge·*na*·do adj.
mis·*cí*·vel adj. 2g.; pl. ·*veis*.
mis·co·*re*·te sf.
mis·*crar* v.
mise-en-scène sf. (fr.: *misancén*).
mi·se·ra·bi·li·*da*·de sf.
mi·se·ra·*ção* sf.; pl. ·*ções*.
mi·se·*ran*·do adj.
mi·se·*rar* v.
mi·se·*rá*·vel adj. s2g.; pl. ·*veis*.
mi·se·*rê* sm.
mi·*sé*·ri:a sf.
mi·se·ri·*cór*·di:a sf.
mi·se·ri·cor·di:*o*·so (ô) adj. sm.; f. *e* pl. (ó).
mí·se·ro adj. sm./Cf. *misero*, do v. *miserar*.
mi·*sér*·ri·mo adj. superl. de *mísero*.
mi·si·*dá*·ce:o adj. sm.
mi·so·fo·*bi*·a sf.
mi·*só*·fo·bo adj. sm.
mi·so·ga·*mi*·a sf.
mi·*só*·ga·mo adj. sm.
mi·so·gi·*ni*·a sf.
mi·*só*·gi·no adj. sm.
mi·so·lo·*gi*·a sf.
mi·so·*ló*·gi·co adj.
mi·*só*·lo·go sm.
mi·so·*nei*·co adj. sm.
mi·so·ne·*ís*·mo sm.
mi·so·ne·*ís*·ta adj. s2g.
mi·so·pe·*di*·a sf.
mi·sos·so·*fi*·a sf.
mi·sos·*só*·fi·co adj.
mi·*sós*·so·fo sm.
mis·*pí*·quel sm.; pl. ·*queis*.
miss sf. ing.: *misse*.
mis·sa sf.
mis·*sa*·do adj.
mis·*sa*·gra sf.
mis·*sal* adj. 2g. sm.; pl. ·*sais*.
mis·*são* sf.; pl. ·*sões*.
mis·são-ve·*lhen*·se(s) adj. s2g. (pl.).
mis·*sar* v.
mis·sa·*ri*·a sf.
mis·sa(s)-*se*·ca(s) s2g. (pl.).
mis·se sf., do ing. *miss*.
mis·*sei*·ro adj. sm.
mís·sil adj. 2g. sm.; pl. ·*mísseis*/ Cf. *misseis*, do v. *missar*.
mis·si·o·*nar* v.
mis·si:o·*ná*·ri:o adj. sm.; f. *missionária*/Cf. *missionaria*, do v. *missionar*.
mis·si:o·*nei*·ro adj. sm.

mis·*si*·va sf.
mis·si·*vis*·ta s2g.
mis·*si*·vo adj.
mis·*sô* sm.
mis·*sú*·ri sm.
mis·ta·co·*cá*·ri·do adj. sm.
mis·ta·co·*ce*·to adj. sm.
mis·ta·go·*gi*·a sf.
mis·ta·*gó*·gi·co adj.
mis·ta·*go*·go (ô) sm.
mis·*te*·la sf.
mis·*ter* sm.
mis·*té*·ri:o sm.
mis·te·ri:*o*·so (ô) adj.; f. *e* pl. (ó).
mís·ti·ca sf.
mis·ti·*ce*·to adj. sm.
mis·ti·ci·*da*·de sf.
mis·ti·*cis*·mo sm.
mis·ti·ci·*zar* v.
mís·ti·co adj. sm. 'misterioso'/Cf. *mistico*.
mis·*ti*·co sm. 'embarcação'/Cf. *místico*.
mis·ti·fi·ca·*ção* sf.; pl. ·*ções*.
mis·ti·fi·*ca*·do adj.
mis·ti·fi·ca·*dor* (ô) adj. sm.
mis·ti·fi·*car* v.
mis·ti·*fó*·ri:o sm.
mis·ti·*lí*·ne:o adj.
mis·ti·*nér*·ve:o adj.
mis·to adj. sm.
mis·to(s)-*quen*·te(s) sm. (pl.).
mis·*tral* sm.; pl. ·*trais*.
mis·*tu*·ra sf.
mis·tu·*ra*·da sf.
mis·tu·ra·*dor* (ô) adj. sm.
mis·tu·*rar* v.
mis·tu·*rá*·vel adj. 2g.; pl. ·*veis*.
mis·tu·*re*·ba sf.
mí·su·la sf.
mi·*te*·ne sf.
mí·ti·co adj.
mi·ti·fi·ca·*ção* sf.; pl. ·*ções*.
mi·ti·fi·*car* v.
mi·ti·ga·*ção* sf.; pl. ·*ções*.
mi·ti·ga·*dor* (ô) adj. sm.
mi·ti·*gar* v.
mi·ti·ga·*ti*·vo adj.
mi·ti·*gá*·vel adj. 2g.; pl. ·*veis*.
mi·ti·li·cul·*tu*·ra sf.
mi·ti·*lí*·de:o adj. sm.
mi·*tis*·mo sm.
mi·to sm.
mi·to·gra·*fi*·a sf.
mi·to·*grá*·fi·co adj.
mi·to·lo·*gi*·a sf.

mi·to·*ló*·gi·co adj.
mi·*tó*·lo·go sm.
mi·to·ma·*ni*·a sf.
mi·tô·ma·no sm.
mi·tô·ni·mo sm.
mi·*to*·se sf.
mi·tra sf.
mi·tra·*ção* sf.; pl. ·*ções*.
mi·*tra*·do adj.
mi·*tral* adj. 2g. sf.; pl. ·*trais*.
mi·tri·da·*tis*·mo sm.
mi·tri·da·ti·*za*·do adj.
mi·tri·da·ti·*zar* v.
mi·tri·*da*·to sm.
mi·tri·*for*·me adj. 2g.
miu·*á* sm.
mi:*ú*·ça sf.
mi:u·*ça*·lha sf.
mi:u·*ça*·lho sm.
mi:u·*da*·gem sf.; pl. ·gens.
mi:u·de:*ar* v.
mi:u·*dei*·ro adj. sm.
mi:u·*de*·za (ê) sf.
mi:u·*di*·nho sm.
mi:*ú*·do adj. sm.
mi:*ú*·lo sm.
mi:*un*·ça sf.
mi:*ú*·ro adj. sm.
mi:*ú*·va sf.
mi·va sf.
mi·xa[1] adj. 2g. sf.
  'insignificância'/Cf. *mixa*².
mi·xa² (cs) sf. 'ventas'/Cf. *mixa*¹.
mi·*xa*·gem (cs) sf.; pl. ·*gens*·
mi·*xan*·ga s2g.
mi·*xar* v.
mi·xa·*ri*·a sf.
mi·xe adj. 2g.
mi·xe·*de*·ma (cs) sm.
mi·*xi*·la (cs) sf.
mi·xi·*lan*·ga sf.
mi·xi·*nói*·de:o (cs) adj. sm.
mi·*xi*·ra sf.
mi·xo adj. sm.
mi·*xó*·fi·to (cs) adj. sm.
mi·xo·*gas*·tro (cs) sm.
mi·*xo*·na (cs) sm.
mi·xo·mi·*ce*·to (cs) adj. sm.
mi·xo·*mô*·na·da (cs) sf.
mi·*xór*·di:a sf.
mi·*xor*·ne sm.
mi·xos·co·*pi*·a (cs) sf.
mi·xos·*pôn*·gi:a (cs) adj. 2g. sf.
mi·xos·po·*rí*·de:o (cs) adj. sm.
mi·*xós*·po·ro (cs) sm.
mi·xo·ta·*ló*·fi·to (cs) adj. sm.
mi·xu:*an*·go sm.

mi·xu·*ru*·ca adj. 2g.
mi·xu·ru·*qui*·ce sf.
mi·zo·*cé*·fa·lo adj. sm.
mi·zo·den·*drá*·ce:a sf.
mi·zo·den·*drá*·ce:o adj.
mi·zos·to·*má*·ri:o adj. sm.
mnê·*mi*·co adj.
mne·*mô*·ni·ca sf.
mne·*mô*·ni·co adj.
mne·mo·ni·za·*ção* sf.; pl.
  ·*ções*.
mne·mo·ni·*zá*·vel adj. 2g.; pl.
  ·veis.
mne·mo·tec·*ni*·a sf.
mne·mo·*téc*·ni·ca sf.
mne·mo·*téc*·ni·co adj.
mne·mo·*tes*·te sm.
mni:o·til·*tí*·de:o adj. sm.
mo contr. dos pron. *me* e *o*.
mó sf.
mo:*a*·fa sf.
mo:a·*gei*·ro adj. sm.
mo:a·gem sf.; pl. ·gens.
mo·*bi*·ca s2g.
mó·bil adj. 2g. sm.; pl. ·beis
  e ·bi·les/Cf. *mobiles*, do v.
  mobilar.
mo·bi·la·*dor* (ô) adj. sm.
mo·bi·*lar* v.
mó·bi·le sm./Cf. *mobile*, do v.
  mobilar.
mo·bi·*lhar* v.: mobiliar.
mo·*bí*·li:a sf.
mo·bi·li:*ar* v.: mobilhar.
mo·bi·li:*á*·ri:o adj. sm.; f.
  mobiliária/Cf. mobiliaria, do
  v. mobiliar.
mo·bi·li·*da*·de sf.
mo·bi·*lis*·mo sm.
mo·bi·*lís*·si·mo adj. superl. de
  móvel.
mo·bi·li·za·*ção* sf.; pl. ·*ções*.
mo·bi·li·*zar* v.
mo·bi·li·*zá*·vel adj. 2g.; pl.
  ·veis.
mo·ca sm. sf.
mo·ça (ô) sf. 'mulher jovem'/
  Cf. *moça* (ó), do v. *moçar*, e
  mossa (ó) sf.
mo·ça(s)-bo·*ni*·ta(s) sf. (pl.).
mo·ça(s)-*bran*·ca(s) sf. (pl.).
mo·ça(s) do *fa*·do sf. (pl.).
mo·*ca*·da sf.
mo·*ça*·da sf.
mo·ca·*já* sm.
mo·ca·ja·*í*·ba sf.
mo·ca·ju·*ben*·se adj. s2g.

mo·ça·*lhão* sm.; pl. ·*lhões*; f.
  moçalhona.
mo·ça·*lho*·na sf.; f. de *moçalhão*.
mo·ca·*mau* sm.
mo·cam·*bei*·ro adj. sm.
mo·çam·bi·*ca*·no adj. sm.
mo·cam·*bi*·nho sm.
mo·çam·*bi*·que sm.
mo·*cam*·bo sm.
mo·*ça*·me sm.
mo·can·*qui*·ce sf.: moganguice.
mo·*ção* sf.; pl. ·*ções*.
mo·*çar* v. 'tornar moça'/Cf.
  mossar.
mo·*çá*·ra·be adj. s2g.
mo·ças-e-*ve*·lhas sf. pl.
mo·cas·*sim* sm.; pl. ·*sins*.
mo·*cei*·ro adj. sm.
mo·ce·*tão* sm.; pl. ·*tões*; f.
  mocetona.
mo·ce·*to*·na sf.; f. de *mocetão*.
mo·*cha* (ô) sf./Cf. *mocha* (ó), do
  v. *mochar*, e *moxa* (cs) sf.
mo·*cha*·co sm.
mo·cha·*du*·ra sf.
mo·*char* v.
mo·*che*·ta (ê) sf.
mo·*chi*·la sf.
mo·chi·*lei*·ro sm.
mo·*cho* (ô) adj. sm./Cf. *mocho*
  (ó), do v. *mochar*.
mo·cho-di·*a*·bo sm.; pl.
  mochos-diabos ou mochos-
  -diabo.
mo·cho(s)-ma·*tei*·ro(s) sm.
  (pl.).
mo·cho(s)-*ne*·gro(s) sm. (pl.).
mo·cho(s)-o·re·*lhu*·do(s) sm.
  (pl.).
mo·*ci*·ço adj.: maciço.
mo·*ci*·da·de sf.
mo·*ci*·nha sf.
mo·*ci*·nha(s)-*bran*·ca(s) sf.
  (pl.).
mo·*ci*·nho sm.
mo·ci·ta·*í*·ba sf.: moçutaíba.
mock-up sm. (ing.: mocáp).
mo·*có* sm. 'roedor'/Cf. *mocô*.
mo·*cô* sm. 'amuleto'/Cf. *mocó*.
mo·*ço* (ô) adj. sm./Cf. *moço* (ó)
  e *mosso* (ó), dos v. *moçar* e
  mossar.
mo·*co*·a (ô) sf.
mo·*çoi*·la sf.
mo·*ço*·na sf. aum. de *moça*.
mo·co·*quen*·se adj. s2g.
mo·ço·*ró* sm.

mo·ço·ro:*en*·se adj. s2g.
mo·ço·ron·*don*·go sm.
mo·co·*ron*·go adj. sm. 'caipira'/ Cf. *macorongo*.
mo·co·ro·*ró* sm.
mo·co·*tó* sm.
mo·co·*zal* sm.; pl. ·*zais*.
mo·co·ze:*ar* v.
mo·*crei*·a sf.
moc·sa sf.
mo·*cu*·ba sf.
mo·cu·bu·*çu* sm.
mo·cu·*guê* sm.
mo·cu·*rei*·ro sm.
mo·çu·ta·*í*·ba sf.: *mocitaíba*.
mo·da sf.
mo·*dal* adj. 2g.; pl. ·*dais*.
mo·da·li·*da*·de sf.
mo·da·*lis*·mo sm.
mo·de·la·*ção* sf.; pl. ·*ções*.
mo·de·la·*dor* (ô) adj. sm.
mo·de·*la*·gem sf.; pl. ·*gens*.
mo·de·*lar* adj. 2g. v.
mo·de·*lis*·mo sm.
mo·de·*lis*·ta adj. s2g.
mo·de·*li*·to sm.
mo·*de*·lo (ê) sm./Cf. *modelo* (é), do v. *modelar*.
modem sm. (ing.: *moudem*).
mo·de·*nen*·se adj. s2g.
mo·de·ra·*ção* sf.; pl. ·*ções*.
mo·de·*ra*·do adj. sm.
mo·de·ra·*dor* (ô) adj. sm.
mo·de·*ran*·te adj. 2g. sm.
mo·de·ran·*tis*·mo sm.
mo·de·*rar* v.
mo·de·ra·*ti*·vo adj.
mo·de·*rá*·vel adj. 2g.; pl. ·*veis*.
mo·der·*ni*·ce sf.
mo·der·ni·*da*·de sf.
mo·der·*nis*·mo sm.
mo·der·*nis*·ta adj. s2g.
mo·der·ni·za·*ção* sf.; pl. ·*ções*.
mo·der·ni·*zar* v.
mo·*der*·no adj. sm.
mo·der·*no*·so (ô) adj.; f. *e* pl. (ó).
mo·*dés*·ti:a sf.
mo·*des*·to adj.
mo·di·*car* v.
mo·di·ci·*da*·de sf.
mo·di·*cís*·si·mo adj. superl. de *módico*.
mó·di·co adj./Cf. *modico*, do v. *modicar*.
mo·di·fi·ca·*ção* sf.; pl. ·*ções*.
mo·di·fi·ca·*dor* (ô) adj. sm.

mo·di·fi·*can*·te adj. 2g.
mo·di·fi·*car* v.
mo·di·fi·ca·*ti*·vo adj.
mo·di·fi·*cá*·vel adj. 2g.; pl. ·*veis*.
mo·di·*lhão* sm.; pl. ·*lhões*.
mo·di·*lhar* v.
mo·*di*·lho adj. sm.
mo·di·na·*tu*·ra sf.
mo·*di*·nha sf.
mo·*dí*:o·lo sm.
mo·*dis*·mo sm.
mo·*dis*·ta s2g. sf.
mo·do sm.
mo·dor·*nar* v.
mo·*dor*·ra (ô) sf.: *madorra* (ô), *madorna*/Cf. *modorra* (ó), do v. *modorrar*.
mo·dor·*ral* adj. 2g.; pl. ·*rais*.
mo·dor·*rar* v.
mo·dor·*ren*·to adj.
mo·*dor*·ro (ô) adj./Cf. *modorro* (ó), do v. *modorrar*.
mo·du·la·*ção* sf.; pl. ·*ções*.
mo·du·*la*·do adj. sm.
mo·du·la·*dor* (ô) adj. sm.
mo·du·*la*·gem sf.; pl. ·*gens*.
mo·du·*lan*·te adj. 2g.
mo·du·*lar* adj. 2g. v.
mo·du·la·*tó*·ri:o adj.
mó·du·lo adj. sm./Cf. *modulo*, do v. *modular*.
mo:e·da sf.
mo:e·*da*·gem sf.; pl. ·*gens*.
mo:e·da-pa·*pel* sf.; pl. *moedas--papéis* ou *moedas-papel*.
mo:e·*dei*·ra sf.
mo:e·*dei*·ro sm.
mo:e·*de*·la sf.
mo:e·*dor* (ô) sm.
mo:e·*du*·ra sf.
mo:e·ga sf.
mo:e·la sf.
mo:e·la(s)-de-mu·*tum* sf. (pl.).
mo:e·*men*·se adj. s2g.
mo:*en*·da sf.
mo:en·*dei*·ro sm.
mo:*en*·te adj. 2g.
mo:*en*·za sf.
mo:*er* v.
mo·fa sf.
mo·*fa*·do adj.
mo·fa·*dor* (ô) adj. sm.
mo·*far* v.
mo·*fa*·tra sf.
mo·fa·*trão* sm.; pl. ·*trões*.
mo·*fen*·to adj.

mo·*fe*·ta (ê) sf.
mo·*fi*·na sf.
mo·fi·*nei*·ro sm.
mo·fi·*ne*·za (ê) sf.
mo·*fi*·no adj. sm.
mo·fo (ô) sm./Cf. *mofo* (ó), do v. *mofar*.
mo·fo·*fô* sm.
mo·*fo*·so (ô) adj.; f. *e* pl. (ó).
mo·fum·*bal* sm.; pl. ·*bais*.
mo·fum·*bar* v.
mo·*fum*·bo sm.
mo·*fun*·go sm.
mo·ga·dou·*ren*·se adj. s2g.
mo·*gan*·ga sf.: *muganga*.
mo·gan·*gar* v.
mo·gan·*guei*·ro adj. sm.
mo·gan·*guen*·to adj. sm.
mo·gan·*gui*·ce sf.
mo·gan·*guis*·ta adj. s2g.
mo·gei·*ren*·se adj. s2g.
mo·gi·*gan*·ga sf.
mo·gi·gra·*fi*·a sf.
mo·gi·*grá*·fi·co adj.
mo·gi·la·*li*·a sf.
mo·gi·la·*lis*·mo sm.
mo·gi·mi·ri:a·no adj. sm.
mog·no sm.
mó·go·no sm.
mo·go·*rim* adj. s2g.; pl. ·*rins*.
mo:*i*·ca·no adj. sm.
mo:*í*·do adj.
mo:i·*men*·to sm.
mo:i·*nan*·te adj. s2g.
mo:*i*·nha sf.
mo:*i*·nho sm.
moi:o sm.
moi·ra(s)-en·can·*ta*·da(s) sf. (pl.): *moura-encantada*.
moi·*ra*·ma sf.: *mourama*.
moi·*rão* sm.; pl. ·*rões*: *mourão*.
moi·*rar* v.: *mourar*.
moi·ra·*ri*·a sf.: *mouraria*.
moi·ra(s)-*tor*·ta(s) sf. (pl.): *moura-torta*.
moi·re·*ja*·do adj.: *mourejado*.
moi·re·*jar* v.: *mourejar*.
moi·*re*·jo (ê) sm.: *mourejo*.
moi·*res*·co (ê) adj.: *mouresco*.
moi·*ris*·co adj. sm.: *mourisco*.
moi·*ris*·ma sf.: *mourisma*.
moi·ri·*zar* v.: *mourizar*.
moi·ro adj. sm.: *mouro*.
moi·ro·*na*·da sf.: *mouronada*.
mo:i·*sés* sm. 2n.
moi·ta sf.: *mouta*.
moi·*tal* sm.; pl. ·*tais*.

moi·tão sm.; pl. ·tões: *moutão*.
moi·tar v.
moi·te·do (ê) sm.: *moutedo*.
mo·ji:*a*·no adj. sm.
mo·*ji*·ca sf.
mo·ji·*car* v.
mo·ju:*en*·se adj. s2g.
mol sm.; pl. *móis* ou *moles*.
mo·la sf.
mo·*la*·da sf. 'porção de tinta'/ Cf. *mulada*.
mo·*la*·gem sf.; pl. ·gens.
mo·*lal* adj. 2g.; pl. ·*lais*.
mo·la·li·*da*·de sf.
mo·lam·*ben*·to adj.
mo·*lam*·bo sm.
mo·lam·*bu*·do adj. sm.
mo·*lan*·cas adj. 2g. 2n.
mo·lan·guei·*rão* adj. sm.; pl. ·rões; f. *molangueirona*.
mo·lan·*guei*·ro adj. sm.
mo·lan·guei·*ro*·na adj. sf.; f. de *molangueirão*.
mo·lan·quei·*rão* adj. sm.; pl. ·rões; f. *molanqueirona*.
mo·lan·quei·*ro*·na adj. sf.; f. de *molanqueirão*.
mo·*lar* adj. 2g. sm.
mo·la·ri·*da*·de sf.
mo·la·ri·*for*·me adj. 2g.
mo·la·*ri*·nha sf.
mo·*las*·sa sf.
mo·*las*·so sm.
mol·da·*ção* sf.; pl. ·ções.
mol·*da*·do adj. sm.
mol·da·*dor* (ô) adj. sm.
mol·*da*·gem sf.; pl. ·gens.
mol·dan·*dei*·ra sf.
mol·*dar* v.
mol·*dá*·vi:a sf.
mol·*dá*·vi:o adj. sm.
mol·de sm.
mol·de-cal·*dei*·ra sm.; pl. *moldes-caldeiras* ou *moldes-caldeira*.
mol·*du*·ra sf.
mol·du·*ra*·do adj.
mol·du·*ra*·gem sf.; pl. ·gens.
mol·du·*rar* v.
mol·du·*rei*·ro sm.
mo·le[1] adj. 2g. 'lento, etc.'/Cf. *mole*[2].
mo·le[2] sm. sf. 'alho' 'massa volumosa'/Cf. *mole*[1].
mo·le:*ar* v.
mo·*le*·ca sf.
mo·le·*ca*·da sf.

mo·le·*ca*·gem sf.; pl. ·gens.
mo·le·*cão* sm.; pl. ·*cões*.
mo·le·*car* v.
mo·le·co·*re*·ba sf.
mo·le·*có*·ri:o sm.
mo·le·*co*·te sm.
mo·*lé*·cu·la sf.
mo·*lé*·cu·la-*gra*·ma sf.; pl. *moléculas-gramas* ou *moléculas-grama*.
mo·le·cu·*lar* adj. 2g.
mo·le·cu·la·ri·*da*·de sf.
mo·*le*·do (ê) sm.
mo·*lei*·ra sf.
mo·lei·*rão* adj. sm.; pl. ·rões; f. ·*ro*·na.
mo·*le*·ja (ê) sf.
mo·*le*·jo (ê) sm.
mo·*le*-*mo*·le(s) sm.
mo·*len*·ga adj. s2g.: *molengo*.
mo·len·*gar* v.
mo·*len*·go adj. sm.: *molenga*.
mo·*len*·gue adj. s2g.
mo·*le*·que adj. sm.
mo·le·que:*ar* v.
mo·*le*·que(s) de as·sen·*tar* sm. (pl.).
mo·*le*·que(s) de sur·*rão* sm. (pl.).
mo·*le*·que(s)-*du*·ro(s) sm. (pl.).
mo·le·*quei*·ra sf.
mo·les·*ta*·do adj.
mo·les·ta·*dor* (ô) adj. sm.
mo·les·ta·*men*·to sm.
mo·les·*tar* v.
mo·*lés*·ti:a sf.
mo·*lés*·ti:a(s)-*ma*·gra(s) sf. (pl.).
mo·*les*·to adj.
mo·les·*to*·so (ô) adj.; f. *e* pl. (ó).
mo·*le*·ta (ê) sf. 'pedra de moer'/ Cf. *muleta*.
mo·le·*tom* sm.; pl. ·*tons*.
mo·*le*·za (ê) sf.
mo·lha sf./Cf. *molha*, do v. *molhar*.
mo·*lha*·da sf.
mo·lha·*de*·la sf.
mo·*lha*·do adj. sm.
mo·lha·*dor* (ô) adj. sm.
mo·*lha*·du·ra sf.
mo·*lha*·gem sf.; pl. ·gens.
mo·lha·*men*·to sm.
mo·*lhan*·ça sf.
mo·*lhan*·ga sf.
mo·*lhar* v.
mo·*lhe* sm./Cf. *molhe*, do v. *molhar*.

mo·*lhei*·ra sf.
mo·lhe-*mo*·lhe sm.; pl. *molhes-molhes* ou *molhe-molhes*.
mo·*lhe*·ta (ê) sf.
mo·lho[1] sm. 'feixe'/Cf. *molho*[2] (ô).
mo·lho[2] (ô) sm. 'caldo temperado'/Cf. *molho*[1] sm., e *molho* (ó), do v. *molhar*.
mo·li:*a*·na sf.
mo·lib·*dê*·ni:o sm.
mo·lib·de·*ni*·ta sf.
mo·lib·*de*·no sm.
mo·lib·do·man·*ci*·a sf.
mo·lib·do·*man*·te s2g.
mo·lib·do·*mân*·ti·co adj.
mo·li·*ção* sf.; pl. ·ções.
mo·*lí*·ci:a sf.: mo·*lí*·ci:e.
mo·*li*·ço sm.
mo·li·fi·ca·*ção* sf.; pl. ·ções.
mo·li·fi·*can*·te adj. 2g.
mo·li·fi·*car* v.
mo·li·fi·ca·*ti*·vo adj.
mo·li·fi·*cá*·vel adj. 2g.; pl. ·veis.
mo·*li*·me sm.: mo·*lí*·men; pl. *molímens* ou *molímenes*.
mo·li·*ne*·te (ê) sm.
mo·*li*·nha sf.
mo·li·*nhar* v.
mo·li·*nhei*·ra sf.
mo·li·*nhei*·ro sm.
mo·li·*nho*·so (ô) adj.; f. *e* pl. (ó).
mo·li·*ni*·lho sm.
mo·li·*nis*·mo sm.
mo·li·*nis*·ta adj. s2g.
mo·li·no·*sis*·mo sm.
mo·li·*no*·te sm.
mo·*lí*·pe·de adj. 2g.
mo·*li*·to adj.
mo·*lo*·ca sf.
mo·*loi*·de adj. s2g.
mo·lon·*gó* sm.
mo·lon·gó(s)-*bran*·co(s) sm. (pl.).
mo·los·*sí*·de:o sm.
mo·*los*·so (ô) adj. sm.
mol·pa·*dô*·mi:o adj. sm.
mo·lu·*ca*·no adj. sm.
mo·*lu*·gem sf.; pl. ·gens.
mo·*lu*·lo sm.
mo·*lú*·ri:a sf. s2g.
mo·*lus*·co adj. sm.
mo·lus-*coi*·de adj. 2g. sm.
mo·ma·*ná* adj. s2g.
mom·*ba*·ca sf. 'fruto'/Cf. *mumbaca*.
mom·ba·*cen*·se adj. s2g.
mom·boi·a·xi·*ó* sf.

mo·men·tâ·ne:o adj.
mo·*men*·to adj. sm.
mo·men·*to*·so (ô) adj.; f. *e* pl. (ó).
mo·*mes*·co (ê) adj.
mo·*mi*·ce sf.
mo·mo sm.
mo·mo·*tí*·de:o adj. sm.
mo·na sf.
mo·na·*cal* adj. 2g.; pl. ·*cais*.
mo·na·*can*·to adj. sm.
mo·na·*ca*·to sm.
mo·nac·ti·*né*·li·da adj. 2g. sm.
mo·*na*·da sf. 'porção de monos'/Cf. *mônada*.
mô·na·da sf. 'unidade simples': *mônade*/Cf. *monada*.
mo·na·*dá*·ri:o adj. sm.
mô·na·de sf.: *mônada*.
mo·na·del·*fi*·a sf.
mo·na·*dél*·fi·co adj.
mo·na·*del*·fo adj.
mo·na·*dis*·mo sm.
mo·na·*dis*·ta adj. s2g.
mo·na·do·lo·*gi*·a sf.
mo·na·do·*ló*·gi·co adj.
mo·*nân*·dri·co adj.
mo·*nan*·dro adj.
mo·na·*te*·ro adj. sm.
mo·*nan*·to adj.
mo·nan·tro·*pi*·a sf.
mo·nan·*tró*·pi·co adj.
mo·*nar*·ca adj. 2g. sm. 'soberano'/Cf. *nomarca*.
mo·nar·*ca*·da sf.
mo·nar·*qui*·a sf. 'governo de monarca'/Cf. *nomarquia*.
mo·nar·qui:a·*ção* sf.; pl. ·*ções*.
mo·nar·qui:a·*nis*·mo sm.
mo·nar·qui:a·*nis*·ta adj. s2g.
mo·nar·qui:*ar* v.
mo·*nár*·qui·co adj. sm.
mo·nar·*quis*·mo sm.
mo·nar·*quis*·ta adj. s2g.
mo·nar·qui·za·*ção* sf.; pl. ·*ções*.
mo·nar·qui·*zar* v.
mo·nas·*té*·ri:o sm.
mo·nas·ti·*cis*·mo sm.
mo·*nás*·ti·co adj.
mo·na·*tô*·mi·co adj.
mo·na·*xí*·fe·ro (cs) adj.
mo·na·*xô*·ni·do (cs) adj. sm.
mo·na·*zi*·ta sf.
mo·na·*zí*·ti·co adj.
mon·*ção* sf.; pl. ·*ções*.
mon·*car* v.
mon·*chão* sm.; pl. ·*chões*.

mon·co sm.
mon·*ço*·*nen*·se adj. s2g.
mon·*co*·so (ô) adj. sm.; f. *e* pl. (ó).
mon·da sf.
mon·da·*dei*·ro sm.
mon·da·*dor* (ô) adj. sm.
mon·da·*du*·ra sf.
mon·*dar* v.
mon·*dé*¹ adj. s2g. 'povo'/Cf. *mondé*².
mon·*dé*² sm. 'armadilha': *mondéu*, *mundéu*/Cf. *mondé*¹.
mon·*de*·go (ê) sm.
mon·*déu* sm.: *mondé*, *mundéu*.
mon·*don*·ga sf.: *mundonga*.
mon·*don*·go sm.: *mundongo*.
mon·don·*gu*·do adj.: *mundongudo*.
mon·don·*guei*·ro sm.: *mundongueiro*.
mon·*dron*·go sm.
mo·*né*·ci:a sf.: *monoiecia*.
mo·ne·*gas*·co adj. sm.
mo·*ne*·lha (ê) sf.
mo·ne·ner·*gis*·mo sm.
mo·ne·ner·*gis*·ta adj. s2g.
mo·*ne*·ra sf.: mo·*ne*·re.
mo·ne·*ren*·se adj. s2g.
mo·ner·*gol* sm.; pl. ·*góis*.
mo·*né*·si:a sf.
mo·ne·*tá*·ri:o adj. sm.
mo·ne·ta·*ris*·ta adj. 2g.
mo·ne·ti·za·*ção* sf.; pl. ·*ções*.
mo·*ne*·te (ê) sm.
mo·ne·ti·*for*·me adj. 2g.
mo·ne·ti·*zar* v.
mon·*ge* sm.; f. *monja*.
mon·*gil* adj. 2g. sm.; pl. ·*gis*.
mon·goi·*ó* adj. s2g.
mon·*gol* adj. s2g. sm.; pl. ·*góis*.
mon·*gó*·li·co adj.
mon·go·*lis*·mo sm.
mon·go·*loi*·de adj. s2g.
mo·nha sf.
mo·nho sm.
mô·ni·ca sf.
mô·ni·co adj.
mo·ni·li·*for*·me adj. 2g.
mo·*ni*·lo adj.: *monoilo*, *monoílo*.
mo·ni·mi·*á*·ce:a sf.
mo·ni·mi·*á*·ce:o adj.
mo·*nir* v. 'avisar' 'advertir'/Cf. *munir*.
mo·*nis*·mo sm.
mo·*nis*·ta adj. s2g.
mo·*nís*·ti·co adj.

mo·ni·*tor* (ô) adj. sm.
mo·ni·to·*rar* v.
mo·ni·to·*ri*·a sf. 'cargo de monitor'/Cf. *monitória*.
mo·ni·*tó*·ri:a sf. 'aviso'/Cf. *monitoria*.
mo·ni·to·ri:*al* adj. 2g.; pl. ·*ais*.
mo·ni·*tó*·ri:o adj.
mon·ja sf.; f. de *monge*.
mon·jal adj. 2g.; pl. ·*jais*.
mon·jo·*lei*·ro sm.
mon·*jo*·lo (ô) sm.
mon·jo·*pi*·na sf.
mo·no adj. sm.
mo·no:*á*·ci·do adj. sm.
mo·no·ba·*fi*·a sf.
mo·no·*bá*·si·co adj.
mo·no·blep·*si*·a sf.
mo·no·*blo*·co adj. sm.
mo·no·*ca*·bo adj. sm.
mo·no·ca·me·*ris*·mo sm.
mo·no·car·pe·*lar* adj. 2g.
mo·no·*cár*·pi·co adj.
mo·no·*car*·po adj. sm.
mo·no·car·*ril* adj. 2g. sm.; pl. ·*ris*.
mo·no·*cá*·si·co adj.
mo·no·*cá*·si:o sm.
mo·no·ce·fa·*li*·a sf.
mo·no·*cé*·fa·lo adj. sm.
mo·no·ce·lu·*lar* adj. 2g.
mo·*nó*·ce·ro adj.
mo·no·ce·*ron*·te adj. 2g. sm.
mo·no·*cí*·cli·co adj. sm.
mo·no·ci·*clis*·ta adj. s2g.
mo·no·*ci*·clo sm.
mo·no·ci·*lín*·dri·co adj.
mo·*nó*·ci·to sm.
mo·no·cla·*mí*·de:o adj.
mo·no·cli·*nal* adj. 2g. sf.; pl. ·*nais*.
mo·no·*clí*·ni·co adj.
mo·no·*cli*·no adj.
mo·no·co·*lor* (ô) adj.
mo·no·col·*pa*·do adj.
mo·no·*cór*·di:o adj. sm.
mo·no·co·ti·*lar* adj. 2g.
mo·no·co·ti·*lé*·do·ne adj. 2g.
mo·no·co·ti·le·*dô*·ne:a sf.
mo·no·co·ti·le·*dô*·ne:o adj.
mo·no·cro·ma·*dor* (ô) sm.
mo·no·cro·*ma*·ta sf.: mo·no·*crô*·ma·ta.
mo·no·cro·*má*·ti·co adj.
mo·no·*crô*·mi·co adj.
mo·no·*cro*·mo adj. sm.
mo·*nó*·cu·lo adj. sm.

mo·no·cul·*tor* (ô) adj. sm.
mo·no·cul·*tu*·ra sf.
mo·no·*dác*·ti·lo adj.:
   mo·no·*dá*·ti·lo.
mo·no·*del*·fo adj. sm.
mo·no·*di*·a sf.
mo·no·di:*ar* v.
mo·*nó*·di·co adj.
mo·no·di·na·*mis*·mo sm.
mo·no·*don*·te adj. 2g. sm.
mo·no·*dra*·ma sm.
mo·no·dra·*má*·ti·co adj.
mo·no:*é*·ci:a sf.: *monécia*.
mo·no·*fá*·si·co adj.
mo·no·*fi*·lo adj.
mo·no·fi:o·*don*·te adj. s2g.
mo·no·fi·*sis*·mo sm.
mo·no·fi·*sis*·ta adj. s2g.
mo·*nó*·fi·to adj.
mo·no·fo·*bi*·a sf.
mo·*nó*·fo·bo adj. sm.
mo·no·fo·*ni*·a sf.
mo·no·*fô*·ni·co adj.
mo·no·*fo*·to sf.
mo·nof·*tal*·mo adj.
mo·no·ga·*mi*·a sf.
mo·no·*gâ*·mi·co adj.
mo·no·ga·*mis*·ta adj. s2g.
mo·*nó*·ga·mo adj. sm.
mo·no·*gás*·tri·co adj.
mo·no·ge·*né*·si·co adj.
mo·no·ge·*ni*·a sf.
mo·no·*gê*·ni·co adj.
mo·no·*gê*·ni:o adj. sm.
mo·no·ge·*nis*·mo sm.
mo·no·ge·*nis*·ta adj. s2g.
mo·*nó*·gi·no adj.
mo·nog·*na*·to adj. sm.:
   mo·*nóg*·na·to.
mo·no·gra·*far* v.
mo·no·gra·*fi*·a sf. 'dissertação'/ Cf. *nomografia*.
mo·no·*grá*·fi·co adj. 'relativo à monografia'/Cf. *nomográfico*.
mo·no·gra·*fis*·ta adj. s2g.
mo·*nó*·gra·fo adj. sm./Cf. *monografo*, do v. *monografar*.
mo·no·*gra*·ma sm. 'entrelaçamento de letras'/ Cf. *nomograma*.
mo·no·gra·*má*·ti·co adj.
mo·no·gra·*mis*·ta adj. s2g.
mo·no·*gra*·mo adj.
mo·no·i·bri·*dis*·mo sm.
mo·*noi*·co adj.
mo·*noi*·de adj. 2g. sm.
mo·no:i·de·*ís*·mo sm.

mo·*noi*·lo adj.: mo·no·*í*·lo, *monilo*.
mo·no·la·*tri*·a sf.
mo·no·*lá*·tri·co adj.
mo·no·*lé*·pi·de adj. 2g.
mo·no·*lí*·ti·co adj.
mo·*nó*·li·to adj. sm.
mo·no·lo·*gar* v.
mo·*nó*·lo·go sm./Cf. *monologo*, do v. *monologar*.
mo·no·lo·*guis*·ta adj. s2g.
mo·no·*lú*·ci·do adj.
mo·no·ma·*ni*·a sf.
mo·no·ma·*ní*·a·co adj. sm.
mo·no·me·*rí*·de:o adj. sm.
mo·*nô*·me·ro adj. sm.
mo·no·me·*tá*·li·co adj.
mo·no·me·ta·*lis*·mo sm.
mo·no·me·ta·*lis*·ta adj. s2g.
mo·no·*mé*·tri·co adj.
mo·*nô*·me·tro sm.
mo·*nô*·mi:o sm.
mo·no·mor·*fis*·mo sm.
mo·no·mo·*tor* (ô) adj. sm.
mo·no·*neu*·ro adj.
mo·no·nu·cle:*ar* adj. 2g. sm.
mo·no·nu·cle:*o*·se sf.
mo·no·pe·ri·an·*ta*·do adj.
mo·no·pe·ri·*ân*·te:o adj.
mo·no·*pé*·ta·lo adj.
mo·no·*pla*·no adj. sm.
mo·no·*plás*·ti·co adj.
mo·no·ple·*gi*·a sf.
mo·no·*pnêu*·mo·ne adj. 2g. sm.
mo·no·pneu·*mô*·ne:o adj.
mo·*nó*·po·de adj. s2g.
mo·no·po·*di*·a sf.
mo·no·po·di:*al* adj. 2g.; pl. *·ais*.
mo·no·*pó*·di:o sm.
mo·no·*pó*·li·co adj.
mo·no·*pó*·li:o sm.
mo·no·po·*lis*·ta adj. s2g.
mo·no·po·li·za·*ção* sf.; pl. *·ções*.
mo·no·po·li·za·*dor* (ô) adj. sm.
mo·no·po·li·*zar* v.
mo·no·*pos*·to (ô) adj. sm.
mo·*nop*·se adj. 2g. sm.
mo·*nóp*·te·ro adj. sm.
mo·no·*quí*·ni sm.
mo·*nór*·qui·do adj.
mo·nor·*ri*·mo adj. sm.
mo·nor·*ri*·no adj. sm.
mo·nos·*pér*·mi·co adj.
mo·nos·*per*·mo adj.
mo·*nós*·po·ro adj. sm.
mo·nos·sa·ca·*rí*·de:o adj. sm.

mo·nos·*sé*·pa·lo adj.
mo·nos·se·ri:*a*·do adj.
mo·nos·si·*lá*·bi·co adj.
mo·nos·si·la·*bis*·mo sm.
mo·nos·*sí*·la·bo adj. sm.
mo·nos·sin·*to*·ma sm.
mo·nos·si·*ti*·a sf.
mo·nos·*so*·mo adj. sm.
mo·*nós*·ti·co adj. sm.
mo·nos·tig·ma·*ti*·a sf.
mo·nos·*ti*·lo adj.
mo·*nós*·tro·fe sf.
mo·*nós*·tro·fo adj.
mo·no·*tá*·la·mo adj. sm.
mo·no·*tei*·co adj.
mo·no·te·*ís*·mo sm.
mo·no·te·*ís*·ta adj. s2g.
mo·no·te·*ís*·ti·co adj.
mo·no·te·*lis*·mo sm.
mo·no·te·*má*·ti·co adj.
mo·no·ti·*par* v.
mo·no·ti·*pi*·a sf.
mo·no·*tí*·pi·co adj.
mo·no·ti·*pis*·ta adj. s2g.
mo·no·ti·po[1] sf. 'máquina de compor'/Cf. *monotipo*[2] e *monótipo*.
mo·no·ti·po[2] sm. 'estampa'/Cf. *monotipo*[1] e *monótipo*.
mo·*nó*·ti·po adj. 'vegetal de uma só espécie'/Cf. *monotipo*.
mo·*nó*·ti·ro adj.
mo·no·ton·ga·*ção* sf.; pl. *·ções*.
mo·no·ton·*gar* v.
mo·no·*ton*·go sm.
mo·no·to·*ni*·a sf.
mo·no·to·ni·*zar* v.
mo·*nó*·to·no adj.
mo·no·tre·*ma*·do adj. sm.
mo·no·*trê*·ma·to adj. sm.:
   mo·no·tre·*ma*·to.
mo·no·*tre*·mo adj. sm.
mo·no·*tri*·lho adj. sm.
mo·no·tro·*pi*·a sf.
mo·no·va·*len*·te adj. 2g.
mo·*nó*·xi·do (cs) sm.
mo·*nó*·xi·lo (cs) adj. sm.
mo·no·*xó* adj. s2g.
mo·no·zo·*á*·ri:o adj. sm.
mo·no·zoi·ci·*da*·de sf.
mo·no·*zoi*·co adj.
mon·*qui*·lho sm.
mon·ro:*ís*·mo sm.
mon·ro:*ís*·ta adj. s2g.
mon·se·*nhor* (ô) sm.
mon·se·nho·*ra*·do sm.:
   mon·se·nho·*ra*·to.

mons·te·ra sf.
mons·tren·go adj. sm.:
    mostrengo.
mons·tro adj. 2g. 2n. sm.
mons·tru·o·si·da·de sf.
mons·tru:o·so (ô) adj.; f. e pl.
    (ó).
mon·ta sf.
mon·ta-car·gas sm. 2n.
mon·ta·da sf.
mon·ta·do adj. sm.
mon·ta·dor (ô) sm.
mon·ta·gem sf.; pl. ·gens.
mon·ta·nha sf.
mon·ta·nha(s)-rus·sa(s) sf. (pl.).
mon·ta·nhei·ra sf.
mon·ta·nhês adj. sm.
mon·ta·nhes·co (ê) adj.
mon·ta·nhis·mo sm.
mon·ta·nhis·ta adj. s2g.
mon·ta·nho·so (ô) adj.; f. e pl. (ó).
mon·ta·nis·mo sm.
mon·ta·nis·ta adj. s2g.
mon·ta·nís·ti·ca sf.
mon·ta·no adj.
mon·tan·te adj. 2g. sm.
mon·tão sm.; pl. ·tões.
mon·tar v.
mon·ta·raz adj. 2g. sm.
    'montanhesco' 'monteiro'/Cf.
    montarás, do v. montar.
mon·ta·ri·a sf.
mon·te sm.
mon·te:a·da sf.
mon·te:a·dor (ô) sm.
mon·te-a·le·gren·se(s) adj. s2g. (pl.).
mon·te-al·ten·se(s) adj. s2g. (pl.).
mon·te:ar v.
mon·te-a·zu·len·se(s) adj. s2g. (pl.).
mon·te-be·len·se(s) adj. s2g. (pl.).
mon·te-cas·te·len·se(s) adj. s2g. (pl.).
mon·te(s) de so·cor·ro sm. (pl.).
mon·tei·a sf. 'esboço de construção'/Cf. monteia, do v. montear.
mon·tei·ra sf.
mon·tei·ren·se adj. s2g.
mon·tei·ri·a sf.
mon·tei·ro adj. sm.

mon·te-mo·ren·se(s) adj. s2g. (pl.).
mon·te·ne·gri·no adj. sm.
mon·te·pi:o sm.
mon·tês adj.
mon·te-san·ten·se(s) adj. s2g. (pl.).
mon·tes-cla·ren·se(s) adj. s2g. (pl.).
mon·tes-cla·ri·no(s) adj. sm. (pl.).
mon·te·si·nho adj. 'montês'/Cf. montezinho, dim. de monte.
mon·te·si·no adj. sm.
mon·te-si:o·nen·se(s) adj. s2g. (pl.).
mon·te-ver·den·se(s) adj. s2g. (pl.).
mon·te·vi·de:a·no adj. sm.
mon·te·vi·déu sm.
mon·tí·co·la adj. s2g.
mon·ti·cu·la·do adj.
mon·tí·cu·lo sm.
mon·tí·ge·no adj.
mon·tí·va·go adj.
mon·to:ei·ra sf.
mon·tra sf.
mon·tu:a·va sf.
mon·tu:o·so (ô) adj.; f. e pl. (ó).
mon·tu·rei·ra sf.
mon·tu·rei·ro sm.
mon·tu·ro sm.
mo·nu·men·tal adj. 2g.; pl. ·tais.
mo·nu·men·ta·li·da·de sf.
mo·nu·men·ta·li·za·ção sf.; pl. ·ções.
mo·nu·men·ta·li·zar v.
mo·nu·men·ti·no adj. sm.
mo·nu·men·to sm.
mo·pon·ga sf.: mupunga.
mo·que:a·ção sf.; pl. ·ções.
mo·que:ar v.
mo·que·ca sf. 'prato típico brasileiro'/Cf. moquenca.
mo·que·car v.
mo·quém sm.; pl. ·quéns.
mo·quen·ca sf. 'tipo de guisado'/Cf. moqueca.
mo·quen·co adj. sm.
mo·quen·quei·ro adj. sm.
mo·quen·qui·ce sf.
mo·que·tei·ro sm.
mo·qui·ço sm.
mor adj. 2g.
mo·ra sf.
mo·ra·bi·ta sm.

mo·ra·bi·ti·no sm.
mo·rá·bi·to sm.
mo·rá·ce:a sf.
mo·rá·ce:o adj.
mo·ra·da sf. 'moradia'/Cf. murada, do v. murar e sf.
mo·ra·da(s)-in·tei·ra(s) sf. (pl.).
mo·ra·den·se adj. s2g.
mo·ra·di·a sf.
mo·ra·di·lho sm.
mo·ra·do adj. 'amorado'/Cf. murado, sm. e fl. do v. murar.
mo·ra·dor (ô) adj. sm. 'residente, que mora'/Cf. murador.
mo·rai·na sf.
mo·ral adj. 2g. sf. sm.; pl. ·rais.
mo·ra·li·da·de sf.
mo·ra·lis·mo sm.
mo·ra·lis·ta adj. s2g.
mo·ra·li·za·ção sf.; pl. ·ções.
mo·ra·li·za·dor (ô) adj. sm.
mo·ra·li·zan·te adj. 2g.
mo·ra·li·zar v.
mo·ran·ga sf.
mo·ran·gal sm.; pl. ·gais.
mo·ran·go sm.
mo·ran·guei·ro sm.
mo·rar v. 'residir'/Cf. mourar e murar.
mo·ra·tó·ri:a sf.
mo·ra·tó·ri:o adj.
mo·rá·vi:o adj. sm.
mor·bi·dez (ê) sf.
mor·bi·de·za (ê) sf.
mor·bi·di·zar v.
mór·bi·do adj.
mor·bí·fi·co adj.
mor·bí·ge·no adj.
mor·bí·ge·ro adj.
mor·bi·li·for·me adj. 2g.
mor·bí·pa·ro adj.
mor·bo sm.
mor·bo·si·da·de sf.
mor·bo·so (ô) adj.; f. e pl. (ó).
mor·ce·gal adj. 2g.; pl. ·gais.
mor·ce·gão sm. 'morcego grande'; pl. ·gões/Cf. morsegão.
mor·ce·gar v. 'explorar'/Cf. morsegar.
mor·ce·go (ê) sm./Cf. morcego (é), do v. morcegar, e morsego (é), do v. morsegar.
mor·ce·guei·ra sf.
mor·ce·la sf.
mor·ci·lha sf.

mor·*da*·ça sf.
mor·da·*ça*·gem sf.; pl. ·gens.
mor·da·*çar* v.
mor·da·ci·*da*·de sf.
mor·da·*cís*·si·mo adj. superl.
   de *mordaz*.
mor·*daz* adj. 2g.; superl.
   mordacíssimo.
mor·de·*dei*·ra sf.
mor·de·*de*·la sf.: *mordidela*.
mor·de·*dor* (ô) adj. sm.
mor·de·*du*·ra sf.
mor·de e as·*so*·pra s2g. 2n.
mor·*den*·te adj. 2g. sm.
mor·*der* v.
mor·de·*xim* sm.; pl. ·*xins*.
mor·di·ca·*ção* sf.; pl. ·*ções*.
mor·di·*can*·te adj. 2g.
mor·di·*car* v.
mor·di·ca·*ti*·vo adj.
mor·*di*·da sf.
mor·di·*de*·la sf.
mor·*di*·do adj.
mor·di·*men*·to sm.
mor·dis·*car* v.
mor·*dí*·vel adj. 2g.; pl. ·*veis*.
mor·do·*ma*·do adj. sm.
mor·do·*mar* v.
mor·do·me:*ar* v.
mor·do·*mi*·a sf.
mor·*do*·mo sm.
mo·*ré* adj. s2g.
mo·*rei*·a sf.
mo·rei·a(s)·a·ma·*re*·la(s) sf.
   (pl.).
mo·rei·a·co·*mum* sf.; pl.
   moreias-comuns.
mo·rei·a(s)·pin·*ta*·da(s) sf. (pl.).
mo·rei·a·*tim* sm.; pl. ·*tins*.
mo·*rei*·ra sf. 'planta'/Cf.
   mureira.
mo·rei·*re*·do (ê) sm.
mo·*re*·na sf.
mo·re·*na*·ço sm.
mo·re·*na*·do adj.
mo·re·*nen*·se adj. s2g.
mo·rê·*ni*·co adj.
mo·re·*no* adj. sm.
mo·re·no·*ma*·te adj. 2g. 2n.
mo·re:*o*·ta adj. s2g.
mo·re·*rê* sm.
mo·re·*ren*·ga sf.
mor·*fei*·a sf.
mor·*fê*·ma sm.
mor·*fé*·ti·co adj. sm.
mor·*fi*·na sf.
mor·fi·*nis*·mo sm.

mor·fi·ni·za·*ção* sf.; pl. ·*ções*.
mor·fi·ni·*zar* v.
mor·fi·no·ma·*ni*·a sf.
mor·fi·no·ma·*ní*·a·co adj. sm.
mor·fi·*nô*·ma·no sm.
mor·*fis*·mo sm.
mor·fo·ge·*ni*·a sf.
mor·fo·*gê*·ni·co adj.
mor·fo·lo·*gi*·a sf.
mor·fo·*ló*·gi·co adj.
mor·fo·lo·*gis*·ta adj. s2g.
mor·*fó*·lo·go sm.
mor·*fo*·se sf.
mor·fos·sin·*tá*·ti·co adj.
mor·fo·tro·*pi*·a sf.
mor·fo·zo:*á*·ri:o sm.
mor·*ga*·da sf.
mor·ga·*di*:o adj. sm.
mor·*ga*·do adj. sm.
mor·ga·*ná*·ti·co adj.
mor·*ga*·nho sm.
mor·*gar* v.
mor·gue sf.
mo·ri·*bun*·do adj. sm.
mo·ri·ge·ra·*ção* sf.; pl. ·*ções*.
mo·ri·ge·*ra*·do adj.
mo·ri·ge·*ran*·te adj. 2g.
mo·ri·ge·*rar* v.
mo·*rí*·ge·ro adj./Cf. *morigero*,
   do v. *morigerar*.
mo·*rim* sm.; pl. ·*rins*.
mo·*rin*·da sf.
mo·*rin*·ga sf.
mo·rin·gá·*ce*:a sf.
mo·rin·gá·*ce*:o adj.
mo·*rin*·gue sm.
mo·ri:o·plas·*ti*·a sf.
mo·*ri*·que adj. s2g.
mo·ris·*que*·ta (ê) sf.
mo·*ri*·ti sm.: *muriti*.
mo·ri·*tu*·ro sm.
mor·ma·*cei*·ra sf.
mor·ma·*cen*·to adj.
mor·*ma*·ço sm.
mor·*men*·te adv.
mor·mo (ô) sm.
mór·mon adj. 2g. sm.; pl.
   mórmons e *mórmones*.
mor·*mô*·ni·co adj.
mor·mo·*nis*·mo sm.
mor·*mo*·so (ô) adj.; f. *e* pl. (ó).
mor·*nan*·ça sf.
mor·*nar* v.
mor·ni·*dão* sf.; pl. ·*dões*.
mor·no (ô) adj.; f. *e* pl. (ó)/Cf.
   morno (ó), do v. *mornar*.
mo·*ro*·ba sf.

mo·*ro*·cho (ô) adj. sm.
mo·ro·*rê* sm.
mo·ro·*ró* sm.
mo·ro·*ró*(s)·ci·*pó*(s) sm. (pl.).
mo·ro·si·*da*·de sf.
mo·*ro*·so (ô) adj.; f. *e* pl. (ó).
mo·ro·*tó* sm.
mo·ro·to·*tó* sm.
mor·ra (ô) interj.
mor·*ra*·ça sf. 'estrume vegetal'/
   Cf. *murraça*.
mor·*rão* sm.; pl. ·*rões*.
mor·ra·*ri*·a sf.
mor·re·*di*·ço adj.
mor·re·*doi*·ro adj. sm.:
   morredouro.
mor·re·*dor* (ô) adj. sm.
mor·re·*dou*·ro adj. sm.:
   morredoiro.
mor·re·jo:*ão* sm.; pl. *morre-
   -joões*.
mor·re·mor·*rer* v.
mor·*ren*·se adj. s2g.
mor·*ren*·te adj. 2g.
mor·*rer* sm. v.
mor·re·*ten*·se adj. s2g.
mor·re·ti:*a*·na sf.
mor·re·ti:*a*·no adj. sm.
mor·ri·*ão* sm.; pl. ·*ões*.
mor·ri:ão-d'*á*·gua sm.; pl.
   morriões-d'água.
mor·ri:ão-dos-pas·sa·*ri*·nhos
   sm.; pl. *morriões-dos-
   -passarinhos*.
mor·*ri*·nha adj. s2g. sf.
mor·ri·*nhar* v.
mor·ri·*nhen*·se adj. s2g.
mor·ri·*nhen*·to adj.
mor·ro (ô) sm./Cf. *morro*, do v.
   morrer.
mor·ro·a·gu·*den*·se(s) adj. s2g.
   (pl.).
mor·ro·gran·*di*·no(s) adj. sm.
   (pl.).
mor·*ro*·te sm.
mor·ru·*da*·ço adj.
mor·*ru*·do adj.
mor·ru·*en*·se adj. s2g.
mor·sa sf.
mor·se·*gão* sm. 'mordidela'; pl.
   ·*gões*/Cf. *morcegão*.
mor·se·*gar* v. 'mordiscar'/Cf.
   morcegar.
mor·so sm.
mor·so·lo sm.
mor·ta-*cor* sf.; pl. *mortas-cores*
   ou *morta-cores*: *morte-cor*.

mor·ta·de·la sf.
mor·ta·gem sf.; pl. -gens.
mor·tal adj. s2g.; pl. -tais.
mor·ta·lha sf.
mor·ta·li·da·de sf.
mor·tan·da·de sf.
mor·te sf.
mor·te-cor sf.; pl. *morte-cores*: *morta-cor*.
mor·tei·ra·da sf.
mor·tei·ro adj. sm.
mor·te-luz sf.; pl. *morte-luzes*.
mor·ti·cí·ni:o sm.
mor·ti·ço adj.
mor·tí·fe·ro adj.
mor·ti·fi·ca·ção sf.; pl. -ções.
mor·ti·fi·ca·do adj.
mor·ti·fi·ca·dor (ô) adj. sm.
mor·ti·fi·can·te adj. 2g.
mor·ti·fi·car v.
mor·ti·fi·ca·ti·vo adj.
mor·ti·na·ta·li·da·de sf.
mor·to (ô) adj. sm.
mor·to(s) a fo·me sm. (pl.).
mor·tó·ri:o adj. sm.
mor·tu:a·lha sf.
mor·tu:á·ri:o adj. sm.
mor·tu:ó·ri:o sm.
mor·tu:o·so (ô) adj.; f. *e* pl. (ó).
mo·ru·bi·xa·ba sm.
mo·ru·la sf. 'árvore'/Cf. *mórula*.
mó·ru·la sf. 'demora' 'agregado de corpúsculos'/Cf. *morula*.
mo·ru·pe·te·ca sf.
mo·sa:i·cis·ta adj. s2g.
mo·sai·co adj. sm.
mos·ca (ô) sf.
mos·ca(s)-ber·nei·ra(s) sf. (pl.).
mos·ca(s)-da·ma·dei·ra sf. (pl.).
mos·ca(s)-das·fru·tas sf. (pl.).
mos·ca(s)-de-ca·sa sf. (pl.).
mos·ca(s)-de-fo·go sf. (pl.).
mos·ca·dei·ra sf.
mos·ca·dei·ra(s)-do-bra·sil sf. (pl.).
mos·ca·dei·ro sm.
mos·ca·do adj.
mos·ca(s)-do-ba·ga·ço sf. (pl.).
mos·ca(s)-do-ber·ne sf. (pl.).
mos·ca(s)-do-ga·do sf. (pl.).
mos·ca(s)-do-me·di·ter·râ·ne:o sf. (pl.).
mos·ca(s)-do·més·ti·ca(s) sf. (pl.).
mos·ca(s)-dos-es·tá·bu·los sf. (pl.).
mos·ca(s)-mor·ta(s) s2g. (pl.).

mos·cão sm.; pl. -cões.
mos·car v.
mos·ca(s)-ra·ja·da(s) sf. (pl.).
mos·car·do sm.
mos·ca·ri·a sf.
mos·ca·tel adj. 2g. sm.; pl. -téis.
mos·ca·te·li·na sf.
mos·ca(s)-va·re·jei·ra(s) sf. (pl.).
mos·co[1] adj. sm. 'povo'/Cf. *mosco*[2] (ô).
mos·co[2] (ô) sm. 'mosca pequena'/Cf. *mosco*[1] (ó).
mos·có·vi:a sf.
mos·co·vi·ta adj. s2g. sf.: mos·co·vi·te.
mos·le·me adj. s2g.
mos·lê·mi·co adj.
mos·le·mi·ta adj. s2g.
mos·lim adj. s2g.; pl. -lins.
mos·que:a·do adj.
mos·que:a·dor (ô) adj.
mos·que:a·men·to sm.
mos·que:ar v.
mos·que·do (ê) sm.
mos·quei·ren·se adj. s2g.
mos·quei·ro adj. sm.
mos·que·ta (ê) sf.
mos·que·ta·ço sm.
mos·que·ta·da sf. 'ferida produzida por mosquetaço'/Cf. *mosquitada*.
mos·que·tão sm.; pl. -tões.
mos·que·ta·ri·a sf.
mos·que·te (ê) sm.
mos·que·te:ar v.
mos·que·tei·ro sm. 'soldado armado de mosquete'/Cf. *mosquiteiro*.
mos·qui·ta·da sf. 'quantidade de mosquitos'/Cf. *mosquetada*.
mos·qui·ta·dor (ô) sm.
mos·qui·ta·ma sf.
mos·qui·tei·ro sm. 'cortinado para proteger contra mosquitos'/Cf. *mosqueteiro*.
mos·qui·ti·nho sm.
mos·qui·to sm.
mos·qui·to-ber·ne sm.; pl. *mosquitos-bernes* ou *mosquitos-berne*.
mos·qui·to(s)-do-man·gue sm. (pl.).
mos·qui·to-pól·vo·ra sm.; pl. *mosquitos-pólvoras* ou *mosquitos-pólvora*.

mos·qui·to-pre·go sm.; pl. *mosquitos-pregos* ou *mosquitos-prego*.
mos·sa sf. 'hematoma'/Cf. *moça*.
mos·sa·me·di·no adj. sm.
mos·sar v. 'tecer o linho'/Cf. *moçar*.
mos·se·gar v.
mos·ta·ço sm.
mos·tá·ra·be adj. s2g.: *moçárabe*.
mos·tar·da sf.
mos·tar·dal sm.; pl. -dais.
mos·tar·dei·ra sf.
mos·tar·dei·ro sm.
mos·tei·ro sm.
mos·tí·fe·ro adj.
mos·to (ô) sm.
mos·tra sf.
mos·tra·dor (ô) adj. sm.
mos·trar v.
mos·tren·gar v.
mos·tren·go sm.: *monstrengo*.
mos·tru:á·ri:o sm.
mo·ta sf.
mo·ta·ci·lí·de:o sm.
mo·ta·cu sm.
mo·te sm.
mo·te·ja·dor (ô) adj. sm.
mo·te·jar v.
mo·te·jo (ê) sm.
mo·tel sm.; pl. -téis.
mo·te·te (ê) sm.
mo·te·tei·ro adj. sm.
mo·te·vo (ê) sm.
mo·ti·li·da·de sf.
mo·tim sm.; pl. -tins.
mo·ti·na·ção sf.; pl. -ções.
mo·ti·nar v.
mo·ti·va·ção sf.; pl. -ções.
mo·ti·va·do adj.
mo·ti·va·dor (ô) adj. sm.
mo·ti·var v.
mo·ti·vo adj. sm.
mo·to[1] sm. sf. 'movimento' 'motocicleta'.
mo·to[2] (ô) sm. 'mote'.
mo·to·ba·te·do·ra (ô) sf.
mo·to·bói sm.
mo·to·ci·cle·ta sf.
mo·to·ci·clis·mo sm.
mo·to·ci·clis·ta adj. s2g.
mo·to·ci·clo sm.
mo·to(s)-con·tí·nu:o(s) sm. (pl.).
motocross sm. (ing.: moutocróss).

mo·to·go·di·le sf.
mo·to·me·ca·ni·za·ção sf.; pl.
·ções.
mo·to·me·ca·ni·za·do adj.
mo·to·me·ca·ni·zar v.
mo·to·náu·ti·ca sf.
mo·to·náu·ti·co adj.
mo·to·ne·ta (ê) sf.
mo·to·ni·ve·la·do·ra (ô) sf.
mo·to(s)-pró·pri:o(s) sm.
(pl.).
mo·to·pro·pul·sor (ô) adj. sm.
mo·to·quei·ro sm.
mo·tor (ô) adj. sm.
mo·to·ri:al adj. 2g.; pl. ·ais.
mo·tó·ri:o adj.
mo·to·ris·ta adj. s2g.
mo·to·ri·za·do adj.
mo·to·ri·zar v.
mo·tor·nei·ro sm.
mo·to·ro sm.
mo·tor·o·cu·lar adj. 2g.; pl.
motor-oculares.
mo·tos·ser·ra sf.
mo·to·tá·xi (cs) sf. ou sm.
mo·tri·ci·da·de sf.
mo·triz adj. f. de motor.
mou·car·rão adj.; pl. ·rões; f.
moucarrona.
mou·car·ro·na adj.; f. de
moucarrão.
mou·chão sm.; pl. ·chões.
mou·co adj. sm.
mou·qui·ce sf.
mou·qui·dão sf.; pl. ·dões.
mou·ra(s)-en·can·ta·da(s) sf.
(pl.).
mou·ra·ma sf.
mou·rão adj. sm.; pl. ·rões.
mou·rar v.
mou·ra·ri·a sf.
mou·ra(s)-tor·ta(s) sf. (pl.).
mou·re·ja·do adj.
mou·re·jar v.
mou·re·jo (ê) sm.
mou·res·co (ê) adj.
mou·ris·co adj. sm.
mou·ris·ma sf.
mou·ri·zar v.
mou·ro adj. sm.
mou·ro·na·da sf.
mouse sm. (ing.: máus).
mou·ta sf.
mou·tão sm.; pl. ·tões.
mou·te·do (ê) sm.
mo·ve·di·ço adj.
mo·ve·dor (ô) adj. sm.

mó·vel adj. 2g. sm.; pl. ·veis;
superl. mobilíssimo.
mo·ve·la·ri·a sf.
mo·ve·lei·ro sm.
mo·ven·te adj. 2g.
mo·ver v.
mo·vi·do adj.
mo·vi·men·ta·ção sf.; pl.
·ções.
mo·vi·men·ta·do adj.
mo·vi·men·tar v.
mo·vi·men·to sm.
mo·vi:o·la sf.
mó·vi·to sm.
mo·ví·vel adj. 2g.; pl. ·veis.
mo·von·go sm.
mo·xa (cs) sf. 'mecha, planta'/
Cf. mocha, do v. mochar.
mo·xa·ma sf.
mo·xa·mar v.
mo·xa·mei·ro sm.
mo·xar v.
mo·xa·te·ra·pi·a sf.
mo·xi·bus·tão sf.; pl. ·tões.
mo·xi·ni·fa·da sf.
mo·xo·to:en·se adj. s2g.
mo·za·bi·ta adj. s2g.
mo·za·re·la sf.: muçarela.
mo·ze·ta (ê) sf.
mu sm.
mu:a·fo sm.
mu:am·ba sf.
mu:am·bei·ro sm.
mu:a·nen·se adj. s2g.
mu:ar adj. 2g. sm.
mu·bu sm.
mu·ca·já sm.
mu·ca·ma sf.: mu·cam·ba.
mu·çam·bé sm.: mu·çam·bê.
mu·çam·bê(s)-in·de·cen·te(s)
sm. (pl.).
mu·ça·re·la sf.: mozarela.
mu·ça·re·te (ê) sm.
mu·ca·xi·xi sm.
mu·cha·cha sf. 'moça'/Cf.
muxaxa.
mu·cha·cha·da sf.
mu·cha·cha·ri·a sf.
mu·cha·cho sm.
mu·chão sm.; pl. ·chões.
mu·ci·ca sf.
mu·ci·for·me adj. 2g.
mu·ci·la·gem sf.; pl. ·gens.
mu·ci·la·gi·ní·fe·ro adj.
mu·ci·la·gi·no·so (ô) adj.; f. e
pl. (ó).
mu·ci·na sf.

mu·cí·pa·ro adj.
mu·ci·ta·í·ba sf.: mocitaíba.
mu·cí·vo·ro adj.
mu·co sm.
mu·col sm.; pl. ·cóis.
mu·co·pu·ru·len·to adj.
mu·cor (ô) sm.: mú·cor.
mu·co·sa sf.
mu·co·si·da·de sf.
mu·co·so (ô) adj.; f. e pl. (ó).
mu·co·vis·ci·do·se sf.
mu·cro sm.: mú·cron.
mu·cro·na·do adj.
mu·cru:a·rá sm.
mu·çu sm.: muçum.
mu·çu·ã sf.
mu·cu:a·xe sm.
mu·cu:a·xei·ro sm.
mu·cu·bu sm.
mu·cu·do adj.
mu·cu·fa adj. 2g. sf.
mu·cu·fo adj. sm.
mu·cu:í·ba sf.
mu·cu:im sm.; pl. ·ins: micuim.
mu·cu·jê sm.
mu·cu·je:en·se adj. s2g.
mu·çul·ma·nis·mo sm.
mu·çul·ma·no adj. sm.
mu·çul·mim adj. s2g.; pl. ·mins.
mu·çum sm.; pl. ·çuns: muçu.
mu·cum·ba·gem sf.; pl. ·gens.
mu·cum·bu sm.
mu·çum-de-o·re·lha sm.; pl.
muçuns-de-orelha.
mu·çum-do-mar sm.; pl.
muçuns-do-mar.
mu·cu·na sf.: mu·cu·ná,
mu·cu·nã.
mu·çun·ga sm.
mu·çun·gão sm.; pl. ·gões.
mu·çun·go sm.
mu·çu·nun·ga sf.
mu·cun·zá sm.: mungunzá.
mu·cu:o·ca sf.
mu·cu·ra sf.
mu·cu·ra·ca·á sm.
mu·cu·ra·na s2g. sf.:
muquirana.
mu·çu·ra·na sf.
mu·çu·ran·go sm.: muçurungo.
mu·cu·ra·xi·xi·ca sm.
mu·cu·re·ca sf.
mu·çu·re·pen·se adj. s2g.
mu·cu·ri sm.
mu·cu·ri·ci:en·se adj. s2g.
mu·cu·ri:en·se adj. s2g.
mu·çur·mu·ni sm.

mu·çu·ru·na(s)-ma·ra·cá(s) sm. (pl.).
mu·çu·run·go sm.: muçurango.
mu·cu·ta sf.
mu·cu·tai·a sf.
mu·da sf.
mu·da·di·ço adj.
mu·da·do adj.
mu·da·dor (ô) adj. sm.
mu·dan·ça sf.
mu·dan·cis·ta adj. s2g.
mu·dar v.
mu·dá·vel adj. 2g.; pl. ·veis.
mu·dé·jar adj. s2g. sm.
mu·dez (ê) sf.
mu·de·za (ê) sf.
mu·do adj. sm.
mu:e·zim sm.; pl. ·zins.
mu·fla sf.
muf·ti sm.
mu·fum·ba sf.
mu·gan·ga sf.: moganga.
mu·gi·do adj. sm.
mu·gir v.
mu·gun·zá sm.: munguzá.
mui adv.
mu:í sm./Cf. moí, do v. moer.
mui:á sm.
mu:i·ra·ca·ti:a·ra sf.: muiraquatiara.
mu:i·ra·cau·a sf.
mu:i·ra·cu·ta·ca sf.
mu:i·ra·í·ra sf.
mu:i·ra·ju·ba sf.
mu:i·ra·ju·ça·ra sf.
mu:i·ra·ju·ça·ra(s)-ver·da·dei·ra(s) sf. (pl.).
mu:i·ra·pa·xi:ú·ba sf.
mu:i·ra·pi·ni·ma sf.
mu:i·ra·pi·ran·ga sf.: murapiranga.
mu:i·ra·pi·xi s2g.
mu:i·ra·pi·xu·na sf.
mu:i·ra·pu:a·ma sf.
mu:i·ra·pu:a·mi·na sf.
mu:i·ra·pu·cu sm.
mu:i·ra·qua·ti:a·ra sf.: muiracatiara.
mu:i·ra·que·te·ca sf.
mu:i·ra·qui·tã sm.
mu:i·ra·tin·ga sf.
mu:i·ra·tin·ga(s)-ver·da·dei·ra(s) sf. (pl.).
mu:i·ra:ú·ba sf.
mu:i·ra·xim·bé sf.: maraximbé.
mu:ís·ca adj. s2g.
mu:i·tá sm.

mui·to adv. pron. sm.
mui·u·í·ra sf.
mui·u·na sm.
mu·jan·guê sf.
mu·ji·que sm. 'camponês russo'/Cf. mojique, do v. mojicar.
mu·jo·lo (ô) sm.
mu·la sf.
mu·la·da sf. 'manada de mulas'/Cf. molada.
mu·la·dar sm.
mu·la·dei·ro sm.
mu·la(s) de pa·dre sf. (pl.).
mu·la(s) sem ca·be·ça sf. (pl.).
mu·la·ta sf.
mu·la·ta·ço sm.
mu·la·ta·me sm.
mu·la·ta·ri·a sf.
mu·la·tei·ra sf.
mu·la·tei·ro adj. sm.
mu·la·te·te (ê) sm.
mu·la·ti·ce sf.
mu·la·ti·nha sf.
mu·la·ti·nho adj. sm.
mu·la·tis·mo sm.
mu·la·to adj. sm.
mu·la·to(s)-gros·so(s) sm. (pl.).
mu·la·to(s)-ve·lho(s) sm. (pl.).
mu·lei·ro sm.
mu·lem·bá sm.
mu·le·ta (ê) sf. 'bastão'/Cf. moleta.
mu·le·ta·da sf.
mu·le·tei·ro sm.
mu·le·tim sm.; pl. ·tins.
mu·lher sf.
mu·lhe·ra·ça sf.
mu·lhe·ra·ço sm.
mu·lhe·ra·da sf.
mu·lhe·ra·me sm.
mu·lhe·rão sm.; pl. ·rões.
mu·lher·da·ma sf.; pl. mulheres-damas.
mu·lhe·ren·go adj. sm.
mu·lher·ho·mem sf.; pl. mulheres-homens.
mu·lhe·ri·co adj.
mu·lhe·ri·go sm.
mu·lhe·ril adj. 2g.; pl. ·ris.
mu·lhe·ri·nha sf.
mu·lhe·ri·o sm.
mu·lher·ma·cho sf.; pl. mulheres-machos.
mu·lhe·ro·na sf.
mu·lher·sol·tei·ra sf.; pl. mulheres-solteiras.

mu·li:a·do adj.
mu·lí·e·bre adj. 2g.
mu·li·ta sf.
mu·lo sm.
mul·so sm.
mul·ta sf.
mul·tan·gu·lar adj. 2g.
mul·tar v.
mul·ti·an·gu·lar adj. 2g.
mul·ti·a·xí·fe·ro (cs) adj.
mul·ti·bi·li·o·ná·ri:o adj. sm.
mul·ti·brac·te:a·do adj.
mul·ti·cap·su·lar adj. 2g.
mul·ti·cau·do adj.
mul·ti·cau·le adj. 2g.
mul·ti·ce·lu·lar adj. 2g.
mul·ti·co·lor (ô) adj. 2g.
mul·ti·co·lo·ri·do adj.
mul·ti·co·lo·rir v.
mul·ti·cor (ô) adj. 2g.
mul·ti·dão sf.; pl. ·dões.
mul·ti·di:e·dro sm.
mul·ti·dis·ci·pli·nar adj. 2g.
mul·ti:es·tá·gi:o adj.
mul·ti·fa·ce adj. 2g.
mul·ti·fa·ce·ta·do adj.
mul·ti·fá·ri:o adj.
mul·tí·fi·do adj.
mul·ti·flo·ro adj.
mul·ti·fo·cal adj. 2g.; pl. ·cais.
mul·tí·flu·o adj.
mul·ti·fo·li:a·do adj.
mul·ti·for·me adj. 2g.
mul·ti·for·mi·da·de sf.
mul·ti·fun·ci:o·nal adj. 2g.
mul·ti·fu·ro adj.
mul·ti·gan·gli:o·nar adj. 2g.
mul·tí·ge·no adj.
mul·ti·gra·far v.
mul·ti·la·te·ral adj. 2g.; pl. ·rais.
mul·ti·lá·te·ro adj.
mul·ti·li·te sf.
mul·ti·lín·gue adj. 2g.
mul·ti·lo·ba·do adj.
mul·ti·lo·cu·lar adj. 2g.
mul·tí·lo·quo (quo ou co) adj.
mul·ti·lus·tro·so (ô) adj.; f. e pl. (ó).
mul·ti·mâ·mi:o adj.
mul·tí·me·tro sm.
mul·ti·mí·di:a adj. 2g. sf.
mul·ti·mi·le·ná·ri:o adj. sm.
mul·ti·mi·li:o·ná·ri:o adj. sm.
mul·tí·mo·do adj.
mul·ti·na·ci:o·nal adj. 2g. sf.; pl. ·nais.

mul·ti·ne·ga·*ti*·vo sm.
mul·ti:o·vu·*la*·do adj.
mul·ti·pa·ri·*da*·de sf.
mul·*tí*·pa·ro adj.
mul·ti·par·ti·*ção* sf.; pl. ·*ções*.
mul·ti·par·*ti*·do adj.
mul·ti·par·*tir* v.
mul·*tí*·pe·de adj. 2g.
mul·ti·*pé*·ta·lo adj.
mul·*tí*·ple·to sm.
mul·ti·pli·ca·*ção* sf.; pl. ·*ções*.
mul·ti·pli·ca·*dor* (ô) adj. sm.
mul·ti·pli·*can*·do sm.
mul·ti·pli·*car* v.
mul·ti·pli·ca·*ti*·vo adj.
mul·ti·pli·*cá*·vel adj. 2g.; pl. ·*veis*.
mul·*tí*·pli·ce adj. 2g.
mul·ti·pli·ci·*da*·de sf.
múl·ti·plo adj. sm.
mul·ti·*po*·lo sm.:
    mul·*tí*·po·lo.
mul·ti·pon·to:*a*·do adj.:
    mul·ti·pon·tu:*a*·do.
mul·tir·ra·ci:*al* adj. 2g.; pl. ·*ais*.
mul·tis·ci:*en*·te adj. 2g.
mul·*tís*·ci:o adj.
mul·tis·se·cu·*lar* adj. 2g.
mul·*tís*·so·no adj.
mul·ti·tu·bu·*lar* adj. 2g.
mul·ti·tu·di·*ná*·ri:o adj.
mul·ti:un·gu·*la*·do adj.
mul·ti:u·su:*á*·ri:o adj.
mul·*tí*·va·go adj.
mul·ti·*val*·ve adj. 2g.
mul·ti·val·vu·*lar* adj. 2g.
mul·ti·vi·bra·*dor* (ô) adj.
mul·*tí*·vi:o adj.
mul·*tí*·vo·co adj.
mul·*tí*·vo·lo adj.
mu·lun·*du* sm.
mu·lun·*gu* sm.
mum·*ba*·ca sf. 'palmeira'/Cf.
    mombaca.
mum·*ban*·da sf.
mum·*ba*·va s2g.; mum·*ba*·vo
    sm.
mum·*bi*·ca adj. 2g. sm.
mum·*bu*·ca sf.
mum·bu·ca(s)-*loi*·ra(s) sf. (pl.):
    mum·bu·ca(s)-*lou*·ra(s).
mum·*bu*·ras sf. pl.: *mimburas*.
mú·mi:a sf.
mu·mi·fi·ca·*ção* sf.; pl. ·*ções*.
mu·mi·fi·ca·*dor* (ô) adj. sm.
mu·mi·fi·*can*·te adj. 2g.
mu·mi·fi·*car* v.

mu·mi·fi·*cá*·vel adj. 2g.; pl.
    ·*veis*.
mu·*mu* sm.
mu·*mu*·ca sf.
mu·*mu*·nha sf.
mu·*nã* sf.
mun·*da*·na sf.
mun·da·*nal* adj. 2g.; pl. ·*nais*.
mun·da·na·li·*da*·de sf.
mun·da·*nis*·mo sm.
mun·*da*·no adj. sm.
mun·*dão* sm.; pl. ·*dões*.
mun·da·*réu* sm.
mun·da·*ú* sm.
mun·*dé* sm.: *mundéu*.
mun·*dei*·ro adj. sm.
mun·*déu* sm.: *mondé*²,
    mondéu.
mun·di:*al* adj. 2g.; pl. ·*ais*.
mun·di:a·*li*·to sm.
mun·di:*ar* v.
mun·*di*·ça sf.
mun·*dí*·ci:a sf.
mun·*dí*·ci:e sf.
mun·di·fi·ca·*ção* sf.; pl. ·*ções*.
mun·di·fi·*can*·te adj. 2g.
mun·di·fi·*car* v.
mun·di·fi·ca·*ti*·vo adj.
mun·di·vi·*dên*·ci:a sf.
mun·do adj. sm.
mun·*don*·ga sf.: *mondonga*.
mun·*don*·go sm.: *mondongo*.
mun·don·*gu*·do adj.:
    mondongudo.
mun·don·*guei*·ro adj. sm.:
    mondongueiro.
mun·do·no·*ven*·se(s) adj. s2g.
    (pl.).
mun·*drun*·ga sf.
mun·*drun*·go sm.
mun·drun·*guei*·ro sm.
mun·du·*re*·ba adj. s2g.
mun·du·*ru* sm.
mun·du·ru·*cu* adj. sm.
mun·*gan*·ga sf.
mun·*gan*·go sm.
mun·gan·*guê* sm.
mun·gan·*guei*·ro adj. sm.
mun·gan·*guen*·to adj. sm.
mun·*gi*·da sf.
mun·gi·*dor* (ô) adj. sm.
mun·gi·*du*·ra sf.
mun·*gir* v.
mun·*gu*·ba sf.
mun·gu·ba·*ra*·na sf.
mun·gu·*bei*·ra sf.
mun·gun·*zá* sm.: mun·gu·*zá*.

mu·*nhão* sm.; pl. ·*nhões*.
mu·*nha*·ta sf.
mu·*nhe*·ca sf.
mu·nhe·*ca*·ço sm.
mu·nhe·ca(s) de cu·*ti*·a sf. (pl.).
mu·nhe·ca(s) de *pau* s2g. (pl.).
mu·nhe·ca(s) de sa·mam·*bai*·a
    s2g. (pl.).
mu·nhe·*car* v.
mu·nhe·*quei*·ra sf.
mu·nho·*nei*·ra sf.
mu·nho·*zen*·se adj. s2g.
mu·ni·*ção* sf.; pl. ·*ções*.
mu·ni·ci:a·*men*·to sm.
mu·ni·ci:*ar* v.
mu·*ní*·ci:o sm./Cf. *municio*, do
    v. *municiar*.
mu·ni·ci:o·na·*men*·to sm.
mu·ni·ci:o·*nar* v.
mu·ni·ci·*pal* adj. 2g. sm.; pl.
    ·*pais*.
mu·ni·ci·pa·li·*da*·de sf.
mu·ni·ci·pa·*lis*·mo sm.
mu·ni·ci·pa·*lis*·ta adj. s2g.
mu·*ní*·ci·pe adj. s2g.
mu·ni·*cí*·pi:o sm.
mu·ni·fi·*cên*·ci:a sf.
mu·ni·fi·*cen*·te adj. 2g.
mu·ni·fi·cen·*tís*·si·mo adj.
    superl. de *munífico* e
    munificente.
mu·*ní*·fi·co adj.
mu·ni·pi:*ú* sm.
mu·ni·*quen*·se adj. s2g.
mu·*nir* v. 'municionar'
    'prover'/Cf. *monir*.
mu·niz-frei·*ren*·se(s) adj. s2g.
    (pl.).
mú·nus sm. 2n.
mun·zu:*á* sm.
mu·*péu*·a sf.
mu·pi·*car* v.
mu·po·ro·*ro*·ca sf.
mu·pu·*car* v.
mu·*pun*·ga sf.
mu·que sm.
mu·*que*·ca sf.: *moqueca*.
mu·qui:*en*·se adj. s2g.
mu·qui·*nhar* v.
mu·*qui*·ra s2g.
mu·qui·ra·na s2g. sf.:
    mucurana.
mu·ra adj. s2g. sf.
mu·ra·*çan*·ga sf.
mu·*ra*·da sf. 'fiada de malhas'/
    Cf. *morada*.
mu·ra·*dal* sm.; pl. ·*dais*.

mu·ra·do adj. sm. 'cercado com muro'/Cf. *morado*.
mu·ra·dor (ô) adj. sm. 'gato caçador de ratos'/Cf. *morador*.
mu·ra·ju·ba sf.
mu·ral adj. 2g. sm.; pl. *·rais*.
mu·ra·lha sf.
mu·ra·lhar v.
mu·ra·lis·ta adj. s2g.
mu·ra·men·to sm.
mu·ra·pi·ran·ga sf.: *muirapiranga*.
mu·rar v.
mur·ça sf.
mur·cei·ro sm.
mur·cha sf.
mur·char v.
mur·che·cer v.
mur·che·cí·vel adj. 2g.; pl. *·veis*.
mur·chi·dão sf.; pl. *·dões*.
mur·cho adj.
mur·cho·so (ô) adj.; f. e pl. (ó).
mur·ci·a·na sf.
mur·ci·a·no adj. sm.
mu·rei·ra sf. 'estrumeira'/Cf. *moreira*.
mu·re·mu·ré sm.: *murmuré*.
mu·re·ru sm.
mu·re·ta (ê) sf.
mur·ga·nho sm.
mu·ri·á sm.
mu·ri·a·e·en·se adj. s2g.
mu·ri·a·nha sf.
mu·ri·á·ti·co adj.
mu·ri·be·quen·se adj. s2g.
mu·ri·ca·do adj.
mú·ri·ce sm.
mu·ri·ci sm.: *muruci*.
mu·ri·ci(s)-cas·cu·do(s) sm. (pl.): *muruci-cascudo*.
mu·ri·ci(s)-da-prai·a sm. (pl.): *muruci-da-praia*.
mu·ri·ci·en·se adj. s2g.
mu·ri·ci·zal sm.; pl. *·zais*.
mu·ri·ci·zei·ro sm.
mu·ri·ço·ca sf.: *muruçoca*.
mu·rí·de·o adj. sm.
mu·ri·nha·nha sf.
mu·ri·no adj.
mu·ri·qui sm.
mu·ri·qui·na sf.
mu·ri·ti sm.: *muritim*.
mu·ri·ti·ba·no adj. sm.
mu·ri·tim sm.; pl. *·tins*: *muriti*.

mu·ri·tin·zal sm.; pl. *·zais*: **mu·ri·ti·zal**.
mu·ri·ti·zei·ro sm.
mu·ri·xa·ba sf.
mur·mu·lhan·te adj. 2g.
mur·mu·lhar v.
mur·mu·lho sm.
múr·mur sm.
mur·mu·ra·ção sf.; pl. *·ções*.
mur·mu·ra·dor (ô) adj. sm.
mur·mu·ran·te adj. 2g.
mur·mu·rar v.
mur·mu·ra·ti·vo adj.
mur·mu·ré sm.: *muremuré*.
mur·mu·re·jar v.
mur·mú·re·o adj. 'murmurante'/Cf. *murmúrio*.
mur·mu·ri·nhar v.
mur·mu·ri·nho sm.
mur·mú·ri·o sm. 'som de vozes baixas'/Cf. *murmúreo*.
múr·mu·ro adj./Cf. *murmuro*, do v. *murmurar*.
mur·mu·ro·so (ô) adj.; f. e pl. (ó).
mu·ro sm.
mur·ra sf.
mur·ra·ça sf.
mur·ro sm.
mur·ta sf.
mur·ta(s)-de-chei·ro sf. (pl.).
mur·ta(s)-do-ma·to sf. (pl.).
mur·tal sm.; pl. *·tais*.
mur·tei·ra sf.
mur·tei·ro sm.
mur·ti·lho sm.
mur·ti·nha sf.
mur·ti·nhen·se adj. s2g.
mur·ti·nho sm.
mu·ru sm.
mu·ru·a sf.
mu·ru·a·nha sf.: *meruanha*.
mu·ru·chi sm.
mu·ru·ci sm.: *murici*.
mu·ru·ci(s)-cas·cu·do(s) sm. (pl.): *murici-cascudo*.
mu·ru·ci(s)-da-prai·a sm. (pl.): *murici-da-praia*.
mu·ru·ço·ca sf.: *muriçoca*.
mu·ru·cu sm.
mu·ru·cu·tu sm.: **mu·ru·cu·tu·tu**.
mu·ru·gem sf.; pl. *·gens*.
mu·ru:im sm.: *maruim*.
mu·rum·bu sm.
mu·ru·mu·ré sm.: *murmuré*.
mu·ru·mu·ru sm.

mu·ru·mu·ru·zal sm.; pl. *·zais*.
mu·ru·mu·xau·a sm.
mu·run·du sm.
mu·run·gu sm.
mu·ru·pi sm.
mu·ru·pi·ta sf.
mu·ru·ré sm.
mu·ru·ré-car·ra·pa·ti·nho sm.; pl. *mururés-carrapatinhos* ou *mururés-carrapatinho*.
mu·ru·ré(s)-das-ca·cho:ei·ras sm. (pl.).
mu·ru·ré(s)-re·don·di·nho(s) sm. (pl.).
mu·ru·ré(s)-ren·da·do(s) sm. (pl.).
mu·ru·ru sm.
mu·ru·ti sm.: *muriti*.
mu·ru·tin·guen·se adj. s2g.
mu·ru·ti·zei·ro sm.
mu·ru·tu·cu sm.
mu·ru·xa·ba sf.
mu·ru·xau·a sm.
mur·ze·lo (ê) adj. sm.
mus sm. 2n.
mu·sa sf.
mu·sa·ça sf.
mu·sá·ce·a sf.
mu·sá·ce:o adj.
mu·sal adj. 2g.; pl. *·sais*.
mus·ca·dí·ne:a sf.
mus·car·di·na sf.
mus·car·dí·ni·co adj.
mus·ca·ri sm.
mus·ca·ri·na sf.
mus·cí·co·la adj. 2g.
mus·cí·ne:o adj.
mus·cí·vo·ro adj.
mus·co·so (ô) adj.; f. e pl. (ó).
mus·cu·la·ção sf.; pl. *·ções*.
mus·cu·la·do adj.
mus·cu·lar adj. 2g.
mus·cu·la·tu·ra sf.
mus·cu·li·na sf.
mús·cu·lo sm.
mus·cu·lo-mem·bra·no·so (ô) adj.; f. e pl. (ó).
mus·cu·lo·si·da·de sf.
mus·cu·lo·so (ô) adj.; f. e pl. (ó).
mu·se:o·gra·fi·a sf.
mu·se:o·grá·fi·co adj.
mu·se:ó·gra·fo sm.
mu·se:o·lo·gi·a sf.
mu·se:o·ló·gi·co adj.
mu·se:o·lo·gis·ta adj. s2g.
mu·se:ó·lo·go sm.

mu·se:o·tec·*ni*·a sf.
mu·se:o·*téc*·ni·co adj.
mu·*se*·ta (ê) sf.
mu·*seu* sm.
mus·go sm.
mus·*go*·so (ô) adj.; f. *e* pl. (ó).
mus·*guen*·to adj.
mú·si·ca sf./Cf. *musica*, do v. *musicar*.
mu·si·*ca*·do adj.
mu·si·*cal* adj. 2g. sm.; pl. ·*cais*.
mu·si·ca·li·*da*·de sf.
mu·si·*car* v.
mu·si·*ca*·ta sf.
mu·si·*cis*·ta adj. s2g.
mú·si·co adj. sm./Cf. *musico*, do v. *musicar*.
mu·si·co·fi·*li*·a sf.
mu·si·*có*·fi·lo adj. sm.
mu·si·co·fo·*bi*·a sf.
mu·si·*có*·fo·bo adj. sm.
mu·si·co·gra·*fi*·a sf.
mu·si·co·*grá*·fi·co adj.
mu·si·*có*·gra·fo sm.
mu·si·co·lo·*gi*·a sf.
mu·si·co·*ló*·gi·co adj.
mu·si·*có*·lo·go sm.
mu·si·co·ma·*ni*·a sf.
mu·si·*cô*·ma·no adj. sm.
mu·si·que:*ar* v.
mu·si·*quei*·ro sm.
mu·si·*que*·ta (ê) sf.
mu·si·*quim* sm.; pl. ·*quins*.
mus·*mé* sf.: mus·*mê*.
mus·sa·*re*·la sf.
mus·se sf.
mus·se·*li*·na sf.
mus·si·ta·*ção* sf.; pl. ·*ções*.
mus·si·*tar* v.
mus·si:*ú* sm.
mus·su·*mê* sf.: *musmê*.
mus·su·*mé* sf.: *musmé*.
mus·te·*lí*·de:o adj. sm.
mu·*tá* sm.: mu·*tã*.
mu·ta·bi·li·*da*·de sf.
mu·ta·*bí*·li:o adj. sm.
mu·ta·*ção* sf.; pl. ·*ções*.
mu·ta·*cis*·mo sm.
mu·*tam*·ba sf.
mu·tam·ba(s)-*pre*·ta(s) sf. (pl.).
mu·*tam*·bo sm.
mu·*tan*·je adj. s2g.
mu·*tan*·te adj. s2g.
mu·tar·ro·ta·*ção* sf.; pl. ·*ções*.
mu·ta·*tó*·ri:o adj.
mu·*tá*·vel adj. 2g.; pl. ·veis.
mu·te·*li*·na sf.
mú·ti·co sm.
mu·ti·la·*ção* sf.; pl. ·*ções*.
mu·ti·*la*·do adj. sm.
mu·ti·la·*dor* (ô) adj. sm.
mu·ti·*lan*·te adj. 2g.
mu·ti·*lar* v.
mu·ti·*rão* sm.; pl. ·*rões*: mu·ti·*rom*, mu·ti·*rum*.
mu·*tis*·mo sm.
mu·*trei*·ra sf.
mu·*tre*·ta (ê) sf.
mú·tu:a sf./Cf. *mutua*, do v. *mutuar*.
mu·tu:*ã* adj. s2g.
mu·tu:a·*ção* sf.; pl. ·*ções*.
mu·tu:a·*dor* (ô) adj. sm.
mu·tu:*al* adj. 2g.; pl. ·*ais*.
mu·tu:a·li·*da*·de sf.
mu·tu:a·*lis*·mo sm.
mu·tu:a·*lis*·ta adj. s2g.
mu·tu:*an*·te adj. s2g.
mu·tu:*ar* v.
mu·tu:*á*·ri:o sm.
mu·*tu*·ca adj. 2g. sf.
mu·tu·ca·*ca*·ba sf.
mu·tu·*cal* sm.; pl. ·*cais*.
mu·tu:*en*·se adj. s2g.
mu·tu:i·*pen*·se adj. s2g.
mú·tu·lo sm.
mu·*tum* adj. s2g. sm.; pl. ·*tuns*.
mu·tum-a·*çu* sm.; pl. *mutuns-açus*.
mu·tum-ca·*va*·lo sm.; pl. *mutuns-cavalos* ou *mutuns-cavalo*.
mu·tum-da·*vár*·ze:a sm.; pl. *mutuns-da-várzea*.
mu·tum-de-as·so·*bi*:o sm.; pl. *mutuns-de-assobio*.
mu·tum-de-as·so·*vi*:o sm.; pl. *mutuns-de-assovio*.
mu·tum-do-cu-*bran*·co sm.; pl. *mutuns-do-cu-branco*.
mu·tum-e·*tê* sm.; pl. *mutuns-etês*.
mu·tum-*fa*·va sm.; pl. *mutuns-favas* ou *mutuns-fava*.
mu·tu·mi·*ju* sm.
mu·tum-pi·*ri* sm.
mu·tum-po·*ran*·ga sm.
mu·*tun*·go sm.
mú·tu:o adj. sm./Cf. *mutuo*, do v. *mutuar*.
mu·tu·*quei*·ro sm.
mu·tu·*ti* sm.
mu·tu·*tu*·ca sf.
mu·*vu*·ca sf.
mu·xa·ra·*bi* sm.
mu·xa·ra·bi:*ê* sm.
mu·*xa*·xa sf. 'árvore'/Cf. *muchacha*.
mu·*xi*·ba sf.
mu·xi·*ben*·to adj.
mu·xi·*cão* sm.; pl. ·*cões*.
mu·xi·*car* v.
mu·*xin*·ga sf.
mu·*xi*·ra sf.
mu·xi·*rã* sf.: *mutirão*.
mu·xi·*rão* sm.; pl. ·*rões*: *mutirão*.
mu·xo·*xar* v.
mu·xo·xe:*ar* v.
mu·*xo*·xo (ô) sm.
mu·xu:*an*·go sm.
mu·xu·run·*dar* v.
mu·zam·bi·*nhen*·se adj. s2g.
mu·*zun*·da sf.
mu·*zun*·du sm.

N

na pron. contr. da prep. *em* com o art. *a*.
na·a·li·*a***·nis·mo** sm.
na·a·li·*a***·no** adj. sm.
na·ba·*bes***·co** (ê) adj.
na·ba·*bi***·a** sf.
na·*bá***·bi·co** adj.
na·ba·bo sm.
na·ba·da sf.
na·bal sm.; pl. *·bais*.
na·ban·*ti***·no** adj. sm.
na·ba·*tei***·a** adj. sf. de **na·ba·***teu* adj. sm.
na·*bi***·ça** sf.
na·bi·çal sm.; pl. *·çais*.
na·bla sm.
ná·bli:o sm.
na·*blô***·ni:o** sm.
na·bo sm.
na·*bu***·co** adj.
na·bu·*quen***·se** adj. s2g.
na·ca sf.
na·ca·da sf.
na·ca·dar sm.
na·ção sf.; pl. *·ções*.
ná·car sm.; pl. *nácares*/Cf. *nacares*, do v. *nacarar*.
na·ca·ra sm.
na·ca·ra·do adj.
na·ca·rar v.
na·ca·*ri***·no** adj.
na·cau·*á*** sm.
na·*ce***·la** sf.: **na·***ce***·le**.
na·chu·chu sm.
na·ci:o·*nal*** adj. 2g. sm.; pl. *·nais*.
na·ci:o·na·li·*da***·de** sf.
na·ci:o·na·*lis***·mo** sm.
na·ci:o·na·*lis***·ta** adj. s2g.
na·ci:o·na·*lís***·ti·co** adj.
na·ci:o·na·li·za·*ção*** sf.; pl. *·ções*.
na·ci:o·na·li·za·*dor*** (ô) adj. sm.
na·ci:o·na·li·*zar*** v.

na·ci:o·na·li·*zá***·vel** adj. 2g.; pl. *·veis*.
na·ci:o·*nal***-so·ci:a·***lis***·mo** sm.; pl. *nacionais-socialismos*.
na·ci:o·*nal***-so·ci:a·***lis***·ta(s)** adj. s2g.; (pl.).
*na·*co sm.
na·*cri***·ta** sf.
nac·ta·*ri***·na** sf.
na·da pron. adv. sm.
na·da·da sf.
na·da·*dei***·ra** sf.
na·da·*dei***·ro** adj.
na·da·*doi***·ro** sm.: *nadadouro*.
na·da·*dor*** (ô) adj. sm.
na·da·*dou***·ro** sm.: *nadadoiro*.
na·da·*du***·ra** sf.
na·*dan***·te** adj. 2g.
na·da·*po***·a** (ô) sf.
na·*dar*** v.
ná·de·ga sf.
na·de·*ga***·da** sf.
na·de·*gal*** adj. 2g.; pl. *·gais*.
na·de·*gu***·do** adj.
na·de·*guei***·ro** adj.
na·di·fi·*car*** v.
na·*dir*** sm.
na·di·*ral*** adj. 2g.; pl. *·rais*.
na·*dí***·vel** adj. 2g.; pl. *·veis*.
na·di·vo adj.
*na·*do adj. sm.
na·do·*ri***·ta** sf.
na·*fé*** sm.
ná·fe·go adj. sm.
na·*fil*** sm.; pl. *·fis*.
na·*fir*** sm.
*naf·*ta sf.
naf·ta·*ce***·no** sm.
naf·ta·*le***·no** sm.
naf·ta·*li***·na** sf.
naf·ta·*lol*** sm.; pl. *·lóis*.
naf·te·*í***·na** sf.
naf·*toi***·co** adj.

naf·*tol*** sm.; pl. *·tóis*.
naf·to·qui·*no***·na** sf.
na·*gã*** sm.
na·*gão*** sm.; pl. *·gões*.
na·*gi*** sm.
na·*gi***·be** sm.
na·*gô*** adj. s2g.
ná·gua sf.: *anágua*.
nai·a sf.
nái:a·da sf.: **nái:a·de**.
nai:*á***·de:o** adj.
naif adj. 2g. s2g.
nái·lom sm.; pl. *·lons*: *nái·*lon, do ing. *nylon*.
nai·*pa***·da** sf.
nai·*par*** v.
nai·pe sm.
nai·*pei***·ra** sf.
nai·*pei***·ro** adj.
nai·ra sf. de *naire*.
nai·re sm.; f. *naira*.
na·ja sf.
na·*já*** sf.
na·ja·*dá***·ce:a** sf.
na·ja·*dá***·ce:o** adj.
nal·ga sf.
nal·ga·da sf.
nal·*gum*** contr. da prep. *em* com o pron. *algum*.
na·*mas***·que** adv.
na·*maz*** sm.
nam·*bi*** adj. 2g. sm.
nam·bi·*ju*** adj. 2g.
nam·bi·*qua***·ra** adj. s2g.: *nhambiquara*.
nam·bi:*u***·vu** sm.
nam·bu sm.
nam·bu·a·*çu*** sm.: *inhambuaçu*.
nam·bu·a·*nhan***·ga** sm.: *inhambuanhanga*.
nam·bu·cu·*á*** sm.: *inhambucuá*.
nam·bu(s)-*gran***·de(s)** sm. (pl.): *inhambu-grande*.

nam·bu·gua·*çu* sm.: *inhambuguaçu*.
nam·bu·mi·*rim* sm.: *inhambumirim*; pl. *·rins*.
nam·bu·pi·*xu*·**na** sm.: *inhambupixuna*.
nam·bu(s)-*pre*·**to(s)** sm. (pl.): *inhambu-preto*.
nam·bu·qui:*á* sm.: *inhambuquiá*.
nam·bu·re·*ló*·**gi:o** sm.; pl. *nambus-relógios* ou *nambus--relógio*: *inhambu-relógio*.
nam·bu·sa·ra·cu·*í*·**ra** sm.; pl. *nambus-saracuíras* ou *nambus-saracuíra*: *inhambu-saracuíra*.
nam·bu(s)-*su*·**jo(s)** sm. (pl.): *inhambu-sujo*.
nam·bu·*u* sm.: *inhambuu*.
nam·bu·xin·*tã* sm.: *inhambuxintã*.
nam·bu·xo·ro·*ró* sm.: *inhambuxororó*.
na·mo·ra·*ção* sf.; pl. *.ções*.
na·mo·*ra*·**da** sf.
na·mo·ra·*dei*·**ra** sf.
na·mo·ra·*dei*·**ro** adj. sm.
na·mo·ra·*di*·**ço** adj. sm.
na·mo·*ra*·**do** adj. sm.
na·mo·ra·*dor* (ô) adj. sm.
na·mo·*rar* v.
na·mo·ra·*tó*·**ri:o** adj.
na·mo·*rá*·**vel** adj. 2g.; pl. *·veis*.
na·mo·ri·*car* v.
na·mo·*ri*·**ce** sf.
na·mo·ri·*char* v.
na·mo·*ri*·**cho** sm.
na·mo·*ri*·**co** sm.
na·mo·*ri*·**lho** sm.
na·mo·ris·ca·*dor* (ô) adj. sm.
na·mo·ris·*can*·**te** adj. s2g.
na·mo·ris·*car* v.
na·mo·*ris*·**co** sm.
na·*mo*·**ro** (ô) sm./Cf. *namoro* (ó), do v. *namorar*.
na·na sf.
na·*nã* sf.: *nhanhã*.
na·na·cu·*ru* sm.
na·ná(s)-de-ra·*po*·**sa** sf. (pl.).
na·*nar* v.
na·*nás* sm.: *ananás*.
na·nau·*i* sf. *ou* sm.
nan·*cí*·**be:a** sf.
nan·*dai*·**a** sf.: *jandaia*.
nan·du sm.: *nhandu*.
na·ni sm.: *oanani*.

na·*ni*·**co** adj.
na·ni·*qui*·**ce** sf.
na·ni·*quis*·**mo** sm.
na·*nis*·**co** sm.
na·*nis*·**mo** sm.
nan·ja adv.
na·no·ce·fa·*li*·**a** sf.
na·no·ce·*fá*·**li·co** adj.
na·no·*cé*·**fa·lo** adj. sm.
na·no·cor·*mi*·**a** sf.
na·no·*cor*·**mo** adj. sm.
na·*nó*·**de:a** sf.
na·no·fa·ne·ro·*fí*·**ti·co** adj.
na·no·fa·ne·*ró*·**fi·to** sm.
na·*nó*·**fi:a** sf.
na·no·me·*li*·**a** sf.
na·no·*mé*·**li·co** adj.
na·nos·se·*gun*·**do** sm.
na·no·tec·no·lo·*gi*·**a** sf.
nan·*quim* adj. 2g. sm.; pl. *·quins*.
nan·tu:*a*·**no** adj. sm.
na·nu·*quen*·**se** adj. s2g.
nan·zu·que sm.
não adv. sm.
não a·gres·*são* sf.; pl. *não agressões*.
não a·li·*nha*·**do(s)** adj. sm. (pl.).
não a·li·nha·*men*·**to(s)** sm. (pl.).
não be·li·ge·*rân*·**ci:a(s)** sf. (pl.).
não com·ba·*ten*·**te(s)** adj. s2g. (pl.).
não con·for·*mis*·**mo(s)** sm. (pl.).
não con·for·*mis*·**ta(s)** adj. s2g. (pl.).
não con·ser·va·*ti*·**vo(s)** adj. (pl.).
não con·tra·di·*ção* sf.; pl. *não contradições*.
não en·ga·*ja*·**do(s)** adj. sm. (pl.).
não en·ga·ja·*men*·**to(s)** sm. (pl.).
não es·sen·ci:*al* adj. 2g.; pl. *não essenciais*.
não ***eu*(s**) sm. (pl.).
não eu·cli·di:*a*·**no(s)** adj. (pl.).
não fu·*man*·**te(s)** adj. 2g. s2g. (pl.).
não go·ver·na·men·*tal* adj. 2g.; pl.: *não governamentais*.
não ho·lô·no·mo(s) sm. (pl.).
não in·ter·ven·*ção* sf.; pl. *não intervenções*.
não in·ter·ven·ci:o·*nis*·**ta(s)** adj. s2g. (pl.).
não li·ne:*ar* adj. 2g.; pl. *não lineares*.

não lo·ca·li·*za*·**do(s)** adj. (pl.).
não-me-*dei*·**xes** sm. 2n.
não-me-es·*que*·**ças** sm. 2n.
não me·*tal* sm.; pl. *não metais*.
não-me-to·*quen*·**se(s)** adj. s2g. (pl.).
não me ***to*·ques** sm. 2n. 'melindres'
não-me-*to*·**ques** sm. 2n. 'planta'.
não par·ti·ci·*pan*·**te(s)** adj. s2g. (pl.).
não sa·tu·*ra*·**do(s)** adj. (pl.).
não sei que ***di*·ga** sm. 2n.
não ser sm.; pl. *não seres*.
não si·*mé*·**tri·co(s)** adj. (pl.).
não sin·gu·*lar* adj. 2g.; pl. *não singulares*.
não-te-es·que·ças-de-*mim* sm. 2n.
não vi·ci:*a*·**do(s)** adj. (pl.).
na·pa sf.
na·*pá*·**ce:o** adj.
na·palm sm., do ing. *napalm*.
na·*pei*·**a** sf.
na·*pei*·**ro** adj.
na·*pe*·**lo** (ê) sm.
na·*pe*·**va** adj. 2g.
na·pi·*for*·**me** adj. 2g.
na·po·le·*ão* sm.; pl. *.ões*.
na·po·le·*ô*·**ni·co** adj.
na·po·le:o·*nis*·**mo** sm.
na·po·le:o·*nis*·**ta** adj. s2g.
na·po·*lês** adj. sm.
na·po·li·*ta*·**no** adj. sm.
na·po·*pé* sf.
na·que sm.
na·*que*·**le** (ê) contr. da prep. *em* com o pron. *aquele*.
na·que·*lou*·**tro** contr. de *naquele* com o pron. *outro*.
na·*qui*·**lo** contr. da prep. *em* com o pron. *aquilo*.
na·ra sm.
na·ran·*di*·**ba** sf.
nar·bo·*nen*·**se** adj. s2g.
nar·*caf*·**to** sm.
nar·ce·*í*·**na** sf.
nar·*ce*·**ja** (ê) sf.
nar·ce·ja(s)-mi·*ú*·**da(s)** sf. (pl.).
nar·ce·*jão* sm. aum. de *narceja*; pl. *.jões*.
nar·ce·*ji*·**nha** sf. dim. de *narceja*.
nar·ci·sa·*ção* sf.; pl. *.ções*.
nar·ci·sa·*men*·**to** sm.
nar·ci·*sar* v.
nar·*cí*·**se:o** adj.

nar·ci·sis·mo sm.
nar·ci·so sm.
nar·ci·soi·de adj. 2g. sm.
nar·co:a·ná·li·se sf.
nar·co·lep·si·a sf.
nar·cô·ma·no adj. sm.
nar·co·me·du·sa adj. 2g. sf.
nar·co·se sf.
nar·cos·sín·te·se sf.
nar·co·te·ra·pi·a sf.
nar·có·ti·co adj. sm.
nar·co·ti·na sf.
nar·co·tis·mo sm.
nar·co·ti·za·ção sf.; pl. ·ções.
nar·co·ti·za·dor (ô) adj. sm.
nar·co·ti·zan·te adj. 2g.
nar·co·ti·zar v.
nar·co·ti·zá·vel adj. 2g.; pl. ·veis.
nar·co·trá·fi·co sm.
nár·di·no adj.
nar·do sm.
nar·do(s)-da-ín·di:a sm. (pl.).
nar·gui·lé sm.: nar·gui·lhé.
na·rí·cu·la sf.
na·ri·ga·da sf.
na·rin·gan·ga sf.
na·ri·gão adj. sm. aum. de nariz; pl. ·gões; f. ·go·na.
na·ri·gu·do adj. sm.
na·ri·guei·ro adj.
na·ri·lão sm.; pl. ·lões.
na·ri·na sf.
na·ri·na·ri sf. ou sm.
na·rin·ge·ni·na sf.
na·rin·gi·na sf.
na·ri:o sm.
na·riz sm.
na·riz de bur·ro sm.; pl. narizes de burro.
na·riz de ce·ra sm.; pl. narizes de cera.
na·riz de fer·ro sm.; pl. narizes de ferro.
na·riz de fo·lha s2g.; pl. narizes de folha.
nar·ra·ção sf.; pl. ·ções.
nar·ra·do adj. sm.
nar·ra·dor (ô) adj. sm.
nar·rar v.
nar·ra·ti·va sf.
nar·ra·ti·vo adj.
nar·rá·vel adj. 2g.; pl. ·veis.
nar·té·ci:a sf.
nar·te·ci·na sf.
nar·val sm.; pl. ·vais.
na·sal adj. 2g. sm.; pl. ·sais.

na·sa·la·ção sf.; pl. ·ções.
na·sa·la·do adj.
na·sa·lar v.
na·sa·li·da·de sf.
na·sa·li·za·ção sf.; pl. ·ções.
na·sa·li·zar v.
na·sar·do sm.
nas·ce·di·ço adj.
nas·ce·doi·ro sm.: nas·ce·dou·ro.
nas·cen·ça sf.
nas·cen·te adj. 2g. sm.
nas·cer v. sm.
nas·ci·da sf.
nas·ci·di·ço adj.
nas·ci·do adj. sm.
nas·ci·men·to sm.
nás·ci:o sm.
nas·ci·tu·ro adj. sm.
nas·cí·vel adj. 2g.; pl. ·veis.
na·si·ca sf.
ná·si·co adj.
na·sí·co·la sm.
na·si·cór·ne:o adj. sm.
na·so·bu·cal adj. 2g.; pl. ·cais.
na·só·cu·los sm. pl.
na·so·fa·rin·ge sf.
na·so·fa·rin·gi:a·no adj.
na·so·fa·rín·ge:o adj.
na·so·fa·rin·gi·te sf.
na·so·fa·rin·gí·ti·co adj.
na·so·gás·tri·co adj.
nas·sa sf. 'cesto de pescar'/Cf. nasça, do v. nascer.
nas·sa·da sf.
nas·se·ris·mo sm.
nas·se·ris·ta adj. 2g.
nas·ti·a sf.
nás·ti·co adj.
nas·tri·for·me adj. 2g.
nas·tro sm.
nas·túr·ci:o sm.
na·ta sf.
na·ta·ção sf.; pl. ·ções.
na·ta·dei·ra sf.
na·ta·do adj.
na·tal adj. 2g. sm.; pl. ·tais.
na·ta·len·se s2g.
na·ta·lí·ci:o adj. sm.
na·ta·li·da·de sf.
na·ta·lí·de:o adj. sm.
na·ta·li·no adj.
na·tan·te adj. 2g. sm.
na·tá·til adj. 2g.; pl. ·teis.
na·ta·tó·ri:o adj. sm.
na·tei·ra·do adj.
na·tei·ro sm.

na·ten·to adj.
na·ter·ci:a·no adj. sm.
ná·ti:a sf.
ná·ti·ca sf.
na·ti·cei·ro sm.
na·ti·cí·de:o adj. sm.
na·ti·ci·for·me adj. 2g.
na·ti·for·me adj. 2g.
na·ti·mor·to (ô) adj. sm.
na·ti:o sm.
na·ti·ven·se adj. s2g.
na·ti·vi·da·de sf.
na·ti·vi·den·se adj. s2g.
na·ti·vis·mo sm.
na·ti·vis·ta adj. s2g.
na·ti·vi·ta·no adj. sm.
na·ti·vi·tá·ri:o sm.
na·ti·vo adj. sm.
na·to adj.
na·trão sm.; pl. ·trões.
na·tri·ca·li·ta sf.
ná·tri:o sm.
na·tro sm.
na·tro·cal·ci·ta sf.
na·tro·fi·li·ta sf.
na·tro·li·ta sf.
na·trô·me·tro sm.
na·tro·ni·ta sf.
na·tu·ra sf.
na·tu·ral adj. 2g. sm.; pl. ·rais.
na·tu·ra·le·za (ê) sf.
na·tu·ra·li·da·de sf.
na·tu·ra·lis·mo sm.
na·tu·ra·lis·ta adj. s2g.
na·tu·ra·lís·ti·co adj.
na·tu·ra·li·za·ção sf.; pl. ·ções.
na·tu·ra·li·za·do adj. sm.
na·tu·ra·li·zan·te adj. 2g.
na·tu·ra·li·zar v.
na·tu·ra·li·zá·vel adj. 2g.; pl. ·veis.
na·tu·ral·men·te adv. interj.
na·tu·ran·ça sf.
na·tu·ran·te adj. 2g.
na·tu·re·za (ê) sf.
na·tu·re·za(s)-mor·ta(s) sf. (pl.).
na·tu·ris·mo sm.
na·tu·ris·ta adj. s2g.
nau sf.
nau·a adj. s2g.
náu·a·tle adj. 2g· s2g.
náu·fi·co adj.
nau·fra·ga·do adj. sm.
nau·fra·gan·te adj. s2g.
nau·fra·gar v.
nau·fra·gá·vel adj. 2g.; pl. ·veis.

nau·*frá*·gi:o sm.
náu·fra·go adj. sm./Cf.
  naufrago, do v. *naufragar*.
nau·fra·*go*·so (ô) adj.; f. e pl.
  (ó).
náu·ma·co sm.
nau·ma·*qui*·a sf.
nau·*má*·qui·co adj.
nau·pa·*ti*·a sf.
náu·pli:o adj. sm.
nau·*quá* adj. s2g.: *anauquá*.
naus·co·*pi*·a sf.
naus·*có*·pi·co adj.
naus·*có*·pi:o sm.
náu·se:a sf.
nau·se:a·*bun*·do adj.
nau·se:a·do adj.
nau·se:*an*·te adj. 2g.
nau·se:*ar* v.
nau·se:a·*ti*·vo adj.
nau·se:*en*·to adj.
nau·se:o·so (ô) adj.; f. e pl. (ó).
nau·ta sm.
náu·ti·ca sf.
náu·ti·co adj. sm.
nau·ti·*lí*·de:o adj. sm.
náu·ti·lo sm.
nau·ti·*loi*·de adj. 2g. sm.
nau·to·gra·*fi*·a sf.
nau·to·*grá*·fi·co adj.
nau·*tó*·gra·fo sm.
nau·*tô*·me·tro sm.
na·va sf.
na·*val* adj. 2g. sm.; pl. *·vais*.
na·*va*·lha sf. s2g.
na·va·*lha*·da sf.
na·va·lha(s)-de-ma·*ca*·co sf.
  (pl.).
na·va·*lhão* sm.; pl. *·lhões*.
na·va·*lhar* v.
na·va·*lhei*·ra sf.
na·va·lhei·ra(s)-*du*·ra(s) sf.
  (pl.).
na·va·lhei·ra(s)-*mo*·le(s) sf.
  (pl.).
na·va·*lhis*·ta s2g.
na·*var*·co sm.
na·*var*·*qui*·a sf.
na·*vár*·qui·co adj.
na·*var*·ra sf.
na·var·*ren*·se adj. s2g.
na·var·*rês* (ê) adj. sm.
na·*var*·ro adj. sm.
na·ve sf.
na·ve·ga·bi·li·*da*·de sf.
na·ve·ga·*ção* sf.; pl. .*ções*.
na·ve·ga·*dor* (ô) adj. sm.

na·ve·*gan*·te adj. s2g.
na·ve·*gar* v.
na·ve·*gá*·vel adj. 2g.; pl. *·veis*.
na·*ve*·ta (ê) sf.
na·vi:*ar*·ra sf.
na·vi·*ce*·la sf.
na·*ví*·cu·la sf.
na·vi·cu·*lar* adj. 2g.
na·vi·cu·*lá*·ri:o sm.
na·vi·*for*·me adj. 2g.
na·*ví*·fra·go adj.
na·*ví*·ge·ro adj.
na·*vi*:o sm.
na·vi:o(s)-a:e·*ró*·dro·mo(s)
  sm. (pl.).
na·vi:o-au·xi·li:*ar* sm.; pl.
  navios-auxiliares.
na·vi:o-cis·*ter*·na sm.; pl.
  navios-cisternas ou *navios-*
  -cisterna.
na·vi:o-es·*co*·la sm.; pl.
  navios-escolas ou *navios-*
  -escola.
na·vi:o-*tan*·que sm.; pl.
  navios-tanques ou *navios-*
  -tanque.
na·vi:o-trans·*por*·te sm.; pl.
  navios-transportes ou *navios-*
  -transporte.
na·vi:o-var·re·*dor* sm.; pl.
  navios-varredores.
na·za·*re*·na sf.
na·za·*re*·no adj. sm.
na·za·re·no(s)-do-pi·au·*í* adj.
  s2g. (pl.).
na·za·ri:*en*·se adj. s2g.
na·*zi* adj. s2g. 'planta'.
na·zi·fas·*cis*·mo sm.
na·zi·fas·*cis*·ta adj. 2g. s2g.
na·*zis*·mo sm.
na·*zis*·ta adj. s2g.
nê sm.; pl. *nês* ou *nn*.
ne:an·der·ta·*len*·se adj. s2g.
ne:*ár*·ti·ca sf.
ne:*ár*·ti·co adj.
ne:ar·*tro*·se sf.
ne:ar·*tró*·ti·co adj.
ne·ba·li·*á*·ce:o adj. sm.
ne·*bli*·na sf.: *nebrina*.
ne·bli·*nar* v.
ne·bli·*no*·so (ô) adj.; f. e pl. (ó).
ne·*bri* adj. 2g. sm.
ne·*bri*·na sf.: *neblina*.
né·bu·la sf.
ne·bu·*len*·to adj.
ne·bu·li·*gra*·ma sf.
ne·bu·li·za·*ção* sf.; pl. .*ções*.

ne·bu·li·za·*dor* (ô) adj. sm.
ne·bu·li·*zar* v.
ne·bu·*lo*·sa sf.
ne·bu·lo·si·*da*·de sf.
ne·bu·*lo*·so (ô) adj.; f. e pl. (ó).
ne·ca adv. pron.
ne·*cá*·tor sm.
ne·ce:*ar* v.
ne·ce·*da*·de sf.
ne·ces·*sá*·ri:a sf.
ne·ces·*sá*·ri:o adj. sm.
ne·ces·si·*da*·de sf.
ne·ces·si·*ta*·do adj. sm.
ne·ces·si·*tar* v.
ne·ces·si·*to*·so (ô) adj.; f. e pl.
  (ó).
ne·cro·bi:o·se sf.
ne·cro·bi:*ó*·ti·co adj.
ne·cro·du·*li*·a sf.
ne·cro·fa·*gi*·a sf.
ne·cro·*fá*·gi·co adj.
ne·*cró*·fa·go adj. sm.
ne·cro·fi·*li*·a sf.
ne·*cró*·fi·lo adj. sm.
ne·cro·*fo*·bi·a sf.
ne·cro·*fó*·bi·co adj.
ne·*cró*·fo·bo adj. sm.
ne·*cró*·la·tra s2g.
ne·cro·la·*tri*·a sf.
ne·cro·*lá*·tri·co adj.
ne·cro·lo·*gi*·a sf.
ne·cro·*ló*·gi·co adj.
ne·cro·*ló*·gi:o sm.
ne·cro·lo·*gis*·ta s2g.
ne·*cró*·lo·go sm.
ne·cro·*man*·ci·a sf.:
  nigromancia.
ne·cro·*man*·te s2g.: *nigromante*.
ne·cro·*mân*·ti·co adj.:
  nigromântico.
ne·*cró*·po·le sf.
ne·crop·*si*·a sf.: ne·*cróp*·si:a.
ne·crop·si·*ar* v.
ne·*cróp*·si·co adj.
ne·cro·*sa*·do adj.
ne·cro·*sar* v.
ne·cros·co·*pi*·a sf.
ne·cros·*có*·pi·co adj.
ne·*cro*·se sf.
ne·cro·*té*·ri:o sm.
ne·*cró*·ti·co adj.
néc·tar sm.
nec·*tá*·re:o adj.
nec·ta·*rí*·fe·ro adj.
nec·ta·*ri*·na sf.
nec·*tá*·ri:o sm.
néc·ti·co adj.

nec·*tis*·mo sm.
nec·to sm.: *néc*·ton.
nec·to·ne·ma·*toi*·de adj. sm.
nec·*tó*·po·de adj. 2g. sm.
ne·di:ez (ê) sf.
né·di:o adj.
ne:er·**lan**·*dês* adj. sm.
ne·fa·*lis*·mo sm.
ne·*fan*·do adj.
ne·*fá*·ri:o adj.
ne·fas sm., na loc. *por fás* ou *por nefas*.
ne·*fas*·to adj.
ne·fe·li·*ba*·ta adj. s2g.:
  ne·fe·*lí*·ba·ta.
ne·fe·li·ba·*ti*·ce sf.
ne·fe·li·*bá*·ti·co adj.
ne·fe·li·ba·*tis*·mo sm.
ne·fe·*li*·na sf.
ne·fe·li·*ni*·to sm.
ne·*fé*·li:o sm.
ne·fa·*lis*·mo sm.
ne·fe·*li*·ta sf.
ne·fe·*ló*·fi·lo adj.
ne·fe·*loi*·de adj. 2g.
ne·fe·lo·man·*ci*·a sf.
ne·fe·lo·*man*·te s2g.
ne·fe·lo·*mân*·ti·co adj. sm.
ne·fe·lo·me·*tri*·a sf.
ne·fe·*lô*·me·tro sm.
ne·fos·*có*·pi:o sm.
ne·fral·*gi*·a sf.
ne·*frál*·gi·co adj.
ne·frec·ta·*si*·a sf.
ne·frec·*tá*·si·co adj.
ne·frec·to·*mi*·a sf.
ne·frec·*tô*·mi·co adj.
ne·*frí*·di:o sm.
ne·*fri*·ta sf.
ne·*fri*·te sf.
ne·*frí*·ti·co adj. sm.
ne·fro sm.
ne·fro·*ce*·le sf.
ne·fro·ce·li:*a*·no adj.
ne·fro·*cé*·li·co adj.
ne·fro·fleg·ma·*si*·a sf.
ne·fro·fleg·*má*·ti·co adj.
ne·fro·*gê*·ni·co adj.
ne·*fró*·ge·no adj.
ne·*froi*·de adj. 2g.
ne·*fró*·li·se sf.
ne:fro·li·*tí*·a·se sf.
ne·fro·*lí*·ti·co adj.
ne·*fró*·li·to sm.
ne·fro·li·to·to·*mi*·a sf.
ne·fro·li·to·*tô*·mi·co adj.
ne·fro·*lo·gi*·a sf.
ne·fro·*ló*·gi·co adj.
ne·fro·*lo·gis*·ta s2g.
ne·*fró*·lo·go sm.
ne·*fro*·ma sm.
ne·fro·pa·*ti*·a sf.
ne·fro·*pá*·ti·co adj.
ne·fro·*pi:o*·se sf.
ne·fro·ple·*gi*·a sf.
ne·fro·*plé*·gi·co adj.
ne·fror·ra·*gi*·a sf.
ne·fror·*rá*·gi·co adj.
ne·*fro*·se sf.
ne·*fró*·ti·co adj.
ne·fro·to·*mi*·a sf.
ne·fro·*tô*·mi·co adj.
ne·ga sf.
ne·ga·*be*·lha (ê) sf.
ne·ga·*ça* sf.
ne·ga·*ção* sf.; pl. ·*ções*.
ne·ga·ce:a·*dor* (ô) adj. sm.
ne·ga·ce:*ar* v.
ne·ga·*cei*·ro adj. sm.
ne·ga·*dor* (ô) adj. sm.
ne·*ga*·lhas sf. pl.
ne·*ga*·lho sm.
ne·ga·*men*·to sm.
ne·*gar* v.
ne·ga·*ti*·va sf.
ne·ga·ti·*var* v.
ne·ga·ti·vi·*da*·de sf.
ne·ga·ti·*vis*·mo sm.
ne·ga·ti·*vis*·ta adj. s2g.
ne·ga·*ti*·vo adj. sm. adv.
ne·ga·*tó*·ri:o adj.
ne·ga·tos·*có*·pi:o sm.
ne·*gá*·vel adj. 2g.; pl. ·*veis*.
ne·gli·*gê* sm.
ne·gli·*gên*·ci:a sf./Cf. *negligencia*, do v. *negligenciar*.
ne·gli·gen·ci:*ar* v.
ne·gli·*gen*·te adj. s2g.
ne·go (ê) sm. 'camarada' 'negro'/Cf. *nego* (é), do v. *negar*.
ne·go·ci:a·bi·li·*da*·de sf.
ne·go·ci:a·*ção* sf.; pl. ·*ções*.
ne·go·ci:a·*dor* (ô) adj. sm.
ne·go·ci:*an*·te s2g.
ne·go·ci:*ão* sm.; pl. ··*ões*.
ne·go·ci:*ar* v.
ne·go·ci:ar·*rão* sm.; pl. ·*rões*.
ne·go·ci:*a*·ta sf.
ne·go·ci:*á*·vel adj. 2g.; pl. ·*veis*.
ne·*gó*·ci:o sm./Cf. *negocio*, do v. *negociar*.
ne·go·ci:*o*·so (ô) adj.; f. *e* pl. (ó).
ne·go·*cis*·ta adj. s2g.
ne·gra (ê) sf.
ne·*gra*·ço sm.
ne·*gra*·da sf.
ne·*gral* adj. 2g. sf.; pl. ·*grais*.
ne·gra·*lha*·da sf.
ne·gra·*lhão* sm. aum. de *negro*; pl. ·*lhões*; f. *negralhona*.
ne·gra·*lho*·na sf. de *negralhão*.
ne·gra·*mi*·na sf.; pl. *negras-minas* ou *negras-mina*.
ne·*grão* sm. aum. de *negro*; pl. ·*grões*; f. *negrona*.
ne·gra·*ri*·a sf.
ne·gre·*ga*·do adj.
ne·gre·*go*·so (ô) adj.; f. *e* pl. (ó).
ne·*grei*·ra sf.
ne·*grei*·ro adj. sm.
ne·gre·*jan*·te adj. 2g.
ne·gre·*jar* v.
ne·gri·*dão* sf.; pl. ··*dões*.
ne·*gri*·lho sm.
ne·*gri*·nha sf.
ne·*gri*·nho sm.
ne·*gri*·ta sf.
ne·*gri*·to adj. sm.
ne·gri·*tu*·de sf.
ne·gro (ê) adj. sm.; superl. *negríssimo* ou *nigérrimo*.
ne·gro·fi·*li*·a sf.
ne·*gró*·fi·lo adj. sm.
ne·gro(s)-fu·*gi*·do(s) sm. (pl.).
ne·*groi*·de adj. s2g.
ne·gro·*mi*·na sm.; pl. *negros-minas* ou *negros-mina*.
ne·*gro*·na sf. de *negrão*.
ne·gro(s)-*no*·vo(s) sm. (pl.).
ne·*gror* (ô) sm.
ne·*gro*·ta sf.
ne·*gro*·te sm.
ne·gro(s)-ve·*lho*(s) sm. (pl.).
ne·*gru*·me sm.
ne·gru·*mo*·so (ô) adj.; f. *e* pl. (ó).
ne·*gru*·ra sf.
ne·*grus*·co adj.
ne·*gu*·ça sf.
ne·gus sm.: *né*·gus.
nei-*nei* sm.
ne·le[1] sm. 'antiga moeda francesa'/Cf. *nele*[2] (ê).
ne·le[2] (ê) contr. da prep. *em* com o pron. *ele*/Cf. *nele*[1] (é) sm.
ne·*lo*·re adj. s2g.
nem conj.
ne·ma·tel·*min*·te adj. sm.
ne·ma·tel·*mín*·ti:o adj. sm.

ne·ma·tel·*min*·to adj. sm.
ne·*má*·ti·co adj.
ne·ma·*tó*·ce·ro adj. sm.
ne·ma·to·*cis*·te sf.
ne·ma·*tó*·de:o adj. sm.
ne·ma·*toi*·de adj. 2g. sm.
ne·ma·to·*mi*·ce·te adj. sm:
   ne·ma·to·mi·*ce*·to.
ne·ma·to·*mor*·fo adj. sm.
nem·bo sm.
ne·*mei*·a adj. sf. de *nemeu*.
ne·mer·*ti*·no adj. sm.
ne·*meu* adj. sm.; f. *nemeia*.
ne·mo·*blas*·to sm.
ne·*mó*·li·to sm.
ne·mo·*ral* adj. 2g.; pl. ·*rais*.
ne·mo·*rí*·va·go adj.
ne·mo·*ro*·so (ô) adj.; f. *e* pl. (ó).
ne·na sf.
ne·*né* sm.: ne·*nê*, ne·*ném*; pl.
   ·*néns*.
ne·nhen·ga·*tu* sm.: *nheengatu*.
ne·nho adj.
ne·*nhum* pron.; pl. ·*nhuns*.
ne·nhu·ma·*men*·te adv.
ne·*nhu*·res adv.
nê·ni:a sf.
ne·*nú*·far sm.
neo sm. 'qualquer tumor'.
neo- pref. (é seguido de hífen, quando se lhe junta palavra começada por *o* ou *h*).
ne:o:*á*·ri·co adj. sm.
ne:o·ca·le·*dô*·ni:o adj. sm.
ne:o·ca·to·li·*cis*·mo sm.
ne:o·ca·*tó*·li·co adj. sm.
ne:o·*cél*·ti·co adj. sm.
ne:o·*cí*·cli·co adj.
ne:o·clas·si·*cis*·mo sm.
ne:o·*clás*·si·co adj. sm.
ne:o·co·lo·ni:*al* adj. 2g.; pl. ·*ais*.
ne:o·co·lo·ni:a·*lis*·mo sm.
ne:o·co·lo·ni:a·*lis*·ta adj. s2g.
ne:o·cri·ti·*cis*·mo sm.
ne:o·dar:wi·*nis*·mo sm.
ne:o·dar:wi·*nis*·ta adj. 2g.
ne:o·*dí*·mi:o sm.
ne:o·es·co·*lás*·ti·ca sf.
ne:o·es·co·*lás*·ti·co adj. sm. (pl.).
ne:o·fas·*cis*·mo sm.
ne:*ó*·fi·to sm.
ne:o·fo·*bi*·a sf.
ne:*ó*·fo·bo adj. sm.
ne:o·fo·*ne*·ma sm.

ne:o·for·ma·*ção* sf.; pl. ·*ções*.
ne:*óg*·na·ta s2g.
ne:o·gra·*fi*·a sf.
ne:o·*grá*·fi·co adj.
ne:*ó*·gra·fo sm.
ne:o·*gre*·go (ê) adj. sm.
ne:o·he·ge·li:a·*nis*·mo(s) sm. (pl.).
ne:o·he·ge·li:a·*nis*·ta(s) adj. s2g. (pl.).
ne:o·kan·*tis*·mo sm.
ne:o·kan·*tis*·ta adj. s2g.
ne:o·la·*ti*·no adj.
ne:o·li·be·*ral* adj. 2g. s2g.; pl. ·*rais*
ne:o·li·be·ra·*lis*·mo sm.
ne:o·*lí*·ti·co adj. sm.
ne:o·lo·*gi*·a sf.
ne:o·*ló*·gi·co adj.
ne:o·lo·gis·*mar* v.
ne:o·lo·*gis*·mo sm.
ne:o·lo·*gis*·ta adj. s2g.
ne:*ó*·lo·go adj. sm.
ne:o·*mê*·ni:a sf.
né·on, ne·*on* sm.; pl. ·*ones* e ·*ons*.
ne:o·na·*tal* adj. 2g.; pl. ·*tais*.
ne:o·*na*·to adj. sm.
ne:*ô*·ni:o sm.
ne:o·pi·ta·*gó*·ri·co adj. sm.
ne:o·pi·ta·go·*ris*·mo sm.
ne:o·pla·*si*·a sf.
ne:o·*plá*·si·co adj.
ne:o·*plas*·ma sm.
ne:o·*plas*·ti·a sf.
ne:o·*plás*·ti·co adj.
ne:o·plas·*tô*·ni·co adj. sm.
ne:o·plas·to·*nis*·mo sm.
ne:o·po·li·*ta*·no adj. sm.
ne:o·pon·*ti*·no adj. sm.
ne:o·po·si·ti·*vis*·mo sm.
ne:o·po·si·ti·*vis*·ta adj. s2g.
ne:op·te·*rí*·gi:o adj. sm.
ne:o·*ra*·ma sm.
ne:or·re·*pú*·bli·ca sf.
ne:or·re·pu·bli·ca·*nis*·mo sm.
ne:or·re·pu·bli·ca·no adj. sm.
ne:*ór*·ni·te adj. 2g. sf.
ne:os·sim·bo·*lis*·mo sm.
ne:os·sim·bo·*lis*·ta adj. s2g.
ne:os·so·ci:a·*lis*·mo sm. .
ne:os·so·ci:a·*lis*·ta adj. s2g.
ne:o·*tê*·ni·co adj.
ne:o·*té*·ri·co adj.
ne:o·*tí*·ne:a sf.
ne:*ó*·ti·po sm.
ne:o·to·*mis*·mo sm.

ne:o·to·*mis*·ta adj. s2g.
ne:o·tre·*ma*·do adj. sm.
ne:o·tro·pi·*cal* adj. 2g.; pl. ·*cais*.
ne:o·*tró*·pi·co adj.
ne:o·ze·lan·*dês* adj. sm.
ne:o·*zoi*·co adj. sm.
ne·pa·*lês* adj. sm.
ne·*pa*·li adj. s2g. sm.
ne·pen·*tá*·ce:a sf.
ne·pen·*tá*·ce:o adj.
ne·*pen*·te sm.
né·per sm.
ne·pe·ri:*a*·no adj.
ne·po·mu·ce·*nen*·se adj. s2g.
ne·po·mu·*ce*·no adj.
ne·*po*·te sm.
ne·po·*tis*·mo sm.
ne·*quí*·ci:a sf.
ne·*rei*·da sf.: ne·*rei*·de.
ne·res pron. adv.
ne·*rí*·ti·co adj.
ne·*rol* sm.; pl. ·*róis*.
ne·ro·ni:*a*·no adj.
ne·ro·po·*li*·no adj. sm.
ner·va·*ção* sf.; pl. ·*ções*.
ner·*va*·do adj.
ner·*val* adj. 2g.; pl. ·*vais*.
nér·ve:o adj.
ner·*vi*·no adj.
ner·vo (ê) sm.
ner·vo·sa sf.
ner·vo·si·*da*·de sf.
ner·vo·*sis*·mo sm.
ner·*vo*·so (ô) adj. sm.; f. *e* pl. (ó).
ner·*vu*·do adj.
ner·*vu*·ra sf.
ner·vu·*ra*·do adj.
nes·ci·*da*·de sf.
nes·*cí*·di:a sf.
nés·ci:o adj. sm.
nes·ga (ê) sf.
nes·*ga*·lho sm.
nés·li:a sf.
ne·so·gra·*fi*·a sf.
ne·so·*grá*·fi·co adj.
nês·pe·ra sf.
nes·pe·*rei*·ra sf.
nes·se (ê) contr. da prep. *em* com o pron. *esse*.
nes·*sou*·tro contr. de *neste* com o pron. *outro*.
nes·te (ê) contr. da prep. *em* com o pron. *este*.
nes·*tor* (ô) sm.
nes·to·ri·a·*nis*·mo sm.

nes·to·ri·*a*·no adj. sm.
nes·*tou*·tro contr. de *nesse* com o pron. *outro*.
ne·ta sf.
netbook sm. (ing.: *netbuk*).
né·ti·co adj. sm.
ne·to adj. sm.
ne·tu·ni·*a*·no adj.
ne·tu·*ni*·no adj.
ne·*tú*·ni:o adj. sm.
ne·tu·*nis*·mo sm.
ne·*tu*·no sm.
network sf. (ing.: *netuôrk*).
neu·ma sm. *ou* sf.
neu·*ral* adj. 2g.; pl. ·*rais*.
neu·*ral·gi*·a sf.: *nevralgia*.
neu·*rál·gi*·co adj.: *nevrálgico*.
neu·ras·te·*ni*·a sf.
neu·ras·*tê*·ni·co adj. sm.
nêu·ri·co adj.
neu·ri·*le*·ma sm.: *nevrilema*.
neu·ri·le·*mal* adj. 2g.; pl. ·*mais*.
neu·ri·li·*da*·de sf.
neu·*ri*·te sf.: *nevrite*.
neu·*rí*·ti·co adj.: *nevrítico*.
neu·ro adj. sm.
neu·ro·ci·*ên*·ci:a sf.
neu·ro·ci·rur·*gi*·a sf.
neu·ro·ci·rur·gi:*ã* sf. de *neurocirurgião*.
neu·ro·ci·rur·gi:*ão* sm.; pl. ·*ães* ou ·*ões*; f. *neurocirurgiã*.
neu·ro·ci·*rúr*·gi·co adj.
neu·ro·fi·si:o·lo·*gi*·a sf.
neu·ro·fi·si:o·*ló*·gi·co adj.
neu·ro·ge·*ni*·a sf.: *nevrogenia*.
neu·ro·*gê*·ni·co adj.: *nevrogênico*.
neu·ro·gra·*fi*·a sf.: *nevrografia*.
neu·ro·*grá*·fi·co adj.: *nevrográfico*.
neu·*ró*·gra·fo sm.: *nevrógrafo*.
neu·ro·*lép*·ti·co adj. sm.
neu·ro·*lin*·fa sf.
neu·ro·lin·*guis*·ti·ca sf.
neu·ro·lo·*gi*·a sf. *nevrologia*.
neu·ro·*ló*·gi·co adj.: *nevrológico*.
neu·ro·lo·*gis*·ta s2g.: *nevrologista*.
neu·*ro*·ma sm.: *nevroma*.
neu·*rô*·ni·co adj.
neu·*rô*·ni:o sm.
neu·ro·pa·ra·li·*si*·a sf.
neu·ro·pa·ra·*lí*·ti·co adj. sm.
neu·ro·*pa*·ta adj. s2g.:
    neu·*ró*·pa·ta, *nevrópata*.

neu·ro·pa·*ti*·a sf.: *nevropatia*.
neu·ro·*pá*·ti·co adj.: *nevropático*.
neu·ro·pa·to·lo·*gi*·a sf.: *nevropatologia*.
neu·ro·pa·to·*ló*·gi·co adj.: *nevropatológico*.
neu·*ró*·pi·ra sf.
neu·ro·psi·qui:a·*tri*·a sf.
neu·ro·psi·qui:*á*·tri·co adj.
neu·ro·*psí*·qui·co adj.
neu·*róp*·te·ro adj. sm.
neu·*ro*·se sf.: *nevrose*.
neu·*ró*·ti·co adj. sm.: *nevrótico*.
neu·ro·ti·*zar* v.
neu·ro·to·*mi*·a sf.: *nevrotomia*.
neu·ro·tô·mi·co adj.: *nevrotômico*.
neu·ro·trans·mis·*sor* (ô) adj. sm.
neu·*ró*·tri·co adj. sm.
neu·ro·ve·ge·ta·*ti*·vo adj.
neu·*tral* adj. s2g.; pl. ·*trais*.
neu·tra·li·*da*·de sf.
neu·tra·*lis*·mo sm.
neu·tra·*lis*·ta adj. s2g.
neu·tra·li·za·*ção* sf.; pl. ·*ções*.
neu·tra·li·za·*dor* (ô) adj. sm.
neu·tra·li·*zan*·te adj. 2g.
neu·tra·li·*zar* v.
neu·tra·li·*zá*·vel adj. 2g.; pl. ·veis.
neu·*tri*·no sm.
neu·tro adj. sm.
neu·*tró*·di·no sm.
neu·tro·fi·*li*·a sf.
neu·*tró*·fi·lo sm.
nêu·tron sm.
neu·tro·*pau*·sa sf.
neu·tro·pe·*ni*·a sf.
neu·tro·*pê*·ni·co adj.
neu·tros·*fe*·ra sf.
ne·*va*·da sf.
ne·*va*·do adj. sm.
ne·*var* v.
ne·*vas*·ca sf.
ne·ve sf.
ne·*ven*·se adj. s2g.
ne·vis·*car* v.
ne·vo sm.
né·vo:a sf.
ne·vo:*a*·ça sf.
ne·vo:*a*·do adj.
ne·vo:*ar* v.
ne·*vo*:ei·ro sm.
ne·vo:*en*·to adj.
ne·*vo*·so (ô) adj.; f. e pl. (ó).

ne·vral·*gi*·a sf.: *neuralgia*.
ne·*vrál*·gi·co adj.: *neurálgico*.
ne·vri·*le*·ma sm.: *neurilema*.
ne·*vri*·te sf.: *neurite*.
ne·*vrí*·ti·co adj.: *neurítico*.
ne·vro·ge·*ni*·a sf.: *neurogenia*.
ne·vro·*gê*·ni·co adj.: *neurogênico*.
ne·vro·gra·*fi*·a sf.: *neurografia*.
ne·vro·*grá*·fi·co adj.: *neurográfico*.
ne·*vró*·gra·fo sm.: *neurógrafo*.
ne·vro·lo·*gi*·a sf.: *neurologia*.
ne·vro·*ló*·gi·co adj.: *neurológico*.
ne·vro·lo·*gis*·ta s2g.: *neurologista*.
ne·*vro*·ma sm.: *neuroma*.
ne·vro·*pa*·ta adj. s2g.:
    ne·*vró*·pa·ta, *neurópata*.
ne·vro·pa·*ti*·a sf.: *neuropatia*.
ne·vro·*pá*·ti·co adj.: *neuropático*.
ne·vro·pa·to·lo·*gi*·a sf.: *neuropatologia*.
ne·vro·pa·to·*ló*·gi·co adj.: *neuropatológico*.
ne·*vro*·se sf.: *neurose*.
ne·*vró*·ti·co adj. sm.: *neurótico*.
ne·vro·to·*mi*·a sf.: *neurotomia*.
ne·vro·*tô*·mi·co adj.: *neurotômico*.
newsletter sm. (ing.: *niusléter*).
new·ton (niu) sm.
new·to·ni·*a*·no (niu) adj. sm.
ne·xo (cs) sm.
nhá sf.
nha·ça·*nã* sf.: *jaçanã*.
nha·cun·*dá* sm.: *jacundá*.
nham·*bi* sm.
nham·bi·bo·ro·*ro*·ca sm.
nham·bi·*qua*·ra adj. s2g.: *nambiquara*.
nham·*bu* sm.: *inhambu*.
nham·bu:a·*çu* sm.: *inhambuaçu*.
nham·bu:a·*nhan*·ga sm.: *inhambuanhanga*.
nham·bu·cu:*á* sm.: *inhambucuá*.
nham·bu(s)-*gran*·de(s) sm. (pl.): *inhambu-grande*.
nham·bu·gua·*çu* sm: *inhambuguaçu*.
nham·bu·mi·*rim* sm.; pl. ·*rins*: *inhambumirim*.
nham·bu·pi·*xu*·na sm.: *inhambupixuna*.

nham·bu(s)-*pre*·to(s) sm. (pl.): *inhambu-preto*.
nham·bu·qui:*á* sm.: *inhambuquiá*.
nham·bu·*ra*·na sf.
nham·bu·re·*ló*·gi:o sm.; pl. *nhambus-relógios* ou *nhambus-relógio*: *inhamburelógio*.
nham·bu·*ri* sm.
nham·bu·sa·ra·cu:*í*·ra sm.; pl. *nhambus-saracuíras* ou *nhambus-saracuíra*: *inhambusaracuíra*.
nham·bu(s)-*su*·jo(s) sm. (pl.): *inhambu-sujo*.
nham·*bu*·u sm.: *inhambuu*.
nham·bu·xin·*tã* sm.: *inhambuxintã*.
nham·bu·xo·ro·*ró* sm.: *inhambuxororó*.
nham·pu·*pê* sf.
nha·mu:*í* sm.
nha·mun·da:*en*·se adj. s2g.
nhan·ça·*nã* sf.: *jaçanã*.
nhan·*dai*:a sf.: *jandaia*.
nhan·de:a·*ren*·se adj. s2g.
nhan·*di* sm.
nhan·di:*á* sm.
nhan·di·*ro*·ba sf.: nhan·di·*ro*·va.
nhan·*du* sm.: *nandu*.
nha·*nhá* sf.
nha·*nhã* sf.: *nanã*.
nha·*ni*·ca sf.
nhan·ja·ça·*nã* sf.
nha·*pan*·go adj. sm.
nha·*pim* sm.; pl. ·*pins*.
nha·to adj. 'prógnato'/Cf. *inhato*.
nha·*zi*·nha sf.: nhã·*zi*·nha.
nhe·co·*nhe*·co(s) sm. (pl.).
nhe:en·ga·*í*·ba adj. s2g.
nhe:en·ga·*tu* sm.: *nenhengatu*.
nhe·nhe·*nhém* sm.; pl. ·*nhéns*.
nhô sm.
nhô·*chi*·co sm.; pl. *nhôs-chicos* ou *nhô-chicos*.
nho·*nhô* sm.
nho·que sm., do it. *gnocchi*.
nhun·*du* sm.: *jundu*.
nhun·gua·çu:*a*·no adj. sm.
ni sm.
ni·*ai*·a sm.
ni·ca sf.
ni·*ca*·da sf.
ni·*car* v.
ni·ca·ra·*gua*·no adj. sm.

ni·ca·ra·*guen*·se adj. s2g.
ni·*ce*·no adj. sm.
ni·cho sm.
ni·cles adv.
ni·co·ci:*a*·na sf.
ni·co·ci:*â*·ne:a sf.
ni·co·ci:*â*·ne:o adj.
ni·*col* sm.; pl. ·*cóis*.
ni·co·*lau* sm.
ni·co·*li*·ta sf.
ni·*có*·ti·co adj.
ni·co·*ti*·na sf.
ni·co·*tí*·ni·co adj.
ni·co·ti·*nis*·mo sm.
ni·co·*ti*·no adj.
ni·co·ti·*zar* v.
ni·*cro*·mo sm.
nic·ta·*ção* sf.; pl. ·*ções*.
nic·ta·gi·*ná*·ce:a sf.
nic·ta·gi·*ná*·ce:o adj.
nic·ta·*le*·mo sm.
nic·ta·*lo*·pe adj. s2g.
nic·ta·*lo*·pi·a sf.
nic·ta·*ló*·pi·co adj.
nic·*tan*·te adj. 2g.
nic·*tan*·to sm.
nic·te·me·*ral* adj. 2g.; pl. ·*rais*.
nic·*tê*·me·ro sm.
nic·ti·*bí*·de:o adj. sm.
nic·ti·nas·*ti*·a sf.
nic·ti·*nás*·ti·co adj.
nic·ti·*tan*·te adj. 2g. sm.
nic·to·*ba*·ta s2g.: nic·*tó*·ba·ta.
nic·to·fo·*bi*·a sf.
nic·*tó*·fo·bo adj. sm.
nic·to·gra·*fi*·a sf.
nic·to·*grá*·fi·co adj.
nic·tu·*ri*·a sf.: nic·*tú*·ri·a.
ni·cu·*ri* sm.
ni·cu·ri·*ro*·ba sm.: *aricuriroba*.
ni·da·*ção* sf.; pl. ·*ções*.
ni·*dar* v.
ni·*dí*·co·la adj. 2g.
ni·di·fi·ca·*ção* sf.; pl. ·*ções*.
ni·di·fi·*car* v.
ni·di·*for*·me adj. 2g.
ni·*dí*·fu·go adj.
ni·*dor* (ô) sm.
ni·do·*ro*·so (ô) adj.; f. *e* pl. (ó).
ni:e·lo sm.: *nigelo*.
nie·tzschi:*a*·no (nitxi) adj. sm.
nie·*tzschis*·ta (nitxi) adj. s2g.
ni·fe sm.
ni·*ge*·la sf.
ni·ge·la·*dor* (ô) sm.
ni·ge·*la*·gem sf.; pl. ·*gens*.
ni·ge·*lar* v.

ni·*ge*·lo sm.: *nielo*.
ni·ge·ri:*a*·no adj. sm.
ni·*gér*·ri·mo adj. superl. de *negro*.
ni·*grí*·ci:a sf.
ni·gri·*cór*·ne:o adj.
ni·*grí*·pe·de adj. 2g. sm.
ni·gri·*pe*·ne adj. 2g.
ni·grir·*ros*·tro adj.
ni·gro·man·*ci*·a sf.: *necromancia*.
ni·gro·*man*·te s2g.: *necromante*.
ni·gro·*mân*·ti·co adj.: *necromântico*.
ní·gua sf.
ni:i·*lis*·mo sm.
ni:i·*lis*·ta adj. s2g.
ní·li·co adj.
ni·lo adj.
ni·lo·pe·ça·*nhen*·se(s) adj. s2g. (pl.).
ni·lo·po·li·*ta*·no adj. sm.
ni·*ló*·ti·co adj.
nil·po·*ten*·te adj. 2g.
nil·so·ni·*á*·ce:a sf.
nil·so·ni·*á*·ce:o adj.
nim·*bar* v.
nim·*bí*·fe·ro adj.
nim·bo sm.
nim·bo-*cú*·mu·lo sm.; pl. *nimbos-cúmulos* ou *nimbos-cúmulo*.
nim·bo-es·*tra*·to sm.; pl. *nimbos-estratos* ou *nimbos-estrato*.
nim·*bo*·so (ô) adj.; f. *e* pl. (ó).
nim·*bui*·a sf.
ni·mi:e·*da*·de sf.
ní·mi:o adj.
ni·na sf.
ni·nar v.
nin·fa sf.
nin·fa·*lí*·de:o adj. sm.
nin·fe:*á*·ce:a sf.
nin·fe:*á*·ce:o adj.
nin·*fei*·a adj. sf. de *ninfeu*.
nin·*fe*·ta (ê) sf.
nin·*feu* adj. sm.; f. *ninfeia*.
nin·*foi*·de adj. 2g.
nin·*fô*·ma·na sf.
nin·fo·ma·*ni*·a sf.
nin·fo·ma·*ní*·a·ca sf.
nin·fo·ma·*ní*·a·co adj.
nin·*fo*·se sf.
nin·fo·to·*mi*·a sf.
nin·fo·tô·mi·co adj.
nin·gres-*nin*·gres sm. 2n.

nin·gri·*man*·ço sm.
nin·*guém* pron.
ni·*nha*·da sf.
ni·*nhal* sm.; pl. ·*nhais*.
ni·*nhar* v.
ni·nha·*ri*·a sf.
ni·*nhe*·go (ê) adj.
ní·nho sm.
ni·*ni* s2g.
ni·ni·*vi*·ta adj. s2g.
nin·ja s2g.
ni:o·a·*quen*·se adj. s2g.
ni:o·*ba*·to sm.
ni:*ó*·bi·co adj.
ni:*ó*·bi:o sm.
ni·po:*en*·se adj. s2g.
ni·*pô*·ni·co adj. sm.
ni·po·te·*ní*·de:o adj. sm.
ní·quel sm. pron.; pl. *níqueis*/Cf. *niqueis*, do v. *nicar*.
ni·que·*la*·gem sf.; pl. ·gens.
ni·que·lan·*den*·se adj. s2g.
ni·que·*lar* v.
ni·que·*lei*·ra sf.
ni·que·*lí*·fe·ro adj.
ni·quel·*ti*·pi·a sf.
ni·quel·*ti*·po sm.:
   ni·*quél*·ti·po.
ni·*quen*·to adj.
ni·*qui*·ce sf.
ni·*quim* sm.; pl. ·*quins*.
ni·*rá* sm.
nir·*va*·na sm.
ni·*sã* sm.
ni·*sá*·ce:a sf.
ni·*sá*·ce:o adj.
ni·*sei* adj. s2g.: nis·*sei*.
nis·*sei* adj. 2g. s2g.
nis·so contr. da prep. *em* com o pron. *isso*.
nis·*tag*·mo sm.
nis·tag·mo·gra·*fi*·a sf.
nis·tag·*mó*·gra·fo sm.
nis·to contr. da prep. *em* com o pron. *isto*.
ni·*ten*·te adj. 2g.
ni·te·roi·*en*·se adj. s2g.
ni·tes·*cên*·ci:a sf.
ni·ti·*da*·de sf.
ni·ti·*dez* (ê) sf.
ni·ti·di·*flo*·ro adj.
ni·ti·di·*zar* v.
ní·ti·do adj.
ni·*tô*·me·tro sm.
ni·tra·*ção* sf.; pl. ·*ções*.
ni·*tra*·do adj.
ni·*tra*·to sm.

ni·*trei*·ra sf.
ni·*tre*·to (ê) sm.
ní·tri·co adj.
ni·*tri*·do sm.
ni·tri·*dor* (ô) adj. sm.
ni·tri·fi·ca·*ção* sf.; pl. ·*ções*.
ni·tri·fi·ca·*dor* (ô) adj.
ni·tri·fi·*can*·te adj. 2g.
ni·tri·fi·*car* v.
ni·*tri*·la sf.
ni·*tri*·lo sm.
ni·*trir* v.
ni·*tri*·to sm.
ni·tro sm.
ni·tro·bac·te·ri:*á*·ce:a sf.
ni·tro·bac·te·ri:*á*·ce:o adj.
ni·*tró*·fi·lo adj.
ni·*tró*·fi·to sm.
ni·tro·ge·*na*·do adj.
ni·tro·*gê*·ni:o sm.
ni·tro·gli·ce·*ri*·na sf.
ni·*trô*·me·tro sm.
ni·*tro*·so (ô) adj.; f. *e* pl. (ó).
nitzs·chi:*á*·ce:a sf.
nitzs·chi:*á*·ce:o adj.
ni·ve:*al* adj. 2g.; pl. ·*ais*.
ní·vel sm.; pl. ·*veis*.
ni·ve·la·*ção* sf.; pl. ·*ções*.
ni·ve·la·*dor* (ô) adj. sm.
ni·ve·la·*do*·ra (ô) sf.
ni·ve·la·*men*·to sm.
ni·ve·*lar* v.
ni·ve·*lá*·vel adj. 2g.; pl. ·*veis*.
ní·ve:o adj.
ni·*vo*·so (ô) adj. sm.; f. *e* pl. (ó).
no pron. *e* contr. da prep. *em* com o art. *o*.
nó sm. 'entrelaçamento de fios'/Cf. *nô*.
nô sm. 'manifestação teatral do Japão'/Cf. *nó*.
no·a (ô) sf.
no·*bé*·li:o sm.
no·bi·li:*á*·ri:o adj. sm.
no·bi·li:a·*ris*·ta adj. s2g.
no·bi·li:ar·*qui*·a sf.
no·bi·li:*ár*·qui·co adj.
no·bi·*lís*·si·mo adj. superl. de *nobre*.
no·bi·li·ta·*ção* sf.; pl. ·*ções*.
no·bi·li·ta·*dor* (ô) adj. sm.
no·bi·li·*tan*·te adj. 2g.
no·bi·li·*tar* v.
no·bre adj. s2g.; superl. *nobilíssimo*.
nobreak sm. (ing.: *noubrêik*).
no·bre·*cer* v.

no·*bre*·za (ê) sf.
no·*ção* sf. 'conhecimento, ideia'; pl. ·*ções*/Cf. *nução*.
no·*cau*·te adj. 2g. sm., do ing. *knock-out*.
no·cau·te:*ar* v.
no·*cen*·te adj. 2g.
no·*cha*·tro sm.
no·ci:o·*nal* adj. 2g.; pl. ·*nais*.
no·ci·vi·*da*·de sf.
no·*ci*·vo adj.
noc·tam·bu·la·*ção* sf.: *notambulação*; pl. ·*ções*.
noc·tam·bu·*lis*·mo sm.: *notambulismo*.
noc·*tâm*·bu·lo adj. sm.: *notâmbulo*.
noc·ti·co·*lor* (ô) adj. 2g.
noc·*tí*·fe·ro adj.
noc·ti·*flo*·ro adj.
noc·*tí*·ge·no adj.
noc·ti·li:o·*ní*·de:o adj. sm.
noc·ti·*lu*·ca sf.
noc·ti·lu·*cí*·de:o adj. sm.
noc·ti·*lú*·ci:o adj. sm.
noc·*tí*·va·go adj. sm: *notívago*.
noc·*tí*·vo·lo adj.
no·da sf.: *nódoa*.
no·*dal* adj. 2g.; pl. ·*dais*.
nó(s) de a·*dão* sm. (pl.).
nó(s)-de-ca·*chor*·ro sm. (pl.).
nó·di·co adj.
no·di·*cór*·ne:o adj.
no·di·*flo*·ro adj.
no·do sm.
nó·do:a sf.: *noda*/Cf. *nodoa* (ô), do v. *nodoar*.
no·do·*ar* v.
no·*doi*·de adj. 2g. sf.
no·do·si·*da*·de sf.
no·*do*·so (ô) adj.; f. *e* pl. (ó).
nó·du·lo sm.
no·du·*lo*·so (ô) adj.; f. *e* pl. (ó).
no:*e*·ma sf. *ou* sm.
no:e·*má*·ti·co adj.
no:*e*·se sf.
no:*e*·te (ê) sm.
no·*é*·ti·ca sf.
no·*é*·ti·co adj.
no·*ga*·da sf.
no·*ga*·do sm.
no·*gai* adj. s2g.
no·*gai*·co adj. sm
no·*gal* sm.; pl. ·*gais*.
no·*guei*·ra sf.
no·guei·ra(s)-bra·si·*lei*·ra(s) sf. (pl.).

no·guei·ra(s)-de-ban·*cul* sf. (pl.).
no·guei·ra(s)-de-i·*gua*·pe sf. (pl.).
no·guei·*ral* sm.; pl. ·*rais*.
no·guei·*ren*·se adj. s2g.
noi·*ta*·da sf.: *noutada*.
noi·*tão* sm.: *noutão*; pl. ·*tões*.
noi·te sf.: *noute*.
noi·te·*cer* v.: *noutecer*.
noi·*tei*·ro sm.: *nouteiro*.
noi·ti·*bó* sm.
noi·*ti*·nha sf.: *noutinha*.
noi·va sf. de *noivo*.
noi·va·do sm.
noi·var v.
noi·*vi*·nha sf.
noi·vo adj. sm.; f. *noiva*.
noi·vos sm. pl.
no·*ja*·do adj.
no·*jei*·ra sf.
no·*jen*·to adj. sm.
no·jo (ô) sm.
no·*jo*·so (ô) adj.; f. *e* pl. (ó).
no·la·*ná*·ce:a sf.
no·la·*ná*·ce:o adj.
no·li·*ção* sf.; pl. ·*ções*.
no·lo (ô) contr. do pron. *nós* com a forma *lo* do pron. *o*.
no·ma sm. *ou* sf.
nô·ma·da adj. s2g.: *nô*·ma·de.
no·ma·*dis*·mo sm.
no·ma·di·*zar* v.
no·man·*ci*·a sf.
no·*man*·te s2g.
no·*mân*·ti·co adj.
no·*mar*·ca sm. 'governador de um nomo'/Cf. *monacar*.
no·mar·*ca*·do sm.
no·mar·*qui*·a sf. 'território administrado por um nomarca'/Cf. *monarquia*.
no·me sm.
no·me:a·*ção* sf.; pl. ·*ções*.
no·me:*a*·da sf.
no·me:a·da·*men*·te adv.
no·me:*a*·do adj.
no·me:a·*dor* (ô) adj. sm.
no·me:*an*·te adj. s2g.
no·me:*ar* v.
no·me(s) do *pa*·dre sm. (pl.).
no·men·cla·*dor* (ô) adj. sm.
no·men·*clar* v.
no·men·cla·*tó*·ri:o adj.
no·men·cla·*tu*·ra sf.
no·men·cla·tu·*rar* v.
nô·mi·na sf.
no·mi·na·*ção* sf.; pl. ·*ções*.

no·mi·*nal* adj. 2g.; pl. ·*nais*.
no·mi·na·li·*da*·de sf.
no·mi·na·*lis*·mo sm.
no·mi·na·*lis*·ta adj. s2g.
no·mi·*na*·ta sf.
no·mi·na·*ti*·vo adj. sm.
no·mo sm.
no·mo·*fi*·lo adj. sm.
no·mo·gra·*fi*·a sf. 'parte da matemática'/Cf. *monografia*.
no·mo·*grá*·fi·co adj. 'respeitante à nomografia'/Cf. *monográfico*.
no·mo·*gra*·ma sm. 'gráfico com curvas'/Cf. *monograma*.
no·mo·lo·*gi*·a sf.
no·mo·*ló*·gi·co adj.
no·mo·lo·*gis*·ta adj. 2g.
no·*mó*·lo·go sm.
no·na sf.
no·na·con·ta·e·dro sm.
no·na·con·*tá*·go·no sm.
no·na·co·sa·e·dro sm.
no·na·co·*sá*·go·no sm.
no·*na*·da sf.
no·na·de·ca·e·dro sm.
no·na·de·*cá*·go·no sm.
no·na·e·dro sm.
no·na·ge·*ná*·ri:o adj. sm.
no·na·*gé*·si·mo num. sm.
no·*ná*·go·no sm.
no·*na*·no sm.
no·nas sf. pl.
nó(s) nas *tri*·pas sm. (pl.).
no·*na*·to adj. sm.
no·nes adj. 2g. 2n. sm. 2n.: *nunes*.
no·*ne*·to (ê) sm.
non·gen·*té*·si·mo sm.
no·ni·*lhão* num.; pl. ·*lhões*: no·ni·li:*ão*; pl. ·*ões*.
no·nin·gen·*té*·si·mo num.
nô·ni:o sm.
no·ni·*pé*·ta·lo adj.
no·no num. sm.
no·*no*·do (ô) sm.
non sequitur adj. sm. (lat.).
nô·*nu*·plo num. sm.
no·*pal* sm.; pl. ·*pais*.
no·que sm.: *anoque*.
no·ra sf.
nor·ça sf.
nor·ça(s)-*bran*·ca(s) sf. (pl.).
nor·des·*ta*·da sf.
nor·des·*tal* adj. 2g.; pl. ·*tais*.
nor·*des*·te adj. 2g. sm.
nor·des·te:*ar* v.

nor·*dés*·te:o adj.
nor·des·*ti*·a sf.
nor·des·ti·*nis*·mo sm.
nor·des·*ti*·no adj. sm.
nór·di·co adj. sm.
nó·ri·co adj. sm.
no·*ri*·to sm.
nor·ma sf.
nor·*mal* adj. 2g. sm.; pl. ·*mais*.
nor·ma·li·*da*·de sf.
nor·ma·*lis*·ta adj. s2g.
nor·ma·li·za·*ção* sf.; pl. ·*ções*.
nor·ma·li·*zar* v.
nor·ma·li·*zá*·vel adj. 2g.; pl. ·*veis*.
nor·man·*di*·nho sm.
nor·*man*·do adj. sm.
nor·ma·*ti*·vo adj.
nor·ma·ti·*zar* v.
nor·*mó*·ci·to sm.
nor·mo·ci·*to*·se sf.
nor·*mó*·gra·fo sm.
nor·mo·ten·*são* sf.; pl. ·*sões*.
nor·mo·*ten*·so adj. sm.
nor·nor·*des*·te(s) adj. sm. (pl.).
nor·no·ro:*es*·te(s) adj. sm. (pl.).
no·ro:*es*·te adj. 2g. sm.
no·ro:es·te:*ar* v.
nor·*re*·no adj. sm.
nor·*ta*·da sf.
nor·te adj. 2g. 2n. sm.
nor·te:a·*dor* (ô) adj. sm.
nor·te:a·*men*·to sm.
nor·te(s)-a·me·ri·*ca*·no(s) adj. sm. (pl.).
nor·te:*ar* v.
nor·te(s)-eu·ro·*peu*(s) adj. sm. (pl.); f. *norte-europeia*.
nor·*tei*:o sm.
nor·te·lan·*den*·se adj. s2g.
nor·*te*·nho adj. sm.
nor·*ten*·se adj. s2g.
nor·te·rio·gran·*den*·se(s) adj. s2g. (pl.).
nor·te·vi:et·na·*mi*·ta(s) adj. s2g. (pl.).
nor·*ti*·a sf.
nor·*tis*·mo sm.
nor·*tis*·ta adj. s2g.
no·ru:*e*·ga sf.
no·ru:e·*gal* adj. 2g. sm.; pl. ·*gais*.
no·ru:e·*guês* adj. sm.
nos pron. oblíquo/Cf. *nós*, pron. e pl. de *nó*; *nos*, pl. de *no*; e *noz*.
nós pron. pess./Cf. *nos*, pron. e pl. de *no*; *nós*; pl. de *nó*; e *noz*.

no·so·co·mi:al adj. 2g.; pl. ·ais.
no·so·cô·mi·co adj.
no·so·cô·mi:o sm.
no·só·fi·to sm.
no·so·fo·bi·a sf.
no·so·fó·bi·co adj.
no·só·fo·bo sm.
no·so·ge·ni·a sf.
no·so·gê·ni·co adj.
no·so·gra·fi·a sf.
no·so·grá·fi·co adj.
no·só·gra·fo sm.
no·so·lo·gi·a sf.
no·so·ló·gi·co adj.
no·so·lo·gis·ta adj. s2g.
no·só·lo·go sm.
no·so·ma·ni·a sf.
no·so·ma·ní·a·co adj. sm.
nos·so pron.
nos·tal·gi·a sf.
nos·tál·gi·co adj. sm.
nos·tal·gi·zar v.
nos·to·cá·ce:a sf.
nos·to·cá·ce:o adj.
nos·to·cop·si·dá·ce:a sf.
nos·to·cop·si·dá·ce:o adj.
no·ta sf.
no·ta·bi·li·da·de sf.
no·ta·bi·lís·si·mo adj. superl. de *notável*.
no·ta·bi·li·zar v.
no·ta·ção sf. 'ato ou efeito de notar'/Cf. *nutação*; pl. ·ções.
no·ta·do adj.
no·ta·dor (ô) adj. sm.
no·tal·gi·a sf.
no·tam·bu·la·ção sf.: *noctambulação*; pl. ·ções.
no·tam·bu·lis·mo sm.: *noctambulismo*.
no·tâm·bu·lo adj. sm.: *noctâmbulo*.
no·tar v. 'pôr sinal'/Cf. *nutar*.
no·ta·ri:a·do sm.
no·ta·ri:al adj. 2g.; pl. ·ais.
no·tá·ri:o sm.
no·tá·vel adj. 2g.; pl. ·veis; superl. *notabilíssimo*.
notebook sm. (noutbuk).
no·tí·ci:a sf./Cf. *noticia*, do v. *noticiar*.
no·ti·ci:a·dor (ô) adj. sm.
no·ti·ci:ar v.
no·ti·ci:á·ri:o sm.
no·ti·ci:a·ris·mo sm.
no·ti·ci:a·ris·ta adj. s2g.

no·ti·ci:o·so (ô) adj. sm.; f. e pl. (ó).
no·ti·fi·ca·ção sf.; pl. ·ções.
no·ti·fi·can·te adj. 2g.
no·ti·fi·car v.
no·ti·fi·ca·ti·vo adj.
no·ti·ca·tó·ri:o adj.
no·ti·fi·cá·vel adj. 2g.; pl. ·veis
no·tis·ta adj. s2g.
no·tí·va·go adj. sm.: *noctívago*.
no·to adj. sm.
no·to·cór·di:o sm.
no·tóp·te·ro adj. sm.
no·to·ri·e·da·de sf.
no·tó·ri:o adj.
no·tor·ri·zo adj.
no·tos·trá·ce:o adj. sm.
nó·tu·la sf.
no·tur·nal adj. 2g.; pl. ·nais.
no·tur·no adj. sm.
no·tur·nos sm. pl.
nou·ta·da sf.: *noitada*.
nou·tão sm.: *noitão*; pl. ·tões.
nou·te sf.: *noite*.
nou·te·cer v.: *noitecer*.
nou·tei·ro sm.: *noiteiro*.
nou·ti·nha sf.: *noitinha*.
nou·trem contr. da prep. *em* com o pron *outrem*.
nou·tro contr. da prep. *em* com o pron. *outro*.
nou·tro·ra contr. da prep. *em* com o adv. *outrora*.
no·va sf.
no·va-a·li:an·cen·se(s) adj. s2g. (pl.).
no·va-al·mei·den·se(s) adj. s2g. (pl.).
no·va-au·ro·ren·se(s) adj. s2g. (pl.).
no·va·ção sf.; pl. ·ções
no·va-cru·zen·se(s) adj. s2g. (pl.).
no·va·do adj.
no·va·dor (ô) adj. sm.
no·va-e·ren·se(s) adj. s2g. (pl.).
no·va-es·pe·ran·cen·se(s) adj. s2g. (pl.).
no·va-eu·ro·pen·se(s) adj. sm. (pl.).
no·va-i:or·qui·no(s) adj. sm. (pl.).
no·val adj. 2g. sm.; pl. ·vais.
no·va-li·men·se(s) adj. s2g. (pl.).
no·va-lon·dri·nen·se(s) adj. s2g. (pl.).

no·va-or·le:a·nês adj. sm.; pl. *nova-orleaneses*.
no·va-pon·ten·se(s) adj. s2g. (pl.).
no·var v.
no·va(s)-*sei*·ta(s) s2g. (pl.).
no·va-ser·ra·nen·se(s) adj. s2g. (pl.).
no·va-sou·ri:en·se(s) adj. s2g. (pl.).
no·va·to adj. sm.
no·va-tren·ti·no(s) adj. sm. (pl.).
no·ve num. sm.
no·ve·cen·tis·mo sm.
no·ve·cen·tis·ta adj. s2g.
no·ve·cen·tos num. sm.
no·ve·di·o adj. sm.
no·ve-ho·ras sf. pl., na loc. *cheio de nove-horas*.
no·*vel* adj. 2g.; pl. ·*véis*/Cf. *noveis*, do v. *novar*.
no·ve·la sf.
no·ve·lar v.
no·ve·lei·ro adj. sm.
no·ve·les·co (ê) adj.
no·ve·le·ta (ê) sf.
no·ve·lis·ta adj. s2g.
no·ve·lís·ti·ca sf.
no·ve·lo (ê) sm./Cf. *novelo* (é), do v. *novelar*.
no·ve·lo(s)-da·chi·na sm. (pl.).
no·ve·los (ê) sm. pl.
no·vem·bra·da sf.
no·vem·bro sm.
no·ve·na sf.
no·ve·nal adj. 2g.; pl. ·nais.
no·ve·ná·ri:o adj. sm.
no·ven·fo·li:a·do adj.
no·vê·ni:o sm.
no·ven·lo·ba·do adj.
no·ve·no num. adj.
no·ven·ta num. sm.
no·ven·tão adj. sm.; pl. ·tões; f. *noventona*.
no·ven·to·na adj. sf. de *noventão*.
no·ve pa·la·vras *por seis* sm. 2n.
no·ve(s) *por seis* sm. (pl.).
no·vi·ci:a·do adj. sm.
no·vi·ci:ar v.
no·vi·ci:a·ri·a sf. 'parte do convento'/Cf. *noviciária*, f. de *noviciário*.
no·vi·ci:á·ri:o adj. 'pertencente a noviço'; f. *noviciária*/

Cf. *noviciaria*, sf. e fl. do v. *noviciar*.
no·*vi*·ço adj. sm.
no·vi·*da*·de sf.
no·vi·da·*dei*·ro adj. sm.
no·vi·la·*ti*·no adj.
no·*vi*·lha sf.
no·*vi*·*lha*·da sf.
no·*vi*·lho sm.
no·vi·*lho*·ta sf. de *novilhote*.
no·vi·*lho*·te sm.; f. ·ta.
no·vi·lu·*nar* adj. 2g.
no·vi·*lú*·ni:o sm.
no·*vís*·si·mo adj. superl. de *novo*.
no·vo (ô) adj. sm.; superl. *nobilíssimo*/Cf. *novo* (ó), do v. *novar*.
no·vo·cru·zei·*ren*·se(s) adj. s2g. (pl.).
no·vo·ho·ri·zon·*ti*·no(s) adj. sm. (pl.).
no·vo(s)-*ri*·co(s) sm. (pl.).
no·*xal* (cs) adj. 2g.; pl. ·*xais*.
nó·xi:o (cs) adj.
noz sf. 'o fruto da nogueira'/Cf. *nós*, pl. de *nó*, e pron.
noz-da-*ín*·di:a sf.; pl. *nozes-da-índia*.
noz-de-ban·*cul* sf.; pl. *nozes-de-bancul*.
noz de *ga*·lha sf.; pl. *nozes de galha*.
noz-do-pa·*rá* sf.; pl. *nozes-do-pará*.
no·zi·*lhão* sm.; pl. ·*lhões*.
noz-mos·*ca*·da sf.; pl. *nozes-moscadas*.
noz-mos·ca·da-do-bra·*sil* sf.; pl. *nozes-moscadas-do-brasil*.
noz-vô·mi·ca sf.; pl. *nozes-vômicas*.
nto·ga·*pi*·de adj. s2g.
nto·ga·*pi*·gue adj. s2g.
nu adj. sm.
nu:*an*·ça sf.; do fr. *nuance*.
nu:an·*ça*·do adj.
nu:an·*çar* v.
nuance sf. fr.: *nuança*.
nu:a·ru:a·que adj. s2g.
nu·ba adj. s2g. sf.
nu·*bé*·cu·la sf.
nu·*ben*·te adj. s2g.
nu·bi·*co*·go (ô) adj.
nu·*bí*·fe·ro adj.
nu·*bí*·fu·go adj.
nu·*bí*·ge·no adj.

nú·bil adj. 2g.; pl. ·**beis**.
nu·bi·*lar* sm.
nu·bi·li·*da*·de sf.
nu·bi·*lo*·so (ô) adj.; f. *e* pl. (ó).
nú·bi:o adj. sm.
nu·*bí*·va·go adj.
nu·*bla*·do adj.
nu·*blar* v.
nu·*blo*·so (ô) adj.; f. *e* pl. (ó).
nu·ca sf.
nu·*cal* adj. 2g.; pl. ·*cais*.
nu·ca·men·*tá*·ce:a sf.
nu·ca·men·*tá*·ce:o adj.
nu·*ção* sf. 'assentimento, anuência'/Cf. *noção*.
nu·*ce*·la sf.
nu·ce·*lar* adj. 2g.
nu·ce·lo sm.
nu·ci·*for*·me adj. 2g.
nu·ci·*fra*·go adj. sm.
nu·*cí*·vo·ro adj.
nu·cle:a·*ção* sf.; pl. ·*ções*.
nu·cle:*a*·do adj.
nu·cle:*al* adj. 2g.; pl. ·*ais*.
nu·cle:*ar* adj. 2g. v.
nu·cle:*á*·ri:o adj.; f. *nucleária*/Cf. *nuclearia*, do v. *nuclear*.
nú·cle:o sm.
nu·cle:o·*brân*·qui:o adj. sm.
nu·*clé*·o·lo sm.
nu·cle:*o*·ma sm.
nú·cle:on sm.: nu·cle·*on*.
nu·cle:*o*·se sf.
nu·*clí*·de:o adj. sm.
nú·cu·la sf.
nu·cu·*lâ*·ne:o adj.
nu·cu·*la*·no sm.
nu·cu·*lar* adj. 2g.
nu·cu·*lo*·so (ô) adj.; f. *e* pl. (ó).
nu·da·*ção* sf.; pl. ·*ções*.
nu·*dez* (ê) sf.
nu·*de*·za (ê) sf.
nu·di·*brân*·qui:o adj. sm.
nu·di·*cau*·le adj. 2g.
nu·*dí*·pe·de adj. 2g.
nu·di·pi·*lí*·fe·ro adj. sm.
nu·*dis*·mo sm.
nu·*dis*·ta adj. s2g.
nu·di·*tar*·so adj.
nu·di:*ús*·cu·lo adj.
nu·do·fo·*bi*·a sf.
nu·do·ma·*ni*·a sf.
nu:*e*·lo adj. sm.
nu:*e*·za (ê) sf.
nu·ga sf.
nu·*gá* sm.
nu·ga·*ção* sf.; pl. ·*ções*.

nu·ga·ci·*da*·de sf.
nu·ga·*ti*·vo adj.
nu·ga·*tó*·ri:o adj.
nu·li·*da*·de sf.
nu·li·fi·ca·*ção* sf.; pl. ·*ções*.
nu·li·fi·*can*·te adj. 2g.
nu·li·fi·*car* v.
nu·li·fi·ca·*ti*·vo adj.
nu·li·fi·*cá*·vel adj. 2g.; pl. ·*veis*.
nu·li·*ner*·ve adj. 2g.
nu·*lí*·pa·ra adj. sf.
nu·li·pa·ri·*da*·de sf.
nu·lo adj. sm.
num contr. da prep. *em* com o art. pron. num. *um*.
nu·man·*ti*·no adj. sm.
nu·*má*·ri:a sf.
nu·*má*·ri:o adj.
nu·me sm.
nu·*mê*·ni·co adj.
nú·me·no sm.
nu·me·ra·*ção* sf.; pl. ·*ções*.
nu·me·*ra*·do adj.
nu·me·ra·*dor* (ô) adj. sm.
nu·me·ra·*do*·ra (ô) sf.
nu·me·*ral* adj. 2g. sm.; pl. ·*rais*.
nu·me·*rar* v.
nu·me·*rá*·ri:o adj. sm.; f. *numerária*/Cf. *numeraria*, do v. *numerar*.
nu·me·*rá*·vel adj. 2g.; pl. ·*veis*.
nu·*mé*·ri·co adj.
nú·me·ro sm./Cf. *numero*, do v. *numerar*.
nú·me·ro(s)-*ín*·di·ce(s) sm. (pl.).
nu·me·ro·lo·*gi*·a sf.
nu·me·ro·*ló*·gi·co adj.
nu·me·ro·*lo*·gis·ta adj. s2g.
nu·me·*ró*·lo·go sm.
nu·me·ro·si·*da*·de sf.
nu·me·*ro*·so (ô) adj.; f. *e* pl. (ó).
nú·mi·da adj. s2g. sf.
nu·*mí*·di·co adj.
nu·mi·*for*·me adj. 2g.
nu·mi·*no*·so (ô) adj.; f. *e* pl. (ó).
nu·*mis*·ma sf.
nu·mis·*mal* adj. 2g.; pl. ·*mais*.
nu·mis·*ma*·ta s2g.
nu·mis·*má*·ti·ca sf.
nu·mis·*má*·ti·co adj. sm.
nu·mis·ma·to·gra·*fi*·a sf.
nu·mis·ma·to·*grá*·fi·co adj.
nu·mis·ma·*tó*·gra·fo sm.
nu·mu·*lar* adj. 2g.
nu·mu·*lá*·ri:a sf.
nu·mu·*lá*·ri:o sm.
nun·ca adv.

nún·ci:a sf.
nun·ci:a·*ti***·vo** adj.
nun·ci:a·*tu***·ra** sf.
nún·**ci:o** sm.
nun·cu·pa·*ção*** sf.; pl. ·*ções*.
nun·cu·pa·*ti***·vo** adj.
nun·cu·pa·*tó***·ri:o** adj.
nu·**nes** adj. 2g. 2n. sm. 2n.: *nones*.
nup·ci:*al*** adj. 2g.; pl. ·*ais*.
nup·ci:a·li·*da***·de** sf.
nup·ci:*ar*** v.
núp·**ci:as** sf. pl. /Cf. *nupcias*, do v. *nupciar*.
nu·per·fa·ce·li·ci·do(s) adj. (pl.).

nú·**pe·ro** adj.; superl. *nupérrimo*.
nu·*pér***·ri·mo** adj. superl. de *núpero*.
nu·po·ran·*guen***·se** adj. s2g.
nu·que:*ar*** v.
nu·ta·*ção*** sf. 'vacilação'; pl. ·*ções*/Cf. *notação*.
nu·*tan***·te** adj. 2g.
nu·*tar*** v. 'vacilar'/Cf. *notar*.
nu·**to** sm.
nú·**tri:a** sf./Cf. *nutria*, do v. *nutrir*.
nu·tri·*ção*** sf.; pl. ·*ções*.
nu·*trí***·ci:o** adj.
nu·tri·ci:o·*nal*** adj. 2g.; pl. ·*nais*.
nu·tri·ci:o·*nis***·mo** sm.

nu·tri·ci:o·*nis***·ta** adj. s2g.
nu·*tri***·do** adj.
nu·tri·*dor*** (ô) adj. sm.
nu·tri:*en***·te** adj. 2g.
nu·tri·men·*tal*** adj. 2g.; pl. ·*tais*.
nu·tri·*men***·to** sm.
nu·*trir*** v.
nu·tri·*tí***·ci:o** adj.
nu·*trí***·ti·co** adj.
nu·tri·*ti***·vo** adj.
nu·*triz*** adj. sf.
nu·*tró***·lo·go** sm.
nu·**vem** adj. s2g. sf.
nu·vi:*o***·so** (ô) adj.; f. *e* pl. (ó).
nu·vis·*tor*** (ô) sm.
nylon sm. ing.: *náilom, náilon*.

O

o¹ (ó) sm. 'nome da letra *o*'/Cf. *o*², *ó*, *ô* e *oh*.
o² art. pron./Cf. *o*¹, *ó*, *ô* e *oh*.
ó sm. interj./Cf. *o*¹, *o*², *ô* e *oh*.
ô interj./Cf. *o*¹, *o*², *ó*, *oh* e *ou*.
o:a·*cá* sm.
o:a·*ça·cu* sm.
o:a·ca·ri:*en·*se adj. s2g.
o:a·cau·*ã* sm. sf.
o:a·i:*a*·na adj. s2g.: *oiana*.
o:a·i:a·*pi* adj. s2g.
o:a·na·*çu* sm.: *oanuçu*.
o:a·na·*ni* sm.
o:a·nu·*çu* sm.: *oanaçu*.
o:a·*pi*·na adj. s2g.
o:a·pi·*xa*·na adj. s2g.
o:a·*ris*·to sm. 'diálogo entre esposos ou amantes'/Cf. *aoristo*.
o:a·si:*a*·no adj. sm.
o:*á*·si·co adj.
o:*á*·sis sm. 2n.
o:a·*tá*·ci·da adj. s2g.
o:a·u:a·*çu* sm.
ob- pref. (é seguido de hífen, quando se lhe junta voc. iniciado por *r*).
o·ba¹ sf. 'grupo' 'vaso'/Cf. *oba*² (ô).
o·ba² (ô) interj.: *opa* (ô)/Cf. *oba*¹.
o·ba·ca·tu:*a*·ra adj. s2g.
o·ba·lu:a·*ê* sm.
o·ba·ta·*lá* sm.
ob·ce·ca·*ção* sf.; pl. ·*ções*.
ob·ce·*ca*·do adj.
ob·ce·*ca*·dor (ô) adj.
ob·ce·*can*·te adj. 2g.
ob·ce·*car* v.
ob·*clá*·ve:o adj.
ob·com·pri·*mi*·do adj.
ob·*cô*·ni·co adj.
ob·cor·*da*·do adj.
ob·cor·di·*for*·me adj. 2g.

ob·cor·*ren*·te adj. 2g.: ob·cur·*ren*·te.
ob·den·*ta*·do adj.
ob·di·plos·*tê*·mo·ne adj. 2g.
ob·du·*cen*·te adj. 2g.
ob·*duc*·to adj.
ob·du·ra·*ção* sf.; pl. ·*ções*.
ob·du·*rar* v.
o·*be*·ba sm.: *oveva*.
o·be·de·ce·*dor* (ô) adj.
o·be·de·*cen*·te adj. 2g.
o·be·de·*cer* v.
o·be·di:*ên*·ci:a sf.
o·be·di:en·ci:*al* adj. 2g. sm.; pl. ·*ais*.
o·be·di:en·ci:*á*·ri:o adj.
o·be·di:*en*·te adj. 2g.
o·*bé*·li:a sf.
o·*bé*·li:o sm.: o·*bé*·li:on.
o·be·lis·*cal* adj. 2g.; pl. ·*cais*.
o·be·lis·*cá*·ri:a sf.
o·be·*lis*·co sm.
o·be·lis·co·*líc*·ni:o sm.
ó·be·lo sm.
o·be·*ra*·do adj.
o·be·*rar* v.
o·be·si·*da*·de sf.
o·be·si·fra·*gi*·a sf.
o·be·*sí*·fu·go adj.
o·be·*sí*·ge·no adj.
o·*be*·so adj.
ob·fir·*ma*·do adj.
ob·fir·*mar* v.
o·bi sm. sf.
ó·bi·ce sm.
o·bi·*den*·se adj. s2g.
o·bim·bri·*ca*·do adj.
o·*bí*·si:o sm.
ó·bi·to sm.
o·bi·tu:*á*·ri:o adj. sm.
ob·je·*ção* sf.; pl. ·*ções*.
ob·je·ci:o·*ná*·vel adj. 2g.; pl. ·*veis*.
ob·je·*tar* v.

ob·je·*tá*·vel adj. 2g.; pl. ·*veis*.
ob·je·ti·fi·ca·*ção* sf.; pl. ·*ções*.
ob·je·ti·fi·*car* v.
ob·je·*ti*·va sf.
ob·je·ti·va·*ção* sf.; pl. ·*ções*.
ob·je·ti·*var* v.
ob·je·ti·*vá*·vel adj. 2g.; pl. ·*veis*.
ob·je·ti·vi·*da*·de sf.
ob·je·*ti*·vis·mo sm.
ob·je·*ti*·vo adj. sm.
ob·*je*·to sm.
ob·jur·ga·*ção* sf.; pl. ·*ções*.
ob·jur·*ga*·do adj.
ob·jur·*gar* v.
ob·jur·ga·*tó*·ri:a sf.
ob·jur·ga·*tó*·ri:o adj.
o·bla·*ção* sf.; pl. ·*ções*.
o·bla·ci:o·*ná*·ri:o adj. sm.
o·bla·*da*·gem sf.; pl. ·*gens*.
o·blan·ce:o·*la*·do adj.
o·*bla*·ta sf.
o·bla·*tar* v.
o·bla·ti·vi·*da*·de sf.
o·bla·*ti*·vo adj.
o·*bla*·to adj. sm.
o·bla·*tu*·ra sf.
o·bli·gu·*la*·do adj.
o·bli·gu·li·*fló*·re:o adj.
o·bli·gu·li·*for*·me adj. 2g.
o·*blí*·qua sf./Cf. *obliqua*, do v. *obliquar*.
o·bli·*quân*·gu·lo adj.
o·bli·*quar* v.
o·bli·*quá*·ri:o adj.
o·bli·qui·*da*·de sf.
o·*blí*·quo adj./Cf. *obliquo*, do v. *obliquar*.
o·bli·te·ra·*ção* sf.; pl. ·*ções*.
o·bli·te·*ra*·do adj.
o·bli·te·ra·*dor* (ô) adj. sm.
o·bli·te·*ran*·te adj. 2g.
o·bli·te·*rar* v.
o·bli·te·ra·*ti*·vo adj.
o·bli·te·*rá*·vel adj. 2g.; pl. ·*veis*.

o·blí·vi:o sm.
o·blon·gi·fó·li:o adj.
o·blon·gi:ús·cu·lo adj.
o·blon·go adj.
ob·nó·xi:o (cs) adj.
ob·nu·bi·la·ção sf.; pl. ·ções.
ob·nu·bi·lar v.
o·bó sm.
o·bo·az sm.
o·bo:é sm.
o·bo:ís·ta adj. s2g.
ó·bo·la sf.
ó·bo·lo sm.
o·bon·go adj. sm.
o·bo·va·do adj.
o·bo·val adj. 2g.; pl. ·vais.
o·bo·va·la·do adj.
o·bó·ve:o adj.
o·bo·voi·de adj. 2g.
ob·pi·ra·mi·dal adj. 2g.; pl. ·dais.
o·bra sf.
o·bra(s)-*cór*·ne:a(s) sf. (pl.).
o·bra(s) de *ar*·te sf. (pl.).
o·bra(s) de ar·te cor·*ren*·te sf. (pl.).
o·bra(s) de *bi*·co sf. (pl.).
o·bra(s) de no·ve por *seis* sf. (pl.).
o·bra(s) de sete-*pés* sf. (pl.).
o·bra·*dor* (ô) adj. sm.
o·*bra*·ge sf. 'lugar onde se prepara a madeira para descer por água'/Cf. *obragem*.
o·bra·*gei*·ro sm.
o·*bra*·gem sf. 'ato de construir'; pl. ·gens/Cf. *obrage*.
o·bra(s)-*mes*·tra(s) sf. (pl.):
o·bra(s)-*mes*·tre(s)·
o·bra(s)-*pri*·ma(s) sf. (pl.).
o·*brar* v.
o·*brei*·a sf.
o·*brei*·ra sf.
o·*brei*·ro adj. sm.
ob-rep·ção sf.; pl. *ob-repções*.
ob-rep·*tí*·ci:o(s) adj. (pl.).
o·*bri*·ga sf.
o·bri·ga·ção sf.; pl. ·ções.
o·bri·ga·ci:o·*nal* adj. 2g.; pl. ·nais.
o·bri·ga·ci:o·*ná*·ri:o sm.
o·bri·ga·ci:o·*nis*·ta adj. s2g.
o·bri·*ga*·do adj. sm.
o·*bri*·gar v.
o·bri·ga·*tá*·ri:o adj.
o·bri·ga·to·ri:e·*da*·de sf.
o·bri·ga·*tó*·ri:o adj.
o·bri·*gá*·vel adj. 2g.; pl. ·veis.

ob-rin·*gen*·te(s) adj. 2g. (pl.).
ó·*bri*:o sm.
o·*bris*·ta sm.
ob-ro·ga·ção sf.; pl. *ob-rogações*.
ob-ro·*ga*·do(s) adj. (pl.).
ob-ro·*gan*·te(s) adj. 2g. (pl.).
ob-ro·*gar* v.
ob-ro·ga·*tó*·ri:o(s) adj. (pl.).
ob-ro·*gá*·vel adj. 2g.; pl. *ob-rogáveis*.
obs·ce·ni·*da*·de sf.
obs·ce·ni·zar v.
obs·*ce*·no adj.
obs·cu·ra·*ção* sf.; pl. ·ções.
obs·cu·*ra*·do adj.
obs·cu·*ran*·te adj. s2g.
obs·cu·ran·*tis*·mo sm.
obs·cu·ran·*tis*·ta adj. s2g.
obs·cu·ran·ti·zar v.
obs·cu·re·*cer* v.
obs·cu·re·*ci*·do adj.
obs·cu·re·ci·*men*·to sm.
obs·cu·*re*·za (ê) sf.
obs·cu·ri·*da*·de sf.
obs·*cu*·ro adj.
ob·se·cra·ção sf.; pl. ·ções.
ob·se·*crar* v.
ob·se·*dan*·te adj. 2g.
ob·se·*dar* v.
ob·se·di·*an*·te adj. 2g.
ob·se·di·ar v. 'produzir obsessão em'/Cf. *obsidiar*.
ob·se·*quen*·te adj. 2g.
ob·se·qui:a·*dor* (ze...ô) adj. sm.
ob·se·qui:*ar* (ze) v.
ob·*sé*·qui:as (zé) sf. pl./Cf. *obsequias*, do v. *obsequiar*.
ob·*sé*·qui:o (zé) sm./Cf. *obsequio*, do v. *obsequiar*.
ob·se·qui:o·si·*da*·de (ze) sf.
ob·se·qui:*o*·so (ze...ô) adj.; f. *e* pl. (ó).
ob·ser·*ru·la*·do adj.
ob·ser·va·ção sf.; pl. ·ções.
ob·ser·va·*dor* (ô) adj. sm.
ob·ser·*vân*·ci:a sf.
ob·ser·*van*·do adj. sm.
ob·ser·*van*·te adj. s2g. sm.
ob·ser·*var* v.
ob·ser·va·*tó*·ri:o adj. sm.
ob·ser·*vá*·vel adj. 2g.; pl. ·veis.
ob·ses·*são* sf.; pl. ·sões.
ob·*ses·si*·vo adj.
ob·*ses·so* adj. sm.
ob·ses·*sor* (ô) adj. sm.
ob·si·*den*·te adj. s2g.
ob·si·di:*a*·na sf.
ob·si·di:*an*·te adj. 2g.

ob·si·di:ar v. 'assediar'/Cf. *obsediar*.
ob·si·di:o·*nal* adj. 2g.; pl. ·nais.
ob·sig·na·*dor* (ô) sm.
ob·so·les·*cên*·ci:a sf.
ob·so·les·*cen*·te adj. 2g.
ob·so·le·tar v.
ob·so·le·*tis*·mo sm.
ob·so·*le*·to adj.
obs·ta·cu·li·zar v.
obs·*tá*·cu·lo sm.
obs·*tân*·ci:a sf.
obs·*tan*·te adj. 2g.
obs·*tar* v.
obs·ta·*ti*·vo adj.
obs·*tá*·vel adj. 2g.; pl. ·veis.
obs·*te*·tra adj. s2g.
obs·*té*·tri·ca sf.
obs·te·tri·*cal* adj. 2g.; pl. ·cais.
obs·te·tri·*ca*·no sm.
obs·te·*trí*·ci:a sf.
obs·te·*trí*·ci:o adj.
obs·*té*·tri·co adj.
obs·te·triz sf.
obs·ti·ci·*da*·de sf.
obs·ti·*na*·ção sf.; pl. ·ções.
obs·ti·*na*·do adj.
obs·ti·*na*·te adj. 2g.
obs·ti·nar v.
obs·ti·pa·*ção* sf.; pl. ·ções.
obs·ti·*pan*·te adj. 2g.
obs·ti·par v.
obs·trin·*gen*·te adj. 2g.
obs·trin·gir v.
obs·*tri*·to adj.
obs·tru·*ção* sf.; pl. ·ções.
obs·tru·ci:o·*nis*·mo sm.
obs·tru·ci:o·*nis*·ta adj. s2g.
obs·tru:*en*·te adj. 2g.
obs·tru:*í*·do adj.
obs·tru:ir v.
obs·tru·si·vi·*da*·de sf.
obs·tru·*si*·vo adj.
obs·*tru*·so adj.
obs·tru·ti·vi·*da*·de sf.
obs·tru·*ti*·vo adj.
obs·tru·*tor* (ô) adj. sm.
obs·tu·pe·fa·*ção* sf.; pl. ·ções.
obs·tu·pe·*fa*·to adj.
obs·*tú*·pi·do adj.
ob·su·*bu·la*·do adj.
ob·*sú*·bu·lo adj.
ob·su·tu·*ral* adj. 2g.; pl. ·rais.
ob·tem·pe·ra·*ção* sf.; pl. ·ções.
ob·tem·pe·*rar* v.
ob·ten·*ção* sf.; pl. ·ções.
ob·te·*ní*·vel adj. 2g.; pl. ·veis.
ob·ten·*tor* (ô) adj. sm.

ob·*ter* v.
ob·tes·ta·*ção* sf.; pl. *-ções.*
ob·tes·*tar* v.
ob·tun·*den*·te adj. 2g.
ob·tun·*dir* v.
ob·tu·ra·*ção* sf.; pl. *-ções.*
ob·tu·ra·*dor* (ô) adj. sm.
ob·tu·*rar* v.
ob·tur·bi·*na*·do adj.
ob·tu·*sân*·gulo adj.
ob·tu·*são* sf.; pl. *-sões.*
ob·tu·si·*da*·de sf.
ob·tu·*sí*·fi·do adj.
ob·tu·si·*flo*·ro adj.
ob·tu·si·fo·li:*a*·do adj.
ob·tu·si·*fó*·li:o adj.
ob·tu·si·lo·bu·*la*·do adj.
ob·tu·si·*pé*·ta·lo adj.
ob·tu·sir·*ros*·tro adj.
ob·*tu*·so adj.
o·bum·bra·*ção* sf.; pl. *-ções.*
o·bum·*bra*·do adj.
o·bum·bra·*men*·to sm.
o·bum·*brar* v.
o·*bus* sm.
o·bu·*sei*·ro adj. sm.
ob·ven·*ção* sf.; pl. *-ções.*
ob·*ver*·so adj.
ob·vi:*ar* v.
ob·vi:*á*·vel adj. 2g.; pl. *-veis.*
ob·vi:·*da*·de sf.
ób·vi:o adj./Cf. *obvio,* do v. *obviar.*
ob·*vir* v.
ob·vo·*lu*·to adj.
o·ca sf.
o·*cá* sm.
o·ça sm.
o·*cai*·a sf.
o·ca·*pi* sm.
o·*car* v.
o·*ca*·ra sf.
o·ca·*ri*·na sf.
o·ca·ri·*nis*·ta adj. s2g.
o·ca·ru·*çu* sm.
o·ca·si·*ão* sf.; pl. *-ões.*
o·ca·si·o·*na*·do adj.
o·ca·si·o·na·*dor* (ô) adj. sm.
o·ca·si·o·*nal* adj. 2g.; pl. *-nais.*
o·ca·si·o·na·*lis*·mo sm.
o·ca·si:o·na·*lis*·ta adj. s2g.
o·ca·si·o·*nar* v.
o·ca·si·o·*ná*·vel adj. 2g.; pl. *-veis.*
o·*ca*·so adj. sm.
oc·ca·*mis*·mo sm.
oc·ca·*mis*·ta adj. s2g.
oc·ca·*mís*·ti·co adj.

oc·ci·*pí*·ci:o sm.
oc·ci·pi·*tal* adj. 2g. sm.; pl. *-tais.*
oc·ci·pi·ta·li·za·*ção* sf.; pl. *-ções.*
oc·ci·pi·ta·li·*za*·do adj.
oc·ci·pi·tan·te·ri:*or* (ô) adj. 2g.
oc·ci·pi·ta·tloi·di:*a*·no adj.
oc·ci·pi·tau·ri·cu·*lar* adj. 2g.
oc·ci·pi·ta·*xói*·de:o (cs) adj.
oc·ci·pi·to·ba·si·*lar* adj. 2g.
oc·ci·pi·to·breg·*má*·ti·co adj.
oc·ci·pi·to·cer·vi·*cal* adj. 2g.; pl. *-cais.*
oc·ci·pi·to·co·ti·*lói*·de:o adj.: oc·ci·pi·to·co·ti·lo·*í*·de:o.
oc·ci·pi·to·fa·ci:*al* adj. 2g.; pl. *-ais.*
oc·ci·pi·to·fron·*tal* adj. 2g.; pl. *-tais.*
oc·ci·pi·to·la·te·*ral* adj. 2g.; pl. *-rais.*
oc·ci·pi·to·mas·*tói*·de:o adj.: oc·ci·pi·to·mas·to·*í*·de:o.
oc·ci·pi·to·me·*nín*·ge:o adj.
oc·ci·pi·to·pa·ri:e·*tal* adj. 2g.; pl. *-tais.*
oc·ci·pi·to·*pé*·tre:o adj.
oc·ci·pi·to·pos·te·ri:*or* (ô) adj. 2g.
oc·ci·pi·tos·*sa*·cro adj.
oc·ci·pi·tos·ta·fi·*li*·no adj.
oc·ci·pi·to·ver·te·*bral* adj. 2g.; pl. *-brais.*
oc·ci·*pú*·ci:o sm.
o·ce:a·*ná*·ri:o sm.
o·ce:*â*·ne:a sf.
o·ce:*â*·ne:o adj.
o·ce:*â*·ni·co adj. 'relativo ao, ou do oceano'/Cf. *ossiânico.*
o·ce:*â*·ni·de sf.
o·ce:a·*nis*·mo sm.
o·ce:a·*nis*·ta adj. s2g.
o·ce:*a*·no adj. sm.
o·ce:a·no·gra·*fi*·a sf.
o·ce:a·no·*grá*·fi·co adj.
o·ce:a·no·gra·*fis*·ta adj. s2g.
o·ce:a·*nó*·gra·fo sm.
o·ce:a·no·lo·*gi*·a sf.
o·ce:a·no·*ló*·gi·co adj.
o·ce:a·*nó*·lo·go sm.
o·ce·*la*·do adj. 2g.
o·ce·*lar* adj. 2g.
o·ce·*lá*·ri:a sf.
o·ce·*len*·se adj. s2g.
o·*cé*·le:o adj.
o·ce·*lí*·fe·ro adj.
o·ce·li·*for*·me adj. 2g.
o·*ce*·lo sm.
o·ci·den·*tal* adj. s2g.; pl. *-tais.*

o·ci·den·ta·li·za·*ção* sf.; pl. *-ções.*
o·ci·den·ta·li·*za*·do adj.
o·ci·den·ta·li·*zar* v.
o·ci·*den*·te sm.
o·*cí*·du:o adj.
ó·ci·mo sm.: o·*ci*·mo.
ó·ci:o sm.
o·ci:o·si·*da*·de sf.
o·ci:*o*·so (ô) adj. sm.
o·*cí*·po·da sf.
o·*cí*·po·de sm.
o·ci·po·*dí*·de:o adj. sm.
o·ci·*são* sf.; pl. *-sões.*
o·ci·*si*·vo adj.
o·*ci*·to·ci·a sf.
o·ci·*tó*·ci·co adj.
o·ci·to·*ci*·na sf.
o·clo·cra·*ci*·a sf.
o·clo·*crá*·ti·co adj.
o·clo·fo·*bi*·a sf.
o·clo·*fó*·bi·co adj.
o·*cló*·fo·bo adj. sm.
o·clu·*ir* v.
o·clu·*são* sf.; pl. *-sões.*
o·clu·*si*·va sf.
o·clu·si·va·*ção* sf.; pl. *-ções.*
o·clu·*si*·vo adj.
o·*clu*·so adj.
o·clu·*sor* (ô) adj.
oc·*ná*·ce:a sf.
oc·*ná*·ce:o adj.
o·co (ô) adj. sm./Cf. *oco,* do v. *ocar.*
o·cor·*rên*·ci·a sf.
o·cor·*ren*·te adj. 2g.
o·cor·*rer* v.
o·cra adj. 2g. sm. sf.: *ocre.*
o·*crá*·ce:o adj.
o·cre adj. 2g. sm. sf.: *ocra.*
ó·cre:a sf.
o·cre:*a*·do adj.
o·cre·*í*·na sf.
o·cri·*cór*·ne:o adj.
o·cro·*car*·po sm.
o·cro·*cé*·fa·lo adj.
o·cro·der·*mi*·a sf.
o·cro·*leu*·co adj.
o·cro·*no*·se sf.
o·*cró*·po·de adj. 2g.
o·*cróp*·te·ro adj.
o·*crós*·po·ro adj. sm.
oc·*tã* adj. sf.
oc·ta·cam·pe·*ão,* oc·to·cam·pe·*ão* sm.; pl. *-ões*
oc·ta·cam·pe:o·*na*·to, oc·to·cam·pe:o·*na*·to sm.
oc·ta·con·ta:*e*·dro sm.

oc·ta·con·tá·go·no sm.
oc·ta·co·sa:e·dro sm.
oc·ta·co·sá·go·no sm.
oc·ta·de·ca:e·dro sm.
oc·ta·de·cá·go·no sm.
oc·ta·é·dri·co adj.
oc·ta·e·dri·for·me adj. 2g.
oc·ta:e·dri·ta sf.: oc·ta:e·dri·te.
oc·ta·e·dro sm.
oc·ta:e·té·ri·de sf.
oc·ta·ge·ná·ri:o adj. sm.
oc·tal adj. 2g. sm.; pl. ·tais.
oc·ta·mi·na sf.
oc·ta·na sf.
oc·ta·na·gem sf.; pl. ·gens.
oc·tan·dri·a sf.
oc·tân·dri·co adj.
oc·tan·dro adj.
oc·tan·gu·lar adj. 2g.
oc·ta·no sm.
oc·tan·te adj. 2g. sm.
oc·tan·te·ro adj.
oc·ta·teu·co sm.
oc·te·to (ê) sm.
oc·til adj. 2g. sm.; pl. ·tis.
oc·ti·lhão num.; pl. ·lhões:
  oc·ti·li:ão; pl. ·ões.
oc·tin·gen·té·si·mo num.
oc·toc·ne·má·ce:a sf.
oc·toc·ne·má·ce:o adj.
oc·to·co·ra·li:á·ri:o adj. sm.
oc·to·cór·ne:o adj.
oc·to·dác·ti·lo adj.:
  oc·to·dá·ti·lo.
oc·to·do (ô) sm.
oc·to·ge·ná·ri:o adj. sm.
oc·to·gé·si·mo num.
oc·tó·gi·no adj.
oc·to·go·nal adj. 2g.; pl. ·nais.
oc·tó·go·no adj. sm.
oc·toi·co adj.
oc·to·lé·pi·de adj. 2g. sf.
oc·to·lo·bu·la·do adj.
oc·to·na·do adj.
oc·to·ná·ri:o adj. sm.
oc·tó·po·de adj. 2g. sm.
oc·to·rum adj. s2g.; pl. ·runs:
  oc·to·ru·no.
oc·tós·po·ro sm.
oc·tos·se·cu·lar adj. 2g.
oc·tos·si·lá·bi·co adj.
oc·tos·sí·la·bo adj. sm.
oc·tos·tê·mo·ne adj. 2g.
oc·tu·pli·car v.
óc·tu·plo num. sm.
oc·tu·po·lo sm.
o·cu·la·ção sf.; pl. ·ções.
o·cu·la·do adj.

o·cu·lar adj. 2g. sf. v.
o·cu·lí·fe·ro adj.
o·cu·li·for·me adj. 2g.
o·cu·lis·ta adj. s2g.
o·cu·lís·ti·ca sf.
ó·cu·lo sm. 'instrumento
  telescópico'/Cf. óculos.
ó·cu·lo(s) de al·can·ce sm.
  (pl.).
ó·cu·lo(s) de ver ao lon·ge sm.
  (pl.).
o·cu·lo·fa·ci:al adj. 2g.; pl. ·ais.
o·cu·ló·gi·ro adj.
ó·cu·los sm. pl. 'lentes usadas
  em frente dos olhos'/Cf.
  óculo.
o·cu·lo·so (ô) adj.; f. e pl. (ó).
o·cul·ta·ção sf.; pl. ·ções.
o·cul·tar v.
o·cul·tas sf. pl., na loc. às
  ocultas.
o·cul·tá·vel adj. 2g.; pl. ·veis.
o·cul·tis·mo sm.
o·cul·tis·ta adj. s2g.
o·cul·to adj.
o·cu·pa·ção sf.; pl. ·ções.
o·cu·pa·ci:o·nal adj. 2g.; pl.
  ·nais.
o·cu·pa·do adj.
o·cu·pa·dor (ô) adj. sm.
o·cu·pan·te adj. s2g.
o·cu·par v.
o·da·lis·ca sf.
o·dá·tri:a sf.
o·de sf.
o·de:ão sm.; pl. ·ões: o·dé·on,
  o·de·on.
o·di:ar v.
o·di:en·to adj.
o·di·no·fa·gi·a sf.
ó·di:o sm.
o·di:o·si·da·de sf.
o·di:o·so (ô) adj. sm.; f. e pl. (ó).
o·dis·sei·a sf.
o·di·ve·len·se adj. s2g.
o·dô·me·tro sm.
o·do·nái·a·de sf.
o·do·na·ta sf.
o·do·na·to adj. sm.
o·don·ta·go·go (ô) sm.
o·don·ta·gra sf.
o·don·tal·gi·a sf.
o·don·tál·gi·co adj.
o·don·ta·tro·fi·a sf.
o·don·tí·a·se sf.
o·don·ti·te sf.
o·don·to·ce·to adj. sm.
o·don·to·ge·ni·a sf.

o·don·to·gra·fi·a sf.
o·don·to·grá·fi·co adj.
o·don·toi·de adj. 2g.
o·don·tói·de:o adj.:
  o·don·to·í·de:o.
o·don·to·lan·do sm.
o·don·tó·li·te sm.
o·don·to·li·tí·a·se sf.
o·don·to·lo·gi·a sf.
o·don·to·ló·gi·co adj.
o·don·to·lo·gis·ta adj. s2g.
o·don·tó·lo·go sm.
o·don·to·ma sm.
o·don·to·pleu·ro·se sf.
o·don·tor·ra·gi·a sf.
o·don·tor·rá·gi·co adj.
o·don·to·se sf.
o·don·tós·to·mo adj. sm.
o·dor (ô) sm.
o·do·ran·te adj. 2g.
o·do·rar v.
o·do·rí·fe·ro adj.
o·do·rí·fi·co adj.
o·do·ri·fu·man·te adj. 2g.
o·do·ri·na sf.
o·do·ro·so (ô) adj.; f. e pl. (ó).
o·dra·ri·a sf.
o·dre (ô) sm.
o·drei·ro sm.
o:ei·ra·na sf.
o:ei:en·se adj. s2g.
oers·ted sm.
o:és·no·ro:es·te adj. 2g. sm.
o:és·su·do:es·te adj. 2g. sm.
o:es·te adj. 2g. 2n. sm.
o·fai·é adj. s2g.
o·fe·gân·ci:a sf.
o·fe·gan·te adj. 2g.
o·fe·gar v.
o·fe·go (ê) sm./Cf. ofego (é), do
  v. ofegar.
o·fe·go·so (ô) adj.; f. e pl. (ó).
o·fe·guen·to adj.
o·fé·li:a sf.
o·fen·de·dor (ô) adj. sm.
o·fen·der v.
o·fen·dí·cu·lo sm.
o·fen·di·do adj. sm.
o·fen·sa sf.
o·fen·si·va sf.
o·fen·si·vo adj.
o·fen·so adj.
o·fen·sor (ô) adj. sm.
o·fe·re·ce·dor (ô) adj. sm.
o·fe·re·cer v.
o·fe·re·ci·do adj.
o·fe·re·ci·men·to sm.
o·fe·ren·da sf.

o·fe·ren·*dar* v.
o·fe·*ren*·te adj. s2g.
o·*fer*·ta sf.
o·fer·*tar* v.
o·fer·*tó*·ri:o sm.
offset sm. ing.: *ofsete*.
off-line adj. 2g. adv. (ing.: *ofláin*).
offshore adj. 2g. 2n. sm. (ing.: *ofshór*).
off-the record adj. 2g. 2n. adv. (ing.: *of de record*).
o·fi:a·*can*·ta sf.
o·fi:a·can·*tí*·de:o adj. sm.
o·*fí*·a·se sf.
o·fi·cal·*ci*·to sm.
o·fi·ci:a·*dor* (ô) adj. sm.
o·fi·ci:*al* adj. 2g. sm.; pl. ·*ais*.
o·fi·ci:a·*la*·to sm.
o·fi·ci:al de de·*fun*·to sm.; pl. *oficiais de defunto*.
o·fi·ci:al de ga·bi·*ne*·te sm.; pl. *oficiais de gabinete*.
o·fi·ci:al de *sa*·la sm.; pl. *oficiais de sala*.
o·fi·ci:al-ge·ne·*ral* sm.; pl. *oficiais-generais*.
o·fi·ci:a·li·*da*·de sf.
o·fi·ci:a·*lis*·mo sm.
o·fi·ci:a·li·za·*ção* sf.; pl. ·*ções*.
o·fi·ci:a·li·*za*·do adj.
o·fi·ci:a·li·za·*dor* (ô) adj. sm.
o·fi·ci:a·li·*zar* v.
o·fi·ci:al-mai·*or* sm.; pl. *oficiais-maiores*.
o·fi·ci:*an*·te adj. s2g.
o·fi·ci:*ar* v.
o·fi·*ci*·na sf.
o·*fí*·ci:o sm./Cf. *oficio*, do v. *oficiar*.
o·fi·ci:o·si·*da*·de sf.
o·fi·ci:*o*·so (ô) adj.; f. *e* pl. (ó).
o·fi·*clei*·de sm.: o·fi·*cli*·de.
o·fi·di:*á*·ri:o adj. sm.
o·*fí*·di·co adj.
o·*fí*·di:o adj. sm.
o·fi·di:os·*sáu*·ri:o adj. sm.
o·fi·*dis*·mo sm.
o·fi·don·*to*·se sf.
o·fi·don·*tó*·si·co adj.
o·*fi*·gle sm.
o·fi:o·*cé*·fa·lo adj. sm.
o·fi:o·*cen*·tro sm.
o·fi:o·fa·*gi*·a sf.
o·fi:o·*fá*·gi·co adj.
o·fi:*ó*·fa·go adj. sm.
o·fi:o·glos·*sá*·ce:a sf.
o·fi:o·glos·*sá*·ce:o adj.

o·fi:o·glos·*sa*·le sf.
o·fi:o·gra·*fi*·a sf.
o·fi:o·*grá*·fi·co adj.
o·fi:*ó*·gra·fo sm.
o·fi·*ói*·de:o adj. sm.: o·fi:o·*í*·de:o.
o·fi:*ó*·la·tra s2g.
o·fi:o·la·*tri*·a sf.
o·fi:o·*lá*·tri·co adj.
o·fi:*ó*·li·to sm.
o·fi:o·lo·*gi*·a sf.
o·fi:o·*ló*·gi·co adj.
o·fi:o·lo·*gis*·ta adj. s2g.
o·fi:*ô*·ma·no adj. sm.
o·fi:o·*man*·ci·a sf.
o·fi:o·*man*·te adj. s2g.
o·fi:o·*mân*·ti·co adj.
o·fi:o·*mór*·fi·co adj.
o·fi:o·*mor*·fo adj.
o·*fí*·ti·co adj.
o·*fi*·to sm.
o·fi·*to*·so (ô) adj.; f. *e* pl. (ó).
o·fi:*ú*·co sm.
o·fi:u·*rí*·de:o adj. sm.
o·fi:u·ri·*nei*·a sf.
o·fi:*ú*·ro adj. sm.
o·fi:u·*roi*·de adj. 2g. sm.
o·*fô*·ni:o sm.
ó·fri:o sm.: *ó*·fri:on.
o·*fris* sf. 2n.
of·*se*·te sm., do ing. *offset*.
of·se·*tis*·ta adj. s2g.
of·tal·*gi*·a sf.
of·*tál*·gi·co adj.
of·tal·mal·*gi*·a sf.
of·tal·*mál*·gi·co adj.
of·tal·*mi*·a sf.
of·*tál*·mi·co adj. sm.
of·tal·mo·gra·*fi*·a sf.
of·tal·mo·lo·*gi*·a sf.
of·tal·mo·*ló*·gi·co adj.
of·tal·mo·lo·*gis*·ta adj. s2g.
of·tal·*mó*·lo·go sm.
of·tal·mo·ma·la·*ci*·a sf.
of·tal·mo·ma·*lá*·ci·co adj.
of·tal·mo·me·*tri*·a sf.
of·tal·mo·*mé*·tri·co adj.
of·tal·mo·*mô*·me·tro sm.
of·tal·mo·pa·*ti*·a sf.
of·tal·mo·*pá*·ti·co adj.
of·tal·mo·plas·*ti*·a sf.
of·tal·mo·ple·*gi*·a sf.
of·tal·mo·*plé*·gi·co adj.
of·tal·mor·ra·*gi*·a sf.
of·tal·mor·*rá*·gi·co adj.
of·tal·mos·co·*pi*·a sf.
of·tal·mos·*có*·pi·co adj.
of·tal·mos·*có*·pi:o sm.

of·tal·*mós*·ta·to sm.
of·tal·mo·*te*·ca sf.
of·tal·mo·te·ra·*pi*·a sf.
of·tal·mo·te·*rá*·pi·co adj.
of·tal·mo·to·*mi*·a sf.
of·tal·mo·*tô*·mi·co adj.
of·tal·mo·tor·ri·no·la·rin·go·lo·*gis*·ta adj. s2g.
of·tal·mo·*xis*·tro (cs) sm.
o·fu·*rô* sm.
o·fus·ca·*ção* sf.; pl. ·*ções*.
o·fus·ca·*dor* (ô) adj. sm.
o·fus·ca·*men*·to sm.
o·fus·*can*·te adj. 2g.
o·fus·*car* v.
o·*gan*·go sm.
o·*ga*·no adv.
o·ger·*vão* sm.; pl. ·*vões*.
o·ger·*vão* de fo·lha·es·*trei*·ta sm.; pl. *ogervões de folha-estreita*.
o·*gi*·va sf.
o·gi·*val* adj. 2g.; pl. ·*vais*.
o·gi·*var* v.
o·*gó* sm.
o·*gra* sf.; f. de *ogro*.
o·*gro* sm.: *ogra*.
o·*gum* sm.; pl. ·*guns*.
o·gun·de·*lê* sm.
oh interj./Cf. *o¹*, *o²*, *ó*, *ô* e *ou*.
ohm (ome) sm.
ôh·mi·co adj.
oh·*mí*·me·tro sm.
oi interj.
oi·am·*pi* adj. s2g.: oi·am·*pim*; pl. ·*pins*.
oi·*a*·ma adj. s2g.: *oiana*.
oi:a·po·*quen*·se adj. s2g.
oi·*ça* sf.: *ouça*.
o·*í*·di:o sm.
o·i·di:o·mi·*co*·se sf.
o·i·di:*ós*·po·ro sm.
oi·ga·*lé* interj.: oi·ga·*lê*.
oi·ga·*té* interj.: oi·ga·*tê*.
oi·ra sf.: *oura*.
oi·*ra*·do adj.: *ourado*.
oi·*ra*·ma sf.: *ourama*.
oi·*ra*·na sf.: *ourana*.
oi·*rar* v.: *ourar*.
oi·ri·*çar* v.: *ouriçar*.
oi·*ri*·ço sm.: *ouriço*.
oi·ro sm.: *ouro*.
oi·ro(s) de *ga*·to sm. (pl.): *ouro de gato*.
oi·ro e·*fi*·o adv.: *ouro e fio*.
oi·ro·*fi*·o adv.: *ouro-fio*.
oi·ro·*pel* sm.; pl. ·*péis*: *ouropel*.

oi·ro-pig·*men*·to sm.; pl. *oiros--pigmentos* ou *oiros-pigmento: ouro-pigmento*.
oi·ros sm. pl.: *ouros*.
oi·*ru*·do adj.: *ourudo*.
oi·*tan*·te sm.
oi·*tão* sm.; pl. ·*tões: outão*.
oi·*ta*·va sm. num.
oi·ta·va(s) de fi·*nal* sf. (pl.).
oi·ta·*va*·do adj. sm.
oi·ta·*vão* adj. sm.; pl. ·*vões*; f. *oitavona*.
oi·ta·*var* v.
oi·ta·va(s)-*ri*·ma(s) sf. (pl.).
oi·ta·*vá*·ri:o sm.
oi·ta·*vi*·no sm.
oi·*ta*·vo num sm.
oi·ta·*vo*·na adj. sf. de *oitavão*.
oit·*chi* sm.
oi·*tei*·ra sf.
oi·tei·*ris*·ta adj. s2g.: *outeirista*.
oi·*tei*·ro sm.: *outeiro*.
oi·*ten*·ta num. sm.
oi·ten·ta-e-*oi*·to sf. 2n.
oi·ten·*tão* adj. sm.; pl. ·*tões*.
oi·ten·*to*·na adj. sf. de *oitentão*.
oi·*ti* sm.
oi·ti(s)-*bê*·be·do(s) sm. (pl.).
oi·*ti*·*bó* sm.
oi·ti-ca·*gão* sm.; pl. *oitis-cagões*.
oi·ti·*ci*·ca sf.
oi·ti·co·*ró* sm.
oi·ti·co·*roi*·a sm.
oi·ti(s)-da-bei·ra-do-*ri*:o sm. (pl.).
oi·ti(s)-da-*prai*·a sm. (pl.).
oi·*ti*·va sf.: *outiva*.
oi·ti·*zei*·ro sm.
oi·to num. sm./Cf. *outo*.
oi·to·cen·*tis*·mo sm.
oi·to·cen·*tis*·ta adj. s2g.
oi·to·*cen*·tos num. sm. 2n.
oi·to pés em qua·*drão* sm. 2n.
oi·*tu*·bro sm.: *outubro*.
o·ja sf.
o·*já* sm.
o·je·*ri*·za sf.
o·je·ri·*zar* v.
o·la sf.
o·*lá* interj.
o·la·*cá*·ce:a sf.
o·la·*cá*·ce:o adj.
o·la·ce sm.
o·*lá*·ce:a sf.
o·*lá*·ce:o adj. sm.
o·la·*cí*·ne:a sf.
o·la·*cí*·ne:o adj.
o·la·*cí*·ni·co adj.

o·*la*·da sf.
o·la·*ei*·ra sf.
o·la·*fi*·ta sf.
o·*lai*·a sf.
o·lan·*di* sm.: o·lan·*dim*; pl. ·*dins*.
o·la·*ri*·a sf.
ol·dem·bur·*guês* adj. sm.
o·*lé* sm. interj.
o·le:*á*·ce:a sf.
o·le:*á*·ce:o adj.
o·le:*a*·do adj. sm.
o·le:a·*gí*·ne:o adj.
o·le:a·gi·*no*·so (ô) adj.; f. *e* pl. (ó).
o·le:a·*ná*·ri:o adj.
o·le:*an*·dro sm.
o·le:*ar* v.
o·le:a·*ri*·a sf. 'fábrica de óleo'/ Cf. *oleária*.
o·le:*á*·ri:a sf. 'planta'/Cf. *olearia*.
o·le:*as*·tro sm.
o·le·cra·ni:*a*·no adj.
o·le·*crâ*·ni:o sm.
o·*lé*·cra·no sm.
o·le:*en*·se adj. s2g.
o·le:*en*·to adj.
o·le·*fi*·na sf.
o·le·ga·ri:*en*·se adj. s2g.
o·*lei*·co adj.
o·le·*í*·co·la adj. 2g.
o·lei·cul·*tor* (ô) sm.
o·lei·cul·*tu*·ra sf.
o·le·*í*·de:o adj. sm.
o·le·*í*·fe·ro adj.
o·le:i·fi·*can*·te adj. 2g.
o·le:i·fo·li:*a*·do adj.
o·le·*í*·ge·no adj.
o·le·*í*·na sf.
o·*lei*·ro sm.
o·*lên*·ci:a sf.
o·*len*·te adj. 2g.
ó·le:o sm. 'líquido gorduroso'/ Cf. *ólio*.
ó·le:o-ca·bu·re·*í*·ba sm.; pl. *óleos-cabureíbas* ou *óleos--cabureíba*.
ó·le:o(s) de ba·*ca*·ba sm. (pl.).
ó·le:o(s)-de-ma·*ca*·co sm. (pl.).
o·le:o·*du*·to sm.
o·le:o·gra·*fi*·a sf.
o·le:o·*grá*·fi·co adj.
o·le:o·gra·*vu*·ra sf.
o·le:*ol* sm.; pl. ·*óis*.
o·le:o·*la*·do sm. 'óleo medicinal'/Cf. *oleulado*.
o·le:o·la·*ta*·do sm.
o·le:o·*la*·to sm.

o·le:*ó*·li·co adj.
o·le:o·mar·ga·*ri*·na sf.
o·le:o·me·*tri*·a sf.
o·le:o·*mé*·tri·co adj.
o·le:o·*mê*·tro sm.
ó·le:o(s)-*par*·do(s) sm. (pl.).
o·le:o·si·*da*·de sf.
o·le:*o*·so (ô) adj.; f. *e* pl. (ó).
ó·le:o(s)-ver·*me*·lho(s) sm. (pl.).
o·le·*rá*·ce:o adj.
o·le·ri·cul·*tor* (ô) sm.
o·le·ri·cul·*tu*·ra sf.
o·leu·*la*·do adj. 'medicamento formado de óleos voláteis'/ Cf. *oleolado*.
ol·fa·*ção* sf.; pl. ·*ções*.
ol·fa·*ti*·vo adj.
ol·*fa*·to sm.
ol·ga sf.
o·lha (ô) sf. 'iguaria'/Cf. *olha* (ó), do v. *olhar*.
o·*lha*·da sf.
o·lha·*de*·la sf.
o·*lha*·do adj. sm.
o·lha·*dor* (ô) adj. sm.
o·lha·*du*·ra sf.
o·*lhal* sm.; pl. ·*lhais*.
o·*lhal*·vo adj. sm.
o·lha(s)-po·*dri*·da(s) sf. (pl.).
o·*lhar* v. sm.
o·lhei·*ra*·do adj.
o·*lhei*·ral sm.; pl. ·*rais*.
o·*lhei*·ras sf. pl.
o·lhei·*ren*·to adj.
o·*lhei*·ro sm.
o·lhei·*ru*·do adj.
o·*lhen*·to adj.
o·lhe·*ta*·do sm.
o·*lhe*·te (ê) sm.
o·lhi:a·*gu*·do adj.
o·lhi·bo·*vi*·no adj.
o·lhi·*bran*·co adj.
o·lhi·*man*·co adj. sm.
o·lhi·*ne*·gro (ê) adj.
o·lhi·*pre*·to (ê) adj.
o·lhir·ri·*den*·te adj. 2g.
o·lhi·*toi*·ro adj.: o·lhi·*tou*·ro.
o·lhi·*zai*·no adj. sm.
o·lhi·*zar*·co adj.
o·lho (ô) sm.; pl. (ó)/Cf. *olho* (ó), do v. *olhar*.
o·lho(s)-co·*zi*·do(s) sm. (pl.).
o·lho(s)-*d'á*·gua sm. (pl.).
o·lho-d'a·*guen*·se(s) adj. s2g. (pl.).
o·lho(s) de *boi* sm. (pl.) 'selo postal'.
o·lho(s)-de-*boi* sm. (pl.) 'peixe'.

o·lho(s)-de-bo·*ne*·ca sm. (pl.).
o·lho(s) de *ca*·bra sm. (pl.).
o·lho(s)-de-ca·bra·mi·*ú*·do(s) sm. (pl.).
o·lho(s)-de-*cão* sm. (pl.).
o·lho(s)-de-*céu* sm. (pl.).
o·lho(s)-de-*fo*·go sm. (pl.).
o·lho(s) de *ga*·to sm. (pl.) 'dispositivo para refletir luz'.
o·lho(s)-de-*ga*·to sm. (pl.) 'erva'.
o·lho(s) de ma·tar *pin*·to sm. (pl.).
o·lho(s) de mos·*qui*·to sm. (pl.).
o·lho(s) de *pei*·xe sm. (pl.) 'lente'.
o·lho(s)-de-*pei*·xe sm. (pl.) 'libélula'.
o·lho(s) de per·*diz* sm. (pl.).
o·lho(s)-de-*pom*·bo sm. (pl.).
o·lho(s)-de-san·ta·lu·*zi*·a sm. (pl.).
o·lho(s) de sa·pi·*ran*·ga sm. (pl.).
o·lho(s) de *sa*·po sm. (pl.) 'granito'.
o·lho(s)-de-*sa*·po sm. (pl.) 'espécie de uva'.
o·lho(s) de se·ca pi·men·*tei*·ra sm. (pl.).
o·lho(s) de se·car pi·*men*·ta sm. (pl.).
o·lho(s) de se·car pi·men·*tei*·ra sm. (pl.).
o·lho(s) de *so*·gra sm. (pl.).
o·lho(s) de *ti*·gre sm. (pl.).
o·lho(s) de *vi*·dro sm. (pl.) 'olho artificial'.
o·lho(s)-de-*vi*·dro sm. (pl.) 'abelha'.
o·lho(s)-*gran*·de(s) s2g. (pl.).
o·*lhô*·me·tro sm.
o·lho(s)-*ro*·xo(s) sm. (pl.).
o·lho(s)-ver·*me*·lho(s) sm. (pl.).
o·lho(s)-*vi*·vo(s) sm. (pl.).
o·*lhu*·do adj.
o·*lí*·ba·no sm.
o·li·*cór*·ni:o sm.
o·li·*fan*·te sm.
o·li·*gar*·ca s2g.
o·li·gar·*qui*·a sf.
o·li·*gár*·qui·co adj.
o·li·gar·*quis*·mo sm.
o·li·gar·qui·*zar* v.
o·li·ge·*mi*·a sf.: oligoemia.
o·li·*gê*·mi·co adj.

o·li·gi·*dri*·a sf.
o·li·*gí*·dri·co adj.
o·li·*gís*·ti·co adj.
o·li·*gis*·to adj. sm.
o·li·go·*blê*·ni:a sf.
o·li·go·*car*·po adj. sm.
o·li·go·*cé*·fa·lo adj.
o·li·go·*ce*·no adj. sm.
o·li·go·*clá*·si:o sm.
o·li·go·cla·*si*·ta sf.
o·li·go·co·*li*·a sf.
o·li·go·cra·*ci*·a sf.
o·li·go·*crá*·ti·co adj.
o·li·*gó*·cro·no adj.
o·li·go·cro·*nô*·me·tro sm.
o·li·go·da·*cri*·a sf.
o·li·go·*dá*·cri·co adj.
o·li·go:e·*mi*·a sf.
o·li·go·*fi*·lo adj.
o·li·go·*fó*·ti·co adj.
o·li·go·fre·*ni*·a sf.
o·li·go·*frê*·ni·co adj. sm.
o·li·go:i·*dri*·a sf.
o·li·go·ma·*ni*·a sf.
o·li·go·ma·*ní*·a·co adj. sm.
o·li·go·me·*ri*·a sf.
o·li·go·*neu*·ro adj. sm.
o·li·go·*ni*·ta sf.
o·li·go·pi:o·*ni*·a sf.
o·li·go·plas·*mi*·a sf.
o·li·go·*plás*·mi·co adj.
o·li·go·*pó*·li:o sm.
o·li·go·po·*lis*·ta adj. s2g.
o·li·go·po·*si*·a sf.
o·li·go·psi·*qui*·a sf.
o·li·go·*psí*·qui·co adj.
o·li·gop·*sô*·ni:o sm.
o·li·go·*que*·ta (ê) sf.
o·li·go·qui·*li*·a sf.
o·li·go·*qui*·lo adj. sm.
o·li·gos·per·*mi*·a sf.
o·li·gos·*pér*·mi·co adj.
o·li·gos·*per*·mo adj.
o·li·gos·*sar*·co sm.
o·li·gos·si:a·*li*·a sf.
o·li·gos·si:*á*·li·co adj.
o·li·gos·tê·*mo*·ne adj. 2g.
o·li·go·tri·*qui*·a sf.
o·li·go·*trí*·qui·co adj.
o·li·go·tro·*fi*·a sf.
o·li·go·*tró*·fi·co adj.
o·li·gu·re·*si*·a sf.
o·li·gu·*ri*·a sf.: o·li·*gú*·ri:a.
o·li·*gú*·ri·co adj. sm.
o·lim·*pí*:a·da sf.: o·lim·*pí*:a·de.
o·lim·pi:a·no adj. sm.
o·*lím*·pi·co adj.
o·lim·pi:*en*·se adj. s2g.

o·*lím*·pi:o adj. sm.
o·lim·*pis*·mo sm.
o·*lim*·po sm.
o·*li*·na sf.
o·lin·*den*·se adj. s2g.
o·li·ni:*á*·ce:a sf.
o·li·ni:*á*·ce:o adj.
ó·li:o sm. 'aranha'/Cf. *óleo*.
o·li·si·po·*nen*·se adj. s2g.
o·li·si·po·ni:*a*·no adj. sm.
o·lis·*te*·na sf.
o·lis·*te*·ro sm.
o·*lís*·to·po sm.
o·lis·*tó*·po·de sm.
o·*li*·va sf.
o·li·*vá*·ce:o adj.
o·li·*val* sm.; pl. ·*vais*.
o·li·*var* adj. 2g. sm.
o·li·*vá*·ri:o adj.
o·li·*ve*·do (ê) sm.
o·li·*vei*·ra sf.
o·li·vei·ra-for·*ten*·se(s) adj. s2g. (pl.).
o·li·vei·*ral* sm.; pl. ·*rais*.
o·li·vei·*ren*·se adj. s2g.
o·li·*vel* sm.; pl. ·*véis*.
o·li·ven·*ça*·no adj. sm.
o·li·ven·*ti*·no adj. sm.
o·*lí*·ve:o adj.
o·li·vi·cul·*tor* (ô) sm.
o·li·vi·cul·*tu*·ra sf.
o·li·vi·*for*·me adj. 2g.
o·li·*vi*·na sf.
ol·me·*dal* sm.; pl. ·*dais*.
ol·*mé*·di:a sf.
ol·*me*·do (ê) sm.
ol·*mei*·ra sf.
ol·*mei*·ro sm.
ol·mo sm.
o·*lor* (ô) sm.
o·lo·ri·*zar* v.
o·lo·*ro*·so (ô) adj.; f. e pl. (ó).
o·*lo*·rum sm.; pl. ·*runs*.
o·*los*·tra adj. s2g.
o·*ló*·te·lo sm.
ol·pi·di:*á*·ce:a sf.
ol·pi·di:*á*·ce:o adj.
ol·*pí*·di:o sm.
ol·pi·ni:*á*·ce:a sf.
ol·pi·ni:*á*·ce:o adj.
ol·vi·da·*men*·to sm.
ol·vi·*dar* v.
ol·vi·*dá*·vel adj. 2g.; pl. ·*veis*.
ol·*vi*·do sm.
o·ma·*can*·ta sf.
o·ma·ce·fa·*li*·a sf.
o·ma·ce·fa·li:*a*·no adj.
o·ma·ce·*fá*·li·co adj.

o·ma·cé·fa·lo adj. sm.
o·ma·gra sf.
o·má·gua adj. s2g.
o·mal·gi·a sf.
o·mál·gi·co adj.
o·ma·ló·po·de adj. 2g. sm.
o·mar·tro·ca·ci·a sf.
o·mar·tro·cá·ti·co adj.
om·brã sm.
om·bre:ar v.
om·brei·ra sf.
om·bro sm.
om·bró·fi·lo adj.
ô·me·ga adj. 2g. sm.
ô·me·ga(s)-me·nos sf. (pl.).
o·me·lê sm.
o·me·le·te sm. ou sf.: o·me·le·ta (ê) sf.
o·men·to sm.
ô·mer sm.
o·mí·a·da adj. s2g.
o·mi:á·di·co adj.
o·mí·cro sm.: ô·mi·cron.
o·mi·nar v.
o·mi·no·so (ô) adj.; f. e pl. (ó).
o·mis·são sf.; pl. ·sões.
o·mis·si·vo adj. sm.
o·mis·so adj. sm.
o·mis·sor (ô) adj.
o·mis·só·ri:o adj.
o·mi·tir v.
om·ní·vo·ro adj. 'que come tudo': onívoro/Cf. hominívoro.
o·mo·có·ti·la sf.
o·mo·fa·gi·a sf.
o·mó·fa·go adj. sm.
o·mo·lu sm.: omulu.
o·mo·pla·ta sf.
o·mo·to·ci·a sf.
o·mu·lu sm.: omolu.
o·na·gro sm.
o·na·nis·mo sm.
o·na·nis·ta adj. s2g.
o·na·ni·zar v.
on·ça adj. 2g. sf.
on·ça(s)-d'á·gua sf. (pl.).
on·ça(s)-par·da(s) sf. (pl.).
on·ça(s)-pin·ta·da(s) sf. (pl.).
on·ça(s)-pre·ta(s) sf. (pl.).
on·ça(s)-ver·me·lha(s) sf. (pl.).
on·cei·ro sm.
on·ci·nha sf.
on·co·gê·ne·se sf.
on·co·lo·gi·a sf.
on·co·ló·gi·co adj.
on·co·lo·gis·ta adj. s2g.
on·co·me·tri·a sf.

on·co·mé·tri·co adj.
on·cô·me·tro sm.
on·co·se sf.
on·co·to·mi·a sf.
on·co·tô·mi·co adj.
on·da sf.
on·da·da sf.
on·da·do adj.
on·da(s)-ma·ré(s) sf. (pl.).
on·dar v.
on·de adv. pron.
on·de:a·do adj. sm.
on·de:a·men·to sm.
on·de:an·te adj. 2g.
on·de:ar v.
on·dei·o sm.
on·di·na sf.
on·do·gra·fi·a sf.
on·do·grá·fi·co adj.
on·dó·gra·fo sm.
on·do·mé·tri·co adj.
on·dô·me·tro sm.
on·du·la·ção sf.; pl. ·ções.
on·du·la·dei·ra sf.
on·du·la·do adj.
on·du·lân·ci:a sf.
on·du·lan·te adj. 2g.
on·du·lar v.
on·du·la·tó·ri:o adj.
on·du·lo·so (ô) adj.; f. e pl. (ó).
on·dur·ma·nês adj. sm.
o·ne·gi·ta sf.
o·nen·se adj. s2g.
o·ne:o·ma·ni·a sf.
o·ne:o·ma·ní·a·co adj. sm.
o·ne:ô·ma·no adj. sm.
o·ne·ra·do adj.
o·ne·rar v.
o·ne·rá·ri:o adj.; f. onerária/Cf. oneraria, do v. onerar.
o·ne·ro·si·da·de sf.
o·ne·ro·so (ô) adj.; f. e pl. (ó).
on·fa·ci·ta sf.
on·fa·li·te sf.
on·fa·loi·de adj. 2g.
on·fa·lo·man·ci·a sf.
on·fa·lo·man·te s2g.
on·fa·lo·mân·ti·co adj.
on·fa·lo·me·sen·té·ri·co adj.
on·fa·lóp·si·co sm.
on·fa·lóp·ti·co adj.
on·fa·lor·ra·gi·a sf.
on·fa·lor·rá·gi·co adj.
on·fa·lo·si·to adj. sm.
on·fa·lo·to·mi·a sf.
on·fa·lo·tô·mi·co adj.
ONG sf.
on·gle·te (ê) sm.

ô·ni·bus adj. sm. 2n.
o·ni·co·fá·gi·co adj.
o·ni·có·fa·go sm.
o·ni·co·fi·mi·a sf.
o·ni·có·fo·ro adj. sm.
o·ni·có·li·se sf.
o·ni·co·lor (ô) adj. 2g. 'que tem todas as cores'/Cf. unicolor.
o·ni·co·ma sm.
o·ni·co·man·ci·a sf.
o·ni·co·man·te s2g.
o·ni·co·mân·ti·co adj.
o·ni·co·pa·ti·a sf.
o·ni·co·pá·ti·co adj.
o·ni·co·tro·fi·a sf.
o·ni·co·tró·fi·co adj.
o·ni·di·re·ci:o·nal adj. 2g.; pl. ·nais.
o·ni·for·me adj. 2g. 'que tem ou pode ter todas as formas'/Cf. uniforme.
o·ni·lin·gue adj. 2g. 'poliglota'/ Cf. unilíngue.
o·ní·mo·do adj. 'ilimitado'/Cf. unímodo.
o·ni:o·ma·ni·a sf.
o·ni:o·ma·ní·a·co adj. sm.
o·ni:ô·ma·no adj. sm.
o·ni·pal·ran·te adj. 2g.
o·ni·pa·ren·te adj. 2g.
o·ni·pes·so:al adj. 2g. 'que não é unipessoal'; pl. ·ais/Cf. unipessoal.
o·ni·po·tên·ci:a sf.
o·ni·po·ten·te adj. 2g. sm.
o·ni·pre·sen·ça sf.
o·ni·pre·sen·te adj. 2g.
o·nip·te·rí·gi:a sf.
o·ní·qui:o sm.
o·ni·qui:ó·fo·ro sm.
o·ni·qui·te sf.
o·ni·qui·to adj. sm.
o·ní·ri·co adj.
o·ni·ris·mo sm.
o·ni·ro·cri·ci·a sf.
o·ni·ro·lo·gi·a sf.
o·ni·ro·ló·gi·co adj.
o·ni·ró·lo·go sm.
o·ni·ro·man·ci·a sf.
o·ni·ra·man·te s2g.
o·ni·ro·mân·ti·co adj.
o·nis·ci:ên·ci:a sf.
o·nis·ci:en·te adj. 2g.
o·nis·co·mor·fo adj. sm.
o·ni·vi·dên·ci:a sf.
o·ni·vi·den·te adj. 2g.
o·ni·vo·ri·da·de sf.
o·ni·vo·ro adj.: omnívoro.

ô·nix (cs) sm. 2n. 'variedade de ágata'/Cf. *onixe*.
o·*ni*·xe (cs) sm. 'inflamação dolorosa da pele'/Cf. *ônix*.
on-line adj. 2g. 2n. adv. (ing.: *onláin*).
o·no·*fri*·ta sf.
o·no·ma·si:o·lo·*gi*·a sf.
o·no·*más*·ti·ca sf.
o·no·*más*·ti·co adj. sm.
o·no·*má*·ti·co adj.
o·no·ma·to·lo·*gi*·a sf.
o·no·ma·to·*ló*·gi·co adj.
o·no·ma·*tó*·lo·go sm.
o·no·ma·to·*man*·ci·a sf.
o·no·ma·to·*ma*·ni·a sf.
o·no·ma·*tô*·ma·no adj. sm.
o·no·ma·to·*man*·te s2g.
o·no·ma·to·*mân*·ti·co adj.
o·no·ma·to·*pai*·co adj.
o·no·ma·to·*pei*·a sf.
o·no·ma·to·*pei*·co adj.
o·no·ma·*tó*·pi·co adj.
o·no·ma·*tó*·po·se sf.
on·tem adv. sm.
on-the-record adj. 2g. 2n. adv. (ing.: *on de récord*).
ôn·ti·co adj.
on·to·gê·ne·se sf.
on·to·ge·*né*·ti·co adj.
on·to·ge·*ni*·a sf.
on·to·*gê*·ni·co adj.
on·to·go·*ni*·a sf.
on·to·*gô*·ni·co adj.
on·to·lo·*gi*·a sf.
on·to·*ló*·gi·co adj.
on·to·lo·*gis*·mo sm.
on·to·lo·*gis*·ta adj. s2g.
ô·nus sm. 2n.
o·*nus*·to adj.
on·ze num. s2g.
on·ze-*ho*·ras sf. 2n.
on·ze-*le*·tras s2g. 2n.
on·ze·na sf. 'usura'/Cf. *ozena*.
on·ze·nar v.
on·ze·*ná*·ri:o adj. sm.
on·ze·nei·rar v.
on·ze·*nei*·ro adj. sm.
on·ze·*ni*·ce sf.
on·ze·no num.
o·o·*ân*·gi:o sm.
o·o·*cis*·to sm.
o·*ó*·ci·to sm.
o·o·fo·rec·to·*mi*·a sf.
o·o·fo·ris·te·rec·to·*mi*·a sf.
o·o·fo·*ri*·te sf.
o·o·fo·ros·sal·pin·gec·to·*mi*·a sf.
o·o·ga·*mi*·a sf.

o·*ó*·ga·mo adj.
o·o·*gô*·ni:o sm.
o·o·*li*·ti·co adj. sm.
o·*ó*·li·to sm.
o·o·lo·*gi*·a sf.
o·o·*ló*·gi·co adj.
o·o·*man*·ci·a sf.
o·o·*man*·te s2g.
o·o·*mân*·ti·co adj.
o·os·*fe*·ra sf.
o·*ós*·po·ro sm.
o·o·*te*·ca sf.
o·o·te·*cá*·ri:o adj. sm.
o·pa¹ sf. 'espécie de capa'/Cf. *opa*² (ó).
o·pa² (ô) interj.: *oba*/Cf. *opa*¹ (ó).
o·pa·ba sm.
o·pa·ci·*da*·de sf.
o·pa·ci·fi·ca·*ção* sf.; pl. *-ções*.
o·pa·ci·fi·car v.
o·*pa*·co adj.
o·pa·do adj.
o·pai·*é* adj. s2g.
o·pai-*é*(s)-xa·*van*·te(s) adj. s2g. (pl.).
o·*pa*·la adj. 2g. 2n. sm. sf.
o·pa·*lan*·da sf.
o·pa·les·*cên*·ci:a sf.
o·pa·les·*cen*·te adj. 2g.
o·*pá*·li·co adj.
o·pa·*lí*·fe·ro adj.
o·pa·*li*·na sf.
o·pa·li·ni·*da*·de sf.
o·pa·*li*·no adj.
o·pa·li·zar v.
o·par v. 'inchar'/Cf. *upar*.
op·*ção* sf.; pl. *-ções*.
op·ci:o·*nal* adj. 2g.; pl. *-nais*.
open house loc. subst. (ing.: *open haus*).
open market loc. subst. (ing.: *open márket*).
ó·pe·ra sf./Cf. *opera*, do v. *operar*.
ó·pe·ra(s)-*bu*·fa(s) sf. (pl.).
o·pe·ra·*ção* sf.; pl. *-ções*.
o·pe·ra·ci:o·*nal* adj. 2g.; pl. *-nais*.
o·pe·ra·ci:o·*nis*·mo sm.
ó·pe·ra(s)-*cô*·mi·ca(s) sf. (pl.).
o·pe·ra·do adj. sm.
o·pe·ra·*dor* (ô) adj. sm.
o·pe·*ran*·do adj. sm.
o·pe·*ran*·te adj. 2g.
o·pe·rar v.
o·pe·ra·ri:*a*·do sm.
o·pe·*rá*·ri:o adj. sm.: f. *operária*/Cf. *operaria*, do v. *operar*.
o·pe·ra·*ti*·vo adj.

o·pe·ra·*tó*·ri:o adj.
o·pe·ra·*triz* adj.
o·pe·*rá*·vel adj. 2g.; pl. *-veis*.
o·per·cu·*la*·do adj.
o·per·cu·la·*men*·to sm.
o·per·cu·*lar* adj. 2g.
o·per·cu·*lá*·ri:a sf.
o·per·cu·la·ri:*á*·ce:a sf.
o·per·cu·la·ri:*á*·ce:o adj.
o·per·cu·*lí*·fe·ro adj.
o·per·cu·li·*for*·me adj. 2g.
o·*pér*·cu·lo sm.
o·pe·*re*·ta (ê) sf.
o·pe·*ris*·ta adj. s2g.
o·pe·*rís*·ti·co adj.
o·pe·ro·si·*da*·de sf.
o·pe·*ro*·so (ô) adj.; f. *e* pl. (ó).
o·*per*·to sm.
o·pe·*tí*:o·la sf.
ó·pi:a sf./Cf. *opia*, do v. *opiar*.
o·pi:*á*·ce:o adj.
o·pi:*a*·do adj.
o·pi:*ar* v.
o·pi:*a*·to sm.
ó·pi·do sm.
o·*pí*·fe·ro adj.
o·*pí*·fi·ce sm.
o·pi·*fí*·ci:o sm.
o·pi·la·*ção* sf.; pl. *-ções*.
o·pi·*la*·do adj. sm.
o·pi·*lar* v.
o·pi·*lên*·ci:a sf.
o·*pí*·li:a sf.
o·pi·li:*á*·ce:a sf.
o·pi·li:*á*·ce:o adj.
o·pi·li:*ão* sm.; pl. *-ões*.
o·pi·li:o·*ni*·do adj. sm.
o·*pí*·mi:o adj. sm.
o·*pi*·mo adj.
o·pi·*nan*·te adj. s2g.
o·pi·*nar* v.
o·pi·na·*ti*·vo adj.
o·pi·*ná*·vel adj. 2g.; pl. *-veis*.
o·pi·ni:*ão* sf.; pl. *-ões*.
o·pi·ni:a·ti·ci·*da*·de sf.
o·pi·ni:*á*·ti·co adj.
o·pi·ni:*o*·so (ô) adj.; f. *e* pl. (ó).
ó·pi:o sm./Cf. *opio*, do v. *opiar*.
o·pi:o·fa·*gi*·a sf.
o·pi:o·*fá*·gi·co adj.
o·pi:*ó*·fa·go adj. sm.
o·pi:o·lo·*gi*·a sf.
o·pi:o·*ló*·gi·co adj.
o·pi:o·ma·*ni*·a sf.
o·pi:o·ma·*ní*·a·co adj. sm.
o·pi:*ô*·ma·no adj. sm.
o·*pí*·pa·ro adj.
o·*pís*·ti:o sm.: o·*pís*·ti:on.

o·pis·to·*brân*·qui:o adj. sm.
o·pis·to·*ce*·lo adj. sm.
o·pis·to·ci·*fo*·se sf.
o·pis·to·co·*mí*·de:o adj. sm.
o·pis·*tó*·co·mo sm.
o·pis·to·co·ni·*for*·me adj. 2g. sm.
o·pis·*tó*·do·mo sm.
o·pis·to·fa·la·*cro*·se sf.
o·pis·to·fi·*lá*·ci:o sm.
o·pis·tof·*tal*·mo sm.
o·pis·to·*gás*·tri·co adj.
o·pis·to·*gli*·fa adj. 2g. sf.: o·pis·*tó*·gli·fa
o·pis·to·go·ni:*a*·do adj. sm.
o·pis·to·gra·*fi*·a sf.
o·pis·to·*grá*·fi·co adj.
o·pis·*tó*·gra·fo adj. sm.
o·*pís*·to·mo adj. sm.
o·pis·to·*tô*·ni·co adj.
o·pis·*tó*·to·no sm.
ó·plon sm.
o·po·ce·fa·*li*·a sf.
o·po·ce·*fá*·li·co adj.
o·po·*cé*·fa·lo sm.
o·po·del·*do*·que sm.
o·po·di·di·*mi*·a sf.
o·po:*en*·te adj. s2g.
o·po·*nen*·te adj. s2g.
o·po·ni·bi·li·*da*·de sf.
o·po·*ní*·vel adj. 2g.; pl. ·veis.
o·po·*pâ*·na·ce sm.: o·po·*pô*·nax (cs).
o·*por* v.
o·por·tu·ni·*da*·de sf.
o·por·tu·*nis*·mo sm.
o·por·tu·*nis*·ta adj. s2g.
o·por·*tu*·no adj.
o·po·si·*ção* sf.; pl. ·*ções*
o·po·si·ci:o·*nis*·mo sm.
o·po·si·ci:o·*nis*·ta adj. s2g.
o·po·si·ti·*flor* (ô) adj. 2g.
o·po·si·ti·*flo*·ro adj.
o·po·si·ti·pe·*na*·do adj.
o·po·si·*ti*·vo adj.
o·*pó*·si·to adj. sm.
o·po·si·*tor* (ô) adj. sm.
o·*pos*·to (ô) adj. sm.
o·po·te·ra·*pi*·a sf.
o·po·te·*rá*·pi·co adj.
o·pres·*são* sf.; pl. ·*sões*.
o·*pres*·si·vo adj.
o·*pres*·so adj.
o·pres·*sor* (ô) adj. sm.
o·pri·*men*·te adj. 2g.
o·pri·*mi*·do adj. sm.
o·pri·*mir* v.
o·*pró*·bri:o sm.
o·pro·bri:*o*·so (ô) adj.
op·si·ga·*mi*·a sf.
op·*sí*·ga·mo adj. sm.
op·so·*ni*·na sf.
op·*tá*·li·co adj.
op·*tan*·te adj. 2g. s2g.
op·*tar* v.
op·ta·*ti*·vo adj. sm.
óp·ti·ca sf. 'ciência da visão': ótica.
op·ti·ci·*da*·de sf.
op·ti·*cis*·ta adj. s2g.
óp·ti·co adj. sm. 'relativo à visão': ótico²/Cf. ótico¹.
op·ti·ma·*ci*·a sf.: otimacia.
op·ti·*ma*·tes sm. pl.: otimates.
op·ti·*mis*·mo sm.: otimismo.
op·ti·*mis*·ta adj. s2g.: otimista.
op·ti·mi·za·*ção* sf.; pl. ·*ções*: otimização.
op·ti·mi·*zar* v.: otimizar.
op·to·me·*tri*·a sf.
op·to·*mé*·tri·co adj.
op·to·me·*tris*·ta adj. s2g.
op·*tô*·me·tro sm.
o·pug·na·*ção* sf.; pl. ·*ções*.
o·pug·na·*dor* (ô) adj. sm.
o·pug·*nar* v.
o·pu·*lên*·ci:a sf.
o·pu·len·*tar* v.
o·pu·*len*·to adj.
o·pu·lu:*í* adj. s2g.
o·*pún*·ci:a sf.
o·pun·ci:*a*·le sf.
ó·pus sm. 2n., do lat. *opus* (pl. *opera*).
o·pus·cu·*lar* adj. 2g.
o·pus·cu·*lei*·ro sm.
o·*pús*·cu·lo sm.
o·ra adv. conj. interj. sf./Cf. hora.
o·ra·bu·*tã* sm.
o·ra·*ca* sf.
o·ra·*ção* sf.; pl. ·*ções*.
o·ra·ci:o·*nal* adj. 2g.; pl. ·*nais*.
o·ra·ço·*ei*·ro sm.
o·ra·cu·*lar* v. adj. 2g.
o·*rá*·culo sm./Cf. oraculo, do v. oracular.
o·ra·*da* sf.
o·ra·*dor* (ô) sm.
o·ra·*go* sm.
o·*ral* adj. 2g. sm. sf. 'relativo à boca'; pl. ·*rais*/Cf. horal.
o·ra·li·*da*·de sf.
o·ra·*lis*·mo sm.
o·ran·*gis*·ta adj. s2g.
o·ran·go·*tan*·go sm.
ora·pro·*nó*·bis sm. 2n.
o·*rar* v.
o·*rá*·ri:o sm. 'espécie de lenço'/Cf. horário.
o·*ra*·te sm.
o·ra·*tó*·ri:a sf.
o·ra·to·ri:*a*·no adj. sm.
o·ra·*tó*·ri:o adj. sm.
o·ra·*ve*·ja sm., na loc. *ficar no ora-veja*.
or·be sm.
or·*bí*·co·la adj. s2g. 'cosmopolita'/Cf. *orbícula* e *urbícola*.
or·*bí*·cu·la sf. 'molusco acéfalo'/Cf. orbícola e urbícola.
or·bi·cu·*lar* adj. 2g. sm.
ór·bi·ta sf./Cf. *orbita*, do v. orbitar.
or·bi·*tal* adj. 2g. sm.; pl. ·*tais*.
or·bi·*tar* v.
or·bi·*tá*·ri:o adj.
or·bi·*te*·lo adj.
or·*bí*·va·go adj.
or·ca sf.
or·*ça* sf. 'orçamento' 'bolina'/Cf. horsa.
or·*ça*·da sf.
or·*ça*·de·la sf.
or·*ça*·dor (ô) adj. sm.
or·ça·men·*tal* adj. 2g.; pl. ·*tais*.
or·ça·men·*tá*·ri:o adj.
or·ça·men·*tis*·ta adj. s2g.
or·ça·*men*·to sm.
or·ça·men·to·pro·*gra*·ma sm.; pl. *orçamentos-programas* ou *orçamentos-programa*.
or·ca·*ne*·ta (ê) sf.
or·*çar* v.
or·*çá*·vel adj. 2g.; pl. ·*veis*.
or·ce·*í*·na sf.
or·*ce*·la sf.
or·*cha*·ta sf. *e* sm.
or·ci:*a*·no adj. sm.
or·*ci*·na sf.
or·*ci*·no adj. sm.
or·co sm.
or·*dá*·li:a sf.
or·*dá*·li:o sm.
or·dei·*ris*·mo sm.
or·*dei*·ro adj. sm.
or·*dem* sf.; pl. ·*dens*.
or·dem·u·*ni*·da sf.; pl. *ordens-unidas*.
or·de·na·*ção* sf.; pl. ·*ções*
or·de·*na*·da sf.
or·de·*na*·do adj. sm.
or·de·na·*dor* (ô) adj. sm.

or·de·na·*men*·to sm.
or·de·*nan*·ça s2g.
or·de·*nar* v.
or·de·*ná*·vel adj. 2g.; pl. ·veis.
or·*de*·nha sf.
or·de·nha·*ção* sf.; pl. ·ções.
or·de·*nhar* v.
or·di·*nal* adj. 2g. sm.; pl. ·nais.
or·di·*nan*·do adj. sm.
or·di·*ná*·ri:a sf.
or·di·*ná*·ri:o adj. sm.
or·di·na·*ris*·mo sm.
or·di·na·*tó*·ri:o adj.
or·do·vi·ci:*a*·no adj. sm.
or·do·vi·ci:*en*·se adj. s2g.
or·do·*ví*·ci:o adj. sm.
o·*ré*·a·da sf.: o·*ré*·a·de.
o·re:*ar* v.
o·*ré*·gão sm.; pl. ·gãos:
o·*ré*·ga·no.
o·*re*·lha (ê) sf.
o·re·*lha*·da sf.
o·re·lha(s)-de-*bur*·ro sf. (pl.).
o·re·lha(s)-de-cu·*ti*·a sf. (pl.).
o·re·lha(s)-de-*ga*·to sf. (pl.).
o·re·lha(s)-de-ma·*ca*·co sf. (pl.).
o·re·lha(s)-de-*ne*·gro sf. (pl.).
o·re·lha(s) de *on*·ça sf. (pl.) 'muda de café'.
o·re·lha(s)-de-*on*·ça sf. (pl.) 'planta'.
o·re·lha(s)-de-*pau* sf. (pl.).
o·re·lha(s)-de-*ra*·to sf. (pl.).
o·re·lha(s)-de-*ur*·so sf. (pl.).
o·re·lha(s)-de-ve:*a*·do sf. (pl.).
o·re·*lha*·do adj. sm.
o·re·lha·*dor* (ô) adj. sm.
o·re·lha(s)-*li*·vre(s) sf. (pl.).
o·re·*lha*·me sm.
o·re·*lha*·no adj.
o·re·*lhão* sm.; pl. ·lhões.
o·re·*lhar* v.
o·re·lha(s)-re·*don*·da(s) s2g. (pl.).
o·re·*lhei*·ra sf.
o·re·*lhu*·do adj. sm.
o·*ré*·li:a sf.
o·re:og·no·*si*·a sf.
o·re:og·*nós*·ti·co adj.
o·re:o·*grá*·fi·a sf.
o·re:o·*grá*·fi·co adj.
o·re:*ó*·gra·fo sm.
o·re·*xi*·a (cs) sf.
ór·fã adj. sf. de *órfão*.
or·*fai*·co adj.
or·fa·*na*·do adj. sm.
or·fa·*nar* v.

or·fa·*na*·to sm.
or·fan·*da*·de sf.
or·fa·no·lo·*gi*·a sf.
or·fa·no·*ló*·gi·co adj.
or·fa·no·*tró*·fi:o sm.
ór·fão adj. sm.; pl. ·fãos; f. *órfã*.
or·fe:*ão* sm.; pl. ·ões.
or·*fei*·co adj.
or·fe:ô·*ni*·co adj.
or·fe:o·*nis*·ta adj. s2g.
ór·fi·cas sf. pl.
ór·fi·co adj. sm.
or·*fis*·mo sm.
orf·*nei*·a sf.
or·ga sf.
or·gan·*di* sm.
or·ga·*nei*·ro sm.
or·ga·*ne*·la sf.
or·ga·ni·*cis*·mo sm.
or·ga·ni·*cis*·ta adj. s2g.
or·*gâ*·ni·co adj.
or·ga·*nis*·mo sm.
or·ga·*nis*·ta adj. s2g.
or·ga·*ni*·to sm.
or·ga·ni·za·*ção* sf.; pl. ·ções.
or·ga·ni·za·ci:o·*nal* adj. 2g.; pl. ·nais.
or·ga·ni·*za*·do adj.
or·ga·ni·za·*dor* (ô) adj. sm.
or·ga·ni·*zar* v.
or·ga·ni·*zá*·vel adj. 2g.; pl. ·veis.
ór·ga·no sm.: *órganon*.
or·ga·no·di·na·*mi*·a sf.
or·ga·no·di·*nâ*·mi·co adj.
or·ga·no·*fi*·li·a sf.
or·ga·no·*fí*·si·ca sf.
or·ga·no·*fí*·si·co adj.
or·ga·no·*gê*·ne·se sf.
or·ga·no·ge·ne·*si*·a sf.
or·ga·no·ge·*né*·si·co adj.
or·ga·no·ge·*né*·ti·co adj.
or·ga·no·ge·*ni*·a sf.
or·ga·no·*gê*·ni·co adj.
or·ga·no·*gra*·fi·a sf.
or·ga·no·*grá*·fi·co adj.
or·ga·no·*gra*·ma sm.
or·ga·no·*lép*·ti·co adj.:
or·ga·no·*lé*·ti·co.
or·ga·no·lo·*gi*·a sf.
or·ga·*no*·ma sm.
or·ga·no·me·*tá*·li·co adj. sm.
or·ga·no·me·ta·*loi*·di·co adj.
or·ga·no·pa·*ti*·a sf.
or·ga·no·plas·*ti*·a sf.
or·ga·no·*plás*·ti·co adj.
or·ga·nos·co·*pi*·a sf.
or·ga·nos·*có*·pi·co adj.

or·ga·no·te·ra·*pi*·a sf.
or·ga·no·te·*rá*·pi·co adj.
or·gan·*sim* sm.; pl. ·sins.
or·gan·si·*nar* v.
or·gan·*si*·no sm.
or·*gâ*·nu·lo sm.
ór·gão sm.; pl. ·gãos.
or·*gas*·mo sm.
or·*gás*·ti·co adj.
or·*gi*·a sf. 'bacanal'/Cf. *órgia* sf., e *urgia*, do v. *urgir*.
ór·gi:a sf. 'medida grega'/Cf. *orgia*.
or·*gí*·a·co adj.
or·gi:*as*·ta adj. s2g.
or·gi:*ás*·ti·co adj.
ór·gi:o adj.
or·gu·*lhar* v.
or·*gu*·lho sm.
or·gu·*lho*·so (ô) adj. sm.; f. e pl. (ó).
o·ri:*á* adj. s2g.
o·ri·bi sm.
o·ri·*cal*·co sm.
o·ri:en·ta·*ção* sf.; pl. ·ções.
o·ri:en·*ta*·do adj.
o·ri:en·ta·*dor* (ô) adj. sm.
o·ri:en·*tal* adj. s2g.; pl. ·tais.
o·ri:en·ta·*len*·se adj. s2g.
o·ri:en·ta·li·*da*·de sf.
o·ri:en·ta·*lis*·mo sm.
o·ri:en·ta·*lis*·ta adj. s2g.
o·ri:en·*tan*·do adj. sm.
o·ri:en·*tar* v.
o·ri:*en*·te adj. 2g. sm.
o·ri:en·*ten*·se adj. s2g.
o·ri·*fí*·ci:o sm.
o·ri·*fla*·ma sf.: *auriflama*.
o·ri·*for*·me adj. 2g.
o·ri·*gâ*·mi sm.
o·ri·*gem* sf.; pl. ·gens.
o·ri·ge·*nis*·mo sm.
o·ri·ge·*nis*·ta adj. s2g.
o·ri·gi·*nal* adj. 2g. sm.; pl. ·nais.
o·ri·gi·na·*lão* sm.; pl. ·lões; f. *originalona*.
o·ri·gi·na·li·*da*·de sf.
o·ri·gi·na·*lo*·na adj. sf. de *originalão*.
o·ri·gi·*nar* v.
o·ri·gi·*ná*·ri:o adj.
o·*rig*·ma sm.
o·ri·*go*·ne sm.: o·ri·*jo*·ne.
o·*ri*·lha sf.
o·*rin*·que sm.
o·ri:*un*·do adj. sm.
o·ri·*xá* sm.
o·ri·xa·*lá* sm.

o·ri·xi·mi·na:*en*·se adj. s2g.
o·*riz* adj. s2g.
o·ri·zi·cul·*tor* (ô) sm.
o·ri·zi·cul·*tu*·ra sf.
o·ri·*zí*·vo·ro adj.
o·ri·*zó*·fa·go adj.
o·ri·*zói*·de:o adj.
o·ri·zo·*nen*·se adj. s2g.
or·la sf.
or·la·*du*·ra sf.
or·lan·*di*·no adj. sm.
or·*lar* v.
or·le:*ã* sf.
or·le:a·*nen*·se adj. s2g.
or·le:a·*nês* adj. sm.
or·le:a·*nis*·ta adj. s2g.
or·*lom* sm.; pl. ·*lons*: or·*lon*.
or·*mas*·de sm.
or·mu·zi:*a*·no adj. sm.
or·na·*dor* (ô) adj. sm.
or·na·men·ta·*ção* sf.; pl. ·*ções*.
or·na·men·ta·*dor* (ô) adj. sm.
or·na·men·*tal* adj. 2g.; pl. ·*tais*.
or·na·men·ta·*lis*·ta adj. s2g.
or·na·men·*tar* v.
or·na·men·*tá*·ri:a sf./
  Cf. *ornamentaria*, do v.
  ornamentar.
or·na·men·*tis*·ta adj. s2g.
or·na·*men*·to sm.
or·*nar* v.
or·*na*·to sm.
or·ne:*ar* v.
or·*nei*·o sm.
or·ne·ja·*dor* (ô) adj. sm.
or·ne·*jar* v.
or·*ne*·jo (ê) sm.
or·*nis* sm.
or·*ní*·ti·co adj.
or·ni·*ti*·na sf.
or·ni·*ti*·ta sf.
or·ni·*tó*·bi:a sf.
or·ni·*tó*·bi:o sm.
or·ni·to·*cé*·fa·lo sm.
or·ni·to·*có*·ri·co adj.
or·ni·*tó*·co·ro adj.
or·ni·to·*del*·fo sm.
or·ni·to·fa·*gi*·a sf.
or·ni·*tó*·fa·go adj. sm.
or·ni·to·*fi*·li·a sf.
or·ni·*tó*·fi·lo adj. sm.
or·ni·to·*fo*·ne sm.
or·ni·to·fo·*ni*·a sf.
or·ni·to·*fô*·ni·co adj.
or·ni·*tó*·ga·lo sm.
or·ni·*tói*·de:o adj.:
  or·ni·to·*í*·de:o.
or·ni·*tó*·la·tra s2g.

or·ni·to·la·*tri*·a sf.
or·ni·to·*lá*·tri·co adj.
or·ni·to·*lo*·gi·a sf.
or·ni·to·*ló*·gi·co adj.
or·ni·to·*lo*·gis·ta adj. s2g.
or·ni·*tó*·lo·go sm.
or·ni·to·man·*ci*·a sf.
or·ni·to·*man*·te s2g.
or·ni·to·*mân*·ti·co adj.
or·ni·to·*mi*·zo adj. sm.
or·ni·*tó*·po·de sm.
or·ni·*tó*·pó·di:o sm.
or·ni·*tóp*·te·ro sm.
or·ni·tor·*rin*·co sm.
or·ni·tos·co·*pi*·a sf.
or·ni·tos·*có*·pi·co adj.
or·ni·*tós*·co·po sm.
or·ni·to·to·*mi*·a sf.
or·ni·to·*tô*·mi·co adj.
or·ni·to·tro·*fi*·a sf.
or·ni·to·*tró*·fi·co adj.
o·*ró* sm.
o·ro·ban·*cá*·ce:a sf.
o·ro·ban·*cá*·ce:o adj.
o·ro·*bân*·que:a sf.
o·ro·ba·ti·*mé*·tri·co adj.
o·*ró*·bi:o adj. sm.
o·ro·*bi*·to sm.
ó·ro·bo sm.
o·ro·*bó* sm.
o·ro·fa·ci:*al* adj. 2g.; pl. ·*ais*.
o·ro·fa·*rin*·ge sf.
o·ro·fa·*rín*·ge:o adj.
o·*ró*·fi·lo adj. sm.
o·*ró*·fi·to sm.
o·ro·ge·*ni*·a sf.
o·ro·*gê*·ni·co adj.
o·rog·no·*si*·a sf.
o·rog·*nós*·ti·co adj.
o·ro·gra·*fi*·a sf. 'descrição das
  montanhas'/Cf. *horografia*.
o·ro·*grá*·fi·co adj. 'relativo à
  orografia'/Cf. *horográfico*.
o·*ró*·gra·fo sm. 'tratadista de
  orografia'/Cf. *horógrafo*.
o·ro·lo·*gi*·a sf. 'orogenia'/Cf.
  urologia.
o·ro·*ló*·gi·co adj. 'relativo à
  orologia'/Cf. *urológico*.
o·ro·na·*sal* adj.; pl. ·*sais*.
o·ro·*ne*·ta (ê) sf.
o·ron·*tan*·je sf.
o·*ro*·pa sf.
o·ro·*pé*·ci:o sm.
o·ros·*fe*·ra sf.
o·ros·*fé*·ri·co adj.
o·ro·*ta*·to sm.
o·ro·te·ra·*pi*·a sf.

o·ro·te·*rá*·pi·co adj.
o·ro·va·*í* sm.: o·ro·va·*ri*.
or·*ques*·tra sf.
or·ques·tra·*ção* sf.; pl. ·*ções*.
or·ques·*tral* adj. 2g.; pl. ·*trais*.
or·ques·*trar* v.
or·qui:al·*gi*·a sf.
or·qui:*ál*·gi·co adj.
or·qui·co·*rei*·a sf.
or·qui·co·*rei*·co adj.
or·qui·*dá*·ce:a sf.
or·qui·*dá*·ce:o adj.
or·qui·*dá*·ri:o sm.
or·*quí*·de:a sf.
or·qui·di:*a*·no adj.
or·qui·di·*flo*·ro adj.
or·qui·do·fi·li·a sf.
or·qui·*dó*·fi·lo adj. sm.
or·qui·do·gra·*fi*·a sf.
or·qui·do·*grá*·fi·co adj.
or·qui·do·ma·*ni*·a sf.
or·qui:ec·to·*mi*·a sf.
or·qui:o·*ce*·le sf.
or·qui:o·*cé*·li·co adj.
or·qui:o·to·*mi*·a sf.
or·qui:o·*tô*·mi·co adj.
or·qui:*ó*·to·mo sm.
or·*qui*·te sf.
or·*quí*·ti·co adj.
or·*re*·ta (ê) sf.
or·ro·*cís*·ti·co adj.
or·ro·*cis*·to sm.
or·ro·lo·*gi*·a sf.
or·ro·*ló*·gi·co adj.
or·*ti*·ta sf.
or·*ti*·vo adj.
or·to sm. 'o nascer de um
  astro'/Cf. *horto*.
or·to·bi:*o*·se sf.
or·to·bi:*ó*·ti·co adj.
or·to·ce·fa·*li*·a sf.
or·to·ce·*fá*·lo adj. sm.
or·to·*cên*·tri·co adj.
or·to·*cen*·tro sm.
or·*tó*·ce·ra sf.
or·*tó*·ce·ro sm.
or·to·*ci*·clo adj. sm.
or·to·ci·*to*·se sf.
or·to·*clá*·si:o sm.
or·to·*co*·lo sm.: or·to·*có*·lon;
  pl. ·*lons*.
or·to·co·*rei*·a sf.
or·to·co·*rei*·co adj.
or·to·cro·*má*·ti·co adj.
or·to·*dác*·ti·lo adj.:
  or·to·*dá*·ti·lo.
or·to·*don*·te adj. 2g. sm.
or·to·don·*ti*·a sf.

or·to·*dôn*·ti·co adj.
or·to·don·*tis*·ta adj. s2g.
or·to·*do*·xi·a (cs) sf.
or·to·*do*·xo (cs) adj. sm.
or·to·dro·*mi*·a sf.
or·to·*drô*·mi·co adj.
or·to:*é*·li:o sm.
or·to:e·*pi*·a sf.: or·to:*é*·pi:a.
or·to:*é*·pi·co adj.
or·*tó*·fa·go sm.
or·to·fo·*ni*·a sf.
or·to·*fô*·ni·co adj.
or·to·fo·*ri*·a sf.
or·to·*fó*·ri·co adj.
or·to·fos·*fó*·ri·co adj.
or·to·fos·fo·*ro*·so (ô) adj.; f. e pl. (ó).
or·to·fre·*ni*·a sf.
or·to·*frê*·ni·co adj.
or·to·gê·ne·se sf.
or·to·ge·*né*·ti·co adj.
or·to·ge·*ni*·a sf.
or·tog·*nais*·se sm.
or·tog·*na*·ta adj. s2g.:
  or·*tóg*·na·ta.
or·tog·na·*ti*·a sf.
or·tog·na·*tis*·mo sm.
or·tog·*na*·to adj. sm.:
  or·*tóg*·na·to.
or·to·go·*nal* adj. 2g.; pl. ·*nais*.
or·to·go·na·li·*da*·de sf.
or·to·go·na·li·*zar* v.
or·to·gra·fa·*ção* sf.; pl. ·*ções*.
or·to·gra·*far* v.
or·to·gra·*fi*·a sf.
or·to·*grá*·fi·co adj.
or·to·gra·*fis*·ta adj. s2g.
or·*tó*·gra·fo sm./Cf. *ortografo*,
  do v. *ortografar*.
or·to·hi·dro·gê·ni:o(s) sm.
  (pl.): or·to:i·dro·gê·ni:o.
or·to·le·*xi*·a (cs) sf.
or·to·me·ta·*mór*·fi·co adj.
or·to·me·*tri*·a sf.
or·to·*mé*·tri·co adj.
or·to·nec·*tí*·de:o adj. sm.
or·*tô*·ni·mo sm.
or·to·nor·*mal* adj. 2g.; pl.
  ·*mais*.
or·to·nor·ma·li·*da*·de sf.
or·to·nor·ma·li·*zar* v.
or·to·pe·*di*·a sf.
or·to·*pé*·di·co adj.
or·to·per·cus·*são* sf.; pl. ·*sões*.
or·to·*pí*·gi:o sm.
or·to·pi·na·*coi*·de adj. s2g.
or·to·pla·*si*·a sf.
or·to·*plás*·ti·co adj.

or·to·*plô*·ce:o adj.
or·to·plum·*ba*·to sm.
or·to·*plúm*·bi·co adj.
or·top·*nei*·a sf.
or·top·*noi*·co adj.
or·*tó*·po·de adj. sm.
or·to·*prác*·ti·co adj.:
  or·to·*prá*·ti·co.
or·to·pra·*xi*·a (cs) sf.
or·*tóp*·te·ro adj. sm.
or·top·te·ro·lo·*gi*·a sf.
or·top·te·ro·*ló*·gi·co adj.
or·top·te·*ró*·lo·go sm.
or·*tóp*·ti·ca sf.
or·*tóp*·ti·co adj.
or·to·*ra*·ma sm.
or·tor·*ra*·fo adj. sm.
or·tor·ra·*qui*·a sf.
or·tor·*rá*·qui·co adj.
or·tor·*ri*·no sm.
or·tor·*rôm*·bi·co adj.
or·tos·*có*·pi·co adj.
or·*tó*·si:o sm.
or·*tó*·tro·po adj.
or·va·*lha*·da sf.
or·va·*lha*·do adj.
or·va·*lhar* v.
or·va·*lhei*·ra sf.
or·va·*lhi*·nha sf.
or·*va*·lho sm.
or·va·*lho*·so (ô) adj.; f. e pl. (ó).
os·*cen*·se adj. s2g.
os·ci·la·*ção* sf.; pl. ·*ções*.
os·ci·la·*dor* (ô) adj. sm.
os·ci·*lan*·te adj. 2g.
os·ci·*lar* v.
os·ci·*lá*·ri:a sf./Cf. *oscilaria*, do
  v. *oscilar*.
os·ci·la·*tó*·ri:o adj.
os·ci·lo·gra·*fi*·a sf.
os·ci·lo·*grá*·fi·co adj.
os·ci·*ló*·gra·fo sm.
os·ci·lo·*gra*·ma sm.
os·ci·lo·me·*tri*·a sf.
os·ci·lo·*mé*·tri·co adj.
os·ci·*lô*·me·tro sm.
os·ci·los·*có*·pi:o sm.
ós·ci·ne adj. 2g.
os·ci·ta·*ção* sf.; pl. ·*ções*.
os·ci·*tân*·ci:a sf.
os·ci·*tan*·te adj. 2g.
os·ci·*tar* v.
os·co adj. sm. 'povo'/Cf. *hosco*.
os·co·*úm*·bri:o(s) adj. sm. (pl.).
os·cu·la·*ção* sf.; pl. ·*ções*.
os·cu·la·*dor* (ô) adj. sm.
os·cu·*lar* v. adj. 2g.
os·cu·la·*tó*·ri:o adj. sm.

os·cu·la·*triz* adj. sf.
ós·cu·lo sm./Cf. *osculo*, do v.
  oscular.
os·fal·*gi*·a sf.: *osfialgia*.
os·*fál*·gi·co adj.: *osfiálgico*.
os·fi:al·*gi*·a sf.: *osfalgia*.
os·fi:*ál*·gi·co adj.: *osfálgico*.
os·*frá*·di:o sm.
os·*fre*·se sf.
os·fre·*si*·a sf.
os·*fré*·si·co adj.
os·ga sf.
o·si·*rí*:a·co adj. sm.
o·si·ri:*a*·no adj. sm.
o·*sí*·ri·de sf.
o·si·*rí*·de:o adj.
os·man·*di* sm.
os·*mâ*·ni·co adj. sm.
os·man·*li* adj. s2g. sm.:
  os·ma·*nil*; pl. ·*nis*.
os·me·*té*·ri:o sm.
ós·mi·co adj.
os·mi·*dro*·se sf.
os·mi·*dró*·ti·co adj.
ós·mi:o sm.
os·mi:*o*·so (ô) adj.; f. e pl. (ó).
os·mi·*rí*·di:o sm.
os·*mó*·cri·na sf.
os·mo·*der*·ma sm.
os·mo·*der*·me sf.
os·mo·*der*·mo sm.
os·mo·lo·*gi*·a sf.
os·mo·*ló*·gi·co adj.
os·mo·me·*tri*·a sf.
os·mo·*mé*·tri·co adj.
os·*mô*·me·tro sm.
os·*mo*·se sf.
os·*mó*·ti·co adj.
os·mo·*zô*·me:o adj.
os·mo·*zo*·mo sm.
os·*mun*·da sf.
os·mun·*dá*·ce:a sf.
os·mun·*dá*·ce:o adj.
o·so·ri:*en*·se adj. s2g.
os·que·*í*·te sf.
os·que:o·ca·la·*si*·a sf.
os·que:o·*ce*·le sf.
os·que:*o*·ma sm.
os·que:o·plas·*ti*·a sf.
os·que:o·*plás*·ti·co adj.
os·*sa*·da sf.
os·*sa*·ma sf.
os·sa·*men*·ta sf.
os·sa·*men*·to sm.
os·sa·*ri*·a sf.
os·*sá*·ri:o sm.
os·sa·*tu*·ra sf.
os·se·*í*·na sf.

ós·se:o adj.
os·si:an·dri:a·*nis*·mo sm.
os·si:an·dri:a·no sm.
os·si:â·ni·co adj. 'relativo a Ossian'/Cf. *oceânico*.
os·si:a·ni·*zar* v.
os·*sis*·cos sm. pl.
os·si·cu·*la*·do adj.
os·*sí*·cu·lo sm.
os·si·fi·ca·*ção* sf.; pl. ·*ções*.
os·si·fi·*car* v.
os·si·flu:*en*·te adj. 2g.
os·si·*for*·me adj. 2g.
os·*sí*·fra·go adj.
os·*sí*·vo·ro adj.
os·so (ô) sm.; pl. (ó).
os·so(s) de ca·*va*·lo sm. (pl.).
os·so(s) do pai·jo:*ão* sm. (pl.).
os·so(s) do vin·*tém* sm. (pl.).
os·*so*·so (ô) adj.; f. *e* pl. (ó).
os·su·*á*·ri:o sm.
os·*su*·do adj.
os·*ta*·ga sf.
os·ta·ri:o·*fi*·so adj. sm.
os·te:al·*gi*·a sf.
os·te:*ál*·gi·co adj.
os·te·*íc*·te adj. 2g. sm.
os·te·*í*·na sf.
os·te·*í*·te sf.
os·ten·*são* sf.; pl. ·*sões*.
os·ten·*sí*·vel adj. 2g.; pl. ·veis.
os·ten·*si*·vo adj.
os·ten·*sor* (ô) adj. sm.
os·ten·*só*·ri:o adj. sm.
os·ten·ta·*ção* sf.; pl. ·*ções*.
os·ten·ta·*dor* (ô) adj. sm.
os·ten·*tar* v.
os·ten·ta·*ti*·vo adj.
os·ten·ta·*tó*·ri:o adj.
os·ten·*to*·so (ô) adj.; f. *e* pl. (ó).
os·te·o·*blas*·to sm.
os·te·o·*ce*·le sf.
os·te·o·*cé*·li·co adj.
os·te·o·cis·*toi*·de sm.
os·te·*ó*·ci·to sm.
os·te·o·cla·*si*·a sf.
os·te·o·*clá*·si·co adj.
os·te·o·*clas*·ta sm.
os·te·o·clas·*ti*·a sf.
os·te·o·*clás*·ti·co adj.
os·te·o·*clas*·to sm.
os·te·o·*der*·mo adj. sm.
os·te·o·di·*ni*·a sf.
os·te·o·*dí*·ni·co adj.
os·te·*ó*·fa·go adj. sm.
os·te·o·fi·*mi*·a sf.
os·te·o·*fí*·mi·co adj.
os·te·*ó*·fi·to sm.

os·te·o·ga·*noi*·de adj. 2g. sm.
os·te·o·*gê*·ne·se sf.
os·te·o·ge·*né*·ti·co adj.
os·te·o·ge·*ni*·a sf.
os·te·o·*gê*·ni·co adj.
os·te·o·gra·*fi*·a sf.
os·te·o·*grá*·fi·co adj.
os·te·*ó*·gra·fo sm.
os·te·*ó*·li·se sf.
os·te·o·*lí*·ti·co adj.
os·te·*ó*·li·to sm.
os·te·o·lo·*gi*·a sf.
os·te·o·*ló*·gi·co adj.
os·te·*ó*·lo·go sm.
os·te·*o*·ma sm.
os·te·o·ma·la·*ci*·a sf.
os·te·o·*mé*·ri·co adj.
os·te·*ô*·me·ro sm.
os·te·o·*mé*·tri·co adj.
os·te·o·mi:e·*li*·te sf.
os·te·o·mi:e·*lí*·ti·co adj.
os·te·on·*co*·se sf.
os·te·o·ne·*cro*·se sf.
os·te·o·*pa*·ti·a sf.
os·te·o·*pá*·ti·co adj.
os·te·o·plas·*ti*·a sf.
os·te·o·*plás*·ti·co adj.
os·te·o·po·*ro*·se sf.
os·te·os·cle·*rei*·de sf.
os·te·*o*·se sf.
os·te·os·sar·*co*·ma sm.
os·te·*ós*·to·mo adj. sm.
os·te·o·to·*mi*·a sf.
os·te·o·*tô*·mi·co adj.
os·te·o·zo·*á*·ri:o adj. sm.
os·*tí*·a·co adj. sm.: os·ti:*a*·co.
os·ti:a·ri:*a*·to sm.
os·ti:*á*·ri:o sm. 'encarregado das portas do templo'/Cf. *hostiário*.
ós·ti:o sm.
os·ti:o·*la*·do adj.
os·ti:o·*lar* adj. 2g.
os·*tí*·o·lo sm.
os·*tra* (ô) sf.
os·tra(s)-a·me·ri·*ca*·na(s) sf. (pl.).
os·*trá*·ce:o adj.
os·tra(s)-*cha*·ta(s) sf. (pl.).
os·tra·ci·o·*ní*·de:o adj. sm.
os·tra·*cis*·mo sm.
os·tra·*cis*·ta adj. s2g.
os·tra·*ci*·te sf.
ós·tra·co sm.
os·tra·co·*der*·mo adj. sm.
os·tra·co·*dí*·de:o adj. sm.
os·tra·*có*·di:o adj. sm.
os·tra·co·lo·*gi*·a sf.

os·tra·co·*ló*·gi·co adj.
os·tra·co·lo·*gis*·ta adj. s2g.
os·tra·*có*·lo·go sm.
os·tra(s)-da-vir·*gí*·ni:a sf. (pl.).
os·tra(s)-de-*po*·bre sf. (pl.).
os·tra(s)-do-*man*·gue sf. (pl.).
os·tra(s)-eu·ro·*pei*·a(s) sf. (pl.).
os·tra(s)-fran·*ce*·sa(s) sf. (pl.).
os·tra·*ri*·a sf.
os·tra(s)-ver·da·*dei*·ra(s) sf. (pl.).
os·tre:*á*·ri:o adj.
os·tre·*í*·co·la adj. 2g.
os·tre·i·cul·*tor* (ô) sm.
os·tre·i·cul·*tu*·ra sf.
os·*trei*·das sm. pl.
os·tre·*í*·de:o adj. sm.
os·tre:i·*for*·me adj. 2g.
os·tre·*í*·na sf.
os·*trei*·ra sf.
os·*trei*·ro adj. sm.
os·tri·cul·*tor* (ô) sm.
os·tri·cul·*tu*·ra sf.
os·*trí*·fe·ro adj.
os·*tri*·no adj.
os·tro sm.
os·tro·go·do (ô) adj. sm.
os·val·do-cru·*zen*·se(s) adj. s2g. (pl.).
o·ta (ô) interj.
o·tal·*gi*·a sf.
o·*tál*·gi·co adj.
o·*tá*·ri:a sf.
o·ta·*rí*·de:o adj. sm.
o·*tá*·ri:o adj. sm.
o·ti adj. s2g.
ó·ti·ca sf.: óptica.
ó·ti·co[1] adj. 'relativo ou pertencente ao ouvido'/Cf. *óptico e ótico*[2].
ó·ti·co[2] adj. sm. 'relativo à visão': óptico/Cf. *ótico*[1].
o·ti·ma·*ci*·a sf.: optimacia.
o·ti·*ma*·tes sm. pl.: optimates.
o·ti·*mis*·mo sm.: optimismo.
o·ti·*mis*·ta adj. s2g.: optimista.
o·ti·mi·za·*ção* sf.; pl. ·*ções*: optimização.
o·ti·mi·*zar* v.: optimizar.
ó·ti·mo adj. sm. interj.
o·*ti*·te sf.
o·*tí*·ti·co adj.
o·ti-xa·*van*·te adj. s2g.; pl. *otis-xavantes* ou *otis-xavante*.
o·to·an·*tri*·te sf.
o·to·ce·fa·*li*·a sf.
o·ro·ce·*fá*·li·co adj.
o·to·co·*fo*·se sf.

o·to·cô·ni:o sm.
o·to·di·ni·a sf.
o·to·*dí*·ni·co adj.
o·*tó*·fo·ro sm.
o·to·gra·*fi*·a sf.
o·to·*grá*·fi·co adj.
o·*tó*·li·to sm.
o·to·lo·*gi*·a sf.
o·to·*ló*·gi·co adj.
o·to·*ma*·na sf.
o·to·*ma*·no adj. sm.
o·to·mi·*co*·se sf.
o·to·mi·*có*·ti·co adj.
o·*to*·na sf.
o·to·pa·*ti*·a sf.
o·to·*pá*·ti·co adj.
o·to·plas·*ti*·a sf.
o·to·*plás*·ti·co adj.
o·tor·*rei*·a sf.
o·tor·*rei*·co adj.
o·tor·*ri*·no s2g.
o·tor·ri·no·la·rin·go·lo·*gi*·a sf.
o·tor·ri·no·la·rin·go·*ló*·gi·co adj.
o·tor·ri·no·la·rin·go·lo·*gis*·ta adj. s2g.
o·tos·cle·*ro*·se sf.
o·tos·cle·*ró*·ti·co adj.
o·tos·co·*pi*·a sf.
o·tos·*có*·pi·co adj.
o·tos·*có*·pi:o sm.
o·*to*·se sf.
o·tos·pon·gi:*o*·se sf.
o·to·tec·*ni*·a sf.
o·to·*téc*·ni·co adj.
o·to·te·ra·*pi*·a sf.
o·to·te·*rá*·pi·co adj.
o·to·to·*mi*·a sf.
o·to·*tô*·mi·co adj.
o·tu:i·tu·*í* sm.
o·*tu*·que adj. s2g.
o·txu·ci·*a*·na adj. s2g.
ou conj./Cf. *ô* e *hou*.
ou·ça sf.: *oiça*.
ou·*ção* sm.; pl. ·*ções*.
ou·*gã* sm.
ou·gue·*len*·se adj. s2g.
ou·i·ra·*re*·ma sf.
ou·*qui*·a sf.
ou·ra sf.: *oira*.
ou·*ra*·do adj.: *oirado*.
ou·*ra*·ma sf.: *oirama*.
ou·*ra*·na sf.: *oirana*.
ou·rar v.: *oirar*.
ou·*re*·ga sf.
ou·*re*·la sf.
ou·re·*lar* v.

ou·*re*·lo (ê) sm./Cf. *ourelo* (é), do v. *ourelar*.
ou·*rém* sm.; pl. ·*réns*/Cf. *ourem*, do v. *ourar*.
ou·*ren*·se adj. s2g.
ou·ri·*ça*·do adj.
ou·ri·*ca*·na sf.
ou·ri·*çar* v.: *oiriçar*.
ou·*ri*·ço sm.: *oiriço*.
ou·ri·ço(s)-ca·*chei*·ro(s) sm. (pl.).
ou·ri·ço(s)-do-*mar* sm. (pl.).
ou·ri·ço(s)-*pre*·to(s) sm. (pl.).
ou·ri·*cu*·ri sm.: *uricuri*.
ou·ri·cu·ri:*en*·se adj. s2g.
ou·ri·cu·ri·*zei*·ro sm.
ou·ri:*en*·se adj. s2g.
ou·ri·*nhen*·se adj. s2g.
ou·*rin*·que sm.
ou·ri·*pel* sm.; pl. ·*péis*: *ouropel*.
ou·*ri*·ves sm. 2n.
ou·ri·ve·sa·*ri*·a sf.
ou·ro sm.: *oiro*.
ou·ro(s)-bran·*quen*·se(s) adj. s2g. (pl.).
ou·ro(s) de *ga*·to sm. (pl.): *oiro de gato*.
ou·ro e *fi*:o adv.: *oiro e fio*.
ou·ro-fi·*nen*·se(s) adj. s2g. (pl.).
ou·ro·*fi*:o adv.: *oiro-fio*.
ou·ro·*pel* sm.; pl. ·*péis*: *ouripel, oiropel*.
ou·ro-pig·*men*·to sm.; pl. *ouros-pigmentos* ou *ouros--pigmento*: *oiro-pigmento*.
ou·ro-pre·*ta*·no(s) adj. sm. (pl.).
ou·ro-pre·*ten*·se(s) adj. s2g. (pl.).
ou·ros sm. pl.: *oiros*.
ou·ro-ver·*den*·se(s) adj. s2g. (pl.).
ou·*ru*·do adj.: *oirudo*.
ou·sa·*di*·a sf.
ou·*sa*·do adj.
ou·*sar* v.
ou·*si*:o sm.
ou·*tão* sm.; ·*tões*: *oitão*.
ou·*tar* v.
outdoor sm. (ing.: *autdór*).
ou·tei·*ris*·ta adj. s2g.: *oiteirista*.
ou·*tei*·ro sm.: *oiteiro*.
ou·*ti*·va sf.: *oitiva*.
ou·to sm. 'palhas ou arestas que ficam na joeira'/Cf. *oito*.
ou·to·*na*·da sf.
ou·to·*nal* adj. 2g.; pl. ·*nais*.
ou·to·*nar* v.
ou·to·ne:*ar* v.

ou·to·*ni*·ço adj. sm.
ou·*to*·no sm.
ou·*tor*·ga sf.
ou·tor·*ga*·do adj. sm.
ou·tor·ga·*dor* (ô) adj. sm.
ou·tor·*gan*·te adj. s2g.
ou·tor·*gar* v.
output sm. (ing.: *autput*).
ou·*trem* pron.
ou·tro pron.
ou·*tro*·ra adv.
ou·tros·*sim* adv. conj.
outsider s2g. (ing.: *autssáider*).
ou·tu·*bris*·mo sm.
ou·tu·*bris*·ta adj. s2g.
ou·*tu*·bro sm.: *oitubro*.
ou·*vi*·da sf.
ou·*vi*·do sm.
ou·vi·*dor* (ô) sm.
ou·vi·do·*ri*·a sf.
ou·*vin*·te adj. s2g.
ou·*vir* v.
ou·*vis*·to adj.
o·va sf.
o·va·*ção* sf.; pl. ·*ções*.
o·va·ci:o·*nar* v.
o·*va*·do adj. sm.
o·*val* adj. 2g. sm. sf. 'que tem forma elíptica, semelhante à do ovo'; pl. ·*vais*/Cf. *uval*.
o·va·la·*ção* sf.; pl. ·*ções*.
o·va·la·*dei*·ra sf.
o·va·*la*·do adj.
o·va·*lar* v. adj. 2g.
o·val·bu·*mi*·na sf.
ó·va·lo sm.: *óvano*/Cf. *ovalo*, do v. *ovalar*.
o·va·*loi*·de adj. 2g. sm.
ó·va·no sm.: *óvalo*.
o·*van*·te adj. 2g.
o·*var* v.
o·va·*ren*·se adj. s2g.
o·va·ri:al·*gi*·a sf.
o·va·ri·*ál*·gi·co adj.
o·va·ri·*a*·no adj.
o·*vá*·ri·co adj.
o·va·ri:ec·to·*mi*·a sf.
ov·a·ri:ec·*tô*·mi·co adj.
o·va·*rí*·fe·ro adj.
o·va·*ri*·no adj. sm.
o·*vá*·ri:o sm.
o·va·ri:o·*ce*·le sf.
o·va·ri:o·*cé*·li·co adj.
o·va·ri:o·te·ra·*pi*·a sf.
o·va·ri:o·te·*rá*·pi·co adj.
o·va·ri:o·to·*mi*·a sf.
o·va·ri:o·*tô*·mi·co adj.
o·va·*ris*·mo sm.

o·va·*ris*·ta adj. s2g.
o·vas sf. pl.
o·*vei*·ra sf.
o·*vei*·ro adj. sm.
o·ve·lha (ê) sf.
o·ve·*lha*·da sf.
o·ve·*lhei*·ro adj. sm.
o·ve·*lhum* adj. 2g.; pl. ·*lhuns*.
o·*vém* sm.; pl. ·*véns*.
o·ven·ça sf.
o·ven·*çal* sm.; pl. ·*çais*.
ó·ve:o adj.
o·ve·*ten*·se adj. s2g.
o·ve·va sf.: obeba.
o·ver·*do*·se sf.
o·vi:*á*·ri:o sm.
o·vi·di:*a*·no adj.
o·vi·*du*·to sm.
o·vi·*for*·me adj. 2g. 'oval'/Cf.
   uviforme.
o·*ví*·ge·ro adj.
o·*vil* sm.; pl. ·*vis*.
óv·ni sm.
o·*vi*·no adj. sm.
o·*vi*·no·cul·*tor* (ô) sm.
o·*vi*·no·cul·*tu*·ra sf.
o·vi·pa·ri·*da*·de sf.
o·vi·pa·*ris*·mo sm.
o·*ví*·pa·ro adj. sm.
o·vi·po·si·*ção* sf.; pl. ·*ções*.
o·vi·po·si·*tor* (ô) sm.:
   ovopositor.
o·vis·*sa*·co sm
o·*ví*·vo·ro adj.
o·vo (ô) sm.; pl. (ó)/Cf. ovo, do
   v. ovar.
o·vo·*cé*·lu·la sf.
o·vo·*cen*·tro sm.
o·vo(s)-de-*ga*·lo sm. (pl.).
o·*vo*(s) de pe·*ru* sm. (pl.).
o·*vo*(s) de *pom*·bo sm. (pl.).
o·*vo*(s) de *sa*·po sm. (pl.).
o·*voi*·de adj. 2g.
o·vo·lo·*gi*·a sf.
o·vo·*ló*·gi·co adj.
o·vo·po·si·*tor* (ô) sm.:
   ovipositor.
o·vo·vi·*ví*·pa·ro adj. sm.
o·vu·la·*ção* sf.; pl. ·*ções*.
o·vu·*la*·do adj.
o·vu·*lar* adj. 2g. v. 'relativo

ou pertencente a óvulo'
   'produzir óvulos'/Cf. uvular.
o·vu·li·*for*·me adj. 2g. 'que
   tem forma de óvulo'/Cf.
   uvuliforme.
ó·*vu*·lo sm.
o·*xá*·ci·do (cs) sm.
o·xa·*lá* sm. interj.
o·xa·la·*tar* (cs) v.
o·xa·*la*·to (cs) sm.
o·*xá*·li·co (cs) adj.
o·xa·li·*dá*·ce:a (cs) sf.
o·xa·li·*dá*·ce:o (cs) adj.
o·xa·*lí*·de:a (cs) sf.
o·xa·*lí*·de:o (cs) adj.
o·xa·*li*·ta (cs) sf.
o·xa·lu·*ri*·a (cs) sf.:
   o·xa·*lú*·ri:a.
o·xa·*lú*·ri·co (cs) adj. sm.
o·*xen*·te interj.
ox·for·di:*a*·no (cs) adj. sm.
o·xi:a·can·*ti*·na (cs) sf.
o·xi:a·*can*·to (cs) adj.
o·xi:a·*cé*·ti·co (cs) adj.
o·xi:a·ce·ti·*le*·no (cs) sm.
o·xi:*á*·ci·do (cs) sm.
o·xi·*brác*·te:o (cs) adj.
o·xi·*ce*·dro (cs) sm.
o·xi·*cra*·to (cs) sm.
o·xi·da·bi·li·*da*·de (cs) sf.
o·xi·da·*ção* (cs) sf.; pl. ·*ções*.
o·xi·*dan*·te (cs) adj. 2g. sm.
o·xi·*dar* (cs) v.
o·xi·*da*·se (cs) sf.
o·xi·*dá*·vel (cs) adj. 2g.; pl.
   ·veis.
ó·*xi*·do (cs) sm.
o·xi·*dri*·la (cs) sf.
o·xi·du·*la*·do (cs) adj.
o·xi·ge·na·*ção* (cs) sf.; pl. ·*ções*.
o·xi·ge·*na*·do (cs) adj.
o·xi·ge·*nar* (cs) v.
o·xi·*gê*·ni:o (cs) sm.
o·xi·ge·no·te·ra·*pi*·a (cs) sf.
o·xi·ge·no·te·*rá*·pi·co (cs) adj.
o·xi·geu·*si*·a (cs) sf.
o·*xí*·go·no (cs) adj.
o·xi·*li*·to (cs) adj. sm.
o·xi·*mel* (cs) sm.; pl. ·*méis*.
o·xi·me·*tri*·a (cs) sf.
o·xi·*mé*·tri·co (cs) adj.

o·xi·*mo*·ro (cs) sm.:
   o·xi·*mó*·ron.
o·xi:o·*pi*·a (cs) sf.
o·xi:*ó*·pi·co (cs) adj.
o·xi:op·*si*·a (cs) sf.
o·xir·ran·*fí*·de:o (cs) adj. sm.
o·xir·re·du·*ção* sf.; pl. ·*ções*.
o·xir·*rin*·co (cs) adj. sm.
o·xi·run·*cí*·de:o (cs) adj. sm.
o·xi·to·*ni*·a (cs) sf.
o·xi·*tô*·ni·co (cs) adj.
o·*xí*·to·no (cs) adj. sm.
o·xi:*ú*·ro (cs) sm.
o·xi:u·*ro*·se (cs) sf.
o·xo·ni:*a*·no (cs) adj. sm.
o·*xos*·se sm.: o·*xós*·si.
o·xum sm.; pl. ·*xuns*.
o·xum-a·ba·*lô* sm.; pl.
   oxuns-abalôs.
o·xum-a·pa·*rá* sm.; pl.
   oxuns-aparás.
o·ze·na sf. 'rinite'/Cf. onzena.
o·*zê*·ni·co adj.
o·ze·*no*·so (ô) adj. sm.; f. e pl.
   (ó).
o·zo·ce·*ri*·ta sf.: o·zo·ce·*ri*·te.
o·zo·cro·*ci*·a sf.
o·*zo*·na sf.
o·zo·na·*dor* (ô) sm.
o·zo·*nar* v.
o·zo·ne sm.
o·*zô*·ni·de sm.: o·zo·*ni*·de.
o·zo·*ní*·di:o sm.
o·zo·*ní*·fe·ro adj.
o·*zô*·ni:o sm.
o·zo·ni·za·*ção* sf.; pl. ·*ções*.
o·zo·ni·*za*·do adj.
o·zo·ni·za·*dor* (ô) adj. sm.
o·zo·ni·*zan*·te adj. 2g.
o·zo·ni·*zar* v.
o·zo·ni·*zá*·vel adj. 2g.; pl.
   ·veis.
o·*zo*·no sm.
o·zo·no·me·*tri*·a sf.
o·zo·no·*mé*·tri·co adj.
o·zo·*nô*·me·tro sm.
o·zo·nos·*có*·pi·co adj.
o·zos·to·*mi*·a sf.
o·zos·*tô*·mi·co adj.
o·zo·te·*ri*·ta sf.
o·zu:eu adj. sm.; f. ·ei·a.

P

p sm.
pá interj. sf. sm.
pã sm.
pá-a-pa-san-ta-*jus***-ta** adv.
pa-*bo***-la** adj. s2g.
pa-bu-*la***-gem** sf.; pl. ·**gens**: *pavulagem*.
pa-bu-*lar*** v.
pá-bu-lo** adj. sm./Cf. *pabulo*, do v. *pabular*.
***pa*-ca** adj. s2g. adv.
pa-ca-*á*** adj. s2g.
pa-ca-ci-*da***-de** sf.
pa-ca:em-bu:*en***-se** adj. s2g.
pa-ca-*gua***-ra** adj. s2g.
pa-*cai***-a** adj. 2g. sm.
pa-cai-*á*** adj. s2g.: *pacajá*.
pa-*cai:o** adj. sm.
pa-ca-*já*** adj. s2g.: *pacaiá*.
pa-ca-ju-*déu*** adj. s2g.: *pacaxodéu*.
pa-*ca***-lho** sm., na loc. *virar pacalho*.
pa-ca-*mã*** sm.: **pa-ca-***mão*; pl. ·**mães**.
pa-ca-nau-*á*** adj. s2g.
pa-ca-*peu***-a** sf.: **pa-ca-***péu***-a**.
pa-ca-pi:*á*** sf.
pa-ca-*rá*** sm.
pa-ca-*ra***-na** sf.
pa-ca-ra-te-*pu*** sm.
pa-ca-*ri*** sm.
pa-ca-ris(s)-da-*ma***-ta** sm. (pl.).
pa-ca-ri-sel-*va***-gem** sm.; pl. *pacaris-selvagens*.
pa-ca-*tez*** (ê) sf.
pa-*ca***-to** adj. sm.
pa-ca-tu-*ba***-no** adj. sm.
pa-ca-tu-*ben***-se** adj. s2g.
pa-*cau*** sm.
pa-ca-*va***-ra** adj. s2g.
pa-ca-*vi***-ra** sf.
pa-ca-xo-*déu*** adj. s2g.: *pacajudéu*.

pa-*cé*** adj. s2g.
pa-*cei***-ro** adj. sm. 'frequentador do paço real'/Cf. *passeiro*.
pe-ce-*jar*** v.
pe-che-*ca***-da** sf.
pa-che-*cal*** adj. 2g.; pl. ·***cais***.
pa-che-*qui***-ce** sf.
pa-che-*quis***-mo** sm.
pa-*cho*** sm.: *parche*.
pa-*cho***-la** adj. s2g.
pa-cho-*lar*** v.
pa-cho-*li***-ce** sf.
pa-cho-*lis***-mo** sm.
pa-*chor***-ra** (ô) sf.
pa-chor-*ren***-to** adj.
pa-chou-*cha***-da** sf.
pa-ci:*ên***-ci:a** interj. sf.
pa-ci:en-ci:*o***-so** (ô) adj.; f. e pl. (ó).
pa-ci:*en***-tar** v.
pa-ci:*en***-te** adj. s2g.
pa-ci-fi-*ca***-ção** sf.; pl. ·***ções***.
pa-ci-fi-*ca***-dor** (ô) adj. sm.
pa-ci-fi-*can***-te** adj. 2g.
pa-ci-fi-*car*** v.
pa-ci-fi-ci-*da***-de** sf.
pa-*cí***-fi-co** adj. sm./Cf. *pacifico*, do v. *pacificar*.
pa-ci-*fis***-mo** sm.
pa-ci-*fis***-ta** adj. s2g.
pa-co** sm.
pa-ço** sm. 'palácio'/Cf. *passo*, sm. e fl. do v. *passar*.
pa-*co***-ba** sf.: *pacova*.
pa-*co***-bal** sm.; pl. ·***bais***: *pacoval*.
pa-*co***-bei-ra** sf.: *pacoveira*.
pa-*co***-ca** sf.
pa-*ço***-ca** sf.
pa-co-ca-*tin***-ga(s)** sf. (pl.).
pa-co-*lé*** sm.
pa-co-me-*tri***-a** sf.
pa-co-*mé***-tri-co** adj.
pa-*cô***-me-tro** sm.
pa-co-*pa***-co(s)** sm. (pl.).

pa-co-se-*ro***-ca(s)** sf. (pl.).
pa-*co***-te** sm.
pa-*co***-té** sm.: **pa-***co***-tê**.
pa-co-ti:*en***-se** adj. s2g.
pa-co-*ti***-lha** sf.
pa-co-to-*lhei***-ro** sm.
pa-*co***-va** adj. s2g. sf.
pa-co-*vá*** sf.
pa-co-vá-ca-*tin***-ga** sf.; pl. *pacovás-catingas* ou *pacovás-catinga*.
pa-co-vá(s)-de-ma-*ca***-co** sf. (pl.).
pa-*co***-val** sm.; pl. ·***vais***: *pacobal*.
pa-co-vá-so-ro-*ro***-ca** sf.; pl. *pacovás-sororocas* ou *pacovás-sororoca*.
pa-co-*vei***-ra** sf.: *pacobeira*.
pa-co-vi:a-*ca***-ri** sf.
pa-co-*vi***-ce** sf.
pa-*có***-vi:o** adj. sm.
pac-*tá***-ri:o** adj. sm.
pac-*tí***-ci:o** adj.
pac-to** sm.
pac-*to***-lo** (ô) sm.
pac-to-ma-*ni***-a** sf.
pac-tu:*a***-do** adj.
pac-tu:*al*** adj. 2g.; pl. ·***ais***.
pac-tu:*an***-te** adj. s2g.
pac-tu:*ar*** v.
pac-tu:*á***-ri:o** adj. sm.; f. *pactuária*/Cf. *pactuaria*, do v. *pactuar*.
pa-*cu*** sm.
pa-cu:*ã*** sm.
pa-cu-a-*zul*** sm.; pl. *pacus-azuis*.
pa-cu(s)-*bran***-co(s)** sm. (pl.).
pa-*cu***-çu** sm.
pa-cu(s)-de-cor-re-*dei***-ra** sm. (pl.).
pa-cu(s)-de-cor-ren-*te***-za** sm. (pl.).
pa-cu:*e***-ra** sf.
pa-cu-gua-*çu*** sm.
pa-cu-*mã*** sm.

pa·cu·mi·*rim* sm.
pa·*cu*·na adj. s2g.
pa·cu·*pe*·ba sm.: pa·cu·*pe*·va.
pa·cu·*ri* adj. sm.
pa·cu·*ri*·na sf.
pa·cu·ta·*pui*·a adj. s2g.
pa·cu·*tin*·ga sf.
pa·cu·*zi*·nho sm.
pa·da sf.
pa·da·*ri*·a sf.
pá(s) de ca·*va*·lo sm. (pl.).
pa·de·ce·*dor* (ô) adj. sm.
pa·de·*cen*·te adj. s2g.
pa·de·*cer* v.
pa·de·ci·*men*·to sm.
pa·*dei*·a adj. sf.; f. de padeu.
pa·dei·*ral* adj. 2g.; pl. ·*rais*.
pa·*dei*·ro sm.
pa·de·ja·*dor* (ô) adj. sm.
pa·de·*jar* v.
pa·*de*·jo (ê) sm.
pa·*deu* adj. sm.; f. padeia.
pa·di:*ei*·ra sf.
pa·di:*o*·la sf.
pa·di:o·*lei*·ro sm.
pa·di·*xá* sm.
pa·dra·*lha*·da sf.
pa·*drão* sm.; pl. ·*drões*.
pa·*drar* v.
pa·dra·*ri*·a sf.
pa·*dras*·to sm.
pa·dre sm.
pa·dre:a·*ção* sf.; pl. ·*ções*.
pa·dre:a·*dor* (ô) adj. sm.
pa·dre:*ar* v.
pa·*dre*·ca sm.
pa·*dre*·co sm.
pa·dre(s)-*cu*·ra(s) sm. (pl.).
pa·dre(s)-*mes*·tre(s) sm. (pl.).
pa·dre-*nos*·so sm.; pl. *padres--nossos* ou *padre-nossos*.
pa·*dres*·co (ê) adj.
pa·*dri*·ce sf.
pa·*dri*·nho sm.
pa·dro:*a*·do sm.
pa·dro:*ei*·ro adj. sm.
pa·*dró*·fo·bo adj. sm.
pa·dro·ni·za·*ção* sf.; pl. ·*ções*.
pa·dro·ni·*za*·do adj.
pa·dro·ni·*zar* v.
pa·*du* sm.
pa·du:*a*·no adj. sm.
pa·*du*·ca adj. s2g. sm.
pa:*e*·lha sf.
pa:*e*·tê sm.
pá·*fi*:a sf.
pá·*fi*:o adj. sm.
pa·*fi*:*o*·so (ô) adj.; f. *e* pl. (ó).

pa·fo sm.
pa·ga sf.
pa·*gã* adj. sf.; f. de pagão[1].
pa·ga·*doi*·ro adj.: *pagadouro*.
pa·ga·*dor* (ô) adj. sm.
pa·ga·do·*ri*·a sf.
pa·ga·*dou*·ro adj.: *pagadoiro*.
pa·ga·*men*·to sm.
pa·ga·*nais* sf. pl.
pa·ga·*nal* adj. 2g.; pl. ·*nais*.
pa·ga·*ná*·li:as sf. pl.
pa·ga·*nis*·mo sm.
pa·ga·ni·za·*ção* sf.; pl. ·*ções*.
pa·ga·ni·za·*dor* (ô) adj. sm.
pa·ga·ni·*zar* v.
pa·*gan*·te adj. s2g.
pa·*gão*[1] adj. sm. 'não batizado'; pl. ·*gãos*; f. *pagã*/Cf. *pagão*[2].
pa·*gão*[2] adj. sm. 'pagante'; pl. ·*gões*/Cf. *pagão*[1].
pa·*gar* v.
pa·ga·*rá* sm./Cf. *pagará*, do v. *pagar*.
pa·*gá*·vel adj. 2g.; pl. ·*veis*.
pa·*ge*·la sf.
pager sm. (ing.: *pêidger*).
pa·*gi*·ço adj.
pá·gi·na sf./Cf. *pagina*, do v. *paginar*.
pa·gi·na·*ção* sf.; pl. ·*ções*.
pa·gi·na·*dor* (ô) sm.
pa·gi·*nar* v.
pa·go adj. sm.
pa·*go*·de sm.
pa·go·de:*ar* v.
pa·go·*dei*·ra sf.
pa·go·*di*·ce sf.
pa·go·*dis*·ta adj. s2g.
pa·go·*di*·ta sf.: pa·go·*di*·te.
pa·*gó*·fi·la sf.
pa·*gó*·fi·lo sm.
pa·gos·co·*pi*·a sf.
pa·gos·*có*·pi·co adj.
pa·gos·*có*·pi:o sm.
pa·*gu*·ro sm.
pai sm.
pai·*á* sm.
pai·*a*·ba adj. s2g.
pai·*a*·cu adj. s2g.
pai(s)-a·gos·*ti*·nho(s) sm. (pl.).
pai·a·*guá* adj. s2g.
pai·a·*na* adj. s2g.
pai·au·a·*ru* sm.: pai·au·*ru*.
pai·a·*vô* sm.; pl. *pais-avós*.
pa·*í*·ba adj. 2g.
pai·ca sf.
pai·co·*jê* adj. s2g.
pai(s) das *quei*·xas sm. (pl.).

pai(s) de chi-*quei*·ro sm. (pl.).
pai(s) de fa·*mí*·li:a sm. (pl.).
pai(s)-d'*é*·gua adj. 2g. sm. (pl.).
pai(s) de ma·*lha*·da sm. (pl.).
pai(s) de *san*·to sm. (pl.).
pai(s) de ter·*rei*·ro sm. (pl.).
pai(s) de *to*·dos sm. (pl.).
pai(s) dos *bur*·ros sm. (pl.).
pai·*é* sm.: *pajé*.
pai-gon·*ça*·lo sm.; pl. *pais-gonçalos* ou *pai-gonçalos*.
pai-jo:*ão* sm.; pl. *pais-joões* ou *pai-joões*.
pai-lu:*ís* sm.; pl. *pais-luíses* ou *pai-luíses*.
pai-ma·*né* sm.; pl. *pais-manés* ou *pai-manés*.
pai·na sf.
pai·na·ci·*pó* sf.; pl. *painas-cipós* ou *painas-cipó*.
pai·na(s)-de-ar·*bus*·to sf. (pl.).
pai·na(s)-de-*pe*·nas sf. (pl.).
pai·na(s)-de-san·ta-*bár*·ba·ra sf. (pl.).
pai·na(s)-de-*se*·da sf. (pl.).
pai·na(s)-do-ar·po:a·*dor* sf. (pl.).
pai·na(s)-do-*cam*·po sf. (pl.).
pai·na·*ri*·ni adj. s2g.
pa·*in*·ça sf.
pa·*in*·ça·da sf.
pa·*in*·ço adj. sm.
pa·*in*·ço(s)-*gran*·de(s) sm. (pl.).
pai·*nei*·ra sf.
pai·*nel* sm.; pl. ·*néis*.
pa:i·*nen*·se adj. s2g.
pai(s)-*nos*·so(s) sm. (pl.).
pai:o adj. sm.
pai·*ol* sm.; pl. ·*óis*.
pai·o·*lei*·ro sm.
pai·*or*·ra (ô) sf.
pai-*pe*·dro sm.; pl. *pais-pedros* ou *pai-pedros*.
pai·qui·*cé* adj. s2g.
pai·ra·*dor* (ô) adj. sm.
pai·*ran*·te adj. 2g.
pai·*rar* v.
pai·ra·*ri* sm.
pai·ri·ti·*ri* adj. s2g.
pai·ro sm.
pa·*ís* sm./Cf. *pais*, pl. de *pai*.
pai·*sa*·gem sf.; pl. ·*gens*.
pai·sa·*gis*·mo sm.
pai·sa·*gis*·ta adj. s2g.
pai·sa·*gís*·ti·ca sf.
pai·sa·*gís*·ti·co adj.
pai·sa·*ís*·ta adj. s2g.
pai·*sa*·na sf., na loc. *à paisana*.
pai·sa·*na*·da sf.

pai·*sa*·no adj. sm.
pa:i·*sei*·ro sm.
pai·u·*rá* sm.: *pajurá*.
pai·*ven*·se adj. s2g.
pai·*vo*·to (ô) adj. sm.
pai·xa sf.: *paixão*.
pai·*xão* sf.; pl. ·*xões*.
pai·xo·*ne*·ta (ê) sf.
pai·xo·*ni*·te sf.
pa·ja·ma·ri:*o*·ba sm.
pa·*ja*·na adj. s2g.
pa·*jé* sm.: *paié*.
pa·je:*a*·da sf.
pa·je:*ar* v.
pa·je·*lan*·ça sf.
pa·jem sm. sf.; pl. ·jens.
pa·je:*ú* sm. sf.
pa·je:u·*zei*·ra sf.
pa·jo·*nal* sm.; pl. ·*nais*.
pa·ju:a·li:*e*·ne adj. s2g.
pa·ju:a·*ri* sm.
pa·ju·*ça*·ra adj. 2g.
pa·ju·*rá* sm.: *paiurá*.
pa·ju·ra·*ra*·na sf.
pa·la[1] sf. 'engaste de pedra preciosa'/Cf. *pala*[2].
pa·la[2] sm. 'poncho leve'/Cf. *pala*[1].
pa·*la*·ce sm. 'árvore'/Cf. *pálace*.
pá·la·ce sm. 'hotel'/Cf. *palace*.
pa·la·*ce*·go (ê) adj.
pa·*lá*·ce:o adj. 'que tem o limbo decorrente no pecíolo'/Cf. *palácio*.
pa·la·*ce*·te (ê) sm.
pa·la·ci:a·ni·*da*·de sf.
pa·la·ci:a·*nis*·mo sm.
pa·la·ci:*a*·no adj. sm.
pa·*lá*·ci:o sm. 'paço'/Cf. *paláceo*.
pa·la·da·*mi*·na sf.
pa·la·*dar* sm.
pa·la·*dim* sm.; pl. ·*dins*: *paladino*.
pa·la·di·*nar* v.
pa·la·*dí*·ni·co adj.
pa·la·*di*·no sm.: *paladim*.
pa·*lá*·di:o sm.
pa·*la*·do adj. sm.
pa·la·*do*·so (ô) adj.; f. e pl. (ó).
pa·la·*fi*·ta sf.
pa·la·*fí*·ti·co adj.
pa·la·*frém* sm.; pl. ·*fréns*.
pa·la·fre·*nei*·ro sm.
pa·la·go·*ni*·ta sf.
pa·la·go·*ní*·ti·co adj.
pa·la·go·*ni*·to sm.
pa·la·ma·*lhar* sm.
pa·la·*ma*·lho sm.
pa·la·me·de·*í*·de:o adj. sm.
pa·la·me·dei·*for*·me adj. 2g. sm.
pa·la·*men*·ta sf.
pa·la·*mi*·no sm.
pá·la·mo sm.
pa·*lan*·ca sf.
pa·lan·*ca*·da sf.
pa·lan·*car* v.
pa·lan·*fró*·ri:o sm.
pa·lan·*ga*·na sf.
pa·*lan*·que sm.
pa·lan·que:a·*ção* sf.; pl. ·*ções*.
pa·lan·que:a·*dor* (ô) adj. sm.
pa·lan·que:*ar* v.
pa·lan·que(s) de ba·*nha*·do sm. (pl.).
pa·lan·*quei*:o sm.
pa·lan·*quei*·ro adj. sm.
pa·lan·*que*·ta (ê) sf.
pa·lan·*quim* sm.; pl. ·*quins*.
pa·*la*·que sm.
pa·la·*tal* adj. 2g. sf.; pl. ·*tais*.
pa·la·ta·li·za·*ção* sf.; pl. ·*ções*: *palatização*.
pa·la·ta·li·*za*·do adj.: *palatizado*.
pa·la·ta·li·*zar* v.: *palatizar*.
pa·la·*ti*·na sf.
pa·la·ti·*na*·do sm.
pa·la·ti·*nal* adj. 2g.; pl. ·*nais*.
pa·la·*ti*·no adj. sm.
pa·la·*ti*·te sf.
pa·la·ti·za·*ção* sf.; pl. ·*ções*: *palatalização*.
pa·la·ti·*za*·do adj.: *palatalizado*.
pa·la·ti·*zar* v.: *palatalizar*.
pa·*la*·to sm.
pa·la·to·fa·*rín*·ge:o adj. sm.
pa·la·to·fa·rin·*gi*·te sf.
pa·la·to·*glós*·si·co adj.
pa·la·to·*glos*·so adj. sm.
pa·la·to·gra·*fi*·a sf.
pa·la·to·*grá*·fi·co adj.
pa·la·*tó*·gra·fo sm.
pa·la·to·*gra*·ma sm.
pa·la·to·la·bi:*al* adj. 2g.; pl. ·*ais*.
pa·la·to·lin·*gual* adj. 2g.; pl. ·*guais*.
pa·la·to·plas·*ti*·a sf.
pa·la·to·*plás*·ti·co adj.
pa·la·to·ple·*gi*·a sf.
pa·la·to·*plé*·gi·co adj.
pá·la·vi sm.
pa·*la*·vra sf.
pa·la·vra·*ção* sf.; pl. ·*ções*.
pa·la·*vra*·da sf.
pa·la·vra·*fil*·tro sf.; pl. *palavras-filtros* ou *palavras-filtro*.
pa·la·*vra*·gem sf.; pl. ·*gens*.
pa·la·*vrão* sm.; pl. ·*vrões*.
pa·la·vra(s)·ô·ni·bus sf. (pl.).
pa·la·vre:*a*·do adj. sm.
pa·la·vre:a·*dor* (ô) adj. sm.
pa·la·vre:*ar* v.
pa·la·*vrei*·ra sf.
pa·la·*vró*·ri:o sm.
pa·la·*vro*·so (ô) adj.; f. e pl. (ó).
pal·co sm.
pa·le:a·*ção* sf. 'ato de palear'; pl. ·*ções*/Cf. *paliação*.
pa·le:*á*·ce:o adj.
pa·le:an·tro·po·lo·*gi*·a sf.
pa·le:an·tro·po·*ló*·gi·co adj.
pa·le:an·tro·po·lo·*gis*·ta adj. s2g.
pa·le:an·tro·*pó*·lo·go sm.
pa·le:*ar* v. 'trabalhar com a pá' 'propalar'/Cf. *paliar*.
pa·le:ar·que:o·lo·*gi*·a sf.
pa·le:ar·que:o·*ló*·gi·co adj.
pa·le:*ár*·ti·ca sf.
pa·le:*ár*·ti·co adj.
pa·le·et·no·lo·*gi*·a(s) sf. (pl.).
pa·le·et·no·*ló*·gi·co(s) adj. (pl.).
pa·le·et·*nó*·lo·go(s) sm. (pl.).
pa·lei·*for*·me adj. 2g.
pa·*lei*:o sm.
pa·le·*jar* v.
pa·*lê*·mon sm.: pa·*lê*·mo·ne.
pa·*lên*·ci:a sf.
pa·*len*·te adj. 2g.
pa·le:o·a·can·to·*cé*·fa·lo adj. sm.
pa·le:o·bi:o·ge:o·gra·*fi*·a sf.
pa·le:o·bi:o·ge:o·*grá*·fi·co adj.
pa·le:o·bi:o·lo·*gi*·a sf.
pa·le:o·bi:o·*ló*·gi·co adj.
pa·le:o·bo·*tâ*·ni·ca sf.
pa·le:o·bo·*tâ*·ni·co adj.
pa·le:o·*ce*·no adj. sm.
pa·le:o·e·co·lo·*gi*·a sf.
pa·le:o·e·co·*ló*·gi·co adj.
pa·le:o·fi·to·lo·*gi*·a sf.
pa·le:o·fi·to·*ló*·gi·co adj.
pa·le:o·fi·*tó*·lo·go sm.
pa·le:o·*gê*·ne:o adj. sm.
pa·le:o·ge:o·gra·*fi*·a sf.
pa·le:o·ge:o·*grá*·fi·co adj.
pa·le:o·ge:*ó*·gra·fo sm.
pa·le:og·*na*·ta adj. 2g. sf.: pa·le:*óg*·na·ta.
pa·le:o·gra·*far* v.
pa·le:o·gra·*fi*·a sf.
pa·le:o·*grá*·fi·co adj.

pa·le·ó·gra·fo sm./Cf.
    paleografo, do v.
    paleografar.
pa·le:o·li·te·ra·tu·ra sf.
pa·le:o·lí·ti·co adj. sm.
pa·le:o·lo·gi·a sf.
pa·le:o·ló·gi·co adj.
pa·le·ó·lo·go adj. sm.
pa·le:o·mas·to·*don*·te sm.
pa·le:o·ne·mer·ti·no adj. sm.
pa·le:on·tog·no·si·a sf.
pa·le:on·to·gra·fi·a sf.
pa·le:on·to·grá·fi·co adj.
pa·le:on·tó·gra·fo sm.
pa·le:on·to·lo·gi·a sf.
pa·le:on·to·ló·gi·co adj.
pa·le:on·tó·lo·go sm.
pa·le:op·te·rí·gi:o adj. sm.
pa·le:o·té·ri:o sm.
pa·le:o·tí·pi·co adj.
pa·le:ó·ti·po sm.
pa·le:o·tro·pi·*cal* adj. 2g.; pl.
    ·*cais*.
pa·le:o·zoi·co adj. sm.
pa·le:o·zo·o·lo·gi·a sf.
pa·le:o·zo·o·ló·gi·co adj.
pa·le:o·zo·o·lo·*gis*·ta adj. s2g.
pa·le:o·zo·ó·lo·go sm.
pa·*ler*·ma adj. s2g.
pa·ler·*mar* v.
pa·ler·*mi*·ce sf.
pa·les·cên·ci:a sf.
pa·*les*·ta sf.
pa·les·te·si·a sf.
pa·les·*ti*·na sf.
pa·les·ti·*nen*·se adj. s2g.
pa·les·*ti*·no adj. sm.
pa·*les*·tra sf.
pa·les·tra·*dor* (ô) adj. sm.
pa·les·*tran*·te adj. s2g.
pa·les·*trar* v.
pa·les·tre:*ar* v.
pa·les·tri·ni:a·no adj.
pa·les·*tris*·ta adj. 2g. s2g.
pa·*le*·ta (ê) sf./Cf. *paleta* (é), do
    v. *paletar*.
pa·le·*ta*·da sf.
pa·le·*tar* v.
pa·*le*·te sm.
pa·le·te:a·*dor* (ô) adj. sm.
pa·le·te:*ar* v.
pa·le·*tó* sm.
pa·le·tó·*sa*·co sm.; pl. *paletós-
    -sacos* ou *paletós-saco*.
pa·le·to·*zei*·ro sm.
pa·lha sf.
pa·lha·*bo*·te sm.
pa·lha·bo·*tei*·ro sm.

pa·lha(s)-*bran*·ca(s) sf. (pl.).
pa·lha·ça·da sf.
pa·lha·*çal* adj. 2g.; pl. ·*çais*.
pa·lha·*car*·ga sf.
pa·lha·ça·*ri*·a sf.
pa·lha·*ci*·ce sf.
pa·*lha*·ço adj. sm.
pa·*lha*·da sf.
pa·lha(s) de ar·*roz* sf. (pl.).
pa·lha(s)-de-gui·*né* sf. (pl.).
pa·lha(s) de *se*·da sf. (pl.).
pa·lha·gem sf.; pl. ·gens.
pa·*lhal* sm.; pl. ·*lhais*.
pa·*lhar* v.
pa·lha·*res*·co (ê) adj.
pa·lhe·*gal* sm.; pl. ·*gais*.
pa·lhei·*rão* sm.; pl. ·*rões*; f.
    palheirona.
pa·lhei·*rei*·ro adj. sm.
pa·*lhei*·ro adj. sm.
pa·lhei·ro·na sf.; f. de *palheirão*.
pa·*lhen*·to adj.
pa·*lhe*·ta (ê) sf.; pl. *palhetas* (ê)/
    Cf. *palheta* (é) e *palhetas* (é),
    do v. *palhetar*.
pa·lhe·*ta*·da sf.
pa·lhe·*tão* sm.; pl. ·*tões*.
pa·*lhe*·tar v.
pa·lhe·ta·*ri*·a sf./Cf. *palhetaria*,
    do v. *palhetar*.
pa·*lhe*·te (ê) adj. 2g. sm./Cf.
    palhete (é), do v. *palhetar*.
pa·lhe·te:*ar* v.
pa·*lhi*·ça sf.
pa·lhi·*çar* v.
pa·*lhi*·ço adj. sm.
pa·*lhi*·nha sf. sm.
pa·*lho*·ça sf.
pa·lho·*cei*·ro sm.
pa·lho·*cen*·se adj. s2g.
pa·*lho*·na sf.
pa·*lho*·ta sf.
pa·*lho*·te sm.
pá·li adj. 2g. sm.
pa·li:a·*ção* sf. 'ato de paliar'; pl.
    ·*ções*/Cf. *paleação*.
pa·li:a·*dor* (ô) adj. sm.
pa·li:*al* adj. 2g.; pl. ·*ais*.
pa·li:*ar* v. 'atenuar'/Cf. *palear*.
pa·li:a·*ti*·vo adj. sm.
pa·*li*·ça sf.
pa·li·*ça*·da sf.
pa·li·*cá*·ri:o sm.
pá·li·co adj.
pa·li·*cu*·re adj. s2g.: *paricure*.
pa·li·de·*jar* v.
pa·li·*dez* (ê) sf.
pá·li·do adj.

pa·li·fi·ca·*ção* sf.; pl. ·*ções*.
pa·li·fi·*car* v.
pa·*li*·lho sm.
pa·*lí*·li:a sf.
pa·limp·*sés*·ti·co adj.
pa·limp·*ses*·to sm.
pa·lin·dro·*mi*·a sf.
pa·lin·*drô*·mi·co adj.
pa·*lín*·dro·mo adj. sm.
pa·lin·fra·si·a sf.
pa·lin·ge·ne·si·a sf.
pa·lin·ge·*né*·si·co adj.
pa·lin·ge·*né*·ti·co adj.
pa·li·*nó*·di:a sf.
pa·li·*nó*·di·co adj.
pa·li·no·*dis*·ta adj. s2g.
pa·li·no·lo·gi·a sf.
pa·li·*nu*·ro sm.
pá·li:o sm./Cf. *palio*, do v. *paliar*.
pa·li:o·*brân*·qui:o adj.
pa·lis·*san*·dra sf.:
    pa·lis·*san*·dro sm.
pa·*lis*·ta adj. s2g.
pa·li·*tar* v.
pa·li·*tei*·ro sm.
pa·*li*·to sm./Cf. *palito*, do v.
    palitar.
pa·li:*ú*·ro sm.
pal·ma sf.
pal·ma(s)-*bran*·ca(s) sf. (pl.).
pal·*má*·ce:a sf.
pal·*má*·ce:o adj.
pal·ma(s)-*crís*·ti sf. (pl.).
pal·*ma*·da sf.
pal·ma(s)-de-san·ta-*ri*·ta sf. (pl.).
pal·ma(s)-de-são-jo·*sé* sf. (pl.).
pal·*ma*·do adj.
pal·*ma*·le sf.
pal·*mar* adj. 2g. sm. v.
pal·ma·*ren*·se adj. s2g.
pal·*ma*·res sm. pl.
pal·ma·*ri*·no adj. sm.
pal·ma·ti·com·*pos*·to (ô) adj.;
    f. *e* pl. (ó).
pal·ma·*tí*·fi·do adj.
pal·ma·ti·*flo*·ro adj.
pal·ma·ti·fo·li:a·do adj.
pal·ma·ti·*for*·me adj. 2g.
pal·ma·ti·lo·*ba*·do adj.
pal·ma·ti·*nér*·ve:o adj.
pal·ma·ti·par·*ti*·do adj.
pal·ma·tis·*sec*·to adj.
pal·*ma*·to sm.
pal·ma·to:*a*·da sf.
pal·ma·to:*ar* v.
pal·ma·*tó*·ri:a sf./Cf. *palmatoria*,
    do v. *palmatoriar*.
pal·ma·to·ri:*ar* v.

pal·me:a·*dor* (ô) adj. sm.
pal·me:*ar* v.
pal·*mei*·ra sf.
pal·mei·ra(s)-dos-*bre*·jos sf. (pl.).
pal·mei·*ral* sm.; pl. ·*rais*.
pal·mei·ra-*la*·ca sf.; pl. *palmeiras-lacas* ou *palmeiras-laca*.
pal·mei·ra-re:*al* sf.; pl. *palmeiras-reais*.
pal·*mei*·ras s2g. 2n.
pal·mei·*ren*·se adj. s2g.
pal·mei·*rim* sm.; pl. ·*rins*.
pal·mei·ri·*nen*·se adj. s2g.
pal·*mei*·ro adj. sm.
pal·me·*jar* sm. v.
pal·*me*·la adj. s2g. sf.
pal·me·*li*·no adj. sm.
pal·me·*loi*·de adj. 2g.
pal·*men*·se adj. s2g.
pál·mer sm.
pal·*me*·ta (ê) sf.
pal·mi·*chei*:o adj.
pal·*mí*·co·la adj. 2g.
pal·mi·con·*ve*·xo (cs) adj.
pal·*mí*·fe·ro adj.
pal·mi·*for*·me adj. 2g.
pal·*mi*·lha sf.
pal·mi·lha-*dei*·ra sf.
pal·mi·*lhar* v.
pal·mi·ner·*va*·do adj.
pal·*mi*·nho sm.
pal·*mí*·pe·de adj. 2g. sm.
pal·mi·*tal* sm.; pl. ·*tais*.
pal·mi·*ta*·to sm.
pal·mi·*tei*·ro sm.
pal·mi·*te*·so (ê) adj.
pal·*mí*·ti·co adj.
pal·mi·*ti*·na sf.
pal·*mi*·to sm.
pal·mi·to(s)-a·mar·*go*·so(s) sm. (pl.).
pal·mi·to(s)-de-fer·*rão* sm. (pl.).
pal·mi·to-ju·*ça*·ra sm.; pl. *palmitos-juçaras* ou *palmitos-juçara*.
pal·mo sm.
pal·*moi*·ra sf.: pal·*mou*·ra.
palmtop sm. (ing.: *palmtop*).
pal·mu·*má* adj. s2g.
pa·*lo*·ma sf.
pa·*lom*·ba sf.
pa·lom·ba·*du*·ra sf.
pa·lom·*bar* v.
pa·lom·*be*·ta (ê) sf.
pa·lom·*bi*·no adj. sm.

pa·lo·*me*·ta (ê) sf.
pa·*lon*·ço adj. sm.
pa·*lor* (ô) sm.
pa·*lo*·tes sm. pl.
pal·pa·bi·li·*da*·de sf.
pal·pa·bi·li·*zar* v.
pal·pa·*ção* sf.; pl. ·*ções*.
pal·pa·*de*·la sf.
pal·*par* v.
pal·pa·*tor* (ô) adj. sm.
pal·*pá*·vel adj. 2g.; pl. ·*veis*.
pál·pe·bra sf.
pal·pe·*bra*·do adj.
pal·pe·*bral* adj. 2g.; pl. ·*brais*.
pal·pe·*bri*·te sf.
pal·*pí*·gra·do adj. sm.
pal·pi·ta·*ção* sf.; pl. ·*ções*.
pal·pi·*tan*·te adj. 2g.
pal·pi·*tar* v.
pal·*pi*·te sm.
pal·pi·*tei*·ro adj. sm.
pal·pi·*to*·so (ô) adj.; f. e pl. (ó).
pal·po sm.
pal·pu·*má* adj. s2g.
pal·ra sf.
pal·ra·*ção* sf.; pl. ·*ções*.
pal·ra·*dei*·ro adj.
pal·ra·*dor* (ô) adj. sm.
pal·*rar* v.
pal·ra·*ri*·a sf.
pal·ra·*tó*·ri:o sm.
pál·re:a sf.
pal·re:*ar* v.
pal·*rei*·ro adj. sm.
pal·*ri*·ce sf.
pa·lu·da·*men*·to sm.
pa·*lu*·de sm.
pa·lu·di:*al* adj. 2g.; pl. ·*ais*.
pa·lu·*dí*·co·la adj. 2g. sf.
pa·lu·*dí*·fe·ro adj.
pa·lu·*dis*·mo sm.
pa·lu·*do*·so (ô) adj.; f. e pl. (ó).
pa·lu·guin·*dão* sm.; pl. ·*dões*.
pa·lur·*di*·ce sf.
pa·*lúr*·di:o adj. sm.
pa·*lus*·tre adj. 2g.
pa·ma adj. s2g.
pa·*ma*·na adj. s2g.: pa·*ma*·*ná*.
pa·mas·*ti*·te sf.
pam·bra·si·lei·*ris*·mo(s) sm. (pl.).
pam·bra·si·lei·*ris*·ta(s) adj. s2g. (pl.).
pam·bra·si·lei·*rís*·ti·co(s) adj. (pl.).
pam·bra·si·*lei*·ro(s) adj. (pl.).
pa·mo:*á* adj. s2g.
pa·mo·*nã* sm.

pa·*mo*·nha adj. s2g. sf.
pa·mo·nha(s)-a·ze·*da*(s) s2g. (pl.).
pam·pa adj. 2g. sm.
pâm·pa·no sm.
pam·pa·*no*·so (ô) adj.; f. e pl. (ó).
pam·*par*·ra adj. 2g.
pam·par·re:*ar* v.
pam·par·*ro*·na sf.
pam·*pei*·ro sm.
pam·pi:*a*·no adj. sm.
pam·*pi*·lho sm.
pam·*pí*·ne:o adj.
pam·ple·*gi*·a sf.
pam·*plé*·gi·co adj.
pam·po adj. sm.
pam·po-a·ra·be·*béu* sm.; pl. *pampos-arabebéus* ou *pampos-arabebéu*.
pam·po(s)-a·ra·can·*gui*·ra(s) sm. (pl.).
pam·po(s)-ga·*lhu*·do(s) sm. (pl.).
pam·po-gi·*gan*·te sm.; pl. *pampos-gigantes* ou *pampos-gigante*.
pam·po(s)-ris·*ca*·do(s) sm. (pl.).
pam·pro·*dác*·ti·lo adj.: pam·pro·*dá*·ti·lo.
pamp·si·*quis*·mo sm.
pan- pref. (é seguido de hífen, quando se lhe junta voc. começado por *h*, *m*, *n*).
pa·*nã* sm.
pa·na·*bá*·si:o sm.
pa·*na*·ca adj. s2g.
pa·na·ca·*ri*·ca sf.
pa·na·*cei*·a sf.
pa·na·*chê* sm.
pa·na·*chei*·ro sm.
pa·*na*·ço sm.
pa·na·co·*có* sm.
pa·na·cu sm.: pa·na·*cum*; pl. ·*cuns*.
pa·*na*·da sf.
pa·*na*·do adj.
pa·na·*du*·ra sf.
pan·a·fri·ca·*nis*·mo(s) sm. (pl.).
pan·a·fri·ca·*nis*·ta(s) adj. s2g. (pl.).
pan·a·fri·*ca*·no(s) adj. (pl.).
pa·*nal* sm.; pl. ·*nais*.
pa·na·*má* sm.
pa·nam·bi:*en*·se adj. s2g.
pa·na·*me*·nho adj. sm.
pa·na·*men*·se adj. s2g.

pan·a·me·ri·ca·*nis*·mo(s) sm. (pl.).
pan·a·me·ri·ca·*nis*·ta(s) adj. s2g. (pl.).
pan·a·me·ri·*ca*·no(s) adj. (pl.).
pa·na·pa·*ná* sf. 'migração de borboletas'/Cf. *panapanã*.
pa·na·pa·*nã* sf. 'variedade de borboleta'/Cf. *panapaná*.
pa·*nar* adj. 2g. v.
pan·a·ra·*bis*·mo(s) sm. (pl.).
pan·a·ra·*bis*·ta(s) adj. s2g. (pl.).
pa·na·*ri*·a sf.
pa·na·*rí*·ci·o sm.: pa·na·*riz*.
pa·nas·*cal* sm.; pl. ·*cais*.
pa·*nas*·co sm.
pa·nas·*quei*·ra sf.
pa·nas·*quei*·ro adj. sm.
pa·na·te·*nei*·as sf. pl.
pa·na·*ti* adj. s2g.
pa·na·vu·*ei*·ro sm.
pa·*ná*·zi:o sm.
pan·ca sf.
pan·ça sf.
pan·*ca*·da adj. s2g. sf.
pan·*ça*·da sf.
pan·ca·*dão* sm.; pl. ·*dões*.
pan·ca·da·*ri*·a sf.
pan·*cai*:o adj. sm.
pan·ca·*lis*·mo sm.
pan·ca·ra·*ru* adj. s2g.
pan·car·*pi*·a sf.: pan·*cár*·pi:a.
pan·*car*·po sm.
pan·ca·*ru* adj. s2g.
pan·*cis*·mo sm.
pan·clas·*ti*·te sf.
pan·con·ti·nen·*tal* adj. 2g.; pl. ·*tais*.
pan·*crá*·ci:o adj. sm.
pân·cre:as sm. 2n.
pan·cre:a·tal·*gi*·a sf.
pan·cre:a·*tál*·gi·co adj.
pan·cre:a·tec·to·*mi*·a sf.
pan·cre:a·tec·*tô*·mi·co adj.
pan·cre:*á*·ti·co adj.
pan·cre:a·*ti*·na sf.
pan·cre:a·*ti*·te sf.
pan·cre:a·*tí*·ti·co adj.
pan·*cres*·to sm.
pan·cro·*má*·ti·co adj.
pan·*çu*·do adj. sm.
pan·da sf. sm.
pan·*dá*·ce:a sf.
pan·*dá*·ce:o adj.
pan·da·*cos*·ta sm.
pan·*da*·le sf.
pan·da·*ná*·ce:a sf.
pan·da·*ná*·ce:o adj.

pan·da·*na*·le sf.
pan·*da*·no sm.: *pân*·da·no.
pan·da·*ra*·na sf.
pan·da·*re*·cos sm. pl.
pan·de:*ar* v.
pan·*dec*·ta sf.
pan·dec·*tis*·ta adj. s2g.
pân·de·ga sf./Cf. *pandega*, do v. *pandegar*.
pan·de·*gar* v.
pân·de·go adj. sm./Cf. *pandego*, do v. *pandegar*.
pan·dei·*rei*·ro sm.
pan·dei·*re*·ta (ê) sf.
pan·dei·*ris*·ta s2g.
pan·*dei*·ro sm.
pan·de·*mi*·a sf.
pan·*dê*·mi·co adj.
pan·de·*mô*·ni·co adj.
pan·de·*mô*·ni:o sm.
pan·di·cu·la·*ção* sf.; pl. ·*ções*.
pan·*di*·lha adj. s2g. sf.
pan·di·*lhar* v.
pan·di·*lhei*·ro sm.
pan·di·na·*mis*·mo sm.
pan·do adj. sm.
pan·*do*·ra sf.
pan·*dor*·ca adj. s2g. sf.: pan·*dor*·ga.
pan·dor·*guei*·ro sm.
pan·du·*lhar* v.
pan·*du*·lho sm.
pan·du·ri·*for*·me adj. 2g.
pa·ne sf.
pa·ne·gi·ri·*cal* adj. 2g.; pl. ·*cais*.
pa·ne·*gí*·ri·co adj. sm.
pa·ne·gi·*ris*·ta adj. s2g.
pa·ne·gi·*rís*·ti·co adj.
pa·*nei*·ro adj. sm.
pa·ne·ja·*men*·to sm.
pa·ne·*jar* v.
pa·*ne*·la sf.
pa. ne·*la*·ço sm.
pa·ne·*la*·da sf.
pa·ne·*len*·se adj. s2g.
pa·ne·*li*·nha sf.
pa·*ne*·ma adj. s2g.
pa·nen·te·*ís*·mo sm.
pa·ne·nu·*á* adj. s2g.
pan·es·la·*vis*·mo(s) sm. (pl.).
pan·es·la·*vis*·ta(s) adj. s2g. (pl.).
pa·*ne*·te (ê) sm.
pa·ne·*to*·ne sm.
pan·fle·*tar*, pan·fle·te·*ar* v.
pan·fle·*tá*·ri:o adj. sm.
pan·fle·*tis*·ta adj. s2g.
pan·*fle*·to (ê) sm.

pan·*fo*·bi·a sf.
pan·ga sm. sf.
pan·*gai*·a sf.
pan·gai·*ar* v.
pan·*gai*·o sm.
pan·ga·*ra*·ve adj. 2g.
pan·ga·*ré* adj. 2g. sm.
pan·*gei*·a sf.
pan·ger·ma·*nis*·mo sm.
pan·ger·ma·*nis*·ta adj. s2g.
pan·glo·si:*a*·no adj. sm.
pan·go sm.
pa·*nha*·me adj. s2g.
pan·he·lê·ni·*co(s)* adj. (pl.).
pan·he·le·*nis*·mo(s) sm. (pl.).
pan·he·le·*nis*·ta(s) adj. s2g. (pl.).
pa·*ní*·ce:o adj.
pâ·ni·co adj. sm.
pa·ni·co·no·gra·*fi*·a sf.
pa·ni·co·no·*grá*·fi·co adj.
pa·*ní*·cu·la sf.
pa·ni·cu·*la*·do adj.
pa·ni·cu·*lar* adj. 2g.
pa·ni·cu·li·*for*·me adj. 2g.
pa·ni·cu·*li*·te sf.
pa·*ní*·cu·lo sm.
pa·*ní*·fe·ro adj.
pa·ni·fi·ca·*ção* sf.; pl. ·*ções*.
pa·ni·fi·ca·*dor* (ô) sm.
pa·ni·fi·ca·*do*·ra (ô) sf.
pa·ni·fi·*car* v.
pa·ni·fi·*cá*·vel adj. 2g.; pl. ·*veis*.
pa·ni·*gua*·do adj. sm.
pa·*ni*·nho sm.
pan·is·*lâ*·mi·co(s) adj. (pl.).
pan·is·la·*mis*·mo(s) sm. (pl.).
pan·is·la·*mis*·ta(s) adj. s2g. (pl.).
pan·*lé*·xi·co (cs) sm.
pan·lo·*gis*·mo sm.
pan·*má*·gi·co(s) adj. (pl.).
pan·*mí*·ti·co(s) adj. (pl.).
pan·ne·*gris*·mo(s) sm. (pl.).
pan·ne·*gris*·ta(s) adj. s2g. (pl.).
pan·*ne*·gro(s) adj. (pl.).
pa·no adj. s2g. sm.
pa·no(s) da *cos*·ta sm. (pl.).
pan·of·tal·*mi*·te(s) sf. (pl.).
pan·of·tal·*mí*·ti·co(s) adj. (pl.).
pa·*nó*·pli:a sf.
pa·no·*ra*·ma sm.
pa·no·ra·*men*·se adj. s2g.
pa·no·*râ*·mi·co adj.
pan·o·ró·gra·*fo(s)* sm. (pl.).
pa·nor·*pa*·to adj. sm.: pa·*nór*·pa·to.
pa·nor·*pi*·no adj. sm.

pan·os·te·*í*·te sf.
pan·*que*·ca sf.
pan·*quen*·se adj. s2g.
pan·*queu* adj. sm.
pân·ri:a sf./Cf. *panria*, do v. *panriar*.
pan·ri:*ar* v.
pan·se·xu:*al* (cs) adj. 2g.; pl. ·*ais*.
pan·se·xu:a·*lis*·mo (cs) sm.
pan·se·xu:a·*lis*·ta (cs) adj. s2g.
pan·so·*fi*·a sf.
pan·*só*·fi·co adj.
pans·per·*mi*·a sf.
pans·*pér*·mi·co adj.
pans·per·*mis*·ta adj. s2g.
pan·ta·fa·*çu*·do adj.
pan·ta·gra·*fi*·a sf.
pan·ta·gru:*é*·li·co adj.
pan·ta·gru:e·*lis*·mo sm.
pan·ta·gru:e·*lis*·ta adj. s2g.
pan·ta·*lão* sm.; pl. ·*lões*.
pan·ta·le:*ão* sm.; pl. ·*ões*.
pan·*ta*·lha sf.
pan·ta·lo·*na*·da sf.
pan·ta·*lo*·nas sf. pl.
pan·*ta*·na sf.
pan·ta·*nal* sm.; pl. ·*nais*.
pan·ta·*nei*·ro adj. sm.
pan·ta·ni·*zar* v.
pân·ta·no sm.
pan·ta·*no*·so (ô) adj.; f. *e* pl. (ó).
pan·te:*ão* sm.; pl. ·*ões*.
pan·te:*ar* v.
pan·te·*ís*·mo sm.
pan·te·*ís*·ta adj. s2g.
pan·te·*ís*·ti·co adj.
pan·te:o·lo·*gi*·a sf.
pan·te:o·*ló*·gi·co adj.
pan·*te*·ra sf.
pan·*tim* sm.; pl. ·*tins*.
pan·ti·te·*ís*·mo sm.
pan·ti·te·*ís*·ta adj. s2g.
pan·to·fa·*gi*·a sf.
pan·to·*fá*·gi·co adj.
pan·*tó*·fa·go adj. sm.
pan·to·fo·*bi*·a sf.
pan·to·*fó*·bi·co adj.
pan·*tó*·fo·bo adj. sm.
pan·tof·tal·*mí*·de:o adj.
pan·to·ga·*mi*·a sf.
pan·to·*gâ*·mi·co adj.
pan·to·gra·*fi*·a sf.
pan·to·*grá*·fi·co adj.
pan·to·gra·*fis*·ta adj. s2g.
pan·*tó*·gra·fo sm.
pan·*tó*·lo·go sm.
pan·*tô*·me·tro sm.

pan·to·*mi*·ma sf.: *pantomina*.
pan·to·mi·*mar* v.:
  pantominar.
pan·to·mi·*mei*·ro sm.:
  pantomineiro.
pan·to·mi·*mi*·ce sf.:
  pantominice.
pan·to·*mí*·mi·co adj.
pan·to·*mi*·mo sm.
pan·to·*mi*·na sf.: *pantomima*.
pan·to·mi·*nar* v.: *pantomimar*.
pan·to·mi·*nei*·ro sm.:
  pantomimeiro.
pan·to·mi·*ni*·ce sf.:
  pantomimice.
pan·to·pe·*lá*·gi·co adj.
pan·*tó*·po·de adj. 2g. sm.
pan·to·po·*lis*·ta adj. 2g.
pan·*tóp*·te·ro adj.
pan·to·*tê*·ni·co adj.
pan·tro·pi·*cal* adj. 2g.; pl. ·*cais*.
pan·*tu*·fa sf.
pan·tu·*fa*·da sf.
pan·*tu*·fo sm.
pan·*tum* sm.; pl. ·*tuns*.
pan·*tur*·ra sf.
pan·tur·*ri*·lha sf.
pan·zu:*á* s2g.
pa·*ó* sm.: *pavó*.
pão sm.; pl. *pães*.
pão-de-a·çu·ca·*ren*·se(s) adj. s2g. (pl.).
pão de *chum*·bo sm.; pl. *pães de chumbo*.
pão-de-ga·*li*·nha sm.; pl. *pães-de-galinha*.
pão de *ló* sm.; pl. *pães de ló*.
pão de ló de *fes*·ta sm.; pl. *pães de ló de festa*.
pão-de-ló-de-*mi*·co sm.; pl. *pães-de-ló-de-mico*.
pão-de-*po*·bre sm.; pl. *pães-de-pobre*.
pão-do-*chi*·le sm.; pl. *pães-do-chile*.
pão-du-*ris*·mo(s) sm. (pl.).
pão-*du*·ro adj. s2g.; pl. *pães-duros*.
pão-e-*quei*·jo sm.; pl. *pães-e-queijos*.
pão-pe-*tró*·po·lis sm.; pl. *pães-petrópolis*.
pão-*pos*·to sm.; pl. *pães-postos*.
pão-*zei*·ra sf.
pão-*zei*·ro adj. sm.
pa·pa[1] sm. 'pontífice romano'/ Cf. *papa*[2].
pa·pa[2] sf. 'mingau'/Cf. *papa*[1].

pa·*pá* sm.
pa·pa-a·ça·*í*(*s*) sm. (pl.).
pa·pa-a·*rei*·ra(s) s2g. (pl.).
pa·pa-ar·*roz* sm.; pl. *papa-arrozes*.
pa·pa-ar·*roz*-*pre*·to sm.; pl. *papa-arrozes-pretos*.
pa·pa-*breu*(*s*) sm. (pl.).
pa·pa-ca·*cau*(*s*) sm. (pl.).
pa·pa-ca·*pim* sm.; pl. *papa-capins*.
pa·pa-*cei*·a(s) sf. (pl.).
pa·pa-*co*·co(s) sm. (pl.).
pa·*pa*·da sf.
pa·pa-de·*fun*·to(s) sm. (pl.):
  pa·pa-de·*fun*·tos sm. 2n.
pa·*pá*·de·go sm.
pa·*pa*·do adj. sm.
pa·pa·*fi*·go sm. 'vela de traquete'/Cf. *papa-figo*.
pa·pa·*fi*·go(s) sm. (pl.) 'pássaro'/Cf. *papafigo*.
pa·pa·*fi*·las sm. 2n.
pa·pa(s)·*fi*·na(s) adj. s2g. (pl.).
pa·pa-for·*mi*·gas sm. 2n.
pa·pa·*fu*·mo(s) sm. (pl.).
pa·pa·gai·*a*·da sf.
pa·pa·gai·*a*·do adj.
pa·pa·gai·*al* adj. 2g.; pl. ·*ais*.
pa·pa·gai·*ar* v.
pa·pa·ga·*í*·ce sf.
pa·pa·gai·*en*·se adj. s2g.
pa·pa·gai·*i*·nho sm.
pa·pa·gai·*i*·nho(s)-*ro*·xo(s) sm. (pl.).
pa·pa·*gai*·o sm.
pa·pa·*gai*·o(s)-ca·*bo*·clo(s) sm. (pl.).
pa·pa·*gai*·o(s)-cam·*pei*·ro(s) sm. (pl.).
pa·pa·*gai*·o(s)-cur·ra·*lei*·ro(s) sm. (pl.).
pa·pa·*gai*·o(s)-da-*ser*·ra sm. (pl.).
pa·pa·*gai*·o(s)-de-co·*lei*·ra sm. (pl.).
pa·pa·*gai*·o(s)-do-*man*·gue sm. (pl.).
pa·pa·*gai*·o(s)-do-pei·to-*ro*·xo sm. (pl.).
pa·pa·*gai*·o(s)-*gre*·go(s) sm. (pl.).
pa·pa·*gai*·o(s)-po:ai·*ei*·ro(s) sm. (pl.).
pa·pa·*gai*·o(s)-u·ru·*bu*(s) sm. (pl.).
pa·pa·*gai*·o(s)-ver·da·*dei*·ro(s) sm. (pl.).

pa·pa·ga·lho sm.
pa·pa-gen·te(s) s2g. (pl.).
pa·pa-goi·a·ba(s) s2g. (pl.).
pa·pa-gue:a·dor (ô) adj. sm.
pa·pa-gue:ar v.
pa·pa-hós·ti:a(s) s2g. (pl.):
 pa·pa-hós·ti:as s2g. 2n.
pa·pai sm.
pa·pai·a sf.
pa·pai·ei·ra sf.
pa·pa·í·na sf.
pa·pai-no:el sm.; pl.
 papais-noéis.
pa·pa·is·ca(s) sm. (pl.).
pa·pa-jan·ta·res s2g. 2n.
pa·pa-je·ri·mum adj. s2g.; pl.
 papa-jerimuns.
pa·pal adj. 2g.; pl. ·pais.
pa·pa-la·gar·ta(s) s2g. (pl.).
pa·pa-la·ran·ja(s) s2g. (pl.).
pa·pa·lé·gu:as s2g. 2n.
pa·pa·li·no adj. sm.
pa·pal·vi·ce sf.
pa·pal·vo adj. sm.
pa·pa-ma·mão s2g.; pl.
 papa-mamões.
pa·pa-mel sm.; pl. papa-méis.
pa·pa-mi·co(s) sm. (pl.).
pa·pa-mis·sas s2g. 2n.
pa·pa-mó·vel sm.; pl. ·veis·
pa·pa-mos·cas s2g. 2n.
pa·pa·ná adj. s2g.: pa·pa·nás.
pa·pan·ça sf.
pa·pan·dó·ri:o sm.
pa·pan·du·ven·se adj. s2g.
pa·pan·gu sm.
pa·pa-no·ve·nas s2g. 2n.
pa·pão sm.; pl. ·pões.
pa·pa-o·va(s) sf. (pl.): pa·pa-
 -o·vas sf. 2n.
pa·pa-o·vo(s) s2g. (pl.).
pa·pa-pei·xe(s) sm. (pl.).
pa·pa-pi·men·ta(s) sm. (pl.).
pa·pa-pin·to(s) sm. (pl.).
pa·par v.
pa·pa-ri·car v.
pa·pa·ri·cho sm.
pa·pa·ri·co sm.
pa·pa-ri:en·se adj. s2g.
pa·pa·ri:ú·ba sf.
pa·par·raz sm.
pa·par·re·ta (ê) adj. s2g.
pa·par·ri·ba adv.
pa·par·ro·ta·da sf.
pa·par·ro·ta·gem sf.; pl. ·gens.
pa·par·ro·tão adj. sm.; pl. ·tões;
 f. paparrotona.
pa·par·ro·te:ar v.

pa·par·ro·ti·ce sf.
pa·par·ro·to·na adj. sf.; f. de
 paparrotão.
pa·pa-san·tos s2g. 2n.
pa·pa-se·bo(s) sm. s2g. (pl.).
pa·pa-su·ru·ru(s) s2g. (pl.).
pa·pa·ta sf.
pa·pa-ta·ba·co(s) sm. (pl.).
pa·pa-ta·o·ca sm.
pa·pa-ter·ra(s) s2g. sm. (pl.).
pa·pa-ter·ra(s)-de-as·so·vi:o
 sm. (pl.).
pa·pa-ter·ra(s)-de-mar·gros·so
 sm. (pl.).
pa·pá·vel adj. 2g.; pl. ·veis.
pa·pa-ven·to(s) sm. (pl.).
pa·pa·ve·rá·ce:a sf.
pa·pa·ve·rá·ce:o adj.
pa·pa·ve·ri·na sf.
pa·pa·za·na sf.
pa·pe:á(s)-gua·çu(s) sm. (pl.).
pa·pe:ar v.
pa·pe:a·ta sf.
pa·pe:a·tei·ro adj. sm.
pa·pei·ra sf.
pa·pei·ro adj. sm.
pa·pel sm.; pl. ·péis/Cf. papeis,
 do v. papar.
pa·pe·la·da sf.
pa·pe·la·gem sf.; pl. ·gens.
pa·pe·lão sm.; pl. ·lões.
pa·pe·la·ri·a sf.
pa·pel-ar·roz sm.; pl. papéis-
 -arrozes ou papéis-arroz.
pa·pel-bí·bli:a sm.; pl. papéis-
 -bíblias ou papéis-bíblia.
pa·pel-car·bo·no sm.; pl.
 papéis-carbonos ou
 papéis-carbono.
pa·pel-chu·pão sm.; pl.
 papéis-chupões ou
 papéis-chupão.
pa·pe·lei·ra sf.
pa·pa·lei·ro adj. sm.
pa·pe·le·jo (ê) sm.
pa·pe·le·ta (ê) sf. sm.
pa·pe·le·te (ê) sm.
pa·pe·le·to (ê) sm.
pa·pe·li·co sm.
pa·pe·li·ço sm.
pa·pe·li·nho sm.
pa·pe·lis·mo sm.
pa·pe·lis·ta adj. s2g.
pa·pel-man·tei·ga sm.; pl.
 papéis-manteigas ou
 papéis-manteiga.
pa·pel-mo:e·da sm.; pl. papéis-
 -moedas ou papéis-moeda.

pa·pe·lo·cra·ci·a sf.
pa·pe·ló·ri:o sm.
pa·pe·lo·te sm.
pa·pel-per·ga·mi·nho sm.;
 pl. papéis-pergaminhos ou
 papéis-pergaminho.
pa·pel-pig·men·to sm.; pl.
 papéis-pigmentos ou
 papéis-pigmento.
pa·pel-por·ce·la·na sm.; pl.
 papéis-porcelanas ou
 papéis-porcelana.
pa·pel-re·gis·tro sm.; pl.
 papéis-registros ou
 papéis-registro.
pa·pel-te·la sm.; pl. papéis-telas
 ou papéis-tela.
pa·pel-tí·tu·lo sm.; pl. papéis-
 -títulos ou papéis-título.
pa·pe·lu·cho sm.
pa·pel·zi·nho sm.; pl.
 papeizinhos.
pa·pe·sa (ê) sf.: papisa.
pa·pi·a·men·to sm.
pa·pi·la sf.
pa·pi·lar adj. 2g.
pa·pi·lha sf.
pa·pi·lhei·ro adj.
pa·pi·lho sm.
pa·pi·lho·so (ô) adj.; f. e pl. (ó).
pa·pi·li·for·me adj. 2g.
pa·pí·li:o sm.
pa·pi·li:o·ná·ce:a sf.
pa·pi·li:o·ná·ce:o adj.
pa·pi·li:ô·ni·da adj. 2g. sm.
pa·pi·li:o·ní·de:o adj. sm.
pa·pi·lo·ma sm.
pa·pi·lo·ma·to·se sf.
pa·pi·lo·ní·de:o adj. sm.
pa·pi·lor·re·ti·ni·te sf.
pa·pi·rá·ce:o adj.
pa·pí·re:o adj.
pa·pi·ri sm.
pa·pi·rí·fe·ro adj.
pa·pi·ro sm.
pa·pi·ró·fa·go adj.
pa·pi·ro·lo·gi·a sf.
pa·pi·ro·ló·gi·co adj.
pa·pi·ró·lo·go sm.
pa·pi·ron·ga sf.
pa·pi·sa sf.
pa·pis·mo sm.
pa·pis·ta adj. s2g. sm.
pa·pi·ta sf.
pa·po sm.
pa·po(s)-a·ma·re·lo(s) sm. (pl.).
pa·po(s)-bran·co(s) sm. (pl.).
pa·po·car v.

pa·*po*·co (ô) sm./Cf. *papoco* (ó), do v. *papocar*.
pa·po(s) de *an*·jo sm. (pl.) 'doce'.
pa·po(s)-de-*an*·jo sm. (pl.) 'arbustro'.
pa·po(s)-de-*fo*·go sm. (pl.).
pa·po(s)-de-pe-*ru* sm. (pl.).
pa·po(s) de *ro*·la sm. (pl.).
pa·po(s)-*fir*·me(s) adj. s2g. (pl.).
pa·po(s)-fu-*ra*·do(s) s2g. sm. (pl.).
pa·*poi*·la sf.: *papoula*.
pa·poi·la(s)-de-es-*pi*·nho sf. (pl.): *papoula-de-espinho*.
pa·poi·la(s)-do-*mé*·xi·co sf. (pl.): *papoula-do-méxico*.
pa·poi·la(s)-do-são-fran·*cis*·co sf. (pl.): *papoula-do-são--francisco*.
pa·pos de a·*ra*·nha sm. pl.; na loc. *em papos de aranha*.
pa·*po*·so (ô) adj.; f. *e* pl. (ó).
pa·*pou*·la sf.: *papoila*.
pa·pou·la(s)-de-es-*pi*·nho sf. (pl.): *papoila-de-espinho*.
pa·pou·la(s)-do-*mé*·xi·co sf. (pl.): *papoila-do-méxico*.
pa·pou·la(s)-do-são--fran-*cis*·co sf. (pl.): *papoila-do-são-francisco*.
pá·pri·ca sf.
pa·*pu*·a adj. s2g.
pa·pu:*â* sm.
pa·pu·*di*·nho sm.
pa·*pu*·do adj. sm.
pa·pu·*jar* v.
pá·pu·la sf.
pa·pu·*lo*·so (ô) adj.; f. *e* pl. (ó).
pa·*quê* sm.
pa·quei·ra·*ção* sf.; pl. ·*ções*: *paqueração*.
pa·quei·*ra*·da sf.
pa·quei·ra·*dor* (ô) adj. sm.; *paquerador*.
pa·quei·*rar* v.: *paquerar*.
pa·*quei*·ro adj. sm.
pa·que·que·*ren*·se adj. s2g.
pa·*que*·ra adj. s2g.
pa·que·ra·*ção* sf.; pl. ·*ções*: *paqueiração*.
pa·que·ra·*dor* (ô) adj. sm.: *paqueirador*.
pa·que·*rar* v.: *paqueirar*.
pa·*que*·te[1] sm. 'conjunto das várias qualidades de pelo que podem servir para fabricar chapéus'/Cf. *paquete*[2].
pa·*que*·te[2] (ê) adj. 2g. sm. 'elegante' 'tipo de embarcação'/Cf. *paquete*[1].
pa·que·*tei*·ro sm.
pa·que·*vi*·ra sf.: *pacavira*.
pa·qui·ble·fa·*ro*·se sf.
pa·qui·ce·fa·*li*·a sf.
pa·qui·ce·*fá*·li·co adj.
pa·qui·*cé*·fa·lo adj. sm.
pa·qui·*der*·me adj. 2g. sm.
pa·qui·der·*mi*·a sf.
pa·qui·*dér*·mi·co adj.
pa·*qui*·fe sm.
pa·qui·*fi*·lo adj.
pa·qui·*gás*·tri·co adj.
pa·qui·me·nin·*gi*·te sf.
pa·qui·me·nin·*gí*·ti·co adj.
pa·*quí*·me·tro sm.
pa·*qui*·nha sf.
pa·qui·nha(s)-das-*hor*·tas sf. (pl.).
pa·qui·pleu·*ris* sm.
pa·quir·*ri*·no adj. sm.
pa·quis·ta·*nen*·se adj. s2g.
pa·quis·ta·*nês* adj. sm.
pa·*quí*·tri·co adj.
par adj. 2g. sm.
pa·ra prep./Cf. *para*, do v. *parar*.
para- pref. (liga-se ao el. seguinte, provocando a queda do *h* inicial do segundo el., bem como a duplicação do *r* e do *s* iniciais do segundo el.).
para- el. de composição do v. *parar* (o segundo el. sempre vem precedido de hífen, exceto 'paraquedas' e derivados).
pa·ra·am·*boi*·a sf.
pa·*rá*·ba·se sf.
pa·ra·*be*·lo sm.: pa·ra·*bé*·lum; pl. ·*luns*.
pa·ra·*bém* sm.; pl. ·*béns*.
pa·ra·be·ni·*zar* v.
pa·ra·*béns* sm. pl.
pa·ra·*bi*·ju sm.
pa·ra·bi:*o*·se sf.
pa·ra·bi:*ó*·ti·co adj. sm.
pa·ra·*blas*·to sm.
pa·*rá*·bo·la sf.
pa·ra·bo·li·ci·*da*·de sf.
pa·ra·*bó*·li·co adj.
pa·ra·bo·*lis*·mo sm.
pa·ra·bo·*loi*·de adj. 2g. sm.
pa·ra·*bri*·sa(s) sm. (pl.).
pa·ra·cam·bi:*en*·se adj. s2g.
pa·ra·ca·*nã* adj. s2g.
pa·ra·*ção* sf.; pl. ·*ções*.
pa·ra·ca·*ri* sm.
pa·ra·*car*·po sm.
pa·ra·*ca*·tas sf. pl.
pa·ra·ca·tu:*en*·se adj. s2g.
pa·ra·ca·*ú*·ba sf.
pa·ra·ca·*ú*·ba(s)-*do*·ce(s) sf. (pl.).
pa·ra·ca·*xi* sm.
pa·ra·cel·*sis*·mo sm.
pa·ra·cel·*sis*·ta adj. s2g.
pa·ra·cen·*te*·se sf.
pa·ra·cen·*tral* adj. 2g.; pl. ·*trais*.
pa·ra·*cho*·que(s) sm. (pl.).
pa·ra·*chu*·va(s) sm. (pl.).
pa·ra·ci:a·no·gê·*ni*:o sm.
pa·ra·ci:e·*si*·a sf.
pa·ra·ci:*é*·si·co adj.
pa·ra·ci·ne·*si*·a sf.
pa·ra·ci·*né*·ti·co adj.
pa·*rá*·cla·se sf.
pa·ra·cle·te:*ar* v.
pa·*rá*·cle·to sm.: pa·*rá*·cli·to.
pa·ra·clo·ro·fe·*nol* sm.; pl. ·*nóis*.
pa·rac·*más*·ti·co adj.
pa·*rá*·co·ra sf.
pa·ra·co·*ro*·la sf.
pa·ra·cris·ta·*li*·no adj.
pa·ra·cu·*ri* sm.
pa·ra·cu·*si*·a sf.
pa·ra·cu·*ta*·ca sf.
pa·ra·cu·*u*·ba sf.
pa·*ra*·da sf.
pa·ra·*dác*·ti·lo sm.: pa·ra·*dá*·ti·lo.
pa·ra·de:*ar* v.
pa·ra·*dei*·ro sm.
pa·ra·di·a·fo·*ni*·a sf.
pa·ra·*dig*·ma sm.
pa·ra·dig·*mal* adj. 2g.; pl. ·*mais*.
pa·ra·di·*sí*·a·co adj.
pa·ra·*dí*·si·co adj.
pa·*ra*·do adj.
pa·ra·*doi*·ro sm.: *paradouro*.
pa·ra·*dor* (ô) adj. sm.
pa·ra·*dou*·ro sm.: *paradoiro*.
pa·ra·do·*xal* (cs) adj. 2g.; pl. ·*xais*.
pa·ra·do·xa·li·*da*·de (cs) sf.
pa·ra·do·*xar* (cs) v.
pa·ra·do·*xis*·mo (cs) sm.
pa·ra·do·*xis*·ta (cs) s2g.
pa·ra·*do*·xo (cs) adj. sm.
pa·ra·*é*·li:o sm.
pa·ra·*en*·se adj. s2g.
pa·ra·es·ta·*tal* adj. 2g.; pl. ·*tais*: *parestatal*.

pa·ra·fan·ta·si·a sf.
pa·ra·fer·*nais* adj. sm. pl.
pa·ra·fer·*nal* adj. s2g.; pl.
·*nais*.
pa·ra·fer·*ná*·li:a sf.
pa·ra·fi·*mo*·se sf.
pa·ra·fi·*mó*·si·co adj.
pa·ra·*fi*·na sf.
pa·ra·fi·na·ção sf.; pl. ·ções.
pa·ra·fi·*na*·do adj.
pa·ra·fi·*na*·gem sf.; pl. ·gens.
pa·ra·fi·*nar* v.
pa·ra·fi·na·*ri*·a sf.
pa·ra·*fí*·ni·co adj.
pa·ra·fis·*cal* adj. 2g.; pl. ·*cais*.
pa·ra·fis·ca·li·*da*·de sf.
pa·*rá*·fi·se sf.
pa·ra·*fo*·go(s) sm. (pl.)
pa·ra·fo·*ni*·a sf.
pa·ra·*fô*·ni·co adj.
pa·*rá*·fra·se sf.
pa·ra·fra·se:*ar* v.
pa·ra·*fras*·ta s2g.
pa·ra·*frás*·ti·co adj.
pa·ra·fre·*ni*·a sf.
pa·ra·*frê*·ni·co adj. sm.
pa·ra·fu·sa·*dor* (ô) adj. sm.
pa·ra·fu·*sar* v.
pa·ra·*fu*·so sm.
pa·ra·*gão* sm.; pl. ·*gões*.
pa·ra·*ga*·ta sf.
pa·ra·gem sf.; pl. ·gens.
pa·ra·*gê*·ne·se sf.
pa·ra·geu·*si*·a sf.
paraglider sm. (ing.:
paragláider).
pa·rag·*nais*·se sm.
pa·ra·*go*·ge sf.
pa·ra·*gó*·gi·co adj.
pa·ra·go·*nar* v.
pa·ra·go·*ni*·ta sf.
pa·ra·gra·fa·*ção* sf.; pl. ·*ções*.
pa·ra·gra·*far* v.
pa·ra·gra·*fi*·a sf.
pa·ra·*grá*·fi·co adj.
pa·*rá*·gra·fo sm./Cf. *paragrafo*,
do v. *paragrafar*.
pa·ra·*gra*·ma sm.
pa·ra·gra·ma·*tis*·mo sm.
pa·ra·*guá* adj. s2g.
pa·ra·gua·*çu* sm.
pa·ra·gua·çu:*en*·se adj. s2g.
pa·ra·gua·*í* sf.
pa·ra·*guai*·a sf.
pa·ra·*guai*·a·no adj. sm.
pa·ra·*guai*·o adj. sm.
pa·ra·gua·*tã* sm.
pa·ra·*í*·ba sf. sm.

pa·ra:i·*ba*·no adj. sm.
pa·ra:i·*ben*·se adj. s2g.
pa·ra:i·bu·*nen*·se adj. s2g.
pa·ra:i·dro·gê·ni:o sm.
pa·ra:i·*sen*·se adj. s2g.
pa·ra·*í*·so sm.
pa·ra:i·so·po·li·*ta*·no adj. sm.
pa·ra:i·*tun*·ga adj. s2g.
pa·ra·*já* sf.
pa·ra·*lác*·ti·co adj.: *paralático*.
pa·ra·*la*·*li*·a sf.
pa·ra·*la*·ma(s) sm. (pl.).
pa·ra·lamp·*si*·a sf.
pa·ra·*lâmp*·ti·co adj.
pa·ra·*lá*·ti·co adj.: *paraláctico*.
pa·ra·*la*·xe (cs) sf.
pa·ral·de·*í*·do sm.
pa·ra·*le*·la sf.
pa·ra·*le*·las sf. pl.
pa·ra·le·le·pi·pe·*dal* adj. 2g.;
pl. ·*dais*.
pa·ra·le·le·*pí*·pe·do sm.
pa·ra·le·*lí*·ge·ro sm.
pa·ra·le·li·*nér*·ve:o adj.
pa·ra·le·*lis*·mo sm.
pa·ra·le·*lís*·ti·ca sf.
pa·ra·le·*lís*·ti·co adj.
pa·ra·le·li·za·*ção* sf.; pl. ·*ções*.
pa·ra·le·li·*zar* v.
pa·ra·*le*·lo adj. sm.
pa·ra·le·lo·*grâ*·mi·co adj.
pa·ra·le·lo·*gra*·mo sm.
pa·ra·*lhei*·ro sm.
pa·*rá*·li·co adj.
pa·*rá*·li:o adj.
pa·ra·li·*pô*·me·nos sm. pl.
pa·ra·*lip*·se sf.
pa·ra·*líp*·ti·co adj.
pa·ra·li·sa·*ção* sf.; pl. ·*ções*.
pa·ra·li·*sar* v.
pa·ra·li·*si*·a sf.
pa·ra·li·ti·*car* v.
pa·ra·*lí*·ti·co adj. sm./Cf.
paralitico, do v. *paraliticar*.
pá·ra·lo sm.
pa·ra·lo·*gis*·mo sm.
pa·ra·*luz* sm.; pl. *para-luzes*.
pa·ra·mag·*né*·ti·co adj.
pa·ra·mag·ne·*tis*·mo sm.
pa·ra·ma·ri:*o*·ba sf.
pa·ram·*bi*·ju sm.
pa·ra·*mé*·di·co sm.
pa·ra·men·ta·*ção* sf.; pl. ·*ções*.
pa·ra·men·*ta*·do adj.
pa·ra·men·*tar* v.
pa·ra·men·*tei*·ro sm.
pa·ra·*men*·to sm.
pa·ra·me·ta·*mór*·fi·co adj.

pa·ra·*mé*·tri·co adj.
pa·ra·*mé*·tri:o sm.
pa·ra·me·*tri*·te sf.
pa·ra·me·tri·*zar* v.
pa·*râ*·me·tro sm.
pa·ra·mi·li·*tar* adj. 2g.
pa·ra·mi·*mi*·a sf.
pa·*rá*·mi·*nen*·se(s) adj. s2g.
 (pl.).
pa·ra·mi·ri·*nhen*·se adj. s2g.
pa·ram·ne·*si*·a sf.:
 pa·ram·*né*·si:a.
pa·ram·*né*·si·co adj.
pá·ra·mo sm.; pl. *páramos*/Cf.
 paramos, do v. *parar*.
pa·ra·mor·*fis*·mo sm.
pa·ra·*ná* sm.
pa·ra·na·*boi*·a sm.
pa·ra·na·ci·*ten*·se adj. s2g.
pa·ra·na·*en*·se adj. s2g. 'do
 Paraná'/Cf. *paranãense*.
pa·ra·nã·*en*·se adj. s2g. 'de
 Paraná'/Cf. *paranaense*.
pa·ra·na·*í* sf.
pa·ra·na:i·*ba*·no adj. sm.
pa·ra·nam·*bu*·ca sf.
pa·ra·*ná*·mi·rim sm.; pl.
 paranás-mirins.
pa·ra·na·pa·ne·*men*·se adj. s2g.
pa·ra·na·*sal* adj. 2g.; pl. ·*sais*.
pa·*ran*·ça sf.
pa·ra·*né*·fri·co adj.
pa·ra·*nei*·a sf.: *paranoia*.
pa·ra·*nei*·co adj. sm.: *paranoico*.
pa·ra·neu·*róp*·te·ro sm.
pa·ran·*go*·na sf.
pa·ran·go·*na*·gem sf.; pl. ·gens.
pa·ran·go·*nar* v.
pa·ra·nin·*far* v.
pa·ra·*nín*·fi·co adj.
pa·ra·*nin*·fo sm.
pa·ra·*nis*·ta adj. s2g.
pa·ra·*noi*·a sf.
pa·ra·*noi*·co adj. sm.
pa·ra·nor·*mal* adj. 2g.; pl.
 ·*mais*.
pa·ra:o·pe·*ben*·se adj. s2g.
pa·ra·pa·*rá* sm. *ou* sf.
pa·ra·pei·*tar* v.
pa·ra·*pei*·to sm.
pa·ra·*pen*·te sm.
pa·ra·*pé*·ta·lo adj.
pa·ra·pe·u·*nen*·se adj. s2g.
pa·ra·ple·*gi*·a sf.
pa·ra·*plé*·gi·co adj. sm.
pa·ra·ple·*tên*·qui·ma sm.
pa·ra·pleu·ri·*si*·a sf.
pa·ra·pleu·*rí*·ti·co adj.

pa·ra·ple·*xi*·a (cs) sf.
pa·ra·po·*dá*·ri:o adj.
pa·*rá*·po·de sm.
pa·rap·si·co·lo·*gi*·a sf.
pa·rap·si·co·*ló*·gi·co adj.
pa·rap·si·*có*·lo·go adj. sm.
pa·rap·so·*ci*·do adj. sm.:
   pa·rap·*só*·ci·do.
pa·ra·pu·*zen*·se adj. s2g.
pa·ra·*que*·das sm. 2n.
pa·ra·que·*dis*·mo sm.
pa·ra·que·*dis*·ta adj. s2g.
pa·*rar* v.
pa·ra·*ra*·ca adj. 2g. sm.
pa·ra·*rai*·os sm. 2n.
pa·ra·*ri* sf. *ou* sm.
pa·rar·*tre*·ma sm.
pa·ra·*ru* sm.
pa·ra·*san*·ga adj. s2g. sf.
pa·ras·*ce*·ve sf.
pa·ra·*si*·ta adj. s2g.
pa·ra·si·ta·*ção* sf.; pl. ·*ções*.
pa·ra·si·*tar* v.
pa·ra·si·*tá*·ri:o adj.; f.
   parasitária/Cf. *parasitaria*, do
   v. *parasitar*.
pa·ra·si·te:*ar* v.
pa·ra·si·ti·*ci*·da adj. 2g. sm.
pa·ra·*sí*·ti·co adj.
pa·ra·si·*tí*·fe·ro adj.
pa·ra·si·*tis*·mo sm.
pa·ra·*si*·to adj. sm.: *parasita*.
pa·ra·si·to·lo·*gi*·a sf.
pa·ra·si·to·*ló*·gi·co adj.
pa·ra·si·to·lo·*gis*·ta adj. s2g.
pa·ra·si·*tó*·lo·go sm.
pa·ra·*sol* sm.; pl. *para-sóis*.
pa·ra·sol-da-*chi*·na sf.; pl.
   para-sóis-da-china.
pa·ras·se·*le*·ne sm. *ou* sf.
pa·ras·se·*lê*·ni:o sm.
pa·ras·se·ma·to·gra·*fi*·a sf.
pa·ras·se·ma·to·*grá*·fi·co adj.
pa·ras·se·ma·*tó*·gra·fo sm.
pa·ras·*sí*·fi·lis sf. 2n.
pa·ras·si·fi·*lí*·ti·co adj.
pa·ras·sim·*pá*·ti·co adj. sm.
pa·ras·sin·*té*·ti·co adj. sm.
pa·ras·ta·mi·*ni*·a sf.
pa·ras·*ti*·lo sm.
pa·ra·*tar*·so sm.
pa·ra·*ti* sm.
pa·ra·ti·*bu* sm.
pa·ra·ti·*en*·se adj. s2g.
pa·ra·*tí*·fi·co adj.
pa·ra·*ti*·fo sm.
pa·ra·tin·*guen*·se adj. s2g.
pa·*rá*·ti·po sm.

pa·ra·ti·*quei*·ra sf.
pa·ra·ti·re·*oi*·de adj. 2g. sf.
pa·ra·ti·*ri* adj. s2g.
pa·ra·ti·*tlá*·ri:o sm.
pa·ra·*ti*·tlos sm. pl.
pa·ra·tra·que:*al* adj. 2g.; pl. ·*ais*.
pa·ra·*tro*·pa sf.
pa·ra·tu·*dal* sm.; pl. ·*dais*.
pa·ra·*tu*·do sm.
pa·ra·tu·*rá* sm.
pa·*rau* sm.: *paró*.
pa·rau·*á* adj. s2g.
pa·rau·a·*çu* sf. sm.
pa·rau·a·*má* adj. s2g.
pa·rau·am-*boi*·a sf.
pa·rau·*a*·na adj. s2g.
pa·rau·*a*·ra sm.
pa·rau·a·*ti*·ti adj. s2g.
pa·rau·a·*xi* sm.
pa·ra:u·*nen*·se adj. s2g.
pa·*ráu*·que·ne sm.
pa·*rá*·vel adj. 2g.; pl. ·*veis*.
pa·ra·*ven*·to(s) sm. (pl.).
pa·ra·vi:*a*·na adj. s2g.
pa·ra·vi·*lha*·na adj. s2g.
pa·ra·xi:*al* (cs) adj. 2g.; pl. ·*ais*.
pa·ra·*zei*·ro sm.
pa·ra·zo·*á*·ri:o adj. sm.
pa·ra·*zô*·ni:o sm.
par·ca sf.
par·cei·*ra*·da sf.
par·cei·*ra*·gem sf.; pl. ·*gens*.
par·*cei*·ro adj. sm.
par·*cel* sm.; pl. ·*céis*.
par·*ce*·la sf.
par·ce·la(s) de *dez* sf. (pl.).
par·ce·*la*·do adj.
par·ce·la·*men*·to sm.
par·ce·*lar* adj. 2g. v.
par·ce·*ri*·a sf.
par·cha sf.
par·che sm.: *parcho*.
par·che:*ar* v.
par·cho sm.: *parche*.
par·ci:*al* adj. s2g.; pl. ·*ais*.
par·ci:a·li·*da*·de sf.
par·ci:a·*lis*·mo sm.
par·ci:a·li·*zar* v.
par·ci:*á*·ri:o adj. sm.
par·ci·*mô*·ni:a sf.
par·ci·mo·ni:*o*·so (ô) adj.; f. *e*
   pl. (ó).
par·co adj.
par·da·*cen*·to adj.
par·*da*·ço adj.
par·*dal* sm. 'ave'; pl. ·*dais*; f.
   pardaleja, pardaloca, pardoca/
   Cf. *pardau*.

par·da·*la*·da sf.
par·da·*le*·ja (ê) sf.; f. de *pardal*.
par·da·*lo*·ca sf.; f. de *pardal*.
par·*dau* sm. 'moeda antiga da
   Índia portuguesa'/Cf. *pardal*.
par·da·*vas*·co adj. sm.
par·*den*·to adj.
par·di:*ei*·ro sm.
par·*di*·lho adj. sm.
par·do adj. sm.
par·*do*·ca sf.; f. de *pardal*.
par·do-*ne*·gro(s) adj. (pl.).
par·*dus*·co adj.
pá·re:a sf. 'régua'/Cf. *pária*.
pa·re:a·*dor* (ô) sm.
pa·re:*ar* v.
pá·re:as sf. pl.
pa·re·ce-mas-não-*é* sf. 2n.
pa·re·*cen*·ça sf.
pa·re·*cen*·te adj. 2g.
pa·re·*cer* v. sm.
pa·re·ce·*ris*·ta s2g.
pa·re·*ci* adj. s2g.
pa·re·*ci*·do adj.
pa·re·ce·*tó* adj. s2g.
pa·*réc*·ta·se sf.
pa·re·*dão* sm.; pl. ·*dões*.
pa·re·de (ê) sf.
pa·re·de(s)-*mei*·a(s) sf. (pl.).
pa·re·*dis*·mo sm.
pa·re·*dis*·ta adj. s2g.
pa·re·dro sm.
pa·re·go·*ri*·a sf.
pa·re·*gó*·ri·co adj.
pa·*rei*·a sf.
pa·re·lha (ê) sf.
pa·re·lha(s)-tro·*ca*·da(s) sf. (pl.).
pa·re·*lhei*·ra sf.
pa·re·*lhei*·ro adj. sm.
pa·re·*lhen*·se adj. s2g.
pa·re·lho (ê) adj. sm.
pa·*ré*·li:o sm.
pa·rêm·*bo*·le sf.
pa·*rê*·mi:a sf.
pa·re·*mí*·a·co adj.
pa·re·mi:*ó*·gra·fo sm.
pa·re·mi:o·lo·*gi*·a sf.
pa·re·mi:o·lo·*gis*·ta adj. s2g.
pa·re·mi:*ó*·lo·go sm.
pa·ren·*cé*·fa·lo sm.
pa·ren·ce·fa·lo·*ce*·le sf.
pa·*rê*·ne·se sf.
pa·re·*né*·ti·ca sf.
pa·re·*né*·ti·co adj.
pa·*rên*·qui·ma sm.
pa·ren·qui·*má*·ti·co adj.
pa·ren·qui·ma·*to*·so (ô) adj.; f.
   e pl. (ó).

pa·ren·ta sf.; f. de *parente*.
pa·ren·*tal* adj. 2g.; pl. ·*tais*.
pa·ren·*ta*·lha sf.
pa·ren·*tar* v.
pa·*ren*·te adj. s2g.
pa·ren·te:*ar* v.
pa·ren·*tei*·ro adj. sm.
pa·ren·te·la sf.
pa·ren·te·*ral* adj. 2g.; pl. ·*rais*.
pa·ren·*té*·ri·co adj.
pa·ren·*tes*·co (ê) sm.
pa·*rên*·te·se sm.: pa·*rên*·te·sis sm. 2n.
pa·ren·*té*·ti·co adj.
pa·ren·*tir*·so sm.
pá·re:o sm.
pa·re:ô sm.
pa·re·*que*·ma sm.
pa·re·si·a sf.
pa·res·ta·*tal* adj. 2g.; pl. ·*tais*: *paraestatal*.
pa·res·te·si·a sf.
par·ga sf.
par·ga·*si*·ta sf.
par·*ga*·ta sf.
par·go sm.
par·go(s)-*bran*·co(s) sm. (pl.).
pa·ri sm.
pá·ri:a sm. 'casta'/Cf. *párea*.
pa·ri:*á* sm.
pa·ri:*am*·bo sm.
pa·ri:*a*·na adj. s2g.
pa·ri:*a*·tã sf.
pa·ri:*a*·to sm.
pa·ri·*cá* sm.
pa·ri·cá(s)-*bran*·co(s) sm. (pl.).
pa·ri·cá(s)-*gran*·de(s) sm. (pl.).
pa·ri·*ção* sf.; pl. ·*ções*.
pa·ri·cá(s)-*pre*·to(s) sm. (pl.).
pa·ri·ca·*ra*·na sf.
pa·ri·ca·*zi*·nho sm.
pa·ri·cu:a·*tó* adj. s2g.
pa·ri·*cu*·re adj. s2g.: *palicure*.
pa·*ri*·da sf.
pa·ri·*da*·de sf.
pa·ri·*dei*·ra adj. sf.
pa·ri·*de*·la sf.
pa·*rí*·de:o adj. sm.
pa·*ri*·do adj.
pa·ri:e·*tal* adj. 2g. sm.; pl. ·*tais*.
pa·ri:e·tá·ri:a sf.
pa·ri:e·*ti*·na sf.
pa·ri·*for*·me adj. 2g.
pa·ri·li·*da*·de sf.
pa·ri·na·ri sm.
pa·rin·ti·*nen*·se adj. s2g.
pa·rin·tin·*tim* adj. s2g.; pl. ·*tins*.

pa·rin·tin·tim·cau·a·*í*·ba adj. s2g.; pl. *parintintins-cauaíbas*: pa·rin·tin·tim·ca·va·*í*·ba; pl. *parintintins-cavaíbas*.
pa·ri·pa·*ro*·ba sf.
pari passu loc. adv. (lat.).
pa·ri·pe·*na*·do adj.
pa·ri·pi·ran·*guen*·se adj. s2g.
pa·ri·que·*ren*·se adj. s2g.
pa·ri·*qui* adj. s2g.
pa·*rir* v.
pa·*ri*·ri adj. s2g. sf.
pa·ri·si:a·*nis*·mo sm.
pa·ri·si:a·*nis*·ta adj. s2g.
pa·ri·si:*a*·no adj. sm.
pa·ri·si:*en*·se adj. s2g.
pa·ri·*si*·no adj. sm.
pa·ris·*sí*·la·bo adj. sm.
pa·ri·*tá* sm.
pa·ri·*tá*·ri:o adj.
par·ke·ri:*á*·ce:a sf.
par·ke·ri:*á*·ce:o adj.
par·kin·son s2g.
par·kin·so·ni:*a*·no adj. sm.
par·la sf.
par·la·men·ta·*ção* sf.; pl. ·*ções*.
par·la·men·*tar* adj. s2g. v.
par·la·men·*tá*·ri:o adj. sm.
par·la·men·ta·*ris*·mo sm.
par·la·men·ta·*ris*·ta adj. s2g.
par·la·men·ta·ri·*zar* v.
par·la·men·te:*ar* v.
par·la·*men*·to sm.
par·*lan*·da sf.: *parlenda*.
par·la·pas·*sa*·da sf.
par·la·pa·*tão* adj. sm.; pl. ·*tões*; f. *parlapatona*.
par·la·pa·te:*ar* v.
par·la·pa·*ti*·ce sf.
par·la·pa·*to*·na adj. sf.; f. de *parlapatão*.
par·la·pa·*tó*·ri:o sm.
par·*lar* v.
par·la·*tó*·ri:o sm.
par·*len*·da sf.: *parlanda*, *parlenga*.
par·len·*dar* v.
par·*len*·ga sf.: *parlenda*.
par·len·*gar* v.
par·ma sf.
par·me·*sã* adj. sf.; f. de *parmesão*.
par·me·*são* adj. sm.; pl. ·*sãos* e ·*sões*; f. *parmesã*.
par·na·*guen*·se adj. s2g.
par·na·*í*·ba sf.
par·na·i·*ba*·no adj. sm.
par·na·mi·ri·*nen*·se adj. s2g.
par·nan·*gua*·ra adj. s2g.

par·na·ra·*men*·se adj. s2g.
par·na·si:a·*nis*·mo sm.
par·na·si:*a*·no adj. sm.
par·*na*·so sm.: par·*nas*·so.
pa·*ró* sm.: *parau*.
pa·ro:*a*·ra adj. s2g. sm.
pá·ro·co sm.
pa·ro·co·*tó* adj. s2g.
pa·*ró*·di:a sf.
pa·ro·di:*ar* v.
pa·ro·di·*ni*·a sf.
pa·ro·*dí*·ni·co adj.
pa·ro·*dis*·ta s2g.
pá·ro·do sm.
pa·ro·*don*·te sm.
pa·ro·don·*ti*·a sf.
pa·*rol* sm.; pl. ·*róis*.
pa·*ro*·la sf. 'conversa fiada'/Cf. *parola* (ô), f. de *parolo* (ô).
pa·ro·la·*dor* (ô) adj. sm.
pa·ro·la·gem sf.; pl. ·*gens*.
pa·ro·la·*men*·to sm.
pa·ro·*lar* v.
pa·*ro*·le sm.
pa·ro·le:*ar* v.
pa·ro·*lei*·ro adj. sm.
pa·ro·*li*·ce sf.
pa·ro·*lim* sm.; pl. ·*lins*.
pa·*ro*·lo (ô) adj. 'pacóvio'; f. *parola* (ô)/Cf. *parola* (ó), sf. e fl. do v. *parolar*.
pa·ro·mo·lo·gi·a sf.
pa·ro·mo·*ló*·gi·co adj.
pa·ro·*ní*·mi:a sf.
pa·ro·*ní*·mi·co adj.
pa·*rô*·ni·mo adj. sm.
pa·ro·*ní*·qui:a sf.
pa·ro·no·*má*·si:a sf.
pa·ro·no·*más*·ti·co adj.
pa·rop·si·a sf.
pa·*ró*·qui:a sf.
pa·ro·qui·*al* adj. 2g.; pl. ·*ais*.
pa·ro·qui·a·*lis*·mo sm.
pa·ro·qui:a·*men*·to sm.
pa·ro·qui:*a*·no adj. sm.
pa·ro·qui:*ar* v.
pa·ros·*mi*·a sf.
pa·*rós*·mi·co adj.
pa·*ró*·ti·co adj.
pa·*ró*·ti·da sf.: pa·*ró*·ti·de.
pa·ro·*tí*·de:o adj. sm.
pa·ro·ti·di:*a*·no adj.
pa·ro·ti·*di*·te sf.
pa·ro·*xís*·mi·co (cs) adj.
pa·ro·*xis*·mo (cs) sm.
pa·ro·*xís*·ti·co (cs) adj.
pa·ro·*xí*·to·no (cs) adj. sm.
pár·pa·do sm.

par·que sm.
par·*quê* sm.
par·que:a·*men*·to sm.
pa·que:*ar* v.
par·*que*·te (ê) sm.
par·ra sf.
par·*ra*·do adj.
par·ra·*far* v.
pár·ra·fo sm./Cf. parrafo, do v. parrafar.
par·*ra*·na adj. s2g.
par·*ran*·da sf.
par·*rar* v.
par·*rei*·ra sf.
par·*rei*·ra(s)-*bra*·va(s) sf. (pl.).
par·*rei*·ra(s)-do-*ma*·to sf. (pl.).
par·*rei*·ral sm.; pl. ·*rais*.
par·*ré*·si:a sf.
par·*ré*·si·co adj.
par·ri·*a*·da adj. s2g.
par·ri·*ci*·da adj. s2g.
par·ri·*cí*·di:o sm.
par·*rí*·de:o adj. sm.
par·*ri*·lha adj. 2g. sf.
par·ru:*á* sm.
par·*ru*·da sf.
par·*ru*·do adj. sm.
par·se adj. s2g.
par·*sec* sm.
par·*sis*·mo sm.
par·ta adj. s2g.
par·ta·*sa*·na sf.
par·te sf.
par·*tei*·ra sf.
par·*tei*·ro adj. sm.
par·te·ja·*men*·to sm.
par·te·*jar* v.
par·*te*·jo (ê) sm.
par·te·no·car·*pi*·a sf.
par·te·no·*cár*·pi·co adj.
par·te·no·gê·*ne*·se sf.
par·te·no·ge·*né*·ti·co adj.
par·te·no·lo·*gi*·a sf.
par·te·no·*ló*·gi·co adj.
par·te·no·man·*ci*·a sf.
par·te·no·*man*·te s2g.
par·te·no·*mân*·ti·co adj.
par·*tê*·no·pe sm.
par·te·no·*pei*·a adj.; f. de partenopeu.
par·te·no·*peu* adj.; f. partenopeia.
par·ti·bi·li·*da*·de sf.
par·ti·*ção* sf.; pl. ·*ções*.
par·ti·ci·pa·*ção* sf.; pl. ·*ções*.
par·ti·ci·pa·*dor* (ô) adj. sm.
par·ti·ci·*pan*·te adj. s2g.
par·ti·ci·*par* v.
par·ti·ci·*pá*·vel adj. 2g.; pl. ·*veis*.
par·*tí*·ci·pe adj. s2g.
par·ti·ci·pi:*al* adj. 2g.; pl. ·*ais*.
par·ti·*cí*·pi:o sm.
pár·ti·co adj.
par·*tí*·cu·la sf.
par·ti·cu·*lar* adj. 2g. sm.
par·ti·cu·la·ri·*da*·de sf.
par·ti·cu·la·*ris*·mo sm.
par·ti·cu·la·ri·za·*ção* sf.; pl. ·*ções*.
par·ti·cu·la·ri·za·*dor* (ô) adj.
par·ti·cu·la·ri·*zar* v.
par·*ti*·da sf.
par·ti·*da*·ço sm.
par·ti·*dão* sm.; pl. ·*dões*.
par·ti·*dá*·ri:o adj. sm.
par·ti·da·*ris*·mo sm.
par·ti·da·*ris*·ta adj. s2g.
par·*ti*·do adj. sm.
par·ti·*dor* (ô) adj. sm.
par·*ti*·lha sf.
par·*ti*·lhar v.
par·ti·*lhá*·vel adj. 2g.; pl. ·*veis*.
par·ti·*men*·to sm.
parti pris loc. subst. (lat.).
par·*tir* v.
par·*tis*·ta adj. s2g.
par·*ti*·ta sf.
par·ti·*ti*·vo adj. sm.
par·ti·*tu*·ra sf.
par·*tí*·vel adj. 2g.; pl. ·*veis*.
partner sm. (ing.: *pártner*).
par·to adj. sm.
par·tu·re·*jar* v.
par·tu·ri·*ção* sf.; pl. ·*ções*.
par·tu·ri·*en*·te adj. 2g. sf.
par·tu·*rir* v.
pa·*ru* sm.
pa·ru·co·*tó* adj. s2g.:
   pa·ru·cu:a·*tó*.
pa·ru(s)-da-*pe*·dra sm. (pl.).
pa·ru(s)-doi·*ra*·do(s) sm. (pl.):
   pa·ru(s)-dou·*ra*·do(s).
pa·*rú*·li:a sf.
pa·*rú*·li·da sf.: pa·*rú*·li·de.
pa·ru(s)-lis·*tra*·do(s) sm. (pl.).
pa·rum·*be*·ba sf.
pa·*ru*·ru sm.
pa·ru(s)-sol·*da*·do(s) sm. (pl.).
par·va sf.; f. de *parvo*.
par·va·*jo*·la s2g.
par·va·*lhão* sm.; pl. ·*lhões*; f. parvalhona.
par·va·*lhi*·ce sf.
par·va·*lho*·na sf.; f. de parvalhão.
par·vi·*da*·de sf.

par·vo adj. sm.; f. *parva* e *párvoa*.
pár·vo:a adj. sf.; f. de *parvo*.
par·vo:*a*·lho sm.
par·vo:ei·*rão* sm.; pl. ·*rões*; f. parvoeirona.
par·vo:ei·*rar* v.
par·vo:ei·*ro*·na sf.; f. de parvoeirão.
par·vo:e·*jar* v.
par·vo:i·*ça*·da sf.
par·vo:*í*·ce sf.
par·vu·*lez* (ê) sf.
par·vu·*le*·za (ê) sf.
pár·vu·lo adj. sm.
pas·ca·*ci*·ce sf.
pas·*cá*·ci:o sm.
pas·*cal* adj. 2g. sm.; pl. ·*cais*.
pas·ca·li:*a*·no adj.
pas·ca·*li*·na sf.
pas·ca·*li*·no adj.
pas·cen·*tar* v.
pas·*cer* v.
pas·*ci*·go sm.
pas·ci·*go*·so (ô) adj.; f. e pl. (ó).
pás·co:a sf.
pas·co:*al* adj. 2g.; pl. ·*ais*.
pas·co:*e*·la sf.
pas·co:*i*·nha sf.
pa·si·gra·*far* v.
pa·si·gra·*fi*·a sf.
pa·si·*grá*·fi·co adj.
pa·sis·te·no·gra·*fi*·a sf.
pa·sis·te·no·ta·qui·gra·*fi*·a sf.
pas·ma·*cei*·ra sf.
pas·*ma*·do adj. sm.
pas·mar v.
pas·ma·*tó*·ri:o sm.
pas·mo adj. sm.
pas·*mo*·so (ô) adj.; f. e pl. (ó).
pas·pa·*lhão* adj. sm.; pl. ·*lhões*; f. paspalhona.
pas·pa·*lhi*·ce sf.
pas·*pa*·lho sm.
pas·pa·*lho*·na sf.; f. de paspalhão.
pas·*quim* sm.; pl. ·*quins*.
pas·qui·*na*·da sf.
pas·qui·*na*·gem sf.; pl. ·*gens*.
pas·qui·*nar* v.
pas·qui·*nei*·ro adj. sm.
pas·sa sf./Cf. *passa* do v. *passar*.
pas·sa·*al*·tos adj. 2g. 2n.
pas·sa·*bai*·xos adj. 2g. 2n.
pas·sa·*ca*·le sf.: pas·sa·*cá*·li:a.
pas·sa·*cul*·pas adj. s2g. 2n.
pas·*sa*·da sf.
pas·*sa*·das sf. pl.

pas·sa·dei·ra sf.
pas·sa·dez sm. 2n.
pas·sa·di·ço sm.
pas·sa·di:o sm.
pas·sa·dis·mo sm.
pas·sa·dis·ta adj. s2g.
pas·sa·do adj. sm.
pas·sa·doi·ro sm.: passadouro.
pas·sa·dor (ô) adj. sm.
pas·sa·dos sm. pl.
pas·sa·dou·ro sm.: passadoiro.
pas·sa·fo·ra interj.
pas·sa·ge:ar v.
pas·sa·gei·ro adj. sm.
pas·sa·gei·ro-qui·lô·me·tro sm.; pl. passageiros--quilômetros ou passageiros-quilômetro.
pas·sa·gem sf.; pl. ·gens/Cf. passajem, do v. passajar.
pas·sa·gen·se adj. s2g.
pas·sa·jar v.
pas·sal sm.; pl. ·sais.
pas·sa·ma·nar v.
pas·sa·ma·na·ri·a sf.
pas·sa·ma·nei·ro sm.
pas·sa·ma·nes sm. pl.
pas·sa·men·to sm.
pas·sa·mo·le·que(s) sm. (pl.).
pas·sa·ni·to sm.
pas·san·te adj. s2g.
pas·sa·pé(s) sm. (pl.).
pas·sa·pi:o·lho(s) sm. (pl.).
pas·sa·por·te sm.
pas·sa·qua·tren·se(s) adj. s2g. (pl.).
pas·sar v.
pás·sa·ra sf./Cf. passara e passará, do v. passar.
pas·sa·ra·da sf.
pas·sa·rão sm.; pl. ·rões.
pas·sa·re·do (ê) sm.
pas·sa·rei·ra sf.
pas·sa·re·la sf.
pas·sa·ri·nha sf.
pas·sa·ri·nha·da sf.
pas·sa·ri·nha·gem sf.; pl. ·gens.
pas·sa·ri·nhão sm.; pl. ·nhões.
pas·sa·ri·nhar v.
pas·sa·ri·nhei·ro adj. sm.
pas·sa·ri·nho sm.
pas·sa·ri·nho(s)-de-ve·rão sm. (pl.).
pas·sa·ri:ú·va sf.
pás·sa·ro sm.
pás·sa·ro-an·gu sm.; pl. pássaros-angus ou pássaros--angu.

pas·sa·ro·co (ô) sm.
pas·sa·ro·la sf.
pas·sa·ro·lo (ô) sm.
pás·sa·ro(s)-pre·to(s) sm. (pl.).
pas·sa·tem·po sm.
pas·sa·tri:en·se(s) adj. s2g. (pl.).
pas·sa·van·te sm.
pas·sá·vel adj. 2g.; pl. ·veis.
pas·sa·vin·ten·se(s) adj. s2g. (pl.).
pas·se sm./Cf. passe, do v. passar.
pas·sé adj. s2g.
pas·se:a·do adj.
pas·se:a·doi·ro sm.: passeadouro.
pas·se:a·dor (ô) adj. sm.
pas·se:a·dou·ro sm.: passedoiro.
pas·se:an·te adj. s2g.
pas·se:ar v.
pas·se:a·ta sf.
pas·sei·o sm.
pas·sei·ra sf.
pas·sei·ro adj. sm. 'vagaroso'/ Cf. paceiro.
pas·sen·se adj. s2g.
pas·sen·to adj.
passe-partout sm. 2n. (fr.: passpartú).
pas·se-pas·se sm.; pl. passes--passes ou passe-passes.
pas·se·ri·for·me adj. 2g. sm.
pas·si·bi·li·da·de sf.
pas·si·flo·ra sf.
pas·si·flo·rá·ce:a sf.
pas·si·flo·rá·ce:o adj.
pas·si·fló·re:o adj.
pas·si·lar·go adj.
pas·si·nhar v.
pas·si·nho sm.
pas·si:o·nal adj. 2g. sm.; pl. ·nais.
pas·si:o·na·li·da·de sf.
pas·si:o·ná·ri:o sm.
pas·si:o·nei·ro sm.
pas·sis·ta adj. s2g.
pas·si·va sf.
pas·si·var v.
pas·sí·vel adj. 2g.; pl. ·veis.
pas·si·vi·da·de sf.
pas·si·vo adj. sm.
pas·so adj. sm. 'passada'/Cf. paço.
pas·so-fun·den·se(s) adj. s2g. (pl.).
pas·sô·me·tro sm.
pas·ta sf.
pas·ta·gem sf.; pl. ·gens.
pas·tar v.

pas·ta·ri·a sf./Cf. pastaria, do v. pastar.
pas·tei·ro sm.
pas·te·jar v.
pas·te·jo (ê) sm.
pas·tel adj. 2g. sm.; pl. ·téis/Cf. pasteis, do v. pastar.
pas·te·la·da sf.
pas·te·lão sm.; pl. ·lões.
pas·te·la·ri·a sf.
pas·tel-dos-tin·tu·rei·ros sm.; pl. pastéis-dos-tintureiros.
pas·te·lei·ro adj. sm.
pas·te·lis·ta s2g.
pas·teu·ri·za·ção sf.; pl. ·ções.
pas·teu·ri·za·dei·ra sf.
pas·teu·ri·za·do adj.
pas·teu·ri·za·dor (ô) adj. sm.
pas·teu·ri·zar v.
pas·ti·çal sm.; pl. ·çais.
pas·ti·char v.
pas·ti·che sm.: pas·ti·cho.
pas·ti·fí·ci:o sm.
pas·ti·lha sf.
pas·ti·lhar v.
pas·ti·lhei·ro sm.
pas·ti·nha sf.
pas·ti:o sm.
pas·tor (ô) adj. sm.; pl. pastores (ô); f. pastora (ô)/Cf. pastores (ó) e pastoras (ó), do v. pastorar.
pas·to·ra·dor (ô) sm.
pas·to·ral adj. 2g. sf.; pl. ·rais.
pas·to·rar v.
pas·to(s)-ras·tei·ro(s) sm. (pl.).
pas·to·re:a·ção sf.; pl. ·ções.
pas·to·re:a·dor (ô) sm.
pas·to·re:ar v.
pas·to·rei·o sm.
pas·to·rei·ro sm.
pas·to·re·ja·dor (ô) adj. sm.
pas·to·re·jar v.
pas·to·re·jo (ê) sm./Cf. pastorejo, do v. pastorejar.
pas·to·re·la sf.
pas·to·rí·ci:o adj.
pas·to·ril adj. 2g. sm.; pl. ·ris.
pas·to·ri·nha sf.
pas·to·ri·zar v.
pas·tos-bo·nen·se(s) adj. s2g.; (pl.).
pas·to·so (ô) adj.; f. e pl. (ó).
pas·tra·me sm.
pas·tra·na adj. 2g.
pas·tra·no adj. sm.
pa·ta sf.
pa·ta·ca sf.

pa·ta·*cão* sm.; pl. ·*cões*.
pa·*ta*·cho sm.
pa·ta(s)-*cho*·ca(s) sf. (pl.).
pa·*ta*·co sm.
pa·*ta*·ço sm.
pa·ta·co:*a*·da sf.
pa·ta·*cu*·do adj.
pa·*ta*·da sf.
pa·ta(s)-*d'á*·gua sf. (pl.).
pa·ta(s)-de-*va*·ca sf. (pl.).
pa·ta·*gão* adj. sm.; pl. ·*gões*; f. *patagã* e *patagona*.
pa·*tá*·gi:o sm.
pa·ta·*go*·na adj. sf.; f. de *patagão*.
pa·ta·*gô*·ni:o adj. sm.
pa·ta·le:*ar* v.
pa·ta·*lu*·co sm.
pa·ta·*mar* sm.
pa·ta·*maz* adj. sm.
pa·*tão* sm.; pl. ·*tões*.
pa·ta·*quei*·ro adj. sm.
pa·ta·*que*·ra sf.
pa·ta·*qui*·nha sf.
pa·ta·qui·*te*·ra sf.
pa·ta·*ra*·ta sf. s2g.
pa·ta·ra·*tar* v.
pa·ta·ra·te:*ar* v.
pa·ta·ra·*tei*·ro adj. sm.
pa·ta·ra·*ti*·ce sf.
pa·ta·ra·*tis*·mo sm.
pa·ta·*réu* sm.
pa·tar·*rás* sm.
pa·ta·*ti*·va sf.
pa·ta·ti·va(s)-do-ser·*tão* sf. (pl.).
pa·*tau* sm.
pa·tau·*á* sm.
pa·ta·*vi*·na pron. indef. sf.
pa·ta·*vi*·no adj. sm.
pa·ta·*xó* adj. s2g.
pat·chu·*li* sm.
patchwork sm. (ing.: *petch'uôrk*).
pa·te adj. 2g. sm.
pa·*tê* sm.
pa·te:*a*·da sf.
pa·te:a·*du*·ra sf.
pa·te:*ar* v.
pâté de foie gras sf. (fr. *patê de foá gras*).
pa·*te*·go (ê) adj. sm.
pa·te·*gui*·ce sf.
pa·*tei*·ro adj. sm.
pa·te·*jar* v.
pa·*te*·la sf.
pa·te·*lar* adj. 2g.
pa·te·li·*for*·me adj. 2g.
pa·*te*·na sf. 'objeto litúrgico': *pá*·te·na/Cf. *pátina*.

pa·*ten*·se adj. s2g.
pa·*ten*·te adj. 2g. sf.
pa·ten·te:*ar* v.
pa·*te*·ra sf. 'espécie de escápula'/Cf. *pátera*.
pá·te·ra sf. 'espécie de taça'/Cf. *patera*.
pa·te·*ri*·no sm.
pa·ter·*nal* adj. 2g.; pl. ·*nais*.
pa·ter·na·*lis*·mo sm.
pa·ter·na·*lis*·ta adj. s2g.
pa·ter·ni·*da*·de sf.
pa·*ter*·no adj.
pá·ter·*nós*·ter sm.; pl. *páter-nósteres*.
pa·*tes*·ca (ê) sf.
pa·tes·ca·*ri*·a sf.
pa·*te*·ta adj. s2g.
pa·te·*tar* v.
pa·te·te:*ar* v.
pa·te·*ti*·ce sf.
pa·*té*·ti·co adj. sm.
pa·*ti* sm.
pa·ti(s)-bas·*tar*·do(s) sm. (pl.).
pa·ti·bu·*lar* adj. 2g.
pa·*tí*·bu·lo sm.
pá·ti·co adj.
pa·ti:*en*·se adj. s2g.
pa·*ti*·fa adj. sf.; f. de *patife*.
pa·*ti*·*fão* sm.; pl. ·*fões*.
pa·ti·fa·*ri*·a sf.
pa·*ti*·fe adj. sm.
pa·ti·*fó*·ri:o sm.
pa·ti·*guá* sm.
pa·*ti*·lha sf.
pa·ti·*lhão* sm.; pl. ·*lhões*.
pa·*tim* sm.; pl. ·*tins*.
pá·ti·na sf. 'oxidação'/Cf. *pátena* sf. e *patina*, do v. *patinar*.
pa·ti·na·*ção* sf.; pl. ·*ções*.
pa·ti·na·*dor* (ô) adj. sm.
pa·ti·*na*·gem sf.; pl. ·*gens*.
pa·ti·*nar* v.
pa·ti·*ne*·te sf.
pa·ti·*nha*·gem sf.; pl. ·*gens*.
pa·ti·*nhar* v.
pa·*ti*·nho sm.
pa·ti·nho(s)-*d'á*·gua sm. (pl.).
pa·ti·nho(s)-de-i·ga·*pó* sm. (pl.).
pá·ti:o sm.
pa·ti:*o*·ba sf.
pâtisserie sf. (fr.: *patisseri*).
pa·*tí*·vel adj. 2g.; pl. ·*veis*.
pa·to adj. s2g. sm.
pa·to·*á* sm. 'dialeto'/Cf. *patuá*.
pa·to-ar·gen·*ti*·no(s) sm. (pl.).
pa·to-ar·*mi*·nho sm.; pl. *patos-arminhos* ou *patos-arminho*.

pa·to-bran·*quen*·se(s) adj. s2g. (pl.).
pa·to(s)-*bra*·vo(s) sm. (pl.).
pa·to(s)-cas·te·*lha*·no(s) sm. (pl.).
pa·to(s)-cri:*ou*·lo(s) sm. (pl.).
pa·to(s)-de-cai·*e*·na sm. (pl.).
pa·to(s)-de-*cris*·ta sm. (pl.).
pa·to(s)-do-*ma*·to sm. (pl.).
pa·to-fo·*bi*·a sf.
pa·to·*gê*·ne·se sf.
pa·to-ge·ne·*si*·a sf.
pa·to-ge·*né*·ti·co adj.
pa·to-ge·*ni*·a sf.
pa·to-gê·*ni*·co adj.
pa·*tó*·ge·no adj.
pa·tog·no·mo·*ni*·a sf.
pa·tog·no·*mô*·ni·co adj.
pa·*to*·la adj. s2g. sf.
pa·to·*lar* v.
pa·to·lo·*gi*·a sf.
pa·to·*ló*·gi·co adj.
pa·to·lo·*gis*·ta adj. s2g.
pa·to(s)-ma·*ri*·nho(s) sm. (pl.).
pa·to·no·*mi*·a sf.
pa·to(s)-pa·*ta*·ca(s) sm. (pl.).
pa·to·*rá* sm.
pa·to·*ral* sm.; pl. ·*rais*.
pa·*tor*·ra (ô) sf.
pa·tos sm. 2n.
pa·*to*·ta sf.
pa·to·*ta*·da sf.
pa·to·*tei*·ro adj. sm.
pa·*tra*·nha sf.
pa·tra·*nha*·da sf.
pa·tra·*nhar* v.
pa·tra·*nhei*·ro adj. sm.
pa·*trão* sm.; pl. ·*trões*; f. *patroa*.
pa·trão-*mor* sm.; pl. *patrões-mores*.
pa·tra·*sa*·na sm.: pa·tra·*za*·na.
pá·tri:a adj. 2g. sf.
pá·tri:a(s)-a·*ma*·da(s) sm. (pl.).
pa·tri:*a*·da sf.
pa·tri:*ar*·ca sm.
pa·tri:ar·*ca*·do sm.
pa·tri:ar·*cal* adj. 2g. sf.; pl. ·*cais*.
pa·tri:ar·ca·*lis*·mo sm.
pa·tri:ar·ca·*lis*·ta adj. s2g.
pá·tri:as sf. pl.
pa·*trí*·ci:a sf.
pa·tri·ci:*a*·do sm.:
 pa·tri·ci:*a*·to.
pa·tri·*ci*·nha sf.
pa·*trí*·ci:o adj. sm.
pa·tri·li·ne:*ar* v.
pa·tri·li·ne:a·*ri*·da·de sf.
pa·tri·lo·*cal* adj. 2g.; pl. ·*cais*.

pa·tri·mo·ni:*a*·do adj.
pa·tri·mo·ni:*al* adj. 2g.; pl. ·*ais*.
pa·tri·*mô*·ni:o sm.
pá·tri:o adj.
pa·tri:o·ta adj. s2g.
pa·tri:o·*ta*·da sf.
pa·tri:o·*tei*·ro adj. sm.
pa·tri:o·*ti*·ce sf.
pa·tri:ó·ti·co adj.
pa·tri:o·*tis*·mo sm.
pa·tri·pas·si:a·*nis*·mo sm.
pa·*trís*·ti·ca sf.
pa·*trís*·ti·co adj.
pa·tri·*zar* v.
pa·*tro*:a (ô) sf.; f. de *patrão*.
pa·tro:*ar* v.
pa·tro·ci·na·*dor* (ô) adj. sm.
pa·tro·ci·*nar* v.
pa·tro·ci·*nen*·se adj. s2g.
pa·tro·*cí*·ni:o sm.
pa·*trol* sm.; pl. ·*tróis*: pa·*tro*·la.
pa·tro·*lar* v.
pa·tro·*lis*·ta s2g.
pa·tro·lo·*gi*·a sf.
pa·tro·*ló*·gi·co adj.
pa·tro·lo·*gis*·ta adj. s2g.
pa·*tró*·lo·go sm.
pa·tro·mo·*ri*·a sf.
pa·*tro*·na sf.
pa·tro·*na*·do sm.: *patronato*.
pa·tro·*na*·gem sf.; pl. ·*gens*.
pa·tro·*nal* adj. 2g.; pl. ·*nais*.
pa·tro·*na*·to sm.: *patronado*.
pa·tro·ne:*ar* v.
pa·tro·*ní*·mi·co adj. sm.
patronnesse sf. (fr.: *patronéss*).
pa·*tro*·no sm.
pa·tru:i·*cí*·di:o sm.
pa·*tru*·lha sf.
pa·tru·lha·*men*·to sm.
pa·tru·*lhar* v.
pa·tru·*lhei*·ro sm.
pa·tu:*á* sm. 'cesta de palha'/ Cf. *patoá*.
pa·tu:á·ba·*lai*:o sm.; pl. *patuás*-*balaios* ou *patuás-balaio*.
pa·*tu*·do adj.
pa·tu:*en*·se adj. s2g.
pa·tu·*lei*·a sf.
pá·tu·lo adj.
pa·tu·*ré* sm.: *paturi*.
pa·tu·*re*·ba sm.
pa·tu·*ri* sm.: *paturé*.
pa·tu·ri(s)-do-*ma*·to sm. (pl.).
pa·tus·*ca*·da sf.
pa·*tus*·*car* v.
pa·*tus*·co adj. sm.
pau sm.

pau(s)-a·ma·*re*·lo(s) sm. (pl.).
pau(s) a *pi*·que sm. (pl.).
pau·a·*tê* adj. s2g.
pau-a-*ze*·vim sm.; pl. *paus-azevins* ou *paus-azevim*.
pau-*ba*·la sm.; pl. *paus-balas* ou *paus-bala*.
pau-*bál*·sa·mo sm.; pl. *paus-bálsamos* ou *paus-bálsamo*.
pau(s)-*bran*·co(s) sm. (pl.).
pau-bra·*sil* sm.; pl. *paus-brasis* ou *paus-brasil*.
pau-cam-*pe*·che sm.; pl. *paus-campeches* ou *paus-campeche*.
pau-can-*dei*·a sm.; pl. *paus-candeias* ou *paus-candeia*.
pau-ca·*ne*·la sm.; pl. *paus-canelas* ou *paus-canela*.
pau-car·*do*·so sm.; pl. *paus-cardosos* ou *paus-cardoso*.
pau-*car*·ga sm.; pl. *paus-cargas* ou *paus-carga*.
pau-ca·*va*·lo sm.; pl. *paus-cavalos* ou *paus-cavalo*.
pau-ce·*tim* sm.; pl. *paus-cetins* ou *paus-cetim*.
pau-ci·*flo*·ro adj.
pau-*cí*·lo·quo adj.
pau-cir·ra·di:*a*·do adj.
pau-cis·se·ri:*a*·do adj.
pau-*co*·bra sm.; pl. *paus-cobras* ou *paus-cobra*.
pau-co·*ral* sm.; pl. *paus-corais* ou *paus-coral*.
pau-*cra*·vo sm.; pl. *paus-cravos* ou *paus-cravo*.
pau(s)-da-fu-*ma*·ça sm. (pl.).
pau(s)-d'*á*·gua sm. (pl.).
pau-d'a-*lhen*·se(s) adj. s2g. (pl.).
pau(s)-d'a·lho sm. (pl.).
pau(s)-d'*ar*·co sm. (pl.).
pau(s)-d'ar·co-a·ma·*re*·lo(s) sm. (pl.).
pau(s)-d'ar·co-*ro*·xo(s) sm. (pl.).
pau(s) de a·*mar*·rar *é*·gua sm. (pl.).
pau(s) de a·*ra*·ra sm. s2g. (pl.) 'suporte de madeira' 'caminhão'.
pau(s)-de-a·*ra*·ra sm. (pl.) 'árvore'.
pau(s) de ar·*ras*·to sm. (pl.).
pau(s) de *bal*·sa sm. (pl.) 'madeira'.
pau(s)-de-*bal*·sa sm. (pl.) 'árvore'.
pau(s)-de-*bo*·to sm. (pl.).
pau(s)-de-*bu*·gre sm. (pl.).

pau(s) de ca·be·*lei*·ra sm. (pl.).
pau(s)-de-ca·*chim*·bo sm. (pl.).
pau(s)-de-*cai*·xa sm. (pl.).
pau(s)-de-can·*ga*·lha sm. (pl.).
pau(s)-de-can·*til* sm. (pl.) 'árvore'.
pau(s) de *car*·ga sm. (pl.) 'verga de madeira'.
pau(s)-de-*car*·ga sm. (pl.) 'árvore'.
pau(s)-de-*co*·bra sm. (pl.).
pau(s)-de-co·*lher* sm. (pl.).
pau(s)-de-cor·*ti*·ça sm. (pl.).
pau(s)-de-cu·*bi*·ú sm. (pl.).
pau(s)-de-cu-na·*nã* sm. (pl.).
pau(s)-de-cu·*ti*·a sm. (pl.).
pau(s)-de-di·ges·*tão* sm. (pl.).
pau(s)-de-em·*bi*·ra sm. (pl.).
pau(s)-de-es·*pe*·to sm. (pl.).
pau(s) de *fi*·ta sm. (pl.).
pau(s) de *fo*·go sm. (pl.).
pau(s)-de-for·*mi*·ga sm. (pl.).
pau(s) de fu·*ma*·ça sm. (pl.).
pau(s) de *fu*·mo sm. (pl.).
pau(s)-de-ga·so·*li*·na sm. (pl.).
pau(s)-de-*go*·ma sm. (pl.).
pau(s)-de-gui·*né* sm. (pl.).
pau(s)-de-jan·*ga*·da sm. (pl.).
pau(s)-de-*la*·cre sm. (pl.).
pau(s)-de-ma·*ca*·co sm. (pl.).
pau(s)-de-*ma*·lho sm. (pl.).
pau(s)-de-*mas*·tro sm. (pl.).
pau(s)-de-mo·*có* sm. (pl.).
pau(s)-de-no·*va*·to sm. (pl.).
pau(s)-de-*ó*·le:o sm. (pl.).
pau(s)-de-or·*va*·lho sm. (pl.).
pau(s)-de-*pen*·te sm. (pl.).
pau(s)-de-per·nam·*bu*·co sm. (pl.).
pau(s)-de-*por*·co sm. (pl.).
pau(s)-de-*pra*·ga sm. (pl.).
pau(s)-de-qui:*a*·bo sm. (pl.).
pau(s)-de-*ra*·to sm. (pl.).
pau(s)-de-*re*·mo sm. (pl.).
pau(s)-de-*ro*·sas sm. (pl.).
pau(s)-de-*sal*·sa sm. (pl.).
pau(s) de *san*·to sm. (pl.) 'madeira'.
pau(s)-de-*san*·to sm. (pl.) 'árvore'.
pau(s)-de-sas·sa·*frás* sm. (pl.).
pau(s) de *se*·bo sm. (pl.) 'mastro de festas'.
pau(s)-de-*se*·bo sm. (pl.) 'árvore'.
pau(s)-de-*se*·da sm. (pl.).
pau(s)-de-se·*ma*·na sm. (pl.).
pau(s) de se·*men*·te sm. (pl.).

pau(s)-de-ta·*man*·co sm. (pl.).
pau(s)-de-*tin*·ta sm. (pl.).
pau(s)-de-tu·*ca*·no sm. (pl.).
pau(s)-de-vi:*o*·la sm. (pl.).
pau(s) de vi·rar *tri*·pa sm. (pl.).
pau(s)-*do*·ce(s) sm. (pl.).
pau(s)-do-cha·*pa*·do sm. (pl.).
pau(s)-do-no·*va*·to sm. (pl.).
pau(s)-do-ser·*ro*·te sm. (pl.).
pau(s)-em-*ser* sm. (pl.).
pau-es·*pe*·to sm.; pl. *paus--espetos* ou *paus-espeto*.
pau-fer·*ren*·se(s) adj. s2g. (pl.).
pau-*fer*·ro sm.; pl. *paus-ferros* ou *paus-ferro*.
pau-for·*qui*·lha sm.; pl. *paus--forquilhas* ou *paus-forquilha*.
pau·i·*a*·na adj. s2g.
pau·i·ni:*en*·se adj. s2g.
pau·i·*xa*·na adj. s2g.
pau-jan·*tar* sm.; pl. *paus--jantares* ou *paus-jantar*.
pau·je·ri·*mu* sm.; pl. *paus-jerimus* ou *paus-jerimu*: pau-je·ri·*mum*; pl. *paus-jerimuns* ou *paus-jerimum*.
pa·*ul* sm.; pl. ·*uis*.
pau·*la*·da sf.
pau·*la*·ma sf.
pau-la·*ran*·ja sm.; pl. *paus-laranjas* ou *paus-laranja*.
pau-la-*sou*·sa sm. 2n.
pau·la·*ti*·no adj.
pau·*lei*·ra sf.
pau·*len*·se adj. s2g.
pau·li·ce:*en*·se adj. s2g.
pau·li·*cei*·a sf.
pau·li·fi·ca·*ção* sf.; pl. ·*ções*.
pau·li·fi·*cân*·ci:a sf.
pau·li·fi·*can*·te adj. 2g.
pau·li·fi·*car* v.
pau·*li*·na sf.
pau·*lis*·ta adj. s2g. sf.
pau·lis·ta·*nen*·se adj. s2g.
pau·lis·*tâ*·ni:a sf.
pau·lis·*ta*·no adj. sm.
pau·lis·*ten*·se adj. s2g.
pau·li·*tei*·ro sm.
pau·*li*·to sm.
pau·li·*ven*·se adj. s2g.
pau·*li*·xa sm.; pl. *paus-lixas* ou *paus-lixa*.
pau·lo-fa·ri:*en*·se(s) adj. s2g. (pl.).
pau·lo-ja·cin·*ten*·se(s) adj. s2g. (pl.).
pau·lo(s)-*pi*·res sm. (pl.).

pau-ma·*mão* sm.; pl. *paus--mamões* ou *paus-mamão*.
pau(s)-man·*da*·do(s) sm. (pl.).
pau-mar·*fim* sm.; pl. *paus--marfins* ou *paus-marfim*.
pau-ma·*ri* adj. s2g.
pau-mi·*rim* sm.; pl. ·*rins*.
pau-mon·*dé* sm.; pl. *paus--mondés* ou *paus-mondé*.
pau(s)-mu·*la*·to(s) sm. (pl.).
pau(s)-mu·la·to(s)-da-ter·ra-*fir*·me sm. (pl.).
pau(s)-*ne*·gro(s) sm. (pl.).
pau-pa·*pel* sm.; pl. *paus-papéis* ou *paus-papel*.
pau-pa·ra·*í*·ba sm.; pl. *paus--paraíbas* ou *paus-paraíba*.
pau(s) pa·ra to·da *o*·bra sm. (pl.).
pau(s)-pa·ra·*tu*·do sm. (pl.).
pau-pe·*rei*·ra sm.; pl. *paus--pereiras* ou *paus-pereira*.
pau-pe·*rei*·ro sm.; pl. *paus--pereiros* ou *paus-pereiro*.
pau·*pé*·ri:e sf.
pau·pe·*ris*·mo sm.
pau-per·nam·*bu*·co sm.; pl. *paus-pernambucos* ou *paus-pernambuco*.
pau·*pér*·ri·mo adj. superl. de *pobre*.
pau(s)-pin·*ta*·do(s) sm. (pl.).
pau-*pom*·bo sm.; pl. *paus-pombos* ou *paus-pombo*.
pau(s)-*pre*·to(s) sm. (pl.).
pa·*ú*·ra sf.
pau-ra·*i*·nha sm.; pl. *paus-rainhas* ou *paus-rainha*.
pau(s)-*rei*(s) sm. (pl.).
pau(s)-ro·*da*·do(s) sm. (pl.).
pau·ro·me·ta·*bó*·li·co adj. sm.
pau·*ró*·po·de adj. 2g. sm.
pau-*ro*·sa sm.; pl. *paus-rosas* ou *paus-rosa*.
paus(s)-ro·*sa*·do(s) sm. (pl.).
pau(s)-ro·sa(s)-do-oi·a·*po*·que sm. (pl.).
pau(s)-ro·sa(s)-*fê*·me:a(s) sm. (pl.).
pau(s)-*ro*·xo(s) sm. (pl.).
paus sm. pl.
pau·sa sf./Cf. *pausa*, do v. *pausar*.
pau·*sa*·do adj.
pau·*sa*·gem sf.; pl. ·*gens*.
pau(s)-*san*·to(s) sm. (pl.).
pau-san·to-ma·*ca*·co sm.; pl. *paus-santos-macacos* ou *paus-santo-macaco*.

pau·*sar* v.
pau·ta sf.
pau·ta·*ção* sf.; pl. ·*ções*.
pau·ta·*dei*·ra sf.
pau·*ta*·do adj.
pau·ta·*dor* (ô) sm.
pau·ta·*do*·ra (ô) sf.
pau·*tal* adj. 2g.; pl. ·*tais*.
pau·*tar* v.
pau·te:a·*ção* sf.; pl. ·*ções*.
pau·te:*ar* v.
pau·*tei*·ro sm.
pau·*ter*·ra sm.; pl. *paus-terras* ou *paus-terra*.
pau(s)-*ve*·lho(s) sm. (pl.).
pau-vin·*tém* sm.; pl. *paus--vinténs* ou *paus-vintém*.
pau-vi:o·*le*·ta sm.; pl. *paus--violetas* ou *paus-violeta*.
pau·*xi* adj. s2g.
pau·xi:*a*·na adj. s2g.
pau·xi·*na*·ra adj. s2g.
pau·*za*·na sf.
pau·*zi*·nhos sm. pl.
pa·va·ca·*ré* sm.
pa·*va*·na sf.
pa·*vão* sm.; pl. ·*vões*; f. *pavoa*.
pa·vão-de-ma·to-*gros*·so sm.; pl. *pavões-de-mato-grosso*.
pa·vão-do-*ma*·to sm.; pl. *pavões-do-mato*.
pa·vão-do-pa·*rá* sm.; pl. *pavões-do-pará*.
pa·vão-*pre*·to sm.; pl. *pavões--pretos*.
pa·vão-*zi*·nho sm.; pl. *pavõezinhos*.
pa·*vê* sm.
pa·*vei*·ra sf.
pa·*ve*·na adj. 2g.
pa·*vês* sm.; pl. *paveses* (ê)/Cf. *paveses* (é), do v. *pavesar*.
pa·*ve*·sa (ê) sf./Cf. *pavesa* (é), do v. *pavesar*.
pa·ve·*sa*·da sf.
pa·ve·*sa*·do adj.
pa·ve·sa·*du*·ra sf.
pa·ve·*sar* v.
pá·vi·do adj.
pa·vi·*lhão* sm.; pl. ·*lhões*.
pa·vi·men·ta·*ção* sf.; pl. ·*ções*.
pa·vi·men·*ta*·do adj.
pa·vi·men·*tar* v.
pa·vi·*men*·to sm.
pa·*vi*:o sm.
pá(s)-vi·*ra*·da(s) sg. (pl.).
pa·*vó* sm.: *paó*, **pa·***vô*.
pa·*vo*·a sf.; f. de *pavão*.

pa·vo:*á* sf.
pa·vo:*ã* sf.
pa·vo·*ná*·ce:o adj.
pa·vo·*na*·ço adj.
pa·vo·*na*·da sf.
pa·vo·ne:a·*men*·to sm.
pa·vo·ne:*ar* v.
pa·*vor* (ô) sm.
pa·vo·*ro*·sa sf.
pa·vo·*ro*·so (ô) adj.; f. e pl. (ó).
pa·vu·*la*·gem sf.; pl. ·gens: pabulagem.
pá·vu·lo adj. sm.
pa·*vu*·na adj. s2g.
pa·*xá* sf.
pa·xa·*la*·to sm.
pa·xa·li·*zar* v.
pa·*xa*·xo sm.
pa·xi·*cá* sm.
pa·*xi*·la sf.
pa·xi:*lo*·so (ô) adj. sm.; f. e pl. (ó).
pa·xi:*ú*·ba sf.
pa·xi:ú·ba(s)-bar·ri·*gu*·da(s) sf. (pl.).
pa·xi:u·ba·*ra*·na sf.
pax-*vó*·bis (cs) sm. 2n.
paz sf.
pa·*za*·da sf.
paz de al·ma s2g.; pl. pazes de alma.
pa·ze:*ar* v.
pa·zi·*guar* v.
pé sm.
pê sm. 'o nome da letra *p*'; pl. *pês*/Cf. *pez*.
pe:*ã* sm. 'hino em honra de Apolo'/Cf. *piã*.
pe:a·bi·ru:*en*·se adj. s2g.
pe:*a*·ça sf.
pe:a·*doi*·ro sm.: peadouro.
pe:a·*dor* (ô) sm.
pe:a·*dou*·ro sm.: peadoiro.
pe:*a*·gem sf.; pl. ·gens.
pe:a·*gô*·me·tro sm.
pe:*al* sm.; pl. *ais*.
pe:a·la·*ção* sf.; pl. *ções*.
pe:a·la·*dor* (ô) sm.
pe:*a*·lar v.
pe:*a*·lo sm.
pe:*a*·nha sf.
pe:*ão* sm. 'indivíduo que anda a pé' 'amansador de cavalgadura'; pl. *ões* ou *ães*; f. peã, peoa, peona/Cf. *pião*.
pe:*ar* v. 'lançar peias'/Cf. *piar*.
pé(s)-a·*trás* sm. (pl.).
pe·ba adj. s2g. sm.
pe·*ba*·do adj.

pe·bo·*lim* sm.; pl. ·*lins*
pe·*bri*·na sf.
pe·ça sf.
pe·ca·bi·li·*da*·de sf.
pe·ca·*da*·ço sm.
pe·ca·*di*·lho sm.
pe·*ca*·do sm.
pe·ca·*dor* (ô) adj. sm.
pe·ca·*do*·ra (ô) sf.
pe·ca·do·*ra*·ço sm.
pe·ca·mi·*no*·so (ô) adj.; f. e pl. (ó).
pe·*can*·te adj. s2g.
pe·ca·*pa*·ra sf.: pe·ca·*par*·ra.
pe·*car* v.
pe·ca·*ri* sm.
pe·*cá*·vel adj. 2g.; pl. ·veis.
pe·*cém* adj. 2g.; pl. ·*céns*.
pe·*ce*·ta (ê) sf. sm.
pe·cha sf.
pe·*cha*·da sf. 'encontrão'/Cf. peixada.
pe·cha·*dor* (ô) adj. sm.
pe·*char* v.
pech·*blen*·da sf., do al. Pechblende.
pe·*chin*·cha sf.
pe·*chin*·char v.
pe·chin·*chei*·ro adj. sm.
pe·chi·rin·*gar* v.
pe·chis·*be*·que sm.
pe·*cho*·so (ô) adj.; f. e pl. (ó).
pe·ci·lo·cro·*má*·ti·co adj.
pe·ci·lo·*crô*·mi·co adj.
pe·ci·o·la·*ção* sf.; pl. ·*ções*.
pe·ci·o·*lá*·ce:o adj.
pe·ci·o·*la*·do adj.
pe·ci·o·*lar* adj. 2g.
pe·ci·o·li:*a*·no adj.
pe·*cí*·o·lo sm.
pe·ci·o·lu·*la*·do adj.
pe·ci·o·lu·*lar* adj. 2g.
pe·ci·*ó*·lu·lo sm.
pe·co (ê) sm./Cf. peco (é), do v. pecar.
pe·*co*·nha sf.
pe·*ço*·nha sf.
pe·*ço*·nhen·to adj.
pé·co·ra sf.
pe·co·re:*ar* v.
pé(s)-co·*xi*·nho(s) sm. (pl.).
pec·*ti*·na sf.
pec·ti·*na*·do adj.
pec·*tí*·ne:o adj.
pec·ti·ni·brân·*qui*:o adj. sm.
pec·ti·ni·*cór*·ne:o adj.
pec·ti·ni·*for*·me adj. 2g.
pec·*tó*·li·ta sf.

pec·to·*ral* adj. 2g.; pl. ·*rais*.
pec·to·ri·lo·*qui*·a sf.
pec·to·*rí*·lo·quo (co *ou* quo) adj.
pe·cu:*á*·ri:a sf.
pe·cu:*á*·ri:o adj. sm.
pe·cu:a·*ris*·ta s2g.
pe·*çu:e*·los (ê) sm. pl.
pe·cu·la·*dor* (ô) sm.
pe·cu·la·*tá*·ri:o sm.
pe·cu·*la*·to sm.
pe·cu·li:*ar* adj. 2g.
pe·cu·li:a·ri·*da*·de sf.
pe·*cú*·li:o sm.
pe·*cú*·ni:a sf.
pe·cu·ni:*á*·ri:o adj.
pe·cu·ni:*o*·so (ô) adj.; f. e pl. (ó).
pe·*da*·ço sm.
pe·*da*·do adj. sm.
pe·*dá*·gi:o sm.
pe·da·go·*gi*·a sf.
pe·da·*gó*·gi·co adj.
pe·da·go·*gis*·mo sm.
pe·da·go·*gis*·ta adj. s2g.
pe·da·*go*·go (ô) sm.
pé(s)-d'*á*·gua sm. (pl.).
pe·*dal* sm.; pl. ·*dais*.
pe·da·*la*·da sf.
pe·da·*la*·gem sf.; pl. ·gens.
pe·da·*lar* v.
pe·da·*lei*·ra sf.
pe·da·*lei*·ro sm.
pe·da·li:*á*·ce:a sf.
pe·da·li:*á*·ce:o adj.
pe·da·li·*nér*·ve:o adj.
pe·da·*li*·nho sm.
pe·*dâ*·ne:o adj.
pe·dan·ta·*ri*·a sf.: pedanteria.
pe·*dan*·te adj. s2g.
pe·dan·te:*ar* v.
pe·dan·te·*ri*·a sf.: pedantaria.
pe·dan·*tes*·co (ê) adj.
pe·*dan*·ti·ce sf.
pe·*dan*·tis·mo sm.
pe·dan·to·cra·*ci*·a sf.
pe·dan·to·*cra*·ta adj. s2g.
pe·dan·to·*crá*·ti·co adj.
pe·dar·*qui*·a sf.
pe·*dár*·qui·co adj.
pe·dar·*tí*·cu·lo sm.
pe·da·*tí*·fi·do adj.
pe·da·ti·*nér*·ve:o adj.
pe·da·ti·par·*ti*·do adj.
pe·da·tis·*sec*·to adj.
pe·da·tro·*fi*·a sf.
pe·*dau*·ca sf.
pé(s) de al·*fe*·res sm. (pl.).
pé(s) de al·*tar* sm. (pl.).
pé(s) de a·*mi*·go sm. (pl.).

pé(s) de an·jo sm. (pl.).
pé(s) de a·*tle*·ta sm. (pl.).
pé(s)-de-be·*zer*·ro sm. (pl.).
pé(s) de *boi* sm. (pl.)
  'trabalhador esforçado'.
pé(s)-de-*boi* sm. (pl.) 'árvore'.
pé(s) de *ca*·bra sm. (pl.),
  'alavanca metálica'.
pé(s)-de-*ca*·bra sm. (pl.)
  'planta'.
pé(s) de *ca*·na sm. (pl.).
pé(s) de car·*nei*·ro sm. (pl.).
pé(s) de chi·*ne*·lo sm. (pl.).
pé(s) de *chum*·bo sm.
  (pl.) 'pessoa que anda
  lentamente'.
pé(s)-de-*chum*·bo sm. (pl.)
  'planta'.
pé(s) de ga·*li*·nha sm. (pl.)
  'rugas'.
pé(s)-de-ga·*li*·nha sm. (pl.)
  'planta'.
pé(s) de *ga*·lo sm. (pl.) 'âncora
  auxiliar'.
pé(s)-de-*ga*·lo sm. (pl.) 'planta'.
pé(s) de gar·*ra*·fa sm. (pl.).
pé(s)-de-*ga*·to sm. (pl.).
pé(s)-de-*mei*·a sm. (pl.).
pé(s) de *me*·sa sm. (pl.).
pé(s) de mo·*le*·que sm. (pl.).
pé(s) de oi·ro sm. (pl.): **pé(s)
  de *ou*·ro**.
pé(s) de *ou*·vi·do sm. (pl.).
pé(s) de pa·*re*·de sm. (pl.).
pé(s) de *pa*·to sm. (pl.)
  'nadadeira'.
pé(s)-de-*pa*·to sm. (pl.)
  'árvore'.
pé(s)-de-*pau* sm. (pl.).
pé(s) de *pei*·a sm. (pl.).
pé(s) de po:*ei*·ra sm. (pl.).
pé(s) de *ra*·bo sm. (pl.).
pe·de·*ras*·ta s2g.
pe·de·*ras*·ti·a sf.
pe·de·*rás*·ti·co adj.
pe·der·*nal* adj. sm.; pl. ·*nais*.
pe·der·*nei*·ra sf.
pe·der·nei·*ren*·se adj. s2g.
pe·des·*tal* sm.; pl. ·*tais*.
pe·*des*·tre adj. s2g.
pe·des·tri·a·*nis*·mo sm.
pé(s) de *val*·sa sm. (pl.).
pé(s) de *ven*·to sm. (pl.).
pe·di:*a*·tra s2g.
pe·di:a·*tri*·a sf.
pe·di:*á*·tri·co adj.
pe·di·ce·*la*·do adj.
pe·di·ce·*lá*·ri:a sf.

pe·di·*ce*·lo sm.
pe·di·cu·*la*·do adj. sm.
pe·di·cu·*lí*·de:o adj. sm.
pe·*dí*·cu·lo sm.
pe·di·*cu*·ro sm.
pe·*di*·da sf.
pe·*di*·do sm.
pe·di·*dor* (ô) adj. sm.
pe·di·*for*·me adj. 2g.
pe·di·*go*·lho (ô) sm.
pe·di·*go*·nho sm.
pedigree sm. (ing.: *pedigri*).
pe·di·*lú*·vi:o sm.
pe·*dí*·ma·no adj. sm.
pe·di·*men*·to sm.
pe·*din*·cha adj. s2g. sf.
pe·din·*chão* adj. sm.; pl. ·*chões*;
  f. pedinchona.
pe·din·*char* v.
pe·din·cha·*ri*·a sf.
pe·din·*chei*·ra sf.
pe·din·*chi*·ce sf.
pe·din·*cho*·na adj. sf.; f. de
  pedinchão.
pe·di·nor·*ni*·to adj.
pe·din·*tão* sm.; pl. ·*tões*; f.
  pedintona.
pe·din·ta·*ri*·a sf.
pe·*din*·te adj. s2g.
pe·din·*to*·na sf.; f. de pedintão.
pe·di·*ô*·no·mo adj.
pe·di·o·pa·*ti*·a sf.
pe·di:*o*·so (ô) adj.; f. e pl. (ó).
pe·di·*pal*·po adj.
pe·*dir* v.
pé(s)-di·*rei*·to(s) sm. (pl.).
pe·di·*tó*·ri:o sm.
pe·do·fi·*li*·a sf.
pe·*dó*·fi·lo adj. sm.
pe·*dó*·fo·bo adj. sm.
pe·do·lo·*gi*·a sf.
pe·do·*ló*·gi·co adj.
pe·do·me·*tri*·a sf.
pe·do·*mé*·tri·co adj.
pe·*dô*·me·tro sm.
pe·do·tro·*fi*·a sf.
pe·do·*tró*·fi·co adj.
pe·*dó*·tro·fo sm.
pe·*dra* sf.
pe·dra-a·zu·*len*·se(s) adj. s2g.
  (pl.).
pe·dra(s)-*bra*·ba(s) s2g. (pl.).
pe·dra-bran·*quen*·se(s) adj.
  s2g. (pl.).
pe·*dra*·da sf.
pe·dra(s)-*d'á*·gua sf. (pl.).
pe·dra(s) da *lí*·di:a sf. (pl.).
pe·dra(s) da *lu*·a sf. (pl.).

pe·dra(s) das a·ma·*zo*·nas sf.
  (pl.).
pe·dra(s) de *fo*·go sf. (pl.).
pe·dra(s) de *mão* sf. (pl.).
pe·dra(s) de *rai*·o sf. (pl.).
pe·dra(s) de san·*ta*·na sf. (pl.).
pe·*dra*·do adj.
pe·dra(s) do pa·*rá* sf. (pl.).
pe·dra(s) do *sol* sf. (pl.).
pe·dra e *cal* sm. 2n.
pe·dra-*fer*·ro sf.; pl. pedras-
  -ferros ou pedras-ferro.
pe·dra-fo·*guen*·se(s) adj. s2g.
  (pl.).
pe·dra-*í*·mã sf.; pl. pedras-ímãs
  ou pedras-ímã.
pe·dra-in·fer·*nal* sf.; pl. pedras-
  -infernais.
pe·*dral* adj. 2g. sm.; pl. ·*drais*.
pe·dra(s)-*li*·pes sf. (pl.).
pe·dral·*ven*·se adj. s2g.
pe·dra-*már*·mo·re sf.; pl.
  pedras-mármores ou
  pedras-mármore.
pe·dran·*cei*·ra sf.
pe·dra·o·*lar* sf.; pl. pedras-olares.
pe·dra(s)-*po*·mes sf. (pl.).
pe·dra·*ri*·a sf.
pe·dra-sa·*bão* sf.; pl. pedras-
  -sabões ou pedras-sabão.
pe·dra(s)-*u*·me(s) sf. (pl.).
pe·dra-u·me·ca·*á* sf.; pl.
  pedras-umes-caás ou
  pedras-umes-caá.
pe·dra(s)-*ver*·de(s) sf. (pl.).
pe·dre·*gal* sm.; pl. ·*gais*.
pe·dre·*go*·so (ô) adj.; f. e pl. (ó).
pe·dre·*guen*·to adj.
pe·dre·gu·*lhen*·se adj. s2g.
pe·dre·gu·*lhen*·to adj.
pe·dre·*gu*·lho sm.
pe·*drei*·ra sf.
pe·drei·*ren*·se adj. s2g.
pe·drei·*ri*·nho sm.
pe·*drei*·ro sm.
pe·drei·ro(s)-*li*·vre(s) sm. (pl.).
pe·*dren*·se adj. s2g.
pe·*dren*·to adj.
pe·*drês* adj. s2g.
pe·*dri*·nha sf.
pe·dri·*nhen*·se adj. s2g.
pe·*dris*·co sm.
pe·*dris*·ta adj. s2g.
pe·dri·*ten*·se adj. s2g.
pe·dro-a·fon·*si*·no(s) adj. sm.
  (pl.).
pe·dro-a·ve·li·*nen*·se(s) adj.
  s2g. (pl.).

pe·*droi*·ço sm.: *pedrouço*.
pe·dro·le:o·pol·*den*·se(s) adj. s2g. (pl.).
pe·dro·ri:*a*·no(s) adj. sm. (pl.).
pe·dro·se·gun·*den*·se(s) adj. s2g. (pl.).
pe·*dro*·so (ô) adj.; f. *e* pl. (ó).
pe·*drou*·ço sm.: *pedroiço*.
pe·dro·ve·*lhen*·se(s) adj. s2g. (pl.).
pe·dun·cu·*la*·do adj.
pe·dun·cu·*lar* adj. 2g.
pe·*dún*·cu·lo sm.
pe·dun·cu·*lo*·so (ô) adj.; f. *e* pl. (ó).
pé(s)-*du*·ro(s) adj. sm. (pl.).
pê-*e*-*fe*(s) sm. (pl.).
pe:*ei*·ra sf. 'ulceração da pele'/ Cf. *pieira*.
peeling sm. (ing.: *pílin*).
pê-*e*-*me*(s) s2g. (pl.).
pé(s)-en·car·*na*·do(s) sm. (pl.).
pé(s)-*fres*·co(s) sm. (pl.).
pé(s)-*fri*:o(s) sm. (pl.).
pe·*ga*[1] sf. 'ato de pegar' 'braga de ferro'/Cf. *pega*[2] (ê).
pe·*ga*[2] (ê) sf. 'ave'; pl. *pegas* (ê)/ Cf. *pega* (é) e *pegas* (é), do v. *pegar*, e *pega*[1] (é) sf.
pe·ga-*bra*·sas sm. 2n.
pe·ga-ca·*bo*·clo(s) sm. (pl.).
pe·*ga*·da sf.
pe·ga·*dei*·ra sf.
pe·ga·*di*·ço adj.
pe·ga·*di*·lha sf.
pe·ga·*di*·nha sf.
pe·ga·*di*:o sm.
pe·*ga*·do adj.
pe·ga·*doi*·ro sm.: *pegadouro*.
pe·ga-*fo*·go(s) sm. (pl.).
pe·ga-*ge*·lo(s) sm. (pl.).
pe·ga-*jen*·to adj.
pe·ga-*jo*·so (ô) adj.; f. *e* pl. (ó).
pe·ga-la·*drão* sm.; pl. *pega--ladrões*.
pe·ga-*mão*(s) sm. (pl.).
pe·ga-mar·*re*·co(s) sm. (pl.).
pe·ga-*mas*·sa sf.
pe·ga-*mas*·so sm.
pe·ga-*nhen*·to adj.
pe·*gão* sm.; pl. ·*gões*.
pe·ga-*pe*·ga sm.; pl. *pegas-pegas* ou *pega-pegas*.
pe·ga-*pin*·to(s) sm. (pl.).
pe·ga pra ca·*par* sm. 2n.
pe·*gar* v.
pe·ga-ra-*paz* sm.; pl. *pega--rapazes*.

pe·gas (ê) sm. 2n. 'rábula'/Cf. *pegas* (é), do v. *pegar*, e *pegas* (é), pl. de *pega*[1].
pé·ga·so sm.
pe·ga·*ti*·vo adj.
pe-ga-va·*re*·tas sm. 2n.
peg·ma·*ti*·to sm.
pe·go[1] sm. 'pélago'/Cf. *pego*[2] (ê) adj. sm. e *pego* (ê), part. do v. *pegar*.
pe·go[2] (ê) adj. sm. 'relativo a certa variedade de milho' 'pequena refeição' 'ave'/Cf. *pego*[1] sm. e *pego* (é), do v. *pegar*.
pe·go·man·*ci*·a sf.
pe·go·*man*·te s2g.
pe·go·*mân*·ti·co adj.
pe·*gua*·ba sf.
pe·gu:*a*·no adj. sm.
pe·*guei*·ro sm.
pe·gue·*nhen*·to adj.
pe·*guen*·to adj.
pe·*gui*·lha sf.
pe·*gui*·lhar v.
pe·gui·*lhen*·to adj.
pe·*gui*·lho sm.
pe·gui·*nhar* v.
pe·*gui*·ra sf.
pe·*gu*·lho sm.
pe·gu·*ral* adj. 2g.; pl. ·*rais*.
pe·gu·*rei*·ro sm.
pei·a sf.
pei·a-*boi*(s) sm. (pl.).
pei·*dar* v.
pei·do sm.
pei·do(s) do *mei*·o sm. (pl.).
pei·dor·*ra*·da sf.
pei·dor·*rei*·ro adj. sm.
peignoir sm. fr.: *penhoar*.
pei·*o*·te sm.
pei·ta sf.
pei·*ta*·da sf.
pei·*ta*·ma sf.
pei·*tar* v.
pei·ta·*ri*·a sf.
pei·ta·*ven*·to adv.
pei·*tei*·ra sf.
pei·*tei*·ro adj. sm.
pei·*ti*·ca sf.
pei·*ti*·lho sm.
pei·to sm.
pei·to(s) de *for*·no sm. (pl.).
pei·to(s)-de-*mo*·ça sm. (pl.).
pei·to(s)-fe·*ri*·do(s) sm. (pl.).
pei·to-*guei*·ra sf.
pei·to(s)-*lar*·go(s) sm. (pl.).
pei·to·*ral* adj. 2g. sm.; pl. ·*rais*.

pei·to·*ril* sm.; pl. ·*ris*.
pei·to(s)-*ro*-*xo*(s) sm. (pl.).
pei·tor·re:*ar* v.
pei·*tu*·do adj. sm.
pei·*ú* adj. 2g.
pei·*xa*·da sf. 'prato de peixe'/Cf. *pechada*.
pei·*xão* sm.; pl. ·*xões*.
pei·*xar* v.
pei·xa·*ri*·a sf.
pei·xe sm.
pei·xe-a-*gu*·lha sm.; pl. *peixes-agulhas* ou *peixes-agulha*.
pei·xe-a-*gu*·lha-d'á-gua-*do*·ce sm.; pl. *peixes-agulhas-d'água--doce* ou *peixes-agulha-d'água--doce*.
pei·xe-*an*·jo sm.; pl. *peixes-anjos* ou *peixes-anjo*.
pei·xe-a-*ra*·nha sm.; pl. *peixes--aranhas* ou *peixes-aranha*.
pei·xe-bei-*ja*·dor sm.; pl. *peixes-beijadores*.
pei·xe-*boi* sm.; pl. *peixes-bois* ou *peixes-boi*.
pei·xe-bor-bo-*le*·ta sm.; pl. *peixes-borboletas* ou *peixes-borboleta*.
pei·xe-*bo*·to sm.; pl. *peixes-botos* ou *peixes-boto*.
pei·xe-*ca*·bra sm.; pl. *peixes-cabras* ou *peixes-cabra*.
pei·xe-ca-*chim*·bo sm.; pl. *peixes-cachimbos* ou *peixes-cachimbo*.
pei·xe-ca-*chor*·ro sm.; pl. *peixes-cachorros* ou *peixes-cachorro*.
pei·xe-ca-*de*·la sm.; pl. *peixes--cadelas* ou *peixes-cadela*.
pei·xe-ci-*gar*·ra sm.; pl. *peixes--cigarras* ou *peixes-cigarra*.
pei·xe-*co*·bra sm.; pl. *peixes--cobras* ou *peixes-cobra*.
pei·xe-co:*e*·lho sm.; pl. *peixes--coelhos* ou *peixes-coelho*.
pei·xe-*con*·go sm.; pl. *peixes--congos* ou *peixes-congo*.
pei·xe(s)-de-en-xur·*ra*·da sm. (pl.).
pei·xe(s)-de-ma-*ni*·lha sm. (pl.).
pei·xe(s)-de-são-*pe*·dro sm. (pl.).
pei·xe-di:*a*·bo sm.; pl. *peixes-diabos* ou *peixes-diabo*.
pei·xe-*dis*·co sm.; pl. *peixes-discos* ou *peixes-disco*.

pei·xe(s)-do-*ma*·to sm. (pl.).
pei·xe-dou·*tor* sm.; pl. *peixes-doutores*.
pei·xe-e·le·*fan*·te sm.; pl. *peixes-elefantes* ou *peixes-elefante*.
pei·xe(s)-e·*lé*·tri·co(s) sm. (pl.).
pei·xe-es·cor·pi:*ão* sm.; pl. *peixes-escorpiões* ou *peixes-escorpião*.
pei·xe-es·*pa*·da sm.; pl. *peixes-espadas* ou *peixes-espada*.
pei·xe-*flor* sm.; pl. *peixes-flores* ou *peixes-flor*.
pei·xe-*fo*·lha sm.; pl. *peixes-folhas* ou *peixes-folha*.
pei·xe-*fra*·de sm.; pl. *peixes-frades* ou *peixes-frade*.
pei·xe(s)-*fri*·to(s) sm. (pl.).
pei·xe-*ga*·lo sm.; pl. *peixes-galos* ou *peixes-galo*.
pei·xe-ga·lo-do-bra·*sil* sm.; pl. *peixes-galos-do-brasil* ou *peixes-galo-do-brasil*.
pei·xe-*ga*·to sm.; pl. *peixes-gatos* ou *peixes-gato*.
pei·*xei*·ra sf.
pei·*xei*·ra·da sf.
pei·*xei*·ro sm.
pei·xe-la·*gar*·to sm.; pl. *peixes-lagartos* ou *peixes-lagarto*.
pei·xe-*le*·nha sm.; pl. *peixes-lenhas* ou *peixes-lenha*.
pei·xe-*lim* sm.; pl. ·*lins*.
pei·xe-*lu*·a sm.; pl. *peixes-luas* ou *peixes-lua*.
pei·xe-ma·*ca*·co sm.; pl. *peixes-macacos* ou *peixes-macaco*.
pei·xe-mar·*te*·lo sm.; pl. *peixes-martelos* ou *peixes-martelo*.
pei·xe-mo:*e*·la sm.; pl. *peixes-moelas* ou *peixes-moela*.
pei·xe-mor·*ce*·go sm.; pl. *peixes-morcegos* ou *peixes-morcego*.
pei·xe-mu·*lher* sm.; pl. *peixes-mulheres* ou *peixes-mulher*.
pei·xe(s)-*ne*·gro(s) sm. (pl.).
pei·*xen*·se adj. s2g.
pei·xe-pal·*mi*·to sm.; pl. *peixes-palmitos* ou *peixes-palmito*.
pei·xe-*pe*·dra sm.; pl. *peixes-pedras* ou *peixes-pedra*.
pei·xe-pe·ga·*dor* sm.; pl. *peixes-pegadores*.
pei·xe-*pe*·na sm.; pl. *peixes-penas* ou *peixes-pena*.

pei·xe-pes·ca·*dor* sm.; pl. *peixes-pescadores*.
pei·xe-pi:*o*·lho sm.; pl. *peixes-piolhos* ou *peixes-piolho*.
pei·xe-*por*·co sm.; pl. *peixes-porcos* ou *peixes-porco*.
pei·xe-*pra*·ta sm.; pl. *peixes-pratas* ou *peixes-prata*.
pei·xe-*pre*·go sm.; pl. *peixes-pregos* ou *peixes-prego*.
pei·xe(s)-*pre*·to(s) sm. (pl.).
pei·xe(s)-pur·ga·*ti*·vo(s) sm. (pl.).
pei·xe-*ra*·to sm.; pl. *peixes-ratos* ou *peixes-rato*.
pei·xe-*rei* sm.; pl. *peixes-reis* ou *peixes-rei*.
pei·xe-*ro*·da sm.; pl. *peixes-rodas* ou *peixes-roda*.
pei·xes sm. pl.
pei·xe-*sa*·po sm.; pl. *peixes-sapos* ou *peixes-sapo*.
pei·xe-*ser*·ra sm.; pl. *peixes-serras* ou *peixes-serra*.
pei·xe-sol·*da*·do sm.; pl. *peixes-soldados* ou *peixes-soldado*.
pei·xe-*so*·no sm.; pl. *peixes-sonos* ou *peixes-sono*.
pei·xe-trom·*be*·ta sm.; pl. *peixes-trombetas* ou *peixes-trombeta*.
pei·xe(s)-ver·*me*·lho(s) sm. (pl.).
pei·xe-vo:a·*dor* sm.; pl. *peixes-voadores*.
pei·xe-*ze*·bra sm.; pl. *peixes-zebras* ou *peixes-zebra*.
pei·*xo*·te sm. 'peixe de tamanho médio'/Cf. *pexote*.
pe·ja (ê) sf.
pe·*ja*·do adj.
pe·ja·*men*·to sm.
pe·*jar* v.
pe·*ji* sm.
pe·jo (ê) sm.
pe·jo·*rar* v.
pe·jo·ra·*ti*·vo adj.
pe·*jo*·so (ô) adj.; f. e pl. (ó).
pe·la sf. 'bola' 'ato de pelar'; pl. *pelas*/Cf. *pela* (ê), f. de *pelo* (ê), e *pelas* (ê), f. pl. de *pelo* (ê).
pe·*la*·da sf.
pe·*la*·do adj. sm.
pe·*la*·dor (ô) adj. sm.
pe·*la*·du·ra sf.
pe·*la*·gem sf.; pl. ·gens.
pe·la·gi:a·*nis*·mo sm.

pe·*lá*·gi·co adj.
pe·*lá*·gi:o adj.
pé·la·go sm.
pe·la·go·gra·*fi*·a sf.
pe·la·gos·co·*pi*·a sf.
pe·la·gos·*có*·pi·co adj.
pe·la·gos·*có*·pi:o sm.
pe·*la*·gra sf.
pe·la·*gro*·so (ô) adj. sm.; f. e pl. (ó).
pe·*la*·me sm.
pe·*lan*·ca sf.
pe·*lan*·co sm.
pe·*lan*·cu·do adj.
pe·*lan*·ga sf.
pe·*lan·ga*·na sf.
pe·*lar* v.
pe·lar·*gô*·ni·co adj.
pe·lar·*gô*·ni:o sm.
pe·la·*ri*·a sf.
pe·*lás*·gi·co adj.
pe·*las*·go adj. sm.
pe·le sf.
pe·le:a·*dor* (ô) adj. sm.
pe·le:*ar* v.
pe·le·*breu* sm.
pe·le·*char* v.
pe·*le*·cho (ê) sm.
pe·le·*cí*·po·de adj. 2g. sm.
pe·le·*coi*·de adj. 2g.
pe·le(s) de *li*·xa sf. (pl.).
pe·le(s) de *o*·vo sf. (pl.).
pe·*le*·ga sf.
pe·le·*ga*·da sf.
pe·le·*ga*·ma sf.
pe·*le*·go (ê) sm.
pe·le·go(s)-*bran*·co(s) sm. (pl.).
pe·le·gue:*ar* v.
pe·*lei*·a sf.
pe·*lei*·ro sm.
pe·*le*·ja (ê) sf.
pe·le·ja·*dor* (ô) adj. sm.
pe·le·*jar* v.
pe·le·*ri*·a sf.: *pelaria*.
pe·le·*ri*·ne sf.
pe·le·ta·*ri*·a sf.: *peleteria*.
pe·le·*tei*·ro sm.
pe·le·te·*ri*·a sf.: *peletaria*.
pé(s)-*le*·ve(s) sm. (pl.).
pe·le(s)-ver·*me*·lha(s) adj. s2g. (pl.).
pe·*lhan*·ca sf.
pe·lhan·ca·*ri*·a sf.
pe·li:a·*gu*·do adj.
pe·*li*·ca sf.
pe·*li*·ça sf.
pe·li·*câ*·ni·da adj. 2g. sm.
pe·li·ca·*ní*·de:o adj. sm.

pe·li·ca·ni·*for*·me adj. 2g. sm.
pe·li·*ca*·no sm.
pe·li·ca·no(s)-pe·*que*·no(s) sm. (pl.).
pe·li·*cei*·ro sm.
pe·*li*·co sm.
pe·*lí*·cu·la sf.
pe·li·cu·*lar* adj. 2g.
pe·*lin*·cho sm.
pe·*lin*·tra adj. s2g.
pe·lin·*trão* sm.; pl. ·*trões*; f. pelintrona.
pe·lin·*trar* v.
pe·lin·tra·*ri*·a sf.
pe·lin·*tri*·ce sf.
pe·lin·*tro*·na sf.; f. de pelintrão.
pe·li·*quei*·ro sm.
pe·li·*tra*·po sm.
pellet sm. (ing.: *pélet*).
pel·ma·to·zo:*á*·ri:o adj. sm.
pe·lo (ê) contr. da prep. *per* com o art. *o*; pl. *pelos* (ê); f. *pela* (ê)/Cf. *pelo* (é), do v. *pelar* (ê), e *pelo* (é) sm.
pe·lo (ê) sm. 'cabelo'/Cf. *pelo* (ê) contr. e *pelo*, do v. *pelar*.
pe·lo(s)-de-a·*ra*·me sm. (pl.).
pe·lo(s) de *ra*·to sm. (pl.).
pe·loi·*ra*·da sf.: pelourada.
pe·loi·*ri*·nho sm.: pelourinho.
pe·*loi*·ro sm.: pelouro.
pe·lo·man·*ci*·a sf.
pe·lo·*man*·te adj. s2g.
pe·lo·*mân*·ti·co adj.
pe·*ló*·ri:a sf.: pe·lo·*ri*·a.
pe·*ló*·ri·co adj.
pe·lo·si·*nal* sm.; pl. *pelos-sinais*.
pe·*lo*·so (ô) adj.; f. *e* pl. (ó).
pe·*lo*·ta sf. 'bola'/Cf. *pilota* sf. e fl. do v. *pilotar*.
pe·lo·*ta*·ço sm.
pe·lo·*ta*·da sf.
pe·lo·*tão* sm.; pl. ·*tões*.
pe·lo·*tar* sm. 'jogador de pelota'/Cf. *pilotar*.
pe·lo·*tá*·ri:o sm.
pe·*lo*·te sm.
pe·lo·te:*ar* v.
pe·lo·*tei*·ro sm.
pe·lo·*ten*·se adj. s2g.
pe·lo·*ti*·ca sf.
pe·lo·*ti*·lha sf.
pe·lo·ti·*quei*·ro sm.
pe·lou·*ra*·da sf. 'tiro de pelouro': peloirada/Cf. pilorada e pilourada.
pe·lou·*ri*·nho sm.: peloirinho.

pe·*lou*·ro sm.: peloiro.
pel·ta sf.
pel·*ta*·do adj.
pel·*tas*·ta sm.
pel·ti·*for*·me adj. 2g.
pe·*lú*·ci:a sf.
pe·lu·de:*ar* v.
pe·*lu*·do adj. sm.
pe·*lu*·gem sf.; pl. ·gens.
pe·lu·gi·*no*·so (ô) adj.; f. *e* pl. (ó).
pel·ve sf.: *pélvis*.
pél·vi·co adj.
pel·vi·*for*·me adj. 2g.
pel·vi·me·*tri*·a sf.
pel·vi·*mé*·tri·co adj.
pel·*ví*·me·tro sm.
pél·vis sf. 2n.: *pelve*.
pe·ma s2g.
pe·na sf.
pe·na·*ção* sf.; pl. ·ções.
pe·*ná*·ce:o adj. 'semelhante a uma pena'/Cf. *pináceo*.
pe·na·*chei*·ro sm.
pe·*na*·cho sm.
pé(s) na *co*·va s2g. (pl.).
pe·*na*·da sf.
pe·na(s)-d'*á*·gua sf. (pl.).
pe·*na*·do adj. sm.
pe·na·fi·de·*len*·se adj. s2g.
pe·na·fi·*el* sm.; pl. ·*éis*.
pe·na·*gris* sf.
pe·*nal* adj. 2g. sm.; pl. ·*nais*.
pe·na·li·*da*·de sf.
pe·na·*lis*·ta adj. s2g.
pe·na·*lís*·ti·ca sf.
pe·na·li·*zar* v.
pe·na·lo·*gi*·a sf.
pe·na·*ló*·gi·co adj.
pe·na·lo·*gis*·ta adj. s2g.
pe·*ná*·lo·go sm.
pê·nal·ti sm., do ing. *penalty*.
pe·nal·*ven*·se adj. s2g.
pe·na·*mar* adj. 2g.
pe·nan·*gu*·ba sf.
pe·*nan*·te adj. s2g. sm.
pe·na·po·*len*·se adj. s2g.
pe·*nar* sm. v. 'sofrer'/Cf. *pinar*.
pe·na·*ro*·so (ô) adj.; f. *e* pl. (ó).
pe·*na*·tes sm. pl.
pe·na·*tí*·fi·do adj.
pe·na·ti·lo·*ba*·do adj.
pe·na·ti·*nér*·ve:o adj.
pe·na·ti·par·*ti*·do adj.
pe·na·tis·*sec*·to adj.
pe·na·tu·*lá*·ce:o adj.
pen·ca sf.
pen·ce sf. sm.

pen·ce·*nê* sm.: pen·ci·*nê*, *pincenê*.
pen·*cu*·do adj.
pen·*dan*·ga sf.: *pendenga*.
pen·*dão* sm.; pl. ·*dões*.
pendant sm. (fr.: *pandã*).
pen·*dên*·ci:a sf./Cf. *pendencia*, do v. *pendenciar*.
pen·den·ci:a·*dor* (ô) adj. sm.
pen·den·ci:*a*·no adj. sm.
pen·den·ci:*ar* v.
pen·*den*·ga sf.: *pendanga*.
pen·*den*·te adj. 2g. sm. sf.
pen·*der* v.
pen·de·*ri*·ca sf.
pen·de·ri·*ca*·lho sm.: *penderucalho*, *penduricalho*, *pendurucalho*.
pen·de·*ri*·co sm.
pen·de·ru·*ca*·lho sm.: *pendericalho*, *penduricalho*, *pendurucalho*.
pen·do:*a*·do adj.
pen·do:*ar* v.
pen·*dor* (ô) sm.
pen·do·*ra*·da sf.
pen-drive sm. (ing.: *pendráiv*).
pên·du·la sf./Cf. *pendula*, do v. *pendular*.
pen·du·*lar* adj. 2g. v.
pen·du·le:*ar* v.
pen·du·li·*flo*·ro adj.
pen·du·li·fo·li:*a*·do adj.
pên·du·lo adj. sm./Cf. *pendulo*, do v. *pendular*.
pen·*du*·ra adj. s2g.
pen·du·*ra*·do adj. sm.
pen·du·*ral* sm.; pl. ·*rais*.
pen·du·*rar* v.
pen·du·ri·*ca*·lho sm.: pen·du·ru·*ca*·lho, *pendericalho*, *penderucalho*.
pe·ne sm.: *pênis*.
pe·ne:*á*·ce:a sf.
pe·ne:*á*·ce:o adj.
pe·ne·*den*·se adj. s2g.
pe·ne·*di*·a sf.
pe·ne·*di*·o sm.
pe·*ne*·do (ê) sm.
pe·*ne*·go (ê) sm.
pe·*nei*·ra sf. s2g.
pe·nei·ra·*ção* sf.; pl. ·*ções*.
pe·nei·*ra*·da sf.
pe·nei·*ra*·do adj.
pe·nei·ra·*dor* (ô) adj. sm.
pe·nei·ra·*men*·to sm.
pe·nei·*rar* v.
pe·nei·*rei*·ro sm.

pe·*nei*·ro sm.
pe·ne·*ja*·do adj.
pe·ne·*jar* v.
pe·*ne*·la sf.
pe·ne·pla·*ní*·ci:e sf.
pe·ne·pla·ni·*za*·do adj.
pe·ne·pla·ni·*zar* v.
pe·ne·*pla*·no sm.
pe·*ne*·tra adj. s2g.
pe·ne·tra·bi·li·*da*·de sf.
pe·ne·tra·*ção* sf.; pl. ·*ções*.
pe·ne·tra·*dor* (ô) adj. sm.
pe·ne·*trais* sm. pl.
pe·ne·*tran*·te adj. 2g.
pe·ne·*trar* v.
pe·ne·tra·*ti*·vo adj.
pe·ne·*trá*·vel adj. 2g.; pl. ·veis.
pe·ne·*trô*·me·tro sm.
pên·fi·go sm.
pen·*gó* sm.
pe·nha sf.
pe·nhas·*cal* sm.; pl. ·*cais*.
pe·*nhas*·co sm.
pe·nhas·*co*·so (ô) adj.; f. e pl. (ó).
pe·nhas·*quei*·ra sf.
pe·nho:*ar* sm., do fr. *peignoir*.
pe·*nhor* (ô) sm.; pl. *penhores* (ô)/Cf. *penhores* (ó), do v. *penhorar*.
pe·*nho*·ra sf./Cf. *penhora*, do v. *penhorar*.
pe·nho·ra·bi·li·*da*·de sf.
pe·nho·*ra*·do adj.
pe·nho·*ran*·te adj. 2g.
pe·nho·*rar* v.
pe·nho·*rá*·vel adj. 2g.; pl. ·veis.
pe·nho·*ris*·ta adj. s2g.
pê·ni sm., do ing. *penny* 'moeda'; pl. *pênis*/Cf. *pene* e *penes*, do v. *penar*, *pene* sm. e *pênis* sm. 2n.
pe·ni:*a*·no adj.
pe·ni·*ca*·da sf. 'conteúdo de um penico'/Cf. *pinicada*.
pe·ni·*cão* sm. aum de penico; pl. ·*cões*/Cf. *pinicão*.
pe·ni·ci·li·*for*·me adj. 2g.
pe·ni·ci·li·na sf.
pe·ni·ci·li·*na*·do adj.
pe·*ni*·co sm. 'urinol'/Cf. *pinico*, do v. *pinicar* e *pênico*.
pê·ni·co adj. sm. 'cartaginês'/Cf. *penico* sm.
pe·*ní*·fe·ro adj. 'que tem penas'/Cf. *penífero*.
pe·ni·*for*·me adj. 2g. 'com forma de pena'/Cf. *piniforme*.

pe·*ní*·ge·ro adj. 'que tem penas'/Cf. *pinígero*.
pe·*ni*·na sf.
pe·ni·ner·*va*·do adj.
pe·ni·*nér*·ve:o adj.
pe·ni·*ni*·ta sf.
pe·*nín*·su·la sf.
pe·nin·su·*lar* adj. s2g.
pe·ni·po·*ten*·te adj. 2g.
pe·ni·*quei*·ra sf.
pê·nis sm. 2n. 'órgão copulador do macho'/Cf. *penes*, do v. *penar*, e *pênis*, pl. de *pêni*.
pe·nis·*car* v.
pe·*nis*·co sm.
pe·nis·*quei*·ro adj.
pe·ni·*tên*·ci:a sf./Cf. *penitencia*, do v. *penitenciar*.
pe·ni·ten·ci:*al* adj. 2g. sm.; pl. ·*ais*.
pe·ni·ten·ci:*ar* v.
pe·ni·ten·ci:a·*ri*·a sf. 'tribunal pontifício'/Cf. *penitenciária*.
pe·ni·ten·ci:*á*·ri:a sf. 'prisão'/Cf. *penitenciaria*, sf. e fl. do v. *penitenciar*.
pe·ni·ten·ci:*á*·ri:o adj. sm.
pe·ni·ten·ci:a·*ris*·ta adj. s2g.
pe·ni·ten·ci:*ei*·ro sm.
pe·ni·*ten*·te adj. s2g.
pe·no adj. sm.
pé(s) no *chão* sm. (pl.).
pe·*nol* sm.; pl. ·*nóis*.
pe·*no*·sa sf.
pe·*no*·so (ô) adj. sm.; f. e pl. (ó).
pen·sa·*bun*·do adj.
pen·*sa*·do adj.
pen·sa·*dor* (ô) adj. sm.
pen·sa·*du*·ra sf.
pen·sa·men·*tar* v.
pen·sa·men·te:*ar* v.
pen·sa·*men*·to sm.
pen·*san*·te adj. 2g.
pen·*são* sf.; pl. ·*sões*.
pen·*sar* sm. v.
pen·sa·*ti*·vo adj.
pen·*sá*·vel adj. 2g.; pl. ·veis.
pên·sil adj. 2g.; pl. *pênseis*/Cf. *penseis*, do v. *pensar*.
pen·si·o·*nar* v.
pen·si:o·*ná*·ri:o adj. sm.; f. *pensionária*/Cf. *pensionaria*, do v. *pensionar*.
pen·si:o·*na*·to sm.
pen·si:o·*nei*·ro adj. sm.
pen·si:o·*nis*·ta adj. s2g.
pen·so adj. sm./Cf. *penso* do v. *pensar*.

pen·ta·cam·pe:*ã* adj. sf.; f. de *pentacampeão*.
pen·ta·cam·pe:*ão* adj. sm.; pl. ·*ões*; f. *pentacampeã*.
pen·ta·cam·pe:o·*na*·to sm.
pen·ta·cap·su·*lar* adj. 2g.
pen·ta·car·pe·*lar* adj. 2g.
pen·ta·*cên*·tri·co adj.
pen·ta·con·ta·*e*·dro adj. sm.
pen·ta·con·*tá*·go·no sm.
pen·ta·*cór*·di:o sm.:
pen·ta·cor·do.
pen·ta·co·sa·*e*·dro sm.
pen·ta·co·*sá*·go·no sm.
pen·ta·*có*·to·mo adj.
pen·*tá*·cu·lo sm.
pen·ta·*dác*·ti·lo adj.:
pen·ta·*dá*·ti·lo.
pen·ta·de·ca:*e*·dral adj. 2g.; pl. ·*drais*.
pen·ta·de·ca·*é*·dri·co adj.
pen·ta·de·ca·*e*·dro sm.
pen·ta·de·ca·go·*nal* adj. 2g.; pl. ·*nais*.
pen·ta·de·*cá*·go·no sm.
pen·ta·*del*·fo sm.
pen·ta·*e*·dral adj. 2g.; pl. ·*drais*.
pen·ta·*é*·dri·co adj.
pen·ta:*e*·dro sm.
pen·ta·fi·*lá*·ce:a sf.
pen·ta·fi·*lá*·ce:o adj.
pen·ta·*fó*·li:o sm.
pen·ta·go·*nal* adj. 2g.; pl. ·*nais*.
pen·*tá*·go·no sm.
pen·*tá*·gra·fo sm.
pen·ta·*gra*·ma sm.
pen·tal·fa sm.
pen·*tâ*·me·ro adj. sm.
pen·*tâ*·me·tro adj. sm.
pen·*tan*·dro adj.
pen·tan·gu·*lar* adj. 2g.
pen·ta·no sm.
pen·ta·*pé*·ta·lo adj.
pen·*tá*·po·le sf.
pen·*táp*·ti·co sm.
pen·*tar*·ca sm.
pen·tar·*ca*·do sm.
pen·tar·*qui*·a sf.
pen·tar·*re*·me sf.
pen·tas·*per*·mo adj.
pen·tas·*sí*·la·bo adj. sm.
pen·tas·*ti*·lo adj. sm.
pen·tas·to·*mí*·de:o adj. sm.
pen·ta·*teu*·co sm.
pen·*ta*·tlo sm.
pen·ta·*tô*·ni·co adj.
pen·ta·va·*len*·te adj. 2g.
pen·te sm.

pen·te:a·*ção* sf.; pl. ·*ções*.
pen·te:a·*dei*·ra sf.
pen·te:a·*de*·la sf.
pen·te:*a*·do adj. sm.
pen·te:a·*dor* (ô) adj. sm.
pen·te:a·*du*·ra sf.
pen·te:*ar* v.
pen·te:a·*ri*·a sf./Cf. *pentearia*, do v. *pentear*.
pen·te·cos·*tal* adj. s2g.; pl. ·*tais*.
pen·te·cos·ta·*lis*·mo sm.
pen·te·cos·ta·*lis*·ta adj. s2g.
pen·te·*cos*·te sm.: *pentecostes*.
pen·te·cos·*ten*·se adj. s2g.
pen·te·*cos*·tes sm. 2n.: *pentecoste*.
pen·te·cos·*tis*·mo sm.
pen·te(s)·de·ma·*ca*·co sm. (pl.).
pen·te(s) dos *bi*·chos sm. (pl.).
pen·te:*ei*·ra sf.
pen·te:*ei*·ro sm.
pen·te(s)·*fi*·no(s) sm. (pl.).
pen·*te*·lho (ê) sm.
pen·te·*lhu*·do adj.
pen·*té*·li·co adj. sm.
pen·tem sm.; pl. ·tens: *pente*.
pen·tlan·*di*·ta sf.
pen·*tó*·di:o sm.
pen·*to*·do (ô) sm.: *pên*·to·do.
pen·*to*·se sf.
pen·*tó*·xi·do (cs) sm.
pe·*nu*·do adj.
pe·*nu*·gem sf. 'pelo macio'; pl. ·gens/Cf. *penujem*, do v. *penujar*.
pe·nu·*gen*·to adj.
pe·nu·*jar* v.
pê·nu·la sf.
pe·*núl*·ti·mo adj. sm.
pe·*num*·bra sf.
pe·num·*brar* v.
pe·num·*bro*·so (ô) adj.; f. *e* pl. (ó).
pe·*nú*·ri:a sf.
pe·nu·ri:*o*·so (ô) adj.; f. *e* pl. (ó).
pe:*o*·a (ô) sf.; f. de *peão*.
pe:*o*·na sf.; f. de *peão*.
pe:o·*na*·da sf.
pe:o·*na*·gem sf.; pl. ·gens.
pe:*ô*·ni:a sf.
pe:o·*pai*·a adj. s2g.
pe·*pé* adj. s2g.
pe·pe·*rô*·mi:a sf.
pe·*péu*·a sf.
pe·*pe*·va sf.
pe·pi·*nal* sm.; pl. ·*nais*.
pe·pi·*nar* v.

pe·pi·*nei*·ra sf.
pe·pi·*nei*·ro sm.
pe·*pi*·no sm.
pe·pi·no(s)·de·pa·pa·*gai*·o sm. (pl.).
pe·pi·no(s)·do·*ma*·to sm. (pl.).
pe·*pi*·ta sf.
pe·plo sm.
pe·po·*ní*·de:o adj. sm.
pe·*pô*·ni:o sm.
pep·*si*·a sf.
pep·*si*·na sf.
pép·ti·co adj.
pep·*ti*·di:o sm.
pep·ti·za·*ção* sf.; pl. ·*ções*
pep·ti·*zan*·te adj. 2g.
pep·ti·*zar* v.
pep·*to*·na sf.
pep·to·nu·*ri*·a sf.: pep·to·*nú*·ri:a.
pe·pu:*í*·ra sf.
pe·pu·*xi* adj. s2g.
pé(s)·que·*bra*·do(s) sm. (pl.).
pe·*que*·na sf.
pe·que·*na*·da sf.
pe·que·*nez* (ê) sf. 'qualidade de pequeno'; pl. *pequenezes*/Cf. *pequinês* e pl. *pequineses*.
pe·que·*ne*·za (ê) sf. 'pequenez'/Cf. *pequinesa*, f. de *pequinês*.
pe·que·*ni*·*ni*·nho adj. sm.
pe·que·*ni*·no adj. sm.
pe·que·*ni*·to adj. sm.
pe·que·ni·*to*·te adj. sm.
pe·*que*·no adj. sm.
pe·que·no·bur·*guês* adj. sm.; pl. *pequeno-burgueses*; f. *pequeno-burguesa*.
pe·que·no·cai·xão·de-·*de·fun*·to sm.; pl. *pequenos--caixões-de-defunto*.
pe·que·*no*·ta adj. sf.; f. de *pequenote*.
pe·que·*no*·te adj. sm.; f. *pequenota*.
pe·que·ri·*en*·se adj. s2g.
pe·quer·*ru*·cho adj. sm.
pe·que·*ti*·to adj.
pe·*qui* sm.
pe·qui:*á* sm.
pe·qui:á(s)·a·ma·*re*·lo(s) sm. (pl.).
pe·qui:á·a·ca·*fé* sm.; pl. *pequiás-cafés* ou *pequiás-café*.
pe·qui:*a*·gra sf.
pe·qui:á·mar·*fim* sm.; pl. *pequiás-marfins* ou *pequiás-marfim*.

pe·*qui*·ce sf.
pe·qui:*en*·se adj. s2g.
pe·qui·*nês* adj. sm. 'de Pequim'; pl. *pequineses*, f. *pequinesa*; /Cf. *pequenez*, pl. *pequenezes*, f. *pequeneza*.
pe·*qui*·ra adj. s2g.: *picuíra*, *piquira*.
pe·qui·*rão* sm.; pl. ·*rões*: *piquirão*.
pe·*qui*·to sm.
pe·qui·*zei*·ro sm.
per prep., na loc. *de per si*.
pe·ra prep. 'para'/Cf. *pera* e *pera* (ê).
pe·ra sf. 'pedra'/Cf. *pera* e *pera* (ê).
pe·ra (ê) sf. 'fruto da pereira'; pl. *peras*/Cf. *pera* prep. e *pera* sf.
pé(s)·ra·*cha*·do(s) sm. (pl.).
pe·*rá*·ci·do adj. sm.
pe·*ra*·da sf.
pe·ra·gra·*ção* sf.; pl. ·*ções*.
pe·ra·gra·*tó*·ri:o adj.
pe·*ral* adj. 2g. sm.; pl. ·*rais*.
pe·*ral*·ta adj. s2g.
pe·ral·*tar* v.
pe·ral·te:*ar* v.
pe·ral·*ti*·ce sf.
pe·ral·*tis*·mo sm.
pe·ral·vi·*lha*·da sf.
pe·ral·vi·*lhar* v.
pe·ral·vi·*lhi*·ce sf.
pe·ral·*vi*·lho sm.
pe·ram·*bei*·ra sf.: *pirambeira*.
pe·ram·bu·la·*ção* sf.; pl. ·*ções*.
pe·ram·bu·*lar* v.
pe·ram·bu·la·*tó*·ri:o adj.
pe·*ran*·te prep.
pé(s)·ra·*pa*·do(s) sm. (pl.).
pe·ra·pe:u·*nen*·se adj. s2g.
pe·*rau* sm.
per·ca sf.
per·*cal* sm.; pl. ·*cais*: *percale*.
per·cal·*çar* v.
per·*cal*·ço sm.
per·*ca*·le sm.: *percal*.
per·ca·*li*·na sf.
per·*ce*·be (ê) sm. 'marisco'; pl. *percebes* (ê): *perceve*/Cf. *percebe* (é) e *percebes* (é), do v. *perceber*.
per·ce·*ber* v.
per·ce·bi·*men*·to sm.
per·ce·*bí*·vel adj. 2g.; pl. ·*veis*.
per·cen·*ta*·gem sf.; pl. ·gens: *porcentagem*.

per·cen·*til* sm.; pl. ·*tis*.
per·cen·tu:*al* adj. 2g. sm.; pl. ·*ais*.
per·cen·tu:a·li·*da*·de sf.
per·cep·*ção* sf.; pl. ·*ções*.
per·cep·ti·bi·li·*da*·de sf.
per·cep·*tí*·vel adj. 2g.; pl. ·veis.
per·cep·*ti*·vo adj.
per·ce·*so*·ce adj. 2g. sm.
per·*ce*·ve (ê) sm.: percebe.
per·ce·ve·*ja*·da sf.
per·ce·ve·*jão* sm.; pl. ·*jões*.
per·ce·*ve*·jo (ê) sm.
per·ce·ve·jo(s)-das-*plan*·tas sm. (pl.).
per·ce·ve·jo(s)-de-*ca*·ma sm. (pl.).
per·ce·ve·jo(s)-de-*ca*·sa sm. (pl.).
per·ce·ve·jo(s)-do-co·*mér*·ci:o sm. (pl.).
per·ce·ve·jo(s)-do-*ma*·to sm. (pl.).
per·ce·ve·jo(s)-do-ser·*tão* sm. (pl.).
per·ce·ve·jo(s)-gau·*dé*·ri:o(s) sm. (pl.).
per·ce·ve·*jo*·so (ô) adj.; f. e pl. (ó).
per·cha sf.
per·che·*rão* adj. sm.; pl. ·*rões*; f. percherona.
per·che·*ro*·na adj. sf.; f. de percherão.
per·*chi*·na sf.
per·cin·*gir* v.
per·*cin*·ta sf./Cf. persinta, do v. persentir.
per·cin·*tar* v.
per·clo·*ra*·to sm.
per·clo·*re*·to (ê) sm.
per·*cló*·ri·co adj.
per·*clu*·so adj.
per·*coi*·de adj. 2g. sm.
per·co·la·*ção* sf.; pl. ·*ções*.
per·co·la·*dor* (ô) adj. sm.
per·co·*lar* v.
per·co·*mor*·fo adj. sm.
per·cor·*rer* v.
per·cu·ci:*en*·te adj. 2g.
per·*cur*·so sm.
per·cus·*são* sf.; pl. ·*sões*.
per·cus·si:o·*nis*·ta adj. s2g.
per·cus·*sor* (ô) adj. sm.
per·cu·*tâ*·ne:o adj.
per·cu·ti·*dor* (ô) adj. sm.
per·cu·*tir* v.
per·cu·*tí*·vel adj. 2g.; pl. ·veis.

per·da (ê) sf.
per·*dão* sm.; pl. ·*dões*.
per·de·*doi*·ro adj.:
  per·de·*dou*·ro.
per·de·*ga*·nha sm. 2n.
per·*der* v.
per·di·*ção* sf.; pl. ·*ções*.
per·*dí*·ce:o adj. sm.
per·*di*·da sf.
per·*di*·*di*·ço adj.
per·*di*·do adj. sm.
per·di·*do*·so (ô) adj.; f. e pl. (ó).
per·di·*gão* sm. de perdiz; pl. ·*gões*.
per·di·go·*tei*·ro adj. sm.
per·di·*go*·to (ô) sm.
per·di·*guei*·ro adj. sm.
per·di·*guen*·se adj. s2g.
per·di·*men*·to sm.
per·*di*·ta adv.
per·*dí*·vel adj. 2g.; pl. ·veis.
per·*diz* sf.
per·di·*zen*·se adj. s2g.
per·di·zi·nha(s)-do-*cam*·po sf. (pl.).
per·do:a·*dor* (ô) adj. sm.
per·do:*ar* v.
per·do:*á*·vel adj. 2g.; pl. ·veis.
per·*do*:e (ô) sf.
per·du·*lá*·ri:o adj. sm.
per·du·ra·*ção* sf.; pl. ·*ções*.
per·du·*rar* v.
per·du·*rá*·vel adj. 2g.; pl. ·veis.
pe·*re*·ba sf.
pe·re·*ba*·gem sf.; pl. ·gens.
pe·re·*ben*·to adj.
pe·re·ce·*doi*·ro adj.:
  perecedouro.
pe·re·ce·*dor* (ô) adj.
pe·re·ce·*dou*·ro adj.:
  perecedoiro.
pe·re·*cer* v.
pe·re·ci·*men*·to sm.
pe·re·*cí*·vel adj. 2g.; pl. ·veis.
pe·re·*grim* sm.; pl. ·grins.
pe·re·gri·na·*ção* sf.; pl. ·*ções*.
pe·re·gri·na·*dor* (ô) adj. sm.
pe·re·gri·*nan*·te adj. s2g.
pe·re·gri·*nar* v.
pe·re·gri·*nis*·mo sm.
pe·re·*gri*·no adj. sm.
pe·rei·o·*rá* sm.
pe·*rei*·ra sf.
pe·rei·ra(s)-do-*cam*·po sf. (pl.).
pe·rei·ra(s)-do-ja·*pão* sf. (pl.).
pe·rei·*ral* sm.; pl. ·*rais*.
pe·rei·*ren*·se adj. s2g.
pe·*rei*·ro sm.

pe·remp·*ção* sf.; pl. ·*ções*.
pe·*remp*·to adj.
pe·remp·to·ri:e·*da*·de sf.
pe·remp·*tó*·ri:o adj. sm.
pe·re·*nal* adj. 2g.; pl. ·*nais*.
pe·ren·*den*·gues sm. pl.
pe·*re*·ne adj. 2g.
pe·re·ni·*brân*·qui:o adj. sm.
pe·re·ni·*da*·de sf.
pe·re·ni·*fó*·li:o adj.
pe·re·ni·*zar* v.
pe·re·*quê* sm.: pe·re·*qué*.
pe·re·que·*té* adj. 2g.: prequeté.
pe·re·re·*ca* adj. s2g. sf.
pe·re·re·*car* v. 'desorientar'/Cf. piriricar.
pe·re·re·ca-a·*zul* sf.; pl. pererecas-azuis.
pe·re·re·ca(s)-*ver*·de(s) sf. (pl.).
pe·re·*re*·co sm.
pe·re·*ren*·ga sf.
pe·re·*ren*·to adj.
per·fa·*zer* v.
per·fa·zi·*men*·to sm.
per·fec·ci:o·*nis*·mo sm.
per·fec·ci:o·*nis*·ta adj. s2g.
perfect binding sf. (ing.: pêrfect baindin).
per·fec·ti·bi·li·*da*·de sf.
per·fec·*tí*·vel adj. 2g.; pl. ·veis.
per·fec·*ti*·vo adj.
per·fei·*ção* sf.; pl. ·*ções*.
per·fei·ço:*ar* v.
per·*fei*·to adj.
per·fi·ci:*en*·te adj. 2g.
per·*fi*·di:a sf.
pér·fi·do adj.
per·*fil* sm.; pl. ·*fis*.
per·fi·*lar* v.
per·fil-di:a·*gra*·ma sm.; pl. perfis-diagramas ou perfis-diagrama.
per·fi·lha·*ção* sf.; pl. ·*ções*.
per·fi·lha·*dor* (ô) adj. sm.
per·fi·lha·*men*·to sm.
per·fi·*lhar* v.
per·*flu*·xo (cs) sm.
per·fo·*lha*·da sf.: perfoliada.
per·fo·*lha*·do adj.: perfoliado.
per·fo·lhe:a·*ção* sf.; pl. ·*ções*: perfoliação.
per·fo·*lhe*:*ar* v.: perfoliar.
per·fo·li:a·*ção* sf.; pl. ·*ções*: perfolheação.
per·fo·li:*a*·da sf.: perfolhada.
per·fo·li:*a*·do adj.: perfolhado.
per·fo·li:*ar* v.: perfolhear.
per·for·*má*·ti·co adj.

per·ful·gên·ci:a sf.
per·ful·gen·te adj. 2g.
per·fu·ma·do adj.
per·fu·ma·dor (ô) adj. sm.
per·fu·ma·du·ra sf.
per·fu·man·te adj. 2g.
per·fu·mar v.
per·fu·ma·ri·a sf.
per·fu·me sm.
per·fu·mis·ta adj. s2g.
per·fu·mo·so (ô) adj.; f. e pl. (ó).
per·func·tó·ri:o adj.: per·fun·tó·ri:o.
per·fu·ra·ção sf.; pl. ·ções.
per·fu·ra·do adj.
per·fu·ra·dor (ô) adj. sm.
per·fu·ra·do·ra (ô) sf.
per·fu·ran·te adj. 2g.
per·fu·rar v.
per·fu·ra·ti·vo adj.
per·fu·ra·triz sf.
per·fu·ro·cor·tan·te adj. 2g.
per·fu·são sf.; pl. ·sões.
per·ga·mi·ná·ce:o adj.
per·ga·mi·nhá·ce:o adj.
per·ga·mi·nha·ri·a sf.
per·ga·mi·nhei·ro sm.
per·ga·mi·nho sm.
per·ga·mi·nho·so (ô) adj.; f. e pl. (ó).
per·gí·de:o adj. sm.
pér·gu·la sf.
per·gun·ta sf.
per·gun·ta·dor (ô) adj. sm.
per·gun·tan·te adj. s2g.
per·gun·tar v.
pe·ri sm. 'gênio benfazejo' 'sulco'/Cf. piri.
pe·ri:am·bo sm.
pe·ri:a·mig·da·li:a·no adj.
pe·ri:a·nal adj. 2g.; pl. ·nais.
pe·ri:ân·dri·co adj.
pe·ri:an·tã sm.
pe·ri·an·ta·do adj.
pe·ri:an·to sm.
pe·ri:an·to·pó·di:o sm.
pe·ri:as·tro sm.
pe·ri:a·tri adj. s2g.
pe·rí·ble·ma sm.
pe·rí·bo·lo sm.
pe·ri·car·di:á·ri:o adj.
pe·ri·car·di·no adj.
pe·ri·cár·di:o sm.
pe·ri·car·di·te sf.
pe·ri·car·dí·ti·co adj.
pe·ri·cár·pi·co adj.
pe·ri·car·po sm.

pe·ri·ce·men·ti·te sf.
pe·ri·cen·tral adj. 2g.; pl. ·trais.
pe·ri·cên·tri·co adj.
pe·rí·ci:a sf.
pe·ri·ci:al adj. 2g.; pl. ·ais.
pe·ri·ci·ar v.
pe·ri·cí·cli·co adj.
pe·ri·ci·clo sm.
pe·ri·cis·ti·te sf.
pe·ri·cis·tí·ti·co adj.
pe·ri·clá·si:o sm.
pe·ri·clí·ne:o adj. sm.
pe·ri·clí·ni·co adj.
pe·ri·cli·ni·for·me adj. 2g.
pe·ri·cli·ni·ta sf.
pe·ri·cli·no sm.
pe·ri·cli·tân·ci:a sf.
pe·ri·cli·tan·te adj. 2g.
pe·ri·cli·tar v.
pe·ri·con·dri·te sf.
pe·ri·con·drí·ti·co adj.
pe·ri·con·dro sm.
pe·ri·co·te sm.
pe·ri·crâ·ni:o sm.
pe·ri·cu·lo·si·da·de sf.
pe·ri·dá adj. s2g.
pe·ri·den·tal adj. 2g.; pl. ·tais.
pe·ri·der·me sf.
pe·ri·dér·mi·co adj.
pe·ri·des·mo sm.
pe·ri·di·di·mi·te sf.
pe·ri·di·di·mí·ti·co adj.
pe·ri·dí·di·mo sm.
pe·rí·di:o sm.
pe·ri·dis·cal adj. 2g.; pl. ·cais.
pe·ri·do·ti·to sm.
pe·ri·do·to sm.
pe·rí·dro·mo sm.
pe·ri:e·cos sm. pl.
pe·ri:é·li:o sm.
pe·ri:er·gi·a sf.
pe·ri·fe·ri·a sf.
pe·ri·fé·ri·co adj. sm.
pe·ri·fle·bi·te sf.
pe·ri·fle·bí·ti·co adj.
pe·ri·fo·co sm.
pe·ri·for·me adj. 2g.
pe·rí·fra·se sf.
pe·ri·fra·se·ar v.
pe·ri·frás·ti·co adj.
pe·ri·ga·dor (ô) adj.
pe·ri·ga·lho sm.
pe·ri·gar v.
pe·ri·geu sm.
pe·ri·gi·ni·a sf.
pe·rí·gi·no adj.
pe·ri·go sm.
pe·ri·gô·ni·co adj.

pe·ri·gô·ni:o sm.
pe·rí·go·no sm.
pe·ri·go·sa sf.
pe·ri·go·so (ô) adj.; f. e pl. (ó).
pe·rí·gra·fo sm.
pe·ri·gual adv.
pe·ri·lha sf.
pe·ri·lin·fa sf.
pe·ri·lo sm.
pe·ri·lus·tre adj. 2g.
pe·ri·me·du·lar adj. 2g.
pe·ri·me·tral adj. 2g.; pl. ·trais.
pe·ri·me·tri·a sf.
pe·ri·mé·tri·co adj.
pe·ri·mé·tri:o sm.
pe·rí·me·tro sm.
pe·ri·mir v.
pe·ri·mí·si:o sm.
pe·ri·ná sm.
pe·ri·nã sm.
pe·ri·na·tal adj. 2g.; pl. ·tais.
pe·ri·ne:al adj. 2g.; pl. ·ais.
pe·ri·ne·fri·te sf.
pe·ri·ne·frí·ti·co adj.
pe·rí·ne:o sm.: perineu.
pe·ri·ne:o·ce·le sf.
pe·ri·ne:o·cé·li·co adj.
pe·ri·ne:or·ra·fi·a sf.
pe·ri·ne:or·rá·fi·co adj.
pe·ri·ne:o·to·mi·a sf.
pe·ri·ne:o·tô·mi·co adj.
pe·ri·neu sm.: períneo.
pe·ri·neu·ro sm.
pe·ri:o·cu·lar adj. 2g.
pe·ri:ó·di·ca sf.
pe·ri:o·di·cal adj. 2g.; pl. ·cais.
pe·ri:o·di·ci·da·de sf.
pe·ri:o·di·cis·ta adj. s2g.
pe·ri:ó·di·co adj. sm.
pe·ri:o·di·quei·ro adj. sm.
pe·ri:o·dis·mo sm.
pe·ri:o·dis·ta adj. s2g.
pe·ri:o·di·za·ção sf.; pl. ·ções.
pe·ri:o·di·zar v.
pe·rí:o·do sm.
pe·ri:o·don·ti·a sf.
pe·ri:o·don·ti·te sf.
pe·ri:of·tal·mi·a sf.
pe·ri:of·tál·mi·co adj.
pe·ri:ór·bi·ta sf.
pe·ri:ós·se:o sm.
pe·ri:os·tal adj. 2g.; pl. ·tais.
pe·ri:os·te·al adj. 2g.; pl. ·ais: periostal.
pe·ri:os·te·í·te sf.
pe·ri:ós·te:o sm.
pe·ri:os·te·ó·fi·to sm.
pe·ri:os·te:o·to·mi·a sf.

pe·ri:os·te:o·tô·mi·co adj.
pe·ri:os·ti·te sf.
pe·ri:os·to·se sf.
pe·ri:ós·tra·co sm.
pe·ri:o·vu·lar adj. 2g.
pe·ri·pa·ro·ba sf.: pariparoba.
pe·ri·pa·té·ti·co adj. sm.
pe·ri·pa·te·tis·mo sm.
pe·ri·pa·te·ti·zar v.
pe·rí·pa·to sm.
pe·ri·pé·ci:a sf.
pe·ri·pe·ri:a·çu sm.
pe·ri·pe·tun·ga sf.
pe·ri·pi:e·ma sm.
pe·ri·pi·tin·ga sf.
pé·ri·plo sm.
pe·rip·neu·mo·ni·a sf.
pe·rip·neu·mô·ni·co adj. sm.
pe·ri·po·lar adj. 2g.
pe·ri·po·mon·ga sf.
pe·ri·proc·ti·te sf.
pe·ri·proc·tí·ti·co adj.
pe·ríp·te·ro adj. sm.
pe·ri·qué·ci:o sm.
pe·ri·qui·ta sf.
pe·ri·qui·tam·boi·a sf.
pe·ri·qui·tar v.
pe·ri·qui·tei·ra sf.
pe·ri·qui·tei·ra(s)-do-cam·po sf. (pl.).
pe·ri·qui·ti·nho sm.
pe·ri·qui·to sm.
pe·ri·qui·to(s)-da-cam·pi·na sm. (pl.).
pe·ri·qui·to(s)-d'an·ta sm. (pl.).
pe·ri·qui·to(s)-da-ser·ra sm. (pl.).
pe·ri·qui·to(s)-de-a·sa-bran·ca sm. (pl.).
pe·ri·qui·to(s)-de-ca·be·ça-pre·ta sm. (pl.).
pe·ri·qui·to(s)-de-são-jo:ão sm. (pl.).
pe·ri·qui·to(s)-de-tes·ta-a·ma·re·la sm. (pl.).
pe·ri·qui·to(s)-do-es·pí·ri·to-san·to sm. (pl.).
pe·ri·qui·to-es·tre·la sm.; pl. periquitos-estrelas ou periquitos-estrela.
pe·ri·qui·to-gan·gar·ra sm.; pl. periquitos-gangarras ou periquitos-gangarra.
pe·ri·qui·to-re:al sm.; pl. periquitos-reais.
pe·ri·qui·to(s)-rei(s) sm. (pl.).
pe·ri·qui·to(s)-san·to(s) sm. (pl.).

pe·ri·qui·to(s)-ta·pui·a(s) sm. (pl.).
pe·ri·qui·to-u·ru·bu sm.; pl. periquitos-urubus ou periquitos-urubu.
pe·ri·qui·to-vas·sou·ra sm.; pl. periquitos-vassouras ou periquitos-vassoura.
pe·ri·qui·to(s)-ver·da·dei·ro(s) sm. (pl.).
pe·rís·ci:o sm.
pe·ris·có·pi·co adj.
pe·ris·có·pi:o sm.
pe·ris·per·ma sm.
pe·ris·per·ma·do adj.
pe·ris·pér·mi·co adj.
pe·ris·pi·rí·ti·co adj.
pe·ris·pí·ri·to sm.
pe·ris·pi·ri·tu:al adj. 2g.; pl. ·ais.
pe·ris·po·rân·gi:o sm.
pe·ris·sís·to·le sf.
pe·ris·sis·tó·li·co adj.
pe·ris·so·dác·ti·lo adj. sm.:
pe·ris·so·dá·ti·lo.
pe·ris·so·lo·gi·a sf.
pe·ris·so·ló·gi·co adj.
pe·ris·tal·se sf.
pe·ris·tál·ti·co adj.
pe·ris·tal·tis·mo sm.
pe·rís·ta·se sf.
pe·ris·te·rí·de:o adj. sm.
pe·ris·ti·lo sm.
pe·rís·to·le sf.
pe·ris·to·ma sm.
pe·ris·to·má·ti·co adj.
pe·ris·tô·mi:o sm.
pe·ri·ta·lo sm.
pe·ri·té·ci:o sm.
pe·ri·té·ti·co sm.
pe·ri·ti·fli·te sf.
pe·ri·ti·flí·ti·co adj.
pe·ri·to adj. sm.
pe·ri·to-con·ta·dor sm.; pl. peritos-contadores.
pe·ri·to·ne:al adj. 2g.; pl. ·ais.
pe·ri·to·neu sm.
pe·ri·tô·ni:o sm.
pe·ri·to·ni·te sf.
pe·ri·to·ni·za·ção sf.; pl. ·ções.
pe·ri·to·rá·ci·co adj.
pe·rí·tri·co adj. sm.
pe·ri·trí·qui:o adj. sm.
pe·ri·tu·ro adj.
pe·ri·vas·cu·lar adj. 2g.
per·ju·rar v.
per·jú·ri:o sm.
per·ju·ro adj. sm.

per·la sf.
per·lar v.
per·lá·ri:o adj. sm.
per·las·so sm.
per·la·var v.
per·len·da sf.
per·len·ga sf.
per·le:ú·do adj.
per·lí·fe·ro adj.
per·li·qui·te·te (ê) adj. 2g.
per·lí·ti·co adj.
per·li·to sm.
per·lon·ga sf.
per·lon·gan·te adj. 2g.
per·lon·gar v.
per·lon·go sm.
per·lóp·te·ro adj. sm.
per·lus·tra·ção sf.; pl. ·ções.
per·lus·tra·dor (ô) adj. sm.
per·lus·trar v.
per·lu·xi·da·de (cs) sf.
per·lu·xo (cs) adj. sm.
per·ma·ne·cen·te adj. 2g.
per·ma·ne·cer v.
per·ma·nên·ci:a sf.
per·ma·nen·te adj. 2g. sm.
per·man·ga·na·to sm.
per·me:a·bi·li·da·de sf.
per·me:a·bi·li·za·ção sf.; pl. ·ções.
per·me:a·bi·li·zar v.
per·me:a·ção sf.; pl. ·ções.
per·me:â·me·tro sm.
per·me:ân·ci:a sf.
per·me:ar v.
per·me:á·vel adj. 2g.; pl. ·veis.
per·mei:o adv. sm.
per·mi:a·no adj. sm.
per·mil sm.; pl. ·mis.
per·mis·são sf.; pl. ·sões.
per·mis·si:o·ná·ri:o adj. sm.
per·mis·sí·vel adj. 2g.; pl. ·veis.
per·mis·si·vi·da·de sf.
per·mis·si·vo adj.
per·mis·sor (ô) adj.
per·mis·só·ri:o adj.
per·mis·tão sf.; pl. ·tões.
per·mis·to adj.
per·mi·ti·do adj.
per·mi·ti·dor (ô) adj. sm.
per·mi·tir v.
per·mo·car·bo·ní·fe·ro adj. sm.
per·mu·ta sf.
per·mu·ta·bi·li·da·de sf.
per·mu·ta·ção sf.; pl. ·ções.
per·mu·ta·dor (ô) adj. sm.
per·mu·tar v.
per·mu·ta·ti·vo adj.

per·mu·*tá*·vel adj. 2g.; pl. ·veis.
per·na sf.
per·*na*·ça sf.
per·*na*·ço sm.
per·*na*·da sf.
per·na(s) de *mo*·ça sf. (pl.).
per·na(s) de *pau* s2g. (pl.) 'jogador de má qualidade'.
per·na(s)-de-*pau* adj. 2g. s2g. sm. (pl.) 'pernilongo'.
per·na(s) de *ser*·ra sf. (pl.).
per·na(s) de *xis* s2g. (pl.).
per·na(s)-la-*va*·da(s) sf. (pl.).
per·*nal*·ta adj. 2g. sf.
per·nal·*tei*·ro adj.
per·*nal*·to adj.
per·nal·*tu*·do adj.
per·na(s)-*man*·ca(s) sf. (pl.).
per·nam·bu·*ca*·na sf.
per·nam·bu·*ca*·no adj. sm.
per·nam·*bu*·co sm.
per·*na*·me sm.
per·*não* adj. sm.; pl. ·nões.
per·*né* sm.
per·ne·*ar* v.
per·ne·*gu*·do adj. sm.
per·*nei*·ra sf.
per·ne·*jar* v.
per·*ne*·ta (ê) s2g.
per·ne·te·*ar* v.
per·ni·a·*ber*·to adj.
per·ni·*bam*·bo adj.
per·*ní*·ci:e sf.
per·ni·ci:*o*·sa sf.
per·ni·ci:o·si·*da*·de sf.
per·ni·ci:*o*·so (ô) adj.; f. e pl. (ó).
per·ni·*cur*·to adj.
per·ni·*gor*·do (ô) adj.
per·ni·*gran*·de adj. 2g.
per·ni·*gros*·so (ô) adj.; f. e pl. (ó).
per·*nil* sm.; pl. ·nis.
per·ni·*lon*·go adj. sm.
per·ni·lon·go(s)-ra·*ja*·do(s) sm. (pl.).
per·no sm.
per·*no*·ca sf.
per·*noi*·ta sf.: *pernouta*.
per·noi·ta·*men*·to sm.: *pernoutamento*.
per·*noi*·tar v.: *pernoutar*.
per·*noi*·te sm.: *pernoute*.
per·*no*·na sf.
per·nos·ti·ci·*da*·de sf.
per·nos·ti·*cis*·mo sm.
per·*nós*·ti·co adj. sm.
per·*nou*·ta sf.: *pernoita*.

per·nou·ta·*men*·to sm.: *pernoitamento*.
per·*nou*·tar v.: *pernoitar*.
per·*nou*·te sm.: *pernoite*.
per·*nu*·do adj.
pe·ro conj. 'porém, mas'/Cf. *pero* (ê) e *peró*.
pe·ro (ê) sm. 'certa maçã doce' 'galego'; pl. *peros* (ê)/Cf. *pero* e *peró*.
pe·*ró* conj. 'pero, porém, mas'/ Cf. *pero* e *pero* (ê).
pe·*ro*·ba adj. s2g. sf.
pe·ro·ba(s)-a·ma·re·la(s) sf. (pl.).
pe·ro·ba(s)-a·mar·go·sa(s) sf. (pl.).
pe·ro·ba(s)-de-*cam*·po sf. (pl.).
pe·ro·*bal* sm.; pl. ·*bais*.
pe·ro·ba(s)-ro·sa(s) sf. (pl.).
pe·ro·be:a·*ção* sf.; pl. ·*ções*.
pe·ro·be:*ar* v.
pe·ro·*bei*·ra sf.
pe·ro·*bi*·nha sf.
pê·ro·bo·*te*·lho sm.; pl. *peros-botelhos* ou *pêro-botelhos*.
pé·ro·la sf. 'glóbulo duro, brilhante e nacarado que se forma nas conchas'/ Cf. *pérula* sf. e *perola*, do v. *perolar*.
pe·ro·*lar* v.
pé·ro·la-ve·ge·*tal* sf.; pl. *pérolas-vegetais*.
pe·ro·*lei*·ra sf.
pe·ro·*lí*·fe·ro adj.
pe·ro·*li*·no adj.
pe·ro·li·za·do adj.
pe·ro·li·*zar* v.
pe·ro·me·*du*·sa sf.
pe·ro·ne·*al* adj. 2g. sm.; pl. ·*ais*.
pe·ro·*neu* adj. sm.
pe·*rô*·ni:o sm.
pe·ro·*nis*·mo sm.
pe·ro·*nis*·ta adj. s2g.
pe·ro·ra·*ção* sf.; pl. ·*ções*.
pe·ro·ra·*dor* (ô) adj. sm.
pe·ro·*rar* v.
pe·ro·xi·*dar* (cs) v.
pe·*ró*·xi·do (cs) sm./Cf. *peroxido*, do v. *peroxidar*.
per·pas·*sar* v.
per·pas·*sá*·vel adj. 2g.; pl. ·veis.
per·pen·di·cu·*lar* adj. 2g. sf.
per·pen·di·cu·la·ri·*da*·de sf.
per·pen·*dí*·cu·lo sm.
per·pe·tra·*ção* sf.; pl. ·*ções*.
per·pe·tra·*dor* (ô) adj. sm.

per·pe·*trar* v.
per·*pé*·tu:a sf./Cf. *perpetua*, do v. *perpetuar*.
per·pe·tu·a·*ção* sf.; pl. ·*ções*.
per·pé·tu·a(s)-do-*ma*·to sf. (pl.).
per·pe·tu·a·*dor* (ô) adj. sm.
per·pe·tu·a·*men*·to sm.
per·pe·tu·*ar* v.
per·pé·tu:a(s)-ro·xa(s) sf. (pl.).
per·pe·tu·i·*da*·de sf.
per·*pé*·tu:o adj./Cf. *perpetuo*, do v. *perpetuar*.
per·pi·*a*·nho sm.
per·ple·*xão* (cs) sf.; pl. ·*xões*.
per·ple·xi·*da*·de (cs) sf.
per·ple·xi·*dez* (cs...ê) sf.
per·*ple*·xo (cs) adj.
per·*pon*·te sm.: per·*pon*·to, per·*pun*·to.
per·qui·ri·*ção* sf.; pl. ·*ções*.
per·qui·ri·*dor* (ô) adj. sm.
per·qui·*rir* v.
per·qui·si·*ção* sf.; pl. ·*ções*.
per·qui·si·*dor* (ô) adj. sm.
per·qui·si·*ti*·vo adj.
per·ra (ê) sf.
per·*rá*·di:o sm.
per·ra·*ri*·a sf.
per·*rei*·ro sm.
per·re·*mis*·mo sm.
per·re·*mis*·ta adj. s2g.
per·ren·*ga*·da sf.
per·ren·*ga*·gem sf.; pl. ·*gens*.
per·ren·*gar* v.
per·*ren*·gue adj. s2g.
per·ren·gue·*ar* v.
per·re·*pis*·mo sm.
per·re·*pis*·ta adj. s2g.
per·re·*xil* sm.; pl. ·*xis*.
per·*ri*·ce sf.
per·ro (ê) adj. sm.
per·*ru*·ma sf.
per·sa adj. s2g. sm.
pers·cru·ta·*ção* sf.; pl. ·*ções*.
pers·cru·ta·*dor* (ô) adj. sm.
pers·cru·*tar* v.
pers·cru·*tá*·vel adj. 2g.; pl. ·veis.
per·se·cu·*ção* sf.; pl. ·*ções*.
per·se·cu·*tó*·ri:o adj.
per·se·gui·*ção* sf.; pl. ·*ções*.
per·se·*gui*·da sf.
per·se·*gui*·do adj. sm.
per·se·gui·*dor* (ô) adj. sm.
per·se·*guir* v.
per·se:i·*da*·de sf.
per·sen·*tir* v. 'sentir intimamente'/Cf. *pressentir*.

pér·se:o adj.: *persa, pérsico, pérsio*.
per·se·*vão* sm.; pl. ·*vões*.
per·se·ve·*ran*·ça sf.
per·se·ve·*ran*·te adj. 2g.
per·se·ve·*rar* v.
per·si:*a*·na sf.
per·si:*a*·no adj. sm.
per·si·*cá*·ri:a sf.
pér·si·co adj.
per·si·*gal* sm.; pl. ·*gais*.
per·sig·na·*ção* sf.; pl. ·*ções*.
per·sig·*nar* v.
pér·si:o adj. sm.: *persa, pérseo, pérsico*.
per·sis·*tên*·ci:a sf.
per·sis·*ten*·te adj. 2g.
per·sis·*tir* v.
per·sol·*ver* v.
per·so·*na*·gem s2g.; pl. ·*gens*.
per·so·na·gem-*ti*·po s2g.; pl. *personagens-tipos* ou *personagens-tipo*.
per·so·na(s)-*gra*·ta(s) sf. (pl.).
per·so·na·li·*da*·de sf.
per·so·na·*lis*·mo sm.
per·so·na·*lís*·si·mo adj. superl. de *pessoal*.
per·so·na·*lis*·ta adj. s2g.
per·so·na·*lís*·ti·co adj.
per·so·na·li·za·*ção* sf.; pl. ·*ções*.
per·so·na·li·za·do adj.
per·so·na·li·*zar* v.
personal trainer loc. subst. (ing.: *personal trêiner*).
per·so·ni·fi·ca·*ção* sf.; pl. ·*ções*.
per·so·ni·fi·*car* v.
pers·*péc*·ti·co adj.: *perspético*.
pers·pec·*ti*·va sf.: *perspetiva*.
pers·pec·ti·va·*ção* sf.; pl. ·*ções*: *perspetivação*.
pers·pec·ti·*var* v.: *perspetivar*.
pers·pec·ti·*vis*·mo sm.: *perspetivismo*.
pers·pec·ti·*vis*·ta adj. s2g.: *perspetivista*.
pers·pec·*ti*·vo adj.: *perspetivo*.
pers·*pé*·ti·co adj.: *perspéctico*.
pers·pe·*ti*·va sf.: *perspectiva*.
pers·pe·ti·va·*ção* sf.; pl. ·*ções*: *perspectivação*.
pers·pe·ti·*var* v.: *perspectivar*.
pers·pe·ti·*vis*·mo sm.: *perspectivismo*.
pers·pe·ti·*vis*·ta adj. s2g.: *perspectivista*.
pers·pe·*ti*·vo adj.: *perspectivo*.

pers·pi·*cá*·ci:a sf.
pers·pi·ca·*cís*·si·mo adj. superl. de *perspicaz*.
pers·pi·*caz* adj. 2g.; superl. *perspicacíssimo*.
pers·pi·cu:i·*da*·de sf.
pers·*pí*·cu:o adj.
pers·pi·ra·*ção* sf.; pl. ·*ções*.
pers·pi·*rar* v.
pers·pi·ra·*tó*·ri:o adj.
pers·tri·*ção* sf.; pl. ·*ções*.
per·su:a·di·*ção* sf.; pl. ·*ções*.
per·su:a·di·*men*·to sm.
per·su:a·*dir* v.
per·su:a·*dí*·vel adj. 2g.; pl. ·*veis*.
per·su:a·*são* sf.; pl. ·*sões*.
per·su:a·*si*·va sf.
per·su:a·*sí*·vel adj. 2g.; pl. ·*veis*.
per·su:a·*si*·vo adj.
per·su:a·*sor* (ô) adj. sm.
per·su:a·*só*·ri:a sf.
per·su:a·*só*·ri:o adj.
per·sul·*fa*·to sm.
per·sul·*fú*·ri·co adj.
per·*ten*·ça sf.
per·*ten*·ce sm.
per·ten·*cen*·te adj. 2g.
per·ten·*cer* v.
per·*ten*·ces sm. pl.
per·ten·*tar* v.
pér·ti·ga sf.: *pírtiga*.
pér·ti·go sm.
per·ti·*ná*·ci:a sf.
per·ti·na·*cís*·si·mo adj. superl. de *pertinaz*.
per·ti·*naz* adj. 2g.
per·ti·*nên*·ci:a sf.
per·ti·*nen*·te adj. 2g.
per·*ti*·ta sf.
per·to adj. 2g. adv.
per·tran·*si*·do (zi) adj.
per·tran·*sir* (zi) v.
per·*tu*·cho sm.
per·tur·ba·*ção* sf.; pl. ·*ções*.
per·tur·*ba*·do adj.
per·tur·*ba*·dor (ô) adj. sm.
per·tur·*bar* v.
per·tur·ba·*ti*·vo adj.
per·tur·ba·*tó*·ri:o adj.
per·tur·*bá*·vel adj. 2g.; pl. ·*veis*.
per·*tu*·so adj. sm.
pe·*ru* sm.; f. *perua*.
pe·*ru*·a sf.; f. de *peru*.
pe·ru:a·*ção* sf.; pl. ·*ções*.
pe·ru·a(s)-*cho*·ca(s) sf. (pl.).
pe·ru:*a*·da sf.
pe·ru:*a*·na s2g. sf.
pe·ru:*a*·no adj. sm.

pe·ru:*ar* v.
pe·*ru*·ca sf.
pe·ru(s) de *fes*·ta sm. (pl.).
pe·ru(s)-de-*sol* sm. (pl.).
pe·ru(s)-do-*ma*·to sm. (pl.).
pe·ru:*ei*·ro adj.
pe·ru:i·*nho*(s)-do-*cam*·po sm. (pl.).
pé·ru·la sf. 'invólucro dos brotos'/Cf. *pérola*.
pe·*rum* sm.; pl. ·*runs*: *peru*.
pe·ru·*ru*·ca sf.
pe·ru·*si*·no adj. sm.
pe·ru·vi:*a*·no adj. sm.
pe·ru·zi·*nho*(s)-do-*cam*·po sm. (pl.).
per·va·*gan*·te adj. 2g.
per·va·*gar* v.
per·va·si·vi·*da*·de sf.
per·ven·*cer* v.
per·ver·*são* sf.; pl. ·*sões*.
per·ver·si·*da*·de sf.
per·ver·*si*·vo adj.
per·*ver*·so adj. sm.
per·ver·*sor* (ô) adj. sm.
per·ver·te·*dor* (ô) adj. sm.
per·ver·*ter* v.
per·ver·*ti*·do adj. sm.
per·vi·*cá*·ci:a sf.
per·vi·ca·*cís*·si·mo adj. superl. de *pervicaz*.
per·vi·*caz* adj. 2g.; superl. *pervicacíssimo*.
per·*ví*·gil adj. s2g.; pl. ·*geis*.
per·vi·*gí*·li:a sf.
per·*vin*·ca sf.
per·*vin*·co sm.
pér·vi:o adj.
pe·sa·*á*·ci·do(s) sm. (pl.).
pe·sa-*car*·tas sm. 2n.
pe·*sa*·da sf. 'pesagem'/Cf. *pezada*.
pe·sa·*dão* adj. sm.; pl. ·*dões*; f. *pesadona*.
pe·sa·*de*·lo (ê) sm.
pe·*sa*·do adj. sm.
pe·sa·*do*·na adj. sf.; f. de *pesadão*.
pe·sa·*dor* (ô) adj. sm.
pe·sa·*du*·me sm.
pe·*sa*·gem sf.; pl. ·*gens*.
pe·sa-*lei*·te(s) sm. (pl.).
pe·sa-li·*cor* sm.; pl. *pesa-licores*.
pê·sa·me sm.; *pê*·sa·mes sm. pl.
pe·sa·pa·*péis* sm. 2n.
pe·*sar* sm. v.
pe·sa·*ro*·so (ô) adj.; f. e pl. (ó).
pes·ca sf.
pes·*ca*·da sf.

pes·ca·da(s)-a·ma·zô·ni·ca(s) sf. (pl.).
pes·ca·da-ba·*na*·na sf.; pl. *pescadas-bananas* ou *pescadas-banana*.
pes·ca·da(s)-*bran*·ca(s) sf. (pl.).
pes·ca·da-ca-*chor*·ro sf.; pl. *pescadas-cachorros* ou *pescadas-cachorro*.
pes·ca·da-cam·bu·*ci* sf.; pl. *pescadas-cambucis* ou *pescadas-cambuci*.
pes·ca·da-cum·bu·*cu* sf.; pl. *pescadas-cumbucus* ou *pescadas-cumbucu*.
pes·ca·da-co-*mum* sf.; pl. *pescadas-comuns* ou *pescadas-comum*.
pes·ca·da(s)-de-an·*go*·la sf. (pl.).
pes·ca·da(s)-de-*den*·te sf. (pl.).
pes·ca·da(s)-do-*rei*·no sf. (pl.).
pes·ca·da-fo-*gue*·te sf.; pl. *pescadas-foguetes* ou *pescadas-foguete*.
pes·ca·da(s)-le-*gí*·ti·ma(s) sf. (pl.).
pes·ca·da-mar·*mo*·ta sf.; pl. *pescadas-marmotas* ou *pescadas-marmota*.
pes·ca·da-po-*la*·cha sf.; pl. *pescadas-polachas* ou *pescadas-polacha*.
pes·ca·da(s)-*pre*·ta(s) sf. (pl.).
pes·ca·da-*ri*·a sf.
pes·ca·da(s)-*ro*·sa(s) sf. (pl.).
pes·ca·*di*·nha sf.
pes·ca·di·nha(s)-*bran*·ca(s) sf. (pl.).
pes·ca·di·nha(s)-do-*rei*·no sf. (pl.).
pes·*ca*·do adj. sm.
pes·ca·*dor* (ô) adj. sm.
pes·ca-em-*pé* sm. 2n.
pes·*can*·ço sm.
pes·*can*·te adj. 2g. sm.
pes·*car* v.
pes·ca·*re*·jo (ê) adj.
pes·ca·*rez* (ê) adj. 2g.
pes·ca·*ri*·a sf.
pes·*caz* sm.
pes·co·*ça*·da sf.
pes·co·*ção* sm.; pl. *-ções*.
pes·co·ce:a·*dor* (ô) adj. sm.
pes·co·ce:*ar* v.
pes·co·*cei*·ro adj.
pes·co·*ci*·nho sm.
pes·*co*·ço (ô) sm.

pes·co·*çu*·do adj.
pes·co·*ta*·pa sm.
pés de *le*·bre sm. pl.
pe·*se*·bre sm.
pe·se·ta (ê) sf.
pes·ga (ê) sf.; pl. *pesgas* (ê)/Cf. *pesga* (é) e *pesgas* (é), do v. *pesgar*.
pes·*ga*·da sf.
pes·*gar* v. 'barrar interiormente com pez'/Cf. *pisgar*.
pés no *chão* sm. 2n.
pe·so (ê) sm./Cf. *peso* (é), do v. *pesar*.
pe·so-*ga*·lo sm.; pl. *pesos-galos* ou *pesos-galo*.
pe·so-*mos*·ca sm.; pl. *pesos-moscas* ou *pesos-mosca*.
pe·so-*pe*·na sm.; pl. *pesos-penas* ou *pesos-pena*.
pe·so-pe·*sa*·do sm.; pl. *pesos-pesados* ou *pesos-pesado*.
pes·pe·*gar* v.
pes·*pe*·go (ê) sm./Cf. *pespego* (é), do v. *pespegar*.
pes·pon·*tar* v.
pes·pon·te:*a*·do adj.
pes·pon·te:*ar* v.
pes·*pon*·to sm. 'ponto de costura'/Cf. *posponto*.
pes·por·*rên*·ci:a sf.
pes·por·*ren*·te adj. 2g.
pes·*quei*·ra sf.
pes·quei·*ren*·se adj. s2g.
pes·*quei*·ro adj. sm.
pes·*qui*·sa sf.
pes·qui·sa·*dor* (ô) adj. sm.
pes·qui·*sar* v.
pes·sa·*nhen*·se adj. s2g.
pes·*sá*·ri:o sm.
pes·se·*bis*·mo sm.
pes·se·*bis*·ta adj. s2g.
pes·se·*dis*·mo sm.
pes·se·*dis*·ta adj. s2g.
pes·se·*ga*·da sf.
pes·se·*gal* adj. 2g. sm.; pl. *-gais*.
pês·se·go sm.
pes·se·*guei*·ro sm.
pes·se·guei·ro(s)-da-*ín*·di:a sm. (pl.).
pes·se·guei·ro(s)-do-*ma*·to sm. (pl.).
pes·se·*pis*·mo sm.
pes·se·*pis*·ta adj. s2g.
pes·si·*mis*·mo sm.
pes·si·*mis*·ta adj. s2g.
pés·si·mo adj. superl. de *mau*.

pes·*so*·a (ô) sf.
pes·so:*al* adj. 2g. sm.; pl. *-ais*; superl. *pessoalíssimo*, *personalíssimo*.
pes·so:a·li·*da*·de sf.
pes·so:a·li·*zar* v.
pes·so:a·li·*zá*·vel adj. 2g.; pl. *-veis*.
pes·so:*en*·se adj. s2g.
pes·*ta*·na sf.
pes·ta·ne:*ar* v. adj. 2g.
pes·ta·ne·*jan*·te adj. 2g.
pes·ta·ne·*jar* v.
pes·ta·*ne*·jo (ê) sm.
pes·ta·*nu*·do adj.
pes·te sf. s2g.
pes·te:*a*·do adj.
pes·te:*ar* v.
pes·*tei*·ra sf.
pes·ti·fe·*rar* v.
pes·*tí*·fe·ro adj. sm./Cf. *pestifero*, do v. *pestiferar*.
pes·ti·*lên*·ci:a sf.
pes·ti·len·ci:*al* adj. 2g.; pl. *-ais*.
pes·ti·len·ci:*o*·so (ô) adj.; f. e pl. (ó).
pes·ti·*len*·te adj. 2g.: pes·ti·*len*·to adj.
pes·*ti*·lo sm. 'tranqueta de porta'/Cf. *pistilo*.
pes·*to*·so (ô) adj. sm.; f. e pl. (ó).
pe·ta (ê) sf.; pl. *petas* (ê)/Cf. *peta* (é) e *petas* (é), do v. *petar*.
pé·ta·la sf.
pe·ta·*la*·do adj.
pe·ta·*lha*·da sf.
pe·ta·li·*for*·me adj. 2g.
pe·ta·*li*·no adj.
pe·*tá*·li:o sm.
pe·ta·*lis*·mo sm.
pe·ta·*li*·ta sf.
pé·ta·lo sm.
pe·ta·*loi*·de adj. 2g.
pe·ta·lo·ma·*ni*·a sf.
pe·*tar* v.
pe·tar·*dar* v.
pe·tar·de:*ar* v.
pe·tar·*dei*·ro sm.
pe·*tar*·do sm.
pe·tau·*ris*·ta s2g.
pe·*tau*·ro sm.
pe·te:*ar* v.
pe·te·*bis*·mo sm.
pe·te·*bis*·ta adj. s2g.
pe·*te*·ca sf.
pe·te·*ca*·da sf.
pe·te·*car* v.
pe·te·*gar* v.

pe·*tei*·ro adj. sm.
pe·te·*le*·ca sf.
pe·te·le·*ca*·da sf.
pe·te·*le*·co sm.
pe·*te*·ma sf.: *petume*.
pe·te·que:*ar* v.
pe·te·qui:*al* adj. 2g.; pl. ·*ais*.
pe·*té*·qui:as sf. pl.
pe·ti·*ça*·da sf.
pe·ti·*ção*[1] sf. 'ato de pedir'; pl. ·*ções*/Cf. *petição*[2].
pe·ti·*ção*[2] sm. 'petiço corpulento'; pl. ·*ções*; f. *petiçona*/Cf. *petição*[1].
pe·ti·*ce*·go adj. sm.
pe·ti·ci:o·*nar* v.
pe·ti·ci:o·*ná*·ri:o sm.; f. *peticionária*/Cf. *peticionaria*, do v. *peticionar*.
pe·*ti*·ço adj. sm.
pe·ti·*ço*·na sf.; f. de *petição*[2].
pe·ti·*ço*·te sm.
pe·ti·*gris* sm. 2n.
pe·ti·*guar* adj. s2g.: *potiguar*.
pe·*ti*·ma sf.: *petume*.
pe·tim·bu:*a*·da sf.
pe·ti·*me*·tre adj. sm.
pe·*tin*·ga sf. 'sardinha miúda'/Cf. *pitinga*.
pe·tin·*tal* sm.; pl. ·*tais*.
pe·ti·*pé* sm.
pe·*tis*·ca sf.
pe·tis·ca·*dor* (ô) adj. sm.
pe·tis·*car* v.
pe·*tis*·co sm.
pe·tis·*quei*·ra sf.
pe·tis·*quei*·ro sm.
pe·tis·*qui*·ce sf.
pe·tis·*se*·co (ê) adj.
pe·ti·*tin*·ga sf.
pe·ti·*tó*·ri:o adj. sm.
petit-pois sm. (fr.: *petipoá*).
pe·*tiz* adj. 2g. sm.
pe·ti·*za*·da sf.
pe·to[1] sm., na loc. *de peto* 'de propósito'/Cf. *peto*[2] (ê).
pe·to[2] (ê) adj. 'estrábico' 'maçante'/Cf. *peto*[1] (é) e *peto* (é), do v. *petar*.
pe·trar·*ques*·co (ê) adj.
pe·trar·qui:*a*·no adj. sm.
pe·trar·*quis*·mo sm.
pe·trar·*quis*·ta adj. s2g.
pe·trar·qui·*zar* v.
pe·tre·*char* v.
pe·*tre*·chos (ê) sm. pl.: *apetrechos*.
pe·*tre*·co sm.

pe·*trel* sm.; pl. ·*tréis*.
pé·tre:o adj.
pe·tri·fi·ca·*ção* sf.; pl. ·*ções*.
pe·tri·fi·ca·*dor* (ô) adj.
pe·tri·fi·*can*·te adj. 2g.
pe·tri·fi·*car* v.
pe·*trí*·fi·co adj./Cf. *petrifico*, do v. *petrificar*.
pe·*tri*·na adj. s2g. sf.
pe·tro·*dó*·lar sm.
pe·*tró*·gli·fo sm.
pe·tro·gra·*fi*·a sf.
pe·tro·*grá*·fi·co adj.
pe·*tró*·gra·fo sm.
pe·tro·lan·*den*·se adj. s2g
pe·tro·la·*ri*·a sf.
pe·tro·le·*ar* v.
pe·tro·*lei*·ro adj. sm.
pe·*tró*·le:o sm.
pe·tro·*lí*·fe·ro adj.
pe·tro·li·*nen*·se adj. s2g.
pe·tro·*lis*·ta adj. s2g.
pe·tro·lo·*gi*·a sf.
pe·tro·*ló*·gi·co adj.
pe·*tró*·lo·go sm.
pe·*tro*·max (cs) sf. 2n.
pe·tro·mi·*zon*·te adj. 2g. sm.
pe·*tró*·po·lis sm. 2n.
pe·tro·po·li·*ta*·no adj. sm.
pe·tro·*quí*·mi·ca sf.
pe·tro·*quí*·mi·co adj. sm.
pe·tro·*si*·te sf.
pe·*tro*·so (ô) adj.; f. *e* pl. (ó).
pet-shop sm. (ing.: *petshóp*).
pe·tu·*lân*·ci:a sf.
pe·tu·*lan*·te adj. 2g.
pe·*tum* sm.; pl. ·*tuns*: pe·*tu*·me.
pe·*tú*·ni:a sf.
péu·a adj. s2g.
peu·*cé*·da·no sm.
peu·*ce*·no adj. sm.
pe·*ú*·co sm.
peu·*en*·che adj. s2g.
pe:u·*ga* sf.
pe:u·*ga*·da sf.
pe:*ú*·va sf.
pe:*ú*·va(s)-a-ma·re·la(s) sf. (pl.).
pe:u·va·*ção* sf.; pl. ·*ções*.
pe:u·*val* sm.; pl. ·*vais*.
pe:*ú*·va(s)-ro·xa(s) sf. (pl.).
pe·va adj. s2g. sf.
pe·*vi*·de sf.
pe·vi·*do*·so (ô) adj.; f. *e* pl. (ó).
pe·*vi*·nha sf.
pe·vi·*ta*·da sf.
pe·xe·*ti* adj. s2g.
pe·xo·*rim* sm.; pl. ·*rins*: *pixurim*.

pe·xo:*ta*·da sf.
pe·*xo*·te sm. 'inábil': *pixote*/Cf. *peixote*.
pez (ê) sm. 'breu, piche'/Cf. *pês*, pl. de *pê*.
pe·*za*·da sf. 'pancada com o pé'/Cf. *pesada*.
pez de bor·*go*·nha sm.; pl. *pezes de borgonha*.
pe·*ze*·nho adj.
pe·*zu*·do adj.
pe·*zu*·nho sm.
phot sm. ing: *fot*.
pi sm.
pi·a sf.
pi:*á* sm.
pi:*á* sm. 'bouba'/Cf. *peã*.
pi:*a*·ba sf.
pi:a·ba(s)-da-la·*go*·a sf. (pl.).
pi:a·*ba*·nha sf.
pi:a·*bar* v.
pi:a·ba(s)-ro·do·*lei*·ra(s) sf. (pl.).
pi·a·ba·tis·*mal* sf.; pl. *pias-batismais*.
pi:a·ba(s)-*tor*·ta(s) sf. (pl.).
pi:a·*bi*·nha sf.: *piavinha*.
pi:a·*bu*·çu sf.
pi:a·*cá* sf.
pi:a·*ça*·ba sf.: *piaçava*.
pi:a·ça·*bal* sm.; pl. ·*bais*: *piaçaval*.
pi:a·ça·ba·*ra*·na sf.
pi:a·ça·bu·çu:*en*·se adj. s2g.
pi:a·ca·*en*·se adj. s2g.
pi:a·ca·tu:*en*·se adj. s2g.
pi:a·*ça*·va sf.: *piaçaba*.
pi:a·ça·*val* sm.; pl. ·*vais*: *piaçabal*.
pi:a·*çó* sm.
pi:a·co·bra(s) sf. (pl.).
pi:a·*ço*·ca sf.
pi:a·cu·*lar* adj. 2g.
pi:*á*·cu·lo sm.
pi:a·cu·ru·*ru* sm.
pi:*a*·da sf.
pi:a·*da*·de sf.: *piedade*.
pi:a·*dei*·ra sf.
pi:a·*di*·nha sf.
pi:a·*dis*·ta adj. s2g.
pi:*a*·do sm.
pi:*a*·ga sm.
pi·a·*má*·ter sf.; pl. *pias-máteres*.
pi:am·*pa*·ra sf.: *piapara*.
pi:*an*·çar v.
pi:*an*·ço sm.
pi:an·co:*en*·se adj. s2g.
pi:a·*nei*·ro sm.

pi·a·*ni*·ce sf.
pi:a·*ni*·no sm.
pi:a·*nís*·si·mo adv. sm.
pi:a·*nis*·ta adj. s2g.
pi:a·*nís*·ti·ca sf.
pi:a·*nís*·ti·co adj.
pi:*a*·no adv. sm.
pi·a·no-*bar* sm.; pl.: pianos-bares.
pi:a·no·co·*tó* adj. s2g.: pianogotó.
pi:a·no(s) de *cui*·a sm. (pl.).
pi:a·no·*for*·te sm.
pi·a·no·go·*tó* adj. s2g.: pianocotó.
pi:a·*no*·la sf.
pi:*ão* sm. 'brinquedo'; pl. ·*ões*/ Cf. peão.
pi:a·*pa*·ra sf.: piampara.
pi:a·*pé* sm.
pi·a·*pou*·co sm. 2n.
pi:*ar* v. 'dar pios'/Cf. pear.
pi:*a*·ra sf.
pi:a·re·*mi*·a sf.
pi:a·*rê*·mi·co adj.
pi:ar·*tro*·se sf.
pi:*as*·tra sf.
pi:a·tã:*en*·se adj. s2g.
pi:*au* sm.
pi:au(s)·da-la·*go*·a sm. (pl.).
pi:au·*en*·se adj. s2g.
pi:au·*í* adj. sm.
pi:au·i·*zen*·se adj. s2g.
pi:au·i·*zei*·ro adj. sm.
pi:au(s)-ver·da·*dei*·ro(s) sm. (pl.).
pi:au(s)-ver·*me*·lho(s) sm. (pl.).
pi:*a*·va sf.: piaba.
pi:a·va(s)-ver·da·*dei*·ra(s) sf. (pl.).
pi·a·*vi*·nha sf.: piabinha.
pi·a·vo·*vó(s)* sm. (pl.).
pi:a·*za*·da sf.
pi·ca sf.
pi·*ca*·ço adj. sm.
pi·*ca*·çu sm.
pi·*ca*·da sf.
pi·ca·*dão* sm.; pl. ·*dões*.
pi·ca·*dei*·ra sf.
pi·ca·*dei*·ro sm.
pi·ca·*de*·la sf.
pi·ca·*di*·nho adj. sm.
pi·ca·*don*·to(s) sm. (pl.).
pi·*ca*·do adj. sm.
pi·ca·*dor* (ô) adj. sm.
pi·ca·*du*·ra sf.
pi·ca·*flor* sm.; pl. pica-flores.
pi·ca·*fu*·mo(s) adj. 2g. sm. (pl.).

pi·*ca*·gem sf.; pl. ·**gens**.
pi·ça·*má* sm.
pi·ca·*men*·to sm.
pi·ca·*mi*·lho(s) sm. (pl.).
pi·*ca*·na sf.
pi·ca·ne:*ar* v.
pi·*ca*·nha sf.
pi·*can*·te adj. 2g. sm.
pi·*cão* sm.; pl. ·*cões*.
pi·cão-a·*çu* sm.; pl. picões-açus.
pi·cão-*bran*·co sm.; pl. picões--brancos.
pi·cão-da-*prai*·a sm.; pl. picões--da-praia.
pi·cão-de-flor-*gran*·de sm.; pl. picões-de-flor-grande.
pi·cão-u·*çu* sm.; pl. picões-uçus.
pi·cão-*zei*·ro sm.
pi·ca·*pa*·ra sf.
pi·ca-*pau*(s) sm. (pl.).
pi·ca-pau(s)-a·ma·*re*·lo(s) sm. (pl.).
pi·ca-pau-a-*não* sm.; pl. pica--paus-anões.
pi·ca-pau(s)-*bran*·co(s) sm. (pl.).
pi·ca-pau(s)-ca·ri·*jó*(s) sm. (pl.).
pi·ca-pau(s)-de-ca·be·ça--a·ma·*re*·la sm. (pl.).
pi·ca-pau(s)-de-ca·be·ça--ver·*me*·lha sm. (pl.).
pi·ca-pau(s)-de-pe·*na*·cho sm. (pl.).
pi·ca-pau(s)-do-*cam*·po sm. (pl.).
pi·ca-pau(s)-doi·*ra*·do(s) sm. (pl.): pica-pau-dourado.
pi·ca-pau(s)-do-ma·to-*vir*·gem sm. (pl.).
pi·ca-pau(s)-dou·*ra*·do(s) sm. (pl.): pica-pau-doirado.
pi·ca-pau(s)-*gran*·de(s) sm. (pl.).
pi·ca-pau(s)-ma·*lha*·do(s) sm. (pl.).
pi·ca-pau(s)-sol·*da*·do(s) sm. (pl.).
pi·ca-pau(s)-ver·*me*·lho(s) sm. (pl.).
pi·*ca*·pe sf.
pi·ca-*pei*·xe(s) sm. (pl.).
pi·ca-*pon*·to(s) sm. (pl.).
pi·*car* v.
pi·*car*·ço adj. sm.: pigarço.
pi·*car*·di·a sf.
pi·*car*·do adj. sm.
pi·ca·*ré* sm.

pi·ca·*res*·co (ê) adj.
pi·ca·*re*·ta (ê) adj. s2g. sf. sm.
pi·ca·re·*ta*·gem sf.; pl. ·**gens**.
pi·ca·re·*ti*·ce sf.
pi·ca·*ri*·a sf.
pí·ca·ro adj. sm.; f. pícara/Cf. picara, do v. picar.
pi·ca·*ro*·to (ô) adj. sm.
pi·*çar*·ra sf.
pi·çar·*ral* sm.; pl. ·*rais*.
pi·çar·ra·*men*·to sm.
pi·çar·*rar* v.
pi·çar·*rei*·ra sf.
pi·çar·*ren*·to adj.
pi·*car*·ro adj. sm.
pi·*çar*·ro sm.
pi·çar·*ro*·so (ô) adj.; f. e pl. (ó).
pi·cas·si·*a*·no adj. sm.
pi·ca·*tos*·te sm.
pi·ca·*ú* sm.
pi·ca·*ú*·ro sm.
pi·cen·*ti*·no adj. sm.
pí·ce:o adj. 'semelhante ao pez'/Cf. písceo.
pi·cha·*ção* sf.; pl. ·*ções*.
pi·*cha*·do adj.
pi·cha·*dor* (ô) adj. sm.
pi·cha·*men*·to sm.
pi·*char* v.
pi·char·*dis*·mo sm.
pi·che sm.
pi·*chel* sm.; pl. ·*chéis*/Cf. picheis, do v. pichar.
pi·che·la·*ri*·a sf.
pi·che·*lei*·ro adj. sm.
pi·che·*lin*·gue sm.
pi·cho sm.
pi·cho·*lei*·o sm.
pi·cho·ro·*ré* sm.
pi·*chor*·ra (ô) adj. s2g. sf.
pi·chu·*le*·ta (ê) sf.
pi·*ci*·ca sm. s2g.
pi·*cí*·de:o adj. sm.
pi·ci·*for*·me adj. 2g. sm. 'semelhante ao pez'/Cf. pisciforme.
pi·cles sm. pl.
píc·ni·co adj. sm.
pic·*ní*·di:o sm.
pic·no·*gô*·ni·da adj. 2g. sm.
pic·no·me·*tri*·a sf.
pic·no·*mé*·tri·co adj.
pic·*nô*·me·tro sm.
pic·*no*·se sf.
pic·nos·*ti*·lo sm.
pi·co adv. sm.
pi·*co*·la sf.
pi·co·*lé* sm.

pi·co·so (ô) adj.; f. e pl. (ó).
pi·co·ta sf.
pi·co·ta·dei·ra sf.
pi·co·ta·do adj. sm.
pi·co·ta·dor (ô) adj. sm.
pi·co·ta·do·ra (ô) sf.
pi·co·ta·gem sf.; pl. ·gens.
pi·co·tar v.
pi·co·te sm.
pi·co·tê sm.
pi·co·ti·lho sm.
pi·co·to (ô) sm./Cf. picoto (ó), do v. picotar.
pi·cra·to sm.
pí·cri·co adj.
pic·to·gra·fi·a sf.
pic·to·grá·fi·co adj.
pic·to·gra·ma sm.
pic·to·ri:al adj. 2g.; pl. ·ais.
pic·tó·ri·co adj.
pic·tu·ral adj. 2g.; pl. ·rais.
pi·cu:á sm.
pi·cu:a·ba sf.
pi·cu:ar v.
pi·cu·ça·ro·ba sm.
pi·cu·do adj. sm.
pi·cu:en·se adj. s2g.
pi·cu:e·ta (ê) sf.
pi·cu:e·ta·da sf.
pi·cu:í sm.
pi·cu:í(s)-ca·bo·clo(s) sm. (pl.).
pi·cu:i·en·se adj. s2g.
pi·cu:i·nha sf.
pi·cu·i·pe·ba s2g.
pi·cu:i·pe:om sm.; pl. ·ons.
pi·cu:i·pi·ni·ma sf.
pi·cu:í·ra adj. s2g.: pequira, piquira.
pi·cu·la sf.
pi·cum sm.; pl. ·cuns.
pi·cu·mã s2g.: pucumã.
pi·dão adj. sm.; pl. ·dões; f. pidona.
píd·gin sm.
pi·do·na adj. sf.; f. de pidão.
pi·do·nho adj. sm.
pi:e·da·de sf.
pi:e·da·den·se adj. s2g.
pi:ed·mon·ti·ta sf.: piemontita.
pi:e·do·so (ô) adj.; f. e pl. (ó).
pi:e·gas adj. s2g. 2n.
pi:e·guei·ro adj.
pi:e·gui·ce sf.
pi:e·guis·mo sm.
pi:ei·ra sf. 'som produzido pela respiração difícil'/Cf. peeira.
pi:e·la sf.
pi:e·li·te sf.

pi:e·lo·gra·fi·a sf.
pi:e·lo·ne·fri·te sf.
pi:e·lo·ne·frí·ti·co adj.
pi:e·lo·ne·fro·se sf.
pi:e·lo·ne·fró·ti·co adj.
pi:ê·me·se sf.
pi:ê·mi·a sf.
pi:ê·mi·co adj.
pi:e·mon·te sm.
pi:e·mon·tês adj. sm.
pi:e·mon·ti·ta sf.
pi:en·tís·si·mo adj. superl. de pio.
pí·er sm.
piercing sm. (ing.: pírcin).
pi:é·ri·de sf.
pi:e·rí·de:o adj. sm.
pi:é·ri·o adj.
pi:er·re·te sf.
pi:er·rô sm.
pi:e·tis·mo sm.
pi:e·tis·ta adj. s2g.
pi:e·ze·le·tri·ci·da·de sf.
pi:e·ze·lé·tri·co adj.
pi:e·zo sm.
pi:e·zo·me·tri·a sf.
pi:e·zo·mé·tri·co adj.
pi:e·zô·me·tro sm.
pi·fa·do adj.
pí·fa·no sm.: pífaro.
pi·fão sm.; pl. ·fões.
pi·far v.
pí·fa·ro sm.: pífano.
pi·fe sm.
pi·fe·pa·fe(s) sm. (pl) : pif-paf.
pí·fi:o adj.
pif·paf(s) sm. (pl.): pife-pafe.
pi·fre sm.
pi·gal·gi·a sf.
pi·gál·gi·co adj.
pi·gar·ço adj. sm.: picarço.
pi·gar·ra sf.
pi·gar·rar v.
pi·gar·re:ar v.
pi·gar·ren·to adj.
pi·gar·ro sm.
pi·gar·ro·so (ô) adj.; f. e pl. (ó).
pi·gí·di:o sm.
pig·ma·li·o·nis·mo sm.
pig·mei·a adj. sf.; f. de pigmeu.
pig·men·ta·ção sf.; pl. ·ções.
pig·men·ta·do adj.
pig·men·tar adj. 2g. v.
pig·men·tá·ri:o adj. sm.; f. pigmentária/Cf. pigmentaria, do v. pigmentar.
pig·men·to sm.
pig·meu adj. sm.; f. pigmeia.

pig·no·ra·tí·ci:o adj.
pi·gó·po·de adj. 2g. sm.
pi·gos·tí·li:o sm.
pi·guan·cha sf.: biguancha.
pi·i·na sm.
pi·ís·si·mo adj. superl. de pio.
pi·ja·ma s2g
pi·je·re·cu sm.
pí·la adj. s2g. sm. sf.
pi·la·do adj. sm.
pi·la·dor (ô) adj. sm.
pi·la·no sm.
pi·lan·tra adj. s2g.
pi·lan·tra·gem sf.; pl. ·gens.
pi·lão sm.; pl. ·lões.
pi·lão-ar·ca·den·se(s) adj. s2g. (pl.).
pi·lar sm. v.
pi·la·ren·se adj. s2g.
pi·la·re·te (ê) sm.
pi·lar·te sm.
pi·las·tra sf.
pi·la·tes sm.
pil·cha sf.
pil·chu·do adj.
pi·lé adj. 2g. sm.
pi·le·ca sf.
pi·le·ca·do adj.
pí·le:o sm.
pi·le·que sm.
pi·le·qui·nho sm.
pi·le·ta (ê) sf.
pi·lha sf.
pi·lha·gem sf.; pl. ·gens.
pi·lhan·te adj. s2g.
pi·lhar v.
pi·lhei·ra sf.
pi·lhei·ro sm.
pi·lhé·ri:a sf./Cf. pilheria, do v. pilheriar.
pi·lhe·ri:a·dor (ô) adj. sm.
pi·lhe·ri:ar v.
pi·lhé·ri·co adj.
pi·lhe·ta (ê) sf.
pi·lí·fe·ro adj. sm.
pi·li·for·me adj. 2g.
pi·lí·pe·de adj. 2g.
pi·lo sm.
pi·ló sm.
pi·lo:a·da sf.
pi·lo·car·pi·na sf.
pi·loi·a sf.
pi·lô·me·tro sm.
pi·lo·ne sm.: pilono.
pi·lo·nen·se adj. s2g.
pi·lo·no sm.: pilone.
pi·lo·ra·da sf. 'cacetada'/Cf. pelourada e pilourada.

pi·*ló*·ri·co adj.
pi·*lo*·ro sm.
pi·lor·*ri*·za sf.
pi·lo·si·*da*·de sf.
pi·lo·*sis*·mo sm.
pi·lo·si:*ús*·cu·lo adj.
pi·*lo*·so (ô) adj.; f. *e* pl. (ó).
pi·*lo*·ta sf. 'estafa'/Cf. *pelota*.
pi·lo·*ta*·do adj. sm.
pi·lo·*ta*·gem sf.; pl. ·gens.
pi·lo·*tar* v. 'dirigir como piloto'/Cf. *pelotar*.
pi·lo·ta·*xí*·ti·co (cs) adj.
pi·lo·te:*ar* v.
pi·lo·*ti* sm.
pi·*lo*·to (ô) sm./Cf. *piloto* (ó), do v. *pilotar*.
pi·*lou*·ra sf.
pi·lou·*ra*·da sf. 'loucura'/Cf. *pelourada* e *pilorada*.
pil·*re*·te (ê) sm.
pil·ri·*tei*·ro sm.
pil·*ri*·to sm.
pí·lu·la sf.
pi·lu·la·*dor* (ô) sm.
pi·lu·*lar* adj. 2g.
pi·lu·*lei*·ro sm.
pi·lun·*ga*·da sf.
pi·*lun*·go sm.
pi(s)-*mais* sm. (pl.).
pim·ba interj. sf.
pim·*bi*·nha sf.
pi·*mé*·li·co adj.
pi·me·lo·*dí*·de:o adj. sm.
pi·me·*lo*·se sf.
pi·me·*ló*·ti·co adj.
pi(s)-*me*·nos sm. (pl.).
pi·*men*·ta sf.
pi·men·ta-a·pu:*ã* sf.; pl. *pimentas-apuãs* ou *pimentas-apuã*.
pi·men·ta-cu·ma·*rim* sf.; pl. *pimentas-cumarins* ou *pimentas-cumarim*.
pi·men·ta(s)-da·*cos*·ta sf. (pl.).
pi·men·ta(s)-da-ja·*mai*·ca sf. (pl.).
pi·men·ta(s)-de-*bu*·gre sf. (pl.).
pi·men·ta(s)-de-fru·to-‑gan·*cho*·so sf. (pl.).
pi·men·ta(s)-de-ga·*li*·nha sf. (pl).
pi·men·ta(s)-de-ma·*ca*·co sf. (pl.).
pi·men·ta(s)-do-*ma*·to sf. (pl.).
pi·men·ta(s)-do-pe·*ru* sf. (pl.).
pi·men·ta(s)-do-*rei*·no sf. (pl.).

pi·men·ta(s)-dos-*ín*·di:os sf. (pl.).
pi·men·*tal* sm.; pl. ·*tais*.
pi·men·ta-ma·la·*gue*·ta sf.; pl. *pimentas-malaguetas* ou *pimentas-malagueta*.
pi·men·ta(s)-*ne*·gra(s) sf. (pl.).
pi·men·*tão* sm.; pl. ·*tões*.
pi·men·tão-*do*·ce sm.; pl. *pimentões-doces*.
pi·men·*tei*·ra adj. s2g. sf.
pi·men·tei·*ren*·se adj. s2g.
pi·men·*tei*·ro adj. sm.
pi·men·te·*len*·se adj. s2g.
pi·men·*ten*·se adj. s2g.
pim·*pão* adj.; pl. ·*pões*; f. *pimpona*.
pim·*par* v.
pim·pi·*lim* sm.; pl. ·*lins*.
pim·pi·*ne*·la sf.
pim·*pleu* sm.; f. *pimpleia*.
pim·po·*lhar* v.
pim·*po*·lho (ô) sm./Cf. *pimpolho* (ó), do v. *pimpolhar*.
pim·*pom* sm.; pl. *pim-pons*.
pim·*po*·na adj. sf.; f. de *pimpão*.
pim·po·*nar* v.
pim·po·ne:*ar* v.
pim·po·*ne*·te (ê) sm.
pim·po·*ni*·ce sf.
pi·na sf.
pi·*ná* sf.
pi·*na*·ça sf.
pi·*ná*·ce:a sf.
pi·*ná*·ce:o adj. 'pertencente à família das plantas coníferas'/Cf. *penáceo*.
pi·na·*coi*·de adj. s2g.
pi·na·co·*te*·ca sf.
pi·*ná*·cu·lo sm.
pi·*na*·fres sm. pl.
pi·*nan*·te adj. 2g. sm.
pi·*nar* v. 'meter pinos em'/Cf. *penar*.
pi·na·*xa*·me sm.
pi·*ná*·zi:o sm.
pin·ça sf.
pin·*çar* v.
pín·ca·ro sm.
pin·*cel* sm.; pl. ·*céis*/Cf. *pinceis*, do v. *pinçar*.
pin·ce·*la*·da sf.
pin·ce·*la*·gem sf.; pl. ·gens.
pin·ce·la-*men*·to sm.
pin·ce·*lar* v.
pin·ce·*lei*·ro sm.
pin·ce·*nê* sm.
pin·cha·*cis*·co(s) sm. (pl.).

pin·*char* v.
pin·cho sm.
pin·da sf.
pin·*dá* sm.
pin·da·cu·*e*·ma sf.
pin·da·*í*·ba sf.: *pindaíva*.
pin·da:i·*bal* sm.; pl. ·*bais*: *pindaival*.
pin·da·*í*·va sf.: *pindaíba*.
pin·da:i·*val* sm.; pl. ·*vais*: *pindaibal*.
pin·da·*poi*·a sf.
pin·*dá*(s)-*pre*·to(s) sm. (pl.).
pin·da·re:*en*·se adj. s2g.
pin·*dá*·ri·co adj.
pin·da·*ris*·mo sm.
pin·da·*ris*·ta adj. s2g.
pin·da·ri·*zar* v.
pin·*dá*·si·ri·ri·ca sm.; pl. *pindás-siriricas* ou *pindás-siririca*.
pin·dau·*a*·ca sf.
pin·da·*ú*·ba sf.: *pindaíva*.
pin·da:u·*bu*·na sf.: *pindauvuna*.
pin·da·*ú*·va sf.: *pindaúba*.
pin·da:u·*vu*·na sf.: *pindaubuna*.
pin·*den*·se adj. s2g.
pin·*do*·ba sf.: *pindova*.
pin·do·ba·çu:*en*·se adj. s2g.
pin·do·*bal* sm.; pl. ·*bais*: *pindoval*.
pin·do·*bei*·ra sf.
pin·do·*car* v.
pin·*don*·ga sf.
pin·don·*gar* v.
pin·do·*peu*·a sf.
pin·do·*ra*·ma sm.
pin·do·ra·*men*·se adj. s2g.
pin·*do*·va sf.: *pindoba*.
pin·do·*val* sm.; pl. ·*vais*: *pindobal*.
pi·ne:*al* adj. 2g.; pl. ·*ais*.
pi·*nel* adj. s2g. 'maluco'; pl. ·*néis*/Cf. *pinéu*.
pi·*ne*·no sm.
pí·ne:o adj.
pi·*néu* sm. 'tiziu'/Cf. *pinel*.
pin·ga adj. s2g. sf.
pin·*ga*·ço sm.
pin·*ga*·da sf.
pin·ga·*dei*·ra sf.
pin·*ga*·do adj. sm.
pin·ga·*doi*·ro sm.: pin·ga·*dou*·ro.
pin·ga·*fo*·go adj. s2g. sm. pl. *pinga-pingas* ou *pingas-‑pingas*.

pin·ga·*lim* sm.; pl. ·*lins*: *pinguelim*.
pin·*gan*·te adj. 2g. sm.
pin·*gão* sm.; pl. ·*gões*.
pin·ga-*pin*·ga adj. 2g. sm., pl. *pinga-pingas* ou *pingas-pingas*.
pin·*gar* v.
pin·*gen*·te sm.
pin·go sm.
pin·go(s)-*d'á*·gua sm. (pl.).
pin·go·*la*·da sf.
pin·go·*lar* v.
pin·go·*le*·ta (ê) sf.
pin·*go*·so (ô) adj.; f. e pl. (ó).
pin·go·te:*ar* v.
pin·gua·*ci*·ba sf.
pin·*gu*·ço adj. sm.
pin·gue adj. 2g. sm.
pin·*guei*·ro adj. sm.
pin·*guel* sm.; pl. ·*guéis*/Cf. *pingueis*, do v. *pingar*.
pin·*gue*·la sf.
pin·gue·le:*ar* v.
pin·gue·*lim* sm.; pl. ·*lins*: *pingalim*.
pin·*gue*·lo sm.
pin-gue-*pon*·gue(s) sm. (pl.).
pin·*guim* sm.; pl. ·*guins*.
pin·*gui*·nho sm.
pin·gu·*ru*·to sm.
pi·nha sf.
pi·*nhal* sm.; pl. ·*nhais*.
pi·nha·*len*·se adj. s2g.
pi·nha·lo·*nen*·se adj. s2g.
pi·*nhão* adj. 2g. 2n. sm.; pl. ·*nhões*.
pi·nhão-de-*pur*·ga sm.; pl. *pinhões-de-purga*.
pi·nhão-do-pa·ra·*guai* sm.; pl. *pinhões-do-paraguai*.
pi·nhão-*en*·se adj. s2g.
pi·nha(s)-quei·ma·*dei*·ra(s) sf. (pl.).
pi·*nhé* sm.
pi·*nhei*·ra sf.
pi·nhei·*ral* sm.; pl. ·*rais*.
pi·nhei·*ra*·me sm.
pi·nhei·*ren*·se adj. s2g.
pi·nhei·*ri*·nho adj. sm.
pi·nhei·ri·nho(s)-*d'á*·gua sm. (pl.).
pi·nhei·*ris*·mo sm.
pi·nhei·*ris*·ta adj. s2g.
pi·*nhei*·ro adj. sm.
pi·nhei·ro(s)-bra·si·*lei*·ro(s) sm. (pl.).
pi·nhei·ro(s)-*bra*·vo(s) sm. (pl.).

pi·nhei·ro(s)-do-ca·na·*dá* sm. (pl.).
pi·nhei·ro(s)-do-pa·ra·*ná* sm. (pl.).
pi·nhei·ro(s)-ma·*cha*·do(s) sm. (pl.).
pi·nhei·ro(s)-ma·*rí*·ti·mo(s) sm. (pl.).
pi·nhei·ro(s)-sil·*ves*·tre(s) sm. (pl.).
pi·nhi·*for*·me adj. 2g.: *piniforme*.
pi·nho sm.
pi·nho:*a*·da sf.
pi·nho(s)-de-*ri*·ga sm. (pl.).
pi·nho(s)-do-*bre*·jo sm. (pl.).
pi·nho(s)-do-pa·ra·*ná* sm. (pl.).
pi·nho:*e*·la sf.
pi·*nho*·la sf.
pi·*nhum* sm.; pl. ·*nhuns*: *pium*.
pi·ni·*ca*·da sf. 'beliscadela'/Cf. *penicada*.
pi·ni·*cão* sm. 'beliscão'; pl. ·*cões*/Cf. *penicão*.
pi·ni·ca-*pau*(s) sm. (pl.).
pi·ni·*car* v.
pi·*ni*·co sm. 'ponta aguda'/Cf. *penico* e *pínico*.
pí·ni·co adj. 'relativo ao pinheiro'/Cf. *pinico*, sm. e fl. do v. *pinicar*.
pi·*ní*·fe·ro adj. 'que produz pinheiros'/Cf. *penífero*.
pi·ni·*for*·me adj. 2g. 'que tem forma de pinha': *pinhiforme*/Cf. *peniforme*.
pi·*ní*·ge·ro adj. 'que produz pinheiros'/Cf. *penígero*.
pi·*ni*·ma adj. 2g. sf.: pi·*nim*·ba.
pi·*ní*·pe·de adj. 2g. sm.
pi·no sm.
pi·no-gua·*çu* sm.
pi·*noi*·a adj. s2g.
pi·*no*·te sm.
pi·no·te:*ar* v.
pin·ta sf.
pin·ta(s)-*bra*·va(s) s2g. (pl.).
pin·ta(s)-*ce*·ga(s) s2g. sf. (pl.).
pin·ta(s)-*cui*·a(s) adj. s2g. (pl.).
pin·*ta*·da sf.
pin·*ta*·do adj. sm.
pin·ta·*gol* sm.; pl. ·*góis*.
pin·ta:*i*·nha·da sf.
pin·ta:*i*·nhar v.
pin·ta·*i*:nho sm.; dim. de *pinto*.
pin·ta·le·*gre*·te (ê) adj. sm.
pin·tal·*ga*·do adj.
pin·tal·*gar* v.

pin·ta-*mo*·nos s2g. 2n.
pin·ta(s)-no-*ca*·bo sf. (pl.).
pin·*tão* adj. sm.; pl. ·*tões*; f. *pintona*.
pin·*tar* v.
pin·ta·*ra*·da sf.
pin·tar·*ro*·xo (ô) sm.
pin·tas·*sil*·go sm.
pin·tas·sil·go(s)-da-*ma*·ta sm. (pl.).
pin·tas·sil·go(s)-da-ma·ta-·*vir*·gem sm. (pl.).
pin·tas·sil·go(s)-do-*bre*·jo sm. (pl.).
pin·tas·sil·go(s)-do-*cam*·po sm. (pl.).
pin·tas·*sil*·va sf.
pin·*tei*·ro adj. sm.
pin·to sm.
pin·to(s)-cal·*çu*·do(s) sm. (pl.).
pin·to(s)-*d'á*·gua sm. (pl.).
pin·to(s)-do-*ma*·to sm. (pl.).
pin·*to*·na adj. sf.; f. de *pintão*.
pin·*tor* (ô) sm.
pin·tor-ver·da·*dei*·ro sm.; pl. *pintores-verdadeiros*.
pin·*to*·so (ô) adj.; f. e pl. (ó).
pin·*tu*·ra sf.
pin·tu·*res*·co (ê) adj. sm.
pin·tu·ri·*lar* v.
pí·nu·la sf.
pi·nu·*la*·do adj.
pi:o adj. sm.; superl. *pientíssimo* ou *piíssimo*.
pi·*ó* sm.; pl. *piós* ou *pioses*.
pi:*o*·ca s2g.
pi:o·*ca*·da sf.
pi:o·ca·me·*crã* adj. s2g.
pi:o·cob·*jé* adj. s2g.: pi:o·cob·*jê*.
pi:o·der·*mi*·te sf.
pi:o·*é* adj. s2g.: *pioié*.
pi:o·*gê*·ne·se sf.
pi:o·*gê*·ni·co adj.
pi:*oi*·é adj. s2g.: *pioé*.
pi:*o*·la sf.
pi:o·*lha*·da sf.
pi:o·*lha*·ma sf.
pi:o·*lhar* v.
pi:o·lha·*ri*·a sf.
pi:o·*lhei*·ra sf.
pi:o·*lhen*·to adj. sm.
pi:*o*·lho (ô) sm.
pi:o·lho(s)-*bran*·co(s) sm. (pl.).
pi:o·lho(s)-da-ca·*be*·ça sm. (pl.).
pi:o·lho(s)-das-vi·ri·lhas sm. (pl.).

pi·o·lho(s)-de-ca·ção sm. (pl.).
pi·o·lho(s)-de-co·bra sm. (pl.).
pi·o·lho(s)-de-ga·li·nha sm. (pl.).
pi·o·lho(s)-de-on·ça sm. (pl.).
pi·o·lho(s)-de-plan·ta sm. (pl.).
pi·o·lho(s)-de-são-jo·sé sm. (pl.).
pi·o·lho(s)-de-tu·ba·rão sm. (pl.).
pi·o·lho(s)-do-ca·fe·ei·ro sm. (pl.).
pi·o·lho(s)-do-ho·mem sm. (pl.).
pi·o·lho(s)-do-pú·bis sm. (pl.).
pi·o·lho(s)-dos-ve·ge·tais sm. (pl.).
pi·o·lho(s)-fa·ri·nhen·to(s) sm. (pl.).
pi·o·lho(s)-la·dro(s) sm. (pl.).
pi·o·lho-mas·ti·ga·dor sm.; pl. *piolhos-mastigadores.*
pi·o·lho·so (ô) adj. sm.; f. *e* pl. (ó).
pi·o·lho-su·ga·dor sm.; pl. *piolhos-sugadores.*
pi·o·lho(s)-ver·de(s) sm. (pl.).
pi·o·lho(s)-ver·me·lho(s) sm. (pl.).
pi·o·lho(s)-ver·me·lho(s)-da-ma·ci·ei·ra sm. (pl.).
pi·o·lho(s)-ver·me·lho(s)-do-ca·fe·ei·ro sm. (pl.).
pi·om-pi:om sm.; pl. *piom-pions.*
pí·on sm.; pl.: *píones* e *píons.*
pi:o·nei·ris·mo sm.
pi:o·nei·ris·ta adj. s2g.
pi:o·nei·ro adj. sm.
pi·o·nen·se adj. s2g.
pi:on·go adj. sm.
pi:o(s)-no·no(s) sm. (pl.).
pi:or adj. 2g. adv. sm. sf.
pi:o·ra sf.
pi:o·ra·men·to sm.
pi:o·rar v.
pi:o·ri·a sf.
pi:or·no (ô) sm.
pi:o·ró sm.
pi:or·ra (ô) sf.
pi:or·rei·a sf.
pi:or·rei·co adj.
pi:ós sm.; pl. *pioses.*
pi·pa sf.
pi·pal sm.; pl. *·pais.*
pi·pa·ro·te sm.
pi·pa·ro·te:ar v.
pi·pei·ren·se adj. s2g.

pi·pe·rá·ce:a sf.
pi·pe·rá·ce:o adj.
pi·pe·ra·le sf.
pi·pe·ra·zi·na sf.
pi·pe·ri·na sf.
pi·pe·ro·nal sm.; pl. *·nais.*
pi·pe·ta (ê) sf./Cf. *pipeta* (é), do v. *pipetar.*
pi·pe·tar v.
pi·pi interj. sm.
pi·pi·a sf. s2g.
pi·pi:ão adj. sm.; pl. *·ões.*
pi·pi:ar v.
pi·pi·lan·te adj. 2g.
pi·pi·lar sm. v.
pi·pi·lo sm.
pi·pi:o sm.
pi·pi:ô sm.
pi·pi·ra sf.
pi·pi·ra(s)-en·car·na·da(s) sf. (pl.).
pi·pi·ral sm.; pl. *·rais.*
pi·pi·ra(s)-pre·ta(s) sf. (pl.).
pi·pi·ri sm.
pi·pi·ri:o·ca sf.
pi·pi·tan·te adj. 2g.
pi·pi·tar sm. v.
pi·pi·tin·ga sf.: *pititinga.*
pi·po sm.
pi·po·ca sf.
pi·po·ca·men·to sm.
pi·po·car v.
pi·po·co (ô) sm./Cf. *pipoco* (ó), do v. *pipocar.*
pi·po·que:a·men·to sm.
pi·po·que:ar v.
pi·po·quei·ro sm.
pi·pu:í·ra adj. s2g.
pi·pu:i·ru·çu adj. s2g.
pi·que sm.
pi·quei·ro sm.
pi·que·ni·que sm.
pi·que·ro·bi:en·se adj. s2g.
pi·que·ta (ê) sf./Cf. *piqueta* (é), do v. *piquetar.*
pi·que·ta·gem sf.; pl. *·gens.*
pi·que·tar v.
pi·que·te (ê) sm./Cf. *piquete* (é), do v. *piquetar.*
pi·que·te:ar v.
pi·que·tei·ro sm.
pi·que·ten·se adj. s2g.
pi·qui·ra adj. s2g.: *picuíra, pequira.*
pi·qui·rão sm.; pl. *·rões: pequirão.*
pi·qui·tin·ga sf.
pi·ra[1] sf. 'fogueira'.

pi·ra[2] sm., na loc. *dar o pira.*
pi·rá sm.
pi·ra·a·ca sm.
pi·rá-an·di·ra sm.; pl. *pirás-andiras* ou *pirás-andira.*
pi·ra·ba s2g
pi·rá-ban·dei·ra sm.; pl. *pirás-bandeiras* ou *pirás-bandeira.*
pi·ra·be·be sm.
pi·ra·bo·ca sf.
pi·ra·cá sm.
pi·ra·ca·á sm.: *piracará.*
pi·ra·ca:i:en·se adj. s2g.
pi·ra·ca·ja·ra sm.
pi·ra·cam·bu·cu sm.
pi·ra·can·ju·ba sf.: *piracanjuva.*
pi·ra·can·ju·ba(s)-ar·re·pi:a·da(s) sf. (pl.): *piracanjuva-arrepiada.*
pi·ra·can·ju·ben·se adj. s2g.
pi·ra·can·ju·va sf.: *piracanjuba.*
pi·ra·can·ju·va(s)-ar·re·pi:a·da(s) sf. (pl.): *piracanjuba-arrepiada.*
pi·ra·can·ju·vi·ra sf.
pi·ra·ção s2g. adj. 2g.; pl. *·ções.*
pi·ra·ca·rá sm.: *piracaá.*
pi·ra·ca·tin·ga sm.
pi·ra·ce·ma sf.
pi·ra·ci·ca·ba sf.
pi·ra·ci·ca·ba·no adj. sm.
pi·ra·cu·ca sf.
pi·ra·cu·í sm.: pi·ra·cu:im; pl. *·ins.*
pi·ra·çu·nun·guen·se adj. s2g.
pi·ra·cu·ru·quen·se adj. s2g.
pi·ra·cu·ru·ru sm.
pi·ra·cu·ru·ru·ca sm.
pi·ra·do adj.
pi·ra·ém sm.; pl. *·éns.*
pi·ra·gai·a s2g.
pi·rá·gua sf.
pi·ra·guai·a sf.
pi·ra·gua·ra adj. s2g. sf.
pi·ra·í sm./Cf. *pirai,* do v. *pirar.*
pi·ra:i·a·pe·va sf.: *pirajapeva.*
pi·ra·í·ba sf.
pi·ra·i·en·se adj. s2g.
pi·ra·já sm.
pi·ra·ja·gua·ra sm.
pi·ra·ja·pe·va sf.: *piraiapeva.*
pi·ra·je·va sf.
pi·ra·ji·ca sf.
pi·ra·ju sm.
pi·ra·ju·ba sf.
pi·ra·ju·ben·se adj. s2g.
pi·ra·ju:en·se adj. s2g.

pi·ra·ju:i·*en*·se adj. s2g.
pi·ra·ju·*pe*·va sf.
pi·ra·ma·*pu* sm.
pi·ram·*bé* sf.
pi·ram·*be*·ba sf.: *pirambeva*.
pi·ram·*bei*·ra sf.
pi·ram·*be*·va sf.: *pirambeba*.
pi·ram·*boi*·a sf.
pi·ram·*bu* sm.
pi·ram·bu·*cu* sm.
pi·ra·mem·*be*·ca sf.
pi·ra·me·*ta*·ra sf.
pi·ra·mi·*dal* adj. 2g.; pl. ·*dais*.
pi·*râ*·mi·de sf.
pi·ra·*mi*·do sm.
pi·ra·mi·do·gra·*fi*·a sf.
pi·ram·*pe*·ba sf.: *pirambeba*.
pi·ra·mu·*tá* sm.
pi·ra·mu·*ta*·ba sf.
pi·ra·nam·*bu* sm.
pi·ra·nam·*pu* sm.
pi·ra·*ne*·ma sm.
pi·*ran*·ga adj. s2g. sm. sf.
pi·ran·*gar* v.
pi·ran·*guei*·ro adj. sm.
pi·*ra*·nha sf.
pi·ra·nha-ca·*ju* sf.; pl. *piranhas--cajus* ou *piranhas-caju*.
pi·ra·nha(s)-da-la·*go*·a sf. (pl.).
pi·ra·nha(s)-*do*·ce(s) sf. (pl.).
pi·ra·nha-ma·pa·*rá* sf.;
pl. *piranhas-maparás* ou *piranhas-mapará*.
pi·ra·nha(s)-pe·*que*·na(s) sf. (pl.).
pi·ra·nha(s)-*pre*·ta(s) sf. (pl.).
pi·ra·nha(s)-ver·*me*·lha(s) sf. (pl.).
pi·ra·*nhei*·ra sf.
pi·ra·*nhei*·ro adj. sm.
pi·ra·*nhen*·se adj. s2g.
pi·ra·*nhu*·da sf.
pi·ra·ni:am·*pu* sm.
pi·ran·ji·*en*·se adj. s2g.
pi·ran·*te*·ra sf.
pi·*rão* sm.; pl. ·*rões*.
pi·ra·*o*·ba sm.
pi·rão na *u*·nha s2g.; pl. *pirões na unha*.
pi·ra·pa·*me*·nho adj. sm.
pi·ra·pa·*ne*·ma sm.
pi·ra·*pa*·ra sm.
pi·ra·pe·*be*·be sm.
pi·ra·*pe*·ma sf.
pi·ra·pe·*men*·se adj. s2g.
pi·ra·pe·tin·*guen*·se adj. s2g.
pi·ra·*peu*·a sf.
pi·ra·peu·*au*·a sf.
pi·ra·pi·*ran*·ga sf.

pi·ra·pi·*tan*·ga sf.
pi·ra·pi·*tin*·ga sf.
pi·ra·po·*ren*·se adj. s2g.
pi·ra·po·*zen*·se adj. s2g.
pi·ra·pu·*cá* sm.
pi·ra·pu·*cu* sm.
pi·ra·*pui*·a sf.
pi·ra·pu·*tan*·ga sf.
pi·ra·*qua*·ra s2g.
pi·ra·qua·*ren*·se adj. s2g.
pi·ra·*quém* sm.; pl. ·*quéns*.
pi·ra·que·na·*nã* sm.
pi·ra·*que*·ra sf.
pi·ra·*qui*·ba sf.
pi·*rar* v.
pi·ra·*ra*·ra sf.
pi·rar·gi·*ri*·ta sf.
pi·ra·*ro*·ba sf.
pi·ra·ru·*cu* sm.
pi·ra·ru·cu·*boi*·a sm.
pi·*ra*·ta adj. s2g. sm.
pi·ra·*ta*·gem sf.; pl. ·*gens*.
pi·rá-ta·man·du:*á* sm.; pl. *pirás-tamanduás* ou *pirás-tamanduá*.
pi·ra·tan·*tã* sm.
pi·rá-ta·pi:*o*·ca sm.; pl. *pirás--tapiocas* ou *pirás-tapioca*.
pi·ra·ta·*ri*·a sf.
pi·ra·te:*ar* v.
pi·*rá*·ti·co adj.
pi·ra·*tin*·ga sf.
pi·ra·ti·ni:*en*·se adj. s2g.
pi·ra·ti·nin·*ga*·no adj. sm.
pi·ra·tu·*ba*·no adj. sm.
pi·ra·*ú* sf.
pi·ra:u·*a*·ca sf.
pi·ra:u·*ba*·no adj. sm.
pi·ra·*ú*·na sf.
pi·ra:u·*xi* sm.
pi·ra·*zol* sm.; pl. ·*zóis*.
pi·re·le·tri·ci·*da*·de sf.: *piroeletricidade*.
pi·re·*lé*·tri·co adj.: *piroelétrico*.
pi·re·li:ô·*me*·tro sm.
pi·re·*nai*·co adj.
pi·re·*nei*·a adj.; f. de *pireneu*.
pi·re·*neu* adj.; f. *pireneia*.
pi·*re*·no sm.
pi·re·no·*car*·po adj. sm.
pi·re·*noi*·de adj. 2g. sm.
pi·re·no·po·*li*·no adj. sm.
pi·*ren*·to adj. sm.
pi·*re*·ra adj. 2g. sf.
pi·*re*·ras sf. pl.
pi·res adj. 2g. 2n. sm. 2n.
pi·re·*si*·no adj. sm.
pi·*ré*·ti·co adj.

pí·re·to sm.
pi·re·to·*gê*·ne·se sf.
pi·re·to·ge·*né*·ti·co adj.
pi·re·to·*lo*·gi·a sf.
pi·re·to·*ló*·gi·co adj.
pi·re·to·te·ra·*pi*·a sf.
pi·re·to·te·*rá*·pi·co adj.
pi·*re*·tro sm.: *pí*·re·tro.
pi·*rex*, *pí*·rex sm. 2n. adj. 2g. 2n.
pi·re·*xi*·a (cs) sf.
pi·*ri* sm. 'junco'/Cf. *peri*.
pi·ri·*bi*·ta sf.
pí·ri·co adj.
pi·ri·*di*·na sf.
pi·*rí*·fo·ra sf.
pi·ri·*for*·me adj. 2g.
pi·ri·*guá* sm.
pi·ri·*gua*·ra sf.
pi·ri·lam·pe:*ar* v.
pi·ri·lam·pe·*jar* v.
pi·ri·*lâm*·pi·co adj.
pi·ri·*lam*·po sm.
pi·ri·*no*·la sf.
pi·ri·*pa*·que sm.
pi·ri·*pi*·ri adj. s2g. sm.
pi·ri·pi·ri:*en*·se adj. s2g.
pi·ri·qui·*te*·te (ê) adj. 2g.
pi·ri·*qui*·ti sm.
pi·ri·*ri* sm.
pi·ri·*ri*·ca adj. 2g. sf.
pi·ri·ri·*car* v. 'ondular'/Cf. *pererecar*.
pi·ri·ri·*guá* sm.
pi·*ri*·ta sf.
pi·ri·ti·*ba*·no adj. sm.
pi·ri·*tí*·fe·ro adj.
pi·ri·ti·*for*·me adj. 2g.
pi·ri·*to*·so (ô) adj.; f. *e* pl. (ó).
pi·ri·*zal* sm.; pl. ·*zais*.
pi·ro:*a*·ba sf.
pi·ro·ba·*lís*·ti·ca sf.
pi·ro·ba·*lís*·ti·co adj.
pi·*ro*·bo sm.
pi·*ro*·ca adj. 2g. sf.
pi·ro·*car* v.
pi·ro·*clás*·ti·co adj.
pi·ro·*clo*·ro sm.
pi·ro·cu·*lu* sm.
pi·ro:e·le·tri·ci·*da*·de sf.: *pireletricidade*.
pi·ro:e·*lé*·tri·co adj.: *pirelétrico*.
pi·*ró*·fi·lo adj.
pi·*ró*·fi·to adj. sm.
pi·ro·fo·*bi*·a sf.
pi·*ró*·fo·bo adj. sm.
pi·*ró*·fo·ro adj. sm.
pi·ro·fos·*fó*·ri·co adj.

pi·ro·ga sf.
pi·ro·ga·*lol* sm.; pl. ·*lóis*.
pi·ro·ge·na·*ção* sf.; pl. ·*ções*.
pi·ro·gê·ne·se sf.
pi·ro·ge·*né*·ti·co adj.
pi·ro·*gê*·ni·co adj.
pi·ro·*gê*·ni:o sm.
pi·ro·gra·*vu*·ra sf.
pi·ro·*lá*·ce:a sf.
pi·ro·*lá*·ce:o adj.
pi·*ró*·la·tra s2g.
pi·ro·la·*tri*·a sf.
pi·*ró*·li·se sf.
pi·ro·li·*si*·ta sf.: *pirolusita*.
pi·ro·*li*·to sm.
pi·ro·lo·*gi*·a sf.
pi·ro·*ló*·gi·co adj.
pi·ro·lu·*si*·ta sf.: *pirolisita*.
pi·ro·man·*ci*·a sf.
pi·ro·ma·*ni*·a sf.
pi·ro·ma·*ní*·a·co adj. sm.
pi·*rô*·ma·no sm.
pi·ro·*man*·te s2g.
pi·ro·*mân*·ti·co adj.
pi·ro·me·*tri*·a sf.
pi·ro·*mé*·tri·co adj.
pi·*rô*·me·tro sm.
pi·ro·mor·*fi*·ta sf.
pi·*ron*·ga sf.
pi·ro·no·*mi*·a sf.
pi·ro·*nô*·mi·co adj.
pi·ro·*plas*·ma sm.
pi·ro·plas·*mo*·se sf.
pi·*ro*·po[1] sm. 'mineral'/Cf. *piropo*[2].
pi·*ro*·po[2] (ô) sm. 'galanteio'/Cf. *piropo*[1].
pi·ro·que·*ta*·gem sf.; pl. ·**gens**.
pi·ro·*que*·te sm.
pi·*ros*·ca sf.
pi·ros·*có*·pi:o sm.
pi·*ro*·se sf.
pi·ros·*fe*·ra sf.
pi·ro·sô·mi·do adj. sm.: pi·ros·sô·mi·do.
pi·*ro*·te sm.
pi·ro·tec·*ni*·a sf.
pi·ro·*téc*·ni·co adj. sm.
pi·*ró*·ti·co adj. sm.
pi·ro·xê·ni:o (cs) sm.
pi·ro·xe·*ni*·to (cs) sm.
pi·ro·*xi*·la (cs) sf.
pir·pi·ri·tu·*ben*·se adj. s2g.
pir·*ra*·ça sf.
pir·ra·*çar* v.
pir·ra·ce:*ar* v.
pir·ra·*cei*·ro adj. sm.
pir·ra·*cen*·to adj. sm.

pir·ra·*lha*·da sf.
pir·*ra*·lho sm.
pír·ri·ca sf.
pir·*rí*·qui:o sm.
pir·*rol* sm.; pl. ·*róis*.
pir·*ro*·ni·ce sf.
pir·*rô*·ni·co adj. sm.
pir·ro·*nis*·mo sm.
pir·ro·*nis*·ta adj. s2g.
pir·ro·ni·*zar* v.
pir·ro·*ti*·ta sf.
pír·ti·ga sf.
pír·ti·go sm.
pi·ru:*á* sm.
pi·ru·*cai*·a sf.
pi·ru:e·ta (ê) sf./Cf. pirueta (é), do v. piruetar.
pi·ru:e·*tar* v.
pi·ru·*li*·to sm.
pi·ru·pi·*ru* sm.
pi·ru·*ru*·ca sf.
pi·*rú*·vi·co adj.
pi·sa sf.
pi·*sa*·da sf.
pi·sa·*dei*·ra sf.
pi·sa·*de*·la sf.
pi·*sa*·do adj.
pi·sa·*dor* (ô) adj. sm.
pi·sa·*du*·ra sf.
pi·sa·*flo*·res sm. 2n.
pi·sa·man·*si*·nho adj. s2g. 2n.
pi·*sa*·no adj. sm.
pi·*san*·te adj. 2g. sm.
pi·*são* sm.; pl. ·*sões*.
pi·*sar* v.
pi·sa·*ver*·des s2g. 2n.
pis·ca interj. sf.
pis·ca·*ção* sf.; pl. ·*ções*.
pis·ca·*de*·la sf.
pis·*ca*·do adj. sm.
pis·ca·*men*·to sm.
pis·ca·*pis*·ca(s) s2g. sm. (pl.).
pis·ca·pis·*car* v.
pis·*car* v.
pis·ca·*ti*·vo adj.
pis·ca·*tó*·ri:a sf.
pis·ca·*tó*·ri:o adj.
pís·ce:o adj. 'de peixe'/Cf. *píceo*.
pis·ci·*a*·no adj. sm.
pis·ci·cap·*tu*·ra sf.
pis·ci·cul·*tor* (ô) sm.
pis·ci·cul·*tu*·ra sf.
pis·ci·*for*·me adj. 2g. 'que tem forma de peixe'/Cf. *piciforme*.
pis·*ci*·na sf.
pis·ci·*nal* adj. 2g.; pl. ·*nais*.
pis·ci·*não* sm.; pl. ·*nões*.
pis·*cí*·vo·ro adj.

pis·co adj. sm.
pís·co·la sf.
pis·*co*·so (ô) adj.; f. *e* pl. (ó).
pis·*gar* v. 'escapulir'/Cf. *pesgar*.
pi·si·*for*·me adj. 2g. sm.
pi·so sm.
pi·so:a·*dor* (ô) sm.
pi·so:*a*·gem sf.; pl. ·**gens**.
pi·so:a·*men*·to sm.
pi·so:*ar* v
pi·so:*ei*·ro sm.
pi·so·*lí*·ti·co adj.
pi·*só*·li·to sm.
pi·so·te:*ar* v.
pi·so·*tei*·o sm.
pis·*quei*·ro adj.
pis·*qui*·la s2g.
pis·san·*dó* sm.: pis·san·*du*.
pis·sas·*fál*·ti·co adj.
pis·sas·*fal*·to sm.
pís·si·co adj. sm.
pis·si·*tar* v.
pis·ta sf.
pis·*ta*·cha sf.: pis·*ta*·che sm.; pis·*ta*·cho sm.
pis·*tá*·ci:a sf.
pis·*tá*·ci:o sm.
pis·ta·*ci*·ta sf.
pis·*tão* sm.; pl. ·*tões*: *pistom*.
pis·ti·*la*·do adj.
pis·ti·*lar* adj. 2g.
pis·*ti*·lo sm. 'órgão feminino das flores'/Cf. *pestilo*.
pis·ti·*lo*·so (ô) adj.; f. *e* pl. (ó).
pis·*to*·la sf.
pis·to·*la*·ço sm.
pis·to·*la*·da sf.
pis·to·*lão* sm.; pl. ·*lões*.
pis·to·*lei*·ra sf.
pis·to·*lei*·ro sm.
pis·to·*le*·ta (ê) sf.
pis·to·*le*·te (ê) sm.
pis·to·*lim* sm.; pl. ·*lins*.
pis·to·*lu*·do adj.
pis·*tom* sm.; pl. ·*tons*: *pistão*.
pis·to·*nis*·ta s2g.
pi·ta sf.
pi·*ta*·da sf.
pi·ta·de:*ar* v.
pi·ta·*dor* (ô) sm.
pi·ta·*gó*·ri·co adj. sm.
pi·ta·go·*ris*·mo sm.
pi·ta·go·*ris*·ta adj. s2g.
pi·ta·*guar* adj. s2g.
pi·ta·*gua*·ra adj. s2g. sm.
pi·*tai*·ca sf.
pi·*tan*·ça sf.
pi·tan·*cei*·ro sm.

pi·*tan*·ga sf.
pi·tan·ga·*çu* sm.
pi·tan·ga(s)-da-*prai*·a sf. (pl.).
pi·tan·*gão* sm.; pl. ·*gões*.
pi·tan·ga-tra·*í*·ra sf.; pl. *pitangas-traíras* ou *pitangas-traíra*.
pi·tan·ga-*tu*·ba sf.
pi·tan·*go*·la sf.
pi·tan·*guá* sm.
pi·tan·*guá*(s)-a·*çu*(s) sm. (pl.).
pi·tan·*guei*·ra sf.
pi·tan·guei·*ren*·se adj. s2g.
pi·tan·*guen*·se adj. s2g.
pi·tan·gui:*en*·se adj. s2g.
pi·*tar* v.
pi·ta:u·*á* sm.: pi·ta:u·*ã*.
pit bull sm. (ing.: *pitbul*).
pi·te sm.
pi·te·*can*·tro·po (ô) sm.
pi·te·can·tro·*poi*·de adj. 2g. sm.
pi·te·*coi*·de adj. 2g.
pi·*tei*·ra sf.
pi·tei·*rei*·ro adj. sm.
pi·*tém* sm.; pl. ·*téns*/Cf. *pitem*, do v. *pitar*.
pi·*téu* sm.
pí·ti:a sf.
pi·ti:*á*·ti·co adj.
pi·ti:a·*tis*·mo sm.
pi·ti·*cai*·a sf.
pí·ti·co adj.
pi·ti·*gai*·a sm.
pi·ti·*guar* adj. s2g.
pi·ti·*gua*·ri sm.
pi·tim·*boi*·a sf.
pi·*tin*·ga adj. 2g. sf. 'branco'/Cf. *petinga*.
pi·tin·*guir*·ra sm.
pi·ti·*rí*·a·se sf.
pi·ti·*tin*·ga sf.: *pipitinga*.
pi·ti:*ú* sm.
pi·ti:*um* sm.; pl. ·*uns*.
pi·to sm.
pi·*to*·ca sf.
pi·*to*·co (ô) adj. sm.
pi·to(s)-de-sa·*ci* sm. (pl.).
pi·*tom*·ba sf.
pi·tom·*ba*·da sf.
pi·tom·ba·*ra*·na sf.
pi·tom·*bei*·ra sf.
pi·tom·bei·ra(s)-da-ba·*í*·a sf. (pl.).
pi·tom·*bei*·ro sm.
pi·*tom*·bo sm.: *pitomba*.
pí·ton sm.
pi·tô·*ni*·co adj.
pi·to·*ni*·sa sf.: pi·to·*nis*·sa.

pi·*to*·ra sf.
pi·to·*res*·co (ê) adj. sm.
pi·*tor*·ra (ô) s2g. sf.
pi·*tos*·ga adj. s2g.
pi·tos·po·*rá*·ce:a sf.
pi·tos·po·*rá*·ce:o adj.
pi·*tós*·po·ro sm.
pi·*to*·te sm.
pit-stop sm. (ing.: *pitstóp*).
pi·*tu* sm.
pi·tu·*á* sm.
pi·tu·*ã* sm.
pi·*tu*·ba adj. s2g.
pi·tu·*í* sm.: pi·tu:*im*; pl. ·*ins*.
pi·tu·*í*·ta sf.
pi·tu·i·*tá*·ri·a sf.
pi·tu·i·*tá*·ri·o adj.
pi·tu·i·*to*·so (ô) adj.; f. e pl. (ó).
pi·*tu*·ra sf.
pi:*ú*·ca sf.
pi:u·i:*en*·se adj. s2g.
pi:*um* sm.; pl. ·*uns*: *pinhum*.
pi:*ú*·na sf.
pi:u·*ri*·a sf.: pi:*ú*·ri:a.
pi:*ú*·ri·co adj.
pi·ve·*ra*·da sf.
pi·*ve*·te sm.
pi·ve·*tei*·ro sm.
pi·*vô* sm.
pi·*vo*·ca adj. s2g.
pi·vo·*tan*·te adj. 2g.
pi·xa·*im* adj. 2g. sm.; pl. ·*ins*.
pi·xan·*xão* sm.; pl. ·*xões*.
pi·*xar*·ro sm.
pi·*xé* adj. 2g.
pixel sm. (ing.: *píksal*).
pi·*xéu* sm.
pí·xi·de (cs) sf.
pi·*xí*·de:o (cs) sm.
pi·xi·*ri*·ca sf.
pi·xi·ri·cu·*çu* sm.
pi·xis·pi·*xi* adj. s2g.
pi·xo·ro·*ré* sm.: pi·xo·ro·*rém*; pl. ·*réns*.
pi·*xo*·te sm.: *pexote*.
pi·xo·*xó* sm.
pi·xu·*á* sm.
pi·*xu*·na adj. 2g. sf.
pi·xun·*dé* sm.
pi·xun·*du* sm.
pi·xun·*xu* sm.
pi·xu·*rim* sm.; pl. ·*rins*.
pi·xu·*rum* sm.; pl. ·*runs*.
pi·*ze*·ro sm.; pl. *pis-zeros* ou *pis-zero*.
pi·zi·*ca*·to adj. sm.
pizza sf. (it.: *pítsa*).
pizzaiolo sm. (it.: *pitsaiôlo*).

piz·za·*ri*·a (tsa). sf.
plá sm.
pla·ca sf.
pla·ca·bi·li·*da*·de sf.
pla·ca(s)-*mãe* sf. (pl.).
pla·*car* sm. v.
pla·*cá*·vel adj. 2g.; pl. ·*veis*.
pla·*cê* sm.
pla·*ce*·bo sm.
pla·*cen*·ta sf.
pla·cen·ta·*ção* sf.; pl. ·*ções*.
pla·cen·*tá*·ri:o adj. sm.
pla·ci·*dez* (ê) sf.
plá·ci·do adj.
pla·ci·*tar* v.
plá·ci·to sm./Cf. *placito*, do v. *placitar*.
pla·*có*·fo·ro adj. sm.
pla·*coi*·de adj. 2g. sm.
pla·ga sf.
pla·*gal* adj. 2g.; pl. ·*gais*.
pla·gi:a·*dor* (ô) adj. sm.
pla·gi:*ar* v.
pla·gi:*á*·ri:o adj. sm.; f. *plagiária*/Cf. *plagiaria*, do v. *plagiar*.
pla·gi:*a*·to sm.
pla·gi:*e*·dro adj. sm.
plá·gi:o sm./Cf. *plagio*, do v. *plagiar*.
pla·gi·o·*cé*·fa·lo adj.
pla·gi·o·*clá*·si:o sm.
pla·gi:*ós*·to·mo adj. sm.
plai·na (ã) sf.
plai·*ne*·te (ê) sm.
plai·no adj. sm.
pla·na sf.
pla·na·*dor* (ô) adj. sm.
pla·*nál*·ti·co adj.
pla·nal·ti·*nen*·se adj. s2g.
pla·*nal*·to sm.
pla·*nar* adj. 2g. v.
pla·*ná*·ri:a sf.
plan·cha sf.
plan·*cha*·da sf.
plan·cha·*dor* (ô) adj. sm.
plan·*char* v.
plan·che:*ar* v.
planc·to sm.: *plânc*·ton.
planc·tô·*ni*·co adj.
planc·*ton*·te sm.
pla·ne:*ar* v.
pla·ne·*ja*·do adj.
pla·ne·ja·*dor* (ô) adj. sm.
pla·ne·ja·*men*·to sm.
pla·ne·*jar* v.
pla·*ne*·ta[1] sf. 'casula sacerdotal'/Cf. *planeta*[2].

pla·*ne*·ta² (ê) sm. 'astro'/Cf. *planeta*¹.
pla·ne·*tá*·ri:o adj. sm.
pla·ne·to·*cên*·tri·co adj.
pla·ne·to·gra·*fi*·a sf.
pla·ne·to·*grá*·fi·co adj.
pla·ne·*toi*·de adj. 2g. sm.
pla·ne·to·lo·*gi*·a sf.
pla·ne·to·*ló*·gi·co adj.
pla·ne·to·lo·*gis*·ta adj. s2g.
pla·ne·*tó*·lo·go sm.
pla·*ne*·za (ê) sf.
plan·*gên*·ci:a sf.
plan·*gen*·te adj. 2g.
plan·*ger* v.
pla·*ní*·ci:e sf.
pla·*ni*·ço sm.
pla·ni·*cór*·ne:o adj.
pla·ni·fi·ca·*ção* sf.; pl. ·*ções*.
pla·ni·fi·*ca*·do adj.
pla·ni·fi·*car* v.
pla·ni·fi·*cá*·vel adj. 2g.; pl. ·veis.
pla·ni·*fó*·li:o adj.
pla·ni·*for*·me adj. 2g. sm.
pla·ni·*glo*·bo (ô) sm.
pla·ni·gra·*fi*·a sf.
pla·ni·im·pres·*são* sf.; pl. *plani-impressões*.
pla·*ni*·lha sf.
pla·ni·me·*tra*·gem sf.; pl. ·gens.
pla·ni·me·*tri*·a sf.
pla·ni·*mé*·tri·co adj.
pla·*ní*·me·tro sm.
pla·ni·*pe*·ne adj. 2g. sm.
pla·nis·*fé*·ri·co adj.
pla·nis·*fé*·ri:o sm.
pla·*nis*·ta adj. s2g.
pla·no adj. sm.
pla·no·ci·*lín*·dri·co adj.
pla·no·*côn*·ca·vo adj.: pla·no-*côn*·ca·vo(s) adj. (pl.).
pla·no·con·*ve*·xo (cs) adj.: pla·no-con·*ve*·xo(s) adj. (pl.).
pla·no·gra·*fi*·a sf.
pla·no·*grá*·fi·co adj.
pla·*nó*·gra·fo sm.
pla·no·po·la·ri·*za*·do adj.
pla·nor·ro·ta·*ti*·vo adj.
plan·*que*·ta (ê) sf.
plan·ta sf.
plan·ta·*ção* sf.; pl. ·*ções*.
plan·*ta*·do adj.
plan·ta·*dor* (ô) adj. sm.
plan·ta·gi·*ná*·ce:a sf.
plan·ta·gi·*ná*·ce:o adj.

plan·ta·gi·*na*·le sf.
plan·ta(s)·mis·te·ri:o·sa(s) sf. (pl.).
plan·*tão* sm.; pl. ·*tões*.
plan·*tar* adj. 2g. v.
plan·ta·te·*lé*·gra·fo sf.; pl. *plantas-telégrafos* ou *plantas-telégrafo*.
plan·te:*ar* v.
plan·*tel* sm.; pl. ·*teis*/Cf. *planteis*, do v. *plantar*.
plan·*tí*·gra·do adj. sm.
plan·*ti*:o sm.
plan·to·*nis*·ta s2g.
plân·tu·la sf.
plan·tu·*ro*·so (ô) adj.; f. *e* pl. (ó).
pla·*nu*·ra sf.
pla·*quê* sm.
pla·que:a·*men*·to sm.
pla·que:*ar* v.
pla·*que*·ta (ê) sf.
pla·*que*·te sf.
plas·ma sm.
plas·*ma*·do adj.
plas·*mar* v.
plas·*ma*·se sf.: *plás*·ma·se.
plas·*má*·ti·co adj.
plás·mi·co adj.
plas·mo·*des*·ma sf.
plas·*mó*·di:o sm.
plas·mo·di:o·*car*·po sm.
plas·mo·*dro*·mo adj. sm.: plas·*mó*·dro·mo.
plas·*moi*·de sm.
plas·*mó*·li·se sf.
plas·mo·*lí*·ti·co adj.
plas·ta adj. s2g. sf.
plás·ti·ca sf.
plas·ti·ci·*da*·de sf.
plas·ti·ci·za·*ção* sf.; pl. ·*ções*.
plas·ti·ci·*zar* v.
plás·ti·co adj. sm.
plas·*tí*·di:o sm.
plas·ti·*do*·ma sm.
plas·ti·fi·ca·*ção* sf.; pl. ·*ções*
plas·ti·fi·*ca*·do adj.
plas·ti·fi·ca·*dor* (ô) adj. sm.
plas·ti·fi·ca·*do*·ra (ô) sf.
plas·ti·fi·*can*·te adj. 2g. sm.
plas·ti·fi·*car* v.
plas·ti·*li*·na sf.
plas·to sm.
plas·to·ti·*pi*·a sf.
plas·*trão* sm.; pl. ·*trões*: *plas*·trom; pl. ·*trons*.
pla·ta·*for*·ma sf.
pla·*tal* sm.; pl. ·*tais*.

pla·ta·le·*í*·de:o adj. sm.
pla·ta·*ná*·ce:a sf.
pla·ta·*ná*·ce:o adj.
pla·ta·nis·*tí*·de:o adj. sm.
plá·ta·no sm.
pla·*tei*·a sf.
pla·tel·*min*·te adj. 2g. sm.
pla·tel·*min*·to adj. sm.
pla·*ten*·se adj. s2g.
pla·te·*res*·co (ê) adj. sm.
pla·ti·*ban*·da sf.
pla·ti·*car*·po sm.
pla·ti·ce·fa·*li*·a sf.
pal·ti·*cé*·fa·lo adj. sm.
pla·ti·*co*·po sm.
pla·tic·*tê*·ni:o adj. sm.
pla·ti·*cúr*·ti·co adj.
pla·ti·cur·*to*·se sf.
pla·ti·*dác*·ti·lo adj.: pla·ti·*dá*·ti·lo.
pla·ti·el·*min*·te adj. 2g. sm.
pla·ti·el·*mín*·ti:o adj. sm.
pla·ti·*glos*·so adj. sm.
pla·ti·lo·bu·*la*·do adj.
pla·*ti*·na sf.
pla·ti·*na*·do adj. sm.
pla·ti·na·*dor* (ô) sm.
pla·ti·*na*·gem sf.; pl. ·gens.
pla·ti·*nar* v.
pla·ti·*nen*·se adj. s2g.
pla·ti·*neu*·ro adj.
pla·*ti*·no adj. sm.
pla·ti·no·ti·*pi*·a sf.
pla·ti·no·*tí*·pi·co adj.
pla·*tí*·po·de adj. 2g. sm.
pla·tir·ri·*ni*·a sf.
pla·tir·*rí*·ni·co adj.
pla·tir·*rí*·ni:o adj.
pla·tir·*ri*·no adj. sm.
pla·tir·*ros*·tro adj. sm.
pla·tis·*per*·mo adj. sm.
pla·ti:*ú*·ro adj. sm.
pla·*tó* sm.: pla·*tô*.
pla·*tô*·ni·co adj. sm.
pla·to·*nis*·mo sm.
pla·to·*nis*·ta adj. s2g.
plau·*dir* v.
plau·di·*ti*·vo adj.
plau·si·bi·li·*da*·de sf.
plau·*sí*·vel adj. 2g.; pl. ·veis.
plaus·tro sm.
plau·*ti*·no adj.
play sm. (ing.: *plêi*).
playback sm. (ing.: *pleibéc*).
playboy sm. (ing.: *pleibói*).
playground sm. (ing.: *pleigraund*).
play-off sm. (ing.: *pleióf*).

ple·be sf.
ple·*bé*·cu·la sf.
ple·*bei*·a adj. sf.; f. de *plebeu*.
ple·be:i·*da*·de sf.
ple·be:*ís*·mo sm.
ple·be:i·*zar* v.
ple·*beu* adj. sm.; f. *plebeia*.
ple·bis·ci·*tá*·ri:o adj. sm.
ple·bis·*ci*·to sm.
ple·*cóp*·te·ro adj. sm.
plec·*tóg*·na·to adj. sm.
plec·*tóp*·te·ro adj. sm.
plec·tro sm.
plêi·a·da sf.: *plêi*·a·de.
plei·o·*cá*·si:o sm.: *pliocásio*.
plei·o·fi·li·a sf.: *pliofilia*.
pleis·to·*ce*·no adj. sm.:
   plistoceno.
plei·te:a·*dor* (ô) adj. sm.
plei·te:*an*·te adj. s2g.
plei·te:*ar* v.
plei·to sm.
ple·na·*men*·te adv. sm.
ple·*ná*·ri:a sf.
ple·*ná*·ri:o adj. sm.
ple·ni·*cór*·ne:o adj.
ple·ni·fi·*car* v.
ple·ni·lu·*nar* adj. 2g.
ple·ni·*lú*·ni:o sm.
ple·ni·po·*tên*·ci:a sf.
ple·ni·po·ten·ci·*á*·ri:o adj. sm.
ple·nir·*ros*·tro adj.
ple·ni·*tu*·de sf.
ple·no adj. sm.
ple:o·cro·*ís*·mo sm.
ple:o·*nas*·mo sm.
ple:o·*nás*·ti·co adj.
ple:o·*ra*·ma sm.
ple:o·*râ*·mi·co adj.
ple·ro·cer·*coi*·de adj. 2g. sf.
ple·*ro*·ma sm.
ple·*ro*·se sf.
ple·*ró*·ti·co adj. sm.
ple·si:os·*sau*·ro sm.
ples·si·me·*tri*·a sf.: *plessometria*.
ples·si·*mé*·tri·co adj.:
   plessométrico.
ples·*sí*·me·tro sm.: *plessômetro*.
ples·so·me·*tri*·a sf.:
   plessimetria.
ples·so·*mé*·tri·co adj.:
   plessimétrico.
ples·*sô*·me·tro sm.: *plessímetro*.
ple·*tên*·qui·ma sm.
ple·*to*·ra sf.
ple·*tó*·ri·co adj.
pleu·ra sf.
pleu·*ral* adj. 2g.; pl. *·rais*.

pleu·ris sm.
pleu·ri·*si*·a sf.
pleu·*ri*·te sf.
pleu·*rí*·ti·co adj. sm.
pleu·ro·*cár*·pi·co adj.
pleu·ro·*car*·po adj. sm.
pleu·ro·*ce*·le sf.
pleu·ro·di·*ni*·a sf.
pleu·ro·*dí*·ni·co adj.
pleu·ro·*don*·te adj. 2g. sm.
pleu·ro·*go*·no adj. sm.:
   pleu·*ró*·go·no.
pleu·ro·*nec*·to adj. sm.
pleu·rop·neu·mo·*ni*·a sf.
pleu·rop·neu·*mô*·ni·co adj.
pleu·ror·*ri*·zo adj.
pleu·ro·tre·*ma*·do adj. sm.
pleus·to sm.: *plêus*·ton; pl. *·tons*.
plé·vi:a sf.
ple·xo (cs) sm.
pli·ca sf.
pli·*ca*·do adj.
pli·*car* v.
pli·ca·*tu*·ra sf.
pli·ci·*pe*·ne adj. 2g. sm.
plin·to sm.
pli:o·*cá*·si:o sm.: *pleiocásio*.
pli:o·*cê*·ni·co adj. sm.
pli:o·*ce*·no adj. sm.
pli:o·fi·li·a sf.: *pleiofilia*.
plis·*sa*·do adj. sm.
plis·*sa*·gem sf.; pl. *·gens*.
plis·sa·*men*·to sm.
plis·*sar* v.
plis·*sê* sm.
plis·to·*cê*·ni·co adj. sm.
plis·to·*ce*·no adj. sm.:
   pleistoceno.
plo·ce·*í*·de:o adj. sm.
ploi·mo adj. sm.
plo·ta·*dor* (ô) adj. sm.
plo·*tar* v.
plo·*tí*·de:o adj. sm.
plotter sm. (ing.: *plóter*).
plu·*gar* v.
plu·gue sm.
plu·ma sf.
plu·ma·*cei*·ro sm.
plu·ma·cho sm.
plu·ma·ço sm.
plu·ma·gem sf.; pl. *·gens*.
plu·mão sm.; pl. *·mões*.
plu·*mar* v.
plu·*má*·ri:a sf.
plu·*má*·ri:o adj. sm.
plum·ba·gi·*na* sf.
plum·ba·gi·*ná*·ce:a sf.
plum·ba·gi·*ná*·ce:o adj.

plum·ba·gi·*na*·le sf.
plum·ba·gi·*no*·so (ô) adj.; f. *e*
   pl. (ó).
plum·*ba*·to adj. sm.
plum·be:*ar* v.
plúm·be:o adj.
plúm·bi·co adj.
plum·*bí*·fe·ro adj.
plum·*bo*·so (ô) adj.; f. *e* pl. (ó).
plu·*mei*·ro sm.
plú·me:o adj.
plu·me·*tis* sm. 2n.
plu·mi·*co*·lo adj. sm.
plu·*mi*·lha sf.
plu·*mis*·ta adj. s2g.
plu·mi·*ti*·vo adj. sm.
plu·*mo*·so (ô) adj.; f. *e* pl. (ó).
plú·mu·la sf.
plu·mu·*lar* adj. 2g.
plu·mu·li·*for*·me adj. 2g.
plu·*ral* adj. 2g. sm.; pl. *·rais*.
plu·ra·li·*da*·de sf.
plu·ra·*lis*·mo sf.
plu·ra·*lis*·ta adj. s2g.
plu·ra·li·za·*ção* sf.; pl. *·ções*.
plu·ra·li·*zar* v.
plu·ri·a·*nu:al* adj. 2g.; pl. *·ais*.
plu·ri·ar·ti·cu·*la*·do adj.
plu·ri·ce·lu·*lar* adj. 2g.
plu·ri·den·*ta*·do adj.
plu·ri·*flo*·ro adj.
plu·ri·la·te·*ral* adj. 2g.; pl. *·rais*.
plu·ri·*lín*·gue adj. 2g.
plu·ri·lo·bu·*la*·do adj.
plu·ri·lo·cu·*lar* adj. 2g.
plu·ri·no·mi·*nal* adj. 2g.; pl.
   ·nais.
plu·ri:o·vu·*la*·do adj.
plu·ri·par·ti·*dá*·ri:o adj.
plu·ri·par·ti·da·*ris*·mo sm.
plu·ri·par·ti·da·*ris*·ta adj. s2g.
plu·ri·par·*ti*·do adj.
plu·ri·*pé*·ta·lo adj.
plu·ris·se·cu·*lar* adj. 2g.
plu·ris·se·ri·*a*·do adj.
plu·ri·*val*·ve adj. 2g.
plu·*rí*·vo·co adj.
plu·*tão* sm.; pl. *·tões*.
plu·*tar*·co sm.
plú·te:o sm.
plu·to sm.
plu·to·cra·*ci*·a sf.
plu·to·*cra*·ta s2g.
plu·to·*crá*·ti·co adj.
plu·to·ma·*ni*:a sf.
plu·*tô*·ni·co adj.
plu·*tô*·ni:o adj. sm.
plu·to·*nis*·mo sm.

plu·to·no·mi·a sf.
plu·to·nô·mi·co adj.
plu·vi:al adj. 2g. sm.; pl. ·ais.
plu·vi:á·til adj. 2g.; pl. ·teis.
plú·vi:o sm.
plu·vi·o·me·tri·a sf.
plu·vi:o·mé·tri·co adj.
plu·vi:ô·me·tro sm.
plu·vi:o·so (ô) adj. sm.; f. e pl. (ó).
pneu sm.
pneu-ba·lão sm.; pl. pneus--balões ou pneus-balão.
pneu·ma sm.
pneu·má·ti·ca sf.
pneu·má·ti·co adj. sm.
pneu·ma·tó·fo·ro adj. sm.
pneu·ma·tó·li·se sf.
pneu·ma·to·lo·gi·a sf.
pneu·ma·to·ló·gi·co adj.
pneu·ma·to·lo·gis·ta adj. s2g.
pneu·ma·tó·lo·go sm.
pneu·ma·to·se sf.
pneu·mec·to·mi·a sf.
pneu·mec·tô·mi·co adj.
pneu·mo·brân·qui:o adj. sm.
pneu·mo·ce·le sf.
pneu·mo·cé·li·co adj.
pneu·mo·co·ci·a sf.
pneu·mo·có·ci·co adj.
pneu·mo·co·co sm.
pneu·mo·co·ni:o·se sf.
pneu·mo·gás·tri·co adj. sm.
pneu·mó·li·se sf.
pneu·mo·li·tí·a·se sf.
pneu·mo·lí·ti·co adj.
pneu·mo·lo·gi·a sf.
pneu·mo·ló·gi·co adj.
pneu·mo·lo·gis·ta adj. 2g. s2g.
pneu·mo·nal·gi·a sf.
pneu·mo·nál·gi·co adj.
pneu·mo·ni·a sf.
pneu·mô·ni·co adj. sm.
pneu·mo·ni·te sf.
pneu·mo·no·lo·gi·a sf.
pneu·mo·no·ló·gi·co adj.
pneu·mo·no·lo·gis·ta adj. s2g.
pneu·mo·pe·ri·cár·di:o sm.
pneu·mo·pe·ri·tô·ni:o sm.
pneu·mo·pléc·ti·co adj.:
 pneumoplético.
pneu·mo·ple·gi·a sf.
pneu·mo·plé·ti·co adj.:
 pneumopléctico.
pneu·mo·pleu·ri·si·a sf.
pneu·mo·pleu·rí·ti·co adj.
pneu·mor·ra·gi·a sf.
pneu·mor·rá·gi·co adj.

pneu·mo·to·mi·a sf.
pneu·mo·tô·mi·co adj.
pneu·mo·tó·rax (cs) sm. 2n.
pó sm. 'poeira, polvilho'/Cf. pô.
pô interj. 'enfado, impaciência'/ Cf. pó.
po·á sm.
po:a·çu sm.
po:a·en·se adj. s2g.
po:ai·a sf.
po:ai·a(s)-do-cam·po sf. (pl.).
po:ai·ei·ro sm.
po:a·lha sf.
po·bre adj. s2g.
po·bre(s)-di:a·bo(s) sm. (pl.).
po·bre·ri:o sm.
po·bre·tão sm.; pl. ·tões; f. pobretona.
po·bre·te (ê) adj. sm.
po·bre·to·na sf.; f. de pobretão.
po·bre·za (ê) sf.
po·ca sf.
po·ça (ô) sf. 'depressão natural do terreno'/Cf. possa (ó), do v. poder.
po·ca·di·nho sm.
po·ção¹ sf. 'medicamento líquido'; pl. ·ções/Cf. poção².
po·ção² sm. 'lugar, no leito do lago, onde é maior a profundidade'; pl. ·ções/Cf. poção¹.
po·ção·en·se adj. s2g.
po·car v.
po·cei·ro sm. 'cesto para lavagem de lã'/Cf. posseiro e puceiro.
po·ce·ma sf.
po·cha·de sf.
po·che·ti adj. s2g.
po·cil·ga sf.
po·ci·nhen·se adj. s2g.
pocketbook loc. subst. (ing.: póketbuk).
po·ço (ô) sm. 'grande buraco para acumular água'/Cf. posso (ó), do v. poder.
po·ço·ca sf.: paçoca.
po·çõ:en·se adj. s2g.
po·ço-fun·den·se(s) adj. s2g. (pl.).
po·co·ne:a·no adj. sm.
po·co·ne:en·se adj. s2g.
po·ço-re·don·den·se(s) adj. s2g. (pl.).
po·ços-cal·den·se(s) adj. s2g. (pl.).

po·ço-ver·den·se(s) adj. s2g. (pl.).
po·cra·nen·se adj. s2g.
po·çu·ca s2g.
po·cu·li·for·me adj. 2g.
po·çu·que:a·dor (ô) adj. sm.
po·çu·que:ar v.
po·da sf.
po·da·dei·ra sf.
po·da·dor (ô) adj. sm.
po·da·du·ra sf.
po·da·gra sf.
po·da·grá·ri:a sf.
po·dá·gri·co adj.
po·dal adj. 2g.; pl. ·dais.
po·dá·li·co adj.
po·dão sm.; pl. ·dões.
po·dar v.
po·dá·ri:a sf./Cf. podaria, do v. podar.
pó(s) de ar·roz sm. s2g. adj. 2g. (pl.).
po·dé·ci:o sm.
pó(s) de mi·co sm. (pl.) 'pelos de certas plantas'.
pó(s)-de-mi·co sm. (pl.) 'planta'.
po·den·go sm.
pó(s) de pe·dra sm. (pl.).
po·der sm. v.
po·de·re (ê) sf.
po·de·res (ê) sm. pl.
po·de·ri:o sm.
po·de·ro·so (ô) adj.; f. e pl. (ó).
po·de·ro·sos sm. pl.
po·des·ta·de sm. 'o primeiro magistrado na Idade Média'/ Cf. potestade.
pó·di·ce sm.
po·di·cí·pe·de adj. 2g.
po·di·ci·pe·dí·de:o adj. sm.
po·di·ci·pe·di·for·me adj. 2g. sm.
pó·di:o sm.
po·do·a (ô) sf.
po·do·brân·qui:a sf.
po·do·car·pá·ce:a sf.
po·do·car·pá·ce:o adj.
po·do·car·po sm.
po·dó·co·po adj. sm.
po·dó·co·pos sm. pl.
po·do·dác·ti·lo sm.:
 po·do·dá·ti·lo.
po·do·di·gi·tal adj. 2g.; pl. ·tais.
po·do·fa·lan·ge sf.
po·do·fa·lan·ge·ta (ê) sf.
po·do·fa·lan·gi·nha sf.

po·do·fi·li·no sm.
po·do·fi·lo sm.
po·dof·tal·mo adj. sm.
po·do·gô·ni:o adj. sm.
po·do·me·tra·gem sf.; pl. ·gens.
po·do·me·trar v.
po·do·mé·tri·co adj.
po·dô·me·tro sm./Cf. podometro (é), do v. podometrar.
po·dos·per·mo sm.
po·dos·te·mo·ná·ce:a sf.
po·dos·te·mo·ná·ce:o adj.
po·dos·te·mo·na·le sf.
po·drão adj.; pl. ·drões; f. podrona.
po·dre (ô) adj. 2g. sm.
po·dre·doi·ro sm.: po·dre·dou·ro.
po·dres (ô) sm. pl.
po·dri·ca·lho adj. sm.
po·dri·da sf.
po·dri·dão sf.; pl. ·dões.
po·dri·do adj.
po·dri·guei·ra sf.
po·dri·quei·ra sf.
po·dro·na adj.; f. de podrão.
po·dru·ra sf.
po·du·ro adj.
po·du·ro·mor·fo adj. sm.
po:e·dei·ra adj. 'diz-se da galinha que já põe'/Cf. puideira.
po:e·doi·ro sm.: po:e·dou·ro.
po:ei·ra adj. sm. sf. 'pó'/Cf. puera.
po:ei·ra·da sf.
po:ei·ren·to adj.
po:e·jo (ê) sm.
po:e·ma sm.
po:e·má·ti·co adj.
po:e·ma·ti·zar v.
põe·me·sa(s) sf. (pl.).
po:e·me·to (ê) sm.
po:en·te adj. 2g. sm.
po:en·to adj.
po:e·si·a sf.
po:e·ta sm. ou s2g.
po:e·ta·ço sm.
po:e·ta·gem sf.; pl. ·gens.
po:e·tar v.
po:e·tas·tro sm.
po:é·ti·ca sf.
po:é·ti·co adj.
po:é·ti·co·mu·si·cal adj. 2g.; pl. poético-musicais.
po:e·ti·fi·car v.

po:e·ti·sa sf./Cf. poetiza, do v. poetizar.
po:e·tis·mo sm.
po:e·ti·zar v.
po·go·ní:a·se sf.
po·go·nó·fo·ro adj.
po·go·nó·po·de adj. 2g.
pogrom sm. (rus.: pogroum).
poi·a[1] sf. 'pão alto de trigo'/Cf. poia[2].
poi·a[2] sf. 'pessoa moleirona'/Cf. poia[1].
poi·á sm.
poi·al sm.; pl. ·ais.
poi·a·na adj. s2g.
poi·a·nau·a adj. s2g.
poi·ar v.
po:in·sé·ti:a sf.
poi·o sm.
poi·qui·lí·ti·ca sf.
pois adv. conj.
poi·sa sf.: pousa.
poi·sa·da sf.: pousada.
poi·sa·di·a sf.: pousadia.
poi·sa·mão sm.; pl. poisa-mãos: pousa-mão.
poi·sar v.: pousar.
poi·se sm.
poi·sei·ro sm.: pouseiro.
poi·si:o adj. sm.: pousio.
poi·so sm.: pouso.
poi·ta sf.: pouta.
poi·tar v.: poutar.
po·ja·doi·ro sm.: po·ja·dou·ro.
po·jan·te adj. 2g. 'que navega bem ou com vento de feição'/Cf. pujante.
po·jar v. 'elevar'/Cf. pujar.
po·jo (ô) sm./Cf. pojo (ó), do v. pojar.
po·ju·ca·no adj. sm.
po·ju·quen·se adj. s2g.
po·la[1] (ô) contr. de por e la/Cf. pola[2] e pola[3].
po·la[2] (ó) sf. 'surra'/Cf. pola[1] (ô) e pola[3].
po·la[3] (ô) sf. 'ramo novo de árvore'/Cf. pola[1] (ô) e pola[2] (ó).
po·la·ca sf.
po·la·ci:u·ri·a sf.: po·la·ci:ú·ri·a.
po·la·ci:ú·ri·co adj.
po·la·co adj. sm.
po·lai·na sf.
po·lai·na·do adj.
po·la·quei·ro adj.
po·lar adj. 2g.
po·la·ri·da·de sf.

po·la·ri·me·tri·a sf.
po·la·ri·mé·tri·co adj.
po·la·rí·me·tro sm.
po·la·ris·co·pi·a sf.
po·la·ris·có·pi·co adj.
po·la·ris·có·pi:o sm.
po·la·ri·za·bi·li·da·de sf.
po·la·ri·za·ção sf.; pl. ·ções.
po·la·ri·za·do adj.
po·la·ri·za·dor (ô) adj. sm.
po·la·ri·zar v.
po·la·ri·zá·vel adj. 2g.; pl. ·veis.
po·la·ro·gra·fi·a sf.
po·la·ro·grá·fi·co adj.
po·la·ró·gra·fo sm.
po·la·ro·gra·ma sm.
po·la·ron sm.
pol·ca sf.
pol·ca(s)·man·ca·da(s) sf. (pl.).
pol·car v.
pôl·der sm.
pol·dra sf.
pol·dril sm.; pl. ·dris.
pol·dro (ô) sm.
po·lé sf.
po·le:á sm.
po·le:a·me sm.
po·le:ar s2g. v. 'pária' 'torturar com polé'/Cf. pulear.
po·le:a·ri·a sf.
po·le:ei·ro sm.
po·le·ga·da sf.
po·le·gar adj. 2g. sm.
po·lei·ro sm.
po·lem sm.; pl. ·lens: pólen.
po·le·mar·co sm.
po·le·mar·qui·a sf.
po·le·már·qui·co adj.
po·lê·mi·ca sf./Cf. polemica, do v. polemicar.
po·le·mi·car v.
po·lê·mi·co adj./Cf. polemico, do v. polemicar.
po·le·mí·cu·la sf.
po·le·mis·mo sm.
po·le·mis·ta adj. s2g.
po·le·mís·ti·co adj.
po·le·mi·zar v.
po·le·mo·ni:á·ce:a sf.
po·le·mo·ni:á·ce:o adj.
pó·len sm.: polem.
po·len·ta sf.
pole position sf. (ing.: poul posishn).
pó·lex (cs) sm.
po·lha (ô) sf.
po·lhas·tro sm.
po·li·a sf.

po·li:a·*can*·to adj.
po·*lí*·a·da sf.
po·li:a·del·*fi*·a sf.
po·li:a·*dél*·fi·co adj.
po·li:a·*del*·fo adj.
po·li:*á*·di·co sm.
po·li:*ál*·co:ol sm.; pl. ·ois.
po·li:*an*·dra adj. sf.
po·li:an·*dri*·a sf.
po·li:ân·dri·co adj.
po·li:*an*·dro adj.
po·li:an·*tei*·a sf.
po·li:an·*tei*·co adj.
po·li:*an*·to adj.
po·li:a·*quê*·ni:o sm.
po·li:*ár*·qui·a sf.
po·li:*ár*·qui·co adj.
po·li:ar·ti·cu·*lar* adj. 2g.
po·li:ar·*tri*·te sf.
po·li:ar·*trí*·ti·co adj.
po·li·car·bo·*na*·to sm.
po·li·*cár*·pi·co adj.
po·li·*car*·po adj.
pó·li·ce sm.
po·li·*cên*·tri·co adj.
po·li·chi·*ne*·lo sm.
po·*lí*·ci:a sf./Cf. policia, do v. policiar.
po·li·ci:*a*·do adj.
po·*lí*·ci:a(s)-in·*gle*·sa(s) sf. (pl.).
po·li·ci:*al* adj. s2g.; pl. ·ais.
po·li·ci:a·*men*·to sm.
po·li·ci:*á*·vel adj. 2g.; pl. ·veis.
po·li·ci·ta·*ção* sf.; pl. ·ções.
po·li·ci·*ta*·do sm.
po·li·ci·*tan*·te s2g.
po·li·ci·tê·*mi*·a sf.
po·li·ci·tê·mi·co adj.
po·li·cla·*di*·a sf.
po·li·*clá*·di:o sm.
po·li·*clí*·ni·ca sf.
po·li·*clí*·ni·co adj. sm.
po·*lí*·co·mo adj.
po·li·*cô*·ni·co adj.
po·li·*cór*·di:o adj. sm.
po·li·*cor*·do sm.
po·li·*cres*·to adj.
po·li·cro·*ma*·do adj.
po·li·cro·*mar* v.
po·li·cro·*mi*·a sf.
po·li·cro·mi·*zar* v.
po·li·*cro*·mo adj.
po·li·cul·*tor* (ô) sm.
po·li·cul·*tu*·ra sf.
po·li·dac·ti·*li*·a sf.: polidatilia
po·li·*dác*·ti·lo adj.: polidátilo.
po·li·da·ti·*li*·a sf.: polidactilia.
po·li·*dá*·ti·lo adj.: polidáctilo.

po·li·des·*mói*·de:o adj. sm.
po·li·*dez* (ê) sf.
po·li·dip·*si*·a sf.
po·li·*díp*·si·co adj.
po·*li*·do adj.
po·li·*dor* (ô) adj. sm.
po·li·*du*·ra sf.
po·li·e·*dral* adj. 2g.; pl. ·drais.
po·li·*é*·dri·co adj.
po·li·*e*·dro sm.
po·li:e·lec·*tró*·li·to sm.: po·li:e·le·*tró*·li·to.
po·li:em·bri·o·*ni*·a sf.
po·li:en·ce·fa·*li*·te sf.
po·li:en·ce·fa·*lí*·ti·co adj.
po·li:es·por·*ti*·vo adj. sm.
po·li:*és*·ter sm.
po·li:es·ti·*re*·no sm.
po·li:e·ti·*le*·no sm.
po·li·fa·*gi*·a sf.
po·*lí*·fa·go adj. sm.
po·*lí*·fa·gos sm. pl.
po·li·*fá*·si·co adj.
po·li·fi·*lé*·ti·co adj.
po·li·fi·*li*·a sf.
po·*lí*·fi·lo adj.
po·li·fi:o·*don*·te sm.
po·*lí*·fi·to adj. sm.
po·li·fo·*ni*·a sf.
po·li·*fô*·ni·co adj.
po·*lí*·ga·la sf.
po·li·ga·*lá*·ce:a sf.
po·li·ga·*lá*·ce:o adj.
po·li·ga·*mi*·a sf.
po·li·*gâ*·mi·co adj.
po·*lí*·ga·mo adj.
po·li·ga·mo·di:*oi*·co adj.
po·li·gas·tri·ci·*da*·de sf.
po·li·*gás*·tri·co adj.
po·*lí*·ge·no adj.
po·li·gi·*ni*·a sf.
po·*lí*·gi·no adj.
po·li·*glo*·ta adj. s2g.
po·li·*gló*·ti·co adj.
po·li·glo·*tis*·mo sm.
po·li·go·*ná*·ce:a sf.
po·li·go·*ná*·ce:o adj.
po·li·go·*nal* adj. 2g. sf.; pl. ·nais.
po·li·go·*na*·le sf.
po·*lí*·go·no sm.
po·li·gra·*far* v.
po·li·gra·*fi*·a sf.
po·li·*grá*·fi·co adj.
po·*lí*·gra·fo sm./Cf. poligrafo, do v. poligrafar.
po·li·*gra*·ma sm.
po·li·*grâ*·mi·co adj.

po·li·in·sa·tu·*ra*·do adj.
po·li·*lé*·pi·de adj. 2g. sf.
po·*li*·lha sf.
po·li·mas·ti·*gi*·no adj. sm.
po·li·*ma*·ta adj. s2g.:
  po·*lí*·ma·te.
po·li·ma·*ti*·a sf.
po·li·*má*·ti·co adj.
po·li·men·*tar* v.
po·li·*men*·to sm.
po·li·me·*rí*·de:o adj. sm.
po·li·me·ri·za·*ção* sf.; pl. ·ções.
po·*lí*·me·ro adj. s2g.
po·li·me·*tri*·a sf.
po·li·*mé*·tri·co adj.
po·*lím*·ni·co adj.
po·li·mo·da·li·*da*·de sf.
po·li·*mor*·fis·mo sm.
po·li·*mor*·fo sm.
po·li·mor·fo·nu·cle·*ar* adj. 2g.
po·li·*né*·si:o adj. sm.
po·li·neu·*ri*·te sf.
po·li·neu·*rí*·ti·co adj.
po·li·ne·*vri*·te sf.
po·li·ne·*vrí*·ti·co adj.
po·*lí*·ni·a sf.
po·*lí*·ni·co adj.
po·li·*ní*·fa·go adj.
po·li·*ní*·fe·ro adj.
po·*lí*·ni·o sm.
po·li·ni·za·*ção* sf.; pl. ·ções.
po·li·ni·za·*dor* (ô) adj. sm.
po·li·ni·*zar* v.
po·li·*nô*·mi:o sm.
pó·li:o sm. sf.
po·li:o·mi:e·*li*·te sf.
po·li:o·mi:e·*lí*·ti·co adj.
po·li:*ô*·ni·mo adj.
po·li:*o*·pe s2g.
po·li:*o*·pi·a sf.
po·li:*o*·ra·ma sm.
po·li:or·*cé*·ti·ca sf.
po·li:or·*cé*·ti·co adj.
po·li:or·*qui*·a sf.
po·li:*o*·se sf.
po·li·pe·*di*·a sf.
po·li·*pei*·ro sm.
po·li·pep·*tí*·di:o sm.
po·li·*pé*·ta·lo adj.
po·li·pi·*for*·me adj. 2g.
po·li·pla·*có*·fo·ro sm.
pó·li·po sm.
po·*lí*·po·de adj. 2g.
po·li·po·di·*á*·ce:a sf.
po·li·po·di·*á*·ce:o sm.
po·li·*pó*·di:o sf.
pó·li·pos sm. pl.
po·li·*po*·so (ô) adj.; f. e pl. (ó).

po·li·pro·to·*don*·te adj. 2g. sm.
po·*líp*·ti·co adj. sm.
po·lip·*to*·to sm.: po·lip·*tó*·ton.
po·li·*que*·ta (ê) adj. 2g. sm.
po·*lir* v.
po·lir·rit·*mi*·a sf.
po·lir·*rít*·mi·co adj.
po·lir·*ri*·zo adj.
po·lis·per·*má*·ti·co adj.
po·lis·per·*mi*·a sf.
po·lis·*pér*·mi·co adj.
po·lis·*per*·mo adj.
po·*lís*·po·ro sm.
po·lis·sa·ca·*rí*·de:o sm.
po·lis·se·*mi*·a sf.
po·lis·*sê*·mi·co adj.
po·lis·si:a·*li*·a sf.
po·lis·si:*á*·li·co adj.
po·lis·si·*lá*·bi·co adj.
po·lis·*sí*·la·bo adj. sm.
po·lis·si·lo·*gis*·mo sm.
po·lis·*sín*·de·to sm.:
 po·lis·*sín*·de·ton.
po·*lis*·ta s2g.
po·lis·te·*li*·a sf.
po·lis·*té*·li·co adj.
po·lis·*tê*·mo·ne adj. 2g.
po·lis·*ti*·lo adj. sm.
po·lis·*to*·mo adj. sm.
po·li·*tai*·na sm.
po·lit·*bu*·ro sm.
po·li·te:*a*·ma sm.
po·li·*téc*·ni·ca sf.
po·li·*téc*·ni·co adj.
po·li·*tei*·co adj.
po·li·te·*ís*·mo sm.
po·li·te·*ís*·ta adj. s2g.
po·li·te·*ís*·ti·co adj.
po·*lí*·ti·ca sf./Cf. politica, do v.
 politicar.
po·li·ti·*ca*·gem sf.; pl. ·gens.
po·li·ti·*ca*·lha sf.
po·li·ti·*ca*·lhão sm.; pl. ·*lhões*; f.
 politicalhona.
po·li·ti·ca·*lhei*·ro adj.
po·li·ti·*ca*·lho sm.
po·li·ti·ca·*lho*·na sf.; f. de
 politicalhão.
po·li·ti·*can*·te adj. s2g.
po·li·ti·*cão* sm.; pl. ·*cões*.
po·li·ti·*car* v.
po·li·ti·ca·*ri*·a sf.
po·li·ti·*cas*·tro sm.
po·*lí*·ti·co adj. sm./Cf. politico,
 do v. politicar.
po·li·ti·*coi*·de adj. s2g.
po·li·ti·co·lo·*gi*·a sf.
po·li·ti·co·ma·*ni*·a sf.

po·li·ti·co·ma·*ní*·a·co adj. sm.
po·li·ti·*cô*·ma·no sm.
po·li·*tí*·pi·co adj.
po·*lí*·ti·po adj. sm.
po·li·ti·*quei*·ro adj. sm.
po·li·ti·*que*·te (ê) sm.
po·li·ti·*qui*·ce sf.
po·li·ti·*qui*·lho sm.
po·li·ti·*quis*·mo sm.
po·li·ti·za·*ção* sf.; pl. ·*ções*.
po·li·ti·*za*·do adj.
po·li·ti·*zar* v.
po·li·ti·*zá*·vel adj. 2g.; pl. ·veis.
po·li·to·*mi*·a sf.
po·li·*tô*·mi·co adj.
po·li·to·na·li·*da*·de sf.
po·li·to·*nar* v.
po·li·trau·ma·*tis*·mo sm.
po·*lí*·tri·co adj.
po·li·tro·*fi*·a sf.
po·li·*tró*·pi·co adj.
po·li:u·re·*ta*·na sf.
po·li:u·re·*ta*·no sm.
po·li:u·*ri*·a sf.: po·li:*ú*·ri:a.
po·li:*ú*·ri·co adj.
po·li·va·*len*·te adj. 2g.
po·*lí*·xe·no (cs) adj. sm.
po·li·zo:*á*·ri:o adj. sm.
po·li·zoi·ci·*da*·de sf.
po·li·*zoi*·co adj.
pol·*ma*·ço sm.
pol·*mão* sm. 'inchação, tumor';
 pl. ·*mões*/Cf. pulmão.
pol·me sm. 'massa um pouco
 líquida'/Cf. polmo.
pol·mo (ô) sm. 'turvação'/Cf.
 polme.
po·*lo*[1] (ô) contr. de por e lo/Cf.
 pôlo[2] e polo[3].
po·*lo*[2] (ó) sm. 'extremidade'
 'jogo'/Cf. polo[1] e polo[3].
po·*lo*[3] (ô) sm. 'falcão novo'/Cf.
 polo[1] e polo[2].
po·lo·*di*·a sf.
po·lo·gra·*fi*·a sf.
po·lo·*grá*·fi·co adj.
po·*loi*·de adj. 2g. sf.
po·lo·*nês* adj. sm.
po·lo·*ne*·sa (ê) sf.
po·lo·ni:*en*·se adj. s2g.
po·*lô*·ni:o adj. sm.
po·lo·ni·za·*ção* sf.; pl. ·*ções*.
po·lo·ni·*zar* v.
pol·pa (ô) sf. 'carne musculosa'/
 Cf. popa e poupa.
pol·pa·*ção* sf.; pl. ·*ções*.
pol·*po*·so (ô) adj.; f. e pl. (ó).
pol·*pu*·do adj.

pol·*quis*·ta adj. s2g.
pol·tra·*naz* sm.
pol·*trão* adj.; pl. ·*trões*; f.
 poltrona.
pol·*tro*·na[1] sf. 'grande cadeira'.
pol·*tro*·na[2] adj. sf.; f. de poltrão.
pol·tro·na·*ri*·a sf.
pol·tro·ne:*ar* v.
pol·tro·*ni*·ce sf.
po·lu·*ção* sf.; pl. ·*ções*.
po·lu·ci:o·*nal* adj. 2g.; pl. ·nais.
po·lu:*en*·te adj. 2g. sm.
po·lu:i·*ção* sf.; pl. ·*ções*.
po·lu:*ir* v.
po·lu:*í*·vel adj. 2g.; pl. ·veis.
po·*lu*·to adj.
pó·lux (cs) sf.
pol·va·*dei*·ra sm. sf.
pol·va·*rim* sm.: polvorim; pl.
 ·rins.
pol·va·*ri*·nho sm.: polvorinho.
pol·vi·lha·*ção* sf.; pl. ·*ções*.
pol·vi·lha·*men*·to sm.
pol·vi·*lhar* v.
pol·vi·*lhei*·ro adj.
pol·*vi*·lho sm.
pol·vo (ô) sm.
pól·vo·ra sf.
pól·vo·ra com fa·*ri*·nha adj.
 2g. 2n.
pol·vo·*ra*·da sf.
pol·vo·*ren*·to adj.
pol·vo·*rim* sm.: polvarim; pl.
 ·rins.
pol·vo·*ri*·nho sm.: polvarinho.
pol·vo·*ro*·sa sf.
pol·vo·*ro*·so (ô) adj.; f. e pl. (ó).
po·ma sf.
po·*ma*·da sf.
po·ma·de:*ar* v.
po·ma·*dis*·ta adj. s2g.
po·*mar* sm.
po·ma·*ra*·da sf.
po·ma·*rei*·ro adj. sm.
po·ma·*ri* adj. s2g.
pom·ba sf.
pom·ba(s)-a·mar·*go*·sa(s) sf. (pl.).
pom·ba(s)-ca·*bo*·cla(s) sf. (pl.).
pom·ba-cas·*ca*·vel sf.; pl.
 pombas-cascavéis ou
 pombas-cascavel.
pom·ba(s)-de-ar·ri·ba·*ção* sf.
 (pl.).
pom·ba(s)-de-*ban*·do sf. (pl.).
pom·ba(s)-de-san·ta-*cruz* sf.
 (pl.).
pom·ba(s)-do-*ar* sf. (pl.).
pom·ba(s)-do-*ca*·bo sf. (pl.).

pom·ba(s)-do-ser·*tão* sf. (pl.).
pom·ba-es·*pe*·lho sf.; pl.
pombas-espelhos ou
pombas-espelho.
pom·ba(s)-ga·*le*·ga(s) sf. (pl.).
pom·ba(s)-ge·me·*dei*·ra(s) sf. (pl.).
pom·ba·*gi*·ra, pom·ba·*ji*·ra sf.
pom·*bal* sm.; pl. ·*bais*.
pom·ba(s)-le·*gí*·ti·ma(s) sf. (pl.).
pom·ba·*len*·se adj. s2g.
pom·ba(s)-*le*·sa(s) sm. (pl.).
pom·ba·*li*·no adj.
pom·ba-pa·ra·*ru* sf.; pl.
pombas-pararus ou
pombas-pararu.
pom·ba-pe·*drês* sf.; pl.
pombas-pedreses.
pom·ba(s)-*pre*·ta(s) sf. (pl.).
pom·ba(s)-pu·ca·*çu*(s) sf. (pl.).
pom·ba(s)-*ro*·la(s) sf. (pl.).
pom·ba(s)-san·ta·*cruz* sf. (pl.).
pom·ba-tro·*cal* sf.; pl. *pombas--trocais* ou *pombas-trocal*.
pom·ba-tro·*caz* sf.; pl. *pombas--trocazes* ou *pombas-trocaz*.
pom·be:*ar* v.
pom·*bei*·ra sf.
pom·bei·*rar* v.
pom·*bei*·ro adj. sm.
pom·*bi*·nha sf.
pom·bi·nha(s)-das-*al*·mas sf. (pl.).
pom·*bi*·nho adj. sm.
pom·bo adj. sm.
pom·bo-a·nam·*bé* sm.; pl.
pombos-anambés ou
pombos-anambé.
pom·*bo*·ca adj. s2g.
pom·bo-cor·*rei*·o sm.; pl.
pombos-correios ou
pombos-correio.
pom·bo(s) sem *a*·sa sm. (pl.).
po·mi·cul·*tor* (ô) sm.
po·mi·cul·*tu*·ra sf.
po·*mí*·fe·ro adj.
po·mi·*for*·me adj. 2g.
po·mo sm.
po·mo(s) de a·*dão* sm. (pl.).
'cartilagem tireóidea acentuada'
po·mo(s)-de-a·*dão* sm. (pl.).
'árvore".
po·mo·lo·*gi*·a sf.
po·mo·*ló*·gi·co adj.
po·*mó*·lo·go sm.
po·*mo*·na sf.
pom·pa sf.

pom·pe:*a*·no adj. sm.
pom·pe:*an*·te adj. 2g.
pom·pe:*ar* v.
pom·pi·*lí*·de:o adj. sm.
pom·*pom* sm.; pl. ·*pons*.
pom·*po*·so (ô) adj.; f. e pl. (ó).
pô·mu·lo sm.
pon·*cã* sm.
pon·ça·*dor* (ô) sm.
pon·*ça*·gem sf.; pl. ·**gens**.
pon·*çar* v.
pon·ca·te·*jé* adj. s2g.
pon·*cha*·ço sm.
pon·*cha*·da sf.
pon·che sm.
pon·*chei*·ra sf.
pon·cho sm.
pon·cho(s)-*pa*·la(s) sm. (pl.).
pon·*çó* adj. sm.
pon-de-ra·bi·li·*da*·de sf.
pon-de-ra·*ção* sf.; pl. ·*ções*.
pon-de-*ra*·do adj.
pon-de-ra·*dor* (ô) adj. sm.
pon-de-*ral* adj. 2g.; pl. ·*rais*.
pon-de·*rar* v.
pon-de-ra·*ti*·vo adj.
pon-de-*rá*·vel adj. 2g.; pl. ·**veis**.
pon-de-*ro*·so (ô) adj.; f. e pl. (ó).
pon·dra sf.
pô·nei sm.
po·*nen*·te adj. 2g. sm.
pon·*fó*·li·ge sf.
pon·ga sf.
pon·ga:*i*·*en*·se adj. s2g.
pon·gar v.
pon·go sm.
pon·*gó* adj. s2g.
po·*nhar* v.
pon·*jê* sm.
po·*nom* sm.; pl. ·*nons*.
pon·ta sf.
pon·ta-ca·*be*·ça sf., na loc. adj.
de *ponta-cabeça*.
pon·*ta*·ço sm.
pon·*ta*·da sf.
pon·ta(s) de *ra*·ma sf. (pl.).
pon·ta(s)-di·*rei*·ta(s) s2g. (pl.).
pon·ta(s)-es·*quer*·da(s) s2g. (pl.).
pon·ta(s)-gros·*sen*·se(s) adj. s2g. (pl.).
pon·*tal* sm.; pl. ·*tais*.
pon·ta·*len*·se adj. s2g.
pon·ta·le·*tar* v.
pon·ta·*le*·te (ê) sm./Cf.
pontalete (é), do v. *pontaletar*.
pon·ta·li·*nen*·se adj. s2g.
pon·*tão* sm.; pl. ·*tões*.

pon·ta·*pé* sm.
pon·ta·pe:*ar* v.
pon·ta·pe·*dren*·se(s) adj. s2g. (pl.).
pon·*tar* v.
pon·ta·*re*·co sm.
pon·ta·*re*·lo sm.
pon·ta·*ri*·a sf.
pon·tas sf. pl.
pon·ta(s)-*se*·ca(s) sf. (pl.).
pon·ta·*van*·te sf.
pon·te sf.
pon·te:*a*·do adj. sm.
pon·te:*ar* v.
pon·te-ca·*nal* sf.; pl.
pontes-canais.
pon·te(s) de *á*·gua sf. (pl.).
pon·te-de-ri:*á*·ce:a sf.
pon·te-de-ri:*á*·ce:o adj.
pon·*tei*·o sm.
pon·*tei*·ra sf.
pon·*tei*·ro adj. sm.
pon·*tel* sm.; pl. ·*téis*/Cf. *ponteis*, do v. *pontar*.
pon·te-no·*ven*·se(s) adj. s2g. (pl.).
pon·*ten*·se adj. s2g.
pon·te(s)-su·e·*la*(s) sf. (pl.).
pon·ti:a·*gu*·do adj.
pôn·ti·co adj.
pon·*tí*·cu·la sf.
pon·ti·*fi*·ca·do adj. sm.
pon·ti·fi·*cal* adj. 2g. sm.; pl. ·*cais*.
pon·ti·fi·*can*·te adj. s2g.
pon·ti·fi·*car* v.
pon·*tí*·fi·ce sm.
pon·ti·*fí*·ci:o adj.
pon·ti·lha sf.
pon·ti·*lha*·do adj. sm.
pon·ti·*lhão* sm.; pl. ·*lhões*.
pon·ti·*lhar* v.
pon·ti·*lhei*·ro adj. sm.
pon·ti·*lhis*·mo sm.
pon·ti·*lhis*·ta adj. s2g.
pon·*ti*·lho sm.
pon·ti·*lho*·so (ô) adj.; f. e pl. (ó).
pon·*ti*·nha sf.
pon·*ti*·nho sm.
pon·*ti*·nhos sm. pl.
pon·*ti*·no adj. sm.
pon·to sm.
pon·to:a·*ção* sf. 'os pontos da epiderme de certos animais'; pl. ·*ções*/Cf. *pontuação*.
pon·to:*a*·da sf. 'golpe com a ponta de um objeto'/Cf. *pontuada*, f. de *pontuado*.

pon·to:*ar* v. 'marcar com ponto'/Cf. *pontuar*.
pon·to(s)-a·*trás* sm. (pl.).
pon·to(s) de *ven*·da sm. (pl.).
pon·to e *vír*·gu·la sm.; pl. *ponto e vírgulas* ou *pontos e vírgulas*.
pon·to-li·*mi*·te sm.; pl. *pontos--limites* ou *pontos-limite*.
pon·*to*·ne*i*·ro sm.
pon·*to*·so (ô) adj.; f. *e* pl. (ó).
pon·tu:a·*ção* sf. 'ato de pontuar'; pl. ·*ções*/Cf. *pontoação*.
pon·tu:*a*·do adj. 'marcado por meio de pontos'/Cf. *pontoado*, do v. *pontoar*.
pon·tu:*al* adj. 2g. sf.; pl. ·*ais*.
pon·tu:a·li·*da*·de sf.
pon·tu:*ar* v. 'usar de pontuação em'/Cf. *pontoar*.
pon·*tu*·do adj.
pon·tu·*sal* sm.; pl. ·*sais*.
pon·xi·*rão* sm.; pl. ·*rões*.
pop adj. sm. (ing.: *pop*).
po·pa[1] sm. 'sacerdote romano'/ Cf. *popa*[2].
po·pa[2] (ô) sf. 'parte posterior de uma embarcação/Cf. *popa*[1], *polpa* sf. e *poupa* fl. do v. *poupar*.
pop art sf. (ing.: *popart*).
po·pe sm.
po·*pei*·ro sm.
po·pe·*li*·na sf.
po·pe·*ri* sm.
pó·pli·te sm.
po·*plí*·te:o adj.
po·*pô* sm.
po·po·*car* v.
po·po·*zu*·da sf.
po·*pu*·ca adj. 2g.
po·pu·*la*·ça sf.
po·pu·la·*ção* sf.; pl. ·*ções*.
po·pu·*la*·cho sm.
po·pu·la·ci·o·*nal* adj. 2g.; pl. ·*nais*.
po·pu·*lar* adj. 2g. sm.
po·pu·*la*·res sm. pl.
po·pu·la·ri·*da*·de sf.
po·pu·*lá*·ri:o sm.
po·pu·la·*ris*·mo sm.
po·pu·la·ri·za·*ção* sf.; pl. ·*ções*.
po·pu·la·ri·*zar* v.
po·pu·le:*ão* sm.; pl. ·*ões*.
po·*pú*·le:o adj.
po·pu·*lis*·mo sm.
po·pu·*lis*·ta adj. s2g.

po·pu·*lo*·so (ô) adj.; f. *e* pl. (ó).
po·*que*·ca sf.
pô·quer sm.
por prep./Cf. *pôr* v.
pôr v./Cf. *por* prep.
po·ra·*cá* sm.
po·ra·ca·me·*crã* adj. s2g.: *porecamecrã*.
po·ra·*cé* s2g.: *puracé*.
po·ran·*du*·ba sf.
po·*ran*·ga sf.
po·ran·*ga*·ba sf.
po·ran·*guei*·ro sm.
po·*rão* sm.; pl. ·*rões*.
po·ra·*quê* sm.: *puraquê*.
por·ca sf.
por·*ca*·da sf.
por·ca·*lha*·da sf.
por·ca·*lhão* adj. sm.; pl. ·*lhões*; f. *porcalhona*.
por·ca·*lho*·na adj. sf.; f. de *porcalhão*.
por·*ção* sf.; pl. ·*ções*.
por·ca·*ri*·a adj. 2g. sf.
por·ca·ri:*a*·da sf.
por·ca·*ri*·ço sm.
por·ce·*la*·na sf.
por·ce·la·*ni*·ta sf.
por·cen·*ta*·gem sf.; pl. ·*gens*: *percentagem*.
por·*ci*·no adj.
por·ci:o·*ná*·ri:o sm.
por·ci:o·*nis*·ta s2g.
por·ci:*ún*·cu·la sf.
por·ci:un·cu·*len*·se adj. s2g.
por·co (ô) adj. sm.; f. *e* pl. (ó).
por·co(s)-do·*ma*·to sm. (pl.).
por·co-es·*pim* sm.; pl. *porcos-espins*.
por·co(s)-es·*pi*·nho(s) sm. (pl.).
por·*co*(s)-*su*·jo(s) sm. (pl.).
pôr do *sol* sm.; pl. *pores do sol*.
po·re·ca·me·*crã* adj. s2g.: *poracamecrã*.
po·re·ca·tu:*en*·se adj. s2g.
po·*re*·jar v.
po·*rém* conj. sm./Cf. *porem* (ô), do v. *pôr*.
por·fa·vor·me·*pe*·gue sm. 2n.
por·*fi*·a sf.
por·fi:*a*·da sf.
por·fi:*a*·do adj.
por·fi:*a*·dor (ô) adj. sm.
por·fi:*ar* v.
pór·fi·do sm.
por·fi:*o*·so (ô) adj.; f. *e* pl. (ó).
por·*fí*·ri·co adj.

por·fi·*rí*·ti·co adj.
por·fi·ri·za·*ção* sf.; pl. ·*ções*.
por·fi·ri·*zar* v.
pór·fi·ro sm.: *pórfido*.
por·fi·ro·*blás*·ti·co adj.
por·fi·*roi*·de adj. 2g.
po·ri·*ci*·da adj. 2g.
po·*rí*·fe·ro adj. sm.
por·me·*nor* sm.
por·me·no·ri·za·*ção* sf.; pl. ·*ções*.
por·me·no·ri·*zar* v.
por·*nei*·a sf.
por·*nô* adj. 2g. 2n. sm.
por·no·chan·*cha*·da sf.
por·no·*cra*·ci·a sf.
por·no·*crá*·ti·co adj.
por·no·fo·*ni*·a sf.
por·no·gra·*far* v.
por·no·gra·*fi*·a sf.
por·no·*grá*·fi·co adj.
por·no·gra·*fis*·mo sm.
por·*nó*·gra·fo sm./Cf. *pornografo*, do v. *pornografar*.
por·no·tu·*ris*·mo sm.
po·ro sm.
po·ro·ce·*fá*·li·do adj. sm.
po·ro·*ce*·le sf.
po·ro·*cé*·li·co adj.
po·*ró*·ci·to sm.
po·ro·co·*tó* adj. s2g.: *purucotó*.
po·ro·ga·*mi*·a sf.
po·*ron*·go sm.: *purungo*.
po·ron·*gu*·do adj.
po·ron·*guei*·ro sm.
po·ro·*ro*·ca sf.
po·ro·ro·*car* v.
po·ro·*rom* adj. sm.; pl. ·*rons*.
po·ro·si·*da*·de sf.
po·*ro*·so (ô) adj.; f. *e* pl. (ó).
por·*quan*·to conj.
por·*que* conj./Cf. *por que*, *por quê* e *porquê*.
por·*quê* sm./Cf. *porque*, *por quê* e *por que*.
por·*quei*·ra sf.
por·*quei*·ro adj. sm.
por·*qui*·nho sm.
por·qui·nho(s)-da-*ín*·di:a sm. (pl.).
por·ra (ô) interj. sf.
por·*rá*·ce:o adj.
por·*ra*·da sf.
por·*ra*·do adj.
por·*ral* sm.; pl. ·*rais*.
por·ra(s)-*lou*·ca(s) adj. s2g. (pl.).
por·ra-lou·*qui*·ce(s) sf. (pl.).

por·ra-lou·*quis*·mo(s) sm. (pl.).
por·*rão* sm.; pl. ·*rões*.
por·re sm.
por·*rec*·to adj.
por·*rei*·ro adj.
por·*re*·ta (ê) adj. 2g.
por·re·*ta*·da sf.
por·*re*·te (ê) sm.
por·*ri*·gem sf.; pl. ·gens.
por·ri·gi·*no*·so (ô) adj.; f. e pl. (ó).
por·*ri*·nha sf.
por·*ris*·ta adj. s2g.
por·ro (ô) sm.
por·ta sf.
por·ta a *por*·ta adj. 2g. 2n. adv.
por·ta-a·vi:ões sm. 2n.
por·ta-ba·*ga*·gem sm.; pl. *porta-bagagens*.
por·ta-ban·*dei*·ra(s) sm. s2g. (pl.).
por·ta-ba·*que*·tas sm. 2n.
por·ta-ba·*tel* sm.; pl. *porta-batéis*.
por·ta·bi·li·*da*·de sf.
por·ta-*ca*·bos sm. 2n.
por·ta-*car*·tas sm. 2n.
por·ta-car·*tões* sm. 2n.
por·ta-*cha*·pas sm. 2n.
por·ta-cha·*péus* sm. 2n.
por·ta-*cha*·ves sm. 2n.
por·ta-ci·*gar*·ros sm. 2n.
por·ta-cla·*vi*·na(s) sm. (pl.).
por·ta(s)-co·*chei*·ra(s) sf. (pl.).
por·ta-*co*·lo(s) sm. (pl.).
por·*ta*·da sf.
por·ta·*dor* (ô) adj. sm.
por·ta·*do*·ra (ô) sf.
por·ta e ja·*ne*·la(s) sf. (pl.).
por·ta-e·*men*·das sm. 2n.
por·ta-en·*xer*·to(s) sm. (pl.).
por·ta-es·*pa*·ços sm. 2n.
por·ta-es·*pa*·da(s) sm. (pl.).
por·ta-es·tan·*dar*·te(s) s2g. (pl.).
por·ta-*flo*·res sm. 2n.
por·ta-*fó*·li:o(s) sm. (pl.).
por·ta-*fras*·co(s) sm. (pl.).
por·ta-*gão* sm.; pl. ·*gões*.
por·ta-*gei*·ro sm.
por·*ta*·gem sf.; pl. ·gens.
por·ta-*joi*·as sm. 2n.
por·*tal* sm.; pl. ·*tais*.
por·ta-lan·*ter*·na(s) sm. (pl.).
por·ta-*lá*·pis sm. 2n.
por·ta-le·*gren*·se adj. s2g. 'de Portalegre'/Cf. *porto--alegrense*.
por·ta-*len*·ços sm. 2n.
por·ta-*le*·que(s) sm. (pl.).

por·ta-*li*·vros sm. 2n.
por·ta-*ló* sm.
por·ta-*lu*·vas sm. 2n.
por·ta-ma·ça(s) sm. (pl.).
por·ta-ma·*cha*·do(s) sm. (pl.).
por·ta-*ma*·las sm. 2n.
por·ta-mar·*mi*·ta(s) sm. (pl.).
por·ta-*men*·to sm.
por·ta-*mi*·tra(s) sm. (pl.).
por·*tân*·ci:a sf.
por·ta-ne·ga·*ti*·vo(s) sm. (pl.).
por·ta-*ní*·queis sm. 2n.
por·ta-*no*·vas s2g. 2n.
por·*tan*·te adj. 2g.
por·*tan*·to conj.
por·*tão* sm.; pl. ·*tões*.
por·ta-ob·*je*·to(s) sm. (pl.).
por·ta-o·ri·gi·*nal* sm.; pl. *porta-originais*.
por·ta-*pá*·gi·na(s) sm. (pl.).
por·ta-pa·*quê*(s) sm. (pl.).
por·ta-*paz* sm.; pl. *porta-pazes*.
por·ta-*pe*·dra(s) sm. (pl.).
por·ta-*pe*·nas sm. 2n.
por·ta-pneu·*má*·ti·co(s) sm. (pl.).
por·ta-*pon*·tas sm. 2n.
por·*tar* v.
por·ta-*re*·de(s) sm. (pl.).
por·ta-re·*ló*·gi:o(s) sm. (pl.).
por·ta-re·*tí*·cu·la(s) sm. (pl.).
por·ta-re·*tra*·tos sm. 2n.
por·ta-re·*vis*·tas sm. 2n.
por·ta-*ri*·a sf.
por·ta-*sei*:os sm. 2n.
por·ta-se·*men*·tes sm. 2n.
por·*tá*·til adj. 2g.; pl. ·*teis*.
por·ta-to:*al*·has sm. 2n.
por·*tá*·vel adj. 2g.; pl. ·*veis*.
por·ta-*voz* s2g.; pl. *porta-vozes*.
por·te sm.
por·te:*ar* v.
por·*tei*·ra sf.
por·tei·*ren*·se adj. s2g.
por·tei·ri·*nhen*·se adj. s2g.
por·*tei*·ro sm.
por·tei·ro-*mor* sm.; pl. *porteiros-mores*.
por·*te*·la sf.
por·te·*len*·se adj. s2g.
por·*te*·nho adj. sm.
por·*ten*·to sm.
por·ten·*to*·so (ô) adj.; f. e pl. (ó).
port·*fó*·li:o sm.
pór·ti·co sm.
por·*ti*·lha sf.
por·*ti*·lho sm.

po·ti·*nho*·la sf.
por·to (ô) sm./Cf. *porto* (ó), do v. *portar*.
por·to-a·le·*gren*·se(s) adj. s2g. (pl.) 'de Porto Alegre'/Cf. *portalegrense*.
por·to-a·ma·zo·*nen*·se(s) adj. s2g. (pl.).
por·to-be·*la*·no(s) adj. sm. (pl.).
por·to-cal·*ven*·se(s) adj. s2g. (pl.).
por·to-fe·li·*cen*·se(s) adj. s2g. (pl.).
por·to-fir·*men*·se(s) adj. s2g. (pl.).
por·to-fo·*lhen*·se(s) adj. s2g. (pl.).
por·to(s)-*fran*·co(s) sm. (pl.).
por·to-fran·*qui*·no(s) adj. sm. (pl.).
por·to-lu·ce·*nen*·se(s) adj. s2g. (pl.).
por·to-pe·*dren*·se(s) adj. s2g. (pl.).
por·to-re:a·*len*·se(s) adj. s2g. (pl.).
por·to-ri·*que*·nho(s) adj. sm. (pl.).
por·to-ri·*quen*·se(s) adj. s2g. (pl.).
por·to(s)-*se*·co(s) sm. (pl.).
por·to-se·gu·*ren*·se(s) adj. s2g. (pl.).
por·to-ve·*lhen*·se(s) adj. s2g. (pl.).
por·tu·*á*·ri:o adj. sm.
por·*tu*·cho sm.
por·tu:*en*·se adj. s2g.
por·*tu*·ga adj. s2g.
por·tu·ga·li·*zar* v.
por·tu·*guês* adj. sm.
por·tu·*gue*·sa (ê) sf./Cf. *portuguesa* (é), do v. *portuguesar*.
por·tu·gue·*sar* v.
por·tu·gue·*sis*·mo sm.
por·tu·*la*·ca sf.
por·tu·la·*cá*·ce:a sf.
por·tu·la·*cá*·ce:o adj.
por·tu·*la*·no sm.
por·tu:*o*·so (ô) adj.; f. e pl. (ó).
po·*ru*·ca sf.
po·*run*·ga sf.
po·*ru*·ti sm.
por·ven·*tu*·ra adv.
por·vin·*doi*·ro adj.: *porvindouro*.

por·*vir* sm.
pós- pref. (é sempre seguido de hífen).
pós prep. 'após'/Cf. *pôs*, do v. *pôr*.
po·*sar* v.
pós-*bí*·bli·co(s) adj. (pl.).
pós-*bo*·ca(s) sf. (pl.).
pós-ca·pi·ta·*lis*·mo sm.
pos·ce·*fá*·li·co adj.
pos·*cé*·fa·lo sm.
pos·*cê*·ni:o sm.
pós-*da*·ta(s) sf. (pl.).
pós-da·*ta*·do(s) adj. (pl.).
pós-da·*tar* v.
pós-di·lu·vi:*a*·no(s) adj. (pl.).
pós-dor·*sal* adj. 2g.; pl. *pós--dorsais*.
pós-dou·to·*ra*·do sm.
po·se (ô) sf. 'postura do corpo'/ Cf. *pose* (ó), do v. *posar*, e *pouse*, do v. *pousar*.
pós-e·lei·to·*ral* adj. 2g.; pl. *pós--eleitorais*.
pós-es·*cri*·to(s) adj. sm. (pl.).
pos·fa·ci:*ar* v.
pos·*fá*·ci:o sm./Cf. *posfacio*, do v. *posfaciar*.
pós-fi·*xa*·do adj.
pós-gla·ci:*al* adj. 2g.; pl. *pós--glaciais*.
pós-gra·du:*a*·*ção* sf.; pl. *pós--graduações*.
pós-gra·du:*a*·do(s) adj. (pl.).
pós-*guer*·ra sm.
po·si·*ção* sf.; pl. ·*ções*.
po·si·ci:o·*nal* adj. 2g.; pl. ·*nais*.
po·si·ci:o·*nar* v.
po·*sí*·de:on sm.
pós-im·pres·si:o·*nis*·mo(s) sm. (pl.).
pós-im·pres·si:o·*nis*·ta(s) adj. s2g. (pl.).
pós-in·dus·tri·*al* adj. 2g.; pl. ·*ais*.
po·si·ti·*var* v.
po·si·ti·vi·*da*·de sf.
po·si·ti·*vis*·mo sm.
po·si·ti·*vis*·ta adj. s2g.
po·si·ti·*vo* adj. adv. sm.
pó·si·ton sm.: *pó*·si·tron.
pos·li·*mí*·ni:o sm.: *postlimínio*.
pos·*lú*·di:o sm.
pós-ma·tu·ra·*ção* sf.; pl. *pós--maturações*.
pós-me·ri·di:*a*·no(s) adj. (pl.).
pós-mo·der·*nis*·mo sm.
pós-mo·*der*·no sm.

po·so·lo·*gi*·a sf.
po·so·*ló*·gi·co adj.
pós-o·pe·ra·*tó*·ri:o adj. sm. pl.
pós-o·per·cu·*lar* adj. 2g.; pl. *pós-operculares*.
po·so·*qué*·ri:a sf.
pos·*pas*·to sm.
pós-pei·to·*ral* adj. 2g.; pl. *pós--peitorais*.
pos·*pe*·lo (ê) sm.
pós-*per*·na(s) sf. (pl.).
pos·pon·*tar* v.
pos·*pon*·to sm. 'modo de coser'/Cf. *pesponto*.
pos·*por* v.
pos·po·si·*ção* sf.; pl. ·*ções*.
pos·po·si·*ti*·va sf.
pos·po·si·*ti*·vo adj.
pos·*pos*·to (ô) adj.
pós-pran·di:*al* adj. 2g.; pl. *pós--prandiais*.
pós-pu·er·pe·*ral* adj. 2g.; pl. *pós-puerperais*.
pós-ro·*ma*·no(s) adj. (pl.).
pos·*san*·ça sf.
pos·*san*·te adj. 2g.
pos·se sf.
pos·se:*ar* v.
pos·*sei*·ro adj. sm. 'que ou aquele que está na posse legal de imóvel'/Cf. *poceiro* e *puceiro*.
pos·*sen*·se adj. s2g.
pos·ses sf. pl.
pos·ses·*são* sf.; pl. ·*sões*.
pos·ses·si·bi·li·*da*·de sf.
pos·ses·*sí*·vel adj. 2g.; pl. ·*veis*.
pos·ses·*si*·vo adj. sm.
pos·*ses*·so adj. sm.
pos·ses·*sor* (ô) adj. sm.
pos·ses·*só*·ri:o adj. sm.
pos·si·bi·li·*da*·de sf.
pos·si·bi·li·*tar* v.
pós-sim·bo·*lis*·ta(s) adj. s2g. (pl.).
pos·*sí*·vel adj. 2g. sm.; pl. ·*veis*.
pós-so·*crá*·ti·co(s) adj. (pl.).
pos·su·*í*·do adj.
pos·su·i·*dor* (ô) adj. sm.
pos·su·*í*·dos sm. pl.
pos·su·*in*·te adj. s2g.
pos·su·*ir* v.
pos·ta sf.
pos·*ta*·gem sf.; pl. ·*gens*.
pos·*tal* adj. 2g. sm.; pl. ·*tais*.
pos·ta·*lis*·ta adj. s2g.
pos·*tar* v.
pos·ta·res·*tan*·te(s) sf. (pl.).

pos·te sm.
pos·te:a·*ção* sf.; pl. ·*ções*.
pos·te:a·*men*·to sm.
pos·te:*ar* v.
pos·tei·*ra*·da sf.
pos·*tei*·ro sm.
pos·te·*jar* v.
pos·*te*·ma sm.
pos·te·*mão* sm.; pl. ·*mãos*.
pos·te·*mar* v.
pôs·ter sm.
pos·ter·ga·*ção* sf.; pl. ·*ções*.
pos·ter·ga·*men*·to sm.
pos·ter·*gar* v.
pos·te·ri·*da*·de sf.
pos·te·ri·*or* (ô) adj. 2g. sm.
pos·te·ri·o·ri·*da*·de sf.
pós·te·ro adj. sm.
pos·te·ro:ex·te·ri·*or* adj. 2g.; pl. *posteroexteriores*.
pos·te·ro:in·fe·ri·*or* adj. 2g.; pl. *posteroinferiores*.
pos·te·ro:in·te·ri·*or* adj. 2g.; pl. *posterointeriores*.
pós·te·ros sm. pl.
pos·te·ros·su·pe·ri·*or* adj. 2g.; pl. *posterossuperiores*.
pos·te·to·*mi*·a sf.
pos·*ti*·ço adj.
pos·*ti*·go sm.
pos·*tí*·gra·fo sm.
pos·*ti*·la sf.
pos·ti·*lhão* sm.; pl. ·*lhões*.
pos·ti·*má*·ri:a sf.
pos·ti·*mei*·ro adj.
pos·*tí*·ti·co adj.
pos·tli·*mí*·ni:o sm.: *poslimínio*.
post mortem adj. 2g. 2n. (lat.).
pos·to (ô) adj. sm./Cf. *posto* (ó), do v. *postar*.
pos·*tô*·ni·co adj.
pos·tre sm.
pos·*trei*·ro adj.
pos·tre·*mei*·ro adj.: *postrimeiro*.
pos·*tre*·mo adj.
pos·tres sm. pl.
pos·*trí*·di:o sm.
pos·tri·*mei*·ro adj.: *postremeiro*.
postscript sm. (ing.: *pouscript*).
pos·tu·la·*ção* sf.; pl. ·*ções*.
pos·tu·*la*·do sm. 'princípio ou fato reconhecido'/Cf. *pustulado*.
pos·tu·*lan*·te adj. s2g.
pos·tu·*lar* v.
pos·tu·*má*·ri:a sf.
pos·tu·*mei*·ro adj.
pós·tu·mo adj.

pos·tu·ra sf.
pos·tu·ral adj. 2g.; pl. ·rais·
pos·tu·ras sf. pl.
pos·tu·rei·ro sm.
po·su·do adj. sm.
pós-vé·di·co(s) adj. (pl.).
pós-ver·bal adj. sm.; pl. pós-
 -verbais.
po·ta·ba sf.
po·ta·bi·li·da·de sf.
po·tâ·mi·de sf.
po·ta·mi·ta adj. s2g.
po·ta·mo·fo·bi·a sf.
po·ta·mo·fó·bi·co adj.
po·ta·mó·fo·bo sm.
po·ta·mo·ge·to·ná·ce:a sf.
po·ta·mo·ge·to·ná·ce:o adj.
po·ta·mo·gra·fi·a sf.
po·ta·mo·grá·fi·co adj.
po·ta·mo·lo·gi·a sf.
po·ta·mo·ló·gi·co adj.
po·ta·mo·lo·gis·ta adj. s2g.
po·ta·mó·lo·go sm.
po·tas·sa sf.
po·tás·si·co adj.
po·tás·si:o sm.
po·ta·va sf.: potaba.
po·tá·vel adj. 2g.; pl. ·veis.
po·te sm.
po·te:en·se adj. s2g.
po·tei·a sf.
po·tên·ci:a sf.
po·ten·ci·a·ção sf.; pl. ·ções.
po·ten·ci·al adj. 2g. sm.; pl. ·ais.
po·ten·ci·a·li·da·de sf.
po·ten·ci·a·li·zar v.
po·ten·ci·ar v.
po·ten·ci·o·me·tri·a sf.
po·ten·ci·o·mé·tri·co adj.
po·ten·ci·ô·me·tro sm.
po·ten·ta·do sm.
po·ten·te adj. 2g.
po·ten·tei·a sf.
po·ten·ti·lha sf.
po·ter·na sf.
po·tes·ta·de sf. 'poder,
 potência'/Cf. podestade.
po·tes·ta·des sf. pl.
po·tes·ta·ti·vo adj.
po·ti sm.
po·ti·che sm.
po·ti·ci sm.
po·ti·guar adj. s2g.
po·ti·gua·ra adj. s2g.
po·ti·mi·rim sm.; pl. ·rins.
po·ti·ra·guen·se adj. s2g.
po·ti·ren·da·ba·no adj. sm.
po·ti·tin·ga sm.

po·ti:ú·na sm.
po·to sm.
po·tó sm.
po·to·ca sf.
po·to·car v.
po·tô·me·tro sm.
po·tó·pi·men·ta sm.; pl. potós-
 -pimentas ou potós-pimenta.
po·to·quei·ro adj. sm.
po·to·quis·ta adj. s2g.
po·to·si sm.
po·to·si·no adj. sm.
pot-pourri sm. (fr.: pôpurri).
po·tra (ô) sf.
po·tra·da sf.
po·tran·ca sf.
po·tran·ca·da sf.
po·tran·co sm.
po·tra·ri·a sf.
po·tre:a·ção sf.; pl. ·ções
po·tre:a·da sf.
po·tre:a·dor (ô) adj. sm.
po·tre:ar v.
po·tre·co sm.
po·trei:a sf./Cf. potreia, do v.
 potrear.
po·trei·ro sm.
po·tril sm.; pl. ·tris.
po·tri·lha sm.
po·tri·lha·da sf.
po·tri·lho sm.
po·tro (ô) sm.
po·tro·so (ô) adj.; f. e pl. (ó).
pou·ca sf.
pou·ca·chi·nho adv. sm.
pou·ca·di·nho sm.
pou·ca(s)-ver·go·nha(s) sf.
 (pl.).
pou·co adj. adv. pron. sm.
pou·co(s)-ca·so(s) sm. (pl.).
pou·co·chi·nho adj. sm.
pou·pa sf. 'ave' 'poupança'/Cf.
 popa² (ô) e polpa.
pou·pa·do adj.
pou·pa·dor (ô) adj. sm.
pou·pan·ça sf.
pou·pão adj.; pl. ·pões.
pou·par v.
pou·pu·do adj.
pou·qui·da·de sf.
pou·qui·dão sf.; pl. ·dões
pou·qui·nho sm.
pou·sa sf.: poisa.
pou·sa·da sf.: poisada.
pou·sa·di·a sf.: poisadia.
pou·sa·mão sm.; pl. pousa-
 -mãos: poisa-mão.
pou·sar v.: poisar.

pou·sei·ro sm.: poiseiro.
pou·si:o adj. sm.: poisio.
pou·so sm.: poiso.
pou·so-a·le·gren·se(s) adj. s2g.
 (pl.).
pou·so-al·ten·se(s) adj. s2g.
 (pl.).
pou·sos sm. pl.
pou·ta sf.: poita.
pou·tar v.: poitar.
po·vão sm.; pl. ·vões.
po·va·réu sm.
po·vei·ro adj. sm. 'pertencente
 ou natural de Póvoa de
 Varzim'/Cf. povoeiro.
po·vi·léu sm.
po·vo (ô) sm.; pl. (ó).
pó·vo:a sf./Cf. povoa (ô), do v.
 povoar.
po·vo:a·ção sf.; pl. ·ções
po·vo:a·do sm.
po·vo:a·dor (ô) adj. sm.
po·vo:a·men·to sm.
po·vo:ar v.
po·vo:ei·ro sm. 'habitante de
 um povoado'/Cf. poveiro.
po·vo·léu sm.
po·xa (ô) interj.
po·xo·re:a·no adj. sm.
po·xo·ren·se adj. s2g.
po·zei·ra sf.
po·zo·la·na sf.
po·zo·lâ·ni·co adj.
pra·ça sf. sm.
pra·ça(s)-d'ar·mas sm. (pl.).
pra·ca·ri sm.
pra·ca·ta sf.
pra·ca·xi sf.
pra·ce:ar v.
pra·cei·ro adj.
pra·ce·jar v.
pra·ci·a·no adj. sm.
pra·ci·nha sm.
pra·cis·ta adj. s2g.
prá·cri·to sm.
pra·cu·u·ba sf.
pra·cu·u·bal sm.; pl. ·bais.
pra·da·ri·a sf.
pra·den·se adj. s2g.
pra·do sm.
pra·do·so (ô) adj.; f. e pl. (ó).
pra·fren·te adj. 2g. 2n.
pra·fren·tex (cs) adj. 2g. 2n.
pra·ga sf.
pra·gal sm.; pl. ·gais.
pra·ga·na sf.
pra·ga·no·so (ô) adj.; f. e pl. (ó).
pra·ga·ta sf.

prag·má·ti·ca sf.
prag·ma·ti·*cis*·mo sm.
prag·*má*·ti·co adj.
prag·ma·*tis*·mo sm.
prag·ma·*tis*·ta adj. s2g.
pra·*guá* sm.
pra·gua·ri sm.: *preguari*.
pra·gue·*ja*·do adj.
pra·gue·ja·*dor* (ô) adj. sm.
pra·gue·ja·*men*·to sm.
pra·gue·*jar* v.
pra·*guen*·to adj. sm.
prai·a sf.
prai·*á* adj. s2g.
prai·*a*·no adj. sm.
prai·*ei*·ro adj. sm.
pra:i·*nhen*·se adj. s2g.
prai·no adj. sm.
prai·ri:*al* sm.; pl. ·*ais*.
pra·*já* sm.
pra·*li*·na sf.
pran·cha sf.
pran·*cha*·da sf.
pran·*chão* sm.; pl. ·*chões*.
pran·*char* v.
pran·che:*ar* v.
pran·*chei*·ro sm.
pran·*che*·ta (ê) sf.
pran·di:*al* adj. 2g. sm.; pl. ·*ais*.
prân·di:o sm.
pran·*tar* v.
pran·ta·*ri*·a sf.
pran·te:a·*dei*·ra sf.
pran·te:*a*·do adj.
pran·te:a·*dor* (ô) adj. sm.
pran·te:*ar* v.
pran·*ti*·na sf.
pran·to sm.
pra·se sm.
prá·si·no adj. sm.
pra·si:o·*dí*·mi:o sm.
pra·ta sf.
pra·*ta*·da sf.
pra·ta·*lha*·da sf.
pra·ta·*lhaz* sm.
pra·ta·po·*len*·se adj. s2g.
pra·ta·*ri*·a sf.
pra·tar·*rão* sm.; pl. ·*rões*.
pra·tar·*raz* sm.
pra·*tá*·zi:o sm.
pra·te:a·*ção* sf.; pl. ·*ções*.
pra·te:*a*·do adj. sm.
pra·te:a·*dor* (ô) adj. sm.
pra·te:a·*du*·ra sf.
pra·te:*ar* v.
pra·*tei*·ra sf.
pra·*tei*·ro sm.
pra·*tel* sm.; pl. ·*téis*.

pra·te·*lei*·ra sf.
pra·te·*lei*·ro sm.
pra·*ten*·se adj. s2g.
pra·ti:*a*·no adj. sm.
pra·ti·*bu* sm.
prá·ti·ca sf./Cf. *pratica*, do v. *praticar*.
pra·ti·ca·bi·li·*da*·de sf.
pra·ti·*ca*·gem sf.; pl. ·*gens*.
pra·ti·*can*·te adj. s2g.
pra·ti·*car* v.
pra·ti·*cá*·vel adj. 2g. sm.; pl. ·*veis*.
prá·ti·co adj. sm./Cf. *pratico*, do v. *praticar*.
pra·*tí*·co·la adj. 2g.
pra·ti·cul·*tor* (ô) sm.
pra·ti·cul·*tu*·ra sf.
pra·ti·*lhei*·ro sm.
pra·ti·*nhen*·se adj. s2g.
pra·*ti*·nho sm.
pra·ti·*quei*·ra sf.
pra·to sm.
pra·tos sm. pl.
pra·vi·*da*·de sf.
pra·vo adj.
pra·xe sf.
prá·xis (cs) sf. 2n.
pra·*xis*·ta (cs) adj. s2g.
pra·xi·te·ra·*pi*·a (cs) sf.
pra·*zen*·te adj. 2g.
pra·zen·te:*ar* v.
pra·zen·*tei*:o sm.
pra·zen·*tei*·ro adj.
pra·*zer* sm. v.
pra·ze·*ro*·so (ô) adj.; f. *e* pl. (ó).
pra·*zi*·men·to sm.
pra·*zí*·vel adj. 2g.; pl. ·*veis*.
pra·zo sm.
pra·zo(s)·*da*·do(s) sm. (pl.).
pré- pref. (é sempre seguido de hífen).
pré sm.
pre:*á* s2g.
pre:*a*·ca sf. 'açoite de couro'/ Cf. *priaca*.
pre:a·*ca*·da sf.
pre:*á*(s)·da·*ín*·di:a sf. (pl.).
pré·a·da·*mi*·ta(s) adj. s2g. (pl.).
pré·a·*gô*·ni·co(s) adj. (pl.).
pré·a·jus·*ta*·do(s) adj. (pl.).
pré·a·jus·*tar* v.
pré·a·le·*gar* v.
pre:a·*mar* sf.: *preia-mar*.
pre:am·bu·la·*ção* sf.; pl. ·*ções*.
pre:am·bu·*lar* adj. 2g. v.
pre:*âm*·bu·lo sm./Cf. *preambulo*, do v. *preambular*.

pré·am·pli·fi·ca·*dor* sm.; pl. *pré-amplificadores*.
pré·an·te·pe·*núl*·ti·mo(s) adj. (pl.).
pre:a·nun·ci:a·*ção* sf.; pl. ·*ções*.
pre:a·nun·ci:*ar* v.
pre:a·que·*cer* v.
pre:a·que·ci·*men*·to sm.
pre:*ar* v.
pré·a·ri:*a*·no(s) adj. (pl.).
pré·a·*vi*·so(s) sm. (pl.).
pre·*ben*·da sf.
pre·ben·*da*·do adj. sm.
pre·ben·*dar* v.
pre·ben·da·*ri*·a sf.
pre·ben·*dei*·ro sm.
pre·bi·*xim* sm.; pl. ·*xins*.
pre·bos·*ta*·do sm.
pre·bos·*tal* adj. 2g.; pl. ·*tais*.
pre·*bos*·te sm.
pré·ca·bra·li:*a*·no(s) adj. (pl.).
pré·ca·bra·*li*·no(s) adj. (pl.).
pre·ca·*ção* sf. 'rogação'; pl. ·*ções*/Cf. *precaução*.
pré·cam·bri:*a*·no(s) adj. sm. (pl.).
pré·can·di·*da*·to sm.
pre·can·*tar* v.
pre·ca·ri:e·*da*·de sf.
pre·*cá*·ri:o adj.
pre·*çá*:ri:o sm.
pre·ca·*ris*·ta adj. s2g.
pré·car·na·va·*les*·co(s) adj. (pl.).
pre·ca·*ta*·do adj.
pre·ca·*tar* v.
pre·ca·*tó*·ri:a sf.
pre·ca·*tó*·ri:o adj. sm.
pre·cau·*ção* sf. 'cuidado'; pl. ·*ções*/Cf. *precação*.
pre·cau·ci:o·*nar* v.
pre·cau·te·*lar* v.
pre·cau·*tó*·ri:o adj.
pre·ca·*ver* v.
pre·ca·*vi*·do adj.
pre·ce sf.
pre·ce·*dên*·ci:a sf. 'preferência'/ Cf. *procedência* e *procidência*.
pre·ce·*den*·te adj. 2g. sm. 'antecedente'/Cf. *procedente* e *procidente*.
pre·ce·*der* v. 'anteceder'/Cf. *proceder*.
pre·*cei*·to sm.
pre·cei·tu:a·*ção* sf.; pl. ·*ções*.
pre·cei·tu:*ar* v.
pre·cei·tu:*á*·ri:o sm.
pré·*cél*·ti·co(s) adj. (pl.)

pre·cen·*tor* (ô) sm.
pre·cep·*ti*·vo adj.
pre·cep·*tor* (ô) sm.
pre·cep·to·*ral* adj. 2g.; pl. ·*rais*.
pre·cep·to·*ri*·a sf.
pre·ces·*são* sf.; pl. ·*sões*.
pré·ci:en·*tí*·fi·co(s) adj. (pl.).
pre·ci·fi·*car* v.
pre·cin·*gir* v.
pre·*cin*·ta sf. 'faixa'/Cf. *pressinta*, do v. *pressentir*.
pre·cin·*tar* v.
pre·ci:*o*·sa sf.
pre·ci:o·si·*da*·de sf.
pre·ci·o·*sis*·mo sm.
pre·ci:*o*·so (ô) adj. sm.; f. *e* pl. (ó).
pre·ci·*pí*·ci:o sm.
pre·ci·pi·ta·*ção* sf.; pl. ·*ções*.
pre·ci·pi·*ta*·do adj. sm.
pre·ci·pi·*tan*·te adj. 2g. sm.
pre·ci·pi·*tar* v.
pre·ci·pi·*tá*·vel adj. 2g.; pl. ·veis.
pre·*cí*·pi·te adj. 2g./Cf. *precipite*, do v. *precipitar*.
pre·ci·pi·*to*·so (ô) adj.; f. *e* pl. (ó).
pre·*cí*·pu:o adj. sm.
pre·ci·*sa*·do adj.
pre·ci·*são* sf.; pl. ·*sões*.
pre·ci·*sar* v.
pre·*ci*·so adj. sm.
pre·ci·*ta*·do adj.: pré--ci·*ta*·do(s) adj. (pl.).
pre·*ci*·to adj. sm.
pre·cla·ri·*da*·de sf.
pre·*cla*·ro adj.
pré·*clás*·si·co(s) adj. (pl.).
pre·*clá*·vi:o sm.
pre·clu·*ir* v.
pre·clu·*são* sf.; pl. ·*sões*.
pre·clu·*si*·vo adj.
pre·ço (ê) sm.
pre·*co*·ce adj. 2g.
pre·co·ci·*da*·de sf.
pre·co·gi·ta·*ção* sf.; pl. ·*ções*.
pre·co·gi·*tar* v.
pre·*cóg*·ni·to adj.
pré·co·lom·bi:a·no(s) adj. (pl.).
pré·co·ma·*to*·so(s) adj. (pl.).
pre·con·ce·*ber* v.
pre·con·ce·*bi*·do adj.
pre·con·*cei*·to sm.
pre·con·cei·tu:*o*·so (ô) adj. fem. *e* pl.: (ó)
pre·con·di·*ção* sf.; pl. ·*ções*.
pre·co·*ní*·ci:o sm.
pre·co·ni·za·*ção* sf.; pl. ·*ções*.

pre·co·ni·za·*dor* (ô) adj. sm.
pre·co·ni·*zar* v.
pré·cons·ci:*en*·te(s) adj. 2g. sm. (pl.): pre·cons·ci:*en*·te.
pré·cons·ti·tu·ci:o·*nal* adj. 2g.; pl. *pré-constitucionais*.
pré·con·tra·*ção* sf.; pl. *pré--contrações*: pre·con·tra·*ção*.
pré·con·tra·ta·*ção* sf.; pl. *pré--contratações*.
pré·con·tra·*ta*·do(s) adj. sm. (pl.).
pré·con·tra·*tan*·te(s) adj. s2g. (pl.).
pré·con·tra·*tar* v.
pré·cor·di:*al* adj. 2g.; pl. *pré-cordiais*.
pré·cris·*tão* adj.; pl. *pré-cristãos*.
pre·cur·*sor* (ô) adj. sm.
pre·da·*dor* (ô) adj. sm.
pré·da·*ta*·do(s) adj. (pl.).
pre·*dar* v.
pré·da·*ta*·do adj.
pré·da·*tar* v.
pre·da·*tó*·ri:o adj.
pre·de·ces·*sor* (ô) sm.
pre·de·fi·ni·*ção* sf.; pl. ·*ções*.
pre·de·fi·*nir* v.
pre·des·ti·na·*ção* sf.; pl. ·*ções*.
pre·des·ti·*na*·do adj. sm.
pre·des·ti·*nar* v.
pre·de·ter·mi·na·*ção* sf.; pl. ·*ções*.
pre·de·ter·mi·*na*·do adj.
pre·de·ter·mi·*nan*·te adj. 2g.
pre·de·ter·mi·*nar* v.
pre·di:*al* adj. 2g.; pl. ·*ais*.
pré·di·ca sf./Cf. *predica*, do v. *predicar*.
pre·di·ca·*ção* sf.; pl. ·*ções*.
pre·di·*ca*·do sm.
pre·di·ca·*dor* (ô) adj. sm.
pre·di·*cal* adj. 2g.; pl. ·*cais*.
pre·di·ca·men·*tal* adj. 2g.; pl. ·*tais*.
pre·di·ca·men·*tar* v.
pre·di·ca·*men*·to sm.
pre·di·*can*·te adj. s2g.
pre·di·*ção* sf. 'profecia'; pl. ·*ções*/Cf. *prodição*.
pre·di·*car* v.
pre·di·ca·*ti*·vo adj. sm.
pre·di·ca·*tó*·ri:o adj.
pre·di·le·*ção* sf.; pl. ·*ções*.
pre·di·*le*·to adj. sm.
pré·di·lu·vi:a·no(s) adj. (pl.).
pré·di:o sm.
pre·dis·po·*nên*·ci:a sf.

pre·dis·po·*nen*·te adj. 2g.
pre·dis·*por* v.
pre·dis·po·si·*ção* sf.; pl. ·*ções*.
pre·dis·*pos*·to (ô) adj. sm.; f. *e* pl. (ó).
pré·dis·so·ci:a·*ção* sf.; pl. *pré--dissociações*.
pre·*di*·to adj.
pre·di·*zer* v.
pre·do·mi·na·*ção* sf.; pl. ·*ções*.
pre·do·mi·na·*dor* (ô) adj. sm.
pre·do·mi·*nân*·ci:a sf.
pre·do·mi·*nan*·te adj. 2g.
pre·do·mi·*nar* v.
pre·do·*mí*·ni:o sm.
pré·dor·*sal* adj. 2g.; pl. *pré--dorsais*.
pré·*dor*·so(s) sm. (pl.).
pré·e·lei·to·*ral* adj. 2g.; pl. *pré--eleitorais*.
pre:e·mi·*nên*·ci:a sf. 'superioridade'/Cf. *proeminência*.
pre:e·mi·*nen*·te adj. 2g. 'superior'/Cf. *proeminente*.
pre:emp·*ção* sf.; pl. ·*ções*.
pre:en·*cher* v.
pre:en·chi·*men*·to sm.
pre:en·*chí*·vel adj. 2g.; pl. ·*veis*.
pré·en·co·*lhi*·do(s) adj. (pl.).
pré·*ên*·fa·se(s) sf. (pl.).
pre:en·*são* sf.; pl. ·*sões*.
pré·*ên*·sil adj. 2g.; pl. ·*seis*.
pre:en·*sor* (ô) adj.
pré·es·co·*lar* adj. 2g. sm.; pl. *pré-escolares*.
pré·es·co·la·ri·*da*·de(s) sf. (pl.).
pré·es·for·*ça*·do(s) adj. (pl.).
pre:es·ta·be·le·*cer* v.
pre:es·ta·be·le·*ci*·do adj.
pre:es·ta·be·le·ci·*men*·to sm.
pré·es·te·*lar* adj. 2g.; pl. *pré--estelares*.
pré·es·*trei*·a(s) sf. (pl.).
pre:ex·ce·*lên*·ci:a sf.
pre:ex·ce·*len*·te adj. 2g.
pre:ex·*cel*·so adj.
pre:e·xis·*tên*·ci:a sf.
pre:e·xis·*ten*·te adj. 2g.
pre:e·xis·*tir* v.
pré·fa·bri·*ca*·do(s) adj. (pl.).
pre·fa·*ção* sf.; pl. ·*ções*.
pre·fa·ci:a·*dor* (ô) sm.
pre·fa·ci:*al* adj. 2g.; pl. ·*ais*.
pre·fa·ci:*ar* v.
pre·*fá*·ci:o sm./Cf. *prefacio*, do v. *prefaciar*.
pre·*fei*·to sm.

pre·fei·to·*ral* adj. 2g.; pl. ·*rais*.
pre·fei·*tu*·ra sf.
pre·fe·*rên*·ci:a sf.
pre·fe·ren·ci:*al* adj. 2g. sf.; pl.
·*ais*.
pre·fe·*ren*·te adj. s2g.
pre·fe·*ri*·do adj.
pre·fe·*rir* v.
pre·fe·*rí*·vel adj. 2g.; pl. ·*veis*.
pre·fi·gu·ra·*ção* sf.; pl. ·*ções*.
pre·fi·gu·*rar* v.
pre·fi·gu·ra·*ti*·vo adj.
pre·fi·*nir* v.
pre·fi·xa·*ção* (cs) sf.; pl. ·*ções*.
pre·fi·*xa*·do (cs) adj.
pre·fi·*xal* (cs) adj. 2g.; pl. ·*xais*.
pre·fi·*xar* (cs) v.
pre·*fi*·xo (cs) adj. sm.
pre·flo·ra·*ção* sf. 'disposição de sépalas e pétalas no botão'; pl. ·*ções*/Cf. *prefoliação*.
pre·fo·li:a·*ção* sf. 'disposição das folhas jovens na gema terminal do caule'; pl. ·*ções*/ Cf. *prefloração*.
pré·for·*mar* v.: pre·for·*mar*.
pré·fron·*tal* adj. 2g. sm.; pl. *pré-frontais*.
pre·ful·*gen*·te adj. 2g.
pre·ful·*gir* v.
pre·ga sf.
pre·ga·*ção* sf.; pl. ·*ções*.
pre·*ga*·da sf.
pre·ga·*dei*·ra sf.
pre·*ga*·do adj. sm.
pre·ga·*dor* (ô) adj. sm.
pre·ga·*du*·ra sf.
pre·*ga*·gem sf.; pl. ·*gens*.
pre·*ga*·lhas sf. pl.
pre·*ga*·lho sm.: *perigalho*.
pre·*gão* sm.; pl. ·*gões*.
pre·*gar* v.
pre·ga·*re*·ta (ê) sf.
pre·ga·*ri*·a sf.
pré·gla·ci:*al* adj. 2g.; pl. *pré-glaciais*.
pre·go sm.
pre·go:a·*men*·to sm.
pre·go:*ar* v.
pre·go·ca·*chor*·ro sm.; pl. *pregos-cachorros* ou *pregos-cachorro*.
pre·*go*(s)-doi·*ra*·do(s) sm. (pl.): pre·*go*(s)-dou·*ra*·do(s).
pre·go:*ei*·ro sm.
pre·*gões* sm. pl.
pre·gos·*tar* v. 'antegozar'/Cf. *pregustar*.

pre·*gres*·so adj.
pre·gua·*ri* sm.: *praguari*.
pre·gue:a·*dei*·ra sf.
pre·gue:a·*dor* (ô) sm.
pre·gue:*ar* v.
pre·*guei*·ro adj. sm.
pre·*gui*·ça sf.
pre·gui·ça(s)-de-ben·*ti*·nho sf. (pl.).
pre·gui·ça(s)-de·co·*lei*·ra sf. (pl.).
pre·gui·*çar* v.
pre·gui·*cei*·ra sf.
pre·gui·*cei*·ras sf. pl.
pre·gui·*cei*·ro adj. sm.
pre·gui·*cen*·to adj. sm.
pre·gui·*ço*·sa sf.
pre·gui·*ço*·so (ô) adj. sm.; f. *e* pl. (ó).
pre·*gui*·lha sf.
pre·*gun*·ta sf.: *pergunta*.
pre·gun·ta·*dor* (ô) adj. sm.: *perguntador*.
pre·gun·*tan*·te s2g.: *perguntante*.
pre·gun·*tar* v.: *perguntar*.
pre·gus·ta·*ção* sf.; pl. ·*ções*.
pre·gus·*tar* v. 'provar comida'/ Cf. *pregostar*.
pré·he·*lê*·ni·co(s) adj. (pl.).
pré·his·*tó*·ri:a(s) sf. (pl.).
pré·his·to·ri:a·*dor* sm.; pl. *pré-historiadores*.
pré·his·*tó*·ri·co(s) adj. (pl.).
prei·a sf.
prei·a·*mar* sf.; pl. *preia-mares*: *preamar*.
pré·i·nau·gu·*ral* adj. 2g.; pl. *pré-inaugurais*.
pré·in·*cai*·co(s) adj. (pl.).
pré·in·dus·tri:*al* adj. 2g.; pl. *pré-industriais*.
pré·is·*lâ*·mi·co(s) adj. (pl.).
prei·te:*ar* v.
prei·te·*jar* v.
prei·te·*si*·a sf.
prei·to sm.
pre·je·*re*·ba sf.: *brejereba*, *frejereba*, *pirajeba*.
pre·ju·di·*ca*·do adj.
pre·ju·di·ca·*dor* (ô) adj. sm.
pre·ju·di·*car* v.
pre·ju·di·ci:*al* adj. 2g. sf. sm.; pl. ·*ais*.
pre·ju·*í*·zo sm.
pre·jul·*ga*·do sm.
pre·jul·*gar* v.
pré·ju·*rí*·di·co(s) adj. (pl.).

pre·la·*ção* sm.; pl. ·*ções*.
pre·la·*ci*·a sf.
pre·la·ci:*al* adj. 2g.; pl. ·*ais*.
pre·la·ci:*ar* v.
pre·*la*·da sf.
pre·la·*di*·a sf.
pre·*la*·do sm.
pre·la·*tí*·ci:o adj.
pre·la·*tu*·ra sf.
pre·la·*zi*·a sf.
pre·le·*ção* sf.; pl. ·*ções*.
pre·le·ci:o·na·*dor* (ô) sm.
pre·le·ci:o·*nar* v.
pre·le·*ga*·do sm.
pré·lei·*tu*·ra(s) sf. (pl.).
pre·le·*tor* (ô) sm.
pre·le·to·*ra*·do sm.
pré·le·*tra*·do(s) adj. sm. (pl.).
pre·le·va·*men*·to sm.
pré·le·van·ta·*men*·to(s) sm. (pl.).
pre·le·*var* v.
pre·li:*ar* v.
pre·li·ba·*ção* sf.; pl. ·*ções*.
pre·li·ba·*dor* (ô) adj. sm.
pre·li·*bar* v.
pre·li·mi·*nar* adj. 2g. sm. sf.
pre·li·mi·*na*·res sf. pl.
pre·li·mi·na·*ris*·ta adj. s2g.
pré·li:o sm.
pre·*lis*·ta adj. s2g.
pre·lo sm.
pré·*ló*·gi·ca(s) sf. (pl.).
pré·lom·*bar* adj. 2g.; pl. *pré-lombares*.
pre·lu·ci·da·*ção* sf.; pl. ·*ções*.
pre·*lú*·ci·do adj.
pre·lu·di:*ar* v.
pre·*lú*·di:o sm./Cf. *preludio*, do v. *preludiar*.
pre·lu·*zir* v.
pre·ma sf.
pre·*mar* v.
pre·ma·tu·ra·*ção* sf.; pl. ·*ções*.
pre·ma·tu·*rar* v.
pre·ma·tu·ri·*da*·de sf.
pre·ma·*tu*·ro adj. sm.
pré·ma·xi·*lar* sm.; pl. *pré-maxilares*.
pre·me·*dei*·ra sf.
pré·me·di·ca·*ção* sf.; pl. *pré-medicações*.
pré·*mé*·di·co(s) adj. (pl.).
pre·me·di·ta·*ção* sf.; pl. ·*ções*.
pre·me·di·*ta*·do adj.
pre·me·di·*tar* v.
pre·*mên*·ci:a sf.

pré·mens·tru:*al* adj. 2g.; pl. *pré-menstruais*.
pre·*men*·te adj. 2g.
pre·*mer* v.: *premir*.
pre·mi:a·*ção* sf.; pl. ·*ções*.
pre·mi:*a*·do adj. sm.
pre·mi:*a*·dor (ô) adj. sm.
pre·mi:*ar* v.
pre·mi:*ê* sm.
pré·mi·li·*tar* adj. 2g.; pl. *pré-militares*.
prê·mi:o sm./Cf. *premio*, do v. *premiar*.
pre·*mir* v.: *premer*.
pre·*mis*·sa sf.
pre·mo·*ção* sf.; pl. ·*ções*.
pré·mo·*lar* adj. 2g. sm.; pl. *pré-molares*.
pré·mol·*da*·do(s) adj. sm. (pl.).
pre·mo·ni·*ção* sf. 'sensação antecipada do que vai acontecer'; pl. ·*ções*/Cf. *premunição*.
pre·mo·ni·*tó*·ri:o adj.
pre·mons·tra·*ten*·se adj. s2g.
pre·*mor*·so adj.
pre·mu·ni·*ção* sf. 'estado de imunidade a uma infecção'; pl. ·*ções*/Cf. *premonição*.
pre·mu·*nir* v.
pre·mu·ni·*ti*·vo adj.
pré·na·*tal* adj. 2g. sm.; pl. *pré-natais*.
pren·da sf.
pren·*da*·do adj.
pren·*dar* v.
pren·das sf. pl.
pren·*der* v.
pre·*nha* adj.: *pren*·he adj. 2g.
pre·*nhez* (ê) sf.
pre·no·*ção* sf.; pl. ·*ções*.
pre·*no*·me sm.
pre·no·mi·*nar* v.
pré·nor·*mal* adj. 2g. sm.; pl. *pré-normais*.
pre·no·ta·*ção* sf.; pl. ·*ções*.
pre·no·*tar* v.
pren·sa sf.
pren·sa·*dor* (ô) adj. sm.
pren·*sa*·gem sf.; pl. ·*gens*.
pren·sa·*pas*·ta(s) sf. (pl.).
pren·*sar* v.
pren·*sei*·ro sm.
pren·*sis*·ta s2g.
pre·nun·ci:a·*ção* sf.; pl. ·*ções*.
pre·nun·ci:a·*dor* (ô) adj. sm.
pre·nun·ci:*ar* v.
pre·nun·ci:a·*ti*·vo adj.

pre·*nún*·ci:o sm./Cf. *prenuncio*, do v. *prenunciar*.
pré·nup·ci:*al* adj. 2g.; pl. *pré-nupciais*.
pre:o·cu·pa·*ção* sf.; pl. ·*ções*.
pre:o·cu·*pan*·te adj. s2g.
pre:o·cu·*par* v.
pré·o·*lím*·pi·co(s) adj. (pl.).
pré·o·pe·ra·*tó*·ri:o(s) adj. sm. (pl.).
pré·o·*pér*·cu·lo(s) sm. (pl.).
pre:o·pi·*nan*·te adj. s2g.
pre:o·pi·*nar* v.
pre:or·de·na·*ção* sf.; pl. ·*ções*.
pre:or·de·*nar* v.
pre·pa·ra·*ção* sf.; pl. ·*ções*.
pre·pa·*ra*·do adj. sm.
pre·pa·ra·*dor* (ô) adj. sm.
pre·pa·ra·*men*·to sm.
pre·pa·*rar* v.
pre·pa·ra·*ti*·vo adj. sm.
pre·pa·ra·*ti*·vos sm. pl.
pre·pa·ra·to·ri:a·no adj. sm.
pre·pa·ra·*tó*·ri:o adj. sm.
pre·pa·ra·*tó*·ri:os sm. pl.
pre·*pa*·ro sm.
pre·*pau* sm.
pré·pe·ri·to·ne:*al* adj. 2g.; pl. *pré-peritoneais*.
pre·pon·de·*rân*·ci:a sf.
pre·pon·de·*ran*·te adj. 2g.
pre·pon·de·*rar* v.
pre·po·*nen*·te adj. s2g. 'que ou quem prepõe'/Cf. *proponente*.
pre·*por* v. 'pôr adiante ou antes'/Cf. *propor*.
pre·po·si·*ção* sf. 'ato ou efeito de prepor'; pl. ·*ções*/Cf. *proposição*.
pre·po·si·ci:o·*nal* adj. 2g.; pl. ·*nais*.
pre·po·si·*ti*·va sf.
pre·po·si·*ti*·vo adj.
pre·*pó*·si·to sm. 'intenção' 'prelado'/Cf. *propósito*.
pre·po·si·*tu*·ra sf. 'cargo ou dignidade de prepósito'/Cf. *propositura*.
pre·pos·te·ra·*ção* sf.; pl. ·*ções*.
pre·pos·te·*rar* v.
pre·pos·te·ri·*da*·de sf.
pre·*pós*·te·ro adj./Cf. *prepostero*, do v. *preposterar*.
pre·*pos*·to (ô) adj. sm. 'posto adiante ou antes'; f. e pl. (ó)/Cf. *proposto*.
pre·po·*tên*·ci:a sf.
pre·po·*ten*·te adj. 2g.

pré·pre·pa·ra·*ção* sf.; pl. *pré-preparações*.
pré·pri·*má*·ri:o(s) adj. sm. (pl.).
pré·pu·bi:*a*·no(s) adj. (pl.).
pré·pu·ci:*al* adj. 2g.; pl. ·*ais*.
pre·*pú*·ci:o sm.
pre·*pu*·pa sf.: pré·*pu*·pa(s).
pre·que·*té* adj. 2g. sf.: *perequeté*.
pré·ra·fa:e·*lis*·mo(s) sm. (pl.).
pré·ra·fa:e·*lis*·ta(s) adj. s2g. (pl.).
pré·ra·fa:e·*li*·ta(s) adj. s2g. (pl.).
pré·re·nas·cen·*tis*·ta(s) adj. s2g. (pl.).
pré·re·pu·bli·*ca*·no(s) adj. (pl.).
pré·re·vo·lu·ci:o·*ná*·ri:o(s) adj. (pl.).
pré·ro·*ma*·no(s) adj. sm. (pl.).
pré·ro·*mân*·ti·co(s) adj. sm. (pl.).
pré·ro·man·*tis*·mo(s) sm. (pl.).
prer·ro·ga·*ti*·va sf.
pre·sa (ê) sf. 'ato de apreender ou apresar'/Cf. *preza* (é), do v. *prezar*.
pre·sa·*dor* (ô) adj. sm. 'aquele que presa'/Cf. *prezador*.
pré·san·ti·fi·*ca*·do(s) adj. (pl.).
pre·*sar* v. 'apresar'/Cf. *prezar*.
pres·bi:o·fre·*ni*·a sf.
pres·bi:o·*pi*·a sf.
pres·*bi*·ta adj. s2g.
pres·bi·te·*ra*·do sm.: *presbiterato*.
pres·bi·te·*ral* adj. 2g.; pl. ·*rais*.
pres·bi·te·ra·*nis*·mo sm.
pres·bi·te·*ra*·no sm.
pres·bi·te·*ra*·to sm.: *presbiterado*.
pres·bi·te·ri:a·*nis*·mo sm.
pres·bi·te·ri:*a*·no adj. sm.
pres·bi·*té*·ri:o sm.
pres·*bí*·te·ro sm.
pres·bi·*ti*·a sf.
pres·bi·*tis*·mo sm.
pres·ci:*ên*·ci:a sf.
pres·ci:*en*·te adj. 2g.
pres·cin·*dên*·ci:a sf.
pres·cin·*dir* v.
pres·cin·*dí*·vel adj. 2g.; pl. ·*veis*.
pres·cre·*ver* v. 'ordenar'/Cf. *proscrever*.
pres·cri·*ben*·te adj. s2g.
pres·cri·*ção* sf. 'ato de prescrever'; pl. ·*ções*/Cf. *proscrição*.

pres·cri·tí·vel adj. 2g.; pl. ·veis.
pres·cri·to adj. 'que prescreveu'/Cf. proscrito.
pré·se·le·tor sm.; pl. pré-seletores.
pre·sen·ça sf.
pre·sen·ci:al adj. 2g.; pl. ·ais.
pre·sen·ci:a·li·da·de sf.
pre·sen·ci:ar v.
pré·sen·si·bi·li·za·do(s) adj. (pl.).
pre·sen·ta·ção sf.; pl. ·ções.
pre·sen·tâ·ne:o adj.
pre·sen·tar v.
pre·sen·te adj. 2g. sm.
pre·sen·te:a·dor (ô) adj. sm.
pre·sen·te:ar v.
pre·sen·tes sm. pl.
pre·se·pa·da sf.
pre·se·pe sm.
pre·se·pei·ro adj. sm.
pre·sé·pi:o sm.
pre·se·pis·ta s2g.
pre·ser·va·ção sf.; pl. ·ções.
pre·ser·va·dor (ô) adj. sm.
pre·ser·var v.
pre·ser·va·ti·vo adj. sm.
pre·si·dên·ci:a sf.
pre·si·den·ci:al adj. 2g.; pl. ·ais.
pre·si·den·ci:a·lis·mo sm.
pre·si·den·ci:a·lis·ta s2g.
pre·si·den·ci:á·vel adj. s2g.; pl. ·veis.
pre·si·den·ta sf.; f. de presidente.
pre·si·den·te adj. s2g.
pre·si·den·te(s)-da·por·ca·ri·a sm. (pl.).
pre·si·den·te(s)-ver·gui·no(s) adj. sm. (pl.).
pre·si·di:ar v.
pre·si·di:á·ri:o adj. sm.
pre·sí·di:o sm./Cf. presidio, do v. presidiar.
pre·si·dir v.
pre·si·du·tren·se adj. s2g.
pre·si·gan·ga sf.
pre·si·go sm.
pre·si·lha sf.
pre·si·lhar v.
pre·si·lhei·ro sm.
pré·sim·bo·lis·ta(s) adj. s2g. (pl.).
pre·so (ê) adj. sm. 'seguro'/Cf. preso (é), do v. presar, e prezo (é), do v. prezar.
pré·so·crá·ti·co(s) adj. sm. (pl.).
pres·sa sf.
pres·sa·gi:a·dor (ô) adj. sm.
pres·sa·gi:ar v.
pres·sá·gi:o sm./Cf. pressagio, do v. pressagiar.
pres·sa·gi:o·so (ô) adj.; f. e pl. (ó).
pres·sa·go adj.
pres·sa·ma sf.
pres·são sf.; pl. ·sões.
pres·sen·ti·do adj.
pres·sen·ti·men·to sm.
pres·sen·tir v. 'prever'/Cf. persentir.
pres·si·o·nar v.
pres·sir·ros·tro adj. sm.
press-release sm. (ing.: présreliz).
pres·su·por v.
pres·su·po·si·ção sf.; pl. ·ções.
pres·su·pos·to (ô) adj. sm.; f. e pl. (ó).
pres·su·ri·za·ção sf.; pl. ·ções.
pres·su·ri·za·do adj.
pres·su·ri·zar v.
pres·su·ro·so (ô) adj.; f. e pl. (ó).
pres·ta·bi·li·da·de sf.
pres·ta·ção sf. sm.; pl. ·ções.
pres·ta·ci·o·nar v.
pres·ta·ci·o·nis·ta s2g.
pres·ta·di:o adj.
pres·ta·dor (ô) adj. sm.
pres·ta·men·te adv.
pres·ta·men·to sm.
pres·ta·mis·ta adj. s2g.
pres·tan·ça sf.
pres·tân·ci:a sf.
pres·ta·no·me(s) s2g. (pl.).
pres·tan·te adj. 2g.
pres·tar v.
pres·ta·tá·ri:o sm.
pres·ta·ti·vo adj.
pres·tá·vel adj. 2g.; pl. ·veis.
pres·te adj. 2g. adv. sm.
pres·te·men·te adv.
pres·tes adj. 2g. 2n. adv.
pres·tes·men·te adv.
pres·te·za (ê) sf.
pres·ti·di·gi·ta·ção sf.; pl. ·ções.
pres·ti·di·gi·ta·dor (ô) sm.
pres·ti·gi:a·ção sf.; pl. ·ções.
pres·ti·gi:a·dor (ô) sm.
pres·ti·gi:ar v.
pres·tí·gi:o sm./Cf. prestigio, do v. prestigiar.
pres·ti·gi:o·so (ô) adj.; f. e pl. (ó).
pres·ti·ma·ne:ar v.
pres·tí·ma·no sm.
prés·ti·mo sm.
pres·ti·mo·ni:a·do adj. sm.
pres·ti·mo·ni:al adj. 2g. sm.; pl. ·ais.
pres·ti·mo·ni:á·ri:o adj. sm.
pres·ti·mô·ni:o sm.
pres·ti·mo·si·da·de sf.
pres·ti·mo·so (ô) adj.; f. e pl. (ó).
pres·tís·si·mo adj. adv. sm.
prés·ti·te sm.
prés·ti·to sm.
pres·to adj. adv. sm.
pre·su·mi·do adj. sm.
pre·su·mi·dor (ô) adj. sm.
pre·su·mir v.
pre·su·mí·vel adj. 2g.; pl. ·veis.
pre·sun·ção sf.; pl. ·ções.
pre·sun·ço·so (ô) adj. sm.; f. e pl. (ó).
pre·su·nho sm.
pre·sun·ti·vo adj.
pre·sun·to sm.
pre·sú·ri:a sf.
pre·ta (ê) sf.
pre·ta·lha·da sf.
pre·ta·lhão sm.; pl. ·lhões.
pre·ta·lho·na sf.; f. de pretalhão.
prêt-à-porter adj. 2g. sm. (fr.: prétaportê).
pre·ta·ri·a sf.
pre·te·jar v.
pre·ten·de·dor (ô) adj. sm.
pre·ten·den·te adj. s2g.
pre·ten·der v.
pre·ten·di·da sf.
pre·ten·são sf.; pl. ·sões.
pre·ten·si:o·so (ô) adj. sm.; f. e pl. (ó).
pre·ten·so adj.
pre·ten·sões sf. pl.
pre·ter·do·lo sm.
pre·ter·do·lo·so (ô) adj.; f. e pl. (ó).
pre·te·ri·ção sf.; pl. ·ções.
pre·te·rin·ten·ção sf.; pl. ·ções.
pre·te·rin·ten·ci·o·nal adj. 2g.; pl. ·nais.
pre·te·rin·ten·ci·o·na·li·da·de sf.
pre·te·rir v.
pre·té·ri·to adj. sm.
pre·te·rí·vel adj. 2g.; pl. ·veis.
pre·ter·mis·são sf.; pl. ·sões.
pre·ter·mi·tir v.
pre·ter·na·tu·ral adj. 2g.; pl. ·rais.
pre·tex·ta (ê) sf.
pre·tex·tar v.

pre·*tex*·to (ê) sm./Cf. *pretexto*
(é), do v. *pretextar*.
pre·ti·*dão* sf.; pl. ·*dões*.
pre·*ti*·nha sf.
pré·ti·po·*grá*·fi·co(s) adj. (pl.).
pre·to¹ adv. 'perto'/Cf. *preto*² (ê).
pre·to² (ê) adj. sm. 'cor'/Cf.
*preto*¹ (é).
pre·to(s)-*a*·ça(s) sm. (pl.).
pre·to·*lim* sm.; pl. ·*lins*.
pre·to(s)-*mi*·na(s) sm. (pl.).
pre·tô·ni·co adj.
pre·*tor* (ô) sm.
pre·to·*ri*:a sf. 'jurisdição do pretor'/Cf. *pletória*.
pre·*tó*·ri:a sf. 'sala onde se julgavam os pleitos'/Cf. *pretoria*.
pre·to·ri:a·no adj. sm.
pre·*tó*·ri:o adj. sm.
pré-tra·*çar* v.
pre·tu·*ca*·no sm.
pre·*tu*·me sm.
pre·*tu*·ra sf.
pré-u·ni·ver·si·*tá*·ri:o(s) adj. sm. (pl.).
pre·va·le·*cen*·te adj. 2g.
pre·va·le·*cer* v.
pre·va·le·*ci*·do adj.
pre·va·*lên*·ci:a sf.
pre·va·*len*·te adj. 2g.
pre·va·ri·ca·*ção* sf.; pl. ·*ções*.
pre·va·ri·ca·*dor* (ô) adj. sm.
pre·va·ri·*car* v.
pre·ven·*ção* sf.; pl. ·*ções*.
pre·ve·*ni*·do adj.
pre·ve·ni:*en*·te adj. 2g. 'que nos induz à prática do bem'/Cf. *proveniente*.
pre·ve·*nir* v.
pre·ven·*ti*·vo adj. sm.
pre·*ven*·to adj.
pre·ven·*tó*·ri:o sm.
pre·*ver* v.
pre·*vér*·bi:o sm.
pré-ves·ti·bu·*lar* adj. 2g. sm.; pl. *pré-vestibulares*.
pré·vi:a sf./Cf. *previa*, do v. *prever*.
pre·vi·*dên*·ci:a sf. 'qualidade ou ato de previdente'/Cf. *providência*.
pre·vi·den·ci:*al* adj. 2g. 'previdenciário'; pl. ·*ais*/Cf. *providencial*.
pre·vi·den·ci:*á*·ri:o adj. sm.
pre·vi·*den*·te adj. 2g. 'que prevê'/Cf. *providente*.

pre·vi·*gen*·te adj. 2g.
pre·vi·go·*ran*·te adj. 2g.
pré·vi:o adj.; f. *prévia*/Cf. *previa*, do v. *prever*.
pre·vi·*são* sf.; pl. ·*sões*.
pre·vi·si·bi·li·*da*·de sf.
pre·vi·*sí*·vel adj. 2g.; pl. ·*veis*.
pre·*vi*·so adj. sm.
pre·vi·*sor* (ô) adj. sm.
pre·*vis*·to adj.
pre·vi·*ver* v.
pré-vo·ca·ci:o·*nal* adj. 2g.; pl. *pré-vocacionais*.
pre·*xe*·ca sf.
pre·*za*·do adj. 'estimado'/Cf. *presado*, do v. *presar*.
pre·*za*·dor (ô) adj. sm. 'que ou aquele que preza'/Cf. *presador*.
pre·*zar* v. 'ter em alto apreço'/Cf. *presar*.
pre·*zá*·vel adj. 2g.; pl. ·*veis*.
pri:*a*·ca sf. 'bolsa de couro, para caçada'/Cf. *preaca*.
pri:*a*·pes·co (ê) adj.
pri:*á*·pi·co adj.
pri:a·*pis*·mo sm.
pri:a·po sm.
pri:a·pu·*lí*·de:o adj. sm.
pri:a·pu·*loi*·de adj. sm.
pri·ma sf.
pri·ma·*ci*·a sf.
pri·ma·ci:*al* adj. 2g.; pl. ·*ais*.
pri·*ma*·do sm.
pri·ma·*do*·na(s) sf. (pl.).
pri·*ma*·gem sf.; pl. ·*gens*.
pri·ma:i·*en*·se adj. s2g.
pri·*mar* v.
pri·ma·ri·e·*da*·de sf.
pri·*má*·ri:o adj. sm.
pri·ma·*ris*·mo sm.
pri·*ma*·ta adj. 2g. sm.
pri·*ma*·te adj. sm.
pri·ma·*ve*·ra sf.
pri·ma·ve·ra(s) de *flo*·res sf. (pl.).
pri·ma·ve·*ral* adj. 2g.; pl. ·*rais*.
pri·ma·ve·*rar* v.
pri·ma·ve·*ril* adj. 2g.; pl. ·*ris*.
pri·ma·*ve*·ro adj.
pri·*maz* adj. 2g. sm.
pri·ma·*zi*·a sf.
pri·*mei*·ra sf.
pri·mei·ra-cru·*zen*·se(s) adj. s2g. (pl.).
pri·mei·ra·*nis*·ta adj. s2g.
pri·mei·ras-*á*·guas sf. pl.
pri·*mei*·ro num. adj. adv. sm.

pri·mei·ro(s)-ca·*de*·te(s) sm. (pl.).
pri·mei·ro(s) de a·*bril* sm. (pl.).
pri·mei·ro-e·le·va·*dor* sm.; pl. *primeiros-elevadores*.
pri·mei·ro(s)-mi·*nis*·tro(s) sm. (pl.).
pri·*me*·vo adj.
pri·mi·*cé*·ri:o sm.
pri·*mí*·ci:as sf. pl.
pri·mi·*gê*·ni:o adj.
pri·*mí*·ge·no adj.
pri·*mi*·na sf.
pri·*mí*·pa·ra adj. sf.
pri·mi·pa·ri·*da*·de sf.
pri·mi·*ti*·va sf.
pri·mi·ti·*vis*·mo sm.
pri·mi·ti·*vis*·ta adj. s2g.
pri·mi·*ti*·vo adj. sm.
pri·mi·*tu*·ra sm.
pri·mo adj. sm.
pri·mo·*gê*·ni·to sm.
pri·mo·ge·ni·*tor* (ô) adj. sm.
pri·mo·ge·ni·*tu*·ra sf.
pri·mo·po·*nen*·do adj.
pri·*mor* (ô) sm.
pri·mor·di:*al* adj. 2g.; pl. ·*ais*.
pri·mor·di:a·li·*da*·de sf.
pri·*mór*·di:o sm.
pri·mo·*ro*·so (ô) adj.; f. e pl. (ó).
prí·mu·la sf.
pri·mu·*lá*·ce:a sf.
pri·mu·*lá*·ce:o adj.
pri·*mu*·la·le sf.
pri·mu·*li*·na sf.
princeps adj. (lat.: *prinkeps* ou *princeps*).
prin·*cês* sm.
prin·*ce*·sa (ê) sf.
prin·ce·*sen*·se adj. s2g.
prin·ci·*pa*·do sm.
prin·ci·*pal* adj. 2g. sm. sf. s2g.; pl. ·*pais*.
prin·ci·pa·li·*da*·de sf.
prín·ci·pe adj. 2g. sm.
prin·ci·*pe*·lho (ê) sm.
prin·ci·*pes*·co (ê) adj.
prin·ci·pi:a·*dor* (ô) adj. sm.
prin·ci·pi:*an*·te adj. s2g.
prin·ci·pi:*ar* v.
prin·ci·*pí*·cu·lo sm.
prin·*cí*·pi:o sm.
prin·*cí*·pi:os sm. pl.
pri:*or* (ô) sm.
pri:*o*·ra sf.
pri:o·*ra*·do, pri:o·*ra*·to sm.
pri:o·*ral* adj. 2g.; pl. ·*rais*.

pri·o·ra·to sm.
pri:o·re·sa (ê) sf.
pri:o·ri·da·de sf.
pri:o·ri·tá·ri:o adj.
pri:o·ri·zar v.
pri:os·te sm.
pri·são sf.; pl. ·sões.
pris·ca sf.
pris·ca·dor (ô) adj. sm.
pris·car v.
pris·ci·li:a·nis·mo sm.
pris·ci·li:a·nis·ta adj. s2g.
pris·ci·li:a·no sm.
pris·co adj. sm.
pri·se sf.
pri·si:o·nal adj. 2g.; pl. ·nais.
pri·si:o·nei·ro adj. sm.
pris·ma sm.
pris·ma-ob·je·ti·va s2g.; pl.
  prismas-objetivas ou
  prismas-objetiva.
pris·má·ti·co adj.
pris·ma·ti·za·ção sf.; pl.
  ·ções.
pris·ma·ti·za·do adj.
pris·ma·ti·zar v.
pris·ma·toi·de adj. 2g. sm.
pris·moi·te adj. 2g. sm.
pris·ta sm.
pris·tí·de:o adj. sm.
prís·ti·no adj.
prís·ta·ne sm.
pri·ta·neu sm.
pri·va·ção sf.; pl. ·ções.
pri·va·ci·da·de sf.
pri·va·ções sf. pl.
pri·va·da sf.
pri·va·do adj. sm.
pri·van·ça sf.
pri·var v.
pri·va·ti·vo adj.
pri·va·ti·za·ção sf.; pl. ·ções.
pri·vê adj. 2g.
pri·va·ti·zar v.
pri·vi·le·gi:a·do adj. sm.
pri·vi·le·gi:ar v.
pri·vi·le·gi:á·vel adj. 2g.; pl.
  ·veis.
pri·vi·lé·gi:o sm./Cf. privilegio,
  do v. privilegiar.
pro contr. de para e o.
pró adv. sm.
pro·a (ô) sf. sm.
pro:a·da sf.
pro:ar v.
pro:a·ti·vo adj.
pro·ba·bi·li·da·de sf.
pro·ba·bi·lis·mo sm.

pro·ba·bi·lís·si·mo adj. superl.
  de provável.
pro·ba·bi·lis·ta adj. s2g.
pro·ban·te adj. 2g.
pro·ba·sí·di:o sm.
pro·bá·ti·co adj.
pro·ba·tó·ri:o adj.: provatório.
pro·bi·da·de sf.
pro·ble·ma sm.
pro·ble·má·ti·ca sf.
pro·ble·ma·ti·ci·da·de sf.
pro·ble·má·ti·co adj.
pro·ble·ma·ti·zar v.
pro·ble·mis·ta adj. s2g.
pro·bo adj.
pro·bós·ci·da sf.: pro·bós·ci·de.
pro·bos·cí·de:o adj. sm.
pró·bri·tâ·ni·co(s) adj. (pl.).
pro·cá adj. s2g.
pro·ca·ci·da·de sf.
pro·ca·cís·si·mo adj. superl. de
  procaz.
pro·ca·í·na sf.
pro·ca·ta·lé·ti·co adj.
pro·caz adj. 2g.; superl.
  procacíssimo.
pro·ce·dên·ci:a sf. 'ato ou efeito
  de proceder'/Cf. precedência
  e procidência.
pro·ce·den·te adj. 2g. 'que
  procede'/Cf. precedente e
  procidente.
pro·ce·der sm. v. 'originar-se'/
  Cf. preceder.
pro·ce·di·men·to sm.
pro·ce·du·ral adj. 2g.; pl. ·rais.
pro·ce·la sf.
pro·ce·lá·ri:a sf.
pro·ce·la·rí·de:o adj. sm.
pro·ce·la·ri·for·me adj. 2g. sm.
pro·ce·lo adj. sm.
pro·ce·lo·so (ô) adj.; f. e pl. (ó).
pró·cer sm. 'homem
  importante'; pró·ce·re/Cf.
  prócero.
pro·ce·ri·da·de sf.
pró·ce·ro adj. 'alto e elevado'/
  Cf. prócer.
pro·ces·sa·do adj. sm.
pro·ces·sa·dor (ô) adj. sm.
pro·ces·sa·men·to sm.
pro·ces·san·te adj. 2g.
pro·ces·são sf. 'procedência'; pl.
  ·sões/Cf. procissão.
pro·ces·sar v.
pro·ces·sá·vel adj. 2g.; pl. ·veis.
pro·ces·si:o·nal adj. 2g.; pl.
  ·nais.

pro·ces·si:o·ná·ri:o adj. sm.
pro·ces·so sm.
pro·ces·so·lo·gi·a sf.
pro·ces·so·ló·gi·co adj.
pro·ces·su·al adj. 2g.; pl. ·ais.
pro·ces·su·a·lis·ta adj. s2g.
pro·ces·su·a·lís·ti·ca sf.
pro·ci·dên·ci:a sf. 'prolapso'/Cf.
  precedência e procedência.
pro·ci·den·te adj. 2g. 'que se
  desloca'/Cf. precedente e
  procedente.
pro·ci·o·ní·de:o adj. sm.
pro·cis·são sf. 'cerimônia
  religiosa'; pl. ·sões/Cf.
  processão.
pro·cla·ma sm.
pro·cla·ma·ção sf.; pl. ·ções.
pro·cla·ma·dor (ô) adj. sm.
pro·cla·mar v.
pro·cla·mas sm. pl.
pró·cli·se sf.
pro·clí·ti·co adj. sm.
pro·cli·ve adj. 2g.
pro·cli·vi·da·de sf.
proc·ni:a·tí·de:o adj. sm.
pro·côn·sul sm.; pl. procônsules.
pro·con·su·la·do sm.
pro·con·su·lar adj. 2g.
pro·co·pen·se s2g.
pro·cor·da·do adj. sm.
pro·co·tó sm.
pro·cras·ti·na·ção sf.; pl. ·ções.
pro·cras·ti·na·dor (ô) adj. sm.
pro·cras·ti·nar v.
pro·cri:a·ção sf.; pl. ·ções.
pro·cri:a·dor (ô) adj. sm.
pro·cri:ar v.
pro·cro·nis·mo sm.
proc·tal·gi·a sf.
proc·tál·gi·co adj.
proc·tec·ta·si·a sf.
proc·ti·te sf.
proc·to·ce·le sf.
proc·to·cé·li·co adj.
proc·tó·cli·se sf.
proc·to·lo·gi·a sf.
proc·to·ló·gi·co adj.
proc·to·lo·gis·ta adj. s2g.
proc·to·pe·xi·a (cs) sf.
proc·tor·ra·gi·a sf.
proc·tor·rá·gi·co adj.
pro·cum·ben·te adj. 2g.
pro·cum·bir v.
pro·cu·ra sf.
pro·cu·ra·ção sf.; pl. ·ções.
pro·cu·ra·dei·ra sf.
pro·cu·ra·dor (ô) adj. sm.

pro·cu·ra·*do*·ra (ô) sf.
pro·cu·ra·do·*ri*·a sf.
pro·cu·*rar* v.
pro·cu·ra·*tó*·ri:o adj.
pro·cus·ti·*a*·no adj.
pro·di:ag·*nós*·ti·co sm.
pro·di·*ção* sf. 'traição'; pl. ·*ções*/ Cf. *predição*.
pro·di·ga·li·*da*·de sf.
pro·di·ga·*lís*·si·mo adj. superl. de *pródigo*.
pro·di·ga·li·za·*dor* (ô) adj. sm.
pro·di·ga·li·*zar* v.
pro·di·*gar* v.
pro·*dí*·gi:o sm.
pro·di·gi:*o*·so (ô) adj.; f. *e* pl. (ó).
pró·di·go adj. sm.
pró·di·to adj.
pro·di·*tor* (ô) sm.
pro·di·*tó*·ri:o adj.
pro·*drô*·mi·co adj.
pró·dro·mo sm.
pro·du·*ção* sf.; pl. ·*ções*.
pro·du·*cen*·te adj. 2g.
pro·du·ti·bi·li·*da*·de sf.
pro·du·*tí*·vel adj. 2g.; pl. ·veis.
pro·du·ti·vi·*da*·de sf.
pro·du·*ti*·vo adj.
pro·*du*·to sm.
pro·du·*tor* (ô) adj. sm.
pro·du·*triz* adj. sf.
pro·du·*zir* v.
pro·du·*zí*·vel adj. 2g.; pl. ·veis.
pro:*ei*·ro sm.
pro:*e*·jar v.
pro:em·bri:*ão* sm.; pl. ·*ões*.
pro:e·mi·*al* adj. 2g.; pl. ·*ais*.
pro:e·mi·*ar* v.
pro:e·mi·*nên*·ci:a sf. 'saliência'/ Cf. *preeminência*.
pro:e·mi·*nen*·te adj. 2g. 'alto'/ Cf. *preeminente*.
pro:*ê*·mi:o sm./Cf. *proemio*, do v. *proemiar*.
pro:*e*·za (ê) sf.
pro·fa·na·*ção* sf.; pl. ·*ções*.
pro·fa·na·*dor* (ô) adj. sm.
pro·fa·*nar* v.
pro·fa·*ná*·vel adj. 2g.; pl. ·veis.
pro·fa·ni·*da*·de sf.
pro·*fa*·no adj. sm.
pró·fa·se sf.
pro·fe·*ci*·a sf.
pro·fec·*tí*·ci:o adj.: *profetício*.
pro·*fei*·to sm.
pro·fe·ri·*ção* sf.; pl. ·*ções*.
pro·fe·ri·*men*·to sm.

pro·fe·*rir* v.
pro·fe·*rí*·vel adj. 2g.; pl. ·veis.
pro·fes·*sar* v.
pro·*fes*·so adj. sm.
pro·fes·*sor* (ô) sm.
pro·fes·*so*·ra (ô) sf.; f. de *professor*.
pro·fes·so·*ra*·ço sm.
pro·fes·so·*ra*·do sm.
pro·fes·so·*ral* adj. 2g.; pl. ·*rais*.
pro·fes·so·*ran*·do sm.
pro·fes·so·*rar* v.
pro·*fes*·to adj.
pro·*fe*·ta sm.
pro·fe·*tar* v.
pro·fe·*tí*·ci:o adj.
pro·*fé*·ti·co adj.
pro·fe·ti·sa sf. 'mulher que prediz o futuro'; f. de *profeta*/ Cf. *profetiza*, do v. *profetizar*.
pro·fe·*tis*·mo sm.
pro·fe·*tis*·ta adj. 2g.
pro·fe·ti·za·*dor* (ô) adj. sm.
pro·fe·ti·*zar* v.
pro·fi·ci:*ên*·ci:a sf.
pro·fi·ci:*en*·te adj. 2g.
pro·fi·cu·i·*da*·de sf.
pro·*fí*·cu:o adj.
pro·fi·*lác*·ti·co adj.: pro·fi·*lá*·ti·co.
pro·fi·la·*xi*·a (cs) sf.
pro·*fi*·lo sm.
pro·fis·*são* sf.; pl. ·*sões*.
pro·fis·si:o·*nal* adj. s2g.; pl. ·*nais*.
pro·fis·si:o·na·*lis*·mo sm.
pro·fis·si:o·na·li·za·*ção* sf.; pl. ·*ções*.
pro·fis·si:o·na·li·*zan*·te adj. 2g.
pro·fis·si:o·na·li·*zar* v.
pro·fi·*ten*·te adj. 2g.
pro·fi·te·*ro*·le sm.
pro·fli·ga·*ção* sf.; pl. ·*ções*.
pro·fli·ga·*dor* (ô) adj. sm.
pro·fli·*gar* v.
pro forma loc.adj. (lat.).
pró·fu·go adj.
pro·fun·da·*dor* (ô) adj. sm.
pro·fun·*dar* v.
pro·*fun*·das sf. pl.
pro·fun·*dá*·vel adj. 2g.; pl. ·veis.
pro·fun·*dez* (ê) sf.
pro·fun·*de*·za (ê) sf.
pro·fun·di·*da*·de sf.
pro·*fun*·do adj. adv. sm.
pro·fun·*du*·ra sf.
pro·fu·*são* sf.; pl. ·*sões*.

pro·*fu*·so adj.
pro·*gê*·ni:e sf.
pro·*gê*·ni·to adj. sm.
pro·ge·ni·*tor* (ô) sm.
pro·ge·ni·*tu*·ra sf.
pro·*gé*·ri:a sf.
pro·ges·*ti*·na sf.
pro·ges·te·*ro*·na sf.
pro·*glo*·te sf.
pro·*gló*·ti·de sf.
próg·na·ta adj. s2g.
prog·na·*tis*·mo sm.
próg·na·to adj. sm.
prog·ne sf.
prog·*no*·se sf.
prog·nos·ti·ca·*ção* sf.; pl. ·*ções*.
prog·nos·ti·*car* v.
prog·*nós*·ti·co sm./Cf. *prognostico*, do v. *prognosticar*.
pro·go·ni·*a*·do adj. sm.
pró·go·no sm.
pro·*gra*·ma sm.
pro·gra·ma·*ção* sf.; pl. ·*ções*.
pro·gra·ma·*dor* (ô) adj. sm.
pro·gra·ma·*fon*·te sm.; pl. *programas-fontes* ou *programas-fonte*.
pro·gra·ma·ob·*je*·to sm.; pl. *programas-objetos* ou *programas-objeto*.
pro·gra·*mar* v.
pro·gra·*má*·ti·co adj.
pro·gre·di·*men*·to sm.
pro·gre·*dir* v.
pro·gres·*são* sf.; pl. ·*sões*.
pro·gres·*sis*·ta adj. s2g.
pro·gres·*si*·va sf.
pro·gres·si·vi·*da*·de sf.
pro·gres·*si*·vo adj.
pro·*gres*·so sm.
pró·ho·mem sm.; pl. *pró-homens*.
pro:i·bi·*ção* sf.; pl. ·*ções*.
pro:i·bi·ci:o·*nis*·mo sm.
pro:i·bi·ci:o·*nis*·ta adj. s2g.
pro:i·*bi*·do adj.
pro:i·bi·*dor* (ô) adj. sm.
pro:i·*bir* v.
pro:i·bi·*ti*·vo adj.
pro:i·bi·*tó*·ri:o adj.
pro:*iz* sm.; pl. *proízes*.
pro·je·*ção* sf.; pl. ·*ções*.
pro·je·ta·*ção* sf.; pl. ·*ções*.
pro·je·*ta*·do adj.
pro·je·*tan*·te adj. 2g. sf.
pro·je·*tar* v.
pro·je·*tá*·vel adj. 2g.; pl. ·veis.

pro·je·*til* adj. 2g. sm.; pl. ·*tis*;
   pro·*jé*·til; pl. ·*teis*.
pro·je·til-fo-*gue*·te sm.; pl.
   projetis-foguetes ou *projetis-foguete*.
pro·je·*tis*·ta adj. s2g.
pro·je·ti·vi·*da*·de sf.
pro·je·*ti*·vo adj.
pro·*je*·to sm.
pro·je·*tor* (ô) sm.
pro·je·to-*ti*·po sm.; pl. *projetos-tipos* ou *projetos-tipo*.
pro·je·*tu*·ra sf.
prol s2g.; pl. *próis*.
pró-la-*bo*·re sm.
pro·la·*ção* sf.; pl. ·*ções*.
pro·*lap*·so sm.
pro·la·*tar* v.
pro·*la*·to adj.
pro·la·*tor* (ô) sm.
pro·le sf.
pro·le·*gô*·me·nos sm. pl.
pro·*lep*·se sf.
pro·*lép*·ti·co adj.
pro·*le*·ta adj. s2g.
pro·le·ta·ri·*a*·do sm.
pro·le·*tá*·ri:o adj. sm.
pro·le·ta·ri·za·*ção* sf.; pl. ·*ções*
pro·le·ta·ri·*za*·do adj. sm.
pro·le·ta·ri·*zar* v.
prol·*fa*·ça sm.
pro·li·fe·ra·*ção* sf.; pl. ·*ções*
pro·li·fe·*rar* v.
pro·*lí*·fe·ro adj./Cf. *prolifero*, do v. *proliferar*.
pro·li·fi·ca·*ção* sf.; pl. ·*ções*
pro·li·fi·*car* v.
pro·li·fi·cen·*tís*·si·mo adj. superl. de *prolífico*.
pro·li·fi·ci·*da*·de sf.
pro·*lí*·fi·co adj.; superl. *prolificentíssimo*/Cf. *prolifico*, do v. *prolificar*.
pro·*lí*·ge·ro adj.
pro·li·xi·*da*·de (cs) sf.
pro·*li*·xo (cs) adj.
pro·lo·*gal* adj. 2g.; pl. ·*gais*.
pro·lo·*gar* v.
pró·lo·go sm./Cf. *prologo*, do v. *prologar*.
pro·*lon*·ga sf.
pro·lon·ga·*ção* sf.; pl. ·*ções*.
pro·lon·*ga*·do adj.
pro·lon·ga·*men*·to sm.
pro·lon·*gar* v.
pro·*lon*·go adj. sm.
pro·lo·qui:*al* adj. 2g.; pl. ·*ais*.
pro·*ló*·qui:o sm.

pro·lu·*são* sf.; pl. ·*sões*.
pro·ma·*nar* v.
pro·man·*dar* v.
pro·*mé*·ci:o sm.
pro·me·di:*ar* v.
pro·*mé*·di:o sm./Cf. *promedio*, do v. *promediar*.
pro·*mes*·sa sf.
pro·me·te·*dor* (ô) adj. sm.
pro·me·*tei*·co adj.
pro·me·*ter* v.
pro·me·*ti*·da sf.
pro·me·*ti*·do adj. sm.
pro·me·ti·*men*·to sm.
pro·mis·cu·i·*da*·de sf.
pro·mis·cu·*ir* v.
pro·*mís*·cu:o adj.
pro·mis·*são* sf.; pl. ·*sões*.
pro·mis·*sá*·ri:o sm.
pro·mis·*sen*·se adj. s2g.
pro·mis·*si*·vo adj.
pro·mis·*sor* (ô) adj. sm.
pro·mis·*só*·ri:a sf.
pro·mis·*só*·ri:o adj.
pro·mi·*ten*·te adj. s2g.
pro·mo·*ção* sf.; pl. ·*ções*.
pro·mo·ci·o·*nal* adj. 2g.; pl. ·*nais*.
pro·mom·*bó* sm.
pro·mon·*tó*·ri:o sm.
pro·mo·*tor* (ô) adj. sm.
pro·mo·*to*·ri·a sf.
pro·mo·ve·*dor* (ô) adj. sm.
pro·mo·*ven*·te s2g.
pro·mo·*ver* v.
prompt sm. (ing.: *prompt*).
prompter sm. (ing.: *prompter*).
pro·mul·ga·*ção* sf.; pl. ·*ções*.
pro·mul·ga·*dor* (ô) adj. sm.
pro·mul·*gar* v.
pro·na·*ção* sf.; pl. ·*ções*.
pro·na·*dor* (ô) adj. sm.
pro·no adj.
pro·*no*·me sm.
pro·no·mi·na·*ção* sf.; pl. ·*ções*.
pro·no·mi·*na*·do adj.
pro·no·mi·*nal* adj. 2g.; pl. ·*nais*.
pro·no·mi·na·li·*da*·de sf.
pro·no·mi·na·li·*zar* v.
pro·*nós*·ti·co adj. sm.
pro·*no*·to sm.
pron·ti·*dão* sf. sm.; pl. ·*dões*.
pron·ti·fi·ca·*ção* sf.; pl. ·*ções*.
pron·ti·fi·*car* v.
pron·to adj. adv. interj. sm.
pron·to(s)-so·*cor*·ro(s) sm. (pl.).

pron·tu·*á*·ri:o sm.
prô·nu·bo adj.
pro·*nún*·ci:a sf./Cf. *pronuncia*, do v. *pronunciar*.
pro·nun·ci·a·*ção* sf.; pl. ·*ções*.
pro·nun·ci·*a*·do adj.
pro·nun·ci·a·*men*·to sm.
pro·nun·ci·*ar* v.
pro·nun·ci·*á*·vel adj. 2g.; pl. ·*veis*.
pro·*nún*·ci:o sm./Cf. *pronuncio*, do v. *pronunciar*.
pro·pa·ga·*ção* sf.; pl. ·*ções*.
pro·pa·ga·*dor* (ô) adj. sm.
pro·pa·*gan*·da sf.
pro·pa·gan·*dis*·ta adj. s2g.
pro·pa·*gar* v.
pro·pa·ga·*ti*·vo adj.
pro·*pa*·gem sf.; pl. ·*gens*.
pro·pa·gu·*lí*·fe·ro adj.
pro·*pá*·gu·lo sm.
pro·pa·la·*dor* (ô) adj. sm.
pro·pa·*lar* v.
pro·*pa*·no sm.
pro·pa·no·*lol* sm.
pro·pa·*no*·na sf.
pro·pa·ro·xi·to·*ni*·a (cs) sf.
pro·pa·ro·*xí*·to·no (cs) adj. sm.
pro·pa·*ti*·a sf.
pro·*pá*·ti·co adj.
pro·pe·*dêu*·ti·ca sf.
pro·pe·*dêu*·ti·co adj.
pro·pe·*len*·te adj. 2g. sm.
pro·pe·*lir* v.
pro·pen·*den*·te adj. 2g.
pro·pen·*der* v.
pro·*pe*·no sm.
pro·pen·*são* sf.; pl. ·*sões*.
pro·*pen*·so adj.
pro·pe·*rís*·to·ma sm.
pro·pi·ci·a·*ção* sf.; pl. ·*ções*.
pro·pi·ci·a·*dor* (ô) adj. sm.
pro·pi·ci·*ar* v.
pro·pi·ci·a·*tó*·ri:o adj. sm.
pro·*pí*·ci:o adj./Cf. *propicio*, do v. *propiciar*.
pro·*pi*·leu sm.
pro·*pi*·na sf.
pro·pi·na·*ção* sf.; pl. ·*ções*.
pro·pi·na·*dor* (ô) adj. sm.
pro·pi·*nar* v.
pro·pi·no·*du*·to sm.
pro·pin·qui·*da*·de sf.
pro·*pín*·quo adj.
pro·*pín*·quos sm. pl.
pro·*plas*·ma sm.
pro·*plás*·ti·ca sf.
pro·*plás*·ti·co adj. sm.

pró·po·le sf.: *pró*·po·lis sf. 2n.
pro·po·li·sa·*ção* sf.; pl. ·*ções*.
pro·po·li·*sar* v.
pro·po·*nen*·te adj. s2g.
 'indivíduo que propõe'/Cf.
 preponente.
pro·*por* v. 'sugerir'/Cf. *prepor*.
pro·por·*ção* sf.; pl. ·*ções*.
pro·por·ci·o·*na*·do adj.
pro·por·ci·o·na·*dor* (ô) adj. sm.
pro·por·ci·o·*nal* adj. s2g.; pl. ·*nais*.
pro·por·ci·o·na·li·*da*·de sf.
pro·por·ci·o·na·li·*zar* v.
pro·por·ci·o·*nar* v.
pro·por·ci·o·*ná*·vel adj. 2g.; pl. ·*veis*.
pro·por·*ções* sf. pl.
pro·po·si·*ção* sf. 'proposta'; pl. ·*ções*/Cf. *preposição*.
pro·po·si·*ta*·do adj.
pro·po·si·*tal* adj. 2g.; pl. ·*tais*.
pro·*pó*·si·to sm. 'intenção'/Cf. *prepósito*.
pro·po·si·*tu*·ra sf. 'ato de propor ação judicial'/Cf. *prepositura*.
pro·*pos*·ta sf.
pro·*pos*·to (ô) adj. sm. 'que se propôs'/Cf. *preposto*.
pro·pre·*tor* (ô) sm.
pro·pre·to·*ri*·a sf.
pro·pri:a·*dor* (ô) sm.
pro·pri:a·*en*·se adj. s2g.
pro·pri:*a*·gem sf.; pl. ·*gens*.
pro·pri:e·*da*·de sf.
pro·pri:e·ta·ri:*a*·do sm.
pro·pri:e·*tá*·ri:o adj. sm.
pró·pri:o adj. pron. sm.
pro·pri:o·cep·*ti*·vo adj.
prop·*to*·na sm.
prop·*to*·se sf.
pro·pug·*ná*·cu·lo sm.
pro·pug·na·*dor* (ô) adj. sm.
pro·pug·*nar* v.
pro·pul·*são* sf.; pl. ·*sões*.
pro·pul·*sar* v.
pro·pul·*si*·vo adj.
pro·pul·*sor* (ô) adj. sm.
pro·ques·*tor* (ô) sm.
pro·ques·*tu*·ra sf.
pror·ro·ga·bi·li·*da*·de sf.
pror·ro·ga·*ção* sf.; pl. ·*ções*.
pror·ro·*gar* v.
pror·ro·ga·*ti*·vo adj.
pror·ro·*gá*·vel adj. 2g.; pl. ·*veis*.

pror·rom·*per* v.
pro·sa adj. s2g. sf.
pro·sa·*dor* (ô) sm.
pro·*sai*·co adj.
pro·sa·*ís*·mo sm.
pro·sa·*ís*·ta adj. s2g.
pro·*sá*·pi:a sf.
pro·*sar* v.
pros·*cê*·ni:o sm.
pros·co·*pí*·de:o adj. sm.
pros·cre·*ver* v. 'degradar'/Cf. *prescrever*.
pros·cri·*ção* sf. 'desterro'; pl. ·*ções*/Cf. *prescrição*.
pros·*cri*·to adj. sm. 'desterrado'/Cf. *prescrito*.
pros·cri·*tor* (ô) adj. sm.
pro·se:a·*dor* (ô) adj. sm.
pro·se:*ar* v.
pro·se·li·*tis*·mo sm.
pro·*sé*·li·to sm.
pro·*sên*·qui·ma sf.
pro·sen·qui·ma·*to*·so (ô) adj.; f. *e* pl. (ó).
pro·*sis*·ta adj. s2g.
pro·so·*brân*·qui:o adj. sm.
pro·*só*·di:a sf.
pro·*só*·di·co adj.
pro·so·*ní*·mi:a sf.
pro·so·*ní*·mi·co adj.
pro·*sô*·ni·mo sm.
pro·so·no·*má*·si:a sf.
pro·so·*pal*·gi·a sf.
pro·so·*pál*·gi·co adj.
pro·so·*ple*·gi·a sf.
pro·so·*plé*·gi·co adj.
pro·so·po·gra·*fi*·a sf.
pro·so·po·*grá*·fi·co adj.
pro·so·po·*pei*·a sf.
pros·pec·*ção* sf.; pl. ·*ções*: pros·pe·*ção*.
pros·pec·*tar* v.: *prospetar*.
pros·pec·*ti*·vo adj.: *prospetivo*.
pros·*pec*·to sm.: *prospeto*.
pros·pec·*tor* (ô) sm.: *prospetor*.
pros·pe·*rar* v.
pros·pe·ri·*da*·de sf.
prós·pe·ro adj. sm.; superl. *prospérrimo* ou *prosperíssimo*/Cf. *próspero*, do v. *prosperar*.
pros·*pér*·ri·mo adj. superl. de *próspero*.
pros·pe·*tar* v.: *prospectar*.
pros·pe·*ti*·vo adj.: *prospectivo*.
pros·*pe*·to sm.: *prospecto*.
pros·pe·*tor* (ô) sm.: *prospector*.
pros·se·cu·*ção* sf.; pl. ·*ções*.
pros·se·gui·*ção* sf.; pl. ·*ções*.

pros·se·gui·*dor* (ô) adj. sm.
pros·se·gui·*men*·to sm.
pros·se·*guir* v.
pros·*sí*·mi:o adj. sm.
pros·ta·*fé*·re·se sf.
pros·ta·fe·*ré*·ti·co adj.
pros·ta·glan·*di*·na sf.
prós·ta·se sf.
prós·ta·ta sf.
pros·ta·tal·*gi*·a sf.
pros·ta·*tál*·gi·co adj.
pros·ta·tec·to·*mi*·a sf.
pros·ta·tec·tô·*mi*·co adj.
pros·*tá*·ti·co adj. sm.
pros·ta·*ti*·te sf.
pros·ta·*tí*·ti·co adj.
pros·ta·to·*mi*·a sf.
pros·ta·to·*tô*·mi·co adj.
pros·ter·na·*ção* sf.; pl. ·*ções*.
pros·ter·na·*men*·to sm.
pros·ter·*nar* v.
prós·te·se sf.
pros·ti·bu·*lar* adj. 2g.
pros·ti·bu·*lá*·ri:o adj. sm.
pros·*tí*·bu·lo sm.
pros·*ti*·lo sm.
pros·ti·tu:i·*ção* sf.; pl. ·*ções*.
pros·ti·tu:i·*dor* (ô) adj. sm.
pros·ti·tu:*ir* v.
pros·ti·tu:*í*·vel adj. 2g.; pl. ·*veis*.
pros·ti·*tu*·ta sf.
pros·ti·*tu*·to adj. sm.
prós·to·ma sm.
pros·tra·*ção* sf.; pl. ·*ções*.
pros·*tra*·do adj.
pros·*trar* v.
pro·tac·*tí*·ni:o sm.: *protoactínio*.
pro·ta·go·*nis*·ta adj. s2g.
pro·ta·go·ni·*zar* v.
pro·*tá*·li·co adj.
pro·*tá*·lo sm.
pro·*tân*·dri·co adj.
pro·ta·nop·*si*·a sf.
pro·tar·*gol* sm.; pl. ·*góis*.
pró·ta·se sf. 'exposição de um assunto do drama'/Cf. *prótese*.
pro·*tá*·ti·co adj.
pro·te:*á*·ce:a sf.
pro·te:*á*·ce:o adj.
pro·te:*a*·le sf.
pro·te·*ção* sf.; pl. ·*ções*.
pro·te·ci·o·*nis*·mo sm.
pro·te·ci·o·*nis*·ta adj. s2g.
pro·te·ge·*dor* (ô) adj. sm.
pro·te·*ger* v.
pro·te·*gi*·do adj. sm.

pro·*tei*·co adj.
pro·te·*í*·do adj. sm.
pro·te:i·*for*·me adj. 2g.
pro·te·*í*·na sf.
pro·te:i·no·te·ra·*pi*·a sf.
pro·te:i·no·te·*rá*·pi·co adj.
pro·te:i·nu·*ri*·a sf.:
  pro·te:i·*nú*·ri:a.
pro·te:i·*nú*·ri·co adj.
pro·te·la·*ção* sf.; pl. ·*ções*.
pro·te·la·*dor* (ô) adj. sm.
pro·te·*lar* v.
pro·te·la·*tó*·ri:o adj.
pro·te·*lá*·vel adj. 2g.; pl. ·**veis**.
pro·ten·*der* v.
pro·ten·*di*·do adj. sm.
pro·ten·*são* sf.; pl. ·*sões*.
pro·te:o·ce·fa·*lói*·de:o adj. sm.:
  pro·te:o·ce·fa·lo·*í*·de:o.
pro·te:o·*mi*·xo (cs) adj. sm.
pro·te·ran·*dri*·a sf.
pro·te·*ran*·dro adj.
pro·te·*rân*·te:o adj.
pro·te·ro·gi·*ni*·a sf.
pro·te·*ró*·gi·no adj.
pro·te·*ró*·gli·fa sf.
pro·te·*ró*·gli·fo adj. sm.
pro·te·ro·*zoi*·co adj. sm.
pro·*tér*·vi:a sf.
pro·*ter*·vo adj.
pró·te·se sf. 'substituição artificial'/Cf. *prótase*.
pro·tes·ta·*ção* sf.; pl. ·*ções*.
pro·tes·*tan*·te adj. s2g.
pro·tes·*tan*·tis·mo sm.
pro·tes·tan·ti·*zar* v.
pro·tes·*tar* v.
pro·tes·ta·*ti*·vo adj.
pro·tes·ta·*tó*·ri:o adj.
pro·*tes*·to sm.
pro·*té*·ti·co adj. sm.
pro·te·*tor* (ô) adj. sm.
pro·te·to·*ra*·do sm.
pro·te·to·*ral* adj. 2g.; pl. ·*rais*.
pro·te·*tó*·ri:o adj.
pro·*teu* sm.
pro·ti·po·*grá*·fi·co adj.
pro·*tis*·ta sm.
pro·tis·to·lo·*gi*·a sf.
proto- pref. (é seguido de hífen, quando se lhe junta voc. começado por *o* ou *h*).
pro·to sm.
pro·to·ac·*tí*·ni:o sm.:
  protactínio.
pro·to·*brân*·qui:o adj. sm.
pro·to·co·*lar* adj. 2g. v.
pro·to·co·li·*zar* v.

pro·to·*co*·lo sm.
pro·to·cor·*da*·do adj. sm.
pro·to·*cor*·mo sm.
pro·to·*fi*·li·co adj.
pro·to·*fi*·lo sm.
pro·*tó*·fi·to adj. sm.
pro·to·flo:*e*·ma sm.
pro·to·fo·*ni*·a sf.
pro·to·*fô*·ni·co adj.
pro·to·ga·*lá*·xi:a (cs) sf.
pro·to·*gê*·ni·co adj.
pro·to·*gí*·ni·co adj.
pro·to·his·*tó*·ri:a(s) sf. (pl.).
pro·to·his·*tó*·ri·co(s) adj. (pl.).
pro·to·*már*·tir sm.; pl. *protomártires*.
pro·to·me·*cóp*·te·ro adj. sm.
pro·to·me·di·*ca*·to sm.
pro·to·*mé*·di·co sm.
pro·to·mi·*né*·ri:o sm.
pro·to·mo·na·*di*·no adj. sm.
pró·ton sm.
pro·to·*nau*·ta sm.
pro·to·ne·*frí*·di:o sm.
pro·to·*ne*·ma sm.
pro·to·ne·mer·*ti*·no adj. sm.
pro·to·no·ta·ri*a*·do sm.
pro·to·no·*tá*·ri:o sm.
pro·to·*pa*·pa sm.
pro·to·pa·*ti*·a sf.
pro·to·*pá*·ti·co adj.
pro·to·pla·*ne*·ta (ê) sm.
pro·to·*plas*·ma sm.
pro·to·plas·*má*·ti·co adj.
pro·to·*plás*·mi·co adj.
pro·to·*plas*·ta sm.
pro·to·*rá*·ci·co adj.
pro·*tó*·rax (cs) sm. 2n.
pro·tor·re·vo·lu·*ção* sf.; pl. *protorrevoluções*.
pro·tor·re·vo·lu·ci:o·*ná*·ri:o adj. sm.
pro·tos·*pôn*·di·lo adj. sm.
pro·tos·sa·*té*·li·te sm.
pro·tos·se·*lá*·qui:o adj. sm.
pro·tos·*té*·li·co adj.
pro·tos·*te*·lo sm.
pro·to·*té*·ri:o adj. sm.
pro·to·*tí*·pi·co adj.
pro·*tó*·ti·po sm.
pro·to·ti·po·*grá*·fi·co adj.
pro·*tó*·xi·do (cs) sm.
pro·to·xi·*le*·ma (cs *ou* ch) sm.
pro·to·xi·le·*má*·ti·co (cs *ou* ch) adj.
pro·to·zo:*á*·ri:o adj. sm.
pro·to·zo·o·lo·*gi*·a sf.
pro·to·zo·o·*ló*·gi·co adj.

pro·to·zo:o·*no*·se sf.
pro·tra:i·*men*·to sm.
pro·tra:*ir* v.
pro·tra·*í*·vel adj. 2g.; pl. ·**veis**.
pro·tra·que:*a*·do adj. sm.
pro·*trá*·til adj. 2g.; pl. ·**teis**.
pro·tru·*são* sf.; pl. ·*sões*.
pro·*tru*·so adj.
pro·tu·be·*rân*·ci:a sf.
pro·tu·be·*ran*·te adj. 2g.
pro·tu·be·*rar* v.
pro·*tu*·ro adj. sm.
pro·tu·*te*·la sf.
pro·tu·*tor* (ô) sm.
prous·*ti*·ta (prus) sf.
pro·va sf.
pro·va·*ção* sf.; pl. ·*ções*.
pro·*va*·do adj.
pro·va·*dor* (ô) adj. sm.
pro·va·*du*·ra sf.
pro·*van*·ça sf.
pro·*var* v.
pro·va·*rá* sm.
pro·va·*ti*·vo adj.
pro·va·*tó*·ri:o adj.: *probatório*.
pro·*vá*·vel adj. 2g.; pl. ·**veis**;
  superl. *probabilíssimo*.
pro·*vec*·to adj.
pro·ve·*dor* (ô) sm.
pro·ve·do·*ri*·a sf.
pro·*vei*·to sm.
pro·vei·*to*·so (ô) adj.; f. *e* pl. (ó).
pro·ven·*çal* adj. s2g. sm.; pl. ·*çais*.
pro·ven·ça·*les*·co (ê) adj.
pro·ven·ça·*lis*·mo sm.
pro·ven·ça·*lis*·ta adj. s2g.
pro·ve·ni·*ên*·ci:a sf.
pro·ve·ni·*en*·te adj. 2g.
  'oriundo'/Cf. *preveniente*.
pro·*ven*·to sm.
pro·*ver* v.
pro·ver·bi:*al* adj. 2g.; pl. ·*ais*.
pro·ver·bi:a·li·*zar* v.
pro·ver·bi:*ar* v.
pro·*vér*·bi:o sm./Cf. *proverbio*,
  do v. *proverbiar*.
pro·*ve*·ta (ê) sf.
pro·*ve*·te[1] (ê) sm. 'tubo de vidro': *proveta*/Cf. *provete*[2].
pro·*ve*·te[2] (ê) sm. 'morteiro'/Cf. *provete*[1].
pro·vi·*dên*·ci:a sf./
  Cf. *providencia*, do v. *providenciar*.
pro·vi·den·ci:*al* adj. 2g.
  'providente'; pl. ·*ais*/Cf. *previdencial*.

pro·vi·den·ci:a·li·*da*·de sf.
pro·vi·den·ci:a·*lis*·mo sm.
pro·vi·den·ci:a·*lis*·ta adj. s2g.
pro·vi·den·ci:*ar* v.
pro·vi·*den*·te adj. 2g. 'próvido'/ Cf. *previdente*.
pro·vi·den·*tís*·si·mo adj. superl. de *providente*.
pro·*vi*·do adj. 'cheio'/Cf. *próvido*.
pró·vi·do adj. 'providente'/Cf. *provido*.
pro·vi·*gá*·ri:o sm.
pro·vi·*men*·to sm.
pro·*vín*·ci:a sf.
pro·vin·ci:*al* adj. 2g. sm.; pl. ·*ais*.
pro·vin·ci:a·*la*·do sm.: pro·vin·ci:a·*la*·to
pro·vin·ci:a·*lis*·mo sm.
pro·vin·ci:a·*nis*·mo sm.
pro·vin·ci:a·ni·*zar* v.
pro·vin·ci:*a*·no adj. sm.
pro·*vin*·do adj.
pro·*vir* v.
pro·vi·*são* sf.; pl. ·*sões*.
pro·vi·si:o·*na*·do adj. sm.
pro·vi·si:o·*nal* adj. 2g.; pl. ·*nais*.
pro·vi·si:o·*nar* v.
pro·vi·si:o·*nei*·ro sm.
pro·vi·*sor* (ô) adj. sm.
pro·vi·so·*ra*·do sm.
pro·vi·so·*ri*·a sf. 'cargo ou função de provisor'/Cf. *provisória*, f. de *provisório*.
pro·vi·*só*·ri:o adj. sm.; f. *provisória*/Cf. *provisoria*.
pro·*vis*·ta adj. s2g.
pro·vo·ca·*ção* sf.; pl. ·*ções*.
pro·vo·ca·*dor* (ô) adj. sm.
pro·vo·*can*·te adj. 2g.
pro·vo·*car* v.
pro·vo·ca·*ti*·vo adj.
pro·vo·ca·*tó*·ri:o adj.
pro·xe·*ne*·ta (cs *ou* ch...ê) s2g.
pro·xe·*né*·ti·co (cs *ou* ch) adj.
pro·xe·ne·*tis*·mo (cs *ou* ch) sm.
pro·xe·*ni*·a (cs *ou* ch) sf.
pró·xe·no (cs) sm.
pro·xi·*mal* (ss) adj. 2g.; pl. ·*mais*.
pro·xi·mi·*da*·de (ss) sf.
pró·xi·mo (ss) adj. sm.
pru·ca sf.
pru·*dên*·ci:a sf./Cf. *prudencia*, do v. *prudenciar*.
pru·den·ci:*al* adj. 2g.; pl. ·*ais*.

pru·den·ci:*ar* v.
pru·*den*·te adj. 2g.
pru·den·*ti*·no adj. sm.
pru·den·to·po·li·*ta*·no adj. sm.
prud·hom·*mes*·co (ê) adj.
prud·hom·mi:*a*·no adj.
pru·*í*·do sm.: *prurido*.
pru:*í*·na sf.
pru:i·*no*·so (ô) adj.; f. *e* pl. (ó).
pru:*ir* v.: *prurir*.
pru·*ma*·da sf.
pru·*mar* v.
pru·mi·*for*·me adj. 2g.
pru·mo sm.
pru·ni·*for*·me adj. 2g.
pru·*ri*·do sm.
pru·ri·*en*·te adj. 2g.
pru·*ri*·gem sf.; pl. ·*gens*.
pru·*rí*·ge·no adj.
pru·ri·gi·*no*·so (ô) adj.; f. *e* pl. (ó).
pru·*ri*·go sm.
pru·*rir* v.: *pruir*.
prus·si:a·ni·za·*ção* sf.; pl. ·*ções*.
prus·si:a·ni·*zar* v.
prus·si:*a*·no adj. sm.
prus·si:*a*·to sm.
prús·si·co adj.
psa·*mi*·to sm.
psa·mo·fi·li·*a* sf.
psa·*mó*·fi·lo adj.
psa·*mo*·ma sm.
pse·ca sf.
psé·ca·de sf.
pse·*fi*·te sf.
pse·*fi*·to sm.
pse·*fó*·gra·fo sm.
pse·la·*fóg*·na·to adj. sm.
psé·li:o sm.
pse·*lis*·mo sm.
pseu·dar·*tro*·se sf.
pseu·den·*cé*·fa·lo sm.
pseu·de·*pí*·gra·fe sf.
pseu·des·te·si·*a* sf.
pseudo- pref. (é seguido de hífen, quando se lhe junta voc. iniciado por *o* ou *h*).
pseu·do·bor·ni:*á*·ce:a sf.
pseu·do·bor·ni:*á*·ce:o adj.
pseu·do·*cau*·le sm.
pseu·do·ce·lo·*ma*·do adj. sm.
pseu·do·ci·*ên*·ci:a sf.
pseu·do·ci:*e*·se sf.
pseu·do·coc·*cí*·de:o adj.
pseu·do·*cú*·bi·co adj.
pseu·do·di:a·*man*·te sm.
pseu·do·es·cor·pi:*ão* sm.; pl. *pseudo-escorpiões*.

pseu·do·es·*fe*·ra sf.
pseu·do·es·*fé*·ri·co adj.
pseu·do·fi·*lí*·de:o adj. sm.
pseu·do·fo·*bi*·a sf.
pseu·do·*fó*·bi·co adj.
pseu·*dó*·fo·bo sm.
pseu·do·*fru*·to sm.
pseu·do·*ló*·gi·co adj.
pseu·do·mor·*fo*·se sf.
pseu·do·neu·*róp*·te·ro adj. sm.
pseu·do·*ní*·mi:a sf.
pseu·do·*ní*·mi·co adj.
pseu·*dô*·ni·mo adj. sm.
pseu·do·pa·*rên*·qui·ma sm.
pseu·do·pa·ren·qui·ma·*to*·so (ô) adj.; f. *e* pl. (ó).
pseu·*dó*·po·de sm.
pseu·dor·rin·*co*·to adj. sm.
pseu·dos·cor·pi:o·*ní*·de:o adj. sm.
pseu·do·so·*fi*·a sf.
pseu·do·*só*·fi·co adj.
pseu·dos·*per*·mo sm.
pseu·dos·po·roc·*ná*·ce:a sf.
pseu·dos·po·roc·*ná*·ce:o adj.
pseu·dos·*si*·gla sf.
pseu·do·zo·*á*·ri:o adj. sm.
psi·ca·go·gi·*a* sf.
psi·ca·*gó*·gi·co adj.
psi·ca·*go*·go (ô) sm.
psi·cal·gi·*a* sf.
psi·*cál*·gi·co adj.
psi·ca·na·li·*sa*·do adj. sm.
psi·ca·na·li·*san*·do adj. sm.
psi·ca·na·li·*sar* v.
psi·ca·*ná*·li·se sf./Cf. *psicanalise*, do v. *psicanalisar*.
psi·ca·na·*lis*·mo sm.
psi·ca·na·*lis*·ta adj. s2g.
psi·ca·na·*lí*·ti·co adj.
psi·cas·te·ni·*a* sf.
psi·cas·*tê*·ni·co adj.
psi·*chê* sm.
psi·co·ci·rur·gi·*a* sf.
psi·co·ci·*rúr*·gi·co adj.
psi·co·cul·tu·*ral* adj. 2g.; pl. ·*rais*.
psi·co·*dé*·li·co adj.
psi·co·di:ag·*nós*·ti·co sm.
psi·co·*dí*·de:o adj. sm.
psi·co·di·*nâ*·mi·ca sf.
psi·co·di·*nâ*·mi·co adj.
psi·co·di·na·*mis*·mo sm.
psi·co·*dra*·ma sm.
psi·co·*fár*·ma·co adj. sm.
psi·co·far·ma·co·lo·gi·*a* sf.
psi·co·far·ma·co·*ló*·gi·co adj.
psi·co·*fí*·si·ca sf.

psi·co·*fí*·si·co adj.
psi·co·fi·si:o·lo·*gi*·a sf.
psi·co·fi·si:o·*ló*·gi·co adj.
psi·co·fo·*ni*·a sf.
psi·co·*fô*·ni·co adj.
psi·co·gê·ne·se sf.
psi·co·ge·*né*·ti·co adj.
psi·co·ge·*ni*·a sf.
psi·co·*gê*·ni·co adj.
psi·cog·no·*si*·a sf.
psi·cog·*nós*·ti·co adj.
psi·co·gra·*far* v.
psi·co·gra·*fi*·a sf.
psi·co·*grá*·fi·co adj.
psi·*có*·gra·fo sm./Cf. *psicografo*, do v. *psicografar*.
psi·co·gra·ma sm.
psi·co·lep·*si*·a sf.
psi·co·*lép*·ti·co adj.
psi·co·lin·*guís*·ti·ca sf.
psi·co·lin·*guís*·ti·co adj.
psi·co·lo·*gar* v.
psi·co·lo·*gi*·a sf.
psi·co·*ló*·gi·co adj.
psi·co·lo·*gis*·mo sm.
psi·co·lo·*gis*·ta adj. s2g.
psi·co·lo·gi·*zar* v.
psi·*có*·lo·go sm./Cf. *psicologo*, do v. *psicologar*.
psi·co·man·*ci*·a sf.
psi·co·*man*·te s2g.
psi·co·*mân*·ti·co adj.
psi·co·me·*tri*·a sf.
psi·co·*mé*·tri·co adj.
psi·co·*pa*·ta adj. s2g.
psi·co·pa·*ti*·a sf.
psi·co·*pá*·ti·co adj.
psi·co·pa·to·lo·*gi*·a sf.
psi·co·pa·to·*ló*·gi·co adj.
psi·co·pa·to·lo·*gis*·ta adj. s2g.
psi·co·pe·da·go·*gi*·a sf.
psi·co·pe·da·*gó*·gi·co adj.
psi·co·pe·do·lo·*gi*·a sf.
psi·co·pe·do·*ló*·gi·co adj.
psi·co·*pom*·po adj. sm.
psi·*co*·se sf.
psi·cos·so·ci:*al* adj. 2g.; pl. ·*ais*.
psi·cos·so·*má*·ti·co adj.
psi·cos·ta·*si*·a sf.
psi·cos·ti·mu·*lan*·te adj. 2g. sm.
psi·co·*téc*·ni·ca sf.
psi·co·*téc*·ni·co adj.
psi·co·te·ra·*peu*·ta s2g.
psi·co·te·ra·*pi*·a sf.
psi·co·te·*rá*·pi·co adj.
psi·*có*·ti·co adj. sm.
psi·co·*tró*·pi·co adj. sm.
psi·cro:al·*gi*·a sf.

psi·cro:es·te·*si*·a sf.
psi·cro·fi·*li*·a sf.
psi·*cró*·fi·lo adj. sm.
psi·cro·fo·*bi*·a sf.
psi·cro·*fó*·bi·co adj.
psi·cro·me·*tri*·a sf.
psi·cro·*mé*·tri·co adj.
psi·*crô*·me·tro sm.
psi·cro·te·ra·*pi*·a sf.
psi·cro·te·*rá*·pi·co adj.
psi·*lí*·de:o adj. sm.
psi·lo adj. sm.
psi·*ló*·fi·to sm.
psi·lo·me·la·*ni*·ta sf.
psi·lo·*tá*·ce:a sf.
psi·lo·*tá*·ce:o adj.
psi·que sf.: psi·*quê*.
psi·queu·ter·*pi*·a sf.
psi·qui:al·*gi*·a sf.
psi·qui:*ál*·gi·co adj.
psi·qui:*a*·tra adj. s2g.
psi·qui:a·*tri*·a sf.
psi·qui:*á*·tri·co adj.
psi·qui:a·*tris*·ta adj. s2g.
psí·qui·co adj.
psi·*quí*·de:o adj. sm.
psi·*quis*·mo sm.
psi·*tá*·ci·da adj. 2g. sm.
psi·ta·*cí*·de:o adj. sm.
psi·ta·ci·*for*·me adj. 2g. sm.
psi·ta·*cis*·mo sm.
psi·ta·*co*·se sf.
psiu interj. sm.
pso·as (ô) s2g. 2n.
pso·*cóp*·te·ro adj. sm.
pso·*fí*·de:o adj. sm.
pso·*í*·te sf.
pso·ra sf.
pso·*rí*·a·co adj.
pso·*rí*·a·se sf.
ptár·mi·co adj.
pte·ri·*dó*·fi·to adj. sm.
pte·ri·do·gra·*fi*·a sf.
pte·ri·do·*grá*·fi·co adj.
pte·ri·*dó*·gra·fo sm.
pte·ri·do·lo·*gi*·a sf.
pte·ri·do·*ló*·gi·co adj.
pte·ri·dos·*per*·ma sf.
pte·*rí*·gi:o sm.
pte·ri·go·*gê*·ne:o adj. sm.
pte·ri·*goi*·de adj. 2g.
pte·ri·*gói*·de:o adj. sm.: pte·ri·*go*·í·de:o.
pte·ri·*go*·to adj. sm.
pte·ri·gra·*fi*·a sf.
pte·ri·*grá*·fi·co adj.
pté·ri:o sm.: *pté*·ri:on.
pte·ro·*brân*·qui:o adj. sm.

pte·ro·*car*·po adj. sm.
pte·ro·*dác*·ti·lo adj. sm.: pte·ro·*dá*·ti·lo.
pte·ro·*dó*·fi·ta sf.
pte·ro·fa·*gi*·a sf.
pte·ro·*fá*·gi·co adj.
pte·*ró*·fo·ro adj. sm.
pte·*roi*·de adj. 2g
pte·*rói*·de:o adj.: pte·ro·*í*·de:o.
pte·*ro*·ma sm.
pte·ro·me·*du*·sa adj. 2g. sf.
pte·*ró*·po·de adj. 2g. sm.
pte·rop·to·*quí*·de:o adj. sm.
pte·ros·*per*·mo adj. sm.
pte·ros·*sau*·ro sm.
pti:a·la·*go*·go (ô) adj. sm.
pti:a·*li*·na sf.
pti:a·*lis*·mo sm.
pti·co·dac·ti·*á*·ri:o adj. sm.
pti·*lo*·se sf.
pto·le·*mai*·co adj.: pto·lo·*mai*·co.
pto·ma·*í*·na sf.
pto·se sf.
pto·se:o·no·*mi*·a sf.
ptó·ti·co adj.
pu sm.
pu·a sf.
pu:*ã* sf.
pu:*a*·ço sm.
pu:a·*çu* sm.
pu:a·*va* adj. s2g.
pu·ba adj. 2g. sm. sf.
pu·*bar* v.
pu·be s2g.: *púbis*/Cf. *pube* e *pubes*, do v. *pubar*.
pu·ber·*da*·de sf.
pú·be·re adj. 2g.
pu·be·ru·*len*·to adj.
pu·*bé*·ru·lo adj.
pu·bes·*cên*·ci:a sf.
pu·bes·*cen*·te adj. 2g.
pu·bes·*cer* sm. v.
pu·bi:*a*·no adj.
pú·bi·co adj.
pu·bi·*cór*·ne:o adj.
pú·bis sm. 2n.: *pube*/Cf. *pube* e *pubes*, do v. *pubar*.
pu·bli·ca·*ção* sf.; pl. ·*ções*.
pu·bli·ca·*dor* (ô) adj. sm.
pú·bli·ca(s)·*for*·ma(s) sf. (pl.).
pu·bli·*ca*·no adj. sm.
pu·bli·*car* v.
pu·bli·*cá*·vel adj. 2g.; pl. ·*veis*.
pu·bli·ci·*da*·de sf.
pu·bli·*cis*·mo sm.
pu·bli·*cis*·ta adj. s2g.
pu·bli·ci·*tá*·ri:o adj. sm.

pú·bli·co adj. sm./Cf. *publico*, do v. *publicar*.
pu·*blí*·co·la adj. s2g.
pu·bo adj.
pu·ça s2g.
pu·*çá* sm.
pu·ca·*çu* sm.
pu·*çan*·ga sf.
pu·çan·*gua*·ra sm.
pú·ca·ra sf.
pú·ca·ro sm.
pu·ça·*zei*·ro sm.
pu·*cei*·ro sm. 'cesto vindimo'/ Cf. *poceiro* e *posseiro*.
pu·*ce*·la sf.
pu·cha interj.: *puxa*.
pu·cho sm. 'planta'/Cf. *puxo*, do v. *puxar*.
pu·*cí*·ni:a sf.
pu·ço sm.
pu·*có*·bi:e adj. s2g.
pu·cu·*mã* sm.: *picumã*.
pu·*den*·do adj./Cf. *podendo*, do v. *poder*.
pu·*den*·te adj. 2g.
pu·*de*·ra interj.
pu·di·*bun*·do adj.
pu·di·*cí*·ci:a sf.
pu·*di*·co adj.
pu·*dim* sm.; pl. *·dins*.
pu·*dor* (ô) sm.
pu·do·*ro*·so (ô) adj.; f. *e* pl. (ó).
pu:*e*·lar adj. 2g.
pu:*el*·che adj. s2g.
pu:*e*·ra (ê) sf. 'lagoa pequena'/ Cf. *poeira*.
pu:e·*rí*·ci:a sf.
pu:e·ri·cul·*tor* (ô) sm.
pu:e·ri·cul·*tu*·ra sf.
pu:e·*ril* adj. 2g.; pl. *·ris*.
pu:e·ri·li·*da*·de sf.
pu:e·ri·*lis*·mo sm.
pu:e·ri·li·*zar* v.
pu:*ér*·pe·ra adj. sf.
pu:er·pe·*ral* adj. 2g.; pl. *·rais*.
pu:er·*pé*·ri:o sm.
pu:e·*ta*·na adj. s2g.
puf interj./Cf. *pufe*.
pu·fe sm. 'assento estofado'/ Cf. *puf*.
pu·fi·*ní*·de:o adj. sm.
pu·*fis*·mo sm.
pú·gil adj. 2g. sm.; pl. *·geis*; superl. *pugílimo* ou *pugilíssimo*.
pu·gi·*lar* sm. v.
pu·gi·*la*·to sm.
pu·*gí*·li·mo adj. superl. de *púgil*.

pu·gi·*lis*·mo sm.
pu·gi·*lis*·ta adj. s2g.
pu·*gi*·lo sm.
pu·gi·*lô*·me·tro sm.
pug·na sf.
pug·*na*·ce adj. 2g.: *pugnaz*.
pug·na·ci·*da*·de sf.
pug·na·*cís*·si·mo adj. superl. de *pugnaz*.
pug·na·*dor* (ô) adj.
pug·*nar* v.
pug·*naz* adj. 2g.: *pugnace*; superl. *pugnacíssimo*.
pu:i·*dei*·ra sf. 'material para friccionar o objeto que se quer puir'/Cf. *poedeira*.
pu:*í*·do adj.: *buído*.
pu:i·*na*·ve adj. s2g.
pu:*ir* v.: *buir*.
pui·ta sf.
pui·*tar* v.
pu·ja·*cá* adj. s2g.
pu·*jan*·ça sf.
pu·*jan*·te adj. 2g. 'possante'/Cf. *pojante*.
pu·*jar* v. 'superar'/Cf. *pojar*.
pu·ji·*xá* adj. s2g.
pul sm.; pl. *pules*/Cf. *pules*, dos v. *polir* e *pular*.
pu·la·*ção* sf.; pl. *·ções*.
pu·la·*di*·nho sm.
pu·*la*·do adj.
pu·la·*dor* (ô) adj.
pu·*lan*·te adj. 2g.
pu·la-*pu*·la sm.; pl. *pulas-pulas* ou *pula-pulas*.
pu·*lar* v.
pu·*lá*·ri:o sm.
pu·la·ven·*ta*·na(s) sm. (pl.).
pul·*crí*·co·mo adj.
pul·cri·*tu*·de sf.
pul·cro adj.; superl. *pulquérrimo*.
pu·le sf.
pu·le:*ar* v. 'pular'/Cf. *polear*.
pul·ga sf.
pul·ga(s)-da-a-*rei*·a sf. (pl.).
pul·ga(s)-*d'á*·gua sf. (pl.).
pul·ga(s)-da-ma·ci:*ei*·ra sf. (pl.).
pul·ga(s)-do-*ho*·mem sf. (pl.).
pul·ga(s)-do-*mar* sf. (pl.).
pul·*gão* sm.; pl. *·gões*.
pul·gão-car·*mim* sm.; pl. pulgões-carmins.
pul·gão-da-a-*vei*·a sm.; pl. pulgões-da-aveia.
pul·gão-de-*plan*·ta sm.; pl. pulgões-de-planta.

pul·gão-do-*tri*·go sm.; pl. pulgões-do-trigo.
pul·gão-la·*ní*·ge·ro sm.; pl. pulgões-lanígeros.
pul·gão-la·*ní*·ge·ro-da--ma·ci:*ei*·ra sm.; pl. pulgões-lanígeros-da-macieira.
pul·gão-ver·de-das--gra·*mí*·ne:as sm.; pl. pulgões-verdes-das-gramíneas.
pul·gão-ver·de-dos-ce·re:*ais* sm.; pl. pulgões-verdes-dos--cereais.
pul·gão-ver·de-do-*tri*·go sm.; pl. pulgões-verdes-do-trigo.
pul·gão-ver·me·lho-da--ma·ci:*ei*·ra sm.; pl. pulgões--vermelhos-da-macieira.
pul·go sm.
pul·*go*·so (ô) adj.; f. *e* pl. (ó).
pul·*gue*·do (ê) sm.
pul·*guei*·ro sm.
pul·*guen*·to adj.
pu·lha adj. 2g. sf.
pu·lha·*dor* adj. sm.
pu·*lhar* v.
pu·*lhi*·ce sf.
pu·li·*cí*·de:o adj. sm.
pul·*mão* sm. 'órgão respiratório'; pl. *·mões*/Cf. *polmão*.
pul·mo·*ei*·ra sf.
pul·mo·*na*·do adj. sm.
pul·mo·*nar* adj. 2g.
pul·mo·*ná*·ri:a sf.
pul·*mo*·ni·a sf.
pul·mo·*ni*·te sf.
pul·mo·tu·ber·cu·*lo*·se sf.
pu·lo sm.
pu·lo(s) do ma·*ca*·co sm. (pl.).
pu·lo(s) do *no*·ve sm. (pl.).
pu·*lô*·ver sm.
pul·pec·to·*mi*·a sf.
pul·*pei*·ro sm.
pul·*pe*·ri·a sf.
pul·*pi*·te sf.
púl·pi·to sm.
pul·*quér*·ri·mo adj. superl. de *pulcro*.
pul·sa·*ção* sf.; pl. *·ções*.
pul·sa·*dor* (ô) adj.
pul·*são* sf.; pl. *·sões*.
pul·*sar* sm. v.
pul·*sá*·til adj. 2g.; pl. *·teis*.
pul·sa·*ti*·la sf.
pul·sa·*ti*·vo adj.
pul·se:*ar* v.
pul·*sei*·ra sf.

pul·si·*mé*·tri·co adj.
pul·*sí*·me·tro sm.
pul·so sm.
pul·*só*·gra·fo sm.
pul·so·*jac*·to sm.:
  pul·so·*ja*·to.
pul·sor·re:a·*tor* (ô) sm.
pul·*tá*·ce:o adj.
pu·lu·*lân*·ci:a sf.
pu·lu·*lan*·te adj. 2g.
pu·lu·*lar* v.
pul·ve·*rá*·ce:o adj.
pul·*vé*·re:o adj.
pul·ve·res·*cên*·ci:a sf.
pul·ve·ri·za·*ção* sf.; pl. ·*ções*.
pul·ve·ri·za·*dor* (ô) adj. sm.
pul·ve·ri·*zar* v.
pul·ve·ri·*zá*·vel adj. 2g.; pl.
  ·veis.
pul·ve·*ro*·so (ô) adj.; f. e pl. (ó).
pul·ve·ru·*lên*·ci:a sf.
pul·ve·ru·*len*·to adj.
pul·vi·ni·*for*·me adj. 2g.
pul·*vi*·no sm.
pul·vi·nu·*lar* adj. 2g.
pul·*ví*·nu·lo sm.
pum interj. sm.; pl. *puns*
pu·ma sm.
pu·ma·ca·*á* adj. s2g.
pum·ba interj.
pú·mi·ce sm.
pu·na sf.
pu·*nã* sf.
pu·na·*ré* adj. 2g. sm.
pu·na·*ru* sm.
pun·*ção* sf.; pl. ·*ções*.
pun·*çar* v.
pun·*ce*·ta (ê) sf.
pun·ci·o·*nar* v.
pun·ci·o·*nis*·ta adj. s2g.
punc·ti·*for*·me adj. 2g.:
  puntiforme.
punc·*tu*·ra sf.: puntura.
pun·do·*nor* (ô) sm.
pun·do·no·*ro*·so (ô) adj.; f. e
  pl. (ó).
pun·ga adj. s2g. sm. sf.
pun·*gên*·ci:a sf.
pun·*gen*·te adj. 2g.
pun·gi·*dor* (ô) adj. sm.
pun·gi·*men*·to sm.
pun·*gir* v.
pun·gi·*ti*·vo adj.
pun·gue:*ar* v.
pun·*guis*·ta adj. s2g.
pu·*nha*·da sf.
pu·*nha*·do sm.
pu·*nhal* sm.; pl. ·*nhais*.

pu·nha·*la*·da sf.
pu·*nhe*·ta (ê) sf.
pu·*nhe*·te (ê) sm.
pu·nhe·*tei*·ro adj. sm.
pu·nho sm.
pu·ni·bi·li·*da*·de sf.
pu·ni·*cá*·ce:a sf.
pu·ni·*cá*·ce:o adj.
pu·ni·*ção* sf.; pl. ·*ções*.
pu·*ní*·ce:o adj.
pú·ni·co adj. sm.
pu·ni·*dor* (ô) adj. sm.
pu·*ni*·lha sf.
pu·*nir* v.
pu·ni·*ti*·vo adj.
pu·*ní*·vel adj. 2g.; pl. ·veis.
punk adj. 2g. s2g. sm. (ing.:
  pank).
pun·ti·*for*·me adj. 2g.:
  punctiforme.
pun·ti·*lis*·mo sm.
pun·*tu*·ra sf.: punctura.
pun·xi·*rão* sm.; pl. ·*rões*.
pu·pa sf.
pu·*pi*·la sf.
pu·pi·*la*·gem sf.; pl. ·gens.
pu·pi·*lar* adj. 2g. v.
pu·*pi*·lo sm.
pu·*pu*·nha sf.
pu·pu·nha(s)-*bra*·va(s) sf. (pl.).
pu·pu·nha(s)-de-*por*·co sf.
  (pl.).
pu·pu·nha(s)-pi·*ran*·ga(s) sf.
  (pl.).
pu·pu·nha·*ra*·na sf.
pu·pu·nha(s)-ver-de-
  -a·ma·re·*la*(s) sf. (pl.).
pu·pu·*nhei*·ra sf.
pu·ra sf.
pu·ra·*cé* s2g.: poracé.
pu·ra·*quê* sm.: poraquê.
pu·*rê* sm.: pu·*ré*.
pu·re·nu·*má* adj. 2g.
pu·*reu* adj. s2g.
pu·*re*·za (ê) sf.
pu·re·*zen*·se adj. s2g.
pur·ga sf.
pur·ga·*ção* sf.; pl. ·*ções*.
pur·ga(s)-de-ca·*bo*·clo sf. (pl.).
pur·ga(s)-de-ca·ri·*jó* sf. (pl.).
pur·ga(s)-de-gen·*ti*:o sf. (pl.).
pur·ga(s)-de-ve:*a*·do sf. (pl.).
pur·ga(s)-de-*ven*·to sf. (pl.).
pur·*ga*·do adj.
pur·ga·*dor* (ô) adj. sm.
pur·ga(s)-dos-pau·*lis*·tas sf.
  (pl.).
pur·*gan*·te adj. 2g. sm.

pur·*gar* v.
pur·ga·*ti*·vo adj. sm.
pur·ga·*tó*·ri:o adj. sm.
pur·*guei*·ra sf.
pu·*ri* adj. 2g. sm.
pu·ri·*da*·de sf.
pu·ri·fi·ca·*ção* sf.; pl. ·*ções*.
pu·ri·fi·ca·*dor* (ô) adj. sm.
pu·ri·fi·*can*·te adj. 2g.
pu·ri·fi·*car* v.
pu·ri·fi·ca·*ti*·vo adj.
pu·ri·fi·ca·*tó*·ri:o adj.
pu·ri·*for*·me adj. 2g.
pu·*ri*·na sf.
pu·*ri*·nha sf.
pu·*ris*·mo sm.
pu·*ris*·ta adj. s2g.
pu·*rís*·ti·co adj.
pu·ri·ta·*nis*·mo sm.
pu·ri·*ta*·no adj. sm.
pu·ro adj.
pu·ro(s)-*san*·gue(s) adj. s2g.
  (pl.).
púr·pu·ra sf./Cf. purpura, do v.
  purpurar.
pur·pu·*ra*·do adj. sm.
pur·pu·*rar* v.
pur·pu·re:*ar* v.
pur·pu·re·*jar* v.
pur·*pú*·re:o adj.
pur·pu·*rí*·fe·ro adj.
pur·pu·*ri*·na sf.
pur·pu·*ri*·no adj.
pur·pu·ri·*zar* v.
púr·pu·ro adj./Cf. purpuro, do
  v. purpurar.
pur·ri·*nhém* sm.; pl. ·*nhéns*.
pu·ru·bo·*rá* adj. s2g.
pu·*ru*·ca sf.
pu·ru·co·*tó* adj. s2g.:
  porocotó.
pu·ru·*í* sm.
pu·ru·*í*(s)-*gran*·de(s) sm. (pl.).
pu·ru·*í*(s)-gran·de(s)-da-*ma*·ta
  sm. (pl.).
pu·ru·*í*(s)-pe·*que*·no(s) sm. (pl.).
pu·ru·*lên*·ci:a sf.
pu·ru·*len*·to adj.
pu·ru·*mã* sf.
pu·*run*·ga sf.
pu·*run*·go sm.: porongo.
pu·ru·pa·*qui* sm.
pu·ru·pu·*ru* s2g. sm.
pu·ru·*ru* sm.
pu·ru·*ru*·ca adj. 2g. sf.
pu·ru·u:*a*·ra sf.
pus sm.
pu·se·*ís*·mo sm.

pu·se·*ís*·ta adj. s2g.
pu·si·*lâ*·ni·me adj. s2g.
pu·si·la·ni·mi·*da*·de sf.
pús·tu·la sf.
pus·tu·*la*·do adj. sm. 'coberto de pústulas'/Cf. *postulado*.
pus·tu·*len*·to adj. sm.
pus·tu·*lo*·so (ô) adj. sm.; f. *e* pl. (ó).
pu·ta sf.
pu·*ta*·da sf.
pu·*tal* sm.; pl. *·tais*.
pu·*tâ*·men sm.; pl. *putamens* ou *putâmenes*.
pu·ta·*ri*·a sf.
pu·ta·*ti*·vo adj.
pu·tau·*á* sm.: *patauá*.
pu·te:a·*ção* sf.; pl. *·ções*.
pu·te:*a*·da sf.
pu·te:a·*dor* (ô) adj. sm.
pu·te:*al* sm.; pl. *·ais*.
pu·te:*ar* v.
pu·*te*·do (ê) sm.
pú·te·ga sf.
pu·*tei*·ro sm.
pu·ti·*rão* sm.; pl. *·rões*:
 pu·ti·*rom*; pl. *·rons*:
 pu·ti·*rum*; pl. *·runs*.
pu·to adj. sm.
pu·tre·di·no·si·*da*·de sf.
pu·tre·di·*no*·so (ô) adj.; f. *e* pl. (ó).

pu·tre·fa·*ção* sf.; pl. *·ções*.
pu·tre·fa·ci:*en*·te adj. 2g.
pu·tre·*fac*·to adj.: *putrefato*.
pu·tre·fa·*ti*·vo adj.
pu·tre·*fa*·to adj.: *putrefacto*.
pu·tre·fa·*tó*·ri:o adj.
pu·tre·fa·*zer* v.
pu·tre·*fei*·to adj.
pu·tres·*cên*·ci:a sf.
pu·tres·*cen*·te adj. 2g.
pu·tres·ci·bi·li·*da*·de sf.
pu·tres·*ci*·na sf.
pu·tres·*cí*·vel adj. 2g.; pl. *·veis*.
pu·tri·*ão* sm.; pl. *·ões*.
pú·tri·do adj.
pu·tri·fi·*car* v.
putsch sm. (al.: *putch*).
pu·*tu*·ca s2g.
pu·tu·mu:i·*ú*(s)·i·ri·ri·*bá*(s) sm. (pl.).
pu·tu·mu·*ju* sm.
pu·tu·mu·*ju*(s)·a·ma·re·*lo*(s) sm. (pl.).
pu·vi sm.
pu·xa adj. interj. s2g. sm. sf.
pu·xá s2g.
pu·xa·*ção* sf.; pl. *·ções*.
pu·xa·*car* adj. s2g.
pu·*xa*·da sf.
pu·xa·*dei*·ra sf.
pu·xa·*di*·nho adj. sm.

pu·*xa*·do adj. sm.
pu·xa·*doi*·ra sf.: *puxadoura*.
pu·xa·*dor* (ô) sm.
pu·xa·*dou*·ra sf.: *puxadoira*.
pu·xa·en·*co*·lhe sm. 2n.
pu·xa·*men*·to sm.
pu·*xan*·te adj. 2g.
pu·*xão* sm.; pl. *·xões*.
pu·xa·*pu*·xa adj. 2g. sm. pl.: *puxa-puxas* ou *puxas-puxas*.
pu·*xar* v.
pu·xa·*sa*·co(s) adj. s2g. (pl.).
pu·xa·*sa*·cos adj. s2g. 2n.
pu·xa·sa·*quis*·mo(s) sm. (pl.).
pu·xa·*ti*·vo adj.
pu·xa·*van*·te adj. 2g. sm.
pu·xa·*vão* sm.; pl. *·vões*.
pu·xa·ve·*rão* sm.; pl. *puxa-verões*.
pu·xe interj.
pu·*xei*·ra sf.
pu·*xe*·ta (ê) sf.
pu·xi:*a*·na adj. s2g.
pu·xi·ca·ra·*im* sm.; pl. *·ins*:
 pu·xi·ca·*rim*; pl. *·rins*.
pu·xi·*rão* sm.; pl. *·rões*.
pu·xi·*ri* sm.: *pixurim*.
pu·xo sm. 'tenesmo'/Cf. *pucho*.
pu·xu·*ri* sm.: *puxiri*.
pu·xu·*rim* sm. pl. *·rins*.

Q

qua·bi·bu·*ru* sm.
qua·ca·*cu*·ja sf.
qua·cre sm., do ing. *quaker.*
qua·*der*·na sf.
qua·der·*na*·do adj.
qua·der·*nal* sm.; pl. ·*nais*: cadernal.
qua·do adj. sm.
qua·dra sf.
qua·dra·*ção* sf., pl. ·*ções.*
qua·dra·*dão* adj. sm.; pl. ·*dões.*
qua·*dra*·do adj. sm.
qua·dra·*dor* (ô) adj. sm.
qua·dra·*du*·ra sf.
qua·dra·ge·*ná*·ri:o adj. sm.
qua·dra·*gé*·si·ma sf.
qua·dra·ge·si·*mal* adj. 2g.; pl. ·*mais.*
qua·dra·*gé*·si·mo num. sm.
qua·dran·gu·la·*ção* sf. pl. ·*ções.*
qua·dran·gu·*la*·do adj.
qua·dran·gu·*lar* adj. 2g. v.
qua·*drân*·gu·lo sm.
qua·dran·*tal* adj. 2g. sm.; pl. ·*tais.*
qua·*dran*·te sm.
qua·dran·*tí*·de:o sm.
qua·*drão* sm.; pl. ·*drões.*
qua·*drar* v.
qua·dra·*rão* adj. sm.; pl. ·*rões*; f. *quadrarona.*
qua·dra·*ro*·na adj. sf. de *quadrarão.*
qua·*drá*·ti·co adj.
qua·dra·*tí*·fe·ro adj.
qua·dra·*tim* sm.; pl. ·*tins.*
qua·dra·*triz* adj. sf.
qua·dra·*tu*·ra sf.
qua·dra·tu·*ris*·ta adj. s2g.
qua·*dre*·la sf.
qua·*dre*·lo (ê) sm.
qua·dri:a·*la*·do adj.
qua·dri·*bá*·si·co adj.

quá·dri·ca sf.
qua·dri·cap·su·*lar* adj. 2g.
qua·dri·car·bo·*ne*·to (ê) sm.
qua·dri·ce·lu·*lar* adj. 2g.
qua·dri·*cên*·tri·co adj.
qua·*drí*·ceps adj. 2g. 2n. sm. 2n.: *quadricípite.*
qua·dri·ci·pi·*tal* adj 2g. pl. ·*tais.*
qua·dri·*cí*·pi·te adj 2g. sm.: *quadríceps.*
quá·dri·co adj.
qua·dri·co·*lor* (ô) adj. 2g. sm.
qua·dri·*cór*·ne:o adj.
qua·dri·*cro*·mi·a sf.
qua·*drí*·cu·la sf./Cf. *quadricula,* do v. *quadricular.*
qua·dri·cu·*la*·do adj. sm.
qua·dri·cu·*lar* adj. 2g. v.
qua·*drí*·cu·lo sm./ Cf. *quadriculo,* do v. *quadricular.*
qua·dri·*cús*·pi·de adj. 2g.
qua·dri·den·*ta*·do adj.
qua·dri·di·gi·*ta*·do adj.
qua·dri·di·men·si:o·*nal* adj. 2g.: *quadrimensional*; pl. ·*nais.*
qua·dri:e·*nal* adj. 2g.; pl. ·*nais.*
qua·dri·*ê*·ni:o sm.: *quatriênio.*
qua·dri·fen·*di*·do adj.
qua·*drí*·fi·do adj.
qua·dri·*fló*·re:o adj.
qua·dri·fo·li:a·do adj.
qua·dri·*fó*·li:o adj. sm.
qua·dri·*fô*·ni·co adj.
qua·dri·*for*·me adj. 2g.
qua·dri·*fon*·te adj. 2g.
qua·dri·fur·*ca*·do adj.
qua·*dri*·ga sf.
qua·dri·*gá*·ri:o sm.
qua·dri·*ga*·to sm.
qua·dri·*gê*·me:o adj. sm.
qua·dri·ge·mi·*na*·do adj.
qua·dri·*gê*·mi·no adj.

qua·dri·*gú*·me:o adj.
qua·dri·ju·*ga*·do adj.
qua·*drí*·ju·go adj.
qua·*dril* sm.; pl. ·*dris.*
qua·dri·la·te·*ral* adj. 2g.: pl. ·*rais.*
qua·dri·*lá*·te·ro adj. sm.
qua·*dri*·lha sf.
qua·dri·*lha*·do adj.
qua·dri·*lhei*·ro adj. sm.
qua·dri·lo·*ba*·do adj.
qua·dri·lo·bu·*la*·do adj.
qua·dri·*ló*·bu·lo sm.
qua·dri·lo·cu·*la*·do adj.
qua·dri·lo·cu·*lar* adj. 2g.
qua·dri·*lon*·go adj. sm.
qua·dri·lu·nu·*la*·do adj.
qua·*drí*·ma·no adj. sm.
qua·dri·*mem*·bre adj. 2g.
qua·dri·men·si:o·*nal* adj. 2g.; pl; ·*nais*: *quadridimensional.*
qua·dri·mes·*tral* adj. 2g. pl. ·*trais.*
qua·dri·*mes*·tre sm.
qua·dri·mo·*men*·tum sm.; pl. ·*tuns.*
qua·dri·mos·que:a·do adj.
qua·dri·mo·*tor* (ô) adj. sm.
qua·drin·gen·te·*ná*·ri:o sm.
qua·drin·gen·*té*·si·mo num. sm.
qua·*dri*·nha sf.
qua·*dri*·nhos sm. pl.
qua·dri·ni·za·*ção* sf.; pl. ·*ções.*
qua·dri·ni·*zar* v.
qua·dri·*nô*·mi:o sm.
qua·dri:oc·to·go·*nal* adj. 2 g.; pl. ·*nais.*
qua·dri·par·ti·*ção* sf.; pl. ·*ções.*
qua·dri·par·*ti*·do adj.: qua·dri·par·*ti*·to.
qua·dri·*pé*·ta·lo adj.
qua·dri·*po*·lo sm.
qua·*drí*·po·lo.

qua·dri·po·si·ção sf.; pl. -ções.
qua·dri·po·ten·ci·al sm.; pl. -ais.
qua·drir·re·me adj 2g. sf.
qua·dris·se·ma·na sf.
qua·dris·se·cu·lar adj. 2g.
qua·dris·si·lá·bi·co adj.
qua·dris·sí·la·bo adj. sm.
qua·dris·sul·co adj.
qua·dri·va·len·te adj. 2g.
qua·dri·val·ve adj. 2g.
qua·dri·val·vu·la·do adj.
qua·dri·val·vu·lar adj. 2g.
qua·dri·vec·tor (ô) sm.: quadrivetor.
qua·dri·ve·lo·ci·da·de sf.
qua·dri·ve·tor (ô) sm.: quadrivector.
qua·drí·vi:o sm.
qua·dro adj.sm.
qua·dro(s) de fel·tro sm. (pl.).
qua·dro(s) de fla·ne·la sm. (pl.).
qua·dro(s) de giz sm. (pl.).
qua·dro·na sf. de quadrão.
qua·dro(s)-ne·gro(s) sm. (pl.).
qua·dro·ple·gi·a sf.
qua·drum adj. s2g.; pl. -druns.
qua·drú·ma·no adj. sm.
qua·dru·pe·dan·te adj. 2g.
qua·dru·pe·dar v.
qua·drú·pe·de adj. 2g.sm./ Cf. quadrupede, do v. quadrupedar.
qua·dru·ple·to (ê) sm.
qua·dru·pli·ca·ção sf.; pl. -ções.
qua·dru·pli·car v.
quá·dru·plo num. sm.
qua·dru·po·lo sm.: qua·drú·po·lo.
quai:a·pá sm.
quai·qui·ca sf.
quaker sm. ing.; quacre.
qual pron. conj. interj.; pl. quais.
qua·li·da·de sf.
qua·li·fi·ca·ção sf.; pl. -ções.
qua·li·fi·ca·do adj.
qua·li·fi·ca·dor (ô) adj. sm.
qua·li·fi·car v.
qua·li·fi·ca·ti·vo adj.
qua·li·fi·cá·vel adj. 2g.; pl. -veis.
qua·li·ra sm.
qua·li·ra·gem sf.; -gens.
qua·li·ta·ti·vo adj.
qual·quer pron.; pl. quaisquer.
qua·ma·nho adj.

quan·do adv. conj. pron.
quan·tas sf. na loc. a quantas anda.
quan·ti·a sf.
quân·ti·co adj.
quan·ti·da·de sf.
quan·ti·fi·ca·ção sf.; pl. -ções.
quan·ti·fi·ca·do adj.
quan·ti·fi·car v.
quan·til sm.; pl. -tis.
quan·ti:o·so (ô) adj.; f. e pl. (ó).
quan·ti·ta·ti·vo adj. sm.
quan·ti·za·ção sf.; pl. -ções.
quan·ti·zar v.
quan·to adv. sm. pron.
quão adv.
qua·poi·a sf.
qua·ra sf.
qua·ra·dor (ô) sm.
qua·ra·dou·ro sm.
qua·rai·en·se adj. s2g.
qua·ran·go sm.
qua·rar v.
qua·ren·ta num sm.
qua·ren·ta·fe·ri·das sf. 2n.
qua·ren·tão adj. sm.; pl. -tões; sf. quarentona.
qua·ren·tar v.
qua·ren·te·na sf.
qua·ren·te·nar v. adj. 2g.
qua·ren·te·ná·ri:o adj. sm; f. quarentenária/ Cf. quarentenaria, do v. quarentenar
qua·ren·te·no adj. num.
qua·ren·ten·se adj. s2g.
qua·ren·to·na adj. sf. de quarentão.
qua·re·ó·gra·fo sm.
qua·res·ma sm. sf.
qua·res·mal adj. 2g.; pl. -mais.
qua·res·mar v.
qua·res·mei·ra sf.
qua·ri(s)-bra·vo (s) sm. (pl.).
qua·ri:ú·ba sf.; quaruba.
quark sm. (ing.: kuórk).
qua·ró srn.
quar·ta sf.
quar·tã adj. sf.
quar·ta·ção sf. pl. -ções.
quar·ta(s) de fi·nal sf. (pl.).
quar·ta·do adj.
quar·ta(s)-do:en·ças(s) sf. (pl.).
quar·ta(s)-fei·ra(s) sf. (pl.).
quar·tal sm.; pl. -tais.
quar·ta·lu·do adj.
quar·ta(s)-mo·lés·ti:a(s) sf. (pl.).

quar·ta·ná·ri:o adj. sm.
quar·ta·nis·ta adj. s2g.
quar·ta·no sm.
quar·tão sm.; pl. -tãos.
quar·tar v.
quar·tau sm.
quar·te:a·do adj.
quar·te:ar v.
quar·tei:o sm.
quar·tei·rão sm. 'quadra'; pl. -rões/Cf. quarterão.
quar·tei·ro sm.
quar·te·jar v.
quar·tel sm.; pl. quartéis/Cf. quarteis, do v. quartar.
quar·te·la sf.
quar·te·la·da sf.
quar·te·lei·ro sm.
quar·te·len·se adj. s2g.
quar·tel·ge·ne·ral sm.; pl. quartéis-generais.
quar·tel·mes·tre sm.; pl. quartéis-mestres.
quar·te·rão adj. sm. 'mestiço'; pl. -rões /Cf. quarteirão.
quar·te·to (ê) sm.
quár·ti·ca sf.
quár·ti·co adj.
quar·til adj. 2g. sm.; pl. -tis.
quar·ti·lha sf.
quar·ti·lha·me sm.
quar·ti·lhei·ro sm.
quar·ti·lho sm.
quar·ti·nhei·ra sf.
quar·ti·nhei·ro sm.
quar·ti·nho sm.
quar·to num. sm.
quar·to e sa·la sm. 2n.
quar·to(s)-for·te(s) sm. (pl.).
quar·to·la sf.; cartola.
quar·tos sm. pl.
quar·tu·do adj.
quart·zí·fe·ro adj.
quart·zi·for·me adj. 2g.
quart·zi·na sf.
quart·zi·to sm.
quar·tzo sm.
quar·tzo·so (ô) adj.; f. e pl. (ó).
qua·ru·ba sf.; quariúba.
qua·ru·ba·a·zul sf. pl. quarubas-azuis.
qua·ru·ba(s)-bran·ca(s) sf. (pl.).
qua·ru·ba(s)-de·flor·pe·que·na sf. (pl.).
qua·ru·ba(s)-ver·me·lha(s) sf. (pl.).
qua·sar sm.

qua·se adv.
qua·se con·tra·to(s) sm. (pl.).
qua·se de·li·to(s) sm. (pl.).
qua·se e·qui·lí·bri:o(s) sm. (pl.).
qua·se pos·se(s) sf. (pl.).
qua·si·mo·dal adj.2g.; pl. ·dais.
qua·si·mo·des·co (ê) adj.
qua·sí·mo·do sm.
quas·sa·ção sf. 'redução das raízes e cascas a fregmentos'; pl. ·ções/Cf. cassação.
quás·si:a sf.
qua·ta:en·se adj. s2g.
qua·ta·qui·çau·a sf.
qua·ter·na·do adj.
qua·ter·ná·ri·o adj.sm.
qua·ter·ni:ão sm.; pl. ·ões.
qua·ter·ni·da·de sf.
qua·ter·ni·fo·li:a·do adj.
qua·tér·ni:o sm.
qua·tér·ni:on sm.
qua·ter·ni·ô·ni·co adj.
qua·ter·ni·za·ção sf.; pl. ·ções
qua·ter·ni·zar v.
qua·ter·no adj.
qua·te·tê sm.
qua·ti sm.: cuati.
qua·ti:ai·pé sm.
qua·ti:a·ra sf.
quar·tis(s) de ban·do sm. (pl.).
qua·ti:en·se adj. s2g.
qua·ti·gua:en·se adj. s2g.
qua·ti·mi·rim sm.: pl. ·rins.
qua·ti·mun·dé sm.:
 qua·ti·mun·déu.
qua·tin·di·ba sf.
qua·ni·pu·ru sm.
qua·ti·pu·ru:a·çu sm.
qua·ti·pu·ru:en·se adj. s2g.
qua·ti·pu·ru·zi·nho sm.
qua·tor·ze (ô) num. sm.: catorze.
qua·tor·ze·no num.: catorzeno.
qua·tra·gem sm.; ·gens.
qua·tral·vo adj.
qua·trei·ro sm.
qua·tri·du:a·no adj.
qua·trí·du:o sm.
qua·tri·ê·ni:o sm.: quadriênio.
qua·tri·lhão num.; pl. ·lhões:
 qua·tri·li:ão; pl. ·ões.
qua·trim sm.; pl. ·trins.
qua·trin·ca sf.
qua·tro num. sm.
qua·tro·can·ti·nhos sm. 2n.
qua·tro·can·tos sm. 2n.

qua·tro·cen·tão adj.; pl. ·tões; f. quatrocentona.
qua·tro·cen·tis·mo sm.
qua·tro·cen·tis·ta adj. s2g.
qua·tro·cen·to·na adj. f. de quatrocentão.
qua·tro·cen·tos num. 2n.
qua·tro·lho (ô) adj.; pl. (ó).
qua·tro·o·lhos sm. s2g. 2n.
qua·tro·pa·ta·cas sf. 2n.
qua·tro·paus sm. 2n.
qua·tro·réis sm. 2n.
qua·tru·ma·no sm.
qua·xin·du·ba sf.;
 qua·xin·gu·ba.
que adv. pron. prep. conj./Cf. quê.
quê sm. interj./Cf. que.
que·ba adj. 2g.
que·bra adj. s2g. sf.
que·bra-a·ra·do(s) sm. (pl.).
que·bra-bun·da(s) sm. (pl.).
que·bra-ca·be·ça(s) sm. (pl.).
que·bra-can·ga·lha sm. 2n.
que·bra·chal sm.; pl. ·chais.
que·bra·cho sm.
que·bra-cho(s)-ver·me·lho(s) sm. (pl.).
que·bra-cos·te·la(s) sm. (pl.).
que·bra·da sf.
que·bra(s) de bra·ço sf. (pl.).
que·bra·de·dos sf. 2n.
que·bra·dei·ra sf.
que·bra·de·la sf.
que·bra·di·ço adj.
que·bra·di·nho sm.
que·bra·do do adj. sm.
que·bra·doi·ro sm.: quebradouro.
que·bra·dor (ô) adj. sm.
que·bra·dos sm. pl.
que·bra·dou·ro sm.: quebradoiro.
que·bra·du·ra sf.
que·bra-fe·bre(s) sf. (pl.).
que·bra-foi·ce(s) sm. (pl.):
 que·bra-fou·ce(s) (pl.).
que·bra-frei·o(s) adj. 2g. sm. (pl.).
que·bra-ga·lho(s) sm. (pl.).
que·bra-ge·los sm. 2n.
que·bra-go:e·la(s) sf. (pl.).
que·bra-lar·ga·do(s) adj. sm. (pl.).
que·bra·lhão adj. sm.; pl. ·lhões.
que·bra-loi·ças s2g. 2n.:
 que·bra-lou·ças.

que·bra-luz sm.: pl. quebra-luzes.
que·bra-ma·cha·do(s) sm. (pl.).
que·bra-mar sm.: pl. quebra-mares.
que·bra·men·to sm.
que·bra·mo·las sm. 2n.
que·bra-mu·nhe·ca(s) sf. (pl.).
que·bran·ça sf.
que·bran·gu·len·se adj. s2g.
que·bra·no·zes sm. 2n.
que·bran·ta·ção sf.; pl. ·ções
que·bran·ta·do adj.
que·bran·ta·dor (ô) adj. sm.
que·bran·ta·men·to sm.
que·bran·tar v.
que·bran·tá·vel adj. 2g.; pl. ·veis.
que·bran·to sm.
que·bra-pa·ne·la(s) sf. (pl.).
que·bra-pe·dra(s) sf. (pl.).
que·bra-que·bras(s) sm. (pl.).
que·bra-quei·xo(s) adj. 2g. sm. (pl.).
que·bra-qui·los sm. 2n.
que·brar v.
que·bra-ra·bi·cho(s) adj. 2g. sm. (pl.).
que·bra-ur·nas sm. 2n.
que·brá·vel adj. 2g.; pl. ·veis.
que·bra-ver·so(s) sm. (pl.).
que·bra-vis·ta(s) sm. (pl.).
que·brei·ra sf.
que·bro sm.
que·cé sf. sm.: que·cê: quicé, quicê.
qué·chu:a adj. s2g. sm: quíchua.
que·ci·que·ci(s) sm. (pl.).
que·da sf./Cf. queda (ê) e quedas (ê), do v. quedar.
que·da(s)-d'á·gua sf. (pl.).
que·da(s) de a·sa sf. (pl.).
que·da(s) de bra·ço sf. (pl.).
que·da(s) de qua·tro sf. (pl.).
que·dar v.
que·di·ga sm. 2n.
que·di·va sm.
que·do (ê) adj./Cf. quedo (é), do v. quedar.
que·fa·zer sm.; pl. quefazeres.
que·fir sm.
que·fi·ri·na sf.
que·fi·ro·te·ra·pi·a sf.
que·fi·ro·te·rá·pi·co adj.
quei·ja·da sf.
quei·ja·dei·ro adj. sm.
quei·ja·di·lho sm.

quei·ja·*di*·nha sf.
quei·*jar* v.
quei·ja·*ri*·a sf.
quei·*jei*·ra sf.
quei·*jei*·ro sm.
quei·jo sm.
quei·jo(s) de *mi*·nas sm. (pl.).
quei·*jo*·so (ô) adj.; f. *e* pl. (ó).
quei·ma sf. sm.
quei·ma·*ção* sf.; pl. ·*ções*.
quei·*ma*·da sf.
quei·ma·*dei*·ra sf.
quei·ma·*dei*·ro sm.
quei·ma·*den*·se adj. s2g.
quei·ma·*di*·ço adj.
quei·*ma*·do adj. sm.
quei·ma·*dor* (ô) adj. sm.
quei·ma·dor de *cam*·po sm.;
  pl. *queimadores de campo*.
quei·ma·*du*·ra sf.
quei·*man*·te adj. 2g. sm.
quei·*mão* sm.; pl. *mões*:
  quimão, quimono.
quei·*mar* v.
quei·ma·*rou*·pa sf., na loc. à
  queima-roupa.
quei·mo sm.
quei·*mor* (ô) sm.
quei·*mo*·so (ô) adj.; f. *e* (pl.) (ó).
quei·ra sf.
quei·ro adj.
quei·ro·si:*a*·no adj.
quei·ros·tro·*bá*·ce:a sf.
quei·ros·tro·*bá*·ce:o adj.
quei·xa sf.
quei·xa·*cri*·me sf.; pl. *queixas-*
  -crimes ou *queixas-crime*.
quei·*xa*·da sf.
quei·xa·da(s)-*rui*·va(s) sf. (pl.).
quei·*xal* adj. 2g. sm.; pl. ·*xais*.
quei·*xar* v.
quei·*xei*·ro adj.
quei·*xi*·nho sm.
quei·xo sm.
quei·xo(s)-*du*·ro(s) adj. sm.
  (pl.).
quei·xo(s)-*rui*·vo(s) sm. (pl.).
quei·*xo*·so (ô) adj. sm.; f. *e*
  (pl.) (ó).
quei·*xu*·do adj.
quei·*xu*·me sm.
quei·xu·*mei*·ro adj.
que·*jan*·do pron. /Cf. *queijando*,
  do v. *queijar*.
que·*je*·me sm.
que·la sf.
que·*la*·to sm.

que·le·*lê* sm.: *quilelê*.
que·lha (ê) sf.
qué·li:a sf.
que·*lí*·ce·ra sf.
que·li·ce·*ra*·do adj. sm.
que·*lí*·de:o adj. sm.
que·li·*dô*·ni:a sf.
que·li·*dô*·ni·co adj.
que·*lí*·fe·ro adj. 'provido de
  quela'/Cf. *quilífero*.
que·*lí*·po·de sm.
que·*loi*·de sm.
que·lo·*ne*·to adj.sm.
que·lo·*ní*·de:o adj. sm.
que·*lô*·ni:o adj.sm.
que·lo·ni:*ói*·de:o adj. sm.:
  que·lo·ni:o·*í*·de:o.
que·lo·*ni*·te sf.
que·lo·*nó*·fa·go adj. sm.
que·lo·no·gra·*fi*·a sf.
que·lo·no·*grá*·fi·co adj.
que·lo·*nó*·gra·fo sm.
que·lu·*zen*·se adj. s2g.
que·lu·*zi*·to sm.
quem pron.
quem·*bem*·be sm.
que·*mo*·se sf.
quemp·*fé*·ri:a sf.: *kaempféria*.
quemp·fe·*rol* sm.; pl. ·*róis*:
  kaempferol.
quem-te-ves·*tiu* sm. 2n.
que·na sf.
quen·ca·ta·*jé* adj. s2g.
  quen·ca·tei·*é*
quen·ga sf.
quen·ga·da sf.
quen·go sm.
que·ni:*a*·no adj. sm.: *keniano*.
que·no·po·di:*á*·ce:a sf.
que·no·po·di:*á*·ce:o adj.
que·no·po·*dí*·de:o adj. sm.
que·no·*pó*·di:o sm.
quen·*quém* sf.; pl. ·*quéns*.
quen·quém-cam·*pei*·ra sf.; pl.
  quenquéns-campeiras.
quen·quém-de-*ár*·vo·re sf.; pl.
  quenquéns-de-árvore.
quen·quém-de-*mon*·te sf.; pl.
  quenquéns-de-monte.
quen·quém-mi·*nei*·ra sf.; pl.
  quenquéns-mineiras.
quen·quém-mi·nei·ra-
  de-du:as-co·res sf.; pl.
  quenquéns-mineiras-de-duas-
  -cores.
quen·quém-mi·*rim* sf.; pl.
  quenquéns-mirins.

quen·*tão* sm.; pl. ·*tões*.
quen·*tar* v.
quen·te adj. 2g. sm.
quen·te e *fri*:o sm.: pl. *quentes*
  e frios.
quen·*tu*·ra sf.
que pau é *es*·te sm. 2n.
que·pe sm.
que·pi·qui·ri·*na*·te adj. s2g.
que·que adj. 2g. sm.
quer conj.
que·ra adj. 'valentão'/Cf. *cuera*.
que·ra·*ti*·na sf.
quer·ci·*tol* sm.; p. ·*tóis*.
que·*re*·la sf.
que·re·*la*·do adj. sm.
que·re·la·*dor* (ô) adj. sm.
que·re·*lan*·te adj. s2g.
que·re·*lar* v.
que·re·*lo*·so (ô) adj.sm.: f. *e*
  pl. (ó).
que·re·*mis*·mo sm.
que·re·*mis*·ta adj. s2g.
que·*re*·na sf.
que·re·*nar* v.
que·*ren*·ça sf. 'ato ou efeito de
  querer'/Cf. *querência*.
que·*rên*·ci:a sf. 'lugar onde o
  gado pasta'/Cf. *querença*.
que·ren·ci:*a*·no adj. sm.
que·ren·*ço*·so (ô) adj.; f. *e* pl. (ó).
que·ren·*dão* adj.sm.; pl. ·*dões*;
  f. *querendona*.
que·ren·*do*·na adj. sf. de
  querendão.
que·*ren*·te adj. 2g.
que·rê-que·*rê*(s) sm. (pl.).
que·re·que·*xé* sm.:
  que·re·que·*xê*.
que·*rer* v. sm.
que·*ri*·do adj. sm.
que·*rig*·ma sf.: *cerigma*.
que·rig·*má*·ti·co adj.:
  cerigmático.
que·ri·*mô*·ni:a sf.
que·*ri*·te sf.
quer·mes sm. 2n.
quer·me·si·*ta* sf.: *kermesita*.
quer·me·*sí*·ti·co adj.:
  kermesítico.
quer·mes·se sf.
quer·*ni*·ta sf.: *kernita*.
quer·*ní*·ti·co adj.: *kernítico*.
que·ro·*ma*·na(s) sm. (pl.).
que·ro·*que*·ro(s) sm. (pl.).
que·ro·se·*na*·gem sf.; pl. ·*gens*.
que·ro·se·*nar* v.

que·ro·se·ne sm.
quér·que·ra sf.
quér·ri:a sf.: *kérria.*
quer·rí·e:a sf.: *kerríea.*
quer·so·ne·so sm.
que·rú·bi·co adj.
que·ru·bim s.: pl. *·bins.*
que·ru·bí·ni·co adj.
que·ru·do adj. ' valentão'/Cf. *cuerudo.*
qué·ru·lo adj.
que·ru·que·ru sm.
que·rus·co adj. sm.
que·si·to sm.
ques·sí·vel adj. 2g.; pl. *·veis.*
ques·tão sf.; pl. *·tões.*
ques·ti·o·na·dor (ô). adj. sm.
ques·ti·o·nar v.
ques·ti:o·ná·ri:o sm.
ques·ti:o·ná·vel adj. 2g.; pl. *·veis.*
ques·ti:ún·cu·la sf.
ques·tor (ô) sm.
ques·tó·ri:o adj.
ques·tu:á·ri:o adj. sm.
ques·tu:o·so (ô) adj.; f. e pl. (ó).
ques·tu·ra sf.
quet·çal sm.; pl. *·çais: quetzal.*
que·ti·li·quê sm.: *quotiliquê.*
que·to adj.: *quieto.*
que·tóg·na·to adj. sm.
que·to·no·toi·de adj. 2g. sm.
que·tó·po·de adj. 2g. sm.
que·tu·a sm.
quet·zal sm.; pl. *·zais: quetçal.*
qui:a·ba·da sf.
qui:a·bei·ro sm.
qui:a·ben·to sm.
qui:*a*·bo sm.
qui:a·bo(s)-a·ze·do(s) sm. (pl.).
qui:a·bo(s)-chei·ro·so(s) sm. (pl.).
qui:a·bo·ra·na sf.
qui:a·bo·ra·na(s) de es·pi·nho sf. (pl.).
qui:a·bo·ra·na(s)-li·sa(s) sf. (pl.).
qui:a·bo(s)-ró·se:o(s) sm. (pl.).
qui:a·bo(s)-ro·xo(s) sm. (pl.).
qui·ál·te·ra sf.
qui:a·ra sf.
qui:*as*·ma sm.
qui:*as*·mo sm.
qui:*as*·tro sm.
*qui·*ba adj. 2g. sm.
qui·ba·*a*·na adj. s2g.
qui·ba·ca sf.

qui·ban·*dar* v.
qui·ban·do sm.: qui·*ba*·no.
qui·be sm.
qui·*be*·be (ê ou é) adj. 2g. sm.
qui·*bit*·ca sf.
qui·bom·*bó* sm.: qui·bom·*bô.*
qui·*bun*·go sm.
qui·*çá* adv.
qui·ça·ba sf.
qui·ça·ça sf.
qui·ça·ma sm.: *quiçamba.*
qui·ça·mã sm.
qui·*çam*·ba sf.: *quiçama.*
qui·ça·*mei*·ro sm.
qui·*car* v.
qui·*cé* sm. sf.: qui·cê: *quecê* e *quecé.*
qui·cha·ça sf.
quiche s2g. (fr.: *quich*).
quí·chu:a adj. s2g. sm.
quí·ci:o sm.
qui·co sm.
qui·ço sm.
qui·cu·ca sf.
qui·dam sm.
qui·di·*da*·de sf.
qui·di·da·*ti*·vo adj.
qui:el·mei:e·*rói*·de:a sf.:
  qui:el·mei:e·ro·*í*·de:a.
  kielmeyeróidea.
qui:es·*cen*·te adj. 2g.
qui:e·se·*rí*·ti·co adj.: *kieserítico.*
qui:e·ta·*ção* sf.; pl. *·ções.*
qui:e·*tar* v.
qui:e·tar·rão adj.; pl. *·rões: quietarrona.*
qui:e·tar·*ro*·na sf.; f. de *quietarrão.*
qui:*e*·te sf.
qui:e·*tis*·mo sm.
qui:e·*tis*·ta adj. s2g.
qui:*e*·to adj. sm.
qui:e·*tu*·de sf.
qui·*gé*·li:a sf.: *kigélia.*
qui·gom·*bó* sm.: qui·gom·*bô.*
qui·i·*ná*·ce:a sf.
qui·i·*ná*·ce:o adj.
qui·*ja*·ra sf.
qui·*ji*·la sf.: *quizila.*
qui·*ju*·ba sf.
qui·*lai*·a sf.
qui·la·ta·*ção* sf.: pl. *·ções.*
qui·la·*tar* v.
qui·*la*·te sm.
qui·la·*tei*·ra sf.
qui·le·*lê* sm.: *quelelê.*
qui·le·*mi*·a sf.

quil·gra·*men*·to sm.
qui·lha sf.
qui·*lhar* v. sm.
qui·*lí*·a·da sf.: qui·*lí*·a·de.
qui·li:*ar*·ca sm.
qui·li:*ar*·co sm.
qui·li:*a*·re sm.
qui·li:ar·*qui*·a sf.
qui·li:*as*·mo sm.
qui·li:*a*·sa adj. s2g.
qui·*lí*·fe·ro adj. sm. 'diz-se de cada um dos vasos linfáticos do intestino '/Cf. *quelífero.*
qui·li·fi·ca·*ção* sf.: pl. *·ções.*
qui·li·fi·*car* v.
qui·li·fi·ca·*ti*·vo adj.
qui·*lim* sm.; pl. *·lins.*
qui·li:*ó*·go·no sm.
qui·*li*·te sf.
qui·lo sm.
qui·lo·ca·lo·*ri*·a sf.
qui·lo·*cau*·le adj. 2g.
qui·lo·ci·clo sm.
qui·lo·fa·*gi*·a sf.
qui·lo·*fá*·gi·co adj.
qui·*ló*·fa·go sm.
qui·lo·*fi*·lo adj. sm.
qui·*ló*·fi·to sm.
qui·*lóg*·na·to sm.
qui·lo·*gra*·ma sm.
qui·lo·gra·ma-*for*·ça sm.; pl. *quilogramas-forças* ou *quilogramas-força.*
qui·lo·*grâ*·me·tro sm.
qui·lo·*hertz* sm. 2n.
qui·lo·*li*·tro sm.
qui·lo·*lo*·gi·a sf.
qui·lo·*ló*·gi·co adj.
qui·lom·*ba*·da sf.
qui·*lom*·bo sm.
qui·lom·*bo*·la s2g.
qui·lo·me·*tra*·gem sf.; pl. *·gens.*
qui·lo·me·*trar* v.
qui·lo·*mé*·tri·co adj.
qui·*lô*·me·tro sm./Cf. *quilometro,* do v. *quilometrar.*
qui·lo·*plas·ti*·a sf.
qui·lo·*plás*·ti·co adj.
qui·*ló*·po·de adj.2g. sm.
qui·*lo*·se sf.
qui·*lo*·so (ô) adj.; f. e pl. (ó).
qui·los·to·*ma*·do adj. sm.
qui·lo·*tar* v.
qui·lo·*ton* sm.: *quí*·lo·ton.
qui·lo·*watt* (uóte) sm.
qui·lo·watt(s)-*ho*·ra sm. (pl.).
qui·lu·*ri*·a sf.: qui·*lú*·ri:a.

qui·lú·ri·co adj. sm.
qui·ma·na sf.
qui·man·ga sf.
qui·ma·no sm.
qui·mão sm.; pl. ·mões: quimono.
quim·ban·da sf.
quim·ban·dei·ro sm.
quim·bem·be adj. 2g. sm.
quim·bem·bé sm.
quim·bem·be·ques sm. pl.
quim·bé·gi:a sf.: kimbérgia.
quim·ber·lí·ti·co adj.: kimberlítico.
quim·ber·li·to sm.: kimberlito.
quim·be·te (ê) sm.
quim·bom·bó sm.: quim·bom·bô.
quim·bun·do adj. sm.
qui·me·ra sf.
qui·me·ra(s)-an·tár·ti·ca(s) sf. (pl.).
qui·mé·ri·co adj.
qui·me·rid·gi:a·no adj. sm.: kimmeridgiano.
qui·me·ris·ta adj. s2g.
qui·me·ri·zar v.
qui·mi:a·tra s2g.
qui·mi:a·tri·a sf.
quí·mi·ca sf.
quí·mi·co adj. sm.
qui·mi·co·fí·si·co(s) adj. (pl.).
quí·mi·co-in·dus·tri:al adj. s2g.; pl. químico-industriais.
qui·mi·fi·ca·ção sf.; pl. ·ções.
qui·mi·fi·car v.
qui·mi·lu·mi·nes·cên·ci:a sf.
qui·mi:os·fe·ra sf.
qui·mi:os·sín·te·se sf.
qui·mi:os·sin·té·ti·co adj.
qui·mi:o·ta·xi·a (cs) sf.
qui·mi:o·te·ra·pi·a sf.
qui·mi:o·te·rá·pi·co adj.
qui·mi:o·tró·pi·co adj.
qui·mi:o·tro·pis·mo sm.
qui·mis·mo sm.
qui·mis·sor·ção sf.; pl. ·ções.
qui·mi·ti·pi·a sf.
qui·mo sm.
qui·mo·no sm.: queimão.
qui·mo·si·na sf.
qui·na sf.
qui·na(s)-a·ma·re·la(s) sf. (pl.).
qui·na(s)-bran·ca(s) sf. (pl.).
qui·na-cru·zei·ro sf.; pl. quinas-cruzeiros ou quinas-cruzeiro.

qui·na(s)-da-ser·ra sf. (pl.).
qui·na(s)-de-ci·pó sf. (pl.).
qui·na(s)-de-con·da·mi·ne sf. (pl.).
qui·na(s)-de-san·ta·ca·ta·ri·na sf. (pl.)
qui·na·do adj. sm.
qui·na(s)-do-pa·ra·ná sf. (pl.).
qui·nal·di·na sf.
qui·na(s)-mi·nei·ra(s) sf. (pl.).
qui·na(s)-mo·le(s) sf. (pl.).
qui·nan·ga sf.
qui·nan·te adj. 2g.
qui·na·qui·na sf.
qui·nar v.
qui·na·ra·na sf.
qui·ná·ri:o adj. sm.; f. quinária /Cf. quinaria, do v. quinar.
qui·nau sm.
qui·na(s)-ver·me·lha(s) sf. (pl.).
quin·ca sm.: quincas.
quin·ca·ju sm.
quin·cá·lo·go sm.
quin·cas sm. 2n.: quinca.
qui·cha sf.
quin·cha·dor (ô) sm.
quin·char v.
quin·côn·ci:o sm.
quin·cun·ce sm.
quin·cun·ci:al adj. 2g.; pl. ·ais.
quin·de·cá·go·no sm.
quin·dê·ni:o sm.
quin·dim sm.; pl. ·dins.
quin·dun·de sm.
qui·ne·cu sm.
quin·gen·té·si·mo num. sm.
quín·gi:a sf.: kíngia.
quin·go·bó sm.: quin·gom·bó, quim·gom·bô.
quin·guin·gu sm.
qui·nhão sm.; pl. ·nhões.
qui·nhen·tão sm.; pl. ·tões.
qui·nhen·tis·mo sm.
qui·nhen·tis·ta adj. s2g.
qui·nhen·tos num. sm. 2n.
qui·nho:ar v.
qui·nho:ei·ro sm.
quí·ni·co adj.
qui·ni·dro·na sf.
qui·ni·mu·ra adj. s2g.
qui·ni·na sf.
qui·ní·ni·co adj.
qui·ni·no sm.
quí·ni:o sm.
qui·ni·qui·nau adj. s2g.
qui·nis·mo sm.
qui·no sm.

qui·no·a sf.
qui·no·na sf.
qui·nor·rin·co adj. sm.
quin·qua·ge·ná·ri:o adj. sm.
quin·qua·gé·si·ma sf.
quin·qua·gé·si·mo num. sm.
quin·que·an·gu·lar adj. 2g.
quin·que·cap·su·lar adj. 2g.
quin·que·den·ta·do adj.
quin·que·di·gi·ta·do adj.
quin·que·fo·li:a·do adj.
quin·que·fó·li:o adj. sm.
quin·quen·lín·gue adj. 2g.
quin·que·lo·ba·do adj.
quin·que·nal adj. 2g. sm.; pl. ·nais.
quin·que·nér·ve:o adj.
quin·quê·ni:o sm.
quin·que:o·vu·la·do adj.
quin·quer·re·me adj. 2g. sf.
quin·que·val·ve adj. 2g.
quin·que·val·vu·lar adj. 2g.
quin·que·vi·ra·do sm.: quin·que·vi·ra·to.
quin·qué·vi·ro sm.
quin·quí·di:o sm.
quin·qui·lha·ri·a sf.
quin·qui·lhei·ro sm.
quin·qui·na sf.
quin·qui·na·do adj. sm.
quin·qui:ó sm.
quin·ta sf.
quin·tã adj. sf.
quin·ta-co·lu·na(s) s2g. (pl.).
quin·ta-co·lu·nis·mo(s) sm. (pl.).
quin·ta-co·lu·nis·ta(s) adj. s2g. (pl.).
quin·ta-es·sên·ci:a(s) sf. (pl.): quintessência/Cf. quinta-essencia, do v. quinta-essenciar.
quin·ta-es·sen·ci:al adj. 2g.; pl. quinta-essenciais: quintessencial.
quin·ta-es·sen·ci:ar v.: quintessenciar.
quin·ta(s)-fei·ra(s) sf. (pl.).
quin·tal sm.; pl. ·tais.
quin·ta·la·da sf.
quin·ta·lão sm.; pl. ·lões.
quin·ta·le·jo (ê) sm.
quin·ta·nen·se adj. 2g.
quin·ta·nis·ta adj. s2g.
quin·tan·te sm.
quin·tão adj. sm.; pl. ·tões.
quin·tar v.

quin·ta·ro·la sf.
quin·tei·ro sm.
quin·tes·sên·ci:a sf.:
   quinta-essência/Cf.
   quintessencia, do v.
   quintessenciar.
quin·tes·sen·ci:al adj. 2g.; pl.
   ·ais: quinta-essencial.
quin·tes·sen·ci:ar v.:
   quinta-essenciar.
quin·te·to (ê) sm.
quín·ti·co adj.
quin·til adj. 2g. sm.; pl. ·tis.
quin·ti·lha sf.
quin·ti·lhão num. sm.; pl.
   ·lhões: quintilião.
quin·ti·lho sm. 'erva'/Cf.
   quintílio.
quin·ti·li:ão num. sm.; pl. ·ões:
   quintilhão.
quin·tí·li:o sm. 'preparado
   de antimônio em pó'/Cf.
   quintilho.
quin·to num. sm.
quin·tu·pli·ca·ção sf.; pl.
   ·ções.
quin·tu·pli·ca·do adj.
quin·tu·pli·ca·dor (ô) adj. sm.
quin·tu·pli·car v.
quin·tu·pli·cá·vel adj. 2g.; pl.
   ·veis.
quin·tu·pli·nér·ve:o adj.
quín·tu·plo num. sm.
qui·nu·a sf.
quin·ze num. sm.
quin·ze·na sf.
quin·ze·nal adj. 2g.; pl. ·nais.
quin·ze·na·lis·ta adj. s2g.
quin·ze·ná·ri:o sm.
qui:oi·ô sm.
qui:o·na·blep·si·a sf.
qui:os·que sm.
qui:os·quei·ro sm.
qui:o·to·mi·a sf.
qui·pá sm.
qui·pã sf.
qui·pa·pa:en·se adj. s2g.
quí·per sm., do ing. keeper.
qui·pi:ú adj. s2g.
qui·po sm.
qui·po·qué sm.
qui·pro·quó sm.
qui·que sm.
qui·qui·qui adj. s2g.
qui·qui·ri·qui sm.

qui·ra·gra adj. 2g. sf.
qui·ral·gi·a sf.
qui·rál·gi·co adj.
qui·ra·na sf.
qui·ran·te·ra sf.
qui·rap·si·a sf.
qui·re·la sf.: qui·re·ra.
qui·re·re:ar v.
quir·guiz adj. s2g. sm.
qui·ri sm.: quirim.
qui·ri:a·tro sm.
qui·ri·ba s2g.
qui·rim sm.; pl. ·rins: quiri.
qui·ri·na sf.
qui·ri·no·po·li·no adj. sm.
qui·ri·qui·ri adj. 2g. sm.
qui·ri·ri adj. s2g.
qui·ri·ri·pi·tá sf.
qui·ri·ru sm.
qui·ri·tes sm. pl.
qui·ró·fa·no sm.
qui·ro·gra·fá·ri:o adj. sm.
qui·ró·gra·fo adj. sm.
qui·ro·lo·gi·a sf.
qui·ro·ló·gi·co adj.
qui·ro·man·ci·a sf.
qui·ro·ma·ni·a sf.
qui·ro·man·te s2g.
qui·ro·mân·ti·co adj.
qui·ro·no·mi·a sf.
qui·ro·nô·mi·co adj.
qui·rô·no·mo sm.
qui·ro·plas·to sm.
qui·ro·po·di·a sf.
qui·ro·prá·ti·ca sf.
qui·róp·te·ro adj. sm.
qui·rop·te·ro·fi·li·a sf.
qui·rop·te·ró·fi·lo adj.
qui·ros·co·pi·a sf.
qui·ros·có·pi·co adj.
qui·ro·xi·lo·grá·fi·co adj.
qui·ru·á sm.
quis·to adj. sm.
qui·ta·ção sf.; pl. ·ções.
qui·ta·do adj.
qui·ta·dor (ô) adj. sm.
qui·tan·da sf.
qui·tan·dar v.
qui·tan·dê sm.: qui·tan·dé.
qui·tan·dei·ra sf.
qui·tan·dei·ro sm.
qui·tão sm.; pl. ·tões: quíton.
qui·tar v.
qui·ta·sa·mi·ci·na sf.:
   kitasamicina.

qui·te adj. 2g. sm.
qui·te·nho adj. sm.
qui·te·ri:en·se adj. s2g.
qui·ti sm.
qui·ti·na sf.
qui·ti·ne·te sf., do ing.
   kitchenette.
qui·ti·nó·fo·ro adj. sm.
qui·ti·no·so (ô) adj.; f. e pl. (ó).
qui·to·co (ô) sm.; pl. (ó).
quí·ton sm.; pl. quítons e
   quítones: quitão.
qui·top·to·se sf.
qui·tun·den·se adj. s2g.
qui·tun·go sm.
qui·tu·te sm.
qui·tu·tei·ro adj. sm.
qui·vi sm.
qui·xa·ba sf.
qui·xa·bei·ra sf.
qui·xa·da·en·se adj. s2g.
quí·xi:a (cs) sf.: kíckxia.
qui·xi·lin·gan·gue sm.
qui·xi:ú·na sf.
qui·xó sm.
qui·xo·ta·da sf.
qui·xo·te sm.
qui·xo·tes·co (ê) adj.
qui·xo·ti·ce sf.
qui·xó·ti·co adj.
qui·xo·tis·mo sm.
qui·zi·la sf.
qui·zi·lar v.
qui·zi·len·to adj.
qui·zí·li:a sf.: quizila.
qui·zom·ba sm.
qui·zum·ba sf.
quo·ci:en·te sm.: cociente.
quo·ta sf.: cota².
quo·ta·lí·ci:o adj.: cotalício.
quo·ta(s)·par·te(s) sf. (pl.):
   cota-parte.
quo·ti·da·de sf.: cotidade.
quo·ti·di:a·ni·da·de sf.:
   cotidianidade.
quo·ti·di:a·no adj. sm.:
   cotidiano.
quo·ti·li·quê sm.: quetiliquê.
quo·tis·ta adj. s2g.: cotista.
quo·ti·za·ção sf.; pl. ·ções.:
   cotização.
quo·ti·zar v.: cotizar.
quo·ti·zá·vel adj. 2g.; pl. ·veis:
   cotizável.
qwerty

R

rã sf.
ra·ba·be sm.: *rebabe*.
ra·ba·ça sf.
ra·ba·çã sf.
ra·ba·çal adj 2g. sm.; pl. ·*çais*.
ra·ba·ça·ri·a sf.
ra·ba·cei·ro adj.
ra·ba·ço sm.
ra·ba·cu:*a*·da sf.
ra·ba·cu:*é* adj. 2g.
ra·*ba*·da sf.
ra·ba·dão sm.; p. ·*dães*.
ra·ba·*de*·la sf.
ra·ba·*di*·lha sf.
ra·*ba*·do adj. sm.
ra·*bal*·de sm.: *arrabalde*.
ra·*bal*·vo adj. sm.
ra·*ba*·na sf.
ra·ba·*na*·da sf.
ra·ba·*nal* sm.; pl. ·*nais*.
ra·ba·*nar* v.
ra·ba·*ne*·te (ê) sm.
ra·*ba*·no adj. 'rabão'/ Cf. *rábano*.
rá·*ba*·no sm. 'planta': *rábão*/Cf. *rabano* adj. e fl. do v. *rabanar*.
rá·*ba*·no(s)-*rús*·ti·co(s) sm. (pl.).
ra·*bão* adj. sm. 'de rabo curto' 'diabo'; pl. ·*bões*; f. *rabona*/ Cf. *rábão*.
rá·*bão* sm. 'planta'; pl. ·*bãos*: *rábano*/ Cf. *rabão*.
ra·ba·*ven*·to adj. sm., na loc. *a rabavento*.
ra·*baz* adj. 2g. sm.: *rapace*, *rapaz*².
rab·di·*tí*·de:o adj. sm.
rab·do·*cé*·li:o adj. sm.
rab·*doi*·de adj. 2g.
rab·*dói*·de:o adj.: rab·do:*í*·de:o.
rab·do·lo·*gi*·a sf.

rab·do·*ló*·gi·co adj.
rab·*dó*·lo·go sm.
rab·do·*man*·ci·a sf.
rab·do·*man*·te s2g.
rab·do·*mân*·ti·co adj.
rab·do·pleu·*rí*·de:o adj. sm.
rab·dos·*co*·pi·a sf.
rab·dos·*có*·pi·co adj.
ra·be:*a*·dor (ô) adj.
ra·be:*a*·du·ra sf.
ra·be:*ar* v. mexer com o rabo'/ Cf. *rabiar*.
ra·*be*·ca sf. adj.sm.
ra·be·*ca*·da sf.
ra·be·*cão* sm.; pl. ·*cões*.
ra·*bei*·o sm.
ra·*bei*·ra sf.
ra·be·*ja*·dor (ô) adj. sm.
ra·be·*jar* v.
ra·be·lai·si:*a*·no (lè) adj.
ra·*be*·lo (ê) sm.
ra·be·*quis*·ta adj. s2g.
ra·*bi* adj. 2g. sm.
rá·bi:a sf./ Cf. *rabia*, do v. *rabiar*.
ra·bi:*al*·vo adj.
ra·bi:*ar* v. 'impacientar'/Cf. *rabear*.
ra·*bi*·ça sf.
ra·bi·*ça*·ca sf.
ra·bi·*ça*·da sf.
ra·bi·*ca*·no adj. sm.: ra·bi·*cão*: pl. ·*cãos*.
ra·bi·*ção* adj. sm; pl. ·*çãos*.
ra·*bi*·cha sf.
ra·*bi*·cho adj. sm.
ra·bi·*cho*·la sf.
rá·*bi*·co adj. 'relativo à raiva'/ Cf. *rabicó*.
ra·bi·*có* adj. 2g. ' sem rabo'/Cf. *rábico*.
ra·bi·*cur*·to adj. sm.
rá·*bi*·da sf.
ra·bi·*dez* (ê) sf.

rá·*bi*·co adj.
ra·bi·for·*ca*·do adj.
ra·*bi*·go adj. sm.
ra·*bil* sm.; pl. ·*bis*: *arrabil*.
ra·bi·*lhão* sm.; pl. ·*lhões*.
ra·bi·*li*·nha sf.
ra·bi·*lon*·ga sf.
ra·bi·*lon*·go adj. sm.
ra·bi·*na*·do sm.: ra·bi·*na*·to.
ra·bi·*ni*·ce sf.
ra·*bí*·ni·co adj.
ra·bi·*nis*·mo sm.
ra·bi·*nis*·ta adj. s2g.
ra·bi·*ni*·zar v.
ra·*bi*·no adj. sm.
ra·bi:*o*·la sf.
ra·bi:*o*·lo sm.
ra·bi:*o*·so (ô) adj.; f. *e* pl. (ó).
ra·bi:*os*·que sm.
ra·bi:*os*·te sm.
ra·bi:*o*·te sm.
ra·bi·*pre*·to (ê) adj. sm.
ra·bir·*rui*·vo adj. sm.
ra·bis·ca·*ção* sf.; pl. ·*ções*.
ra·bis·*ca*·do adj.
ra·bis·*ca*·dor (ô) adj. sm.
ra·bis·*can*·te adj. 2g.
ra·bis·*car* v.
ra·*bis*·co sm.
ra·bi·sal·*tão* adj. sm.; pl. ·*tões*; f. ·*to*·na.
ra·bis·*se*·co (ê) adj.
ra·bis·*te*·co sm.
ra·bis·*tel* sm.; pl. ·*téis*.
ra·*bo* sm.
ra·bo(s)-a·*ber*·to(s) sm. (pl.).
ra·bo(s)-*bran*·co(s) sm. (pl.).
ra·*bó*·ce·ro sm.
ra·bo(s) de an·do·*ri*·nha sm. (pl.).
ra·bo(s)-de-a·*ra*·ra sm. (pl.).
ra·bo(s) de ar·*rai*·a sm. (pl.).
ra·bo(s)-de-bu·*gi*:o sm. (pl.).

ra·bo(s)-de-*bur*·ro sm. (pl.).
ra·bo(s)-de-ca·ma·le:*ão* sm. (pl.): ra·bo(s)-de--ca·me·le:*ão*.
ra·bo(s) de ca·*va*·lo sm. (pl.) 'penteado'.
ra·bo(s)-de-ca·*va*·lo sm. (pl.) 'planta'.
ra·bo(s)-de-*coi*·ro sm. (pl.): ra·bo(s)-de-*cou*·ro.
ra·bo(s)-de-cu·*ti*·a sm. (pl.).
ra·bo(s)-de-es·cri·*vão* sm. (pl.).
ra·bo(s) de *ga*·lo sm. (pl.) 'aperitivo'.
ra·bo(s)-de-*ga*·lo sm. (pl.) 'flor'.
ra·bo(s)-de-*ga*·to sm. (pl.) 'planta', 'fruta', 'cavalo'.
ra·bo(s) de *ga*·to sm. (pl.) 'café ruim'.
ra·bo(s)-de-ma·*ca*·co sm. (pl.).
ra·bo(s) de ma·*ré* sm. (pl.).
ra·bo(s)-de-*os*·so sm. (pl.).
ra·bo(s) de *pa*·lha sm. (pl.) 'fato desonroso'.
ra·bo(s)-de-*pa*·lha sm. (pl.) 'ave'.
ra·bo(s) de *pei*·xe sm. (pl.) 'nome popular de certo carro antigo'.
ra·bo(s)-de-*pei*·xe sm. (pl.) 'planta'.
ra·bo(s)-de-ra·*po*·sa sm. (pl.).
ra·bo(s)-de-*ra*·to sm. (pl.).
ra·bo(s) de *sai*·a sm. (pl.).
ra·bo(s)-de-ta·*tu* sm. (pl.).
ra·bo(s)-de-te-*soi*·ra sm. (pl.): ra·bo(s)-de-te-*sou*·ra.
ra·bo(s)-de-tu-*ca*·no sm. (pl.).
ra·bo-*le*·va sm. 2n.
ra·*bo*·na adj. sf. de *rabão*.
ra·bo·nar v. 'cortar o rabo de'/ Cf. *rabunar*.
ra·bo(s)-*quen*·te(s) sm. (pl.).
ra·bo(s)-*se*·co(s) sm. (pl.).
ra·*bo*·so (ô) adj.; f. e pl. (ó).
ra·bo·*tar* v.
ra·*bo*·te sm.
ra·bo(s)-*tor*·to(s) sm. (pl.) (ó).
ra·bo(s)-ver·*me*·lho(s) sm. (pl.).
ra·*bu*·do adj. sm.
ra·*bu*·gem sf.; pl. ·*gens*/Cf. *rabujem*, do v. *rabujar*.
ra·bu·*gen*·to adj. sm.
ra·bu·*gi*·ce sf.
ra·*bu*·ja adj. s2g.
ra·bu·*ja*·do adj.
ra·bu·*jar* v.
ra·bu·ja·*ri*·a sf.

rá·bu·la s2g./Cf. *rabula*, do v. *rabular*.
ra·bu·*lão* sm.; pl. ·*lões*.
ra·bu·*lar* v.
ra·bu·la·*ri*·a sf.
ra·bu·le·*ar* v.
ra·bu·le·*jar* v.
ra·bu·*li*·ce sf.
ra·bu·*lis*·ta adj. s2g.
ra·bu·*nar* v. 'preparar (a cortiça)'/Cf. *rabonar*.
ra·*bus*·co sm.
ra·ca adj. s2g.
ra·ça sf.
rã-ca·*chor*·ro sf.; pl. rãs-cachorros ou rãs-cachorro.
ra·ça·*dor* (ô) adj. sm.
ra·*ção* sf. sm.; pl. ·*ções*.
ra·ce·*ar* v.
ra·ce·*ma*·do adj.
ra·*cê*·mi·co adj. sm.
ra·ce·*mí*·fe·ro adj.
ra·ce·mi·*flo*·ro adj.
ra·ce·mi·*for*·me adj. 2g.
ra·ce·mi·za·*ção* sf.; pl. ·*ções*.
ra·*ce*·mo sm.: racimo.
ra·ce·*mo*·so (ô) adj.; f. e pl. (ó).
ra·cha[1] sf. 'fenda'/Cf. *racha*[2] e *raxa*.
ra·*cha*[2] sm. 'pelada'/Cf. *racha*[1] e *raxa*.
ra·*cha*·da sf.
ra·cha·*dei*·ra sf.
ra·cha·*de*·la sf.
ra·*cha*·do adj. sm.
ra·cha·*dor* (ô) adj. sm.
ra·cha·*du*·ra sf.
ra·*chão* sm.; pl. ·*chões*.
ra·cha-*pé*(s) sm. (pl.).
ra·*char* v.
ra·ci·*al* adj. 2g.; pl. ·*ais*.
rá·ci·co adj.
ra·*ci*·mo sm.: *racemo*.
ra·ci·*nar* v.
ra·ci·o·ci·na·*ção* sf.; pl. ·*ções*.
ra·ci·o·ci·*na*·do adj.
ra·ci·o·ci·na·*dor* (ô) adj. sm.
ra·ci·o·ci·na·*men*·to sm.
ra·ci·o·ci·*nar* v.
ra·ci·o·ci·*na*·ti·vo adj.
ra·ci·o·*cí*·ni:o sm.
ra·ci·o·na·bi·li·*da*·de sf.
ra·ci·o·*nal* adj. 2g. sm.; pl. ·*nais*.
ra·ci·o·na·li·*da*·de sf.
ra·ci·o·na·*lis*·mo sm.
ra·ci·o·na·*lis*·ta adj. s2g.

ra·ci·o·na·li·za·*ção* sf.; pl. ·*ções*.
ra·ci·o·na·li·*za*·do adj.
ra·ci·o·na·li·*zar* v.
ra·ci·o·na·*men*·to sm.
ra·ci·o·*nar* v.
ra·ci·o·*ná*·vel adj. 2g.; pl. ·*veis*.
ra·ci·o·*nei*·ro adj.
ra·*cis*·mo sm.
ra·*cis*·ta adj. s2g.
rack sm. (ing.: *rék*).
ra·*cle*·te (é) sf.
ra·ço:*ei*·ro adj. sm.
ra·con·*tar* v.
ra·*con*·to sm.
ra·*çu*·do adj.
rã(s)-da-*bei*·ra sf. (pl.).
ra·*dar* v.
ra·da·ras·tro·no·*mi*·a sf.
ra·di:a·*ção* sf.; pl. ·*ções*.
ra·di:*a*·do adj. sm.
ra·di:a·*dor* (ô) adj. sm.
ra·di:*al* adj. 2g. sf.; pl. ·*ais*.
ra·di:a·*lis*·ta adj. s2g.
ra·di:*ân*·ci:a sf.
ra·di:*a*·no sm.
ra·di:*an*·te adj. 2g. sm.
ra·di:*ar* v.
ra·di:*á*·ri:o adj. sm.
ra·di:a·ti·vi·*da*·de sf.: *radioatividade*.
ra·di:a·*ti*·vo adj.: *radioativo*.
ra·di:a·*tor* (ô) sm.; f. ra·di:a·*triz*: *radioator*.
ra·di:*a*·tro sm.: *radioteatro*.
ra·di·ca·*ção* sf.; pl. ·*ções*.
ra·di·*ca*·do adj.
ra·di·*cal* adj. s2g. sm.; pl. ·*cais*.
ra·di·ca·*lis*·mo sm.
ra·di·ca·*lis*·ta adj. s2g.
ra·di·ca·li·za·*ção* sf.; pl. ·*ções*.
ra·di·ca·li·*zar* v.
ra·di·*can*·do adj. sm.
ra·di·*can*·te adj. 2g.
ra·di·*car* v.
ra·di·*ce*·la sf.
ra·di·ci:a·*ção* sf.; pl. ·*ções*.
ra·di·*cí*·co·la adj. 2g.: *radícola*.
ra·di·ci·*for*·me adj. 2g.
ra·di·*cí*·vo·ro adj.
ra·*dí*·co·la adj. 2g. 'que vive sobre raiz'/Cf. *radícula*.
ra·di·*co*·so (ô) adj.; f. e pl. (ó).
ra·*dí*·cu·la sf. 'pequena raiz'/Cf. *radícola*.
ra·di·cu·*la*·do adj.
ra·di·cu·*lar* adj. 2g.
ra·di·cu·*li*·te sf.

ra·di:e·le·tri·ci·*da*·de sf.:
radioeletricidade.
ra·di:e·*lé*·tri·co adj.:
radioelétrico.
ra·di:e·mis·*são* sf.; pl. ·*sões*:
radioemissão.
ra·di:e·mis·*sor* (ô) adj. sm.:
radioemissor.
ra·di:e·mis·so·ra (ô) sf.:
radioemissora.
ra·di:es·*pec*·tro sm.:
radiespetro, radioespectro,
radioespetro.
ra·di:es·pec·*tró*·gra·fo
sm.: radiespetrógrafo,
radioespectrógrafo,
radioespetrógrafo.
ra·di:es·pec·tro·*gra*·ma
sm.: radiespetrograma,
radioespectrograma,
radioespetograma.
ra·di:es·*pe*·tro sm.:
radiespectro, radioespectro,
radioespetro.
ra·di:es·pe·*tró*·gra·fo
sm.: radiespectrógrafo,
radioespectrógrafo,
radioespetrógrafo.
ra·di:es·pe·tro·*gra*·ma
sm.: radiespectrograma,
radioespectrograma,
radioespetrograma.
ra·di:es·te·*si*·a sf.: radioestesia.
ra·di:es·*tre*·la (ê) sf.:
radioestrela.
rá·di:o sm./Cf. radio, do v.
radiar.
ra·di:o·a·ma·*dor* (ô) adj. sm.
ra·di:o·a·ma·do·*ris*·mo sm.
ra·di:o·as·tro·no·*mi*·a sf.
ra·di:o·a·ti·vi·*da*·de sf.:
radiatividade.
ra·di:o·a·*ti*·vo adj.: radiativo.
ra·di:o·a·*tor* (ô) sm.; f.
ra·di:o·a·*triz*: radiator.
ra·di:o·cin·ti·la·*ção* sf.; pl. ·*ções*.
ra·di:o·co·mu·ni·ca·*ção* sf.; pl.
·*ções*.
ra·di:o·con·du·*tor* (ô) sm.
ra·di:o·cul·*tu*·ra sf.
ra·di:o·der·*mi*·te sf.
ra·di:o·de·ter·mi·na·*ção* sf.;
pl. ·*ções*.
ra·di:o·di:ag·nos·ti·*car* v.
ra·di:o·di:ag·*nós*·ti·co sm.
ra·di:o·di·fun·*dir* v.
ra·di:o·di·fu·*são* sf.; pl. ·*sões*.

ra·di:o·di·fu·*sor* (ô) adj. sm.
ra·di:o·di·fu·*so*·ra (ô) sf.
ra·di:o·e·co·lo·*gi*·a sf.
ra·di:o·e·le·*men*·to sm.
ra·di:o·e·le·tri·ci·*da*·de sf.:
radieletricidade.
ra·di:o·e·*lé*·tri·co adj.:
radielétrico.
ra·di:o·e·mis·*são* sf.; pl. ·*sões*:
radiemissão.
ra·di:o·e·mis·*sor* (ô) adj. sm.:
radiemissor.
ra·di:o·e·mis·so·ra (ô) sf.:
radiemissora.
ra·di:o·es·*cuta* s2g.
ra·di:o·es·*pec*·tro sm.:
radioespetro, radiespectro,
radiespetro.
ra·di:o·es·pec·*tró*·gra·fo
sm.: radioespetrógrafo,
radiespectrógrafo,
radiespetrógrafo.
ra·di:o·es·pec·tro·*gra*·ma
sm.: radioespetrograma,
radiespectrograma,
radiespetrograma.
ra·di:o·es·*pe*·tro sm.:
radioespectro, radiespectro,
radiespetro.
ra·di:o·es·pe·*tró*·gra·fo
sm.: radioespectrógrafo,
radiespectrógrafo,
radiespetrógrafo.
ra·di:o·es·pe·tro·*gra*·ma
sm: radioespectrograma,
radiespectrograma,
radiespetrograma.
ra·di:o·es·te·*si*·a sf.: radiestesia.
ra·di:o·es·*tre*·la (ê) sf.:
radiestrela.
ra·di:o·fa·*rol* sm.; pl. ·*róis*.
ra·di:o·*fo*·ne sm.
ra·di:o·fo·*ni*·a sf.
ra·di:o·*fô*·ni·co adj.
ra·di:o·fo·ni·za·*ção* sf.; pl. ·*ções*.
ra·di:o·fo·ni·*zar* v.
ra·di:o·*fo*·to sm.
ra·di:o·fo·to·gra·*fi*·a sf.
ra·di:o·fre·*quên*·ci:a sf.
ra·di:o·gi·*nas*·ta s2g.
ra·di:o·go·ni·o·me·*tri*·a sf.
ra·di:o·go·ni·o·*mé*·tri·co adj.
ra·di:o·go·ni·ô·me·tro sm.
ra·di:o·gra·*far* v.
ra·di:o·gra·*fi*·a sf.
ra·di:o·*grá*·fi·co adj.
ra·di:o·*gra*·ma sm.

ra·di:o·in·ter·fe·*rô*·me·tro sm.
ra·di:o·i·*só*·to·po sm.
ra·di:o·jor·*nal* sm.; pl. ·*nais*.
ra·di:o·jor·na·*lis*·mo sm.
ra·di:o·la sf.
ra·di:o·*lá*·ri:o adj. sm.
ra·di:o·la·*ri*·to sm.
ra·di:*ó*·li·se sf.
ra·di:o·lo·ca·li·za·*ção* sf.; pl.
·*ções*.
ra·di:o·lo·*gi*·a sf.
ra·di:o·*ló*·gi·co adj.
ra·di:o·lo·*gis*·ta adj. s2g.
ra·di:o·lu·mi·nes·*cên*·ci:a sf.
ra·di:o·men·*sa*·gem sf.; pl. ·*gens*.
ra·di:o·me·*tri*·a sf.
ra·di:o·*mé*·tri·co adj.
ra·di:o·*ô*·me·tro sm.
ra·di:o·na·ve·ga·*ção* sf.; pl. ·*ções*.
ra·di:o·nu·cle·*í*·de:o adj. sm.
ra·di:o·no·*ve*·la sf.
rá·di:o·o·*pa*·co adj.: radiopaco.
rá·di:o·o·pe·ra·*dor* (ô) adj. sm.:
radioperador.
rá·di:o·ou·*vin*·te adj. s2g.:
radiouvinte.
ra·di:o·*pa*·co adj.: rádio-opaco.
ra·di:o·pa·*tru*·lha sf.
ra·di:o·pe·ra·*dor* (ô) adj. sm.:
rádio-operador.
ra·di:o·pro·te·*ção* sf.; pl. ·*ções*.
ra·di:o·*quí*·mi·ca sf.
ra·di:o·*quí*·mi·co adj. sm.
ra·di:o·qui·mo·gra·*fi*·a sf.
ra·di:o·qui·mo·*grá*·fi·co adj.
ra·di:o·qui·*mó*·gra·fo sm.
ra·di:o·qui·mo·*gra*·ma sm.
ra·di:or·re·cep·*tor* (ô) sm.
ra·di:or·re·por·*ta*·gem sf.; pl.
·*gens*.
ra·di:or·re·*pór*·ter s2g.
ra·di:os·co·*pi*·a sf.
ra·di:os·*có*·pi·co adj.
ra·di:*o*·so (ô) adj.; f. e pl. (ó).
ra·di:os·*son*·da sf.
ra·di:o·*tá*·xi sm.
ra·di:o·te:a·*tral* adj. 2g.; pl.
·*trais*.
ra·di:o·te:a·tro sm.: radiatro.
ra·di:o·tec·*ni*·a sf.
ra·di:o·*téc*·ni·ca sf.
ra·di:o·*téc*·ni·co adj. sm.
ra·di:o·te·le·fo·*ni*·a sf.
ra·di:o·te·le·*fô*·ni·co adj.
ra·di:o·te·le·fo·*nis*·ta adj. s2g.
ra·di:o·te·le·gra·*fi*·a sf.
ra·di:o·te·le·*grá*·fi·co adj.

ra·di:o·te·le·gra·*fis*·ta adj. s2g.
ra·di:o·te·le·me·*tri*·a sf.
ra·di:o·te·le·*mé*·tri·co adj.
ra·di:o·te·les·*có*·pi:o sm.
ra·di:o·te·ra·*pêu*·ti·co adj.
ra·di:o·te·ra·*pi*·a sf.
ra·di:o·te·*rá*·pi·co adj.
ra·di:o·trans·mis·*são* sf.; pl. ·*sões*.
ra·di:o·trans·mis·*sor* (ô) adj. sm.
ra·di:o·trans·mi·*tir* v.
ra·di:ou·*vin*·te adj. s2g.: *rádio- -ouvinte*.
rá·di:o-vi·*tro*·la sf.; pl. *rádios- -vitrola* e *rádios-vitrolas*.
ra·do·*bar* v.
ra·*dô*·ni:o sm.
rá·du·la sf.
ra·du·*lí*·fe·ro adj.
ra·du·li·*for*·me adj. 2g.
ra·*er* v.
ra·*fa* sf.
ra·fa·*dei*·ra sf.
ra·*fa*·do adj.
ra·fa·e·*les*·co (ê) adj.
ra·fa·*é*·li·co adj.
ra·fa·e·*lis*·ta adj. s2g.: ra·fa·e·*li*·ta.
ra·fa·*mei*·a sf.
ra·*far* v.
ra·*fe* sf.
ra·*fei*·ro adj. sm.
raf·fle·si:*á*·ce:a sf.: *raflesiácea*.
raf·fle·si:*á*·ce:o adj.: *raflesiáceo*.
rá·fi:a sf.
rá·fi·de sf.
ra·*fi*·de:o sm.
ra·*fi*·di·do adj. sm.: ra·fi·di·*í*·de:o.
ra·fi·di:*ói*·de:o adj. sm.: ra·fi·di:o·*í*·de:o.
ra·fi·do·gra·*fi*·a sf.
ra·fi·do·*grá*·fi·co adj.
ra·fi·gra·*fi*·a sf.
ra·fi·*grá*·fi·co adj.
ra·*fi*·gra·fo sm.
ra·fle·si:*á*·ce:a sf.: *rafflesiácea*.
ra·fle·si:*á*·ce:o adj.: *rafflesiáceo*.
rá·ga·da sf.: *rá*·ga·de.
ra·*gei*·ra sf.: *ragueira, regeira*.
rá·gi:o sm.
ra·*glã* adj. 2g.
ra·*goi*·de adj. 2g.
ra·*gói*·de:o ajd.: ra·go·*í*·de:o.
ragtime sm. (ing.: *regtáim*).
ra·*gu* sm.

ra·*guei*·ra sf.: *rageira, regeira*.
rai·a sf.
rai·a(s)-a·ma·re·*la*(s) sf. (pl.).
rai·a-a·ra·*ra* sf.; pl. *raias-araras* ou *raias-arara*.
rai·a-*chi*·ta sf.; pl. *raias-chitas* ou *raias-chita*.
rai·*a*·do adj.
rai·a(s)-e·*lé*·tri·ca(s) sf. (pl.).
rai·a(s)-*gran*·de(s) sf. (pl.).
rai·*al* sm.; pl. ·*ais*.
rai·a-*li*·xa sf.; pl. *raias-lixas* ou *raias-lixa*.
rai·a-man·*tei*·ga sf.; pl. *raias- -manteigas* ou *raias-manteiga*.
rai·a-*men*·to sm.
rai·*a*·no adj. sm.
rai·a(s)-pin·*ta*·da(s) sf. (pl.).
rai·*ar* v.
rai·a(s)-*san*·ta(s) sf. (pl.).
raid sm. ing.: *reide*.
ra:i·*go*·ta sf.
ra:i·go·*to*·so (ô) adj.; f. e pl. (ó).
rai·*ne*·ta (ê) adj. sf.
ra·*í*·nha sf. de *rei*.
ra·*í*·nha(s)-*cláu*·di:a(s) sf. (pl.).
ra·*í*·nha(s)-do-a·*bis*·mo sf. (pl.).
ra·*í*·nha(s)-do-*la*·go sf. (pl.).
ra·*í*·nha(s)-dos-*pra*·dos sf. (pl.).
ra·*í*·nha(s)-*mãe*(s) sf. (pl.).
rai·*nún*·cu·lo sm.: *ranúnculo*.
rai·*o* sm.
rai·*om* sm.; pl. ·*ons*.
rai·*pu*·to adj. sm.: *rajaputro*.
rai·va sf.
rai·*var* v.
rai·ve·*cer* v.
rai·ve·*jar* v.
rai·*ven*·to adj.
rai·*vo*·so (ô) adj.; f. e pl. (ó).
rai·*vu*·do adj.
ra·*iz* sf.; pl. ra·*í*·zes.
ra:i·*za*·da sf.
ra:i·*za*·ma sf.: *raizame*.
ra·iz-a·*mar*·ga sf.; pl. *raízes-amargas*.
ra:i·*za*·me sm.: *raizama*.
ra·iz-de-*ce*·dro sf.; pl. *raízes-de-cedro*.
ra·iz-de-*chá* sf.; pl. *raízes-de-chá*.
ra·iz-de-*co*·bra sf.; pl. *raízes-de-cobra*.
ra·iz-de-*cor*·vo sf.; pl. *raízes-de-corvo*.
ra·iz-de-*fra*·de sf.; pl. *raízes-de-frade*.

ra·iz-de-ja·ca·ré·a·*çu* sf.; pl. *raízes-de-jacaré-açu*.
ra·iz-de-la·*gar*·to sf.; pl. *raízes-de-lagarto*.
ra·iz-de-la·*ran*·ja sf.; pl. *raízes-de-laranja*.
ra·iz-do-bra·*sil* sf.; pl. *raízes-do-brasil*.
ra·iz-*do*·ce sf.; pl. *raízes-doces*.
ra·iz-do-*sol* sf.; pl. *raízes-do-sol*.
ra·i·*zei*·ro sm.
ra·iz-es·*co*·ra sf.; pl. *raízes-escoras* ou *raízes-escora*.
ra·iz-*for*·te sf.; pl. *raízes-fortes*.
ra·i·*zis*·ta adj. s2g.
ra·iz-*pre*·ta sf.; pl. *raízes-pretas*.
ra·ja[1] sf. 'estria'/Cf. *raja*[2].
ra·ja[2] sm. 'príncipe indiano': ra·*já*; f. *rani*/Cf. *raja*[1].
ra·*ja*·da sf.
ra·ja·*dão* sm.; pl. ·*dões*.
ra·*ja*·do adj. sm.
ra·*jão* sm.; pl. ·*jões*.
ra·ja·*pu*·tro adj. sm.: *raiputo*.
ra·*jar* v.
ra·*jí*·de:o adj. sm.
ra·*ji*·do adj. sm.
ra·*jo* sm.
ra·*jói*·de:o adj. sm.: ra·jo:*í*·de:o.
ra·la sf.
ra·la-*bu*·cho(s) sm. (pl.).
ra·la·*ção* sf.; pl. ·*ções*.
ra·la-*co*·co(s) sm. (pl.).
ra·la·*dor* (ô) adj. sm.
ra·la·*du*·ra sf.
ra·la-*ge*·lo(s) sm. (pl.).
ra·*lan*·te adj. 2g.
ra·*lar* v.
ra·las·sa·*ri*·a sf.
ra·las·*si*·ce sf.
ra·*las*·so adj. sm.
ra·*lé* sf.: *relé*[1].
ra·le:a·*du*·ra sf.
ra·le:a·*men*·to sm.
ra·le:*ar* v.
ra·*lei*·a sf.
ra·*lei*·ra sf.
ra·*lei*·ro sm.
ra·len·*tan*·do adv., do it. *rallentando*.
ra·len·*tar* v.
ra·lha·*ção* sf.; pl. ·*ções*.
ra·lha·*dor* (ô) adj. sm.
ra·*lhão* adj. sm.; pl. ·*lhões*; f. *ralhona*.
ra·*lhar* v.

ra·lho sm.
ra·*lho*·na adj. sf. de ralhão.
ra·*li* sm.
ra·*lí*·de:o adj. sm.
ra·li·*for*·me adj. 2g. sm.
rallentando adv. it.: ralentando.
ra·lo adj. sm.
ra·ma sf.
ra·*ma*·da sf.
ra·ma·*dã* sm.: ramadão.
ra·ma(s)-de-be·zer·ro sf. (pl.).
ra·ma·*dão* sm.; pl. ·*dãos*: ramadã.
ra·*ma*·do adj.
ra·*ma*·gem sf.; pl. ·gens.
ra·*mal* adj. 2g. sm.; pl. ·*mais*.
ra·ma·*lha*·da sf.
ra·ma·*lhar* v.
ra·ma·*lhei*·ra sf.
ra·ma·*lhe*·te (ê) sm.: ramilhete.
ra·ma·lhe·*tei*·ra sf.
ra·*ma*·lho sm.
ra·ma·*lho*·so (ô) adj.; f. e pl. (ó).
ra·ma·*lhu*·do adj.
ra·*má*·li:as sf. pl.
ra·ma·*ra*·ma adj. s2g.
ra·ma·*ri*·a sf.
ram·bles adj. 2g. 2n.
ram·bo·*tã* sm.
ra·me:*ar* v.
ra·*mei*·ra sf.
ra·*mei*·ro adj. sm.
ra·*me*·la sf.: remela.
ra·me·*la*·do adj.: remelado.
ra·me·*lar* v.: remelar.
ra·me·*len*·to adj.: remelento.
ra·me·*lo*·so (ô) adj.; f. e pl. (ó): remeloso.
ra·men·*tá*·ce:o adj.
ra·*men*·to sm.
râ·me:o adj.
ra·mer·ra·*mei*·ro adj.
ra·mer·ra·*nei*·ro adj.
ra·mer·*rão* sm.; pl. ·*rões*.
ra·*mi* sm.
ra·*mí*·co·la adj. 2g.
ra·mi·*cór*·ne:o adj.
ra·mi·fi·ca·*ção* sf.; pl. ·*ções*.
ra·mi·fi·*ca*·do adj.
ra·mi·fi·*car* v.
ra·mi·*flo*·ro adj.
ra·mi·*for*·me adj. 2g.
ra·mi·lhe·*tar* v.
ra·mi·*lhe*·te (ê) sm.: ramalhete/ Cf. ramilhete (é), do v. ramilhetar.

ra·*mí*·pa·ro adj.
ra·*mis*·ta adj. s2g.
ram·*ná*·ce:a sf.
ram·*ná*·ce:o adj.
ra·mo sm.
ra·*mo*·na sf.
ra·mo·na·*dei*·ra sf.
ra·mo·*na*·gem sf.; pl. ·gens.
ra·mos sm. pl.
ra·mo·si·*da*·de sf.
ra·*mo*·so (ô) adj.; f. e pl. (ó).
ram·pa sf.
ram·pa·*doi*·ro sm.: ram·pa·*dou*·ro.
ram·*pan*·te adj. 2g.
ram·pe:*ar* v.
ram·*pei*·ro adj.
ra·*mu*·do adj.
ra·*mu*·lar adj. 2g.
râ·mu·lo sm.
ra·*mús*·cu·lo sm.
ra·na sf.
ra·*na*·le sf.
ra·*ná*·ri:o sm.
ran·*ça*·do adj.
ran·*çar* v.
ran·*ces*·cer v.
ran·*cha*·da sf.
ran·*chão* sm.; pl. ·*chões*.
ran·cha·*ri*·a sf.: rancheria.
ran·*chá*·ri:o sm.
ran·*chei*·ra sf.
ran·*chei*·ra(s) de car·rei·*ri*·nha sf. (pl.).
ran·*chei*·ro adj. sm.
ran·*chel* sm.; pl. ·*chéis*.
ran·che·*ri*·a sf.: rancharia.
ran·che·*ri*·o sm.: rancharia.
ran·*chi*·nho sm.
ran·cho sm.
ran·ci·*dez* (ê) sf.
ran·ci·di·fi·*car* v.
rân·ci·do adj.
rân·ci:o adj.
ran·ço adj. sm.
ran·co·ca·*me*·cra adj. s2g.: ran·co·ca·*me*·crã.
ran·*cor* (ô) sm.; pl. rancores (ô)/Cf. rancores (ó), do v. rancorar.
ran·*co*·ra sf.: rancura.
ran·co·*rar* v.
ran·co·*ro*·so (ô) adj.; f. e pl. (ó).
ran·*ço*·so (ô) adj.; f. e pl. (ó).
ran·*cu*·ra sf.
ran·de·*vu* sm., do fr. rendez-vous.

ran·*dô*·mi·co adj.
ra·ne sm.; f. *rani*.
ran·fas·*tí*·de:o adj. sm.
ran·fo·*te*·ca sf.
ran·ge·*dei*·ra sf.
ran·ge·*dor* (ô) adj.
ran·*gen*·te adj. 2g.
ran·ger v.
ran·ge·*ran*·ge sm.; pl. *ranges-ranges* ou *range-ranges*.
ran·*gi*·do sm.
ran·*gí*·fer sm.: ran·*gí*·fe·ro.
ran·*gir* v.
ran·go sm.
ra·*nhar* v.
ra·*nhen*·to adj.
ra·*nhe*·ta adj. s2g.
ra·nho sm.
ra·*nho*·so (ô) adj. sm.; f. e pl. (ó).
ra·*nhu*·ra sf.
ra·*ni* sf. de rane e rajá.
ra·ni·cul·*tor* (ô) sm.
ra·ni·cul·*tu*·ra sf.
ra·*ní*·de:o adj. sm.
ra·*ni*·lha sf.
ra·ni·lha·*men*·to sm.
ra·ni·*lhar* v.
ra·*ni*·lhas sf. pl.
ra·*ni*·no adj.
ranking sm. (ing.: rênkin).
ra·nu sm.
ra·nu(s)-*bran*·co(s) sm. (pl.).
râ·nu·la sf.
ra·nun·cu·*lá*·ce:a sf.
ra·nun·cu·*lá*·ce:o adj.
ra·*nún*·cu·lo sm.: rainúnculo.
ran·*zin*·za adj. s2g.
ran·*zin*·zar v.
ran·*zin*·zi·ce sf.
rap sm. (ing.: rep).
ra·pa sm. sf.
ra·*pa*·ce adj. 2g. sm.: *rabaz*, *rapaz*[2]; superl. *rapacíssimo*.
ra·*pá*·ce:o adj.
ra·pa·ci·*da*·de sf.
ra·pa·*cís*·si·mo adj. superl. de *rapace* e *rapaz*[2].
ra·pa·*co*·lher sm.; pl. *rapa-colheres*.
ra·pa·*co*·co(s) sm. (pl.).
ra·pa·*cui*·a(s) sf. (pl.).
ra·pa·*dei*·ra sf.
ra·pa·*de*·la sf.
ra·*pa*·do adj.
ra·pa·*doi*·ro sm.: rapadouro.
ra·pa·*dor* (ô) adj. sm.
ra·pa·*dou*·ro sm.: rapadoiro.

ra·pa·*du*·ra sf.
ra·pa·*gão* sm.; pl. ·*gões*; aum. irreg. de *rapaz*¹.
ra·*pa*·lhas sf. pl.
ra·*pa*·na sf.
ra·*pan*·ça sf.
ra·*pâ*·ne:a sf.
ra·*pan*·te adj. 2g.
ra·*pão* sm.; pl. ·*pões*.
ra·pa·*pé* sm.
ra·pa-*quei*·xos sm. 2n.
ra·*par* v.
ra·pa·*ri*·ga sf.
ra·pa·ri·*ga*·ça sf.
ra·pa·ri·*ga*·da sf.
ra·pa·ri·*ga*·gem sf.; pl. ·gens.
ra·pa·ri·*guei*·ro adj. sm.
ra·pa-*tá*·bu:as sm. 2n.
ra·pa-*ta*·chos s2g. 2n.
ra·pa·te:*á*·ce:a sf.
ra·pa·te:*á*·ce:o adj.
ra·*paz*¹ sm. 'homem jovem'/ Cf. *rapaz*².
ra·*paz*² adj. 2g. 'que rouba': *rabaz, rapace*/Cf. *rapaz*¹.
ra·pa·ze·lho (ê) sm.
ra·pa·*ze*·te (ê) sm.
ra·pa·zi:*a*·da sf.
ra·pa·*zi*·ce sf.
ra·pa·*zi*·nho sm. dim de *rapaz*¹.
ra·pa·*zi*·nho(s)-dos-*ve*·lhos sm. (pl.).
ra·pa·*zi*:o sm
ra·pa·*zo*·la sm.
ra·pa·*zo*·te sm.
ra·*pé* sm.
ra·*pei*·ra sf.
ra·*pel* sm.; pl. ·*péis*.
ra·pe·*zis*·ta adj. s2g.
ra·pi·*dez* (ê) sf.
rá·pi·do adj. sm. adv.
ra·pi:*ei*·ra sf.
rã-pi·*men*·ta sf.; pl. *rãs-pimentas* ou *rãs-pimenta*.
ra·*pi*·na sf.
ra·pi·na·*ção* sf.; pl. ·*ções*.
ra·pi·na·*dor* (ô) adj. sm.
ra·pi·*na*·gem sf.; pl. ·gens.
ra·pi·*nan*·te adj. s2g.
ra·pi·*nar* v.: *rapinhar*.
ra·pi·*nei*·ro adj. sm.
ra·pi·*nhar* v.: *rapinar*.
ra·*pi*:o·ca sf.
ra·*pis*·tro sm.
ra·*pôn*·ci:o sm.: ra·*pon*·ço.
ra·*po*·sa (ó) sf. adj. s2g./Cf. *raposa* (ó), do v. *raposar*.

ra·po·*sa*·da sf.
ra·po·sa(s)-do-*cam*·po sf. (pl.).
ra·po·*sar* v.
ra·po·se:*ar* v.
ra·po·*sei*·ra sf.
ra·po·*sei*·ro adj. sm.
ra·po·*sen*·se adj. s2g.
ra·po·*si*·a sf.
ra·po·*si*·ce sf.
ra·po·si·*nhar* v.
ra·po·*si*·nho adj. sm.
ra·po·*si*·no adj.
ra·*po*·so (ô) adj. sm./Cf. *raposo* (ó), do v. *raposar*.
rapper s2g. (ing: *réper*).
rap·*só*·di:a sf.
rap·*só*·di·co adj.
rap·so·*dis*·ta adj. s2g.
rap·*so*·do (ó *ou* ô) sm.
rap·so·do·*man*·ci·a sf.
rap·so·do·*man*·te s2g.
rap·so·do·*mân*·ti·co adj.
rap·*ta*·do adj. sm.
rap·*tar* v.
rap·ta·*dor* (ô) adj. sm.
rap·to adj. sm.
rap·*tor* (ô) adj. sm.
rap·to·ri:al adj. 2g.; pl. ·*ais*.
ra·que
ra·*quel* sf.; pl. ·*quéis*.
ra·*que*·ta (ê) sf.: ra·*que*·te.
ra·que·*tis*·ta adj. s2g.
ra·qui:al·*gi*·a sf.
ra·qui:*ál*·gi·co adj.
ra·qui:a·nes·te·*si*·a sf.
ra·qui:a·nes·*té*·si·co adj.
ra·qui:*a*·no adj.
ra·qui·cen·*te*·se sf.: *raquiocentese*.
ra·qui·cen·*té*·si·co adj.: *raquiocentésico*.
ra·qui·di:*a*·no adj.
ra·qui·me·nin·*gi*·te sf.
ra·qui:o·cen·*te*·se sf.: *raquicentese*.
ra·qui:o·cen·*té*·si·co adj.: *raquicentésico*.
ra·qui:o·mi·e·*li*·te sf.
ra·qui:*ó*·pa·go sm.
ra·qui:o·ple·*gi*·a sf.: *raquiplegia*.
ra·qui:os·co·li:*o*·se sf.
ra·qui:o·to·*mi*·a sf.: *raquitomia*.
ra·qui:o·*tô*·mi·co adj.: *raquitômico*.
ra·qui·ple·*gi*·a sf.: *raquioplegia*.
ra·quis·*sa*·gra sf.
ra·*quí*·ti·co adj. sm.

ra·qui·*tis*·mo sm.
ra·qui·ti·*zar* v.
ra·qui·to·*mi*·a sf.: *raquiotomia*.
ra·qui·*tô*·mi·co adj.: *raquiotômico*.
ra·re:a·*men*·to sm
ra·re:*ar* v.
ra·re·fa·*ção* sf.; pl. ·*ções*.
ra·re·fa·ci:*en*·te adj. 2g.
ra·re·fa·ti·bi·li·*da*·de sf.
ra·re·fa·*tí*·vel adj. 2g.; pl. ·veis.
ra·re·fa·*ti*·vo adj.
ra·re·*fa*·to adj.
ra·re·fa·*tor* (ô) adj. sm.
ra·re·fa·*zer* v.
ra·re·*fei*·to adj.
ra·res·*cên*·ci:a sf.
ra·res·*cen*·te adj. 2g.
ra·res·*cer* v.
ra·res·ci·*men*·to sm.
ra·res·*cí*·vel adj. 2g.; pl. ·veis.
ra·*re*·za (ê) sf.
ra·ri·*da*·de sf.
ra·ri·*flo*·ro adj.
ra·*rí*·pi·lo adj.
ra·ro adj. sm. adv.
rás sm.; pl. ra·ses.
ra·sa sf.
ra·sa·*du*·ra sf.
ra·sa·*men*·to sm.
ra·*sân*·ci:a sf.
ra·*san*·te adj. 2g. sm.
ra·*são* sm. 'rasa'/Cf. *razão*.
ra·*sar* v.
ras·ca adj. 2g. sf.
ras·*ca*·da sf.
ras·ca·*dei*·ra sf.
ras·ca·*dor* (ô) adj. sm.
ras·*cân*·ci:a sf.
ras·*can*·te adj. 2g. sm.
ras·*cão* sm.; pl. ·*cões*; f. *rascoa*.
ras·*car* v.
ras·*co*·a (ô) sf. de *rascão*.
ras·col·*ni*·que adj. s2g.
ras·col·*nis*·mo sm.
ras·col·*nis*·ta adj. s2g.: ras·col·*ni*·ta sf.
ras·*co*·te sm.
ras·cu·nha·*dor* (ô) adj. sm.
ras·cu·nha·*men*·to sm.
ras·cu·*nhan*·te adj. 2g.
ras·cu·*nhar* v.
ras·*cu*·nho sm.
ra·*sei*·ro adj.
ras·ga·*de*·la sf.
ras·*ga*·do adj. sm. adv.
ras·ga·*du*·ra sf.

ras·ga·*men*·to sm.
ras·ga·mor·*ta*·lha(s) sf. (pl.).
ras·gão sm.; pl. ·gões.
ras·*gar* v.
ras·ga·*se*·da(s) s2g. (pl.).
ras·go sm.
ra·so adj. sm.
ra·*só*·fo·ro sm.
ra·*soi*·ra sf.: *rasoura*.
ra·*soi*·ra·do adj.: *rasourado*.
ra·*soi*·ran·te adj. 2g.: *rasourante*.
ra·*soi*·rar v.: *rasourar*.
ra·*sou*·ra sf.: *rasoira*.
ra·*sou*·ra·do adj.: *rasoirado*.
ra·*sou*·ran·te adj. 2g.: *rasoirante*.
ra·*sou*·rar v.: *rasoirar*.
ras·pa sf.
ras·pa·*dei*·ra sf.
ras·pa·*de*·la sf.
ras·pa·*di*·nha sf.
ras·pa·*dor* (ô) adj. sm.
ras·pa·*du*·ra sf.
ras·*pa*·gem sf.; pl. ·gens.
ras·*pan*·ça sf.
ras·pa·*ne*·te (ê) sm.
ras·pão sm.; pl. ·pões.
ras·*par* v.
ras·pa·*tu*·bos sm. 2n.
ras·pe sm.
ras·*pi*·lha sf.
ras·pi·*nhar* v.
ras·que:a·*ção* sf.; pl. ·ções.
ras·que:*a*·do adj. sm.
ras·*quei*·ro adj. sm.
ras·*que*·ta (ê) sf.
ras·que·te:a·*ção* sf.; pl. ·ções.
ras·que·te:*ar* v.
ras·que·*tei*·o sm.
ras·ta·*fá*·ri adj. 2g. 2n.
ras·*tão* sm.; pl. ·tões.
ras·ta·*que*·ra adj. s2g.
ras·ta·que·*rar* v.
ras·ta·que·*res*·co (ê) adj.
ras·ta·que·*ris*·mo sm.
ras·te:*ar* v.
ras·*tei*·ra sf.
ras·tei·*rar* v.
ras·tei·*ri*·nha sf.
ras·*tei*·ro adj. sm.
ras·te·ja·*dor* (ô) adj. sm.
ras·te·ja·*du*·ra sf.
ras·te·ja·*men*·to sm.
ras·te·*jan*·te adj. 2g.
ras·te·*jar* v.

ras·*te*·jo (ê) sm.
ras·te·*lar* v.: *restelar*.
ras·*te*·lo (ê) sm.: *restelo*/Cf. *rastelo* (ê), do v. *rastelar*.
ras·*ti*·lho sm.
ras·to sm.: *rastro*.
ras·tre:a·*men*·to sm.
ras·tre:*ar* v.
ras·*trei*·o sm.
ras·tre·*jar* v.
ras·*tri*·lho sm.
ras·tro sm.: *rasto*.
ra·*su*·ra sf.
ra·su·ra·*ção* sf.; pl. ·ções.
ra·su·*ra*·do adj.
ra·su·ra·*dor* (ô) adj. sm.
ra·su·*rar* v.
ra·ta sf.
ra·*ta*·da sf.
ra·ta·*fi*·a sf.
ra·*tâ*·ni:a sf.
ra·*tâ*·ni:a(s)-do-pa·*rá* sf. (pl.).
ra·*tão* adj. sm.; pl. ·tões; f. *ratona*.
ra·tão-d'*á*·gua sm.; pl. *ratões-d'água*.
ra·tão-do-ba·*nha*·do sm.; pl. *ratões-do-banhado*.
ra·ta·*plã* sm.
ra·*tar* v.
ra·ta·*ri*·a sf.
ra·ta·*za*·na adj. s2g. sf.
ra·te:a·*ção* sf.; pl. ·ções.
ra·te:a·*dor* (ô) adj. sm.
ra·te:a·*men*·to sm.
ra·te:*ar* v.
ra·*tei*·o sm.
ra·*tei*·ra sf.
ra·*tei*·ro adj. sm.
ra·*ti*·ce sf.
ra·ti·*ci*·da adj. 2g. sm.
ra·ti·fi·ca·*ção* sf. 'confirmação'; pl. ·ções/Cf. *retificação*.
ra·ti·fi·*ca*·do adj. 'confirmado'/Cf. *retificado*.
ra·ti·fi·*car* v. 'confirmar'/Cf. *retificar*.
ra·ti·fi·*cá*·vel adj. 2g. 'confirmável'; pl. ·veis/Cf. *retificável*.
ra·ti·*nhar* v.
ra·ti·*nhei*·ro adj.
ra·*ti*·nho sm.
ra·*ti*·ta adj. 2g. sf.
ra·*tí*·vo·ro adj.
ra·to sm. adj. 2g. 2n.
ra·*tô* sm.

ra·to(s)-al·mis·ca·*ra*·do(s) sm. (pl.).
ra·to(s)-boi·a·*dei*·ro(s) sm. (pl.).
ra·to(s)-*bran*·co(s) sm. (pl.).
ra·to(s)-ca·*lun*·ga(s) sm. (pl.).
ra·to(s)-ca·*sei*·ro(s) sm. (pl.).
ra·to(s)-ca·*ti*·ta(s) sm. (pl.).
ra·to(s)-co·*ró*(s) sm. (pl.).
ra·to(s)-d'*á*·gua sm. (pl.).
ra·to(s)-de-bar·ri·ga-*bran*·ca sm. (pl.).
ra·to(s)-de-*ca*·sa sm. (pl.).
ra·to(s)-de-es·*go*·to sm. (pl.).
ra·to(s)-de-es·*pi*·nho sm. (pl.).
ra·to(s)-de-pai·*ol* sm. (pl.).
ra·to(s)-de-*pen*·tes sm. (pl.).
ra·to(s)-do-bam·*bu* sm. (pl.).
ra·to(s)-do-*ma*·to sm. (pl.).
ra·to(s)-do-*més*·ti·co(s) sm. (pl.).
ra·to:*ei*·ra sf.
ra·*to*·na sf. de *ratão*.
ra·*to*·nar v.
ra·to·ne:*ar* v.
ra·to·nei·*ri*·ce sf.
ra·to·*nei*·ro sm.
ra·to·*ni*·ce sf.
ra·to(s)-*par*·do(s) sm. (pl.).
ra·to(s)-*pre*·to(s) sm. (pl.).
ra·to(s)-to-*ró*(s) sm. (pl.).
ra·tu·*í*·na sf.
ra·tu·*í*·no adj.
rat·ze·li:*a*·no adj.
rau·*cís*·so·no adj.
ra·ul·so:a·*ren*·se(s) adj. s2g. (pl.).
ra·*va*·na sm.
ra·va·*nas*·tra sm.
ra·va·nas·*trão* sm.; pl. ·*trões*; ra·va·nas·*trom*; pl. ·*trons*.
rave sf. (ing.: *rêiv*).
rã(s)-ver·da·*dei*·ra(s) sf. (pl.).
ra·*vi*·na sf.
ra·vi:*ó*·li sm.; do it. *ravioli*.
ra·vo adj. sm.
ra·xa sf. 'pano'/Cf. *racha*[1], *racha*[2] e fl. do v. *rachar*.
ra·*zão* sf. 'inteligência'; pl. ·*zões*/Cf. *rasão*.
ra·*zi*·a sf.
ra·zi:*a*·do adj.
ra·zi:a·*dor* (ô) adj. sm.
ra·zi:*ar* v.
ra·zi:*en*·to adj.
ra·zo:a·bi·li·*da*·de sf.
ra·zo:*a*·do adj. sm.

ra·zo·a·*men*·to sm.
ra·zo:*ar* v.
ra·zo:*á*·vel adj. 2g.; pl. ·veis.
*ré*¹ adj. sf. de *réu*/Cf. *rê*, *ré*², *ré*³.
*ré*² sf. 'popa'/Cf. *rê*, *ré*¹, *ré*³.
*ré*³ sm. 'nota musical'/Cf. *rê*, *ré*¹, *ré*².
rê sm. 'erre'; pl. *rês* ou *rr*/Cf. *ré*¹, *ré*², *ré*³.
re:a·bas·te·*cer* v.
re:a·bas·te·ci·*men*·to sm.
re:a·ber·*tu*·ra sf.
re:a·bi·li·ta·*ção* sf.; pl. ·*ções*.
re:a·bi·li·*ta*·do adj.
re:a·bi·li·*ta*·dor (ô) adj. sm.
re:a·bi·li·*tar* v.
re:a·bi·li·ta·*tó*·ri:o adj.
re:a·bi·li·*tá*·vel adj. 2g.; pl. ·veis.
re:a·bi·*tar* v.
re:a·bi·tu:*ar* v.
re:ab·ju·*rar* v.
re:a·bo·to:*ar* v.
re:a·bra·*çar* v.
re·a·bra·si·lei·*ra*·do adj.
re·a·bra·si·lei·ra·*men*·to sm.
re·a·bra·si·lei·*rar* v.
re:a·*brir* v.
re:ab·sor·*ção* sf.; pl. ·*ções*.
re:ab·sor·*ver* v.
re:*a*·ça adj. s2g.
re:a·*ção* sf.; pl. ·*ções*.
re:a·cen·*der* v. 'tornar a acender'/Cf. *reascender*.
re:a·ci:o·*ná*·ri:o adj. sm.
re:a·ci:o·na·*ris*·mo sm.
re:a·ci:o·na·*ris*·ta adj. s2g.
re:a·co·mo·*dar* v.
re:a·cu·*sar* v.
re:a·*da*·le sf.
re:a·dap·ta·bi·li·*da*·de sf.
re:a·dap·ta·*ção* sf.; pl. ·*ções*.
re:a·dap·*tar* v.
re:a·dap·*tá*·vel adj. 2g.; pl. ·veis.
re:ad·mis·*são* sf.; pl. ·*sões*.
re:ad·mi·*tir* v.
re:a·do·*ção* sf.; pl. ·*ções*.
re:a·dor·me·*cer* v.
re:a·do·*tar* v.
re:ad·qui·*rir* v.
re:a·fir·*mar* v.
re:a·*gen*·te adj. 2g. sm.
re:a·*gir* v.
re:a·gra·de·*cer* v.
re:a·gra·va·*ção* sf.; pl. ·*ções*.
re:a·gra·*va*·do adj.
re:a·gra·*var* v.
re:a·jus·ta·*men*·to sm.

re:a·jus·*tar* v.
re:a·jus·*tá*·vel adj. 2g.; pl. ·veis.
re:a·*jus*·te sm.
re:*al*¹ adj. 2g. 'relativo a rei' 'verdadeiro'; pl. ·*ais*/Cf. *real*².
re:*al*² sm. 'moeda'; pl. *réis*/Cf. *real*¹ e *reis*, pl. de *rei*.
re:al·*çar* v.
re:*al*·ce sm.
re:a·le·*grar* v.
re:a·*lei*·ra sf.
re:a·le·*jar* v.
re:a·*le*·jo (ê) sm.
re:a·*le*·jo(s) de *bo*·ca sm. (pl.).
re:a·*len*·go adj. sm.
re:a·len·*ta*·do adj.
re:a·len·*tar* v.
re:a·*le*·to (ê) sm.
re:a·*le*·za (ê) sf.
re:al·*gar* v.
re:a·li·*da*·de sf.
re:a·li·men·ta·*ção* sf.; pl. ·*ções*.
re:a·li·men·*tar* v.
re:a·*lis*·mo sm.
re:a·*lis*·ta adj. s2g.
re:a·lis·ta·*men*·to sm.
re:a·lis·*tar* v.
re:a·*lís*·ti·co adj.
re:a·*li*·to sm.
reality-show sm. (ing.: rialitishôu.)
re:a·li·za·*ção* sf.; pl. ·*ções*.
re:a·li·*za*·do adj.
re:a·li·*za*·dor (ô) adj. sm.
re:a·li·*zar* v.
re:a·li·*zá*·vel adj. 2g.; pl. ·veis.
re:a·ma·nhe·*cer* v.
re:a·ni·ma·*ção* sf.; pl. ·*ções*.
re:a·ni·*ma*·do adj.
re:a·ni·ma·*dor* (ô) adj. sm.
re:a·ni·*mar* v.
re:a·pa·re·*cer* v.
re:a·pa·re·ci·*men*·to sm.
re:a·pa·ri·*ção* sf.; pl. ·*ções*.
re:a·pli·*car* v.
re:a·po·de·*rar* v.
re:a·por·tu·gue·*sa*·do adj.
re:a·por·tu·gue·sa·*men*·to sm.
re:a·por·tu·gue·*sar* v.
re:a·pre·ci:*ar* v.
re:a·pren·*der* v.
re:a·pre·sen·ta·*ção* sf.; pl. ·*ções*.
re:a·pre·sen·*tar* v.
re:a·pro·xi·ma·*ção* (ss) sf.; pl. ·*ções*.
re:a·pro·xi·*mar* (ss) v.
re:a·que·*cer* v.

re:a·qui·si·*ção* sf.; pl. ·*ções*.
re:a·quis·*tar* v.
re:ar·bo·ri·za·*ção* sf.; pl. ·*ções*.
re:ar·bo·ri·*zar* v.
re:ar·ma·*men*·to sm.
re:ar·*mar* v.
re:ar·re·pen·*der* v.
re:ar·ti·cu·la·*ção* sf.; pl. ·*ções*.
re:ar·ti·cu·*lar* v.
re:as·cen·*der* v. 'tornar a elevar'/Cf. *reacender*.
re:as·su·*mir* v.
re:as·sun·*ção* sf.; pl. ·*ções*.
re:*a*·ta sf.
re:*a*·ta·do adj.
re:a·ta·*du*·ra sf.
re:a·ta·*men*·to sm.
re:a·*tân*·ci:a sf.
re:a·*tar* v.
re:*a*·te sm.
re:a·ten·*tar* v.
re:a·ti·*çar* v.
re:a·ti·va·*ção* sf.; pl. ·*ções*.
re:a·ti·*va*·dor (ô) adj. sm.
re:a·ti·va·*men*·to sm.
re:a·ti·*van*·te adj. 2g.
re:a·ti·*var* v.
re:a·ti·vi·*da*·de sf.
re:a·*ti*·vo adj. sm.
re:*a*·to sm.
re:a·*tor* (ô) adj. sm.
re:a·va·li:a·*ção* sf.; pl. ·*ções*.
re:a·va·li:*ar* v.
re:a·*ver* v.
re:a·vi:*ar* v.
re:a·vi·*sar* v.
re:a·*vi*·so sm.
re:a·vis·*ta*·do adj.
re:a·vis·*tar* v.
re:a·vi·*va*·do adj.
re:a·vi·va·*men*·to sm.
re:a·vi·*var* v.
re:a·vul·*tar* v.
re·*ba*·be sm.: *rababe*.
re·ba·*çã* sf.
re·*bai*·xa sf.
re·bai·*xa*·do adj.
re·bai·xa·*dor* (ô) adj. sm.
re·bai·xa·*men*·to sm.
re·bai·*xar* v.
re·bai·*xá*·vel adj. 2g.; pl. ·veis.
re·*bai*·xe sm.
re·*bai*·xo sm.
re·bal·*sa*·do adj.
re·bal·*sar* v.
re·ba·*nha*·da sf.
re·ba·*nhar* v.

re·ba·nhi:o sm.
re·*ba*·nho sm.
re·*bar* v.
re·*bar*·ba sf.
re·bar·*bar* v.
re·bar·ba·*ti*·vo adj.
re·*ba*·te sm.
re·ba·te·*dor* (ô) adj. sm.
re·ba·*ter* v.
re·ba·*ti*·da sf.
re·ba·*ti*·do adj.
re·ba·ti·*men*·to sm.
re·ba·*ti*·nha sf., na loc. *às rebatinhas*.
re·ba·*tis*·mo sm.
re·ba·ti·*zar* v.
re·*ba*·to sm.
re·*be*·ca sf.
re·bei·*jar* v.
re·be·*lão* adj.; pl. *·lões*; f. *rebelona*.
re·be·*lar* v.
re·*bel*·de adj. s2g.
re·bel·*di*·a sf.
re·be·li·*ão* sf.; pl. *·ões*.
re·be·li·o·*nar* v.
re·be·*lo*·na adj. f. de *rebelão*.
re·*bém* sm.; pl. *·béns*/Cf. *rebem*, do v. *rebar*.
re·ben·*ca*·ço sm.
re·ben·*ca*·da sf.
re·*ben*·que sm.
re·ben·que:*a*·do adj.
re·ben·que:a·*dor* (ô) adj. sm.
re·ben·que:*ar* v.
re·ben·ta·*ção* sf.; pl. *·ções*.
re·ben·*ta*·do adj.
re·ben·ta·*dor* (ô) adj. sm.
re·ben·ta·*men*·to sm.
re·ben·*tão* sm.; pl. *·tões*.
re·ben·tão·*zal* sm.; pl. *·zais*.
re·ben·*tar* v.
re·ben·*ti*·na sf.:
  re·ben·*ti*·nha.
re·*ben*·to adj. sm.
re·ben·*to*·na sf.
re·ben·*zer* v.
re·*be*·que sm.
re·be·*quis*·ta adj. s2g.
re·ber·*rar* v.
re·bim·*bar* v.
re·*bim*·bo sm.
re·*bi*·que sm.: *arrebique*.
re·bi·*ta*·gem sf.; pl. *·gens*.
re·bi·ta·*men*·to sm.
re·bi·*tar* v.
re·*bi*·te sm.

re·*bo* (ê) adj. sm./Cf. *rebo* (é), do v. *rebar*.
re·bo:*an*·te adj. 2g.
re·bo:*ar* v.
re·bo·bi·na·*dei*·ra sf.
re·bo·bi·*nar* v.
re·bo·*ca*·do adj.
re·bo·ca·*dor* (ô) adj. sm.
re·bo·ca·*du*·ra sf.
re·bo·*car* v.
re·*bo*·co (ô) sm./Cf. *reboco* (ó), do v. *rebocar*.
re·*bo*·ço (ô) sm.
re·bo·*jar* v.
re·*bo*·jo (ô) sm./Cf. *rebojo* (ó), do v. *rebojar*.
re·bo·*la*·da sf.
re·bo·*la*·do adj. sm.
re·bo·la·*dor* (ô) adj.
re·bo·*lan*·te adj. 2g.
re·bo·*lão* adj. sm.; pl. *·lões*.
re·bo·*lar* v.
re·bo·la·*ri*·a sf.
re·bo·la·*ti*·vo adj.
re·bol·*çar* v.: *revolcar*.
re·bol·*dro*·sa sf.: *rebordosa*.
re·bo·le:*ar* v.
re·bo·*lei*·ra sf.
re·bo·*lei*·ro adj. sm.
re·bo·*li*·ço[1] adj. 'que rebola'/Cf. *rebuliço*.
re·bo·*li*·ço[2] sm. 'agitação': *rebuliço*.
re·bo·*lir* v. 'bambolear'/Cf. *rebulir*.
re·*bo*·lo (ô) sm./Cf. *rebolo* (ó), do v. *rebolar*.
re·bol·que:*a*·da sf.: *reborquiada*.
re·bol·que:*ar* v.
re·bo·*lu*·do adj.
re·bom·be:a·*ção* sf.; pl. *·ções*.
re·*bo*·o sm.
re·*bo*·que sm.
re·bo·que:*ar* v.
re·bo·*quis*·mo sm.
re·bo·*quis*·ta adj. s2g.
re·bor·*da*·gem sf.; pl. *·gens*.
re·bor·*dão* adj. sm.; pl. *·dões*.
re·bor·*dar* v.
re·*bor*·do (ô) sm./Cf. *rebordo* (ó), do v. *rebordar*.
re·bor·*do*·sa sf.: *reboldrosa*.
re·bor·qui:*a*·da sf.: *rebolqueada*.
re·bo·*ta*·lho sm.
re·bo·*tar* v.
re·*bo*·te sm.

re·*bó*·ti·co adj.
re·*bo*·to (ô) sm./Cf. *reboto* (ó), do v. *rebotar*.
re·bou·*çar* v.
re·bou·*cen*·se adj. s2g.
re·*bra*·ço sm.
re·bra·*dar* v.
re·bra·*mar* v.
re·bra·*mir* v.
re·bri·*lhan*·te adj. 2g.
re·bri·*lhar* v.
re·*bri*·lho sm.
re·bro·*tar* v.
re·*bu* sm.
re·bu·*ça*·do adj. sm.
re·bu·*çar* v.
re·*bu*·ço sm.
re·bu·li·*çar* v.
re·bu·*li*·ço sm. 'agitação': *reboliço*[2]/Cf. *reboliço*[1].
re·bu·*lir* v. 'tornar a bulir'/Cf. *rebolir*.
ré·bus sm. 2n.
re·*bus*·ca sf.
re·bus·*ca*·do adj.
re·bus·ca·*dor* (ô) adj. sm.
re·bus·ca·*men*·to sm.
re·bus·*can*·te adj. 2g.
re·bus·*car* v.
re·bus·*cá*·vel adj. 2g.; pl. *·veis*.
re·*bus*·co sm.
re·bus·*nan*·te adj. 2g.
re·bus·*nar* v.
re·*bus*·no sm.
re·*bus*·que sm.
re·*ca*·cau sm.
re·ca·*char* v.
re·*ca*·cho sm.
re·ca·*dei*·ro adj. sm.
re·ca·*dis*·ta adj. s2g.
re·*ca*·do sm.
re·*ca*·dos[1] sm. pl. 'cumprimentos'/Cf. *recados*[2].
re·*ca*·dos[2] sm. pl.: *recaus*/Cf. *recados*[1].
re·ca·*í*·da sf.
re·ca:i·*di*·ço adj.
re·ca:i·*men*·to sm.
re·ca·*ir* v.
re·cal·*ar* v.
re·cal·*ca*·do adj. sm.
re·cal·ca·*dor* (ô) adj. sm.
re·cal·ca·*men*·to sm.
re·cal·*can*·te adj. 2g.
re·cal·*car* v.
re·cal·*cá*·vel adj. 2g.; pl. *·veis*.
re·cal·ci·fi·ca·*ção* sf.; pl. *·ções*.

re·cal·ci·fi·ca·dor (ô) adj. sm.
re·cal·ci·fi·can·te adj. 2g. sm.
re·cal·ci·fi·car v.
re·cal·ci·tra·ção sf.; pl. ·ções.
re·cal·ci·trân·ci:a sf.
re·cal·ci·tran·te adj. s2g.
re·cal·ci·trar v.
re·cal·cu·lar v.
re·cal·de:ar v.
re·ca·les·cên·ci:a sf.
recall sm. (ing.: ricól).
re·cal·mão sm.; pl. ·mões.
re·cal·que sm.
re·ca·ma·do adj.
re·ca·ma·dor (ô) adj. sm.
re·ca·ma·du·ra sf.
re·ca·mar v.
re·câ·ma·ra sf./Cf. recamara, do v. recamar.
re·cam·bi:ar v.
re·cam·bi:á·vel adj. 2g.; pl. ·veis.
re·câm·bi:o sm./Cf. recambio, do v. recambiar.
re·cam·bó sm.
re·ca·mo sm.
re·can·ta·ção sf.; pl. ·ções.
re·can·tar v.
re·can·to sm.
re·ca·pa·ci·tar v.
re·ca·pa·do adj.
re·ca·pa·gem sf.; pl. ·gens.
re·ca·par v.
re·ca·pe:a·men·to sm.
re·ca·pe:ar v.
re·ca·pi·ta·li·za·ção sf.; pl. ·ções.
re·ca·pi·ta·li·zar v.
re·ca·pi·tu·la·ção sf.; pl. ·ções.
re·ca·pi·tu·lar v.
re·cap·tu·ra sf.
re·cap·tu·rar v.
re·car·bo·na·tar v.
re·car·bo·ni·zar v.
re·car·ga sf.
re·car·gar v.
re·ca·rim·ba·do adj.
re·ca·rim·bar v.
re·car·re·gar v.
re·ca·sar v.
re·ca·ta·do adj.
re·ca·tar v.
re·ca·ti·var v.
re·ca·ti·vo adj. sm.
re·ca·to sm.
re·cau·ção sf.; pl. ·ções.
re·cau·chu·ta·do adj.
re·cau·chu·ta·do·ra (ô) sf.
re·cau·chu·ta·gem sf.; pl. ·gens.
re·cau·chu·tar v.
re·cau·ci:o·nar v.
re·cau·ci:o·ná·vel adj. 2g.; pl. ·veis.
re·caus sm. pl. 'os arreios da montaria': recados².
re·ca·val·gar v.
re·ca·var v.
re·ca·vém sm.; pl. ·véns/Cf. recavem, do v. recavar.
re·ce:a·do adj.
re·ce:ar v.
re·ce·be·dor (ô) adj. sm.
re·ce·be·do·ri·a sf.
re·ce·ber v.
re·ce·bi·men·to sm.
re·cei·o sm.
re·cei·ta sf.
re·cei·tan·te adj. 2g.
re·cei·tar v.
re·cei·tá·ri·o sm. 'lugar para guardar receitas'/Cf. receituário.
re·cei·tu·á·ri·o sm. 'conjunto de receitas' 'formulário para medicamentos'/Cf. receitário.
receiver sm. (ing.: ricíver).
re·cém adv.
recém- pref. (liga-se- sempre com hífen à palavra prefixada).
re·cém-che·ga·do(s) adj. sm. (pl.).
re·cém-na·do(s) adj. sm. (pl.)
re·cém-nas·ci·do(s) adj. sm. (pl.).
re·cém-no·bre(s) adj. s2g. (pl.).
re·cém-pu·bli·ca·do(s) adj. (pl.).
re·cém-sa·í·do(s) adj. (pl.)
re·cém-vin·do(s) adj. sm. (pl.).
re·ce·nar v.
re·cen·dên·ci:a sf. 'cheiro'/Cf. rescidência.
re·cen·den·te adj. 2g.
re·cen·der v.
re·cen·são sf.; pl. ·sões.
re·cen·se:a·do adj. sm.
re·cen·se:a·dor (ô) adj. sm.
re·cen·se:a·men·to sm.
re·cen·se:ar v.
re·cen·sei·o sm.
re·cen·tal adj. 2g.; pl. ·tais.
re·cen·te adj. 2g. sm.
re·cen·ti·ci·da·de sf.:
re·cen·ti·da·de.
re·ce:o·so (ô) adj.; f. e pl. (ó).

re·ce·pa·gem sf.; pl. ·gens.
re·cep·ção sf.; pl. ·ções.
re·cep·ci:o·nar v.
re·cep·ci:o·nis·ta adj. s2g.
re·cep·ta·ção sf.; pl. ·ções.
re·cep·ta·cu·lar adj. 2g.
re·cep·tá·cu·lo sm.
re·cep·ta·dor (ô) adj. sm.
re·cep·tar v.
re·cep·ti·bi·li·da·de sf.
re·cep·tí·vel adj. 2g.; pl. ·veis.
re·cep·ti·vi·da·de sf.
re·cep·ti·vo adj.
re·cep·tor (ô) adj. sm.
re·cer·to adj. sm.
re·ces·são sf.; pl. ·sões.
re·ces·si·vi·da·de sf.
re·ces·si·vo adj.
re·ces·so sm.
re·chã sf.
re·cha·çar v.
re·cha·ço sm.
re·cha·no sm.: re·chão; pl. ·chões.
re·cha·pa·gem sf.; pl. ·gens.
re·cha·par v.
réchaud sm. (fr.: rechô).
re·che:a·do adj. sm.
re·che:a·du·ra sf.
re·che:ar v. 'encher bem'/Cf. rechiar.
re·che·ga (ê) sf.
re·che·gar v.
re·che·go (ê) sm.
re·chei·o sm.
re·chi:ar v. 'chiar muito'/Cf. rechear.
re·chi·nan·te adj. 2g.
re·chi·nar v.
re·chi·no sm.
re·chon·chu·do adj.
re·ci·á·ri:o sm.
re·ci·bo sm.
re·ci·cla·gem sf.; pl. ·gens.
re·ci·clar v.
re·ci·clá·vel adj. 2g.; pl. ·veis.
re·ci·di·va sf.
re·ci·di·vi·da·de sf.
re·ci·di·vis·ta adj. s2g.
re·ci·di·vo adj.
re·ci·fal adj. 2g.; pl. ·fais.
re·ci·fe sm.
re·ci·fen·se adj. s2g.
re·ci·fo·so (ô) adj.; f. e pl. (ó).
re·cin·gir v.
re·cin·to sm. 'espaço fechado'/ Cf. ressinto, do v. ressentir.

ré·ci·pe sm.
re·ci·pi:en·*dá*·ri:o adj. sm.
re·ci·pi:*en*·te adj. 2g. sm.
re·*cí*·pro·ca sf./Cf. reciproca, do v. reciprocar.
re·ci·pro·ca·*ção* sf.; pl. ·*ções*.
re·ci·pro·*car* v.
re·ci·pro·ci·*da*·de sf.
re·*cí*·pro·co adj. sm./Cf. reciproco, do v. reciprocar.
ré·ci·ta sf./Cf. recita, do v. recitar.
re·ci·ta·*ção* sf.; pl. ·*ções*.
re·ci·*ta*·do adj. sm.
re·ci·ta·*dor* (ô) adj. sm.
re·ci·*tal* sm.; pl. ·*tais*.
re·ci·ta·*lis*·ta adj. s2g.
re·ci·*tan*·te adj. s2g.
re·ci·*tar* v.
re·ci·ta·*ti*·vo adj. sm.
re·ci·vi·li·*zar* v.
re·cla·ma·*ção* sf.; pl. ·*ções*.
re·cla·*ma*·do adj. sm.
re·cla·ma·*dor* (ô) adj. sm.
re·cla·*man*·te adj. s2g.
re·cla·*mar* v.
re·cla·*má*·vel adj. 2g.; pl. ·*veis*.
re·*cla*·me sm.
re·cla·*mis*·ta adj. s2g.
re·*cla*·mo sm.
re·clas·si·fi·ca·*ção* sf.; pl. ·*ções*.
re·clas·si·fi·*car* v.
re·cli·na·*ção* sf.; pl. ·*ções*.
re·cli·*na*·do adj.
re·cli·*nar* v.
re·cli·na·*tó*·ri:o adj. sm.
re·cli·*ná*·vel adj. 2g.; pl. ·*veis*.
re·clu·*ir* v.
re·clu·*são* sf.; pl. ·*sões*.
re·clu·*sar* v.
re·*clu*·so adj. sm.
re·co·bra·*men*·to sm.
re·co·*brar* v.
re·co·*brá*·vel adj. 2g.; pl. ·*veis*.
re·co·bri·*men*·to sm.
re·co·*brir* v.
re·*co*·bro (ô) sm./Cf. recobro (ó), do v. recobrar.
re·*coc*·to adj.
re·cog·ni·*ção* sf.; pl. ·*ções*.
re·cog·ni·*ti*·vo adj.
re·cog·nos·*cí*·vel adj. 2g.; pl. ·*veis*.
re·coi·*tar* v.: recoutar.
re·*coi*·to adj.: recouto.
re·co·*la*·gem sf.; pl. ·*gens*.
re·co·*lar* v.
re·co·*le*·ta sf.

re·co·*le*·to adj. sm.
re·*co*·lha (ô) sf.
re·co·lhe·*dor* (ô) adj. sm.
re·co·*lher* v.
re·co·*lhi*·da sf.
re·co·*lhi*·do adj. sm.
re·co·lhi·*men*·to sm.
re·*co*·lho (ô) sm.
re·co·lo·ca·*ção* sf.; pl. ·*ções*.
re·co·lo·*car* v.
re·co·lo·ni·za·*ção* sf.; pl. ·*ções*.
re·co·lo·ni·*zar* v.
re·com·bi·na·*ção* sf.; pl. ·*ções*.
re·com·bi·*nar* v.
re·co·me·*çar* v.
re·co·*me*·ço (ê) sm./Cf. recomeço (é), do v. recomeçar.
re·co·men·da·*ção* sf.; pl. ·*ções*.
re·co·men·*da*·do adj. sm.
re·co·men·*dar* v.
re·co·men·da·*tó*·ri:o adj.
re·co·men·*dá*·vel adj. 2g.; pl. ·*veis*.
re·co·men·*tar* v.
re·co·*mer* v.
re·com·*pen*·sa sf.
re·com·pen·sa·*ção* sf.; pl. ·*ções*.
re·com·pen·sa·*dor* (ô) adj. sm.
re·com·pen·*sar* v.
re·com·pen·*sá*·vel adj. 2g.; pl. ·*veis*.
re·com·pi·la·*ção* sf.; pl. ·*ções*.
re·com·pi·*lar* v.
re·com·*por* v.
re·com·po·si·*ção* sf.; pl. ·*ções*.
re·com·*pos*·to (ô) adj.
re·com·*prar* v.
re·*côn*·ca·vo sm.
re·con·cen·tra·*ção* sf.; pl. ·*ções*.
re·con·cen·*tra*·do adj.
re·con·cen·*trar* v.
re·con·cer·*tar* v. 'tornar a ajustar'/Cf. reconsertar.
re·con·*cer*·to (ê) sm. 'reajuste'/ Cf. reconcerto (é), do v. reconcertar, reconcerto sm. e fl. do v. reconcertar.
re·con·ci·li·a·*ção* sf.; pl. ·*ções*.
re·con·ci·li·*a*·do adj. sm.
re·con·ci·li·a·*dor* (ô) adj. sm.
re·con·ci·li·*ar* v.
re·con·ci·li·a·*tó*·ri:o adj.
re·con·ci·li·*á*·vel adj. 2g.; pl. ·*veis*.
re·con·di·ci·o·*na*·do adj.
re·con·di·ci·o·na·*men*·to sm.
re·con·di·ci·o·*nar* v.

re·*côn*·di·to adj. sm.
re·con·di·*tó*·ri:o sm.
re·con·du·*ção* sf.; pl. ·*ções*.
re·con·du·*zir* v.
re·con·fir·ma·*ção* sf.; pl. ·*ções*.
re·con·fir·*mar* v.
re·con·for·*tan*·te adj. 2g. sm.
re·con·for·*tar* v.
re·con·*for*·to (ô) sm./ Cf. reconforto (ó), do v. reconfortar.
re·con·gra·*çar* v.
re·co·nhe·*cen*·ça sf.
re·co·nhe·*cer* v.
re·co·nhe·*ci*·do adj.
re·co·nhe·ci·*men*·to sm.
re·co·nhe·*cí*·vel adj. 2g.; pl. ·*veis*.
re·con·*quis*·ta sf.
re·con·quis·*tar* v.
re·con·sa·gra·*ção* sf.; pl. ·*ções*.
re·con·sa·*grar* v.
re·con·ser·*tar* v. 'remendar de novo'/Cf. reconcertar.
re·con·*ser*·to (ê) sm. 'remendo de novo'/Cf. reconserto (é), do v. reconsertar, reconcerto sm. e fl. do v. reconcertar.
re·con·si·de·ra·*ção* sf.; pl. ·*ções*.
re·con·si·de·*rar* v.
re·con·so·li·da·*ção* sf.; pl. ·*ções*.
re·con·so·li·*dar* v.
re·con·sor·ci·*ar* v.
re·cons·ti·tu·ci·o·na·li·*zar* v.
re·cons·ti·tu·i·*ção* sf.; pl. ·*ções*.
re·cons·ti·tu·*in*·te adj. 2g. sm.
re·cons·ti·tu·*ir* v.
re·cons·ti·tu·*í*·vel adj. 2g.; pl. ·*veis*.
re·cons·tru·*ção* sf.; pl. ·*ções*.
re·cons·tru·*in*·te adj. 2g.
re·cons·tru·*ir* v.
re·con·*ta*·gem sf.; pl. ·*gens*.
re·con·*tar* v.
re·con·*ten*·te adj. 2g.
re·*con*·to sm.
re·con·tra·*tar* v.
re·con·*tra*·to sm.
re·*con*·tro sm.
re·con·va·les·*cen*·ça sf.
re·con·va·les·*cen*·te adj. s2g.
re·con·va·les·*cer* v.
re·con·ven·*ção* sf.; pl. ·*ções*.
re·con·*vin*·do adj. sm.
re·con·*vin*·te adj. s2g.
re·con·*vir* v.
re·con·vo·ca·*ção* sf.; pl. ·*ções*.

re·con·vo·*car* v.
re·*có*·pi:a sf./Cf. *recopia*, do v. *recopiar*.
re·co·pi:*ar* v.
re·co·pi·la·*ção* sf.; pl. ·*ções*.
re·co·pi·la·*dor* (ô) adj. sm.
re·co·pi·*lar* v.
re·cor·da·*ção* sf.; pl. ·*ções*.
re·cor·da·*dor* (ô) adj. sm.
re·cor·*dar* v.
re·cor·da·*ti*·vo adj.
re·cor·da·*tó*·ri:o adj.
re·*cor*·de adj. 2g. 2n. sm.
re·cor·*dis*·ta adj. s2g.
re·*cor*·do (ô) sm./Cf. *recordo* (ó), do v. *recordar*.
re·co-*re*·co(s) sm. (pl.), *reque-reque*.
re·co·ro:*ar* v.
re·cor·po·ra·*ção* sf.; pl. ·*ções*.
re·cor·po·ra·*ti*·vo adj.
re·cor·*rên*·ci:a sf.
re·cor·*ren*·te adj. s2g.
re·*cor*·re v.
re·cor·ri·bi·li·*da*·de sf.
re·cor·*ri*·do adj. sm.
re·cor·ri·*gir* v.
re·cor·*rí*·vel adj. 2g.; pl. ·veis.
re·cor·*ta*·da sf.
re·cor·*ta*·do adj. sm.
re·cor·*tar* v.
re·*cor*·te sm.
re·cor·*ti*·lha sf.
re·co·*ser* v. 'recosturar'/Cf. *recozer*.
re·co·*si*·do adj. 'recosturado'/ Cf. *recozido*.
re·*cos*·ta sf.
re·cos·*tar* v.
re·*cos*·to (ô) sm./Cf. *recosto* (ó), do v. *recostar*.
re·cou·*tar* v.: *recoitar*.
re·*cou*·to adj.: *recoito*.
re·*co*·va sf. 'recovagem'/Cf. *récova*.
ré·co·va sf. 'récua'/Cf. *recova* sf. e fl. do v. *recovar*.
re·co·*va*·gem sf.; pl. ·*gens*.
re·co·*var* v.
re·co·*vei*·ra sf.
re·co·*vei*·ro sm.
re·*co*·vo (ô) sm./Cf. *recovo* (ó), do v. *recovar*.
re·co·ze·*du*·ra sf.
re·co·*zer* v. 'tornar a cozinhar'/ Cf. *recoser*.

re·co·*zi*·do adj. 'recozinhado'/ Cf. *recosido*.
re·co·*zi*·*men*·to sm.
re·*cra*·va sf.
re·cra·*var* sf.
re·cre:a·*ção* sf. 'recreio'; pl. ·*ções*/Cf. *recriação*.
re·cre:*ar* v. 'divertir'/Cf. *recriar*.
re·cre:a·*ti*·vo adj.
re·cre:*en*·se adj. s2g.
re·*crei*·o sm.
re·cre·men·*tí*·ci:o adj.
re·cre·*men*·to sm.
re·cres·*cên*·ci:a sf.
re·cres·*cen*·te adj. 2g.
re·cres·*cer* v.
re·cres·*ci*·do adj.
re·cres·ci·*men*·to sm.
re·*crés*·ci·mo sm.
re·cres·*tar* v.
re·*cri*·a sf.
re·cri:a·*ção* sf. 'ato de criar novamente'; pl. ·*ções*/Cf. *recreação*.
re·cri:a·*dor* (ô) adj. sm.
re·cri:*ar* v. 'criar novamente'/ Cf. *recrear*.
re·cri·mi·na·*ção* sf.; pl. ·*ções*.
re·cri·mi·na·*dor* (ô) adj. sm.
re·cri·mi·*nar* v.
re·cri·mi·na·*tó*·ri:o adj.
re·cris·ta·li·za·*ção* sf.; pl. ·*ções*.
re·*cru* adj. sm.; f. re·*cru*·a.
re·cru·ci·fi·*car* v.
re·cru·des·*cên*·ci:a sf.
re·cru·des·*cen*·te adj. 2g.
re·cru·des·*cer* v.
re·cru·des·ci·*men*·to sm.
re·cru·des·*cí*·vel adj. 2g.; pl. ·veis.
re·*cru*·ta s2g.
re·cru·*ta*·do adj.
re·cru·*ta*·dor (ô) adj. sm.
re·cru·ta·*men*·to sm.
re·cru·*tar* v.
re·cru·*zar* v.
re·cru·ze·*ta*·do adj.
re·*cu*·a sf. 'recuo'/Cf. *récua*.
ré·cu:a sf. 'grupo de bestas'/Cf. *recua* sf. e fl. do v. *recuar*.
re·cu:*a*·da sf.
re·cu:a·*dei*·ra sf.
re·cu:*a*·do adj.
re·cu:a·*men*·to sm.
re·cu:*an*·ço sm.
re·cu:*ar* v.

re·*cú*·bi·to sm.
re·*cu*·co adj. sm.
re·cui·*dar* v.
re·cul·ti·va·*ção* sf.; pl. ·*ções*.
re·cul·ti·*var* v.
re·cum·*ben*·te adj. 2g.
re·cum·*bir* v.
re·cu·*nhar* v.
re·*cu*·o sm.
re·cu·pe·ra·*ção* sf.; pl. ·*ções*.
re·cu·pe·*ra*·do adj.
re·cu·pe·ra·*dor* (ô) adj. sm.
re·cu·pe·*rar* v.
re·cu·pe·ra·*ti*·vo adj.
re·cu·pe·ra·*tó*·ri:o adj.
re·cu·pe·*rá*·vel adj. 2g.; pl. ·veis.
re·cur·*ção* sf. 'recorreição'; pl. ·*ções*/Cf. *recursão*.
re·cur·*são* sf. 'recurso'; pl. ·*sões*'/Cf. *recurção*.
re·*cur*·so sm.
re·cur·*só*·ri:o adj.
re·*cur*·va sf.
re·cur·*va*·do adj.
re·cur·*var* v.
re·cur·vi·*cór*·ne:o adj.
re·cur·vi·fo·li:*a*·do adj.
re·cur·vi·*fó*·li:o adj.
re·cur·vir·ros·*trí*·de:o adj. sm.
re·*cur*·vo adj.
re·*cu*·sa sf.
re·cu·sa·*ção* sf.; pl. ·*ções*.
re·cu·*sa*·do adj.
re·cu·sa·*dor* (ô) adj. sm.
re·cu·*san*·te adj. s2g.
re·cu·*sar* v.
re·cu·sa·*ti*·vo adj.
re·cu·sa·*tó*·ri:o adj.
re·cu·*sá*·vel adj. 2g.; pl. ·veis.
re·da·*ção* sf.; pl. ·*ções*.
re·da·ci:o·*nal* adj. 2g.; pl. ·*nais*.
re·dac·ti·lo·gra·*far* v.: *redatilografar*.
re·*da*·da sf.
re·*dar* v.
re·dar·*guen*·te adj. s2g.
re·dar·gui·*ção* sf.; pl. ·*ções*.
re·dar·gui·*dor* (ô) adj. sm.
re·dar·*guir* v.
re·dar·gui·*ti*·vo adj.
re·dar·*guí*·vel adj. 2g.; pl. ·veis.
re·da·ti·lo·gra·*far* v.: *redactilografar*.
re·da·*tor* (ô) sm.
re·da·to·ri:*al* adj. 2g.; pl. ·*ais*.
re·*de* (ê) sf./Cf. *rede* (é), do v. *redar*.

ré·de:a sf.
re·de:a·dor (ô) sm.
re·de·cla·ra·ção sf.; pl. ·ções.
re·de·cla·rar v.
re·de·fi·ni·ção sf.; pl. ·ções.
re·de·fi·nir v.
re·de·fo·le sf.; pl. redes-foles ou redes-fole.
re·dei·ro sm.
re·de·mo·cra·ti·za·ção sf.; pl. ·ções.
re·de·mo·cra·ti·zar v.
re·de·mo:i·nha·dor (ô) adj.
re·de·mo:i·nhar v.
re·de·mo:i·nho sm.:
  re·de·mu·nho: remoinho.
re·den·ção sf.; pl. ·ções.
re·den·cen·se adj. s2g.
re·den·gar v.
re·de·nho sm.
re·den·te sm. 'trincheira'/Cf. ridente.
re·den·tor (ô) adj. sm.; f. redentora.
re·den·to·ra (ô) adj. sf. de redentor.
re·den·to·ris·ta s2g.
re·de-pé sf.; pl. redes-pés ou redes-pé.
re·des·cen·der v.
re·des·co·bri·dor (ô) adj. sm.
re·des·co·bri·men·to sm.
re·des·co·brir v.
re·des·con·ta·dor (ô) adj. sm.
re·des·con·tar v.
re·des·con·tá·ri:o adj. sm.; f. redescontária/ Cf. redescontaria, do v. redescontar.
re·des·con·tá·vel adj. 2g.; pl. ·veis.
re·des·con·to sm.
re·de·se·nha·do adj.
re·de·se·nhar v.
re·des·ti·la·ção sf.; pl. ·ções.
re·des·ti·lar v.
re·di·bi·ção sf.; pl. ·ções.
re·di·bir v.
re·di·bi·tó·ri:o adj.
re·di·ção sf.; pl. ·ções.
re·di·gir v.
re·dil sm.; pl. ·dis.
re·di·mir v.
re·di·mí·vel adj. 2g.; pl. ·veis.
re·din·go·te sm.
re·din·te·grar v.
re·dis·cus·são sf.; pl. ·sões.

re·dis·cu·tir v.
re·dis·sol·ver v.
re·dis·tri·bu:i·ção sf.; pl. ·ções.
re·dis·tri·bu:ir v.
re·di·to adj. 'dito de novo'/Cf. rédito.
ré·di·to sm. 'lucro'/Cf. rédito.
re·di·vi·va sf.
re·di·vi·vo adj.
re·di·zer v.
re·do·bra·do adj.
re·do·bra·men·to sm.
re·do·brar v.
re·do·bre adj. 2g. sm.
re·do·bro (ô) sm./Cf. redobro (ó), do v. redobrar.
re·doi·ça sf. 'corda': redouça, retoiça, retouça/Cf. rodoiça.
re·doi·çar v.: redouçar, retoiçar, retouçar.
re·doi·rar v.: redourar.
re·do·lei·ro sm. 'carrapato': rodeleiro.
re·do·len·te adj. 2g.
re·do·ma sf.
re·do·mão adj. sm.; pl. ·mões; f. redomona.
re·do·mo·na adj. sf. de redomão.
re·do·mo·ne:a·ção sf.; pl. ·ções.
re·do·mo·ne:ar v.
re·don·da sf.
re·don·de:ar v.
re·don·del sm.; pl. ·déis.
re·don·de·la sf.
re·don·dez (ê) sf.
re·don·de·za (ê) sf.
re·don·dil adj. 2g.; pl. ·dis.
re·don·di·lha sf.
re·don·do adj. sm.
re·do·pi:ar v.: rodopiar.
re·do·pi:o sm.: rodopio.
re·dor¹ sm. 'contorno', 'roda'/ Cf. redor².
re·dor² (ô) sm. 'operário', salineiro'/Cf. redor¹.
re·dou·ça sf.: redoiça, retoiça, retouça/Cf. rodouça.
re·dou·çar v.: redoiçar, retoiçar, retouçar.
re·dou·rar v.: redoirar.
re·dox (cs) sm.
re·dra sf.
re·du·ção sf.; pl. ·ções.
re·du·cen·te adj. 2g.
re·dun·dân·ci:a sf.
re·dun·dan·te adj. 2g.

re·dun·dar v.
re·du·pli·ca·ção sf.; pl. ·ções.
re·du·pli·car v.
re·du·pli·ca·ti·vo adj. sm.
re·du·ti·bi·li·da·de sf.
re·du·tí·vel adj. 2g.; pl. ·veis.
re·du·ti·vo adj.
re·du·to sm.
re·du·tor (ô) adj. sm.
re·dú·vi:a sf.
re·du·vi·í·de:o adj. sm.
re·dú·vi:o sm.
re·du·zi·da sf.
re·du·zi·do adj.
re·du·zir v.
re·du·zí·vel adj. 2g.; pl. ·veis.
re·e·di·ção sf.; pl. ·ções.
re·e·di·fi·ca·ção sf.; pl. ·ções.
re·e·di·fi·ca·dor (ô) adj. sm.
re·e·di·fi·car v.
re·e·di·tar v.
re·e·di·to·rar v.
re·e·du·ca·bi·li·da·de sf.
re·e·du·ca·ção sf.; pl. ·ções.
re·e·du·ca·do adj.
re·e·du·ca·dor (ô) adj. sm.
re·e·du·car v.
re·e·du·ca·ti·vo adj.
re·e·du·cá·vel adj. 2g.; pl. ·veis.
re·e·le·ger v.
re·e·le·gi·bi·li·da·de sf.
re·e·le·gí·vel adj. 2g.; pl. ·veis.
re·e·lei·ção sf.; pl. ·ções.
re·e·lei·to adj. sm.
re·em·bar·car v.
re·em·bar·que sm.
re·em·bol·sar v.
re·em·bol·sá·vel adj. 2g. sm.; pl. ·veis.
re·em·bol·so (ô) sm./ Cf. reembolso (ó), do v. reembolsar.
re·e·men·da sf.
re·e·men·dar v.
re·e·mis·são sf.; pl. ·sões.
re·e·mi·tir v.
re·em·pos·tar v.
re·em·pre·gar v.
re·en·ca·par v.
re·en·ca·der·nar v.
re·en·car·na·ção sf.; pl. ·ções.
re·en·car·na·ci:o·nis·ta adj. s2g.
re·en·car·nar v.
re·en·cher v.
re·en·chi·men·to sm.
re·en·con·trar v.
re·en·con·tro sm.

re·en·dos·sar v.
re·en·dos·sá·vel adj. 2g.; pl. ·veis.
re·en·dos·so (ô) sm./ Cf. *reendosso* (ó), do v. *reendossar*.
re·en·du·re·cer v.
re·en·du·re·ci·men·to sm.
re·en·fi:a·do adj.
re·en·fi:ar v.
re·en·ga·ja·men·to sm.
re·en·ga·jar v.
re·en·la·çar v.
re·en·la·ce sf.
re·en·tra·da sf.
re·en·trân·ci:a sf.
re·en·tran·te adj. 2g.
re·en·trar v.
re·en·tro·ni·zar v.
re·en·vi:ar v.
re·en·vi·dar v.
re·e·qui·li·brar v.
re·e·qui·lí·bri:o sm.
re·e·qui·pa·gem sf.; pl. ·gens.
re·e·qui·pa·men·to sm.
re·e·qui·par v.
re·er·guer v.
re·er·gui·men·to sm.
re·es·ca·lo·na·men·to sm.
re·es·ca·lo·nar v.
re·es·cre·ver v.
re·es·cri·to adj.
re·es·pu·mas sf. pl.
re·es·tam·pa sf.: *restampa*.
re·es·tam·par v.: *restampar*.
re·es·tru·tu·ra·ção sf.; pl. ·ções: *restruturação*.
re·es·tru·tu·rar v.: *restruturar*.
re·es·tu·car v.: *restucar*.
re·es·tu·dar v.
re·es·tu·do sm.
re·e·xa·me (z) sm.
re·e·xa·mi·nar (z) v.
re·ex·pe·di·ção sf.; pl. ·ções.
re·ex·pe·dir v.
re·ex·pli·car v.
re·ex·plo·ra·ção sf.; pl. ·ções.
re·ex·plo·rar v.
re·ex·por·ta·ção sf.; pl. ·ções.
re·ex·por·ta·dor (ô) adj. sm.
re·ex·por·tar v.
re·ex·tra·di·ção sf.; pl. ·ções.
re·ex·tra·di·ta·do adj. sm.
re·ex·tra·di·tar v.
re·fal·sa·do adj.
re·fal·sa·men·to sm.
re·fal·se:ar v.

re·fa·ze·dor (ô) adj. sm.
re·fa·zer v.
re·fa·zi·men·to sm.
re·fe·ce adj. 2g.: *refez*.
re·fe·cer v.: *arrefecer*.
re·fec·ti·vo adj.
re·fec·tó·ri:o adj.
re·fe·cun·da·do adj.
re·fe·cun·dar v.
re·fe·ga sf.: *refrega*.
re·fe·ga·do adj.
re·fe·gar v.
re·fe·go (ê) sm.: *rofego*/Cf. *refego* (é), do v. *refegar*.
re·fei·ção sf.; pl. ·ções.
re·fei·to adj.
re·fei·to·rei·ro sm.
re·fei·tó·ri:o sm.
re·fém sm.; pl. *féns*.
re·fen·der v.
re·fen·di·men·to sm.
re·fe·rên·ci:a sf.
re·fe·ren·ci:al sm.; pl. ·ais.
re·fe·ren·da sf.
re·fe·ren·dar v.
re·fe·ren·dá·ri:o sm.; f. *referendária*/Cf. *referendaria*, do v. *referendar*.
re·fe·ren·te adj. 2g.
re·fe·ri·do adj.
re·fe·ri·men·to sm.
re·fe·rir v.
re·fer·men·ta·ção sf.; pl. ·ções.
re·fer·men·tar v.
re·fer·to adj. sm.
re·fer·ven·te adj. 2g.
re·fer·ver v.
re·fer·vi·men·to sm.
re·fer·vor (ô) sm.
re·fes·te·lar v.
re·fes·te·lo (ê) sm./Cf. *refestelo* (é), do v. *refestelar*.
re·fez adj. 2g.: *refece*/Cf. *refez* (ê), do v. *refazer*.
re·fi:ar v.
re·fil sm.; pl. ·fis.
re·fi·la·dor (ô) adj.
re·fi·lão adj. sm.; pl. ·lões; f. *refilona*.
re·fi·lar v. 'tornar a morder'/ Cf. *refilhar*.
re·fi·lhar v. 'multiplicar, difundir'/Cf. *refilar*.
re·fi·lho sm.
re·fil·ma·gem sf.; pl. ·gens.
re·fil·mar v.
re·fi·lo·na adj. sf. de *refilão*.

re·fi·na·ção sf.; pl. ·ções.
re·fi·na·do adj.
re·fi·na·dor (ô) adj. sm.
re·fi·na·du·ra sf.
re·fi·na·men·to sm.
re·fi·nan·ci:a·men·to sm.
re·fi·nan·ci:ar v.
re·fi·nar v.
re·fi·na·ri·a sf.
re·fin·car v.
re·fi·no sm.
re·fi·no·se sf.
re·fir·ma·ção sf.; pl. ·ções.
re·fir·mar v.
re·fi·tar v.
re·fla·da sf.
re·flar v.
re·fle sm.
re·flec·to·gra·fi·a sf.: *refletografia*.
re·fle·ti·do adj.
re·fle·ti·dor (ô) adj. sm.
re·fle·tir v.
re·fle·ti·vo adj.
re·fle·to·gra·fi·a sf.: *reflectografia*.
re·fle·tor (ô) adj. sm.
re·fle·xão (cs) sf.; pl. ·xões.
re·fle·xi·bi·li·da·de (cs) sf.
re·fle·xi·o·nar (cs) v.
re·fle·xí·vel (cs) adj. 2g.; pl. ·veis.
re·fle·xi·vi·da·de (cs) sf.
re·fle·xi·vo (cs) adj.
re·fle·xo (cs) adj. sm.
re·fle·xo·lo·gi·a (cs) sf.
re·fle·xo·ló·gi·co (cs) adj.
re·fle·xo·lo·gis·ta (cs) adj. s2g.
re·fle·xo·te·ra·pi·a (cs) sf.
re·fle·xo·te·rá·pi·co (cs) adj.
re·flo·res·cên·ci:a sf.
re·flo·res·cen·te adj. 2g.
re·flo·res·cer v.
re·flo·res·ci·do adj.
re·flo·res·ci·men·to sm.
re·flo·res·ta·ção sf.; pl. ·ções.
re·flo·res·ta·dor (ô) adj. sm.
re·flo·res·ta·men·to sm.
re·flo·res·tar v.
re·flo·ri·do adj.
re·flo·rir v.
re·flu·en·te adj. 2g.
re·flu·ir v.
ré·flu:o adj./Cf. *refluo*, do v. *refluir*.
re·flu·tu:a·ção sf.; pl. ·ções.
re·flu·tu:ar v.

re·*flu*·xo (cs) sm.
re·fo·ci·la·*men*·to sm.
re·fo·ci·*lan*·te adj. 2g.
re·fo·ci·*lar* v.
re·fo·*ga*·do adj. sm.
   'temperado' 'tempero'/Cf.
   refugado.
re·fo·*gar* v. 'temperar'/Cf.
   refugar.
re·fo·*le*·go (ê) sm. 'trabalho de
   agulha'/Cf. *refôlego*.
re·*fô*·le·go sm. 'alívio'/Cf.
   refolego.
re·fol·*gar* v.
re·*fol*·go (ô) sm./Cf. *refolgo* (ó),
   do v. *refolgar*.
re·fo·*lha*·do adj.
re·fo·lha·*men*·to sm.
re·fo·*lhar* v.
re·*fo*·lho (ô) sm./Cf. *refolho* (ó),
   do v. *refolhar*.
re·fo·*lhu*·do adj.
re·for·men·*tar* v.
re·for·*ça*·do adj.
re·for·ça·*dor* (ô) adj. sm.
re·for·*çar* v.
re·for·ça·*ti*·vo adj.
re·*for*·ço (ô) sm./Cf. *reforço* (ó),
   do v. *reforçar*.
re·*for*·ma sf.
re·for·ma·bi·li·*da*·de sf.
re·for·ma·*ção* sf.; pl. *·ções*.
re·for·*ma*·do adj. sm.
re·for·ma·*dor* (ô) adj. sm.
re·for·*mar* v.
re·for·ma·*ti*·vo adj.
re·for·ma·*tó*·ri:o adj. sm.
re·for·*má*·vel adj. 2g.; pl. *·veis*.
re·for·*mis*·mo sm.
re·for·*mis*·ta adj. s2g.
re·for·mor·*rei*·a sf.
re·for·mu·la·*ção* sf.; pl. *·ções*.
re·for·mu·*lar* v.
re·for·ti·fi·*car* v.
re·fra·*ção* sf.; pl. *·ções*.
re·fran·*gen*·te adj. 2g.
re·fran·*ger* v.
re·fran·gi·bi·li·*da*·de sf.
re·fran·*gí*·vel adj. 2g.; pl. *·veis*.
re·fran·ze:*ar* v.
re·*frão* sm.; pl. *·frãos* ou *·frães*.
re·fra·*tar* v.
re·fra·*tá*·ri:o adj. sm.; f.
   refratária/Cf. *refrataria*, do v.
   refratar.
re·fra·ti·vi·*da*·de sf.
re·fra·*ti*·vo adj.

re·*fra*·to adj.
re·fra·*tô*·me·tro sm.
re·fra·*tor* (ô) adj. sm.
re·fre:*a*·do adj.
re·fre:a·*doi*·ro sm.: *refreadouro*.
re·fre:a·*dor* (ô) adj. sm.
re·fre:a·*dou*·ro sm.: *refreadoiro*.
re·fre:a·*men*·to sm.
re·fre:*ar* v.
re·fre:*á*·vel adj. 2g.; pl. *·veis*.
re·*fre*·ga sf.: *refega*.
re·fre·*gar* v.
re·*frei*·o sm.
re·*frém* sm.; pl. *·fréns*: *refrão*.
re·fre·quen·ta·*ção* sf.; pl. *·ções*.
re·fre·quen·*tar* v.
re·fres·ca·*men*·to sm.
re·fres·*can*·te adj. 2g. sm.
re·fres·*car* v.
re·*fres*·co (ê) sm./Cf. *refresco*
   (é), do v. *refrescar*.
re·fri·ge·ra·*ção* sf.; pl. *·ções*.
re·fri·ge·*ra*·do adj.
re·fri·ge·ra·*dor* (ô) adj. sm.
re·fri·ge·*ran*·te adj. 2g. sm.
re·fri·ge·*rar* v.
re·fri·ge·ra·*ti*·vo adj.
re·fri·*gé*·ri:o sm.
re·frin·*gên*·ci:a sf.
re·frin·*gen*·te adj. 2g.
re·fri·*sar* v.
re·*fru*·lho sm.
re·fu·*ga*·do adj. 'desprezado'/
   Cf. *refogado*.
re·fu·ga·*dor* (ô) adj. sm.
re·fu·*gar* v. 'desprezar'/Cf.
   refogar.
re·fu·gi:*a*·do adj. sm.
re·fu·gi:*ar* v.
re·*fú*·gi:o sm./Cf. *refugio*, do v.
   refugiar.
re·fu·*gir* v.
re·*fu*·go sm.
re·ful·*gên*·ci:a sf.
re·ful·*gen*·te adj. 2g.
re·*fúl*·gi·do adj./Cf. *refulgido*,
   do v. *refulgir*.
re·ful·*gir* v.
re·fun·*dar* v.
re·fun·di·*ção* sf.; pl. *·ções*.
re·fun·*dir* v.
re·fu·sa·*ção* sf.; pl. *·ções*.
re·fu·*são* sf.; pl. *·sões*.
re·fu·*sar* v.
re·fu·ta·*ção* sf.; pl. *·ções*.
re·fu·ta·*dor* (ô) adj. sm.
re·fu·*tar* v.

re·fu·ta·*tó*·ri:o adj.
re·fu·*tá*·vel adj. 2g.; pl. *·veis*.
re·ga sf.
re·ga·*bo*·fe(s) sm. (pl.).
re·ga·*çar* v.
re·*ga*·ço sm.
re·*ga*·da sf. 'propriedade
   banhada por um curso
   d'água' 'rego'/Cf. *reigada*.
re·ga·*dei*·ra sf.
re·ga·*di*·a sf.
re·ga·*di*:o adj. sm.
re·ga·*dor* (ô) adj. sm.
re·ga·*du*·ra sf.
re·*gal* sm.; pl. *·gais*.
re·ga·*la*·do adj. adv.
re·ga·la·*dor* (ô) adj. sm.
re·ga·*lão* adj. sm.; pl. *·lões*; f.
   regalona.
re·ga·*lar* v.
re·ga·lar·do:*ar* v.
re·ga·*len*·go adj. sm.
re·ga·*li*·a sf.
re·ga·*li*·ce sf.
re·ga·*lis*·mo sm.
re·ga·*lis*·ta adj. s2g.
re·*ga*·lo sm.
re·ga·*lo*·na adj. sf. de *regalão*.
re·ga·*ló*·ri:o sm.
re·gal·va·ni·za·*ção* sf.; pl. *·ções*.
re·gal·va·ni·*zar* v.
re·ga·*nhar* v.
re·*gar* v.
re·*ga*·ta sf.
re·ga·*ta*·gem sf.; pl. *·gens*.
re·ga·*tão* adj. sm.; pl. *·tões*.
re·ga·*tar* v.
re·ga·te:a·*dor* (ô) adj. sm.
re·ga·te:*ar* v.
re·ga·*tei*:o sm.
re·ga·*tei*·ra sf.; aum.
   regateirona.
re·ga·*tei*·ro adj. sm.; aum. de
   regateira.
re·ga·tei·*ro*·na sf.
re·ga·*ti*·a sf.
re·ga·ti:*a*·no adj. sm.
re·ga·*tis*·ta adj. s2g.
re·*ga*·to sm.
re·ge·*dor* (ô) adj. sm.
re·ge·do·*ri*·a sf.
re·*gei*·ra sf.: *rageira*, *ragueira*.
re·ge·la·*ção* sf.; pl. *·ções*.
re·ge·*la*·do adj.
re·ge·la·*dor* (ô) adj.
re·ge·*lan*·te adj. 2g.
re·ge·*lar* v.

re·gé·li·do adj.
re·ge·lo (ê) sm./Cf. regelo (é), do v. regelar.
re·gên·ci:a sf.
re·gen·ci:al adj. 2g.; pl. ·ais.
re·ge·ne·ra·bi·li·da·de sf.
re·ge·na·ra·ção sf.; pl. ·ções.
re·ge·ne·ra·do adj. sm.
re·ge·ne·ra·dor (ô) adj. sm.
re·ge·ne·ran·do adj.
re·ge·ne·ran·te adj. 2g.
re·ge·ne·rar v.
re·ge·ne·ra·ti·vo adj.
re·ge·ne·rá·vel adj. 2g.; pl. ·veis.
re·ge·ne·ren·se adj. s2g.
re·ge·ne·res·cên·ci:a sf.
re·gen·tar v.
re·gen·te adj. s2g.
re·gen·ten·se adj. s2g.
re·ger v.
re·ge·rar v.
reggae sm. (ing.: réguei).
ré·gi:a sf./Cf. regia, do v. reger.
re·gi:ão sf.; pl. ·ões.
re·gi:ão·con·ti·nen·te sf.; pl. regiões-continentes.
re·gi·ci·da adj. s2g.
re·gi·cí·di:o sm.
re·gi·ci·dis·mo sm.
re·gi·me sm.: re·gí·men sm.; pl. regimens ou regímenes.
re·gi·men·tal adj. 2g.; pl. ·tais.
re·gi·men·tar adj. 2g. v.
re·gi·men·to sm.
ré·gi:o adj.; f. régia/Cf. regia, do v. reger.
re·gi:o·nal adj. 2g. sm.; pl. ·nais.
re·gi:o·na·lis·mo sm.
re·gi:o·na·lis·ta adj. s2g.
re·gi·rar v.
re·gi·ro sm.
re·gis·ta·ção sf.; pl. ·ções: registração.
re·gis·ta·dor (ô) adj. sm.: registrador.
re·gis·ta·do·ra (ô) sf.: registradora.
re·gis·tar v.: registrar.
re·gis·tá·vel adj. 2g.; pl. ·veis: registrável.
re·gis·to sm.: registro.
re·gis·tra·ção sf.; pl. ·ções.
re·gis·tra·dor (ô) adj. sm.
re·gis·tra·do·ra (ô) sf.
re·gis·trar v.
re·gis·trá·vel adj. 2g.; pl. ·veis.
re·gis·tren·se adj. s2g.
re·gis·tro sm.
re·glo·ri:o·so (ô) adj.; f. e pl. (ó).
reg·ma sm.
reg·ma·to·don·tá·ce:a sf.
reg·ma·to·don·tá·ce:o adj.
reg·ma·to·don·te sm.
reg·ni·cí·di:o sm.
reg·ní·co·la adj. 2g.
re·go (ê) sm./Cf. rego (é), do v. regar.
re·gô sm. 'enfeite de cabeça'/Cf. regou, do v. regar.
re·go:ar v.
re·go(s)·d'á·gua sm. (pl.).
re·gol·far v.
re·gol·fo (ô) sm.
re·go·li·to sm.: re·gó·li·to.
re·gor·je:a·do adj.
re·gor·je:ar v.
re·gor·jei·o sm.
re·gou·gan·te adj. 2g.
re·gou·gar v.
re·gou·go sm.
re·go·zi·ja·dor (ô) adj. sm.
re·go·zi·jar v.
re·go·zi·jo sm.
re·gra sf.
re·gra(s) de fé sf. (pl.).
re·gra·do adj. sm.
re·gra(s)·in·tei·ra(s) sf. (pl.).
re·gran·te adj. 2g.
re·grar v.
re·gras sf. pl.
re·gra(s)·três sf. (pl.).
re·gra·va·ção sf.; pl. ·ções.
re·gra·var v.
re·gra·xar v.
re·gra·xo sm.
re·gre·dir v.
re·gres·são sf.; pl. ·sões.
re·gres·sar v.
re·gres·sis·mo sm.
re·gres·sis·ta adj. s2g.
re·gres·si·vo adj.
re·gres·so sm.
re·gre·ta (ê) sf.
re·gris·ta adj. s2g.
ré·gu:a sf.
re·gua·da sf.
ré·gu:a(s)·tê sf. (pl.).
re·guei·ra sf.
re·guei·ro sm.
re·guen·go adj. sm.
re·guin·gar v.
re·guin·guei·ro adj. sm.: rezingão, rezingueiro.
re·gu·la·ção sf.; pl. ·ções.
re·gu·la·do adj. sm.
re·gu·la·dor (ô) adj. sm.
re·gu·la·gem sf.; pl. ·gens.
re·gu·la·men·ta·ção sf.; pl. ·ções.
re·gu·la·men·tar adj. 2g. v.
re·gu·la·men·tá·ri:o adj.; f. regulamentária/Cf. regulamentaria, do v. regulamentar.
re·gu·la·men·to sm.
re·gu·lar adj. 2g. sm. v.
re·gu·la·ri·da·de sf.
re·gu·la·ri·flo·ro adj.
re·gu·la·ri·za·ção sf.; pl. ·ções.
re·gu·la·ri·za·do adj.
re·gu·la·ri·za·dor (ô) adj. sm.
re·gu·la·ri·zar v.
re·gu·le·te (ê) sm.
ré·gu·lo sm./Cf. regulo, do v. regular.
re·gur·gi·ta·ção sf.; pl. ·ções.
re·gur·gi·ta·men·to sm.
re·gur·gi·tar v.
rei sm. 'soberano'; pl. reis; f. rainha/Cf. réis.
reich sm. (al.: raich).
rei(s)·con·go(s) sm. (pl.).
rei·cu·a sf.
rei(s)·das·for·mi·gas sm. (pl.).
rei·de sm., do ing. raid.
rei(s) de boi sm. (pl.).
re·í·de:o adj. sm.
rei(s)·dos·tu:i·nins sm. (pl.).
re:i·dra·tar v.
re:i·fi·ca·ção sf.; pl. ·ções.
re:i·for·me adj. 2g. sm.
re:i·ga·da sf. 'rego entre as nádegas de certos animais'/Cf. regada.
rei·ma sf.
re:i·mão sm.; pl. ·mões.
re:i·mer·gir v.
re:i·mer·são sf.; pl. ·sões.
re:i·mo·so (ô) adj.; f. e pl. (ó).
re:im·plan·ta·ção sf.; pl. ·ções.
re:im·plan·tar v.
re:im·plan·te sm.
re:im·por v.
re:im·por·ta·ção sf.; pl. ·ções.
re:im·por·tar v.
re:im·po·si·ção sf.; pl. ·ções.
re:im·pres·são sf.; pl. ·sões.
re:im·pres·so adj.
re:im·pres·sor (ô) adj. sm.
re:im·pri·mir v.
rei·na·ção sf.; pl. ·ções.

rei·na·ço sm.
rei·na·di:o adj. sm.
rei·na·do sm.
rei·na·dor (ô) adj. sm.
rei·nan·te adj. s2g.
rei·nar v.
re:in·ci·dên·ci:a sf.
re:in·ci·den·te adj. s2g.
re:in·ci·dir v.
re:in·ci·ta·men·to sm.
re:in·ci·tar v.
re:in·cor·po·ra·ção sf.; pl. ·ções.
re:in·cor·po·ra·dor (ô) adj. sm.
re:in·cor·po·rar v.
re:in·crus·ta·ção sf.; pl. ·ções.
re:in·crus·tar v.
re:in·fe·ção sf.; pl. ·ções:
　re:in·fec·ção.
re:in·fec·tar v.: re:in·fe·tar.
re:in·fla·mar v.
re:in·fun·dir v.
re:in·gres·sar v.
re:in·gres·so sm.
re:i·ni·ci·ar v.
re:i·ní·ci:o sm./Cf. reinicio, do v.
　reiniciar.
rei·ní·co·la adj. s2g.
rei·no sm.
rei·nol adj. s2g.; pl. ·nóis.
re:in·qui·ri·ção sf.; pl. ·ções.
re:in·qui·rir v.
re:ins·cre·ver v.
re:ins·cri·ção sf.; pl. ·ções.
re:in·sis·tir v.
re:ins·ta·la·ção sf.; pl. ·ções.
re:ins·ta·lar v.
re:ins·ti·tu:i·ção sf.; pl. ·ções.
re:ins·ti·tu:ir v.
re:in·te·gra·ção sf.; pl. ·ções.
re:in·te·gra·do adj.
re:in·te·gra·dor (ô) adj. sm.
re:in·te·grar v.
re:in·te·gro sm.
re:in·ven·ção sf.; pl. ·ções.
re:in·ven·tar v.
re:in·ves·ti·men·to sm.
re:in·ves·tir v.
rei·o sm., na loc. a reio
　'seguidamente'/Cf. arreio.
re:i·per·se·cu·tó·ri:o adj.
rei·ra sf.
rei·ras sf. pl.
réis sm. pl. 'moeda'/Cf. reis, pl.
　de rei.
rei·sa·da sf.
rei·sa·do sm.
reis de boi sm. pl.

re:i·te·ra·ção sf.; pl. ·ções.
re:i·te·rar v.
re:i·te·ra·ti·vo adj.
re:i·te·rá·vel adj. 2g.; pl. ·veis.
rei·tor (ô) sm.
rei·to·ra·do sm.: rei·to·ra·to.
rei·to·ri·a sf.
re·i·ú·na adj. sf.
re:i·u·na·da sf.
re:i·u·nar v.
rei·u·no adj. sm.
re:i·vin·di·ca·bi·li·da·de sf.
re:i·vin·di·ca·ção sf.; pl. ·ções.
re:i·vin·di·ca·dor (ô) adj. sm.
re:i·vin·di·can·te adj. s2g.
re:i·vin·di·car v.
re:i·vin·di·ca·ti·vo adj.
re:i·vin·di·ca·tó·ri:o adj.
re:i·vin·di·cá·vel adj. 2g.; pl.
　·veis.
rei·xa sf.
re:i·xa·dor (ô) adj. sm.
re:i·xar v.
rei·ze·te (ê) sm.
re·jei·ção sf.; pl. ·ções.
re·jei·tar v.
re·jei·tá·vel adj. 2g.; pl. ·veis.
re·jei·to sm.
re·ju·bi·la·ção sf.; pl. ·ções.
re·ju·bi·lar v.
re·jú·bi·lo sm./Cf. rejubilo, do v.
　rejubilar.
re·jun·ta·men·to sm.
re·jun·tar v.
re·ju·rar v.
re·ju·ve·nes·ce·dor (ô) adj. sm.
re·ju·ve·nes·cen·te adj. 2g.
re·ju·ve·nes·cer v.
re·ju·ve·nes·ci·men·to sm.
re·la sf.
re·la·ção sf.; pl. ·ções.
re·la·ci·o·na·do adj.
re·la·ci·o·na·men·to sm.
re·la·ci·o·nar v.
re·la·ci·o·ná·vel adj. 2g.; pl.
　·veis.
re·la·ções-pú·bli·cas s2g. 2n.
re·la·crar v.
re·lam·ber v.
re·lam·bó·ri:o adj. sm.
re·lam·pa·de:ar v.
re·lam·pa·de·jan·te adj. 2g.
re·lam·pa·de·jar v.
re·lâm·pa·do sm.:
　re·lâm·pa·go.
re·lam·pa·gue:an·te adj. 2g.
re·lam·pa·gue:ar v.

re·lam·pe:an·te adj. 2g.
re·lam·pe:ar v.
re·lam·pe·jan·te adj. 2g.
re·lam·pe·jar v.
re·lam·pe·jo (ê) sm.
re·lam·po sm.: relâmpago.
re·lan·ça·men·to sm.
re·lan·çar v.
re·lan·ce sm.
re·lan·ce:ar v. sm.
re·lan·ci·na sf., na loc. de
　relancina.
re·lan·ci·nho sm.
re·lap·são sf.; pl. ·sões.
re·lap·si·a sf.
re·lap·so adj. sm.
re·lar v.
re·las·so adj.: relaxo.
re·la·tar v.
re·la·ti·vi·da·de sf.
re·la·ti·vis·mo sm.
re·la·ti·vis·ta adj. s2g.
re·la·ti·vís·ti·co adj.
re·la·ti·vo adj.
re·la·to sm.
re·la·tor (ô) sm.
re·la·tó·ri:o sm.
re·lax (cs) sm., do ing. relax.
re·la·xa·ção sf.; pl. ·ções.
re·la·xa·dor (ô) adj. sm.
re·la·xa·men·to sm.
re·la·xan·te adj. 2g. sm.
re·la·xar v.
re·la·xe sm.
re·la·xi·dão sf.; pl. ·dões.
re·la·xo adj. sm.
re·lé[1] sf.: ralé/Cf. relê[2] e relê, do
　v. reler.
re·lé[2] sm. 'dispositivo por
　meio do qual um circuito
　é controlado'/Cf. relê[1] e relê,
　do v. reler.
re·le·gar v.
re·lei·xar v.: relaxar.
re·lei·xo[1] sm. 'atalho'/Cf.
　releixo[2].
re·lei·xo[2] adj. sm.: relaxo/Cf.
　releixo[1].
re·lem·bran·ça sf.
re·lem·brar v.
re·lem·brá·vel adj. 2g.; pl. ·veis.
re·len·tar v.
re·len·to sm.
re·ler v.
re·les adj. 2g. 2n.
re·le·va·ção sf.; pl. ·ções.

re·le·*va*·do adj. sm.
re·le·va·*dor* (ô) adj. sm.
re·le·va·*men*·to sm.
re·le·*vân*·ci:a sf.
re·le·*van*·te adj. 2g. sm.
re·le·*var* v.
re·le·*vá*·vel adj. 2g.; pl. ·veis.
re·*le*·vo (ê) sm./Cf. relevo (é), do v. *relevar*.
re·lha (ê) sf. 'peça do arado'/Cf. relha (é), f. de relho[1].
re·*lha*·ço sm.
re·*lha*·da sf.
re·lha·*dor* (ô) sm.
re·*lhar* v.
re·*lhei*·ra sf.
re·*lhei*·ro sm.
re·*lhei*·ros sm. pl.
re·lho[1] adj. na loc. velho e relho 'muito velho'/Cf. relho[2] (ê) sm. e fl. do v. *relhar*.
re·lho[2] (ê) sm. 'chicote'/Cf. relho[1].
re·*lho*·ta sf.
re·*lho*·te sm.
re·li·*cá*·ri:o sm.
re·li·ci·ta·*ção* sf.; pl. ·ções.
re·li·ci·*tar* v.
re·li·*gar* v.
re·li·gi·*ão* sf.; pl. ·ões.
re·li·gi·o·*ná*·ri:o sm.
re·li·gi·*o*·sa sf.
re·li·gi·o·si·*da*·de sf.
re·li·gi·*o*·so (ô) adj. sm.; f. e pl. (ó).
re·li·*mar* v.
re·lin·*chão* adj.; pl. ·*chões*; f. relinchona.
re·lin·*char* v.
re·*lin*·cho sm.
re·lin·*cho*·na f. de relinchão.
re·*lí*·qui:a sf.
re·*ló*·gi:o sm.
re·*ló*·gi:o(s)-ca·len·*dá*·ri:o(s) sm. (pl.).
re·*ló*·gi:o-pul·*sei*·ra sm.; pl. relógios-pulseiras ou relógios-pulseira.
re·*lo*·jo sm.: relógio.
re·lo·jo:a·*ri*·a sf.
re·lo·jo:*ei*·ro adj. sm.
re·lo·te:a·*men*·to sm.
re·lo·te:*ar* v.
re·lou·*ca*·do adj.
re·lou·*car* v.
re·lou·*cu*·ra sf.

re·lum·*brar* v.
re·lu·ta·*ção* sf.; pl. ·ções.
re·lu·*tân*·ci:a sf.
re·lu·*tan*·te adj. 2g.
re·lu·*tar* v.
re·lu·ti·vi·*da*·de sf.
re·lu·*zen*·te adj. 2g.
re·lu·*zir* v.
rel·va sf.
rel·*va*·do adj. sm.
rel·*vão* adj. sm.; pl. ·*vões*.
rel·*var* v.
rel·*ve*·do (ê) sm.
rel·ve·*jar* v.
rel·*vo*·so (ô) ad.; f. e pl. (ó).
rem sm. sf.
re·*ma*·da sf.
re·*ma*·do adj.
re·ma·*dor* (ô) adj. sm.
re·ma·*du*·ra sf.
re·man·cha·*dor* (ô) adj. sm.
re·man·*chão* adj. sm.; pl. ·*chões*; f. remanchona.
re·man·*char* v.
re·man·che·*ar* v.
re·*man*·cho sm.
re·man·*cho*·na adj. sf. de remanchão.
re·man·di·*o*·la sf.
re·ma·ne·ja·*men*·to sm.
re·ma·ne·*jar* v.
re·ma·*nên*·ci:a sf.
re·ma·*nen*·te adj. 2g.
re·ma·nes·*cên*·ci:a sf.
re·ma·nes·*cen*·te adj. 2g. sm.
re·ma·nes·*cer* v.
re·man·*gar* v.
re·ma·nis·*car* v.
re·ma·*nis*·co adj. sm.
re·man·*sa*·do adj.
re·man·*sar* v.
re·man·se:*ar* v.
re·man·*sen*·se adj. s2g.
re·*man*·so sm.
re·man·*so*·so (ô) adj.; f. e pl. (ó).
re·ma·nu·se:*ar* v.
re·*mar* v.
re·mar·ca·*ção* sf.; pl. ·ções.
re·mar·*car* v.
re·ma·*re*·ma sm.; pl. remas-remas ou remas-rema.
re·mas·*car* v.
re·mas·ti·ga·*ção* sf.; pl. ·ções.
re·mas·ti·*gar* v.
re·ma·ta·*ção* sf.; pl. ·ções.
re·ma·*ta*·do adj.
re·ma·ta·*dor* (ô) adj. sm.

re·ma·*tar* v.
re·*ma*·te sm.
re·me:*ar* v.
re·me·da·*dor* (ô) adj. sm.
re·me·*dar* v.
re·me·*dei*·o sm.
re·me·di:a·do adj.
re·me·di:a·*dor* (ô) adj. sm.
re·me·di:*ar* v.
re·me·di:*á*·vel adj. 2g.; pl. ·veis.
re·me·di·*ção* sf.; pl. ·ções.
re·*mé*·di:o sm.
re·me·*dir* v.
re·me·*dis*·ta adj. s2g.
re·*me*·do (ê) sm./Cf. remedo (é), do v. *remedar*.
re·mei·*ra*·da sf.
re·*mei*·ro adj. sm.
re·me·la sf.: ramela.
re·me·*la*·do adj.: ramelado.
re·me·*lão* adj. sm.; pl. ·*lões*; f. e remelona.
re·me·*lar* v.: ramelar.
re·me·*lei*·ro adj.
re·me·*len*·to adj.: ramelento.
re·me·*le*·xo (ê) sm.: rameloso.
re·mel·*ga*·do adj.
re·me·*lhor* adj. 2g.
re·me·*lo*·na adj. sf. de remelão.
re·me·*lo*·so (ô) adj.; f. e pl. (ó).
re·mem·*bran*·ça sf.
re·mem·*brar* v.
re·me·mo·ra·*ção* sf.; pl. ·ções.
re·me·mo·*rar* v.
re·me·mo·ra·*ti*·vo adj.
re·me·mo·*rá*·vel adj. 2g.; pl. ·veis.
re·*mê*·mo·ro adj./Cf. rememoro, do v. *rememorar*.
re·men·*da*·do adj.
re·men·*da*·gem sf.; pl. ·gens.
re·men·*dão* adj. sm.; pl. ·*dões*; f. remendona.
re·men·*dar* v.
re·men·*dei*·ra sf.
re·men·*dei*·ro adj. sm.
re·*men*·do sm.
re·men·*do*·na adj. sf. de remendão.
re·me·ne:*ar* v.
re·me·*nei*·o sm.
re·me·ni·*car* v.
re·*men*·se adj. s2g.
re·men·*tir* v.
re·men·*ti*·ra sf.
re·me·re·ce·*dor* (ô) adj.

re·me·re·cer v.
re·mer·gu·lhar v.
re·mes·sa sf. 'ato de remeter'
'ato de remessar'/Cf. remeça,
do v. remedir.
re·mes·sar v.
re·mes·so (ê) sm. 'arremeço'/
Cf. remeço (é), do v. remedir e
remesso (é), do v. remessar.
re·me·ten·te adj. s2g. 'que ou
quem remete'/Cf. remitente.
re·me·ter v.
re·me·ti·da sf.
re·me·ti·men·to sm.
re·me·xer v.
re·me·xi·do adj.
re·me·xi·men·to sm.
re·mi·ção sf. 'resgate'; pl. ·ções/
Cf. remissão.
re·mi·do adj.
re·mi·dor (ô) adj. sm.
re·mi·for·me adj. 2g.
rê·mi·ge adj. 2g. sf.
re·mí·gi·o sm.
re·mi·gra·ção sf.; pl. ·ções.
re·mi·gra·do adj.
re·mi·grar v.
re·mi·nar v.
re·mi·nhol sm.; pl. ·nhóis.
re·mi·nis·cên·ci·a sf.
re·mí·pe·de adj. 2g. sm.
re·mir v.
re·mi·rar v.
re·mis·sa sf.
re·mis·são sm. 'perdão'; pl. ·sões/
Cf. remição.
re·mis·sí·vel adj. 2g.; pl. ·veis.
re·mis·si·vo adj.
re·mis·so adj. sm.
re·mis·sor (ô) adj.
re·mis·só·ri·o adj.
re·mi·tar·so adj.
re·mi·tên·ci·a sf.
re·mi·ten·te adj. s2g. 'que
diminui'/Cf. remetente.
re·mi·tir v.
re·mí·vel adj. 2g.; pl. ·veis.
re·mo sm. adj. s2g.
re·mo:a·gem sf.; pl. ·gens.
re·mo:a·lho sm.
re·mo·bi·li·za·ção sf.; pl.
·ções.
re·mo·bi·li·zar v.
re·mo·ça·do adj.
re·mo·ça·dor (ô) adj. sm.
re·mo·çan·te adj. 2g.
re·mo·ção sf.; pl. ·ções.

re·mo·car v.
re·mo·çar v.
re·mo·ça·ti·vo adj.
re·mo·de·la·ção sf.; pl. ·ções.
re·mo·de·la·dor (ô) adj. sm.
re·mo·de·la·gem sf.; pl. ·gens.
re·mo·de·la·men·to sm.
re·mo·de·lar v.
re·mo:e·du·ra sf.
re·mo:e·la sf.
re·mo:er v.
re·mo:í·do adj. sm.
re·mo:i·nha·da sf.
re·mo:i·nhar v.
re·mo:i·nho sm.
re·mo:i·nho·so (ô) adj.; f. pl. (ó).
re·mo·la·da sf.
re·mo·lar sm.
re·mo·lhar v.
re·mo·lho (ô) sm./Cf. remolho
(ó), do v. remolhar.
re·mon·da·gem sf.; pl. ·gens.
re·mon·dar v.
re·mon·ta sf.
re·mon·ta·do adj.
re·mon·ta·gem sf.; pl. ·gens.
re·mon·tar v.
re·mon·te sm.
re·mo·que sm.
re·mo·que:a·dor (ô) adj. sm.
re·mo·que:ar v.
re·mo·ra sf. 'adiamento'/Cf.
rêmora.
rê·mo·ra sf. 'peixinho'/Cf.
remora.
re·mo·ra·do adj.
re·mo·rar v.
re·mor·da·cís·si·mo adj.
superl. de remordaz.
re·mor·daz adj. 2g.; superl.
remordacíssimo.
re·mor·der v.
re·mor·di·men·to sm.
re·mo·ro·so (ô) adj.; f. e pl. (ó).
re·mor·sal adj. 2g.; pl. ·sais.
re·mor·so sm.
re·mo·ti·flo·ro adj.
re·mo·ti·fó·li:o adj.
re·mo·to adj.
re·mo·ve·dor (ô) adj. sm.
re·mo·ver v.
re·mo·vi·bi·li·da·de sf.
re·mo·vi·men·to sm.
re·mo·ví·vel adj. 2g.; pl. ·veis.
re·mu·dar v.
re·mu·gir v.
re·mui·to (ui) adv.

re·mu·ne·ra·ção sf.; pl. ·ções.
re·mu·ne·ra·dor (ô) adj. sm.
re·mu·ne·rar v.
re·mu·ne·ra·ti·vo adj.
re·mu·ne·ra·tó·ri:o adj.
re·mu·ne·rá·vel adj. 2g.; pl.
·veis.
re·mu·ne·ro·so (ô) adj.; f. e
pl. (ó).
re·mur·mu·rar v.
re·mur·mú·ri:o sm.
re·na sf.
re·nal adj. 2g.; pl. ·nais.
re·na·ni·a·no adj. sm.
re·na·no adj. sm.
re·não adv.
re·nas·cen·ça adj. 2g. sf.
re·nas·cen·cen·se adj. s2g.
re·nas·cen·te adj. 2g.
re·nas·cen·tis·mo sm.
re·nas·cen·tis·ta adj. s2g.
re·nas·cen·tís·ti·co adj.
re·nas·cer v.
re·nas·ci·men·to sm.
re·na·ve·gar v.
ren·da sf.
ren·da·do adj. sm.
ren·dão sm.; pl. ·dões.
ren·dar v.
ren·da·ri·a sf.
ren·dá·vel adj. 2g.; pl. ·veis.
ren·de·doi·ro adj. sm.:
ren·de·dou·ro.
ren·dei·ra sf.
ren·dei·ro sm.
ren·den·gue sm.
ren·der v.
rendez-vous (randê-vu) sm. fr.:
randevu.
ren·di·ção sf.; pl. ·ções.
ren·di·do adj.
ren·di·du·ra sf.
ren·di·lha sf.
ren·di·lha·do adj. sm.
ren·di·lha·men·to sm.
ren·di·lhar v.
ren·di·men·to sm.
ren·do·so (ô) adj.; f. e pl. (ó).
re·ne·ga·ção sf.; pl. ·ções.
re·ne·ga·da sf.
re·ne·ga·do adj. sm.
re·ne·ga·dor (ô) adj. sm.
re·ne·ga·men·to sm.
re·ne·gar v.
re·ne·te (ê) sm.
ren·ga sf.
ren·ga·lho sm.

ren·go¹ sm. 'tecido': *rengue*/Cf. *rengo*².
ren·go² adj. 2g. sm. 'diz-se de cavalo que manca' 'doença de cavalos'/Cf. *rengo*¹.
ren·gue sm.: *rengo*¹.
ren·gue:*ar* v.
ren·*guei*·ra sf.
re·*nhi*·*dei*·ro sm.
re·*nhi*·do adj.
re·*nhi*·*men*·to sm.
re·*nhir* v.
re·ni·*for*·me adj. 2g.
re·*ni*·la sf.
rê·ni:o sm.
re·ni·*tên*·ci:a sf.
re·ni·*ten*·te adj. s2g.
re·ni·*tir* v.
re·no·*ma*·do adj.
re·*no*·me sm.
re·no·me:*a*·do adj.
re·no·me:*ar* v.
re·*no*·va sf.
re·no·va·ção sf.; pl. ·ções.
re·no·va·*dor* (ô) adj. sm.
re·no·va·*men*·to sm.
re·no·*var* v.
re·no·va·*tó*·ri:o adj.
re·no·*vá*·vel adj. 2g.; pl. ·veis.
re·*no*·vo (ô) sm./Cf. *renovo* (ó), do v. *renovar*.
ren·que sm. *ou* sf.
ren·*rém* sm.; pl. ·*réns*.
ren·ta·bi·li·*da*·de sf.
ren·*tar* v.
ren·*tá*·vel adj. 2g.; pl. ·veis.
ren·te adj. 2g. sm. adv.
ren·te:a·*dor* (ô) adj. sm.
ren·te:*ar* v.
ren·*tu*·ra sf.
re·nu:*en*·te adj. 2g.
re·nu:*í*·do sm.
re·nu:*ir* v.
re·*nún*·ci:a sf./Cf. *renuncia*, do v. *renunciar*.
re·nun·ci:a·bi·li·*da*·de sf.
re·nun·ci:a·ção sf.; pl. ·ções.
re·nun·ci:a·do adj. sm.
re·nun·ci:a·*dor* (ô) adj. sm.
re·nun·ci:a·*men*·to sm.
re·nun·ci:*an*·te adj. s2g.
re·nun·ci:*ar* v.
re·nun·ci:a·*tá*·ri:o adj. sm.
re·nun·ci:a·*tó*·ri:o adj. sm.
re·nun·ci:*á*·vel adj. 2g.; pl. ·veis.
re·nu·ta·ção sf.; pl. ·ções.

re·nu·*trir* v.
ren·*zi*·lha sf.
ren·*zi*·*lhar* v.
re:o·*ba*·se sf.: re·*ó*·ba·se.
re:ob·ser·va·ção sf.; pl. ·ções.
re:ob·ser·*var* v.
re:o·cu·pa·ção sf.; pl. ·ções.
re:o·cu·*par* v.
re:o·fi·ci:a·li·za·ção sf.; pl. ·ções.
re:o·fi·ci:a·li·*zar* v.
re:*ó*·fo·ro sm.
re:o·*gra*·ma sm.
re:o·lo·gi·a sf.
re:*ô*·me·tro sm.
re:*ô*·no·mo adj.
re:o·pe·*xi*·a (cs) sf.
re:or·de·na·ção sf.; pl. ·ções.
re:or·de·*nar* v.
re:or·ga·ni·za·ção sf.; pl. ·ções.
re:or·ga·ni·za·*dor* (ô) adj. sm.
re:or·ga·ni·*zar* v.
re:o·ri:en·*tar* v.
re:os·*ta*·to sm.: re:*ós*·ta·to.
re:*ó*·to·mo sm.
re:o·tro·*pis*·mo sm.
re:ou·*vir* sm.
re:o·xi·*dar* (cs) v.
re.p sm.
re·pa (ê) sf.
re·pa·ga·ni·za·ção sf.; pl. ·ções.
re·pa·ga·ni·*zar* v.
re·pa·*gar* v.
re·pa·gi·na·ção sf.; pl. ·ções.
re·pa·gi·*nar* v.
re·*pa*·go adj.
re·pan·dir·*ros*·tro adj.
re·*pan*·do adj.
re·pa·*nhar* v.
re·pa·ra·bi·li·*da*·de sf.
re·pa·ra·ção sf.; pl. ·ções.
re·pa·ra·*dei*·ra sf.
re·pa·ra·do adj.
re·pa·ra·*dor* (ô) adj. sm.
re·pa·*rar* v.
re·pa·ra·*tó*·ri:o adj.
re·pa·*rá*·vel adj. 2g.; pl. ·veis.
re·pa·re·*cer* v.
re·*pa*·ro sm.
re·*par*·te sm.
re·par·ti·ção sf.; pl. ·ções.
re·par·ti·*dei*·ra sf.
re·par·*ti*·do adj. sm.
re·par·ti·*dor* (ô) adj. sm.
re·par·ti·*men*·to sm.
re·par·*tir* v.
re·par·ti·*ti*·vo adj.

re·par·*tí*·vel adj. 2g.; pl. ·veis.
re·pas·*cer* v.
re·pas·*sa*·da sf.
re·pas·*sa*·do adj.
re·pas·sa·*dor* (ô) adj. sm.
re·pas·*sa*·gem sf.; pl. ·gens.
re·pas·*sar* v.
re·*pas*·se sm.: re·*pas*·so.
re·pas·*tar* v.
re·*pas*·to sm.
re·pa·ta·*nar* v.: *repetenar*.
re·pa·tri:a·ção sf.; pl. ·ções.
re·pa·tri:a·do adj. sm.
re·pa·tri:a·*dor* (ô) adj. sm.
re·pa·tri:*ar* v.
re·pa·vi·men·ta·ção sf.; pl. ·ções.
re·pa·vi·men·*tar* v.
re·pe·*char* v.
re·*pe*·cho (ê) sm.
re·pe·*dir* v.
re·pe·*lão* sm.; pl. ·*lões*.
re·pe·*lar* v.
re·pe·*lên*·ci:a sf.
re·pe·*len*·te adj. 2g. sm.
re·pe·*li*·do adj. sm.
re·pe·*lir* v.
re·*pe*·lo (ê) sm./Cf. *repelo* (é), do v. *repelar*.
re·pe·ni·*ca*·do adj. sm.
re·pe·ni·*car* v.
re·pe·*ni*·que sm.
re·pen·*sar* v.
re·*pen*·te adj. 2g. sm., na loc. *de repente*.
re·pen·ti·ni·*da*·de sf.
re·pen·ti·*nis*·ta adj. s2g.: *repentista*.
re·pen·*ti*·no adj.
re·pen·*tis*·ta adj. s2g.: *repentinista*.
re·per·cor·*rer* v.
re·per·cus·*são* sf.; pl. ·*sões*.
re·per·cus·*si*·vo adj.
re·per·cu·*ten*·te adj. 2g.
re·per·cu·*tir* v.
re·per·*der* v.
re·per·*gun*·ta sf.
re·per·gun·*tar* v.
re·per·to·ri:*a*·do adj.
re·per·to·ri:*ar* v.
re·per·*tó*·ri:o sm./Cf. *repertorio*, do v. *repertoriar*.
re·pes sm. 2n.
re·pe·*sa*·do adj.
re·pe·sa·*dor* (ô) adj. sm.
re·pe·*sa*·gem sf.; pl. ·gens.
re·pe·*sar* v.

re·pe·so (ê) adj. sm./Cf. *repeso* (é), do v. *repesar*.
re·pe·te·co sm.
re·pe·te·nar v.: *repatanar*.
re·pe·tên·ci:a sf.
re·pe·ten·te adj. s2g.
re·pe·ti·ção sf.; pl. ·ções.
re·pe·ti·dor (ô) adj. sm.
re·pe·ti·do·ra (ô) sf.
re·pe·tir v.
re·pe·ti·tó·ri:o adj.
re·pi·ca·do adj.
re·pi·ca·dor (ô) adj. sm.
re·pi·ca·gem sf.; pl. ·gens.
re·pi·ca·pon·to(s) sm. (pl.).
re·pi·car v.
re·pim·pa·do adj.
re·pim·par v.
re·pin·char v.
re·pin·ta·gem sf.; pl. ·gens.
re·pin·tar v.
re·pin·te sm.
re·pi·que sm.
re·pi·que·tar v.
re·pi·que·te (ê) sm./Cf. *repiquete* (é), do v. *repiquetar*.
re·pi·sa sf.
re·pi·sa·do adj.
re·pi·sa·men·to sm.
re·pi·sar v.
re·pis·car v.
re·plan·ta sf.
re·plan·ta·ção sf.; pl. ·ções.
re·plan·ta·dor (ô) adj. sm.
re·plan·tar v.
re·plan·ti:o sm.
replay sm. (ing.: *riplêi*).
re·ple·ção sf.; pl. ·ções.
re·ple·men·tar adj. 2g.
re·ple·men·to sm.
re·ple·no adj. sm.
re·ple·tar v.
re·ple·to adj.
ré·pli·ca sf./Cf. *replica*, do v. *replicar*.
re·pli·ca·ção sf.; pl. ·ções.
re·pli·ca·dor (ô) adj. sm.
re·pli·can·te adj. 2g. s2g.
re·pli·car v.
re·pli·cá·vel adj. 2g.; pl. ·veis.
re·po·dar v.
re·poi·sar v.: *repousar*.
re·poi·so sm.: *repouso*.
re·po·le·gar v.
re·po·le·go (ê) sm./Cf. *repolego* (é), do v. *repolegar*.

re·pol·gar v.: *repolegar*.
re·po·lhal adj. 2g. sm.; pl. ·lhais.
re·po·lhar v.
re·po·lho (ô) sm./Cf. *repolho* (ó), do v. *repolhar*.
re·po·lhu·do adj.
re·po·li·men·to sm.
re·po·lir v.
re·pol·tre:ar v.
re·pol·tro·ne:ar v.
re·po·nen·te adj. s2g.
re·pon·ta sf.
re·pon·tão adj. sm.; pl. ·tões; f. *repontona*.
re·pon·tar v.
re·*pon*·te sm.
re·pon·to·na adj. sf. de *repontão*.
re·pon·tu:ar v.
re·po·pu·la·ri·zar v.
re·por v.
report sm. ing.: *reporte*.
re·por·ta·ção sf.; pl. ·ções.
re·por·ta·do adj. sm.
re·por·ta·dor (ô) sm.
re·por·ta·gem sf.; pl. ·gens.
re·por·ta·men·to sm.
re·por·tan·te s2g.
re·por·tar v.
re·*por*·te sm., do ing. *report*.
re·*pór*·ter s2g. sm.
re·po·si·ção sf.; pl. ·ções.
re·po·si·tó·ri:o adj. sm.
re·pos·su:ir v.
re·*pos*·ta[1] sf.: *resposta*/Cf. *reposta*[2] e *riposta*.
re·*pos*·ta[2] sf. 'reposição'/Cf. *reposta*[1] e *riposta*.
re·pos·ta·ça sf.
re·pos·ta·da sf.
re·pos·tar v. 'replicar'/Cf. *ripostar*.
re·pos·ta·ri·a sf. 'ucharia'/Cf. *ripostaria*, do v. *ripostar*.
re·pos·tei·ro sm.
re·po·tre:ar v.: *repoltrear*.
re·pou·sar v.: *repoisar*.
re·*pou*·so sm.: *repoiso*.
re·po·vo:a·ção sf.; pl. ·ções.
re·po·vo:ar v.
re·pre·en·de·dor (ô) adj. sm.
re·pre·en·der v.
re·pre·en·são sf.; pl. ·sões.
re·pre·en·sí·vel adj. 2g.; pl. ·veis.
re·pre·en·si·vo adj.

re·pre·en·sor (ô) adj. sm.
re·pre·gar v.
re·*pre*·go sm.
re·pre·sa (ê) sf./Cf. *represa* (é), do v. *represar*.
re·pre·sa·do adj. sm.
re·pre·sa·dor (ô) adj. sm.
re·pre·sa·du·ra sf.
re·pre·sá·li:a sf.
re·pre·sa·men·to sm.
re·pre·sar v.
re·pre·sen·ta·ção sf.; pl. ·ções.
re·pre·sen·ta·dor (ô) adj. sm.
re·pre·sen·tan·te adj. s2g.
re·pre·sen·tar v.
re·pre·sen·ta·ti·vi·da·de sf.
re·pre·sen·ta·ti·vo adj.
re·pre·sen·tá·vel adj. 2g.; pl. ·veis.
re·pre·sen·te:ar v.
re·*pre*·so (ê) adj./Cf. *represo* (é), do v. *represar*.
re·pres·são sf.; pl. ·sões.
re·pres·si·vo adj.
re·pres·sor (ô) adj. sm.
re·pres·só·ri:o adj.
re·pri·men·da sf.
re·pri·mi·do adj.
re·pri·*mir* v.
re·pri·mí·vel adj. 2g.; pl. ·veis.
ré·pro·bo adj. sm.
re·pro·char v.
re·*pro*·che sm.
re·pro·du·ção sf.; pl. ·ções.
re·pro·du·ti·bi·li·da·de sf.
re·pro·du·tí·vel adj. 2g.; pl. ·veis.
re·pro·du·ti·vo adj.
re·pro·du·tor (ô) adj. sm.; f. re·pro·du·to·ra (ô) ou re·pro·du·triz.
re·pro·du·zir v.
re·pro·du·zí·vel adj. 2g.; pl. ·veis.
re·pro·fun·dar v.
re·pro·gra·fi·a sf.
re·pro·grá·fi·co adj.
re·pro·me·ter v.
re·pro·mis·são sf.; pl. ·sões.
re·pro·por v.
re·pro·te·ger v.
re·pro·va·ção sf.; pl. ·ções.
re·pro·va·do adj. sm.
re·pro·va·dor (ô) adj. sm.
re·pro·var v.
re·pro·va·ti·vo adj.
re·pro·vá·vel adj. 2g.; pl. ·veis.

re·pro·*ver* v.
re·pru:*ir* v.
re·pru·*rir* v.
rep·ta·*ção* sf.; pl. ·*ções*.
rep·ta·*dor* (ô) adj. sm.
rep·*tan*·te adj. s2g. sm.
rep·*tar* v.
rep·*til* adj. 2g. sm.; pl. ·*tis*:
    rép·til; pl. ·teis/Cf. *repteis*, do
    v. *reptar*.
rep·to sm.
re·*pú*·bli·ca sf./Cf. *republica*, do
    v. *republicar*.
re·pu·bli·ca·*ção* sf.; pl. ·*ções*.
re·pu·bli·ca·*nis*·mo sm.
re·pu·bli·ca·*nis*·ta adj. s2g.
re·pu·bli·ca·ni·za·*ção* sf.; pl.
    ·*ções*.
re·pu·bli·ca·ni·*zar* v.
re·pu·bli·*ca*·no adj. sm.
re·pu·bli·*car* v.
re·pu·bli·*ci*·da adj. s2g.
re·pu·bli·*cí*·di:o sm.
re·*pú*·bli·co adj. sm./Cf.
    republico, do v. *republicar*.
re·pu·bli·*que*·ta (ê) sf.
re·pu·di:a·*dor* (ô) adj. sm.
re·pu·di:*an*·te adj. s2g.
re·pu·di:*ar* v.
re·pu·di:*á*·vel adj. 2g.; pl. ·**veis**.
re·*pú*·di:o sm./Cf. *repudio*, do v.
    repudiar.
re·pug·*nân*·ci:a sf.
re·pug·*nan*·te adj. 2g.
re·pug·*nar* v.
re·*pul*·sa sf.
re·pulsão sf.; pl. ·*sões*.
re·pul·*sar* v.
re·*pul*·si·vo adj.
re·*pul*·so adj. sm.
re·pul·*sor* (ô) adj.
re·pu·lu·la·*ção* sf.; pl. ·*ções*.
re·pu·lu·*lar* v.
re·pul·ve·ri·*zar* v.
re·pur·ga·*ção* sf.; pl. ·*ções*.
re·pur·*gar* v.
re·pu·ri·fi·ca·*ção* sf.; pl. ·*ções*.
re·pu·ri·fi·*car* v.
re·pu·ta·*ção* sf.; pl. ·*ções*.
re·pu·*tar* v.
re·pu·*xa*·do adj. sm.
re·pu·*xão* sm.; pl. ·*xões*.
re·pu·*xar* v.
re·*pu*·xo sm.
re·que·*bém* sm.; pl. ·*béns*.
re·que·*bra*·do adj. sm.
re·que·bra·*dor* (ô) adj. sm.

re·que·*brar* v.
re·*que*·bro (ê) sm./Cf. *requebro*
    (é), do v. *requebrar*.
re·*quei*·ja sf.
re·quei·*jão* sm.; pl. ·*jões*.
re·quei·ma sf.
re·quei·ma·*ção* sf.; pl. ·*ções*.
re·quei·*ma*·do adj.
re·quei·*mar* v.
re·*quei*·me sm.
re·quen·*ta*·do adj.
re·quen·*tão* sm.; pl. ·*tões*.
re·quen·*tar* v.
re·que·re·*dor* (ô) adj. sm.
re·que·*ren*·te adj. s2g.
re·que·*re*·que(s) sm. (pl.):
    reco-reco.
re·que·*rer* v.
re·que·ri·*men*·to sm.
re·que·*rí*·vel adj. 2g.; pl. ·**veis**.
re·*ques*·ta sf.
re·ques·ta·*dor* (ô) adj. sm.
re·ques·*tar* v.
ré·qui:em sm.; pl. ·*ens*.
re·qui:*e*·to adj.
re·qui:e·*tu*·de sf.
re·*qui*·fe sm.
re·qui·*fi*·te sm.
re·*quin*·ta sf. adj. s2g.
re·quin·*ta*·do adj. sm.
re·quin·*tar* v.
re·*quin*·te sm.
re·quin·*tis*·ta adj. s2g.
re·qui·ri·*ção* sf.; pl. ·*ções*.
re·qui·si·*ção* sf.; pl. ·*ções*.
re·qui·si·*tar* v.
re·qui·*si*·to adj. sm.
re·qui·si·*tó*·ri:o adj. sm.
rer (ê) v.
rer·ra·ti·fi·ca·*ção* sf.; pl. ·*ções*.
rer·ra·ti·fi·*ca*·do adj.
rer·ra·ti·fi·*car* v.
rés adj. 2g. adv. 'rente'/Cf. *rês*.
rês sf. 'gado'; pl. *reses* (ê)/Cf. *rés*
    e *rezes* (é), do v. *rezar*.
res·ba·*lo*·sa sf.
res·*bor*·do sm.
res·*bu*·to adj. sm.
res·cal·*da*·do adj.
res·cal·da·*men*·to sm.
res·cal·*dar* v.
res·cal·*dei*·ro sm.
res·*cla*·do sm.
res·cin·*dên*·ci:a sf. 'recisão'/Cf.
    recendência.
res·ci·di·bi·li·*da*·de sf.
res·cin·*dir* v.

res·cin·*dí*·vel adj. 2g.; pl. ·**veis**.
res·ci·*são* sf.; pl. ·*sões*.
res·ci·*só*·ri:o adj.
res·cre·*ver* v.: *reescrever*.
res·cri·*ção* sf.; pl. ·*ções*.
res·*cri*·to adj. sm.
rés do *chão* sm. 2n.
re·*se*·da (ê) sf.: re·se·*dá* sm.
re·se·dá(s)-a-ma·re·lo(s) sm.
    (pl.).
re·se·*dá*·ce:a sf.
re·se·*dá*·ce:o adj.
re·se·*dal* sm.; pl. ·*dais*.
re·sen·*den*·se adj. s2g.
re·*se*·nha sf.
re·se·*nhar* v.
re·*se*·nho sm.
re·ser·*pi*·na sf.
re·*ser*·va sf. s2g.
re·ser·va·*ção* sf.; pl. ·*ções*.
re·ser·*va*·do adj. sm.
re·ser·va·*dor* (ô) adj. sm.
re·ser·*var* v.
re·ser·va·*tá*·ri:o adj.
re·ser·va·*ti*·vo adj.
re·ser·va·*tó*·ri:o adj. sm.
re·ser·*vá*·vel adj. 2g.; pl. ·**veis**.
re·ser·*ven*·se adj. s2g.
re·ser·*vis*·ta adj. s2g.
re·*ser*·vo (ê) sm./Cf. *reservo* (é),
    do v. *reservar*.
res·fo·le·ga·*doi*·ro sm.:
    res·fo·le·ga·*dou*·ro.
res·fo·le·*gar* v.: *resfolgar*.
res·*fô*·le·go sm.: *resfolgo* (ô)/Cf.
    resfôlego ou *resfolego*, do v.
    resfolegar.
res·fol·*gar* v.: *resfolegar*.
res·*fol*·go (ô) sm.: *resfôlego*/Cf.
    resfolgo (ó), do v. *resfolgar*.
res·fri:a·*dei*·ra sf.
res·fri:*a*·do adj. sm.
res·fri:a·*doi*·ro sm.:
    resfriadouro.
res·fri:a·*dor* (ô) adj. sm.
res·fri:a·*dou*·ro sm.:
    resfriadoiro.
res·fri:a·*men*·to sm.
res·fri:*an*·te adj. 2g. sm.
res·fri:*ar* v.
res·ga·ta·bi·li·*da*·de sf.
res·ga·ta·*dor* (ô) adj. sm.
res·ga·*tar* v.
res·ga·*tá*·vel adj. 2g.; pl. ·**veis**.
res·*ga*·te sm.
res·guar·*dar* v.
res·*guar*·do sm.

re·si·dên·ci:a sf.
re·si·den·ci:al adj. 2g.; pl. ·ais.
re·si·den·te adj. s2g.
re·si·dir v.
re·si·du:al adj. 2g.; pl. ·ais.
re·si·du:á·ri:o adj.
re·sí·du:o adj. sm.
re·sig·na·ção sf.; pl. ·ções.
re·sig·na·do adj.
re·sig·nan·te adj. s2g.
re·sig·nar v.
re·sig·na·tá·ri:o adj. sm.
re·sig·ná·vel adj. 2g.; pl. ·veis.
re·si·li·ção sf.; pl. ·ções.
re·si·li·ên·ci:a sf.
re·si·li:en·te adj. 2g.
re·si·lir v.
re·si·lí·vel adj. 2g.; pl. ·veis.
re·si·na sf. 'substância oleosa'/
  Cf. rezina e rizina.
re·si·na·ção sf.; pl. ·ções.
re·si·na·do adj.
re·si·na·gem sf.; pl. ·gens.
re·si·nar v.
re·si·na·to sm.
re·si·nen·to adj.
re·si·ní·fe·ro adj.
re·si·ni·fi·car v.
re·si·ni·for·me adj. 2g.
re·si·no·so (ô) adj.; f. e pl. (ó).
re·si·pis·cên·ci:a sf.
re·sis·tên·ci:a sf.
re·sis·ten·te adj. s2g.
re·sis·ti·bi·li·da·de sf.
re·sis·tir v.
re·sis·tí·vel adj. 2g.; pl. ·veis.
re·sis·ti·vi·da·de sf.
re·sis·ti·vo adj.
re·sis·tor (ô) sm.: re·sís·tor.
res·lum·brân·ci:a sf.
res·lum·bran·te adj. 2g.
res·lum·brar v.
res.ma (ê) sf./Cf. resma (é), do
  v. resmar.
res·mar v.
res·me·len·gar v.
res·me·len·go adj. sm.
res·me·len·gue adj. s2g.
res·mo·ne:ar v.
res·mo·nei·o sm.
res·mu·da sf.
res·mun·gão adj. sm.; pl. ·gões;
  f. resmungona.
res·mun·gar v.
res·mun·go sm.
res·mun·go·na adj. sf. de
  resmungão.

res·mu·ni·nhar v.
re·so sm. 'espécie de macaco'/
  Cf. rezo, do v. rezar.
re·so·lu·bi·li·da·de sf.
re·so·lu·ção sf.; pl. ·ções.
re·so·lu·ti·vo adj. sm.
re·so·lu·to adj.
re·so·lu·tó·ri:o adj.
re·so·lú·vel adj. 2g.; pl. ·veis.
re·sol·ven·te adj. 2g. sm. sf.
re·sol·ver v.
re·sol·vi·do adj.
re·sol·ví·vel adj. 2g.; pl. ·veis.
re·sor·ci·nol sm.; pl. ·nóis.
res·pal·da·do adj.
res·pal·dar v. sm.
res·pal·do sm.
res·pan·ça·du·ra sf.
res·pan·ça·men·to sm.
res·pan·çar v.
res·pe sm.
res·pec·ti·vo adj.: respetivo.
res·pei·ta·bi·li·da·de sf.
res·pei·ta·dor (ô) adj. sm.
res·pei·tan·te adj. 2g.
res·pei·tar v.
res·pei·tá·vel adj. 2g.; pl. ·veis.
res·pei·to sm.
res·pei·to·so (ô) adj.; f. e pl. (ó).
res·pe·ti·vo adj.: respectivo.
res·pi·ga sf.
res·pi·ga·dei·ra sf.
res·pi·ga·dor (ô) adj. sm.
res·pi·ga·du·ra sf.
res·pi·gão sm.; pl. ·gões.
res·pi·gar v.
res·pin·ga·dor (ô) adj. sm.
res·pin·gão adj. sm.; pl. ·gões; f.
  respingona.
res·pin·gar v.
res·pin·go sm.
res·pin·go·na adj. sf. de
  respingão.
res·pi·ra·bi·li·da·de sf.
res·pi·ra·ção sf.; pl. ·ções.
res·pi·rá·cu·lo sm.
res·pi·ra·doi·ro sm.:
  respiradouro.
res·pi·ra·dor (ô) adj. sm.
res·pi·ra·dou·ro sm.:
  respiradoiro.
res·pi·ral adj. 2g.; pl. ·rais.
res·pi·ra·men·to sm.
res·pi·rar v.
res·pi·ra·tó·ri:o adj.
res·pi·rá·vel adj. 2g.; pl. ·veis.
res·pi·ro sm.

res·plan·de·cên·ci:a sf.
res·plan·de·cen·te adj. 2g.
res·plan·de·cer v.: resplendecer.
res·plan·dor (ô) sm.:
  resplendor.
res·plen·de·cer v.: resplandecer.
res·plen·dên·ci:a sf.
res·plen·den·te adj. 2g.
res·plen·der v.
res·plen·di·do adj.
  'resplandecido'/Cf.
  resplêndido.
res·plên·di·do adj. 'esplêndido'/
  Cf. resplendido.
res·plen·dor (ô) sm.:
  resplandor.
res·plen·do·ren·se adj. s2g.
res·plen·do·ro·so (ô) adj.; f. e
  pl. (ó).
res·pon·dão adj. sm.; pl. ·dões;
  f. respondona.
res·pon·de·dor (ô) adj. sm.
res·pon·dên·ci:a sf.
res·pon·den·te adj. s2g.
res·pon·der v.
res·pon·di·do adj.
res·pon·do·na adj. sf. de
  respondão.
res·pon·sa·bi·li·da·de sf.
res·pon·sa·bi·li·za·ção sf.; pl.
  ·ções.
res·pon·sa·bi·li·za·do adj.
res·pon·sa·bi·li·za·dor (ô) adj.
  sm.
res·pon·sa·bi·li·zar v.
res·pon·sar v.
res·pon·sá·vel adj. s2g.; pl.
  ·veis.
res·pon·si·vo adj.
res·pon·so sm.
res·pon·so·ri:al adj. 2g. sm.;
  pl. ·ais.
res·pon·só·ri:o sm.
res·pos·ta sf.
res·pos·ta·da sf.
res·pos·tar v.
res·quí·ci:o sm.
res·sa·ber v.
res·sa·bi:a·do adj.
res·sa·bi:ar v.
res·sa·bi·do adj.
res·sá·bi:o sm.
res·sa·bo·re:a·do adj.
res·sa·bo·re:a·men·to sm.
res·sa·bo·re:ar v.
res·sa·ca sf.
res·sa·ca·bi·li·da·de sf.

res·sa·*ca*·do adj. sm.
res·sa·ca·*dor* (ô) sm.
res·sa·*car* v.
res·sa·*cá*·vel adj. 2g.; pl. ·veis.
res·*sa*·co sm.
res·*sai*·bar v.
res·*sai*·bo sm.
res·*sai*·o sm.
res·sa·*ir* v.
res·sal·*ga*·da sf.
res·sal·*gar* v.
res·sa·li:*en*·te adj. 2g.
res·sal·*ta*·do adj.
res·sal·*tan*·te adj. 2g.
res·sal·*tar* v.
res·*sal*·te sm.
res·sal·te:*ar* v.
res·sal·ti·*tar* v.
res·*sal*·to sm.
res·*sal*·va sf.
res·sal·*var* v.
res·san·*grar* v.
res·*sa*·que sm.
res·sa·qui·*nhen*·se adj. s2g.
res·sar·ci·*men*·to sm.
res·sar·*cir* v.
res·sa:u·da·*ção* sf.; pl. ·*ções*.
res·sa:u·*dar* v.
res·se·ca·*ção* sf.; pl. ·*ções*.
res·se·*ção* sf.; pl. ·*ções*:
 ressecção.
res·se·*car* v.
res·sec·*ção* sf.; pl. ·*ções*:
 resseção.
res·*se*·co (ê) adj./ Cf. *resseco* (é),
 do v. *ressecar*.
res·se·*gar* v.
res·se·gu·*rar* v.
res·se·*gu*·ro adj. sm.
res·se·*lar* v.
res·se·me:a·*du*·ra sf.
res·se·me:*ar* v.
res·se·*nhor* (ô) sm.
res·sen·*ti*·do adj. sm.
res·sen·ti·*men*·to sm.
res·sen·*tir* v.
res·se·*qui*·do adj.
res·se·*quir* v.
res·se·re·*nar* v.
res·se·*re*·no adj.
res·ser·*vir* v.
res·si·ca·*ção* sf.; pl. ·*ções*.
res·si·*car* v.
res·so:a·*dor* (ô) adj. sm.
res·so:*an*·te adj. 2g.
res·so:*ar* v. 'repercutir'/Cf.
 ressuar.

res·so·*brar* v.
res·*so*·ca sf.
res·so·*la*·na sf.
res·sol·*dar* v.
res·so·lha·*dor* (ô) adj.
res·so·*lhar* v.
res·sol·*tar* v.
res·*sol*·to (ô) adj./Cf. *ressolto* (ó)
 do v. *ressoltar*.
res·*som*·bro sm.
res·so·na·*de*·la sf.
res·so·na·*dor* (ô) adj. sm.
res·so·*nân*·ci:a sf.
res·so·*nan*·te adj. 2g.
res·so·*nar* v.
res·*so*·no sm.
res·so·*prar* v.
res·sor·*ção* sf.; pl. ·*ções*.
res·sor·*ver* v.
res·su:*ar* v. 'suar muito'/Cf.
 ressoar.
res·su·da·*ção* sf.; pl. ·*ções*.
res·su·*dar* v.
res·sul·*car* v.
res·su·ma·*ção* sf.; pl. ·*ções*.
res·su·*mar* v.
res·*sum*·brar v.
res·*sum*·bro sm.
res·su·*mir* v.
res·sun·*ção* sf.; pl. ·*ções*.
res·*sun*·ta sf.
res·su·pi·na·*ção* sf.; pl. ·*ções*.
res·su·pi·*na*·do adj.
res·su·pi·*nar* v.
res·su·*pi*·no adj.
res·sur·*gen*·te adj. 2g.
res·sur·*gi*·do adj.
res·sur·gi·*men*·to sm.
res·sur·*gir* v.
res·sur·rei·*ção* sf.; pl. ·*ções*.
res·sur·*tir* v.
res·sus·ci·*ta*·do adj. sm.
res·sus·ci·ta·*dor* (ô) adj. sm.
res·sus·ci·ta·*men*·to sm.
res·sus·ci·*tar* v.
res·ta·be·le·*cer* v.
res·ta·be·le·*ci*·do adj.
res·ta·be·le·ci·*men*·to sm.
res·ta·*boi*(s) sm. (pl.).
res·tag·na·*ção* sf.; pl. ·*ções*.
res·*tam*·pa sf.: reestampa.
res·*tam*·par v.: reestampar.
res·*tan*·te adj. 2g. sm.
res·*tar* v.
res·tau·ra·*ção* sf.; pl. ·*ções*.
res·tau·ra·ci:o·*nis*·mo sm.
res·tau·*ra*·do adj.

res·tau·ra·*dor* (ô) adj. sm.
res·tau·*ran*·te adj. 2g. sm.
res·tau·*rar* v.
res·tau·ra·*ti*·vo adj.
res·tau·*rá*·vel adj. 2g.; pl.
 ·veis.
res·*tau*·ro sm.
res·te¹ sm.: resto²/Cf. *reste*².
res·te² sm.: riste/Cf. *reste*¹.
res·te·*lar* v.: rastelar.
res·*te*·lo (ê) sm.: rastelo/ Cf.
 restelo (é), do v. *restelar*.
res·*te*·va (ê) sf.
rés·ti:a sf.
res·ti·*for*·me adj. 2g.
res·ti·la·*ção* sf.; pl. ·*ções*.
res·ti·*la*·da sf.
res·ti·*la*·do adj.
res·ti·*lar* v.
res·*ti*·lo sm.
res·*tin*·ga sf.
res·tin·*gal* sm.; pl. ·*gais*.
res·tin·*gão* sm.; pl. ·*gões*.
res·tin·*guei*·ro sm.
res·tin·*guir* v.
res·ti:o·*ná*·ce:a sf.
res·ti:o·*ná*·ce:o adj.
res·ti·tu:i·*ção* sf.; pl. ·*ções*.
res·ti·tu:i·*dor* (ô) adj. sm.
res·ti·tu:*ir* v.
res·ti·tu:i·*tó*·ri:o adj.:
 restitutório.
res·ti·tu:*í*·vel adj. 2g.; pl. ·veis.
res·ti·tu:*tó*·ri:o adj.:
 restituitório.
res·to¹ sm. 'o que resta'/Cf.
 resto².
res·to² sm. 'fancho': reste¹/Cf.
 resto¹.
res·to·*lha*·da sf.
res·to·*lhal* sm.; pl. ·*lhais*.
res·to·*lhar* v.
res·*to*·lho (ô) sm./Cf. *restolho*
 (ó), do v. *restolhar*.
res·tri·*bar* v.
res·tri·*ção* sf.; pl. ·*ções*.
res·trin·*gên*·ci:a sf.
res·trin·*gen*·te adj. 2g. sm.
res·trin·*gir* v.
res·trin·*gí*·vel adj. 2g.; pl. ·veis.
res·tri·*ti*·va sf.
res·tri·*ti*·vo adj.
res·*tri*·to adj.
res·tru·*gir* v.
res·tru·tu·ra·*ção* sf.; pl. ·*ções*:
 reestruturação.
res·tru·tu·*rar* v.: reestruturar.

res·tu·*car* v.: *reestucar*.
re·*sul*·ta sf.
re·sul·*ta*·do sm.
re·sul·*tân*·ci:a sf.
re·sul·*tan*·te adj. s2g. sm. sf.
re·sul·*tar* v.
re·su·*mi*·do adj.
re·su·mi·*dor* (ô) adj. sm.
re·su·*mir* v.
re·su·*mí*·vel adj. 2g.; pl. ·**veis**.
re·*su*·mo sm.
res·va·la·*dei*·ro sm.
res·va·la·*di*·ço adj. sm.
res·va·la·*di*:o adj. sm.
res·va·la·*doi*·ro sm.:
   res·va·la·*dou*·ro.
res·va·la·*du*·ra sf.
res·va·la·*men*·to sm.
res·va·*lar* v.
res·*va*·lo sm.
res·*vés* adj. 2g. adv.
re·ta sf.
re·ta·bu·*lar* adj. 2g.
re·*tá*·bu·lo sm.
re·ta·*ca*·do adj.
re·*ta*·co adj.
re·ta·*guar*·da sf.
re·*tal* adj. 2g. sm.; pl. ·*tais*.
re·tal·*gi*·a sf.
re·ta·lha·*ção* sf. 'corte em pedaços'; pl. ·*ções*/Cf. *retaliação*.
re·ta·*lha*·do adj. sm. 'cortado'/ Cf. *retaliado*.
re·ta·lha·*du*·ra sf.
re·ta·*lhar* v. 'cortar'/Cf. *retaliar*.
re·ta·*lhei*·ro adj. sm.
re·ta·*lhis*·ta adj. s2g.
re·*ta*·lho sm.
re·ta·li:a·*ção* sf. 'revide'; pl. ·*ções*/Cf. *retalhação*.
re·ta·li:a·do adj. 'revidado'/Cf. *retalhado*.
re·ta·li:*ar* v. 'revidar'/Cf. *retalhar*.
re·ta·li:a·*ti*·vo adj.
re·*ta*·ma sf. 'giesta'/Cf. *retame*.
re·tam·*ba*·na sf.
re·*ta*·me adj. 2g. sm. 'diz-se do, ou o mel em ponto de açúcar'/Cf. *retama*.
re·tan·*char* v.
re·tan·*cho*·a (ô) sf.
re·tan·gu·*lar* adj. 2g.
re·tan·gu·la·ri·*da*·de sf.
re·*tân*·gu·lo adj. sm.
re·tar·da·*ção* sf.; pl. ·*ções*.

re·tar·*da*·do adj. sm.
re·tar·da·*dor* (ô) adj. sm.
re·tar·da·*men*·to sm.
re·tar·*dan*·te adj. 2g.
re·tar·*dão* adj. sm.; pl. ·*dões*; f. *retardona*.
re·tar·*dar* v.
re·tar·da·*tá*·ri:o adj. sm.
re·tar·da·*ti*·vo adj.
re·*tar*·de sm.
re·tar·*di*:o adj.
re·*tar*·do sm.
re·tar·*do*·na adj. sf. de *retardão*.
re·tec·to·*mi*·a sf.
re·tec·*tô*·mi·co adj.
re·te·lha·*ção* sf.; pl. ·*ções*.
re·te·lha·*du*·ra sf.
re·te·lha·*men*·to sm.
re·te·*lhar* v.
re·*tém* adj. s2g. sm.; pl. ·*téns*.
re·tem·pe·ra·*ção* sf.; pl. ·*ções*.
re·tem·pe·*ra*·do adj.
re·tem·pe·ra·*dor* (ô) adj.
re·tem·pe·*ran*·te adj. 2g.
re·tem·pe·*rar* v.
re·ten·*ção* sf. 'ato de reter'; pl. ·*ções*/Cf. *retensão*.
re·te·*ni*·da sf.
re·ten·*são* sf. 'grande tensão'; pl. ·*sões*/Cf. *retenção*.
re·ten·*ti*·va sf.
re·ten·ti·vi·*da*·de sf.
re·ten·*ti*·vo adj.
re·ten·*sor* (ô) adj. sm.; f. re·ten·*to*·ra (ô) ou re·ten·*triz*.
re·*ter* v.
re·te·*sa*·do adj.
re·te·sa·*men*·to sm.
re·te·*sar* v.
re·*te*·so (ê) adj./Cf. *reteso* (é), do v. *retesar*.
re·ti:*á*·ri:o sm.
re·*ticên*·ci:a sf./Cf. *reticencia*, do v. *reticenciar*.
re·ti·cen·ci:*ar* v.
re·ti·*cên*·ci:as sf. pl./Cf. *reticencias*, do v. *reticenciar*.
re·ti·cen·ci:*o*·so (ô) adj.; f. e pl. (ó).
re·ti·*cen*·te adj. 2g.
ré·ti·co adj. sm.
re·ti·*cór*·ne:o adj.
re·*tí*·cu·la sf./Cf. *reticula*, do v. *reticular*.
re·ti·cu·la·*ção* sf.; pl. ·*ções*.
re·ti·cu·*la*·do adj. sm.

re·ti·cu·la·do·ve·*no*·so(s) adj. (pl.).
re·ti·cu·*la*·gem sf.; pl. ·**gens**.
re·ti·cu·*lar* adj. 2g. v.
re·*tí*·cu·lo adj. sm./Cf. *reticulo*, do v. *reticular*.
re·ti·*dão* sf.; pl. ·*dões*.
re·*ti*·do adj.
re·*tí*·fi·ca sf./Cf. *retifica*, do v. *retificar*.
re·ti·fi·ca·*ção* sf. 'alinhamento' 'correção'; pl. ·*ções*/Cf. *ratificação*.
re·ti·fi·*ca*·do adj. 'corrigido'/Cf. *ratificado*.
re·ti·fi·ca·*dor* (ô) adj. sm.
re·ti·fi·ca·*do*·ra (ô) sf.
re·ti·fi·*car* v. 'alinhar' 'corrigir'/ Cf. *ratificar*.
re·ti·fi·ca·*ti*·vo adj.
re·ti·fi·*cá*·vel adj. 2g. 'corrigível'; pl. ·**veis**/Cf. *ratificável*.
re·ti·*flo*·ro adj.
re·ti·*for*·me adj. 2g.
re·*tí*·gra·do adj.
re·ti·*lí*·ne:o adj. sm.
re·*ti*·na sf.
re·ti·*ná*·cu·lo sm.
re·ti·*nér*·ve:o adj.
re·tin·*gir* v.
re·ti·ni:*a*·no adj.
re·*tí*·ni·co adj.
re·ti·*nin*·te adj. 2g.
re·ti·*nir* v.
re·ti·*ni*·te sf.
re·tin·*tim* sm.; pl. ·*tins*.
re·tin·ti·*nir* v.
re·*tin*·to adj. sm.
re·*tí*·pe·de adj. 2g.
re·ti·ra·*ção* sf.; pl. ·*ções*.
re·ti·*ra*·da sf.
re·ti·*ra*·do adj.
re·ti·*ran*·te adj. s2g. sf.
re·ti·*rar* v.
re·ti·*rá*·vel adj. 2g.; pl. ·**veis**.
re·ti·*rei*·ro sm.
re·ti·*ren*·se s2g.
re·*ti*·ro sm.
re·tir·*ros*·tro adj.
re·*ti*·te sf.
re·ti·*tu*·de sf.
re·to adj. sm.
re·to·ca·*doi*·ro sm.: *retocadouro*.
re·to·ca·*dor* (ô) adj. sm.
re·to·ca·*dou*·ro sm.: *retocadoiro*.

re·to·*car* v. 'melhorar'/Cf. retoucar.
re·to·*ce*·le sf.
re·*toi*·ça sf.: redoiça, redouça, retouça.
re·*toi*·çar v.: redoiçar, redouçar, retouçar.
re·to·*mar* v.
re·*tom*·bo sm.
re·to·pe·*xi*·a (cs) sf.
re·*to*·que sm.
re·*tor* (ô) adj. sm.
re·*tor*·ce sm.
re·*tor*·ce·*du*·ra sf.
re·*tor*·cer v.
re·*tor*·ci·da sf.
re·*tor*·ci·do adj.
re·*tó*·ri·ca sf./Cf. retorica, do v. retoricar.
re·to·ri·*cão* sm.; pl. ·*cões*.
re·to·ri·*car* v.
re·to·ri·*cis*·mo sm.
re·*tó*·ri·co adj. sm./Cf. retorico, do v. retoricar.
re·to·*ris*·mo sm.
re·tor·na·*men*·to sm.
re·tor·*nan*·ça sf.
re·tor·*nar* v.
re·*tor*·no (ô) sm./Cf. retorno (ó), do v. retornar.
re·to·ro·*mâ*·ni·co(s) adj. sm. (pl.).
re·to·ro·*ma*·no(s) adj. sm. (pl.).
re·tor·*quir* v.
re·*tor*·são sf.; pl. ·*sões*.
re·*tor*·ta sf.
re·*tor*·ta(s)-moi·*ris*·ca(s) sf. (pl.): re·*tor*·ta(s)-mou·*ris*·ca(s).
re·*tor*·to (ô) adj.; f. e pl. (ó).
re·tos sm. pl.
re·tos·co·*pi*·a sf.
re·tos·*có*·pi·o sm.
re·tos·*tar* v.
re·*tou*·ça sf.: redoiça, redouça, retoiça.
re·tou·*car* v. 'toucar novamente'/Cf. retocar.
re·tou·*çar* v.: redoiçar, redouçar, retoiçar.
re·to·*va*·do adj.
re·to·va·*men*·to sm.
re·to·*var* v.
re·*to*·vo (ô) sm./Cf. retovo (ó), do v. retovar.
re·tra·*ção* sf.; pl. ·*ções*.
re·tra·*çar* v.

re·*tra*·ço sm.
re·*trác*·til adj. 2g.; pl. ·*teis*: retrátil.
re·tra·du·*ção* sf.; pl. ·*ções*.
re·tra·du·*tor* (ô) adj. sm.
re·tra·du·*zir* v.
re·tra:*en*·te adj. s2g.
re·tra·*í*·do adj.
re·tra:i·*men*·to sm.
re·tra:*ir* v.
re·tra·*mar* v.
re·*tran*·ca sf. adj. s2g.
re·*tran*·ça sf.
re·tran·*ca*·gem sf.; pl. ·*gens*.
re·tran·*car* v.
re·tran·*quis*·ta adj. s2g.
re·tran·*sir* (zir) v.
re·trans·mis·*são* sf.; pl. ·*sões*.
re·trans·mis·*sor* (ô) adj. sm.
re·trans·mis·*so*·ra (ô) sf.
re·trans·mi·*tir* v.
re·tra·*sa*·do adj.
re·tra·*sar* v.
re·*tra*·so sm.
re·tra·ta·bi·li·*da*·de sf.
re·tra·ta·*ção* sf.; pl. ·*ções*.
re·tra·*ta*·do adj.
re·tra·ta·*dor* (ô) adj. sm.
re·tra·*tar* v.
re·tra·*tá*·vel adj. 2g.; pl. ·*veis*.
re·*trá*·til adj. 2g.; pl. ·*teis*: retráctil.
re·tra·ti·li·*da*·de sf.
re·tra·*tis*·ta adj. s2g.
re·*tra*·ti·vo adj.
re·*tra*·to adj. sm.
re·tra·*var* v.
re·*tre* sm.
re·tre·*chei*·ro adj. sm.
re·tre·*mer* v.
re·*tre*·ta[1] (ê) sf. 'formatura de soldados' 'concerto popular'/ Cf. retreta[2].
re·*tre*·ta[2] (ê) sf. 'latrina': re·*tre*·te (ê) sm. *ou* sf./Cf. retreta[1].
re·tre·*tis*·ta adj. s2g.
re·tri·bu:i·*ção* sf.; pl. ·*ções*.
re·tri·bu:i·*dor* (ô) adj. sm.
re·tri·bu:*ir* v.
re·tri·*lhar* v.
re·*trin*·ca·do adj.
re·*trin*·car v.
re·*triz* sf.
re·tro sm. adv. interj.
re·*trô* adj. 2g. 2n.
re·tro:a·*ção* sf.; pl. ·*ções*.

re·tro:a·*gir* v.
re·tro:a·li·men·ta·*ção* sf.; pl. ·*ções*.
re·tro:*ar* v.
re·tro:a·ti·vi·*da*·de sf.
re·tro:a·*ti*·vo adj.
re·tro:a·*tor* (ô) sm.
re·tro·*car*·ga sf.
re·tro·ce·*den*·te adj. s2g.
re·tro·ce·*der* v.
re·tro·ce·di·*men*·to sm.
re·tro·ces·*são* sf.; pl. ·*sões*.
re·tro·ces·si:o·*ná*·ri:o adj. sm.
re·tro·*ces*·si·vo adj.
re·tro·*ces*·so sm.
re·tro·con·*ta*·gem sf.; pl. ·*gens*.
re·tro·di·fu·*são* sf.; pl. ·*sões*.
re·tro:es·pa·lha·*men*·to sm.
re·tro:es·ter·*nal* adj. 2g.; pl. ·*nais*.
re·tro·fle·*xão* (cs) sf.; pl. ·*xões*.
re·tro·*fle*·xo (cs) adj.
re·tro·fo·*gue*·te (ê) sm.
re·tro·gra·da·*ção* sf.; pl. ·*ções*.
re·tro·gra·*dar* v.
re·*tró*·gra·do adj. sm./Cf. retrogrado, do v. retrogradar.
re·*tro*·o sm.
re·tro·pro·pul·*são* sf.; pl. ·*sões*.
re·tro·pul·*são* sf.; pl. ·*sões*.
re·*tror*·so (ô) adj.
re·*trós* sm.; pl. retroses.
re·tro·sa·*ri*·a sf.
re·tro·*sei*·ro sm.
re·tros·pe·*ção* sf.; pl. ·*ções*; re·tros·pec·*ção*.
re·tros·pec·*ti*·va sf.: retrospetiva.
re·tros·pec·*ti*·vo adj.: retrospetivo.
re·tros·*pec*·to sm.: retrospeto.
re·tros·pe·*ti*·va sf.: retrospectiva.
re·tros·pe·*ti*·vo adj.: retrospectivo.
re·tros·*pe*·to sm.: retrospecto.
re·tros·se·*guir* v.
re·tro·*ter*·ra sf.
re·tro·tra·*ir* v.
re·tro·*ven*·da sf.
re·tro·*ven*·der v.
re·tro·ven·di·*ção* sf.; pl. ·*ções*.
re·tro·ver·*são* sf.; pl. ·*sões*.
re·tro·ver·*ter* v.
re·tro·*ví*·rus sm. 2n.
re·tro·vi·*sor* (ô) adj. sm.
re·tru·*car* v.
re·*tru*·que sm.

re·tum·*bân*·ci:a sf.
re·tum·*ban*·te adj. 2g.
re·tum·*bar* v.
re·*tum*·bo sm.
re·tun·*dir* v.
re·*tur*·no sm.
re·*tu*·so adj.
réu adj. sm.; f. ré.
reuch·li·ni:*a*·no (ròi) adj.
reu·ma sm. *ou* sf.
reu·ma·me·*tri*·a sf.
reu·ma·*mé*·tri·co adj.
reu·*mâ*·me·tro sm.
reu·ma·tal·*gi*·a sf.
reu·ma·*tál*·gi·co adj.
reu·*má*·ti·co adj. sm.
reu·ma·tis·*mal* adj. 2g.; pl. ·*mais*.
reu·ma·*tis*·mo sm.
reu·ma·ti·*zar* v.
reu·ma·to·lo·*gi*·a sf.
reu·ma·to·*ló*·gi·co adj.
reu·ma·to·*lo*·gis·ta adj. s2g.
reu·ma·to·me·*tri*·a sf.
reu·ma·to·*mé*·tri·co adj.
reu·ma·*tô*·me·tro sm.
reu·*mo*·so (ô) adj.; f. *e* pl. (ó).
re:u·ni*zão* sf.; pl. ·*ões*.
re:u·ni·*dor* (ô) adj. sm.
re:u·ni·fi·ca·*ção* sf.; pl. ·*ções*.
re:u·ni·fi·*car* v.
re:u·*nir* v.
re:ur·ba·ni·za·*ção* sf.; pl. ·*ções*.
re:ur·ba·ni·*zar* v.
re·va·ci·na·*ção* sf.; pl. ·*ções*.
re·va·ci·*nar* v.
re·va·li·da·*ção* sf.; pl. ·*ções*.
re·va·li·da·*dor* (ô) adj. sm.
re·va·li·*dar* v.
re·va·lo·ri·za·*ção* sf.; pl. ·*ções*.
re·va·lo·ri·za·*dor* (ô) adj. sm.
re·va·lo·ri·*zar* v.
re·*van*·che sm.
re·van·*chis*·mo sm.
re·van·*chis*·ta adj. s2g.
re·ve·*dor* (ô) adj. sm.
réveillon sm. (fr.: *reveion*).
re·*vel* adj. s2g.; pl. ·*véis*.
re·ve·la·*ção* sf.; pl. ·*ções*.
re·ve·la·*dor* (ô) adj. sm.
re·ve·*lar* v.
re·ve·*lá*·vel adj. 2g.; pl. ·*veis*.
re·*ve*·lho adj. sm.
re·*ve*·lhus·co adj.
re·ve·*li*·a sf.; na loc. *à revelia*.
re·ve·*lim* sm.; pl. ·*lins*.

re·ve·*lir* v.
re·*vên*·ci:a sf.
re·*ven*·da sf.
re·ven·*dão* adj. sm.; pl. ·*dões*; f. *revendona*.
re·ven·de·*dor* (ô) adj. sm.
re·ven·*der* v.
re·ven·di·*ção* sf.; pl. ·*ções*.
re·ven·di·*lhão* adj. sm.; pl. ·*lhões*; f. *revendilhona*.
re·ven·di·*lho*·na adj. sf. de *revendilhão*.
re·ven·*dí*·vel adj. 2g.; pl. ·*veis*.
re·ven·*do*·na adj. sf. de *revendão*.
re·ve·ne·*rar* v.
re·*ver* v.
re·ver·be·ra·*ção* sf.; pl. ·*ções*.
re·ver·be·*ran*·te adj. 2g.
re·ver·be·*rar* v.
re·ver·be·ra·*tó*·ri:o adj.
re·ver·*bé*·ri:o sm.
re·ver·*be*·ro (ê) sm. 'fogareiro'/Cf. *revérbero*.
re·*vér*·be·ro sm. 'luminosidade'/Cf. *reverbero*, sm. e fl. do v. *reverberar*.
re·ver·de·*cer* v.
re·ver·de·ci·*men*·to sm.
re·ver·de·*jan*·te adj. 2g.
re·ver·de·*jar* v.
re·ve·*rên*·ci:a sf./Cf. *reverencia*, do v. *reverenciar*.
re·ve·ren·ci:a·*dor* (ô) adj. sm.
re·ve·ren·ci:*al* adj. 2g.; pl. ·*ais*.
re·ve·ren·ci:*ar* v.
re·ve·ren·ci:*o*·so (ô) adj.; f. *e* pl. (ó).
re·ve·*ren*·das sf. pl.
re·ve·ren·*dís*·si·ma sf.
re·ve·ren·*dís*·si·mo adj. sm.
re·ve·*ren*·do adj. sm.
re·ve·*ren*·te adj. 2g.
re·ve·ri·fi·ca·*ção* sf.; pl. ·*ções*.
re·ve·ri·fi·ca·*dor* (ô) adj. sm.
re·ve·ri·fi·*car* v.
re·ver·*sal* adj. s2g.; pl. ·*sais*.
re·ver·*são* sf.; pl. ·*sões*.
re·ver·*sar* v.
re·ver·si·bi·li·*da*·de sf.
re·ver·*sí*·vel adj. 2g.; pl. ·*veis*.
re·ver·*si*·vo adj.
re·*ver*·so adj. sm.
re·ver·*tá*·tur sm.; pl. *revertátures*.
re·ver·*ter* v.
re·ver·*té*·ri:o sm.

re·ver·*tí*·vel adj. 2g.; pl. ·*veis*.
re·*vés* sm.; pl. *reveses*/Cf. *revezes*, do v. *revezar* e *revezes* (ê) sf. pl.
re·*ves*·sa sf./Cf. *revessa* (ê), f. de *revesso* (ê).
re·ves·*sar* v. 'arrevessar'/Cf. *reviçar*.
re·*ves*·so (ê) adj. sm.: *arrevesso*/Cf. *revesso* (é), do v. *revessar*.
re·ves·ti·*men*·to sm.
re·ves·*tir* v.
re·ve·za·*dor* (ô) adj. sm.
re·ve·za·*men*·to sm.
re·ve·*zar* v.
re·ve·*zes* (ê) sf. pl., nas loc. *a revezes* e *às revezes*/Cf. *revezes* (é), do v. *revezar* e *reveses*, pl. de *revés*.
re·ve·*zo* (ê) adj. sm./Cf. *revezo* (é), do v. *revezar*.
re·vi·ça·*men*·to sm.
re·vi·*çar* v. 'viçar de novo'/Cf. *revessar*.
re·*vi*·ço sm.
re·vi·*dar* v.
re·*vi*·de sm.
re·vi·go·ra·*men*·to sm.
re·vi·go·*rar* v.
re·vi·*men*·to sm.
re·*vin*·da sf.
re·vin·*di*·ta sf.
re·vin·*gar* v.
re·*vir* v.
re·*vi*·ra sf.
re·vi·*ra*·do adj. sm.
re·vi·ra·*men*·to sm.
re·vi·*rão* sm.; pl. ·*rões*.
re·vi·ra·o·*lho*(s) sm. (pl.).
re·vi·*rar* v.
re·vi·ra·*vol*·ta sf.
re·vi·ra·vol·te:*ar* v.
re·vi·*re*·te (ê) sm.
re·vi·*são* sf.; pl. ·*sões*.
re·vi·*sar* v.
re·vi·si:o·*nis*·mo sm.
re·vi·si:o·*nis*·ta adj. s2g.
re·vi·si·ta·*ção* sf.; pl. ·*ções*.
re·vi·si·*tar* v.
re·vi·*sor* (ô) adj. sm.
re·vi·*só*·ri:o adj.
re·*vis*·ta sf.
re·vis·*tar* v.
re·*vis*·te·ca sf.
re·vis·*tei*·ro sm.
re·*vis*·to adj.
revival sm. (ing.: *riváivl*).

re·vi·ven·te adj. 2g.
re·vi·ver v.
re·vi·ves·cên·ci:a sf.
re·vi·ves·cen·te adj. 2g.
re·vi·ves·cer v.
re·vi·ves·ci·men·to sm.
re·vi·ves·cí·vel adj. 2g.; pl. ·veis.
re·vi·vi·fi·ca·ção sf.; pl. ·ções.
re·vi·vi·fi·car v.
re·vi·vo adj.
re·vo:a·da sf.
re·vo:ar v.
re·vo·ca·ção sf.; pl. ·ções.
re·vo·car v.
re·vo·ca·tó·ri:o adj.
re·vo·cá·vel adj. 2g.; pl. ·veis.
re·vo·ga·bi·li·da·de sf.
re·vo·ga·ção sf.; pl. ·ções.
re·vo·ga·dor (ô) adj. sm.
re·vo·gan·te adj. 2g.
re·vo·gar v.
re·vo·ga·tó·ri:a sf.
re·vo·ga·tó·ri:o adj.
re·vo·gá·vel adj. 2g.; pl. ·veis.
re·vol·car v.: rebolcar.
re·vol·ta sf.
re·vol·ta·do adj. sm.
re·vol·ta·dor (ô) adj. sm.
re·vol·tan·te adj. 2g.
re·vol·tão sm.; pl. ·tões.
re·vol·tar v.
re·vol·te:ar v.
re·vol·to (ô) adj./Cf. revolto (ó), do v. revoltar.
re·vol·to·so (ô) adj. sm.; f. e pl. (ó).
re·vo·lu·ção sf.; pl. ·ções.
re·vo·lu·ci:o·na·do adj.
re·vo·lu·ci:o·na·men·to sm.
re·vo·lu·ci:o·nar v.
re·vo·lu·ci:o·ná·ri:o adj. sm.; f. revolucionária/ Cf. revolucionaria, do v. revolucionar.
re·vo·lu·te:an·te adj. 2g.
re·vo·lu·te:ar v.
re·vo·lu·tei·ro sm.
re·vo·lu·to adj.
re·vo·lú·vel adj. 2g.; pl. ·veis.
re·vol·ve·dor (ô) adj. sm.
re·vol·ver v. 'remexer'/Cf. revólver.
re·vól·ver sm. 'arma'/Cf. revolver.
re·vol·vi·do adj.
re·vol·vi·men·to sm.

re·vo·o sm.
ré·vo·ra sf.
re·vul·são sf.; pl. ·sões.
re·vul·sar v.
re·vul·si·vo adj. sm.
re·vul·sor (ô) adj. sm.
re·vul·só·ri:o adj.
re·xen·xão sm.; pl. ·xões.
re·za sf.
re·za·do adj.
re·ze:a·dor (ô) adj. sm.
re·zão sm. 'razão'; pl. ·zões/Cf. risão.
re·zar v.
re·za·ri·a sf.
re·zi·na adj. s2g. 'ranzinza'/Cf. resina e rizina.
re·zin·ga sf.
re·zin·gão adj. sm.; pl. ·gões; f. rezingona.
re·zin·gar v.
re·zin·go·na adj. sf. de rezingão.
re·zin·guei·ro adj. sm.
ri·a sf.
ri:a·chão sm.; pl. ·chões.
ri:a·chão:en·se adj. s2g.
ri:a·chen·se adj. s2g.
ri:a·cho sm.
ri:a·chu:e·len·se adj. s2g.
ri:al·men·se adj. s2g.
ri:al·ten·se adj. s2g.
ri:am·ba sf.: liamba.
ri·as sf. pl.
ri·ba sf.
ri·ba·çã sf.: arribaçã.
ri·ba·da sf.
ri·bal·da·ri·a sf.
ri·bal·di·a sf.
ri·bal·do adj. sm.
ri·bal·ta sf.
ri·ba·mar sm. ou sf.
ri·ba·ma·ren·se adj. s2g.
ri·ban·ça sf.
ri·ban·cei·ra sf.
ri·ba·te·ja·no adj. sm.
ri·bei·ra sf.
ri·bei·ra·da sf.
ri·bei·rão sm.; pl. ·rões.
ri·bei·rão-bo·ni·ten·se(s) adj. s2g. (pl.).
ri·bei·rão-bran·quen·se(s) adj. s2g. (pl.).
ri·bei·rão-cla·ren·se(s) adj. s2g. (pl.).
ri·bei·rão:en·se adj. s2g.
ri·bei·rão-pre·ta·no(s) adj. sm. (pl.).

ri·bei·rar v.
ri·bei·ren·se adj. s2g.
ri·bei·ri·nha sf.
ri·bei·ri·nho adj. sm.
ri·bei·ro adj. sm.
ri·bei·ro-pi·nha·len·se(s) adj. s2g. (pl.).
ri·bei·ro·po·len·se adj. s2g.
ri·bei·ro·pre·ta·no adj. sm
ri·be·te (ê) sm.
ri·bo·fla·vi·na sf.
ri·bom·bân·ci:a sf.: rimbombância.
ri·bom·ban·te adj. 2g.: rimbombante.
ri·bom·bar v.: rimbombar.
ri·bom·bo sm.: rimbombo.
ri·ça sf.
ri·ca·ço adj. sm.
ri·ca(s)-do·na(s) sf. (pl.).
ri·ca·nho adj. sm.
ri·çar v.
ri·cer·car sm.
ri·cer·ca·ta sf.
ri·char·te adj. s2g.
rí·ci·no sm.
ri·ci·no·lei·co adj. sm.
ri·ci·nú·le:o adj. sm.
ric·kett·si:o·se sf.: riquetsiose.
ri·co adj. sm.
ri·ço adj. sm.
ri·co·che·tar v.
ri·co·che·te (ê) sm.
ri·co·che·te:ar v.
ri·co-ho·mem sm.; pl. ricos-homens.
ri·co·ta sf.
ric·to sm. 'abertura da boca': ríctus/Cf. rito e ríton.
ríc·tus sm. 2n.: ricto.
ri·den·te adj. 2g. 'sorridente'/ Cf. redente.
ri·di·cu·la·ri·a sf.
ri·di·cu·la·ri·zar v.
ri·di·cu·li·za·ção sf.; pl. ·ções.
ri·di·cu·li·zar v.
ri·dí·cu·lo adj. sm.
ri·di·di·co sm.
ri:ei·ra sf.
ri:el sm.; pl. ·éis.
ri:e·man·ni:a·no adj.
ri·fa sf.
ri·fa·da sf.
ri·fa·dor (ô) adj. sm.
ri·fa:i·nen·se adj. s2g.
ri·fão sm.; pl. ·fões.
ri·far v.

ri·*fe*·nho adj. sm.
ri·fi·*fi* sm.
ri·fle sm.
rí·gel sf.; pl. ·geis.
ri·gi·*dez* (ê) sf.
rí·gi·do adj.
ri·go·*dão* sm.; pl. ·*dões*.
ri·*gor* (ô) sm.
ri·go·*ri.s*·mo sm.
ri·go·*ri.s*·ta adj. s2g.
ri·go·ro·si·*da*·de sf.
ri·go·*ro*·so (ô) adj.; f. *e* pl. (ó).
ri·*je*·za (ê) sf.
ri·jo adj. sm. adv.
ril sm.; pl. *ris*.
ri·lha·*dor* (ô) adj. sm.
ri·lha·*du*·ra sf.
ri·*lhar* v.
ri·*lhei*·ra sf.
rim sm.; pl. *rins*.
ri·ma sf.
ri·*ma*·do adj.
ri·ma·*dor* (ô) adj. sm.
ri·*ma*·lho sm.
ri·*mar* v.
ri·*má*·ri:o sm.
ri·*má*·ti·co adj.
rim·bom·*bân*·ci:a sf.:
  ribombância.
rim·bom·*ban*·te adj. 2g.:
  ribombante.
rim·bom·*bar* v.: *ribombar*.
rim·*bom*·bo sm.: *ribombo*.
rim-de-*boi* sm.; pl. *rins-de-boi*.
rí·mel sm.; pl. ·meis.
rí·mi·co adj. sm.
ri·*mo*·so (ô) adj.; f. *e* pl. (ó).
rí·mu·la sf.
ri·nal·*gi*·a sf.
ri·*nál*·gi·co adj.
rin·*ça*·gem sf.; pl. ·gens.
rin·*cão* sm.; pl. ·*cões*.
rin·*cha*·da sf.
rin·*chão*[1] sm. 'arbusto'; pl.
  ·*chões*/Cf. *rinchão*[2].
rin·*chão*[2] adj. 'que rincha
  muito'; pl. ·*chões*; f. *rinchona*/
  Cf. *rinchão*[1].
rin·*char* v. sm.
rin·cha·ve·*lha*·da sf.
rin·cha·ve·*lhar* v.
rin·*cho* sm.
rin·*cho*·na adj. f. de *rinchão*.
rin·cob·*dé*·li·do adj. sm.
rin·co·*cé*·fa·lo sm.
rin·co·*cé*·le:o adj. sm.
rin·*có*·fo·ro adj. sm.

rin·co·*nar* v.
rin·co·*nen*·se adj. s2g.
rin·co·*nis*·ta adj. s2g.
rin·co·*pí*·de:o adj. sm.
rin·*cós*·po·ro adj.
rin·*co*·to adj. sm.
ri·nen·*cé*·fa·lo sm.
rin·*gen*·te adj. 2g.
rin·*gir* v.
rin·gue sm.
ri·nha sf.
ri·nha·*dei*·ro sm.: *rinhedeiro*.
ri·*nhão* sm.; pl. ·*nhões*.
ri·*nhar* v.
ri·nhe·*dei*·ro sm.: *rinhadeiro*.
ri·ni:*á*·ce:a sf.
ri·ni:*á*·ce:o adj.
ri·*ni*·te sf.
ri·no·ce·*ron*·te sm.
ri·no·ce·*rôn*·ti·co adj.
ri·no·crip·*tí*·de:o adj. sm.
ri·no·fa·*rin*·ge sf.
ri·no·fa·rin·*gi*·te sf.
ri·no·fa·rin·*gí*·ti·co adj.
ri·no·*fi*·ma sm.
ri·no·fo·*ni*·a sf.
ri·no·*fô*·ni·co adj.
ri·no·lo·*gi*·a sf.
ri·no·plas·*ti*·a sf.
ri·no·*plás*·ti·co adj.
ri·no·po·*len*·se adj. s2g.
ri·nop·*ti*·a sf.
ri·nor·ra·*fi*·a sf.
ri·nor·ra·*gi*·a sf.
ri·nor·*rá*·gi·co adj.
ri·nor·*rei*·a sf.
ri·nor·*rei*·co adj.
ri·nos·cle·*ro*·ma sm.
ri·nos·co·*pi*·a sf.
ri·nos·*có*·pi·co adj.
ri·nos·si·nu·*si*·te sf.
ri·nos·teg·*no*·se sf.
rin·que sm.
rins sm. pl.
ri:o sm.
ri:o-a·ci·men·se(s) adj. s2g.
  (pl.).
ri:o-bo·ni·*ten*·se(s) adj. s2g.
  (pl.).
ri:o-bran·*quen*·se(s) adj. s2g.
  (pl.).
ri:o-bri·lhan·*ten*·se(s) adj. s2g.
  (pl.).
ri:o-cas·*quen*·se(s) adj. s2g.
  (pl.).
ri:o-cla·*ren*·se(s) adj. s2g. (pl.).
ri:o-con·*ten*·se(s) adj. s2g. (pl.).

ri:o-es·pe·*ren*·se(s) adj. s2g.
  (pl.).
ri:o-flo·*ren*·se(s) adj. s2g. (pl.).
ri:o-for·mo·*sen*·se(s) adj. s2g.
  (pl.).
ri:o-gran·den·se(s)-do-*nor*·te
  adj. s2g. (pl.).
ri:o-gran·den·se(s)-do-*sul* adj.
  s2g. (pl.).
ri:o-gran·*di*·no adj. sm. 'de, ou
  relativo a Riograndina'/Cf.
  rio-grandino.
ri:o-gran·*di*·no(s) adj. sm. Rio
  (pl.). 'de, ou relativo a Rio
  Grande'/Cf. *riograndino*.
ri:o-lan·*den*·se adj. s2g.
ri:o-lar·*guen*·se(s) adj. s2g.
  (pl.).
ri:o-*li*·to sm.: ri:*ó*·li·to.
ri:o-*mar* sm.; pl. *rios-mares*.
ri:o-ne·*gren*·se(s) adj. s2g. (pl.).
ri:o-no·*ven*·se(s) adj. s2g. (pl.).
ri:o-pa·ra·na:i·*ba*·no(s) adj.
  sm. (pl.).
ri:o-par·*den*·se(s) adj. s2g. (pl.).
ri:o-pe·*dren*·se(s) adj. s2g. (pl.).
ri:o-pla·*ten*·se(s) adj. s2g. (pl.).
ri:o-pom·*ben*·se(s) adj. s2g.
  (pl.).
ri:o-pre·*ta*·no(s) adj. sm. (pl.).
ri:o-pre·*ten*·se(s) adj. s2g. (pl.).
ri:op·te·le:*á*·ce:a sf.
ri:op·te·le:*á*·ce:o adj.
ri:o-re:a·*len*·se(s) adj. s2g. (pl.).
ri:o-su·*len*·se(s) adj. s2g. (pl.).
ri:o-tin·*ten*·se(s) adj. s2g. (pl.).
ri:o-ver·*den*·se(s) adj. s2g. (pl.).
ri:o-ver·me·*lhen*·se(s) adj. s2g.
  (pl.).
ri·pa sf.
ri·*pa*·da sf.
ri·*pa*·do adj. sm.
ri·pa·*du*·ra sf.
ri·*pa*·gem sf.; pl. ·gens.
ri·pal adj. 2g.; pl. ·*pais*.
ri·pa·*men*·to sm.
ri·*pan*·ço sm.
ri·*par* v.
ri·*pá*·ri:o adj.; f. *ripária*/Cf.
  riparia, do v. *ripar*.
ri·*pei*·ro adj. sm.
ri·pi:*a*·do adj.
ri·*pí*·co·la adj. 2g.
ri·*pí*·di:o sm.
ri·pi·do·*glos*·so adj. sm.
ri·*pi*·na sf.
rí·pi:o sm.

ri·*píp*·te·ro adj. sm.
ri·*pos*·ta sf. 'ação de ripostar'/ Cf. *reposta*¹, *reposta*².
ri·pos·*tar* v; 'rebater a estocada'/Cf. *repostar*.
ri·pu:*á*·ri:o adj. sm.
ri·quet·si:o·se sf.: *rickettsiose*.
ri·*que*·za (ê) sf.
ri·qui·*xá* sm.
rir v. sm.
ri-*ri* sm.; pl. *ris-ris* ou *ri-ris*.
ri·*sa*·da sf.
ri·sa·*da*·gem sf.; pl. ·gens.
ri·sa·da·*ri*·a sf.
ri·*são* adj. 'que ri muito'; pl. ·*sões*; f. *risona*/Cf. *rezão*.
ris·ca sf.
ris·ca·*di*·nho sm.
ris·*ca*·do adj. sm.
ris·ca·*dor* (ô) adj. sm.
ris·ca·*du*·ra sf.
ris·ca·*men*·to sm.
ris·*car* v.
ris·co sm.
ri·si·bi·li·*da*·de sf.
ri·*sí*·vel adj. 2g. sm.; pl. ·veis.
ri·so sm.
ri·*so*·na. f. de *risão*.
ri·*so*·nho adj.
ri·*só*·ri:o adj. sm.
ri·*so*·ta sf.
ri·*so*·te adj. s2g.
ri·*so*·to (ô) sm. 'iguaria de arroz'/Cf. *rizoto*.
ris·pi·*dez* (ê) sf.
ris·pi·*de*·za (ê) sf.
rís·pi·do adj.
ris·*so*·le sm.
ris·te sm., na loc. *em riste*: *reste*².
ri·*tei*·ra sf.
ri·ti·dec·to·*mi*·a sf.
ri·ti·dec·*tô*·mi·co adj.
ri·ti·*do*·ma sm.
ri·ti·*dô*·mi·co adj.
ri·ti·*do*·se sf.
rit·*ma*·do adj.
rit·*mar* v.
rít·mi·ca sf.
rít·mi·co adj.
rit·*mis*·ta adj. s2g.
rit·mo sm.
rit·mo·*pei*·a sf.
ri·to sm. 'culto, seita'/Cf. *ricto* e *ríton*.
rí·ton sm. 'tipo de vaso grego'/ Cf. *ricto* e *rito*.

ri·tor·*ne*·lo sm.
ri·tu:*al* adj. 2g. sm.; pl. ·*ais*.
ri·tu:a·*lis*·mo sm.
ri·tu:a·*lis*·ta adj. s2g.
ri·tu:a·*lís*·ti·co adj.
ri·*val* adj. s2g.; pl. ·*vais*.
ri·va·li·*da*·de sf.
ri·va·li·*zar* v.
ri·va·li·*zá*·vel adj. 2g.; pl. ·veis.
ri·*ví*·co·la adj. 2g.
ri·xa sf.
ri·xa·*dor* (ô) adj. sm.
ri·*xar* v.
ri·*xen*·to adj.
ri·*xo*·so (ô) adj.; f. e pl. (ó).
ri·za·*du*·ra sf.
ri·*za*·gra sf.
ri·*zan*·to adj. sm.
ri·*zar* v.
ri·zes sm. pl.
ri·zi·cul·*tor* (ô) adj. sm.
ri·zi·cul·*tu*·ra sf.
ri·*zi*·na sf. 'feixe de rizoides conglutinados dos liquens'/ Cf. *resina* e *rezina*.
ri·zo·*blas*·to sm.
ri·zo·*cár*·pi·co adj.
ri·zo·*cé*·fa·lo adj. sm.
ri·zo·fa·*gi*·a sf.
ri·*zó*·fa·go adj. sm.
ri·zo·*fi*·lo adj. sm. 'diz-se do, ou o vegetal cujas folhas produzem raízes'/Cf. *rizófilo*.
ri·*zó*·fi·lo adj. 'que vive nas raízes'/Cf. *rizofilo*.
ri·*zó*·fi·to sm.
ri·zo·fla·ge·*la*·do adj. sm.
ri·zo·fo·*rá*·ce:a sf.
ri·zo·fo·*rá*·ce:o adj.
ri·*zó*·fo·ro adj. sm.
ri·zo·gra·*fi*·a sf.
ri·zo·*grá*·fi·co adj.
ri·*zoi*·dal adj. 2g.; pl. ·*dais*.
ri·*zoi*·de adj. 2g. sm.
ri·*zo*·ma sm.
ri·zo·mas·ti·*gi*·no adj. sm.
ri·zo·*má*·ti·co adj.
ri·zo·ma·*to*·so (ô) adj.; f. e pl. (ó).
ri·zo·*mé*·li·co adj.
ri·zo·*mor*·fo adj. sm.
ri·*zó*·po·de adj. 2g. sm.
ri·zos·so·le·ni:*á*·ce:a sf.
ri·zos·so·le·ni:*á*·ce:o adj.
ri·*zós*·to·mo adj. sm.
ri·zo·ta·*xi*·a (cs) sf.

ri·*zo*·to adj. sm. 'animal metazoário'/Cf. *risoto*.
ri·zo·to·*mi*·a sf.
ri·zo·*tô*·mi·co adj.
ri·zo·*tô*·ni·co adj.
ro:a·*cís*·si·mo adj. superl. de *roaz*.
ro:*az* adj. 2g. sm.; superl. *roacíssimo*.
ro·*ba*·fo sm.: *rubafo*.
ro·ba·*lão* sm.; pl. ·*lões*; aum. de *robalo*.
ro·ba·*le*·te (ê) sm.; dim. de *robalo*.
ro·ba·*li*·nho sm.; dim. de *robalo*.
ro·*ba*·lo sm.: aum. *robalão*; dim. *robalinho* ou *robalete*.
ro·ba·lo(s)-bi·*cu*·do(s) sm. (pl.).
ro·ba·lo(s)-de-a·*rei*·a sm. (pl.).
ro·ba·lo-*fle*·cha sm.; pl. *robalos-flechas* ou *robalos-flecha*.
ro·ba·lo(s)-mi·ra·*guai*·a(s) sm. (pl.).
ro·be sm.
ro·bis·*são* sm.; pl. ·*sões*.
ro·ble sm.
ro·*ble*·do (ê) sm.
ro·*bô* sm.
ro·bo·ra·*ção* sf.; pl. ·*ções*.
ro·bo·*ran*·te adj. 2g.
ro·bo·*rar* v.
ro·bo·ra·*ti*·vo adj.
ro·bo·*re*·do (ê) sm.
ro·bo·ri·*zar* v. 'roborar'/Cf. *ruborizar*.
ro·*bó*·ti·ca sf.
ro·bus·te·ce·*dor* (ô) adj.
ro·bus·te·*cer* v.
ro·bus·*tez* (ê) sf.
ro·bus·*te*·za (ê) sf.
ro·bus·ti·*dão* sf.; pl. ·*dões*.
ro·*bus*·to adj.
ro·ca sf.
ro·ça sf.
ro·*ca*·da sf.
ro·*ça*·da sf.
ro·ça·*de*·la sf.
ro·ça·*di*·nho sm.
ro·*ca*·do adj. sm.
ro·*ca*·do sm.
ro·ça·*doi*·ra sf.: *roçadoura*.
ro·ça·*dor* (ô) adj. sm.
ro·ça·*dou*·ra sf.: *roçadoira*.
ro·ça·*du*·ra sf.

ro·ça·*gan*·te adj. 2g.
ro·ça·*gar* v.
ro·*ça*·gem sf.; pl. ·gens.
ro·cal adj. 2g. sm.; pl. ·*cais*.
ro·ca·lha sf.
ro·cam·*bo*·le sm.
ro·cam·bo·*les*·co (ê) adj.
ro·cam·bo·*lis*·mo sm.
ro·ça·*men*·to sm.
ro·car v.
ro·*çar* v. 'cortar, derrubar'/Cf. *ruçar*.
ro·ca·sa·*len*·se(s) adj. s2g. (pl.).
ro·*caz* adj. 2g.
ro·ce·*dão* sm.; pl. ·*dões*.
ro·*ce*·ga sf.
ro·ce·*gar* v.
ro·*cei*·ra sf.
ro·*cei*·ro adj. sm.
ro·cei·ro-*plan*·ta sm.; pl. roceiros-plantas ou roceiros-planta.
ro·cha sf.
ro·chaz adj. 2g.
ro·che·*den*·se adj. s2g.
ro·*che*·do (ê) sm.
ro·*chi*·na sf.
ro·cho·so (ô) adj.; f. *e* pl. (ó).
ro·ci:*a*·da sf.
ro·ci:*ar* v.
ro·cim sm.; pl. ·*cins*.
ro·ci·nal adj. 2g.; pl. ·*nais*.
ro·ci·*nan*·te sm.
ro·ci·*nar* v.
ro·*ci*·nha sf.
ro·ci:o sm. 'orvalho'/Cf. *rócio* e *rossio*.
ró·ci:o sm. 'orgulho': *roço*[1]/Cf. *rocio* e *rossio*.
ro·ci:*o*·so (ô) adj.; f. *e* pl. (ó).
rock sm. (ing.: *rók*).
ro·cló sm.
ro·*ço*[1] sm.: *rócio*/Cf. *roço*[2] (ô).
ro·*ço*[2] (ô) sm. 'corte de pedra acima do solo'/Cf. *roço*[1] (ó), sm. e fl. do v. *roçar*.
ro·co·*có* adj. 2g. sm.
ro·co·ro·*ré* sm.
ro·da sf.
ro·da·da sf.
ro·da(s)-*d'á*·gua sf. (pl.).
ro·da(s) de *pau* sf. (pl.).
ro·da(s) de *po*·pa sf. (pl.).
ro·da(s) de *pro*·a sf. (pl.).
ro·*da*·do adj. sm.
ro·*da*·dor (ô) adj.
ro·*da*·gem sf.; pl. ·gens.

ro·da(s)-gi·*gan*·te(s) sf. (pl.).
ro·da·*men*·to sm.
ro·da·mo·*i*·nho sm.: *redemoinho*, *redemunho*.
ro·da·mon·*ta*·da sf.
ro·*dan*·te adj. 2g. sm.
ro·da·*pé* sm.
ro·da·que sm.
ro·dar v.
ro·da(s)-*vi*·va(s) sf. (pl.).
ro·de:a·*dor* (ô) adj. sm.
ro·de:a·*men*·to sm.
ro·de:*an*·te adj. 2g.
ro·de:*ar* v.
ro·de:*en*·se adj. s2g.
ro·*dei*·o adj. sm.
ro·*dei*·ra sf.
ro·*dei*·ro adj. sm.
ro·*de*·la sf. adj. s2g.
ro·de·*lei*·ro adj. sm. 'que tem rodela'/Cf. *redoleiro*.
ro·*de*·lo (ê) sm.
ro·de·si:*a*·no adj. sm.
ro·*de*·ta (ê) sf.
ro·*de*·te (ê) sm.
ro·*dí*·ci:o sm.
ro·*dí*·lha sf.
ro·di·lhão sm.; pl. ·*lhões*.
ro·di·lhar v.
ro·*di*·lho sm.
ro·di·*lhu*·do adj.
ro·*di*·nha sf.
ró·*di*:o adj. sm.
ro·*dí*·zi:o sm.
ro·do (ô) sm./Cf. *rodo* (ó), do v. *rodar*.
ro·do·cro·*si*·ta sf.
ro·do·*den*·dro sm.
ro·do·fer·ro·vi:*á*·ri:o adj. sm.
ro·do·*fí*·ce:a sf.
ro·do·*fí*·ce:o adj.
ro·do·*gás*·tre:o adj.
ro·do·gra·*fi*·a sf.
ro·do·*grá*·fi·co adj.
ro·*dó*·gra·fo sm.
ro·*doi*·ça sf. 'rodilha': *rodouça*/Cf. *redoiça*.
ro·do·*le*·go (ê) sm.
ro·do·*lei*·ra sf.
ro·do·*lei*·ro sm.
ro·do·*li*·ta sf.
ro·do·*lo·gi*·a sf.
ro·do·*ló*·gi·co adj.
ro·do·*mel* sm.; pl. ·*méis*.
ro·do·*mo*·ça (ô) sf.
ro·do·*ni*·ta sf.
ro·do·*pe*·lo (ê) sm.

ro·do·pi:ar v.
ro·do·*pi*:o sm.
ro·dop·si·na sf.
ro·*dóp*·te·ro adj.
ro·dos·*per*·mo adj.
ro·*dós*·to·mo adj.
ro·*dou*·ça sf. 'rodilha': *rodoiça*/Cf. *redouça*.
ro·do·*va*·lho sm.
ro·do·*vi*·a sf.
ro·do·vi:*á*·ri:a sf.
ro·do·vi:*á*·ri:o adj. sm.
ro·*du*·ra sf.
ro:e·*dei*·ra sf.
ro:e·*dei*·ro sm.
ro:e·*dor* (ô) adj. sm.
ro:e·*du*·ra sf.
ro:*el* sm.; pl. *roéis*/Cf. *roeis*, do v. *roer*.
ro:*ent*·gen (rêntguen) sm.
ro:ent·gen·di:ag·*nós*·ti·co (rêntguen) sm.
ro:ent·gen·fo·to·gra·*fi*·a (rêntguen) sf.
ro:ent·ge·no·lo·*gi*·a (rêntguen) sf.
ro:ent·ge·no·*ló*·gi·co (rêntguen) adj.
ro:ent·ge·no·lo·*gis*·ta (rêntguen) adj. s2g.
ro:ent·gen·te·ra·*pi*·a (rêntguen) sf.
ro:ent·gen·te·*rá*·pi·co (rêntguen) adj.
ro:*er* v.
ro·*fe*·go (ê) sm.: *refego*.
ro·fo (ô) sm.
ro·ga·*ção* sf.; pl. ·*ções*.
ro·*ga*·do adj.
ro·*ga*·dor (ô) adj. sm.
ro·*gal* adj. 2g.; pl. ·*gais*.
ro·*gan*·te adj. 2g.
ro·gar v.
ro·ga·*ti*·va sf.
ro·ga·*ti*·vo adj.
ro·ga·*tó*·ri:a sf.
ro·ga·*tó*·ri:o adj.
ro·go (ô) sm.; pl. (ó)/Cf. *rogo* (ó), do v. *rogar*.
rói-*coi*·ro(s) sm. (pl.): *rói-cou*·ro(s).
ro:*í*·do adj. 'cortado com os dentes' 'embriagado'/Cf. *ruído*.
roip·te·le:*á*·ce:a sf.
roip·te·le:*á*·ce:o adj.
rói-*rói*(s) sm. (pl.).

ro·*ja*·do (ô) adj. sm.
ro·*jão* sm.; pl. *jões*.
ro·*jar* v.
ro·jo (ô) sm./Cf. *rojo* (ó), do v. *rojar*.
rol sm.; pl. *róis*.
ro·la (ô) sf./Cf. *rola* (ó), do v. *rolar*.
ro·la-a-*zul* sf.; pl. *rolas-azuis*.
ro·la(s)-*bos*·ta(s) sm. (pl.).
ro·la(s)-ca·*bo*·cla(s) sf. (pl.).
ro·la(s)-ca·ri·*jó*(s) sf. (pl.).
ro·la-cas·ca·*vel* sf.; pl. *rolas-cascavéis* ou *rolas-cascavel*.
ro·la(s) de são-jo·*sé* sf. (pl.).
ro·*la*·do adj.
ro·la-*dor* (ô) adj. sm.
ro·*la*·gem sf.; pl. ·*gens*.
ro·la(s)-ge·me·*dei*·ra(s) sf. (pl.).
ro·la(s)-*gran*·de(s) sf. (pl.).
ro·la·*men*·to sm.
ro·lan·di:*a*·na sf.
ro·lan·di:*a*·no adj.
ro·lan·di:*en*·se adj. s2g.
ro·*lan*·te adj. 2g. sf.
ro·lan·*ten*·se adj. s2g.
ro·*lão* sm.; pl. ·*lões*.
ro·la-pa·je:*ú* sf.; pl. *rolas-pajeús* ou *rolas-pajeú*.
ro·la-pe·*drês* sf.; pl. *rolas-pedreses*.
ro·la(s)-pe·*que*·na(s) sf. (pl.).
ro·*lar* v.
ro·la-*ro*·la(s) sm. (pl.).
ro·la(s)-*ro*·xa(s) sf. (pl.).
ro·la(s)-va·*quei*·ra(s) sf. (pl.).
rol·*da*·na sf.
rol·*dão* sm.; pl. ·*dões*.
ro·*lei*·ra sf.
ro·*lei*·ro adj. sm.
ro·*le*·ta (ê) sf.
ro·*le*·ta(s)-pau·*lis*·ta(s) sf. (pl.).
ro·le·*tar* v.
ro·*le*·ta(s)-*rus*·sa(s) sf. (pl.).
ro·*le*·te(ê) sm./Cf. *rolete* (é), do v. *roletar*.
ro·lha (ô) sf./Cf. *rolha* (ó), do v. *rolhar*.
ro·lha-*dor* (ô) sm.
ro·lha-*du*·ra sf.
ro·*lha*·gem sf.; pl. ·*gens*.
ro·*lhar* v.
ro·*lhei*·ro adj. sm.
ro·lho (ô) adj. sm./Cf. *rolho* (ó), do v. *rolhar*.
ro·*li*·ço adj.
ro·li·*mã* sm.

ro·*li*·nha sf.
ro·li·nha(s)-ca·ri·*jó*(s) sf. (pl.).
ro·li·nha-cas·ca·vel sf.; pl. *rolinhas-cascavéis* ou *rolinhas-cascavel*.
ro·*lis*·ta adj. s2g.
ro·lo (ô) sm./Cf. *rolo* (ó), do v. *rolar*.
ro·lo·*tê* sm.
ro·*mã* sf.
ro·*ma*·gem sf.; pl. ·*gens*.
ro·*mai*·ca sf.
ro·*mai*·co adj. sm.
ro·*ma*·na sf.
ro·*man*·ça sf.
ro·man·*ça*·da sf.
ro·man·ça·*ri*·a sf.
ro·*man*·ce adj. 2g. sm.
ro·man·ce:*a*·do adj.
ro·man·ce:*ar* v.
ro·*man*·ce·co sm.
ro·man·*cei*·ro adj. sm.
ro·man·ce-ri:*o* sm.; pl. *romances-rios* ou *romances-rio*.
ro·man·*ce*·te (ê) sm.
ro·*man*·che adj. 2g. sm.
ro·man·*ci*·ce sf.
ro·man·*cis*·mo sm.
ro·man·*cis*·ta adj. s2g.
ro·ma·ne:*ar* v.
ro·ma·*nei*·o sm.
ro·ma·*nes*·co (ê) adj. sm.
ro·*ma*·nho sm.: *romenho*.
ro·ma·*ni* sm.: ro·*mâ*·ni.
ro·*mâ*·ni:a sf.
ro·*mâ*·ni·co adj. sm.
ro·ma·*nis*·ta adj. s2g.
ro·ma·ni·za·*ção* sf.; pl. ·*ções*.
ro·ma·ni·*zar* v.
ro·ma·ni·*zá*·vel adj. 2g.; pl. ·*veis*.
ro·*ma*·no adj. sm.
ro·ma·no-bi·zan·*ti*·no(s) adj. (pl.).
ro·man·ti·*cis*·mo sm.
ro·*mân*·ti·co adj. sm.
ro·man·*tis*·mo sm.
ro·man·ti·*zar* v.
ro·*mão* adj. sm.; pl. ·*mãos*: f. *romã*.
ro·mão·*zi*·nho sm.
ro·ma·*ri* adj. s2g.
ro·ma·*ri*·a sf.
ro·mã·*zei*·ra sf.
ro·mã·*zei*·ral sm.; pl. ·*rais*.
rôm·bi·co adj.
rom·bi·fo·li:*a*·do adj.

rom·bi·*fó*·li:o adj.
rom·bi·*for*·me adj. 2g.
rom·bo adj. sm.
rom·bo:*é*·dri·co adj.
rom·bo:*e*·dro sm.
rom·boi·*dal* adj. 2g. sm.; pl. ·*dais*.
rom·*boi*·de adj. 2g. sm.
rom·bos·*per*·mo adj.
rom·*bu*·do adj.
ro·*mei*·ra sf.
ro·*mei*·ral sm.; pl. ·*rais*.
ro·*mei*·ro sm.
ro·me·li:*o*·ta adj. s2g.: *rumeliota*.
ro·*me*·nho sm.: *romanho*.
ro·*me*·no adj. sm.
ro·*meu* sm.
ro·mi·*nhol* sm.; pl. ·*nhóis*.
rom·*pan*·te adj. 2g. sm.
rom·*pão* sm.; pl. ·*pões*.
rom·pe·*dei*·ra sf.
rom·pe·*dor* (ô) adj. sm.
rom·pe·*du*·ra sf.
rom·pe·gi·*bão* sm.; pl. *rompe-gibões*.
rom·*pen*·te adj. 2g.
rom·*per* v.
rom·pe·*sai*·as sf. 2n.
rom·*pi*·da sf.
rom·pi·*men*·to sm.
ron·ca sf.
ron·ca·*dei*·ra sf.
ron·ca·*dor* (ô) adj. sm.
ron·ca·*du*·ra sf.
ron·*can*·te adj. 2g.
ron·*car* v.
ron·ca·*ri*·a sf.
ron·ça·*ri*·a sf.
ron·ce:*ar* v.
ron·cei·*ri*·ce sf.
ron·cei·*ris*·mo sm.
ron·*cei*·ro adj.
ron·cha sf.
ron·*char* v.
ron·*ci*·ce sf.
ron·co sm.
ron·*co*·lho (ô) adj. sm.
ron·cor (ô) sm.
ron·da sf.
ron·*dan*·te adj. s2g. sm.
ron·*dão* sm.; pl. ·*dões*.
ron·*dar* v.
ron·de:*ar* v.
ron·del sm.; pl. ·*déis*/Cf. *rondeis*, do v. *rondar*.
ron·do sm.

ron·*dó* sm.
ron·do·ni:*a*·no adj. sm.
ron·do·no·po·li·*ta*·no adj. sm.
ron·*gó* sf.
ro·nha sf.
ro·*nhen*·to adj.
ro·*nho*·so (ô) adj.; f. *e* pl. (ó).
ron·que:*ar* v.
ron·*quei*·ra sf.
ron·que·*jar* v.
ron·*quém* adj. 2g.; pl. ·*quéns*: rouquenho/Cf. ronquem, do v. roncar.
ron·*que*·nho adj.
ron·qui·*dão* sf.; pl. ·*dões*.
ron·*qui*·do sm.
ron·*rom* sm.; pl. ·*rons*.
ron·ro·*nan*·te adj. 2g.
ron·ro·*nar* v.
ro·*pá*·li·co adj.
ro·pa·*ló*·ce·ro adj. sm.
ro·po·*tei*·ro adj. sm.
ro·que sm.
ro·*quei*·ra sf.
ro·*quei*·*ra*·da sf.
ro·*quei*·ro adj. sm.
ro·que-*ro*·que sm.; pl. roques-roques ou roque-roques.
ro·*que*·te (ê) sm.
ror (ô) sm.
ro·*ran*·te adj. 2g.
ro·*rar* v.
ro·re·*jan*·te adj. 2g.
ro·re·*jar* v.
ró·ri·do adj.
ro·ri·du·*lá*·ce:a sf.
ro·ri·du·*lá*·ce:o adj.
ro·*rí*·fe·ro adj.
ro·*rí*·flu:o adj.
ró·ró sm.; pl. *rós-rós* ou *ró-rós*.
ro·ro·co·*ré* sm.
ror·*qual* sm.; pl. ·*quais*.
ror·qual-gi·*gan*·te sm.; pl. rorquais-gigantes.
ro·sa sf. adj. 2g. 2n. sm.
ro·*sa*·ça sf.: ro·*sá*·ce:a.
ro·*sá*·ce:o adj.
ro·sa-*cho*·que adj. 2g. 2n. sm. 2n.
ro·sa-*cruz* adj. 2g. sm. sf.; pl. rosas-cruzes ou rosa-cruzes.
ro·sa(s)-da-*ín*·di:a sf. (pl.).
ro·sa(s)-da-mon·*ta*·nha sf. (pl.).
ro·sa(s)-de-*cão* sf. (pl.).
ro·sa(s)-de-je·ri·*có* sf. (pl.).
ro·*sa*·do adj. sm.
ro·sa(s) dos *ru*·mos sf. (pl.).

ro·sa(s) dos *ven*·tos sf. (pl.).
ro·*sal* adj. 2g. sm.; pl. ·*sais*.
ro·*sa*·le sf.
ro·sa·*len*·se adj. s2g.
ro·*sal*·gar adj. s2g. sm.: ruzagá.
ro·*sá*·li:a sf.
ro·sa(s)-*lou*·ca(s) sf. (pl.).
ro·sa-ma·ra·*vi*·lha adj. 2g. 2n. sm.; pl. *rosas-maravilhas* ou *rosas-maravilha*.
ro·*sar* v.
ro·sa·*ren*·se adj. s2g.
ro·sa·ri·*en*·se adj. s2g.
ro·*sá*·ri:o sm.
ro·sa(s)-*ru*·bra(s) sf. (pl.).
ros·*bi*·fe sm.
ros·ca (ó) sf. adj. s2g./Cf. rosca (ó), do v. roscar.
ros·*car* v.
rós·ci·do adj.
ros·*co*·fe adj. 2g. sm.
rosé adj. 2g. s2g. sm. (fr. *rosê*).
ro·se:*ar* v.
ro·*sei*·ra sf.
ro·se·*í*·na sf.
ro·sei·*ral* sm.; pl. ·*rais*.
ro·sel·*ris*·ta s2g.
ro·*se*·lha (ê) sf.
ro·*sé*·li:a sf.
ro·se·*li*·ta sf.
ró·se:o adj. sm.
ro·*sé*:o·la sf.
ro·*se*·ta (ê) sf./Cf. roseta (é), do v. rosetar.
ro·se·ta(s)-de-per·nam·*bu*·co sf. (pl.).
ro·se·*tar* v.
ro·*se*·te (ê) adj. 2g./Cf. resete (é), do v. rosetar.
ro·se·te:*ar* v.
ro·se·*tei*·ro adj. sm.
ro·si·*cler* adj. 2g. sm.
ro·si·*gas*·tro adj.
ro·*si*·lho adj. sm.
ro·*si*·ta sf.
ros·ma·ni·*nhal* sm.; pl. ·*nhais*.
ros·ma·*ni*·nho sm.
ros·na·*de*·la sf.
ros·na·*du*·ra sf.
ros·*nar* v.
ros·*nen*·to adj.
ros·que:*ar* v.
ros·*qui*·lha sf.
ros·*qui*·lho sm.
ros·*qui*·nha sf.
ros·si·ni:*a*·no adj.
ros·si·o sm. 'praça'/Cf. rocio sm.

e fl. do v. *rociar* e *rócio* sm.
ros·te:*ar* v.
ros·*te*·lo (é ou ê) sm.
ros·*tir* v. 'maltratar'/Cf. *rustir*.
ros·to (ô) sm.
ros·*to*·lho (ô) sm.
ros·*tra*·do adj.
ros·*tral* adj. 2g.; pl. ·*trais*.
ros·trau·*lí*·de:o adj. sm.
ros·tri·*cór*·ne:o adj.
ros·tri·*for*·me adj. 2g.
ros·tro sm.
ro·su·*la*·do adj.
ro·ta sf./Cf. *rota* (ó), f. de *roto* (ô).
ro·ta·*ção* sf.; pl. ·*ções*.
ro·*tá*·ce:o adj. 'que tem forma de roda'/Cf. rutáceo.
ro·ta·ci:o·*nal* adj. 2g. sm.; pl. ·*nais*.
ro·ta·*cis*·mo sm.
ro·ta·*dor* (ô) adj. sm.
ro·*tâ*·me·tro sm.
ro·*tan*·te adj. 2g.
ro·*tar* v.
ro·ta·ri:*a*·no adj. sm.
ro·*tá*·ri:o adj. sm.; f. *rotária*/Cf. rotaria, do v. rotar.
ro·ta·*ti*·va sf.
ro·ta·ti·vi·*da*·de sf.
ro·ta·ti·*vis*·mo sm.
ro·ta·ti·*vis*·ta adj. s2g.
ro·ta·*ti*·vo adj.
ro·ta·*tó*·ri:a sf.
ro·ta·*tó*·ri:o adj. sm.
ro·ta·*ví*·rus sm. 2n.
ro·te:a·*dor* (ô) adj. sm.
ro·te:*ar* v.
ro·te:a·*ri*·a sf.
ro·tei·*ris*·ta adj. s2g.
ro·tei·ri·*zar* v.
ro·*tei*·ro sm.
ro·te·*no*·na sf.
rot·*fo*·ne sm.
ro·*tí*·fe·ro adj. sm.
ro·ti·*for*·me adj. 2g.
ro·*tim* sm.; pl. ·*tins*.
ro·*ti*·na sf. 'hábito'/Cf. rutina.
ro·ti·*nei*·ra sf.
ro·ti·*nei*·ro adj. sm.
ro·to (ô) adj. sm./Cf. *roto* (ó), do v. rotar.
ro·to:es·te·re:o·ti·*pi*·a sf.
ro·to·*fo*·to sf.
ro·to·*grá*·fi·co adj.
ro·to·gra·va·*dor* (ô) sm.
ro·to·gra·*var* v.

ro·to·gra·*vu*·ra sf.
ro·to:im·pres·*são* sf.; pl. ·*sões*.
ro·to·*pla*·no adj.
ro·*tor* (ô) sm.
ró·tu·la sf./Cf. *rotula*, do v. *rotular*.
ro·tu·la·*ção* sf.; pl. ·*ções*.
ro·tu·*la*·do adj. sm.
ro·tu·*la*·gem sf.; pl. ·*gens*.
ro·tu·*lar* adj. 2g.
ro·tu·li:*a*·no adj.
ró·tu·lo sm./Cf. *rotulo*, do v. *rotular*.
ro·*tun*·da sf.
ro·tun·di·*co*·lo adj.
ro·tun·di·*da*·de sf.
ro·tun·di·*fó*·li:o adj.
ro·tun·di·*ven*·tre adj. 2g.
ro·*tun*·do adj.
ro·*tu*·ra sf.: *ruptura*.
rou·*ba*·do adj.
rou·ba·*lhei*·ra sf.
rou·*bar* v.
rou·bo sm.
rou·co adj.
rou·fe·*nhar* v.
rou·*fe*·nho adj.
round sm. (ing.: *raund*).
rou·pa sf.
rou·pa(s)-*bran*·ca(s) sf. (pl.).
rou·pa(s) de fran·*ce*·ses sf. (pl.).
rou·*pa*·gem sf.; pl. ·*gens*.
rou·*pão* sm.; pl. ·*pões*.
rou·*par* v.
rou·pa·*ri*·a sf.
rou·pa(s)-*ve*·lha(s) sf. (pl.).
rou·*pei*·ro adj. sm.
rou·*pe*·ta (ê) sf. *e* sm.
rou·*pi*·do adj.
rou·*pi*·nha sf.
rou·pi·*qui*·nha sf.
rou·*quei*·ra sf.
rou·que·*jan*·te adj. 2g.
rou·que·*jar* v.
rou·*que*·nho adj.: *ronquém*.
rou·*qui*·ce sf.
rou·qui·*dão* sf.; pl. ·*dões*.
rou·*qui*·do sm.
rou·xi·*nol* sm.; pl. ·*nóis*.
rou·xi·nol-do-*cam*·po sm.; pl. *rouxinóis-do-campo*.
rou·xi·nol-do-ri:o·*ne*·gro sm.; pl. *rouxinóis-do-rio-negro*.
rou·xi·no·le·*ar* v.
ro·xa (ô) sf.
ro·xe:*a*·do adj.
ro·xe:*ar* v.
ro·*xi*·nha sf.
ro·*xo* (ô) adj. sm.
ro·xo(s)-*for*·te(s) sm. (pl.).
royalty sm. (ing.: *róialti*).
ru·a sf. interj.
ru:a·*dor* (ô) adj. sm.
ru:a·*mom* sm.; pl. ·*mons*: ru:a·*mão*; pl. ·*mões*.
ru:*a*·no adj. sm.
ru:*an*·te adj. 2g.
ru:*ão* adj. sm.; pl. ·*ões*.
ru·*ba*·fo sm.: *robafo*.
ru·*ba*·go sm.
ru·be·fa·*ção* sf.; pl. ·*ções*: ru·be·fac·*ção*.
ru·be·fa·ci:*en*·te adj. 2g. sm.
ru·be·*jar* v.
ru·be·*li*·ta sf.
ru·*ben*·te adj. 2g.
rú·be:o adj.
ru·*bé*:o·la sf.
ru·bes·*cen*·te adj. 2g.
ru·bes·*cer* v.
ru·bi sm.
ru·bi:*á*·ce:a sf.
ru·bi:a·*cen*·se adj. s2g.
ru·bi:*á*·ce:o adj.
ru·bi:*a*·le sf.
ru·bi:a·ta·*ben*·se adj. s2g.
ru·bi·*ca*·no adj.
ru·bi·*cão* sm.; pl. ·*cões*.
ru·bi·*cun*·do adj.
ru·bi(s)-da-si·*bé*·ri:a sm. (pl.).
ru·bi·*dez* (ê) sf.
ru·*bí*·di:o sm.
rú·bi·do adj.
ru·bi(s) do *ca*·bo sm. (pl.).
ru·bi·fi·ca·*ção* sf.; pl. ·*ções*.
ru·bi·fi·*can*·te adj. 2g.
ru·bi·fi·*car* v.
ru·bi·*for*·me adj. 2g.
ru·bi·gi·*no*·so (ô) adj.; f. *e* pl. (ó).
ru·*bim* sm.; pl. ·*bins*.
ru·bi·*ne*·te (ê) sm.
ru·bi·to·*pá*·zi:o sm.: ru·bi·to·*pá*·zi:o; pl. *rubis-topázios* ou *rubis-topázio*.
ru·bi·*xá* sm.
ru·blo sm.
ru·bo sm.
ru·*bor* (ô) sm.
ru·bo·res·*cer* v.
ru·bo·ri·za·*ção* sf.; pl. ·*ções*
ru·bo·ri·*zar* v. 'tornar rubro'/ Cf. *roborizar*.
ru·*bri*·ca sf.
ru·bri·ca·*dor* (ô) adj. sm.
ru·bri·*car* v.
ru·bri·*cis*·ta adj. s2g.
ru·bri·*co*·lo adj.
ru·bri·*cór*·ne:o adj.
ru·bri·*flo*·ro adj.
ru·bri·*gás*·tre:o adj.
ru·*brí*·pe·de adj. 2g.
ru·bri·*plú*·me:o adj.
ru·brir·*ros*·tro adj.
ru·bro adj. sm.
ru·bro·*ne*·gro(s) adj. sm. (pl.).
ru·*çar* v. 'tornar pardacento'/ Cf. *roçar*.
ru·*ci*·lho adj.
ru·ço[1] adj. 'pardacento'/Cf. *ruço*[2] e *russo*.
ru·ço[2] sm. 'nevoeiro'/Cf. *ruço*[1] e *russo*.
ru·cui·*e*·ne adj. s2g.
ru·de adj. 2g.
ru·de·*ral* adj. 2g.; pl. ·*rais*.
ru·*dez* (ê) sf.
ru·*de*·za (ê) sf.
ru·di·men·*tar* adj. 2g.
ru·di·*men*·to sm.
ru·do adj.: *rude*.
ru:*ei*·ro adj. sm.
ru:*e*·la sf.
ru·fa·*dor* (ô) adj. sm.
ru·*far* v.
ru·fi:a·*nes*·co (ê) adj.
ru·fi:a·*nis*·mo sm.
ru·fi:*ão* sm.; pl. *rufiães* ou *rufiões*; f. *rufiona*.
ru·fi:*ar* v.
ru·fi·*car*·po adj.
ru·fi·*cór*·ne:o adj.
ru·fi·*gás*·tre:o adj.
ru·fi·*nér*·ve:o adj.
rú·fi:o sm./Cf. *rufio*, do v. *rufiar*.
ru·fi:*o*·na sf. de *rufião*.
ru·fi·*pal*·po adj.
ru·*fis*·ta adj. s2g.
ru·fi·*tar*·so adj.
ru·*flar* v.
ru·flo sm.
ru·fo adj. sm.
ru·ga sf.
ru·*gar* v.
rúg·bi sm., do ing. *rugby*.
ru·ge sm.
ru·ge-*ru*·ge sm.; pl. *ruges-ruges* ou *ruge-ruges*.
ru·*gi*·do sm.
ru·gi·*dor* (ô) adj. sm.

ru·gi·*en*·te adj. 2g.
ru·*gí*·fe·ro adj.
ru·*gir* v.
ru·gi·*tar* v.
ru·go·si·*da*·de sf.
ru·*go*·so (ô) adj.; f. *e* pl. (ó).
rui·*a*·no adj. sm.
rui·*bar*·bo sm.
rui·bar·bo(s)-do-*bre*·jo sm. (pl.).
rui·bar·bo(s)-do-*cam*·po sm. (pl.).
rui·bar·bo(s)-dos-*char*·cos sm. (pl.).
rui·bar·bo·*sen*·se(s) adj. s2g. (pl.).
ru:i·*dar* v.
ru·*í*·do sm. 'barulho'/Cf. *roído*.
ru:i·*do*·so (ô) adj.; f. *e* pl. (ó).
ru:*im* adj. 2g. sm.; pl. ·*ins*.
ru:*í*·na sf.
ru:i·na·*ri*·a sf.
ru:in·*da*·de sf.
ru:i·ni·*for*·me adj. 2g.
ru:i·*no*·so (ô) adj.; f. *e* pl. (ó).
ru:in·*zei*·ra sf.
ru:*ir* v.
ru:*ís*·ta adj. s2g.
rui·va sf.
rui·va·*cen*·to adj.
rui·vi·*dão* sf.; pl. ·*dões*.
rui·*vi*·nha sf.
rui·vo adj. sm.
rui·*vor* (ô) sm.
ru·*lê* adj. 2g.
ru·lo sm.
rum sm.; pl. *runs*.
ru·ma sf. interj.
ru·*ma*·do adj.
ru·*mar* v.
rum·ba sf.
rum·be:a·*dor* (ô) adj.
rum·be:*ar* v.
rum·*bei*·ro sm.
ru·*me*[1] adj. s2g. 'povo'/Cf. *rume*[2].
ru·*me*[2] sm. 'a primeira cavidade do estômago dos ruminantes': *rúmen*[1]/Cf. *rume*[1].
ru·me·li:*o*·ta adj. s2g.: *romeliota*.
rú·men[1] sm.; pl. *rumens* ou *rúmenes*: *rume*[2]/Cf. *rúmén*[1].

rú·men[2] sm. 'ruminante'; pl. ·mens/Cf. *rúmen*[1].
ru·mi·na·*ção* sf.; pl. ·*ções*.
ru·mi·*na*·do adj.
ru·mi·na·*doi*·ro sm.:
   ru·mi·na·*dou*·ro.
ru·mi·*nan*·te adj. 2g. sm.
ru·mi·*nar* v.
ru·mo sm.
ru·*mor* (ô) sm.; pl. *rumores* (ô)/Cf. *rumores* (ó), do v. *rumorar*.
ru·mo·*rar* v.
ru·mo·re·*jan*·te adj. 2g.
ru·mo·re·*jar* v.
ru·mo·*re*·jo (ê) sm.
ru·mo·*ro*·so (ô) adj.; f. *e* pl. (ó).
rum·pi sm.
ru·na sf.
run·ci·*na*·do adj.
run·do sm.
rú·ni·co adj.
ru·no·lo·*gi*·a sf.
ru·no·*ló*·gi·co adj.
ru·*nó*·lo·go sm.
ru·pe·*quei*·ro sm.
ru·*pes*·tre adj. 2g.
ru·*pi*·a sf. 'inflamação da pele' 'moeda'/Cf. *rúpia*.
rú·pi:a sf. 'planta'/Cf. *rupia*.
ru·*pí*·co·la adj. 2g. sm.
rúp·til adj. 2g.; pl. ·*teis*.
rup·ti·li·*da*·de sf.
rup·*tó*·ri:o adj. sm.
rup·*tu*·ra sf.: *rotura*.
ru·*ral* adj. 2g.; sf.; pl. ·*rais*.
ru·ra·*lis*·mo sm.
ru·ra·*lis*·ta adj. s2g.
ru·ra·li·*zar* v.
ru·*rí*·co·la adj. s2g.
ru·*rí*·ge·na adj. s2g.
ru·ro·gra·*fi*·a sf.
ru·ro·*grá*·fi·co adj.
ru·*ró*·gra·fo sm.
rus·ga sf.
rus·gar v.
rus·*guen*·to adj.
rush sm. (ing.: *rash*).
rus·ki·ni:*a*·no adj.: *rusquiniano*.
rus·ma sf.
ru·so·gra·*fi*·a sf.: *rurografia*.
ru·so·*grá*·fi·co adj.: *rurográfico*.
ru·*só*·gra·fo sm.: *rurógrafo*.

rus·qui·ni:*a*·no adj.: *ruskiniano*.
rus·sa·*lha*·da sf.
rus·*sa*·no adj. sm.
rus·si:*a*·na sf.
rus·si:*a*·no adj. sm.
rus·si·fi·ca·*ção* sf.; pl. ·*ções*.
rus·si·fi·*car* v.
rus·si·*lho*·na sf.
rus·so adj. sm. 'povo'/Cf. *ruço* adj. e sm., e fl. do v. *ruçar*.
rus·so·a·me·ri·ca·no(s) adj. sm. (pl.).
rus·so-bran·co(s) adj. sm. (pl.).
rus·so·fi·*li*·a sf.
rus·*só*·fi·lo adj. sm.
rus·so·fo·*bi*·a sf.
rus·*só*·fo·bo adj. sm.
rus·te sm.
rus·ti·ca·*dor* (ô) sm.
rus·ti·*car* v.
rus·ti·ca·*ri*·a sf.
rus·ti·ci·*da*·de sf.
rús·ti·co adj. sm./Cf. *rustico*, do v. *rusticar*.
rus·ti·*dor* (ô) sf.
rus·ti·*quez* (ê) sf.
rus·ti·*que*·za (ê) sf.
rus·*tir* v. 'enganar'/Cf. *rostir*.
rus·to sm.
ru·ta·*ba*·ga sf.
ru·*tá*·ce:a sf.
ru·*tá*·ce:o adj. 'pertencente às rutáceas'/Cf. *rotáceo*.
ru·te·*lí*·de:o adj. sm.
ru·*tê*·ni:o sm.
ru·*te*·no adj.
ru·ti·la·*ção* sf.; pl. ·*ções*.
ru·ti·*lân*·ci:a sf.
ru·ti·*lan*·te adj. 2g.
ru·ti·*lar* v.
ru·*tí*·li:o sm.
ru·ti·*lo*[1] sm.: *rutílio*/Cf. *rútilo* e *rutilo*[2].
ru·ti·*lo*[2] sm. 'rutilância'/Cf. *rutilo*[1] e *rútilo*.
rú·ti·lo adj. 'rutilante'/Cf. *rutilo*[1], *rutilo*[2] sm. e fl. do v. *rutilar*.
ru·*ti*·na sf. 'antispasmódico'/ Cf. *rotina*.
rú·tu·lo adj. sm.
ru·vi·*nho*·so (ô) adj.; f. *e* pl. (ó).
ru·za·*gá* adj. s2g.: *rosalgar*.

S

sã adj. sf. de *são*.
sa·*á* sm.: *sauá*.
sa·a·*mo*·na sf.
sa·a·ri:*a*·no adj. sm.
sa·*á*·ri·co adj. sm.
sa·*bá* sm.
sa·*bá*·ci:a sf.
sa·ba·*cu* sm.: *sabucu*.
sa·ba·cu(s)-de-co·*ro*·a sm. (pl.).
sa·ba·de:*a·dor* (ô) adj. sm.
sa·ba·de:*ar* v.
sa·ba·di·*li*·na sf.
sa·ba·*di*·na sf.
sa·ba·di·*ni*·na sf.
sa·ba·*dis*·ta adj. s2g.
sá·ba·do sm.
sa·ba·*gan*·te sm.: *sabaquante*.
sa·*bai*·o sm.
sa·*ba*·jo sm.
sa·*bão* sm.; pl. ·*bões*.
sa·bão-de-ma·*ca*·co sm.; pl.
 sabões-de-macaco.
sa·bão-de-sol·*da*·do sm.; pl.
 sabões-de-soldado.
sa·bão·*zei*·ra adj. sf.
sa·bão·*zi*·nho sm.; pl.
 sabõezinhos.
sa·ba·*quan*·te sm.: *sabagante*.
sa·ba·*ren*·se adj. s2g.
sa·ba·ti·*a*·no adj. sm.
sa·*bá*·ti·co adj.
sa·ba·*ti*·na sf.
sa·ba·ti·*nar* v.
sa·ba·ti·*nei*·ro adj. sm.
sa·ba·*ti*·no adj. sm.
sa·ba·*tis*·mo sm.
sa·ba·*tis*·ta adj. s2g.
sa·ba·ti·*zar* v.
sa·*bá*·vel adj. 2g.; pl. ·*veis*.
sa·*bá*·zi:a sf.
sa·be·*dor* (ô) adj. sm.
sa·be·do·*ri*·a sf.
sa·*bei*·a adj. sf. de *sabeu*.

sa·be·*ís*·mo sm.
sa·be·*ís*·ta adj. s2g.
sa·be·*í*·ta adj. s2g.
sa·*be*·la sf.
sa·be·*lá*·ri:a sf.
sa·*be*·lha sf.
sa·be·li:a·*nis*·mo sm.
sa·be·li:*a*·no adj. sm.
sa·*bé*·li·co adj. sm.
sa·*bé*·li:o adj. sm.: sa·*be*·lo.
sa·*ben*·ça sf.
sa·*ben*·das sf. pl., na loc, *a
 sabendas*.
sa·*ber* v. sm.
sa·be·*rê* sm.
sa·be·re·*car* v.
sa·be·*ren*·te adj. s2g.
sa·be·re·re·*car* v.: *saberecar*.
sa·be·*re*·te (ê) adj. sm. s2g.
sa·be·*tu*·do s2g. 2n.
sa·*beu* adj. sm.; f. *sabeia*.
sa·*bi*:*á* sm. *ou* sf.
sa·bi:*á*(s)-bar·*ran*·co(s) sm.
 (pl.).
sa·bi:*á*(s)-*bran*·co(s) sm. (pl.).
sa·bi:*á*(s)-ca·*chor*·ro(s) sm. (pl.).
sa·bi:*á*-ca·*va*·lo sm.; pl. *sabiás-
 -cavalos* ou *sabiás-cavalo*.
sa·bi:*á*·ce:a sf.
sa·bi:*á*·ce:o adj.
sa·bi:a·*ci*·ca sm. *ou* sf.
sa·bi:*á*(s)-cin·*zen*·to(s) sm. (pl.).
sa·bi:*á*-co·*lei*·ra sm.; pl. *sabiás-
 -coleiras* ou *sabiás-coleira*.
sa·bi:*á*(s)-da-cam·*pi*·na sm.
 (pl.).
sa·bi:*á*(s)-da-ca·po:*ei*·ra sm.
 (pl.).
sa·bi:*á*(s)-da-*la*·pa sm. (pl.).
sa·bi:*á*(s)-da-*ma*·ta sm. (pl.).
sa·bi:*á*(s)-da-ma·ta-*vir*·gem
 sm. (pl.).
sa·bi:*á*(s)-da-*prai*·a sm. (pl.).

sa·bi:*á*(s)-da-res·*tin*·ga sm. (pl.).
sa·bi:*á*(s)-da-*ser*·ra sm. (pl.).
sa·bi:*á*(s)-de-bar·ri·ga-
 -ver·*me*·lha sm. (pl.).
sa·bi:*á*(s)-do-ba·*nha*·do sm.
 (pl.).
sa·bi:*á*(s)-do-*bre*·jo sm. (pl.).
sa·bi:*á*(s)-do-*cam*·po sm. (pl.).
sa·bi:*á*(s)-do-ma·to-*gros*·so
 sm. (pl.).
sa·bi:*á*(s)-do-*pi*·ri sm. (pl.).
sa·bi:*á*(s)-do-ser·*tão* sm. (pl.).
sa·bi:*á*(s)-fer·*rei*·ro(s) sm. (pl.).
sa·bi:*á*-gon·*gá* sm.; pl. *sabiás-
 -gongás* ou *sabiás-gongá*.
sa·bi:*á*(s)-gua·*çu*(s) sm. (pl.).
sa·bi:*á*-la·*ran*·ja sm.; pl. *sabiás-
 -laranjas* ou *sabiás-laranja*.
sa·bi:*á*-la·ran·*jei*·ra sm.; pl.
 sabiás-laranjeiras ou *sabiás-
 -laranjeira*.
sa·bi:*á*(s)-*par*·do(s) sm. (pl.).
sa·bi:*á*-pi·*men*·ta sf.; pl. *sabiás-
 -pimentas* ou *sabiás-pimenta*.
sa·bi:*á*(s)-pi·*ran*·ga(s) sm. (pl.).
sa·bi:a·pi·*ri* sm. *ou* sf.
sa·bi:a·*po*·ca sm. *ou* sf.
sa·bi:a·*pon*·ga sm. *ou* sf.
sa·bi:*á*(s)-*pre*·to(s) sm. (pl.).
sa·bi:a·*tin*·ga sm. *ou* sf.
sa·bi:*á*(s)-tro·*pei*·ro(s) sm. (pl.).
sa·bi:a·*ú*·na sm.
sa·bi:*á*(s)-ver·da·*dei*·ro(s) sm.
 (pl.).
sa·bi·*chã* adj. sf. de *sabichão*.
sa·bi·*chão* adj. sm.; f. *sabichona*
 ou *sabichã*; pl. ·*chões*.
sa·bi·*char* v.
sa·bi·*cho*·na adj. sf. de *sabichão*.
sa·bi·*cho*·so (ô) adj. sm.; f. *e*
 pl. (ó).
sa·*bi*·das sf. pl., na loc. *às
 sabidas e às não sabidas*.

sa·bi·do adj. sm.
sa·bi·dos sm. pl.
sa·bi·na sf.
sa·bi·na·da sf.
sa·bi·nen·se adj. s2g.
sa·bi·ni:a·no adj. sm.
sa·bi·no adj. sm.
sa·bi·nol sm.; pl. ·nóis.
sa·bi·no·po·len·se adj. s2g.
sá·bi:o adj. sm.; f. sábia; superl. sapientíssimo/Cf. sabia, do v. saber.
sa·bi·tu sm.
sa·bí·vel adj. 2g.; pl. ·veis.
sa·ble adj. 2g. sm.
sa·bo:a·ra·na sf.
sa·bo:a·ri·a sf.
sa·bo:ei·ra sf.
sa·bo:ei·ra·na sf.
sa·bo:ei·ro sm.
sa·bo·ga sf.
sa·boi·a·no adj. sm.
sa·bo·nei·ra sf.
sa·bo·nei·ro sm.
sa·bo·ne·te (ê) sm.
sa·bo·ne·tei·ra sf.
sa·bo·ne·tei·ro sm.
sa·bon·go sm.: sambongo.
sa·bor (ô) sm.
sa·bo·re:ar v.
sa·bo·re:á·vel adj. 2g.; pl. ·veis.
sa·bo·ri·do adj.
sa·bo·ro·so (ô) adj.; f. e pl. (ó).
sa·bor·ra (ô) sf.: saburra.
sa·bo·ta·gem sf.; pl. ·gens.
sa·bo·tar v.
sa·bra·ca adj. s2g.
sa·bra·ço sm.
sa·bra·da sf.
sa·bre sm.
sa·bre(s)-bai·o·ne·ta(s) sm. (pl.).
sa·bre·car v.: saberecar.
sa·bu·car v.
sa·bu·co sm.
sa·bu·cu sm.: sabacu.
sa·bu·ga·do adj.
sa·bu·gal adj. 2g. sm.; pl. ·gais.
sa·bu·ga·len·se adj. s2g.
sa·bu·gar v.
sa·bu·go sm.
sa·bu·guei·ri·nho sm.
sa·bu·guei·ri·nho(s)-do-cam·po sm. (pl.).
sa·bu·guei·ro sm.
sa·bu·guei·ro(s)-d'á·gua sm. (pl.).

sa·bu·já adj. s2g. sm.
sa·bu·jar v.
sa·bu·ji·ce sf.
sa·bu·jo sm.
sa·bu·lí·co·la adj. 2g.
sa·bu·lo·so (ô) adj.; f. e pl. (ó).
sa·bu·rá sm.
sa·bur·ra sf.: saborra.
sa·bur·ral adj. 2g.; pl. ·rais.
sa·bur·rar v.
sa·bur·ren·to adj.
sa·bur·ro·so (ô) adj.; f. e pl. (ó).
sa·bu·ru sm.
sa·ca sf. sm.
sa·cá sm.
sa·cã sf.
sa·ca·ba·las sm. 2n.
sa·ca·bo·ca·do(s) adj. sm. (pl.).
sa·ca·boi(s) sm. (pl.).
sa·ca·boi·a sf.
sa·ca·bu·cha(s) sm. (pl.). 'saca-trapo'/Cf. sacabuxa.
sa·ca·bu·xa sf. 'trombeta reta'/Cf. saca-bucha.
sa·ca·ca sf. adj. s2g.
sa·ca·ção sf.; pl. ·ções
sa·ca·da sf.
sa·ca·de·la sf.
sa·ca·do adj. sm.
sa·ca·dor (ô) adj. sm.
sa·ca·do·ri·a sf.
sa·ca-es·tre·pe(s)-da-ma·ta sm. (pl.).
sa·ca-es·tre·pe(s)-da-cam·pi·na sm. (pl.).
sa·ca·í sm. 'galho seco'/Cf. sacai, do v. sacar.
sa·ca:i·boi·a sf.
sa·cal adj. 2g. sm.; pl. ·cais.
sa·ca·lão sm.; pl. ·lões.
sa·ca·me·crã ajd. s2g.
sa·ca·me·tal sm.; pl. saca-metais.
sa·ca·mo·las sm. 2n.
sa·ca·na adj. s2g.
sa·ca·na·gem sf.; pl. ·gens.
sa·ca·ne:ar v.
sa·can·ga sf.
sa·çan·ga sf.
sa·ca·ni·ce sf.
sa·cão sm.; pl. ·cões.
sa·ca·pon·tei·ros sm. 2n.
sa·ca·pre·gos sm. 2n.
sa·car v.
sa·ca·ra·to sm.
sa·ca·ri·a sf.
sa·ça·ri·car v.

sa·ça·rí·co sm.
sa·ca·rí·de:o adj. sm.
sa·ca·rí·fe·ro adj.
sa·ca·ri·fi·ca·ção sf.; pl. ·ções.
sa·ca·ri·fi·ca·dor (ô) adj.
sa·ca·ri·fi·can·te adj. 2g.
sa·ca·ri·fi·car v.
sa·ca·ri·fi·cá·vel adj. 2g.; pl. ·veis.
sa·ca·ri·me·tri·a sf.
sa·ca·ri·mé·tri·co adj.
sa·ca·rí·me·tro sm.
sa·ca·ri·na sf.
sa·ca·ri·no adj.
sa·ca·rí·vo·ro adj. sm.
sa·ca·roi·de adj. 2g.
sa·ca·ro·lha(s) sf. sm. (pl.).
sa·ca·ro·lhas sm. 2n.
sa·ca·ro·lo·gi·a sf.
sa·ca·ro·ló·gi·co adj.
sa·ca·ro·lo·gis·ta adj. s2g.
sa·ca·ró·lo·go sm.
sa·ca·ro·se sf.
sa·ca·ro·so (ô) adj.; f. e pl. (ó).
sa·car·rão sm.; pl. ·rões.
sa·ca·sai·a(s) sf. (pl.).
sa·ca·tei·ra sf.
sa·ca·tra·po(s) sm. (pl.).
sa·ca·tu·ta·no(s) sm. (pl.).
sa·ca·ve·no adj. sm.
sa·ce·li·for·me adj. 2g.
sa·ce·lo sm.
sa·cer·dó·ci:o sm.
sa·cer·do·tal adj. 2g. sm.; pl. ·tais.
sa·cer·do·ta·lis·mo sm.
sa·cer·do·te sm.; f. sacerdotisa.
sa·cer·do·ti·sa sf.
sa·cha sf.
sa·cha·dor (ô) adj. sm.
sa·cha·du·ra sf.
sa·char v.
sa·chê sm.: sa·ché.
sa·cho sm.
sa·cho·la sf.
sa·cho·la·da sf.
sa·cho·lar v.
sa·ci sm.
sa·ci:a·ção sf.; pl. ·ções.
sa·ci:ar v.
sa·ci:á·vel adj. 2g.; pl. ·veis.
sa·ci·ce·re·rê sm.; pl. sacis-cererês ou saci-cererés.
sa·ci:e·da·de sf.
sa·ci·for·me adj. 2g.
sa·ci·pe·re·rê sm.; pl. sacis-pererês ou saci-pererés.

sa·co sm.
sa·co·ca sf.
sa·có·fo·ro adj. sm.
sa·co·la sf.
sa·co·lé sm.
sa·co·le·jar v.
sa·co·le·jo (ê) sm.
sa·co·pa·ri sm.
sa·co(s)-ro·to(s) sm. (pl.).
sa·cra sf
sa·cral·gi·a sf.
sa·cra·li·za·ção sf.; pl. ·ções.
sa·cra·men·ta·do adj. sm.
sa·cra·men·tal adj. 2g. sm.; pl. ·tais.
sa·cra·men·ta·no adj. sm.
sa·cra·men·tar v.
sa·cra·men·tá·ri:o sm.
sa·cra·men·ti·no adj. sm.
sa·cra·men·to sm.
sa·crá·ri:o sm.
sa·cra·tís·si·mo adj. superl. de sagrado.
sa·cri·fi·ca·dor (ô) adj. sm.
sa·cri·fi·cal adj. 2g.; pl. ·cais.
sa·cri·fi·can·te adj. s2g. sm.
sa·cri·fi·car v.
sa·cri·fi·ca·ti·vo adj.
sa·cri·fi·ca·tó·ri:o adj.
sa·cri·fi·cá·vel adj. 2g.; pl. ·veis.
sa·cri·fí·ci:o sm.
sa·cri·fí·cu·lo sm.
sa·cri·lé·gi:o sm.
sa·crí·le·go adj. sm.
sa·cri·lí·a·co adj.
sa·cri·pan·ta adj. s2g.: sa·cri·pan·te.
sa·cris·qui:á·ti·co adj.
sa·cris·ta sm.
sa·cris·tã sf. de sacristão.
sa·cris·ta·ni·a sf.
sa·cris·tão sm.; pl. ·tãos ou ·tães; f. sacristã.
sa·cris·ti·a sf.
sa·cro adj. sm.
sa·cro·cer·vi·cal adj. 2g.; pl. ·cais.
sa·cro·ci:á·ti·co adj.
sa·cro·coc·cí·ge:o adj. sm.
sa·cro·coc·ci·gi:a·no adj.
sa·cro·cos·tal adj. 2g.; pl. ·tais.
sa·cro·co·xal·gi·a (cs) sf.
sa·cro·co·xál·gi·co (cs) adj.
sa·cro·co·xi·te (cs) sf.
sa·cro·di·ni·a sf.
sa·cro·dí·ni·co adj.

sa·cro·fe·mo·ral adj. 2g.; pl. ·rais.
sa·cros·san·to adj.
sa·cu·ba·ré sm.
sa·cu·di·da sf.
sa·cu·di·de·la sf.
sa·cu·di·do adj.
sa·cu·di·dor (ô) adj. sm.
sa·cu·di·du·ra sf.
sa·cu·di·men·to sm.
sa·cu·dir v.
sa·cu:ê sf.: sa·cu:é.
sa·cui·a adj. s2g.
sa·cu·lar adj. 2g. v.
sa·cu·li·for·me adj. 2g.
sá·cu·lo sm.
sa·cu·pe·ma sf.
sa·çu·pem·ba sm.
sa·cu·rê sm.
sa·cu·ri·tá sm.
sá·di·co adj. sm.
sá·di·co-a·nal adj. 2g.; pl. sádico-anais.
sa·di:o adj.
sa·dis·mo sm.
sa·dis·ta adj. s2g.
sa·do·ma·so·quis·mo sm.
sa·do·ma·so·quis·ta adj. s2g.
sa·drá adj
sa·du·cei:a sf. de saduceu.
sa·du·ce·ís·mo sm.
sa·du·ceu sm.; f. saduceia.
sa·fa interj.
sa·fa·da·gem sf.; pl. ·gens.
sa·fa·dão sm.; pl. ·dões; f. ·do·na.
sa·fa·de·za (ê) sf.
sa·fa·di·ce sf.
sa·fa·di·nho adj.
sa·fa·dis·mo sm.
sa·fa·do adj. sm.
sa·fa·do·na sf. de safadão.
sa·fa·não sm.; pl. ·nões.
sa·fa·on·ça(s) sm.(pl.).
sa·far v.
sá·fa·ra sf. 'terreno inculto'/Cf. safara, do v. safar.
sa·far·da·na s2g.
sa·fá·ri sm.
sa·fa·ri·a sf.
sá·fa·ro adj. 'inculto'; f. sáfara/ Cf. sáfara sf. e safara, do v. safar.
sa·far·ras·ca·da sf.: sarrafascada.
sa·fa·ta sf.
sa·fe·na sf.
sa·fe·na·do adj. sm.

sa·fe·no adj. sm.
sá·fi·co adj.
sa·fi:o sm. 'pequeno congro'/ Cf. sáfio.
sá·fi:o adj. grosseiro, rude'/Cf. safio.
sa·fi·ra sf.
sa·fí·re:o adj.
sa·fí·ri·co adj.
sa·fi·ri·no adj.
sa·fis·mo sm.
sa·fis·ta adj. s2g.
sa·fo adj. sm.
sa·fões sm. pl.
sa·fra sf.
sa·fra·ni·na sf.
sa·frei·ro sm.
sa·fre·jar v.
sa·frol sm.; pl. ·fróis.
sa·ga sf.
sa·ga·ci·da·de sf.
sa·ga·cís·si·mo adj. superl. de sagaz.
sa·gaz adj. 2g.; superl. sagacíssimo.
sa·gi·nar v.
sá·gi:o adj. sm.
sa·gi·ta·do adj.
sa·gi·tal adj. 2g.; pl. ·tais.
sa·gi·tar v.
sa·gi·tá·ri:a sf.
sa·gi·ta·ri:a·no adj. sm.
sa·gi·tá·ri:o adj. sm.
sa·gi·te·la sf.
sa·gi·tí·fe·ro adj.
sa·gi·ti·fo·li:a·do adj.
sa·gi·ti·fó·li:o adj.
sa·gra·ção sf.; pl. ·ções.
sa·gra·do adj. sm.; superl. sacratíssimo.
sa·grar v.
sá·gre:a sf.
sa·gren·se adj. s2g.
sa·gri·na sf.
sa·gu sm.
sa·guá sm.
sa·gual sm.; pl. ·guais.
sa·guão sm.; pl. ·guões.
sa·gua·ra·ji sm.
sa·gua·ri·tá sm.
sa·gua·ru sm.
sa·gua·te sm.
sa·guei·ro sm.
sa·gui sm.: saguim.
sa·gui(s)-a·ma·re·lo(s) sm. (pl.).
sa·gui(s)-bran·co(s) sm. (pl.).

sa·gui·ca·ra·*tin*·ga sm.; pl.
   saguis-caratingas ou *saguis-
   -caratinga*.
sa·gui·gua·*çu* sm.
sa·gui·im·pe·ra·*dor* sm.; pl.
   saguis-imperadores.
sa·*guim* sm.: *sagui*.
sa·gui·pi·*ran*·ga sm.
sa·gui(s)·*pre*·to(s) sm. (pl.).
sa·*gui*·ra sf.
sa·*gui*·ru sm.
sa·gui·*u*·na sm.
sa·*gum* sm.: *sagu*.
sa·gun·*ti*·no adj. sm.
sa·*í* sm.
sai·a sf./Cf. *saía*, do v. *sair*.
sai·a·ba·*lão* sf.; pl. *saias-balões*
   ou *saias-balão*.
sai·a(s)-*cal*·ça(s) sf. (pl.).
sa·*í*(s)·a·*çu*(s) sm. (pl.).
sa·*í*·a·çu·a·*zul* sm.; pl. *saís-açus-
   -azuis*.
sai·*al* sm.; pl. ·*ais*.
sa·*í*·an·do·*ri*·nha sm.; pl. *saís-
   -andorinhas* ou *saís-andorinha*.
sai·*ão* adj. sm.; pl. ·*ões*.
sa·*í*·a·ra·ra sm.; pl. *saís-araras*
   ou *saís-arara*.
sa·*í*·a·*zul* sm.; pl. *saís-azuis*.
sa·*í*(s)·bi·*cu*·do(s) sm. (pl.).
sai·bo sm.
sai·bra·*men*·to sm.
sai·*brão* sm.; pl. ·*brões*.
sai·*brar* v.
sai·*brei*·ra sf.
sai·*bren*·to adj.
sai·bro sm.
sai·*bro*·so (ô) adj.; f. *e* pl. (ó).
sa·*í*(s)·bu·ra·*quei*·ra(s) sm.
   (pl.).
sai·*can*·ga sm.: *seicanga*.
sa·*í*·da sf.
sa·*í*·da(s) de *bai*·le sf. (pl.).
sa·*í*·da(s) de *ba*·nho sf. (pl.).
sa·*í*·da(s) de *prai*·a sf. (pl.).
sa·*í*(s)·de·*ban*·do sm. (pl.).
sa·*í*(s)·de·co·*lei*·ra sm. (pl.).
sa·*í*(s)·de·*fo*·go sm. (pl.).
sai·*dei*·ra sf.
sa·*í*(s)·de·se·te·*co*·res sm. (pl.).
sa·i·*di*·nho adj.
sa·*í*·do adj.
sai·*doi*·ro sm.: *saidouro*.
sai·*dor* (ô) adj. sm.
sai·*dou*·ro sm.: *saidoiro*.
sai·*e*·ta (ê) sf.
sa·*í*(s)·gua·*çu*(s) sm. (pl.).

sai·*jé* sm.
sai·*mel* sm.; pl. ·*méis*.
sai·*men*·to sm.
sa·*í*·mi·li·*tar* sm.; pl. *saís-
   -militares*.
sai·*ne*·te (ê) sm.
sai·no adj. sm.
sai·o sm.
sai·*o*·te sm.
sai·*pé* sm.
sa·*ir* v.
sa·*í*·ra sf.
sa·*í*·ra(s)·a·ma·*re*·la(s) sf. (pl.).
sa·*í*·ra(s)·bu·ra·*quei*·ra(s) sf.
   (pl.).
sa·*í*·ra·*çu* sf.
sa·*í*·ra(s)·de·se·te·*co*·res sf.
   (pl.).
sa·*í*·ra(s)·gua·*çu*(s) sf. (pl.).
sa·*í*·ra-mi·li·*tar* sf.; pl. *saíras-
   -militares*.
sai·*ra*·ra sm.
sa·*í*·ra(s)·se·te·*co*·res sf. (pl.).
sa·*í*·ra(s)·*ver*·de(s) sf. (pl.).
sa·*í*·ra(s)·ver·*me*·lha(s) sf. (pl.).
sai·*ré* sm.: sai·*rê*.
sa·*í*·ru·*çu* sm.
sa·*í*(s)·sa·pu·*cai*·a(s) sf. (pl.).
sai·tau·*á* sm.
sai·*vá* sm.
sa·*í*(s)·*ver*·de(s) sm. (pl.).
sai·*xé* sm.: sai·*xê*.
sa·*jen*·se sf.
sa·*ji*·ca adj. 2g.
sa·*ju* sm.
sal sm.; pl. *sais*.
sa·la sf.
sa·la·*bór*·di:a sf.
sa·*lá*·ci:a sf.
sa·la·ci:*a*·no adj. sm.
sa·la·ci·*da*·de sf.
sa·la·*cís*·si·mo adj. superl. de
   salaz.
sa·*la*·da sf.
sa·la·*dei*·ra sf.
sa·la·*dei*·ril adj. 2g.; pl. ·*ris*.
sa·la·*dei*·ris·ta adj. s2g.
sa·la·*dei*·ro sm.
sa·la·*di*·na sf.
sa·la·*di*·no adj.
sa·la e *quar*·to sm. 2n.
sa·la·*fis*·mo sm.
sa·*la*·fra s2g.
sa·la·*frá*·ri:o sm.
sa·la·ma·*le*·que sm.
sa·la·*man*·dra sf.
sa·la·man·*drí*·de:o adj. sm.

sa·la·man·*dri*·no adj. sm.
sa·la·man·*quen*·se adj. s2g.
sa·la·man·*qui*·no adj. sm.
sa·la·*man*·ta sf.
sa·la·man·ti·*cen*·se adj. s2g.
sa·la·*mân*·ti·co adj. sm.
sa·*la*·me sm.
sa·la·*mim* sm.; pl. ·*mins*:
   celamim.
sa·la·*mi*·nho sm.
sa·*lão* sm.; pl. ·*lões*.
sa·la·ri:*a*·do adj. sm.
sa·la·ri:*al* adj. 2g.; pl. ·*ais*.
sa·*lá*·ri:o sm.
sa·*lá*·ri:o·*ba*·se sm.; pl. *salários-
   -bases* ou *salários-base*.
sa·*lá*·ri:o(s)·e·du·ca·*ção* sm.
   (pl.).
sa·*lá*·ri:o·fa·*mí*·li:a sm.; pl.
   salários-famílias ou *salários-
   -família*.
sa·*lá*·ri:o·*ho*·ra sm.; pl. *salários-
   -horas* ou *salários-hora*.
sa·*lá*·ri:o(s)·*mí*·ni·mo(s) sm.
   (pl.).
sa·*laz* adj. 2g.; superl.
   salacíssimo.
sa·la·za·*ris*·mo sm.
sa·la·za·*ris*·ta adj. s2g.
sal·*ban*·da sf.
sal·ça·*pro*·a(s) sf. (pl.).
sal·*chi*·cha sf.: *salsicha*.
sal·*chi*·*chão* sm.: *salsichão*; pl.
   ·*chões*.
sal·*chi*·cha·*ri*·a sf.: *salsicharia*.
sal·*chi*·*chei*·ro sm.: *salsicheiro*.
sal·*da*·do adj.
sal·da·*dor* (ô) adj. sm.
sal·*dar* v.
sal·*dí*·de:o adj. sm.
sal·*dí*·ni:a sf.
sal·do adj. sm.
sal·*du*·nes sm. pl.
sa·*lei*·ro adj. sm.
sa·*le*·ma sf.
sa·*len*·se adj. s2g.
sal e pi·*men*·ta adj. 2g. 2n.
   'diz-se do tecido tramado
   com fios pretos, brancos e
   cinzentos'/Cf. *salpimenta*.
sa·*le*·po sm.
sa·ler·ni·*ta*·no adj. sm.
sa·*lé*·si:a sf.
sa·le·si:*a*·no adj. sm.
sa·le·so·po·li·*ta*·no adj. sm.
sa·*le*·ta (ê) sf.
sa·le·*ti*·no adj. sm.

sal·ga sf.
sal·ga·ção sf.; pl. ·ções.
sal·ga·dei·ra sf.
sal·ga·den·se adj. s2g.
sal·ga·di·ço adj. sm.
sal·ga·di·nho sm.
sal·ga·di:o adj. sm.
sal·ga·do adj. sm.
sal·ga·dor (ô) adj. sm.
sal·ga·du·ra sf.
sal·ga·gem sf.; pl. ·gens.
sal·ga·lha·da sf.
sal·ga·men·to sm.
sal·gar v.
sal·ge·ma sm.; pl. sais-gemas.
sal·go adj. sm.
sal·guei·ral sm.; pl. ·rais.
sal·guei·ren·se adj. s2g.
sal·guei·ri·nha sf.
sal·guei·ro adj. sm.
sal·guei·ro-cho·rão sm.;
   pl. salgueiros-chorões ou
   salgueiros-chorão.
sal·guei·ro(s)-da-ba·bi·lô·ni:a
   sm. (pl.).
sal·guei·ro(s)-do-ri:o sm. (pl.).
sa·li·cá·ce:a sf.
sa·li·cá·ce:o adj.
sa·li·ca·le sf.
sa·li·ca·ri·á·ce:a sf.
sa·li·ca·ri·á·ce:o adj.
sa·li·cí·co·la adj. 2g.
sa·li·ci·fo·li:a·do adj.
sa·li·ci·fó·li:o adj.
sa·li·ci·la·gem sf.; pl. ·gens.
sa·li·ci·la·to sm.
sa·li·cí·li·co adj.
sa·li·ci·ná·ce:a sf.
sa·li·ci·ná·ce:o adj.
sa·li·cí·ne:o adj.
sa·li·cí·vo·ro adj.
sá·li·co adj.
sa·lí·co·la adj. 2g.
sa·li·cul·tu·ra sf.
sa·li:ên·ci:a sf.
sa·li:en·tar v.
sa·li:en·te adj. 2g.
sa·li·fe·ri·a·no adj.
sa·li·fé·ri·co adj.
sa·lí·fe·ro adj.
sa·li·fi·ca·ção sf.; pl. ·ções.
sa·li·fi·car v.
sa·li·fi·cá·vel adj. 2g.; pl. ·veis.
sa·li·man·ci·a sf.
sa·li·man·te s2g.
sa·li·mân·ti·co adj.
sa·li·na sf.
sa·li·na·ção sf.; pl. ·ções.
sa·li·na·gem sf.; pl. ·gens.
sa·li·nar v.
sa·li·ná·vel adj. 2g.; pl. ·veis.
sa·li·nei·ro adj. sm.
sa·li·nen·se adj. s2g.
sa·li·ni·da·de sf.
sa·li·no adj.
sa·li·no·me·tri·a sf.
sa·li·no·mé·tri·co adj.
sa·li·nô·me·tro sm.
sa·li·no·po·li·ta·no adj. sm.
sá·li:o adj. sm.
sa·li·pi·ri·na sf.
sa·li·tra·ção sf.; pl. ·ções.
sa·li·tra·do adj.
sa·li·tral sm.; pl. ·trais.
sa·li·trar v.
sa·li·tra·ri·a sf.
sa·li·tre sm.
sa·li·trei·ra sf.
sa·li·trei·ro adj. sm.
sa·li·tri·za·ção sf.; pl. ·ções.
sa·li·tri·zar v.
sa·li·tro·so (ô) adj.; f. e pl. (ó).
sa·li·va sf.
sa·li·va·ção sf.; pl. ·ções.
sa·li·val adj. 2g.; pl. ·vais.
sa·li·van·te adj. 2g. sm.
sa·li·var v. adj. 2g.
sa·li·vá·ri:a sf./Cf. salivaria, do
   v. salivar.
sa·li·vo·so (ô) adj.; f. e pl. (ó).
sal·man·ti·cen·se adj. s2g.
sal·man·ti·no adj. sm.
sal·mão adj. 2g. 2n. sm.; pl.
   ·mões.
sal·mão-pe·que·no sm.; pl.
   salmões-pequenos.
sal·me:ar v.
sál·mi·co adj.
sal·mi·lha·do adj.: samilhado.
sal·mis·ta adj. s2g.
sal·mo sm.
sal·mo·di·a sf.: sal·mó·di:a/Cf.
   salmodia, do v. salmodiar.
sal·mo·di:ar v.
sal·mo:ei·ra sf.
sal·mo:ei·ro sm.
sal·moi·ra sf.: salmoura.
sal·moi·rão sm.: salmourão;
   pl. ·rões.
sal·moi·rar v.: salmourar.
sal·mo·na·do adj.
sal·mo·ne·jo (ê) adj. sm.
sal·mo·ne·la sf.
sal·mo·ne·lí·a·se sf.
sal·mo·ne·lo·se sf.
sal·mo·ne·te (ê) sm.
sal·mo·ní·de:o adj.
sal·mo·per·co adj. sm.
sal·mou·ra sf.: salmoira.
sal·mou·rão sm.: salmoirão;
   pl. ·rões.
sal·mou·rar v.: salmoirar.
sa·lo·bre (ô) adj. 2g.: salobro.
sa·lo·bro (ô) adj.; f. e pl. (ó).
sa·loi·a·da sf.
sa·loi·i·ce sf.
sa·loi·o adj. sm.
sa·lol sm.; pl. ·lóis.
sa·lo·mão sm.; pl. ·mões.
sa·lo·mô·ni·co adj.
sa·lo·nei·ro sm.
sa·lo·nis·mo sm.
sa·lo·qui·ni·na sf.
sa·los·san·tol sm.; pl. ·tóis.
sal·pa sf.
sal·pi·ca·do adj.
sal·pi·ca·dor (ô) adj. sm.
sal·pi·ca·du·ra sf.
sal·pi·ca·la·mas sm. 2n.
sal·pi·ca·men·to sm.
sal·pi·cão sm.; pl. ·cões.
sal·pi·car v.
sal·pi·co sm.
sal·pí·co·la sf.
sal·pi·co·nes·co (ê) adj.
sal·pí·de:o adj. sm.
sál·pi·do adj. sm.
sal·pi·men·ta adj. 2g. 2n. sf.
   'grisalho' 'mistura de sal e
   pimenta'/ pl. sais-pimenta e
   sais-pimentas.
sal·pi·men·tar v.
sal·pin·ge sm.
sal·pin·gec·to·mi·a sf.
sal·pin·gec·tô·mi·co adj.
sal·pín·gi·co adj.
sal·pin·gi·te sf.
sal·pin·go·ci·e·se sf.
sal·pin·gos·có·pi:o sm.
sal·pin·tar v.
sal·pre·sar v.
sal·pre·so (ê) adj./Cf. salpreso
   (é), do v. salpresar.
sal·sa sf. 'erva'/Cf. sarça.
sal·sa(s)-a·me·ri·ca·na(s) sf.
   (pl.).
sal·sa(s)-ar·den·te(s) sf. (pl.).
sal·sa(s)-cres·pa(s) sf. (pl.).
sal·sa·da sf.
sal·sa(s)-da-prai·a sf. (pl.).
sal·sa(s)-do-bre·jo sf. (pl.).

sal·sa(s)-do-ri:o-gran·de·do-
  -sul sf. (pl.).
sal·são sm.; pl. ·sões.
sal·sa·par·ri·lha sf.
sal·sa·ra·na sf.
sal·sei·ra sf.
sal·sei·ra·da sf.
sal·sei·ro sm.
sál·se:o adj.
sal·se·ta·no adj. sm.
sal·si·cha sf.
sal·si·chão sm.; pl. ·chões.
sal·si·cha·ri·a sf.
sal·si·chei·ro sm.
sal·si·fi sm., do fr. salsifis.
sal·si·fi(s)-ne·gro(s) sm. (pl.).
sal·si·nha sf. sm.
sal·so adj. sm.
sal·su·gem sf.; pl. ·gens.
sal·su·gi·no·so (ô) adj.; f. e pl.
  (ó).
sal·ta·a·trás s2g. 2n.
sal·ta·ca·mi·nho(s) sm. (pl.).
sal·ta·ca·ro·ço(s) sm. (pl.).
sal·ta·da sf.
sal·ta·do adj. sm.
sal·ta·doi·ro sm.: saltadouro.
sal·ta·dor (ô) adj. sm.
sal·ta·dou·ro sm.: saltadoiro.
sal·ta-mar·tim sm.; pl. salta-
  -martins.
sal·tan·te adj. 2g.
sal·tão adj. sm.; pl. ·tões.
sal·tão-da-prai·a sm.; pl.
  saltões-da-praia.
sal·ta·po·ci·nhas sm. 2n.
sal·tar v.
sal·ta·re·gra(s) sm. (pl.).
sal·ta·re·lar v.
sal·ta·re·lo adj. sm.
sal·ta·ri·car v.
sal·ta·ri·lhar v.
sal·ta·ri·lho sm.
sal·ta·ri·nhar v.
sal·ta·to·co(s) sm. (pl.).
sal·ta·tó·ri:o adj. sm.
sal·ta·triz adj. sf.
sal·te:a·da sf.
sal·te:a·do adj. sm.
sal·te:a·dor (ô) adj. sm.
sal·te:a·men·to sm.
sal·te:ar v.
sal·tei·o sm.
sal·tei·ra sf.
sal·tei·ro sm.
sal·ten·se adj. s2g.
sal·té·ri:o sm.

sal·tí·gra·do adj.
sal·tim·ban·co sm.
sal·ti·nho sm.
sal·ti·tan·te adj. 2g.
sal·ti·tar v.
sal·to sm.
sal·to(s) do pa·lha·ço sm. (pl.).
sal·to-gran·den·se(s) adj. s2g.
  (pl.).
sal·to-mor·tal sm.; pl. saltos-
  -mortais.
sal·tos-fur·ta·dos sm. pl.
sál·tri:a sf.
sa·lu sm.
sa·lu·bér·ri·mo adj. superl. de
  salubre.
sa·lu·bre adj. 2g. sm.; superl.
  salubérrimo ou salubríssimo.
sa·lu·bri·da·de sf.
sa·lu·bri·fi·ca·ção sf.; pl. ·ções.
sa·lu·bri·fi·car v.
sa·lu·çar v.: soluçar.
sa·lu·ço sm.: soluço.
sa·lu·da·dor (ô) sm.
sa·lu·dar v.
sa·lu·re·se sf.
sa·lu·ré·ti·co adj.
sa·lu·tar adj. 2g.
sa·lu·tí·fe·ro adj.
sal·va sf.
sal·va·ção sf.; pl. ·ções.
sal·va·ci:o·nis·mo sm.
sal·vá·de·go adj. sm.
sal·va·dor (ô) adj. sm.
sal·va·do·rá·ce:a sf.
sal·va·do·rá·ce:o adj.
sal·va·do·re·nho adj. sm.
sal·va·do·ren·se adj. s2g.
sal·va·dos sm. pl.
sal·va-fo·lhas sm. 2n.
sal·va·gem[1] adj. s2g. 'rude':
  selvagem; pl. ·gens/Cf.
  salvagem[2].
sal·va·gem[2] sf. 'direito sobre o
  que se salvou de um navio
  naufragado'; pl. ·gens/Cf.
  salvagem[1].
sal·va·guar·da sf.
sal·va·guar·dar v.
sal·va-mão sm.; pl. salva-mãos.
sal·va·men·to sm.
sal·van·da sf.
sal·van·te adj. 2g.
sal·var v.
sal·va·te·la adj. sf.
sal·va·té·ri:o sm.
sal·va·ter·ren·se adj. s2g.

sal·va·ter·ri:a·no adj. sm.
sal·va·to·ri:a·no adj. sm.
sal·vá·vel adj. 2g.; pl. ·veis.
sal·va·vi·das adj. s2g. 2n.
sal·ve interj.
sal·vei·ra sf.
sal·ve-ra·i·nha(s) sf. (pl.).
sal·ve-se-quem-pu·der sm. 2n.
sal·ve·ta (ê) sf.
sál·vi:a sf.
sal·ví·fi·co adj.
sal·vi·na sf.
sal·ví·ni:a sf.
sal·vi·ni:á·ce:a sf.
sal·vi·ni:á·ce:o adj.
sal·vo adj. sm. prep.
sal·vo-con·du·to sm.; pl. salvos-
  -condutos ou salvo-condutos.
sa·má·di sm.
sa·mam·bai·a sf.: sambambaia.
sa·mam·bai·a·çu sf.:
  sambambaiaçu.
sa·mam·bai·a(s)-do-ma·to-
  vir·gem sf. (pl.).
sa·mam·bai·a(s)-
  dou·ra·di·nha(s) sf. (pl.).
sa·mam·bai·al sm.; pl. ·ais;
  sambambaial.
sa·man·gar v.
sa·man·go sm.
sa·man·guai·á sf.
sa·mão sm.; pl. ·mões.
sâ·ma·ra sf.
sa·ma·ran·du·ba sf.
sa·ma·rau sm.
sa·mar·da·nes·co (ê) adj.
sa·mar·di·ce sf.
sa·ma·rí·de:o adj.
sa·ma·ri·for·me adj. 2g.
sa·má·ri:o sm.
sa·ma·ri·ta·no adj. sm.
sa·ma·roi·de adj. 2g.
sa·mar·ra sf. sm.
sa·mars·qui·ta sf.
sa·ma·ú·ma sf.: sumaúma.
sa·ma·u·mei·ra sf.: sumaumeira.
sa·mau·qui sm.: sambaqui.
sam·ba[1] sm. 'dança'/Cf. samba[2].
sam·ba[2] sf. 'samba em berlim'/
  Cf. samba[1].
sam·bá sm.
sam·ba·ca·ço·te sm.
sam·ba·can·ção sm.; pl.
  sambas-canções ou
  sambas-canção.
sam·ba·cu:im sm.; pl. ·ins.
sam·ba·do adj.

sam·ba·*dor* (ô) adj. sm.
sam·ba(s) em ber·*lim* sm. (pl.).
sam·ba-en·*re*·do sm.; pl. *sambas-enredos* ou *sambas--enredo*.
sam·ba:e·ti·*ba*·no adj. sm.
sam·ba·*í*·ba sf.
sam·ba·*í*·ba(s)-da-ba·*í*·a sf. (pl.).
sam·ba·*í*·ba(s)-de-mi·nas-ge·*rais* sf. (pl.).
sam·ba·*í*·ba(s)-de-ser·*gi*·pe sf. (pl.).
sam·ba·*í*·ba(s)-do-ri:o-são-fran·*cis*·co sf. (pl.).
sam·ba:i·*ben*·se adj. s2g.
sam·ba:i·*bi*·nha sf.
sam·ba-*len*·ço sm.; pl. *sambas--lenços* ou *sambas-lenço*.
sam·*bam*·ba sf.
sam·bam·*bai*·a sf.: *samambaia*.
sam·bam·bai·a·*çu* sf.: *samambaiaçu*.
sam·bam·bai·*al* sm.: *samambaial*; pl. ·*ais*.
sam·*ban*·ga adj. s2g.
sam·*ban*·go adj. sm.
sam·*bão* sm.; pl. ·*bões*.
sam·ba·*qui* sm.
sam·ba·qui:*a*·no adj.
sam·ba·qui:*ei*·ro sm.
sam·*bar* v. sm.
sam·*bar*·ca sf.
sam·*bar*·co sm.
sam·ba·*ré* sm. 'espécie de samburá usado em regiões da Amazônia'/Cf. *samburá*.
sam·ba·*ro*·da sm.; pl. *sambas--rodas* ou *sambas-roda*.
sam·be:*ar* v.
sam·*bei*·ro adj. sm.
sam·be·ni·*tar* v.
sam·be·*ni*·to sm.
sam·be·*ta*·ra sf.
sam·be·*xu*·ga sf.: *sanguessuga*.
sam·bi·*qui*·ra sf.
sam·*bis*·ta adj. s2g.
sam·bla·*du*·ra sf.
sam·*bla*·gem sf.; pl. ·*gens*.
sam·*blar* v.
sam·bo·*car* v.
sam·*bó*·dro·mo sm.
sam·*bon*·go sm.: *sabongo*.
sam·bra·*ce*·no adj. sm.
sam·*bu*·ca sf.
sam·bu·*cá*·ce:a sf.
sam·bu·*cá*·ce:o adj.

sam·*bú*·ce:a sf.
sam·*bu*·do adj.
sam·*bui*·o sm.
sam·*bu*·lho sm.
sam·bu·*rá* sm. 'cesto feito de cipó'/Cf. *sambaré*.
sa·me:*ar* v.: semear.
sa·mes·*su*·ga sf.: *sanguessuga*.
sa·me·*xu*·ga sf.: *sanguessuga*.
sa·me·*xun*·ga sf.: *sanguessuga*.
sa·mi·de:*a*·no sm.
sa·mi·*lha*·do adj.: *salmilhado*.
sâ·*mi*:o adj. sm.
sam·*ni*·ta adj. s2g.
sa·mo sm.
sa·mo:*a*·no adj. sm.
sa·moi·*é*·di·co adj.
sa·moi·e·do (ê) adj. sm.
sa·*mo*·ra sf.
sa·mo·*rá* sf.
sa·mo·*ra*·no adj. sm.
sa·mo·*rim* sm.; pl. ·*rins*.
sa·mo·sa·*ten*·se adj. s2g.
sa·mo·sa·ti:*a*·no sm.
sa·*mou*·co sm.
sa·mo·*var* sm.
sam·pa sf.
sam·*pa*·na sf.
sam·par v.
sa·mu·*rai* sm.
sa·*ná* sf.
sa·*nã* s2g.
sa·nã(s)-de-sa·mam·*bai*·a s2g. (pl.).
sa·na·mai·*cã* adj. s2g.
sa·nan·*du*·va sf.
sa·nan·du·*ven*·se adj. s2g.
sa·*nar* v.
sa·na·*ti*·vo adj.
sa·na·*tó*·ri:o sm.
sa·*ná*·vel adj. 2g.; pl. ·*veis*.
san·ca sf.
san·ca·*di*·lha sf.
san·*ção* sf. 'aprovação'; pl. ·*ções*/Cf. *sansão*.
san·car·*rão* adj. sm.; pl. ·*rões*.
san·car·*ro*·na adj. sf. de *sancarrão*.
san·ci:o·*na*·do adj.
san·ci:o·na·*dor* (ô) adj. sm.
san·ci:o·*nar* v.
san·ci:o·*ná*·vel adj. 2g.; pl. ·*veis*.
san·co sm.
san·cris·*tão* sm.; pl. ·*tãos* ou ·*tães*: *sacristão*.
san·cris·*ti*·a sf.: *sacristia*.

san·*da*·ba sf.
san·*dá*·li:a sf.
san·da·*li*·no adj.
sân·da·lo sm.
san·*dá*·ra·ca sf.
san·de·*jar* v.
san·*deu* adj. sm.; f. *sandia*.
san·*di*·a adj. sf. de *sandeu*.
san·*di*·ce sf.
san·*dim* sm.; pl. ·*dins*.
san·*di*·o adj.
san·*du*·ba sm.
san·du:*í*·che sm.
san·du·mo·*nen*·se adj. s2g.
sa·ne:a·*dor* (ô) adj. sm.
sa·ne:a·*men*·to sm.
sa·ne:*ar* v.
sa·ne:*á*·vel adj. 2g.; pl. ·*veis*.
sa·ne·*drim* sm.; pl. ·*drins*.
sa·*né*·dri:o sm.: *sinédrio*.
sa·*ne*·fa sf.
san·fe·*nal* sm.; pl. ·*nais*.
san·*fe*·no sm.
san·*fo*·na sf. s2g.
san·fo·*na*·do adj.
san·fo·*nei*·ro sm.
san·fo·*ni*·na sf. s2g.
san·fo·ni·*nar* v.
san·fo·*nis*·ta adj. s2g.
san·fo·ri·*za*·do adj.
san·fo·ri·*zar* v.
san·ga adj. s2g.
san·*ga*·do adj.
san·*ga*·lho sm.
san·*gan*·gu sm.
san·*gão* sm.; pl. ·*gões*.
san·ga·*vi*·ra sf.
san·gra s2g.
san·gra·*dei*·ra sf.
san·*gra*·do adj. sm.
san·gra·*doi*·ro sm.: *sangradouro*.
san·gra·*dor* (ô) adj. sm.
san·gra·*dou*·ro sm.: *sangradoiro*.
san·gra·*du*·ra sf.
san·*grar* v.
san·*gren*·to adj.
san·*gri*·a sf.
san·gue sm.
san·gue(s)-de-a·*dão* sm. (pl.).
san·gue(s)-de-*boi* sm. (pl.).
san·gue(s)-de-*dra*·go sm. (pl.).
san·gue(s) de ta·*tu* adj. 2g. (pl.).
san·gue(s)-*fri*:o(s) sm. (pl.).
san·*guei*·ra sf. 'muito sangue derramado'/Cf. *sanguera*.

san·guei·ro sm.
san·gue(s)-*no*·vo(s) sm. (pl.).
san·*guen*·to adj.
san·*gue*·ra (ê) sf. 'a traqueia e o esôfago da rês abatida para consumo'/Cf. *sangueira*.
san·gues·*su*·ga sf.
san·*guí*·fe·ro adj.
san·gui·fi·ca·ção sf.; pl. -*ções*.
san·gui·fi·*car* v.
san·gui·fi·ca·*ti*·vo adj.
san·*guí*·fi·co adj./Cf. *sanguífico*, do v. *sanguificar*.
san·*gui*·na sf.
san·gui·*ná*·ri:a sf.
san·gui·*ná*·ri:o adj.
san·*guí*·ne:a sf.
san·*guí*·ne:o adj. sm.
san·gui·*nhar* v.
san·gui·*nhei*·ro sm.
san·*gui*·nho adj. sm.
san·gui·ni·*da*·de sf.
san·*gui*·no adj. sm.
san·gui·no·la·ri·*í*·de:o adj. sm.
san·gui·no·*lên*·ci:a sf.
san·gui·no·*len*·to adj.
san·gui·no·so (ô) adj.; f. *e* pl. (ó).
san·guis·se·*den*·to adj.
sa·*nha* sf.
sa·*nhá* sm.
sa·*nha*·ço sm.
sa·nha·ço(s)-da-*ser*·ra sm. (pl.).
sa·nha·ço(s)-de-co·*quei*·ro sm. (pl.).
sa·nha·ço(s)-de-*fo*·go sm. (pl.).
sa·nha·ço(s)-de-ma·mo:*ei*·ro sm. (pl.).
sa·nha·ço(s)-do-*cam*·po sm. (pl.).
sa·nha·ço(s)-*fra*·de sm.; pl. *sanhaços-frades* ou *sanhaços-frade*.
sa·nha·ço(s)-*par*·do(s) sm. (pl.).
sa·nha·ço·*tin*·go sm.
sa·nha·*çu* sm.: *sanhaço*.
sa·nha·çu(s)-de-en·*con*·tro sm. (pl.).
sa·nha·çu-*fra*·de sm.; pl. *sanhaçus-frades* ou *sanhaçus-frade*.
sa·nha·çu-*í*·ra sf.
sa·nha·çu(s)-*par*·do(s) sm. (pl.).
sa·nha·çu(s)-*ver*·de(s) sm. (pl.).
sa·nha·rão sm.; pl. -*rões*.
sa·nha·*ró* sm.

sa·nha·ro:*en*·se adj. s2g.
sa·nho:*á* sm.
sa·*nho*·so (ô) adj.; f. *e* pl. (ó).
sa·*nhu*·do adj.
sa·*ní*·cu·la sf.
sa·*ní*·cu·la(s)-dos-*mon*·tes sf. (pl.).
sa·ni·*da*·de sf.
sa·ni·*di*·na sf.
sâ·ni:e sf.
sa·ni·fi·ca·ção sf.; pl. -*ções*.
sa·ni·fi·ca·dor (ô) adj. sm.
sa·ni·fi·*can*·te adj. 2g.
sa·ni·fi·*car* v.
sa·ni:*o*·so (ô) adj.; f. *e* pl. (ó).
sa·*nís*·si·mo adj. superl. de *são*.
sa·ni·*tá*·ri:o adj. sm.
sa·ni·ta·*ris*·ta adj. s2g.
san·ja sf.
san·*jar* v.
san·*qui*·a sm.
san·qui·*tar* v.
san·sa·dur·*ni*·nho adj. sm.
san·*são* sm. 'espécie de guindaste'; pl. -*sões*/Cf. *sanção*.
sans·*crí*·ti·co adj.
sans·cri·*tis*·mo sm.
sans·cri·*tis*·ta adj. s2g.
sâns·cri·to adj. sm.
sans·cri·to·lo·*gi*·a sf.
sans·cri·to·*ló*·gi·co adj.
sans·cri·to·lo·*gis*·ta adj. s2g.
sans·cri·*tó*·lo·go sm.
san·se·li·*mão* sm.; pl. -*mões*.
san·si·mo·*nis*·mo sm.
san·si·mo·*nis*·ta adj. s2g.
san·ta sf.
san·ta-a·de·li:*en*·se(s) adj. s2g. (pl.).
san·ta-bar·ba·*ren*·se(s) adj. s2g. (pl.).
san·ta-bran·*quen*·se(s) adj. s2g. (pl.).
san·ta-cla·*ren*·se(s) adj. s2g. (pl.).
san·ta-*cruz* sf.; pl. *santas-cruzes*.
san·ta-cru·*za*·no(s) adj. sm. (pl.).
san·ta-cru·*zen*·se(s) adj. s2g. (pl.).
san·ta-*fé* sf.; pl. *santas-fés* ou *santa-fés*.
san·ta-fe·*en*·se(s) adj. s2g. (pl.).
san·ta-fé-su·*len*·se(s) adj. s2g. (pl.).
san·ta-fe·*zal* sm.; pl. -*zais*.

san·ta-ger·tru·*den*·se(s) adj. s2g. (pl.).
san·ta-he·le·*nen*·se(s) adj. s2g. (pl.).
san·ta-i·ne·*en*·se(s) adj. s2g. (pl.).
san·ta-ju·li:a·*nen*·se(s) adj. s2g. (pl.).
san·ta-*lá*·ce:a sf.
san·ta-*lá*·ce:o adj.
san·ta-*la*·le sf.
san·ta-lu·ci:*en*·se(s) adj. s2g. (pl.).
san·ta(s)-lu-*zi*·a(s) sf. (pl.).
san·ta-lu·zi:*en*·se(s) adj. s2g. (pl.).
san·ta-mar·ga·ri·*den*·se(s) adj. s2g. (pl.).
san·ta(s)-ma·*ri*·a(s) sf. (pl.).
san·ta-ma·ri:a·*nen*·se(s) adj. s2g. (pl.).
san·*ta*·na sf.
san·ta·*nen*·se adj. s2g.
san·ta·ne·si:*en*·se adj. s2g.
san·tan·to·*ni*·nho sm.
san·tan·to·ni·nho on·de te po·*rei* sm. 2n.
san·tan·*tô*·ni:o sm.
san·*tão* adj. sm.; pl. -*tões*; f. *santona*.
san·ta-*re*·no adj. sm.
san·ta-ri·*ten*·se(s) adj. s2g. (pl.).
san·ta-ro·*sen*·se(s) adj. s2g. (pl.).
san·tar·*rão* adj. sm.; pl. -*rões*; f. *santarrona*.
san·tar·*ro*·na adj. sf. de *santarrão*.
san·ta(s)-vi·*tó*·ri:a(s) sf. (pl.).
san·ta-vi·to·ri:*en*·se(s) adj. s2g. (pl.).
san·*tei*·ro adj. sm.
san·*tel*·mo sm.
san·ti:a-*guei*·ro adj. sm.
san·ti:a-*guen*·se adj. s2g.
san·ti:a-*guês* adj. sm.
san·ti:a-*mém* sm.; pl. -*méns*: san·ti:â·men; pl. *santiamens* ou *santiâmenes*.
san·*ti*·co sm.
san·ti·*da*·de sf.
san·ti·fi·ca·ção sf.; pl. -*ções*.
san·ti·fi·*ca*·do adj.
san·ti·fi·ca·dor (ô) adj. sm.
san·ti·fi·*can*·te adj. 2g.
san·ti·fi·*car* v.
san·ti·fi·*cá*·vel adj. 2g.; pl. -*veis*.

san·ti·*gar* v.: san·ti·gu:*ar*.
san·ti·*lão* sm.; pl. ·*lões*.
san·ti·*lo*·na sf. de *santilão*.
san·ti·*mô*·ni:a sf.
san·ti·mo·ni:*al* adj. 2g.; pl. ·*ais*.
san·*ti*·nho sm.
san·*tir* sm.
san·*tís*·si·mo adj. sm. superl. de *santo*.
san·*tis*·ta adj. s2g.
san·to adj. sm.; superl. *santíssimo*.
san·to-a·lei·*a*·no(s) adj. sm. (pl.).
san·to-a·ma·*ren*·se(s) adj. s2g. (pl.).
san·to-an·ge·*len*·se(s) adj. s2g. (pl.).
san·to-an·to·ni:*en*·se(s) adj. s2g. (pl.).
san·to-an·*tô*·ni:o(s) sm. (pl.).
san·to-cris·*ten*·se(s) adj. s2g. (pl.).
san·to e *se*·nha(s) sm. (pl.).
san·to-es·te·*ven*·se(s) adj. s2g. (pl.).
san·to-i·na·ci:*en*·se(s) adj. s2g. (pl.).
san·*to*·la sf.
san·to·*li*·na sf.
san·to·*li*·nha sf.
san·to·*li*·no sm.
san·*to*·na adj. sf. de *santão*.
san·to·*ni*·na sf.
san·*tor* (ô) sm.
san·to·*ral* sm.; pl. ·*rais*.
san·tu:*á*·ri:o sm.
san·tu:*en*·se adj. s2g.
san·za·la sf.: *senzala*.
são adj. sm.; f. *sã*; pl. *sãos*; superl. *saníssimo*.
são-ben·*ten*·se(s) adj. s2g. (pl.).
são-ben·*tis*·ta(s) adj. s2g. (pl.).
são-ben·to-nor·*ten*·se(s) adj. s2g. (pl.).
são-ben·tu:*en*·se(s) adj. s2g. (pl.).
são-ber·nar·*den*·se(s) adj. s2g. (pl.).
são-ber·*nar*·do(s) sm. (pl.).
são-bor·*jen*·se(s) adj. s2g. (pl.).
são-bra·*sen*·se(s) adj. s2g. (pl.).
são-ca:e·ta·*nen*·se(s) adj. s2g. (pl.).
são-car·*len*·se(s) adj. s2g. (pl.).
são-cris·*tó*·vão(s) s2g. (pl.).
são-cris·to·*ven*·se(s) adj. s2g. (pl.).

são-do·min·*guen*·se(s) adj. s2g. (pl.).
são-fe·li·*cen*·se(s) adj. s2g. (pl.).
são-fe·*lis*·ta(s) adj. s2g. (pl.).
são-fran·cis·*ca*·no(s) adj. sm. (pl.).
são-fran·cis·*quen*·se(s) adj. s2g. (pl.).
são-ge·ral·*den*·se(s) adj. s2g. (pl.).
são-gon·ça·*len*·se(s) adj. s2g. (pl.).
são-gon·*ça*·lo(s) sm. (pl.).
são-go·tar·*den*·se(s) adj. s2g. (pl.).
são-jo:a·*nen*·se(s) adj. s2g. (pl.).
são-jo:a·*nes*·co(s) (ê) adj. (pl.).
são-jo:a·*ni*·no(s) adj. (pl.).
são-jo:*ão* sm.; pl. são-*joões*.
são-jo:a·qui·*nen*·se(s) adj. s2g. (pl.).
são-jo·se·*en*·se(s) adj. s2g. (pl.).
são-lou·ren·*cen*·se(s) adj. s2g. (pl.).
são-lou·ren·ci:*a*·no(s) adj. sm. (pl.).
são-lu·i·*sen*·se(s) adj. s2g. (pl.).
são-lu·*que*·no(s) adj. sm. (pl.).
são-ma·me·*den*·se(s) adj. s2g. (pl.).
são-ma·nu:e·*len*·se(s) adj. s2g. (pl.).
são-ma·ri·*nen*·se(s) adj. s2g. (pl.).
são-ma·teu·*sen*·se(s) adj. s2g. (pl.).
são-mi·gue·*len*·se(s) adj. s2g. (pl.).
são-pau·*lei*·ro(s) sm. (pl.).
são-pau·*li*·no(s) sm. (pl.).
são-*pau*·lo(s) s2g. (pl.).
são-pe·*dren*·se(s) adj. s2g. (pl.).
são-*pe*·dro(s) sm. (pl.).
são-pe·dro-ca·*á*(s) sm. (pl.).
são-sa·la·*vá*(s) sm. (pl.).
são-ti:a·*guen*·se(s) adj. s2g. (pl.).
são-to-*mé*(s) sf. (pl.).
são-to-me·*en*·se(s) adj. s2g. (pl.). 'relativo a São Tomé/ Cf. *são-tomense*.
são-to-*men*·se(s) adj. s2g. (pl.). 'relativo à ilha de São Tomé'/Cf. *são-tomeense*.
são-vi·cen·*ti*·no(s) adj. sm. (pl.).
sa·pa sf.
sa·*pá* sf.
sa·pa·*dor* (ô) adj. sm.

sa·*pal* sm.; pl. .*pais*.
sa·pa·*ni*·na sf.
sa·*par* v.
sa·pa·*rá* adj. s2g.
sa·pa·*ri*·a sf.
sa·par·*rão* sm.; pl. .*rões*; f. ·*ro*·na.
sa·*pa*·ta sf.
sa·pa·*ta*·ço sm.
sa·pa·*ta*·da sf.
sa·pa·*tão* sm.; pl. .*tões*.
sa·pa·ta·*ri*·a sf.
sa·pa·te:*a*·da sf.
sa·pa·te:*a*·do adj. sm.
sa·pa·te:a·*dor* (ô) adj. sm.
sa·pa·te:*ar* v.
sa·pa·*tei*·o sm.
sa·pa·*tei*·ra sf.
sa·pa·tei·*ral* adj. 2g.; pl. ·*rais*.
sa·pa·*tei*·ro sm.
sa·pa·*te*·ta (ê) sf.
sa·pa·*ti*·lha sf.
sa·pa·*ti*·lho sm.
sa·pa·*ti*·nha sf.
sa·pa·*ti*·nho sm.
sa·pa·ti·nho(s)-de-ju·*deu* sm. (pl.).
sa·pa·ti·nho(s)-do-di:*a*·bo sm. (pl.).
sa·pa·ti·nho(s)-dos-jar·*dins* sm. (pl.).
sa·*pa*·to sm.
sa·pa·to(s)-do-di:*a*·bo sm. (pl.).
sa·pa·*tor*·ra (ô) sf.
sa·pa·*tor*·ro (ô) sm.
sa·pa·to(s)-*tê*·nis sm. (pl.).
sa·pa·*tran*·ca sf.
sa·pe interj.
sa·*pé* sm.: sa·*pê*.
sa·pe:a·*ção* sf.; pl. .*ções*.
sa·pé-a·çu:*en*·se(s) adj. s2g. (pl.).
sa·pe:*ar* v.
sa·*pe*·ca adj. s2g. sf.
sa·pe·ca·*ção* sf.; pl. .*ções*.
sa·pe·*ca*·do adj. sm.
sa·pe·ca·*doi*·ro sm.: sa·pe·ca·*dou*·ro.
sa·pe·*car* v.
sa·pe·*en*·se adj. sm.
sa·pe·*jar* v.
sa·pe·*quei*·ro sm.
sa·pe·*qui*·ce sf.
sa·pe·*quis*·mo sm.
sa·*per*·da sf.
sa·pe·*rê* adj. 2g.

sa·pe·zal sm.; pl. ·zais.
sa·pe·zei·ro sm.
sá·pi:a sf.
sa·pi·bo·ca·na adj. s2g.
sa·pi·cu:á sm.
sá·pi·do adj.
sa·pi:ei·ra sf.
sa·pi:ên·ci:a sf.
sa·pi:en·ci:al adj. 2g.; pl. .ais.
sa·pi:en·te adj. 2g.; super.
   sapientíssimo.
sa·pi:en·tís·si·mo adj. superl.
   de sapiente e sábio.
sa·pin·dá·ce:a sf.
sa·pin·dá·ce:o adj.
sa·pin·da·le sf.
sa·pi·nha·guá sm.
sa·pi·nho sm.
sa·pi·po·ca sm.
sa·pi·ran·ga sf.
sa·pi·ro·ca adj. 2g. sf.
sa·pi·ti·ca sf.
sa·pi·tu·ca sf.
sa·po sm.
sa·po(s)-a·ru(s) sm. (pl.).
sa·po(s)-boi(s) sm. (pl.).
sa·po(s)-con·cho(s) sm. (pl.).
sa·po(s)-cu·ru·ru(s) sm. (pl.).
sa·po(s)-da-a·rei·a sm. (pl.).
sa·po(s)-da-prai·a sm. (pl.).
sa·po(s)-de-chi·fre sm. (pl.).
sa·po(s)-do-mar sm. (pl.).
sa·po(s)-do-su·ri·nã sm. (pl.).
sa·po(s)-fer·rei·ro(s) sm. (pl.).
sa·po(s)-gi·gan·te(s) sm. (pl.).
sa·po-in·ta·nha sm.; pl. sapos-
   -intanhas ou sapos-intanha.
sa·po(s)-ju·ru·ru(s) sm. (pl.).
sa·po·ná·ce:o adj.
sa·po·ná·ri:o adj.
sa·po·ni·fi·ca·ção sf.; pl. .ções.
sa·po·ni·fi·car v.
sa·po·ni·fi·cá·vel adj. 2g.; pl.
   ·veis.
sa·po·ni·for·me adj. 2g.
sa·po·ni·na sf.
sa·po·pe·ma sf.: sa·po·pem·ba.
sa·po·pi·pa sm.; pl. sapos-pipas
   ou sapos-pipa.
sa·po·re·ma adj. 2g. sm.
sa·po·rí·fe·ro adj. 'que tem
   sabor'/Cf. soporífero.
sa·po·rí·fi·co adj. 'que tem
   sabor'/Cf. soporífico.
sa·po·ta sf.
sa·po·tá·ce:a sf.
sa·po·tá·ce:o adj.

sa·po·ta(s)-do-pe·ru sf. (pl.).
sa·po·tai·a sf.
sa·po·ti sm.
sa·po·ti·zei·ro sm.
sa·pre·ma sf.
sa·pre·mar v.
sa·pre·mi·a sf.
sa·prê·mi·co adj.
sa·pri·no sm.
sa·pró·bi:o adj. sm.
sa·pro·bi:o·se sf.
sa·pro·bi:ó·ti·co adj.
sa·pró·fa·go adj. sm.
sa·pró·fi·lo adj.
sa·pro·fí·ti·co adj.
sa·pro·fi·tis·mo sm.
sa·pró·fi·to adj. sm.
sa·pro·gê·ne·se sf.
sa·pro·ge·né·ti·co adj.
sa·pró·ge·no adj. sm.
sa·pro·pel sm.; pl. ·péis.
sa·pro·pe·li·to sm.:
   sa·pro·pé·li·to.
sa·pu sm.
sa·pu:á sm.
sa·pu·cai·a sf.
sa·pu·cai·a(s)-bran·ca(s) sf.
   (pl.).
sa·pu·cai·a-mi·rim sf.; pl.
   sapucaias-mirins.
sa·pu·cai·ei·ra sf.
sa·pu·ca·i:ei·ra-mi·rim sf.; pl.
   sapucaieiras-mirins.
sa·pu·cai·en·se[1] adj. s2g.
   'relativo a Sapucaia'/Cf.
   sapucaiense[2].
sa·pu·ca·i:en·se[2] adj. s2g.
   'relativo a Sapucaí'/Cf.
   sapucaiense[1].
sa·pu·ca·i·nha sf.
sa·pu·cai·o sm.
sa·pu·cai·ra·na sf.
sa·pu·do adj.
sa·pu·pi·ra sf.
sa·pu·pi·ra(s)-da-ma·ta sf. (pl.).
sa·pu·pi·ra(s)-da-vár·ze:a sf.
   (pl.).
sa·pu·pi·ra(s)-do-cam·po sf.
   (pl.).
sa·pu·ra·na s2g.: sa·pu·ru·na.
sa·pu·tá sm.
sa·pu·va sf.
sa·pu·vão sm.; pl. ·vões.
sa·qua·re·ma sm.
sa·qua·re·men·se adj. s2g.
sa·que sm.
sa·qué sm.: sa·quê.

sa·que:a·dor (ô) adj. sm.
sa·que:ar v.
sa·quei·o sm.
sa·que·te (ê) sm.
sa·qui·lhão sm.; pl. ·lhões.
sa·quim sm.; pl. ·quins.
sa·qui·nho sm.
sa·qui·tel sm.; pl. ·téis.
sa·rá adj. s2g.
sa·rã sm.
sa·ra·bá·di sm.
sa·ra·ban·da sf.
sa·ra·ban·de:ar v.
sa·ra·ba·ta·na sf.
sa·ra·ba·tu·cu sm.
sa·ra·bi:a·na sf.
sa·ra·bu·lhen·to adj.
sa·ra·bu·lho sm. 'aspereza
   na superfície da louça'/Cf.
   sarrabulho.
sa·ra·bu·lho·so (ô) adj.; f. e pl.
   (ó).
sa·ra·cá sf.
sa·ra·ça s2g.
sa·ra·co·te sm.
sa·ra·co·te:a·dor (ô) adj. sm.
sa·ra·co·te:a·men·to sm.
sa·ra·co·te:ar v.
sa·ra·co·tei·o sm.
sa·ra·cu:í·ra sf.
sa·ra·cu·ra sf.
sa·ra·cu·ra·çu sf.: saracuruçu.
sa·ra·cu·ra(s)-da-ca·na·ra·na
   sf. (pl.).
sa·ra·cu·ra(s)-da-prai·a sf. (pl.).
sa·ra·cu·ra(s)-do-ba·nha·do
   sf. (pl.).
sa·ra·cu·ra(s)-do-bre·jo sf. (pl.).
sa·ra·cu·ra(s)-do-man·gue sf.
   (pl.).
sa·ra·cu·ra(s)-sa·nã(s) sf. (pl.).
sa·ra·cu·ru·çu sf.: saracuruçu.
sa·ra·cu·tin·ga sf.
sa·ra·do adj.
sa·ra·go·ça (ô) sf.
sa·ra·go·ça·no adj. sm.
sa·ra·go·ço (ô) adj.
sa·ra·gui sm.
sa·ra·í·ba sf.
sa·ra·i·ú sm.
sa·rai·va sf.
sa·rai·va·da sf.
sa·rai·var v.
sa·rai·zal sm.; pl. ·zais.
sa·ra·ma·go sm.
sa·ra·má·tu·lo sm.
sa·ram·ba sf.

sa·ram·*bé* sm.
sa·ram·be·*la*·da sf.
sa·ram·*be*·que sm.
sa·*ram*·bu sm.
sa·ram·*bu*·ra sf.
sa·*ra*·me sm.
sa·ra·*mo*·co (ô) sm.
sa·ra·*mo*·na sf.
sa·ram·*pão* sm.; pl. ·*pões*.
sa·ram·*pe*·lo (ê) sm.
sa·ram·*pen*·to adj. sm.
sa·ram·pi·*for*·me adj. 2g.
sa·*ram*·po sm.
sa·*ran*·da adj. s2g.
sa·ran·*da*·gem sf.; pl. ·gens.
sa·ran·*da*·lhas sf. pl.
sa·ran·*da*·lhos sm. pl.
sa·ran·de:*ar* v.
sa·ran·*di* sm.
sa·ran·di(s)-a·ma·*re*·lo(s) sm. (pl.).
sa·ran·di:*en*·se adj. s2g.
sa·ran·di·*zal* sm.; pl. ·*zais*.
sa·*ran*·ga adj. s2g.
sa·*ran*·go adj. sm.
sa·ran·gra·*vai*·a sf.
sa·*ra*·nha sm.
sa·ran·*zal* sm.; pl. ·*zais*.
sa·ra·pa·*nel* sm.; pl. ·*néis*.
sa·ra·pan·*tão* adj. sm.; pl. .*tões*; f. *sarapantona*.
sa·ra·pan·*tar* v.
sa·ra·pan·*to*·na adj. f. de *sarapantão*.
sa·ra·pa·*tel* sm.; pl. ·*téis*.
sa·ra·*pi*·co sm.
sa·ra·pi:*ei*·ra sf.
sa·ra·pi·*lhei*·ra sf.: *serapilheira*.
sa·ra·pin·*ta*·do adj.
sa·ra·pin·*tar* v.
sa·ra·*pó* sm.
sa·ra·pó·tu·*vi*·ra sm.; pl. *sarapós-tuviras* ou *sarapós-tuvira*.
sa·ra·pu·*á* sm.
sa·ra·pu:*ei*·ra sf.
sa·ra·pu:i·*a*·no adj. sm.
sa·ra·*quá* sm.
sa·*rar* v.
sa·ra·*rá* adj. s2g.
sa·ra·*ra*·ca sf.
sa·ra·*rau* sf.
sa·ras·sa·*rá* adj. s2g. sf.
sa·*rau* sm.
sa·ra·va·*qui*·ta sf.
sar·*ça* sf. 'matagal'/Cf. *salsa*.
sar·*çal* sm.; pl. ·*çais*.

sar·*cas*·mo sm.
sar·*cas*·ta adj. s2g.
sar·*cás*·ti·co adj.
sar·*cí*·di:o sm.
sar·ci·dro·*ce*·le sf.
sar·*ci*·na sf. 'base orgânica'/Cf. *sárcina*.
sár·ci·na sf. 'carga' 'bactéria'/Cf. *sarcina*.
sar·co·*cár*·pi:o sm.
sar·co·*ce*·le sf.
sar·co·cis·*tí*·de:o adj. sm.
sar·co·*cis*·to sm.
sar·co·*co*·co sm.
sar·co·*co*·la sf.
sar·co·co·*lei*·ra sf.
sar·*co*·de sm.
sar·co·*der*·ma sm.
sar·*có*·di·co adj.
sar·co·*dí*·ne:o adj. sm.
sar·*có*·di:o sm.
sar·co·fa·*gi*·a sf.
sar·co·fa·gi:*a*·no adj.
sar·co·*fá*·gi·co adj.
sar·co·fa·*gí*·de:o adj. sm.
sar·*có*·fa·go adj. sm.
sar·co·*fi*·lo sm. 'folha suculenta'/Cf. *sarcófilo*.
sar·*có*·fi·lo sm. 'que gosta de carne'/Cf. *sarcofilo*.
sar·*coi*·de adj. 2g.
sar·*cói*·de:o adj. sm.:
  sar·co·*í*·de:o.
sar·co:i·*do*·se sf.
sar·co·*le*·ma sm.
sar·co·le·*má*·ti·co adj.
sar·*có*·li·to sm.
sar·co·lo·*gi*·a sf.
sar·co·*ló*·gi·co adj.
sar·co·*ma* sm.
sar·co·ma·*to*·so (ô) adj. sm.; f. e pl. (ó).
sar·*côn*·fa·lo sm.
sar·co·pi:*oi*·de adj. 2g.
sar·cop·ti·*for*·me adj. 2g. sm.
sar·*ço*·so (ô) adj.; f. e pl. (ó).
sar·cos·*per*·mo adj. sm.
sar·cos·po·*rí*·de:o adj. sm.
sar·cos·te:*o*·se sf.
sar·*cós*·to·mo adj.
sar·*có*·ti·co adj.
sar·da sf.
sar·*da*·na sf.
sar·da·na·pa·*les*·co (ê) adj.
sar·da·na·*pá*·li·co adj.
sar·da·na·pa·li·*zar* v.
sar·da·na·*pa*·lo sm.

sar·da·*nis*·ca sf.
sar·da·*ni*·ta sf.
sar·*dão* sm.; pl. ·*dões*.
sar·*de*·nho adj. sm.
sar·*den*·to adj.
sar·*di*·nha sf.
sar·di·nha(s)-a·ma·zô·ni·ca(s) sf. (pl.).
sar·di·nha-ban·*dei*·ra sf.; pl. *sardinhas-bandeiras* ou *sardinhas-bandeira*.
sar·di·nha(s)-*bran*·ca(s) sf. (pl.).
sar·di·nha(s)-cas·*cu*·da(s) sf. (pl.).
sar·di·nha(s)-da-á·gua-*do*·ce sf. (pl.).
sar·di·nha(s)-de-ga·lha sf. (pl.).
sar·di·nha(s)-de-*ga*·to sf. (pl.).
sar·di·nha(s)-dou·*ra*·da(s) sf. (pl.).
sar·di·nha-fa·*cão* sf.; pl. *sardinhas-facões* ou *sardinhas-facão*.
sar·di·nha-*ga*·to sf.; pl. *sardinhas-gatos* ou *sardinhas-gato*.
sar·di·nha-*la*·je sf.; pl. *sardinhas-lajes* ou *sardinhas-laje*.
sar·di·nha(s)-*lar*·ga(s) sf. (pl.).
sar·di·nha-*pra*·ta sf.; pl. *sardinhas-pratas* ou *sardinhas-prata*.
sar·di·nha(s)-ver·da·*dei*·ra(s) sf. (pl.).
sar·di·*nhei*·ra sf.
sar·di·*nhei*·ro adj. sm.
sar·di·*nhe*·ta (ê) sf.
sár·di:o sm.
sar·do adj. sm.
sar·do:a·*len*·se adj. s2g.
sar·*dô*·ni:a sf.
sar·*dô*·ni·ca sf.
sar·*dô*·ni·co adj.
sar·*dô*·ni:o sm.
sar·do·ni·*zar* v.
sar·*do*·so (ô) adj.; f. e pl. (ó).
sa·ren·*ti*·no adj. sm.
sar·*ga*·ça sf.
sar·ga·*çal* sm.; pl. ·*çais*.
sar·ga·*cei*·ro sm.
sar·*ga*·ço sm.
sar·gen·*tão* sm.; pl. .*tões*.
sar·gen·te:*an*·te adj. 2g. sm.
sar·gen·te:*ar* v.
sar·*gen*·to sm.

sar·gen·to-*mor* sm.; pl. *sargentos-mores*.
sar·go sm.
sar·go(s)-de-*bei*·ço sm. (pl.).
sa·*ri* sm. 'vestimenta típica da mulher indiana': *sári*/Cf. *sare*, do v. *sarar*.
sa·ri:*e*·ma sf.: *seriema*.
sa·ri·*guê* sm.: sa·ri·*guei*·a sf.
sa·ri·*lhar* v.
sa·*ri*·lho sm.
sa·*rin* sm.
sa·ri·*po*·ca sm.
sa·*ris*·sa sf.
sa·ris·*só*·fo·ro sm.
sar·ja sf.
sar·ja·*ção* sf.; pl. ·*ções*.
sar·ja·*dei*·ra sf.
sar·ja·*dor* (ô) adj. sm.
sar·ja·*du*·ra sf.
sar·*jão* sm.; pl. ·*jões*.
sar·*jar* v.
sar·*jel* sm.; pl. *sarjéis*/Cf. *sarjeis*, do v. *sarjar*.
sar·*je*·ta (ê) sf.
sár·ma·ta adj. s2g.
sar·*má*·ti·co adj.
sar·men·*tá*·ce:a sf.
sar·men·*tá*·ce:o adj.
sar·men·*tí*·ci:o adj.
sar·men·*tí*·fe·ro adj.
sar·*men*·to sm.
sar·men·*to*·so (ô) adj.; f. e pl. (ó).
sar·na sf. s2g.
sar·*nam*·bi sm.: *cernambi*.
sar·*não* sm.; pl. ·*nões*.
sar·*nen*·to adj. sm.
sar·*no*·so (ô) adj.; f. e pl. (ó).
sa·ro adj. sm.
sa·*ro*·ba sf.
sa·ro·*bá* sm.
sa·*rô*·ni·de adj. 2g. sm.
sa·*ró*·po·de adj. 2g. sm.
sa·ros sm. 2n.
sa·*ro*·va sf.
sar·*par* v.: *zarpar*.
sar·ra·*ba*·lho sm.
sar·ra·bu·*lha*·da sf.
sar·ra·*bu*·lho sm. 'o sangue coagulado do porco': *serrabulho*/Cf. *sarabulho*.
sar·ra·ce·ni:*á*·ce:a sf.
sar·ra·ce·ni:*á*·ce:o adj.
sar·ra·ce·ni:*a*·le sf.
sar·ra·*ce*·no adj. sm.
sar·ra·fa·*çal* sm.; pl. ·*çais*.

sar·ra·fa·*çar* v.
sar·ra·*fa*·da sf.
sar·ra·*fão* sm.; pl. ·*fões*.
sar·ra·*far* v.
sar·ra·fas·*ca*·da sf.
sar·ra·fe:*ar* v.
sar·*ra*·fo sm.
sar·ra·*fus*·ca sf.
sar·*rão* sm.; pl. ·*rões*.
sar·*rar* v.
sar·ra·pi·*lhei*·ra sf.: *serapilheira*.
sar·*ren*·to adj.
sar·*re*·ta (ê) sf.: *serreta*.
sar·*ri*·do sm.
sar·*ri*·nho sm.
sar·ro sm.
sar·ro(s)-de-*pi*·to sm. (pl.).
sar·*ro*·na sf.
sar·*ron*·ca sf.
sar·*ró*·tri·po sm.
sar·rus·so·*fo*·ne sm.
sar·sa·*rá* sm.
sar·*só*·ri:o sm.
sar·ta sf.
sar·*tar* v.
sar·*ti*·na sf.
sar·*tó*·ri:o adj. sm.
sar·tri:*a*·no adj. sm.
sa·*ru* adj. 2g.
sa·ru:*ê* adj. 2g. sm.
sa·*ru*·ga sf.
sa·*ru*·ma adj. s2g.
sa·*ru*·mo adj. sm.
sashimi sm. (jap.: *sashimi*)
sas·sa·*frás* sm.
sas·*sâ*·ni·da adj. s2g.
sas·*seu* adj. sm.; f. ·*sei*·a.
sas·so·*li*·ta sf.: sas·so·*li*·te.
sa·*tã* sm.
sa·ta·*nás* sm.
sa·ta·ni:*a*·no sm.
sa·*tâ*·ni·co adj. sm.
sa·ta·*nis*·mo sm.
sa·ta·*nis*·ta adj. s2g.
sa·ta·ni·*zar* v.
sa·*té*·li·te adj. 2g. sm.
sa·te·li·*tis*·mo sm.
sa·*ti*·lha sf.
sá·ti·ra sf.
sa·ti·ri:*ão* sm.; pl. ·*ões*.
sa·ti·*rí*·a·se sf.
sa·*tí*·ri·co adj. sm.
sa·ti·*rí*·de:o adj. sm.
sa·*tí*·ri:o sm.
sa·ti·*ris*·ta adj. s2g.
sa·ti·ri·*zar* v.
sa·ti·ri·*zá*·vel adj. 2g.; pl. ·*veis*.

sá·ti·ro sm.
sa·tis·*dar* v.
sa·tis·fa·*ção* sf.; pl. ·*ções*.
sa·tis·fa·*tó*·ri:o adj.
sa·tis·fa·*zer* v.
sa·tis·fa·*zí*·vel adj. 2g.; pl. ·*veis*.
sa·tis·*fei*·to adj.
sa·*ti*·vo adj.
sá·tra·pa sm.
sa·tra·pe:*ar* v.
sa·tra·*pi*·a sf.
sa·*trá*·pi·co adj.
sa·tu·ra·bi·li·*da*·de sf.
sa·tu·ra·*ção* sf.; pl. ·*ções*.
sa·tu·*ra*·do adj.
sa·tu·ra·*dor* (ô) adj. sm.
sa·tu·*ra*·gem sf.; pl. ·*gens*.
sa·tu·*ran*·te adj. 2g.
sa·tu·*rar* v.
sa·tu·*rá*·vel adj. 2g.; pl. ·*veis*.
sa·tur·*nal* adj. 2g. sf.; pl. ·*nais*.
sa·tur·ni·*cên*·tri·co adj.
sa·tur·*ní*·de:o adj. sm.
sa·tur·ni·*grá*·fi·co adj.
sa·tur·*ni*·no adj. sm.
sa·tur·*nis*·mo sm.
sa·*tur*·no adj. sm.
sau·*á* sm.: *saá*
sau·a·*çu* sm.
sa·*ú*·ba sf.: *saúva*.
sa:u·*bal* sm.: *sauval* pl. ·*bais*.
sa·*ú*·co sm.
sa:u·da·*ção* sf.; pl. ·*ções*.
sa:u·*da*·de sf.
sa:u·da·de(s)-da-cam·*pi*·na sf. (pl.).
sa:u·da·*dor* (ô) adj. sm.
sa:u·*dan*·te adj. 2g.
sa:u·*dar* v. sm.
sa:u·*dá*·vel adj. 2g.; pl. ·*veis*.
sa·*ú*·de sf. interj.
sa:u·*den*·se adj. s2g.
sau·di·a·*rá*·bi·co(s) adj. sm. (pl.).
sau·*di*·ta adj. s2g.
sa:u·do·*sis*·mo sm.
sa:u·do·*sis*·ta adj. s2g.
sa:u·*do*·so (ô) adj.; f. e pl. (ó).
sau·*í* sm.: *sauim*.
sau·i·*á* sm.
sau·*im* sm.; pl. ·*ins*: *sauí*.
sau·im·pi·*ran*·ga sm.
sau·im·u·*na* sm.; pl. *sauins-unas*.
sau·na sf. 'banho a vapor'/Cf. *saúna*.
sa·*ú*·na sf. 'peixe'/Cf. *sauna*.

sau·*ni* sm.
sau·*rá* sm.
sáu·ri:o adj. sm.
sau·*ró*·fa·go adj.
sau·ro·*fi*·di:o adj. sm.
sau·ro·gra·*fi*·a sf.
sau·ro·*grá*·fi·co adj.
sau·*ró*·gra·fo sm.
sau·ro·lo·*gi*·a sf.
sau·ro·*ló*·gi·co adj.
sau·*ró*·lo·go sm.
sau·ru·*rá*·ce:a sf.
sau·ru·*rá*·ce:o adj.
saus·su·ri:*a*·no (sôssü) adj. sm.
saus·su·*ri*·ta (sôssü) sf.
sau·*tor* (ô) sm.
sa·*ú*·va sf.: *saúba*.
sa:u·*val* sm.: *saubal*; pl. ·*vais*.
sa:u·*vei*·ro adj. sm.
sa·va·*cu* sm.
sa·va·*cu*(s)-de-co·*ro*·a sm. (pl.).
sa·*va*·na sf.
sa·*vâ*·ni·co adj.
sa·va·*ní*·co·la adj. 2g.
sa·*vart* sm.
sa·*va*·ta sf., do fr. *savate*.
sa·vei·*ris*·ta s2g.
sa·*vei*·ro sm.
sá·vel sm.; pl. ·*veis*.
sa·*ve*·lha (ê) sf.
sa·*vi*·ca sf.
sa·*vi*·tu sm.
savoir-faire sm. (fr.: *savoarfér*)
sax (cs) sm.
sa·*xão* (cs) adj. sm.; pl. ·*xões*.
sa·*xá*·til (cs) adj. 2g.; pl. ·*teis*.
sá·xe:o (cs) adj.
sa·*xí*·co·la (cs) adj. s2g.
sa·*xí*·fra·ga (cs) sf.
sa·*xí*·fra·ga(s)-*bran*·ca(s) sf. (pl.).
sa·xi·fra·*gá*·ce:a (cs) sf.
sa·xi·fra·*gá*·ce:o (cs) adj.
sa·*xí*·fra·go (cs) adj.
sa·xo·*fo*·ne (cs) sm.
sa·xo·fo·*nis*·ta (cs) adj. s2g.
sa·xo·*fo*·no (cs) sm.: *saxofone*.
sa·xô·*ni*:o (cs) adj. sm.
sa·*xor*·ne (cs) sm.
sa·*xo*·so (csô) adj.; f. *e* pl. (ó).
sa·xo·*trom*·pa (cs) sf.
sa·*zão* sf. 'estação do ano'; pl. ·*zões*/Cf. *sezão*.
sa·zo·*na*·do adj.
sa·zo·*nal* adj. 2g.; pl. ·*nais*.
sa·zo·na·*men*·to sm.
sa·zo·*nar* v.
sa·zo·*ná*·vel adj. 2g.; pl. ·*veis*.

scanner sm. (ing.: *scâner*)
scheu·chze·ri:*á*·ce:a (xói) sf.
scheu·chze·ri:*á*·ce:o (xói) adj.
scratch sm. ing.: (*escrete*).
se conj. pron./Cf. *si*.
sé sf.
se:a·*bren*·se adj. s2g.
se:*a*·ra sf.
se:a·*rei*·ro sm.
se·*ba*·ça sf.
se·*bá*·ce:o adj.
se·bas·ti:a·*nen*·se adj. s2g.
se·bas·ti:a·*nis*·mo sm.
se·bas·ti:a·*nis*·ta adj. s2g.
se·bas·ti:*ão* sm.; pl. ·*ões*.
se·*be* sf.
se·*bei*·ro sm.
se·*ben*·ta sf.
se·ben·*tei*·ro adj. sm.
se·ben·*ti*·ce sf.
se·*ben*·to adj. sm.
se·be·*re*·ba sf.
se·*bi*·nho sm.
se·bi·*pi*·ra sf.
se·bi·pi·ra(s)-*fal*·sa(s) sf. (pl.).
se·*bis*·ta adj. s2g.
se·*bi*·te adj. s2g.
se·*bi*·to sm.
se·*bo* (ê) sm. 'substância graxa'/Cf. *cebo*.
se·bor·*rei*·a sf.
se·bor·*rei*·co adj.
se·bor·re·*í*·de sf.: se·bor·*rei*·de.
se·*bo*·so (ô) adj. sm.; f. *e* pl. (ó).
se·bra·*ju* sm.: *sobraju*.
se·*bru*·no adj. sm.
se·*ca*[1] sf. 'ato de pôr a secar' 'impertinência'/Cf. *ceca*, *seca*[2], *seca*[3] (ê) e *seca*, fl. do v. *secar*.
se·ca[2] s2g. 'pessoa importuna'/Cf. *seca*[1] sf. e fl. do v. *secar*, *seca*[3] (ê) e *ceca*.
se·*ca*[3] (ê) sf. 'estiagem'/Cf. *seca*[1], *seca*[2], *seca*, fl. do v. *secar*, e *ceca*.
se·ca·*ção* sf.; pl. ·*ções*.
se·ca(s)-*d'á*·gua sf. (pl.).
se·ca·*doi*·ro sm.: *secadouro*.
se·ca·*dor* (ô) adj. sm.
se·ca·*dou*·ro sm.: *secadoiro*.
se·ca·*gás* sm.; pl. *seca-gases*.
se·*ca*·gem sf.; pl. ·*gens*.
se·*can*·te adj. s2g. sm. sf.
se·can·*toi*·de adj. 2g. sf.
se·*ção* sf. 'corte'; *secção*; pl. ·*ções*/Cf. *cessão*, *ceção* e *sessão*.

se·*car* v.
se·ca·*ri*·a sf.
se·car·*rão* adj. sm.; pl. ·*rões*; f. *secarrona*.
se·car·*ro*·na adj. sf. de *secarrão*.
se·ca·*ti*·vo adj. sm. 'diz-se da ação de adstringente nos tecidos vivos'/Cf. *sicativo*.
sec·*ção* sf.: *seção*; pl. ·*ções*/Cf. *cessão*, *ceção*, *sessão*.
sec·ci·o·*nal* adj. 2g.; *secional*; pl. ·*nais*.
sec·ci·o·*nar* v.: *secionar*.
sec·ci·o·*ná*·vel adj. 2g.: *secionável*; pl. ·*veis*.
se·ces·*são* sf.; pl. ·*sões*.
se·*ces*·so sm.
sé·ci:a sf.
sé·ci:o adj. sm.
se·ci·o·*nal* adj. 2g.; *seccional*, pl. ·*nais*.
se·ci·o·*nar* v.: *seccionar*.
se·ci·o·*ná*·vel adj. 2g.: *seccionável*; pl. ·*veis*.
se·*co* (ê) adj. sm. 'enxuto'/Cf. *ceco* sm. e *seco* (é), do v. *secar*.
se·co·*fi*·co sm. 2n.
se·*co*(s) na pa·*ço*·ca adj. 2g. (pl.).
se·*cos* (ê) sm. pl.
se·*cre*·ção sf.; pl. ·*ções*.
se·*cre*·ta sf. sm.
se·cre·*tar* v.
se·cre·ta·*ri*·a sf. 'local onde se faz o expediente'/Cf. *secretária*.
se·cre·*tá*·ri:a sf. 'mulher que secretaria'/Cf. *secretaria* sf. e fl. do v. *secretariar*.
se·cre·ta·ri:*a*·do sm.
se·cre·ta·ri:*ar* v.
se·cre·*tá*·ri:o sm./Cf. *secretario*, do v. *secretariar*.
se·*cre*·to adj. sm. adv.
se·cre·*tor* (ô) adj. sm.
se·cre·*tó*·ri:o adj.
sec·*tá*·ri:o adj. sm.
sec·ta·*ris*·mo sm.
séc·til adj. 2g.; pl. ·*teis*.
sec·to adj.
sec·*tor* (ô) sm.: *setor*.
sec·*tu*·ra sf.
se·cu·*lar* adj. s2g.
se·cu·la·ri·*da*·de sf.
se·cu·la·ri·za·*ção* sf.; pl. ·*ções*.
se·cu·la·ri·*zar* v.
se·*cu*·lo sm. 'dignitário africano'/Cf. *século*.

sé·cu·lo sm. 'cem anos'/Cf. *seculo*.
se·cun*dar* v.
se·cun·*dá*·ri:o adj. sm.
se·cun·da·*ris*·ta adj. s2g.
se·cun·da·ri·*zar* v.
se·cun·di:*a*·no sm.
se·cun·di·fa·*lan*·ge sf.
se·cun·di·fa·lan·*ge*·ta (ê) sf.
se·cun·di·fa·lan·*gi*·nha sf.
se·cun·di·*flo*·ro adj.
se·cun·*di*·na sf.
se·cun·*dí*·pa·ro adj.
se·cun·do·*gê*·ni·to adj. sm.: *segundogênito*.
se·*cu*·ra sf.
se·*cu*·re sf.: *segure*.
se·cu·ri·*for*·me adj. 2g.
se·cu·*rí*·ge·ro adj.
se·cu·ri·*ne*·ga sf.
se·cu·ri·*pal*·po adj.
se·cu·ri·*tá*·ri:o adj. sm.
se·da (ê) sf. 'tecido'/Cf. *seda* (é), do v. *sedar*, *ceda* (ê), do v. *ceder*, e *sedas* sf. pl.
se·*dã* sm., do ing. *sedan*.
se·da-a·*zul* sf.; pl. *sedas-azuis*.
se·*da*·ção sf.; pl. *-ções*.
se·da·*cei*·ro sm.
se·*da*·ço sm.
se·*dal* adj. 2g. sm.; pl. *-dais*.
se·*da*·lha sf.
se·*da·li*·na sf.
sedan sm. ing.: *sedã*.
se·*dan*·te adj. 2g.
se·da-pa·*lha* sf.; pl. *sedas-palhas* ou *sedas-palha*.
se·*dar* v.
se·*das* (ê) sf. pl. 'cerda'/Cf. *sedas* (é), do v. *sedar*, e *cedas* (ê), do v. *ceder*.
se·da·*ti*·vo adj. sm.
se·da-ve·ge·*tal* sf.; pl. *sedas--vegetais*.
se·*de*[1] sf. 'assento'/Cf. *sede*[2] (ê) sf. e *cede* (é), do v. *ceder*.
se·*de*[2] (ê) sf. 'sensação da necessidade de beber'/Cf. *sede*[1] (é), *sede* (é), do v. *sedar* e *cede* (é), do v. *ceder*.
se·de:*ar* v.
se·*de*·ca sf.
se·*dei*·ro sm.
se·*de*·la sf.
se·*dém* sm.; pl. *-déns*/Cf. *sedem*, do v. *sedar*, e *cedem*, do v. *ceder*.

se·*de*·nho adj. sm.
se·den·ta·ri:e·*da*·de sf.
se·den·*tá*·ri:o adj. sm.
se·den·ta·*ris*·mo sm.
se·*den*·te adj. 2g. 'sedento'/Cf. *cedente*.
se·*den*·to adj. sm.
se·de·*ren*·to adj.
se·de-se·*de*(s) (ê...ê) sm. (pl.).
se·*des*·tre adj. 2g.
se·de·*ú*·do adj.
se·di:*a*·do adj. 'instalado'/Cf. *sedeado*, part. de *sedear*.
se·di·*ção* sf.; pl. *-ções*.
se·di·ci:*o*·so (ô) adj. sm.; f. *e* pl. (ó).
se·*dí*·ge·ro adj.
se·di·men·ta·*ção* sf.; pl. *-ções*.
se·di·men·*ta*·do adj.
se·di·men·*tar* v. adj. 2g.
se·di·men·*tá*·ri:o adj.; f. *sedimentária*/Cf. *sedimentaria*, do v. *sedimentar*.
se·di·*men*·to sm. 'resultante de um sedimentação'/Cf. *cedimento*.
se·di·men·*to*·so (ô) adj.; f. *e* pl. (ó).
se·*do*·nho sm.
se·do·si·*da*·de sf.
se·*do*·so (ô) adj.; f. *e* pl. (ó).
se·du·*ção* sf.; pl. *-ções*.
sé·*du*·lo adj. 'ativo'; f. *sédula*/Cf. *cédula*.
se·du·*tor* (ô) adj. sm.
se·du·zi·*men*·to sm.
se·du·*zir* v.
se·du·*zí*·vel adj. 2g.; pl. *-veis*.
se·far·*dim* adj. s2g.; pl. *-dins*.
se·far·*di*·ta adj. s2g.
se·*ga*[1] sf. 'ceifa'/Cf. *sega*[2] (ê), *cega* (é), do v. *cegar*, e *cega* (é), f. de *cego*.
se·*ga*[2] (ê) sf. 'ferro do arado'/Cf. *sega*[1] (é), *sega* (é), do v. *segar*, e *cega* (é), f. de *cego* e fl. do v. *cegar*.
se·*ga*·da sf. 'ceifa'/Cf. *cegada*, do v. *cegar*.
se·ga·*dei*·ra sf.
se·ga·*doi*·ro adj.: *segadouro*.
se·ga·*dor* (ô) adj. sm.
se·ga·*dou*·ro adj.: *segadoiro*.
se·ga·*du*·ra sf.
se·*gão* sm.; pl. *-gões*.
se·*gar* v. 'ceifar'/Cf. *cegar*.
se·*ge* sf.

se·*gei*·ro sm.
se·ge·*tal* adj. 2g.; pl. *-tais*.
seg·men·ta·*ção* sf.; pl. *-ções*.
seg·men·*tar* v. adj. 2g.
seg·men·*tá*·ri:o adj.; f. *segmentária*/Cf. *segmentaria*, do v. *segmentar*.
seg·*men*·to sm.
seg·*ní*·ci:a sf.: *segnícieᗳ*.
se·gre·da·*men*·to sm.
se·gre·*dar* v.
se·gre·*dei*·ro adj.
se·gre·*dis*·ta adj. s2g.
se·gre·*do* (ê) adj. sm./Cf. *segredo* (é), do v. *segredar*.
se·gre·ga·*ção* sf.; pl. *-ções*.
se·gre·ga·ci:o·*nis*·mo sm.
se·gre·ga·ci:o·*nis*·ta adj. s2g.
se·gre·*gar* v.
se·gre·ga·*tí*·ci:o adj.
se·gre·ga·*ti*·vo adj.
se·*gui*·da sf.
se·gui·*di*·lha sf.
se·gui·di·*lhei*·ro sm.
se·gui·*di*·nho adv.
se·*gui*·do adj. adv.
se·gui·*dor* (ô) adj. sm.
se·gui·*lho*·te sm.
se·gui·*men*·to sm.
se·*guin*·te adj. 2g. sm.
se·*guir* v.
se·*gun*·da sf.
se·gun·da(s)-*fei*·ra(s) sf. (pl.).
se·gun·da·*nis*·ta adj. s2g.
se·gun·*dar* v.
se·gun·*dei*·ro adj.
se·*gun*·do num. adj. sm. prep. conj. adv.
se·gun·do(s)-ca·*de*·te(s) sm. (pl.).
se·gun·do-e·le·va·*dor* sm.; pl. *segundos-elevadores*.
se·gun·do·*gê*·ni·to adj. sm.: *secundogênito*.
se·gun·do(s)-sar·*gen*·to(s) sm. (pl.).
se·gun·do(s)-te·*nen*·te(s) sm. (pl.).
se·*gu*·ra sf.
se·gu·ra·*ção* sf.; pl. *-ções*.
se·gu·*ra*·do adj. sm.
se·gu·ra·*dor* (ô) adj. sm.
se·gu·ra·*do*·ra (ô) sf.
se·gu·*ran*·ça sf. sm.
se·gu·*rar* v.
se·gu·*rá*·vel adj. 2g.; pl. *-veis*.
se·*gu*·re sf.: *secure*.

se·gu·re·lha (ê) sf.
se·gu·re·za (ê) sf.
se·gu·ri·da·de sf.
se·*gu*·ro adj. sm. adv.
sei·*a*·da sf.
sei·bo sm.
sei·*can*·ga sf.: *saicanga*.
sei·cho·no·iê sm.
sei:o sm. 'mama'/Cf. *ceio*, do v. *cear*.
sei·ra sf. 'tipo de cesto'/Cf. *cera* (ê) sf., *cera* (é), do v. *cerar* e *sera* (é).
seis num. sm.
seis·cen·*tis*·mo sm.
seis·cen·*tis*·ta adj. 2g.
seis·*cen*·tos num. sm.
seis·do·*bro* (ô) num. sm.
seis por *no*·ve sm. 2n.
sei·ta sf. 'facção'/Cf. *ceita*.
sei·*u*·do adj.
sei·va sf.
sei·*val* sm.; pl. ·*vais*.
sei·vo sm.
sei·*vo*·so (ô) adj.; f. *e* pl. (ó).
sei·xa sf.
sei·*xa*·da sf.
sei·*xal* sm.; pl. ·*xais*.
sei·xa·*len*·se adj. s2g.
sei·*xei*·ro sm.
sei·xo sm.
sei·*xo*·so (ô) adj.; f. *e* pl. (ó).
se·ja conj. interj.
se·la sf. 'arreio'/Cf. *cela*.
se·*la*·da sf. 'vão nos montes'/ Cf. *celada*.
se·*la*·do adj. sm.
se·la·*doi*·ro sm.: *seladouro*.
se·la·*dor* (ô) adj. sm.
se·la·*dou*·ro sm.: *seladoiro*.
se·la·*du*·ra sf.
se·la·gão sm.; pl. ·*gões*.
se·*la*·gem sf. 'ato de selar'; pl. ·gens/Cf. *celagem* e *silagem*.
se·la·gi·ne·*lá*·ce:a sf.
se·la·gi·ne·*lá*·ce:o adj.
se·la·gi·ne·*la*·le sf.
se·la·*go*·te sm. 'sela rústica'/Cf. *serigote*.
se·*lá*·qui:o adj. sm.
se·*lar* v.
se·la·*ri*·a sf.
se·le·*ção* sf.; pl. ·*ções*.
se·le·ci·o·*na*·do adj. sm.
se·le·ci·o·na·*dor* (ô) adj. sm.
se·le·ci·o·*nar* v.
se·*lei*·ro adj. sm. 'fabricante ou vendedor de selas'/Cf. *celeiro*.
se·le·*na*·to sm.
se·le·*ne*·to (ê) sm.
se·*lê*·ni:a sf.
se·le·ni:*a*·do adj.
se·le·ni:*a*·to sm.
se·*lê*·ni·co adj.
se·le·*ní*·fe·ro adj.
se·*lê*·ni:o sm.
se·le·*ni*·ta adj. s2g.
se·le·*ni*·to sm.
se·le·ni·*to*·so (ô) adj.
se·le·no·*cên*·tri·co adj.
se·le·no·*don*·te adj. 2g. sm.
se·le·no·fo·to·gra·*fi*·a sf.
se·le·no·gra·*fi*·a sf.
se·le·no·*grá*·fi·co adj.
se·le·*nó*·gra·fo sm.
se·le·no·man·*ci*·a sf.
se·le·no·*man*·te s2g.
se·le·no·*mân*·ti·co adj.
se·le·*no*·se sf.
se·le·*nós*·ta·to sm.
se·le·no·to·po·gra·*fi*·a sf.
se·le·no·to·po·*grá*·fi·co adj.
se·*le*·ta sf.
se·le·*tar* v.
se·le·ti·vi·*da*·de sf.
se·le·*ti*·vo adj. sm.
se·*le*·to adj.
se·le·*tor* (ô) adj. sm.
se·leu·*ce*·no adj. sm.
se·leu·*cen*·se adj. s2g.
se·leu·ci:*a*·no adj. sm.
se·*lêu*·ci·da adj. s2g.
self-service sm. (ing.: *selfsérvis*)
se·lha (ê) sf. 'vaso redondo'/ Cf. *celha*.
se·*lim* sm.; pl. ·*lins*.
se·lo (ê) sm./Cf. *selo* (é), do v. *selar*.
se·lo(s)-de-sa·lo·*mão* sm. (pl.).
se·*lo*·te sm.
sel·va sf.
sel·*va*·gem adj. s2g.; pl. ·gens: *salvagem*.
sel·va·ge·*ri*·a sf.: *selvajeria*.
sel·va·*gí*·ne:o adj.
sel·va·*gi*·no adj.
sel·va·*gis*·mo sm.
sel·va·ja·*ri*·a sf.: *selvageria*.
sel·*vá*·ti·co adj.
sel·va·ti·*que*·za (ê) sf.
sel·*ve*·la sf.
sel·*ví*·co·la s2g.: *silvícola*.
sel·*vo*·so (ô) adj.; f. *e* pl. (ó).
sem prep./Cf. *cem*.
sem- pref. (é sempre seguido de hífen).
se·*má*·fo·ra sf.
se·ma·*fó*·ri·co adj. sm.
se·*má*·fo·ro sm.
se·*ma*·na sf.
se·ma·*na*·da sf.
se·ma·*nal* adj. 2g.; pl. ·*nais*.
se·ma·*ná*·ri:o adj. sm.
se·man·*col* sm.; pl. ·*cóis*.
se·man·*cô*·me·tro sm.
se·man·*te*·ma sm.
se·*mân*·ti·ca sf.
se·man·ti·*cis*·ta adj. s2g.
se·*mân*·ti·co adj.
se·ma·si:o·lo·*gi*·a sf.
se·ma·si:o·*ló*·gi·co adj.
se·ma·to·lo·*gi*·a sf.
se·ma·to·*ló*·gi·co adj.
sem·ba sf.
sem·*blan*·te sm.
sem-ce·ri·*mô*·ni:a(s) sf. (pl.).
sem-ce·ri·mo·ni:*o*·so(s) adj. (pl.).
sê·me:a sf.
se·me:*a*·ção sf.; pl. ·ções.
se·me:*a*·da sf.
se·me:*a*·do adj. sm.:
se·me:*a*·dou·ro.
se·me:*a*·du·ra sf.
se·me:*ar* v.: *samear*.
se·me:*á*·vel adj. 2g.; pl. ·veis.
se·me·*lhan*·ça sf.
se·me·*lhan*·te adj. 2g. pron. sm.
se·me·*lhar* v.
se·me·*lhá*·vel adj. 2g.; pl. ·veis.
sê·men sm.; pl. *semens* e *sêmenes*.
se·men(s)-*con*·tra sf. (pl.).
se·men·du:*a*·ra sf.
se·men·*tal* adj. 2g. sm.; pl. ·*tais*.
se·men·*tão* adj. sm.; pl. ·*tões*.
se·men·*tar* v. 'semear'/Cf. *cementar* e *cimentar*.
se·*men*·te sf. 'planta'/Cf. *cemente*, do v. *cementar* e *cimente*, do v. *cimentar*.
se·men·*tei*·ra sf.
se·men·*tei*·ro adj. sm.
se·me:os·*to*·ma adj. 2g. sf.:
se·me·*ós*·to·ma.
se·*mes*·tral adj. 2g.; pl. ·*trais*.
se·mes·tra·li·*da*·de sf.
se·*mes*·tre adj. 2g. sm.

sem·fa·*mí*·li:a s2g. 2n.
sem-*fim* sm. 'quantidade ou número indeterminado'; pl. *sem-fins*/Cf. *sem fim*, loc. adj.
semi- pref. (é seguido de hífen, quando se lhe junta voc. começado por *i* ou *h*).
se·mi·a·ber·*tu*·ra sf.
se·mi·*al*·ma sf.
se·mi·am·pli·*tu*·de sf.
se·mi·a·nal·fa·*be*·to adj. sm.
se·mi·*ân*·gu·lo sm.
se·mi·*â*·ni·me adj. 2g.
se·mi·a·nu:*al* adj. 2g.
se·mi·a·nu·*lar* adj. 2g.; pl. *semianulares*.
se·mi·a·*ti*·vo adj.
se·mi·au·to·*má*·ti·co adj.
se·mi·*bár*·ba·ro adj.
se·mi·*bre*·ve sf.
se·mi·*ca*·pro adj. sm.
se·mi·car·bo·ni·*za*·do adj.
se·mi·cer·*ra*·do adj.
se·mi·cer·*rar* v.
se·*mi*·chas sf. pl.
se·mi·ci·*lín*·dri·co adj.
se·mi·cir·cu·*lar* adj. 2g.
se·mi·*cír*·cu·lo adj. sm.
se·mi·cir·cun·fe·*rên*·ci:a sf.
se·mi·clau·*su*·ra sf.
se·mi·col·*chei*·a sf.
se·mi·con·du·*tor* (ô) adj. sm.
se·mi·cons·ci·*ên*·ci:a sf.
se·mi·cons·ci:*en*·te adj. 2g.
se·mi·con·so:*an*·te adj. 2g. sf.
se·mi·cris·ta·*li*·no adj.
se·mi·*cú*·pi:o sm.
se·mi·*dei*:a sf. de *semideus*.
se·mi·*dei*·ro sm.
se·mi·*deus* sm.; f. se·mi·*deu*·sa ou *semideia*.
se·mi·di:*á*·fa·no adj.
se·mi·di:*â*·me·tro sm.
se·mi·*dis*·co sm.
se·mi·di·*ton*·go sm.
se·mi·*dí*·to·no sm.
se·mi·di·vin·*da*·de sf.
se·mi·di·*vi*·no adj.
se·mi·do·*bra*·do adj.
se·mi·*dou*·to adj.
se·mi·*dú*·plex (cs) adj. 2g.; pl. *semidúplices*.
se·mi·*ei*·xo sm.
se·mi·er·*guer* v.
se·mi·es·*fé*·ra sf.
se·mi·es·*fé*·ri·co adj.
se·mi·es·pe·ci:a·li·*za*·do adj.
se·mi·fen·*di*·do adj.
se·mi·fi·*nal* adj. 2g. sf.; pl. ·*nais*.
se·mi·fi·na·*lis*·ta adj. s2g.
se·mi·*flós*·cu·lo sm.
se·mi·*flui*·do adj.
se·mi·*fu*·sa sf.
se·mi·glo·bu·*lo*·so (ô) adj.; f. *e* pl. (*ó*).
se·mi·*ín*·fe·ro(s) adj. (pl.).
se·mi·in·ter·*na*·to(s) sm. (pl.).
se·mi·in·*ter*·no(s) adj. sm. (pl.).
se·mi·*lí*·qui·do adj.
se·mi·li·*túr*·gi·co adj.
se·mi·lu·*nar* adj. 2g. sm.
se·mi·lu·*ná*·ti·co adj.
se·mi·*lú*·ni:o sm.
se·mi·ma·nu·fa·tu·*ra*·do adj.
se·mi·men·*sal* adj. 2g.; pl. ·*sais*.
se·mi·me·*tal* sm.; pl. *tais*.
se·mi·*mor*·to (ô) adj.; f. *e* pl. (*ó*).
se·mi·na·*ção* sf.; pl. ·*ções*.
se·mi·*nal* adj. 2g.; pl. ·*nais*.
se·mi·nar·*co*·se sf.
se·mi·*ná*·ri:o adj. sm.
se·mi·na·*ris*·ta sm.
se·mi·na·*rís*·ti·co adj.
se·mi·*ní*·fe·ro adj.
se·*mí*·ni·ma sf.
se·*mi*·no sm.
se·*mi*·nu adj.
se·mi·nu·*dez* (ê) sf.
se·*mí*·nu·la sf.: *semínulo*.
se·mi·nu·*lí*·fe·ro adj.
se·*mí*·nu·lo sm.: *semínula*.
se·mi·o·fi·ci:*al* adj. 2g.; pl. *semioficiais*.
se·mi·o·gra·*fi*·a sf.
se·mi·o·*grá*·fi·co adj.
se·mi:o·lo·*gi*·a sf.
se·mi:o·*ló*·gi·co adj.
se·mi·or·bi·cu·*lar* adj. 2g. sm.; pl. *semiorbiculares*.
se·mi:*ó*·ti·ca sf.
se·mi·pa·*ren*·te adj. s2g.
se·mi·*pas*·ta sf.
se·mi·pe·*dal* adj. 2g.; pl. ·*dais*.
se·mi·pe·*rí*·me·tro sm.
se·mi·per·me:*á*·vel adj. 2g.; pl. ·*veis*.
se·mi·*pla*·no sm.
se·mi·*ple*·no adj.
se·mi·por·*tá*·til adj. 2g.; pl. ·*teis*.
se·mi·pre·ci:*o*·so (ô) adj.; f. *e* pl. (*ó*).
se·mi·*pro*·va sf.
se·mi·*pú*·tri·do adj.
se·mi·*quí*·mi·co adj.
se·mir·ra·ci:o·*nal* adj. 2g.; pl. *semirracionais*.
se·mir·re:*al* adj. 2g.; pl. *semirreais*.
se·mir·re·*bo*·que sm.
se·mir·re·li·gi:*o*·so adj..
se·mir·*re*·ta sf.
se·mir·*rí*·gi·do adj.
se·mir·*ro*·to adj.
se·mis·*sá*·bi:o adj. sm.
se·mis·sel·*va*·gem adj. s2g.; pl. ·*gens*.
se·mis·sis·te·ma·ti·za·*ção* sf.; pl. *semissistematizações*.
se·mis·*só*·li·do adj.
se·mis·*so*·ma sf.
se·mis·*so*·no sm.
se·*mi*·ta adj. s2g. 'povo'/Cf. *sêmita*.
sê·mi·ta sf. 'senda'/Cf. *semita*.
se·*mí*·ti·co adj.
se·mi·*tis*·mo sm.
se·mi·to·fo·*bi*·a sf.
se·mi·*tó*·fo·bo adj. sm.
se·mi·*tom* sm.; pl. ·*tons*.
se·mi·to·*tal* adj. 2g.; pl. ·*tais*.
se·mi·trans·pa·*ren*·te adj. 2g.
se·mi·tro·pi·*cal* adj. 2g.; pl. ·*cais*.
se·mi·*ú*·mi·do(s) adj. (pl.).
se·mi·un·ci:*al* adj. 2g. sf.; pl. *semiunciais*.
se·mi·*ús*·to(s) adj. (pl.).
se·*mí*·vi·ro sm.
se·mi·vi·*ver* v.
se·mi·*vi*·vo adj.
se·mi·vo·*gal* adj. 2g. sf.; pl. ·*gais*
sem·jus·ti·*ça*(s) sf. (pl.).
sem-*luz* sm. 2g. 2n.
sem-*mo*·dos adj. 2g. 2n.
se·mo·*da*·gem sf.; pl. ·*gens*.
sê·mo·la sf.
se·mo·*li*·na sf.
se·mos·tra·*ção* sf.; pl. ·*ções*.
se·mos·tra·*dei*·ra adj. sf.
se·mos·tra·*dor* (ô) adj. sm.
se·*mo*·to adj.
se·mo·*ven*·te adj. 2g. sm.
sem-*par* adj. s2g. 2n.
sem·pi·*ter*·no adj.
sem·pre adj. sm.
sem·pre-lus·*tro*·sa(s) sf. (pl.).
sem·pre-*noi*·va(s) sf. (pl.).
sem·pre-*vi*·va(s) sf. (pl.).

sem-pu·*dor* sm.; pl. *sem--pudores*.
sem-*pu*·lo(s) sm. (pl.).
sem-ra·*zão* sf.; pl. *sem-razões*.
sem-*sal* adj. 2g. 2n.
sem-se·*gun*·do(s) adj. (pl.).
sem-*ter*·mo(s) sm. (pl.) 'sem--fim'/Cf. *sem termo*, loc. adj.
sem-*ter*·ra adj. 2g. 2n. s2g. 2n.
sem-*te*·to adj. 2g. 2n. s2g. 2n.
sem-tra·*ba*·lho s2g. 2n.
sem-ven·*tu*·ra(s) sf. (pl.).
sem-ver·*go*·nha adj. s2g. 2n.
sem-ver·go·*nhez* (ê) sf.; pl. *sem--vergonhezes*.
sem-ver·go·*nhe*·za(s) sf. (pl.).
sem-ver·go·*nhi*·ce(s) sf. (pl.).
sem-ver·go·*nhis*·mo(s) sm. (pl.).
se·na[1] sf. 'carta de jogar'/Cf. *sena*[2] e *cena*.
se·na[2] sf.: *sene* 'planta'/Cf. *sena*[1] e *cena*.
se·*ná*·cu·lo sm. 'lugar onde o senado romano realizava suas sessões'/Cf. *cenáculo*.
se·*na*·do sm.
se·na·*dor* (ô) sm.; f. *senadora* ou *senatriz*.
se·na·do·*ren*·se adj. s2g.
se·na·do·*ri*·a sf.
se·*nal* adj. 2g. sm. 'diz-se do diamante bruto'; pl. ·*nais*/Cf. *sinal*.
se·*não* conj. prep. sm.; pl. ·*nões*/Cf. *sinão*, aum. de *sino*.
se·*ná*·ri:o adj. 'que contém seis unidades'/Cf. *cenário*.
se·na·to·*ri*·a sf.: se·na·*tó*·ri:a 'mandato de senador'/Cf. *cenatória* f. de *cenatório*.
se·na·to·ri:*al* adj. 2g.; pl. ·*ais*.
se·na·*tó*·ri:o adj. 'relativo ao senado'/Cf. *cenátório*.
se·na·*triz* sf. de *senador*.
sen·ci:*en*·te adj. 2g.
sen·*ci*·lha sf.
sen·ci·*lhei*·ro sm.
sen·da sf.
sen·*dei*·ro adj. sm.
sen·dos pron.: *senhos*.
se·ne sm: *sena*.
se·ne·ci:o·*ní*·de:o adj.
se·nec·*tu*·de sf.
se·ne(s)-do-*cam*·po sm. (pl.).
se·ne·ga·*lês* adj. sm.
se·ne·ga·*les*·co (ê) adj.
se·*nem*·bi sm.: *sinimbu*.

se·nes·*cal* sm.; pl. ·*cais*.
se·nes·ca·*li*:a sf.
sen·ga adj. s2g. sf.
sen·*gar* v.
sen·ge:*a*·no adj. sm.
sen·gos pron.: *sendos*.
se·nha sf.
se·*nhor* (ô) adj. sm.
se·*nho*·ra (ó ou ô) sf.
se·nho·*ra*·ça sf.
se·nho·*ra*·ço sm.
se·*nho*·ra(s) das *á*·guas sf. (pl.).
se·*nhor* de en·*ge*·nho sm.; pl. *senhores de engenho*.
se·nho·re:a·*dor* (ô) adj. sm.
se·nho·re:*ar* v.
se·nho·*ri*·a sf.
se·nho·ri:*a*·gem sf.; pl. ·*gens*.
se·nho·ri:*al* adj. 2g.; pl. ·*ais*.
se·nho·*ril* adj. 2g.; pl. ·*ris*.
se·nho·ri·li·*da*·de sf.
se·nho·*ri*·nha sf.
se·nho·*ri*:o sm.
se·nho·*ri*·ta sf.
se·nhor·*ve*·lho sm.; pl. *senhores-velhos*.
se·nhos pron.: *sendos*.
sê·ni·ca sf. 'arsênico'/Cf. *cênica*, f. de *cênico*.
se·*nil* adj. 2g.; pl. ·*nis*.
se·ni·li·*da*·de sf.
se·ni·li·*za*·ção sf.; pl. ·*ções*.
se·ni·li·*zar* v.
sê·ni:or adj. 2g. sm.; pl. se·*ni*:*o*·res (ô).
se·no sm. 'função trigonométrica'/Cf. *ceno*.
se·*noi*·dal adj. 2g.; pl. ·*dais*.
se·*noi*·de adj. 2g. sf.
se·no·ni:*a*·no adj. sm.
sen·sa·*bor* (ô) adj. s2g.
sen·sa·bo·*rão* adj. sm.; pl. ·*rões*; f. *sensaborona*.
sen·sa·bo·*ri*·a sf.
sen·sa·bo·*ro*·na adj. sf. de *sensaborão*.
sen·sa·*ção* sf.; pl. ·*ções*.
sen·sa·ci:o·*nal* adj. 2g.; pl. ·*nais*.
sen·sa·ci:o·na·*lis*·mo sm.
sen·sa·ci:o·na·*lis*·ta adj. s2g.
sen·sa·ci:o·*nis*·mo sm.
sen·sa·*tez* (ê) sf.
sen·*sa*·to adj.
sen·si·bi·li·*da*·de sf.
sen·si·bi·li·*za*·ção sf.; pl. ·*ções*.
sen·si·bi·li·*za*·do adj.

sen·si·bi·li·za·*dor* (ô) adj. sm.
sen·si·bi·li·*zan*·te adj. 2g. sm.
sen·si·bi·li·*zar* v.
sen·si·fi·*car* v.
sen·*sis*·mo sm.
sen·si·*ti*·va sf.
sen·si·ti·va(s)-*man*·sa(s) sf. (pl.).
sen·si·ti·vi·*da*·de sf.
sen·si·*ti*·vo adj. sm.
sen·si·to·me·*tri*·a sf.
sen·*sí*·vel adj. 2g. sf. sm.; pl. ·*veis*.
sen·*si*·vo adj.
sen·so sm. 'faculdade de apreciar, julgar'/Cf. *censo*.
sen·sor (ô) sm. 'aparelho'/Cf. *censor*.
sen·so·ri:*al* adj. 2g.; pl. ·*ais*.
sen·so·ri·mo·*tor* (ô) adj.
sen·*só*·ri:o adj. sm. 'respeitante à sensibilidade'/Cf. *censório*.
sen·su:*al* adj. s2g. 'respeitante aos sentidos'; pl. ·*ais*/Cf. *censual*.
sen·su:a·li·*da*·de sf.
sen·su:a·*lis*·mo sm.
sen·su:a·*lis*·ta adj. s2g. 'referente ao sensualismo'/Cf. *censualista*.
sen·su:a·li·*za*·ção sf.; pl. ·*ções*.
sen·su:a·li·*zar* v.
sen·*ta*·da sf.
sen·*ta*·do adj.
sen·ta·*dor* (ô) adj.
sen·*tar* v.
sen·*ten*·ça sf.
sen·ten·ci:a·*ção* sf.; pl. ·*ções*.
sen·ten·ci:*a*·do adj. sm.
sen·ten·ci:a·*dor* (ô) adj. sm.
sen·ten·ci:*ar* v.
sen·ten·ci:*o*·so (ô) adj.; f. *e* pl. (ó).
sen·*ti*·do adj. sm. interj.
sen·ti·men·*tal* adj. s2g.; pl. ·*tais*.
sen·ti·men·ta·*lão* adj. sm.; pl. ·*lões*; f. *sentimentalona*.
sen·ti·men·ta·li·*da*·de sf.
sen·ti·men·ta·*lis*·mo sm.
sen·ti·men·ta·*lis*·ta adj. s2g.
sen·ti·men·ta·li·*zar* v.
sen·ti·men·ta·*lo*·na adj. sf. de *sentimentalão*.
sen·ti·*men*·to sm.
sen·*ti*·na sf.
sen·ti·*ne*·la sf.

sen·*tir* v. sm.
sen·to·se:*en*·se(s) adj. s2g. (pl.).
sen·*za*·la sf.: *sanzala*.
sé·pa·la sf.
se·pa·*lar* adj. 2g.
se·pa·*li*·no adj.
se·pa·*loi*·de adj. 2g.
se·pa·ra·*ção* sf.; pl. ·*ções*.
se·pa·*ra*·do adj.
se·pa·ra·*dor* (ô) adj. sm.; f.
  separadora ou *separatriz*.
se·*pa*·ra o *vis*·go sm.
se·pa·*rar* v.
se·pa·*ra*·ta sf.
se·pa·ra·*tis*·mo sm.
se·pa·ra·*tis*·ta adj. s2g.
se·pa·ra·*ti*·vo adj.
se·pa·ra·*tó*·ri:o adj. sm.
se·pa·ra·*triz* sf. de *separador*.
se·pa·*rá*vel adj. 2g.; pl. ·veis.
se·pe·*dô*·ni:o sm.
se·pe:*en*·se adj. s2g.
se·*pe*·ru sf.
sé·pi:a sf. adj. 2g. 2n.
se·pi:*á*·ce:o adj.
se·pi:a·*dá*·ri:o adj.
se·*pí*·co·la adj. s2g.
se·pi:o·*li*·ta sf.
sep·se sf.
sep·*si*:a sf.
sep·si·qui·*mi*·a sf.
sep·*ta*·do adj.
sep·*te*·na sf.: *setena*.
sep·*te*·to (ê) sm.
sep·ti·*brân*·qui:o adj. sm.
sep·ti·ce·*mi*·a sf.
sep·ti·*cê*·mi·co adj.
sep·ti·*ci*·da adj. 2g. sm.
sep·ti·ci·*da*·de sf.
sép·ti·co adj. 'que provoca
  infecção'/Cf. *céptico*.
sep·*tí*·fe·ro adj. 'que tem
  septos'/Cf. *setífero*.
sep·ti·fo·li:*a*·do adj.
sep·ti·*for*·me adj. 2g. 'que tem
  forma de septo'/Cf. *setiforme*.
sep·*tí*·fra·go adj.
sep·to sm.
sep·to·me·*tri*·a sf.
sep·to·*mé*·tri·co adj.
sep·*tô*·me·tro sm.
sep·*to*·so (ô) adj.; f. *e* pl. (ó).
sep·tu:a·ge·*ná*·ri:o adj. sm.:
  setuagenário.
sep·tu:a·*gé*·si·ma sf.:
  setuagésima.
sep·tu:a·*gé*·si·mo num. sm.:

  setuagésimo.
sép·tu:or sm.; pl. *septúores*.
se·pul·*cral* adj. 2g.; pl. ·*crais*.
se·pul·*crá*·ri:o adj. sm.
se·*pul*·cro sm.
se·pul·ta·*dor* (ô) adj. sm.
se·pul·ta·*men*·to sm.
se·pul·*tan*·te adj. 2g.
se·pul·*tar* v.
se·*pul*·to adj.
se·pul·*tu*·ra sf.
se·pul·tu·*rei*·ro sm.
sé·qua·no adj. sm.
se·quar·*di*·na sf.
se·*quaz* adj. s2g.
se·*quei*·ro adj. sm.
se·*que*·la sf.
se·*quên*·ci:a sf.
se·quen·ci:*al* adj. 2g. sm.; pl.
  ·*ais*.
se·*quen*·te adj. 2g.
se·*quer* adj. v.
se·ques·tra·*ção* sf.: pl. ·*ções*.
se·ques·*tra*·do adj. sm.
se·ques·tra·*dor* (ô) adj. sm.
se·ques·*trar* v.
se·ques·*trá*·vel adj. 2g.; pl.
  ·veis.
se·*ques*·tro sm.
se·qui:*ar* v.
se·qui·*dão* sf.; pl. ·*dões*.
se·*qui*·lho sm.
se·qui:*o*·so (ô) adj. sm. f. *e* pl.
  (ó).
se·*quis*·ta adj. s2g.
sé·qui·to sm.
se·*quoi*·a sf.
ser v. sm.
se·ra adj. s2g. 'povo'/Cf. cera (é),
  do v. *cerar*, *cera* (ê) e *seira*.
se·*rá*·fi·co adj.
se·ra·*fim* sm.; pl. ·*fins*.
se·ra·*fi*·na sf.
se·*ral* adj. 2g. sf.; pl. ·*rais*.
se·ran·*di*·nha sf.
se·*rão* sm.; pl. ·*rões*.
se·ra·pi·*ei*·ra sf.
se·ra·pi·*lhei*·ra sf.: *sarapilheira*,
  sarrapilheira, *serrapilheira*.
se·re adj. s2g. sf. 'povo'; pl. *seres*/
  Cf. *seres* (ê), pl. de *ser* sm. e
  fl. do v. *ser*.
se·*rei*·a sf.
se·re·*í*·ba sf.
se·re:i·*bu*·na sf.
se·re·*le*·pe adj. s2g. sm.
ser em si·tu:a·*ção* sm.; pl. *ser*

  em *situações*.
se·*re*·na sf.
se·re·*na*·da sf.
se·re·*na*·gem sf.; pl. ·gens.
se·re·*nar* v.
se·re·*na*·ta sf.
se·re·na·*tis*·ta adj. s2g.
se·re·*nei*·ro sm.
se·re·ni·*da*·de sf.
se·*re*·no adj. sm.
se·ren·te·*ri*·te sf.
se·*res* (ê) sm. pl. 'tudo quanto
  existe'/Cf. seres (é), pl. de
  sere.
se·*res*·ma (ê) adj. s2g.
se·*res*·ta sf.
se·res·*tei*·ro adj. sm.
ser·gi·*pa*·no adj. sm.
ser·gi·*pen*·se adj. s2g.
se·ri:a·*ção* sf.; pl. ·*ções*.
se·ri:*a*·do adj. sm.
se·ri:*al* adj. 2g.; pl. ·*ais*.
se·ri:*ar* v.
se·ri:*á*·ri:o adj.; f. *seriária*/Cf.
  seriaria, do v. *seriar*.
se·ri·*bei*·ro sm.
se·ri·*bo*·lo (ô) sm.
se·*rí*·ce:o adj.
se·ri·*cí*·co·la adj. s2g.
se·ri·ci·cul·*tor* (ô) adj. sm.:
  sericultor.
se·ri·ci·cul·*tu*·ra sf.: *sericultura*.
se·ri·*cí*·ge·no adj.
se·ri·*ci*·ta sf.
sé·ri·co adj. sm. 'relativo a soro,
  a seda'; f. *sérica*/Cf. *cérico* e
  cérica.
se·ri·*coi*·a sf.: se·ri·*co*·ra.
se·ri·*co*·ri sf.
se·ri·cul·*tor* (ô) adj. sm.:
  sericicultor.
se·ri·cul·*tu*·ra sf.: *sericicultura*.
se·ri·*dó* sm.
se·ri·do:*en*·se adj. s2g.
sé·ri:e sf./Cf. *serie*, do v. *seriar*.
se·ri:e·*da*·de sf.
se·ri:e·ma sf.
se·*ri*·fa sf.
se·ri·*fa*·do adj.
se·*rí*·fi:o sm.
se·ri·ga·*ri*·a sf.
se·ri·*go*·la sf.
se·ri·*go*·te sm. 'espécie de
  lombinho'/Cf. *selagote*.
se·ri·gra·*far* v.
se·ri·gra·*fi*·a sf.
se·ri·*grá*·fi·co adj.

se·rí·gra·fo sm.
se·ri·guei·ro sm.
se·ri·gui·lha sf.
se·ri·ís·si·mo adj. superl. de sério.
se·rin·ga sf.
se·rin·ga·ção sf.; pl. ·ções.
se·rin·ga·da sf.
se·rin·ga·de·la sf.
se·rin·ga·dor (ô) adj. sm.
se·rin·gal sm.; pl. ·gais.
se·rin·ga·lis·ta adj. s2g.
se·rin·gar v.
se·rin·ga·ra·na sf.
se·rin·ga·tó·ri·o adj. sm.
se·rin·guei·ra sf.
se·rin·guei·ra(s)-bar·ri·gu·da(s) sf. (pl.).
se·rin·guei·ra(s)-bran·ca(s) sf. (pl.).
se·rin·guei·ra-chi·co·te sf.; pl. *seringueiras-chicotes* ou *seringueiras-chicote*.
se·rin·guei·ra-i·ta·ú·ba sf.; pl. *seringueiras-itaúbas* ou *seringueiras-itaúba*.
se·rin·guei·ra(s)-ver·me·lha(s) sf. (pl.).
se·rin·guei·ro sm.
sé·ri·o adj. sm. adv. 'grave' 'gravidade' 'a sério'; superl. *seriíssimo*/Cf. *céreo*, *cério* e *serio*, do v. *seriar*.
sé·ri·o-cô·mi·co(s) adj. (pl.).
ser·mão sm.; pl. ·mões.
ser·mo·a (ô) sf.
ser·mo·ná·ri·o adj. sm.
ser·nam·bi·gua·ra sm.
ser no mun·do sm.
se·ro:a·da sf.
se·ro:an·te sf. s2g.
se·ro:ar v.
se·ro·co·li·te sf.
se·ro·di:ag·nós·ti·co sm.
se·rô·di·o adj.
se·ro:en·te·ri·te sf.
se·ro·lo·gi·a sf.
se·ro·ló·gi·co adj.
se·ro·lo·gis·ta adj. s2g.
se·ro·sa sf. 'membrana'/Cf. *cerosa*, f. de *ceroso*.
se·ro·si·da·de sf.
se·ro·so (ô) adj. 'relativo a soro'/Cf. *ceroso*.
se·ros·san·guí·ne:o adj.
se·ro·te·ra·pi·a sf.
se·ro·te·rá·pi·co adj.

se·ro·ti·no adj. sm.: se·ró·ti·no.
ser·pão sm.; pl. ·pões.
ser·pa·ra a mor·te sm.
ser·pe sf.
ser·pe:an·te adj. 2g.
ser·pe:ar v.
ser·pe·jan·te adj. 2g.
ser·pe·jar v.
ser·pen·tan·te adj. 2g.
ser·pen·tão sm.; pl. ·tões.
ser·pen·tar v.
ser·pen·tá·ri:a sf./Cf. *serpentaria*, do v. *serpentar*.
ser·pen·tá·ri:o sm.
ser·pen·te sf. adj. s2g.
ser·pen·te:an·te adj. 2g.
ser·pen·te:ar v.
ser·pen·tí·fe·ro adj.
ser·pen·ti·for·me adj. 2g.
ser·pen·ti·na sf.
ser·pen·ti·no adj.
ser·pe·te (ê ou é) sm.
ser·pi·gi·no·so (ô) adj.; f. e pl. (ó).
ser·pi·lho sm.
ser·ra sf. sm. 'montanha' 'serrote' 'peixe'/Cf. *cerra*, do v. *cerrar*.
ser·rã sf. de *serrão*.
ser·ra(s)-a·bai·xo sf. (pl.).
ser·ra(s)-a·ci·ma sf. (pl.).
ser·ra-a·zu·len·se(s) adj. s2g. (pl.).
ser·ra(s)-bai·a(s) sf. (pl.).
ser·ra-bo·ca(s) sm. (pl.).
ser·ra-bu·lho sm.: *sarrabulho*.
ser·ra-cai·a·den·se(s) adj. s2g. (pl.).
ser·ra·ção sf. 'ato ou efeito de serra'; pl. ·ções/Cf. *cerração*.
ser·ra(s) de es·ca·ma sf. (pl.).
ser·ra·de·la sf.
ser·ra·di·ço adj.
ser·ra·do adj. 'que se serrou'/Cf. *cerrado*.
ser·ra·dor (ô) adj. sm.
ser·ra·du·ra sf. 'corte'/Cf. *cerradura*.
ser·ra-ga·rou·pa(s) sm. (pl.).
ser·ra·gem sf.; pl. ·gens.
ser·ra·lha sf.
ser·ra·lhar v.
ser·ra·lha·ri·a sf.
ser·ra·lhei·ro sm.
ser·ra·lhin·ha sf.
ser·ra·lho sm.
ser·ra·li·tren·se adj. s2g.

ser·ra·men·to sm. 'serração, corte'/Cf. *cerramento*.
ser·ra·na sf.
ser·ra·ne·gren·se(s) adj. s2g. (pl.).
ser·ra·nen·se adj. s2g.
ser·ra·ni·a sf.
ser·ra·ni·ce sf.
ser·ra·ní·de:o adj. sm.
ser·ra·ni:en·se adj. s2g.
ser·ra·ni·lha sf.
ser·ra·no adj. sm.
ser·rão sm.; pl. ·rões; f. *serrã*.
ser·ra-os·so(s) sm. (pl.).
ser·ra-*pau*(s) sm. (pl.).
ser·ra·pi·lhei·ra sf.: *serapilheira*.
ser·ra·pi·ni·ma sf.
ser·ra-pren·ten·se(s) adj. s2g. (pl.).
ser·rar v. 'cortar'/Cf. *cerrar*.
ser·ra-re·don·den·se(s) adj. s2g. (pl.).
ser·ra·ri·a sf. 'oficina de serrar'/Cf. *cerraria*, do v. *cerrar*.
ser·ra·ri:en·se adj. s2g.
ser·ra-ser·ra adj.; pl. *serras-serras* ou *serra-serras*.
ser·ra·ta·lha·den·se(s) adj. s2g. (pl.).
ser·rá·til adj. 2g.; pl. ·teis.
ser·ra·zi·na sf. adj. sf.
ser·ra·zi·nar v.
ser·re:a·do adj.
ser·re:ar v.
sér·re:o adj.
ser·re·ta (ê) sf.: *sarreta*.
ser·ri·dên·te:o adj.
ser·ril adj.; pl. ·ris.
ser·ri·lha sf. 'bordo denteado'/Cf. *cerrilha*.
ser·ri·lha·do adj.
ser·ri·lha·dor (ô) adj. sm.
ser·ri·lhar v.
ser·ri·lho sm.
ser·rim sm.; pl. ·rins.
ser·ri·nhen·se adj. s2g.
ser·ri·nho sm.
ser·ri·no adj.
ser·rí·pe·de adj. 2g.
ser·rir·ros·tro adj.
ser·ri·ten·se adj. s2g.
ser·ro (ê) sm. espinhaço/Cf. *serro* (é), do v. *serrar*, *cerro* (é), do v. *cerrar* e *cerro* (ê) sm.
ser·ro·ta sf.
ser·ro·ta·do adj.
ser·ro·ta·gem sf.; pl. ·gens.

ser·ro·*tar* v.
ser·*ro*·te sm.
ser·ru·*la*·do adj.
ser·*tã* sf. 'frigideira larga e rasa'/ Cf. *certã*, f. de *certão*.
ser·ta·*ne*·ja (ê) sf.
ser·ta·*ne*·*jar* v.
ser·ta·*ne*·*jen*·se adj. s2g.
ser·ta·*ne*·jo (ê) adj. sm.
ser·ta·*ni*·a sf.
ser·ta·*ni*:*en*·se adj. s2g.
ser·ta·*nis*·ta adj. s2g.
ser·ta·*ni*·*zar* v.
ser·ta·no·po·*len*·se adj. s2g.
ser·*tão* sm. 'região agreste'; pl. ·*tões*/Cf. *certão*.
se·ru:*ai*·a sf.
se·ru·*bu*·na sf.
sé·rum sm.; pl. ·runs.
se·ru·*tin*·ga sf.
ser·va sf. 'criada, empregada'/ Cf. *cerva*.
ser·*ven*·te adj. s2g. 'que serve'/ Cf. *sirvente*.
ser·ven·*ti*·a sf.
ser·ven·tu:*á*·ri:o sm.
ser·vi·*çal* adj. s2g.; pl. ·*çais*.
ser·vi·ça·*lis*·mo sm.
ser·*vi*·ço sm.
ser·vi·*dão* sf.; pl. ·*dões*.
ser·vi·*di*·ço adj.
ser·*vi*·do adj.
ser·vi·*dor* (ô) adj. sm.
ser·vi:*en*·te adj. 2g.
ser·*vil* adj. 2g.; pl. ·*vis*.
ser·vi·*lão* sm.; pl. ·*lões*.
ser·*vi*·lha sf.
ser·vi·*lhei*·ro sm.
ser·vi·*lhe*·ta (ê) sf.
ser·vi·*lis*·mo sm.
ser·vi·li·*zar* v.
sér·vi:o adj. sm.; f. *sérvia*/Cf. *servia*, do v. *servir*.
ser·*vir* v.
ser·*vi*·ta adj. s2g.
ser·vi·*tu*·de sf.
ser·*ví*·vel adj. 2g.; pl. ·*veis*.
ser·vo adj. sm. 'criado'/Cf. *cervo*.
ser·vo·cro:*a*·ta(s) adj. s2g. sm.
ser·vo·me·ca·*nis*·mo sm.
ser·vos·sis·*te*·ma sm.
sé·sa·mo sm.
se·sa·*mói*·de:o adj. sm.: se·sa·mo·*í*·de:o.
ses·go (ê) adj.
ses·ma (ê) sf./Cf. *sesma* (é), do v. *sesmar*.

ses·*mar* v.
ses·ma·*ri*·a sf.
ses·*mei*·ro sm.
ses·mo (ê) sm./Cf. *sesmo* (é), do v. *sesmar*.
ses·qui:*ál*·te·ra sf.
ses·qui·cen·te·*ná*·ri:o sm.
ses·qui:*ó*·xi·do (cs) sm.
ses·qui·pe·*dal* adj. 2g.; pl. ·*dais*.
ses·sa·*ção* sf. 'sessamento'; pl. ·*ções*/Cf. *cessação*.
ses·sa·*men*·to sm. 'ação de sessar'/Cf. *cessamento*.
ses·*são* sf. 'reunião'; pl. ·*sões*/Cf. *cessão, ceção, seção* e *secção*.
ses·*sar* v. 'peneirar'/Cf. *cessar*.
ses·*sen*·ta num. sm.
ses·*sen*·ta e *no*·ve sm. 2n.
ses·*sen*·ta e *um* sm. 2n.
ses·*sen*·ta·fe·*ri*·das sf. 2n.
ses·sen·*tão* adj. sm.; pl. ·*tões*; f. *sessentona*.
ses·sen·*to*·na adj. sf. de *sessentão*.
sés·sil adj. 2g. 'que não tem suporte'; pl. *sésseis*/Cf. *sesseis*, do v. *sessar* e *cesseis*, do v. *cessar*.
ses·si·li·*flo*·ro adj.
ses·si·li·fo·li:*a*·do adj.
ses·si·li·*ven*·tre adj. sm.
ses·so (ê) sm. 'nádegas'/Cf. *sesso* (é), do v. *sessar* e *cesso* (é), do v. *cessar*.
ses·ta sf. 'hora de descanso'/Cf. *sexta* e *cesta*.
ses·te:*a*·da sf.
ses·te:*ar* v.
ses·*tei*·ro sm. 'medida'/Cf. *cesteiro*.
ses·*tér*·ci:o sm.
ses·ter·*cí*·o·lo sm.
ses·tra sf.
ses·*trar* v.
ses·*tro*[1] adj. sm. 'canhoto' 'vício'/Cf. *cestro* e *sestro*[2] (ê).
ses·*tro*[2] (ê) sm.: *sistro*/Cf. *cestro* e *sestro*[1].
ses·*tro*·so (ô) adj.; f. e pl. (ó).
se·ta sf.
se·*tá*·ce:o adj. 'cerdoso'/Cf. *cetáceo*.
se·*ta*·da sf.
se·ta(s) de a·*mor* sf. (pl.).
se·te num. sm.
se·te:*ar* v.
se·te·*bar*·bas sm. 2n.

se·te(s)·*be*·lo(s) sm. (pl.).
se·te·ca·*bri*·nhas sf. pl.
se·te·ca·*sa*·cas sf. 2n.
se·te·*cas*·cos sm. 2n.
se·te·cen·*tis*·mo sm.
se·te·cen·*tis*·ta adj. s2g.
se·te·*cen*·tos num. sm.
se·te·*coi*·ros sm. 2n.: *setecouros*.
se·te·*co*·res sm. 2n.
se·te·*cou*·ros sm. 2n.: *setecoiros*.
se·te e *mei*·o(s) sm. (pl.).
se·te em *por*·ta sm. 2n.
se·te·em·ra·ma sm. 2n.
se·te·es·*tre*·lo(s) sm. (pl.).
se·te·*fla*·mas sf. pl.
se·*tei*·ra sf.
se·*tei*·ra·do adj.
se·*tei*·ro adj. sm.
se·te·la·go:a·no(s) adj. sm. (pl.).
se·tem·*bra*·da sf.
se·tem·*bri*·no adj.
se·tem·*bris*·mo sm.
se·tem·*bris*·ta adj. s2g.
se·tem·bri·*za*·da sf.
se·*tem*·bro sm.
se·te·*mês* adj. s2g.
se·te·me·*si*·nho adj. sm.
se·tem·par·*ti*·do adj.
se·*têm*·pli·ce adj. 2g.
se·*te*·na sf.: *septena*.
se·te·*na*·do adj. sm.: *septenado*.
se·te·*nal* adj. 2g.; pl. ·*nais*.
se·te·*ná*·ri:o adj. sm.
se·te·*na*·to sm.
se·*tên*·flu:o adj.
se·te·*ni:al* adj. 2g.; pl. ·*ais*.
se·*tê*·ni:o sm.
se·*te*·no adj. sm.
se·*ten*·ta num. sm.
se·ten·*tão* adj. sm.; pl. ·*tões*; f. *setentona*.
se·ten·*to*·na adj. sf. de *setentão*.
se·ten·tri:*ão* sm.; pl. ·ões.
se·ten·tri:o·*nal* adj. s2g.; pl. ·*nais*.
se·ten·vi·*ra*·do sm.: *setenvirato*.
se·ten·vi·*ral* adj. 2g.; pl. ·*rais*.
se·ten·vi·*ra*·to sm.: *setenvirado*.
se·*tên*·vi·ro sm.
se·te·pon·*ten*·te(s) adj. s2g. (pl.).
se·te·*por*·tas sf. 2n.
se·te·san·*gri*·as sf. 2n.
se·te·vir·*tu*·des sf. 2n.

se·*ti*:a sf. 'navio' 'prego'/Cf. *sitia*, do v. *sitiar*.
se·ti:*al* sm.; pl. ·*ais*.
se·ti·*clá*·vi·o sm.
se·ti·*co*·le adj. 2g.
se·ti·co·*lor* (ô) adj. 2g. sm.
se·ti·*cor*·de adj. 2g.
se·ti·*cór*·ne:o adj.
se·*tí*·fe·ro adj. 'que produz seda'/Cf. *septífero*.
se·ti·*for*·me adj. 2g. 'de aspecto de sedas ou cerdas'/Cf. *septiforme*.
se·*tí*·ge·ro adj.
se·*ti*·lha sf.
se·ti·*lhão* num.; pl. ·*lhões*: se·ti·li:*ão*; pl. ·*ões*.
sé·ti·ma sf.
se·ti·*mes*·tre adj. 2g. sm.
se·ti·*mi*·no sm.
sé·ti·mo num. sm.
se·tin·gen·*té*·si·mo num. sm.
se·tis·se·cu·*lar* adj. 2g.
se·tis·*sí*·la·bo adj. sm.
se·*tís*·so·no adj.
se·*tí*·vo·co adj.
se·*toi*·ra sf.: *setoura*.
se·*tor* (ô) sm.: *sector*.
se·to·ri:*al* adj. 2g.; pl. ·*ais*.
se·to·ri·*zar* v.
se·*to*·so (ô) adj.; f. e pl. (ó).
se·*tou*·ra sf.: *setoira*.
se·*tros*·sos sm. pl.
se·tu:a·ge·*ná*·ri:o adj. sm.: *septuagenário*.
se·tu:a·*gé*·si·ma sf.: *septuagésima*.
se·tu:a·*gé*·si·mo num. sm.: *septuagésimo*.
se·tu·ba·*lão* adj. sm.; pl. ·*lões*; f. *setubaloa*.
se·tu·ba·*len*·se adj. s2g.
se·tu·ba·*lo*:a (ô) adj. sf. de *setubalão*.
sé·tu·la sf.
se·tu·*lo*·so (ô) adj.; f. e pl. (ó).
se·tu·pli·*car* v.
sé·tu·plo num. sm.
seu pron. sm.
seu(s)·vi·zi·*nho*(s) sm. (pl.).
se·*va* sf. 'cipó etc.'/Cf. *ceva* (é) sf. e fl. do v. *cevar*.
se·va·*dei*·ra sf. 'a roda usada para sevar a mandioca'/Cf. *cevadeira*.
se·va·*dor* (ô) sm. 'sevadeira'/Cf. *cevador*.

se·van·*di*·ja sf. s2g.
se·van·di·*jar* v.
se·*var* v. 'ralar'/Cf. *cevar*.
se·ve·ri·*da*·de sf.
se·ve·ri·*nen*·se adj. s2g.
se·ve·ri·*zar* v.
se·*ve*·ro adj.
se·*ví*·ci:a sf./Cf. *sevicia*, do v. *seviciar*.
se·vi·ci:a·*dor* (ô) adj. sm.
se·vi·ci:*ar* v.
se·*ví*·ci:as sf. pl./Cf. *sevicias*, do v. *seviciar*.
se·vi·*lha*·na sf.
se·vi·*lha*·no adj. sm.
se·vi·*ra*·do sm.: se·vi·*ra*·to.
sé·vi·ro sm.
se·*vo* adj. 'desumano'/Cf. *cevo*, do v. *cevar*, e *cevo* (ê) sm.
se·xa·ge·*ná*·ri:o (cs) adj. sm.
se·xa·*gé*·si·ma (cs) sf.
se·xa·ge·si·*mal* (cs) adj. 2g.; pl. ·*mais*.
se·xa·*gé*·si·mo (cs) num. sm.
se·xan·gu·*la*·do (cs) adj. sm.
se·xan·gu·*lar* (cs) adj. 2g.
se·*xân*·gu·lo (cs) adj.
sex appeal loc. subst. (ing.: *séksapíl*)
sex·ce·lu·*lar* (cs) adj. 2g.
sex·cen·*té*·si·mo (cs) num. sm.
sex·di·gi·*tal* (cs) adj. 2g.; pl. ·*tais*.
sex·di·gi·*tá*·ri:o (cs) adj. sm.
se·xe·*nal* (cs) adj. 2g.; pl. ·*nais*.
se·*xê*·ni:o (cs) sm.
se·*xí*·fe·ro (cs) adj.
se·*xo* (cs) sm.
se·xo·lo·*gi*·a (cs) sf.
se·xo·*ló*·gi·co (cs) adj.
se·xo·lo·*gis*·ta (cs) adj. s2g.
se·*xó*·lo·go (cs) sm.
sex shop loc. subst. (*sekschop*)
sex·ta (ês) sf. 'hora canônica'/Cf. *cesta* e *sesta*.
sex·ta(s)-*fei*·ra (s) sf. (pl.).
sex·ta·*nis*·ta (ês) adj. s2g.
sex·*tan*·te (ês) sm.
sex·ta·*va*·do (ês) adj.
sex·ta·*var* (ês) v.
sex·*te*·to (ês...ê) sm.
sex·til (ês) adj. 2g.; pl. ·*tis*.
sex·*ti*·lha (ês) sf.
sex·ti·*lhão* (ês) sm.; pl. ·*lhões*: sex·ti·li:*ão*; pl. ·*ões*.
sex·*ti*·na (ês) sf.
sex·tis·se·cu·*lar* (ês) adj. 2g.
sex·to (ês) num. sm./Cf. *cesto*.

sêx·tu·lo (ês) sm.
sêx·tu:or sm.; pl. *sextúores*.
sêx·tu·plo (ês) num. sm.
se·xu:*a*·do (cs) adj.
se·xu:*al* (cs) adj. 2g.; pl. ·*ais*.
se·xu:a·li·*da*·de (cs) sf.
se·xu:a·*lis*·mo (cs) adj.
séx·vi·ro (cs) sm.
sexy adj. 2g. 2n.(*séksi*)
se·*zão* sf. 'acesso de febre intermitente'; pl. ·*zões*/Cf. *sazão*.
se·*ze*·no adj. sm.
se·zo·*ná*·ti·co adj.
se·zo·*nis*·mo sm.
sha·kes·pe:a·ri:*a*·no (xequispi-) adj. sm.
shalom interj. (hebr.: *shalom*)
shon·ki·*ni*·to (xon) sm.
shopping sm. (ing.: *shópin*)
shoyo sm. (jap.: *shôio*)
si sm. pron./Cf. *se*.
si·a sf.
si·*á* sf.
si:a·gan·*tri*·te sf.
si:a·go·*na*·gra sf.
si:*al* sm.; pl. ·*ais*.
si:a·la·de·*ni*·te sf.
si:a·la·*go*·go (ô) adj. sm.
si:*á*·li·co adj.
si:a·li·di·*for*·me adj. 2g. sm.
si:a·*lis*·mo sm.
si:a·lo·fa·*gi*·a sf.
si:a·*lói*·de:o adj. sm.: si:a·lo·*í*·de:o.
si:a·lor·*rei*·a sf.
si:a·lor·*rei*·co adj. sm.
si:a·*mês* adj. sm.
si:a·*ni*·nha sf.
si:*ar* v. 'fechar as asas, para descer mais depressa'/Cf. *ciar* e *cear*.
si·ba sf.
si·ba·*ris*·mo sm.
si·ba·*ri*·ta adj. s2g.
si·ba·*rí*·ti·co adj. sm.
si·ba·ri·*tis*·mo sm.
si·be·ri:*a*·no adj. sm.
si·*bi*·la sf.
si·bi·la·*ção* sf.; pl. ·*ções*
si·bi·*lân*·ci:a sf.
si·bi·*lan*·te adj. 2g. sf.
si·bi·*lar* v.
si·bi·*li*·no adj.
si·*bi*·lo sm.
si·bi·*pi*·ra sf.
si·bi·pi·*ru*·na sf.

si·ca sf. 'punhal'/Cf. *cica*.
si·*cam*·bro adj. sm.
si·*cá*·ri:o adj. sm.
si·ca·ti·vi·*da*·de sf.
si·ca·*ti*·vo adj. sm. 'que seca, medicamento que seca'/Cf. *secativo*.
si·ci·li:*a*·na sf.
si·ci·li:*a*·no adj. sm.
si·*ci*·te sf.
si·clo sm. 'unidade de peso'/ Cf. *ciclo*.
si·co sm.
si·*có*·fa·go adj. sm.
si·co·*fan*·ta s2g.
si·co·fan·*tis*·mo sm.
si·*co*·ma sm.
si·co·man·*ci*·a sf.
si·co·*man*·te s2g.
si·co·*mân*·ti·co adj.
si·*cô*·mo·ro sm.
si·*cô*·ni:o sm.
si·*cor*·da sf.
si·*co*·se sf.
si·*có*·ti·co adj.
si·*cra*·no sm.
si·çu:*í*·ra v.
sí·cu·lo adj. sm.
si·cu·*pi*·ra sf.: *sucupira*.
si·cu·*pi*·ra(s)-a·ma·*re*·la(s) sf. (pl.).
si·cu·*pi*·ra(s)-*bran*·ca(s) sf. (pl.).
si·cu·*pi*·ra(s)-do-cer·*ra*·do sf. (pl.): *sucupira-do-cerrado*.
si·*cu*·ri sm.: *sucuri*.
si·*cu*·ri(s)-de-ga·lha-*pre*·ta sm. (pl.).
SIDA sf.
si·de·*ra*·ção sf.; pl. *ções*.
si·de·*ral* adj. 2g.; pl. *rais*.
si·de·ra·li·*da*·de sf.
si·de·*rar* v.
si·*dé*·re:o adj.
si·*dé*·ri·co adj.
si·de·*ris*·mo sm.
si·de·*ri*·ta sf.
si·de·*ri*·to sm.
si·de·ro·*gás*·ter adj. 2g.
si·de·ro·gra·*fi*·a sf.
si·de·ro·*grá*·fi·co adj.
si·de·*ró*·gra·fo sm.
si·de·ro·*lí*·ti·co adj.
si·de·*ró*·li·to sm.
si·de·ro·man·*ci*·a sf.
si·de·ro·*man*·te s2g.
si·de·ro·*mân*·ti·co adj.
si·de·ros·*có*·pi:o sm.
si·de·*ro*·se sf.
si·de·*rós*·ta·to sm.
si·de·ro·tec·*ni*·a sf.
si·de·ro·*téc*·ni·co adj.
si·de·rur·*gi*·a sf.
si·de·*rúr*·gi·ca sf.
si·de·*rúr*·gi·co adj.
si·*dô*·ni:o adj. sm.
si·dra sf. 'bebida'/Cf. *cidra*.
si·dro·lan·*den*·se adj. s2g.
sie·mens (zí) sm. 2n.
si:e·*ní*·ti·co adj.
si:e·*ni*·to sm.
si·*fão* sm.; pl. *fões*.
si·fi·li·*cô*·mi:o sm.
si·*fi*·li·de sf.
si·fi·li·gra·*fi*·a sf.
si·fi·li·*grá*·fi·co adj.
si·fi·*lí*·gra·fo sm.
sí·fi·lis sf. 2n.
si·fi·*lí*·ti·co adj. sm.
si·fi·li·*za*·ção sf.; pl. *ções*.
si·fi·li·*zar* v.
si·fi·lo·gra·*fi*·a sf.
si·fi·lo·*grá*·fi·co adj.
si·fi·*ló*·gra·fo sm.
si·fi·*lo*·ma sm.
si·fo·*na*·do adj.
si·fo·*náp*·te·ro adj. sm.
si·fo·*nó*·fo·ro adj. sm.
si·fo·no·ga·*mi*·a sf.
si·fo·*nó*·gli·fo sm.
si·fo·*noi*·de adj. 2g.
si·fo·nos·te·*li*·a sf.
si·fo·nos·*té*·li·co adj.
si·fo·nos·*te*·lo sm.
si·fo·*nós*·to·mo adj. sm.
si·fun·cu·*la*·do adj. sm.
si·gi·*la*·ção sf.; pl. *ções*.
si·gi·*la*·do adj.
si·gi·la·*dor* (ô) sm.
si·gi·*lan*·te adj. 2g.
si·gi·*lar* adj. 2g. v.
si·gi·la·ri:*á*·ce:a sf.
si·gi·la·ri:*á*·ce:o adj.
si·gi·*lis*·mo sm.
si·gi·*lis*·ta adj. s2g.
si·*gi*·lo sm.
si·gi·lo·gra·*fi*·a sf.
si·gi·lo·*grá*·fi·co adj.
si·gi·*lo*·so (ô) adj.; f. *e* pl. (ó).
si·gla sf.
si·gla·*ção* sf.; pl. *ções*.
si·gla·*dor* (ô) adj. sm.
si·*glar* adj. 2g. v.
si·gla·*tu*·ra sf.
si·*gle*·ma sm.
si·*glis*·ta s2g.
si·*glís*·ti·ca sf.
si·*glís*·ti·co adj.
si·gli·*zan*·te adj. 2g.
si·gli·*zar* v.
si·*gló*·gra·fo sm.
si·*gloi*·de adj. 2g. sm.
si·glo·lo·*gi*·a sf.
si·glo·*ló*·gi·co adj.
si·*gló*·lo·go sm.
si·glo·ma·*ni*·a sf.
si·glo·ni·mi·za·*ção* sf.; pl. *ções*.
si·glo·ni·mi·*zar* v.
si·*glô*·ni·mo sm.
si·glo·no·*mi*·a sf.
si·glo·*nô*·mi·co adj.
sig·ma sm.
sig·ma(s)-*mais* sm. (pl.).
sig·ma(s)-*me*·nos sm. (pl.).
sig·*má*·ti·co adj.
sig·ma·*tis*·mo sm.
sig·ma(s)-*ze*·ro(s) sm. (pl.).
sig·*moi*·de adj. 2g.
sig·moi·*di*·te sf.
sig·na sf.
sig·na·*tá*·ri:o adj. sm.
sig·ni·fi·ca·*ção* sf.; pl. *ções*.
sig·ni·fi·*ca*·do sm.
sig·ni·fi·ca·*dor* (ô) adj. sm.
sig·ni·fi·*cân*·ci:a sf.
sig·ni·fi·*can*·te adj. sm.
sig·ni·fi·*car* v.
sig·ni·fi·ca·*ti*·vo adj.
sig·no sm.
sig·no(s) de sa·lo·*mão* sm. (pl.): *signo-saimão, signo--salmão, signo-salomão*.
sig·no-sai·*mão* sm.; pl. *signos--saimões* ou *signos-saimão*.
sig·no-sal·*mão* sm.; pl. *signos--salmões* ou *signos-salmão*.
sig·no-sa·lo·*mão* sm.: *signo de salomão*; pl. *signos-salomões* ou *signo-salomão*.
sí·la·ba sf./Cf. *silaba*, do v. *silabar*.
si·la·ba·*ção* sf.; pl. *ções*.
si·la·*ba*·da sf.
si·la·*bar* v.
si·la·*bá*·ri:o adj. sm.
si·*lá*·bi·co adj.
si·la·*bis*·mo sm.
sí·la·bo sm./Cf. *silabo*, do v. *silabar*.
si·la·bo·*gra*·ma sm.
si·*la*·gem sf. 'ensilagem'; pl. *·gens*/Cf. *selagem* e *celagem*.

si·*la*·no sm.
si·len·ci:a·*dor* (ô) adj. sm.
si·len·ci:*ar* v.
si·len·ci:*á*·ri:o adj. sm.
si·*lên*·ci:o sm. interj./Cf.
    silencio, do v. *silenciar*.
si·len·ci:*o*·so (ô) adj. sm.; f. *e*
    pl. (ó).
si·*len*·te adj. 2g.
si·*lep*·se sf.
si·*lép*·ti·co adj.
si·le·si:*a*·no adj. sm.
sí·lex (cs) sm.; pl. *síleces*.
síl·fi·de sf.
sil·*fí*·di·co adj.
sil·fo sm.
si·lha sf. 'pedra em que se
    assenta a colmeia'/Cf. *cilha*.
si·*lhal* sm.; pl. ·*lhais*.
si·*lhão* sm. 'construção no
    meio de um fosso'; pl. ·*lhãos*/
    Cf. *cilhão*.
si·*lhar* sm. 'pedra para
    revestimento de paredes'/
    Cf. *cilhar*.
si·lha·*ri*·a sf.
si·lhu:*e*·ta (ê) sf./Cf. *silhueta* (é),
    do v. *silhuetar*.
si·lhu:e·*ta*·gem sf.; pl. ·*gens*.
si·lhu:e·*tar* v.
sí·li·ca sf. 'minério de silício'/
    Cf. *síliqua*.
si·li·ca·lu·mi·*no*·so (ô) adj.; f.
    e pl. (ó).
si·li·*ca*·to sm.
si·*lí*·ci·co adj.
si·li·*cí*·co·la adj. 2g.
si·li·ci·fi·ca·*ção* sf.; pl. ·*ções*.
si·li·ci·fi·*ca*·do adj.
si·*lí*·ci:o sm. 'elemento
    químico'/Cf. *cilício*.
si·li·ci:*o*·so (ô) adj.; f. *e* pl. (ó).
si·li·*co*·ne sm.
si·li·*co*·se sf.
si·li·gris·*ti*·do adj.
si·li·*lui*·a sf.
si·li·ma·*ni*·ta sf.
si·*lin*·dra sf. 'planta'/Cf. *cilindra*,
    do v. *cilindrar*.
sí·li·qua sf. 'fruto'/Cf. *sílica*.
si·li·qui·*for*·me adj. 2g.
si·li·*quo*·so (ô) adj.; f. *e* pl. (ó).
silk-*screen* sm. (ing.: *silkscrín*)
si·lo sm.
si·*lo*·geu sm.
si·*lo*·gis·mo sm.
si·lo·*gís*·ti·ca sf.

si·lo·gis·ti·*car* v.
si·lo·*gís*·ti·co adj.
si·lo·gi·*zar* v.
sil·te sm.
sil·*to*·so (ô) adj.; f. *e* pl. (ó).
si·lu·ri:*a*·no adj. sm.
si·lu·*rí*·de:o adj. sm.
si·lu·ri·*for*·me adj. sm.
si·*lu*·ro adj. sm.
si·lu·*rói*·de:o adj. sm.:
    si·lu·ro:*í*·de:o.
sil·va sf.
sil·*va*·do adj. sm.
sil·va·jar·di·*nen*·se(s) adj. s2g.
    (pl.).
sil·va(s)·*ma*·cha(s) sf. (pl.).
sil·va·ni:*en*·se adj. s2g.
sil·*va*·no sm.
sil·*vão* sm.; pl. ·*vões*.
sil·*var* v.
sil·*vá*·ti·co adj.
sil·*ve*·do (ê) sm.
sil·*vei*·ra sf.
sil·vei·ra·ni:*en*·se adj. s2g.
sil·vei·*ren*·se adj. s2g.
sil·*ven*·se adj. s2g.
sil·ve·ri:*en*·se adj. s2g.
sil·*ves*·tre adj. 2g.
sil·vi:*a*·no adj.
sil·vi:a·no·po·*len*·se adj. s2g.
sil·*ví*·co·la adj. s2g.: *selvícola*.
sil·vi·cul·*tor* (ô) sm.
sil·vi·cul·*tu*·ra sf.
sil·vi·*í*·de:o adj. sm.
sil·*vi*·ta sf.
sil·vo sm.
sil·*vo*·so (ô) adj.; f. *e* pl. (ó).
sim adv. sm.
si·ma sm. 'camada geológica'/
    Cf. *cima*.
si·man·guai·*á* sf.
si·*mão* sm. 'macaco'; pl. ·*mões*/
    Cf. *cimão*.
si·mão-di:*en*·se(s) adj. s2g.
    (pl.).
si·ma·*ru*·ba sf.
si·ma·ru·*bá*·ce:a sf.
si·ma·ru·*bá*·ce:o adj.
sim·bi:*on*·te adj. sm.
sim·bi:*ôn*·ti·co adj.
sim·bi:*o*·se sf.
sim·*blé*·fa·ro sm.
sim·*bó*·li·ca sf.
sim·*bó*·li·co adj.
sim·bo·*lis*·mo sm.
sim·bo·*lis*·ta adj. s2g.
sim·bo·*lís*·ti·co adj.

sim·bo·li·za·*ção* sf.; pl. ·*ções*.
sim·bo·li·za·*dor* (ô) adj. sm.
sim·bo·li·*zar* v.
sím·bo·lo sm.
sim·bo·lo·*gi*·a sf.: *simbolologia*.
sim·bo·*ló*·gi·co adj.:
    simbolológico.
sim·bo·lo·lo·*gi*·a sf.:
    simbologia.
sim·bo·lo·*ló*·gi·co adj.:
    simbológico.
sim·*brân*·qui:o adj. sm.
si·me·*tri*·a sf.
si·*mé*·tri·co adj. sm.
si·me·tri·*zar* v.
si·mi:a·*nis*·mo sm.
si·mi:*a*·no adj. sm.
si·mi:*es*·co (ê) adj.
sí·mil adj. 2g.; pl. ·*meis*; superl.
    simílimo.
si·mi·*lar* adj. 2g. sm.
si·mi·la·ri·*da*·de sf.
sí·mi·le adj. 2g. sm.
si·mi·li·*flo*·ro adj.
si·*mí*·li·mo adj. superl. de *símil*.
si·mi·li·*tu*·de sf.
si·mi·li·tu·di·*ná*·ri:o adj.
sí·mi:o adj. sm.
si·*mi*·ra sf.
si·mo·*nen*·se adj. s2g.
si·mon·goi·*á* sf.
si·mo·*ni*·a sf.
si·mo·*ní*·a·co adj. sm.
si·*mon*·te adj. 2g. sm.
sim·pa·*ti*·a sf.
sim·*pá*·ti·co adj. sm. 'que
    inspira simpatia'/Cf.
    simpátrico.
sim·pa·*tis*·ta adj. s2g.
sim·pa·ti·*zan*·te adj. s2g.
sim·pa·ti·*zar* v.
sim·*pá*·tri·co adj. 'diz-se de
    espécies afins que ocupam a
    mesma área'/Cf. *simpático*.
sim·*pé*·ta·la sf.
sim·pe·*tá*·li·co adj.
sim·*pé*·ta·lo adj.
sim·pla·chei·*rão* adj. sm.; pl.
    ·*rões*; f. *simplacheirona*.
sim·pla·chei·*ro*·na adj. sf. de
    simplacheirão.
sim·*plão* sm.; pl. ·*plões*.
sim·*pléc*·ti·co adj. sm.:
    simplético.
sim·ples adj. s2g. 2n.; superl.
    simplicíssimo ou *simplíssimo*.
sim·ples·*men*·te adv. sm.

sim·plé·ti·co adj. sm.;
   simpléctico.
sím·plex adj. 2g. sm.
sim·plez (ê) sf.
sim·ple·za (ê) sf.
sím·pli·ce adj. 2g. sm.
sím·pli·ce sm. pl.
sim·pli·ci·da·de sf.
sim·plí·ci:o-men·den·se(s) adj. s2g. (pl.).
sim·pli·cís·si·mo adj. superl. de simples.
sim·pli·cis·ta adj. s2g.
sim·pli·fi·ca·ção sf.; pl. ·ções.
sim·pli·fi·ca·dor (ô) adj. sm.
sim·pli·fi·car v.
sim·pli·fi·ca·ti·vo adj.
sim·pli·fi·cá·vel adj. 2g.; pl. ·veis.
sim·plis·mo sm.
sim·plís·si·mo adj. superl. de simples.
sim·plis·ta adj. s2g.
sim·plo·cá·ce:a sf.
sim·plo·cá·ce:o adj.
sím·plo·ce sf.
sim·pló·ri:o adj. sm.
sim·po·di·al adj. 2g.; pl. ·ais.
sim·pó·di·co adj.
sim·po·dí·ne:o adj. sm.
sim·pó·di:o sm.
sim·po·si·ar·ca sm.
sim·po·si:as·ta s2g.
sim·pó·si:o sm.
simp·to·se sf.
sim-se·nhor sm.; pl. sim-senhores.
si·mu·la·ção sf.; pl. ·ções.
si·mu·la·cro sm.
si·mu·la·do adj.
si·mu·la·dor (ô) adj. sm.
si·mu·lar v.
si·mu·la·tó·ri:o adj.
si·mul·ca·dên·ci:a sf.
si·mul·ca·den·te adj. 2g.
si·mu·lí·de:o adj. sm.
si·mul·ta·nei·da·de sf.
si·mul·tâ·ne:o adj.
si·mum sm.; pl. ·muns.
si·na sf.
si·na·fi·a sf.
si·na·ge·lás·ti·co adj.
si·na·go·ga sf.
si·na·go·gal adj. 2g.; pl. ·gais.
si·nais sm. pl.
si·nal sm. 'aviso'; pl. ·nais/Cf. senal.

si·na·lag·má·ti·co adj.
si·na·lar v.
si·nal da cruz sm.; pl. sinais da cruz.
si·na·le·fa sf.
si·na·le·fis·ta adj. s2g.
si·na·lei·ra sf.
si·na·lei·ro sm.
si·na·lé·ti·ca sf.
si·na·li·za·ção sf.; pl. ·ções.
si·na·li·za·dor (ô) adj. sm.
si·na·li·zar v.
si·na·li·zá·vel adj. 2g.; pl. ·veis.
si·nan·dri·a sf.
si·nan·dro adj. sm.
si·nan·ta sf.
si·nan·te·ma sm.
si·man·té·re:o adj.
si·nan·te·ri·a sf.
si·nan·té·ri·co adj.
si·nan·te·ro adj.
si·nan·ti·a sf.
si·nan·to·car·pa·do adj.
si·nan·to·car·pi·a sf.
si·nan·to·cár·pi:o adj.
si·nan·to·car·po adj. sm.
si·não sm. 'sino grande'; pl. ·nões/Cf. senão.
si·ná·pi·co adj.
si·na·pis·mo sm. 'cataplasma de mostarda'/Cf. sinaspismo.
si·na·pi·za·ção sf.; pl. ·ções.
si·na·pi·zar v.
si·nap·se sf.
si·nar·tro·se sf.
si·na·si·na(s) sf. (pl.).
si·nas·pis·mo sm. 'na Grécia antiga, formatura defensiva da falange'/Cf. sinapismo.
sin·can·to sm.
sin·ca·rí·de:o adj. sm.
sin·car·pa·do adj.
sin·car·pi·a sf.
sin·cár·pi·co adj.
sin·car·po sm.
sin·cei·ral sm.; pl. ·rais.
sin·cei·ro sm. 'salgueiro'/Cf. cinceiro.
sin·ce·lo sm.
sin·ce·ri·da·de sf.
sin·ce·ro adj.
sin·ci·ci·al adj. 2g.; pl. ·ais.
sin·ci:a·ní·na sf.
sin·cí·ci:o sm.
sin·ci·ne·si·a sf.
sin·ci·pi·tal adj. 2g.; pl. ·tais.
sin·ci·pú·ci:o sm.

sin·clái·ri·a sf.
sín·cla·se sf.
sin·clá·si:o sm.
sin·cli·nal adj. 2g.; pl. ·nais.
sín·cli·se sf. 'colocação pronominal'/Cf. cínclise.
sin·clí·ti·ca sf.
sin·clí·ti·co adj.
sin·cli·tis·mo sm.
sin·con·dro·se sf.
sin·con·dro·to·mi·a sf.
sin·con·dro·tô·mi·co adj.
sín·co·pa sf./Cf. sincopa, do v. sincopar.
sin·co·pa·do adj.
sin·co·pal adj. 2g.; pl. ·pais.
sin·co·par v.
sín·co·pe sf./Cf. sincope, do v. sincopar.
sin·có·pi·co adj.
sin·co·pi·zar v.
sin·co·ro·lo·gi·a sf.
sin·co·ro·ló·gi·co adj.
sin·co·ti·lé·do·ne adj. 2g. sm.
sin·co·ti·le·dô·ne:o adj.
sin·co·ti·li·a sf.
sin·có·ti·lo adj.
sin·cra·ni·a·no adj. sm.
sin·cré·ti·co adj.
sin·cre·tis·mo sm.
sin·cre·tis·ta adj. s2g.
sín·cri·se sf.
sin·crí·ti·co adj.
sin·cro·cí·clo·tron sm.: sin·cro·ci·cló·tron.
sin·cro·ni·a sf.
sin·crô·ni·co adj.
sin·cro·nis·mo sm.
sin·cro·nis·ta adj. s2g.
sin·cro·nís·ti·co adj.
sin·cro·ni·za·ção sf.; pl. ·ções.
sin·cro·ni·za·do adj.
sin·cro·ni·za·dor (ô) adj. sm.
sin·cro·ni·zar v.
sin·cro·ni·zá·vel adj. 2g.; pl. ·veis.
sín·cro·no adj.
sin·dác·ti·lo adj.: sin·dá·ti·lo.
sin·dec·to·mi·a sf.
sin·dec·tô·mi·co adj.
sin·dé·re·se sf.
sin·de·ré·ti·co adj.
sin·des·mi·te sf.
sin·des·mo·gra·fi·a sf.
sin·des·mo·grá·fi·co adj.
sin·des·mo·lo·gi·a sf.
sin·des·mo·ló·gi·co adj.

sin·des·*mo*·se sf.
sin·des·mo·to·*mi*·a sf.
sin·des·mo·tô·mi·co adj.
sín·di sm. adj.: sin·*di*.
sin·di·ca·*ção* sf.; pl. *·ções*.
sin·*di*·ca·do adj. sm.
sin·di·ca·*dor* (ô) sm.
sin·di·*cal* adj. 2g.; pl. *·cais*.
sin·di·ca·*lis*·mo sm.
sin·di·ca·*lis*·ta adj. s2g.
sin·di·ca·li·za·*ção* sf.; pl. *·ções*.
sin·di·ca·li·*za*·do adj. sm.
sin·di·ca·li·za·*dor* (ô) adj.
sin·di·ca·li·*zan*·te adj. 2g.
sin·di·ca·li·*zar* v.
sin·di·ca·li·*zá*·vel adj. 2g.; pl. ·veis.
sin·di·*cân*·ci:a sf.
sin·di·*can*·te adj. s2g.
sin·di·*car* v.
sin·di·ca·*ta*·do adj. sm.
sin·di·ca·*tá*·ri:o adj. sm.
sin·di·ca·*tei*·ro adj. sm.
sin·di·*ca*·to sm.
sin·di·ca·*tó*·ri:o adj. sm.
sin·di·ca·*tu*·ra sf.
sín·di·co sm./Cf. *síndico*, do v. sindicar.
sín·*dro*·ma sf.: *sín*·dro·me.
si·ne·co·lo·*gi*·a sf.
si·ne·co·*ló*·gi·co adj.
si·ne·*cu*·ra sf.
si·ne·cu·*ris*·mo sm.
si·ne·cu·*ris*·ta adj. s2g.
sine die loc. adv. (lat.)
si·*né*·do·que sf.
si·ne·*drim* sm.; pl. *·drins*.
si·*né*·dri:o sm.: *sanédrio*.
si·*nei*·ra sf.
si·*nei*·ro adj. sm.
si·*ne*·ma sm. 'filete estaminal das orquídeas'/Cf. *cinema*.
si·ne·*má*·ti·co adj. 'referente aos estames'/Cf. *cinemático*.
si·nen·*tóg*·na·to adj. sm.
sine qua non loc. adj. (lat.)
si·ne·*qui*·a sf.
si·*né*·qui·co adj.
si·*né*·re·se sf.
si·*ner*·gi·a sf.
si·*nér*·gi·co adj.
si·*nér*·gi·de sf.
si·*ner*·*gis*·mo sm.
sí·ne·se sf.
si·*nes*·te·*si*·a sf. 'relação subjetiva entre percepções sensoriais'/Cf. *cinestesia* e *cenestesia*.
si·nes·*té*·si·co adj. 'relatico à sinestesia'/Cf. *cenestésico* e *cinestésico*.
si·*ne*·ta[1] sf. 'gênero de insetos'/Cf. *sineta*[2].
si·*ne*·ta[2] (ê) sf. 'sino pequeno'/Cf. *sineta*[1] (é) sf. e *sineta* (é), do v. *sinetar*.
si·ne·*tar* v.
si·*ne*·te (ê) sm./Cf. *sinete* (é), do v. *sinetar*.
sín·fi·lo adj. sm.
sin·fi·ple:*o*·no adj. sm.
sín·fi·se sf.
sin·fi·si:*a*·no adj. sm.
sin·fi·si:*á*·ri:o adj.
sin·*fí*·si:o adj. sm.
sin·fi·si:o·to·*mi*·a sf.
sin·fi·si:o·tô·mi·co adj.
sín·fi·to adj. sm.
sin·fo·*ni*·a sf.
sin·*fô*·ni·ca sf.
sin·*fô*·ni·co adj.
sin·fo·*nis*·ta adj. s2g.
sin·ga·*mi*·a sf.
sin·*gâ*·mi·co adj.
sin·ga·*mí*·de:o adj. sm.
singe sm. (ing.: *síngoul*)
sin·ge·*lei*·ra sf. 'certa rede para a pesca de peixe miúdo'/Cf. *cingeleira*, f. de *cingeleiro*.
sin·ge·*lez* (ê) sf.: sin·ge·*le*·za.
sin·*ge*·lo adj. sm.
sin·*gê*·ne·se sf.
sin·ge·ne·*sis*·ta adj. s2g.
sin·*gle*·to (ê) sm.
sing·na·*tí*·de:o adj. sm.
síng·na·to adj. sm.
sin·gra·*du*·ra sf.
sin·*grá*·fi·co adj.
sín·gra·fo sm.
sin·*gran*·te adj. 2g.
sin·*grar* v.
sin·gu·*lar* adj. 2g. sm. 'um só'/Cf. *cingular*.
sin·gu·la·ri·*da*·de sf.
sin·gu·la·*ris*·mo sm.
sin·gu·la·ri·*zar* v.
sin·*gul*·to sm.
sin·gul·*to*·so (ô) adj.; f. e pl. (ó).
si·*nha* sf.: si·*nhá*.
si·nhá(s)-*mo*·ça(s) sf. (pl.).
si·nha·*ni*·nha sf.
si·*nha*·ra sf.
si·nhá(s)-*ve*·lha(s) sf. (pl.).
si·nha·*zi*·nha sf.
si·*nhô* sm.
si·nhô(s)-*mo*·ço(s) sm. (pl.).
si·nhô(s)-*ve*·lho(s) sm. (pl.).
si·nho·*zi*·nho sm.
si·ni sm.
sí·ni·co adj. 'relativo à China'/Cf. *cínico*.
si·nim·*bu* sm.
si·*nis*·tra sf.
si·nis·*tra*·do adj. sm.
si·nis·*trar* v.
si·nis·*tris*·mo sm.
si·*nis*·tro adj. sm.
si·nis·tro·*gi*·ro adj.
si·nis·*tró*·gra·do adj.
si·nis·*tror*·so adj.
si·no sm.
sí·no·ca adj.
si·no·*dal* adj. 2g.; pl. *·dais*.
si·no·*dá*·ti·co adj. sm.
si·*nó*·di·co adj. sm.
sí·no·do sm.
si·no·lo·*gi*·a sf. 'estudo do que se relaciona com a China'/Cf. *cinologia* e *cenologia*.
si·no·*ló*·gi·co adj. 'relativo à sinologia'/Cf. *cinológico* e *cenológico*.
si·*nó*·lo·go adj. sm.
si·no·*ní*·mi:a sf.
si·no·*ní*·mi·ca sf.
si·no·*ní*·mi·co adj.
si·no·ni·*mis*·ta adj. s2g.
si·no·ni·mi·*zar* v.
si·*nô*·ni·mo adj. sm.
si·*no*·pla sf.: si·*no*·ple.
si·*nop*·se sf.
si·*nóp*·ti·co adj.: *sinótico*.
si·nor·*ri*·zo adj.: *sinrizo*.
si·no·*rus*·so(s) adj. (pl.)
si·no-sai·*mão* sm.; pl. *sinos-saimões* ou *sinos-simão: signo de salomão*.
si·no-sal·*mão* sm.; pl. *sinos-salmões* ou *sinos-salmão: signo de salomão*.
si·no-sa·lo·*mão* sm.; pl. *sinos-salomões* ou *sinos-salomão: signo de salomão*.
si·nos·te:o·gra·*fi*·a sf.
si·nos·te:o·*grá*·fi·co adj.
si·nos·te:o·lo·*gi*·a sf.
si·nos·te:o·*ló*·gi·co adj.
si·nos·te:*o*·se sf.
si·nos·te:o·to·*mi*·a sf.
si·nos·te:o·tô·mi·co adj.

si·no·ti·be·*ta*·no(s) adj. sm. (pl.).
si·*nó*·ti·co adj.: *sinóptico*.
si·*nó*·vi:a sf.
si·no·vi:*al* adj. 2g.; pl. ·*ais*.
si·no·*vi*·te sf.
sín·qui·se sf.
sin·*ri*·zo adj.: *sinorrizo*.
sin·*sé*·pa·lo adj.
sin·*tag*·ma sm.
sin·tag·*mar*·ca sm.
sin·tag·*má*·ti·co adj.
sin·*tá*·ti·co adj.
sin·*ta*·xe (cs *ou* ss) sf.
sin·*tá*·xi·co (ss) adj.
sin·ta·xi·o·lo·*gi*·a (ss) sf.
sin·to·xi:o·*ló*·gi·co (ss) adj.
sin·te·*car* v.
sin·*te*·co sm.
sin·*té*·pa·lo adj.
sin·te·ri·za·*ção* sf.; pl. ·*ções*.
sín·te·se sf.
sin·*té*·ti·co adj.
sin·te·*tis*·mo sm.
sin·te·ti·za·*dor* (ô) adj. sm.
sin·te·ti·*zar* v.
sín·ti·po sm.
sin·*to*·ma sm.
sin·to·*má*·ti·co adj.
sin·to·ma·*tis*·mo sm.
sin·to·ma·*tis*·ta adj. s2g.
sin·to·ma·to·lo·*gi*·a sf.
sin·to·ma·to·*ló*·gi·co adj.
sin·to·ma·to·lo·*gis*·ta adj. s2g.
sin·to·*mi*·a sf.
sin·to·*ni*·a sf.
sin·*tô*·ni·co adj.
sin·to·*ni*·na sf.
sin·to·ni·za·*ção* sf.; pl. ·*ções*.
sin·to·ni·za·*dor* (ô) adj. sm.
sin·to·ni·*zar* v.
sin·*trã* adj. sf. de *sintrão*.
sin·*trão* ad. sm.; pl. ·*trãos*; f. *sintrã*.
sin·tra·*triz* sf.
sin·*tren*·se adj. s2g.
sín·tro·fo adj.
si·nu·*a*·do adj.
si·*nu*·ca sf.
si·nu:e·*lei*·ro adj.
si·nu:*e*·lo (ê) sm.
si·num·*bu* sm.: *sinimbu*.
si·nu:o·si·*da*·de sf.
si·nu:*o*·so (ô) adj.; f. *e* pl. (ó).
si·nu·pa·li:*a*·do adj. sm.
si·*nú*·si:a sf.
si·nu·si:*al* adj. 2g.; pl. ·*ais*.

si·nu·*si*·te sf.
si·nu·soi·*dal* adj. 2g.; pl. ·*dais*.
si·nu·*soi*·de adj. 2g. sm. *ou* sf.
si:ô sm.: *sinhô*.
si:o·*nis*·mo sm.
si:o·*nis*·ta adj. s2g.
si:o·*nís*·ti·co adj.
si·*pai* sm.: si·*pai*:o.
si·pa·*ru*·na sf.
si·pa·*ú*·ba sf.
si·pe sf.
si·*pei*·ra sf.
si·*pi*·a sf.
si·*pi*·lho sm. 'extremidade dum cabo inaproveitável'/ Cf. *cepilho*.
si·pi·nau·*á* adj. s2g.
si·*pi*·*pi*·ra sf.
si·*pi*·ri sm.
si·po·*ú*·ba sf.
si·pun·cu·*lí*·de:o adj. sm.
si·pun·cu·*loi*·de adj. 2g. sm.
si·quei·*ren*·se adj. s2g.
sir sm. (ing.: sêr)
si·ra·cos·fe·*rá*·ce:a sf.
si·ra·cos·fe·*rá*·ce:o adj.
si·ra·cu·*sa*·no adj. sm.
si·*ra*·ge sm.
si·re sm.
si·*re*·na sf.
si·*re*·ne sf.
si·*rê*·ni·co adj.
si·*re*·*ní*·de:o adj. sm.
si·*rê*·ni:o adj. sm.
sir.*fi*·de:o adj. sm.
sir·ga sf.
sir·*ga*·gem sf.; pl. ·*gens*.
sir·*gar* v.
sir·ga·*ri*·a sf.
sir·go sm.
sir·*guei*·ro sm.: *serigueiro*.
sir·*gui*·lha sf.
si·*ri* sm.
si·*rí*·a·co adj. sm.
si·ri·a·*çu* sm.
si·ri·a·*zul* sm.; pl. *siris-azuis*.
si·ri·ba·*ú* sm.; pl. *siris-baús* ou *siris-baú*.
si·ri(s)-*bran*·co(s) sm. (pl.).
si·ri·*cai*·a sf.
si·ri·can·*dei*·a sm.; pl. *siris-candeias* ou *siris-candeia*.
si·ri·*chi*·ta sm.; pl. *siris-chitas* ou *siris-chita*.
si·ri·co(s)-me·*la*·do(s) sm. (pl.).
si·ri·cor·re·*dor* sm.; pl. *siris-corredores*.

si·ri(s)-da·a·*rei*·a sm. (pl.).
si·ri(s)-de·co·*ral* sm. (pl.).
si·ri(s)-do·*man*·gue sm. (pl.).
si·ri·*gai*·ta sf.
si·ri·gai·*tar* v.
si·ri·*goi*·a sm.
si·ri·mi·*rim* sm.; pl. ·*rins*.
si·ri(s)-*mo*·le(s) sm. (pl.).
si·*rin*·ge sf.
si·rin·go·*den*·dro sm.
si·rin·go·mi:e·*li*·a sf.
si·rin·go·to·*mi*·a sf.
si·rin·go·*tô*·mi·co adj.
si·ri·nha·*en*·se adj. s2g.
sí·ri:o adj. sm. 'da Síria'/Cf. *círio*.
si·ri:o·li·ba·*nês* adj.; pl. *sírios-libaneses*.
si·ri:*ô*·me·tro sm.
si·ri·pa·*to*·la sm.; pl. *siris-patolas* ou *siris-patola*.
si·ri(s)-pu:*ã*(s) sm. (pl.).
si·*ri*·ri sm.
si·ri·*ri*·ca adj. 2g. sf.
si·ri·ri·*car* v.
si·ri·ri·*en*·se adj. s2g.
si·ri·ri·*tin*·ga sm.
si·ri·*rui*·a sf.
si·*ri*·to sm.
si·ri:*ú* sf.
si·ri:*ú*·ba sf.: *siriúva*.
si·ri:u·*bal* sm.; pl. ·*bais*.
si·ri:*ú*·va sf.: *siriúba*.
si·ri·*za*·da sf.
si·ro adj. sm.
si·*ro*·co (ô) sm.: *xaroco*.
si·ro·*po*·so (ô) adj.; f. *e* pl. (ó).
sir·*rum* sm.; pl. ·*runs*.
sir·tes s2g. pl.
sir·*ven*·te sf. 'poesia crítica e satírica'/Cf. *servente*.
sir·ven·*tes*·ca (ê) sf.
si·sa sf.
si·*sal* sm.; pl. ·*sais*.
si·*sar* v.
si·si·*fis*·mo sm.
sis·*mal* adj. 2g.; pl. ·*mais*.
sis·mi·ci·*da*·de sf.
sís·mi·co adj.
sis·mo sm. 'movimento interior da Terra'/Cf. *cismo*, do v. *cismar*.
sis·mo·gra·*fi*·a sf.
sis·mo·*grá*·fi·co adj.
sis·*mó*·gra·fo sm.
sis·mo·*gra*·ma sm.
sis·mo·lo·*gi*·a sf.
sis·mo·*ló*·gi·co adj.

sis·mo·me·*tri*·a sf.
sis·mo·*mé*·tri·co adj.
sis·*mô*·me·tro sm.
sis·mo·nas·*ti*·a sf.
sis·mo·*nás*·ti·co adj.
si·so sm.
sis·sar·*co*·se sf.
sis·so·*mi*·a sf.
sis·*tál*·ti·co adj.
sis·*te*·ma sm.
sis·*te*·ma·ta s2g.: sis·*tê*·ma·ta.
sis·te·*má*·ti·ca sf.
sis·te·*má*·ti·co adj. sm.
sis·te·ma·ti·za·*ção* sf.; pl. ·*ções*.
sis·te·ma·ti·za·*dor* (ô) adj. sm.
sis·te·ma·ti·*zan*·te adj. 2g.
sis·te·ma·ti·*zar* v.
sis·te·ma·to·lo·*gi*·a sf.
sis·te·ma·to·*ló*·gi·co adj.
sis·*ten*·te adj. 2g.
sis·*ti*·lo adj. sm.
sis·to·*lar* adj. 2g. v.
sís·to·le sf.
sis·*tó*·li·co adj.
sis·tro sm.: *sestro*².
si·su·*dez* (ê) sf.
si·su·*de*·za (ê) sf.
si·*su*·do adj. sm.
si·*tar* sm. 'instrumento hindu'/ Cf. *citar*.
si·tar·*rão* sm.; pl. ·*rões*.
sitcom sm. (ing.: *sítcom*)
site sm. (ing.: *sait*)
si·ti·*a*·do adj. sm.
si·ti·*a*·dor (ô) adj. sm.
si·ti·*a*·no sm.
si·ti·*an*·te adj. s2g.
si·ti·*ar* v.
si·ti·*bun*·do adj. sm.
si·ti·*ei*·ro sm.
si·ti·*en*·se adj. s2g.
sí·ti·o sm./Cf. *sitio*, do v. *sitiar*.
si·ti·*o*·ca sf.
si·ti·o·fo·*bi*·a sf.
si·ti·*ó*·fo·bo sm.
si·ti·o·lo·*gi*·a sf.
si·ti·o·*ló*·gi·co adj.
si·to¹ adj. 'situado'/Cf. *sito*² sm. e *cito*, do v. *citar*.
si·to² sm. 'bolor'/Cf. *sito*¹ adj. e *cito*, do v. *citar*.
si·to·fa·*gi*·a sf.
si·*tó*·fa·go adj. sm.
si·tu·a·*ção* sf.; pl. ·*ções*.
si·tu·a·ci·o·*nis*·mo sm.
si·tu·a·ci·o·*nis*·ta adj. s2g.
si·tu·*an*·te adj. s2g.

si·tu:*ar* v.
si·tu:*á*·vel adj. 2g.; pl. ·*veis*.
sí·tu·la sf. 'vaso de madeira'/ Cf. *cítola*.
si:*ú*·ba sf.
si·u·*si* adj. s2g.
si·u·si·ta·*pui*·a adj. s2g.
si·*vã* sm.
si·ze·*te*·se sf.
si·*zí*·gi:a sf.
si·*zí*·gi:o sm.
skate sm. (ing.: *skêit*)
sketch sm. ing.: *esquete*.
skinhead s2g. (ing.: *skin'héd*)
slide sm. (ing.: *slaid*)
slogan sm. (ing.: *slôgan*)
smith·so·*ni*·ta sf.
smoking sm. (ing.: *smôking*)
snob sm. ing.: *esnobe*.
só adj. 2g. sm. adv.
sô sm.
so:a·*brir* v.
so:*a*·da sf. 'ato ou efeito de soar'/Cf. *suada*, f. de *suado*.
so:a·*dei*·ro adj. 'famoso'/Cf. *suadeiro*, m. de *suadeira*.
so:*a*·do adj. 'que soou'/Cf. *suado*.
so:*a*·gem sf.; pl. ·*gens*.
so:*a*·lha sf.
so:*a*·lha·do adj. sm.
so:*a*·lhar v.
so:*a*·lhei·ra sf.
so:*a*·lhei·ro adj. sm.
so:*a*·lho sm.
so:*an*·te adj. 2g.
so:*ão* sm. 'vento'; pl. ·*ãos*/Cf. *suão*.
so:*ar* v. 'ecoar'/Cf. *suar*.
so:as·*sar* v.
sob (ô) prep.
so·ba sm.
so·*ba*·co sm.: *sovaco*.
so·*ba*·do sm.
so·bal·*çar* v.
so·*bar*·ba sf.
so·*bar*·ba·da sf.
so·*bei*·ra sf.
so·be·*jar* v.
so·be·ji·*dão* sf.; pl. ·*dões*.
so·*be*·jo (ê) adj. sm. adv.
so·be·*ra*·na sf.
so·be·ra·*ni*·a sf.
so·be·ra·ni·*zar* v.
so·be·*ra*·no adj. sm.
so·*ber*·ba (ê) sf.
so·*ber*·ba·ço adj. sm.
so·ber·*bão* adj. sm.; pl. ·*bões*; f. *soberbona*.

so·ber·*be*·te (ê) adj. sm.
so·ber·*bi*·a sf.
so·*ber*·bo (ê) adj. sm.; superl. so·ber·*bís*·si·mo ou *superbíssimo*.
so·ber·*bo*·so (ô) adj.; f. e pl. (ó).
so·ber·*nal* sm.; pl. ·*nais*.
so·bes·*tar* v.
sob·*gra*·ve adj. 2g.
so·bi:a·*dor* (ô) sm.: *assobiador*.
sob·ne·*gar* v.
só·bo·le sm.
so·bo·*lí*·fe·ro adj.
sô·bo·lo contr. da prep. *sobre* com o pron. *lo*.
so·bo·*ró* adj. 2g. sm.
so·bor·ra·lha·*doi*·ro sm.:
so·bor·ra·lha·*dou*·ro.
so·bor·ra·*lhar* v.
so·bor·ra·*lho* sm.
so·*bos*·que sm.
sob·*pé* sm.: *sopé*.
sob·*por* v.
so·bra sf.
so·bra·*çar* v.
so·bra·*dar* v.
so·*bra*·do adj. sm.
so·*bra*·ji sm.
so·*bra*·ju sm.
so·*bral* sm.; pl. ·*brais*.
so·bra·*len*·se adj. s2g.
so·bran·ça·*ri*·a sf.
so·bran·ce:*ar* v.
so·bran·*cei*·ro adj. adv.
so·bran·ce·*lha* (ê) sf.
so·bran·ce·*lhu*·do adj.
so·bran·ce·*ri*·a sf.
so·*brar* v.
so·bras sf. pl.
so·bra·*sar* v.
so·bra·*sil* sm.; pl. ·*sis*.
so·bre (ô) prep. sm./Cf. *sobre*, do v. *sobrar*.
sobre- pref. (é seguido de hífen, quando se lhe junta voc. começado por *e* ou *h*).
so·bre:a·bun·*dân*·ci:a sf.
so·bre:a·bun·*dan*·te adj. 2g.
so·bre:a·bun·*dar* v.
so·bre:a·*fli*·gir v.
so·bre:a·*gua*·do adj.
so·bre:a·*gu*·do adj.
so·bre:al·*cu*·nha sf.
so·bre:*an*·ca sf.
so·bre:*a*·no sm.
so·bre:a·pe·*li*·do sm.
so·bre:a·que·*cer* v.

so·bre:a·que·ci·*men*·to sm.
so·bre:*ár*·bi·tro sm.
so·bre:*ar*·co sm.
so·bre:a·*vi*·so sm.
so·bre:a·xi·*lar* (cs) adj. 2g.
so·bre:a·ze·*dar* v.
so·bre·bai·*léu* sm.
so·bre·*bi*·co sm.
so·bre·ca·*ba*·do adj.
so·bre·ca·be·ce:*a*·do sm.
so·bre·ca·be·ce:*ar* v.
so·bre·*ca*·ma sf.
so·bre·*ca*·na sf.
so·bre·*can*·ja sf.
so·bre·*ca*·pa sf.
so·bre·*car*·ga sf. e sm.
so·bre·car·re·*gar* v.
so·bre·*car*·ta sf.
so·bre·ca·*sa*·ca sf.
so·bre·ce·*les*·te adj. 2g.
so·bre·ce·les·ti:*al* adj. 2g.; pl. ·*ais*.
so·bre·*ce*·nho sm.
so·bre·*céu* sm.
so·bre·che·*gar* v.
so·bre·*chei*:o adj.
so·bre·*ci*·lha sf.
so·bre·*claus*·tra sf.:
  so·bre·*claus*·tro sm.
so·bre·co·*ber*·ta sf.
so·bre·co·*mum* adj. 2g.; pl. ·*muns*.
so·bre·*co*·pa sf.
so·bre·co·*ser* v.
so·bre·cos·ti·*lhar* sm.
so·bre·cos·*tu*·ra sf.
so·bre·*co*·xa (ô) sf.
so·bre·*cu* sm.
so·bre·*cur*·va sf.
so·bre·*dác*·ti·lo adj. sm.:
  so·bre·*dá*·ti·lo.
so·bre·den·*tal* adj. 2g.; pl. ·*tais*.
so·bre·*den*·te sm.
so·bre·dis·ten·*der* v.
so·bre·dis·ten·*são* sf.; pl. ·*sões*.
so·bre·*di*·to adj. sm.
so·bre·di·*vi*·no adj.
so·bre·doi·*ra*·do adj. sm.:
  sobredourado.
so·bre·doi·*rar* v.: sobredourar.
so·bre·do·mi·*nan*·te adj. s2g.
so·bre·dou·*ra*·do adj. sm.:
  sobredoirado.
so·bre·dou·*rar* v.: sobredoirar.
so·bre·e·mi·*nên*·ci:a sf.
so·bre·e·mi·*nen*·te adj. 2g.
so·bre·e·mis·*são* sf.; pl. ·*sões*.

so·bre·er·*guer* v.
so·bre·es·ta·*di*·a sf.
so·bre·es·*tar* v.
so·bre·es·ti·*mar* v.
so·bre·e·xal·*ta*·do (z) adj.
so·bre·e·xal·*tar* (z) v.
so·bre·ex·ce·*den*·te adj. 2g.
so·bre·ex·ce·*der* v.
so·bre·ex·ce·*lên*·ci:a sf.
so·bre·ex·ce·*len*·te adj. 2g.
so·bre·ex·ci·ta·*ção* sf.; pl. ·*ções*.
so·bre·ex·ci·*tan*·te adj. 2g.
so·bre·ex·ci·*tar* v.
so·bre·*fa*·ce sf.
so·bre·fa·tu·ra·*men*·to sm.
so·bre·fa·tu·*rar* v.
so·bre·fo·li:*á*·ce:o adj.
so·bre·*ga*·ta sf.
so·bre·ga·*ti*·nha sf.
so·bre·*gá*·ve:a sf.
so·bre·go·*ver*·no (ê) sm.
so·bre·hor·*ren*·do(s) adj. (pl.).
so·bre·hu·ma·*nis*·mo(s) sm. (pl.).
so·bre·hu·ma·ni·*zar* v.
so·bre·hu·*ma*·no(s) adj. (pl.).
so·bre:in·te·li·*gí*·vel adj. 2g.; pl. ·*veis*.
so·bre:in·ten·*den*·te adj. s2g.
so·bre:in·ten·*der* v.
so·*brei*·ra sf.
so·*brei*·ral sm.; pl. ·*rais*.
so·*brei*·ro sm.
so·bre:ir·ri·*tar* v.
so·bre·ja·*cen*·te adj. 2g.
so·bre·je·*ção* sf.; pl. ·*ções*.
so·bre·je·*tor* (ô) adj.
so·bre·jo:a·*ne*·te (ê) sm.
so·bre·jo:a·ne·*ti*·nho sm.
so·bre·ju:*iz* sm.
so·bre·*lan*·ço sm.
so·bre·*lá*·te·go sm.
so·bre·*lei*·to sm.
so·bre·le·va·*ção* sf.; pl. ·*ções*.
so·bre·le·*van*·te adj. 2g.
so·bre·le·*var* v.
so·bre·li·mi·*nar* sm.
so·bre·*lo*·ja sf.
so·bre·lo·ta·*ção* sf.; pl. ·*ções*.
so·bre·lo·*ta*·do adj.
so·bre·lo·*tar* v.
so·bre·ma·*chi*·nho sm.
so·bre·ma·*nei*·ra adv.
so·bre·ma·*nhã* sf.
so·bre·*mão* sm.; pl. ·*mãos*.
so·bre·ma·ra·vi·*lhar* v.
so·bre·*me*·sa (ê) sf.

so·bre·*mo*·do adv.
so·bre·mu·nho·*nei*·ras sf. pl.
so·bre·na·*dan*·te adj. 2g.
so·bre·na·*dar* v.
so·bre·na·tu·*ral* adj. 2g. sm.; pl. ·*rais*.
so·bre·na·tu·ra·li·*da*·de sf.
so·bre·na·tu·ra·*lis*·mo sm.
so·bre·na·tu·ra·*lis*·ta adj. 2g.
so·bre·na·tu·ra·li·*zar* v.
so·bre·*ner*·vo (ê) sm.
so·bre·*no*·me sm.
so·bre·no·me:*ar* v.
so·bre·nu·me·*rá*·vel adj. 2g.; pl. ·*veis*.
so·bre:o·*lhar* v.
so·bre:*os*·so (ô) sm.
so·bre·*pa*·ga sf.
so·bre·pai·*rar* v.
so·bre·par·*ti*·lha sf.
so·bre·par·ti·*lhar* v.
so·bre·*par*·to sm. adv.
so·bre·*pas*·so sm.
so·bre·*pas*·to sm.
so·bre·*pé* sm.
so·bre·pe·*liz* sf.
so·bre·pen·*sa*·do adj. adv.
so·bre·pen·*sar* v.
so·bre·pe·*sar* v.
so·bre·*pe*·so (ê) sm./Cf. sobrepeso (é), do v. sobrepesar.
so·bre·*por* v.
so·bre·*por*·ta sf.
so·bre·po·si·*ção* sf.; pl. ·*ções*.
so·bre·*pos*·se adv. sf.
so·bre·*pos*·to (ô) adj. sm.; f. e pl. (ó).
so·bre·po·vo:*ar* v.
so·bre·pra·te:*ar* v.
so·bre·*pro*·va sf.
so·bre·pu·ja·*men*·to sm.
so·bre·pu·*jan*·ça sf.
so·bre·pu·*jan*·te adj. 2g.
so·bre·pu·*jar* v.
so·bre·pu·*já*·vel adj. 2g.; pl. ·*veis*.
so·bre·*qui*·lha sf.
so·brer·res·*tar* v.
so·brer·ro·*de*·la(s) sf. (pl.).
so·brer·*rol*·da(s) sm. e f. (pl.): sobrerronda.
so·brer·*rol*·dar* v.: sobrerrondar.
so·brer·*ron*·da(s) sm. e f. (pl.): sobrerrolda.
so·brer·ron·*dar* v.: sobrerroldar.
so·brer·ro·*sa*·do(s) adj. (pl.).

so·bres·*sai*·a(s) sf. (pl.)./Cf. sobressaia e sobressaias, do v. sobressair.
so·bres·sa·tu·ra·*ção* sf.; pl. sobressaturações.
so·bres·sa·tu·*rar* v.
so·bres·cre·*ver* v.
so·bres·cri·*tar* v.
so·bres·*cri*·to adj. sm.
so·bres·*drú*·xu·lo adj. sm.
so·bres·se·me:*ar* v.
so·bres·si·*nal* sm.; pl. sobressinais.
so·bres·so·*lar* v.
so·bres·so·*lei*·ra(s) sf. (pl.).
so·bres·pe·*rar* v.
so·bres·sa·*ir* v.
so·bres·sa·*len*·te adj. 2g. sm.: sobresselente.
so·bres·sal·*tar* v.
so·bres·sal·te:*ar* v.
so·bres·*sal*·to adj. sm.
so·bres·*sa*·no sm.
so·bres·sa·*rar* v.
so·bres·se·*len*·te adj. 2g. sm.: sobressalente.
so·bres·ta·*men*·to sm.
so·bre·*tan*·te adj. s2g.
so·bres·*tar* v.
so·bres·subs·tan·ci:*al* adj. 2g.; pl. sobressubstanciais.
so·bre·*tar*·de sf. adv.
so·bre·*ta*·xa sf.
so·bre·te·*cer* v.
so·bre·*tei*·ma sf. adv.
so·bre·ten·*são* sf.; pl. ·sões.
so·bre·ter·*res*·tre adj. 2g.
so·bre·to:*a*·lha sf.
so·bre·*tu*·do sm. adv.
so·bre·*ven*·to sm.
so·bre·*ves*·te sf.
so·bre·ves·*tir* v.
so·bre·*vi*·da sf.
so·bre·vi·gi:*ar* v.
so·bre·*vin*·do adj. sm.
so·bre·*vir* v.
so·bre·vir·*tu*·de sf.
so·bre·vi·*vên*·ci:a sf.
so·bre·vi·*ven*·te adj. s2g.
so·bre·vi·*ver* v.
so·bre·*vi*·vo adj. sm.
so·bre·vo:*ar* v.
so·bre·*vo*·o sm.
so·bri:e·*da*·de sf.
so·*bri*·nho sm.
so·bri·nho(s)·*ne*·to(s) sm. (pl.).
só·bri:o adj. sm.

so·*bro* (ô) sm./Cf. sobro (ó), do v. sobrar.
sob·*ro*·da(s) sf. (pl.).
so·*bro*·lho (ô) sm.; pl. (ó).
so·*bros*·so (ô) sm.; pl. (ó).
so·*ca* sf.
so·*ca*·do adj. sm.
so·ca·*dor* (ô) adj. sm.
so·ca·*du*·ra sf.
so·*cai*·ro sm.
soçai·te sm., do ing. society.
so·cal·*car* v.
so·*cal*·co sm.
so·can·*cra* adj. s2g., na loc. *à socancra*.
so·*ca*·pa sf., na loc. *à socapa*.
so·*car* v.
so·car·*rão* adj. sm.; pl. ·rões; f. socarrona.
so·car·*ro*·na adj. sf. de socarrão.
so·*ca*·va sf.
so·ca·*va*·do adj. sm.
so·ca·*vão* sm.; socovão, pl. ·vãos ou ·vões.
so·ca·*var* v.
so·chan·*tra*·do sm.
so·*chan*·tre sm.
so·chan·tre:*ar* v.
so·chan·*tri*·a sf.
so·ci:a·bi·li·*da*·de sf.
so·ci:a·bi·li·za·*ção* sf.; pl. ·ções.
so·ci:a·bi·li·*zar* v.
so·ci:*al* adj. 2g. sf.; pl. ·ais.
so·ci:a·li·*da*·de sf.
so·ci:a·*lis*·mo sm.
so·ci:a·*lis*·ta adj. s2g.
so·ci:a·li·za·*ção* sf.; pl. ·ções.
so·ci:a·li·*zar* v.
so·ci:a·li·*zá*·vel adj. 2g.; pl. ·veis.
so·ci:*á*·vel adj. 2g. sf.; pl. ·veis.
so·ci:o·e·co·*nô*·mi·co, so·ci:e·co·*nô*·mi·co adj.
so·ci:e·*da*·de sf.
so·ci:e·ta·ri:*a*·do sm.
so·ci:e·*tá*·ri:o adj. sm.
society sm. ing.: soçaite.
só·ci:o adj. sm.
so·ci:o·cra·*ci*·a sf.
so·ci:o·*crá*·ti·co adj.
so·ci:o·cul·tu·*ral* adj. 2g.; pl. ·rais.
so·ci:o·e·co·*nô*·mi·co adj.
só·ci:o(s)·ge·*ren*·te(s) sm. (pl.).
so·ci:o·lin·*guís*·ti·ca sf.
so·ci:o·lin·*guís*·ti·co adj.
so·ci:o·lo·*gi*·a sf.

so·ci:o·*ló*·gi·co adj.
so·ci:*ó*·lo·go sm.
so·clo sm.
so·*co*¹ sm. 'calçado com base de madeira usado pelos gregos'/Cf. soco².
so·*co*² (ô) sm. interj./Cf. soco¹ (ó), sm. e fl. do v. socar.
so·*có* sm.
so·*có*-boi sm.; pl. socós-bois ou socós-boi.
so·*ço*·bra sf.
so·*ço*·brar v.
so·*ço*·bro (ô) sm./Cf. soçobro (ó), do v. soçobrar.
so·*ço*·ca sf.
so·*ço*·car v.
so·co·*có* sm.
so·*có*(s)-cri·mi·*no*·so(s) sm. (pl.).
so·*có*(s)-de·bi·co·*lar*·go sm. (pl.).
so·*có*(s)-es·tu·*dan*·te(s) sm. (pl.).
so·*có*(s)-*gran*·de(s) sm. (pl.).
so·co:*í* sm.
so·co·*lor* (ô) adv., na loc. *socolor de*.
so·*có*-mi·rim sm.; pl. socós-mirins.
so·co·*ró* sm.
so·cor·*ren*·se adj. s2g.
so·cor·*rer* v.
so·cor·ri·*men*·to sm.
so·cor·*ris*·ta s2g.
so·*cor*·ro (ô) sm. interj.: pl. (ó).
so·co·*vão* sm.; socavão, pl. ·vões.
so·*có*(s)-ver·me·lho(s) sm. (pl.).
so·co·*zi*·nho sm.
so·*crá*·ti·co adj. sm.
so·cra·*tis*·mo sm.
so·da sf.
so·*da*·do adj.
so·da·*lí*·ci:o sm.
so·da·*li*·ta sf.
so·*dar* v.
só·di·co adj.
só·di:o adj. sm.
so·do·*mi*·a sf.
so·*dô*·mi·co adj.
so·do·*mi*·ta adj. s2g.
so·do·*mí*·ti·co adj.
so·dra sf.
so·dre·lan·*di*·no adj. sm.
so:*ei*·ras sf. pl. 'usos'/Cf. sueiras, pl. de sueira.
so:*er* v.

so·er·guer v.
so·er·gui·men·to sm.
so:ez (ê) adj. 2g.
so·fá sm.
so·fá(s)-ca·ma(s) sm. (pl.).
so·fá(s) de ar·ras·to sm. (pl.).
so·fá(s)-ras·tei·ro(s) sm. (pl.).
so·fis·ma sm.
so·fis·mar v.
so·fis·má·vel adj. 2g.; pl. ·veis.
so·fis·ta adj. s2g. 'que sofisma'/ Cf. sufista.
so·fis·ta·ri·a sf.
so·fís·ti·ca sf.
so·fis·ti·ca·ção sf.; pl. ·ções.
so·fis·ti·ca·do adj.
so·fis·ti·ca·dor (ô) adj. sm.
so·fis·ti·can·te adj. 2g.
so·fis·ti·car v.
so·fis·ti·ca·ri·a sf.
so·fís·ti·co adj./Cf. sofístico, do v. sofisticar.
so·fi·to sm.
so·fla·gran·te sm., na loc. no soflagrante.
so·fo·ma·ni·a sf.
so·fo·ma·ní·a·co adj. sm.
so·fô·ma·no adj. sm.
so·fral·da sf.
so·fral·dar v.
so·frê
so·fre:a·da sf.
so·fre:a·du·ra sf.
so·fre:a·men·to sm.
so·fre:ar v.
so·fre:á·vel adj. 2g.; pl. ·veis.
so·fre·dor (ô) adj. sm.
sô·fre·go adj.
so·fre·gui·dão sf.; pl. ·dões.
so·fre·na·ço sm.
so·fre·na·da sf.
so·fre·não sm.; pl. ·nões.
so·fre·nar v.
so·frer v.
so·freu sm.: sofrê.
so·fri·do adj.
so·fri·men·to sm.
so·frí·vel adj. 2g. sm.; pl. ·veis.
software sm. (ing.: softuér)
so·ga sf.
so·ga·ba·no sm.
so·ga·ço sm.
so·gar v. 'prender com corda'/ Cf. sugar.
so·gra sf.
so·grar v.

so·gro (ô) sm./Cf. sogro (ó), do v. sograr.
so·guá sm.
so·gua·gra sm.
so·gua·guá sm.
so·guei·ro sm.
so:í·do sm.
so·im sm.
soi·tei·ra sf.
soi·to sm.: souto.
so·ja sf.
so·ji·gar v.: subjugar.
so·ju·gar v.: subjugar.
soirée sf. (fr.: soarê)
sol¹ sm. 'estrela' 'nota musical'; pl. sóis/Cf. sol², sois, do v. ser, e soes (ô), do v. soar.
sol² sm. 'moeda'; pl. soles/Cf. sol¹ e soles.
so·la sf.
so·la·do adj. sm.
so·la·dor (ô) sm.
so·la·gem sf.; pl. ·gens.
so·lais sm. 2n.
so·la·ma sf.
so·la·ná·ce:a sf.
so·la·ná·ce:o adj.
so·lan·car v.
so·lan·dre sm.
so·la·nen·se adj. s2g.
so·lan·te adj. s2g.
so·lão sm. 'sol abrasador'; pl. ·lões/Cf. sulão.
so·la·pa sf., na loc. à solapa.
so·la·pa·do adj.
so·la·pa·dor (ô) adj. sm.
so·la·pa·men·to sm.
so·la·pão sm.; pl. ·pões.
so·la·par v.
so·la·pa·ço sm.
so·lar adj. 2g. sm. v.
so·la·ren·go adj. sm.
so·lá·ri·o adj. sm.
so·la·ri·za·ção sf.; pl. ·ções.
so·lau sm.
so·la·van·car v.
so·la·van·co sm.
so·laz adj. 2g. sm.
sol·cris sm.
sol·da sf.
sol·da-bo·lí·vi:a sm.; pl. sóis- -da-bolívia.
sol·da·da sf.
sol·da·dei·ro adj. sm.
sol·da·des·ca (ê) sf.
sol·da·des·co (ê) adj.
sol·da·di·nho sm.

sol·da·do adj. sm.
sol·da·do(s)-de·bi·co·pre·to sm. (pl.).
sol·da·do(s)-pa·go(s) sm. (pl.).
sol·da·dor (ô) adj. sm.
sol·da·du·ra sf.
sol·da·gem sf.; pl. ·gens.
sol·da·ne·la sf.
sol·da·ne·la(s)-d'á·gua sf. (pl.).
sol·dão sm.; pl. ·dões ou ·dãos: sultão.
sol·dar v.
sol das al·mas sm.; pl. sóis das almas.
sol·dá·vel adj. 2g.; pl. ·veis.
sol·do (ô) sm./Cf. soldo (ó), do v. soldar.
sol·dra sf.
so·lé sm.
so·le:ar adj. 2g. sm. v.
so·le·car v.
so·le·cis·mo sm.
so·le·cis·ta adj. s2g.
so·le·ci·zar v.
so·le·da·de sf.
so·le·da·den·se adj. s2g.
sol e dó(s) sm. (pl.).
so·le·í·de:o sm.
so·lei·ra sf.
so·le·ne adj. 2g. sm.
so·le·nic·te adj. 2g.
so·le·ni·da·de sf.
so·le·ni·za·ção sf.; pl. ·ções.
so·le·ni·za·dor (ô) adj. sm.
so·le·ni·zar v.
so·le·no·gas·tro adj. sm.
so·le·nó·gli·fa sf.
so·le·nó·gli·fo adj. sm.
so·le·noi·dal adj. 2g.; pl. ·dais.
so·le·noi·de adj. 2g. sm.
so·le·nos·té·li:o adj.
so·le·nos·te·lo sm.
so·lér·ci:a sf.
so·ler·te adj. s2g.
so·les sm. 2n.
so·le·ta sf.
so·le·tra·ção sf.; pl. ·ções.
so·le·tra·dor (ô) adj. sm.
so·le·trar v.
so·le·va·men·to sm.
so·le·van·tar v.
so·le·var v.
sol·fa sf. adj. 2g. 2n.
sol·fa·do adj.
sol·far v.

sol·fa·ta·ra sf. 'cratera de vulcão senil'/Cf. *sulfatara*, do v. *sulfatar*.
sol·fe·jar v.
sol·fe·jo (ê) sm.
sol·fe·ri·no sm.
sol·fis·ta s2g.
so·**lha** (ô) sf./Cf. *solha* (ó) e *solhas* (ó), do v. *solhar*.
so·**lhar** adj. 2g. sm. v.
so·**lhei·ra** sf.
so·**lho** (ô) sm./Cf. *solho* (ó), do v. *solhar*.
so·li·a sf.
so·li·ci·ta·ção sf.; pl. *-ções*.
so·li·ci·ta·dor (ô) adj. sm.
so·li·ci·tan·te adj. s2g.
so·li·ci·tar v.
so·li·ci·tá·vel adj. 2g.; pl. *-veis*.
so·lí·ci·to adj./Cf. *solicito*, do v. *solicitar*.
so·li·ci·tu·de sf.
so·li·dão sf.; pl. *-dões*.
so·li·dar v.
so·li·da·ri·e·da·de sf.
so·li·dá·ri·o adj.
so·li·da·ris·mo sm.
so·li·da·ri·za·ção sf.; pl. *-ções*.
so·li·da·ri·zar v.
so·li·déu sm.
so·li·dez (ê) sf.
so·li·di·fi·ca·ção sf.; pl. *-ções*.
so·li·di·fi·ca·dor (ô) adj. sm.
so·li·di·fi·car v.
só·li·do adj. sm./Cf. *solido*, do v. *solidar*.
so·li·dô·ni·a sf.
so·li·flu·*xão* (cs) sf.; pl. *-xões*.
so·lí·fu·go adj. sm.
so·li·lo·qui:*ar* v.
so·li·ló·qui:o sm./Cf. *soliloquio*, do v. *soliloquiar*.
so·li·lo·*quis*·ta adj. s2g.
so·li·mão sm.; pl. *-mãos* ou *-mões*.
so·li·na sf. 'sol abrasador'/Cf. *sulina*, f. de *sulino*.
so·li·nha·dei·ra sf.
so·li·*nhar* v.
so·li·*nho* sm.
só·li:o sm.
so·lí·pe·de adj. s2g.
so·lip·sis·mo sm.
so·lis·ta adj. s2g. 'pessoa que executa solo'/Cf. *sulista*.
so·li·tá·ri:a sf.
so·li·tá·ri:o adj. sm.

so·li·to adj. 'sozinho'/Cf. *sólito*.
só·li·to adj. 'habitual'/Cf. *solito*.
so·li·tu·de sf.
sol·mi·za·ção sf.; pl. *-ções*.
so·lo sm. adj. 2g.
so·lo(s)-as·*fal*·to(s) sm. (pl.).
so·lo(s)-ci·*men*·to(s) sm. (pl.).
so·lo·*vox* (cs) sm.
sol-*pôr* sm.; pl. *sol-pores*.
sol-*pos*·to sm.; pl. *sóis-postos*.
sol·*pú*·gi·do adj. sm.
sol-qua·*dra*·do sm.; pl. *sóis-quadrados*.
sols·ti·ci:*al* adj. 2g.; pl. *-ais*.
sols·*tí*·ci:o sm.
sol·ta (ô) sf./Cf. *solta* (ó), do v. *soltar*.
sol·ta·da sf.
sol·ta·dor (ô) adj. sm.
sol·ta·*men*·to sm.
sol·tar v.
sol·tei·ra adj. sf.
sol·tei·rão adj. sm.; pl. *-rões*; f. *solteirona*.
sol·tei·ris·mo sm.
sol·tei·ro adj. sm.
sol·tei·ro·na adj. sf. de *solteirão*.
sol·to (ô) adj. sm./Cf. *solto* (ó), do v. *soltar*.
sol·*tu*·ra sf.
so·lu·bi·li·*da*·de sf.
so·lu·bi·li·za·ção sf.; pl. *-ções*.
so·lu·bi·li·zar v.
so·lu·ça·do adj.
so·lu·*çan*·te adj. 2g.
so·lu·ção sf.; pl. *-ções*.
so·lu·çar v. sm.
so·lu·ci:o·*nar* v.
so·lu·ço sm.
so·lu·*ço*·so (ô) adj.
so·lu·ti·vo adj.
so·lu·to adj. sm.
so·*lú*·vel adj. 2g.; pl. *-veis*.
sol·va·bi·li·*da*·de sf.
sol·va·ta·ção sf.; pl. *-ções*.
sol·*vá*·vel adj. 2g.; pl. *-veis*.
sol·*vên*·ci:a sf.
sol·*ven*·te adj. 2g.
sol·*ver* v. 'explicar, resolver'/Cf. *sorver*.
sol·vi·bi·li·*da*·de sf.
sol·*ví*·vel adj. 2g.; pl. *-veis*.
sol·*vó*·li·se sf.
som sm.; pl. *sons*.
so·ma sf. sm.
so·ma·ção sf.; pl. *-ções*.
so·ma·li adj. s2g.

so·mar v.
so·má·ti·co adj.
so·ma·to·lo·gi·a sf.
so·ma·to·*ló*·gi·co adj.
so·ma·*tó*·pa·go sm.
so·ma·to·*pleu*·ra sf.
so·ma·*tó*·ri:o adj. sm.
so·ma·tos·co·*pi*·a sf.
so·ma·tos·*có*·pi·co adj.
som·**bra** sf.
som·bra·ção sf.; pl. *-ções*: *assombração*.
som·bra(s)-de·a·ze·*vim* sm. (pl.).
som·bra(s)-de-*toi*·ro sm. (pl.): **som·bra(s)-de-*tou*·ro**.
som·*bral* sm.; pl. *-brais*.
som·*brar* v.: *assombrar*.
som·**bras** sf. pl.
som·bre:a·*ção* sf.; pl. *-ções*.
som·bre:*a*·do adj. sm.
som·bre:a·*men*·to sm.
som·bre:*ar* v.
som·*brei·rei*·ro sm.
som·*brei*·ro adj. sm.
som·bre·*jar* v.
som·bre·la sf.
som·*bri*·nha sf.
som·*bri*·nhas sf. pl.
som·*bri*:o adj. sm.
som·*bro*·so (ô) adj.; f. *e* pl. (ó).
so·mei·ro adj. sm.
so·*me*·nos adj. 2g. 2n. sm. 2n.
so·*men*·te adv.
som·*gui*·a sm.; pl. *sons-guias*.
so·mi·ê sm.; do fr. *sommier*.
so·mi·ti·*car* v.
so·mi·ti·ca·ri·a sf.
so·*mí*·ti·co adj. sm./Cf. *somitico*, do v. *somiticar*.
so·mi·ti·*qui*·ce sf.
so·mi·to sm.
sommier sm. (fr.: *somiê*).
sommelier sm. (fr.: *someliê*)
so·na·dor (ô) adj.
so·nam·bu·*lar* v.
so·nam·*bú*·li·co adj.
so·nam·bu·*lis*·mo sm.
so·*nâm*·bu·lo adj. sm./Cf. *sonambulo*, do v. *sonambular*.
so·*nân*·ci:a sf.
so·*nan*·te adj. 2g. sm.
so·*nar* adj. 2g. sm. v.
so·*na*·ta sf.
so·na·*ti*·na sf.
son·**da** sf.
son·*dá* sf.

son·da·*dor* (ô) adj. sm.
son·*da*·gem sf.; pl. ·gens.
son·*dai*·a sf.
son·*dar* v.
son·da·*re*·za (ê) sf.:
 son·da·*re*·sa (ê).
son·*dá*·vel adj. 2g.; pl. ·veis.
so·ne sm.
so·*ne*·ca sf.
so·*ne*·ga sf.
so·ne·ga·*ção* sf.; pl. ·ções.
so·ne·*ga*·do adj. sm.
so·ne·ga·*dor* (ô) adj. sm.
so·ne·ga·*men*·to sm.
so·ne·*gar* v.
so·*nei*·ra sf.
so·ne·*tar* v.
so·ne·ta·*ri*·a sf.
so·ne·te:*ar* v.
so·ne·*ti*·lho sm.
so·ne·*tis*·ta adj. s2g.
so·*ne*·to (ê) sm./Cf. *soneto* (é),
 do v. *sonetar*.
son·ga·*mon*·ga adj. s2g.
songbook sm. (ing.: *songbuk*)
so·nha·*dor* (ô) adj. sm.
so·*nhar* v. sm.
so·*nhá*·vel adj. 2g.; pl. ·veis.
so·*nhim* sm.; pl. ·*nhins*.
so·*nho* sm.
so·ni:*al* adj. 2g.; pl. ·*ais*.
sô·*ni*·co adj. sm.
so·*ni*·do sm.
so·*ní*·fe·ro adj. sm.
so·*ní*·lo·quo adj. sm.
so·*ní*·pe·de adj. s2g.
son·ne·ra·ti:*á*·ce:a sf.
son·ne·ra·ti:*á*·ce:o adj.
so·*no* sm.
so·*noi*·te sf.: *sonoute*.
so·no·*lên*·ci:a sf.
so·no·*len*·to adj. sm.
so·no·me·*tri*·a sf.
so·no·*mé*·tri·co adj.
so·*nô*·met·ro sm.
so·*no*·ra sf.
so·no·ri·*da*·de sf.
so·no·ri·za·*ção* sf.; pl. ·*ções*.
so·no·ri·*zar* v.
so·*no*·ro adj.
so·no·*ro*·so (ô) adj.; f. *e* pl. (ó).
so·*no*·te·ca sf.
so·no·te·ra·*pi*·a sf.
so·no·te·*rá*·pi·co adj.
so·*nou*·te sf.: *sonoite*.
son·*sa* sf.
son·*si*·ce sf.

son·*si*·nho adj.
son·*so* adj. sm.
son·so·*ne*·te (ê) sm.
so·*nur*·no adj.
so·*pa* (ô) sf.
so·pa·*par* v.
so·pa·pe:*ar* v.
so·*pa*·po sm.
so·*pé* sm.
so·pe:a·*dor* (ô) adj. sm.
so·pe:a·*men*·to sm.
so·pe:*ar* v.
so·*pei*·ra sf.
so·*pei*·ro adj. sm.
so·pe·*sar* v.
so·pe·*sá*·vel adj. 2g.; pl. ·veis.
so·*pe*·so (ê) sm./Cf. *sopeso* (é),
 do v. *sopesar*.
so·pe·*tar*·ra sf.
so·pe·te:*ar* v.
so·*pis*·ta adj. s2g.
so·pi·*ta*·do adj.
so·pi·ta·*men*·to sm.
so·pi·*tar* v.
so·pi·*tá*·vel adj. 2g.; pl. ·veis.
so·*pi*·to adj.
so·pon·ta·*du*·ra sf.
so·pon·*tar* v.
so·*por* (ô) sm. 'modorra'/Cf.
 supor.
so·po·*ra*·do adj. 'que tem ou
 causa sopor'/Cf. *supurado*.
so·po·ra·*ti*·vo adj. sm.
 'soporífero'/Cf. *supurativo*.
so·po·*rí*·fe·ro adj. sm. 'que
 produz sono'/Cf. *saporífero*.
so·po·*rí*·fi·co adj. sm.
 'soporativo'/Cf. *saporífico*.
so·po·ri·*zar* v.
so·po·*ro*·so (ô) adj.; f. *e* pl. (ó).
so·por·*tal* sm.; pl. ·*tais*.
so·pra·*dor* (ô) adj. sm.
so·pra·*ni*·no adj. s2g.
so·pra·*nis*·ta sm.
so·*pra*·no adj. s2g.
so·*prar* v.
so·*pre*·sa (ê) sf./Cf. *sopresa* (é),
 do v. *sopresar*.
so·pre·*sar* v.
so·*pri*·lho sm.
so·*pro* (ô) sm./Cf. *sopro* (ó), do
 v. *soprar*.
so·*que* sm.
so·*que*:*ar* v.
so·*quei*·ra sf.
so·*quei*·xar v.
so·*quei*·xo sm.

so·*que*·te[1] sf. 'meia muito
 curta'/Cf. *soquete*[2].
so·*que*·te[2] (ê) sm. 'ferramenta'/
 Cf. *soquete*[1].
so·que·te:*ar* v.
so·que·*tei*·ro adj. sm.
sor[1] (ô) sf. 'sóror'/Cf. *sor*[2].
sor[2] (ô) sm. 'senhor'/Cf. *sor*[1].
so·*ral* adj. 2g.; pl. ·*rais*.
so·*rar* v.
sorbet sm. (fr.: *sorbê*)
sor·*bô*·ni·co adj.
sor·bo·*nis*·ta adj. s2g.
sor·*ção* sf.; pl. ·*ções*.
sor·da (ô) sf.
sor·*dí*·ci:a sf.: sor·*dí*·ci:e.
sor·di·*dez* (ê) sf.
sor·di·*de*·za (ê) sf.
sór·di·do adj.
so·re·di:*al* adj. 2g.; pl. ·*ais*.
so·re·di:*í*·fe·ro adj.
so·*ré*·di:o sm.
so·*re*·te (ê) sm.
sor·go (ô) sm.
sor·go(s)-de-a·*le*·po sm. (pl.).
so·ri:*a*·no adj. sm.
so·ri·*cí*·de:o adj. sm.
so·*rí*·fe·ro adj.
so·*ri*·tes sm. 2n.
sor·na (ô) adj. s2g. sf./Cf. *sorna*
 (ó), do v. *sornar*.
sor·*nar* v.
sor·*nei*·ro adj. sm.
so·*ro*[1] (ô) sm. 'líquido'/Cf. *soro*[2]
 sm. e fl. do v. *sorar*.
so·*ro*[2] sm. 'vegetal'/Cf. *soro*[1].
so·*ro*·ca sf.
so·ro·ca·*ba*·no adj. sm.
so·ro·ca·*bu*·çu sm.
so·ro·di:ag·*nós*·ti·co adj. sm.
so·ro·lo·*gi*·a sf.
so·ro·*ló*·gi·co adj.
so·ro·lo·*gis*·ta adj. s2g.
so·*ron*·ga adj. s2g.: *sorongo*[2].
so·*ron*·go[1] sm. 'dança
 africana': *surungo*/Cf. *sorongo*[2]
 e *surungo*.
so·*ron*·go[2] adj. 'tolo': *surunga*/
 Cf. *sorongo*[1].
só·ror sf.
so·*ror* (ô) sf.
so·ro·*ral* adj. 2g.; pl. ·*rais*.
so·ro·*ra*·to sm.
so·ro·ri·*cí*·da adj. s2g.
so·ro·ri·*cí*·di:o sm.
so·*ró*·ri:o adj.
so·ro·*ró* sm.

so·ro·ro·ca sf.
so·ro·ro·car v. 'estertorar em agonia'/Cf. sururucar.
so·ro·se sf.
so·ró·si:o sm.
so·ro·so (ô) adj.; f. e pl. (ó).
so·ro·fe·ra·pi·a sf.
so·ro·te·rá·pi·co adj.
sor·ra·bar v.
sor·ra·te sm., na loc. de sorrate.
sor·ra·tei·ro adj.
sor·rel·fa adj. s2g. sf.
sor·rin·den·te adj. 2g.
sor·rir v. sm.
sor·ri·so sm.
sor·ro (ô) adj.: zorro.
sor·te sf.
sor·te:a·do adj. sm.
sor·te:a·dor (ô) adj. sm.
sor·te:a·men·to sm.
sor·te:ar v.
sor·tei·o sm.
sor·ti·do adj. sm./Cf. surtido, part. de surtir.
sor·ti·lé·gi:o sm.
sor·tí·le·go adj. sm.
sor·ti·lha sf.
sor·ti·men·to sm.
sor·tir v. 'abastecer prover'/Cf. surtir.
sor·tis·ta s2g.
sor·tu·do adj. sm.
so·ru·ma sf.
so·rum·bá·ti·co adj. sm.
so·rum·ba·tis·mo sm.
sor·va (ô) sf./Cf. sorva (ó), do v. sorvar.
sor·va·do adj.
sor·va(s)·do·pe·ru sf. (pl.).
sor·va(s)·gran·de(s) sf. (pl.).
sor·val adj. 2g.; pl. ·vais.
sor·va·lha·da sf.
sor·va(s)·pe·que·na(s) sf. (pl.).
sor·var v.
sor·ve·doi·ro sm.:
 sor·ve·dou·ro.
sor·ve·du·ra sf.
sor·vei·ra sf.
sor·ver v. 'beber aspirando'/ Cf. solver.
sor·ve·ta·ri·a sf.: sorveteria.
sor·ve·te (ê) sm.
sor·ve·tei·ra sf.
sor·ve·tei·ro sm.
sor·ve·te·ri·a sf.: sorvetaria.
sor·vo (ô) sm./Cf. sorvo (ó), do v. sorvar.

só·sia s2g.
sos·lai·o sm., na loc. de soslaio.
sos·se·ga sf. sm.
sos·se·ga·do adj.
sos·se·ga·dor (ô) adj. sm.
sos·se·ga·le:ão sm.; pl. sossega-leões.
sos·se·gar v.
sos·se·go (ê) sm./Cf. sossego (é), do v. sossegar.
sos·se·guen·se adj. s2g.
sos·so (ô) adj.
so·ta sf. sm.
sota- pref. (é sempre seguido de hífen).
so·ta·á adj. s2g.
so·ta·ca·pi·tão sm.; pl. sota-capitães.
so·tá·di·co adj.
so·tai·na sf. sm.
só·tão sm.; pl. sótãos.
so·ta·pi·lo·to(s) sm. (pl.).
so·ta·pro·a(s) sm. (pl.).
so·ta·que sm.
so·ta·que:ar v.
so·tas sf. pl.
so·ta·ven·te:ar v.
so·ta·ven·to sm.
so·ta·vo·ga(s) sm. (pl.).
so·tei·a sf.
so·te·ri·o·lo·gi·a sf.
so·te·ro·po·li·ta·no adj. sm.
so·ter·ra·ção sf.; pl. ·ções.
so·ter·ra·do adj.
so·ter·ra·men·to sm.
so·ter·râ·ne:o adj. sm.
so·ter·rar v.
soto- pref. (é sempre seguido de hífen).
so·to:ar v.
so·to·be·ra·ni·a(s) sf. (pl.).
so·to·ca·pi·tão sm.; pl. soto-capitães.
so·to·mes·tre(s) sm. (pl.).
so·to·mi·nis·tro(s) sm. (pl.).
so·to·pôr v.
so·to·pos·to (ô) adj.
so·tran·cão adj. sm.; pl. ·cãos ou ·cões.
so·tran·car v.
so·tre·ta (ê) adj. s2g.
so·tur·nez (ê) sf.
so·tur·ni·da·de sf.
so·tur·no adj. sm.
sou·á sm. 'espécie de rato de espinho'/Cf. sauiá.
soul sm. (ing.: sôul).

sou·ren·se adj. s2g.
sou·sa·fo·ne sm.
sou·sen·se adj. s2g.
sou·to sm.: soito.
souvenir sm. (fr.: suv'nir)
so·va sf. sm.
so·va·ca·da sf.
so·va·co sm.
so·va·do adj. sm.
so·va·dor (ô) adj. sm.
so·va·quei·ra sf.
so·va·que·te (ê) sm.
so·va·qui·nho adj. sm.
so·ve·la sf.
so·ve·la·da sf.
so·ve·lão sm.; pl. ·lões.
so·ve·lar v.
so·ve·lei·ro sm.
so·ve·ral sm.; pl. ·rais.
so·ve·rei·ro sm.
so·ver·ter v.
so·véu sm.
so·vi sm.
so·vi:e·te sm.
so·vi:é·ti·co adj. sm.
so·vi:e·tis·mo sm.
so·vi:e·tis·ta adj. s2g.
so·vi:e·ti·za·ção sf.; pl. ·ções.
so·vi:e·ti·zar v.
so·vi·na sf. adj. s2g.
so·vi·na·da sf.
so·vi·nar v.
so·vi·na·ri·a sf.
so·vi·ni·ce sf.
so·zi·nho adj.
spin sm. (ing.: spin)
spi·no·zis·mo sm.
spi·no·zis·ta adj. s2g.
spiritual sm. (ing.: spiritchual)
spleen sm. (ing.: esplim).
spot- sm. (ing.: spot).
spray sm. (ing.: sprêi).
spread sm. (ing.: spréd).
sputnlk sm. (rus.: esputinique).
squash sm. (ing.: squésh).
staccato sm. (it.: stacato).
staff sm. (ing.: estafe).
sta·li·nis·mo sm.
sta·li·nis·ta adj. s2g.
stand sm. (ing.: estande).
standard adj. sm. (ing.: estândar).
starter sm. (ing.: estárter).
statu quo loc. subst. (lat.).
sta·tus sm.
stent sm. (ing.: stênt).
step[1] sm. (rus.: estepe[1]).

*step*² sm. (ing.: *estepe*²).
stick-poke sm. (ing.: *estique--pôquer*).
stock-car sm. (ing.: *stócar*).
storyboard sm. (ing.: *stóribôrd*).
straight flush sm. (ing.: *strêitflash*).
stras·bur·ge·ri·*á*·ce:a sf.
stras·bur·ge·ri·*á*·ce:o adj.
stress sm. (ing.: *estresse*).
stripper s2g.
striptease sm. (ing.: *striptiz*)
su·*a* pron. sf.
su·*ã* sf.: *assuã*.
su·*a·çu* sm.
su·a·çu·a·*pa*·ra sm.
su·a·çu·e·*tê* sm.
su·a·çu·i·*en*·se adj. s2g.
su·a·çu·*pi*·ta sm.
su·a·çu·pu·*cu* sm.
su·a·çu·*tin*·ga sm.
su·a·*dei*·ra sf.
su·a·*dir* v.
su·*a·do* adj. 'que está com a pele coberta de suor'/Cf. *soado*.
su·a·*doi*·ro sm.: *suadouro*.
su·a·*dor* (ô) adj. sm.
su·a·*dou*·ro sm.: *suadoiro*.
su·*ão* adj. sm. 'do sul'/Cf. *soão*.
su·*ar* v. 'transpirar'/Cf. *soar*.
su·a·ra·*bác*·ti sm.
su·a·ra·*bác*·ti·co adj.
su:*ar*·da sf.
su·a·*ren*·to adj.
su·a·*si*·vo adj.
su·a·*só*·ri:o adj.
su·*ás*·ti·ca sf.
su·*a*·ve adj. 2g.
su:a·*vi·da*·de sf.
su:a·vi·lo·*quên*·ci:a sf.
su:a·vi·lo·*quen*·te adj. 2g.
su:a·vi·lo·quen·*tís*·si·mo adj. superl. de *suavíloquo*.
su:a·*ví*·lo·quo adj.; superl. *suaviloquentíssimo*.
su:a·vi·za·*ção* sf.; pl. *·ções*.
su:a·vi·za·*dor* (ô) adj.
su:a·vi·*zar* v.
sub sm.
sub- pref. (é seguido de hífen, quando se lhe junta voc. começado por *b, h* ou *r*).
su·*ba* sf. interj.
su·ba·*ca*·da sf.
su·ba·*cau*·le adj. 2g.
su·ba·*é*·re:o adj.

su·ba·flu:*en*·te sm.
su·ba·*gu*·do sm.
su·bai·*en*·se adj. s2g.
su·ba·*la*·do adj.
su·ba·*lar* adj. 2g.
su·ba·li·men·ta·*ção* sf.; pl. *·ções*.
su·ba·li·men·*ta*·do adj. sm.
su·bal·*pi*·no adj.
su·bal·ter·na·*ção* sf.; *·ções*.
su·bal·ter·*na*·do adj.
su·bal·ter·*nar* v.
su·bal·*ter*·nas sf. pl.
su·bal·ter·ni·*da*·de sf.
su·bal·ter·ni·za·*ção* sf.; pl. *·ções*.
su·bal·ter·ni·*zar* v.
su·bal·*ter*·no adj. sm.
su·ba·lu·*gar* v.
su·ba·lu·*guel* sm.; pl. *·guéis*: su·ba·lu·*guer*.
su·ba·*nel* sm.; pl. *·néis*.
su·*báp*·te·ro adj.
su·ba·*quá*·ti·co adj.
su·*bá*·que:o adj.
su·bar·*bús*·te:o adj.
su·bar·bus·*ti*·vo adj.
su·bar·*bus*·to sm.
su·bar·que:*a*·do adj.
su·bar·ren·da·*men*·to sm.
su·bar·ren·*dar* v.
su·bar·ren·da·*tá*·ri:o adj. sm.
su·*bas*·ta sf.
su·bas·ta·*ção* sf.; pl. *·ções*
su·bas·*tar* v.
su·ba·*tô*·mi·co adj.
su·ba·xi·*lar* (cs) adj. 2g.
sub-bai·*li*:o(s) sm. (pl.).
sub-*ba*·se(s) sf. (pl.).
sub-bra·qui·*cé*·fa·lo(s) adj. sm. (pl.).
sub·cam·pa·nu·*la*·do adj.
sub·ca·pi·*lar* adj. 2g.
sub·ca·te·go·*ri*·a sf.
sub·cau·*dal* adj. s2g.; p. *·dais*.
sub·*che*·fe s2g.
sub·che·*fi*·a sf.
sub·ci·*lín*·dri·co adj.
sub·ci·ne·*rí*·ci:o adj.
sub·*clas*·se sf.
sub·clas·si·fi·ca·*ção* sf.; pl. *·ções*.
sub·cla·vi·cu·*lar* adj. 2g.
sub·*clá*·vi:o adj.
sub·co·ber·*tu*·ra sf.
sub·co·mis·*são* sf.; pl. *·sões*.
sub·co·mis·*sá*·ri:o sm.
sub·con·jun·ti·*val* adj. 2g.; pl. *·vais*.

sub·con·*jun*·to sm.
sub·cons·ci·*ên*·ci:a sf.
sub·cons·ci·*en*·te adj. 2g. sm.
sub·con·*su*·mo sm.
sub·con·*tí*·gu:o adj.
sub·con·*trá*·ri:as sf. pl.
sub·cor·di·*for*·me adj. 2g.
sub·co·ri·*á*·ce:o adj.
sub·*cor*·po (ô) sm.; pl. (ó).
sub·cor·*ren*·te sf.
sub·cos·*tal* adj. 2g.; pl. *·tais*.
sub·*crí*·ti·co adj.
sub·cu·*tâ*·ne:o adj.
sub·*dé*·cu·plo adj.
sub·de·le·ga·*ção* sf.; pl. *·ções*.
sub·de·le·*ga*·do adj. sm.
sub·de·le·*gan*·te adj. 2g.
sub·de·le·*gar* v.
sub·de·*lí*·ri:o sm.
sub·de·sen·vol·*vi*·do adj. sm.
sub·de·sen·vol·vi·*men*·to sm.
sub·di·a·co·*na*·to sm.
sub·di·a·co·*ni*·sa sf.
sub·di·*á*·co·no sm.
sub·di·a·*le*·to sm.
sub·di·re·*ção* sf.; pl. *·ções*.
sub·di·re·*tor* (ô) sm.
sub·*di*·to sm.; adj.: *súdito*.
sub·di·vi·*di*·do adj.
sub·di·vi·*dir* v.
sub·di·vi·*são* sf.; pl. *·sões*.
sub·di·vi·si:o·*ná*·ri:o adj.
sub·di·vi·*sí*·vel adj. 2g.; pl. *·veis*.
sub·do·mi·*nan*·te adj. 2g. sf.
sub·do·*mí*·ni:o sm.
sub·dor·*sal* adj. 2g.; pl. *·sais*.
su·be·*líp*·ti·co adj.
su·be·*men*·da sf.
su·be·mis·*fé*·ri·co adj.
su·bem·pra·za·*men*·to sm.
su·bem·pra·*zar* v.
su·ben·fi·*teu*·se sf.
su·ben·fi·*teu*·ta s2g.
su·ben·fi·*teu*·ti·car v.
su·ben·fi·*têu*·ti·co adj./ Cf. *subenfiteutico*, do v. *subenfiteuticar*.
su·ben·ten·*der* v. 'perceber o que não está explícito'/Cf. *subtender*.
su·ben·ten·*di*·do adj. sm.
su·be·*pá*·ti·co adj.
su·be·*pí*·gra·fe sf.
su·be·qua·to·ri·*al* adj. 2g.; pl. *·ais*.
sú·ber sm.

su·be·*ri*·na sf.
su·be·ri·za·ção sf.; pl. ·ções.
su·be·ri·*zar* v.
su·be·*ro*·so (ô) adj.; f. *e* pl. (ó).
su·bes·ca·pu·*lar* adj. 2g.
su·bes·*pa*·ço sm.
su·bes·*pé*·ci:e sf.
su·bes·pi·*nal* adj. 2g.; pl. ·*nais*.
su·bes·pon·tâ·ne:o adj.
su·bes·ta·ção sf.; pl. ·ções.
su·bes·*ti*·ma sf.
su·bes·ti·*mar* v.
su·bes·tru·tu·*rar* sf.
su·bex·po·si·ção sf.; pl. ·ções.
sub·*fa*·ce sf.
sub·fa·*mí*·li:a sf.
sub·fa·tu·ra·*men*to sm.
sub·fa·tu·*rar* v.
sub·fe·*bril* adj. 2g.; pl. ·*bris*.
sub·*fi*·lo sm.
sub·fo·li:*á*·ce:o adj.
sub·fre·*tar* v.
sub·ge·*né*·ri·co adj.
sub·*gê*·ne·ro sm.
sub·ge·*ren*·te s2g.
sub·*gla*·bro adj.
sub·glo·*bo*·so (ô) adj.; f. *e* pl. (ó).
sub·glo·bu·*lo*·so (ô) adj.; f. *e* pl. (ó).
sub·*gra*·ve adj. 2g.
sub·*gru*·po sm.
su·*bi*·da sf.
su·bi·*dei*·ra sf.
su·*bi*·do adj.
su·bi·*men*to sm.
su·bin·fla·ma·ção sf.; pl. ·ções.
su·bin·fla·ma·*tó*·ri:o adj.
su·bins·pe·*tor* (ô) sm.
su·bins·pe·to·*ri*·a sf.
su·*bin*·te adj. 2g.
su·bin·ten·*dên*·ci:a sf.
su·bin·ten·*den*·te adj. s2g.
su·bin·ter·*va*·lo sm.
su·bin·*tran*·te adj. 2g.
su·*bir* v.
su·bi·ta·nei·*da*·de sf.
su·bi·*tâ*·ne:o adj.
sú·bi·tas sf. pl., na loc. *a súbitas*.
sú·bi·to adj. sm. adv.
sub·ja·*cên*·ci:a sf.
sub·ja·*cen*·te adj. 2g.
sub·ja·*zer* v.
sub·je·ção sf.; pl. ·ções
sub·je·ti·va·ção sf.; pl. ·ções
sub·je·ti·*var* v.
sub·je·ti·vi·*da*·de sf.

sub·je·ti·*vis*·mo sm.
sub·je·*ti*·vo adj. sm.
sub·ju·ga·ção sf.; pl. ·ções.
sub·ju·ga·*dor* (ô) adj. sm.
sub·ju·*gan*·te adj. 2g.
sub·ju·*gar* v.
sub·jun·ção sf.; pl. ·ções.
sub·jun·*ti*·va sf.
sub·jun·*ti*·vo adj. sm.
sub·la·*cus*·tre adj. 2g.
sub·le·*gen*·da sf.
sub·*lei*·to sm.
sub·le·*nho*·so (ô) adj.; f. *e* pl. (ó).
sub·le·va·ção sf.; pl. ·ções:
 su·ble·va·ção.
sub·le·va·*dor* (ô) adj. sm.:
 su·ble·va·*dor*.
sub·le·*var* v.: su·ble·*var*.
su·bli·ma·ção sf.; pl. ·ções.
su·bli·*ma*·do adj. sm.
su·bli·*mar* v.
su·bli·ma·*tó*·ri:o adj. sm.
su·bli·*má*·vel adj. 2g.; pl. ·*veis*.
su·*bli*·me adj. 2g. sm.
su·bli·mi·*da*·de sf.
sub·li·mi·*nal* adj. 2g.; pl. ·*nais*.
sub·li·mi·*nar* adj. 2g.
sub·li·ne:*ar* adj. 2g.:
 su·bli·ne:*ar*.
sub·lin·gu:*al* adj. 2g.; pl. ·*ais*.
sub·li*·nha sf.: su·bli·nha.
sub·li·nha·*dor* (ô) adj. sm.:
 su·bli·nha·*dor*.
sub·li·*nhar* v.: su·bli·*nhar*.
sub·li·te·*ra*·to sm.
sub·li·te·ra·*tu*·ra sf.
sub·lo·bu·*la*·do adj.
sub·lo·ca·ção sf.; pl. ·ções.
sub·lo·ca·*dor* (ô) sm.
sub·lo·*car* v.
sub·lo·ca·*tá*·ri:o sm.
sub·lu·*nar* adj. 2g.
sub·ma·*má*·ri:o adj.
sub·man·da·*tá*·ri:o sm.
sub·ma·*ri*·nho adj. sm.
sub·ma·ri·*nis*·ta adj. s2g.
sub·ma·*ri*·no adj. sm.
sub·*ma*·ta sf.
sub·ma·xi·*lar* (cs) adj. 2g.
sub·men·*tal* adj. 2g.; pl. ·*tais*.
sub·mer·*gi*·do adj.
sub·mer·*gir* v.
sub·mer·*gí*·vel adj. 2g. sm.: pl.
 ·*veis*.
sub·mers·são sf.; pl. ·sões.
sub·mer·*sí*·vel adj. 2g. sm.; pl.
 ·*veis*.

sub·*mer*·so adj.
sub·me·*ter* v.
sub·mi·ni:a·*tu*·ra sf.
sub·mi·nis·tra·ção sf.; pl. ·ções
sub·mi·nis·tra·*dor* (ô) adj. sm.
sub·mi·nis·*trar* v.
sub·mi·*nis*·tro sm.
sub·mis·são sf.; pl. ·sões.
sub·*mis*·so adj. sm.
sub·*múl*·ti·plo adj. sm.
sub·*mun*·do sm.
sub·nor·*mal* adj. 2g. sf.; pl.
 ·*mais*.
sub·nu·tri·ção sf.; pl. ·ções
sub·nu·*trir* v.
sub·oc·ci·pi·*tal* adj. 2g.; pl.
 ·*tais*.
su·bo·cu·*lar* adj. 2g.
su·bo·fi·ci:*al* adj.; pl. ·*ais*.
su·bon·du·*la*·do adj.
su·bor·bi·cu·*lar* adj. 2g.
su·bor·bi·*tá*·ri:o adj.
su·bor·*dem* sf.; pl. ·*dens*.
su·bor·di·na·ção sf.; pl. ·ções
su·bor·di·*na*·da sf.
su·bor·di·*na*·do adj. sm.
su·bor·di·na·*dor* (ô) adj. sm.
su·bor·di·*nan*·te adj. 2g. sf.
su·bor·di·*nar* v.
su·bor·di·na·*ti*·va sf.
su·bor·di·na·*ti*·vo adj.
su·bor·di·*ná*·vel adj. 2g.; pl.
 ·*veis*.
su·bor·na·ção sf.; pl. ·ções.
su·bor·na·*dor* (ô) adj. sm.
su·bor·na·*men*to sm.
su·bor·*nar* v.
su·bor·*ná*·vel adj. 2g.; pl. ·*veis*.
su·*bor*·no (ô) sm./Cf. suborno
 (ó), do v. subornar.
sub·pa·*rá*·gra·fo sm.
sub·pe·ri·*cár*·di:o adj.
sub·po·*lar* adj. 2g.
sub·*por* (ô) v.
sub·pre·*fei*·to sm.
sub·pre·fei·*tu*·ra sf.
sub·pro·cu·ra·*dor* (ô) sm.
sub·pro·*du*·to sm.
sub·*ra*·ça(s) sf. (pl.).
su·bra·*ji* sf.
sub·*ra*·mo(s) sm. (pl.).
sub·re·gi·ão sf.; pl. *sub-regiões*
sub·re·gi:o·*nal* adj. 2g.; pl.
 sub-regionais.
sub·rei·*tor* sm.; pl. *sub-reitores*.
sub·rei·to·*ri*·a(s) sf. (pl.).
sub·re·pas·*sar* v.

sub·re·*pas*·se(s) sm. (pl.).
sub·rep·*ção* sf.; pl. *sub-repções*.
sub·rep·*tí*·ci:o(s) adj. (pl.).
sub·ro·ga·*ção* sf.; pl. *sub-rogações*.
sub·ro·*ga*·do(s) adj. sm. (pl.).
sub·ro·ga·*dor* (ô) adj. sm.; pl. *sub-rogadores*.
sub·ro·*gan*·te(s) adj. 2g. (pl.).
sub·ro·*gar* v.
sub·ro·ga·*tó*·ri:o(s) adj. (pl.).
sub·ro·*gá*·vel adj. 2g.; pl. *sub-rogáveis*.
sub·ros·*tra*·do(s) adj. (pl.).
sub·ro·*ti*·na(s) sf. (pl.).
sub·ro·*tun*·do(s) adj. (pl.).
subs·cre·*ver* v.
subs·cri·*ção* sf.; pl. ·*ções*.
subs·cri·*tar* v.
subs·*cri*·to adj. sm.
subs·cri·*tor* (ô) adj. sm.
sub·se·*ção* sf.: sub·sec·*ção*; pl. ·*ções*.
sub·se·*ci*·vo adj.
sub·se·cre·ta·ri:*a*·do sm.
sub·se·cre·ta·ri:*ar* v.
sub·se·cre·*tá*·ri:o sm./ Cf. *subsecretario*, do v. *subsecretariar*.
sub·se·cu·*ti*·vo adj.
sub·se·*guir* v.
sub·sen·*ti*·do sm.
sub·se·*quên*·ci:a sf.
sub·se·*quen*·te adj. 2g. sm.
sub·ser·vi:*ên*·ci:a sf.
sub·ser·vi:*en*·te adj. 2g.
sub·*sés*·sil adj. 2g.; pl. ·*seis*.
sub·si·*dên*·ci:a sf.
sub·si·di:*a*·do adj. sm.
sub·si·di:*ar* v.
sub·si·di:*á*·ri:a sf./Cf. *subsidiaria*, do v. *subsidiar*.
sub·si·di:*á*·ri:o adj.; f. *subsidiária*/Cf. *subsidiaria*, do v. *subsidiar*.
sub·*sí*·di:o sm./Cf. *subsido*, do v. *subsidiar*.
sub·si·mi·*lar* adj. 2g.
sub·*sín*·di·co sm.
sub·si·nu:*o*·so (ó) adj.; f. e pl. (ó).
sub·sis·*te*·ma sm.
sub·sis·*tên*·ci:a sf.
sub·sis·*ten*·te adj. 2g.
sub·sis·*tir* v.
sub·so·la·*dor* (ô) adj. sm.
sub·so·la·*do*·ra (ô) sf.

sub·so·*la*·gem sf.; pl. ·*gens*.
sub·so·*lar* adj. 2g. v.
sub·*so*·lo sm.
sub·*sô*·ni·co adj.
subs·ta·be·le·*cer* v.
subs·ta·be·le·*ci*·do adj. sm.
subs·ta·be·le·ci·*men*·to sm.
subs·*tân*·ci:a sf./Cf. *substancia*, do v. *substanciar*.
subs·tan·ci:*a*·do adj.
subs·tan·ci:*al* adj. 2g. sm.; pl. ·*ais*.
subs·tan·ci:a·li·*da*·de sf.
subs·tan·ci:a·li·*zar* v.
subs·tan·ci:*ar* v.
subs·tan·ci:*o*·so (ô) adj.; f. e pl. (ó).
subs·tan·ti·fi·ca·*ção* sf.; pl. ·*ções*.
subs·tan·ti·fi·*car* v.
subs·tan·ti·va·*ção* sf.; pl. ·*ções*.
subs·tan·ti·*va*·do adj.
subs·tan·ti·*val* adj. 2g.; pl. ·*vais*.
subs·tan·ti·*var* v.
subs·tan·*ti*·vo adj. sm.
subs·ta·*tó*·ri:o adj.
subs·ti·tu:i·*ção* sf.; pl. ·*ções*.
subs·ti·tu:*í*·do adj.
subs·ti·tu:*in*·te adj. s2g.
subs·ti·tu:*ir* v.
subs·ti·tu:*í*·vel adj. 2g.; pl. ·*veis*.
subs·ti·tu·*ti*·vo adj. sm.
subs·ti·*tu*·to adj. sm.
subs·*tra*·to adj. sm.
subs·tru·*ção* sf.; pl. ·*ções*.
sub·sul·*tar* v.
sub·su·*mir* v.
sub·sun·*ção* sf.; pl. ·*ções*.
sub·tan·*gen*·te sf.
sub·ten·*der* v. "estender por baixo'/Cf. *subentender*.
sub·te·*nen*·te sm.
sub·*ten*·sa sf.
sub·ter·*fú*·gi:o sm.
sub·ter·fu·*gir* v.
sub·ter·mi·*nal* adj. 2g.; pl. ·*nais*.
sub·ter·*râ*·ne:o adj. sm.
sub·*tér*·re:o adj.
sub·*til* adj. 2g.: *sutil*; pl. ·*tis*.
sub·ti·*le*·za (ê) sf.: *sutileza*.
sub·ti·li·*da*·de sf.: *sutilidade*.
sub·ti·li·za·*ção* sf.: *sutilização*; pl. ·*ções*.
sub·ti·li·za·*dor* (ô) adj. sm.: *sutilizador*.
sub·ti·li·*zar* v.: *sutilizar*.

sub·*ti*·po sm.
sub·*tí*·tu·lo sm.
sub·*tô*·ni·ca sf.
sub·*tô*·ni·co adj.
sub·to·*tal* sm.; pl. ·*tais*.
sub·tra·*ção* sf.; pl. ·*ções*.
sub·tra·*en*·do sm.
sub·tra·*ir* v.
sub·tra·*ti*·vo adj. sm.
sub·tri:an·gu·*lar* adj. 2g.
sub·*tri*·bo sf.
sub·tri·go·*nal* adj. 2g.; pl. ·*nais*.
sub·tro·pi·*cal* adj. 2g.; pl. ·*cais*.
su·bu·*la*·do adj.
su·bu·*ma*·no adj.
su·bun·gu·*la*·do adj. sm.
su·bur·*ba*·no adj. sm.
su·*búr*·bi:o sm.
su·*bur*·go sm.
sub·ven·*ção* sf.; pl. ·*ções*.
sub·ven·ci:o·*na*·do adj.
sub·ven·ci:o·na·*dor* (ô) adj. sm.
sub·ven·ci:o·*nal* adj. 2g.; pl. ·*nais*.
sub·ven·ci:o·*nar* v.
sub·ven·ci:o·*ná*·vel adj. 2g.; pl. ·*veis*.
sub·ver·*be*·te (ê) sm.
sub·ver·*são* sf.; pl. ·*sões*.
sub·ver·*si*·vo adj. sm.
sub·ver·*sor* (ô) adj. sm.
sub·ver·te·*dor* (ô) adj. sm.
sub·ver·*ter* v.
sub·*vés*·pe·ro adj. sm.
sub·ves·per·*ti*·no adj. sm.
sub·*zo*·na sf.
su·*ção* sf.: *sucção*; pl. ·*ções*.
su·ca·*rá* sm.
su·*ca*·ta sf.
su·ca·*tei*·ro sm.
suc·*ção* sf.: *sução*; pl. ·*ções*.
suc·ci·*na*·to sm.
suc·*cí*·ni·co adj.
su·ce·*dâ*·ne:o adj. sm.
su·ce·*der* v.
su·ce·*di*·do adj. sm.
su·ce·di·*men*·to sm.
su·ces·*são* sf.; pl. ·*sões*.
su·ces·*sí*·vel adj. 2g.; pl. ·*veis*.
su·ces·*si*·vo adj. sm.
su·*ces*·so sm.
su·ces·*sor* (ô) adj. sm.
su·ces·so·ri:*al* adj. 2g.; pl. ·*ais*.
su·ces·*só*·ri:o adj.
sú·ci:a sf./Cf. *sucia*, do v. *suciar*.
su·ci:*ar* v.

su·ci:*a*·ta sf.
sú·ci·no sm.
su·*cin*·to adj.
sú·ci:o sm./Cf. *sucio*, do v. *suciar*.
su·co sm.
su·*co*·so (ô) adj.; f. *e* pl. (ó).
su·cre adj. 2g. sm.
su·cro·*quí*·mi·ca sf.
su·cro·*quí*·mi·co adj.
suc·to·ri:*al* adj. 2g.; pl. ·*ais*.
suc·*tó*·ri:o adj. sm.
su·cu:*a*·bo sm.
su·çu·*ai*·a sf.
su·çu:a·*pa*·ra sm.
su·çu:a·*pi*·ta sm.
su·çu:a·*ra*·na sf.
su·*cú*·bi·co adj.
sú·cu·bo adj. sm.
su·cu·*lên*·ci:a sf.
su·cu·*len*·to adj.
su·cum·*bi*·do adj.
su·cum·*bir* v.
su·cu·*pi*·ra sf.
su·cu·pi·ra(s)-a·ma·*re*·la(s) sf. (pl.).
su·cu·pi·ra(s)-*bran*·ca(s) sf. (pl.).
su·cu·pi·ra(s)-do-cer·*ra*·do sf. (pl.).
su·cu·*ri* sf.
su·cu·ri·*ju* sf.
su·cu·ri·*ju*·ba sf.: *sucurujuba*.
su·cu·ri:*ú* sf.
su·cur·*sal* adj. 2g. sf.; pl. ·*sais*.
su·cu·*ru* adj. s2g. sm.
su·cu·ru·*ju* sf.
su·cu·ru·*ju*·ba sf.: *sucurijuba*.
su·cus·*são* sf.; pl. ·*sões*.
su·cu·*tu*·ba adj. 2g.
su·cu·*u*·ba sf.
su·cu·u·ba·*ra*·na sf.
su·da·*ção* sf.; pl. ·*ções*.
su·*dâ*·mi·na sf.
su·da·*nês* adj. sm.
su·*dá*·ri:o sm.
su·da·*tó*·ri:o adj.
su·*des*·te adj. 2g. sm.
su·*dis*·ta adj. s2g.
sú·di·to adj. sm.
su·do:es·*ta*·da sf.
su·do:*es*·te adj. 2g. sm.
sudoku sm. (jap.: *sudoku*)
su·do·*ral* adj. 2g.; pl. ·*rais*.
su·do·*re*·se sf.
su·do·*rí*·fe·ro adj. sm.
su·do·*rí*·fi·co adj. sm.

su·do·*rí*·pa·ro adj.
su·dra sm. *ou* sf.
su·dro sm.
su:*e*·ca sf.
su:*e*·co adj. sm.
su:*e*·de sm.
su:*e*·*di*·ne sf.
su:*ei*·ra sf.
su:el·*tis*·ta adj. s2g.
su:*el*·to (ê) sm.
su:es·*ta*·da sf.
su:*es*·te sm. adj. 2g. 'ponto do horizonte situado a 45° do S e do E'/Cf. *soeste* (ê), do v. *soer*.
su:*é*·ter sm. *ou* sf.
su:*e*·to (ê) sm.
su:*e*·vo adj. sm.
su·*fe*·ta sm.: su·*fe*·te.
su·*fi* sm.
su·fi·ci:*ên*·ci:a sf.
su·fi·ci:*en*·te adj. 2g. sm.
su·*fis*·mo sm. 'misticismo arábico-persa'/Cf. *sofismo*, do v. *sofismar*.
su·*fis*·ta adj. s2g. 'relativo ao sufismo'/Cf. *sofista*.
su·fi·xa·*ção* (cs) sf.; pl. ·*ções*.
su·fi·*xal* (cs) adj. 2g.; pl. ·*xais*.
su·fi·*xar* (cs) v.
su·*fi*·xo (cs) sm.
su·*flê* sm.
su·fo·ca·*ção* sf.; pl. ·*ções*.
su·fo·ca·*dor* (ô) adj. sm.
su·fo·ca·*men*·to sm.
su·fo·*can*·te adj. 2g.
su·fo·*car* v.
su·fo·ca·*ti*·vo adj.
su·*fo*·co (ô) sm.
su·fra·*gâ*·ne:o adj.
su·fra·*gar* v.
su·*frá*·gi:o sm.
su·fra·*gis*·ta adj. s2g. sf.
su·fru·ti·*co*·so (ô) adj.; f. *e* pl. (ó).
su·fu·mi·ga·*ção* sf.; pl. ·*ções*.
su·fu·mi·*gar* v.
su·fu·*mí*·gi:o sm.
su·fu·*são* sf.; pl. ·*sões*.
su·ga·*ção* sf.; pl. ·*ções*.
su·ga·*doi*·ro sm.: *sugadouro*.
su·ga·*dor* (ô) adj. sm.
su·ga·*dou*·ro sm.: *sugadoiro*.
su·*gar* v. 'chupar, sorver'/Cf. *sogar*.
su·ge·*rir* v.
su·*ges*·ta sf.

su·ges·*tão* sf.; pl. ·*tões*.
su·ges·ti:o·na·bi·li·*da*·de sf.
su·ges·ti:o·*nar* v.
su·ges·ti:o·*ná*·vel adj. 2g.; pl. ·*veis*.
su·ges·*ti*·vo adj.
su·*ges*·to sm.
su·gi·la·*ção* sf.; pl. ·*ções*.
su·gi·*lar* v.
sui·a sf.
sui·*á* adj. s2g.
su:*í*·ça sf.
su:*í*·ças sf. pl.
su:i·*ci*·da adj. s2g.
su:i·ci·*dar* v.
su:i·*cí*·di:o sm.
su:i·ci·do·ma·*ni*·a sf.
su:i·ci·do·ma·*ní*·a·co adj. sm.
su:*í*·ço adj. sm.
su:*í*·de:o adj. sm.
su·*í*·na sf.
su:i·*nã* sf.
su:i·*na*·ra sf.
su:i·na·*ri*·a sf.
su:in·*dá* sf.: su:in·*da*·ra.
su:*in*·gue sm.
su:*í*·no adj. sm.
su:i·no·cul·*tor* (ô) sm.
su:i·no·cul·*tu*·ra sf.
su:i·ri·gua·*çu* sm.
sui·ri·ri(s)-do-*cam*·po sm. (pl.).
su:i·ru·*á* sm.
su:*í*·te sf.
su·ja sf.
su·*jar* v.
su·jei·*ção* sf.; pl. ·*ções*.
su·*jei*·ra sf.
su·*jei*·ta sf.
su·jei·ta·*dor* (ô) adj. sm.
su·jei·*tar* v.
su·jei·*tá*·vel adj. 2g.; pl. ·*veis*.
su·*jei*·to adj. sm.
su·ji·*da*·de sf.
su·ji·*gar* v.: *subjugar*.
su·ji·*go*·la sf.
su·jo adj. sm.
sul sm. adj. 2g. 2n.
su·la sf.
sul-a·fri·*ca*·no(s) adj. sm. (pl.).
sul-a·me·ri·*ca*·no(s) adj. sm. (pl.).
su·*la*·no adj. sm.
su·*lão* sm. 'vento do sul'; pl. ·*lões*/Cf. *solão*.
su·la·*pe*·ba sf.
su·*la*·que sm.
sul-a·si:*á*·ti·co(s) adj. sm. (pl.).

su·la·ven·te:*ar* v.
su·la·*ven*·to sm.
sul·*ca*·gem sf.; pl. ·gens.
sul·*car* v.
sul·*cá*·vel adj. 2g.; pl. ·veis.
sul·co sm.
su·*lei*·ro adj. sm.
sul·eu·ro·*pei*·a(s) adj. sf. (pl.) de *sul-europeu*.
sul·eu·ro·*peu*(s) adj. sm. (pl.); f. *sul-europeia*.
sul·fa sf.
sul·fa·ni·la·*mi*·da sf.
sul·far·se·ni:*e*·to (ê) sm.
sul·fa·*ta*·gem sf.; pl. ·gens.
sul·fa·*tar* v.
sul·fa·ti·za·*ção* sf.; pl. ·*ções*.
sul·fa·ti·*zar* v.
sul·*fa*·to sm.
sul·fe·ta·*ção* sf.; pl. ·*ções*.
sul·fe·*tar* v.
sul·*fe*·to (ê) sm./Cf. *sulfeto* (é), do v. *sulfetar*.
sul·*fí*·dri·co adj. sm.
sul·*fi*·te adj. 2g.
sul·*fi*·to sm.
sul·fo·ar·se·ni:*e*·to (ê) sm.
sul·fo·ci·a·*na*·to sm.
sul·*fo*·na sf.
sul·*fô*·ni·co adj.
sul·fo·*ni*·tro sm.
súl·fur sm.: pl. *súlfures*/Cf. *sulfures*, do v. *sulfurar*.
sul·fu·ra·*ção* sf.; pl. ·*ções*.
sul·fu·*ra*·do adj.
sul·fu·*rar* v.
sul·*fú*·re:o adj.
sul·fu·re·ta·*ção* sf.; pl. ·*ções*.
sul·fu·re·*tar* v.
sul·fu·*re*·to (ê) sm./Cf. *sulfureto* (é), do v. *sulfuretar*.
sul·*fú*·ri·co adj.
sul·fu·*ri*·no adj. sm.
sul·fu·*ro*·so (ô) adj.; f. e pl. (ó).
su·*lí*·de:o adj. sm.
sul·i:e·me·*ni*·ta(s) adj. s2g. (pl.).
su·li·*mão* sm.; pl. ·*mões*.
su·*li*·no adj. sm. 'do sul'; f. *sulina*/Cf. *solina*.
su·li:*o*·ta adj. s2g.
su·*li*·pa adj. 2g. sf.
su·*lis*·ta adj. s2g. 'pertencente ou relativo ao sul de uma região'/Cf. *solista*.
sul·mi·*nei*·ro(s) adj. sm. (pl.).
sul·rio·gran·*den*·se(s) adj. s2g. (pl.).

sul·*ta*·na sf. de *sultão*.
sul·ta·*na*·do sm.: sul·ta·*na*·to.
sul·ta·ne:*ar* v.
sul·ta·*nes*·co (ê) adj.
sul·*tâ*·ni·co adj.
sul·*tão* sm.; pl. ·*tões*; f. *sultana*.
sul·*tão* dos *ma*·tos sm.; pl. *sultões dos matos*.
sul·*ven*·to sm.: sul·*ven*·to(s) sm. (pl.).
sul·vi:et·na·*mi*·ta(s) adj. s2g. (pl.).
su·ma sf.
su·*ma*·ca sf.
su·ma·*gral* sm.; pl. ·*grais*.
su·ma·*grar* v.
su·ma·gre sm.
su·ma·*grei*·ro sm.
su·*man*·ta sf.
su·ma·*ré* sm.
su·ma·ré(s)-de-*pe*·dras sm. (pl.).
su·ma·re·*en*·se s2g.
su·ma·*ren*·to adj.
su·ma·ri·*an*·te adj. s2g.
su·ma·ri·*ar* v.
su·*má*·ri:o adj. sm./Cf. *sumario*, do v. *sumariar*.
su·ma·*ú*·ma sf.
su·ma·*ú*·ma(s)-da-*vár*·ze:a sf. (pl.).
su·ma·*ú*·ma(s)-do-i·ga·*pó* sf. (pl.).
su·mau·*mei*·ra sf.
sum·ba·*ré* sm.
su·*mé* sm.
su·me:*en*·se adj. s2g.
su·*mé*·ri:o adj. sm.
su·me·*tu*·me sm.
su·mi·*ção* sf.; pl. ·*ções*.
su·*mi*·ço sm.
su·mi·*da*·de sf.
su·mi·*di*·ço adj.
su·*mi*·do adj.
su·mi·*doi*·ro sm.: *sumidouro*.
su·mi·dou·*ren*·se adj. s2g.
su·mi·*dou*·ro sm.: *sumidoiro*.
su·mi·*du*·ra sf.
su·mi·*lher* sm.
su·*mir* v.
su·*mis*·ta adj. s2g.
su·*mo* adj. sm.
su·*mô* sm.
su·*mo*(s) da *ca*·na sm. (pl.).
su·*mo*·so (ô) adj.; f. e pl. (ó).
sump·*ção* sf.: *sunção*; pl. ·*ções*.
sum·pes sm. 2n.

sump·to sm.: *sunto*.
sump·tu:*á*·ri:o adj.: *suntuário*.
sump·tu:o·si·*da*·de sf.: *suntuosidade*.
sump·tu:*o*·so (ô) adj.: *suntuoso*; f. e pl. (ó).
sú·mu·la sf./Cf. *sumula*, do v. *sumular*.
su·mu·*lar* v.
su·mu·*lis*·ta adj. s2g.
su·na sf.
sun·*ção* sf.: *sumpção*; pl. ·*ções*.
sundae sm. (ing.: *sândei*)
sun·do sm.
su·ne sm.
sun·fa sf.
sun·ga sf.
sun·*gar* v.
su·*ni*·ta adj. s2g.
sun·to sm.: *sumpto*.
sun·tu:*á*·ri:o adj.: *sumptuário*
sun·tu:o·si·*da*·de sf.: *sumptuosidade*.
sun·tu:*o*·so (ô) adj.; f. e pl. (ó): *sumptuoso*.
su·*nun*·ga sf.
su:or sm.
su:or de a·lam·*bi*·que sm.; pl. *suores de alambique*.
su·pe·*dâ*·ne:o sm.
su·pe·di·*tar* v.
super- pref. (é seguido de hífen, quando se lhe junta voc. começado por *h* ou *r*).
su·pe·ra·bun·*dân*·ci:a sf.
su·pe·ra·bun·*dan*·te adj. 2g.
su·pe·ra·bun·*dar* v.
su·pe·ra·*ção* sf.; pl. ·*ções*.
su·pe·*ra*·do adj.
su·pe·ra·*gu*·do adj.
su·pe·ra·li·men·ta·*ção* sf.; pl. ·*ções*.
su·pe·ra·li·men·*tar* v. adj. 2g.
su·pe·*ran*·te adj. 2g.
su·pe·ra·que·*cer* v.
su·pe·ra·que·*ci*·do adj.
su·pe·ra·que·ci·*men*·to sm.
su·pe·*rar* v.
su·pe·*rár*·bi·tro sm.
su·pe·ra·ti·*var* v.
su·pe·*rá*·vel adj. 2g.; pl. ·veis.
superavit sm. 2n. (lat.)
su·pe·ra·vi·*tá*·ri:o adj.
su·per·*bís*·si·mo adj. superl. de *soberbo*.
su·per·ca·*lan*·dra sf.
su·per·ca·lan·*dra*·do adj.

su·per·ca·lan·*drar* v.
su·per·cam·pe:*ão* sm.; pl. ·*ões*.
su·per·cam·pe:o·*na*·to sm.
su·per·ci·li:*ar* adj. 2g. v.
su·per·*cí*·li:o sm./Cf. *supercilio*, do v. *superciliar*.
su·per·ci·li:*o*·so (ô) adj.; f. *e* pl. (ó).
su·per·ci·*men*·to sm.
su·per·ci·vi·li·*za*·do adj. sm.
su·per·*clas*·se sf.
su·per·con·du·ti·vi·*da*·de sf.
su·per·*crí*·ti·co adj.
su·per·cro·*má*·ti·co adj.
su·per·di·*vi*·no adj.
su·per·do·mi·*nan*·te sf.
su·per·do·*ta*·do adj. sm.
su·pe·re·le·va·*ção* sf.; pl. ·*ções*.
su·pe·re·mi·*nên*·ci:a sf.
su·pe·re·mi·*nen*·te adj. 2g.
su·pe·res·*ti*·ma sf.
su·pe·res·ti·*mar* v.
su·pe·res·tru·*tu*·ra sf.
su·pe·re·xal·*ta*·do (z) adj.
su·pe·re·xal·*tar* (z) v.
su·pe·rex·ci·ta·*ção* sf.; pl. ·*ções*.
su·pe·rex·ci·*tar* v.
su·pe·rex·po·si·*ção* sf.; pl. ·*ções*.
su·per·fa·*mí*·li:a sf.
su·per·fa·tu·*rar* v.
su·per·fe·ta·*ção* sf.; pl. ·*ções*.
su·per·fi·ci:*al* adj. 2g.; pl. ·*ais*.
su·per·fi·ci:a·li·*da*·de sf.
su·per·fi·ci:a·*lis*·mo sm.
su·per·*fí*·ci:e sf.
su·per·fi·ni·*da*·de sf.
su·per·*fi*·no adj.
su·per·flu:i·*da*·de sf.
su·per·flu:i·*dez* (ê) sf.
su·*pér*·flu:o adj. sm.
su·per·fos·*fa*·to sm.
su·per·he·*rói* sm.; pl. *super-heróis*.
su·per·*ho*·mem sm.; pl. *super-homens*.
su·per·hu·*ma*·no(s) adj. (pl.).
su·pe·ri·ten·*dên*·ci:a sf.
su·pe·rin·ten·*den*·te adj. s2g.
su·pe·rin·ten·*der* v.
su·pe·ri:*or* (ô) adj. s2g. sm.
su·pe·ri:*o*·ra (ô) sf.
su·pe·ri:o·*ra*·to sm.
su·pe·ri:o·ri·*da*·de sf.
su·pe·ri:o·ri·za·*ção* sf.; pl. ·*ções*.
su·pe·ri:o·ri·*zar* v.
su·per·lar·*gu*·ra sf.
su·per·la·ti·va·*dor* (ô) adj. sm.

su·per·la·ti·*var* v.
su·per·la·*ti*·vo adj. sm.
su·per·lo·ta·*ção* sf.; pl. ·*ções*.
su·per·lo·*ta*·do adj.
su·pe·ro·*tar* v.
su·per·mer·*ca*·do sm.
su·per·*nal* adj. 2g.; pl. ·*nais*.
su·per·na·tu·*ral* adj. 2g.; pl. ·*rais*.
su·*per*·no adj.
su·*per*·no·va sf.
sú·pe·ro adj.; superl. *supérrimo*/Cf. *supero*, do v. *superar*.
su·pe·ro:an·te·ri:*or* adj. 2g.; pl. *superoanteriores*.
su·pe·ro·la·te·*ral* adj. 2g.; pl. *superolaterais*.
su·pe·ros·cu·la·*ção* sf.; pl. ·*ções*.
su·pe·ro·va·ri:a·do adj.
su·pe·ro·xi·da·*ção* (cs) sf.; pl. ·*ções*.
su·pe·ro·xi·*dar* (cs) v.
su·per·po·pu·la·*ção* sf.; pl. ·*ções*.
su·per·*por* v.
su·per·po·si·*ção* sf.; pl. ·*ções*.
su·per·po·*tên*·ci:a sf.
su·per·po·vo:*a*·do adj.
su·per·po·vo:a·*men*·to sm.
su·per·po·vo:*ar* v.
su·per·pro·du·*ção* sf.; pl. ·*ções*.
su·per·pur·ga·*ção* sf.; pl. ·*ções*.
su·per·*qua*·dra sf.
su·per·re:a·li·*da*·de(s) sf. (pl.).
su·per·re:a·*lis*·mo(s) sm. (pl.).
su·per·re:a·*lis*·ta(s) adj. s2g. (pl.).
su·per·re·quin·*ta*·do(s) adj. (pl.).
su·per·res·fri:*a*·do(s) adj. (pl.).
su·*pér*·ri·mo adj. superl. de *súpero*.
su·per·sa·tu·ra·*ção* sf.; pl. ·*ções*.
su·per·sa·tu·*rar* v.
su·per·se·cre·*ção* sf.; pl. ·*ções*.
su·per·sen·*sí*·vel adj. 2g.; pl. ·*veis*.
su·per·*som* sm.; pl. ·*sons*.
su·per·*sô*·ni·co adj. sm.
su·pers·ti·*ção* sf.; pl. ·*ções*.
su·pers·ti·ci:o·si·*da*·de sf.
su·pers·ti·ci:*o*·so (ô) adj. sm.; f. *e* pl. (ó).
su·*pérs*·ti·te adj. s2g.
su·per·subs·tan·ci:*al* adj. 2g.; pl. ·*ais*.
su·per·*tô*·ni·ca sf.

su·pe·ru·me·*ral* adj. 2g. sm.; pl. ·*rais*.
su·per·va·câ·ne:o adj.
su·per·*vá*·cu:o adj.
su·per·ven·*ção* sf.; pl. ·*ções*.
su·per·ve·ni·*ên*·ci:a sf.
su·per·ve·ni·*en*·te adj. 2g.
su·per·vi·*são* sf.; pl. ·*sões*.
su·per·vi·*sar* v.
su·per·vi·si:o·*nar* v.
su·per·vi·*sor* (ô) adj. sm.
su·per·vi·*vên*·ci:a sf.
su·per·vi·*ven*·te adj. s2g.
su·pe·*tão* sm., na loc. *de supetão*.
su·*pim*·pa adj. 2g.
su·pi·na·*ção* sf.; pl. ·*ções*.
su·pi·na·*dor* (ô) adj. sm.
su·*pi*·no adj. sm.
su·plan·ta·*ção* sf.; pl. ·*ções*.
su·plan·ta·*dor* (ô) adj. sm.
su·plan·*tar* v.
su·ple·men·ta·*ção* sf.; pl. ·*ções*.
su·ple·men·*tar* adj. 2g. v.
su·ple·men·*tá*·ri:o adj.; f. *suplementária*/Cf. *suplementaria*, do v. *suplementar*.
su·ple·*men*·to sm.
su·*plên*·ci:a sf.
su·*plen*·te adj. s2g.
su·ple·*ti*·vo adj.
su·ple·*tó*·ri:o adj.
sú·pli·ca sf./Cf. *suplica*, do v. *suplicar*.
su·pli·ca·*ção* sf.; pl. ·*ções*.
su·pli·*ca*·do adj. sm.
su·pli·*can*·te adj. s2g.
su·pli·*car* v.
su·pli·ca·*tó*·ri:o adj.
sú·pli·ce adj. 2g.
su·pli·ci:*a*·do adj. sm.
su·pli·ci:*ar* v.
su·*plí*·ci:o sm./Cf. *suplicio*, do v. *supliciar*.
su·*por* v. 'presumir'/Cf. *sopor*.
su·por·ta·bi·li·*da*·de sf.
su·por·*tar* v.
su·por·*tá*·vel adj. 2g.; pl. ·*veis*.
su·*por*·te sm.
su·po·si·*ção* sf.; pl. ·*ções*.
su·po·si·*tí*·ci:o adj.
su·po·si·*ti*·vo adj.
su·po·si·*tó*·ri:o adj. sm.
su·*pos*·to (ô) adj. sm.; f. *e* pl. (ó).
supra- pref. (é seguido de hífen, quando se lhe junta voc. começado por *a* ou *h*).

su·pra-a·xi·*lar* (cs) adj. 2g.; pl. *supra-axilares*.
su·pra·ci·*ta*·do adj.
su·pra·con·du·ti·vi·*da*·de sf.
su·pra·*di*·to adj.
su·pra·di·*vi*·no adj.
su·pra·e·so·*fá*·gi·co(s) adj. (pl.).
su·pra·es·ter·*nal* adj. 2g.; pl. *supraesternais*.
su·pra·ex·ci·ta·*ção* sf.; pl. *supraexcitações*.
su·pra·ex·ci·*tan*·te(s) adj. 2g. (pl.).
su·pra·ex·ci·*tar* v.
su·pra·la·*rín*·ge:o adj.
su·pra·mun·*da*·no adj.
su·pra·na·tu·*ral* adj. 2g.; pl. ·*rais*.
su·pra·na·tu·ra·*lis*·mo sm.
su·pra·na·tu·ra·*lis*·ta adj. s2g.
su·pra·nor·*mal* adj. 2g.; pl. ·*mais*.
su·pra·nu·me·*ra*·do adj.
su·pra·nu·me·*rá*·ri:o adj. sm.
su·prar·re:a·*lis*·mo(s) sm. (pl.).
su·prar·re:a·*lis*·ta(s) adj. s2g. (pl.).
su·prar·re·*nal* adj. 2g. sf.; pl. *suprarrenais*.
su·pras·sen·*sí*·vel adj. 2g.; pl. *suprassensíveis*.
su·pras·*su*·mo(s) sm. (pl.).
su·pra·ter·*râ*·ne:o adj.
su·pra·to·*rá*·ci·co adj.
su·pra·ver·*são* sf.; pl. ·*sões*.
su·pre·ma·*ci*·a sf.
su·*pre*·mo adj. sm.
su·pres·*são* sf.; pl. ·*sões*.
su·pres·*si*·vo adj.
su·*pres*·so adj.
su·*pres*·sor (ô) adj. sm.
su·pres·*só*·ri:o adj.
su·pri·*dor* (ô) adj. sm.
su·pri·*men*·to sm.
su·pri·*mi*·do adj.
su·pri·*mir* v.
su·*prí*·vel adj. 2g.; pl. ·*veis*.
su·pu·*pa*·ra sf.
su·pu·ra·*ção* sf.; pl. ·*ções*.
su·pu·*ra*·do adj. 'que está em supuração'/Cf. *soporado*.
su·pu·*ran*·te adj. 2g.
su·pu·*rar* v.
su·pu·ra·*ti*·vo adj. sm. 'que produz supuração'/Cf. *soporativo*.

su·pu·ra·*tó*·ri:o adj.
su·pu·ta·*ção* sf.; pl. ·*ções*.
su·pu·*tar* v.
su·pu·*tá*·vel adj. 2g.; pl. ·*veis*.
su·ra adj. s2g. sf.
su·*ral* adj. 2g. sm.; pl. ·*rais*.
sur·cu·*lo*·so (ô) adj.; f. e pl. (ó).
sur·da sf.
sur·de:ar v.
sur·*dez* (ê) sf.
sur·di·mu·*tis*·mo sm.
sur·*di*·na sf.
sur·di·*nar* v.
sur·*dir* v.
sur·*dis*·ta adj. s2g.
sur·do adj. sm.
sur·do-mu·*dez* (ê) sf.; pl. *surdo-mudezes*.
sur·do(s)-*mu*·do(s) adj. sm. (pl.).
sur·*far* v.
sur·fe sm., do v. ing. *surf*.
sur·*fis*·ta adj. s2g.
sur·*gi*·da sf.
sur·gi·*doi*·ro sm.: sur·gi·*dou*·ro.
sur·*gir* v.
su·ri adj. 2g. sm.
su·ri·*nei*·a sf.
su·ro adj.
su·*ro*·te adj. 2g.
sur·pre·en·de·*dor* (ô) adj. sm.
sur·pre·en·*den*·te adj. 2g.
sur·pre·en·*der* v.
sur·*pre*·sa (ê) sf./Cf. *surpre*, do v. *surpresar*.
sur·pre·*sar* v.
sur·*pre*·so (ê) adj./Cf. *surpreso* (é), do v. *surpresar*.
sur·ra sf.
sur·*ra*·do adj.
sur·ra·*dor* (ô) adj. sm.
sur·*ra*·gem sf.; pl. ·*gens*.
sur·ra·*men*·to sm.
sur·*rão* sm.; pl. ·*rões*.
sur·*rar* v.
sur·re·*al* adj. 2g.; pl. ·*ais*.
sur·re:a·*lis*·mo sm.
sur·re:a·*lis*·ta adj. s2g.
sur·ri:*a*·da sf.
sur·*ri*·ba sf.
sur·ri·*bar* v.
sur·ri·*o*·la sf.
sur·ri·pi:*ar* v.: *surrupiar*.
sur·ro sm.
sur·ru·*pei*·a sf.
sur·ru·pi:*ar* v.: *surripiar*.
sur·*ti*·da sf.

sur·*tir* v. 'alcançar efeito'/Cf. *sortir*.
sur·to adj. sm.
sur·*tum* sm.; pl. ·*tuns*.
su·ru adj. 2g. sm.
su·ru:a·*nã* sf.
su·ru·ba adj. 2g. sf.
su·ru·*ba*·da sf.
su·ru·*bi* sm.: su·ru·*bim*; pl. ·*bins*.
su·ru·bim-ca·pa·ra·ri sm.; pl. *surubins-capararis*.
su·ru·bim-*me*·na sm.; pl. *surubins-menas*.
su·ru·bim-pin·*ta*·do sm.; pl. *surubins-pintados*.
su·ru·bim-ra·*ja*·do sm.; pl. *surubins-rajados*.
su·ru·bi·*nen*·se adj. s2g.
su·ru·car v.
su·ru·cu·*á* sm.
su·ru·cu:á(s)-de-bar·ri·ga-·a·ma·*re*·la sm. (pl.).
su·ru·cu:á(s)-de-bar·ri·ga-·ver·*me*·lha sm. (pl.).
su·ru·cu:á(s)-pe·*que*·no(s) sm. (pl.).
su·ru·cu:á-ta·*tá* sm.; pl. *surucuás-tatás* ou *surucuás-tatá*.
su·ru·cu·cu sf.
su·ru·cu·cu(s)-de-*fo*·go sf. (pl.).
su·ru·cu·cu(s)-de-pa·ti·*o*·ba sf. (pl.).
su·ru·cu·cu(s)-de-pin·*do*·ba sf. (pl.).
su·ru·cu·cu(s)-do-pan·ta·*nal* sf. (pl.).
su·ru·cu·cu-pin·*do*·ba sf.; pl. *surucucus-pindobas* ou *surucucus-pindoba*.
su·ru·cu·cu·*ra*·na sf.: *surucurana*.
su·ru·cu·cu·*tin*·ga sf.: *surucutinga*.
su·ru·cu·ra sf.: *saracura*.
su·ru·cu·*ra*·na sf.: *surucucurana*.
su·ru·cu·*tin*·ga sf.: *surucucutinga*.
su·rui·*á* sm.
su·ru·*jé* sm.: su·ru·*jê*.
su·ru·*li*·na sf.
su·rum·*bam*·ba sm.
su·rum·*bi* sm.: *surubi*.
su·ru·*mi* sm.: *surubi*.

su·run·*gan*·ga adj. s2g.
su·*run*·go sm.: *sorongo*¹.
su·ru·*pan*·go sm.
su·ru·*ri*·na sf.
su·ru·*ru* sm.
su·ru·*ru*·ca sf.
su·ru·ru·*car* v.
su·ru·ru·cu·*já* sf.
su·ru·*ru*(s)-de-a·la·*go*·as sm. (pl.).
sus interj.
su·sa·*nen*·se adj. s2g.
sus·cep·*tân*·ci:a sf.
sus·cep·ti·bi·li·*da*·de sf.: *suscetibilidade*.
sus·cep·ti·bi·li·*zar* v.: *suscetibilizar*.
sus·cep·*tí*·vel adj. s2g.: *suscetível*; pl. ·*veis*.
sus·ce·ti·bi·li·*da*·de sf.: *susceptibilidade*.
sus·ce·ti·bi·li·*zar* v.: *susceptibilizar*.
sus·ce·*tí*·vel adj. s2g.; pl. ·*veis*: *susceptível*.
sus·ci·ta·*ção* sf.; pl. ·*ções*.
sus·ci·*ta*·do adj. sm.
sus·ci·ta·*dor* (ô) adj. sm.
sus·ci·*tan*·te adj. s2g.
sus·ci·*tar* v.
sus·ci·*tá*·vel adj. 2g.; pl. ·*veis*.
su·se·ra·*ni*·a sf.
su·se·*ra*·no adj. sm.
sushi sm. (jap.: *sushi*)
sus·pei·*ção* sf.; pl. ·*ções*.
sus·*pei*·ta sf.
sus·pei·ta·*dor* (ô) adj. sm.
sus·pei·*tar* v.
sus·pei·*tá*·vel adj. 2g.; pl. ·*veis*.

sus·*pei*·to adj. sm.
sus·pei·*to*·so (ô) adj.; f. *e* pl. (ó).
sus·pen·*der* v.
sus·pen·*são* sf.; pl. ·*sões*.
sus·*pen*·se sm., do ing. *suspense*.
sus·pen·*si*·vo adj.
sus·*pen*·so adj.
sus·pen·*soi*·de sm.
sus·pen·*sor* (ô) adj. sm.
sus·pen·*só*·ri:o adj. sm.
sus·pi·*cá*·ci:a sf.
sus·pi·ca·*cís*·si·mo adj. superl. de *suspicaz*.
sus·pi·*caz* adj. 2g.; superl. *suspicacíssimo*.
sus·pi·*ra*·do adj.
sus·pi·ra·*dor* (ô) adj. sm.
sus·pi·*rar* v.
sus·*pi*·ro sm.
sus·pi·*ro*·so (ô) adj.; f. *e* pl. (ó).
sus·sur·*ran*·te adj. 2g.
sus·su·*rar* v. sm.
sus·*sur*·ro sm.
sus·*tan*·ça sf.
sus·*tân*·ci:a sf.
sus·*tar* v.
sus·ta·*tó*·ri:o adj.
sus·te·*ni*·do adj. sm.
sus·te·ni·*zar* v.
sus·ten·ta·bi·li·*da*·de sf.
sus·ten·ta·*ção* sf.; pl. ·*ções*.
sus·ten·*tá*·cu·lo sm.
sus·ten·ta·*dor* (ô) adj. sm.
sus·ten·*tan*·te adj. 2g.
sus·ten·*tar* v.
sus·ten·*tá*·vel adj. 2g.; pl. ·*veis*.
sus·*ten*·to sm.

sus·*ter* v.
sus·ti·*men*·to sm.
sus·ti·*nen*·te adj. 2g. sm.
sus·to sm.
su-su·*des*·te adj. 2g. sm.: *su-sueste*.
su-su·do·*es*·te adj. 2g. sm.
su-su·*es*·te adj. 2g. sm.: *su-sudeste*.
su·ta sf.
su·*ta*·che sf.
su·tam·*ba*·que sm.
su·ta·*men*·to sm.
su·*tar* v.
su·ti:*ã* sm.
su·*til* adj. 2g. sm.: *subtil* 'perspicaz'; pl. ·*tis*; superl. su·ti·*lís*·si·mo ou *sutílimo*/ Cf. *sútil*.
sú·til adj. 2g. 'costurado'; pl. ·*teis*/Cf. *sutil*.
su·ti·*le*·za (ê) sf.
su·ti·li·*da*·de sf.
su·*tí*·li·mo adj. superl. de *sutil*.
su·ti·li·za·*ção* sf.; pl. ·*ções*.
su·ti·li·za·*dor* (ô) adj. sm.
su·ti·li·*zar* v.
su·*tin*·ga sf.
su·tra sm. sf.
su·*tu*·ra sf.
su·tu·ra·*ção* sf.; pl. ·*ções*.
su·*tu*·ral adj. 2g.; pl. ·*rais*.
su·tu·*rar* v.
su·*um*·ba sf.
su·*xar* v.
su·xo adj.
swap sm. (ing.: *suóp*)
sweepstake sm. (ing.: *suipstêik*)
swing sm. (ing.: *suíng*)

T

ta contr. do pron. *te* com o pron. *a*.
tá sm. interj.
ta·á sf.
ta·á·li·que sm.
ta·ba sf.
ta·ba·ca adj. s2g. sf.
ta·ba·ca·da sf.
ta·ba·cal adj. 2g. sm.; pl. *·cais*.
ta·ba·ca·ra·na sf.
ta·ba·ca·ri·a sf.
ta·ba·ci·no adj.
ta·ba·co sm.
ta·ba·co·bom sm.; pl. *tabacos-bons*.
ta·ba·co(s)-da-ser·ra sm. (pl.).
ta·ba·co(s) de ca·co sm. (pl.).
ta·baco(s)-de-ju·deu sm. (pl.).
ta·baco(s)-do-mé·xi·co sm. (pl.).
ta·ba·co·fi·li·a sf.
ta·ba·có·fi·lo adj. sm.
ta·ba·co·fo·bi·a sf.
ta·ba·có·fo·bo adj. sm.
ta·ba·co·ma·ni·a sf.
ta·ba·co·ma·ní·a·co adj. sm.
ta·ba·cô·ma·no adj. sm.
ta·ba·co·se sf.
ta·ba·co·so (ô) adj.; f. *e* pl. (ó).
ta·ba·cu·do adj.
ta·ba·gis·mo sm.: *tabaquismo*.
ta·ba·gis·ta adj. s2g.: *tabaquista*.
ta·ba·gís·ti·co adj.: *tabaquístico*.
ta·bai·a·cu sm.
ta·ba·ja·ra adj. s2g.: *tobajara*.
ta·ba·ní·de:o adj. sm.
ta·ba·pu·a·nen·se adj. s2g.
ta·ba·que sm.: *atabaque*.
ta·ba·que:a·ção sf.; pl. *·ções*.
ta·ba·que:ar v.
ta·ba·quei·ra sf.
ta·ba·quei·ro adj. sm.
ta·ba·quis·mo sm.: *tabagismo*.
ta·ba·quis·ta adj. s2g.: *tabagista*.

ta·ba·ra·na sf.: *tubarana*.
ta·ba·ra·na·í sm.
ta·bar·dão sm.; pl. *·dões*.
ta·bar·di·lão sm.; pl. *·lões*.
ta·bar·di·lha sf.
ta·bar·di·lho sm.
ta·bar·do sm.
ta·ba·réu sm.; f. *tabaroa*.
ta·ba·ro·a (ô) sf. de *tabaréu*.
ta·bar·ro sm.
ta·ba·tin·ga sf.: *tobatinga*.
ta·ba·tin·gal sm.; pl. *·gais*.
ta·ba·tin·guen·se adj. s2g.
ta·ba·xir sm.
ta·be sf.
ta·be·bui·a sf.
ta·be·bui·a(s)-do-bre·jo sf. (pl.).
ta·be·fe sm.
ta·be·la sf.
ta·be·la·do adj.
ta·be·la·men·to sm.
ta·be·lar adj. 2g. v.
ta·be·lá·ri:a sf./Cf. *tabelaria*, do v. *tabelar*.
ta·be·li:ã sf. de *tabelião*.
ta·be·li:a·do sm.
ta·be·li:ão sm.; pl. *·ães*; f. *tabeliã*, *tabelioa*.
ta·be·li:ar v.
ta·be·li·nha sf.
ta·be·li:o·a (ô) adj. sf. de *tabelião*.
ta·be·li:o·na·do sm.
ta·be·li:o·nal adj. 2g.; pl. *·nais*.
ta·be·li:o·ná·ti·co adj.
ta·be·li:o·na·to sm.
ta·be·li:o·nes·co (ê) adj.
ta·be·li:o·ni·co adj.
ta·be·li·za·ção sf.; pl. *·ções*.
ta·be·li·zar v.
ta·be·nen·se adj. s2g.
ta·ber·na sf.: *taverna*.
ta·ber·ná·cu·lo sm.

ta·ber·nal adj. 2g.; pl. *·nais*: *tavernal*.
ta·ber·ná·ri:o adj.: *tavernário*.
ta·ber·ne:ar v.: *tavernear*.
ta·ber·nei·ro sm.: *taverneiro*.
ta·bes sf. 2n.
ta·bes·cên·ci:a sf.
ta·bes·cen·te adj. 2g.
ta·bé·ti·co adj. sm.
ta·bi sm.
ta·bi·ca sf.
ta·bi·ca·da sf.
ta·bi·car v.
ta·bi·dez (ê) sf.
tá·bi·do adj. sm.
ta·bí·fi·co adj.
ta·bi·ja·ra sm.
ta·bi·que sm.
ta·bi·ren·se adj. s2g.
ta·bi·zar v.
ta·bla adj. sm. sf.
ta·bla·da sf.
ta·bla·do sm.
ta·bla·tu·ra sf.
ta·ble·te sm.
ta·bli·lha sf.
ta·bli·no sm.
ta·bloi·de adj. 2g. sm.
ta·bo sm.
ta·bo·a (ô) sf.: *tabua*.
ta·bo·ca sf.: *tavoca*.
ta·bo·ca(s)-gi·gan·te(s) sf. (pl.).
ta·bo·cal sm.; pl. *·cais*.
ta·bo:ei·ra sf.
ta·bo·que:a·dor (ô) adj. sm.
ta·bo·que:ar v.
ta·bo·quei·ro adj. sm.
ta·bo·qui·nha sf.
ta·bu adj. 2g. sm.
ta·bu·a sf. 'planta': *taboa*/Cf. *tábua*.
tá·bu·a sf. 'peça plana de madeira'/Cf. *tabua*.

ta·bu:*a*·da sf.
ta·bu:a·*den*·se adj. s2g.
ta·bu:*a*·do sm.
ta·bu:*al* adj. 2g. sm.; pl. ·*ais*.
ta·bu:*a*·me sm.
ta·bu:*ão* sm.; pl. ·*ões*.
ta·bu:*ei*·ra sf.
ta·bu:*en*·se adj. s2g.
ta·bu:i·a:i·*á* sm.: *tabujajá*.
ta·bu:*i*·nha sf.
ta·bu·ja·*já* sm.: *tabuiaiá*.
tá·bu·la sf.: *távola*.
ta·bu·*la*·do sm.
ta·bu·la·*dor* (ô) sm.
ta·bu·la·*gei*·ro sm.
ta·bu·*la*·gem sf.; pl. ·*gens*.
ta·bu·*lão* sm.; pl. ·*lões*.
ta·bu·*lar* v. adj. 2g.
ta·bu·*lá*·ri:o adj.
ta·bu·lei·*ren*·se adj. s2g.
ta·bu·*lei*·ro sm.
ta·bu·*le*·ta (ê) sf.
ta·bu·lir·*for*·me adj. 2g.
ta·bu·*lis*·ta adj. s2g.
ta·*bur*·no sm.
ta·ca sf.
ta·ça sf.
ta·*ca*·ca sf.
ta·ca·*cá* sm.
ta·ca·ca·*zei*·ro sm.
ta·*cá*·ce:a sf.
ta·*cá*·ce:o adj.
ta·*ca*·da sf.
ta·*ça*·da sf.
ta·*ca*·na sf.
ta·ca·nha·*ri*·a sf.
ta·ca·nhe:*ar* v.
ta·ca·*nhez* (ê) sf.
ta·ca·*nhe*·za (ê) sf.
ta·*ca*·nhi·ce sf.
ta·*ca*·nho adj. sm.
ta·ca·*nho*·ba sf.
ta·ca·*nhu*·na adj. s2g.
ta·ca·*ni*·ça sf.
ta·*cão* adj. sm.; pl. ·*cões*.
ta·ca·*pa*·ço sm.
ta·*ca*·pe sm.
ta·*car* v.
ta·ca·ra·tu:*en*·se adj. s2g.
ta·ca·*ré* sf.
ta·cau·*á* sf.
ta·*cei*·ra sf.
ta·*cei*·ro sm.
ta·*ce*·lo (ê) sm.: *tasselo*.
ta·cha sf. 'prego' 'defeito'/Cf.
   taxa sf. *e* fl. do v. *taxar*.
ta·*chá* sm.

ta·*chã* sf.
ta·*cha*·da sf.
ta·*cha*·do adj. 'manchado'/Cf.
   taxado.
ta·cha·*dor* (ô) adj. sm. 'que ou
   aquele que tacha'/Cf. *taxador*.
ta·*chão* sm.; pl. ·*chões*.
ta·*char* v. 'pôr tacha'/Cf. *taxar*.
ta·che:*ar* v.
ta·*chei*·ro sm.
ta·*chim* sm.; pl. ·*chins*.
ta·*chis*·mo sm.
ta·cho sm. 'utensílio'/Cf. *taxo*,
   do v. *taxar*.
ta·cho·*na*·do adj.
ta·cho·*nar* v.
ta·*cho*·te sm.
ta·*ci* sm.
tá·ci:a sf.
ta·*ci*·ba sf.
ta·ci·*ben*·se adj. s2g.
ta·ci·*bu*·ra sf.
ta·*cí*·cu·la sf.
ta·ci·cu·*lar* adj. 2g.
ta·ci·pi·*tan*·ga sf.
ta·ci·*tí*·flu:o adj.
tá·ci·to adj.
ta·ci·tur·ni·*da*·de sf.
ta·ci·*tur*·no adj. sm.
ta·co sm.
ta·*có*·gra·fo sm.
ta·*co*·ma·*ré* sm.
ta·*cô*·me·tro sm.
ta·co·nha·*pé* adj. s2g.
ta·*cu*·ru sm.: *tucuri*.
tac·ti·co·gra·*fi*·a sf.: *taticografia*.
tac·ti·co·*grá*·fi·co adj.:
   taticográfico.
tac·ti·*có*·gra·fo sm.: *taticógrafo*.
tác·til adj. 2g.; pl. ·*teis* *tátil*.
tac·ti·li·*da*·de sf.: *tatilidade*.
tac·*tis*·mo sm.: *tatismo*.
tac·to sm.: *tato*[1].
tac·tos·*sol* sm.; pl. ·*sóis*.
tac·*tu*·ra sf.: *tatura*.
ta·*cu*·á sf.
ta·*çu*:í·ra sf.
ta·cu:i·*té* sm.
ta·cu·*ná* adj. s2g.
ta·cu·na·*peu*·a adj. s2g.
ta·*çu*·ra sf.
ta·*cu*·ri sm.
ta·*cu*·ru sm. sf.
ta·*çu*·ru sm.
ta·*cu*·ru·a sf.: ta·*cu*·ru·ba.
ta·cu·ru·*zal* sm.; pl. ·*zais*.
ta·di·*na*·te adj. s2g.

tad·*ji*·que adj. s2g. sm.
tae kwon do sm. (cor.:
   taicuandou)
ta·*el* sm.; pl. ·*éis*.
ta·fe·*tá* sm.
ta·*fi*:á sm.
ta·fo·fo·*bi*·a sf.
ta·fo·*fó*·bi·co adj.
ta·*fó*·fo·bo sm.
ta·*fo*·na sf.: *atafona*.
ta·fo·*nei*·ro adj. sm.
ta·fo·*rei*·a sf.
ta·*fri*·a sf.
ta·*fri*·na sf.
ta·fri·*ná*·ce:a sf.
ta·*fró*·ce·ro sm.
ta·*fró*·de·ro sm.
ta·*ful* adj. 2g. sm.; pl. *tafuis*:
   tafulo.
ta·fu·*lão* adj. sm.: pl. ·*lões*.
ta·*fu*·lar v.
ta·fu·la·*ri*·a sf.
ta·fu·*lei*·ra sf.
ta·*fu*·lhar v.
ta·*fu*·lho sm.
ta·*fu*·li·ce sf.
ta·*fu*·lo adj. sm.: *taful*.
ta·*fu*·lo·na sf.
ta·*ga*·lo adj. sm.
ta·*ga*·no adj.
ta·gan·*ta*·ço sm.
ta·gan·*ta*·da sf.
ta·gan·*tar* v.
ta·*gan*·te sm.
ta·gan·te:a·*dor* (ô) adj. sm.
ta·gan·te:*ar* v.
ta·ga·*re*·la adj. s2g.
ta·ga·re·*lar* v.
ta·ga·re·*li*·ce sf.
ta·ga·*ri* adj. s2g.
ta·ga·*ro*·te sm.
ta·ga·*té* sm.
ta·*ge*·tes sm. 2n.
ta·ge·*ti*·na sf.
ta·*ge*·to sm.
tá·gi·de sf.
ta·*gí*·de:o adj.
tag·na·*ni* adj. s2g.
ta·gu:*á* sm.: *tauá*.
ta·*gua*·ra sf.
ta·*gua*·ri adj. s2g. sm.
ta·gui·ca·*ti* sm.
tahine sm. (ár.: *tachine*)
tai adj. s2g. sm.
tai·*á* sm.
tai·a·*bu*·cu sm.
tai·a·*çu* sm.

tai·a·çu·ca·ra·pi·á sm.; pl. *taiaçus-carapiás* ou *taiaçus-carapiá*.
tai·a·çu:*en*·se adj. s2g.
tai·a·çu:*í*·ra sm.: *tajaçuíra*.
tai·á·ja·ra·*ra*·ca sm.; pl. *taiás-jararacas* ou *taiás-jararaca*.
tai·as·su:*í*·de:o adj. sm.
ta·i·*bu* sm.
tai-chi·*nês* adj. sm.; pl. *tai-chineses*.
tai·*ei*·ra sf.
tai·fa sf.
ta:i·*fei*·ro sm.
tai·ga sf.
tailler sm. (fr.: *taiêr*).
tai·*ma*·do adj. sm.
ta:im·*bé* sm.: *itaimbé*.
ta·*í*·ne sm.
ta·i·nha sf.
ta·i·nha(s)-de-*cor*·so sf. (pl.).
ta·i·nha(s)-*se*·ca(s) sf. (pl.).
ta·i·nha(s)-ver·da·*dei*·ra(s) sf. (pl.).
ta·i·*nhei*·ra sf.
ta·i·*nhei*·ro sm.
ta·i·*nho*·ta sf.
ta·i·*nho*·ta(s)-ver·da·*dei*·ra(s) sf. (pl.).
tai·no adj. sm.: ta·*í*·no.
tai·*o*·ba sf.: *taiova*.
tai·*o*·bal sm.; pl. *bais*.
tai·o·bei·*ren*·se adj. s2g.
tai·*o*·ca s2g.
tai·o:*en*·se adj. s2g.
tai·*o*·va sf.: *taioba*.
tai·pa sf.
tai·*pal* sm.; pl. *pais*.
tai·pa·*men*·to sm.
tai·*pão* sm.; pl. *pões*.
tai·*par* v.
tai·*pei*·ro adj. sm.
tai·pu:*en*·se adj. s2g.
tai·re·*ta*·no adj. sm.
tai·ta adj. sm.
ta:i·ti·*a*·no adj. sm.
tai·ti·*tu* sm.
tai·ui·*á* sm.
tai·ui·*á*(s)-mi·*ú*·do(s) sm. (pl.).
tai·u·*ven*·se adj. s2g.
ta·*já* sm.
ta·*jã* sm.
ta·ja·*bem*·ba sf.
ta·ja·*bu*·cu sm.
ta·ja·*ci*·ca sf.
ta·ja·*çu* sf.
ta·ja·çu·ca·ra·pi·*á* sf.; pl.
tajaçus-carapiás ou *tajaçus-carapiá*.
ta·ja·çu·*í*·ra sf.: *taiaçuíra*.
ta·ju·*já* sm.
ta·ju·*pá* sm.: *tijupá*.
ta·ju·*par* sm.: *tijupá*.
ta·ju·*rá* sm.
tailleur sm. (fr.: taiêr).
ta·*í*·ne sm.
tal pron. s2g.; pl. *tais*.
ta·la sf.
ta·la·bar·*dão* sm.; pl. *·dões*.
ta·la·bar·*ta*·ri·a sf.
ta·la·*bar*·te sm.
ta·la·bar·*tei*·ro sm.
ta·la·bar·te·*ri*·a sf.
ta·*la*·ço sm.
ta·*la*·do adj. sm.
ta·la·*dor* (ô) adj. sm.
ta·la·*ga*·da sf. 'porção de bebida alcoólica que se toma duma só vez'/Cf. *taleigada*.
ta·la·*gar*·ça sf.: *telagarça*.
ta·la·*ga*·xa sf.
ta·la·*gre*·po sm.
ta·lal·*gi*·a sf.
ta·*lál*·gi·co adj.
ta·lam·*bor* (ô) sm.
ta·la·*men*·to sm.
ta·*lâ*·mi·co adj.
tá·la·mo sm.
ta·la·mo·*ce*·lo sm.
ta·*lan*·te sm.
ta·*lão* sm.; pl. *·lões*.
ta·*lar* adj. 2g. sm. v.
ta·la·*re*·jo (ê) sm.
ta·la·*ren*·se adj. s2g.
ta·*las*·sa adj. s2g.
ta·las·sa·*ri*·a sf.
ta·las·se·*mi*·a sf.
ta·las·*sê*·mi·co adj.
ta·*lás*·se·ro sm.
ta·*las*·si·a sf.
ta·*lás*·si·co adj.
ta·las·si·*ó*·fi·to sm.
ta·las·so·*cra*·ci·a sf.
ta·las·so·*cra*·ta adj. s2g.
ta·las·so·*crá*·ti·co adj.
ta·las·so·fo·*bi*·a sf.
ta·las·so·*fó*·bi·co adj.
ta·las·*só*·fo·bo sm.
ta·las·so·gra·*fi*·a sf.
ta·las·so·*grá*·fi·co adj.
ta·las·so·me·*tri*·a sf.
ta·las·so·*mé*·tri·co adj.
ta·las·*sô*·me·tro sm.
ta·las·sos·*fe*·ra sf.
ta·las·sos·*fé*·ri·co adj.
ta·las·so·te·*ra*·pi·a sf.
ta·las·so·te·*rá*·pi·co adj.
ta·la·*vei*·ra sm.
ta·la·*vei*·ra·da sf.
tál·ci·co adj.
tal·*ci*·ta sf.
tal·co sm.
tal·co·mi·*cá*·ce:o adj.
tal·*co*·so (ô) adj.; f. e pl. (ó).
ta·*lei*·ga sf.
ta·lei·*ga*·da sf. 'porção contida numa taleiga'/Cf. *talagada*.
ta·*lei*·go sm.
ta·len·*ta*·ço sm.
ta·len·*tão* sm.; pl. *·tões*.
ta·*len*·to sm.
ta·len·*to*·so (ô) adj.; f. e pl. (ó).
tá·ler sm.; pl. *táleres*.
ta·*lé*·ti·co adj.
ta·lha sf.
ta·*lha*·da sf.
ta·lha·*dão* sm.; pl. *·dões*.
ta·lha·*dei*·ra sf.
ta·lha·*den*·te(s) sm. (pl.).
ta·lha·*di*·a sm.
ta·lha·*di*·ço adj.
ta·*lha*·do adj. sm.
ta·lha·*doi*·ro sm.: *talhadouro*.
ta·lha·*dor* (ô) adj. sm.
ta·lha·*dou*·ro sm.: *talhadoiro*.
ta·lha·*du*·ra sf.
ta·lha·*fri*·o(s) sm. (pl.).
ta·lha·*mar* sm.; pl. *talha-mares*.
ta·lha·*men*·to sm.
ta·*lhan*·te adj. 2g.
ta·*lhão* sm.; pl. *·lhões*.
ta·*lhar* v.
ta·lha·*ri*·a sf.
ta·lha·*rim* sm.; pl. *·rins*.
ta·lha·*ro*·la sf.
ta·lhe sm.
ta·lher sm.
ta·*lhi*·nha sf.
ta·lho sm.
ta·lho(s)-*do*·ce(s) sm. (pl.).
tá·li:a sf.
ta·li·*á*·ce:o adj. sm.
ta·li·*ão* sm.; pl. *·ões*.
ta·li·*bã* adj. 2g. s2g.
ta·*lic*·tro sm.: *talitro*.
ta·*lim* sm.; pl. *·lins*.
ta·lin·ga·*du*·ra sf.
ta·lin·*gar* v.
ta·*li*·no adj. sm.
tá·li:o sm.
ta·li:o·*nar* v.

ta·li:o·*na*·to sm.
ta·li:o·so (ô) adj.; f. *e* pl. (ó).
ta·*li*·pe sm.
ta·*li*·que sm.
ta·*lis*·ca sf.
ta·lis·*mã* sm.
ta·lis·*mâ*·ni·co adj.
tá·li·tre sm.: *tálitro*.
ta·*li*·tro sm. 'planta': *talictro*/ Cf. *tálitro*.
tá·li·tro sm. 'nó na articulação dos dedos': *tálitre*/Cf. *talitro*.
talk show sm. (ing.: tôkshou)
tal·*mu*·de sm.
tal·*mú*·di·co adj.
tal·mu·*dis*·ta adj. s2g.
tal·mu·*dís*·ti·co adj.
ta·lo sm.
ta·*lo*·cha sf.
ta·lo·*fí*·ti·co adj.
ta·*ló*·fi·to adj. sm.
ta·lo·*na*·do adj.
ta·lo·*na*·gem sf.; pl. ·gens.
ta·lo·*nar* v.
ta·lo·*ná*·ri:o adj. sm.
ta·lo·ne:*ar* v.
ta·lo·*nei*·ro sm.
ta·*lo*·so (ô) adj.; f. *e* pl. (ó).
tal·pa sf.
ta·lu·da·*men*·to sm.
ta·lu·*dão* adj. sm.; pl. ·dões; f. *taludona*.
ta·lu·*dar* v.
ta·*lu*·de sm.
ta·*lu*·do adj.
ta·lu·*do*·na sf. de *taludão*.
ta·lus sm. 2n.
tal·*ve*·gue sm.
tal·*vez* (ê) adv.
ta·ma·ca·*ri*·ca sf.
ta·ma·cu:a·*ré* sm.: *tamaquaré*.
ta·ma·in·*dé* adj. s2g.
ta·*man*·ca sf.
ta·man·*ca*·da sf.
ta·man·*cão* sm.; pl. ·cões.
ta·man·*car* v.
ta·man·ca·*ri*·a sf.
ta·*man*·co sm.
ta·man·*cu*·do adj.
ta·man·du:*á* sm.
ta·man·du:*á*(s)-a-*çu*(s) sm. (pl.).
ta·man·du:*á*-ban-*dei*·ra sm.; pl. *tamandúas-bandeiras* ou *tamanduás-bandeira*.
ta·man·du:*á*-ca·*va*·lo sm.; pl. *tamanduás-cavalos* ou *tamanduás-cavalo*.
ta·man·du:*á*-co·*le*·te sm.; pl. *tamanduás-coletes* ou *tamanduás-colete*.
ta·man·du:a·*en*·se adj. s2g.
ta·man·du:a·*í* sm.
ta·man·du:*á*-mi·*rim* sm.; pl. *tamanduás-mirins*.
ta·ma·*nhão* adj. sm.; pl. ·nhões; f. *tamanhona*.
ta·ma·*nhi*·nho adj.
ta·*ma*·nho adj. sm.
ta·ma·*nho*·na adj. sf. *tamanhão*.
ta·man·que:*ar* v.
ta·man·*quei*·ra sf.
ta·man·*quei*·ra(s)-de-*lei*·te sf. (pl.).
ta·man·*quei*·ro sm.
ta·ma·qua·*ré* sm.: *taquaré*.
ta·ma·qua·*ré*(s)-mi·*ú*·do(s) sm. (pl.).
tâ·ma·ra sf.
ta·ma·*ral* sm.; pl. ·rais.
ta·ma·*ra*·na sm. *ou* sf.
ta·ma·ra·*ré* adj. s2g.: ta·ma·*ré*, ta·ma·*rê*.
ta·ma·ra·*ta*·na sf.
ta·ma·*rei*·ra sf.
ta·*mar*·ga sf.: *tramaga*.
ta·*mar*·gal sm.; pl. ·gais: *tramagal*.
ta·mar·*guei*·ra sf.: *tramagueira*.
ta·ma·*ri* sm.
ta·ma·ri·*cá*·ce:a sf.
ta·ma·ri·*cá*·ce:o adj.
ta·ma·rin·*dal* sm.; pl. ·dais.
ta·ma·rin·*dei*·ro sm.
ta·ma·*rin*·do sm.
ta·ma·ri·*nei*·ra sf.
ta·ma·ri·*nei*·ro sm.
ta·ma·ri·*nhei*·ro sm.
ta·ma·*ru* sm.
ta·ma·ru·*ta*·ca sf.: *tambarutaca*.
ta·ma·*tá* sm.
ta·ma·ta·*ra*·na sf.
ta·ma·*ti* sm.
ta·ma·ti·*á* sm.
ta·ma·ti:*ão* sm.; pl. ·ões.
tam·ba sf. sm.
tam·*bá* sm.
tam·*ba*·ca sf.
tam·*ba*·co sm.
tam·ba·*fó*·li sm.
tam·ba·*í*·ba sf.
tam·*ba*·que sm.
tam·ba·*qui* sm.
tam·ba·ru·*ta*·ca sf.: *tamarutaca*.
tam·ba·ta·*já* sf.
tam·ba:u·*en*·se adj. s2g.
tam·be:*en*·se adj. s2g.
tam·*bei*·ra sf.
tam·bei·*ra*·da sf.
tam·*bei*·ro adj. sm.
tam·*bém* adv. conj. interj.
tam·be·*tá* sm.
tam·be·*ta*·ra sf.
tam·be·*ta*·ru sm.
tâm·bi sm.
tam·*bi*·ca sf.
tam·*bi*·cu sm.
tam·bi:*ó* sm.
tam·bi:*ú* sm.
tam·bo sm.
tam·*bó* sm.
tam·bo:a·*ren*·se adj. s2g.
tam·bo:*ei*·ra sf.
tam·*bo*·na sf.
tam·*bor* (ô) sm.
tam·bo·*re*·te (ê) sm.
tam·bo·*ril* sm.; pl. ·ris.
tam·bo·ri·*la*·da sf.
tam·bo·ri·*lan*·te adj. 2g.
tam·bo·ri·*lar* v.
tam·bo·ril-*bra*·vo sm.; pl. *tamboris-bravos*.
tam·bo·ri·*lei*·ro adj. sm.
tam·bo·ri·*le*·te (ê) sm.
tam·bo·*rim* sm.; pl. ·rins.
tam·bor-*mor* sm.; pl. *tambores-mores*.
tam·bor·*on*·ça sm.; pl. *tambores-onças* ou *tambores-onça*.
tam·*bu* sm.
tam·bu:a·*tá* sm.
tam·bu·*ri* sm.
tam·bu·ri·pa·*rá* sm.: tam·bu·ru·pa·*rá*.
tam·bu·ru·*ta*·ca sf.: *tambarutaca*.
ta·me:a·*ra*·ma sf.
ta·me·*ta*·ra sm. sf.
ta·*mi*·ça sf.
ta·mi·*cei*·ro adj. sm.
tâ·mil adj. s2g.; pl. *tâmeis*, *tâmiles*: *tâmul*.
ta·*mi*·na sf.
ta·*mis* sm.; pl. *tamises*.
ta·mi·*sa*·ção sf.; pl. ·ções.
ta·mi·*sar* v.
ta·mo sm.
ta·mo:*ei*·ro sm.
ta·*moi*·o adj. sm.

ta·mô·ne:a sf.
tam·pa sf.
tam·pa·do adj.
tam·pão sm.; pl. ·pões.
tam·par v.
tam·pí·ci·co adj.
tam·pi·ci·na sf.
tam·pi·có·li·co adj.
tam·pi·nha s2g. sf.
tam·po sm.
tam·po·na·men·to sm.
tam·po·nar v.
tam·pou·co adv.
ta·mu:a·na adj. s2g.
ta·mu:a·tá sm.
ta·mu·cu sm.
tâ·mul adj. s2g.; pl. tâmuis, tâmules: tâmil.
ta·mu·ri·a sf.: ta·mú·ri:a.
ta·mu·ri·pa·rá sm.
ta·muz sm.
ta·na adj. s2g. sf.
ta·na·bi:en·se adj. s2g.
ta·na·ce·to (ê) sm.
ta·na·do adj.
tâ·na·gra sf.
ta·na·grí·de:o adj. sm.
ta·nai·dá·ce:o adj. sm.
ta·na·ju·ba sf.
ta·na·ju·ra sf.
ta·na·ná sm.: ta·na·nã.
ta·ná·si:a sf.
ta·na·tã sf.
ta·na·tau sm.: ta·na·tó.
ta·na·to·fo·bi·a sf.
ta·na·to·fó·bi·co adj.
ta·na·tó·fo·bo adj. sm.
ta·na·to·gê·ne·se sf.
ta·na·to·ge·né·ti·co adj.
ta·na·tog·no·se sf.
ta·na·toi·de adj. 2g.
ta·na·to·lo·gi·a sf.
ta·na·to·ló·gi·co adj.
ta·na·to·lo·gis·ta adj. s2g.
ta·na·tó·lo·go sm.
tâ·na·tos sm. 2n.
ta·na·tos·co·pi·a sf.
ta·na·tos·có·pi·co adj.
tan·cha·gem sf.; pl. ·gens.
tan·chão sm.; pl. ·chões.
tan·char v.
tan·chim sf.; pl. ·chins.
tan·chi·na sf.
tan·cho:ei·ra sf.
tan·dem sm.; pl. ·dens.
tan·du·ju sm.
ta·ne·ta·no adj. sm.

tan·ga sf.
tan·ga·pe·ma sf.
tan·gar v.
tan·ga·rá sm.
tan·ga·rá(s)-a·çu(s) sm. (pl.).
tan·ga·ra·cá sm.
tan·ga·rá(s)-de·ca·be·ça·-bran·ca sm. (pl.).
tan·ga·ra·en·se adj. s2g.
tan·ga·ra·na sf.
tan·ga·ra·zi·nho sm.
tan·ge·doi·ra sf.: tangedoura.
tan·ge·doi·ro sm.: tangedouro.
tan·ge·dor (ô) adj. sm.
tan·ge·dou·ra sf.: tangedoira.
tan·ge·dou·ro sm.: tangedoiro.
tan·ge·fo·le(s) sm.(pl.).
tan·gên·ci:a sf./Cf. tangencia, do v. tangenciar.
tan·gen·ci·al adj. 2g.; pl. ·ais.
tan·gen·ci:ar v.
tan·gen·te adj. 2g. sf.
tan·gen·toi·de adj. 2g. sf.
tan·ger v.
tan·ge·ri·na sf.
tan·ge·ri·nei·ra sf.
tan·ge·ri·no adj. sm.
tan·ge·tan·ge sm.; pl. tanges-tanges ou tange-tanges.
tan·ge·vi:o·la(s) sm. (pl.).
tan·gi·bi·li·da·de sf.
tan·gi·men·to sm.
tan·gí·vel adj. 2g.; pl. ·veis.
tan·glo·man·glo sm.: tangolomango.
tan·go sm.
tan·gó·fi·lo adj. sm.
tan·go·lo·man·go sm.: tanglomanglo.
tan·go·ma·ni·a sf.
tan·go·mão(s) sm. (pl.).
tan·gua·ri sm.
tan·gue:ar v.
tan·guei·ra sf.
tan·guei·ro adj. sm.
tan·guis·ta adj. s2g.
tan·gu·ru·pa·rá sm.
tan·gu·ru·pa·rá(s)-de·a·sa·bran·ca sm. (pl.).
tan·gu·to adj. sm.
ta·nha·çu sm.
ta·nho sm.
ta·nho·ca·ti sm.
ta·ni sm.
ta·ni·bo·ca sf.
ta·ni·bu·ca sf.
ta·ni·ça sf.

tâ·ni·co adj.
ta·ní·fe·ro adj.
ta·ni·fi·ca·ção sf.; pl. ·ções.
ta·ni·fi·car v.
ta·ni·no sm.
ta·ni·no·so (ô) adj.; f. e pl. (ó).
tan·jão adj. sm.; pl. ·jões; f. tanjona.
tan·jas·mo sm.
tan·jo·na adj. sf. de tanjão.
ta·no·a (ô) sf.
ta·no:ar v.
ta·no:a·ri·a sf.
ta·no·ca sf.
ta·no:ei·ro sm.
ta·noi·de adj. 2g. sm.
ta·no·me·lâ·ni·co adj.
ta·nô·me·tro sm.
ta·no·na sf.
tan·que sm.
tan·sei·ra sf.
tan·so adj. sm.
tan·tã adj. s2g.
tan·ta·la·to sm.
tan·tá·li·co adj.
tan·ta·li·na sf.
tan·tá·li:o sm.
tan·ta·li·ta sf.: tan·ta·li·te.
tan·ta·li·za·ção sf.; pl. ·ções.
tan·ta·li·zar v.
tân·ta·lo sm.
tan·tan·guê sm.: tontonguê.
tan·tas sf. pl.
tan·tas·fo·lhas sf. pl.
tan·to adj. sm. pron. adv.
tan·tra sm.
tan·tris·mo sm.
tão adv.
ta·ó sm.
ta·o·ca sf.
ta:o·ís·mo sm.
tão só adv.
tão so·men·te adv.
ta·pa adj. s2g. sm. sf.
ta·pa·bo·ca(s) sm. (pl.).
ta·pa·ção sf.; pl. ·ções.
ta·pa·ci·ri·ba sf.
ta·pa·co:á adj. s2g.
ta·pa·co·ra sf.
ta·pa·cu(s) sm. (pl.).
ta·pa·da sf.
ta·pa·do adj. sm.
ta·pa·doi·ro sm.: tapadouro.
ta·pa·dor (ô) adj. sm.
ta·pa·dou·ro sm.: tapadoiro.
ta·pa·du·ra sf.
ta·pa·gem sf.; pl. ·gens.

ta·pai·*u*·na adj. s2g. sf.
ta·pai·*u*·no adj. sm.
ta·pa·*jó* adj. s2g.
ta·pa·*jô*·ni:a sf.
ta·pa-*luz* sm.; pl. *tapa-luzes*.
ta·pa·*men*·to sm.
ta·pa-*mis*·sa(s) sm. (pl.).
ta·pa·nha·*ú*·na s2g.
ta·pa·nho:a·*can*·ga sf.:
 tapunhunacanga.
ta·pa·*nhu*·na adj. s2g.
ta·pa·*nhu*·no sm.
ta·pa-*nu*·ca(s) sm. (pl.).
ta·pa-*o*·lho(s) sm. (pl.).
ta·pa-*o*·lhos sm. 2n.
ta·*par* v.
ta·pa·ru·*ben*·se adj. s2g.
ta·pa-*se*·xo(s) sm. (pl.).
ta·pa·*xa*·na adj. s2g.
ta·pe adj. s2g. sm.
ta·pe:a·*ção* sf.; pl. ·*ções*.
ta·pe:a·cu:a·*çu* sm.
ta·pe:a·*dor* (ô) adj. sm.
ta·pe:*ar* v.
ta·pe·*çar* v.
ta·pe·ça·*ri*·a sf.
ta·pe·*cei*·ro sm.
ta·pe·cu:*im* sm. 'cupim'/Cf.
 tapicuim.
tape deck sm. (ing.: *téipdék*)
ta·pe·*ja*·ra adj. s2g.: *tapijara*.
ta·pe·ja·*ren*·se adj. s2g.
ta·*pe*·na sm.: *itapema*.
ta·*pen*·se adj. s2g.
ta·*pe*·ra adj. 2g. sf.
ta·pe·*rá* sm.
ta·pe·re·*bá* sm.
ta·pe·re·*bá*(s)-a·*çu*(s) sm. (pl.).
ta·pe·re·bá·ce·dro sm.; pl.
 taperebás-cedros ou
 taperebás-cedro.
ta·pe·re·*bá*(s)-do-ser·*tão* sm. (pl.).
ta·pe·re·ba·*zi*·nho sm.
ta·pe·*ren*·se adj. s2g.
ta·pe·ro:a·*en*·se adj. s2g.
ta·pe·*ru* sm.
ta·pe·ru·*çu* sm.
ta·pe·*tão* sm.; pl. ·*tões*
ta·pe·*tar* v.
ta·*pe*·te (ê) sm./Cf. *tapete* (é),
 do v. *tapetar*.
ta·pi:*á* sm.
ta·pi:a·*çu* sm.
ta·pi:á-gua·*çu*(s) sm. (pl.).
ta·pi:a·*í* sf.
ta·pi:*a*·ra adj. s2g. 'tainha'/Cf.
 tapeara, do v. *tapear*.

ta·pi·*chi* sm.
ta·pi·çu:*á* sf.
ta·pi·cu:*ém* sm.; pl. ·*éns*.
ta·pi·cu:*im* sm. 'inseto'; pl. ·*ins*/
 Cf. *tapecuim*.
ta·pi·cu·*ri* sm.
ta·pi·cu·*ru* sm.
ta·pi:*ei*·ra sf.
ta·*pi*·go sm.
ta·pi·*i* sf.
ta·pi·*i*·ra sf.
ta·pi·*ja*·ra adj. s2g.: *tapejara*.
ta·pi·nam·*ba*·ba sf.
ta·*pi*·nha sm. sf.
ta·pi·nho:*ã* sm.
ta·pi:*o*·ca sf.
ta·pi:*o*·ca·ba sm.
ta·pi:*o*·ca(s) de *pur*·ga sf. (pl.).
ta·pi:*o*·can·ga sf.
ta·pi:*o*·ca·no sm.
ta·pi:*o*·cu:*í* sm.
ta·*pir* sm.: ta·*pi*·ra.
ta·pi·rá-cai·e·na sm.; pl.
 tapirás-caienas ou
 tapirás-caiena.
ta·pi·*ra*·gem sf.; pl. ·*gens*.
ta·pi·ra:i·*en*·se adj. s2g.
ta·pi·*ra*·na adj. s2g.
ta·pi·*ran*·ga sf.
ta·pi·ra·*pé* adj. s2g.
ta·pi·ra·*pe*·cu sm.
ta·pi·re·*tê* sm.
ta·pi·*ri* sm.: *itapiri*.
ta·pi·*ri*·ba sf.
ta·pi·*rí*·de:o adj. sm.
ta·pi·ro·*té*·ri:o sm.
ta·pi·*ti* sm.
ta·pi:*ú*·ba sf.
ta·pi:u·*ca*·ba sm.
ta·pi·xin·*gui* sm.
ta·*piz* sm.
ta·pi·*zan*·te adj. 2g.
ta·pi·*zar* v.
ta·*po*·na sf.
táp·si:a sf.
ta·*pu*·a sm.
ta·pu·cai·*á* sm.
ta·pu·*ca*·ja sf.
ta·*pui*·a adj. s2g. sm.: ta·*pui*·o
 adj. sm.
ta·pui·*ra*·na sf.
ta·pui·*í*·sa sm.
ta·pu·*ji* sm.
ta·*pu*·la sf.
ta·*pu*·lhar v.
ta·*pu*·lho sm.
ta·*pu*·me sm.

ta·pu·nhu·na·*can*·ga sf.:
 tapanhoacanga.
ta·pu:*o*·ca sf.
ta·pu·*ru* sm.
ta·pu·ru·*ru*·ca sf.
ta.qua·ra sf.
ta·qua·*ral* sm.; pl. ·*rais*.
ta·qua·ra(s)-tre·pa·*do*·ra(s) sf.
 (pl.).
ta·qua·*ré* sm.: *tamaquaré*.
ta·qua·*ren*·se adj. s2g.
ta·qua·*ri* adj. sm.
ta·qua·*ri*·ço adj.
ta·qua·ri(s)-de·ca·*va*·lo sm.
 (pl.).
ta·qua·ri(s)-do-*ma*·to sm. (pl.).
ta·qua·ri:*en*·se adj. s2g.
ta·qua·*ri*·nha sf.
ta·qua·*ri*·pa·na sf.
ta·qua·ri·tin·*guen*·se adj. s2g.
ta·qua·ri·tu·*ben*·se adj. s2g.
ta·qua·ru·*çu* sm.
ta·qua·ru·çu·*zal* sm.; pl. ·*zais*.
ta·qua·*ru*·va sf.
ta·que:a·*dor* (ô) sm.
ta·que:a·*men*·to sm.
ta·que:*ar* v.
ta·*quei*·ra sf.
ta·*quei*·ro sm.
ta·que:o·gra·*fi*·a sf.
ta·que:o·*grá*·fi·co adj.
ta·que:*ó*·gra·fo sm.
ta·que:o·me·*tri*·a sf.
ta·que:o·*mé*·tri·co adj.
ta·que:*ô*·me·tro sm.
ta·que:*ó*·ti·po sm.
tá·qui:a sf.
ta·qui:an·*te*·se sf.
ta·qui·car·*di*·a sf.
ta·qui·*cár*·di·co adj. sm.
ta·qui·fa·*gi*·a sf.
ta·qui·*fá*·gi·co adj.
ta·qui·gra·*far* v.
ta·qui·gra·*fi*·a sf.
ta·qui·*grá*·fi·co adj.
ta·*quí*·gra·fo sm./Cf. *taquigrafo*,
 do v. *taquigrafar*.
ta·qui·*gra*·ma sm.
ta·qui·me·*tri*·a sf.
ta·qui·*mé*·tri·co adj.
ta·*quí*·me·tro sm.
ta·quip·*nei*·a sf.
ta·quip·*nei*·co adj. sm.
ta·qui·*rá* sm.
ta·qui·*ri* sm.
ta·ra sf.
ta·*rã* sf.

ta·ra·cai·*á* sm.
ta·ra·*cei*·o sm.
ta·ra·cu:*á* sf.
ta·*ra*·do adj. sm.
ta·ra·*gui*·ra sf.
ta·ra·*gui*·ra·*pe*·va sf.
ta·ra·*í*·ra sf.: *traíra*.
ta·ra·*lhão* sm.; pl. ·*lhões*.
ta·ra·*lhar* v.
ta·ra·*lhei*·ra sf.
ta·ra·*lho:ei*·ra sf.
ta·ra·*má* sm.
ta·ram·*bo*·la sf.
ta·ram·*bo*·te sm.
ta·ra·*me*·la sf.
ta·ra·me·*la*·gem sf.; pl. ·*gens*.
ta·ra·me·*lar* v.
ta·ra·me·le:*ar* v.
ta·ra·mem·*bé* adj. s2g.
'individuo de tribo indígena do Maranhão'/Cf., *tramembé, tremembé, teremembé.*
ta·ram·*pa*·bo sm.
ta·ram·pan·*tão* sm.; pl. ·*tões*.
ta·ra·na·*xi* sm.
ta·ran·*ga*·lho sm.
ta·ran·*te*·la sf.
ta·ran·*tis*·mo sm.
ta·*rân*·tu·la sf.: *tarêntula*.
ta·ra·pa·ca·*í*·ta sf.
ta·ra·*pé* sf.
ta·ra·pi·*tin*·ga sf.
ta·*rar* v.
ta·ra·ra sf.
ta·ra·*rá* sm.
ta·ra·*ra*·ca adj. sf.
ta·ra·*ri*·ra sf.
ta·ra·ru·*cu* sm.
ta·*ras*·ca sf.
ta·*ras*·co adj. sm.
ta·ra·*tu*·fo sm.
ta·rau·a·ca·*en*·se adj. s2g.
ta·rau·a·*xi* sm.
ta·ra·*xa*·co sm.
ta·ra·*ze*·de sf.
tar·ba sf.
tar·*bá* sm.
tar·*be*·lo adj. sm.
tar·ca sf.
tar·*da*·da sf.
tar·da·*dor* (ô) adj. sm.
tar·da·*men*·to sm.
tar·*dan*·ça sf.
tar·*dar* v.
tar·de adv. sf.
tar·*de*·za (ê) sf.
tar·*dí*·gra·do adj. sm.

tar·*di*·nha sf.
tar·di·*nhei*·ro adj. sm.
tar·*di*:o adj.
tar·*dí*·va·go adj.
tar·do adj. sm.
tar·*do*·nho adj.
tar·*doz* sm.
ta·re:*ar* v.
ta·re·*ca*·da sf.
ta·re·*ca*·gem sf.; pl. ·*gens*.
ta·re·*ca*·ma sf.
ta·re·*co* adj. sm.
ta·re·fa sf.
ta·re·*far* v.
ta·re·*fei*·ro sm.
ta·re·ga sm.
ta·re·gi·*ca*·gem sf.; pl. ·*gens*.
ta·*rei*·a sf.
ta·re·*lar* v.
ta·re·*lei*·ro sm.
ta·re·*li*·ce sf.
ta·re·*lo* sm.
ta·ren·*ti*·no adj. sm.
ta·*rên*·tu·la sf.: *tarântula*.
ta·re·ro·*qui* sm.
tar·*ga*·na sf.
tar·*gum* sm.; pl. ·*guns*.
ta·*ri* so.
ta·*ri*·a adj. s2g.
ta·ri:*a*·na adj. s2g.
ta·*ri*·fa sf.
ta·ri·fa·*ção* sf.; pl. ·*ções*.
ta·ri·*far* v.
ta·ri·*fá*·ri·o adj.
ta·*ri*·ma sf.: ta·*rim*·ba.
ta·rim·*ba*·do adj.
ta·rim·*bar* v.
ta·rim·*bei*·ro adj. sm.
ta·ri:*o*·ba sf.
ta·ri:*o*·ta adj. s2g. sm.
ta·*ri*·ra sf.
ta·ri·ri·*qui* sm.
ta·ri·tu·*ba*·no adj. sm.
tar·ja sf.
tar·*ja*·do adj.
tar·*jar* v.
tar·*je*·ta (ê) sf.
tar·la·*ta*·na sf.
tár·mi·co adj.
tar·na·*ga*·lho sm.
ta·*ró* sm.: ta·*rô*.
ta·*rol* sm.; pl. ·*róis*.
ta·*ro*·la sf.
ta·*ro*·lo (ô) sm.
ta·*ro*·que sm.
ta·*rou*·co adj.
ta·*rou*·qui·ce sf.

tar·ra·bu·*fa*·do adj. sm.
tar·ra·*ça*·da sf.
tar·*ra*·co adj. sm.
tar·*ra*·ço sm.
tar·ra·co·*nen*·se adj. s2g.
tar·*ra*·da sf.
tar·*ra*·fa sf.
tar·ra·*far* v.
tar·ra·fe:*ar* v.
tár·ra·ga sf.
tar·*ra*·xa sf.
tar·ra·*xar* v.
tar·*ra*·xo sm.
tar·re·*ne*·go interj.
tar·re·*qui*·ce sf.
tar·ro sm.
tar·*sal* adj. 2g.; pl. ·*sais*.
tar·*sal*·gi·a sf.
tar·*sál*·gi·co adj.
tar·sec·to·*mi*·a sf.
tar·sec·*tô*·mi·co adj.
tar·si:*a*·no adj.
tár·si·co adj.
tár·si:o sm.
tar·si:*oi*·de adj. sm.
tar·si:*ói*·de:o adj. sm.
tar·*si*·te sf.
tar·so adj. sm.
tar·*ta*·go sm.
tar·ta·me·*lar* v.
tar·ta·me·le:*ar* v.
tar·ta·*me*·lo adj. sm.
tar·ta·mu·de:*ar* v.
tar·ta·mu·*dez* (ê) sf.
tar·ta·*mu*·do adj. sm.
tar·*ta*·na sf.
tar·ta·*ra*·nha sf.
tar·ta·*ra*·to sm.
tar·ta·re:*ar* v.
tar·*tá*·re:o adj.
tar·*tá*·ri·co adj.
tar·ta·ri·*zar* v.
tár·ta·ro adj. sm.
tar·ta·*ro*·so (ô) adj.; f. *e* pl. (ó).
tar·ta·*ru*·ga sf.
tar·ta·ru·*ga*·da sf.
tar·ta·ru·ga(s)-da-a·ma·zô·ni:a sf. (pl.).
tar·ta·ru·ga(s)-de-*cou*·ro sf. (pl.).
tar·ta·ru·ga(s)-de-*pen*·te sf. (pl.).
tar·ta·ru·ga(s)-do-a·ma·*zo*·nas sf. (pl.).
tar·ta·ru·ga(s)-do-*mar* sf. (pl.).
tar·ta·ru·ga-*li*·ra sf.; pl. tartarugas-liras ou tartarugas-lira.

tar·ta·ru·ga(s)-ver·da·*dei*·ra(s) sf. (pl.).
tar·ta·ru·ga(s)-*ver*·de(s) sf. (pl.).
tar·ta·ru·*gui*·nha sf.
tar·tu·fa·*ri*·a sf.
tar·tu·fe:*ar* v.
tar·tu·fi·car v.
tar·tu·*fi*·ce sf.
tar·tu·*fis*·mo sm.
tar·*tu*·fo sm.
ta·ru·*bá* sm.
ta·ru·ca sf.: ta·*ru*·ga.
ta·ru·*gar* v.
ta·*ru*·go sm.
ta·ru·*má* adj. s2g.
ta·ru·*mã* sm.
ta·ru·mã(s)-da-*vár*·ze:a sm. (pl.).
ta·ru·mã(s)-de-es·*pi*·nhos sm. (pl.).
ta·ru·mã(s)-do-*cam*·po sm. (pl.).
ta·ru·ma·*í* sm.
ta·ru·mã-mi·*rim* sm.; pl. *tarumãs-mirins*.
ta·ru·ma·tu:*í*·ra sm.
ta·ru·mi·ri·*nhen*·se adj. s2g.
tas·ca sf.
tas·ca·*dei*·ra sf.
tas·*can*·te adj. 2g. sm.
tas·*car* v.
tas·co sm.
tas·*mâ*·ni:a sf.
tas·ma·ni:*a*·no adj. sm.
tas·*nei*·ra sm.
tas·nei·*ri*·nha sf.
tas·*quei*·ro sm.
tas·*qui*·nha sf.
tas·qui·*nhar* v.
tas·sa·*lhar* v.
tas·*sa*·lho sm.
tas·*se*·lo (ê) sm.
ta·*tá* sm. interj.
ta·ta·*í*·ra sf.
ta·ta·*ji*·ba sf.: ta·ta·*ju*·ba.
ta·ta·*lar* v. sm.
ta·*tam*·ba s2g.
ta·*tâ*·mi sm.
ta·ta·*po*·ra sf.: *catapora*.
ta·ta·*ra*·na sf.: *taturana*.
ta·ta·ra·*ne*·to sm.: *tetraneto*.
ta·ta·*ra*·nha adj. s2g.
ta·ta·ra·*nhar* v.
ta·ta·*ra*·nho adj. sm.
ta·ta·ra·*vó* sf.: *tetravó*.
ta·ta·ra·*vô* sm.: *tetravô*.

ta·ta·*re*·ma sf.
tá·ta·ro adj. sm.: *tártaro*.
ta·ta·*ú*·ba sf.
ta·te interj. adv.
ta·te:a·bi·li·*da*·de sf.
ta·te:*an*·te adj. 2g.
ta·te:*ar* v.
ta·te:*á*·vel adj. 2g.; pl. ·veis.
ta·*te*·ra sf.
ta·*te*·to (ê) sm.: *cateto* (ê).
ta·ti·bi·*ta*·te adj. s2g.
ta·ti·bi·ta·te:*ar* v.
tá·ti·ca sf.
tá·ti·co adj. sm.
ta·ti·co·gra·*fi*·a sf.: *tacticografia* sf.
ta·ti·co·*grá*·fi·co adj.: *tacticográfico*.
ta·ti·*có*·gra·fo sm.: *tacticógrafo*.
ta·ti·cu·*mã* sm.
tá·til adj. 2g.; pl. ·teis: *táctil*.
ta·ti·li·*da*·de sf.: *tactilidade*.
ta·*tis*·mo sm.: *tactismo*.
ta·to[1] sm. 'um dos cinco sentidos': *tacto*/Cf. *tato*[2].
ta·to[2] adj. sm. 'gago'/Cf. *tato*[1].
ta·*tu* sm.
ta·tu:a·*çu* sm.
ta·tu:a·dor (ô) adj. sm.
ta·tu:*a*·gem sf.; pl. ·gens.
ta·tu:a·*í*·va sm.
ta·tu:a·*pa*·ra sm.
ta·tu:*ar* v.
ta·tu-*bo*·la sm.; pl. *tatus-bolas* ou *tatus-bola*.
ta·tu·*ca*·ba sm.
ta·tu·ca·*nas*·tra sm.; pl. *tatus--canastras* ou *tatus-canastra*.
ta·tu(s)-cas·*cu*·do(s) sm. (pl.).
ta·tu·*cau*·a sm.
ta·tu(s)-de·*fo*·lha sm. (pl.).
ta·tu(s)-de-mão-a-ma·*re*·la sm. (pl.).
ta·tu(s)-de-ra·bo-*mo*·le sm. (pl.).
ta·tu:e·*tê* sm.
ta·tu(s)-ga·li·*nha*(s) sm. (pl.).
ta·tu:*í* sm.
ta·tu·i·*a*·no adj. sm.
ta·tu·i·*en*·se adj. 2g.
ta·tu·*í*·ra sm.
ta·tu·*pe*·ba sm.
ta·tu(s)-pe·*lu*·do(s) sm. (pl.).
ta·tu·poi·*ú*.
ta·tu·*qui*·ra sm.
ta·*tu*·ra sf.: *tactura*.
ta·tu·*ra*·na sf.: *tatarana*.

ta·tu(s)-ve:*a*·do(s) sm. (pl.).
ta·tu(s)-ver·da·*dei*·ro(s) sm. (pl.).
ta·tu·*xi*·ma sm.
ta·tu·*zi*·nho sm.
tau adj. 2g. sm. interj.
tau·*á* adj. 2g. sm.: *taguá*.
tau·a·*çu* sm.
tau·a·*en*·se adj. s2g.
tau·a·*ri* sm.
tau·a·*tin*·ga sf.: *tabatinga*, *tobatinga*.
tau·a·*tó* sm.
tau·a·*tó*(s)-pin·ta·do(s) sm. (pl.).
tau·ba·te:*a*·no adj. sm.
tau·i·*ri* sm.
tau·*is*·mo sm.
tau·*is*·ta adj. s2g.
tau·i·*té* adj. s2g.
tau·li·*pan*·gue adj. s2g.
tau·*má*·si·a sf.
tau·ma·*si*·ta sf.
tau·ma·tro·*pi*·a sf.
tau·ma·*tró*·pi·co adj.
tau·ma·tur·*gi*·a sf.
tau·ma·*túr*·gi·co adj.
tau·ma·*tur*·go adj. sm.
tau·*o*·ca sf.
tau·ra adj. sm.
tau·ra·*si*·no adj. sm.
táu·re:o adj.
tau·ri:*a*·no adj. sm.
tau·ri·*cé*·fa·lo adj.
tau·ri·*ci*·da adj. s2g.
tau·ri·*cí*·di:o adj.
tau·ri·*cor*·ne adj. 2g.
tau·ri·*cór*·ne:o adj.
tau·*rí*·fe·ro adj.
tau·ri·*for*·me adj. 2g.
tau·ri·*frôn*·te:o adj.
tau·ri·ni:*en*·se adj. s2g.
tau·*ri*·no adj.
tau·ro sm.
tau·ro·*cé*·fa·lo adj.
tau·ro·*cen*·ta sf.
tau·*ró*·ce·ra sf.
tau·*ró*·ce·ro sm.
tau·ro·*co*·la sf.
tau·ro·co·*la*·to sm.
tau·ro·co·le·*mi*·a sf.
tau·ro·*có*·li·co adj.
tau·ro·cre:a·*ti*·na sf.
tau·*róc*·to·no adj. sm.
tau·*ró*·dro·mo sm.
tau·*ró*·fa·go adj.
tau·*ró*·fi·lo adj. sm.

tau·ro·ma·*qui*·a sf.
tau·ro·*má*·qui·co adj.
tau·ro·*mí*·ni:o adj. sm.
tau·ros·*ci*·ta adj. s2g.
tau·ta·*cis*·mo sm.
tau·ta·*cis*·ta adj. 2g.
tau·*tó*·cro·na sf.
tau·to·cro·*nis*·mo sm.
tau·*tó*·cro·no adj.
tau·to·fo·*ni*·a sf.
tau·to·*fô*·ni·co adj.
tau·to·*gra*·ma sm.
tau·to·gra·*má*·ti·co adj.
tau·to·lo·*gi*·a sf.
tau·to·*ló*·gi·co adj.
tau·to·me·*ri*·a sf.
tau·to·*mé*·ri·co adj.
tau·to·me·*ris*·mo sm.
tau·to·me·*tri*·a sf.
tau·to·*mé*·tri·co adj.
tau·tos·si·*lá*·bi·co adj.
tau·tos·si·la·*bis*·mo sm.
tau·*xi*·a sf.
tau·xi:*ar* v.
ta·va sf.: *taba.*
ta·va·*nês* adj. sm.
ta·*vão* sm.; pl. ·*vãos.*
ta·*ver*·na sf.: *taberna.*
ta·*ver*·nal adj. 2g.; pl. ·*nais*: *tabernal.*
ta·ver·*ná*·ri:o adj.: *tabernário.*
ta·ver·ne:*ar* v.: *tabernear.*
ta·ver·*nei*·ro sm.: *taberneiro.*
ta·*vo*·ca sf.: *taboca.*
tá·vo·la sf.: *tábula.*
ta·vo·la·gem sf.; pl. ·*gens.*
ta·vo·la·*tu*·ra sf.
ta·vo·*ren*·se adj. s2g.
ta·*vu*·a sf.
ta·xa sf. 'imposto'/Cf. *tacha* sf. e fl. do v. *tachar.*
ta·xa·*ção* sf.; pl. ·*ções.*
ta·*xá*·ce:a (cs) sf.
ta·*xá*·ce:o (cs) adj.
ta·xa·*dor* (ô) adj. sm. 'que ou aquele que taxa'/Cf. *tachador.*
ta·*xar* v. 'tributar'/Cf. *tachar.*
ta·xa·*ti*·vo adj.
ta·xe (cs) sf./Cf. *taxe,* do v. *taxar, tache,* do v. *tachar, taxi[1], taxi[2]* e *táxi.*
ta·*xi*[1] sf. 'formiga'/Cf. *táxi* (cs) sm., *taxe,* do v. *taxar, taxe* (cs) sf., *tache,* do v. *tachar,* e *taxi[2].*
ta·*xi*[2] sm. 'planta'/Cf. *táxi* (cs) sm., *taxe,* do v. *taxar, taxe* (cs) sf., *tache,* do v. *tachar,* e *taxi[1].*

tá·xi (cs) sm. 'automóvel de praça'/Cf. *taxi* sm. e sf., *taxe* (cs) sf., *taxe,* do v. *taxar,* e *tache,* do v. *tachar.*
ta·xi:*ar* (cs) c.
ta·xi(s)-*bran*·co(s) sm. (pl.).
ta·*xí*·co·la(cs) adj. 2g.
ta·xi·der·*mi*·a (cs) sf.
ta·xi·*dér*·mi·co (cs) adj.
ta·xi·der·*mis*·ta (cs) adj. s2g.
ta·xi·*for*·me (cs) adj. 2g.
ta·*xí*·me·tro (cs) sm.
ta·*xí*·ne:o (cs) adj.
ta·xi·no·*mi*·a (cs) sf.
ta·xi·*nô*·mi·co (cs) adj. sm.
ta·xi:o·lo·*gi*·a (cs) sf.
ta·xi:o·*ló*·gi·co (cs) adj.
ta·xi:*ó*·lo·go (cs) sm.
ta·xi:o·no·*mi*·a (cs) sf.
ta·xi:o·*nô*·mi·co (cs) adj. sm.
ta·xi(s)-*pre*·to(s) sm. (pl.).
ta·*xi*·ra sf.
ta·xi·*ra*·na sf.
ta·xi·*zal* sm.; pl. ·*zais.*
ta·xi·*zei*·ro sm.
ta·xo·di:*á*·ce:a (cs) sf.
ta·xo·di:*á*·ce:o (cs) adj.
ta·xo·lo·*gi*·a (cs) sf.
ta·xo·*ló*·gi·co (cs) adj.
ta·*xó*·lo·go (cs) sm.
tá·xon (cs) sm.
ta·xo·no·*mi*·a (cs) sf.
ta·xo·*nô*·mi·co (cs) adj. sm.
ta·*xu*·ri sm.
tay·lo·*ris*·mo (tei) sm.
tay·lo·*ris*·ta (tei) adj. s2g.
tchã sm.
tchau interj.
tche·co adj. sm.: *checo.*
tche·co(s)-es·lo·*va*·co(s) adj. sm. (pl.).: *checo-eslovaco.*
tchi·ca·rid·*ja*·na adj. s2g.
te pron.
té prep. adv.
tê sm. 'nome da letra *t*'; pl. tês ou tt/Cf. *tez.*
te:*á*·ce:a sf.
te:*á*·ce:o adj.
te:*a*·da sf.
te:*a*·gem sf.; pl. ·*gens.*
te:*ân*·dri·co adj.
te:an·tro·*pi*·a sf.
te:an·*tró*·pi·co adj.
te:an·tro·*pis*·ta adj. s2g.
te:an·*tro*·po (ô) sm.
te:*ar* sm.
teaser sm. (ing.: *tíser*)

te:a·ti·*na*·da sf.
te:a·ti·*nar* v.
te:a·*ti*·no adj. sm.
te:a·*tra*·da sf.
te:a·*tral* adj. 2g.; pl. ·*trais.*
te:a·tra·li·*da*·de sf.
te:a·tra·*lis*·mo sm.
te:a·tra·li·za·*ção* sf.; pl. ·*ções.*
te:a·tra·li·*za*·do adj.
te:a·tra·li·*zar* v.
te:a·*tre*·co sm.
te:a·*tre*·lho (ê) sm.
te:a·*trí*·cu·lo sm.
te:a·*tris*·ta adj. s2g.
te:*a*·tro sm.
te:a·tro·fo·*ni*·a sf.
te:a·tro·*fô*·ni·co adj.
te:a·*tró*·lo·go sm.
te:a·tro-re·*vis*·ta sm.; pl. *teatros-revistas* ou *teatros-revista.*
te·ba adj. s2g.
te·*bai*·co adj. sm.
te·*bai*·da sf.
te·ba·*í*·na sf.
te·ba·*ís*·mo sm.
te·*ba*·no adj.
te·bas adj. s2g. 2n.
te·ba·*sa*·no adj. sm.
te·*be*·te sm.
te·ca sf.
te·*car* v.
te·ce·*dei*·ra adj. sf.
te·ce·*dor* (ô) adj. sm.
te·ce·*du*·ra sf.
te·ce·*la*·gem sf.; pl. ·*gens.*
te·ce·*lão* sm.; pl. ·*lões*; f. *tecelona.*
te·ce·*lo*·a (ô) sf. de *tecelão.*
te·*cer* v.
techno adj. 2g. 2n. s2g. 2n. (ing.: *téchno*)
te·*ci*·do adj. sm.
te·ci·du·*al* adj. 2g.; pl. ·*ais.*
te·ci·*tu*·ra sf. 'fios que se cruzam com a urdidura'/Cf. *tessitura.*
te·cla sf.
te·cla·*dis*·ta s2g.
te·*cla*·do sm.
te·*clar* v.
te·cle:a·*dor* (ô) sm.
te·cle:*ar* v.
tec·*né*·ci:o sm.
téc·ni·ca sf.
tec·ni·ci·*da*·de sf.
tec·ni·*cis*·mo sm.

téc·ni·co adj. sm.
tec·ni·co·*lor* (ô) adj. 2g. sm.
tec·ni·co·lo·*ri*·do adj. sm.
tec·no·cra·*ci*·a sf.
tec·no·*cra*·ta s2g.
tec·no·*crá*·ti·co adj.
tec·no·gra·*fi*·a sf.
tec·no·*grá*·fi·co adj.
tec·no·lo·*gi*·a sf.
tec·no·*ló*·gi·co adj.
tec·no·lo·*gis*·ta adj. s2g.
tec·*nó*·lo·go sm.
tec·no·*más*·ti·ca sf.
tec·no·pa·*ti*·a sf.
tec·no·*pá*·ti·co adj.
te·co adj. s2g. sm.
te·*có* sm. adv.
te·co·*don*·te adj. 2g. sm.
te·co·don·tos·*sau*·ro sm.
te·*có*·fo·ro adj. sm.
te·co·*li*·ta sf.
te·*có*·li·to sm.
te·*co*·ma sf.
te·co·*má*·ri:a sf.
te·co·te·co(s) sm. (pl.).
tec·ti·bran·qui:a·do adj. sm.
tec·ti·*brân*·qui:o adj. sm.
tec·ti·*ci*·ta sf.: tec·ti·*ci*·te.
tec·ti·*pe*·na sf.: tec·ti·*pe*·ne adj. 2g. sm.
tec·to sm.: *teto*[1].
tec·*tó*·ci·to sm.
tec·to·lo·*gi*·a sf.
tec·to·*ló*·gi·co adj.
tec·*to*·na sf.
tec·tô·ni·ca sf.: *tetônica*.
tec·tô·ni·co adj.: *tetônico*.
tec·to·*ni*·to sm.
tec·*triz* adj. sf.: *tetriz*.
te·*çu*·da sf.
te·*cum* sm.; *ticum* e *tucum*: pl. ·*cuns*.
te·*cu*·na adj. s2g.: *ticuna* e *tucuna*.
te·*des*·co (ê) adj. sm.
te·*dé*:um sm.; pl. te-*déuns*.
te·*dí*·fe·ro adj.
té·di:o sm.
te·di:*o*·so (ô) adj.; f. *e* pl. (ó).
teenager s2g. (ing.: *tinêidger*)
te·fe:*en*·se adj. s2g.
te·fe-*te*·fe(s) sm. (pl.). adv.
tefilin sm. pl. (hebr.: *tfilín*)
te·fro·man·*ci*·a sf.
te·fro·*man*·te s2g.
te·fro·*mân*·ti·co adj.
te·*gão* sm.; pl. tê·gão ·*gãos*.

teg·me sm.: *tégmen*.
teg·meg·*mi*·no adj. s2g.: *temiminó*.
tég·men sm.; pl. *tegmens* ou *tégmens*: *tegme*.
tég·mi·na sf.
te·*gui* sm.
té·gu·la sf.
te·gu·*lar* adj. 2g.
te·gu·men·*tar* adj. 2g.
te·gu·men·*tá*·ri:o adj.
te·gu·*men*·to sm.
tei·a sf.
tei·*for*·me adj. 2g.
tei·ga sf.
tei·*í*·de:o adj. sm.
tei·ma sf.
tei·*mar* v.
tei·*mo*·sa sf.
tei·mo·*si*·a sf.
tei·mo·*si*·ce sf.
tei·*mo*·so (ô) adj. sm.; f. *e* pl. (ó).
te·*í*·na sf.
tei·*ró* s2g.
tei·*ru* sm.
te·*ís*·mo sm.
te·*ís*·ta adj. s2g.
tei·*té* interj.
tei·*tei* sm.
tei:*ú* sm.: *teju, tiú*.
tei·u:a:*çu* sm.: *tejuaçu*.
tei·xe sm.
tei·xe·ra·so:a·*ren*·se(s) adj. s2g. (pl.).
tei·xei·*ren*·se adj. s2g.
tei·xo sm.
te·ja·*di*·lho sm.
te·*ja*·no adj.
te·*jo* sm.
te·*joi*·la sf.: te·*jou*·la.
te·*ju* sm.: *teiú, tiú*.
te·ju:a:*çu* sm.: *teiuaçu*,
te·ju·gua·*çu*.
te·la sf.
te·*la*·do adj.
te·la·*gar*·ça sf.: *talagarça*.
te·*lal*·gi·a sf.
te·*lál*·gi·co adj.
te·la·*mão* sm.; pl. ·*mões*.
té·la·*mon* sm.
te·lan·gi:ec·ta·*si*·a sf.
te·lan·gi:ec·*tá*·si·co adj.
te·lan·gi:*o*·ma sm.
te·lan·*gi*·te sf.
te·lan·*gí*·ti·co adj.
te·lão-de-se·da-a·*zul* sm.; pl. *telões-de-seda-azul*.

te·*lar* v.
te·la·*ri*·a sf. 'muitas telas'/Cf. *telária*.
te·*lá*·ri·a sf. 'planta'/Cf. *telaria*.
te·le:a·*tor* (ô) sm.; f. de *teleatriz*.
te·le:a·*triz* sf. de *teleator*.
te·le· *ci*·ne sm.
te·le·ci·ne·*si*·a sf.:
te·le·ci·*né*·si:a.
te·le·ci·*né*·ti·co adj.
te·le·co·man·*dar* v.
te·le·co·*man*·do sm.
te·le·*com*·pra sf.
te·le·co·mu·ni·ca·*ção* sf.; pl. ·*ções*.
te·le·co·mu·ni·ca·*ções* sf. pl.
te·le·con·fe· *rên*·ci:a sf.
te·le·di·*nâ*·mi·co adj.
te·le·*fé*·ri·co adj. sm.
te·le·fe·*ris*·mo sm.
te·le·fo·*na*·da sf.
te·le·fo·*nar* v.
te·le·*fo*·ne sm.
te·le·fo·*ne*·ma sm.
te·le·fo·*ni*·a sf.
te·le·*fô*·ni·co adj.
te·le·*fo*·no sm.: *telefone*.
te·le·*fo*·to sm.
te·le·fo·to·gra·*far* v.
te·le·fo·to·gra·*fi*·a sf.
te·le·fo·to·*grá*·fi·co adj.
te·*le*·ga sf.
te·le·go·*ni*·a sf.
te·le·*gô*·ni·co adj.
te·le·gra·*far* v.
te·le·gra·*fi*·a sf.
te·le·*grá*·fi·co adj.
te·le·gra·*fis*·ta s2g.
te·*lé*·gra·fo sm./Cf. *telegrafo*, do v. *telegrafar*.
te·le·*gra*·ma sm.
te·le·gui:*a*·do adj. sm.
te·le·gui:*ar* v.
te·le:im·pres·*sor* (ô) adj. sm.
te·le·jor·*nal* sm.; pl. ·*nais*.
te·le·jor·na·*lis*·mo sm.
te·le·me·*tri*·a sf.
te·le·*mé*·tri·co adj.
te·le·me·*tris*·ta s2g.
te·*lê*·me·tro sm.
te·len·*cé*·fa·lo sm.
te·le·no·*ve*·la sf.
te·le:ob·je·*ti*·va sf.
te·le:o·lo·*gi*·a sf.
te·le:o·*ló*·gi·co adj.
te·le:*ós*·te:o adj. sm.

te·le·pa·*ti*·a sf.
te·le·*pá*·ti·co adj.
te·le·plas·*ti*·a sf.
te·le·*plás*·ti·co adj.
te·le·*por*·to (ô) sm. pl. (ó)
te·ler·ra·di:o·gra·*fi*·a sf.
te·ler·ra·di:o·*grá*·fi·co adj.
te·les·co·*pi*·a sf.
te·les·*có*·pi·co adj.
te·les·*có*·pi:o sm.
te·le·*lé*·si:a sf.
te·les·pec·ta·*dor* (ô) adj. sm.
te·les·po·*rí*·di:o adj. sm.
te·les·*tá*·ce:o adj. sm.
te·le·te:a·tro sm.
te·le·ti·*pis*·ta adj. s2g.
te·le·*ti*·po sm.: te·*lé*·ti·po.
te·le·trans·por·*tar* v.
te·leu·*tós*·po·ro adj. sm.
te·le·*ver* v.
te·le·vi·sa·*men*·to sm.
te·le·vi·*são* sf.; pl. ·*sões*.
te·le·vi·*sar* v.
te·le·vi·si:o·*na*·do adj.
te·le·vi·si:o·na·*men*·to sm.
te·le·vi·si:o·*nar* v.
te·le·vi·*si*·vo adj.
te·le·vi·*sor* (ô) adj. sm.
te·le·vi·*so*·ra (ô) sf.
te·le·vi·*zi*·nho sm.
te·*lex* (cs) sm.
te·le·*xar* (cs) v.
te·lha (ê) sf.
te·lha·ca·*nal* sf.; pl. *telhas--canais* ou *telhas-canal*.
te·*lha*·do sm.
te·lha·*dor* (ô) adj. sm.
te·lha·*du*·ra sf.
te·*lhal* sm.; pl. ·*lhais*.
te·*lhão* sm.; pl. ·*lhões*.
te·*lhar* v.
te·lha(s)-*vã*(s) sf. (pl.).
te·*lhei*·ra sf.
te·lhei·*ren*·se adj. s2g.
te·*lhei*·ro sm.
te·*lhi*·ce sf.
te·lho (ê) sm.
te·*lhu*·do adj.
te·li·go·*ná*·ce:a sf.
te·li·go·*ná*·ce:o adj.
te·*li*·lha sf.
te·li:os·*pó*·ri·co adj.
te·li:*ós*·po·ro sm.
te·li:os·*tá*·di:o sm.
te·*lis*·ta adj. s2g. sm.
te·*li*·te sf.
te·li·to·*qui*·a sf.: te·li·to·*ci*·a.

te·*liz* sm.
te·*ló*·fa·se sf.
te·*lô*·ni·o sm.
te·los·po·*rí*·di:o adj. sm.
tel·so sm.: *tél*·son.
té·lu·go sm.: te·*lu*·go.
te·lu·*ra*·to sm.
te·lu·*re*·to (ê) sm.
te·lu·ri:a·no adj.
te·*lú*·ri·co adj.
te·lu·*rí*·fe·ro adj.
te·*lú*·ri:o sm.
te·lu·*ris*·mo sm.
te·ma sm.
te·ma·*pa*·ra sm.
te·*má*·ri:o sm.
te·*má*·ti·ca sf.
te·*má*·ti·co adj.
te·ma·to·*lo·gi*·a sf.
te·ma·to·*ló*·gi·co adj.
tem·ba sm. sf.
tem·*bé* adj. s2g.: tem·*bê*.
tem·be·*qua*·ra adj. s2g.
tem·be·*tá* adj. 2g. sm.
tem·be·ta·*ru* sm.
tem·be·ta·ru(s)-de-es·*pi*·nho sm. (pl.).
tem·be·*zei*·ra sf.
tem·*blar* v.
tem·*ble*·que adj. sm.
te·mem·*bu* adj. s2g.
te·*men*·te adj. 2g.
te·*mer* v.
te·me·*rá*·ri:o adj.
te·me·ri·*da*·de sf.
te·*me*·ro (ê ou é) adj. sm.
te·me·*ro*·so (ô) adj.; f. e pl. (ó).
te·mi·bi·li·*da*·de sf.
te·*mi*·do adj.
te·mi·mi·*nó* adj. s2g.: timiminó, tomomino, tegmegmino.
te·*mí*·vel adj. 2g.; pl. ·*veis*; superl. *temibilíssimo*.
te·*mor* (ô) sm.
te·mo·*ro*·so (ô) adj.; f. e pl. (ó).
tem·*pão* sm.; pl. ·*pões*.
têm·pe·ra sf./Cf. *tempera*, do v. *temperar*.
tem·pe·*ra*·do adj. sm.
tem·pe·ra·*dor* (ô) adj. sm.
tem·pe·ra·men·*tal* adj. s2g.; pl. ·*tais*.
tem·pe·ra·*men*·to sm.
tem·pe·*ran*·ça sf.
tem·pe·*ran*·te adj. 2g.
tem·pe·*rar* v.
tem·pe·ra·*tu*·ra sf.

tem·pe·ra·tu·*ral* adj. 2g.; pl. ·*rais*.
tem·pe·ra·vi:o·*la*(s) sm. (pl.).
tem·pe·*rei*·ro sm.
tem·*pé*·ri:e sf.
tem·pe·*ri*·lha sf.
tem·pe·*ri*·lho sm.
tem·*pe*·ro (ê) sm./Cf. *tempero* (é), do v. *temperar*.
tem·pes·*ta*·de sf.
tem·pes·te·*ar* v.
tem·pes·ti·vi·*da*·de sf.
tem·pes·*ti*·vo adj.
tem·pes·tu·*ar* v.
tem·pes·tu:o·si·*da*·de sf.
tem·pes·tu:*o*·so (ô) adj.; f. e pl. (ó).
tem·*plá*·ri:o sm.
tem·plo sm.
tem·po sm.
tem·po(s)-*quen*·te(s) sm. (pl.).
tem·po·*rã* adj. sf. de *temporão*.
tem·po·*ra*·da sf.
tem·po·*ral* adj. 2g. sm.; pl. ·*rais*.
tem·po·ra·li·*da*·de sf.
tem·po·ra·li·*da*·des sf. pl.
tem·po·ra·li·*zar* v.
tem·po·ra·nei·*da*·de sf.
tem·po·*râ*·ne:o adj.
tem·po·*rão* adj. sm.; pl. ·*rãos*; f. *temporã*.
tem·po·ra·ri:e·*da*·de sf.
tem·po·*rá*·ri:o adj.
têm·po·ras sf. pl.
tem·po·rau·ri·cu·*lar* adj. 2g.
tem·po·ri·za·*ção* sf.; pl. ·*ções*.
tem·po·ri·za·*dor* (ô) adj. sm.
tem·po·ri·za·*men*·to sm.
tem·po·ri·*zar* v.
tem·po·se·*rá* sm. 2n.
tem·*tem* sm.; pl. tem·*tens*.
tem·tem·co·ro:*a*·do sm.; pl. *tem-tens-coroados*.
tem·tem-es·*tre*·la sm.; pl. *tem-tens-estrelas*.
tem·tem-do-es·*pí*·ri·to-*san*·to sm.; pl. *tem-tens-do-espírito-santo*.
tem·tem-ver·da·*dei*·ro sm.; pl. *tem-tens-verdadeiros*.
tem·ten·*zi*·nho(s) sm. (pl.).
te·mu·*lên*·ci:a sf.
te·mu·*len*·to adj.
te·na·ci·*da*·de sf.
te·na·*cís*·si·mo adj. superl. de *tenaz*.

te·nal·*gi*·a sf.
te·*nál*·gi·co adj.
te·*na*·lha sf.
tê·nar sm.
te·nar·*di*·ta sf.
te·*naz* adj. 2g. sf.; superl.
  tenacíssimo.
ten·ça sf.
ten·*ção* sf.; pl. ·*ções*.
ten·ci:o·*nar* v.
ten·ci:o·*ná*·ri:o sm.; f.
  tencionária/Cf. tencionaria, do
  v. tencionar.
ten·ci:o·*nei*·ro adj. sm.
ten·ço:*ei*·ro adj. sm.
ten·da sf.
ten·*dal* sm.; pl. ·*dais*.
ten·*dão* sm.; pl. ·*dões*.
ten·de·*dei*·ra sf.
ten·*dei*·ro sm.
ten·*dên*·ci:a sf.
ten·den·ci:*al* adj. 2g.; pl. ·*ais*.
ten·den·ci:*o*·so (ô) adj.; f. e
  pl. (ó).
ten·*den*·te adj. 2g. sm.
ten·de·*pá* sm.
ten·*der* v.
tên·der sm.; pl. *tênderes*/Cf.
  tenderes, do v. tender.
ten·*di*·lha sf.
ten·di·*lhão* sm.; pl. ·*lhões*.
ten·*dí*·ne:o adj.
ten·*di*·nha sf.
ten·di·*no*·so (ô) adj.; f. e pl. (ó).
ten·*do*·la sf.
tê·ne·bra sf.
te·ne·*brá*·ri:o sm.
te·ne·bri·co·si·*da*·de sf.
te·ne·bri·*co*·so (ô) adj.; f. e pl.
  (ó).
te·ne·bri:o·*ní*·de:o adj. sm.
te·ne·bro·si·*da*·de sf.
te·ne·*bro*·so (ô) adj.; f. e pl. (ó).
te·*né*·di:o adj. sm.
te·ne·*du*·ra sf.
te·*nên*·ci:a sf.
te·*nen*·te adj. 2g. sm.
te·*nen*·te(s)-bri·ga·*dei*·ro(s)
  sm. (pl.).
te·nen·te·co·ro·*nel* sm.; pl.
  tenentes-coronéis.
te·nen·te·co·ro·nel·a·vi:a·*dor*
  sm.; pl. tenentes-coronéis-
  -aviadores.
te·nen·te(s) do *mar* sm. (pl.).
te·nen·te·ge·ne·*ral* sm.; pl.
  tenentes-generais.

te·nen·*tis*·mo sm.
te·*nes*·mo (ê) sm.
te·nes·*mó*·di·co adj.
te·ne·te:*a*·ra adj. s2g.
ten·go-*ten*·go adv.
tê·ni:a sf.
te·*ní*·a·se sf.
te·*ní*·fu·go adj. sm.
te·ni:o·*brân*·qui:o adj.
te·ni:*oi*·de adj. 2g. sm.
te·ni:*ói*·de:o adj. sm.
te·ni:*o*·pe adj. 2g.
te·ni:*óp*·te·ro adj.
te·ni:os·*so*·mo adj. sm.
te·ni:*o*·to adj.
tê·nis sm. 2n.
te·*nis*·ta adj. s2g.
te·*nís*·ti·co adj.
te·no:*ís*·mo sm.
te·*nor* (ô) sm. adj. 2g. 2n.
te·no·*ri*·no sm.
te·nor·ra·*fi*·a sf.
te·nor·*rá*·fi·co adj.
te·nos·si·no·*vi*·te sf.
te·no·to·*mi*·a sf.
te·no·*tô*·mi·co adj.
ten·*rei*·ro adj. sm.
ten·ro adj.
ten·*ru*·ra sf.
ten·*são* sf.; pl. ·*sões*.
ten·se sf.
ten·si:o·*lí*·ti·co adj. sm.
ten·si:*ô*·me·tro sm.
ten·*si*·vo adj.
ten·so adj. sm.
ten·so:a·*ti*·vo adj.
ten·*sor* (ô) adj. sm.
ten·so·ri:*al* adj. 2g.; pl. ·*ais*.
ten·ta sf.
ten·ta·*ção* sf.; pl. ·*ções*.
ten·ta·cu·*la*·do adj. sm.
ten·ta·cu·*lar* adj. 2g.
ten·ta·cu·*lí*·fe·ro adj. sm.
ten·ta·cu·li·*for*·me adj. 2g.
ten·*tá*·cu·lo sm.
ten·*ta*·do adj.
ten·ta·*dor* (ô) adj. sm.
ten·*ta*·me sm.
ten·*tâ*·men sm.; pl. tentamens
  ou tentâmenes.
ten·ta·*men*·to sm.
ten·*tan*·te adj. 2g.
ten·*tar* v.
ten·ta·*ti*·va sf.
ten·ta·*ti*·vo adj.
ten·*tá*·vel adj. 2g.; pl. ·*veis*.
ten·te:a·*dor* (ô) adj. sm.

ten·te:*ar* v.
ten·*tei*·o sm.
ten·*tei*·ro sm.
ten·te·*rê* sm.
ten·ti·*lhão* sm.; pl. ·*lhões*.
ten·to sm.
ten·to(s)-da-ca·ro·*li*·na sm.
  (pl.).
ten·to(s)-*gran*·de(s) sm. (pl.).
ten·*tó*·ri:o sm.
ten·tre·di·*ní*·de:o adj. sm.
ten·tre·di·*ní*·fe·ro adj.
tê·nu:e adj. 2g.
te·nu:i·*cór*·ne:o adj.
te·nu:i·*da*·de sf.
te·nu:i·*flo*·ro adj.
te·nu:i·fo·li:*a*·do adj.
te·nu:*í*·pe·de adj. 2g.
te·nu:*í*·pe·ne adj. 2g.
te·nu:ir·*ros*·tro adj. sm.
te·*nu*·ta sf.
te·*nu*·to adv.
te:o·bro·*mi*·na sf.
te:o·*cra*·ci·a sf.
te:o·*cra*·ta adj. s2g.
te:o·*crá*·ti·co adj.
te:o·cra·ti·*zar* v.
te:o·di·*cei*·a sf.
te:o·do·*li*·to sm.
te:o·*fa*·ni·a sf.
te:o·*fâ*·ni·co adj.
te:o·fi·*li*·na sf.
te:*ó*·fi·lo-o·to·ni·*en*·se(s) adj.
  s2g. (pl.).
te:o·*fo*·bi·a sf.
te:o·*fó*·bi·co adj.
te:*ó*·fo·bo adj. sm.
te:o·fras·*tá*·ce:a sf.
te:o·fras·*tá*·ce:o adj.
te:o·*go*·ni·a sf.
te:o·*gô*·ni·co adj.
te:o·go·*nis*·ta adj. s2g.
te:o·lo·*gal* adj. 2g. sm.; pl.
  ·*gais*.
te:o·lo·*gas*·tro sm.
te:o·lo·*gi*·a sf.
te:o·*ló*·gi·co adj.
te:o·lo·*gis*·mo sm.
te:o·lo·gi·*zar* v.
te:*ó*·lo·go adj. sm.
te:o·lo·*gú*·me·no sm.
te:o·*man*·ci·a sf.
te:o·*ma*·ni·a sf.
te:o·ma·*ní*·a·co adj. sm.
te:o·*man*·te s2g.
te:o·*mân*·ti·co adj.
te:*ô*·ni·mo sm.

te:op·si·a sf.
te:*or* (ô) sm.
te:o·*re*·ma sm.
te:o·*ré*·ti·co adj.
te:o·*ri*·a sf.
te:*ó*·ri·ca sf.
te:*ó*·ri·co adj. sm.
te:o·*ris*·mo sm.
te:o·*ris*·ta adj. s2g.
te:o·ri·za·*ção* sf.; pl. ·*ções*.
te:o·ri·za·*dor* (ô) adj. sm.
te:o·ri·*zan*·te adj. 2g.
te:o·ri·*zar* v.
te:o·ri·*zá*·vel adj. 2g.; pl. ·*veis*.
te:o·se sf.
te:o·se·*bi*·a sf.
te:o·*sin*·to sm.
te:o·so·*fi*·a sf.
te:o·*só*·fi·co adj.
te:o·so·*fis*·mo sm.
te:o·so·*fis*·ta adj. s2g.
te:*ó*·so·fo sm.
te·pa·cu·*e*·ma sf.
té·pa·la sf.
te·pa·*li*·no adj.
te·pe sm.
te·*pen*·te adj. 2g.
te·pi·*dez* (ê) sf.
té·pi·do adj.
te·*por* (ô) sm.
te·que sm.
te·que-*te*·que(s) sm. (pl.).
te·*qui*·la sf.
ter v.
terabyte sm. (ing.: *terabáit*)
te·ra·*fo*·sa sf.
te·ra·fo·*sí*·de:o adj. sm.
te·*rai* sm.
te·ra·*í*·ra sf.
te·ra·*li*·to sm.: te·*rá*·li·to.
te·ra·*peu*·ta s2g.
te·ra·*pêu*·ti·ca sf.
te·ra·*pêu*·ti·co adj.
te·ra·*pi*·a sf.
te·ra·*ti*·a sf.
te·ra·*tis*·mo sm.
te·ra·to·ge·*ni*·a sf.
te·ra·to·*gê*·ni·co adj.
te·ra·*toi*·de adj. 2g.
te·ra·to·lo·*gi*·a sf.
te·ra·to·*ló*·gi·co adj.
te·ra·to·lo·*gis*·ta adj. s2g.
te·ra·*tó*·lo·go sm.
te·ra·*to*·ma sm.
te·ra·to·pa·*gi*·a sf.
te·ra·to·*pá*·gi·co adj.
te·ra·*tó*·pa·go adj. sm.

te·ra·tos·co·*pi*·a sf.
te·ra·tos·*có*·pi·co adj.
tér·bi:o sm.
ter·ça (ê) num. sf./Cf. *terça* (é),
  do v. *terçar*.
ter·*çã* adj. sf. de *terção*.
ter·*ça*·do adj. sm.
ter·ça·*dor* (ô) adj. sm.
ter·ça(s)-*fei*·ra(s) sf. (pl.).
ter·*ção* sm.; pl. ·*ções*; f. *terçã*.
ter·*çar* v.
ter·*cei*·ra num. sf.
ter·cei·ra·*nis*·ta adj. s2g.
ter·cei·ri·*zar* v.
ter·*cei*·ro num. sm.
ter·cei·ro(s)-sar·*gen*·to(s) sm. (pl.).
ter·ce·*ná*·ri:o sm.
ter·ce·*tar* v.
ter·*ce*·to (ê) sm.
tér·ci:a sf.
ter·ci:*a*·do adj.
ter·ci:a·*rão* sm.; pl. ·*rões*.
ter·ci:*á*·ri:o adj. sm.
ter·*cil* sm.; pl. ·*cis*.
tér·ci:o adj. sm.
tér·ci:o-*dé*·ci·mo(s) num. (pl.).
ter·ci:o·*ná*·ri:o adj. sm.
ter·ci:o·*pe*·lo (ê) sm.
ter·ci:o·pe·*lu*·do adj.
ter·ço (ê) num. sm. 'terceiro'
  'a terça parte do rosário'/Cf.
  terço (é), do v. *terçar*, e *terso*
  (é), adj.
ter·*çó* adj. sm.
ter·*çol* sm. 'pequeno tumor na
  pálpebra'; pl. ·*çóis*/Cf. *tersol*.
te·re·bin·*tá*·ce:o adj.
te·re·bin·*te*·no sm.
te·re·bin·*ti*·na sf.
te·re·bin·*ti*·na(s) de ve·*ne*·za
  sf. (pl.).
te·re·bin·ti·*na*·do adj.
te·re·bin·ti·*nar* v.
te·re·*bin*·to sm.
té·re·bra sf.
te·re·*bran*·te adj. 2g.
te·re·*brar* v.
te·re·ca·*í* sf.
te·re·di·*ní*·de:o adj. sm.
te·re·do sm.
te·*rém*; pl. ·*réns*/Cf. *terem*, do
  v. *ter*.
te·re·mem·*bé* adj. s2g.
  'indivíduo da tribo indígena
  cariri'/Cf. *taramembé*,
  tramembé e *tremembé*.

te·re·*mim* sm.; pl. ·*mins*.
te·rém-te·*rém* sm.; pl. *terém-
  -teréns*.
te·*re*·na dj. s2g.
te·re·*nen*·se adj. s2g.
te·*re*·no adj. s2g. sm.
te·re·*ré* sm.
te·re·*re*·ca adj. s2g.
te·res (ê) sm. pl.
te·re·*sen*·se adj. s2g.
te·re·si:*a*·na sf.
te·re·si:*a*·no adj.
te·re·si·*nen*·se adj. s2g.
te·re·so·po·li·*ta*·no adj. sm.
te·re·te·*rê* sm.
te·re·ti·*cau*·de adj. 2g.
te·re·ti·*cau*·le adj. 2g.
te·re·ti·*co*·le adj. 2g. sm.:
  te·re·ti·*co*·lo adj. sm.
te·re·ti·fo·li:*a*·do adj.
te·re·ti·*for*·me adj. 2g.
te·re·tir·*ros*·tro adj.
te·*réu*-te·*réu*(s) sm. (pl.).
ter·*gal* adj. 2g. sm.; pl. ·*gais*.
ter·ge·mi·*na*·do adj.
ter·*gê*·mi·no adj.
ter·*gi*·to sm.
ter·gi·ver·sa·*ção* sf.; pl. ·*ções*.
ter·gi·ver·sa·*dor* (ô) adj. sm.
ter·gi·ver·*san*·te adj. 2g.
ter·gi·ver·*sar* v.
ter·gi·ver·*sá*·vel adj. 2g.; pl.
  ·*veis*.
ter·go sm.
te·ri:*a*·cal adj. 2g.; pl. ·*cais*.
te·ri:*a*·ga sf.: *triaga*.
te·ri·*dí*·de:o adj. sm.
te·rin·go·*á* sf.
té·ri·o adj. sm.
ter·ma sf.
ter·*mal* adj. 2g.; pl. ·*mais*.
ter·ma·li·*da*·de sf.
ter·ma·li·za·*ção* sf.; pl. ·*ções*.
ter·*mân*·ti·co adj.
ter·mas sf. pl.
ter·me·*léc*·tri·ca sf.:
  *termelétrica, termoelétrica,
  termoeléctrica.*
ter·me·lec·tri·ci·*da*·de
  sf.: *termeletricidade,
  termoeletricidade,
  termoelectricidade.*
ter·me·*léc*·tri·co adj.:
  *termelétrico, termoelétrico,
  termoeléctrico.*
ter·me·lec·*trô*·me·tro
  sm.: *termeletrômetro,*

*termoeletrômetro,
termoelectrômetro.*
ter·me·lec·tro·mo·*triz*
adj.: *termeletromotriz,
termoeletromotriz,
termoelectromotriz.*
ter·me·*lé*·**tri·ca** sf.:
*termeléctrica, termoelétrica,
termoeléctrica.*
ter·me·le·tri·ci·*da*·**de**
sf.: *termelectricidade,
termoeletricidade,
termoelectricidade.*
ter·me·*lé*·**tri·co** adj.:
*termeléctrico, termoelétrico,
termoeléctrico.*
ter·me·le·*trô*·**me·tro**
sm.: *termelectrômetro,
termoeletrômetro,
termoelectrômetro.*
ter·me·le·tro·mo·*triz*
adj.: *termelectromotriz,
termoeletromotriz,
termoelectromotriz.*
ter·me·*lé*·**tron** sm.:
termoéletron.
ter·mes·*tá*·**vel** adj. 2g.; pl. ·**veis**:
termoestável, termostável.
ter·mes·te·*si*·**a** sf.:
termoestesia.
ter·*mi*·**a** sf.
ter·mi:a·*tri*·**a** sf.
ter·mi:*á*·**tri·co** adj.
tér·**mi·co** adj.
ter·*mi*·**dor** (ô) sm.
ter·mi·do·ri:*a*·**no** adj. sm.
ter·mi·na·*ção* sf.; pl. ·*ções.*
ter·mi·na·*doi*·**ro** sm.:
ter·mi·na·*dou*·**ro.**
ter·mi·*nal* adj. 2g.; pl. ·*nais.*
ter·mi·*ná*·**li:a** sf.
ter·mi·*nan*·**te** adj. 2g.
ter·mi·*nar* v.
ter·mi·na·*ti*·**vo** adj.
ter·mi·*nis*·**mo** sm.
tér·**mi·no** sm./Cf. *termino,* do v. *terminar.*
ter·mi·no·lo·*gi*·**a** sf.
ter·mi·no·*ló*·**gi·co** adj.
ter·*mí*:**on** sm.: *tér*·**mi:on,
ter·mi:***on*, **ter·mi:***on*·**te.**
ter·mis·*tor* (ô) sm.
ter·*mi*·**ta** sf. 'mistura química': *termite*/Cf. *térmita* e *térmite.*
tér·**mi·ta** sf. 'inseto isóptero': *térmite*/Cf. *termita* e *termite.*

ter·*mi*·**te** sf.: *termita*/Cf. *térmita* e *térmite.*
tér·**mi·te** sf.: *térmita*/Cf. *termita* e *termite.*
ter·*mo*[1] sm. 'garrafa térmica'/ Cf. *termo*[2] (ê).
ter·*mo*[2] (ê) sm. 'fim'/Cf. *termo*[1].
ter·mo:a·*ná*·**li·se** sf.
ter·mo·ba·ro·me·*tri*·**a** sf.
ter·mo·ba·ro·*mé*·**tri·co** adj.
ter·mo·ba·*rô*·**me·tro** sm.
ter·mo·cau·*té*·**ri:o** sm.
ter·mo·*có*·**pi:a** sf.
ter·mo·co·pi:a·*do*·**ra** (ô) sf.
ter·mo·di·fu·*são* sf.; pl. ·*sões.*
ter·mo·di·*nâ*·**mi·ca** sf.
ter·mo·di·*nâ*·**mi·co** adj.
ter·mo:e·*léc*·**tri·ca** sf.:
*termeléctrica, termelétrica,
termolétrica.*
ter·mo:e·lec·tri·ci·*da*·**de**
sf.: *termelectricidade,
termeletricidade,
termoeletricidade.*
ter·mo:e·*léc*·**tri·co** adj.:
*termeléctrico, termelétrico,
termoeléctrico.*
ter·mo:e·lec·*trô*·**me·tro**
sm.: *termelectrômetro,
termeletrômetro,
termoeletrômetro.*
ter·mo:e·lec·tro·mo·*triz*
adj.: *termelectromotriz,
termeletromotriz,
termoeletromotriz.*
ter·mo:e·le·*men*·**to** sm.
ter·mo:e·*lé*·**tri·ca** sf.:
*termeléctrica, termelétrica,
termoeléctrica.*
ter·mo:e·le·tri·ci·*da*·**de**
sf.: *termelectricidade,
termeletricidade,
termoelectricidade.*
ter·mo:e·*lé*·**tri·co** adj.:
*termeléctrico, termelétrico,
termoeléctrico.*
ter·mo:e·le·*trô*·**me·tro**
sm.: *termelectrômetro,
termeletrômetro,
termoelectrômetro.*
ter·mo:e·le·tro·mo·*triz*
adj.: *termelectromotriz,
termeletromotriz,
termoelectromotriz.*
ter·mo:e·*lé*·**tron** sm.:
termelétron.

ter·mo:es·*tá*·**vel** adj. 2g.; pl.
·**veis**: *termestável, termostável.*
ter·mo:es·te·*si*·**a** sf.: *termestesia.*
ter·mo·*fi*·**li** sf.
ter·*mó*·**fi·lo** adj.
ter·*mó*·**fo·ro** sm.
ter·mo·*gê*·**ne·se** sf.
ter·mo·ge·*ni*·**a** sf.
ter·mo·*gê*·**ni·co** adj.
ter·mo·gra·*fi*·**a** sf.
ter·mo·*grá*·**fi·co** adj.
ter·*mó*·**gra·fo** sm.
ter·mo:i·*ô*·**ni·co** adj.
ter·mo:i·ni·za·*ção* sf.; pl. ·*ções.*
ter·mo·*lá*·**bil** adj. 2g.; pl. ·**beis.**
ter·*mó*·**li·se** sf.
ter·mo·*lí*·**ti·co** adj.
ter·mo·lo·*gi*·**a** sf.
ter·mo·*ló*·**gi·co** adj.
ter·mo·lu·mi·nes·*cên*·**ci:a** sf.
ter·mo·mag·*né*·**ti·co** adj.
ter·mo·mag·ne·*tis*·**mo** sm.
ter·mo·ma·*nô*·**me·tro** sm.
ter·mo·me·*tri*·**a** sf.
ter·mo·*mé*·**tri·co** adj.
ter·*mô*·**me·tro** sm.
ter·mo·nu·cle:*ar* adj. 2g.
ter·mo·*par* adj. 2g. sm.
ter·mo·pe·ne·tra·*ção* sf.; pl.
·*ções.*
ter·mo·*pi*·**lha** sf.
ter·mo·*plás*·**ti·co** adj. sm.
ter·mo·ple·*gi*·**a** sf.
ter·mo·*plé*·**gi·co** adj.
ter·mo·*quí*·**mi·ca** sf.
ter·mo·*quí*·**mi·co** adj.
ter·**mos** (ê) sm. pl.
ter·mos·*fe*·**ra** sf.
ter·mos·si·*fão* sm.; pl. ·*fões.*
ter·mos·*ta*·**to** sm.:
ter·*mós*·**ta·to.**
ter·mos·*tá*·**vel** adj. 2g.;
pl. ·**veis**: *termestável,
termoestável.*
ter·*na*·**do** adj.
ter·*ná*·**ri:o** adj.
ter·nei·*ra*·**da** sf.
ter·nei·*ra*·**gem** sf.; pl. ·**gens.**
ter·*nei*·**ro** sm.
ter·nei·*ro*·**na** sf.
ter·*ni*·**nho** sm.
ter·**no** adj. sm.
ter·*nu*·**ra** sf.
te·*ró*·**fi·to** sm.
te·*rós*·**po·ro** sm.
te·ro·*te*·**ro(s)** sm. (pl.).
ter·*pe*·**no** sm.

ter·*pi*·na sf.
ter·ra sf.
ter·ra a *ter*·ra adj. 2g. 2n.
ter·*ra*·ço sm.
ter·ra·*co*·ta sf.
ter·*ra*·do adj. sm.
ter·*ral* adj. 2g. sm.; pl. ·*rais*.
ter·ra·*mo*·to sm.: *terremoto*.
ter·ra·*no*·va s2g.; pl. *terras- -novas* ou *terra-novas*.
ter·ran·*tês* adj. sm.
ter·*rão* sm.; pl. ·*rões*: *torrão*.
ter·ra·ple·*na*·gem sf.; pl. ·**gens**.
ter·ra·ple·*nar* v.
ter·ra·*ple*·no sm.
ter·*rá*·que:o adj. sm.
ter·ra·ri·*quen*·se(s) adj. s2g. (pl.).
ter·ra·ro·*xen*·se(s) adj. s2g. (pl.).
ter·ras·*ra*·ras sf. pl..
ter·ra·te·*nen*·te s2g
ter·re:*al* adj. 2g.; pl. ·*ais*.
ter·*rei*·ro adj. sm.
ter·re·*mo*·to sm.: *terramoto*.
ter·re·*nal* adj. 2g.; pl. ·*nais*.
ter·*re*·nho adj. sm.
ter·*re*·no adj. sm.
ter·*ren*·to adj.
tér·re:o adj. sm.
ter·*res*·tre adj. 2g.
ter·*réu* sm.
ter·ri·bi·li·*da*·de sf.
ter·ri·bi·*lís*·si·mo adj. superl de *terrível*.
ter·*ri*·ço sm.
ter·*rí*·co·la adj. s2g.
terrier sm. (ing.: *térrier*)
ter·ri·fi·*can*·te adj. 2g.
ter·ri·fi·*car* v.
ter·*rí*·fi·co adj./Cf. *terrífico*, do v. *terrificar*.
ter·*rí*·ge·no adj.
ter·*ri*·na sf.
ter·*ri*·nha sf., na loc. *a santa terrinha*.
ter·ri·*o*·la sf.
ter·*rís*·so·no adj.
ter·ri·to·ri:*al* adj. 2g.; pl. ·*ais*.
ter·ri·to·ri:a·li·*da*·de sf.
ter·ri·*tó*·ri:o sm.
ter·*rí*·vel adj. 2g. sm.; pl. ·**veis**; superl. *terribilíssimo*.
ter·*rí*·vo·mo adj.
ter·ro:*a*·da sf.: *torroada*.
ter·*ror* (ô) sm.
ter·ro·*rar* v.
ter·ro·*ris*·mo sm.

ter·ro·*ris*·ta adj. s2g.
ter·ro·ri·*zar* v.
ter·*ro*·so (ô) adj.; f. *e* pl. (ó).
ter·ru·*len*·to adj.
ter·si·*ní*·de:o adj. sm.
ter·so adj. 'puro'/Cf. *terço* (ê) num. sm. e *terço* (é), do v. *terçar*.
ter·*sol* sm. 'manutérgio'; pl. ·*sóis*/Cf. *terçol*.
ter·*tú*·li:a sf.
te·*são* sm. *ou* sf.; pl. ·*sões*.
te·*sar* v.
tes·con·*ju*·ro interj.
te·se sf.
tes·la sm.
te·so (ê) adj. sm./Cf. *teso* (é), do v. *tesar*.
te·*soi*·ra sf.: *tesoura*.
te·*soi*·ra·da sf.: *tesourada*.
te·*soi*·ra(s) de *cos*·tas sf. (pl.): *tesoura de costas*.
te·*soi*·ra(s) de *fren*·te sf. (pl.): *tesoura de frente*.
te·*soi*·ra(s)-do-*bre*·jo sf. (pl.): *tesoura-do-brejo*.
te·*soi*·rão sm.; pl. ·*rões*: *tesourão*.
te·soi·ra·*ri*·a sf.: *tesouraria*.
te·*soi*·ras sf. pl.: *tesouras*.
te·*soi*·*rei*·ro sm.: *tesoureiro*.
te·*soi*·*ri*·nha sf.: *tesourinha*.
te·*soi*·ro sm.: *tesouro*.
te·*sou*·ra sf.: *tesoira*.
te·*sou*·ra·da sf.: *tesoirada*.
te·*sou*·ra(s) de *cos*·tas sf. (pl.): *tesoira de costas*.
te·*sou*·ra(s) de *fren*·te sf. (pl.): *tesoira de frente*.
te·*sou*·ra(s)-do-*bre*·jo sf. (pl.): *tesoira-do-brejo*.
te·*sou*·ra(s)-do-*cam*·po sf. (pl.): *tesoira-do-campo*.
te·*sou*·rão sm.; pl. ·*rões*: *tesoirão*.
te·*sou*·*rar* v.: *tesoirar*.
te·sou·ra·*ri*·a sf.: *tesoiraria*.
te·*sou*·ras sf. pl.: *tesoiras*.
te·*sou*·*rei*·ro sm.: *tesoireiro*.
te·*sou*·*ren*·se adj. s2g.
te·*sou*·*ri*·nha sf.: *tesoirinha*.
te·*sou*·ro sm.: *tesoiro*.
tes·*sá*·li·co adj. sm.
tes·*sá*·li:o adj. sm.
tés·sa·lo adj. sm.
tes·sa·lo·ni·*cen*·se adj. s2g.

tes·*sar* sf.
tes·*se*·la sf.
tes·se·*lá*·ri:o sm.
tés·se·ra sf.
tes·se·*rá*·ri:o adj. sm.
tes·si·*tu*·ra sf. 'disposição de notas musicais'/Cf. *tecitura*.
tes·ta sf.
tes·*ta*·ça sf.
tes·*tá*·ce:o adj. sm.
tes·ta·*çu*·do adj. sm.
tes·*ta*·da sf.
tes·ta(s) de *fer*·ro sm. (pl.).
tes·*ta*·do adj. sm.
tes·*ta*·*dor* (ô) adj. sm.
tes·ta·men·*tal* adj. 2g.; pl. ·*tais*.
tes·ta·men·ta·*ri*·a sf.
tes·ta·men·*tá*·ri:o adj. sm.
tes·ta·men·*tei*·ro adj. sm.
tes·ta·*men*·to sm.
tes·ta·men·to(s) de *ju*·das sm. (pl.).
tes·*tan*·te adj. s2g.
tes·*tar* v.
tes·ta·*vi*·lhar v.
tes·te sm. sf.
tes·tec·to·*mi*·a sf.
tes·tec·*tô*·mi·co adj.
tes·te·di:ag·*nós*·ti·co sm.; pl. *testes-diagnósticos* ou *testes-diagnóstico*.
tes·*tei*·ra sf.
tes·te·*mu*·nha sf.
tes·te·*mu*·nha(s) de je:o·*vá* s2g. (pl.).
tes·te·*mu*·nha-*dor* (ô) adj. sm.
tes·te·*mu*·*nhal* adj. 2g. sm.; pl. ·*nhais*.
tes·te·*mu*·*nhar* v.
tes·te·*mu*·*nhá*·vel adj. 2g.; pl. ·*veis*.
tes·te·*mu*·nho sm.
tes·ti·*cár*·di·ce adj. 2g. sm.
tes·*ti*·co sm.
tes·ti·*con*·do adj. sm.
tes·ti·*cu*·lar adj. 2g.
tes·*tí*·cu·lo sm.
tes·*tí*·cu·lo(s)-de-*cão* sm. (pl.).
tes·ti·*cu*·*lo*·so (ô) adj.; f. *e* pl. (ó).
tes·ti·fi·ca·*ção* sf.; pl. ·*ções*.
tes·ti·fi·ca·*dor* (ô) adj. sm.
tes·ti·fi·*can*·te adj. s2g.
tes·ti·fi·*car* v.
tes·*ti*·lha sf.
tes·ti·*lhar* v.
tes·*ti*·lho sm.

tes·to¹ adj. sm. 'enérgico'
  'muro'/Cf. *testo²* (ê) e *texto* (ê).
tes·to² (ê) sm. 'tampa de barro'/
  Cf. *testo¹* (é), *testo* (é), do v.
  testar, e *texto*.
tes·tos (ê) sm. pl.
tes·tos·te·*ro*·na sf.
tes·tu·*dí*·ne:o adj. sm.
tes·*tu*·do adj. sm.
te·*su*·do adj. sm.
te·*su*·ra sf.
te·ta¹ sm. 'letra grega'/Cf. *teta²*
  (ê).
te·ta² (ê) sf. 'glândula
  mamária'/Cf. *teta¹* (é).
te·ta·*ni*·a sf.
te·tâ·ni·co adj.
te·ta·ni·*for*·me adj. 2g.
te·ta·ni·za·*ção* sf.; pl. ·*ções*.
te·ta·ni·*zan*·te adj. 2g.
te·ta·ni·*zar* v.
té·ta·no sm.
te·tas (ê) sm. 2n.
tête-à-tête adj. 2g. sm. 2n. (fr.:
  tét'a'tét)
te·*tei*·a sf.
te·te·*que*·ra sf.
te·*tér*·ri·mo adj. superl. de
  tetro.
te·te·*té* adj. 2g. adv.
te·*téu* sm.
te·*téu*(s)-de-sa·*va*·na sm. (pl.).
té·ti·co adj.
te·ti·go·ni:*ói*·de:o adj. sm.
te·*tim* sm.; pl. ·*tins*.
te·ti·po·*tei*·ra sf.
te·to¹ sm. 'cobertura' 'idioma':
  tecto/Cf. *teto²* (ê).
te·to² (ê) sm. 'mamilo'/Cf. *teto¹*
  (é).
te·tô·ni·ca adj.: *tectônica*.
te·tô·ni·co adj.: *tectônico*.
te·tra·*brân*·qui:o adj. sm.
te·tra·cam·pe:*ão* adj. sm.; pl.
  ·*ões*.
te·tra·cam·pe:o·*na*·to sm.
te·tra·*cár*·pi·co adj.
te·*trá*·ce·ro adj. sm.
te·tra·*cí*·cli·co adj.
te·tra·*co*·lo sm.:
  te·tra·*có*·lon.
te·tra·con·ta:*e*·dro sm.
te·tra·con·*tá*·go·no sm.
te·tra·*cor*·de sm.
te·tra·*cór*·di:o sm.
te·tra·*cor*·do adj. sm.
te·tra·co·sa·*e*·dro sm.

te·tra·co·*sá*·go·no sm.
te·tra·cro·*mi*·a sf.
te·trac·ti·*né*·li·do adj. sm.
te·tra·*cús*·pi·de adj. 2g. sf.
té·tra·da sf.
te·tra·*dác*·ti·lo adj.:
  te·tra·*dá*·ti·lo.
té·tra·de sf.
te·tra·de·ca·*e*·dro sm.
te·tra·de·*cá*·go·no sm.
te·tra·*del*·fo adj.
te·*trá*·di·co sm.
te·tra·di·na·*mi*·a sf.
te·tra·*dí*·na·mo adj.
te·tra:e·*dral* adj. 2g.; pl. ·*drais*.
te·tra:*é*·dri·co adj.
te·tra:e·*dri*·ta sf.
te·tra:*e*·dro sm.
te·tra:e·xa·*é*·dri·co (cs *ou* z)
  adj.
te·tra:e·xa·*e*·dro (cs *ou* z) sm.
te·*trá*·fi·do adj.
te·tra·fi·*lí*·di:o adj. sm.
te·tra·*fi*·lo adj.
te·tra·fo·li:*a*·do adj.
te·*trá*·gi·no adj.
te·tra·go·*nal* adj. 2g.; pl. ·*nais*.
te·tra·*gô*·ni·co adj.
te·*trá*·go·no adj. sm.
te·tra·go·no·*cé*·fa·lo adj.
te·tra·go·nop·te·*rí*·de:o adj.
  sm.
te·tra·go·nop·te·*rí*·ne:o adj.
  sm.
te·tra·go·*nóp*·te·ro adj.
te·tra·*gra*·ma adj. 2g. sm.
te·tra:i·dro·pir·*rol* sm.; pl.
  ·*róis*.
te·tra·*lé*·pi·de adj. 2g.
te·tra·*lo*·gi·a sf.
te·tra·*ló*·gi·co adj.
te·*trâ*·me·ro adj. sm.
te·*trâ*·me·tro sm.
te·tra·mi·*tí*·de:o adj. sm.
te·tran·*dri*·a sf. 'ocorrência de
  quatro estames iguais'/Cf.
  tetrândria.
te·*trân*·dri:a sf. 'conjunto
  dos vegetais tetrandros'/Cf.
  tetrandria.
te·*tran*·dro adj.
te·tra·*ne*·mo adj.
te·tra·*ne*·to sm.: *tataraneto*.
te·tra·ni·*quí*·de:o adj. sm.
te·tra:o·don·*tí*·de:o adj. sm.
te·tra·*pé*·ta·lo adj.
te·tra·ple·*gi*·a sf.

te·tra·*plé*·gi·co adj. sm.
te·trap·*nêu*·mo·ne adj. sf.
te·*trá*·po·de adj. 2g. sm.
te·tra·po·do·*lo*·gi·a sf.
te·tra·po·do·*ló*·gi·co adj.
te·*tráp*·te·ro adj.
te·tra·*quê*·ni:o sm.
te·*trar*·ca sm.
te·*trar*·ca·do sm.
te·*trar*·qui·a sf.
te·*trar*·*rit*·mo adj.
te·*trás*·ce·le sm.
te·tras·*per*·mo adj.
te·tras·po·*rân*·gi:o sm.
te·*trás*·po·ro sm.
te·tras·*sé*·pa·lo adj.
te·tras·si·*lá*·bi·co adj.
te·tras·*sí*·la·bo adj. sm.
te·tras·*tê*·mo·ne adj. 2g.
te·*trás*·ti·co adj.
te·tras·*ti*·lo adj.
te·*trás*·to·mo adj.
te·tra·va·*len*·te adj. 2g.
te·tra·*vô* sm.: *tatraravô*.
te·tra·*vó* sf.: *tataravó*.
te·tri·ci·*da*·de sf.
té·tri·co adj.
te·*tril* sm.; pl. ·*tris*.
te·*triz* adj. sf.: *tectriz*.
te·*tro* adj.; superl. *tetérrimo*.
te·*tro*·do (ô) sm.
te·tro·don·*tí*·de:o adj. sm.
te·trof·*tal*·mo adj.
te·*tro*·se sf.
te·*tró*·xi·do (cs) sm.
te·*tu*·do adj.
teu pron. adj. sm.
téu sm.
te:*ú*·ba sf. 'pequena abelha'/
  Cf. *tiúba*.
têu·cri:o sm.
teu·cro adj. sm.
te:*ú*·do adj.
te:*ur*·gi·a sf.
te:*úr*·gi·co adj.
te:*ur*·gis·ta adj. s2g.
te:*ur*·go sm.
teu·tão adj. sm.; pl. ·*tões*.
téu-*téu*(s) sm. (pl.).
téu-*téu*(s)-da-sa·*va*·na sm.
  (pl.): teu-*téu*(s)-de-sa·*va*·na.
teu·to sm.
teu·to-bra·si·*lei*·ro(s) adj. sm.
  (pl.).
teu·to·ma·*ni*·a sf.
teu·*tô*·ma·no sm.
teu·*tô*·ni·co adj. sm.

teu·to·*nis*·mo sm.
teu·to·*nis*·ta adj. s2g.
te·vê sf.
te·*ven*·te adj. s2g.
te·*xa*·no (cs) adj. sm.
téx·til adj. 2g.; pl. ·teis.
tex·to (ê) sm./Cf. *testo* (é), adj. sm., *testo* (é), do v. *testar* e *testo* (ê) sm.
tex·to(s)-le·*gen*·da(s) sm. (pl.).
tex·tu:*al* adj. 2g.; pl. ·ais.
tex·tu:a·li·*da*·de sf.
tex·tu:a·*lis*·ta adj. s2g.
tex·tu:*á*·ri:o sm.
tex·*tu*·ra sf.
tex·tu·*ral* adj. 2g.; pl. ·rais.
te·*xu*·go sm.
tez (ê) sf. 'pele'/Cf. *tês*, pl. de *tê*.
ti pron. pess.
ti·a sf.
ti:*ã* sm.
ti·a(s)-a-*vó*(s) sf. (pl.).
tí·a·de sf.
ti:*am*·bo sm.
ti:a·*mi*·da sf.
ti:a·*mi*·na sf.
ti:*a*·nha sf.
ti:a·po·*ran*·ga sf.
ti:*a*·ra sf.
ti:a·*tã* sm.
ti:ã-ti:ã(s)-*pre*·to(s) sm. (pl.): ti:á-ti:á(s)-*pre*·to(s).
ti:a·*zi*·na sf.
ti·ba adj. 2g. sf.
ti·*ba*·ca sf.: *quibaca*.
ti·ba·ji:*en*·se adj. s2g.
ti·be interj.
ti·be·ri:*a*·no adj.
ti·*bé*·ri·co adj.
ti·be·*ri*·no adj.
ti·bes interj.
ti·be·*ta*·no adj. sm.
ti·be·ta·no-bir·ma·*nês* adj. sm.; pl. *tibetanos-birmaneses*.
ti·be·*vo*·te (ô) interj.
ti·bi adj. 2g. sm. interj.
tí·bi:a sf.
ti·bi:*al* adj. 2g. sm.; pl. ·ais.
ti·bi:*ez* (ê) sf.
ti·bi:*e*·za (ê) sf.
tí·bi:o adj. sm.
ti·*bi*·ra sm. sf.
ti·*bor*·na sf.
ti·bor·*ni*·ce sf.
ti·*bum* interj. sm.
ti·*bu*·na sf.
ti·bun·*gar* v.
ti·*bun*·go interj. sm.
ti·bur·ci:*a*·no adj.
ti·*bu*·ro sm.
ti·bur·*ti*·no adj. sm.
ti·*ca*·ca sf.
ti·*ção* sm.; pl. ·*ções*.
ti·*car* v.
ticket sm. ing.: *tíquete*.
ti·co sm.
ti·ço:*a*·da sf.
ti·ço:*ei*·ro sm.
ti·ço·*na*·do adj.
ti·*co*·nha sf.
ti·co·*pá* sm.
ti·co·*ti*·co(s) sm. (pl.).
ti·co·*ti*·co(s)-do·bi·ri sm. (pl.).
ti·co·*ti*·co(s)-do-*cam*·po sm. (pl.).
ti·co·*ti*·co(s)-do-*ma*·to sm. (pl.).
ti·co·*ti*·co(s)-do-pi·ri sm. (pl.).
ti·co·*ti*·co(s)-gu·*lo*·so(s) sm. (pl.).
ti·co·*ti*·co(s)-ras·*tei*·ro(s) sm. (pl.).
ti·co·*ti*·co(s)-*rei*(s) sm. (pl.).
ti·cu·*an*·ga sf.
ti·*cu*·ca sf.
ti·*cum* sm.: *tecum*, *tucum*; pl. ·cuns.
ti·*cum*·bi sm.
ti·*cu*·na adj. s2g. sf.: *tecuna*, *tucuna*.
ti·*cu*·ra sm. sf.: *tucura*.
ti:é sm.
tiebreak sm. (ing.: *taibrêik*)
ti:é(s)-da-*ma*·ta sm. (pl.).
ti:é(s)-do-ma·to-*gros*·so sm. (pl.).
ti:é-*fo*·go sm.; pl. *tiés-fogos* ou *tiés-fogo*.
ti:é-*ga*·lo sm.; pl. *tiés-galos* ou *tiés-galo*.
ti:é(s)-gua·çu(s)-pa·ro:*a*·ra(s) sm. (pl.).
ti:é(s)-pi·*ran*·ga(s) sm. (pl.).
ti:é(s)-*pre*·to(s) sm. (pl.).
ti:é-*san*·gue sm.; pl. *tiés-sangues* ou *tiés-sangue*.
ti:e-*ta*·gem sf.; pl. ·gens.
ti·e·te s2g.
ti:e-*té* sm.: ti:e·tê.
ti:e-te:*a*·no adj.
ti:e-te:*en*·se adj. s2g.
ti:e-te·*í* sm.
ti:e·*tin*·ga sm.
ti:é(s)-ver·*me*·lho(s) sm. (pl.).
ti·fa sf.
ti·*fá*·ce:a sf.
ti·*fá*·ce:o adj.
ti·*fão* sm.; pl. ·*fões*.
ti·*fei*·a sf.
ti·fe·*í*·ne:o adj. sm.
ti·fe·*mi*·a sf.
ti·*fê*·mi·co adj.
tí·fi·co adj.
ti·flec·ta·*si*·a sf.
ti·flec·to·*mi*·a sf.
ti·*fli*·te sf.
ti·flo·gra·*fi*·a sf.
ti·flo·*grá*·fi·co adj.
ti·*fló*·gra·fo sm.
ti·flo·lo·*gi*·a sf.
ti·flo·*ló*·gi·co adj.
ti·*fló*·lo·go sm.
ti·flo·me·ga·*li*·a sf.
ti·flo·pe·*xi*·a (cs) sf.
ti·flo·*pí*·de:o adj. sm.
ti·*flo*·se sf.
ti·fo sm.
ti·*foi*·de adj. 2g.
ti·*fó*·de:o adj.: ti·fo:*í*·de:o.
ti·*fo*·so (ô) adj. sm.; f. e pl. (ó).
ti·*ge*·la sf.
ti·ge·*la*·da sf.
ti·*gra*·do adj.
ti·gre adj. 2g. 2n. sm.
ti·gre(s)-d'*á*·gua sm. (pl.).
ti·*gre*·sa (ê) sf.
tí·gri·do adj.
ti·*gri*·no adj. sm.
ti·*gue*·ra sf.
ti·*ji*·bu sm.
ti·jo·*lei*·ra sf.
ti·jo·*lei*·ro sm.
ti·*jo*·lo (ô) sm.
ti·*ju* sm.
ti·ju·*bi*·na sf.
ti·*ju*·ca sf.
ti·ju·*ca*·da sf.
ti·ju·*cal* sm.; pl. ·cais.
ti·ju·*ca*·no adj. sm.
ti·ju·co sm.
ti·ju·cu·*pau*·a sf.: ti·ju·cu·*pa*·va.
ti·ju·*pá* sm.: *tajupá, tajupar*.
ti·ju·*pa*·ba sm.
ti·ju·*par* sm.
ti·ju·*quei*·ra sf.
ti·ju·*quei*·ro sm.
ti·ju·*quen*·se adj. s2g.
til sm.
ti·*la*·do adj.
ti·*lar* v.

til·bu·*rei*·ro sm.
til·bu·*ri* sm.
til·*da*·do adj.
til·*dar* v.
tí·le:a sf. 'gênero de plantas crassuláceas'/Cf. *tília, tilha*.
ti·lha sf. 'pavimento de um navio'/Cf. *tílea, tília*.
ti·*lha*·do adj. sm.
tí·li:a sf. 'árvore'/Cf. *tílea, tilha*.
ti·li:*á*·ce:a sf.
ti·li:*á*·ce:o adj.
ti·lin·*tan*·te adj. 2g.
ti·lin·*tar* v. sm.: *tlintar*.
ti·*li*·to sm.
ti·lo sm.
ti·*lo*·ma sm.
ti·*lo*·se sf.
ti·*lo*·so (ô) adj.; f. *e* pl. (ó).
tilt·*dô*·zer sm.
ti·*ma*·ço sm.
ti·*mão* sm.; pl. ·*mões*.
tim·ba sf.
tim·*ba*·ba sf.
tim·*ba*·le sm.
tim·ba·*lei*·ro adj. sm.
tim·ba·*tu* sm.
tim·ba·*ú*·ba sf.: *timbaúva*.
tim·ba:u·*ben*·se adj. s2g.
tim·ba·*ú*·va sf.: *timbaúba*.
tim·*bé* sm.
tim·*bi*·ra adj. s2g.
tim·bi·*ren*·se adj. s2g.
tim·*bó* sm.
tim·bó(s)-a·*çu*(s) sm. (pl.).
tim·bó(s)-a·ma·*re*·lo(s) sm. (pl.).
tim·bó(s)-bo·ti·*cá*·ri:o(s) sm. (pl.).
tim·bó(s)-*bra*·vo(s) sm. (pl.).
tim·bó(s)-ca·*á*(s) sm. (pl.).
tim·bó-ca·*tin*·ga sm.; pl. *timbós-catingas* ou *timbós--catinga*.
tim·bó(s)-da·*ma*·ta sm. (pl.).
tim·bó(s)-de-ca·i·*e*·na sm. (pl.).
tim·bó(s)-de-*pei*·xe sm. (pl.).
tim·bó(s)-de-ra·*iz* sm. (pl.).
tim·bó(s)-do-*cam*·po sm. (pl.).
tim·bó(s)-do-ri:o-de-ja·*nei*·ro sm. (pl.).
tim·bo:*en*·se adj. s2g.
tim·bo:*í*·na sf.
tim·bó(s)-le·*gí*·ti·mo(s) sm. (pl.).

tim·bó-ma·ca·*qui*·nho sm.; pl. *timbós-macaquinhos* ou *timbós-macaquinho*.
tim·bó(s)-*man*·so(s) sm. (pl.).
tim·bó-*mi*·rim sm.; pl. *timbós-mirins*.
tim·bó-*pau* sm.; pl. *timbós-paus* ou *timbós-pau*.
tim·bo·*ra*·na sf.
tim·bó-ta·tu·ru:*ai*·a sm.; pl. *timbós-taturuaias* ou *timbós--taturuaia*.
tim·bo·*ú*·va sm.
tim·*bra*·do adj.
tim·*bra*·gem sf.; pl. ·*gens*.
tim·*brar* v.
tim·bre sm.
tim·*bri* sm.
tim·bro·gra·*vu*·ra sf.
tim·*bro*·so (ô) adj.; f. *e* pl. (ó).
tim·*bu* sm.
tim·bu:*ar* v.
tim·*bu*·cu sm.
tim·bu·*ra*·na sf.
tim·bu·*ré* sm.: **tim·bu·*rê***, *ximburé*.
tim·bu·*ré*(s)-pin·*ta*·do(s) sm. (pl.).
tim·bu·re·*tin*·ga sm.
tim·bu·*ri* sm.
tim·bu·ri:*en*·se adj. s2g.
ti·me sm.
ti·me·*lá*·ce:a sf.
ti·me·*lá*·ce:o adj.
timer sm. (ing.: *táimer*)
ti·mi:a·tec·*ni*·a sf.
ti·mi:a·*téc*·ni·co adj.
tí·mi·co adj.
ti·*mi*·cu sm.
ti·mi·cu:*im* sm.; pl. ·*ins*.
ti·mi·*cu*·pi sm.
ti·mi·*dez* (ê) sf.
tí·mi·do adj.
ti·mi·mi·*nó* adj. s2g.
timing sm. (ing.: *táimin*)
ti·mo sm.
ti·mo·cra·*ci*·a sf.
ti·mo·*cra*·ta s2g.
ti·mo·*crá*·ti·co adj.
ti·*mol* sm.; pl. ·*móis*.
ti·mo·ne:*ar* v.
ti·mo·*nei*·ra sf.
ti·mo·*nei*·ro sm.
ti·mo·*nen*·se adj. s2g.
ti·*mor* (ô) adj. s2g.
ti·mo·*ra*·to adj.
ti·mo·*ren*·se adj. s2g.

ti·m·pa·*nal* adj. 2g. sm.; pl. ·*nais*.
tim·pa·*não* sm.; pl. ·*nões*.
tim·*pâ*·ni·co adj.
tim·pa·*ni*·lho sm.
tim·pa·*nis*·mo sm.
tim·pa·*nis*·ta adj. s2g.
tim·pa·*ni*·te sf.
tim·pa·*ní*·ti·co adj. sm.
tim·pa·ni·*zar* v.
tím·pa·no sm.
ti·*mu*·cu sm.
ti·*mu*·tu sm.
ti·na sf.
ti·*na*·da sf.
ti·*na*·lha sf.
ti·na·ma·*lu* sm.
ti·na·*mí*·de:o adj. sm.
ti·na·mi·*for*·me adj. 2g. sm.
tin·*cal* sm.; pl. ·*cais*: *atincal*.
tin·ca·*lei*·ra sf.
tin·*ção* sf.; pl. ·*ções*.
tin·*car* sm.
tin·co:*ã* sf.
ti·ne·*í*·de:o adj. sm.
ti·ne·*lei*·ro sm.
ti·*ne*·lo sm.
ti·ne:*ói*·de:o adj. sm.
 ti·ne:o·*í*·de:o.
ti·*ne*·ta (ê) sf.
tin·*gi*·do adj.
tin·gi·*dor* (ô) adj. sm.
tin·gi·*du*·ra sf.
tin·*gir* v.
tin·gi·*ta*·no adj. sm.
tin·gua·*ci*·ba sf.
tin·gua·*çu* sm.
tin·gua·*í*·to sm.
tin·*gui* sm. s2g.
tin·gui-ca·*pe*·ta sm.; pl. *tinguis--capetas* ou *tinguis-capeta*.
tin·gui(s)-de·*lei*·te sm. (pl.).
tin·gui(s)-de·*pei*·xe sm. (pl.).
tin·gui·*ja*·da sf.
tin·gui·*jar* v.
ti·nha sf.
ti·*nha*·nha sf.
ti·nho·*rão* sm.; pl. ·*rões*.
ti·*nho*·so (ô) adj. sm.; f. *e* pl. (ó).
ti·*nhu*·ma sf.
ti·ni sm.
ti·ni·*cé*·fa·lo sm.
ti·ni·*dei*·ra sf.
ti·*ní*·de:o adj. sm.
ti·*ni*·do sm.
ti·ni·*dor* (ô) adj. sm.

ti·nin·te adj. 2g.
ti·nir v.
ti·no sm.
ti·no·co·rí·de:o adj. sm.
ti·nó·co·ro sm.
ti·nó·fi·lo adj.
ti·nó·fi·ta sf.
ti·no·te sm.
tin·ta sf.
tin·ta(s)-dos-gen·ti·os sf. (pl.).
tin·ta·gem sf.; pl. ·gens.
tin·tar v.
tin·tei·ra sf.
tin·tei·ro sm.
tim-tim sm., na loc. tim-tim por tim-tim.
tin·ti·na·bu·lan·te adj. 2g.
tin·ti·na·bu·lar v.
tin·ti·ná·bu·lo sm./Cf. tintinabulo, do v. tintinabular.
tin·ti·nan·te adj. 2g.
tin·ti·nar v.
tin·ti:o·lim sm.; pl. ·lins.
tin·to adj.
tin·to·ri·al adj. 2g.; pl. ·ais.
tin·tó·ri:o adj.
tin·tu·ra sf.
tin·tu·ra·ri·a sf.
tin·tu·rei·ra sf.
tin·tu·rei·ro adj. sm.
tin·tu·rei·ro(s)-das-pe·dras sm. (pl.).
ti:o sm.
ti:o-á·ci·do sm.
ti:o(s)-a-vô(s) sm. (pl.): f. tia-avó.
ti:o-bac·té·ri:a sf.
ti:o·ca sf.
ti:o·ci:a·na·to sm.
ti:o·ci:a·ne·to sm.
ti:o·ci:â·ni·co adj.
ti:o·fe·no sm.
ti:om-ti:om sm.; pl. tions-tions.
ti:o·ô·ni·co adj.
ti:o·ni·la sm.
ti:o·ni·na sf.
ti:o·nol sm.; pl. ·nóis.
ti:o·pi·ri·na sf.
ti:or·ba sf.
ti:o·re·ga sf.
ti:or·ga sf.
ti:os·si·na·mi·na sf.
ti:os·sul·fa·to sm.
ti:os·sul·fú·ri·co adj.
ti:o·tê sm.
ti·pa sf.
ti·pa·co:e·ma sf.

ti·pão sm.; pl. ·pões.
ti·pé sm.
ti·pi sm.
ti·pi·ci·da·de sf.
tí·pi·co adj.
ti·pi·fi·ca·ção sf.; pl. ·ções.
ti·pi·fi·car v.
ti·pi:ó sm.
ti·pi·ri sm.
ti·pis·ca sf.
ti·pi·ti sm.
ti·pi·tin·ga adj 2g.
ti·ple s2g.
ti·po sm.
ti·po(s)-al·tu·ra(s) sf. (pl.).
ti·po·cro·mi·a sf.
ti·po·crô·mi·co adj.
ti·po·fo·ne sm.: tipofono.
ti·po·fo·ni·a sf.
ti·po·fô·ni·co adj.
ti·po·fo·no sm.: tipofone.
ti·pof·se·te sm.
ti·po·gra·far v.
ti·po·gra·fi·a sf.
ti·po·grá·fi·co adj.
ti·pó·gra·fo sm./Cf. tipografo, do v. tipografar.
ti·pói sm.
ti·poi·a sf.
ti·pó·li·ta sf.
ti·po·lo·gi·a sf.
ti·po·me·tri·a sf.
ti·po·mé·tri·co adj.
ti·pô·me·tro sm.
ti·pó·to·no sm.
tip·to·lo·gi·a sf.
tip·to·ló·gi·co adj.
tip·tó·lo·go sm.
ti·pu sm.
ti·pu:a·na sf.
ti·pu·ca sf.
ti·qua·ra sf.
ti·que sm.
ti·que:ar v.
ti·que·ta·que(s) sm. (pl.).
ti·que·ta·que:ar v.
tí·que·te sm., do ing. ticket.
ti·que-ti·que(s) sm. (pl.).
ti·qui·nho sm.
ti·qui·ra sf.
ti·quis·mo sm.
ti·ra sf.
ti·ra-bra·gal sm.; pl. tira-bragais.
ti·ra·ção sf.; pl. ·ções.
ti·ra·cis·ma(s) sm. (pl.).
ti·ra·co·lo sm.

ti·ra·da sf.
ti·ra·dei·ra sf.
ti·ra·dei·ras sf. pl.
ti·ra·de·la sf.
ti·ra·den·tes sm. 2n.
ti·ra·den·ti·no adj. sm.
ti·ra·do adj.
ti·ra·dor (ô) adj. sm.
ti·ra·dor de ci·pó sm.; pl. tiradores de cipó.
ti·ra·dou·ra sf.: ti·ra·doi·ra.
ti·ra·du·ra sf.
ti·ra·dú·vi·da, ti·ra·dú·vi·das sm. 2n.
ti·ra·fa·ca(s) sm. (pl.).
ti·ra·fun·do(s) sm. (pl.).
ti·ra·gem sf.; pl. ·gens.
ti·ra·gos·to (ô) sm.; pl. tira-gostos.
ti·ra·li·nhas sm. 2n.
ti·ra·man·chas sm. 2n.
ti·ram·ba·ço sm.: tirombaço.
ti·ram·boi·a sf.
ti·ra·men·to sm.
ti·ra·na sf.
ti·ra·ne·te (ê) sm.
ti·ra·ni·a sf.
ti·ra·ni·ci·da adj. s2g.
ti·ra·ni·cí·di:o sm.
ti·râ·ni·co adj.
ti·ra·ní·de:o adj. sm.
ti·ra·ni·do adj. sm.: ti·râ·ni·do.
ti·ra·ni·za·dor (ô) adj. sm.
ti·ra·ni·zar v.
ti·ra·no adj. sm.
ti·ra·nó·do:as sm. 2n.
ti·ran·te adj. 2g. sm. prep.
ti·rão sm.; pl. ·rões.
ti·ra·pé sm.
ti·ra·pei·a sf.
ti·ra·pro·sa(s) adj. s2g. (pl.).
ti·ra·pro·vas sm. 2n.
ti·rar v.
ti·ra·tei·mas sm. 2n.
ti·ra·tes·ta(s) sm. (pl.).
ti·ra·tron sm.; pl. ·trons.
ti·ra·vi·ra[1] sf. 'peixe'.
ti·ra·vi·ra[2] sf. 'cabo'.
ti·rá·zi:o sm.
ti·re:oi·de adj. 2g. sf.: tiroide.
ti·re:oi·dec·to·mi·a sf.
ti·re:oi·dec·tô·mi·co adj. sm.
ti·re:oi·di·te sf.
ti·re:o·me·ga·li·a sf.
ti·re:o·me·gá·li·co adj.
ti·re:o·to·mi·a sf.
ti·re:o·tô·mi·co adj.

ti·re:o·to·xi·co·se (cs) sf.
ti·re·te (ê) sm.
ti·ri·ba sm.: tiriva.
ti·ri·ba·í sm.
ti·ri·ba(s)-pe·que·na(s) sm. (pl.).
ti·ri·bi·nha sf.
ti·rin·tin·tim sm.; pl. ·tins.
tí·ri:o adj. sm.
ti·ri:ô adj. s2g.
ti·ri·ri sm.
ti·ri·ri·ca adj. 2g. sf. e sm.
ti·ri·ri·ca(s)-fal·sa(s) sf. (pl.).
ti·ri·ri·cal sm.; pl. ·cais.
ti·ri·ta·na sf.
ti·ri·tan·te adj. 2g.
ti·ri·tar v.
ti·ri:ú·ma adj. 2g.
ti·ri·va sm.: tiriba.
tir·lin·tar v. sm.
ti·ro sm.
ti·ro·cí·ni:o sm.
ti·ro(s) de guer·ra sm. (pl.).
ti·roi·de adj. 2g. sf: tireoide.
ti·ro·lês adj. sm.
ti·ro·le·sa (ê) adj. sf.
ti·ro·man·ci·a sf.
ti·ro·man·te s2g.
ti·ro·mân·ti·co adj.
ti·rom·ba·ço sm.: tirambaço.
ti·ro·ne:a·da sf.
ti·ro·ne:ar v.
ti·ro·ni:a·no adj.
ti·rop·te·rí·de:o adj. sm.
ti·ro·si·na sf.
ti·ro·te:ar v.
ti·ro·tei·o sm.
tir·rê·ni:o adj. sm.: tir·re·no.
tir·ri sm.
tir·sí·ge·ro adj.
tir·so sm.
tir·soi·de adj. 2g.
tir·te sm., na loc. sem tir-te nem guarte.
ti·sa·na sf.
ti·sâ·ni:a sf.
ti·sa·nóp·te·ro adj. sm.
ti·sa·nu·ri·for·me adj. 2g.
ti·sa·nu·ro adj. 2g. sm.
tis·ca sf.
tis·co sm.
tí·si·ca sf.
tí·si·co adj. sm.
ti·si:o·fo·bi·a sf.
ti·si:o·fó·bi·co adj.
ti·si:ó·fo·bo sm.
ti·si:o·lo·gi·a sf.

ti·si:o·ló·gi·co adj.
ti·si:o·lo·gis·ta adj. s2g.
ti·si:ó·lo·go sm.
tis·na sf.
tis·na·do adj. sm.
tis·na·du·ra sf.
tis·nar v.
tis·ne sm.
tís·ri adj. s2g.
tis·su·lar adj. 2g.
ti·tã sm.: titão.
ti·ta·na·do adj.
ti·tâ·ni·co adj.
ti·ta·ní·fe·ro adj.
ti·tâ·ni:o sm.
ti·ta·ni·ta sf.
ti·tão sm.; pl. ·tões: titã.
ti·ta·ra sf.
ti·te·la sf.
tí·te·re sm. adj. 2g.
ti·te·re:ar v.
ti·te·rei·ro adj. sm.
ti·te·ri sm.
ti·te·ri·tei·ro adj. sm.
ti·ti·a sf.
ti·ti·ca sf.
ti·ti·car v.
ti·ti·la·ção sf.; pl. ·ções.
ti·ti·la·men·to sm.
ti·ti·lan·te adj. 2g.
ti·ti·lar adj. 2g. v.
ti·ti·lo·so (ô) adj.; f. e pl. (ó).
ti·tí·ma·lo sm.
ti·tí·ma·lo·mai·or sm.; pl. titímalos-maiores.
ti·tin·ga sf.
ti·ti:o sm.
ti·tis·mo sm.
ti·tô·ni:a sf.
ti·to·ní·de:o adj. sm.
ti·tu·bar v.
ti·tu·be:a·ção sf.; pl. ·ções.
ti·tu·be:an·te adj. 2g.
ti·tu·be:ar v.
ti·tu·bei·o sm.
ti·tu·la·ção sf.; pl. ·ções
ti·tu·la·do adj.
ti·tu·lar adj. s2g. sm. v.
ti·tu·la·ri·da·de sf.
ti·tu·lei·ra sf.
ti·tu·lei·ro sm.
tí·tu·lo sm.
ti·ú sm.: teiú, teju.
ti:ú·ba sf. 'cachaça'/Cf. teúba.
ti:u·pá sm.
ti·vo·li·no adj. sm.
ti·xo·tro·pi·a (cs) sf.

ti·xo·tró·pi·co (cs) adj.
ti·xó·tro·po (cs) adj.
ti·ziu sm.
tlim sm. interj.; pl. tlins.
tlin·tar v.: tilintar.
tme·se sf.
to contr. do pron. te com o pron. o.
to·a (ô) sf.
to:a·da sf.
to:a·dei·ra adj. sf.
to:a·di·lha sf.
to:a·le·te sf. sm.
to:a·lha sf.
to:a·lhei·ro sm.
to:a·lhe·te (ê) sm.
to:a·lhin·ha sf.
to:an·te adj. 2g.
to:ar v.
to·ba sm.
to·ba·ja·ra adj. s2g.: tabajara.
to·ba·tin·ga sf.: tabatinga.
to·bei·ro sm.
to·bi:a·no adj. sm.
to·bi:en·se adj. s2g.
to·bó sm.
to·bo·gã sm.
to·bo·ga·nis·ta s2g.
to·ca sf.
to·ca·da sf.
to·ca·de·la sf.
to·ca·di·lho sm.
to·ca·dis·cos sm. 2n.
to·ca·do adj. 'alegre'/Cf. toucado.
to·ca·dor (ô) adj. sm. 'que ou aquele que toca'/Cf. toucador.
to·ca·du·ra sf.
to·ca·fi·ta(s) sm. (pl.).
tó·cai sm./Cf. tocai, do v. tocar.
to·cai·a sf.
to·cai·ar v.
to·cai·ei·ro sm.
to·cai·na·rá sf.
to·cai:o adj. sm.
to·ca·jé sm.
to·ca·lá·pis sm. 2n.
to·ca·men·to sm.
to·can·di·ra sf. adj. s2g.
to·ca·ne·ra (ê) sf.
to·can·gui·ra sf.
to·can·gui·bi·ra sf.
to·can·te adj. 2g.
to·can·te·ra (ê) sf.
to·can·tim adj. s2g.; pl. ·tins
to·can·ti·nen·se adj. s2g.
to·can·ti·ni:en·se adj. s2g.
to·can·ti·no·po·li·no adj. sm.

to·car v. sm. 'pôr a mão em' 'moléstia do gado vacum'/ Cf. toucar.
to·ca·ri sm.
to·cá·ri:o adj. sm.
to·ca·ro·la sf.
to·ca·ta sf.
to·cá·vel adj. 2g.; pl. ·veis.
to·ca·vi:o·la(s) sm. (pl.).
to·cha sf.
to·chei·ra sf.
to·chei·ro sm.
to·co (ô) sm./Cf. toco (ó), do v. tocar.
to·co(s) de a·mar·rar·bes·ta sm. (pl.).
to·co(s) de a·mar·rar·je·gue sm. (pl.).
to·co(s) de a·mar·rar·on·ça sm. (pl.).
to·co(s)-du·ro(s) sm. (pl.).
to·co·gra·fi·a sf.
to·co·grá·fi·co adj.
to·có·gra·fo sm.
to·coi·ó adj. s2g.
to·co·lo·gi·a sf.
to·co·ló·gi·co adj.
to·có·lo·go sm.
to·da sf. 'ave'/Cf. toda (ô), de todo.
to·da·vi·a conj.
to·dei·ro sm.
to·do (ô) pron. adj. adv. sm.; f. toda (ô)/Cf. toda (ó).
to·do·po·de·ro·so(s) adj. sm.; f. e pl. (ó).
to:é sm.
to:ei·ra sf.
to:e·sa (ê) sf.
to·fo sm.
to·fu sm.
to·ga sf.
to·ga·do adj. sm.
toi·ça sf.: touça.
toi·cei·ra sf.: touceira.
toi·ci·nho sm.: toucinho.
toi·ra·da sf.: tourada.
toi·ral adj. 2g. sm.; pl. ·rais: toural.
toi·re:a·ção sf.; pl. ·ções: toureação.
toi·re:ar v.: tourear.
toi·rei·o sm.: toureio.
toi·rei·ro sm.: toureiro.
toi·re·jão sm.; pl. ·jões: tourejão.
toi·ril sm.; pl. ·ris: touril.

toi·ri·nha sf.: tourinha.
toi·ro sm.: touro.
toi·ru·no adj.: touruno.
toi·ta sf.: touta.
toi·te:a·dor (ô) adj. sm.: touteador.
toi·te:ar v.: toutear.
toi·ti·ça·da sf.: toutiçada.
toi·ti·ço sm.: toutiço.
to·jal sm.; pl. ·jais.
to·jei·ro sm.
to·jo (ô) sm.; pl. tojos (ó).
token sm. (ing.: tôuken)
to·la sf. 'cabeça'/Cf. tola (ô), f. de tolo.
to·la·cís·si·mo adj. superl. de tolaz.
to·la·no sm.
to·laz adj. s2g.; superl. tolacíssimo.
tol·da (ô) sf.: toldo.
tol·da·dor (ô) adj.
tol·dar v.
tol·dá·vel adj. 2g.; pl. ·veis.
tol·de·ri·a sf.
tol·do (ô) sm.: tolda/Cf. tolda (ó) e toldo (ó), do v. toldar.
to·le·da·na sf.
to·le·da·no adj. sm.
to·le·den·se adj. s2g.
to·lei·ma sf.
to·lei·rão adj. sm.; pl. ·rões; f. toleirona.
to·lei·ro·na adj. sf. de toleirão.
to·le·jar v.
to·le·ra·bi·li·da·de sf.
to·le·ra·da sf.
to·le·ra·do adj.
to·le·rân·ci:a sf.
to·le·ran·te adj. 2g.
to·le·ran·tis·mo sm.
to·le·rar v.
to·le·rá·vel adj. 2g.; pl. ·veis.
to·le·te (ê) sm.
to·le·tei·ra sf.
to·lhe·du·ra sf.
to·lhei·ta sf.
to·lhei·to adj.
to·lher v.
to·lhi·do adj.
to·lhi·men·to sm.
to·li·ce sf.
to·li·na sf.
to·li·nar v.
to·li·nei·ro sm.
to·lo (ô) adj. sm. 'bobo'; f. tola (ô)/Cf. tola (ó).

to·lon·tro sm.
tol·te·ca adj. s2g.
tol·te·co adj. sm.: tolteca.
to·lu sm.
to·lu:a·to sm.
to·lu:e·no sm.
to·lu:í·fe·ro adj.
to.m sm.; pl. tons.
to·ma sf.
to·ma·ção sf.; pl. ·ções.
to·ma·da sf.
to·ma·di·a sf.
to·ma·di·ço adj.
to·ma·do adj. sm.
to·ma·dor (ô) adj. sm.
to·ma·du·ra sf.
to·ma·lar·gu·ra(s) sm. (pl.).
to·mar v.
to·ma·ra interj.
to·ma·ra que cai·a adj. 2g. 2n. sm. 2n.
to·ma·ren·se adj. s2g.
to·ma·ris·ta adj. s2g. sf.
to·ma·si·nen·se adj. s2g.
to·ma·ta·da sf.
to·ma·te sm.
to·ma·te(s)-do-a·ma·zo·nas sm. (pl.).
to·ma·te(s)-gran·de(s) sm. (pl.).
to·ma·tei·ra sf.
to·ma·tei·ro sm.
to·ma·te·pe·ra sm.; pl. tomates-peras ou tomates-pera.
to·ma·tes sm. pl.
tom·ba sf.
tom·ba·da sf.
tom·ba·di·lho sm.
tom·ba·do adj.
tom·ba·doi·ro sm.: tombadouro.
tom·ba·dor (ô) adj. sm.
tom·ba·dou·ro sm.: tombadoiro.
tom·ba las á·guas sm. 2n.
tom·ba·men·to sm.
tom·bão sm.; pl. ·bões.
tom·bar v.
tom·bei·ro adj.
tom·ben·se adj. s2g.
tom·bo sm.
tôm·bo·la sf./Cf. tombola, do v. tombolar.
tom·bo·lar v.
to·mé sm.
to·me·lis·ta s2g.
to·men·te·lo (ê) adj. sm.

to·men·to sm.
to·men-*to*·so (ô) adj.; f. *e* pl. (ó).
tô·mi·co sm.
to·mi·*lhal* sm.; pl. ·*lhais*.
to·*mi*·lho sm.
to·*mí*·pa·ro adj.
to·*mis*·mo sm.
to·*mis*·ta adj. s2g.
to·*mís*·ti·co adj.
to·mo sm.
to·mo·gra·*fi*·a sf.
to·mo·*grá*·fi·co adj.
to·*mó*·gra·fo sm.
to·mo·*mi*·no adj. s2g.: temininó.
to·mo·to·*ci*·a sf.
to·mo·*tó*·ci·co adj.
to·na sf.
to·na·*di*·lha sf.
to·*nal* adj. 2g.; pl. ·*nais*.
to·na·li·*da*·de sf.
to·na·*li*·to sm.
to·na·li·za·ção sf.; pl. ·ções.
to·na·li·*zar* v.
to·*nan*·te adj. 2g. sm.
to·*nar* v.
to·*ná*·ri:o sm.
ton·ca sf.
ton·*cal* adj. 2g. sm.
ton·*di*·nho sm.
to·ne sm. 'barco'/Cf. *tôni*.
to·*nel* sm.; pl. ·*néis*/Cf. *toneis*, do v. *tonar*, e *tuneis*, do v. *tunar*.
to·ne·*la*·da sf.
to·ne·la·da-qui·*lô*·me·tro sf.; pl. *toneladas-quilômetros* ou *toneladas-quilômetro*.
to·ne·*la*·gem sf.; pl. ·*gens*.
to·ne·la·*ri*·a sf.
tô·ner sm.
tô·ni sm. 'palhaço'/Cf. *tone* sm. e fl. do v. *tonar*.
tô·ni·ca sf.
to·ni·ci·*da*·de sf.
tô·ni·co adj. sm.
to·ni·fi·*can*·te adj. 2g.
to·ni·fi·*car* v.
to·*ni*·lho sm.
to·*ni*·nha sf.
to·*nis*·mo sm.
to·ni·tru:*ân*·ci:a sf.
to·ni·tru:*an*·te adj. 2g.
to·*ní*·tru:o adj.
to·ni·tru:*o*·so (ô) adj.; f. *e* pl. (ó).
to·no sm.
to·no·me·*tri*·a sf.

to·no·*mé*·tri·co adj.
to·*nô*·me·tro sm.
ton·*quim* adj. s2g. sm.; pl. ·*quins*.
ton·qui·*nês* adj. sm.
ton·*si*·la sf.
ton·si·*lar* adj. 2g.
ton·si·lec·to·*mi*·a sf.
ton·si·*li*·te sf.
ton·*su*·ra sf.
ton·su·*ra*·do adj. sm.
ton·su·*rar* v.
ton·ta sf.
ton·te:*ar* v.
ton·*tei*·ra sf.
ton·*ti*·ce sf.
ton·*ti*·na sf.
ton·to adj. sm.
ton-ton-*guê* sm.: *tantanguê*.
ton·*tu*·ra sf.
tô·nus sm. 2n.
to·pa sf.
to·pa a *tu*·do sm. 2n.
to·*pa*·da sf.
to·*pa*·dor (ô) adj. sm.
to·*par* v.
to·*par*·ca sm.
to·par·*qui*·a sf.
to·*pár*·qui·co adj.
to·pa·*tin*·ga sm.
to·pa-*tu*·do sm. 2n.
to·*pá*·zi:o sm.
to·pe sm.: *topo*².
to·pe·*ta*·da sf.
to·pe·*tar* v.
to·*pe*·te (é *ou* ê) sm.
to·pe·*tei*·ra sf.
to·pe·*tu*·da sf.
to·pe·*tu*·do adj.
to·pi:a·*ri*·a sf.
to·pi:*á*·ri:o sm.
tó·pi·ca sf.
tó·pi·co adj. sm.
tó·pi·cos sm. pl.
to·pi·*nam*·bo adj. sm.
to·pi·*quis*·ta adj. s2g.
to·pi·*tá* sm.
topless adj2g2n. sm. (ing.: *tóples*)
to·po¹ sm. 'encontro'/Cf. *topo*² (ô).
*to.po*² (ô) sm. 'cume': *tope*/Cf. *topo*¹ sm. e fl. do v. *topar*.
to·po·*cên*·tri·co adj.
to·po·fo·*bi*·a sf.
to·po·*fó*·bi·co adj.
to·*pó*·fo·bo sm.

to·po·gra·*far* v.
to·po·gra·*fi*·a sf.
to·po·*grá*·fi·co adj.
to·*pó*·gra·fo sm./Cf. *topografo*, do v. *topografar*.
to·po·lo·*gi*·a sf.
to·po·*ló*·gi·co adj.
to·po·*ní*·mi:a sf.
to·po·*ní*·mi·co adj.
to·*pô*·ni·mo sm.
to·po·no·*más*·ti·ca sf.
to·po·no·*más*·ti·co adj.
to·po·*ra*·ma sm.
to·po·*râ*·mi·co adj.
to·po·te·*si*·a sf.
to·po·*té*·ti·co adj.
to·*pó*·ti·po sm.
to·que sm.
to·que·*dá* adj. s2g.
to·que-em-*bo*·que(s) sm. (pl.).
to·*quei*·ro sm.
to·que-*to*·que(s) sm. (pl.).
to·*quis*·ta adj. s2g.
to·ra sf.
to·*rá* adj. s2g.: *turá*.
to·*rá*·ci·co adj. sm.
to·ra·co·cen·*te*·se sf.
to·ra·co·gra·*fi*·a sf.
to·ra·co·*grá*·fi·co adj.
to·ra·co·me·*tri*·a sf.
to·ra·co·*mé*·tri·co adj.
to·ra·co·plas·*ti*·a sf.
to·ra·co·*plás*·ti·co adj.
to·ra·cop·neu·*mi*·a sf.
to·ra·cos·co·*pi*·a sf.
to·ra·cos·*có*·pi·co adj.
to·ra·cos·to·*mi*·a sf.
to·ra·cos·*tô*·mi·co adj.
to·ra·cos·*trá*·ce:o adj. sm.
to·ra·co·to·*mi*·a sf.
to·ra·co·*tô*·mi·co adj. sm.
to·*ra*·do adj.
to·ra·*í* sm./Cf. *torai*, do v. *torar*.
to·*ral* adj. 2g. sm. 'a frente mais forte da lança'; pl. ·*rais*/Cf. *toural*.
to·*ran*·ja sf.: *toronja*.
to·ran·*jei*·ra sf.: *toronjeira*.
to·*rar* v.
tó·rax (cs) sm. 2n.
tor·ba sf.
tor·ber·*ni*·ta sf.: *tor·ber·ni·te*.
tor·ça sf. 'verga de porta'/Cf. *torça* (ô), do v. *torcer*.
tor·ça·do sm.
tor·*çal* sm.; pl. ·*çais*.
tor·ça·*la*·do adj.

tor·ção sf.; pl. ·ções.
tor·caz adj. s2g.: trocaz.
tor·ce sm.
tor·ce:ar v.
tor·ce·ca·be·lo(s) sm. (pl.).
tor·ce·de·la sf.
tor·ce·dor (ô) adj. sm.
tor·ce·du·ra sf.
tor·cel sm.; pl. ·céis/Cf. torceis, do v. torcer.
tor·cer v.
tor·ci·co·lar v.
tor·ci·co·lo sm.: torticolo.
tor·ci·da sf.
tor·ci·dí·gi·to adj.
tor·ci·do adj. sm.
tor·ci·lhão sm.; pl. ·lhões.
tor·ci·men·to sm.
tor·ci:o·nar v.
tor·ço (ô) sm. 'torcedura'/Cf. torso.
tor·cu·lar adj. s2g. v.
tor·cu·la·ri:a·no adj.
tór·cu·lo sm./Cf. torculo, do v. torcular.
tor·da (ô) sf.
tor·di:ão sm.; pl. ·ões.
tor·di·lha sf.
tor·di·lho adj. sm.
tor·do (ô) sm.
to·ré sm.: torém.
to·re:á·ce:a sf.
to·re:á·ce:o adj.
to·rém sm.; pl. ·réns: toré.
to·re·na adj. 2g. sm.
to·re·na·ço adj. sm.
to·ren·go adj. sm.
to·reu·ma·to·gra·fi·a sf.
to·reu·ma·to·grá·fi·co adj.
to·reu·ma·to·lo·gi·a sf.
to·reu·ma·to·ló·gi·co adj.
to·reu·ta s2g.
to·rêu·ti·ca sf.
to·rêu·ti·co adj.
tor·ga sf.: torgo.
tor·gal sm.; pl. ·gais.
tor·go sm.: torga.
to·ri sm. 'portão dos templos japoneses' 'buzina indígena'/ Cf. tóri sm., e tore, do v. torar.
tó·ri adj. 2g. 'membro do partido conservador'; do ing. tory/Cf. tori sm., e tore, do v. torar.
to·ri·lo sm.
to·ri·mí·de:o adj. sm.
to·ri·na sf.

tó·ri:o adj. sm.
to·ri·ta sf.: torite.
to·ri·ta·men·se adj. s2g.
to·ri·te sf.: torita.
to·ri·xo·ri·no adj. sm.
tor·men·ta sf.
tor·men·ta·ti·vo adj.
tor·men·to sm.
tor·men·tó·ri:o adj.
tor·men·to·so (ô) adj.; f. e pl. (ó).
tor·na sf.
tor·na·da sf.
tor·na·di·ço adj.
tor·na·do sm.
tor·na·du·ra sf.
tor·na·fi:o(s) sm. (pl.).
tor·nar v.
tor·nas·sol sm.; pl. ·sóis.
tor·na·vi:a·gem sf. 2g.; pl. ·gens.
tor·ne:a·do adj. sm.
tor·ne:a·dor (ô) adj. sm.
tor·ne:a·men·to sm.
tor·ne:ar v.
tor·ne:a·ri·a sf.
tor·ne:á·vel adj. 2g.; pl. ·veis.
tor·nei·o sm.
tor·nei·ra sf.
tor·nei·ro sm.
tor·ne·ja (ê) sf.
tor·ne·ja·do adj.
tor·ne·ja·men·to sm.
tor·ne·jar v.
tor·nel sm.; pl. ·néis/Cf. torneis, do v. tornar.
tor·ni·lhei·ro adj. sm.
tor·ni·lho sm.
tor·ni·nho sm.
tor·ni·que·te (ê) sm.
tor·no (ô) sm./Cf. torno (ó), do v. tornar.
tor·no·ze·lei·ra sf.
tor·no·ze·lo (ê) sm.
to·ro sm.
to·ró adj. 2g. sm.
to·ro·ca·na sm.: trocano.
to·roi·dal adj. 2g.; pl. ·dais.
to·roi·de adj. s2g.
to·rom·to·rom sm.; pl. torom-torons.
to·rô·ni:o sm.
to·ron·ja sf.: toranja.
to·ron·jei·ra sf.: toranjeira.
to·ro·pi·xi sm.
to·ro·ró adj. 2g. sm.
to·ro·ro·ma sf.

to·ro·so (ô) adj.; f. e pl. (ó).
tor·pe (ô) adj. 2g.
tor·pe·cer v.
tor·pe·da·gem sf.; pl. ·gens.
tor·pe·dar v.
tor·pe·de:a·men·to sm.
tor·pe·de:ar v.
tor·pe·dei·ro adj. sm.
tor·pe·dí·de:o adj. sm.
tor·pe·di·nho sm.
tor·pe·di·ní·de:o adj. sm.
tor·pe·do (ê) sm.
tor·pe·do·au·to·mó·vel sm.; pl. torpedos-automóveis.
tor·pen·te adj. 2g.
tor·pe·za (ê) sf.
tor·pi·da·de sf.
tór·pi·do adj.
tor·pi·lha sf.
tor·pi·tu·de sf.
tor·por (ô) sm.
tor·que sm.
tor·quês sf.
tor·quis·co sm.
torr sm.
tor·ra sf.
tor·ra·ção sf.; pl. ·ções.
tor·ra·da sf.
tor·ra·dei·ra sf.
tor·ra·do adj. sm.
tor·ra·dor (ô) adj. sm.
tor·ra·gem sf.; pl. ·gens.
tor·rão sm. 'pedaço de terra endurecida'; pl. ·rões/Cf. turrão.
tor·rar v. 'secar'/Cf. turrar.
tor·re (ô) sf./Cf. torre (ó), do v. torrar.
tor·re:a·do adj.
tor·re:a·me sm.
tor·re:an·te adj. 2g.
tor·re:ão sm.; pl. ·ões.
tor·re:ar v.
tor·ri:en·se adj. s2g.
tor·re·fa·ção sf.: tor·re·fac·ção; pl. ·ções.
tor·re·fac·to adj.: torrefato.
tor·re·fac·tor (ô) adj. sm.: torrefator.
tor·re·fa·to adj.: torrefacto.
tor·re·fa·tor (ô) adj. sm.: torrefactor.
tor·re·fa·zer v.
tor·re·fei·to adj.
tor·rei·ra sf.
tor·re·ja·no adj. sm.
tor·re·jar v.

tor·ren·ci:*al* adj. 2g.; pl. ·*ais*.
tor·ren·ci:a·li·*da*·de sf.
tor·*ren*·se adj, s2g.
tor·*ren*·te sf.
tor·ren·*tí*·co·la adj. 2g.
tor·ren·*to*·so (ô) adj.; f. e pl. (ó).
tor·re·*sã* adj. sf. de *torresão*.
tor·re·*são* adj. sm.; pl. ·*sãos*; f. *torresã*.
tor·*res*·mo (ê) sm.
tor·*re*·ta (ê) sf.
tór·ri·do adj.
tor·ri·fi·*car* v.
tor·*ri*·ja sf.
tor·*ri*·nha sf.
tor·ri·*nhei*·ro adj. sm.
tor·ri·*nhen*·se adj. s2g.
tor·ro:*a*·da sf.: *terroada*.
tor·*rões* sm. pl.
tor·so (ô) adj. sm. 'torcido' 'busto'/Cf. *torço* sm., e *torço* (ó), do v. *torçar*.
tor·ta sf.
tor·*tei*·ra sf.
tor·*te*·los adj. s2g. 2n.
tor·ti·*co*·lo sm.: *torcicolo*.
tor·to (ô) adj. sm. adv.; f. e pl. (ó).
tor·*tor* (ô) sm
tor·tu·*al* sm.; pl. ·*ais*.
tor·tu:ei·*ral* sm.; pl. ·*rais*.
tor·*tu*·lho sm.
tor·tu:o·si·*da*·de sf.
tor·tu:*o*·so (ô) adj.; f. e pl. (ó).
tor·*tu*·ra sf.
tor·tu·*ra*·do adj. sm.
tor·tu·*ra*·dor (ô) adj. sm.
tor·tu·*ran*·te (ô) adj. sm.
tor·tu·*rar* v.
tó·ru·lo sm.
to·ru·*lo*·so (ô) adj.; f. e pl. (ó).
to·run·*guen*·ga adj. s2g.: *tourunguenga*.
tor·va·*ção* sf. 'irritação'; pl. ·*ções*/Cf. *turvação*.
tor·*va*·do adj.
tor·va·*men*·to sm. 'torvação'/ Cf. *turvamento*.
tor·*var* v. 'confundir': *turvar*²/ Cf. *turvar*¹.
tor·ve·*lim* sm.; pl. ·*lins*.
tor·ve·li·*nhar* v.
tor·ve·*li*·nho sm.
tor·ve·*li*·no sm.
tor·vo (ô) adj. sm./Cf. *torvo* (ó), do v. *torvar*.

to·sa sf.
to·*sa*·do adj.
to·sa·*dor* (ô) adj. sm.
to·sa·*du*·ra sf.
to·sa·*men*·to sm.
to·*são* sm.; pl. ·*sões*.
to·*sar* v.
tos·ca·ne·ja·*men*·to sm.
tos·ca·ne·*jar* v.: *tosquenejar*.
tos·*ca*·no adj. sm.
tos·*car* v.
tos·co (ô) adj./Cf. *tosco* (ó), do v. *toscar*.
to·*so* (ô) sm./Cf. *toso* (ó), do v. *tosar*.
tos·que·ne·*jar* v.: *toscanejar*.
tos·*qui*·a sf.
tos·qui:a·*de*·la sf.
tos·qui:*a*·do adj.
tos·qui:a·*dor* (ô) adj. sm.
tos·qui:*ar* v.
tos·se sf.
tos·se·*go*·so (ô) adj.; f. e pl. (ó).
tos·si·*car* v.
tos·si·cu·*lo*·so (ô) adj.; f. e pl. (ó).
tos·si·*de*·la sf.
tos·*si*·do adj. sm.
tos·*sir* v.
tos·ta sf.
tos·ta·*de*·la sf.
tos·*ta*·do adj.
tos·ta·*du*·ra sf.
tos·*tão* sm.; pl. ·*tões*.
tos·*tar* v.
tos·te adj. 2g. sm. sf. adv.
to·ta sf.
to·*tal* adj. 2g. sm.; pl. ·*tais*.
to·ta·li·*da*·de sf.
to·ta·li·*tá*·ri:o adj.
to·ta·li·ta·*ris*·mo sm.
to·ta·li·ta·*ris*·ta adj. s2g.
to·ta·li·za·*ção* sf.; pl. ·*ções*.
to·ta·li·za·*dor* (ô) adj. sm.
to·ta·li·*zar* v.
to·tem sm.; pl. ·*tens*:
tó·te·me.
to·*tê*·mi·co adj.
to·te·*mis*·mo sm.
to·ti·pal·*ma*·do adj. sm.
to·*tó* sm.
tou·ca sf.
tou·ça sf.: *toiça*.
tou·ca(s)-de-vi:*ú*·va sf. (pl.).
tou·*ca*·do adj. sm. 'ornado de touca' 'adornos femininos'/ Cf. *tocado*.

tou·ca·*dor* (ô) adj. sm. 'que touca' 'cômoda'/Cf. *tocador*.
tou·*car* v. 'pôr touca em'/Cf. *tocar*.
tou·*cei*·ra sf.: *toiceira*.
tou·*ci*·nho sm.: *toicinho*.
tou·*pei*·ra sf.
tou·pei·*ri*·nha sf.
tour sm. (fr.: *tur*)
tou·*ra*·da sf.: *toirada*.
tou·*ral* adj. sm. 'campo da feira dos touros ou bois': *toiral*; pl. ·*rais*/Cf. *toral*.
tou·re:a·*ção* sf.; pl. ·*ções*: *toireação*.
tou·re:*ar* v.: *toirear*.
tou·*rei*·o sm.: *toireio*.
tou·*rei*·ro adj. sm.: *toireiro*.
tou·re·*jão* sm.; pl. ·*jões*: *toirejão*.
tou·*ren*·se adj. s2g.
tou·*ril* sm.; pl. ·*ris*: *touril*.
tou·*ri*·nha sf.: *toirinha*.
tournedos sm. (fr.: *turnedô*)
tou·ro sm.: *toiro*.
tou·run·*guen*·ga adj. s2g.: *torunguenga*.
tou·*ru*·no adj. sm.: *toiruno*.
tou·ta sf.: *toita*.
tou·te:a·*dor* (ô) adj. sm.: *toiteador*.
tou·te:*ar* v.: *toitear*.
tou·ti·*ça*·da sf.: *toitiçada*.
tou·*ti*·ço sm.: *toitiço*.
tou·ti·*ne*·gra (ê) sf.
to·*va*·ca sf.
to·va·cu·*çu* sf.
to·va·ri:*á*·ce:a sf.
to·va·ri:*á*·ce:o adj.
to·xe·*mi*·a (cs) sf.
to·*xê*·mi·co (cs) adj.
to·xi·*car* (cs) v.
to·xi·ci·*da*·de (cs) sf.
tó·xi·co (cs) adj. sm./Cf. *toxico*, do v. *toxicar*.
to·xi·*có*·fo·ro (cs) adj.
to·xi·co·gra·*fi*·a (cs) sf.
to·xi·co·*grá*·fi·co (cs) adj.
to·xi·co·*lo*·gi·a (cs) sf.
to·xi·co·*ló*·gi·co (cs) adj.
to·xi·*có*·lo·go (cs) sm.
to·xi·co·ma·*ni*·a (cs) sf.
to·xi·*cô*·ma·no (cs) sm.
to·xi·*dez* (cs...ê) sf.
to·*xi*·na (cs) sf.
to·xi·que·*mi*·a (cs) sf.
to·xi·*quê*·mi·co (cs) adj.

to·xo·*fi*·lo (cs) adj.
to·*xoi*·de (cs) adj. 2g. sm.
to·xo·plas·*mo*·se (cs) sf.
to·xo·*tí*·de:o (cs) adj. sm.
tra·*bal* adj. 2g.; pl. ·*bais*.
tra·ba·lha·bi·li·*da*·de sf.
tra·ba·lha·*dei*·ra adj. sf.
tra·ba·*lha*·do adj.
tra·ba·lha·*dor* (ô) adj. sm.
tra·ba·*lhão* sm.; pl. ·*lhões*.
tra·ba·*lhar* v.
tra·ba·*lhá*·vel adj. 2g.; pl. ·*veis*.
tra·ba·*lhei*·ra sf.
tra·ba·*lhis*·mo sm.
tra·ba·*lhis*·ta adj. s2g.
tra·*ba*·lho sm.
tra·ba·*lho*·so (ô) adj.; f. *e* pl. (ó).
trá·be:a sf.
tra·be:a·*ção* sf.; pl. ·*ções*.
tra·*bé*·cu·la sf.
tra·be·cu·*lar* adj. 2g.
tra·*be*·lho (ê) sm.: *trambelho*.
tra·bu·*ca*·da sf.
tra·bu·ca·*dor* (ô) adj. sm.
tra·bu·*car* v.
tra·*bu*·co sm.; dim. *trabuquete*.
tra·bu·*lan*·ça sf.
tra·bu·*quei*·ro sm.
tra·bu·*que*·te (ê) sm. dim. de *trabuco*.
tra·bu·*za*·na adj. s2g. sf.: *tribuzana*.
tra·ça sf.
tra·*ça*·do adj. sm.
tra·ça·*dor* (ô) adj. sm.
tra·ça(s)·dos·*li*·vros sf. (pl.).
tra·ca·*já* sm.
tra·ca·*lhaz* sm.: *tracanaz*.
tra·cam·*bis*·ta s2g.
tra·ça·*men*·to sm.
tra·ca·*naz* sm.: *tracalhaz*.
tra·*çan*·ga sf.
tra·*ção* adj. sm. e sf.; pl. ·*ções*.
tra·*çar* v.
tra·ce·*ja*·do adj. sm.
tra·ce·ja·*men*·to sm.
tra·ce·*jar* v.
trá·ci:o adj. sm.
tra·ci·o·*nar* v.
tra·*cis*·ta adj. s2g.
tra·ço sm.
tra·ço(s) de u·ni:*ão* sm. (pl.).
tra·*co*·ma sm.
tra·co·ma·*to*·so (ô) adj. sm.; f. *e* pl. (ó).
tra·co·*ní*·de:o adj. sm.
trac·*triz* sf.: *tratriz*.

tra·cu:*á* sf.: *traguá*.
tra·cu·nha·*en*·se adj. s2g.
tra·cu·*tin*·ga sf.: tra·cu·*xin*·ga.
tra·*dar* v.
tra·de:*ar* v.
tra·des·*cân*·ci:a sf.
tra·di·*ção* sf.; pl. ·*ções*.
tra·di·ci:o·*nal* adj. 2g.; pl. ·*nais*.
tra·di·ci:o·na·li·*da*·de sf.
tra·di·ci:o·na·*lis*·ta adj. s2g.
tra·di·ci:o·na·li·*zar* v.
tra·di·ci:o·*ná*·ri:o adj. sm.
tra·*di*·nha sf.
tra·do sm.
tra·du·*ção* sf. pl. ·*ções*.
tra·du·*tor* (ô) adj. sm.
tra·du·*zir* v.
tra·du·*zí*·vel adj. 2g.; pl. ·*veis*.
tra·fe·*gar* v.
trá·fe·go sm./Cf. *trafego*, do v. *trafegar*.
tra·fe·gue:*ar* v.
tra·fi·*cân*·ci:a v.
tra·fi·*can*·te adj. s2g. sm.
tra·fi·*car* v.
trá·fi·co sm./Cf. *trafico*, do v. *traficar*.
tra·ga·*can*·ta sf.
tra·ga·*can*·to sm.
tra·*ga*·da sf.
tra·ga·*dei*·ro sm.
tra·ga·*doi*·ro sm.: *tragadouro*.
tra·ga·*dor* (ô) adj. sm.
tra·ga·*dou*·ro sm.: *tragadoiro*.
tra·ga·*men*·to sm.
tra·ga·*moi*·ros sm. 2n.: tra·ga·*mou*·ros.
tra·*ga*·no sm.
tra·*gar* v.
tra·*gá*·vel adj. 2g.; pl. ·*veis*.
tra·*gé*·di:a sf.
tra·ge·di·o·gra·*fi*·a sf.
tra·ge·di·*ó*·gra·fo sm.
trá·gi·ca sf.
trá·gi·co adj. sm.
tra·gi·co·*mé*·di:a sf.
tra·gi·*cô*·mi·co adj.
tra·go sm.
tra·*guá* sf.: *tracuá*.
tra·gue:*a*·do adj.
tra·gue:*ar* v.
tra·*gui*·ra sf.
trá·gus adj. sm. 2n.
tra:i·*ção* sf.; *treição*, pl. ·*ções*.
tra:i·ço·*ei*·ro adj. sm.
tra:*í*·do adj.
tra:i·*dor* (ô) adj. sm.

tra:i·do·*ri*·a sf.
trailer sm. (ing.: *trêiler*).
tra:i·*men*·to sm.
tra:i·*nar* v.
trainee s2g. (ing.:*treiní*).
tra:i·*nei*·ra sf.
tra:i·*nel* sm.; pl. ·*néis*/Cf. *traineis*, do v. *trainar*.
training sm. (ing.: *trêinin*).
tra:i·pu:*en*·se adj. s2g.
tra·*ir* v.
tra·*í*·ra sm. *e* sf.: *taraíra*.
tra:i·ra·*boi*·a sf.:
    tra:i·ram·*boi*·a.
tra:i·*rão* sm.; pl. ·*rões*.
tra·*í*·ra(s)·pi·*xu*·na(s) sf. (pl.).
tra·*í*·ra(s)·pi·*xú*·ri:a(s) sf. (pl.).
tra·ja·*nen*·se adj. s2g.
tra·*jar* v. sm.
tra·je sm.: *trajo*.
tra·*jec*·to sm.: *trajeto*.
tra·jec·*tó*·ri:a sf.: *trajetória*.
tra·*je*·to sm.: *trajecto*.
tra·je·*tó*·ri:a sf.: *trajectória*.
tra·jo sm.: *traje*.
tra·la·*lá* sm.
tra·lha sf.: *tralho*.
tra·*lha*·da sf.
tra·*lhar* v.
tra·lho sm.: *tralha* .
tra·lho:*a*·da sf.
tra·*lho*·to (ô) sm.
tra·ma sf. *e* sm.
tra·*ma*·do adj.
tra·ma·*dor* (ô) adj. sm.
tra·*ma*·ga sf.: *tamarga*.
tra·ma·*gal* sm.; pl. ·*gais*. *tamargal*.
tra·ma·*guei*·ra sf.: *tamargueira*.
tra·man·*zo*·la s2g.
tra·*mar* v.
tram·ba las *á*·guas sm. 2n.
tram·ba·le:*ar* v.:
    tram·ba·*lhar*.
tram·be·*car* v.
tram·*be*·lho (ê) sm.: *trabelho*.
tram·bi·*car* v.
tram·*bi*·que sm.
tram·bi·*quei*·ro adj. sm.
tram·bo·*lha*·da sf.
tram·bo·*lhão* sm.; pl. ·*lhões*.
tram·bo·*lhar* v.
tram·*bo*·lho (ô) sm./Cf. *trambolho* (ó), do v. *trabolhar*.
tra·*me*·la sf. s2g.
tra·mem·*bé* adj. s2g. 'indivíduo de tribo indígena do Ceará'/

Cf. *taramembé. teremembé, tremembé.*
tra·*mis*·ta s2g.
tra·mi·ta·*ção* sf.; pl. ·*ções.*
tra·mi·*tar* v.
trâ·mi·te sf./Cf. *tramite,* do v. tramitar.
tra·*moi*·a sf.
tra·*moi*·ei·ro sm.
tra·mo·*lha*·da sf.
tra·mon·*ta*·na sf.
tra·mon·*tar* v. sm.
tra·*mo*·so (ô) adj.; f. *e* pl. (ó).
tram·pa sf.
tram·*pão* adj. sm.; pl. ·*pões*; f. trampona.
tram·pe:*ar* v.
tram·*pes*·co (ê) sm.
tram·po·*lim* sm.; pl. ·*lins.*
tram·po·*li*·na sf. f. de *trampão.*
tram·po·li·*na*·da sf.
tram·po·li·*na*·gem sf.; pl. ·gens.
tram·po·li·*nar* v.
tram·po·li·*nei*·ro adj. sm.
tram·po·li·*ni*·ce sf.
tram·*po*·na adj. sf.
tram·po·se:*ar* v.
tram·*po*·so (ô) adj.; f. *e* pl. (ó).
trâ·*mu*:ei sm., do ing. *tramway.*
tra·*nar* v.
tran·ca sf. adj. s2g.: *tranco.*
tran·ça sf.
tran·*ca*·ço sm.
tran·*ca*·da sf.
tran·ça·*dei*·ra sf.
tran·*ca*·do adj.
tran·*ça*·do adj. sm.
tran·ça·*dor* (ô) adj. sm.
tran·ca·fi:a·*men*·to sm.
tran·ca·fi:*ar* v.
tran·ca·*fi*:o sm.
tran·ca·*men*·to sm.
tran·*cão* sm.; pl. ·*cões.*
tran·*car* v.
tran·*çar* v.
tran·*ca·ri*·a sf.
tran·ca·*ru*·as sm. 2n.
tran·ca·*tri*·lhos sm. 2n.
tran·ce·*lim* sm.; pl. ·*lins.*
tran·cha sf.
tran·*chã* adj. 2g.
tran·che·*fi*·las sm. 2n.
tran·*ci*·nha sf. adj. s2g.
tran·co sm.: *tranca.*
tran·*cu*·cho adj. sm.
tran·*cu*·do adj. sm.

tran·ga·lha·*dan*·ças s2g. 2n.
tran·*ga*·lho sm.
tran·gla sf.
tran·*go*·la sm.
tran·*gu*·lho sm.
tran·que:*a*·do adj. sm.
tran·que:*ar* v.
tran·*quei*·ra sf.
tran·quei·*rar* v.
tran·*quei*·ro sm.
tran·*que*·ta (ê) sf.
tran·*qui*·a sf.
tran·qui·ber·*nar* v.
tran·qui·ber·*nei*·ro adj. sm.
tran·qui·*bér*·ni:a sf./ Cf. *tranquibernia,* do v. *tranquiberniar.*
tran·qui·ber·ni:*ar* v.
tran·qui·ber·*ni*·ce sf.
tran·*qui*·lha sf.
tran·qui·li·*da*·de sf.
tran·qui·li·za·*ção* sf.; pl. ·*ções.*
tran·qui·li·za·*dor* (ô) adj. sm.
tran·qui·li·*zan*·te adj. 2g. sm.
tran·qui·li·*zar* v.
tran·*qui*·lo adj.
tran·qui·*ta*·na sf.: *traquitana, traquitanda.*
tran·*qui*·to sm.
tran·sa (za) sf.
tran·sa·*ção* (za) sf.; pl. ·*ções.*
tran·sa·ci:o·*na*·do (za) adj.
tran·sa·ci:o·*nal* (za) adj. 2g.; pl. ·*nais.*
tran·sa·ci:o·*nar* (za) v.
tran·*sac*·to (za) adj.: *transato.*
tran·*sac*·tor (za...ô) adj. sm.: *transator.*
tran·sad·mi·*tân*·ci:a (za) sf.
tran·sal·*pi*·no (za) adj.
tran·sa·ma·*zô*·ni·co (za) adj.
tran·san·*di*·no (za) adj.
tran·*sar* (za) v.
tran·sa·ra·*li*:a·no (za) adj.
tran·sa·*tlân*·ti·co (za) adj. sm.
tran·*sa*·to (za) adj.: *transacto.*
tran·sa·*tor* (za...ô) adj. sm.: *transactor.*
trans·bor·da·*men*·to sm.: *trasbordamento.*
trans·bor·*dan*·te adj. 2g.: *trasbordante.*
trans·bor·*dar* v.: *trasbordar.*
trans·*bor*·do (ô) sm./ Cf. *transbordo* (ó), do v. *transbordar.*
trans·cas·pi:*a*·no adj.

trans·cau·*cá*·si:o adj.
trans·cen·*dên*·ci:a sf.
trans·cen·den·*tais* sf. pl.
trans·cen·den·*tal* adj. 2g.; pl. ·*tais.*
trans·cen·den·ta·li·*da*·de sf.
trans·cen·den·ta·*lis*·mo sm.
trans·cen·den·ta·*lis*·ta adj. s2g.
trans·cen·den·ta·li·*zar* v.
tran·cen·*den*·te adj. 2g. sm.
trans·cen·*der* v.
trans·co:a·*ção* sf.; pl. ·*ções.*
trans·co:*ar* v.
trans·con·du·*tân*·ci:a sf.
trans·con·ti·nen·*tal* adj. 2g.; pl. ·*tais.*
trans·cor·*rên*·ci:a sf.
trans·cor·*rer* v.
trans·*cor*·vo (ô) adj.
trans·cre·*ver* v.
trans·cri·*ção* sf.; pl. ·*ções.*
trans·*cri*·to adj. sm.
trans·cri·*tor* (ô) adj. sm.
trans·cul·tu·ra·*ção* sf.; pl. ·*ções.*
trans·cu·*rar* v.
trans·cur·*ral* sm.; pl. ·*rais.*
trans·cur·*são* sf.; pl. ·*sões.*
trans·cur·*sar* v.
trans·*cur*·so adj. sm.
trans·da·nu·bi:*a*·no adj. sm.
trans·du·*tor* (ô) adj. sm.
tran·se (se) sm.
trans·sec·*ção* sf.: tran·se·*ção*; pl. ·*ções.*
tran·se·cu·*lar* adj. 2g.
tran·*sep*·to sm.
tran·se·*un*·te (ze) adj. s2g.
tran·se·xu·*al* adj. 2g. s2g.; pl. ·*ais.*
trans·fa·*zer* v.
trans·fe·*rên*·ci:a sf.
trans·fe·ri·*dor* (ô) adj. sm.
trans·fe·*rir* v.
trans·fe·*rí*·vel adj. 2g.; pl. ·*veis.*
trans·fi·gu·ra·*ção* sf.; pl. ·*ções.*
trans·fi·gu·*ra*·do adj. sm.
trans·fi·gu·ra·*dor* (ô) adj. sm.
trans·fi·gu·*rar* v.
trans·fi·gu·*rá*·vel adj. 2g.; pl. ·*veis.*
trans·fi·*ni*·to adj. sm.
trans·fi·xa·*ção* (cs) sf.; pl. ·*ções.*
trans·fi·*xão* (cs) sf.; pl. ·*xões.*
trans·fi·*xar* (cs) v.
trans·for·ma·*ção* sf.; pl. ·*ções.*
trans·for·ma·*dor* (ô) adj. sm.
trans·for·*man*·te adj. 2g.

trans·for·*mar* v.
trans·for·ma·*ti*·vo adj.
trans·for·*má*·vel adj. 2g.; pl.
 ·veis.
trans·for·*mis*·mo sm.
trans·for·*mis*·ta adj. s2g.
trans·fre·*ta*·no adj.
trâns·fu·ga adj. s2g.
trans·*fú*·gi:o sm.
trans·fu·*gir* v.
trans·fun·*dir* v.
trans·fu·*são* sf.; pl. ·sões.
trans·gan·*gé*·ti·co adj.
trans·gre·*dir* v.
trans·gre·*dí*·vel adj. 2g.; pl.
 ·veis.
trans·gres·*são* sf.; pl. ·sões.
trans·gres·*si*·vo adj.
trans·gres·*sor* (ô) adj. sm.
tran·si·be·ri:*a*·no adj. sm.
tran·si·*ção* (zi) sf.; pl. ·ções.
tran·si·ci:o·*nal* (zi) adj. 2g.; pl.
 ·nais.
tran·*si*·do (zi) adj.
tran·si:*en*·te (zi) adj. 2g.
tran·si·*gên*·ci:a (zi) sf.
tran·si·*gen*·te (zi) adj. s2g.
tran·si·*gir* (zi) v.
tran·si·*gí*·vel (zi) adj. 2g.; pl.
 ·veis.
tran·sil·*va*·no adj. sm.
tran·*sir* (zi) v.
tran·sis·*tor*, tran·*sís*·tor sm.
tran·sis·to·ri·*za*·do (zis) adj.
tran·sis·to·ri·*zar* (zis) v.
tran·si·ta·bi·li·*da*·de (zi) sf.
tran·si·ta·*dor* (zi...ô) adj.
tran·si·*tar* (zi) v.
tran·si·*tá*·vel adj. 2g.; pl. ·veis.
tran·si·*ti*·va (zi) sf.
tran·si·ti·*var* (zi) v.
tran·si·ti·vi·*da*·de (zi) sf.
tran·si·*ti*·vo (zi) adj.
tran·si·ti·vo·pre·di·ca·*ti*·vo(s)
 adj. (pl.).
trân·si·to (zi) sm./Cf. *transito*,
 do v. *transitar*.
tran·si·to·ri·e·*da*·de (zi) sf.
tran·si·*tó*·ri:o (zi) adj.
trans·ju·*ra*·no adj.
trans·la·*ção* sf.; pl. ·ções.
trans·la·da·*ção* sf.; pl. ·ções:
 trasladação.
trans·la·*da*·do adj.sm.:
 trasladado.
trans·la·da·*dor* (ô) adj. sm.:
 trasladador.

trans·la·*dar* v.: *trasladar*.
trans·la·*dá*·vel adj. 2g. pl. ·veis:
 trasladável.
trans·la·*do* sm.: *traslado*.
trans·la·*dor* (ô) adj. sm.
trans·la·*tí*·ci:o adj.
trans·la·to adj.
trans·li·ne:a·*ção* sf.; pl. ·ções.
trans·li·ne:*ar* v.
trans·li·te·ra·*ção* sf.; pl. ·ções.
trans·li·te·*rar* v.
trans·lu·ci·da·*ção* sf.; pl. ·ções.
trans·lu·ci·*dar* v.
trans·lu·ci·*dez* (ê) sf.
trans·*lú*·ci·do adj./Cf.
 translucido, do v. *translucidar*.
trans·lum·*brar* v.
trans·lu·*nar* adj. 2g.
trans·lu·*zen*·te adj. 2g.
trans·lu·zi·*men*·to sm.
trans·lu·*zir* v.
trans·ma·*ri*·no adj.
trans·me:*á*·vel adj. 2g.; pl.
 ·veis.
trans·mi·gra·*ção* sf.; pl. ·ções.
trans·mi·gra·*dor* (ô) adj. sm.
trans·mi·*gran*·te adj. s2g.
trans·mi·*grar* v.
trans·mi·gra·*tó*·ri:o adj.
trans·mis·*são* sf.; pl. ·sões.
trans·mis·si·bi·li·*da*·de sf.
trans·mis·*sí*·vel adj. 2g.; pl.
 ·veis.
trans·mis·*si*·vo adj.
trans·mis·*sor* (ô) adj. sm.
trans·mi·*tân*·ci:a sf.
trans·mi·*tir* v.
trans·mon·*ta*·no adj. sm.
trans·mon·*tar* v.
trans·mu·da·*ção* sf.; pl. ·ções.
trans·mu·da·*men*·to sm.
trans·mu·*dar* v.
trans·mu·ta·bi·li·*da*·de sf.
trans·mu·ta·*ção* sf.; pl. ·ções.
trans·mu·*tar* v.
trans·mu·ta·*ti*·vo adj.
trans·mu·*tá*·vel adj. 2g.; pl.
 ·veis.
trans·na·*dar* v.
trans·no·mi·na·*ção* sf.; pl.
 ·ções.
tran·sob·je·*ti*·vo (zo) adj.
tran·so·ce·*â*·ni·co (zo) adj.
tran·sor·di·*ná*·ri:o (zo) adj.
trans·pa·*da*·no adj. sm.
trans·pa·re·*cer* v.
trans·pa·*rên*·ci:a sf.

trans·pa·ren·*tar* v.
trans·pa·*ren*·te adj. 2g. sm.
trans·pas·*sar* v.: *traspassar*,
 trespassar.
trans·pi·ra·*ção* sf.; pl. ·ções.
trans·pi·*rar* v.
trans·pi·*rá*·vel adj. 2g.; pl.
 ·veis.
trans·plan·ta·*ção* sf.; pl. ·ções.
trans·plan·ta·*dor* (ô) adj. sm.
trans·plan·*tar* v.
trans·plan·ta·*tó*·ri:o adj.
trans·*plan*·te sm.
trans·plan·*ti*·no adj. sm.
trans·*por* (ô) v.
trans·por·ta·bi·li·*da*·de sf.
trans·por·ta·*ção* sf.; pl. ·ções.
trans·por·ta·*dor* (ô) adj. sm.
trans·por·ta·*do*·ra (ô) sf.
trans·por·ta·*men*·to sm.
trans·por·*tar* v.
trans·por·*tá*·vel adj. 2g.; pl.
 ·veis.
trans·*por*·te sm.
trans·*por*·to (ô) sm.
trans·po·si·*ção* sf.; pl. ·ções.
trans·po·si·*ti*·vo adj.
trans·po·si·*tor* (ô) adj. sm.
trans·*pos*·ta sf.
trans·*pos*·to (ô) adj. sm.
trans·re·*na*·no adj. sm.
trans·ta·*ga*·no adj.
trans·tor·*na*·do adj.
trans·tor·na·*dor* (ô) adj. sm.
trans·tor·*nar* v.
trans·*tor*·no (ô) sm./
 Cf. *transtorno* (ó), do v.
 transtornar.
trans·tra·*va*·do adj.
trans·tro·*car* v.
tran·subs·tan·ci:a·*ção* sf.: pl.
 ·ções.
tran·subs·tan·ci:*al* adj. 2g.;
 pl. ·ais.
tran·subs·tan·ci:a·li·*da*·de sf.
tran·subs·tan·ci:*ar* v.
tran·su·da·*ção* sf.; pl. ·ções.
tran·su·*dar* v.
tran·su·*da*·to adj. sm.:
 tran·su·*da*·do.
tran·su·ma·*nar* (zu) v.
tran·su·*mân*·ci:a (zu) sf.
tran·su·*man*·te (zu) adj. 2g.
tran·su·*mar* (zu) v.
tran·*sun*·to (zu) adj. sm.
tran·su·ra·ni:*a*·no (zu) adj. sm.
tran·su·*râ*·ni·co (zu) adj. sm.

tran·su·ra·*ní*·de:o (zu) adj. sm.
tran·su·re·*tral* (zu) adj. 2g.; pl.
  ·*trais*.
trans·va·li:*a*·no adj. sm.
trans·va·*li*·no adj. sm.
trans·va·ri:a·*ção* sf.; pl. ·*ções*.
trans·va·*sar* v. 'trasfegar':
  trasvasar/Cf. *transvazar*.
trans·va·*zar* v. 'verter'/Cf.
  transvasar.
trans·ver·be·*rar* v.
trans·ver·*sal* adj. 2g. sf. sm.;
  pl. ·*sais*.
trans·ver·sa·li·*da*·de sf.
trans·ver·*si*·na sf.
trans·*ver*·so adj. sm.
trans·ver·*ter* v.
trans·ve·si·*cal* adj. 2g.; pl.
  ·*cais*.
trans·ves·*tir* v.
trans·vi:*a*·da sf.
trans·vi:*a*·do adj. sm.
trans·vi:a·*dor* (ô) adj. sm.
trans·vi:a·*men*·to sm.
trans·vi:*ar* v.
trans·*vi*:o sm.
trans·vo:*ar* v.
trans·*vi*·a sm.
tra·pa sf.
tra·*pa*·ça sf.
tra·pa·ça·*dor* (ô) adj. sm.
tra·pa·ça·*ri*·a sf.
tra·pa·ce:a·*dor* (ô) adj. sm.
tra·pa·ce:*ar* v.
tra·pa·*cei*·ro adj. sm.
tra·pa·*cen*·to adj. sm.
tra·*pa*·gem sf.; pl. ·*gens*.
tra·pa·*lha*·da sf.
tra·pa·*lha*·do adj.
tra·pa·*lhão* adj. sm.; pl. ·*lhões*;
  f. *trapalhona*.
tra·pa·*lhi*·ce sf.
tra·pa·*lho*·na adj. sf. de
  trapalhão.
tra·pa·*ri*·a sf.
tra·pe sf. interj.
tra·pe:*ar* v.
tra·*pei*·ra sf.
tra·*pei*·ro sm.
tra·pe·*jan*·te adj. 2g.
tra·pe·*jar* v.
tra·pe·za·*pe*(s) sm. (pl.).
tra·pe·zi·*for*·me adj. 2g.
tra·*pé*·zi:o sm.
tra·pe·*zis*·ta adj. s2g.
tra·pe·zo:*e*·dro sm.
tra·pe·*zoi*·dal adj. 2g.; pl. ·*dais*.

tra·pe·*zoi*·de adj. 2g. sm.
tra·pi:*á* sm.
tra·pi:a·*ra*·na sf.
tra·pi·*ca*·lho sm.
tra·*pi*·che sm.
tra·pi·*chei*·ro adj. sm.
tra·pin·*co*·la adj. s2g.
tra·*pis*·ta adj. s2g.
tra·pi·*tin*·ga sf.
tra·pi·*zon*·ga sf.
tra·po sm.
tra·po:e·*ra*·ba sf.
tra·po:e·ra·ba·a·*zul* sf.; pl.
  trapoerabas-azuis.
tra·po:e·ra·ba·*ra*·na sf.
tra·po:e·ra·ba(s)-ver·*me*·lha(s)
  sf. (pl.).
trá·po·la adj. s2g.
tra·po·*mon*·ga sf.
tra·*puz* sm. interj.
tra·que sm.
tra·que:*a*·do adj. sm.
tra·que:*al* adj. 2g. pl. ·*ais*.
tra·que:*a*·no adj.
tra·que:*ar* v.
tra·*quei*·a sf. 'canal que
  comunica a laringe com os
  brônquios'/Cf. *traqueia*, do v.
  traquear.
tra·*quei*·a(s)-ar·*té*·ri:a(s) sf.
  (pl.).
tra·*quei*·co adj.
tra·*que*·í·de sf.
tra·*quei*·ro adj.
tra·*que*·í·te sf.
tra·que·*ja*·do adj.
tra·que·*jar* v.
tra·*que*·jo (ê) sm.
tra·que·lec·to·*mi*·a sf.
tra·que·lec·tô·mi·co adj.
tra·que·li:*a*·no adj.
tra·que·*lí*·po·de adj. 2g.
tra·que·*lis*·mo sm.
tra·que:o·bron·*qui*·te sf.
tra·que:o·*ce*·le sf.
tra·que:*oi*·de adj. 2g. sf.
tra·que:or·ra·*gi*·a sf.
tra·que:or·*rá*·gi·co adj.
tra·que:os·te·*no*·se sf.
tra·que:os·te·*nó*·ti·co adj.
tra·que:os·to·*mi*·a sf.
tra·que:os·tô·mi·co adj.
tra·que:o·to·*mi*·a sf.
tra·*que*·te (ê) sm.
tra·*qui*·li·no adj. sm.
tra·qui·me·*du*·sa adj. 2g. sf.
tra·*qui*·na adj. s2g.

tra·*qui*·na·da sf.
tra·*qui*·na·gem sf.; pl. ·*gens*.
tra·*qui*·nar v.
tra·*qui*·nas adj. s2g. 2n.
tra·*qui*·ni·ce sf.
tra·*qui*·no adj. sm.
tra·*qui*·ta·na sf. *tranquitana*,
  traquitanda.
tra·*qui*·ta·nar v.
tra·*qui*·tan·da sf.: *traquitana*,
  tranquitana.
tra·*quí*·ti·co adj.
tra·*qui*·to sm.
tra·*qui*·toi·de adj. 2g.
trás prep. adv. interj./Cf. *traz*,
  do v. *trazer*.
tran·san·te:*on*·tem adv.:
  tran·san·*ton*·tem.
tras·bor·da·*men*·to sm.:
  transbordamento.
tras·bor·*dan*·te adj. 2g.:
  transbordante.
tras·bor·*dar* v.: *transbordar*.
tras·*bor*·do (ô) sm.: *transbordo*
  (ô)/Cf; *trasbordo* (ó), do v.
  trasbordar.
tras·*câ*·ma·ra sf.
tra·*sei*·ra sf.
tra·*sei*·ro adj. sm.
tras·*fe*·ga sf.
tras·fe·ga·*dor* (ô) adj. sm.
tras·fe·ga·*du*·ra sf.
tras·fe·*gar* v.
tras·*fe*·go (ê) sm./Cf. *trasfego*
  (é), do v. *trasfegar*.
tras·*flor* (ô) sm.
tras·fo·*guei*·ro sm.
tras·fo·li:*ar* v.
tras·go sm.
tras·gue:*ar* v.
tras·la·da·*ção* sf.; pl. ·*ções*:
  transladação.
tras·la·*da*·do adj.: *transladado*.
tras·la·da·*dor* (ô) adj. sm.:
  transladador.
tras·la·*dar* v.: *transladar*.
tras·la·*dá*·vel adj. 2g.; pl. ·*veis*:
  transladável.
tras·*la*·do sm.: *translado*.
tras·*lar* v.
tras·mon·*ta*·no adj. sm.
tras·mon·*tar* v.: *transmontar*.
tra·so·*re*·lho (ê) sm.
tras·pas·sa·*ção* sf.; pl. ·*ções*.
tras·pas·sa·*men*·to sm.
tras·pas·*sar* v.: *transpassar*,
  trespassar.

tras·*pas*·se sm.
tras·*pas*·so sm.
tras·*pés* sm. pl.
tras·pi·*lar* sm.
tras·ta·*lhão* sm.; pl. ·*lhões*; f. ·*lho*·na.
tras·ta·*ri*·a sf.
tras·te sm.: *trasto*.
tras·te·*jão* sm.; pl. ·*jões*; f. *trastejona*.
tras·te·*jar* v.
tras·te·*jo*·na sf. de *trastejão*.
tras·to sm.: *traste*.
tras·va·*sar* v.: *transvasar*.
tras·*vis*·to adj.
tras·vol·te:*ar* v.
tra·*ta*·da sf.
tra·ta·*dis*·ta adj. s2g.
tra·ta·*dís*·ti·co adj.
tra·*ta*·do adj. sm.
tra·ta·*dor* (ô) adj. sm.
tra·ta·*men*·to sm.
tra·*tan*·ta·da sf.
tra·*tan*·te adj. s2g.
tra·tan·te:*ar* v.
tra·*tan*·ti·ce sf.
tra·*tar* v.
tra·ta·*ti*·va sf.
tra·*tá*·vel adj. 2g.; pl. ·*veis*.
tra·te:*ar* v.
tra·*tis*·ta adj. s2g.
tra·to adj. sm.
tra·*tor* (ô) sm.
tra·*tó*·ri:a sf.
tra·*tó*·ri:o adj.
tra·to·*ris*·ta s2g.
tra·*triz* sf.: *tractriz*.
trau·li·*ta*·da sf.
trau·li·*tar* v.
trau·*li*·to sm.
trau·ma sm.
trau·ma·ti·ci·*da*·de sf.
trau·ma·ti·*ci*·na sf.
trau·*má*·ti·co adj.
trau·ma·*tis*·mo sm.
trau·ma·ti·za·*ção* sf.; pl. ·*ções*.
trau·ma·ti·*za*·do adj.
trau·ma·ti·*zar* v.
trau·ma·to·*lo*·gi·a sf.
trau·ma·to·*ló*·gi·co adj.
trau·ma·to·*lo*·gis·ta adj. s2g.
trau·*pí*·de:o adj. sm.
trau·ta sf.
trau·te:*ar* v.
trau·*tei*·o sm.
tra·va sf.

tra·va·*ção* sf.; pl. ·*ções*.
tra·va·*con*·tas sm. 2n.
tra·*va*·da sf.
tra·va·*dei*·ra sf.
tra·*va*·do adj. sm.
tra·va·*doi*·ra sf.: *travadoura*.
tra·va·*dor* (ô) adj. sm.
tra·*va*·dos sm. pl.
tra·va·*dou*·ra sf.: *travadoira*.
tra·va·*dou*·ro sm.: *travadoiro*.
tra·va·*gem* sf.; pl. ·*gens*.
tra·*val* adj. 2g.; pl. ·*vais*.
tra·va·*men*·to sm.
tra·*van*·ca sf.
tra·*vão* sm.; pl. ·*vões*.
tra·*var* v.
tra·ve sf.
tra·ve·ja·*men*·to sm.
tra·ve·*jar* v.
traveling sm. (ing.: *trévelin*).
tra·*ven*·to adj.
tra·*ver*·ti·no sm.
tra·*vés* sm.; pl. ·*ve*·ses.
tra·*ves*·sa sf. 'prato'/Cf. *travessa* (ê), f. de *travesso*.
tra·ves·*são* adj. sm.; pl. ·*sões*.
tra·*ves*·sar v.
tra·ves·se:*ar* v.
tra·ves·*sei*·ra sf.
tra·ves·*sei*·ro sm.
tra·ves·*si*·a sf.
tra·*ves*·so[1] adj. 'lateral' 'atravessado'/Cf. *travesso*[2] (ê).
tra·*ves*·so[2] (ê) adj. 'irrequieto'/ Cf. *travesso*[1] (é).
tra·ves·*su*·ra sf.
tra·*ves*·ti s2g.
tra·*vi*·cha sf.
tra·*vin*·ca sf.
tra·vo sm.
tra·vo:*e*·la sf.
tra·*vor* (ô) sm.
tra·*vo*·so (ô) adj.; f. *e* pl. (ó).
tra·ze·*dor* (ô) adj. sm.
tra·*zer* v.
tra·*zi*·da sf.
tra·zi·*men*·to sm.
tre·be·*lhar* v.
tre·*be*·lho (ê) sm.
tre·*bo*·çu sm.
tre·cen·té·si·mo num. sm.
tre·cen·*tis*·mo sm.
tre·cen·*tis*·ta adj. s2g.
tre·*chei*·o adj.
tre·cho (ê) sm.
tre·co sm.

tre·*dé*·ci·mo sm.
tre·*di*·ce sf.
tre·do (ê) adj.
trê·fe·go adj.
tré·gu:a sf.
tre:i·*ção* sf.: *traição*; pl. ·*ções*.
trei·na sf.
trei·*na*·do adj. sm.
trei·na·*dor* (ô) adj. sm.
trei·*na*·gem sf.; pl. ·*gens*.
trei·na·*men*·to sm.
trei·*nar* v.
trei·no sm.
trei·ta sf.
trei·*tar* v.
trei·*tei*·ro adj. sm.
trei·*ten*·to adj. sm.
trei·to adj. sm.
tre·jei·ta·*dor* (ô) adj. sm.
tre·jei·*tar* v.
tre·jei·te:a·*dor* (ô) adj. sm.
tre·jei·te:*ar* v.
tre·jei·*tei*·ro adj. sm.
tre·*jei*·to sm.
tre·jei·*to*·so (ô) adj.; f. *e* pl. (ó).
tre·ju·*rar* v.
tre·la sf.
tre·*lên*·ci:a sf.
tre·*len*·te s2g.
tre·*ler* v.
tre·lho (ê) sm.
tre·*li*·ça sf.
tre·*lo*·so (ô) adj.; f. *e* pl. (ó).
trem sm.; pl. *trens*.
tre·ma sm.
tre·*ma*·do adj.
tre·man·*drá*·ce:a sf.
tre·man·*drá*·ce:o adj.
tre·*mar* v.
tre·*ma*·te sm.
tre·ma·*tó*·de:o adj. sm.
tre·ma·to·*lo*·gi·a sf.
tre·ma·to·*ló*·gi·co adj.
tre·ma·*tó*·lo·go sm.
trem-*ba*·la sm.; pl. *trens*-*balas* e *trens*-*bala*.
tre·me·*bun*·do adj.
tre·me·*cém* adj. 2g.; pl. ·*céns*/Cf. *tremessem*, do v. *tremer*.
tre·me·*dal* sm.; pl. ·*dais*.
tre·me·da·*len*·se adj. s2g.
tre·me·*dei*·ra sf.
tre·me·*dor* (ô) adj. sm.
tre·*me*·la sf.
tre·me·le:*ar* v.
tre·me·*li*·ca adj. s2g.
tre·me·li·ca·*ção* sf.; pl. ·*ções*.

tre·me·li·*can*·te adj. 2g.
tre·me·li·*car* v.
tre·me·li·*co*·so (ô) adj.; f. *e* pl. (ó).
tre·me·*li*·que sm.
tre·me·lu·*zen*·te adj. 2g.
tre·me·lu·*zir* v.
tre·mem·*bé* sm. 'terreno alagadiço'/Cf. *teremembé* e *tramembé*.
tre·mem·be:*en*·se adj. s2g.
tre·*men*·da sf.
tre·*men*·do adj.
tre·*men*·te adj. 2g.
tre·*mer* v.
tre·*mês* adj. 2g.
tre·me·*si*·nho adj.
tre·me·*ta*·ra sf.
tre·me·*tre*·me sm.; pl. *tremes--tremes* ou *treme-tremes*.
tre·*mi*·do adj. sm.
tre·mi·*fu*·sa sf.
tre·mi·*lon*·go sm.
trê·mi·to sm.
tre·*mó* sm.
tre·mo·*ça*·da sf.
tre·mo·*çal* sm.; pl. ·*çais*.
tre·mo·*ção* sm.; pl. ·*ções*.
tre·mo·*cei*·ro sm.
tre·*mo*·ço (ô) sm.; pl. *tremoços* (ó).
tre·mo·ço(s)-a·ma·*re*·lo(s) sm. (pl.).
tre·mo·ço(s)-*bran*·co(s) sm. (pl.).
tre·moço(s)-de-flor-a-*zul* sm. (pl.).
tre·mo·*li*·ta sf.: tre·mo·*li*·te.
tre·*mo*·nha sf.
tre·mo·*nha*·do sm.
trem·pe sf.
trem·*ti*·po sm.; pl. *trens-tipos* ou *trens-tipo*.
tre·mu·la·*ção* sf.; pl. ·*ções*.
tre·mu·*lan*·te adj. 2g.
tre·mu·*lar* v.
tre·mu·*li*·na sf.
tre·mu·li·*nar* v.
trê·mu·lo adj. sm./Cf. *tremulo*, do v. *tremular*.
tre·mu·*lo*·so (ô) adj.; f. *e* pl. (ó).
tre·*mu*·ra sf.
tre·na sf.
tre·*na*·do adj.: *treinado*.
tre·na·*dor* (ô) adj. sm.: *treinador*.

tre·*na*·gem sf.; pl. ·*gens*: *treinagem*.
tre·na·*men*·to sm.: *treinamento*.
tre·*nar* v.: *treinar*.
tre·*nel* sm.; pl. ·*néis*/Cf. *treneis*, do v. *trenar*.
tre·*né*·ti·co adj.
tre·*nhei*·ra sf.
tre·*nhei*·ro adj.
tre·*no*¹ sm. 'canto'/Cf. *treno*².
tre·*no*² sm. 'adestramento': *treino*/Cf. *treno*¹.
tre·*nó* sm.
tre·no·*di*·a sf.
trens sm. pl.
tre·pa sf.
tre·pa·*ção* sf.; pl. ·*ções*.
tre·*pa*·da sf.
tre·pa·*dei*·ra adj. sf.
tre·pa·*doi*·ro sm.: *trepadouro*.
tre·pa·*dor* (ô) adj. sm.
tre·pa·*do*·ra (ô) adj. sf.
tre·pa·*dou*·ro sm.: *trepadoiro*.
tre·pa·mo·*le*·que(s) sm. (pl.).
tre·pa·na·*ção* sf.; pl. ·*ções*.
tre·pa·*nar* v.
tré·pa·no sm./Cf. *trepano*, do v. *trepanar*.
tre·*par* v.
tre·pe sm.
tre·pi·da·*ção* sf.; pl. ·*ções*.
tre·pi·*da*·gem sf.; pl. ·*gens*.
tre·pi·*dan*·te adj. 2g.
tre·pi·*dar* v.
tre·pi·*dez* (ê) sf.
tré·pi·do adj./Cf. *trepido*, do v. *trepidar*.
tré·pli·ca sf./Cf. *treplica*, do v. *treplicar*.
tre·pli·*car* v.
tre·po·*ne*·ma sm.
tre·po·ne·ma·*to*·se sf.
tre·po·*ne*·mo sm.
tre·po·ne·*mo*·se sf.
trep·so·lo·*gi*·a sf.
trep·so·*ló*·gi·co adj.
trep·to·*don*·te sm.
três num. sm.
tre·*sal*·vo adj.
tre·*san*·dar v.
tres·ca·*lan*·te adj. 2g.
tres·ca·*lar* v.
três-*co*-cos (ô) sm. 2n.
tres·do·*bra*·do adj.
tres·do·bra·*du*·ra sf.
tres·do·*brar* v.
tres·*do*·bre adj. 2g. sm.

tres·*do*·bro (ô) sm./Cf. *tresdobro* (ó), do v. *tresdobrar*.
três-es·tre·*li*·nhas sf. pl.
três-fo·le·*gar* v.: três-fol·*gar*.
três-fo·li:*ar* v.
tres·gas·*tar* v.
tre·si·*de*·la sf.
três-ir·*mãos* sm. 2n.
três-ir·*mãs* sf. pl.
três-la·go:a·*no*(s) adj. sm. (pl.).
três-la·go:*en*·se(s) adj. s2g. (pl.).
tres·*ler* v.
tres·lou·*ca*·do adj. sm.
tres·lou·*car* v.
três-mai·*en*·se(s) adj. s2g. (pl.).
tres·ma·lha·*ção* sf.; pl. ·*ções*.
tres·ma·lha·*do* adj.
tres·ma·*lhar* v.
tres·*ma*·lho sm.
três-ma·*ri*·as sf. pl.
três-mar·*te*·los sf. 2n.
tres·noi·*ta*·do adj. sm.: *tresnoutado*.
tres·noi·*tar* v.: *tresnoutar*.
tres·nou·*ta*·do adj. sm.: *tresnoitado*.
tres·nou·*tar* v.: *tresnoitar*.
tre·so (ê) adj.
tres·*pa*·no sm.
tres·pas·*sar* v.: *transpassar*, *traspassar*.
tres·*pas*·se sm.
três-pas·*sen*·se(s) adj. s2g. (pl.).
três-*pe*·ças sm. 2n.
três-pon·*ta*·no(s) adj. sm. (pl.).
três-*por*·tas sm. 2n.
três-*po*·tes sm. 2n.
três-*quar*·tos adj. 2g. 2n. sm. 2n.
tres·qui:*ál*·te·ra sf.
tres·qui:or·ni·*tí*·de:o adj. sm.
tres·su:*ar* v.
tres·tam·*par* v.
tres·va·ri:*a*·do adj.
tres·va·ri:*ar* v.
tres·va·*ri:*o sm.
três-vin·*téns* sm. pl.
tres·vol·te:*ar* v.
tre·ta (ê) sf.: *treita*.
tre·te:*ar* v.
tre·*tei*·ro adj. sm.
tre·va sf.
tre·*val* sm.; pl. ·*vais*.
tre·vas sf. pl.
tre·*vi*·te sf.
tre·vo (ê) sm.

tre·vo(s)-a·ma·re·lo(s) sm. (pl.).
tre·vo(s)-a·quá·ti·co(s) sm. (pl.).
tre·vo(s)-a·ze·do(s) sm. (pl.).
tre·vo(s)-cer·vi·no(s) sm. (pl.).
tre·vo(s)-d'á·gua sm. (pl.).
tre·ze num. sm.
tre·ze de mai·o sm. 2n.
tre·ze·na sf.
tre·ze·no num.
tre·zen·tos num. sm.
tri sm.
tri·a·can·to adj. sm.
tri·a·con·ta·e·dro sm.
tri·a·con·tá·go·no sm.
tri·a·co·sa·e·dro sm.: tricosaedro.
trí·a·da sf.: trí·a·de.
tri·a·del·fo adj.
tri·á·di·co adj. sm.
tri·a·ga sf.: teriaga.
tri·a·gem sf.; pl. ·gens.
tri·a·guei·ro sm.
tri·a·la·do adj.
tri·ál·co·ol sm.; pl. ·ois.
tri·an·dri·a sf. 'exitência de três estames na flor'/Cf. triândria.
tri·ân·dri·a sf. 'o conjunto dos vegetais triandros'/Cf. triandria.
tri·ân·dri·co adj.
tri·ân·dri:o adj.
tri·an·dro adj.
tri·an·gu·la·ção sf.; pl. ·ções.
tri·an·gu·la·do adj.
tri·an·gu·la·dor (ô) adj. sm.
tri·an·gu·lar v. adj. 2g.
tri·an·gu·li·no adj. sm.
tri·ân·gu·lo sm.
tri·ar·ca sm.
tri·a·res·ta·do adj.
tri·ar·qui·a sf.
tri·ar·ti·cu·la·do adj.
tri·á·si·co adj. sm.
tri·a·tle·ta s2g.
tri·a·tlo, tri·a·tlon sm.
tri·a·to·mí·ne:o adj. sm.
tri·a·xí·fe·ro (cs) adj.
trí·ba·de sf.
tri·ba·dis·mo sm.
tri·bal adj. 2g.; pl. ·bais.
tri·bá·si·co adj.
tri·blás·ti·co adj. sm.
tri·bo sf.
tri·bo:e·le·tri·ci·da·de sf.
tri·bo:e·lé·tri·co adj.

tri·bo·far v.
tri·bo·fe sf.
tri·bo·fei·ro sm.
tri·bo·lu·mi·nes·cên·ci·a sf.
tri·bo·me·tri·a sf.
tri·bo·mé·tri·co adj.
tri·bô·me·tro sm.
trí·bra·co sm.
tri·bac·te:a·do adj.
tri·bac·te:o·la·do adj.
tri·bu·fu adj. 2g. sm.
tri·bul adj. 2g.; pl. ·buis.
tri·bu·la·ção sf.; pl. ·ções.
tri·bu·lar v.
trí·bu·lo sm./Cf. tribulo, do v. tribular.
trí·bu·lo(s)-a·quá·ti·co(s) sm. (pl.).
tri·bu·na sf.
tri·bu·na·do sm.: tribunato.
tri·bu·nal sm.; pl. ·nais.
tri·bu·na·to sm.: tribunado.
tri·bu·ní·ci:o adj.
tri·bu·no sm.
tri·bu·ta·ção sf.; pl. ·ções.
tri·bu·tal adj.; pl. ·tais.
tri·bu·tan·do adj.
tri·bu·tar v.
tri·bu·tá·ri:o adj. sm.
tri·bu·tá·vel adj. 2g.; pl. ·veis.
tri·bu·to sm.
tri·bu·za·na s2g.: trabuzana.
tri·ca sf.
tri·cam·pe:ão adj. sm.; pl. ·ões; f. tricampeã.
tri·cam·pe:o·na·to sm.
tri·ca·na sf.
tri·cap·su·lar adj. 2g.
tri·car·ba·li·a·to sm.
tri·car·ba·lí·li·co adj.
tri·car·bo·xi·la·to (cs) sm.
tri·car·bo·xí·li·co (cs) adj.
tri·ca·re·na·do adj.
tri·car·pe·lar adj. 2g.
tri·cá·si:o sm.
tri·cé·fa·lo adj. sm.
tri·ce·lu·lar adj. 2g.
tri·ce·nal adj. 2g.; pl. ·nais.
tri·cen·te·ná·ri:o adj. sm.
tri·ci·clo sm.
tri·cin·quen·te·ná·ri:o sm.
trí·ci:o adj. sm.
tri·cí·pi·te adj. 2g. sm.
tri·clá·di:o adj. sm.
tri·clí·ni·co adj.
tri·clí·ni:o sm.
tri·cô sm.

tri·co·ca sf.
tri·co·cé·fa·lo sm.
tri·co·cis·te sf.: tri·co·cis·to.
tri·co·co adj.
tri·có·gi·no sm.
tri·co·glos·si·a sf.
tri·coi·de adj. 2g.
tri·co:ís·mo sm.
tri·co·li·ne sf.: tri·co·li·na.
tri·co·lo·gi·a sf.
tri·co·ló·gi·co adj.
tri·co·lo·gis·ta adj. s2g.
tri·co·lor (ô) adj. s2g.
tri·col·pa·do adj.
tri·col·po·ra·do adj.
tri·co·ma sm.
tri·co·mo·na sf.
tri·cóp·te·ro adj. sm.
tri·cor·di·a·no adj. sm.
tri·cor·ne adj. 2g. sm.
tri·cór·ni:o sm.
tri·co·sa·e·dro sm.: triacosaedro.
tri·co·sá·go·no sm.
tri·cós·po·ro sm.
tri·co·tar v.
tri·co·te:ar v.
tri·co·ti·le·dô·ne:o adj.
tri·co·ti·lo adj.
tri·co·ti·lo·ma·ni·a sf.
tri·co·ti·lo·ma·ní·a·co adj. sm.
tri·co·to·mi·a sf.
tri·co·tô·mi·co adj.
tri·có·to·mo adj.
tri·cro·mi·a sf.
tri·cu·ro sm.
tri·cus·pi·da·do adj.
tri·cús·pi·de adj. 2g. sf.
tri·dác·ti·lo adj.: tri·dá·ti·lo.
tri·de·ca·e·dro sm.
tri·de·cá·go·no sm.
tri·den·ta·do adj. sm.
tri·den·te adj. 2g. sm.
tri·dên·te:o adj.
tri·den·tí·fe·ro adj.
tri·den·tí·ge·ro adj.
tri·den·ti·no adj. sm.
tri·di sm.
tri·di·men·si:o·nal adj. 2g.; pl. ·nais.
tri·di·mi·ta sf.: tri·di·mi·te.
tri·du:a·no adj.
trí·du:o sm.
tri·e·ci·a sf.
tri·é·ci·co adj.
tri·e·co adj.: trioico.
tri·e·dro adj. sm.

tri·e·*na*·do sm.
tri:e·*nal* adj. 2g.; pl. ·*nais*.
tri·ê·ni:o sm.
tri:en·*tal* adj. 2g. sm.; pl. ·*tais*.
tri:es·*ti*·no adj. sm.
tri·*fá*·si·co adj.
tri·*fau*·ce adj. 2g.
trí·fi·do adj.
tri·*fi*·lo adj. sm.
tri·*flo*·ro adj.
tri·fo·*cal* adj. 2g. sm.; pl. ·*cais*.
tri·fo·li:*a*·do adj.
tri·*fó*·li:o adj. sm.
tri·fo·li:o·*la*·do adj.
tri·fo·li:o·se sf.
tri·*fó*·ri:o sm.
tri·*for*·me adj. 2g.
tri·fra·ter·*nen*·se adj. s2g.
tri·fur·ca·*ção* sf.; pl. ·*ções*.
tri·fur·*ca*·do adj.
tri·fur·*car* v.
tri·ga sf.
tri·*gal* adj. 2g. sm.; pl. ·*gais*.
tri·ga·*mi*·a sf.
tri·ga·*mi*·lha adj. sf.
trí·ga·mo adj. sm.
tri·*gan*·ça sf.
tri·*gar* v.
tri·*gê*·me:o adj. sm.
tri·ge·mi·*na*·da adj. sf.
tri·*gê*·mi·no adj. sm.
tri·*gé*·si·mo num. sm.
tri·gi·*ni*·a sf. 'qualidade de trígino'/Cf. *trigínia*.
tri·*gí*·ni:a sf. 'conjunto das plantas que têm três carpelos'/Cf. *triginia*.
trí·gi·no adj.
tri·gla sf.
tri·*glí*·de:o adj. sm.
trí·gli·fo adj. sm.
tri·*glo*·ta adj. s2g.
tri·go adj. sm.
tri·go(s)-*moi*·ro(s) sm. (pl.):
 tri·go-*mou*·ro.
tri·go·*nal* adj. 2g.; pl. ·*nais*.
tri·go·ni:*á*·ce:a sf.
tri·go·ni:*á*·ce:o adj.
trí·go·no adj. sm.
tri·go·no·*car*·po adj.
tri·go·no·*cé*·fa·lo adj. sm.
tri·go·no·*cór*·ne:o adj.
tri·go·no·me·*tri*·a sf.
tri·go·no·*mé*·tri·co adj.
tri·go(s)-sar·ra·*ce*·no(s) sm. (pl.).
tri·*gra*·ma sm.

tri·*guei*·ro adj. sm. 'moreno'; f. *trigueira*/Cf. *triguera*.
tri·*gue*·nho adj.
tri·*gue*·ra (ê) sf. 'gênero de plantas solanáceas'/Cf. *trigueira*, f. de *trigueiro*.
tri·*gui*·lho sm.
tri·ju·*ga*·do adj.
tri·la·mi·*nar* adj. 2g.
tri·*lar* v.
tri·la·te·*ral* adj. 2g.; pl. ·*rais*.
tri·*lá*·te·ro adj. sm.
tri·*le*·ma sm.
tri·lha sf.
tri·*lha*·da sf.
tri·*lha*·do adj.
tri·*lha*·dor (ô) adj. sm.
tri·lha·*du*·ra sf.
tri·lha·*men*·to sm.
tri·*lhão* num.: pl. ·*lhões*: *trilião*.
tri·*lhar* v.
tri·*lhei*·ra sf.
tri·lho sm.
tri·li:*ão* num.; pl. ·*ões*: *trilhão*.
trí·li·ce adj. 2g.
tri·*lín*·gue adj. 2g.
tri·li·te·*ral* adj. 2g.; pl. ·*rais*.
tri·*lí*·te·ro adj.
tri·lo sm.
tri·lo·*ba*·do adj.
tri·bo·*bi*·te sm.
tri·lo·bu·*la*·do adj.
tri·lo·cu·*lar* adj. 2g.
tri·lo·*gi*·a sf.
tri·*ló*·gi·co adj.
trí·lo·go sm.
tri·*lon*·go adj. sm.
tri·*lu*·pa sf.
tri·ma·cu·*la*·do adj.
tri·*mem*·bre adj. 2g.
tri·men·*sal* adj. 2g.; pl. ·*sais*.
trí·me·ro adj. sm.
tri·mes·*tral* adj. 2g.; pl. ·*trais*.
tri·mes·tra·li·*da*·de sf.
tri·*mes*·tre adj. 2g. sm.
tri·*mé*·tri·co adj.
trí·me·tro sm.
tri·mi·le·*ná*·ri:o adj. sm.
tri·mi·*lê*·ni:o sm.
trí·mi:o sm.
tri·*mó*·di:o sm.
tri·*mor*·fi·a sf.
tri·*mor*·*fis*·mo sm.
tri·*mor*·fo adj.
tri·mo·*tor* (ô) adj. sm.
tri·*múr*·ti sf.
tri·*na*·do sm.

tri·na·*dor* (ô) adj.
tri·*nar* v.
trin·ca sf.
trin·ca(s)-ce·*va*·da(s) sf. (pl.).
trin·*ca*·da sf.
trin·*ca*·do adj. sm.
trin·ca·*du*·ra sf.
trin·ca-es·*pi*·nhas sm. 2n.
trin·ca·*fer*·ro(s) sm. (pl.).
trin·ca·fi:*a*·do adj.
trin·ca·fi:*ar* v.
trin·ca·*fi*·o sm.
trin·ca·*niz* sm.
trin·*car* v.
trin·cha sf.
trin·cha·*dor* (ô) adj. sm.
trin·*chan*·te adj. s2g. sm.
trin·*chão* sm.; pl. ·*chões*.
trin·*char* v.
trin·*chei*·ra sf.
trin·*chei*·ro sm.
trin·*che*·te (ê) sm.
trin·cho sm.
trin·co sm.
trin·co·le·*jar* v. sm.
trin·co·lhos-brin·*co*·lhos (ô) sm. pl.
trin·*da*·de sf.
trin·da·*den*·se adj. s2g.
tri·ner·*va*·do adj.
tri·*nér*·ve:o adj.
tri·*ne*·to sm.
trin·*far* v. sm.
tri·ni·*tá*·ri:o adj. sm.
tri·*ni*·tro adj. sm.
tri·ni·tro·fe·*nol* sm.; pl. ·*nóis*.
tri·ni·tro·gli·ce·*ri*·na sf.
tri·ni·tro·to·lu:*e*·no sm.
tri·no adj. sm.
tri·*nô*·mi·ne adj. 2g.
tri·*nô*·mi:o adj. sm.
trin·que sm.
trin·ta num. sm.
trin·ta e *dois* sm. 2n.
trin·ta e *oi*·to sm. 2n.
trin·ta e *um* sm. 2n 'jogo de baralho'.
trin·ta-e-*um* sm. 2n. 'ave'.
trin·ta e um de *ro*·da sm. 2n.
trin·ta·*ná*·ri:o sm. 'espécie de criado'/Cf. *trintenário*.
trin·*tão* adj. sm.; pl. ·*tões*; f. *trintona*.
trin·*tar* v.
trin·ta-*réis* sm. 2n.
trin·ta-réis-a-*não* sm.; pl. *trinta-réis-anões*.

trin·ta-réis-*gran*·de(s) sm.
(pl.).
trin·ta-réis-pe·*que*·no(s) sm.
(pl.).
trin·*tári*:o sm.
trin·*te*·na sf.
trin·te·*ná*·ri:o adj. sm.
'trintão'/Cf. *trintanário*.
trin·*tí*·di:o sm.
trin·*to*·na adj. sf. de *trintão*.
tri:o adj. sm.
trí:o·do adj. sm.
tri:*oi*·co adj.: *trieco*.
tri:*o*·lé sm.
tri:*o*·se sf.
tri:o·vu·*la*·do adj.
tri:*ó*·xi·do (cs) adj. sm.
tri·pa sf.
tri·*pa*(s) de ga·*li*·nha sf. (pl.).
tri·*pa*·gem sf.; pl. ·gens.
tri·pa·*lha*·da sf.
tri·pa·nor·*rin*·co adj. sm.
tri·pa·nos·so·*mí*·a·se sf.
tri·pa·nos·*so*·mo sm.
tri·par·ti·*ção* sf.; pl. ·ções.
tri·par·*ti*·do adj.
tri·par·*tir* v.
tri·par·*tí*·vel adj. 2g.; pl. ·veis.
tri·*pé* sm.
tri·*pe*·ça sf.
tri·*pei*·ro adj. sm.
tri·pe·*na*·do adj.
tri·*pé*·ta·lo adj.
tri·pe·*tí*·de:o adj. sm.
tri·pe·*tre*·pe adv.
tri·ple num. 2g.
tri·*ple*·to (ê) sm.
trí·plex, tri·*plex* (cs) sm. 2n.
tri·pli·fi·ca·*ção* sf.; pl. ·ções.
tri·pli·fi·*ca*·do adj. sm.
tri·pli·*car* v.
tri·pli·*ca*·ta sf.
trí·pli·ce num. 2g.
tri·pli·ci·*da*·de sf.
tri·pli·ner·*va*·do adj.
tri·pli·*nér*·ve:o adj.
tri·plo num. sm.
tri·plo·*blás*·ti·co adj. sm.
tri·*plóp*·te·ro adj. sm.
tri·plos·*tê*·mo·ne adj. 2g.
tri·*pó* sm.
trí·po·da adj. 2g. sf.: *trí*·po·de.
tri·po·de·*fó*·ri·co adj.
tri·po·*di*·a sf.
tri·po·*dis*·mo sm.
tri·*pó*·fa·go adj.
trí·po·le sm.

tri·po·*li*·no adj. sm.
tri·po·li·*ta*·no adj. sm.
tri·*po*·lo sm.
trip·*si*·na sf.
trip·*sí*·ni·co adj.
trip·si·no·gê·ni:o sm.
tríp·ti·co sm.
trip·to·*fa*·no sm.
tri·pu·di·*an*·te adj. s2g.
tri·pu·di·*ar* v.
tri·*pú*·di:o sm./Cf. *tripudio*, do
v. *tripudiar*.
tri·pu·la·*ção* sf.; pl. ·ções.
tri·pu·*lan*·te adj. s2g.
tri·pu·*lar* v.
tri·que·*quí*·de:o adj. sm.
tri·ques·*tro*·ques sm. 2n.
tri·*que*·te (ê) sf.
tri·que·*tra*·que(s) sm. (pl.).
tri·que·*traz* adj. sm. pl. *trique-
-trazes*.
trí·que·tro adj. sm.
trí·qui:a sf.
tri·qui:*á*·ce:a sf.
tri·qui:*á*·ce:o adj.
tri·*quí*·a·se sf.
tri·*quí*·li:a sf.
tri·*qui*·na sf.
tri·qui·*na*·do adj.
tri·qui·*no*·se sf.
tri·qui·*no*·so (ô) adj.; f. e pl.
(ó).
tri·*quis*·mo sm.
trir·ra·di:*a*·do adj.
trir·ra·*mo*·so (ô) adj.; f. e pl.
(pl.).
trir·*reg*·no sm.
trir·*re*·me adj. 2g. sf.
trir·re·*tân*·gu·lo adj. sm.
trir·ri:*en*·se adj. s2g.
tris interj. 'ruído de coisa que
se parte'/Cf. *triz*.
tri·*sá*·gi:o sm.
tri·sa·nu·*al* adj. 2g.; pl. ·ais.
tri·sar·*qui*·a sf.
tri·*sár*·qui·co adj.
tri·sa·*vô* sm.; f. tri·sa·*vó*.
tris·ca sf.
tris·*ca*·do adj.
tris·*car* v.
trís·ce·le sm.
tris·me·*gis*·to adj.
tris·mo sm.
tris·*per*·mo adj.
tris·*quei*·ra sf.
tris·sa·cra·men·*tal* adj. 2g.; pl.
·tais.

tris·*sar* v. sm.
tris·se·*ca*·do adj.
tris·se·*ção* sf.; pl. ·ções:
trissecção.
tris·se·*car* v.
tris·sec·*ção* sf.; pl. ·ções:
trisseção.
tris·sec·*tor* (ô) adj. sm.:
trissetor.
tris·sec·*triz* adj. sf.: *trissetriz*.
tris·se·cu·*lar* adj. 2g.
tris·*sé*·pa·lo adj.
tris·se·ri:*a*·do adj.
tris·se·*tor* (ô) adj. sm.:
trissector.
tris·se·*triz* sf.: *trissectriz*.
tris·si·*lá*·bi·co adj.
tris·*sí*·la·bo adj. sm.
tris·so sm.
tris·sul·*ca*·do adj.
tris·*sul*·co adj.
tris·ta·mi·*ní*·fe·ro adj. sm.
tris·te adj. s2g.
tris·te·*pi*·a sf. 2n.
tris·te(s)-*vi*·da(s) sf. (pl.).
tris·*te*·za (ê) sf.
trís·ti·co adj.
tris·ti·ma·*ni*·a sf.
tris·ti·ma·*ní*·a·co adj. sm.
tris·*to*·nho adj.
tris·*tu*·ra sf.
tris·*tão* sm.; pl. ·tões.
tris·te·*ís*·mo sm.
tris·te·*ís*·ta adj. s2g.
tris·ter·*na*·do adj.
tri·*tí*·ce:o adj.
tri·*tí*·co·la adj. 2g.
tri·ti·cul·*tor* (ô) sm.
tri·ti·cul·*tu*·ra sf.
trí·ti:o sm.
trí·ton sm.
tri·*ton*·go sm.
tri·to·*ní*·de:o adj. sm.
trí·to·no sm.
tri·tri:a·con·ta·*e*·dro sm.
tri·tri:a·con·*tá*·go·no sm.
tri·tri·*nar* v.
tri·tu·ber·cu·*la*·do adj.
tri·*tu*·ra sf.
tri·tu·ra·*ção* sf.; pl. ·ções.
tri·tu·ra·*dor* (ô) adj. sm.
tri·tu·ra·*men*·to sm.
tri·tu·*rar* v.
tri·tu·*rá*·vel adj. 2g.; pl. ·veis.
tri·un·fa·*dor* (ô) adj. sm.
tri·un·*fal* adj. 2g.; pl. ·fais.
tri·un·fa·*lis*·mo sm.

tri:un·fa·*lis*·ta adj. s2g.
tri:un·*fa*·no adj. sm.
tri:un·*fan*·te adj. 2g.
tri:un·*far* v.
tri:un·*fen*·se adj. s2g.
tri·*un*·fo sm.
tri:un·vi·*ra*·do sm.: triunvirato.
tri:un·vi·*ral* adj. 2g.; pl. ·*rais*.
tri:un·vi·*ra*·to sm.: triunvirado.
tri:*ún*·vi·ro sm.
tri·u·ri·*dá*·ce:a sf.
tri·u·ri·*dá*·ce:o adj.
tri·u·ri·*da*·le sf.
tri·va·*lên*·ci:a sf.
tri·va·*len*·te adj. 2g.
tri·val·*var* adj. 2g.
tri·*ve*·la sf.
tri·vi:*al* adj. 2g. sm.; pl. ·*ais*.
tri·vi:a·li·*da*·de sf.
trí·vi:o sm.
tri·*vo*·li sm.
triz sm. sf. usado na loc. *por um triz* 'por um pouco' 'vara'/ Cf. *tris*.
tro:*a*·da sf.
tro:*an*·te adj. 2g.
tro:*ar* v. sm.
tro·ca sf.
tro·ça sf.
tro·ca·bi·li·*da*·de sf.
tro·ca·di·*lhar* v.
tro·ca·di·*lhis*·ta adj. s2g.
tro·ca·*di*·lho sm.
tro·*ca*·do adj. sm.
tro·ca·*dor* (ô) adj. sm.
tro·*cai*·co adj. sm.
tro·*cal* adj. s2g.; pl. ·*cais*.
tro·ca·no sm.: torocana.
tro·can·*ter* (tér) sm.; pl. ·*te*·res.
tro·ca·*per*·nas sm. 2n.
tro·*car* v.
tro·*çar* v.
tro·*car*·te sm.
tro·ca·*tin*·tas adj. s2g. 2n.
tro·*cá*·vel adj. 2g.; pl. ·*veis*.
tro·*caz* adj. s2g.: torcaz.
tro·*cha*·da sf.
tro·*cha*·do adj. sm.
tro·*char* v.
tro·cho (ô) sm./Cf. trocho (ó), do v. *trochar*.
tro·cis·ca·*ção* sf.; pl. ·*ções*.
tro·cis·*car* v.
tro·*cis*·co sm.
tro·*cis*·ta adj. s2g.
tró·cle:a sf.
tro·cle:*ar* adj. 2g.

tro·cle:i·*for*·me adj. 2g.
tro·co (ô) sm. 'ação de trocar'; pl. (ó)/Cf. troco (ó), do v. trocar.
tro·ço¹ sm. 'traste velho'/Cf. troço² (ô).
tro·ço² (ô) sm. 'pedaço de madeira'; pl. (ó)/Cf. *troço*¹ (ó) sm., e fl. do v. *troçar*.
tro·co·*cé*·fa·lo adj.
tro·*có*·fo·ro adj. sm.
tro·*coi*·de adj. s2g.
tro·*cói*·de:o adj.
tro·cos·fe·*rí*·de:o adj. sm.
tro·*çu*·lho sm.
tro·*féu* sm.
tro·*féu*(s) de ca·*be*·ça sm. (pl.).
tró·fi·co adj.
tro·fo·*bi*:o·se sf.
tro·fo·neu·*ro*·se sf.:
  tro·fo·ne·*vro*·se.
tro·fos·*per*·ma sm.
tro·fo·zo·*í*·to sm.
tro·*ga*·lho sm.
tro·glo·*di*·ta adj. s2g.
tro·glo·*dí*·ti·co adj.
tro·glo·di·*tí*·de:o adj. sm.
tro·go·*ní*·de:o adj. sm.
tro·go·ni·*for*·me adj. 2g. sm.
troi·a sf.
troi:*a*·no adj. sm.
troi:*ar* v.
troi·ca sf.
troi·xa adj. s2g. sf.: trouxa.
troi·xe·*moi*·xe sm., na loc. a troixa-moixe: trouxe-mouxe.
troi·*xi*·nha sf.: trouxinha.
tro·*la*·do adj.
tro·le sm.: trólei.
tró·le·bus sm. 2n.: troleibus.
tró·lei sm., do ing. trolley: trole.
tro·lei·*bus* sm. 2n., ing. trolleybus: trólebus.
tro·lha (ô) sf.
tro·lho (ô) sm.
tro·*lis*·ta s2g.
trolley sm. (ing.: trólei).
trolleybus sm. (ing.: troleibus).
tro·lo·*ló* adj. 2g. sm.
trom sm.; pl. *trons*.
trom·ba sf.
trom·*ba*·da sf.
trom·ba(s)-*d'á*·gua sf. (pl.).
trom·ba(s)-de-e·le·*fan*·te sf. (pl.).
trom·ba·*di*·nha sf.
trom·*bar* v.

trom·*be*·ta (ê) sf. sm.
trom·be·ta(s)-do-ju:í·zo-fi·*nal* sf. (pl.).
trom·be·tão-a·*zul* sm.; pl. trombetões-azuis.
trom·be·tão-*ro*·xo sm.; pl. trombetões-roxos.
trom·be·te:*ar* v.
trom·be·*tei*·ra sf.
trom·be·tei·ra(s)-*ro*·xa(s) sf. (pl.).
trom·be·*tei*·ro adj. sm.
trom·bi·*car* v.
trom·bi·*dí*·de:o adj. sm.
trom·bi·di·*for*·me adj. 2g. sm.
trom·bo sm.
trom·bom·*bó* sm.
trom·*bo*·ne sm.
trom·bo·*nis*·ta s2g.
trom·*bo*·se sf.
trom·*bó*·ti·co adj.
trom·*bu*·do adj.
trom·pa sf.
trom·*pa*·ço sm.
trom·*pa*·da sf.
trom·*par* v.
trom·*pá*·zi:o sm.
trom·pe:*ar* v.
trom·*pe*·ta (ê) adj. s2g.
trom·pe·*ta*·da sf.
trom·*pe*·te sm.
trom·pe·*tis*·ta s2g.
trom·*pis*·ta adj. s2g.
trom-*trom* sm.; pl. trons-trons: trontom.
tro·*nan*·te adj. 2g.
tro·*nar* v.
tron·cha sf.
tron·*cha*·da sf.
tron·*char* v.
tron·cho adj. sm.
tron·*chu*·do adj.
tron·co adj. sm.
tron·*cô*·ni·co adj.
tron·*cu*·do adj.
tro·ne:*ar* v.
tro·*nei*·ra sf.
tro·ne·*jar* v.
tro·*ne*·to (ê) sm.
tron·ga sf.
tro·no sm.
tron·*quei*·ra sf.
tron·quei·*ra*·da sf.
tron-*trom* sm.; pl. ·*trons*: tromtrom.
tro·pa sf. sm.
tro·pe:*a*·da sf.

tro·pe:*ar* v.
tro·pe·ça·*men*·to sm.
tro·pe·*ção* adj. sm.; pl. .*ções*.
tro·pe·*çar* v. sm.
tro·*pe·ço* (ê) sm./Cf. tropeço (é), do v. tropeçar.
tro·pe·*çu*·do adj.
tro·pe·*gar* v.
trô·pe·go adj./Cf. tropego (é), do v. tropegar.
tro·pei·ra·da sf.
tro·*pei*·ro sm.
tro·*pel* sm.; pl. ·*péis*.
tro·pe·*li*·a sf.
tro·pe·li:*ar* v.
tro·pe:o·*lá*·ce:a sf.
tro·pe:o·*lá*·ce:o adj.
tro·pi·*ca*·da sf.
tro·pi·*cal* adj. 2g. sm.; pl. ·*cais*.
tro·pi·ca·*lis*·mo sm.
tro·pi·ca·*lis*·ta adj. s2g.
tro·pi·*cão* adj. sm.; pl. ·*cões*.
tro·pi·*car* v.
tró·pi·co adj. sm./Cf. tropico, do v. tropicar.
tro·*pi*·lha sf.
tro·*pis*·mo sm.
tro·po[1] sm. 'figura de linguagem'/Cf. *tropo*[2].
tro·po[2] (ô) adj. 'trôpego'/Cf. *tropo*[1].
tro·*pó*·fi·lo adj.
tro·po·lo·*gi*·a sf.
tro·po·*ló*·gi·co adj.
tro·po·*nô*·mi·co adj.
tro·po·*pau*·sa sf.
tro·pos·*fe*·ra sf.
tro·*quel* sm.; pl. ·*quéis*/Cf. troqueis, do v. trocar.
tro·quel·*min*·to adj. sm.
tro·*queu* sm.
tro·qui·*lí*·de:o adj. sm.
tró·qui·lo sm.
tro·ta·da sf.
tro·*ta*·dor (ô) adj. sm.
tro·*tão* adj. sm.; pl. ·*tões*; f. trotona.
tro·*tar* v.
tro·*te* sm.
tro·te:*a*·da sf.
tro·te:*a*·dor (ô) adj. sm.
tro·te:*ar* v.
tro·*tei*·ro adj. sm.
tro·*til* sm.; pl. ·*tis*.
tro·*tis*·ta s2g.
tro·*to*·na adj. sf. de trotão.
trots·*kis*·mo sm.

trots·*kis*·ta adj. s2g.
trottoir sm. (fr.: *trotoá*).
troupe sf. (fr.: *trup*).
trou·xa adj. 2g. sf.: *troixa*.
trou·xe·*mou*·xe sm., na loc. *a trouxe-mouxe: troixe-moixe.*
trou·*xi*·nha sf.: *troixinha*.
tro·va sf.
tro·va·*dor* (ô) adj. sm.
tro·va·do·*res*·co (ê) adj.
tro·*vão* sm.; pl. ·*vões*.
tro·*var* v.
tro·*vei*·ro sm.
tro·ve·*jan*·te adj. 2g.
tro·ve·*jar* v. sm.
tro·*ve*·jo (ê) sm.
tro·vis·*ca*·da sf.
tro·vis·*ca*·do adj.
tro·vis·*cal* sm.; pl. ·*cais*.
tro·vis·*car* v.
tro·*vis*·co sm.
tro·vis·co(s)·*ma*·cho(s) sm. (pl.).
tro·vis·*quei*·ra sf.
tro·*vis*·ta adj. s2g.
tro·vo:*a*·da sf.
tro·vo:*ar* v.
tro·*vo*·so (ô) adj.; f. *e* pl. (ó).
troz·*troz* sm. 2n.
tru·*a*·ca sf.
tru·a·*naz* s2g.
tru:a·ne:*ar* v.
tru:a·*nes*·co (ê) adj.
tru:a·*ni*·a sf.
tru:a·*ni*·ce sf.
tru·*ão* sm.; pl. ·*ões*.
tru·bu·*fu* adj. 2g. sm.
tru·*ca*·da sf.
tru·ca·*gem* sf.; pl. ·*gens*.
tru·*car* v.
tru·ci·da·*ção* sf.; pl. ·*ções*.
tru·ci·da·*men*·to sm.
tru·ci·*dar* v.
tru·ci·*lar* v. sm.
tru·co sm.
tru·co·*fle*·cha sm. 2n.
tru·cu·*lên*·ci:a sf.
tru·cu·*len*·to adj.
tru·fa sf.
tru·*far* v.
tru·*fei*·ra sf.
tru·*fei*·ro adj. sm.
tru·gi·*mão* sm.; pl. ·*mões* e ·*mães*: turgimão.
tru:i·ra·*pe*·va sm.
tru:*ís*·mo sm.
tru·ma·*í* adj. s2g.

trum·bi·*car* v.
trum·*bu*·ca sf.
trun·*ca*·do adj.
trun·*car* v.
trun·*cá*·ri:a sf./Cf. truncaria, do v. truncar.
trun·cha sf.
trun·*cí*·co·la adj. 2g.
trun·fa sf.
trun·*fa*·da sf.
trun·*far* v.
trun·fo sm.
tru·que sm.
tru·*quei*·ro sm.
trus·te sm., do ing. *trust*.
tru·ta sf.
tru·ta·co·*mum* sf.; pl. *trutas-comuns*.
tru·ta(s)·sal·mo·ne·ja(s) sf. (pl.).
tru·*tí*·fe·ro adj.
truz interj. sm.
tsar sm.: *czar, tzar*.
tsa·*ré*·vi·che sm.: *czarévichê, tzarévichê.*
tsa·*rev*·na sf.: *czarevna, tzarevna*.
tsa·*ri*·na sf.: *czarina, tzarina*.
tsa·*ris*·mo sm.: *czarismo, tzarismo*.
tsa·*ris*·ta adj. s2g.: *czarista, tzarista*.
tse·la adj. s2g.
tsé-tsé(s) s2g. (pl.).
tsunami sm. (jap.: *tsunâmi*)
tu pron. adj. s2g.
tu:ai·*á* sm.
tu:a·*re*·gue adj. s2g.
tu:a·*ta*·ra sm.
tu·ba sf.
tu·*bã* sf.
tu·*bá*·ce:o adj.
tu·*ba*·gem sf.; pl. ·*gens*.
tu·bai·*ai*·a sf.
tu·*ban*·ça sf.: *tumbança*.
tu·ba·*ra*·na sf.: *tabarana*.
tu·ba·*rão* sm.; pl. ·*rões*.
tu·*bá*·ri:o adj.
tu·ba·ro·*na*·to sm.
tu·ba·ro·*nen*·se adj. s2g.
tu·*bei*·ra sf.
tu·*bel* sm.; pl. ·*béis*.
tú·be·ra sf.
tu·ber·cu·*la*·do adj.
tu·ber·cu·*lar* adj. 2g.
tu·ber·cu·*lí*·fe·ro adj.
tu·ber·cu·li·*for*·me adj. 2g.

tu·ber·cu·*li*·na sf.
tu·ber·cu·li·ni·za·*ção* sf.; pl. ·*ções*.
tu·ber·cu·li·ni·*zar* v.
tu·ber·cu·li·za·*ção* sf.; pl. ·*ções*.
tu·ber·cu·li·*zar* v.
tu·*bér*·cu·lo sm.
tu·ber·cu·*lo*·ma sm.
tu·ber·cu·*lo*·se sf.
tu·ber·cu·*lo*·so (ô) adj. sm.; f. e pl. (ó)
tu·be·ri·*for*·me adj. 2g.
tu·be·*roi*·de adj. 2g.
tu·be·*ro*·sa sf.
tu·be·ro·si·*da*·de sf.
tu·be·ro·si·*tá*·ri:o adj.
tu·be·*ro*·so (ô) adj.; f. e pl. (ó).
tu·*bi* sm.: *tubim*.
tu·*bi*·ba sf.
tu·*bí*·fe·ro adj.
tu·bi·*flo*·ra sf.
tu·bi·*flo*·ro adj.
tu·bi·*for*·me adj. 2g.
tu·*bim* sm.; pl. ·*bins*: *tubi*.
tu·bi·*nar* adj. 2g. sf.
tu·*bi*·nho sm.
tu·*bis*·ta s2g.
tu·bi·*xa*·ba sm. sf.
tu·*bo* sm.
tu·bu·la·*ção* sf.; pl. ·*ções*.
tu·bu·*la*·do adj.
tu·bu·la·*du*·ra sf.
tu·bu·*lão* sm.; pl. ·*lões*.
tu·bu·*lar* v. adj. 2g.
tu·bu·*lá*·ri:a sf.
tu·bu·li·den·*ta*·do adj. sm.
tu·bu·*lí*·fe·ro adj. sm.
tu·bu·li·*flo*·ro adj.
tu·bu·li·*for*·me adj. 2g.
tú·bu·lo sm.
tu·bu·*lo*·so (ô) adj.; f. e pl. (ó).
tu·bu·*lu*·ra sf.
tu·*bu*·na sf.
tu·ca·na·*boi*·a sf.
tu·ca·na·*çu* sm.
tu·ca·*nen*·se adj. s2g.
tu·ca·*ni* sm.
tu·ca·*ni*:ei sm.
tu·ca·*ni*·nho sm.
tu·ca·*ni*·var sm.
tu·*ca*·no adj. sm.
tu·ca·no(s)-*boi*(s) sm. (pl.).
tu·ca·no(s)-ca·chor·*ri*·nho(s) sm. (pl.).
tu·ca·no(s)-de-bi·co-*pre*·to sm. (pl.).
tu·ca·no(s)-de-bi·co-*ver*·de sm. (pl.).
tu·ca·no(s)-de-pei·to--a·ma·*re*·lo sm. (pl.).
tu·ca·no(s)-de-pei·to-*bran*·co sm. (pl.).
tu·ca·no(s)-do-pei·to--a·ma·*re*·lo sm. (pl.).
tu·ca·no(s)-do-pei·to-*bran*·co sm. (pl.).
tu·ca·no(s)-*gran*·de(s) sm. (pl.).
tu·ca·nu·*çu* sm.
tu·ca·nu·*í* sm.
tu·*cão* sm.; pl. ·*cões*.
tu·cho sm.
tu·co sm.
tu·co-*tu*·co(s) sm. (pl.).
tu·cu·*já* sm.
tu·cu·*ju* adj. s2g.
tu·*cum* sm.; *tecum*, *ticum*, pl. ·*cuns*.
tu·cu·*mã* adj. sm.
tu·cu·mã·*í* sm.
tu·cu·mã(s)-pi·*ran*·ga(s) sm. (pl.).
tu·cum-do-a·ma·*zo*·nas sm.; pl. *tucuns-do-amazonas*.
tu·*cu*·na adj. s2g.: *tecuna*, *ticuna*.
tu·cu·na·*ré* sm.
tu·cu·na·ré-me·re·*çá* sm.; pl. *tucunarés-mereçás* ou *tucunarés-mereçá*.
tu·cu·na·ré(s)-pi·*ni*·ma(s) sm. (pl.).
tu·cu·na·ré(s)-pu·*tan*·ga(s) sm. (pl.).
tu·cu·na·re·*tin*·ga sm.
tu·cun·*zal* sm.; pl. ·*zais*.
tu·cun·*zei*·ro sm.
tu·*cu*·pi sm.
tu·cu·pi·*po*·ra sm.
tu·*cu*·ra sf.: *ticura*.
tu·*cu*·ri sm.: *tacuri*.
tu·cu·ru·i·*en*·se adj. s2g.
tu·cu·*ru*·va sm.
tu·cu·*xi* sm.
tu·*del* sm.; pl. ·*déis*.
tu·*den*·se adj. s2g.
tu·*do* pron. sm.
tu·do-*na*·da sm.; pl. *tudos-nadas* ou *tudo-nadas*.
tu·fa s2g.
tu·*fa*·do adj. sm.
tu·*fão* sm.; pl. ·*fões*.
tu·*far* v.
tu·fo sm.
tu·*fo*·so (ô) adj.; f. e pl. (ó).
tu·*gi*·do adj. sm.
tu·*gir* v.
tu·gue adj. s2g.
tu·*gú*·ri:o sm.
tu:*í* sm.: *tuim*.
tui·a sf.
tu:i·*ção* sf.; pl. ·*ções*.
tu:i·*da*·ra sf.
tu:ie·*tê* sm.
tu:i·*ju*·va sf.
tu:*im* sm.; pl. ·*ins*: *tuí*.
tu:i·mai·*ta*·ca sf.
tu:in·*dá* sf.
tu:i·*pa*·ra sf.
tu:*í*·ra adj. 2g. sf.
tu:i·*ro*·ca sf.
tu:*ís*·te sm., do ing. *twist*.
tu:i·ti·*ri*·ca sf.
tu:i·*ti*·vo adj.
tui·*u*·ca adj. s2g. sf.
tui·u·gua·*çu* sm.
tui·ui·*ú* sm.
tui:u·*pa*·ra sm.
tui:*ú*(s)-quar·te·*lei*·ro(s) sm. (pl.).
tui:u·*ti* sm.
tui:u·va sf.: *tujuba*, *tujuva*.
tu:i·xi·ri·*ri* sm.
tu·*ju*·ba sf.: *tujuva*, *tuiuva*.
tu·ju·*ca*·da sf.: *tijucada*.
tu·ju·*cal* sm.; pl. ·*cais*: *tijucal*.
tu·*ju*·co sm.: *tijuco*.
tu·ju·mi·*rim* sm.; pl. ·*rins*.
tu·ju·*par* sm.: *tijupar*.
tu·*ju*·va sf.: *tujuba*, *tuiuva*.
tu·ju·*vei*·ra sf.
tu·le sm.
tu·lha sf.
tú·li:o sm.
tu·*li*·pa sf.
tu·li·*pá*·ce:o adj.
tu·li·pa(s)-da-*á*·fri·ca sf. (pl.).
tum·ba s2g. interj.
tum·*bal* adj. 2g.; pl. ·*bais*.
tum·*ban*·ça sf.: *tubança*.
tum·*bei*·ro adj. sm.
tum·*bi*·ce sf.
tu·me·fa·*ção* sf.; pl. ·*ções*.
tu·me·fa·ci·*en*·te adj. 2g.
tu·me·*fac*·to adj.: tu·me·*fa*·to.
tu·me·fa·*zer* v.
tu·me·fi·*can*·te adj. 2g.
tu·me·fi·*car* v.
tu·*men*·te adj. 2g.
tu·mes·*cên*·ci:a sf.

tu·mes·*cen*·te adj. 2g.
tu·mes·*cer* v.
tu·mi·*dez* (ê) sf.
tú·mi·do adj.
tu·mi·ri·tin·*guen*·se adj. s2g.
tu·*mor* (ô) sm.
tu·mo·ra·*ção* sf.; pl. ·*ções*.
tu·mor·*bran*·co sm.; pl. *tumores-brancos*.
tu·mo·*ro*·so (ô) adj.; f. *e* pl. (ó).
tu·mu·*lar* v. adj. 2g.
tu·mu·*lá*·ri:o adj. 'fúnebre'; f. *tumulária*/Cf. *tumularia*, do v. *tumular*.
tú·mu·lo sm./Cf. *tumulo*, do v. *tumular*.
tu·*mul*·to sm.
tu·mul·tu:*a*·do adj.
tu·mul·tu:a·*dor* (ô) adj. sm.
tu·mul·tu:*an*·te adj. 2g.
tu·mul·tu:*ar* v.
tu·mul·tu:*á*·ri:o adj. sm.
tu·mul·tu:*o*·so (ô) adj.; f. *e* pl. (ó).
tu·*na* adj. s2g. sf.
tu·na·*dor* (ô) adj. sm.
tu·*na*·gem sf.; pl. ·*gens*.
tu·*nal* sm.; pl. ·*nais*.
tu·*nan*·te adj. s2g.
tu·*nar* v.
tun·co sm.
tun·*cum* sm.; pl. ·*cuns*.
tun·da sf.
tun·*dá* sm.
tun·*dar* v.
tun·dra sf.
tú·nel sm.; pl. ·neis/Cf. *tuneis*, do v. *tunar*.
tu·ne·*si*·no adj. sm. 'de ou pertencente a Tunes, capital da Tunísia': *tunisino*/Cf. *tunisiano*.
tun·ga sf. s2g.
tun·*ga*·da sf.
tun·ga·*dor* (ô) adj. sm.
tun·*gar* v.
tungs·*tê*·ni:o sm.
tun·gue adj. s2g. sm.
tun·gue:*ar* v.
tun·*gue*·te (ê) sm.
tun·gu·ru·pa·*rá* sm.
tú·ni·ca sf.
tu·ni·*ca*·do adj. sm.
tu·ni·*ce*·la sf.
tu·*ní*·de:o adj. sm.
tu·ni·*que*·te (ê) sm.
tu·ni·si:*a*·no adj. sm. 'de, ou pertencente à Tunísia'/Cf. *tunesino*.
tu·ni·*si*·no adj. sm.: *tunesino*.
tu·*no* adj. sm.
tun·tun·*qué* s2g.: *tutunqué*.
tu·*pá* sm.: tu·*pã*.
tu·pa·ci·gua·*ren*·se adj. s2g.
tu·pã:*en*·se adj. s2g.
tu·pan·ci·re·ta·*nen*·se adj. s2g.
tu·pa·*nen*·se adj. s2g.
tu·pa·*ri* adj. s2g.
tu·*pé* sm.
tu·*pi* adj. s2g. sm.
tu·*pi*·a sf.
tu·pi:*a*·na sf.
tu·pi·*ça*·ba sf.: *tupixá*, *tupixaba*.
tu·pi(s)·ca:u·a·*í*·ba(s) adj. s2g.: tu·pi(s)·ca·va·*í*·ba(s).
tú·pi·co adj.
tu·pi:*ei*·ro sm.
tu·pi(s)·gua·ra·*ni*(s) sm. s2g. (pl.): tu·pi·gua·ra·*ni*(s) adj. (pl.).
tu·*pi*·na adj. s2g.
tu·pi·*nam*·ba sf.: *tupinambo*.
tu·pi·nam·*bá* adj. s2g. sm.
tu·pi·nam·ba·*ra*·na adj. s2g. sf.
tu·pi·nam·*bo* sm.: *tupinamba*.
tu·pi·nam·*bor* (ô) sm.
tu·pi·ni·*mó* adj. s2g.
tu·pi·ni·*quim* adj. s2g.; pl. ·*quins*.
tu·pi·no·*lo*·gia sf.
tu·pi·no·*ló*·gi·co adj.
tu·pi·no·lo·*gis*·ta adj. s2g.
tu·pi·*nó*·lo·go sm.
tu·pi·ra·*men*·se adj. s2g.
tu·pi·*xá* adj. s2g. sm.: *tupiçaba*, **tu·pi·*xa*·ba**.
tu·pu·ra·po sm.
tu·*rá* adj. s2g.: *torá*.
tu·ra·ni:*a*·no adj. sm.
tu·ra·*ri* sm.
tur·ba sf.
tur·ba·*ção* sf.; pl. ·*ções*.
tur·ba·*dor* (ô) adj. sm.
tur·ba·*men*·to sm.
tur·ba·*mul*·ta sf.
tur·*ban*·te sm.
tur·*bar* v.
tur·ba·*ti*·vo adj.
tur·be·*lá*·ri:o adj. sm.
tur·bi·*dân*·ci:a sf.
tur·bi·di·me·*tri*·a sf.
tur·bi·*dí*·me·tro sm.
túr·bi·do adj.
tur·bi·*lhão* sm.; pl. ·*lhões*.
tur·bi·lho·na·*men*·to sm.
tur·bi·lho·*nar* v. adj. 2g.
tur·*bi*·na sf.
tur·bi·na·*ção* sf.; pl. ·*ções*.
tur·bi·*na*·do adj. sm.
tur·bi·*na*·gem sf.; pl. ·**gens**.
tur·bi·*nar* v.
tur·bi·ni·*for*·me adj. 2g.
tur·bi·*no*·so (ô) adj.; f. *e* pl. (ó).
tur·*bi*·to sm.
tur·bo adj. 2g.
tur·bo·*é*·li·ce sm.
tur·bo·*jac*·to sm.: tur·bo·*ja*·to.
tur·bo·pro·pul·*sor* (ô) sm.
tur·bor·re:a·*tor* (ô) sm.
tur·bu·*lên*·ci:a sf.
tur·bu·*len*·to adj. sm.
tur·ca·*lha*·da sf.
túr·ci·co adj.
tur·co adj. sm.
tur·co·*á*·ra·be(s) adj. s2g. (pl.).
tur·co·*ma*·no adj. sm.
tur·de·*ta*·no adj. sm.
tur·*dí*·de:o adj. sm.
tur·di·*lha*·da sf.
tur·di·lho adj. sm.
túr·du·lo adj.
tu·*re*·ba s2g.
tur·fa sf.
tur·fe sm.
tur·*fei*·ra sf.
tur·*fis*·ta adj. s2g.
tur·*fís*·ti·co adj.
tur·*gên*·ci:a sf.
tur·*gen*·te adj. 2g.
tur·ges·*cên*·ci:a sf.
tur·ges·*cen*·te adj. 2g.
tur·ges·*cer* v.
tur·gi·*dez* (ê) sf.
túr·gi·do adj.
tur·gi·*mão* sm.; pl. ·*mães* e ·*mões*: *trugimão*.
tu·ri:a·çu:*en*·se adj. s2g.
tu·ri·*ão* sm.; pl. ·*ões*.
tu·ri·bu·*lar* v.
tu·ri·bu·*lá*·ri:o adj. sm.
tu·*rí*·bu·lo sm./Cf. *turibulo*, do v. *turibular*.
tu·*rí*·cre·mo adj.
tu·ri·fe·*rar* v.
tu·ri·fe·*rá*·ri:o adj. sm.
tu·*rí*·fe·ro adj./Cf. *turifero*, do v. *turiferar*.
tu·ri·fi·ca·*ção* sf.; pl. ·*ções*.
tu·ri·fi·ca·*dor* (ô) adj. sm.
tu·ri·fi·*can*·te adj. s2g.

tu·ri·fi·*car* v.
tu·*rín*·gi:a sf.
tu·*rín*·gi:o adj. sm.
tu·*ri*·no adj. sm.
tu·*ri*·*ri* sm.
tu·*ris*·mo sm.
tu·*ris*·ta adj. s2g.
tu·*rís*·ti·co adj.
tu·ri·*va*·ra adj. s2g.
tur·ma sf.
tur·ma·*li*·na sf.
tur·ma·li·*nen*·se adj. s2g.
tur·ma·li·*no*·so (ô) adj.; f. *e* pl. (ó).
tur·*mei*·ro sm.
tur·*nê* sf.
tur·ne·*dô* sm.
túr·ne·po sm.
túr·ne·po(s)-a·ma·*re*·lo(s) sm. (pl.).
tur·ne·*rá*·ce:a sf.
tur·ne·*rá*·ce:o adj.
tur·ni:*á*·ce:a sf.
tur·ni:*á*·ce:o adj.
tur·no sm.
tur·pi·*ló*·qui:o sm.
tur·*quês* adj. 2g. 2n. sm.
tur·*que*·sa (ê) adj. 2g. 2n. sf. sm.
tur·*que*·*sa*·do adj.
tur·*ques*·co (ê) adj.
tur·que·*si*·no adj. sm.
tur·*qui* adj. 2g. 2n. sm.
tur·ra adj. s2g. sf.
tur·*rão* adj. sm. 'que, ou aquele que é teimoso'; pl. ·*rões*; f. *turrona*/Cf. *torrão*.
tur·*rar* v. 'bater com a testa'/ Cf. *torrar*.

tur·ri·cu·*la*·do adj.
tur·ri·*for*·me adj. 2g.
tur·*rí*·fra·go adj.
tur·*rí*·ge·ro adj.
tur·*ris*·ta adj. s2g.
tur·*ro*·na adj. sf. de *turrão*.
tur·tu·*ri*·*nar* v.
tur·tu·*ri*·no adj. sm.
tur·tu·ve:*a*·do adj.
tu·*ru* sm.
tu·*ru*·*bi* sm.
tu·ru·cu:*é* sm.
tu·ru:e·*í* sf.
tu·rum·*bam*·ba sm.
tu·*ru*·na adj. s2g.
tu·run·*du* sm.
tu·run·dum·*dum* sm.; pl. ·*duns*.
tu·*ru*·*ri* adj. s2g. sm.: tu·ru·*rim*; pl. ·*rins*.
tu·*ru*·*ru* sm.
tu·ru·*ru*·*im* sm.; pl. ·*ins*.
tur·va·*ção* sf. 'turvamento'; pl. ·*ções*: turbação/Cf. *torvação*.
tur·va·*dor* (ô) adj.
tur·va·*men*·to sm. 'turvação'/ Cf. *torvamento*.
tur·*var*¹ v. 'tornar opaco': *turbar*/Cf. *torvar*.
tur·*var*² v.: *torvar*.
tur·ve·*jar* v.
tur·vo adj. sm.
tus·*sí*·ge·no adj.
tus·si·*la*·gem sf.; pl. ·*gens*.
tus·*sí*·pa·ro adj.
tus·*sol* sm.; pl. ·*sóis*.
tus·*sor* (ô) sm.
tus·ta sm.

tu·ta e *mei*·a sf.
tu·*ta*·no sm.
tu·te:*ar* v.
tu·*tei*·o sm.
tu·*te*·la sf.
tu·te·*la*·do adj. sm.
tu·te·*lan*·do adj. sm.
tu·te·*lar* adj. 2g. v.
tu·*ti*·a sf.
tu·ti·ri·*bá* sm.: tuturubá.
tu·toi·*en*·se adj. s2g.
tu·*tor* (ô) sm.; f. *tutora*, *tutriz*.
tu·to·*rar* v.
tu·to·*ri*·a sf.
tu·*triz* sf. de *tutor*.
tu·*tu* sm.
tu·tu·*car* v. sm.
tu·tu·mum·*bu*·ca sm.
tu·tun·*qué* s2g.
tu·*tu*·que sm.
tu·tu·ru·*bá* sm.: tutiribá.
tut·xi:u·*na*:u·a adj. s2g.
tu·*vi* sm.
tu·*vi*·ra sf.
tu·xa:*u*·a sm.
tu·*xi* sm.
tu·*zi*·na sf.
twist sm. (ing.: *tuíste*).
tzar sm.: *czar*, *tsar*.
tza·*ré*·vi·che sm.: czaréviche, tsaréviche.
tza·*rev*·na sf.: czarevna, tsarevna.
tza·*ri*·na sf.: czarina, tsarina.
tza·*ris*·mo sm.: czarismo, tsarismo.
tza·*ris*·ta adj. s2g.: czarista, tsarista.
tzi·*ga*·no adj. sm.

U

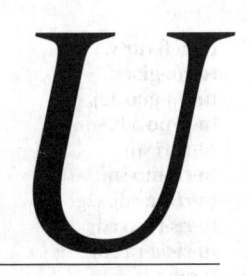

u sm.; pl. *us* ou *uu*/Cf. *uh* interj.
u·a·ba·ti·mô sm.: **u:a·ba·ti·mó**.
u·a·ba·tin·ga sf.
u·a·bu·í adj. s2g.
u·a·cá sm.
u·a·çá sm.
u·a·ça·çu sm.
u·a·ça·í sm.
u·a·ça·í-chum·bo sm.; pl. *uaçaís-chumbos* ou *uaçaís-chumbo*.
u·a·ça·í(s)-mi·ri(s) sm. (pl.): **u:a·ça·í-mi·rim** sm.; pl. *uaçaís-mirins*.
u·a·can·ga sf.
u·a·ca·pa·rá sm.
u·a·ca·pu sm.
u·a·ca·pu·ra·na sf.
u·a·ca·rau·á adj. s2g.
u·a·ca·ri sm.
u·a·ca·ri:a·çu sm.
u·a·ca·ri(s)-bran·co(s) sm. (pl.).
u·a·ca·ri·gua·çu sm.
u·a·ca·ri(s)-ver·me·lho(s) sm. (pl.).
u·a·ca·ta·ca sf.
u·a·cau·á sm.
u·a·ci·ma sf.
u·a·cu sm.
u·a·cu·mã sm.
u:*ai* interj.
u·a·*i·á* adj. s2g. sf.
u·a:*i·a*·na adj. s2g.
u·a·*i*·a·pu·çá sm.
u·ai·cá adj. s2g.
u·a·í·ca·na adj. s2g.
u·ai·ci·ma sf.
u·ai·ei·ra sf.
u·ai·mi·ri adj. s2g.
u·ai·mi·ri·ju·ru sm.
u·ai·mi·u·ru sm.
u·a:in·di·zê adj. s2g.
u·ai·nu·má adj. s2g.

u:ai·ô sm., na loc. *estar de uaiô*.
u:ai·o·ró adj. s2g.
u:ai·pi sm.
u:ai·qui·no adj. sm.
u:ai·tá sm.
u:ai·u·a sf., na loc. *estar de uaiua*.
u:ai·uai adj. s2g.
u:a·ja·rá sm.
u:a·le sm.
u:a·mi·ri sm.: **u:a·mi·rim** sm.; pl. *·rins*.
u:a·mói adj. s2g.
u:a·nam·bé sm.
u:a·na·na adj. s2g.
u:a·na·nau adj. s2g.
u:a·na·ni sm.
u:*an*·da sf.
u:*an·tui*·a adj. s2g.
u:a·pé sm.: **u:a·pê**.
u:a·pé(s)-da-ca·cho:ei·ra sm. (pl.): **u:a·pê(s)-da-ca·cho:ei·ra**.
u:a·pi·xa·na adj. s2g.
u:a·pu·çá sm.
u:a·pu·çá(s)-de-co·lei·ra sm. (pl.).
u:a·ra·ra sm.
u:a·re·que·na adj. s2g.: *uerequena*.
u:a·ri·á sm.
u:a·ri·qui·na sf.
u:a·ri·ra·ma sf.
u:a·ru adj. s2g. sm.
u:a·ru·a·rá sm.
u:a·ru·bé sm.
u:a·ru·mã sm.
u:a·ru·rem·boi·a sf.
u:a·se·na adj. s2g.
u:a·ta·na·ri adj. s2g.
u:a·ta·pu sm.
u:*au* sm.
u:au·á sm.

u:au·a·çu sm.
u:au·a·çu·zal sm.; pl. *·zais*.
u:a·u·a·en·se adj. s2g.
u:a·u·çu sm.
u:au·i·ru sm.
u:au·pe·en·se adj. s2g.
u:au·rá adj. s2g.
u·a·xu·á sm.
u·*bá* sf. sm.
u·ba·a·çu sm.
u·ba·ca·ba sf.
u·ba·cai·á sm.
u·ba·en·se adj. s2g.
u·bai·a sf.: *uvaia*.
u·ba:i·ren·se adj. s2g.
u·ba:i·ta·ben·se adj. s2g.
u·ba·ja·ren·se adj. s2g.
u·ba·ra·na sf.
u·ba·ra·na·çu sf.
u·ba·ra·na·ra·to sf.; pl. *ubaranas-ratos* ou *ubaranas-rato*.
u·ba·ri sm.
u·ba·tã sm.
u·ba·ten·se adj. s2g.
u·ba·tin·ga sf.
u·ba·tu·ben·se adj. s2g.
u·*be*·ba sf.
u·be·ra·ben·se adj. s2g.
u·ber·da·de sf.
ú·be·re adj. 2g. sm.; superl. *ubérrimo*.
u·ber·lan·den·se adj. s2g.
u·*bér*·ri·mo adj. superl. de *úbere*.
u·ber·to·so (ô) adj.; f. e pl. (ó).
u·*bi* sm.: *ubim*.
u·bi:e·da·de sf.
u·bi·ja·ra sf.
u·*bim* sm.; pl. *·bins*: *ubi*.
u·bi·qua·ção sf.; pl. *·ções*.
u·bi·qui·da·de sf.
u·*bí*·quo adj.

u·bi·ra·ço·ca sf. *ou* sm.
u·bi·ra·*ja*·ra adj. s2g.
u·bi·ra·*quá* sf.
u·*bre* sm.
u·bu·*çu* sm.
u·ca sf.
u·*çá* sm.
u·*cas*·se sm.
u·cas·si:*á* sf.
u·ça·*ú*·na sm.
u·cha sf.
u·chão sm.; pl. ·chões.
u·cha·*ri*·a sf.
u·cho:*en*·se adj. s2g.
u·cra·ni:*a*·no adj. sm.
u·cro·*ni*·a sf.
u·cu·qui·*ra*·na sf.
u·cu·*u*·ba sf.
u·cu·u·ba(s)-*bran*·ca(s) sf. (pl.).
u·cu·u·ba·*ra*·na sf.
u·cu·u·ba(s)-ver·*me*·lha(s) sf. (pl.).
u·cu·u·*bei*·ra sf.
u·de·*nis*·mo sm.
u·de·*nis*·ta adj. s2g.
u·de·*nis*·ti·co adj.
u·de·va·*li*·ta sf.
u·do adj. sm., na loc. *udo e miúdo.*
u·do·me·*tri*·a sf.
u·do·*mé*·tri·co adj.
u·*dô*·me·tro sm.
u·*du* sm.
u·*é* interj.: u:*ê*.
u:e·re·*que*·na adj. s2g.: *uarequena*.
u:*éu*·a sf.
u·fa interj.
u·fa·*nar* v.
u·fa·*ni*·a sf.
u·fa·*nis*·mo sm.
u·fa·*nis*·ta adj. s2g.
u·*fa*·no adj./Cf. *ufano*, do v. *ufanar*.
u·fa·*no*·so (ô) adj.; f. *e* pl. (ó).
u·fo·lo·*gi*·a sf.
u·ga·*rí*·ti·co adj.
ú·gri·co adj. sm.
u·gro·fi·*nês* adj. sm.; pl. *ugro-fineses*.
u·gro·*fi*·ni·co(s) adj. sm. (pl.).
uh interj./Cf. *u* sm.
ui interj.
ui·a·bu:*í* adj. s2g.
ui·*ai* interj.
ui·*a*·ra sf.
ui·o·fo·*bi*·a sf.

ui·*ó*·fo·bo adj. sm.
ui·*qué* sm.
ui·*rá* sm.
ui·rá-an·*gu* sm.; pl. *uirás-angus* ou *uirás-angu*.
u:i·ra·*çu* sm.
ui·ra·mem·*bi* sm.
ui·ra·mi·*ri* sm.
ui·ra·pa·*çu* sm.
ui·ra·pa·*jé* sm.
ui·ra·pe·*qui* sm.
ui·ra·pi:*a*·na sf.
ui·ra·*pon*·ga sf.
ui·ra·*pu*·ru sm.
ui·ra·pu·ru(s)-de-ca·be·ça-*bran*·ca sm. (pl.).
ui·ra·pu·ru(s)-de-ca·be·ça-en·car·*na*·da sm. (pl.).
ui·ra·pu·ru(s)-de-cos·ta-a·*zul* sm. (pl.).
ui·ra·pu·ru(s)-ver·da·*dei*·ro(s) sm. (pl.).
ui·ra·*ri* sm.
ui·ra·ta·*tá* sm.
ui·ra·tau·*á* sm.
ui·ra·*ú*·na sf.
ui·ra:u·*nen*·se adj. s2g.
ui·ra·xu:*é* sm.: ui·ra·xu:*ê*.
ui·*ri*·na adj. s2g.
ui·ri·*ri* sf.
ui·ru·u·co·*tim* sm.; pl. ·*tins*.
ui·ru·u·e·*tê* sm.
u:is·*ca*·da sf.
u:*ís*·que sm.
u:is·que·*ri*·a sf.
u:*ís*·te sm.
u:i·*to*·to adj. s2g.
ui·va·*ção* sf.; pl. ·*ções*.
ui·*va*·da sf.
ui·va·*dor* (ô) adj. sm.
ui·va·*men*·to sm.
ui·*van*·te adj. 2g.
ui·*var* v.
ui·vo sm.
u·ja·*rá* sf.
u·*je* sm.
u·*ji*·ca sf.
u·la sf.
u·*la*·no sm.
u·la·tro·*fi*·a sf.
u·la·*tró*·fi·co adj.
úl·ce·ra sf./Cf. *ulcera*, do v. *ulcerar*.
ul·ce·ra·*ção* sf.; pl. ·*ções*.
ul·ce·*rar* v.
ul·ce·ra·*ti*·vo adj.
ul·ce·*roi*·de adj. 2g.
ul·ce·*ro*·so (ô) adj. sm.; f. *e* pl. (ó).

u·*le*·ma sf.
u·le·*má* sm.
u·le·ri·*te*·ma sm.
u·le·ri·te·*má*·ti·co adj.
u·le·ri·te·ma·*to*·so (ô) adj.; f. *e* pl. (ó).
ul·fi·*la*·no adj.
u·li·gi·*ná*·ri:o adj.
u·li·gi·*no*·so (ô) adj.; f. *e* pl. (ó).
u·li·*i*·a sf.
u·lis·si·po·*nen*·se adj. s2g.
u·*li*·te sf.
ul·*má*·ce:a sf.
ul·*má*·ce:o adj.
ul·ma·*ni*·ta sf.
ul·ma·*ni*·to sm.
ul·*má*·ri:a sf.
ul·mo sm.: *olmo*.
ul·na sf.
ul·*nal* adj. 2g. sm.; pl. ·*nais*.
ul·*ná*·ri:o adj.
u·*lo* sm.
u·lo:a·tro·*fi*·a sf.
u·lo:a·*tró*·fi·co adj.
u·lo·*den*·dro sm.
u·*lo*·ma sm.
u·lon·*ci*·a sf.
u·lor·ra·*gi*·a sf.
u·lor·*rá*·gi·co adj.
u·lor·*rei*·a sf.
u·lor·*rei*·co adj.
u·*lo*·se sf.
u·*ló*·tri·co adj. sm.: u·*ló*·tri·que adj. sm.
ul·*rei* sm.
ul·te·ri:*or* (ô) adj. 2g.
ul·te·ri:o·ri·*da*·de sf.
úl·ti·ma sf./Cf. *ultima*, do v. *ultimar*.
ul·ti·ma·*ção* sf.; pl. ·*ções*.
ul·ti·*ma*·do adj.
ul·ti·ma·*dor* (ô) adj.
ul·ti·ma·*nis*·ta adj. s2g.
ul·ti·*mar* v.
úl·ti·mas sf. pl./Cf. *ultimas*, do v. *ultimar*.
ul·ti·*ma*·to sm.: ul·ti·*má*·tum sm.; pl. ·*tuns*.
úl·ti·mo adj. sm./Cf. *ultimo*, do v. *ultimar*.
ul·*tor* (ô) adj. sm.; f. *ultrice* ou *ultriz*.
ul·tra s2g.
ultra- pref. (é seguido de hífen, quando se lhe junta voc. começado por *a* ou *h*).
ul·tra-a·tô·mi·co(s) adj. (pl.).

ul·tra·au·tô·no·mo(s) adj. (pl.).
ul·tra·cen·trí·fu·ga sf.
ul·tra·cor·re·ção sf.; pl. ·ções.
ul·tra·cur·to adj.
ul·tra·de·mo·crá·ti·co adj.
ul·tra·fil·tra·ção sf.; pl. ·ções.
ul·tra·hu·ma·no(s) adj. (pl.).
ul·tra·ís·mo sm.
ul·tra·ís·ta adj. s2g.
ul·tra·ja·dor (ô) adj. sm.
ul·tra·jan·te adj. 2g.
ul·tra·jar v.
ul·tra·je sm.
ul·tra·jo·so (ô) adj.; f. e pl. (ó).
ul·tra·mar adj. 2g. 2n. sm.
ul·tra·ma·ri·no adj. sm.
ul·tra·mi·cros·co·pi·a sf.
ul·tra·mi·cros·có·pi·co adj.
ul·tra·mi·cros·có·pi:o sm.
ul·tra·mo·der·nis·mo sm.
ul·tra·mo·der·nis·ta s2g.
ul·tra·mo·der·no adj.
ul·tra·mon·ta·nis·mo sm.
ul·tra·mon·ta·no adj. sm.
ul·tra·pas·sa·gem sf.; pl. ·gens.
ul·tra·pas·sar v.
ul·tra·pas·sá·vel adj. 2g.; pl. ·veis.
ul·trar·re:a·lis·mo sm.
ul·trar·re:a·lis·ta adj. s2g.
ul·trar·re·vo·lu·ci:o·ná·ri:o adj. sm.
ul·trar·ro·mân·ti·co adj. sm.
ul·trar·ro·man·tis·mo sm.
ul·tras·se·cu·lar adj. 2g.; pl. ultrasseculares.
ul·tras·sen·sí·vel adj. 2g.; pl. ·veis.
ul·tras·som sm.; pl. ·sons.
ul·tras·so·no·gra·fi·a sf.
ul·tras·so·no·te·ra·pi·a sf.
ul·tra·tu·mu·lar adj. 2g.
ul·tra·vi:o·le·ta (ê) adj. 2g. sm.
ul·tra·ví·rus sm. 2n.
ul·tri·ce adj. sf.; f. de *ultor*: ul·triz.
u·lu·la·ção sf.; pl. ·ções.
u·lu·la·dor (ô) adj. sm.
u·lu·lan·te adj. 2g.
u·lu·lar v.
u·lu·la·to sm.
u·lu·lí·ne:o adj. sm.
u·lu·lo sm.
ul·va sf.
um art. num. pron. sm.; pl. *uns*.
u·ma art. num. pron. f.

u·*mã* adj. s2g.
u·*mão* adj. sm.; pl. ·*mãos*; f. *umã*.
u·ma·ri sm.
u·ma·ri·ra·na sf.
u·ma·ri·zal sm.; pl. ·zais.
u·mau·á adj. s2g.
um·ba·la sf.
um·bam·ba sf.
um·ban·da sf.
um·ban·dis·mo sm.
um·ban·dis·ta adj. s2g.
um·ba·ru sm.
um·ba·ú·ba sf.: *ambaíba, ambaúba*.
um·ba:u·bal sm.; pl. ·bais.
um·ba:u·ben·se adj. s2g.
um·bé sm.: *umbê*.
um·be·la sf.: *umbrela*.
um·be·la·do adj.
um·be·la·to sm.
um·bé·li·co adj.
um·be·lí·fe·ra sf.
um·be·lí·fe·ro adj.
um·be·li·flo·ra sf.
um·be·li·flo·ro adj.
um·be·li·for·me adj. 2g.
um·bé·lu·la sf.
um·be·lu·la·do adj.
um·bi·ga·da sf.
um·bi·gar v.
um·bi·go sm.
um·bi·guei·ra sf.
um·bi·li·ca·do adj.
um·bi·li·cal adj. 2g.; pl. ·cais.
um·bí·li·co sm.
um·bo·na·do adj.
um·bo·nal adj. 2g.; pl. ·nais.
um·bra sf.
um·bra·cu·lí·fe·ro adj.
um·bra·cu·li·for·me adj. 2g.
um·brá·cu·lo sm.
um·bral sm.; pl. ·brais.
um·brá·ti·co adj.
um·brá·til adj. 2g.; pl. ·teis ou ·ti·les.
um·bre·la sf.
um·bri·a sf. 'lugar sombrio'/Cf. úmbria, f. de *úmbrio*.
úm·bri·co adj. sm.
um·brí·co·la adj. 2g.
um·brí·fe·ro adj.
úm·bri:o adj. sm. 'da Úmbria'; f. úmbria/Cf. umbria.
um·bro adj. sm.
um·bró·fi·lo adj.
um·bro·ma·ni·a sf.

um·brô·ma·no sm.
um·bror (ô) sm.
um·bro·so (ô) adj.; f. e pl. (ó).
um·bu sm.: *imbu*.
um·bui·a sf.: *imbuia*.
um·bu·ra·na sf.: *imburana*.
um·bu·za·da sf.: *imbuzada*.
um·bu·zal sm.; pl. ·zais: *imbuzal*.
um·bu·zei·ren·se adj. s2g.
um·bu·zei·ro sm.: *imbuzeiro*.
u·me adj. sm.
u·mec·ta·ção sf.; pl. ·ções.
u·mec·tan·te adj. 2g. sm.
u·mec·tar v.
u·mec·ta·ti·vo adj.
u·me·de·ce·dor (ô) adj. sm.
u·me·de·cer v.
u·me·de·ci·men·to sm.
u·men·te adj. 2g.
u·me·ral adj. 2g.; pl. ·rais.
u·me·rá·ri:o adj.
ú·me·ro sm.
u·mi·da·de sf.
u·mi·di·fi·ca·ção sf.; pl. ·ções.
u·mi·di·fi·ca·dor (ô) adj. sm.
u·mi·di·fi·car v.
u·mi·dí·fo·bo adj.
ú·mi·do adj.
u·mi·ri sm.
u·mi·ri·ra·na sf.
u·mi·ri·zal sm.; pl. ·zais.
u·mo·ti·na adj. s2g.: u·mu·ti·na.
u·nai·en·se adj. s2g.
u·na·ni·mar v.
u·nâ·ni·me adj. 2g./Cf. unanime, do v. unanimar.
u·na·ni·mi·da·de sf.
u·na·ni·mi·fi·car v.
u·na·ni·mis·mo sm.
u·na·ni·mis·ta adj. s2g.
u·nau sm.
un·ção sf.; pl. ·ções.
ún·ci:a sf.
un·ci:al adj. 2g. sf.; pl. ·ais.
un·ci·á·ri:o adj.
un·ci·for·me adj. 2g. sm.
un·ci·na·do adj.
un·ci·na·ri:o·se sf.
un·ci·nu·la·do adj.
un·cir·ros·tro adj. sm.
un·da·ção sf.; pl. ·ções.
un·dan·te adj. 2g.
un·de·ca·e·dro sm.
un·de·cá·go·no sm.

un·*dé*·ci·mo num. sm.
un·*dé*·cu·plo num. sm.
un·*dí*·co·la adj. s2g.
un·*dí*·fe·ro adj.
un·di·*fla*·vo adj.
un·*dí*·flu:o adj.
un·di·*for*·me adj. 2g.
un·*di*·na sf.
un·*dís*·so·no adj.
un·*dí*·va·go adj.
un·do·si·*da*·de sf.
un·*do*·so (ô) adj.; f. *e* pl. (ó).
u·*nen*·se adj. s2g.
un·*gi*·do adj. sm.
un·gi·*dor* (ô) adj. sm.
un·gi·*men*·to sm.
un·*gir* v.
ún·gue sm.: *únguis*.
un·gue:*al* adj. 2g.; pl. ·*ais*.
un·guen·*tá*·ce:o adj.
un·guen·*tá*·ri:o adj. sm.
un·*guen*·to sm.
un·*gui* sm.
un·gui·cu·*la*·do adj.
un·*guí*·fe·ro adj.
un·gui·*for*·me adj. 2g.
un·gui·*nal* adj. 2g.; pl. ·*nais*.
un·gui·*no*·so (ô) adj.; f. *e* pl. (ó).
ún·guis sm. 2n.: *úngue*.
ún·gu·la sf.
un·gu·*la*·do adj. sm.
un·gu·*lar* adj. 2g.
un·gu·li·*ní*·de:o adj. sm.
u·*nha* sf.
u·*nha*·ca s2g.
u·*nha*·ço sm.
u·*nha*·da sf.
u·nha(s)-de-*an*·ta sf. (pl.).
u·nha(s)-de-*boi* sf. (pl.).
u·nha(s)-de-boi-do-*cam*·po sf. (pl.).
u·nha(s)-de-ca·*va*·lo sf. (pl.).
u·nha(s) de *fo*·me adj. s2g. (pl.).
u·nha(s)-de-*ga*·to sf. (pl.).
u·nha(s)-de-mor·*ce*·go sf. (pl.).
u·nha(s)-de-*va*·ca sf. (pl.).
u·nha(s)-de-va·ca-*ro*·xa sf. (pl.).
u·nha(s)-de-ve:*a*·do sf. (pl.).
u·nha(s)-de-*ve*·lha sf. (pl.).
u·nha(s)-de-*ve*·lho sf. (pl.).
u·nha(s) do *o*·lho sf. (pl.).
u·nha·*men*·to sm.
u·nha(s) no *o*·lho sf. (pl.).
u·*nhão* sm.; pl. ·*nhões*.
u·*nhar* v.

u·*nhas* s2g. 2n. sf. pl.
u·nhas de *fo*·me s2g. 2n.
u·*nha*·ta sf.
u·*nhei*·ra sf.
u·*nhei*·ro sm.
u·nhei·*ru*·do adj.
u·*nhe*·ta (ê) sf.
u·*nho* sm.
u·*nho*·na sf.
u·ni:a·*la*·do adj.
u·ni:*ão* sf.; pl. ·*ões*.
u·ni:ão-vi·to·ri:*en*·se(s) adj. s2g. (pl.).
u·ni:ar·ti·cu·*la*·do adj.
u·ni:a·xi:*al* (cs) adj. 2g.; pl. ·*ais*.
u·ni·ca·me·*ral* adj. 2g.; pl. ·*rais*.
u·ni·ca·me·ra·li·*da*·de sf.
u·ni·cap·su·*lar* adj. 2g.
u·ni·*cá*·ri:o sm.
u·ni·car·pe·*lar* adj. 2g.
u·ni·*cau*·le adj. 2g.
u·ni·ce·lu·*lar* adj. 2g.
u·ni·ci·*da*·de sf.
ú·ni·co adj.
u·ni·co·*lor* (ô) adj. 2g. 'que tem só uma cor'/Cf. *onicolor*.
u·ni·*cor*·ne adj. 2g. sm.
u·ni·*cór*·ni:o sm.
u·ni·*cús*·pi·de adj. 2g.
u·ni·*da*·de sf.
u·ni·den·*tal* adj. 2g.; pl. ·*tais*.
u·ni·di·re·ci:o·*nal* adj. 2g.; pl. ·*nais*.
u·*ni*·do adj.
u·ni·fi·ca·*ção* sf.; pl. ·*ções*.
u·ni·fi·*ca*·do adj.
u·ni·fi·ca·*dor* (ô) adj. sm.; f. *unificadora* ou *unificatriz*.
u·ni·fi·*car* v.
u·ni·fi·ca·*triz* adj. sf.; f. de *unificador*.
u·ni·fi·*cá*·vel adj. 2g.; pl. ·*veis*.
u·ni·*flo*·ro adj.
u·ni·fo·*cal* adj. 2g.; pl. ·*cais*.
u·ni·fo·li:*a*·do adj.
u·ni·*fó*·li:o adj.
u·ni·*for*·mar v.
u·ni·*for*·me adj. 2g. sm. 'que só tem uma forma'/Cf. *oniforme*.
u·ni·for·mi·*da*·de sf.
u·ni·for·mi·za·*ção* sf.; pl. ·*ções*.
u·ni·for·mi·*za*·do adj.
u·ni·for·mi·za·*dor* (ô) adj. sm.
u·ni·for·mi·*zar* v.
u·ni·*gê*·ni·to adj. sm.
u·ni·ju·*ga*·do adj.

u·*ní*·ju·go adj.
u·ni·la·bi:*a*·do adj.
u·ni·la·te·*ral* adj. 2g.; pl. ·*rais*.
u·ni·la·te·ra·li·*da*·de sf.
u·ni·la·te·ra·*lis*·mo sm.
u·ni·*lín*·gue adj. 2g. 'escrito em uma só língua'/Cf. *onilíngue*.
u·ni·lo·*ba*·do adj.
u·ni·lo·*bar* adj. 2g.
u·ni·lo·bu·*la*·do adj.
u·ni·lo·cu·*lar* adj. 2g.
u·*ní*·lo·quo (quo *ou* co) adj.
u·*ní*·ma·no adj.
u·ni·me·ta·*lis*·mo sm.
u·ni·me·ta·*lis*·ta adj. s2g.
u·*ní*·mo·do adj. 'uniforme'/Cf. *onímodo*.
u·ni·mo·le·cu·*lar* adj. 2g.
u·ni·mus·cu·*lar* adj. 2g.
u·ni·ner·*va*·do adj.
u·ni·*nér*·ve:o adj.
u·ni·no·mi·*nal* adj. 2g.; pl. ·*nais*.
u·ni:o·cu·*la*·do adj.
u·ni:o·*nen*·se adj. s2g.
u·ni:o·*nis*·mo sm.
u·ni:o·*nis*·ta adj. s2g.
u·ni:o·vu·*la*·do adj.
u·*ní*·pa·ro adj.
u·ni·pe·*dal* adj. 2g.; pl. ·*dais*.
u·*ní*·pe·de adj. 2g.
u·ni·pes·so:*al* adj. 2g. 'que consta de uma só pessoa'; pl. ·*ais*/Cf. *onipessoal*.
u·ni·*pé*·ta·lo adj.
u·ni·po·*lar* adj. 2g.
u·*nir* v.
u·nir·*re*·me adj. 2g. sf.
u·nis·*sex* (cs) adj. 2g. 2n.
u·nis·se·xu:*a*·do (cs) adj.
u·nis·se·xu:*al* (cs) adj. 2g.; pl. ·*ais*.
u·nis·so·*nân*·ci:a sf.
u·nis·so·*nan*·te adj. 2g.
u·*nís*·so·no adj. sm.
u·nis·sul·*ca*·do adj.
u·ni·*tá*·ri:o adj. sm.
u·ni·ta·*ris*·mo sm.
u·ni·ta·*ris*·ta adj. s2g.
u·ni·*ti*·vo adj.
u·ni·*val*·ve adj. 2g.
u·ni·val·vu·*lar* adj. 2g.
u·ni·ver·*sal* adj. 2g. sm.; pl. ·*sais*.
u·ni·ver·sa·li·*da*·de sf.
u·ni·ver·sa·*lis*·mo sm.
u·ni·ver·sa·*lis*·ta adj. s2g.

u·ni·ver·sa·li·za·*ção* sf.; pl.
·*ções*.
u·ni·ver·sa·li·za·*dor* (ô) adj.
sm.
u·ni·ver·sa·li·*zan*·te adj. 2g.
u·ni·ver·sa·li·*zar* v.
u·ni·ver·sa·li·*zá*·vel adj. 2g.;
pl. ·*veis*.
u·ni·ver·si·*da*·de sf.
u·ni·ver·si·*tá*·ri:o adj. sm.
u·ni·ver·si·ta·*ris*·mo sm.
u·ni·*ver*·so adj. sm.
u·ni·*ver*·so(s)·*i*·lha(s) sm. (pl.).
u·ni·vo·ca·*ção* sf.; pl. ·*ções*.
u·ni·vo·*car* v.
u·ni·vo·ci·*da*·de sf.
u·*ní*·vo·co adj.
u·no adj. 'único, um'/Cf. *huno*.
u·*nó*·cu·lo adj. sm.
un·ta·*de*·la sf.
un·ta·*dor* (ô) adj. sm.
un·ta·*du*·ra sf.
un·ta·*men*·to sm.
un·*ta*·nha sf.
un·*tar* v.
un·*tá*·vel adj. 2g.; pl. ·*veis*.
un·*tei*·ro sm.
un·to sm.
un·tu:o·si·*da*·de sf.
un·tu:*o*·so (ô) adj.; f. *e* pl. (ó).
un·*tu*·ra sf.
u·pa interj. sf.
u·pa·ne·*men*·se adj. s2g.
u·pa·ni·*xa*·de sm.
u·*par* v. 'dar upas'/Cf. *opar*.
upgrade sm. (ing.: *apgrêid*).
u·pi:*ú*·ba sf.
upload sm. (ing.: *aplôud*).
u·ra sm. 'berne'/Cf. *hura*.
u·ra·ca·*çu* sm.
ú·ra·co sm.
u·ra·cra·*si*·a sf.
u·ra·*çu* sm.
u·ra:i·*en*·se adj. s2g.
u·ra·li:*a*·no adj. sm.
u·*rá*·li:o adj. sm.
u·ra·*li*·ta sf.
u·ra·li·ti·za·*ção* sf.; pl. ·*ções*.
u·ra·li·ti·*za*·do adj.
u·ra·lo·al·*tai*·co(s) adj. sm. (pl.).
u·ran·di·*en*·se adj. s2g.
u·*râ*·ni:a sf.
u·ra·*ní*·de:o adj. sm.
u·ra·*ni*·lo sm.
u·ra·ni·*ni*·ta sf.
u·*râ*·ni:o sm.
u·ra·nis·co·plas·*ti*·a sf.

u·ra·*nis*·mo sm.
u·ra·*nis*·ta adj. s2g.
u·ra·*ni*·ta sf.
u·*ra*·no sm.
u·ra·*nó*·ce·ro sm.
u·ra·no·cir·*ci*·to sm.
u·ra·no·*cro* sm.
u·ra·*nó*·fa·na sf.
u·ra·*nó*·fa·no sm.
u·ra·no·gra·*fi*·a sf.
u·ra·no·*grá*·fi·co adj.
u·ra·*nó*·gra·fo sm.
u·ra·*nó*·li·to sm.
u·ra·no·lo·*gi*·a sf.
u·ra·no·*ló*·gi·co adj.
u·ra·no·lo·*gis*·ta adj. s2g.
u·ra·*nô*·me·tro sm.
u·ra·no·plas·*ti*·a sf.
u·ra·no·*plás*·ti·co adj.
u·ra·no·*ra*·ma sm.
u·ra·nos·*co*·pi·a sf.
u·ra·nos·*có*·pi·co adj.
u·ra·nos·co·*pí*·de:o adj. sm.
u·ra·*no*·so (ô) adj.; f. *e* pl. (ó).
u·ra·pa·*rá* sm.
u·ra·*pe*·ba sm.
u·ra·*pon*·ga sf.
u·ra·pu·*ru* sm.
u·ra·*re*·ma sf.
u·ra·ri·*ra*·na sf.
u·*ra*·to sm.
u·ra·tu·*ri*·a sf.: u·ra·*tú*·ri:a.
u·ra·*ú*·na sf.
ur·ba·ni·ci:*a*·no adj. sm.
ur·ba·ni·*da*·de sf.
ur·ba·*nis*·mo sm.
ur·ba·*nis*·ta adj. s2g.
ur·ba·*nís*·ti·ca sf.
ur·ba·*nís*·ti·co adj.
ur·ba·*ni*·ta adj. s2g. sf.
ur·ba·ni·za·*ção* sf.; pl. ·*ções*.
ur·ba·ni·za·*dor* (ô) adj.
ur·ba·ni·za·*men*·to sm.
ur·ba·ni·*zan*·te adj. 2g.
ur·ba·ni·*zar* v.
ur·*ba*·no adj. sm.
ur·ba·no·san·*ten*·se(s) adj. s2g.
(pl.).
ur·ba·no·san·*tis*·ta(s) adj. s2g.
(pl.).
ur·*be* sf.
ur·*bí*·co·la adj. 'que gosta de
cidades ou vive nelas'/Cf.
orbícola, *orbícula*.
ur·ca adj. 2g. sf.
ur·*ca*·ço adj.
ur·ce:o·*la*·do adj.

ur·ce:o·*lar* adj. 2g.
ur·ce:o·*lá*·ri:a sf.
ur·ce:o·*lí*·fe·ro adj.
ur·*cé*:o·lo sm.
ur·co adj. sm.
ur·di·*ção* sf.; pl. ·*ções*.
ur·di·*dei*·ra adj. sf.
ur·di·*dor* (ô) adj. sm.
ur·di·*du*·ra sf.
ur·di·*men*·to sm.
ur·*dir* v.
ur·*du* sm.
ur·*du*·me sm.
u·*ré*·a·se sf.
u·re·*dí*·ne:o adj. sm.
u·*re*·do sm.
u·*rei*·a sf.
u·*rei*·co adj.
u·re·*í*·de:o sm.
u·re·*mi*·a sf.
u·*rê*·mi·co adj.
u·*rên*·ci:a sf.
u·*ren*·te adj. 2g.
u·re:*ô*·me·tro sm.
u·re·*ta*·na sf.
u·re·*ter* (tér) sm.
u·re·te·ral·*gi*·a sf.
u·re·te·*rál*·gi·co adj.
u·re·*té*·ri·co adj.
u·re·te·*ri*·te sf.
u·re·te·ro·li·*tí*·a·se sf.
u·re·te·ro·*lí*·ti·co adj.
u·*ré*·ti·co adj.
u·*re*·tra sf.
u·re·*tral* adj. 2g.; pl. ·*trais*.
u·re·tral·*gi*·a sf.
u·re·*trál*·gi·co adj.
u·*ré*·tri·co adj.
u·re·*tris*·mo sm.
u·re·*tri*·te sf.
u·re·tro·*cis*·to sm.
u·re·tro·cis·to·gra·*fi*·a sf.
u·re·tro·fra·*xi*·a (cs) sf.
u·re·tro·gra·*fi*·a sf.
u·re·tro·*grá*·fi·co adj.
u·re·*tró*·gra·fo sm.
u·re·tror·ra·*gi*·a sf.
u·re·tror·*rá*·gi·co adj.
u·re·tror·*rei*·a sf.
u·re·tror·*rei*·co adj.
u·re·tros·*co*·pi·a sf.
u·re·tros·*có*·pi·co adj.
u·re·tros·*có*·pi:o sm.
u·re·tros·te·*ni*·a sf.
u·re·tros·*tê*·ni·co adj. sm.
u·re·tro·to·*mi*·a sf.
u·re·tro·*tô*·mi·co adj.

u·re·tro·ve·si·*cal* adj. 2g.; pl. ·*cais*.
ur·ge·*bão* sm.; pl. ·*bões* ou ·*bãos*: *urgevão*.
ur·*gên*·ci:a sf.
ur·*gen*·te adj. 2g.
ur·ge·*vão* sm.; pl. ·*vões* ou ·*vãos*: *urgebão*.
ur·*gir* v.
u·*ri* sm.
u·ri·*ba*·co sm.
u·ri·*ca*·na sf.
u·ri·ce·*mi*·a sf.
u·ri·*cê*·mi·co adj.
u·ri·*cho*·a (ô) sf.
ú·ri·co adj.
u·ri·*cun*·go sm.
u·ri·cu·*ra*·na sf.
u·ri·cu·*ri* sm.
u·ri·cu·ri·*ro*·ba sf.
u·*ri*·na sf.
u·ri·na·*ção* sf.; pl. ·*ções*.
u·ri·*na*·da sf.
u·ri·na·*de*·la sf.
u·ri·*na*·do adj.
u·ri·na·*dor* (ô) adj. sm.
u·ri·*nar* v.
u·ri·*ná*·ri:o adj.; f. *urinária*/Cf. *urinaria*, do v. *urinar*.
u·ri·*ní*·fe·ro adj.
u·ri·*ní*·pa·ro adj.
u·ri·*nol* sm.; pl. ·*nóis*.
u·ri·*no*·so (ô) adj.; f. *e* pl. (ó).
u·ri·tu·*tu* sm.
u·ri:un·*du*·ba sf.
ur·*ma*·na sf.
ur·na sf.
ur·*ná*·ri:o adj. sm.
ur·*ní*·ge·ro adj.
ur·nu·*lí*·de:o adj. sm.
u·ro adj. sm.
u·*ró* sm.
u·ro·bi·*li*·na sf.
u·ro·bi·li·ne·*mi*·a sf.
u·ro·bi·li·no·*gê*·ni:o sm.
u·ro·bi·li·nu·*ri*·a sf.:
u·ro·bi·li·*nú*·ri:a.
u·ro·*ce*·le sf.
u·ro·cor·*da*·do adj. sm.
u·ro·*cra*·si·a sf.
u·ro·*crá*·ti·co adj.
u·ro·cri·*si*·a sf.
u·ro·*crí*·ti·co adj.
u·ro·*cro*·ma sm.
u·ro·*crô*·mi:o sm.
u·ro·*cro*·mo sm.
u·ro·*de*·la sf.

u·ro·*de*·lo adj. sm.
u·ro·di:*á*·li·se sf.
u·ro·di:a·*lí*·ti·co adj.
u·ro·di·*ni*·a sf.
u·ro·*dí*·ni·co adj.
u·ro·gra·*fi*·a sf.
u·ro·*grá*·fi·co adj.
u·*roi*·de adj. 2g.
u·ro·*lí*·ti·co adj.
u·*ró*·li·to sm.
u·ro·lo·*gi*·a sf. 'parte da medicina que estuda as doenças dos rins e das vias urinárias'/Cf. *orologia*.
u·ro·*ló*·gi·co adj. 'referente à urologia'/Cf. *orológico*.
u·ro·lo·*gis*·ta adj. s2g.
u·*ró*·lo·go sm.
u·*rô*·me·lo sm.
u·*rô*·me·ro sm.
u·ro·*mor*·fo adj.
u·ro·ne·*fro*·se sf.
u·ro·ne·*fró*·ti·co adj.
u·ro·pa·*tá*·gi:o sm.
u·ro·pi·gi:*al* adj. 2g.; pl. ·*ais*.
u·ro·*pí*·gi:o sm.
u·ro·*pi*·go adj. sm.
u·*ró*·po·de adj. 2g. sm.
u·ro·qui·*li*·a sf.
u·ros·co·*pi*·a sf.
u·ros·*có*·pi·co adj.
u·ros·ter·*ni*·to sm.
u·ros·*ti*·lo sm.
u·ro·tro·*pi*·na sf.
ur·ra·*boi*(s) sm. (pl.).
ur·*ra*·ca sf.
ur·*rar* v.
ur·ro sm.
ur·sa sf.
ur·*sa*·da sf.
ur·*sí*·de:o adj. sm.
ur·*si*·na sf.
ur·*si*·no adj.
ur·so adj. sm.
ur·so(s)-*bran*·co(s) sm. (pl.).
ur·so(s)-do-*mar* sm. (pl.).
ur·so(s)-es·cu·ro(s) sm. (pl.).
ur·su·*li*·na sf.
ur·su·*li*·no adj.
ur·ti·ca·*ção* sf.; pl. ·*ções*.
ur·ti·*cá*·ce:a sf.
ur·ti·*cá*·ce:o adj.
ur·ti·*ca*·do adj.
ur·ti·*cal* adj. 2g.; pl. ·*cais*.
ur·ti·*ca*·le sf.
ur·ti·*can*·te adj. 2g.
ur·ti·*car* v.

ur·ti·*cá*·ri:a sf./Cf. *urticaria*, do v. *urticar*.
ur·ti·ca·ri·*for*·me adj. 2g.
ur·ti·*cá*·ri:o adj.
ur·ti·*cá*·vel adj. 2g.; pl. ·*veis*.
ur·*ti*·ga sf.
ur·ti·ga(s)-de-ci·*pó* sf. (pl.).
ur·ti·ga(s)-de-es·*pi*·nho sf. (pl.).
ur·ti·ga(s)-de-*lei*·te sf. (pl.).
ur·ti·ga(s)-de-ma·*mão* sf. (pl.).
ur·ti·ga(s)-do-*mar* sf. (pl.).
ur·ti·ga-mai·*or* sf.; pl. *urtigas-maiores*.
ur·ti·ga(s)-*mor*·ta(s) sf. (pl.).
ur·ti·*gão* sm.; pl. ·*gões*.
ur·ti·*gar* v.
ur·ti·ga-ta·me:a·*ra*·ma sf.; pl. *urtigas-tamearamas* ou *urtigas-tamearama*.
u·*ru* sm.
u·ru:*á* sm.
u·ru:a·çu:*en*·se adj. s2g.
u·ru:a·*nen*·se adj. s2g.
u·ru·*bá* sf.
u·ru·*bá*(s)-de-ca·*bo*·clo sf. (pl.).
u·ru·bai·*a*·na sf.
u·ru·*bam*·ba sf.
u·ru·*bu* sm.
u·ru·bu·ca·*á* sm.
u·ru·bu·ca·a·*por* adj. s2g. sm.; pl. *urubus-caapores*.
u·ru·bu·ca·*ça*·dor sm.; pl. *urubus-caçadores*.
u·ru·bu(s)-cam·*pei*·ro(s) sm. (pl.).
u·ru·bu-co·*mum* sm.; pl. *urubus-comuns*.
u·ru·bu(s)-de-ca·be·ça-*pre*·ta sm. (pl.).
u·ru·bu(s)-de-ca·be·ça-ver·*me*·lha sm. (pl.).
u·ru·bu(s)-do-*mar* sm. (pl.).
u·ru·bu·je·*re*·ba sm.; pl. *urubus-jerebas* ou *urubus-jereba*.
u·ru·bu(s)-mi·*nis*·tro(s) sm. (pl.).
u·ru·bu(s)-pa·ra·*guá*(s) sm. (pl.).
u·ru·bu·*pe*·ba sm.
u·ru·bu·pe·*ru* sm.; pl. *urubus-perus* ou *urubus-peru*.
u·ru·bu(s)-*pre*·to(s) sm. (pl.).
u·ru·bu-re:*al* sm.; pl. *urubus-reais*.
u·ru·bu-*rei* sm.; pl. *urubus-reis* ou *urubus-rei*.

u·ru·bu·*tin*·ga sm.
u·ru·bu·*zar* v.
u·ru·bu·*zei*·ro sm.
u·ru·bu·*zi*·nho sm.
u·ru·*çá* sm.
u·ru·*ca*·ca sf.
u·ru·*ça*·*can*·ga sf.
u·ru·*çan*·*guen*·se adj. s2g.
u·ru·ca·ra·*en*·se adj. s2g.
u·ru·ca·*ri* sm.: *urucuri*.
u·ru·ca·*tu* sm.
u·ru·*cu* sm.: *urucum*.
u·ru·*çu* sf.
u·ru·cu:*a*·na sf.
u·ru·*cu*·ba sf.
u·ru·*cu*·*ba*·ca sf.
u·ru·*cu*(s)-da-*ma*·ta sm. (pl.).
u·ru·cu·*ei*·ro sm.
u·ru·cui:*a*·no adj. sm.
u·ru·çu·i·*en*·se adj. s2g.
u·ru·*cum* sm.; pl. ·*cuns*:
  urucu.
u·ru·*cun*·go adj. sm.
u·ru·*cun*·*ju* sm.
u·ru·cu·*ra*·na sf.
u·ru·cu·*ri* sm.: *urucari*.
u·ru·cu·ri·*i*·ba sm.
u·ru·cu·ri·tu·*ben*·se adj. s2g.
u·ru·cu·*u*·ba sf.
u·ru·cu·*zei*·ro sm.
u·ru:*en*·se adj. s2g.
u·ru·guai·a·*nen*·se adj. s2g.
u·ru·*guai*·o adj. sm.
u·ru·*mã* adj. s2g.
u·rum·*be*·ba s2g.:
  u·rum·*be*·va.
u·ru·*mi* adj. sm.
u·ru·mu·*tum* sm.; pl. ·*tuns*.
u·run·de:*ú*·va sf.
u·ru·*pá* adj. s2g.
u·ru·*pê* sm.
u·ru·pe·*en*·se adj. s2g.
u·ru·*pe*·ma sf.: u·ru·*pem*·ba.
u·ru·pi:*a*·*ga*·ra sf.
u·ru·*pu*·ca sf.
u·ru·*rau* sm.
u·ru·*ta*·go sm.
u·ru·ta·*í* sm.
u·ru·ta:i·*en*·se adj. s2g.
u·ru·ta·*í*·no adj. sm.
u·ru·*tau* sm.
u·ru·tau·*í* sm.
u·ru·tau·*ra*·na sm.
u·ru·*tu* s2g.
u·ru·tu·cru·*zei*·ro s2g.;
  pl. *urutus-cruzeiros* ou
  urutus-cruzeiro.

u·ru·tu(s)-doi·*ra*·do(s) sm.
  (pl.): u·ru·tu(s)-
  -dou·*ra*·do(s).
u·ru·tu-es·*tre*·la sm.; pl.
  urutus-estrelas ou *urutus-
  -estrela*.
u·ru·*xi* sm.
ur·*zal* sm.; pl. ·*zais*.
ur·*ze* sf.
ur·*ze*·do (ê) sm.
ur·*ze*·la sf.
u·*sa*·do adj.
u·*sa*·dor (ô) adj. sm.
u·*sa*·gem sf.; pl. ·*gens*.
u·*sa*·gre sm.
u·*san*·ça sf.
u·*san*·te adj. s2g.
u·*sar* v.
u·*sá*·vel adj. 2g.; pl. ·*veis*.
us·*be*·que adj. s2g.
u·*sei*·ro adj.
u·*si*·na sf.
u·si·*na*·gem sf.; pl. ·*gens*.
u·si·*nei*·ro adj. sm.
u·si·*tar* v.
ús·ne:a sf.
us·ne:*á*·*ce*:a sf.
us·ne:*á*·*ce*:o adj.
us·ne:*al* adj. 2g.; pl. ·*ais*.
us·ne·*í*·na sf.
u·*so* sm./Cf. *uso*, do v. *usar*.
us·*tão* sf.; pl. ·*tões*.
us·*te* sm.
us·*tó*·ri:o adj.
us·tu·la·*ção* sf.; pl. ·*ções*.
us·tu·*lar* v.
u·su:*al* adj. 2g. sm.; pl. ·*ais*.
u·su:a·li·*da*·de sf.
u·su·*á*·ri:o adj. sm.
u·su·ca·pi:*ão* sm. *ou* sf.; pl.
  ·*ões*.
u·su·ca·pi:*en*·te adj. s2g.
u·su·ca·*pir* v.
u·su·*cap*·to adj.
u·su·fru:i·*ção* sf.; pl. ·*ções*.
u·su·fru:i·*dor* (ô) adj. sm.
u·su·fru:*ir* v.
u·su·*fru*·to sm.
u·su·fru·tu:*ar* v.
u·su·fru·tu:*á*·ri:o adj. sm.; f.
  usufruária/Cf. *usufrutuaria*,
  do v. *usufrutuar*.
u·*su*·ra sf.
u·su·*rar* v.
u·su·*rá*·ri:o adj. sm.; f. *usurária*/
  Cf. *usuraria*, do v. *usurar*.
u·su·*rei*·ro adj. sm.

u·sur·pa·*ção* sf.; pl. ·*ções*.
u·sur·pa·*dor* (ô) adj. sm.
u·sur·*par* v.
u·sur·*pá*·vel adj. 2g.; pl. ·*veis*.
u·*tar* v.: *outar*.
u·te adj. sm.
u·ten·sí·li:o sm.
u·*ten*·te adj. s2g.
u·te·ral·*gi*·a sf.
u·te·*rál*·gi·co adj.
u·te·re·*mi*·a sf.
u·te·rê·*mi*·co adj.
u·te·*ri*·no adj.
ú·te·ro sm.
u·te·*ró*·ceps sm. 2n.
u·te·*ró*·ci·pe sm.
u·te·ro·ma·*ni*·a sf.
u·te·ro·ma·*ní*·a·co adj.
u·te·*rô*·ma·no sm.
u·te·*rô*·me·tro sm.
u·te·ror·*ra*·gi·a sf.
u·te·ror·*rá*·gi·co adj.
u·te·ros·*co*·pi·a sf.
u·te·ros·*có*·pi·co adj.
u·te·ro·to·*mi*·a sf.
u·te·ro·*tô*·mi·co adj.
u·te·*ró*·to·mo sm.
ú·til adj. 2g. sm.; pl. ·*teis*.
u·ti·li·*da*·de sf.
u·ti·li·*tá*·ri:o adj. sm.
u·ti·li·ta·*ris*·mo sm.
u·ti·li·ta·*ris*·ta adj. s2g.
u·ti·li·za·*ção* sf.; pl. ·*ções*.
u·ti·li·za·*dor* (ô) adj. sm.
u·ti·li·*zar* v.
u·ti·li·*zá*·vel adj. 2g.; pl.
  ·*veis*.
u·tin·*guen*·se adj. s2g.
u·to-as·*te*·ca(s) adj. s2g. (pl.).
u·*to*·pi·a sf.
u·*tó*·pi·co adj.
u·to·*pis*·mo sm.
u·to·*pis*·ta adj. s2g.
u·to·*pís*·ti·co adj.
u·tra·*quis*·mo sm.
u·tra·*quis*·ta adj. s2g.
u·tri·cu·*lar* adj. 2g.
u·tri·cu·la·ri·*for*·me adj. 2g.
u·*trí*·cu·lo sm.
u·tri·cu·*lo*·so (ô) adj.; f. *e* pl.
  (ó).
u·tri·*for*·me adj. 2g.
u·tu:*a*·ba sf.
u·tu:a·*po*·ca sf.
u·tu:a·*ú*·ba sf.
u·va sf.
u·va(s)-*bra*·va(s) sf. (pl.).

u·va·ça sf.
u·va·cu·pa·ri sm.
u·va·da sf.
u·va(s)-de-cão sf. (pl.).
u·va(s)-de-es·pi·nho sf. (pl.).
u·va(s)-de-ma·to-gros·so sf. (pl.).
u·va(s)-do-ma·to sf. (pl.).
u·va-es·pim sf.; pl. *uvas-espins* ou *uvas-espim*.
u·vai·a sf.: *ubaia*.
u·vai·ei·ra sf.
u·val adj. 2g. sm. 'referente a uva'; pl. *·vais*/Cf. *oval*.

u·va·pi·ri·ti·ca sf.
u·vá·ri:o adj. 'que se compõe de pequenos glóbulos como a uva'/Cf. *ovário*.
u·va·ro·vi·ta sf.
u·va(s)-ur·si·na(s) sf. (pl.).
ú·ve:a sf.
u·ve·í·te sf.
ú·vi·do adj.
u·ví·fe·ro adj.
u·vi·for·me adj. 2g. 'com forma de uva'/Cf. *oviforme*.
u·vi·lha sf.
ú·vu·la sf.

u·vu·lar adj. 2g. 'relativo à úvula'/Cf. *ovular*.
u·vu·lá·ri:o adj.
u·vu·li·for·me adj. 2g. 'semelhante à úvula'/Cf. *ovuliforme*.
u·vu·li·te sf.
u·xi sm.
u·xi·cu·ru:á sm.
u·xi·pu·çu sm.
u·xo·ri·ci·da (cs) adj. 2g. sm.
u·xo·ri·cí·di:o (cs) sm.
u·xó·ri:o (cs) adj.
u·zí·fur sm.: **u·zí·fu·ro**.

V

vá interj.
vã adj. f. de vão.
va·a·*bis*·mo sm.
va·a·*bi*·ta adj. s2g.
va·ca sf.
va·*ca*·da sf.
va·ca-*fri*·a sf., na loc. à vaca-fria.
va·*ca*·gem sf.; pl. ·gens.
va·*cal* adj. 2g.; pl. ·cais.
va·ca(s)-lei-*tei*·ra(s) sf. (pl.)
va·ca(s)-*loi*·ra(s) sf. (pl.):
 va·ca(s)-*lou*·ra(s).
va·ca(s)-ma-*ri*·nha(s) sf. (pl.).
va·*cân*·ci·a sf.
va·*can*·te adj. 2g.
va·ca-*pa*·ri sf.
va·ca-pa-*ri*·lha sf.
va·ca(s)-*pre*·ta(s) sf. (pl.).
va·*car* v.
va·ca·ra·*í* sm.: bacaraí.
va·ca·*ri* sm.
va·ca·*ri*·a sf.
va·ca·ri·*a*·no adj. sm.
va·ca(s)-sem-*chi*·fre sf. (pl.).
va·ca·*tu*·ra sf.
va·ci·la·*ção* sf.; pl. ·ções.
va·ci·*la*·da sf.
va·ci·*lan*·te adj. 2g.
va·ci·*lar* v.
va·ci·la·*tó*·ri·o adj.
va·*ci*·na sf.
va·ci·*na*·ção sf.; pl. ·ções.
va·ci·*na*·do adj. sm.
va·ci·*na*·dor (ô) adj. sm.
va·ci·*nal* adj. 2g.; pl. ·nais.
va·ci·*nar* v.
va·ci·*na*·to sm.
va·ci·*ná*·vel adj. 2g.; pl. ·veis.
va·ci·*ne*·la sf.
va·*cí*·ni·a sf.
va·*cí*·ni·co adj.
va·ci·no·*ge*·ni·a sf.
va·ci·no·*gê*·ni·co adj.

va·ci·*noi*·de adj. 2g. sf.
va·ci·*no*·se sf.
va·ci·no·te·ra·*pi*·a sf.
va·ci·no·te·*rá*·pi·co adj.
va·*cu* sm.: bacu.
va·cu·*á* sm.
va·cu·i·*da*·de sf.
va·*cum* adj. 2g. sm.; pl. ·cuns.
vá·*cu*·o adj. sm.
va·cu·o·*la*·do adj.
va·cu·o·*lar* adj. 2g.
va·*cú*·o·lo sm.
va·cu·ô·me·tro sm.
va·de·a·bi·li·*da*·de sf.
va·de·*a*·ção sf. 'ato de vadear';
 pl. ·ções/Cf. vadiação.
va·de·*ar* v. 'passar a vau'/Cf.
 vadiar.
va·de·*á*·vel adj. 2g.; pl. ·veis.
va·de-*mé*·cum sm.; pl.
 vade-mécuns.
va·de·*o*·so (ô) adj.; f. e pl. (ó).
va·*di*·a sf.
va·di·a·*ção* sf. 'vadiagem'; pl.
 ·ções/Cf. vadeação.
va·di·*a*·gem sf.; pl. ·gens.
va·di·*an*·ça sf.
va·di·*ar* v. 'viver ociosamente'/
 Cf. vadear.
va·di·*i*·ce sf.
va·*di*·o adj. sm.
va·di·*o*·te sm.
va·*do*·so (ô) adj.; f. e pl. (ó).
va·dro·*il* sm.; pl. ·is.
va·*frí*·ci·a sf.
va·*fro* adj.
va·*ga* sf.
va·ga-*bun*·da sf.
va·ga-bun·*da*·gem sf.; pl.
 ·gens.
va·ga·bun·*dar* v.
va·ga·bun·*dear* v.
va·ga·bun·*di*·ce sf.

va·ga·*bun*·do adj. sm.
va·ga·*ção* sf.; pl. ·ções.
vá·ga·do sm./Cf. vagado, do v.
 vagar.
va·*ga*·gem sf.; pl. ·gens.
va·ga·*lhão* sm.; pl. ·lhões.
va·ga-*lu*·me(s) sm. (pl.).
va·ga·mun·de·*ar* v.
va·ga·*mun*·do adj. sm.
va·*gân*·ci·a sf.
va·*gan*·te adj. s2g.
va·*gão* sm.; pl. ·gões.
va·gão-dor·mi·*tó*·ri·o sm.; pl.
 vagões-dormitórios.
va·gão-*lei*·to sm.; pl.
 vagões-leitos.
va·gão-res·tau·*ran*·te sm.; pl.
 vagões-restaurantes.
va·gão-*tan*·que sm.; pl.
 vagões-tanques.
va·*gar* v. sm.
va·ga·*ren*·to adj.
va·ga·*re*·za (ê) sf.
va·ga·*ro*·so (ô) adj.; f. e pl. (ó).
va·ga·*tu*·ra sf.
va·gem sf.; pl. ·gens.
va·*gi*·do sm.
va·*gi*·na sf.
va·gi·*nal* adj. 2g. sf.; pl. ·nais.
va·gi·*nan*·te adj. 2g.
va·gi·*ne*·la sf.
va·*gi*·ni·co adj.
va·gi·ni·*for*·me adj. 2g.
va·gi·*nis*·mo sm.
va·gi·*ni*·te sf.
va·gi·no·la·bi·*al* adj. 2g.; pl.
 ·ais.
va·gi·no·pe·ri·to·ne·*al* adj. 2g.;
 pl. ·ais.
va·gi·no·pe·*xi*·a (cs) sf.
va·gi·no·to·*mi*·a sf.
va·gi·no·*tô*·mi·co adj.
va·*gí*·nu·la sf.

va·gi·nu·*lí*·de:o adj. sm.
va·*gir* v. sm.
va·go adj. sm.
va·go·*mes*·tre sm.
va·go·*ne*·te (ê) sm.
va·go·*ni*·te sf.
va·go·to·*ni*·a sf.
va·go·*tô*·ni·co adj. sm.
va·gue:a·*ção* sf.; pl. ·*ções*.
va·gue:*ar* v.
va·*guei*·ro adj. sm.
va·gue·*jar* v.
va·*gue*·za (ê) sf.
va·gui·*da*·de sf.
vai·a sf.
vai·a·*dor* (ô) adj. sm.
vai·*ar* v.
vai·*cá* adj. s2g.: *uaicá*.
vai·*ci*·a adj. s2g.
vai·*da*·de sf.
vai da *val*·sa s2g. 2n.
vai·*do*·so (ô) adj. sm.; f. e pl. (ó).
vai·mi·*ri* adj. s2g.: *uaimiri*.
vai não *vai* sm. 2n.
vai·o·*ró* adj. s2g.
vai·se·*si*·ca sm.
vai·u·ma·*rá* adj. s2g.
vai·*vai* adj. s2g.: *uaiuai*.
vai·*vém* sm.; pl. ·*véns*.
vai·*vo*·da sm.: *voivoda*.
vai·*vo*·dia sf.: *voivodia*.
vai·*vol*·ta sm. 2n.
vai·xi:*á* adj. s2g.
va·la sf.
va·*la*·da sf.
va·la·da·*ren*·se adj. s2g.
va·la·*di*:o adj. 'diz-se do terreno com valas'/Cf. *valedio*.
va·*la*·do adj. sm.
va·*la*·dor (ô) adj. sm.
va·*la*·gem sf.; pl. ·*gens*.
va·lan·gi·ni·*a*·no adj. sm.
va·*lão* adj. sm.; pl. ·*lões*.
va·*lá*·qui:o adj. sm.
va·*lar* adj. 2g. v.
va·la·*ri*·a sf.
va·la·sou·*sen*·se(s) adj. s2g. (pl.).
val·*dei*·ro adj.
val·*den*·se adj. s2g. sm.
val·de·*vi*·nos sm. 2n.
val·do adj. sm.
va·le sm. 'depressão de terreno' 'adiantamento salarial'/Cf. *váli*.
va·le·*brin*·de sm.; pl.: *vales-brindes* e *vales-brinde*.

va·*lé*·cu·la sf.
va·le·cu·*lar* adj. 2g.
va·le·*di*:o adj. 'que tem valor'/ Cf. *valadio*.
va·le·*doi*·ro adj. sm.: *valedouro*.
va·le·*dor* (ô) adj. sm.
va·le·*dou*·ro adj. sm.: *valedoiro*.
va·*lei*·a adj. sf. de *valeu*.
va·*lei*·ra sf.
va·*lei*·ro sm.
va·*lên*·ci:a sf.
va·len·ci:*a*·na sf.
va·len·ci:*a*·no adj. sm.
va·len·*ci*·na sf.
va·len·*tão* adj. sm.; pl. ·*tões*; f. *valentona*.
va·*len*·te adj. s2g.
va·len·te:*ar* v.
va·len·*ti*·a sf.
va·len·tim·gen·ti·*len*·se(s) adj. s2g. (pl.).
va·len·ti·ni:*a*·no adj. sm.
va·len·*to*·na adj. sf. de *valentão*.
va·le·pa·ra:i·*ba*·no(s) adj. sm. (pl.).
va·*ler* v.
va·le·ri·*a*·na sf.
va·le·ri:a·*ná*·ce:a sf.
va·le·ri:a·*ná*·ce:o adj.
va·le·ri:a·*na*·to sm.
va·le·ri:*â*·ni·co adj.
va·*lé*·ri·co adj.
va·*le*·ta (ê) sf.
va·le·ta·*dei*·ra sf.
va·*le*·te sm.
va·le·trans·*por*·te sm.; pl.: *vales-transportes* e *vales-transporte*
va·le·tu·di·*ná*·ri:o adj. sm.
va·le·tu·di·na·*ris*·mo sm.
va·le·*tu*·do sm. 2n.
va·*leu* adj. sm.; f. *valeia*.
va·le·va·*ri*·ta sf.: va·le·va·*ri*·te.
val·ga sf.
val·go adj.
va·lha·*coi*·to sm.: va·lha·*cou*·to.
vá·li sm. 'governador árabe': *uale*/Cf. *vale* sm. e fl. do v. *valer*.
va·*li*·a sf.
va·li·da·*ção* sf.; pl. ·*ções*.
va·li·*da*·de sf.
va·li·*dar* v.
va·li·*dá*·vel adj. 2g.; pl. ·*veis*.
va·li·*dez* (ê) sf.
va·*li*·do adj. sm. 'favorito'/Cf. *válido*.

vá·li·do adj. 'valioso'/Cf. *valido* adj. sm. e fl. dos v. *validar* e *valer*.
va·li·*men*·to sm.
va·li·*nhen*·se adj. s2g.
va·li:*o*·so (ô) adj.; f. e pl. (ó).
va·*li*·sa sf.: va·*li*·se.
va·lo sm.
va·*lor* (ô) sm.
va·lo·ra·*ção* sf.; pl. ·*ções*.
va·lo·*rar* v.
va·lo·ra·*ti*·vo adj.
va·lo·ri·za·*ção* sf.; pl. ·*ções*.
va·lo·ri·za·*dor* (ô) adj. sm.
va·lo·ri·*zar* v.
va·lo·ro·si·*da*·de sf.
va·lo·*ro*·so (ô) adj.; f. e pl. (ó).
val·pa·ra:i·*sen*·se adj. s2g.
val·*quí*·ri:a sf.
val·qui·ri:*a*·no adj.
val·sa sf.
val·sar v.
val·se:*ar* v.
val·se·*jar* v.
val·*sis*·ta adj. s2g.
va·*lu*·ma sf.: *baluma*.
va·*lu*·ra sf.
val·va sf.
val·*vá*·ce:o adj.
val·*va*·do adj. sm.
val·*var* adj. sm.
val·*ver*·de (ê) sm.
val·ver·*den*·se adj. s2g.
val·ver·di:*a*·no adj. sm.
val·vi·*ci*·da adj. 2g.
val·vi·*cí*·di:o adj.
val·*ví*·fe·ro adj. sm.
vál·vu·la sf.
val·vu·*la*·do adj.
val·vu·*lar* adj. 2g.
val·vu·lo·plas·*ti*·a sf.
val·vu·lo·to·*mi*·a sf.
va·mi·*ri* adj. s2g.: *uaimiri*.
vam·pe sf.
vam·pi·*ra*·do adj.
vam·pi·*rar* v.
vam·pi·*rei*·ro sm.
vam·*pí*·ri·co adj.
vam·pi·*ris*·mo sm.
vam·*pi*·ro sm.
van sf.
va·*ná*·di·co adj.
va·na·*dí*·fe·ro adj.
va·na·*di*·na sf.
va·na·di·*ni*·ta sf.
va·*ná*·di:o sm.
va·na·qui:*á* sm.

van·dá·li·co adj.
van·da·lis·mo sm.
vân·da·lo adj. sm.
va·nes·cer v.
van·gló·ri:a sf./Cf. *vangloria*, do v. *vangloriar*.
van·glo·ri:*ar* v.
van·glo·ri:*o*·so (ô) adj.; f. *e* pl. (ó).
van·*guar*·da sf.
van·guar·*dei*·ro adj. sm.
van·guar·*dis*·mo sm.
van·guar·*dis*·ta adj. s2g.
van·gue·*jar* v.
va·*nha*·me adj. s2g.
va·*ní*·li·co adj.
va·ni·*li*·na sf.
va·ni·lo·*quên*·ci:a sf.
va·ni·lo·*quen*·te adj. 2g.
va·ni·lo·quen·*tís*·si·mo adj. superl. de *vaníloquo*.
va·ni·*ló*·qui:o sm.
va·*ní*·lo·quo adj.: superl. *vaniloquentíssimo*.
va·*nís*·si·mo adj. superl. de *vão*.
van·*ta*·gem sf.; pl. *·gens*.
van·ta·*jo*·so (ô) adj.; f. *e* pl. (ó).
van·te sf.
vão adj. sm.; pl. *vãos*; f. *vã*; superl. *vaníssimo*.
va·pi·di:*a*·na adj. s2g.
vá·pi·do adj.
va·pi·xa·na adj. s2g.:
    va·pi·xi:*a*·na.
va·*por* (ô) sm.
va·po·ra·*ção* sf.; pl. *·ções*.
va·po·*rar* v.
va·po·*rá*·vel adj. 2g.; pl. *·veis*.
va·por-*d'á*·gua sm.; pl. *vapores--d'água*.
va·*po*·res (ô) sm. pl.
va·po·*rí*·fe·ro adj.
va·po·ri·za·*ção* sf.; pl. *·ções*.
va·po·ri·za·*dor* (ô) adj. sm.
va·po·ri·*zar* v.
va·po·ro·si·*da*·de sf.
va·po·*ro*·so (ô) adj.; f. *e* pl. (ó).
va·po·*zei*·ro sm.
va·pu:*ã* sm.
va·pu:a·*çu* sm.
va·pu·*lar* v.
va·que:a·*na*·ço sm.
va·que:a·*nar* v.
va·qui:*a*·no adj. sm.
va·*quei*·ra sf.
va·quei·*ra*·da sf.
va·quei·*ra*·gem sf.; pl. *·gens*.

va·quei·*ra*·ma sf.
va·quei·*rar* v.
va·quei·*ri*·ce sf.
va·*quei*·ro adj. sm.
va·que·*ja*·da sf.
va·que·ja·*dor* (ô) sm.
va·que·*jar* v.
va·*que*·jo (ê) sm.
va·*que*·ta (ê) sf.
va·qui·*lho*·na sf.
va·*qui*·nha sf.
var sm.
va·ra sf.
va·ra·*ção* sf.; pl. *·ções*.
va·ra·*cu* sm.
va·*ra*·da sf.
va·ra·*doi*·ro sm.: *varadouro*.
va·ra·*dor* (ô) sm.
va·ra·*dou*·ro sm.: *varadoiro*.
va·*ral* sm.; pl. *·rais*.
va·*ra*·me sm.
va·ran·*ca*·da sf.
va·*ran*·da sf.; dim.irreg. *varandim*.
va·ran·*da*·do sm.
va·ran·*dim* sm.; pl. *·dins*; dim. irreg. de *varanda*.
va·*rão* adj. sm.; pl. *·rões*; f. *varoa*.
va·ra·*pau* sm.
va·*rar* v.
va·ra·to·*ja*·no adj. sm.
va·*rá*·vel adj. 2g.; pl. *·veis*.
va·*re*·do (ê) sm.
va·*rei*·o sm.
va·*rei*·ro adj. sm.
va·*re*·ja (ê) sf.
va·re·ja·*dor* (ô) adj. sm.
va·re·ja·*du*·ra sf.
va·re·ja·*men*·to sm.
va·re·*jan*·te adj. s2g.
va·re·*jão* sm.; pl. *·jões*.
va·re·*jar* v.
va·re·*jei*·ra sf.
va·re·*jis*·ta adj. s2g.
va·*re*·jo (ê) sm.
va·re·jo:*a*·da sf.
va·*re*·la sf.
va·*re*·ta (ê) sf.
va·re·*tei*·ro sm.
var·ga sf.
var·ge sf.: *vargem*.
vár·ge:a sf.: *vargem*.
var·*ge*·do (ê) sm.
var·*gem* sf.; pl. *·gens*: *varge*.
var·gem-a·le·*gren*·se(s) adj. s2g. (pl.).

var·gem-gran·*den*·se(s) adj. s2g. (pl.).
var·ge·*ri*·a sf.
var·gi:*a*·no adj. sm.
var·*gim* sm.; pl. *·gins*.
var·*gi*·nha sf.
var·gi·*nhen*·se adj. s2g.
var·*guei*·ro sm.
vá·ri:a sf./Cf. *varia*, do v. *variar*.
va·ri:a·bi·li·*da*·de sf.
va·ri:a·*ção* sf.; pl. *·ções*.
va·ri:a·ci:o·*nal* adj. 2g.; pl. *·nais*.
va·ri:*a*·do adj.
va·ri:*ân*·ci:a sf.
va·ri:*an*·te adj. 2g. sf.
va·ri:*ar* v.
va·ri:*á*·vel adj. 2g. sf. sm.; pl. *·veis*.
va·ri·cec·to·*mi*·a sf.
va·ri·cec·*tô*·mi·co adj.
va·ri·*ce*·la sf.
va·ri·*cé*·li·co adj.
va·ri·co·*ce*·le sf.
va·ri·co·si·*da*·de sf.
va·ri·*co*·so (ô) adj.; f. *e* pl. (ó).
va·ri:e·*da*·de sf.
va·ri:e·ga·*ção* sf.; pl. *·ções*.
va·ri:e·*ga*·do adj.
va·ri:e·*gar* v.
va·*ri*·na sf.
va·*ri*·nha sf.
vá·ri:o adj. pron./Cf. *vario*, do v. *variar*.
va·*rí*·o·la sf.
va·ri:o·la·*ção* sf.; pl. *·ções*.
va·ri:o·*lar* adj. 2g.
va·ri:*ó*·li·co adj.
va·ri:o·li·*for*·me adj. 2g.
va·ri:o·*loi*·de adj. 2g. sf.
va·ri:o·*lo*·so (ô) adj. sm.; f. *e* pl. (ó).
va·ri:*ô*·me·tro sm.
va·ri:os·*per*·mo adj.
va·ris·*ci*·ta sf.
va·ris·*tor* (ô) sm.: va·*rís*·tor.
va·*riz* sf.
var·ja sf.: *várzea*; dim. irreg. *varjota*.
var·*jão* sm.; pl. *·jões*.
var·*jo*·ta sf. dim. irreg. de *varja*.
va·ro adj.
va·*ro*·a (ô) adj. sf. de *varão*.
va·*ro*·la sf.
va·ro·*ni*·a sf.
va·ro·*nil* adj. 2g.; pl. *·nis*.
va·ro·ni·li·*da*·de sf.
va·*ro*·te sm.

var·rão sm.; pl. ·rões.
var·ras·co sm.
var·re·de·la sf.
var·re·doi·ra adj. sf.: *varredoura*.
var·re·doi·ro sm.: *varredouro*.
var·re·dor (ô) adj. sm.
var·re·dou·ra adj. sf.: *varredoira*.
var·re·dou·ro sm.: *varredoiro*.
var·re·du·ra sf.
var·rer v.
var·re·sai·en·se(s) adj. s2g. (pl.).
var·ri·ção sf.; pl. ·ções.
var·ri·do adj. sm.
var·ris·ca·de·la sf.
var·ris·ca·dor (ô) sm.
var·ri·car v.
var·ro·ni:a·no adj.
var·so·vi:a·na sf.
var·so·vi:a·no adj. sm.
va·ru·do adj.
var·vi·to sm.
vár·ze:a sf.
vár·ze:a·gran·den·se(s) adj. s2g. (pl.).
var·zi:a·no adj. sm.
va·sa sf. 'lodo'/Cf. *vaza* sf. e fl. do v. *vazar*.
vas·ca sf.
vas·ca·í·no adj. sm.
vas·cas sf. pl.
vas·co adj. sm.
vas·co·le·ja·dor (ô) adj. sm.
vas·co·le·ja·men·to sm.
vas·co·le·jar v.
vas·con·ço adj. sm.
vas·con·ga·do adj. sm.
vas·co·so (ô) adj.; f. *e* pl. (ó).
vas·cu·lar adj. 2g.
vas·cu·la·ri·da·de sf.
vas·cu·la·ri·za·ção sf.; pl. ·ções.
vas·cu·la·ri·za·do adj.
vas·cu·la·ri·zar v.
vas·cu·lha·dei·ra sf.
vas·cu·lha·de·la sf.
vas·cu·lha·dor (ô) sm.
vas·cu·lhar v.
vas·cu·lho sm.
va·se·li·na sf. s2g.
va·sen·to adj.
va·si·lha sf.
va·si·lha·me sm.
va·so sm./Cf. *vazo*, do v. *vazar*.
va·so·cons·tri·ção sf.; pl. ·ções.
va·so·cons·tri·tor (ô) adj. sm.
va·so·di·la·ta·ção sf.; pl. ·ções.

va·so·di·la·ta·dor (ô) adj. sm.
va·so(s)-*mor*·to(s) sm. (pl.).
va·so·mo·tor (ô) adj.; f. *vasomotriz*.
va·so·mo·triz adj.; f. de *vasomotor*.
va·*so*·so (ô) adj.; f. *e* pl. (ó).
va·so·tró·fi·co adj.
vas·que:ar v.
vas·quei·ro adj.
vas·que·jar v.
vas·que·jo (ê) sm.
vas·qui·lha sf.
vas·quim sm.; pl. ·quins.
vas·sa·la·gem sf.; pl. ·gens.
vas·sa·lar v.
vas·sa·lá·ti·co adj.
vas·sa·lo adj. sm.
vas·soi·ra sf. sm.: *vassoura*.
vas·soi·ra·da sf.: *vassourada*.
vas·soi·ra(s) de *bru*·xa sf. (pl.): *vassoura de bruxa*.
vas·soi·ra(s)-de-fei·ti·cei·ra sf. (pl.): *vassoura-de-feiticeira*.
vas·soi·ra(s)-do-*cam*·po sf. (pl.): *vassoura-do-campo*.
vas·soi·ral sm.; pl. ·rais: *vassoural*.
vas·soi·rar v.: *vassourar*.
vas·soi·ra(s)-ver·*me*·lha(s) sf. (pl.): *vassoura-vermelha*.
vas·soi·rei·ro sm.: *vassoureiro*.
vas·soi·ri·nha sf.: *vassourinha*.
vas·soi·ri·nha(s)-de-var·*rer* sf. (pl.): *vassourinha-de-varrer*.
vas·soi·ri·nha(s)-do-*ma*·to sf. (pl.): *vassourinha-do-mato*.
vas·soi·ro sm.: *vassouro*.
vas·sou·ra sf. sm.: *vassoira*.
vas·sou·ra·da sf.: *vassoirada*.
vas·sou·ra(s) de *bru*·xa sf. (pl.) 'doença dos cacaueiros': *vassoira de bruxa*.
vas·sou·ra(s)-de-*bru*·xa sf. (pl.) 'fungo'.
vas·sou·ra(s) de fei·ti·cei·ra sf. (pl.) 'doença dos cacaueiros': *vassoira de feiticeira*.
vas·sou·ra(s)-de-fei·ti·cei·ra sf. (pl.) 'fungo'.
vas·sou·ra(s)-do-*cam*·po sf. (pl.): *vassoira-do-campo*.
vas·sou·ral sm.; pl. ·rais: *vassoiral*.
vas·sou·rar v.: *vassoirar*.
vas·sou·ra(s)-ver·*me*·lha(s) sf. (pl.): *vassoira-vermelha*.

vas·sou·*rei*·ro sm.: *vassoireiro*.
vas·sou·ren·se adj. s2g.
vas·sou·ri·nha sf.: *vassoirinha*.
vas·sou·ri·nha(s)-de-var·*rer* sf. (pl.): *vassoirinha-de-varrer*.
vas·sou·ri·nha(s)-do-*ma*·to sf. (pl.): *vassoirinha-do-mato*.
vas·sou·ro sm.: *vassoiro*.
vas·ta·ção sf.; pl. ·ções.
vas·tar v.
vas·te·za (ê) sf.
vas·ti·dão sf.; pl. ·dões.
vas·to adj.
va·ta·pá sm.
va·ta·pu sm.
va·te s2g.
va·ti·ca·na sf.
va·ti·ca·no adj. sm.
va·ti·ci·na·ção sf.; pl. ·ções.
va·ti·ci·na·dor (ô) adj. sm.
va·ti·ci·nan·te adj. 2g.
va·ti·ci·nar v.
va·ti·cí·ni:o sm.
vá·ti·co adj.
va·*tí*·di·co adj.
va·tin·ga sf.
vau sm.
vau·den·se adj. s2g.
vau·que·*lí*·ni:a sf.
vau·que·li·*ni*·ta sf.
vau·rá adj. s2g.
va·vas·sa·lo sm.
va·va·vá sm.
va·va·vu sm.
va·za sf. 'lance de baralho' 'lavor vazado ou escavado'/ Cf. *vasa*.
va·za-bar·*ris* sm. 2n.
va·za·di·ço adj.
va·*za*·do adj.
va·za·doi·ro sm.: *vazadouro*.
va·za·dor (ô) adj. sm.
va·za·dou·ro sm.: *vazadoiro*.
va·za·du·ra sf.
va·za-ma·*ré*(s) sm. (pl.).
va·za·men·to sm.
va·zan·te adj. 2g. sf.
va·zan·tei·ro sm.
va·zan·ti·no adj. sm.
va·zão sf.; pl. ·zões.
va·zar v.
va·zi·a sf.
va·zi:a·dor (ô) adj.
va·zi:a·men·to sm.
va·zi:ar v.
va·zi:o adj. sm.
va·zi·ú·do adj.

vê sm. 'nome da letra *v*'; pl. **vês** ou *vv*/Cf. *vez*.
ve·a·ção sf. 'animais mortos na caça'; pl. **·ções**/Cf. *viação*.
ve·a·da sf.
ve·a·da·gem sf.; pl. **·gens**.
ve·a·dei·ren·se adj. s2g.
ve·a·dei·ro sm.
ve·a·do sm.
ve·a·do(s)-bo·ro·*ró*(s) sm. (pl.).
ve·a·do(s)-*bran*·co(s) sm. (pl.).
ve·a·do(s)-cam·*pei*·ro(s) sm. (pl.).
ve·a·do(s)-ca·tin·*guei*·ro(s) sm. (pl.).
ve·a·do(s)-de·vir·*gí*·ni:a sm. (pl.).
ve·a·do(s)-do-*man*·gue sm. (pl.).
ve·a·do(s)-ga·*lhei*·ro(s) sm. (pl.).
ve·a·do(s)-ga·lhei·ro(s)-do-*nor*·te sm. (pl.).
ve·a·do(s)-ga·ra·*pu*(s) sm. (pl.).
ve·a·do(s)-ma·*tei*·ro(s) sm. (pl.).
ve·a·do(s)-*par*·do(s) sm. (pl.).
ve·a·*dor* (ô) sm. 'caçador'/Cf. *viador*.
ve·a·do(s)-*ro*·xo(s) sm. (pl.).
ve·a·do(s)-ver·*me*·lho(s) sm. (pl.).
ve·a·do-vi·*rá* sm.; pl. *veados-virás* ou *veados-virá*.
ve·a·ri·a sf. 'casa onde se guarda caça'/Cf. *viária*, f. de *viário*.
vec·ta·*ção* sf.; pl. **·ções**.
vec·*tor* (ô) adj. sm.: *vetor*.
vec·to·ri·*al* adj. 2g.; pl. **·ais**: *vetorial*.
ve·*da*[1] sf. 'proibição'/Cf. *veda*[2].
ve·da[2] adj. s2g. 'povo'/Cf. *veda*[1].
ve·da·*ção* sf.; pl. **·ções**.
ve·*da*·do adj. sm.
ve·*dan*·ta adj. s2g. sm.
ve·*dar* v. 'proibir' 'encobrir'/Cf. *vidar*[1] e *vidar*[2].
ve·*dá*·vel adj. 2g.; pl. **·veis**.
ve·*de*·ta (ê) sf.
ve·de·ta(s)-da-*prai*·a sf. (pl.).
ve·*de*·te sf.
ve·de·*tis*·mo sm.
ve·di·*ân*·ci:o adj. sm.
ve·di·an·*ti*·no adj. sm.
vé·di·co adj.
ve·*dis*·mo sm.
ve·*dis*·ta s2g.

ve·*do* (ê) sm./Cf. *vedo* (é), do v. *vedar*.
ve·*doi*·a sm.
ve·*dor* (ô) adj. sm.
ve·do·*ri*·a sf.
ve·dro adj. sm.
ve·*ei*·ro sm.
ve·e·*mên*·ci:a sf.
ve·e·*men*·te adj. 2g.
ve·e·men·ti·*zar* v.
ve·*ga*·da sf.
ve·*ga*·do adj.
ve·ge·ta·bi·li·*da*·de sf.
ve·ge·ta·*ção* sf.; pl. **·ções**.
ve·ge·*tal* adj. 2g. sm.; pl. **·tais**.
ve·ge·ta·li·*da*·de sf.
ve·ge·ta·*li*·na sf.
ve·ge·ta·li·za·*ção* sf.; pl. **·ções**.
ve·ge·ta·li·*zar* v.
ve·ge·*tan*·te adj. 2g.
ve·ge·*tar* v.
ve·ge·ta·ri:a·*nis*·mo sm.
ve·ge·ta·ri:a·*nis*·ta adj. s2g.
ve·ge·ta·ri:a·no adj. sm.
ve·ge·ta·*ris*·mo sm.
ve·ge·ta·*ris*·ta adj. s2g.
ve·ge·ta·*ti*·vo adj. sm.
ve·ge·*tá*·vel adj. 2g.; pl. **·veis**.
vé·ge·to adj./Cf. *vegeto*, do v. *vegetar*.
ve·ge·to:a·ni·*mal* adj. 2g.; pl. **·mais**.
ve·ge·to·mi·ne·*ral* adj. 2g.; pl. **·rais**.
vei·a sf.
ve:i·cu·la·*ção* sf.; pl. **·ções**.
ve:i·cu·la·*dor* (ô) adj. sm.
ve:i·cu·*lar* adj. 2g. v.
ve·*í*·cu·lo sm./Cf. *veiculo*, do v. *veicular*.
vei·*ei*·ra sf.
vei·fa sf.
vei·ga sf.
vei:o sm.
vei·ra·do adj. sm.
vei·*ren*·se adj. s2g.
vei·ro sm.
vei·u·do adj.
ve·jen·*ta*·no adj. sm.
ve·*jen*·te adj. s2g. 'povo'/Cf. *vigente*.
ve·la
ve·la·*ção* sf.; pl. **·ções**.
ve·la·cho sm.
ve·*la*·da sf.
ve·*la*·do adj. sm.
ve·la·*dor* (ô) adj. sm.

ve·la·*du*·ra sf.
ve·*la*·me sm.: *velâmen*.
ve·la·me(s)-*bran*·co(s) sm. (pl.).
ve·la·me(s)-de-*chei*·ro sm. (pl.).
ve·la·me(s)-do-*cam*·po sm. (pl.).
ve·la·me(s)-do-*ma*·to sm. (pl.).
ve·*lâ*·men sm.; pl. *velamens* ou *velâmenes*: *velame*.
ve·la·*men*·to sm.
ve·la·me(s)-ver·da·*dei*·ro(s) sm. (pl.).
ve·*lar* adj. 2g. sf. v.
ve·la·*ri*·a sf. 'estaleiro'/Cf. *velária*.
ve·*lá*·ri:a sf. 'curva'/Cf. *velaria* sf. e fl. do v. *velar*.
ve·*lá*·ri:o sm.
ve·la·ri·za·*ção* sf.; pl. **·ções**.
ve·la·ri·*zar* v.
ve·*la*·te adj. s2g.
ve·la·*tu*·ra sf.
ve·laz·qui:a·no adj.
***vel*·cro** sm.
***ve*·le** sm.
ve·le·*ar* v.
ve·lei·*da*·de sf.
ve·*lei*·ra sf.
ve·*lei*·ro adj. sm.
ve·le·*jar* v.
ve·le·*já*·vel adj. 2g.; pl. **·veis**.
ve·*le*·nho sm.
ve·*le*·ta (ê) sf. 'cata-vento'/Cf. *vileta*.
ve·lha sf.
ve·lha·*ca*·ço adj. sm.
ve·lha·*ca*·da sf.
ve·lha·*ca*·gem sf.; pl. **·gens**.
ve·lha·cão sm.; pl. **·cões**; f. *velhacona*.
ve·lha·*car* v.
ve·lha·ca·*ri*·a sf.
ve·*lha*·ças sm. 2n.
ve·lha·caz sm.
ve·*lha*·co adj. sm.
ve·lha·*co*·na sf. de *velhacão*.
ve·lha·*có*·ri:o sm.
ve·*lha*·da sf.
ve·lha·que:a·*doi*·ro sm.: *velhaqueadouro*.
ve·lha·que:a·*dor* (ô) adj.
ve·lha·que:a·*dou*·ro sm.: *velhaqueadoiro*.
ve·lha·que:*ar* v.
ve·lha·*ques*·co (ê) adj.
ve·lha·*que*·ta (ê) adj. sf. de *velhaquete*.

ve·lha·*que*·te (ê) adj. sm.; f.
  velhaqueta.
ve·lha·*ri*·a sf.
ve·lhen·*ta*·do adj.
ve·*lhi*·ce sf.
ve·*lhi*·nha sf.
ve·*lhi*·nho adj. sm.
ve·lho adj. sm.
ve·lho(s)-*cren*·te(s) adj. sm.
  (pl.).
ve·lho·*ri* adj. 2g.
ve·*lho*·ta adj. sf. de *velhote.*
ve·*lho*·te adj. sm.; f. *velhota.*
ve·*lhus*·co adj. sm.
ve·*lhus*·tro adj. sm.
ve·li·ca·*ção* sf.; pl. ·*ções.*
ve·li·*car* v.
ve·li·ca·*ti*·vo adj.
ve·*lí*·fe·ro adj. sm.
ve·*li*·lho sm.
ve·*li*·no adj. sm.
ve·*lí*·va·go adj.
ve·*lí*·vo·lo adj.
ve·lo sm.
ve·*lo*·ce adj. 2g.: *veloz.*; superl.
  velocíssimo.
ve·lo·ci·*da*·de sf.
ve·lo·*cí*·ma·no sm.
ve·lo·ci·me·*tri*·a sf.
ve·lo·*cí*·me·tro sm.
ve·lo·*ci*·no sm.
ve·lo·*cí*·pe·de adj. 2g. sm.
ve·lo·ci·pe·*dis*·ta adj. s2g.
ve·lo·*cís*·si·mo adj. superl. de
  veloce e *veloz.*
ve·*ló*·dro·mo sm.
ve·*ló*·ri:o sm.
ve·lo·si·*á*·ce:a sf.
ve·*lo*·si·*á*·ce:o adj.
ve·*lo*·so (ô) adj. 'felpudo'; f. *e*
  pl. (ó)/Cf. *viloso.*
ve·*loz* adj. 2g.: *veloce*; superl.
  velocíssimo.
ve·lu·*di*·lho sm.
ve·lu·*dí*·ne:o adj.
ve·lu·*di*·nha sf.
ve·lu·*di*·nho sm.
ve·*lu*·do adj. sm.
ve·lu·do(s)-de-*pen*·ca sm. (pl.).
ve·lu·*do*·so (ô) adj.; f. *e* pl. (ó).
ve·lu·*ti*·na sf.
ve·lu·*tí*·ne:o adj.
ve·lu·*ti*·no adj.
vem-*cá* sm. 2n.
vem-cá-si·ri·*ri* sm. 2n.
vem-*vem* sm.; pl. *vem-vens.*
ve·na sf.

ve·*ná*·bu·lo sm.
ve·na·*ção* sf.; pl. ·*ções.*
ve·*na*·do adj. sm.
ve·na·*fra*·no adj. sm.
ve·*nal* adj. 2g.; pl. ·*nais.*
ve·na·li·*da*·de sf.
ve·na·li·*zar* v.
ve·*na*·mo adj. sm.
ve·nân·ci:o-ai·*ren*·se(s) adj.
  s2g. (pl.).
ve·na·*tó*·ri:o adj.
ven·ce·*dor* (ô) adj. sm.
ven·ce·lha (ê) sf.
ven·ce·*lhar* v.
ven·ce·lho (ê) sm.: *vencilho.*
ven·*cer* v.
ven·ces·lau-bra·*sen*·se(s) adj.
  s2g. (pl.).
ven·ces·lau·*en*·se adj. s2g.
ven·*ci*·da sf.
ven·*ci*·do adj. sm.
ven·*ci*·lho sm.: *vencelho.*
ven·ci·*men*·to sm.
ven·*cí*·vel adj. 2g.; pl. ·*veis.*
ven·da sf.
ven·da-flo·*ren*·se(s) adj. s2g.
  (pl.).
ven·*da*·gem sf.; pl. ·*gens.*
ven·da-gran·*den*·se(s) adj. s2g.
  (pl.).
ven·da-no·*ven*·se(s) adj. s2g.
  (pl.).
ven·*dar* v.
ven·da·*val* sm.; pl. ·*vais.*
ven·*dá*·vel adj. 2g.; pl. ·*veis.*
ven·de·*dei*·ra sf.
ven·de·*doi*·ro adj. sm.:
  vendedouro.
ven·de·*dor* (ô) adj. sm.
ven·de·*dou*·ro adj. sm.:
  vendedoiro.
ven·*dei*·ro sm.
ven·de·*lhão* sm.; pl. ·*lhões.*
ven·de·mi·*á*·ri:o sm.
ven·*der* v.
ven·*de*·ta (ê) sf.
ven·di·*ção* sf.; pl. ·*ções.*
ven·*di*·do adj. sm.
ven·di·*lhão* sm.; pl. ·*lhões*; f.
  vendilhona ou *vendilhoa.*
ven·di·*lho*·a (ô) sf. de *vendilhão.*
ven·di·*lho*·na sf. de *vendilhão.*
vending sm. (ing.: *vêndin*).
ven·*dí*·vel adj. 2g.; pl. ·*veis.*
ven·*do*·la sf.
ven·*dor* (ô) sm.
ve·ne·ci:*a*·no adj. sm.

ve·ne·fi·*car* v.
ve·ne·fi·ci:*ar* v.
ve·ne·*fí*·ci:o sm./Cf. *veneficio*,
  do v. *veneficiar.*
ve·*né*·fi·co adj./Cf. *venefico*, do
  v. *veneficar.*
ve·ne·*ní*·fe·ro adj.
ve·ne·*ní*·pa·ro adj.
ve·*ne*·no adj. sm.
ve·ne·no·si·*da*·de sf.
ve·ne·*no*·so (ô) adj.; f. *e* pl. (ó).
ve·*ne*·ra sf. 'vieira'
  'condecoração'/Cf. *vênera*, f.
  de *vênero.*
ve·ne·ra·bi·li·*da*·de sf.
ve·ne·ra·*bun*·do adj.
ve·ne·ra·*ção* sf.; pl. ·*ções.*
ve·ne·*ra*·do adj.
ve·ne·ra·*dor* (ô) adj. sm.
ve·ne·*ran*·do adj.
ve·ne·*rar* v.
ve·ne·*rá*·vel adj. 2g. sm.; pl.
  ·*veis.*
ve·*né*·re:o adj. sm.
ve·ne·re:o·lo·*gi*·a sf.
ve·ne·re:o·*ló*·gi·co adj.
ve·ne·re:o·lo·*gis*·ta adj. s2g.
ve·ne·*rí*·de:o adj. sm.
vê·ne·ro adj. 'referente a
  Vênus'; f. *vênera*/Cf. *venero*
  e *venera*, do v. *venerar*, e
  venera sf.
ve·*ne*·ta (ê) sf. 'impulso
  repentino'/Cf. *vêneta*, f. de
  vêneto.
vê·ne·to adj. sm. 'povo'; f.
  vêneta/Cf. *veneta.*
ve·ne·zi:*a*·na sf.
ve·ne·zi:*a*·no adj. sm.
ve·ne·zo·*la*·no adj. sm.
ve·ne·zu:e·*la*·no adj. sm.
vê·ni:a sf.
ve·ni:*a*·ga sf.
ve·ni:a·*gar* v.
ve·ni:*al* adj. 2g.; pl. ·*ais.*
ve·ni:a·li·*da*·de sf.
ve·ni:a·li·*zar* v.
ve·*ni*·da sf.
ve·*ní*·di:o sm.
ve·*ní*·flu:o adj.
ve·*no*·so (ô) adj. 'relativo a
  veias'/Cf. *vinoso.*
ven·ta sf.
ven·ta(s)-fu·ra·da(s) adj. s2g.
  (pl.).
ven·*ta*·na adj. s2g. sf.
ven·ta·ne:*ar* v.

ven·ta·*nei*·ra sf.
ven·ta·ne·*jar* v.
ven·ta·*ni*·a sf. adj. s2g.
ven·ta·*ni*·lha sf.
ven·ta·*ni*:o adj.
ven·ta·*nis*·ta adj. s2g.
ven·*tan*·te adj. 2g.
ven·*tar* v.
ven·ta(s)-ras·*ga*·da(s) adj. s2g. (pl.).
ven·ta·*ro*·la sf.
ven·tas sf. pl.
ven·*tei*·ra sf.
ven·*te*·na adj. s2g.
ven·ti·*fac*·to sm.: ven·ti·*fa*·to.
ven·*tí*·ge·no adj.
ven·ti·*la*·bro sm.
ven·ti·la·*ção* sf.; pl. ·ções.
ven·ti·*la*·do adj. sm.
ven·ti·la·*dor* (ô) adj. sm.
ven·ti·*lan*·te adj. 2g.
ven·ti·*lar* v.
ven·ti·la·*ti*·vo adj.
ven·to sm.
ven·to:*i*·nha sf.
ven·to(s)-*les*·te(s) sm. (pl.).
ven·*tor* (ô) sm.
ven·*to*·sa sf.
ven·to·si·*da*·de sf.
ven·*to*·so (ô) adj. sm.; f. e pl. (ó).
ven·to(s)-vi·*ra*·do(s) sm. (pl.).
ven·*tral* sm.; pl. ·trais.
ven·tre sm.
ven·*tre*·cha (ê) sf.
ven·tri·*co*·so (ô) adj.; f. e pl. (ó).
ven·tri·cu·*lar* adj. 2g.
ven·*trí*·cu·lo sm.
ven·tri·la·*va*·do adj.
ven·tri·lo·*qui*·a sf.
ven·*trí*·lo·quo (quo *ou* co) adj. sm.
ven·tri·po·*ten*·te adj. 2g.
ven·*tris*·ca sf.
ven·*tru*·do adj.
ven·*tu*·ra sf.
ven·*tu*·ro adj.
ven·tu·*ro*·so (ô) adj.; f. e pl. (ó).
ven·*tu*·sa sf.
vê·nu·la sf.
ve·nu·*la*·do adj.
vê·nus sf. 2n.
ve·nu·si·*a*·no adj. sm.
ve·nu·*si*·no adj. sm.
ve·*nú*·si:o sm.
ve·nus·*ta*·de sf.
ve·nus·ti·*da*·de sf.
ve·*nus*·to adj.

vê-*oi*·to(s) adj. sm. (pl.).
ver v. sm.
ve·ra sf., na loc. *à vera*.
ve·ra·ci·*da*·de sf.
ve·ra·*cís*·si·mo adj. superl. de *veraz*.
ve·ra-cru·*zen*·se(s) adj. s2g. (pl.).
ve·ra(s)-e·*fi*·gi:e(s) sf. (pl.).
ve·ra·ne:*ar* v.
ve·ra·*nei*·o sm.
ve·ra·*nen*·se adj. s2g.
ve·ra·*ni*·co sm., dim irreg. de *verão*.
ve·ra·*nis*·ta adj. s2g.
ve·ra·*ni*·to sm.; dim. irreg. de *verão*.
ve·*rão* sm.; pl. ·rões; dim. irreg. *veranico*.
ve·ras sf. pl.
ve·ras·*có*·pi:o sm.
ve·*rá*·tri·co adj.
ve·ra·*tri*·na sf.
ve·ra·tro sm.
ve·*raz* adj. 2g.; superl. *veracíssimo*.
ver·ba sf.
ver·*bal* adj. 2g.; pl. ·bais.
ver·*bá*·li·co adj.
ver·ba·li·*da*·de sf.
ver·ba·*lis*·mo sm.
ver·ba·*lis*·ta adj. s2g.
ver·ba·li·za·*ção* sf.; pl. ·ções.
ver·ba·li·*zar* v.
ver·*bas*·co sm.
ver·*be*·na sf.
ver·be·*ná*·ce:a sf.
ver·be·*ná*·ce:o adj.
ver·be·ra·*ção* sf.; pl. ·ções.
ver·be·ra·*dor* (ô) adj.
ver·be·*ran*·te adj. 2g.
ver·be·*rão* sm.; pl. ·rões.
ver·be·*rar* v.
ver·be·ra·*ti*·vo adj.
ver·be·*tar* v.
ver·*be*·te (ê) sm./Cf. *verbete* (é), do v. *verbetar*.
ver·be·*tis*·ta adj. s2g.
ver·bi:*a*·gem sf.; pl. ·gens.
ver·bo sm.
ver·bo-no·mi·*nal* adj. 2g.; pl. *verbo-nominais*.
ver·bor·ra·*gi*·a sf.
ver·bor·*rá*·gi·co adj.
ver·bor·*rei*·a sf.
ver·bor·*rei*·co adj.
ver·bo·si·*da*·de sf.

ver·*bo*·so (ô) adj.; f. e pl. (ó).
ver·*cei*·ra sf.
ver·*cei*·ro adj.
ver·ce·*len*·se adj. s2g.
ver·*çu*·do adj. 'cheio de folhas': berçudo/Cf. *versudo*.
ver·*da*·cho adj. sm.
ver·*da*·de sf.
ver·da·*dei*·ro adj. sm.
ver·*das*·ca sf.
ver·das·*ca*·da sf.
ver·das·*car* v.
ver·*das*·co adj. sm.
ver·de (ê) adj. 2g. sm.
ver·de-a·ba·*ca*·te adj. 2g. 2n. sm.; pl. *verdes-abacates* ou *verdes-abacate*.
ver·de-*á*-gua adj. 2g. 2n. sm.; pl. *verdes-águas* ou *verdes-água*.
ver·de:*al* adj. 2g.; pl. ·ais.
ver·de(s)-a·ma·re·lo(s) adj. sm. (pl.).
ver·de:*ar* v.
ver·de-a·*zul* adj. 2g. sm.; pl. *verde-azuis*.
ver·de-ban·*dei*·ra adj. 2g. 2n. sm.; pl. *verdes-bandeiras* ou *verdes-bandeira*.
ver·de-be·*xi*·ga sm.; pl. *verdes-bexigas* ou *verdes-bexiga*.
ver·de·*cer* v.
ver·de-*cin*·za adj. 2g. 2n. sm.; pl. *verdes-cinzas* ou *verdes-cinza*.
ver·de-*cla*·ro adj. 2g. sm.; pl. do adj. *verde-claros*; pl. do sm. *verdes-claros*.
ver·de-*cré* sm.; pl. *verdes-crés* ou *verdes-cré*.
ver·de e a·ma·re·lo(s) adj. sm. (pl.).
ver·de-es·*cu*·ro adj. 2g. sm.; pl. do adj. *verde-escuros*; pl. do sm. *verdes-escuros*.
ver·de-es·me·*ral*·da adj. 2g. 2n. sm.; pl. *verdes-esmeraldas* ou *verdes-esmeralda*.
ver·de-*gai*·o adj. 2g. 2n. sm.; pl. *verdes-gaios*.
ver·de-*gais* sm. 2n.
ver·de-gar·*ra*·fa adj. 2g. 2n. sm.; pl. *verdes-garrafas* ou *verdes-garrafa*.
ver·*dei*·a sf.
ver·*dei*·o sm.
ver·de·*jan*·te adj. 2g.

ver·de·*jar* v.
ver·de·*jo* (ê) sm.
ver·de·*li*·nho sm.
ver·de-*mar* adj. 2g. 2n. sm.; pl. *verdes-mares* ou *verdes-mar*.
ver·de-mon·*ta*·nha adj. 2g. 2n. sm.; pl. *verdes-montanhas* ou *verdes-montanha*.
ver·de-*mus*·go adj. 2g. 2n. sm.; pl. *verdes-musgos* ou *verdes-musgo*.
ver·de-*ne*·gro adj. 2g. sm.; pl. do adj.: *verde-negros;* pl. do sm. *verdes-negros*.
ver·de-o·*li*·va adj. 2g. 2n. sm.; pl. *verdes-olivas* ou *verdes-oliva*.
ver·de(s)-pa·*ris* sm. (pl.).
ver·de-pis·*ci*·na adj. 2g. 2n. sm.; pl. *verdes-piscinas* ou *verdes-piscina*.
ver·*de*·te (ê) sm.
ver·dis·*se*·co (ê) adj.
ver·di·*ze*·la sf.
ver·do:*en*·go adj.
ver·do·*len*·go adj.
ver·*dor* (ô) sm.
ver·*do*·so (ô) adj.; f. e pl. (ó).
ver·*du*·go sm.
ver·du·*lei*·ro sm.
ver·*du*·ra sf.
ver·du·*rei*·ro sm.
ve·re:a·*ção* sf.; pl. ·*ções*.
ve·re:a·*dor* (ô) sm.
ve·re:a·*men*·to sm.
ve·re:*an*·ça sf.
ve·re:*ar* v.
ve·re·*cún*·di:a sf.
ve·re·*cun*·do adj.
ve·*re*·da (ê) sf.
ve·re·*dei*·ro sm.
ve·re·*dic*·to sm.
ve·re·*ti*·no adj. sm.
ver·ga (ê) sf./Cf. *verga* (é), do v. *vergar*.
ver·*ga*·da sf.
ver·ga·*du*·ra sf.
ver·*gal* adj. 2g. sm.; pl. ·*gais*.
ver·ga·*lha*·da sf.
ver·ga·lha·*men*·to sm.
ver·ga·*lhão* sm.; pl. ·*lhões*.
ver·ga·*lhar* v.
ver·ga·*lho* sm.
ver·*ga*·me sm.
ver·ga·*men*·to sm.
ver·ga·*mo*·ta sf.: *bergamota*.

ver·ga·mo·*tei*·ra sf.: *bergamoteira*.
ver·*gan*·cha sf.
ver·*gão* sm.; pl. ·*gões*.
ver·*gar* v.
ver·*gas*·ta sf.
ver·gas·*ta*·da sf.
ver·gas·*tar* v.
ver·ga·*tu*·ra sf.
ver·*gá*·vel adj. 2g.; pl. ·*veis*.
ver·*gê* adj. 2g.
ver·*gel* sm.; pl. ·*géis*.
ver·*gên*·ci:a sf.
ver·gi·li:*a*·no adj.: *virgiliano*.
ver·*go*·nha sf.
ver·*go*·nhas sf. pl.
ver·go·*nhei*·ra sf.
ver·go·*nho*·sa sf.
ver·go·*nho*·so (ô) adj.; f. e pl. (ó).
ver·*gôn*·te:a sf.
ver·gon·te:*a*·do adj.
ver·gon·te:*ar* v.
ver·*gor* (ô) sm.
ver·*guei*·ra sf.
ver·*guei*·ro adj. sm.
ver·*gue*·ta (ê) sf.
ver·gue·ta·*ção* sf.; pl. ·*ções*.
ver·gue·*tar* v.
ver·*gu*·no adj. sm.
ve·ri·di·ci·*da*·de sf.
ve·*rí*·di·co adj.
ve·ri·fi·ca·*ção* sf.; pl. ·*ções*.
ve·ri·fi·ca·*dor* (ô) adj. sm.
ve·ri·fi·*car* v.
ve·ri·fi·ca·*ti*·vo adj.
ve·ri·fi·*cá*·vel adj. 2g.; pl. ·*veis*.
ve·ri·*sí*·mil adj. 2g.; pl. ·*meis*: *veríssimil, verossímil*.
ve·ri·si·mi·*lhan*·ça sf.: *verissimilhança, verossimilhança*.
ve·ri·si·mi·*lhan*·te adj. 2g.: *verissimilhante, verossimilhante*.
ve·ri·si·mi·li·*da*·de sf.: *verissimilidade, verossimilidade*.
ve·ri·si·*mí*·li·mo adj. superl. de *verissímil: verissimílimo, verossimílimo*.
ve·ri·si·mi·li·*tu*·de sf.: *verissimilitude, verossimilitude*.
ve·*ris*·mo sm.
ve·ris·si·*men*·se adj. s2g.
ve·ris·*sí*·mil adj. 2g.; pl. ·*meis*: *verossímil*.

ve·ris·si·mi·*lhan*·ça sf.: *verossimilhança*.
ve·ris·si·mi·*lhan*·te adj. 2g.: *verosimilhante*.
ve·ris·si·mi·li·*da*·de sf.: *verosimilidade*.
ve·ris·si·*mí*·li·mo adj. superl. de *verissímil: verossimílimo*.
ve·ris·si·mi·li·*tu*·de sf.: *verossimilitude*.
ve·*ris*·ta adj. s2g.
ver·lai·ni:*a*·no (lê) adj. sm.
ver·*lân*·gi:a sf.
ver·*le*·te sm.
ver·*li*·ta sf.: ver·*li*·te.
ver·me adj. sm.
ver·me·*lha*·ço adj.
ver·me·*lhão* sm.; pl. ·*lhões*.
ver·me·*lhar* v.
ver·me·lhe:*ar* v.
ver·me·lhe·*cer* v.
ver·me·lhe·*jar* v.
ver·me·*lhen*·to adj.
ver·me·lhi·*dão* sf.; pl. ·*dões*.
ver·me·*lhi*·nha sf.
ver·*me*·lho (ê) adj. sm.
ver·me·lho-a·ri·*có* sm.; pl. *vermelhos-aricós* ou *vermelhos-aricó*.
ver·me·lho(s)-do-ca·fe·*ei*·ro sm. (pl.).
ver·me·lho-hen·*ri*·que sm.; pl. *vermelhos-henriques* ou *vermelhos-henrinque*.
ver·me·lho-pa·ra·mi·*rim* sm.; pl. *vermelhos-paramirins* ou *vermelhos-paramirim*.
ver·me·lho(s)-ver·da·*dei*·ro(s) sm. (pl.).
ver·me·*lhus*·co adj.
ver·mi:*a*·no adj.
ver·mi·*ci*·da adj. 2g. sm.
ver·mi·cu·*la*·do adj.
ver·mi·cu·*lar* adj. 2g. v.
ver·mi·cu·*lá*·ri:a sf.
ver·mi·cu·*li*·ta sf.
ver·*mí*·cu·lo sm./Cf. *vermiculo*, do v. *vermicular*.
ver·mi·cu·*lo*·so (ô) adj.; f. e pl. (ó).
ver·mi·cu·*lu*·ra sf.
ver·mi·*for*·me adj. 2g.
ver·*mí*·fu·go adj. sm.
ver·mi·*lín*·gue adj. 2g. sm.
ver·*mi*·na sf. 'tudo o que corrói progressivamente'/Cf. *vérmina*.

vér·mi·na sf. 'verminose'/ Cf. *vermina* sf. e fl. do v. *verminar*.
ver·mi·na·*ção* sf.; pl. ·*ções*.
ver·mi·*na*·do adj.
ver·mi·*nal* adj. 2g.; pl. ·*nais*.
ver·mi·*nar* v.
ver·mi·*nei*·ra sf.
ver·mi·*no*·se sf.
ver·mi·*no*·so (ô) adj.; f. e pl. (ó).
ver·mi:*o*·la sf.
ver·mi:*o*·te sf.
ver·*mí*·vo·ro adj.
ver·mi·*ze*·la sf.
ver·*mu*·te sm.
ver·na·*ção* sf.; pl. ·*ções*.
ver·na·cu·li·*da*·de sf.
ver·na·cu·*lis*·mo sm.
ver·na·cu·*lis*·ta adj. s2g.
ver·na·cu·li·za·*ção* sf.; pl. ·*ções*.
ver·na·cu·li·*zar* v.
ver·*ná*·cu·lo adj. sm.
ver·*nal* adj. 2g.; pl. ·*nais*.
ver·na·li·*da*·de sf.
ver·na·li·za·*ção* sf.; pl. ·*ções*.
ver·na·li·*zar* v.
ver·*nan*·te adj. 2g.
ver·nes sm. 2n.
ver·ni:*ê* sm., do fr. *vernier* (niê).
ver·nis·sa·*le*·gem sf.; pl. ·*gens*; do fr. *vernissage*.
ver·*niz* sm.
ver·ni·za·gem sf.; pl. ·*gens*.
ver·niz-da-*chi*·na sm.; pl. *vernizes-da-china*.
ver·niz-do-ja·*pão* sm.; pl. *vernizes-do-japão*.
ver·no adj.
ve·ro adj. 'verdadeiro'/Cf. *veró*.
ve·*ró* sm. 'prisão'/Cf. *vero*.
ve·ro·*nen*·se adj. s2g.
ve·ro·*nês* adj. sm.
ve·*rô*·ni·ca sf.
ve·rô·ni·ca-o·fi·ci·*nal* sf.; pl. *verônicas-oficinais*.
ve·ro·*sí*·mil adj. 2g.; pl. ·*meis*: *verossímil*.
ve·ro·si·mi·*lhan*·ça sf.: *verossimilhança*.
ve·ro·si·mi·*lhan*·te adj. 2g.; *verossimilhante*.
ve·ro·si·mi·li·*da*·de sf.: *verossimilidade*.
ve·ro·si·mí·li·mo adj. superl. de *verossímil*: *verossimílimo*.
ve·ro·si·mi·li·*tu*·de sf.: *verossimilitude*.

ve·ros·sí·mil adj. 2g.; pl. ·*meis*.
ve·ros·si·mi·*lhan*·ça sf.
ve·ros·si·mi·*lhan*·te adj. 2g.
ve·ros·si·mi·li·*da*·de sf.
ve·ros·si·*mí*·li·mo adj. superl. de *verossímil*.
ve·ros·si·mi·li·*tu*·de sf.
ver·*ri*·na sf.
ver·ri·*ná*·ri:o adj.
ver·ri·*nei*·ro adj. sm.
ver·ri·*nis*·ta adj. s2g.
ver·ru·*cal* adj. 2g.; pl. ·*cais*.
ver·ru·*cá*·ri:a sf.
ver·ru·*cí*·fe·ro adj.
ver·ru·ci·*for*·me adj. 2g.
ver·ru·*co*·so (ô) adj.; f. e pl. (ó).
ver·*rú*·cu·la sf.
ver·ru·cu·*lo*·so (ô) adj.; f. e pl. (ó).
ver·*ru*·ga sf.
ver·ru·ga(s) do pe·*ru* sf. (pl.).
ver·ru·*go*·so (ô) adj.; f. e pl. (ó).
ver·ru·*guen*·to adj.
ver·*ru*·ma sf.
ver·ru·*mão* sm.; pl. ·*mões*.
ver·ru·*mar* v.
ver·sa sf.
ver·*sa*·do adj.
ver·*sal* adj. 2g. sf. sm.; pl. ·*sais*.
ver·sa·*le*·te (ê) sm.
ver·sa·*lha*·da sf.
ver·sa·*lhês* adj. sm.
ver·*são* sf.; pl. ·*sões*.
ver·*sar* v.
ver·sa·*ri*·a sf.
ver·*sá*·til adj. 2g.; pl. ·*teis*.
ver·sa·ti·li·*da*·de sf.
ver·se·ja·*ção* sf.; pl. ·*ções*.
ver·se·ja·*dor* (ô) adj. sm.
ver·se·ja·*du*·ra sf.
ver·se·*jar* v.
ver·*se*·to (ê) sm.
ver·si·co·*lor* (ô) adj. 2g.
ver·*sí*·cu·lo sm.
ver·si·*da*·de sf.
ver·si:*e*·ra sf.
ver·*sí*·fe·ro adj.
ver·si·fi·ca·*ção* sf.; pl. ·*ções*.
ver·si·fi·ca·*dor* (ô) adj. sm.
ver·si·fi·*car* v.
ver·*sí*·fi·co adj./Cf. *versifico*, do v. *versificar*.
ver·si·li·*bris*·mo sm.
ver·si·li·*bris*·ta adj. s2g.
ver·*sis*·ta adj. s2g.
ver·so sm.
ver·*sor* (ô) sm.

vers·ta sf.
ver·*su*·do adj. 'diz-se do pão das searas'/Cf. *verçudo*.
ver·*su*·to adj.
ver·*tá*·tur sm.
vér·te·bra sf.
ver·te·*bra*·do adj. sm.
ver·te·*bral* adj. 2g.; pl. ·*brais*.
ver·te·bra·li·*da*·de sf.
ver·te·bra·*li*·na sf.
ver·te·bra·*li*·ta sf.
ver·te·bra·li·*zar* v.
ver·te·*bro*·so (ô) adj.; f. e pl. (ó).
ver·te·*doi*·ro sm.: ver·te·*dou*·ro.
ver·te·*du*·ra sf.
ver·*ten*·te adj. 2g. sf.
ver·ten·*ten*·se adj. s2g.
ver·*ter* v.
ver·ti·*cal* adj. 2g. sf. sm.; pl. ·*cais*.
ver·ti·ca·li·*da*·de sf.
vér·ti·ce sm.
ver·ti·ci·*da*·de sf.
ve·ri·ti·ci·*la*·do adj.
ver·ti·ci·*lar* adj. 2g.
ver·ti·ci·*las*·tro sm.
ver·ti·ci·li·*flo*·ro adj.
ver·ti·*ci*·lo sm.
ver·ti·*cór*·di:a sf.
ver·ti·cor·*dí*·de:o adj. sm.
ver·*ti*·gem sf.; pl. ·*gens*.
ver·ti·gi·no·si·*da*·de sf.
ver·ti·gi·*no*·so (ô) adj.; f. e pl. (ó).
ver·ve sf.
ve·*sâ*·ni:a sf.
ve·*sâ*·ni·co adj.
ve·*sa*·no adj.
ves·co (ê) adj.
ves·go (ê) adj. sm.
ves·gue:*ar* v.
ves·*guei*·ro adj.
ves·gui·ce sf.
ve·si·cab·do·mi·*nal* adj. 2g.; pl. ·*nais*.
ve·si·ca·*ção* sf.; pl. ·*ções*.
ve·si·*cal* adj. 2g.; pl. ·*cais*.
ve·si·*can*·te adj. 2g. sm.
ve·si·*car* v.
ve·si·ca·*tó*·ri:o adj. sm.
ve·si·cor·re·*tal* adj. 2g.; pl. ·*tais*.
ve·*sí*·cu·la sf.
ve·si·cu·*lar* adj. 2g.
ve·si·cu·*lo*·so (ô) adj.; f. e pl. (ó).
ves·pa (ê) sf.
ves·pa(s)-ca·ça·*do*·ra(s) sf. (pl.).
ves·pa(s)-ce·*ga*(s) sf. (pl.).

ves·pa(s)-de-*co*·bra sf. (pl.).
ves·pa(s)-de-ro-*dei*:o sf. (pl.).
ves·pa(s)-de-u-*gan*·da sf. (pl.).
ves·*pão* sm.; pl. ·*pões*.
ves·pa·si:a·*nen*·se adj. s2g.
ves·pa-ta-*tu* sf.; pl. *vespas-tatus* ou *vespas-tatu*.
ves·*pei*·ro sm.
vés·per adj. sm.
vés·pe·ra sf.
ves·pe·*ral* adj. 2g. sm. sf.; pl. ·*rais*.
vés·pe·ras sf. pl.
vés·pe·ro sm.
ves·per·*tí*·li:o sm.
ves·per·ti·li:o·*ní*·de:o adj. sm.
ves·per·*ti*·no adj. sm.
ves·pi:a·no adj. sm.
ves·*pí*·ci:a sf.
ves·*pí*·de:o adj. sm.
ves·pu·ci:a·no adj.
ves·pu·*cis*·ta adj. s2g.
ves·*sa*·da sf.
ves·sa·*de*·la sf.
ves·*sa*·do adj.
ves·sa·*doi*·ro sm.:
 ves·sa·*dou*·ro.
ves·*sar* v.
ves·so sm.
ves·*tal* adj. 2g. sf.; pl. ·*tais*.
ves·ta·*li*·no adj.
ves·te sf.
vés·ti:a sf./Cf. *vestia*, do v. *vestir*.
ves·ti·a·*ri*·a sf.
ves·ti·*á*·ri:o sm.
ves·ti·bu·*lan*·do adj. sm.
ves·ti·bu·*lar* adj. 2g. sm.
ves·*tí*·bu·lo sm.
ves·*ti*·do adj. sm.
ves·ti·*du*·ra sf.
ves·ti·gi:*al* adj. 2g.; pl. ·*ais*.
ves·*tí*·gi:o sm.
ves·ti·*men*·ta sf.
ves·ti·men·*tei*·ro sm.
ves·ti·ni:a·no sm.
ves·*ti*·no adj. sm.
ves·*tir* v. sm.
ves·tu:*á*·ri:o sm.
ve·su·vi:a·na sf.
ve·su·vi:a·*ni*·ta sf.
ve·su·vi:a·no adj.
ve·*tar* v.
ve·te·ra·*ni*·ce sf.
ve·te·*ra*·no adj. sm.
ve·te·ri·*ná*·ri:a sf.
ve·te·ri·*ná*·ri:o adj. sm.

ve·*ti*·la sf.
ve·ti·*ver* sm.
ve·to sm.
ve·*tor* (ô) adj. sm.: *vector*.
ve·to·ri:*al* adj. 2g.; pl. ·*ais*: *vectorial*.
ve·tus·*tez* (ê) sf.
ve·*tus*·to adj.
véu sm.
ve·xa·*ção* sf.; pl. ·*ções*.
ve·*xa*·do adj.
ve·xa·*dor* (ô) adj. sm.
ve·*xa*·me sm.
ve·xa·mi·*no*·so (ô) adj.; f. e pl. (ó).
ve·*xan*·te adj. 2g.
ve·*xar* v.
ve·xa·*ti*·vo adj.
ve·xa·*tó*·ri:o adj.
ve·*xá*·vel adj. 2g.; pl. ·*veis*.
ve·xi·*lar* (cs) adj. 2g.
ve·xi·*lá*·ri:o (cs) sm.
ve·*xi*·lo (cs) sm.
vez (ê) sf. 'ocasião'/Cf. *vês*, pl. de *vê*.
ve·*zar* v.
ve·*zei*·ra sf. 'rebanho de porcos'/Cf. *vezeira*, f. de *vezeiro*, e *viseira*.
ve·zei·*rei*·ro sm.
ve·*zei*·ro adj. sm. 'habituado'/Cf. *vezeira* sf., e *viseira*.
ve·*zes* (ê) adv., na loc. *às vezes* etc.
ve·zo (ê) sm./Cf. *vezo* (é), do v. *vezar*.
vi·a sf.
vi:a·bi·li·*da*·de sf.
vi:a·*ção* sf. 'conjunto dos meios de transporte'; pl. ·*ções*/Cf. *veação*.
vi:a·*dor* (ô) adj. sm. 'passageiro'/Cf. *veador*.
vi:a·*du*·to sm.
vi:a·ge:*ar* v.
vi:a·*gei*·ro adj. sm.
vi:a·*gem* sf.; pl. ·*gens*/Cf. *viajem*, do v. *viajar*.
vi:a·*ja*·da sf.
vi:a·*ja*·do adj.
vi:a·*jan*·te adj. s2g.
vi:a·*jão* sm.; pl. ·*jões*.
vi:a·*jar* v.
vi:a·*jor* (ô) sm.
vi:a(s)-*lác*·te:a(s) sf. (pl.):
 vi:a(s)-*lá*·te:a(s)·
vi:a·mo·*nen*·se adj. s2g.

vi:*an*·da sf.
vi:an·*dan*·te adj. s2g.
vi:an·*dar* v.
vi:an·*dei*·ro adj. sm.
vi:an·*di*·ta sf.
vi:a·*nen*·se adj. s2g.
vi:a·*nês* adj. sm. 'relativo a Viana do Castelo'/Cf. *vienês*.
vi:a·no·po·*li*·no adj. sm.
vi:*á*·ri:o adj. sm. 'referente à viação'; f. *viária*/Cf. *vearia*.
vi:a(s)-*sa*·cra(s) sf. (pl.).
vi:a·*ten*·se adj. s2g.
vi:a·ti·ca·*ção* sf.; pl. ·*ções*.
vi:a·ti·*car* v.
vi:*á*·ti·co sm./Cf. *viatico*, do v. *viaticar*.
vi:a·*tó*·ri:o adj.
vi:a·*tu*·ra sf.
vi:*á*·vel adj. 2g.; pl. ·*veis*.
ví·bi·ce sf.
ví·bo·ra sf.
vi·bo·*rão* sm.; pl. ·*rões*.
vi·*bor*·do sm.
vi·*bór*·gi:a sf.
vi·bra·*ção* sf.; pl. ·*ções*.
vi·*bra*·do adj.
vi·bra·*dor* (ô) adj. sm.
vi·bra·*fo*·ne sm.
vi·*bran*·te adj. 2g. sf.
vi·*brar* v.
vi·*brá*·ti·co adj.
vi·*brá*·til adj. 2g.; pl. ·*teis*.
vi·bra·ti·li·*da*·de sf.
vi·bra·ti·li·*zar* v.
vi·*bra*·to sm.
vi·bra·*tó*·ri:o adj.
vi·*bri*:ão sm.; pl. ·*ões*.
vi·bri:o·*ni*:a·no adj.
vi·*bris*·sas sf. pl.
vi·bris·si·*for*·me adj. 2g.
vi·*bur*·no sm.
vi·*çar* v.
vi·ca·ri:*al* adj. 2g.; pl. ·*ais*.
vi·ca·ri:*an*·te adj. 2g.
vi·ca·ri:*a*·to sm.
vi·*cá*·ri:o adj. sm.
vice- pref. (é sempre seguido de hífen).
vi·ce-al·mi·ran·*ta*·do(s) sm. (pl.).
vi·ce-al·mi·*ran*·te(s) sm. (pl.).
vi·ce-bai·*li*:o(s) sm. (pl.).
vi·ce-cam·pe:*ã*(s) adj. sf. (pl.) de *vice-campeão*.
vi·ce-cam·pe:*ão* adj. sm.; pl. *vice-campeões*; f. *vice-campeã*.

vi·ce-cam·pe:o·*na*·to(s) sm. (pl.).
vi·ce-chan·ce·*ler* sm.; pl. *vice-chanceleres.*
vi·ce-co·mis·*sá*·ri:o(s) sm. (pl.).
vi·ce-co·mo·*do*·ro(s) sm. (pl.).
vi·ce-*côn*·sul sm.; pl. *vice-cônsules.*
vi·ce-con·su·*la*·do(s) sm. (pl.).
vi·ce-con·su·*lar* adj. 2g.; pl. *vice-consulares.*
vi·ce-go·ver·na·*dor* sm.; pl. *vice-governadores.*
vi·ce-go·ver·*nan*·ça(s) sf. (pl.).
vi·ce·*jan*·te adj. 2g.
vi·ce·*jar* v.
vi·*ce*·jo (ê) sm.
vi·ce-le·ga·*ção* sf.; pl. *vice-legações.*
vi·ce-le·*ga*·do(s) sm. (pl.).
vi·ce-*lí*·der s2g.; pl. *vice-líderes.*
vi·ce-li·de·*ran*·ça(s) sf. (pl.).
vi·ce-mor·*do*·mo(s) sm. (pl.).
vi·ce-*mor*·te(s) sf. (pl.).
vi·ce·*nal* adj. 2g. 'que se faz de 20 em 20 anos'; pl. ·*nais*/Cf. *vicinal.*
vi·cen·ci:a·no adj. sm.
vi·*cê*·ni:o sm.
vi·cen·*ti*·na sf.
vi·cen·*ti*·no adj. sm.
vi·ce-pre·si·*dên*·ci:a(s) sf. (pl.).
vi·ce-pre·si·den·ci:*al* adj. 2g.; pl. *vice-presidenciais.*
vi·ce-pre·si·*den*·te(s) s2g. (pl.).
vi·ce-re:*al* adj. 2g.; pl. *vice-reais.*
vi·ce-*rei*(s) sm. (pl.).
vi·ce-rei·*na*·do(s) sm. (pl.).
vi·ce-rei·*nar* v.
vi·ce-rei·*tor* (ô) sm.; pl. *vice-reitores.*
vi·ce-rei·to·*ra*·do(s) sm. (pl.).
vi·ce-rei·to·*ral* adj. 2g.; pl. *vice-reitorais.*
vi·ce-rei·to·*ri*·a(s) sf. (pl.).
vi·*cé*·si·mo num.
vi·ce-*ver*·sa adv.
vi·chi sm.
ví·ci:a sf./Cf. *vicia*, do v. *viciar.*
vi·ci:a·*ção* sf.; pl. ·*ções.*
vi·ci:*a*·do adj. sm.
vi·ci:a·*dor* (ô) adj. sm.
vi·ci:a·*men*·to sm.
vi·ci:*an*·te adj. 2g.

vi·ci:*ar* v.
vi·ci·*nal* adj. 2g. 'vizinho'; pl. ·*nais*/Cf. *vicenal.*
vi·ci·na·li·*da*·de sf.
vi·ci·*nis*·mo sm.
ví·ci:o sm./Cf. *vicio*, do v. *viciar.*
vi·ci:o·si·*da*·de sf.
vi·ci:*o*·so (ô) adj.; f. *e* pl. (ó).
vi·cis·si·*tu*·de sf.
vi·cis·si·tu·di·*ná*·ri:o adj.
vi·ço sm.
vi·ço·*sen*·se adj. s2g.
vi·*ço*·so (ô) adj.; f. *e* pl. (ó).
vic·*tor* (ô) adj. sm.; f. vic·*tri*·ce
vi·*cu*·nha sf.
vi·da sf.
vi·da(s) de *lo*·pes sf. (pl.).
vi·*da*·go sm.
vi·*da*·la sf.
vi·da·*li*·ta sf.
vi·*da*·ma sm.
vi·da(s)-*mé*·di:a(s) sf. (pl.).
vi·da·*mi*·a sf.
vi·*dão* sm.; pl. ·*dões.*
vi·*dar*¹ v. 'plantar vides'/Cf. *vedar* e *vidar*².
vi·*dar*² sm. 'fabricação dos dentes dos pentes'/Cf. *vedar* e *vidar*¹.
vi·de sf.
vi·de:*al* sm.; pl. ·*ais.*
vi·de:*ar* v.
vi·de(s)-*bran*·ca(s) sf. (pl.).
vi·*dei*·ra sf.
vi·*dei*·ren·se adj. s2g.
vi·*dei*·ro adj. sm.
vi·*dên*·ci:a sf.
vi·*den*·te adj. s2g.
ví·de:o sm.
vi·de:o·cas·*se*·te sm.
vi·de:o·*cli*·pe sm.
vi·de:o·*dis*·co sm.
vi·de:o·*fo*·ne sm.
vi·de:o·fre·*quên*·ci:a sf.
videogame sm. (ing.: *videoguêim*).
videolaser sm. (ing.: *videolêiser*).
vi·de:o·*tei*·pe sm.
vi·*do*·ca sf.
vi·do:*ei*·ro sm.
vi·*do*·nho sm.
vi·*dra*·ça sf.
vi·dra·ça·*ri*·a sf.
vi·dra·*cei*·ro sm.
vi·dra·*cis*·ta s2g.

vi·*dra*·ço sm.
vi·*dra*·do adj. sm.
vi·dra·*dor* (ô) sm.
vi·dra·gem sf.; pl. ·gens.
vi·dral sm.; pl. ·*drais.*
vi·dra·*lha*·da sf.
vi·*drar* v.
vi·dra·*ri*·a sf.
vi·dre·*co*·me sm.
vi·*drei*·ro adj. sm.
vi·*dren*·to adj.
vi·*dri*·lho sm.
vi·*dri*·no adj.
vi·dro sm.
vi·dro(s)-*mo*·le(s) sm. (pl.).
vi·*dro*·so (ô) adj.; f. *e* pl. (ó).
vi·du:*al* adj. 2g.; pl. ·*ais.*
vi:*e*·gas sm. 2n.
vi:*ei*·ra sf.
vi:*ei*·ren·se adj. s2g.
vi:*e*·la sf.
vi:*e*·nen·se adj. s2g.
vi:*e*·nês adj. sm. 'vienense'/Cf. *vianês.*
vi:*és* sm.; pl. *vieses.*
vi:et·*con*·gue adj. s2g.
vi:et·na·*mi*·ta adj. s2g.
vi·ga sf.
vi·gai·ra·*ri*·a sf.
vi·ga·*men*·to sm.
vi·*gar* v.
vi·ga·ra·*ri*·a sf.
vi·*gá*·ri:a sf./Cf. *vigaria*, do v. *vigar.*
vi·ga·*ri*·ce sf.
vi·*gá*·ri:o sm.
vi·*gá*·ri:o-ge·*ral* sm.; pl. *vigários-gerais.*
vi·ga·*ris*·mo sm.
vi·ga·*ris*·ta adj. s2g.
vi·*gên*·ci:a sf.
vi·*gen*·te adj. 2g. 'que vigora'/Cf. *vejente.*
vi·ger v.
vi·ge·si·*mal* adj. 2g.; pl. ·*mais.*
vi·*gé*·si·mo num. sm.
vi·*gi*·a sf. s2g.
vi·gi:*a*·do adj.
vi·gi:a·*dor* (ô) adj. sm.
vi·gi:*an*·te adj. s2g.
vi·gi:*ar* v.
vi·gi:*ei*·ro sm.
vi·gi:*en*·se adj. s2g.
ví·gil adj. 2g.; pl. *vígeis*/Cf. *vigeis*, do v. *viger.*
vi·gi·*lân*·ci:a sf.
vi·gi·*lan*·te adj. s2g.

vi·gi·*lar* v.
vi·gi·*len*·ga sf.
vi·gi·*len*·go sm.
vi·*gí*·li:a sf.
vi·gin·ti·vi·*ra*·do sm.:
   vi·gin·ti·vi·*ra*·to.
vi·gin·*tí*·vi·ro sm.
vi·*gor* (ô) sm.; pl. *vigores* (ô)/Cf.
   vigores (ó), do v. *vigorar*.
vi·go·*ran*·te adj. 2g.
vi·go·*rar* v.
vi·go·*rá*·vel adj. 2g.; pl. ·veis.
vi·go·*ri*·ta sf.
vi·go·ri·*zar* v.
vi·go·*ro*·so (ô) adj.; f. *e* pl. (ó).
vi·*go*·ta sf.: vi·*go*·te sm.
vil adj. s2g.; pl. *vis*.
vi·la sf.
vi·*lã* adj. sf. de *vilão*.
vi·la·di:*o*·go sf., na loc. dar às
   de vila-diogo.
vi·la·*fran*·ca sm.
vi·la:i·*e*·te (ê) sm.
vi·la·*na*·ço adj. sm.
vi·la·*na*·gem sf.; pl. ·gens.
vi·la·*naz* adj. s2g.
vi·lan·*ce*·te (ê) sm.: *vilhancete*.
vi·lan·*ci*·co sm.
vi·la·*nes*·co (ê) adj.
vi·la·*ni*·a sf.
vi·*lão* adj. sm.; pl. ·*lões*; f. *vilã*
   ou *viloa*.
vi·*lar* sm.
vi·la·*re*·jo (ê) sm.
vi·la·*ri*·nho sm.
vi·la·ver·*den*·se(s) adj. s2g. (pl.).
vi·la·ver·di:*a*·no(s) adj. sm.
   (pl.).
vi·le·gi:a·*tu*·ra sf.
vi·le·gi:a·tu·*rar* v.
vi·le·gi:a·tu·*ris*·ta adj. s2g.
vi·*le*·la sf.
vi·*le*·ta (ê) sf. 'pequena vila'/
   Cf. *veleta*.
vi·*le*·za (ê) sf.
vi·lhan·*ce*·te (ê) sm.: *vilancete*.
vi·*li*·co sm.
vi·*lí*·fe·ro adj.
vi·li·fi·*car* v.
vi·li·*for*·me adj. 2g.
vi·li·pen·di:a·*ção* sf.; pl. ·*ções*.
vi·li·pen·di:a·*dor* (ô) adj. sm.
vi·li·pen·di:*ar* v.
vi·li·*pên*·di:o sm./Cf. *vilipendio*,
   do v. *vilipendiar*.
vi·li·pen·di:*o*·so (ô) adj.; f. *e*
   pl. (ó).

vi·*lo*·a adj. sf. de *vilão*.
vi·*ló*·ri:a sf.
vi·*ló*·ri:o sm.
vi·lo·si·*da*·de sf.
vi·lo·*si*·te sf.
vi·*lo*·so (ô) adj. 'cheio de pelos'/
   Cf. *veloso*.
vi·*ló*·su·lo adj.
vi·*lo*·ta sf.
vi·lo·te·xe·*mi*·a (cs) sf.
vi·lo·te·xê·*mi*·co (cs) adj.
vil·pi:*a*·no sm.
vil·ta sf.
vi·ma·ra·*nen*·se adj. s2g.
vim·*bun*·de sm.
vi·me sm.
vi·*mei*·ro sm.
vi·mi:*al* sm.; pl. ·*ais*.
vi·mi:*ei*·ro sm.
vi·mi·*ná*·ri:a sf.
vi·*mí*·ne:o adj.
vi·mi·*no*·so (ô) adj.; f. *e* pl. (ó).
vi·*mo*·so (ô) adj.; f. *e* pl. (ó).
vim-vim sm.; pl. *vim-vins*.
vi·na sf.
vi·*ná*·ce:o adj.
vi·na·*grar* v.
vi·*na*·gre adj. 2g. sm.
vi·na·*grei*·ra sf.
vi·na·*grei*·ro sm.
vi·na·*gren*·to adj.
vi·na·*gre*·za (ê) sf.
vi·na·*gris*·ta adj. s2g.
vi·*ná*·ri:o adj.
vin·ca sf.
vin·*ca*·da sf.
vin·ca·*dei*·ra sf.
vin·*ca*·do adj.
vin·*ca*·gem sf.; pl. ·gens.
vin·ca·per·*vin*·ca sf.
vin·*car* v.
vin·*cen*·do adj.
vin·ce·*tó*·xi·co (cs) sm.
vin·ce·to·*xi*·na (cs) sf.
vin·ci:*a*·no adj.
vin·ci:*en*·se adj. s2g.
vín·ci:o adj. sm.
vin·ci·*tu*·ro adj.
vin·co sm.
vin·cu·*la*·do adj.
vin·cu·la·*dor* (ô) adj. sm.
vin·cu·*lar* adj. 2g. v.
vin·cu·la·*ti*·vo adj.
vin·cu·la·*tó*·ri:o adj.
vín·cu·lo sm./Cf. *vinculo*, do v.
   vincular.
vin·da sf.

vin·de·ca·*á* s2g.
vin·di·ca·*ção* sf.; pl. ·*ções*.
vin·di·ca·*dor* (ô) adj. sm.
vin·di·*can*·te adj. s2g.
vin·di·*car* v.
vin·di·ca·*ti*·vo adj.
vín·di·ce adj. s2g.
vin·*dí*·ci:a sf.
vin·*di*·ço adj.
vin·*dic*·ta sf.: *vindita*.
vin·*di*·ma sf.
vin·di·ma·*dei*·ro adj. sm.
vin·di·*ma*·do adj.
vin·di·ma·*dor* (ô) adj. sm.
vin·di·ma·*du*·ra sf.
vin·di·*mal* adj. 2g.; pl. ·*mais*.
vin·di·*mar* v.
vin·*di*·mo adj.
vin·*di*·ta sf.: *vindicta*.
vin·do adj.
vin·*doi*·ro adj. sm.: *vin*·*dou*·ro.
ví·ne:a sf.
ví·ne:o adj.
vin·ga·*ção* sf.; pl. ·*ções*.
vin·*ga*·do adj.
vin·ga·*dor* (ô) adj. sm.
vin·*gan*·ça sf.
vin·*gar* v.
vin·ga·*ti*·vo adj.
vi·nha sf.
vi·*nha*·ça sf.
vi·*nhá*·ce:o adj.
vi·*nha*·ço sm.
vi·nha(s)-*d'a*·lho sf. (pl.).
vi·nha(s)-*d'a*·lhos sf. (pl.).
vi·*nhá*·de·go sm.
vi·nha·*dei*·ro sm.
vi·*nha*·do sm.
vi·*nha*·go sm.
vi·*nhal* sm.; pl. ·*nhais*.
vi·*nhão* sm.; pl. ·*nhões*.
vi·*nhar* v.
vi·nha·ta·*ri*·a sf.
vi·nha·*tei*·ro adj. sm.
vi·*nhá*·ti·co sm.
vi·*nhá*·ti·co(s)-da-*ma*·ta sm.
   (pl.).
vi·*nhá*·ti·co(s)-de-es·*pi*·nho
   sm. (pl.).
vi·*nhá*·ti·co(s)-do-*cam*·po sm.
   (pl.).
vi·nhe·*den*·se adj. s2g.
vi·*nhe*·do (ê) sm.
vi·*nhei*·ro sm.
vi·*nhe*·ta (ê) sf.
vi·*nhe*·te (ê) sm.
vi·nhe·*tei*·ro sm.

vi·nhe·*tis*·ta adj. s2g.
vi·nho sm.
vi·*nho*·ca sf.
vi·*nho*-*nei*·ra sf.
vi·*nho*·te sm.
ví·ni·co adj.
vi·*ní*·co·la adj. 2g.
vi·ni·cul·*tor* (ô) adj. sm.
vi·ni·cul·*tu*·ra sf.
vi·*ní*·fe·ro adj.
vi·ni·fi·ca·*ção* sf.; pl. ·*ções*.
vi·ni·fi·ca·*dor* (ô) sm.
vi·ni·fi·*car* v.
vi·ni·*fór*·mi·co adj.
vi·*nil* sm.; pl. ·*nis*.
vi·no·*lên*·ci:a sf.
vi·no·*len*·to adj.
vi·no·me·*tri*·a sf.
vi·no·*mé*·tri·co adj.
vi·*nô*·me·tro sm.
vi·no·si·*da*·de sf.
vi·*no*·so (ô) adj. 'vinífero'; f. e pl. (ó)/Cf. *venoso*.
vin·ta·*nei*·ro adj. sm.
vin·*tão* adj. sm.; pl. ·*tões*; f. *vintona*.
vin·te num. sm.
vin·te e *qua*·tro sm. 2n.
vin·te e *um* sm. 2n.
vin·te-e-um-pin·*ta*·do(s) sm. (pl.).
vin·*tém* sm.; pl. ·*téns*.
vin·*te*·na sf.
vin·te·*ná*·ri·o adj. sm.
vin·te·*nei*·ra sf.
vin·te·*nei*·ro adj. sm.
vin·*tê*·ni:o sm.
vin·*te*·no adj. num.
vin·tes sm. 2n.
vin·*to*·na adj. sf. de *vintão*.
vi:o·la sf.
vi:o·la·bi·li·*da*·de sf.
vi:o·la·*ção* sf.; pl. ·*ções*.
vi:o·*lá*·ce:a sf.
vi:o·la·ce·*í*·na sf.
vi:o·*lá*·ce:o adj.
vi:o·*la*·da sf.
vi:o·*la*(s) de *co*·cho sf. (pl.).
vi:o·*la*·do adj.
vi:o·la·*dor* (ô) adj. sm.
vi:o·*lal* adj. 2g. sm.; pl. ·*lais*.
vi:o·*la*·na sf.
vi:o·la·ni·*li*·na sf.
vi:o·lan·*ti*·na sf.
vi:o·*lão* sm.; pl. ·*lões*.
vi:o·lão-sem-*bra*·ço sm.; pl. *violões-sem-braço*.

vi:o·*lar* v. sm.
vi:o·la·*ri*·a sf.
vi:o·la·ri:*á*·ce:a sf.
vi:o·la·ri:*á*·ce:o adj.
vi:o·la·*rí*·ne:a sf.
vi:o·la·*rí*·ne:o adj.
vi:o·*la*·to sm.
vi:o·la·*tó*·ri:o adj.
vi:o·*lá*·vel adj. 2g.; pl. ·*veis*.
vi:o·*lei*·ro sm.
vi:o·*lên*·ci:a sf.
vi:o·len·*ta*·do adj.
vi:o·len·ta·*dor* (ô) adj. sm.
vi:o·len·*tar* v.
vi:o·*len*·to adj. sm.
vi:o·*le*·ta (ê) sf. adj. 2g. 2n. sm.
vi:o·*le*·ta(s)-do-pa·*rá* sf. (pl.).
vi:o·le·ta-tri·co·*lor* sf.; pl. *violetas tricolores*.
vi:o·le·*tei*·ra sf.
vi:o·li·*nis*·ta adj. s2g.
vi:o·*li*·no sm.
vi:o·*lis*·ta adj. s2g.
vi:o·lon·ce·*lis*·ta adj. s2g.
vi:o·lon·*ce*·lo sm.
vi:o·lo·*nis*·ta adj. s2g.
vi:o·lu·*ra*·to sm.
vi:o·*lú*·ri·co adj.
vi:o·*nei*·ra sf.
vi·*pé*·re:o adj.
vi·pe·*rí*·de:o adj. sm.
vi·pe·*rí*·ne:o adj. sm.
vi·pe·*ri*·no adj.
ví·pe·ro adj.
vir v.
vi·ra[1] sm. 'música' 'pássaro'/Cf. *vira*[2] e *virá*.
vi·ra[2] sm. 'seta etc.'/Cf. *vira*[1] e *virá*.
vi·*rá* sm. 'veado'/Cf. *vira*[1] e *vira*[2].
vi·ra-*bos*·ta(s) sm. (pl.).
vi·ra-bos·ta(s)-*gran*·des(s) sm. (pl.).
vi·ra-bos·ta(s)-*mau*(s) sm. (pl.).
vi·ra-bre·*quim* sm.; pl. ·*quins*.
vi·ra-*bu*·cho(s) sm. (pl.).
vi·ra·*ção* sf.; pl. ·*ções*.
vi·ra-ca·*sa*·ca(s) s2g. (pl.).
vi·ra·*cen*·to sm.
vi·*ra*·da sf.
vi·ra·*de*·la sf.
vi·ra·*di*·nho sm.
vi·*ra*·do adj. sm.
vi·ra·*dor* (ô) adj. sm.
vi·ra e *me*·xe sm. 2n.
vi·ra·*fo*·lhas sm. 2n.
vi·*ra*·gem sf.; pl. ·*gens*.

vi·*ra*·go sf. sm.
vi·ra-*la*·tas(s) adj. s2g. (pl.).
vi·ra·le sf.
vi·ra·*men*·to sm.
vi·ra·*me*·xe s2g.; pl. *viras-mexes* ou *vira-mexes*.
vi·ra-*mun*·do(s) sm. (pl.).
vi·ra-*pe*·dra(s) sm. (pl.).
vi·ra·*pu*·ru sm.: *uirapuru*.
vi·*rar* v.
vi·ra a *ser* sm. 2n.
vi·ra-*vi*·ra sm.; pl. *viras-viras* ou *vira-viras*.
vi·ra-vi·*rar* v.
vi·ra-*vol*·ta sf.
vi·ra-vol·*tar* v.
vi·ra-vol·te:*ar* v.
vi·*ren*·te adj. 2g.
vi·re:o·*ní*·de:o adj. sm.
vir·ga sf.
vir·ga(s)-*fér*·re:a(s) sf. (pl.).
vir·gem adj. 2g. sf.; pl. ·*gens*.
vir·gi·li:*a*·na sf.
vir·gi·li:*a*·no adj.
vir·*gí*·li·co adj.
vir·gi·li:*en*·se adj. s2g.
vir·gi·*lis*·ta adj. s2g.
vir·gi·*nal* adj. 2g. sm.; pl. ·*nais*.
vir·gi·na·li·*zar* v.
vir·gin·*da*·de sf.
vir·gi·*nen*·se adj. s2g.
vir·*gí*·ne:o adj.
vir·gi·ni:*a*·no adj. sm.
vir·*gí*·ni·ca sf.
vir·gi·ni:*en*·se adj. s2g.
vir·gi·ni·*zar* v.
vir·gi·no·po·li·*ta*·no adj. sm.
vir·go sm.
vir·go·lan·*den*·se adj. s2g.
vir·go·la·*pen*·se(s) adj. s2g. (pl.).
vír·gu·la sf./Cf. *virgula*, do v. *virgular*.
vir·gu·la·*ção* sf.; pl. ·*ções*.
vir·gu·*lar* v.
vir·gu·*lá*·ri:a sf./Cf. *virgularia*, do v. *virgular*.
vir·gu·la·*rí*·de:o adj. sm.
vir·gu·*lo*·sa sf.
vir·*gul*·ta sf.
ví·ri:a sf./Cf. *viria*, do v. *vir*.
vi·ri:*al* sm.; pl. ·*ais*.
vi·ri:*á*·ti·co adj.
vi·ri:*a*·ti·no adj.
vi·ri:*a*·to sm.
vi·*rí*·co·la adj. 2g.
vi·ri·cul·*tu*·ra sf.

vi·ri·*dan*·te adj. 2g.
ví·ri·de adj. 2g.
vi·ri·*den*·te adj. 2g.
vi·*ril* adj. 2g. sm.; pl. ·*ris*.
vi·*ri*·lha sf.
vi·ri·li·*da*·de sf.
vi·ri·*lis*·mo sm.
vi·ri·li·*zar* v.
vi·ri·po·*ten*·te adj. 2g.
vi·*ro*·la sf.
vi·ro·lo·*gi*·a sf.
vi·ro·*ló*·gi·co adj.
vi·*ró*·lo·go adj. sm.
vi·*ros*·ca sf.
vi·*ro*·se sf.
vi·*ro*·so (ô) adj.; f. *e* pl. (ó).
vi·ro·*ta*·ço sm.
vi·ro·*ta*·da sf.
vi·ro·*tão* sm.; pl. ·*tões*.
vi·*ro*·te sm.
vi·*ró*·ti·co adj.
vir·tu:*al* adj. 2g.; pl. ·*ais*.
vir·tu:a·li·*da*·de sf.
vir·*tu*·de sf.
vir·tu:*o*·se (ô) s2g.
vir·tu:o·si·*da*·de sf.
vir·tu:o·*sis*·mo sm.
vir·tu:o·*sis*·ta adj. s2g.
vir·tu:o·*sís*·ti·co adj.
vir·tu:*o*·so (ô) adj. sm.
vi·ru·*çu* sm.
vi·ru·*lên*·ci:a sf.
vi·ru·*len*·to adj.
ví·rus sm. 2n.
vi·*sa*·da sf.
vi·*sa*·do adj.
vi·*sa*·gem sf.; pl. ·*gens*.
vi·*san*·te adj. 2g.
vi·*são* sf. sm.; pl. ·*sões*.
vi·*sar* v.
vis-à-vis adv. (fr.: *visavi*).
vís·ce·ra sf.
vis·ce·*ral* adj. 2g. pl. ·*rais*.
vis·ce·*ro*·so (ô) adj. f. *e* pl. (ó).
vis·ce·*ró*·to·mo sm.
vis·ci·*dez* (ê) sf.
vís·ci·do adj.
vis·*cí*·vo·ro adj.
vis·co sm.
vis·con·*da*·do sm.
vis·con·*da*·lho sm.
vis·*con*·de sm.; f. *viscondessa*.
vis·con·*des*·sa (ê) sf. de *visconde*.
vis·con·*des*·so (ê) sm.
vis·*co*·se sf.
vis·co·si·*da*·de sf.

vis·co·me·*tri*·a sf.
vis·co·*sí*·me·tro sm.
vis·*co*·so (ô) adj.; f. *e* pl. (ó).
vi·*sei*·ra sf. 'pala do boné'/Cf. *vezeira* sf. e f. de *vezeiro*.
vi·seu·*en*·se adj. s2g.
vis·*gar* v.
vis·go sm.
vis·*guei*·ro sm.
vis·*guen*·to adj.
vi·si·bi·li·*da*·de sf.
vi·si·bi·*lís*·si·mo adj. superl. de *visível*.
vi·si·bi·li·*zar* v.
vi·si:*en*·se adj. s2g.
vi·si·*go*·do (ô) adj. sm.
vi·si·*gó*·ti·co adj.
vi·si:o·me·*tri*·a sf.
vi·si:o·*mé*·tri·co adj.
vi·si:*ô*·me·tro sm.
vi·si:o·*nar* v.
vi·si:o·*ná*·ri:o adj. sm.; f. *visionária*/Cf. *visionaria*, do v. *visionar*.
vi·*si*·ta sf.
vi·si·ta·*ção* sf.; pl. ·*ções*.
vi·si·ta·*dor* (ô) adj. sm.
vi·si·tan·*di*·na sf.
vi·si·*tan*·te adj. s2g.
vi·si·*tar* v.
vi·si·*tá*·vel adj. 2g.; pl. ·**veis**.
vi·si·*tei*·ro adj. sm.
vi·*si*·va sf.
vi·*sí*·vel adj. 2g.; pl. ·**veis**. superl. *visibilíssimo*.
vi·*si*·vo adj.
vis·lum·*brar* v.
vis·*lum*·bre sm.
vi·so sm.
vi·*so*·nha sf.
vi·*sor* (ô) adj. sm.
vi·*só*·ri:o adj.
vís·pe·re sm. interj.
vís·po·ra sf./Cf. *vispora*, do v. *visporar*.
vis·po·*rar* v.
vis·ta sf.
vis·tas sf. pl.
vis·ta·vi·*são* sf.; pl. ·*sões*.
vis·to adj. sm.
vis·*tor* (ô) sm.
vis·to·*ri*·a sf.
vis·to·ri:a·*dor* (ô) adj. sm.
vis·to·ri:*ar* v.
vis·to·ri·*zar* v.
vis·*to*·so (ô) adj.; f. *e* pl. (ó).
vis·tu·li:*a*·no adj.

vi·su:*al* adj. 2g. sm.; pl. ·*ais*.
vi·su:a·li·*da*·de sf.
vi·su:a·li·za·*ção* sf.; pl. ·*ções*.
vi·su:a·li·*zar* v.
vi·su:a·li·*zá*·vel adj. 2g.; pl. ·veis.
vi·ta sf.
vi·*tá*·ce:a sf.
vi·*tá*·ce:o adj.
vi·ta·*dí*·ni:a sf.
vi·*tal* adj. 2g. sm.; pl. ·*tais*.
vi·ta·li·ci:*ar* v.
vi·ta·li·ci:e·*da*·de sf.
vi·ta·*lí*·ci:o adj.
vi·ta·li·*da*·de sf.
vi·ta·*li*·na sf.
vi·ta·*lis*·mo sm.
vi·ta·*lis*·ta adj. s2g.
vi·ta·li·za·*ção* sf.; pl. ·*ções*.
vi·ta·li·za·*dor* (ô) adj.
vi·ta·li·*zar* v.
vi·ta·*mi*·na sf.
vi·ta·mi·na·*ção* sf.; pl. ·*ções*.
vi·ta·mi·*na*·do adj.
vi·ta·mi·*nar* v.
vi·ta·*mí*·ni·co adj.
vi·ta·mi·ni·za·*ção* sf.; pl. ·*ções*.
vi·ta·mi·ni·*za*·do adj.
vi·ta·mi·ni·*zar* v.
vi·ta·mi·*noi*·de adj. 2g.
vi·ta·mi·*no*·se sf.
vi·ta·mi·no·te·ra·*pi*·a sf.
vi·ta·mi·no·te·*rá*·pi·co adj.
vi·*tan*·do adj.
vi·ta·*tó*·ri:o adj.
vi·*tá*·vel adj. 2g.; pl. ·veis.
vi·*te*·la sf.
vi·te·*lí*·fe·ro adj.
vi·te·*li*·na sf.
vi·te·*lí*·ni·co adj.
vi·te·*li*·no adj.
vi·*te*·lo sm.
vi·*tí*·co·la adj. s2g.
vi·ti·co·*ma*·do adj.
vi·ti·cul·*tor* (ô) adj. sm.
vi·ti·cul·*tu*·ra sf.
vi·*tí*·fe·ro adj.
vi·ti·*li*·gem sf.; pl. ·*gens*:
vi·ti·*li*·go sm.
ví·ti·ma sf./Cf. *vitima*, do v. *vitimar*.
vi·ti·*mar* v.
vi·ti·*má*·ri:o adj. sm.; f. *vitimária*/Cf. *vitimaria*, do v. *vitimar*.
vi·*tin*·ga sf.
vi·ti·vi·*ní*·co·la adj. 2g.

vi·ti·vi·ni·cul·tor (ô) sm.
vi·ti·vi·ni·cul·tu·ra sf.
vi·tó·ri:a sf/Cf. *vitoria*, do v. *vitoriar*.
vi·to·ri:a·no adj. sm.
vi·to·ri:ar v.
vi·tó·ri:a(s)-ré·gi:a(s) sf. (pl.).
vi·to·ri:en·se adj. s2g.
vi·to·ri·nen·se adj. s2g.
vi·to·ri:o·so (ô) adj. sm.; f. *e* pl. (ó).
vi·to·ri·ta sf.
vi·tral adj. 2g. sm.; pl. ·*trais*.
vi·tra·lha sf.
vi·tra·lis·ta adj. s2g.
vi·tra·li·za·ção sf.; pl. ·*ções*.
vi·tra·li·zar v.
ví·tre:o adj.
vi·tres·ci·bi·li·da·de sf.
vi·tres·cí·vel adj. 2g.; pl. ·veis.
vi·tri·ce adj. sf.: *victrice*.
vi·tri·fi·ca·bi·li·da·de sf.
vi·tri·fi·ca·ção sf. pl. ·*ções*.
vi·tri·fi·car v.
vi·tri·fi·cá·vel adj. 2g.; pl. ·veis.
vi·tri·na sf.: vi·tri·ne do fr. *vitrine*.
vi·tri·nis·ta adj. s2g.
vi·tri:o·la·do adj. sm.
vi·tri:o·lar v.
vi·tri:ó·li·co adj.
vi·tri:o·li·za·ção sf.; pl. ·*ções*.
vi·tri:o·li·zar v.
vi·trí:o·lo sm./Cf. *vitriolo*, do v. *vitriolar*.
vi·trô sm.
vi·tró·fi·ro sm.
vi·tro·la sf.
vi·tu sm.
vi·tu:a·lha sf.: vi·tu:a·lhas sf. pl.
vi·tu·pe·ra·ção sf.; pl. ·*ções*.
vi·tu·pe·ra·dor (ô) adj. sm.
vi·tu·pe·rar v.
vi·tu·pe·rá·vel adj. 2g.; pl. ·veis.
vi·tu·pé·ri:o sm.
vi·tu·pe·ri:o·so (ô) adj.; f. *e* pl. (ó).
vi:ú·va sf.
vi:ú·va(s)-a·le·gre(s) sf. (pl.).
vi:ú·va(s)-ne·gra(s) sf. (pl.).
vi:u·var v.
vi:u·vez (ê) sf.
vi:u·vi·nha sf.
vi:u·vi·nha(s)-do·i·ga·pó sf. (pl.).

vi:ú·vo adj. sm.
ví·va sm. interj.
vi·va·ci·da·de sf.
vi·va·cís·si·mo adj. superl. de *vivaz*.
vi·val·di·no sm.
vi·*val*·ma sf.
vi·van·dei·ra sf.
vi·*var* v.
vi·va·ra·cho adj. sm.
vi·*vaz* adj. 2g.; superl. *vivacíssimo*.
vi·ve·doi·ro adj.: *vivedouro*.
vi·ve·dor (ô) adj. sm.
vi·ve·dou·ro adj.: *vivedoiro*.
vi·vei·ro sm.
vi·vên·ci:a sf./Cf. *vivencia*, do v. *vivenciar*.
vi·ven·ci:al adj. 2g.; pl. ·*ais*.
vi·ven·ci:ar v.
vi·ven·ci:á·vel adj. 2g.; pl. ·veis.
vi·*ven*·da sf.
vi·*ven*·te adj. s2g.
vi·ver v. sm.
ví·ve·res sm. pl./Cf. *viveres*, do v. *viver*.
vi·ver·rí·de:o adj. sm.
vi·ve·za (ê) sf.
vi·vi sm.
vi·vi:a·ni·ta sf.
vi·vi:a·no sm.
vi·vi·dez (ê) sf.
vi·*vi*·do adj. 'que viveu muito'/Cf. *vívido*.
ví·vi·do adj. 'brilhante'/Cf. *vivido*.
vi·vi·fi·ca·ção sf.; pl. ·*ções*.
vi·vi·fi·ca·dor (ô) adj. sm.
vi·vi·fi·can·te adj. 2g.
vi·vi·fi·car v.
vi·vi·fi·ca·ti·vo adj.
vi·ví·fi·co adj./Cf. *vivifico*, do v. *vivificar*.
vi·vi:ó sm.
vi·vi·pa·ri·ção sf.; pl. ·*ções*.
vi·vi·pa·ri·da·de sf.
vi·ví·pa·ro adj. sm.
vi·vis·se·ção sf.: vi·vis·sec·ção; pl. ·*ções*.
vi·vis·sec·ci:o·nis·ta adj. s2g.: vi·vis·se·ci:o·nis·ta.
vi·ví·vel adj. 2g.; pl. ·veis.
vi·vo adj. sm.
vi·*vó*·ri:o sm.
ví·vu·la sf.
vi·*vun*·go sm.
vi·xe·nu:*ís*·mo sm.

vi·xe·nu:*ís*·ta adj. s2g.
vix·nu:*ís*·mo sm.
vix·nu:*ís*·ta adj. s2g.
vi·*zei*·ro sm.
vi·ze·*len*·se adj. 2g.
vi·zin·dá·ri:o sm.
vi·zi·*nha*·da sf.
vi·zi·*nhan*·ça sf.
vi·zi·*nhar* v.
vi·zi·*nho* adj. sm.
vi·*zir* sm.
vi·zi·ra·do sm.: vi·zi·ra·to.
vo:a·dei·ra sf.
vo:a·doi·ros sm. pl.: *voadouros*.
vo:a·dor (ô) adj. sm.
vo:a·dor·cas·cu·do sm.; pl. *voadores-cascudos*.
vo:a·dou·ros sm. pl.: *voadoiros*.
vo:a·du·ra sf.
vo:*a*·gem sf.; pl. ·*gens*.
vo:*al* sm.; pl. ·*ais*.
vo:a·*men*·to sm.
vo:*an*·te adj. 2g.
vo:a-*pé*(s) sm. (pl.).
vo:ar v.
vo·ca·bu·lar adj. 2g.
vo·ca·bu·lá·ri:o sm.
vo·ca·bu·la·ris·ta adj. s2g.
vo·ca·bu·la·ri·za·ção sf.; pl. ·*ções*.
vo·ca·bu·la·ri·za·do adj.
vo·ca·bu·la·ri·zar v.
vo·ca·bu·la·ri·zá·vel adj. 2g.; pl. ·veis.
vo·ca·bu·lis·mo sm.
vo·ca·bu·lis·ta adj. s2g.
vo·cá·bu·lo sm.
vo·ca·ção sf.; pl. ·*ções*.
vo·ca·ci:o·*nal* adj. 2g.: pl. ·*nais*.
vo·*cal* adj. 2g.; pl. ·*cais*.
vo·cá·li·co adj.
vo·ca·li·se sm./Cf. *vocalize*, do v. *vocalizar*.
vo·ca·*lis*·mo sm.
vo·ca·*lis*·ta adj. s2g.
vo·ca·li·za·ção sf.; pl. ·*ções*.
vo·ca·li·za·dor (ô) adj. sm.
vo·ca·li·zar v.
vo·ca·li·zo sm.
vo·ca·ti·vo adj. sm.
vo·cê pron.
vo·ci·fe·ra·ção sf.; pl. ·*ções*.
vo·ci·fe·ra·dor (ô) adj. sm.
vo·ci·fe·ran·te adj. 2g.
vo·ci·fe·rar v.
vo·ci·fe·rá·vel adj. 2g.; pl. ·veis.
vo·*cí*·fe·ro sm.

vo·ci·fe·*ro·***so** (ô) adj.; f. *e* pl. (ó).
vo·ço·*ro·***ca** sf.
*vod·***ca** sf.
vo·*du***, vu·***du* adj. 2g. sm.
vo·du:*ís·***mo** sm.
vo·du:*ís·***ta** adj. s2g.
vo:e·*jar* v. sm.
vo:*e·***jo** (ê) sm.
*vo·***ga** sf. sm.
vo·ga·*dor* (ô) adj.
vo·*gal* adj. s2g. sf.; pl. ·*gais*.
vo·*gan·***te** adj. 2g.
vo·*gar* v.
vo·ga·*ri·***a** sf.
vo·*gul* sm.; pl. ·*guis* ou ·*gu·***les**.
voi·*vo·***da** sm.: *vaivoda*.
voi·vo·*di·***a** sf.: *vaivodia*.
vo·*lá·***ci:o** sm.
vo·lan·*dei·***ra** sf.: *bolandeira*.
vo·*lan·***te** adj. 2g. sm. sf.
vo·lan·*tim* sm.; pl. ·*tins*: *volatim*.
vo·la·*pu·***que** sm.
vo·la·pu·*quis·***ta** adj. s2g.
vo·*la·***ta** sf.
vo·la·ta·*ri·***a** sf.
vo·la·te:*an·***te** adj. 2g.
vo·la·te:*ar* v.
vo·la·te·*ri·***a** sf.
vo·la·ter·*ra·***no** adj. sm.
vo·*lá·***til** adj. 2g. sm.; pl. ·*teis*.
vo·la·ti·li·li·*da·***de** sf.
vo·la·ti·li·za·ção sf.; pl. ·*ções*.
vo·la·ti·li·za·*dor* (ô) adj. sm.
vo·la·ti·*zan·***te** adj. 2g.
vo·la·ti·li·*zar* v.
vo·la·ti·li·*zá·***vel** adj. 2g.; pl. ·*veis*.
vo·la·*tim* sm.; pl. ·*tins*: *volantim*.
vo·la·*ti·***na** sf.
vo·la·*tó·***ri:o** adj.
vol·*ca·***na** sf.
*vô·***lei** sm.
vo·lei·*bol* sm.; pl. ·*bóis*.: *volibol*.
vol·*frâ·***mi:o** sm.
vol·fra·*mi·***ta** sf.
vo·li·*bol* sm.; pl. ·*bóis*: *voleibol*.
vo·li·*ção* sf.; pl. ·*ções*.
vo·li·*tan·***te** adj. 2g. sm.
vo·li·*tar* v.
vo·li·*ti·***vo** adj.
vo·*lí·***vel** adj. 2g.; pl. ·*veis*.
*vo·***lo** sm. 'um dos lances do jogo do solo'/Cf. *vo-lo*.

*vo·***lo(s)** contr. do pron. *vos* com a forma *lo* do pron. *o* (pl.)./Cf. *volo*.
vo·lo·*vã* sm.; do fr. *volauvent*.
volt sm.: *volte*.
vol·*ta* sf.
vol·ta·a·le·*gren·***se(s)** adj. s2g. (pl.).
vol·*ta(s)* **da** *lu·***a** sf. (pl.).
vol·ta·*fa·***ces(s)** sf. (pl.).
vol·*ta·***gem** sf.; pl. ·*gens*.
vol·ta·gran·*den·***se(s)** adj. s2g. (pl.).
vol·*tai·***co** adj. sm.
vol·tai·ri:*a·***no** (tè) adj. sm.
vol·ta·*ís·***mo** sm.
vol·*tâ·***me·tro** sm.
vol·*tar* v.
vol·ta·re·don·*den·***se(s)** adj. s2g. (pl.).
vol·ta·*re·***te** (ê) sm.
vol·*tá·***ri:o** adj.; f. *voltária*/Cf. *voltaria*, do v. *voltar*.
*vol·***te** sm.: *volt*.
vol·te:*a·***da** sf.
vol·te:a·*dor* (ô) adj. sm.
vol·te:a·*du·***ra** sf.
vol·te:a·*men·***to** sm.
vol·te:*an·***te** adj. 2g.
vol·te:*á·***vel** adj 2g.; pl. ·*veis*.
vol·*tei·***o** sm.
vol·*tei·***ro** adj. sm.
vol·te·*jan·***te** adj. 2g.
vol·te·*jar* v.
vol·*te·***jo** (ê) sm.
vol·*tí·***me·tro** sm.
vol·*tí·***vo·lo** adj.
*vol·***to** (ô) adj./cf. *volto* (ó), do v. *voltar*.
vol·*tô·***me·tro** sm.
vo·lu·bi·*la·***do** adj.
vo·lu·bi·li·*da·***de** sf.
vo·lu·bi·*lís·***si·mo** adj. superl. de *volúvel*.
vo·lu·*ma·***ço** sm.
vo·lu·*mão* sm.; pl. ·*mões*.
vo·lu·*mar* adj 2g. v.
vo·*lu·***me** sm.
vo·lu·me·*tri·***a** sf.
vo·lu·*mé·***tri·co** adj.
vo·lu·mi·*no·***so** (ô) adj.; f. *e* pl. (ó).
vo·lu·*mo·***so** (ô) adj.; f. *e* pl. (ó).
vo·lun·ta·ri:*a·***do** sm.
vo·lun·ta·ri:e·*da·***de** sf.
vo·lun·*tá·***ri:o** adj. sm.
vo·lun·ta·ri:o·si·*da·***de** sf.

vo·lun·ta·ri:*o·***so** (ô) adj. sm; f. *e* pl. (ó).
vo·lun·ta·*ris·***mo** sm.
vo·lun·ta·*ris·***ta** adj. s2g.
vo·*lú·***pi:a** sf.
vo·lup·tu:*á·***ri:o** adj.: *volutuário*.
vo·lup·tu:o·si·*da·***de** sf.: *volutuosidade*.
vo·lup·tu:*o·***so** (ô) adj. sm.; f *e* pl. (ó): *volutuoso*.
vo·*lu·***ta** sf.
vo·lu·*ta·***bro** sm.
vo·lu·te:*ar* v. sm.
vo·lu·*ti·***ta** sf.: **vo·lu·***ti·***te**.
vo·lu·tu:*á·***ri:o** adj.: *voluptuário*.
vo·lu·tu:o·si·*da·***de** sf.: *voluptuosidade*.
vo·lu·tu:*o·***so** (ô) adj. sm.; f. *e* pl. (ó): *voluptuoso*.
vo·*lú·***vel** adj. 2g.; pl. ·*veis*; superl. *volubilíssimo*.
*vol·***va** (ô) sf.
vol·*vá·***ce:o** adj.
vol·*va·***do** adj.
vol·ve·*dor* (ô) adj. sm.
vol·*ve·***le** sm.
vol·*ven·***te** adj. 2g.
vol·*ver* v. sm.
*vol·***vo** (ô) sm.
vol·vo·*ca·***le** adj. sf.
*vól·***vu·lo** sm.
*vô·***mer** sm.
vo·me·ri:*a·***no** adj.
*vô·***mi·ca** sf.
vo·mi·*ção* sf.; pl. ·*ções*.
*vô·***mi·co** adj.
vo·*mí·***fi·co** adj.
vo·mi·*ta·***do** adj. sm.
vo·mi·ta·*dor* (ô) adj. sm.
vo·mi·*tar* v.
vo·mi·*ti·***vo** adj. sm.
*vô·***mi·to** sm./Cf. *vomito*, do v. *vomitar*.
vô·mi·to(s)·*ne·***gro(s)** sm. (pl.).
vo·mi·*tó·***ri:o** adj. sm.
vo·mi·tu·ra·*ção* sf.; pl. ·*ções*.
*vôn·***go·le** sm.
von·*ta·***de** sf.
*vo·***o** sm.
vo·o(s) do mor·*ce·***go** sm. (pl.).
vo·qui·si:*á·***ce:a** sf.
vo·qui·si:*á·***ce:o** adj.
vo·*rá* sm. 'espécie de abelha'; pl. *vorás*/Cf. *voraz*.
vo·ra·ci·*da·***de** sf.
vo·ra·*cís·***si·mo** adj. superl. de *voraz*.

vo·ra·gem sf.; pl. ·gens.
vo·ra·gi·no·so (ô) adj.; f e pl. (ó).
vo·raz adj 2g. 'que devora';
  superl. *voracíssimo*/Cf. *vorás*,
  pl. de *vorá*.
vór·mi:o adj. sm.
vór·ti·ce sm.
vor·ti·*ce*·la sf.
vor·ti·ce·*lí*·de:o adj. sm.
vor·ti·ce·*lí*·ne:o adj. sm.
vor·*tí*·ce·ro sm.
vor·ti·ci·*da*·de sf.
vor·ti·*co*·so (ô) adj.; f. *e* pl. (ó).
vos pron.
vós pron./Cf. *voz*.
vo·se:*ar* v. 'tratar por vós'/Cf.
  vozear.
vos·so pron.
vo·ta·*ção* sf.; pl. ·*ções*.
vo·*ta*·do adj.
vo·ta·*dor* (ô) adj.
vo·ta·*lha*·da sf.
vo·*tan*·te adj. s2g.
vo·*tar* v.
vo·*tá*·vel adj. 2g.; pl. ·veis.
vo·te (ô) interj/Cf. *vote* (ó) do
  v. *votar*.
vo·ti·a·co adj. sm.: vo·*tí*·a·co.
vo·*ti*·vo adj.
vo·to sm.
vo·tu·po·ran·*guen*·se adj. s2g.
vou·*vê* adj. s2g.
vo·*ven*·te adj. s2g.
vo·*vó* sf. de *vovô*.
vo·*vô* sm.; f. *vovó*.
voyeur s2g. (fr.: *voaiêr*).
voy·eu·*ris*·mo sm.
voz sf. 'sons emitidos pelo
  aparelho fonador'/Cf. *vós*.
vo·ze:*a*·da sf.
vo·ze:a·*dor* (ô) adj. sm.
vo·ze:a·*men*·to sm.
vo·ze:*ar* v. 'falar em voz altar'
  'vozeio'/Cf. *vosear*.
vo·ze:a·*ri*·a sf. 'ato ou efeito
  de vozear'/Cf, *vosearia*, do v.
  vosear.

vo·*zei*·o sm.
vo·zei·*rão* sm.; pl. ·*rões*.
vo·zei·*rar* v. sm.
vo·zei·*ro* adj. sm.
vo·zei·*ro*·na sf.
vo·ze·*ri*·a sf.
vo·ze·*ri*:o sm.
vu sm.
vu:a·*ra*·me sm.
vu·ba sf.
vu·*du* adj 2g. sm.
vu·du:*ís*·mo sm.
vu·du:*ís*·ta adj. s2g.
vu·du:*ís*·ti·co adj.
vul·ca·*nal* adj. 2g. sm.; pl. ·*nais*.
vul·*câ*·ne:o adj.
vul·*câ*·ni·co adj.
vul·ca·*nis*·mo sm.
vul·ca·*nis*·ta adj. s2g.
vul·ca·*ni*·te sf.
vul·ca·ni·za·*ção* sf.; pl. ·*ções*.
vul·ca·ni·za·*dor* (ô) adj. sm.
vul·ca·ni·za·*do*·ra (ô) sf.
vul·ca·ni·*zan*·te adj. 2g.
vul·ca·ni·*zar* v.
vul·ca·ni·*zá*·vel adj. 2g.; pl.
  ·veis.
vul·*ca*·no sm.
vul·*câ*·ne:o adj.
vul·ca·no·*lo·gi*·a sf.
vul·ca·no·*ló*·gi·co adj.
vul·ca·no·*lo·gis*·ta adj. s2g.
vul·ca·*nó*·lo·go sm.
vul·*cão* sm.; pl. ·*cões*.
vul·fe·*ni*·ta sf.
vul·fi·*la*·no adj.
vul·*ga*·cho sm.
vul·*gar* adj 2g. sm. v.
vul·ga·ri·*da*·de sf.
vul·ga·*ris*·mo sm.
vul·ga·ri·za·*ção* sf.; pl. ·*ções*.
vul·ga·ri·za·*dor* (ô) adj. sm.
vul·ga·ri·*zar* v.
vul·*ga*·ta sf.
vul·*gí*·va·ga sf.
vul·*gí*·va·go adj. sm.
vul·go sm. adv.
vul·go·*cra·ci*·a sf.

vul·go·*cra*·ta s2g.
vul·gro·*crá*·ti·co adj.
vu·*li*·na sf.
vul·ne·ra·bi·li·*da*·de sf.
vul·ne·ra·*ção* sf.; pl. ·*ções*.
vul·ne·ra·*dor* (ô) adj.
vul·ne·*ral* adj. 2g.; pl. ·*rais*.
vul·ne·*ran*·te adj. 2g.
vul·ne·*rar* v.
vul·ne·*rá*·ri:o adj. sm.; f.
  vulnerária/Cf. *vulneraria*, do
  v. *vulnerar*.
vul·ne·ra·*ti*·vo adj.
vul·ne·*rá*·vel adj. 2g.; pl. ·veis.
vul·*ní*·fi·co adj.
vul·*pi*·na sf.
vul·pi·*ni*·ta sf.
vul·*pi*·no adj.
vul·to sm.
vul·to·si·*da*·de sf.
  'voluminosidade'/Cf.
  vultuosidade.
vul·*to*·so (ô) adj. 'volumoso'/Cf.
  vultuoso.
vul·tu:o·si·*da*·de sf. 'inchação'/
  Cf. *vultosidade*.
vul·tu:*o*·so (ô) adj. 'inchado'/
  Cf. *vultoso*.
vul·tu·*rí*·de:o adj. sm.
vul·tu·*ri*·no adj. sm.
vul·*tur*·no adj. sm.
vul·va sf.
vul·*var* adj. 2g.
vul·*vá*·ri:a sf.
vul·*vá*·ri:o adj.
vul·*vi*·te sf.
vul·vo·va·gi·*nal* adj. 2g.; pl.
  ·*nais*.
vul·vo·va·gi·*ni*·te sf.
vul·vu·te·*ri*·no adj.
vun·je adj. 2g.
vun·*vum* sm.; pl. ·*vuns*.
vun·*zar* v.
vur·mo sm.
vur·mo·si·*da*·de sf.
vur·*mo*·so (ô) adj.; f. *e* pl. (ó).
vu·*vu* sm.

W

w. sm.
waffle sm. (ing.: *uófl*).
wag·ne·ri:*a*·no (va) adj. sm.
wag·ne·ri:*en*·se (va) adj. s2g.
wag·ne·*ris*·mo (va) sm.
wag·ne·*ris*·ta (va) adj. s2g.
wag·ne·*rís*·ti·co (va) adj.
wag·ne·*ri*·ta (va) sf.
wa·ha·*bis*·mo sm.
waiver sm. (ing.: *uêiver*).
walkie-talkie sm. (ing.: *uokitóki*).
walkman sm. (ing.: *uokman*).
war·ran·*ta*·do (uò) adj.
war·ran·*ta*·gem (uò) sf.; pl. ·gens.
war·ran·*tar* (uò) v.
watt (uót) sm.
wat·*ta*·do adj.
watt(s)-*ho*·ra sm. (pl.).
wat·*tí*·me·tro (uó) sm.
watt(s)-se·*gun*·do sm. (pl.).
wa·vel·*li*·ta (uó) sf.
web sf. (ing.: *uéb*).
we·*ber* (ve) sm.
webmaster sm. (ing.: *uebmáster*).
weekend sm. (ing.: *uik'end*).
wel·wits·chi:*á*·ce:a (velvitxi) sf.: *welwitsquiácea*.
wel·wits·chi:*á*·ce:o (velvitxi) adj.: *welwitsquiáceo*.
wel·wits·qui:*á*·ce:a sf.: *welwitschiácea*.
wel·wits·qui:*á*·ce:o adj.: *welwitschiáceo*.
wes·ley:a·*nis*·mo (ues) sm.
west·fa·*len*·se (vest) adj. s2g.
wil·di:*a*·no (ua-il) adj. sm.
wil·le·*mi*·ta (vi) sf.
windsurf sm. (ing.: *uindsarf*).
wi·the·*ri*·ta (ui) sf.
wol·las·to·*ni*·ta (uo) sf.
workaholic adj. 2g. (ing.: *uôrkahólic*).
wrons·ki:*a*·no (vrons) adj. sm.
wul·fe·*ni*·ta (vul) sf.: *vulfenita*.
wurt·*zi*·ta (vurt) sf.
wy·clif·*fis*·mo (ui) sm.
wysiwyg sf. (ing.: *uísiuig*).

X

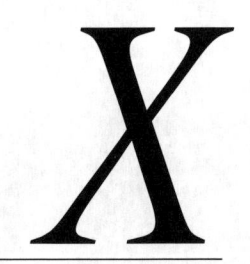

x sm.
xá sm. 'soberano'/Cf. *chá*.
xa·bo·que adj. 2g. sm.
xa·bo·quei·ro adj.:
    xamboqueiro.
xa·bra·que sm.
xa·bre·ga sf.
xa·bre·ga·no adj. sm.
xa·ca·me·cra adj. s2g.
xá·ca·ra sf. 'narrativa em verso'/
    Cf. *chácara*.
xa·co sm.
xa·co·so (ô) adj. sm.; f. e pl. (ó).
xa·co·téu adj. s2g.
xa·cri:a·bá adj. s2g.
xa·drez (ê) adj. 2g. 2n. sm.
xa·dre·zar v.
xa·dre·zi·nho adj. sm.
xa·dre·zis·ta adj. s2g.
xa·guão sm.; pl. *·guões*.
xai·a sf. 'planta'/Cf. *xaiá*.
xai·á sf. 'ave'/Cf. *xaia*.
xai·le sm.: *xale*.
xai·le·man·ta sm.: *xalemanta*.
xa·in·xá sm.
xai·rel sm.; pl. *·réis*: *chairel*.
xa·já sf.
xa·le sm.: *xaile*.
xa·le·man·ta sm.: *xailemanta*.
xal·mas sf. pl.
xa·mã sm.
xa·ma·co·co (ô) adj. sm.
xa·ma·*nis*·mo sm.
xa·ma·*nis*·ta adj. s2g.
xa·ma·*nís*·ti·co adj.
xa·*ma*·ta sf. sm.
xam·bi·vá adj. s2g.
xam·bo·*quei*·ro adj.:
    xaboqueiro.
xam·bre·*ga*·do adj.:
    xumbergado.
xam·*pu* sm.; do ing. *shampoo*.

xan·*dan*·ga sf.
xan·*gó* sm. 'peixe'/Cf. *xangô*.
xan·*gô* sm. 'orixá'/Cf. *xangó*.
xan·te·*í*·na sf.
xan·te·*las*·ma sm.
xan·te·*lo*·ma sm.
xan·te·*mi*·a sf.
xan·*tê*·mi·co adj.
xan·*te*·ma sf.
xân·ti·co adj. sm.
xan·*tí*·de:o adj. sm.
xan·*ti*·na sf.
xan·ti·nu·*ri*·a sf.: xan·ti·*nú*·ri:a.
xân·ti:o sm.
xan·ti:o·*si*·ta sf.
xan·to·cro·*mi*·a sf.
xan·to·*crô*·mi·co adj.
xan·to·der·*mi*·a sf.
xan·to·*dér*·mi·co adj.
xan·to·*fi*·la sf.
xan·to·fi·*li*·ta sf.
xan·*tó*·fo·ro sm.
xan·to·fo·*si*·a sf.
xan·to·*gê*·ni·co adj.
xan·to·*li*·no sm.
xan·to·*li*·ta sf.
xan·*tó*·li·to sm.
xan·*to*·ma sm.
xan·to·ma·*to*·se sf.
xan·*top*·se sf.
xan·top·*si*·a sf.
xan·*tóp*·te·ro adj. sm.
xan·tor·*ri*·zo adj.
xan·*to*·se sf.
xan·tos·*per*·mo adj.
xan·*tó*·xi·lo (cs) adj. sm.
xan·*tun*·gue sm.
xan·tu·*ri*·a sf.: xan·*tú*·ri:a.
xan·xe·re:*en*·se adj. s2g.
xan·*xim* sm.; pl. *·xins*: *xaxim*.
xa·pa·*nã* sm.
xa·pe·*ru* adj. s2g.

xa·pu·ri:*en*·se adj. s2g.
xa·que sm.
xá·que·ma sf.: *xáquima*.
xa·que·*ma*·te sm.; pl.
    xaques-mates ou *xaques-mate*:
    xeque-mate.
xa·que-xa·que(s) sm. (pl.).
xá·qui·ma sf.: *xáquema*.
xa·ra sf. 'seta'/Cf. *chara*.
xa·rá adj. s2g. sm.
xa·ra·da sf. 'estação do ano do
    calendário hindu'/Cf. *charada*.
xa·ra·fo sm.
xa·ra·pa s2g.
xar·da sf.
xa·re·*le*·te (ê) sm.: *xerelete*,
    xererete.
xa·re·ta (ê) sf.
xa·réu sm.
xa·réu(s)-*bran*·co(s) sm. (pl.).
xa·réu(s)-dou·*ra*·do(s) sm. (pl.).
xa·réu(s)-pe·*que*·no(s) sm. (pl.).
xa·réu(s)-*pre*·to(s) sm. (pl.).
xa·réu-ron·ca·*dor* sm.; pl.
    xaréus-roncadores.
xa·réu(s)-va·*quei*·ro(s) sm. (pl.).
xa·*ri*·a s2g.
xa·*ri*·fa s2g.
xa·ri·*fa*·do sm.
xa·*ri*·fe sm.: *xerife*[1].
xa·*ro*·co (ô) sm.: *siroco*.
xa·ro·*pa*·da sf.
xa·ro·*par* v.
xa·*ro*·pe adj. s2g. sm.
xa·ro·pe:*ar* v.
xa·ro·*po*·so (ô) adj.; f. *e* pl. (ó).
xar·*ras*·ca sf.
xa·ru sm.
xa·ru·ma adj. s2g.
xá·ti·ra sm.
xá·tri:a sm.
xau·*im* sm.; pl. *·ins*.

xa·va·*jé* adj. s2g.
xa·*van*·te adj. s2g.
xa·van·*ten*·se adj. s2g.
xa·van·*ti*·no adj. sm.
xa·ve·*ca*·da sf.
xa·ve·*car* v.
xa·*ve*·co sm.
xa·vi:er adj. 2g. sf.
xa·*xa*·do sm.
xa·xim sm.; pl. ·xins: xanxim.
xa·xi·*nen*·se adj. s2g.
xe·*ca*·do sm.
xe·lim sm.; pl. ·lins.
xel·ma sf.
xe·na·*gi*·a sf.
xe·*nar*·tro adj. sm.
xen·*den*·gue adj. 2g.
xe·ne·la·*si*·a sf.
xe·nen·*te*·se sf.
xê·ni:a sf.
xê·*ni*·co adj.
xê·ni:o sm.
xe·no·*blás*·ti·co adj.
xe·no·*fi*·li·a sf.
xe·no·fi·*lis*·mo sm.
xe·*nó*·fi·lo adj. sm.
xe·no·fo·*bi*·a sf.
xe·no·fo·*bis*·mo sm.
xe·*nó*·fo·bo adj. sm.
xe·no·fo·*ni*·a sf.
xe·no·ma·*ni*·a sf.
xe·*nô*·ma·no adj. sm.
xe·no·*mór*·fi·co adj.
xê·non sm.
xe·*nô*·ni:o sm.
xe·nop·te·*rí*·gi:o adj. sm.
xe·no·*ti*·ma sf.
xen·*xém* sm.; pl. ·xéns.
xe·pa (ê) sf.
xe·*pei*·ro sm.
xe·que sm. 'chefe árabe'/Cf. cheque.
xe·que-*ma*·te sm.; pl. xeques-mates ou xeques-mate: xaque-mate.
xe·que-*xe*·que(s) sm. (pl.).
xe·ra (ê) s2g.
xe·ra·*si*·a sf.
xe·*rá*·si·co adj.
xe·ra·*si*·ta sf.
xe·re sm.
xe·re·*le*·te (ê) sm.: xarelete, xererete.
xe·*rém* sm.; pl. ·réns.
xe·*ren*·que sm.
xe·*ren*·te adj. s2g.
xe·re·*ré* sm.: xe·re·*rém*; pl. ·réns.

xe·re·*re*·te (ê) sm.: xarelete, xerelete.
xe·re·*ta* (ê) adj. s2g./Cf. xereta (é), do v. xeretar.
xe·re·*tar* v.
xe·re·te:ar v.
xe·re·*tei*·ro adj. sm.
xe·rez (ê) sm.
xer·ga (ê) sf.
xe·ri·fe[1] sm. 'príncipe mouro': xarife/Cf. xerife[2].
xe·ri·fe[2] sm. 'policial graduado'/Cf. xerife[1].
xe·rim·*ba*·bo sm.
xe·ri·*pa*·na sf.: jiribana.
xe·ro (ê) sm. 'xará': xera/Cf. cheiro sm. e fl. do v. cheirar.
xe·ro·*ca*·ção sf.; pl. ·ções.
xe·ro·ca·*dor* (ô) adj. sm.
xe·ro·*car* v.
xe·ro·*cá*·vel adj. 2g.; pl. ·veis.
xe·ro·*có*·pi:a sf.
xe·ro·co·pi:ar v.
xe·ro·co·*pis*·ta adj. s2g.
xe·ro·der·*mi*·a sf.
xe·ro·*dér*·mi·co adj.
xe·ro·fa·*gi*·a sf.
xe·ro·*fá*·gi·co adj.
xe·*ró*·fa·go sm.
xe·*ró*·fi·la sf.
xe·ro·fi·*li*·a sf.
xe·*ró*·fi·lo adj. sm.
xe·ro·*fí*·ti·co adj.
xe·*ró*·fi·to adj. sm.
xe·rof·tal·*mi*·a sf.
xe·rof·*tál*·mi·co adj.
xe·ro·gel sm.; pl. ·géis.
xe·ro·gra·*fa*·do adj.
xe·ro·gra·*far* v.
xe·ro·gra·*fi*·a sf.
xe·ro·*grá*·fi·co adj.
xe·*ró*·gra·fo sm.
xe·*ro*·ma sm.
xe·ro·*mór*·fi·co adj.
xe·ro·*mor*·fo adj.
xe·*ro*·se sf.
xe·ros·to·*mi*·a sf.
xe·ros·*tô*·mi·co adj.
xe·ro·*ti*·na sf.
xe·*ro*·to sm.
xe·ro·to·*ci*·a sf.
xe·ro·tri·*bi*·a sf.
xe·rox (ócs) adj. s2g.: *xé*·rox (ocs).
xe·ro·xar (cs) v.
xer·va sf.
xe·ta (ê) sf. 'beijo'/Cf. cheta.
xe·tá adj. s2g.

xe·trar v.
xéu s2g.
xeu·ra sf.
xe·*vá* sm.
xe·*ve*·ca sf.
xe·*xé* sm.
xe·xe·*len*·to adj.
xe·*xéu* sm.
xe·xéu-bau·*á* sm.; pl. xexéus-bauás ou xexéus-bauá.
xe·xéu(s)-de-ba·na·*nei*·ra sm. (pl.).
xe·xéu do man·*gue* sm. 'fedor'.
xe·xéu(s)-do-*man*·gue sm. (pl.) 'ave'.
xi interj. sm.
xi·ba s2g. 'espécie de dança rural cantada'/Cf. chiba.
xi·*bam*·ba sm.
xi·*ban*·ze sm.
xi·ba·*rá* adj. s2g.
xi·ba·*ró* sm.
xi·*bim*·ba s2g.
xi·bi:o sm.: xi·*biu*.
xi·*bun*·go sm.
xi·*ca*·ca sf.
xí·ca·ra sf.
xi·ca·*ra*·da sf.
xi·cri:a·*bá* adj. s2g.
xi·*cri*·nha sf.
xi·cu sm.
xi:é sm.
xi·*fí*·de:o adj. sm.
xi·*fó*·di·mo adj. sm.
xi·fo·di·*ni*·a sf.
xi·fo·*don*·te sm.
xi·fo·*fi*·lo adj.
xi·*fó*·fo·ro sm.
xi·foi·de adj. 2g.
xi·*fói*·de:o adj.
xi·foi·di:*a*·no adj.
xi·fo·pa·*gi*·a sf.
xi·*fó*·pa·go adj. sm.
xi·fo·*su*·ro adj. sm.
xi·*is*·mo sm.
xi·i·ta adj. s2g.
xi·la sm. 'imundície'/Cf. chila.
xi·*la*·na sf.
xi·*lá*·ri:a sf.
xi·la·ri:*á*·ce:a sf.
xi·la·ri:*á*·ce:o adj.
xi·*lá*·ri:o sm.
xi·lar·*mô*·ni·ca sf.
xi·lar·*mô*·ni·co sm.
xi·*le*·ma sm.
xi·le·*má*·ti·co adj.
xi·lê·ni:o sm.

xi·le·no sm. 'hidrocarboneto benzênico'/Cf. *chileno*.
xi·lin·*dró* sm.
xi·lo sf. sm.
xi·lo·*car*·po adj. sm.
xi·lo·co·*pí*·de:o adj. sm.
xi·*ló*·co·po adj. sm.
xi·*ló*·di:a sf.
xi·lo·fa·*gi*·a sf.
xi·lo·*fá*·gi·co adj.
xi·*ló*·fa·go adj. sm.
xi·*ló*·fi·lo adj. sm.
xi·lo·*fo*·ne sm.: *xilofono*.
xi·lo·fo·*nis*·ta adj. s2g.
xi·lo·*fo*·no sm.: *xilofone*.
xi·lo·gli·*fi*·a sf.
xi·lo·*glí*·fi·co adj.
xi·*ló*·gli·fo sm.
xi·lo·gra·*fa*·do adj.
xi·lo·gra·*far* v.
xi·lo·gra·*fi*·a sf.
xi·lo·*grá*·fi·co adj.
xi·*ló*·gra·fo sm.
xi·lo·gra·va·*ção* sf.; pl. ·*ções*.
xi·lo·gra·va·*dor* (ô) sm.
xi·lo·gra·*var* v.
xi·lo·gra·*vá*·vel adj. 2g.; pl. ·*veis*.
xi·lo·gra·*vu*·ra sf.
xi·lo·gra·vu·*ris*·ta adj. s2g.
xi·*loi*·de adj. 2g.
xi·loi·*di*·na sf.
xi·*lol* sm.; pl. ·*lóis*.
xi·*ló*·la·tra s2g.
xi·lo·la·*tri*·a sf.
xi·lo·*lá*·tri·co adj.
xi·lo·lo·*gi*·a sf.
xi·lo·*ló*·gi·co adj.
xi·*ló*·lo·go sm.
xi·lo·ma sm.
xi·lo·man·*ci*·a sf.
xi·lo·*man*·te s2g.
xi·lo·*mân*·ti·co adj.
xi·*lô*·me·tro sm.
xi·lo·mi·*ce*·te adj. 2g.
xi·lo·*pó*·di:o sm.
xi·*lo*·se sf.
xi·*ló*·to·mo adj. sm.
xi·ma·*a*·na adj. s2g.
xi·*ma*·na adj. s2g.: *xumana, xumane*.
xi·*man*·go sm.
xi·man·go(s)-*bran*·co(s) sm. (pl.).
xi·man·go(s)--car·ra·pa·*tei*·ro(s) sm. (pl.).
xi·man·go(s)-do-*cam*·po sm. (pl.).

xi·*mão* sm.; pl. ·*mões*.
xim·ba·*ú*·va sf.
xim·*bé* adj. 2g.: *chimbé*.
xim·*be*·lo sm.
xim·*be*·que sm.
xim·*béu* sm.
xim·*be*·va adj. 2g.
xim·*bi*·ca sf.
xim·bi·*car* v.
xim·bo sm. 'cavalo'/Cf. *ximbó*.
xim·*bó* sm. 'árvore'/Cf. *ximbo*.
xim·bra sf.
xim·bu:*á* adj. s2g.
xim·bu·*ré* sm.: *timburé*.
xim·bu·re·*tin*·ga sm.
xim·*bu*·te sm.
xi·mi·*nim* adj. s2g.; pl. ·*nins*.
xi·*na*·ne sm.
xi·*na*·pre sm.
xin·ga·*ção* sf.; pl. ·*ções*.
xin·ga·*de*·la sf.
xin·ga·*dor* (ô) adj. sm.
xin·ga·*men*·to sm.
xin·*gar* v.
xin·ga·ra·*viz* sm.
xin·ga·*tó*·ri:o adj. sm.
xin·go sm./Cf. *xingo*, do v. *xingar*.
xin·*guen*·se adj. s2g.
xin·*tó* sm.
xin·to·*ís*·mo sm.
xin·to·*ís*·ta adj. s2g.
xin·*xim* sm.; pl. ·*xins*.
xi·*pai*·a adj. s2g.: *axipaia*.
xi·*pan*·te sm.
xi·pi·nau·*á* adj. s2g.
xi·po sm.
xi·*po*·ca adj. s2g. sf.
xi·*que*·na adj. s2g.: *xiquiana*.
xi·que·*xi*·que sm. 'planta'/Cf. *xique-xique*.
xi·que·*xi*·que(s) sm. (pl.) 'ganzá'/Cf. *xiquexique*.
xi·que·xi·que(s)-do-ser·*tão* sm. (pl.).
xi·que·xi·*quen*·se adj. s2g.
xi·*qui*:a·na adj. s2g.: *xiquena*.
xi·ra sf. sm.
xi·ri·*a*·na adj. s2g.
xi·ri:a·*ná* adj. s2g.
xi·ri·*dá*·ce:a sf.
xi·ri·*dá*·ce:o adj.
xi·rim·bam·*ba*·da sf.
xi·ri·*ri*·ca sf.
xi·*ró* sm.
xis sm. 2n.
xis·ga·ra·*vis* sm.
xis·pe·te·*ó* sm.

xis·*tá*·ce:o adj.
xis·to sm.
xis·*toi*·de adj. 2g.
xis·to·*quí*·mi·ca sf.
xis·to·*quí*·mi·co adj.
xis·*to*·sa sf.
xis·to·si·*da*·de sf.
xis·*to*·so (ô) adj. 'em que há xisto'; f. e pl. (ó)/Cf. *chistoso*.
xis·tos·so·*mí*·a·se sf.
xis·tos·so·*mo* sm.
xis·tos·so·*mo*·se sf.
xis·*tró*·po·de adj 2g. sm.
xi·*xá* sm.
xi·*xi* sm.
xi·*xi*·ca sf.
xi·xi(s) de *an*·jo sm. (pl.).
xi·xi·*la*·do adj.
xi·xi·*xi* sm.; *xi-xi-xis*.
xó interj.
xô interj.
xo·*clen*·gue adj. s2g.
xo·*có* adj. s2g.
xo·*dó* sm.
xo·*fran*·go sm.
xon·gas pr. indef.
xon·ta·*qui*·ro adj. sm.
xo·po·*tó* adj. s2g.
xo·*ro*·ca sf.
xo·te sm.
xo·xo (ô) sm. 'beijoca'/Cf. *chocho* (ô) adj. e *chocho* (ó), fl. do v. *chochar*.
xo·*xo*·ta sf.
xu:*á* sm.
xu·*cri*·ce sf.
xu·*cris*·mo sm.
xu·cro adj.
xu·cu·*ru* adj. s2g.
xu:*é* sm. 'sapo': xu:*ê*/Cf. *chué*.
xu:ê(s)-a-*çu*(s) sm. (pl.).
xu:ê(s)-gua-*çu*(s) sm. (pl.).
xu·*ma*·na adj. s2g.: xu·*ma*·ne, *ximana*.
xum·*ber*·ga sf.
xum·ber·*ga*·do adj.: *xambregado*.
xum·ber·*gar* v.
xum·*bre*·ga adj. 2g.
xum·bre·ga·*ção* sf.; pl. ·*ções*.
xum·bre·*gar* v.
xu·*mi* sm.
xu·*ri* sm.
xur·*rei*·ra sf.: *enxurreira*.
xu·*ru* sm.
xu·rum·*bam*·bo sm.
xu·xo sm. 'peixe.'/Cf. *chucho* sm. e fl. do v. *chuchar*.

Y

y sm.
y:a·mas·*ki*·ta sf.: *iamasquita*.
y:a·mas·*kí*·ti·co adj.: *iamasquítico*.
y:a·mas·*ki*·to sm.: *iamasquito*.
yang sm. (chin.: *ian*).
yin sm. (chin.: *iin*).
yin-yang sm. (chin.: *iin-ian*).
yt·*tér*·bi·co adj.: *itérbico*.
yt·*tér*·bi:o sm.: *itérbio*.

yt·ter·*bi*·ta sf.: *iterbita*.
yt·ter·*bí*·ti·co adj.: *iterbítico*.
yt·tro·ce·*ri*·ta sf.: *itrocerita*.
yt·tro·ce·*rí*·ti·co adj.: *itrocerítico*.
yt·tro·co·lum·*bi*·ta sf.: *itrocolumbita*.
yt·tro·co·lum·*bí*·ti·co adj.: *itrocolumbítico*.
yt·tro·cra·*si*·ta sf.: *itrocrasita*.

yt·tro·cra·*sí*·ti·co adj.: *itrocrasítico*.
yt·tro·flu:o·*ri*·ta sf.: *itrofluorita*.
yt·tro·flu:o·*rí*·ti·co adj.: *itrofluorítico*.
yt·tro·tan·ta·*li*·ta sf.: *itrotantalita*.
yt·tro·tan·ta·*lí*·ti·co adj.: *itrotantalítico*.
yuppie adj. 2g. s2g. (ing.: *iúpi*).

Y Z

z sm.
za·ba·*nei*·ra sf.
za·ba·*nei*·ro adj.
za·be·lê s2g.: *zambelê*.
za·bra sf.
za·bro sm.
za·bu·ca·í sm.
za·*bum*·ba sm. s2g.
za·bum·*ba*·da sf.
za·bum·*bar* v.
za·bum·*bei*·ro sm.
za·bur·*rei*·ra sf.
za·bur·*rei*·ro sm.
za·*bur*·ro adj. sm.
za·ca sf.: *za*·co sm.
za·fi·*mei*·ro adj.
za·ga sf.
za·*gai*·a sf.
za·gai·*a*·da sf.
za·gai·*ar* v.
za·gai·*ei*·ro sm.
za·*gal* sm.; pl. ·*gais*.
za·*ga*·la sf.; f. de *zagal*.
za·ga·*le*·jo (ê) sm.
za·ga·*le*·te (ê) sm.: za·ga·*le*·to.
za·ga·*lo*·te sm.
za·*guei*·ro sm.
za·gun·*cha*·da sf.: *zargunchada*.
za·gun·*char* v.: *zargunchar*.
za·*gun*·cho sm.: *zarguncho*.
zâi·bo adj.: *zâim*·bo.
zai·mo sm.
zai·no adj. sm.: *saino*.
zai·re sm.
zai·*ren*·se adj. s2g.
zai·ri·*a*·no adj. sm.
za·ma·cu:*e*·ca sf.
zam·*bai*:o adj. sm.
zam·bê sm.
zam·*bei*·ro adj.
zam·be·lê s2g.: *zabelê*.
zam·*bem*·be adj. 2g.

zam·*be*·ta (ê) adj. 2g.
zam·*bi* sm.: *zumbi*.
zam·bi:a·*pon*·go sm.
zam·bi:a·*pun*·ga sf.
zam·bo adj. sm.
zam·*bo*·a (ô) sf.
zam·bo:*a*·da sf.
zam·bo:*ei*·ra sf.
zam·*bo*·que sm.
zam·bo·*ri*·na sf.
zam·*bor*·ra (ô) sf.
zam·bor·*ra*·da sf.
zam·bra sf.
zam·bro adj. sm.
zam·bu·*jal* sm.: *azambujal*; pl. ·*jais*.
zam·bu·*jei*·ro sm.: *azambujeiro*.
zam·*bu*·jo sm.: *azambujo*.
zam·*bum*·ba sf.
za·mi:*á*·ce:a sf.
za·mi:*á*·ce:o adj.
zam·par v.
zam·pa·*ri*·na sf.
za·*na*·ga adj. s2g.: za·*na*·go adj. sm.
zan·ga sf./Cf. *zanga*, do v. *zangar*.
zan·ga·bur·*ri*·nha sf.
zan·ga·bur·*ri*·nho sm.
zan·ga·*di*·ço adj.
zan·*ga*·do adj.
zan·ga·*dor* (ô) adj. sm.
zan·ga·*le*·te (ê) sm.
zan·ga·*lhão* sm.; pl. ·*lhões*; f. *zangalhona*.
zan·*ga*·lho sm.
zan·ga·*lho*·na sf.; f. de *zangalhão*.
zân·ga·no sm.
zan·*gão* sm.; pl. ·*gãos* ou ·*gões*: *zân*·gão; pl. ·*gãos*/Cf. *zangam*, do v. *zangar*.
zan·*gar* v.: *azangar*.

zan·ga·ra·*lhão* sm.; pl. ·*lhões*; f. *zangaralhona*.
zan·ga·ra·*lho*·na sf.; f. de *zangaralhão*.
zan·ga·*re*·lha (ê) sf.
zan·ga·*re*·lho (ê) sm.
zan·ga·*ri*·lha sf.
zan·ga·*ri*·lho sm.
zan·ga·ri·*nhei*·ro sm.
zan·gar·*re:ar* v.
zan·gar·*rei*:o sm.
zan·gui·*zar*·ra sf.
zan·gui·zar·*re:ar* v.
zan·gur·ri:*a*·na sf.
zan·gur·*ri*·na sf.
za·nho adj.
za·ni·*qué*·li:a sf.
za·*ni*·zo sm.
za·*noi*:o adj. sm.
za·*no*·lho (ô) adj. sm.
zan·zar v.
zan·zi·ba·*ri*·ta adj. s2g.
zan·zo sm./Cf. *zanzo* do v. *zanzar*.
zão-*zão*(s) sm. (pl.).
za·pe interj. sm.
zá·pe·te sm.
za·pe·*tra*·pe sm.
za·po·*dí*·de:o adj. sm.
za·po·*te*·ca adj. s2g.
za·ra·ba·*ta*·na sf.
za·*ra*·ga sf.
za·ra·ga·*lha*·da sf.
za·ra·ga·*lhar* v.
za·ra·*ga*·ta sf.
za·ra·ga·*tei*·ro adj. sm.
za·ra·ga·*to*·a (ô) sf.
za·*ran*·za adj. s2g. sf.
za·ran·*zar* v.
zar·*cão* adj. sm. 'óxido salino de chumbo'; pl. ·*cões*: *azarcão*/Cf. *zircão*.

zar·co adj.
za·re·lha (ê) sf.
za·re·lhar v.
za·re·lho (ê) sm.
zar·go adj.
zar·gun·cha·da sf.: zagunchada.
zar·gun·char v.: zagunchar.
zar·gun·cho sm.: zaguncho.
za·ro·lho (ô) adj. sm.
zar·par v.: azarpar.
zar·ro adj. sm.
zar·za sf.
zar·zu·e·la sf.
zar·zu·e·lis·ta adj. s2g.
zás interj.
zás-trás interj.
za·var v.
zé sm. 'ralé'/Cf. zê.
zê sm. 'nome da letra z'; pl. zês ou zz/Cf. zé.
ze·bra (ê) sf. 'animal'/Cf. zebra, do v. zebrar.
ze·bra·do adj. sm.
ze·bral adj. 2g.; pl. ·brais.
ze·brar v.
ze·brá·ri:o adj.
ze·bri·na sf.
ze·bri·no adj. 'relativo a zebra'/ Cf. zebruno.
ze·broi·de adj. s2g.
zé·bru·lo sm.
ze·bru·no adj. 'diz-se do cavalo de pelo baio'/Cf. zebrino.
ze·bu adj. 2g. sm.
ze·bu·ar v.
ze·bu:ei·ro sm.
ze·bu:i·cul·tor (ô) sm.
ze·bu:i·cul·tu·ra sf.
ze·bu:í·no adj. sm.
ze·bu·zei·ro adj. sm.
zé(s) da vés·ti:a sm. (pl.).
ze·do:á·ri:a sf.
zé(s) dos an·zóis sm. (pl.).
zé(s) dos an·zóis ca·ra·pu·ça sm. (pl.).
ze·fir sm.
ze·fi·ran·to sm.
ze·fi·ri·no adj.
zé·fi·ro adj. sm.
ze·gri adj. s2g.
ze·í·de:o adj. sm.
ze·la·ção sf.; pl. ·ções.
ze·la·dor (ô) adj. sm.
ze·la·do·ri·a sf.
ze·lan·dês adj. sm.
ze·lan·te adj. 2g.
ze·lar v.

ze·lo (ê) sm./Cf. zelo (é), do v. zelar.
ze·lo·so (ô) adj.; f. e pl. (ó).
ze·lo·te adj. 2g. sm.
zem adj. 2g. sm.: zen.
zen sm.
zen-bu·dis·mo(s) sm. (pl.).
zen-bu·dis·ta(s) adj. s2g. (pl.).
zen·da adj. 2g. sm.: zen·de.
ze·ni·tal adj. 2g.; pl. ·tais.
zê·ni·te sm.
ze·no·cên·tri·co adj.
ze·no·grá·fi·co adj.
ze:o·fa·gi·a sf.
ze:ó·fa·go adj. sm.
ze:ó·li·ta sf.
ze:o·mor·fo adj. sm.
ze:os·có·pi:o sm.
ze·pe·lim sm.; pl. ·lins.
zé·pe·rei·ra(s) sm. (pl.).
zé-po·vi·nho sm.; pl. zé- povinhos (ó).
zé·po·vo sm.; pl. zé-povos (ó).
zé·pre·gos sm. 2n.
zé·pre·que·té(s) sm. (pl.).
ze·rê adj. s2g.
ze·ro num. sm.
ze·ro-qui·lô·me·tro adj. 2g. 2n. sm. 2n.
ze·rum·ba sf.
ze·rum·be·te (ê) sm.
zer·va·nis·mo sm.
zer·va·nis·ta adj. s2g.
zer·va·nís·ti·co adj.
zes·to sm.
ze·ta sm.
ze·ta·cis·mo sm.
ze·té·ti·ca sf.
ze·té·ti·co adj.
zé·tran·qui·li·no(s) sm. (pl.).
zeug·ma sm.
zeug·má·ti·co adj.
zeu·go sm.
zeu·go·brân·qui:o adj. sm.
zeu·gó·fo·ro sm.
zeu·ne·ri·ta sf.
zi·be·li·na adj. sf.
zi·be·ta sm.
zi·fí·de:o adj. sm.
zi·ga·pó·fi·se sf.
zi·gó·ce·ro adj. sm.
zi·go·cis·to sm.
zi·go·dác·ti·lo adj.: zi·go·dá·ti·lo.
zi·go·fi·lá·ce:a sf.
zi·go·fi·lá·ce:o adj.
zi·go·fi·lo sm.

zi·go·fi:ú·ro adj. sm.
zi·go·ma sm.
zi·go·má·ti·co adj.
zi·go·mor·fi·a sf.
zi·go·mor·fo adj.
zi·góp·te·ro adj. sm.
zi·go·se sf.
zi·gos·fe·ra sf.
zi·go·si·da·de sf.
zi·gos·po·rân·gi:o sm.
zi·gos·pó·ri:o sm.
zi·gó·te·no sm.
zi·gó·ti·co adj.
zi·go·to (ó ou ô) sm.
zi·gue-za·gue(s) sm. (pl.).
zi·gue·za·gue:an·te adj. 2g.
zi·gue·za·gue:ar v.
zi·gue·zi·gue sm.
zi·gui·zi·ra sf.
zi·gu·ra·te sm.
zí·ma·se sf.: zi·ma·se.
zim·bo sm.: jimbo.
zim·bó·ri:o sm.
zim·bra·da sf.
zim·bra·du·ra sf.
zim·bral sm.; pl. ·brais.
zim·brar v.
zim·brei·ro sm.
zim·bren·se adj. s2g.
zim·bro sm.
zi·me:o·se sf. 'doença dos vinhos, tornando-os grossos'/Cf. zimose.
zí·mi·co adj.
zi·mó·fo·ro adj.
zi·mo·ge·ni·a sf.
zi·mo·gê·ni·co adj.
zi·mo·gê·ni:o sm.
zi·mo·lo·gi·a sf.
zi·mo·ló·gi·co adj.
zi·mo·lo·gis·ta adj. s2g.
zi·mos·có·pi:o sm.
zi·mo·se sf. 'fermento solúvel'/ Cf. zimeose.
zi·mo·tec·ni·a sf.
zi·mo·téc·ni·co adj.
zi·mo·tér·mi·co adj.
zi·mó·ti·co adj.
zi·na sf.
zi·na·bre sm.
zin·ca·gem sf.; pl. ·gens.
zin·car v.
zin·ca·to sm.
zín·ci·co adj.
zin·ci·ta sf.
zin·co sm.
zin·co·gra·far v.

zin·co·gra·fi·a sf.
zin·co·grá·fi·co adj.
zin·có·gra·fo sm./Cf. zincografo, do v. zincografar.
zin·co·gra·var v.
zin·co·gra·vu·ra sf.
zin·co·se sf.
zin·co·si·ta sf.
zin·co·si·to sm.
zin·co·te·ca sf.
zin·co·ti·pi·a sf.
zin·ga sf.
zin·ga·dor (ô) sm.
zin·ga·mo·cho (ô) sm.
zin·gar v.
zin·ga·re·ar v.
zin·ga·re·la sf.
zin·ga·re·lo sm.
zín·ga·ro adj. sm.
zin·gi·be·rá·ce·a sf.
zin·gi·be·rá·ce:o adj.
zin·gra·ção sf.; pl. ·ções.
zin·gra·dor (ô) adj. sm.
zin·gra·men·to sm.
zin·grar v.
zi·nha sf.
zi·nho sm.
zí·ni:a sf. 'erva'/Cf. zinia, do v. zinir.
zi·nir v.
zin·zi·lu·lar v.
zi·par v.
zí·per, zi·pe sm.
zi·qui·zi·ra sf.
zir·cão sm. 'silicato de zircônio'; pl. ·cões/Cf. zarcão.
zir·cô·ni:a sm.
zir·cô·ni:o sm.
zir·co·ni·ta sf.
zir·ze·lim sm.: gergelim; pl. ·lins.
zi·zâ·ni:a sf.: cizânia.
zi·zi:a·men·to sm.
zi·zi:ar v.
zi·zí·fi·co adj.
zo·a·da sf.
zo:a·dei·ra sf.
zo:an·tá·ri:o adj. sm.
zo:an·te adj. 2g.
zo:an·tí·de:o adj. sm.
zo:an·tro·pi·a sf.
zo:an·tro·po (ó ou ô) sm.
zo:ar v.
zo:á·ri:o sm.
zo:a·ris·mo sm.
zo:a·ris·ta adj. s2g.

zo·di:a·cal adj. 2g.; pl. ·cais.
zo·dí·a·co sm.
zo:é·ci:a sf.
zo:é·ci:o adj. sm.
zo:ei·ra sf.
zo:ei·ro sm.
zo:e·la adj. s2g.
zo·gó sm.
zo·gue-zo·gue(s) sm. (pl.).
zo:i·a·tra s2g.: zooiatra.
zo:ia·tri·a sf.: zooiatria.
zo:iá·tri·co adj.: zooiátrico.
zoi·co adj.
zoi·lo sm.
zoi·na adj. s2g. sf.
zoi·si·ta sf.
zo:ís·mo sm.
zom·ba·dor (ô) adj. sm.
zom·bar v.
zom·ba·ri·a sf./Cf. zombaria, do v. zombar.
zom·bei·rão adj. sm.; pl. ·rões; f. zombeirona.
zom·bei·ro·na adj. sf.; f. de zombeirão.
zom·be·te·ar v.
zom·be·tei·ro adj. sm.
zo·na sf.
zo·na·da sf.
zo·na·do adj.
zo·na·gem sf.; pl. ·gens.
zo·nal adj. 2g.; pl. ·nais.
zo·nar v.
zo·na-zos·ter sf. pl. zonas-zosteres.
zo·ne:a·men·to sm.
zo·ne:ar v.
zo·ne:o·gra·fi·a sf.
zo·ne:o·grá·fi·co adj.
zo·nes·te·si·a sf.
zo·nes·té·si·co adj.
zo·nes·té·ti·co adj.
zo·ni·for·me adj. 2g.
zo·no·fo·ne sm.
zon·zar v.
zon·ze·ar v.
zon·zei·ra sf.
zon·zo adj.
zo·o sm.
zo·o·bi·a sf.
zo·ó·bi:o adj.
zo·o·bi:o·lo·gi·a sf.
zo·o·bi:o·ló·gi·co adj.
zo·o·clo·re·la sf.
zo·o·có·ri·co adj.
zo·ó·co·ro adj.
zo·o·co·ro·gra·fi·a sf.

zo·o·co·ro·grá·fi·co adj.
zo·o:e·ma·ti·na sf.
zo·o:e·ras·ti·a sf.
zo·o:é·ti·ca sf.
zo·o·fa·gi·a sf.
zo·o·fá·gi·co adj.
zo·o·fa·gi·ne:a sf.
zo·o·fa·gi·ne:o adj.
zo·ó·fa·go adj. sm.
zo·o·fi·li·a sf.
zo·ó·fi·lo adj. sm.
zo·o·fi·tá·ri:o adj. sm.
zo·o·fi·ti·co adj.
zo·ó·fi·to adj. sm.
zo·o·fo·bi·a sf.
zo·ó·fo·bo adj. sm.
zo·o·fó·ri·co adj.
zo·o·fo·ro sm.
zo·o·ge·ni·a sf.
zo·o·gê·ni·co adj.
zo·o·gê·ni:o sm.
zo·o·ge:o·gra·fi·a sf.
zo·o·ge:o·grá·fi·co adj.
zo·o·ge:ó·gra·fo sm.
zo·o·glei·a sf.
zo·o·glei·co adj.
zo·o·gli·fi·to sm.
zo·o·gra·far v.
zo·o·gra·fi·a sf.
zo·o·grá·fi·co adj.
zo·ó·gra·fo sm./Cf. zoografo, do v. zoografar.
zo·o:i·a·tra s2g.: zoiatra.
zo·o:i·a·tri·a sf.: zoiatria.
zo·o:i·á·tri·co adj.: zoiátrico.
zo·oi·de adj. 2g. sm.
zo·o·lag·ni·a sf.
zo·ó·la·tra adj. s2g.
zo·o·la·tri·a sf.
zo·o·lá·tri·co adj.
zo·ó·li·co adj.
zo·ó·li·te sm.
zo·o·lí·ti·co adj.
zo·o·lo·gi·a sf.
zo·o·ló·gi·co adj. sm.
zo·o·lo·gis·ta adj. s2g.
zo·ó·lo·go sm.
zo·o·mag·né·ti·co adj.
zo·o·mag·ne·tis·mo sm.
zo·o·man·ci·a sf.
zo·o·ma·ni·a sf.
zo·o·man·te s2g.
zo·o·mân·ti·co adj.
zo·o·mas·ti·gi·no sm.
zo·o·mor·fi·a sf.
zo·o·mor·fis·mo sm.
zo·o·mor·fi·te sm.

zo·o·*mor*·fo adj.
zo·o·ni·*ta*·do adj.
zo·o·*ni*·to sm.
zo·o·no·*mi*·a sf.
zo·o·*nô*·mi·co adj.
zo·o·*no*·se sf.
zo·o·no·so·lo·*gi*·a sf.
zo·o·no·so·*ló*·gi·co adj.
zo·o·pa·ra·*si*·to sm.
zo·o·pa·*ti*·a sf.
zo·o·*pá*·ti·co adj.
zo·o·pa·to·lo·*gi*·a sf.
zo·o·pa·to·*ló*·gi·co adj.
zo·o·pe·*di*·a sf.
zo·o·*pé*·di·co adj.
zo·op·*si*·a sf.
zo·o·*quí*·mi·ca sf.
zo·o·*quí*·mi·co adj.
zo·os·co·*pi*·a sf.
zo·os·*có*·pi·co adj.
zo·os·po·*rân*·gi:o sm.
zo·os·*pó*·ri:o sm.
zo·*ós*·po·ro sm.
zo·o·*tác*·ti·co adj.:
    zo·o·*tá*·ti·co.
zo·o·ta·*xi*·a (cs) sf.
zo·o·*tá*·xi·co (cs) adj.
zo·o·tec·*ni*·a sf.
zo·o·*téc*·ni·co adj.
zo·o·te·ra·*pêu*·ti·ca sf.
zo·o·te·ra·*pêu*·ti·co adj.
zo·o·te·ra·*pi*·a sf.
zo·o·te·*rá*·pi·co adj.
zo·o·to·*mi*·a sf.
zo·o·*tô*·mi·co adj.
zo·o·to·*mis*·ta adj. s2g.
zo·o·tro·*pi*·a sf.
zo·o·*tró*·pi·co adj.
zo·o·*tró*·pi:o sm.

zo·o·xan·*te*·la (cs) sf.
zo·*pei*·ro adj. sm.
zo·*po* (ô) adj. sm.
zo·*ráp*·te·ro adj. sm.
zo·*rô* sm.
zo·ro:as·tri:a·*nis*·mo sm.
zo·ro:as·tri:a·*nis*·ta adj. s2g.
zo·ro:as·tri:*a*·no adj. sm.
zo·ro:*ás*·tri·co adj.
zo·ro:as·*tris*·mo sm.
zo·ro:as·*tris*·ta adj. s2g.
zo·*ron*·go sm.
zor·ra (ô) sf.
zor·ra·*gar* v.
zor·*ra*·gue sm.
zor·ral sm.; pl. ·*rais*.
zor·*rei*·ra sf.
zor·*rei*·ro adj. sm.
zor·*ri*·lho sm.
zor·ro (ô) adj. sm.
zos·*ter* sm.
zos·*te*·ra sf.
zo·te adj. s2g.
zo·*te*·ca sf.
zo·*tis*·mo sm.
zu:*ar*·te sm.
zu:*a*·vo sm.
zu:*ir* v.
zu·lo adj. sm.: zu·*lu* adj. s2g.
zum sm., do ing. *zoom*.
zum·ba interj.
zum·*bai*·a sf.
zum·bai:*ar* v.
zum·bai·*ei*·ro sm.
zum·*bar* v.
zum·bi sm.
zum·*bi*·do adj. sm.
zum·bi·*dor* (ô) adj. sm.
zum·*bir* sm. v.

zum·bo sm.
zum·*brir* v.
zun·ga sm. sf.
zun·*gar* v.
zun·*gu* sm.
zu·ni:*a*·da sf.
zu·ni·*dei*·ra sf.
zu·*ni*·do adj. sm.
zu·ni·*dor* (ô) adj. sm.
zu·ni·*men*·to sm.
zu·*nin*·ga sf.
zu·*nir* v.
zun·je sm.
zum-zum sm.; pl. *zum-zuns*.
zun·zu·*nar* v.
zun·zu·*nir* v.
zum-zum-*zum* sm.; pl.
    zum-zum-zuns.
zu·pa interj. sf.
zu·pa·*dor* (ô) adj. sm.
zu·*par* v.
zu·ra adj. s2g.
zu·*ra*·co adj. sm.
zu·*re*·ta (ê) adj. s2g.
zur·*ra*·da sf.
zur·ra·*dor* (ô) adj. sm.
zur·*ra*·pa sf.
zur·*rar* v.
zur·ra·*ri*·a sf./Cf. *zurraria*, do
    v. *zurar*.
zur·*re* interj.
zur·ro sm./Cf. *zurro*, do v
    zurrar.
zu·ru:*ó* adj. 2g.
zu·ru·*par* v.
zur·zi·*de*·la sf.
zur·*zir* v.
zwin·gli:a·*nis*·mo sm.
zwin·gli:*a*·no adj. sm.

OUTROS TÍTULOS DA LEXIKON

NOVA GRAMÁTICA DO PORTUGUÊS CONTEMPORÂNEO

Uma das mais conceituadas gramáticas da língua portuguesa chega a sua 5ª edição, mantendo-se como uma obra obrigatória para todos os amantes do idioma, em suas diversas variantes.
Autor: Celso Cunha e Lindley Cintra
ISBN: 9788586368486
Páginas: 792
Formato: 16x23

A NOVA ORTOGRAFIA SEM MISTÉRIO

O único guia da nova ortografia a apresentar cerca de 4.000 palavras e expressões que mudaram em função das novas regras ortográficas. Contém ainda um guia simplificado e comentado do que mudou no Brasil.
Autor: Paulo Geiger e Renata de Cássia Menezes
ISBN: 9788586368561
Páginas: 160
Formato: 12x17

CALDAS AULETE – MINIDICIONÁRIO CONTEMPORÂNEO DA LÍNGUA PORTUGUESA

O tradicional dicionário da língua portuguesa em nova edição e novo formato, mais acessível, com mais de 31 mil verbetes e locuções, além de ilustrações elucidativas. Uma verdadeira ferramenta para o ensino, o aprendizado e o bom uso da língua.
ISBN: 9788586368578
Páginas: 896
Formato: 12,5x16,5

DICIONÁRIO ETIMOLÓGICO DA LÍNGUA PORTUGUESA

Uma contribuição para o desenvolvimento da lexicografia, tal o cuidado que foi dispensado ao estabelecimento de critérios metodológicos rígidos e coerentes na estruturação dos verbetes e em sua redação.
Autor: Antônio Geraldo da Cunha
ISBN: 9788586368172
Páginas: 992
Formato: 16x23

CALDAS AULETE DICIONÁRIO ESCOLAR DA LÍNGUA PORTUGUESA ILUSTRADO COM A TURMA DO SÍTIO DO PICA-PAU AMARELO

Com cerca de 6.150 verbetes, texto explicativo em nível mais de diálogo do que de imposição, um quadro com modelos de conjugação para fácil compreensão e com a presença dos personagens de Monteiro Lobato representando a própria criança diante do mundo aventuroso das palavras, esta obra é uma aventura em si mesma. A aventura de ensinar, educar e divertir ao mesmo tempo.
ISBN: 9788586368608
Páginas: 496
Formato: 20,5x27,5

MEU PRIMEIRO DICIONÁRIO CALDAS AULETE COM A TURMA DO COCORICÓ

Para ajudar a descoberta do mundo das palavras, a Lexikon apresenta um dicionário ilustrado em cores, ideal para tirar pequenas dúvidas e expandir o vocabulário das crianças. O formato, as 800 ilustrações, a simplicidade da redação e a riqueza dos exemplos tornam os 1.360 verbetes acessíveis à compreensão espontânea das crianças entre 6 e 8 anos que ensaiam os primeiros passos da leitura e escrita.
ISBN: 9788586368615
Páginas: 209
Formato: 20,5x27,5

DICIONÁRIO DE DIFICULDADES DA LÍNGUA PORTUGUESA
4ª edição revista e ampliada

Um guia a indicar rumos certos, um mapa onde estão assinalados os obstáculos e as encruzilhadas diante dos quais tantas vezes param perplexos os usuários da língua portuguesa.
Autor: Domigos Paschoal Cegalla
ISBN: 9788586368189
Páginas: 464
Formato: 14x21

DÚVIDAS EM PORTUGUÊS NUNCA MAIS

O champanhe ou a champanhe? Este livro esclarece estas e muitas outras dúvidas frequentes na nossa língua. É um guia prático e direto para a solução de questões linguísticas.
Autor: Cilene da Cunha Pereira, Edila Vianna a Silva e Regina Célia Cabral Angelim
ISBN: 9788586368400
Páginas: 205
Formato: 14x21

CONHEÇA TAMBÉM NA INTERNET O PRIMEIRO DICIONÁRIO LIVRE, INTERATIVO E GRATUITO DO BRASIL

AULETE DIGITAL – DICIONÁRIO DIGITAL COMPLETO, COM FUNÇÕES COMPLEMENTARES
download de arquivo executável – www.auletedigital.com.br

O Aulete Digital é a versão do tradicional *Dicionário da Língua Portuguesa Caldas Aulete* para internet. O acervo possui mais de 818.000 palavras, definições e locuções disponíveis para consulta e em permanente atualização.

CARACTERÍSTICAS:
- ✓ dicionário tradicional e dicionário reverso
- ✓ gramática, verbo e exemplos
- ✓ palavras de grafia semelhante à da palavra digitada
- ✓ pronúncia sonora
- ✓ atualização automática
- ✓ notas do usuário
- ✓ busca de palavras por letras ou grupos de letras
- ✓ seleciona e imprime o conteúdo selecionado

iDICIONÁRIO AULETE – O SEU DICIONÁRIO 100% WEB, ACESSO RÁPIDO ÀS PALAVRAS – www.aulete.com.br

O iDicionário Aulete, acessível na web sem necessidade de executáveis, tem exatamente o mesmo conteúdo do *Aulete Digital*, ou seja, o mesmo número de verbetes, definições e locuções, a mesma estrutura de verbetes, mas sem as funções complementares.

NOSSO AULETE – UM DICIONÁRIO INTERATIVO – www.aulete.com.br

Uma obra aberta, inclusiva, acessível e participativa, que muda e cresce junto com a língua.

Aulete
DIGITAL

Diretor editorial
Carlos Augusto Lacerda

Editor
Paulo Geiger

Produção
Sonia Hey

Revisão
Ana Carla Ferreira
Eduardo Carneiro Monteiro
Eni Valentim Torres
Gustavo Penha
Michele Mitie Sudoh

Diagramação
Nathanael Souza

Capa
Ilustrarte Design e Produção Editorial

Este livro foi impresso em São Paulo, em setembro de 2009, pela
RR Donnelley Gráfica e Editora para a Lexikon Editora.
A fonte usada no miolo é a LeMonde Livre, em corpo 8/9,5.
O papel do miolo é offset 63g/m2 e o da capa é cartão 250g/m2.